Department of International Economic and Social Affairs, Statistical Office
Département des affaires économiques et sociales internationales, Bureau de statistique

1988

Demographic Yearbook
Annuaire démographique

Fortieth issue/Quarantième édition

United Nations/Nations Unies
New York, 1990

NOTE

Symbols of United Nations documents are composed of capital letters combined with figures. Mention of such a symbol indicates a reference to a United Nations document.

NOTE

Les codes des documents de l'Organisation des Nations Unies se composent de lettres majuscules et de chiffres. La simple mention d'une texte signifie qu'il s'agit d'un document de l'Organisation.

General disclaimer

(a) The designations used in this publication have been provided by the competent authorities. Those designations and the presentation of material in this publication do not imply the expression of any opinion whatsoever of the Secretariat of the United Nations concerning the legal status of any country, territory, city or area or of its authorities, or concerning the delimitation of its frontiers or boundaries.

(b) Where the designation "country or area" appears in the headings of tables, it covers countries, territories, cities or areas.

Déni de responsabilité

(a) Les appelations utilisées dans cette publication ont été fournies par les autorités compétents. Ces appelations et la présentation des données qui figurent dans cette publication n'impliquent de la part du Secrétariat de l'Organisation des Nations Unies aucune prise de position quant au statut juridique des pays, territoires, villes ou zones, ou de leurs autorités, ni quant au tracé de leurs frontières ou limites.

(b) L'appellation "pays ou zone" figurant dans les titres des rubriques des tableaux désigne des pays, des territoires, des villes ou des zones.

ST/ESA/STAT/SER.R/18

UNITED NATIONS PUBLICATION
Sales No. E/F.89.XIII.1

PUBLICATION DES NATIONS UNIES
Numéro de vente : E/F.89.XIII.1

08500S
11000H
(only hardbound edition for sale)
(édition reliée toile en vente seulement)

Inquiries should be directed to:
PUBLISHING DIVISION
UNITED NATIONS
NEW YORK, N.Y. 10017

Adresser toutes demandes de renseignements au :
DIVISION DES PUBLICATIONS
NATIONS UNIES
NEW YORK, N.Y. 10017

ISBN
92-1-051073-9(H)
92-1-051076-3(S)

Special topics of the Demographic Yearbook series: 1948 – 1988

Sujets spéciaux des diverses éditions de l'Annuaire démographique: 1948 – 1988

Year Année	Sales No. Numéro de vente	Issue–Edition	Special topic–Sujet spécial
1948	49.XIII.1	First–Première	General demography–Démographie générale
1949–50	51.XIII.1	Second–Deuxième	Natality statistics–Statistiques de la natalité
1951	52.XIII.1	Third–Trosième	Mortality statistics–Statistiques de la mortalité
1952	53.XIII.1	Fourth–Quatrième	Population distribution–Répartition de la population
1953	54.XIII.1	Fifth–Cinquième	General demography–Démographie générale
1954	55.XIII.1	Sixth–Sixième	Natality statistics–Statistiques de la natalité
1955	56.XIII.1	Seventh–Septième	Population censuses–Recensement de population
1956	57.XIII.1	Eighth–Huitième	Ethnic and economic characteristics of population–Caractéristiques ethniques et économiques de la population
1957	58.XIII.1	Ninth–Neuvième	Mortality statistics–Statistiques de la mortalité
1958	59.XIII.1	Tenth–Dixième	Marriage and divorce statistics–Statistiques de la nuptialité et de la divortialité
1959	60.XIII.1	Eleventh–Onzième	Natality statistics–Statistiques de la natalité
1960	61.XIII.1	Twelfth–Douzième	Population trends–L'évolution de la population
1961	62.XIII.1	Thirteenth–Treizième	Mortality statistics–Statistiques de la mortalité
1962	63.XIII.1	Fourteenth–Quatorzième	Population census statistics I–Statistiques des recensements de population I
1963	64.XIII.1	Fifteenth–Quinzième	Population census statistics II–Statistiques des recensements de population II
1964	65.XIII.1	Sixteenth–Seizième	Population census statistics III–Statistiques des recensements de population III
1965	66.XIII.1	Seventeenth–Dix–septième	Natality statistics–Statistiques de la natalité
1966	67.XIII.1	Eighteenth–Dix–huitième	Mortality statistics I–Statistiques de la mortalité I
1967	E/F.68.XIII.1	Nineteenth–Dix–neuvième	Mortality statistics II–Statistiques de la mortalité II
1968	E/F.69.XIII.1	Twentieth–Vingtième	Marriage and divorce statistics–Statistiques de la nuptialité et de la divortialité
1969	E/F.70.XIII.1	Twenty–first–Vingt et unième	Natality statistics–Statistiques de la natalité
1970	E/F.71.XIII.1	Twenty–second–Vingt–deuxième	Population trends–L'évolution de la population
1971	E/F.72.XIII.1	Twenty–third–Vingt–troisième	Population census statistics I–Statistiques des recensements de population I
1972	E/F.73.XIII.1	Twenty–fourth–Vingt–quatrième	Population census statistics II–Statistiques des recensements de population II
1973	E/F.74.XIII.1	Twenty–fifth–Vingt–cinquième	Population census statistics III–Statistiques des recensements de population III
1974	E/F.75.XIII.1	Twenty–sixth–Vingt–sixième	Mortality statistics–Statistiques de la mortalité
1975	E/F.76.XIII.1	Twenty–seventh–Vingt–septième	Natality statistics–Statistiques de la natalité
1976	E/F.77.XIII.1	Twenty–eighth–Vingt–huitième	Marriage and divorce statistics–Statistiques de la nuptialité et de la divortialité
1977	E/F.78.XIII.1	Twenty–ninth–Vingt–neuvième	International Migration Statistics–Statistiques des migration internationales
1978	E/F.79.XIII.1	Thirtieth–Trentième	General tables–Tableaux de caractè général
1978	E/F.79.XIII.8	Special issue–Edition spéciale	Historical supplement–Supplément rétrospectif
1979	E/F.80.XIII.1	Thirty–first–Trente et unième	Population census statistics–Statistiques des recensements de population

Special topics of the Demographic Yearbook series: 1948 – 1988

Sujets spéciaux des diverses éditions de l'Annuaire démographique: 1948 – 1988

Year Année	Sales No. Numéro de vente	Issue–Edition	Special topic–Sujet spécial
1980	E/F.81.XIII.1	Thirty–second– Trente–deuxième	Mortality statistics– Statistiques de la mortalité
1981	E/F.82.XIII.1	Thirty–third– Trente–troisième	Natality statistics– Statistiques de la natalité
1982	E/F.83.XIII.1	Thirty–fourth Trente–quatrième	Marriage and divorce statistics– Statistiques de la nuptialité et de la divortialité
1983	E/F.84.XIII.1	Thirty–fifth Trente–cinquième	Population census statistics I– Statistiques des recensements de population I
1984	E/F.85.XIII.1	Thirty–sixth Trente–sixième	Population census statistics II– Statistiques des recensements de population II
1985	E/F.86.XIII.1	Thirty–seventh– Trente–septième	Mortality statistics– Statistiques de la mortalité
1986	E/F.87.XIII.1	Thrity–eighth– Trente–huitième	Natality statistics– Statistiques de la natalité
1987	E/F.88.XIII.1	Thirty–ninth– Trente–neuvième	Household composition – Les éléments du ménage
1988	E/F.89.XIII.1	Fourtieth– Quarantième	Population census statistics – Statistiques des recensement de population

CONTENTS – TABLE DES MATIERES

TABLES(continued)

TABLEAUX(suite)

TABLES(continued)

TABLEAUX(suite)

TABLES(continued)

TABLEAUX(suite)

Table *Page*

GEOGRAPHICAL CHARACTERISTIC

EDUCATIONAL CHARACTERISTIC

ECONOMIC CHARACTERISTICS

Tableaux *Page*

CARACTERISTIQUES GEOGRAPHIQUES

CARACTERISTIQUES RELATIVES A L'EDUCATION

CARACTERISTIQUES RELATIVES A L'EDUCATION

TABLES (continued)

TABLEAUX (suite)

EXPLANATION OF SYMBOLS

Category not applicable	..
Data not available	...
Magnitude zero	–
Magnitude not zero, but less than half of unit employed	0 and/or 0.0
Marked break in series is indicated by a vertical bar	I
Provisional	*
United Nations estimate	x
Data tabulated by year of registration rather than occurrence	+
Based on less than specified minimum	◆
Relatively reliable data	Roman type
Data of lesser reliability	*Italics*

EXPLICATION DES SIGNES

Sans objet	..
Données non disponibles	...
Néant	–
Chiffre inférieur à la moitié de l'unité employée	0 et/ou 0.0
Un trait vertical dans la colonne indique une discontinuité notable dans la série	I
Données provisoires	*
Estimations des Nations Unies	x
Données exploitées selon l'année de l'enregistrement et non l'année de l'événement	+
Rapport fondé sur un nombre inférieur à celui spécifié	◆
Données relativement sûres	Caractères romains
Données dont l'exactitude est moindre	*Italiques*

INTRODUCTION

The Demographic Yearbook is a comprehensive collection of international demographic statistics, prepared by the Statistical Office of the United Nations. The Demographic Yearbook 1988, which features the results of population censuses as the special subject, is the fortieth in a series published by the United Nations.

Through the co-operation of national statistical services, official demographic statistics are presented for about 218 countries or areas throughout the world. Estimates prepared by the United Nations Population Division, Department of International Economic and Social Affairs of the United Nations, have been used in certain instances to supplement official statistics. The use of United Nations estimates has made it possible to present tables giving summary data for all countries or areas of the world using 1988 as a common year of reference.

The tables in the Yearbook are presented in two parts, the basic tables followed by the tables devoted to population census statistics, the special topic in this issue. The first part contains tables giving a world summary of basic demographic statistics, followed by tables presenting statistics on the size, distribution and trends in population, natality, foetal mortality, infant and maternal mortality, general mortality, nuptiality and divorce. In the second part, this issue of the Yearbook serves to update the census information featured in the 1983 and 1984 issues. Census data on demographic and social characteristics include population by single years of age and sex, national and/or ethnic composition, language and religion.

Tables showing data on geographical characteristics include information on major civil divisions and localities by size-class. Educational characteristics include population data on literacy, educational attainment and school attendance. The tables on economic characteristics show the economically active population by age, sex, industry, occupation and status. The female economically active population is shown by marital status and age, and the not economically active population by functional categories. Data are presented by urban/rural residence in many of the tables.

Many previous issues have included an article considered to be of particular interest to the users of the Demographic Yearbook. In this issue of the Yearbook, the special article is entitled "Dates on National Population and/or Housing Censuses taken during the decades 1975-1984 and 1985-1994".

The Technical Notes on the Statistical Tables are to assist the reader in using the tables. A cumulative index, found at the end of the Yearbook, is a guide to the subject matter, by years covered, in all forty issues. The sales numbers of previous issues and a listing of the special topics featured in each issue are shown on pages iii and iv.

INTRODUCTION

L'Annuaire démographique est un recueil de statistiques démographiques internationales qui est établi par le Bureau de statistique de l'Organisation des Nations Unies. L'Annuaire de 1988, qui a comme sujet spécial les résultats des recensements de la population, est le quarantième d'une série que publie l'ONU.

Grâce à la coopération des services nationaux de statistique, il a été possible de faire figurer dans la présente édition des statistiques démographiques officielles pour environ 218 pays ou zones du monde entier. Dans certains cas, pour compléter les statistiques officielles, on a utilisé des estimations établies par la Division de la population du Département des affaires économiques et sociales de l'ONU. Grâce à ces estimations, on a pu présenter des tableaux contenant des données récapitulatives pour l'ensemble des pays ou zones du monde entier, avec 1988 pour année de référence.

Les tableaux de la présente édition de l'Annuaire sont présentés en deux groupes : d'abord les tableaux de base, puis les tableaux consacrés aux statistiques des recensements de la population, qui est le sujet spécial. Dans le groupe I se trouvent des tableaux qui donnent un aperçu mondial des statistiques démographiques de base, puis des tableaux qui présentent des statistiques sur la dimension, la répartition et les tendances de la population, la natalité, la mortalité foetale, la mortalité infantile et la mortalité liée à la maternité, à mortalité générale, la nuptialité et la divortialité. Dans le deuxième groupe, la présente edition de l'Annuaire démographique met à jour les données des recensements publiées dans les éditions de 1983 et de 1984. Les données relatives aux caractéristiques démographiques et sociales des recensements de la population comprennent la population selon l'année d'âge et le sexe, la composition nationale et/ou ethnique, la langue et la religion.

Les tableaux présentant des données sur les caractéristiques géographiques incluent des renseignements sur les principales divisions administratives et sur les localités selon la catégorie d'importance. Les caractéristiques relatives à l'éducation comprennent des données sur la population selon l'alphabétisme, selon le degré d'instruction et selon la fréquentation scolaire. Les tableaux sur les caractéristiques économiques présentent des données sur la population active selon l'âge, le sexe, la branche d'activité économiques, la profession et la situations dans la profession. Les données relatives à la population féminine active sont présentées selon l'état matrimonial et l'âge alors que celles sur la population sur la population féminine non active sont présentées selon la catégorie fonctionnelle. Des données classées selon la résidence urbaine/rurale sont présentées dans un grand nombre de tableaux.

Pleusieurs des éditions antérieures comportaient un article sur un sujet dont on jugeait qu'il présentait un intérêt particulier pour les utilisateurs de l'Annuaire démographique. Dans la présente édition, ce texte spéciale est intitulé "Dates des recensements nationaux de la population et/ou de l'habitation effectués au cours des décennies 1975-1984 et 1985-1994".

Les Notes techniques sur les tableaux statistiques sont destinées à aider le lecteur. A la fin de l'Annuaire, un index cumulatif donne des renseignements sur les matières traitées dans chacune des quarante éditions et sur les années sur lesquelles portent les données. Les numéros de vente des éditions antérieures et une liste des sujets spéciaux traités dans les différentes éditions apparaissent en page iii et iv.

To commemorate the thirtieth anniversary of the publication of the Demographic Yearbook, a special edition entitled the Demographic Yearbook: Historical Supplement was issued in 1979. The Historical Supplement presents time series on population size, age, sex and urban/rural residence, natality, mortality and nuptiality as well as selected derived measures concerning these components of population change for a 30–year time period, 1948–1978. The first issue of the Yearbook, the Demographic Yearbook 1948, included many of the same tables showing annual data for the period 1932 to 1947. Therefore, the Historical Supplement, in particular when used jointly with the Demographic Yearbook 1948, can furnish a wealth of historical international demographic data.

In June 1984, the Population and Vital Statistics Report: 1984 Special Supplement was published. The Special Supplement updates several data series presented in the Demographic Yearbook: Historical Supplement; in particular, population estimates and a summary of vital statistics rates, population by age, sex and urban/ural residence as reported in the 1970 and 1980 round of population censuses and age –specific birth and death rates.

The Demographic Yearbook is one of a co–ordinated and interrelated set of publications issued by the United Nations and the specialized agencies and designed to supply basic statistical data for demographers, economists, public–health workers and sociologists. Under the co–ordinated plan, the Demographic Yearbook is the international source of demographic statistics. Some of the data assembled for it are reprinted in the publications of the World Health Orgnization — in particular in the World Health Statistics Annual — to make them more readily accessible to the medical and public–health professions.

In addition, the World Health Organization publishes annually compilations of deaths by cause, age and sex, detailed statistics on selected causes of death, information on cases of deaths from notifiable diseases and other data of medical interest, which supplement the Demographic Yearbook tables. Both the Demographic Yearbook and the World Health Organization publications should be used when detailed figures on the full range of internationally assembled statistics on these subjects are required.

A l'occasion du trentième anniversaire de l'Annuaire démographique, une édition spéciale intitulée Annuaire démographique : Supplément rétrospectif a été publiée en 1979. Ce supplément rétrospectif présente des séries chronologiques sur la dimension de la population, l'âge, le sexe et la résidence urbaine/rurale, la natalité, la mortalité et la nuptialité ainsi que quelques mesures indirectes concernant les changements de population pour une période de 30 années (1948–1978). L'Annuaire démographique 1948, qui était la première édition, comprenait beaucoup de tableaux semblables présentant des données annuelles couvrant la période 1932–1947. De ce fait, le Supplément rétrospectif, utilisé conjointement avec l'Annuaire de 1948, pourra fournir des données démographiques internationales de grande valeur historique.

En juin 1984, le Rapport sur la population et les statistiques de l'état civil : Supplément spécial de 1984, été publié. Cette édition spéciale est une mise à jour de plusieurs séries présentées dans l'Annuaire démographique : Supplément historique; notament, les estimations concernant la population et une récapitulacion des taux démographiques, la répartition de la population par âge, sexe et résidence urbaine/rurale telle qu'elle ressort des cycles de recensements de population, de 1970 et de 1980, et les taux de natalité et de mortalité par âge.

L'Annuaire démographique s'intègre dans un ensemble de publications complémentaires que font paraître l'Organisation des Nations Unies et les institutions spécialisées et qui ont pour objet de fournir des statistiques de base aux démographes, aux économistes, aux spécialistes de la santé publique et aux sociologues. Conformément au plan de coordination, l'Annuaire démographique constitue la source internationale des statistiques démographiques. Certaines des données qui y sont rassemblées sont reproduites dans les publications de l'Organisation mondiale de la santé — notamment dans l'Annuaire des statistiques sanitaires mondiales — afin qu'elles soient plus accessibles au corps médical et aux agents de la santé publique.

En outre, l'Organisation mondiale de la santé publie chaque année des statistiques des décès selon la cause, l'âge et le sexe, des séries détaillées sur les décès imputables à certaines causes, des données sur les cas de maladies à déclaration obligatoire et sur les décès dus à ces maladies, ainsi que d'autres statistiques d'intérêt médical qui viennent compléter les tableaux de l'Annuaire démographique. L'Annuaire démographique et les publications de l'Organisation mondiale de la santé doivent être consultés concurremment si l'on veut connaître, dans tout leur détail, les statistiques rassemblées dans ces domaines sur le plan international.

DATES OF NATIONAL POPULATION AND/OR HOUSING CENSUSES

Taken during the decades 1975–1984 and 1985–1994

In accordance with resolution 1947 (LVIII) of the United Nations Economic and Social Council, the 1980 World Population and Housing Census Programme covered the 10–year period from 1975 through 1984 and, in accordance with Economic and Social Council resolution 1985/8, the 1990 World Population and Housing Census Programme covers the the 1985–1994 decade.

The table below gives the date of the population and/or housing census for each country or area that participated in the 1980 Programme, and the actual date for each country or area that has taken a population and housing census in the 1990 Programme.

Unless otherwise noted, the dates refer to complete (100 per cent) enumeration, even though some topics may have been investigated on a sample basis. The dates shown reflect information available to the Statistical Office of the United Nations as of 1 September 1989. The following indications and symbols are used:

(date): Anticipated by the Statistical Office of the United Nations on the basis of established pattern of census
....: No basis for anticipation at this time.
–: No census taken.
P: Population census.
H: Housing census.
A: Provision by the United Nations of resident technical expert or financial assistance.

DATES DES RECENSEMENTS NATIONAUX DE LA POPULATION ET/OU DE L'HABITATION

Effectués au cours de la décennie 1975–1984 et 1985–1994

Conformément à la résolution 1947 (LVIII) du Conseil économique et social, le Programme mondial de recensement de la population et de l'habitation de 1980 a porté sur la période de dix ans comprise entre 1975 et 1984, et conformément à la résolution 1985/8 du Conseil économique et social, le Programme mondial de recensement de la population et de l'habitation de 1990 porte sur la période de dix ans comprise entre 1985–1994.

Le tableau ci–après indique pour chaque pays ou zone la date à laquelle des recensements de population et/ou de l'habitation ont déjà été réalisés au titre du Programme de 1980, et pour chaque pays ou zone les dates auxquelles des recensements de population et/ou de l'habitation ont d'ores et déja été réalisés au titre du Programme de 1990.

Sauf indication contraire, les recensements dont il s'agit sont des dénombrements complets (100p. 100), encore que certains sujets aient pu être étudies à l'aide d'enquêtes par sondage. Le tableau a été établi sur la base des renseignements dont le Bureau de statistique de l'Organisation des Nations Unies sur la base des renseignements dont le Bureau de statistique disposait au 1 septembre 1989. Il convient d'interpréter comme suit les indications et les signes qui y sont utilisés:

(date) Date prévue par le Bureau de statistique, comptetenu du cycle de recensement préceemment établi.
....: Aucune prévision n'est pas possible actuellement.

P: Recensement de population.
H: Recensement de l'habitation.
A: L'Organisation des Nations Unies a fourni les services d'un expert technique résident ou une assistance financière.

Continent and country or area Continent et pays ou zone	Census date – Date du recensement 1980 Decade Décennie 1980 1975–1979	 1980–1984	 1990 Decade Décennie 1990 1985–1989	 1990–1994
AFRICA – AFRIQUE				
Algeria – Algérie	12 II 1977 PHA	–	IV 1987 PH	–
Angola	–	II 1983 PHA [1]	–	....
Benin – Bénin	20–30 III 1979 PHA	–	–	18 I 1990 PHA
Botswana	–	12–26 VIII 1981 PHA	–	VIII 1991 PHA
British Indian Ocean Territory – Territoire Britannique de l'Océan Indien [2]	–	–	–	....
Burkina Faso	1–7 XII 1975 P A [3]	–	10–20 XII 1985 P A	–
Burundi	15–16 VIII 1979 P A	–	–	1990 PHA
Cameroon – Cameroun	9 IV 1976 PHA	–	IV 1987 PHA	–
Cape Verde – Cap-Vert	–	1–2 VI 1980 PHA	–	1990 PHA
Central African Republic – Rép. centrafricaine	8–22 XII 1975 P A [4]	–	8 XII 1988 PHA	–
Chad – Tchad [5]	–	–	–	IV 1991 PHA
Comoros – Comores	–	15 IX 1980 PHA	–	(1990 P)
Congo	–	22 XII 1984 PHA	–	(1994 P)
Côte d'Ivoire	30 IV 1975 P A	–	2 XI 1987 PHA	–
Djibouti	–	3 I 1983 P A	–	....
Egypt – Egypte	22–23 XI 1976 PHA	–	17–18 XI 1986 PH	–
Equatorial Guinea – Guinée équatoriale	–	4–17 VII 1983 P A	–	(1993 P)
Ethiopia – Ethiopie	–	9 V 1984 PHA	–	....
Gabon	–	1–31 VIII 1981 P A	–	....
Gambia – Gambie	–	15 IV 1983 PHA	–	(1993 P)
Ghana	–	11 III 1984 P A	–	....
Guinea – Guinée	–	4–17 II 1983 P A	–	....
Guinea-Bissau – Guinée-Bissau	16–30 IV 1979 PHA	–	–	IV 1990 PA
Kenya	24 VIII 1979 P A	–	24–25 VIII 1989 PA	–
Lesotho	12 IV 1976 P A	–	12 IV 1986 PA	–
Liberia – Libéria	–	1–14 II 1984 PHA	–	(1994 P)
Libyan Arab Jamahiriya – Jamahiriya arabe libyenne	–	31 VII 1984 P A	–	....
Madagascar	1974–1975 PHA [6]	–	–	III 1990 PHA
Malawi	20 IX–10 X 1977 P A	–	1–21 IX 1987 PHA	–
Mali	1–16 XII 1976 P A	–	1–30 IV 1987 PHA	–
Mauritania – Mauritanie	1 I 1977 P A [7]	–	5–20 IV 1988 PHA	–
Mauritius – Maurice	–	2 VII 1983 P A	–	VII 1990 PA
Mauritius – Maurice	–	III–VI 1983 H	–	....
Morocco – Maroc	–	3–21 IX 1982 PHA	–	....
Mozambique	–	1 VIII 1980 P A	–	1990 PHA
Namibia – Namibie [8]	–	–	–	....

Continent and country or area / Continent et pays ou zone	Census date – Date du recensement: 1980 Decade / Décennie 1980		1990 Decade / Décennie 1990	
	1975–1979	*1980–1984*	*1985–1989*	*1990–1994*
AFRICA(cont.)–AFRIQUE(suite)				
Niger	20 XI 1977 P A [9]	–	28 V –3 VI 1988 PHA	–
Nigeria – Nigéria [10]	–	–	–	XI 1991 PA
Réunion	–	9 III 1982 P	–	....
Rwanda	15–16 VIII 1978 PHA	–	–	VIII 1991 PHA
St. Helena – Sainte–Hélène	31 X 1976 PH	–	22 II 1987 PH	–
Sao Tome and Principe – Sao Tomé–et–Principe	–	15 VIII 1981 PHA	–	1991 PHA
Senegal – Sénégal	16 IV 1976 P A	–	20 V–5 VI 1988 PHA	–
Seychelles	1 VIII 1977 P	–	–	–
Sierra Leone [11]	–	–	15 XII 1985 PHA	–
Somalia – Somalie	7 II 1975 P A [12]	–	II 1987 PHA	–
South Africa – Afrique du Sud	–	6 V 1980 PH	5 III 1985 PH	(1990 P)
Sudan – Soudan	–	1 II 1983 PHA	–	(1993 P)
Swaziland	25–26 VIII 1976 P A	–	25 VIII 1986 PHA	–
Togo	–	22 XI 1981 PHA	–	XI 1991 PHA
Tunisia – Tunisie	8 V 1975 PHA	30 III 1984 PH	–	....
Uganda – Ouganda	–	18 I 1980 PHA	–	VIII 1990 PHA
United Rep. of Tanzania – Rép.–Unie de Tanzanie	26–27 VIII 1978 P	–	28 VIII 1988 PHA	–
Zaire – Zaïre	–	1 VII 1984 P A	–	....
Zambia – Zambie	–	25 VIII 1980 PHA	–	VIII 1990 PHA
Zimbabwe	–	18 VIII 1982 P A	–	VIII 1992 PHA
AMERICA,NORTH— AMERIQUE DU NORD				
Anguilla	–	1984 P	–	....
Antigua and Barbuda – Antigua–et–Barbuda	–	1 V 1982 H	–	....
Aruba [13]	–	1 II 1981 PH	–	....
Bahamas	–	12 V 1980 P	–	(1990 P)
Barbados – Barbade	–	12 V 1980 P A	–	(1990 P)
Belize	–	12 V 1980 P A	–	(1990 P)
Bermuda – Bermudes	–	12 V 1980 P	–	(1990 P)
British Virgin Islands – Iles Vierges britanniques	–	12 V 1980 P A	–	(1990 P)
Canada	1 VI 1976 PH	3 VI 1981 P	3 VI 1986 PH	VI 1991 PH
Cayman Islands – Iles Caïmanes	8 X 1979 PHA	–	–	....
Costa Rica	–	10 VI 1984 PHA	–	....
Cuba	–	11 IX 1981 PHA	–	....
Dominica – Dominique	–	7 IV 1981 P A	–	....
Dominican Republic – Rép. dominicaine	–	12 XII 1981 PHA	–	....
El Salvador [14]	–	–	–	1991 PH
Greenland – Groenland	26 X 1976 PH	–	–	–
Grenada – Grenade	–	30 IV 1981 P A	–	....
Guadeloupe	–	9 III 1982 PH	–	....
Guatemala	–	23 III 1981 PHA	–	IV 1990 PHA
Haiti – Haïti	–	30 VIII 1982 PHA	–	....

Continent and country or area Continent et pays ou zone	*Census date – Date du recensement* 1980 Decade / Décennie 1980 *1975–1979*	*1980–1984*	1990 Decade / Décennie 1990 *1985–1989*	*1990–1994*
AMERICA,NORTH(cont.)— AMERIQUE DU NORD(suite)				
Honduras [15]	–	–	V 1988 PHA	–
Jamaica – Jamaïque	–	8 VI 1982 P A	–	....
Martinique	–	9 III 1982 PH	–	....
Mexico – Mexique	–	4 VI 1980 PH	–	1990 PHA
Montserrat	–	12 V 1980 P A	–	(1990 P)
Netherlands Antilles – [13] Antilles néerlandaises	–	1 II 1981 PH	–	13 V 1990 PH
Nicaragua [16]	–	–	–	1990 PA
Panama	–	11 V 1980 PH	–	(1990 P)
Puerto Rico – Porto Rico	–	1 IV 1980 PH	–	(1990 P)
Saint Kitts and Nevis – Saint–Kitts–et–Nevis	–	12 V 1980 P A	–	(1990 P)
Saint Lucia–Sainte–Lucie	–	12 V 1980 P A	–	(1990 P)
St. Pierre and Miquelon Saint–Pierre–et–Miquelon	–	9 III 1982 PH	–	....
St. Vincent and the Grenadines – Saint–Vincent–et–Grenadines	–	12 V 1980 P A	–	(1990 P)
Trinidad and Tobago – Trinité–et–Tobago	–	12 V 1980 P A	–	(1990 P)
Turks and Caicos Islands Iles Turques et Caïques	–	12 V 1980 P A	–	(1990 P)
United States – Etats–Unis	–	1 IV 1980 PH	–	IV 1990 PH
United States Virgin Islands – Iles Vierges américaines	–	1 IV 1980 PH	–	(1990 PH)
AMERICA,SOUTH— AMERIQUE DU SUD				
Argentina – Argentine	–	22 X 1980 PH	–	(1990 PH)
Bolivia – Bolivie	29 IX 1976 PHA	–	–	....
Brazil – Brésil	–	1 IX 1980 P	–	(1990 P)
Brazil – Brésil		1 I 1981 H	–	....
Chile – Chili	–	21 IV 1982 PH	–	....
Colombia – Colombie [17]	–	–	15 X 1985 PH	–
Ecuador – Equateur	–	28 XI 1982 PH	–	XI 1990 PHA
Falkland Isl.(Malvinas) Iles Falkland (Malvinas)	–	7 XII 1980 P	–	....
French Guiana – Guyane Française	–	9 III 1982 PH	–	....
Guyana	–	12 V 1980 PHA	–	(1990 P)
Paraguay	–	11 VII 1982 PHA	–	(1992 P)
Peru – Pérou	–	12 VII 1981 PHA	–	....
Suriname	–	1 VII 1980 PHA	–	....
Uruguay	21 V 1975 PHA	–	23 X 1985 PHA	–
Venezuela	–	20 X 1981 PH	–	(1991 PH)
ASIA—ASIE				
Afghanistan	23–24 VI 1979 PHA [18]	–	–	....
Bahrain – Bahreïn	–	5 IV 1981 PHA	–	1991 P
Bangladesh	–	6–7 III 1981 PHA	–	1991 PHA
Bhutan – Bhoutan	–	I 1980–I 1981 P	–	....
Brunei Darussalam – Brunéi Darussalam	–	26 VIII 1981 PHA	–	(1991 P)

Continent and country or area Continent et pays ou zone	*Census date – Date du recensement* 1980 Decade Décennie 1980		1990 Decade Décennie 1990	
	1975–1979	*1980–1984*	*1985–1989*	*1990–1994*
ASIA(cont.)—ASIE(suite)				
China – Chine	–	1 VII 1982 P A	–	1 VII 1990 PH
Cyprus – Chypre	30 IX 1976 P [19]	1 X 1982 H	–	....
Democratic Kampuchea [20] Kampuchea démocratique	–	–	–	–
Democratic Yemen – Yémen démocratique [21]	–	–	29–30 III 1988 PHA	–
East Timor –Timor oriental	–	31 X 1980 P	–	....
Hong Kong – Hong–kong	2 VIII 1976 PH	9 III 1981 PH	11 III 1986 PH [22]	1991 PH
India – Inde	–	1 III 1981 P	–	1991 P
	–	1980 H	–	1990 H
Indonesia – Indonésie	–	31 X 1980 PHA	–	1990 PHA
Iran (Islamic Rep. of – Rép. islamique d')	1 XI 1976 PHA	–	22 IX 1986 PH	–
Iraq	17 X 1977 PH	–	17 X 1987 PH	–
Israel – Israël	–	4 VI 1983 PH	–	....
Japan – Japon	1 X 1975 P	1 X 1980 P	1 X 1985 P	1 X 1990 P
	1 X 1978 H	1 X 1983 H	1 X 1988 H	(1 X 1993 H)
Jordan – Jordanie	10–11 XI 1979 PHA	–	1989 PHA	–
Korea, Dem. People's Rep. of – Corée, rép. populaire dém. de [23]	–	–	–	(1992 P)
Korea, Republic of– Corée, République	1 X 1975 PH	1 XI 1980 PH	1 XI 1985 PH	1990 PH
Kuwait – Koweït	20–21 IV 1975 PHA [24]	20–21 IV 1980 PHA	20–21 IV 1985 PHA	(1990 PH)
Lao People's Dem. Rep. – Rép. dém. populaire Lao	1 II–31 III 1975 PHA [25]	–	1 III 1985 P A	–
Lebanon – Liban [26]	–	–	–	–
Macau – Macao	–	16 III 1981 PH	–	....
Malaysia – Malaisie	–	10 VI 1980 PH	–	1990 PH
Maldives	31 XII 1977 PHA	–	25–28 III 1985 PHA	II 1990 PHA
Mongolia – Mongolie	5 I 1979 PHA	–	5 I 1989 PHA	–
Myanmar	–	31 III 1983 P A	–	(1993 P)
Nepal – Népal	–	22 VI 1981 P A	–	1991 PA
Oman	[27]	–	–	....
Pakistan	–	1 III 1981 P A	–	1991 PA
	–	XII 1980 HA	–	1990 H
Palestine [28]	–	–	–	....
Gaza Strip – Zone de Gaza [29]	–	–	–	....
Philippines	1–10 V 1975 P A	1 V 1980 PHA	–	1990 PH
Qatar [30]	–	–	16 III 1986 PH	–
Saudi Arabia – Arabie saoudite [31]	–	–	–	....
Singapore – Singapour	–	24 VI 1980 PH	–	1990 PH
Sri Lanka	–	17 III 1981 PHA	–	1991 PH
Syrian Arab Republic – République arabe syrienne	–	8 IX 1981 PHA	–	1990 PHA
Thailand – Thaïlande	–	1 IV 1980 PHA	–	1990 PH
Turkey – Turquie	26 X 1975 PH	12 X 1980 P A	20 X 1985 PH	(1990 P)
United Arab Emirates – Emirats arabes unis	31 XII 1975 PHA	15 XII 1980 PHA	17–23 XII 1985 PH	1990 PH
Viet Nam	1 X 1979 P A	–	IV 1989 PHA	–
Yemen – Yémen	1 II 1975 PHA	–	1–18 II 1986 PHA	–

Continent and country or area Continent et pays ou zone	Census date – Date du recensement 1980 Decade Décennie 1980 1975–1979	 1980–1984	 1990 Decade Décennie 1990 1985–1989	 1990–1994
EUROPE				
Albania – Albanie	7 I 1979 P	–	11 1989 P	–
Andorra – Andorre	1 II 1975 P	–	–	....
Austria – Autriche	–	12 V 1981 PH	–	V 1991 PH
Belgium – Belgique	–	1 III 1981 PH	–	(1991 PH)
Bulgaria – Bulgarie	2 XII 1975 PH	–	4 XII 1985 PH	–
Channel Islands – Iles Anglo–Normandes	–	5 IV 1981 PH	23 III 1986 P	(1991 PH)
Czechoslovakia – Tchécoslovaquie	–	1 XI 1980 PH	–	(1990 PH)
Denmark – Danemark	–	1 I 1981 PH	–	(1991 PH)
Faeroe Islands – Iles Féroé	22 IX 1977 PH	–	–	....
Finland – Finlande	31 XII 1975 PH [32]	1 XI 1980 PH	17 XI 1985 PH	1990 or 1991 PH
France	20 II 1975 PH	4 III 1982 PH	–	III 1990 PH
German Democratic Rep. – Rép. démocratique allemande	–	31 XII 1981 PH	–	(1992 PH)
Germany, Federal Rep.of – Allemagne, Rép. fédérale d'	–	–	25 V 1987 PH	–
Gibraltar	–	9 XI 1981 PH	–	(1991 PH)
Greece – Grèce	–	5 IV 1981 PH	–	III 1991 PH
Holy See – Saint–Siège	33	33	33	33
Hungary – Hongrie	–	1 I 1980 PH	–	1 I 1990 PH
Iceland – Islande	34	34	34	34
Ireland – Irlande	1 IV 1979 P	5 IV 1981 PH	13 IV 1986 P	....
Isle of Man – Ile de Man	4–5 IV 1976 PH	5–6 IV 1981 PH	6–7 IV 1986 PH	(1991 PH)
Italy – Italie	–	25 X 1981 PH	–	(1991 PH)
Liechtenstein	–	2 XII 1980 PH	–	(1990 PH)
Luxembourg	–	31 III 1981 PH	–	(1991 PH)
Malta – Malte	–	–	16 XI 1985 P	–
Monaco	1 II 1975 PH	4 III 1982 PH	–	....
Netherlands – Pays–Bas [35]	–	–	–	–
Norway – Norvège	–	1 XI 1980 PH	–	....
Poland – Pologne	7 XII 1978 PH	–	6 XII 1988	–
Portugal	–	16 III 1981 PH	–	(1991 PH)
Romania – Roumanie	5 I 1977 PH	–	–	(I 1991 PH)
San Marino – Saint–Marin	30 XI 1976 PH	–	–	....
Spain – Espagne	–	1 III 1981 PH	–	(1991 PH)
Svalbard and Jan Mayen Islands – Svalbard et	–	–	–	–
Ile Jan–Mayen [36]	–	–	–	–
Sweden – Suède	1 XI 1975 PH	15 IX 1980 PH	1 XI 1985 PH	1 XI 1990 PH
Switzerland – Suisse	–	2 XII 1980 PH	–	4 XII 1990 PH
United Kingdom – Royaume–Uni				
England and Wales Angleterre et Galles	–	5–6 IV 1981 PH	–	(1991 PH)
Northern Ireland Irlande du Nord	–	5–6 IV 1981 PH	–	1991 PH
Scotland – Ecosse	–	5–6 IV 1981 PH	–	(1991 PH)
Yugoslavia – Yougoslavie	–	31 III 1981 PH	–	31 III 1991 PH

Continent and country or area / Continent et pays ou zone	Census date – Date du recensement: 1980 Decade / Décennie 1980		1990 Decade / Décennie 1990	
	1975–1979	1980–1984	1985–1989	1990–1994
OCEANIA—OCEANIE				
American Samoa – Samoa américaines	–	1 IV 1980 PH	–	(1990 PH)
Australia – Australie	30 VI 1976 PH	30 VI 1981 PH	30 VI 1986 PH	VI 1991 PH
Canton & Enderbury Is. [37] Iles Canton et Enderbury	–	–	–	....
Christmas Island – Ile Christmas	–	30 VI 1981 PH	–	(1991 PH)
Cocos (Keeling) Islands Iles des Cocos (Keeling)	–	30 VI 1981 PH	–	(1991 PH)
Cook Islands – Iles Cook	1 XII 1976 PHA	1 XII 1981 PH	I XII 1986 PH	(1991 PH)
Fiji – Fidji	13 IX 1976 P A	–	31 VIII 1986 P	–
French Polynesia – Polynésie française	29 IV 1977 P	15 X 1983 P	–	....
Guam [26]	–	1 IV 1980 PH	–	1990 PH
Johnston Island – Ile Johnston	–	1 IV 1980 P	–	(1990 P)
Kiribati	12–13 XII 1978 PH	–	9–10 V 1985 P	1990 PH
Midway Isl. – Iles Midway [37]	–	–	–	....
Nauru	22 I 1977 PH	–	–	....
New Caledonia – Nouvelle–Calédonie	23 IV 1976 PH	15 IV 1983 P	–	....
New Zealand – Nouvelle–Zélande	23 III 1976 PH	24 III 1981 PH	4 III 1986 PH	1991 PH
Niue – Nioué	28–29 IX 1976 PH	28 IX 1981 PH	29 IX 1986 PH	(1991 PH)
Norfolk Island – Ile Norfolk	–	30 VI 1981 PH	30 VI 1986 PH	(1991 PH)
Pacific Islands – Iles du Pacifique	–	15 IX 1980 PHA	–	1990 PH
Papua New Guinea – Papouasie–Nouvelle–Guinée	–	22 IX – 3 X 1980 PA	–	1990 P
Pitcairn [38]	–	–	31 XII 1987 P	–
Samoa	3 XI 1976 PHA	3 XI 1981 PHA	3–4 XI 1986 PHA	(1991 PH)
Solomon Islands – Iles Salomon	7–8 II 1976 P	–	23 XI 1986 PA	–
Tokelau – Tokélaou	25 X 1976 PH	1 X 1982 P [39]	1986 PH	(1992 P)
Tonga	30 XI 1976 PHA		28 XI 1986 P	–
Tuvalu	27 V 1979 P A	–	1985 P	–
Vanuatu	15–16 I 1979 P A	–	20 I 1986 P [40]	–
	–	–	V 1989 PA	–
Wake Island – Ile de Wake [37]	–	–	–	(1990 PH)
Wallis and Futuna Islands Iles Wallis et Futuna	26 III 1976 P	–	–	–
UNION OF SOVIET SOCIALIST REPUBLICS – UNION DES REPUBLIQUES SOCIALISTES SOVIETIQUES				
USSR – URSS	17 I 1979 P	–	12 I 1989 P	–
Byelorussian SSR – RSS de Biélorussie	17 I 1979 P	–	12 I 1989 P	–
Ukrainian SSR – RSS d'Ukraine	17 I 1979 P	–	12 I 1989 P	–

FOOTNOTES

[1] A population census only for the province of Luanda.

[2] A population census of the Chagos Archipelago was conducted 30 June 1962; a census of Aldabra, Farquhar and Des Roches was conducted 4 May l970.

[3] In some sources the date 1–10 December is found.

[4] In some sources the date 15 December is found.

[5] An administrative census was conducted March 1968.

[6] For provincial capitals, 1 December 1974; for Antananarivo and remaining urban areas, 17 February 1975; for rural areas 1 June 1975.

[7] Enumeration of sedentary population 22 December 1976–5 January 1977 and of nomads January–April 1977.

[8] A census of population was conducted 6 May 1970. In an unofficial document a census of population is reported for 4 August 1981.

[9] Enumeration of northern nomads May and July 1977.
[10] A census of population was conducted 5–8 November 1963.

[11] A census of population was conducted 8 December 1974.

[12] Nomads were enumerated by sampling.

[13] Since 1 May 1986, Aruba is excluded from Netherlands Antilles.

[14] A census of population was conducted 28 June 1971.

[15] A census of population was conducted 6 March 1974.

[16] A census of population was conducted 20 April 1971.

[17] A census of population was conducted 24 October 1973.

[18] The census of housing was conducted in urban areas only.

[19] Another population census reported taken in September 1976. The coverage of both censuses is unknown.

[20] A census of population was conducted 17 April 1962.

[21] A census of population was conducted 14 May 1973.

[22] The 1986 population census was based on one–in–seven sample of the population.

NOTES

[1] Un recensement de la population pour le province de Luanda seulement.

[2] Un recensement de la population des iles Chagos a été effectué le 30 juin 1962; un recensement de la population d'Aldabra, Farquhar et Des Roches a été effectué le 4 mai 1970.
[3] Dans certains sources,on trouve le date 1–10 Decembre.

[4] Dans certains sources,on trouve le date 15 Decembre 1975.

[5] Un recensement administratif a été effectué en mars 1968.

[6] Pour les capitales provinciales, ler décembre 1974; pourles autres zones urbaines, y compris Antananarivo, 17 février 1975; pour les zones rurales, ler juin 1975.

[7] dénombrement de la population sédentaire, 22 décembre 1976–5 janvier 1977; dénombrement des nomades, janvier–avril 1977.

[8] Un recensement de population a été effectué de 6 mai 1970.

[9] Dénombrement des nomades du Nord, mai et juillet 1977.
[10] Un recensement de population a été effectué de 5–8 novembre 1963.

[11] Un recensement de population a été effectué de 8 décembre 1974.

[12] Les nomades ont été dénombrés par sondage.

[13] Depuis le premîere Mai 1986, Aruba n'est plus compris dans Antilles ne'erlandaises.

[14] Un recensement de population a été effectué de 28 juin 1971.

[15] Un recensement de population a été effectué de 6 mars 1974.

[16] Un recensement de population a été effectué de 20 avril 1971.

[17] Un recensement de population a été effectué de 24 octobre 1973.

[18] Le recensement de l'habitation n'a été effectué que dans les zones urbaines

[19] Il a été signalé qu'un recensement de population avait été effectué en septembre 1976. Le taux de couverture n'est pas connu.

[20] Un recensement de population a été effectué de 17 avril 1962.

[21] Un recensement de population a été effectué de 14 mai 1973.

[22] Le recensement de population a été bassé sur 1 en 7 enquête de la population.

[23] A census of population was conducted 1 May 1944.

[23] Un recensement de population a été effectué de 1 mai 1944.

[24] Census of housing conducted in March.

[24] Un recensement de l'habitation a été effectué en mars.

[25] Partial census, covering the city and plain of Vientiane, the cities of Luang–Prabang, Houeisai, Sayeboury, Savannakhet and Pakse.

[25] Recensement partiel, portant sur la ville et la plaine de Vientiane, les villes de Luang–Prabang, Ban Houei, Sayabo ury Savannakhet et Paksé.

[26] A sample survey of population was conducted 8 November 1970.

[26] Une enquête démographique par sondage a été effectué le 8 novembre 1970.

[27] A sample survey of population was conducted in five towns in April 1975 and in eleven towns and some rural areas in 1978.

[27] Une enquête démographique par sondage a été effectué dans cinq villes en avril 1975, ainsi que dans villes et certaines zones rurales en 1978.

[28] A census of population was conducted 18 November 1931.

[28] Un recensement de population a été effectué de 18 novembre 1931.

[29] A census of population was conducted 14 September 1967.

[29] Un recensement de population a été effectué de 14 september 1967.

[30] No census of population was conducted.

[30] Aucun recensement n'a été effectué.

[31] A census of population was conducted 9–14 September 1974.

[31] Un recensement de population a été effectué de 9–14 Septembre 1974.

[32] Questionnaires were preprinted with answers obtained from various registers such as the Central Register of Population the Register of Completed Education (1980), etc. and the respondents were required to correct any inaccurate information.

[32] Imprimées d'avance dans les questionnaires figuraient des réponses obtenues à partir de divers registres que le Registre central de l'état civil, le Registre de fin d'études, etc. et les recensés étaient priéde corriger toute erreur entachant les renseignements ainsi portés.

[33] No formal census was conducted. Population figures are compiled regularly from administrative records.

[33] Aucune recensement officiel n'a été effectué. Les chiffres concernant la population sont compilés régulièrement à partir des états administratifs.

[34] Annual population figures are available from the National Registry since 1961.

[34] Des chiffres annuels de population peuvent être obtenus du service national d'enregistrement des faits d'état civil à partir de 1961.

[35] A census of population was conducted 28 February 1971.

[35] Un recensement de population a été effectué de 28 février 1971.

[36] A census of population was conducted 1 November 1960.

[36] Un recensement de population a été effectué de 1 novembre 1960.

[37] No formal census was conducted. Population figures were compiled on 1 April 1980 from administrative records. A census of population was conducted in 1 April 1970.

[37] Aucune recensement officiel n'a été effectué. Les chiffres de population ont été é tablis au 1 avril 1980 d'après les dossiers adminis tratifs. Un recensement de population a été effectué de 1 avril 1970.

[38] A count of numbers of each family group by name, sex, age and whether permanent or expatriate resident is made on 30 or 31 December each year.

[38] Un dénombrement de chaque groupe familial par nom, sexe, âge et qualité de résident permanent est effectué le 30 ou 31 décembre de chaque année.

[39] A mini population census with seven questions was conducted on 30 November 1984.

[39] Un"mini"recensement de population avec sept questions a en lieu le November 1984.

[40] Urban census.

[40] Recensement urbaine.

TECHNICAL NOTES ON THE STATISTICAL TABLES

1. GENERAL REMARKS

1.1 Arrangement of Technical Notes

These Technical Notes are designed to give the reader relevant information for using the statistical tables. Information pertaining to the Yearbook in general is presented in sections dealing with various geographical aspects and population and vital statistics data. The following section which refers to individual tables includes a description of the variables, remarks on the reliability of the data, limitations, coverage and information on the presentation of earlier data. When appropriate, details on computation of rates, ratios or percentages are presented.

1.2 Arrangement of tables

The tables are grouped in two parts: the general tables and the special topic tables, which in this particular issue deal with population census statistics. In each group, tables are arranged according to subject matter and are shown in the table of contents under the appropriate subheadings. Since the numbering of the tables does not correspond exactly to those in previous issues, the reader is advised to use the index which appears at the end of this book to find data in earlier issues.

1.3 Source of data

The statistics presented in the Demographic Yearbook are official data unless otherwise indicated. The primary source of data for the Yearbook is a set of questionnaires sent annually and monthly to about 218 national statistical services and other appropriate government offices. Data forwarded on these questionnaires are supplemented, to the extent possible, by data taken from official national publications and by correspondence with the national statistical services. In the interest of comparability, rates, ratios and percentages have been calculated in the Statistical Office of the United Nations, except for the life table functions and a few exceptions in the rate tables, which have been appropriately noted. The methods used by the Statistical Office to calculate these rates and ratios are described in the Technical Notes for each table. The populations used for these computations are those published in this or previous issues of the Yearbook.

In cases when data in this issue of the Demographic Yearbook differ from those published in earlier issues of the Demographic Yearbook or related publications, statistics in this issue may be assumed to reflect revisions received in the Statistical Office of the United Nations by 31 March 1989. It should be noted that, in particular, data shown as provisional are subject to further revision.

1.4 Changes appearing in this issue

1.4.1 Presentation of data

Information regarding recent name changes for various countries or areas is shown in section 2.3.2.

NOTES TECHNIQUES SUR LES TABLEAUX STATISTIQUES

1. REMARQUES D'ORDRE GENERAL

1.1 Ordonnance des Notes techniques

Les Notes techniques ont pour but de donner au lecteur tous les renseignements dont il a besoin pour se servir des tableaux statistiques. Les renseignements qui concernent l'Annuaire en général sont présentés dans des sections portant sur diverses considérations géographiques, sur la population et sur les statistiques de natalité et de mortalité. Dans la section suivante, les tableaux sont commentés chacun séparément et, à propos de chacun d'eux, on trouvera une description des variables ainsi que des indications sur la fiabilité, les insuffisances et la portée des données, et sur les données publiées antérieurement. Des détails sont fournis également, le cas échéant, sur le mode de calcul des taux, quotients ou pourcentages.

1.2 Ordonnance des tableaux

Les tableaux sont présentés en deux groupes : les tableaux généraux et les tableaux portant sur le sujet spécial, qui, dans la présente édition, concerne les statistiques des recensements de population. Dans chaque groupe, les tableaux sont présentés par sujet et figurent dans la table des matières sous les rubriques correspondantes. Comme la numérotation des tableaux ne correspond pas exactement à celle des éditions précédentes, il est recommandé au lecteur de se reporter à l'index qui figure à la fin du présent ouvrage pour trouver les données publiées dans les précédentes éditions.

1.3 Origine des données

Sauf indication contraire, les statistiques présentées dans l'Annuaire démographique sont des données officielles. Elles sont fournies essentiellement par des questionnaires qui sont envoyés, annuellement ou mensuellement, à environ 218 services nationaux de statistique et autres services gouvernementaux compétents. Les données communiquées en réponse à ces questionnaires sont complétées, dans toute la mesure possible, par des données tirées de publications nationales officielles et des renseignements communiqués par les services nationaux de statistique dans leur correspondance avec l'ONU. Pour que les données soient comparables, les taux, rapports et pourcentages ont été calculés au Bureau de statistique de l'ONU, excepté les paramètres des tables de mortalité et quelques cas dans les tableaux relatifs aux taux, qui ont été dûment signalés en note. Les méthodes suivies par le Bureau de statistique pour le calcul des taux et rapports sont décrites dans les Notes techniques relatives à chaque tableau. Les chiffres de population utilisés pour ces calculs sont ceux qui figurent dans la présente édition de l'Annuaire ou qui ont paru dans des éditions antérieures.

Chaque fois que l'on constatera des différences entre les données du présent volume et celles des éditions antérieures de l'Annuaire démographique, ou de certaines publications apparentées, on pourra en conclure que les statistiques publiées cette année sont des chiffres révisés communiqués au Bureau de statistique avant le 31 mars 1989. On notera en particulier que les chiffres présentés comme provisoires pourront être révisés eux aussi.

1.4 Modifications introduites dans la présente édition

1.4.1 Présentation des données

On trouvera dans la section 2.3.2 des informations sur les changements récemment apportés aux noms de divers pays ou zones.

2. GEOGRAPHICAL ASPECTS

2.1 Coverage

Geographical coverage in the tables of this Yearbook is as comprehensive as possible. Data are shown for as many individual countries or areas as provide them. Table 3 is the most comprehensive in geographical coverage, presenting data on population and surface area for every country or area with a population of at least 50 persons. Not all of these countries or areas appear in subsequent tables. In many cases the data required for a particular table are not available. In general, the more detailed the data required for any table, the fewer the number of countries or areas that can provide them.

In addition, with the exception of three tables, rates and ratios are presented only for countries or areas reporting at least a minimum number of relevant events. The minimums are explained in the Technical Notes for the individual tables. The three exceptions, in which rates for countries or areas are shown regardless of the number of events on which they were based, are tables 4, 9, and 18, presenting a summary of vital statistics rates, crude birth rates, and crude death rates, respectively.

Except for summary data shown for the world and by macro regions and regions in tables 1 and 2, all data are presented on the national level. In some cases when these have not been available, sub–national statistics, those for particular ethnic groups or for certain geographical segments of a country or area, have been shown and footnoted accordingly. These data are not presented as representative of national–level statistics but as an index of the availability of statistics.

2.2 Territorial composition

In so far as possible, all data, including time series data, relate to the territory within 1988 boundaries. Exceptions to this are footnoted in individual tables. Additionally, in table 3, recent changes and other relevant clarifications are elaborated.

Data relating to the People's Republic of China generally include those for Taiwan Province in the field of statistics relating to population, surface area, natural resources, natural conditions such as climate, etc. In other fields of statistics, they do not include Taiwan Province unless otherwise stated. Therefore in this publication, the data published under the heading "China" include those for Taiwan Province.

2.3 Nomenclature

Because of space limitations, the country or area names listed in the tables are generally the commonly employed short titles in use in the United Nations as of 31 March 1989, [1] the full titles being used only when a short form is not available.

2.3.1 Order of presentation

Countries or areas are listed in English alphabetical order within the following continents: Africa, North America, South America, Asia, Europe, Oceania and the USSR.

2. CONSIDERATIONS GEOGRAPHIQUES

2.1 Portée

La portée géographique des tableaux du présent Annuaire est aussi complète que possible. Des données sont présentées sur tous les pays ou zones qui en ont communiquées. Le tableau 3, le plus complet, contient des données sur la population et la superficie de chaque pays ou zone ayant une population d'au moins 50 habitants. Ces pays ou zones ne figurent pas tous dans les tableaux suivants. Dans bien des cas, les données requises pour un tableau particulier n'étaient pas disponibles. En général, le nombre de pays ou zones qui peuvent fournir des données est d'autant plus petit que les données demandées sont plus détaillées.

De plus, sauf dans trois tableaux, les taux et rapports ne sont présentés que pour les pays ou zones ayant communiqué des chiffres correspondant à un nombre minimal de faits considérés. Les minimums sont indiqués dans les Notes techniques relatives à chacun des tableaux. Les trois tableaux faisant exception, où les taux pour les pays ou zones sont présentés quel que soit le nombre de faits sur lequel ils se fondent, sont les tableaux 4, 9 et 18, où figurent respectivement des données récapitulatives sur les taux démographiques, les taux bruts de natalité et les taux bruts de mortalité.

A l'exception des données récapitulatives présentées dans les tableaux 1 et 2 pour le monde, les grandes régions et les régions, toutes les données se rapportent aux pays. Lorsqu'il n'existait pas de chiffres nationaux, on a fait figurer des statistiques partielles portant sur des groupes ethniques particuliers ou sur certaines composantes géographiques d'un pays ou d'une zone, et on a signalé ces cas en note au bas des tableaux. Ces données ne se veulent pas représentatives sur le plan national et ne sont présentées que comme indice des données disponibles.

2.2 Composition territoriale

Autant que possible, toutes les données, y compris les séries chronologiques, se rapportent au territoire de 1988. Les exceptions à cette règle sont signalées en note au bas des tableaux. De plus, les changements intervenus récemment et d'autres précisions intéressantes figurent au tableau 3.

Les données relatives à la République populaire de Chine comprennent en général celles de la province de Taiwan concernant la population, la superficie, les ressources naturelles, les conditions naturelles telles que le climat, etc. Dans d'autres domaines statistiques, elles ne comprennent pas les données relatives à la province de Taiwan, sauf indication contraire. Dans la présente publication, les données figurant sous la rubrique "Chine" comprennent donc les données relatives à la province de Taiwan.

2.3 Nomenclature

Pour gagner de la place, on a jugé commode de nommer en général dans les tableaux les pays ou zones par les désignations abrégées couramment utilisées par les Nations Unies au 31 mars 1989 [1], les désignations complètes n'étant utilisées que lorsqu'il n'existait pas de forme abrégée.

2.3.1 Ordre de présentation

Les pays ou zones sont classés dans l'ordre alphabétique anglais et regroupés par continent comme ci–après : Afrique, Amérique du Nord, Amérique du Sud, Asie, Europe, Océanie et URSS.

The designations employed and the presentation of the material in this publication were adopted solely for the purpose of providing a convenient geographical basis for the accompanying statistical series. The same qualification applies to all notes and explanations concerning the geographical units for which data are presented.

2.3.2 Recent name changes

The following change in country name appears for the first time in this issue of the Yearbook:

Former Listing	*Current Listing*
Burma	Myanmar

2.4 Surface Area Data

Surface area data, shown in tables 1 and 3, represent the total surface area, comprising land area and inland waters (assumed to consist of major rivers and lakes) and excluding only polar regions and uninhabited islands. The surface area given is the most recent estimate available. All are presented in square kilometres, a conversion factor of 2.589988 having been applied to surface areas originally reported in square miles.

2.4.1 Comparability over time

Comparability over time in surface area estimates for any given country or area may be affected by improved surface area estimates, increases in actual land surface by reclamation, boundary changes, changes in the concept of "land surface area" used or a change in the unit of measurement used. In most cases it was possible to ascertain the reason for a revision but, failing this, the latest figures have nevertheless generally been accepted as correct and substituted for those previously on file.

2.4.2 International comparability

Lack of international comparability between surface area estimates arises primarily from differences in definition . In particular, there is considerable variation in the treatment of coastal bays, inlets and gulfs, rivers and lakes. International comparability is also impaired by the variation in methods employed to estimate surface area. These range from surveys based on modern scientific methods to conjectures based on diverse types of information. Some estimates are recent while others may not be. Since neither the exact method of determining the surface area nor the precise definition of its composition and time reference is known for all countries or areas, the estimates in table 3 should not be considered strictly comparable from one country or area to another.

Les appellations employées dans la présente édition et la présentation des données qui y figurent n'ont d'autre objet que de donner un cadre géographique commode aux séries statistiques. La même observation vaut pour toutes les notes et précisions fournies sur les unités géographiques pour lesquelles des données sont présentées.

2.3.2 Récents changements d'appellation

Le changement suivant dans l'appellation d'un pays figure pour la première fois dans la présente édition de l'Annuaire :

Appellation antérieure	*Nouvelle appellation*
Birmanie	Myanmar

2.4 Superficie

Les données relatives à la superficie qui figurent dans les tableaux 1 et 3 représentent la superficie totale, c'est–à–dire qu'elles englobent les terres émergées et les eaux intérieures (qui sont censées comprendre les principaux lacs et cours d'eau) à la seule exception des régions polaires et des îles inhabitées. Les données relatives à la superficie correspondent aux chiffres estimatifs les plus récents. Les superficies sont toutes exprimées en kilomètres carrés; les chiffres qui avaient été communiqués en miles carrés ont été convertis à l'aide d'un coefficient de 2,589988.

2.4.1 Comparabilité dans le temps

La comparabilité dans le temps des estimations relatives à la superficie d'un pays ou d'une zone donnés peut être affectée par la révision des estimations antérieures de la superficie, par des augmentations effectives de la superficie terrestre — dues par exemple à des travaux d'assèchement —, par des rectifications de frontières, par des changements d'interprétation du concept de "terres émergées", ou par l'utilisation de nouvelles unités de mesure. Dans la plupart des cas, il a été possible de déterminer la raison de ces révisions; toutefois, lorsqu'on n'a pas pu le faire, on a néanmoins remplacé les anciens chiffres par les nouveaux et on a généralement admis que ce sont ces derniers qui sont exacts.

2.4.2 Comparabilité internationale

Le défaut de comparabilité internationale entre les données relatives à la superficie est dû essentiellement à des différences de définition. En particulier, la définition des golfes, baies et criques, lacs et cours d'eau varie sensiblement d'un pays à l'autre. La diversité des méthodes employées pour estimer les superficies nuit elle aussi à la comparabilité internationale. Certaines données proviennent de levés effectués selon des méthodes scientifiques modernes; d'autres ne représentent que des conjectures reposant sur diverses catégories de renseignements. Certains chiffres sont récents, d'autres pas. Comme ni la méthode de calcul de la superficie ni la composition du territoire et la date à laquelle se rapportent les données ne sont connues avec précision pour tous les pays ou zones, les estimations figurant au tableau 3 ne doivent pas être considérées comme rigoureusement comparables d'un pays ou d'une zone à l'autre.

3. POPULATION

Population statistics, that is, those pertaining to the size, geographical distribution and demographic characteristics of the population, are presented in a number of tables of the Demographic Yearbook.

Data for countries or areas include population census figures, estimates based on results of sample surveys (in the absence of a census), postcensal or intercensal estimates and those derived from continuous population registers. In the present issue of the Yearbook, the latest available census figure of the total population of each country or area and mid–year estimates for 1980 and 1988 are presented in table 3. Mid–year estimates of total population for 10 years are shown in table 5 and mid–year estimates of urban and total population by sex for 10 years are shown in table 6. The latest available data on population by age, sex and urban/rural residence are given in table 7. The latest available figures on the population of capital cities and of cities of 100 000 and more inhabitants are presented in table 8.

Summary estimates of the mid–year population of the world, macro regions and regions for selected years and of its age and sex distribution in 1985 are set forth in tables 1 and 2, respectively.

The statistics on total population, population by age, sex and urban/rural distribution are used in the calculation of rates in the Yearbook. Vital rates by age and sex were calculated using data which appear in table 7 in this issue or the corresponding tables of previous issues of the Demographic Yearbook.

3.1 Sources of variation of data

The comparability of data is affected by several factors, including (1) the definition of the total population, (2) the definitions used to classify the population into its urban/rural components, (3) difficulties relating to age reporting, (4) the extent of over–enumeration or under–enumeration in the most recent census or other source of bench–mark population statistics and (5) the quality of population estimates. These five factors will be discussed in some detail in sections 3.1.1 to 3.2.4 below. Other relevant problems are discussed in the Technical Notes to the individual tables. Readers interested in more detail, relating in particular to the basic concepts of population size, distribution and characteristics as elaborated by the United Nations, should consult the Principles and Recommendations for Population and Housing Censuses. [2]

3.1.1 Total population

The most important impediment to comparability of total populations is the difference between de facto and de jure population. A de facto population should include all persons physically present in the country or area at the reference date. The de jure population, by contrast, should include all usual residents of the given country or area, whether or not they were physically present there at the reference date. By definition, therefore, a de facto total and a de jure total are not entirely comparable.

3. POPULATION

Les statistiques de la population, c'est–à–dire celles qui se rapportent à la dimension, à la répartition géographique et aux caractéristiques démographiques de la population, sont présentées dans un certain nombre de tableaux de l'Annuaire démographique.

Les données concernant les pays ou les zones représentent les résultats de recensements de population, des estimations fondées sur les résultats d'enquêtes par sondage (s'il n'y a pas eu recensement), des estimations postcensitaires ou intercensitaires, ou des estimations établies à partir de données tirées des registres de population permanents. Dans la présente édition de l'Annuaire, le tableau 3 présente pour chaque pays ou zone le chiffre le plus récent de la population totale au dernier recensement et des estimations établies au milieu de l'année 1980 et de l'année 1988. Le tableau 5 contient des estimations de la population totale au milieu de chaque année pendant 10 ans, et le tableau 6 des estimations de la population urbaine et de la population totale, par sexe, au milieu de chaque année pendant 10 ans. Les dernières données disponibles sur la répartition de la population selon l'âge, le sexe et la résidence (urbaine/rurale) sont présentées dans le tableau 7. Les derniers chiffres disponibles sur la population des capitales et des villes de 100 000 habitants ou plus sont présentés dans le tableau 8.

Les tableaux 1 et 2 présentent respectivement des estimations récapitulatives de la population du monde, des grandes régions et des régions en milieu d'année, pour diverses années, ainsi que des estimations récapitulatives, pour 1985, de cette population répartie selon l'âge et le sexe.

On a utilisé pour le calcul des taux les statistiques de la population totale et de la population répartie selon l'âge, le sexe et la résidence (urbaine/rurale). Les taux démographiques selon l'âge et le sexe ont été calculés à partir des données qui figurent dans le tableau 7 de la présente édition ou dans les tableaux correspondants de précédentes éditions de l'Annuaire démographique.

3.1 Sources de variation des données

Plusieurs facteurs influent sur la comparabilité des données : 1) la définition de la population totale, 2) les définitions utilisées pour distinguer entre population urbaine et population rurale, 3) les difficultés liées aux déclarations d'âge, 4) l'étendue du surdénombrement ou du sous–dénombrement dans le recensement le plus récent ou dans une autre source de statistiques de référence sur la population, et 5) la qualité des estimations relatives à la population. Ces cinq facteurs sont analysés en quelques détails dans les sections 3.1.1 à 3.2.4 ci–après. D'autres questions seront traitées dans les Notes techniques relatives à chaque tableau. Pour plus de précisions concernant, notamment, les concepts fondamentaux de dimension, de répartition et de caractéristiques de la population qui ont été élaborés par les Nations Unies, le lecteur est prié de se reporter aux Principes et recommandations concernant les recensements de la population et l'habitation [2].

3.1.1 Population totale

Le facteur qui fait le plus obstacle à la comparabilité des données relatives à la population totale est la différence qui existe entre population de fait et population de droit. La population de fait comprend toutes les personnes présentes dans le pays ou la zone à la date de référence, tandis que la population de droit comprend toutes les personnes qui résident habituellement dans le pays ou la zone, qu'elles y aient été ou non présentes à la date de référence. La population totale de fait et la population totale de droit ne sont donc pas rigoureusement comparables entre elles par définition.

Comparability of even two ostensibly de facto totals or of two ostensibly de jure totals is often affected by the fact that, simple as the two concepts appear, strict conformity to either of them is rare. To give a few examples, some so–called de facto counts do not include foreign military, naval and diplomatic personnel present in the country or area on official duty, and their accompanying family members and servants; some do not include foreign visitors in transit through the country or area or transients on ships in harbour. On the other hand, they may include such persons as merchant seamen and fishermen who are out of the country or area working at their trade.

The de jure population figure presents even more opportunity for lack of comparability because it depends in the first place on the concept of a "usual resident", which varies from one country or area to another and is, in any case, difficult to apply consistently in a census or survey enumeration. For example, civilian aliens temporarily in a country or area as short–term workers may officially be considered residents after a stay of a specified period of time or they may be considered as non–residents throughout the duration of their stay; at the same time, the same persons may be officially considered as residents or non–residents of the country or area from which they came, depending on the duration and/or purpose of their absence. Furthermore, regardless of the official treatment, individual respondents may apply their own interpretation of residence in responding to the inquiry. In addition, there may be considerable differences in the accuracy with which countries or areas are informed about the number of their residents temporarily out of the country or area.

So far as possible, the population statistics presented in the tables of the Yearbook are de facto. Figures not otherwise qualified may, therefore, be assumed to have been reported by countries or areas as de facto. Those reported as de jure are identified as such. In an effort to overcome, to the extent possible, the effect of the lack of strict conformity to either the de facto or the de jure concept given above, significant exceptions are footnoted when they are known. It should be remembered, however, that the necessary detailed information has not been available in many cases. It cannot, therefore, be assumed that figures not thus qualified reflect strict de facto or de jure definitions.

A possible source of variation within the statistics of a single country or area may arise from the fact that some countries or areas collect information on both the de facto and the de jure population in, for example, a census, but prepare detailed tabulations for only the de jure population. Hence, even though the total population shown in table 3 is de facto, the figures shown in the tables presenting various characteristics of the population, for example, urban/rural distribution, age and sex, may be de jure. These de jure figures are footnoted when known.

Même lorsqu'on veut comparer deux totaux qui se rapportent manifestement à des populations de fait ou deux totaux qui se rapportent manifestement à des populations de droit, on risque souvent de faire des erreurs pour cette raison que, aussi simples que ces concepts puissent paraître, il est rare qu'ils soient appliqués strictement. Pour citer quelques exemples, certains comptages qui sont censés porter sur la population de fait ne tiennent pas compte du personnel militaire, naval et diplomatique étranger en fonction dans le pays ou la zone, ni des membres de leurs familles et de leurs domestiques les accompagnant; certains autres ne comprennent pas les visiteurs étrangers de passage dans le pays ou la zone ni les personnes à bord de navires ancrés dans les ports. En revanche, il arrive que l'on compte des personnes, inscrits maritimes et marins pêcheurs par exemple, qui, en raison de leur activité professionnelle, se trouvent hors du pays ou de la zone de recensement.

Les risques de disparités sont encore plus grands quand il s'agit de comparer des populations de droit, car ces comparaisons dépendent au premier chef de la définition de la "résidence habituelle", qui varie d'un pays ou d'une zone à l'autre et qu'il est, de toute façon, difficile d'appliquer uniformément pour le dénombrement lors d'un recensement ou d'une enquête. Par exemple, les civils étrangers qui se trouvent temporairement dans un pays ou une zone comme travailleurs à court terme peuvent officiellement être considérés comme résidents après un séjour d'une durée déterminée, mais ils peuvent aussi être considérés comme non–résidents pendant toute la durée de leur séjour; ailleurs, ces mêmes personnes peuvent être considérées officiellement comme résidents ou comme non–résidents du pays ou de la zone d'où ils viennent, selon la durée et, éventuellement, la raison de leur absence. Qui plus est, quel que soit son statut officiel, chacun des recensés peut, au moment de l'enquête, interpréter à sa façon la notion de résidence. De plus, les autorités nationales ou de zones ne savent pas toutes avec la même précision combien de leurs résidents se trouvent temporairement à l'étranger.

Les chiffres de population présentés dans les tableaux de l'Annuaire représentent, autant qu'il a été possible, la population de fait. Sauf indication contraire, on peut supposer que les chiffres présentés ont été communiqués par les pays ou les zones comme se rapportant à la population de fait. Les chiffres qui ont été communiqués comme se rapportant à la population de droit sont identifiés comme tels. Lorsqu'on savait que les données avaient été recueillies selon une définition de la population de fait ou de la population de droit qui s'écartait sensiblement de celle indiquée plus haut, on l'a signalé en note, de manière à compenser dans toute la mesure possible les conséquences de cette divergence. Il ne faut pas oublier néanmoins qu'on ne disposait pas toujours de renseignements détaillés à ce sujet. On ne peut donc partir du principe que les chiffres qui ne sont pas accompagnés d'une note signalant une divergence correspondent exactement aux définitions de la population de fait ou de la population de droit.

Il peut y avoir hétérogénéité dans les statistiques d'un même pays ou d'une même zone dans le cas des pays ou zones qui, bien qu'ils recueillent des données sur la population de droit et sur la population de fait à l'occasion d'un recensement, par exemple, ne font une exploitation statistique détaillée des données que pour la population de droit. Ainsi, tandis que les chiffres relatifs à la population totale qui figurent au tableau 3 se rapportent à la population de fait, ceux des tableaux qui présentent des données sur diverses caractéristiques de la population — résidence (urbaine/rurale), âge et sexe, par exemple — peuvent ne se rapporter qu'à la population de droit. Lorsqu'on savait que les chiffres se rapportaient à la population de droit, on l'a signalé en note.

3.1.2 Urban/rural classification

International comparability of urban/rural distributions is seriously impaired by the wide variation among national definitions of the concept of "urban". The definitions used by individual countries or areas are shown at the end of table 6, and their implications are discussed in the Technical Notes for that table.

3.1.3 Age distribution

The classification of population by age is a core element of most analysis, estimation and projection of population statistics. Unfortunately, age data are subject to a number of sources of error and non–comparability. Accordingly, the reliability of age data should be of concern to nearly all users of these statistics.

3.1.3.1 Collection and compilation of age data

Age is the estimated or calculated interval of time between the date of birth and the date of the census, expressed in completed solar years. [3] There are two methods of collecting age data. The first is to obtain the date of birth for each member of the population in a census or survey and then to calculate the completed age of the individual by substracting the date of birth from the date of enumeration. [4] The second method is to record the individuals completed age at the time of the census, that is to say, age at last birthday.

The recommended method is to calculate age at last birthday by subtracting the exact date of birth from the date of the census. Some places, however, do not use this method but instead calculate the difference between the year of birth and the year of the census. Classifications of this type are footnoted whenever possible. They can be identified to a certain extent by a smaller than expected population under one year of age. However, an irregular number of births from one year to the next or age selective omission of infants may obscure the expected population under one year of age.

3.1.3.2 Errors in age data

Errors in age data may be due to a variety of causes, including ignorance of correct age; reporting years of age in terms of a calendar concept other than completed solar years since birth, [5] carelessness in reporting and recording age; a general tendency to state age in figures ending in certain digits (such as zero, two, five and eight); a tendency to exaggerate length of life at advanced ages; possibly subconscious aversion to certain numbers and wilful misrepresentations arising from motives of an economic, social, political or purely personal character. These reasons for errors in reported age data are common to most investigations of age and to most countries or areas, and they may impair comparability to a marked degree.

3.1.2 Résidence (urbaine/rurale)

L'hétérogénéité des définitions nationales du terme "urbain" nuit sérieusement à la comparabilité internationale des données concernant la répartition selon la résidence. Les définitions utilisées par les différents pays ou zones sont reproduites à la fin du tableau 6, et leurs incidences sont examinées dans les Notes techniques relatives à ce même tableau.

3.1.3 Répartition par âge

La répartition de la population selon l'âge est un paramètre fondamental de la plupart des analyses, estimations et projections relatives aux statistiques de la population. Malheureusement, ces données sont sujettes à un certain nombre d'erreurs et difficilement comparables. C'est pourquoi pratiquement tous les utilisateurs de ces statistiques doivent considérer ces répartitions avec la plus grande circonspection.

3.1.3.1 Collecte et exploitation des données sur l'âge

L'âge est l'intervalle de temps déterminé par calcul ou par estimation qui sépare la date de naissance de la date du recensement et qui est exprimé en années solaires révolues [3]. Les données sur l'âge peuvent être recueillies selon deux méthodes : la première consiste à obtenir la date de naissance de chaque personne à l'occasion d'un recensement ou d'un sondage, puis à calculer l'âge en années révolues en soustrayant la date de naissance de celle du dénombrement [4], la seconde consiste à enregistrer l'âge en années révolues au moment du recensement, c'est–à–dire l'âge au dernier anniversaire.

La méthode recommandée consiste à calculer l'âge au dernier anniversaire en soustrayant la date exacte de la naissance de la date du recensement. Toutefois, on n'a pas toujours recours à cette méthode; certains pays ou zones calculent l'âge en faisant la différence entre l'année du recensement et l'année de la naissance. Lorsque les données sur l'âge ont été établies de cette façon, on l'a signalé chaque fois si possible en note au bas des tableaux. On peut d'ailleurs s'en rendre compte dans une certaine mesure, car les chiffres dans la catégorie des moins d'un an sont plus faibles qu'ils ne devraient l'être. Cependant, un nombre irrégulier de naissances d'une année à l'autre ou l'omission de certains âges parmi les moins d'un an peut fausser les chiffres de la population de moins d'un an.

3.1.3.2 Erreurs dans les données sur l'âge

Les causes d'erreurs dans les données sur l'âge sont diverses : on peut citer notamment l'ignorance de l'âge exact, la déclaration d'années d'âge correspondant à un calendrier différent de celui des années solaires révolues depuis la naissance [5], la négligence dans les déclarations et dans la façon dont elles sont consignées, la tendance générale à déclarer des âges se terminant par certains chiffres tels que 0, 2, 5 ou 8, la tendance, pour les personnes âgées, à exagérer leur âge, une aversion subconsciente pour certains nombres, et les fausses déclarations faites délibérément pour des motifs d'ordre économique, social, politique ou simplement personnel. Les causes d'erreurs mentionnées ci–dessus, communes à la plupart des enquêtes sur l'âge et à la plupart des pays ou zones, peuvent nuire sensiblement à la comparabilité.

As a result of the above–mentioned diffculties, the age–sex distribution of population in many countries or areas shows irregularities which may be summarized as follows : (1) a deficiency in number of infants and young children, (2) a concentration at ages ending with zero and five (that is, 5, 10, 15, 20...), (3) a preference for even ages (for example, 10, 12, 14...) over odd ages (for example, 11, 13, 15...), (4) unexpectedly large differences between the frequency of males and females at certain ages, and (5) unaccountably large differences between the frequencies in adjacent age groups. Comparison of identical age–sex cohorts from successive censuses, as well as study of the age–sex composition of each census, may reveal these and other inconsistencies, some of which in varying degree are characteristic of even the most modern censuses.

3.1.3.3 Evaluation of accuracy

To measure the accuracy of data by age on the evidence of irregularities in 5–year groups, an index was devised for presentation in the Demographic Yearbook 1949–1950. [6] Although this index was sensitive to various sources of inaccuracy in the data, it could also be affected considerably by real fluctuations in past demographic processes. It could not, therefore, be applied indiscriminately to all types of statistics, unless certain adjustments were made and caution used in the interpretation of results.

The publication of population statistics by single years of age in the Demographic Yearbook 1955 made it possible to apply a simple, yet highly sensitive, index known as Whipple's Index, or the Index of Concentration, [7] the interpretation of which is relatively free from consideration of factors not connected with the accuracy of age reporting. More refined methods for the measurement of accuracy of distributions by single year of age have been devised, but this particular index was selected for presentation in the Demographic Yearbook on the basis of its simplicity and the wide use it has already found in other sources.

Whipple's Index "is obtained by summing the age returns between 23 and 62 years inclusive and finding what percentage is borne by the sum of the returns of years ending with 5 and 0 to one–fifth of the total sum. The results would vary between a minimum of 100, representing no concentration at all, and a maximum of 500, if no returns were recorded with any digits other than the two mentioned." [8]

The index is applicable to all age distributions for which single years are given at least to the age of 62, with the following exceptions: (1) where the data presented are the result of graduation, no irregularity is scored by Whipple's Index, even though the graduated data may still be affected by inaccuracies of a different type; (2) where statistics on age have been derived by reference to the year of birth, and tendencies to round off the birth year would result in an excessive number of ages ending in odd numbers, the frequency of age reporting with terminal digits 5 and 0 is not an adequate measure of their accuracy.

A cause des difficultés indiquées ci–dessus, les répartitions par âge et par sexe de la population d'un grand nombre de pays ou de zones comportent des irrégularités qui sont notamment les suivantes : 1) erreurs par défaut dans les groupes d'âge correspondant aux enfants de moins d'un an et aux jeunes enfants; 2) polarisation des déclarations sur les âges se terminant par les chiffres 0 ou 5 (c'est–à–dire 5, 10, 15, 20...); 3) prépondérance des âges pairs (par exemple 10, 12, 14...) au détriment des âges impairs (par exemple 11, 13, 15...); 4) écart considérable et surprenant entre le rapport masculin/féminin à certains âges; 5) différences importantes et difficilement explicables entre les données concernant des groupes d'âge voisins. En comparant les statistiques fournies par des recensements successifs pour des cohortes identiques d'âge et de sexe et en étudiant la répartition par âge et par sexe de la population à chaque recensement, on peut déceler l'existence de ces incohérences et de quelques autres, un certain nombre d'entre elles se retrouvant à des degrés divers même dans les recensements les plus modernes.

3.1.3.3 Evaluation de l'exactitude

Pour déterminer, sur la base des anomalies relevées dans les groupes d'âge quinquennaux, le degré d'exactitude des statistiques par âge, on avait mis au point un indice spécial [6] pour l'Annuaire démographiqe 1949–1950. Cet indice était sensible à l'influence des différents facteurs qui limitent l'exactitude des données et il n'échappait pas non plus à celle des véritables fluctuations démographiques du passé. On ne pouvait donc l'appliquer indistinctement à tous les types de données à moins d'effectuer les ajustements nécessaires et de faire preuve de prudence dans l'interprétation des résultats.

La publication dans l'Annuaire démographique 1955 de statistiques de la population par année d'âge a permis d'utiliser un indice simple, mais très sensible, connu sous le nom d'indice de Whipple ou indice de concentration [7], dont l'interprétation échappe pratiquement à l'influence des facteurs sans rapport avec l'exactitude des déclarations d'âge. Il existe des méthodes plus perfectionnées pour évaluer l'exactitude des répartitions de population par année d'âge, mais on a décidé de se servir ici de cet indice à cause de sa simplicité et de la large utilisation dont il a déjà fait l'objet dans d'autres publications.

L'indice de Whipple "s'obtient en additionnant les déclarations d'âge comprises entre 23 et 62 ans inclusivement et en calculant le pourcentage des âges déclarés se terminant par 0 ou 5 par rapport au cinquième du nombre total de déclarations. Les résultats varient entre un minimum de 100, s'il n'y a aucune concentration, et un maximum de 500, si aucun âge déclaré ne se termine par un chiffre autre que 0 et 5" [8].

Cet indice est applicable à toutes les répartitions par âge pour lesquelles les années d'âge sont données au moins jusqu'à 62 ans, sauf dans les cas suivants : 1) lorsque les données présentées ont déjà fait l'objet d'un ajustement, l'indice de Whipple ne révèle aucune irrégularité bien que des inexactitudes d'un type différent puissent fausser ces données; 2) lorsque les statistiques relatives à l'âge sont établies sur la base de l'année de naissance et que la tendance à arrondir l'année de naissance se traduit par une fréquence excessive des âges impairs, on ne peut utiliser la méthode reposant sur les déclarations d'âge se terminant par 5 et 0 pour évaluer l'exactitude des données recueillies.

Using statistics for both sexes combined, the index has now been computed for all the single–year age distributions in table 26 of this Yearbook from censuses held between 1976 and 1988, with the exception of those excluded on the criteria set forth above. For convenience of presentation, the results have been grouped on the following five categories, which are the same as those shown previously for earlier censuses:

Category	*Value of Whipple's Index*
I. Highly accurate data	Less than 105
II. Fairly accurate data	105 – 109.9
III. Approximate data	110 – 124.9
IV. Rough data	125 – 174.9
V. Very rough data	175 and more

The results of this rating of 76 age distributions, in terms of the age accuracy of specific sensuses indicated by year, are as follows:

Category I: Highly accurate data

Aruba 1981 (102.0)
Australia 1981 (101.1)
Austria 1981 (98.0)
Channel Islands
  Guernsey 1986 (96.0)
  Jersey 1986 (98.0)
Chile 1982 (103.0)
Denmark 1981 (101.0)
Finland 1985 (99.1)
France 1982 (100.1)
Hong Kong 1986 (101.1)
Isle of Man 1986 (99.0)
Israel 1983 (101.0)
Italy 1981 (101.0)
Japan 1985 (98.0)
Korea, Republic of 1985 (99.0)
Luxembourg 1981 (98.1)
Mauritius
  Island of Mauritius 1983 (99.0)
  Rodriguez 1983 (94.0)
New Zealand 1986 (100.1)
Portugal 1981 (102.0)
Sao Tome & Principe 1981 (93.0)
St. Helena 1987 (92.1)
Tunisia 1984 (99.0)
United Kingdom
  Northern Ireland 1981 (100.0)
Vanuatu 1979 (98.1)

Category II: Fairly accurate data

Bahamas 1980 (108.1)
Barbados 1980 (107.0)
Congo 1984 (108.1)
Costa Rica 1984 (108.1)
Fiji 1986 (105.0)
French Guiana 1982 (105.1)
Greece 1981 (108.1)
Jordan 1979 (112.0)
Malaysia
  Peninsular Malaysia 1980 (106.1)
Turks & Caicos Islands 1980 (108.0)
Uruguay 1985 (106.0)

A partir de chiffres relatifs à l'ensemble des deux sexes, on a calculé cet indice pour toutes les répartitions par année d'âge du tableau 26 de cet annuaire sur la base des recensements effectués entre 1976 et 1988, à l'exception de celles que l'on a écartées pour les motifs indiqués plus haut. Les résultats ont été groupés dans les cinq catégories suivantes, qui sont les mêmes que celles que l'on avait déja utilisées pour les recensements précédents.

Catégorie	*Valeur de l'indice de Whipple*
I. Données très exactes	Moins de 105
II. Données relativement exactes	105 à 109,9
III. Données approximatives	110 à 124,9
IV. Données grossières	125 à 174,9
V. Données très grossières	175 et plus

L'évaluation de l'exactitude des distributions selon l'âge correspondant à 76 séries, fournies par les recensements, donne les résultats suivants:

Catégorie I: Données très exactes

Aruba 1981 (102.0)
Australie 1981 (101.1)
Autriche 1981 (98.0)
Isles Anglo–Normandes
  Guernesey 1986 (96.0)
  Jersey 1986 (98.0)
Chili 1982 (103.0)
Danemark 1981 (101.0)
Finlande 1985 (99.1)
France 1982 (100.1)
Hong–Kong 1986 (101.1)
Ile de Man 1986 (99.0)
Israël 1983 (101.0)
Italie 1981 (101.0)
Japon 1985 (98.0)
Corée, République de 1985 (99.0)
Luxembourg 1981 (98.1)
Maurice
  Ile Maurice 1983 (99.0)
  Rodrigues 1983 (94.0)
Nouvelle–Zélande 1986 (100.1)
Portugal 1981 (102.0)
Sao Tomé–et–Principe 1981 (93.0)
Sainte–Hélène 1987 (92.1)
Tunisie 1984 (99.0)
Royaume–Uni
  Irlande du Nord 1981 (100.0)
Vanuatu 1979 (98.1)

Catégorie II: Données relativement exactes

Bahamas 1980 (108.1)
Barbade 1980 (107.0)
Congo 1984 (108.1)
Costa Rica 1984 (108.1)
Fidji 1986 (105.0)
Guyane Française 1982 (105.1)
Grèce 1981 (108.1)
Jordanie 1979 (112.0)
Malaisie
  Malaisie Péninsulaire 1980 (106.1)
Iles Turques et Caïques 1980 (108.0)
Uruguay 1985 (106.0)

Category III: Approximate data

Belize 1980 (114.0)
Botswana 1981 (121.0)
Brazil 1980 (110.1)
British Virgin Islands 1980 (113.0)
Côte d'Ivoire 1978 (111.1)
Dominica 1981 (116.1)
Grenada 1981 (120.0)
Guyana 1980 (110.1)
Iran, Islamic Republic of 1986 (122.1)
Jamaica 1982 (116.1)
Lesotho 1976 (112.1)
Montserrat 1980 (112.1)
Papua New Guinea 1980 (123.0)
Paraguay 1982 (111.1)
Saint Kitts and Nevis 1980 (111.0)
Saint Lucia 1980 (119.1)
South Africa 1985 (124.0)
St. Vincent & the Grenadines 1980 (116.0)

Category IV: Rough data

Burundi 1979 (157.0)
Colombia 1985 (147.1)
Ecuador 1982 (126.1)
Guatemala 1981 (165.0)
Kuwait 1985 (139.0)
Malaysia
  Sabah 1980 (131.0)
  Sarawak 1980 (127.0)
Mexico 1980 133.0)
Mozambique 1980 (154.0)
Myanmar 1983 (142.1)
Peru 1981 (126.0)
Turkey 1985 (149.0)
Zambia 1980 (126.0)
Zimbabwe 1982 (141.0)

Category V: Very rough data

Comoros 1980 (258.0)
Gambia 1983 (243.0)
Haiti 1982 (180.0)
India 1981 (304.0)
Maldives 1985 (176.1)
Mauritania 1977 (190.0)
Pakistan 1981 (328.1)
United Rep. of Tanzania 1978 (175.1)

Although Whipple's Index measures only the effects of preferences for ages ending in 5 and 0, it can be assumed that such digit preference is usually connected with other sources of inaccuracy in age statements and the index can be accepted as a fair measure of the general reliability of the age distribution. [9]

3.2 Methods used to indicate quality of published statistics

To the extent possible, efforts have been made to give the reader an indication of reliability of the statistics published in the Demographic Yearbook. This has been approached in several ways. Any information regarding a possible under–enumeration or over–enumeration, coming from a postcensal survey, for example, has been noted in the footnotes to table 3. [10] Any deviation from full national coverage, as explained in section 2.1 under Geographical Aspects, has also been noted. In addition, national statistical offices have been asked to evaluate the estimate- of total population they submit to the Statistical Office of the United Nations.

Catégorie III: Données approximatives

Belize 1980 (114.0)
Botswana 1981 (121.0)
Brésil 1980 (110.1)
Iles Vierges britanniques 1980 (113.0)
Côte d'Ivoire 1978 (111.1)
Dominique 1981 (116.1)
Grenade 1981 (120.0)
Guyana 1980 (110.1)
Iran, Rép. islamique d') 1986 (122.1)
Jamaïque 1982 (116.1)
Lesotho 1976 (112.1)
Montserrat 1980 (112.1)
Papouasie–Nouvelle–Guinée 1980 (123.0)
Paraguay 1982 (111.1)
Saint–Kitts–et–Nevis 1980 (111.0)
Sainte–Lucie 1980 (119.1)
Afrique du Sud 1985 (124.0)
Saint–Vincent–et–Grenadines 1980 (116.0)

Catégorie IV: Données grossières

Burundi 1979 (157.0)
Colombie 1985 (147.1)
Equateur 1982 (126.1)
Guatemala 1981 (165.0)
Koweït 1985 (139.0)
Malaisie
  Sabah 1980 (131.0)
  Sarawak 1980 (127.0)
Mexique 1980 133.0)
Mozambique 1980 (154.0)
Myanmar 1983 (142.1)
Pérou 1981 (126.0)
Turquie 1985 (149.0)
Zambie 1980 (126.0)
Zimbabwe 1982 (141.0)

Catégorie V: Données très grossières

Comores 1980 (258.0)
Gambie 1983 (243.0)
Haïti 1982 (180.0)
Inde 1981 (304.0)
Maldives 1985 (176.1)
Mauritanie 1977 (190.0)
Pakistan 1981 (328.1)
Rép.–Unie de Tanzanie 1978 (175.1)

Bien que l'indice de Whipple ne mesure que les effects de la préférence pour les âge se terminant par 5 et 0, il semble que l'on puisse admettre qu'il existe généralement certains liens entre cette préférence et d'autres sources d'inexactitudes dans les déclarations d'âge, de telle sorte que l'on peut dire qu'il donne une assez bonne idée de l'exactitude de la répartition par âge en général non seulement dans les données de recensements. [9]

3.2 Méthodes utilisées pour indiquer la qualité des

statistiques publiées

On a cherché dans toute la mesure possible à donner au lecteur une indication du degré de fiabilité des statistiques publiées dans l'Annuaire démographique. On a, pour ce faire, procédé de diverses façons. Chaque fois que l'on savait, grâce par exemple à une enquête postcensitaire, qu'il y avait eu sous–dénombrement ou surdénombrement, on l'a signalé en note au bas du tableau 3 [10]. Ainsi qu'on l'a indiqué dans la section 2.1 sous la rubrique "Considérations géographiques", chaque fois que les données ne portaient pas sur la totalité du pays, on l'a également signalé en note. De plus, les services nationaux de statistique ont été priés de fournir une évaluation des estimations de la population totale qu'ils communiquaient au Bureau de statistique de l'ONU.

3.2.1 Quality code for total population estimates

As early as the second issue of the Yearbook, that is, the Demographic Yearbook 1949–1950, a code was developed to describe the manner in which the estimates of total population were constructed. This code has subsequently been modified and expanded. The present code was instituted in 1958, and it is structured to take into account four elements which have been recognized as affecting the reliability of population estimates: (1) the nature of the base measurement of the population, (2) the time elapsed since the last measurement, (3) the method of time adjustment by which the base figure was brought up to date, and (4) the quality of the time adjustment. The revised code is thus composed of four parts, namely, the nature of the base data, their recency, the nature of the time adjustment, and its quality. [11] The symbols of the code are listed below:

Part I. Nature of base data (capital letter)

A Complete census of individuals.
B Sample survey.
C Partial census or partial registration of individuals.
D Conjecture.
...Nature of base data not determined.

Part II. Recency of base data (subscript numeral following capital letter)

Numeral indicates time elapsed (in years) since establishment of base figure.

Part III. Method of time adjustment (lower–case letter)

a Adjustment by continuous population register.
b Adjustment based on calculated balance of births, deaths and migration.
c Adjustment by assumed rate of population increase.
d No adjustment : base figure held constant at least two consecutive years.
... Method of time adjustment not determined.

Part IV. Quality of adjustment for types a and b (numeral following letter a or b)

1. Population balance adequately accounted for.
2. Adequacy of accounting for population balance not determined but assumed to be adequate.
3. Population balance not adequately accounted for.

Quality of adjustment for type c (numeral following letter c)

1. Two or more censuses taken at decennial intervals or less.
2. Two or more censuses taken, but latest interval exceeds a decennium.
3. One or no census taken.

In addition to these four points, it would have been desirable to consider the probable error in the base measurement of the population. However, this has not been possible as an indication of it is so rarely available.

3.2.1 Codage qualitatif des estimations de la population totale

Dès la deuxième édition de l'Annuaire, c'est–à–dire dans l'Annuaire démographique de 1949–1950, on a introduit un code indiquant la manière dont les estimations de la population totale sont établies. Ce code a, par la suite, été modifié et développé. Le code actuel, établi en 1958, est conçu de manière à tenir compte de quatre éléments dont on a admis qu'ils influent sur la fiabilité des estimations de la population : 1) la nature du chiffre de population qui sert de base; 2) le temps écoulé depuis qu'il a été établi; 3) la méthode d'ajustement chronologique ayant servi à mettre à jour le chiffre de base; 4) la qualité de l'ajustement chronologique. Le code révisé se compose donc de quatre éléments, à savoir la nature des données de base, leur âge, la méthode d'ajustement chronologique et la qualité de cet ajustement [11]. Voici quels sont les signes conventionnels du code :

Premier élément. Nature des données de base (lettre majuscule)

A Recensement complet.
B Enquête par sondage.
C Recensement ou enregistrement partiel.
D Estimations conjecturales.
...Nature des données de base inconnue.

Deuxième élément. Age des données de base (indice numérique accompagnant la majuscule)

Dans chaque cas, l'indice représente le nombre d'années écoulées depuis l'établissement des données de base.

Troisième élément. Méthode d'ajustement chronologique (lettre minuscule)

a Ajustement d'après un registre de population permanent.
b Ajustement d'après l'équation de concordance (balance des naissances, des décès et de la migration nette).
c Ajustement d'après un taux d'accroissement présumé de la population.
d Pas d'ajustement : base constante pour au moins deux années consécutives.
... Méthode d'ajustement inconnue.

Quatrième élément. Qualité de l'ajustement pour les types a et b (chiffres accompagnant la lettre a ou b)

1. Balance démographique sûre.
2. Balance démographique de qualité inconnue mais supposée sûre.
3. Balance démographique non sûre.

Qualité de l'ajustement pour le type c (chiffre accompagnant la lettre c)

1. Au moins deux recensements, à intervalle de dix ans ou moins.
2. Au moins deux recensements, l'intervalle entre les deux derniers étant de plus de dix ans.
3. Un ou aucun recensement.

En plus de ces quatre éléments, il eut été souhaitable d'étudier la probabilité d'erreur dans le chiffre de population pris pour base. Cela n'a toutefois pas été possible, car il est rare que l'on dispose d'indications à ce sujet.

3.2.2 Treatment of estimates of total population

On the basis of the quality code assessments, the latest official total population estimates are classified as "reliable" or "less reliable" by the Statistical Office of the United Nations. "Reliable" data are set in roman type while "less reliable" data are set in italics. Two criteria are used in establishing reliability.

To begin with, reliable estimates can be defined in terms of the "nature of base data". Reliable estimates are those having their origin in a population census (coded A); those based on a sample survey representing the majority of the population (coded B); and, provided the total population is under 1 000 persons, those obtained by annual administrative counting of population (coded C).

A second criterion of reliability is the "method of time adjustment". Time adjustment by the population–register method (coded a), or by the balancing equation method (coded b), is considered reliable, provided the components of the adjusting factors are adquately accounted for. Reliable accounting is defined for this purpose as combinations of (a) and (b) with (1) or (2). Less reliable time adjustment includes updating by assumed rates of population growth (coded c), no updating (coded d), and method unknown (coded...).

Population estimates which are considered reliable are those which are classified as reliable according to the nature of the base data and in addition are considered reliable on the basis of the method of time adjustment. These estimates are shown in roman type. Estimates which are considered less reliable are shown in italics.

3.2.3 Treatment of time series of population estimates

When a series of mid–year population estimates are presented, the same indication of quality is shown for the entire series as was determined for the latest estimate. The quality is indicated by the type face employed.

No attempt has been made to split the series even though it is evident that in cases where the data are now considered reliable, in earlier years, many may have been considerably less reliable than the current classification implies. Thus it will be evident that this method over–states the probable reliability of the time series in many cases. It may also understate the reliability of estimates for years immediately preceding or following a census enumeration.

3.2.4 Treatment of estimated distributions by age and other demographic characteristics

Estimates of the age–sex distribution of population may be constructed by two major methods: (1) by applying the specific components of population change to each age–sex group of the population as enumerated at the time of the census and (2) by distributing the total estimated for a postcensal year proportionately according to the age–sex structure at the time of the census. Estimates constructed by the latter method are not published in the Demographic Yearbook.

3.2.2 Traitement des estimations de la population totale

Se fondant sur les évaluations de la qualité des données, le Bureau de statistique de l'ONU classe les dernières estimations officielles de la population totale comme "sûres" ou "moins sûres". Les données "sûres" sont imprimées en caractères romains alors que les données "moins sûres" sont imprimées en italique. Deux critères permettent de déterminer la fiabilité des estimations.

Tout d'abord, les estimations sûres peuvent être définies du point de vue de la "nature des données de base". On peut définir comme sûres les estimations fondées sur un recensement de population (codées A); celles qui reposent sur une enquête par sondage représentant la majorité de la population (codées B); et, à condition que la population totale soit inférieure à 1 000, celles qui résultent d'un comptage administratif annuel de la population (codées C).

Un deuxième critère de fiabilité est la "méthode d'ajustement chronologique". L'ajustement chronologique d'après un registre de population (codé a) ou d'après l'équation de concordance (codé b) est jugé "sûr" à condition toutefois qu'il ait été dûment tenu compte des composantes du facteur d'ajustement. On considère qu'il n'en est ainsi que lorsque les lettres a et b sont combinées avec les chiffres 1 ou 2. L'ajustement chronologique est jugé "moins sûr" dans les cas suivants : ajustement d'après un taux d'accroissement présumé de la population (codé c), pas d'ajustement (codé d) et méthode d'ajustement inconnue (codé...).

Les estimations de la population qui sont considérées comme sûres sont celles qui sont classées comme telles selon la nature des données de base et qui sont en outre considérées comme sûres d'après la méthode d'ajustement chronologique. Ces estimations sont imprimées en caractères romains. Les estimations considérées moins sûres sont imprimées en italique.

3.2.3 Traitement des séries chronologiques d'estimations de la population

En ce qui concerne les séries d'estimations de la population en milieu d'année, on considère que la qualité de la série tout entière est la même que celle de la dernière estimation. La qualité de la série est indiquée par le caractère d'imprimerie utilisé.

On n'a pas cherché à subdiviser les séries, mais il est évident que les données qui sont jugées sûres actuellement n'ont pas toutes le même degré de fiabilité et que, pour les premières années, nombre d'entre elles étaient peut–être bien moins sûres que la classification actuelle ne semble l'indiquer. Ainsi, il apparaît clairement que cette méthode tend, dans bien des cas, à surestimer la fiabilité probable des séries chronologiques. Elle peut aussi sous–estimer la fiabilité des estimations pour les années qui précèdent ou qui suivent immédiatement un recensement.

3.2.4 Traitement des séries estimatives selon l'âge et d'autres caractéristiques démographiques

Des estimations de la répartition de la population par âge et par sexe peuvent être obtenues selon deux méthodes principales : 1) en appliquant les composantes spécifiques du mouvement de la population, pour chaque groupe d'âge et pour chaque sexe, à la population dénombrée lors du recensement; et 2) en répartissant proportionnellement le chiffre total estimé pour une année postcensitaire d'après la composition par âge et par sexe au moment du recensement. Les estimations obtenues par la seconde méthode ne sont pas publiées dans l'Annuaire démographique.

Among published, estimated age–sex distributions are categorized as "reliable" or "less reliable" according to the method of construction established for the latest estimate of total mid–year population. Hence, the quality designation of the total figure, as determined by the code, is considered to apply also to the whole distribution by age and sex, and the data are set in italic or roman type, as appropriate, on this basis alone. Further evaluation of detailed age structure data has not been undertaken to date.

Les séries estimatives selon l'âge et le sexe qui sont publiées sont classées en deux catégories, "sûres" ou "moins sûres", selon la méthode retenue pour le plus récent calcul estimatif de la population totale en milieu d'année. Ainsi, l'appréciation de la qualité du chiffre total, telle qu'elle ressort des signes de code, est censée s'appliquer aussi à l'ensemble de la répartition par âge et par sexe, et c'est sur cette seule base que l'on décide si les données figureront en caractères italiques ou romains. On n'a pas encore procédé à une évaluation plus poussée des données détaillées concernant la composition par âge.

4. VITAL STATISTICS

For purposes of the Demographic Yearbook, vital statistics have been defined as statistics of live birth, death, foetal death, marriage and divorce.

In this issue of the Yearbook, the basic Vital Statistics tables deal with natality, mortality, nuptiality and divorce. The tables on mortality appear under three headings: Fetal Mortality, Infant and Maternal Mortality and General Mortality.

4.1 Sources of variation of data

Most of the vital statistics data published in this Yearbook come from national civil registration systems. The completeness and the accuracy of the data which these systems produce vary from one country or area to another. [12]

The provision for a national civil registration system is not universal, and in some cases, the registration system covers only certain vital events. For example, in some countries or areas only births and deaths are registered. There are also differences in the effectiveness with which national laws pertaining to civil registration operate in the various countries or areas. The manner in which the law is implemented and the degree to which the public complies with the legislation determine the reliability of the vital statistics obtained from the civil registers.

It should be noted that some statistics for marriage and divorce are obtained from sources other than civil registers. For example, in some countries or areas, the only source for data on marriages is church registers. Divorce statistics, on the other hand, are obtained from court records and/or civil registers according to national practice. The actual compilation of these statistics may be the responsibility of the civil registrar, the national statistical office or other government offices.

As well as these factors, others affecting the international comparability of vital statistics are much the same as those which must be considered in evaluating the variations in other population statistics. Differences in statistical definitions of vital events, differences in geographical and ethnic coverage of the data and diverse tabulation procedures— all these may influence comparability.

4. STATISTIQUES DE L'ETAT CIVIL

Aux fins de l'Annuaire démographique, on entend par statistiques de l'état civil les statistiques des naissances vivantes, des décès, des morts foetales, des mariages et des divorces.

Dans la présente édition de l'Annuaire, les tableaux de statistiques de l'état civil de base concernent la natalité, la mortalité, la nuptialité et la divortialité. Les tableaux consacrée à la mortalité sont groupé sous les trois rubriques suivantes: mortalité foetale, mortalité infantile et mortalité liée à maternité et mortalité générale.

4.1 Sources de variations des données

La plupart des statistiques de l'état civil publiées dans le présent Annuaire sont fournies par les systèmes nationaux d'enregistrement des faits d'état civil. Le degré d'exhaustivité et d'exactitude de ces données varie d'un pays ou d'une zone à l'autre [12].

Il n'existe pas partout de système national d'enregistrement des faits d'état civil et, dans quelques cas, seuls certains faits sont enregistrés. Par exemple, dans certains pays ou zones, seuls les naissances et les décès sont enregistrés. Il existe également des différences quant au degré d'efficacité avec lequel les lois relatives à l'enregistrement des faits d'état civil sont appliquées dans les divers pays ou zones. La fiabilité des statistiques tirées des registres d'état civil dépend des modalités d'application de la loi et de la mesure dans laquelle le public s'y soumet.

Il est à signaler qu'en certains cas les statistiques de la nuptialité et de la divortialité sont tirées d'autres sources que les registres d'état civil. Dans certains pays ou zones, par exemple, les seules données disponibles sur la nuptialité sont tirées des registres des églises. Les statistiques de la divortialité sont en outre, suivant la pratique suivie par chaque pays, tirées des actes des tribunaux et/ou des registres d'état civil. L'officier de l'état civil, le service national de statistique ou d'autres administrations publiques peuvent être chargés d'établir ces statistiques.

Les autres facteurs qui influent sur la comparabilité internationale des statistiques de l'état civil sont à peu près les mêmes que ceux qu'il convient de prendre en considération pour interpréter les variations observées dans les statistiques de la population. La définition des faits d'état civil aux fins de statistique, la portée des données du point de vue géographique et ethnique ainsi que les méthodes d'exploitation des données sont autant d'éléments qui peuvent influer sur la comparabilité.

In addition to vital statistics from civil registers, some vital statistics published in the Yearbook are official estimates. These estimates are frequently from sample surveys. As such, their comparability may be affected by the completeness of reporting in household surveys, non–sampling and sampling errors and other sources of bias. Estimates prepared by the Population Division of the United Nations Secretariat have been used in certain instances to supplement official data. Both official and United Nations estimates are noted when they appear in tables.

Readers interested in more detailed information on standards for vital statistics should consult the Principles and Recommendations for a Vital Statistics System. [13] The Handbook of Vital Statistics Methods Volume II: Review of national practices [14] published in connection with it, provides detailed information on the sources of error in vital statistics data and the application of recommendations to national systems.

The Handbook of Household Surveys [15] provides information on collection and evaluation of data on fertility, mortality and other vital events collected in household surveys.

4.1.1 Statistical definitions of events

An important source of variation lies in the statistical definition of each vital event. The Demographic Yearbook attempts to collect data on vital events, using the standard definitions put forth in paragraph 46 of Principles and Recommendations for a Vital Statistics System. These are as follows:

4.1.1.1 LIVE BIRTH is the complete expulsion or extraction from its mother of a product of conception, irrespective of the duration of pregnancy, which after such separation breathes or shows any other evidence of life such as beating of the heart, pulsation of the umbilical cord, or definite movement of voluntary muscles, whether or not the umbilical cord has been cut or the placenta is attached; each product of such a birth is considered live–born regardless of gestational age.

4.1.1.2 DEATH is the permanent disappearance of all evidence of life at any time after live birth has taken place (postnatal cessation of vital functions without capability of resuscitation). This definition therefore excludes foetal deaths.

4.1.1.3 FOETAL DEATH is death prior to the complete expulsion or extraction from its mother of a product of conception, irrespective of the duration of pregnancy; the death is indicated by the fact that after such separation the foetus does not breathe or show any other evidence of life, such as beating of the heart, pulsation of the umbilical cord, or definite movement of voluntary muscles. Late foetal deaths are those of twenty–eight or more completed weeks of gestation. These are synonymous with the events reported under the pre–1950 term stillbirth.

En plus des statistisques tirées des registres d'état civil, l'Annuaire présente des statistiques de l'état civil qui sont des estimations officielles, fondées souvent sur les résultats de sondages. Aussi leur comparabilité varie–t–elle en fonction du degré d'exhaustivité des déclarations recueillies lors d'enquêtes sur les ménages, des erreurs d'échantillonnage ou autres, et des distorsions d'origines diverses. Dans certains cas, les données officielles ont été complétées par des estimations établies par la Division de la population du Secrétariat de l'Organisation des Nations Unies. Les estimations officielles et celles établies par l'ONU sont signalées en note au bas des tableaux où elles figurent.

Pour plus de précisions au sujet des normes applicables aux statistiques de l'état civil, le lecteur pourra se reporter aux Principes et recommandations pour un système de statistiques de l'état civil [13]. Le Manuel de statistique de l'état civil Volume II: etude des pratiques nationales [14] qui était publié en liaison avec ce document donne des précisions sur les sources d'erreurs dans les statistiques de l'état civil et sur l'application des recommandations aux systèmes nationaux.

Le "Handbook of Household Surveys" [15] fournit des informations sur la collecte et sur l'évaluation des s données statistiques sur des événements démographiques (fécondité, mortalité etc.) recueillies au cours des enquêtes sur les familles.

4.1.1 Définition des faits d'état civil aux fins de la statistique

Une cause importante d'hétérogénéité dans les données est le manque d'uniformité des définitions des différents faits d'état civil. Aux fins de l'Annuaire démographique, il est recommandé de recueillir les données relatives aux faits d'état civil en utilisant les définitions établies au paragraphe 46 des Principes et recommandations pour un système de statistiques de l'état civil. Ces définitions sont les suivantes :

4.1.1.1 La NAISSANCE VIVANTE est l'expulsion ou l'extraction complète du corps de la mère, indépendamment de la durée de la gestation, d'un produit de la conception qui, après cette séparation, respire ou manifeste tout autre signe de vie, tel que battement de coeur, pulsation du cordon ombilical ou contraction effective d'un muscle soumis à l'action de la volonté, que le cordon ombilical ait été coupé ou non et que le placenta soit ou non demeuré attaché; tout produit d'une telle naissance est considéré comme " enfant né vivant".

4.1.1.2 Le DECES est la disparition permanente de tout signe de vie à un moment quelconque postérieur à la naissance vivante (cessation des fonctions vitales après la naissance sans possibilité de réanimation). Cette définition ne comprend donc pas les morts foetales.

4.1.1.3 La MORT FOETALE est le décès d'un produit de la conception lorsque ce décès est survenu avant l'expulsion ou l'extraction complète du corps de la mère, indépendamment de la durée de la gestation; le décès est indiqué par le fait qu'après cette séparation le foetus ne respire ni ne manifeste aucun signe de vie, tel que battement de coeur, pulsation du cordon ombilical ou contraction effective d'un muscle soumis à l'action de la volonté. Les morts foetales tardives sont celles qui sont survenues après 28 semaines de gestation ou plus. Il n'y a aucune différence entre ces "morts foetales tardives" et les faits dont l'ensemble était désigné, avant 1950, par le terme mortinalité.

ABORTION is defined, with reference to the woman, as any interruption of pregnancy before 28 weeks of gestation with a dead foetus. There are two major categories of abortion: spontaneous and induced. Induced abortions are those initiated by deliberate action undertaken with the intention of terminating pregnancy; all other abortions are considered as spontaneous.

Par référence à la femme, l'AVORTEMENT se définit comme "toute interruption de grossesse qui est survenue avant 28 semaines de gestation et dont le produit est un foetus mort". Il existe deux grandes catégories d'avortement : l'avortement spontané et l'avortement provoqué. L'avortement provoqué a pour origine une action délibérée entreprise dans le but d'interrompre une grossesse. Tout autre avortement est considéré comme spontané.

4.1.1.4 MARRIAGE is the act, ceremony or process by which the legal relationship of husband and wife is constituted. The legality of the union may be established by civil, religious, or other means as recognized by the laws of each country.

4.1.1.4 Le MARIAGE est l'acte, la cérémonie ou la procédure qui établit un rapport légal entre mari et femme. L'union peut être rendue légale par une procédure civile ou religieuse, ou par toute autre procédure, conformément à la législation du pays.

4.1.1.5 DIVORCE is a final legal dissolution of a marriage, that is, that separation of husband and wife which confers on the parties the right to remarriage under civil, religious and/or other provisions, according to the laws of each country.

4.1.1.5 Le DIVORCE est la dissolution légale et définitive des liens du mariage, c'est–à–dire la séparation de l'époux et de l'épouse qui confère aux parties le droit de se remarier civilement ou religieusement, ou selon toute autre procédure, conformément à la législation du pays.

4.1.2 Problems relating to standard definitions

A basic problem affecting international comparability of vital statistics is deviation from standard definitions of vital events. An example of this can be seen in the cases of live births and foetal deaths.[16] In some countries or areas, an infant must survive for at least 24 hours before it can be inscribed in the live–birth register. Infants who die before the expiration of the 24–hour period are classified as late foetal deaths and, barring special tabulation procedures, they would not be counted either as live births or as deaths. Similarly, in several other countries or areas, those infants who are born alive but who die before registration of their birth are also considered as late foetal deaths.

Unless special tabulation procedures are adopted in such cases, the live–birth and death statistics will both be deficient by the number of these infants, while the incidence of late foetal deaths will be increased by the same amount. Hence the infant mortality rate is under estimated. Although both components (infant deaths and live births) are deficient by the same absolute amount, the deficiency is proportionately greater in relation to the infant deaths, causing greater errors in the infant mortality rate than in the birth rate.

Moreover, the practice exaggerates the late foetal death ratios. Some countries or areas make provision for correcting this deficiency (at least in the total frequencies) at the tabulation stage. Data for which the correction has not been made are indicated by footnote whenever possible.

The definitions used for marriage and divorce also present problems for international comparability. Unlike birth and death, which are biological events, marriage and divorce are defined only in terms of law and custom and as such are less amenable to universally applicable statistical definitions. They have therefore been defined for statistical purposes in general terms referring to the laws of individual countries or areas. Laws pertaining to marriage and particularly to divorce, vary from one country or area to another. With respect to marriage, the most widespread requirement relates to the minimum age at which persons may marry but frequently other requirements are specified. When known the minimum legal age at which marriage can occur with parental consent is given in Table 24 showing marriages by age of groom and age of bride. Laws and regulations relating to the dissolution of marriage by divorce range from total prohibition, through a wide range of grounds upon which divorces may be granted, to the granting of divorce in response to a simple statement of desire or intention by husbands in accordance with Islamic law in some countries or areas.

4.1.2 Problèmes posés par les définitions établies

Les variations par rapport aux définitions établies des faits d'état civil sont le facteur essentiel qui nuit à la comparabilité internationale des statistiques de l'état civil. Un exemple en est fourni par le cas des naissances vivantes et celui des morts foetales [16]. Dans certains pays ou zones, il faut que le nouveau–né ait vécu 24 heures pour pouvoir être inscrit sur le registre des naissances vivantes. Les décès d'enfants qui surviennent avant l'expiration des 24 heures sont classés parmi les morts foetales tardives et, en l'absence de méthodes spéciales d'exploitation des données, ne sont comptés ni dans les naissances vivantes ni dans les décès. De même, dans plusieurs autres pays ou zones, les décès d'enfants nés vivants et décédés avant l'enregistrement de leur naissance sont également comptés dans les morts foetales et tardives.

A moins que des méthodes spéciales aient été adoptées pour l'exploitation de ces données, les statistiques des naissances vivantes et des décès ne tiendront pas compte de ces cas, qui viendront en revanche accroître d'autant le nombre des morts foetales tardives. Le résultat le plus important est que le taux de mortalité infantile s'en trouvera sous–estimé. Bien que les éléments constitutifs du taux (décès d'enfants de moins d'un an et naissances vivantes) accusent exactement la même insuffisance en valeur absolue, les lacunes sont proportionnellement plus fortes pour les décès de moins d'un an, ce qui cause des erreurs plus importantes dans les taux de mortalité infantile.

En plus cette pratique augmente les rapports de mortinatalité. Quelques pays ou zones effectuent, au stade de la mise en tableau, les ajustements nécessaires pour corriger ce défaut (du moins dans les fréquences totales). Lorsqu'il n'a pas été effectué d'ajustement, les notes l'indiquent chaque fois que possible.

Les définitions du mariage et du divorce posent aussi un problème du point de vue de la comparabilité internationale. Contrairement à la naissance et au décès, qui sont des faits biologiques, le mariage et le divorce sont uniquement déterminés par la législation et la coutume et, de ce fait, il est moins facile d'en donner une définition statistique qui ait une application universelle. A des fins statistiques, ces concepts ont donc été définis de manière générale par référence à la législation de chaque pays ou zone. La législation relative au mariage, et en particulier au divorce, varie d'un pays ou d'une zone à l'autre. En ce qui concerne le mariage, l'âge de nubilité est la condition la plus fréquemment requise mais il arrive souvent que d'autres conditions soient exigées. Lorsqu'il est connu, l'âge minimum auquel le mariage peut avoir lieu avec le consentement des parents est indiqué au tableau 24, où sont présentés les mariages selon l'âge de l'époux et de l'épouse. Les lois et règlements relatifs à la dissolution du mariage par le divorce vont de l'interdiction absolue, en passant par diverses conditions requises pour l'obtention du divorce, jusqu'à la simple déclaration, par l'époux, de son désir ou de son intention de divorcer, requise par la loi islamique en vigueur dans certains pays ou zones.

4.1.3 Fragmentary geographical or ethnic coverage

Ideally, vital statistics for any given country or area should cover the entire geographical area and include all ethnic groups. In fact, however, fragmentary coverage is not uncommon. In some countries or areas, registration is compulsory for only a small part of the population, limited to certain ethnic groups, for example. In other places there is no national provision for compulsory registration, but only municipal or state ordinances which do not cover the entire geographical area. Still others have developed a registration area which comprises only a part of the country or area, the remainder being excluded because of inaccessibility or because of economic and cultural considerations that make regular registration a practical impossibility.

4.1.4 Tabulation procedures

4.1.4.1 By place of occurrence

Vital statistics presented on the national level relate to the de facto, that is, the present–in–area population. Thus, unless otherwise noted, vital statistics for a given country or area cover all the events which occur within its present boundaries and among all segments of the population therein. They may be presumed to include events among nomadic tribes and aborigines, and among nationals and aliens. When known, deviations from the present–in–area concept are footnoted.

Urban/rural differentials in vital rates for some countries may vary considerably depending on whether the relevant vital events were tabulated on the basis of place of occurrence or place of usual residence. For example, if a substantial number of women residing in rural areas near major urban centres travel to hospitals or maternity homes located in a city to give birth, urban fertility and neo–natal and infant mortality rates will usually be higher (and the corresponding rural rates will usually be lower) if the events are tabulated on the basis of place of occurrence rather than on the basis of place of usual residence. A similar process will affect general mortality differentials if substantial numbers of persons residing in rural areas use urban health facilities when seriously ill.

4.1.4.2 By date of occurrence versus by date of registration

In so far as possible, the vital statistics presented in the Demographic Yearbook refer to events which occurred during the specified year, rather than to those which were registered during that period. However, a considerable number of countries or areas tabulate their vital statistics not by date of occurrence, but by date of registration. Because such statistics can be very misleading, the countries or areas known to tabulate vital statistics by date of registration are identified in the tables by a plus symbol(+). Since complete information on the method of tabulating vital statistics is not available for all countries or areas, tabulation by date of registration may be more prevalent than the symbols on the vital statistics tables would indicate.

4.1.3 Portée géographique ou ethnique restreinte

En principe, les statistiques de l'état civil devraient s'étendre à l'ensemble du pays ou de la zone auxquels elles se rapportent et englober tous les groupes ethniques. En fait, il n'est pas rare que les données soient fragmentaires. Dans certains pays ou zones, l'enregistrement n'est obligatoire que pour une petite partie de la population, certains groupes ethniques seulement, par exemple. Dans d'autres, il n'existe pas de disposition qui prescrive l'enregistrement obligatoire sur le plan national, mais seulement des règlements ou décrets des municipalités ou des Etats, qui ne s'appliquent pas à l'ensemble du territoire. Il en est encore autrement dans d'autres pays ou zones où les autorités ont institué une zone d'enregistrement comprenant seulement une partie du territoire, le reste étant exclu en raison des difficultés d'accès ou parce qu'il est pratiquement impossible, pour des raisons d'ordre économique ou culturel, d'y procéder à un enregistrement régulier.

4.1.4 Exploitation des données

4.1.4.1 Selon le lieu de l'événement

Les statistiques de l'état civil qui sont présentées pour l'ensemble du territoire national se rapportent à la population de fait ou population présente. En conséquence, sauf indication contraire, les statistiques de l'état civil relatives à un pays ou zone donné portent sur tous les faits survenus dans l'ensemble de la population, à l'intérieur des frontières actuelles du pays ou de la zone en cause. On peut donc considérer qu'elles englobent les faits d'état civil survenus dans les tribus nomades et parmi les aborigènes ainsi que parmi les ressortissants du pays et les étrangers. Des notes signalent les exceptions lorsque celles–ci sont connues.

Pour certains pays, les écarts entre les taux démographiques pour les zones urbaines et pour les zones rurales peuvent varier très sensiblement selon que les faits d'état civil ont été exploités sur la base du lieu de l'événement ou du lieu de résidence habituelle. Par exemple, si un nombre appréciable de femmes résidant dans des zones rurales à proximité de grands centres urbains vont accoucher dans les hôpitaux ou maternités d'une ville, les taux de fécondité ainsi que les taux de mortalité néo–natale et infantile seront généralement plus élevés pour les zones urbaines (et par conséquent plus faibles pour les zones rurales) si les faits sont exploités sur la base du lieu de l'événement et non du lieu de résidence habituelle. Le phénomène sera le même dans le cas de la mortalité générale si un bon nombre de personnes résidant dans des zones rurales font appel aux services de santé des villes lorsqu'elles sont gravement malades.

4.1.4.2 Selon la date de l'événement ou la date de l'enregistrement

Autant que possible, les statistiques de l'état civil figurant dans l'Annuaire démographique se rapportent aux faits survenus pendant l'année considérée et non aux faits enregistrés au cours de ladite année. Bon nombre de pays ou zones, toutefois, exploitent leurs statistiques de l'état civil selon la date de l'enregistrement et non selon la date de l'événement. Comme ces statistiques risquent d'induire gravement en erreur, les pays ou zones dont on sait qu'ils établissent leurs statistiques d'après la date de l'enregistrement sont identifiés dans les tableaux par un signe (+). On ne dispose toutefois pas pour tous les pays ou zones de renseignements complets sur la méthode d'exploitation des statistiques de l'état civil et les données sont peut–être exploitées selon la date de l'enregistrement plus souvent que ne le laisserait supposer l'emploi des signes.

Because quality of data is inextricably related to delay in registration, it must always be considered in conjunction with the quality code description in section 4.2.1 below. Obviously, if registration of births is complete and timely (code C), the ill effects of tabulating by date of registration, are, for all practical purposes, nullified. Similarly, with respect to death statistics, the effect of tabulating by date of registration may be minimized in many countries or areas in which the sanitary code requires that a death must be registered before a burial permit can be issued, and this regulation tends to make registration prompt. With respect to foetal death, registration is usually made at once or not at all. Therefore, if registration is prompt, the difference between statistics tabulated by date of occurrence and those tabulated by date of registration may be negligible. In many cases, the length of the statutory time period allowed for registering various vital events plays an important part in determining the effects of tabulation by date of registration on comparability.

With respect to marriage and divorce, the practice of tabulating data by date of registration does not generally pose serious problems. In many countries or areas marriage is a civil legal contract which, to establish its legality, must be celebrated before a civil officer. It follows that for these countries or areas registration would tend to be almost automatic at the time of, or immediately following, the marriage ceremony. Because the registration of a divorce in many countries or areas is the responsibility solely of the court or the authority which granted it, and since the registration record in such cases is part of the records of the court proceedings, it follows that divorces are likely to be registered soon after the decree is granted.

On the other hand, if registration is not prompt vital statistics by date of registration will not produce internationally comparable data. Under the best circumstances, statistics by date of registration will include primarily events which occurred in the immediately preceding year; in countries or areas with less well–developed systems, tabulations will include some events which occurred many years in the past. Examination of available evidence reveals that delays of up to many years are not uncommon for birth registration, though the majority are recorded between two to four years after birth. As long as registration is not prompt, statistics by date of registration will not be internationally comparable either among themselves or with statistics by date of occurrence.

It should also be mentioned that lack of international comparability is not the only limitation introduced by date–of–registration tabulation. Even within the same country or area, comparability over time may be lost by the practice of counting registrations rather than occurrences. If the number of events registered from year to year fluctuates because of ad hoc incentives to stimulate registration, or to the sudden need, for example, for proof of (unregistered) birth or death to meet certain requirements, vital statistics tabulated by date of registration are not useful in measuring and analysing demographic levels and trends. All they can give is an indication of the fluctuations in the need for a birth, death or marriage certificate and the work–load of the registrars. Therefore statistics tabulated by date of registration may be of very limited use for either national or international studies.

Etant donné que la qualité des données est inextricablement liée aux retards dans l'enregistrement, il faudra toujours considérer en même temps le code de qualité qui est décrit à la section 4.2.1 ci–après. Evidemment, si l'enregistrement des naissances est complet et effectué en temps voulu (code C), les effets perturbateurs de cette méthode seront pratiquement annulés. De même, en ce qui concerne les statistiques des décès, les effets de cette méthode pourront bien souvent être réduits au minimum dans les pays ou zones où le code sanitaire subordonne la délivrance du permis d'inhumer à l'enregistrement du décès, ce qui tend à hâter l'enregistrement. Quant aux morts foetales, elles sont généralement déclarées immédiatement ou ne sont pas déclarées du tout. En conséquence, si l'enregistrement se fait dans un délai très court, la différence entre les statistiques établies selon la date de l'événement et celles qui sont établies selon la date de l'enregistrement peut être négligeable. Dans bien des cas, la durée des délais légaux accordés pour l'enregistrement des faits d'état civil est un facteur dont dépend dans une large mesure l'incidence sur la comparabilité de l'exploitation des données selon la date de l'enregistrement.

En ce qui concerne le mariage et le divorce, la pratique consistant à exploiter les statistiques selon la date de l'enregistrement ne pose généralement pas de graves problèmes. Le mariage étant, dans de nombreux pays ou zones, un contrat juridique civil qui, pour être légal, doit être conclu devant un officier de l'état civil, il s'ensuit que dans ces pays ou zones l'enregistrement se fait à peu près automatiquement au moment de la cérémonie ou immédiatement après. Comme dans de nombreux pays ou zones le tribunal ou l'autorité qui a prononcé le divorce est seul habilité à enregistrer cet acte, et comme l'acte d'enregistrement figure alors sur les registres du tribunal l'enregistrement suit généralement de peu le jugement.

En revanche, si l'enregistrement n'a lieu qu'avec un certain retard, les statistiques de l'état civil établies selon la date de l'enregistrement ne sont pas comparables sur le plan international. Au mieux, les statistiques par date de l'enregistrement prendront surtout en considération des faits survenus au cours de l'année précédente; dans les pays ou zones où le système d'enregistrement n'est pas très développé, il y entrera des faits datant de plusieurs années. Il ressort des documents dont on dispose que des retards de plusieurs années dans l'enregistrement des naissances ne sont pas rares, encore que, dans la majorité des cas, les retards ne dépassent pas deux à quatre ans. Tant que l'enregistrement se fera avec retard, les statistiques fondées sur la date d'enregistrement ne seront comparables sur le plan international ni entre elles ni avec les statistiques établies selon la date de fait d'état civil.

Il convient également de noter que l'exploitation des données selon la date de l'enregistrement ne nuit pas seulement à la comparabilité internationalle des statistiques. Même à l'intérieur d'un pays ou d'une zone, le procédé qui consiste à compter les enregistrements et non les faits peut compromettre la comparabilité des chiffres sur une longue période. Si le nombre des faits d'état civil enregistrés varie d'une année à l'autre (par suite de l'application de mesures destinées spécialement à encourager l'enregistrement ou par suite du fait que, tout d'un coup, il est devenu nécessaire, par exemple, de produire le certificat d'une naissance ou décès non enregistré pour l'accomplissement de certaines formalités), les statistiques de l'état civil établies d'après la date de l'enregistrement ne permettent pas de quantifier ni d'analyser l'état et l'évolution de la population. Tout au plus peuvent–elles montrer les fluctuations qui se sont produites dans les conditions d'exigibilité du certificat de naissance, de décès ou de mariage et dans le volume de travail des bureaux d'état civil. Les statistiques établies selon la date de l'enregistrement peuvent donc ne présenter qu'une utilité très réduite pour des études nationales ou internationales.

4.2 Methods used to indicate quality of published vital Statistics

The quality of vital statistics can be assessed in terms of a number of factors. Most fundamental is the completeness of the civil registration system on which the statistics are based. In some cases, the incompleteness of the data obtained from civil registration systems is revealed when these events are used to compute rates. However, this technique applies only where the data are markedly deficient, where they are tabulated by date or occurrence and where the population base is correctly estimated. Tabulation by date of registration will often produce rates which appear correct, simply because the numerator is artificially inflated by the inclusion of delayed registrations and, conversely, rates may be of credible magnitude because the population at risk has been underestimated. Moreover, it should be remembered that knowledge of what is credible in regard to levels of fertility, mortality and nuptiality is extremely scanty for many parts of the world, and borderline cases, which are the most difficult to appraise, are frequent.

4.2.1 Quality code for vital statistics from registers

On the Demographic Yearbook annual "Questionnaire on vital statistics" national statistical offices are asked to provide their own estimates of the completeness of the births, deaths, late foetal deaths, marriages and divorces recorded in their civil registers.

On the basis of information from the questionnaires, from direct correspondence and from relevant official publications, it has been possible to classify current national statistics from civil registers of birth, death, infant death, late foetal death, marriage and divorce into three broad quality categories, as follows:

C: Data estimated to be virtually complete, that is, representing at least 90 per cent of the events occurring each year.

U: Data estimated to be incomplete, that is, representing less than 90 per cent of the events occurring each year.

...: Data for which no specific information is available regarding completeness.

These quality codes appear in the first column of the tables which show total frequencies and crude rates (or ratios) over a period of years for live births (table 9), late foetal deaths (table 12), infant deaths (table 15), deaths (table 18), marriages (table 23), and divorces (table 25).

4.2 Méthodes utilisées pour indiquer la qualité des statistiques de l'état civil qui sont publiées

La qualité des statistiques de l'état civil peut être évaluée sur la base de plusieurs facteurs. Le facteur essentiel est la complétude du système d'enregistrement des faits d'état civil d'après lequel les statistiques sont établies. Dans certains cas, on constate que les données tirées de l'enregistrement ne sont pas complètes lorsqu'on les utilise pour le calcul des taux. Toutefois, cette observation est valable uniquement lorsque les statistiques présentent des lacunes évidentes, qu'elles sont exploitées d'après la date de l'événement et que l'estimation du chiffre de population pris pour base est exacte. L'exploitation des données d'après la date de l'enregistrement donne souvent des taux qui paraissent exacts, tout simplement parce que le numérateur est artificiellement gonflé par suite de l'inclusion d'un grand nombre d'enregistrements tardifs; inversement, il arrive que des taux paraissent vraisemblables parce que l'on a sous–évalué la population exposée au risque. Il ne faut pas oublier, en outre, que les renseignements dont on dispose sur les taux de fécondité, de mortalité et de nuptialité normaux dans un grand nombre de régions du monde sont extrêmement sommaires et que les cas limites, qui sont les plus difficiles à évaluer, sont fréquents.

4.2.1 Codage qualitatif des statistiques tirées des registres de l'état civil

Dans le "Questionnaire relatif au mouvement de la population" de l'Annuaire démographique qui leur est présenté chaque année, les services nationaux de statistique sont priés de donner leur propre évaluation du degré de complétude des données sur les naissances, les décès, les décès d'enfants de moins d'un an, les morts foetales tardives, les mariages et les divorces figurant dans leurs registres d'état civil.

D'après les renseignements directement fournis par les gouvernements ou tirés des questionnaires ou de publications officielles pertinentes, il a été possible de classer les statistiques courantes de l'enregistrement des faits d'état civil (naissances, décès, décès d'enfants de moins d'un an, morts foetales tardives, mariages et divorces) en trois grandes catégories, selon leur qualité :

C : Données jugées pratiquement complètes, c'est–à–dire représentant au moins 90 p. 100 des faits d'état civil survenant chaque année.

U : Données jugées imcomplètes, c'est–à–dire représentant moins de 90 p. 100 des faits survenant chaque année.

... : Données dont le degré de complétude ne fait pas l'objet de renseignements précis.

Ces codes de qualité figurent dans la première colonne des tableaux qui présentent, pour un nombre d'années déterminé les chiffres absolus et les taux (ou rapports) bruts concernant les décès naissances vivantes (tableau 9), les morts foetales tardives tardives (tableau 12), décès d'enfants de moins d'un an (tableau 15), les décès (tableau 18), les marriages (tableau 23) et les divorces (tableau 25).

The classification of countries or areas in terms of these quality codes may not be uniform. Nevertheless, it was felt that national statistical offices were in the best position to judge the quality of their data. It was considered that even the very broad categories that could be established on the basis of the information at hand would provide useful indicators of the quality of the vital statistics presented in this Yearbook.

In the past, the bases of the national estimates of completeness were usually not available. In connection with the Demographic Yearbook 1977, countries were asked, for the first time, to provide some indication of the basis of their completeness estimates. They were requested to indicate whether the completeness estimates reported for registered live births, deaths, and infant deaths were prepared on the basis of demographic analysis, dual record checks or some other specified method. Relatively few countries or areas have so far responded to this new question; therefore, no attempt has been made to revise the system of quality codes used in connection with the vital statistics data presented in the Yearbook. It is hoped that, in the future, more countries will be able to provide this information so that the system of quality codes used in connection with the vital statistics data presented in the Yearbook may be revised.

Among the countries or areas indicating that the registration of live births was estimated to be 90 per cent or more complete (and hence classified as C in table 9), the following countries or areas provided information on the basis of this completeness estimate:

(a) Demographic analysis — Argentina, Australia, Canada, Chile, Czechoslovakia, Egypt, England and Wales, French Guiana, Guadeloupe, Iceland, Ireland, Island of Mauritius, Kuwait, Puerto Rico, Rodrigues, Romania, San Marino, Singapore, Sri Lanka, Switzerland and United States.
(b) Dual record check — Bahamas, Bulgaria, Cook Islands, Cuba, Denmark, Fiji, France, French Guiana, Greece, Guam, Guadeloupe, Guernsey, Isle of Man, Maldives, New Zealand, Northern Ireland, Peninsular Malaysia, Saint Kitts and Nevis, Saint Lucia, Sweden, Switzerland, Tokelau and Uruguay.
(c) Other specified methods — Belgium, Bermuda, Cayman Islands, Czechoslovakia, Finland, Germany, Federal Republic of, Greenland, Iceland, Japan, Luxembourg, Netherlands, Northern Ireland, Norway, Poland and Singapore.

Among the countries or areas indicating that the registration of deaths was estimated to be 90 per cent or more complete (and hence classified as C in table 18), the following countries provided information on the basis of this estimate.

(a) Demographic analysis — Argentina, Australia, Canada, Chile, Cuba, Czechoslovakia, Egypt, England and Wales, French Guiana, Guadeloupe, Iceland, Ireland, Island of Mauritius, Kuwait, Puerto Rico, Rodrigues, Romania, San Marino, Singapore, Sri Lanka, Switzerland and United States.
(b) Dual record check — Bahamas, Bulgaria, Cook Islands, Cuba, Denmark, Fiji, France, Greece, Greenland, Guam, Guernsey, Isle of Man, Maldives, New Zealand, Northern Ireland, Saint Kitts and Nevis, Saint Lucia, Sweden, Switzerland, Tokelau and Uruguay.
(c) Other specified methods — Belgium, Bermuda, Cayman Islands, Czechoslovakia, England and Wales, Finland, Germany, Federal Republic of, Iceland, Ireland, Japan, Luxembourg, Netherlands, Northern Ireland, Norway, Poland and Singapore.

La classification des pays ou zones selon ces codes de qualité peut ne pas être uniforme. On a estimé néanmoins que les services nationaux de statistique étaient les mieux placés pour juger de la qualité de leurs données. On a pensé que les catégories que l'on pouvait distinguer sur la base des renseignements disponibles, bien que très larges, donneraient cependant une indication utile de la qualité des statistiques de l'état civil publiées dans l'Annuaire.

Dans le passé, les bases sur lesquelles les pays évaluaient l'exhaustivité de leurs données n'étaient généralement pas connues. Pour l'Annuaire démographique 1977, les pays ont été priés, pour la première fois, de donner des indications à ce sujet. On leur a demandé d'indiquer si leurs estimations du degré d'exhaustivité des données d'enregistrement des naissances vivantes, des décès et de la mortalité infantile reposaient sur une analyse démographique, un double contrôle des registres ou d'autres méthodes qu'ils devaient spécifier. Relativement peu de pays ou zones ont jusqu'à présent répondu à cette nouvelle question; on n'a donc pas cherché à réviser le système de codage qualitatif utilisé pour les statistiques de l'état civil présentées dans l'Annuaire. Il faut espérer qu'à l'avenir davantage de pays pourront fournir ces renseignements afin que le système de codage qualitatif employé pour les statistiques de l'état civil présentées dans l'Annuaire puisse être révisé.

Sur les pays ou zones qui ont estimé à 90 p. 100 ou plus le degré d'exhaustivité de leur enregistrement des naissances vivantes (classé C dans le tableau 9), les pays ou zones suivants ont fourni les indications ci–après touchant les bases sur lesquelles leur estimation reposait :

(a) Analyse démographique — Anglettere et Galles, Argentine, Australie, Canada, Chili, Cuba, Egypte, Etats–Unis, Guadeloupe, Guyane française, Ile Maurice, Irlande, Islande, Koweït, Porto Rico, Rodrigues, Roumanie, Saint–Marin, Singapour, Sri Lanka, Suisse et Tchécoslovaquie.

(b) Double contrôle des registres — Bahamas, Bulgarie, Cuba, Danemark, Fidji, France, Guadeloupe, Guyane française, Grèce, Guam, Guernesey, Ile de Man, Iles Cook, Irlande du Nord, Malaisie péninsular, Maldives, Nouvelle–Zélande, Saint–Kitts–et–Nevis, Sainte–Lucie, Suède, Suisse et Tokélaou.

(c) Autre méthode spécifiée — Allemagne, Républiquee fédérale d', Belgique, Bermudes, Finlande, Groenland, Iles Caimanes, Irlande du Norde, Islande, Japon, Luxembourg, Norvège, Pays–Bas, Pologne, Singapour et Tchécoslovaquie.

Sur les pays ou zones qui ont estimé à 90 p. 100 ou plus le degré d'exhaustivité de leur enregistrement des décès (classé C dans le tableau 18), les pays ou zones suivants donné des indications touchant la base de cette estimation :

(a) Analyse démographique — Anglettere et Galles, Argentine, Australie, Canada, Chili, Cuba, Egypte, Etats–Unis, Guadeloupe, Guyane française, Ile Maurice, Islande, Koweït, Porto Rico, Rodrigues, Roumanie, Saint–Marin, Singapour, Sri Lanka, Suisse et Tchécoslovaquie.

(b) Double contrôle des registres — Bahamas, Bulgarie, Cuba, Danemark, Fidji, France, Grèce, Groenland, Guadeloupe, Guam, Guernsey, Guyane française, Ile de Man, Iles Cook, Maldives, Nouvelle Zélande, Saint–Kitts–et–Nevis, Saint–Lucie, Suède, Suisse Tokélaou et Uruguay.

(c) Autre méthode spécifiée — Allemagne, Républiquee fédérale d', Belgique, Bermudes, Finlande, Iles Caïmanes, Irlande du Nord, Islande, Japon, Luxembourg, Norvège, Pays–Bas, Pologne, Singapour et Tchécoslovaquie.

Among the countries or areas indicating that the registration of infant deaths was estimated to be 90 per cent or more complete (and hence classified as C in table 15), the following countries or areas provided information on the basis of this estimate:

(a) Demographic analysis — Argentina, Australia, Canada, Chile, Cuba, Czechoslovakia, Egypt, England and Wales, Iceland, Ireland Island of Mauritius, Kuwait, Puerto Rico, Rodrigues, Romania, San Marino, Singapore, Sri Lanka, Switzerland and United States.
(b) Dual record check — Bahamas, Bulgaria, Cook Islands, Cuba, Denmark, Fiji, France, Greece, Greenland, Guam, Guernsey, Isle of Man, Maldives, New Zealand, Saint Kitts and Nevis, Saint Lucia, Sweden, Switzerland, Tokelau and Uruguay.
(c) Other specified methods — Belgium, Bermuda, Cayman Islands, Czechoslovakia, Finland, Germany, Federal Republic of, Iceland, Japan, Luxembourg, Netherlands, Northern Ireland, Norway, Poland and Singapore.

4.2.2 Treatment of vital statistics from registers

On the basis of the quality code described above, the vital statistics shown in all tables of the Yearbook are treated as either reliable or unreliable. Data coded C are considered reliable and appear in roman type. Data coded U or ... are considered unreliable and appear in italics. Although the quality code itself appears only in certain tables, the indication of reliability (that is, the use of italics to indicate unreliable data) is shown on all tables presenting vital statistics data.

In general, the quality code for deaths shown in table 18 is used to determine whether data on deaths in other tables appear in roman or italic type. However, some data on deaths by cause are shown in italics in tables 17 and 21 when it is known that the quality, in terms of completeness, differs greatly from the completeness of the registration of the total number of deaths. In cases when the quality code in table 18 does not correspond with the type face used in tables 17 and 21 relevant information regarding the completeness of cause–of–death statistics is given in a footnote.

The same indication of reliability used in connection with tables showing the frequencies of vital events is also used in connection with tables showing the corresponding vital rates. For example, death rates computed using deaths from a register which is incomplete or of unknown completeness are considered unreliable and appear in italics. Strictly speaking, to evaluate vital rates more precisely, one would have to take into account the accuracy of population data used in the denominator of these rates. The quality of population data is discussed in section 3.2 of the Technical Notes.

Sur les pays ou zones qui ont estimé à 90 p. 100 ou plus le degré d'exhaustivité de leur enregistrement des décès à moins d'un an classé C dans le tableau 15), les pays ou zones suivant ont donné des indications touchant la base de cette estimation :

(a) Analyse démographique — Anglettere et Galles, Argentine, Australie, Canada, Chili, Cuba, Egypte, Etats–Unis, Ile Maurice, Irlande, Islande, Koweît, Porto Rico, Rodrigues, Roumanie, Saint–Marin, Singapour, Sri Lanka, Suisse et Tchécoslovaquie.

(b) Double contrôle des registres — Bahamas, Bulgarie, Cuba, Danemark, Fidji, France, Grèce, Groenland, Guam, Guernsey, Ile de Man, Iles Cook, Maldives, Nouvelle Zélande, Saint–Kitts–et–Nevis, Saint–Lucie, Suède, Suisse Tokélaou et Uruguay.

(c) Autre méthode spécifiée — Allemagne, République fédérale d', Belgique, Bermudes, Finlande, Iles Caîmanes, Irlande du Nord, Islande, Japon, Luxembourg, Norvège, Pays–Bas, Pologne, Singapour et Tchécoslovaquie.

4.2.2 Traitement des statistiques tirées des registres d'état civil

Dans tous les tableaux de l'Annuaire, on a indiqué le degré de fiabilité des statistiques de l'état civil en se fondant sur le codage qualitatif décrit ci–dessus. Les statistiques codées C, jugées sûres, sont imprimées en caractères romains. Celles qui sont codées U ou ..., jugées douteuses, sont reproduites en italique. Bien que le codage qualitatif proprement dit n'apparaisse que dans certains tableaux, l'indication du degré de fiabilité (c'est–à–dire l'emploi des italiques pour désigner les données douteuses) se retrouve dans tous les tableaux présentant des statistiques de l'état civil.

En général, le code de qualité pour les décès indiqué au tableau 18 sert à déterminer si, dans les autres tableaux, les données relatives aux décès apparaissent en caractères romains ou en italique. Toutefois, certaines données sur les décès selon la cause figurent en italique dans les tableaux 17 et 21 lorsqu'on sait que leur degré d'exhaustivité diffère grandement de celui du nombre total des décès. Dans les cas où le code de qualité du tableau 18 ne correspond pas aux caractères utilisés dans les tableaux 17 et 21, les renseignements concernant l'exhaustivité des statistiques des décès selon la cause sont indiqués en note à la fin du tableau.

On a utilisé la même indication de fiabilité dans les tableaux des taux démographiques et dans ceux des fréquences correspondantes. Par exemple, les taux de mortalité calculés d'après les décès figurant sur un registre incomplet ou d'exhaustivité indéterminée sont jugés douteux et apparaissent en italique. Au sens strict, pour évaluer de façon plus précise les taux démographiques, il faudrait tenir compte de la précision des données sur la population figurant au dénominateur dans les taux. La qualité des données sur la population est étudiée à la section 3.2 des Notes techniques.

It should be noted that the indications of reliability used for infant mortality rates, maternal mortality rates and late foetal death ratios (all of which are calculated using the number of live births in the denominator) are determined on the basis of the quality codes for infant deaths, deaths and late foetal deaths respectively. To evaluate these rates and ratios more precisely, one would have to take into account the quality of the live–birth data used in the denominator of these rates and ratios. The quality codes for live births are shown in table 9 and described more fully in the text of the Technical Notes for that table.

4.2.3 Treatment of time series of vital statistics from registers

The quality of a time series of vital statistics is more difficult to determine than the quality of data for a single year. Since a time series of vital statistics is usually generated only by a system of continuous civil registration, it was decided to assume that the quality of the entire series was the same as that for the latest year's data obtained from the civil register. The entire series is treated as described in section 4.2.2 above. That is, if the quality code for the latest registered data is C, the frequencies and rates for earlier years are also considered reliable and appear in roman type. Conversely, if the latest registered data are coded as U or ... then data for earlier years are considered unreliable and appear in italics. It is recognized that this method is not entirely satisfactory because it is known that data from earlier years in many of the series were considerably less reliable than the current code implies.

4.2.4 Treatment of estimated vital statistics

In addition to data from vital registration systems, estimated frequencies and rates also appear in the Demographic Yearbook. Estimated rates include both official estimates and those prepared by the Population Division of the United Nations Secretariat. These rates are usually ad hoc estimates which have been derived either from the results of a sample survey or by demographic analysis. Estimated frequencies and rates have been included in the tables because it is assumed that they provide information which is more accurate than that from existing civil registration systems. By implication, therefore, they are also assumed to be reliable and as such they are not set in italics. Estimated frequencies and rates continue to be treated in this manner even when they are interspersed in a time series with data from civil registers.

In tables showing the quality code, the code applies only to data from civil registers. If a series of data for a country or area contains both data from a civil register and estimated data, then the code applies only to the registered data. If only estimated data are shown, then the symbol (..) is shown.

Il convient de noter que, pour les taux de mortalité infantile, les taux de mortalité liée à la maternité et les rapports de morts foetales tardives (calculées en utilisant au dénominateur le nombre de naissances vivantes), les indications relatives à la fiabilité sont déterminées sur la base des codes de qualité utilisés pour les décès d'enfants de moins d'un an, les décès totaux et les morts foetales tardives, respectivement. Pour évaluer ces taux et rapports de façon plus précise, il faudrait tenir compte de la qualité des données relatives aux naissances vivantes, utilisées au dénominateur dans leur calcul. Les codes de qualité pour les naissances vivantes figurent au tableau 9 et sont décrits plus en détail dans les Notes techniques se rapportant à ce tableau.

4.2.3 Traitement des séries chronologiques de statistiques tirées des registres d'état civil

Il est plus difficile de déterminer la qualité des séries chronologiques de statistiques de l'état civil que celle des données pour une seule année. Etant donné qu'une série chronologique de statistiques de l'état civil ne peut généralement avoir pour source qu'un système permanent d'enregistrement des faits d'état civil, on a arbitrairement supposé que le degré d'exactitude de la série tout entière était le même que celui de la dernière tranche annuelle de données tirées du registre d'état civil. La série tout entière est traitée de la manière décrite à la section 4.2.2 ci–dessus : lorsque le code de qualité relatif aux données d'enregistrement les plus récentes est C, les fréquences et les taux relatifs aux années antérieures sont eux aussi considérés comme sûrs et figurent en caractères romains. Inversement, si les données d'enregistrement les plus récentes sont codées U ou ..., les données des années antérieures sont jugées douteuses et figurent en italique. Cette méthode n'est certes pas entièrement statisfaisante, car les données des premières années de la série sont souvent beaucoup moins sûres que le code actuel ne l'indique.

4.2.4 Traitement des estimations fondées sur les statistiques de l'état civil

En plus des données provenant des systèmes d'enregistrement des faits d'état civil, l'Annuaire démographique contient aussi des estimations — fréquences et taux. Les taux estimés sont soit officiels, soit calculés par la Division de la population du Secrétariat de l'ONU. Ils sont en général calculés spécialement à partir des résultats d'un sondage ou par analyse démographique. Si des estimations — fréquences et taux — figurent dans les tableaux, c'est parce que l'on considère qu'elles fournissent des renseignements plus exacts que les systèmes existants d'enregistrement des faits d'état civil. En conséquence, elles sont également jugées sûres et ne sont donc pas indiquées en italique, et cela même si elles sont entrecoupées, dans une série chronologique de données tirées des registres d'état civil.

Dans les tableaux qui indiquent le code de qualité, ce code ne s'applique qu'aux données tirées des registres d'état civil. Si une série pour un pays ou une zone renferme à la fois des données tirées d'un registre d'état civil et des données estimatives, le code ne s'applique qu'aux données d'enregistrement. Si seules des données estimatives apparaissent, le symbole ".." est utilisé.

4.3 Cause of death

Statistics on deaths classified according to underlying cause of death are shown in several tables of the Demographic Yearbook. In order to promote international comparability of cause of death statistics, the World Health Organization organizes and conducts an international Conference for the revision of the International Classification of Diseases (ICD) on a regular basis in order to insure that the Classification is kept current with the most recent clinical and statistical concepts. Although revisions provide an up–to–date version of the ICD, such revisions create several problems related to the comparability of cause of death statistics. The first is the lack of comparability over time that inevitably accompanies the use of a new classification. The second problem affects comparability between countries or areas because countries may adopt the new classification at different times. The more refined the classification becomes, the greater is the need for expert clinical diagnosis of cause of death. In many countries or areas few of the deaths occur in the presence of an attendant who is medically trained, i.e. most deaths are certified by a lay attendant. Because the ICD contains many diagnoses that cannot be identified by a non–medical person, the ICD does not always promote international comparability particularly between countries or areas where the level of medical services differs widely.

To provide readers some guidance in the use of statistics on cause of death, the following section gives a brief history of the International Classification of Diseases (ICD), compares classification of the 1975 (ninth) revision with that of the 1965 (eighth) revision, compares the tabulation lists used in the Demographic Yearbook from the eighth and ninth revisions and finally presents some of the recommendations on maternal mortality, perinatal mortality and lay reporting of cause of death.

The history of the International Classification of Diseases may be traced to classifications proposed by William Farr and Marc d'Espine. In 1855, a classification of 138 rubrics proposed by these two authors was adopted by the first International Statistical Congress. According to the main principle for developing this classification, diseases were grouped by anatomical site. Subsequently, Jacques Bertillon revised this classification taking into account the classifications used in England, Germany and Switzerland. The International Statistical Institute (the successor to the International Statistical Congress) adopted it in 1893 and strongly encouraged its use by member countries in order to promote international comparability in cause of death statistics. Under the direction of the French government, the first international Conference for the Revision of the Bertillon, or International, Classification of Causes of Death was held in Paris in 1900. From then on a revision Conference was held during each decade in order to update this Bertillon classification.

This early work established that the axis of the International Classification of Diseases (ICD), as it has become known, refers to aetiology rather than manifestation. The major goals of the decennial revision of the ICD are to promote international comparability in cause of death statistics while maintaining a classification which uses current levels of medical knowledge as the criteria for including specific detailed codes or rubrics.

4.3 Causes de décès

Plusieurs tableaux de l'Annuaire démographique présentent les décès classés par cause. Pour assurer la comparabilité internationale des statistiques des causes de décès, l'Organisation mondiale de la santé organise régulièrement des conférences internationales de révision de la Classification internationale des maladies (CIM) et veille ainsi à l'aligner, au fur et à mesure, sur les progrès les plus récents de la médecine clinique et de la statistique. Bien que ces révisions aboutissent à l'élaboration d'une version actualisée de la CIM, elle pose plusieurs problèmes de comparabilité des statistiques des causes de décès. Le premier de ces problèmes tient au manque de comparabilité dans le temps, qui accompagne inévitablement la mise en oeuvre d'une classification nouvelle. Le deuxième est celui de la comparabilité entre pays ou zones, car les différents pays peuvent adopter la classification nouvelle à des époques différentes. Plus la classification se précise, plus il faut s'appuyer sur un diagnostic clinique compétent des causes de décès. Dans beaucoup de pays ou zones, il est rare que les décès se produisent en présence d'un témoin possédant une formation médicale, c'est–à–dire que le certificat de décès est le plus souvent établi par un témoin non qualifié médicalement. Comme la CIM offre de nombreux diagnostics qu'il est impossible d'établir si l'on n'a pas de formation en médecine, elle ne favorise pas toujours la comparabilité internationale, notamment entre pays ou zones où la qualité des services médicaux est très différente.

Pour donner au lecteur une certaine idée de l'utilisation des statistiques établies selon la cause de décès, les paragraphes qui suivent donnent un aperçu de la Classification internationale des maladies (CIM), comparent la Classification de 1975 (9e révision) avec celle de 1965 (8e révision), comparent les tableaux présentés dans l'Annuaire démographique entre la huitième et la neuvième révision, et exposent enfin un certain nombre de recommendations concernant la mortalité liée à la maternité, la mortalité périnatale et la déclaration des causes de décès par des personnes non qualifiées.

Le Classification internationale des maladies remonte à celles qui ont été proposées par William Farr et Marc d'Espine. En 1855, ces deux auteurs ont proposé une classification en 138 rubriques, adoptée ensuite par le premier Congrès international de statistique. Cette classification reposait essentiellement sur un regroupement des maladies selon leur site anatomique. Par la suite, Jacques Bertillon l'a modifiée en tenant compte des nomenclatures utilisées en Angleterre, Allemagne et Suisse. L'Institut international de statistique, qui avait succédé au Congrès international de statistique, a adopté la proposition de Bertillon en 1893 et en a vivement encouragé l'usage par les pays membres, afin d'assurer la comparabilité internationale des statistiques des causes de décès. Sous l'égide du Gouvernement français, la première Conférence internationale pour la révision de la Classification internationale des causes de décès, dite Classification Bertillon, s'est tenue à Paris en 1900. Ensuite, une conférence de révision a eu lieu tous les dix ans afin de mettre à jour la classification Bertillon.

Ces premiers travaux ont fait apparaître que la Classification internationale des maladies (CIM), nom qu'elle portait désormais, s'appuyait sur l'étiologie des maladies plutôt que sur leurs symptômes. Les buts principaux de la révision décennale de la CIM sont de favoriser la comparabilité internationale des statistiques des causes de décès, tout en conservant une classification qui s'appuie sur le niveau contemporain des connaissances médicales comme critère d'inclusion des codes ou de rubriques spécifiques dans la classification.

Following several revisions, the Sixth Decennial Revision Conference held in 1948 under the auspices of the World Health Organization, which had earlier been given responsibility for the revision of the classification, marked a milestone in international co–operation in vital and health statistics by defining the concept of underlying cause of death, by expanding the content of the classification to include both mortality and morbidity, and by initiating a programme of international co–operation in vital and health statistics. Although subsequent revisions have changed the ICD in a variety of ways, cause of death statistics since the sixth revision are characterized by continuity.

The 1975 (ninth) revision is the latest revision of the ICD. In general the changes created in the ninth revision do not create major discrepancies in the cause of death statistics shown in the Demographic Yearbook for several reasons: first, the structure of the classification itself is similar for both the eighth and ninth revision; and secondly, the tabulation list developed from the ninth revision was designed to maximize comparability with List B from the eighth revision. [17] Each of these is discussed in greater detail below.

Like earlier revisions, the chapters of the ninth revision consist of three digit codes which have undergone only limited change since the previous revision. In the interest of greater specificity, however, more detail is provided in the ninth revision by additional fourth and sometimes fifth digits to the codes. [18] As before the three digit codes identify aetiology of disease. Although manifestation of disease may also be identified with the ninth revision for the first time, it is not used to code cause of death. Chapter one contains infectious and contagious diseases, chapter two refers to all neoplasms, and chapter three to endocrine, nutritional and metabolic diseases and immunity disorders. The remaining chapters group diseases according to anatomical site affected except for the final chapters which refer to mental disorders: complications of pregnancy, childbirth and the puerperium; congenital anomalies; and conditions originating in the perinatal period. Finally, an entire chapter is devoted to signs, symptoms and ill–defined conditions.

Within chapters, however, the changes vary from minor to major. In the chapters dealing with infectious and parasitic diseases, diseases of the blood and blood forming organs, mental disorders, diseases of the digestive system, diseases of the skin and subcutaneous tissues and congenital anomalies. The changes are minor. Major changes were made in the structure of chapters dealing with the nervous system and sense organs, complications of pregnancy, childbirth and puerperium, certain causes of perinatal morbidity and mortality and diseases of the musculoskeletal system and connective tissues.

Until 1975 the Manual of the International Statistical Classification of Diseases, Injuries and Cause of Death contained not only the classification scheme used to code cause of death but also tabulation lists derived from the scheme itself. Since cause of death classifications may be needed for a variety of uses, several tabulation lists in varying degrees of detail were recommended. Although frequently criticized for not being flexible, the use of these lists by many countries or areas has served to promote international comparability in the statistics on cause of death.

A la suite de plusieurs révisions, la Sixième conférence décennale de révision, qui s'est tenue en 1948 sous les auspices de l'Organisation mondiale de la santé — récemment chargée de réviser la classification —, a marqué une étape historique dans la coopération internationale pour l'établissement des statistiques de l'état civil et de la santé, en définissant le concept de cause initiale du décès, en élargissant la classification à la morbidité, et en inaugurant un programme de coopération internationale dans le domaine des statistiques de l'état civil et de la santé. Bien que les révisions ultérieures aient modifié la CIM à bien des égards, les statistiques des causes de décès sont caractérisées, depuis la sixième révision, par leur continuité.

La neuvième révision, de 1975, est la dernière qu'ait connue la CIM. En général, les modifications qui y ont été introduites n'influencent pas profondément les statistiques des causes de décès qui figurent dans l'Annuaire démographique, et cela pour plusieurs raisons. En premier lieu, le cadre de la Classification est le même selon la huitième et la neuvième révision; en second lieu, la présentation statistique résultant de la neuvième révision a été conçue de façon à assurer une comparabilité maximale avec la liste B de la huitième révision [17]. Chacun de ces points est analysé ci–après.

Comme les révisions antérieures, la neuvième se fonde sur un code à trois chiffres qui n'a subi que des modifications limitées par rapport à celui de la huitième révision. Toutefois, afin d'aboutir à plus de précision, la neuvième révision donne plus de détails en ajoutant au code parfois un quatrième et parfois un cinquième chiffre [18]. Comme précédemment, le code à trois chiffres se réfère à l'étiologie des maladies. Bien que les symptômes des maladies apparaissent quelquefois dans la neuvième révision pour la première fois, ils ne servent pas pour la codification des causes de décès. Le chapitre premier concerne les maladies infectieuses et contagieuses, le chapitre 2 l'ensemble des néoplasmes, et le chapitre 3 les maladies du système endocrinien, de la nutrition et du métabolisme, ainsi que les affections immunitaires. Enfin, les autres chapitres groupent les maladies selon leur site anatomique, à l'exception des dernières qui concernent les affections mentales, les complications de la grossesse, de l'accouchement et des suites de couches; les anomalies congénitales et les affections de la période périnatale. Enfin, un chapitre entier est consacré aux manifestations, symptômes et affections mal définis.

Dans le cadre de chacun des chapitres, par contre, les modifications peuvent être mineures ou importantes. Ainsi, dans les chapitres consacrés aux maladies infectieuses et parasitaires, aux maladies du sang et des organes hématopoïétiques, aux affections mentales, aux maladies du système digestif, aux maladies du tissu cutané et sous–cutané et aux anomalies congénitales, les modifications sont mineures. Les modifications importantes ont été apportées à la présentation des chapitres consacrés au système nerveux et aux organes sensoriels, aux complications de la grossesse, de l'accouchement et des suites de couches, à certaines causes de morbidité et de mortalité périnatales et aux maladies du système ostéomusculaire et du tissu conjonctif.

Jusqu'en 1975, le Manuel de la Classification statistique internationale des maladies, traumatismes et causes de décès contenait non seulement le système de classification utilisé pour coder les causes de décès, mais également des tables construites à partir de ce système. Comme une classification des causes de décès peut se révéler nécessaire à divers usages, le Manuel recommandait plusieurs présentations plus ou moins détaillées. Bien qu'on lui ait fréquemment reproché de manquer de flexibilité, l'utilisation de ces listes par de nombreux pays ou zones a permis de développer la comparabilité internationale des statistiques des causes de décès.

Comparison of the Abbreviated Mortality Lists from the Eighth and Ninth Revisions of the International Classification of Diseases Used to Code Cause of Death.

Eighth Revision (List B) [19]

All Causes (000–E999)

B 1 Cholera (000)
B 2 Typhoid fever (001)
B 3 Bacillary dysentery and amoebiasis (004, 006)

B 4 Enteritis and other diarrhoeal diseases (008, 009)
B 5 Tuberculosis of respiratory system (010–012)
B 6 Other tuberculosis, including late effects (013–019)

B 7 Plague (020)
B 8 Diphtheria (032)
B 9 Whooping cough (033)
B10 Streptococcal sore throat and scarlet fever (034)
B11 Meningococcal infection (036)
B12 Acute poliomyelitis (040–043)
B13 Smallpox (050)
B14 Measles (055)
B15 Typhus and other rickettsioses (080–083)
B16 Malaria (084)
B17 Syphilis and its sequelae (090–097)
B18 All other infective and parasitic diseases (Remainder of 000–136)
B19 Malignant neoplasms, including neoplasms of lymphatic and haematopoietic tissue (140–209)

B20 Benign neoplasms and neoplasms of unspecified nature (210–239)
B21 Diabetes mellitus (250)
B22 Avitaminoses and other nutritional deficiency (260–269)
B23 Anaemias (280–285)
B24 Meningitis (320)
B25 Active rheumatic fever (390–392)
B26 Chronic rheumatic heart disease (393–398)
B27 Hypertensive disease (400–404)
B28 Ischaemic heart disease (410–414)
B29 Other forms of heart disease (420–429)
B30 Cerebrovascular disease (430–438)
B31 Influenza (470–474)
B32 Pneumonia (480–486)
B33 Bronchitis, emphysema and asthma (490–493)
B34 Peptic ulcer (531–533)
B35 Appendicitis (540–543)
B36 Intestinal obstruction and hernia (550–553, 560)
B37 Cirrhosis of liver (571)
B38 Nephritis and nephrosis (580–584)
B39 Hyperplasia of prostate (600)
B40 Abortion (640–645)
B41 Other complications of pregnancy, childbirth and the puerperium. Delivery without mention of complication (630–639, 650–678)

B42 Congenital anomalies (740–759)
B43 Birth injury, difficult labour and other anoxic and hypoxic conditions (764–768, 772–776)
B44 Other causes of perinatal mortality (760–763, 769–771, 773–775, 777–779)
B45 Symptoms and ill–defined conditions (780–796)
B46 All other diseases (Remainder of 240–738)
BE47 Motor vehicle accidents (E810–E823)
BE48 All other accidents (E800–E807, E825–E949)
BE49 Suicide and self–inflicted injuries (E950–E959)
BE50 All other external causes (E960–E999)

Ninth Revision (Adapted Mortality List) [20]

All Causes (001–E999)

AM 1 Cholera (001)
AM 2 Typhoid fever (002.0)
AM 3 Other intestinal infectious diseases (Remainder of 001–009)
AM 4 Tuberculosis (010–018)
AM 5 Whooping cough (033)
AM 6 Meningococcal infection (036)
AM 7 Tetanus (037)
AM 8 Septicaemia (038)
AM 9 Smallpox (050)
AM10 Measles (055)
AM11 Malaria (084)
AM12 All other infectious and parasitic diseases (Remainder of 001–139)
AM13 Malignant neoplasm of stomach (151)
AM14 Malignant neoplasm of colon (153)
AM15 Malignant neoplasm of rectum, rectosigmoid junction and anus (154)
AM16 Malignant neoplasm of trachea, bronchus and lung (162)
AM17 Malignant neoplasm of female breast (174)
AM18 Malignant neoplasm of cervix uteri (180)
AM19 Leukaemia (204–208)
AM20 All other malignant neoplasms (Remainder of 140–208)
AM21 Diabetes mellitus (250)
AM22 Nutritional marasmus (261)
AM23 Other protein–calorie malnutrition (262, 263)
AM24 Anaemias (280–285)
AM25 Meningitis (320–322)
AM26 Acute rheumatic fever (390–392)
AM27 Chronic rheumatic heart disease (393–398)
AM28 Hypertensive disease (401–405)
AM29 Acute myocardial infarction (410)
AM30 Other ischaemic heart diseases (411–414)
AM31 Cerebrovascular disease (430–438)
AM32 Atherosclerosis (440)
AM33 Other diseases of circulatory system (Remainder of 390–459)

AM34 Pneumonia (480–486)
AM35 Influenza (487)
AM36 Bronchitis, emphysema and asthma (490–493)
AM37 Ulcer of stomach and duodenum (531–533)
AM38 Appendicitis (540–543)
AM39 Chronic liver disease and cirrhosis (571)
AM40 Nephritis, nephrotic syndrome and nephrosis (580–589)
AM41 Hyperplasia of prostate (600)
AM42 Abortion (630–639)
AM43 Direct obstetric causes (640–646, 651–676)
AM44 Indirect obstetric causes (647, 648)
AM45 Congenital anomalies (740–759)
AM46 Birth trauma (767)

AM47 Other conditions originating in the perinatal period (760–766, 768–779)
AM48 Signs, symptoms and ill–defined conditions (780–799)
AM49 All other diseases (Remainder of 001–799)
AM50 Motor vehicle traffic accidents (E810–E819)
AM51 Accidental falls (E880–E888)
AM52 All other accidents, and adverse effects (Remainder of E800–E949)
AM53 Suicide and self–inflicted injury (E950–E959)
AM54 Homicide and injury purposely inflicted by other persons (E960–E969)
AM55 Other violence (E970–E999)

Comparaison entre les listes abrégées de mortalité de la huitième et de la neuvième révision de la classification internationale des maladies, employées pour classer les causes de décès.

Liste B Huitième révision [19]

Toutes Causes (000–E999)

B 1 Choléra (000)
B 2 Fièvre typhoïde (001)
B 3 Dysenterie bacillaire et amibiase (004, 006)
B 4 Entérites et autres maladies diarrhéiques (008, 009)
B 5 Tuberculose de l'appareil respiratoire (010–012)
B 6 Autres formes de tuberculose et leurs séquelles (013–019)
B 7 Peste (020)
B 8 Diphtérie (032)
B 9 Coqueluche (033)
B10 Angine à streptocoques et scarlatine (034)
B11 Infections à méningocoques (036)
B12 Poliomyélite aiguë (040–043)
B13 Variole (050)
B14 Rougeole (055)
B15 Typhus et autres rickettsioses (080–083)
B16 Paludisme (084)
B17 Syphilis et ses séquelles (090–097)
B18 Toutes autres maladies infectieuses et parasitaires (le reste de 000–136)
B19 Tumeurs malignes, y compris les tumeurs des tissus lymphatiques et hématopoïétiques (140–209)
B20 Tumeurs bénignes et tumeurs de nature non précisée (210–239)
B21 Diabète sucré (250)
B22 Avitaminoses et autres états de carence (260–269)
B23 Anémies (280–285)
B24 Méningite (320)
B25 Rhumatisme articulaire aigu (390–392)
B26 Cardiopathies rhumatismales chroniques (393–398)
B27 Maladies hypertensives (400–404)
B28 Maladies ischémiques du coeur (410–414)
B29 Autres formes de cardiopathies (420–429)
B30 Maladies cérébro–vasculaires (430–438)
B31 Grippe (470–474)
B32 Pneumonie (480–486)
B33 Bronchite, emphysème et asthme (490–493)
B34 Ulcère de l'estomac et du duodénum (531–533)
B35 Appendicite (540–543)
B36 Occlusion intestinale et hernie (550–553, 560)
B37 Cirrhose du foie (571)
B38 Néphrite et néphrose (580–584)
B39 Hypertrophie de la prostate (600)
B40 Avortements (640–645)
B41 Autres complications de la grossesse, de l'accouchement et des suites de couches. Accouchement sans mention de complication (630–639, 650–678)
B42 Anomalies congénitales (740–759)
B43 Lésions obstétricales, accouchements dystociques et autres états anoxémiques et hypoxémiques (764–768, 772, 776)
B44 Autres causes de mortalité périnatale (760–763, 769–771, 773–775, 777–779)
B45 Symptômes et états morbides mal définis (780–790)
B46 Toutes autres maladies (le reste de 240–738)
BE47 Accidents de véhicule à moteur (E810–E823)
BE48 Tous autres accidents (E800–807, E825–E949)

BE49 Suicide et lésions faites volontairement à soi–même
BE50 All other external causes (E960–E999)

Liste adaptée de causes de mortalité [20]
Neuvième révision

Toutes causes (001–E999)

AM 1 Choléra (001)
AM 2 Fièvre typhoïde (002.0)
AM 3 Autres maladies infectieuses intestinales (Restant de 001–009)
AM 4 Tuberculose (010–018)
AM 5 Coqueluche (033)
AM 6 Infections à méningocoques (036)
AM 7 Tétanos (037)
AM 8 Septicémie (038)
AM 9 Variole (050)
AM10 Rougeole (055)
AM11 Paludisme (084)
AM12 Autres maladies infectieuses et parasitaires (Restant de 001–139)
AM13 Tumeur maligne de l'estomac (151)
AM14 Tumeur maligne du gros intestin (153)
AM15 Tumeur maligne du rectum et du canal anal (154)
AM16 Tumeur maligne de la trachée, des bronches et du poumon (162)
AM17 Tumeur maligne du sein (174)
AM18 Tumeur maligne du col de l'utérus (180)
AM19 Leucémie (204–208)
AM20 Autres tumeurs malignes (Restant de 140–208)
AM21 Diabète sucré (250)
AM22 Marasme nutritionnel (261)
AM23 Autres malnutritions protéo–caloriques (262, 263)
AM24 Anémies (280–285)
AM25 Méningites (320–322)
AM26 Rhumatisme articulaire aigu (390–392)
AM27 Cardiopathies rhumatismales chroniques (393–398)
AM28 Maladies hypertensives (401–405)
AM29 Infarctus aigu du myocarde (410)
AM30 Autres myocardiopathies ischémiques (411–414)
AM31 Maladies cérébro–vasculaires (430–438)
AM32 Athérosclérose (440)
AM33 Maladies des autres parties de l'appareil circulatoire (Restant de 390–459)
AM34 Pneumonie (480–486)
AM35 Grippe (487) (Restant de 390–459)
AM36 Bronchite, emphysème et asthme (490–493)
AM37 Ulcère de l'estomac et du duodénum (531–533)
AM38 Appendicite (540–543)
AM39 Maladies chroniques et cirrhose du foie (571)
AM40 Néphrite, syndrome néphrotique et néphrose (580–589)
AM41 Hyperplasie de la prostate (600)
AM42 Avortements (630–639)
AM43 Causes obstétricales directes (640–646, 651–676)
AM44 Causes obstétricales indirectes (647–648)
AM45 Anomalies congénitales (740–759)
AM46 Traumatisme obstétrical (767)
AM47 Autres affections dont l'origine se situe dans la période périnatale (760–766, 768–779)

AM48 Symptômes, signes et états morbides mal définis (780–799)
AM49 Autres maladies (Restant de 001–799)
AM50 Accident de véhicule à moteur sur la voie publique (E810–E819)
AM51 Chute accidentelle (E880–E888)
AM52 Autres accidents et effets adverses (Restant de E800–E949)
AM53 Suicide (E950–E959)
AM54 Homicide (E960–E969)
AM55 Autres violences (E970–E999)

Although great care was taken in the ninth revision to maintain the same structure of the chapters used previously, so as to minimize the discontinuity previously created by revising the ICD, in order to promote flexibility the tabulation lists recommended previously were not adopted. Instead, the Basic Tabulation List (BTL) was adopted with the intention of enabling each country or area to adapt it to its unique needs by adopting an appropriate list of categories. One limitation of the Basic Tabulation List for use in the Demographic Yearbook is that it does not contain a set of mutually exclusive categories whose totals add to the sum of all deaths. Therefore, residual categories do not exist separately. They may be obtained only by subtracting the sum of a group of categories from the total. In order to remedy this shortcoming, the World Health Organization and the United Nations collaborated in developing an abbreviated mortality list of causes of death derived from the three–digit codes in the ninth revision. Known as the Adapted Mortality List, the major objective used in the development of this list was to ensure the greatest degree of comparability with the List B from the eighth revision. The Adapted Mortality List, consisting of 55 categories, in combination with the abbreviated list of the eighth revision, List B, is shown in the preceding pages.

Reflecting the similarity between the eighth and ninth revisions of the ICD itself, the Adapted Mortality List from the ninth revision does not differ extensively from List B from the eighth revision. A comparable level of detail was maintained for certain infectious and parasitic diseases such as cholera, typoid fever, whooping cough, meningococcal infection, smallpox, measles and malaria. Another area of similarity exists among the following diseases which are listed separately in both revisions: pneumonia; influenza; bronchitis; emphysema and asthma; ulcer of the stomach and duodenum; appendicitis; chronic liver disease and cirrhosis; nephritis, nephrotic syndrome and nephroses; and hyperplasia of prostate.

However, care should be exercised in comparing trends by cause of death because in some instances the level of detail differs between the revisions. Changes in the location of infectious and parasitic diseases between the eighth and ninth revisions may adversely affect the comparability of several cause categories shown in table 21. For example, the three digit categories included in causes of death due to tuberculosis (B5 and B6) in the eighth revision differ from AM4 in the ninth revision. In the eighth revision, these categories included late effects of tuberculosis, while in the ninth revision the same late effects were not assigned to this cause. Therefore a comparison of B5 and B6 with AM4 would lead incorrectly to the conclusion that deaths due to tuberculosis were decreasing, since some conditions leading to a diagnosis of death due to tuberculosis under the rules of the eighth revision would be attributed to other causes under the ninth revision.

Il est exact que l'on s'est efforcé, dans la neuvième révision, de conserver aux chapitres la même structure, de façon à réduire au minimum les discontinuités résultant des révisions antérieures, mais les listes recommandées auparavant n'ont pas été adoptées. On a retenu, au contraire, la Liste de base (BTL) dans l'intention de permettre à chaque pays ou zone de l'adapter à ses besoins propres. Or, l'emploi de la Liste de base dans l'Annuaire démographique est limité pour une part du fait qu'elle ne contient pas de catégories exclusives. On n'y trouve donc pas de catégories résiduelles. Celles–ci ne peuvent être constituées qu'en retranchant du total la somme d'un groupe de catégories. Pour remédier à cette insuffisance, l'Organisation mondiale de la santé et l'Organisation des Nations Unies ont collaboré à l'élaboration d'une liste abrégée de causes de mortalité, tirée de celle à trois chiffres de la neuvième révision. Cette liste, dite adaptée, avait surtout pour but d'assurer la plus grande comparabilité possible avec la liste B de la huitième révision. La Liste adaptée des causes de mortalité, composée de 55 catégories, est donnée à la page précédente en regard de la liste B abrégée de la huitième révision.

La Liste adaptée des causes de mortalité, dérivée de la neuvième révision, ne diffère pas beaucoup de la liste B de la huitième révision, dès lors que ces deux révisions sont très semblables l'une à autre. On y a conservé un niveau semblable de détail dans le cas de certaines maladies infectieuses ou parasitaires telles que le choléra, la fièvre typhoïde, la coqueluche, les infections à méningocoques, la variole, la rougeole et le paludisme. On retrouve une même similarité entre les maladies suivantes, qui sont distinguées dans les deux révisions [[[[[umonie, grippe, bronchite, emphysème et asthme, ulcères de l'estomac et du duodénum, appendicite, hépatites chroniques et cirrhoses, néphrites, syndromes néphrotiques et néphroses, enfin hyperplasie de la prostate.

Toutefois, il faut agir avec circonspection lorsque l'on compare les tendances de la mortalité par cause de décès car, dans certains cas, le détail diffère d'une révision à l'autre. Les modifications du site des maladies infectieuses ou parasitaires, intervenues entre la huitième et neuvième révision, peuvent nuire à la comparabilité de plusieurs catégories de causes de décès du tableau 21. Par exemple, les catégories à trois chiffres des décès par tuberculose (B5 et B6) dans la huitième révision diffèrent de la catégorie AM4 de la neuvième révision. Dans la huitième révision, ces catégories comprenaient les effets tardifs de la tuberculose, alors que dans la neuvième ces effets n'ont pas été attribués à la même cause. C'est pourquoi une comparaison des statistiques B5 et B6 avec celles de la catégorie AM4 amènerait fallacieusement à conclure que les effets tardifs de la tuberculose ont diminué d'incidence, tandis que certaines affections conduisant à un diagnostic de décès par tuberculose en vertu de la huitième révision seraient attribuées à d'autres causes dans le contexte de la neuvième révision.

In addition, neoplasms are shown in greater detail in the ninth revision than the eighth. In the ninth revision malignant neoplasms of the stomach, of the colon, the rectum, rectosigmoid junction and anus, of the trachea, bronchus and lung, of the female breast, of the cervix uteri and leukaemia are shown separately whereas in the eighth revision all malignant neoplasms were grouped together (B19). Therefore to obtain comparable statistics on deaths from malignant neoplasms for a country or area which reports in terms of both the eighth and ninth revisions, the user could add causes AM13 through AM20 from the ninth revision to obtain comparable causes to B19 from the eighth revision. Nutritional deficiencies are also handled differently in the two revisions. Avitaminosis and nutritional deficiencies (B22) in the eighth revision are classified in the adapted mortality list as nutritional marasmus (AM22) and other protein–caloric malnutrition (AM23). A single category of other intestinal infections was created from bacillary dysentery and amoebiasis (B3) and enteritis and other diarrhoeal diseases (B4).

Particular care should be devoted to use of residual categories, which may contain different causes of death in the two revisions. For example, the residual category of infectious and parasitic diseases, B18 and AM12 in the eighth and ninth revisions, respectively, is not identical in the two revisions. For example, in the ninth revision this residual category includes plague, diphtheria, scarlet fever, polio, typhus and syphilis which were listed separately in the eighth revision.

Finally, signs, symptoms and ill–defined conditions are coded to B45 and AM48 in the eighth and ninth revision, respectively. If more than 25 per cent of deaths reported in a country or area are coded to signs, symptoms and ill–defined conditions, the data are considered unreliable for the purposes of the Demographic Yearbook. In such instances, deaths by cause are not included in table 21, since it is not possible to determine whether the distribution of known causes is biased by such a large unknown category.

4.3.1 Maternal mortality

According to the ninth revision, "Maternal death is defined as the death of a woman while pregnant or within 42 days of termination of pregnancy, irrespective of the duration and the site of the pregnancy, from any cause related to or aggravated by the pregnancy or its management but not from accidental or incidental causes.

" Maternal deaths should be subdivided into direct and indirect obstetric deaths. Direct obstetric deaths are those resulting from obstetric complications of the pregnant state (pregnancy, labour and puerperium) from interventions, omissions, incorrect treatment, or from a chain of events resulting from any of the above. Indirect obstetric deaths are those resulting from previous existing disease or disease that developed during pregnancy and which was not due to direct obstetric causes, but which was aggravated by physiologic effects of pregnancy".

Following the definition of a maternal death shown above, the Demographic Yearbook includes deaths due to abortion (B40) and deaths due to other complications of pregnancy, childbirth and the puerperium and delivery without mention of complication (B41) when cause of death is classified according to the eighth revision. When the ninth revision is used, maternal deaths are the sum of deaths due to abortion (AM42), direct obstetric causes (AM43) and indirect obstetric causes (AM44).

Au surplus, les néoplasmes sont plus détaillés dans la neuvième révision que dans la huitième. Dans la neuvième révision, la leucémie et les tumeurs malignes de l'estomac, du côlon, du rectum, du canal anal et de l'anus, de la trachée, des bronches et du poumon, du sein et du col de l'utérus figurent séparément les uns des autres, tandis que, dans la huitième révision, toutes les tumeurs malignes étaient regroupées (B19). C'est pourquoi, pour obtenir des statistiques comparables des décès par tumeurs malignes dans un pays ou une zone qui présente ses statistiques à la fois selon la huitième et la neuvième révision, l'utilisateur peut faire la somme des causes AM13 à AM20 de la neuvième révision pour obtenir les causes comparables de la catégorie B19 de la huitième révision. Les carences nutritives font également l'objet, dans les deux révisions, d'un traitement différent. Les avitaminoses et les carences nutritives (B22) de la huitième révision sont classées, dans la liste adaptée des causes de mortalité, comme marasmes nutritionels (AM22) et autres états de malnutrition protéo–caloriques (AM23). La catégorie des infections instestinales diverses a été créée par regroupement des dysenteries bacillaires et amibiases (B3) avec les entérites et autres maladies diarrhéiques (B4).

Il convient de veiller particulièrement à l'affectation des catégories résiduelles, qui peuvent être différentes dans les deux révisions. Par exemple, les maladies infectieuses et parasitaires, B18 et AM12 dans les huitième et neuvième révisions respectivement, ne sont pas les mêmes d'une révision à l'autre. Dans la neuvième, elles comprennent la peste, la diphtérie, la scarlatine, la poliomyélite, le typhus et la syphilis, qui apparaissent séparément dans la huitième révision.

Enfin, les manifestations, symptômes et affections mal définies apparaissent respectivement, dans la huitième et la neuvième révision, sous B45 et AM48. Si plus de 25 p. 100 des décès signalés dans un pays ou une zone sont codés sous la rubrique manifestations, symptômes et affections mal définies, les données sont considérées comme douteuses dans l'Annuaire démographique. Alors, les décès par cause ne figurent pas dans tableau 21, car il n'est pas possible de déterminer si la répartition des causes connues est faussée par l'existence d'une catégorie "inconnue" aussi importante.

4.3.1 Mortalité maternelle

D'après la neuvième révision de la CIM, "la mortalité maternelle se définit comme le décès d'une femme survenu au cours de la grossesse ou dans une délai de 42 jours après sa terminaison, quelle qu'en soit la durée et la localisation, pour une cause quelconque déterminée ou aggravée par la grossesse ou les soins qu'elle a motivés, mais ni accidentelle ni fortuite".

"Les morts maternelles se répartissent en deux groupes: 1) Décès par cause obstétricale directe ... qui résultent de complications obstétricales (grossesse, travail et suites de couches), d'interventions, d'omissions, d'un traitement incorrect ou d'un enchaînement d'événements de l'un quelconque des facteurs ci–dessus. 2) Décès par cause obstétricale indirecte ... qui résultent d'une maladie préexistante ou d'une affection apparue au cours de la grossesse, sans qu'elles soit due à des causes obstétricales directes, mais qui a été aggravée par les effets physiologiques de la grossesse".

Considérant la définition ci–dessus de la mortalité maternelle, l'Annuaire démographique y inclut les décès par avortement (B40) et les décès imputables à d'autres complications de la grossesse, de l'accouchement et des suites de couches, sans mention de complications (B41) lorsque la cause de décès est classée selon la huitième révision. Sur la base de la neuvième révision, la mortalité maternelle constitue la somme des décès par avortement (AM42), des décès d'origine obstétricale directe (AM43) et des décès d'origine obstétricale indirecte (AM44).

A further recommendation by the ninth revision conference proposed that maternal death rates be expressed per 1 000 live births rather than per 1 000 women of childbearing age in order to estimate more accurately the risk of maternal death. Although births do not represent an unbiased estimate of pregnant women, this figure is more reliable than other estimates since it is impossible to determine the number of pregnant women and live births are more accurately registered than live births plus foetal deaths.

4.3.2 Perinatal mortality

The definition of perinatal death was recommended by the Study Group on Perinatal Mortality set up by the World Health Organization. The International Conference for the Eighth Revision of the International Classification of Diseases adopted the recommendation that the perinatal period be defined "as extending from the 28th week of gestation to the seventh day of life". Noting that several countries considered as late foetal deaths any foetal death of 20 weeks or longer gestation, the Conference agreed to accept a broader definition of perinatal death which extends from the 20th week of gestation to the 28th day of life. This alternative definition was believed to promote more complete registration of events between 28 weeks of gestation and the end of the first 6 days of life. In 1975, the Ninth Revision Conference recommended the collection of perinatal mortality statistics by use of a standard perinatal death certificate according to a definition which not only includes a minimum length of gestation but also minimum weight and length criteria.

In table 19 of the 1985 Demographic Yearbook and previous issues of the Yearbook that included perinatal mortality statistics, the definition of perinatal deaths used is the sum of late foetal deaths (foetal deaths of 28 or more weeks of gestation) and infant deaths within the first week of life. In addition, in order to standardize the definition and eliminate differences due to national practice, the figures on perinatal death are calculated in the Statistical Office for inclusion in the Demographic Yearbook. Contrary to the recommendations of the Ninth Revision Conference, the perinatal mortality rate is calculated per 1 000 live births in order to minimize the effect of limited foetal death registration on the magnitude of the denominator.

4.3.3 Medical certification and lay reporting

In many countries or areas a sizeable fraction of the deaths may be registered by non–medical personnel. In order to improve the reporting of cause of death in these cases, the Ninth Revision Conference recommended that: "The World Health Organization should become increasingly involved in the attempts made by the various developing countries for collection of morbidity and mortality statistics through lay or paramedical personnel; organize meetings at regional level for facilitating exchange of experiences between the countries currently facing this problem so as to design suitable classification lists with due consideration to national differences in terminology; assist countries in their endeavour to establish or expand the system of collection of morbidity and mortality data through lay or paramedical personnel. [21]

La neuvième révision recommande également que les taux de mortalité maternelle soient exprimés sur la base de 1 000 naissances vivantes plutôt que sur celle de 1 000 femmes en âge de reproduire, afin d'aboutir à une évaluation plus exacte du risque de mortalité maternelle. Bien que les naissances ne permettent pas d'évaluer sans distortion le nombre des femmes enceintes, leur nombre est plus sûr que d'autres estimations car il est impossible d'évaluer le nombre des femmes enceintes, et le nombre des naissances vivantes est plus exactement enregistré que celui des naissances vivantes et des morts foetales.

4.3.2 Mortalité périnatale

La définition de la mortalité périnatale a été recommandée par le Groupe d'étude sur la mortalité périnatale, constitué par l'Organisation mondiale de la santé. La Conférence internationale pour la huitième révision de la Classification internationale des maladies a adopté la recommandation selon laquelle la période périnatale devait être définie comme suit : "période comprise entre la vingt–huitième semaine de gestation et la septième journée de vie". Considérant que plusieurs pays comptaient comme mort foetale tardive toute mort foetale intervenue 20 semaines ou plus après le début de la gestation, la Conférence a décidé d'accepter aussi une définitions plus large de la mortalité périnatale qui s'étend de la vingtième semaine de la gestation à la vingt–huitième journée de vie. Cette deuxième définition devait en principe permettre l'enregistrement plus complet des morts foetales intervenues entre la vingt–huitième semaine de gestation et la fin des six premières journées de la vie. En 1975, la Conférence chargée de la neuvième révision a recommandé que les statistiques de la mortalité périnatale s'appuient sur un certificat de mortalité périnatale standardisé, fondé sur une définition qui prévoit non seulement une durée minimale de gestation, mais également un minimum de poids et de taille.

Dans le tableau 19 de l'Annuaire démographique 1985 et dans les éditions antérieures de l'Annuaire où figuraient des statistiques sur la mortalité périnatale, la définition de mortalité périnatale s'appuie sur la somme des morts foetales tardives (mortalité foetale au terme de 28 semaines de gestation ou plus) et de la mortalité infantile dans la première semaine de vie. De plus, afin de normaliser la définition et d'éliminer les différences dues aux pratiques nationales, les chiffres de la mortalité périnatale sont calculés par le Bureau de statistique aux fins d'inclusion dans l'Annuaire démographique. Contrairement aux recommandations de la neuvième conférence de révision, le taux de mortalité périnatale avait été calculé sur 1 000 naissances vivantes, afin de minimiser l'effet des insuffisances d'enregistrement des morts foetales sur le dénominateur de la fraction.

4.3.3 Certificats médicaux et déclarations de témoins non qualifiés

Dans bien des pays et zones, une bonne partie des décès sont déclarés par des personnes sans formation médicale. Afin d'améliorer la déclaration des causes de décès dans ces cas, la neuvième conférence de révision a recommandé que l'Organisation mondiale de la santé prenne "une part croissante à l'action entreprise par divers pays en voie de développement pour la collecte de données statistiques de morbidité et de mortalité par du personnel non professionnel ou paramédical", qu'elle organise "au niveau régional des réunions visant à faciliter un échange d'expériences entre les pays qui doivent actuellement faire face à ce problème, de manière à mettre au point des listes de classification appropriées, compte dûment tenu des différences de terminologie entre les pays" et qu'elle aide "les pays à mettre en place ou à développer le système de collecte de données de morbidité et de mortalité à l'aide d'un personnel non professionnel ou paramédical" [21].

DESCRIPTION OF TABLES

Table 1

Table 1 presents for the world, macro regions and regions estimates of the order of magnitude of population size, rates of population increase, crude birth and death rates, surface area and population density.

Description of variables: Estimates of world population by macro regions and by regions are presented for 1950 and each fifth year, 1960 to 1985 and for 1988. Average annual percentage rates of population growth, the crude birth and crude death rates are shown for the period 1985 to 1990. Surface area in square kilometres and population density estimates relate to 1988.

All population estimates and rates presented in this table were prepared by the Population Division of the United Nations Secretariat and have been published in World Population Prospects 1988 (ST/ESA/SER.A/106).

The scheme of regionalization used for the purpose of making these estimates is described on page 41. Although some continental totals are given, and all can be derived, the basic scheme presents eight macro regions that are so drawn as to obtain greater homogeneity in sizes of population, types of demographic circumstances and accuracy of demographic statistics.

Five of the eight macro regions are further subdivided into 20 regions. These are arranged within macro regions; these together with Northern America, Eastern Asia and the USSR, which are not subdivided, make a total of 22 regions. In addition to these 22 regions, population totals, surface area and density only are shown for America and for Asia. The population totals have been derived by the Statistical Office by summing the relevant macro regions estimated by the Population Division.

The distinction of Eastern Asia and South Asia as separate macro regions was dictated largely by the size of their populations. The macro regions of Northern America and Latin America were distinguished, rather than the conventional continents of North America and South America, because population trends in the middle American mainland and the Caribbean region more closely resemble those of South America than those of America north of Mexico. Data for the traditional continents of North and South America can be obtained by adding Central America and Caribbean region to Northern America and deducting them from Latin America. Latin America has somewhat wider limits than it would if defined only to include Spanish–speaking, French–speaking and Portuguese–speaking countries.

The average annual percentage rates of population growth were calculated by the Population Division of the United Nations Secretariat, using an exponential rate of increase.

DESCRIPTION DES TABLEAUX

Tableau 1

Le tableau 1 donne, pour l'ensemble du monde, les grandes régions géographiques, des estimations de l'ordre de grandeur de la population, les taux d'accroissement démographique, les taux bruts de natalité et de mortalité, la superficie et la densité de peuplement.

Description des variables : Des estimations de la population mondiale par "grandes régions" et par "régions géographiques" sont présentées pour 1950 et à intervalle quinquennal de 1960 à 1985, ainsi que pour 1988. Les taux annuels moyens d'accroissement de la population et les taux bruts de natalité et de mortalité portent sur la période 1985 à 1990. Les indications concernant la superficie exprimée en kilomètres carrés et l'ordre de grandeur de la densité de population se rapportent à 1988.

Toutes les estimations de population et les taux de natalité, taux de mortalité et taux annuels d'accroissement de la population qui sont présentés dans ce tableau ont été établis par la Division de la population du Secrétariat de l'ONU et ont été publiés dans World Population Prospects 1988 (ST/ESA/SER.A/106).

La classification géographique utilisée pour établir ces estimations est exposée à la page 41. Bien que l'on ait donné certains totaux pour les continents (tous les autres pouvant être calculés), on a réparti le monde en huit grandes régions qui ont été découpées de manière à obtenir une plus grande homogénéité du point de vue des dimensions de population, des types de situation démographique et de l'exactitude des statistiques démographiques.

Cinq de ces huit grandes régions ont été subdivisées en 20 régions. Celles–ci ont été classées à l'intérieur de chaque grande région. Avec l'Amérique septentrionale, l'Asie orientale et l'URSS, qui n'ont pas été subdivisées, on arrive à un total de 22 régions. En plus de ces 22 régions, pour l'Amérique et l'Asie, on a présenté des totaux pour la population, la superficie et la densité seulement. Les totaux de la population proviennent du Bureau de statistique du Secrétariat de l'ONU et sont obtenus en additionnant les chiffres des grandes régions qui ont été estimés par la Division de la population du Secrétariat de l'ONU.

La distinction entre l'Asie orientale et l'Asie méridionale parmi les grandes régions a été dictée principalement par la dimension de leurs populations. On a distingué comme grandes régions l'Amérique septentrionale et l'Amérique latine, au lieu des continents classiques (Amérique du Nord et Amérique du Sud), parce que les tendances démographiques dans la partie continentale de l'Amérique centrale et dans la région des Caraïbes se rapprochent davantage de celles de l'Amérique du Sud que de celles de l'Amérique au nord du Mexique. On obtient les données pour les continents traditionnels de l'Amérique du Nord et de l'Amérique du Sud en extrayant des données relatives à l'Amérique latine les données concernant l'Amérique centrale et les Caraïbes, et en les regroupant avec celles relatives à l'Amérique septentionale. L'Amérique latine ainsi définie a par conséquent des limites plus larges que celles des pays ou zones de langues espagnole, portugaise et française qui constituent l'Amérique latine au sens le plus strict du terme.

Les taux annuels moyens d'accroissement de la population ont été calculés par la Division de la population du Secrétariat de l'ONU, qui a appliqué à cette fin un taux d'accroissement exponentiel.

Crude birth and crude death rates are expressed in terms of the average annual number of births and deaths, respectively, per 1 000 mid–year population. These rates are estimated.

Surface area totals were obtained by summing the figures for individual countries or areas shown in table 3.

Computation: Density, calculated by the Statistical Office of the United Nations, is the number of persons in the 1988 total population per square kilometre of total surface area.

Reliability of data: With the exception of surface area, all data are set in italic type to indicate their conjectural quality.

Limitations: Being derived in part from data in table 3, the estimated orders of magnitude of population and surface area are subject to all the basic limitations set forth in connection with table 3. Likewise, the rates of population increase and density indexes are affected by the limitations of the original figures. However, it may be noted that, in compiling data for regional and macro region totals, errors in the components may tend to compensate each other and the resulting aggregates may be somewhat more reliable than the quality of the individual components would imply.

Because of their estimated character, many of the birth and death rates shown should also be considered only as orders of magnitude, and not as measures of the true level of natality or mortality. Rates for 1980–1985 are based on the data available as of 1988, the time when the estimates were prepared, and much new information has been taken into account in constructing these new estimates. As a result they may differ from earlier estimates prepared for the same years and published in previous issues of the Yearbook.

It should be noted that the United Nations estimates that appear in this table are from the same series of estimates which also appear in tables 2, 3, 4, 5, 9, 15, 18, and 22 of this Yearbook.

The limitations related to surface area data are described in the Technical Notes for table 3. Because surface area totals were obtained by summing the figures for individual countries or areas shown in table 3, they exclude places with a population of less than 50, for example, uninhabited polar areas.

In interpreting the population densities, one should consider that some of the regions include large segments of land that are uninhabitable or barely habitable, and density values calculated as described make no allowance for this, nor for differences in patterns of land settlement.

Coverage: Data for 22 regions are presented.

Les taux bruts de natalité et de mortalité représentent respectivement le nombre annuel moyen de naissances et de décès par millier d'habitants en milieu d'année. Ces taux sont estimatifs.

La superficie totale a été obtenue en faisant la somme des superficies des pays ou zones du tableau 3.

Calculs : La densité, calculée par le Bureau de statistique de l'ONU, est égale au rapport de l'effectif total de la population en 1988 à la superficie totale exprimée en kilomètres carrés.

Fiabilité des données : A l'exception des données concernant la superficie, toutes les données sont reproduites en italique pour en faire ressortir le caractère conjectural.

Insuffisance des données : Les estimations concernant l'ordre de grandeur de la population et la superficie reposent en partie sur les données du tableau 3; elles appellent donc toutes les réserves fondamentales formulées à propos de ce tableau. Les taux d'accroissement et les indices de densité de la population se ressentent eux aussi des insuffisances inhérentes aux données de base. Toutefois, il est à noter que, lorsqu'on additionne des données par territoire pour obtenir des totaux régionaux et par grandes régions, les erreurs qu'elles comportent arrivent parfois à s'équilibrer, de sorte que les agrégats obtenus peuvent être un peu plus exacts que chacun des éléments dont on est parti.

Vu leur caractère estimatif, un grand nombre des taux de natalité et de mortalité du tableau 1 doivent être considérés uniquement comme des ordres de grandeur et ne sont pas censés mesurer exactement le niveau de la natalité ou de la mortalité. On s'est fondé pour établir les taux de 1980–1985 sur les données dont on disposait en 1988, date à laquelle les nouvelles estimations ont été établies, et beaucoup d'éléments nouveaux sont alors intervenus dans le calcul de celles–ci. C'est pourquoi il se peut qu'elles s'écartent d'estimations antérieures portant sur ces mêmes années et publiées dans de précédentes éditions de l'Annuaire.

Il y a lieu de noter que les estimations du Secrétariat de l'ONU qui sont reproduites dans ce tableau appartiennent à la même série d'estimations que celles qui figurent dans les tableaux 2, 3, 4, 5, 9, 15, 18, et 22 de la présente édition de l'Annuaire.

Les Notes techniques relatives au tableau 3 indiquent les insuffisances des données de superficie. Parce que les totaux des superficies ont été obtenus en additionnant les chiffres pour chaque pays ou zones, qui apparaissent dans le tableau 3, ils ne comprennent pas les lieux où la population est de moins de 50 personnes, tels que les régions polaires inhabitées.

Pour interpréter les valeurs de la densité de population, il faut tenir compte du fait qu'il existe dans certaines des régions de vastes étendues de terres inhabitables ou à peine habitables, et que les chiffres calculés selon la méthode indiquée ne tiennent compte ni de ce fait ni des différences de dispersion de la population selon le mode d'habitat.

Portée : Les données présentées concernent 22 régions.

AFRICA – AFRIQUE

Eastern Africa – Afrique orientale

British Indian Ocean Territory – Territoire Britannique de l'Océan Indien
Burundi
Comoros – Comores
Djibouti
Ethiopia – Ethiopie
Kenya
Madagascar
Malawi
Mauritius – Maurice
Mozambique
Réunion
Rwanda
Seychelles
Somalia – Somalie
Uganda – Ouganda
United Rep. of Tanzania – Rép. Unie de Tanzanie
Zambia – Zambie
Zimbabwe

Middle Africa – Afrique centrale

Angola
Cameroon – Cameroun
Central African Republic – République centrafricaine
Chad – Tchad
Congo
Equatorial Guinea – Guinée équatoriale
Gabon
Sao Tome and Principe – Sao Tomé–et–Principe
Zaire

Northern Africa – Afrique septentrionale

Algeria – Algérie
Egypt – Egypte
Libyan Arab Jamahiriya – Jamahiriya arabe libyenne
Morocco – Maroc
Sudan – Soudan
Tunisia – Tunisie
Western Sahara – Sahara Occidental

Southern Africa – Afrique méridionale

Botswana
Lesotho
Namibia – Namibie
South Africa – Afrique du Sud
Swaziland

Western Africa – Afrique occidentale

Benin – Bénin
Burkina Faso
Cape Verde – Cap–Vert
Côte d'Ivoire
Gambia – Gambie
Ghana
Guinea – Guinée
Guinea–Bissau – Guinée–Bissau
Liberia – Libéria
Mali
Mauritania – Mauritanie
Niger
Nigeria – Nigéria
St. Helena – Sainte–Hélène
Senegal – Sénégal
Sierra Leone
Togo

NORTHERN AMERICA – AMERIQUE SEPTENTRIONALE

Bermuda – Bermudes
Canada
Greenland – Groenland
St. Pierre and Miquelon – Saint–Pierre–et–Miquelon
United States – Etats–Unis

LATIN AMERICA – AMERIQUE LATINE

Caribbean – Caraïbes

Anguilla
Antigua and Barbuda – Antigua–et–Barbuda
Aruba
Bahamas
Barbados – Barbade
British Virgin Islands – Iles Vierges britanniques
Cayman Islands – Iles Caïmanes
Cuba
Dominica – Dominique
Dominican Republic – République dominicaine
Grenada – Grenade
Guadeloupe
Haiti
Jamaica – Jamaique
Martinique
Montserrat
Netherlands Antilles – Antilles néerlandaises
Puerto Rico – Porto Rico
St. Kitts–Nevis – Saint–Kitts–et–Nevis
Saint Lucia – Sainte–Lucie
St. Vincent and the Grenadines – Saint–Vincent–et–Grenadines
Trinidad and Tobago – Trinité–et–Tobago
Turks and Caicos Islands – Iles Turques et Caiques
United States Virgin Islands – Iles Vierges américaines

Central America – Amérique centrale

Belize
Costa Rica
El Salvador
Guatemala
Honduras
Mexico – Mexique
Nicaragua
Panama

South America – Amérique du Sud

Argentina – Argentine
Bolivia – Bolivie
Brazil – Brésil
Chile – Chili
Colombia – Colombie
Ecuador – Equateur
Falkland Islands (Malvinas)– Iles Falkland (Malvinas)
French Guiana – Guyane Française
Guyana
Paraguay
Peru – Pérou
Suriname
Uruguay
Venezuela

ASIA – ASIE

EASTERN ASIA – ASIE ORIENTALE

China – Chine
Hong Kong – Hong–kong
Japan – Japon
Korea – Corée
Korea, Dem. People's Rep. of – Corée, rép. populaire dém. de
Korea, Republic of– Corée, République de
Macau – Macao
Mongolia – Mongolie

Southern Asia – Asie méridionale

Afghanistan
Bangladesh
Bhutan – Bhoutan
India – Inde
Iran (Islamic Republic of – Rép. islamique d')
Maldives

Southern Asia –
Asie méridionale

Nepal – Népal
Pakistan
Sri Lanka

South Eastern Asia –
Asie méridionale orientale

Brunei Darussalam –
Brunéi Darussalam
Democratic Kampuchea –
Kampuchea démocratique
East Timor – Timor oriental
Indonesia – Indonésie
Lao People's Dem. Rep. –
Rép. Dém.
populaire Lao
Malaysia – Malaisie
Myanmar
Philippines
Singapore – Singapour
Thailand – Thailande
Viet Nam

Western Asia –
Asie occidentale

Bahrain – Bahreïn
Cyprus – Chypre
Gaza Strip (Palestine) –
Zone de Gaza (Palestine)
Democratic Yemen –
Yémen démocratique
Iraq
Israel – Israël
Jordan – Jordanie
Kuwait – Koweït
Lebanon – Liban
Oman
Qatar
Saudi Arabia –
Arabie saoudite
Syrian Arab Republic –
République arabe
syrienne
Turkey – Turquie
United Arab Emirates –
Emirats Arabes Unis
Yemen – Yémen

EUROPE

Eastern Europe – Europe orientale

Bulgaria – Bulgarie
Czechoslovakia –
Tchécoslovaquie
German Democratic Rep. –
Rép. démocratique
allemande
Hungary – Hongrie
Poland – Pologne
Romania – Roumanie

Northern Europe – Europe septentrionale

Channel Islands –
Iles Anglo–Normandes
Denmark – Danemark
Faeroe Islands –
Iles Féroé
Finland – Finlande
Iceland – Islande
Ireland – Irlande
Isle of Man – Ile de Man
Norway – Norvège
Sweden – Suède
United Kingdom – Royaume–Uni

Southern Europe – Europe méridionale

Albania – Albanie
Andorra – Andorre
Gibraltar
Greece – Grèce
Holy See –
Saint–Siège
Italy – Italie
Malta – Malte
Portugal
San Marino – Saint–Marin
Spain – Espagne
Yugoslavia – Yougoslavie

Western Europe – Europe occidentale

Austria – Autriche
Belgium – Belgique
France
Germany, Federal Rep. of –
Allemagne, République
fédérale d'
Liechtenstein
Luxembourg
Monaco
Netherlands – Pays–Bas
Switzerland – Suisse

OCEANIA – OCEANIE

Australia and New Zealand –
Australie et Nouvelle Zélande

Australia – Australie
Christmas Island –
Ile Christmas
Cocos (Keeling) Islands –
Iles des Cocos (Keeling)
New Zealand –
Nouvelle–Zélande
Norfolk Island – Ile Norfolk

Melanesia – Melenésie

Fiji – Fidji
New Caledonia –
Nouvelle–Calédonie
Papua New Guinea –
Papouasie–Nouvelle–
Guinée
Solomon Islands – Iles Salomon
Vanuatu

Micronesia – Micronésie

Canton and Enderbury
Islands – Iles Canton
et Enderbury
Guam
Johnston Island –
Ile Johnston
Kiribati
Midway Islands – Iles Midway
Nauru
Pacific Islands –
Iles du Pacifique
WaKe Island – Ile de Wake

Polynesia – Polynésie

American Samoa –
Samoa américaines
Cook Islands – Iles Cook
French Polynesia –
Polynésie française
Niue – Nioué
Pitcairn
Samoa
Tokelau – Tokélaou
Tonga
Tuvalu
Wallis and Futuna Islands –
Iles Wallis et Futuna

UNION OF SOVIET SOCIALIST REPUBLICS
UNION DES REPUBLIQUES
SOCIALISTES SOVIETIQUES

Table 2

Table 2 presents estimates of population and the percentage distribution, by age and sex and sex ratio for all ages, for the world, macro regions and regions for 1985.

Description of variables: All population estimates presented in this table were prepared by the Population Division of the United Nations Secretariat. These estimates have been published (using more detailed age groups) in World Population Prospects 1988 (ST/ESA/SER.A/106).

The scheme of regionalization used for the purpose of making these estimates is described on page 00 and discussed in detail in the Technical Notes for table 1.

Age groups presented in this table are: under 15 years, 15–64 years and 65 years and over.

Sex ratio refers to the number of males per 100 females of all ages.

Using the Population Division estimates, the percentage distributions and the sex ratios which appear in this table have been calculated by the Statistical Office of the United Nations.

Reliability of data: All data are set in italic type to indicate their conjectural quality.

Limitations: The data presented in this table are from the same series of estimates, prepared by the Population Division of the United Nations Secretariat, presented in table 1. They are subject to the same general limitations as discussed in the Technical Notes for table 1.

In brief, because of their estimated character, these distributions by broad age groups and sex should be considered only as orders of magnitude. However, it may be noted that, in compiling data for regional and macro region totals, errors in the components may tend to compensate each other and the resulting aggregates may be somewhat more reliable than the quality of the individual components would imply.

In addition, data in this table are limited by factors affecting data by age. These factors are described in the Technical Notes for table 7. Because the age groups presented in this table are so broad, these problems are minimized.

It should be noted that the United Nations Secretariat estimates that appear in this table are from the same series of estimates which also appear in tables 1, 3, 4, 5, 9, 15, 18 and 22 of this Yearbook.

Coverage: Data for 22 regions are presented.

Tableau 2

Ce tableau fournit, pour l'ensemble du monde, les grandes régions et les régions, des estimations de la population pour 1985 ainsi que sa répartition en pourcentage selon l'âge et le sexe, et le rapport de masculinité tous âges.

Description des variables : Toutes les données figurant dans ce tableau ont été établies par la Division de la population du Secrétariat de l'ONU et ont été publiées dans World Population Prospects 1988 (ST/ESA/SER.A/106).

La classification géographique utilisée pour établir ces estimations est exposée à la page 00 et analysée en détail dans les Notes techniques relatives au tableau 1.

Les groupes d'âge présentés dans ce tableau sont définis comme suit : moins de 15 ans, de 15 à 64 ans et 65 ans et plus.

Le rapport de masculinité représente le nombre d'individus de sexe masculin pour 100 individus de sexe féminin sans considération d'âge.

Les pourcentages et les rapports de masculinité qui sont présentés dans ce tableau ont été calculés par le Bureau de statistique de l'ONU d'après des estimations établies par la Division de la population.

Fiabilité des données : Toutes les données figurant dans ce tableau sont reproduites en italique pour en faire ressortir le caractère conjectural.

Insuffisance des données : Les données de ce tableau appartenant à la même série d'estimations, établie par la Division de la population du Secrétariat de l'ONU, que celles qui figurent au tableau 1 appellent également toutes les réserves formulées dans les Notes techniques relatives au tableau 1.

Sans entrer dans le détail, il convient de préciser que les données relatives à la répartition par grand groupe d'âge et par sexe doivent, en raison de leur caractère estimatif, être considérées uniquement comme des ordres de grandeur. Toutefois, il est à noter que, lorsqu'on additionne des données par territoire pour obtenir des totaux régionaux et par grandes régions, les erreurs qu'elles comportent arrivent parfois à s'équilibrer, de sorte que les agrégats obtenus peuvent être un peu plus exacts que chacun des éléments dont on est parti.

En outre, les donnés figurant dans ce tableau présentent un caractère d'insuffisance en raison des facteurs influant sur les données par âge. Ces facteurs sont décrits dans les Notes techniques relatives au tableau 7. Ces problèmes sont cependant minimisés du fait de l'étendue des groupes d'âge présentés dans ce tableau.

Il y a lieu de noter que les estimations du Secrétariat de l'ONU qui sont reproduites dans ce tableau appartiennent à la même série d'estimations que celles qui figurent dans les tableaux 1, 3, 4, 5, 9, 15, 18 et 22 de la présente édition de l'Annuaire.

Portée : Les données présentées concernent 22 régions.

Table 3

Table 3 presents for each country or area of the world the total, male and female population enumerated at the latest population census, estimates of the mid–year total population for 1980 and 1988, the average annual exponential rate of increase (or decrease) for the period 1980 to 1988, and the surface area and the population density for 1988.

Description of variables: The total, male and female population is, unless otherwise indicated, the de facto (present–in–area) population enumerated at the most recent census for which data are available. The date of this census is given. Unless otherwise indicated, population census data are the results of a nation–wide enumeration. If, however, a nation–wide enumeration has never taken place, the results of a sample survey, essentially national in character, are presented. Results of surveys referring to less than 50 per cent of the total territory or population are not included.

Mid–year population estimates refer to the de facto population on 1 July. In some areas the mid–year population has been calculated by the Statistical Office of the United Nations as the mean of two year–end official estimates. Mid–year estimates, calculated in this manner, are assumed to be sufficiently similar to official estimates for the population on 1 July; they, therefore, have not been footnoted.

Mid–year estimates of the total population are those provided by national statistical offices, unless otherwise indicated. As needed, these estimates are supplemented by mid–year population estimates prepared by the Population Division of the United Nations Secretariat [22] when, for example, official mid–year estimates of the total population either are not available or have not been revised to take into account the results of a recent population census or sample survey. The United Nations Secretariat estimates are identified with a superscript (x) and are based on data available in 1988 including census and survey results, taking into account the reliability of base data as well as available fertility, mortality, and migration data.

The policy of using United Nations Secretariat estimates is designed to produce comparable mid–year estimates for population for 1980 and 1988 which are not only in accord with census and survey results shown in this table but also with estimates for prior years shown in table 5. Unrevised official estimates as well as results of censuses or surveys and estimates for dates other than the mid–year have been eliminated in favour of the United Nations Secretariat consistent mid–year estimates.

Tableau 3

Ce tableau indique pour chaque pays ou zone du monde la population totale selon le sexe d'après les derniers recensements effectués, les estimations concernant la population totale au milieu de l'année 1980 et de l'année 1988, le taux moyen d'accroissement annuel exponentiel positif ou négatif) pour la période allant de 1980 à 1988, ainsi que la superficie et la densité de population en 1988.

Description des variables : Sauf indication contraire, la population masculine et féminine totale est la population de fait ou population présente dénombrée lors du dernier recensement dont les résultats sont disponibles. La date de ce recensement est indiquée. Sauf indication contraire, les données de recensement fournies résultent d'un dénombrement de population à l'échelle nationale. S'il n'y a jamais eu de dénombrement général, ce sont les résultats d'une enquête par sondage à caractère essentiellement national qui sont indiqués. Il n'est pas présenté de résultats d'enquêtes portant sur moins de 50 p. 100 de l'ensemble du territoire ou de la population.

Les estimations de la population en milieu d'année sont celles de la population de fait au ler juillet. Dans certains cas, le Bureau de statistique de l'ONU a obtenu ces estimations en faisant la moyenne des estimations officielles portant sur la fin de deux années successives. Les estimations de la population en milieu d'année ainsi établies sont jugées suffisamment proches des estimations officielles de la population au 1er juillet pour n'avoir pas à faire l'objet d'une note.

Sauf indication contraire, les estimations de la population totale en milieu d'année sont celles qui ont été communiquées par les services nationaux de statistique. On les a complétées le cas échéant par des estimations de la population en milieu d'année établies par la Division de la population du Secrétariat de l'ONU [22], par exemple lorsque l'on ne possédait pas d'estimations officielles de la population totale en milieu d'année ou lorsque celles dont on disposait n'avaient pas été rectifiées pour tenir compte des résultats d'un récent recensement ou enquête par sondage. Les estimations du Secrétariat de l'ONU, qui sont affectées du signe (x), sont fondées sur les données disponibles en 1988, y compris les résultats de recensements ou d'enquêtes et compte tenu de la fiabilité des données de base ainsi que des données de fécondité, de mortalité et de migration disponibles.

L'utilisation d'estimations établies par le Secrétariat de l'ONU a pour objet d'obtenir pour 1980 et 1988 des estimations de la population en milieu d'année qui se prêtent à la comparaison et qui soient compatibles non seulement avec les résultats de recensements ou d'enquêtes reproduits dans ce tableau, mais aussi avec les estimations relatives aux années précédentes qui figurent au tableau 5. On a renoncé aux estimations officielles non rectifiées, ainsi qu'aux résultats de recensements ou d'enquêtes et aux estimations se rapportant à des dates autres que le milieu de l'année, pour leur substituer les estimations établies de façon homogène pour le milieu de l'année par le Secrétariat de l'ONU.

Surface area, expressed in square kilometres, refers to the total surface area, comprising land area and inland waters (assumed to consist of major rivers and lakes) and excluding only polar regions and uninhabited islands. Exceptions to this are noted. Surface areas, originally reported in square miles, have been converted to square kilometres using a conversion factor of 2.589988.

Computation: The annual rate of increase is the average annual percentage rate of population growth between 1980 and 1988, computed using the mid–year estimates (unrounded) presented in this table using an exponential rate of increase.

Although mid–year estimates presented in this table appear only in thousands, unrounded figures, when available, have been used to calculate the rates of population increase. It should be noted that all United Nations Secretariat estimates used to calculate these rates are rounded.

Density is the number of persons in the 1988 total population per square kilometre of total surface area.

Reliability of data: Each country or area has been asked to provide information on the method it has used in preparing the official mid–year population estimates shown in this table. Information referring to the 1988 estimates has been coded and appears in the column entitled "Type". The four elements of the quality code which appear in this column relate to the nature of the base data, the recency of the base data,the method of time adjustment and the quality of that adjustment, respectively. This quality code is explained in detail in section 3.2.1 of the Technical Notes. It should be noted briefly here, however, that the codes (A) and (B) refer to estimates which are based on complete census enumerations and sample surveys, respectively. Code (C) refers to estimates based on a partial census of partial registration of individuals while code (D) refers to conjecture. The figures which appear as the second element in the quality code indicate the number of years elapsed since the reference year of the base data.

This quality code is the basis of determining which mid–year estimates are considered reliable. In brief, reliable mid–year population estimates are those which are based on a complete census (or a sample survey) and have been adjusted by a continuous population register or adjusted on the basis of the calculated balance of births, deaths and migration. Mid–year estimates of this type are considered reliable and appear in roman type. Mid–year estimates which are not calculated on this basis are considered less reliable and are shown in italics. Estimates for years prior to 1988 are considered reliable or less reliable on the basis of the 1988 quality code and appear in roman type or in italics, accordingly.

La superficie — exprimée en kilomètres carrés — représente la superficie totale, c'est–à–dire qu'elle englobe les terres émergées et les eaux intérieures (qui sont censées comprendre les principaux lacs et cours d'eau) à la seule exception des régions polaires et de certaines îles inhabitées. Les exceptions à cette règle sont signalées en note. Les indications de superficie initialement fournies en miles carrés ont été transformées en kilomètres carrés au moyen d'un coefficient de conversion de 2,589988.

Calculs : Le taux d'accroissement annuel est le taux annuel moyen de variation (en pourcentage) de la population entre 1980 et 1988, calculé à partir des estimations en milieu d'année (non arrondies) qui figurent dans le tableau utilisant le taux exponentiel d'accroissement.

Bien que les estimations en milieu d'année ne soient exprimées qu'en milliers dans ce tableau, on a utilisé chaque fois qu'on le pouvait des chiffres non arrondis pour calculer les taux d'accroissement de la population. Il convient de signaler que toutes les estimations du Secrétariat de l'ONU qui ont servi à ces calculs ont été arrondies.

La densité est égale au rapport de l'effectif total de la population en 1988 à la superficie totale, exprimée en kilomètres carrés.

Fiabilité des données : Il a été demandé à chaque pays ou zone de donner des indications sur la méthode utilisée pour établir les estimations officielles de la population en milieu d'année, telles qu'elles apparaissent dans ce tableau. Les indications concernant les estimations pour 1988 ont été codées et figurent dans la colonne intitulée "Type". Les quatre éléments de codage qualitatif qui apparaissent dans cette colonne concernent respectivement la nature des données de base, leur caractère plus ou moins récent, la méthode d'ajustement chronologique employée et la qualité de cet ajustement. Ce codage qualitatif est exposé en détail à la section 3.2.1 des Notes techniques. Il faut toutefois signaler brièvement ici que les lettres de code (A) et (B) désignent respectivement des estimations établies sur la base de dénombrements complets et d'enquêtes par sondage. La lettre de code (C) désigne des estimations fondées sur un recensement partiel ou sur un enregistrement partiel des individus, tandis que la lettre de code (D) indique qu'il s'agit d'estimations conjecturales. Le chiffre qui constitue le deuxième élément du codage qualitatif représente le nombre d'années écoulées depuis l'année de référence des données de base.

Ce codage qualitatif est destiné à servir de base pour déterminer les estimations en milieu d'année qui sont considérées sûres. En résumé, sont sûres les estimations de la population en milieu d'année qui sont fondées sur un recensement complet (ou sur une enquête par sondage) et qui ont été ajustées en fonction des données fournies par un registre de population permanent ou en fonction de la balance établie par le calcul des naissances, des décès et des migrations. Les estimations de ce type sont considérées comme sûres et apparaissent en caractères romains. Les estimations en milieu d'année dont le calcul n'a pas été effectué sur cette base sont considérées comme moins sûres et apparaissent en italique. Les estimations relatives aux années antérieures à 1988 sont jugées plus ou moins sûres en fonction du codage qualitatif de 1988 et indiquées, selon le cas, en caractères romains ou en italique.

In addition, census data and sample survey results are considered reliable and, therefore, appear in roman type.

Rates of population increase which were calculated using population estimates considered less reliable, as described above, are set in italics rather than roman type.

All surface area data are assumed to be reliable and therefore appear in roman type. Population density data, however, are considered reliable or less reliable on the basis of the reliability of the 1988 population estimates used as the numerator.

Limitations: Statistics on the total population enumerated at the time of the census, estimates of the mid–year total population and surface area data are subject to the same qualifications as have been set forth for population and surface area statistics in sections 3 and 2.4 of the Technical Notes, respectively.

Regarding the limitations of census data, it should be noted that although census data are considered reliable, and therefore appear in roman type, the actual quality of census data varies widely from one country or area to another. When known, an estimate of the extent of over–enumeration or under–enumeration is given. In the case of sample surveys, a description is given of the population covered.

A most important limitation affecting mid–year population estimates is the variety of ways in which they have been prepared. As described above, the column entitled "Type" presents a quality code which provides information on the method of estimation. The first element of the quality code refers to the type of base data used to prepare estimates. This may give some indication of the confidence which may be placed on these estimates. Other things being equal, estimates made on the basis of codes "A" or "B" are better than estimates made on the basis of codes "C" or "D". However, no distinction has been made with respect to the quality of these base data. Another indicator of quality may be obtained from the second element of the quality code which provides information on the recency of the base data used in preparing estimates.

It is important to keep in mind that information used to prepare these codes may be inadequate or incomplete in some cases. These codes, once established, may not always reflect the most current estimating procedures used by individual countries or areas.

It should be emphasized that, as an assessment of the reliability of some of the small populations, the codes are quite inadequate. This is so because some small populations are estimated by methods not easily classifiable by the present scheme, and others are disproportionately affected by the frequent arrival and departure of migrants, visitors, and so forth, with consequent relatively large variations between de facto and de jure population.

En outre, les données de recensements ou les résultats d'enquêtes par sondage sont considérés comme sûrs et apparaissent par conséquent en caractères romains.

Les taux d'accroissement de la population, calculés à partir d'estimations jugées moins sûres d'après les normes décrites ci–dessus, sont indiqués en italique plutôt qu'en caractères romains.

Toutes les données de superficie sont présumées sûres et apparaissent par conséquent en caractères romains. En revanche, les données relatives à la densité de la population sont considérées plus ou moins sûres en fonction de la fiabilité des estimations de 1988 ayant servi de numérateur.

Insuffisance des données : Les statistiques portant sur la population totale dénombrée lors d'un recensement, les estimations de la population totale en milieu d'année et les données de superficie appellent les mêmes réserves que celles qui ont été respectivement formulées aux sections 3 et 2.4 des Notes techniques à l'égard des statistiques relatives à la population et à la superficie.

S'agissant de l'insuffisance des données obtenues par recensement, il convient d'indiquer que, bien que ces données soient considérées comme sûres et apparaissent par conséquent en caractères romains, leur qualité réelle varie considérablement d'un pays ou d'une région à l'autre. Lorsqu'on possédait les renseignements voulus, on a donné une estimation du degré de surdénombrement ou de sous–dénombrement. Dans le cas des enquêtes par sondage, une description de la population considérée est fournie.

Les estimations de la population en milieu d'année appellent une réserve très importante en ce qui concerne la diversité des méthodes employées pour les établir. Comme il a été indiqué précédemment, un codage qualitatif porté dans la colonne intitulée "Type" renseigne sur la méthode d'estimation employée. Le premier élément de codage se rapporte à la nature des données de base utilisées pour établir les estimations. Cela peut donner une idée du degré de confiance qu'on peut accorder à ces estimations. Toutes choses égales d'ailleurs, les estimations assorties des lettres de code "A" ou "B" sont plus sûres que celles qui sont accompagnées des lettres de code "C" ou "D". Il n'a cependant pas été établi de distinction quant à la qualité de ces données de base. On peut également se faire une idée de la valeur des estimations d'après le deuxième élément de codage qualitatif qui renseigne sur le caractère plus ou moins récent des données de base qui ont servi à l'établissement de ces estimations.

Il importe de ne pas oublier que les informations utilisées pour le codage sont parfois inexactes ou insuffisantes. Une fois établis, les codes ne reflètent pas toujours les méthodes d'estimation les plus couramment employées dans les différents pays ou zones considérés.

Il convient de souligner que le codage n'offre pas un moyen satisfaisant d'évaluer la fiabilité des données concernant certaines populations peu nombreuses. Il en est ainsi parce que certaines estimations de populations peu nombreuses sont établies par des méthodes qui ne se prêtent pas à ce codage et que l'effectif d'autres populations peu nombreuses subit de violentes fluctuations en raison de la fréquence des entrées et sorties de migrants, de visiteurs, etc., ce qui se traduit par des écarts relativement importants entre population de fait et population de droit.

Because the reliability of the population estimates for any given country or area is based on the quality code for the 1988 estimate, the reliability of estimates prior to 1988 may be overstated.

The mid–year estimates prepared by the Population Division of the United Nations Secretariat, used to supplement official data in this table, have the advantage of being prepared by a consistent methodology. However, it is very important to note that, among countries or areas, the actual amount of data and the quality of those data upon which the estimates were based vary considerably.

Percentage rates of population growth are subject to all the qualifications of the population estimates mentioned above. In some cases, they admittedly reflect simply the rate calculated or assumed in constructing the estimates themselves when adequate measures of natural increase and net migration were not available. [23] For small populations, an error up to approximately 0.5 may be introduced by chance alone. Despite their shortcomings, these rates do provide a useful index for studying population change and, used with proper precautions, they can be useful also in evaluating the accuracy of vital and migration statistics.

Because no indication in the table is given to show which of the mid–year estimates are rounded and which are not, the rates calculated on the basis of these estimates may be much more precise in some cases than in others.

With respect to data on population density, it should be emphasized that density values are very rough indexes, inasmuch as they do not take account of the dispersion or concentration of population within countries or areas nor the proportion of habitable land. They should not be interpreted as reflecting density in the urban sense nor as indicating the supporting power of a territory's land and resources.

Coverage: Population by sex, rate of population increase, surface area and density are shown for 218 countries or areas with a population of 50 or more.

Table 4

Table 4 presents, for each country or area of the world, basic vital statistics including in the following order: live births, crude birth rate, deaths, crude death rate and rate of natural increase, infant deaths and infant mortality rate, the expectation of life at birth by sex. In addition, the total fertility rate and marriages, the crude marriage rate, divorces and the crude divorce rate are shown.

Description of variables: The vital events and rates shown in this table are defined [24] as follows:

La fiabilité des estimations de la population d'un pays ou zone quelconque reposant sur le codage qualitatif des estimations de 1988, il se peut que la fiabilité des estimations antérieures à 1988 soit surévaluée.

Les estimations en milieu d'année établies par la Division de la population du Secrétariat de l'ONU, utilisées pour suppléer les données officielles aux fins de ce tableau, présentent l'avantage d'avoir été effectuées selon une méthodologie homogène. Il importe cependant de noter que le volume de données effectivement disponibles et la qualité de celles à partir desquelles les estimations ont été établies varient considérablement d'un pays ou d'une zone à l'autre.

Les taux d'accroissement en pourcentage appellent toutes les réserves mentionnées plus haut à propos des estimations concernant la population. Dans certains cas, ils représentent seulement le taux qu'il a fallu calculer ou présumer pour établir les estimations elles–mêmes lorsqu'on ne disposait pas de mesures appropriées de l'accroissement naturel et des migrations nettes [23]. Lorsqu'il s'agit de populations peu nombreuses, l'erreur fortuite peut atteindre à elle seule jusqu'à plus ou moins 0,5. Malgré leurs imperfections, ces taux fournissent des indications intéressantes pour l'étude du mouvement de la population et, utilisés avec les précautions nécessaires, ils peuvent également servir à évaluer l'exactitude des statistiques de l'état civil et des migrations.

Rien dans le tableau ne permettant de déterminer si telle ou telle estimation en milieu d'année a été arrondie ou non, il se peut que les taux calculés à partir de ces estimations soient beaucoup plus précis dans certains cas que dans d'autres.

En ce qui concerne les données relatives à la densité de population, il convient de souligner que les valeurs de cette densité ne constituent que des indices très approximatifs, car elles ne tiennent compte ni de la dispersion ou de la concentration de la population à l'intérieur des pays ou zones, ni de la proportion du territoire qui est habitable. Il ne faut donc y voir d'indication ni de la densité au sens urbain du terme ni du chiffre de population que seraient capables de supporter les terres et les ressources naturelles du territoire considéré.

Portée : L'effectif de la population par sexe, le taux d'accroissement de la population, la superficie et la densité de population sont indiqués pour 218 pays ou zones ayant une population de 50 habitants au moins.

Tableau 4

Le Tableau 4 présente, pour chaque pays ou zone du monde, des statistiques de base de l'état civil comprenant, dans l'ordre, les naissances vivantes, le taux brut de natalité, les déces, le taux brut de mortalité et le taux d'accroissement naturel de la population, les décès d'enfants de moins d'un an et le taux de mortalité infantile et l'espérance de vie à la naissance par sexe. En outre, l'indice synthetique de fécondité et les marriages, le taux brut de nuptialité, les divorces et le taux brut de divortialité sont indiqué.

Description des variables : Les faits d'état civil utilisés aux fins du calcul des taux présentés dans ce tableau sont définis comme suit [24]:

LIVE BIRTH is the complete expulsion or extraction from its mother of a product of conception, irrespective of the duration of pregnancy, which after such separation breathes or shows any other evidence of life such as beating of the heart, pulsation of the umbilical cord, of definite movement of voluntary muscles, whether or not the umbilical cord has been cut or the placenta is attached; each product of such a birth is considered live–born regardless of gestational age.

DEATH is the permanent disappearance of all evidence of life at any time after live birth has taken place (post–natal cessation of vital functions without capability of resuscitation). This definition therefore excludes foetal deaths.

Infant deaths are deaths of live–born infants under one year of age.

Expectation of life at birth is defined as the average number of years of life for males and females if they continued to be subject to the same mortality experienced in the year(s) to which these life expectancies refer.

The total fertility rate is the average number of children that would be born alive to a hypothetical cohort of women if, throughout their reproductive years, the age–specific fertility rates for the specified year remained unchanged.

MARRIAGE is the act, ceremony or process by which the legal relationship of husband and wife is constituted. The legality of the union may be established by civil, religious, or other means as recognized by the laws of each country.

DIVORCE is a final legal dissolution of a marriage, that is, that separation of husband and wife which confers on the parties the right to remarriage under civil, religious and/or other provisions, according to the laws of each country.

Crude birth rates and crude death rates presented in this table are calculated using the number of live births and the number of deaths obtained from civil registers. These civil registration data are used only if they are considered reliable (estimated completeness of 90 per cent or more). If, however, registered births or deaths for any given country or area are less than 90 per cent complete, then estimated rates are also presented. First priority is given to estimated rates provided by the individual countries or areas. If suitable official estimated rates are not available, or if rates are only available for years prior to 1975, then rates prepared by the Population Division of the United Nations Secretariat [25] are presented. It should be noted that in the case of some small countries or areas for which civil registration is estimated to be less than 90 per cent complete, and for which no estimated rates are available, rates calculated using these data are presented. These rates appear in italics.

La NAISSANCE VIVANTE est l'expulsion ou l'extraction complète du corps de la mère, indépendamment de la duré de la gestation, d'un produit de la conception qui, après cette séparation, respire ou manifeste tout autre signe de vie, tel que battement de coeur, pulsation du cordon ombilical ou contraction effective d'un muscle soumis à l'action de la volonté, que le cordon ombilical ait été coupé ou non et que le placenta soit ou non demeuré attaché; tout produit d'une telle naissance est considéré comme "enfant né vivant".

Le DECES est la disparition permanente de tout signe de vie à un moment quelconque postérieur à la naissance vivante (cessation des fonctions vitales après la naissance sans possibilité de réanimation). Cette définition ne comprend donc pas les morts foetales.

Il convient de préciser que les chiffres relatifs aux décès d'enfants de moins d'un an se rapportent aux naissances vivantes.

L'espérance de vie à la naissance est le nombre moyen d'années de vie que peuvent escompter les individus du sexe masculin et du sexe féminin s'ils continuent d'être soumis aux mêmes conditions de mortalité que celles qui existaient pendant les années auxquelles se rapportent les valeurs indiquées.

L'indice synthétique de fécondité représente le nombre moyen d'enfants que mettrait au monde une cohorte hypothétique de femmes qui seraient soumises, toute au long de leur vie, aux mêmes conditions de fécondité par âge que celles auxquelles sont soumises les femmes, dans chaque groupe d'âge, au cours d'une année ou d'une periode donnée.

Le MARIAGE est l'acte, la cérémonie ou la procédure qui établit un rapport légal entre mari et femme. L'union peut être rendue légale par une procédure civile ou religieuse, ou par toute autre procédure, conformément à la législation du pays.

Le DIVORCE est la dissolution légale et définitive des liens du mariage, c'est–à–dire la séparation de l'époux et de l'épouse qui confère aux parties le droit de se remarier civilement ou religieusement, ou selon toute autre procédure, conformément à la législation du pays.

Les taux bruts de natalité et de mortalité présentés ont été établis sur la base du nombre de naissances vivantes et du nombre de décès inscrits sur les registres de l'état civil. Ces données n'ont été utilisées que lorsqu'elles étaient considérées comme sûres (degré estimatif de complétude égal ou supérieur à 90 p. 100). Toutefois, lorsque les données d'enregistrement relatives aux naissances ou aux décès ne sont pas complètes à 90 p. 100 au moins pour un pays ou zone quelconque, on a fait figurer des taux estimatifs. La priorité est alors accordée aux taux estimatifs fournis par les pays ou zones concernés. A défaut de taux estimatifs officiels appropriés, ou au cas où les taux se rapportent à une anée avant 1975, on a fait figurer des taux estimatifs établis par la Division de la population du Secrétariat de l'ONU [25]. Il y a lieu de noter que, dans le cas de certains petits pays ou zones pour lesquels les données de l'état civil n'étaient pas considérées complètes à 90 p. 100 au moins et pour lesquels on ne disposait pas de taux estimatifs, on a fait figurer des taux établis à partir des données en cause. Ces taux sont indiqués en italique.

Similarly, total fertility rates and infant mortality rates presented in this table are calculated using the number of live births and the number of infant deaths obtained from civil registers. If, however, the registration of births or infant deaths for any given country or area is estimated to be less than 90 per cent complete, then official estimated rates are presented when possible. If no suitable estimated general fertility rates or infant mortality rates are available, rates calculated using unreliable vital statistics are presented and are shown in italics. If available, total fertility rates and infant mortality rates estimated by the Population Division of the United Nations Secretariat [26] are presented in place of unreliable vital rates.

The expectation–of–life values are those provided by the various national statistical offices. If official data are not available or if data are only available for years prior to 1975, then estimates of these values prepared by the United Nations Secretariat [27] are included. These are indicated by footnote.

Marriage and divorce rates presented in this table are calculated using data from civil registers of marriage and statistics obtained from court registers and/or civil registers of divorce according to national practice, respectively.

Rate computation: The crude birth, death, marriage and divorce rates are the annual number of each of these vital events per 1 000 mid–year population.

Total fertility rates are the sum of age–specific fertility rates. The standard method of calculating the total fertility rate is the sum the age–specific fertility rates. However, if the rates used are fertility rates for 5–year age groups, they must be multiplied by 5. The total fertility rates have been calculated by the Statistical Office of the United Nations unless otherwise noted. When the basic official data with which to calculate these rates have not been available, estimates prepared by the Population Division of the United Nations Secretariat [28] have been included; these are indicated by footnotes.

Infant mortality rates are the annual number of deaths of infants under one year of age per 1 000 live births (as shown in table 9) in the same year.

Rates of natural increase are the difference between the crude birth rate and the crude death rate. It should be noted that the rates of natural increase presented here may differ from the population growth rates presented in table 3 as rates of natural increase do not take net international migration into account while population growth rates do.

De même, les indices synthétiques de fécondité et les taux de mortalité infantile présentés dans ce tableau ont été établis à partir du nombre de naissances vivantes et du nombre de décès d'enfants de moins d'un an inscrits sur les registres de l'état civil. Toutefois, lorsque les données relatives aux naissances ou aux décès d'enfants de moins d'un an pour un pays ou zone quelconque n'étaient pas considérées complètes à 90 p. 100 au moins, on a fait figurer, chaque fois que possible, les taux estimatifs officiels. Lorsque des taux globaux de fécondité estimatifs officiels appropriés ne sont pas disponibles, on a fait figurer en italique des taux établis à partir des statistiques de l'état civil jugées douteuses. A défaut de l'indice synthétique de fécondité et de taux de mortalité infantile estimatifs officiels appropriés, on a fait figurer des taux estimatifs établis par la Division de la population de l'ONU [26].

Les valeurs de l'espérance de vie ont été fournies par les divers services nationaux de statistique. Toutefois, lorsqu'on ne disposait pas de données officielles ou au cas où les taux données se rapportent à une année avant 1975, on a fait figurer des valeurs estimatives établies par le Secrétariat de l'ONU. Ces valeurs sont signalées en note [27].

Les taux de nuptialité et de divortialité présentés dans ce tableau ont été respectivement calculés à partir des données des registres de l'état civil pour les mariages et de statistiques fournies par les greffes des tribunaux ou les registres de l'état civil pour les divorces, selon la pratique des différents pays.

Calcul des taux : Les taux bruts de natalité, de mortalité, de nuptialité et de divortialité représentent le nombre annuel de chacun de ces faits d'état civil pour 1 000 habitants au milieu de l'année considérée.

Les indices synthétiques de fécondité sont les sommes des taux de fécondité par âge. La méthode standard de calculer l'indice synthétique de fécondité est l'addition des taux de fecondité par âge simple. Au cas les taux sont des taux de fécondité par groupe d'âge quinquennale il faut les multipliés par 5. Sauf indication contraire, les indices synthétiques de fécondité ont été calculés par le Bureau de statistique del'ONU. Lorsqu'on ne disposait pas des données officielles de base nécessaires pour les calculer, on a fait figurer les chiffres estimatifs établis par la Division de la population du Secrétariat de l'ONU [28]. Quand tel était le cas, on l'a signalé en note au bas du tableau.

Les taux de mortalité infantile représentent le nombre annuel de décès d'enfants de moins d'un an pour 1 000 naissances vivantes (fréquences du tableau 9) survenues pendant la même année.

Le taux d'accroissement naturel est égal à la différence entre le taux brut de natalité et le taux brut de mortalité. Il y a lieu de noter que les taux d'accroissement naturel indiqués dans ce tableau peuvent différer des taux d'accroissement de la population figurant dans le tableau 3, les taux d'accroissement naturel ne tenant pas compte des taux nets de migration internationale, alors que ceux–ci sont inclus dans les taux d'accroissement de la population.

Rates which appear in this table have been calculated by the Statistical Office of the United Nations unless otherwise noted. The exceptions include official estimated rates, many of which were based on sample surveys, and rates estimated by the Population Division of the United Nations Secretariat.

Rates calculated by the Statistical Office of the United Nations presented in this table have not been limited to those countries or areas having a minimum number of events in a given year. However, rates based on 30 or fewer live births, infant deaths, marriages or divorces are identified by the symbol (◆).

Reliability of data: Rates calculated on the basis of registered vital statistics which are considered unreliable (estimated to be less than 90 per cent complete) appear in italics. Estimated rates, either those prepared by the individual countries or areas or those prepared by the Population Division of the United Nations Secretariat, have been presented whenever possible in place of rates calculated using unreliable vital statistics.

The designation of vital statistics as being either reliable or unreliable is discussed in general in section 4.2 of the Technical Notes. The Technical Notes for tables 9, 15, 18, 23 and 25 provide specific information on reliability of statistics on live births, infant deaths, deaths, marriages and divorces, respectively.

Rates of natural increase which were calculated using crude birth rates and crude death rates considered unreliable, as described above, are set in italics rather than roman type.

Since the expectation–of–life values shown in this table come either from official life tables or from estimates prepared at the United Nations Secretariat, they are all considered to be reliable.

Limitations: Statistics on marriages, divorces, births, deaths and infant deaths are subject to the same qualifications as have been set forth for vital statistics in general in section 4 of the Technical Notes and in the Technical Notes for individual tables presenting detailed data on these events (table 9, live births; table 15, infant deaths; table 18, deaths; table 23, marriages and table 26, divorces.

In assessing comparability it is important to take into account the reliability of the data used to calculate these rates, as discussed above.

It should be noted that the crude rates are particularly affected by the age–sex structure of the population. Infant mortality rates, and to a much lesser extent crude birth rates and crude death rates, are affected by the variation in the definition of a live birth and tabulation procedures.

Sauf indication contraire, les taux figurant dans ce tableau ont été calculés par le Bureau de statistique de l'ONU. Les exceptions comprennent les taux estimatifs officiels, dont bon nombre ont été établis sur la base d'enquêtes par sondage et les taux estimatifs établis par la Division de la population du Secrétariat de l'ONU.

Les taux calculés par le Bureau de statistique de l'ONU qui sont présentés dans ce tableau ne se rapportent pas aux seuls pays ou zones où l'on a enregistré un certain nombre minimal d'événements au cours d'une année donnée. Toutefois, les taux qui sont fondés sur 30 naissances vivantes ou moins, décès d'enfants de moins d'un an, décès, mariages ou divorces, sont indentifiés par le signe (◆).

Fiabilité des données : Les taux établis sur la base des statistiques de l'état civil enregistrées qui sont jugées douteuses (degré estimatif de complétude inférieur à 90 p. 100) sont indiqués en italique. Chaque fois que possible, à la place de taux établis sur la base de statistiques de l'état civil jugées douteuses, on a fait figurer des taux estimatifs établis par les pays ou zones concernés ou par la Division de la population du Secrétariat de l'ONU.

Le classement des statistiques de l'état civil en tant que sûres ou douteuses est présenté sur le plan général à la section 4.2 des Notes techniques. Les Notes techniques relatives aux tableaux 9, 15, 18, 23 et 25 donnent respectivement des indications spécifiques sur la fiabilité des statistiques des naissances vivantes, des décès d'enfants de moins d'un an, des décès, des mariages et des divorces.

Les taux d'accroissement naturel calculés à partir de taux bruts de natalité et de taux bruts de mortalité jugés douteux d'après les normes mentionnées plus haut sont indiqués en italique plutôt qu'en caractères romains.

Etant donné que les valeurs de l'espérance de vie figurant dans ce tableau proviennent soit de tables officielles de mortalité, soit d'estimations établies par le Secrétariat de l'ONU, elles sont toutes présumées sûres.

Insuffisance des données : Les statistiques des mariages, divorces, naissances, décès et décès d'enfants de moins d'un an appellent toutes les réserves qui ont été faites à propos des statistiques de l'état civil en général à la section 4 des Notes techniques et dans les Notes techniques relatives aux différents tableaux présentant des données détaillées sur ces événements (tableau 9, naissances vivantes; tableau 15, décès d'enfants de moins d'un an; tableau 18, décès, tableau 23, mariages et tableau 26, divorces. naissances vivantes).

Pour évaluer la comparabilité des divers taux, il importe de tenir compte de la fiabilité des données utilisées pour calculer ces taux, comme il a été indiqué précédemment.

Il y a lieu de noter que la structure par âge et par sexe de la population influe de façon particulière sur les taux bruts. Le manque d'uniformité dans la définition des naissances vivantes et dans les procédures de mise en tableaux influe sur les taux de mortalité infantile et, à moindre degré, sur les taux bruts de natalité et les taux bruts de mortalité.

Because this table presents data for the latest available year, reference dates vary from one country or area to another. It should also be noted that the reference date within a given country or area may not be the same for all the rates presented. These factors should be kept in mind when making comparisons.

Also, because this table presents data in a summary form, symbols which appear in other tables are not presented here due to lack of space. Provisional data are not so indicated, and rates based on vital events which are tabulated on the basis of date of registration, rather than date of occurrence, are not so designated. For information on these aspects, the reader should consult the more detailed vital statistics tables in this Yearbook.

Coverage: Vital statistics rates, natural increase rates and expectation of life are shown for 204 countries or areas.

Data for ethnic or geographical segments of the population are included in the absence of national figures. These data are not presented as representative of national–level statistics but as an index of the availability of statistics

Table 5

Table 5 presents estimates of mid–year population for as many years as possible between 1979 and 1988.

Description of variables: Mid–year population estimates refer to the de facto population on 1 July.

Unless otherwise indicated, all estimates relate to the population within present geographical boundaries. Major exceptions to this principle have been explained in footnotes. On the other hand, the disposition of certain major segments of population (such as armed forces) has been indicated, even though this disposition does not strictly constitute disagreement with the standard.

In some cases the mid–year population has been calculated by the Statistical Office of the United Nations as the mean of two year–end official estimates. Mid–year estimates, calculated in this manner, are assumed to be sufficiently similar to official estimates for the population on 1 July; they, therefore, have not been footnoted.

Mid–year estimates of the total population are those provided by national statistical offices, unless otherwise indicated. As needed, these estimates are supplemented by mid–year population estimates prepared by the Population Division of the United Nations Secretariat [29] when, for example, official mid–year estimates of the total population are either not available or have not been revised to take into account the results of a recent population census sample survey. The United Nations Secretariat estimates are identified with a superscript (x) and are based on data available in 1988 including census and survey results, taking into account the reliability of available base data as well as available fertility, mortality, and migration data.

Les données présentées dans ce tableau correspondant à la dernière année pour laquelle on possède des renseignements, les dates de référence varient d'un pays ou d'une zone à l'autre. Il y a lieu de noter également que la date de référence dans tel ou tel pays ou zone peut ne pas être la même pour tous les taux présentés. Ces facteurs doivent être présents à l'esprit lorsqu'on fait des comparaisons.

De même, comme ce tableau présente des données sous forme résumée, on a omis, en raison du manque de place, les symboles qui apparaissent dans d'autres tableaux. Les données provisoires ne sont pas signalées comme telles, pas plus que les taux établis à partir de faits d'état civil mis en tableaux sur la base de leur date d'enregistrement et non de la date à laquelle ils sont survenus. Pour de plus amples renseignements sur ces aspects, le lecteur est invité à se reporter aux tableaux de statistiques de l'état civil de caractère plus détaillé qui figurent dans le présent Annuaire.

Portée :Les taux démographiques, les taux d'accroissement naturel et les valeurs de l'espérance de vie sont indiqués pour 204 pays ou zones.

Lorsqu'il n'existait pas de chiffres nationaux, on a fait figurer des chiffres portant sur des groupes ethniques ou géographiques. Ces données ne se veulent pas représentatives sur le plan national et ne sont présentées que comme indice des statistiques disponibles.

Tableau 5

Le tableau 5 présente des estimations de la population en milieu d'année pour le plus grand nombre possible d'années entre 1979 et 1988.

Description des variables : Les estimations de la population en milieu d'année sont celles de la population de fait au 1er juillet.

Sauf indication contraire, toutes les estimations se rapportent à la population présente sur le territoire actuel des pays ou zones considérés. Les principales exceptions à cette règle sont expliquées en note. On a aussi indiqué le traitement de certains groupes importants (tels que les militaires), même si ce traitement ne constitue pas à proprement parler une exception à la règle.

Dans certains cas, le Bureau de statistique de l'ONU a évalué la population en milieu d'année en faisant la moyenne des estimations officielles portant sur la fin de deux années successives. Les estimations en milieu d'année ainsi établies sont jugées suffisamment proches des estimations officielles de la population au 1er juillet pour ne pas avoir à faire l'objet d'une note.

Sauf indication contraire, les estimations de la population totale en milieu d'année sont celles qui ont été communiquées par les services nationaux de statistique. On les a complétées le cas échéant par des estimations de la population en milieu d'année établies par la Division de la population du Secrétariat de l'ONU [29], par exemple lorsqu'on ne possédait pas d'estimations officielles de la population totale en milieu d'année ou lorsque celles dont on disposait n'avaient pas été rectifiées en tenant compte des résultats d'un récent recensement ou enquête par sondage. Les estimations établies par le Secrétariat de l'ONU qui sont précédées du signe (x) sont fondées sur les données disponibles en 1988, y compris les résultats de recensements ou d'enquêtes et compte tenu de la fiabilité des données de base ainsi que des données de fécondité, de mortalité et de migration disponibles.

The policy of using United Nations Secretariat estimates is designed to produce comparable mid–year estimates for population for the period 1979 to 1988 which are in accord with census and survey results shown in table 3. Unrevised official estimates as well as results of censuses or surveys and estimates for dates other than the mid–year have been eliminated in favour of the United Nations Secretariat consistent mid–year estimates.

All figures are presented in thousands. The data have been rounded by the Statistical Office of the United Nations.

Reliability of data: Population estimates are considered to be reliable or less reliable on the basis of the quality code for the 1988 estimates shown in table 3. In brief, reliable mid–year population estimates are those which are based on a complete census (or on a sample survey) and have been adjusted by a continuous population register or adjusted on the basis of the calculated balance of births, deaths and migration. Reliable mid–year estimates appear in roman type. Mid–year estimates which are not calculated on this basis are considered less reliable and are shown in italics. Estimates for years prior to 1988 are considered reliable or less reliable on the basis of the 1988 quality code and appear in roman type or in italics accordingly.

Limitations: Statistics on estimates of the mid–year total population are subject to the same qualifications as have been set forth for population statistics in general in section 3 of the Technical Notes.

A most important limitation affecting mid–year population estimates is the variety of ways in which they have been prepared. The quality code for the 1988 estimates, presented in table 3, and the Technical Notes for table 3 deal with the subject in detail. In brief, these estimates are affected by the accuracy and recency of the census, if any, on which estimates are based and by the method of time adjustment. However, the policy of replacing out–of–line estimates and scattered census results by an internally consistent series of mid–year estimates constructed by the Population Division of the United Nations Secretariat should increase comparability.

Because the reliability of the population estimates for any given country or area is based on the quality code for the 1988 estimate, the reliability of estimates prior to 1988 may be overstated.

The mid–year estimates prepared by the Population Division of the United Nations Secretariat, used to supplement official data in this table, have the advantage of being prepared by a consistent methodology. However, it is very important to note that, among countries or areas, the actual amount of data and the quality of those data upon which the estimates were based vary considerably.

L'utilisation d'estimations établies par le Secrétariat de l'ONU a pour objet d'obtenir, pour la période allant de 1979 à 1988, des estimations de la population en milieu d'année qui se prêtent à la comparaison et qui soient compatibles avec les résultats de recensements ou d'enquêtes qui figurent au tableau 3. On a renoncé aux estimations officielles non rectifiées ainsi qu'aux résultats de recensements ou d'enquêtes et aux estimations se rapportant à des dates autres que le milieu de l'année, pour leur substituer les estimations établies de façon homogène pour le milieu de l'année par le Secrétariat de l'ONU.

Tous les chiffres sont exprimés en milles. Les données ont été arrondies par le Bureau de statistique de l'ONU.

Fiabilité des données : Les estimations de la population sont considérées comme sûres ou moins sûres en fonction du codage qualitatif des estimations de 1988 figurant au tableau 3. En résumé, sont sûres les estimations de la population en milieu d'année qui sont fondées sur un recensement complet (ou sur une enquête par sondage) et qui ont été ajustées en fonction des données fournies par un registre de population permanent ou en fonction de la résultante calculée des naissances, décès et migrations. Les estimations en milieu d'année sont considérées comme sûres et apparaissent en caractères romains. Les estimations en milieu d'année dont le calcul n'a pas été effectué sur cette base sont considérées comme moins sûres et apparaissent en italique. Les estimations relatives aux années antérieures à 1988 sont jugées sûres ou moins sûres en fonction du codage qualitatif de 1988 et indiquées, selon le cas, en caractères romains ou en italique.

Insuffisance des données : Les statistiques concernant les estimations de la population totale en milieu d'année appellent toutes les réserves qui ont été faites à la section 3 des Notes techniques à propos des statistiques de la population en général.

Les estimations de la population en milieu d'année appellent aussi une réserve très importante en ce qui concerne la diversité des méthodes employées pour les établir. Le codage qualitatif des estimations de 1988 figurant dans le tableau 3 et les Notes techniques relatives au même tableau éclairent cette question en détail. En résumé, la qualité de ces estimations dépend de l'exactitude et du caractère plus ou moins récent des résultats de recensement sur lesquels elles reposent éventuellement et de la méthode d'ajustement chronologique employée. Quoi qu'il en soit, la méthode consistant à remplacer les estimations divergentes et les données de recensement fragmentaires par des séries cohérentes d'estimations en milieu d'année établies par la Division de la population du Secrétariat des Nations Unies devrait assurer une meilleure comparabilité.

La fiabilité des estimations de la population d'un pays ou zone quelconque reposant sur le codage qualitatif des estimations de 1988, il se peut que la fiabilité des estimations antérieures à 1988 soit surévaluée.

Les estimations en milieu d'année, établies par la Division de la population du Secrétariat de l'ONU, utilisées pour suppléer les données officielles aux fins de ce tableau, ont l'avantage d'avoir été effectuées selon une méthodologie homogène. Il importe cependant de noter que le volume de données effectivement disponibles et la qualité de celles à partir desquelles les estimations ont été établies varient considérablement d'un pays ou d'une région à l'autre.

International comparability of mid–year population estimates is also affected because some of these estimates refer to the de jure, and not the de facto, population. Individual cases, when known, are footnoted. The difference between the de facto and the de jure population is discussed at length in section 3.1.1 of the Technical Notes.

Coverage: Estimates of the mid–year population are shown for 211 countries or areas, with a population of 1 000 or more.

Data for ethnic or geographical segments of the population are included in the absence of national figures. These data are not presented as representative of national–level statistics but as an index of the availability of statistics.

Earlier data: Estimates of mid–year population have been shown in previous issues of the Demographic Yearbook. For information on specific years covered, readers should consult the Index.

Table 6

Table 6 presents urban and total population by sex for as many years as possible between 1979 and 1988.

Description of variables: Data are from nation–wide population censuses or are estimates, some of which are based on sample surveys of population carried out among all segments of the population. The results of censuses are identified by a (C) following the date in the stub; sample surveys are further identified by footnotes; other data are generally estimates.

Data refer to the de facto population; exceptions are footnoted.

Estimates of urban population presented in this table have been limited to countries or areas for which estimates have been based on the results of a sample survey or have been constructed by the component method from the results of a population census or sample survey. Distributions which result when the estimated total population is distributed by urban/rural residence according to percentages in each group at the time of a census or sample survey are not acceptable and they have not been included in this table.

Urban is defined according to the national census definition. The definition for each country is set forth at the end of this table.

Percentage computation: Percentages urban are the number of persons defined as "urban" per 100 total population.

Reliability of data: Estimates which are believed to be less reliable are set in italics rather than in roman type. Classification in terms of reliability is based on the method of construction of the total population estimate as shown in table 3 and discussed in the Technical Notes for that table.

La comparabilité internationale des estimations de la population en milieu d'année se ressent également du fait que certaines de ces estimations se réfèrent à la population de droit et non à la population de fait. Les cas de ce genre, lorsqu'ils étaient connus, ont été signalés en note. La différence entre la population de fait et la population de droit est expliquée en détail à la section 3.1.1 des Notes techniques.

Portée : Des estimations de la population en milieu d'année sont présentées pour 211 pays ou zones ayant une population de 1 000 habitants ou plus.

Lorsqu'il n'existait pas de chiffres nationaux, on a fait figurer des chiffres portant sur des groupes ethniques ou géographiques. Ces données ne se veulent pas représentatives sur le plan national et ne sont présentées que comme indice des statistiques disponibles.

Données publiées antérieurement : Des estimations de la population en milieu d'année ont été publiées dans des éditions antérieures de l'Annuaire démographique. Pour plus de précisions concernant les années pour lesquelles ces données ont été publiées, se reporter à l'Index.

Tableau 6

Le tableau 6 présente des données sur la population urbaine et la population totale selon le sexe pour le plus grand nombre possible d'années entre 1979 et 1988.

Description des variables : Les données sont tirées de recensements de la population ou sont des estimations fondées, dans certains cas, sur des enquêtes par sondage portant sur tous les secteurs de la population. Les résultats de recensement sont indiqués par la lettre (C) placée après la date dans la colonne de gauche du tableau; les enquêtes par sondage sont en outre signalées en note; toutes les autres données sont en général des estimations.

Les données se rapportent à la population de fait; les exceptions étant signalées en note.

Les estimations de la population urbaine qui figurent dans ce tableau ne concernent que les pays ou zones pour lesquels les estimations se fondent sur les résultats d'une enquête par sondage ou ont été établies par la méthode des composantes à partir des résultats d'un recensement de la population ou d'une enquête par sondage. Les répartitions selon la résidence (urbaine/rurale) obtenues en appliquant à l'estimation de la population totale les pourcentages enregistrés pour chaque groupe lors d'un recensement ou d'une enquête par sondage ne sont pas acceptables et n'ont pas été reproduites dans ce tableau.

Le sens donné au terme "urbain" est censé être conforme aux définitions utilisées dans les recensements nationaux. La définition pour chaque pays figure à la fin du tableau.

Calcul des pourcentages : Les pourcentages urbains représentent le nombre de personnes définies comme vivant dans des "régions urbaines" pour 100 personnes de la population totale.

Fiabilité des données : Les estimations considérées comme moins sûres sont indiquées en italique plutôt qu'en caractères romains. Le classement du point de vue de la fiabilité est fondé sur la méthode utilisée pour établir l'estimation de la population totale qui figure dans le tableau 3 (voir explications dans les Notes techniques relatives à ce même tableau).

Limitations: Statistics on urban population by sex are subject to the same qualifications as have been set forth for population statistics in general, as discussed in section 3 of the Technical Notes.

The basic limitations imposed by variations in the definition of the total population and in the degree of under–enumeration are perhaps more important in relation to urban/rural than to any other distributions. The classification by urban and rural is affected by variations in defining usual residence for purposes of sub–national tabulations. Likewise, the geographical differentials in the degree of under–enumeration in censuses affect the comparability of these categories throughout the table.

The distinction between de facto and de jure population is also very important with respect to urban/rural distributions. The difference between the de facto and the de jure population is discussed at length in section 3.1.1 of the Technical Notes.

A most important and specific limitation, however, lies in the national differences in the definition of urban. Because the distinction between urban and rural areas is made in so many different ways, the definitions have been included at the end of this table. The definitions are necessarily brief and, where the classification as urban involves administrative civil divisions, they are often given in the terminology of the particular country or area. As a result of variations in terminology, it may appear that differences between countries or areas are greater than they actually are. On the other hand, similar or identical terms (for example, town, village, district) as used in different countries or areas may have quite different meanings.

It will be seen from an examination of the definitions that they fall roughly into three major types: (1) classification of certain size localities as urban; (2) classification of administrative centres of minor civil divisions as urban and the remainder of the division as rural; and (3) classification of minor civil divisions on a chosen criterion which may include type of local government, number of inhabitants or proportion of population engaged in agriculture.

Places with as few as 400 inhabitants are considered urban in Albania, while in Austria the lower limit is 5 000 persons. In Bulgaria, urban refers to localities legally established as urban regardless of size; in Israel, it implies predominantly non–agricultural centres; in Sweden, it is built–up areas with less than 200 metres between houses. The lack of strict comparability is immediately apparent.

Insuffisance des données : Les statistiques de la population urbaine selon le sexe appellent toutes les réserves qui ont été faites à la section 3 des Notes techniques à propos des statistiques de la population en général.

Les limitations fondamentales imposées par les variations de la définition de la population totale et par les lacunes du recensement se font peut–être sentir davantage dans la répartition de la population en urbaine et rurale que dans sa répartition suivant toute autre caractéristique. C'est ainsi que la classification en population urbaine ou population rurale est affectée par des différences de définition de la résidence habituelle utilisée pour l'exploitation des données à l'échelon sous–national. Pareillement, les différences de degré de sous–dénombrement suivant la zone géographique, à l'occasion des recensements, influent sur la comparabilité de ces deux catégories dans l'ensemble du tableau.

La distinction entre population de fait et population de droit est également très importante du point de vue de la répartition de la population en urbaine et rurale. Cette distinction est expliquée en détail à la section 3.1.1 des Notes techniques.

Toutefois, la difficulté la plus caractérisée provient du fait que les pays ou zones ne sont pas d'accord sur la définition du terme urbain. La distinction entre les régions urbaines et les régions rurales varie tellement que les définitions utilisées ont été reproduites à la fin de ce tableau. Les définitions sont forcément brèves et, lorsque le classement en "zone urbaine" repose sur des divisions administratives, on a souvent identifié celles–ci par le nom qu'elles portent dans le pays ou zone considéré. Par suite des variations dans la terminologie, les différences entre pays ou zones peuvent sembler plus grandes qu'elles ne le sont réellement. Mais il se peut aussi que des termes similaires ou identiques, tels que ville, village ou district, aient des significations très différentes suivant les pays ou zones.

On constatera, en examinant les définitions adoptées par les différents pays ou zones, qu'elles peuvent être ramenées à trois types principaux : 1) classification des localités de certaines dimensions comme urbaines; 2) classification des centres administratifs de petites circonscriptions administratives comme urbains, le reste de la circonscription étant considéré comme rural; 3) classification des petites divisions administratives selon un critère déterminé, qui peut être soit le type d'administration locale, soit le nombre d'habitants, soit le pourcentage de la population exerçant une activité agricole.

Sont considérées comme urbaines en Albanie des localités de 400 habitants à peine, alors qu'en Autriche les agglomérations ne sont reconnues comme telles que lorsque leur population atteint 5 000 personnes au moins. En Bulgarie, les localités urbaines sont celles qui possèdent juridiquement le statut urbain, quelle que soit l'importance de leur population; en Israël, les centres urbaines sont ceux de caractère essentiellement non agricole; en Suède, ce sont les zones bâties où les maisons sont espacées de moins de 200 mètres. Le manque de comparabilité apparaît immédiatement.

The designation of areas as urban or rural is so closely bound up with historical, political, cultural, and administrative considerations that the process of developing uniform definitions and procedures moves very slowly. Not only do the definitions differ one from the other, but, in fact, they may no longer reflect the original intention of distinguishing urban from rural. The criteria once established on the basis of administrative subdivisions (as most of these are) become fixed and resistant to change. For this reason, comparisons of time–series data may be severely affected because the definitions used become outdated. Special care must be taken in comparing data from censuses with those from sample surveys because the definitions of urban used may differ.

La distinction entre régions urbaines et régions rurales est si étroitement liée à des considérations d'ordre historique, politique, culturel et administratif que l'on ne peut progresser que très lentement vers des définitions et des méthodes uniformes. Non seulement les définitions sont différentes les unes des autres, mais on n'y retrouve parfois même plus l'intention originale de distinguer les régions rurales des régions urbaines. Lorsque la classification est fondée, en particulier, sur le critère des circonscriptions administratives (comme la plupart le sont), elle a tendance à devenir rigide avec le temps et à décourager toute modification. Pour cette raison, la comparaison des données appartenant à des séries chronologiques risque d'être gravement faussée du fait que les définitions employées sont désormais périmées. Il faut être particulièrement prudent lorsqu'on compare des données de recensements avec des données d'enquêtes par sondage, car il se peut que les définitions du terme urbain auxquelles ces données se réfèrent respectivement soient différentes.

Despite their shortcomings, however, statistics of urban and rural population are useful in describing the diversity within the population of a country or area. The definition of urban/rural areas is based on both qualitative and quantitative criteria that may include any combination of the following: size of population, population density, distance between built–up areas, predominant type of economic activity, conformity to legal or administrative status and urban characteristics such as specific services and facilities. [30] Although statistics classified by urban/rural areas are widely available, no international standard definition appears to be possible at this time since the meaning differs from one country or area to another. The urban/rural classification of population used here is reported according to the national definition, as indicated in a footnote to this table and described in detail in the Technical Notes for table 2 of the Historical Supplement. [31] Thus, the differences between urban and rural characteristics of the population, though not precisely measured, will tend to be reflected in the statistics.

Malgré leurs insuffisances, les statistiques urbaines et rurales permettent de mettre en évidence la diversité de la population d'un pays ou d'une zone. La distinction urbaine/rurale repose sur une série de critères qualitatifs aussi bien que quantitatifs, dont, en combinaisons variables: effectif de la population, densité de peuplement, distance entre îlots d'habitations, type prédominant d'activité économique, statut juridique ou administratif, et caractéristiques d'une agglomération urbaine, c'est–à–dire services publics et équipements collectifs [30]. Bien que les statistiques différenciant les zones urbaines des zones rurales soient très généralisées, il ne paraît pas possible pour le moment d'adopter une classification internationale type de ces zones, vu la diversité des interprétations nationales. La classification de la population en urbaine ou rurale retenue ici est celle qui correspond aux définitions nationales, comme l'indique une note au tableau, et selon le détail exposé dans les Notes techniques au tableau 2 du Supplément rétrospectif [31]. On peut donc dire que si les contrastes entre la population rurale et la population urbaine ne sont pas mesurés de façon précise ils se reflètent néanmoins dans les statistiques.

Coverage: Urban and total population by sex are shown for 112 countries or areas.

Portée : Des statistiques de la population urbaine et de la population totale selon le sexe sont présentées pour 112 pays ou zones.

Data for ethnic or geographical segments of the population are included in the absence of national figures. These data are not presented as representative of national–level statistics but as an index of the availability of statistics.

Lorsqu'il n'existait pas de chiffres nationaux. on a fait figurer des chiffres portant sur des groupes ethniques ou géographiques. Ces données ne se veulent pas représentatives sur le plan national et ne sont présentées que comme indice des statistiques disponibles.

Earlier data: Urban and total population by sex have been shown in previous issues of the Demographic Yearbook. For information on specific years covered, readers should consult the Index.

Données publiée antérieurement : Des statistiques de la population urbaine et de la population totale selon le sexe ont été publiées dans des éditions antérieures de l'Annuaire démographique. Pour plus de précisions concernant les années pour lesquelles ces données ont été publiées, se reporter à l'Index.

Table 7

Table 7 presents population by age, sex and urban/rural residence for the latest available year between 1979 and 1988.

Description of variables: Data in this table either are from population censuses or are estimates some of which are based on sample surveys. Data refer to the de facto population unless otherwise noted.

The reference date of the census or estimate appears in the stub of the table. The results of censuses are identified by a "(C)" following the date. In general, the estimates refer to mid–year (1 July).

Age is defined as age at last birthday, that is, the difference between the date of birth and the reference date of the age distribution expressed in completed solar years. The age classification used in this table is the following: under 1 year, 1–4 years, 5–year groups through 80–84 years, and 85 years and over and age unknown.

The urban/rural classification of population by age and sex is that provided by each country or area; it is presumed to be based on the national census definitions of urban population that have been set forth at the end of table 6.

Estimates of population by age and sex presented in this table have been limited to countries or areas for which estimates have been based on the results of a sample survey or have been constructed by the component method from the results of a population census or sample survey. Distributions which result when the estimated total population is distributed by age and sex according to percentages in each age–sex group at the time of a census or sample survey are not acceptable, and they have not been included in this table.

Reliability of data: Estimates which are believed to be less reliable are set in italics rather than in roman type. Classification in terms of reliability is based on the method of construction of the total population estimate as shown in table 3 and discussed in the Technical Notes for that table. No attempt has been made to take account of age–reporting accuracy, the evaluation of which has been described in section 3.1.3 of the Technical Notes.

Limitations: Statistics on population by age and sex are subject to the same qualifications as have been set forth for population statistics in general and age distributions in particular, as discussed in sections 3 and 3.1.3, respectively, of the Technical Notes.

Comparability of population data classified by age and sex is limited in the first place by variations in the definition of total population, discussed in detail in section 3 of the Technical Notes, and by the accuracy of the original enumeration. Both of these factors are more important in relation to certain age groups than to others. For example, under–enumeration is known to be more prevalent among infants and young children than among older persons. Similarly, the exclusion from the total population of certain groups which tend to be of selected ages (such as the armed forces) can markedly affect the age structure and its comparability with that for other countries or areas. Consideration should be given to the implications of these basic limitations in using the data.

Tableau 7

Le tableau 7 présente des données sur la population selon l'âge, le sexe et la résidence (urbaine/rurale) pour la dernière année disponible entre 1979 et 1988.

Description des variables : Les données de ce tableau sont tirées de recensements de la population, ou bien sont des estimations fondées, dans certains cas, sur des enquêtes par sondage. Sauf indication contraire, elles se rapportent à la population de fait.

La date de référence du recensement ou de l'estimation figure dans la colonne de gauche du tableau. Les données de recensement sont identifiées par la lettre "C" placée après la date. En général, les estimations se rapportent au milieu de l'année (1er juillet).

L'âge désigne l'âge au dernier anniversaire, c'est–à–dire la différence entre la date de naissance et la date de référence de la répartition par âge exprimée en années solaires révolues. La classification par âge utilisée dans ce tableau est la suivante : moins d'un an, 1 à 4 ans, groupes quinquennaux jusqu'à 80 à 84 ans, 85 ans et plus et une catégorie âge inconnu.

La classification par zones urbaines et rurales de la population selon l'âge et le sexe est celle qui est fournie par chaque pays ou zone; cette classification est présumée fondée sur les définitions utilisées dans les recensements nationaux de la population urbaine, qui sont reproduites à la fin du tableau 6.

Les estimations de la population selon l'âge et le sexe qui figurent dans ce tableau ne concernent que les pays ou zones pour lesquels les estimations se fondent sur les résultats d'une enquête par sondage ou ont été établies par la méthode des composantes à partir des résultats d'un recensement de la population ou d'une enquête par sondage. Les répartitions par âge et par sexe obtenues en appliquant à l'estimation de la population totale les pourcentages enregistrés pour les divers groupes d'âge pour chaque sexe lors d'un recensement ou d'une enquête par sondage ne sont pas acceptables et n'ont pas été reproduites dans ce tableau.

Fiabilité des données : Les estimations considérées comme moins sûres sont indiquées en italique plutôt qu'en caractères romains. Le classement du point de vue de la fiabilité est fondé sur la méthode utilisée pour établir l'estimation de la population totale qui figure dans le tableau 3 (voir explications dans les Notes techniques relatives à ce même tableau). On n'a pas tenu compte des inexactitudes dans les déclarations d'âge, dont la méthode d'évaluation est exposée à la section 3.1.3 des Notes techniques.

Insuffisance des données : Les statistiques de la population selon l'âge et le sexe appellent les mêmes réserves que celles qui ont été respectivement formulées aux sections 3 et 3.1.3 des Notes techniques à l'égard des statistiques de la population en général et des répartitions par âge en particulier.

La comparabilité des statistiques de la population selon l'âge et le sexe est limitée en premier lieu par le manque d'uniformité dans la définition de la population totale (voir explications à la section 3 des Notes techniques) et par les lacunes des dénombrements. L'influence de ces deux facteurs varie selon les groupes d'âge. Ainsi, le dénombrement des enfants de moins d'un an et des jeunes enfants comporte souvent plus de lacunes que celui des personnes plus âgées. De même, l'exclusion du chiffre de la population totale de certains groupes de personnes appartenant souvent à des groupes d'âge déterminés, par exemple les militaires, peut influer sensiblement sur la structure par âge et sur la comparabilité des données avec celles d'autres pays ou zones. Il conviendra de tenir compte de ces facteurs fondamentaux lorsqu'on utilisera les données du tableau.

In addition to these general qualifications are the special problems of comparability which arise in relation to age statistics in particular. Age distributions of population are known to suffer from certain deficiencies which have their origin in irregularities in age reporting. Although some of the irregularities tend to be obscured or eliminated when data are tabulated in five–year age groups rather than by single years, precision still continues to be affected, though the degree of distortion is not always readily seen. [32]

Another factor limiting comparability is the age classification employed by the various countries or areas. Age may be based on the year of birth rather than the age at last birthday, in other words, calculated using the day, month and year of birth. Distributions based on the year of birth only are footnoted when known.

The absence of frequencies in the unknown age group does not necessarily indicate completely accurate reporting and tabulation of the age item. It is often an indication that the unknowns have been eliminated by assigning ages to them before tabulation, or by proportionate distribution after tabulation.

As noted in connection with table 5, intercensal estimates of total population are usually revised to accord with the results of a census of population if inexplicable discontinuities appear to exist. Postcensal age–sex distributions, however, are less likely to be revised in this way. When it is known that a total population estimate for a given year has been revised and the corresponding age distribution has not been, the age distribution is shown as provisional. Distributions of this type should be used with caution when studying trends over a period of years though their utility for studying age structure for the specified year is probably unimpaired.

The comparability of data by urban/rural residence is affected by the national definitions of urban and rural used in tabulating these data. When known, the definitions of urban used in national population censuses are presented at the end of table 6. As discussed in detail in the Technical Notes for table 6, these definitions vary considerably from one country or area to another.

Coverage: Population by age and sex is shown for 163 countries or areas. Of these distributions, 5 are census results, one is estimate based on result of sample survey, and 112 are other types of estimates.

Data are presented by urban/rural residence for 92 countries or areas.

Data for ethnic or geographical segments of the population are included in the absence of national figures. These data are not presented as representative of national–level statistics but as an index of the availability of statistics.

Outre ces difficultés d'ordre général, la comparabilité pose des problèmes particuliers lorsqu'il s'agit des données par âge. On sait que les répartitions de la population selon l'âge présentent certaines imperfections dues à l'inexactitude des déclarations d'âge. Certaines de ces anomalies ont tendance à s'estomper ou à disparaître lorsqu'on classe les données par groupes d'âge quinquennaux et non par années d'âge, mais une certaine imprécision demeure, même s'il n'est pas toujours facile de voir à quel point il y a distorsion [32].

Le degré de comparabilité dépend également de la classification par âge employée dans les divers pays ou zones. L'âge retenu peut être défini par date exacte (jour, mois et année) de naissance ou par celle du dernier anniversaire. Lorsqu'elles étaient connues, les répartitions établies seulement d'après l'année de la naissance ont été signalées en note à la fin du tableau.

Si aucun nombre ne figure dans la colonne réservée aux âges inconnus, cela ne signifie pas nécessairement que les déclarations d'âge et l'exploitation des données par âge aient été tout à fait exactes. C'est souvent une indication que l'on a attribué un âge aux personnes d'âge inconnu avant la mise en tableau ou que celles–ci ont été réparties proportionnellement entre les différents groupes après cette opération.

Comme on l'a indiqué à propos du tableau 5, les estimations intercensitaires de la population totale sont d'ordinaire rectifiées d'après les résultats des recensements de population si l'on constate des discontinuités inexplicables. Les données postcensitaires concernant la répartition de la population par âge et par sexe ont toutefois moins de chance d'être rectifiées de cette manière. Lorsqu'on savait qu'une estimation de la population totale pour une année donnée avait été rectifiée mais non la répartition par âge correspondante, cette dernière a été indiquée comme ayant un caractère provisoire. Les répartitions de ce type doivent être utilisées avec prudence lorsqu'on étudie les tendances sur un certain nombre d'années, quoique leur utilité pour l'étude de la structure par âge de la population pour l'année visée reste probablement entière.

La comparabilité des données selon la résidence (urbaine/rurale) peut être limitée par les définitions nationales des termes "urbain" et "rural" utilisées pour la mise en tableaux de ces données. Les définitions du terme "urbain" utilisées pour les recensements nationaux de population ont été présentées à la fin du tableau 6 lorsqu'elles étaient connues. Comme on l'a précisé en détail dans les Notes techniques relatives au tableau 6, ces définitions varient très sensiblement d'un pays ou d'une zone à l'autre.

Portée : Des statistiques de la population selon l'âge et le sexe sont présentées pour 163 pays ou zones. De ces séries de données, 5 sont des résultats de recensement, un est de estimation fondée sur les résultats d'enquêtes par sondage et 112 sont des estimations postcensitaires.

La répartition selon la résidence (urbaine/rurale) et indiquée pour 92 pays ou zones.

Lorsqu'il n'existait pas de chiffres nationaux, on a fait figurer des chiffres portant sur des groupes ethniques ou géographiques. Ces données ne se veulent pas représentatives sur le plan national et ne sont présentées que comme indice des statistiques disponibles.

Earlier data: Population by age, sex and urban/rural residence has been shown in previous issues of the Demographic Yearbook. Data included in this table update the series for each available year since 1948 shown in table 3 of the Historical Supplement. In addition, the Population and Vital Statistics Report: 1984 Special Supplement presents population by age and sex for each census reported during the period 1965 and 1983. For information on additional years covered, readers should consult the Index.

Table 8

Table 8 presents population of capital cities and cities of 100 000 and more inhabitants for the latest available year.

Description of variables: Since the way in which cities are delimited differs from one country or area to another, efforts have been made to include in the table not only data for the so-called city proper but also those for the urban agglomeration, if such exists.

City proper is defined as a locality with legally fixed boundaries and an administratively recognized urban status which is usually characterized by some form of local government.

Urban agglomeration has been defined as comprising the city or town proper and also the suburban fringe or thickly settled territory lying outside of, but adjacent to, the city boundaries.

In addition, for some countries or areas, the data relate to entire administrative divisions known, for example, as shi or municipios which are composed of a populated centre and adjoining territory, some of which may contain other quite separate urban localities or be distinctively rural in character. For this group of countries or areas the type of civil division is given in a footnote, and the figures have been centred in the two columns as an indication that they refer to units which may extend beyond an integrated urban locality but which are not necessarily urban agglomerations.

City names are presented in the original language of the country or area in which the cities are located. In cases where the original names are not in the Roman alphabet, they have been romanized. Cities are listed in English alphabetical order.

Capital cities are shown in the table regardless of their population size. The names of the capital cities are printed in capital letters. The designation of any specific city as a capital city is done solely on the basis of the designation as reported by the country or area.

For other cities, the table covers those with a population of 100 000 and more. The 100 000 limit refers to the urban agglomeration, and not to the city proper, which may be smaller.

The reference data of each population figure appears in the stub of the table. Estimates are identified by an (E) following the date. Estimates based on results of sample surveys and city censuses as well as those derived from other sources are identified by footnote.

Données publiées antérieurement : Des statistiques de la population selon l'âge, le sexe et la résidence (urbaine/rurale) ont été présentées dans des éditions antérieures de l'Annuaire démographique. Les données présentées dans le tableau 7 mettent à jour les séries existant par année depuis 1948 et qui figurent au tableau 3 du Supplément rétrospectif. En plus, le Rapport de statistiques de la population et de l'état civil : Supplément spécial 1984 présente des données pour la population selon l'âge et le sexe pour chaque recensement entre 1965 et 1983. Les années additionnelles sont indiquées dans l'Index.

Tableau 8

Le tableau 8 présente des données sur la population des capitales et des villes de 100 000 habitants et plus pour la dernière année disponible.

Description des variables : Etant donné que les villes ne sont pas délimitées de la même manière dans tous les pays ou zones, on s'est efforcé de donner, dans ce tableau, des chiffres correspondant non seulement aux villes proprement dites, mais aussi, le cas échéant, aux agglomérations urbaines.

On entend par villes proprement dites les localités qui ont des limites juridiquement définies et sont administrativement considérées comme villes, ce qui se caractérise généralement par l'existence d'une autorité locale.

L'agglomération urbaine comprend, par définition, la ville proprement dite ainsi que la proche banlieue, c'est-à-dire la zone fortement peuplée qui est extérieure, mais contiguë aux limites de la ville.

En outre, dans certains pays ou zones, les données se rapportent à des divisions administratives entières, connues par exemple sous le nom de shi ou de municipios, qui comportent une agglomération et le territoire avoisinant, lequel peut englober d'autres agglomérations urbaines tout à fait distinctes ou être de caractère essentiellement rural. Pour ce groupe de pays ou zones, le type de division administrative est indiqué en note, et les chiffres ont été centrés entre les deux colonnes, de manière à montrer qu'il s'agit d'unités pouvant s'étendre au-delà d'une localité urbaine intégrée sans constituer nécessairement pour autant une agglomération urbaine.

Les noms des villes sont indiqués dans la langue du pays ou zone où ces villes sont situées. Les noms de villes qui ne sont pas à l'origine libellés en caractères latins ont été romanisés. Les villes sont énumérées dans l'ordre alphabétique anglais.

Les capitales figurent dans le tableau quel que soit le chiffre de leur population et leur nom a été imprimé en lettres majuscules. Ne sont indiquées comme capitales que les villes ainsi désignées par le pays ou zone intéressé.

En ce qui concerne les autres villes, le tableau indique celles dont la population est égale ou supérieure à 100 000 habitants. Ce chiffre limite s'applique à l'agglomération urbaine et non à la ville proprement dite, dont la population peut être moindre.

La date de référence du chiffre correspondant à chaque population figure dans la colonne de gauche du tableau. Les estimations sont indiquées par la lettre (E) placée après la date. Lorsqu'on savait que les estimations étaient fondées sur les résultats d'enquêtes par sondage ou de recensements municipaux ou étaient tirées d'autres sources, on l'a indiqué en note.

Reliability of data: Specific information is generally not available on the method of constructing population estimates on their reliability for cities or urban agglomerations presented in this table. Nevertheless, the principles used in determining the reliability of the data are the same as those used for the total population figures.

Data from population censuses, sample surveys and city censuses are considered to be reliable and, therefore, set in roman type. Other estimates are considered to be reliable or less reliable on the basis of the reliability of the 1988 estimate of the total mid–year population. The criteria for reliability are explained in detail in the Technical Notes for table 3 and in section 3.2.1 of the Technical Notes. In brief, mid–year population estimates are considered reliable if they are based on a complete census (or a sample survey), and have been adjusted by a continuous population register or adjusted on the basis of the calculated balance of births, deaths, and migration.

Limitations: Statistics on the population of capital cities and cities of 100 000 and more inhabitants are subject to the same qualifications as have been set forth for population statistics in general as discussed in section 3 of the Technical Notes.

International comparability of data on city population is limited to a great extent by variations in national concepts. Although an effort is made to reduce the sources of non–comparability somewhat by presenting the data in the table in terms of both city proper and urban agglomeration, many serious problems of comparability remain.

Data presented in the "city proper" column for some countries represent an urban administrative area legally distinguished from surrounding rural territory, while for other countries these data represent a commune or similar small administrative unit. In still other countries such administrative units may be relatively extensive and thereby include considerable territory beyond the urban centre itself.

City data are also especially affected by whether the data are expressed in terms of the de facto or de jure population of the city as well as variations among countries in how each of these concepts is applied. With reference to the total population, the difference between the de facto and de jure population is discussed at length in section 3.1.1 of the Technical Notes.

Data on city populations based on intercensal estimates present even more problems than census data. Comparability is impaired by the different methods used in making the estimates and by the lack of precision possible in applying any given method. For example, it is far more difficult to apply the component method of estimating population growth to cities than it is to entire countries.

Fiabilité des données : On ne possède généralement pas de renseignements précis sur la méthode employée pour établir les estimations de la population des villes ou agglomérations urbaines présentées dans ce tableau ni sur la fiabilité de ces estimations. Toutefois, les critères utilisés pour déterminer la fiabilité des données sont les mêmes que ceux qui ont été appliqués pour les chiffres de la population totale.

Les données provenant de recensements de la population, d'enquêtes par sondage ou de recensements municipaux sont jugées sûres et figurent par conséquent en caractères romains. D'autres estimations sont considérées comme sûres ou moins sûres en fonction du degré de fiabilité attribué aux estimations de la population totale en milieu d'année pour 1988. Ces critères de fiabilité sont expliqués en détail dans les Notes techniques relatives au tableau 3, ainsi qu'à la section 3.2.1 des Notes techniques. En résumé, sont considérées comme sûres les estimations de la population en milieu d'année qui sont fondées sur un recensement complet (ou une enquête par sondage) et qui ont été ajustées en fonction des données fournies par un registre de population permanent ou en fonction de la balance, établie par le calcul des naissances, des décès et des migrations.

Insuffisance des données : Les statistiques portant sur la population des capitales et des villes de 100 000 habitants et plus appellent toutes les réserves qui ont été faites à la section 3 des Notes techniques à propos des statistiques de la population en général.

La comparabilité internationale des données portant sur la population des villes est compromise dans une large mesure par la diversité des définitions nationales. Bien que l'on se soit efforcé de réduire les facteurs de non–comparabilité en présentant à la fois dans le tableau les données relatives aux villes proprement dites et celles concernant les agglomérations urbaines, de nombreux et graves problèmes de comparabilité n'en subsistent pas moins.

Pour certain pays, les données figurant dans la colonne intitulée "ville proprement dite" correspondent à une zone administrative urbaine juridiquement distincte du territoire rural environnant, tandis que pour d'autres pays ces données correspondent à une commune ou petite unité administrative analogue. Pour d'autres encore, les unités administratives en cause peuvent être relativement étendues et comporter par conséquent un vaste territoire au–delà du centre urbain lui–même.

L'emploi de données se rapportant tantôt à la population de fait, tantôt à la population de droit, ainsi que les différences de traitement de ces deux concepts d'un pays à l'autre influent particulièrement sur les statistiques urbaines. En ce qui concerne la population totale, la différence entre population de fait et population de droit est expliquée en détail à la section 3.1.1 des Notes techniques.

Les statistiques des populations urbaines qui sont fondées sur des estimations intercensitaires posent encore plus de problèmes que les données de recensement. Leur comparabilité est compromise par la diversité des méthodes employées pour établir les estimations et par le manque possible de précision dans l'application de telle ou telle méthode. La méthode des composantes, par exemple, est beaucoup plus difficile à appliquer en vue de l'estimation de l'accroissement de la population lorsqu'il s'agit de villes que lorsqu'il s'agit de pays entiers.

Births and deaths occurring in the cities do not all originate in the population present in or resident of that area. Therefore, the use of natural increase to estimate the probable size of the city population is a potential source of error. Internal migration is a second estimating component which cannot be measured with accuracy in many areas. Because of these factors, estimates in this table may be less valuable in general and in particular limited for purposes of international comparison.

City data, even when set in roman type, are often not as reliable as estimates for the total population of the country or area.

Furthermore, because the sources of these data include censuses (national or city), surveys and estimates, the years to which they refer vary widely. In addition, because city boundaries may alter over time, comparisons of data for different years should be carried out with caution.

Coverage: Cities are shown for 199 countries or areas. Of these 108 show the capital only while 91 show the capital and one or more cities which, according to the latest census or estimate, had a population of 100 000 or more.

Data for ethnic or geographical segments of the population are included in the absence of national figures. These data are not presented as representative of national–level statistics but as an index of the availability of statistics.

Earlier data: Population of capital cities and cities with a population of 100 000 or more have been shown in previous issues of the Demographic Yearbook. For information on specific years covered, readers should consult the Index.

Table 9

Table 9 presents live births and crude live–birth rates by urban/rural residence for as many years as possible between 1984 and 1988.

Description of variables : Live birth is defined as the complete expulsion or extraction from its mother of a product of conception, irrespective of the duration of pregnancy, which after such separation, breathes or shows any other evidence of life such as beating of the heart, pulsation of the umbilical cord, or definite movement of voluntary muscles, whether or not the umbilical cord has been cut or the placenta is attached; each product of such a birth is considered live–born regardless of gestational age. [33]

Les naissances et décès qui surviennent dans les villes ne correspondent pas tous à la population présente ou résidente. En conséquence, des erreurs peuvent se produire si l'on établit pour les villes des estimations fondées sur l'accroissement naturel de la population. Les migrations intérieures constituent un second élément d'estimation que, dans bien des régions, on ne peut pas toujours mesurer avec exactitude. Pour ces raisons, les estimations présentées dans ce tableau risquent dans l'ensemble d'être peu fiables et leur valeur est particulièrement limitée du point de vue des comparaisons internationales.

Même lorsqu'elles figurent en caractères romains, il arrive souvent que les statistiques urbaines ne soient pas aussi sûres que les estimations concernant la population totale du pays ou zone en cause.

De surcroît, comme ces statistiques proviennent aussi bien de recensements (nationaux ou municipaux) que d'enquêtes ou d'estimations, les années auxquelles elles se rapportent sont extrêmement variables. Enfin, comme les limites urbaines varient parfois d'une époque à une autre, il y a lieu d'être prudent lorsque l'on compare des données se rapportant à des années différentes.

Portée : Ce tableau fournit des données sur la population des villes de 199 pays ou zones. Pour 108 d'entre eux, seule est indiquée la population de la capitale, tandis que pour 91 on a indiqué celle de la capitale et d'une ou plusieurs villes comptant, d'après le dernier recensement ou la dernière estimation, 100 000 habitants ou plus.

Lorsqu'il n'existait pas de chiffres nationaux. on a fait figurer des chiffres portant sur des groupes ethniques ou géographiques. Ces données ne se veulent pas représentatives sur le plan national et ne sont présentées que comme indice des statistiques disponibles.

Données publiées antérieurement : Des statistiques de la population des capitales et des villes de 100 000 habitants ou plus ont été présentées dans des éditions antérieures de l'Annuaire démographique. Pour plus de précisions concernant les années pour lesquelles ces données ont été publiées, se reporter à l'Index.

Tableau 9

Le tableau 9 présente des données sur les naissances vivantes et les taux bruts de natalité selon la résidence (urbaine/rurale) pour le plus grande nombre d'années possible entre 1984 et 1988.

Description des variables : La naissance vivante est l'expulsion ou l'extraction complète du corps de la mère, indépendamment de la durée de gestation, d'un produit de la conception qui, apèrs cette séparation, respire ou manifeste tout autre signe de vie, tel que battement de coeur, pulsation du cordon ombilical ou contraction effective d'un muscle soumis à l'action de la volonté, que le cordon ombilical ait été coupé ou non et que le placenta soit ou non demeuré attaché; tout produit d'une telle naissance est considéré comme "enfant né vivant" [33].

Statistics on the number of live births are obtained from civil registers unless otherwise noted. For those countries or areas where civil registration statistics on live births are considered reliable (estimated completeness of 90 per cent or more) the birth rates shown have been calculated on the basis of registered live births. However, for countries or areas where civil registration of live births is non–existent or considered unreliable (estimated completeness of less than 90 per cent or of unknown completeness), estimated rates are presented whenever possible instead of the rates based on the registered births. These estimated rates are identified by a footnote. Officially estimated rates using well–defined estimation procedures and sources whether based on census or sample survey data are given first priority. If such estimates are not available, rates estimated by the Population Division of the United Nations Secretariat are presented.

The urban–rural classification of births is that provided by each country or area; it is presumed to be based on the national census definitions of urban population that have been set forth at the end of table 6.

Rate computation : Crude live–birth rates are the annual number of live births per 1 000 mid–year population.

Rates by urban/rural residence are the annual number of live births, in the appropriate urban and rural category, per 1 000 corresponding mid–year population.

Rates presented in this table have not been limited to those countries or areas having a minimum number of live births in a given year. However, rates based on 30 or fewer live births are identified by the symbol (◆).

These rates, unless otherwise noted, have been calculated by the Statistical Office of the United Nations.

In addition, some rates have been obtained from sample surveys, from analysis of consecutive population census results, and from the application of the "reverse–survival" method, which consists of increasing the number of children of a given age group recorded in a census or sample survey, by a life–table survival coefficient, so as to estimate the number of births from which these children are survivors. To distinguish them from civil registration data, estimated rates are identified by a footnote.

Reliability of data : Each country or area has been asked to indicate the estimated completeness of the live births recorded in its civil register. These national assessments are indicated by the quality codes C, U and ... that appear in the first column of this table.

C indicates that the data are estimated to be virtually complete, that is, representing at least 90 per cent of the live births occurring each year, while U indicates that data are estimated to be incomplete, that is, representing less than 90 per cent of the live births occurring each year. The code ... indicates that no information was provided regarding completeness.

Sauf indication contraire, les statistiques du nombre de naissances vivantes sont établies sur la base des registres de l'état civil. Pour les pays ou zones où les statistiques tirées de l'enregistrement des naissances vivantes par les services de l'état civil sont jugées sûres (complétude estimée à 90 p. 100 ou plus), les taux de natalité indiqués ont été calculés d'après les naissances vivantes enregistrées. En revanche, pour les pays ou zones où l'enregistrement des naissances vivantes par les services de l'état civil n'existe pas ou est de qualité douteuse (complétude estimée à moins de 90 p. 100 ou degré de complétude inconnu), on a présenté, autant que possible, des taux estimatifs et non des taux fondés sur les naissances enregistrées. Lorsque tel était le cas, on l'a signalé en note au bas du tableau. On a retenu en priorité les taux estimatifs officiels établis d'après des méthodes d'estimation et des sources bien définies, qu'il s'agisse de données de recensement ou de résultats d'enquêtes par sondage. Lorsqu'on ne disposait pas d'estimation de ce genre, on a présenté les taux estimatifs établis par la Division de la population du Secrétariat de l'ONU.

La classification des naissances selon la résidence (urbaine/rurale) est celle qui a été fournie par chaque pays ou zone; il faut en conclure qu'elle repose sur les définitions de la population urbaine utilisées pour les recensements nationaux telles qu'elles sont reproduites à la fin du tableau 6.

Calcul des taux : Les taux bruts de natalité représentent le nombre annuel de naissances vivantes pour 1 000 habitants au milieu de l'année.

Les taux selon la résidence (urbaine/rurale) représentent le nombre annuel de naissances vivantes, classées selon la catégorie urbaine ou rurale appropriée pour 1 000 habitants au milieu de l'année.

Les taux présentés dans ce tableau ne se rapportent pas aux seuls pays où l'on a enregistré en certain nombre minimal de naissances vivantes au cours d'une année donnée. Toutefois, les taux qui sont fondés sur 30 naissances vivantes ou moins sont identifiés par le signe (◆).

Ces taux, sauf indication contraire, ont été calculés par le Bureau de statistique de l'ONU.

En outre, certains taux ont été obtenus à partir des résultats d'enquêtes par sondage, par l'analyse des données de recensements consécutifs et par la méthode de la projection rétrospective, qui consiste à accroître le nombre d'enfants d'un groupe d'âge donné enregistré lors d'un recensement ou d'une enquête par sondage, en appliquant le coefficient de survie d'une table de mortalité de manière à estimer le nombre de naissances de la cohorte dont ces enfants sont les survivants. Pour les distinguer des données qui proviennent des registres de l'état civil, ces taux estimatifs ont été identifiées par une note au bas du tableau.

Fiabilité des données : Il a été demandé à chaque pays ou zone d'indiquer le degré estimatif de complétude des données sur les naissances vivantes figurant dans ses registres d'état civil. Ces évaluations nationales sont désignées par les codes de qualité "C", "U", et "..." qui apparaissent dans la première colonne du tableau.

Le lettre "C" indique que les données sont jugées à peu près complètes, c'est–à–dire qu'elles représentent au moins 90 p. 100 des naissances vivantes survenues chaque année; la lettre "U" indique que les données sont jugées incomplètes, c'est–à–dire qu'elles représentent moins de 90 p. 100 des naissances vivantes survenues chaque année. Le signe "..." indique qu'aucun renseignement n'a été fourni quant à la complétude des données.

Data from civil registers which are reported as incomplete or of unknown completeness (coded U or...) are considered unreliable. They appear in italics in this table. When data so coded are used to calculate rates, the rates also appear in italics.

These quality codes apply only to data from civil registers. If a series of data for a country or area contains both data from a civil register and estimated data from, for example, a sample survey, then the code applies only to the registered data. If only estimated data are presented, the symbol .. is shown instead of the quality code. For more information about the quality of vital statistics data in general, and the information available on the basis of the completeness estimates in particular, see section 4.2 of the Technical Notes.

Limitations : Statistics on live births are subject to the same qualifications as have been set forth for vital statistics in general and birth statistics in particular as discussed in section 4 of the Technical Notes.

The reliability of data, an indication of which is described above, is an important factor in considering the limitations. In addition, some live births are tabulated by date of registration and not by date of occurrence; these have been indicated by a (+). Whenever the lag between the date of occurrence and date of registration is prolonged and, therefore, a large proportion of the live–birth registrations are delayed, birth statistics for any given year may be seriously affected.

Another factor which limits international comparability is the practice of some countries or areas not to include in live–birth statistics infants who were born alive but died before the registration of the birth or within the first 24 hours of life, thus underestimating the total number of live births. Statistics of this type are footnoted.

In addition, it should be noted that rates are affected also by the quality and limitations of the population estimates which are used in their computation. The problems of under–enumeration or over–overenumeration and, to some extent, the differences in definition of total population have been discussed in section 3 of the Technical Notes dealing with population data in general, and specific information pertaining to individual countries or areas is given in the footnotes to table 3. In the absence of official data on total population, United Nations estimates of mid–year population have been used in calculating some of these rates.

The rates estimated from the results of sample surveys are subject to possibilities of considerable error as a result of omissions in reporting of births, or as a result of erroneous reporting of events occurred outside the reference period. However, rates estimated from sample surveys do have an outstanding advantage, and that is the availability of a built–in and strictly corresponding population base. The accuracy of the birth rates estimated by the "reverse–survival" method is affected by several factors, the most important of which are the accuracy of the count of children in the age groups used and errors in the survival coefficients.

Les données provenant des registres de l'état civil qui sont déclarées incomplètes ou dont le degré de complétude n'est pas connu (et qui sont affectées de la lettre "U" ou du signe "...") sont jugées douteuses. Elles apparaissent en italique dans le présent tableau. Lorsque ces données sont utilisées pour calculer des taux, ces taux apparaissent eux aussi en italique.

Ces codes de qualité ne s'appliquent qu'aux données tirées des registres de l'état civil. Si une série de données pour un pays ou une zone contient à la fois des données provenant des registres de l'état civil et des estimations calculées, par exemple, sur la base d'enquêtes par sondage, le code s'applique uniquement aux données d'enregistrement. Si l'on ne présente que des données estimatives, le signe ".." est utilisé à la place du code de qualité. Pour plus de précisions sur la qualité des données reposant sur les statistiques de l'état civil en général, voir la section 4.2 des Notes techniques, qui fournit aussi des renseignements fondés sur les estimations de complétude.

Insuffisance des données : Les statistiques des naissances vivantes appellent toutes les réserves qui ont été faites à propos des statistiques de l'état civil en général et des statistiques des naissances en particulier (voir explications données à la section 4 des Notes techniques).

La fiabilité des données, au sujet de laquelle des indications ont été fournies plus haut, est un facteur important. Il faut également tenir compte du fait que, dans certains cas, les données relatives aux naissances vivantes sont exploitées selon la date de l'enregistrement et non la date de l'événement; ces cas ont été identifiés par le signe (+). Là où le décalage entre l'événement et son enregistrement est grand, c'est–à–dire là où une forte proportion des naissances vivantes fait l'objet d'un enregistrement tardif, les statistiques des naissances vivantes pour une année donnée peuvent être sérieusement faussées.

Un autre facteur qui nuit à la comparabilité internationale est la pratique de certains pays ou zones qui consiste à ne pas inclure dans les statistiques des naissances vivantes les enfants nés vivants mais décédés avant l'enregistrement de leur naissance ou dans les 24 heures qui ont suivi la naissance, pratique qui conduit à sous–estimer le nombre total de naissances vivantes. Quand tel était la cas, on l'a signalé en note au bas du tableau.

Il convient de noter par ailleurs que l'exactitude des taux dépend également de la qualité et des insuffisances des estimations de population qui sont utilisées pour leur calcul. Le problème des erreurs par excès ou par défaut commises lors du dénombrement et, dans une certain mesure, le problème de l'hétérogénéité des définitions de la population totale ont été examinés à la section 3 des Notes techniques relative à la population en général; des indications concernant les différents pays ou zones sont données en note au bas du tableau 3. Lorsqu'il n'existait pas de chiffres officiels sur la population totale, ce sont les estimations de la population en milieu d'année, établies par le Secrétariat de l'ONU, qui ont servi pour le calcul des taux.

Les taux estimatifs fondés sur les résultats d'enquêtes par sondage comportent des possiblilités d'erreurs considérables dues soit à des omissions dans les déclarations, soit au fait que l'on a déclaré à tort des naissances survenues en réalité hors de la période considérée. Toutefois, les taux estimatifs fondés sur les résultats d'enquêtes par sondage présentent un gros avantage: le chiffre de population utilisé comme base est, par définition, connu rigoureusement correspondant. L'exactitude des taux de natalité estimés selon la méthode de la projection rétrospective dépend de plusieurs facteurs, dont les principaux sont l'exactitude du dénombrement des enfants des groupes d'âge utilisés et les erreurs dans les coefficients de survie.

It should be emphasized that crude birth rates—like crude death, marriage and divorce rates—may be seriously affected by the age–sex structure of the populations to which they relate. Nevertheless, they do provide simple measure of the level of and changes in natality.

The comparability of data by urban/rural residence is affected by the national definitions of urban and rural used in tabulating these data. It is assumed, in the absence of specific information to the contrary, that the definitions of urban and rural used in connection with the national population census were also used in the compilation of the vital statistics for each country or area. However, the possiblity cannot be excluded that, for a given country or area, the same definitions of urban and rural are not used for both the vital statistics data and the population census data. When known, the definitions of urban used in national population censuses are presented at the end of table 6. As discussed in detail in the Technical Notes for table 6, these definitions vary considerably from one country or area to another.

In addition to problems of comparability, vital rates classifced by urban/rural residence are also subject to certain special types of bias. If, when calculating vital rates, different definitions or urban are used in connection with the vital events and the population data and if this results in a net difference between the numerator and denominator of the rate in the population at risk, then the vital rates would be biased. Urban/rural differentials in vital rates may also be affected by whether the vital events have been tabulated in terms of place of occurrence or place of usual residence. This problem is discussed in more detail in section 4.1.4.1 of the Technical Notes.

Coverage : Live births are shown for 127 countries or areas. Data are presented by urban/rural residence for 40 countries or areas.

Crude live–birth rates are shown for 195 countries or areas. Rates are presented by urban/rural residence for 26 countries or areas.

Data for ethnic or geographical segments of the population are included in the absence of national figures. These data are not presented as being representative of national–level statistics but as an index of the availability of statistics.

Earlier data : Live births and crude live birth rates have been shown in each issue of the Demographic Yearbook. Data included in this table update the series covering a period of years as follows :

Issue	Years covered
1986	1967–1986
1981	1962–1981
Historical Supplement	1948–1977

For further information on years covered prior to 1948, readers should consult the Index.

Il faut souligner que les taux bruts de natalité, de même que les taux bruts de mortalité, de nuptialité et de divortialité, peuvent varier très sensiblement selon la structure par âge et par sexe de la population à laquelle ils se rapportent. Ils offrent néanmoins un moyen simple de mesurer le niveau et l'évolution de la natalité.

La comparabilité des données selon la résidence (urbaine/rurale) peut être limitée par les définitions nationales des termes "urbain" et "rural" utilisées pour la mise en tableaux de ces données. En l'absence d'indications contraires, on a supposé que les définitions des termes "urbain" et "rural" pour le recensement national de la population avaient été utilisées pour le recensement national de la population et pour l'établissement des statistiques de l'état civil pour chaque pays ou zone. Toutefois, on ne peut exclure la possiblité que, pour un pays ou zone donné les mêmes définitions des termes "urbain" et "rural" n'aient pas été utilisées dans les deux cas. Les définitions du terme "urbaine" pour les recensements nationaux de population ont été présentées à la fin du tableau 6 lorsqu'elles étaient connues. Comme on l'a précisé en détail dans les Notes techniques relatives au tableau 6, ces définitions varient très sensiblement d'un pays ou d'une zone à l'autre.

Outre ces problèmes de comparabilité, les taux démographiques classés selon la résidence (urbaine/rurale) sont également sujets à certains types particuliers d'erreurs. Si, lors du calcul de ces taux, des définitions différentes du terme "urbain" sont utilisées pour classer les faits d'état civil et les données relatives à la population et s'il en résulte une différence nette entre le numérateur et le dénominateur pour le taux de la population exposée au risque, les taux démographiques s'en trouveront faussés. La différence entre ces taux pour les zones urbaines et rurales pourra aussi être faussée selon que les faits d'état civil auront été classés d'après le lieu de l'événement ou le lieu de résidence habituelle. Ce problème est examiné plus en détail à la section 4.1.4.1 des Notes techniques.

Portée : Le tableau 9 présente des statistiques des naissances vivantes pour 127 pays ou zones. Les répartitions selon la résidence (urbaine/rurale) intéressent 40 pays ou zones.

Le tableau 9 présente également des taux bruts de natalité pour 195 pays ou zones. Les taux selon la résidence (urbaine/rurale) intéressent 26 pays ou zones.

Lorsqu'il n'existait pas de chiffres nationaux, on a fait figurer des chiffres portant sur des groupes ethniques ou géographiques. Ces données ne se veulent pas représentatives sur le plan national et ne sont présentées que comme indice des statistiques disponibles.

Données publiées antérieurement : Des données sur les naissances vivantes et des taux bruts de natalité ont été présentés dans chaque édition de l'Annuaire démographique. Les données présentées dans ce tableau mettent à jour les périodes d'années suivantes :

Edition	Années considérées
1986	1967–1986
1981	1962–1981
Supplément rétrospectif	1948–1977

Pour plus de précisions concernant les années antérieur à 1948, on reportera à l'Index.

Table 10

Table 10 presents live births by age of mother, sex and urban/rural residence for the latest available year.

Description of variables : Age is defined as age at last birthday, that is, the difference between the date of birth and the date of the occurrence of the event, expressed in completed solar years. The age classification used in this table is the following : under 15 years, 5–year age groups through 45–49 years, 50 years and over, and age unknown.

The urban/rural classification of births is that provided by each country or area; it is presumed to be based on the national census definitions of urban population that have been set forth at the end of table 6.

Reliability of data : Data from civil registers of live births which are reported as incomplete (less than 90 per cent completeness) or of unknown completeness are considered unreliable and are set in italics rather than in roman type. Table 9 and the Technical Notes for that table provided more detailed information on the completeness of live–birth registration. For more information about the quality of vital statistics data in general, and the information available on the basis of the completeness estimates in particular, see section 4.2 of the Technical Notes.

Limitations : Statistics on live births by age of mother are subject to the same qualifications as have been set forth for vital statistics in general and birth statistics in particular as discussed in section 4 of the Technical Notes.

The reliability of the data, an indication of which is described above, is an important factor in considering the limitations. In addition, some live births are tabulated by date of registration and not by date of occurrence; these have been indicated by a (+). Whenever the lag between the date of occurrence and date of registration is prolonged and, therefore, a large proportion of the live–birth registrations are delayed, birth statistics for any given year may be seriously affected.

Another factor which limits international comparability is the practice of some countries or areas not to include in live–birth statistics infants who were born alive but died before the registration of the birth or within the first 24 hours of life, thus underestimating the total number of live births. Statistics of this type are footnoted.

Because these Statistics are classified according to age, they are subject to the limitations with respect to accuracy or age reporting similar to those already discussed in connection with section 3.1.3 of the Technical Notes. The factors influencing inaccurate reporting may be somewhat dissimilar in vital statistics (because of the differences in the method of taking a census and registering a birth) but, in general, the same errors can be oberserved.

Tableau 10

Le tableau 10 présente des données sur les naissances vivantes selon l'âge de la mère, le sexe de l'enfant et la résidence (urbaine/rurale) pour la dernière année disponible.

Description des variables : L'âge désigne l'âge au dernier anniversaire, c'est–à–dire la différence entre la date de naissance et la date de l'événement exprimée en années solaires révolues. La classification par âge utilisée dans ce tableau comprend les catégories suivantes : moins de 15 ans, groupes quinquennaux jusqu'à 45 à 49 ans, 50 ans et plus, et âge inconnu.

La classification des naissances selon la résidence (urbaine/rurale) est celle qui a été fournie par chaque pays ou zone; il faut en conclure qu'elle repose sur les définitions de la population urbaine utilisées pour les recensements nationaux, telles qu'elles sont reproduites à la fin du tableau 6.

Fiabilité des données : Les données sur les naissances vivantes provenant des registres de l'état civil qui sont déclarées incomplètes (degré de complétude inférieur à 90 p. 100) ou dont le degré de complétude n'est pas connu sont jugées douteuses et apparaissent en italique et non en caractères romains. Le tableau 9 et les Notes techniques se rapportant à ce tableau présentent des renseignements plus détaillés sur le degré de complétude de l'enregistrement des naissances vivantes. Pour plus de précisions sur la qualité des données reposant sur les statistiques de l'état civil en général, voir la section 4.2 des Notes techniques, qui fournit aussi des renseignements fondés sur les estimations de complétude.

Insuffisance des données : Les statistiques des naissances vivantes selon l'âge de la mère appellent toutes les réserves qui ont été faites à propos des statistiques de l'état civil en général et des statistiques de naissances en particulier (voir explications à la section 4 des Notes techniques).

La fiabilité des données, au sujet de laquelle des indications ont été fournies plus haut, est un facteur important. Il faut également tenir compte du fait que, dans certains cas, les données relatives aux naissances vivantes sont exploitées selon la date de l'enregistrement et non la date de l'événement; ces cas ont été identifiés par le signe "+". Là où le décalage entre l'événement et son enregistrement est grand, c'est–à–dire où une forte proportion des naissances vivantes fait l'objet d'un enregistrement tardif, les statistiques des naissances vivantes pour une année donnée peuvent être sérieusement faussées.

Un autre facteur qui nuit à la comparabilité internationale est la pratique de certains pays ou zones qui consiste à ne pas inclure dans les statistiques des naissances vivantes les enfants nés vivants mais décédés avant l'enregistrement de leur naissance ou dans les 24 heures qui ont suivi la naissance, pratique qui conduit à sous–estimer le nombre total de naissances vivantes. Quand tel était le cas, on l'a signalé en note au bas du tableau.

Comme ces statistiques sont classées selon l'âge, elles appellent les mêmes réserves concernant l'exactitude des déclarations d'âge que celles dont il a déjà été fait mention dans la section 3.1.3 des Notes techniques. Dans le cas des statistiques de l'état civil, les facteurs qui interviennent à cet égard sont parfois un peu différents, étant donné que le recensement et l'enregistrement des naissances se font par des méthodes différentes, mais, d'une manière générale, les erreurs observées sont les mêmes.

The absence of frequencies in the unknown age group does not necessarily indicate completely accurate reporting and tabulation of the age item. It is often an indication that the unknowns have been eliminated by assigning ages to them before tabulation, or by proportionate distribution after tabulation.

On the other hand, large frequencies in the unknown age category may indicate that a large proportion of the births are illegitimate, the records for which tend to be incomplete in so far as characteristics of the parents are concerned.

Another limitation of age reporting may result from calculating age of mother at birth of child (or at time of registration) from year of birth rather than from day, month and year of birth. Information on this factor is given in footnotes when known.

When birth statistics are tabulated by date of registration rather than by date of occurrence, the age of the mother will almost always refer to the date of registration rather than to the date of birth of the child. Hence, in those countries or areas where registration of births is delayed, possibly for years, statistics on births by age of mother should be used with caution.

In a few countries, data by age refer to confinements (deliveries) rather than to live births causing under–estimation in the event of a multiple birth. This practice leads to lack of strict comparability, both among countries or areas relying on this practice and between data shown in this table and table 9. A footnote indicates the countries in which this practice occurs.

The comparability of data by urban/rural residence is affected by the national definitions of urban and rural used in tabulating these data. It is assumed, in the absence of specific information to the contrary, that the definitions of urban and rural used in connection with the national population census were also used in the compilation of the vital statistics for each country or area. However, the possibility cannot be excluded that, for a given country or area, the same definitions of urban and rural are not used for both the vital statistics data and the population census data. When known, the definitions of urban used in national population censuses are presented at the end of table 6. As discussed in detail in the Technical Notes for table 6, these definitions vary considerably from one country or area to another.

Coverage : Live births by age of mother are shown for 122 countries or areas. Cross–classification by sex of child is shown for 94 countries or areas. Data are presented by urban/rural residence for 45 countries or areas.

Si aucun nombre ne figure dans la colonne réservée aux âges inconnus, cela ne signifie pas nécessairement que les déclarations d'âge et l'exploitation des données par âge aient été tout à fait exactes. C'est souvent une indication que l'on a attribué un âge aux personnes d'âge inconnu avant l'exploitation des données ou que celles–ci ont été réparties proportionnellement entre les différents groupes après cette opération.

D'autre part, lorsque le nombre des personnes d'âge inconnu est important, cela peut signifier que la proportion de naissances illégitimes est élevée, étant donné qu'en pareil cas l'acte de naissance ne contient pas toutes les caractéristiques concernant les parents.

Les déclarations par âge peuvent comporter des distorsions, du fait que l'âge de la mère au moment de la naissance d'un enfant (ou de la déclaration de naissance) est donné par année de naissance et non par date exacte (jour, mois et année). Des renseignements à ce sujet sont fournis en note chaque fois que faire se peut.

Il convient de noter que, lorsque les statistiques de la natalité sont établies selon la date de l'enregistrement et non celle de l'événement, l'âge de la mère représente presque toujours son âge à la date de l'enregistrement et non à la date de la naissance de l'enfant. Ainsi, dans les pays ou zones où l'enregistrement des naissances est tardif — le retard atteignant souvent plusieurs années —, il faut utiliser avec prudence les statistiques de naissances selon l'âge de la mère.

Dans quelques pays, la classification par âges se réfère aux accouchements, et non aux naissances vivantes, ce qui conduit à un sous–dénombrement en cas de naissances gémellaires. Cette pratique est une cause d'incomparabilité, à la fois entre pays ou zones où elle a cours, et entre les données du tableau 10 et celles du tableau 9. Les pays qui la suivent sont indiqués en note.

La comparabilité des données selon la résidence (urbaine/rurale) peut être limitée par les définitions nationales des termes "urbain" et "rural" utilisés pour la mise en tableaux de ces données. En l'absence d'indications contraires, on a supposé que les définitions des termes "urbain" et "rural" pour le recensement national de la population avaient été utilisées aussi pour l'établissement des statistiques de l'état civil pour chaque pays ou zone. Toutefois, on ne peut exclure la possibilité que, pour un pays ou zone donné, les mêmes définitions des termes "urbain" et "rural" n'aient pas été utilisées dans les deux cas. Les définitions du terme "urbain" pour les recensements nationaux de population ont été présentées à la fin du tableau 6 lorsqu'elles étaient connues. Comme on l'a précisé en détail dans les Notes techniques relatives au tableau 6, ces définitions varient très sensiblement d'un pays ou d'une zone à l'autre.

Portée : Le tableau 10 présente des données sur les naissances vivantes classées selon l'âge de la mère pour 122 pays ou zones. Des répartitions selon le sexe de l'enfant sont présentées pour 94 pays ou zones. Les répartitions selon la résidence (urbaine/rurale) intéressent 45 pays ou zones.

Data for ethnic or geographic segments of the population are included in the absence of national figures. These data are not presented as being representative of national-level statistics but as an index of the availability of statistics.

Earlier data : Live births by age of mother have been shown for the latest available year in each issue of the Yearbook. Data included in this table update the series covering period of years as follows :

Issue	Years covered
1986	1977–1985
1981	1972–1980
Historical Supplement	1948–1977

For further information on years covered prior to 1948, readers should consult the Index.

Table 11

Table 11 presents live-birth rates specific for age of mother and urban/rural residence for the latest available year.

Description of variables : Age is defined as age at last birthday, that is, the difference between the date of birth and the date of the occurrence of the event, expressed in completed solar years. The age classification used in this table is the following : under 20 years, 5-year age groups through 40–44 years, and 45 years and over.

The urban/rural classification of births is that provided by each country or area; it is presumed to be based on the national census definitions of urban population that have been set forth at the end of table 6.

Rate computation : Live-birth rates specific for age of mother are the annual number of births in each age group (as shown in table 10) per 1 000 female population in the same age group.

Birth rates by age of mother and urban/rural residence are the annual number of live births that occurred in a specific age-urban/rural group (as shown in table 10) per 1 000 females in the corresponding age-urban/rural group.

Since relatively few births occur to women below 15 or above 50 years of age, birth rates for women under 20 years of age and for those 45 years of age and over are computed on the female population aged 15–19 and 45–49, respectively. Similarly, the rate for women of "All ages" is based on all live births irrespective of age of mother, and is computed on the female population aged 15–49 years. This rate for "All ages" is known as the general fertility rate.

Lorsqu'il n'existait pas de chiffres nationaux, on a fait figurer des chiffres portant sur des groupes ethniques ou géographiques. Ces données ne se veulent pas représentatives sur le plan national et ne sont présentées que comme indice des statistiques disponibles.

Données publiées antérieurement : Des statistiques des naissances vivantes selon l'âge de la mère ont été présentées pour la dernière année disponible dans chaque édition de l'Annuaire démographique. Les données présentées dans ce tableau mettent à jour les périodes d'années suivantes :

Editions	Années considérées
1986	1977–1985
1981	1972–1980
Supplément rétrospectif	1948–1977

Pour plus de précision sur les années antérieur à 1948, on se reportera à l'index.

Tableau 11

Le tableau 11 présente des taux des naissances vivantes selon l'âge de la mère et selon la résidence (urbaine/rurale) pour la dernière année disponible.

Description des variables : L'âge désigne l'âge au dernier anniversaire, c'est-à-dire la différence entre la date de naissance et la date de l'événement, exprimée en années solaires révolues. La classification par âge utilisée dans le tableau 11 comprend les catégories suivantes : moins de 20 ans, groupes quinquennaux jusqu'à 40 à 44 ans, et 45 et plus.

La classification des naissances selon la résidence (urbaine/rurale) est celle qui a été fournie par chaque pays ou zone; il faut en conclure qu'elle repose sur les définitions de la population urbaine utilisées pour les recensements nationaux, telles qu'elles sont reproduites à la fin du tableau 6.

Calcul des taux : Les taux des naissances vivantes selon l'âge de la mère représentent le nombre annuel de naissances dans chaque groupe d'âge (fréquences du tableau 10) pour 1 000 femmes des mêmes groupes d'âge.

Les taux de natalité selon l'âge de la mère et la résidence (urbaine/rurale) représentent le nombre annuel de naissances vivantes intervenues dans un groupe d'âge donné dans la population urbaine ou rurale (comme il est indiqué au tableau 10) pour 1 000 femmes du groupe d'âge correspondant dans la population urbaine ou rurale.

Etant donné que le nombre de naissances parmi les femmes de moins de 15 ans ou de plus de 50 ans est relativement peu élevé, les taux de natalité parmi les femmes âgées de moins de 20 ans et celles de 45 ans et plus ont été calculés sur la base des populations féminines âgées de 15 à 19 ans et de 45 à 49 ans, respectivement. De la même façon, le taux pour les femmes de "tous âges" est fondé sur la totalité des naissances vivantes, indépendamment de l'âge de la mère et ce chiffre est rapporté à l'effectif de la population féminine âgée de 15 à 49 ans. Ce taux "tous âges" est le taux global de fécondité.

Births to mothers of unknown age have been distributed proportionately in accordance with births to mothers of known age by the Statistical Office of the United Nations prior to calculating the rates. However, distributions in which 10 per cent or more of the births were in the unknown–age category before allocation are identified in footnotes.

The population used in computing the rates is estimated or enumerated distributions of females by age. First priority was given to an estimate for the mid–point of the same year (as shown in table 7), second priority to census returns of the year to which the births referred, and third priority to an estimate for some other point of time in the year.

Rates presented in this table have been limited to those for countries or areas having at least a total of 100 live births in a given year. Moreover, rates specific for individual sub–categories based on 30 or fewer births are identified by the symbol (◆).

Reliability of data : Rates calculated using data from civil registers of live births which are reported as incomplete (less than 90 per cent completeness) or of unknown completeness are considered unreliable and are set in italics rather than in roman type. Table 9 and the Technical Notes for that table provide more detailed information on the completeness of live–birth registration. For more information about the quality of vital statistics data in general, and the information available on the basis of the completeness estimates in particular, see section 4.2 of the Technical Notes.

Limitations : Rates shown in this table are subject to all the same limitations which affect the corresponding frequencies and are set forth in the Technical Notes for table 10.

These include differences in the completeness of registration, the treatment of infants who were born alive but died before the registration of the birth or within the first 24 hours of life, the method used to determine age of mother and the quality of the reported information relating to age of mother. In addition, some rates are based on births tabulated by date of registration and not by date of occurrence; these have been indicated by a (+). The effect of including delayed registration on the distribution of births by age of mother may be noted in the age–specific fertility rates for women at older ages. In some cases, high age–specific rates for women aged 45 years and over may reflect age of mother at registration of birth and not fertility at these older ages.

The method of distributing the unknown ages is open to some criticism because of the fact that the age–of–mother distribution for legitimate births is known to differ from that for illegitimate births and that the proportion of births for which age of mother is unknown is higher among illegitimate births than it is among legitimate births.

Les naissances pour lesquelles l'âge de la mère était inconnu ont été réparties par le Bureau de statistique de l'ONU, avant le calcul des taux, suivant les proportions observées pour celles où l'âge de la mère était connu. Les distributions dans lesquelles 10 p. 100 ou plus des naissances totales étaient classées dans la catégorie d'âge inconnu avant d'avoir été réparties entre les autres ont été signalées en note au bas du tableau.

Les chiffres de population utilisés pour le calcul des taux proviennent de dénombrements ou de répartitions estimatives de la population féminine selon l'âge. On a utilisé de préférence les estimations de la population au milieu de l'année considérée selon les indications du tableau 7; à défaut, on s'est contenté des données censitaires se rapportant à l'année des naissances et, si ces données manquaient également, d'estimations établies pour une autre date de l'année.

Les taux présentés dans ce tableau ne concernent que les pays ou zones où l'on a enregistré un total d'au moins 100 naissances vivantes dans une année donnée. Les taux relatifs à des sous–catégories qui sont fondés sur 30 naissances ou moins sont identifiés par le signe (◆).

Fiabilité des données : Les taux établis à partir de données sur les naissances vivantes provenant des registres de l'état civil qui sont déclarées incomplètes (degré de complétude inférieur à 90 p. 100) ou dont le degré de complétude n'est pas connu sont jugés douteux et apparaissent en italique et non en caractères romains. Le tableau 9 et les Notes techniques se rapportant à ce tableau présentent des renseignements plus détaillés sur le degré de complétude l'enregistrement des naissances vivantes. Pour plus de précisions sur la qualité des données reposant sur les statistiques de l'état civil en général, voir la section 4.2 des Notes techniques, qui fournit aussi des renseignements fondés sur les estimations de complétude.

Insuffisance des données : Les taux du tableau 11 appellent les mêmes réserves que les fréquences correspondantes; voir à ce sujet les explications données dans les Notes techniques relatives au tableau 10.

Leurs imperfections tiennent notamment au degré de complétude de l'enregistrement, au classement des données relatives aux enfants nés vivants mais décédés avant l'enregistrement de leur naissance ou dans les 24 heures qui ont suivi la naissance, à la méthode utilisée pour déterminer l'âge de la mère et à l'exactitude des renseignements fournis sur l'âge de la mère. En outre, dans certains cas, les données relatives aux naissances sont exploitées selon la date de l'enregistrement et non selon la date de l'événement; ces cas ont été identifiés par le signe "+ ". On peut se rendre compte, d'après les taux relatifs aux groupes d'âge les plus avancés, des conséquences que peut avoir l'inclusion, dans les statistiques des naissances selon l'âge de la mère, des naissances enregistrées tardivement. Dans certains cas, il se peut que des taux élevés pour le groupe d'âge 45 ans et plus traduisent non pas le niveau de la fécondité de ce groupe d'âge, mais l'âge de la mère au moment où la naissances a été enregistrée.

La méthode de répartition des âges inconnus prête, dans une certaine mesure, à la critique, parce qu'on sait que la répartition selon l'âge de la mère est différente pour les naissances légitimes et pour les naissances illégitimes et que la proportion des naissances pour lesquelles l'âge de la mère est inconnu est plus forte dans le cas des naissances illégitimes.

The comparability of data by urban/rural residence is affected by the national definitions of urban and rural used in tabulating these data. It is assumed, in the absence of specific information to the contrary, that the definitions of urban and rural used in connection with the national population census were also used in the compilation of the vital statistics for each country or area. However, the possibility cannot be excluded that, for a given country or area, the same definitions of urban and rural are not used for both the vital statistics data and the population census data. When known, the definitions of urban used in national population censuses are presented at the end of table 6. As discussed in detail in the Technical Notes for table 6, these definitions vary considerably from one country or area to another.

In addition to problems of comparability, vital rates classified by urban/rural residence are also subject to certain special types of bias. If, when calculating vital rates, different definitions of urban are used in connection with the vital events and the population data and if this results in a net difference between the numerator and denominator of the rate in the population at risk, then the vital rates would be biased. Urban/rural differentials in vital rates may also be affected by whether the vital events have been tabulated in terms of place of occurrence or place of usual residence. This problem is discussed in more detail in section 4.1.4.1 of the Technical Notes.

Coverage : Live–birth rates specific for age of mother are shown for 105 countries or areas. Rates are presented by urban/rural residence for 30 countries or areas.

Data for ethnic or geographical segments of the population are included in the absence of national figures. These data are not presented as being representative of national–level statistics but as an index of the availability of statistics.

Earlier data : Live–birth rates specific for age of mother have been shown for the latest available year in each issue of the Yearbook. Data included in this table update the series covering a period of years as follows :

Issue	Years covered
1986	1977–1985
1981	1972–1980
Historical Supplement	1948–1977

La comparabilité des données selon la résidence (urbaine/rurale) peut être limitée par les définitions nationales des termes "urbain" et "rural" utilisées pour la mise en tableaux de ces données. En l'absence d'indications contraires, on a supposé que les définitions des termes "urbain" et "rural" utilisées pour le recensement national de la population avaient été utilisées aussi pour l'établissement de statistiques de l'état civil pour chaque pays ou zone. Toutefois, on ne peut exclure la possibilité que, pour un pays ou zone donné, les mêmes définitions des termes "urbain" et "rural" n'aient pas été utilisées dans deux cas. Les définitions du terme "urbain" utilisées pour les recensements nationaux de population ont été présentées à la fin du tableau 6 lorsqu'elles étaient connues. Comme on l'a précisé en détail dans les Notes techniques relatives au tableau 6, ces définitions varient très sensiblement d'un pays ou d'une zone à l'autre.

Outre ces problèmes de comparabilité, les taux démographiques classés selon la résidence (urbaine/rurale) sont également sujets à certains types particuliers d'erreurs. Si, lors du calcul de ces taux, des définitions différentes du terme "urbain" sont utilisées pour classer les faits d'état civil et les données relatives à la population et s'il en résulte une différence nette entre le numérateur et le dénominateur pour le taux de la population exposée au risque, les taux démographiques s'en trouveront faussés. La différence entre ces taux pour les zones urbaines et rurales pourra aussi être faussée selon que les faits d'état civil auront été classés d'après le lieu de l'événement ou le lieu de résidence habituelle. Ce problème est examiné plus en détail à la section 4.1.4.1 des Notes techniques.

Portée : Le tableau 11 présente des taux des naissances vivantes selon l'âge de la mère pour 105 pays ou zones. Les taux selon la résidence (urbaine/rurale) intéressent 30 pays ou zones.

Lorsqu'il n'existait pas de chiffres nationaux, on a fait figurer des chiffres portant sur des groupes ethniques ou géographiques. Ces données ne se veulent pas représentatives sur le plan national et ne sont présentées que comme indice des statistiques disponibles.

Données publiées antérieurement : Des taux des naissances vivantes selon l'âge de la mère ont déjà été publiés pour la dernière année disponible dans chaque édition de l'Annuaire démographique. Les données présentées dans ce tableau mettent à jour les périodes d'années suivantes :

Edition	Années considérées
1986	1977–1985
1981	1972–1980
Supplément rétrospectif	1948–1977

Table 12

Table 12 presents late foetal deaths and late foetal–death ratios by urban/rural residence for as many years as possible between 1983 and 1987.

Description of variables : Late foetal deaths are foeal deaths [34] of 28 or more completed weeks of gestation. Foetal deaths of unknown gestational age are included with those 28 or more weeks.

Statistics on the number of late foetal deaths are obtained from civil registers unless otherwise noted.

The urban/rural classification of late foetal deaths is that provided by each country or area; it is presumed to be based on the national census definitions of urban population that have been set forth at the end of table 6.

Ratio computation : Late foetal–death ratios are the annual number of late foetal deaths per 1 000 live births (as shown in table 9) in the same year. The live–birth base was adopted because it is assumed to be more comparable from one country or area to another than the combination of live births and foetal deaths.

Ratios by urban/rural residence are the annual number of late foetal deaths, in the appropriate urban or rural category, per 1 000 corresponding live births (as shown in table 9).

Ratios presented in this table have been limited to those for countries or areas having at least a total of 1 000 late foetal deaths in a given year. Moreover, ratios specific for individual sub–categories based on 30 or fewer late foetal deaths are identified by the symbol (◆).

These ratios have been calculated by the Statistical Office of the United Nations.

Reliability of data : Each country or area has been asked to indicate the estimated completeness of the late foetal deaths recorded in its civil register. These national assessments are indicataed by the quality codes, C, U and ... that appear in the first column of this table.

C indicates that the data are estimated to be virtually complete, that is, representing at least 90 per cent of the late foetal deaths occurring each year, while U indicates that data are estimated to be incomplete, that is, representing less than 90 per cent of the late foetal deaths occurring each year. The code ... indicates that no information was provided regarding completeness.

Data from civil registers which are reported as incomplete or of unknown completeness (coded U or ...) are considered unreliable. They appear in italics in this table. When data so coded are used to calculate ratios, the ratios also appear in italics.

Tableau 12

Le tableau 12 présente des données sur les morts foetales tardives et des rapports de mortinatalité selon la résidence (urbaine/rurale) pour le plus grand nombre d'années possible entre 1983 et 1987.

Description des variables : Par mort foetale tardive, on entend décès d'un foetus [34] survenu après 28 semaines complètes de gestation au moins. Les morts foetales pour lesquelles la durée de la période de gestation n'est pas connue sont comprises dans cette catégorie.

Sauf indication contraire, les statistiques du nombre de morts foetales tardives sont établies sur la base des registres de l'état civil.

La classification des morts foetales tardives selon la résidence (urbaine/rurale) est celle qui a été fournie par chaque pays ou zone; il faut en conclure qu'elle repose sur les définitions de la population urbaine utilisées pour les recensements nationaux, telles qu'elles sont reproduites à la fin du tableau 6.

Calcul des rapports : Les rapports de mortinatalité représentent le nombre annuel de morts foetales tardives pour 1 000 naissances vivantes (telles qu'elles sont présentées au tableau 9) survenues pendant la même année On a pris pour base de calcul les naissances vivantes parce qu'on pense qu'elle sont plus facilement comparables d'un pays ou d'une zone à l'autre que la combinaison des naissances vivantes et des morts foetales.

Les rapports selon la résidence (urbaine/rurale) représentent le nombre annuel de morts foetales tardives, classées selon la catégorie urbaine ou rurale appropriée pour 1 000 naissances vivantes (telles qu'elles sont présentées au tableau 9) survenues dans la population correspondante.

Les rapports présentés dans le tableau 12 ne concernent que les pays ou zones où l'on a enregistré un total d'au moins 1 000 morts foetales tardives dans une année donnée. Les rapports relatifs à des sous–catégories qui sont fondés sur 30 morts foetales tardives ou moins sont identifiés par le signe (◆).

Sauf indication contraire, ces rapports ont été calculés par le Bureau de statistique de l'ONU.

Fiabilité des données : Il a été demandé à chaque pays ou zone d'indiquer le degré estimatif de complétude des données sur les morts foetales tardives figurant dans ses registres d'état civil. Ces évaluations nationales sont désignées par les codes de qualité "C", "U", et "..." qui apparaissent dans la première colonne du tableau.

La lettre "C" indique que les données sont jugées à peu près complètes, c'est–à–dire qu'elles représentent au moins 90 p. 100 des morts foetales tardives survenues chaque année; la lettre "U" indique que les données sont jugées incomplètes, c'est–à–dire qu'elles représentent moins de 90 p. 100 des morts foetales tardives survenues chaque année. Le signe "..." indique qu'aucun renseignement n'a été fourni quant à la complétude des données.

Les données provenant des registres de l'état civil qui sont déclarées incomplètes ou dont le degré de complétude n'est pas connu (et qui sont affectées de la lettre "U" ou du signe "...") sont jugées douteuses. Elles apparaissent en italique dans le présent tableau. Lorsque ces données sont utilisées pour calculer des rapports, ces rapports apparaissent eux aussi en italique.

For more information about the quality of vital statistics data in general, see section 4.2 of the Technical Notes

Pour plus de précisions sur la qualité des données reposant sur les statistiques de l'état civil en général, voir la section 4.2 des Notes techniques.

Limitations : Statistics on late foetal deaths are subject to the same qualifications as have been set forth for vital statistics in general and foetal–death statistics in particular as discussed in section 4 of the Technical Notes.

The reliability of the data, an indication of which is described above, is a very important factor. Of all vital statistics, the registration of foetal deaths is probably the most incomplete.

Variation in the definition of foetal deaths, and in particular late foetal deaths, also limits international comparability. The criterion of 28 or more completed weeks of gestation to distinguish late foetal deaths is not universally used; some countries or areas use different durations of gestation or other criteria such as size of the foetus. In addition, the difficulty of accurately determining gestational age further reduces comparability. However, to promote comparability, late foetal deaths shown in this table are restricted to those of at least 28 or more completed weeks of gestation. Wherever this is not possible a footnote is provided. Data shown in this table may differ from those included in previous issues of the Demograhic Yearbook.

Another factor introducing variation in the definition of late foetal deaths is the practice by some countries or areas of including in late foetal–death statistics infants who were born alive but died before the registration of the birth or within the first 24 hours of life, thus overestimating the total number of late foetal deaths. Statistics of this type are footnoted.

In addition, late foetal–death ratios are subject to the limitations of the data on live births with which they have been calculated. These have been set forth in the Technical Notes for table 9.

Regarding the computation of the ratios, it must be pointed out that when late foetal deaths and live births are both underregistered, the resulting ratios may be of quite reasonable magnitude. As a matter of fact, for the countries or areas where live–birth registration is poorest, the late foetal–death ratios may be the largest, effectively masking the completeness of the base data. For this reason, possible variations in birth–registration completeness — as well as as the reported completeness of late foetal deaths — must always be borne in mind in evaluating late foetal–death ratios.

In addition to the indirect effect of live–birth under–registration, late foetal–death ratios may be seriously affected by date–of–registration tabulation of live births. When the annual number of live births registered and reported fluctuates over a wide range due to changes in legislation or to special needs for proof of birth on the part of large segments of the population, then the late foetal–death ratios will fluctuate also, but inversely. Because of these effects, data for countries or areas known to tabulate live births by date of registration should be used with caution unless it is also known that statistics by date of registration approximate those by date of occurrence.

Insuffisance des données : Les statistiques des morts foetales tardives appellent toutes les réserves qui ont été faites à propos des statistiques de l'état civil en général et des statistiques des morts foetales en particulier (voir explication figurant à la section 4 des Notes techniques).

La fiabilité des données, au sujet de laquelle des indications ont été fournies plus haut, est facteur très important. Les statistiques des morts foetales sont probablement les moins complètes de toutes les statistiques de l'état civil.

L'hétérogénéité des définitions de la mort foetales et, en particulier, de la mort foetale tardive nuit aussi à la comparabilité internationale des données. Le critère des 28 semaines complètes de gestation au moins n'est pas universellement utilisé; certains pays ou zones utilisent des critères différents pour la durée de la période de gestation ou d'autres critères tels que la taille du foetus. Pour faciliter les comparaisons, les morts foetales tardives considérées ici sont exclusivement celles qui sont survenues au terme de 28 semaines de gestation au moins. Les exceptions sont signalées en note. Il se peut que les données de ce tableau diffèrent de celles des éditions antérieures de l'Annuaire démographique.

Un autre facteur d'hétérogénéité dans la définition de la mort foetale tardive est la pratique de certains pays ou zones qui consiste à inclure dans les statistiques des morts foetales tardives les enfants nés vivants mais décédés avant l'enregistrement de leur naissance ou dans les 24 heures qui ont suivi la naissance, pratique qui conduit à surestimer le nombre total des morts foetales tardives. Quand tel était le cas, on l'a signalé en note au bas du tableau.

Les rapports de mortinatalité appellent en outre toutes les réserves qui ont été fourmulées à propos des statistiques des naissances vivantes qui ont servi à leur calcul. Voir à ce sujet les Notes techniques relatives au tableau 9.

En ce qui concerne le calcul des rapports, il convient de noter que, si l'enregistrement est défectueux à la fois pour les morts foetales tardives et pour les naissances vivantes, les rapports de mortinalité peuvent être tout à fait raisonnables. En fait, c'est parfois pour les pays ou zones où l'enregistrement des naissances vivantes laisse le plus à désirer que les rapports de mortinalité sont les plus élevés, ce qui masque l'incomplétude des données de base. Aussi, pour porter un jugement sur la qualité des rapports de mortinatalité, il ne faut jamais oublier que la complétude de l'enregistrement des naissances — comme celle de l'enregistrement des morts foetales tardives — peut varier sensiblement.

En dehors des effets indirects des lacunes de l'enregistrement des naissances vivantes, il arrive que les rapports de mortinatalité soient sérieusement faussés lorsque l'exploitation des données relatives aux naissances se fait d'après la date de l'enregistrement. Si le nombre des naissances vivantes enregistrées vient à varier notablement d'une année à l'autre par suite de modifications de la législation ou parce que des groupes importants de la population ont besoin de posséder une attestation de naissance, les rapports de mortinatalité varient également, mais en sens contraire. Il convient donc d'utiliser avec prudence les données des pays ou zones où les statistiques sont établies d'après la date de l'enregistrement, à moins qu'on ne sache aussi que les données exploitées d'après la date de l'enregistrement diffèrent peu de celles qui sont exploitées d'après la date de l'événement.

Finally, it may be noted that the counting of live–born infants as late foetal deaths, because they died before the registration of the birth or within the first 24 hours of life, has the effect of inflating the late foetal–death ratios unduly by decreasing the birth denominator and increasing the foetal–death numerator. This factor should not be overlooked in using data from this table.

The comparability of data by urban/rural residence is affected by the national definitions of urban and rural used in tabulating these data. It is assumed, in the absence of specific information to the contrary, that the definitions of urban and rural used in connection with the national population census were also used in the compilation of the vital statistics for each country or area. However, the possibility cannot be excluded that, for a given country or area, the same definitions of urban and rural are not used for both the vital statistics data and the population census data. When known, the definitions of urban used in national population censuses are presented at the end of table 6. As discussed in detail in the Technical Notes for table 6, these definitions vary considerably from one country or area to another.

Urban/rural differentials in late foetal–death ratios may also be affected by whether the late foetal deaths and live births have been tabulated in terms of place of occurrence or place of usual residence. This problem is discussed in more detail in section 4.1.4.1 of the Technical Notes.

Coverage : Late foetal deaths are shown for 81 countries or areas. Data are presented by urban/rural residence for 23 countries or areas.

Late–foetal–death ratios shown for 30 countries or areas. Ratios are presented by urban/rural residence of 12 countries or areas.

Data for ethnic or geographical segments of the population are included in the absence of national figures. These data are not presented as being representative of national–level statistics but as an index of the availability of statistics.

Earlier data : Late foetal deaths and late foetal–death ratios have been shown in each issue of the Demographic Yearbook beginning with the 1951 issue. For information on specific years covered, readers should consult the index.

Table 13

Table 13 presents legally induced abortions for as many years as possible between 1979 and 1987.

Description of variables : Abortion appears in the International Classification of Diseases, 1965 Revision, [35] in two places : (a) as a disease or cause of death of a woman [36] and (b) as a cause of death of the foetus [37]. It is defined, with reference to the woman, as any interruption of pregnancy before 28 weeks of gestation with a dead foetus [38]. There are two major categories of abortion : spontaneous and induced. Induced abortions are those initiated by deliberate action undertaken with the intention of terminating pregnancy; all other abortions are considered as spontaneous. [39]

Enfin, on notera que l'inclusion parmi les morts foetales tardives des décès d'enfants nés vivants qui sont décédés avant l'engistrement de leur naissance ou dans les 24 heures qui ont suivi la naissance conduit à des rapports de mortinatalité exagérés parce que le dénominateur (nombre de naissances) se trouve alors diminué et le numérateur (morts foetales) augmenté. Il importe de ne pas négliger ce facteur lorsqu'on utilise les données du présent tableau.

La comparabilité des données selon la résidence (urbaine/rurale) peut être limitée par les définitions nationales des termes "urbain" et "rural" utilisées pour la mise en tableaux de ces données. En l'absence d'indications contraires, on a supposé que les définitions des termes "urbain" et "rural" utilisées pour le recensement national de la population avaient été utilisées aussi pour l'établissement des statistiques de l'état civil pour chaque pays ou zone. Toutefois, on ne peut exclure la possibilité que, pour un pays ou zone donné, les mêmes définitions des termes "urbain" et "rural" n'aient pas été utilisées dans les deux cas. Les définitions du terme "urbain" utilisées pour les recensements nationaux de population ont été présentées à la fin du tableau 6 lorsqu'elles étaient connues. Comme on l'a précisé en détail dans les Notes techniques relatives au tableau 6, ces définitions varient très sensiblement d'un pays ou d'une zone à l'autre.

La différence entre les rapports de mortinatalité pour les zones urbaines et rurales pourra aussi être faussée selon que les morts foetales tardives et les naissances vivantes auront été classées d'après le lieu de l'événement ou le lieu de la résidence habituelle. Ce problème est examiné plus en détail à la section 4.1.4.1 des Notes techniques.

Portée : Ce tableau présente des données sur les morts foetales tardives pour 81 pays ou zones. Les répartitions selon la résidence (urbaine/rurale) intéressent 23 pays ou zones.

Ce tableau présente également des données sur les rapports de mortinatalité pour 30 pays ou zones. Les rapports ventilés selon la résidence (urbaine/rurale) intéressent 12 pays ou zones.

Lorsqu'il n'existait pas de chiffres nationaux, on a fait figurer des chiffres portant sur des groupes ethniques ou géographiques. Ces données ne se veulent pas représentatives sur le plan national et ne sont présentées que comme indice des statistiques disponibles.

Données publiées antérieurement : Des statistiques des morts foetales tardives et des rapports de mortinatalité ont été publiées dans toutes les éditions de l'Annuaire démographique à partir de celle de 1951. Pour plus de précisions concernant les années pour lesquelles ces données ont été publiées, on se reportera à l'index.

Tableau 13

Ce tableau présente des données sur les avortements provoqués pour des raisons légales pour le plus grand nombre d'années possible entre 1979 et 1987.

Description des variables : Le terme avortement apparaît à deux reprises dans la Classification internationale des maladies, Révision 1965 [35] : a) comme maladie ou cause de décès de la femme [36], et b) comme cause de décès du foetus [37]. Il est défini, en ce qui concerne la femme, comme toute interruption d'une grossesse avant la 28e semaine avec présence d'un foetus mort [38]. L'avortement peut être spontané ou provoqué. L'avortement provoqué est celui qui résulte de manoeuvres délibérées entreprises dans le dessein d'interrompre la grossesse; tous les autres avortements sont considérés comme spontanés [39].

The induction of abortion is subject to governmental regulation in most, if not all, countries or areas. This regulation varies from complete prohibition in some countries or areas to abortion on request, with services provided by governmental health authorities, in others. More generally, governments have attempted to define the conditions under which pregnancy may lawfully be terminated, and have established procedures for authorizing abortion in individual cases. [40]

Legally induced abortions are further classified according to the legal grounds on which induced abortion may be performed. A code shown next to the country or area name indicates the grounds on which induced abortion is legal in that particular country or area, the meanings of which are shown below :

a Continuance of pregnancy would involve risk to the life of the pregnant woman greater than if the pregnancy were terminated.

b Continuance of pregnancy would involve risk of injury to the physical health of the pregnant woman greater than if the the pregancy were terminated.

c Continuance of pregnancy would involve risk of injury to the mental health of the pregnant woman greater if the pregnancy were terminated.

d Continuance of pregnancy would involve risk of injury to mental or physical health of any existing children of the family greater than if the pregnancy were terminated.

e There is a substantial risk that if the child were born it would suffer from such physical or mental abnormalities as to be seriously handicapped.

f Other

The focus of the present table is on abortion as a social, rather than physiological, event. Differences among countries or areas in definition and in record–keeping would seem to preclude the collection of abortion data on any internationally comparable basis if abortion were defined solely in physiological terms. By restricting coverage to events that have been induced, the table minimizes any distortion arising either from differences in definition or from differences in accuracy and comprehensiveness of the records kept concerning spontaneous foetal loss. By further restricting coverage to events performed under legal auspices, the table at least reduces (if it does not eliminate altogether) the likelihood of distortion arising from any reluctance to report the occurrence of such a procedure.

Reliability of data : Unlike data on live births and foetal deaths, which are generally collected through systems of vital registration, data on abortion are collected from a variety of sources. Because of this, the quality specification, showing the completeness of civil registers, which is presented for other tables, does not appear here.

L'interruption délibérée de la grossesse fait l'objet d'une réglementation officielle dans la plupart des pays ou zones, sinon dans tous. Cette réglementation va de l'interdiction totale à l'autorisation de l'avortement sur demande, pratiqué par des services de santé publique. Le plus souvent, les gouvernements se sont efforcés de définir les circonstances dans lesquelles la grossesse peut être interrompue licitement et de fixer une procédure d'autorisation [40].

Les interruptions légales de grossesse sont également classées selon le motif d'autorisation. Une indication codée, en regard du pays ou de la zone, signale les motifs d'autorisation de l'avortement, comme ci–après :

a La non–interruption de la grossesse comporterait, pour la vie de la femme enceinte, un risque plus grave que celui de l'avortement;

b La non–interruption de la grossesse comporterait, pour la santé physique de la femme enceinte, un risque plus grave que celui de l'avortement;

c La non–interruption de la grossesse comporterait, pour la santé mentale de la femme enceinte, un risque plus grave que celui de l'avortement.

d La non–interruption de la grossesse comporterait, pour la santé mentale ou physique d'un enfant déjà né dans la famille, un risque plus grave que celui de l'avortement.

e L'enfant né à terme courrait un risque substantiel de souffrir d'anomalies physiques ou mentales entraînant pour lui un grave handicap;

f Autres motifs.

Le tableau 13 cherche à présenter l'avortement comme un fait social plutôt que physiologique. Etant donné les différences qui existent entre les pays ou zones, quant à la définition du terme "avortement" et au comptage des cas, il paraît impossible, en partant d'une définition purement physiologique, d'obtenir des données permettant la moindre comparaison internationale. Comme la portée du tableau est limitée aux seuls avortements provoqués, on réduit au minimum les déformations qui résulteraient de différences de définition ou d'exhaustivité des enregistrements des pertes foetales spontanées. Comme, de surcroît, il n'est question que des avortements légaux, les possibilités de distorsion qu'entraînerait l'hésitation à déclarer les avortements effectivement pratiqués sont réduites, sinon éliminées.

Fiabilité des données : A la différence des données sur les naissances vivantes et les morts foetales, qui proviennent généralement des registres d'état civil, les données sur l'avortement sont tirées de sources diverses. Aussi ne trouve–t–on pas ici une évaluation de la qualité des données, semblable à celle qui indique, pour les autres tableaux, le degré d'exhaustivité des données de l'état civil.

Limitations : With regard to the collection of information on abortions, a variety of sources are used, but hospital records are the most common source of information. [41] This obviously implies that most cases which have no contact with hospitals are missed. Data from other sources are probably also incomplete. The data in the present table are limited to legally induced abortions which, by their nature, might be assumed to be more complete than data on all induced abortions.

Coverage : Legally induced abortions are shown for 33 countries or areas.

Earlier data : Legally induced abortions have been shown previously in all issues of the Demographic Yearbook since the 1971 issue.

Insuffisance des données : En ce qui concerne les renseignements sur l'avortement, un grand nombre de sources sont utilisées [41], mais les relevés hospitaliers constituent la source la plus fréquente d'information. Il s'ensuit que la plupart des cas qui ne passent pas par les hôpitaux sont ignorés. Les données d'autres sources sont sans doute également incomplètes. Les données du tableau 13 se limitent aux avortements provoqués pour raisons légales dont on peut supposer, en raison de leur nature même, que les statistiques sont plus complètes que les données concernant l'ensemble des avortements provoqués.

Portée : Ce tableau présente des données sur les avortements provoqués pour raisons légales concernant 33 pays ou zones.

Données publiées antérieurement : Des statistiques des avortements provoqués pour raisons légales ont déjà été publiées dans toutes les éditions de l'Annuaire démographique depuis celle de 1971.

Table 14

Table 14 presents legally induced abortions by age and number of previous live births of women for the latest available year.

Description of variables: Abortion appears in the International Classification of Diseases, 1965 Revision, [42] in two places: (a) as a disease or cause of death of a woman [43] and (b) as a cause of death of a foetus. [44] It is defined, with reference to the woman, as any interruption of pregnancy before 28 weeks of gestation with a dead foetus. [45] There are two major categories of abortion: spontaneous and induced. Induced abortions are those initiated by deliberate action undertaken with the intention of terminating pregnancy; all other abortions are considered as spontaneous. [46] The Technical Notes for table 48 provide more detailed information on the classification of legally induced abortion.

Age is defined as age at last birthday, that is, the difference between the date of birth and the date of the occurrence of the event, expressed in completed solar years. The age classification used in this table is the following: under 15 years, 5–year age groups through 45–49 years 50 years and over, and age unknown.

Except where otherwise indicated, eight categories are used in classifying the number of previous live births: 0 through 5, 6 or more live births, and, if required, number of live births unknown.

Tableau 14

Ce tableau présente des données sur les avortements provoqués pour des raisons légales, selon l'âge de la mère et le nombre de naissances vivantes antérieures, pour la dernière année pour laquelle ces données existent.

Descriptions des variables : Le terme avortement apparaît à deux reprises dans la Classification internationale des maladies, Révision 1965 [42]: a) comme maladie ou cause de décès de la femme [43], et b) comme maladie ou cause de décès du foetus [44]. Il est défini, en ce qui concerne la femme, comme toute interruption d'une grossesse avant la 28e semaine avec présence d'un foetus mort [45]. L'avortement peut être spontané ou provoqué. L'avortement provoqué est celui résulte de manoeuvres délibérées enterprises dans le dessein d'interrompre la grossesse; tous les autres avortements sont considérés comme spontanés [46]. Les Notes techniques au tableau 48 donnent plus de détails concernant la classification des avortements légaux.

L'âge est l'âge au dernier anniversaire, c'est–à–dire la différence entre la date de naissance et la date de l'avortement, exprimée en années solaires révolues. La classification par âge utilisée dans ce tableau est la suivante : moins de 15 ans, groupes quinquennaux jusqu'à 45 à 49 ans, 50 ans et plus, et âge inconnu.

Sauf indication contraire, les naissances vivantes antérieures sont classées dans les huit catégories suivantes : 0 à 5 naissances vivantes, 6 naissances vivantes ou plus et, le cas échéant, nombre de naissances vivantes inconnu.

The focus of the present table is on abortion as a social, rather than physiological, event. Differences among countries or areas in definition and in record–keeping would seem to preclude the collection of abortion data on any internationally comparable basis if abortion were defined solely in physiological terms. By restricting coverage to events that have been induced, the table avoids any distortion arising either from differences in definition or from differences in accuracy and comprehensiveness of the records kept concerning spontaneous foetal loss. By further restricting coverage to events performed under legal auspices, the table at least reduces (if it does not eliminate altogether) the likelihood of distortion arising from any reluctance to report the occurrence of such a procedure.

Reliability of data: Unlike data on live births and foetal deaths, which are generally collected through systems of vital registration, data on abortion are collected from a variety of sources. Because of this, the quality specification, showing the completeness of civil registers, which is presented for other tables, does not appear here.

Limitations: With regard to the collection of information on abortions, a variety of sources are used, but hospital records are the most common source of information. [47] This obviously implies that most cases which have no contact with hospitals are missed. Data from other sources are probably also incomplete. The data in the present table are limited to legally induced abortions which, by their nature, might be assumed to be more complete than data on all induced abortions.

In addition, deficiencies in reporting of age and number of previous live births of the woman, differences in the method used for obtaining the age of the woman, and the proportion of abortions for which age or previous live births of the woman are unknown must all be taken into account in using these data.

Coverage: Legally induced abortions by age and number of previous live births of women are shown for 25 countries or areas.

Data for ethnic or geographic segments of the population are included in the absence of national figures. These data are not presented as being representative of national–level statistics but as an index of the availability of statistics.

Earlier data: Legally induced abortions by age and previous live births of women have been shown previously in most issues of the Demographic Yearbook since the 1971 issue. For information on specific years covered, readers should consult the Index.

Le tableau 14 cherche à présenter l'avortement comme un fait social plutôt que physiologique. Etant donné les différences qui existent entre les pays ou zones quant à la définition du terme et au comptage des cas, il paraît impossible, en partant d'une définition purement physiologique, d'obtenir des données permettant la moindre comparaison internationale. Comme la portée du tableau est limitée aux seuls avortements provoqués, on évite les déformations qui résulteraient de différences de définition ou de différences dans la précision ou l'exhaustivité des enregistrements des pertes foetales spontanées. Comme, de surcroît, il n'est question que des avortements légaux, les possibilités de distorsion qu'entraînerait l'hésitation à déclarer les avortements effectivement pratiqués sont réduites, sinon éliminées.

Fiabilité des données : A la différence des données sur les naissances vivantes et les morts foetales, qui proviennent généralement des registres d'état civil, les données sur l'avortement sont tirées de sources diverses. Aussi ne trouve–t–on pas ici une évaluation de la qualité des données semblable à celle qui indique, pour les autres tableaux, le degré d'exhaustivité des données de l'état civil.

Insuffisances des données : En ce qui concerne les renseignements sur l'avortement, un grand nombre de sources sont utilisées [47], mais les relevés hospitaliers constituent la source la plus fréquente d'information. Il s'ensuit que la plupart des cas qui ne passent pas par les hôpitaux sont ignorés. Les données d'autres sources sont sans doute également incomplètes. Les données du tableau 49 se limitent aux avortements provoqués pour raisons légales, dont on peut supposer, en raison de leur nature même, que les statistiques sont plus complètes ques les données concernant l'ensemble des avortements provoqués.

En outre, on doit tenir compte, lorsqu'on utilise ces données, des erreurs de déclaration de l'âge de la mère et du nombre des naissances vivantes précédentes, de l'hétérogénéité des méthodes de calcul de l'âge de la mère et de la proportion d'avortements pour lesquels l'âge de la mère ou le nombre des naissances vivantes ne sont pas connus.

Portée : Ce tableau présente des données sur les avortements provoqués pour raisons légales, selon l'âge de la mère et le nombre des naissances vivantes antérieures, pour 25 pays ou zones.

Lorsqu'il n'existait pas de chiffres nationaux, on a fait figurer des chiffres portant sur des groupes ethniques ou géographiques. Ces données ne se veulent pas représentatives sur le plan national et ne sont présentées que comme indice des statistiques disponibles.

Données publiées antérieurement : Des statistiques des avortements provoqués pour raisons légales, selon l'âge de la mère et le nombre de naissances vivantes antérieures, figurent déjà dans la plupart des éditions de l'Annuaire démographique depuis celle de 1971. Pour plus de précisions concernant les années pour lesquelles ces données ont été publiées, on se reportera à l'Index.

Table 15

Table 15 presents infant deaths and infant mortality rates by urban/rural residence for as many years as possible between 1984 and 1988.

Description of variables: Infant deaths are deaths of live–born infants under one year of age.

Statistics on the number of infant deaths are obtained from civil registers unless otherwise noted. Infant mortality rates are, in most instances, calculated from data on registered infant deaths and registered live births where civil registration is considered reliable (estimated completeness of 90 per cent or more). However, for countries or areas where civil registration of infant deaths is non–existent or considered unreliable (estimated completeness of less than 90 per cent or of unknown completeness), estimated rates are presented whenever possible instead of the rates based on the registered infant deaths. These estimated rates are identified by a footnote. Rates based on estimates provided by national statistical offices using well–defined estimation procedures and sources, whether based on census or sample survey data, are given first priority. If such rates are not available, rates estimated by the Population Division of the United Nations Secretariat are presented.

The urban/rural classification of infant deaths is that provided by each country or area; it is presumed to be based on the national census definitions of urban population that have been set forth at the end of table 6.

Rate computation: Infant mortality rates are the annual number of deaths of infants under one year of age per 1 000 live births (as shown in table 9) in the same year.

Rates by urban/rural residence are the annual number of infant deaths, in the appropriate urban or rural category, per 1 000 corresponding live births (as shown in table 9).

Rates presented in this table have been limited to those for countries or areas having at least a total of 100 infant deaths in a given year. Moreover, rates specific for individual sub–categories based on 30 or fewer infant deaths are identified by the symbol (◆).

These rates, unless otherwise noted, have been calculated by the Statistical Office of the United Nations.

In addition, some rates have been obtained from other sources, including analytical estimates based on census or survey data. To distinguish them from civil registration data, estimated rates are identified by a footnote.

Tableau 15

Ce tableau présente des données sur les décès d'enfants de moins d'un an et des taux de mortalité infantile selon la résidence (urbaine/rurale) pour le plus grand nombre d'années possible entre 1984 et 1988.

Description des variables : Les chiffres relatifs aux décès d'enfants de moins d'un an se rapportent aux naissances vivantes.

Sauf indication contraire, les statistiques du nombre de décès d'enfants de moins d'un an sont établies sur la base des registres de l'état civil. Dans la plupart des cas, les taux de mortalité infantile sont calculés à partir des statistiques des décès enregistrés d'enfants de moins d'un an et des naissances vivantes enregistrées où l'enregistrement de l'état civil est jugé sûr (exhaustivité estimée à 90 p. 100 ou plus). En revanche, pour les pays ou zones où l'enregistrement des décès d'enfants de moins d'un an par les servives de l'état civil n'existe pas ou est de qualité douteuse (exhaustivité estimée à moins de 90 p. 100 ou inconnue), on a présenté, autant que possible, des taux estimatifs et non des taux fondés sur les décès d'enfants de moins d'un an enregistrés. Lorsque tel était le cas, on l'a signalé en note au bas du tableau. On a retenu en priorité les estimations officielles établies d'après des méthodes et des sources bien définies, qu'il s'agisse de données de recensement ou de résultats d'enquêtes par sondage. Lorsqu'on ne disposait pas d'estimations de ce genre, on a présenté les taux estimatifs établis par la Division de la population du Secrétariat de l'ONU.

La classification des décès d'enfants de moins d'un an selon la résidence (urbaine/rurale) est celle qui a été fournie par chaque pays ou zone; il faut en conclure qu'elle repose sur les définitions de la population urbaine utilisées pour les recensements nationaux, telles qu'elles sont reproduites à la fin du tableau 6.

Calcul des taux : Les taux de mortalité infantile représentent le nombre annuel de décès d'enfants de moins d'un an pour 1 000 naissances vivantes (fréquences du tableau 9) survenues pendant la même année.

Les taux selon la résidence (urbaine/rurale) représentent le nombre annuel de décès d'enfants de moins d'un an, classés selon la catégorie urbaine ou rurale appropriée pour 1 000 naissances vivantes survenues dans la population correspondante (fréquences du tableau 9).

Les taux présentés dans ce tableau se rapportent aux seuls pays ou zones où l'on a enregistré un total d'au moins 100 décès d'enfants de moins d'un an au cours d'une année donnée. Les taux relatifs à des sous–catégories qui sont fondés sur un nombre égal ou inférieur à 30 décès d'enfants âgés de moins d'un an sont identifiés par le signe (◆).

Sauf indication contraire, ces taux ont été calculés par le Bureau de statistique de l'ONU.

En outre, des taux ont été obtenus d'autres sources; ils proviennent notamment d'estimations analytiques fondées sur des résultats de recensements ou d'enquêtes. Pour les distinguer des données qui proviennent des registres de l'état civil, ces taux estimatifs ont été identifiés par une note à la fin du tableau.

Reliability of data: Each country or area has been asked to indicate the estimated completeness of the infant deaths recorded in its civil register. These national assessments are indicated by the quality codes (C), (U) and (...) that appear in the first column of this table.

C indicates that the data are estimated to be virtually complete, that is, representing at least 90 per cent of the infant deaths occurring each year, while U indicates that data are estimated to be incomplete, that is, representing less than 90 per cent of the infant deaths occurring each year. The code (...) indicates that no information was provided regarding completeness.

Data from civil registers which are reported as incomplete or of unknown completeness (coded U or ...) are considered unreliable. They appear in italics in this table. When data so coded are used to calculate rates, the rates also appear in italics.

These quality codes apply only to data from civil registers. If a series of data for a country or area contains both data from a civil register and estimated data from, for example, a sample survey, then the code applies only to the registered data. If only estimated data are presented, the symbol (..) is shown instead of the quality code. For more information about the quality of vital statistics data in general, and the information available on the basis of the completeness estimates in particular, see section 4.2 of the Technical Notes.

Limitations: Statistics on infant deaths are subject to the same qualifications as have been set forth for vital statistics in general and death statistics in particular as discussed in section 4 of the Technical Notes.

The reliability of the data, an indication of which is described above, is an important factor in considering the limitations. In addition, some infant deaths are tabulated by date of registration and not by date of occurrence; these have been indicated by a (+). Whenever the lag between the date of occurrence and date of registration is prolonged and, therefore, a large proportion of the infant–death registrations are delayed, infant–death statistics for any given year may be seriously affected.

Another factor which limits international comparability is the practice of some countries or areas not to include in infant–death statistics infants who were born alive but died before the registration of the birth or within the first 24 hours of life, thus underestimating the total number of infant deaths. Statistics of this type are footnoted.

Fiabilité des données : Il a été demandé à chaque pays ou zone d'indiquer le degré estimatif de complétude des données sur les décès d'enfants de moins d'un an figurant dans ses registres d'état civil. Ces évaluations nationales sont désignées par les codes de qualité (C), (U) et (...) qui apparaissent dans la première colonne du tableau.

La lettre (C) indique que les données sont jugées à peu près complètes, c'est–à–dire qu'elles représentent au moins 90 p. 100 des décès d'enfants de moins d'un an survenus chaque année; la lettre (U) indique que les données sont jugées incomplètes, c'est–à–dire qu'elles représentent moins de 90 p. 100 des décès d'enfants de moins d'un an survenus chaque année. Le signe (...) indique qu'aucun renseignement n'a été fourni quant à la complétude des données.

Les données provenant des registres de l'état civil qui sont déclarées incomplètes ou dont le degré de complétude n'est pas connu (et qui sont affectées de la lettre (U) ou du signe (...) sont jugées douteuses. Elles apparaissent en italique dans le présent tableau. Lorsque ces données sont utilisées pour calculer des taux, ces taux apparaissent eux aussi en italique.

Ces codes de qualité ne s'appliquent qu'aux données tirées des registres de l'état civil. Si une série de données pour un pays ou une zone contient à la fois des données provenant des registres de l'état civil et des estimations calculées, par exemple, sur la base d'enquêtes par sondage, le code s'applique uniquement aux données d'enregistrement. Si l'on ne présente que des données estimatives, le signe (..) est utilisé à la place du code de qualité. Pour plus de précisions sur la qualité des données reposant sur les statistiques de l'état civil en général, voir la section 4.2 des Notes techniques, qui fournit aussi des renseignements fondés sur les estimations de complétude.

Insuffisance des données : Les statistiques des décès d'enfants de moins d'un an appellent toutes les réserves qui ont été faites à propos des statistiques de l'état civil en général et des statistiques des décès en particulier (voir explications à la section 4 des Notes techniques).

Le fiabilité des données, au sujet de laquelle des indications ont été fournies plus haut, est un facteur important. Il faut également tenir compte du fait que, dans certains cas, les données relatives aux décès d'enfants de moins d'un an sont exploitées selon la date de l'enregistrement et non la date de l'événement; ces cas ont été identifiés par le signe (+). Là où le décalage entre l'événement et son enregistrement est grand, c'est–à–dire où une forte proportion des décès d'enfants de moins d'un an fait l'objet d'un enregistrement tardif, les statistiques des décès d'enfants de moins d'un an pour une année donnée peuvent être sérieusement faussées.

Un autre facteur qui nuit à la comparabilité internationale est la pratique de certains pays ou zones qui consiste à ne pas inclure dans les statistiques des décès d'enfants de moins d'un an les enfants nés vivants mais décédés avant l'enregistrement de leur naissance ou dans les 24 heures qui ont suivi la naissance, pratique qui conduit à sous–estimer le nombre total de décès d'enfants de moins d'un an. Quand tel était le cas, on l'a signalé en note à la fin du tableau.

The method of reckoning age at death for infants may also introduce non–comparability. If year alone, rather than completed minutes, hours, days and months elapsed since birth, is used to calculate age at time of death, many of the infants who died during the eleventh month of life and some of those who died at younger ages will be classified as having completed one year of age and thus be excluded from the data. The effect would be to underestimate the number of infant deaths. Information on this factor is given in footnotes when known. Reckoning of infant age is discussed in greater detail in the Technical Notes for table 16.

In addition, infant mortality rates are subject to the limitations of the data on live births with which they have been calculated. These have been set forth in the Technical Notes for table 9.

Because the two components of the infant mortality rate, infant deaths in the numerator and live births in the denominator, are both obtained from systems of civil registration, the limitations which affect live–birth statistics are very similar to those which have been mentioned above in connection with the infant–death statistics. It is important to consider the reliability of the data (the completeness of registration) and the method of tabulation (by date of occurrence or by date of registration) of live–birth statistics as well as infant–death statistics, both of which are used to calculate infant mortality rates. The quality code and use of italics to indicate unreliable data presented in this table refer only to infant deaths. Similarly, the indication of the basis of tabulation (the use of the symbol (+) to indicate data tabulated by date of registration) presented in this table also refers only to infant deaths. Table 9 provides the corresponding information for live births.

If the registration of infant deaths is more complete than the registration of live births, then infant mortality rates would be biased upwards. If, however, the registration of live births is more complete than registration of infant deaths, infant mortality rates would be biased downwards. If both infant deaths and live births are tabulated by registration, it should be noted that deaths tend to be more promptly reported than births.

Infant mortality rates may be seriously affected by the practice of some countries or areas not to consider infants who were born alive but died before the registration of the birth or within the first 24 hours of life as a live birth and subsequent infant death. Although this practice results in both the number of infant deaths in the numerator and the number of live births in the denominator being underestimated, its impact is greater on the numerator of the infant mortality rate. As a result this practice causes infant mortality rates to be biased downwards.

Les méthodes suivies pour calculer l'âge au moment du décès peuvent également nuire à la comparabilité des données. Si l'on utilise à cet effet l'année seulement, et non pas les minutes, heures, jours et mois qui se sont écoulés depuis la naissance, de nombreux enfants décédés au cours du onzième mois qui a suivi leur naissance et certains enfants décédés encore plus jeunes seront classés comme décédés à un an révolu et donc exclus des données. Cette pratique conduit à sous–estimer le nombre de décès d'enfants de moins d'un an. Les renseignements dont on dispose sur ce facteur apparaissent en note à la fin du tableau. La question du calcul de l'âge au moment du décès est examinée plus en détail dans les Notes techniques se rapportant au tableau 16.

Les taux de mortalité infantile appellent en outre toutes les réserves qui ont été formulées à propos des statistiques des naissances vivantes qui ont servi à leur calcul. Voir à ce sujet les Notes techniques relatives au tableau 9.

Les deux composantes du taux de mortalité infantile — décès d'enfants de moins d'un an au numérateur et naissances vivantes au dénominateur — étant obtenues à partir des registres de l'état civil, les statistiques des naissances vivantes appellent des réserves presque identiques à celles qui ont été formulées plus haut à propos des statistiques des décès d'enfants de moins d'un an. Il importe de prendre en considération la fiabilité des données (complétude de l'enregistrement) et le mode d'exploitation (selon la date de l'événement ou selon la date de l'enregistrement) dans le cas des statistiques des naissances vivantes tout comme dans le cas de celles des décès d'enfants de moins d'un an, puisque les unes et les autres servent au calcul des taux de mortalité infantile. Dans le présent tableau, le code de qualité et l'emploi de caractères italiques pour signaler les données moins sûres ne concernent que les décès d'enfants de moins d'un an. L'indication du mode d'exploitation des données (emploi du signe (+) pour identifier les données exploitées selon la date de l'enregistrement) concerne aussi des enfants de moins d'un an exclusivement. Le tableau 9 fournit les renseignements correspondants pour les naissances vivantes.

Si l'enregistrement des décès d'enfants de moins d'un an est plus complet que l'enregistrement des naissances vivantes, les taux de mortalité infantile seront entachés d'une erreur par excès. En revanche, si l'enregistrement des naissances vivantes est plus complet que l'enregistrement des décès d'enfants de moins d'un an, les taux de mortalité infantile seront entachés d'une erreur par défaut. Si les décès d'enfants de moins d'un an et les naissances vivantes sont exploités selon la date de l'enregistrement, il convient de ne pas perdre de vue que les décès sont, en règle générale, déclarés plus rapidement que les naissances.

Les taux de mortalité infantile peuvent être gravement faussés par la pratique de certains pays ou zones qui consiste à ne pas classer dans les naissances vivantes et ensuite dans les décès d'enfants de moins d'un an les enfants nés vivants mais décédés soit avant l'enregistrement de leur naissance, soit dans les 24 heures qui ont suivi la naissance. Cette pratique conduit à sous–estimer aussi bien le nombre des décès d'enfants de moins d'un an, qui constitue le numérateur, que le nombre des naissances vivantes, qui constitue le dénominateur, mais c'est pour le numérateur du taux de mortalité infantile que la distorsion est la plus marquée. Ce système a pour effet d'introduire une erreur par défaut dans les taux de mortalité infantile.

Infant mortality rates will also be underestimated if the method of reckoning age at death results in an underestimation of the number of infant deaths. This point has been discussed above.

Because all of these factors are important, care should be taken in comparing and rank ordering infant mortality rates.

With respect to the method of calculating infant mortality rates used in this table, it should be noted that no adjustment was made to take account of the fact that a proportion of the infant deaths which occur during a given year are deaths of infants who were born during the preceding year and hence are not taken from the universe of births used to compute the rates. However, unless the number of live births or infant deaths is changing rapidly, the error involved is not important. [48]

Estimated rates based directly on the results of sample surveys are subject to considerable error as a result of omissions in reporting infant deaths or as a result of erroneous reporting of those which occurred outside the period of reference. However, such rates do not have the advantage of having a "built–in" and corresponding base.

The comparability of data by urban/rural residence is affected by the national definitions of urban and rural used in tabulating these data. It is assumed, in the absence of specific information to the contrary, that the definitions of urban and rural used in connection with the national population census were also used in the compilation of the vital statistics for each country or area. However, the possibility cannot be excluded that, for a given country or area, the same definitions of urban and rural are not used for both the vital statistics data and the population census data. When known, the definitions of urban used in national population censuses are presented at the end of table 6. As discussed in detail in the Technical Notes for table 6, these definitions vary considerably from one country or area to another.

Urban/rural differentials in infant mortality rates may also be affected by whether the infant deaths and live births have been tabulated in terms of place of occurence or place of usual residence. This problem is discussed in more detail in section 4.1.4.1 of the Technical Notes.

Coverage: Infant deaths are shown for 109 countries or areas. Data are presented by urban/rural residence for 38 countries or areas.

Infant mortality rates are shown for 154 countries or areas. Rates are presented by urban/rural residence for 31 countries or areas.

Data for ethnic or geographical segments of the population are included in the absence of national figures. These data are not presented as being representative of national–level statistics but as an index of the availability of statistics.

Les taux de mortalité infantile seront également sous–estimés si la méthode utilisée pour calculer l'âge au moment du décès conduit à sous–estimer le nombre de décès d'enfants de moins d'un an. Cette question a été examinée plus haut.

Tous ces facteurs sont importants et il faut donc en tenir compte lorsqu'on compare et classe les taux de mortalité infantile.

En ce qui concerne la méthode de calcul des taux de mortalité infantile utilisée dans ce tableau, il convient de noter qu'il n'a pas été tenu compte du fait qu'une partie des décès survenus pendant une année donnée sont des décès d'enfants nés l'année précédente et ne correspondent donc pas à l'univers des naissances utilisé pour le calcul des taux. Toutefois, l'erreur n'est pas grave, à moins que le nombre des naissances vivantes ou des décès d'enfants de moins d'un an ne varie rapidement [48].

Les taux estimatifs fondés directement sur les résultats d'enquêtes par sondage comportent des possibilités d'erreurs considérables dues soit à des omissions dans les déclarations de décès d'enfants de moins d'un an, soit au fait que l'on a déclaré à tort des décès survenus en réalité hors de la période considérée. Mais ils présentent aussi un avantage puisque le chiffre des naissances vivantes utilisé comme base est connu par définition et rigoureusement correspondant.

La comparabilité des données selon la résidence (urbaine/rurale) peut être limitée par les définitions nationales des termes "urbain" et "rural" utilisées pour la mise en tableaux de ces données. En l'absence d'indications contraires, on a supposé que les définitions des termes "urbain" et "rural" utilisées pour le recensement national de la population avaient été utilisées aussi pour l'établissement des statistiques de l'état civil pour chaque pays ou zone. Toutefois, on ne peut exclure la possibilité que, pour un pays ou zone donné, les mêmes définitions des termes "urbain" et "rural" n'aient pas été utilisées dans les deux cas. Les définitions du terme "urbain" utilisées pour les recensements nationaux de population ont été présentées à la fin du tableau 6 lorsqu'elles étaient connues. Comme on l'a précisé en détail dans les Notes techniques relatives au tableau 6, ces définitions varient très sensiblement d'un pays ou d'une zone à l'autre.

La différence entre les taux de mortalité infantile pour les zones urbaines et rurales pourra aussi être faussée selon que les décès d'enfants de moins d'un an et les naissances vivantes auront été classés d'après le lieu de l'événement ou le lieu de résidence habituelle. Ce problème est examiné plus en détail à la section 4.1.4.1 des Notes techniques.

Portée : Ce tableau présente des données sur les décès d'enfants de moins d'un an pour 109 pays ou zones. Les données sont classées selon la résidence (urbaine/rurale) pour 38 pays ou zones.

Ce tableau présente également des taux de mortalité infantile pour 154 pays ou zones. Les taux sont classés selon la résidence (urbaine/rurale) pour 31 pays ou zones.

Lorsqu'il n'existait pas de chiffres nationaux, on a fait figurer des chiffres portant sur des groupes ethniques ou géographiques. Ces données ne se veulent pas représentatives sur le plan national et ne sont présentées que comme indice des statistiques disponibles.

Earlier data: Infant deaths and infant mortality rates have been shown in previous issues of the Demographic Yearbook. For information on specific years covered, readers should consult the Index.

Données publiées antérieurement : Des statistiques des décès d'enfants de moins d'un an et des taux de mortalité infantile ont déjà été présentées dans des éditions antérieures de l'Annuaire démographique. Pour plus de précisions concernant les années pour lesquelles ces données ont été publiées, on se reportera à l'Index.

Table 16

Table 16 presents infant deaths and infant mortality rates by age, sex and urban/rural residence for the latest available year.

Description of variables: Age is defined as hours, days and months of life completed, based on the difference between the hour, day, month and year of birth and the hour, day, month and year of death. The age classification used in this table is the following: under 1 day, 1–6 days, 7–27 days, 28–364 days, and age unknown.

The urban/rural classification of infant deaths is that provided by each country or area; it is presumed to be based on the national census definitions of urban population that have been set forth at the end of table 6.

Rate computation: Infant mortality rates by age and sex are the annual number of deaths of infants under one year of age by age and sex per 1 000 live births by sex (as shown in table 9) in the same year.

Infant mortality rates by age, sex and urban/rural residence are the annual number of infant deaths that occurred in a specific age–sex–urban/rural group per 1 000 live births in the corresponding sex–urban/rural group (as shown in table 9).

The denominator for all of these rates, regardless of age of infant at death, is the number of live births by sex (and by urban/rural residence if appropriate).

Infant deaths of unknown age are included only in the rate for under one year of age. Deaths of unstated sex are included in the rate for the total and hence these rates, shown in the first column of the table, should agree with the infant mortality rates shown in table 15. Discrepancies are explained in footnotes.

Rates presented in this table have been limited to those for countries or areas having at least a total of 1 000 infant deaths in a given year. Moreover, rates specific for individual sub–categories based on 30 or fewer infant deaths are identified by the symbol (◆).

Reliability of data: Data from civil registers of infant deaths which are reported as incomplete (less than 90 per cent completeness) or of unknown completeness are considered unreliable and are set in italics rather than in roman type. Rates calculated using these data are also set in italics. Table 15 and the Technical Notes for that table provide more detailed information on the completeness of infant death registration. For more information about the quality of vital statistics data in general, and the information available on the basis of the completeness estimates in particular, see section 4.2 of the Technical Notes.

Tableau 16

Ce tableau présente des données sur les décès d'enfants de moins d'un an et des taux de mortalité infantile selon l'âge, le sexe et la résidence (urbaine/rurale) pour la dernière année disponible.

Description des variables : L'âge est exprimé en heures, jours et mois révolus et est calculé en retranchant la date de la naissance (heure, jour, mois et année) de celle du décès (heure, jour, mois et année). La classification par âge utilisée dans ce tableau est la suivante : moins d'un jour, 1 à 6 jours, 7 à 27 jours, 28 à 364 jours et âge inconnu.

La classification des décès d'enfants de moins d'un an selon la résidence (urbaine/rurale) est celle qui a été fournie par chaque pays ou zone; il faut en conclure qu'elle repose sur les définitions de la population urbaine utilisées dans le cadre des recensements nationaux, telles qu'elles sont reproduites à la fin du tableau 6.

Calcul des taux : Les taux de mortalité infantile selon l'âge et le sexe représentent le nombre annuel de décès d'enfants de moins d'un an selon l'âge et le sexe pour 1 000 naissances vivantes d'enfants du même sexe (fréquences du tableau 9) survenues au cours de l'année considérée.

Les taux de mortalité infantile selon l'âge, le sexe et la résidence (urbaine/rurale) représentent le nombre annuel de décès d'enfants de moins d'un an intervenus dans un groupe d'âge donné dans la population urbaine ou rurale du sexe masculin ou féminin (fréquences du tableau 9) pour 1 000 naissances vivantes intervenues dans la population urbaine ou rurale du même sexe.

Le dénominateur de tous ces taux, quel que soit l'âge de l'enfant au moment du décès, est le nombre de naissances vivantes selon le sexe (et selon la résidence (urbaine/rurale), le cas échéant).

Il n'est tenu compte des décès d'enfants d'âge "inconnu" que pour le calcul du taux relatif à l'ensemble des décès de moins d'un an. Les décès d'enfants de sexe inconnu étant compris dans le numérateur des taux concernant le total, ces taux, qui figurent dans la première colonne du tableau 16, devraient concorder avec les taux de mortalité infantile du tableau 15. Les divergences sont expliquées en note.

Les taux présentés dans ce tableau ne concernent que les pays ou zones où l'on a enregistré un total d'au moins 1 000 décès d'enfants de moins d'un an au cours d'une année donnée. Les taux relatifs à des sous–catégories qui sont fondés sur un nombre égal ou inférieur à 30 décès d'enfants âgés de moins d'un an sont identifiés par le signe (◆).

Fiabilité des données : Les données sur les décès d'enfants de moins d'un an provenant des registres de l'état civil qui sont déclarées incomplètes (degré de complétude inférieur à 90 p. 100) ou dont le degré de complétude n'est pas connu sont jugées douteuses et apparaissent en italique et non en caractères romains. Les taux calculés à partir de ces données apparaissent eux aussi en italique. Le tableau 15 et les Notes techniques se rapportant à ce tableau présentent des renseignements plus détaillés sur le degré de complétude de l'enregistrement des décès d'enfants de moins d'un an. Pour plus de précisions sur la qualité des données reposant sur les statistiques de l'état civil en général, voir la section 4.2 des Notes techniques, qui fournit aussi des renseignements fondés sur les estimations de complétude.

Limitations: Statistics on infant deaths by age and sex are subject to the same qualifications as have been set forth for vital statistics in general and death statistics in particular as discussed in section 4 of the Technical Notes.

The reliability of the data, an indication of which is described above, is an important factor in considering the limitations. In addition, some infant deaths are tabulated by date of registration and not by date of occurrence; these have been indicated by a (+). Whenever the lag between the date of occurrence and date of registration is prolonged and, therefore, a large proportion of the infant–death registrations are delayed, infant–death statistics for any given year may be seriously affected.

Another factor which limits international comparability is the practice of some countries or areas not to include in infant–death statistics infants who were born alive but died before the registration of the birth or within the first 24 hours of life, thus underestimating the total number of infant deaths. Statistics of this type are footnoted. In this table in particular, this practice may contribute to the lack of comparability among deaths under one year, under 28 days, under one week and under one day.

Variation in the method of reckoning age at the time of death introduces limitations on comparability. Although it is to some degree a limiting factor throughout the age span, it is an especially important consideration with respect to deaths at ages under one day and under one week (early neonatal deaths) and under 28 days (neonatal deaths). As noted above, the recommended method of reckoning infant age at death is to calculate duration of life in minutes, hours and days, as appropriate. This gives age in completed units of time. In some countries or areas, however, infant age is calculated to the nearest day only, that is, age at death for an infant is the difference between the day, month and year of birth and the day, month and year of death. The result of this procedure is to classify as deaths at age one day many deaths of infants dying before they have completed 24 hours of life. The under–one–day class is thus understated while the frequency in the 1–6–day age group is inflated.

A special limitation on comparability of neonatal (under 28 days) deaths is the variation in the classification of infant age used. It is evident from the footnotes in the tables that some countries or areas continue to report infant age in calendar, rather than lunar–month (4–week or 28–day), periods.

Insuffisance des données : Les statistiques des décès d'enfants de moins d'un an selon l'âge et le sexe appellent toutes les réserves qui ont été formulées à propos des statistiques de l'état civil en général et des statistiques des décès en particulier (voir explications à la section 4 des Notes techniques).

La fiabilité des données, au sujet de laquelle des indications ont été fournies plus haut, est un facteur important. Il faut également tenir compte du fait que, dans certains cas, les données relatives aux décès d'enfants de moins d'un an sont exploitées selon la date de l'enregistrement et non la date de l'événement; ces cas ont été identifiés par le signe (+). Là où le décalage entre l'événement et son enregistrement est grand, c'est–à–dire où une forte proportion des décès d'enfants de moins d'un an fait l'objet d'un enregistrement tardif, les statistiques des décès d'enfants de moins d'un an pour une année donnée peuvent être sérieusement faussées.

Un autre facteur qui nuit à la comparabilité internationale est la pratique de certains pays ou zones qui consiste à ne pas inclure dans les statistiques des décès d'enfants de moins d'un an les enfants nés vivants mais décédés soit avant l'enregistrement de leur naissance, soit dans les 24 heures qui ont suivi la naissance, pratique qui conduit à sous–estimer le nombre total de décès d'enfants de moins d'un an. Lorsqu'on savait que ce facteur était intervenu, on l'a signalé en note. Dans ce tableau en particulier, ce système peut contribuer au défaut de comparabilité des données concernant les décès d'enfants de moins d'un an, de moins de 28 jours, de moins d'une semaine et de moins d'un jour.

Le manque d'uniformité des méthodes suivies pour calculer l'âge au moment du décès nuit également à la comparabilité des données. Ce facteur influe dans une certaine mesure sur les données relatives à la mortalité à tous les âges, mais il a des répercussions particulièrement marquées sur les statistiques des décès de moins d'un jour et de moins d'une semaine (mortalité néo–natale précoce) ainsi que sur celles des décès de moins de 28 jours (mortalité néo–natale). Comme on l'a dit, l'âge d'un enfant de moins d'un an à son décès est calculé, selon la méthode recommandée, en évaluant la durée de vie en minutes, heures et jours, selon le cas. L'âge est ainsi exprimé en unités de temps révolues. Toutefois, dans certains pays ou zones, l'âge de ces enfants n'est calculé qu'en jours, c'est–à–dire que l'âge au décès est calculé en retranchant la date de la naissance (jour, mois et année) de celle du décès (jour, mois et année). Il s'ensuit que de nombreux décès survenus dans les vingt–quatre heures qui suivent la naissance sont classés comme décès d'un jour. Dans ces conditions, les données concernant les décès de moins d'un jour sont entachées d'une erreur par défaut et celles qui se rapportent aux décès de 1 à 6 jours d'une erreur par excès.

La comparabilité des données relatives à la mortalité néo–natale (moins de 28 jours) est influencée par un facteur spécial : l'hétérogénéité de la classification par âge utilisée pour les enfants de moins d'un an. Les notes figurant au bas des tableaux montrent que, dans un certain nombre de pays ou zones, on continue d'utiliser le mois civil au lieu du mois lunaire (4 semaines ou 28 jours).

Failure to tabulate infant deaths under 4 weeks of age in terms of completed days introduces another source of variation between countries or areas. Deaths classified as occurring under one month usually connote deaths within any one calendar month; these frequencies are not strictly comparable with those referring to deaths within 4 weeks or 27 completed days. Other differences in age classification will be evident from the table.

In addition, infant mortality rates by age and sex are subject to the limitations of the data on live births with which they have been calculated. These have been set forth in the Technical Notes for table 9. These limitations have also been discussed in the Technical Notes for table 15.

In addition, it should be noted that infant mortality rates by age are affected by the problems related to the practice of excluding infants who were born alive but died before the registration of the birth or within the first 24 hours of life from both infant–death and live–birth statistics and the problems related to the reckoning of infant age at death. These factors, which have been described above, may affect certain age groups more than others. In so far as the numbers of infant deaths for the various age groups are underestimated or overestimated, the corresponding rates for the various age groups will also be underestimated or overestimated. The younger age groups are more likely to be underestimated than other age groups; the youngest age group (under one day) is likely to be the most seriously affected.

The comparability of data by urban/rural residence is affected by the national definitions of urban and rural used in tabulating these data. It is assumed, in the absence of specific information to the contrary, that the definitions of urban and rural used in connection with the national population census were also used in the compilation of the vital statistics for each country or area. However, the possibility cannot be excluded that, for a given country or area, the same definitions of urban and rural are not used for both the vital statistics data and the population census data. When known, the definitions of urban used in national population censuses are presented at the end of table 6. As discussed in detail in the Technical Notes for table 6, these definitions vary considerably from one country or area to another.

Urban/rural differentials in infant mortality rates may also be affected by whether the infant deaths and live births have been tabulated in terms of place of occurrence or place of usual residence. This problem is discussed in more detail in section 4.1.4.1 of the Technical Notes.

Coverage: Infant deaths by age and sex are shown for 105 countries or areas. Data are presented by urban/rural residence for 4 countries or areas.

Lorsque les données relatives aux décès de moins de 4 semaines ne sont pas exploitées sur la base de l'âge en jours révolus, il existe une nouvelle cause de non–comparabilité internationale. Les décès de "moins de 1 mois" sont généralement ceux qui se produisent au cours d'un mois civil; les taux calculés sur la base de ces données ne sont pas strictement comparables à ceux qui sont établis à partir des données concernant les décès survenus pendant 4 semaines ou 27 jours révolus. Le tableau 16 montre que la classification des âges présente d'autres différences.

Les taux de mortalité infantile selon l'âge et le sexe appellent en outre toutes les réserves qui ont été formulées à propos des statistiques des naissances vivantes qui ont servi à leur calcul. Voir à ce sujet les Notes techniques relatives aux tableaux 9. Ces insuffisances ont également été examinées dans les Notes techniques relatives au tableau 15.

Il convient de signaler aussi que les taux de mortalité infantile selon l'âge se ressentent des problèmes dus à la pratique qui consiste à n'inscrire ni dans les statistiques des décès d'enfants de moins d'un an ni dans celles des naissances vivantes des enfants nés vivants mais décédés soit avant l'enregistrement de leur naissance, soit dans les 24 heures qui ont suivi la naissance, et des problèmes que pose le calcul de l'âge de l'enfant au moment du décès. Ces facteurs, qui ont été décrits plus haut, peuvent fausser plus les statistiques pour certains groupes d'âge que pour d'autres. Si le nombre des décès d'enfants de moins d'un an pour chaque groupe d'âge est sous–estimé (ou surestimé), les taux correspondants pour chacun de ces groupes d'âge seront eux aussi sous–estimés (ou surestimés). Les risques de sous–estimation sont plus grands pour les groupes les plus jeunes; c'est pour le groupe d'âge le plus jeune de tous (moins d'un jour) que les données risquent de présenter les plus grosses erreurs.

La comparabilité des données selon la résidence (urbaine/rurale) peut être limitée par les définitions nationales des termes "urbain" et "rural" utilisées pour la mise en tableaux de ces données. En l'absence d'indications contraires, on a supposé que les définitions des termes "urbain" et "rural" utilisées pour le recensement national de la population avaient été utilisées aussi pour l'établissement des statistiques de l'état civil pour chaque pays ou zone. Toutefois, on ne peut exclure la possibilité que, pour un pays ou zone donné, les même définitions des termes "urbain" et "rural" n'aient pas été utilisées dans les deux cas. Les définitions du terme "urbain" utilisées pour les recensements nationaux de population ont été présentées à la fin du tableau 6 lorsqu'elles étaient connues. Comme on l'a précisé en détail dans les Notes techniques relatives au tableau 6, ces définitions varient très sensiblement d'un pays ou d'une zone à l'autre.

La différence entre les taux de mortalité infantile pour les zones urbaines et rurales pourra aussi être faussée selon que les décès d'enfants de moins d'un an et les naissances vivantes auront été classés d'après le lieu de l'événement ou le lieu de résidence habituelle. Ce problème est examiné plus en détail à la section 4.1.4.1 des Notes techniques.

Portée : Ce tableau présente des données sur les décès d'enfants de moins d'un an selon l'âge et le sexe pour 105 pays ou zones. Les données sont classées selon la résidence (urbaine/rurale) pour 4 pays ou zones.

Infant mortality rates by age and sex are shown for 48 countries or areas. Rates are presented by urban/rural residence for 2 countries or areas.

Data for ethnic or geographical segments of the population are included in the absence of national figures. These data are not presented as being representative of national–level statistics but as an index of the availability of statistics.

Earlier data: Infant deaths and infant mortality rates by age and sex have been shown in previous issues of the Demographic Yearbook. For information on specific years covered, readers should consult the Index.

Ce tableau présente également des taux de mortalité infantile selon l'âge et le sexe pour 48 pays ou zones. Les données sont classées selon la résidence (urbaine/rurale) pour 2 pays ou zones.

Lorsqu'il n'existait pas de chiffres nationaux, on a fait figurer des chiffres portant sur des groupes ethniques ou géographiques. Ces données ne se veulent pas représentatives sur le plan national et ne sont présentées que comme indice des statistiques disponibles.

Données publiées antérieurement : Des statistiques des décès d'enfants de moins d'un an et des taux de mortalité infantile selon l'âge et le sexe ont déjà été présentées dans des éditions antérieures de l'Annuaire démographique. Pour plus de précisions concernant les années pour lesquelles ces données ont été publiées, on se reportera à l'Index.

Table 17

Table 17 presents maternal deaths and maternal mortality rates for as many years as possible between 1978 and 1987.

Description of variables: Maternal deaths are defined for the purposes of the Demographic Yearbook as those caused by deliveries and complications of pregnancy, childbirth and the puerperium. These deaths are those classified as B40 and B41 in the "Abbreviated list of 50 causes for tabulation of mortality" [49] in the International Classification of Diseases, 1965 (eighth) revision, or as AM42, AM43 and AM44 in the "Adapted Mortality List" of 55 causes derived from the International Classification of Diseases, 1975 (ninth) revision. [50]

Maternal deaths classified according to the 1965 and 1975 revisions are essentially identical since cause B40 from the 1965 revision and AM42 from the 1975 revision are both deaths from abortion and cause B41 from the 1965 revision was divided into two parts, AM43 and AM44, in the 1975 revision. Nevertheless, because the data in this table cover a period of years in which most countries or areas used the 1965 revision, the symbol (1) has been used to separate the earlier data which correspond to the 1965 definition from the later data corresponding to the 1975 definition.

For further information on the definition of maternal mortality from the 1965 and 1975 revisions, see section 4.3 of the Technical Notes.

Statistics on maternal death presented in this table have been limited to countries or areas which meet all of the following three criteria: first, that cause–of–death statistics are either classified by or convertible to the 1965 or 1975 lists mentioned above; secondly, that at least a total of 1 000 deaths (for all causes combined) occurred in a given year; and thirdly, that within this distribution the total number of deaths classified as due to ill–defined causes as shown in the table in section 4.3 does not exceed 25 per cent of deaths from all causes.

Tableau 17

Ce tableau présente des statistiques et des taux de mortalité liée à la maternité pour le plus grand nombre d'années possible entre 1978 et 1987.

Description des variables : Aux fins de l'Annuaire démographique, les décès liés à la maternité s'entendent des décès entraînés par l'accouchement ou les complications de la grossesse, de l'accouchement et des suites de couches. Ces causes de décès sont rangées sous les rubriques B40 et B41 de la "Liste de 50 rubriques pour la mise en tableaux des causes de mortalité" [49] de la Classification internationale des maladies, révision de 1965 (huitième révision) et dans les rubriques AM42, AM43 et AM44 de la Liste adaptée de 55 causes de mortalité, dérivée de la neuvième révision (1975) de la Classification [50].

La classification des décès liés à la maternité selon les révisions de 1965 et 1975 sont pratiquement identiques, puisque les rubriques B40 (1965) et AM42 (1975) se réfèrent l'une et l'autre à l'avortement et que la rubrique B41 (1965) a été subdivisée en AM43 et AM44 en 1975. Néanmoins, comme les données du tableau concernant certaines années où la plupart des pays ou zones utilisaient la Révision de 1965, on a utilisé le signe (1) pour distinguer les données les plus anciennes, qui correspondent à la définition de 1965, de celles plus récentes qui correspondent à la définition de 1975.

Pour plus de précisions concernant les définitions de la mortalité liée à la maternité dans les révision 1965 et 1975, se reporter à la section 4.3 des Notes techniques.

Les statistiques de mortalité liée à la maternité présentées dans ce tableau ne se rapportent qu'aux pays ou zones pour lesquels les trois critères suivants sont réunis : premièrement, le classement des statistiques des décès selon la cause doit être conforme à la liste de 1965 ou à celle de 1975, mentionnées plus haut, ou convertible aux catégories de cette liste; deuxièmement, le nombre total des décès (pour toutes les causes réunies) intervenus au cours d'une année doit être au moins égal à 1 000; troisièmement, à l'intérieur de cette répartition, le nombre total des décès dus à des causes mal définies selon le tableau de la section 4.3 ne doit pas dépasser 25 p. 100 du nombre des décès pour toutes causes.

Rate computation: Maternal mortality rates are the annual number of maternal deaths per 100 000 live births (as shown in table 9) in the same year.

As noted above, rates (as well as frequencies) presented in this table have been limited to those countries or areas having a total of at least 1 000 deaths from all causes in a given year and have also been limited to those not having more than 25 per cent of all deaths classified as due to ill–defined causes. Moreover, rates based on 30 or fewer maternal deaths shown in this table are identified by the symbol (◆).

Reliability of data: Data from civil registers of deaths which are reported as incomplete (less than 90 per cent completeness) or of unknown completeness are considered unreliable and are set in italics rather than in roman type. Rates calculated using these data are also set in italics. Table 18 and the Technical Notes for that table provide more detailed information on the completeness of death registration. For more information about the quality of vital statistics data in general, and the information available on the basis of the completeness estimates in particular, see section 4.2 of the Technical Notes.

In general the quality code for deaths shown in table 18 is used to determine whether data on deaths in other tables appear in roman or italic type. However, some data on deaths by cause are shown in italics in this table when it is known that the quality, in terms of completeness, differs greatly from the completeness of the registration of the total number of deaths. In cases when the quality code in table 18 does not correspond with the type face used in this table, relevant information regarding the completeness of cause–of–death statistics is given in a footnote.

Limitations: Statistics on maternal deaths are subject to the same qualifications that have been set forth for vital statistics in general and death statistics in particular as discussed in section 4 of the Technical Notes.

The reliability of the data, an indication of which is described above, is an important factor in considering the limitations. In addition, some deaths are tabulated by date of registration and not by date of occurrence; these have been indicated by a (+). Whenever the lag between the date of occurrence and the date of registration is prolonged and a large proportion of the death registrations are, therefore, delayed, death statistics for any given year may be seriously affected.

In addition, maternal–death statistics are subject to all the qualifications relating to cause–of–death statistics. These have been set forth in section 4 of the Technical Notes.

Although cause–of–death statistics may be reported in terms of the 1965 revision for some years and in terms of the 1975 revision for other years, comparability of maternal–death statistics is not affected because deaths due to abortion (B40 and AM42) are identical and other complications (B41) are equivalent to AM43 and AM44 combined.

Calcul des taux : Les taux de mortalité liée à la maternité représentent le nombre annuel de décès dus à la maternité pour 100 000 naissances vivantes (fréquences du tableau 9)) de la même année.

Comme il est indiqué ci–dessus, les taux et les fréquences présentés dans ce tableau ne concernent que les pays ou zones où l'on a enregistré un total d'au moins 1 000 décès pour toutes causes dans l'année, dont 25 p. 100 au maximum de décès dus à des causes mal définies. Enfin, les taux fondés sur 30 décès de la maternité ou moins sont identifiés à l'aide du signe (◆).

Fiabilité des données : Les données sur les décès provenant des registres d'état civil qui sont déclarées incomplètes (degré d'exhaustivité inférieur à 90 p. 100) ou dont le degré d'exhaustivité n'est pas connu sont jugées douteuses et apparaissent en italique et non en caractères romains. Les taux calculés à partir de ces données apparaissent eux aussi en italique. Le tableau 18 et les Notes techniques se rapportant à ce tableau présentent des renseignements plus détaillés sur le degré d'exhaustivité de l'enregistrement des décès. Pour plus de précisions sur la qualité des statistiques de l'état civil en général, et sur les estimations de l'exhaustivité en particulier, voir la section 4.2 des Notes techniques.

En général, le code de qualité des données sur les décès indiqué au tableau 18 sert à déterminer si, dans les autres tableaux, les données de mortalité apparaissent en caractères romains ou italiques. Toutefois, certaines données sur les décès selon la cause figurent en italique dans le présent tableau lorsqu'on sait que leur exhaustivité diffère grandement de celle des données sur le nombre total des décès. Dans les cas où le code de qualité du tableau 18 ne correspond pas aux caractères utilisés dans le présent tableau, les renseignements concernant le degré d'exhaustivité des statistiques des décès selon la cause sont indiqués en note à la fin du tableau.

Insuffisance des données : Les statistiques de la mortalité liée à la maternité appellent toutes les réserves qui ont été formulées à propos des statistiques de l'état civil en général et des statistiques de mortalité en particulier (voir explications à la section 4 des Notes techniques).

La fiabilité des données, au sujet de laquelle des indications ont été fournies plus haut, est un facteur important en l'occurrence. Il faut également tenir compte du fait que, dans certains cas, les données relatives aux décès sont classées par date d'enregistrement et non par date de décès; ces cas ont été identifiés par le signe (+). Lorsque le décalage entre le décès et son enregistrement est grand, c'est–à–dire qu'une forte proportion des décès fait l'objet d'un enregistrement tardif, les statistiques des décès de l'année peuvent être sérieusement faussées.

En outre, les statistiques de la mortalité à la maternité appellent les mêmes réserves que les statistiques des causes de décès exposées à la section 4 des Notes techniques.

Le fait que les statistiques par causes de décès se réfèrent pour certaines années à la révision de 1965 et pour d'autres à la révision de 1975 n'influe pas sur la comparabilité des statistiques de la mortalité maternelle, puisque les décès consécutifs à un avortement (B40 et AM42) sont comptés de la même façon et que les autres complications (B41) équivalent à la somme de AM43 et AM44.

Maternal mortality rates are subject to the limitations of the data on live births with which they have been calculated. These have been set forth in the Technical Notes for table 9.

Les taux de mortalité liée à la maternité appellent également toutes les réserves formulées à propos des statistiques des naissances vivantes qui ont servi à leur calcul. Voir à ce sujet les Notes techniques relatives au tableau 9.

The calculation of the maternal mortality rates based on the total number of live births approximates the risk of dying from complications of pregnancy, childbirth or puerperium. Ideally this rate should be based on the number of women exposed to the risk of pregnancy, in other words, the number of women conceiving. Since it is impossible to know how many women have conceived, the total number of live births is used in calculating this rate.

En prenant le nombre total des naissances vivantes comme base pour le calcul des taux de mortalité, on obtient une mesure approximative de la probabilité de décès dus aux complications de la grossesse, de l'accouchement et des suites de couches. Idéalement, ces taux devraient être calculés sur la base du nombre de femmes exposées au risque de grossesse, soit, en d'autres termes, sur la base du nombre de femmes qui conçoivent. Etant donné qu'il est impossible de connaître le nombre de femmes ayant conçu, c'est le nombre total de naissances vivantes que l'on utilise pour calculer ces taux.

Coverage: Maternal deaths are shown for 72 countries or areas and maternal mortality rates are shown for 70 countries or areas.

Portée : Ce tableau présente des statistiques de la mortalité liée à la maternité (nombre de décès) pour 72 pays ou zones et les taux correspondants pour 70 pays ou zones.

Data for ethnic or geographical segments of the population are included in the absence of national figures. These data are not presented as being representative of national–level statistics but as an index of the availability of statistics.

Lorsqu'il n'existait pas de chiffres nationaux, on a fait figurer des chiffres portant sur des groupes ethniques ou subdivisions géographiques; ces données ne se veulent pas représentatives sur le plan national et ne sont présentées que comme indice des données disponibles.

Earlier data: Maternal deaths and maternal mortality rates have been shown in previous issues of the Demographic Yearbook. For information on specific years covered, the reader should consult the Index.

Données publiées antérieurement : Des statistiques des décès liés à la maternité (nombre de décès et taux) figurent déjà dans des éditions antérieures de l'Annuaire démographique. Pour plus de précisions concernant les années pour lesquelles ces données ont été publiées, on se reportera à l'Index.

Previous issues of the Demographic Yearbook have shown maternal deaths and maternal death rates. In issues prior to 1975, these rates were calculated using the female population rather than live births. Therefore maternal mortality rates published since 1975 are not comparable to the earlier maternal death rates.

Le même type de statistiques figurait aussi dans des éditions plus anciennes, mais, avant 1975, les taux étaient calculés sur la base de la population féminine et non sur celle du nombre de naissances vivantes. Ils ne sont donc pas comparables à ceux qui figurent dans les cinq dernières éditions.

Table 18

Table 18 presents deaths and crude death rates by urban/rural residence for as many years as possible between 1984 and 1988.

Description of variables: Death is defined as the permanent disappearance of all evidence of life at any time after live birth has taken place (post–natal cessation of vital functions without capability of resuscitation). [51]

Statistics on the number of deaths are obtained from civil registers unless otherwise noted. For those countries or areas where civil registration statistics on deaths are considered reliable (estimated completeness of 90 per cent or more), the death rates shown have been calculated on the basis of registered deaths. However, for countries or areas where civil registration of deaths is non–existent or considered unreliable (estimated completeness of less than 90 per cent or of unknown completeness), estimated rates are presented whenever possible instead of the rates based on the registered deaths. These estimated rates are identified by a footnote. Rates based on estimates provided by national statistical offices using well–defined estimation procedures and sources, whether based on census or sample survey data, are given first priority. If such rates are not available, rates estimated by the Population Division of the United Nations Secretariat are presented.

Tableau 18

Le tableau 18 présente des données sur le nombre des décès et des taux bruts de mortalité selon la résidence (urbaine/rurale) pour le plus grand nombre d'années possible entre 1984 et 1988.

Description des variables : Le décès est défini comme la disparition permanente de tout signe de vie à un moment quelconque postérieur à la naissance vivante (cessation des fonctions vitales après la naissance sans possibilité de réanimation) [51].

Sauf indication contraire, les statistiques du nombre de décès sont établies sur la base des registres d'état civil. Pour les pays ou zones où les données de l'enregistrement des décès par les services de l'état civil sont jugées sûres (exhaustivité estimée à 90 p. 100 ou plus), les taux de mortalité ont été calculés d'après les décès enregistrés. En revanche, pour les pays ou zones où l'enregistrement des décès par les services de l'état civil n'existe pas ou est de qualité douteuse (exhaustivité estimée à moins de 90 p. 100 ou inconnue), on a présenté, autant que possible, des taux estimatifs et non des taux fondés sur les décès enregistrés. Lorsque tel était le cas, on l'a signalé en note au bas du tableau. On a retenu en priorité des taux d'après des estimations établies d'après des méthodes et des sources bien définies provenant des services nationaux de statistiques, qu'il s'agisse de données de recensement ou de résultats d'enquêtes par sondage. Lorsqu'on ne disposait pas de taux de ce genre, on a présenté les taux estimatifs établis par la Division de la population du Secrétariat de l'ONU.

The urban/rural classification of deaths is that provided by each country or area; it is presumed to be based on the national census definitions of urban population that have been set forth at the end of table 6.

Rate computation: Crude death rates are the annual number of deaths per 1 000 mid–year population.

Rates by urban/rural residence are the annual number of deaths, in the appropriate urban or rural category, per 1 000 corresponding mid–year population.

Rates presented in this table have not been limited to those countries or areas having a minimum number of deaths in a given year. However, rates based on 30 or fewer deaths are identified by the symbol (◆).

These rates, unless otherwise noted, have been calculated by the Statistical Office of the United Nations.

In addition, some rates have been obtained from other sources, including analytical estimates based on census or survey data.

Reliability of data: Each country or area has been asked to indicate the estimated completeness of the deaths recorded in its civil register. These national assessments are indicated by the quality codes C, U and ... that appear in the first column of this table.

C indicates that the data are estimated to be virtually complete, that is, representing at least 90 per cent of the deaths occurring each year, while U indicates that data are estimated to be incomplete, that is, representing less than 90 per cent of the deaths occurring each year. The code (...) indicates that no information was provided regarding completeness.

Data from civil registers which are reported as incomplete or of unknown completeness (code U or ...) are considered unreliable. They appear in italics in this table. When data so coded are used to calculate rates, the rates also appear in italics.

These quality codes apply only to data from civil registers. If a series of data for a country or area contains both data from a civil register and estimated data from, for example, a sample survey, then the code applies only to the registered data. If only estimated data are presented, the symbol (..) is shown instead of the quality code. For more information about the quality of vital statistics data in general, and the information available on the basis of the completeness estimates in particular, see section 4.2 of the Technical Notes.

Limitations: Statistics on deaths are subject to the same qualifications as have been set forth for vital statistics in general and death statistics in particular as discussed in section 4 of the Technical Notes.

La classification (urbaine/rurale) des décès est celle qui a été fournie par chaque pays ou zone; il est donc présumé qu'elle repose sur les définitions de la population urbaine utilisées pour les recensements nationaux, qui sont reproduites à la fin du tableau 6.

Calcul des taux : Les taux bruts de mortalité représentent le nombre annuel de décès pour 1 000 habitants en milieu d'année.

Les taux selon la résidence (urbaine/rurale) représentent le nombre annuel de décès, classés selon la catégorie urbaine ou rurale appropriée, pour 1 000 habitants en milieu d'année.

Les taux de ce tableau ne concernent pas seulement les pays ou zones où l'on a enregistré un minimum de décès dans une année donnée. Toutefois, les taux fondés sur 30 décès ou moins sont identifiés à l'aide du signe (◆).

Sauf indication contraire, ces taux ont été calculés par le Bureau de statistique de l'ONU.

En outre, des taux ont été obtenus d'autres sources, notamment à partir d'estimations analytiques fondées sur des résultats de recensements ou de sondages.

Fiabilité des données : Il a été demandé à chaque pays ou zone d'indiquer le degré estimé d'exhaustivité des données sur les décès figurant dans ses registres d'état civil. Ces évaluations nationales sont désignées par les codes de qualité C, U et ... qui apparaissent dans la première colonne du tableau.

La lettre C indique que les données sont jugées à peu près complètes, c'est–à–dire qu'elles représentent au moins 90 p. 100 des décès survenus chaque année; la lettre U indique que les données sont jugées incomplètes, c'est–à–dire qu'elles représentent moins de 90 p. 100 des décès survenus chaque année. Le signe (...) indique qu'aucun renseignements n'a été fourni quant à l'exhaustivité des données.

Les données provenant des registres d'état civil qui sont déclarées incomplètes ou dont le degré d'exhaustivité n'est pas connu (code U ou ...) sont jugées douteuses. Elles apparaissent en italique dans le présent tableau. Lorsque ces données sont utilisées pour calculer des taux, ces taux apparaissent eux aussi en italique.

Ce code de qualité ne s'applique qu'aux données tirées des registres d'état civil. Si une série de données pour un pays ou zone contient à la fois des données provenant de ces registres et des estimations calculées, par exemple sur la base d'enquêtes par sondage, le code s'applique uniquement aux données de l'état civil. Si l'on ne présente que des données estimatives, le signe (..) est utilisé à la place du code de qualité. Pour plus de précisions sur la qualité des données d'état civil en général, et sur les estimations de l'exhaustivité en particulier, voir la section 4.2 des Notes techniques.

Insuffisance des données : Les statistiques de la mortalité totale appellent toutes les réserves qui ont été faites à propos des statistiques de l'état civil en général et des statistiques des décès en particulier (voir explications à la section 4 des Notes techniques).

The reliability of the data, an indication of which is described above, is an important factor in considering the limitations. In addition, some deaths are tabulated by date of registration and not by date of occurrence; these have been indicated by a (+). Whenever the lag between the date of occurrence and date of registration is prolonged and, therefore, a large proportion of the death registrations are delayed, death statistics for any given year may be seriously affected.

As a rule, however, delays in the registration of deaths are less common and shorter than in the registration of live births.

International comparability in mortality statistics may also be affected by the exclusion of deaths of infants who were born alive but died before the registration of the birth or within the first 24 hours of life. Statistics of this type are footnoted.

In addition, it should be noted that rates are affected also by the quality and limitations of the population estimates which are used in their computation. The problems of under–enumeration or over–enumeration and, to some extent, the differences in definition of total population have been discussed in section 3 of the Technical Notes dealing with population data in general, and specific information pertaining to individual countries or areas is given in the footnotes to table 3. In the absence of official data on total population, United Nations estimates of mid–year population have been used in calculating some of these rates.

Estimated rates based directly on the results of sample surveys are subject to considerable error as a result of omissions in reporting deaths or as a result of erroneous reporting of those which occurred outside the period of reference. However, such rates do have the advantage of having a "built–in" and corresponding base.

It should be emphasized that crude death rates — like crude birth, marriage and divorce rates — may be seriously affected by the age–sex structure of the populations to which they relate. Nevertheless, they do provide a simple measure of the level and changes in mortality.

The comparability of data by urban/rural residence is affected by the national definitions of urban and rural used in tabulating these data. It is assumed, in the absence of specific information to the contrary, that the definitions of urban and rural used in connection with the national population census were also used in the compilation of the vital statistics for each country or area. However, the possibility cannot be excluded that, for a given country or area, the same definitions of urban and rural are not used for both the vital statistics data and the population census data. When known, the definitions of urban used in national population censuses are presented at the end of table 6. As discussed in detail in the Technical Notes for table 6, these definitions vary considerably from one country or area to another.

La fiabilité des données, au sujet de laquelle des indications ont été fournies plus haut, est un facteur important en l'occurrence. Il faut également tenir compte du fait que, dans certains cas, les décès sont classés par date d'enregistrement et non par date effective; ces cas ont été identifiés par le signe (+). Lorsque le décalage entre le décès et son enregistrement est grand, c'est–à–dire qu'une forte proportion des décès fait l'objet d'un enregistrement tardif, les statistiques des décès dans l'année peuvent être sérieusement faussées.

En règle générale, toutefois, les décès sont enregistrés beaucoup plus rapidement que les naissances vivantes, et les longs retards sont rares.

Un autre facteur qui nuit à la comparabilité internationale des statistiques de la mortalité est la pratique qui consiste à ne pas y inclure les enfants nés vivants mais décédés avant l'enregistrement de leur naissance ou dans les 24 heures qui ont suivi la naissance. Quand tel était le cas, on l'a signalé en note à la fin du tableau.

Il convient de noter par ailleurs que l'exactitude des taux dépend également de la qualité et des insuffisances des estimations de la population qui sont utilisées pour leur calcul. Le problème des erreurs par excès ou par défaut commises lors du dénombrement et, dans une certains mesure, le problème de l'hétérogénéité des définitions de la population totale ont été examinés à la section 3 des Notes techniques, relative à la population en général; des indications concernant les différents pays ou zones sont données en note au bas du tableau 3. Lorsqu'il n'existait pas de chiffres officiels de la population totale, ce sont les estimations de la population en milieu d'année établies par le Secrétariat de l'ONU qui ont servi pour le calcul des taux.

Les taux estimatifs fondés directement sur les résultats d'enquêtes par sondage comportent des possiblités d'erreurs considérables dues soit à des omissions dans les déclarations des décès, soit au fait que l'on a déclaré à tort des décès survenus en réalité hors de la période considérée. Toutefois, ces taux présentent un avantage : le chiffre de population utilisé comme base est connu par définition et rigoureusement correspondant.

Il faut souligner que les taux bruts de mortalité, de même que les taux bruts de natalité, de nuptialité et de divortialité, peuvent varier très sensiblement selon la composition par âge et par sexe de la population à laquelle ils se rapportent. Ils offrent néanmoins un moyen simple de mesurer le niveau et l'évolution de la mortalité.

La comparabilité des données selon la résidence (urbaine/rurale) peut être limitée par les définitions nationales des termes "urbain" et "rural" utilisées pour le classement de ces données. En l'absence d'indications contraires, on a supposé que les définitions des termes "urbain" et "rural" utilisées pour le recensement national de la population l'avaient été aussi pour l'établissement des statistiques de l'état civil dans chaque pays ou zone. Toutefois, on ne peut exclure la possibilité que, pour un pays ou une zone, les mêmes définitions n'aient pas été utilisées dans les deux cas. Les définitions du terme "urbain" utilisées pour les recensements nationaux de population ont été indiquées à la fin du tableau 6 lorsqu'elles étaient connues. Comme on l'a précisé en détail dans les Notes techniques relatives au tableau 6, ces définitions varient très sensiblement d'un pays ou zone à l'autre.

In addition to problems of comparability, vital rates classified by urban/rural residence are also subject to certain special types of bias. If, when calculating vital rates, different definitions of urban are used in connection with the vital events and the population data and if this results in a net difference between the numerator and denominator of the rate in the population at risk, then the vital rates would be biased. Urban/rural differentials in vital rates may also be affected by whether the vital events have been tabulated in terms of place of occurrence or place of usual residence. This problem is discussed in more detail in section 4.1.4.1 of the Technical Notes.

Coverage: Deaths are shown for 127 countries or areas. Data are presented by urban/rural residence for 45 countries or areas.

Crude death rates are shown for 195 countries or areas. Rates are presented by urban/rural residence for 29 countries or areas.

Data for ethnic or geographical segments of the population are included in the absence of national figures. These data are not presented as being representative of national–level statistics but as an index of the availability of statistics.

Earlier data: Deaths and crude death rates have been shown in each issue of the Demographic Yearbook. Data included in this table update the series covering a period of years as follows :

Issue	Years covered
1985	1976–1985
1980	1971–1980
Historical Supplement	1948–1977

Table 19

Table 19 presents deaths by age, sex and urban/rural residence for the latest available year.

Description of variables: Age is defined as age at last birthday, that is, the difference between the date of birth and the date of the occurrence of the event, expressed in completed solar years. The age classification used in this table is the following: under 1 year, 1–4 years, 5–year age groups through 80–84 years, 85 years and over, and age unknown.

The urban/rural classification of deaths is that provided by each country or area; it is presumed to be based on the national census definitions of urban population that have been set forth at the end of table 6.

Reliability of data: Data from civil registers of deaths which are reported as incomplete (less than 90 per cent completeness) or of unknown completeness are considered unreliable and are set in italics rather than in roman type. Table 18 and the Technical Notes for that table provide more detailed information on the completeness of death registration. For more information about the quality of vital statistics data in general, and the information available on the basis of the completeness estimates in particular, see section 4.2 of the Technical Notes.

Outre ces problèmes de comparabilité, les taux démographiques classés selon la résidence urbaine ou rurale sont également sujets à certaines distorsions particulières. Si, lors du calcul de ces taux des définitions différentes du terme "urbain" sont utilisées pour classer les faits d'état civil et les données relatives à la population, et s'il en résulte une différence nette entre le numérateur et le dénominateur pour le taux de la population exposée au risque, les taux démographiques s'en trouveront faussés. La différence entre ces taux pour les zones urbaines et rurales pourra aussi être faussée selon que les faits d'état civil auront été classés d'après le lieu où ils se sont produits ou le lieu de résidence habituelle. Ce problème est examiné plus en détail à la section 4.1.4.1 des Notes techniques.

Portée : Ce tableau présente des statistiques des décès pour 127 pays ou zones. Les répartitions selon la résidence (urbaine/rurale) concernent 45 pays ou zones.

Ce tableau présente également des taux bruts de mortalité pour 195 pays ou zones. Des taux selon la résidence (urbaine/rurale) sont fournis pour 29 pays ou zones.

Lorsqu'il n'existait pas de chiffres nationaux, on a fait figurer des chiffres portant sur des groupes ethniques ou des subdivisions géographiques. Ces données ne se veulent pas représentatives sur le plan national, et ne sont présentées que comme indice des données disponibles.

Données publiées antérieurement : Des statistiques de décès et des taux bruts de mortalité figurent dans chaque édition de l'Annuaire démographique. Les données présentées dans ce tableau mettent à jour les périodes d'années suivantes :

Edition	Années considérées
1985	1976–1985
1980	1971–1980
Supplément rétrospectif	1948–1977

Tableau 19

Le tableau 19 présente des données sur les décès selon l'âge, le sexe et la résidence (urbaine/rurale) pour la dernière année disponible.

Description des variables : L'âge est l'âge au dernier anniversaire, c'est–à–dire la différence entre la date de naissance et la date du décès, exprimée en années solaires révolues. La classification par âge est la suivante : moins d'un an, 1 à 4 ans, groupes quinquennaux jusqu'à 80 à 84 ans, 85 ans et plus, et âge inconnu.

La classification des décès selon la résidence (urbaine/rurale) est celle qui a été fournie par chaque pays ou zone; il est donc présumé qu'elle repose sur les définitions de la population urbaine utilisées pour les recensements nationaux, qui sont reproduites à la fin du tableau 6.

Fiabilité des données : Les données sur les décès provenant des registres d'état civil qui sont déclarées incomplètes (degré d'exhaustivité inférieur à 90 p. 100) ou dont le degré d'exhaustivité n'est pas connu sont jugées douteuses et apparaissent en italique et non en caractères romains. Le tableau 18 et les Notes techniques s'y rapportant présentent des renseignements plus détaillés sur le degré d'exhaustivité de l'enregistrement des décès. Pour plus de précisions sur la qualité des statistiques de l'état civil en général, et l'exhaustivité en particulier, voir la section 4.2 des Notes techniques.

Limitations: Statistics on deaths by age and sex are subject to the same qualifications as have been set forth for vital statistics in general and death statistics in particular as discussed in section 4 of the Technical Notes.

The reliability of the data, an indication of which is described above, is an important factor in considering the limitations. In addition, some deaths are tabulated by date of registration and not by date of occurrence; these have been indicated by a (+). Whenever the lag between the date of occurrence and date of registration is prolonged and, therefore, a large proportion of the death registrations are delayed, death statistics for any given year may be seriously affected.

As a rule, however, delays in the registration of deaths are less common and shorter than in the registration of live births.

Another factor which limits international comparability is the practice of some countries or areas not to include in death statistics infants who were born alive but died before the registration of the birth or within the first 24 hours of life, thus underestimating the number of deaths under one year of age. Statistics of this type are footnoted.

Because these statistics are classified according to age, they are subject to the limitations with respect to accuracy of age reporting similar to those already discussed in connection with section 3.1.3 of the Technical Notes. The factors influencing inaccurate reporting may be somewhat dissimilar in vital statistics (because of the differences in the method of taking a census and registering a death) but, in general, the same errors can be observed.

The absence of frequencies in the unknown age group does not necessarily indicate completely accurate reporting and tabulation of the age item. It is often an indication that the unknowns have been eliminated by assigning ages to them before tabulation, or by proportionate distribution after tabulation.

International comparability of statistics on deaths by age is also affected by the use of different methods to determine age at death. If age is obtained from an item that simply requests age at death in completed years or is derived from information on year of birth and death rather than from information on complete date (day, month and year) of birth and death, the number of deaths classified in the under–one–year age group will tend to be reduced and the number of deaths in the next age group will tend to be somewhat increased. A similar bias may affect other age groups but its impact is usually negligible. Information on this factor is given in the footnotes when known.

Insuffisance des données : Les statistiques des décès selon l'âge et le sexe appellent les mêmes réserves que les statistiques de l'état civil en général et les statistiques de mortalité en particulier (voir explications à la section 4 des Notes techniques).

La fiabilité des données, au sujet de laquelle des indications ont été fournies plus haut, est un facteur important en l'occurrence. Il faut également tenir compte du fait que, dans certains cas, les données relatives aux décès sont classées par date d'enregistrement et par date effective; ces cas ont été identifiés par le signe (+). Lorsque le décalage entre le décès et son enregistrement est grand, c'est–à–dire qu'une forte proportion des décès fait l'objet d'un enregistrement tardif, les statistiques des décès de l'année peuvent être sérieusement faussées.

En règle générale, toutefois, les décès sont enregistrés beaucoup plus rapidement que les naissances vivantes, et les longs retards sont rares.

Un autre facteur qui nuit à la comparabilité internationale est la pratique de certains pays ou zones qui consiste à ne pas inclure dans les statistiques des décès les enfants nés vivants mais décédés avant l'enregistrement de leur naissance ou dans les 24 heures qui ont suivi la naissance, pratique qui conduit à sous–évaluer le nombre de décès à moins d'un an. Quand tel était le cas, on l'a signalé en note à la fin du tableau.

Comme ces statistiques sont classées selon l'âge, elles appellent les mêmes réserves concernant l'exactitude des déclarations d'âge que celles dont il a été fait mention dans la section 3.1.3 des Notes techniques. Dans le cas des données d'état civil, les facteurs qui interviennent à cet égard sont parfois un peu différents, étant donné que le recensement et l'enregistrement des décès se font par des méthodes différentes, mais, d'une manière générale, les erreurs observées sont les mêmes.

Si aucun nombre ne figure dans la colonne réservée aux âges inconnus, cela ne signifie pas nécessairement que les déclarations d'âge et le classement par âge sont tout à fait exacts. C'est souvent une indication que les personnes d'âge inconnu se sont vu attribuer un âge avant la répartition ou ont été réparties proportionnellement aux effectifs connus après cette opération.

Le manque d'uniformité des méthodes suivies pour obtenir l'âge au moment du décès nuit également à la comparabilité internationale des données. Si l'âge est connu, soit d'après la réponse à une simple question sur l'âge du décès en années révolues, soit d'après l'année de la naissance et l'année du décès, et non d'après des renseignements concernant la date exacte (année, mois et jour) de la naissance et du décès, le nombre de décès classés dans la catégorie "moins d'un an" sera entaché d'une erreur par défaut et le chiffre figurant dans la catégorie suivante d'une erreur par excès. Les données pour les autres groupes d'âge pourront être entachées d'une distorsion analogue, mais ses répercussions seront généralement négligeables. Ces imperfections, lorsqu'elles étaient connues, ont été signalées en note à la fin du tableau.

The comparability of data by urban/rural residence is affected by the national definitions of urban and rural used in tabulating these data. It is assumed, in the absence of specific information to the contrary, that the definitions of urban and rural used in connection with the national population census were also used in the compilation of the vital statistics for each country or area. However, the possibility cannot be excluded that, for a given country or area, the same definitions of urban and rural are not used for both the vital statistics data and the population census data. When known, the definitions of urban used in national population censuses are presented at the end of table 6. As discussed in detail in the Technical Notes for table 6, these definitions vary considerably from one country or area to another.

Coverage: Deaths by age and sex are shown for 131 countries or areas. Data are presented by urban/rural residence for 51 countries or areas.

Data for ethnic or geographical segments of the population are included in the absence of national figures. These data are not presented as being representative of national–level statistics but as an index of the availability of statistics.

Earlier data: Deaths by age and sex have been shown for the latest available year in each issue of the Yearbook since the 1955 issue. Data included in this table update the series covering a period of years as follows:

Issue	Years covered
1985	1976–1984
1980	1971–1979
Historical Supplement	1948–1977

Data have been presented by urban/rural residence in each regular issue of the Yearbook since the 1967 issue.

Table 20

Table 20 presents death rates specific for age, sex and urban/rural residence for the latest available year.

Description of variables: Age is defined as age at last birthday, that is, the difference between the date of birth and the date of the occurrence of the event, expressed in completed solar years. The age classification used in this table is the following: under 1 year, 1–4 years, 5–year age groups through 80–84, and 85 years and over.

The urban/rural classification of deaths is that provided by each country or area; it is presumed to be based on the national census definitions of urban population that have been set forth at the end of table 6.

La comparabilité des données selon la résidence (urbaine/rurale) peut être limitée par les définitions nationales des termes "urbain" et "rural" utilisées pour le classement de ces données. En l'absence d'indications contraires, on a supposé que les définitions des termes "urbain" et "rural" utilisées pour le recensement national de la population l'avaient été aussi pour l'établissement des statistiques de l'état civil dans chaque pays ou zone. Toutefois, on ne peut exclure la possibilité que, pour un pays ou une zone, les mêmes définitions n'aient pas été utilisées dans les deux cas. Les définitions du terme "urbain" utilisées pour les recensements nationaux de population ont été indiquées à la fin du tableau 6 lorsqu'elles étaient connues. Comme on l'a précisé en détail dans les Notes techniques relatives au tableau 6, ces définitions varient très sensiblement d'un pays ou zone à l'autre.

Portée : Ce tableau présente des données sur les décès selon l'âge et le sexe pour 131 pays ou zones. Des données selon la résidence (urbaine/rurale) sont présentées pour 51 pays ou zones.

Lorsqu'il n'existait pas de chiffres nationaux, on a fait figurer des chiffres portant sur des groupes ethniques ou des subdivisions géographiques. Ces données ne se veulent pas représentatives sur le plan national et ne sont présentées que comme indice des données disponibles.

Données publiées antérieurement : Des statistiques des décès selon l'âge et le sexe ont été présentées, pour la dernière année où il en existait, dans chaque édition de l'Annuaire démographique depuis celle de 1955. Les données présentées dans ce tableau mettent à jour les périodes d'années suivantes :

Edition	Années considérées
1985	1976–1984
1980	1971–1979
Supplément rétrospectif	1948–1977

Des données selon la résidence (urbaine/rurale) ont été présentées dans toutes les éditions courantes de l'Annuaire depuis celle de 1967.

Tableau 20

Le tableau 20 présente des taux de mortalité selon l'âge et le sexe et selon la résidence (urbaine/rurale) pour la dernière année disponible.

Description des variables : L'âge est l'âge au dernier anniversaire, c'est–à–dire la différence entre la date de naissance et la date du décès, exprimée en années solaires révolues. La classification par âge est la suivante : moins d'un an, 1 à 4 ans, groupes quinquennaux jusqu'à 80 à 84 ans, et 85 ans et plus.

La classification des décès selon la résidence (urbaine/rurale) est celle qui a été fournie par chaque pays ou zone; il est donc présumé qu'elle repose sur les définitions de la population urbaine utilisées pour les recensements nationaux, qui sont reproduites à la fin du tableau 6.

Rate computation: Death rates specific for age and sex are the annual number of deaths in each age–sex group (as shown in table 19) per 1 000 population in the same age–sex group.

Death rates by age, sex and urban/rural residence are the annual number of deaths that occurred in a specific age–sex–urban/rural group (as shown in table 19) per 1 000 population in the corresponding age–sex–urban/rural group.

Deaths at unknown age and the population of unknown age were disregarded except as they formed part of the death rate for all ages combined.

It should be noted that the death rates for infants under one year of age in this table differ from the infant mortality rates shown elsewhere, because the latter are computed per 1 000 live births rather than per 1 000 population.

The population used in computing the rates is estimated or enumerated distributions by age and sex. First priority was given to an estimate for the mid–point of the same year (as shown in table 7), second priority to census returns of the year to which the deaths referred and third priority to an estimate for some other point of time in the year.

Rates presented in this table have been limited to those for countries or areas having at least a total of 1 000 deaths in a given year. Moreover, rates specific for individual sub–categories based on 30 or fewer deaths are identified by the symbol (◆).

Reliability of data: Rates calculated using data from civil registers of deaths which are reported as incomplete (less than 90 per cent completeness) or of unknown completeness are considered unreliable and are set in italics rather than in roman type. Table 18 and the Technical Notes for that table provide more detailed information on the completeness of death registration. For more information about the quality of vital statistics data in general, and the information available on the basis of the completeness estimates in particular, see section 4.2 of the Technical Notes.

Limitations: Rates shown in this table are subject to all the same limitations which affect the corresponding frequencies and are set forth in the Technical Notes for table 19.

These include differences in the completeness of registration, the treatment of infants who were born alive but died before the registration of the birth or within the first 24 hours of life, the method used to determine age at death and the quality of the reported information relating to age at death. In addition, some rates are based on deaths tabulated by date of registration and not by date of occurrence; these have been indicated by a (+).

The problem of obtaining precise correspondence between deaths (numerator) and population (denominator) as regards the inclusion or exclusion of armed forces, refugees, displaced persons and other special groups is particularly difficult where age–specific death rates are concerned. In cases where it was not possible to achieve strict correspondence, the differences in coverage are noted. Male rates in the age range 20 to 40 years may be especially affected by this non–correspondence, and care should be exercised in using these rates for comparative purposes.

Calcul des taux : Les taux de mortalité selon l'âge et le sexe représentent le nombre annuel de décès survenus pour chaque sexe et chaque groupe d'âge (fréquences du tableau 19) pour 1 000 personnes du même groupe.

Les taux de mortalité selon l'âge, le sexe et la résidence (urbaine/rurale) représentent le nombre annuel de décès intervenus dans un groupe d'âge et de sexe donnés dans la population urbaine ou rurale (fréquences du tableau 19) pour 1 000 personnes du même groupe dans la population urbaine ou rurale.

On n'a pas tenu compte des décès à un âge inconnu ni de la population d'âge inconnu, sauf dans les taux de mortalité pour tous les âges combinés.

Il convient de noter que, dans ce tableau, les taux de mortalité des groupes de moins d'un an sont différents des taux de mortalité infantile qui figurent dans d'autres tableaux, ces derniers ayant été établis pour 1 000 naissances vivantes et non pour 1 000 habitants.

Les chiffres de population utilisés pour le calcul des taux proviennent de dénombrements ou de répartitions estimatives de la population selon l'âge et le sexe. On a utilisé de préférence les estimations de la population en milieu d'année selon les indications du tableau 7; à défaut, on s'est contenté des données censitaires se rapportant à l'année du décès et, si ces données manquaient également, d'estimations établies pour une autre date de l'année.

Les taux présentés dans le tableau 14 ne se rapportent qu'aux pays ou zones où l'on a enregistré un total d'au moins 1 000 décès dans l'année. Les taux relatifs à des sous–catégories, qui sont fondés sur 30 décès ou moins, sont identifiés à l'aide du signe (◆).

Fiabilité des données : Les taux calculés à partir de données sur les décès provenant des registres d'état civil qui sont déclarées incomplètes (degré d'exhaustivité inférieur à 90 p. 100) ou dont le degré d'exhaustivité n'est pas connu sont jugés douteux et apparaissent en italique et non en caractères romains. Le tableau 18 et les Notes techniques s'y rapportant présentent des renseignements plus détaillés sur le degré d'exhaustivité de l'enregistrement des décès. Pour plus de précisions sur la qualité des statistiques de l'état civil en général, et sur les estimations d'exhaustivité en particulier, voir la section 4.2 des Notes techniques.

Insuffisance des données : Les taux de ce tableau appellent les mêmes réserves que les fréquences correspondantes; voir à ce sujet les explications données dans les Notes techniques se rapportant au tableau 19.

Leurs imperfections tiennent notamment aux différences d'exhaustivité de l'enregistrement, au classement des enfants nés vivants mais décédés avant l'enregistrement de leur naissance ou dans les 24 heures qui ont suivi la naissance, à la méthode utilisée pour obtenir l'âge au moment du décès, et à la qualité des déclarations concernant l'âge au moment du décès. En outre, dans certains cas, les données relatives aux décès sont classées par date d'enregistrement et non par date effective; ces cas ont été identifiés par le signe (+).

S'agissant des taux de mortalité par âge, il est particulièrement difficile d'établir une correspondance exacte entre les décès (numérateur) et la population (dénominateur) du fait de l'inclusion ou de l'exclusion des militaires, des réfugiés, des personnes déplacées et d'autres groupes spéciaux. Dans les cas où il n'a pas été possible d'y parvenir tout à fait, des notes indiquent les différences de portée des données de base. Les taux de mortalité pour le sexe masculin dans les groupes d'âge de 20 à 40 ans peuvent être tout particulièrement influencés par ce manque de correspondance, et il importe d'être prudent lorsqu'on les utilise dans des comparaisons.

It should be added that even when deaths and population do correspond conceptually, comparability of the rates may be affected by abnormal conditions such as absence from the country or area of large numbers of young men in the military forces or working abroad as temporary workers. Death rates may appear high in the younger ages, simply because a large section of the able–bodied members of the age group, whose death rates under normal conditions might be less than the average for persons of their age, is not included.

Also, in a number of cases the rates shown here for all ages combined differ from crude death rates shown elsewhere, because in this table they are computed on the population for which an appropriate age–sex distribution was available, while the crude death rates shown elsewhere may utilize a different total population. The population by age and sex might refer to a census date within the year rather than to the mid–point, or it might be more or less inclusive as regards ethnic groups, armed forces and so forth. In a few instances, the difference is attributable to the fact that the rates in this table were computed on the mean population whereas the corresponding rates in other tables were computed on an estimate for 1 July. Differences of these types are insignificant but, for convenience, they are not in the table.

The comparability of data by urban/rural residence is affected by the national definitions of urban and rural used in tabulating these data. It is assumed, in the absence of specific information to the contrary, that the definitions of urban and rural used in connection with the national population census were also used in the compilation of the vital statistics for each country or area. However, the possibility cannot be excluded that, for a given country or area, the same definitions of urban and rural are not used for both the vital statistics data and the population census data. When known, the definitions of urban used in national population censuses are presented at the end of table 6. As discussed in detail in the Technical Notes for table 6, these definitions vary considerably from one country or area to another.

In addition to problems of comparability, vital rates classified by urban/rural residence are also subject to certain special types of bias. If, when calculating vital rates, different definitions of urban are used in connection with the vital events and the population data and if this results in a net difference between the numerator and denominator of the rate in the population at risk, then the vital rates would be biased. Urban/rural differentials in vital rates may also be affected by whether the vital events have been tabulated in terms of place of occurrence or place of usual residence. This problem is discussed in more detail in section 4.1.4.1 of the Technical Notes.

Il convient d'ajouter que, même lorsque population et décès correspondent, la comparabilité des taux peut être compromise par des conditions anormales telles que l'absence du pays ou de la zone d'un grand nombre de jeunes gens qui sont sous les drapeaux ou qui travaillent à l'étranger comme travailleurs temporaires. Il arrive ainsi que les taux de mortalité paraissent élevés parmi la population jeune simplement parce qu'on a laissé de côté un grand nombre d'hommes valides de ces groupes d'âge pour lesquels le taux de mortalité pourrait être, dans des conditions normales, inférieur à la moyenne observée pour les personnes du même âge.

De même, les taux indiqués pour tous les âges combinés diffèrent dans plusieurs cas des taux bruts de mortalité qui figurent dans d'autres tableaux, parce qu'ils se rapportent à une population pour laquelle on disposait d'une répartition par âge et par sexe appropriée, tandis que les taux bruts de mortalité indiqués ailleurs peuvent avoir été calculés sur la base d'un chiffre de population totale différent. Ainsi, il est possible que les chiffres de population par âge et par sexe proviennent d'un recensement effectué dans l'année et non au milieu de l'année, et qu'ils se différencient des autres chiffres de population en excluant ou incluant certains groupes ethniques, les militaires, etc. Quelquefois, la différence tient à ce que les taux de ce ont été calculés sur la base de la population moyenne, alors que les taux correspondants des autres tableaux reposent sur une estimation au 1er juillet. Les écarts de cet ordre sont insignifiants, mais on les a signalés dans le tableau à toutes fins utiles.

La comparabilité des données selon la résidence (urbaine/rurale) peut être limitée par les définitions nationales des termes "urbain" et "rural" utilisées pour le classement de ces données. En l'absence d'indications contraires, on a supposé que les définitions des termes "urbain" et "rural" utilisées pour le recensement national de la population l'avaient été aussi pour l'établissement des statistiques de l'état civil dans chaque pays ou zone. Toutefois, on ne peut exclure la possibilité que, pour un pays ou une zone, les mêmes définitions n'aient pas été utilisées dans les deux cas. Les définitions du terme "urbain" pour les recensements nationaux de population ont été indiquées à la fin du tableau 6 lorsqu'elles étaient connues. Comme on l'a précisé en détail dans les Notes techniques relatives au tableau 6, ces définitions varient très sensiblement d'un pays ou zone à l'autre.

Outre ces problèmes de comparabilité, les taux démographiques classés selon la résidence urbaine ou rurale sont également sujets à certaines distorsions particulières. Si, lors du calcul de ces taux, des définitions différentes du terme "urbain" sont utilisées pour classer les faits d'état civil et les données relatives à la population, et s'il en résulte une différence nette entre le numérateur et le dénominateur pour le taux de la population considérée, les taux démographiques s'en trouveront faussés. La différence entre ces taux pour les zones urbaines et rurales pourra aussi être faussée selon que les faits d'etat civil auront été classés d'après le lieu où ils se sont produits ou le lieu de résidence habituelle. Ce problème est examiné plus en détail à la section 4.1.4.1 des Notes techniques.

Coverage: Death rates specific for age and sex are shown for 88 countries or areas. Rates are presented by urban/rural residence for 31 countries or areas.

Data for ethnic or geographical segments of the population are included in the absence of national figures. These data are not presented as being representative of national–level statistics but as an index of the availability of statistics.

Earlier data: Death rates specific for age and sex have been shown for the latest available year in many of the issues of the Yearbook since the 1955 issue. Data included in this table update the series shown in the Yearbook and in the recently issued Population and Vital Statistics Report: Special Supplement covering a period of years as follows:

Issue	Years covered
1985	1976–1984
1980	1971–1979
Historical Supplement	1948–1977

Table 21

Table 21 presents deaths and death rates by cause for the latest available year.

Description of variables: Causes of death are all those diseases, morbid conditions or injuries which either resulted in or contributed to death and the circumstances of the accident or violence which produced any such injuries. [52]

The underlying cause of death, rather than direct or intermediate antecedent cause, is the one recommended as the main cause for tabulation of mortality statistics. It is defined as (a) the disease or injury which initiated the train of events leading directly to death, or (b) the circumstances of the accident or violence which produced the fatal injury. [53]

The table is divided into two parts, A and B. Part A shows deaths and death rates classified according to the "Adapted Mortality List" derived from the classification recommended by the International Conference for the Ninth Revision of the International Classification of Diseases. [54] The 1975 (ninth) revision is known or assumed to have been used by all of the countries or areas for which data are included in part A. Part B is devoted to data classified according to the "Abbreviated List of 50 causes for tabulation of mortality" recommended by the 1965 (eighth) revision Conference. [55] The two–part presentation is used because the ninth revision does not provide a classification which conforms directly to the eighth revision. The use of the ninth revision began during 1979 in a limited number of countries. Now 63 countries or areas included in this table report cause of death according to the ninth revision. For the years between 1971 and 1978, all countries report cause–of–death statistics according to the eighth revision. The classification of cause of death shown in the stub of this table is referred to only in terms of the list numbers due to space limitations.

Portée : Ce tableau présente des taux de mortalité selon l'âge et le sexe pour 88 pays ou zones. Des taux selon la résidence (urbaine/rurale) sont présentés pour 31 pays ou zones.

Lorsqu'il n'existait pas de chiffres nationaux, on a fait figurer des chiffres portant sur des groupes ethniques ou des subdivisions géographiques. Ces données ne se veulent pas représentatives sur le plan national, et ne sont présentées que comme indice des données disponibles.

Données publiées antérieurement : Des taux de mortalité selon l'âge et le sexe pour la dernière année où ils étaient connus figurent dans beaucoup d'éditions de l'Annuaire depuis celle de 1955. Les données présentées dans ce tableau mettent à jour les séries présentées dans l'Annuaire démographique et dans le Rapport de statistiques de la population et de l'état civil: Supplément spécial 1984 qui couvrent les périodes d'années suivantes :

Edition	Années considérées
1985	1976–1984
1980	1971–1979
Supplément rétrospectif	1948–1977

Tableau 21

Le tableau 21 présente des statistiques et des taux de mortalité selon la cause, ainsi que les pourcentages de décès, pour la dernière année disponible.

Description des variables : Les causes de décès sont toutes les maladies, états morbides ou traumatismes qui ont abouti ou contribué au décès et les circonstances de l'accident ou de la violence qui ont entraîné ces traumatismes [52].

La cause initiale de décès, plutôt que la cause directe du décès, est recommandée pour les statistiques de la mortalité. La cause initiale de décès est définie comme : a) la maladie ou le traumatisme qui a déclenché l'évolution morbide conduisant directement au décès, ou b) les circonstances de l'accident ou de la violence qui ont entraîné le traumatisme mortel [53].

Le tableau est divisé en deux parties, A et B. La Partie A présente le nombre et le taux des décès selon la cause, classés selon la "Liste adoptée des causes de mortalité" derivée de la classification recommandée par la Conférence internationale pour la Classification des Maladies [54]. La neuvième révision (1975) à été utilisé, par tous les pays ou zones pour lasquelles des statistiques présentées dans la Partie A. La Partie B présente des données classées selon la "Liste abregé de 50 rubriques pour la mise en tableaux des causes de mortalitée", recommandée par la Conférence de la huitième révision (1965) [55]. Il a fallu présenter le tableau en deux parties parce que la classification utilisée dans la révision de 1975 ne correspond pas exactement à celle de 1965. Un petit nombre de pays ou zones ont commencé à utiliser la neuvième révision en 1979. Maintenant 63 pays ou zones considérés ici ont présenté leurs statistiques des causes de décès selon la neuvième révision. Pour les années 1971 à 1978, tous les pays ou zones ont utilisé la huitième révision. La nomenclature des causes de décès figurant dans la première colonne du tableau ne reproduit que les numéros de rubrique, faute d'espace.

The full titles of each of the 50 causes of death from the eighth revision and the 55 causes of death used in the ninth revision (and the corresponding numbers referring to the 3-- and 4– digit codes from the International Classification of Diseases) appear in the table shown in section 4.3 of the Technical Notes. This section discusses the International Classification of Diseases with particular references to the similarities and differences between the eighth and ninth revisions.

Statistics on cause of death presented in this table have been limited to countries or areas which meet all of the following three criteria: first, that statistics are either classified by, or convertible to, the 1965 or 1975 Lists mentioned above; secondly, that at least a total of 1 000 deaths (for all causes combined) occurred in a given year; and thirdly, that within this distribution the total number of deaths classified as due to ill–defined causes (B45, AM48) does not exceed 25 per cent of deaths from all causes. The third criterion is based on the premise that if 25 per cent of the deaths have been coded as due to ill–defined causes, frequencies in the other cause groups in the Classification must be understated to a marked degree. The limit has been placed deliberately high to exclude all poor data. Moreover, it must be admitted that this criterion fails to consider the equally indicative percentages in the residual category, all other diseases (B46 in the eighth revision or AM49 in the ninth revision), which often accounts for an inordinately large proportion of the whole.

Rate computation: In part A, for cause groups AM1 through AM16, AM19 through AM40, AM45 and AM48 through AM55, rates are the annual number of deaths in each cause group reported for the year per 100 000 corresponding mid–year population. The other cause groups, for which the population more nearly approximates the population at risk, are specified below: rates for AM17 and AM18 (Malignant neoplasm of female breast and Malignant neoplasm of cervix uteri) are computed per 100 000 female population 15 years and over; rates for AM41 (Hyperplasia of prostate) are computed per 100 000 male population 50 years and over; and rates for AM42 (Abortion), AM43–AM44 (Direct and indirect obstetric causes), AM46 (Birth trauma) and AM47 (Other conditions originating in the perinatal period) are computed per 100 000 total live births in the same year.

In part B, for cause groups B1 through B38, B42 and B45 through BE50, rates are the annual number of deaths in each cause group reported for the year per 100 000 corresponding mid–year population. The other cause groups, a population which more nearly approximates the population at risk of death is used, as specified below: rates for B39 (Hyperplasia of prostate) are computed per 100 000 male population 50 years and over; rates for B40 (Abortion) are computed per 100 000 total live births, rates for B41 (Other complications of pregnancy, childbirth and the puerperium and delivery without mention of complication) are computed per 100 000 total live births in the same year; and rates for B43 (Birth injury, difficult labour and other anoxic and hypoxic conditions) and B44 (Other causes of perinatal mortality) are computed per 100 000 total live births in the same year.

Le titre complet de chacune des 50 causes de décès de la huitième révision et des 55 causes retenues dans la neuvième révision (ainsi que les numéros du code à 3 et 4 chiffres de la Classification internationale des maladies) figure dans le tableau incorporé dans la section 4.3 des Notes techniques, où il est question de la Classification internationale et plus particulièrement des similitudes et différences entre les huitième et neuvième révisions.

Les statistiques des causes de décès présentées dans ce tableau ne se rapportent qu'aux pays ou zones pour lesquels les trois critères suivants sont réunis : premièrement, le classement des statistiques des décès selon la cause doit être conforme à la liste de 1965 ou à celle de 1975 mentionnées plus haut, ou convertible aux catégories de cette liste; deuxièmement, le nombre total des décès (pour toutes les causes réunies) intervenus au cours d'une année donnée doit être au moins égal à 1 000, et; troisièmement, à l'intérieur de cette répartition, le nombre total des décès dus à des causes mal définies (B45 ou AM48) ne doit pas dépasser 25 p. 100 du nombre des décès pour toutes les causes. Le troisième critère est fondé sur l'argument suivant : si 25 p. 100 des décès sont classés comme dus à des causes mal définies, les chiffres relatifs aux autres causes de la Liste doivent être sensiblement inférieurs à la réalité. Le seuil a été délibérément placé haut afin d'exclure toutes les données de qualité médiocre. De plus, il faut admettre que ce critère ne s'étend pas aux pourcentages, tout aussi indicatifs, de la catégorie résiduelle "Toutes autres maladies" (B46 dans la huitième révision, AM49 dans la neuvième), qui groupe souvent une proportion exceptionnellement forte du nombre total des décès.

Calcul des taux : Dans la Partie A, les taux correspondant aux catégories AM1 à AM16, AM19 à AM40, AM45 et AM48 à AM55 représentent le nombre annuel de décès signalés dans chaque groupe, pour l'année, dans une population de 100 000 personnes en millieu d'années. Les taux correspondant aux autres catégories de causes correspondent aux populations les plux semblables à la population exposée. Les taux correspondant aux catégories AM17 et AM18 (tumeurs malignes du sein et tumeurs malignes du col de l'utérus) sont calculés sur une population de 100 000 femmes de 15 ans ou plus. Les taux correspondant à la catégorie AM41 (hyperplasie de la prostate) sont calculés sur une population de 100 000 personnes de sexe masculin âgées de 50 ans ou plus, et les taux pour la catégorie AM42 (avortements), les catégories AM43 et AM44 (causes obstétricales directes et indirectes). la catégorie AM46 (traumatisme obstétrical) et enfin la catégorie AM47 (autres affections dont l'origine se situe dans la période périnatale) sont calculés sur 100 000 naissances vivantes de la même année.

Dans la Partie B, les taux correspondant aux catégories de causes B1 à B38, B42 et B45 à BE50 représentent le nombre annuel de décès attribués à chaque catégorie de causes, dans l'année, pour 100 000 habitants en millieu d'anné. Dans les autres catégories de causes, on s'est fondé sur les populations les plus semblables de la population exposée, comme on le verra plus loin, . Les taux correspondant à la catégorie B39 (hypertrophie de la prostate) sont calculés sur 100 000 personnes de sexe masculin âgées de 50 ans ou plus. Les taux correspondant à B40 (avortements) sont calculés sur 100 000 naissances vivantes, les taux pour la catégorie B41 (autres complications de la grossesse, de l'accouchement et des suites de couches et accouchement sans mention de complication) sont calculés sur 100 000 naissances vivantes de la même année, enfin les taux correspondant à la catégorie B43 (lésions obstétricales, accouchements dystociques et autres états anoxémiques et hypoxémiques) et à la catégorie B44 (autres causes de mortalité périnatale) sont calculés sur 100 000 naissances vivantes de la même année.

As noted above, rates (as well as frequencies) presented in this table have been limited to those countries or areas having a total of at least 1 000 deaths from all causes in a given year and have also been limited to those not having more than 25 per cent of all deaths classified as due to ill–defined causes (B45 or AM48). In certain cases death rates by cause have not been calculated because the population data needed for the denominator are not available. This may arise in either of two situations. First, no data on population at risk are available. Second, cause–of–death statistics are available for only a limited portion of the country and it is not possible to identify births or population at risk for that limited geographic area. The same situation arises when data on deaths by cause are limited to medically certified deaths and when those medically certified deaths do not comprise a substantial portion of all deaths for the country or area, in which case no rates are calculated. Moreover, rates based on 30 or fewer deaths shown in this table are identified by the symbol (◆).

Reliability of data: Data from civil registers of deaths which are reported as incomplete (less than 90 per cent completeness) or of unknown completeness are considered unreliable and are set in italics rather than in roman type. Rates calculated using these data are also set in italics. Table 18 and the Technical Notes for that table provide more detailed information on the completeness of death registration. For more information about the quality of vital statistics data in general, and the information available on the basis of the completeness estimates in particular, see section 4.2 of the Technical Notes.

In general, the quality code for deaths shown in table 18 is used to determine whether data on deaths in other tables appear in roman or italic type. However, some data on deaths by cause are shown in italics in this table when it is known that the quality, in terms of completeness, differs greatly from the completeness of the registration of the total number of deaths. In cases when the quality code in table 18 does not correspond with the type–face used in this table, relevant information regarding the completeness of cause–of–death statistics is given in a footnote.

Limitations: Statistics on deaths by cause are subject to the same qualifications as have been set forth for vital statistics in general and death statistics in particular as discussed in section 4 of the Technical Notes.

The reliability of the data, an indication of which is described above, is an important factor in considering the limitations. In addition, some deaths are tabulated by date of registration and not by date of occurrence; these have been indicated by a (+). Whenever the lag between the date of occurrence and date of registration is prolonged and, therefore, a large proportion of the death registrations are delayed, death statistics for any given year may be seriously affected.

Comme on l'a dit, les taux et les nombres figurant dans ce tableau ne concernent que les pays ou zones où l'on a relevé 1 000 décès de toutes causes dans l'année, ainsi que 25 p. 100 au plus de décès imputés à une cause mal définie (B45 ou AM48). Dans certains cas, on n'a pas calculé les taux de mortalité selon la cause car l'on ne disposait pas des informations sur la population qui étaient nécessaires pour déterminer le dénominateur. Cela peut se présenter dans deux cas. Dans le premier, on n'a pas d'informations sur la population exposée au risque. Dans le second, il n'existe de statistique selon les causes de décès que pour une partie limitée du pays, et il n'est pas possible de s'informer particulièrement les naissances ou sur la population exposée dans cette région géographique limitée. Le même cas se présente lorsque les données concernant les décès selon la cause ne se rapportent qu'aux décès médicalement certifiés et lorsque ces décès ne représentent pas une fraction importante de l'ensemble des décès dans le pays ou la zone; alors, il n'a pas été calculé de taux. De plus, les taux calculés sur la base de 30 décès ou moins, qui sont indiqués dans le tableau, sont identifiées par le signe. (◆).

Fiabilité des données : Les données sur les décès provenant des registres d'état civil qui sont déclarées incomplètes (degré d'exhaustivité inférieur à 90 p. 100) ou dont le degré d'exhaustivité n'est pas connu sont jugées douteuses et apparaissent en italique et non en caractères romains. Les taux calculés à partir de ces données apparaissent eux aussi en italique. Le tableau 18 et les Notes techniques se rapportant à ce tableau présentent des renseignements plus détaillés sur le degré d'exhaustivité de l'enregistrement des décès. Pour plus de précisions sur la qualité des statistiques de l'état civil en général, et sur les estimations de l'exhaustivité en particulier, voir la section 4.2 des Notes techniques.

En général, le code de qualité des données sur les décès indiqué au tableau 18 sert à déterminer si, dans les autres tableaux, les données de mortalité apparaissent en caractères romains ou en italique. Toutefois, certaines données sur les décès selon la cause figurent en italique dans le présent tableau lorsqu'on sait que leur exhaustivité diffère grandement de celle des données sur le nombre total des décès. Dans les cas où le code de qualité du tableau 18 ne correspond pas aux caractères utilisés dans le présent tableau, les renseignements concernant le degré d'exhaustivité des statistiques des décès selon la cause sont indiqués en note à la fin du tableau.

Insuffisance des données : Les statistiques des décès selon la cause appellent toutes les réserves qui ont été faites à propos des statistiques de l'état civil en général et des statistiques de mortalité en particulier (voir explications à la section 4 des Notes techniques).

La fiabilité des données, au sujet de laquelle des indications ont été fournies plus haut, est un facteur important en l'occurrence. Il faut également tenir compte du fait que, dans certains cas, les données relatives aux décès sont classées par date d'enregistrement et non par date effective; ces cas ont été identifiés par le signe (+). Lorsque le décalage entre le décès et son enregistrement est grand, c'est–à–dire qu'une forte proportion des décès fait l'objet d'un enregistrement tardif, les statistiques des décès de l'année peuvent être sérieusement faussées.

In considering cause–of–death statistics it is important to take account of the differences among countries or areas in the quality, availability, and efficiency of medical services, certification procedures, and coding practices. In most countries or areas, when a death is registered and reported for statistical purposes, the cause of death is required to be stated. This statement of cause may have several sources: (1) If the death has been followed by an autopsy, presumably the "true" cause will have been discovered; (2) If an autopsy is not performed but the decedent was treated prior to death by a medical attendant, the reported cause of death will reflect the opinion of that physician based on observation of the patient while he was alive; (3) If, on the other hand, the decedent has died without medical attendance, his body may be examined (without autopsy) by a physician who, aided by the questioning of persons who saw the patient before death, may come to a decision as to the probable cause of death; (4) Still another possibility is that a physician or other medically trained person may question witnesses without seeing the decedent and arrive at a diagnosis; (5) Finally, there is the case where witnesses give the cause of death without benefit of medical advice or questioning. These five possible sources of information on cause of death constitute in general five degrees of decreasing accuracy in reporting.

Serious difficulties of comparability may stem also from differences in the form of death certificate being used, an increasing tendency to enter more than one cause of death on the certificate and diversity in the principles by which the primary or underlying cause is selected for statistical use when more than one is entered. [56]

Differences in terminology used to identify the same disease also result in lack of comparability in statistics. These differences may arise in the same language in various parts of one country or area, but they are particularly troublesome between different languages. They arise even in connection with the medically certified deaths, but they are infinitely more varied and obscure in causes of death reported by lay persons. This problem of terminology and its solution are receiving attention by the World Health Organization.

Coding problems, and problems in interpretation of rules, arise constantly in using the various revisions of the International Statistical Classification of Diseases, Injuries and Causes of Death. Lack of uniformity between countries or areas in these interpretations and in adapting rules to national needs results in lack of comparability which can be observed in the statistics. It is particularly evident in causes which are coded differently according to the age of the decedent, such as pneumonia, diarrhoeal diseases and others. Changing interpretations and new rules can also introduce disparities into the time series for one country or area. Hence, large increases or decreases in deaths reported from specified diseases should be examined carefully for possible explanations in terms of coding practice, before they are accepted as changes in mortality.

Lorsqu'on étudie les statistiques des causes de décès, il importe de tenir compte des différences existant entre pays ou zones du point de vue de la qualité, de l'accessibilité et de l'efficacité des services médicaux, ainsi que des méthodes d'établissement des certificats de décès et des procédés de codage. Dans la plupart des pays ou zones, lorsqu'un décès est enregistré et déclaré aux fins de statistique, le bulletin établi doit mentionner la cause du décès. Or, la déclaration de la cause peut émaner de plusieurs sources : 1) si le décès a été suivi d'une autopsie, il est probable qu'on en aura décelé la cause "véritable"; 2) s'il n'y a pas eu d'autopsie, mais si le défunt avait reçu, avant sa mort, les soins d'un médecin, la déclaration de la cause du décès reflétera l'opinion de ce médecin, fondée sur l'observation du malade alors qu'il vivait encore; 3) si, au contraire, le défunt est mort sans avoir reçu de soins médicaux, il se peut qu'un médecin examine le corps (sans qu'il soit fait d'autopsie), auquel cas il pourra, en questionnant les personnes qui ont vu le malade avant sa mort, se former une opinion sur la cause probable du décès; 4) il se peut encore que, sans voir le corps, un médecin ou une autre personne de formation médicale interroge des témoins et arrive ainsi à un diagnostic; 5) enfin, il y a le cas où de simples témoins indiquent une cause de décès sans l'avis d'un médecin. A ces cinq sources de renseignements possibles correspondent généralement cinq degrés décroissants d'exactitude des données.

La comparabilité est aussi parfois très difficile à assurer par suite des différences existant dans la forme des certificats de décès utilisés, de la tendance croissante à indiquer plus d'une cause de décès sur le certificat, et de la diversité des principes régissant le choix de la cause principale ou initiale à retenir dans les statistiques quand le certificat indique plus d'une cause [56].

Les différences entre les termes utilisés pour désigner la même maladie compromettent aussi la comparabilité des statistiques. On en rencontre parfois d'une région à l'autre d'un même pays ou d'une même zone où toute la population parle la même langue, mais elles sont particulièrement gênantes lorsque plusieurs langues interviennent. Ces différences soulèvent des difficultés même quand les décès sont certifiés par un médecin, mais elles sont infiniment plus grandes et plus difficiles à éclaircir lorsque la cause du décès est indiquée par de simples témoins. L'Organisation mondiale de la santé s'emploie à étudier et à résoudre ce problème de terminologie.

En outre, des problèmes de codage et d'interprétation des règles se posent constamment lorsqu'on utilise les diverses révisions de la Classification statistique internationale des maladies, traumatismes et causes de décès. Les pays ou zones n'interprètent pas ces règles de manière uniforme et ne les adaptent pas de la même façon à leurs besoins; la comparabilité s'en ressent, comme le montrent les statistiques. Cela est particulièrement vrai pour les causes comme la pneumonie et les maladies diarrhéiques et autres, qui sont codées différemment selon l'âge du défunt. Les changements d'interprétation et l'adoption de nouvelles règles peuvent aussi introduire des divergences dans les séries chronologiques d'un même pays ou d'une même zone. En conséquence, il convient d'examiner attentivement les cas où le nombre de décès attribués à des maladies déterminées s'accroît ou diminue fortement, pour s'assurer, avant de conclure à une évolution de la mortalité, que le changement n'est pas dû à la méthode de codage.

Further limitations of statistics by cause of death result from the periodic revision of the International Classification of Diseases. Each country or area reporting cause–of–death statistics in this table used either the 1965 or 1975 revision, a comparison of which is shown in Section 4.3 of the Technical Notes. In addition to the qualifications explained in footnotes, particular care must be taken in using distributions with relatively large numbers of deaths attributed to ill–defined causes (B45 or AM48) or the all–other–causes group (B46 or AM49). Large frequencies in the two categories may indicate that cause of death among whole segments of the population has been undiagnosed, and the distribution of known causes in such cases is likely to be quite unrepresentative of the situation as a whole.

The possibility of error being introduced by the exclusion of deaths of infants who were born alive but died before the registration of the birth or within the first 24 hours of life should not be overlooked. These infant deaths are incorrectly classified as late foetal deaths. In several countries or areas, tabulation procedures have been devised to separate these pseudo–late–foetal deaths from true late foetal deaths and to incorporate them into the total deaths, but even in these cases there is no way of knowing the cause of death. Such distributions are footnoted.

For a further detailed discussion of the development of statistics of causes of death and the problems involved, see chapter II of the Demographic Yearbook 1951.

Coverage: Deaths and death rates by cause are shown for 73 countries or areas (66 in part A and 7 in part B).

Data for ethnic or geographical segments of the population are included in the absence of national figures. These data are not presented as being representative of national–level statistics but as an index of the availability of statistics.

Earlier data: Deaths and death rates by cause have been shown in previous issues of the Demographic Yearbook. For information on specific years covered, readers should consult the Index.

Table 22

Table 22 presents expectation of life at specified ages for each sex for the latest available year.

Description of variables: Expectation of life is defined as the average number of years of life which would remain for males and females reaching the ages specified if they continued to be subjected to the same mortality experienced in the year(s) to which these life expectancies refer.

The table shows life expectancy according to an abridged life table or a complete life table as reported by the country. Values from complete life tables are shown in this table only when a more recent abridged life table is not available.

D'autres irrégularités statistiques, s'agissant des causes de décès, résultent des révisions périodiques de la Classification internationale des maladies. Tous les pays ou zones qui ont présenté des statistiques reprises dans ce tableau ont utilisé soit la révision de 1965, soit celle de 1975, qui sont comparées dans la section 4.3 des Notes techniques. Outre les réserves expliquées dans les notes, il faudra interpréter avec beaucoup de prudence les répartitions comportant un nombre relativement élevé de décès attribués à des causes mal définies ou inconnues (B45 ou AM48) ou au groupe "Toutes autres maladies" (B46 ou AM49). Si les chiffres donnés pour ces deux catégories sont importants, c'est sans doute parce que les décès survenus dans des groupes entiers de la population n'ont fait l'objet d'aucun diagnostic; en pareil cas, il est probable que la répartition des causes connues est loin de donner une vue exacte de la situation d'ensemble.

Il ne faut pas négliger non plus le risque d'erreur que peut présenter l'exclusion des enfants nés vivants mais décédés avant l'enregistrement de leur naissance, ou dans les 24 heures qui ont suivi la naissance. Ces décès sont classés à tort dans les morts foetales tardives. Dans plusieurs pays ou zones, les méthodes d'exploitation permettent de différencier ces pseudo–morts foetales tardives des morts foetales tardives véritables et de les ajouter au nombre total des décès, mais, là encore, il est impossible de connaître la cause du décès. Ces répartitions sont signalées en note.

Pour un exposé plus détaillé de l'évolution des statistiques des causes de décès et des problèmes qui se posent, voir le chapitre II de l'Annuaire démographique 1951.

Portée : Ce tableau présente des statistiques des décès selon la cause (nombre et taux) pour 73 pays ou zones 66 dans la Partie A et 7 dans la Partie B).

Lorsqu'il n'existait pas de chiffres nationaux, on a fait figurer des chiffres portant sur des groupes ethniques ou des subdivisions géographiques. Ces données ne se veulent pas représentatives sur le plan national, et ne sont présentées que comme indice des données disponibles.

Données publiées antérieurement : Des statistiques des décès selon la cause (nombre et taux) figurent déjà dans des éditions antérieures de l'Annuaire démographique. Pour plus de précisions concernant les années pour lesquelles ces données ont été publiées, se reporter à l'Index.

Tableau 22

Le tableau 22 présente les espérances de vie à des âges déterminés, pour chaque sexe, pour la dernière année disponible.

Description des variables : L'espérance de vie est le nombre moyen d'années restant à vivre aux personnes du sexe masculin et du sexe féminin atteignant les âges indiqués si elles continuent d'être soumises aux mêmes conditions de mortalité que celles qui existaient pendant les années auxquelles se rapportent les valeurs considérées.

Dans le tableau figurent les espérances de vie calculées, selon une table de mortalité abrégée ou une table de mortalité complète, par le pays même. On ne trouve dans le tableau des chiffres calculés à partir de tables de mortalité complètes que lorsqu'il n'en existe pas sur la base de tables de mortalité plus récentes abrégées.

Male and female expectations are shown separately for selected ages beginning at birth (age 0) and proceeding with ages 1, 2, 3, 4, 5, 10, 15, 20, 25, 30, 35, 40, 45, 50, 55, 60, 65, 70, 75, 80 and 85 years.

Life expectancy is shown with two decimals regardless of the number of digits provided in the original computation.

The data come mainly from the official life tables of the countries or areas concerned. Where official data are lacking, estimates of life expectancy at birth, prepared by the Population Division of the United Nations Secretariat, are included. These estimates have been prepared by use of the techniques described in the United Nations Manual on Methods of Estimating Basic Demographic Measures from Incomplete Data [57] and the application of assumed rates of gain in life expectancy based on model life tables [58] and other information. United Nations estimates are identified in the table by footnotes.

Life table computation: From the demographic point of view, a life table is regarded as a theoretical model of a population which is continuously replenished by births and depleted by deaths. The model gives a complete picture of the mortality experience of a population based on the assumption that the theoretical cohort is subject, throughout its existence, to the age–specific mortality rates observed at a particular time. Thus levels of mortality prevailing at the time a life table is constructed are assumed to remain unchanged into the future until all members of the cohort have died.

The starting point for the calculation of life–table values is usually the computation of death rates for the various age groups. From these rates other functions are derived, and from the latter functions survival ratios are derived, expressing the proportion of persons, among those who survive to a given age, who live on and attain the next age level.

The functions of the life table are calculated in the following sequence: (1) mx, the death rate among persons of a given age, x; (2) qx, the probability of dying within a given age interval, (3) lx, the number of survivors to a specific age from an assumed initial number of births; (4) Lx, the number of years lived collectively by those survivors within the given age interval; (5) Tx, person–years lived by a hypothetical cohort from age x and onward; and (6) eox, the expectation of life of an individual of given age.

In all these symbols, the suffix "x" denotes age. It denotes either the lower limit of an age group or the entire age group, depending on the nature of the function. In standard usage a subscript "n" preceeds each of these functions. In a complete life table n is 1 and is frequently omitted. In an abridged life table by five–year age groups, "n" becomes 5.

The life–table death rate, qx, expresses the probability that an individual about to enter an age group will die before reaching the upper limit of that age group. In many instances the value shown is 1 000qx. For a complete life table, 1 000q10 = 63.0 is interpreted to mean that of 1 000 persons reaching age 10, 63 will die before their eleventh birthday. From an abridged life table 1 000q10 = 63 is interpreted to mean that of 1 000 persons reaching age 10, only 63 die before their fifteenth birthday.

Les chiffres sont présentés séparément pour chaque sexe à partir de la naissance (âge 0) et pour les âges suivants : 1, 2, 3, 4, 5,10, 15, 20, 25, 30, 35, 40, 45, 50, 55, 60, 65, 70, 75, 80 et 85 ans.

Les espérances de vie sont chiffrées à deux décimales, indépendamment du nombre de celles qui figurent dans le calcul initial.

Ces données proviennent surtout des tables officielles de mortalité des pays ou zones auxquels elles se rapportent. Toutefois, là où il n'existait pas de données officielles, on a présenté des estimations concernant l'espérance de vie à la naissance établies par la Division de la population du Secrétariat de l'ONU. Ces estimations ont été calculées à l'aide des techniques mentionnées dans le Manuel des Nations Unies sur les méthodes permettant d'estimer les mesures démographiques fondamentales à partir de données incomplètes [57] et en appliquant des taux hypothétiques de gain d'espérance de vie fondés sur des tables types de mortalité [58] et sur d'autres renseignements. Les estimations de l'ONU sont signalées en note à la fin du tableau.

Calcul des tables de mortalité : Du point de vue démographique, les tables de mortalité sont considérées comme des modèles théoriques représentant une population constamment reconstituée par les naissances et réduite par les décès. Ces modèles donnent un aperçu complet de la mortalité d'une population, reposant sur l'hypothèse que chaque cohorte théoriquement distinguée connaît, pendant toute son existence, la mortalité par âge observée à un moment donné. Les mortalités correspondant à l'époque à laquelle sont calculées les tables de mortalité sont ainsi censées demeurer inchangées dans l'avenir jusqu'au décès de tous les membres de la cohorte.

Le point de départ du calcul des tables de mortalité consiste d'ordinaire à calculer les taux de mortalité des divers groupes d'âges. A partir de ces taux, on détermine d'autres paramètres, puis, à partir de ces paramètres, des quotients de survie mesurant la proportion de personnes, parmi les survivants jusqu'à un âge donné, qui atteignent le palier d'âge suivant.

Les paramètres des tables de mortalité sont calculés dans l'ordre suivant : 1) mx, taux de mortalité des individus d'un âge donné x; 2) qx, probabilité de décès entre deux âges donnés; 3) 1x, nombre de survivants jusqu'à un âge donné à partir d'un nombre initial supposé de naissances; 4) Lx, nombre d'années vécues collectivement par les survivants du groupe d'âges considérés; 5) Tx, nombre d'années personne vécues par la cohorte hypothétique à partir de l'âge x, enfin , 6) espérance de vie d'une personne d'âge donné.

Dans tous ces symboles, l'indice (x) désigne l'âge, c'est–à–dire soit la limite inférieure d'une fourchette d'âges, soit le groupe d'âges dans son entier, selon la nature du paramètre. Normalement, un "n" précède chacun de ces paramètres. Dans les tables de mortalité complètes, n = 1 et on l'omet fréquemment. Dans les tables de mortalité abrégées par groupes quinquennaux, "n" devient 5.

Le taux de mortalité actuariel, qx exprime la probabilité qu'a un individu sur le point d'accéder à un groupe d'âges de mourir avant d'avoir atteint la limite supérieure de la fourchette des âges de ce groupe. Dans beaucoup de cas, la valeur retenue est 1 000 qx. Dans les tables de mortalité complètes, 1 000 q10 = 63,0 signifie que, sur 1 000 personnes atteignant l'âge 10,63 décéderont avant leur onzième anniversaire. Dans les tables de mortalité abrégées, 1 000 q10 = 63 signifie que, sur 1 000 personnes atteignant l'âge 10, 63 seulement décéderont avant leur quinzième anniversaire.

The number of survivors to the given exact age is symbolized by lx, where the suffix "x" indicates the lower limit of each age group. In most life tables, 100,000 births are assumed and the lx function shows how many of the 100,000 reach each age.

Expectation of life, ex, is defined as the average number of years of life which would remain for males and females reaching the ages specified if they continued to be subjected to the same mortality experienced in the year(s) to which these life expectancies refer. [59]

Reliability of data: Since the values shown in this table come either from official life tables or from estimates prepared at the United Nations, they are all considered to be reliable. With regard to the values taken from official life tables, it is assumed that, if necessary, the basic data (population and deaths classified by age and sex) have been adjusted for deficiencies before their use in constructing the life tables.

Limitations: Expectation–of–life values are subject to the same qualifications as have been set forth for population statistics in general and death statistics in particular, as discussed in sections 3 and 4, respectively, of the Technical Notes.

Perhaps the most important specific qualifications which can be set forth in connection with expectation–of–life values is that they must be interpreted strictly in terms of the underlying assumption that surviving cohorts are subjected to the age–specific mortality rates of the period to which the life table refers.

Coverage: Expectation of life at specified ages for each sex is shown for 167 countries or areas.

Data for ethnic or geographical segments of the population are included in the absence of national figures. These data are not presented as being representative of national–level statistics but as an index of the availability of statistics.

Earlier data: Expectation of life at specified ages for each sex has been shown in previous issues of the Demographic Yearbook. Data included in this table update the series covering a period of years as follows:

Issues	Years covered
Historical Supplement	1948–1977
1948	1896–1947

Table 23

Table 23 presents number of marriages and crude marriage rates by urban/rural residence for as many years as possible between 1984 and 1988.

Le nombre de survivants jusqu'à l'âge exact donné est représenté par lx, où l'indice "x" indique la limite inférieure de chaque groupe d'âges. Dans la plupart des tables de mortalité, on se base sur 100 000 naissances et le paramètre lx indique le nombre de survivants de cette cohorte de 100 000 qui atteint chaque âge.

L'espérance de vie ex se définit comme le nombre moyen d'années de survie des hommes et des femmes qui ont atteint les âges indiqués, au cas où leur cohorte continuerait d'être soumise à la même mortalité que dans l'année ou les années auxquelles se réfère l'espérance de vie [59].

Fiabilité des donnés : Etant donné que les chiffres figurant dans ce tableau proviennent soit de tables officielles de mortalité, soit d'estimations établies par l'ONU, elles sont toutes présumées sûres. En ce qui concerne les chiffres tirés de tables officielles de mortalité, on suppose que les données de base (effectif de la population et nombre de décès selon l'âge et le sexe) ont été ajustées, en tant que de besoin, avant de servir à l'établissement de la table de mortalité.

Insuffisance des données : Les espérances de vie appellent les mêmes réserves que celles qui ont été formulées à propos des statistiques de la population en général et des statistiques de mortalité en particulier (voir explications aux sections 3 et 4, respectivement, des Notes techniques).

La principale réserve à faire au sujet des espérances de vie est peut–être que, lorsqu'on interprète les données, il ne faut jamais perdre de vue que, par hypothèse, les cohortes de survivants sont soumises, pour chaque âge, aux conditions de mortalité de la période visée par la table de mortalité.

Portée : Ce tableau présente les espérances de vie à des âges déterminés pour chaque sexe, pour 167 pays ou zones.

Lorsqu'il n'existait pas de chiffres nationaux, on a fait figurer des chiffres portant sur des groupes ethniques ou des subdivisions géographiques. Ces données ne se veulent pas représentatives sur le plan national et ne sont présentées que comme indice des données disponibles.

Données publiées antérieurement : Des espérances de vie à des âges déterminés pour chaque sexe figurent déjà dans des éditions antérieures de l'Annuaire démographique. Les données présentées dans ce tableau mettent à jour les périodes d'années suivantes :

Editions	Années considérées
Supplément rétrospectif	1948–1977
1948	1896–1947

Tableau 23

Le tableau 23 présente des données sur les mariages et les taux bruts de nuptialité selon la résidence (urbaine/rurale) pour le plus grand nombre possible d'années entre 1984 et 1988.

Description of variables: Marriage is defined as the act, ceremony or process by which the legal relationship of husband and wife is constituted. The legality of the union may be established by civil, religious, or other means as recognized by the laws of each country. [60]

Marriage statistics in this table, therefore, include both first marriages and remarriages after divorce, widowhood or annulment. They do not, unless otherwise noted, include resumption of marriage ties after legal separation. These statistics refer to the number of marriages performed, and not to the number of persons marrying.

Statistics shown are obtained from civil registers of marriage. Exceptions, such as data from church registers, are identified in the footnotes.

The urban/rural classification of marriages is that provided by each country or area; it is presumed to be based on the national census definitions of urban population which have been set forth at the end of table 6.

Rate computation: Crude marriage rates are the annual number of marriages per 1 000 mid–year population.

Rates by urban/rural residence are the annual number of marriages, in the appropriate urban or rural category, per 1 000 corresponding mid–year population.

Rates presented in this table have been limited to those for countries or areas having at least a total of 100 marriages in a given year. Moreover, rates based on 30 or fewer marriages are identified by the symbol (◆).

These rates, unless otherwise noted, have been calculated by the Statistical Office of the United Nations.

Reliability of data: Each country or area has been asked to indicate the estimated completeness of the number of marriages recorded in its civil register. These national assessments are indicated by the quality codes C, U and ... that appear in the first column of this table.

C indicates that the data are estimated to be virtually complete, that is, representing at least 90 per cent of the marriages occurring each year, while U indicates that data are estimated to be incomplete, that is, representing less than 90 per cent of the marriages occurring each year. The code (...) indicates that no information was provided regarding completeness.

Data from civil registers which are reported as incomplete or of unknown completeness (coded U or ...) are considered unreliable. They appear in italics in this table. When data so coded are used to calculate rates, the rates also appear in italics.

These quality codes apply only to data from civil registers. For more information about the quality of vital statistics data in general, see section 4.2 of the Technical Notes.

Description des variables : Le mariage désigne l'acte, la cérémonie ou la procédure qui établit un rapport légal entre mari et femme. L'union peut être rendue légale par une procédure civile ou religieuse, ou par toute autre procédure, conformément à la législation du pays [60].

Les statistiques de la nuptialité présentées dans ce tableau comprennent donc les premiers mariages et les remariages faisant suite à un divorce, un veuvage ou une annulation. Toutefois, sauf indication contraire, elles ne comprennent pas les unions reconstituées après une séparation légale. Ces statistiques se rapportent au nombre de mariages célébrés, non au nombre de personnes qui se marient.

Les statistiques présentées reposent sur l'enregistrement des mariages par les services de l'état civil. Les exceptions (données tirées des registres des églises, par exemple) font l'objet d'une note au bas du tableau.

La classification des mariages selon la résidence (urbaine/rurale) est celle qui a été fournie par chaque pays ou zone; il faut en conclure qu'elle repose sur les définitions de la population urbaine utilisées pour les recensements nationaux telles qu'elles sont reproduites à la fin du tableau 6.

Calcul des taux : Les taux bruts de nuptialité représentent le nombre annuel de mariages pour 1 000 habitants au milieu de l'année.

Les taux selon la résidence (urbaine/rurale) représentent le nombre annuel de mariages, classés selon la catégorie urbaine ou rurale appropriée, pour 1 000 habitants au milieu de l'année.

Les taux de ce tableau ne se rapportent qu'aux pays ou zones où l'on a enregistré un total d'au moins 100 mariages dans une année donnée. De plus, les taux calculés sur la base de 30 mariages ou moins, qui sont indiqués dans le tableau sont identifiés par le signe (◆).

Sauf indication contraire, ces taux ont été calculés par le Bureau de statistique de l'ONU.

Fiabilité des données : Il a été demandé à chaque pays ou zone d'indiquer le degré estimatif de complétude des données sur les mariages figurant dans ses registres d'état civil. Ces évaluations nationales sont désignées par les codes de qualité C, U et ... qui apparaissent dans la première colonne du tableau.

La lettre (C) indique que les données sont jugées à peu près complètes, c'est–à–dire qu'elles représentent au moins 90 p. 100 des mariages survenus chaque année; la lettre (U) indique que les données sont jugées incomplètes, c'est–à–dire qu'elles représentent moins de 90 p. 100 des mariages survenus chaque année. Le signe (...) indique qu'aucun renseignement n'a été fourni quant à la complétude des données.

Les données provenant des registres de l'état civil qui sont déclarées incomplètes ou dont le degré de complétude n'est pas connu (et qui sont affectées de la lettre (U) ou du signe (...) sont jugées douteuses. Elles apparaissent en italique dans le présent tableau. Lorsque ces données sont utilisées pour calculer des taux, ces taux apparaissent eux aussi en italique.

Ces codes de qualité ne s'appliquent qu'aux données tirées des registres de l'état civil. Pour plus de précisions sur la qualité des données reposant sur les statistiques de l'état civil en général, voir la section 4.2 des Notes techniques.

Limitations: Statistics on marriages are subject to the same qualifications which have been set forth for vital statistics in general and marriage statistics in particular as discussed in section 4 of the Technical Notes.

The fact that marriage is a legal event, unlike birth and death which are biological events, has implications for international comparability of data. Marriage has been defined, for statistical purposes, in terms of the laws of individual countries or areas. These laws vary throughout the world. In addition, comparability is further limited because some countries or areas compile statistics only for civil marriages although religious marriages may also be legally recognized; in others, the only available records are church registers and, therefore, the statistics do not relate to marriages which are civil marriages only.

Because in many countries or areas marriage is a civil legal contract which, to establish its legality, must be celebrated before a civil officer, it follows that for these countries or areas registration would tend to be almost automatic at the time of, or immediately following, the marriage ceremony. This factor should be kept in mind when considering the reliability of data, described above. For this reason the practice of tabulating data by date of registration does not generally pose serious problems of comparability as it does in the case of birth and death statistics.

As indicators of family formation, the statistics on the number of marriages presented in this table are bound to be deficient to the extent that they do not include either customary unions, which are not registered even though they are considered legal and binding under customary law, or consensual unions (also known as extra–legal or de facto unions). In general, low marriage rates over a period of years are an indication of high incidence of customary or consensual unions. This is particularly evident in Africa and Latin America.

In addition, it should be noted that rates are affected also by the quality and limitations of the population estimates which are used in their computation. The problems of under–enumeration or over–enumeration and, to some extent, the differences in definition of total population have been discussed in section 3 of the Technical Notes dealing with population data in general, and specific information pertaining to individual countries or areas is given in the footnotes to table 3. In the absence of official data on total population, United Nations estimates of mid–year population have been used in calculating some of these rates.

As will be seen from the footnotes, strict correspondence between the numerator of the rate and the denominator is not always obtained; for example, marriages among civilian and military segments of the population may be related to civilian population. The effect of this may be to increase the rates or, if the population is larger than that from which the marriages are drawn, to decrease them, but, in most cases, it is probably negligible.

Insuffisance des données : Les statistiques des mariages appellent toutes les réserves qui ont été formulées à propos des statistiques de l'état civil en général et des statistiques de la nuptialité en particulier (voir explications figurant à la section 4 des Notes techniques).

Le fait que le mariage soit un acte juridique, à la différence de la naissance et du décès, qui sont des faits biologiques, a des répercussions sur la comparabilité internationale des données. Aux fins de la statistique, le mariage est défini par la législation de chaque pays ou zone. Cette législation varie d'un pays à l'autre. La comparabilité est limitée en outre du fait que certains pays ne réunissent des statistiques que pour les mariages civils, bien que les mariages religieux y soient également reconnus par la loi; dans d'autres, les seuls relevés disponibles sont les registres des églises et, en conséquence, les statistiques ne rendent pas compte des mariages exclusivement civils.

Le mariage étant, dans de nombreux pays ou zones, un contrat juridique civil qui, pour être légal, doit être conclu devant un officier d'état civil, il s'ensuit que dans ces pays ou zones l'enregistrement se fait à peu près automatiquement au moment de la cérémonie ou immédiatement après. Il faut tenir compte de cet élément lorsqu'on étudie la fiabilité des données, dont il est question plus haut. C'est pourquoi la pratique consistant à exploiter les données selon la date de l'enregistrement ne pose généralement pas les graves problèmes de comparabilité auxquels on se heurte dans le cas des statistiques des naissances et des décès.

Les statistiques relatives au nombre des mariages présentées dans ce tableau donnent une idée forcément trompeuse de la formation des familles, dans la mesure où elles ne tiennent compte ni des mariages coutumiers, qui ne sont pas enregistrés bien qu'ils soient considérés comme légaux et créateurs d'obligations en vertu du droit coutumier, ni des unions consensuelles (appelées également unions non légalisées ou unions de fait). En général, un faible taux de nuptialité pendant un certain nombre d'années indique une proportion élevée de mariages coutumiers ou d'unions consensuelles. Le cas est particulièrement manifeste en ce qui concerne l'Afrique et l'Amérique latine.

Il convient de noter par ailleurs que l'exactitude des taux dépend également de la qualité et des insuffisances des estimations de population qui sont utilisées pour leur calcul. Le problème des erreurs par excès ou par défaut commises lors du dénombrement et, dans une certaine mesure, le problème de l'hétérogénéité des définitions de la population totale ont été examinés à la section 3 des Notes techniques relative à la population en général; des indications concernant les différents pays ou zones sont données en note au bas du tableau 3. Lorsqu'il n'existait pas de chiffres officiels sur la population totale, ce sont les estimations de la population en milieu d'année, établies par le Secrétariat de l'ONU, qui ont servi pour le calcul des taux.

Comme on le constatera d'après les notes, il n'a pas toujours été possible, pour le calcul des taux, d'obtenir une correspondance rigoureuse entre le numérateur et le dénominateur. Par exemple, les mariages parmi la population civile et les militaires sont parfois rapportés à la population civile. Cela peut avoir pour effet d'accroître les taux; au contraire, si la population de base englobe un plus grand nombre de personnes que celle dans laquelle les mariages ont été comptés, les taux seront plus faibles, mais, dans la plupart des cas, il est probable que la différence sera négligeable.

It should be emphasized that crude marriage rates — like crude birth, death and divorce rates — may be seriously affected by age–sex–marital structure of the population to which they relate. Like crude divorce rates they are also affected by the existing distribution of population by marital status. Nevertheless, crude marriage rates do provide a simple measure of the level and changes in marriage.

The comparability of data by urban/rural residence is affected by the national definitions of urban and rural used in tabulating these data. It is assumed, in the absence of specific information to the contrary, that the definitions of urban and rural used in connection with the national population census were also used in the compilation of the vital statistics for each country or area. However, the possibility cannot be excluded that, for a given country or area, the same definitions of urban and rural are not used for both the vital statistics data and the population census data. When known, the definitions of urban used in national population censuses are presented at the end of table 6. As discussed in detail in the Technical Notes for table 6, these definitions vary considerably from one country or area to another.

In addition to problems of comparability, marriage rates classified by urban/rural residence are also subject to certain special types of bias. If, when calculating marriage rates, different definitions of urban are used in connection with the vital events and the population data, and if this results in a net difference between the numerator and denominator of the rate in the population at risk, then the marriage rates would be biased. Urban/rural differentials in marriage rates may also be affected by whether the vital events have been tabulated in terms of place of occurrence or place of usual residence. This problem is discussed in more detail in section 4.1.4.1 of the Technical Notes.

Coverage: Marriages are shown for 114 countries or areas. Data are presented for urban/rural residence for 29 countries or areas.

Crude marriage rates are shown for 106 countries or areas. Rates are presented for urban/rural residence for 20 countries or areas.

Data for ethnic or geographic segments of the population are included in the absence of national figures. These data are not presented as being representative of national–level statistics but as an index of the availability of statistics.

Earlier data: Marriages and crude marriage rates have been shown in each issue of the Demographic Yearbook. For information on specific years covered, readers should consult the Index.

Il faut souligner que les taux bruts de nuptialité, de même que les taux bruts de natalité, de mortalité et de divortialité, peuvent varier sensiblement selon la structure par âge et par sexe de la population à laquelle ils se rapportent. Tout comme les taux bruts de divortialité, ils dépendent également de la répartition de la population selon l'état matrimonial. Les taux bruts de nuptialité offrent néanmoins un moyen simple de mesurer la fréquence et l'évolution des mariages.

La comparabilité des données selon la résidence (urbaine/rurale) peut être limitée par les définitions nationales des termes "urbain" et "rural" utilisées pour la mise en tableaux de ces données. En l'absence d'indications contraires, on a supposé que les définitions des termes "urbain" et "rural" utilisées pour le recensement national de la population avaient été utilisées pour l'établissement des statistiques de l'état civil pour chaque pays ou zone. Toutefois, on ne peut exclure la possibilité que, pour un pays ou zone donné les mêmes définitions des termes "urbain" et "rural" n'aient pas été utilisées dans les deux cas. Les définitions du terme "urbain" pour les recensements nationaux de population ont été présentées à la fin du tableau 6 lorsqu'elles étaient connues. Comme on l'a précisé en détail dans les Notes techniques relatives au tableau 6, ces définitions varient très sensiblement d'un pays ou d'une zone à l'autre.

Outre ces problèmes de comparabilité, les taux de nuptialité classés selon la résidence urbaine ou rurale sont également sujets à certains types particuliers d'erreurs. Si, lors du calcul de ces taux, des définitions différentes du terme "urbain" sont utilisées pour classer les faits d'état civil et les données relatives à la population, et s'il en résulte une différence nette entre le numérateur et le dénominateur pour le taux de la population exposée au risque, les taux de nuptialité s'en trouveront faussés. La différence entre ces taux pour les zones urbaines et rurales pourra aussi être faussée selon que les faits d'état civil auront été classés d'après le lieu de l'événement ou le lieu de résidence habituelle. Ce problème est examiné plus en détail à la section 4.1.4.1 des Notes techniques.

Portée : Ce tableau présente des données sur le nombre des mariages pour 114 pays ou zones. Les répartitions selon la résidence (urbaine/rurale) intéressent 29 pays ou zones.

Ce tableau présente des taux bruts de nuptialité pour 106 pays ou zones. Les répartitions selon la résidence (urbaine/rurale) intéressent 20 pays ou zones.

Lorsqu'il n'existait pas de chiffres nationaux, on a fait figurer des chiffres portant sur des groupes ethniques ou géographiques. Ces données ne se veulent pas représentatives sur le plan national, et ne sont présentées que comme indice des statistiques disponibles.

Données publiées antérieurement : Des données sur le nombre des mariages ont été présentées dans chaque édition de l'Annuaire démographique. Pour plus de précisions concernant les années pour lesquelles des données ont été publiées, se reporter à l'Index.

Table 24

Table 24 presents the marriages by age of groom and age of bride for the latest available year.

Description of variables: Marriages [61] include both first marriages and remarriages after divorce, widowhood or annulment. They do not, unless otherwise noted, include resumption of marriage ties after legal separation.

Age is defined as age at last birthday, that is, the difference between the date of birth and the date of the occurrence of the event, expressed in completed solar years. The age classification used in this table is the following: under 15 years, 5–year age groups through 55–59, 60 years and over, and age unknown. The same classification is used for both grooms and brides.

To aid in the interpretation of data this table also provides information on the legal minimum age for marriage for grooms and the corresponding age for brides. Information is not available for all countries and, even for those for which data are at hand, there is confusion as to what is meant by "minimum age for marriage". In some cases, it appears to mean "age below which marriage is not valid without consent of parents or other specified persons"; in others, it is the "age below which valid marriage cannot be performed, irrespective of consent". Beginning in 1986, the countries or areas providing data on marriages by age of bride and groom were requested to specify "the minimum legal age at which marraige with parental consent can occur". The minimum age shown in this table comes primarily from responses to this request.

Reliability of data : Data from civil registers of marriages which are reported as incomplete (less than 90 per cent completeness) or of unknown completeness are considered unreliable and are set in italics rather than in roman type. Table 23 and the Technical Notes for that table provide more detailed information on the completeness of marriage registration. For more information about the quality of vital statistics data in general, see section 4.2 of the Technical Notes.

Limitations : Statistics on marriages by age of groom and age of bride are subject to the same qualifications as have been set forth for vital statistics in general and marriage statistics in particular as discussed in Section 4 of the Technical Notes.

The fact that marriage is a legal event, unlike birth and death which are biological events, has implications for international comparability of data. Marriage has been defined, for statistical purposes, in terms of the laws of individual countries or areas. These laws vary throughout the world. In addition, comparability is further limited because some countries or areas compile statistics only for civil marriages although religious marriages may also be legally recognized; in others, the only available records are church registers and, therefore, the statistics do not relate to marriages which are civil marriages only.

Tableau 24

Le tableau 24 tableau présente des statistiques des mariages classés selon l'âge de l'époux et selon l'âge de l'épouse pour la dernière année disponible.

Description des variables : La notion de mariage [61] recouvre les premiers mariages et les remariages faisant suite à un divorce, un veuvage ou une annulation. Toutefois, sauf indication contraire, elle ne comprend pas les unions reconstituées après une séparation légale.

L'âge désigne l'âge au dernier anniversaire, c'est–à–dire la différence entre la date de naissance et la date de l'événement, exprimée en années solaires révolues. Le classement par âge utilisé dans le tableau 24 comprend les groupes suivants : moins de 15 ans, groupes quinquennaux jusqu'à 55 à 59 ans, 60 ans et plus, et âge inconnu. On a adopté la même classification pour les deux sexes.

Pour faciliter l'interprétation des données, ce tableau indique aussi l'âge minimal légal de nubilité pour le sexe masculin et pour le sexe féminin. On n'a pas à ce sujet de données pour tous les pays et, même lorsqu'on en possède, une certaine confusion subsiste sur ce qu'il faut entendre par "âge minimum du mariage". Dans certains cas, il semble qu'o; s'agisse de "l"âge au–dessous duquel le mariage n'est pas valide sans le consentement des parents ou d'autres personnes autorisées"; dans d'autres, ce serait "l'âge au–dessous duquel le mariage ne peut pas être valide, même avec le consentement des personnes responsables". A partir de 1986, il a été demandé aux pays ou zones qui fournissent des données sur les mariages selon l'âge de l'épouse et de l'époux de préciser l'âge de nubilité, à savoir l'âge minimum auquel le mariage peur avoir lien avec le consentement des parents". Les chiffres d'âge minimum qui apparaissent dans le tableau proviennent principalement de renseignements communiqués en réponse à cette demande.

Fiabilité des données : Les données sur les mariages provenant des registres de l'état civil qui sont déclarées incomplètes (degré de complétude inférieur à 90 p. 100) ou dont le degré de complétude n'est pas connu sont jugées douteuses et apparaissent en italique et non en caractères romains. Le tableau 23 et les Notes techniques s'y rapportant présentent des renseignements plus détaillés sur le degré de complétude de l'enregistrement des mariages. Pour plus de précisions sur la qualité des données reposant sur les statistiques de l'état civil en général, voir la section 4.2 des Notes techniques.

Insuffisance des données : Les statistiques des mariages selon l'âge de l'époux et selon l'âge de l'épouse appellent toutes les réserves qui ont été faites à propos des statistiques de l'état civil en général et des statistiques de la nuptialité en particulier (voir explications à la section 4 des Notes techniques).

Le fait que le mariage soit un acte juridique, à la différence de la naissance et du décès, qui sont des faits biologiques, a des répercussions sur la comparabilité internationale des données. Aux fins de la statistique, le mariage est défini par la législation de chaque pays ou zone. Cette législation varie d'un pays à l'autre. La comparabilité est limitée en outre du fait que certains pays ne réunissent des statistiques que pour les mariages civils, bien que les mariages religieux y soient également reconnus par la loi; dans d'autres, les seuls relevés disponibles sont les registres des églises et, en conséquence, les statistiques ne rendent pas compte des mariages exclusivement civils.

Because in many countries or areas marriage is a civil legal contract which, to establish its legality, must be celebrated before a civil officer, it follows that for these countries or areas registration would tend to be almost automatic at the time of, or immediately following, the marriage ceremony. This factor should be kept in mind when considering the reliability of data, described above. For this reason the practice of tabulating data by date of registration does not generally pose serious problems of comparability as it does in the case of birth and death statistics.

Because these statistics are classified according to age, they are subject to the limitations with respect to accuracy of age reporting similar to those already discussed in connection with Section 3.1.3 of the Technical Notes. It is probable that biases are less pronounced in marriage statistics, because information is obtained from the persons concerned and since marriage is a legal act, the participants are likely to give correct information. However, in some countries or areas, there appears to be an abnormal concentration of marriages at the legal minimum age for marriage and at the age at which valid marriage may be contracted without parental consent, indicating perhaps an overstatment in some cases to comply with the law.

Aside from the possibility of age misreporting, it should be noted that marriage patterns at younger ages, that is, for ages up to 24 years, are indeed influenced to a large extent by laws regarding the minimum age for marriage. Information on legal minimum age for both grooms and brides is included in this table.

Factors which may influence age reporting particularly at older ages include an inclination to understate the age of bride in order that it may be equal to or less than that of the groom.

The absence of frequencies in the unknown age group does not necessarily indicate completely accurate reporting and tabulation of the age item. It is often an indication that the unknowns have been eliminated by assigning ages to them before tabulation, or by proportionate distribution after tabulation.

Another age–reporting factor which must be kept in mind in using these data is the variation which may result from calculating age at marriage from year of birth rather than from day, month and year of birth. Information on this factor is given in footnotes when known.

Coverage : Marriages by age of groom and age of bride are shown for 85 countries or areas.

Data for ethnic or geographic segments of the population are included in the absence of national figures. These data are not presented as being representative of national–level statistics but as an index of the availability of statistics.

Le mariage étant, dans de nombreux pays ou zones, un contrat juridique civil qui, pour être légal, doit être conclu devant un officier d'état civil, il s'ensuit que, dans ces pays ou zones, l'enregistrement se fait à peu près automatiquement au moment de la cérémonie ou immédiatement après. Il fait tenir compte de cet élément lorsqu'on étudie la fiabilité des données, dont il est question plus haut. C'est pourquoi la pratique consistant à exploiter les données selon la date de l'enregistrement ne pose généralement pas les graves problèmes de comparabilité auxquels on se heurte dans le cas des statistiques des naissances et des décès.

Comme ces statistiques sont classées selon l'âge, elles appellent les mêmes réserves concernant l'exactitude des déclarations d'âge que celles dont il a déjà été fait mention dans la section 3.1.3 des Notes techniques. Il est probable que les statistiques de la nuptialité sont moins faussées par ce genre d'erreur, car les renseignements sont donnés par les intéressés eux–mêmes, et, comme le mariage et un acte juridique, il y a toutes chances pour que leurs déclarations soient exactes. Toutefois, dans certains pays ou zones, il semble y avoir une concentration anormale des mariages à l'âge minimal légal de nubilité ainsi qu'à l'âge auquel le mariage peut être valablement contracté sans le consentement des parents, ce qui peut indiquer que certains déclarants se vieillissent pour se conformer à la loi.

Outre la possibilité d'erreurs dans les déclarations d'âge, il convient de noter que la législation fixant l'âge minimal de nubilité influe notablement sur les caractéristiques de la nuptialité pour les premiers âges, c'est–à–dire jusqu'à 24 ans. Le tableau 25 indique l'âge minimal légal de nubilité pour les époux et les épouses.

Parmi les facteurs pouvant exercer une influence sur les déclarations d'âge, en particulier celles qui sont faites par des personnes plus âgées, il faut citer la tendance à diminuer l'âge de l'épouse de façon qu'il soit égal ou inférieur à celui de l'époux.

Si aucun nombre ne figure dans la colonne réservée aux âges inconnus, cela ne signifie pas nécessairement que les déclarations d'âge et l'exploitation des données par âge aient été tout à fait exactes. C'est souvent une indication que l'on a attribué un âge aux personnes d'âge inconnu avant l'exploitation des données ou que celles–ci ont été réparties proportionnellement entre les différents groupes après cette opération.

Il importe de ne pas oublier non plus, lorsqu'on utilisera ces données, que l'on calcule parfois l'âge des conjoints au moment du mariage sur la base de l'année de naissance seulement et non d'après la date exacte (jour, mois et année) de naissance. Des renseignements à ce sujet sont fournis en note chaque fois que faire se peut.

Portée : Ce tableau présente des statistiques des mariages selon l'âge de l'époux et selon l'âge de l'épouse pour 85 pays ou zones.

Lorsqu'il n'existait pas de chiffres nationaux, on a fait figurer des chiffres portant sur des groupes ethniques ou géographiques. Ces données ne se veulent pas représentatives sur le plan national et ne sont présentées que comme indice des statistiques disponibles.

Earlier data : Marriages by age of groom and age of bride have been shown for the latest available year in most issues of the Demographic Yearbook. In addition, issues, including those featuring marriage and divorce statistics, have presented data covering a period of years. For information on the years covered, readers should consult the Index.

Table 25

Table 25 presents number of divorces and crude divorce rates for as many years as possible between 1984 and 1988.

Description of variables: Divorce is defined as a final legal dissolution of a marriage, that is, that separation of husband and wife which confers on the parties the right to remarriage under civil, religious and/or other provisions, according to the laws of each country. [62]

Unless otherwise noted, divorce statistics exclude legal separations which do not allow remarriage. These statistics refer to the number of divorces granted, and not to the number of persons divorcing.

Divorce statistics are obtained from court records and/or civil registers according to national practice. The actual compilation of these statistics may be the responsibility of the civil registrar, the national statistical office or other government offices.

Rate computation: Crude divorce rates are the annual number of divorces per 1 000 mid–year population.

Rates presented in this table have been limited to those for countries or areas having at least a total of 100 divorces in a given year.

These rates, unless otherwise noted, have been calculated by the Statistical Office of the United Nations.

Reliability of data: Each country or area has been asked to indicate the estimated completeness of the divorces recorded in its civil register. These national assessments are indicated by the quality codes C, U and ... that appear in the first column of this table.

C indicates that the data are estimated to be virtually complete, that is, representing at least 90 per cent of the divorces occurring each year, while U indicates that data are estimated to be incomplete, that is, representing less than 90 per cent of the divorces occurring each year. The code (...) indicates that no information was provided regarding completeness.

Data from civil registers which are reported as incomplete or of unknown completeness (coded U or ...) are considered unreliable. They appear in italics in this table. When data so coded are used to calculate rates, the rates also appear in italics.

Données publiées antérieurement : Des statistiques des mariages selon l'âge de l'époux et selon l'âge de l'épouse ont été présentées pour la dernière année disponible dans la plupart des éditions de l'Annuaire démographique. En outre, des éditions, y compris celles dont le sujet spécial était les statistiques de la nuptialité et de la divortialité, ont présenté des données qui portaient sur les périodes d'années. Pour plus de précisions concernant les années pour lesquelles ces données ont été publiées, on se reportera à l'Index.

Tableau 25

Le tableau 25 présente des statistiques des divorces pour le plus grand nombre d'années possible entre 1984 et 1988.

Description des variables : Le divorce est la dissolution légale et définitive des liens du mariage, c'est–à–dire la séparation de l'époux et de l'épouse qui confère aux parties le droit de se remarier civilement ou religieusement, ou selon toute autre procédure, conformément à la législation du pays [62].

Sauf indication contraire, les statistiques de la divortialité n'englobent pas les séparations légales qui excluent un remariage. Ces statistiques se rapportent aux jugements de divorce prononcés, non aux personnes divorcées.

Les statistiques de la divortialité sont tirées, selon la pratique suivie par chaque pays, des actes des tribunaux et/ou des registres de l'état civil. L'officier d'état civil, les services nationaux de statistique ou d'autres services gouvernementaux peuvent être chargés d'établir ces statistiques.

Calcul des taux : Les taux bruts de divortialité représentent le nombre annuel de divorces enregistrés pour 1 000 habitants au milieu de l'année.

Les taux de ce tableau ne se rapportent qu'aux pays ou zones où l'on a enregistré un total d'au moins 100 divorces dans une année donnée.

Sauf indication contraire, ces taux ont été calculés par le Bureau de statistique de l'ONU.

Fiabilité des données : Il a été demandé à chaque pays ou zone d'indiquer le degré estimatif de complétude des données sur les divorces figurant dans ses registres d'état civil. Ces évaluations nationales sont désignées par les codes de qualité (C), (U) et (...) qui apparaissent dans la première colonne du tableau.

La lettre (C) indique que les données sont jugées à peu près complètes, c'est–à–dire qu'elles représentent au moins 90 p. 100 des divorces survenus chaque année; la lettre (U) indique que les données sont jugées incomplètes, c'est–à–dire qu'elles représentent moins de 90 p. 100 des divorces survenus chaque année. Le signe (...) indique qu'aucun renseignement n'a été fourni quant à la complétude des données.

Les données provenant des registres de l'état civil qui sont déclarées incomplètes ou dont le degré de complétude n'est pas connu (et qui sont affectées de la lettre (U) ou du signe (...) sont jugées douteuses. Elles apparaissent en italique dans le présent tableau. Lorsque ces données sont utilisées pour calculer des taux, ces taux apparaissent eux aussi en italique.

These quality codes apply only to data from civil registers. For more information about the quality of vital statistics data in general, see section 4.2 of the Technical Notes.

Limitations: Statistics on divorces are subject to the same qualifications as have been set forth for vital statistics in general and divorce statistics in particular as discussed in section 4 of the Technical Notes.

Divorce, like marriage, is a legal event, and this has implications for international comparability of data. Divorce has been defined, for statistical purposes, in terms of the laws of individual countries or areas. The laws pertaining to divorce vary considerably from one country or area to another. This variation in the legal provision for divorce also affects the incidence of divorce, which is relatively low in countries or areas where divorce decrees are difficult to obtain.

Since divorces are granted by courts and statistics on divorce refer to the actual divorce decree, effective as of the date of the decree, marked year–to–year fluctuations may reflect court delays and clearances rather than trends in the incidence of divorce. The comparability of divorce statistics may also be affected by tabulation procedures. In some countries or areas annulments and/or legal separations may be included. This practice is more common for countries or areas in which the number of divorces is small. Information on this practice is given in the footnotes when known.

Because the registration of a divorce in many countries or areas is the responsibility solely of the court or the authority which granted it, and since the registration record in such cases is part of the records of the court proceedings, it follows that divorces are likely to be registered soon after the decree is granted. For this reason the practice of tabulating data by date of registration does not generally pose serious problems of comparability as it does in the case of birth and death statistics.

As noted briefly above, the incidence of divorce is affected by the relative ease or difficulty of obtaining a divorce according to the laws of individual countries or areas. The incidence of divorce is also affected by the ability of individuals to meet financial and other costs of the court procedures. Connected with this aspect is the influence of certain religious faiths on the incidence of divorce. For all these reasons, divorce statistics are not strictly comparable as measures of family dissolution by legal means. Furthermore, family dissolution by other than legal means, such as separation, is not measured in statistics for divorce.

For certain countries or areas there is or was no legal provision for divorce in the sense used here, and therefore no data for these countries or areas appear in this table.

Ces codes de qualité ne s'appliquent qu'aux données tirées des registres de l'état civil. Pour plus de précision sur la qualité des données reposant sur les statistiques de l'état civil en général, voir la section 4.2 des Notes techniques.

Insuffisance des données : Les statistiques des divorces appellent toutes les réserves qui ont été formulées à propos des statistiques de l'état civil en général et des statistiques de divortialité en particulier (voir explications figurant à la section 4 des Notes techniques).

Le divorce est, comme le mariage, un acte juridique, et ce fait influe sur la comparabilité internationale des données. Aux fins de la statistique, le divorce est défini par la législation de chaque pays ou zone. La législation sur le divorce varie considérablement d'un pays ou d'une zone à l'autre, ce qui influe aussi sur la fréquence des divorces qui est relativement faible dans les pays ou zones où le jugement de divorce est difficile à obtenir.

Comme les divorces sont prononcés par les tribunaux et que les statistiques de la divortialité se rapportent aux jugements de divorce proprement dits qui prennent effet à la date où ces jugements sont rendus, il se peut que des fluctuations annuelles accusées traduisent le rythme plus ou moins rapide auquel les affaires sont jugées plutôt que l'évolution de la fréquence des divorces. Les méthodes d'exploitation des données peuvent aussi influer sur la comparabilité des statistiques de la divortialité. Dans certains pays ou zones, ces statistiques peuvent comprendre les annulations et/ou les séparations légales. C'est fréquemment le cas, en particulier dans les pays ou zones où les divorces sont peu nombreux. Lorsqu'ils sont connus, des renseignements à ce propos sont indiqués dans une note au bas du tableau.

Comme dans de nombreux pays ou zones, le tribunal ou l'autorité qui a prononcé le divorce est seul habilité à enregistrer cet acte, et, comme l'acte d'enregistrement figure alors sur les registres du tribunal, l'enregistrement suit généralement de peu le jugement. C'est pourquoi la pratique consistant à exploiter les données selon la date de l'enregistrement ne pose généralement pas les graves problèmes de comparabilité auxquels on se heurte dans le cas des statistiques des naissances et des décès.

Comme on l'a brièvement mentionné ci–dessus, la fréquence des divorces est fonction notamment de la facilité relative avec laquelle la législation de chaque pays ou zone permet d'obtenir le divorce. La fréquence des divorces dépend également de la capacité des intéressés à supporter les frais de procédure. A cet égard, il convient de citer aussi l'influence de certaines religions sur la fréquence des divorces. Pour toutes ces raisons, les statistiques de divortialité ne sont pas rigoureusement comparables et ne permettent pas de mesurer exactement la fréquence des dissolutions légales de mariages. De plus, les statistiques de la divortialité ne rendent pas compte des cas de dissolution extrajudiciaire du mariage, comme la séparation.

Dans certains pays ou zones, il n'existe ou il n'existait pas de législation sur le divorce selon l'acceptation retenue aux fins du présent tableau, si bien qu'on n'y trouve aucune indication pour ces pays ou zones.

In addition, it should be noted that rates are affected also by the quality and limitations of the population estimates which are used in their computation. The problems of under–enumeration or over–enumeration, and, to some extent, the differences in definition of total population, have been discussed in section 3 of the Technical Notes dealing with population data in general, and specific information pertaining to individual countries or areas is given in the footnotes to table 3. In the absence of official data on total population, United Nations estimates of mid–year population have been used in calculating some of these rates.

Il convient de noter par ailleurs que l'exactitude des taux dépend également de la qualité et des insuffisances des estimations de population qui sont utilisées pour leur calcul. Le problème des erreurs par excès ou par défaut commises lors du dénombrement et, dans une certaine mesure, le problème de l'hétérogénéité des définitions de la population totale ont été examinés à la section 3 des Notes techniques relatives à la population en général; des indications concernant les différents pays ou zones sont données en note au bas du tableau 3. Lorsqu'il n'existait pas de chiffres officiels sur la population totale, ce sont les estimations de la population en milieu d'année, établies par le Secrétariat de l'ONU, qui ont servi pour le calcul des taux.

As will be seen from the footnotes, strict correspondence between the numerator of the rate and the denominator is not always obtained; for example, divorces among civilian plus military segments of the population may be related to civilian population. The effect of this may be to increase the rates or, if the population is larger than that from which the divorces are drawn, to decrease them but, in most cases, it is probably negligible.

Comme on le verra dans les notes, il n'a pas toujours été possible, pour le calcul des taux, d'obtenir une correspondance rigoureuse entre le numérateur et le dénominateur. Par exemple, les divorces parmi la population civile et les militaires sont parfois rapportés à la population civile. Cela peut avoir pour effet d'accroître les taux; au contraire, si la population de base englobe un plus grand nombre de personnes que celle dans laquelle les divorces ont été comptés, les taux seront plus faibles, mais, dans la plupart des cas, il est probable que la différence sera négligeable.

As mentioned above, data for some countries or areas may include annulments and/or legal separations. This practice will affect the comparability of the crude divorce rates. For example, inclusion of annulments in the numerator of the rates produces a negligible effect on the rates, but inclusion of legal separations may have a measurable effect on the level.

Comme il est indiqué plus haut, les données fournies pour certains pays ou zones peuvent comprendre les annulations et/ou les séparations légales. Cette pratique influe sur la comparabilité des taux bruts de divortialité. Par exemple, l'inclusion des annulations dans le numérateur a une influence négligeable, mais l'inclusion des séparations légales peut avoir un effet appréciable sur le niveau du taux.

It should be emphasized that crude divorce rates—like crude birth, death and marriage rates—may be seriously affected by age–sex structure of the populations to which they relate. Like crude marriage rates, they are also affected by the existing distribution of the population by marital status. Nevertheless, crude divorce rates do provide a simple measure of the level and changes in divorce.

Il faut souligner que les taux bruts de divortialité, de même que les taux bruts de natalité, de mortalité et de nuptialité, peuvent varier sensiblement selon la structure par âge et par sexe. Comme les taux bruts de nuptialité, ils peuvent également varier du fait de la répartition de la population selon l'état matrimonial. Les taux bruts de divortialité offrent néanmoins un moyen simple de mesurer la fréquence et l'évolution des divorces.

Coverage: Divorces are shown for 91 countries or areas.

Crude divorce rates are shown for 80 countries or areas.

Portée : Ce tableau présente des statistiques des divorces pour 91 pays ou zones.

Ce tableau présente des taux bruts de divortialité pour 80 pays ou zones.

Data for ethnic or geographical segments of the population are included in the absence of national figures. These data are not presented as being representative of national–level statistics but as an index of the availability of statistics.

Lorsqu'il n'existait pas de chiffres nationaux, on a fait figurer des chiffres portant sur des groupes ethniques ou géographiques. Ces données ne se veulent pas représentatives sur le plan national et ne sont présentées que comme indice des statistiques disponibles.

Earlier data: Divorces have been shown in previous issues of the Demographic Yearbook. The earliest data, which were for 1935, appeared in the 1951 issue. For information on specific years covered, readers should consult the Index.

Données publiées antérieurement : Des statistiques des divorces ont déjà été présentées dans des éditions antérieures de l'Annuaire démographique. Les plus anciennes, qui portaient sur 1935, ont été publiées dans l'édition de 1951. Pour plus de précisions concernant les années pour lesquelles ces données ont été publiées, on se reportera à l'Index.

Table 26

Table 26 presents population by single year of age and sex for each census between 1976 and 1988.

Description of variables: Statistics presented in this table are from population censuses. Data obtained from sample surveys are shown for those countries or areas where no census of the total population was held during the period. These have been footnoted. Unless otherwise indicated, data refer to the de facto (present–in–area) population.

Age is defined as age at last birthday, that is, the difference between the date of birth and the reference date of the age distribution expressed in completed solar years. The age classification used in this table is the following: under 1 year, single years from 1 to 84 years, 85 years and over and age unknown. The distributions are not graduated or smoothed, unless otherwise indicated.

Reliability of data: No special reliability codes have been used in connection with this table.

Limitations: Statistics on population by single years of age and sex are subject to the same qualifications as have been set forth for population statistics in general in section 3 of the Technical Notes.

Errors in national census data can arise at any stage of the collection, processing or presentation process, these errors may limit the quality and international comparability of census statistics presented in the Demographic Yearbook. Two major types of errors in census data are often distinguished: first, coverage errors, which lead to the over–enumeration or under–enumeration of the population in the census, and second, content errors, which affect the accuracy of the recorded information for the covered population. Because coverage errors may occur more frequently among some population sub–groups than others, coverage errors may affect not only the absolute number of persons in any given category but also their relative distribution. Levels and patterns of coverage and content errors differ widely among countries and even, at times, from census to census for a specific country. Further limiting the international comparability of census statistics are variations among countries in the concepts, definitions and classifications used in their censuses.

Such errors are more important in relation to certain age groups than to others. For example, under–enumeration is usually more prevalent among infants and young children than among older persons. Similarly the exclusion from the total population of certain groups which tend to be of selected ages (such as the armed forces) can markedly affect the age structure and its comparablility with that for other countries or areas. Consideration should be given to the implications of these basic limitations in using the data.

Tableau 26

Le tableau 26 présente des données sur la population selon l'année d'âge et le sexe pour chaque recensement entre 1976 et 1988.

Description des variables : Les statistiques figurant dans le présent tableau proviennent de recensements de population. Les données présentées dans le cas de pays ou de zones où il n'a pas été effectué de recensement de la population totale pendant la période considérée ont été tirées d'enquêtes par sondage et font l'objet de notes explicatives. Sauf indication contraire, les données portent sur la population de fait (population présente dans la zone considérée).

L'âge désigne l'âge au dernier anniversaire, c'est–à–dire la différence entre la date de naissance et la date de référence de la répartition par âge exprimée en années solaires révolues. La classification par âge utilisée dans ce tableau est la suivante : moins d'un an, chaque année de un an jusqu'à 84 ans, une catégorie 85 ans et plus et une catégorie âge inconnu. Sauf indication contraire, les répartitions ne sont ni ajustées ni lissées.

Fiabilité des données : Aucun code de fiabilité particulier n'a été utilisé pour le présent tableau.

Insuffisance des données : Les statistiques concernant la population selon l'année d'âge et le sexe appellent toutes les réserves qui ont été faites à la section 3 des Notes techniques à propos des statistiques de la population en général.

Des erreurs dans les données de recensements nationaux peuvent se produire à n'importe quel stade du processus de collecte ou de présentation et nuire à la qualité et à la comparabilité internationale des statistiques de recensement présentées dans l'Annuaire démographique. Deux principaux types d'erreurs sont couramment distingués dans les données de recensement, à savor, premièrement, les erreurs de couverture, qui conduisent au surdénombrement ou au sous–dénombrement de la population recensée, et, deuxièmement, les erreurs de contenu, qui influent sur l'exactitude des renseignements enregistrés au sujet de l'univers considéré. Etant donné qu'elles sont susceptibles de se produire plus fréquemment dans certains sous–groupes de la population que dans d'autres, les erreurs de couverture peuvent porter non seulement sur le nombre absolu de personnes comprises dans une catégorie donnée, mais aussi sur leur répartition relative. L'ampleur et les caractéristiques des erreurs de couverture et de contenu diffèrent considérablement d'un pays à l'autre et même, parfois, d'un recensement à l'autre dans un même pays. Les différences entre les concepts, définitions et classifications utilisés par les pays aux fins de leurs recensements contribuent également à limiter la comparabilité internationale des statistiques de recensement.

L'influence de ces erreurs varie selon les groupes d'âge. Ainsi, le dénombrement des enfants de moins d'un an et des jeunes enfants comporte souvent plus de lacunes que celui des personnes plus âgées. De même, l'exclusion du chiffre de la population totale de certains groupes de personnes appartenant souvent à des groupes d'âge déterminés, par exemple les militaires, peut influer sensiblement sur la structure par âge et sur la comparabilité des données avec celles d'autres pays ou zones. Il conviendra de tenir compte de ces facteurs fondamentaux lorsqu'on utilisera les données du tableau.

Further to these general qualifications are the special problems of comparability which arise in relation to age statistics in particular. Age distributions of population are known to suffer from certain deficiencies which have their origin in irregularities in age reporting. Although some of the irregularities tend to be obscured or eliminated when data are tabulated in five–year age groups, these irregularities may be noted in the data by single year of age presented in this table. These irregularities and the index used to measure them are discussed in detail in section 3.1.3.3 of the Technical Notes.

The absence of frequencies in the unknown age group does not necessarily indicate completely accurate reporting and tabulation of the age item. It is often an indication that the unknowns have been eliminated by assigning ages to them before tabulation, or by proportionate distribution after tabulation.

Coverage: Population by single years of age and sex is shown for 76 countries or areas. Data are not presented by urban/rural residence but are available in machine readable form.

Ealier data: Population by single years of age and sex has been shown previously in issues of the Demographic Yearbook. This featuring population census statistics as the special topic. This series updates information published in previous issues as indicated in the Index.

Data have been presented by urban/rural residence beginning in the 1971 issue.

Outre ces difficultés d'ordre général, la comparabilité pose des problèmes particuliers lorsqu'il s'agit des données par âge. On sait que les répartitions de la population selon l'âge présentent certaines imperfections dues à l'inexactitude des déclarations d'âge. Certaines de ces anomalies ont tendance à s'estomper ou à disparaître lorsqu'on classe les données par groupes d'âge quinquennaux, mais elles peuvent être relevées dans les données par année d'âge présentées dans ce tableau. Ces anomalies et l'indice appliqué pour les calculer sont mentionnés en détail dans la section 3.1.3.3. des Notes techniques.

Si aucun nombre ne figure dans la colonne réservée aux âges inconnus, cela ne signifie pas nécessairement que les déclarations d'âge et l'exploitation des données par âge aient été tout à fait exactes. C'est souvent une indication que l'on a attribué un âge aux personnes d'âge inconnu avant la mise en tableau ou que celles–ci ont été réparties proportionnellement entre les différents groupes après cette opération.

Portée : Des statistiques sur la population selon l'année d'âge et le sexe sont présentées pour 76 pays ou zones. La répartition selon la résidence (urbaine/rurale) n' est pas indiquée mais sont disponible en la forme lisible par machine.

Données publiées antérieurement : Des statistiques sur la population selon l'année d'âge et le sexe ont déjà été publiées dans des éditions antérieures de l'Annuaire démographique qui portaient comme sujet spécial les statistiques des recensements de la population. Les séries de ce tableau mettent à jour les données publiées antérieurement mentionnées dans l'Index.

Des données selon la résidence (urbaine/rurale) ont été publiées à partir de 1971.

Table 27

Table 27 presents population by national and/or ethnic group and sex for each census between 1973 and 1988.

Description of variables: Statistics presented in this table are from population censuses. Data obtained from sample surveys are shown for those countries or areas where no census of the total population was held during the period. These have been footnoted. Unless otherwise indicated, data refer to the de facto (present–in–area) population.

The data shown in this table relate to a series of categories which are not uniform in concept or terminology. They represent a variety of characteristics or attributes, variously designated by countries or areas as race, colour, tribe, ethnic origin, ethnic group, ethnic nationality (as distinct from legal nationality) and so forth. The categories shown for each distribution are arranged in English alphabetic order for convenience. The category "Other" comprises data for all categories not listed separately.

Tableau 27

Le tableau 27 présente des données sur la population selon le groupe national et/ou ethnique et le sexe pour chaque recensement entre 1973 et 1988.

Description des variables : Les statistiques figurant dans le présent tableau proviennent de recensements de population. Les données présentées dans le cas de pays ou de zones où il n'a pas été effectué de recensement de la population totale pendant la période considérée ont été tirées d'enquêtes par sondage et font l'objet de notes explicatives. Sauf indication contraire, les données portent sur la population de fait (population présente dans la zone considérée).

Les données de ce tableau correspondent à une série de catégories qui ne sont pas uniformes du point de vue des notions ou de la terminologie. Elles correspondent à toute une variété de caractéristiques ou d'attributs qui sont appelés, selon le pays ou la zone, race, couleur, tribu, origine ethnique, groupe ethnique, nationalité ethnique (par opposition à la nationalité légale), etc. Pour plus de commodité, les rubriques, pour chaque pays, sont classées dans l'ordre alphabétique. Sous la rubrique "Autres", on a indiqué les données concernant toutes les catégories qui ne font pas l'objet d'une rubrique distincte.

Although it is impossible to define these concepts precisely, the terms remain in use in national statistics and find application in the analysis of national data. The national and/or ethnic groups of the population about which information is collected in different countries are dependant upon national circumstances. Some of the bases on which ethnic groups are identified are: ethnic nationality (i.e., country or area of origin as distinct from citizenship or country of legal nationality), race, colour, language, religion, customs of dress or eating, tribe or various combinations of these characteristics. In addition, some of the terms used, such as "race", "origin" or "tribe", have a number of different connotations. The definitions and criteria applied by each country investigating ethnic characteristics of the population are, therefore, determined by the groups that it desires to identify. By the nature of the subject, these groups will vary widely from country to country; thus, no internationally relevant criteria can be recommended.

Knowledge of tribal characteristics is essential to any study of economic and social development in societies where tribal population is important. Statistics on tribal affiliation furnish the primary information needed for the study of these characteristics. Because tribal data have not been widely available until recently, it was considered advisable to present these statistics in as full detail as possible. It will be noted that a number of the same names, with incidental national variations in spelling, appear in several of the distributions, giving some indication of the dispersion of culture groups across national borders on the continent.

Some idea of the diversity of the national classifications can be gained from the number of categories in which data are presented. Some countries or areas use a very small number of categories while others, especially those in Africa and Oceania, present data according to a detailed list of national and/or ethnic groups. Some other potentially lengthy lists (mostly in Oceania) have been shortened by eliminating details of the precise degrees of racial mixtures.

National and/or ethnic groups reported for fewer than 10 persons are not shown separately. The word "Indian" as used in the table refers to natives of the Republic of India, or their descendants. "Indigenous Indian" as used in the data for the Western Hemisphere refers to the American or Canadian Indian, or to the indigenous Indian stock (Aztec, Mayan, Inca) in Latin American countries. "Indigenous" as an ethnic group is described if possible; "mixed" means a mixture of the races shown.

Reliability of data: No special reliability codes have been used in connection with this table.

Limitations: Statistics on population by national and/or ethnic group and sex are subject to the same qualifications as have been set forth for population statistics in general in section 3 of the Technical Notes.

Bien qu'il soit impossible de définir d'une manière précise les notions en question, les termes qui les désignent continuent à être utilisés dans les statistiques nationales et sont repris dans les travaux analytiques nationaux. Les groupes nationaux ou ethniques de la population sur lesquels on a collecter de renseignements dans les différents pays dépendent les conditions nationales. Certains des critères utilisés pour identifier les divers groupes ethniques sont les suivants : nationalité ethnique (c'est-à-dire pays ou région d'origine en ce qu'ils diffèrent de la citoyenneté ou du pays dont la personne est ressortissante), race, couleur, langue, religion, coutumes relatives à l'habtillement ou au mode d'alimentation, tribu, ou diverses combinaisons de ces caractéristiques. D'autre part, certains des termes employés comme "race", "origine" ou "tribu" ont un sens différent selon les pays. Les définitions et critères appliqués par chaque pays pour l'étude des caractéristiques ethniques de la population sont donc déterminés par les groupes qu'il cherche à identifier. Etant donné la nature même du sujet, les groupes varient très sensiblement d'un pays à l'autre et il est impossible de recommander des critères universellement admis.

Il est indispensable de connaître les caractéristiques tribales pour entreprendre une étude quelconque du développement économique et social dans les sociétés ou les populations vivants en tribus sont nombreuses. Les statistiques sur l'appartenance tribale fournissent des renseignements indispensables pour l'étude de ces caractéristiques. Comme l'on ne dispose que depuis peu de renseignements détaillés sur les tribus, on a jugé bon de présenter ces données de manière aussi détaillée que possible. On remarquera qu'un certain nombre de noms analogues, orthographiés parfois de façon différente selon les pays, apparaissent dans plusieurs des rubriques, donnant ainsi une idée de la dispersion de groupes culturels à travers les différents pays d'un continent.

Le nombre des rubriques pour chaque pays donne une idée de la diversité des classifications nationales. Quelques pays ou zones utilisent un nombre réduit de catégories, alors que d'autres, par exemple en Afrique et en Océanie, présentent des données d'après une liste détaillée des groupes nationaux ou ethniques. Certaines autres séries, qui auraient pu être longues (notamment pour l'Océanie), ont été raccourcies du fait que les détails sur le degré exact de métissage.

Dans ce tableau, le mot "Indien" s'entend des personnes nées dans la République de l'Inde et au Pakistan ou de leurs descendants. Les mots "Indiens indigènes", utilisés à propos de l'hémisphère occidental, désignent les Amérindiens des Etats-Unis, du Canada ou des pays d'Amérique latine (Aztèques, Mayas, Incas, etc.). Autant que possible, on a donné des précisions sur le groupe ethnique désigné par le mot "indigènes"; les "métis" résultent du mélange de plusieurs races mentionnées.

Fiabilité des données : Aucun code de fiabilité particulier n'a été utilisé pour le présent tableau.

Insuffisance des données : Les statistiques concernant la population selon la langue et le sexe appellent toutes les réserves qui ont été faites à la section 3 des Notes techniques à propos des statistiques de la population en général.

Errors in national census data can arise at any stage of the collection, processing or presentation process, and these errors may limit the quality and international comparability of census statistics presented in the Demographic Yearbook. Two major types of errors in census data are often distinguished: first, coverage errors, which lead to the over–enumeration or under–enumeration of the population in the census, and second, content errors, which affect the accuracy of the recorded information for the covered population. Because coverage errors may occur more frequently among some population sub–groups than others, coverage errors may affect not only the absolute number of persons in any given category but also their relative distribution. Levels and patterns of coverage and content errors differ widely among countries and even, at times, from census to census for a specific country. Further limiting the international comparability of census statistics are variations among countries in the concepts, definitions and classifications used in their censuses.

The heterogeneity of the concepts used in collecting these data is their basic defect for international comparison. This lack of uniformity is evidenced by the variety of the terms described above. Furthermore, different shades of meaning have been attached to these words, so that the connotations range from a rough biological concept, through a concept involving the national origin of one or more of the ancestors of the person concerned, to a question of cultural affiliation with historically, well–defined groups within a country. In addition, more than one concept has sometimes been employed in a single distribution so that, for instance, "French" and "Negro" may appear as two of the items in a classification by race or ethnic origin.

The particular term used by each country in indicating the concept employed is given, where known, in footnotes. It cannot, however, be assumed that similar terminology implies comparability of the data. This is probably of particular importance where the data pertain to race. Some countries have explained the sense in which the word is used but in most cases there is no such explanation and, in general, the term appears to cover a variety of concepts. Caution must therefore be used in any international comparison. [63]

In addition to their heterogeneity, there are probably wide differences in the reliability of most of the basic data. Contributing to the variability of census responses dealing with ethnicity and/or national origin are such factors as (1) whether the response is provided by a family member (for example, when a census employs the self–enumeration method) or is entered by the census enumerator on the basis of his or her observation; (2) whether legal rights or acquired benefits may be perceived as effected by the response given; and (3) whether changes have occurred over time in patterns of ethnic identification.

Des erreurs dans les données de recensements nationaux peuvent se produire à n'importe quel stade du processus de collecte ou de présentation et nuire à la qualité et à la comparabilité internationale des statistiques de recensement présentées dans l'Annuaire démographique. Deux principaux types d'erreurs sont couramment distinqués dans les données de recensement, à savoir, premièrement, les erreurs de couverture, qui conduisent au surdénombrement ou au sous–dénombrement de la population recensée, et, deuxièmement, les erreurs de contenu, qui influent sur l'exactitude des renseignements enregistrés au sujet de l'univers considéré. Etant donné qu'elles sont susceptibles de se produire plus fréquemment dans certains sous–groupes de la population que dans d'autres; les erreurs de couverture peuvent porter non seulement sur le nombre absolu de personnes comprises dans une catégorie donnée, mais aussi sur leur répartition relative. L'ampleur et les caractéristiques des erreurs de couverture et de contenu diffèrent considérablement d'un pays à l'autre et même, parfois, d'un recensement à l'autre dans un même pays. Les différences entre les concepts, définitions et classifications utilisés par les pays aux fins de leurs recensements contribuent également à limiter la comparabilité internationale des statistiques de recensement.

Le principal défaut des données, du point de vue de la comparabilité sur le plan international, tient à l'hétérogénéité des notions utilisées dans les opérations de rassemblement des données. On trouvera un signe de ce manque d'uniformité dans la multiplicité des termes employés (voir plus haut). En outre, ces termes ont des sens très variables : ils se rattachent soit à un concept biologique peu précis, soit à un concept faisant intervenir l'origine nationale d'un ou plusieurs ancêtres de la personne recensée, soit encore à la notion des liens culturels de cette personne avec des groupes historiquement bien définis vivant dans le pays considéré. D'ailleurs, des séries sont parfois établies à partir de concepts différents; c'est ainsi qu'il arrive que "Français" et "Noirs" constituent deux rubriques dans une même classification de la population selon la race ou l'origine ethnique.

Le terme en usage dans le pays pour désigner une notion donnée est indiqué, lorsqu'il est connu, dans une note de bas de page. Il ne faut cependant pas conclure qu'un terme identique signifie que les données sont comparables. Cette remarque est d'une importance toute particulière lorsque ces données concernent la race. Divers pays ont précisé dans quel sens le terme était utilisé, mais, dans la plupart des cas, cette précision n'est pas fournie et il semble que, d'une manière général, le terme recouvre plusieurs notions. On devra donc faire preuve de prudence en comparant les données d'un pays à l'autre [63].

Le manque d'uniformité des données de base n'est pas seul en cause; il est en effet probable qu'elles sont loin d'avoir toutes la même qualité. Le manque d'uniformité des données de base n'est pas seul en cause; il est en effet probable qu'elles sont loin d'avoir toutes la même qualité. Parmi les sources de variations des réponses relatives à l'ethnie et/ou à l'origine naturelle, on peut citer (1) le fait qu'une réponse est fournie par un membre de la famille (par exemple, lorsque le recensement utilise la méthode de l'auto–énumeration) ou par les recenseurs ou recenseuses sur base de leurs observations; (2) la possibilité qu'un droit légal ou un avantage acquis soient perçus comme pouvant être affectés par la réponse donnée; et (3) le changement, au cours du temps, de la façon dont l'identification avec une ethnie s'exprime.

For these reasons, it is impossible to estimate the degree of comparability which may exist among the data. It is probably preferable to regard the figures for each country or area as consisting of the information on population groups required for internal use, although certain rough comparisons on an international basis may be made between classifications based on the same variable.

Another important drawback to the use of these data for comparative purposes is the lack of data of the same type for a sufficient number of countries.

Coverage: Population by national and/or ethnic group and sex is shown for 40 countries or areas.

Earlier data: Population by national and/or ethnic group has been shown previously in issues of the Demographic Yearbook featuring population census statistics as the special topic. This series updates information published in previous issues as indicated in the Index.

Pour ces raisons, il est impossible de déterminer le degré de comparabilité des données dont on dispose. Il vaut sans doute mieux considérer que les données relatives à chaque pays ne constituent que des renseignements destinés à l'usage national, bien qu'on puisse établir des comparaisons internationales grossières entre des classifications fondées sur la même variable.

L'utilisation des chiffres à des fins de comparaison se heurte à une autre difficulté importante : le manque de données d'un type uniforme pour un nombre suffisant de pays.

Portée : Des statistiques sur la population selon le groupe national et/ou ethnique et le sexe sont présentées pour 40 pays ou zones.

Données publiées antérieurement : Des statistiques de la population selon le groupe national et/ou ethnique et le sexe ont déjà été publiées dans des éditions antérieures de l'Annuaire démographique qui portaient comme sujet spécial les statistiques des recensements de la population. Les séries de ce tableau mettent à jour les données publiées antérieurement mentionnées dans l'Index.

Table 28

Table 28 presents population by language and sex for each census between 1977 and 1988.

Description of variables: Statistics presented in this table are from population censuses. Data obtained from sample surveys are shown for those countries or areas where no census of the total population was held during the period. These have been footnoted. Unless otherwise indicated, data refer to the de facto (present–in–area) population.

Statistics shown pertain to three major types of language data. These are: (1) mother tongue, usually defined as the language spoken in the individual's home in his or her early childhood, (2) usual language, defined as the language currently spoken, or most often spoken, by the individual in his or her present home, and (3) the individual's ability to speak one or more designated languages. Information on all languages spoken by each person is the basis of the classification for one or two distributions.

Language is one of five separate characteristics (country of birth, country of citizenship, ethnic group, religion and language) which can be used to explore some facet of the ethnic composition of populations. Language, and particularly mother tongue, is probably a more sensitive index for this purpose than either country of birth or country of citizenship because linguistic differences tend to persist until complete cultural assimilation has taken place. Common ancestral customs may be reflected in the mother tongue of individuals long after these persons have changed their citizenship. Thus, important ethnic groups, not only among foreign–born alone but also among native–born or second generation population groups, may be distinguished by language differentials.

Tableau 28

Le tableau 28 présente des données sur la population selon la langue et le sexe pour chaque recensement entre 1977 et 1988.

Description des variables : Les statistiques figurant dans le présent tableau proviennent de recensements de population. Les données présentées dans le cas de pays ou de zones où il n'a pas été effectué de recensement de la population totale pendant la période considérée ont été tirées d'enquêtes par sondage et font l'objet de notes explicatives. Sauf indication contraire, les données portent sur la population de fait (population présente dans la zone considérée).

Les chiffres concernant la langue reposent sur trois catégories de données. Ce sont : i) la langue maternelle, définie comme la langue habituellement parlée au foyer de la personne dans sa première enfance; ii) la langue habituelle, définie comme la langue parlée couramment ou la langue dont la personne se sert le plus souvent au foyer; et iii) l'aptitude à parler une ou plusieurs langues déterminées. Dans une ou deux séries, les données sont classées en fonction de toutes les langues parlées par l'individu.

Les statistiques concernant la langue constituent l'une des cinq catégories de données de recensement qui peuvent faciliter l'analyse de la composition ethnique de la population — les quatre autres étant le pays de naissance, la nationalité, le groupe ethnique et la religion — qui permet d'étudier la composition ethnique de la population. La langue, et particulièrement la langue maternelle, est peut–être un indicateur plus précis, à cette fin, que le pays de naissance ou la nationalité, car les différences linguistiques tendent à subsister jusqu'à ce qu'une assimilation culturelle complète ait eu lieu. Lorsque des personnes ont changé de nationalité, leur langue maternelle peut encore donner des indications sur leur souche. Dans certains cas, les données d'ordre linguistique permettent de distinguer des groupes ethniques importants non seulement parmi les personnes nées à l'étranger, mais aussi parmi celles nées dans le pays et même parmi celles appartenant à la seconde génération suivant l'immigration.

Data on the language currently spoken are somewhat less appropriate for the identification of ethnic groups in the population, but they are adaptable to other uses, such as the investigation of the linguistic assimilation of immigrant groups. For this purpose, however, there is need for corresponding data on country of birth or citizenship. Their value in this connection is enhanced by the availability of data from a series of censuses.

Statistics based on ability to speak a specified language or languages are perhaps the least useful for identifying ethnic groups, but they do have utility in connection with problems of educating and communicating with linguistic minorities, and they serve as a means of pointing out the heterogeneity of languages within a country and of measuring their individual strength. Such data are especially important in countries where more than one official language is recognized.

The United Nations recommendations on language information in population censuses recognize the different purposes served by each of the above kinds of data and point out that each country should collect the type of information most appropriate to its need. [64] The particular kind of data shown in each tabulation is, therefore, identified in footnotes, along with a concise summary of the definition used by the country.

Regardless of the type of data shown, the categories in each distribution are arranged in English alphabetic order. Languages reported for fewer than 10 persons are not shown separately.

Reliability of data: No special reliability codes have been used in connection with this table.

Limitations: Statistics on population by language and sex are subject to the same qualifications as have been set forth for population statistics in general in section 3 of the Technical Notes.

Errors in national census data can arise at any stage of the collection, processing or presentation process, and these errors may limit the quality and international comparability of census statistics presented in the Demographic Yearbook. Two major types of errors in census data are often distinguished: first, coverage errors, which lead to the over–enumeration or under–enumeration of the population in the census, and second, content errors, which affect the accuracy of the recorded information for the covered population. Because coverage errors may occur more frequently among some population subgroups than others, coverage errors may affect not only the absolute number of persons in any given category but also their relative distribution. Levels and patterns of coverage and content errors differ widely among countries and even, at times, from census to census for a specific country. Further limiting the international comparability of census statistics are variations among countries in the concepts, definitions and classifications used in their censuses.

Les données sur la langue habituellement parlée conviennent moins pour l'étude de la composition ethnique des populations, mais on peut s'en servir à d'autres fins, par exemple pour étudier l'assimilation linguistique des immigrants. Dans ce cas, cependant, il faut avoir aussi des renseignements sur le pays de naissance ou la nationalité. La valeur, à cet égard, de cette catégorie de données s'accroît dans la mesure où l'on dispose de données provenant d'une série de recensements.

Les données fondées sur l'aptitude à parler une ou plusieurs langues déterminées sont peut–être les moins utiles pour l'étude de la composition ethnique, mais elles présentent un certain intérêt pour ce qui est des problèmes posés par l'enseignement des minorités linguistiques et les relations culturelles avec ces minorités, et elles servent également à mesurer le degré d'unité linguistique d'un pays, ainsi que l'importance relative de chaque langue. Elles ont une importance particulière, sur le plan national, dans tout pays multilingue qui a plusieurs langues officielles.

Dans les recommandations des Nations Unies relatives aux renseignements sur les langues qui peuvent être recueillis au cours d'un recensement, il est reconnu que chaque type de renseignements sert des buts particuliers et qu'il appartient à chaque pays de réunir le type de renseignements qui présente le plus d'intérêt pour lui [64]. Le type de données consignées dans chaque série est donc précisé dans une note de bas de page, qui indique en même temps brièvement la définition employée par le pays.

Quel que soit le type de données indiqué, les rubriques sont classées, pour chaque série, dans l'ordre alphabétique anglais. Pour les langues parlées par moins de dix personnes, les données ne sont pas consignées séparément.

Fiabilité des données : Aucun code de fiabilité particulier n'a été utilisé pour le présent tableau.

Insuffisance des données : Les statistiques concernant la population selon la langue et le sexe appellent toutes les réserves qui ont été faites à la section 3 des Notes techniques à propos des statistiques de la population en général.

Des erreurs dans les données de recensements nationaux peuvent se produire à n'importe quel stade du processus de collecte ou de présentation et nuire à la qualité et à la comparabilité internationale des statistiques de recensement présentées dans l'Annuaire démographique. Deux principaux types d'erreurs sont couramment distingués dans les données de recensement, à savoir, premièrement, les erreurs de couverture, qui conduisent au surdénombrement ou au sous–dénombrement de la population recensée, et, deuxièmement, les erreurs de contenu, qui influent sur l'exactitude des renseignements enregistrés au sujet de l'univers considéré. Etant donné qu'elles sont susceptibles de se produire plus fréquemment dans certains sous–groupes de la population que dans d'autres, les erreurs de couverture peuvent porter non seulement sur le nombre absolu de personnes comprises dans une catégorie donnée, mais aussi sur leur répartition relative. L'ampleur et les caractéristiques des erreurs de couverture et de contenu diffèrent considérablement d'un pays à l'autre et même, parfois, d'un recensement à l'autre dans un même pays. Les différences entre les concepts, définitions et classifications utilisés par les pays aux fins de leurs recensements contribuent également à limiter la comparabilité internationale des statistiques de recensement.

The obvious defect in data on language for international purposes is that the statistics refer to three separate types of data and that these three are not strictly comparable. Data on mother tongue are designed to identify cultural or ethnic groups in the population by means of the language reported to have been spoken in early childhood— presumably before immigration, if that is a factor. They do not indicate linguistic ability, but rather a cultural group as defined by language.

Information on usual language, on the other hand, reflects linguistic ability at the time of the census and may mask the fact that persons using the same dominant language of the country in which they reside will usually include a diversity of ethnic groups.

Questions on ability to speak a specified language will not oridinarily produce statistics comparable with either of the other two types.

In addition to the basic lack of comparability between the three different types, attention must be called to the limitations of each type of data. The concept of mother tongue, the best of the three for analysing ethnic composition, produces more or less comparable data from country to country. The census question on which the statistics are based is essentially the same in each country, except for the occasional requirement that the language reported must still be understood by the person. Questions on language currently spoken, however, may take various forms, including a request for language usually spoken, language best spoken, language spoken fluently, language spoken with family, language spoken in addition to mother tongue, and so forth. The manner in which the question is asked and the criterion of age adopted make possible a wide degree of variation in the answer to this type of question.

The age limits chosen for tabulation of data on usual language or ability to speak specified languages introduce serious defects in comparability. Where no age limit is set, young children are usually assigned the language reported by the parents, or, in the case of mother tongue, the language currently spoken in the home. Almost all of the distributions in this table are of this type, that is, they are for persons of all ages; the exceptions are footnoted.

It may be noted that the treatment of multi–language speakers may also introduce lack of comparability. In some censuses, speakers of more than one language are so tabulated, and all the various combinations and permutations of languages are set forth in the classification. In others, the major language of current speech alone is shown. These constitute primarily problems of tabulation and, so long as the population is counted and not the languages, the results may be compared to some degree. It should be noted, however, that occasionally, multi–lingual persons are counted separately for each language they speak, and the data, therefore, show the frequencies for languages, rather than the major language, or other combinations of languages, spoken by each person; hence, the sum of the frequencies is greater than the total population.

Les données sur les langues ont un défaut évident du point de vue de la comparabilité internationale : elles comprennent trois catégories distinctes de données qui ne sont pas rigoureusement comparables. Les données recueillies sur la langue maternelle permettent de déterminer les groupes culturels ou ethniques au moyen de la langue parlée pendant la première enfance, c'est–à–dire s'il y a eu immigration avant l'immigration. Elles ne renseignent pas sur l'aptitude actuelle à parler une langue, mais sur un groupe culturel défini d'après des caractéristiques linguistiques.

Par contre, les données sur la langue habituelle sont une mesure de l'aptitude à parler une langue au moment du recensement, mais elles risquent de masquer le fait que les personnes parlant la langue dominante du pays où elles habitent n'appartiennent pas toutes au même groupe ethnique.

La question sur l'aptitude à parler une langue déterminée fournit des statistiques qui ne sont pas généralement comparables avec celles des deux autres catégories.

Ces trois catégories de statistiques ont non seulement le défaut fondamental de ne pas être comparables entre elles, mais, en outre, chacune d'elles a ses propres insuffisances. Les statistiques établies d'après la langue maternelle — ce sont celles qui se prêtent le mieux à l'étude de la composition ethnique de la population — donnent des résultats plus ou moins comparables sur le plan international. La question posée à ce sujet dans les bulletins de recensement est essentiellement la même dans tous les pays, la seule différence possible étant que, dans certains cas, il est précisé que la langue en question doit continuer à être comprise de l'individu. La question sur la langue habituellement parlée peut être posée sous plusieurs formes : on peut demander quelle est la langue normalement parlée, la langue la mieux parlée, la langue parlée couramment, la langue parlée en famille, la langue parlée en plus de la langue maternelle, etc. Selon les termes dans lesquels cette question est posée et le critère d'âge adopté, les réponses à ce genre de question accusent une grande diversité.

Comme l'âge au–dessous duquel on n'exploite pas les données relatives à la langue habituelle ou à l'aptitude à parler des langues déterminées n'est pas fixé de manière uniforme, la comparabilité des statistiques en souffre beaucoup. Lorsqu'il n'y a pas de limite d'âge minimale, on suppose que les enfants parlent la même langue que les parents ou, dans le cas de la langue maternelle, la langue habituellement parlée à la maison. Presque toutes les statistiques de ce tableau entrent dans cette catégorie, c'est–à–dire qu'elles portent sur des personnes de tous âges, les exceptions sont indiquées en note de bas de page.

On remarquera en outre que la méthode suivie à l'égard des polyglottes peut également compromettre la comparabilité des données. Dans certains recensements, les personnes parlant plusieurs langues sont classées en tant que telles, et on trouve dans la classification les diverses combinaisons et permutations de langues. Dans d'autres, on n'indique que la principale langue normalement parlée. Dans ces cas, le principal problème est celui de l'exploitation des données et, dans la mesure où le dénombrement a porté sur la population et non sur les langues, les résultats obtenus sont relativement comparables. Il convient de remarquer toutefois qu'il arrive dans certains cas que les personnes polyglottes soient comptées pour chacune des langues qu'elles parlent, ce qui fait que les données indiquent le nombre de personnes parlant chacune des langues, et non la langue principale ou des combinaisons de langues, et que la somme des données est plus grande que le chiffre de la population totale.

One of the most important limitations on the use of population classified by language is the lack of uniformity in the detail shown in any of the three types of classifications. The United Nations has recommended tabulating separately all languages of numerical importance in the country. [65] The problem arises in defining a language as distinct from a dialect and in determining what is numerically significant. It will be noted in this table that, for some countries, great detail is available while, for others, a large "other" or residual category is included.

Finally, it should be emphasized that data in this table do not lend themselves to determining how many persons in the world speak a certain language. Not only do the definition and the amount of detail differ from country to country, but all countries are not included in the table. For many, language is not a subject of investigation.

Coverage: Population by language and sex is shown for 22 countries or areas.

Earlier data: Population by language has been shown previously in issues of the Demographic Yearbook featuring population census statistics as the special topic. This series updates information published in previous issues as indicated in the Index.

Mais l'un des facteurs qui font le plus obstacle à l'utilisation des statistiques de la population selon la langue est le manque d'uniformité des données détaillées relatives aux trois types de classifications. L'Organisation des Nations Unies a recommandé d'indiquer séparément toutes les langues présentant une certaine importance numérique dans le pays considéré [65]. La difficulté est de définir la langue, par opposition au dialecte, et de décider où commence l'importance numérique. On constatera, dans ce tableau, que les données sont très détaillées pour certains pays, tandis que, pour d'autres, la catégorie "Autres" est très importante.

Enfin, il convient de souligner que les données de ce tableau ne permettent pas de déterminer combien de personnes parlent telle ou telle langue dans le monde. Non seulement la définition d'une langue et le nombre de langues classées varient d'un pays à l'autre, mais encore certains pays ne figurent pas dans le tableau. Dans bien des cas, les recensements ne comportent pas de question sur les langues.

Portée : Des statistiques sur la population selon la langue et le sexe sont présentées pour 22 pays ou zones.

Données publiées antérieurement : Des statistiques de la population selon la langue et le sexe ont déjà été publiées dans des éditions antérieures de l'Annuaire démographique qui portaient comme sujet spécial les statistiques des recensements de la population. Les séries de ce tableau mettent à jour les données publiées antérieurement mentionnées dans l'Index.

Table 29

Table 29 presents population by religion and sex for each census between 1979 and 1988.

Description of variables: Statistics presented in this table are from population censuses. Data obtained from sample surveys are shown for those countries or areas where no census of the total population was held during the period. These have been footnoted. Unless otherwise indicated, data refer to the de facto (present–in–area) population.

Data on religion are one of the types of statistics used to analyse ethnic composition of populations. However, the problems of obtaining the data are so numerous and the classifications vary so considerably from one country or area to another, that little international comparability is possible. The data have their greatest utility, as do statistics on race, at the national level where the concepts and connotations are clearly understood.

The data in this table may pertain to either religious affiliation (membership) or religious belief, according to the type of question asked at the census. The classification also provides for separate identification, as appropriate, of persons adhering to ethical or philosophical systems which do not necessarily involve a belief in a higher being but which have been included by some countries in their tabulations.

Religions reported for fewer than 10 persons are not shown separately.

Tableau 29

Le tableau 29 présente des données sur la population selon la religion et le sexe pour chaque recensement entre 1979 et 1988.

Description des variables : Les statistiques figurant dans le présent tableau proviennent de recensements de population. Les données présentées dans le cas de pays ou de zones où il n'a pas été effectué de recensement de la population totale pendant la période considérée ont été tirées d'enquêtes par sondage et font l'objet de notes explicatives. Sauf indication contraire, les données portent sur la population de fait (population présente dans la zone considérée).

Les séries statistiques sur les religions sont de celles qui peuvent servir pour analyser la composition ethnique de la population. Cependant, le rassemblement des données soulève des difficultés si nombreuses et leur classification est si variable d'un pays ou d'une zone à l'autre que les statistiques obtenues ne sont guère comparables sur le plan international. Comme pour les statistiques sur les races, c'est sur le plan national que ces données présentent leur plus grande utilité, car les notions et les termes employés sont alors clairement compris.

Les données figurant dans ce tableau correspondent soit à l'affiliation ou à l'appartenance culturelle, soit à la croyance religieuse, selon le genre de question posée au moment du recensement. On a classé à part, le cas échéant, les personnes professant une doctrine éthique ou philosophique qui n'implique pas nécessairement la croyance en un Etre supérieur, mais que certains pays ont fait figurer dans leurs statistiques.

Pour les religions de moins de dix adeptes, les données ne sont pas consignées séparément.

Reliability of data: No special reliability codes have been used in connection with this table.

Limitations: Statistics on population by religion and sex are subject to the same qualifications as have been set forth for population statistics in general in section 3 of the Technical Notes.

Errors in national census data can arise at any stage of the collection, processing or presentation process, and these errors may limit the quality and international comparability of census statistics presented in the Demographic Yearbook. Two major types of errors in census data are often distinguished: first, coverage errors, which lead to the over–enumeration or under–enumeration of the population in the census, and second, content errors, which affect the accuracy of the recorded information for the covered population. Because coverage errors may occur more frequently among some population sub–groups than others, coverage errors may affect not only the absolute number of persons in any given category but also their relative distribution. Levels and patterns of coverage and content errors differ widely among countries and even, at times, from census to census for a specific country. Further limiting the international comparability of census statistics are variations among countries in the concepts, definitions and classifications used in their censuses.

The nature of statistics on religion makes them basically non–comparable. As has been pointed out above, it is known that the data represent—in unknown proportions—religious belief or religious affiliation; the latter may be of recent origin or dating from childhood. No criterion is used by the enumerator to determine church membership and none is possible to verify belief. Moreover, there is a definite tendency for this question to remain unanswered on a large number of census schedules; in some countries, respondents have the statutory right to refuse to answer the question on religion. Therefore, the statistics in this table must be used only as rough indicators of the distribution of populations by broad religious designations.

Variations in the amount of detail in the tabulations are another deterrent to comparability. Where only the totals by major religions are given it is impossible to know of what denominations or sects the totals were comprised. On the other hand, when detailed denominations are given, it is difficult to classify these sub–groups into major religions, since many sects are of purely local importance and, hence, are unknown outside national boundaries. Tabulation according to a standard nomenclature would help to solve this difficulty.

In making historical comparisons, it should be noted that data on religion presented in this and other issues of the Demographic Yearbook are similar to those presented in some earlier issues of the Yearbook but are not strictly comparable to data on religion presented in the Demographic Yearbook 1956. For further information on the nature of the non–comparability with the earlier data, see the technical notes to table 29 of the 1979 Demographic Yearbook.

Fiabilité des données : Aucune code de fiabilité particulier n'a été utilisé pour le présent tableau.

Insuffisance des données : Les statistiques concernant la population selon la religion et le sexe appellent toutes les réserves qui ont été faites à la section 3 des Notes techniques à propos des statistiques de la population en général.

Des erreurs dans les données de recensements nationaux peuvent se produire à n'importe quel stade du processus de collecte ou de présentation et nuire à la qualité et à la comparabilité internationale des statistiques de recensement présentées dans l'Annuaire démographique. Deux principaux types d'erreurs sont couramment distingués dans les données de recensement, à savoir, premièrement, les erreurs de couverture, qui conduisent au surdénombrement ou au sous–dénombrement de la population recensée, et, deuxièmement, les erreurs de contenu, qui influent sur l'exactitude des renseignements enregistrés au sujet de l'univers considéré. Etant donné qu'elles sont susceptibles de se produire plus fréquemment dans certains sous–groupes de la population que dans d'autres, les erreurs de couverture peuvent porter non seulement sur le nombre absolu de personnes comprises dans une catégorie donnée, mais aussi sur leur répartition relative. L'ampleur et les caractéristiques des erreurs de couverture et de contenu diffèrent considérablement d'un pays à l'autre et même, parfois, d'un recensement à l'autre dans un même pays. Les différences entre les concepts, définitions et classifications utilisés par les pays aux fins de leurs recensements contribuent également à limiter la comparabilité internationale des statistiques de recensement.

En raison même de leur nature, les statistiques de la population selon la religion ne sont pas comparables. Comme on l'a dit plus haut, les données se rapportent — dans des proportions qui ne sont pas connues — à la croyance religieuse ou à l'affiliation culturelle; cette dernière peut être de date récente ou remonter à la première enfance. Les agents de recensement ne disposent d'aucun critère leur permettant de déterminer l'appartenance religieuse et aucun critère n'est possible pour la "croyance". De plus, il est certain qu'un grand nombre de personnes ont tendance à laisser sans réponse la question sur la religion; dans divers pays, les habitants ont légalement le droit de refuser de répondre à la question sur la religion. En conséquence, les chiffres de ce tableau ne peuvent donner qu'une idée très approximative de la répartition des populations par grande religion.

Le fait que les données sont indiquées d'une manière plus ou moins détaillée selon les pays constitue un autre obstacle à leur comparabilité. Lorsque l'on ne dispose que de chiffres globaux par grande religion, il est impossible de savoir quelles sont les confessions ou sectes entrant dans le calcul des totaux. D'autre part, lorsque les renseignements sur les confessions sont détaillés, il est difficile de classer les sous–groupes par grande religion, car bon nombre de sectes n'ont qu'une importance locale et ne sont donc connues que dans le pays intéressé. Pour résoudre ces difficultés, il faudrait que les données soient classées selon une nomenclature type.

En faisant des comparaisons rétrospectives on notera que les statistiques de la population selon la religion présentées dans cette édition de l'Annuaire démographique resembles celles présentées dans des éditions antérieures et qu'elles ne sont pas comparables aux données sur la religion présentées dans l'Annuaire de 1956. Pour plus de renseignements sur le fait qu'en raison de leur nature, les statistiques de la population selon la religion ne sont pas toujours comparables avec les données antérieures voir les notes techniques du, tableau 29 de l'Annuaire démographique 1979.

Coverage: Population by religion and sex is shown for 45 countries or areas.

Ealier data: Population by religion has been shown previously in issues of the Demographic Yearbook featuring population census statistics as the special topic. This series updates information published in previous issues as indicated in the Index.

Data were presented by urban/rural residence beginning in the 1971 issue.

Table 30

Table 30 presents population of major civil divisions by urban/rural residence for each census between 1973 and 1988.

Description of variables: Statistics presented in this table are from population censuses. Data obtained from sample surveys are shown for those countries or areas where no census of the total population was held during the period. These have been footnoted. Unless otherwise indicated, data refer to the de facto (present–in–area) population.

The generic names of the civil divisions (for example, province, department, district or commune) are given in both English and French and, where the translation from a third language might be questionable, the original language (or an English transliteration) is given in parentheses. In a few cases, where no equivalent was known, the original language alone appears on the table.

The individual name of each major civil division is shown as reported by each country, in the original language or an English transliteration of it. For each country or area, the individual civil divisions appear in alphabetic order.

For technical reasons, the urban/rural data are presented in the body of this table and not separately at the end of the table.

The urban/rural classification is that provided by each country or area; it is presumed to be based on the national definitions of urban population that have been set forth at the end of table 6.

Reliability of data: No special reliability codes have been used in connection with this table.

Limitations: Statistics on population of major civil divisions are subject to the same qualifications as have been set forth for population statistics in general in section 3 of the Technical Notes.

Portée : Des statistiques sur la population selon la religion et le sexe sont présentées pour 45 pays ou zones.

Données publiées antérieurement : Des statistiques de la population selon la religion et le sexe ont été publiées dans des éditions antérieures de l'Annuaire démographique, qui portaient comme sujet spécial les statistiques des recensements de la population. Les séries de ce tableau mettent à jour les données publiées antérieurement mentionnées dans l'Index.

Des données selon la résidence (urbaine/rurale) étaient publiées à partir de 1971.

Tableau 30

Le tableau 30 présente des données sur la population des principales divisions administratives selon la résidence urbaine/rurale pour chaque recensement entre 1973 et 1988.

Description des variables : Les statistiques figurant dans le présent tableau proviennent de recensements de population. Les données présentées dans le cas de pays ou de zones où il n'a pas été effectué de recensement de la population totale pendant la période considérée ont été tirées d'enquêtes par sondage et font l'objet de notes explicatives. Sauf indication contraire, les données portent sur la population de fait (population présente dans la zone considérée).

Le nom générique des divisions administratives (province, département, district ou commune) est donné en anglais et en français et, lorsque sa traduction d'une troisième langue paraissait contestable, on a indiqué entre parenthèses le nom dans la langue originale (ou en translitération anglaise). Dans quelques cas, où l'on ne connaissait pas d'équivalent, on a fait figurer le nom dans la langue originale seulement.

Le nom spécifique des principales divisions administratives des pays apparaît tel qu'il a été indiqué par le pays lui–même soit dans la langue originale, soit en translitération anglaise. Pour chaque pays ou zone, les divisions administratives sont classées par ordre alphabétique.

Pour raisons techniques, les données selon la résidence urbaine/rurale sont présentées dans le corps du tableau et non séparément à la fin du tableau.

La classification selon la résidence (urbaine/rurale) est celle qui a été fournie par chaque pays ou zone; elle est censée reposer sur les définitions nationales de la population urbaine reproduites à la fin du tableau 6.

Fiabilité des données : Aucun code de fiabilité particulier n'a été utilisé pour le présent tableau.

Insuffisance des données : Les statistiques concernant la population des principales divisions administratives appellent toutes les réserves qui ont été faites à la section 3 des Notes techniques à propos des statistiques de la population en général.

Errors in national census data can arise at any stage of the collection, processing or presentation process, and these errors may limit the quality and international comparability of census statistics presented in the Demographic Yearbook. Two major types of errors in census data are often distinguished: first, coverage errors, which lead to the over–enumeration or under–enumeration of the population in the census, and second, content errors, which affect the accuracy of the recorded information for the covered population. Because coverage errors may occur more frequently among some population sub–groups than others, coverage errors may affect not only the absolute number of persons in any given category but also their relative distribution. Levels and patterns of coverage and content errors differ widely among countries and even, at times, from census to census for a specific country. Further limiting the international comparability of census statistics are variations among countries in the concepts, definitions and classifications used in their censuses.

The population concept used in a census (de jure, de facto or a modification of either) has a substantially larger impact on the population totals for most individual sub–national areas than for an entire country. The subject of de jure and de facto population concept is discussed in detail in section 3.1.1 of the Technical Notes. Similarly, coverage errors often vary substantially among individual sub–national areas. Thus, the comparability of population figures shown for individual civil divisions may be seriously distorted by either factor.

Unless otherwise noted, the data refer to the de facto population within present national territorial boundaries, while the civil divisions are those of the country as constituted at the date of the census. Hence, the civil divisions shown in the table may or may not represent present administrative organization.

Both the administrative significance and the average size of major civil divisions vary greatly among the countries or areas of the world. Similarity in terminology should not be assumed to imply similarity of administrative function. Thus, a province of Canada does not have the same administrative significance as a province of Chile. On the other hand, differences in generic names do not necessarily indicate differences in administrative significance.

A comparison of the civil divisions shown in this table with those shown for the same countries in earlier issues of the Demographic Yearbook will reveal some differences in the numbers of divisions shown and in their names. Evidence of such changes suggests the necessity for caution in interpreting intercensal growth of population in major civil divisions.

The comparability of data by urban/rural residence is affected by the national definitions of urban and rural used in tabulating these data. When known, the definitions of urban used in national population censuses are presented at the end of table 6. As discussed in detail in the Technical Notes for table 6, these definitions vary considerably from one country or area to another.

Des erreurs dans les données de recensements nationaux peuvent se produire à n'importe quel stade du processus de collecte ou de présentation et nuire à la qualité et à la comparabilité internationale des statistiques de recensement présentées dans l'Annuaire démographique. Deux principaux types d'erreurs sont couramment distingués dans les données de recensement, à savoir, premièrement, les erreurs de couverture, qui conduisent au surdénombrement ou au sous–dénombrement de la population recensée, et, deuxièmement, les erreurs de contenu, qui influent sur l'exactitude des renseignements enregistrés au sujet de l'univers considéré. Etant donné qu'elles sont susceptibles de se produire plus fréquemment dans certains sous–groupes de la population que dans d'autres, les erreurs de couverture peuvent porter non seulement sur le nombre absolu de personnes comprises dans une catégorie donnée, mais aussi sur leur répartition relative. L'ampleur et les caractéristiques des erreurs de couverture et de contenu diffèrent considérablement d'un pays à l'autre et même, parfois, d'un recensement à l'autre dans un même pays. Les différences entre les concepts, définitions et classifications utilisés par les pays aux fins de leurs recensements contribuent également à limiter la comparabilité internationale des statistiques de recensement.

La définition de la population totale retenue pour la conduite du recensement (population de droit, population de fait ou variante de l'une de ces deux notions) a sur le total dénombré une influence qui, dans la plupart des cas, est beaucoup plus sensible pour les divisions territoriales du pays considérés séparément que pour l'ensemble de celui–ci. Ces deux notions, population de droit et population de fait, sont traitées en détail à la section 3.1.1 des Notes techniques. De même, le pourcentage d'erreurs d'inclusion varie souvent fortement d'une partie du pays à l'autre. La comparabilité des chiffres de population se rapportant aux diverses divisions administratives peut donc être gravement faussée par l'un ou l'autre de ces facteurs.

Sauf indication contraire, les données se rapportent à la population de fait dans les limites actuelles du territoire national et les divisions administratives sont celles du pays tel qu'il était constitué à la date du recensement. Par conséquent les divisions administratives figurant dans le tableau ne correspondent donc pas nécessairement à l'organisation administrative actuelle.

L'importance administrative et la dimension moyenne des principales divisions territoriales varient considérablement selon les pays et zones du monde. Si la terminologie est la même, il ne faut pas en conclure que le rôle administratif de ces divisions est identique. Ainsi, une province du Canada et une province du Chili n'ont pas la même importance administrative. En revanche, les différences de noms génériques ne correspondent pas nécessairement à des différences du point de vue de l'importance administrative.

Si l'on compare les divisions administratives figurant dans ce tableau avec celles qui figurent pour les mêmes pays dans les Annuaires démographiques précédents, on constatera des différences dans le nombre des divisions et dans leur nom. Ces différences montrent qu'il faut faire preuve de prudence en interprétant l'accroissement de population entre deux recensements dans les principales divisions administratives.

La comparabilité des données selon la résidence (urbaine/rurale) peut être limitée par les définitions nationales des termes "urbain" et "rural" utilisées pour la mise en tableaux de ces données. Les définitions du terme "urbain" utilisées pour les recensements nationaux de population ont été présentées à la fin du tableau 6 lorsqu'elles étaient connues. Comme on l'a précisé en détail dans les Notes techniques relatives au tableau 6, ces définitions varient très sensiblement d'un pays ou d'une zone à l'autre.

Coverage: Population of major civil divisions is shown for 91 countries or areas. Data are presented by urban/rural residence for 40 countries or areas.

Earlier data: Population of major civil divisions has been shown previously in issues of the Demographic Yearbook featuring population census statistics as the special topic. This series updates information published in previous issues as indicated in the Index.

Data have been presented by urban/rural residence beginning in the 1971 issue.

Portée : Des statistiques sur la population des principales divisions administratives sont présentées pour 91 pays ou zones. La répartition selon la résidence (urbaine/rurale) est indiquée pour 40 pays ou zones.

Données publiées antérieurement : Des statistiques sur la population des principales divisions administratives ont déjà été publiées dans des éditions antérieures de l'Annuaire démographique qui portaient comme sujet spécial les statistiques des recensements de la population. Les séries de ce tableau mettent à jour les données publiées antérieurement mentionnées dans l'Index.

Des données selon la résidence (urbaine/rurale) ont été publiées à partir de 1971.

Table 31

Table 31 presents population in localities by size–class and sex for each census between 1974 and 1988.

Description of variables: Statistics presented in this table are from population censuses. Data obtained from sample surveys are shown for those countries or areas where no census of the total population was held during the period. These have been footnoted. Unless otherwise indicated, data refer to the de facto (present–in–area) population.

For census purposes, a locality is defined in the United Nations population and housing census recommendations as "a distinct population cluster (also designed as inhabited place, populated centre, settlement etc.) in which the inhabitants live in neighbouring living quarters and which has a name or a locally recognized status." It thus includes fishing hamlets, mining camps, ranches, farms, market towns, villages, towns, cities and many other population clusters which meet the criteria specified above. Localities should not be confused with the smallest civil divisions of a country. In some cases, the two may coincide. In others, however, even the smallest civil division may contain two or more localities. On the other hand, some large cities or towns may contain two or more civil divisions, which should be considered as segments of a single locality rather than as separate localities.

A large locality of a country (i.e. a city or a town) is often part of an urban agglomeration which comprises the city or town proper and also the suburban fringe or thickly settled territory lying outside, but adjacent to, its boundaries. The urban agglomeration is, therefore, not identical with the locality but is an additional geographic unit, which may include more than one locality. In some cases, a single large urban agglomeration may comprise several cities or towns and their suburban fringes. Departures from these internationally recommended practices in the definition of locality, where known, are footnoted. [66]

Tableau 31

Le tableau 31 présente des données sur la population dans les localités selon la catégorie d'importance et le sexe pour chaque recensement entre 1974 et 1988.

Description des variables : Les statistiques figurant dans le présent tableau proviennent de recensements de population. Les données présentées dans le cas de pays ou de zones où il n'a pas été effectué de recensement de la population totale pendant la période considérée ont été tirées d'enquêtes par sondage et font l'objet de notes explicatives. Sauf indication contraire, les données portent sur la population de fait (population présente dans la zone considérée).

Aux fins du recensement, la localité est définie dans les Principes et recommandations concernant les recensements de la population et de l'habitation, comme "un groupement de population distinct et indivisible (également désigné sous les noms de lieu habité, de centre de peuplement, de colonie, etc.) dont les membres occupent des locaux à usage d'habitation voisins et qui a nom ou un statut localement reconnu." Ce terme peut donc désigner des hameaux de pêcheurs, des camps de mineurs, des ranches, des exploitations agricole., des villes de marché, des villages, des villes, des cités et maints autres groupements de population répondant aux critères spécifiés ci–dessus. Il ne faut pas confondre les localités avec les plus petites divisions administratives d'un pays. Dans certains cas, les deux coïncident. Dans d'autres, toutefois, même la plus petite division administrative peut comprendre deux localités ou plus. D'un autre côté, certaines grandes villes ou villes peuvent contenir plusieurs divisions administratives, qui devraient être considérées comme de simples subdivisions d'une même localité et non pas comme des localités dinstinctes. Une grande localité d'un pays (une grande ville ou une ville) fait souvent partie d'une

Une grande localité d'un pays (une grande ville ou une ville) fait souvent partie d'une agglomération urbaine, qui se compose de la ville proprement dite et de sa banlieue ou du territoire densément peuplé situé hors de ses limites mais dans la zone adjacente. L'agglomération urbaine n'est donc pas identique à la localité; c'est une unité géographique supplémentaire qui comprend plusieurs localités. Dans certains cas, il peut arriver qu'une grande agglomération urbaine comprenne plusieurs villes et leur banlieue. Lorsque des définitions de localités ne sont pas confirmes avec celles dont l'usage est accepté universellement, elles sont signalées en note [66].

Reliability of data: No special reliability codes have been used in connection with this table.

Limitations: Statistics on population in localities by size–class and sex are subject to the same qualifications as have been set forth for population statistics in general in section 3 of the Technical Notes.

Errors in national census data can arise at any stage of the collection processing or presentation process, and these errors may limit the quality and international comparability of census statistics presented in the Demographic Yearbook. Two major types of errors in census data are often distinguished: first, coverage errors, which lead to the over–enumeration or under–enumeration of the population in the census, and second, content errors, which affect the accuracy of the recorded information for the covered population.

Because coverage errors may occur more frequently among some population sub–groups than others, coverage errors may affect not only the absolute number of persons in any given category but also their relative distribution. Levels and patterns of coverage and content errors differ widely among countries and even, at times, from census to census for a specific country. Further limiting the international comparability of census statistics are variations among countries in the concepts, definitions and classifications used in their censuses.

The population concept used in a census (de jure, de facto or a modification of either) has a substantially larger impact on the population totals for most individual sub–national areas than for an entire country. The subject of de jure and de facto population concept is discussed in detail in section 3.1.1 of the Technical Notes. Similarly, coverage errors often vary substantially among individual sub–national areas. Thus, the comparability of population figures shown for individual localities may be seriously distorted by either factor.

Equally important are the limitations introduced by the varying national definitions of localities on which the table is based. So long as the definition of locality remains unchanged from year to year, comparison of the proportion of population living in localities of different sizes at two census dates and the number of localities of each size can provide a useful index of urbanization for any one country. Such comparisons are useful also for analysing world and regional trends, since they are relatively free from the complexities introduced by national definitions of urban status. The data are perhaps most useful when considered in relation to those from tables 6 and 8.

Coverage: Population in localities by size–class and sex is shown for 51 countries or areas.

Fiabilité des données : Aucun code de fiabilité particulier n'a été utilisé pour le présent tableau.

Insuffisance des données : Les statistiques concernant la population dans les localités selon la catégorie d'importance et le sexe appellent toutes les réserves qui ont été faites à la section 3 des Notes techniques à propos des statistiques de la population en général.

Des erreurs dans les données de recensements nationaux peuvent se produire à n'importe quel stade du processus de collecte ou de présentation et nuire à la qualité et à la comparabilité internationale des statistiques de recensement présentées dans l'Annuaire démographique. Deux principaux types d'erreurs sont couramment distingués dans les données de recensement, à savoir, premièrement, les erreurs de couverture, qui conduisent au surdénombrement ou au sous–dénombrement de la population recensée, et, deuxièmement, les erreurs de contenu, qui influent sur l'exactitude des renseignements enregistrés au sujet de l'univers considéré.

Etant donné qu'elles sont susceptibles de se produire plus fréquemment dans certains sous–groupes de la population que dans d'autres, les erreurs de couverture peuvent porter non seulement sur le nombre absolu de personnes comprises dans une catégorie donnée, mais aussi sur leur répartition relative. L'ampleur et les caractéristiques des erreurs de couverture et de contenu diffèrent considérablement d'un pays à l'autre et même, parfois, d'un recensement à l'autre dans un même pays. Les différences entre les concepts, définitions et classifications utilisés par les pays aux fins de leurs recensements contribuent également à limiter la comparabilité internationale des statistiques de recensement.

La définition de la population totale retenue pour la conduite du recensement (population de droit, population de fait ou variante de l'une de ces deux notions) a sur le total dénombré une influence qui, dans la plupart des cas, est beaucoup plus sensible pour les divisions territoriales du pays considérées séparément que pour l'ensemble de celui–ci. Ces deux notions, population de droit et population de fait, sont traitées en détail à la section 3.1.1 des Notes techniques. De même, le pourcentage d'erreurs d'inclusion varie souvent fortement d'une partie du pays à l'autre. La comparabilité des chiffres de population se rapportant aux diverses divisions administratives peut donc être gravement faussée par l'un ou l'autre de ces facteurs.

Ce qui est également important, c'est l'hétérogénéité des définitions données dans les divers pays du terme "localité" sur lequel repose le tableau. Tant que la définition de localité demeure inchangée d'une année à l'autre, la comparaison du pourcentage de la population vivant dans des localité de dimensions différentes à deux dates de recensement et du nombre de localités de chaque dimension donne une bonne idée du degré d'urbanisation pour un pays. Ces comparaisons permettent aussi d'analyser les tendances mondiales et régionales, car elles échappent relativement aux complications qui résultent des définitions nationales du "statut urbain". Les données sont peut–être les plus utiles quand on les examine en fonction des chiffres des tableaux 6 et 8.

Portée : Des statistiques sur la population dans les localités selon la catégorie d'importance et le sexe sont présentées pour 51 pays ou zones.

Earlier data: Population in localities by size–class and sex has been shown previously in issues of the Demographic Yearbook featuring population census statistics as the special topic. This series updates information published in previous issues as indicated in the Index.

In addition, data for localities of 100 000 or more inhabitants and for those of 20 000 or more inhabitants, for the period 1950–1970, were shown in the Demographic Yearbook 1970 and, for the period 1920–1960, were shown in the Demographic Yearbook 1960.

Données publiées antérieurement : Des statistiques sur la population dans les localités selon la catégorie d'importance et le sexe ont déjà été publiées dans des éditions antérieures de l'Annuaire démographique qui portaient comme sujet spécial les statistiques des recensements de la population. Les séries de ce tableau mettent à jour les données publiées antérieurement mentionnées dans l'Index.

En plus, des données pour les localités de 100 000 habitants et plus, et pour celles de 20 000 habitants et plus, pour la période de 1950 à 1970 avaient été publiées dans l'édition de 1970 l'Annuaire; et pour la période de 1920 à 1960 dans l'édition de 1960 de l'Annuaire.

Table 32

Table 32 presents population by literacy, sex, age and urban/rural residence for each census between 1975 and 1988.

Description of variables: Statistics presented in this table are from population censuses. Data obtained from sample surveys are shown for those countries or areas where no census of the total population was held during the period. These have been footnoted. Unless otherwise indicated, data refer to the de facto (present–in–area) population.

Literacy is defined as the ability both to read and to write. A person is literate who can, with understanding, both read and write a short, simple statement on his everyday life. A person is illiterate who cannot, with understanding, both read and write a short, simple statement on his everyday life. Hence, a person capable of reading and writing only figures and his own name should be considered illiterate, as should a person who can read but not write and one who can read and write only a ritual phrase which has been memorized. [67]

The literacy classification used in this table is the following: literate, illiterate and literacy status unknown.

Age is defined as age at last birthday, that is, the difference between the date of birth and the reference date of the age distribution expressed in completed solar years. The age classification used in this table is the following: 10 years and over, 15 years and over, 10–14, 15–19, 20–24, 25–29, 30–34, 10–year age groups through 54–64 years, 65 years and over and age unknown. Persons of unknown age are excluded from the category "15 years and over".

Data on literacy are one of the three types of statistics on the educational characteristics of the population which can be derived from censuses of population; the other two types, for which data are also shown in this issue of the Yearbook, are educational attainment and population attending school.

The urban/rural classification is that provided by each country or area; it is presumed to be based on the national definitions of urban population that have been set forth at the end of table 6.

Tableau 32

Le tableau 32 présente des données sur la population selon l'alphabétisme, le sexe, l'âge et la résidence urbaine/rurale pour chaque recensement entre 1975 et 1988.

Description des variables : Les statistiques figurant dans le présent tableau proviennent de recensements de population. Les données présentées dans le cas de pays ou de zones où il n'a pas été effectué de recensement de la population totale pendant la période considérée ont été tirées d'enquêtes par sondage et font l'objet de notes explicatives. Sauf indication contraire, les données portent sur la population de fait (population présente dans la zone considérée).

Un alphabète est une personne capable de lire et d'écrire en le comprenant. Un analphabète est une personne incapable de lire et d'écrire, en le comprenant, un exposé simple et bref de faits en rapport avec sa vie quotidienne. En conséquence, une personne capable seulement de lire et d'écrire des chiffres et son nom doit être considérée comme analphabète, de même qu'une personne qui sait lire mais non écrire ainsi qu'une personne qui ne peut lire et écrire qu'une expression rituelle apprise par coeur [67].

Le classement de l'alphabétisme employé dans ce tableau est le suivant : alphabète, analphabète et inconnu.

L'âge désigne l'âge au dernier anniversaire, c'est–à–dire la différence entre la date de naissance et la date de référence de la répartition par âge exprimée en années solaires révolues. La classification par âge utilisée dans ce tableau est la suivante : 10 ans et plus, 15 ans et plus, 10–14 ans, 15–19 ans, 20–24 ans, 25–29 ans, 30–34 ans et des groupes d'âge décennaux pour la population âgée de 35 à 64 ans. Les personnes dont l'âge est inconnu ne sont pas comprises dans la catégorie "15 ans et plus".

Les séries relatives à l'alphabétisme représentent l'un des trois types de données statistiques que les recensements démographiques permettent d'obtenir concernant les caractéristiques relatives à l'instruction de la population; les deux autres types de données, figurant également dans le présent volume, concernent le degré d'instruction et les effectifs scolaires.

La classification selon la résidence (urbaine/rurale) est celle qui a été fournie par chaque pays ou zone; elle est censée reposer sur les définitions nationales de la population urbaine reproduites à la fin du tableau 6.

Reliability of data: No special reliability codes have been used in connection with this table.

Limitations: Statistics on population by literacy, sex and age are subject to the same qualifications as have been set forth for population statistics in general in section 3 of the Technical Notes.

Errors in national census data can arise at any stage of the collection processing or presentation process, and these errors may limit the quality and international comparability of census statistics presented in the Demographic Yearbook. Two major types of errors in census data are often distinguished: first, coverage errors, which lead to the over–enumeration or under–enumeration of the population in the census, and second, content errors, which affect the accuracy of the recorded information for the covered population.

Because coverage errors may occur more frequently among some population sub–groups than others, coverage errors may affect not only the absolute number of persons in any given category but also their relative distribution. Levels and patterns of coverage and content errors differ widely among countries and even, at times, from census to census for a specific country. Further limiting the international comparability of census statistics are variations among countries in the concepts, definitions and classifications used in their censuses.

The principal limitation in connection with data on literacy arises from variations in the definitions of literacy and illiteracy and in the different age limits imposed on the tabulations.

In this table, literate persons are by definition those who were reported as able to read and to write, while those reported as unable to read or to write are considered to be illiterate. Hence, the illiterate segment includes also semi–literate persons able to read but not to write, and those who can write but not read. The latter is especially important where ability to write is determined by ability to sign one's name. Conformity to the reading–writing definition is now apparently widespread. When known, exceptions are footnoted.

Another variation in definition which produces marked lack of comparability over time and between countries or areas is the language reference for the question on ability to read and write. The United Nations has recommended that a literate person must be able to read with understanding and to write a short statement on every day life, in any language. [68] Some countries or areas may require literacy to be judged by ability to read and write in a specified language. The result may be a higher percentage of illiteracy than would result from application of the United Nations recommendation. The possibility of changes in the language requirement should be kept in mind when comparing the data in this table with earlier data shown in previous issues of the Demographic Yearbook.

Fiabilité des données : Aucun code de fiabilité particulier n'a été utilisé pour le présent tableau.

Insuffisance des données : Les statistiques concernant la population selon l'alphabétisme, le sexe et l'âge appellent toutes les réserves qui ont été faites à la section 3 des Notes techniques à propos des statistiques de la population en général.

Des erreurs dans les données de recensements nationaux peuvent se produire à n'importe quel stade du processus de collecte ou de présentation et nuire à la qualité et à la comparabilité internationale des statistiques de recensement présentées dans l'Annuaire démographique. Deux principaux types d'erreurs sont couramment distingués dans les données de recensement, à savoir, premièrement, les erreurs de couverture, qui conduisent au surdénombrement ou au sous–dénombrement de la population recensée, et, deuxièmement, les erreurs de contenu, qui influent sur l'exactitude des renseignements enregistrés au sujet de l'univers considéré.

Etant donné qu'elles sont susceptibles de se produire plus fréquemment dans certains sous–groupes de la population que dans d'autres, les erreurs de couverture peuvent porter non seulement sur le nombre absolu de personnes comprises dans une catégorie donnée, mais aussi sur leur répartition relative. L'ampleur et les caractéristiques des erreurs de couverture et de contenu diffèrent considérablement d'un pays à l'autre et même, parfois, d'un recensement à l'autre dans un même pays. Les différences entre les concepts, définitions et classifications utilisés par les pays aux fins de leurs recensements contribuent également à limiter la comparabilité internationale des statistiques de recensement.

Les principales insuffisances en ce qui concerne les donnés relatives à l'analphabétisme proviennent de variations dans la définition de l'analphabétisme et dans les âges minimaux adoptés.

Dans ce tableau, les alphabètes sont par définition les personnes déclarées comme sachant lire et écrire, les personnes déclarées comme ne sachant pas lire ou ne sachant pas écrire étant considérées comme analphabètes. Sont donc inclus dans cette dernière catégorie les semi–analphabètes, c'est–à–dire les personnes qui savent lire mais non écrire, et celles qui savent écrire mais non lire. Cette dernière observation est particulièrement importante dans les cas où l'analphabétisme est déterminé par l'aptitude d'une personne à signer son propre nom, et la définition ci–dessus de l'alphabétisme semble maintenant largement suivie. Dans la mesure du possible, les exceptions sont indiquées en note au bas des tableaux.

Un autre obstacle à la comparabilité des données dans le temps et entre différents pays ou zones tient à la langue que l'intéressé est censé lire ou écrire. D'après la recommandation des Nations Unies, il faut entendre par "alphabète" une personne sachant d'une part lire et comprendre et d'autre part écrire un bref exposé sur la vie quotidienne, dans une langue quelconque [68]. Cependant, pour certains pays ou zones, le critère peut être l'aptitude à lire et à écrire dans une langue donnée. Ce critère peut aboutir à un pourcentage d'analphabétisme plus élevé que celui qui aurait été obtenu si la recommandation des Nations Unies avait été appliquée. Lorsque l'on comparera les statistiques de ce tableau à celles qui ont été publiées dans les éditions précédentes de l'Annuaire démographique, il conviendra de ne pas oublier que des changements ont pu intervenir en ce qui concerne la langue imposée.

Because of the possible reluctance of some illiterate persons to admit to their illiteracy and the difficulties of applying a test of literacy during a census investigation, the data collected may not be highly accurate. [69] Some persons of unknown literacy may have been considered as literate without additional evidence, while others, in the absence of an answer to the question might have been considered illiterate. This variation, while not evident in the tabulation, must be borne in mind in using the data, especially for countries or areas where many persons are of unknown literacy status.

It should be noted that data are lacking for a number of countries or areas in the developed regions. This is due to the fact that a question on literacy was not included in population censuses.

Because these statistics are classified according to age, they are subject to the limitations with respect to accuracy of age reporting similar to those already discussed in connection with section 3.1.3 of the Technical Notes.

The comparability of data by urban/rural residence is affected by the national definitions of urban and rural used in tabulating these data. When known, the definitions of urban used in national population censuses are presented at the end of table 6. As discussed in detail in the Technical Notes for table 6, these definitions vary considerably from one country or area to another.

Coverage: Population by literacy, sex and age is shown for 57 countries or areas. Data are presented by urban/rural residence for 15 countries or areas.

Earlier data: Population by literacy, sex and age has been shown previously in issues of the Demographic Yearbook featuring population census statistics as the special topic. This series updates information published in previous issues as indicated in the Index.

Data have been presented by urban/rural residence beginning in the 1971 issue.

Comme il faut s'attendre que certaines personnes aient des réticences à admettre qu'elles sont analphatètes et comme il est difficile de faire passer un test d'aptitude à lire et à écrire lors d'une enquête de recensement, les données recueillies risquent de ne pas être très exactes [69]. Dans certains pays ou zones, une preuve de fréquentation scolaire suffit pour faire classer l'intéressé parmi les alphabètes. Dans d'autres, en l'absence de renseignements, le recensé a été classé tantôt comme lire et écrire, tantôt comme analphabète. Cette variation, qui n'apparaissent pas dans les tableaux, doivent être prises en considération, particulièrement lorsqu'il s'agit de pays ou zones où il y a probablement un fort pourcentage de personnes dont l'aptitude est inconnue.

Il convient de noter que l'on manque de données pour un certain nombre de pays ou zones dans les régions développées. En effet, les recensements de population ne comportent aucune question sur l'alphabétisme.

Comme ces statistiques sont classées selon l'âge elles appellent les mêmes réserves concernant l'exactitude des déclarations d'âge que celles déjà mentionnées dans la section 3.1.3 des Notes techniques.

La comparabilité des données selon la résidence (urbaine/rurale) peut être limitée par les définitions nationales des termes "urbaine" et "rural" utilisées pour la mise en tableaux de ces données. Les définitions du terme "urbain" utilisées pour les recensements nationaux de population ont été présentées à la fin du tableau 6 lorsqu'elles étaient connues. Comme on l'a précisé en détail dans les Notes techniques relatives au tableau 6, ces définitions varient très sensiblement d'un pays ou d'une zone à l'autre.

Portée : Des statistiques sur la population selon l'alphabétisme, le sexe et l'âge sont présentées pour 57 pays ou zones. La répartition selon la résidence (urbaine/rurale) est indiquée pour 15 pays ou zones.

Données publiées antérieurement : Des statistiques sur la population selon l'alphabétisme, le sexe et l'âge ont déjà été publiées dans des éditions antérieures de l'Annuaire démographique qui portaient comme sujet spécial les statistiques des recensements de la population. Les séries de ce tableau mettent à jour les données publiées antérieurement mentionnées dans l'Index.

Des données selon la résidence (urbaine/rurale) ont été publiées à partir de 1971.

Table 33

Table 33 presents illiterate and total population 15 years of age and over by sex and urban/rural residence for each census between 1975 and 1988.

Description of variables: Statistics presented in this table are from population censuses. Data obtained from sample surveys are shown for those countries or areas where no census of the total population was held during the period. These have been footnoted. Unless otherwise indicated, data refer to the de facto (present–in–area) population.

Tableau 33

Le tableau 33 présente des données sur la population analphabète et sur la population totale de 15 ans et plus, selon le sexe et la résidence urbaine/rurale pour chaque recensement entre 1975 et 1988.

Description des variables : Les statistiques figurant dans le présent tableau proviennent de recensements de population. Les données présentées dans le cas de pays ou zones où il n'a pas été effectué de recensement de la population totale pendant la période considérée ont été tirées d'enquêtes par sondage et font l'objet de notes explicatives. Sauf indication contraire, les données portent sur la population de fait (population présente dans la zone considérée).

Literacy is defined as the ability both to read and to write. A person is illiterate who cannot, with understanding, both read and write a short, simple statement on his everyday life. Hence, a person capable of reading and writing only figures and his own name should be considered illiterate, as should a person who can read but not write and one who can read and write only a ritual phrase which has been memorized. [70] Persons of unknown literacy status are excluded.

Age is defined as age at last birthday, that is, the difference between the date of birth and the reference date of the age distribution expressed in completed solar years. The common lower age limit of 15 years has been chosen for the table, in order to achieve maximum comparability. This is in accord with UNESCO recommendations to obtain adult illiteracy rates.

The urban/rural classification is that provided by each country or area; it is presumed to be based on the national definitions of urban population that have been set forth at the end of table 6.

Percentage computation: Percentage illiterate for both sexes, male and female separately, is the number of persons 15 and over recorded as illiterate (or semi–literate) per 100 persons 15 years of age and over in the same age–sex group at the same date. This percentage is known as the illiteracy rate. If data on illiteracy were tabulated for a minimum age other than 15, or with none at all, the percentages were computed on the corresponding age group of the population. Such rates are footnoted.

Reliability of data: No special reliability codes have been used in connection with this table.

Limitations: Statistics on illiterate and total population 15 years of age and over by sex and urban/rural residence are subject to the same qualifications as have been set forth for population statistics in general in section 3 of the Technical Notes.

Errors in national census data can arise at any stage of the collection processing or presentation process, and these errors may limit the quality and international comparability of census statistics presented in the Demographic Yearbook. Two major types of errors in census data are often distinguished: first, coverage errors, which lead to the over–enumeration or under–enumeration of the population in the census, and second, content errors, which affect the accuracy of the recorded information for the covered population.

Because coverage errors may occur more frequently among some population sub–groups than others, coverage errors may affect not only the absolute number of persons in any given category but also their relative distribution. Levels and patterns of coverage and content errors differ widely among countries and even, at times, from census to census for a specific country. Further limiting the international comparability of census statistics are variations among countries in the concepts, definitions and classifications used in their censuses.

Un alphabète est une personne capable de lire et d'écrire, en le comprenant. Un analphabète est une personne incapable de lire et d'écrire, en le comprenant, un exposé simple et bref de faits en rapport avec sa vie quotidienne. En conséquence, une personne capable seulement de lire et d'écrire des chiffres et son nom doit être considérée comme analphabète, de même qu'une personne qui sait lire mais non écrire ainsi qu'une personne qui ne peut lire et écrire qu'une expression rituelle apprise par coeur [70]. Les personnes dont l'aptitude à lire et à écrire est inconnue ont été éliminées.

L'âge désigne l'âge au dernier anniversaire, c'est–à–dire la différence entre la date de naissance et la date de référence de la répartition par âge exprimée en années solaires révolues. On a choisi ici la limite d'âge inférieur de 15 ans, afin d'obtenir un degré de comparabilité maximal. Ce choix est conforme aux recommandations de l'UNESCO pour l'établissement des taux d'analphabétisme pour les adultes.

La classification selon la résidence (urbaine/rurale) est celle qui a été fournie par chaque pays ou zone; elle est censée reposer sur les définitions nationales de la population urbaine reproduites à la fin du tableau 6.

Calcul des pourcentages : Le pourcentage d'analphabètes, calculé séparément pour les deux sexes, représente le nombre de personnes âgées de 15 ans et plus enregistrées comme analphabètes ou semi–analphabètes pour 100 personnes âgées de 15 ans et plus appartenant au sexe considéré à la même date. Ce pourcentage est désigné sous le nom de taux d'analphabétisme. Quand les données sur l'analphabétisme ont été calculées sur la base d'un âge minimal autre que 15 ans, ou sans tenir compte d'un âge minimal quelconque, les pourcentages ont été calculés sur le groupe d'âge correspondant de la population. Ces taux sont indiqués en note de bas de page.

Fiabilité des données : Aucun code de fiabilité particulier n'a été utilisé pour le présent tableau.

Insuffisance des données : Les statistiques concernant la population analphabète et la population totale de 15 ans et plus selon le sexe appellent toutes les réserves qui ont été faites à la section 3 des Notes techniques à propos des statistiques de la population en général.

Des erreurs dans les données de recensements nationaux peuvent se produire à n'importe quel stade du processus de collecte ou de présentation et nuire à la qualité et à la comparabilité internationale des statistiques de recensement présentées dans l'Annuaire démographique. Deux principaux types d'erreurs sont couramment distingués dans les données de recensement, à savoir, premièrement, les erreurs de couverture, qui conduisent au surdénombrement ou au sous–dénombrement de la population recensée, et, deuxièmement, les erreurs de contenu, qui influent sur l'exactitude des renseignements enregistrés au sujet de l'univers considéré.

Etant donné qu'elles sont susceptibles de se produire plus fréquemment dans certains sous–groupes de la population que dans d'autres, les erreurs de couverture peuvent porter non seulement sur le nombre absolu de personnes comprises dans une catégorie donnée, mais aussi sur leur répartition relative. L'ampleur et les caractéristiques des erreurs de couverture et de contenu diffèrent considérablement d'un pays à l'autre et même, parfois, d'un recensement à l'autre dans un même pays. Les différences entre les concepts, définitions et classifications utilisés par les pays aux fins de leurs recensements contribuent également à limiter la comparabilité internationale des statistiques de recensement.

The principal limitation in connection with data on illiteracy arises from variations in the definition of illiteracy and in the different age limits imposed on the tabulations.

In this table, illiterate persons are by definition those who were reported as unable to read or to write. Hence, it includes also semi–literate persons able to read and not write, and those who can write but not read. The latter is especially important where ability to write is determined by ability to sign one's name. Conformity to the reading–writing definition is now apparently widespread. When known, exceptions are footnoted.

Another variation in definition which produces marked lack of comparability over time and between countries or areas is the language reference for the question on ability to read and write. The United Nations has recommended that a literate person must be able to read with understanding and to write a short statement on every day life, in any one language. [71] Some countries or areas may require literacy to be judged by ability to read and write in a specified language. The result may be a higher percentage of illiteracy than would result from application of the United Nations recommendation. The possibility of changes in the language requirement should be kept in mind when comparing the data in this table with earlier data shown in previous issues of the Demographic Yearbook.

Because of the possible reluctance of some illiterate persons to admit to their illiteracy and the difficulties of applying a test of literacy during a census investigation, the data collected may not be highly accurate. [72] In some, persons of unknown literacy may have been considered as literate without additional evidence, while in others, absence of an answer to the question might have been considered to indicate illiteracy. This variation, while not evident in the tabulation, must be borne in mind in using the data, especially for countries or areas where many persons are of unknown literacy status.

The criteria used by the numerator in deciding on literacy status and the disposition in the tabulations of persons of unknown literacy are also sources of variation in statistics. In some countries or areas, evidence of school attendance was considered tantamount to literacy and the person so classified. In some, unknown literacy was considered as literate without additional evidence, while in others, absence of an answer to the question was considered to indicate illiteracy. It was not possible to determine the extent to which objective tests of the ability to read and write a statement on every day life were applied, but it is likely that this was rarely done. These variations, while not evident in the tabulation, must be borne in mind in using the data, especially for countries or areas where many persons are of unknown literacy status.

Les principales insuffisances en ce qui concerne les données relatives à l'analphabétisme proviennent de variations dans la définition de l'analphabétisme et dans les âges minimaux adoptés.

Dans le tableau, les illettrés sont par définition les personnes qui ont été déclarées comme ne sachant pas lire ou ne sachant pas écrire. Cette catégorie comprend donc les personnes semi–illettrées, c'est–à–dire celles qui peuvent lire mais non écrire, et celles qui peuvent écrire mais non lire. Cette dernière définition est particulièrement importante dans les cas où l'aptitude à écrire est déterminée par l'aptitude d'une personne à signer son propre nom. Dans la mesure du possible, les exceptions sont signalées dans les notes au bas du tableau.

Un autre obstacle à la comparabilité des données dans le temps et entre différents pays ou zones tient à la langue que l'intéressé est censé lire ou écrire. D'après la recommandation des Nations Unies, il faut entendre par "alphabète" une personne capable d'une part de lire et de comprendre et d'autre part d'écrire un bref exposé sur la vie quotidienne, dans une langue quelconque [71]. Cependant, pour certains pays ou zones, l'analphabétisme est déterminé par l'aptitude à lire et à écrire dans une langue donnée. Ce critère peut aboutir à un pourcentage d'analphabétisme plus élevé que celui qui aurait été obtenu si la recommandation des Nations Unies avait été appliquée. Lorsque l'on comparera les statistiques de ce tableau à celles qui ont été publiées dans les volumes précédents de l'Annuaire démographique, il conviendra de ne pas oublier que des changements ont pu intervenir en ce qui concerne la langue imposée.

Comme il faut s'attendre que certaines personnes aient des réticences à admettre qu'elles sont analphatètes et comme il est difficile de faire passer un test d'aptitude à lire et à écrire lors d'une enquête de recensement, les données recueillies risquent de ne pas être très exactes [72]. Dans certains pays ou zones, une preuve de fréquentation scolaire suffit pour faire classer l'intéressé parmi les alphabètes. Dans d'autres, en l'absence de renseignements, le recensé a été classé tantôt comme lire et écrire, tantôt comme analphabète. Cette variation, qui n'apparaissent pas dans les tableaux, doivent être prises en considération, particulièrement lorsqu'il s'agit de pays ou zones où il y a probablement un fort pourcentage de personnes dont l'aptitude est inconnue.

L'appréciation du recenseur dans les cas douteux et le classement des personnes dont l'aptitude à lire et à écrire est inconnue constituent également des sources de variation dans les statistiques. Dans certains pays ou zones, une preuve de fréquentation scolaire suffit pour faire classer l'intéressé parmi les alphabètes. Dans d'autres, en l'absence de renseignements, le recensé a été classé tantôt comme sachant lire et écrire, tantôt comme analphabète. On ne sait dans quelle mesure l'aptitude à lire et à écrire un exposé sur la vie quotidienne a été vérifiée de façon objective, mais il est vraisemblable que cette vérification ne s'est faite que rarement. Ces variations, qui n'apparaissent pas dans les tableaux, doivent être prises en considération, particulièrement lorsqu'il s'agit de pays ou zones où il y a probablement un fort pourcentage de personnes dont l'aptitude est inconnue.

Wherever the minimum age varies, it is obvious that a percentage illiterate computed in relation to the total population would not be comparable from country to country, because the numerator would include varying age segments of the population. To increase comparability, the minimum age in this table has been placed at 15 years and the illiterate population considered only for ages 15 and over. Countries with a lower minimum age limit can usually provide the 15 and over group or at least a population corresponding to the illiterate segment. Data for countries or areas with no minimum age, however, will not be comparable. This source of variation must be kept in mind in using literacy data for the total population.

It should be noted that data are completely lacking for a number of countries or areas in the developed regions. This is due to the fact that a question of literacy status is not included in population censuses.

The comparability of data by urban/rural residence is affected by the national definitions of urban and rural used in tabulating these data. When known, the definitions of urban used in national population censuses are presented at the end ot table 6. As discussed in detail in the Technical Notes for table 6, these definitions vary considerably from one country or area to another.

Coverage: Illiterate and total population 15 years of age and over by sex are shown for 57 countries or areas. Data are presented by urban/rural residence for 15 countries or areas.

Earlier data: Illiterate and total population 15 years of age and over by sex have been shown previously in issues of the Demographic Yearbook featuring population census statistics as the special topic. This series updates information published in previous issues as indicated in the Index.

Data have been presented by urban/rural residence the beginning in the 1971 issue.

Table 34

Table 34 presents population 15 years of age and over, by educational attainment, sex, age and urban/rural residence for each census between 1973 and 1988.

Description of variables: Statistics presented in this table are from population censuses. Data obtained from sample surveys are shown for those countries or areas where no census of the total population was held during the period. These have been footnoted. Unless otherwise indicated, data refer to the de facto (present–in–area) population.

Chaque fois que l'âge minimal varie, il est évident que le pourcentage des "illettrés" par rapport à la population totale n'est pas comparable d'un pays à l'autre puisque le numérateur ne se rapporte pas à la même tranche de population. Pour améliorer la comparabilité, on a fixé l'âge minimal à 15 ans dans ce tableau et on ne s'est préoccupé que de l'analphabétisme des personnes ayant 15 ans et plus. Les pays où l'âge minimal est inférieur à 15 ans peuvent d'ordinaire fournir des données pour le groupe de 15 ans et plus ou en tout cas pour le groupe des illettrés. Mais, pour les pays ou zones où il n'existe pas d'âge minimal, les chiffres ne sont pas comparables. Il faut tenir compte de cette cause de non– comparabilité quand on utilise les données en question pour la population totale.

Il faut remarquer qu'on manque totalement de données pour un certain nombre de pays ou zones dans les régions développées. En effet, les recensements de population ne comportent aucune question sur l'aptitude à lire et à écrire.

La comparabilité des données selon la résidence (urbaine/rurale) peut être limitée par les définitions nationales des termes "urbain" et "rural" utilisées pour la mise en tableaux de ces données. Les définitions du terme "urbain" utilisées pour les recensements nationaux de population ont été présentées à la fin du tableau 6 lorsqu'elles étaient connues. Comme on l'a précisé en détail dans les Notes techniques relatives au tableau 6, ces définitions varient très sensiblement d'un pays ou d'une zone à l'autre.

Portée : Des statistiques sur la population analphabète et sur la population totale de 15 ans et plus sont présentées pour 57 pays ou zones. La répartition selon la résidence (urbaine/rurale) est indiquée pour 15 pays ou zones.

Données publiées antérieurement : Des statistiques sur la population analphabète et sur la population totale de 15 ans et plus selon le sexe ont déjà été publiées dans des éditions antérieures de l'Annuaire démographique qui portaient comme sujet spécial les statistiques des recensements de la population. Les séries de ce tableau mettent à jour les données publiées antérieurement mentionnées dans l'Index.

Des données selon la résidence (urbaine/rurale) ont été publiées à partir de 1971.

Tableau 34

Le tableau 34 présente des données sur la population de 15 ans et plus, selon le degré d'instruction, le sexe, l'âge et la résidence urbaine/rurale pour chaque recensement entre 1973 et 1988.

Description des variables : Les statistiques figurant dans le présent tableau proviennent de recensements de population. Les données présentées dans le cas de pays ou de zones où il n'a pas été effectué de recensement de la population totale pendant la période considérée ont été tirées d'enquêtes par sondage et font l'objet de notes explicatives. Sauf indication contraire, les données portent sur la population de fait (population présente dans la zone considérée).

Educational attainment is defined as the highest grade or level of education completed by the person in the educational system of the country where the education was received in accordance with the International Standard Classification of Education. For international purposes, a grade is a stage of instruction usually covered in the course of a school year. [73] Data are presented for units of completed grades in the first, second and third levels. In addition, categories are shown for "Level not stated" and for "Special education".

First level education customarily begins with the first year of compulsory education, which is usually between ages 5 and 7, and lasts for about five years. [74] It is a term which includes elementary school, primary school and so forth, but excludes nursery school, kindergarten, infant schools and the like, which are considered as preceding the first level for purposes of this table.

Second level education consists of two stages. The first stage begins at about age 11 or 12 and lasts about three years. The second stage begins at about age 14 or 15 and lasts for about three years. [75] ncluded in this level are programs for semi skilled and skilled jobs, apprenticeship programs, vocational programs and in some countries, teacher–training programs.

Third level education begins at about 17 to 19 and lasts 3 or 4 years or longer. [76] This level includes for example, universities, teachers colleges, and higher professional schools.

Within each level, grades are classified as follows: 1 through 5, 6 and over, and grade not stated. In addition, a category is provided for persons who have completed less than the first grade at the first level. This category includes those who have received no schooling.

Age is defined as age at last birthday, that is, the difference between the date of birth and the reference date of the age distribution expressed in completed solar years. The age classification in this table is the following: 15 years and over, 15–19, 20–24, 10–year groups through 55–64 years, and 65 years and over and age unknown.

Data on the educational attainment of the school–age population are not meaningful unless they are cross–classified by school attendance. This table has, therefore, been limited to population 15 years of age and over.

The urban/rural classification is that provided by each country or area; it is presumed to be based on the national definitions of urban population that have been set forth at the end of table 6.

Reliability of data: No special reliability codes have been used in connection with this table.

Le degré d'instruction est défini aux fins du présent tableau comme le niveau correspondant à la dernière année d'études accomplie d'après la classification internationale type de l'education, au niveau le plus élevé auquel une personne est parvenue dans le système d'enseignement du pays où elle a fait ses études; aux fins de comparaisons internationales, on entend par année d'études une étape de l'instruction généralement parcourue en une année scolaire [73]. Les données présentées portent sur le nombre d'années d'études effectuées dans l'enseignement du premier degré, du second degré et du troisième degré. En plus on a fait figurer dans ce tableau une catégorie pour "Degré non indiqué" et une catégorie "Education spéciale".

L'enseignement du premier degré commence généralement avec la première année de scolarité obligatoire — qui se situe habituellement entre 5 et 7 ans — c'est–à–dire une période d'à peu près cinq ans [74]. Cet enseignement est dispensé dans les écoles élémentaires, les écoles primaires, etc., ce qui exclut les écoles maternelles, les jardins d'enfants, les crèches et autres établissements de même nature, qui, aux fins du présent tableau, sont considérés comme dispensant un enseignement précédant le premier degré.

Au second degré correspond un enseignement qui implique deux cycles, le premier à peu près trois années d'études autour de 11 ou 12 ans. Le deuxième cycle commence autour de 14 ou 15 ans et dure à peu près trois ans [75]. Aussi à ce degré certaines écoles dispensent des cours fournant des ouvriers semi qualifiés et qualifiés ainsi que des cours d'apprentissage, des cours professionelles et dans quelques pays certains cours de formation pédagogique.

L'enseignement du troisième degré est un type d'enseignement qui implique à peu près trois ou quatre années d'études ou plus qui commence autour de 17 à 19 ans [76]. Il est dispensé, par exemple, dans les universités, les diverses grandes écoles et instituts d'études supérieures, y compris les écoles normales supérieures.

Dans chaque degré les années d'études sont classées de la façon suivante : 1 à 5, 6 et plus et année non indiquée. En plus, on a fait figurer une catégorie "Moins d'une année d'études" (pour l'enseignement du premier degré). Cette catégorie comprend les personnes qui n'ont jamais fréquenté l'école.

L'âge désigne l'âge au dernier anniversaire, c'est–à–dire la différence entre la date de naissance et la date de référence de la répartition par âge exprimée en années solaires révolues. La classification par âge utilisée dans ce tableau est la suivante : 15 ans et plus, 15–19 ans, 20–24 ans, des groupes décennaux jusqu'à 55–64 ans, 65 ans et plus et âge inconnu.

Les statistiques concernant le degré d'instruction de la population d'âge scolaire n'ont de signification que si elles font l'objet d'une exploitation croisée avec les données relatives à la fréquentation scolaire. Pour cette raison, on n'a indiqué dans ce tableau que les données relatives à la population âgée de 15 ans et plus.

La classification selon la résidence (urbaine/rurale) est celle qui a été fournie par chaque pays ou zone; elle est censée reposer sur les définitions nationales de la population urbaine reproduites à la fin du tableau 6.

Fiabilité des données : Aucun code de fiabilité particulier n'a été utilisé pour le présent tableau.

Limitations: Statistics on population 15 years of age and over, by educational attainment, sex and age are subject to the same qualifications as have been set forth for population statistics in general in section 3 of the Technical Notes.

Errors in national census data can arise at any stage of the collection processing or presentation process, and these errors may limit the quality and international comparability of census statistics presented in the Demographic Yearbook. Two major types of errors in census data are often distinguished: first, coverage errors, which lead to the over–enumeration or under–enumeration of the population in the census, and second, content errors, which affect the accuracy of the recorded information for the covered population.

Because coverage errors may occur more frequently among some population sub–groups than others, coverage errors may affect not only the absolute number of persons in any given category but also their relative distribution. Levels and patterns of coverage and content errors differ widely among countries and even, at times, from census to census for a specific country. Further limiting the international comparability of census statistics are variations among countries in the concepts, definitions and classifications used in their censuses.

The difficulties of obtaining internationally comparable statistics on level of education are due in large part to the diversity in the structure of the national educational systems and in the duration of training possible in each level of education. A detailed discussion of the nature of this diversity is presented in the International Standard Classification of Education. [77] It is evident from this analysis that international comparability of these statistics is not possible in terms of levels alone. The duration of secondary education, in turn, varies greatly from one country to another, depending mainly on the duration of the preceding primary education. Because of this, as can be seen in the above–mentioned Classification, the diversity at the second level is more marked than that at the first level. When it is recalled that some distributions are limited to level only, with no subdivision by grade, it will be seen that the degree of comparability is a matter of conjecture.

Variation in the type of question on which the statistics are based, and in the kind of tabulations made, is also a factor in comparability. In some cases, the question on educational attainment was asked in terms of types of diplomas or certificates received; in others, tabulations referred to only a segment of the population, for example, to those having completed their education or to the literate population whenever it was possible to do so, coverage differences of this type and the assumptions made on the basis of these are explained in a footnote.

Insuffisance des données : Les statistiques concernant la population de 15 ans et plus, selon le degré d'instruction, le sexe et l'âge appellent toutes les réserves qui ont été faites à la section 3 des Notes techniques à propos des statistiques de la population en général.

Des erreurs dans les données de recensements nationaux peuvent se produire à n'importe quel stade du processus de collecte ou de présentation et nuire à la qualité et à la comparabilité internationale des statistiques de recensement présentées dans l'Annuaire démographique. Deux principaux types d'erreurs sont couramment distingués dans les données de recensement, à savoir, premièrement, les erreurs de couverture, qui conduisent au surdénombrement ou au sous–dénombrement de la population recensée, et, deuxièmement, les erreurs de contenu, qui influent sur l'exactitude des renseignements enregistrés au sujet de l'univers considéré.

Etant donné qu'elles sont susceptibles de se produire plus fréquemment dans certains sous–groupes de la population que dans d'autres, les erreurs de couverture peuvent porter non seulement sur le nombre absolu de personnes comprises dans une catégorie donnée, mais aussi sur leur répartition relative. L'ampleur et les caractéristiques des erreurs de couverture et de contenu diffèrent considérablement d'un pays à l'autre et même, parfois, d'un recensement à l'autre dans un même pays. Les différences entre les concepts, définitions et classifications utilisés par les pays aux fins de leurs recensements contribuent également à limiter la comparabilité internationale des statistiques de recensement.

S'il est difficile d'établir des statistiques internationalement comparables sur le degré d'instruction, c'est surtout parce que la structure de l'enseignement public et la durée des études à chaque niveau de l'enseignement varient d'un pays à l'autre. La Classification internationale type de l'éducation [77] contient une étude détaillée sur la nature des différences existant dans ce domaine. La présente analyse montre clairement que les statistiques du tableau 38 ne sont pas internationalement comparables lorsque le niveau de l'enseignement est le seul élément pris en considération. De même, dans l'enseignement secondaire, la durée de la scolarité varie considérablement d'un pays à l'autre, car elle est en grande partie fonction de celle de l'enseignement primaire. C'est pourquoi, comme on peut le constater d'après la classification cité au paragraphe précédent, les différences existant d'un pays à l'autre sont plus marquées dans le premier degré que dans le second degré. Si l'on tient compte du fait que les données de certaines séries ne sont classées que selon le niveau d'enseignement, sans être réparties par année d'études, on reconnaîtra que la comparabilité des données est très aléatoire.

Le fait que les statistiques ont été établies sur la base d'un questionnaire différent selon les pays et exploitées suivant des méthodes diverses nuit également à la comparabilité des données de ce tableau. Dans certains cas, on a demandé aux recensés d'indiquer leur degré d'instruction en mentionnant les diplômes ou certificats dont ils sont titulaires; dans d'autres, on n'a pris en considération qu'un secteur de la population, par exemple les personnes ayant terminé leurs études ou les alphabètes. Les différences de cette nature ainsi que les hypothèses qu'elles autorisent sont dans la mesure du possible indiquées en note de bas de page.

The differences between countries in the concept of what constitutes "second level" and "third level" education also impairs comparability to some extent. Vocational, trade and technical schools may be counted as second level in some countries and as third level in others. The allocation of teacher training schools also presents problems, as does the treatment of schools not part of the regular educational system.

Because these statistics are classified according to age, they are subject to the limitations with respect to accuracy of age reporting similar to those already discussed in connection with section 3.1.3 of the Technical Notes.

The comparability of data by urban/rural residence is affected by the national definitions of urban and rural used in tabulating these data. When known, the definitions of urban used in national population censuses are presented at the end of table 6. As discussed in detail in the Technical Notes for table 6, these definitions vary considerably from one country or area to another.

Coverage: Population 15 years of age and over, by educational attainment, sex and age is shown for 73 countries or areas. Data are presented by urban/rural residence for 11 countries or areas.

Earlier data: Population by educational attainment, and by sex have been shown previously in issues of the Demographic Yearbook featuring population census statistics as the special topic. This series updates information published in previous issues as indicated in the Index.

The age variable was introduced in the 1971 issue and has been shown again in each subsequent issue. Data have been presented by urban/rural residence beginning in the 1971 issue.

Les divergences que l'on constate d'un pays à l'autre en ce qui concerne les notions mêmes d'enseignement du second degré et d'enseignement du troisième degré réduisent aussi, dans une certaine mesure, la comparabilité des données. En effet, dans certains pays, on considère les écoles professionnelles et les écoles techniques comme des établissements du second degré tandis que, dans d'autres, on les assimile à des établissements du troisième degré. Le classement des écoles de formation d'enseignants et des écoles n'appartenant pas au système régulier d'instruction publique pose également des problèmes.

Comme ces statistiques sont classées selon l'âge, elles appellent les mêmes réserves concernant l'exactitude des déclarations d'âge que celles déjà mentionnées dans la section 3.1.3 des Notes techniques.

La comparabilité des données selon la résidence (urbaine/rurale) peut être limitée par les définitions nationales des termes "urbain" et "rural" utilisées pour la mise en tableaux de ces données. Les définitions du terme "urbain" utilisées pour les recensements nationaux de population ont été présentées à la fin du tableau 6 lorsqu'elles étaient connues. Comme on l'a précisé en détail dans les Notes techniques relatives au tableau 6, ces définitions varient très sensiblement d'un pays ou d'une zone à l'autre.

Portée : Des statistiques sur la population de 15 ans et plus selon le degré d'instruction, le sexe et l'âge sont présentées pour 73 pays ou zones. La répartition selon la résidence (urbaine/rurale) est indiquée pour 11 pays ou zones.

Données publiées antérieurement : Des statistiques sur la population selon le degré d'instruction, le sexe et l'âge ont déjà été publiées dans des éditions antérieures de l'Annuaire démographique qui portaient comme sujet spécial les statistiques des recensements de la population. Les séries de ce tableau mettent à jour les données publiées antérieurement mentionnées dans l'Index.

Une nouvelle variable, l'âge, a été introduite dans l'édition de 1971; des répartitions selon cette variable ont de nouveau été présentées dans chaque édition successive de l'Annuaire. Des données selon la résidence (urbaine/rurale) ont été publiées à partir de 1971.

Table 35

Table 35 presentes population 5 to 24 years of age by school attendance, sex, age and urban/rural residence for each census between 1979 and 1988.

Description of variables: Statistics presented in this table are from population censuses. Data obtained from sample surveys are shown for those countries or areas where no census of the total population was held during the period. These have been footnoted. Unless otherwise indicated, data refer to the de facto (present–in–area) population.

Tableau 35

Le tableau 35 présente des données sur la population âgée de 5 à 24 ans, selon la fréquentation scolaire, le sexe, l'âge et la résidence urbaine/rurale pour chaque recensement entre 1979 et 1988.

Description des variables : Les statistiques figurant dans le présent tableau proviennent de recensements de population. Les données présentées dans le cas de pays ou zones où il n'a pas été effectué de recensement de la population totale pendant la période considérée ont été tirées d'enquêtes par sondage et font l'objet de notes explicatives. Sauf indication contraire, les données portent sur la population de fait (population présente dans la zone considérée).

School attendance is defined as attendance at any regular educational institution, public or private, for systematic instruction at any level of education at the time of the census or, if the census is taken during the vacation period at the end of the school year, during the last school year. Instruction in particular skills, which is not part of the recognized educational structure of the country (e.g. in–service training courses in factories) is not considered "school attendance" for census purposes. [78]

Age is defined as age at last birthday, that is, the difference between the date of birth and the reference date of the age distribution expressed in completed solar years. The age classification used in this table is single years from 5 to 24 years. Data for some countries or areas deviate from this standard age classification.

The urban/rural classification is that provided by each country or area; it is presumed to be based on the national definitions of urban population that have been set forth at the end of table 6.

Percentage computation: Percentage attending school for both sexes, male and female separately, is the number of persons attending school by age and sex per 100 persons in the same age–sex group at the same date.

Reliability of data: No special reliability codes have been used in connection with this table.

Limitations: Statistics on population 5 to 24 years of age by school attendance, sex and age are subject to the same qualifications as have been set forth for population statistics in general in section 3 of the Technical Notes.

Errors in national census data can arise at any stage of the collection processing or presentation process, and these errors may limit the quality and international comparability of census statistics presented in the Demographic Yearbook. Two major types of errors in census data are often distinguished: first, coverage errors, which lead to the over–enumeration or under–enumeration of the population in the census, and second, content errors, which affect the accuracy of the recorded information for the covered population.

Because coverage errors may occur more frequently among some population sub–groups than others, coverage errors may affect not only the absolute number of persons in any given category but also their relative distribution. Levels and patterns of coverage and content errors differ widely among countries and even, at times, from census to census for a specific country. Further limiting the international comparability of census statistics are variations among countries in the concepts, definitions and classifications used in their censuses.

An important limitation of school attendance statistics is the variation in the time periods to which the basic census question refers. In many countries or areas, no reference period is specified and attendance seems to refer to the day of the census. It may be noted that the longer the period of reference, the larger is the number of school attendants likely to be reported.

On entend par fréquentation scolaire la fréquentation d'un établissement agréé, public ou privé, pour y faire des études régulières à un niveau quelconque à la date du recensement, ou, si le recensement a lieu pendant les vacances scolaires de fin d'année, durant la dernière année scolaire. Aux fins de recensement, l'expression "fréquentation scolaire" ne s'applique pas à des types de formation particuliers ne faisant pas partie du système d'enseignement officiel du pays (formation en cours d'emploi dans une usine, par exemple) [78].

L'âge désigne l'âge du dernier anniversaire, c'est–à–dire la différence entre la date de naissance et la date de référence de la répartition par âge exprimée en années solaires révolues. La classification par âge utilisée dans ce tableau est la suivante : chaque année d'âge de 5 à 24 ans. Les données de certains pays ou zones diffèrent de la classification type.

La classification selon la résidence (urbaine/rurale) est celle qui a été fournie par chaque pays ou zone; elle est censée reposer sur les définitions nationales de la population urbaine reproduites à la fin du tableau 6.

Calcul des pourcentages : Les pourcentages de la fréquentation scolaire représentent, pour l'ensemble des deux sexes et pour chaque sexe, le nombre de personnes d'un âge donné fréquentant l'école pour 100 personnes du même groupe d'âge et du même sexe dans la population totale.

Fiabilité des données : Aucun code de fiabilité particulier n'a été utilisé pour le présent tableau.

Insuffisance des données : Les statistiques concernant la population selon la fréquentation scolaire appellent toutes les réserves qui ont été faites à la section 3 des Notes techniques à propos des statistiques de la population en général.

Des erreurs dans les données de recensements nationaux peuvent se produire à n'importe quel stade du processus de collecte ou de présentation et nuire à la qualité et à la comparabilité internationale des statistiques de recensement présentées dans l'Annuaire démographique. Deux principaux types d'erreurs sont couramment distingués dans les données de recensement, à savoir, premièrement, les erreurs de couverture, qui conduisent au surdénombrement ou au sous–dénombrement de la population recensée, et, deuxièmement, les erreurs de contenu, qui influent sur l'exactitude des renseignements enregistrés au sujet de l'univers considéré.

Etant donné qu'elles sont susceptibles de se produire plus fréquemment dans certains sous–groupes de la population que dans d'autres, les erreurs de couverture peuvent porter non seulement sur le nombre absolu de personnes comprises dans une catégorie donnée, mais aussi sur leur répartition relative. L'ampleur et les caractéristiques des erreurs de couverture et de contenu diffèrent considérablement d'un pays à l'autre et même, parfois, d'un recensement à l'autre dans un même pays. Les différences entre les concepts, définitions et classifications utilisés par les pays aux fins de leurs recensements contribuent également à limiter la comparabilité internationale des statistiques de recensement.

La valeur des statistiques de la fréquentation scolaire se trouve considérablement réduite du fait que la question posée lors des recensements ne vise pas des périodes uniformes. Dans nombre de pays ou zones, aucune période de référence n'est spécifiée et il semble que l'on prenne en considération la "fréquentation scolaire" le jour du recensement. On notera que l'effectif scolaire est, en principe, d'autant plus important que la période de référence est plus longue.

Comparability is also limited by the fact that, in some countries, the question asked at the census refers specifically to attendance at a school which is part of the regular school system while, in others, no such limitation is set, and attendance at commercial schools, dancing schools, language schools, and so forth may be included in the results.

The employment of various minimum ages and age ranges for the cross–classification of school–attending population is another source of non–comparability.

Errors in reporting may include deliberate falsification in countries where non–attendance at school for persons at specified ages is contrary to law or custom.

Because the statistics are classified according to age, they are subject to the limitations with respect to accuracy of age reporting similar to those already discussed in connection with section 3.1.3 of the Technical Notes. Possible errors in age–reporting may be especially evident in fluctuations in the single–year frequencies.

The comparability of data by urban/rural residence is affected by the national definitions of urban and rural used in tabulating these data. When known, the definitions of urban used in national population censuses are presented at the end of table 6. As discussed in detail in the Technical Notes for table 6, these definitions vary considerably from one country or area to another.

Coverage: Population 5 to 24 years of age by school attendance, sex and age is shown for 57 countries or areas. Data are presented by urban/rural residence for 15 countries or areas.

Earlier data: Population by school attendance, sex and age has been shown previously in issues of the Demographic Yearbook featuring population census statistics as the special topic. This series updates information published in previous issues as indicated in the Index.

Data have been presented by urban/rural residence beginning in the 1971 issue.

La comparabilité est également limitée par le fait que, dans certains pays, la question posée lors du recensement porte expressément sur la fréquentation des écoles qui font partie du système régulier d'instruction publique, alors que dans d'autres aucune limitation semblable n'est imposée et la fréquentation d'écoles de commerce, d'écoles de danse, d'écoles de langues, etc., peut figurer dans les statistiques.

La diversité des âge minimaux et des intervalles d'âge utilisés dans la classification des effectifs scolaires réduit aussi la comparabilité des données.

D'autres erreurs peuvent fausser les déclarations, notamment des erreurs intentionelles dans le pays où la loi ou la coutume obligent les personnes d'un âge déterminé à fréquenter l'école.

Comme ces statistiques sont classées selon l'âge, elles appellent les mêmes réserves concernant l'exactitude des déclarations d'âge que celles déjà mentionnées dans la section 3.1.3 des Notes techniques. Les écarts que l'on constate dans les données par année d'âge indiquent que des erreurs se sont parfois glissées dans les déclarations d'âge.

La comparabilité des données selon la résidence (urbaine/rurale) peut être limitée par les définitions nationales des termes "urbain" et "rural" utilisées pour la mise en tableaux de ces données. Les définitions du terme "urbain" utilisées pour les recensements nationaux de population ont été présentées à la fin du tableau 6 lorsqu'elles étaient connues. Comme on l'a précisé en détail dans les Notes techniques relatives au tableau 6, ces définitions varient très sensiblement d'un pays ou d'une zone à l'autre.

Portée : Des statistiques sur la poulation âgée de 5 à 24 ans, selon la fréquentation scolaire, le sexe et l'âge, sont présentées pour 57 pays ou zones. La répartition selon la résidence (urbaine/rurale) est indiquée pour 15 pays ou zones.

Données publiées antérieurement : Des statistiques sur la population âgée de 5 à 24 ans, selon la fréquentation scolaire, le sexe et l'âge, ont déjà été publiées dans des éditions antérieures de l'Annuaire démographique qui portaient comme sujet spécial les statistiques des recensements de la population et les statistiques des migrations internationales. Les séries de ce tableau mettent à jour les données publiées antérieurement mentionnées dans l'Index.

Des données selon la résidence (urbaine/rurale) ont été publiées à partir de 1971.

Table 36

Table 36 presents economically active population and activity rates by age, sex and urban/rural residence for each census between 1973 and 1988.

Description of variables: Statistics presented in this table are from population censuses. Data obtained from sample surveys are shown for those countries or areas where no national population census was held during the period. These have been footnoted. Unless otherwise indicated, data refer to the de facto (present–in–area) population.

Tableau 36

Le tableau 36 présente des données sur la population active et sur les taux d'activité selon le sexe, l'âge et la résidence urbaine/rurale pour chaque recensement entre 1973 et 1988.

Description des variables : Les statistiques figurant dans le présent tableau proviennent de recensements de population. Les données présentées dans le cas de pays ou de zones où il n'a pas été effectué de recensement national de population pendant la période considérée ont été tirées d'enquêtes par sondage et font l'objet de notes explicatives. Sauf indication contraire, les données portent sur la population de fait (population présente dans la zone considérée).

The economically active population is defined as all persons of either sex who furnish the supply of labour for the production of economic goods and services during the time reference chosen for the investigation. [79] In brief, it comprises all persons above a specified minimum age engaged in or actively seeking productive work in some branch of the economy during a specified period of time. The economically active population so defined is also referred to as the labour force. The labour force is composed of two groups which are generally defined as follows: Employed persons: comprise all persons, including unpaid family workers, who worked during the time–reference period established for data on economic characteristics or who had a job in which they had already worked but from which they were temporarily absent because of illness or injury, industrial dispute, vacation or other leave of absence, absence without leave or disorganization of work for reasons such as bad weather or mechanical breakdown. [80]

Unemployed persons consist of all persons, who during the reference period, were not working but who were seeking work for pay or profit, including those who never worked before. Also included are persons, who, during the reference period, were not seeking work because of temporary illness, because they had made arrangements to start a new job subsequent to the reference period or because they were on temporary or indefinite lay–off without pay. Where employment opportunites are very limited, the unemployed may also include persons who were not working and were available for work, but were not actively seeking it because they believed that no jobs were open. [81] Under this definition, members of the armed forces are considered as economically active and are included in the labour force. However, in some countries or areas data on the economically active population excludes members of the armed forces. Statistics for such countries or areas then refer to the civilian labour force and are so footnoted when known.

The not economically active population comprises persons with no economic activity during the reference period. This group normally includes homemakers and students not economically active, retired persons (with or without income), inmates of institutions, all children below the specified minimum age for inclusion in the labour force and so forth.

Wherever possible, exceptions to these definitions of the economically active and the not economically active have been noted in the table.

La population active comprend toutes les personnes des deux sexes qui fournissent la main–d'oeuvre disponible pour la production de biens et services pendant la période de référence choisie pour l'enquête [79]. Elle se compose donc de toutes les personnes ayant dépassé un âge minimum spécifié qui font ou cherchent activement à faire un travail productif dans une branche d'activité économique au cours d'une période déterminée. La population active ainsi définie correspond à ce qu'on appelle également la main–d'oeuvre. Celle–ci comprend deux groupes généralement définis comme suit: Personnes occupées: Les personnes occupées sont toutes celles – y compris les travailleurs familiaux non rémunérés – qui ont travaillé pendant la période à laquelle se rapportent les données sur les caractéristiques économiques ou qui avaient à cette époque un emploi dans lequel elles avaient déjà travaillé, mais qu'elles avaient temporairement cessé d'exercer pour cause de maladie ou d'accident, de conflit de travail, de vacances ou autres formes de congé, d'absence volontaire ou d'empêchement temporaire de travailler pour des raisons telles que le mauvais temps ou des incidents techniques [80].

Personnes en chômage: Les chômeurs comprennent toutes les personnes qui n'étaient pas occupées et qui étaient en quête d'un emploi rémunéré ou rémunérateur pendant la période de référence, y compris celles qui n'avaient jamais travaillé. Les personnes qui n'étaient pas enquête d'un emploi pendant la période de référence, par suite d'une maladie temporaire, de dispositions prises pour débuter dans un nouvel emploi après la période de référence ou de mise à pied temporaire ou indéfinie sans salaire, sont également comprises dans ce groupe. Lorsque les possibilités d'emploi sont très limitées, les personnes qui n'étaient pas occupées et qui pouvaient travailler, mais ne recherchaient pas d'emploi parce qu'elles pensaient qu'il n'en existait pas de disponibles, peuvent aussi être comprises parmi les chômeurs [81]. Selon cette définition, les membres des forces armées sont considérés comme exerçant une activité économique et sont compris dans les effectifs de la main–d'oeuvre. Toutefois, dans certains pays ou zones, les données relatives à la population active ne comprennent pas les membres des forces armées. Les statistiques concernant ces pays ou zones se rappportent donc à la main–d'oeuvre civile et ce fait lorsqu'il est connu est indiqué en note.

La population non active comprend les personnes qui n'exerçaient aucune activité économique pendant la période de référence. Normalement, elle englobe les ménagères et les étudiants n'exerçant pas d'activité économique, les retraités titulaires ou non de revenus et les personnes vivant dans des institutions, les enfants n'ayant pas l'âge minimum spécifié pour l'inclusion dans la main–d'oeuvre, etc. Les exceptions à ces définitions de la population active et de la population inactive ont été indiquées en note chaque fois que cela était possible.

Les exceptions à ces définitions de la population active et de la population non active ont été indiquées en note chaque fois que cela était possible.

In recent decades, an increasing number of countries have used the labour force concept in censuses as well as surveys. National experiences in utilizing this concept and standards adopted by the Eighth International Conference of Labour Statisticians in 1954 have pointed to, inter alia, the following limitations. First, the notion of seeking work is not applicable in the agricultural and informal sectors of most developing countries. Moreover, in many areas people must create for themselves some work to make a living since they are neither fully employed nor fully unemployed. Second, the economic role of women is not treated adequately, and, consequently, the measurement of female labour force is subject to a wide margin of error and incompleteness.

Therefore, in order to deal with these conditions in the developing countries, efforts have continuously been made in the past to modify and reformulate the labour force concept in various ways. These efforts have, for example, given rise to a) the concept of underemployment adopted by the Eleventh ICLS, b) the labour utilization approach applied in several Southeast Asian countries, c) the labour time disposition approach, and so on. [82].

In this context, the Thirteenth International Conference of Labour Statisticians, which met in October 1982, adopted a new resolution concerning statistics of the economically active population, employment, unemployment and under–employment. [83] This resolution replaces the standards adopted in 1954 and presents in detail a set of new international standards on statistics on the economically active population for adoption, as far as possible, in population censuses, surveys and other vehicles of data collection.

Although none of the census data on the economically active population reported in this Yearbook relied on the new recommendations, it is anticipated that in the 1990 round of population censuses some countries and areas will rely on the recommendations adopted in 1982 by the Thirteenth International Conference of Labor Statisticians.

Age is defined as age at last birthday, that is, the difference between the date of birth and the reference date of the age distribution expressed in completed solar years. The age classification used in this table is the following: under 15 years, 5–year groups through 70–74 years, and 75 years and over and age unknown.

Available information on the lower age limits used by various countries or areas in tabulating the economically active population are also shown in this table and in Table A of the special article.

The urban/rural classification is that provided by each country or area; it is presumed to be based on the national definitions of urban population that have been set forth at the end of table 6.

Percentage computation: The age–sex specific rates are the number of persons of a specified age and sex reported as economically active per 100 persons of the same age and sex in the total population.

Au cours des dernières décennies, un nombre croissant de pays ont utilisé l'approche selon l'activité "courrante" aussi bien dans les recensements que dans les enquêtes. Les données d'experience recueillies à l'échelon national dans l'utilisation de cette approche et les normes adoptées en 1954 par la huitième Conférence internationale des statisticiens du travail ont appelé l'attention notamment sur les lacunes indiquées ci–après. Premièrement, la notion de recherche d'un emploi n'est pas applicable dans le secteur agricole et le secteur non institutionnalisé de la plupart des pays en développment. Dans de nombreuses régions, les gens doivent en outre se trouver quelque travail à faire pour subsister puisqu'ils ne sont ni vraiment pourvus d'un emploi ni vraiment chômeurs. Deuxièment, le rôle économique des femmes des femmes n'est pas convenablement traité et l'évaluation de main–d'oeuvre féminine est en conséquence sujette à une large marge d'erreur et d'omission.

Par suite, afin de pallier cet état de choses dans les pays en développement, l'approche selon l'activité "courrante" a dans les passé constamment fait l'objet d'efforts tendant à la modifier et à la redéfinir de diverses manières. De ces efforts sont issus par exemple a) les concepts du sous–emploi adoptés par la onzième Conférence internationale des statisticiens du travail; b) l'approche selon l'utilisation de la main–d'ouevre, appliquée dans plusieurs des pays de l'Asie du Sud–Est, c) l'approche selon l'utilisation du temps de travail, etc. [82].

Dans ce contexte, la treizième Conférence internationale des statisticiens du travail, réunie en octobre 1982, a adopté une nouvelle résolution concernant les statistiques de la population active, de l'emploi, du chômage et du sous–emploi [83]. Cette résolution remplace les normes adoptées en 1954 et présente en détail une série de nouvelles normes internationales concernant les statistiques relatives à la population active, aux fins d'adoption, dans le mesure du possible, pour les recensements de population, enquêtes out autres formes de collecte de données.

Bien qu'aucunes des données de recensement ayant trait à la population economiquement active presentés dans cet Annuaire ne repose sur les nouvelles recommendations, on s'attend à ce que dans le serrê des recensements de population de 1990 quelques pays et zones s'appuieront sur les recommendations adoptées en 1982 par la treiziéme Conférence international des statisticiens du travail.

L'âge désigne l'âge au dernier anniversaire, c'est–à–dire la différence entre la date de naissance et la date de référence de la répartition par âge exprimée en années solaires révolues. La classification par âge utilisée dans ce tableau est la suivante : moins de 15 ans, des groupes quinquennaux jusqu'à 70–74 ans, 75 ans et plus, et âge inconnu.

Les données disponibles sur les limites d'âge inférieures utilisées par divers pays ou zones pour le classement de la population active sont aussi présentées dans le tableau A de l'article spécial.

La classification selon la résidence (urbaine/rurale) est celle qui a été fournie par chaque pays ou zone ; elle est censée reposer sur les définitions nationales de la population urbaine reproduites à la fin du tableau 6.

Calcul des pourcentages : Les taux spécifiques pour l'âge–sexe sont le nombre de personnes d'âge et de sexe déterminés déclarées actives pour 100 personnes du même âge et du même sexe dans la population totale.

In addition to these age–sex specific rates, one of the two following rates is shown for each country or area:

(1) Those rates which relate to "Total" as shown in the stub are the number of persons (both sexes, male and female separately) classified as economically active per 100 persons of the same sex in the total population. These are the "crude labour force participation rates" or "crude activity rates", in which the numerator (economically active population) refers to a selected age segment of the population (for example, 15 years and over) while the denominator of the rate is the total population.

(2) Those rates which relate to the population "15 years of age and over" (or the nearest equivalent) as shown in the stub are the number of persons 15 years of age and over classified as economically active per 100 total population 15 years of age and over. These rates are, therefore, larger than the crude rates mentioned above. These two types of rates are, therefore, not comparable.

Reliability of data: No special reliability codes have been used in connection with this table.

Limitations: Statistics on economically active population and activity rates by sex and age are subject to the same qualifications as have been set forth for population statistics in general in section 3 of the Technical Notes and to a number of special considerations summarized in the special article appearing on pages 3 – 19 of the 1984 issue of the Demographic Yearbook.

Errors in national census data can arise at any stage of the collection, coding, editing, tabulation or presentation process, and these errors may limit the quality and international comparability of census statistics presented in the Demographic Yearbook. Two major types of errors in census data are often distinguished: first, coverage errors, which lead to the over–enumeration or under–enumeration of the population in the census, and second, content errors, which affect the accuracy of the recorded information for the covered population.

Because coverage errors may occur more frequently among some population sub–groups than others, coverage errors may affect not only the absolute number of persons in any given category but also their relative distribution. Levels and patterns of coverage and content errors differ widely among countries and even, at times, from census to census for a specific country. Further limiting the international comparability of census statistics are variations among countries in the concepts, definitions and classifications used in their censuses.

In common with other types of census data, statistics on the economically active population are subject to important limitations concerning both the concepts and definitions used and the methods of collecting and presenting the data. [84] Not all countries or areas use the labour force concept for collecting statistics concerning the economically active population. Moreover, countries using the labour force concept use a variety of different reference periods.

En plus de ces taux spécifiques pour l'âge–sexe, un des deux taux suivants est indiqué pour chaque pays ou zone :

(1) Les taux présentés comme "total" dans la première colonne indiquent les personnes (des deux sexes, masculin et féminin séparément) classées comme "actives" pour 100 personnes du même sexe dans la population totale. Ce sont les "taux bruts de participation de la main–d'oeuvre" ou "taux bruts d'activité"; le numérateur (population active) se rapporte à une catégorie d'âges déterminé de la population (par exemple, 15 ans et plus) et le dénominateur à la population totale.

(2) Les taux présentés pour la population de 15 ans et plus (ou l'équivalent le plus proche) comme indiqué dans la première colonne de gauche sont le nombre de personnes de 15 ans et plus classées comme population active pour 100 personnes de la population totale de 15 ans et plus. Ces taux sont donc plus élevés que les taux bruts d'activité mentionnés ci–dessus. Ces deux types de taux ne sont pas comparables.

Fiabilité des données : Aucun code de fiabilité particulier n'a été utilisé pour le présent tableau.

Insuffisance des données : Les statistiques concernant la population active et les taux d'activité selon le sexe et l'âge appellent toutes les réserves qui ont été faites à la section 3 des Notes techniques à propos des statistiques de la population en général, ainsi qu'un certain nombre de considérations particulières résumées dans l'article spécial figurant aux pages 3 à 19 de la 1984 édition de l'Annuaire démographique.

Des erreurs dans les données de recensements nationaux peuvent se produire à n'importe quel stade du processus de collecte, de codage, d'édition, de mise en tableaux (ou de présentation) et nuire à la qualité et à la comparabilité internationale des statistiques de recensement présentées dans l'Annuaire démographique. Deux principaux types d'erreurs sont couramment distingués dans les données de recensement, à savoir, premièrement, les erreurs de couverture, qui conduisent au surdénombrement ou au sous–dénombrement de la population recensée, et, deuxièmement, les erreurs de contenu, qui influent sur l'exactitude des renseignements enregistrés au sujet de l'univers considéré.

Etant donné qu'elles sont susceptibles de se produire plus fréquemment dans certains sous–groupes de la population que dans d'autres, les erreurs de couverture peuvent porter non seulement sur le nombre absolu de personnes comprises dans une catégorie donnée, mais aussi sur leur répartition relative. L'ampleur et les caractéristiques des erreurs de couverture et de contenu diffèrent considérablement d'un pays à l'autre et même, parfois, d'un recensement à l'autre dans un même pays. Les différences entre les concepts, définitions et classifications utilisés par les pays aux fins de leurs recensements contribuent également à limiter la comparabilité internationale des statistiques de recensement.

Comme les autres données provenant de recensements, les statistiques de la population active présentent des défauts graves qui sont imputables aux définitions et concepts utilisés ainsi qu'aux méthodes de collecte et de présentation des données [84]. L'approche selon l'activité "courante" n'est pas utilisée dans tous les pays ou zones pour la collecte des données statistiques relatives à la population active. De plus, les pays qui appliquent cette méthode ont recours à différentes périodes de référence.

Furthermore, in those countries or areas following the gainfully occupied or usual worker concept, the activity status of certain groups will usually differ from that assigned under the labour force approach. For example, retired persons may be classified as economically active under the gainful worker approach and "not in the labour force" under the labour force approach while the unemployed particularly those seeking work for the first time will generally not be counted as economically active under the usual worker approach.

Because in some censuses using the gainfully occupied approach no specific instructions covering the unemployed were provided, their inclusion or exclusion is uncertain. On the other hand, in some countries, unemployed persons are specifically included with the economically active population, as recommended under the labour force approach; in other countries, they are excluded. Sometimes, the persons temporarily unemployed are included while those seeking work for the first time are excluded.

The treatment of the unpaid family workers, that is, persons who assist without pay in economic enterprises operated by other members of their households, is also highly varied not only from country to country but also at times from census to census in the same country.

The treatment of unpaid family workers is perhaps the most important factor in assessing comparability of the economically active population. Members of this group should be included in the economically active population, yet actually they may have relatively weak attachments to the labour market, except in predominantly agricultural economies. In some national population censuses women, old persons, and young people living on farms and helping in various farming activities are classified as " engaged in economic activity" in the capacity of "unpaid family workers", while in other population censuses members of these groups would be classed as homemakers, retired persons and students, respectively, and placed in the not active population. Such variations are extremely important in assessing comparability, both in one country over time and between countries.

Variations in the treatment of members of the armed forces and inmates of institutions are also a source of non–comparability.

Persons engaged in multiple activities during the reporting period, for example, those who were full–time students and who were working part–time, are classified in some countries as part of the economically active population, while in others, they are considered as not active. In still other countries, the decision on the classification of these persons depends on the proportion of time spent in remunerative occupations. All of these variations limit comparability.

En outre, dans les pays ou zones utilisant l'approche selon l'activité rémunéré ou activité "habituelle", la situation attribuée à certains groupes au regard de l'activité économique sera généralement différente de ce qu'elle serait avec l'approche selon l'activité "courante". Par exemple, les retraités pourront être classés comme exerçant une activité "habituelle", et comme "ne faisant par partie de la main–d'oeuvre" "si c'est l'approche selon l'activités courante" qui est appliquée, alors que les personnes sans travail, en particulier celles qui cherchent un emploi pour la première fois, ne sont généralement pas considérées comme exerçant une activité économique lorsqu'on applique l'approche selon l'activité "habituelle".

Du fait que certains recensements ont été effectués selon ce dernier concept sans qu'aucune indication précise ait été donnée pour le classement des chômeurs, il est impossible de déterminer si ceux – ci y ont ou non été classés comme actifs. En revanche, dans certains pays, les chômeurs sont expressément inclus dans la population active, ainsi qu'il est recommandé pour l'approche selon l'activité "courante"; dans d'autres pays, ils en sont exclus. Parfois, les personnes temporairement sans travail sont considérées comme faisant partie de la population active, mais non celles qui cherchent un emploi pour la première fois.

Le classement des travailleurs familiaux non rémunérés, c'est–à–dire des personnes qui participent sans contrepartie pécuniaire à l'activité économique d'entriprises gérées par d'autres membres de leur ménage, varie de même considérablement non seulement de pays à pays, mais aussi parfois d'un recensement à un autre dans le même pays.

Le traitement des travailleurs familiaux non rémunérés est sans doute le facteur qui exerce la plus grande influence sur la comparabilité des statistiques de la population active. Les membres de ce groupe doivent être inclus dans la population active bien qu'en réalité ils jouent un rôle relativement peu important sur le marché du travail, sauf dans les économies essentiellement agricoles. Dans certains recensements nationaux de population, les femmes, les vieillards et les adolescents qui vivent dans une exploitation agricole et qui y participent à diverses activités sont classés comme "travailleurs familiaux non rémunérés exerçant une activité économique" tandis que dans d'autres recensements de population les membres de ces groupes seraient respectivement classés comme ménagères, retraités et étudiants, et de ce fait compris dans la population non active. Ce manque d'uniformité nuit considérablement à la comparabilité des donnés, tant pour les mêmes pays à des époques différentes qu'entre des pays différents.

Le manque d'uniformité dans le classement des membres des forces armées et des personnes vivant dans des institutions nuit aussi à la comparabilité.

Dans certains pays, les personnes ayant exercé des activités multiples au cours de la période considérée, par exemple celles qui faisaient à la fois des études à plein temps et un travail à temps partiel, sont classées dans la population active tandis que dans d'autres elles font partie de la population non active. Dans d'autres pays encore, leur classement dépend de la part de leur temps qu'elles consacrent à des activités rémunérées. Cette diversitéde classement limite également la comparabilité des données obtenues.

There is also considerable variation among countries in the treatment of unemployed persons.

Non–comparability due to differences in definitions described above affects chiefly the statistics for women, youths and aged persons, because relatively large proportions of the workers in these groups are engaged in unpaid family work or on a part–time seasonal and intermittent basis. Thus, comparability of the statistics for men is, in general, much better than statistics for women, and the firmest basis for international comparisons is provided by the data for men in the middle range of working ages.

International comparability of data may also be affected by national seasonal employment patterns. Seasonal employment may result from shifts toward agriculture at harvest time, the employment of women and students in merchandising and other activities during certain holiday seasons and the changes in activities during dry and wet seasons in some countries.

The inclusion of certain groups in the economically active population under one concept but not under the other may affect the activity rates for sub–groups of the population such as women, youth and aged since a relatively large proportion of those groups are engaged in unpaid family work, part–time work or seasonal employment. Further, different concepts and definitions of the economically active population are often used in collection of statistics in population censuses and labour force surveys and hence, the comparison of results from these two sources may tend to lack comparability. Special care is also required to ascertain that the results of successive population censuses in the same country are comparable, especially in so far as definitions and concepts are concerned.

Because these statistics are classified according to age, they are subject to the limitations with respect to accuracy of age reporting similar to those already discussed in connection with section 3.1.3 of the Technical Notes.

Differences among countries in the specification of the lower age limit for inclusion in the economically active population is another important source of variation. As shown in the table, many countries use a minimum age limit for census questions on economic activities, dictated by the legal minimum age for employment and the compulsory school attendance age.

Le classement des personnes sans travail varie aussi considérablement d'un pays à l'autre.

Le défaut de comparabilité résultant des differences de définition décrites ci–dessus concerne surtout les statistiques relatives aux femmes, aux adolescents et aux personnes âgées, car un grand nombre de personnes appartenant à ces groupes sont des travailleurs familiaux non rémunérés ou exercent une activité à temps partiel ou de nature saisonnière ou intermitttente. Ainsi le dégre de comparabilité des statistiques relatives au sexe masculin est–il en général, bien supérieur à celui des statistiques qui se rapportent au sexe féminin; ce sont en conséquence les données relatives aux personnes du sexe masculin se trouvant dans l'intervalle médian des âges de travail qui se prêtent le mieux aux comparaisons internationales.

En outre, la comparabilité des statistiques de différents pays pour la même année dépend parfois de la structure de la main–d'oeuvre saisonnière propre à chaque pays. L'emploi saisonnier peut dépendre du déplacement de la main–d'oeuvre vers le secteur agricole au moment de la moisson, de l'emploi des femmes et des étudiants dans la distribution et d'autres activités pendant certaines périodes de vacances, ainsi que de l'alternance des activités professionnelles suivant la saison sèche ou la saison humide dans certains pays.

L'inclusion de certains groupes dans la population active selon une approche mais non selon une autre influe sur les taux d'activité de sous–groupes de la population tels que les femmes, les adolescents et les personnes âgées, puisqu'une proportion relativement importante des membres de ces groupes sont des travailleurs familiaux non rémunérés, font un travail à temps partiel ou ont un emploi saisonnier. En outre, les définitions et concepts relatifs à la population active qui sont appliqués pour la collecte des données statistiques dans les recensements de population différent souvent de ceux qui sont utilisés dans les enquêtes sur la main–d'oeuvre, de sorte que les résultats provenant de ces deux sources risquent de manger de comparabilité. On veillera également à ce que les résultats de recensements de population successifs dans un pays donné soient comparables, surtout en ce qui concerne les définitions et concepts.

Comme ces statistiques sont classées selon l'âge, elles appellent les mêmes réserves concernant l'exactitude des déclarations d'âge que celles déjà mentionnées dans la section 3.1.3 des Notes techniques.

Les différences entre pays quant à la limite d'âge inferieure spécifee pour l'inclusion dans la population active constitue une autre source importante de variation. Ainsi qu'il ressort du tableau, les questions sur l'activité économique qui figurent dans les bulletins de recensement ne concernent, dans de nombreux pays, que les personnes ayant dépassé un âge minimum fixé en fonction de l'âge minimum légal d'admission à l'emploi et de l'âge de fin de scolarité obligatoire.

Not only does this procedure make it impossible to know how many children below the stated age are employed, but it imposes limitations on comparability, because of the variation in the ages selected and because data are not tabulated in such a way that all children below a stated age could be identified in distributions, such as that by industry. Since the minimum age for which statistics on the economically active population are shown varies, the proportions of the total population economically active cannot be strictly comparable from one country to the other. Comparability must be achieved by setting a standard lower age limit of 15 years in calculating ratios shown in this table.

The comparability of data by urban/rural residence is affected by the national definitions of urban and rural used in tabulating these data. When known, the definitions of urban used in national population censuses are presented at the end of table 6. As discussed in detail in the Technical Notes for table 6, these definitions vary considerably from one country or area to another.

Coverage: Economically active population and activity rates by sex are shown for 73 countries or areas . Cross–classification by age is shown for 68 countries or areas. Data are presented by urban/rural residence for 16 countries or areas.

Earlier data: Economically active population and activity rates shown in this table updates the series presented in previous issues of the Demographic Yearbook featuring population census statistics as the special topic. This updates information published in previous issues as indicated in the Index.

Table 37

Table 37 presents population not economically active by functional category, sex, age and urban/rural residence for each census between 1973 and 1988.

Description of variables: Statistics presented in this table are from population censuses. Data obtained from sample surveys are shown for those countries or areas where no national population census was held during the period. These have been footnoted. Unless otherwise indicated, data refer to the de facto (present–in–area) population.

Not economically active population is defined as that part of the population not engaged or seeking to be engaged in economic activities or, in other words, those persons who do not furnish the supply of labour for production of goods and services. This table is the complement of table 36 which shows economically active population by age and sex. It provides information for, among other uses, the analysis of potential human resources that are not at present readily available but may become so under different circumstances. [85]

Non seulement cette méthode ne permet pas de connaître le nombre d'enfants qui occupent un emploi bien qu'ils n'aient pas atteint l'âge minimum fixé, mais encore elle compromet la comparabilité des données en raison de la diversité des âges choisis; et parce que le classement des données ne permet généralement pas de retrouver dans les répartitions tous les enfants au–dessous d'un âge donné, notamment dans les répartitions par branche d'activité économique. Comme l'âge minimum varie selon les statistiques fournies sur la population active, la fraction de la population totale considérée comme active ne peut être exactement la même d'un pays à l'autre. En vue d'assurer la comparabilité des données, il faut normaliser la limite d'âge inférieure à 15 ans pour calculer les taux présentés dans ce tableau.

La comparabilité des données selon la résidence (urbaine/rurale) peut être limitée par les définitions nationales des termes "urbain" et "rural" utilisées pour la mise en tableaux de ces données. Les définitions du terme "urbain" utilisées pour les recensements nationaux de population ont été présentées à la fin du tableau 6 lorsqu'elles étaient connues. Comme on l'a précisé en détail dans les Notes techniques relatives au tableau 6, ces définitions varient très sensiblement d'un pays ou d'une zone à l'autre.

Portée : Des statistiques de la population active et des taux d'activité selon le sexe sont présentés pour 73 pays ou zones. La classification croisée selon l'âge est présentée pour 68 pays ou zones. La répartition selon la résidence (urbaine/rurale) est indiquée pour 16 pays ou zones.

Données publiées antérieurement : Les statistiques de la population active et taux d'activité présentés dans ce tableau mettent à jour les séries publiées dans des éditions antérieures de l'Annuaire démographique comme suit:

Tableau 37

Le tableau 37 présente des données sur la population inactive selon la catégorie fonctionnelle, le sexe, l'âge et la résidence (urbaine/rurale) pour chaque recensement entre 1973 et 1988.

Description des variables : Les statistiques figurant dans le présent tableau proviennent de recensements de population. Les données présentées dans le cas de pays ou de zones où il n'a pas été effectué de recensement national de population pendant la période considérée ont été tirées d'enquêtes par sondage et font l'objet de notes explicatives. Sauf indication contraire, les données portent sur la population de fait (population présente dans la zone considérée).

La population inactive désigne les personnes qui n'exercent pas d'activité économique et ne cherchent pas à en exercer une, ou, en d'autres termes, les personnes qui ne fournissent pas la main–d'oeuvre disponible pour la production de biens et services. Ce tableau est le complément du tableau 36, qui présente des données sur la population active selon l'âge et le sexe. Il fournit des informations notamment pour l'analyse des ressources humaines potentielles que ne sont pas directement utilisables dans l'immédiat mais qui pourraient le devenir dans d'autres circonstances [85].

Not economically active population comprises the following functional categories: [86]

(a) Home–makers: persons of either sex, not economically active, who are engaged in household duties in their own home; for example, housewives and other relatives responsible for the care of the home and children. Domestic servants working for pay, however, are classified as economically active;

(b) Students: persons of either sex, not economically active, who attend any regular educational institution, public or private, for systematic instruction at any level of education;

(c) Income recipients: persons of either sex, not economically active, who receive income from property or other investments, royalties or pensions from former activities;

(d) Others: persons of either sex, not economically active, who are receiving public aid or private support, and all other persons not falling into any of the above categories, such as children not attending school. Whenever possible additional information is given in footnotes.

Age is defined as age at last birthday, that is, the difference between the date of birth and the reference date of the age distribution expressed in completed solar years. The age classification used in this table is the following: under 15 years, 5–year groups through 70–74 years, and 75 years and over and age unknown.

The urban/rural classification is that provided by each country or area; it is presumed to be based on the national definitions of urban population that have been set forth at the end of table 6.

Reliability of data: No special reliability codes have been used in connection with this table.

Limitations: Statistics on population not economically active by functional category, sex and age are subject to the same qualifications as have been set forth for population statistics in general in section 3 of the Technical Notes.

Errors in national census data can arise at any stage of the collection, processing or presentation process, and these errors may limit the quality and international comparability of census statistics presented in the Demographic Yearbook. Two major types of errors in census data are often distinguished: first, coverage errors, which lead to the over–enumeration or under–enumeration of the population in the census, and second, content errors, which affect the accuracy of the recorded information for the covered population.

Because coverage errors may occur more frequently among some population sub–groups than others, coverage errors may affect not only the absolute number of persons in any given category but also their relative distribution. Levels and patterns of coverage and content errors differ widely among countries and even, at times, from census to census for a specific country. Further limiting the international comparability of census statistics are variations among countries in the concepts, definitions and classifications used in their censuses.

La population inactive comprend les catégories fonctionnelles définies ci–après [86]:

(a) Personnes s'occupant du foyer : personnes des deux sexes n'exerçant aucune activité économique qui effectuent des travaux ménagers chez elles, par exemple, les ménagères ou parentes prenant soin du ménage et des enfants. Les domestiques rémunérés, en revanche, doivent être classés dans la population active.

(b) Etudiants : personnes des deux sexes qui n'exercent aucune activité économique et qui fréquentent un établissement d'enseignement public ou privé pour y recevoir une instruction complète, à quelque niveau d'enseignement que ce soit.

(c) Retraités et rentiers : personnes des deux sexes qui n'exercent aucune activité économique et qui ont un revenu constitué par des biens ou autres placements, redevances ou pensions provenant d'activités antérieures.

(d) Autres personnes inactives: personnes des deux sexes n'exerçant aucune activité économique qui reçoivent une aide de l'Etat ou de source privée, et toutes autres personnes qui ne sont pas comprises dans les catégories susmentionnées, par exemple les enfants ne fréquentant pas l'école.

L'âge désigne l'âge au dernier anniversaire, c'est–à–dire la différence entre la date de naissance et la date de référence de la répartition par âge exprimée en années solaires révolues. La classification par âge utilisée dans ce tableau est la suivante : moins de 15 ans, des groupes quinquennaux jusqu'à 70–74 ans, 75 ans et plus, et âge inconnu.

La classification selon la résidence (urbaine/rurale) est celle qui a été fournie par chaque pays ou zone; elle est censée reposer sur les définitions nationales de la population urbaine reproduites à la fin du tableau 6.

Fiabilité des données : Aucun code de fiabilité particulier n'a été utilisé pour le présent tableau.

Insuffisance des données : Les statistiques concernant la population inactive selon la catégorie fonctionnelle, le sexe et l'âge appellent toutes les réserves qui ont été faites à la section 3 des Notes techniques à propos des statistiques de la population en général.

Des erreurs dans les données de recensements nationaux peuvent se produire à n'importe quel stade du processus de collecte, d'exploitation ou de présentation et nuire à la qualité et à la comparabilité internationale des statistiques de recensement présentées dans l'Annuaire démographique. Deux principaux types d'erreurs sont couramment distingués dans les données de recensement, à savoir, premièrement, les erreurs de couverture, qui conduisent au surdénombrement ou au sous–dénombrement de la population recensée, et, deuxièmement, les erreurs de contenu, qui influent sur l'exactitude des renseignements enregistrés au sujet de l'univers considéré.

Etant donné qu'elles sont susceptibles de se produire plus fréquemment dans certains sous–groupes de la population que dans d'autres, les erreurs de couverture peuvent porter non seulement sur le nombre absolu de personnes comprises dans une catégorie donnée, mais aussi sur leur répartition relative. L'ampleur et les caractéristiques des erreurs de couverture et de contenu diffèrent considérablement d'un pays à l'autre et même, parfois, d'un recensement à l'autre dans un même pays. Les différences entre les concepts, définitions et classifications utilisés par les pays aux fins de leurs recensements contribuent également à limiter la comparabilité internationale des statistiques de recensement.

Comparability of data between countries shown in this table suffers from definitional problems related to the measurement of the economically active population. The treatment of each of the following groups in particular governs the quality and comparability of data: unpaid family workers, the unemployed, either those seeking work for the first time or the experienced unemployed, the armed forces, institutional population, part–time workers and persons engaged in multiple activities. For example, persons who were full–time students and who were working part–time are classified in some countries as part of the economically active population, while in others are considered not economically active.

An equally important issue is the classification of persons who report two activities not in the labour force. Since specific guidelines for classifying people among the functional categories are rarely given, there may be no uniformity in classifying a person who is both a homemaker and a student. These issues are discussed in detail in the Technical Notes for table 36 in connection with identifying the economically active population.

Because these statistics are classified according to age, they are subject to the limitations with respect to accuracy of age reporting similar to those already discussed in connection with section 3.1.3. of the Technical Notes.

The comparability of data by urban/rural residence is affected by the national definitions of urban and rural used in tabulating these data. When known, the definitions of urban used in national population censuses are presented at the end of table 6. As discussed in detail in the Technical Notes for table 6, these definitions vary considerably from one country or area to another.

Coverage: Population not economically active by functional category and sex is shown for 58 countries or areas. Cross–classification by age is shown for 56 countries or areas. Data are presented by urban/rural residence for 14 countries or areas.

Earlier data: Population not economically active by functional category, sex and age are shown in this table and updates the series shown in previous issues of the Demographic Yearbook featuring population census statistics as the special topic. This series updates information published in previous issues as indicated in the Index.

Table 38

Table 38 presents economically active population by industry, sex, age and urban/rural residence for each census between 1974 and 1988.

Des problèmes de définition liés au dénombrement de la population active nuisent à la comparabilité des données relatives aux différents pays figurant dans ce tableau. La qualité et la comparabilité des données dépendent en particulier du traitement de chacun des groupes suivants: travailleurs familiaux non rémunérés; chômeurs, qu'ils cherchent un emploi pour la première fois ou qu'ils aient déjà travaillé; membres des forces armées; personnes vivant dans des institutions; travailleurs à temps partiel, et personnes exerçant des activités multiples. Par exemple, les personnes qui faisaient à la fois des études à plein temps et un travail à temps partiel sont classées par certains pays dans la population active et par d'autres dans la population inactive.

La classification des personnes qui déclarent exercer deux activités ne relevant ni l'une ni l'autre de la main–d–oeuvre constitue également une question importante. Compte tenu du fait qu'on donne rarement des directives précises pour le classement des recensés entre les différentes catégories fonctionnelles, il se peut qu'une personne se déclarant à la fois comme s'occupant du foyer et comme étudiant ne soit pas classée partout de façon uniforme. Ces questions sont étudiés en détail dans les Notes techniques relatives au tableau 36 à propose de la définition de la population active.

Comme ces statistiques sont classées selon l'âge, elles appellent les mêmes réserves concernant l'exactitude des déclarations d'âge que celles déjà mentionnées dans la section 3.1.3 des Notes techniques.

La comparabilité des données selon la résidence (urbaine/rurale) peut être limitée par les définitions nationales des termes "urbain" et "rural" utilisées pour la mise en tableaux de ces données. Les définitions du terme "urbain" utilisées pour les recensements nationaux de population ont été présentées à la fin du tableau 6 lorsqu'elles étaient connues. Comme on l'a précisé en détail dans les Notes techniques relatives au tableau 6, ces définitions varient très sensiblement d'un pays ou d'une zone à l'autre.

Portée : Des statistiques de la population inactive selon la catégorie fonctionnelle et le sexe sont présentées pour 58 pays ou zones. Une classification croisée selon l'âge est présentée pour 56 pays ou zones. La répartition selon la résidence (urbaine/rurale) est indiquée pour 14 pays ou zones.

Données publiées antérieurement : Les statistiques présentées dans ce tableau sur la population inactive selon la catégorie fonctionnelle, l'âge et le sexe, mettent à jour les séries publiées dans des éditions antérieures de l'Annuaire démographique comme suit qui portaient comme sujet spécial les statistiques des recensements de la population. Les séries du tableau mettent à jour les données publiées antérieurement mentionées dans l'Index.

Tableau 38

Le tableau 38 présente des données sur la population active selon la branche d'activité économique, le sexe, l'âge et la résidence (urbaine/rurale) pour chaque recensement entre 1974 et 1988.

Description of variables: Statistics presented in this table are from population censuses. Data obtained from sample surveys are shown for those countries or areas where no national population census was held during the period. These have been footnoted. Unless otherwise indicated, data refer to the de facto (present–in–area) population.

Unless otherwise noted, "economically active" is defined as all persons of either sex who furnish the supply of labour for the production of goods and services during the time reference chosen for the investigation. [87] In brief, it comprises all persons engaged in, or actively seeking, productive work in some branch of the economy during a specified period of time. This concept is discussed in more detail in the Technical Notes for table 36.

"Industry" refers to the activity of the establishment in which an economically active person worked during the time reference period established for data on economic characteristics or last worked, if unemployed. [88] The one digit 10–division classification set forth in this table is that of the 1968 revision of the International Standard Industrial Classification of all Economic Activities (ISIC). [89]

Unemployed persons who have previous work experience are presumed to be classified according to their previous industry group, unless otherwise indicated, while those seeking work for the first time are included in the "Activities not adequately described", Division 0. In cases where it is known that the unemployed were not distributed by industry, the number, especially of those seeking work for the first time, is given in footnotes whenever possible.

Age is defined as age at last birthday, that is, the difference between the date of birth and the reference date of the age distribution expressed in completed solar years. The age classification used in this table is the following: under 15 years, 15–19, 20–24, 10–year groups through 55–64 years, and 65 years and over and age unknown.

For the lower age limits of the economically active population used by various countries or areas, see table 36.

The urban/rural classification is that provided by each country or area; it is presumed to be based on the national definitions of urban population that have been set forth at the end of table 6.

Reliability of data: No special reliability codes have been used in connection with this table.

Limitations: Statistics on economically active population by industry, sex and age are subject to the same qualifications as have been set forth for population statistics in general in section 3 of the Technical Notes.

Description des variables : Les statistiques figurant dans le présent tableau proviennent de recensements de population. Les données présentées dans le cas de pays ou de zones où il n'a pas été effectué de recensement national de population pendant la période considérée ont été tirées d'enquêtes par sondage et font l'objet de notes explicatives. Sauf indication contraire, les données portent sur la population de fait (population présente dans la zone considérée).

Sauf indication contraire, la "population active" comprend toutes les personnes des deux sexes qui fournissent la main–d'oeuvre disponible pour la production de biens et services pendant la période de référence choisie pour l'enquête [87]. Elle se compose donc de toutes les personnes faisant ou cherchant activement à faire un travail productif dans une branche d'activité économique au cours d'une période déterminée. Cette notion est étudiée plus en détail dans les Notes techniques concernant le tableau 36.

Par "Industrie ou branche d'activité économique", on entend l'activité de l'établissement ou de l'entreprise où une personne active a travaillé pendant la période de référence fixée pour les données sur les caractéristiques économiques, ou a travaillé en dernier lieu si elle est chômage [88]. La classification en dix branches, chacune affectée d'un indicatif à un chiffre, figurant dans ce tableau correspond à la version révisée de 1968 de la Classification internationale type, par industrie, de toutes les branches d'activité économique (CITI) [89].

Sauf indication contraire, les chômeurs ayant déjà travaillé sont censés être classés d'après la dernière branche d'activité économique à laquelle ils ont appartenu. Les personnes cherchant un emploi pour la première fois sont classées dans la branche 0 : "Activités mal désignées". Lorsqu'on savait que les chômeurs n'avaient pas été répartis par branche d'activité on a, si possible, donné en note leur nombre, spécialement dans le cas des personnes cherchant un emploi pour la première fois.

L'âge désigne l'âge au dernier anniversaire, c'est–à–dire la différence entre la date de naissance et la date de référence de la répartition par âge exprimée en années solaires révolues. La classification par âge utilisée dans ce tableau est la suivante: moins de 15 ans, 15–19 ans, 20–24 ans, des groupes décennaux jusqu'à 55–64 ans, 65 ans et plus, et âge inconnu.

Pour les limites d'âge inférieures utilisées par les différents pays ou zones pour le classement de la population active, voir le tableau 36.

La classification selon la résidence (urbaine/rurale) est celle qui a été fournie par chaque pays ou zone; elle est censée reposer sur les définitions nationales de la population urbaine reproduites à la fin du tableau 6.

Fiabilité des données : Aucun code de fiabilité particulier n'a été utilisé pour le présent tableau.

Insuffisance des données : Les statistiques concernant la population active selon la branche d'activité économique, le l'sexe et l'âge appellent toutes les réserv es qui ont été faites à la section 3 des Notes techniques à propos des statistiques de la population en général.

Errors in national census data can arise at any stage of the collection, processing or presentation process, and these errors may limit the quality and international comparability of census statistics presented in the Demographic Yearbook. Two major types of errors in census data are often distinguished: first, coverage errors, which lead to the over–enumeration or under–enumeration of the population in the census, and second, content errors, which affect the accuracy of the recorded information for the covered population.

Because coverage errors may occur more frequently among some population sub–groups than others, coverage errors may affect not only the absolute number of persons in any given category but also their relative distribution. Levels and patterns of coverage and content errors differ widely among countries and even, at times, from census to census for a specific country. Further limiting the international comparability of census statistics are variations among countries in the concepts, definitions and classifications used in their censuses.

The special limitations on comparability resulting from differences in the definition of economically active population have been set forth in the Technical Notes for table 36. These are also the principal sources of variation in the data shown in this table. Moreover, the distribution by industry may be limited to the employed population for some countries or areas.

Because these statistics are classified according to age, they are subject to the limitations with respect to accuracy of age reporting similar to those already discussed in connection with section 3.1.3 of the Technical Notes.

The implications of the variations in the age limits of the economically active population have also been discussed in the Technical Notes for table 36.

The comparability of data by urban/rural residence is affected by the national definitions of urban and rural used in tabulating these data. When known, the definitions of urban used in national population censuses are presented at the end of table 6. As discussed in detail in the Technical Notes for table 6, these definitions vary considerably from one country or area to another.

Coverage: Economically active population by industry and sex is shown for 58 countries or areas. Cross classification by age is shown for 52 countries or areas. Data are presented by urban/rural residence for 8 countries or areas.

Earlier data: Economically active population by industry, sex and age in this table updates the series shown in previous issues of the Demographic Yearbook featuring population census statistics as the special topic. This series updates information published in previous issues as indicated in the Index.

Des erreurs dans les données de recensements nationaux peuvent se produire à n'importe quel stade du processus de collecte, d'exploitation ou de présentation et nuire à la qualité et à la comparabilité internationale des statistiques de recensement présentées dans l'Annuaire démographique. Deux principaux types d'erreurs sont couramment distingués dans les données de recensement, à savoir, premièrement, les erreurs de couverture, qui conduisent au surdénombrement ou au sous–dénombrement de la population recensée, et, deuxièmement, les erreurs de contenu, qui influent sur l'exactitude des renseignements enregistrés au sujet de l'univers considéré.

Etant donné qu'elles sont susceptibles de se produire plus fréquemment dans certains sous–groupes de la population que dans d'autres, les erreurs de couverture peuvent porter non seulement sur le nombre absolu de personnes comprises dans une catégorie donnée, mais aussi sur leur répartition relative. L'ampleur et les caractéristiques des erreurs de couverture et de contenu diffèrent considérablement d'un pays à l'autre et même, parfois, d'un recensement à l'autre dans un même pays. Les différences entre les concepts, définitions et classifications utilisés par les pays aux fins de leurs recensements contribuent également à limiter la comparabilité internationale des statistiques de recensement.

On a déjà traité en détail, dans les Notes techniques concernant le tableau 36, de l'influence particulière que les divergences dans la définition de la population active peuvent avoir sur la comparabilité des données. C'est à elles qu'il faut particulièrement attribuer le manque d'homogénéité des séries de ce tableau. En outre, pour quelques pays ou zones, la répartition selon la branche d'activité économique peut être limitée à la poplation active ayant un emploi.

Comme ces statistiques sont classées selon l'âge, elles appellent les mêmes réserves concernant l'exactitude des déclarations d'âge que celles déjà mentionnées dans la section 3.1.3 des Notes techniques.

On a déjà étudié dans les Notes techniques, à propos du tableau 36, les conséquences que peut avoir le manque d'uniformité de la limite d'âge de la population active.

La comparabilité des données selon la résidence (urbaine/rurale) peut être limitée par les définitions nationales des termes "urbain" et "rural" utilisées pour la mise en tableaux de ces données. Les définitions du terme "urbain" utilisées pour les recensements nationaux de population ont été présentées à la fin du tableau 6 lorsqu'elles étaient connues. Comme on l'a précisé en détail dans les Notes techniques relatives au tableau 6, ces définitions varient très sensiblement d'un pays ou d'une zone à l'autre.

Portée : Des statistiques de la population active selon la branche d'activité économique et le sexe sont présentées pour 58 pays ou zones. Une classification croisée selon l'âge est présentée pour 52 pays ou zones. La répartition selon la résidence (urbaine/rurale) est indiquée pour 8 pays ou zones.

Données publiées antérieurement : Les statistiques présentées dans ce tableau sur la population active selon la branche d'activité économique, le sexe et l'âge mettent à jour les séries publiées dans des éditions antérieures de l'Annuaire démographique qui portainent comme sujet spécial les statistiques des recensements de la population. Les séries du tableau mettent à jour les données publiées antérieurement mentionées dans l'Index.

Table 39

Table 39 presents economically active population by occupation, sex, age and urban/rural residence for each census between 1974 and 1988.

Description of variables: Statistics presented in this table are from population censuses. Data obtained from sample surveys are shown for those countries or areas where no national population census was held during the period. These have been footnoted. Unless otherwise indicated, data refer to the de facto (present–in–area) population.

Unless otherwise noted, "economically active" is defined as all persons of either sex who furnish the supply of labour for the production of goods and services during the time reference chosen for the investigation. [90] In brief, it comprises all persons engaged in, or actively seeking, productive work in some branch of the economy during a specified period of time. This concept is discussed in more detail in the Technical Notes for table 36.

Occupation refers to the kind of work done during the time–reference period established for data on economic characteristics by the person employed (or performed previously by the unemployed) irrespective of the industry or the status in employment (as employer, employee, etc.) in which the person should be classified. [91]

Occupation is classified in the eight "major groups" of the 1968 edition of the International Standard Classification of Occupations (ISCO) [92] with a ninth group for "members of the armed forces". According to this Classification, unemployed persons with previous work experience are to be distributed according to last previous occupation. When not so distributed, the unemployed will usually be found in the "Workers not classifiable by occupation" (group X), together with an indication — if possible — of their magnitude. In cases where it is known that the unemployed seeking work for the first time were not distributed by occupation, their number is given in footnotes wherever possible.

Age is defined as age at last birthday, that is, the difference between the date of birth and the reference date of the age distribution expressed in completed solar years. The age classification used in this table is the following: under 15 years, 15–19, 20–24, 10–year groups through 55–64 years, and 65 years and over and age unknown.

For the lower age limits of the economically active population used by various countries or areas, see table 36.

The urban/rural classification is that provided by each country or area; it is presumed to be based on the national definitions of urban population that have been set forth at the end of table 6.

Tableau 39

Le tableau 39 présente des données sur la population active selon la profession, le sexe, l'âge et la résidence (urbaine/rurale) pour chaque recensement entre 1974 et 1988.

Description des variables : Les statistiques figurant dans le présent tableau proviennent de recensements de population. Les données présentées dans le cas de pays ou de zones où il n'a pas été effectué de recensement national de population pendant la période considérée ont été tirées d'enquêtes par sondage et font l'objet de notes explicatives. Sauf indication contraire, les données portent sur la population de fait (population présente dans la zone considérée).

Sauf indication contraire, la "population active" comprend toutes les personnes des deux sexes qui fournissent la main–d'oeuvre disponible pour la production de biens et services pendant la période de référence choisie pour l'enquête [90]. Elle se compose donc de toutes les personnes faisant ou cherchant activement à faire un travail productif dans une branche d'activité économique au cours d'une période déterminée. Cette notion est étudiée plus en détail dans les Notes techniques concernant le tableau 36.

La "profession" désigne le genre de travail effectué pendant la période de référence sur laquelle portent les données relatives aux caractéristiques économiques par une personne occupée (ou effectué précédemment par un chômeur, quelle que soit la branche d'activité économique ou la situation de l'intéressé dans la profession [91].

Dans ce tableau, la profession est classée selon les huit grands groupes de la version de 1968 de la Classification internationale type des professions (CITP), 92 à laquelle on a ajouté un neuvième groupe comprenant les "membres des forces armées". D'après cette Classification, les chômeurs ayant déjà travaillé doivent être répartis d'après leur dernière profession. Lorsqu'ils ne sont pas ainsi répartis, les chômeurs sont généralement classés dans le groupe X ,"Travailleurs ne pouvant être classés selon la profession", et on en a donné le nombre dans la mesure du possible. Si le fait est connu, lorsque les chômeurs cherchant un emploi pour la première fois n'ont pas été répartis selon la profession, leur nombre est chaque fois que possible indiqué en note.

L'âge désigne l'âge au dernier anniversaire, c'est–à–dire la différence entre la date de naissance et la date de référence de la répartition par âge exprimée en années solaires révolues. La classification par âge utilisée dans ce tableau est la suivante: moins de 15 ans, 15–19 ans, 20–24 ans, des groupes décennaux jusqu'à 55–64 ans, 65 ans et plus, et âge inconnu.

Pour les limites d'âge inférieures utilisées par les différents pays ou zones pour le classement de la population active, voir le tableau 36.

La classification selon la résidence (urbaine/rurale) est celle qui a été fournie par chaque pays ou zone; elle est censée reposer sur les définitions nationales de la population urbaine reproduites à la fin du tableau 6.

Reliability of data: No special reliability codes have been used in connection with this table.

Limitations: Statistics on economically active population by occupation, sex and age are subject to the same qualifications as have been set forth for population statistics in general in section 3 of the Technical Notes.

Errors in national census data can arise at any stage of the collection, processing or presentation process, and these errors may limit the quality and international comparability of census statistics presented in the Demographic Yearbook. Two major types of errors in census data are often distinguished: first, coverage errors, which lead to the over–enumeration or under–enumeration of the population in the census, and second, content errors, which affect the accuracy of the recorded information for the covered population.

Because coverage errors may occur more frequently among some population sub–groups than others, coverage errors may affect not only the absolute number of persons in any given category but also their relative distribution. Levels and patterns of coverage and content errors differ widely among countries and even, at times, from census to census for a specific country. Further limiting the international comparability of census statistics are variations among countries in the concepts, definitions and classifications used in their censuses.

The special limitations on comparability resulting from differences in the definition of economically active population have been set forth in the Technical Notes for table 36. These are also the principal sources of variation in the data shown in this table. Moreover, the distribution by occupation may be limited to the employed population for some countries or areas.

Because these statistics are classified according to age, they are subject to the limitations with respect to accuracy of age reporting similar to those already discussed in connection with section 3.1.3 of the Technical Notes.

The implications of the variations in the age limits of the economically active population have also been discussed in the Technical Notes for table 36.

The comparability of data by urban/rural residence is affected by the national definitions of urban and rural used in tabulating these data. When known, the definitions of urban used in national population censuses are presented at the end of table 6. As discussed in detail in the Technical Notes for table 6, these definitions vary considerably from one country or area to another.

Fiabilité des données : Aucun code de fiabilité particulier n'a été utilisé pour le présent tableau.

Insuffisance des données : Les statistiques concernant la population active selon la profession, le sexe et l'âge appellent toutes les réserves qui ont été faites à la section 3 des Notes techniques à propos des statistiques de la population en général.

Des erreurs dans les données de recensements nationaux peuvent se produire à n'importe quel stade du processus de collecte, d'exploitation ou de présentation et nuire à la qualité et à la comparabilité internationale des statistiques de recensement présentées dans l'Annuaire démographique. Deux principaux types d'erreurs sont couramment distingués dans les données de recensement, à savoir, premièrement, les erreurs de couverture, qui conduisent au surdénombrement ou au sous–dénombrement de la population recensée, et, deuxièmement, les erreurs de contenu, qui influent sur l'exactitude des renseignements enregistrés au sujet de l'univers considéré.

Etant donné qu'elles sont susceptibles de se produire plus fréquemment dans certains sous–groupes de la population que dans d'autres, les erreurs de couverture peuvent porter non seulement sur le nombre absolu de personnes comprises dans une catégorie donnée, mais aussi sur leur répartition relative. L'ampleur et les caractéristiques des erreurs de couverture et de contenu diffèrent considérablement d'un pays à l'autre et même, parfois, d'un recensement à l'autre dans un même pays. Les différences entre les concepts, définitions et classifications utilisés par les pays aux fins de leurs recensements contribuent également à limiter la comparabilité internationale des statistiques de recensement.

On a déjà traité en détail, dans les Notes techniques concernant le tableau 36, de l'influence particulière que les divergences dans la définition de la population active peuvent avoir sur la comparabilité des données. C'est à elles qu'il faut particulièrement attribuer le manque d'homogénéité des séries de ce tableau. En outre, pour quelques pays ou zones, la répartition selon la profession peut être limitée à la population active ayant un emploi.

Comme ces statistiques sont classées selon l'âge, elles appellent les mêmes réserves concernant l'exactitude des déclarations d'âge que celles déjà mentionnées dans la section 3.1.3 des Notes techniques.

On a déjà étudié dans les Notes techniques à propos du tableau 36 les conséquences que peut avoir le manque d'uniformité de la limite d'âge de la population active.

La comparabilité des données selon la résidence (urbaine/rurale) peut être limitée par les définitions nationales des termes "urbain" et "rural" utilisées pour la mise en tableaux de ces données. Les définitions du terme "urbain" utilisées pour les recensements nationaux de population ont été présentées à la fin du tableau 6 lorsqu'elles étaient connues. Comme on l'a précisé en détail dans les Notes techniques relatives au tableau 6, ces définitions varient très sensiblement d'un pays ou d'une zone à l'autre.

Coverage: Economically active population by occupation and sex is shown for 63 countries or areas.
Cross–classifcation by age is shown for 58 countries or areas. Data are presented by urban/rural residence for 3 countries or areas.

Earlier data: Economically active population by occupation, sex and age in this table updates the series shown in previous issues of the Demographic Yearbook featuring population census statistics as the special topic. This series updates information published in previous issues as indicated in the Index.

Portée : Des statistiques de la population active selon la profession et le sexe sont présentées pour 63 pays ou zones. Une classification croisée selon l'âge est présentée pour 58 pays ou zones. La répartition selon la résidence (urbaine/rurale) est indiquée pour 3 pays ou zones.

Données publiées antérieurement : Les statistiques présentées dans ce tableau sur la population active selon la profession, le sexe et l'âge mettent à jour les séries publiées dans des éditions antérieures de l'Annuaire démographique qui portainent comme sujet spécial les statistiques des recensements de la population. Les séries du tableau mettent à jour les données publiées antérieurement mentionées dans l'Index.

Table 40

Table 40 presents economically active population by status in employment, sex, age and urban/rural residence for each census between 1974 and 1988.

Description of variables: Statistics presented in this table are from population censuses. Data obtained from sample surveys are shown for those countries or areas where no national population census was held during the period. These have been footnoted. Unless otherwise indicated, data refer to the de facto (present–in–area) population.

Unless otherwise noted, "economically active" is defined as all persons of either sex who furnish the supply of labour for the production of goods and services during the time reference chosen for the investigation. [93] In brief, it comprises all persons engaged in, or actively seeking, productive work in some branch of the economy during a specified period of time. This concept is discussed in more detail in the Technical Notes for table 36.

"Status in employment" refers to status of an economically active individual with respect to his employment, that is, whether he is (or was, if unemployed) an employer, own–account worker, employee, unpaid family worker or a member of a producers' co–operative as defined below: [94]

(a) Employer: a person who operates his or her own economic enterprise or engages independently in a profession or trade, and hires one or more employees;

(b) Own–account worker: a person who operates his or her own economic enterprise or engages independently in a profession or trade, and hires no employees.

(c) Employee: a person who works for a public or private employer and receives remuneration in wage, salary, commission, tips, piece–rates or pay in kind;

Tableau 40

Le tableau 40 présente des données sur la population active selon la situation dans la profession, le sexe, l'âge et la résidence (urbaine/rurale) pour chaque recensement entre 1974 et 1988.

Description des variables : Les statistiques figurant dans le présent tableau proviennent de recensements de population. Les données présentées dans le cas de pays ou de zones où il n'a pas été effectué de recensement national de population pendant la période considérée ont été tirées d'enquêtes par sondage et font l'objet de notes explicatives. Sauf indication contraire, les données portent sur la population de fait (population présente dans la zone considérée).

Sauf indication contraire, la "population active" comprend toutes les personnes des deux sexes qui fournissent la main–d'oeuvre disponible pour la production de biens et services pendant la période de référence choisie pour l'enquête [93]. Elle se compose donc de toutes les personnes faisant ou cherchant activement à faire un travail productif dans une branche d'activité économique au cours d'une période déterminée. Cette notion est étudiée plus en détail dans les Notes techniques concernant le tableau 36.

La situation dans la profession est la situation d'une personne active par rapport à son emploi actuel (ou antérieur, s'il sagit d'un chômeur), c'est–à–dire : employeur, travailleur à son propre compte, salarié, travailleur familial non rémunéré ou membre d'une coopérative de producteurs. Chacun de ces groupes a été défini de la manière suivante [94]:

(a) Employeur : personne qui exploite sa propre entreprise économique ou qui exerce pour son propre compte une profession ou un métier, et qui emploie un ou plusieurs salariés;

(b) Personne travaillant à son propre compte : personne qui exploite sa propre entreprise économique ou qui exerce pour son propre compte une profession ou un métier, mais qui n'emploie aucun salarié;

(c) Salarié : personne qui travaille pour un employeur public ou privé et qui reçoit une rémunération sous forme de traitement, salaire, commission, pourboire, salaire aux pièces ou paiement en nature :

(d) Unpaid family worker: a person who works for a specified minimum amount of time (at least one third of normal working hours), without pay, in an economic enterprise operated by a related person living in the same household;

(e) Member of producers' co–operative: a person who is an active member of a producers' co–operative regardless of the industry in which it is established;

(f) Persons not classifiable by status: experienced workers with status unknown or inadequately described and unemployed persons not previously employed.

Unemployed persons with previous work experience are assumed to be classified according to their previous status in employment, unless otherwise noted, and persons seeking work for the first time (inexperienced unemployed) are included in the not–classifiable–by–status category. National deviations from the basic categories of the status in employment classification are shown in footnotes.

Age is defined as age at last birthday, that, is the difference between the date of birth and the reference date of the age distribution expressed in completed solar years. The age classification used in this table is the following: under 15 years, 15–19, 20–24, 10–year groups through 55–64 years, and 65 years and over and age unknown.

For the lower age limits of the economically active population used by various countries or areas, see table 36.

The urban/rural classification is that provided by each country or area; it is presumed to be based on the national definitions of urban population that have been set forth at the end of table 6.

Reliability of data: No special reliability codes have been used in connection with this table.

Limitations: Statistics on economically active population by status in employment, sex and age are subject to the same qualifications as have been set forth for population statistics in general in section 3 of the Technical Notes.

Errors in national census data can arise at any stage of the collection, processing or presentation process, and these errors may limit the quality and international comparability of census statistics presented in the Demographic Yearbook. Two major types of errors in census data are often distinguished; first, coverage errors, which lead to the over–enumeration or under–enumeration of the population in the census, and second, content errors, which affect the accuracy of the recorded information for the covered population.

Because coverage errors may occur more frequently among some population sub–groups than others, coverage errors may affect not only the absolute number of persons in any given category but also their relative distribution. Levels and patterns of coverage and content errors differ widely among countries and even, at times, from census to census for a specific country. Further limiting international comparability of census statistics are variations among countries in the concepts, definitions and classifications used in their censuses.

(d) Travailleur familial non rémunéré : personne qui accomplit sans rémunération un minimum donné de travail (un tiers au moins du nombre normal d'heures de travail) dans une entreprise exploitée par un parent vivant dans le même ménage;

(e) Membre d'une coopérative de producteurs : personne qui est membre actif d'une coopérative de producteurs, sans considération de la branche d'activité économique;

(f) Personnes inclassables selon la situation dans la profession : travailleurs expérimentés dont la situation exacte n'est pas connue, ou est mal définie, et chômeurs qui n'ont jamais travaillé.

Sauf indication contraire, les chômeurs ayant déjà travaillé sont classés d'après la situation qu'ils occupaient dans leur dernière profession; les personnes cherchant un emploi pour la première fois, c'est–à–dire les chômeurs n'ayant jamais travaillé, sont classées dans la catégorie inclassables selon la situation dans la profession. Lorsqu'il existe des différences entre le classement national selon la situation dans la profession et la classification type, on l'a signalé en note.

L'âge désigne l'âge au dernier anniversaire, c'est–à–dire la différence entre la date de naissance et la date de référence de la répartition par âge exprimée en années solaires révolues. La classification par âge utilisée dans ce tableau est la suivante : moins de 15 ans, 15–19 ans, 20–24 ans, des groupes décennaux jusqu'à 55–64 ans, 65 ans et plus, et âge inconnu.

Pour les limites d'âge inférieures utilisées par les différents pays ou zones pour le classement de la population active, voir le tableau 36.

La classification selon la résidence (urbaine/rurale) est celle qui a été fournie par chaque pays ou zone; elle est censée reposer sur les définitions nationales de la population urbaine reproduites à la fin du tableau 6.

Fiabilité des données : Aucun code de fiabilité particulier n'a été utilisé pour le présent tableau.

Insuffisance des données : Les statistiques concernant la population active selon la situation dans la profession, le sexe et l'âge appellent toutes les réserves qui ont été faites à la section 3 des Notes techniques à propos des statistiques de la population en général.

Des erreurs dans les données de recensements nationaux peuvent se produire à n'importe quel stade du processus de collecte, d'exploitation ou de présentation et nuire à la qualité et à la comparabilité internationale des statistiques de recensement présentées dans l'Annuaire démographique. Deux principaux types d'erreurs sont couramment distingués dans les données de recensement, à savoir, premièrement, les erreurs de couverture, qui conduisent au surdénombrement ou au sous–dénombrement de la population recensée, et, deuxièmement, les erreurs de contenu, qui influent sur l'exactitude des renseignements enregistrés au sujet de l'univers considéré.

Etant donné qu'elles sont susceptibles de se produire plus fréquemment dans certains sous–groupes de la population que dans d'autres, les erreurs de couverture peuvent porter non seulement sur le nombre absolu de personnes comprises dans une catégorie donnée, mais aussi sur leur répartition relative. L'ampleur et les caractéristiques des erreurs de couverture et de contenu diffèrent considérablement d'un pays à l'autre et même, parfois, d'un recensement à l'autre dans un même pays. Les différences entre les concepts, définitions et classifications utilisés par les pays aux fins de leurs recensements contribuent également à limiter la comparabilité internationale des statistiques de recensement.

The special limitations on comparability resulting from differences in the definition of economically active population have been set forth in the Technical Notes for table 36. These are also the principal sources of variation in the data shown in this table. Moreover, the distribution by status in employment may be limited to the employed population for some countries or areas.

The reporting of status in employment is more strongly influenced by cultural patterns and institutional arrangements than are the industry or occupational classifications. For example, in some data, directors and managers particularly in the public sector are grouped with employers rather than employees. Moreover, the economically active population may not include unpaid family workers. In such cases, the resulting statistics may understate the number of unpaid family workers in toto or in a given occupation or industry. This may have a particularly important influence in comparing the status in employment of population sub–groups.

Because these statistics are classified according to age, they are subject to limitations with respect to accuracy of age reporting similar to those already discussed in connection with section 3.1.3 of the Technical Notes.

The implications of the variations in the age limits of the economically active population have also been discussed in the Technical Notes for table 36.

The comparability of data by urban/rural residence is affected by the national definitions of urban and rural used in tabulating these data. When known, the definitions of urban used in national population censuses are presented at the end of table 6. As discussed in detail in the Technical Notes for table 6, these definitions vary considerably from one country or area to another.

Coverage: Economically active population by status in employment and sex is shown for 57 countries or areas. Cross–classification by age is shown for 53 countries or areas. Data are presented by urban/rural residence for 4 countries or areas.

Earlier data: Economically active population by status in employment, sex and age shown in this table updates the featuring population census statistics as the special topic. This series updates information published in previous issues as indicated in the Index.

On a déjà traité en détail, dans les Notes techniques concernant le tableau 36, de l'influence particulière que les divergences dans la définition de la population active peuvent avoir sur la comparabilité des données. C'est à elles qu'il faut particulièrement attribuer le manque d'homogénéité des séries de ce tableau. En outre, pour quelques pays ou zones, la répartition selon la situation dans la profession peut être limitée à la population active ayant un emploi.

Les caractéristiques culturelles et les particularités institutionnelles influent davantage sur le classement des données relatives à la situation dans la profession que de celles concernant la branche d'activité économique ou la profession. Par exemple, dans certains cas, les directeurs et chargés de gestion, en particulier dans le secteur public, sont groupés avec les employeurs plutôt qu'avec les salariés. En outre, il se peut que les travailleurs familiaux non rémunérés ne soient pas compris dans la population active. Dans ce cas, les statistiques obtenues risquent de sous–évalue lesdits travailleurs dans leur ensemble ou dans une profession ou branche d'activité économique donnée. Cela peut influer considérablement sur la comparaison de la situations dans la profession pour les différents sous–groupes de la population.

Comme ces statistiques sont classées selon l'âge, elles appellent les mêmes réserves concernant l'exactitude des déclarations d'âge que celles déjà mentionnées dans la section 3.1.3 des Notes techniques.

On a déjà étudié dans les Notes techniques, à propos du tableau 36, les conséquences que peut avoir le manque d'uniformité de la limite d'âge de la population active.

La comparabilité des données selon la résidence (urbaine/rurale) peut être limitée par les définitions nationales des termes "urbain" et "rural" utilisées pour la mise en tableaux de ces données. Les définitions du terme "urbain" utlisées pour les recensements nationaux de population ont été présentées à la fin du tableau 6 lorsqu'elles étaient connues. Comme on l'a précisé en détail dans les Notes techniques relatives au tableau 6, ces définitions varient très sensiblement d'un pays ou d'une zone à l'autre.

Portée : Des statistiques de la population active selon la situation dans la profession et le sexe sont présentées pour 57 pays ou zones. Une classification croisée selon l'âge est présentée pour 53 pays ou zones. La répartition selon la résidence (urbaine/rurale) est indiquée pour 4 pays ou zones.

Données publiées antérieurement : Les statistiques présentées dans ce tableau sur la population active selon la situation dans la profession, le sexe et l'âge mettent à jour les series publiées dans des éditions antérieures de l'Annuaire démographique qui portainent comme sujet spécial les statistiques des recensements de la population. Les séries du tableau mettent à jour les données publiées antérieurement mentionées dans l'Index.

Table 41

Table 41 presents economically active population by status in employment, industry sex and urban/rural residence for each census between 1974 and 1988.

Description of variables: Statistics presented in this table are from population censuses. Data obtained from sample surveys are shown for those countries or areas where no national population census was held during the period. These have been footnoted. Unless otherwise indicated, data refer to the de facto (present–in–area) population.

Unless otherwise noted, "economically active" is defined as all persons of either sex who furnish the supply of labour for the production of goods and services during the time of reference chosen for the investigation. [95] In brief, it comprises all persons engaged in, or actively seeking, productive work in some branch of the economy during a specified period of time. This concept is discussed in more detail in the Technical Notes for table 36.

"Status in employment" refers to the status of an economically active individual with respect to his employment, that is, whether he is (or was, if unemployed) an employer, own–account worker, employee, unpaid family worker or a member of a producers' cooperative as defined below: [96]

(a) Employer: a person who operates his or her own economic enterprise or engages independently in a profession or trade, and hires one or more employees;

(b) Own–account worker: a person who operates his or her own economic enterprise or engages independently in a profession or trade, and hires no employees;

(c) Employee: a person who works for a public or private employer and receives remuneration in wages, salary, commission, tips, piece–rates or pay in kind;

(d) Unpaid family worker: a person who works a specified minimum amount of time (at least one third of normal working hours), without pay, in an economic enterprise operated by a related person living in the same household;

(e) Member of producers' co–operative: a person who is an active member of a producers' co–operative, regardless of the industry in which it is established;

(f) Persons not classified by status: experienced workers with status unknown or inadequately described and unemployed persons not previously employed.

Unemployed persons with previous work experience are assumed to be classified according to their previous status in employment, unless otherwise noted, and persons seeking work for the first time (inexperienced unemployed) are included in the non–classifiable–by–status category. National deviations from the basic categories of the status in employment classification are shown in footnotes.

Tableau 41

Le tableau 41 présente des données sur la population active selon la situation dans la profession, la branche d'activité économique, le sexe et la résidence (urbaine/rurale) pour chaque recensement entre 1974 et 1988.

Description des variables : Les statistiques figurant dans le présent tableau proviennent de recensements de population. Les données présentées dans le cas de pays ou de zones où il n'a pas été effectué de recensement national de population pendant la période considérée ont été tirées d'enquêtes par sondage et font l'objet de notes explicatives. Sauf indication contraire, les données portent sur la population de fait (population présente dans la zone considérée).

Sauf indication contraire, la "population active" comprend toutes les personnes des deux sexes qui fournissent la main–d'oeuvre disponible pour la production de biens et services pendant la période de référence choisie pour l'enquête [95]. Elle se compose donc de toutes les personnes faisant ou cherchant activement à faire un travail productif dans une branche d'activité économique au cours d'une période déterminée. Cette notion est étudiée plus en détail dans les Notes techniques concernant le tableau 36.

La situation dans la profession est la situation d'une personne active par rapport à son emploi actuel (ou antérieur, s'il sagit d'un chômeur), c'est–à–dire: employeur, travailleur à son propre compte, salarié, travailleur familial non rémunéré ou membre d'une coopérative de producteurs. Chacun de ces groupes a été défini de la manière suivante [96]:

(a) Employeur : personne qui exploite sa propre entreprise économique ou qui exerce pour son propre compte une profession ou un métier, et qui emploie un ou plusieurs salariés;

(b) Personnes travaillant à son propre compte : personne qui exploite sa propre entreprise économique ou qui exerce pour son propre compte une profession ou un métier, mais qui n'emploie aucun salarié;

(c) Salarié : personne qui travaille pour un employeur public ou privé et qui reçoit une rémunération sous forme de traitement, salaire, commission, pourboire, salaire aux pièces ou paiement en nature.

(d) Travailleur familial non rémunéré : personne qui accomplit sans rémunération un minimum donné de travail (un tiers au moins du nombre normal d'heures de travail) dans une entreprise exploitée par un parent vivant dans le même ménage;

(e) Membre d'une coopérative de producteurs : personne qui est membre actif d'une coopérative de producteurs, sans considération de la branche d'activité économique;

(f) Personnes inclassables selon la situation dans la profession : travailleurs expérimentés dont la situation exacte n'est pas connue, ou est mal définie, et chômeurs qui n'ont jamais travaillé.

Sauf indication contraire, les chômeurs ayant déjà travaillé sont classés d'après la situation qu'ils occupaient dans leur dernière profession; les personnes cherchant un emploi pour la première fois, c'est–à–dire les chômeurs n'ayant jamais travaillé, sont classées dans la catégorie inclassables selon la situation dans la profession. Lorsqu'il existe des différences entre le classement national selon la situation dans la profession et la classification type, on l'a signalé en note.

"Industry" refers to the activity of the establishment in which an economically active person worked during the time reference period established for data on economic characteristics or last worked, if unemployed. [97] The one–digit 10–division classification set forth in this table is that of the last revision of the International Standard Industrial Classification of all Economic Activities (ISIC). [98]

Unemployed persons who have previous work experience are presumed to be classified according to their previous status in employment and industry group, unless otherwise indicated. Those seeking work for the first time are included in the "Activities not adequately described", Division O. In cases where it is known that the unemployed were not distributed by status in employment and industry, their number, especially of those seeking work for the first time, is given in footnotes.

For the lower age limits of the economically active population used by various countries or areas, see table 36.

The urban/rural classification is that provided by each country or area; it is presumed to be based on the national definitions of urban population that have been set forth at the end of table 6.

Reliability of data: No special reliability codes have been used in connection with this table.

Limitations: Statistics on economically active population by status in employment, industry and sex are subject to the same qualifications as have been set forth for population statistics in general in section 3 of the Technical Notes.

Errors in national census data can arise at any stage of the collection, processing or presentation process, and these errors may limit the quality and international comparability of census statistics presented in the Demographic Yearbook. Two major types of errors in census data are often distinguished: first, coverage errors, which lead to the over–enumeration or under–enumeration of the population in the census, and second, content errors, which affect the accuracy of the recorded information for the covered population.

Because coverage errors may occur more frequently among some population sub–groups than others, coverage errors may affect not only the absolute number of persons in any given category but also their relative distribution. Levels and patterns of coverage and content errors differ widely among countries and even, at times, from census to census for a specific country. Further limiting the international comparability of census statistics are variations among countries in the concepts, definitions and classifications used in their censuses.

Par "Industrie ou branche d'activité économique", on entend l'activité de l'établissement ou de l'entreprise où une personne active a travaillé pendant la période de référence fixée pour les données sur les caractéristiques économiques, ou a travaillé en dernier lieu si elle est au chômage [97]. La classification en dix branches, chacune affectée d'un indicatif à un chiffre, figurant dans ce tableau correspond à la version révisée de 1968 de la Classification internationale type, par industrie, de toutes les branches d'activité économique (CITI) [98].

Sauf indication contraire, les chômeurs ayant déjà travaillé sont censés être classés d'après leur dernière situation dans la profession et la dernière branche d'activité économique à laquelle ils ont appartenu. Les personnes cherchant un emploi pour la première fois sont classées dans la branche O: "Activités mal désignées". Lorsque l'on savait que les chômeurs n'avaient pas été répartis selon la situation et la branche d'activité, on a donné en note leur nombre, spécialement dans le cas des personnes cherchant un emploi pour la première fois.

Pour les limites d'âge inférieures utilisées par les différents pays ou zones pour le classement de la population active, voir le tableau 36.

La classification selon la résidence (urbaine/rurale) est celle qui a été fournie par chaque pays ou zone; elle est censée reposer sur les définitions nationales de la population urbaine reproduites à la fin du tableau 6.

Fiabilité des données : Aucun code de fiabilité particulier n'a été utilisé pour le présent tableau.

Insuffisance des données : Les statistiques concernant la population active selon la situation dans la profession, la branche d'activité économique et le sexe appellent toutes les réserves qui ont été faites à la section 3 des Notes techniques à propos des statistiques de la population en général.

Des erreurs dans les données de recensements nationaux peuvent se produire à n'importe quel stade du processus de collecte, d'exploitation ou de présentation et nuire à la qualité et à la comparabilité internationale des statistiques de recensement présentées dans l'Annuaire démographique. Deux principaux types d'erreurs sont couramment distingués dans les données de recensement, à savoir, premièrement, les erreurs de couverture, qui conduisent au surdénombrement ou au sous–dénombrement de la population recensée, et, deuxièmement, les erreurs de contenu, qui influent sur l'exactitude des renseignements enregistrés au sujet de l'univers considéré.

Etant donné qu'elles sont susceptibles de se produire plus fréquemment dans certains sous–groupes de la population que dans d'autres, les erreurs de couverture peuvent porter non seulement sur le nombre absolu de personnes comprises dans une catégorie donnée, mais aussi sur leur répartition relative. L'ampleur et les caractéristiques des erreurs de couverture et de contenu diffèrent considérablement d'un pays à l'autre et même, parfois, d'un recensement à l'autre dans un même pays. Les différences entre les concepts, définitions et classifications utilisés par les pays aux fins de leurs recensements contribuent également à limiter la comparabilité internationale des statistiques de recensement.

The special limitations on comparability resulting from differences in the definition of economically active population have been set forth in the Technical Notes for table 36. These are also the principal sources of variation in the data shown in this table. Moreover, the distribution by status in employment and industry may be limited to the employed population for some countries or areas.

The reporting of status in employment is more strongly influenced by cultural patterns and institutional arrangements than are the industry or occupational classifications. For example, in some data, directors and managers particularly in the public sector are grouped with employers rather than employees. Moreover, the economically active population may not include unpaid family workers. In such cases, the resulting statistics may understate the number of unpaid family workers in toto or in a given occupation or industry. This may have a particularly important influence in comparing the status in employment of population sub–groups.

The implications of the variations in the age limits of the economically active population have also been discusse d in the Technical Notes for table 36.

The comparability of data by urban/rural residence is affected by the national definitions of urban and rural used in tabulating these data. When known, the definitions of urban used in national population censuses are presented at the end of table 6. As discussed in detail in the Technical Notes for table 6, these definitions vary considerably from one country or area to another.

Coverage: Economically active population by status in employment, industry and sex is shown for 41 countries or areas. Data are presented by urban/rural residence for 5 countries or areas.

Earlier data: Economically active population by status in employment, industry and sex shown in this table updates the series shown in previous issues of the Demographic Yearbook featuring population census statistics as the special topic. This series updates information published in previous issues as indicated in the Index.

Table 42

Table 42 presents economically active population by status in employment, occupation, sex and urban/rural residence for each census between 1974 and 1988.

On a déjà traité en détail, dans les Notes techniques concernant le tableau 36, de l'influence particulière que les divergences dans la définition de la population active peuvent avoir sur la comparabilité des données. C'est à elles qui'il faut particulièrement attribuer le manque d'homogénéité des séries de ce tableau. En outre, pour quelques pays ou zones, la répartition selon la situation dans la profession et la branche d'activité économique peut être limitée à la population active ayant un emploi.

Les caractéristiques culturelles et les particularités institutionnelles influent davantage sur le classement des données relatives à la situation dans la profession que de celles concernant la branche d'activité économique ou la profession. Par exemple, dans certains cas, les directeurs et chargés de gestion en particulier dans le secteur public, sont groupés avec les employeurs plutôt qu'avec les salariés. En outre, il se peut que les travailleurs familiaux non rémunérés ne soient pas compris dans la population active. Dans ce cas, les statistiques obtenues risquent de sous–évalue lesdits travailleurs dans leur ensemble ou dans un profession ou branche d'activité économique donnée. Cela peut influer considérablement sur la comparaison de la situation dans la profession pour les différents sous–groupes de la population.

On a déjà étudié dans les Notes techniques à propos du tableau 36 les conséquences que peut avoir le manque d'uniformité de la limite d'âge de la population active.

La comparabilité des données selon la résidence (urbaine/rurale) peut être limitée par les définitions nationales des termes "urbain" et "rural" utilisées pour la mise en tableaux de ces données. Les définitions du terme "urbain" utilisées pour les recensements nationaux de population ont été présentées à la fin du tableau 6 lorsqu'elles étaient connues. Comme on l'a précisé en détail dans les Notes techniques relatives au tableau 6, ces définitions varient très sensiblement d'un pays ou d'une zone à l'autre.

Portée : Des statistiques de la population active selon la situation dans la profession, la branche d'activité économique et le sexe sont présentées pour 41 pays ou zones. La répartition selon la résidence (urbaine/rurale) est indiquée pour 5 pays ou zones.

Données publiées antérieurement : Les statistiques présentées dans ce tableau sur la population active selon la situation dans la profession, la branche d'activité économique et le sexe mettent à jour les séries publiées dans des éditions antérieures de l'Annuaire démographique qui portainent comme sujet spécial les statistiques des recensements de la population. Les séries du tableau mettent à jour les données publiées antérieurement mentionées dans l'Index.

Tableau 42

Le tableau 42 présente des données sur la population active selon la situation dans la profession, la profession, le sexe et la résidence (urbaine/rurale) pour chaque recensement entre 1974 et 1988.

Description of variables: Statistics presented in this table are from population censuses. Data obtained from sample surveys are shown for those countries or areas where no national population census was held during the period. These have been footnoted. Unless otherwise indicated, data refer to the de facto (present–in–area) population.

Unless otherwise noted, "economically active" is defined as all persons of either sex who furnish the supply of labour for the production of goods and services during the time reference chosen for the investigation. [99] In brief, it comprises all persons engaged in, or actively seeking, productive work in some branch of the economy during a specified period of time. This concept is discussed in more detail in the Technical Notes for table 36.

"Status in employment" refers to the status of an economically active individual with respect to his employment, that is, whether he is (or was, if unemployed) an employer, own–account worker, employee, unpaid family worker or a member of a producers' co–operative as defined below: [100]

(a) Employer: a person who operates his or her own economic enterprise or engages independently in a profession or trade, and hires one or more employees;

(b) Own–account worker: a person who operates his or her own economic enterprise or engages independently in a profession or trade, and hires no employees;

(c) Employee: a person who works for a public or private employer and receives remuneration in wages, salary, commission, tips, piece–rates or pay in kind;

(d) Unpaid family worker: a person who works a specified minimum amount of time (at least one third of normal working hours), without pay, in an economic enterprise operated by a related person living in the same household;

(e) Member of producers' co–operative: a person who is an active member of a producers' co–operative, regardless of the industry in which it is established;

(f) Persons not classifiable by status: experienced workers with status unknown or inadequately described and unemployed persons not previously employed.

Unemployed persons with previous work experience are assumed to be classified according to their previous status in employment, unless otherwise noted, and persons seeking work for the first time (inexperienced unemployed) are included in the non–classifiable–by–status category. National deviations from the basic categories of the status in employment classification are shown in footnotes.

Description des variables : Les statistiques figurant dans le présent tableau proviennent de recensements de population. Les données présentées dans le cas de pays ou de zones où il n'a pas été effectué de recensement national de population pendant la période considérée ont été tirées d'enquêtes par sondage et font l'objet de notes explicatives. Sauf indication contraire, les données portent sur la population de fait (population présente dans la zone considérée).

Sauf indication contraire, la "population active" comprend toutes les personnes des deux sexes qui fournissent la main–d'oeuvre disponible pour la production de biens et services pendant la période de référence choisie pour l'enquête [99]. Elle se compose donc de toutes les personnes faisant ou cherchant activement à faire un travail productif dans une branche d'activité économique au cours d'une période déterminée. Cette notion est étudiée plus en détail dans les Notes techniques concernant le tableau 36.

La situation dans la profession est la situation d'une personne active par rapport à son emploi actuel (ou antérieur, s'il s'agit d'un chômeur), c'est–à–dire: employeur, travailleur à son propre compte, salarié, travailleur familial non rémunéré ou membre d'une coopérative de producteurs. Chacun de ces groupes a été défini de la manière suivante [100]:

(a) Employeur : personne qui exploite sa propre entreprise économique ou qui exerce pour son propre compte une profession ou un métier, et qui emploie un ou plusieurs salariés;

(b) Personne travaillant à son propre compte : personne qui exploite sa propre entreprise économique ou qui exerce pour son propre compte une profession ou un métier, mais qui n'emploie aucun salarié;

(c) Salarié : personne qui travaille pour un employeur public ou privé et qui reçoit une rémunération sous forme de traitement, salaire, commission, pourboire, salaire aux pièces ou paiement en nature;

(d) Travailleur familial non rémunéré : personne qui accomplit sans rémunération un minimum donné de travail (un tiers au moins du nombre normal d'heures de travail) dans une entreprise exploitée par un parent vivant dans le même ménage;

(e) Membre d'une coopérative de producteurs : personne qui est membre actif d'une coopérative de producteurs, sans considération de la branche d'activité économique;

(f) Personnes inclassables selon la situation dans la profession : travailleurs expérimentés dont la situation exacte n'est pas connue, ou est mal définie, et chômeurs qui n'ont jamais travaillé.

Sauf indication contraire, les chômeurs ayant déjà travaillé sont classés d'après la situation qu'ils occupaient dans leur dernière profession; les personnes cherchant un emploi pour la première fois, c'est–à–dire les chômeurs n'ayant jamais travaillé, sont classées dans la catégorie inclassables selon la situation dans la profession. Lorsqu'il existe des différences entre le classement national selon la situation dans la profession et la classification type, on l'a signalé en note.

Occupation refers to the kind of work done during the time–reference period established for data on economic characteristics by the person employed (or performed previously by the unemployed) irrespective of the industry or the status in employment in which the person should be classified. [101]

Occupation is classified in the eight "major groups" of the 1968 edition of the International Standard Classification of Occupations (ISCO) [102] with a ninth group for "members of the armed forces". According to this Classification, unemployed persons with previous work experience are to be distributed according to last previous status in employment and occupation. When not so distributed, the unemployed will usually be found in the not–classifiable–by–status category and in the "workers not classifiable by occupation" (group X), together with an indication—if—possible—of their magnitude. In cases where it is known that the unemployed seeking work for the first time were not distributed by occupation, their number especially of those seeking work for the first is given in footnotes wherever possible.

For the lower age limits of the economically active population used by various countries or areas, see table 36.

These are especially important data because they provide statistics which can be used not only to analyse the distribution of human resources among the various occupation groups, but also to characterize the population according to social level and social organization. The organization of economic activities, as revealed in the classification of population by status in employment may also provide an index of the level of socio–economic development.

The urban/rural classification is that provided by each country or area; it is presumed to be based on the national definitions of urban population that have been set forth at the end of table 6.

Reliability of data: No special reliability codes have been used in connection with this table.

Limitations: Statistics on economically active population by status in employment, occupation and sex are subject to the same qualifications as have been set forth for population statistics in general in section 3 of the Technical Notes.

Errors in national census data can arise at any stage of the collection, processing or presentation process, and these errors may limit the quality and international comparability of census statistics presented in the Demographic Yearbook. Two major types of errors in census data are often distinguished: first, coverage errors, which lead to the over–enumeration or under–enumeration of the population in the census, and second, content errors, which affect the accuracy of the recorded information for the covered population.

On entend par "profession" le genre de travail effectué pendant la période de référence sur laquelle portent les données relatives aux caractéristiques économiques par une personne occupée (ou, dans le cas d'un chômeur, le genre de travail effectué précédemment quelle que soit la branche d'activité économique ou la situation de l'interessée dans la profession [101].

Dans ce tableau, la profession est classée selon les huit grands groupes de la version de 1968 de la Classification internationale type des professions (CITP), 102 à laquelle on a ajouté un neuvième groupe comprenant les "membres des forces armées". D'après cette Classification, les chômeurs ayant déjà travaillé doivent être répartis d'après leur dernières situation dans la profession et leur profession. Lorsqu'ils ne sont pas ainsi répartis, les chômeurs généralement sont classés dans le catégorie "personnes inclassables selon la situation dans la profession et dans le groupe X "Travailleurs ne pouvant être classés selon la profession", et on en a donné le nombre dans la mesure du possible. Si le fait est connu, lorsque les chômeurs cherchant un emploi pour la première fois n'ont pas été répartis selon la profession, leur nombre est chaque fois que possible indiqué en note.

Pour les limites d'âge inférieures utilisées par les différents pays ou zones pour le classement de la population active, voir le tableau 36.

Ces données sont particulièrement importantes du fait qu'elles sont à la base de statistiques qui peuvent être utilisées non seulement por analyser la répartition des ressources humaines entre les divers groupes professionneles, mais aussi pour déterminer les caractéristiques de la population du point de vue du niveau social et de la structure sociale. L'organisation des activités économiques telle qu'elle ressort de la répartition de la population selon la situation dans la profession, peut aissi fournir un indice du niveau de développement socio–économique.

La classification selon la résidence (urbaine/rurale) est celle qui a été fournie par chaque pays ou zone; elle est censée reposer sur les définitions nationales de la population urbaine reproduites à la fin du tableau 6.

Fiabilité des données : Aucun code de fiabilité particulier n'a été utilisé pour le présent tableau.

Insuffisance des données : Les statistiques concernant la population active selon la situation dans la profession, la profession et le sexe appellent toutes les réserves qui ont été faites à la section 3 des Notes techniques à propos des statistiques de la population en général.

Des erreurs dans les données de recensements nationaux peuvent se produire à n'importe quel stade du processus de collecte, d'exploitation ou de présentation et nuire à la qualité et à la comparabilité internationale des statistiques de recensement présentées dans l'Annuaire démographique. Deux principaux types d'erreurs sont couramment distingués dans les données de recensement, à savoir, premièrement, les erreurs de couverture, qui conduisent au surdénombrement ou au sous–dénombrement de la population recensée, et, deuxièmement, les erreurs de contenu, qui influent sur l'exactitude des renseignements enregistrés au sujet de l'univers considéré.

Because coverage errors may occur more frequently among some population sub–groups than others, coverage errors may affect not only the absolute number of persons in any given category but also their relative distribution. Levels and patterns of coverage and content errors differ widely among countries and even, at times, from census to census for a specific country. Further limiting the international comparability of census statistics are variations among countries in the concepts, definitions and classifications used in their censuses.

The special limitations on comparability resulting from differences in the definition of economically active population have been set forth in the Technical Notes for table 36. These are also the principal sources of variation in the data shown in this table. Moreover, the distribution by status in employment and occupation may be limited to the employed population for some countries or areas.

The reporting of status in employment is more strongly influenced by cultural patterns and institutional arrangements than are the industry or occupational classifications. For example, in some data, directors and managers particularly in the public sector are grouped with employers rather than employees. Moreover, the economically active population may not include unpaid family workers. In such cases, the resulting statistics may understate the number of unpaid family workers in toto or in a given occupation or industry. This may have a particularly important influence on comparing the status in employment of population sub–groups.

The implications of the variations in the age limits of the economically active population have also been discussed in the Technical Notes for table 36.

The comparability of data by urban/rural residence is affected by the national definitions of urban and rural used in tabulating these data. When known, the definitions of urban used in national population censuses are presented at the end of table 6. As discussed in detail in the Technical Notes for table 6, these definitions vary considerably from one country or area to another.

Coverage: Economically active population by status in employment, occupation and sex is shown for 38 countries or areas. Data are presented by urban/rural residence for 3 countries or areas.

Earlier data: Economically active population by status in employment, occupation and sex shown in this table updates the series shown in previous issues of the Demographic Yearbook featuring population census statistics as the special topic. This series updates information published in previous issues as indicated in the Index.

Etant produire plus fréquemment dans certains donné qu'elles sont susceptibles de se produire plus fréquemment dans certains sous–groupes de la population que dans d'autres, les erreurs de couverture peuvent porter non seulement sur le nombre absolu de personnes comprises dans une catégorie donnée, mais aussi sur leur répartition relative. L'ampleur et les caractéristiques des erreurs de couverture et de contenu diffèrent considérablement d'un pays à l'autre et même, parfois, d'un recensement à l'autre dans un même pays. Les différences entre les concepts, définitions et classifications utilisés par les pays aux fins de leurs recensements contribuent également à limiter la comparabilité internationale des statistiques de recensement.

On a déjà traité en détail, dans les Notes techniques concernant le tableau 36, de l'influence particulière que les divergences dans la définition de la population active peuvent avoir sur la comparabilité des données. C'est à elles qui'il faut particulièrement attribuer le manque d'homogénéité des séries de ce tableau. En outre, pour quelques pays ou zones, la répartition selon la situation dans la profession et selon la profession peut être limitée à la population active ayant un emploi.

Les caractéristiques culturelles et les particularités institutionnelles influent davantage sur les classement des données relatives à la situation dans la profession que de celles concernant la branche d'activité économique ou la profession. Par exemple, dans certains cas, les directeurs et chargés de gestion, en particulier dans le secteur public, sont groupés avec les employeurs plutôt qu'avec les salariés. En outre, il se peut que les travailleurs familiaux non rémunérés ne soient pas compris dans la population active. Dans ce cas, les statistiques obtenues risquent de sous–évaluee lesdits travailleurs dans leur ensemble ou dans un profession ou branche d'activité donnée. Cela peut influer considérablement sur la comparaison de la situation dans la profession pour les différents sous–groupes de la population.

On a déjà étudié dans les Notes techniques à propos du tableau 36 les conséquences que peut avoir le manque d'uniformité de la limite d'âge de la population active.

La comparabilité des données selon la résidence (urbaine/rurale) peut être limitée par les définitions nationales des termes "urbain" et "rural" utilisées pour la mise en tableaux de ces données. Les définitions du terme "urbain" utilisées pour les recensements nationaux de population ont été présentées à la fin du tableau 6 lorsqu'elles étaient connues. Comme on l'a précisé en détail dans les Notes techniques relatives au tableau 6, ces définitions varient très sensiblement d'un pays ou d'une zone à l'autre.

Portée : Des statistiques de la population active selon la situation dans la profession, la profession et le sexe sont présentées pour 38 pays ou zones. La répartition selon la résidence (urbaine/rurale) est indiquée pour 3 pays ou zones.

Données publiées antérieurement : Les statistiques présentées dans ce tableau sur la population active selon la situation dans la profession, la profession et le sexe mettent à jour les séries publiées dans des éditions antérieures de l'Annuaire démographique qui portainent comme sujet spécial les statistiques des recensements de la population. Les séries du tableau mettent à jour les données publiées antérieurement mentionées dans l'Index.

Table 43

Table 43 presents female economically active population by marital status, age and urban/rural residence for each census between 1980 and 1988.

Description of variables: Statistics presented in this table are from population censuses. Data obtained from sample surveys are shown for those countries or areas where no national population census was held during the period. These have been footnoted. Unless otherwise indicated, data refer to the de facto (present–in–area) population.

Unless otherwise noted, "economically active" is defined as all persons of either sex who furnish the supply of labour for the production of goods and services during the time reference chosen for the investigation. [103] In brief, it comprises all persons engaged in, or actively seeking, productive work in some branch of the economy during a specified period of time. This concept is discussed in more detail in the Technical Notes for table 36. Data in this table are for females only.

Marital status is defined as the personal status of each individual in relation to the marriage laws or customs of the country. [104]

The marital status classification used in this table is the following: single (never married), married, widowed (but not remarried) and divorced (but not remarried). Additional classifications appear for certain countries or areas when data are available. These include: consensually married, separated and marital status unknown. Unless otherwise specified, when the categories of "consensually married" and "separated" are not shown separately, it can be assumed that persons in these categories are shown as "married".

Age is defined as age at last birthday, that is, the difference between the date of birth and the reference date of the age distribution expressed in completed solar years. The age classification used in this table is the following: under 15 years, 5–year groups through 70–74 years, and 75 years and over and age unknown.

For the lower age limits of the economically active population used by various countries or areas, see table 36. In addition, for information on the minimum ages used in tabulating population by marital status, see table 29 of the Demographic Yearbook 1987.

Statistics on the marital status of the female labour force are used to study the relationship of marriage and marriage dissolution to the supply of labour inter alia, to specify the source of potential additions to the economically active population and to reveal information on dependency status.

Tableau 43

Le tableau 43 présente des données sur la population féminine active selon l'état matrimonial, l'âge et la résidence (urbaine/rurale) pour chaque recensement entre 1980 et 1988.

Description des variables : Les statistiques figurant dans le présent tableau proviennent de recensements de population. Les données présentées dans le cas de pays ou de zones où il n'a pas été effectué de recensement national de population pendant la période considérée ont été tirées d'enquêtes par sondage et font l'objet de notes explicatives. Sauf indication contraire, les données portent sur la population de fait (population présente dans la zone considérée).

Sauf indication contraire, la "population active" comprend de toutes les personnes des deux sexes qui fournissent la main–d'oeuvre disponible pour la production de biens et services pendant la période de référence choisie pour l'enquête [103]. Elle se compose donc de toutes les personnes faisant ou cherchant activement à faire un travail productif dans une branche d'activité économique au cours d'une période déterminée. Cette notion est étudiée plus en détail dans les Notes techniques concernant le tableau 36. Les données dans ce tableau sont pour la population féminine seulement.

L'état matrimonial désigne la situation d'une personne au regard des lois ou coutumes de son pays concernant le mariage [104].

Les catégories employées dans ce tableau pour le classement selon l'état matrimonial sont les suivantes : célibataires (jamais mariés), mariés, veufs (non remariés) et divorcés (non remariés). Lorsque les données le permettaient, on a ajouté pour certains pays ou zones les catégories ci–après : vivant en union consensuelle, séparés et état matrimonial inconnu. Sauf indication contraire, on peut, lorsque les catégories "vivant en union consensuelle" et "séparés" ne font pas l'objet d'une mention distincte, considérer que les personnes en question figurent dans la colonne "mariés".

L'âge désigne l'âge au dernier anniversaire, c'est–à–dire la différence entre la date de naissance et la date de référence de la répartition par âge exprimée en années solaires révolues. La classification par âge utilisée dans ce tableau est la suivante : moins de 15 ans, des groupes quinquennaux jusqu'à 74 ans, 75 ans et plus, et âge inconnu.

Pour les limites d'âge inférieures utilisées par les différents pays ou zones pour le classement de la population active, voir le tableau 36. En outre, on trouvera au tableau 29 de l'Annuaire démographique de 1987, des indications concernant les âges minimaux qui ont été utilisés pour le classement de la population selon l'état matrimonial.

Les données relatives à l'etat matrimonial de la main–d'oeuvre féminine sont utilisées pour étudier les effets du mariage et de sa dissolution, notamment sur l'effectif global de la main–d'oeuvre, déterminer les les groupes qui constituent une réserve potentielle de main–d'oeuvre et pour obtenir des renseignements sur le nombre des personnes à charge.

The urban/rural classification is that provided by each country or area; it is presumed to be based on the national definitions of urban population that have been set forth at the end of table 6.

Reliability of data: No special reliability codes have been used in connection with this table.

Limitations: Statistics on female economically active population by marital status and age are subject to the same qualifications as have been set forth for population statistics in general in section 3 of the Technical Notes.

Errors in national census data can arise at any stage of the collection, processing or presentation process and these errors may limit the quality and international comparability of census statistics presented in the Demographic Yearbook. Two major types of errors in census data are often distinguished: first, coverage errors, which lead to the over-enumeration or under-enumeration of the population in the census, and second, content errors, which affect the accuracy of the recorded information for the covered population.

Because these errors may occur more frequently among some population sub-groups than others, coverage errors may affect not only the absolute number of persons in any given category but also their relative distribution. Levels and patterns of coverage and content errors differ widely among countries and even, at times, from census to census for a specific country. Further limiting the international comparability of census statistics are variations among countries in the concepts, definitions and classifications used in their censuses.

The special limitations on comparability resulting from differences in the definition of economically active population have been set forth in the Technical Notes for table 36. These are also the principal sources of variation in the data shown in this table.

Comparability is also affected by the accuracy of the response to the questions on marital status. Divorced or separated persons may erroneously be reported as single, while those in consensual unions may be reported as married. Also, persons that are divorced may report themselves as single, married or widowed.

Similarly, the category "separated" may be of uncertain composition. It may contain persons whose marriage has been suspended by legal process, or it may include as well married persons who are simply living apart and who may or may not intend to remain apart. Since laws and practices with regard to legal separation differ within and among countries or areas, genuine comparability for this group is probably impossible.

La classification selon la résidence (urbaine/rurale) est celle qui a été fournie par chaque pays ou zone; elle est censée reposer sur les définitions nationales de la population urbaine reproduites à la fin du tableau 6.

Fiabilité des données : Aucun code de fiabilité particulier n'a été utilisé pour le présent tableau.

Insuffisance des données : Les statistiques concernant la population féminine active selon l'état matrimonial et l'âge appellent toutes les réserves qui ont été faites à la section 3 des Notes techniques à propos des statistiques de la population en général.

Des erreurs dans les données de recensements nationaux peuvent se produire à n'importe quel stade du processus de collecte, d'exploitation ou de présentation et nuire à la qualité et à la comparabilité internationale des statistiques de recensement présentées dans l'Annuaire démographique. Deux principaux types d'erreurs sont couramment distingués dans les données de recensement, à savoir, premièrement, les erreurs de couverture, qui conduisent au surdénombrement ou au sous-dénombrement de la population recensée, et, deuxièmement, les erreurs de contenu, qui influent sur l'exactitude des renseignements enregistrés au sujet de l'univers considéré.

Etant donné qu'elles sont susceptibles de se produire plus fréquemment dans certains sous-groupes de la population que dans d'autres, les erreurs de couverture peuvent porter non seulement sur le nombre absolu de personnes comprises dans une catégorie donnée, mais aussi sur leur répartition relative. L'ampleur et les caractéristiques des erreurs de couverture et de contenu diffèrent considérablement d'un pays à l'autre et même, parfois, d'un recensement à l'autre dans un même pays. Les différences entre les concepts, définitions et classifications utilisés par les pays aux fins de leurs recensements contribuent également à limiter la comparabilité internationale des statistiques de recensement.

On a déjà traité en détail, dans les Notes techniques concernant le tableau 36, de l'influence particulière que les divergences dans la définition de la population active peuvent avoir sur la comparabilité des données. C'est à elles qu'il faut particulièrement attribuer le manque d'homogénéité des séries de ce tableau.

La comparabilité dépend également de l'exactitude des réponses données à la question concernant l'état matrimonial. Il arrive que des personnes divorcées ou séparées soient par erreur enregistrées comme célibataires et que des personnes vivant en union consensuelle soient enregistrées comme mariées. De plus, une personne divorcée peut, lors du dénombrement, se déclarer soit célibataire, soit mariée, soit veuve.

De même, la catégorie "séparés" est de composition incertaine. Elle peut comprendre les personne dont le mariage a été suspendu par une procédure légale et elle peut englober également les personnes mariées qui vivant simplement séparées de leur conjoint sans avoir nécessairement l'intention de le rester. Cependant, comme les lois et coutumes relatives à la séparation légale diffèrent d'un pays ou d'une zone à l'autre et à l'intérieur d'un même pays, une véritable comparabilité pour ce groupe est probablement impossible.

Because these statistics are classified according to age, they are subject to the limitations with respect to accuracy of age reporting similar to those already discussed in connection with section 3.1.3 of the Technical Notes.

The implications of the variations in the age limits of the economically active population have also been discussed in the Technical Notes for table 36. Similarly, the implications of the various minimum ages used in the tabulation of data on population by marital status are discussed in the Technical Notes for table 29 of the Demographic Yearbook 1987.

The comparability of data by urban/rural residence is affected by the national definitions of urban and rural used in tabulating these data. When known, the definitions of urban used in national population censuses are presented at the end of table 6. As discussed in detail in the Technical Notes for table 6, these definitions vary considerably from one country or area to another.

Coverage: Female economically active population by marital status is shown for 27 countries or areas. Cross–classification by age is shown for 19 countries or areas. Data are presented by urban/rural residence for 4 countries or areas.

Earlier data: Female economically active population by marital status and age shown in this table updates the series shown in previous issues of the Demographic Yearbook featuring population census statistics as the special topic. This series updates information published in previous issues as indicated in the Index.

Comme ces statistiques sont classées selon l'âge, elles appellent les mêmes réserves concernant l'exactitude des déclarations d'âge que celles déjà mentionnées dans la section 3.1.3 des Notes techniques.

On a déjà étudié dans les Notes techniques à propos du tableaux 40 les conséquences que peut avoir le manque d'uniformité de la limite d'âge de la population active. De même, les effets des différentes limites d'âge inférieures employées pour la mise en tableau des données sur la population selon l'état matrimonial ont été mentionnés dans les Notes techniques concernant le tableau 29 de l'Annuaire démographique de 1987.

La comparabilité des données selon la résidence (urbaine/rurale) peut être limitée par les définitions nationales des termes "urbain" et "rural" utilisées pour la mise en tableaux de ces données. Les définitions du terme "urbain" utilisées pour les recensements nationaux de population ont été présentées à la fin du tableau 6 lorsqu'elles étaient connues. Comme on l'a précisé en détail dans les Notes techniques relatives au tableau 6, ces définitions varient très sensiblement d'un pays ou d'une zone à l'autre.

Portée : Des statistiques de la population féminine active selon l'état matrimonial sont présentées pour 27 pays ou zones. Une classification croisée selon l'âge est présentée pour 19 pays ou zones. La répartition selon la résidence (urbaine/rurale) est indiquée pour 4 pays ou zones.

Données publiées antérieurement : Les statistiques présentés dans ce tableau sur la population féminine active selon l'état matrimonial et l'âge mettent à jour les séries publiées dans des éditions antérieures de l'Annuaire démographique qui portaient comme sujet spécial les statistiques des recensements de la population. Les séries du tableau mettent à jour les données publiées antérieurement mentionées dans l'Index.

FOOTNOTES

[1] For a listing of the majority of these, see "Names of Countries and Adjectives of Nationality" (United Nations document ST/CS/SER.F/317 and Corr. 1–2.

[2] Unites Nations publication, Sales No. E.80.XVII.8.

[3] Principles and Recommendations ..., para. 2.88.

[4] Alternatively if a population register is used, completed ages are calculated by substracting the date of birth of individuals listed in the register from a reference date to which the age data pertain.

[5] A source of non–comparability may result from differences in the method of reckoning age, for example, the Western versus the Eastern or, as it is usually known, the English versus the Chinese system. By the latter, a child is regarded as one year old at birth and his age advances one year at each Chinese New Year. The effect of this system is most obvious at the beginning of the age span where the frequencies in the under–one–year category are markedly understated. The effect on higher age groups is not so apparent. Distributions constructed on this basis are are often adjusted before publication, but the possibility of such aberrations should not be excluded when census data by age are compared.

[6] In this index, differences were scored from expected values of ratios between numbers of either sex in the same age group, and numbers of the same sex in adjoining age groups. In compounding the score, allowance had to be made for certain factors such as the effects of past fluctuations in birth rates, of heavy war casualties, and of the smallness of the population itself. A detailed description of the index, with results of its application to the data presented in the 1949–1950 and 1951 issues of the Demographic Yearbook, is furnished in Population Bulletin, No. 2 (United Nations publication, Sales No. 52.XIII.4), pp. 59–79. The scores obtained from statistics presented in the Demographic Yearbook 1952 are presented in that issue, and the index has also been briefly explained in that issue, as well as those of 1953 and 1954.

[7] United States, Bureau of Census, Thirteenth Census ... vol. I (Washington, D.C., U.S. Government Printing Office), pp. 291–192.

[8] J.T. Marten, Census of India, 1921, vol. I, part I (Calcutta, 1924), pp. 126–127.

[9] United Nations publication Sales No. E/F.80.XIII.1, pp.13–14).

[10] For further discussion, see Demographic Yearbook 1962 (United Nations publication, Sales No. 63.XIII.1) chap. 1.

[11] For detailed explanation of the content of each category of the code, see Demographic Yearbook 1964 (United Nations publication, Sales No. 65.XIII.1).

[12] For an analysis of the regional availability of birth and death statistics, see Population Bulletin of the United Nations, No. 6 (United Nations publication, Sales No. 62.XIII.2) and Population Bulletin of the United Nations, No. 7 (United Nations publication, Sales No. 64.XIII.2).

NOTES

[1] Pour une liste de la plupart d'entre eux, voir "Names of co untries and adjectives of nationality" (document des Nations Unies ST/CS/SER.F/317 et Corr. 1 et 2).

[2] Publication des Nations Unies, numéro de vente : F.80.XVII.8.

[3] Principes et recommandations... par. 2.88.

[4] Lorsqu'on utilise un registre de la population, on peut également calculer l'âge en années révolues en soustrayant la date de naissance de chaque personne inscrite sur le registre de la date de référence à laquelle se rapportent les données sur l'âge.

[5] L'emploi de méthodes différentes de calcul de l'âge, par exemple la méthode occidentale et la méthode orientale, ou, comme on les désigne plus communément, la méthode anglaise et la méthode chinoise, représente une cause de non–comparabilité. Selon la méthode chinoise, on considère que l'enfant est âgé d'un an à sa naissance et qu'il avance d'un an à chaque nouvelle année chinoise. Les répercussions de cette méthode sont très apparentes dans les données pour le premier âge : les données concernant les enfants de moins d'un an sont nettement inférieures à la réalité. Les effets sur les chiffres relatifs aux groupes d'âge suivants sont moins visibles. Les séries ainsi établies sont souvent ajustées avant d'être publiées, mais il ne faut pas exclure la possibilité d'aberrations de ce genre lorsqu'on compare des données censitaires sur l'âge.

[6] Dans cet indice, on déterminait les différences à partir des rapports prévus de masculinité dans un groupe d'âge et dans les groupes d'âge adjacents. Il fallait pour cela tenir compte de l'influence de facteurs tels que les mouvements passés des taux de natalité, les pertes de guerre élevées et, le cas échéant, le faible effectif de la population. On trouvera dans le Bulletin démographique no. 2 (publication des Nations Unies, numéro de vente : 52.XIII.4), p. 64 à 87, un exposé détaillé sur cet indice ainsi que les résultats de son application aux données présentées dans les éditions de 1949–1950 et de 1951 de l'Annuaire démographique. On a fait les mêmes calculs sur les statistiques publiées dans l'Annuaire démographique 1952 et les résultats obtenus sont indiqués dans cette édition de l'Annuaire, qui, comme celles de 1953 et de 1954, donne de brèves explications sur l'indice en question.

[7] United States Bureau of the Census, Thirteenth Census ..., vol. I (Washington, D.C., U.S. Government Printing Office), p. 291 à 292.

[8] J.T. Marten, Census of India, 1921, vol. I, partie I (Calcutta, 1924), p. 126 et 127.

[9] Publication des Nations Unies, numéro de vente : E/F.80.X III.1, p.82.

[10] Pour plus de détails, voir l'Annuaire démographique 1962 (publication des Nations Unies, numéro de vente : 63.XIII.1), chap. premier.

[11] On trouvera des explications plus complètes du contenu de chaque catégorie du code dans l'Annuaire démographique 1964 (publication des Nations Unies, numéro de vente : 65.XIII.1).

[12] Pour une analyse des statistiques régionales disponibles sur la natalité et la mortalité, voir le Bulletin démographique des Nations Unies no. 6 (publication des Nations Unies, numéro de vente : 62.XIII.2), et le Bulletin démographique des Nations Unies no. 7 (publication des Nations Unies, numéro de vente : 64.XIII.2).

[13] United Nations publication, Sales No. E.73.XVII.9.

[14] United Nations publication, Sales No. 55.XVII.1. A forthcoming revision of the Handbook will discuss the new principles and recommendations in greater detail.

[15] Principles for a Vital Statistics System : Recommendations for the Improvement and Standardization of Vital Statistics (United Nations publication, Sales No. 53.XVII.8)

[16] United Nations publication, Sales No. E.71.XVII.11, chap. VII and pp. 94–142.

[17] For more information on historical and legal background on the use of differing definitions of live births and foetal deaths, comparisons of definitions used as of 1 January 1950, and evaluation of the effects of these differences on the calculation of various rates, see Handbook of Vital Statistics Methods, chap. IV.

[18] World Health Organization, Manual of the International Classification of Diseases, Injuries and Causes of Death 1965 Revision vol.1 (Geneva, 1967).

[19] Other innovations in the ninth revision which do not apply directly in coding cause of death statistics are discussed in World Health Organization, WHO Chronicle vol. 32, No. 6 (Geneva, 1978), pp. 219–225.

[20] World Health Organization, Manual of the International Statistical Classification of Diseases, Injuries and Causes of Death, 1965 Revision Vol. I (Geneva, 1967). pp.445–446.)

[21] The Adapted Mortality List is derived from the Basic Tabulation List shown in World Health Organization, Manual of the International Statistical Classification of Diseases, Injuries and Causes of Death, 1975 revision vol. I (Geneva, 1977), pp. 745–755.

[22] World Health Organization, Manual of the International Statistical Classification of Diseases, Injuries and Causes of Death, 1975 Revision vol. I (Geneva, 1977), p. xix.

[23] Source : World Population Prospects as Assessed in 1980. (ST/ESA/SER.A/78).

[24] Demographic Yearbook, 1956, p. 13.

[25] Principles and Recommendations for Vital Statistics System (United Nations Publications, Sales No. E.73.XVII.9), para. 46.

[26] Source : World Population Prospects as assessed in 1980, (ST/ESA/SER.A/78).

[27] Source : Demographic Indicators of Countries : Estimates and projections are assessed in 1980 (ST/ESA/SER.A/82) and Population Bulletin of the United Nations No. 14, Infant Mortality : World Estimates and projections, 1950–2025.

[28] Ibid.

[29] Estimates for 1973 and 1974, although not included in this publication, are consistent with other estimates published in the 1980 Assessement).

[13] Publication des Nations Unies, numéro de vente : F.73.XVII.9.

[14] Publication des Nations Unies, numéro de vente : 55.XVII.1. Les nouveaux principes et recommandations sont examinés plus en détail dans la version révisée du Manuel qui doit paraître bientôt.

[15] Principes directeurs d'un système de statistiques de l'état civil : recommandations pour l'amélioration et la normalisation des statistiques de l'état civil (publication des Nations Unies, numéro de vente : 53.XVII.8).

[16] Publication des Nations Unies, numéro de vente : E.71.XVII.11, chap. VII et p. 94 à 142.

[17] Pour plus de précisions au sujet des considérations historiques et juridiques auxquelles se rattachent les différentes définitions utilisées des naissances vivantes et des morts foetales, pour une comparaison des définitions utilisées depuis le 1er janvier 1950 et pour une évaluation des effets de ces différences de définition sur le calcul de divers taux, voir le Manuel de statistique de l'état civil chap. IV.

[18] Organisation mondiale de la santé, Manuel de la Classification statistique internationale des maladies, traumatismes et causes de décès, Révision 1965, vol. I (Genève, 1967).

[19] D'autres innovations introduites dans la neuvième révision, et qui ne s'appliquent pas directement au codage des statistiques de causes de décès, sont exposées dans : Chronique de l'OMS vol. 32, no. 6 Genève, 1968), p. 219 à 225.

[20] Organisation mondiale de la santé, Manuel de la classification statistique internationale des maladies, traumatismes et causes de décès, Révision 1965, vol. I (Genève, 1967).

[21] Organisation mondiale de la santé, Manuel de la classification statistique internationale des maladies, traumatismes et causes de décès, Révision 1975, vol. I (Genève, 1977).

[22] Organization mondiale de la santé, Manuel de la classification statistique internationale des maladies, traumatismes et causes de décès, Revision 1975, vol. I (Genève, 1977), p. XVIII.

[23] Source : Les perspectives d'avenir de la population mondiale, évaluées en 1980 (ST/ESA/SER.A/78).

[24] Voir Annuaire démographique 1956, p. 74.

[25] Principes et recommandations pour un système de statistiques de l'état civil (publication des Nations Unies, numéro de vente : F.73.XVII.9), par. 46.

[26] Source : Les perspectives d'avenir de la population mondiale, évaluées en 1980 (ST/ESA/SER.A/78).

[27] Source : Demographic Indicators of Countries : Estimates and projections are assessed in 1980 (ST/ESA/SER.A/82) and Population Bulletin of the United Nations No. 14, Infant Mortality : World Estimates and projections, 1950–2025.

[28] Ibid.

[29] Les estimations pour 1973 et 1974 bien qu'elles n'apparaissent pas dans cette publication sont en accord avec les estimations publiées dans Les perspectives d'avenir de la population mondiale évaluées en 1980 (ST/ESA/SER.A/78).

[30] For further information, see Social and Demographic Statistics : Classifications of size and type of Locality and Urban/Rural Areas, (United Nations Publication, E/CN.3/55/29 July 1980).

[30] Pour plus de précisions, voir Statistiques sociales et démographiques : Classification par type et taille de localité et par régions urbaines et rurales (publication des Nations Unies, E/CN.3/551, 29 juillet 1980).

[31] Demographic Yearbook: Historical Supplement (United Nations Publication, Sales No. E/F.79.XIII.8), pp. 14–20.

[31] Annuaire démographique, Supplément rétrospectif (publication des Nations Unies, numéro de vente : E/F.79.XIII.8), p. 46 à 53.

[32] For further information, see Manual IV : Methods of Estimating Basic Demographic Measures from Incomplete Data (United Nations publication, Sales No. E.67.XIII.2).

[32] Pour plus de renseignements, voir Méthodes permettant d'estimer les mesures démographiques fondamentales établies à partir de données incomplètes — manuel IV (publication des Nations Unies, numéro de vente : F.67.XIII.2).

[33] Principles and Recommendations for a Vital Statistics System, para 46(1).

[33] Principes et recommandations pour un système de statistiques de l'état civil, par. 46(1).

[34] For definition, see section 4.1.1.3 of the Technical Notes.

[34] Voir définition à la section 4.1.1.3 des Notes techniques.

[35] The Definition of legally induced aboirtion was not altered in the Manual of the International Statistical Classification of Deseases, Injuries, and Causes of Death, 1975 Revision. For further information about the International Classification of Diseases see section 4.3 of the Technical Notes.

[35] La définition de l'avortement pour raison légale n'a pas été modifiée dans le Manuel de la Classification statistique internationale des maladies, traumatismes et causes de décès, Révision 1975. Pour plus de détails à ce sujet, voir la section 4.3 des Notes techniques.

[36] World Health Organization, Manual of the International Statistical Classification of Diseases, Injuries, and Causes of Death, 1965 Revision, vol. I (Geneva, 1967), p.243.

[36] Organisation mondiale de la santé, Manuel de la Classification statistique internationale des maladies, traumatismes et causes de décès, Révision 1965, vol. I (Genève, 1967), p. 249.

[37] Ibid., p.298.

[37] Ibid., p.313.

[38] Ibid., p.243.

[38] Ibid., p.249.

[39] Principles and Recommendations for a Vital Statistics System, para. 46(3).

[39] Principes et recommandations pour un système de statistiques de l'état civil, par. 46(3).

[40] Ibid.

[40] Ibid.

[41] World Health Organization, World Health Statistics Report, vol. 22, No. I (Geneva 1969) pp. 38–42.

[41] Organisation mondiale de la santé, Rapport de statistiques sanitaires mondiales, vol. 22, no. 1 (Genève, 1969), p. 38 à 42.

[42] The definition of legally induced abortion was not altered in the Manual of the International Statistical Classifi cation of Diseases, Injuries and Causes of Death, 1975 Revision. For further information about the International Classification of Diseases see section 4.3 of the Technical Notes.

[42] La définition de l'avortement pour raison légale n'a pas été modifiée dans le Manuel de la Classifacion statistique internationale des maladies, traumatismes et causes de décès, Révision 1975. Pour de détails à ce sujet, voir la section 4.3 des Notes techniques.

[43] World Health Organization, Manual of the International Statistical Classifi cation of Diseases, Injuries and Causes of Death, 1965 Revision, vol. 1 (Genava, 1967), p. 243.

[43] Organisation mondiale de la santé, Manuel de la Classifacion statistique internationale des maladies, traumatismes et causes de décès, Révision 1965, vol. 1 (Genève, 1967), p. 249.

[44] Ibid., p. 198.

[44] Ibid., p. 313.

[45] Ibid., p. 243.

[45] Ibid., p. 249.

[46] Principles and Recommendations for a Vital Statistics System, para. 46(3).

[46] Principes et recommandations pour un système de statistiques de l'état civil, par. 46(3).

[47] World Health Organization, World Health Statistics Report, Vol. 22, No. 1 (Geneva, 1969), pp. 38–42.

[47] Organisation mondiale de la santé, Report de statistiques sanitaires mondiales, vol. 22, no. 1 (Genève, 1969), p. 38 à 42.

[48] For more a more detailed discussion of the problem, see W.P.D. Logan, "The measurement of infant mortality", Population Bulletin of the United Nations No. 2 (United Nations publications, Sales No. 53.XII.8), pp. 30–67.

[48] Pour un exposé critique plus détaillé sur le problème, voir W.P.D. Logan, "Mesure de la mortalité infantile", Bulletin démographique des Nations Unies, no. 2 (publication des Nations Unies, numéro de vente : F.52.XIII.8), p. 32 à 72.

[49] World Health Organization, Manual of the International Statistical of Classification of Diseases, Injuries and Causes of Death vol.I, (Geneva, 1967), pp. 445–446.

[49] Voir Organisation mondiale de la santé, Manuel de la Classification statistique internationale des maladies, traumatismes et causes de décès, vol. I (Genève, 1967).

[50] The "The Adapted Mortality List" is derived from the Basic Tabulation List shown in World Health Orgnization, Manual of the International Statistical Classification of Diseases, Injuries and Causes of Death vol. I (Geneva, 1977), pp. 745–755.

[50] La liste adaptée de mortalité est dérivée de la Liste de base pour la mise en tableaux présentée dans le Manuel de la Classification internationale des maladies, traumatismes et causes de décès, O.M.S., vol. I (révision de 1975), Genève, 1977, p. 753 à 764.

[51] Principles and Recommendations for for a Vital Statistics System, para. 46(2).

[51] Principes et recommandations pour un système de statistiques de l'état civil, par. 46(2).

[52] The definition recommended for cause of death is identical in World Health Organization, Manual of the International Classification of Diseases, Injuries, and Causes of Death, 1965 Revision vol. I (Geneva, 1967) p. 469 and in World Health Organization, Manual of the International Statistical Classification of Diseases, Injuries, and Causes of Death, 1975 Revision vol. I (Geneva, 1977), p. 763.

[52] La définition recommandée est la même dans : Organisation mondiale de la santé, Manuel de la Classification statistique internationale des maladies, traumatismes et causes de décès, Révision 1965, vol. I (Genève, 1967), p. 493, et dans : Organisation mondiale de la santé, Manuel de la Classification internationale des maladies, traumatismes et causes de décès, Révision 1975, vol. I (Genève, 1977), p. 771.

[53] Ibid.

[53] Ibid.

[54] Ibid., pp. 445–446.

[54] Ibid., p. 496 et 469.

[55] World Health Organization, Manual of the International Statistical Classification of Diseases, Injuries and Causes of Death, 1975 Revision vol. I (Geneva, 1977).

[55] Organisation mondiale de la santé, Manuel de la Classification statistique internationale des maladies, traumatismes et causes de décès, Révision 1975, vol. I (Genève, 1977).

[56] World Health Organization, Bulletin, Supp. 4, Comparability of Statistics of Causes of Death According to the Fifth and Sixth Revisions of the International List (Geneva, 1952).

[56] Organisation mondiale de la santé, Bulletin, Supplément no. 4, Comparabilité des statistiques des causes de décès selon la cinquième et la sixième révision de la Nomenclature internationale (Genève, 1952).

[57] Manuals on Methods of Estimating Population, Manual IV : Methods of Estimating Basic Demographic Measures from Incomplete Data (United Nations publication, Sales No. 67.XIII.2).

[57] Manuel sur les méthodes d'estimation de la population — Manuel IV (publication des Nations Unies, numéro de vente : 67.XIII.2).

[58] Manuals on Methods of Estimating Population. Manual III : Methods for Population Projections by Age and Sex (United Nations publication, Sales No. 56.XII.3); Coale, A.J. and Demeny, Paul, Regional Model Life Tables and Stable Population, Princeton University Press. 1966).

[58] Manuels sur les méthodes d'estimation de la population — Manuel III, Méthodes de projections démographiques par sexe et par âge (publication des Nations Unies, numéro de vente : 56.XIII.3); Coale, A.J. et Demeny, Paul, Regional Model Life Tables and Stable Population (Princeton, Princeton University Press, 1966).

[59] For further information on the construction and interpretation of life tables to refer to Manuals on Methods of of Estimating Population Manual III : Methods for Population Projections by Age and Sex (United Nations publications, Sales No. 56.XIII.3).

[59] Pour plus de précision concernant l'établissement et l'interprétation des tables de mortalité, voir : Manuels sur les méthodes d'estimation de la population — Manuel III : méthodes de projections démographique par sexe et par âge (publication des Nations Unies, numéro de vente : 56.XIII.3).

[60] Principles and Recommendations for a Vital Statistics System, para. 46(4).

[60] Principes et recommandations pour un système de statistiqu es de l'état civil, par. 46(4).

[61] For definition, see section 4.1.1.4 of the Technical Notes.

[61] Pour la définition, voir la section 4.1.1.4 des Notes techniques.

[62] For definition, see section 4.1.1.5 of the Technical Notes.

[62] Pour la définition, voir la section 4.1.1.5 des Notes techniques.

[63] For a detailed discussion of terminologies and concepts employed in the collection of data on ethnic characteristics in censuses taken around 1950, see Handbook of Population Census Methods: Vol. III, chapter VIII. See also corresponding sections of Principles and Recommendations for Population and Housing Census (Sales No. E.80.XVII.8).

[63] On trouvera un exposé détaillé de la terminologie et des nations appliquées dans le rassemblement des données sur les caractéristiques ethniques lors des recensements effectués vers 1950, dans le Manuel des méthodes de recensement de la population: vol. III, chap. VIII. Voir aussi les parties correspondantes de Principes et recommandations concernant les recensement de la population et de l'habitation (Sales No. F.80.XVII.8).

[64] Principles and Recommendations for Population and Housing Censuses, para. 2.113 (Sales No. E.80.XVII.8).

[64] Principes et recommandations concernant les recensements de population et de l'habitation par. 2.113 (Numéro de vente F.80.XVII.8).

[65] Ibid., para. 2.115.

[65] Ibid., par. 2.115.

[66] Ibid., paras. 2.51 – 2.53.

[66] Ibid., par. 2.51 – 2.53.

[67] Ibid., para. 2.164

[67] Ibid., par. 2.164.

[68] Ibid., para. 2.165

[69] Ibid., para. 2.167

[70] Ibid., para. 2.164

[71] Ibid., para. 2.165

[72] Ibid., para. 2.167

[73] UNESCO, Revised recommendations concerning the International Standardization of Educational Statistics (20C 33).

[74] UNESCO, International Standardization of Educational Statistics (COM/ST/ISCE9), 1977.

[75] Ibid.

[76] Ibid.

[77] Ibid.

[78] Principles and Recommendations for Population and Housing Censuses, para. 2.168.

[79] Principles and Recommendations for Population and Housing Censuses (ST/ESA/STAT/SER.M.67), para. 2.191.

[80] Ibid. para. 2.192.

[81] Ibid. para. 2.193.

[82] United Nations, Handbook of Household Surveys, Sales No. E.83.XVII.13 (New York, 1984), pp. 110–122; also International Labour Office, International Recommendations on Labour Statistics (Geneva, 1976), pp. 33–36.

[83] International Labour Office, "Thirteenth International Conference of Labour Statisticians: resolution I: resolution concerning statistics of the economically active population, employment, unemployment and underemployment", ICLS/13 D.11 (Geneva, 1983).

[84] A more detailed discussion of these limitations can be found in the Handbook Population Census Methods, Vol. II, Economic Characteristics of the Population. See also corresponding sections of Principles and Recommendations for Population and Housing Censuses (ST/ESA/STAT/SER.M/67).

[85] Principles and Recommendations for Population and Housing Censuses (ST/ESA/STAT/SER.M/67), p. 212.

[86] Ibid., para. 2.196.

[87] Ibid., para. 2.191.

[88] Ibid., para. 2.202.

[89] Statistical Papers, Series M, No. 4, Rev. 2, United Nations publication, Sales No. 68.XVII.8. Revision 3 of this classification is in progress.

[90] Principles and Recommendations for Population and Housing Censuses (ST/ESA/STAT/SER.M/67), p. 212.

[91] Ibid., para. 2.198.

[92] International Standard Classification of Occupations, Revised Edition, 1968 (International Labour Office, Geneva 1969).

[68] Ibid., par. 2.165.

[69] Ibid., par. 2.167.

[70] Ibid., par. 2.164.

[71] Ibid., par. 2.165.

[72] Ibid., par. 2.167.

[73] UNESCO, Revised recommendations concerning the International Standardization of Educational Statistics (20C 33).

[74] UNESCO, Classification internationale type de l'éducation (COM/ST/ISCED), 1977.

[75] Ibid.

[76] Ibid.

[77] Ibid.

[78] Principes et recommandations concernant les recensements de population et de l'habitation par. 2.168.

[79] Principes et recommandations concernant les recensements de la population et de l'habitation (ST/ESA/STAT/SER.M/67), par. 2.191.

[80] Ibid. par. 2.192.

[81] Ibid. par. 2.193.

[82] Nations Unies, Manuel des méthodes d'enquête sur les ménages, numéro de vente: F.83.XVII. 13 (New York), 1984; et Bureau International du Travail, Recommandations internationales sur les statistiques du travail (Genève, 1976), p. 33 à 37.

[83] Bureau International du Travail, "Trezième Conférence internationale des statisticiens du travail: résolution I: résolution concernant les statistiques de la population active, de l'emploi, du chômage et du sous–emploi", ICLS/13/D.11 (Genève, 1983).

[84] Un analyse plus détaillée de ces défauts est exposée dans le Manuel des méthodes de recensement de la population, Vol. II. Caractéristiques économiques de la population. Voir aussi les parties correspondantes de Principes et recommandations concernant les recensements de la population et de l'habitation (ST/ESA/STAT/SER.M/67).

[85] Principes et recommandations concernant les recensements de la population et de l'habitation (ST/ESA/STAT/SER.M/67), p. 212.

[86] Ibid., par. 2.196.

[87] Ibid., par. 2.191.

[88] Ibid., par. 2.202.

[89] Etudes statistiques, Série M, no.4, Rev. 2 (Publication des Nations Unies, numéro de vente: F.68.XVII.8). La troisième réunion de ce document est en préparation.

[90] Principes et recommandations concernant les recensements de la population et de l'habitation (ST/ESA/STAT/SER.M/67), par. 2.191.

[91] Ibid., par. 2.198.

[92] Classification internationale type des professions, édition révisée, 1968 (Bureau international du Travail, Genève, 1969).

[93] Principles and Recommendations for Population and Housing Censuses (ST/ESA/STAT/SER.M/67), p. 212.

[94] Ibid., para. 2.206.

[95] Ibid., para. 2.191.

[96] Ibid., para. 2.206.

[97] Ibid., para. 2.202.

[98] Statistical Papers, Series M, No. 4, Rev.2 (United Nations publication, Sales No. 68.XVII.8).

[99] Principles and Recommendations for Population and Housing Censuses (ST/ESA/STAT/SER.M/67), para. 2.191.

[100] Ibid., para. 2.206.

[101] Ibid., para. 2.198.

[102] International Standard Classification of Occupations, Revised Edition, 1968 (International Labour Office, Geneva 1969).

[103] Principles and Recommendations for Population and Housing Censuses (ST/ESA/STAT/SER.M/67), para. 2.191

[104] Ibid., para. 2.97.

[93] Principes et recommandations concernant les recensements de la population et de l'habitation (ST/ESA/STAT/SER.M/67), par. 2.191.

[94] Ibid., par. 2.206.

[95] Ibid., par. 2.191.

[96] Ibid., par. 2.206.

[97] Ibid., par. 2.202

[98] Etudes statistiques, Série M, no.4, Rev. 2 (Publication des Nations Unies, numéro de vente: F.68.XVII.8).

[99] Principes et recommandations concernant les recensements de la population et de l'habitation (ST/ESA/STAT/SER.M/67), par. 2.191.

[100] Ibid., par. 2.206.

[101] Ibid., par. 2.198.

[102] Classification internationale type des professions, édition révisée, 1968 (Bureau international du Travail, Genève, 1969).

[103] Principes et recommandations concernant les recensements de la population et de l'habitation (ST/ESA/STAT/SER.M/67), par. 2.191.

[104] Ibid., par. 2.97.

1. Population, rate of increase, birth and death rates, surface area and density for the world, macro regions and regions: selected years
Population, taux d'accroissement, taux de natalité et taux de mortalité, superficie et densité pour l'ensemble du monde, les grandes régions et les régions géographiques: diverses années

(See notes at end of table. – Voir notes à la fin du tableau.)

Macro regions and regions Grandes régions et régions	Population: Mid-year estimates / Estimations au milieu de l'année (millions)								Annual rate of increase Taux d'accroissement annuel %	Birth rate Taux de natalité (0/00)	Death rate Taux de mortalité (0/00)	Surface area (km²) Superficie (km²) (000's)	Density[1] Densité[1]
	1950	1960	1965	1970	1975	1980	1985	1988	1985–90	1985–90	1985–90	1988	1988
WORLD TOTAL – ENSEMBLE DU MONDE	**2 515**	**3 019**	**3 336**	**3 698**	**4 079**	**4 450**	**4 854**	**5 112**	**1.7**	**27**	**10**	**135791**	**38**
AFRICA – AFRIQUE	**224**	**281**	**318**	**363**	**415**	**481**	**557**	**610**	**3.0**	**45**	**15**	**30305**	**20**
Eastern Africa – Afrique orientale	65	82	94	108	124	144	167	183	3.1	48	17	6 354	29
Middle Africa – Afrique centrale	27	33	36	39	45	52	60	66	2.9	45	16	6 613	10
Northern Africa–Afrique septentrionale	52	65	73	83	94	108	124	135	2.7	38	11	8 525	16
Southern Africa–Afrique méridionale	16	20	23	26	29	32	36	39	2.3	33	10	2 675	15
Western Africa – Afrique occidentale	65	81	92	106	124	144	169	187	3.3	49	17	6 138	30
NORTHERN AMERICA[2] – AMERIQUE SEPTENTRIONALE[2]	**166**	**199**	**214**	**226**	**239**	**252**	**265**	**272**	**0.8**	**15**	**9**	**21525**	**13**
LATIN AMERICA AMERIQUE LATINE	**165**	**218**	**250**	**285**	**322**	**362**	**404**	**430**	**2.1**	**29**	**8**	**20535**	**21**
Caribbean – Caraïbes	17	20	23	25	27	29	31	33	1.5	25	8	235	139
Central America – Amérique centrale	37	50	59	70	81	93	105	112	2.3	31	6	2 481	45
South America – Amérique du Sud	111	147	168	191	214	240	268	285	2.1	29	8	17819	16
ASIA[3 4] – ASIE[3 4]	**1 375**	**1 667**	**1 860**	**2 101**	**2 353**	**2 583**	**2 834**	**2 996**	**1.9**	**28**	**9**	**27582**	**109**
Eastern Asia[3] – Asie Orientale[3]	671	791	874	988	1 096	1 176	1 249	1 299	1.3	20	7	11763	110
Southern Asia – Asie méridionale	479	595	669	754	849	948	1 070	1 148	2.3	35	12	6 781	169
South Eastern Asia – Asie mériodionale orientale	182	225	253	287	324	360	401	425	1.9	29	10	4 493	95
Western Asia[4] – Asie Occidentale[4]	42	56	64	74	85	98	114	124	2.8	35	8	4 545	27
EUROPE[3 4]	**393**	**425**	**445**	**460**	**474**	**484**	**492**	**496**	**0.2**	**13**	**11**	**4 933**	**100**
Eastern Europe – Europe orientale	89	97	100	103	106	109	112	113	0.3	15	11	990	114
Northern Europe – Europe septentrionale	72	76	78	80	82	82	83	84	0.2	13	12	1 628	51
Southern Europe – Europe mériodionale	109	118	123	128	133	139	142	144	0.3	13	10	1 316	109
Western Europe – Europe occidentale	123	135	143	148	152	154	155	156	0.1	12	11	999	156
OCEANIA[2] – OCEANIE[2]	**12.6**	**15.8**	**17.5**	**19.3**	**21.1**	**22.8**	**24.6**	**25.7**	**1.4**	**20**	**8**	**8 509**	**3**
Australia and New Zealand – Australie et Nouvelle Zélande	10.1	12.7	14.0	15.4	16.7	17.8	19.0	19.7	1.1	15	8	7 958	2
Melanesia – Melanésie	2.1	2.6	2.9	3.3	3.7	4.2	4.8	5.2	2.6	37	10	541	10
Micronesia – Micronésie	0.2	0.2	0.2	0.3	0.3	0.3	0.3	0.4	1.7	32	6	3	122
Polynesia – Polynésie	0.2	0.3	0.4	0.4	0.4	0.5	0.5	0.5	1.6	34	5	7	77
USSR – URSS	**180**	**214**	**231**	**243**	**255**	**266**	**277**	**284**	**0.8**	**18**	**11**	**22402**	**13**

GENERAL NOTES

Unless otherwise specified all figures are estimates of the order of magnitude and are subject to a substantial margin of error; all data except for surface area are therefore set in italics. For composition of macro regions and regions and for method of construction of estimates, see Technical Notes, page 39.

NOTES GENERALES

Sauf indication contraire, tous les chiffres sont des estimations de l'ordre de grandeur comportant une assez grande d'erreur; toutes les données à l'exception de celles relatives à la "superficie" sont de ce fait en italique. Pour la composition des grandes régions et la méthode utilisée afin d'établir les estimations, voir Notes techniques, page 39.

FOOTNOTES

1 Population per square kilometre of surface area. Figures are merely the quotients of population divided by surface area and are not to be considered as either reflecting density in the urban sense or as indicating the supporting power of a territory's land and resources.
2 Hawaii, a state of the United States of America, is included in Northern America rather than Oceania.
3 Excluding the USSR, shown separately.
4 The European portion of Turkey is included in Western Asia rather than Europe.

NOTES

1 Habitants per kilomètre carré. Il s'agit simplement du quotient calculé en divisant la population par la superficie et n'est pas considéré comme indiquant la densité au sens urbain du mot ni l'effr ctif de population que les terres et les ressources du territoire sont capables de nourrir.
2 Hawaii, un Etat des Etats–Unis d'Amérique, est compris en Amérique septentrionale plutôt qu'en Océanie.
3 Non compris l'URSS, qui fait l'objet d'une rubrique distincte.
4 La partie européenne de la Turquie est comprise en Asie Occidentale plutôt qu'en Europe.

2. Estimates of population and its percentage distribution, by age and sex and sex ratio for all ages for the world, macro regions and regions: 1985

(See notes at end of table.)

Macro regions and regions	Population (in millions – en millions)											
	Both sexes – Les deux sexes				Male – Masculin				Female – Féminin			
	All ages Tous âges	−15	15–64	65+	All ages Tous âges	−15	15–64	65+	All ages Tous âges	−15	15–64	65+
WORLD TOTAL	**4 854**	**1 628**	**2 936**	**290**	**2 441**	**834**	**1 484**	**123**	**2 413**	**794**	**1 451**	**168**
AFRICA	**557**	**252**	**288**	**17**	**277**	**127**	**142**	**8**	**280**	**125**	**146**	**9**
Eastern Africa	167	78	84	5	83	39	42	2	84	39	42	3
Middle Africa	60	27	31	2	30	14	15	1	30	13	16	1
Northern Africa	124	53	67	4	63	27	34	2	62	26	34	2
Southern Africa	36	14	21	1	18	7	10	1	18	7	10	1
Western Africa	169	80	85	4	84	40	42	2	86	40	43	2
NORTHERN AMERICA [1]	**265**	**57**	**176**	**31**	**129**	**29**	**87**	**13**	**135**	**28**	**89**	**19**
LATIN AMERICA	**404**	**152**	**234**	**18**	**202**	**77**	**117**	**8**	**202**	**75**	**117**	**10**
Caribbean	31	10	19	2	16	5	10	1	16	5	10	1
Central America	105	44	57	4	52	22	28	2	52	21	29	2
South America	268	97	158	13	134	49	79	6	134	48	79	7
ASIA [2,3]	**2 834**	**987**	**1 714**	**133**	**1 451**	**509**	**881**	**61**	**1383**	**479**	**833**	**71**
Eastern Asia [2]	1 249	363	814	72	640	187	422	31	610	176	394	40
Southern Asia	1 070	422	606	42	553	218	314	21	517	203	293	21
South Eastern Asia	401	156	230	15	199	79	113	7	201	76	117	8
Western Asia [3]	114	47	63	4	59	24	33	2	55	23	30	2
EUROPE [2,3]	**492**	**102**	**328**	**62**	**240**	**52**	**163**	**24**	**252**	**50**	**164**	**38**
Eastern Europe	112	26	74	12	54	13	36	5	57	13	37	7
Northern Europe	83	16	54	13	41	8	27	6	42	8	27	7
Southern Europe	142	31	94	17	70	16	47	7	73	15	48	10
Western Europe	155	28	105	21	75	14	53	8	80	14	53	13
OCEANIA [1]	**24.6**	**6.8**	**15.7**	**2.1**	**12.4**	**3.5**	**8.0**	**0.9**	**12.2**	**3.3**	**7.7**	**1.2**
Australia and New Zealand	19.0	4.5	12.6	1.9	9.5	2.3	6.4	0.8	9.5	2.2	6.2	1.1
Melanesia	4.8	2.0	2.7	0.1	2.5	1.0	1.4	0.0	2.3	1.0	1.3	0.0
Micronesia	0.3	0.1	0.2	0.0	0.2	0.0	0.1	0.0	0.2	0.0	0.1	0.0
Polynesia	0.5	0.2	0.3	0.0	0.3	0.1	0.1	0.0	0.3	0.1	0.1	0.0
USSR	**277**	**70**	**181**	**27**	**130**	**36**	**87**	**7**	**147**	**34**	**94**	**19**

GENERAL NOTES

All figures are estimates of the order of magnitude and are subject to a substantial margin of error; all data are therefore set in italics. For composition of macro regions and regions and for method of construction of estimates, see Technical Notes, page 43.

FOOTNOTES

1 Hawaii, a state of the United States of America, is included in Northern America rather than Oceania.
2 Excluding the USSR, shown separately.
3 The European portion of Turkey is included with Western Asia rather than Europe.

2. Estimations de la population et pourcentage de répartition selon l'âge et le sexe et rapport de masculinité pour l'ensemble du monde, les grandes régions et les régions géographiques: 1985

(Voir notes à la fin du tableau.)

Per cent – Pourcentage												Sex ratio (Males per 100 females of all ages) Rapport de masculinité (Hommes pour 100 femmes de tous âges)	Grandes régions et régions
Both sexes – Les deux sexes				Male – Masculin				Female – Féminin					
All ages Tous âges	–15	15–64	65+	All ages Tous âges	–15	15–64	65+	All ages Tous âges	–15	15–64	65+		
100	**34**	**60**	**6**	**100**	**34**	**61**	**5**	**100**	**33**	**60**	**7**	**101**	**ENSEMBLE DU MONDE**
100	**45**	**52**	**3**	**100**	**46**	**51**	**3**	**100**	**45**	**52**	**3**	**99**	**AFRIQUE**
100	47	50	3	100	47	51	2	100	46	50	4	98	Afrique orientale
100	45	52	3	100	47	50	3	100	43	53	3	97	Afrique centrale
100	43	54	3	100	43	54	3	100	42	55	3	102	Afrique septentrionale
100	39	58	3	100	39	56	5	100	39	56	5	98	Afrique mériodionale
100	47	50	2	100	48	50	2	100	47	50	2	98	Afrique occidentale
100	**22**	**66**	**12**	**100**	**22**	**67**	**10**	**100**	**21**	**66**	**14**	**95**	**AMERIQUE SEPTENTRIONALE** [1]
100	**38**	**58**	**4**	**100**	**38**	**58**	**4**	**100**	**37**	**58**	**5**	**100**	**AMERIQUE LATINE**
100	32	61	6	100	31	63	6	100	31	63	6	100	Caraïbes
100	42	54	4	100	42	54	4	100	40	56	4	100	Amérique centrale
100	36	59	5	100	37	59	4	100	36	59	5	100	Amérique du Sud
100	**35**	**60**	**5**	**100**	**35**	**61**	**4**	**100**	**35**	**60**	**5**	**105**	**ASIE** [2,3]
100	29	65	6	100	29	66	5	100	29	65	7	105	Asie Orientale [2]
100	39	57	4	100	39	57	4	100	39	57	4	107	Asie méridionale
100	39	57	4	100	40	57	3	100	38	58	4	99	Asie méridionale orientale
100	41	55	4	100	41	56	3	100	42	55	4	106	Asie occidentale
100	**21**	**67**	**13**	**100**	**22**	**68**	**10**	**100**	**20**	**65**	**15**	**95**	**EUROPE** [2,3]
100	23	66	11	100	24	67	9	100	23	65	12	95	Europe orientale
100	19	65	16	100	20	66	15	100	19	64	17	96	Europe septentrionale
100	22	66	12	100	23	67	10	100	21	66	13	96	Europe méridionale
100	18	68	13	100	19	70	10	100	18	66	16	94	Europe occidentale
100	**28**	**65**	**8**	**100**	**28**	**64**	**7**	**100**	**27**	**63**	**10**	**101**	**OCEANIE** [1]
100	24	66	10	100	24	67	9	100	23	65	12	99	Australie et Nouvelle Zélande
100	41	56	3	100	41	56	3	100	41	56	3	107	Melanésie
100	41	55	4	100	40	57	4	100	42	54	4	107	Micronésie
100	44	52	4	100	44	52	3	100	44	52	4	103	Polynésie
100	**25**	**66**	**10**	**100**	**28**	**67**	**5**	**100**	**23**	**64**	**13**	**88**	**URSS**

NOTES GENERALES

Tous les chiffres sont des estimations de grandeur comportant une assez grande marge d'erreur, toutes les données sont de ce fait en italique. Pour le composition des grandes régions et la méthode utilisée afin d'établir les estimations, voir Notes techniques, page 43.

NOTES

1 Hawaii, un Etat des Etats–Unis d'Amérique, est compris en Amérique septentrionale plutôt qu'en Océanie.
2 Non compris l'URSS, qui fait l'objet d'une rubrique distincte.
3 La partie européenne de la Turquie est comprise en Asie Occidentale plutôt qu'en Europe.

3. Population by sex, rate of population increase, surface area and density

Population selon le sexe, taux d'accroissement de la population, superficie et densité

(See notes at end of table. – Voir notes à la fin du tableau.)

Continent and country or area / Continent et pays ou zone	Population: Latest census – dernier recensement (in units – en unités): Date	Both Sexes / Les deux sexes	Male / Masculin	Female / Féminin	Mid – year estimates / Estimations au milieu de l'année (en thousand–en milliers): 1985	1988	Type [1] 1988	Annual rate of increase / Taux d' accrois–sement annuel 1985–88 (%)	Surface area / Superfi–cie (km²) 1988	Density / Densité 1988 [2]
AFRICA—AFRIQUE										
Algeria – Algérie [3]	IV–87	* 22 971 000	...	...	21 850	x 23 841	A1 c1	2.9	2 381 741	10
Angola [4]	15–XII–70	5 646 166	...	...	x 8 754	x 9 482	A18 c1	2.7	1 246 700	8
Benin – Bénin	20–III–79	3 331 210	1 596 939	1 734 271	4 041	* 4 446	A9 c3	3.2	112 622	39
Botswana	12–VIII–81	941 027	443 104	497 923	1 088	* 1 212	A7 c1	3.6	581 730	2
British Indian Ocean Territory – Territoire Britannique de l'Océan Indien [5]	([6])	([6])	([6])	([6])	x 3	x 3	D23 d	0.0	78	32
Burkina Faso	10–XII–85	* 7 746 651	...	...	[7] 6 639	* 8 509	A3 c3	([8])	274 200	31
Burundi	16–VIII–79	[3] 4 028 420	[3] 1 946 145	[3] 2 082 275	4 718	* 5 149	A9 c3	2.9	27 834	185
Cameroon – Cameroun [9]	9–IV–76	7 090 115	3 472 786	3 617 329	10 166	[7]x 10 674	A12 c3	([8])	475 442	22
Cape Verde – Cap–Vert	2–VI–80	289 027	131 266	157 761	334	x 358	A8 c1	2.3	4 033	89
Central African Republic – Rép. centrafricaine	8–XII–75	2 054 610	985 224	1 069 386	2 608	[7]x 2 771	A13 c3	([8])	622 984	4
Chad – Tchad	XII–63	[10] 3 254 000	...	...	x 5 019	x 5 401	B25 c3	2.4	1 284 000	4
Comoros – Comores	15–IX–80	[11] 385 890	...	...	x 445	x 488	A8 c3	3.1	2 235	218
Congo	22–XII–84	1 843 421	...	...	x 1 741	x 1 888	A4 c3	2.7	342 000	6
Côte d'Ivoire	30–IV–75	6 709 600	3 474 750	3 234 850	x 10 253	x 11 613	A13 c3	4.2	322 463	36
Djibouti	1960–1961	81 200	...	...	430	[7]x 383	A28 d	([8])	23 200	17
Egypt – Egypte	17–IX–86	48 205 049	24 655 297	23 549 752	48 503	* 51 897	A2 c1	2.3	1 001 449	52
Equatorial Guinea – Guinée équatoriale [12]	4–VII–83	* 300 000	* 144 268	* 155 732	x 392	x 420	A28 c3	2.3	28 051	15
Bioko	31–XII–60	62 612	41 378	21 234	...	...		...	2 034	...
Río Muni	31–XII–60	183 377	90 915	92 462	...	...		...	26 017	...
Ethiopia – Ethiopie	9–V–84	* 42 169 203	* 21 018 900	* 21 150 303	43 350	* 47 882	A4 c3	3.3	1 221 900	39
Gabon	8–X–60–V–61	448 564	211 350	237 214	x 986	x 1 095	A28 c3	3.5	267 667	4
Gambia – Gambie	15–IV–83	* 687 817	* 342 134	* 345 683	x 745	x 812	A15 c1	2.9	11 295	72
Ghana	11–III–84	12 296 081	6 063 848	6 232 233	12 717	x 14 131	A4 c1	3.5	238 533	59
Guinea – Guinée [9]	4–II–83	* 4 533 240	...	...	4 661	* 5 071	A5 c3	2.8	245 857	21
Guinea–Bissau – Guinée–Bissau	16–IV–79	753 313	362 589	390 724	x 890	x 945	A9 c1	2.0	36 125	26
Kenya [9]	24–VIII–79	15 327 061	7 607 113	7 719 948	20 333	* 23 883	A9 c2	5.4	580 367	41
Lesotho	12–IV–76	1 064 188	458 260	605 928	1 528	x 1 676	A12 c3	3.1	30 355	55
Liberia – Libéria	1–II–84	* 2 101 628	...	...	2 189	* 2 429	A14 c3	3.5	111 369	22
Libyan Arab Jamahiriya – Jamahiriya arabe libyenne	31–VII–84	* 3 637 488	* 1 950 152	* 1 687 336	x 3 786	x 4 232	A4 c3	3.7	1 759 540	2
Madagascar	1–I–75	7 603 790	3 805 288	3 798 502	9 985	x 11 238	A14 c3	3.9	587 041	19
Malawi	1–IX–87	* 7 982 607	* 3 880 100	* 4 102 507	7 059	* 7 755	A11 c3	3.1	118 484	65
Mali	1–IV–87	* 7 620 225	* 3 733 281	* 3 886 944	8 206	* 8 918	A12 c3	2.8	1 240 192	7
Mauritania – Mauritanie	1–I–77	[13] 1 338 830	[13] 658 361	[13] 680 469	x 1 767	x 1 916	A11 c3	2.7	1 025 520	2
Mauritius – Maurice	30–VI–72	851 334	426 122	425 212	1 021	x 1 077	A16 b1	1.8	2 040	528
Island of Mauritius – Ile Maurice	11–VII–83	966 863	481 368	485 495	985	...	..	..	1 865	..
Rodrigues	11–VII–83	33 082	16 552	16 530	35	...	..	..	104	..
Others – Autres [14]	30–VI–72	366	272	94	...	...	..	..	71	..
Morocco – Maroc	3–IX–82	20 449 551	10 236 078	10 213 473	x 22 121	x 23 910	A6 c2	2.6	446 550	54
Mozambique [9]	1–VIII–80	11 673 725	5 670 484	6 003 241	13 810	* 14 932	A8 c1	2.6	801 590	19
Namibia – Namibie [9]	6–V–70	762 184	...	...	x 1 600	x 1 761	A18 c3	3.2	824 292	2
Niger	10–V–88	* 7 249 596	...	...	x 6 116	x 6 688	A11 c3	3.0	1 267 000	5
Nigeria – Nigéria [15]	5–XI–63	[16] 55670 055	[16] 28111 852	[16] 27558 203	x 95 199	x105 472	A25 c2	3.4	923 768	114
Réunion [3]	9–III–82	515 798	252 997	262 801	546	x 576	A6 b3	1.8	2 510	229
Rwanda	16–VIII–78	4 800 433	2 331 147	2 469 286	x 6 103	x 6 755	A10 c3	3.4	26 338	256
St. Helena ex. dep. – Sainte–Hélène sans dép.	22–II–87	5 644	2 769	2 875	6	x 6	A1 b3	...	122	49
Ascension	31–XII–78	849	608	241	...	...	..	..	88	..
Tristan da Cunha	III–38	186	...	...	...	([17]) 0	A0 d	..	104	3
Sao Tome and Principe – Sao Tomé–et–Principe	15–VIII–81	96 611	48 031	48 580	108	x 106	A7 c1	–0.6	964	110
Senegal – Sénégal	20–V–88	* 6 881 919	...	...	6 547	* 7 113	A12 c3	2.8	196 722	36
Seychelles	1–VIII–77	61 898	31 171	30 727	65	x 68	A11 b2	1.3	280	242

3. Population by sex, rate of population increase, surface area and density (continued)

Population selon le sexe, taux d'accroissement de la population, superficie et densité (suite)

(See notes at end of table. – Voir notes à la fin du tableau.)

Continent and country or area / Continent et pays ou zone	Population: Latest census – dernier recensement (in units – en unités): Date	Both Sexes / Les deux sexes	Male / Masculin	Female / Féminin	Mid – year estimates / Estimations au milieu de l'année (en thousand–en milliers): 1985	1988	Type[1] 1988	Annual rate of increase / Taux d' accrois–sement annuel 1985–88 (%)	Surface area / Superfi–cie (km[2]) 1988	Density / Densit é 1988[2]
AFRICA—AFRIQUE (Cont.–Suite)										
Sierra Leone[9]	15–XII–85	* 3 515 812	* 1 746 055	* 1 769 757	x 3 665	x 3 946	A3 c1	2.5	71 740	55
Somalia – Somalie[9]	7–II–75	3 253 024	...	...	x 6 399	x 7 107	A13 c3	3.5	637 657	11
South Africa – Afrique du Sud[9]	5–III–85	[18] 23385 645	[18] 11545 282	[18] 11840 363	x 31 593	x 33 748	A3 c1	2.2	1 221 037	28
Sudan – Soudan	1–II–83	* 20 564 364	* 10 441 529	* 10 122 835	x 21 819	x 23 798	A5 c3	2.9	2 505 813	9
Swaziland	25–VIII–86	681 059	321 579	359 480	647	x 737	A2 c1	4.3	17 364	42
Togo	22–XI–81	* 2 703 250	...	...	x 2 961	x 3 247	A7 c1	3.1	56 785	57
Tunisia – Tunisie	30–III–84	6 966 173	3 547 315	3 418 858	7 261	x 7 809	A4 c1	2.4	163 610	48
Uganda – Ouganda	18–I–80	* 12 636 179	* 6 259 837	* 6 376 342	x 15 492	x 17 190	A19 c1	3.5	235 880	73
United Rep. of Tanzania – Rép.–Unie de Tanzanie	26–VIII–78	17 512 611	8 587 086	8 925 525	21 733	* 23 997	A10 c3	3.3	945 087	25
Tanganyika	26–VIII–78	17 036 498	8 350 492	8 686 006	21 162	* 23 372	A10 c3	3.3	942 626	25
Zanzibar	26–VIII–78	476 111	236 592	239 519	571	* 625	A10 c3	3.0	2 461	254
Western Sahara – Sahara Occidental[19]	31–XII–70	76 425	43 981	32 444	x 156	x 169	A18 c1	2.7	266 000	1
Zaire – Zaïre	1–VII–84	29 441 169	14 632 261	14 808 908	30 981	* 33 458	A4 c3	2.6	2 345 409	14
Zambia – Zambie	25–VIII–80	5 661 801	2 769 995	2 891 806	[7] 6 725	* 7 531	A8 c1	([8])	752 614	10
Zimbabwe	18–VIII–82	* 7 546 071	...	...	8 379	* 8 878	A6 c1	1.9	390 580	23
AMERICA,NORTH— AMERIQUE DU NORD										
Anguilla	...	...	...	...	x 7	x 8	..	1.3	96	79
Antigua and Barbuda – Antigua–et–Barbuda	7–IV–70	65 525	31 054	34 471	76	x 85	A18 b1	3.7	440	192
Aruba[3]	1–II–81	60 312	29 340	30 972	61	* 60	A7 b1	–0.6	...	...
Bahamas	12–V–80	223 455	108 976	114 479	232	* 245	A8 b1	1.8	13 878	18
Barbados – Barbade	12–V–80	252 029	119 665	132 364	253	* 254	A8 b1	0.1	430	590
Belize	12–V–80	143 386	...	...	166	x 175	A8 c1	1.7	22 965	8
Bermuda – Bermudes	12–V–80	67 761	33 621	34 140	[20] 56	[20]x 58	A8 b1	1.0	53	1 089
British Virgin Islands – Iles Vierges britanniques	12–V–80	11 697	...	...	12	x 14	A8 b1	4.9	153	90
Canada[3]	3–VI–86	25 309 330	12 485 650	12 823 680	25 165	* 25 950	A7 b1	1.0	9 976 139	3
Cayman Islands – Iles Caïmanes	8–X–79	16 677	8 113	8 564	21	x 21	A9 c1	0.9	259	83
Costa Rica[3]	10–VI–84	2 416 809	1 208 216	1 208 593	2 489	[7] 2 851	A4 b2	([8])	51 100	56
Cuba	11–IX–81	9 723 605	4 914 873	4 808 732	10 098	* 10 410	A7 b1	1.0	110 861	94
Dominica – Dominique	7–IV–81	74 625	...	...	x 77	x 79	A7 b1	1.3	751	106
Dominican Republic – Rép.dominicaine	12–XII–81	* 5 647 977	* 2 832 454	* 2 815 523	6 416	* 6 867	A7 c1	2.3	48 734	141
El Salvador	28–VI–71	3 554 648	1 763 190	1 791 458	4 819	* 5 107	A17 b1	1.9	21 041	243
Greenland – Groenland[3]	26–X–76	49 630	26 856	22 774	53	55	A12 a1	1.0	2 175 600	0
Grenada – Grenade[21]	30–IV–81	89 088	42 943	46 145	x 96	x 100	A7 b1	1.3	344	292
Guadeloupe[3 22]	9–III–82	327 002	160 112	166 890	333	x 338	A6 b1	0.5	1 705	199
Guatemala[9]	26–III–81	6 054 227	3 015 826	3 038 401	7 963	* 8 681	A7 b2	2.9	108 889	80
Haiti – Haïti[3]	30–IX–82	* 5 053 792	* 2 448 370	* 2 605 422	5 251	* 5 523	A6c 3	1.7	27 750	199
Honduras	6–III–74	[3] 2 656 948	[3] 1 317 307	[3] 1 339 641	4 372	* 4 802	A14 c1	3.1	112 088	43
Jamaica – Jamaïque	8–VI–82	2 205 507	1 079 640	1 125 867	2 311	x 2 447	A6 b1	1.9	10 990	223
Martinique[3]	9–III–82	326 717	158 415	168 302	331	x 330	A6 b1	–0.1	1 102	300
Mexico – Mexique[3]	4–VI–80	66 846 833	33 039 307	33 807 526	77 938	* 82 734	A8 c1	2.0	1 958 201	42
Montserrat	12–V–80	11 932	...	...	12	x 13	A8 b1	2.6	102	126
Netherlands Antilles–[3 9 23] Antilles néerlandaises	1–II–81	171 620	82 808	88 812	x 181	x 189	A7 c1	1.4	993	190
Nicaragua[3]	20–IV–71	1 877 952	921 543	956 409	x 3 273	x 3 622	A17 b3	3.4	130 000	28
Panama[9]	11–V–80	1 831 399	928 285	903 114	2 180	* 2 322	A8 c1	2.1	77 082	30
Puerto Rico – Porto Rico[24]	1–IV–80	3 196 520	1 556 727	1 639 793	3 283	[7]x 3 607	A8 b1	([8])	8 897	405
Saint Kitts and Nevis – Saint–Kitts–et–Nevis	12–V–80	44 224	...	...	44	x 49	A8 b1	3.5	261	187

3. Population by sex, rate of population increase, surface area and density (continued)

Population selon le sexe, taux d'accroissement de la population, superficie et densité (suite)

(See notes at end of table. – Voir notes à la fin du tableau.)

Continent and country or area / Continent et pays ou zone	Population: Latest census – dernier recensement (in units – en unités): Date	Both Sexes / Les deux sexes	Male / Masculin	Female / Féminin	Mid – year estimates / Estimations au milieu de l'année (en thousand–en milliers): 1985	1988	Type [1] 1988	Annual rate of increase / Taux d' accroissement annuel 1985–88 (%)	Surface area / Superficie (km [2]) 1988	Density / Densit é 1988 [2]
AMERICA,NORTH— (Cont.–Suite) AMERIQUE DU NORD										
Saint Lucia – Sainte–Lucie [9]	12–V–80	115 153	...	...	137	x 133	A8 b1	–0.9	622	214
St. Pierre and Miquelon – Saint–Pierre–et–Miquelon	9–III–82	6 037	2 981	3 056	x 7	x 6	A6 d	–0.0	242	27
St. Vincent and the Grenadines – Saint–Vincent–et–Grenadines [25]	12–V–80	97 914	...	...	x 104	x 108	A8 b1	1.3	388	279
Trinidad and Tobago – Trinité–et–Tobago	12–V–80	1 079 791	...	...	1 178	x 1 243	A8 b1	1.8	5 130	242
Turks and Caicos Islands – Iles Turques et Caïques	12–V–80	7 435	3 602	3 833	x 8	x 9	A8 d	1.3	430	20
United States – Etats–Unis [26]	1–IV–80	226 545 805	110 053 161	116 492 644	239 279	*246 329	A8 b1	1.0	9 372 614	26
United States Virgin Islands – Iles Vierges américaines [24]	1–IV–80	96 569	46 204	50 365	x 106	x 110	A8 c1	1.4	342	322
AMERICA,SOUTH— AMERIQUE DU SUD										
Argentina – Argentine [9]	22–X–80	27 947 446	13 755 983	14 191 463	30 564	*31 963	A8 c1	1.5	2 766 889	12
Bolivia – Bolivie [9]	29–IX–76	4 613 486	2 276 029	2 337 457	6 429	* 6 993	A12 c3	2.8	1 098 581	6
Brazil – Brésil [27]	1–IX–80	121 148 582	60 298 897	60 849 685	135 564	*144 428	A8 c1	2.1	8 511 965	17
Chile – Chili	21–IV–82	11 329 736	5 553 409	5 776 327	12 122	* 12 748	A6 b1	1.7	756 945	17
Colombia – Colombie [28]	15–X–85	27 837 932	13 777 700	14 060 232	28 624	* 30 241	A15 b3	1.8	1 138 914	27
Ecuador – Equateur [9 29]	28–XI–82	8 060 712	4 021 034	4 039 678	9 378	* 10 204	A6 b3	2.8	283 561	36
Falkland Is.(Malvinas)– [30 31] Iles Falkland (Malvinas)	7–XII–80	1 855	1 034	821	x 2	x 2	A8 d	0.0	12 173	–
French Guiana – Guyane Française [3]	9–III–82	73 012	38 448	34 564	83	x 88	A6 c1	2.2	90 000	1
Guyana	12–V–80	758 619	375 841	382 778	[7] 790	x 1 007	A8 b1	([8])	214 969	5
Paraguay	11–VII–82	3 029 830	1 521 409	1 508 421	3 693	* 4 039	A6 c2	3.0	406 752	10
Peru – Pérou [27]	12–VII–81	17 005 210	8 489 867	8 515 343	19 698	* 21 256	A7 c2	2.5	1 285 216	17
Suriname	1–VII–80	352 041	173 083	178 958	x 375	x 392	A8 c2	1.4	163 265	2
Uruguay [9]	23–X–85	2 955 241	1 439 021	1 516 220	3 008	* 3 060	A3 b3	0.6	177 414	17
Venezuela [9 27]	20–X–81	14 516 735	7 258 674	7 258 061	17 317	* 18 757	A7 c1	2.7	912 050	21
ASIA—ASIE										
Afghanistan	23–VI–79	[32] 13051 358	[32] 6 712 377	[32] 6 338 981	18 136	[32]*15513	A9 c3	([8])	652 090	24
Bahrain – Bahreïn	5–IV–81	350 798	204 793	146 005	417	x 481	A7 c1	4.8	678	710
Bangladesh [9]	6–III–81	87 119 965	44 919 191	42 200 774	98 657	*104 532	A7 c1	1.9	143 998	726
Bhutan – Bhoutan	XI–XII–69	1 034 774	...	...	x 1 363	x 1 451	A19 c3	2.1	47 000	31
Brunei Darussalam – Brunéi Darussalam [9 33]	26–VIII–81	192 832	102 942	89 890	222	* 241	A7 c2	2.8	5 765	42
China – Chine [34]	1–VII–82	1031 882 511	519 421 198	483 759 540	x1059522	x1103983	A6 c3	1.4	9 596 961	115
Cyprus – Chypre [3]	30–IX–76	612 851	306 144	306 707	665	* 687	A12 b2	1.1	9 251	74
Democratic Kampuchea – [35] Kampuchea démocratique	17–IV–62	5 728 771	2 862 939	2 865 832	x 7 285	x 7 870	A26 c3	2.6	181 035	43
Democratic Yemen – Yémen démocratique [36]	29–III–88	* 2 345 266	* 1 184 359	* 1 160 907	2 294	* 2 514	A15 c3	3.1	332 968	8
East Timor –Timor oriental	31–X–80	555 350	283 280	272 070	x 659	x 708	A8 c1	2.4	14 874	48
Hong Kong – Hong–kong [37]	11–III–86	* 5 395 997	* 2 772 464	* 2 623 533	5 456	* 5 681	A7 b2	1.3	[38] 1 045	5 437
India – Inde [9 39]	1–III–81	685 184 692	...	...	750 859	*797 000	A7 c1	2.0	3 287 590	242
Indonesia – Indonésie [40]	31–X–80	147 490 298	73 332 544	74 157 754	164 047	x174 951	A8 c1	2.1	1 904 569	92
Iran (Islamic Republic of – Rép. islamique d')	1–XI–86	* 49 857 384	* 25 491 645	* 24 365 739	47 820	* 52 522	A12 c1	3.1	1 648 000	32
Iraq	17–X–87	* 16 278 316	...	...	x 15 899	x 17 657	A11 c1	3.5	438 317	40
Israel – Israël [3 41]	4–VI–83	* 4 037 620	* 2 011 590	* 2 026 030	4 233	* 4 437	A5 b1	1.6	20 770	214
Japan – Japon [42]	1–X–85	121 048 923	59 497 316	61 551 607	120 837	*122 613	A3 b1	0.5	377 801	325
Jordan – Jordanie [43]	10–XI–79	[44] 2 100 019	[44] 1 086 591	[44] 1 013 428	x 3 506	x 3 943	A9 b3	3.9	97 740	40
Korea – Corée [45]	1–V–44	[3] 25 120 174	[3] 12 521 173	[3] 12 599 001	x 61 192	x 63 877	..	1.4	220 277	290

3. Population by sex, rate of population increase, surface area and density (continued)

Population selon le sexe, taux d'accroissement de la population, superficie et densité (suite)

(See notes at end of table. – Voir notes à la fin du tableau.)

Continent and country or area / Continent et pays ou zone	Population: Latest census – dernier recensement (in units – en unités): Date	Both Sexes / Les deux sexes	Male / Masculin	Female / Féminin	Mid – year estimates / Estimations au milieu de l'année (en thousand–en milliers): 1985	1988	Type [1] 1988	Annual rate of increase / Taux d' accrois– sement annuel 1985–88 (%)	Surface area / Superfi– cie (km [2]) 1988	Density / Densit é 1988 [2]
ASIA—ASIE (Cont.–Suite)										
Korea, Dem. People's Rep. of – Corée, rép. populaire dém. de	1–V–44	...	...	...	x 20 386	x 21 902	D25 c3	2.4	120 538	182
Korea, Republic of– Corée, Rép. de [9] [46]	1–XI–85	40 448 486	20 243 765	20 204 721	40 806	* 41 975	A8 c1	0.9	99 016	424
Kuwait – Koweït	20–IV–85	1 697 301	965 297	732 004	1 712	* 1 958	A3 c1	4.5	17 818	110
Lao People's Dem. Rep. – Rép. dém. populaire Lao	1–III–85	* 3 584 803	* 1 757 115	* 1 827 688	x 3 595	x 3 875	A3 c3	2.5	236 800	16
Lebanon – Liban [47]	15–XI–70	[48] 2 126 325	[48] 1 080 015	[48] 1 046 310	x 2 668	x 2 828	B18 c3	1.9	10 400	272
Macau – Macao [49]	16–III–81	247 826	127 650	120 176	392	* 439	A7 c1	3.8	16	27431
Malaysia – Malaisie	10–VI–80	13 136 109	6 588 756	6 547 353	15 681	* 16 921	A8 c2	2.5	329 749	51
Maldives	25–III–85	180 088	93 482	86 606	184	x 202	A3 c1	3.2	298	679
Mongolia – Mongolie	5–I–79	1 595 000	798 900	796 100	1 891	x 2 092	A9 c1	3.4	1 566 500	1
Myanmar [50]	31–III–83	[3] 35 307 913	[3] 17 518 255	[3] 17 789 658	x 37 544	x 39 966	A5 c2	2.1	676 578	59
Nepal – Népal [3]	22–VI–81	15 022 839	7 695 336	7 327 503	16 625	x 18 234	A7 c1	3.1	140 797	130
Oman	...	...	...	...	2 000	[7] x 1 378	..	([8])	212 457	6
Palestine [52]	18–XI–31	1 035 821	[53] 524 268	[53] 509 028	...	...	..	..	27 090	..
Gaza Strip – Zone de Gaza [54]	14–IX–67	356 261	172 511	183 750	...	...	..	..	378	..
Pakistan [51]	1–III–81	84 253 644	44 232 677	40 020 967	96 180	*105 409	A7 c1	3.1	796 095	132
Philippines [3]	1–V–80	48 098 460	24 128 755	23 969 705	54 668	* 58 721	A8 c2	2.4	300 000	196
Qatar	16–III–86	* 369 079	* 247 852	* 121 227	x 299	x 341	D6 c3	4.3	11 000	31
Saudi Arabia – Arabie saoudite	14–IX–74	7 012 642	...	...	11 595	[7] *14016	A14 c3	([8])	2 149 690	7
Singapore – Singapour [55]	24–VI–80	2 413 945	1 231 760	1 182 185	2 558	* 2 647	A8 b2	1.1	618	4 283
Sri Lanka	17–III–81	14 846 750	7 568 253	7 278 497	15 837	* 16 587	A7 c1	1.5	65 610	253
Syrian Arab Republic – République arabe syrienne [56]	8–IX–81	9 046 144	4 621 852	4 424 292	10 267	* 11 338	A7 c1	3.3	185 180	61
Thailand – Thaïlande [3]	1–IV–80	44 824 540	22 328 607	22 495 933	51 683	* 54 536	A8 c1	1.8	513 115	106
Turkey – Turquie	20–X–85	50 664 458	25 671 975	24 992 483	49 272	* 52 422	A8 c1	2.1	779 452	67
In Asia – D'Asie	12–X–80	40 411 651	...	...	...	...	..	...	* 756 953	...
In Europe – D'Europe	12–X–80	4 325 306	...	...	...	...	..	...	* 23 623	...
United Arab Emirates – Emirats arabes unis [57]	15–XII–80	* 1 043 225	* 720 360	* 322 865	x 1 350	x 1 501	A8 c3	3.5	83 600	18
Viet Nam	1–X–79	52 741 766	25 580 582	27 161 184	x 60 060	x 64 228	A9 c3	2.2	331 689	194
Yemen – Yémen [3]	1–II–86	* 9 274 173	* 4 647 310	* 4 626 863	x 6 889	x 7 535	A13 c3	3.0	195 000	39
EUROPE										
Albania – Albanie	2–X–60	1 626 315	835 294	791 021	2 962	* 3 143	A28 b1	2.0	28 748	109
Andorra – Andorre	XI–54	5 664	...	...	45	* 49	A34 c3	3.2	453	108
Austria – Autriche [3]	12–V–81	7 555 338	3 572 426	3 982 912	7 558	* 7 595	A7 b1	0.2	83 853	91
Belgium – Belgique [3]	1–III–81	9 848 647	4 810 349	5 038 298	9 858	x 9 925	A7 b1	0.2	30 519	325
Bulgaria – Bulgarie	4–XII–85	8 948 388	4 430 061	4 518 327	8 960	x 8 995	A3 b1	0.1	[58] 110912	81
Channel Islands – Iles Anglo–Normandes	23–III–86	135 694	65 610	70 084	133	x 136	A2 b1	0.8	195	697
Guernsey – Guernesey [59]	23–III–86	55 482	26 859	28 623	53	...	..	...	78	...
Jersey	23–III–86	80 212	38 751	41 461	79	...	..	...	116	...
Czechoslovakia – Tchécoslovaquie	1–XI–80	[3] 15 283 095	[3] 7 441 160	[3] 7 841 935	15 499	* 15 608	A8 b1	0.2	127 876	122
Denmark – Danemark [3] [60]	1–I–81	5 123 989	2 528 225	2 595 764	5 114	5 130	A7 a1	0.1	43 077	119
Faeroe Islands – Iles Féroé [3]	22–IX–77	41 969	21 997	19 972	46	47	A11 b1	1.2	1 399	34
Finland – Finlande [3]	17–XI–85	4 910 619	2 377 978	2 532 641	4 902	* 4 951	A3 b1	0.3	338 127	15
France [61] [62]	4–III–82	[63] 54334 871	...	...	55 170	* 55 873	A6 b1	0.4	551 500	101

3. Population by sex, rate of population increase, surface area and density (continued)

Population selon le sexe, taux d'accroissement de la population, superficie et densité (suite)

(See notes at end of table. – Voir notes à la fin du tableau.)

Continent and country or area / Continent et pays ou zone	Population: Latest census – dernier recensement (in units – en unités): Date	Both Sexes / Les deux sexes	Male / Masculin	Female / Féminin	Mid – year estimates / Estimations au milieu de l'année (en thousand–en milliers): 1985	1988	Type [1] 1988	Annual rate of increase / Taux d' accrois–sement annuel 1985–88 (%)	Surface area / Superfi–cie (km [2]) 1988	Density / Densit é 1988 [2]
EUROPE (Cont.–Suite)										
German Democratic Rep. – Rép. démocratique allemande [3,64]	31–XII–81	16 705 635	7 849 112	8 856 523	16 644	* 16 666	A7 b2	0.0	108 333	154
Germany, Federal Rep. of – Allemagne, République fédérale d' [3,64]	25–V–87	* 61 028 800	...	...	61 015	* 61 199	A18 b1	0.1	248 577	246
Gibraltar [65]	9–XI–81	26 479	13 824	12 655	29	30	A7 b1	1.7	6	5 013
Greece – Grèce	5–IV–81	[66] 9 740 151	...	...	[67] 9 934	[67] x10013	A7 b2	0.3	131 990	76
Holy See – Saint–Siège	30–IV–48	890	548	342	1	1	D0 d	1.2	[68] 0	1 741
Hungary – Hongrie	1–I–80	10 709 463	5 188 709	5 520 754	10 649	* 10 597	A8 b1	–0.2	93 032	114
Iceland – Islande [3]	91–XII–70	204 930	103 621	101 309	241	x 249	A18 a1	1.1	103 000	2
Ireland – Irlande	13–IV–86	3 540 643	...	...	3 540	* 3 538	A2 b2	–0.0	70 284	50
Isle of Man – Ile de Man	6–IV–86	62 096	29 696	32 400	63	* 66	A2 b1	1.6	588	112
Italy – Italie	25–X–81	56 556 911	27 506 354	29 050 557	57 141	* 57 441	A7 b1	0.2	301 268	191
Liechtenstein	2–XII–80	25 215	...	...	27	* 28	A8 b1	1.0	160	173
Luxembourg [3]	31–III–81	364 602	177 869	186 733	366	* 374	A7 b2	0.7	2 586	145
Malta – Malte [69]	16–XI–85	345 418	169 832	175 586	336	x 348	A3 b2	1.1	316	1 101
Monaco [3]	4–III–82	27 063	12 598	14 465	x 28	x 28	A6 c1	0.7	[70] 1	28100
Netherlands – Pays–Bas [3]	28–II–71	13 060 115	...	...	14 484	* 14 758	A17 a1	0.6	40 844	361
Norway – Norvège [3]	1–XI–80	4 091 132	2 027 083	2 064 049	4 153	* 4 196	A8 a1	0.3	323 895	13
Poland – Pologne [71]	7–XII–78	35 061 450	17 079 587	17 981 863	37 203	* 37 862	A10 b1	0.6	312 677	121
Portugal [72]	16–III–81	9 833 014	4 737 715	5 095 299	10 157	* 10 408	A7 b1	0.8	92 389	113
Romania – Roumanie	5–I–77	21 559 910	10 626 055	10 933 855	22 725	x 23 048	A11 b2	0.5	237 500	97
San Marino – Saint–Marin	30–XI–76	19 149	9 654	9 495	22	x 23	A12 a2	1.3	61	381
Spain – Espagne [73]	1–III–81	37 746 260	18 529 764	19 216 496	38 505	x 39 054	A7 c1	0.5	504 782	77
Svalbard and Jan Mayen Islands – Svalbard et Ile Jan–Mayen [74]	1–XI–60	3 431	2 545	886	...	...	..	...	62 422	...
Sweden – Suède [3]	1–XI–85	8 360 178	4 128 367	4 231 811	8 350	* 8 438	A8 a1	0.3	449 964	19
Switzerland – Suisse [3]	2–XII–80	6 365 960	3 114 812	3 251 148	6 470	x 6 510	A9 b1	0.2	41 293	158
United Kingdom – Royaume–Uni [75]	5–IV–81	55 678 079	27 030 383	28 647 696	56 618	* 57 065	A7 b1	0.3	244 100	234
England and Wales – Angleterre et Galles	5–IV–81	49 154 687	23 873 362	25 281 325	49 924	...	..	...	151 207	...
Northern Ireland – Irlande du Nord	5–IV–81	1 543 000	763 000	780 000	1 558	...	..	...	14 121	...
Scotland – Ecosse	5–IV–81	5 035 315	2 428 472	2 606 843	5 137	...	..	...	78 772	...
Yugoslavia – Yougoslavie [3]	31–III–81	22 424 687	11 083 768	11 340 919	23 124	* 23 559	A7 b1	0.6	255 804	92
OCEANIA—OCEANIE										
American Samoa – Samoa américaines [24]	1–IV–80	32 297	16 384	15 913	36	* 37	A8 b1	1.7	199	188
Australia – Australie [9]	30–VI–86	* 15 602 156	...	...	15 788	* 16 532	A7 b1	1.5	7 686 848	2
Iles Canton et Enderbury	1–IV–70	[77] –	–	–	...	...	..	...	70	...
Christmas Island – Ile Christmas	30–VI–81	2 871	1 918	953	2	...	..	...	135	...
Cocos (Keeling) Islands – Iles des Cocos (Keeling)	30–VI–81	555	298	257	1	...	..	...	14	...
Cook Islands – Iles Cook [78]	1–XII–86	* 17 185	...	...	18	x 21	A7 b1	5.1	236	87
Fiji – Fidji	31–VIII–86	715 375	362 568	352 807	697	x 727	A12 b1	1.4	18 274	40
French Polynesia – Polynésie française [79]	15–X–83	* 166 753	...	...	x 163	x 174	A5 c1	2.2	4 000	44
Guam [24]	1–IV–80	105 979	55 321	50 658	x 114	x 119	A8 b1	1.3	541	220
Johnston Island – Ile Johnston	1–IV–70	1 007	...	...	...	...	..	...	1	...
Kiribati [80]	9–V–85	* 63 848	...	...	x 64	x 67	A3 c1	1.2	726	92
Midway Is. – Iles Midway	1–IV–70	2 220	...	...	...	...	..	...	5	...
Nauru	22–I–77	7 254	3 781	3 185	x 8	x 9	A11 d	0.9	21	411
New Caledonia – Nouvelle–Calédonie [81]	15–IV–83	145 368	74 285	71 083	151	x 161	A5 c1	2.0	18 575	9
New Zealand – Nouvelle–Zélande [82]	4–III–86	3 307 083	1 638 354	1 668 729	3 247	* 3 292	A2 b1	0.5	270 986	12

3. Population by sex, rate of population increase, surface area and density (continued)

Population selon le sexe, taux d'accroissement de la population, superficie et densité (suite)

(See notes at end of table. – Voir notes à la fin du tableau.)

Continent and country or area / Continent et pays ou zone	Population: Latest census – dernier recensement (in units – en unités): Date	Both Sexes / Les deux sexes	Male / Masculin	Female / Féminin	Mid – year estimates / Estimations au milieu de l'année (en thousand–en milliers): 1985	1988	Type [1] 1988	Annual rate of increase / Taux d' accrois–sement annuel 1985–88 (%)	Surface area / Superfi–cie (km [2]) 1988	Density / Densit é 1988 [2]
OCEANIA—OCEANIE(Cont.–Suite)										
Niue – Nioué	28–IX–81	3 281	1 672	1 609	3	x 4	A7 d	9.4	260	14
Norfolk Island – Ile Norfolk	30–VI–86	2 367	1 170	1 197	...	...	..	...	36	...
Pacific Islands – Iles du Pacifique [24 83]	15–IX–80	132 929	68 344	64 585	x 155	x 166	A8 c1	2.3	1 779	93
Northern Mariana Islands – Iles Mariannes septentrionales	...	...	...	...	20	...	..	...	...	...
Papua New Guinea – Papouasie–Nouvelle–Guinée [84]	22–IX–80	3 010 727	1 575 672	1 435 055	3 329	* 3 562	A8 c3	2.3	462 840	8
Pitcairn	31–XII–87	59	...	...	...	...	..	...	5	11
Samoa	3–XI–81	156 349	81 027	75 322	x 163	x 167	A7 c1	0.8	2 831	59
Solomon Islands – Iles Salomon [85]	23–XI–86	285 176	147 972	137 204	x 270	* 299	A2 c1	3.4	28 896	10
Tokelau – Tokélaou	1–X–82	1 552	751	801	...	...	..	...	12	...
Tonga	28–XI–86	* 94 535	* 47 589	* 46 946	97	x 116	A12 c1	6.1	750	155
Tuvalu	27–V–79	* 7 300	...	...	x 9	x 9	A9 c1	1.2	26	346
Vanuatu	15–I–79	111 251	59 074	52 177	136	* 150	A9 c1	3.3	12 189	12
Wake Island – Ile de Wake	1–IV–70	1 647	...	...	...	...	..	...	8	...
Wallis and Futuna Islands – Iles Wallis et Futuna	26–III–76	9 192	4 598	4 594	x 12	x 12	A12 c1	0.1	200	62
USSR—URSS										
USSR – URSS	17–I–79	262 436 227	122 328 833	140 107 394	277 537	[7]x283682	A9 b1	([8])	22402200	13
In Asia – D'Asie	15–I–70	* 59 245 000	...	...	...	...	..	...	16831000	...
In Europe – D'Europe	15–I–70	*182 503 000	...	...	...	...	..	...	5 571 000	...
Byelorussian SSR – RSS de Biélorussie	17–I–79	9 560 543	4 442 424	5 118 119	9 975	...	..	...	207 600	...
Ukrainian SSR – RSS d'Ukraine	17–I–79	49 754 642	22 743 513	27 011 129	50 917	...	..	...	603 700	...

3. Population by sex, rate of population increase, surface area and density (continued)

Population selon le sexe, taux d'accroissement de la population, superficie et densité (suite)

GENERAL NOTES

Unless otherwise indicated, figures refer to de facto (present–in–area) population for present territory; surface area estimates include inland waters. For method of evaluation and limitations of data, see Technical Notes, page 44.

FOOTNOTES

Italics: estimates which are less reliable.

* Provisional.
x Estimate prepared by the Population Division of the United Nations.

1 For explanation of code, see page 21.
2 Population per square kilometre of surface area in 1988. Figures are merely the quotients of population divided by surface area and are not to be considered either as reflecting density in the urban sense or as indicating the supporting power of a territory's land and resources.
3 De jure population.
4 Including the enclave of Cabinda.
5 Comprising Chagos Archipelago (formerly dependency of Mauritius).
6 Census of Chagos Archipelago taken 30 June 1962 gave total population of 747 persons.
7 Estimate not in accord with the latest census and or the estimate for 1988.
8 Rate not computed because of apparent lack of comparability between estimates shown for 1985 and 1988.
9 Mid–year estimates have been adjusted for under–enumeration, estimated as follows:

	Percentage adjustment	Adjusted census total
Argentina	1.0	...
Australia	1.8	...
Bangladesh	3.1	*89 949 000
Bolivia	6.99	...
Brunei Darussalam	1.06	...
Cameroon	7.41	...
Ecuador	5.6	...
Guatemala	13.7	...
Guinea	...	...
India	1.7	...
Kenya	5.0	...
Korea, Republic of	1.9	...
Mozambique	3.8	...
Namibia	25.6	...
Netherlands Antilles	2.0	...
Panama	6.6	...
Peru	...	...
Saint Lucia	7.24	...
Sierra Leone	10.0	*3 002 426
Somalia	...	...
South Africa	...	...
Uruguay	2.6	...
Venezuela	6.85	...

10 Estimate for de jure African population based on results of a sample survey covering 5 per cent of the population in 549 rural villages and 10 per cent of the population in 10 urban communes and a complete enumeration of the population of Fort–Archambault, Doba, Moundou, Koumra, Bongor and Abeche. Including estimates of 100 000 for Fort–Lamy enumerated in 1962, and 630 000 for other areas not covered by survey.
11 Including an estimated figure of 50 740 for the island of Mayotte, not covered by the census.
12 Comprising Bioko (which includes Pagalu) and Rio Muni (which includes Corisco and Elobeys).
13 Including an estimate of 444 000 for nomad population.
14 Comprising the islands of Agalega and St. Brandon.
15 Estimates based on results of census of 5–8 November 1983. Data have been adjusted for estimated over–enumeration. Official estimates for 1975 and 1979 based on the unadjusted census results are: 74 870 000 and 82 643 000.
16 Census figures believed to be over–enumerated.

NOTES GENERALES

Sauf indication contraire, les chiffres relatifs à la population se rapportent à la population de fait présente du territoire actuel; les estimations de superficie comprennent les eaux intérieures. Pour la méthode d'évaluation et les insuffisances des données, voir Notes techniques, page 44.

NOTES

Italiques: estimations moins sûres.

* Données provisoires.
x Estimation établie par la Division de la population de l'Organisation des Nations Unies.
1 Pour l'explication du code, voir la page 21.
2 Nombre d'habitants au kilomètre carré en 1988. Il s'agit simplement du quotient du chiffre de la population divisé par celui de la superficie: il ne faut pas y voir d'indication de la densité au sens urbain du terme ni de l'effectif de population que les terres et les ressources du territoire sont capables de nourrir.
3 Population de droit.
4 Y compris l'enclave de Cabinda.
5 Comprend l'archipel de Chagos (ancienne dépendance de Maurice).
6 Le recensement de la population de l'archipel de Chagos au 30 juin 1962 a donné comme population totale
7 L'estimation ne s'accorde avec le dernier recensement, et ou avec l'estimation pour 1988.
8 On n'a pas calculé le taux parce que les estimations pour 1985 et 1988 ne paraissent pas comparables.
9 Les estimations au milieu de l'année tiennent compte d'un ajustement destiné à compenser les lacunes du dénombrement. Les données de recensement ne tiennent pas compte de cet ajustement. En voici le détail:

	Ajustement (en pourcentage)	Chiffre de recensement ajusté
Argentine	1,0	...
Australie	1,8	...
Bangladesh	3,1	*89 940 000
Bolivie	6,99	...
Brunéi Darussalam	1,06	...
Cameroun	7,41	...
Equateur	5,6	...
Guatemala	13,7	...
Guinée	...	...
Inde	1,7	...
Kenya	5,0	...
Corée, République de	1,9	...
Mozambique	3,8	...
Namibie	25,6	...
Antilles néerlandaises	2,0	...
Panama	6,6	...
Pérou	...	...
Sainte–Lucie	7,24	...
Sierra Leone	10,0	*3 002 426
Somalie	...	...
Afrique du Sud	...	...
Uruguay	2,6	...
Venezuela	6,85	...

10 Estimation pour la population de droit africaine fondée sur les résultats d'une enquête par sondage ayant porté sur 5 p. 100 de la population de 549 villages ruraux et 10 p. 100 de la population de 10 communes urbaines et sur un dénombrement complet de la population de Fort–Archambault, Doba, Moundou, Koumra, Bongor et Abeche. Y compris une estimation de 100 000 pour Fort–Lamy, dénombrées en 1962, et de 630 000 pour d'autres régions sur qui l'enquête n'a pas porté.
11 Y compris un chiffre estimés à 50 740 pour l'île de Mayotte, non couverte par le recensement.
12 Comprend Bioko (qui comprend Pagalu) et Rio Muni (qui comprend Corisco et Elobeys).
13 Y compris une estimation de 444 000 personnes pour la population nomade.
14 Y compris les îles Agalega et Saint–Brandon.
15 Estimations fondées sur les résultats du recensement du 5 au 8 novembre 1963. Les données ont été ajustées pour compenser le chiffre jugé trop élevé de la population dénombrée. Les estimations officielles pour 1975 et 1979 fondées sur résultats non ajustés du recensement sont les suivantes: 74 870 000 et 82 643 000.
16 Chiffres du recensement où l'on pense qu'il y a eu surdénombrement.

FOOTNOTES (continued)

17 Population estimated at 297 in 1988.
18 Excluding Bophuthatswana, Ciskei, Transkei and Venda.
19 Comprising the Northern Region (former Saguia el Hamra) and Southern Region (former Rio de Oro).
20 De jure population, but excluding persons residing in institutions.
21 Including Carriacou and other dependencies in the Grenadines.
22 Including dependencies: Marie–Galante, la Désirade, les Saintes, Petite–Terre, St. Barthélemy and French part of St. Martin.
23 Comprising Bonaire, Curaçao, Saba, St. Eustatius and Dutch part of St. Martin.
24 De jure population, but including armed forces in the area.
25 Including Bequia and other islands in the Grenadines.
26 De jure population, but excluding civilian citizens absent from country for extended period of time. Census figures also exclude armed forces overseas.
27 Excluding Indian jungle population.
28 Mid–year estimates for 24 October.
29 Excluding nomadic Indian tribes.
30 Excluding dependencies, of which South Georgia (area 3 755 km2) had an estimated population of 499 in 1964 (494 males, 5 females). The other dependencies namely, the South Sandwich group (surface area 337 km2) and a number of smaller islands, are presumed to be uninhabited.
31 A dispute exists between the governments of Argentina and the United Kingdom of Great Britain and Northern Ireland concerning sovereignty over the Falkland Islands (Malvinas).
32 Excluding nomad population.
33 Excluding transients afloat.
34 This total population of China, as given in the communiqué of the State Statistical Bureau releasing the major figures of the census, includes a population of 5 378 627 for Hong Kong and Macau.
35 Excluding foreign diplomatic personnel and their dependants.
36 Excluding islands of Perim (13 km2) and Kamaran (57 km2).
37 Comprising Hong Kong island, Kowloon and the New (leased) Territories.
38 Land area only. Total including ocean area within administrative boundaries is 2 916 km2.
39 Including data for the Indian–held part of Jammu and Kashmir, the final status of which has not yet been determined.
40 Figures provided by Indonesia including East Timor, shown separately.
41 Including data for East Jerusalem and Israeli residents in certain other territories under occupation by Israeli military forces since June 1967.
42 Comprising Hokkaido, Honshu, Shikoku, Kyushu. Excluding diplomatic personnel outside the country and foreign military and civilian personnel and their dependants stationed in the area.
43 Including military and diplomatic personnel and their families abroad, numbering 933 at 1961 census, but excluding foreign military and diplomatic personnel and their families in the country, numbering 389 at 1961 census. Also including registered Palestinian refugees number 654 092 and 722 687 at 30 June 1963 and 31 May 1967, respectively.
44 Excluding data for Jordanian territory under occupation since June 1967 by Israeli military forces.
45 Including the area of the demilitarized zone (1 262 km2).

NOTES (suite)

17 Population estimée à 297 personnes en 1988.
18 Non compris Bophuthatswana, Ciskei, Transkei et Venda.
19 Comprend la région septentrionale (ancien Saguia–el–Hamra) et la région méridionale (ancien Rio de Oro).
20 Population de droit, mais non compris les personnes dans les institutions.
21 Y compris Carriacou et les autres dépendances du groupe des îles Grenadines.
22 Y compris les dépendances: Marie–Galante, la Désirade, les Saintes, Petite–Terre, Saint–Barthélemy et la partie française de Saint–Martin.
23 Comprend Bonaire, Curaçao, Saba, Saint–Eustache et la partie néederlandaise de Saint–Martin.
24 Population de droit, mais y compris les militaires en garnison sur le territoire.
25 Y compris Bequia et des autres îles dans les Grenadines.
26 Population de droit, mais non compris les civils hors du pays pendant une période prolongée. Les chiffres de recensement ne comprennent pas également les militaires à l'étranger.
27 Non compris les Indiens de la jungle.
28 Estimations au milieu de l'années pour le 24 Octobre.
29 Non compris les tribus d'Indiens nomades.
30 Non compris les dépendances, parmi lesquelles figure la Georgie du Sud (3 755 km2) avec une population estimée à 499 personnes en 1964 (494 du sexe masculin et 5 du sexe féminin). Les autres dépendances, c'est–à–dire le groupe des Sandwich de Sud (superficie: 337 km2) et certaines petites–îles, sont présumées inhabitées.
31 La souveraineté sur les îles Falkland (Malvinas) fait l'objet d'un différend entre le Gouvernement argentin et le Gouvernement du Royaume–Uni de Grande–Bretagne et d'Irlande du Nord.
32 Non compris la population nomade.
33 Non compris les personnes de passage à bord des navires.
34 Le chiffre indiqué pour la population totale de la Chine, qui figure dans le communiqué du Bureau du statistique de l'Etat publiant les principaux chiffres du recensement, comprennent la population de Hong–kong et Macao qui s'élève à 5 378 627 personnes.
35 Non compris le personnel diplomatique étranger et les membres de leur famille les accompagnant.
36 Non compris les îles de Périm (13 km2) et de Kamaran (57 km2).
37 Comprend les îles de Hong–kong, Kowloon et les Nouveaux Territoires (à bail).
38 Superficie terrestre seulement. La superficie totale, qui comprend la zone maritime se trouvant à l'intérieur des limites administratives, est de 2 916 km2.
39 Y compris les données pour la partie du Jammu et du Cachemire occupée par l'Inde dont le statut définitif n'a pas encore été déterminé.
40 Les chiffres fournis par l'Indonesie comprennent le Timor oriental, qui fait l'objet d'une rubrique distincte.
41 Y compris les données pour Jérusalem–Est et les résidents israéliens dans certains autres territoires occupés depuis juin 1967 par les forces armées israéliennes.
42 Comprend Hokkaido, Honshu, Shikoku, Kyushu. Non compris le personnel diplomatique hors du pays, les militaires et agents civils étrangers en poste sur le territoire et les membres de leur famille les accompagnant.
43 Y compris les militaires et le personnel diplomatique à l'étranger et les membres de leur famille les accompagnant, au nombre de 933 personnes au recensement de 1961, mais non compris les militaires et le personnel diplomatique étrangers sur le territoire et les membres de leur famille les accompagnant, au nombre de 389 personnes au recensement de 1961. Y compris également les réfugiés de Palestine immatriculés: 654 092 au 30 juin 1963 et 722 687 au 31 may 1967.
44 Non compris les données pour le territoire jordanien occupé depuis juin 1967 par les forces armées israéliennes.
45 Y compris la zone démilitarisée (superficie: 1 262 km2).

FOOTNOTES (continued)

46 Excluding alien armed forces, civilian aliens employed by armed forces, foreign diplomatic personnel and their dependants and Korean diplomatic personnel and their dependants outside the country.
47 Excluding Palestinian refugees in camps.
48 Based on results of sample survey.
49 Comprising Macau City and islands of Taipa and Coloane.
50 Formerly listed as "Burma".
51 Excluding data for Jammu and Kashmir, the final status of which has not yet been determined, Junagardh, Manavadar, Gilgit and Baltistan.
52 Former mandated territory administered by the United Kingdom until 1948.
53 Excluding United Kingdom armed forces, numbering 2 507.
54 Comprising that part of Palestine under Egyptian administration following the Armistice of 1949 until June 1967, when it was occupied by Israeli military forces.
55 Excluding transients afloat and non–locally domiciled military and civilian services personnel and their dependants and visitors, numbering 5 553, 5 187 and 8 895 respectively at 1980 census.
56 Including Palestinian refugees numbering 193 000 on 1 July 1977.
57 Comprising 7 sheikdoms of Abu Dhabi, Dubai, Sharjah, Ajaman, Umm al Qaiwain, Ras al Khaimah and Fujairah, and the area lying within the modified Riyadh line as announced in October 1955.
58 Excluding surface area of frontier rivers.
59 Including dependencies: Alderey, Brechou, Herm, Jethou, Lithou and Sark Island.
60 Excluding Faeroe Islands and Greenland, shown separately.
61 Excluding Overseas Departments, namely French Guiana, Guadeloupe, Martinique and Réunion, shown separately.
62 De jure population, but excluding diplomatic personnel outside the country and including foreign diplomatic personnel not living in embassies or consulates.
63 Excluding military personnel stationed outside the country who do not have a personal residence in France.
64 The data which relate to the German Democratic Republic and the Federal Republic of Germany include the relevant data relating to Berlin, for which separate data have not been supplied. This is without prejudice to any question of status which may be involved.
65 Excluding armed forces.
66 Including armed forces stationed outside the country, but excluding alien armed forces stationed in the area.
67 Including armed forces stationed outside the country, but including alien armed forces stationed in the area.
68 Surface area is 0.44 km2.
69 Including Gozo and Comino Islands and civilian nationals temporarily outside the country.
70 Surface area is 1.49 km2.
71 Excluding civilian aliens within the country, but including civilian nationals temporarily outside the country.
72 Including the Azores and Madeira Islands.
73 Including the Balearic and Canary Islands, and Alhucemas, Ceuta, Chafarinas, Melilla and Penon de Vélez de la Gomera.
74 Inhabited only during the winter season. Census data are for total population while estimates refer to Norwegian population only. Included also in the de jure population of Norway.
75 Excluding Channel Islands and Isle of Man, shown separately.
76 Part of Phoenix Islands group (see also Kiribati and Tuvalu shown separately). Jointly administered as a condominium by United Kingdom and United States.
77 Both islands were uninhabited at time of census.
78 Excluding Niue, shown separately, which is part of Cook Islands, but because of remoteness is administered separately.
79 Comprising Austral, Gambier, Marquesas, Rapa, Society and Tuamotu Islands.
80 Including Christmas, Fanning, Ocean and Washington Islands.
81 Including the islands of Huon, Chesterfield, Loyalty, Walpole and Belep Archipelago.

NOTES (suite)

46 Non compris les militaires étrangers, les civils étrangers employés par les forces armées, le personnel diplomatique étranger et les membres de leur famille les accompagnant et le personnel diplomatique coréen hors du pays et les membres de leur familles les accompagnant.
47 Non compris les réfugiés de Palestine dans les camps.
48 D'après les résultats d'une enquête par sondage.
49 Comprend la ville de Macao et les îles de Taipa et de Colowane.
50 Antérieurement désigné sous le nom de "Birmanie".
51 Non compris les données pour le Jammu et le Cachemire, dont le statut définitif n'a pas encore été déterminé, le Junagardh, le Manavadar, le Gilgit et le Baltistan.
52 Ancien territoire sous mandat administré par le Royaume–Uni jusqu'à 1948.
53 Non compris les forces armées du Royaume–Uni au nombre de 2 507 personnes.
54 Comprend la partie de la Palestine administrée par l'Egypt depuis l'armistice de 1949 jusqu'en juin 1967, date laquelle elle a été occupée par les forces armées israéliennes.
55 Non compris les personnes de passage à bord de navires, les militaires et agents civils non résidents et les membres de leur famille les accompagnant, et les visiteurs, soit: 5 553, 5 187 et 8 895 personnes respectivement au recensement de 1980.
56 Y compris les réfugiés de Palestine au nombre de 193 000 au 1er juillet 1977.
57 Comprend les sept cheikhats de Abou Dhabi, Dabai, Ghârdja, Adjmân, Oumm–al–Quiwaïn, Ras al Khaîma et Foudjaïra, ainsi que la zone délimitée par la ligne de Riad modifiée comme il a été annoncé en octobre 1955.
58 Non compris la surface des cours d'eau frontières.
59 Y compris les dépendances: Aurigny, Brecqhou, Herm, Jethou, Lihou et l'île de Sercq.
60 Non compris les îles Féroé et le Groenland, qui font l'objet de rubriques distinctes.
61 Non compris les départements d'outre–mer, c'est–à–dire la Guyane française, la Guadeloupe, la Martinique et la Réunion, qui font l'objet de rubriques distinctes.
62 Population de droit, non compris le personnel diplomatique hors du pays et y compris le personnel diplomatique étranger qui ne vit pas dans les ambassades ou les consulats.
63 Non compris les militaires en garnison hors du pays et sans résidence personnelle en France.
64 Les données relatives à la République démocratique allemande et à la République fédérale d'Allemagne incluent les données pertinentes relatives à Berlin, pour lequel des données séparées n'ont pas été fournies. Cella sans préjudice des questions de statut qui peuvent se poser à cet égard.
65 Non compris les militaires.
66 Y compris les militaires en garnison hors du pays, mais non compris les militaires étrangers en garnison sur le territoire.
67 Y compris les militaires en garnison hors du pays, mais y compris les militaires étrangers en garnison sur le territoire.
68 Superficie: 0,44 km2.
69 Y compris les îles de Gozo et de Comino et les civils nationaux temporairement hors du pays.
70 Superficie: 1,49 km2.
71 Non compris les civils étrangers dans le pays, mais y compris les civils nationaux temporairement hors du pays.
72 Y compris les Açores et Madère.
73 Y compris les Baléares et les Canaries, Al Hoceima, Ceuta, les îles Zaffarines, Melilla et Penon de Vélez de la Gomera.
74 N'est habitée pendant la saison d'hiver. Les données de recensement se rapportent à la population totale, mais les estimations ne concernent que la population norvégienne, comprise également dans la population de droit de la Norvège.
75 Non compris les îles Anglo–Normandes et l'île de Man, qui font l'objet de rubriques distinctes.
76 Iles du groupe des Phoenix (voir également Kiribati et Tuvalu qui font l'objet d'une rubrique distincte). Condominium exercé en commun par le Royaume–Uni et les Etats–Unis.
77 Les deux îles étaient inhabitées au moment du recensement.
78 Non compris Nioué, qui fait l'objet d'une rubrique distincte et qui fait partie des îles Cook, mais qui, en raison de son éloignement, est administrée séparément.
79 Comprend les îles Australes, Gambier, Marquises, Rapa, de la Societé et Tuamotou.
80 Y compris les îles Christmas, Fanning, Océan et Washington.
81 Y compris les îles Huon, Chesterfield, Loyauté et Walpole, et l'archipel Belep.

3. Population by sex, rate of population increase, surface area and density (continued)

Population selon le sexe, taux d'accroissement de la population, superficie et densité (suite)

FOOTNOTES (continued)

82 Including Campbell and Kermadec Islands (population 20 in 1961, surface area 148 km2) as well as Antipodes, Auckland, Bounty, Snares, Solander and Three Kings island, all of which are uninhabited. Excluding diplomatic personnel and armed forces outside the country, the latter numbering 1 936 at 1966 census; also excluding alien armed forces within the country.

83 Comprising the Caroline, Mariana and Marshall Islands except Guam, shown separately.

84 Comprising eastern part of New Guinea, the Bismarck Archipelago, Bougainville and Buka of Solomon Islands group and about 600 smaller islands.

85 Comprising the Solomon islands group (except Bougainville and Buka which are included with Papua New Guinea shown separately), Ontong, Java, Rennel and Santa Cruz Islands.

NOTES (suite)

82 Y compris les îles Campbell et Kermadec (20 habitants en 1961, superficie: 148 km2) ainsi que les îles Antipodes, Auckland, Bounty, Snares, Solander et Three Kings, qui sont toutes inhabitées. Non compris le personnel diplomatique et les militaires hors du pays, ces derniers au nombre de 1 936 au recensement de 1966; non compris également les militaires étrangers dans le pays.

83 Comprend les Carolines, les Mariannes et les îles Marshall, sauf Guam, qui fait l'objet d'une rubrique distincte.

84 Comprend l'est de la Nouvelle–Guinée, l'archipel Bismarck, Bougainville et Buka (ces deux dernières du groupe des Salomon) et environ 600 îlots.

85 Comprend les îles Salomon (à l'exception de Bougainville et de Buka dont la population est comprise dans celle de Papouasie–Nouvelle Guinée qui font l'objet d'une rubrique distincte), ainsi que les îles Ontong, Java, Rennel et Santa Cruz.

4. Vital statistics summary and expectation of life at birth: latest available year

(See notes at end of table.)

Continent and country or area / Continent et pays ou zone	Year Année	Live births – Naissances vivantes: Number Nombre	Live births – Naissances vivantes: Rate Taux	Deaths – Décès: Number Nombre	Deaths – Décès: Rate Taux	Natural increase – Accroissement naturel	Infant deaths – Décès d'enfants de moins d'un an: Year Année	Infant deaths: Number Nombre	Infant deaths: Rate Taux (000s)
AFRICA—AFRIQUE									
1 Algeria – Algérie	1985–90	...	[1] 40.2	...	[1] 9.1	[1] 31.1	1985–90	...	74.0
2 Angola [1]	1985–90	...	47.2	...	20.2	27.0	1985–90	...	137.0
3 Benin – Bénin [1]	1985–90	...	50.5	...	19.0	31.4	1985–90	...	110.0
4 Botswana	1985–90	...	[1] 47.3	...	[1] 11.7	[1] 35.7	1985–90	...	[1] 67.0
5 Burkina Faso [1]	1985–90	...	47.2	...	18.5	28.7	1985–90	...	137.6
6 Burundi [1]	1985–90	...	45.7	...	17.0	28.7	1985–90	...	111.9
7 Cameroon – Cameroun [1]	1985–90	...	41.6	...	15.6	26.0	1985–90	...	94.0
8 Cape Verde – Cap-Vert	1985	11 282	33.8	2 735	8.2	25.6	1985	863	76.5
9 Central African Republic – Rép. centrafricaine [1]	1985–90	...	44.3	...	19.7	24.5	1985–90	...	132.0
10 Chad – Tchad [1]	1985–90	...	44.2	...	19.5	24.7	1985–90	...	132.0
11 Comoros – Comores [1]	1985–90	...	45.6	...	14.5	31.1	1985–90	...	80.0
12 Congo [1]	1985–90	...	44.4	...	17.2	27.2	1985–90	...	73.0
13 Côte d'Ivoire [1]	1985–90	...	50.9	...	14.2	36.7	1985–90	...	96.1
14 Djibouti [1]	1985–90	...	47.3	...	17.7	29.6	1985–90	...	121.6
15 Egypt – Egypte	1987	2 087 302	41.1	466 161	9.2	31.9	1982	112 873	70.5
16 Equatorial Guinea – Guinée équatoriale [1]	1985–90	...	42.4	...	19.0	23.4	1985–90	...	127.0
17 Ethiopia – Ethiopie [1]	1985–90	...	43.7	...	23.6	20.1	1985–90	...	154.3
18 Gabon [1]	1985–90	...	38.8	...	16.4	22.4	1985–90	...	103.0
19 Gambia – Gambie [1]	1985–90	...	46.8	...	21.3	25.5	1985–90	...	142.8
20 Ghana [1]	1985–90	...	44.3	...	13.1	31.2	1985–90	...	90.0
21 Guinea – Guinée [1]	1985–90	...	46.6	...	21.9	24.7	1985–90	...	147.4
22 Guinea-Bissau – Guinée-Bissau [1]	1985–90	...	40.8	...	20.0	20.8	1981	982	112.7
23 Kenya [1]	1985–90	...	53.9	...	11.0	42.9	1985–90	...	72.0
24 Lesotho [1]	1985–90	...	40.8	...	12.4	28.4	1985–90	...	100.0
25 Liberia – Libéria [1]	1985–90	...	45.0	...	13.3	31.7	1985–90	...	87.4
26 Libyan Arab Jamahiriya – Jamahiriya arabe libyenne	1985–90	...	[1] 43.9	...	[1] 9.4	[1] 34.5	1985–90	...	[1] 82.0
27 Madagascar [1]	1985–90	...	45.7	...	14.0	31.7	1985–90	...	120.0
28 Malawi	1977	[2] 267 805	48.3	138 694	25.0	23.3	1977 [3]	34 808	130.0
29 Mali	1976	[2] 272 765	43.2	114 530	18.1	25.1	1976 [3]	32 981	120.9
30 Mauritania – Mauritanie [1]	1985–90	...	46.2	...	19.0	27.3	1985–90	...	126.6
31 Mauritius – Maurice [1]	1985–90	...	18.5	...	5.4	13.1	1985–90	...	23.0
32 Island of Mauritius – Ile Maurice	1987	19 152	19.1	6 581	6.6	12.5	1987	463	24.2
33 Rodrigues	1987	882	24.1	172	4.7	19.4	1987	41	46.5
34 Morocco – Maroc [1]	1985–90	...	35.3	...	9.7	25.6	1985–90	...	82.1
35 Mozambique [1]	1985–90	...	45.0	...	18.5	26.5	1985–90	...	141.5
36 Namibia – Namibie [1]	1985–90	...	44.0	...	12.2	31.8	1985–90	...	106.0
37 Niger [1]	1985–90	...	50.9	...	20.9	30.1	1985–90	...	134.6
38 Nigeria – Nigéria [1]	1985–90	...	49.8	...	15.6	34.2	1985–90	...	105.0
39 Réunion	1987	12 599	22.3	3 090	5.5	16.6	1985–90	...	[1] 14.0
40 Rwanda	1985–90	...	[1] 51.0	...	17.1	33.9	1985–90	...	[1] 122.0
41 St. Helena ex. dep. – Sainte-Hélène sans dép.	1987	55	9.2	40	6.7	2.5	1987	1	18.2
42 Ascension	1981	15	♦ 14.6	2	♦ 2.0	♦ 12.7	1980	1	♦ 200.0
43 Tristan da Cunha	1987	2	♦ 6.5	4	♦ 12.9	♦ -6.5	1980	2	♦ 400.0
44 Sao Tome and Principe – Sao Tomé-et-Principe	1985	3 924	36.3	954	8.8	27.5	1985	242	61.7
45 Senegal – Sénégal [1]	1985–90	...	45.7	...	18.9	26.8	1985–90	...	127.7
46 Seychelles	1987	1 684	25.4	505	7.6	17.8	1987	31	18.4
47 Sierra Leone [1]	1985–90	...	48.2	...	23.4	24.9	1985–90	...	154.0
48 Somalia – Somalie [1]	1985–90	...	50.8	...	20.2	30.6	1985–90	...	132.0
49 South Africa – Afrique du Sud [1]	1985–90	...	31.7	...	9.8	21.9	1985–90	...	72.5

4. Aperçu des statistiques de l'état civil et espérance de vie à la naissance: dernière année disponible

(Voir notes à la fin du tableau.)

Expectation of life at birth / Espérance de vie à la naissance					Marriages / Mariages			Divorces			
Year(s) / Année(s)	Male / Masculin	Female / Féminin	Year / Année	Fertility / Fécondité	Year / Année	Number / Nombre	Rate / Taux (000s)	Year / Année	Number / Nombre	Rate / Taux (000s)	
1983	61.57	63.32	1985–90	[1] 6.047	1985	123 688	5.7	...	...	...	1
1985–90	42.94	46.11	1985–90	6.394	...	...	...	...	...	...	2
1985–90	44.90	48.14	1985–90	7.003	...	...	...	...	...	...	3
1981	52.32	59.70	1985–90	[1] 6.252	1986	1 634	1.4	...	...	...	4
1985–90	45.60	48.89	1985–90	6.496	...	...	...	...	...	...	5
1985–90	47.36	50.68	1985–90	6.313	...	...	...	...	...	...	6
1985–90	49.00	53.00	1985–90	5.785	...	...	...	...	...	...	7
1979–81	58.95	61.04	1985	4.657	1975	1 604	5.4	...	...	...	8
1985–90	43.93	47.12	1985–90	5.887	...	...	...	...	...	...	9
1985–90	43.93	47.12	1985–90	5.887	...	...	...	...	...	...	10
1985–90	50.28	53.77	1985–90	6.191	...	...	...	...	...	...	11
1985–90	46.88	50.17	1985–90	5.988	...	...	...	...	...	...	12
1985–90	50.80	54.20	1985–90	7.409	...	...	...	...	...	...	13
1985–90	45.40	48.65	1985–90	6.597	...	...	...	...	...	...	14
1985–90	[1] 59.29	[1] 61.97	1982	5.276	1985	442 280	9.1	1985	79 189	1.6	15
1985–90	44.90	48.13	1985–90	5.664	...	...	...	...	...	...	16
1985–90	39.45	42.60	1985–90	6.151	...	...	...	...	...	...	17
1985–90	49.86	53.18	1985–90	4.994	...	...	...	...	...	...	18
1985–90	41.43	44.62	1985–90	6.394	...	...	...	...	...	...	19
1985–90	52.24	55.81	1985–90	6.394	...	...	...	...	...	...	20
1985–90	40.63	43.81	1985–90	6.185	...	...	...	...	...	...	21
1985–90	43.41	46.63	1985–90	5.379	...	...	...	...	...	...	22
1985–90	56.50	60.46	1985–90	8.120	...	...	...	...	...	...	23
1985–90	51.50	60.50	1985–90	5.785	...	...	...	...	...	...	24
1985–90	53.00	56.00	1985–90	6.496	...	...	...	...	...	...	25
1985–90	[1] 59.05	[1] 62.46	1985–90	[1] 6.867	1981	13 733	4.3	1981	3 357	1.1	26
1985–90	52.00	55.00	1985–90	6.597	...	...	...	...	...	...	27
1977 [2]	38.12	41.16	1977	[2] 6.863	...	...	...	...	...	...	28
1976 [2]	46.91	49.66	1985–90	[1] 6.699	...	...	...	...	...	...	29
1985–90	44.41	47.64	1985–90	6.496	...	...	...	...	...	...	30
1985–90	66.35	71.73	1985–90	1.943	...	...	...	...	...	...	31
1984–86	64.45	71.88	1987	2.001	1987	11 201	11.2	1987	842	0.8	32
1981–85	64.47	68.95	1987	3.512	1987	191	5.2	...	...	...	33
1985–90	59.05	62.46	1985–90	4.818	...	...	...	...	...	...	34
1985–90	44.90	48.14	1985–90	6.394	...	...	...	...	...	...	35
1985–90	55.00	57.50	1985–90	6.090	...	...	...	...	...	...	36
1985–90	42.92	46.13	1985–90	7.105	...	...	...	...	...	...	37
1985–90	48.82	52.23	1985–90	7.003	...	...	...	...	...	...	38
1985–90	[1] 66.98	[1] 75.46	1986	2.713	1987	3 001	5.3	1987	734	1.3	39
1978	45.10	47.70	1985–90	[1] 8.290	1982	14 313	2.6	...	...	...	40
...	...	...	...	...	1986	27	♦ 4.2	1986	2	♦ 0.3	41
...	...	...	...	...	1981	3	♦ 2.9	...	...	...	42
...	...	...	...	...	1985	2	♦ 6.5	...	...	...	43
...	...	...	...	...	1985	86	0.8	...	...	...	44
1985–90	44.21	47.44	1985–90	6.394	...	...	...	...	...	...	45
1981–85	65.26	74.05	1987	3.057	1986	568	8.7	1986	37	0.6	46
1985–90	39.45	42.60	1985–90	6.496	...	...	...	...	...	...	47
1985–90	43.41	46.60	1985–90	6.597	...	...	...	...	...	...	48
1985–90	57.51	63.48	1985–90	4.477	...	...	...	...	...	...	49

4. Vital statistics summary and expectation of life at birth: latest available year (continued)

(See notes at end of table.)

Continent and country or area / Continent et pays ou zone	Year / Année	Live births / Naissances vivantes: Number / Nombre	Live births: Rate / Taux	Deaths / Décès: Number / Nombre	Deaths: Rate / Taux (000s)	Natural increase / Accroissement naturel	Year / Année	Infant deaths / Décès d'enfants de moins d'un an: Number / Nombre	Infant deaths: Rate / Taux (000s)
AFRICA—AFRIQUE (Cont.–Suite)									
1 Sudan – Soudan [1]	1985–90	...	44.6	...	15.8	28.7	1985–90	...	108.1
2 Swaziland	1985–90	...	[1] 46.8	...	[1] 12.5	[1] 34.3	1985–90	...	[1] 118.0
3 Togo	1985–90	...	[1] 44.9	...	[1] 14.1	[1] 30.8	1985–90	...	[1] 93.8
4 Tunisia – Tunisie	1985–90	...	[1] 30.3	...	[1] 7.4	[1] 22.9	1985–90	...	[1] 59.0
5 Uganda – Ouganda [1]	1985–90	...	50.1	...	15.4	34.8	1985–90	...	102.7
United Rep. of Tanzania –									
6 Rép.–Unie de Tanzanie [1]	1985–90	...	50.5	...	14.0	36.6	1985–90	...	105.6
7 Zaire – Zaïre [1]	1985–90	...	45.6	...	13.9	31.7	1985–90	...	98.0
8 Zambia – Zambie	1985–90	...	[1] 51.2	...	[1] 13.7	[1] 37.5	1985–90	...	[1] 79.8
9 Zimbabwe [1]	1985–90	...	41.7	...	10.2	31.4	1985–90	...	72.1
AMERICA,NORTH— AMERIQUE DU NORD									
10 Anguilla	1985	177	25.3	73	10.4	14.9	1985	6	♦ 33.9
Antigua and Barbuda –									
11 Antigua–et–Barbuda	1987	1 094	13.1	364	4.4	8.7	1985	29	♦ 24.4
12 Aruba	1987	902	15.1	370	6.2	8.9	...	...	...
13 Bahamas	1987	4 331	18.0	1 376	5.7	12.3	1987	92	21.2
14 Barbados – Barbade	1986	4 043	15.9	2 160	8.5	7.4	1986	51	12.6
15 Belize	1986	6 178	36.1	716	4.2	31.9	1986	133	21.5
16 Bermuda – Bermudes	1986	889	15.7	415	7.3	8.4	1986	12	♦ 13.5
British Virgin Islands – Iles Vierges									
17 britanniques	1986	213	17.7	82	6.8	10.9	1986	5	♦ 23.5
18 Canada	1987	369 441	14.4	1 984 953	7.2	7.2	1987	2 706	7.3
Cayman Islands –									
19 Iles Caïmanes	1987	359	16.0	118	5.2	10.7	1987	2	♦ 5.6
20 Costa Rica	1987	80 326	28.9	10 687	3.8	25.0	1987	1 401	17.4
21 Cuba	1988	187 911	18.1	67 780	6.5	11.5	1988	2 235	11.9
22 Dominica – Dominique	1984	1 716	20.8	432	5.2	15.6	1978	34	19.6
Dominican Republic –									
23 Rép. dominicaine	1985–90	...	[1] 31.3	...	[1] 6.8	[1] 24.5	1985–90	...	[1] 65.0
24 El Salvador	1985–90	...	36.3	...	[1] 8.5	[1] 27.8	1985–90	...	[1] 59.0
25 Greenland – Groenland	1988	1 217	22.2	442	8.1	14.1	1987	29	♦ 26.6
26 Grenada – Grenade	1978	2 521	23.2	765	7.0	16.2	1979	41	15.4
27 Guadeloupe	1986	6 374	19.2	2 238	6.7	12.4	1986	98	15.4
28 Guatemala	1987	324 784	38.5	49 905	5.9	32.6	1987	16 798	51.7
29 Haiti – Haïti [1]	1985–90	...	34.3	...	12.7	21.6	1985–90	...	117.0
30 Honduras	1985–90	...	[1] 39.8	...	[1] 8.1	[1] 31.7	1985–90	...	[1] 69.0
31 Jamaica – Jamaïque	1988	57 580	21.9	12 167	5.0	16.9	1984	758	13.2
32 Martinique	1988	6 397	19.4	2 039	6.2	13.2	1988	58	9.1
33 Mexico – Mexique	1985–90	...	[1] 29.0	...	[1] 5.0	[1] 23.2	1985–90	...	[1] 47.0
34 Montserrat	1986	200	16.8	123	10.3	6.5	1986	1	♦ 5.0
Netherlands Antilles –									
35 Antilles néerlandaise	1981	3 502	18.4	966	5.1	13.3	...	...	...
36 Nicaragua	1985–90	...	[1] 41.8	...	[1] 8.0	33.8	1985–90	...	[1] 62.0
37 Panama	1985–90	...	[1] 26.7	...	[1] 5.2	21.5	1985–90	...	[1] 23.0
38 Puerto Rico – Porto Rico	1985	63 629	19.4	23 194	7.1	12.3	1985	947	14.9
Saint Kitts and Nevis –									
39 Saint–Kitts–et–Nevis	1986	1 007	23.0	461	10.5	12.5	1986	40	39.7
40 Saint Lucia – Sainte–Lucie	1986	3 907	28.0	843	6.0	22.0	1986	84	21.5
St. Pierre and Miquelon –									
41 Saint–Pierre–et–Miquelon	1984	128	19.7	58	8.9	10.8	1981	1	♦ 9.2
St. Vincent and the Grenadines – Saint–									
42 Vincent–et–eGrenadines	1986	2 708	24.5	655	5.9	18.5	1986	67	24.7

4. Aperçu des statistiques de l'état civil et espérance de vie à la naissance: dernière année disponible (suite)

(Voir notes à la fin du tableau.)

Expectation of life at birth / Espérance de vie à la naissance					Marriages / Mariages			Divorces			
Year(s) / Année(s)	Male / Masculin	Female / Féminin	Year / Année	Fertility / Fécondité	Year / Année	Number / Nombre	Rate / Taux (000s)	Year / Année	Number / Nombre	Rate / Taux (000s)	
1985–90	48.60	51.00	1985–90	6.442	...	...	...	...	...	...	1
1976	42.90	49.50	1985–90	[1]6.496	...	...	...	...	...	...	2
1985–90	[1]51.26	[1]54.79	1985–90	[1]6.090	1979	5 753	2.3	...	...	...	3
1985–90	[1]64.55	[1]66.11	1980	5.365	1986	47 900	6.4	1985	5 956	0.8	4
1985–90	49.36	52.69	1985–90	6.902	...	...	...	...	...	...	5
1985–90	51.30	54.70	1985–90	7.105	...	...	...	...	...	...	6
1985–90	50.83	54.22	1985–90	6.090	...	...	...	...	...	...	7
1980	50.36	52.46	1985–90	[1]7.200	...	...	...	...	...	...	8
1985–90	56.52	60.13	1985–90	5.794	...	...	...	...	...	...	9
...	...	...	...	...	1985	101	14.4	1985	6	♦ 0.9	10
...	...	...	...	...	1985	262	3.5	1985	35	0.5	11
1972–78	68.30	75.40	...	...	1987	380	6.3	1987	214	3.6	12
...	...	...	1985	2.548	1987	1 888	7.9	1986	368	1.6	13
1980	67.15	72.46	1980	1.875	1986	1 461	5.8	1986	357	1.4	14
...	...	...	1984	5.309	1986	1 025	6.0	1985	72	0.4	15
1980	68.81	76.28	1986	1.787	1986	775	13.7	1985	209	3.7	16
...	...	...	1980	2.394	1986	139	11.6	1986	11	♦ 0.9	17
1984–86	73.00	79.78	1987	1.656	1987	182 151	7.1	1987	78 160	3.1	18
...	...	...	...	...	1987	279	12.4	...	...	...	19
1985–90	[1]72.41	[1]77.04	1984	3.539	1987	21 743	7.8	1982	2 371	1.0	20
1983–84	72.66	75.97	1986	1.722	1988	82 184	7.9	1987	32 408	3.1	21
...	...	...	...	...	...	...	...	...	...	...	22
1985–90	63.86	68.06	1980	6.128	1985	21 301	3.3	1985	7 808	1.2	23
1985	50.74	63.89	1985	4.060	1985	18 097	3.8	1985	1 980	0.4	24
1981–85	60.40	66.30	1987	2.051	1988	376	6.9	1988	95	1.7	25
...	...	...	...	...	1978	360	3.3	1978	43	0.4	26
1975–79	66.40	72.40	1985	2.585	1986	1 692	5.1	1986	511	1.5	27
1979–80	55.11	59.43	1985	6.016	1987	44 440	5.3	1987	1 507	0.2	28
1985–90	53.09	56.41	1985–90	4.739	...	...	...	...	...	...	29
1985–90	61.94	66.07	1981	6.201	1983	19 875	4.9	1983	1 520	0.4	30
1985–90	71.34	76.67	1982	3.265	1986	10 721	4.6	1986	894	0.4	31
1975	67.00	73.50	1985–90	2.081	1986	1 346	4.0	1986	360	1.1	32
1979	62.10	66.00	1980	3.012	1985	513 267	6.6	1985	25 625	0.3	33
...	...	...	1982	2.439	1986	40	3.4	...	...	...	34
1970	58.90	65.70	...	...	1981	978	5.1	1981	414	2.2	35
1985–90	61.98	64.61	1985–90	5.500	1986	11 919	3.5	1986	730	0.2	36
1985–90	69.20	72.85	1986	3.069	1988	12 003	5.2	1987	1 505	0.7	37
1983–85	70.26	77.28	1985	2.423	1985	30 306	9.2	1985	14 686	4.5	38
1985	65.99	69.67	1986	2.892	1977	172	3.9	1977	8	♦ 0.2	39
1986	68.00	74.80	1986	3.831	1986	432	3.1	1986	50	0.4	40
...	...	...	...	...	1983	37	6.2	1983	11	♦ 1.8	41
...	...	...	1980	3.928	1986	425	3.8	1980	19	♦ 0.2	42

(See notes at end of table.)

Continent and country or area / Continent et pays ou zone	Year / Année	Live births – Naissances vivantes: Number / Nombre	Live births – Naissances vivantes: Rate / Taux	Deaths – Décès: Number / Nombre	Deaths – Décès: Rate / Taux (000s)	Natural increase – Accroissement naturel	Year / Année	Infant deaths – Décès d'enfants de moins d'un an: Number / Nombre	Infant deaths – Décès d'enfants de moins d'un an: Rate / Taux (000s)
AMERICA,NORTH— (Cont.–Suite) AMERIQUE DU NORD									
1 Trinidad and Tobago – Trinité–et–Tobago	1984	31 599	27.0	7 819	6.7	20.3	1984	434	13.7
2 Turks and Caicos Islands – Iles Turques et Caïques	1980	214	28.9	15	♦ 2.0	26.8	1982	5	♦ 24.5
3 United States – Etats–Unis	1988	3 913 000	15.9	2 171 000	8.8	7.1	1988	38 700	9.9
4 United States Virgin Islands – Iles Vierges américaines	1978	2 524	26.3	504	5.3	21.1	1978	58	23.0
AMERICA,SOUTH— AMERIQUE DU SUD									
5 Argentina – Argentine	1983	655 876	22.1	251 301	8.5	13.7	1983	19 478	29.7
6 Bolivia – Bolivie	1975	...	[3] 46.6	...	[3] 18.0	[3] 28.6	1985–90	...	[1] 110.0
7 Brazil – Brésil	1985–90	...	[1] 28.8	...	[1] 7.9	[1] 20.7	1985–90	...	[1] 63.0
8 Chile – Chili	1987	279 712	22.3	70 559	5.6	16.7	1987	5 182	18.5
9 Colombia – Colombie	1985–90	...	[1] 29.2	...	[1] 7.4	[1] 21.8	1985–90	...	[1] 46.0
10 Ecuador – Equateur	1985–90	...	[1] 35.4	...	[1] 7.6	[1] 27.8	1985–90	...	[1] 63.0
11 Falkland Islands (Malvinas)– Iles Falkland (Malvinas)	1981	28	♦ 15.0	10	♦ 5.4	♦ 9.7	1978	1	♦ 38.5
12 French Guiana – Guyane Française	1986	2 392	27.9	491	5.7	22.2	1986	53	22.2
13 Guyana	1978	23 200	28.3	6 000	7.3	21.0	1985–90	...	[1] 29.7
14 Paraguay	1985–90	...	[1] 34.8	...	[1] 6.6	[1] 28.2	1985–90	...	[1] 42.0
15 Peru – Pérou	1987	723 000	34.9	194 000	9.4	25.5	1987	88 200	122.0
16 Suriname	1980	9 844	27.7	2 793	7.9	19.9	1985–90	...	[1] 30.5
17 Uruguay	1987	53 500	17.6	29 128	9.6	8.0	1987	1 275	23.8
18 Venezuela	1987	516 773	28.3	80 322	4.4	23.9	1987	12 247	23.7
ASIA—ASIE									
19 Afghanistan	1979 [2]	627 619	48.1	290 974	22.3	25.8	1979 [2]	113 954	181.6
20 Bahrain – Bahreïn	1985–90	...	[1] 28.2	...	[1] 3.9	[1] 24.3	1985–90	...	[1] 26.0
21 Bangladesh	1985–90	...	[1] 42.2	...	[1] 15.5	[1] 26.7	1985–90	...	[1] 119.0
22 Bhutan – Bhoutan [1]	1985–90	...	38.3	...	16.8	21.4	1985–90	...	128.2
23 Brunei Darussalam – Brunéi Darussalam	1986	6 920	30.6	723	3.2	27.4	1986	51	7.4
24 China – Chine [1]	1985–90	...	20.5	...	6.7	13.8	1985–90	...	32.4
25 Cyprus – Chypre	1985–90	...	[1] 18.6	...	[1] 8.2	[1] 10.4	1985–90	...	[1] 12.0
26 Democratic Kampuchea – [1] Kampuchea démocratique	1985–90	...	41.4	...	16.6	24.8	1985–90	...	129.7
27 Democratic Yemen – Yémen démocratique [1]	1985–90	...	47.3	...	15.8	31.4	1985–90	...	120.4
28 East Timor–Timor oriental [1]	1985–90	...	43.8	...	21.5	22.4	1985–90	...	165.6
29 Hong Kong – Hong–kong	1987	69 958	12.5	26 916	4.8	7.7	1987	515	7.4
30 India – Inde	1987	...	[4] 32.0	...	[4] 10.8	[4] 21.2	1987	...	95.0
31 Indonesia – Indonésie	1985–90	...	[1] 27.4	...	[1] 11.2	[1] 16.2	1985–90	...	[1] 84.0
32 Iran (Islamic Republic of – Rép. islamique d')	1974–75	...	[5] 42.5	...	[5] 11.5	[5] 31.0	1974–75	...	[5] 108.1
33 Iraq	1985–90	...	[1] 42.6	...	[1] 7.8	[1] 34.8	1985–90	...	[1] 69.0
34 Israel – Israël [7]	1986	99 341	23.1	29 415	6.8	16.3	1986	1 136	11.4
35 Japan – Japon	1987	1 346 658	11.0	751 172	6.2	4.9	1987	6 711	5.0
36 Jordan – Jordanie	1985–90	...	[1] 45.9	...	[1] 6.6	[1] 39.3	1985–90	...	[1] 44.0
37 Korea, Dem. People's Rep. of – Corée, rép. populaire dém. de [1]	1985–90	...	28.9	...	5.4	23.6	1985–90	...	24.5
38 Korea, Republic of– Corée, République	1987 [8]	651 000	15.7	255 000	6.1	9.5	1985–90	...	[1] 25.0
39 Kuwait – Koweït	1987	50 198	26.8	4 113	2.2	24.6	1986	841	15.6
40 Lao People's Dem. Rep. – Rép. dém. populaire Lao [1]	1985–90	...	41.3	...	16.4	24.9	1985–90	...	110.0
41 Lebanon – Liban [1]	1985–90	...	28.9	...	7.8	21.1	1985–90	...	40.1
42 Macau – Macao	1988	7 913	18.0	1 437	3.3	14.8	1988	74	9.4
43 Malaysia – Malaisie [1]	1985–90	...	28.6	...	5.6	23.1	1985–90	...	24.1

4. Aperçu des statistiques de l'état civil et espérance de vie à la naissance: dernière année disponible (suite)

(Voir notes à la fin du tableau.)

Expectation of life at birth / Espérance de vie à la naissance					Marriages / Mariages			Divorces			
Year(s) / Année(s)	Male / Masculin	Female / Féminin	Year / Année	Fertility / Fécondité	Year / Année	Number / Nombre	Rate / Taux (000s)	Year / Année	Number / Nombre	Rate / Taux (000s)	
1980–85	66.88	71.62	1984	3.013	1987	7 602	6.1	1987	1 163	0.9	1
...	...	...	...	...	1980	39	5.3	1980	10	♦ 1.3	2
1986	71.30	78.30	1986	1.836	1988	2 389 000	9.7	1988	1 183 000	4.8	3
...	...	...	1980	3.128	1978	1 128	11.8	1978	472	4.9	4
1980–81	65.48	72.70	1980	3.351	1983	177 010	6.0	...	...	...	5
1985–90	[1] 50.85	[1] 55.41	1985–90	[1] 6.060	1980	26 990	4.8	...	...	...	6
1985–90	[1] 62.30	[1] 67.60	1985–90	[1] 3.459	1987	930 893	6.6	1987	30 772	0.2	7
1985–90	68.05	75.05	1987	2.410	1987	95 531	7.6	1985	4 621	0.4	8
1980–85	63.39	69.23	1985–90	[1] 3.580	1981	95 845	3.6	...	...	...	9
1985	63.39	67.59	1987	2.719	1987	61 301	6.2	1987	4 075	0.4	10
...	...	...	...	...	1981	11	♦ 5.9	1981	7	♦ 3.8	11
...	...	...	...	...	1986	332	3.9	1986	34	0.4	12
1985–90	[1] 67.30	[1] 72.30	1985–90	2.747	...	...	...	...	...	...	13
1980–85	64.42	68.51	1985–90	[1] 4.578	1986	16 015	4.2	...	...	...	14
1980–85	56.77	66.50	1989	4.280	1982	109 200	6.0	...	...	...	15
1985–90	[1] 67.05	[1] 72.10	1985–90	[1] 2.972	1980	2 371	6.7	1980	373	1.1	16
1984–86	68.43	74.88	1985	2.430	1987	21 812	7.2	1986	4 191	1.4	17
1985	66.68	72.80	1987	3.419	1987	105 058	5.7	1987	22 665	1.2	18
1985–90	[1] 41.00	[1] 42.00	1979 [2]	7.603	...	...	...	...	...	...	19
1981–86	65.90	68.90	1986	5.270	1986	2 708	6.6	1986	471	1.1	20
1984	54.90	54.70	1981	4.968	1982	833 265	9.0	...	...	...	21
1985–90	48.60	47.10	1985–90	5.535	...	...	...	...	...	...	22
1981	70.13	72.69	1986	3.482	1986	1 673	7.4	1986	197	0.9	23
1985–90	67.98	70.94	1985–90	2.365	...	...	...	...	...	...	24
1983–87	73.90	77.82	1987	2.316	1988	4 987	7.3	1988	312	0.5	25
1985–90	47.00	49.90	1985–90	4.715	...	...	...	...	...	...	26
1985–90	49.40	52.37	1985–90	6.662	...	...	...	...	...	...	27
1985–90	41.65	43.44	1985–90	5.412	...	...	...	...	...	...	28
1987	74.24	79.72	1987	1.271	1988	45 238	8.0	1987	5 055	0.9	29
1976–80	52.50	52.10	1984	4.500	...	...	...	...	...	...	30
1985–90	[1] 54.60	[1] 57.40	1985–90	[1] 3.300	1984	1 158 318	7.2	1984	175 630	1.1	31
1976	[6] 55.75	[6] 55.04	1985–90	[1] 5.637	1988	346 647	6.6	1988	33 433	0.6	32
1985–90	[1] 62.98	[1] 64.82	1977	4.133	1981	115 953	8.5	1981	1 476	0.1	33
1985	73.53	76.99	1987	3.050	1987	30 116	6.9	1987	5 218	1.2	34
1987	75.61	81.39	1986	1.695	1987	696 173	5.7	1987	158 227	1.3	35
1985–90	[1] 64.16	[1] 67.84	1979	8.336	1976	15 773	5.7	1976	2 638	0.9	36
1985–90	66.16	72.68	1985–90	3.605	...	...	...	...	...	...	37
1978–79	62.70	69.07	1986	1.547	1986	353 477	8.6	1986	33 835	0.8	38
1985–90	[1] 70.75	[1] 74.97	1986	4.034	1987	9 842	5.3	1987	2 697	1.4	39
1985–90	47.00	50.00	1985–90	5.740	...	...	...	...	...	...	40
1985–90	65.10	69.00	1985–90	3.382	...	...	...	...	...	...	41
...	...	...	1981	1.869	1988	2 282	5.2	1988	33	0.1	42
1985–90	67.52	71.58	1985–90	3.502	...	...	...	...	...	...	43

4. Vital statistics summary and expectation of life at birth: latest available year (continued)

(See notes at end of table.)

	Continent and country or area / Continent et pays ou zone	Year / Année	Live births / Naissances vivantes: Number / Nombre	Live births: Rate / Taux	Deaths / Décès: Number / Nombre	Deaths: Rate / Taux	Natural increase / Accroissement naturel	Year / Année	Infant deaths / Décès d'enfants de moins d'un an: Number / Nombre	Infant deaths: Rate / Taux (000s)
	ASIA—ASIE (Cont.–Suite)									
	Malaysia – Malaisie									
1	Peninsular Malaysia – Malaisie Péninsulaire	1987	391 815	28.7	65 282	4.8	23.9	1987	5 625	14.4
2	Sabah	1986	51 410	40.4	5 114	4.0	36.4	1986	1 089	21.2
3	Sarawak	1986	41 702	27.5	5 184	3.4	24.1	1986	426	10.2
4	Maldives	1987	8 364	42.9	1 525	7.8	35.1	1987	417	49.9
5	Mongolia – Mongolie	1985–90	...	[1] 38.9	...	[1] 8.5	[1] 30.4	1985–90	...	[1] 45.0
6	Myanmar [9]	1985–90	...	[1] 30.6	...	[1] 9.7	[1] 20.9	1985–90	...	[1] 70.2
7	Nepal – Népal	1985–90	...	[1] 39.6	...	[1] 14.8	[1] 24.7	1985–90	...	[1] 128.2
8	Oman [1]	1985–90	...	46.0	...	12.7	33.3	1985–90	...	100.2
9	Pakistan [6]	1985	3 167 156	32.9	839 247	8.7	24.2	1985	367 096	115.9
10	Philippines	1985–90	...	[1] 33.2	...	[1] 7.7	[1] 25.5	1985–90	52 263	[1] 45.0
11	Qatar	1985–90	...	[1] 30.8	...	[1] 4.3	[1] 26.5	1985–90	133	[1] 31.0
12	Saudi Arabia – Arabie saoudite [1]	1985–90	...	42.0	...	7.6	34.4	1985–90	...	70.9
13	Singapore – Singapour	1988	52 822	20.0	13 690	5.2	14.8	1988	368	7.0
14	Sri Lanka	1988	343 692	20.7	96 536	5.8	14.9	1987	8 587	23.9
15	Syrian Arab Republic – République arabe syrienne	1985–90	...	[1] 44.1	...	[1] 7.0	[1] 37.1	1985–90	...	[1] 48.0
16	Thailand – Thaïlande	1985–90	...	[1] 22.3	...	[1] 7.0	[1] 15.3	1985–90	...	[1] 39.0
17	Turkey – Turquie	1985–90	...	[1] 28.4	...	[1] 8.4	[1] 20.0	1985–90	...	[1] 75.6
18	United Arab Emirates – Emirats arabes unis [1]	1985–90	...	22.6	...	3.6	19.0	1985–90	...	26.2
19	Viet Nam	1985–90	...	[1] 31.9	...	[1] 9.5	[1] 22.4	1985–90	...	[1] 64.3
20	Yemen – Yémen [1]	1985–90	...	47.9	...	15.7	32.1	1985–90	...	115.7
	EUROPE									
21	Albania – Albanie	1987	79 696	25.9	17 119	5.6	20.3	1987	2 247	28.2
22	Andorra – Andorre	1987	527	11.1	175	3.7	7.4	1987	4	♦ 7.6
23	Austria – Autriche	1988	88 052	11.6	83 262	11.0	0.6	1988	716	8.1
24	Belgium – Belgique	1987	117 422	11.8	105 622	10.6	1.2	1987	1 138	9.7
25	Bulgaria – Bulgarie	1987	115 586	12.9	107 909	12.0	0.9	1987	1 733	15.0
26	Channel Islands – Iles Anglo-Normandes	1987	1 654	12.2	1 416	10.4	1.8	1987	13	♦ 7.9
27	Guernsey – Guernesey	1987	645	11.6	571	10.3	1.3	1987	4	♦ 6.2
28	Jersey	1987	1 009	12.6	845	10.5	2.0	1988	11	♦ 9.9
29	Czechoslovakia – Tchécoslovaquie	1988	216 000	13.8	178 000	11.4	2.4	1988	2 578	11.9
30	Denmark – Danemark	1988	58 907	11.5	59 034	11.5	–0.0	1987	467	8.3
31	Faeroe Islands – Iles Féroé	1988	870	18.4	410	8.7	9.7	1987	4	♦ 5.1
32	Finland – Finlande	1987	59 241	12.0	47 968	9.7	2.3	1986	353	5.8
33	France	1988	770 000	13.8	524 000	9.4	4.4	1988	5 900	7.7
34	German Democratic Rep. – Rép. démocratique allemandea [10]	1988	215 734	12.9	213 126	12.8	0.2	1988	1 744	8.1
35	Germany, Federal Rep. of – Allemagne, République fédérale d' [10]	1988	673 900	11.0	684 654	11.2	–0.2	1987	5 318	8.3
36	Gibraltar	1988	523	17.4	293	9.7	7.6	1976	5	♦ 9.8
37	Greece – Grèce	1987	105 899	10.6	95 232	9.5	1.1	1987	1 337	12.6
38	Hungary – Hongrie	1987	125 840	11.9	142 601	13.4	–1.6	1987	2 178	17.3
39	Iceland – Islande	1987	4 150	16.9	1 700	6.9	10.0	1987	14	♦ 3.4
40	Ireland – Irlande	1987	58 864	16.6	31 219	8.8	7.8	1987	434	7.4
41	Isle of Man – Ile de Man	1988	781	11.8	993	15.0	–3.2	1987	4	♦ 5.5
42	Italy – Italie	1988	568 291	9.9	536 701	9.3	0.5	1988	5 402	9.5
43	Liechtenstein	1986	351	12.9	188	6.9	6.0	1986	2	♦ 5.7
44	Luxembourg	1988	4 516	12.1	3 732	10.0	2.1	1987	40	9.4
45	Malta – Malte	1987	5 471	15.9	2 908	8.4	7.4	1987	39	7.1
46	Monaco	1979	489	19.5	578	23.1	–3.6	1980	1	♦ 1.9
47	Netherlands – Pays-Bas	1988	186 300	12.6	124 000	8.4	4.2	1988	1 400	7.5
48	Norway – Norvège	1988	57 463	13.7	45 033	10.7	3.0	1987	453	8.4
49	Poland – Pologne	1988	587 741	15.5	370 821	9.8	5.7	1988	9 532	16.2
50	Portugal	1987	123 218	12.0	95 423	9.3	2.7	1987	1 755	14.2

4. Aperçu des statistiques de l'état civil et espérance de vie à la naissance: dernière année disponible (suite)

(Voir notes à la fin du tableau.)

Expectation of life at birth / Espérance de vie à la naissance					Marriages / Mariages			Divorces			
Year(s) / Année(s)	Male / Masculin	Female / Féminin	Year / Année	Fertility / Fécondité	Year / Année	Number / Nombre	Rate / Taux (000s)	Year / Année	Number / Nombre	Rate / Taux (000s)	
1987	68.83	73.00	1987	3.549	1979	19 075	1.7	1976	221	–	1
...	...	...	...	...	...	...	...	...	...	...	2
...	...	...	1986	3.363	...	...	...	...	...	...	3
1985	62.20	59.48	...	...	1981	5 428	34.4	1981	4 010	25.4	4
1985–90	[1]61.50	[1]65.60	1985–90	[1]5.400	1986	15 100	7.8	1986	1 000	0.5	5
1978	58.93	63.66	1985–90	[1]4.024	...	...	...	...	...	...	6
1981	50.88	48.10	1985–90	[1]5.945	...	...	...	...	...	...	7
1985–90	54.08	56.75	1985–90	7.175	...	...	...	...	...	...	8
1976–78	59.04	59.20	1985	7.008	...	...	...	...	...	...	9
1987	61.90	65.50	1986	3.360	1987	400 760	7.0	...	...	...	10
1985–90	[1]66.93	[1]71.80	1986	4.541	...	...	...	...	...	...	11
1985–90	61.70	65.20	1985–90	7.175	...	...	...	...	...	...	12
1980	68.70	74.00	1987	1.646	1988	24 853	9.4	1988	2 916	1.1	13
1981	67.78	71.66	1983	3.160	1987	129 574	7.9	1987	4 429	0.3	14
1976–79	63.77	64.70	1985–90	[1]6.763	1987	102 626	9.4	1987	7 249	0.7	15
1985–86	63.82	68.85	1987	1.896	1986	333 974	6.3	1986	36 602	0.7	16
1985–90	[1]62.50	[1]65.77	1985–90	[1]3.546	1987	436 065	8.5	1987	18 305	0.4	17
1985–90	68.57	72.92	1985–90	4.817	...	...	...	...	...	...	18
1979	63.66	67.89	1985–90	[1]4.100	...	...	...	...	...	...	19
1985–90	49.50	52.40	1985–90	6.970	...	...	...	...	...	...	20
1985–86	68.48	73.94	1987	3.164	1987	27 370	8.9	1987	2 537	0.8	21
...	...	...	...	...	1987	125	2.6	...	...	...	22
1987	71.53	78.13	1987	1.428	1988	35 361	4.7	1987	14 639	1.9	23
1979–82	70.04	76.79	1983	1.573	1985	57 551	5.8	1985	18 437	1.9	24
1978–80	68.35	73.35	1986	2.042	1987	64 298	7.2	1987	12 552	1.4	25
...	...	...	...	...	1987	1 099	8.1	1987	358	2.6	26
...	...	...	1986	1.641	1987	447	8.1	1987	153	2.8	27
...	...	...	1986	1.326	1987	652	8.1	1987	205	2.6	28
1985	67.25	74.71	1986	2.026	1987	122 183	7.9	1988	39 000	2.5	29
1986–87	71.80	77.60	1987	1.496	1988	32 068	6.3	1988	14 756	2.9	30
1981–85	73.30	79.60	1987	2.326	1988	260	5.5	1988	43	0.9	31
1986	70.49	78.72	1986	1.600	1987	26 391	5.4	1987	10 363	2.1	32
1987	72.03	80.27	1988	1.820	1988	273 000	4.9	1987	106 527	1.9	33
1986–87	69.73	75.74	1985	1.756	1988	137 165	8.2	1988	49 393	3.0	34
1985–87	71.81	78.37	1986	1.345	1988	396 891	6.5	1987	129 850	2.1	35
...	...	...	...	...	1988	739	24.6	1981	93	3.1	36
1980	72.15	76.35	1984	1.824	1987	62 899	6.3	1986	8 650	0.9	37
1987	65.67	73.74	1987	1.810	1987	66 082	6.2	1987	29 846	2.8	38
1983–84	73.96	80.20	1984	2.095	1987	1 180	4.8	1987	500	2.0	39
1980–82	70.14	75.62	1986	2.437	1987	18 149	5.1	...	...	...	40
...	...	...	...	...	1988	443	6.7	1988	183	2.8	41
1983	71.43	78.14	1982	1.563	1988	315 447	5.5	1988	25 192	0.4	42
1980–84	66.07	72.94	1986	1.413	1986	295	10.8	1976	13	♦ 0.5	43
1980–82	70.00	76.70	1987	1.410	1988	2 063	5.5	1986	680	1.8	44
1987	72.54	77.01	1987	1.976	1987	2 437	7.1	...	...	...	45
...	...	...	...	...	1979	177	7.1	1979	54	2.2	46
1985–86	72.95	79.55	1986	1.553	1988	89 500	6.1	1988	26 500	1.8	47
1987	72.75	79.55	1987	1.750	1987	21 081	5.0	1987	8 417	2.0	48
1987	66.81	75.20	1987	2.154	1988	246 791	6.5	1988	50 000	1.3	49
1979–82	68.35	75.20	1987	1.565	1987	71 656	7.0	1987	8 948	0.9	50

4. Vital statistics summary and expectation of life at birth: latest available year (continued)

(See notes at end of table.)

Continent and country or area / Continent et pays ou zone	Year / Année	Live births / Naissances vivantes: Number / Nombre	Live births / Naissances vivantes: Rate / Taux	Deaths / Décès: Number / Nombre	Deaths / Décès: Rate / Taux (000s)	Natural increase / Accroissement naturel	Infant deaths / Décès d'enfants de moins d'un an: Year / Année	Infant deaths: Number / Nombre	Infant deaths: Rate / Taux (000s)
EUROPE (Cont.–Suite)									
1 Romania – Roumanie	1985	358 797	15.8	246 670	10.9	4.9	1985	9 191	25.6
2 San Marino – Saint–Marin	1987	220	9.7	154	6.8	2.9	1987	3	♦ 13.6
3 Spain – Espagne	1986	434 490	11.2	306 613	7.9	3.3	1985	3 831	8.5
4 Sweden – Suède	1988	112 000	13.3	94 000	11.1	2.1	1988	650	5.8
5 Switzerland – Suisse	1987	76 505	11.7	59 511	9.1	2.6	1987	524	6.8
6 United Kingdom–Royaume–Uni	1988	786 878	13.8	633 900	11.1	2.7	1988	6 900	8.8
7 England and Wales – Angleterre et Galles	1987	775 617	15.4	566 994	11.3	4.2	1987	6 270	8.1
8 Northern Ireland – Irlande du Nord	1987	27 865	17.7	15 334	9.7	8.0	1987	242	8.7
9 Scotland – Ecosse	1987	66 200	12.9	62 014	12.1	0.8	1987	560	8.5
10 Yugoslavia – Yougoslavie	1988	353 304	15.0	212 038	9.0	6.0	1988	8 745	24.8
OCEANIA—OCEANIE									
11 American Samoa – Samoa américaines	1985	1 530	43.0	156	4.4	38.6	1985	17	♦ 11.1
12 Australia – Australie	1988	246 082	14.9	118 929	7.2	7.7	1988	2 272	9.2
13 Christmas Island – Ile Christmas	1985	36	15.8	2	♦ 0.9	14.9	1981	1	♦ 32.3
14 Cocos (Keeling) Islands – Iles des Cocos (Keeling)	1986	12	♦ 19.8	2	♦ 3.3	♦ 16.5	...	...	...
15 Cook Islands – Iles Cook	1986	415	24.0	90	5.2	18.8	1986	9	♦ 21.7
16 Fiji – Fidji	1985	19 464	27.9	3 680	5.3	22.6	1985	361	18.5
17 French Polynesia – Polynésie français	1988	5 185	29.7	834	4.8	24.6	1983	114	22.7
18 Guam	1987	3 348	26.5	486	3.8	22.6	1987	40	11.9
19 Nauru	1976	158	19.8	36	4.5	15.3	1976	3	♦ 19.0
20 New Caledonia – Nouvelle–Calédonie	1987	3 881	24.5	864	5.5	19.0	1987	59	15.2
21 New Zealand – Nouvelle–Zélande	1987	55 254	16.8	27 419	8.4	8.5	1987	554	10.0
22 Niue – Nioué	1987	50	20.9	13	♦ 5.4	15.5	1986	2	♦ 41.7
23 Norfolk Is. – Ile Norfolk	1981	20	♦ 10.8	14	♦ 7.6	♦ 3.2	...	...	...
24 Pacific Islands – Iles du Pacifique	1982	3 066	22.0	474	3.4	18.6	1982	66	21.5
25 Northern Mariana Islands – Iles Mariannes septentrionales	1986	803	38.1	120	5.7	32.4	1986	8	♦ 10.0
26 Papua New Guinea – Papouasie–Nouvelle–Guinée [1]	1985–90	...	38.7	...	12.1	26.6	1985–90	...	59.0
27 Pitcairn	1978	1	♦ 16.1	1	♦ 16.1	–	...	...	...
28 Samoa	1982–83	...	[11] 31.0	...	[11] 7.4	[11] 23.6	1982–83	...	[11] 33.0
29 Solomon Islands – Iles Salomon	1980–84	...	[2] 42.0	...	[2] 10.0	[2] 32.0	...	...	...
30 Tokelau – Tokélaou	1983	35	21.9	8	♦ 5.0	16.9	1983	1	♦ 28.6
31 Tonga	1985	2 810	28.9	343	3.5	25.4	1985	14	♦ 5.0
USSR—URSS									
32 USSR – URSS	1987	5 599 195	19.8	2 804 785	9.9	9.9	1987	142 184	25.4
33 Byelorussian SSR – RSS de Biélorussie	1987	162 937	16.1	99 921	9.9	6.2	1987	2 200	13.5
34 Ukrainian SSR – RSS d'Ukraine	1987	760 851	14.8	586 387	11.4	3.4	...	...	...

4. Aperçu des statistiques de l'état civil et espérance de vie à la naissance: dernière année disponible (suite)

(Voir notes à la fin du tableau.)

	Expectation of life at birth Espérance de vie à la naissance				Marriages Mariages			Divorces			
Year(s) Année(s)	Male Masculin	Female Féminin	Year Année	Fertility Fécondité	Year Année	Number Nombre	Rate Taux (000s)	Year Année	Number Nombre	Rate Taux (000s)	
1976–78	67.42	72.06	1985	2.262	1985	161 094	7.1	1985	32 587	1.4	1
1977–86	73.16	79.12	1987	1.153	1987	198	8.7	1987	22	1.0	2
1980–82	72.52	78.61	1981	2.046	1986	203 394	5.3	1982	21 544	0.6	3
1987	74.16	80.15	1987	.886	1988	44 100	5.2	1988	19 100	2.3	4
1986–87	73.80	80.50	1987	.720	1987	43 063	6.6	1987	11 552	1.8	5
1984–87	71.22	77.51	1987	1.820	1988	385 006	6.7	1988	160 274	2.8	6
1983–85	71.80	77.74	1985	1.786	1987	351 800	7.0	1985	159 693	3.2	7
1983	69.25	75.65	1985	2.453	1987	10 363	6.6	1985	1 602	1.0	8
1985	70.05	75.83	1985	1.709	1986	35 800	7.0	1985	13 371	2.6	9
1984–85	68.13	73.55	1987	2.003	1988	160 739	6.8	1988	22 608	1.0	10
...	...	...	...	...	1982	362	10.8	1980	72	2.2	11
1986	72.77	79.13	1986	1.873	1988	116 750	7.1	1986	39 417	2.5	12
...	...	...	...	...	1985	32	14.0	...	...	...	13
...	...	...	...	...	1985	3	4.8	...	...	...	14
1974–78	63.17	67.09	1981	3.961	1986	105	6.1	1976	8	0.4	15
1976	60.75	63.90	1985	3.147	1985	6 593	9.5	1979	410	0.7	16
...	...	...	...	...	1981	739	4.9	...	...	...	17
1979–81	69.53	75.5	9 1980	3.205	1987	1 512	12.0	1987	1 279	10.1	18
...	...	...	...	...	1976	43	5.4	...	...	...	19
...	...	...	1983	3.419	1986	780	5.1	1986	158	1.0	20
1986–88	71.03	77.27	1987	2.023	1987	24 443	7.5	1987	8 702	2.7	21
...	...	...	...	...	1987	10	4.2	1981	3	0.9	22
...	...	...	...	...	1981	16	8.7	...	...	...	23
...	...	...	1979	5.123	...	...	...	1975	48	0.4	24
...	...	...	...	...	1986	414	19.7	1986	62	2.9	25
1985–90	53.18	54.84	1985–90	5.665	...	...	...	...	...	...	26
...	...	...	...	...	...	...	...	...	...	...	27
1976	61.00	64.30	1977	3.712	1981	656	4.2	1980	49	0.3	28
1980–84	59.90	61.40	1980	6.400	...	...	...	...	...	...	29
...	...	...	...	...	1983	4	2.5	...	...	...	30
...	...	...	...	...	1985	645	6.6	1985	63	0.6	31
1985–86	64.15	73.27	1986	2.521	1987	2 776 568	9.8	1987	950 709	3.4	32
1985–86	66.66	75.52	...	...	1987	102 053	10.1	1987	30 507	3.0	33
1985–86	65.90	74.45	...	...	1987	512 985	10.0	1987	184 720	3.6	34

4. Vital statistics summary and expectation of life at birth: latest available year

Aperçu des statistiques de l'état civil et espérance de vie à la naissance: dernière année disponible (suite)

GENERAL NOTES

Countries or areas not listed may be assumed to lack vital statistics of national scope. Crude birth, death, marriage, divorce and natural increase rates are computed per 1 000 mid–year population; infant mortality rates are per 1 000 live births and total fertility rates are the sum of the age–specific fertility rates per woman. For method of evaluation and limitatins of data, see Technical Notes page 47. For more precise information in terms of coverage, basis of tabulation, etc., see tables 9, 15, 18, 22, 23 and 25.

FOOTNOTES

Italics: rates calculated using data from civil registers which are incomplete or of unknown completeness.

♦ Rates based on 30 or fewer frequencies.
1 Estimate(s) for 1985–1990 prepared by the Population Division of the United Nations.
2 Estimate(s) based on results of the population census.
3 Based on National Sample Survey.
4 Based on a Sample Registration Scheme.
5 Based on the results of the Population Growth Survey, second survey year.
6 Based on the results of the Population Growth Survey.
7 Including data for East Jerusalem and Israeli residents in certain other territories under occupation by Israeli military forces since June 1967.
8 Based on the results of the continuous Demographic Sample Survey.
9 Formerly listed as Burma.
10 The data which relate to the German Democratic Republic and the Federal Republic of Germany include the relevant data relating to Berlin, for which separate data have not been supplied. This is without prejudice to any question of status which may be involved.
11 Estimate(s) based on results of a sample survey.

NOTES GENERALES

Les pays ou zones ne figurent pas au tableau n'ont vraisemblablement pas de statistiques de l'état civil de portée nationale. Les taux bruts de natalité, de mortalité, de nuptialité, de divortialité et d'accroissement naturel sont calculés pour 1 000 personnes au millieu de l'année; les taux de mortalité infantile sont calculés pour 1 000 naissances vivantes et les indices synthétiques de fécondité sont la somme des taux de fécondité par âge par femme. Pour la méthode d'évaluation et les insuffisances des données, voir Notes techniques, page 47. Pour plus de détails sur la portée, la base d'exploitation des données, etc., voir tableaux 9, 15, 18, 22, 23 et 25.

NOTES

Italiques: taux calculés d'après des chiffres provenant de registres de l'état civil incomplets ou dont le degré d'exactitude n'est pas connu.

♦ Taux basés sur 30 frèquences ou moins.
1 Estimation(s) pour 1985–1990 établie(s) par la Division de la population de l'Organisation des Nations Unies.
2 Estimation(s) fondée(s) sur les résultats du recensement de la population.
3 D'après l'enquête nationale par sondage.
4 D'après le Programme d'enregistrement par sondage.
5 D'après les résultats de la Population Growth Survey, deuxième année de l'enquête.
6 D'après les résultats de la Population Growth Survey.
7 Y compris les données pour Jérusalem–Est et les résidents israéliens dans certains autres territoires occupés depuis juin 1967 par les forces armées israéliennes.
8 D'après les résultats de l'énquête démographique par sondage continue.
9 Antérieurement désigné sous le nom de "Birmanie".
10 Les données relatives à la République démocratique allemande et à la République fédérale d'Allemagne incluent les données pertinentes relatives à Berlin, pour lequelle des données séparées n'ont pas été fournies. Cella sans préjudice des questions de statut qui peuvent se poser à cet égard.
11 Estimation(s) fondée(s) sur les résultats d'un enquête par sondage.

5. Estimates of mid-year population: 1979 – 1988 (continued)

Estimations de la population au milieu de l'année: 1979 – 1988 (suite)

(See notes at end of table. – Voir notes à la fin du tableau.)

Continent and country or area / Continent et pays ou zone	Population estimates (in thousands) — Estimations (en milliers)									
	1979	1980	1981	1982	1983	1984	1985	1986	1987	1988
AMERICA,SOUTH— (Cont.–Suite) AMERIQUE DU SUD										
Guyana	x848	x865	x883	x901	x918	x936 |	790 |	x972	x989	x1 007
Paraguay [2]	3 046	3 147	3 250	3 358	3 468	3 580	3 693	3 807	3 922	*4 039
Peru – Pérou [2,4,9]	16 849	17 295	17 755	18 226	18 707	19 198	19 698	20 207	20 727	*21 256
Suriname	365	355	355	364	x365	x370	x375	x381	x386	x392
Uruguay [2,4]	2 896	2 914	2 932	2 951	2 970	2 989	3 008	3 025	3 042	*3 060
Venezuela [2,4,9]	14 552	15 024	15 485	15 940	16 394	16 851	17 317	17 791	18 272	*18 757
ASIA—ASIE										
Afghanistan [2,4]	15 551	15 951	16 363	16 786	17 222	17 672	18 136	18 614	[12] 15 219	[12] *15 513
Bahrain – Bahreïn [2]	x331	x348	354	369	384	400	417	412	416	x481
Bangladesh [2,4]	86 643	88 678	90 457	92 585	94 651	96 730	98 657	100 616	102 563	*104 532
Bhutan – Bhoutan	x1 225	x1 246	x1 267	x1 289	x1 312	x1 336	x1 363	x1 390	x1 420	x1 451
Brunei Darussalam – Brunéi Darussalam [2,4]	179	185	193	200	208	216	222	226	234	*241
China – Chine [2]	x983 584	x996 135	x1008547	x1020839	x1033249	x1046078	x1059522	x1073698	x1088570	x1103983
Cyprus – Chypre [3]	620	627	634	641	649	657	665	673	680	*687
Democratic Kampuchea [13] – Kampuchea démocratique	x6 453	x6 401	x6 457	x6 607	x6 823	x7 060	x7 285	x7 490	x7 684	x7 870
Democratic Yemen – Yémen démocratique	1 910	1 969	2 030	2 093	2 158	2 225	2 294	2 365	2 438	*2 514
East Timor –Timor oriental	x593	x582	x584	x597	x617	x639	x659	x677	x693	x708
Hong Kong – Hong–kong [2,4]	4 930	5 063	5 183	5 265	5 345	5 398	5 456	5 533	5 613	*5 681
India – Inde [2,4,14]	660 000	675 000	690 000	705 000	720 000	736 000	750 859	766 135	781 374	*797 000
Indonesia – Indonésie [2]	143 043	146 362	149 701	153 048	156 446	159 895	164 047	166 940	170 179	x174 951
Iran (Islamic Republic of – Rép. islamique d') [2]	37 201 |	39 297	40 853	42 480	44 181	45 960	47 820	49 445	51 084	*52 522
Iraq [2,15]	12 821	13 238	13 669	14 110	x14 813	x15 347	x15 899	x16 467	x17 053	x17 657
Israel – Israël [2,3,16]	3 786	3 878	3 948	4 027	4 106	4 159	4 233	4 299	4 369	*4 437
Japan – Japon [2,17]	115 890	116 807	117 661	118 480	119 307	120 083	120 837	121 492	122 091	*122 613
Jordan – Jordanie [2,18]	x2 842	x2 923	x3 018	x3 126	x3 245	x3 373	x3 506	x3 645	x3 791	x3 943
Korea – Corée	x55 110	x56 150	x57 205	x58 272	x59 327	x60 303	x61 192	x62 067	x62 965	x63 877
Korea, Dem. People's Rep. of – Corée, rép. populaire dém. de	x17 576	x18 026	x18 482	x18 946	x19 417	x19 897	x20 386	x20 883	x21 390	x21 902
Korea, Republic of – Corée, Rép.de [2,4,19]	37 534	38 124	38 723	39 326	39 910	40 406	40 806	41 184	41 575	*41 975
Kuwait – Koweït	1 290	1 370	1 432	1 497	1 566	1 637	1 712	1 791	1 873	*1 958
Lao People's Dem. Rep. – Rép. dém. populaire Lao	x3 160	x3 206	x3 266	x3 338	x3 419	x3 506	x3 595	x3 686	x3 779	x3 875
Lebanon – Liban [20]	x2 696	x2 670	x2 651	x2 638	x2 635	x2 645	x2 668	x2 708	x2 762	x2 828
Macau – Macao [3]	303	318 |	282	308	332	359	392	415	429	*439
Malaysia – Malaisie [2]	x13 450	13 697	x14 084	x14 412	x14 747	x15 093	15 681	16 109	16 528	*16 921
Maldives [2]	148	153	158	163	172	178	184	189	195	x202
Mongolia – Mongolie [2]	1 617	1 663	1 709	1 753	1 797	1 843	1 891	1 940	x2 028	x2 092
Myanmar [2,21]	32 913	33 637	35 094	35 910	36 747	37 614 |	x37 544 |	39 411 |	x39 142	x39 966
Nepal – Népal [2]	13 713	14 010 |	15 020	x15 660	x16 072	x16 490	16 625	17 131	17 788	x18 234
Oman	x935	x984	x1 035	x1 088	x1 141	x1 193 |	2 000 |	x1 290	x1 334	x1 378
Pakistan [2,22]	80 130	82 581	85 118	87 758	90 480	93 286	96 180	99 163	102 238	*105 409
Philippines [2,3]	46 580	48 317	49 536	50 783	52 055	53 351	54 668	56 004	57 356	*58 721
Qatar	x217	x230	x243	x257	x271	x285	x299	x313	x327	x341
Saudi Arabia – Arabie saoudite	x8 931	x9 373	x9 811	x10 247	x10 686	x11 134	x11 595	x12 072 |	13 612	*14 016
Singapore – Singapour [23]	2 384	2 414	2 443	2 472	2 502	2 529	2 558	2 586	2 613	*2 647
Sri Lanka [2]	14 472	14 747	15 011	15 195	15 417	15 599	15 837	16 117	16 361	*16 587
Syrian Arab Republic – République arabe syrienne [2,24]	8 421	8 704	8 996	9 298	9 611	9 934	10 267	10 612	10 969	*11 338
Thailand – Thaïlande [2]	46 142 |	46 718	47 735	48 741	49 734	50 714	51 683	52 654	53 605	*54 536
Turkey – Turquie [2]	43 530	44 438	45 366	46 312	47 279	48 265	49 272	50 301	51 350	*52 422
United Arab Emirates – Emirats arabes unis [2,3]	x919	x1 016	x1 100	x1 172	1 206	x1 294	x1 350	x1 404	x1 454	x1 501
Viet Nam [2]	x52 521	x53 701	x54 912	x56 154	x57 426	x58 728	x60 060	x61 420	x62 808	x64 228
Yemen – Yémen	x5 837	x5 995	x6 159	x6 330	x6 507	x6 693	x6 889	x7 094	x7 309	x7 535
Re Tan Zanzi PE										
Albanie [2]	2 617	2 671	2 725	2 783	2 841	2 901	2 962	3 022	3 083	*3 143
dorre [2]	31	35	38	40	42	43	45	47	48	*49
he [2]	7 549	7 549	7 565	7 574	7 552	7 552	7 558	7 565	7 576	*7 595
	9 837	9 847	9 852	9 856	9 856	9 855	9 858	x9 911	x9 919	x9 925
	8 826	8 862	8 891	8 917	8 940	8 961	8 960	8 958	8 970	x8 995

5. Estimates of mid-year population: 1979 – 1988 (continued)

Estimations de la population au milieu de l'année: 1979 – 1988 (suite)

(See notes at end of table. – Voir notes à la fin du tableau.)

Continent and country or area / Continent et pays ou zone	Population estimates (in thousands) — Estimations (en milliers)									
	1979	1980	1981	1982	1983	1984	1985	1986	1987	1988
EUROPE (Cont.–Suite)										
Channel Islands – Iles Anglo–Normandes [2]	130	129	130	130	131	132	133	136	136	x136
Czechoslovakia – Tchécoslovaquie [2]	15 237	15 311	15 320	15 369	15 414	15 458	15 499	15 534	15 558	*15 608
Denmark – Danemark [2 3 25]	5 117	5 123	5 122	5 118	5 114	5 112	5 114	5 121	5 127	5 130
Faeroe Islands – Iles Féroé [3]	43	43	44	44	45	45	46	46	47	47
Finland – Finlande [2 3]	4 765	4 780	4 800	4 827	4 856	4 882	4 902	4 918	4 933	*4 951
France [2 26]	53 606	53 880	54 182	54 480	54 728	54 947	55 170	55 394	55 630	*55 873
German Democratic Rep. – Rép. démocratique allemande [2 3 27]	16 745	16 737	16 736	16 697	16 699	16 671	16 644	16 624	16 641	*16 666
Germany, Federal Rep. of – Allemagne, République fédérale d' [3 27]	61 337	61 561	61 666	61 638	61 421	61 181	61 015	61 048	61 171	*61 199
Gibraltar [28]	30	30	30	29	29	29	29	29	29	30
Greece – Grèce [2 29]	9 449	9 643	9 729	9 790	9 847	9 896	9 934	9 966	9 990	x10 013
Holy See – Saint–Siège	x1	x1	x1	x1	x1	x1	1	1	1	1
Hungary – Hongrie [2]	10 698	10 711	10 712	10 706	10 689	10 668	10 649	10 631	10 613	*10 597
Iceland – Islande [2]	226	228	231	234	237	239	241	243	246	x249
Ireland – Irlande [2 30]	3 368	3 401	3 440	3 480	3 504	3 529	3 540	3 541	3 543	*3 538
Isle of Man – Ile de Man [2]	63	63	64	64	64	64	63	63	64	*66
Italy – Italie [3]	56 318	56 434	56 508	56 639	56 836	57 005	57 141	57 246	57 355	*57 441
Liechtenstein	26	26	26	26	26	27	27	27	28	*28
Luxembourg [2 3]	363	364	365	366	366	366	366	368	x368	*374
Malta – Malte [31]	316	319	322	325	328	331	336	344	344	x348
Monaco [3]	25	x27	x27	x27	x27	x27	x28	x28	x28	x28
Netherlands – Pays–Bas [2 3]	14 030	14 144	14 246	14 310	14 362	14 420	14 484	14 564	14 665	*14 758
Norway – Norvège [2 3]	4 073	4 086	4 100	4 115	4 128	4 140	4 153	4 167	4 187	*4 196
Poland – Pologne [2 32]	35 257	35 578	35 902	36 227	36 571	36 914	37 203	37 456	37 664	*37 862
Portugal [2]	9 661	9 766	9 855	9 930	10 009	10 089	10 157	10 208	10 250	*10 408
Romania – Roumanie [2]	22 048	22 201	22 353	22 478	22 553	22 625	22 725	x22 828	x22 936	x23 048
San Marino –Saint–Marin [2]	21	21	22	22	22	22	22	23	23	x23
Spain – Espagne [2 3]	37 183	37 542	37 756	37 980	38 172	38 342	38 505	38 668	38 832	x39 054
Sweden – Suède [3]	8 294	8 310	8 320	8 325	8 329	8 337	8 350	8 369	8 399	*8 438
Switzerland – Suisse [2 3]	6 351	6 319	6 354	6 391	6 419	6 442	6 470	6 504	6 545	x6 510
United Kingdom–Royaume–Uni	56 242	56 330	56 352	56 306	56 350	56 460	56 618	56 763	56 930	*57 065
England and Wales – Angleterre et Galles	49 508	49 603	49 634	49 601	49 654	49 764	49 924	50 075	50 243	...
Northern Ireland – Irlande du Nord	1 552	1 558	1 538	1 538	1 543	1 550	1 558	1 567	1 575	...
Scotland – Ecosse [2]	5 204	5 194	5 180	5 167	5 150	5 146	5 137	5 121	5 112	...
Yugoslavia–Yougoslavie [2 3]	22 166	22 304	22 471	22 642	22 805	22 966	23 124	23 274	23 417	*23 559
OCEANIA—OCEANIE										
American Samoa – Samoa américaines [2 7]	32	32	33	34	34	35	36	36	37	*37
Australia –Australie [2 3 4]	14 516	14 695	14 923	15 178	15 379	15 556	15 788	16 018	16 249	*16 532
Christmas Island – Ile Christmas	3	3	3	3	3	...	2	...	...	...
Cocos (Keeling) Islands – Iles des Cocos (Keeling)	–	–	1	...	...	...	1	1	...	...
Cook Islands – Iles Cook [2]	18	18	17	17	17	18	18	17	x21	x21
Fiji – Fidji [2]	621	634	647	663	672	686	697	x704	x716	x727
French Polynesia – Polynésie française	x146	x149	150	x154	x157	x160	x163	x167	x170	x174
Guam [2 7]	104	107	110	111	116	120 ǀ	x114	124	126 ǀ	x119
Kiribati	x58	x60	x61	x62	x63	63	x64	x65	x66	x67
Nauru	x8	x8	x8	x8	x8	x8	x8	x8	x9	x9
New Caledonia – Nouvelle–Calédonie [2]	137	139	143	144	145	148	151	154	x158	x161
New Zealand – Nouvelle–Zélande [2 33]	3 109	3 113	3 125	3 156	3 199	3 227	3 247	3 248	3 280	*3 292
Niue – Nioué	4	3	3	3	3	3	3	x3	2	x4
Norfolk Island–Ile Norfolk	2	2	2	...	...	...	...	2	...	...
Pacific Islands – Iles du Pacifique [2 7]	132	137	142	139	142	x151	x155	x158	x162	x166
Northern Mariana Islands – Iles Mariannes septentrionales	...	17	17	18	19	19	20	21	...	...

5. Estimates of mid–year population: 1979 – 1988 (continued)

Estimations de la population au milieu de l'année: 1979 – 1988 (suite)

(See notes at end of table. – Voir notes à la fin du tableau.)

Continent and country or area / Continent et pays ou zone	Population estimates (in thousands) — Estimations (en milliers) 1979	1980	1981	1982	1983	1984	1985	1986	1987	1988
OCEANIA—OCEANIE(Cont.–Suite)										
Papua New Guinea – Papouasie–Nouvelle–Guinée [2]	*2 931*	*2 978*	*3 037*	*3 106*	*3 178*	*3 252*	*3 329*	*3 400*	*3 479*	**3 562*
Samoa [2]	*155*	*156*	*157*	*x158*	*x160*	*x162*	*x163*	*x165*	*x166*	*x167*
Solomon Islands – Iles Salomon	*221*	*x226*	*x233*	*x241*	*x250*	*x260*	*x270*	*281*	*290*	**299*
Tokelau – Tokélaou	2	2	2	2	2	...	...	...	...	...
Tonga	*95*	*93*	*94*	*95*	*96*	*96*	*97*	*x112*	*x114*	*x116*
Tuvalu	*x8*	*x8*	*x8*	*x8*	*x8*	*x9*	*x9*	*x9*	*x9*	*x9*
Vanuatu [2]	*113*	*118*	*120*	*124*	*128*	*132*	*136*	*140*	*145*	**150*
Wallis and Futuna Islands – Iles Wallis et Futuna	*x11*	*x12*	*x12*	*x12*	*x12*	*x12*	*x12*	*x12*	*x12*	*x12*
USSR—URSS										
USSR – URSS [2]	263 425	265 542	267 722	270 042	272 540	275 066	277 537	280 236	283 100	I x283 682
Byelorussian SSR – RSS de Biélorussie [2]	9 585	9 643	9 710	9 776	9 843	9 910	9 975	10 043	10 108	...
Ukrainian SSR – RSS d'Ukraine [2]	49 852	50 043	50 221	50 384	50 564	50 754	50 917	51 097	51 300	...

GENERAL NOTES

For certain countries or areas, there is a discrepancy between the mid–year population estimates shown in this table and those shown in subsequent tables for the same year. Usually this discrepancy arises because the estimates occurring in a given year are revised, although the remaining tabulations are not. Unless otherwise indicated, data are official estimates of population for 1 July, or averages of end–year estimates. For method of evaluation and limitations of data, see Technical Notes, page 51.

Italics: estimates which are less reliable.

I Break in series because estimates for earlier years have not been revised either on the basis of more recent data from a national census or sample survey taken within the period or in accord with later revised official estimates.

NOTES GENERALES

Pour quelques pays ou zones il y a une discordance entres leestimations au milieu de l'année présentées dans ce tableau et celles présentées dans des tableaux suivants pour la même année. Habituellement ces différences apparaîssent lorsque les estimations pour une certaine année ont été révisées; alors que les autres tabulations ne l'ont pas été. Sauf indication contraire, les données sont des estimations officielles de population au 1er juillet ou des moyennes d'estimations de fin d'année. Pour la méthode d'évaluation et les insuffisances des données, voir Notes techniques, page 51.

Italiques: estimations moins sûres.

I Cette discontinuité dans la série peut résulter du fait que les estimations pour les années antérieures n'ont pas été révisées en fonction des données récentes provenant d'un recensement national ou d'une enquête par sondage effectués durant la période, ou bien du fait qu'elles ne concordent pas avec les dernières estimations officielles révisées.

FOOTNOTES

* Provisional.
x Estimate prepared by the Population Division of the United Nation.

1 De jure population, including nationals living abroad numbering 268 868 at 1966 census.
2 For urban population, see table 6.
3 De jure population.
4 Data have been adjusted for underenumeration, at latest census; for further details, see table 3.
5 Estimates based on results of census of 5–8 November 1963. Data have been adjusted for estimated over–enumeration. Official estimate for 1979 based on the unadjusted census results is: 82.64.
6 De jure population, but excluding persons residing in institutions.
7 De jure population, but including armed forces stationed in the area.
8 De jure population, but excluding civilian citizens absent from country for extended period of time.
9 Excluding Indian jungle population.
10 Estimates are for 24 October of year stated.
11 Excluding nomadic Indian tribes.
12 Excluding nomad population.
13 Excluding foreign diplomatic personnel and their dependants.
14 Including data for the Indian–held part of Jammu and Kashmir, the final status of which has not yet been determined.
15 Estimates are for 14 October of year stated.

NOTES

* Données provisoires.
x Estimation établie par la Division de la population de l'Organisation des Nations Unies.

1 Population de droit, y compris les nationaux vivant à l'étranger, au nombre de 268 868 au recensement de 1966.
2 Pour la population urbaine, voir le tableau 6.
3 Population de droit.
4 Les données ont été adjustées pour compenser les lacunes du dénombrement lors du dernier recensement; pour plus de détails, voir le tableau 3.
5 Estimations fondées sur les résultats du recensement du 5 au 8 novembre 1963. Les données ont été ajustées pour compenser le chiffre jugé trop élevé de la population dénombrée. Estimation officielle pour 1979 fondée sur les résultats non ajustés du recensement est 82,64.
6 Population de droit, mais non compris les personnes dans les institutions.
7 Population de droit, mais y compris les militaires en garnison sur le territoire.
8 Population de droit, mais non compris les civils hors du pays pendant une période prolongée.
9 Non compris les Indiens de la jungle.
10 Estimations au 24 octobre de l'année considérée.
11 Non compris les tribus d'Indiens nomades.
12 Non compris la population nomade.
13 Non compris le personnel diplomatique étranger et les membres de leur famille les accompagnant.
14 Y compris les données pour la partie du Jammu–et–Cachemire occupée par l'Inde, dont le statut définitif n'a pas encore été déterminé.
15 Estimations au 14 octobre de l'année considérée.

FOOTNOTES (continued)

16 Including data for East Jerusalem and Israeli residents in certain other territories under occupation by Israeli military forces since June 1967.

17 Excluding diplomatic personnel outside the country, and foreign military and civilian personnel and their dependants stationed in the area.

18 Including registered Palestinian refugees, numbering at mid–year 1965 and 1966, 688 327 and 706 568, respectively, and 722 687 at 31 May l967.

19 Excluding alien armed forces, civilian aliens employed by armed forces, and foreign diplomatic personnel and their dependants and Korean diplomatic personnel and their dependants stationed outside the country.

20 For Lebanese nationals on population register, including those living outside the country. Excluding non–resident foreigners and registered Palestinian refugees, the latter numbering at mid–year 1972, 1973 and 1977, 184 043, 187 529 and 200 000 respectively.

21 Formerly listed as "Burma".

22 Excluding data for Jammu and Kashmir, the final status of which has not yet been determined, Junagardh, Manavadar, Gilgit and Baltistan.

23 Excluding transients afloat and non–locally domiciled military and civilian services personnel and their dependants and visitors, numbering 5 553, 5 187 and 8 985 respectively at 1980 census.

24 Including Palestinian refugees numbering at end–year 1967 and 1968, 163 041 and 149 537, repectively, and at mid–year 1971 and 1977, 163 809 and 193 000, respectively.

25 Excluding Faeroe Islands and Greenland, shown separately.

26 De jure population, but excluding diplomatic personnel outside the country and including foreign diplomatic personnel not living in embassies or consulates.

27 The data which relate to the German Democratic Republic and the Federal Republic of Germany include the relevant data relating to Berlin, for which separate data have not been supplied. This is without prejudice to any question of status which may be involved.

28 Excluding armed forces.

29 Excluding armed forces stationed outside the country, but including alien armed forces stationed in the area.

30 Estimates are for 15 April of year stated.

31 Including civilian nationals temporarily outside the country.

32 Excluding civilian aliens within the country, and including civilian nationals temporarily outside the country.

33 Excluding diplomatic personnel and armed forces stationed outside the country, the latter numbering 1 936 at 1966 census; also excluding alien armed forces within the country.

NOTES (suite)

16 Y compris les données pour Jérusalem–Est et les résidents israéliens dans certains autres territoires occupés depuis juin 1967 par les forces armées israéliennes.

17 Non compris le personnel diplomatique hors du pays, les militaires et agents civils étrangers en poste sur le territoire et les membres de leur famille les accompagnant.

18 Y compris les réfugiés de Palestine immatriculés, dont le nombre au milieu de l'année 1965 et 1966 s'établissait comme suit: 688 327 et 706 568, respectivement, et à 722 687 au 31 mai l967.

19 Non compris les militaires étrangers, les civils étrangers employés par les forces armées, le personnel diplomatique étranger et les membres de leur famille les accompagnant, le personnel diplomatique coréen hors du pays et les membres de leur famille les accompagnant.

20 Pour les nationaux libanais inscrits sur le registre de la population, y compris ceux qui vivent hors du pays. Non compris les étrangers non résidents et les réfugiés de Palestine immatriculés; le nombre de ces derniers au milieu de 1972, 1973 et 1977. 184 043, 187 529 et 200 000, respectivement.

21 Antérieurement désigné sous le nom de "Birmanie".

22 Non compris les données pour le Jammu–et–Cachemire, dont le statut définitif n'a pas encore été déterminé, le Junagardh, le Manavadar, le Gilgit et le Baltistan.

23 Non compris les personnes de passage à bord de navires, les militaires et agents civils non résidents et les membres de leur famille les accompagnant et les visiteurs, au nombre de 5 553, 5 187 et 8 985 respectivement, au recensement de 1980.

24 Y compris les réfugiés de Palestine dont le nombre, à la fin de l'année 1967 et 1968, s'établissait comme suit: 163 041 et 149 537, respectivement, et au milieu de l'année 1971 et 1977, 163 809 et 193 000, respectivement.

25 Non compris les îles Féroé et le Groenland, qui font l'objet de rubriques distinctes.

26 Population de droit, mais non compris le personnel diplomatique hors du pays, et y compris le personnel diplomatique étranger qui ne vit pas dans les ambassades ou les consulats.

27 Les données relatives à la République démocratique allemande et à la République fédérale d'Allemagne, incluent les données pertinentes relatives à Berlin, pour lequel des données séparées n'ont pas été fournies. Cela sans préjudice des questions de statut qui peuvent se poser à cet égard.

28 Non compris les militaires.

29 Non compris les militaires en garnison hors du pays, mais y compris les militaires étrangers en garnison sur le territoire.

30 Estimations au 15 avril de l'année considérée.

31 Y compris les civils nationaux temporairement hors du pays.

32 Non compris les civils étrangers dans le pays, mais y compris les civils nationaux temporairement hors du pays.

33 Non compris le personnel diplomatique et les militaires hors du pays, ces derniers au nombre de 1 936 au recensement de 1966; non compris également les militaires étrangers dans le pays.

6. Urban and total population by sex: 1979 – 1988

Population urbaine et population totale selon le sexe: 1979 – 1988

(See notes at end of table. – Voir notes à la fin du tableau.)

Continent, country or area and date / Continent, pays ou zone et date	Both sexes – Les deux sexes: Total	Both sexes – Urban – Urbaine: Number / Nombre	Both sexes – Urban – Urbaine: Per cent / P. 100	Male – Masculin: Total	Male – Urban – Urbaine: Number / Nombre	Male – Urban – Urbaine: Per cent / P. 100	Female – Féminin: Total	Female – Urban – Urbaine: Number / Nombre	Female – Urban – Urbaine: Per cent / P. 100
AFRICA—AFRIQUE									
Benin – Bénin									
20 III 1979(C)	3 331 210	1 313 710	39.4	1 596 939	632 270	39.6	1 734 271	681 440	39.3
Botswana [1]									
12–26 VIII 1981(C)	941 027	150 012	15.9	443 104	77 373	17.5	497 923	72 639	14.6
1 VII 1986	*1 127 888*	*245 296*	*21.7*	*536 866*	*126 080*	*23.5*	*591 022*	*119 216*	*20.2*
Burundi									
1 VII 1979	*4 021 910*	*242 000*	*6.0*	...	...	...	...	...	...
15–16 VIII 1979(C)	4 028 420	168 368	4.2	1 946 145	93 861	4.8	2 082 275	74 507	3.6
1 VII 1985	*4 717 703*	*235 885*	*5.0*	...	...	...	...	...	...
1 VII 1986	*4 857 347*	*242 867*	*5.0*	...	...	...	...	...	...
1 VII 1987	*5 001 124*	*250 056*	*5.0*	...	...	...	...	...	...
1 VII 1988	*5 149 158*	*257 458*	*5.0*	...	...	...	...	...	...
Central African Republic – République centrafricaine									
1 VII 1979	*2 276 650*	*784 700*	*34.5*	...	...	...	...	...	...
1 VII 1980	*2 308 800*	*817 750*	*35.4*	...	...	...	...	...	...
Comoros – Comores [2]									
15 IX 1980(C)	335 150	78 106	23.3	167 089	38 848	23.2	168 061	39 258	23.4
Côte d'Ivoire									
1 VII 1983	*9 300 000*	*3 950 000*	*42.5*	...	...	...	...	...	...
Egypt – Egypte									
1 VII 1979	*40 888 840*	*17 902 909*	*43.8*	*20 839 939*	*9 195 255*	*44.1*	*20 048 901*	*8 707 654*	*43.4*
1 VII 1980	*42 126 057*	*18 444 613*	*43.8*	*21 469 951*	*9 473 237*	*44.1*	*20 656 106*	*8 971 376*	*43.4*
1 VII 1981	*43 314 289*	*18 964 874*	*43.8*	*22 076 551*	*9 741 898*	*44.1*	*21 237 738*	*9 222 976*	*43.4*
1 VII 1982	*44 524 684*	*19 494 841*	*43.8*	*22 694 007*	*10 014 368*	*44.1*	*21 830 677*	*9 480 473*	*43.4*
1 VII 1983	*45 915 000*	*20 419 000*	*44.5*	...	...	...	...	...	...
1 VII 1984	*47 191 000*	*21 020 000*	*44.5*	...	...	...	...	...	...
1 VII 1985	*48 503 000*	*21 642 000*	*44.6*	...	...	...	...	...	...
1 VII 1986	*49 609 000*	*22 230 000*	*44.8*	...	...	...	...	...	...
18 IX 1986(C)	48 205 049	21 173 436	43.9	24 655 297	10 877 652	44.1	23 549 752	10 295 784	43.7
1 VII 1987	*50 740 000*	*22 827 000*	*45.0*	...	...	...	...	...	...
1 VII 1988*	*51 897 000*	*23 444 000*	*45.2*	...	...	...	...	...	...
Equatorial Guinea – Guinée équatoriale									
4–17 VII 1983(C)*	300 000	82 748	27.6	144 268	40 648	28.2	155 732	42 100	27.0
Ethiopia – Ethiopie									
9 V 1984(C)*	42 169 203	4 779 406	11.3	21 018 900	2 219 400	10.6	21 150 303	2 560 006	12.1
1 VII 1985	*43 349 924*	*4 473 705*	*10.3*	*21 661 146*	*2 074 650*	*9.6*	*21 688 778*	*2 399 055*	*11.1*
1 VII 1986	*44 926 608*	*4 690 332*	*10.4*	*22 446 826*	*2 175 110*	*9.7*	*22 479 782*	*2 515 222*	*11.2*
1 VII 1987	*46 184 417*	*4 886 543*	*10.6*	*23 079 544*	*2 272 977*	*9.8*	*23 104 873*	*2 613 566*	*11.3*
1 VII 1988	*47 881 694*	*5 066 122*	*10.6*	*23 927 720*	*2 356 507*	*9.8*	*23 953 974*	*2 709 615*	*11.3*
Gambia – Gambie									
1 VII 1979	*584 505*	*104 140*	*17.8*	*296 054*	*53 041*	*17.9*	*288 451*	*51 099*	*17.7*
1 VII 1980	*600 955*	*109 486*	*18.2*	*304 287*	*55 764*	*18.3*	*296 668*	*53 722*	*18.1*
Ghana									
11 III 1984(C)	12 296 081	3 934 796	32.0	6 063 848	1 916 377	31.6	6 232 233	2 018 419	32.4
Kenya									
24 VIII 1979(C) [3]	15 327 061	2 382 203	15.5	7 607 113	1 307 158	17.2	7 719 948	1 075 045	13.9

6. Urban and total population by sex: 1979 – 1988 (continued)

Population urbaine et population totale selon le sexe: 1979 – 1988 (suite)

(See notes at end of table. – Voir notes à la fin du tableau.)

Continent, country or area and date / Continent, pays ou zone et date	Both sexes – Les deux sexes			Male – Masculin			Female – Féminin		
	Total	Urban – Urbaine		Total	Urban – Urbaine		Total	Urban – Urbaine	
		Number Nombre	Per cent P. 100		Number Nombre	Per cent P. 100		Number Nombre	Per cent P. 100
AFRICA—AFRIQUE (Cont.–Suite)									
Liberia – Libéria [4]									
1 VII 1980	*1 845 090*	*646 013*	*35.0*	...	...	...	...	...	...
1 VII 1981	*1 911 114*	*689 819*	*36.1*	...	...	...	...	...	...
1 VII 1982	*1 977 138*	*733 624*	*37.1*	...	...	...	...	...	...
1 VII 1983	*2 043 162*	*777 430*	*38.1*	...	...	...	...	...	...
1 VII 1984	*2 109 186*	*821 235*	*38.9*	...	...	...	...	...	...
1 VII 1985	*2 189 033*	*879 110*	*40.2*	...	...	...	...	...	...
1 VII 1987	*2 348 728*	*994 859*	*42.4*	...	...	...	...	...	...
1 VII 1988*	*2 428 578*	*1 052 733*	*43.3*	...	...	...	...	...	...
Malawi									
1 VII 1979	*5 864 500*	*547 200*	*9.3*	*2 831 500*	...	...	*3 033 000*	...	...
1 VII 1980	*6 045 700*	*591 000*	*9.8*	*2 921 700*	...	...	*3 124 000*	...	...
1 VII 1981	*6 226 800*	*634 700*	*10.2*	*3 011 900*	...	...	*3 214 900*	...	...
1 VII 1982	*6 453 297*	*689 432*	*10.7*	*3 124 649*	*364 195*	*11.7*	*3 328 648*	*325 237*	*9.8*
1 VII 1983	*6 618 400*	*737 400*	*11.1*	*3 206 986*	...	...	*3 411 437*	...	...
1 VII 1984	*6 838 600*	*801 500*	*11.7*	...	...	...	...	...	...
1 VII 1985	*7 058 757*	*865 600*	*12.3*	*3 426 551*	...	...	*3 632 206*	...	...
1 VII 1986	*7 278 925*	*929 600*	*12.8*	*3 536 334*	...	...	*3 742 591*	...	...
1 VII 1987	*7 554 134*	*1 009 670*	*13.4*	*3 673 562*	*523 128*	*14.2*	*3 880 572*	*486 542*	*12.5*
1 VII 1988*	*7 754 537*	*1 079 500*	*13.9*	*3 773619*	...	...	*3 980 918*	...	...
Mauritius – Maurice									
Island of Mauritius – Ile Maurice									
1 VII 1979	911 499	391 617	43.0	449 086	190 146	42.3	462 413	201 471	43.6
1 VII 1980	926 578	396 960	42.8	455 031	191 845	42.2	471 547	205 115	43.5
1 VII 1981	939 477	400 742	42.7	459 675	192 758	41.9	479 802	207 984	43.3
1 VII 1982	949 686	403 692	42.5	465 186	194 581	41.8	484 500	209 111	43.2
1 VII 1983	957 301	405 860	42.4	468 301	195 408	41.7	489 000	210 452	43.0
11 VII 1983(C)	966 863	403 251	41.7	481 368	199 573	41.5	485 495	203 678	42.0
1 VII 1984	977 129	405 438	41.5	488 349	201 400	41.2	488 780	204 038	41.7
1 VII 1985	985 210	406 943	41.3	493 900	202 931	41.1	491 310	204 012	41.5
1 VII 1986	993 851	409 435	41.2	497 659	204 222	41.0	496 192	205 213	41.4
1 VII 1987	1 003 794	411 802	41.0	501 221	204 953	40.9	502 573	206 849	41.2
Morocco – Maroc									
1 VII 1979	*19 470 000*	*8 049 000*	*41.3*	...	...	...	...	...	...
1 VII 1980	*20 050 000*	*8 444 000*	*42.1*	...	...	...	...	...	...
3–21 IX 1982(C)	20 449 551	8 733 507	42.7	10 236 078	4 378 706	42.8	10 213 473	4 353 801	42.6
Mozambique									
1 VIII 1980(C) [3]	11 673 725	1 539 119	13.2	5 670 484	805 176	14.2	6 003 241	733 943	12.2
South Africa – Afrique du Sud									
6 V 1980(C) [3 5]	25 016 525	13 168 465	52.6	12 720 448	6 799 257	53.5	12 296 077	6 369 208	51.8
5 III 1985(C) [3 6]	23 385 645	13 068 343	55.9	11 545 282	6 555 892	56.8	11 840 363	6 512 451	55.0
Sudan – Soudan									
1 VII 1980	*18 680 700*	*4 426 000*	*23.7*	*9 365 200*	*2 343 500*	*25.0*	*9 315 500*	*2 082 500*	*22.4*
1 II 1983(C)*	20 564 364	4 153 559	20.2	10 441 529	2 206 013	21.1	10 122 835	1 947 546	19.2
Tunisia – Tunisie									
30 III 1984(C)	6 966 173	3 680 830	52.8	3 547 315	1 870 255	52.7	3 418 858	1 810 575	53.0
United Rep. of Tanzania – Rép.–Unie de Tanzanie									
1 VII 1980	*18 580 000*	*2 748 000*	*14.8*	...	...	...	...	...	...
1 VII 1981	*19 171 000*	*2 936 000*	*15.3*	...	...	...	...	...	...
1 VII 1982	*19 782 000*	*3 137 000*	*15.9*	...	...	...	...	...	...
1 VII 1983	*20 412 000*	*3 351 000*	*16.4*	...	...	...	...	...	...
1 VII 1984	*21 062 000*	*3 579 000*	*17.0*	...	...	...	...	...	...
1 VII 1985	*21 733 000*	*3 821 000*	*17.6*	...	...	...	...	...	...
1 VII 1986	*22 462 000*	*4 086 000*	*18.2*	...	...	...	...	...	...
1 VII 1987	*23 217 000*	*4 369 000*	*18.8*	...	...	...	...	...	...
1 VII 1988*	*23 997 000*	*4 670 000*	*19.5*	...	...	...	...	...	...

6. Urban and total population by sex: 1979 – 1988 (continued)

Population urbaine et population totale selon le sexe: 1979 – 1988 (suite)

(See notes at end of table. – Voir notes à la fin du tableau.)

Continent, country or area and date Continent, pays ou zone et date	Both sexes – Les deux sexes			Male – Masculin			Female – Féminin		
	Total	Urban – Urbaine		Total	Urban – Urbaine		Total	Urban – Urbaine	
		Number Nombre	Per cent P. 100		Number Nombre	Per cent P. 100		Number Nombre	Per cent P. 100
AFRICA—AFRIQUE (Cont.–Suite)									
United Rep. of Tanzania – Rép.–Unie de Tanzanie									
Tanganyika									
1 VII 1980	18 080 000	2 581 000	14.3	...	...	...	...	...	...
1 VII 1981	18 658 000	2 763 000	14.8	...	...	...	...	...	...
1 VII 1982	19 255 000	2 957 000	15.4	...	...	...	...	...	...
1 VII 1983	19 871 000	3 164 000	15.9	...	...	...	...	...	...
1 VII 1984	20 506 000	3 385 000	16.5	...	...	...	...	...	...
1 VII 1985	21 162 000	3 620 000	17.1	...	...	...	...	...	...
1 VII 1986	21 874 000	3 877 000	17.7	...	...	...	...	...	...
1 VII 1987	22 611 000	4 151 000	18.4	...	...	...	...	...	...
1 VII 1988*	23 372 000	4 443 000	19.0	...	...	...	...	...	...
Zanzibar									
1 VII 1980	500 000	167 000	33.4	...	...	...	...	...	...
1 VII 1981	513 000	173 000	33.7	...	...	...	...	...	...
1 VII 1982	527 000	180 000	34.2	...	...	...	...	...	...
1 VII 1983	541 000	187 000	34.6	...	...	...	...	...	...
1 VII 1984	556 000	194 000	34.9	...	...	...	...	...	...
1 VII 1985	571 000	201 000	35.2	...	...	...	...	...	...
1 VII 1986	588 000	209 000	35.5	...	...	...	...	...	...
1 VII 1987	606 000	218 000	36.0	...	...	...	...	...	...
1 VII 1988*	625 000	227 000	36.3	...	...	...	...	...	...
Zaire – Zaïre [7]									
1 VII 1979	25 560 810	8 434 648	33.0	...	...	...	...	...	...
1 VII 1980	26 377 260	9 010 343	34.2	12 984 134	4 625 253	35.6	13 393 126	4 385 090	32.7
1 VII 1981	27 232 680	9 579 267	35.2	...	...	...	...	...	...
1 VII 1982	28 119 434	10 184 123	36.2	...	...	...	...	...	...
1 VII 1983	29 038 849	10 827 181	37.3	...	...	...	...	...	...
1 VII 1984(C)	29 441 169	8 283 332	28.1	14 632 261	4 125 100	28.2	14 808 908	4 158 232	28.1
1 VII 1985	30 981 382	12 237 709	39.5	...	...	...	...	...	...
Zambia – Zambie [7]									
25 VIII 1980(C)	5 661 801	2 258 520	39.9	2 769 995	1 144 046	41.3	2 891 806	1 114 474	38.5
1 VII 1985	6 725 300	2 998 200	44.6	...	...	...	...	...	...
Zimbabwe [7]									
1 VII 1979	6 930 000	1 538 000	22.2	...	...	...	...	...	...
1 VII 1980	7 096 000	1 380 000	19.4	...	...	...	...	...	...
1 VII 1981	7 360 000	1 443 000	19.6	...	...	...	...	...	...
1 VII 1982	7 477 000	1 924 000	25.7	...	...	...	...	...	...
18 VIII 1982(C)* [8]	7 501 470	1 765 750	23.5	3 673 620	940 620	25.6	3 827 850	825 130	21.6
1 VII 1983	7 740 000	1 823 000	23.6	...	...	...	...	...	...
AMERICA, NORTH— AMERIQUE DU NORD									
Canada [1]									
3 VI 1981(C)	24 343 180	18 435 925	75.7	12 068 290	9 013 665	74.7	12 274 890	9 422 260	76.8
3 VI 1986(C)	25 309 330	19 352 085	76.5	12 485 650	9 416 560	75.4	12 823 680	9 935 525	77.5
Costa Rica [1]									
1 VII 1979	2 165 921	948 673	43.8	...	...	...	...	...	...
1 VII 1981	2 271 000	1 064 536	46.9	...	...	...	...	...	...
1 VII 1982	2 324 257	1 103 177	47.5	...	...	...	...	...	...
10 VI 1984(C)	2 416 809	1 075 254	44.5	1 208 216	514 426	42.6	1 208 593	560 828	46.4
1 VII 1985	2 488 749	1 107 261	44.5	1 244 126	529 715	42.6	1 244 623	577 546	46.4
Cuba									
1 VII 1980	9 724 185	6 651 916	68.4	4 914 671	...	...	4 809 514	...	...
11 IX 1981(C)	9 723 605	6 712 030	69.0	4 914 873	3 313 070	67.4	4 808 732	3 398 960	70.7
1 VII 1983	9 896 971	6 957 571	70.3	4 988 075	3 486 716	69.9	4 908 896	3 470 855	70.7
1 VII 1984	9 994 426	7 051 979	70.6	5 037 710	3 505 990	69.6	4 956 716	3 545 989	71.5
1 VII 1985	10 097 902	7 173 891	71.0	5 088 859	3 538 464	69.5	5 009 043	3 635 427	72.6
1 VII 1986	10 199 276	7 299 526	71.6	5 137 823	3 600 767	70.1	5 061 453	3 698 759	73.1

6. Urban and total population by sex: 1979 – 1988 (continued)

Population urbaine et population totale selon le sexe: 1979 – 1988 (suite)

(See notes at end of table. – Voir notes à la fin du tableau.)

Continent, country or area and date Continent, pays ou zone et date	Both sexes – Les deux sexes: Total	Both sexes – Urban – Urbaine: Number Nombre	Both sexes – Urban – Urbaine: Per cent P. 100	Male – Masculin: Total	Male – Urban – Urbaine: Number Nombre	Male – Urban – Urbaine: Per cent P. 100	Female – Féminin: Total	Female – Urban – Urbaine: Number Nombre	Female – Urban – Urbaine: Per cent P. 100
AMERICA,NORTH— (Cont.–Suite) AMERIQUE DU NORD									
Dominican Republic – République dominicaine									
1 VII 1979	5 304 518	2 670 834	50.4	...	...	...	...	...	...
1 VII 1980	5 442 583	2 785 827	51.2	...	...	...	...	...	...
1 VII 1981	5 580 648	2 900 820	52.0	...	...	...	...	...	...
1 VII 1982	5 743 604	2 985 571	52.0	...	...	...	...	...	...
Guatemala									
26 III 1981(C) [3]	6 054 227	1 980 533	32.7	3 015 826	949 676	31.5	3 038 401	1 030 857	33.9
Haiti – Haïti [1]									
1 VII 1979	4 918 695	1 155 800	23.5	...	...	...	...	...	...
1 VII 1980	5 008 502	1 196 300	23.9	...	...	...	...	...	...
1 VII 1981	5 099 900	1 238 000	24.3	...	...	...	...	...	...
30 IX 1982(C)	5 053 792	1 241 940	24.6	2 448 370	548 653	22.4	2 605 422	693 287	26.6
1 VII 1984	5 184 680	1 307 647	25.2	2 514 950	580 247	23.1	2 669 730	727 400	27.2
1 VII 1985	5 251 192	1 340 501	25.5	2 546 150	596 044	23.4	2 705 042	744 457	27.5
Honduras									
1 VII 1979	3 563 823	1 252 086	35.1	1 786 915	603 870	33.8	1 776 908	648 216	36.5
1 VII 1980	3 691 027	1 323 747	35.9	1 850 595	638 608	34.5	1 840 432	685 139	37.2
1 VII 1981	3 820 951	1 399 972	36.6	1 915 562	675 657	35.3	1 905 389	724 315	38.0
1 VII 1982	3 955 116	1 479 700	37.4	1 982 858	714 503	36.0	1 972 258	765 197	38.8
1 VII 1983	4 092 175	1 562 610	38.2	2 051 526	754 880	36.8	2 040 649	807 730	39.6
1 VII 1984	4 231 567	1 648 549	39.0	...	...	...	...	...	...
1 VII 1985	4 372 487	1 737 275	39.7	2 191 985	840 009	38.3	2 180 502	897 266	41.1
1 VII 1986	4 513 940	1 827 332	40.5	...	...	...	...	...	...
1 VII 1987	4 656 440	1 922 058	41.3	...	...	...	...	...	...
1 VII 1988*	4 801 500	2 021 695	42.1	...	...	...	...	...	...
Mexico – Mexique									
4 VI 1980(C) [1]	66 846 833	44 299 729	66.3	33 039 307	21 576 749	65.3	33 807 526	22 722 980	67.2
Nicaragua [1]									
1 VII 1979	2 644 161	1 404 444	53.1	1 295 474	649 992	50.2	1 348 687	754 452	55.9
1 VII 1980	2 732 520	1 459 292	53.4	1 338 069	675 353	50.5	1 394 451	783 939	56.2
Panama									
1 VII 1979	1 878 188	938 782	50.0	...	...	...	...	...	...
11 V 1980(C)	1 831 399	910 580	49.7	928 285	439 768	47.4	903 114	470 812	52.1
1 VII 1980	1 956 454	969 515	49.6	999 288	...	...	957 166	...	...
1 VII 1981	1 999 451	999 451	50.0	1 020 906	487 192	47.7	978 657	518 988	53.0
1 VII 1982	2 043 653	1 028 625	50.3	1 043 000	503 458	48.3	1 000 653	525 167	52.5
1 VII 1983	2 088 585	1 057 473	50.6	1 065 501	517 334	48.6	1 023 084	540 139	52.8
1 VII 1984	2 134 236	1 086 680	50.9	1 088 347	531 352	48.8	1 045 889	555 328	53.1
1 VII 1985	2 180 489	1 116 746	51.2	1 111 481	545 802	49.1	1 069 008	570 944	53.4
1 VII 1986	2 227 254	1 147 837	51.5	1 134 856	560 783	49.4	1 092 398	587 054	53.7
1 VII 1987	2 274 448	1 179 839	51.9	1 158 430	576 231	49.7	1 116 018	603 608	54.1
1 VII 1988*	2 322 001	1 212 475	52.2	1 182 170	591 986	50.1	1 139 831	620 489	54.4
Puerto Rico – Porto Rico									
1 IV 1980(C) [9]	3 196 520	2 134 365	66.8	1 556 727	1 023 113	65.7	1 639 793	1 111 252	67.8
United States – Etats–Unis									
1 IV 1980(C) [10 11]	226 545 805	167 050 992	73.7	110 053 161	80 292 291	73.0	116 492 644	86 758 701	74.5
United States Virgin Islands – Iles Vierges américaines									
1 IV 1980(C) [9]	96 569	37 730	39.1	46 204	17 685	38.3	50 365	20 045	39.8

6. Urban and total population by sex: 1979 – 1988 (continued)

Population urbaine et population totale selon le sexe: 1979 – 1988 (suite)

(See notes at end of table. – Voir notes à la fin du tableau.)

Continent, country or area and date / Continent, pays ou zone et date	Both sexes – Les deux sexes			Male – Masculin			Female – Féminin		
	Total	Urban – Urbaine		Total	Urban – Urbaine		Total	Urban – Urbaine	
		Number / Nombre	Per cent / P. 100		Number / Nombre	Per cent / P. 100		Number / Nombre	Per cent / P. 100
AMERICA, SOUTH— AMERIQUE DU SUD									
Argentina – Argentine [4]									
22 X 1980(C)	27 947 446	23 192 892	83.0	13 755 983	11 213 938	81.5	14 191 463	11 978 954	84.4
1 VII 1985	30 563 833	25 874 899	84.7	15 163 666	12 631 811	83.3	15 400 167	13 243 088	86.0
Bolivia – Bolivie [4]									
1 VII 1979	5 449 250	2 386 774	43.8	...	...	...	...	...	...
1 VII 1980	5 599 592	2 488 628	44.4	2 762 321	...	...	2 837 271	...	...
1 VII 1981	5 755 072	2 595 237	45.1	...	...	...	...	...	...
1 VII 1982	5 918 800	2 706 626	45.7	...	...	...	...	...	...
1 VII 1983	6 081 722	2 822 546	46.4	...	...	...	...	...	...
1 VII 1984	6 252 721	2 942 944	47.1	...	...	...	...	...	...
1 VII 1985	6 429 226	3 068 051	47.7	3 175 379	1 497 863	47.2	3 253 847	1 570 188	48.3
1 VII 1986	6 547 426	3 197 870	48.8	...	...	...	...	...	...
1 VII 1987	6 797 359	3 334 433	49.1	3 357 199	...	...	3 440 160	...	...
1 VII 1988*	6 993 344	3 471 560	49.6	...	...	...	...	...	...
Brazil – Brésil [12]									
1 VII 1979	118 553 000	78 965 000	66.6	...	...	...	...	...	...
1 VII 1980	121 286 000	81 980 000	67.6	...	...	...	...	...	...
1 IX 1980(C) [1]	121 148 582	80 436 409	66.4	60 298 897	39 228 040	65.1	60 849 685	41 208 369	67.7
1 VII 1981	124 068 000	85 040 000	68.5	61 985 838	...	...	62 081 907	...	...
1 VII 1982	126 898 000	88 147 000	69.5	63 387 997	...	...	63 510 430	...	...
1 VII 1983	129 766 000	91 288 000	70.3	64 807 859	...	...	64 958 222	...	...
1 VII 1984	132 659 000	94 451 000	71.2	66 239 507	...	...	66 419 222	...	...
1 VII 1985	135 564 000	97 624 000	72.0	67 677 025	...	...	67 887 370	...	...
1 VII 1986	138 493 000	100 601 000	72.6	69 125 000	...	...	69 368 000	...	...
1 VII 1987	141 452 000	103 614 000	73.3	...	...	...	...	...	...
1 VII 1988*	144 428 000	106 649 000	73.8	...	...	...	...	...	...
Chile – Chili									
1 VII 1980	11 144 769	9 044 551	81.2	...	...	...	...	...	...
1 VII 1981	11 327 271	9 235 647	81.5	...	...	...	...	...	...
21 IV 1982(C)	11 329 736	9 316 120	82.2	5 553 409	4 464 367	80.4	5 776 327	4 851 753	84.0
1 VII 1982	11 518 800	9 441 443	82.0	...	...	...	...	...	...
1 VII 1983	11 716 769	9 656 950	82.4	5 782 055	...	...	5 934 720	...	...
1 VII 1984	11 918 590	9 877 177	82.9	5 882 183	4 771 315	81.1	6 036 409	5 105 862	84.6
1 VII 1985	12 121 677	10 097 133	83.3	5 982 988	4 882 863	81.6	6 138 690	5 214 270	84.9
1 VII 1986	12 327 030	10 302 613	83.6	6 085 007	4 984 901	81.9	6 242 023	5 317 712	85.2
1 VII 1987	12 536 374	10 509 512	83.8	6 189 093	5 087 692	82.2	6 347 284	5 421 820	85.4
1 VII 1988*	12 748 207	10 718 888	84.1	6 294 428	5 191 835	82.5	6 453 781	5 527 053	85.6
Colombia – Colombie									
1 VII 1983	27 502 000	17 980 000	65.4	...	...	...	...	...	...
15 X 1985(C)	27 837 932	18 713 553	67.2	13 777 700	8 927 542	64.8	14 060 232	9 786 011	69.6
1 VII 1988*	30 241 000	20 575 000	68.0	...	...	...	...	...	...
Ecuador – Equateur [4 13]									
1 VII 1979	7 893 296	3 685 242	46.7	...	...	...	...	...	...
1 VII 1980	8 123 354	3 825 456	47.1	...	...	...	...	...	...
1 VII 1981	8 361 285	4 030 322	48.2	...	...	...	...	...	...
1 VII 1982	8 606 116	4 225 653	49.1	4 328 109	2 073 379	47.9	4 278 007	2 152 274	50.3
28 XI 1982(C)	8 060 712	3 968 362	49.2	4 021 034	1 928 450	48.0	4 039 678	2 039 912	50.5
1 VII 1983	8 857 444	4 444 676	50.2	4 454 660	2 183 138	49.0	4 402 784	2 261 538	51.4
1 VII 1984	9 114 866	4 676 779	51.3	4 584 263	2 299 637	50.2	4 530 603	2 377 142	52.5
1 VII 1985	9 377 980	4 881 106	52.0	4 716 749	2 402 180	50.9	4 661 231	2 478 926	53.2
1 VII 1986	9 647 106	5 093 987	52.8	4 852 279	...	...	4 794 827	...	...
1 VII 1987	9 922 515	5 310 124	53.5	4 990 968	...	...	4 931 547	...	...
1 VII 1988*	10 203 723	5 529 409	54.2	5 132 571	...	...	5 071 152	...	...
Falkland Islands (Malvinas)– Iles Falkland (Malvinas)									
7 XII 1980(C)	1 855	1 092	58.9	1 034	592	57.3	821	500	60.9

6. Urban and total population by sex: 1979 – 1988 (continued)

Population urbaine et population totale selon le sexe: 1979 – 1988 (suite)

(See notes at end of table. – Voir notes à la fin du tableau.)

Continent, country or area and date Continent, pays ou zone et date	Both sexes – Les deux sexes			Male – Masculin			Female – Féminin		
	Total	Urban – Urbaine		Total	Urban – Urbaine		Total	Urban – Urbaine	
		Number Nombre	Per cent P. 100		Number Nombre	Per cent P. 100		Number Nombre	Per cent P. 100
AMERICA,SOUTH— (Cont.–Suite) AMERIQUE DU SUD									
Paraguay									
11 VII 1982(C)	3 029 830	1 295 345	42.8	1 521 409	625 760	41.1	1 508 421	669 585	44.4
Peru – Pérou [4 14]									
1 VII 1980	17 295 274	11 108 299	64.2	8 714 529	5 567 712	63.9	8 580 745	5 540 587	64.6
12 VII 1981(C)	17 005 210	11 091 923	65.2	8 489 867	5 517 769	65.0	8 515 343	5 534 154	65.0
1 VII 1983	18 707 000	12 376 900	66.2	9 529 400	6 304 800	66.2	9 177 600	6 072 100	66.2
1 VII 1984	19 197 900	13 224 310	68.9	9 672 000	6 620 795	68.5	9 526 000	6 603 515	69.3
1 VII 1985	19 697 500	13 224 300	67.1	9 923 200	6 620 800	66.7	9 774 300	6 603 500	67.6
1 VII 1986	20 207 100	13 679 500	67.7	10 179 700	6 847 600	67.3	10 027 400	6 831 900	68.1
1 VII 1987	20 727 100	14 145 900	68.2	10 441 300	7 080 000	67.8	10 285 800	7 065 900	68.7
1 VII 1988*	21 255 900	14 622 300	68.8	10 707 400	7 317 400	68.3	10 548 500	7 304 900	69.3
Uruguay									
23 X 1985(C) [3]	2 955 241	2 581 087	87.3	1 439 021	1 222 260	84.9	1 516 220	1 358 827	89.6
Venezuela [4 15]									
1 VII 1980	15 023 880	11 886 679	79.1	7 602 732	5 928 644	78.0	7 421 148	5 958 035	80.3
1 VII 1981	15 484 656	12 341 955	79.7	7 834 153	6 157 138	78.6	7 650 503	6 184 817	80.8
20 X 1981(C)	14 516 735	12 208 301	84.1	7 258 674	6 031 944	83.1	7 258 061	6 176 357	85.1
1 VII 1982	15 939 741	12 794 438	80.3	8 061 768	6 383 485	79.2	7 877 973	6 410 953	81.4
1 VII 1983	16 393 726	13 247 463	80.8	8 288 239	6 609 601	79.7	8 105 487	6 637 862	81.9
1 VII 1984	16 851 196	13 704 716	81.3	8 516 231	6 837 590	80.3	8 334 965	6 867 126	82.4
1 VII 1985	17 316 738	14 169 308	81.8	8 748 405	7 069 259	80.8	8 568 333	7 100 050	82.9
1 VII 1986	17 791 412	14 642 207	82.3	8 985 309	7 305 106	81.3	8 806 103	7 337 101	83.3
1 VII 1987	18 272 157	15 120 769	82.8	9 225 166	7 543 619	81.8	9 046 991	7 577 151	83.8
1 VII 1988*	18 757 389	15 603 749	83.2	9 467 159	7 784 158	82.2	9 290 230	7 819 591	84.2
ASIA—ASIE									
Afghanistan [4]									
23 VI 1979(C)	13 051 358	2 014 127	15.4	6 712 377	1 051 939	15.7	6 338 981	962 188	15.2
1 VII 1979	15 551 353	1 976 746	12.7	8 008 712	1 029 885	12.9	7 542 596	946 861	12.6
1 VII 1988* [16]	15 513 300	2 752 100	17.7	7 962 400	1 417 800	17.8	7 550 900	1 334 300	17.7
Bahrain – Bahreïn									
5 IV 1981(C)	350 798	283 162	80.7	204 793	...	...	146 005	...	...
Bangladesh [4 7]									
1 VII 1979	86 643 202	8 759 627	10.1	...	...	...	...	...	...
1 VII 1980	88 677 749	13 639 000	15.4	...	...	...	...	...	...
6 III 1981(C)	87 119 965	13 227 625	15.2	44 919 191	7 370 000	16.4	42 200 774	5 858 000	13.9
1 VII 1981	90 457 000	10 829 000	12.0	46 603 000	...	...	43 854 000	...	...
1 VII 1982	92 585 000	12 237 000	13.2	47 695 000	...	...	44 890 000	...	...
Brunei Darussalam – Brunéi Darussalam									
26 VIII 1981(C) [17]	192 832	114 504	59.4	102 942	61 052	59.3	89 890	53 452	59.5
China – Chine [18]									
1 VII 1982(C)	1003 180 738	206 309 144	20.6	519 421 198	108 020 720	20.8	483 759 540	98 288 424	20.3
Hong Kong – Hong-kong									
9 III 1981(C)	4 986 560	4 573 067	91.7	2 604 168	2 385 123	91.6	2 382 392	2 187 944	91.8
11 III 1986(C)* [19]	5 395 997	5 024 047	93.1	2 772 464	2 576 497	92.9	2 623 533	2 447 550	93.3
India – Inde [4 20]									
1 III 1981(C)	685 184 692	159 727 357	23.3	...	...	...	...	...	...
1 VII 1985	750 859 000	187 706 000	25.0	387 618 400	...	...	363 240 600	...	...
1 VII 1986	766 135 000	194 585 000	25.4	395 484 000	103 016 000	26.0	370 651 000	91 569 000	24.7
1 VII 1987	781 374 000	201 768 000	25.8	403 168 000	106 729 000	26.5	378 206 000	95 039 000	25.1

6. Urban and total population by sex: 1979 – 1988 (continued)

Population urbaine et population totale selon le sexe: 1979 – 1988 (suite)

(See notes at end of table. – Voir notes à la fin du tableau.)

Continent, country or area and date Continent, pays ou zone et date	Both sexes – Les deux sexes			Male – Masculin			Female – Féminin		
	Total	Urban – Urbaine		Total	Urban – Urbaine		Total	Urban – Urbaine	
		Number Nombre	Per cent P. 100		Number Nombre	Per cent P. 100		Number Nombre	Per cent P. 100
ASIA—ASIE (Cont.–Suite)									
Indonesia – Indonésie									
31 X 1980(C)	146 776 473	32 845 769	22.4	72 951 670	16 441 891	22.5	73 824 803	16 403 878	22.2
1 VII 1985	*164 047 000*	*43 030 000*	*26.2*	*81 644 000*	*21 436 000*	*26.3*	*82 403 000*	*21 594 000*	*26.2*
Iran (Islamic Republic of – Rép. islamique d')									
1 VII 1979	*37 201 328*	*18 029 730*	*48.5*	*19 190 811*	*9 425 668*	*49.1*	*18 010 517*	*8 604 062*	*47.8*
1 VII 1980	*39 297 000*	*19 604 000*	*49.9*	...	...	...	...	...	...
1 VII 1981	*40 853 000*	*20 672 000*	*50.6*	...	...	...	...	...	...
1 VII 1982	*42 480 000*	*21 798 000*	*51.3*	...	...	...	...	...	...
1 VII 1983	*44 181 000*	*22 986 000*	*52.0*	...	...	...	...	...	...
1 VII 1984	*45 960 000*	*24 239 000*	*52.7*	...	...	...	...	...	...
1 VII 1985	*47 820 000*	*25 560 000*	*53.5*	...	...	...	...	...	...
22 IX 1986(C)*	49 857 384	26 991 543	54.1	25 491 645	13 868 837	54.4	24 365 739	13 122 706	53.9
Iraq									
1 VII 1982	*14 110 425*	*9 602 010*	*68.0*	*7 260 626*	*4 990 160*	*68.7*	*6 849 799*	*4 611 850*	*67.3*
Israel – Israël [1,4,21]									
1 VII 1979	3 786 409	3 216 926	85.0	1 892 914	...	...	1 893 495	...	...
4 VI 1983(C)*	4 037 620	3 616 029	89.6	2 011 590	1 793 397	89.2	2 026 030	1 822 632	90.0
1 VII 1984	4 159 139	3 718 000	89.4	2 075 690	...	...	2 083 449	...	...
1 VII 1985	4 233 000	3 775 500	89.2	2 112 300	...	...	2 120 600	...	...
1 VII 1986	4 298 800	3 827 000	89.0	2 144 600	...	...	2 154 200	...	...
1 VII 1987	4 368 900	3 884 000	88.9	2 179 000	1 929 000	88.5	2 189 900	1 955 000	89.3
Japan – Japon [22]									
1 X 1980(C)	117 060 396	89 187 409	76.2	57 593 769	44 026 960	76.4	59 466 627	45 160 449	75.9
1 X 1985(C)	121 048 923	92 889 236	76.7	59 497 316	45 793 045	77.0	61 551 607	47 096 191	76.5
Jordan – Jordanie [23]									
10 XI 1979(C) [1,24]	2 132 997	1 266 665	59.4	1 115 841	665 029	59.6	1 017 156	601 636	59.1
Korea, Republic of [25] – Corée, République de									
1 XI 1980(C) [3]	37 436 315	21 434 116	57.3	18 767 201	10 713 025	57.1	18 669 114	10 721 091	57.4
1 VII 1985	*40 805 744*	*27 380 654*	*67.1*	*20 575 600*	...	...	*20 230 144*	...	...
1 XI 1985(C) [26]	40 448 486	26 442 980	65.4	20 243 765	13 168 116	65.0	20 204 721	13 274 864	65.7
1 VII 1986	*41 184 048*	*28 029 863*	*68.1*	*20 764 224*	...	...	*20 419 824*	...	...
1 VII 1987	*41 574 912*	*28 682 532*	*69.0*	*20 958 864*	...	...	*20 616 048*	...	...
1 VII 1988*	*41 974 640*	*29 336 076*	*69.9*	*21 157 744*	...	...	*20 816 896*	...	...
Malaysia – Malaisie									
Peninsular Malaysia – Malaisie Péninsulaire									
10 VI 1980(C)	10 944 844	4 073 105	37.2	5 469 334	2 044 873	37.4	5 475 510	2 028 232	37.0
Sabah									
10 VI 1980(C)	955 712	249 615	26.1	499 345	130 325	26.1	456 367	119 290	26.1
Sarawak									
10 VI 1980(C)	1 235 553	222 529	18.0	620 077	110 423	17.8	615 476	112 106	18.2
Maldives									
1 VII 1979	*148 064*	*30 477*	*20.6*	...	...	...	...	...	...
1 VII 1980	*152 713*	*31 344*	*20.5*	...	...	...	...	...	...
1 VII 1981	*157 755*	*32 288*	*20.5*	...	...	...	...	...	...
1 VII 1982	*162 800*	*35 200*	*21.6*	...	...	...	...	...	...
1 VII 1983	*172 300*	*42 428*	*24.6*	...	...	...	...	...	...
1 VII 1984	*178 000*	*44 743*	*25.1*	...	...	...	...	...	...
25 III 1985(C)	180 088	45 874	25.5	93 482	25 897	27.7	86 606	19 977	23.1
1 VII 1985	*183 700*	*47 046*	*25.6*	...	...	...	...	...	...
1 VII 1986	*189 400*	*49 328*	*26.0*	...	...	...	...	...	...
1 VII 1987	*195 100*	*51 578*	*26.4*	...	...	...	...	...	...

6. Urban and total population by sex: 1979 – 1988 (continued)

Population urbaine et population totale selon le sexe: 1979 – 1988 (suite)

(See notes at end of table. – Voir notes à la fin du tableau.)

Continent, country or area and date Continent, pays ou zone et date	Both sexes – Les deux sexes: Total	Both sexes – Les deux sexes: Urban – Urbaine: Number Nombre	Both sexes – Les deux sexes: Urban – Urbaine: Per cent P. 100	Male – Masculin: Total	Male – Masculin: Urban – Urbaine: Number Nombre	Male – Masculin: Urban – Urbaine: Per cent P. 100	Female – Féminin: Total	Female – Féminin: Urban – Urbaine: Number Nombre	Female – Féminin: Urban – Urbaine: Per cent P. 100
ASIA—ASIE (Cont.–Suite)									
Mongolia – Mongolie									
5 I 1979(C)	1 595 000	817 100	51.2	798 900	407 000	50.9	796 100	410 100	51.5
1 VII 1979	1 617 350	828 000	51.2	...	...	...	...	...	...
1 VII 1980	1 662 550	850 200	51.1	...	...	...	...	...	...
1 VII 1981	1 708 900	872 550	51.1	...	...	...	...	...	...
1 VII 1982	1 753 100	898 600	51.3	...	...	...	...	...	...
1 VII 1983	1 797 100	925 600	51.5	...	...	...	...	...	...
1 VII 1984	1 843 350	951 650	51.6	...	...	...	...	...	...
1 VII 1985	1 890 500	978 700	51.8	...	...	...	...	...	...
1 VII 1986	1 940 150	1 006 900	51.9	...	...	...	...	...	...
Myanmar [27]									
31 III 1983(C)	35 307 913	8 466 292	24.0	17 518 255	4 214 463	24.1	17 789 658	4 251 829	23.9
Nepal – Népal									
22 VI 1981(C) [1]	15 022 839	956 721	6.4	7 695 336	512 236	6.7	7 327 503	444 485	6.1
Pakistan [28]									
1 VII 1980	82 581 000	23 171 000	28.1	...	...	...	...	...	...
1 III 1981(C)	84 253 644	23 841 471	28.3	44 232 677	12 767 061	28.9	40 020 967	11 074 410	27.7
1 VII 1981	85 118 000	24 080 000	28.3	...	...	...	...	...	...
1 VII 1982	87 758 000	24 809 000	28.3	...	...	...	...	...	...
1 VII 1983	90 480 000	25 560 000	28.2	...	...	...	...	...	...
1 VII 1984	93 286 000	26 334 000	28.2	...	...	...	...	...	...
1 VII 1985	96 180 000	27 216 000	28.3	...	...	...	...	...	...
1 VII 1986	99 163 000	28 060 000	28.3	...	...	...	...	...	...
1 VII 1987	102 238 183	28 933 000	28.3	...	...	...	...	...	...
Philippines [1]									
1 V 1980(C)	48 098 460	17 943 897	37.3	24 128 755	8 765 276	36.3	23 969 705	9 178 621	38.3
1 VII 1980	48 316 503	18 021 904	37.3	24 231 626	...	...	24 084 877	...	...
1 VII 1981	49 536 022	18 680 256	37.7	24 846 275	...	...	24 689 747	...	...
1 VII 1982	50 783 065	19 429 664	38.3	25 475 273	...	...	25 307 792	...	...
1 VII 1983	52 055 370	20 203 280	38.8	26 117 426	...	...	25 937 944	...	...
1 VII 1984	53 351 220	21 000 880	39.4	26 771 815	...	...	26 579 405	...	...
1 VII 1985	54 668 332	21 821 760	39.9	27 437 246	...	...	27 231 086	...	...
1 VII 1986	56 004 130	22 665 184	40.5	28 112 404	...	...	27 891 726	...	...
1 VII 1987	57 356 042	23 530 304	41.0	28 795 983	...	...	28 560 059	...	...
1 VII 1988*	58 721 307	24 416 144	41.6	29 486 544	...	...	29 234 763	...	...
Sri Lanka									
17 III 1981(C)	14 846 750	3 192 489	21.5	7 568 253	1 669 466	22.1	7 278 497	1 523 023	20.9
Syrian Arab Republic – République arabe syrienne [29]									
1 VII 1979	8 421 000	3 895 000	46.3	...	...	...	...	...	...
1 VII 1980	8 704 000	4 054 000	46.6	4 455 000	2 075 000	46.6	4 249 000	1 979 000	46.6
1 VII 1981	8 996 000	4 220 000	46.9	4 595 000	2 156 000	46.9	4 401 000	2 064 000	46.9
7 IX 1981(C)	9 046 144	4 256 543	47.1	4 621 852	2 199 536	47.6	4 424 292	2 057 007	46.5
1 VII 1982	9 298 000	4 392 000	47.2	4 749 000	2 243 000	47.2	4 549 000	2 149 000	47.2
1 VII 1983	9 611 000	4 587 000	47.7	4 909 000	2 367 000	48.2	4 702 000	2 220 000	47.2
1 VII 1984	9 934 000	4 783 000	48.1	5 072 000	2 448 000	48.3	4 862 000	2 335 000	48.0
1 VII 1985	10 267 000	4 991 000	48.6	5 244 000	2 580 000	49.2	5 023 000	2 411 000	48.0
1 VII 1986	10 612 000	5 208 000	49.1	5 420 000	2 692 000	49.7	5 192 000	2 516 000	48.5
1 VII 1987	10 969 000	5 428 000	49.5	5 603 000	2 805 000	50.1	5 366 000	2 623 000	48.9
1 VII 1988*	11 338 000	5 672 000	50.0	5 793 000	2 932 000	50.6	5 545 000	2 740 000	49.4
Thailand – Thaïlande									
1 IV 1980(C) [1,3]	44 824 540	7 632 916	17.0	22 328 607	3 744 425	16.8	22 495 933	3 888 491	17.3

6. Urban and total population by sex: 1979 – 1988 (continued)

Population urbaine et population totale selon le sexe: 1979 – 1988 (suite)

(See notes at end of table. – Voir notes à la fin du tableau.)

Continent, country or area and date / Continent, pays ou zone et date	Both sexes – Les deux sexes			Male – Masculin			Female – Féminin		
	Total	Urban – Urbaine: Number / Nombre	Urban – Urbaine: Per cent / P. 100	Total	Urban – Urbaine: Number / Nombre	Urban – Urbaine: Per cent / P. 100	Total	Urban – Urbaine: Number / Nombre	Urban – Urbaine: Per cent / P. 100
ASIA—ASIE (Cont.–Suite)									
Turkey – Turquie									
1 VII 1979	*43 530 000*	*18 868 000*	*43.3*	...	...	...	...	...	...
1 VII 1980	*44 438 000*	*19 452 000*	*43.8*	...	...	...	...	...	...
12 X 1980(C)	44 736 957	19 645 007	43.9	22 695 362	10 272 130	45.3	22 041 595	9 372 877	42.5
1 VII 1981	*45 366 000*	*20 053 000*	*44.2*	...	...	...	...	...	...
1 VII 1982	*46 312 000*	*20 674 000*	*44.6*	...	...	...	...	...	...
1 VII 1983	*47 279 000*	*21 313 000*	*45.1*	...	...	...	...	...	...
1 VII 1984	*48 265 000*	*21 973 000*	*45.5*	...	...	...	...	...	...
1 VII 1985	*49 272 000*	*22 652 000*	*46.0*	...	...	...	...	...	...
20 X 1985(C)	50 664 458	26 865 757	53.0	25 671 975	14 010 662	54.6	24 992 483	12 855 095	51.4
United Arab Emirates – Emirats arabes unis									
15 XII 1980(C)	1 043 225	843 546	80.9	720 360	573 861	79.7	322 865	269 685	83.5
Viet Nam									
1 X 1979(C)	52 741 766	10 115 457	19.2	25 580 582	5 217 681	20.4	27 161 184	4 897 776	18.0
EUROPE									
Albania – Albanie									
1 VII 1979	2 617 200	877 400	33.5	...	...	...	...	...	...
1 VII 1980	2 671 300	898 200	33.6	1 378 500	...	...	1 292 800	...	...
1 VII 1981	2 725 300	917 900	33.7	1 406 400	...	...	1 318 900	...	...
1 VII 1982	2 782 700	938 900	33.7	1 435 900	...	...	1 346 800	...	...
1 VII 1983	2 841 300	961 500	33.8	1 466 000	490 100	33.4	1 375 300	471 400	34.3
1 VII 1984	2 900 700	986 000	34.0	1 496 300	503 000	33.6	1 404 400	483 000	34.4
1 VII 1985	2 962 200	1 014 400	34.2	1 527 400	517 500	33.9	1 434 800	496 900	34.6
1 VII 1986	3 021 900	1 040 500	34.4	1 557 600	530 800	34.1	1 464 300	509 700	34.8
1 VII 1987	3 082 700	1 066 900	34.6	1 588 500	544 100	34.3	1 494 200	522 800	35.0
1 VII 1988*	3 143 200	1 093 800	34.8	...	...	...	...	...	...
Andorra – Andorre									
1 VII 1979	*31 274*	*20 532*	*65.7*	...	...	...	...	...	...
1 VII 1980	*35 460*	*23 671*	*66.8*	...	...	...	...	...	...
1 VII 1981	*37 825*	*25 195*	*66.6*	...	...	...	...	...	...
1 VII 1982	*39 940*	*26 546*	*66.5*	...	...	...	...	...	...
1 VII 1983	*41 627*	*27 156*	*65.2*	...	...	...	...	...	...
1 VII 1984	*42 712*	*27 890*	*65.3*	*22 890*	*14 925*	*65.2*	*19 822*	*12 965*	*65.4*
1 VII 1985	*44 596*	*29 028*	*65.1*	*23 695*	*15 435*	*65.1*	*20 901*	*13 593*	*65.0*
1 VII 1986	*46 976*	*30 197*	*64.3*	*24 828*	*15 944*	*64.2*	*22 148*	*14 253*	*64.4*
1 VII 1987	*47 671*	*30 631*	*64.3*	*25 202*	*16 159*	*64.1*	*22 469*	*14 472*	*64.4*
Austria – Autriche									
12 V 1981(C) [1]	7 555 338	4 161 045	55.1	3 572 426	1 919 638	53.7	3 982 912	2 241 407	56.3
Bulgaria – Bulgarie									
1 VII 1979	8 825 940	5 426 104	61.5	4 399 922	2 703 812	61.5	4 426 018	2 722 292	61.5
1 VII 1980	8 861 535	5 506 679	62.1	4 415 432	2 744 498	62.2	4 446 103	2 762 181	62.1
1 VII 1981	8 891 117	5 602 336	63.0	4 427 727	2 792 738	63.1	4 463 390	2 809 598	62.9
1 VII 1982	8 917 457	5 697 242	63.9	4 438 296	2 840 070	64.0	4 479 161	2 857 172	63.8
1 VII 1983	8 939 738	5 779 165	64.6	4 446 183	2 880 677	64.8	4 493 555	2 898 488	64.5
1 VII 1984	8 960 679	5 879 134	65.6	4 452 958	2 930 737	65.8	4 507 721	2 948 397	65.4
1 VII 1985	8 960 416	5 869 832	65.5	4 452 181	2 924 721	65.7	4 508 235	2 945 111	65.3
4 XII 1985(C)	8 948 388	5 796 330	64.8	4 430 061	2 862 394	64.6	4 518 327	2 933 936	64.9
1 VII 1986	8 957 638	5 839 302	65.2	4 451 946	2 907 972	65.3	4 505 692	2 931 330	65.1
Channel Islands – Iles Anglo-Normandes									
Guernsey – Guernesey									
5 IV 1981(C)	53 313	15 587	29.2	25 701	...	...	27 612	...	...

6. Urban and total population by sex: 1979 – 1988 (continued)

Population urbaine et population totale selon le sexe: 1979 – 1988 (suite)

(See notes at end of table. – Voir notes à la fin du tableau.)

Continent, country or area and date Continent, pays ou zone et date	Both sexes – Les deux sexes: Total	Both sexes – Urban – Urbaine: Number / Nombre	Both sexes – Urban – Urbaine: Per cent / P. 100	Male – Masculin: Total	Male – Urban – Urbaine: Number / Nombre	Male – Urban – Urbaine: Per cent / P. 100	Female – Féminin: Total	Female – Urban – Urbaine: Number / Nombre	Female – Urban – Urbaine: Per cent / P. 100
EUROPE (Cont.–Suite)									
Czechoslovakia – Tchécoslovaquie									
1 VII 1982	15 369 091	11 328 678	73.7	7 483 476	...	...	7 885 615	...	...
1 VII 1983	15 414 360	11 421 455	74.1	7 506 006	...	...	7 908 354	...	...
1 VII 1985	15 498 531	11 571 716	74.7	7 547 807	...	...	7 950 724	...	...
Denmark – Danemark [30]									
1 I 1981(C) [1]	5 123 989	4 297 092	83.9	2 528 225	2 089 529	82.6	2 595 764	2 207 563	85.0
Finland – Finlande [1]									
1 VII 1979	4 764 690	2 846 369	59.7	2 303 787	1 344 973	58.4	2 460 903	1 501 396	61.0
1 VII 1980	4 779 535	2 858 614	59.8	2 310 814	1 351 089	58.5	2 468 721	1 507 525	61.1
1 VII 1981	4 799 964	2 873 712	59.9	2 327 158	1 358 755	58.4	2 478 806	1 514 957	61.1
1 VII 1982	4 826 933	2 889 221	59.9	2 335 171	1 366 641	58.5	2 491 762	1 522 580	61.1
1 VII 1983	4 855 787	2 903 807	59.8	2 350 021	1 373 957	58.5	2 505 766	1 529 850	61.1
1 VII 1984	4 881 803	2 917 135	59.8	2 363 200	1 380 542	58.4	2 518 603	1 536 593	61.0
1 VII 1985	4 902 206	2 930 865	59.8	2 373 504	1 387 395	58.5	2 528 702	1 543 470	61.0
17 XI 1985(C)	4 910 619	2 938 341	59.8	2 377 978	1 391 315	58.5	2 532 641	1 547 026	61.1
1 VII 1986	4 918 154	3 037 981	61.8	2 381 823	1 440 455	60.5	2 536 331	1 597 526	63.0
France									
4 III 1982(C) [31]	54 334 871	39 872 566	73.4	...	...	...	...	...	...
German Democratic Rep. – Rép. démocratique allemande [1 32]									
1 VII 1979	16 744 692	12 739 422	76.1	7 834 997	5 926 292	75.6	8 909 695	6 813 130	76.5
1 VII 1980	16 737 204	12 749 032	76.2	7 846 777	5 943 118	75.7	8 890 427	6 805 914	76.6
1 VII 1981	16 736 030	12 778 259	76.4	7 863 587	5 971 553	75.9	8 872 443	6 806 706	76.7
31 XII 1981(C)	16 705 635	12 765 395	76.4	7 849 112	5 964 585	76.0	8 856 523	6 800 810	76.8
1 VII 1982	16 697 366	12 769 588	76.5	...	...	...	...	...	...
1 VII 1983	16 698 555	12 784 132	76.6	7 867 628	5 990 818	76.1	8 830 927	6 793 314	76.9
1 VII 1984	16 670 767	12 761 507	76.6	7 867 433	5 989 386	76.1	8 803 334	6 772 121	76.9
1 VII 1985	16 644 308	12 748 928	76.6	7 870 139	5 994 479	76.2	8 774 169	6 754 449	77.0
1 VII 1986	16 624 375	12 739 918	76.6	7 880 864	6 006 828	76.2	8 743 511	6 733 090	77.0
1 VII 1987	16 641 298	12 778 830	76.8	...	...	...	...	...	...
1 VII 1988*	16 666 340	12 797 833	76.8	7 951 914	6 076 263	76.4	8 714 426	6 721 570	77.1
Greece – Grèce									
5 IV 1981(C) [8 33]	9 740 151	5 654 058	58.0	...	...	...	...	...	...
Hungary – Hongrie									
1 VII 1979	10 698 234	5 676 652	53.1	5 184 275	...	...	5 513 959	...	...
1 I 1980(C)	10 709 463	5 701 565	53.2	5 188 709	2 733 642	52.7	5 520 754	2 967 923	53.8
1 VII 1980	10 711 122	6 066 295	56.6	5 188 402	...	...	5 522 720	...	...
1 VII 1981	10 711 848	6 107 322	57.0	5 186 305	...	...	5 525 543	...	...
1 VII 1982	10 705 535	6 139 205	57.3	5 180 794	2 942 966	56.8	5 524 741	3 196 239	57.9
1 VII 1983	10 689 463	6 158 828	57.6	5 170 289	2 950 534	57.1	5 519 174	3 208 294	58.1
1 VII 1984	10 668 095	6 179 293	57.9	5 156 418	2 958 729	57.4	5 511 677	3 220 564	58.4
1 VII 1985	10 648 713	6 205 919	58.3	5 143 728	2 969 689	57.7	5 504 985	3 236 230	58.8
1 VII 1986	10 630 564	6 236 608	58.7	5 132 363	2 982 542	58.1	5 498 201	3 254 066	59.2
1 VII 1987	10 612 741	6 266 277	59.0	5 121 433	2 994 596	58.5	5 491 308	3 271 681	59.6
Iceland – Islande [1]									
1 VII 1979	225 749	198 586	88.0	113 848	99 154	87.1	111 901	99 432	88.9
1 VII 1980	228 161	201 175	88.2	115 032	100 474	87.3	113 129	100 701	89.0
1 VII 1981	230 803	204 052	88.4	116 316	101 895	87.6	114 487	102 157	89.2
1 VII 1982	233 997	207 448	88.7	117 907	103 591	87.9	116 090	103 857	89.5
1 VII 1983	237 041	210 885	89.0	119 352	105 261	88.2	117 689	105 624	89.7
1 VII 1984	239 498	213 559	89.2	120 487	106 548	88.4	119 011	107 011	89.9
Ireland – Irlande									
15 IV 1981(C)	3 443 405	1 914 785	55.6	1 729 354	929 045	53.7	1 714 051	985 740	57.5
13 IV 1986(C)	3 540 643	1 996 778	56.4	1 769 700	...	...	1 770 900	...	...

6. Urban and total population by sex: 1979 – 1988 (continued)

Population urbaine et population totale selon le sexe: 1979 – 1988 (suite)

(See notes at end of table. – Voir notes à la fin du tableau.)

Continent, country or area and date / Continent, pays ou zone et date	Both sexes – Les deux sexes			Male – Masculin			Female – Féminin		
	Total	Urban – Urbaine		Total	Urban – Urbaine		Total	Urban – Urbaine	
		Number / Nombre	Per cent / P. 100		Number / Nombre	Per cent / P. 100		Number / Nombre	Per cent / P. 100
EUROPE (Cont.–Suite)									
Isle of Man – Ile de Man									
6 IV 1981(C)	64 679	46 242	71.5	30 901	21 984	71.1	33 778	24 258	71.8
6 IV 1986(C)	62 096	45 214	72.8	29 696	21 502	72.4	32 400	23 712	73.2
1 VII 1986	63 212	46 027	72.8	30 270	...	...	32 942	...	...
Luxembourg									
31 XII 1979 [1]	363 700	283 000	77.8	178 000	137 800	77.4	185 700	145 200	78.2
Netherlands–Pays–Bas [1 34 35]									
1 VII 1979	14 038 270	12 368 001	88.1	6 969 861	6 117 160	87.8	7 068 409	6 250 840	88.4
1 VII 1980	14 149 801	12 505 358	88.4	7 021 378	6 182 383	88.1	7 128 423	6 322 975	88.7
1 VII 1981	14 247 208	12 591 744	88.4	7 065 020	6 221 182	88.1	7 182 188	6 370 562	88.7
1 VII 1982	14 312 690	12 643 349	88.3	7 092 082	6 242 138	88.0	7 220 608	6 401 211	88.7
1 VII 1983	14 367 070	12 681 728	88.3	7 113 375	6 255 954	87.9	7 253 695	6 425 774	88.6
1 VII 1984	14 424 211	12 763 348	88.5	7 136 886	6 292 829	88.2	7 287 325	6 470 519	88.8
1 VII 1985	14 491 649	12 818 010	88.5	7 167 083	6 317 104	88.1	7 324 566	6 500 906	88.8
1 VII 1986	14 572 266	12 886 569	88.4	7 204 429	6 348 862	88.1	7 367 837	6 537 707	88.7
1 VII 1987	14 663 629	12 970 107	88.5	7 247 982	6 388 979	88.1	7 415 647	6 581 128	88.7
Norway – Norvège									
1 XI 1980(C) [1]	4 091 132	2 893 193	70.7	2 027 083	1 409 663	69.5	2 064 049	1 483 530	71.9
Poland – Pologne [36]									
1 VII 1979	35 256 645	20 381 426	57.8	17 177 373	9 784 942	57.0	18 079 279	10 596 484	58.6
1 VII 1980	35 578 016	20 789 905	58.4	17 335 310	9 984 405	57.6	18 242 706	10 805 501	59.2
1 VII 1981	35 901 961	21 164 543	59.0	17 493 234	10 166 601	58.1	18 408 727	10 997 942	59.7
1 VII 1982	36 227 381	21 493 474	59.3	17 656 002	10 329 312	58.5	18 571 379	11 164 162	60.1
1 VII 1983	36 571 418	21 821 627	59.7	17 827 065	10 491 373	58.9	18 744 353	11 330 254	60.4
1 VII 1984	36 913 515	22 095 529	59.9	17 999 505	10 601 683	58.9	18 914 010	11 493 846	60.8
1 VII 1985	37 202 981	22 374 954	60.1	18 143 812	10 741 900	59.2	19 056 169	11 633 054	61.0
1 VII 1986	37 455 681	22 608 829	60.4	18 268 160	10 852 682	59.4	19 187 521	11 756 147	61.3
1 VII 1987	37 663 756	22 879 384	60.7	18 369 716	10 985 709	59.8	19 294 040	11 893 675	61.6
Portugal									
16 III 1981(C)	9 833 014	2 918 459	29.7	4 737 715	1 371 106	28.9	5 095 299	1 547 443	30.4
Romania – Roumanie									
1 VII 1979	22 048 305	10 733 729	48.7	10 875 027	5 311 754	48.8	11 173 278	5 421 975	48.5
1 VII 1980	22 201 387	11 014 730	49.6	...	...	...	...	...	...
1 VII 1981	22 352 635	11 193 693	50.1	...	...	...	...	...	...
1 VII 1982	22 477 703	10 905 087	48.5	...	...	...	...	...	...
1 VII 1983	22 553 074	11 116 421	49.3	11 128 723	...	...	11 424 351	...	...
1 VII 1984	22 624 505	11 141 775	49.2	11 165 086	...	...	11 459 419	...	...
1 VII 1985	22 724 836	11 475 418	50.5	11 214 313	...	...	11 510 523	...	...
San Marino – Saint–Marin									
1 VII 1987	22 686	20 517	90.4	11 231	10 144	90.3	11 455	10 373	90.6
Spain – Espagne									
1 III 1981(C)	37 746 260	34 500 251	91.4	18 529 764	16 890 592	91.2	19 216 496	17 609 659	91.6
Switzerland – Suisse [1]									
2 XII 1980(C)	6 365 960	3 632 590	57.1	3 114 812	1 739 483	55.8	3 251 148	1 893 107	58.2
1 VII 1982	6 391 309	3 924 396	61.4	3 111 426	1 875 622	60.3	3 279 883	2 048 774	62.5
1 VII 1983	6 418 774	3 929 603	61.2	3 125 696	1 879 321	60.1	3 293 078	2 050 282	62.3
1 VII 1984	6 441 865	3 931 862	61.0	3 137 809	1 881 374	60.0	3 304 056	2 050 488	62.1
1 VII 1985	6 470 366	3 938 557	60.9	3 152 820	1 885 685	59.8	3 317 546	2 052 872	61.9
1 VII 1986	6 504 125	3 947 294	60.7	3 170 147	1 890 928	59.6	3 333 978	2 056 366	61.7
1 VII 1987	6 545 107	3 959 832	60.5	3 190 883	1 897 757	59.5	3 354 224	2 062 075	61.5
United Kingdom – Royaume–Uni									
Scotland – Ecosse									
5 IV 1981(C)	5 035 315	4 414 920	87.7	2 428 472	...	...	2 606 843	...	...
Yugoslavia – Yougoslavie									
31 III 1981(C) [1]	22 424 687	10 336 854	46.1	11 083 768	5 030 814	45.4	11 340 919	5 306 040	46.8

6. Urban and total population by sex: 1979 – 1988 (continued)

Population urbaine et population totale selon le sexe: 1979 – 1988 (suite)

(See notes at end of table. – Voir notes à la fin du tableau.)

Continent, country or area and date / Continent, pays ou zone et date	Both sexes – Les deux sexes: Total	Both sexes – Urban – Urbaine: Number Nombre	Both sexes – Urban – Urbaine: Per cent P. 100	Male – Masculin: Total	Male – Urban – Urbaine: Number Nombre	Male – Urban – Urbaine: Per cent P. 100	Female – Féminin: Total	Female – Urban – Urbaine: Number Nombre	Female – Urban – Urbaine: Per cent P. 100
OCEANIA—OCEANIE									
American Samoa – Samoa américaines									
1 IV 1980(C) [9]	32 297	5 660	17.5	16 384	2 892	17.7	15 913	2 768	17.4
Australia – Australie									
30 VI 1981(C) [1 3]	14 576 330	12 492 970	85.7	7 267 076	6 165 868	84.8	7 309 254	6 327 102	86.6
Cook Islands – Iles Cook									
1 XII 1981(C)	17 754	9 530	53.7	9 172	4 933	53.8	8 582	4 597	53.6
Fiji – Fidji									
31 VIII 1986(C)	715 375	277 025	38.7	362 568	138 277	38.1	352 807	138 748	39.3
Guam									
1 IV 1980(C) [9]	105 979	41 875	39.5	55 321	...	...	50 658	...	...
New Caledonia – Nouvelle-Calédonie [7]									
1 VII 1979	*136 863*	*82 118*	*60.0*	...	...	...	...	...	...
15 IV 1983(C)	145 368	60 112	41.4	74 285	30 174	40.6	71 083	29 938	42.1
1 VII 1983	*145 368*	*85 098*	*58.5*	...	...	...	...	...	...
1 VII 1984	*148 407*	*86 646*	*58.4*	...	...	...	...	...	...
1 VII 1985	*151 317*	*87 570*	*57.9*	...	...	...	...	...	...
1 VII 1986	*154 006*	*88 486*	*57.5*	...	...	...	...	...	...
New Zealand – Nouvelle-Zélande [37]									
24 III 1981(C)	3 175 737	2 650 904	83.5	1 578 927	1 299 003	82.3	1 596 810	1 351 899	84.7
4 III 1986(C)	3 307 083	2 768 403	83.7	1 638 354	1 353 792	82.6	1 668 729	1 414 611	84.8
Pacific Islands – Iles du Pacifique									
15 IX 1980(C) [9]	132 929	37 831	28.5	68 344	...	...	64 585	...	...
Papua New Guinea – Papouasie-Nouvelle-Guinée									
22 IX 1980(C)	3 010 727	393 131	13.1	1 575 672	227 830	14.5	1 435 055	165 301	11.5
Samoa									
1 VII 1979	*154 750*	*33 049*	*21.4*	...	...	...	...	...	...
1 VII 1980	*155 821*	*33 416*	*21.4*	...	...	...	...	...	...
1 VII 1981	*156 893*	*33 784*	*21.5*	...	...	...	...	...	...
3 XI 1981(C)	156 349	33 170	21.2	81 027	16 953	20.9	75 322	16 217	21.5
Vanuatu									
15 I 1979(C)	111 251	19 781	17.8	59 074	10 727	18.2	52 177	9 054	17.4
USSR—URSS									
USSR – URSS									
17 I 1979(C)	262 436 227	163 585 944	62.3	122 328 833	76 298 739	62.4	140 107 394	87 287 205	62.3
1 VII 1979	263 424 900	164 804 800	62.6	122 844 000	...	...	140 581 000	...	...
1 VII 1980	265 542 200	167 564 000	63.1	123 953 600	...	...	141 588 600	...	...
1 VII 1981	267 721 600	170 324 700	63.6	125 099 400	...	...	142 622 200	...	...
1 VII 1982	270 041 700	173 185 600	64.1	126 316 600	...	...	143 725 100	...	...
1 VII 1983	272 540 000	176 064 100	64.6	127 626 000	...	...	144 914 000	...	...
1 VII 1984	275 065 900	178 816 700	65.0	128 958 300	...	...	146 107 600	...	...
1 VII 1985	277 537 000	181 537 300	65.4	130 273 200	...	...	147 263 800	...	...
1 VII 1986	280 236 450	184 465 150	65.8	131 721 100	...	...	148 515 350	...	...

6. Urban and total population by sex: 1979 – 1988 (continued)

Population urbaine et population totale selon le sexe: 1979 – 1988 (suite)

(See notes at end of table. – Voir notes à la fin du tableau.)

Continent, country or area and date Continent, pays ou zone et date	Both sexes – Les deux sexes			Male – Masculin			Female – Féminin		
	Total	Urban – Urbaine		Total	Urban – Urbaine		Total	Urban – Urbaine	
		Number Nombre	Per cent P. 100		Number Nombre	Per cent P. 100		Number Nombre	Per cent P. 100
USSR—URSS (Cont.–Suite)									
Byelorussian SSR – RSS de Biélorussie									
17 I 1979(C)	9 560 543	5 263 411	55.1	4 442 424	...	...	5 118 119	...	...
1 VII 1979	9 584 900	5 325 300	55.6	...	...	...	...	...	...
1 VII 1980	9 642 800	5 473 900	56.8	4 486 400	...	...	5 156 400	...	...
1 VII 1981	9 709 600	5 626 700	57.9	4 521 800	...	...	5 187 800	...	...
1 VII 1982	9 775 700	5 778 100	59.1	4 557 000	...	...	5 218 700	...	...
1 VII 1983	9 842 700	5 934 300	60.3	4 592 500	...	...	5 250 200	...	...
1 VII 1984	9 910 200	6 091 200	61.5	4 628 600	...	...	5 281 600	...	...
1 VII 1985	9 975 400	6 243 100	62.6	4 663 800	...	...	5 311 600	...	...
1 VII 1986	10 043 200	6 393 400	63.7	4 700 950	...	...	5 342 250	...	...
Ukrainian SSR – RSS d'Ukraine									
17 I 1979(C)	49 754 642	30 511 530	61.3	22 743 513	14 159 716	62.3	27 011 129	16 351 814	60.5
1 VII 1980	50 043 000	31 197 000	62.3	22 916 000	...	...	27 127 000	...	...
1 VII 1981	50 221 000	31 636 000	63.0	23 025 000	...	...	27 196 000	...	...
1 VII 1982	50 384 000	32 059 000	63.6	23 126 000	...	...	27 258 000	...	...
1 VII 1984	50 754 000	33 003 000	65.0	...	...	...	...	...	...
1 VII 1985	50 917 000	33 467 000	65.7	...	...	...	...	...	...
1 VII 1986	51 097 000	33 924 000	66.4	...	...	...	...	...	...

GENERAL NOTES

(C) after date indicates census data. Percentages urban are the number of persons defined as "urban" per 100 total population. For definitions of "urban", see end of table. For method of evaluation and limitations of data, see Technical Notes, page 53.

Italics: estimates which are less reliable.

FOOTNOTES

- * Provisional.
- 1 De jure population.
- 2 Excluding Mayotte.
- 3 Data have not been adjusted for under–enumeration; for further details, see table 3.
- 4 Mid–year estimates have been adjusted for under–enumeration. Census data have not been adjusted for this under–enumeration.
- 5 Excluding Bophuthatswana, Transkei and Venda.
- 6 Excluding Bophuthatswana, Ciskei, Transkei and Venda.
- 7 Series not strictly comparable due to differences of definitions of "urban".
- 8 Based on a 10 per cent sample of census returns.
- 9 De jure population, but including armed forces stationed in the area.
- 10 De jure population, but excluding civilian citizens absent from country for extended period of time.
- 11 Excluding armed forces overseas.
- 12 Excluding Indian jungle population.
- 13 Excluding nomadic Indian tribes.

NOTES GENERALES

La lettre (C) indique qu'il s'agit de données de recensement. Les pourcentages urbains répresentent le nombre de personnes définies comme vivant dans des "régions urbaines" pour 100 personnes de la population totale. Pour les définitions des "régions urbaines", se reporter à la fin du tableau. Pour la méthode d'évaluation et les insuffisances des données, voir Notes techniques, page 53.

Italiques: estimations moins sûres.

NOTES

- * Données provisoires.
- 1 Population de droit.
- 2 Non compris Mayotte.
- 3 Les données n'ont pas éété ajustées pour compenser les lacunes de dénombrement; pour plus de détails, voir le tableau 3.
- 4 Les estimations au milleu de l'année tiennent compte d'une ajustement destiné à compenser les lacunes du dénombrement. Les données de recensement ne tiennent pas compte de cet ajustement.
- 5 Non compris Bophuthatswana, Transkei et Venda.
- 6 Non compris Bophuthatswana, Ciskei, Transkei et Venda.
- 7 Les séries ne sont pas strictement comparables en raison des différences existant dans la définition des "régions urbaines".
- 8 D'après un échantillon de 10 p. 100 des bulletins de recensement.
- 9 Population de droit, mais y compris les militaires en garnison sur le territoire.
- 10 Population de droit, mais non compris les civils hors du pays pendant une période prolongée.
- 11 Non compris les militaires à l'étranger.
- 12 Non compris les Indiens de la jungle.
- 13 Non compris les tribus d'Indiens nomades.

6. Urban and total population by sex: 1979 – 1988 (continued)

Population urbaine et population totale selon le sexe: 1979 – 1988 (suite)

FOOTNOTES (continued)

14 Excluding Indian jungle population estimated at 39 800 in 1972.
15 Excluding Indian jungle population estimated at 31 800 in 1961.
16 Excluding nomads.
17 Excluding transients afloat.
18 Covering only the civilian population of 28 provinces, municipalities and autonomous regions. Excluding Kimmen and Mazhu islands.
19 Including 26 106 transients and 9 131 Vietnamese refugees.
20 Including data for the Indian–held part of Jammu and Kashmir, the final status of which has not yet been determined.
21 Including data for East Jerusalem and Israeli residents in certain other territories under occupation by Israeli military forces since June 1967.
22 Excluding diplomatic personnel outside the country and foreign military and civilian personnel and their dependants stationed in the area.
23 Excluding data for Jordanian territory under occupation since June 1967 by Israeli military forces.
24 Including registered Palestinian refugees numbering at mid–year 1965 and 1966, 688 327 and 706 658, respectively, and 722 687 at 31 May 1967.
25 Excluding alien armed forces, civilian aliens employed by armed forces, foreign diplomatic personnel and their dependants and Korean diplomatic personnel and their dependants stationed outside the country.
26 Including 28 834 foreigners.
27 Formerly listed as "Burma".
28 Excluding data for Jammu and Kashmir, the final status of which has not yet been fully determined, Junagardh, Manavadar, Gilgit and Baitistan.
29 Including Palestinian refugees numbering 173 936 on 30 June 1973.
30 Excluding Faeroe Islands and Greenland.
31 De jure population, but excluding diplomatic personnel outside the country and including foreign diplomatic personnel not living in embassies or consulates.
32 The data which relate to the German Democratic Republic include the relevant data relating to Berlin for which, separate data have not been supplied. This is without prejudice to any question of status which may be involved.
33 Including armed forces stationed outside the country, but excluding alien armed forces stationed in the area.
34 Data for urban population exclude persons on the Central Register of Population (containing persons belonging to the Netherlands population but having no fixed municipality of residence). Including semi–urban.
35 Figure differs from corresponding estimate shown elsewhere because it is a mean of end–year estimates rather than an estimate as of 1 July.
36 Excluding civilian aliens within the country, but including civilian nationals temporarily outside the country.
37 Excluding diplomatic personnel and armed forces outside the country, the latter numbering 1 936 at 1966 census, also excluding alien armed forces within the country.

NOTES (suite)

14 Non compris les Indiens de la jungle, estimés à 39 800 personnes en 1972.
15 Non compris les Indiens de la jungle, estimés à 31 800 personnes en 1961.
16 Non compris les nomades.
17 Non compris les personnes de passage à bord des navires.
18 Pour la population civile seulement de 28 provinces, municipalités et régions autonomes. Non compris les îles de Kimmen et Mazhu.
19 Y compris 26 106 transients et 9 131 réfugiés du Viet Nam.
20 Y compris les données pour la partie du Jammu et Cachemire occupée par l'Inde, dont le statut définitif n'a pas encore été déterminé.
21 Y compris les données pour Jérusalem–Est et les résidents israéliens dans certains autres territoires occupés depuis juin 1967 par les forces armées israéliennes.
22 Non compris les personnel diplomatique hors du pays, les militaires et agents civils étrangers en poste sur le territoire et les membres de leur famille les accompagnant.
23 Non compris les données pour le territoire jordanien occupé depuis june 1967 par les forces armées israéliennes.
24 Y compris les réfugiés de Palestine immatriculés, dont le nombre au milleu de l'année 1965 et 1966 s'établissait comme suit: 688 327 et 706 568, respectivement, et à 722 687 au 31 mai 1967.
25 Non compris les militaires étrangers, les civils étrangers employés par les forces armées, le personnel diplomatique étranger et les membres de leur famille les accompagnant, le personnel diplomatique coréen hors du pays et les membres de leur famille les accompagnant.
26 Y compris 28 834 étrangers.
27 Antérieurement désigné sous le nom de "Birmanie".
28 Non compris les données pour Jammu et Cachemire, dont le statut définitif n'a pas encore été déterminé, le Junagardh, le Manavadar, le Gilgit et le Baltistan.
29 Y compris les réfugiés de Palestine, au nombre de 173 936 au 30 juin 1973.
30 Non compris les îles Féroé et le Groenland.
31 Population de droit, mais non compris le personnel diplomatique hors du pays et y compris le personnel diplomatique qui ne vit pas dans les ambassades et les consulats.
32 Les données relatives à la République démocratique allemande incluent les données pertinentes relatives à Berlin, pour lequel des données séparées n'ont pas été fournies. Cela sans préjudice des questions de statut qui peuvent se poser à cet égard.
33 Y compris les militaires en garnison hors du pays, mais non compris les militaires étrangers en garnison sur le territoire.
34 Les données pour la population urbaine ne comprennent pas les personnes inscrites sur le Registre central de la population (personnes appartenant à la population néerlandaise mais sans résidence fixe dans l'une des municipalités). Y compris semi–urbaine.
35 Ce chiffre s'écarte de l'estimation correspondante indiquée ailleurs, car il s'agit d'une moyenne d'estimations de fin d'année et non d'une estimation au 1er juillet.
36 Non compris les civils étrangers dans le pays, mais y compris les civils nationaux temporairement hors du pays.
37 Non compris le personnel diplomatique et les militaires hors du pays, ces derniers au nombre de 1 936 au recensement de 1966; non compris également les militaires étrangers dans le pays.

DEFINITION OF "URBAN"

AFRICA

Benin: Towns of Cotonou, Porto–Novo, Quidah, Parakou and Djougou.
Botswana: Agglomeration of 5 000 or more inhabitants where 75 per cent of the economic activity is of the non–agricultural type.
Burundi: Commune of Bujumbura.
Central African Republic: 20 principal centres with a population of over 3 000 inhabitants.
Comoros: Administrative centres of prefectures and localities of 5 000 or more inhabitants.
Côte d'Ivoire: Not available.
Egypt: Governorates of Cairo, Alexandria, Port Said, Ismailia, Suez, frontier governorates and capitals of other governorates as well as district capitals (Markaz).

Equatorial Guinea: Not available.
Ethiopia: Localities of 2 000 or more inhabitants.
Gambia: Banjul only.
Ghana: Localities of 5 000 or more inhabitants.
Kenya: Not available.
Liberia: Localities of 2 000 or more inhabitants.
Malawi: All townships and town planning areas and all district centres.
Mauritius: Towns with proclaimed legal limits.

Morocco: 184 urban centres.
Mozambique: Not available.
South Africa: Not available.
Sudan: Localities of administrative and/or commercial importance or with population of 5 000 or more inhabitants.
Tunisia: Population living in communes.
United Republic of Tanzania: 16 gazetted townships.
Tanganyika: 1967: 15 gazetted townships.
Zanzibar: Not available.
Zaire: Agglomerations of 2 000 or more inhabitants where the predominant economic activity is of the non–agricultural type and also mixed agglomerations which are considered urban because of their type of economic activity but are actually rural in size. 1984: Not available.
Zambia: Localities of 5 000 or more inhabitants, the majority of whom all depend on non–agricultural activities.
Zimbabwe: 14 main towns. 1982: 19 main towns.

AMERICA, NORTH

Canada: 1976: Incorporated cities, towns and villages of 1 000 or more inhabitants, and their urbanized fringes; unincorporated places of 1 000 or more inhabitants, having a population density of at least 1 000 per square mile or 390 per square kilometre, and their urbanized fringes.

1981: Places of 1 000 or more inhabitants, having a population density of 400 or more per square kilometre.
Costa Rica: Administrative centres of cantons, except cantons of Coto Brus, Guatuso, Los Chiles, Sarapiquin and Upala.
Cuba: Population living in a nucleus of 2 000 or more inhabitants.
Dominican Republic: Administrative centres of municipios and municipal districts, some of which include suburban zones of rural character.
Guatemala: Municipio of Guatemala Department and officially recognized centres of other departments and municipalities.
Haiti: Administrative centres of communes.
Honduras: Localities of 2 000 or more inhabitants.

Mexico: Localities of 2 500 or more inhabitants.
Nicaragua: Administrative centres of departments and municipios.
Panama: Localities of 1 500 or more inhabitants having essentially urban characteristics. Beginning 1970, localities of 1 500 or more inhabitants with such urban characteristics as streets, water supply systems, sewerage systems and electric light.
Puerto Rico: Places of 2 500 or more inhabitants and densely settled urban fringes of urbanized areas.
United States: Places of 2 500 or more inhabitants and urbanized areas.
United States Virgin Islands: see: United States.

DEFINITIONS DES "REGIONS URBAINES"

AFRIQUE

Bénin: Villes de Cotonou, Porto–Novo, Quidah, Parakou et Djougou.
Botswana: Agglomération de 5 000 habitants et plus dont 75 p. 100 de l'activité économique n'est pas de type agricole.
Burundi: Commune de Bujumbura.
République centraaficaine: 20 centres principaux ayant une population de plus de 3 000 habitants.
Comoros: Chefs–lieux des préfectures et localités de 5 000 habitants et plus.

Côte d'Ivoire: Définition non communiquée.
Egypt: Chefs–lieux de gouvernements du Caire, d'Alexandrie, de Port Saïd, d'Ismaïlia, de Suez; chefs–lieux de gouvernements frontières, autres chefs–lieux de gouvernements et chefs–lieux de district (Markaz).
Guinée equatoriale: Définition non communiquée.
Ethiopia: Localités de 2 000 habitants et plus.
Gambie: Banjul seulement.
Ghana: Localités de 5 000 habitants et plus.
Kenya: Définition non communiquée.
Libérie: Localités de 2 000 habitants et plus.
Malawi: Toutes les villes et zones urbanisées et tous les chefs–lieux de district.
Maurice: Villes ayant des limites officiellement définies.
Maroc : 184 centres urbains.
Mozambique: Définition non communiquée.
Afrique du Sud: Définition non communiquée.
Soudan: Localités dont le caractère est principalement administrant et/ou commercial ou localités ayant une population de 5 000 habitants et plus.
Tunisie: Population vivant dans les communes.
République–Unie de Tanzanie: 16 villes érigées en communes.
Tanganyika: 1967: 15 villes érigées en communes.
Zanzibar: Définition non communiquée.
Zaïre: Agglomérations de 2 000 habitants et plus plus dont l'activité économique prédominante n'est pas de type agricole, et agglomérations mixtes qui sont considérées comme urbaines en raison de leur type d'activité économique mais qui par leur dimension sont en fait rurales. 1984: Définition non communiquée
Zambie: Localités de 5 000 habitants et plus dont l'activité économique prédominante n'est pas de type agricole.
Zimbabwe: 14 villes principales. 1982: 19 villes principales.

AMERIQUE DU NORD

Canada: 1976: Grandes villes, villes et villages de 1 000 habitants ou plus, érigées en municipalités, ainsi que leurs couronnes urbaines; agglomérations de 1 000 habitants ou plus non érigées en municipalités, ayant une densité de population d'au moins 1 000 habitants au mille carré ou 390 habitants au kilomètre carrée, et leurs couronnes urbaines.
1981: Agglomérations de 1 000 habitants ou plus, ayant une densité de population de 400 ou plus habitants au kilomètre carrée.
Costa Rica: Chefs–lieux des cantons sauf les cantons de Coto Brus, Guatuso, Los Chiles, Sarapiquin et Upala.
Cuba: Population vivant dans des agglomérations de 2 000 habitants ou plus.
République dominicaine: Chefs–lieux de municipios et districts municipaux, dont certains comprennent des zones suburbaines ayant des caractèristiques rurales.
Guatemala: Municipio du département de Guatemala et centres officiellement reconnus d'autres départements et municipalités.
Haïti: Chefs–lieux de communes.
Honduras: Localités de 2 000 ou plus ayant des caractèristiques essentiellement urbaines.
Mexique: Localités de 2 500 habitants ou plus.
Nicaragua: Chefs–lieux des départements et des municipios.
Panama: Localités de 1 500 habitants et plus ayant des caractéristiques essentiellement urbaines. A partir de 1970, localités de 1 500 habitants et plus présentant des caractéristiques urbaines, telles que: rues, éclairage électrique, systèmes d'approvisionnement en eau et systèmes d'égouts.
Porto Rico: Localités de 2 500 habitants et plus et couronne urbaine à forte densité de population des des zones urbanisées.
Etats–Unis: Localités de 2 500 habitants et plus et zones urbanisées.
Iles Vierges américaines: voir: Etats–Unis.

DEFINITION OF "URBAN"

AMERICA, SOUTH

Argentina: Populated centres with 2 000 or more inhabitants.
Bolivia: Localities of 2 000 or more inhabitants.
Brazil: Urban and suburban zones of administrative centres of municipios and districts.
Chile: Populated centres which have definite urban characteristics such as certain public and municipal services.
Colombia: Not available.
Ecuador: Capitals of provinces and cantons.
Falkland Islands (Malvinas): Town of Stanley.
Paraguay: Cities, towns and administrative centres of departments and districts.
Peru: Populated centres with 100 or more dwellings.
Uruguay: Cities.
Venezuela: Centres with a population of 2 500 or more inhabitants.

ASIA

Afghanistan: 63 localities.
Bahrain: Communes or villages of 2 500 or more inhabitants.
Bangladesh: Places having a municipality (Pourashava), a town committee (shahar committee) or a cantonment board.
Brunei Darussalam: Municipalities and areas having urban socio–economic characteristics.
China: Not available.
Hong Kong: Areas comprising Hong Kong island, New Kowloon and New Towns in New Territories.
India: Towns (places with municipal corporation, municipal area committee, town committee, notified area committee or cantonment board); also, all places having 5 000 or more inhabitants, a density of not less than 1 000 persons per square mile or 390 per square kilometre, pronounced urban characteristics and at least three fourths of the adult male population employed in pursuits other than agriculture.

Indonesia: Municipalities, regency capitals and other places with urban characteristics.
Iran: All Shahrestan centres, regardless of size, and all places of 5 000 or more inhabitants.
Iraq: The area within the boundaries of Municipality Councils (Al–Majlis Al–Baldei).
Israel: All settlements of more than 2 000 inhabitants, except those where at least one third of households, participating in the civilian labour force, earn their living from agriculture.
Japan: City (shi) having 50 000 or more inhabitants with 60 per cent or more of the houses located in the main built–up areas and 60 per cent or more of the population (including their dependants) engaged in manufacturing, trade or other urban type of business. Alternatively, a shi having urban facilities and conditions as defined by the prefectural order is considered as urban.

Jordan: Localities of 10 000 or more inhabitants and each sub–direct centre irrespective of size of population.
Korea, Republic of: Population living in cities irrespective of size of population.

Malaysia: Gazetted areas with population of 10 000 or more.
Maldives: Malé, the capital.
Mongolia: Capital and district centres.
Myanmar: Not available.
Nepal: Localities of 9 000 or more inhabitants.
Pakistan: Places with municipal corporation, town committee or cantonment.

Philippines: Not available.
Sri Lanka: Municipalities, urban councils and towns.
Syrian Arab Republic: Cities, Mohafaza centres and Mantika centres.

Thailand: Municipalities.
Turkey: Population of the localities within the municipality limits of administrative centres of provinces and districts.
United Arab Emirates: Not available.
Viet Nam: Cities.

DEFINITIONS DES "REGIONS URBAINES"

AMERIQUE DU SUD

Argentine: Centres de peuplement de 2 000 habitants et plus.
Bolivie: Localités de 2 000 habitants et plus.
Brésil: Zones urbaines et suburbaines des chefs–lieux des municipios et des distritos.

Chili: Centres de peuplement ayant des charactéristiques nettement urbaines dues à la présence de certains services publics et municipaux.
Colombie: Définition non communiquée.
Equateur: Capitales des provinces et chefs–lieux de canton.
Iles Falkland (Malvinas): Ville de Stanley.
Paraguay: Grandes villes, villes et chefs–lieux des départements et des districts.
Pérou: Centres de peuplement de 100 logements ou plus qui sont occupés.
Uruguay: Villes.
Venezuela: Centres de 2 500 habitants et plus.

ASIE

Afghanistan: 63 localités.
Bahreïn: Communes ou villages de 2 500 ou plus.
Bangladesh: Zones ayant une municipalité (Pourashava), un comité de ville (shahar) ou un comité de zone de cantonnement.
Brunéi Darussalam: Municipalités et zones ayant des caractéristiques sociologiques urbaines.
Chine: Définition non communiquée.
Hong–kong: Comprend les îles de Hong–kong, Kowloon et les Nouvelles villes dans les Nouveaux Territoires.
Inde: Villes (localités dotées d'une charte municipale, d'un comité de zone municipal, d'un comité de zone déclarée urbaine ou d'un comité de zone de cantonnement); également toutes les localités qui ont une population de 5 000 habitants au moins, une densité de population d'au moins 1 000 habitants au mille carré ou 390 au kilomètre carré, des caractéristiques urbaines prononcées et où les trois quarts au moins des adultes du sexe masculin ont une occupation agricole.
Indonésie: Municipalités, capitales de régence et autres localités présentant des caractéristiques urbaines.
Iran: Tous les chefs–lieux de Shahrestan, quelle qu'en soit la dimension, et toutes les agglomérations de 5 000 habitants et plus.
Iraq: La zone relevant des conseils municipaux (Al–Majlis Al–Baldei).
Israël: Tous les peuplements de plus de 2 000 habitants à l'exception de ceux où le tiers au moins des chefs de ménage faisant partie de la population civile active vivent de l'agriculture.
Japon: Villes (shi), comptant 50 000 habitants ou plus, où 60 p. 100 au moins des habitations sont situées dans les principales zones bâties, et dont 60 p. 100 au moins de population (dépendants compris) vit d'emplois s'exerçant dans les industries manufacturières, le commerce et autres branches d'activités essentiellement urbaines. D'autre part, tout shi possédant les équipements et présentant les caractères definis comme urbains par l'administration préfectorale est consideré comme zone urbaine.
Jordanie: Localités de 10 000 habitants et plus ainsi que chaque centre de sous–district irrespectivement de la dimension de la population.
Corée, République de: Population vivant dans les villes irrespectivement de la dimension de la population.
Malaisie: Zones déclarées telles et comptant 10 000 habitants ou plus.
Maldives: Malé, la capitale.
Mongolia: Capitale et chefs–lieux de district.
Myanmar: Définition non communiquée.
Népal: Localités de 9 000 habitants et plus (Panchayats).
Pakistan: Localités dotées d'une charte municipale, d'un comité municipale au d'un cantonnement.
Philippines: Définition non communiquée.
Sri Lanka: Municipalités, conseils urbains et villes.
République arabe syrienne: Villes, centres de district (Mohafaza) et centres de sous–district (Mantika).
Thailande: Municipalités.
Turquie: Population des localités contenues à l'intérieur des limites municipaux des chefs–lieux des provinces et des districts.
Emirats arabes unis: Définition non communiquée.
Viet Nam: Cities.

DEFINITION OF "URBAN"

EUROPE

Albania: Towns and other industrial centres of more than 400 inhabitants.
Andorra: Not available.
Austria: Communes (Gemeinden) of more than 5 000 inhabitants.
Bulgaria: Towns, that is, localities legally established as urban.
Channel Islands: Guernsey: civil parish of St. Peter Port.
Czechoslovakia: Large towns, usually of 5 000 or more inhabitants, having a density of more than 100 persons per hectare of built–up area, three or more living quarters in at least 15 per cent of the houses, piped water and a sewerage system in the major part of the town, at least five physicians and a pharmacy, a nine–year secondary school, a hotel of at least twenty beds, a network of trade and distributive services which serve more than one town, job opportunities for the population of the surrounding area, the terminal for a system of bus lines and not more than 10 per cent of the total population active in agriculture; small towns of usually 2 000 or more inhabitants, having a density of more than 75 persons per hectare of built–up area, three or more living quarters in at least 10 per cent of the houses, piped water and a sewerage system for at least part of the town, at least two physicians and a pharmacy, other urban characteristics to a lesser degree and not more than 15 per cent of the total population active in agriculture.

Agglomerated communities which have the characteristics of small towns in regard to size; population density, housing, water supply, and sewerage, and the percentage of the population active in agriculture, but which lack such town characteristics as educational facilities, cultural institutions, health services and trade and distributive services, because these facilities and services are supplied by a town in the vicinity. 1970: Definition not available.

Denmark: Provincial capitals plus capital city. At the 1965 census 64.8 per cent of the population was living in localities of over 2 000 inhabitants. 1970: Agglomerations of 200 or more inhabitants.
Finland: Urban communes. 1970: Localities.
France: Communes containing an agglomeration of more than 2 000 inhabitants living in contiguous houses or with not more than 200 metres between houses, also communes of which the major portion of the population is part of a multicommunal agglomeration of this nature.
German Democratic Republic: Communities with 2 000 or more inhabitants.
Greece: Urban: Population of municipalities and communes in which the largest population centre has 10 000 or more inhabitants. Including also the population of the 13 urban agglomerations, as these were defined at the census of 1981, namely: Greater Athens, Salonica, Patras, Volos, Iraklion, Canea, Kalamata, Katerini, Agrinion, Chios, Aegion, Ermoupolis and Sparta, in their whole, irrespective of the population size of the largest locality in them. Semi–urban: Population of those municipalities or communes in which the largest population centre has 2 000–9 999 inhabitants (except those belonging to the above urban agglomerations.

Hungary: Budapest and all legally designated towns.

Iceland: Localities of 200 or more inhabitants.
Ireland: Cities and towns including suburbs of 1 500 or more inhabitants.

Isle of Man: Borough of Douglas, town and village districts.
Luxembourg: Communes having more than 2 000 inhabitants in the administrative centre.
Netherlands: Urban: Municipalities with a population of 2 000 and more inhabitants. Semi–urban: Municipalities with a population of less than 2 000 but with not more than 20 per cent of their economically active male population engaged in agriculture, and specific residential municipalities of commuters.

DEFINITIONS DES "REGIONS URBAINES"

EUROPE

Albanie: Villes et autres centres industriels de plus de 400 habitants.
Andorre: Définition non communiquée.
Autriche: Communes (Gemeinden) de plus de 5 000 habitants.
Bulgarie: Villes, c'est–à–dire localités reconnues comme urbaines.
Iles Anglo–Normandes: Guernesy: Paroisse civil du port de Saint–Pierre.
Tchécoslovaquie: Villes importantes comptant généralement 5 000 habitants et plus, ayant une densité de 100 personnes au moins par hectare de surface bâtie, dont au moins 15 p. 100 des habitations comportent trois pièces d'habitation ou davantage, et dont la plus grande partie est doté d'un système de adduction d'eau et d'égouts; ces villes doivent compter au moins cinq médicins et une pharmacie, une école sécondaire dont l'enseignement est étalé sur neuf ans, un hôtel comprenant 20 lits au moins, un réseau, d'établissements de commerce et de services de distribution desservant plusieurs villes et offrir des possibilités d'emploi à la population des environs; en outre, elles doivent posséder le terminus d'un réseau de lignes d'autobus et le pourcentage de la population totale pratiquant l'agriculture ne doit pas dépasser 10 p. 100; petites villes ayant généralement 2 000 habitants et plus, une densité de plus de 75 personnes par hectare de surface bâtie et dont au moins 10 p. 100 des habitations comportent trois pièces d'habitation au moins, ayant un système d'adduction d'eau et d'égouts tout au moins dans une partie de la ville, comptant deux médicins et une pharmacie au minimum et présentant les autres caractéristiques urbaines à une degré moindre. Le pourcentage de la population totale pratiquant l'agriculture ne doit pas dépasser 15 p. 100.
Les communautés groupées ayant les caractéristiques de petites villes en ce qui concerne l'importance et la densité de la population; l'habitation, l'approvisionnement en eau et le système d'égouts, et le pourcentage de la population pratiquant l'agriculture, mais ne présentant pas les autres éléments caractéristiques des petites villes (établissements d'enseignement, institutions culturelles, services de santé, commerçants, services de distribution), la localité dépendant d'une ville du voisinage dans tous ces domaines. 1970: Définition non communiquée.
Danemark: Capitales des provinces et capitale du pays. Au recensement de 1965, 64,8 p. 100 de la population vivait dans des localités de plus de 2 000 habitants. 1970: Agglomérations de 200 habitants et plus.
Finlande: Communes urbaines. 1970: Localités.
France: Communes comprenant une agglomération de plus de 2 000 habitants vivant dans des habitations contiguës ou qui ne sont pas distantes les unes des autres de plus de 200 mètres et communes où la majeure partie de la population vit dans une agglomération multicommunale de cette nature.
République démocratique allemande: Agglomérations de 2 000 habitants et plus.
Grèce: Regions urbaines: municipalités et communes de 10 000 habitants et plus pour l'agglomération. Y compris également 13 agglomérations urbaines, selon la définition qui en a été donnée lors du recensement de 1981, à savoir: le Grand Athènes, Salonique, Patras, Volos, Iraklion, la Canée, Calamata, Katerini, Agrinion, Chio, Aegion, Ermoupolis, et Sparta dans leur ensemble, c'est–à–dire indépendamment du nombre d'habitants pour l'agglomération principale. Régions semi–urbaines: municipalités et communes de 2 000 à 9 999 habitants pour l'agglomération principale (non compris les agglomérations urbaines mentionnées ci–dessus).
Hongrie: Budapest et toutes les autres localités reconnues officiellement comme urbaines.
Islande: Localités de 200 habitants et plus.
Irlande: Villes de toutes dimensions, y compris leur banlieue, comptant 1 500 habitants ou plus.
Ile de Man: Borough de Douglas, villes et chefs–lieus des districts.
Luxembourg: Communes dont le chef–lieu a plus de 2 000 habitants.

Pays–Bas: Régions urbaines: municipalités de 2 000 habitants et plus. Régions semi–urbaines: municipalités de moins de 2 000 habitants, mais où 20 p. 100 au maximum de la population active du sexe masculin pratiquent l'agriculture, et certaines municipalités de caractère résidential dont les habitants travaillent ailleurs.

DEFINITION OF "URBAN"

EUROPE

Norway: Localities of 200 or more inhabitants.
Poland: Towns and settlements of urban type, e.g. workers' settlements, fishermen's settlements, health resorts.
Portugal: Agglomerations of 10 000 or more inhabitants.
Romania: Cities, towns and 183 other localities (comprising 13 per cent of total urban population) having urban socio–economic characteristics.

San Marino: Not available.
Spain: Municipios of 2 000 or more inhabitants.
Switzerland: Communes of 10 000 or more inhabitants, including suburbs.
United Kingdom:
Scotland: Agglomeration of 1 000 or more inhabitants.
Yugoslavia: Not available.

OCEANIA

American Samoa: Places of 2 500 or more inhabitants and urbanized areas.
Australia: Population clusters of 1 000 or more inhabitants and some areas of lower population (e.g. holiday areas), if they contain 250 or more dwellings of which at least 100 are occupied.
Cook Islands: Rarotonga (capital).
Fiji: Not available.
Guam: Places of 2 500 or more inhabitants and urbanized areas.
New Caledonia: Centres with population of 500 or more with commerce, administrative centres or other public places.
New Zealand: All cities, plus boroughs, town districts, townships and country towns with a population of 1 000 or more.
Pacific Islands: Places of 2 500 or more inhabitants.
Papua New Guinea: Centres with population of 500 or more but excluding separately located schools, hospitals, missions, plantations, rural settlements and rural villages regardless of population size.
Samoa: Urban area of Apia, comprising the Faipule districts of Vaimauga West and Foleata East.
Vanuatu: Two urban agglomerations: Port–Vila and Luganville.

UNION OF SOVIET SOCIALIST REPUBLICS

USSR: Cities and urban–type localities, officially designated as such by each of the constituent Republics, usually according to the criteria of number of inhabitants and predominance of agricultural, or number of non–agricultural workers and their families.
Byelorussian SSR: See USSR.
Ukrainian SSR: See USSR.

DEFINITIONS DES "REGIONS URBAINES"

EUROPE

Norvège: Localités de 200 habitants et plus.
Pologne: Villes et peuplements de type urbain, par exemple groupements de travailleurs ou de pêcheurs et stations climatiques.
Portugal: Agglomérations de 10 000 habitants et plus.
Roumanie: Villes importantes et moyennes et 183 autres localités (comprenant 13 p. 100 de la population urbaine totale) ayant des caractèristiques sociologiques urbaines.
Saint–Marin: Définition non communiquée.
Espagne: Municipios de 2 000 habitants et plus.
Suisse: Communes de 10 000 habitants et plus, et leurs banlieuses.
Royaume–Uni:
Ecosse: Agglomérations de 1 000 habitants et plus.
Yougoslavie: Définition non communiquée.

OCEANIE

Samoa américaines: Localités de 2 500 habitants et plus et zones urbanisées.
Australie: Agglomérations de 1 000 habitants et plus et certaines zones où la population est moindre (centre de villégiature), si elles contiennent 250 logements et plus dont 100 ou mois sont occupées.
Iles Cook: La capitale (Rarotonga).
Fidji: Définition non communiquée.
Guam: Localités de 2 500 habitants et plus et zones urbanisées.
Nouvelle–Calédonie: Centres de 500 habitants et plus avec commerces, centres administratifs ou autres lieux publics.
Nouvelle–Zélande: Grandes villes, boroughs, chefs–lieux, municipalités et chefs–lieux des comtés de 1 000 habitants et plus.
Iles du Pacifique: Localités de 2 500 habitants et plus.
Papouasie–Nouvelle–Guinée: Centres de 500 habitants et plus, mais non compris les écoles, hôpitaux, missions et plantations sis à part, les peuplements ruraux et villages ruraux quelle que soit l'importance de la population.
Samoa: Zone urbaine d'Apia, y compris les districts de Faipule (Vaimauga West et Foleata East).
Vanuatu: Deux agglomérations urbaines: Port–Vila et Luganville.

UNION DES REPUBLIQUES SOCIALISTES SOVIETIQUES

URSS: Grandes villes et localités de type urbain, officiellement désignées comme telles par chacune des républiques fédérées, généralement sur la base du nombre d'habitants et de la prédominance des travailleurs agricoles ou non agricoles avec leur famille.
RSS de Biélorussie: Voir URSS.
RSS d'Ukraine: Voir URSS.

7. Population by age, sex and urban/rural residence: latest available year, 1979 – 1988

(See notes at end of table.)

	Continent, country or area, sex, date and urban/rural residence Continent, pays ou zone, sexe, date et résidence, urbaine/rurale	All ages Tous âges	Age (in years) – 1	1 – 4	5 – 9	10 – 14	15 – 19	20 – 24	25 – 29	30 – 3
	AFRICA—AFRIQUE									
	Algeria – Algérie 1 I 1984 [1]									
1	Total	20 841 000	777 000	2 921 000	3 138 000	2 752 000	2 329 000	1 814 000	1 516 000	1 142 00
2	Male – Masculin	10 348 000	401 000	1 487 000	1 599 000	1 401 000	1 187 000	924 000	770 000	551 00
3	Female – Féminin	10 493 000	376 000	1 434 000	1 539 000	1 351 000	1 142 000	890 000	746 000	591 00
	Benin – Bénin 1 VII 1987 [2]									
4	Total	4 304 000	*—— 820	000 ——*	650 000	535 000	453 000	365 000	312 000	274 00
5	Male – Masculin	2 086 000	*—— 412	000 ——*	322 000	258 000	216 000	176 000	150 000	131 00
6	Female – Féminin	2 218 000	*—— 408	000 ——*	328 000	277 000	237 000	189 000	162 000	143 00
	Botswana 19 VIII 1986 [2]									
7	Total	1 127 888	*—— 227	122 ——*	178 467	137 525	117 843	96 861	77 226	62 30
8	Male – Masculin	536 873	*—— 113	540 ——*	89 037	68 646	57 834	44 893	33 594	26 54
9	Female – Féminin	591 015	*—— 113	582 ——*	89 430	68 879	60 009	51 968	43 632	35 7
	Burundi 1 I 1988* [2]									
10	Total	5 068 792	*—— 950	065 ——*	730 715	591 957	501 450	452 094	435 852	345 7
11	Male – Masculin	2 468 277	*—— 478	782 ——*	364 853	291 961	248 602	223 427	212 458	167 0
12	Female – Féminin	2 600 515	*—— 471	283 ——*	365 862	299 996	252 848	228 667	223 394	178 7
	Cameroon – Cameroun 1 VII 1986 [2 3]									
13	Total	10 446 409	418 405	1 527 718	1 592 570	1 178 113	998 795	864 175	742 827	630 7
14	Male – Masculin	5 212 483	209 841	766 409	798 946	590 539	500 525	433 757	373 298	316 7
15	Female – Féminin	5 233 926	208 564	761 309	793 624	587 574	498 270	430 418	369 529	314 0
	Cape Verde – Cap-Vert 1 VII 1985									
16	Total	333 905	*—— 56	416 ——*	49 383	46 802	42 383	34 080	24 418	13 7
17	Male – Masculin	154 924	*—— 28	328 ——*	24 828	23 408	20 728	15 756	10 026	5 0
18	Female – Féminin	178 981	*—— 28	088 ——*	24 555	23 394	21 655	18 324	14 392	8 7
	Central African Republic – République centrafricaine 1 VII 1985									
19	Total	2 607 800	*—— 456	100 ——*	361 000	294 500	251 300	218 500	190 700	165 2
20	Male – Masculin	1 263 500	*—— 228	500 ——*	180 000	143 800	122 500	106 000	92 000	79 4
21	Female – Féminin	1 344 300	*—— 227	600 ——*	181 000	150 700	128 800	112 500	98 700	85 8
	Comoros – Comores [4] 15 IX 1980(C) [2]									
22	Total	335 150	10 518	45 077	59 006	43 525	31 525	25 104	21 288	18 6
23	Male – Masculin	167 089	5 308	22 726	30 027	23 041	15 218	11 484	9 519	8 8
24	Female – Féminin	168 061	5 210	22 351	28 979	20 484	16 307	13 620	11 769	9 8
	Congo 22 XII 1984(C) [1]									
25	Total	1 909 248	71 469	250 298	286 187	245 176	211 294	172 226	136 523	101 4
26	Male – Masculin	929 102	35 868	125 824	143 258	122 053	102 811	83 831	65 957	48 2
27	Female – Féminin	980 146	35 601	124 474	142 929	123 123	108 483	88 395	70 566	53 2
	Egypt – Egypte 17–18 IX 1986(C)* [2]									
28	Total	48 205 049	*— 9 256	528 ——*	7 208 731	*————	————	————	————	————
29	Male – Masculin	24 655 297	*— 4 723	526 ——*	3 739 263	*————	————	————	————	————
30	Female – Féminin	23 549 752	*— 4 533	002 ——*	3 469 468	*————	————	————	————	————
	Ethiopia – Ethiopie 1 VII 1988* [2]									
31	Total	47 881 694	*— 8 486	027 ——*	7 759 415	6 036 639	4 338 573	3 452 699	3 102 369	2 814 6
32	Male – Masculin	23 927 720	*— 4 218	289 ——*	3 904 291	3 125 830	2 238 978	1 645 803	1 379 743	1 290 8
33	Female – Féminin	23 953 974	*— 4 267	738 ——*	3 855 124	2 910 809	2 099 595	1 806 896	1 722 626	1 523 7

7. Population selon l'âge, le sexe et la résidence, urbaine/rurale: dernière année disponible, 1979 – 1988

(Voir notes à la fin du tableau.)

Age (en années)												
35 – 39	40 – 44	45 – 49	50 – 54	55 – 59	60 – 64	65 – 69	70 – 74	75 – 79	80 – 84	85 +	Unknown Inconnu	
766 000	*754 000*	*707 000*	*579 000*	*448 000*	*380 000*	*286 000*	*247 000*	*150 000*	*— 135 000 —*		–	1
345 000	*341 000*	*323 000*	*267 000*	*208 000*	*175 000*	*132 000*	*113 000*	*67 000*	*— 57 000 —*		–	2
421 000	*413 000*	*384 000*	*312 000*	*240 000*	*205 000*	*154 000*	*134 000*	*83 000*	*— 78 000 —*		–	3
217 000	*166 000*	*138 000*	*112 000*	*90 000*	*66 000*	*46 000*	*32 000*	*— 28 000 —*			–	4
103 000	*79 000*	*66 000*	*53 000*	*41 000*	*30 000*	*21 000*	*15 000*	*— 13 000 —*			–	5
114 000	*87 000*	*72 000*	*59 000*	*49 000*	*36 000*	*25 000*	*17 000*	*— 15 000 —*			–	6
48 916	*38 601*	*32 579*	*27 646*	*23 450*	*18 874*	*14 990*	*10 322*	*— 15 160 —*			–	7
21 456	*17 439*	*14 918*	*12 687*	*10 682*	*8 624*	*6 702*	*4 533*	*— 5 739 —*			–	8
27 460	*21 162*	*17 661*	*14 959*	*12 768*	*10 250*	*8 288*	*5 789*	*— 9 421 —*			–	9
243 587	*182 883*	*150 817*	*128 611*	*106 396*	*85 421*	*64 981*	*49 491*	*28 336*	*— 20 354 —*		–	10
115 909	*83 649*	*66 166*	*55 526*	*47 063*	*37 276*	*29 429*	*22 586*	*13 215*	*— 10 297 —*		–	11
127 678	*99 234*	*84 651*	*73 085*	*59 333*	*48 145*	*35 552*	*26 905*	*15 121*	*— 10 057 —*		–	12
533 483	*449 544*	*374 056*	*304 988*	*245 122*	*198 457*	*158 944*	*115 578*	*58 472*	*— 54 372 —*		–	13
267 567	*224 751*	*185 934*	*149 955*	*119 437*	*95 301*	*74 870*	*52 930*	*27 644*	*— 24 040 —*		–	14
265 916	*224 793*	*188 122*	*155 033*	*125 685*	*103 156*	*84 074*	*62 648*	*30 828*	*— 30 332 —*		–	15
6 929	*7 791*	*11 093*	*9 932*	*8 843*	*5 026*	*5 524*	*5 540*	*— 5 972 —*			–	16
2 517	*2 883*	*4 229*	*3 916*	*3 599*	*2 196*	*2 397*	*2 472*	*— 2 600 —*			–	17
4 412	*4 908*	*6 864*	*6 016*	*5 244*	*2 830*	*3 127*	*3 068*	*— 3 372 —*			–	18
131 400	*116 100*	*101 600*	*87 500*	*73 600*	*59 400*	*44 700*	*30 200*	*17 200*	*— 8 800 —*		–	19
63 000	*55 500*	*48 200*	*41 000*	*34 000*	*26 600*	*19 400*	*12 900*	*7 200*	*— 3 500 —*		–	20
68 400	*60 600*	*53 400*	*46 500*	*39 600*	*32 800*	*25 300*	*17 300*	*10 000*	*— 5 300 —*		–	21
15 199	15 692	9 242	11 120	5 071	8 469	3 314	5 274	1 679	2 440	1 757	1 185	22
7 313	7 969	4 956	5 526	2 735	4 305	1 815	2 672	915	1 143	818	751	23
7 886	7 723	4 286	5 594	2 336	4 164	1 499	2 602	764	1 297	939	434	24
84 048	68 179	68 458	56 680	47 742	39 247	28 783	19 202	7 942	4 163	1 153	9 036	25
40 203	33 463	32 479	25 562	21 154	16 707	13 056	8 766	3 546	1 738	485	4 130	26
43 845	34 716	35 979	31 118	26 588	22 540	15 727	10 436	4 396	2 425	668	4 906	27
30 359 625 — *						*— 1 380 165 —*					–	28
15 503 127 — *						*— 689 381 —*					–	29
14 856 498 — *						*— 690 784 —*					–	30
2 494 979	*2 137 037*	*1 730 178*	*1 403 501*	*1 135 647*	*956 368*	*710 052*	*505 087*	*341 427*	*— 477 052 —*		–	31
1 187 154	*1 048 804*	*872 354*	*728 341*	*609 003*	*523 130*	*390 780*	*291 468*	*199 153*	*— 273 739 —*		–	32
1 307 825	*1 088 233*	*857 824*	*675 160*	*526 644*	*433 238*	*319 272*	*213 619*	*142 274*	*— 203 313 —*		–	33

7. Population by age, sex and urban/rural residence: latest available year, 1979 – 1988 (continued)

(See notes at end of table.)

	Continent, country or area, sex, date and urban/rural residence — Continent, pays ou zone, sexe, date et résidence, urbaine/rurale	All ages Tous âges	-1	1-4	5-9	10-14	15-19	20-24	25-29	30-3
		Age (in years)								
	AFRICA—AFRIQUE (Cont.–Suite)									
	Gambia – Gambie 15 IV 1983(C)*									
1	Total	687 817	18 134	98 654	111 451	72 782	63 070	58 539	60 858	44 94
2	Male – Masculin	342 134	9 262	49 160	55 639	37 514	29 398	27 187	27 770	20 92
3	Female – Féminin	345 683	8 872	49 494	55 812	35 268	33 672	31 352	33 088	24 02
	Guinea-Bissau – Guinée-Bissau 16–30 IV 1979(C)									
4	Total	767 739	23 528	113 021	122 158	81 264	72 031	59 593	64 247	42 81
5	Male – Masculin	370 225	11 625	55 965	61 762	44 444	34 088	24 348	25 387	18 13
6	Female – Féminin	397 514	11 903	57 056	60 396	36 820	37 943	35 245	38 860	24 68
	Kenya 1 VII 1985 [2]									
7	Total	*20 333 275*	*— 4 268	*608 —*	*3 392 401*	*2 771 236*	*2 217 962*	*1 662 886*	*1 321 670*	*1 059 31*
8	Male – Masculin	*10 126 127*	*— 2 160	*659 —*	*1 713 666*	*1 397 832*	*1 112 395*	*829 134*	*652 892*	*516 28*
9	Female – Féminin	*10 207 148*	*— 2 107	*949 —*	*1 678 735*	*1 373 404*	*1 105 567*	*833 752*	*668 778*	*543 03*
	Malawi 1–21 IX 1987(C)*									
10	Total	7 982 607	*— 1 396	005 —*	*— 2 290	881 —*	*———	———	———	———
	1 VII 1987									
11	Male – Masculin	*3 673 562*	*220 597*	*541 722*	*579 722*	*460 351*	*381 229*	*310 946*	*250 002*	*197 17*
12	Female – Féminin	*3 880 572*	*214 172*	*548 159*	*584 675*	*467 255*	*387 562*	*326 226*	*274 422*	*230 30*
	Mali 1 I 1985									
13	Total	*8 089 522*	*323 655*	*1 106 673*	*1 092 391*	*921 201*	*840 840*	*688 854*	*589 495*	*505 10*
14	Male – Masculin	*3 982 826*	*165 420*	*556 783*	*537 363*	*453 783*	*431 817*	*337 457*	*287 940*	*247 87*
15	Female – Féminin	*4 106 696*	*158 235*	*549 890*	*555 028*	*467 418*	*409 023*	*351 397*	*301 555*	*257 22*
	Mauritius – Maurice Island of Mauritius – Ile Maurice 1 VII 1987 [2]									
16	Total	1 003 794	18 242	74 241	114 271	98 226	97 121	109 941	99 116	85 09
17	Male – Masculin	501 221	9 307	38 199	57 864	50 743	49 840	55 236	49 608	41 71
18	Female – Féminin	502 573	8 935	36 042	56 407	47 483	47 281	54 705	49 508	43 38
	Rodrigues 1 VII 1987									
19	Total	36 537	1 211	5 035	5 429	4 638	4 314	3 281	2 525	1 79
20	Male – Masculin	18 673	632	2 569	2 751	2 405	2 213	1 658	1 310	96
21	Female – Féminin	17 864	579	2 466	2 678	2 233	2 101	1 623	1 215	83
	Morocco – Maroc 3–21 IX 1982(C) [2]									
22	Total	20 449 551	*— 3 110	382 —*	2 930 793	2 580 134	2 234 831	1 997 699	1 557 797	1 147 52
23	Male – Masculin	10 236 078	*— 1 577	129 —*	1 492 263	1 323 818	1 100 678	997 446	787 171	566 13
24	Female – Féminin	10 213 473	*— 1 533	253 —*	1 438 530	1 256 316	1 134 153	1 000 253	770 626	581 39
	Mozambique 1 VIII 1987 [2 3]									
25	Total	*14 548 400*	*547 500*	*1 984 100*	*2 112 800*	*1 802 000*	*1 528 000*	*1 293 800*	*1 089 700*	*913 40*
26	Male – Masculin	*7 095 400*	*270 100*	*977 900*	*1 040 000*	*886 800*	*751 700*	*635 400*	*533 900*	*446 50*
27	Female – Féminin	*7 453 000*	*277 400*	*1 006 200*	*1 072 800*	*915 200*	*776 300*	*658 400*	*555 800*	*466 90*
	Réunion 1 I 1988 [1]									
28	Total	*569 660*	*12 498*	*50 835*	*57 100*	*59 616*	*64 847*	*66 680*	*46 698*	*40 15*
29	Male – Masculin	*279 059*	*6 338*	*25 810*	*28 713*	*30 086*	*32 644*	*33 629*	*22 792*	*19 11*
30	Female – Féminin	*290 601*	*6 160*	*25 025*	*28 387*	*29 530*	*32 203*	*33 051*	*23 906*	*21 03*

7. Population selon l'âge, le sexe et la résidence, urbaine/rurale: dernière année disponible, 1979 – 1988 (suite)

(Voir notes à la fin du tableau.)

Age (en années)												
35 – 39	40 – 44	45 – 49	50 – 54	55 – 59	60 – 64	65 – 69	70 – 74	75 – 79	80 – 84	85 +	Unknown Inconnu	
33 093	29 678	20 161	19 704	10 336	13 504	6 597	7 226	3 295	4 379	3 964	7 443	1
16 973	14 999	11 330	10 415	6 164	7 330	3 882	3 882	1 840	2 200	2 000	4 269	2
16 120	14 679	8 831	9 289	4 172	6 174	2 715	3 344	1 455	2 179	1 964	3 174	3
41 537	31 530	26 636	21 794	14 360	17 390	9 894	8 914	*—	17 026	—*	–	4
18 381	13 957	13 061	10 283	8 088	9 636	6 049	5 121	*—	9 898	—*	–	5
23 156	17 573	13 575	11 511	6 272	7 754	3 845	3 793	*—	7 128	—*	–	6
860 917	*701 461*	*567 440*	*454 474*	*356 259*	*270 847*	*194 122*	*125 245*	*—	*108 433*	—*	–	7
417 411	*339 684*	*273 617*	*218 063*	*169 839*	*128 044*	*90 620*	*57 587*	*—	*48 402*	—*	–	8
443 506	*361 777*	*293 823*	*236 411*	*186 420*	*142 803*	*103 502*	*67 658*	*—	*60 031*	—*	–	9
— 3 978 483 —					—*	*—		317 238		—*	–	10
164 935	*139 271*	*118 637*	*94 542*	*73 165*	*55 966*	*39 762*	*25 344*	*13 713*	*— *6 483*	—*	–	11
191 940	*159 367*	*131 216*	*107 072*	*85 633*	*66 056*	*47 909*	*31 485*	*17 849*	*— *9 274*	—*	–	12
424 970	*366 096*	*306 912*	*251 752*	*204 378*	*163 322*	*—		*303 878*		—*	–	13
206 163	*180 503*	*150 546*	*120 924*	*96 445*	*76 439*	*—		*133 367*		—*	–	14
218 807	*185 593*	*156 366*	*130 828*	*107 933*	*86 883*	*—		*170 511*		—*	–	15
72 452	49 200	38 482	38 401	30 860	30 571	19 361	14 416	7 400	4 198	2 200	–	16
36 825	23 301	18 822	19 312	15 380	15 265	8 679	6 391	2 867	1 420	452	–	17
35 627	25 899	19 660	19 089	15 480	15 306	10 682	8 025	4 533	2 778	1 748	–	18
1 666	1 582	1 290	1 017	837	645	519	389	210	113	45	–	19
866	796	659	548	422	332	250	158	89	44	10	–	20
800	786	631	469	415	313	269	231	121	69	35	–	21
843 463	882 226	716 343	709 694	450 327	488 270	232 525	254 053	*—	313 485	—*	–	22
397 216	397 412	352 350	338 002	238 285	243 328	132 960	121 626	*—	170 260	—*	–	23
446 247	484 814	363 993	371 692	212 042	244 942	99 565	132 427	*—	143 225	—*	–	24
761 700	*632 500*	*520 800*	*419 800*	*327 400*	*244 000*	*171 100*	*108 700*	*59 500*	*— *31 600*	—*	–	25
371 200	*306 900*	*251 200*	*200 100*	*153 100*	*111 200*	*75 800*	*46 700*	*24 600*	*— *12 300*	—*	–	26
390 500	*325 600*	*269 600*	*219 700*	*174 300*	*132 800*	*95 300*	*62 000*	*34 900*	*— *19 300*	—*	–	27
35 283	*27 891*	*24 784*	*21 945*	*17 298*	*15 202*	*11 023*	*7 835*	*5 334*	*2 922*	*1 719*	–	28
17 229	*13 674*	*12 091*	*10 485*	*8 236*	*6 964*	*4 818*	*3 130*	*1 923*	*952*	*434*	–	29
18 054	*14 217*	*12 693*	*11 460*	*9 062*	*8 238*	*6 205*	*4 705*	*3 411*	*1 970*	*1 285*	–	30

7. Population by age, sex and urban/rural residence: latest available year, 1979 – 1988 (continued)

(See notes at end of table.)

	Continent, country or area, sex, date and urban/rural residence — Continent, pays ou zone, sexe, date et résidence, urbaine/rurale	All ages Tous âges	Age (in years) – 1	1 – 4	5 – 9	10 – 14	15 – 19	20 – 24	25 – 29	30 – 34
	AFRICA—AFRIQUE (Cont.–Suite)									
	St. Helena ex. dep. – Sainte-Hélène sans dép. 22 II 1987(C)									
1	Total	5 500	*——	487 ——*	497	538	646	409	426	413
2	Male – Masculin	2 669	*——	250 ——*	235	272	305	161	194	211
3	Female – Féminin	2 831	*——	237 ——*	262	266	341	248	232	202
	Tristan da Cunha 1 VII 1987									
4	Total	294	2	13	14	17	35	19	19	14
5	Male – Masculin	139	1	6	9	3	20	6	10	4
6	Female – Féminin	155	1	7	5	14	15	13	9	10
	Sao Tome and Principe – Sao Tomé-et-Principe 15 VIII 1981(C)									
7	Total	96 611	4 431	14 529	13 964	11 852	10 474	7 989	5 654	3 910
8	Male – Masculin	48 031	2 245	7 395	7 146	6 050	5 232	3 958	2 719	1 849
9	Female – Féminin	48 580	2 186	7 134	6 818	5 802	5 242	4 031	2 935	2 061
	Seychelles 1 VII 1987									
10	Total	66 370	1 670	6 479	8 062	7 491	7 267	7 563	6 330	4 313
11	Male – Masculin	33 087	824	3 340	4 088	3 769	3 675	3 735	3 382	2 434
12	Female – Féminin	33 283	846	3 139	3 974	3 722	3 592	3 828	2 948	1 879
	South Africa – Afrique du Sud [5] 5 III 1985(C) [2]									
13	Total	23 385 645	532 469	2 191 355	2 675 708	2 796 638	2 468 856	2 332 191	2 027 959	1 681 848
14	Male – Masculin	11 545 282	266 840	1 098 619	1 343 319	1 397 197	1 203 645	1 135 300	1 027 540	848 049
15	Female – Féminin	11 840 363	265 629	1 092 736	1 332 389	1 399 441	1 265 211	1 196 891	1 000 419	833 799
	Sudan – Soudan 1 VII 1980 [2]									
16	Total	*18 680 700*	*— *3 452*	*000 ——**	*2 688 500*	*2 241 900*	*1 910 200*	*1 623 200*	*1 372 200*	*1 155 300*
17	Male – Masculin	*9 365 200*	*— *1 749*	*500 ——**	*1 364 700*	*1 136 200*	*966 200*	*817 600*	*688 500*	*577 300*
18	Female – Féminin	*9 315 500*	*— *1 702*	*500 ——**	*1 323 800*	*1 105 700*	*944 000*	*805 600*	*683 700*	*578 000*
	Swaziland 1 VII 1986									
19	Total	*669 734*	*—— *113*	*448 ——**	*114 289*	*88 303*	*72 348*	*54 412*	*45 153*	*38 725*
20	Male – Masculin	*313 706*	*—— *56*	*852 ——**	*56 832*	*43 738*	*34 842*	*23 050*	*19 090*	*17 031*
21	Female – Féminin	*356 028*	*—— *56*	*596 ——**	*57 457*	*44 565*	*37 506*	*31 362*	*26 063*	*21 694*
	Tunisia – Tunisie 30 III 1984(C)* [2]									
22	Total	6 975 450	202 320	813 010	932 570	817 630	797 020	674 600	538 920	413 020
23	Male – Masculin	3 546 040	105 200	416 400	478 090	418 830	405 140	341 720	267 490	206 320
24	Female – Féminin	3 429 410	97 120	396 610	454 480	398 800	391 880	332 880	271 430	206 700
	United Rep. of Tanzania – Rép.-Unie de Tanzanie 1 VII 1985									
25	Total	*21 733 000*	*997 300*	*3 379 700*	*3 317 000*	*2 704 000*	*2 305 000*	*1 627 000*	*1 488 000*	*1 161 000*
26	Male – Masculin	*10 637 000*	*500 000*	*1 697 000*	*1 657 000*	*1 354 000*	*1 126 000*	*791 000*	*696 000*	*527 000*
27	Female – Féminin	*11 096 000*	*497 300*	*1 682 700*	*1 660 000*	*1 350 000*	*1 179 000*	*836 000*	*792 000*	*634 000*
	Tanganyika 1 VII 1985									
28	Total	*21 162 000*	*— *4 268*	*000 ——**	*3 225 000*	*2 615 000*	*2 244 000*	*1 582 000*	*1 453 000*	*1 132 000*
29	Male – Masculin	*10 357 000*	*— *2 142*	*000 ——**	*1 612 000*	*1 310 000*	*1 095 000*	*769 000*	*680 000*	*514 000*
30	Female – Féminin	*10 805 000*	*— *2 126*	*000 ——**	*1 613 000*	*1 305 000*	*1 149 000*	*813 000*	*773 000*	*618 000*

7. Population selon l'âge, le sexe et la résidence, urbaine/rurale: dernière année disponible, 1979 – 1988 (suite)

(Voir notes à la fin du tableau.)

Age (en années)												
35 – 39	40 – 44	45 – 49	50 – 54	55 – 59	60 – 64	65 – 69	70 – 74	75 – 79	80 – 84	85 +	Unknown Inconnu	
375	349	243	240	203	189	154	119	93	72	47	–	1
193	210	127	136	86	73	79	49	41	28	19	–	2
182	139	116	104	117	116	75	70	52	44	28	–	3
23	20	22	19	15	20	17	8	8	3	6	–	4
12	10	9	9	8	10	11	2	5	1	3	–	5
11	10	13	10	7	10	6	6	3	2	3	–	6
3 323	3 955	3 652	3 241	2 816	2 128	1 650	1 300	891	517	335	–	7
1 562	2 014	1 852	1 586	1 371	1 032	791	561	348	200	120	–	8
1 761	1 941	1 800	1 655	1 445	1 096	859	739	543	317	215	–	9
2 763	2 241	2 139	2 225	1 880	1 727	1 469	1 187	901	495	168	–	10
1 487	1 142	1 043	1 028	827	767	624	457	313	145	7	–	11
1 276	1 099	1 096	1 197	1 053	960	845	730	588	350	161	–	12
1 430 925	1 182 933	995 136	787 984	619 063	552 054	439 231	299 592	179 278	105 975	86 450	–	13
726 751	595 215	505 889	389 010	300 851	243 118	194 598	128 751	72 518	39 123	28 949	–	14
704 174	587 718	489 247	398 974	318 212	308 936	244 633	170 841	106 760	66 852	57 501	–	15
967 200	*804 500*	*662 000*	*538 400*	*429 100*	*326 500*	*235 000*	*151 400*	*81 900*	*—— 41 400 ——*		–	16
481 500	*399 100*	*326 200*	*262 800*	*206 400*	*155 100*	*110 100*	*69 400*	*36 500*	*—— 18 100 ——*		–	17
485 700	*405 400*	*335 800*	*275 600*	*222 700*	*171 400*	*124 900*	*82 000*	*45 400*	*—— 23 300 ——*		–	18
32 721	*27 233*	*22 378*	*18 089*	*14 258*	*10 804*	*7 715*	*5 051*	*2 897*	*1 351*	*559*	–	19
14 649	*12 220*	*9 994*	*8 006*	*6 211*	*4 581*	*3 130*	*1 920*	*1 007*	*416*	*137*	–	20
18 072	*15 013*	*12 384*	*10 083*	*8 047*	*6 223*	*4 585*	*3 131*	*1 890*	*935*	*422*	–	21
298 460	275 780	285 310	260 180	200 650	164 830	114 090	96 470	44 520	28 890	13 000	4 180	22
142 870	133 090	139 040	131 590	104 970	87 180	65 040	54 180	24 710	15 330	6 650	2 200	23
155 590	142 690	146 270	128 590	95 680	77 650	49 050	42 290	19 810	13 560	6 350	1 980	24
1 140 000	*857 000*	*742 000*	*505 000*	*467 000*	*347 000*	*234 000*	*152 000*	*———— – 310 000 ————*			–	25
529 000	*415 000*	*364 000*	*253 000*	*236 000*	*162 000*	*114 000*	*72 000*	*———— – 144 000 ————*			–	26
611 000	*442 000*	*378 000*	*252 000*	*231 000*	*185 000*	*120 000*	*80 000*	*———— – 166 000 ————*			–	27
1 116 000	*838 000*	*726 000*	*491 000*	*457 000*	*339 000*	*226 000*	*147 000*	*———— – 303 000 ————*			–	28
518 000	*406 000*	*356 000*	*246 000*	*231 000*	*158 000*	*110 000*	*70 000*	*———— – 140 000 ————*			–	29
598 000	*432 000*	*370 000*	*245 000*	*226 000*	*181 000*	*116 000*	*77 000*	*———— – 163 000 ————*			–	30

7. Population by age, sex and urban/rural residence: latest available year, 1979 – 1988 (continued)

(See notes at end of table.)

	Continent, country or area, sex, date and urban/rural residence — Continent, pays ou zone, sexe, date et résidence, urbaine/rurale	Age (in years) All ages Tous âges	-1	1-4	5-9	10-14	15-19	20-24	25-29	30-3
	AFRICA—AFRIQUE (Cont.–Suite)									
	United Rep. of Tanzania – Rép.–Unie de Tanzanie Zanzibar 1 VII 1985									
1	Total	*571 000*	*23 300*	*85 700*	*92 000*	*89 000*	*61 000*	*45 000*	*35 000*	*29 00*
2	Male – Masculin	*280 000*	*12 000*	*43 000*	*45 000*	*44 000*	*31 000*	*22 000*	*16 000*	*13 00*
3	Female – Féminin	*291 000*	*11 300*	*42 700*	*47 000*	*45 000*	*30 000*	*23 000*	*19 000*	*16 00*
	Zaire – Zaïre 1 VII 1985 [2]									
4	Total	*30 981 382*	*1 357 953*	*4 552 184*	*4 675 192*	*3 849 045*	*3 225 309*	*2 704 158*	*2 226 223*	*1 850 01*
5	Male – Masculin	*15 326 732*	*695 915*	*2 313 307*	*2 364 650*	*1 939 657*	*1 614 079*	*1 340 441*	*1 082 637*	*907 44*
6	Female – Féminin	*15 654 650*	*662 038*	*2 238 877*	*2 310 542*	*1 909 388*	*1 611 230*	*1 363 717*	*1 143 586*	*942 56*
	Zambia – Zambie 25 VIII 1980(C) [2]									
7	Total	5 661 801	200 897	819 130	984 271	768 391	592 967	473 791	336 933	292 39
8	Male – Masculin	2 769 995	99 616	408 166	491 381	384 016	284 668	213 545	158 386	133 17
9	Female – Féminin	2 891 806	101 281	410 964	492 890	384 375	308 299	260 246	178 547	159 21
	Zimbabwe 1 VII 1987 [2]									
10	Total	*8 639 656*	**— 1 397*	*392 —**	*1 275 206*	*1 207 741*	*1 010 278*	*799 409*	*702 784*	*540 74*
11	Male – Masculin	*4 239 267*	**— 699*	*706 —**	*625 965*	*593 262*	*495 955*	*391 968*	*344 350*	*264 88*
12	Female – Féminin	*4 400 389*	**— 697*	*686 —**	*649 241*	*614 479*	*514 323*	*407 441*	*358 434*	*275 85*
	AMERICA,NORTH— AMERIQUE DU NORD									
	Aruba 1 II 1981(C) [1]									
13	Total	60 312	1 093	4 032	5 046	5 444	6 621	6 273	5 584	4 88
14	Male – Masculin	29 340	531	2 098	2 566	2 784	3 367	3 204	2 642	2 31
15	Female – Féminin	30 972	562	1 934	2 480	2 660	3 254	3 069	2 942	2 57
	Bahamas 1 VII 1985									
16	Total	232 070	*— 24	939 —*	26 409	28 196	26 859	26 340	20 999	16 05
17	Male – Masculin	112 764	*— 12	607 —*	13 226	14 057	13 353	13 123	10 097	7 66
18	Female – Féminin	119 306	*— 12	332 —*	13 183	14 139	13 506	13 217	10 902	8 38
	Barbados – Barbade 12 V 1980(C) [1]									
19	Total	244 228	3 646	17 288	25 307	25 610	27 300	25 223	20 557	15 84
20	Male – Masculin	115 771	1 870	8 661	12 676	12 859	13 642	12 382	10 001	7 72
21	Female – Féminin	128 457	1 776	8 627	12 631	12 751	13 658	12 841	10 556	8 11
	Belize 1 VII 1984									
22	Total	*162 052*	**— 27*	*307 —**	*24 282*	*21 661*	*18 790*	*15 165*	*11 240*	*8 14*
23	Male – Masculin	*82 039*	**— 13*	*765 —**	*12 283*	*10 950*	*9 490*	*7 798*	*5 714*	*4 14*
24	Female – Féminin	*80 013*	**— 13*	*542 —**	*11 999*	*10 711*	*9 300*	*7 367*	*5 526*	*4 00*
	Bermuda – Bermudes 1 VII 1987 [1]									
25	Total	56 322	*— 4	022 —*	3 825	4 028	4 248	4 463	4 770	5 13
26	Male – Masculin	27 713	*— 2	132 —*	1 958	2 039	2 176	2 253	2 300	2 50
27	Female – Féminin	28 609	*— 1	890 —*	1 867	1 989	2 072	2 210	2 470	2 63
	British Virgin Islands – Iles Vierges britanniques 12 V 1980(C) [1]									
28	Total	10 985	268	1 023	1 308	1 136	1 006	1 055	1 120	91
29	Male – Masculin	5 617	133	531	662	548	503	517	574	49
30	Female – Féminin	5 368	135	492	646	588	503	538	546	42

7. Population selon l'âge, le sexe et la résidence, urbaine/rurale: dernière année disponible, 1979 – 1988 (suite)

(Voir notes à la fin du tableau.)

Age (en années)												
35 – 39	40 – 44	45 – 49	50 – 54	55 – 59	60 – 64	65 – 69	70 – 74	75 – 79	80 – 84	85 +	Unknown Inconnu	
24 000	19 000	16 000	14 000	10 000	8 000	8 000	5 000	*——— –	7 000	———*	–	1
11 000	9 000	8 000	7 000	5 000	4 000	4 000	2 000	*——— –	4 000	———*	–	2
13 000	10 000	8 000	7 000	5 000	4 000	4 000	3 000	*——— –	3 000	———*	–	3
1 539 734	1 263 014	1 018 203	808 155	633 920	481 121	344 066	255 603	128 039	*—— 69 451	——*	–	4
747 306	606 967	482 101	377 398	290 141	214 049	149 057	124 375	51 259	*—— 25 944	——*	–	5
792 428	656 047	536 102	430 757	343 779	267 072	195 009	131 228	76 780	*—— 43 507	——*	–	6
237 447	212 537	177 090	145 511	97 632	91 855	62 017	42 139	26 145	14 389	12 543	73 722	7
107 611	99 857	91 743	75 309	52 957	47 291	34 654	22 159	14 589	7 188	6 457	37 223	8
129 836	112 680	85 347	70 202	44 675	44 564	27 363	19 980	11 556	7 201	6 086	36 499	9
396 149	324 078	263 214	205 036	164 653	117 936	95 612	57 923	*——— –	81 503	———*	–	10
193 867	158 286	128 123	99 359	79 214	56 171	44 970	26 851	*——— –	36 336	———*	–	11
202 282	165 792	135 091	105 677	85 439	61 765	50 642	31 072	*——— –	45 167	———*	–	12
4 077	3 865	3 321	2 487	1 845	1 751	1 429	1 298	706	364	196	–	13
1 902	1 791	1 547	1 179	915	773	644	604	291	142	50	–	14
2 175	2 074	1 774	1 308	930	978	785	694	415	222	146	–	15
12 923	11 679	9 517	7 412	5 911	4 373	4 040	3 127	1 865	*—— 1 428	——*	–	16
6 100	5 501	4 499	3 512	2 689	1 922	1 797	1 346	701	*—— 566	——*	–	17
6 823	6 178	5 018	3 900	3 222	2 451	2 243	1 781	1 164	*—— 862	——*	–	18
10 855	9 740	8 882	9 527	8 375	8 795	8 761	7 325	5 187	2 559	1 669	1 780	19
5 019	4 379	3 862	4 064	3 664	3 812	3 811	3 171	2 076	781	337	980	20
5 836	5 361	5 020	5 463	4 711	4 983	4 950	4 154	3 111	1 778	1 332	800	21
6 064	5 021	4 577	4 423	3 866	3 189	2 702	2 100	1 482	1 025	1 012	–	22
3 082	2 625	2 327	2 324	1 966	1 621	1 292	994	703	485	479	–	23
2 982	2 396	2 250	2 099	1 900	1 568	1 410	1 106	779	540	533	–	24
4 998	4 189	3 409	3 026	2 791	2 363	1 795	1 374	939	558	386	–	25
2 526	2 090	1 665	1 485	1 335	1 090	821	589	372	235	140	–	26
2 472	2 099	1 744	1 541	1 456	1 273	974	785	567	323	246	–	27
680	455	358	381	323	294	237	162	134	56	62	9	28
380	233	170	193	188	140	123	96	75	31	28	2	29
300	222	188	188	135	154	114	66	59	25	34	7	30

7. Population by age, sex and urban/rural residence: latest available year, 1979 – 1988 (continued)

(See notes at end of table.)

	Continent, country or area, sex, date and urban/rural residence — Continent, pays ou zone, sexe, date et résidence, urbaine/rurale	All ages Tous âges	Age (in years) – 1	1 – 4	5 – 9	10 – 14	15 – 19	20 – 24	25 – 29	30 – 34
	AMERICA,NORTH— (Cont.–Suite) AMERIQUE DU NORD									
	Canada 1 VI 1987 [1,2,6]									
1	Total	25 625 100	370 700	1 456 200	1 807 900	1 788 600	1 911 600	2 192 800	2 360 400	2 247 700
2	Male – Masculin	12 641 000	190 300	746 400	926 700	916 700	980 600	1 104 400	1 176 000	1 114 900
3	Female – Féminin	12 984 100	180 400	709 700	881 100	871 800	931 000	1 088 400	1 184 400	1 132 800
	Cayman Islands – Iles Caïmanes 8 X 1979(C)									
4	Total	16 677	271	1 197	1 766	1 620	1 600	1 533	1 449	1 328
5	Male – Masculin	8 113	143	618	859	834	775	742	658	659
6	Female – Féminin	8 564	128	579	907	786	825	791	791	669
	Costa Rica 1 VII 1985 [1,2]									
7	Total	2 488 749	68 346	264 086	298 290	280 105	287 150	269 113	216 777	173 525
8	Male – Masculin	1 244 126	35 070	134 744	152 087	142 236	143 860	132 934	106 332	86 014
9	Female – Féminin	1 244 623	33 276	129 342	146 203	137 869	143 290	136 179	110 445	87 511
	Cuba 31 XII 1986 [2]									
10	Total	10 245 913	164 130	657 519	705 765	1 015 908	1 160 645	1 168 446	818 095	707 535
11	Male – Masculin	5 160 721	84 288	336 688	361 219	517 887	594 159	588 554	408 118	350 449
12	Female – Féminin	5 085 192	79 842	320 831	344 546	498 021	566 486	579 892	409 977	357 086
	Dominica – Dominique 7 IV 1981(C) [1]									
13	Total	73 795	1 483	6 713	10 127	11 083	9 390	7 008	4 711	3 519
14	Male – Masculin	36 754	756	3 446	5 277	5 595	4 779	3 722	2 521	1 764
15	Female – Féminin	37 041	727	3 267	4 850	5 488	4 611	3 286	2 190	1 755
	Dominican Republic – République dominicaine 1 VII 1980* [2]									
16	Total	5 430 879	183 719	736 468	890 819	774 522	601 576	445 721	330 553	284 733
17	Male – Masculin	2 710 009	94 112	370 864	447 839	387 764	285 163	212 545	158 229	141 055
18	Female – Féminin	2 720 870	89 607	365 604	442 980	386 758	316 413	233 176	172 324	143 678
	El Salvador 31 XII 1985									
19	Total	4 772 528	*—— 789	501 ——*	755 434	652 566	535 879	409 724	286 618	241 161
20	Male – Masculin	2 349 110	*—— 401	349 ——*	383 383	329 982	270 423	195 093	132 582	113 071
21	Female – Féminin	2 423 418	*—— 388	152 ——*	372 051	322 584	265 456	214 631	154 036	128 090
	Greenland – Groenland 1 VII 1987 [1]									
22	Total	54 129	1 046	4 025	4 489	3 746	4 775	6 784	6 126	4 962
23	Male – Masculin	29 455	536	2 071	2 297	1 953	2 459	3 599	3 365	2 806
24	Female – Féminin	24 674	510	1 954	2 192	1 793	2 316	3 185	2 761	2 156
	Grenada – Grenade 30 IV 1981(C)									
25	Total	89 088	1 940	8 993	12 002	11 487	11 710	9 316	5 738	4 113
26	Male – Masculin	42 943	1 001	4 539	6 109	5 765	5 821	4 550	2 869	2 010
27	Female – Féminin	46 145	939	4 454	5 893	5 722	5 889	4 766	2 869	2 103
	Guadeloupe 1 VII 1985 [1]									
28	Total	333 166	*—— 31	039 ——*	30 809	40 502	41 400	33 640	23 215	21 617
29	Male – Masculin	163 034	*—— 15	718 ——*	15 588	20 551	20 650	17 486	11 591	10 159
30	Female – Féminin	170 132	*—— 15	321 ——*	15 221	19 951	20 750	16 154	11 624	11 458

7. Population selon l'âge, le sexe et la résidence, urbaine/rurale: dernière année disponible, 1979 – 1988 (suite)

Voir notes à la fin du tableau.)

Age (en années)												
35 – 39	40 – 44	45 – 49	50 – 54	55 – 59	60 – 64	65 – 69	70 – 74	75 – 79	80 – 84	85 +	Unknown Inconnu	
2 036 700	1 731 200	1 361 300	1 226 800	1 212 000	1 128 500	953 400	751 300	529 400	322 500	236 300	–	1
1 015 000	868 100	682 600	613 500	599 900	534 600	433 700	328 700	217 600	119 500	71 600	–	2
1 021 700	863 100	678 700	613 300	612 300	593 900	519 600	422 600	311 900	203 000	164 700	–	3
1 055	1 031	846	758	584	476	439	299 *———	–	425	———*	–	4
524	545	410	373	290	223	185	124 *———	–	151	———*	–	5
531	486	436	385	294	253	254	175 *———	–	274	———*	–	6
134 013	107 175	86 389	78 763	62 166	51 665	37 882	32 021	19 914	12 885	8 484	–	7
65 781	53 626	42 952	38 771	30 712	25 421	18 407	15 646	9 661	6 137	3 735	–	8
68 232	53 549	43 437	39 992	31 454	26 244	19 475	16 375	10 253	6 748	4 749	–	9
689 076	623 370	538 108	436 311	376 844	320 114 *———	———	———	864 047 ———	———	———*	–	10
341 467	308 060	269 723	217 425	188 587	161 346 *———	———	———	432 751 ———	———	———*	–	11
347 609	315 310	268 385	218 886	188 257	158 768 *———	———	———	431 296 ———	———	———*	–	12
2 820	2 461	2 350	2 362	2 047	2 149	1 812	1 483	967	548	481	281	13
1 404	1 133	1 058	1 051	950	959	850	611	383	191	149	155	14
1 416	1 328	1 292	1 311	1 097	1 190	962	872	584	357	332	126	15
280 731	*233 623*	*163 999*	*148 320*	*88 760*	*98 845*	*51 672*	*53 282*	*20 768*	*22 276*	*20 492*	–	16
138 817	*123 489*	*85 446*	*78 739*	*48 313*	*52 721*	*27 151*	*27 698*	*10 409*	*10 667*	*8 988*	–	17
141 914	*110 134*	*78 553*	*69 581*	*40 447*	*46 124*	*24 521*	*25 584*	*10 359*	*11 609*	*11 504*	–	18
221 635	*191 625*	*165 549*	*145 809*	*117 988*	*88 605*	*65 992*	*46 352*	*31 726* *——	*26 364*	——*	–	19
104 496	*92 092*	*79 910*	*70 190*	*55 676*	*41 604*	*31 232*	*21 993*	*14 571* *——	*11 463*	——*	–	20
117 139	*99 533*	*85 639*	*75 619*	*62 312*	*47 001*	*34 760*	*24 359*	*17 155* *——	*14 901*	——*	–	21
3 977	3 867	2 891	2 310	1 886	1 235	816	578	357	188	71	–	22
2 382	2 408	1 746	1 314	1 014	640	392	261	132	58	22	–	23
1 595	1 459	1 145	996	872	595	424	317	225	130	49	–	24
3 105	3 071	2 904	3 225	2 575	2 359	2 142	1 903	1 198	716	576	15	25
1 440	1 413	1 301	1 423	1 152	1 004	946	796	451	246	97	10	26
1 665	1 658	1 603	1 802	1 423	1 355	1 196	1 107	747	470	479	5	27
19 918	16 054	14 389	13 256	12 024	10 924	8 193	7 061	4 596	2 631	1 898	–	28
9 426	7 594	6 828	6 228	5 629	5 129	3 797	3 197	1 898	999	566	–	29
10 492	8 460	7 561	7 028	6 395	5 795	4 396	3 864	2 698	1 632	1 332	–	30

7. Population by age, sex and urban/rural residence: latest available year, 1979 – 1988 (continued)

(See notes at end of table.)

	Continent, country or area, sex, date and urban/rural residence — Continent, pays ou zone, sexe, date et résidence, urbaine/rurale	All ages Tous âges	Age (in years) – 1	1 – 4	5 – 9	10 – 14	15 – 19	20 – 24	25 – 29	30 – 3
	AMERICA,NORTH— (Cont.–Suite) AMERIQUE DU NORD									
	Guatemala									
	1 VII 1985 [2]									
1	Total	7 963 355	*— 1 433	545 ——*	1 213 313	1 008 947	842 566	698 447	566 270	471 86
2	Male – Masculin	4 026 614	*—— 730	417 ——*	617 761	512 670	427 756	353 237	285 362	236 62
3	Female – Féminin	3 936 741	*—— 703	128 ——*	595 552	496 277	414 810	345 210	280 908	235 24
	Haiti – Haïti									
	1 VII 1985 [1 2]									
4	Total	*5 251 192*	*159 057*	*623 371*	*703 660*	*598 636*	*540 873*	*477 858*	*414 844*	*294 06*
5	Male – Masculin	*2 546 150*	*78 214*	*311 347*	*356 461*	*302 992*	*269 892*	*226 607*	*183 323*	*137 49*
6	Female – Féminin	*2 705 042*	*80 843*	*312 024*	*347 199*	*295 644*	*270 981*	*251 251*	*231 521*	*156 57*
	Honduras									
	1 VII 1985 [2]									
7	Total	*4 372 487*	*169 918*	*630 851*	*680 714*	*569 777*	*476 225*	*387 520*	*309 862*	*248 81*
8	Male – Masculin	*2 191 985*	*85 889*	*317 750*	*341 342*	*285 294*	*239 129*	*194 929*	*155 812*	*125 15*
9	Female – Féminin	*2 180 502*	*84 029*	*313 101*	*339 372*	*284 483*	*237 096*	*192 591*	*154 050*	*123 66*
	Jamaica – Jamaïque									
	8 VI 1982(C) [1]									
10	Total	2 190 357	49 754	218 006	284 349	288 269	263 123	212 874	155 780	120 80
11	Male – Masculin	1 074 633	25 036	109 612	142 740	145 759	130 748	102 148	74 432	59 09
12	Female – Féminin	1 115 724	24 718	108 394	141 609	142 510	132 375	110 726	81 348	61 71
	Martinique									
	1 VII 1985 [1]									
13	Total	330 919	*—— 27	731 ——*	30 478	40 339	41 961	36 136	24 257	21 01
14	Male – Masculin	162 050	*—— 14	064 ——*	15 421	20 484	20 914	18 796	12 112	9 86
15	Female – Féminin	168 869	*—— 13	667 ——*	15 057	19 855	21 047	17 340	12 145	11 15
	Mexico – Mexique									
	1 VII 1985 [1 2 7]									
16	Total	*78 524 158*	*— 11 280*	*453 ——**	*11 037 365*	*10 541 500*	*9 023 534*	*7 528 124*	*6 226 157*	*5 059 32*
17	Male – Masculin	*39 314 921*	*— 5 748*	*456 ——**	*5 616 324*	*5 359 656*	*4 577 710*	*3 802 332*	*3 127 158*	*2 524 71*
18	Female – Féminin	*39 209 236*	*— 5 531*	*997 ——**	*5 421 042*	*5 181 844*	*4 445 824*	*3 725 792*	*3 098 999*	*2 534 60*
	Montserrat									
	1 VII 1982									
19	Total	11 675	*——	921 ——*	1 312	1 331	1 253	1 202	908	74
20	Male – Masculin	5 645	*——	483 ——*	643	661	628	599	462	39
21	Female – Féminin	6 030	*——	438 ——*	669	670	625	603	446	35
	Netherlands Antilles – Antilles néerlandaises									
	1 II 1981(C) [1]									
22	Total	171 620	*—— 15	581 ——*	17 551	18 320	20 060	16 660	14 597	13 35
23	Male – Masculin	82 808	*—— 7	946 ——*	8 928	9 235	10 134	8 245	6 794	6 31
24	Female – Féminin	88 812	*—— 7	635 ——*	8 623	9 085	9 926	8 415	7 803	7 04
	Nicaragua									
	1 VII 1980 [2]									
25	Total	*2 732 520*	*—— 466*	*640 ——**	*455 852*	*387 061*	*298 371*	*226 681*	*177 681*	*137 38*
26	Male – Masculin	*1 338 069*	*—— 236*	*159 ——**	*229 412*	*196 768*	*143 281*	*106 699*	*82 484*	*66 05*
27	Female – Féminin	*1 394 451*	*—— 230*	*481 ——**	*226 440*	*190 293*	*155 090*	*119 982*	*95 197*	*71 33*
	Panama									
	1 VII 1988* [2]									
28	Total	*2 322 001*	*—— 291*	*700 ——**	*275 586*	*268 712*	*257 613*	*231 048*	*198 585*	*164 96*
29	Male – Masculin	*1 182 170*	*—— 149*	*001 ——**	*140 678*	*137 037*	*130 748*	*116 538*	*100 792*	*84 59*
30	Female – Féminin	*1 139 831*	*—— 142*	*699 ——**	*134 908*	*131 675*	*126 865*	*114 510*	*97 793*	*80 36*
	Puerto Rico – Porto Rico									
	1 VII 1985 [2 7]									
31	Total	3 282 500	50 759	225 020	311 525	327 604	341 673	282 096	222 374	200 84
32	Male – Masculin	1 591 938	27 051	115 935	159 495	170 693	175 718	135 665	105 229	90 44
33	Female – Féminin	1 690 562	23 708	109 085	152 030	156 911	165 955	146 431	117 145	110 39

7. Population selon l'âge, le sexe et la résidence, urbaine/rurale: dernière année disponible, 1979 – 1988 (suite)

(Voir notes à la fin du tableau.)

Age (en années)												
35 – 39	40 – 44	45 – 49	50 – 54	55 – 59	60 – 64	65 – 69	70 – 74	75 – 79	80 – 84	85 +	Unknown Inconnu	
366 969	299 985	259 788	233 166	191 326	143 085	96 917	65 552	37 544	*— 34 067 —*		–	1
184 164	150 434	130 842	116 740	95 585	71 229	47 757	32 174	18 241	*— 15 620 —*		–	2
182 805	149 551	128 946	116 426	95 741	71 856	49 160	33 378	19 303	*— 18 447 —*		–	3
278 313	*241 555*	*215 299*	*178 540*	*115 526*	*126 028*	*78 768*	*73 517*	*47 261*	*41 484*	*42 535*	–	4
127 308	*112 031*	*106 938*	*89 115*	*56 015*	*61 108*	*35 646*	*35 137*	*20 369*	*17 823*	*18 332*	–	5
151 005	*129 524*	*108 361*	*89 425*	*59 511*	*64 920*	*43 122*	*38 380*	*26 892*	*23 661*	*24 203*	–	6
192 620	*161 687*	*137 016*	*114 265*	*93 723*	*73 401*	*54 071*	*36 704*	*22 279*	**— 13 039 —**		–	7
96 507	*80 927*	*68 539*	*57 062*	*46 715*	*36 406*	*26 519*	*17 657*	*10 488*	**— 5 869 —**		–	8
96 113	*80 760*	*68 477*	*57 203*	*47 008*	*36 995*	*27 552*	*19 047*	*11 791*	**— 7 170 —**		–	9
97 259	85 204	71 566	74 851	59 604	57 484	50 258	43 810	27 550	17 225	12 584	–	10
47 466	41 869	34 565	36 028	29 277	26 620	24 602	20 879	12 618	6 962	4 177	–	11
49 793	43 335	37 001	38 823	30 327	30 864	25 656	22 931	14 932	10 263	8 407	–	12
19 292	15 752	14 230	13 104	11 880	10 788	8 074	6 950	4 533	2 581	1 820	–	13
9 133	7 446	6 751	6 155	5 559	5 063	3 739	3 144	1 886	993	529	–	14
10 159	8 306	7 479	6 949	6 321	5 725	4 335	3 806	2 647	1 588	1 291	–	15
3 906 096	*3 132 121*	*2 631 811*	*2 210 373*	*1 714 597*	*1 436 183*	*1 007 585*	*797 856*	*531 945*	**— 459 134 —**		–	16
1 932 159	*1 534 682*	*1 277 386*	*1 065 384*	*818 660*	*675 023*	*464 908*	*360 180*	*234 944*	**— 195 241 —**		–	17
1 973 938	*1 597 439*	*1 354 426*	*1 144 989*	*895 937*	*761 160*	*542 676*	*437 676*	*297 001*	**— 263 890 —**		–	18
565	405	335	378	415	415 *———			1 487 ———*			–	19
297	204	152	172	182	160 *———			612 ———*			–	20
268	201	183	206	233	255 *———			875 ———*			–	21
10 968	9 042	7 560	6 469	5 436	4 588 *———			11 432 ———*			–	22
5 067	4 137	3 577	3 065	2 530	2 103 *———			4 731 ———*			–	23
5 901	4 905	3 983	3 404	2 906	2 485 *———			6 701 ———*			–	24
142 161	*107 097*	*86 184*	*69 298*	*48 475*	*46 458*	*26 082*	*25 679*	*12 794*	*10 181*	*8 437*	–	25
67 168	*52 452*	*41 480*	*33 449*	*23 150*	*22 027*	*12 118*	*12 038*	*5 804*	*4 205*	*3 321*	–	26
74 993	*54 645*	*44 704*	*35 849*	*25 325*	*24 431*	*13 964*	*13 641*	*6 990*	*5 976*	*5 116*	–	27
135 239	*111 925*	*90 655*	*74 307*	*62 418*	*51 133*	*41 148*	*30 791*	*19 506*	**— 16 673 —**		–	28
69 299	*57 477*	*46 294*	*37 806*	*31 753*	*26 055*	*20 972*	*15 723*	*9 741*	**— 7 660 —**		–	29
65 940	*54 448*	*44 361*	*36 501*	*30 665*	*25 078*	*20 176*	*15 068*	*9 765*	**— 9 013 —**		–	30
213 331	192 802	165 955	152 891	136 094	130 497	112 694	88 864	*——— - 127 480 ———*			–	31
97 047	90 156	76 373	70 919	63 166	58 573	52 830	42 781	*——— - 59 864 ———*			–	32
116 284	102 646	89 582	81 972	72 928	71 924	59 864	46 083	*——— - 67 616 ———*			–	33

7. Population by age, sex and urban/rural residence: latest available year, 1979 – 1988 (continued)

(See notes at end of table.)

	Continent, country or area, sex, date and urban/rural residence Continent, pays ou zone, sexe, date et résidence, urbaine/rurale	Age (in years) All ages Tous âges	– 1	1 – 4	5 – 9	10 – 14	15 – 19	20 – 24	25 – 29	30 – 34
	AMERICA,NORTH— (Cont.–Suite) AMERIQUE DU NORD									
	Saint Kitts and Nevis – Saint–Kitts–et–Nevis 1 VII 1986 [2]									
1	Total	43 700	*—— 5	060 ——*	4 920	4 800	4 670	4 380	3 760	2 930
2	Male – Masculin	22 000	*—— 2	550 ——*	2 500	2 440	2 360	2 290	2 140	1 540
3	Female – Féminin	21 700	*—— 2	510 ——*	2 420	2 360	2 310	2 090	1 620	1 390
	Saint Lucia – Sainte–Lucie 1 VII 1986									
4	Total	139 529	*—— 21	310 ——*	20 802	19 898	17 369	12 734	8 599	6 366
5	Male – Masculin	67 727	*—— 10	877 ——*	10 355	9 997	8 832	6 380	4 233	2 919
6	Female – Féminin	71 802	*—— 10	433 ——*	10 447	9 901	8 537	6 354	4 366	3 447
	St. Pierre and Miquelon – Saint–Pierre–et–Miquelon 9 III 1982(C) [8]									
7	Total	6 037	11	408	534	675	614	487	488	506
8	Male – Masculin	2 981	6	219	250	326	323	244	264	265
9	Female – Féminin	3 056	5	189	284	349	291	243	224	241
	St. Vincent and the Grenadines – Saint–Vincent–et–Grenadines 12 V 1980(C) [1]									
10	Total	97 845	2 412	11 816	14 732	13 838	12 717	9 593	5 889	4 312
11	Male – Masculin	47 409	1 195	6 015	7 475	7 060	6 374	4 595	2 757	2 089
12	Female – Féminin	50 436	1 217	5 801	7 257	6 778	6 343	4 998	3 132	2 223
	Trinidad and Tobago – Trinité–et–Tobago 1 VII 1985									
13	Total	1 178 094	*—— 151	381 ——*	128 151	116 626	122 491	125 142	108 959	87 382
14	Male – Masculin	587 035	*—— 76	825 ——*	65 029	58 590	61 122	62 681	54 478	43 697
15	Female – Féminin	591 059	*—— 74	556 ——*	63 122	58 036	61 369	62 461	54 481	43 685
	Turks and Caicos Islands – Iles Turques et Caïques 12 V 1980(C) [1]									
16	Total	7 413	190	804	1 044	1 029	913	563	499	332
17	Male – Masculin	3 580	88	390	532	511	477	263	246	171
18	Female – Féminin	3 833	102	414	512	518	436	300	253	161
	United States – Etats–Unis 1 VII 1987* [2 6 9 10]									
19	Total	243 400 000	3 771 000	14 481 000	17 661 000	16 485 000	18 459 000	19 792 000	21 980 000	21 335 000
20	Male – Masculin	118 531 000	1 931 000	7 411 000	9 037 000	8 449 000	9 412 000	9 916 000	11 009 000	10 661 000
21	Female – Féminin	124 869 000	1 841 000	7 070 000	8 625 000	8 034 000	9 047 000	9 877 000	10 972 000	10 674 000
	United States Virgin Islands – Iles Vierges américaines 1 IV 1980(C) [2 7]									
22	Total	96 569	2 269	8 444	11 508	12 557	10 243	6 562	6 589	8 180
23	Male – Masculin	46 204	1 158	4 259	5 731	6 280	5 038	2 897	2 844	3 760
24	Female – Féminin	50 365	1 111	4 185	5 777	6 277	5 205	3 665	3 745	4 420
	AMERICA,SOUTH— AMERIQUE DU SUD									
	Argentina – Argentine 1 VII 1985 [2 3]									
25	Total	*30 563 833*	*—— *3 472*	*635* ——*	*3 223 845*	*2 776 709*	*2 447 327*	*2 322 527*	*2 257 199*	*2 162 398*
26	Male – Masculin	*15 163 666*	*—— *1 764*	*054* ——*	*1 636 470*	*1 408 454*	*1 239 982*	*1 175 279*	*1 141 770*	*1 092 138*
27	Female – Féminin	*15 400 167*	*—— *1 708*	*581* ——*	*1 587 375*	*1 368 255*	*1 207 345*	*1 147 248*	*1 115 429*	*1 070 260*

(Voir notes à la fin du tableau.)

Age (en années) 35 – 39	40 – 44	45 – 49	50 – 54	55 – 59	60 – 64	65 – 69	70 – 74	75 – 79	80 – 84	85 +	Unknown Inconnu	
2 220	1 650	1 340	1 260	1 330	1 270	1 350	1 100	800	490	370	–	1
1 200	880	640	580	630	590	600	450	320	180	110	–	2
1 020	770	700	680	700	680	750	650	480	310	260	–	3
5 010	4 432	4 190	4 016	3 649	3 271	2 763	2 117	1 524	978	501	–	4
2 303	2 005	1 849	1 747	1 639	1 483	1 219	860	562	325	142	–	5
2 707	2 427	2 341	2 269	2 010	1 788	1 544	1 257	962	653	359	–	6
408	344	316	260	238	219	181	148	85	72	43	–	7
212	194	153	130	116	85	79	57	31	21	6	–	8
196	150	163	130	122	134	102	91	54	51	37	–	9
3 266	3 136	2 947	2 767	2 245	2 478	2 088	1 437	1 045	592	463	72	10
1 523	1 391	1 290	1 215	1 007	1 101	947	636	417	172	101	49	11
1 743	1 745	1 657	1 552	1 238	1 377	1 141	801	628	420	362	23	12
68 736	56 162	45 741	38 817	33 829	28 593	24 474	19 318	12 695	*—— 9 597 ——*		–	13
34 381	28 117	22 544	18 825	16 531	14 360	11 970	8 881	5 487	*—— 3 517 ——*		–	14
34 355	28 045	23 197	19 992	17 298	14 233	12 504	10 437	7 208	*—— 6 080 ——*		–	15
290	256	272	281	260	204	154	160	82	49	30	1	16
146	119	118	108	115	111	71	53	34	22	4	1	17
144	137	154	173	145	93	83	107	48	27	26	–	18
18 739 000	15 567 000	12 351 000	10 925 000	11 120 000	10 897 000	9 889 000	7 779 000	5 777 000	3 524 000	2 867 000	–	19
9 274 000	7 639 000	6 024 000	5 286 000	5 298 000	5 067 000	4 496 000	3 329 000	2 264 000	1 226 000	806 000	–	20
9 466 000	7 928 000	6 326 000	5 640 000	5 823 000	5 831 000	5 394 000	4 450 000	3 514 000	2 298 000	2 061 000	–	21
7 191	5 403	4 197	3 450	3 081	2 420	1 907	1 207	725	342	294	–	22
3 436	2 591	1 960	1 634	1 434	1 201	912	533	303	125	108	–	23
3 755	2 812	2 237	1 816	1 647	1 219	995	674	422	217	186	–	24
1 949 263	*1 709 937*	*1 557 734*	*1 483 267*	*1 394 398*	*1 195 786*	*957 260*	*752 631*	*521 475*	*—— *379 442* ——*		–	25
985 738	*858 388*	*773 901*	*728 129*	*673 025*	*563 702*	*433 508*	*325 824*	*217 164*	*—— *146 140* ——*		–	26
963 525	*851 549*	*783 833*	*755 138*	*721 373*	*632 084*	*523 752*	*426 807*	*304 311*	*—— *233 302* ——*		–	27

7. Population by age, sex and urban/rural residence: latest available year, 1979 – 1988 (continued)

(See notes at end of table.)

	Continent, country or area, sex, date and urban/rural residence — Continent, pays ou zone, sexe, date et résidence, urbaine/rurale	All ages Tous âges	Age (in years) -1	1-4	5-9	10-14	15-19	20-24	25-29	30-34
	AMERICA,SOUTH— (Cont.–Suite) AMERIQUE DU SUD									
	Bolivia – Bolivie 1 VII 1987 [2,3]									
1	Total	*6 797 359*	*—— 1 158	274 ——*	*949 391*	*814 007*	*699 307*	*597 812*	*509 322*	*427 516*
2	Male – Masculin	*3 357 199*	*—— 584	798 ——*	*475 570*	*406 001*	*347 831*	*295 919*	*250 920*	*209 006*
3	Female – Féminin	*3 440 160*	*—— 573	476 ——*	*473 821*	*408 006*	*351 476*	*301 894*	*258 402*	*218 509*
	Brazil – Brésil 1 VII 1987 [2,11]									
4	Total	*141 452 000*	*— 18 459	000 ——*	*16 918 000*	*15 475 000*	*14 315 000*	*13 735 000*	*12 377 000*	*10 510 000*
5	Male – Masculin	*70 588 000*	*— 9 303	000 ——*	*8 492 000*	*7 751 000*	*7 172 000*	*6 889 000*	*6 191 000*	*5 245 000*
6	Female – Féminin	*70 864 000*	*— 9 156	000 ——*	*8 426 000*	*7 724 000*	*7 143 000*	*6 846 000*	*6 186 000*	*5 265 000*
	Chile – Chili 1 VII 1988* [2]									
7	Total	12 748 207	*— 1 440	070 ——*	1 291 254	1 201 992	1 243 446	1 246 443	1 177 829	1 006 588
8	Male – Masculin	6 294 428	*—— 732	827 ——*	656 412	609 668	629 143	628 684	591 538	503 252
9	Female – Féminin	6 453 779	*—— 707	243 ——*	634 842	592 324	614 303	617 759	586 291	503 336
	Colombia – Colombie 15 X 1985(C) [2]									
10	Total	27 837 932	612 050	2 757 872	3 444 848	3 226 267	3 254 871	3 000 600	2 417 131	1 907 275
11	Male – Masculin	13 777 700	312 866	1 404 540	1 750 586	1 639 319	1 582 367	1 440 203	1 151 976	937 799
12	Female – Féminin	14 060 232	299 184	1 353 332	1 694 262	1 586 948	1 672 504	1 560 397	1 265 155	969 476
	Ecuador – Equateur 1 VII 1987 [2,3,12]									
13	Total	*9 922 514*	*— 1 550	042 ——*	*1 346 163*	*1 201 503*	*1 084 961*	*937 758*	*783 256*	*659 182*
14	Male – Masculin	*4 990 967*	*—— 788	207 ——*	*683 181*	*609 012*	*549 140*	*473 920*	*394 989*	*331 332*
15	Female – Féminin	*4 931 547*	*—— 761	835 ——*	*662 982*	*592 491*	*535 821*	*463 838*	*388 267*	*327 850*
	French Guiana – Guyane Française 9 III 1982(C) [1]									
16	Total	73 012	390	7 361	8 126	7 927	7 043	7 292	6 956	6 516
17	Male – Masculin	38 448	222	3 723	4 160	3 996	3 522	4 316	3 680	3 480
18	Female – Féminin	34 564	168	3 638	3 966	3 931	3 521	2 976	3 276	3 036
	Guyana 12 V 1980(C)									
19	Total	758 619	15 454	82 085	106 524	105 314	96 554	77 234	57 502	44 040
20	Male – Masculin	375 841	7 773	41 143	53 388	53 070	47 632	37 484	28 458	21 552
21	Female – Féminin	382 778	7 681	40 942	53 136	52 244	48 922	39 750	29 044	22 488
	Paraguay 1 VII 1985 [2]									
22	Total	*3 693 233*	*—— 580	565 ——*	*493 061*	*439 818*	*400 773*	*360 799*	*317 194*	*277 933*
23	Male – Masculin	*1 868 968*	*—— 295	982 ——*	*251 075*	*224 384*	*204 494*	*183 859*	*162 321*	*143 961*
24	Female – Féminin	*1 824 265*	*—— 284	583 ——*	*241 986*	*215 434*	*196 279*	*176 940*	*154 873*	*133 972*
	Peru – Pérou 1 VII 1988* [2,3,13]									
25	Total	*21 255 000*	*665 000*	*2 489 000*	*2 792 000*	*2 492 000*	*2 262 000*	*2 011 000*	*1 730 000*	*1 434 000*
26	Male – Masculin	*10 707 000*	*339 000*	*1 267 000*	*1 419 000*	*1 265 000*	*1 148 000*	*1 019 000*	*876 000*	*725 000*
27	Female – Féminin	*10 548 000*	*326 000*	*1 222 000*	*1 373 000*	*1 227 000*	*1 114 000*	*992 000*	*854 000*	*709 000*
	Suriname 1 VII 1980									
28	Total	*354 860*	*4 568*	*36 811*	*48 562*	*49 535*	*47 410*	*33 822*	*23 407*	*17 774*
29	Male – Masculin	*175 634*	*2 356*	*18 552*	*24 545*	*24 897*	*23 816*	*16 656*	*11 390*	*8 500*
30	Female – Féminin	*179 226*	*2 212*	*18 259*	*24 017*	*24 638*	*23 594*	*17 166*	*12 017*	*9 274*
	Uruguay 23 X 1985(C) [2]									
31	Total	2 955 241	51 664	205 295	275 523	257 424	229 520	226 918	215 136	193 786
32	Male – Masculin	1 439 021	26 295	104 728	140 120	131 445	115 826	112 707	105 553	94 739
33	Female – Féminin	1 516 220	25 369	100 567	135 403	125 979	113 694	114 211	109 583	99 047

7. Population selon l'âge, le sexe et la résidence, urbaine/rurale: dernière année disponible, 1979 – 1988 (suite)

(Voir notes à la fin du tableau.)

Age (en années)												
35 – 39	40 – 44	45 – 49	50 – 54	55 – 59	60 – 64	65 – 69	70 – 74	75 – 79	80 – 84	85 +	Unknown Inconnu	
360 985	293 964	244 332	208 581	176 262	136 045	97 270	66 601	37 182	*—— 20 508 ——*		–	1
176 329	143 370	117 744	100 157	84 788	64 430	44 962	30 315	16 512	*—— 8 547 ——*		–	2
184 657	150 594	126 588	108 424	91 474	71 615	52 308	36 286	20 669	*—— 11 961 ——*		–	3
8 629 000	6 874 000	5 715 000	4 823 000	4 060 000	3 296 000	2 461 000	1 796 000	1 146 000	*—— 863 000 ——*		–	4
4 306 000	3 423 000	2 845 000	2 386 000	2 005 000	1 609 000	1 193 000	854 000	536 000	*—— 388 000 ——*		–	5
4 323 000	3 451 000	2 870 000	2 437 000	2 055 000	1 687 000	1 268 000	942 000	610 000	*—— 475 000 ——*		–	6
839 674	697 061	584 030	481 569	427 813	354 015	273 959	206 757	142 669	*—— 133 038 ——*		–	7
416 887	342 444	283 572	229 716	199 252	160 548	119 449	86 254	56 137	*—— 48 645 ——*		–	8
422 787	354 617	300 458	251 853	228 561	193 467	154 510	120 503	86 532	*—— 84 393 ——*		–	9
1 664 696	1 224 524	1 044 109	919 946	694 379	578 699	399 742	305 301	184 552	112 523	88 547	–	10
813 010	619 497	514 955	455 950	345 915	287 781	195 046	150 061	89 154	50 078	36 597	–	11
851 686	605 027	529 154	463 996	348 464	290 918	204 696	155 240	95 398	62 445	51 950	–	12
533 263	419 686	346 028	283 063	228 705	182 220	142 105	103 919	67 582	*—— 53 078 ——*		–	13
267 181	209 610	172 213	140 087	112 338	88 796	68 366	49 049	30 990	*—— 22 556 ——*		–	14
266 082	210 076	173 815	142 976	116 367	93 424	73 739	54 870	36 592	*—— 30 522 ——*		–	15
4 909	3 803	2 901	2 509	1 964	1 670	1 329	942	519	371	246	238	16
2 688	2 077	1 569	1 407	1 043	861	661	456	240	149	65	133	17
2 221	1 726	1 332	1 102	921	809	668	486	279	222	181	105	18
33 574	28 247	25 771	22 933	18 207	13 468	12 759	7 506	5 273	2 608	1 501	2 065	19
16 357	13 891	12 646	11 470	9 252	6 717	6 282	3 610	2 418	1 062	481	1 155	20
17 217	14 356	13 125	11 463	8 955	6 751	6 477	3 896	2 855	1 546	1 020	910	21
180 157	143 120	120 997	95 115	84 172	70 496	53 356	36 148	23 074	*—— 16 455 ——*		–	22
92 434	72 494	60 721	45 859	39 656	33 320	25 471	16 135	10 073	*—— 6 729 ——*		–	23
87 723	70 626	60 276	49 256	44 516	37 176	27 885	20 013	13 001	*—— 9 726 ——*		–	24
1 179 000	954 000	799 000	685 000	560 000	432 000	320 000	227 000	141 000	*—— 83 000 ——*		–	25
595 000	480 000	400 000	340 000	275 000	208 000	151 000	104 000	62 000	*—— 34 000 ——*		–	26
584 000	474 000	399 000	345 000	285 000	224 000	169 000	123 000	79 000	*—— 49 000 ——*		–	27
15 922	15 256	14 231	11 891	9 478	6 517	5 377	4 249	3 192	1 760	1 081	4 017	28
7 474	7 285	6 926	5 956	4 737	3 206	2 752	2 037	1 423	787	408	1 931	29
8 448	7 971	7 305	5 935	4 741	3 311	2 625	2 212	1 769	973	673	2 086	30
179 334	167 940	160 697	165 058	160 047	137 237	109 552	91 879	63 998	38 303	25 930	–	31
87 115	82 284	78 013	80 377	76 565	64 857	49 750	39 634	26 350	14 481	8 182	–	32
92 219	85 656	82 684	84 681	83 482	72 380	59 802	52 245	37 648	23 822	17 748	–	33

7. Population by age, sex and urban/rural residence: latest available year, 1979 – 1988 (continued)

(See notes at end of table.)

	Continent, country or area, sex, date and urban/rural residence / Continent, pays ou zone, sexe, date et résidence, urbaine/rurale	All ages / Tous âges	Age (in years) – 1	1 – 4	5 – 9	10 – 14	15 – 19	20 – 24	25 – 29	30 – 34
	AMERICA,SOUTH— (Cont.–Suite) AMERIQUE DU SUD									
	Venezuela 1 VII 1987 [2 3 14]									
1	Total	18 272 157	*— 2 640	133 —*	2 384 744	2 101 931	1 921 449	1 760 964	1 531 348	1 320 263
2	Male – Masculin	9 225 166	*— 1 346	478 —*	1 215 070	1 070 075	976 701	893 220	774 992	667 423
3	Female – Féminin	9 046 991	*— 1 293	655 —*	1 169 674	1 031 856	944 748	867 744	756 356	652 840
	ASIA—ASIE									
	Afghanistan 1 VII 1988* [2 15]									
4	Total	15 513 300	675 400	2 362 300	2 320 600	1 788 200	1 460 100	1 253 700	1 037 400	866 300
5	Male – Masculin	7 962 400	325 300	1 156 000	1 183 200	946 100	776 400	646 200	514 300	412 600
6	Female – Féminin	7 550 900	350 100	1 206 300	1 137 400	842 100	683 700	607 500	523 100	453 700
	Bahrain – Bahreïn 1 VII 1987									
7	Total	416 275	*— 52	408 —*	44 851	40 895	37 987	50 031	53 486	37 812
8	Male – Masculin	244 028	*— 26	546 —*	22 605	20 561	19 353	29 996	37 018	26 852
9	Female – Féminin	172 247	*— 25	862 —*	22 246	20 334	18 634	20 035	16 468	10 960
	Bangladesh 1 VII 1981 [2 3 6]									
10	Total	90 457 000	2 796 000	11 901 000	13 532 000	13 217 000	9 561 000	7 623 000	6 343 000	4 970 000
11	Male – Masculin	46 600 000	1 411 000	5 934 000	6 728 000	6 897 000	5 013 000	3 837 000	3 272 000	2 536 000
12	Female – Féminin	43 857 000	1 385 000	5 967 000	6 804 000	6 320 000	4 548 000	3 786 000	3 071 000	2 434 000
	Brunei Darussalam – Brunéi Darussalam 1 VII 1988* [2]									
13	Total	241 400	*— 32	600 —*	29 500	26 000	23 300	28 000	25 500	21 700
14	Male – Masculin	124 600	*— 16	600 —*	15 100	13 100	11 500	14 300	13 800	11 100
15	Female – Féminin	116 800	*— 16	000 —*	14 400	12 900	11 800	13 700	11 700	10 600
	China – Chine 1 VII 1982(C) [2 16]									
16	Total	1003913927	20809347	73895014	110735871	131810957	125366344	74363020	92563882	72958237
17	Male – Masculin	515277505	10787028	38196785	57026296	67837932	63804581	37880114	47746258	37930244
18	Female – Féminin	488636422	10022319	35698229	53709575	63973025	61561763	36482906	44817624	35027993
	Cyprus – Chypre 1 VII 1987 [1]									
19	Total	680 400	*— 64	600 —*	59 000	49 600	51 800	56 500	60 800	52 900
20	Male – Masculin	339 200	*— 33	400 —*	30 500	25 500	26 400	29 200	31 200	27 000
21	Female – Féminin	341 200	*— 31	200 —*	28 500	24 100	25 400	27 300	29 600	25 900
	Hong Kong – Hong-kong 1 VII 1988* [2]									
22	Total	5 681 300	72 300	320 900	432 100	431 900	437 400	533 100	628 400	569 800
23	Male – Masculin	2 916 500	37 400	166 900	223 900	225 300	229 100	270 700	320 100	293 500
24	Female – Féminin	2 764 800	34 900	154 000	208 200	206 600	208 300	262 400	308 300	276 300
	India – Inde [17] 1 VII 1987 [2]									
25	Total	781 374 000	*– 105 461	000 —*	94 421 000	91 131 000	84 272 000	72 014 000	60 486 000	52 069 000
26	Male – Masculin	403 168 000	*— 54 090	000 —*	48 439 000	46 870 000	43 932 000	37 745 000	31 344 000	26 627 000
27	Female – Féminin	378 206 000	*— 51 371	000 —*	45 982 000	44 261 000	40 340 000	34 269 000	29 142 000	25 442 000
	Indonesia – Indonésie 1 VII 1985* [2]									
28	Total	164 047 000	*— 21 550	000 —*	22 117 000	20 897 000	16 567 000	14 288 000	13 810 000	10 659 000
29	Male – Masculin	81 644 000	*— 11 008	000 —*	11 378 000	10 783 000	8 335 000	6 385 000	6 544 000	5 482 000
30	Female – Féminin	82 403 000	*— 10 542	000 —*	10 739 000	10 114 000	8 232 000	7 903 000	7 266 000	5 177 000

7. Population selon l'âge, le sexe et la résidence, urbaine/rurale: dernière année disponible, 1979 – 1988 (suite)

(Voir notes à la fin du tableau.)

Age (en années)												
35 – 39	40 – 44	45 – 49	50 – 54	55 – 59	60 – 64	65 – 69	70 – 74	75 – 79	80 – 84	85 +	Unknown Inconnu	
1 109 803	853 104	652 385	542 382	457 148	356 252	257 924	176 235	*—— 206 092 ——*			–	1
561 329	430 160	326 261	270 098	227 150	174 693	123 035	81 010	*—— 87 471 ——*			–	2
548 474	422 944	326 123	272 285	229 998	181 560	134 889	95 224	*—— 118 621 ——*			–	3
763 400	660 300	573 800	485 000	390 500	301 000	217 100	149 200	95 400	*—— 113 600 ——*		–	4
364 600	334 200	304 000	267 800	221 800	173 000	125 400	86 900	55 900	*—— 68 700 ——*		–	5
398 800	326 100	269 800	217 200	168 700	128 000	91 700	62 300	39 500	*—— 44 900 ——*		–	6
25 754	21 080	15 870	12 310	8 136	6 381	*—— 9 274 ——*					–	7
17 142	13 677	9 669	7 221	4 907	3 625	*—— 4 856 ——*					–	8
8 612	7 403	6 201	5 089	3 229	2 756	*—— 4 418 ——*					–	9
4 759 000	3 642 000	3 241 000	2 606 000	1 883 000	1 709 000	1 104 000	823 000	*—— 747 000 ——*			–	10
2 574 000	1 933 000	1 694 000	1 363 000	1 024 000	915 000	590 000	458 000	*—— 421 000 ——*			–	11
2 185 000	1 709 000	1 547 000	1 243 000	859 000	794 000	514 000	365 000	*—— 326 000 ——*			–	12
15 900	10 100	8 000	6 000	5 000	3 500	2 500	*—— 3 800 ——*				–	13
8 400	5 400	4 300	3 200	2 600	1 900	1 500	*—— 1 800 ——*				–	14
7 500	4 700	3 700	2 800	2 400	1 600	1 000	*—— 2 000 ——*				–	15
54221629	48437943	47403331	40815501	33894327	27362204	21260370	14348045	8617043	3704605	1345486	771	16
28565678	25827570	25073117	21528986	17493925	13709397	10171973	6434731	3496703	1350776	415047	364	17
25655951	22610373	22330214	19286515	16400402	13652807	11088397	7913314	5120340	2353829	930439	407	18
48 300	43 600	36 600	31 800	28 700	25 400	22 000	20 500	16 500	*—— 11 800 ——*		–	19
23 700	21 600	17 900	15 400	13 500	11 800	10 200	9 300	7 300	*—— 5 300 ——*		–	20
24 600	22 000	18 700	16 400	15 200	13 600	11 800	11 200	9 200	*—— 6 500 ——*		–	21
465 000	316 400	242 000	271 100	263 200	228 400	179 600	132 600	83 300	43 900	29 900	–	22
244 400	171 300	132 500	146 000	138 700	115 500	87 100	60 200	33 600	13 700	6 600	–	23
220 600	145 100	109 500	125 100	124 500	112 900	92 500	72 400	49 700	30 200	23 300	–	24
45 160 000	39 397 000	34 393 000	29 376 000	23 681 000	18 193 000	13 376 000	*—— 17 944 000 ——*				–	25
23 028 000	20 205 000	17 839 000	15 421 000	12 486 000	9 484 000	6 751 000	*—— 8 907 000 ——*				–	26
22 132 000	19 192 000	16 554 000	13 955 000	11 195 000	8 709 000	6 625 000	*—— 9 037 000 ——*				–	27
9 241 000	7 783 000	7 145 000	5 787 000	4 756 000	3 868 000	2 272 000	1 655 000	*—— 1 646 000 ——*			7 000	28
4 655 000	3 883 000	3 590 000	2 828 000	2 272 000	1 878 000	1 128 000	762 000	*—— 729 000 ——*			4 000	29
4 586 000	3 900 000	3 555 000	2 959 000	2 484 000	1 990 000	1 144 000	893 000	*—— 917 000 ——*			3 000	30

(See notes at end of table.)

	Continent, country or area, sex, date and urban/rural residence — Continent, pays ou zone, sexe, date et résidence, urbaine/rurale	All ages Tous âges	Age (in years) – 1	1 – 4	5 – 9	10 – 14	15 – 19	20 – 24	25 – 29	30 – 34
	ASIA—ASIE (Cont.–Suite)									
	Iran (Islamic Republic of – Rép. islamique d') 22 IX 1986(C)* [2]									
1	Total	49 857 384	1 795 511	7 306 393	7 572 306	5 996 034	5 249 417	4 229 909	3 674 169	2 933 815
2	Male – Masculin	25 491 645	917 775	3 697 397	3 883 168	3 101 852	2 703 040	2 141 747	1 842 908	1 474 693
3	Female – Féminin	24 365 739	877 736	3 608 996	3 689 138	2 894 182	2 546 377	2 088 162	1 831 261	1 459 122
	Iraq 1 VII 1987 [2]									
4	Total	*16 659 440*	*— 2 894	025 —*	*2 425 648*	*2 131 540*	*1 943 939*	*1 542 660*	*1 270 788*	*955 564*
5	Male – Masculin	*8 563 357*	*— 1 483	152 —*	*1 240 824*	*1 105 861*	*1 007 284*	*798 682*	*657 198*	*494 894*
6	Female – Féminin	*8 096 083*	*— 1 410	873 —*	*1 184 824*	*1 025 679*	*936 655*	*743 978*	*613 590*	*460 670*
	Israel – Israël [18] 1 VII 1987 [1 2]									
7	Total	4 368 900	98 700	392 000	459 600	455 000	398 000	352 800	324 900	321 300
8	Male – Masculin	2 179 000	50 500	201 500	236 100	233 200	203 900	182 500	163 400	159 700
9	Female – Féminin	2 189 900	48 300	190 500	223 400	221 800	194 200	170 300	161 500	161 600
	Japan – Japon 1 X 1986 [2 19]									
10	Total	121 672 326	1 389 370	5 924 608	8 217 662	9 902 216	9 511 261	8 096 486	7 766 456	8 625 485
11	Male – Masculin	59 804 841	714 415	3 032 117	4 211 716	5 076 152	4 876 861	4 117 741	3 922 775	4 345 352
12	Female – Féminin	61 867 485	674 955	2 892 491	4 005 946	4 826 064	4 634 400	3 978 745	3 843 681	4 280 133
	Jordan – Jordanie [20] 1 VII 1985 [2 21]									
13	Total	*2 644 400*	*— 480	000 —*	*415 200*	*376 700*	*319 700*	*241 500*	*164 600*	*121 200*
14	Male – Masculin	*1 383 300*	*— 249	100 —*	*215 900*	*198 000*	*169 000*	*127 500*	*86 500*	*63 100*
15	Female – Féminin	*1 261 100*	*— 230	900 —*	*199 300*	*178 700*	*150 700*	*114 000*	*78 100*	*58 100*
	Korea, Republic of– Corée, République de 1 VII 1988* [1 2 22]									
16	Total	*41 974 640*	*672 568*	*2 670 420*	*4 048 899*	*4 058 665*	*4 598 261*	*4 242 464*	*4 275 523*	*3 741 066*
17	Male – Masculin	*21 157 744*	*349 177*	*1 391 878*	*2 097 616*	*2 093 926*	*2 367 123*	*2 191 360*	*2 173 548*	*1 913 191*
18	Female – Féminin	*20 816 896*	*323 391*	*1 278 542*	*1 951 283*	*1 964 739*	*2 231 138*	*2 051 104*	*2 101 975*	*1 827 875*
	Kuwait – Koweït 1 VII 1988*									
19	Total	*1 958 477*	*55 237*	*222 989*	*241 897*	*198 396*	*166 975*	*171 320*	*217 013*	*201 584*
20	Male – Masculin	*1 109 447*	*27 984*	*112 896*	*122 474*	*100 511*	*83 147*	*88 301*	*132 720*	*128 231*
21	Female – Féminin	*849 030*	*27 253*	*110 093*	*119 423*	*97 885*	*83 828*	*83 019*	*84 293*	*73 353*
	Macau – Macao 16 III 1981(C) [1]									
22	Total	241 729	*— 15	563 —*	19 082	20 819	27 002	32 497	28 025	19 590
23	Male – Masculin	122 990	*— 8	110 —*	9 981	10 625	13 517	16 790	15 183	11 255
24	Female – Féminin	118 739	*— 7	453 —*	9 101	10 194	13 485	15 707	12 842	8 335
	Malaysia – Malaisie 1 VII 1987									
25	Total	*16 109 136*	*— 2 314	959 —*	*1 920 516*	*1 848 592*	*1 717 560*	*1 615 726*	*1 379 826*	*1 168 041*
26	Male – Masculin	*8 114 775*	*— 1 190	980 —*	*985 122*	*944 406*	*876 912*	*807 431*	*669 956*	*575 023*
27	Female – Féminin	*7 994 361*	*— 1 123	979 —*	*935 394*	*904 186*	*840 648*	*808 295*	*709 870*	*593 018*
	Peninsular Malaysia – Malaisie Péninsulaire 1 VII 1987 [2]									
28	Total	13 653 061	391 933	1 519 204	1 611 299	1 518 852	1 438 396	1 368 758	1 183 627	1 000 514
29	Male – Masculin	6 851 438	201 582	779 712	826 960	775 199	732 995	689 384	573 592	484 275
30	Female – Féminin	6 801 623	190 351	739 492	784 339	743 653	705 401	679 374	610 035	516 239

7. Population selon l'âge, le sexe et la résidence, urbaine/rurale: dernière année disponible, 1979 – 1988 (suite)

(Voir notes à la fin du tableau.)

Age (en années)												
35 – 39	40 – 44	45 – 49	50 – 54	55 – 59	60 – 64	65 – 69	70 – 74	75 – 79	80 – 84	85 +	Unknown Inconnu	
2 131 887	1 676 006	1 600 564	1 606 100	1 359 379	1 191 940	580 111	337 697	214 422	182 852	187 354	31 518	1
1 057 456	845 201	831 750	862 398	704 181	652 277	306 003	171 055	103 066	84 120	92 820	18 738	2
1 074 431	830 805	768 814	743 702	655 198	539 663	274 108	166 642	111 356	98 732	94 534	12 780	3
803 771	*602 648*	*485 359*	*414 988*	*342 071*	*274 694*	*199 232*	*156 475*	*110 379*	*—— 105 659 ——*		–	4
416 953	*313 126*	*251 935*	*212 354*	*171 549*	*135 162*	*97 378*	*75 806*	*52 722*	*—— 48 477 ——*		–	5
386 818	*289 522*	*233 424*	*202 634*	*170 522*	*139 532*	*101 854*	*80 669*	*57 657*	*—— 57 182 ——*		–	6
301 900	225 600	171 800	169 700	156 600	152 800	125 000	106 400	88 200	44 300	24 100	–	7
149 700	111 300	84 300	82 000	73 500	68 100	58 900	47 700	41 300	21 000	10 500	–	8
152 200	114 400	87 600	87 900	83 200	84 700	66 200	58 700	46 600	23 300	13 500	–	9
11 314 738	8 684 284	8 401 395	8 065 569	7 171 453	5 731 099	4 281 728	3 635 366	2 639 071	1 459 609	854 470	–	10
5 689 887	4 332 288	4 174 355	3 992 924	3 505 464	2 589 618	1 798 166	1 529 036	1 067 485	551 416	277 073	–	11
5 624 851	4 351 996	4 227 040	4 072 645	3 665 989	3 141 481	2 483 562	2 106 330	1 571 586	908 193	577 397	–	12
108 500	*101 800*	*88 500*	*69 900*	*51 900*	*36 900*	*25 900*	*—— 42 100 ——*				–	13
55 900	*53 100*	*46 600*	*36 900*	*27 700*	*19 200*	*13 300*	*—— 21 500 ——*				–	14
52 600	*48 700*	*41 900*	*33 000*	*24 200*	*17 700*	*12 600*	*—— 20 600 ——*				–	15
2 722 037	*2 362 757*	*2 225 756*	*1 926 784*	*1 441 548*	*1 082 945*	*805 082*	*532 771*	*335 676*	*—— 231 418 ——*		–	16
1 436 358	*1 217 955*	*1 133 479*	*955 996*	*660 018*	*468 892*	*334 176*	*205 722*	*110 558*	*—— 56 771 ——*		–	17
1 285 679	*1 144 802*	*1 092 277*	*970 788*	*781 530*	*614 053*	*470 906*	*327 049*	*225 118*	*—— 174 647 ——*		–	18
159 643	*113 648*	*83 793*	*53 356*	*31 461*	*17 389*	*10 158*	*6 431*	*3 468*	*2 001*	*1 718*	–	19
102 264	*74 856*	*56 470*	*36 157*	*20 976*	*10 355*	*5 401*	*3 291*	*1 696*	*886*	*831*	–	20
57 379	*38 792*	*27 323*	*17 199*	*10 485*	*7 034*	*4 757*	*3 140*	*1 772*	*1 115*	*887*	–	21
11 522	9 310	9 919	11 245	9 465	8 978	6 726	5 595	*—— 6 391 ——*			–	22
6 568	4 946	4 866	5 301	4 313	4 170	2 979	2 372	*—— 2 014 ——*			–	23
4 954	4 364	5 053	5 944	5 152	4 808	3 747	3 223	*—— 4 377 ——*			–	24
947 265	*701 665*	*646 170*	*501 860*	*421 861*	*312 940*	*258 042*	*—— 354 113 ——*				–	25
477 815	*359 950*	*330 414*	*248 184*	*207 009*	*151 629*	*123 203*	*—— 166 741 ——*				–	26
469 450	*341 715*	*315 756*	*253 676*	*214 852*	*161 311*	*134 839*	*—— 187 372 ——*				–	27
833 396	619 409	557 800	445 072	369 438	274 284	220 997	131 174	102 341	37 362	29 205	–	28
414 486	315 408	284 005	220 160	177 482	133 009	103 460	62 454	47 751	17 872	11 652	–	29
418 910	304 001	273 795	224 912	191 956	141 275	117 537	68 720	54 590	19 490	17 553	–	30

7. Population by age, sex and urban/rural residence: latest available year, 1979 – 1988 (continued)

(See notes at end of table.)

	Continent, country or area, sex, date and urban/rural residence Continent, pays ou zone, sexe, date et résidence, urbaine/rurale	All ages Tous âges	Age (in years) – 1	1 – 4	5 – 9	10 – 14	15 – 19	20 – 24	25 – 29	30 – 34
	ASIA—ASIE (Cont.–Suite)									
	Malaysia – Malaisie									
	Sabah									
	1 VII 1986 [2]									
1	Total	*1 271 000*	*——240	600——*	*167 600*	*153 700*	*124 000*	*113 100*	*115 400*	*90 800*
2	Male – Masculin	*666 000*	*——125	200——*	*86 200*	*79 000*	*64 000*	*56 200*	*60 100*	*50 200*
3	Female – Féminin	*605 000*	*——115	400——*	*81 400*	*74 700*	*60 000*	*56 900*	*55 300*	*40 600*
	Sarawak									
	1 VII 1985 [2]									
4	Total	*1 477 428*	*——191	678——*	*180 572*	*195 453*	*170 181*	*146 093*	*117 249*	*100 741*
5	Male – Masculin	*745 247*	*——99	633——*	*92 888*	*100 633*	*87 387*	*71 191*	*56 181*	*50 806*
6	Female – Féminin	*732 181*	*——92	045——*	*87 684*	*94 820*	*82 794*	*74 902*	*61 068*	*49 935*
	Maldives									
	25 III 1985(C)									
7	Total	180 088	7 953	24 967	26 050	22 282	20 794	17 531	12 536	8 254
8	Male – Masculin	93 482	4 052	12 552	13 283	11 663	10 322	8 665	6 370	4 321
9	Female – Féminin	86 606	3 901	12 415	12 767	10 619	10 472	8 866	6 166	3 933
	Myanmar [23]									
	1 X 1987 [2]									
10	Total	*38 541 119*	*——5 032	740——*	*4 728 861*	*4 618 754*	*4 305 011*	*3 774 146*	*3 219 612*	*2 671 431*
11	Male – Masculin	*19 107 650*	*——2 532	494——*	*2 352 181*	*2 293 451*	*2 133 123*	*1 868 858*	*1 594 198*	*1 322 994*
12	Female – Féminin	*19 433 469*	*——2 500	246——*	*2 376 680*	*2 325 303*	*2 171 888*	*1 905 288*	*1 625 414*	*1 348 437*
	Nepal – Népal									
	1 VII 1986* [1,2]									
13	Total	*17 143 503*	*——2 914	438——*	*2 323 843*	*2 005 617*	*1 674 250*	*1 433 785*	*1 269 290*	*1 142 867*
14	Male – Masculin	*8 819 688*	*——1 517	931——*	*1 211 260*	*1 046 297*	*880 235*	*732 196*	*628 114*	*555 202*
15	Female – Féminin	*8 323 815*	*——1 396	507——*	*1 112 583*	*959 320*	*794 015*	*701 589*	*641 176*	*587 665*
	Pakistan [24]									
	1 III 1981(C) [2]									
16	Total	84 253 644	2 430 485	10 517 893	13 485 054	11 083 202	7 947 329	6 560 060	5 605 775	4 731 239
17	Male – Masculin	44 232 677	1 207 986	5 126 336	7 003 400	6 054 452	4 327 810	3 357 834	2 970 470	2 448 871
18	Female – Féminin	40 020 967	1 222 499	5 391 557	6 481 654	5 028 750	3 619 519	3 202 226	2 635 305	2 282 368
	Philippines									
	1 VII 1988* [1,2]									
19	Total	*58 721 307*	*1 725 415*	*6 567 277*	*7 717 166*	*7 105 120*	*6 276 458*	*5 611 807*	*4 907 007*	*4 225 950*
20	Male – Masculin	*29 486 544*	*884 128*	*3 357 857*	*3 932 726*	*3 656 487*	*3 221 453*	*2 814 564*	*2 363 545*	*2 051 988*
21	Female – Féminin	*29 234 763*	*841 287*	*3 209 420*	*3 784 440*	*3 448 633*	*3 055 005*	*2 797 243*	*2 543 462*	*2 173 962*
	Qatar									
	16 III 1986(C)									
22	Total	369 079	*——41	154——*	34 644	26 654	22 633	32 569	53 194	54 252
23	Male – Masculin	247 852	*——20	965——*	17 774	13 871	12 338	22 121	41 664	41 004
24	Female – Féminin	121 227	*——20	189——*	16 870	12 783	10 295	10 448	11 530	13 248
	Singapore – Singapour									
	1 VII 1988* [25]									
25	Total	2 647 100	*——209	400——*	200 200	202 300	225 000	258 500	296 500	280 900
26	Male – Masculin	1 347 400	*——108	500——*	104 400	104 800	115 900	132 600	153 100	143 800
27	Female – Féminin	1 299 700	*——100	900——*	95 800	97 500	109 100	125 900	143 400	137 100
	Sri Lanka									
	1 VII 1987 [2]									
28	Total	*16 361 000*	*——2 046	000——*	*1 862 000*	*1 862 000*	*1 771 000*	*1 663 000*	*1 402 000*	*1 238 000*
29	Male – Masculin	*8 339 000*	*——1 046	000——*	*946 000*	*951 000*	*898 000*	*830 000*	*702 000*	*628 000*
30	Female – Féminin	*8 022 000*	*——1 000	000——*	*916 000*	*911 000*	*873 000*	*833 000*	*700 000*	*610 000*
	Syrian Arab Republic – République arabe syrienne									
	1 VII 1988* [1,2,26]									
31	Total	*11 338 000*	*414 000*	*1 724 000*	*1 935 000*	*1 513 000*	*1 083 000*	*829 000*	*633 000*	*580 000*
32	Male – Masculin	*5 793 000*	*214 000*	*886 000*	*1 001 000*	*794 000*	*550 000*	*428 000*	*302 000*	*278 000*
33	Female – Féminin	*5 545 000*	*200 000*	*838 000*	*934 000*	*719 000*	*533 000*	*401 000*	*331 000*	*302 000*

7. Population selon l'âge, le sexe et la résidence, urbaine/rurale: dernière année disponible, 1979 – 1988 (suite)

(Voir notes à la fin du tableau.)

Age (en années)												
35 – 39	40 – 44	45 – 49	50 – 54	55 – 59	60 – 64	65 – 69	70 – 74	75 – 79	80 – 84	85 +	Unknown Inconnu	
63 300	*49 000*	*45 200*	*34 200*	*24 700*	*19 100*	*15 000*	*8 100*	*4 300*	**— 2 900 —**		–	1
35 100	*27 000*	*24 600*	*18 600*	*13 700*	*10 100*	*8 100*	*4 200*	*2 300*	**— 1 400 —**		–	2
28 200	*22 000*	*20 600*	*15 600*	*11 000*	*9 000*	*6 900*	*3 900*	*2 000*	**— 1 500 —**		–	3
79 809	*65 777*	*52 925*	*45 800*	*38 630*	*31 002*	*25 975*	*15 610*	*11 013*	**— 8 920 —**		–	4
39 789	*33 281*	*26 789*	*22 000*	*19 115*	*15 052*	*13 070*	*7 838*	*5 393*	**— 4 201 —**		–	5
40 020	*32 496*	*26 136*	*23 800*	*19 515*	*15 950*	*12 905*	*7 772*	*5 620*	**— 4 719 —**		–	6
6 720	6 545	7 560	6 232	4 184	3 889	1 791	1 345	510	485	352	108	7
3 542	3 450	4 144	3 468	2 565	2 187	1 104	803	340	319	255	77	8
3 178	3 095	3 416	2 764	1 619	1 702	687	542	170	166	97	31	9
2 119 099	*1 695 953*	*1 469 831*	*1 344 771*	*1 161 522*	*908 379*	**— 1 491 009 —**					–	10
1 049 248	*838 348*	*725 109*	*661 794*	*569 669*	*443 678*	**— 722 505 —**					–	11
1 069 851	*857 605*	*744 722*	*682 977*	*591 853*	*464 701*	**— 768 504 —**					–	12
984 176	*831 707*	*697 018*	*568 010*	*445 982*	*337 463*	*239 018*	*148 457*	*72 520*	**— 55 062 —**		–	13
484 337	*419 460*	*359 054*	*298 514*	*237 615*	*179 279*	*125 620*	*77 800*	*38 237*	**— 28 537 —**		–	14
499 839	*412 247*	*337 964*	*269 496*	*208 367*	*158 184*	*113 398*	*70 657*	*34 283*	**— 26 525 —**		–	15
4 300 757	3 958 367	3 146 667	3 028 925	1 640 834	2 255 937	1 002 558	1 175 141	*— 1 383 421 —*			–	16
2 172 839	1 985 919	1 650 180	1 674 487	879 239	1 326 536	566 784	687 820	*— 791 714 —*			–	17
2 127 918	1 972 448	1 496 487	1 354 438	761 595	929 401	435 774	487 321	*— 591 707 —*			–	18
3 424 383	*2 645 457*	*2 179 466*	*1 800 432*	*1 409 471*	*1 108 784*	*821 183*	*606 583*	**— 589 348 —**			–	19
1 719 162	*1 341 127*	*1 097 460*	*893 610*	*687 032*	*529 036*	*383 447*	*282 919*	**— 270 003 —**			–	20
1 705 221	*1 304 330*	*1 082 006*	*906 822*	*722 439*	*579 748*	*437 736*	*323 664*	**— 319 345 —**			–	21
39 984	25 081	16 463	10 150	5 236	3 202	1 580	1 032	492	*— 666 —*		93	22
30 158	19 236	12 742	7 692	3 848	2 177	1 003	565	279	*— 342 —*		73	23
9 826	5 845	3 721	2 458	1 388	1 025	577	467	213	*— 324 —*		20	24
236 500	168 500	140 400	111 800	96 200	73 900	56 700	*— 90 300 —*				–	25
120 100	85 400	70 300	56 300	48 700	37 400	27 700	*— 38 400 —*				–	26
116 400	83 100	70 100	55 500	47 500	36 500	29 000	*— 51 900 —*				–	27
924 000	*770 000*	*673 000*	*598 000*	*465 000*	*377 000*	*282 000*	*198 000*	*117 000*	**— 113 000 —**		–	28
466 000	*398 000*	*341 000*	*313 000*	*244 000*	*203 000*	*148 000*	*106 000*	*61 000*	**— 58 000 —**		–	29
458 000	*372 000*	*332 000*	*285 000*	*221 000*	*174 000*	*134 000*	*92 000*	*56 000*	**— 55 000 —**		–	30
571 000	*474 000*	*366 000*	*276 000*	*212 000*	*233 000*	*153 000*	*154 000*	**— 188 000 —**			–	31
284 000	*248 000*	*191 000*	*142 000*	*111 000*	*113 000*	*78 000*	*78 000*	**— 95 000 —**			–	32
287 000	*226 000*	*175 000*	*134 000*	*101 000*	*120 000*	*75 000*	*76 000*	**— 93 000 —**			–	33

7. Population by age, sex and urban/rural residence: latest available year, 1979 – 1988 (continued)

(See notes at end of table.)

	Continent, country or area, sex, date and urban/rural residence Continent, pays ou zone, sexe, date et résidence, urbaine/rurale	Age (in years) All ages Tous âges	– 1	1 – 4	5 – 9	10 – 14	15 – 19	20 – 24	25 – 29	30 – 34
	ASIA—ASIE (Cont.–Suite)									
	Thailand – Thaïlande 1 VII 1988* [1 2 3]									
1	Total	54 536 000	*— 6 343	000 —*	6 347 000	6 190 000	6 129 000	5 778 000	4 892 000	4 162 000
2	Male – Masculin	27 302 000	*— 3 217	000 —*	3 210 000	3 145 000	3 124 000	2 937 000	2 466 000	2 076 000
3	Female – Féminin	27 234 000	*— 3 126	000 —*	3 137 000	3 045 000	3 005 000	2 841 000	2 426 000	2 086 000
	Turkey – Turquie 20 X 1985(C) [2]									
4	Total	50 664 458	1 014 611	5 062 590	6 739 461	6 193 476	5 407 464	4 784 480	4 040 762	3 374 406
5	Male – Masculin	25 671 975	518 255	2 594 269	3 457 223	3 210 697	2 744 581	2 434 052	2 056 187	1 723 904
6	Female – Féminin	24 992 483	496 356	2 468 321	3 282 238	2 982 779	2 662 883	2 350 428	1 984 575	1 650 502
	Viet Nam 1 X 1979(C)									
7	Total	52 741 766	*— 7 712	696 —*	7 690 318	7 039 329	6 014 884	4 882 269	3 717 784	2 491 975
8	Male – Masculin	25 580 582	*— 3 946	224 —*	3 928 795	3 632 555	2 954 333	2 281 171	1 742 277	1 177 320
9	Female – Féminin	27 161 184	*— 3 766	472 —*	3 761 523	3 406 774	3 060 551	2 601 098	1 975 507	1 314 655
	EUROPE									
	Andorra – Andorre 31 VII 1987 [2]									
10	Total	47 884	187	1 855	3 218	3 637	3 485	4 161	5 363	5 033
11	Male – Masculin	25 329	114	963	1 656	1 890	1 802	2 108	2 852	2 785
12	Female – Féminin	22 555	73	892	1 562	1 747	1 683	2 053	2 511	2 248
	Austria – Autriche 1 VII 1988* [1 2]									
13	Total	7 595 358	85 919	350 119	449 204	445 087	556 844	652 241	639 742	548 787
14	Male – Masculin	3 616 117	44 105	179 219	229 375	227 886	285 261	331 758	321 352	272 622
15	Female – Féminin	3 979 241	41 814	170 900	219 829	217 201	271 583	320 483	318 390	276 165
	Belgium – Belgique 1 VII 1984 [1]									
16	Total	9 855 372	120 244	485 769	603 161	676 539	741 458	790 715	771 360	726 041
17	Male – Masculin	4 810 539	61 776	249 233	308 380	346 550	379 046	402 668	392 784	370 916
18	Female – Féminin	5 044 833	58 468	236 536	294 781	329 989	362 412	388 047	378 576	355 125
	Bulgaria – Bulgarie 1 VII 1986 [2]									
19	Total	8 957 638	*—— 566	343 —*	637 614	662 859	596 488	583 036	602 740	640 963
20	Male – Masculin	4 451 946	*—— 291	127 —*	325 253	342 338	305 970	297 653	302 449	322 492
21	Female – Féminin	4 505 692	*—— 275	216 —*	312 361	320 521	290 518	285 383	300 291	318 471
	Channel Islands – Iles Anglo-Normandes Guernsey – Guernesey 23 III 1986(C)									
22	Total	55 482	636	2 518	3 059	3 554	4 192	4 481	3 976	3 857
23	Male – Masculin	26 859	329	1 320	1 555	1 832	2 093	2 252	1 972	1 958
24	Female – Féminin	28 623	307	1 198	1 504	1 722	2 099	2 229	2 004	1 899
	Jersey 23 III 1986(C)									
25	Total	80 212	877	3 300	3 945	4 175	5 447	7 841	7 444	6 459
26	Male – Masculin	38 751	482	1 657	1 942	2 126	2 754	3 719	3 654	3 212
27	Female – Féminin	41 461	395	1 643	2 003	2 049	2 693	4 122	3 790	3 247
	Czechoslovakia – Tchécoslovaquie 1 VII 1986									
28	Total	15 533 526	220 508	907 419	1 312 553	1 332 410	1 073 441	1 097 024	1 100 638	1 253 095
29	Male – Masculin	7 565 961	112 925	464 095	671 383	680 878	548 717	560 626	562 731	635 293
30	Female – Féminin	7 967 565	107 583	443 324	641 170	651 532	524 724	536 398	537 907	617 802

7. Population selon l'âge, le sexe et la résidence, urbaine/rurale: dernière année disponible, 1979 – 1988 (suite)

(Voir notes à la fin du tableau.)

Age (en années)												
35 – 39	40 – 44	45 – 49	50 – 54	55 – 59	60 – 64	65 – 69	70 – 74	75 – 79	80 – 84	85 +	Unknown Inconnu	
3 319 000	*2 555 000*	*2 153 000*	*1 934 000*	*1 546 000*	*1 187 000*	*827 000*	*576 000*	*————	*598 000*	————*	–	*1*
1 657 000	*1 279 000*	*1 063 000*	*932 000*	*739 000*	*566 000*	*387 000*	*259 000*	*————	*245 000*	————*	–	*2*
1 662 000	*1 276 000*	*1 090 000*	*1 002 000*	*807 000*	*621 000*	*440 000*	*317 000*	*————	*353 000*	————*	–	*3*
2 786 571	2 208 156	2 008 609	2 042 592	1 649 069	1 130 186	677 388	667 009	394 522	238 010	148 979	96 117	*4*
1 413 596	1 098 217	991 442	1 039 158	824 436	555 813	309 858	314 528	175 769	99 310	55 577	55 103	*5*
1 372 975	1 109 939	1 017 167	1 003 434	824 633	574 373	367 530	352 481	218 753	138 700	93 402	41 014	*6*
2 070 666	2 004 049	2 108 359	1 727 763	1 553 537	1 204 286	978 891	718 358	496 304	200 141	130 157	–	*7*
966 580	919 291	994 602	825 356	680 996	540 920	419 164	284 003	183 222	64 153	39 620	–	*8*
1 104 086	1 084 758	1 113 757	902 407	872 541	663 366	559 727	434 355	313 082	135 988	90 537	–	*9*
4 181	*3 503*	*2 482*	*2 395*	*2 240*	*1 923*	*1 569*	*1 106*	*808*	*458*	*273*	*7*	*10*
2 310	*1 937*	*1 313*	*1 284*	*1 186*	*975*	*795*	*590*	*418*	*230*	*116*	*5*	*11*
1 871	*1 566*	*1 169*	*1 111*	*1 054*	*948*	*774*	*516*	*390*	*228*	*157*	*2*	*12*
504 074	483 115	549 859	378 899	408 591	410 116	361 309	237 525	267 137	168 837	97 953	–	*13*
252 765	242 087	274 472	187 386	198 922	174 982	136 876	86 836	92 212	52 586	25 415	–	*14*
251 309	241 028	275 387	191 513	209 669	235 134	224 433	150 689	174 925	116 251	72 538	–	*15*
691 972	546 885	581 866	615 500	594 861	562 004	341 898	400 034	306 046	190 162	108 857	–	*16*
352 461	276 053	289 923	303 546	288 119	264 644	153 196	165 843	113 003	62 016	30 382	–	*17*
339 511	270 832	291 943	311 954	306 742	297 360	188 702	234 191	193 043	128 146	78 475	–	*18*
691 148	570 508	552 733	631 428	614 556	572 222	310 125	336 131	231 825	111 948	44 971	–	*19*
346 616	285 518	273 232	312 314	305 296	276 059	142 357	157 556	101 544	46 365	17 807	–	*20*
344 532	284 990	279 501	319 114	309 260	296 163	167 768	178 575	130 281	65 583	27 164	–	*21*
4 543	3 260	3 407	3 114	3 095	2 983	2 584	2 405	1 807	1 228	783	–	*22*
2 229	1 626	1 728	1 546	1 462	1 391	1 197	1 019	742	415	193	–	*23*
2 314	1 634	1 679	1 568	1 633	1 592	1 387	1 386	1 065	813	590	–	*24*
6 593	5 161	5 006	4 480	4 055	3 894	3 244	3 140	2 522	1 561	1 068	–	*25*
3 345	2 610	2 572	2 289	2 013	1 894	1 403	1 328	980	515	256	–	*26*
3 248	2 551	2 434	2 191	2 042	2 000	1 841	1 812	1 542	1 046	812	–	*27*
1 234 117	1 004 873	813 575	796 710	836 559	822 515	490 182	507 286	413 308	215 707	101 606	–	*28*
622 623	499 578	398 735	384 213	391 547	367 038	210 674	205 817	153 451	68 871	26 766	–	*29*
611 494	505 295	414 840	412 497	445 012	455 477	279 508	301 469	259 857	146 836	74 840	–	*30*

7. Population by age, sex and urban/rural residence: latest available year, 1979 – 1988 (continued)

(See notes at end of table.)

	Continent, country or area, sex, date and urban/rural residence Continent, pays ou zone, sexe, date et résidence, urbaine/rurale	All ages Tous âges	Age (in years) – 1	1 – 4	5 – 9	10 – 14	15 – 19	20 – 24	25 – 29	30 – 34
	EUROPE (Cont.–Suite)									
	Denmark – Danemark [27]									
	1 VII 1987 [1,2]									
1	Total	5 127 024	55 787	212 604	291 322	349 906	371 905	419 530	376 887	373 114
2	Male – Masculin	2 527 008	28 730	108 602	148 742	178 635	190 941	215 884	193 613	191 062
3	Female – Féminin	2 600 016	27 057	104 002	142 580	171 271	180 964	203 646	183 274	182 052
	Faeroe Islands – Iles Féroé									
	1 VII 1987 [1]									
4	Total	46 682	781	2 860	3 817	4 066	4 138	4 018	3 538	3 342
5	Male – Masculin	24 454	392	1 504	1 968	2 149	2 134	2 214	1 887	1 764
6	Female – Féminin	22 228	389	1 356	1 849	1 917	2 004	1 804	1 651	1 578
	Finland – Finlande									
	1 VII 1986 [1,2,6]									
7	Total	4 918 154	61 511	261 643	322 380	306 038	338 958	375 756	379 905	405 153
8	Male – Masculin	2 381 823	31 405	133 792	164 662	156 800	172 846	191 833	194 546	207 552
9	Female – Féminin	2 536 331	30 106	127 851	157 718	149 238	166 112	183 922	185 359	197 601
	France									
	1 I 1988* [2,28]									
10	Total	55 750 317	745 985	2 968 257	3 852 545	3 858 252	4 301 099	4 287 431	4 208 095	4 216 187
11	Male – Masculin	27 161 973	381 475	1 519 460	1 974 506	1 981 227	2 198 804	2 163 198	2 103 516	2 104 823
12	Female – Féminin	28 588 344	364 510	1 448 797	1 878 039	1 877 025	2 102 295	2 124 233	2 104 579	2 111 364
	German Democratic Rep. – Rép. démocratique allemande [29]									
	1 VII 1988* [1,2]									
13	Total	16 666 340	221 100	895 605	1 158 859	952 435	1 093 618	1 336 866	1 391 661	1 271 562
14	Male – Masculin	7 951 914	113 489	458 991	593 318	488 031	560 218	687 917	715 777	651 286
15	Female – Féminin	8 714 426	107 611	436 614	565 541	464 404	533 400	648 949	675 884	620 276
	Germany, Federal Rep. of – Allemagne, République fédérale d' [29]									
	1 VII 1986 [1,6,30]									
16	Total	61 066 100	604 600	2 385 400	2 916 600	3 163 400	4 649 300	5 364 900	4 855 100	4 316 100
17	Male – Masculin	29 232 800	309 600	1 223 100	1 491 000	1 612 400	2 386 100	2 765 100	2 508 900	2 203 800
18	Female – Féminin	31 833 200	295 000	1 162 500	1 425 600	1 551 200	2 263 100	2 599 700	2 346 100	2 112 300
	Gibraltar									
	9 XI 1981(C) [31]									
19	Total	28 744	482	1 951	2 317	2 098	2 004	2 206	2 314	2 437
20	Male – Masculin	14 469	240	1 034	1 172	1 076	995	1 000	1 146	1 338
21	Female – Féminin	14 275	242	917	1 145	1 022	1 009	1 206	1 168	1 099
	Greece – Grèce									
	1 VII 1984 [2,32]									
22	Total	9 895 801	*—— 685	282 ——*	708 401	713 422	772 379	722 988	681 209	657 296
23	Male – Masculin	4 866 941	*—— 354	230 ——*	366 528	367 750	400 484	376 529	336 359	329 510
24	Female – Féminin	5 028 860	*—— 331	052 ——*	341 873	345 672	371 895	346 459	344 850	327 786
	Hungary – Hongrie									
	1 VII 1987 [2]									
25	Total	10 612 741	124 938	502 866	760 022	857 974	733 823	647 677	693 803	906 772
26	Male – Masculin	5 121 433	63 833	256 970	389 550	441 101	377 627	333 618	353 256	460 033
27	Female – Féminin	5 491 308	61 105	245 896	370 472	416 873	356 196	314 059	340 547	446 739
	Iceland – Islande									
	1 VII 1984 [1]									
28	Total	239 498	4 249	17 627	20 535	20 955	21 614	22 237	20 662	18 387
29	Male – Masculin	120 487	2 162	9 047	10 475	10 767	11 018	11 348	10 571	9 552
30	Female – Féminin	119 011	2 087	8 580	10 060	10 188	10 596	10 889	10 091	8 835

7. Population selon l'âge, le sexe et la résidence, urbaine/rurale: dernière année disponible, 1979 – 1988 (suite)

(Voir notes à la fin du tableau.)

Age (en années)												
35 – 39	40 – 44	45 – 49	50 – 54	55 – 59	60 – 64	65 – 69	70 – 74	75 – 79	80 – 84	85 +	Unknown Inconnu	
383 694	410 345	309 800	270 416	256 194	257 109	242 306	205 060	165 560	103 620	71 865	–	1
195 477	209 846	156 674	134 326	125 246	122 535	111 892	89 985	66 593	36 433	21 792	–	2
188 217	200 499	153 126	136 090	130 948	134 574	130 414	115 075	98 967	67 187	50 073	–	3
3 414	2 918	2 369	2 006	2 060	1 985	1 842	1 484	1 041	592	411	–	4
1 839	1 650	1 290	1 106	1 061	970	910	723	487	256	150	–	5
1 575	1 268	1 079	900	999	1 015	932	761	554	336	261	–	6
440 442	337 717	290 676	260 554	269 382	244 482	196 013	174 345	136 712	75 415	41 069	–	7
226 791	172 620	145 851	128 898	128 591	106 744	77 410	64 112	45 650	21 847	9 868	–	8
213 651	165 096	144 825	131 655	140 791	137 738	118 602	110 232	91 061	53 568	31 201	–	9
4 359 040	3 605 473	2 830 275	2 996 701	3 080 840	2 875 609	2 299 652	1 581 640	1 723 687	1 160 603	798 946	–	10
2 200 000	1 832 362	1 433 963	1 491 091	1 496 745	1 343 080	1 031 956	655 626	654 544	388 403	207 194	–	11
2 159 040	1 773 111	1 396 312	1 505 610	1 584 095	1 532 529	1 267 696	926 014	1 069 143	772 200	591 752	–	12
1 170 925	856 599	1 257 306	1 138 092	925 963	780 197	686 763	449 607	552 855	347 254	179 073	–	13
596 936	429 625	626 249	562 941	444 454	311 227	240 016	145 880	173 063	105 365	47 131	–	14
573 989	426 974	631 057	575 151	481 509	468 970	446 747	303 727	379 792	241 889	131 942	–	15
4 081 200	3 857 000	4 874 200	3 855 100	3 613 400	3 332 200	2 378 000	2 539 300	2 206 100	1 333 600	740 700	–	16
2 089 900	1 963 600	2 477 900	1 942 800	1 759 300	1 356 700	900 900	908 100	731 800	412 900	188 900	–	17
1 991 400	1 893 300	2 396 100	1 912 300	1 854 000	1 975 500	1 477 200	1 631 200	1 474 300	920 800	551 800	–	18
1 972	1 873	1 715	1 562	1 457	1 367	1 083	875	543	310	150	28	19
1 104	1 082	978	851	701	596	484	339	199	96	25	13	20
868	791	737	711	756	771	599	536	344	214	125	15	21
665 628	562 994	675 228	681 140	606 383	447 367	396 059	384 812	275 634	168 713	90 866	–	22
331 594	269 589	324 906	326 366	292 432	212 316	179 887	172 203	120 949	69 757	35 552	–	23
334 034	293 405	350 322	354 774	313 951	235 051	216 172	212 609	154 685	98 956	55 314	–	24
813 724	701 635	653 404	621 492	634 288	603 073	451 976	342 237	313 800	162 640	86 597	–	25
408 553	348 460	314 036	291 232	293 705	267 380	188 948	136 299	116 931	54 693	25 208	–	26
405 171	353 175	339 368	330 260	340 583	335 693	263 028	205 938	196 869	107 947	61 389	–	27
15 847	12 200	10 508	11 124	10 243	9 236	7 494	6 211	4 681	3 201	2 487	–	28
8 221	6 119	5 256	5 571	5 148	4 531	3 556	2 850	2 059	1 339	897	–	29
7 626	6 081	5 252	5 553	5 095	4 705	3 938	3 361	2 622	1 862	1 590	–	30

7. Population by age, sex and urban/rural residence: latest available year, 1979 – 1988 (continued)

(See notes at end of table.)

	Continent, country or area, sex, date and urban/rural residence Continent, pays ou zone, sexe, date et résidence, urbaine/rurale	All ages Tous âges	– 1	1 – 4	5 – 9	10 – 14	15 – 19	20 – 24	25 – 29	30 – 34
	EUROPE (Cont.–Suite)									
	Ireland – Irlande 13 IV 1986(C) [2]									
1	Total	3 540 643	61 172	262 906	350 650	349 973	331 100	286 424	258 439	242 689
2	Male – Masculin	1 769 690	31 315	135 103	179 847	179 381	169 887	144 112	129 086	122 198
3	Female – Féminin	1 770 953	29 857	127 803	170 803	170 592	161 213	142 312	129 353	120 491
	Isle of Man – Ile de Man 6 IV 1986(C) [1]									
4	Total	64 282	687	2 682	3 630	4 324	4 750	4 446	3 772	3 731
5	Male – Masculin	30 782	336	1 364	1 853	2 225	2 452	2 299	1 861	1 864
6	Female – Féminin	33 500	351	1 318	1 777	2 099	2 298	2 147	1 911	1 867
	Italy – Italie 1 I 1987 [1]									
7	Total	57 290 519	555 436	2 398 720	3 347 876	4 239 344	4 627 849	4 824 783	4 274 838	3 866 856
8	Male – Masculin	27 833 140	285 951	1 231 055	1 718 231	2 172 850	2 361 433	2 447 212	2 159 160	1 933 626
9	Female – Féminin	29 457 379	269 485	1 167 665	1 629 645	2 066 494	2 266 416	2 377 571	2 115 678	1 933 230
	Liechtenstein 31 XII 1986									
10	Total	27 399	347	1 498	1 800	1 857	2 337	2 438	2 550	2 438
11	Male – Masculin	13 395	171	738	916	926	1 157	1 158	1 242	1 216
12	Female – Féminin	14 004	176	760	884	931	1 180	1 280	1 308	1 222
	Luxembourg 1 I 1987 [1]									
13	Total	369 500	4 300	16 811	21 022	20 403	24 940	29 730	31 294	30 573
14	Male – Masculin	179 700	2 197	8 626	10 784	10 501	12 769	14 914	15 555	15 324
15	Female – Féminin	189 800	2 103	8 185	10 238	9 902	12 171	14 816	15 739	15 249
	Malta – Malte 31 XII 1987 [33]									
16	Total	345 636	*—— 26	860 ——*	28 282	27 467	24 391	24 892	28 454	27 859
17	Male – Masculin	170 369	*—— 13	835 ——*	14 481	14 192	12 621	12 754	14 509	14 117
18	Female – Féminin	175 267	*—— 13	025 ——*	13 801	13 275	11 770	12 138	13 945	13 742
	Monaco 4 III 1982(C) [1]									
19	Total	27 063	*——	914 ——*	995	1 301	1 469	1 530	1 734	1 803
20	Male – Masculin	12 598	*——	463 ——*	515	662	735	748	848	842
21	Female – Féminin	14 465	*——	451 ——*	480	639	734	782	886	961
	Netherlands – Pays-Bas 1 VII 1987 [1 2 30]									
22	Total	14 665 040	*—— 888	324 ——*	891 008	952 782	1 213 054	1 271 753	1 248 616	1 171 488
23	Male – Masculin	7 248 978	*—— 453	638 ——*	455 442	487 286	619 533	649 081	636 598	597 124
24	Female – Féminin	7 416 062	*—— 434	686 ——*	435 566	465 496	593 521	622 672	612 018	574 364
	Norway – Norvège 1 VII 1987 [1 2]									
25	Total	4 186 905	53 084	204 405	259 057	291 307	333 734	328 490	314 031	313 008
26	Male – Masculin	2 070 046	27 159	104 981	132 757	148 789	170 850	168 457	161 049	160 115
27	Female – Féminin	2 116 860	25 926	99 425	126 301	142 519	162 885	160 034	152 983	152 893
	Poland – Pologne 1 VII 1987 [2 34]									
28	Total	37 663 756	613 886	2 710 647	3 294 720	3 037 205	2 581 037	2 592 497	3 078 554	3 353 746
29	Male – Masculin	18 369 716	315 123	1 390 098	1 686 910	1 551 664	1 318 598	1 325 600	1 578 166	1 697 024
30	Female – Féminin	19 294 040	298 763	1 320 549	1 607 810	1 485 541	1 262 439	1 266 897	1 500 388	1 656 722
	Portugal 1 VII 1987 [2]									
31	Total	10 249 996	123 532	548 916	757 164	865 879	860 354	865 050	801 383	699 167
32	Male – Masculin	4 949 828	63 672	283 470	388 261	442 192	438 467	436 733	401 456	346 311
33	Female – Féminin	5 300 169	59 860	265 445	368 902	423 688	421 888	428 317	399 929	352 854

7. Population selon l'âge, le sexe et la résidence, urbaine/rurale: dernière année disponible, 1979 – 1988 (suite)

(Voir notes à la fin du tableau.)

Age (en années)												
35 – 39	40 – 44	45 – 49	50 – 54	55 – 59	60 – 64	65 – 69	70 – 74	75 – 79	80 – 84	85 +	Unknown Inconnu	
229 740	191 751	161 740	147 511	142 215	139 978	129 498	110 996	75 519	42 884	25 458	–	1
116 410	97 962	82 769	75 156	70 514	67 219	61 080	50 881	32 635	16 126	8 009	–	2
113 330	93 789	78 971	72 355	71 701	72 759	68 418	60 115	42 884	26 758	17 449	–	3
4 562	3 917	3 521	3 278	3 474	3 934	3 619	3 638	2 932	1 860	1 109	416	4
2 282	1 929	1 761	1 639	1 578	1 788	1 625	1 592	1 220	604	300	210	5
2 280	1 988	1 760	1 639	1 896	2 146	1 994	2 046	1 712	1 256	809	206	6
3 977 227	3 539 219	3 743 458	3 497 443	3 482 698	3 250 706	2 223 062	2 202 141	1 703 010	963 176	572 677	–	7
1 982 727	1 755 663	1 841 234	1 700 542	1 667 837	1 499 491	978 793	928 585	667 714	335 172	165 864	–	8
1 994 500	1 783 556	1 902 224	1 796 901	1 814 861	1 751 215	1 244 269	1 273 556	1 035 296	628 004	406 813	–	9
2 360	2 141	1 629	1 212	1 069	1 110	892	686	535	330	170	–	10
1 246	1 125	831	595	522	480	417	302	205	107	41	–	11
1 114	1 016	798	617	547	630	475	384	330	223	129	–	12
28 314	24 808	23 314	22 453	23 583	18 732	14 302	13 632	11 250	*—— 10 039	——*	–	13
14 719	12 854	11 767	11 308	11 736	8 031	5 967	5 556	4 142	*—— 2 950	——*	–	14
13 595	11 954	11 547	11 145	11 847	10 701	8 335	8 076	7 108	*—— 7 089	——*	–	15
28 482	27 413	17 107	18 163	16 221	15 344	12 791	8 576	7 258	3 914	2 162	–	16
14 276	13 470	8 184	8 471	7 368	7 090	5 904	3 783	3 088	1 487	739	–	17
14 206	13 943	8 923	9 692	8 853	8 254	6 887	4 793	4 170	2 427	1 423	–	18
2 061	1 784	1 656	1 866	1 955	1 836	1 520	1 715	*——— –	2 863	———*	61	19
1 013	830	824	847	952	823	648	742	*——— –	1 084	———*	22	20
1 048	954	832	1 019	1 003	1 013	872	973	*——— –	1 779	———*	39	21
1 166 754	1 057 317	834 532	752 062	722 440	672 872	581 098	476 550	365 313	236 711	162 366	–	22
598 378	544 320	427 965	379 679	354 316	317 005	262 352	200 882	138 153	79 272	47 954	–	23
568 376	512 997	406 567	372 383	368 124	355 867	318 746	275 668	227 160	157 439	114 412	–	24
307 234	294 381	212 153	186 706	199 621	215 550	213 922	176 728	136 111	86 620	60 785	–	25
158 947	151 539	107 403	93 594	98 685	104 363	98 987	77 362	55 150	30 948	18 931	–	26
148 287	142 844	104 750	93 115	100 938	111 188	114 936	99 366	80 961	55 672	41 855	–	27
3 051 489	2 013 020	1 932 176	2 032 249	2 037 938	1 750 658	1 152 137	916 294	828 337	464 497	222 669	–	28
1 534 858	997 864	944 231	979 880	957 821	752 822	479 865	352 831	300 690	148 509	57 162	–	29
1 516 631	1 015 156	987 945	1 052 369	1 080 117	997 836	672 272	563 463	527 647	315 988	165 507	–	30
654 421	585 593	554 409	575 845	558 629	519 691	420 300	354 514	275 584	152 810	76 751	–	31
320 622	277 467	262 554	269 902	259 268	236 940	188 076	150 766	108 462	52 791	22 413	–	32
333 800	308 128	291 856	305 942	299 361	282 752	232 224	203 750	167 122	100 019	54 338	–	33

(See notes at end of table.)

	Continent, country or area, sex, date and urban/rural residence / Continent, pays ou zone, sexe, date et résidence, urbaine/rurale	All ages / Tous âges	Age (in years) -1	1-4	5-9	10-14	15-19	20-24	25-29	30-34
	EUROPE (Cont.–Suite)									
	Romania – Roumanie 1 VII 1985									
1	Total	22 724 836	358 397	1 364 289	1 984 168	1 895 783	1 994 273	1 413 764	1 736 305	1 751 132
2	Male – Masculin	11 214 313	183 153	698 224	1 014 936	969 516	1 016 993	723 522	882 908	885 379
3	Female – Féminin	11 510 523	175 244	666 065	969 232	926 267	977 280	690 242	853 397	865 753
	San Marino – Saint-Marin 31 XII 1987									
4	Total	22 730	215	939	1 319	1 540	1 767	2 020	1 920	1 698
5	Male – Masculin	11 219	113	480	690	782	920	1 003	936	813
6	Female – Féminin	11 511	102	459	629	758	847	1 017	984	885
	Spain – Espagne 1 VII 1987									
7	Total	*38 832 262*	*494 439*	*1 928 206*	*2 869 336*	*3 275 555*	*3 286 542*	*3 296 579*	*3 017 927*	*2 623 334*
8	Male – Masculin	*19 080 249*	*255 384*	*995 787*	*1 478 203*	*1 686 866*	*1 687 372*	*1 682 385*	*1 519 725*	*1 320 155*
9	Female – Féminin	*19 752 013*	*239 055*	*932 419*	*1 391 133*	*1 588 689*	*1 599 170*	*1 614 194*	*1 498 202*	*1 303 179*
	Sweden – Suède 1 VII 1988* [1 2]									
10	Total	8 438 477	58 830	403 152	479 924	509 664	558 952	619 385	566 237	572 829
11	Male – Masculin	4 165 364	30 300	206 824	246 053	261 043	286 249	317 121	290 574	292 813
12	Female – Féminin	4 273 113	28 530	196 328	233 871	248 621	272 703	302 264	275 663	280 016
	Switzerland – Suisse 1 VII 1987 [1 2]									
13	Total	6 545 107	38 034	296 009	369 136	378 342	458 085	524 646	512 922	496 305
14	Male – Masculin	3 190 883	19 441	151 181	188 565	193 840	234 912	265 761	257 601	250 472
15	Female – Féminin	3 354 224	18 593	144 828	180 571	184 502	223 173	258 885	255 321	245 833
	United Kingdom – Royaume-Uni 1 VII 1987									
16	Total	56 930 200	757 700	2 927 600	3 549 300	3 513 200	4 376 800	4 784 900	4 372 800	3 836 700
17	Male – Masculin	27 736 800	387 900	1 500 800	1 820 800	1 806 300	2 242 200	2 436 800	2 206 400	1 930 800
18	Female – Féminin	29 193 400	369 900	1 426 800	1 728 500	1 706 900	2 134 800	2 348 100	2 166 400	1 905 900
	England and Wales – Angleterre et Galles 1 VII 1985									
19	Total	49 923 500	649 000	2 501 600	2 959 700	3 388 500	3 964 600	4 164 400	3 601 200	3 328 900
20	Male – Masculin	24 330 000	332 500	1 282 200	1 520 700	1 741 200	2 032 600	2 112 100	1 818 800	1 678 300
21	Female – Féminin	25 593 500	316 500	1 219 400	1 439 000	1 647 300	1 932 000	2 052 300	1 782 400	1 650 600
	Northern Ireland – Irlande du Nord 1 VII 1985									
22	Total	1 557 849	27 567	107 296	128 014	135 820	143 496	135 321	113 852	98 023
23	Male – Masculin	763 323	14 259	54 720	65 287	69 985	74 530	70 891	57 378	48 914
24	Female – Féminin	794 526	13 308	52 576	62 727	65 835	68 966	64 430	56 474	49 109
	Scotland – Ecosse 1 VII 1985 [2]									
25	Total	5 136 509	65 266	259 672	310 598	363 547	431 940	447 314	387 727	342 721
26	Male – Masculin	2 480 455	33 275	133 155	159 552	186 075	220 871	228 829	196 996	172 140
27	Female – Féminin	2 656 054	31 991	126 517	151 046	177 472	211 069	218 485	190 731	170 581
	Yugoslavia – Yougoslavie 1 VII 1987 [1 2]									
28	Total	23 417 188	351 544	1 441 526	1 840 540	1 856 025	1 789 276	1 836 526	1 854 780	1 909 285
29	Male – Masculin	11 580 021	181 552	743 337	948 031	952 883	919 565	939 543	947 693	976 568
30	Female – Féminin	11 837 167	169 992	698 189	892 509	903 142	869 711	896 983	907 087	932 717

7. Population selon l'âge, le sexe et la résidence, urbaine/rurale: dernière année disponible, 1979 – 1988 (suite)

(Voir notes à la fin du tableau.)

Age (en années)												
35 – 39	40 – 44	45 – 49	50 – 54	55 – 59	60 – 64	65 – 69	70 – 74	75 – 79	80 – 84	85 +	Unknown Inconnu	
1 466 420	1 234 415	1 502 659	1 435 749	1 326 344	1 107 717	588 349	731 926	491 241	249 440	92 465	–	1
737 762	613 149	739 777	707 231	641 678	502 100	247 905	308 531	205 425	101 259	34 865	–	2
728 658	621 266	762 882	728 518	684 666	605 617	340 444	423 395	285 816	148 181	57 600	–	3
1 652	1 580	1 410	1 355	1 248	1 167	1 042	693	635	312	218	–	4
838	792	717	688	614	572	500	303	273	109	76	–	5
814	788	693	667	634	595	542	390	362	203	142	–	6
2 457 507	*2 323 217*	*2 012 484*	*2 237 404*	*2 221 508*	*1 976 320*	*1 574 992*	*1 261 870*	*993 540*	*613 870*	*367 632*	–	7
1 231 974	*1 159 959*	*997 205*	*1 094 185*	*1 075 563*	*936 224*	*705 639*	*523 907*	*389 770*	*222 853*	*117 093*	–	8
1 225 533	*1 163 258*	*1 015 279*	*1 143 219*	*1 145 945*	*1 040 096*	*869 353*	*737 963*	*603 770*	*391 017*	*250 539*	–	9
601 446	673 844	540 725	441 942	424 707	441 858	462 783	386 441	328 193	216 718	150 847	–	10
306 744	344 194	276 671	222 323	208 722	213 566	218 762	175 040	139 506	81 889	46 970	–	11
294 702	329 650	264 054	219 619	215 985	228 292	244 021	211 401	188 687	134 829	103 877	–	12
498 236	502 239	427 331	387 387	358 776	326 530	283 165	236 723	211 686	142 010	97 545	–	13
251 607	255 359	214 763	192 602	173 335	151 444	128 114	102 029	82 556	49 515	27 786	–	14
246 629	246 880	212 568	194 785	185 441	175 086	155 051	134 694	129 130	92 495	69 759	–	15
3 957 500	3 852 600	3 150 500	3 023 500	3 030 500	2 982 500	2 749 500	2 288 400	1 849 200	1 167 000	759 800	–	16
1 978 400	1 936 400	1 577 000	1 506 700	1 485 700	1 426 500	1 252 700	971 000	708 000	379 400	183 300	–	17
1 979 200	1 916 300	1 573 500	1 516 600	1 544 800	1 556 000	1 496 900	1 317 400	1 141 200	787 600	576 500	–	18
3 689 500	3 034 900	2 802 200	2 682 400	2 724 100	2 798 800	2 258 000	2 137 900	1 629 900	993 000	614 900	–	19
1 847 500	1 529 700	1 408 300	1 341 000	1 338 100	1 333 800	1 026 600	907 900	619 400	316 300	143 000	–	20
1 842 000	1 505 200	1 393 900	1 341 400	1 386 000	1 465 000	1 231 400	1 230 000	1 010 500	676 700	471 900	–	21
96 785	89 189	78 925	74 030	72 344	70 441	58 913	53 555	38 895	21 836	13 547	–	22
48 385	44 155	38 880	35 738	34 150	32 578	25 956	22 298	14 620	7 030	3 569	–	23
48 400	45 034	40 045	38 292	38 194	37 863	32 957	31 257	24 275	14 806	9 978	–	24
357 896	299 524	289 966	284 346	282 540	276 267	223 134	208 742	157 146	93 146	55 017	–	25
179 526	148 532	141 620	137 635	134 278	127 873	97 071	85 401	57 224	28 169	12 233	–	26
178 370	150 992	148 346	146 711	148 262	148 394	126 063	123 341	99 922	64 977	42 784	–	27
1 747 272	1 289 627	1 423 151	1 502 799	1 401 680	1 107 078	708 364	495 557	482 632	250 876	128 650	–	28
891 975	647 362	706 904	738 269	675 529	476 754	293 376	201 432	196 134	97 125	45 989	–	29
855 297	642 265	716 247	764 530	726 151	630 324	414 988	294 125	286 498	153 751	82 661	–	30

7. Population by age, sex and urban/rural residence: latest available year, 1979 – 1988 (continued)

(See notes at end of table.)

	Continent, country or area, sex, date and urban/rural residence Continent, pays ou zone, sexe, date et résidence, urbaine/rurale	All ages Tous âges	Age (in years) – 1	1 – 4	5 – 9	10 – 14	15 – 19	20 – 24	25 – 29	30 – 34
	OCEANIA—OCEANIE									
	American Samoa – Samoa américaines 1 IV 1980(C) [7]									
1	Total	32 297	983	3 803	4 218	4 203	3 849	3 057	2 388	2 066
2	Male – Masculin	16 384	474	2 012	2 156	2 256	1 878	1 390	1 152	1 033
3	Female – Féminin	15 913	509	1 791	2 062	1 947	1 971	1 667	1 236	1 033
	Australia – Australie 1 VII 1987 [1 2]									
4	Total	16 248 836	241 840	974 112	1 193 922	1 270 306	1 386 492	1 324 077	1 376 340	1 293 894
5	Male – Masculin	8 112 591	123 727	498 628	612 220	651 629	708 642	673 762	695 761	648 296
6	Female – Féminin	8 136 245	118 113	475 484	581 702	618 677	677 850	650 315	680 579	645 598
	Christmas Island – Ile Christmas 1 VII 1985									
7	Total	2 278	*—	—	885 —	—	—*	*—	—	—
8	Male – Masculin	1 522	*—	—	654 —	—	—*	*—	—	—
9	Female – Féminin	756	*—	—	231 —	—	—*	*—	—	—
	Cocos (Keeling) Islands – Iles des Cocos (Keeling) 1 VII 1986									
10	Total	607	26	68	65	45	23	47	64	66
	1 VII 1981(C)									
11	Male – Masculin	298	*—	30 —*	32	23	24	30	24	41
12	Female – Féminin	257	*—	24 —*	27	16	21	30	28	31
	Cook Islands – Iles Cook 1 XII 1981(C) [2]									
13	Total	17 754	452	1 764	2 558	2 812	2 434	1 401	893	829
14	Male – Masculin	9 172	222	907	1 308	1 462	1 310	710	435	434
15	Female – Féminin	8 582	230	857	1 250	1 350	1 124	691	458	395
	Fiji – Fidji 31 VIII 1986(C) [2]									
16	Total	715 375	20 303	80 983	93 152	79 025	73 616	73 728	63 444	50 708
17	Male – Masculin	362 568	10 436	41 608	47 850	40 358	37 070	36 731	31 988	25 337
18	Female – Féminin	352 807	9 867	39 375	45 302	38 667	36 546	36 997	31 456	25 371
	Guam 1 IV 1980(C) [7]									
19	Total	105 979	2 858	10 144	12 632	11 338	10 993	11 108	10 324	9 289
20	Male – Masculin	55 321	1 421	5 199	6 458	5 835	5 849	6 019	5 194	4 854
21	Female – Féminin	50 658	1 437	4 945	6 174	5 503	5 144	5 089	5 130	4 435
	New Caledonia – Nouvelle–Calédonie 15 IV 1983(C) [2]									
22	Total	145 368	*— 16	930 —*	17 871	17 880	15 692	12 636	10 806	10 450
23	Male – Masculin	74 285	*— 8	621 —*	9 002	9 056	8 018	6 422	5 342	5 363
24	Female – Féminin	71 083	*— 8	309 —*	8 869	8 824	7 674	6 214	5 464	5 087
	New Zealand – Nouvelle–Zélande 31 XII 1987 [2 35]									
25	Total	3 308 800	53 610	202 120	251 570	278 420	306 840	279 940	278 700	255 600
26	Male – Masculin	1 638 800	27 490	103 610	128 490	141 930	156 000	142 350	138 270	126 210
27	Female – Féminin	1 670 000	26 120	98 510	123 080	136 490	150 840	137 590	140 430	129 390
	Niue – Nioué 29 IX 1986(C)									
28	Total	2 531	56	305	329	283	260	181	158	164
29	Male – Masculin	1 271	27	135	169	162	148	91	83	81
30	Female – Féminin	1 260	29	170	160	121	112	90	75	83

7. Population selon l'âge, le sexe et la résidence, urbaine/rurale: dernière année disponible, 1979 – 1988 (suite)

(Voir notes à la fin du tableau.)

Age (en années)												
35 – 39	40 – 44	45 – 49	50 – 54	55 – 59	60 – 64	65 – 69	70 – 74	75 – 79	80 – 84	85 +	Unknown Inconnu	
1 610	1 503	1 184	1 077	776	635	413	237	181	64	50	–	1
880	806	638	521	388	333	215	122	83	31	16	–	2
730	697	546	556	388	302	198	115	98	33	34	–	3
1 257 581	1 100 213	866 832	752 875	745 427	723 052	594 635	480 154	337 681	194 700	134 703	–	4
634 181	563 723	445 893	384 895	379 742	354 733	278 732	212 739	138 033	70 607	36 648	–	5
623 400	536 490	420 939	367 980	365 685	368 319	315 903	267 415	199 648	124 093	98 055	–	6
———	———	———	——— 1 393	———	———	———	———	———	———	———*	–	7
———	———	———	——— 868	———	———	———	———	———	———	———*	–	8
———	———	———	——— 525	———	———	———	———	———	———	———*	–	9
76	36	27	20	11	7	16	7	3	–	–	–	10
23	19	17	8	9	10	4 *———	———	———	4 ———	———*	–	11
22	15	14	11	3	9	3 *———	———	———	3 ———	———*	–	12
814	788	703	621	528	380	321	218	152	61	25	–	13
386	390	383	334	291	200	171	117	68	30	14	–	14
428	398	320	287	237	180	150	101	84	31	11	–	15
41 717	34 769	28 802	22 664	17 069	12 043	9 190	6 008 *———	–	5 791 ———	———*	2 363	16
21 035	17 570	14 451	11 502	8 749	6 198	4 609	3 097 *———	–	2 744 ———	———*	1 235	17
20 682	17 199	14 351	11 162	8 320	5 845	4 581	2 911 *———	–	3 047 ———	———*	1 128	18
6 246	5 049	4 189	3 983	2 914	1 927	1 418	809	456	180	122	–	19
3 386	2 650	2 171	2 238	1 634	1 008	729	392	185	68	31	–	20
2 860	2 399	2 018	1 745	1 280	919	689	417	271	112	91	–	21
9 597	8 243	6 540	5 543	4 140	3 090	2 456	1 835	975	476	208	–	22
5 143	4 251	3 476	2 965	2 206	1 588	1 258	902	419	189	64	–	23
4 454	3 992	3 064	2 578	1 934	1 502	1 198	933	556	287	144	–	24
242 390	203 860	174 520	145 970	146 310	139 480	115 830	96 100	69 680	40 980	26 880	–	25
121 280	102 400	88 570	73 400	74 320	68 740	53 050	41 810	28 350	14 730	7 800	–	26
121 110	101 460	85 950	72 570	71 990	70 740	62 780	54 290	41 330	26 250	19 080	–	27
105	110	139	110	67	77	60	42	44	30	11	–	28
53	55	64	53	35	39	28	19	17	8	4	–	29
52	55	75	57	32	38	32	23	27	22	7	–	30

7. Population by age, sex and urban/rural residence: latest available year, 1979 – 1988 (continued)

(See notes at end of table.)

	Continent, country or area, sex, date and urban/rural residence — Continent, pays ou zone, sexe, date et résidence, urbaine/rurale	All ages Tous âges	Age (in years) -1	1–4	5–9	10–14	15–19	20–24	25–29	30–34
	OCEANIA—OCEANIE(Cont.–Suite)									
	Norfolk Island – Ile Norfolk 30 VI 1981(C)									
1	Total	2 175	*——	164 ——*	160	158	87	196	178	181
2	Male – Masculin	1 067	*——	95 ——*	89	83	40	91	84	86
3	Female – Féminin	1 108	*——	69 ——*	71	75	47	105	94	95
	Pacific Islands – Iles du Pacifique [36] 15 IX 1980(C) [2 7]									
4	Total	116 149	4 519	16 458	18 007	15 370	12 253	10 125	8 506	6 633
5	Male – Masculin	59 527	2 283	8 645	9 407	8 018	6 237	4 991	4 274	3 485
6	Female – Féminin	56 622	2 236	7 813	8 600	7 352	6 016	5 134	4 232	3 148
	Northern Mariana Islands – Iles Mariannes septentrionales 1 IV 1986(C)									
7	Total	20 855	918	2 927	2 651	2 286	2 141	1 801	1 528	1 521
8	Male – Masculin	10 858	494	1 525	1 325	1 123	1 084	891	719	774
9	Female – Féminin	9 997	424	1 402	1 326	1 163	1 057	910	809	747
	Papua New Guinea – Papouasie–Nouvelle–Guinée 1 XII 1987 [2]									
10	Total	3 479 400	115 800	417 600	463 500	433 300	398 700	323 100	260 200	217 100
11	Male – Masculin	1 803 300	58 800	211 900	238 900	225 200	208 400	175 600	140 100	112 300
12	Female – Féminin	1 676 100	57 000	205 700	224 600	208 100	190 300	147 500	120 100	104 800
	Pitcairn 31 XII 1987									
13	Total	59	–	1	6	6	3	1	4	6
14	Male – Masculin	27	–	1	2	2	2	–	1	4
15	Female – Féminin	32	–	–	4	4	1	1	3	2
	Samoa 3 XI 1981(C)									
16	Total	156 349	*——	—— 69 239	——	——*	20 896	15 000	9 673	6 862
17	Male – Masculin	81 027	*——	—— 36 524	——	——*	10 919	7 868	4 968	3 412
18	Female – Féminin	75 322	*——	—— 32 715	——	——*	9 977	7 132	4 705	3 450
	Solomon Islands – Iles Salomon 23 XI 1986(C)									
19	Total	285 176	10 587	39 825	44 325	40 265	29 858	24 209	19 356	15 550
20	Male – Masculin	147 972	5 562	20 581	23 148	21 023	15 027	11 905	9 611	7 923
21	Female – Féminin	137 204	5 025	19 244	21 177	19 242	14 831	12 304	9 745	7 627
	Vanuatu 1 VII 1987 [2 37]									
22	Total	140 381	*—— 25	475 ——*	20 918	17 471	14 637	12 506	10 309	8 531
23	Male – Masculin	73 227	*—— 13	225 ——*	10 908	9 111	7 656	6 552	5 413	4 477
24	Female – Féminin	67 154	*—— 12	250 ——*	10 010	8 360	6 981	5 954	4 896	4 054
	USSR—URSS									
	USSR – URSS 1 I 1987 [2]									
25	Total	281 337 791	*— 26 142	845 ——*	23 226 189	22 262 212	20 635 971	22 166 892	24 676 706	22 227 719
26	Male – Masculin	132 000 000	*— 13 300	000 ——*	11 800 000	11 300 000	10 500 000	11 200 000	12 600 000	11 000 000
27	Female – Féminin	149 300 000	*— 12 800	000 ——*	11 400 000	11 000 000	10 200 000	10 900 000	12 100 000	11 200 000

7. Population selon l'âge, le sexe et la résidence, urbaine/rurale: dernière année disponible, 1979 – 1988 (suite)

Voir notes à la fin du tableau.)

Age (en années)												
35 – 39	40 – 44	45 – 49	50 – 54	55 – 59	60 – 64	65 – 69	70 – 74	75 – 79	80 – 84	85 +	Unknown Inconnu	
163	129	137	123	158	131	82 *	——	——	128	——*	–	1
73	67	62	60	88	62	33 *	——	——	54	——*	–	2
90	62	75	63	70	69	49 *	——	——	74	——*	–	3
4 276	3 731	3 612	3 069	2 893	2 497	1 794	1 044	717	346	299	–	4
2 167	1 857	1 837	1 543	1 428	1 318	898	479	363	151	146	–	5
2 109	1 874	1 775	1 526	1 465	1 179	896	565	354	195	153	–	6
1 289	958	797	649	492	337	246	177	54	22	61	–	7
714	569	487	397	311	198	122	82	25	10	8	–	8
575	389	310	252	181	139	124	95	29	12	53	–	9
202 800	*158 100*	*132 400*	*111 300*	*95 400*	*74 800*	*47 000*	*19 600* *——	–	*8 700*	——*	–	10
101 700	*79 800*	*68 000*	*57 000*	*48 900*	*38 000*	*24 300*	*9 600* *——	–	*4 800*	——*	–	11
101 100	*78 300*	*64 400*	*54 300*	*46 500*	*36 800*	*22 700*	*10 000* *——	–	*3 900*	——*	–	12
3	2	2	2	8	5	4	2	–	2	2	–	13
2	–	–	1	3	1	4	2	–	1	1	–	14
1	2	2	1	5	4	–	–	–	1	1	–	15
6 165	6 000	5 158	4 895	3 955	2 880	1 876	1 242 *——	–	1 618	——*	890	16
3 043	2 986	2 564	2 476	2 087	1 459	944	605 *——	–	678	——*	494	17
3 122	3 014	2 594	2 419	1 868	1 421	932	637 *——	–	940	——*	396	18
12 746	11 450	8 833	7 451	6 715	4 740	3 796 *——	——	5 470	——	——*	–	19
6 469	6 082	4 644	4 027	3 598	2 735	2 224 *——	——	3 413	——	——*	–	20
6 277	5 368	4 189	3 424	3 117	2 005	1 572 *——	——	2 057	——	——*	–	21
6 987	*5 783*	*4 798*	*3 897*	*3 095*	*2 365*	*1 687*	*1 040* *——	–	*882*	——*	–	22
3 635	*3 010*	*2 517*	*2 047*	*1 622*	*1 234*	*869*	*526* *——	–	*425*	——*	–	23
3 352	*2 773*	*2 281*	*1 850*	*1 473*	*1 131*	*818*	*514* *——	–	*457*	——*	–	24
19 449 811	11 038 637	19 572 889	15 123 737	16 567 674	12 745 156	7 366 485 *——	–	18 134 868	——	——*	–	25
9 600 000	5 300 000	9 200 000	7 000 000	7 400 000	4 600 000	2 400 000 *——	–	4 800 000	——	——*	–	26
9 900 000	5 700 000	10 400 000	8 100 000	9 200 000	8 100 000	5 000 000 *——	–	13 300 000	——	——*	–	27

7. Population by age, sex and urban/rural residence: latest available year, 1979 – 1988 (continued)

(See notes at end of table.)

	Continent, country or area, sex, date and urban/rural residence Continent, pays ou zone, sexe, date et résidence, urbaine/rurale	Age (in years) All ages Tous âges	-1	1-4	5-9	10-14	15-19	20-24	25-29	30-34
	USSR—URSS (Cont.–Suite)									
	Byelorussian SSR – RSS de Biélorussie 1 I 1987 [2]									
1	Total	10 049 856	*—— 844	354 ——*	782 117	735 751	750 109	822 564	866 269	762 430
2	Male – Masculin	4 699 029	*—— 430	964 ——*	399 533	375 575	372 706	416 266	438 585	378 535
3	Female – Féminin	5 350 827	*—— 413	390 ——*	382 584	360 176	377 403	406 298	427 684	383 895
	Ukrainian SSR – RSS d'Ukraine 1 I 1987 [2]									
4	Total	51 055 719	*— 3 901	525 ——*	3 660 425	3 657 740	3 571 245	3 746 246	3 972 352	3 685 093
5	Male – Masculin	23 513 771	*— 1 997	030 ——*	1 865 867	1 853 359	1 823 631	1 919 851	1 982 532	1 803 075
6	Female – Féminin	27 541 948	*— 1 904	495 ——*	1 794 558	1 804 381	1 747 614	1 826 395	1 989 820	1 882 018

7. Population selon l'âge, le sexe et la résidence, urbaine/rurale: dernière année disponible, 1979 – 1988 (suite)

(Voir notes à la fin du tableau.)

Age (en années)												
35 – 39	40 – 44	45 – 49	50 – 54	55 – 59	60 – 64	65 – 69	70 – 74	75 – 79	80 – 84	85 +	Unknown Inconnu	
685 319	424 352	654 595	623 834	633 688	503 550	268 936	*———	——— 691 988 ———	———	———*	–	1
339 499	204 650	306 655	282 741	284 395	182 338	91 115	*———	——— 195 472 ———	———	———*	–	2
345 820	219 702	347 940	341 093	349 293	321 212	177 821	*———	——— 496 516 ———	———	———*	–	3
3 506 342	2 365 069	4 075 403	2 942 927	3 370 112	2 843 326	1 674 114	*———	——— 4 083 800 ———	———	———*	–	4
1 697 683	1 111 242	1 886 976	1 369 383	1 494 920	1 034 872	544 410	*———	——— 1 128 940 ———	———	———*	–	5
1 808 659	1 253 827	2 188 427	1 573 544	1 875 192	1 808 454	1 129 704	*———	——— 2 954 860 ———	———	———*	–	6

7. Population by age, sex and urban/rural residence: latest available year, 1979 – 1988 (continued)

Data by urban/rural residence

(See notes at end of table.)

Continent, country or area, sex, date and urban/rural residence / Continent, pays ou zone, sexe, date et résidence, urbaine/rurale	Age (in years) All ages / Tous âges	– 1	1 – 4	5 – 9	10 – 14	15 – 19	20 – 24	25 – 29	30 –
AFRICA—AFRIQUE									
Benin – Bénin									
Urban – Urbaine 1 VII 1987									
1 Urban – Urbaine	*1 386 000*	*—— 257	000 ——*	*175 000*	*163 000*	*165 000*	*141 000*	*128 000*	*122[illegible]*
2 Male – Masculin	*701 000*	*—— 129	000 ——*	*88 000*	*79 000*	*81 000*	*76 000*	*69 000*	*63[illegible]*
3 Female – Féminin	*685 000*	*—— 128	000 ——*	*87 000*	*84 000*	*84 000*	*65 000*	*59 000*	*59[illegible]*
Rural – Rurale 1 VII 1987									
4 Rural – Rurale	*2 918 000*	*—— 562	000 ——*	*476 000*	*371 000*	*288 000*	*224 000*	*185 000*	*152[illegible]*
5 Male – Masculin	*1 385 000*	*—— 283	000 ——*	*235 000*	*178 000*	*135 000*	*100 000*	*81 000*	*67[illegible]*
6 Female – Féminin	*1 533 000*	*—— 279	000 ——*	*241 000*	*193 000*	*153 000*	*124 000*	*104 000*	*85[illegible]*
Botswana									
Urban – Urbaine 1 VII 1986									
7 Urban – Urbaine	*245 282*	*—— 50	146 ——*	*27 788*	*20 782*	*19 530*	*26 643*	*29 038*	*21[illegible]*
8 Male – Masculin	*125 412*	*—— 25	095 ——*	*12 569*	*9 819*	*8 520*	*12 697*	*15 315*	*11[illegible]*
9 Female – Féminin	*119 870*	*—— 25	051 ——*	*15 219*	*10 963*	*11 010*	*13 946*	*13 723*	*9[illegible]*
Rural – Rurale 1 VII 1986									
10 Rural – Rurale	*882 590*	*—— 176	975 ——*	*150 680*	*116 743*	*98 313*	*70 218*	*48 188*	*40[illegible]*
11 Male – Masculin	*411 445*	*—— 88	444 ——*	*76 469*	*58 827*	*49 314*	*32 196*	*18 279*	*14[illegible]*
12 Female – Féminin	*471 145*	*—— 88	531 ——*	*74 211*	*57 916*	*48 999*	*38 022*	*29 909*	*26[illegible]*
Burundi									
Urban – Urbaine 1 I 1988									
13 Urban – Urbaine	*253 440*	*9 631*	*31 173*	*31 680*	*27 372*	*33 708*	*32 187*	*24 330*	*17[illegible]*
14 Male – Masculin	*139 046*	*4 835*	*16 420*	*15 989*	*13 947*	*19 756*	*18 674*	*14 268*	*10[illegible]*
15 Female – Féminin	*114 394*	*4 796*	*14 753*	*15 691*	*13 425*	*13 952*	*13 513*	*10 062*	*7[illegible]*
Rural – Rurale 1 I 1988									
16 Rural – Rurale	*4 815 352*	*221 506*	*606 734*	*645 257*	*592 288*	*582 658*	*486 351*	*337 076*	*245[illegible]*
17 Male – Masculin	*2 350 773*	*108 319*	*301 843*	*343 999*	*296 883*	*288 831*	*237 323*	*164 482*	*111[illegible]*
18 Female – Féminin	*2 464 579*	*113 187*	*304 891*	*301 258*	*295 405*	*293 827*	*249 028*	*172 594*	*134[illegible]*
Cameroon – Cameroun									
Urban – Urbaine 1 VII 1986 [3]									
19 Urban – Urbaine	*2 937 165*	*116 350*	*393 718*	*412 061*	*335 224*	*355 291*	*312 035*	*238 747*	*181[illegible]*
20 Male – Masculin	*1 522 752*	*59 010*	*198 364*	*205 530*	*175 214*	*186 740*	*165 686*	*125 632*	*93[illegible]*
21 Female – Féminin	*1 414 413*	*57 340*	*195 354*	*206 531*	*160 010*	*168 551*	*146 349*	*113 115*	*87[illegible]*
Rural – Rurale 1 VII 1986 [3]									
22 Rural – Rurale	*7 509 244*	*302 055*	*1 134 000*	*1 180 509*	*842 889*	*643 504*	*552 140*	*504 080*	*449[illegible]*
23 Male – Masculin	*3 689 731*	*150 831*	*568 045*	*593 416*	*415 325*	*313 785*	*268 071*	*247 666*	*223[illegible]*
24 Female – Féminin	*3 819 513*	*151 224*	*565 955*	*587 093*	*427 564*	*329 719*	*284 069*	*256 414*	*226[illegible]*
Comoros – Comores [4]									
Urban – Urbaine 15 IX 1980(C)									
25 Urban – Urbaine	78 106	2 308	9 995	14 288	10 908	8 329	6 383	5 050	4[illegible]
26 Male – Masculin	38 848	1 147	4 994	7 185	5 657	4 020	3 091	2 360	2[illegible]
27 Female – Féminin	39 258	1 161	5 001	7 103	5 251	4 309	3 292	2 690	2[illegible]
Rural – Rurale 15 IX 1980(C)									
28 Rural – Rurale	257 044	8 210	35 082	44 708	32 617	23 196	18 721	16 238	14[illegible]
29 Male – Masculin	128 241	4 161	17 732	22 832	17 384	11 198	8 393	7 159	6[illegible]
30 Female – Féminin	128 803	4 049	17 350	21 876	15 233	11 998	10 328	9 079	7[illegible]
Egypt – Egypte									
Urban – Urbaine 17–18 IX 1986(C)*									
31 Urban – Urbaine	21 173 436	*— 3 547	384 —*	2 995 461	*———	———	———	———	———
32 Male – Masculin	10 877 652	*— 1 812	268 —*	1 542 424	*———	———	———	———	———
33 Female – Féminin	10 295 784	*— 1 735	116 —*	1 453 037	*———	———	———	———	———

7. Population selon l'âge, le sexe et la résidence, urbaine/rurale: dernière année disponible, 1979 – 1988 (suite)

Données selon la résidence urbaine/rurale

(Voir notes à la fin du tableau.)

Age (en années)												
35 – 39	40 – 44	45 – 49	50 – 54	55 – 59	60 – 64	65 – 69	70 – 74	75 – 79	80 – 84	85 +	Unknown Inconnu	
80 000	43 000	32 000	26 000	22 000	12 000	7 000	5 000	*———	– 8 000	———*	–	1
41 000	21 000	15 000	13 000	10 000	5 000	4 000	3 000	*———	– 4 000	———*	–	2
39 000	22 000	17 000	13 000	12 000	7 000	3 000	2 000	*———	– 4 000	———*	–	3
137 000	123 000	105 000	86 000	69 000	54 000	40 000	25 000	*———	– 21 000	———*	–	4
62 000	58 000	50 000	40 000	32 000	25 000	18 000	11 000	*———	– 10 000	———*	–	5
75 000	65 000	55 000	46 000	37 000	29 000	22 000	14 000	*———	– 11 000	———*	–	6
14 739	9 546	7 909	5 721	4 131	2 946	1 970	1 254	*———	– 1 718	———*	–	7
8 429	6 104	4 916	3 504	2 522	1 707	1 149	671	*———	– 718	———*	–	8
6 310	3 442	2 993	2 217	1 609	1 239	821	583	*———	– 1 000	———*	–	9
34 177	29 055	24 670	21 925	19 319	15 928	13 020	9 068	*———	– 13 426	———*	–	10
13 027	11 335	10 002	9 183	8 160	6 917	5 553	3 862	*———	– 5 005	———*	–	11
21 150	17 720	14 668	12 742	11 159	9 011	7 467	5 206	*———	– 8 421	———*	–	12
12 672	9 631	7 603	5 576	3 802	2 788	2 281	760	*———	– 759	———*	–	13
7 219	5 263	4 395	3 051	1 739	1 262	1 120	371	*———	– 494	———*	–	14
5 453	4 368	3 208	2 525	2 063	1 526	1 161	389	*———	– 265	———*	–	15
202 238	187 799	168 537	134 830	101 122	83 861	89 492	57 784	*———	– 72 236	———*	–	16
89 100	83 350	78 410	57 960	44 787	37 142	38 817	28 863	*———	– 39 279	———*	–	17
113 138	104 449	90 127	76 870	56 335	46 719	50 675	28 921	*———	– 32 957	———*	–	18
171 797	121 972	101 121	65 942	47 241	32 873	17 863	13 705	7 407	4 925	5 672	2 168	19
88 138	65 571	56 640	36 194	26 016	16 928	9 001	5 863	3 309	1 929	2 444	1 387	20
83 659	56 401	44 481	29 748	21 225	15 945	8 862	7 842	4 098	2 996	3 228	781	21
361 686	327 572	272 935	239 046	197 881	165 584	141 631	101 873	51 080	19 395	20 427	1 220	22
179 429	159 180	129 294	113 761	93 421	78 373	65 869	47 067	24 335	7 976	9 680	624	23
182 257	168 392	143 641	125 285	104 460	87 211	75 762	54 806	26 745	11 419	10 747	596	24
3 472	3 342	2 104	2 205	1 100	1 601	657	872	313	363	252	202	25
1 729	1 758	1 171	1 088	551	746	330	413	149	154	110	120	26
1 743	1 584	933	1 117	549	855	327	459	164	209	142	82	27
11 727	12 360	7 138	8 915	3 971	6 868	2 657	4 402	1 366	2 077	1 505	983	28
5 584	6 221	3 785	4 438	2 184	3 559	1 485	2 259	766	989	708	631	29
6 143	6 139	3 353	4 477	1 787	3 309	1 172	2 143	600	1 088	797	352	30
14 058 45 0 ———	———	———	———	———	———*	*———	———	572 141 ———	———	———*	–	31
7 221 19 6 ———	———	———	———	———	———*	*———	———	301 764 ———	———	———*	–	32
6 837 25 4 ———	———	———	———	———	———*	*———	———	270 377 ———	———	———*	–	33

7. Population by age, sex and urban/rural residence: latest available year, 1979 – 1988 (continued)

Data by urban/rural residence

(See notes at end of table.)

	Continent, country or area, sex, date and urban/rural residence — Continent, pays ou zone, sexe, date et résidence, urbaine/rurale	All ages / Tous âges	– 1	1 – 4	5 – 9	10 – 14	15 – 19	20 – 24	25 – 29	30
	AFRICA—AFRIQUE (Cont.–Suite)									
	Egypt – Egypte									
	Rural – Rurale									
	17–18 IX 1986(C)*									
1	Rural – Rurale	27 031 613	*— 5 709	144 —*	4 213 270	*—	—	—	—	—
2	Male – Masculin	13 777 645	*— 2 911	258 —*	2 196 839	*—	—	—	—	—
3	Female – Féminin	13 253 968	*— 2 797	886 —*	2 016 431	*—	—	—	—	—
	Ethiopia – Ethiopie									
	Urban – Urbaine									
	1 VII 1988*									
4	Urban – Urbaine	*5 066 122*	*— 786*	*546 —*	*721 862*	*648 813*	*573 414*	*488 020*	*412 909*	*342*
5	Male – Masculin	*2 356 507*	*— 392*	*483 —*	*352 397*	*298 362*	*241 980*	*197 339*	*173 847*	*157*
6	Female – Féminin	*2 709 615*	*— 394*	*063 —*	*369 465*	*350 451*	*331 434*	*290 681*	*239 062*	*184*
	Rural – Rurale									
	1 VII 1988*									
7	Rural – Rurale	*42 815 572*	*— 7 699*	*481 —*	*7 037 553*	*5 387 826*	*3 765 159*	*2 964 679*	*2 689 460*	*2 472*
8	Male – Masculin	*21 571 213*	*— 3 825*	*806 —*	*3 551 894*	*2 827 468*	*1 996 998*	*1 448 464*	*1 205 896*	*1 133*
9	Female – Féminin	*21 244 359*	*— 3 873*	*675 —*	*3 485 659*	*2 560 358*	*1 768 161*	*1 516 215*	*1 483 564*	*1 339*
	Kenya									
	Urban – Urbaine									
	24 VIII 1979(C) [38]									
10	Urban – Urbaine	2 382 203	*— 388	030 —*	299 383	234 647	261 757	327 065	262 918	181
11	Male – Masculin	1 307 158	*— 194	149 —*	146 844	112 437	123 200	184 325	158 166	116
12	Female – Féminin	1 075 045	*— 193	881 —*	152 539	122 210	138 557	142 740	104 752	64
	Rural – Rurale									
	24 VIII 1979(C) [38]									
13	Rural – Rurale	12 944 858	*— 2 455	376 —*	2 192 457	1 840 124	1 480 088	1 000 339	792 794	636
14	Male – Masculin	6 299 955	*— 1 227	872 —*	1 100 247	938 495	730 923	457 076	356 285	288
15	Female – Féminin	6 644 903	*— 1 227	504 —*	1 092 210	901 629	749 165	543 263	436 509	347
	Mauritius – Maurice									
	Island of Mauritius – Ile Maurice									
	Urban – Urbaine									
	2 VII 1983(C)									
16	Urban – Urbaine	403 251	7 715	34 918	38 428	34 774	45 953	44 736	38 215	32
17	Male – Masculin	199 573	3 929	17 633	19 367	17 616	23 031	22 627	19 116	16
18	Female – Féminin	203 678	3 786	17 285	19 061	17 158	22 922	22 109	19 099	16
	Rural – Rurale									
	2 VII 1983(C)									
19	Rural – Rurale	563 612	12 080	56 643	65 728	60 033	67 772	60 564	51 170	45
20	Male – Masculin	281 795	6 046	28 563	33 121	30 515	34 400	30 450	25 592	22
21	Female – Féminin	281 817	6 034	28 080	32 607	29 518	33 372	30 114	25 578	22
	Morocco – Maroc									
	Urban – Urbaine									
	3–21 IX 1982(C)									
22	Urban – Urbaine	8 733 507	*— 1 107	522 —*	1 086 955	1 088 973	1 050 623	994 031	776 229	553
23	Male – Masculin	4 378 706	*— 560	813 —*	549 846	543 092	514 555	503 000	402 287	287
24	Female – Féminin	4 354 801	*— 546	709 —*	537 109	545 881	536 068	491 031	373 942	266
	Rural – Rurale									
	3–21 IX 1982(C)									
25	Rural – Rurale	11 716 044	*— 2 002	860 —*	1 843 838	1 491 161	1 184 208	1 003 668	781 568	594
26	Male – Masculin	5 857 372	*— 1 016	316 —*	942 417	780 726	586 123	494 446	384 884	279
27	Female – Féminin	5 858 672	*— 986	544 —*	901 421	710 435	598 085	509 222	396 684	315
	Mozambique									
	Urban – Urbaine									
	1 VIII 1987 [3]									
28	Urban – Urbaine	*1 919 178*	*72 224*	*261 735*	*278 714*	*237 714*	*201 569*	*170 674*	*143 750*	*120*
29	Male – Masculin	*936 184*	*35 638*	*129 026*	*137 220*	*117 007*	*99 181*	*83 836*	*70 444*	*58*
30	Female – Féminin	*982 994*	*36 586*	*132 709*	*141 494*	*120 707*	*102 388*	*86 838*	*73 306*	*61*

7. Population selon l'âge, le sexe et la résidence, urbaine/rurale: dernière année disponible, 1979 – 1988 (suite)

Données selon la résidence urbaine/rurale

(Voir notes à la fin du tableau.)

Age (en années) 35 – 39	40 – 44	45 – 49	50 – 54	55 – 59	60 – 64	65 – 69	70 – 74	75 – 79	80 – 84	85 +	Unknown Inconnu	
16 301 17 5 ———	———	———	———	———	———*	*———	———	808 024 ———	———	———*	–	1
8 281 93 1 ———	———	———	———	———	———*	*———	———	387 617 ———	———	———*	–	2
8 019 24 4 ———	———	———	———	———	———*	*———	———	420 407 ———	———	———*	–	3
289 635	*221 425*	*155 935*	*111 070*	*86 109*	*78 692*	*48 295*	*37 798*	*22 965*	*— 40 504 —*		–	*4*
145 653	*112 764*	*79 871*	*54 025*	*39 933*	*35 232*	*21 136*	*18 786*	*13 576*	*— 21 722 —*		–	*5*
143 982	*108 661*	*76 064*	*57 045*	*46 176*	*43 460*	*27 159*	*19 012*	*9 389*	*— 18 782 —*		–	*6*
2 205 344	*1 915 612*	*1 574 243*	*1 292 431*	*1 049 538*	*877 676*	*661 757*	*467 289*	*318 462*	*— 436 548 —*		–	*7*
1 041 501	*936 040*	*792 483*	*674 316*	*569 070*	*487 898*	*369 644*	*272 682*	*185 577*	*— 252 017 —*		–	*8*
1 163 843	*979 572*	*781 760*	*618 115*	*480 468*	*389 778*	*292 113*	*194 607*	*132 885*	*— 184 531 —*		–	*9*
117 743	93 073	68 535	50 093	31 345	21 348	15 398	10 446	*———	– 13 426 ———	———*	5 269	*10*
74 874	61 545	46 526	32 191	19 664	11 981	9 008	5 457	*———	– 6 677 ———	———*	3 226	*11*
42 869	31 528	22 009	17 902	11 681	9 367	6 390	4 989	*———	– 6 749 ———	———*	2 043	*12*
497 851	442 109	372 344	323 837	243 966	195 880	167 729	118 462	*———	– 160 937 ———	———*	24 216	*13*
215 353	199 935	172 388	150 717	121 113	95 729	90 898	60 912	*———	– 81 089 ———	———*	12 426	*14*
282 498	242 174	199 956	173 120	122 853	100 151	76 831	57 550	*———	– 79 848 ———	———*	11 790	*15*
23 946	18 992	17 978	15 531	16 028	11 375	8 866	6 170	3 741	1 954	1 176	170	*16*
11 694	9 293	8 814	7 793	7 876	5 498	4 026	2 573	1 385	601	257	132	*17*
12 252	9 699	9 164	7 738	8 152	5 877	4 840	3 597	2 356	1 353	919	38	*18*
30 836	21 472	20 857	16 667	18 770	13 208	9 793	6 107	3 556	1 715	827	491	*19*
15 261	10 659	10 471	8 366	9 405	6 380	4 632	2 660	1 333	557	190	276	*20*
15 575	10 813	10 386	8 301	9 365	6 828	5 161	3 447	2 223	1 158	637	215	*21*
386 159	390 548	325 550	301 318	199 364	193 765	90 473	86 585	*———	– 101 943 ———	———*	–	*22*
188 741	178 559	160 477	148 214	105 476	98 322	50 253	38 523	*———	– 49 472 ———	———*	–	*23*
197 418	211 989	165 073	153 104	93 888	95 443	40 220	48 062	*———	– 52 471 ———	———*	–	*24*
457 304	491 678	390 793	408 376	250 963	294 505	142 052	167 468	*———	– 211 542 ———	———*	–	*25*
208 475	218 853	191 873	189 788	132 809	145 006	82 707	83 103	*———	– 120 788 ———	———*	–	*26*
248 829	272 825	198 920	218 588	118 154	149 499	59 345	84 365	*———	– 90 754 ———	———*	–	*27*
100 481	*83 437*	*68 702*	*55 379*	*43 190*	*32 188*	*22 571*	*14 339*	*7 849*	*— 4 169 —*		–	*28*
48 977	*40 493*	*33 144*	*26 402*	*20 200*	*14 672*	*10 001*	*6 162*	*3 246*	*— 1 623 —*		–	*29*
51 504	*42 944*	*35 558*	*28 977*	*22 990*	*17 516*	*12 570*	*8 177*	*4 603*	*— 2 546 —*		–	*30*

7. Population by age, sex and urban/rural residence: latest available year, 1979 – 1988 (continued)

Data by urban/rural residence

(See notes at end of table.)

	Continent, country or area, sex, date and urban/rural residence Continent, pays ou zone, sexe, date et résidence, urbaine/rurale	All ages Tous âges	Age (in years) – 1	1 – 4	5 – 9	10 – 14	15 – 19	20 – 24	25 – 29	30 –
	AFRICA—AFRIQUE (Cont.–Suite)									
	Mozambique									
	Rural – Rurale									
	1 VIII 1987 [3]									
1	Rural – Rurale	*12 629 222*	*475 276*	*1 722 365*	*1 834 086*	*1 564 286*	*1 326 441*	*1 123 126*	*945 950*	*792 9*
2	Male – Masculin	*6 159 216*	*234 462*	*848 874*	*902 780*	*769 793*	*652 519*	*551 564*	*463 456*	*387 5*
3	Female – Féminin	*6 470 006*	*240 814*	*873 491*	*931 306*	*794 493*	*673 922*	*571 562*	*482 494*	*405 3*
	South Africa – Afrique du Sud [5]									
	Urban – Urbaine									
	5 III 1985(C)									
4	Urban – Urbaine	13 068 343	253 442	994 135	1 199 906	1 367 356	1 340 745	1 381 961	*— 2 348	597 —
5	Male – Masculin	6 555 892	128 297	499 741	601 864	681 462	663 227	697 623	*— 1 213	019 —
6	Female – Féminin	6 512 451	125 145	494 394	598 042	685 894	677 518	684 338	*— 1 135	578 —
	Rural – Rurale									
	5 III 1985(C)									
7	Rural – Rurale	10 317 302	279 027	1 197 220	1 475 802	1 429 282	1 128 111	950 230	*— 1 361	210 —
8	Male – Masculin	4 989 390	138 543	598 878	741 455	715 735	540 418	437 677	*— 662	570 —
9	Female – Féminin	5 327 912	140 484	598 342	734 347	713 547	587 693	512 553	*— 698	640 —
	Sudan – Soudan									
	Urban – Urbaine									
	1 VII 1980									
10	Urban – Urbaine	*4 426 000*	*—	*1 849 000*	—	—*	*525 000*	*505 800*	*—	—
11	Male – Masculin	*2 343 500*	*—	*923 400*	—	—*	*283 400*	*298 300*	*—	—
12	Female – Féminin	*2 082 500*	*—	*925 600*	—	—*	*241 600*	*207 500*	*—	—
	Rural – Rurale									
	1 VII 1980									
13	Rural – Rurale	*14 254 700*	*—	*6 533 500*	—	—*	*1 385 200*	*1 117 300*	*—	—
14	Male – Masculin	*7 021 700*	*—	*3 327 000*	—	—*	*682 800*	*519 300*	*—	—
15	Female – Féminin	*7 233 000*	*—	*3 206 500*	—	—*	*702 400*	*598 000*	*—	—
	Tunisia – Tunisie									
	Urban – Urbaine									
	30 III 1984(C)*									
16	Urban – Urbaine	3 685 470	97 070	387 330	441 780	414 810	434 160	391 320	309 740	237 8
17	Male – Masculin	1 869 010	50 320	198 020	225 020	210 750	219 400	198 720	155 790	122 6
18	Female – Féminin	1 816 460	46 750	189 310	216 760	204 060	214 760	192 600	153 950	115 1
	Rural – Rurale									
	30 III 1984(C)*									
19	Rural – Rurale	3 289 980	105 250	425 680	490 790	402 820	362 860	283 280	229 180	175 1
20	Male – Masculin	1 677 030	54 880	218 380	253 070	208 080	185 740	143 000	111 700	83 6
21	Female – Féminin	1 612 950	50 370	207 300	237 720	194 740	177 120	140 280	117 480	91 5
	Zaire – Zaïre									
	Urban – Urbaine									
	1 VII 1985									
22	Urban – Urbaine	*12 237 709*	*574 436*	*1 861 668*	*1 961 903*	*1 735 383*	*1 510 078*	*1 099 546*	*813 763*	*645 3*
23	Male – Masculin	*6 275 428*	*290 844*	*939 551*	*987 532*	*884 256*	*777 127*	*544 558*	*398 399*	*319 5*
24	Female – Féminin	*5 962 281*	*283 592*	*922 117*	*974 371*	*851 127*	*732 951*	*554 988*	*415 364*	*325 7*
	Rural – Rurale									
	1 VII 1985									
25	Rural – Rurale	*18 743 673*	*783 517*	*2 690 516*	*2 713 289*	*2 113 662*	*1 715 231*	*1 604 612*	*1 442 460*	*1 204 6*
26	Male – Masculin	*9 051 304*	*405 071*	*1 373 756*	*1 377 118*	*1 055 401*	*836 952*	*795 883*	*714 238*	*587 8*
27	Female – Féminin	*9 692 369*	*378 446*	*1 316 760*	*1 336 171*	*1 058 261*	*878 279*	*808 729*	*728 222*	*616 7*
	Zambia – Zambie									
	Urban – Urbaine									
	25 VIII 1980(C)									
28	Urban – Urbaine	2 258 520	88 970	335 941	393 003	305 720	237 647	217 256	165 626	133 3
29	Male – Masculin	1 144 046	44 421	167 829	194 266	147 722	113 648	99 651	83 285	70 4
30	Female – Féminin	1 114 474	44 549	168 112	198 737	157 998	123 999	117 605	82 341	62 9
	Rural – Rurale									
	25 VIII 1980(C)									
31	Rural – Rurale	3 403 281	111 927	483 189	591 268	462 671	355 320	256 535	171 307	159 0
32	Male – Masculin	1 625 949	55 195	240 337	297 115	236 294	171 020	113 894	75 101	62 7
33	Female – Féminin	1 777 332	56 732	242 852	294 153	226 377	184 300	142 641	96 206	96 2

7. Population selon l'âge, le sexe et la résidence, urbaine/rurale: dernière année disponible, 1979 – 1988 (suite)

Données selon la résidence urbaine/rurale

(Voir notes à la fin du tableau.)

Age (en années)												
35 – 39	40 – 44	45 – 49	50 – 54	55 – 59	60 – 64	65 – 69	70 – 74	75 – 79	80 – 84	85 +	Unknown Inconnu	
661 209	*549 063*	*452 098*	*364 421*	*284 210*	*211 812*	*148 529*	*94 361*	*51 651*	**— 27 431 —**		–	1
322 223	*266 407*	*218 056*	*173 698*	*132 900*	*96 528*	*65 799*	*40 538*	*21 354*	**— 10 677 —**		–	2
338 986	*282 656*	*234 042*	*190 723*	*151 310*	*115 284*	*82 730*	*53 823*	*30 297*	**— 16 754 —**		–	3
— 1 686 957 —		*— 1 132 026 —*		*— 720 944 —*		*— 431 415 —*		*— 210 859 —*			–	4
— 874 846 —		*— 581 169 —*		*— 348 500 —*		*— 190 372 —*		*— 75 772 —*			–	5
— 812 111 —		*— 550 857 —*		*— 372 444 —*		*— 241 043 —*		*— 135 087 —*			–	6
— 926 901 —		*— 651 094 —*		*— 450 173 —*		*— 307 408 —*		*— 160 844 —*			–	7
— 447 120 —		*— 313 730 —*		*— 195 469 —*		*— 132 977 —*		*— 64 818 —*			–	8
— 479 781 —		*— 337 364 —*		*— 254 704 —*		*— 174 431 —*		*— 96 026 —*			–	9
*1 045 500 —**		**— 251 100 —**		**— 152 400 —**		**— 97 200 —**					–	10
*599 800 —**		**— 125 400 —**		**— 71 200 —**		**— 42 000 —**					–	11
*445 700 —**		**— 125 700 —**		**— 81 200 —**		**— 55 200 —**					–	12
*3 253 600 —**		**— 949 400 —**		**— 603 200 —**		**— 412 500 —**					–	13
*1 546 600 —**		**— 463 700 —**		**— 290 300 —**		**— 192 000 —**					–	14
*1 707 000 —**		**— 485 700 —**		**— 312 900 —**		**— 220 500 —**					–	15
174 390	151 990	153 350	138 440	107 470	86 370	59 860	49 470	24 330	15 880	9 870	–	16
84 230	74 780	74 950	70 000	55 510	44 920	33 280	26 070	12 430	7 610	4 530	–	17
90 160	77 210	78 400	68 440	51 960	41 450	26 580	23 400	11 900	8 270	5 340	–	18
124 070	123 790	131 960	121 740	93 180	78 460	54 230	47 000	20 190	13 010	7 310	–	19
58 640	58 310	64 090	61 590	49 460	42 260	31 760	28 110	12 280	7 720	4 320	–	20
65 430	65 480	67 870	60 150	43 720	36 200	22 470	18 890	7 910	5 290	2 990	–	21
584 741	*483 268*	*365 947*	*245 254*	*165 897*	*99 450*	*50 723*	*24 806*	*10 302*	**— 5 161 —**		–	22
297 049	*263 661*	*209 598*	*144 797*	*100 488*	*61 155*	*31 699*	*15 952*	*6 407*	**— 2 768 —**		–	23
287 692	*219 607*	*156 349*	*100 457*	*65 409*	*38 295*	*19 024*	*8 854*	*3 895*	**— 2 393 —**		–	24
954 993	*779 746*	*652 256*	*562 901*	*468 023*	*381 671*	*293 343*	*200 797*	*117 737*	**— 64 290 —**		–	25
450 257	*343 306*	*272 503*	*232 601*	*189 653*	*152 894*	*117 358*	*78 423*	*44 852*	**— 23 176 —**		–	26
504 736	*436 440*	*379 753*	*330 300*	*278 370*	*228 777*	*175 985*	*122 374*	*72 885*	**— 41 114 —**		–	27
99 497	80 919	60 483	42 435	23 465	16 373	9 417	5 601	3 194	1 519	1 452	36 608	28
53 083	45 939	38 614	27 720	15 209	9 549	5 694	2 937	1 730	761	781	20 741	29
46 414	34 980	21 869	14 715	8 256	6 824	3 723	2 664	1 464	758	671	15 867	30
137 950	131 618	116 607	103 076	74 167	75 482	52 600	36 538	22 951	12 870	11 091	37 114	31
54 528	53 918	53 129	47 589	37 748	37 742	28 960	19 222	12 859	6 427	5 676	16 482	32
83 422	77 700	63 478	55 487	36 419	37 740	23 640	17 316	10 092	6 443	5 415	20 632	33

7. Population by age, sex and urban/rural residence: latest available year, 1979 – 1988 (continued)

Data by urban/rural residence

(See notes at end of table.)

	Continent, country or area, sex, date and urban/rural residence — Continent, pays ou zone, sexe, date et résidence, urbaine/rurale	Age (in years): All ages — Tous âges	-1	1-4	5-9	10-14	15-19	20-24	25-29	30-
	AFRICA—AFRIQUE (Cont.–Suite)									
	Zimbabwe									
	Urban – Urbaine									
	18 VIII 1982(C)*									
1	Urban – Urbaine	1 765 750	65 260	206 850	206 440	170 440	177 760	229 090	190 400	130 8
2	Male – Masculin	940 620	32 080	103 150	100 950	80 930	80 700	116 640	107 130	77 7
3	Female – Féminin	825 130	33 180	103 700	105 490	89 510	97 060	112 450	83 270	53 1
	Rural – Rurale									
	18 VIII 1982(C)*									
4	Rural – Rurale	5 735 720	204 770	831 800	1 025 620	878 050	625 010	425 490	334 080	261 3
5	Male – Masculin	2 733 000	100 990	407 110	511 810	448 820	309 460	173 740	136 290	107 6
6	Female – Féminin	3 002 720	103 780	424 690	513 810	429 230	315 550	251 750	197 790	153 6
	AMERICA,NORTH— AMERIQUE DU NORD									
	Canada									
	Urban – Urbaine									
	3 VI 1986(C) [1]									
7	Urban – Urbaine	19 352 085	270 175	1 055 530	1 288 435	1 284 350	1 427 220	1 811 350	1 863 745	1 683 3
8	Male – Masculin	9 416 565	138 345	541 145	659 335	657 440	724 305	896 730	924 425	829 2
9	Female – Féminin	9 935 525	131 830	514 390	629 110	626 915	702 915	914 625	939 320	854 1
	Rural – Rurale									
	3 VI 1986(C) [1]									
10	Rural – Rurale	5 957 245	93 455	391 035	506 535	502 445	497 635	441 990	477 765	502 2
11	Male – Masculin	3 069 090	47 935	200 360	260 775	259 315	260 950	234 725	240 560	254 5
12	Female – Féminin	2 888 150	45 515	190 670	245 760	243 130	236 685	207 265	237 205	247 7
	Costa Rica									
	Urban – Urbaine									
	1 VII 1985 [1]									
13	Urban – Urbaine	1 107 261	27 910	108 295	121 624	108 026	119 601	122 846	102 216	84 0
14	Male – Masculin	529 715	14 293	55 024	61 661	54 081	57 232	57 609	47 505	39 3
15	Female – Féminin	577 546	13 617	53 271	59 963	53 945	62 369	65 237	54 711	44 6
	Rural – Rurale									
	1 VII 1985 [1]									
16	Rural – Rurale	1 381 488	40 436	155 791	176 666	172 079	167 549	146 267	114 561	89 4
17	Male – Masculin	714 411	20 777	79 720	90 426	88 155	86 628	75 325	58 827	46 6
18	Female – Féminin	667 077	19 659	76 071	86 240	83 924	80 921	70 942	55 734	42 8
	Cuba									
	Urban – Urbaine									
	31 XII 1986									
19	Urban – Urbaine	7 363 411	114 953	454 830	476 020	688 740	795 913	839 473	583 293	517 1
20	Male – Masculin	3 632 708	58 307	232 499	244 173	350 720	404 604	416 236	284 581	249 6
21	Female – Féminin	3 730 703	56 646	222 331	231 847	338 020	391 309	423 237	298 712	267 4
	Rural – Rurale									
	31 XII 1986									
22	Rural – Rurale	2 882 502	49 177	202 689	229 745	327 168	364 732	328 973	234 802	190 4
23	Male – Masculin	1 528 013	25 981	104 189	117 046	167 167	189 555	172 318	123 537	100 7
24	Female – Féminin	1 354 489	23 196	98 500	112 699	160 001	175 177	156 655	111 265	89 6
	Dominican Republic – République dominicaine									
	Urban – Urbaine									
	1 VII 1980*									
25	Urban – Urbaine	*2 156 058*	*65 498*	*269 441*	*328 727*	*294 661*	*257 954*	*199 163*	*144 856*	*123 8*
26	Male – Masculin	*1 075 873*	*35 420*	*142 650*	*171 708*	*147 111*	*117 649*	*93 627*	*69 695*	*62 7*
27	Female – Féminin	*1 080 185*	*30 078*	*126 791*	*157 019*	*147 550*	*140 305*	*105 536*	*75 161*	*61 0*
	Rural – Rurale									
	1 VII 1980*									
28	Rural – Rurale	*3 274 821*	*118 221*	*467 027*	*562 092*	*479 861*	*343 622*	*246 558*	*185 697*	*160 8*
29	Male – Masculin	*1 634 136*	*58 692*	*228 214*	*276 131*	*240 653*	*167 514*	*118 918*	*88 534*	*78 3*
30	Female – Féminin	*1 640 685*	*59 529*	*238 813*	*285 961*	*239 208*	*176 108*	*127 640*	*97 163*	*82 5*

7. Population selon l'âge, le sexe et la résidence, urbaine/rurale: dernière année disponible, 1979 – 1988 (suite)

Données selon la résidence urbaine/rurale

oir notes à la fin du tableau.)

Age (en années)												
35 – 39	40 – 44	45 – 49	50 – 54	55 – 59	60 – 64	65 – 69	70 – 74	75 – 79	80 – 84	85 +	Unknown Inconnu	
98 230	82 550	61 840	51 500	30 120	25 960	13 400	8 830	*——— – 10 630 ———*			5 610	*1*
57 060	52 020	40 650	34 920	19 300	17 070	7 540	4 430	*——— – 4 600 ———*			3 740	*2*
41 170	30 530	21 190	16 580	10 820	8 890	5 860	4 400	*——— – 6 030 ———*			1 870	*3*
219 860	199 030	165 040	151 160	98 080	116 150	64 270	51 480	*——— – 75 540 ———*			8 970	*4*
90 860	90 030	75 840	76 860	48 100	59 780	31 270	25 380	*——— – 34 810 ———*			4 160	*5*
129 000	109 000	89 200	74 300	49 980	56 370	33 000	26 100	*——— – 40 730 ———*			4 810	*6*
1 550 550	1 233 605	1 012 395	948 940	929 775	867 210	699 265	576 750	407 705	252 035	189 645	–	*7*
765 760	611 040	501 070	469 630	451 120	398 685	306 210	241 100	158 390	88 575	54 050	–	*8*
784 790	622 565	511 325	479 310	478 650	468 525	393 055	335 645	249 320	163 465	135 595	–	*9*
475 625	381 120	303 485	280 400	273 420	257 920	212 505	161 570	102 650	57 330	38 115	–	*10*
245 295	199 900	158 895	146 565	142 480	131 775	108 335	83 230	51 520	26 785	15 150	–	*11*
230 330	181 220	144 590	133 830	130 935	126 145	104 170	78 340	51 135	30 550	22 960	–	*12*
64 725	51 356	41 785	38 937	31 509	26 028	19 615	16 922	10 428	6 794	4 604	–	*13*
30 195	24 357	19 382	17 984	14 376	11 648	8 577	7 390	4 460	2 770	1 784	–	*14*
34 530	26 999	22 403	20 953	17 133	14 380	11 038	9 532	5 968	4 024	2 820	–	*15*
69 288	55 819	44 604	39 826	30 657	25 637	18 267	15 099	9 486	6 091	3 880	–	*16*
35 586	29 269	23 570	20 787	16 336	13 773	9 830	8 256	5 201	3 367	1 951	–	*17*
33 702	26 550	21 034	19 039	14 321	11 864	8 437	6 843	4 285	2 724	1 929	–	*18*
513 966	469 663	404 732	326 031	281 618	241 172	*———— 655 895 ————*					–	*19*
249 251	227 573	197 882	157 107	135 467	116 288	*———— 308 323 ————*					–	*20*
264 715	242 090	206 850	168 924	146 151	124 884	*———— 347 572 ————*					–	*21*
175 110	153 707	133 376	110 280	95 226	78 942	*———— 208 152 ————*					–	*22*
92 216	80 487	71 841	60 318	53 120	45 058	*———— 124 428 ————*					–	*23*
82 894	73 220	61 535	49 962	42 106	33 884	*———— 83 724 ————*					–	*24*
116 038	*94 641*	*67 352*	*56 716*	*36 947*	*36 380*	*21 728*	*18 737*	*8 598*	*7 557*	*7 225*	–	*25*
57 229	*49 743*	*33 859*	*28 639*	*18 850*	*18 059*	*10 492*	*8 739*	*3 874*	*3 171*	*2 607*	–	*26*
58 809	*44 898*	*33 493*	*28 077*	*18 097*	*18 321*	*11 236*	*9 998*	*4 724*	*4 386*	*4 618*	–	*27*
164 693	*138 982*	*96 647*	*91 604*	*51 813*	*62 465*	*29 944*	*34 545*	*12 170*	*14 719*	*13 267*	–	*28*
81 588	*73 746*	*51 587*	*50 100*	*29 463*	*34 662*	*16 659*	*18 959*	*6 535*	*7 496*	*6 381*	–	*29*
83 105	*65 236*	*45 060*	*41 504*	*22 350*	*27 803*	*13 285*	*15 586*	*5 635*	*7 223*	*6 886*	–	*30*

7. Population by age, sex and urban/rural residence: latest available year, 1979 – 1988 (continued)

Data by urban/rural residence

(See notes at end of table.)

	Continent, country or area, sex, date and urban/rural residence — Continent, pays ou zone, sexe, date et résidence, urbaine/rurale	All ages Tous âges	Age (in years) – 1	1 – 4	5 – 9	10 – 14	15 – 19	20 – 24	25 – 29	30 – 3
	AMERICA,NORTH— (Cont.–Suite) AMERIQUE DU NORD									
	Guatemala									
	Urban – Urbaine									
	23 III 1981(C) [39]									
1	Urban – Urbaine	1 980 533	66 815	230 404	255 944	234 519	227 703	199 295	154 334	124 66
2	Male – Masculin	949 676	34 118	116 048	128 792	116 876	105 061	91 212	71 434	58 94
3	Female – Féminin	1 030 857	32 697	114 356	127 152	117 643	122 642	108 083	82 900	65 71
	Rural – Rurale									
	23 III 1981(C) [39]									
4	Rural – Rurale	4 073 694	169 190	591 121	645 600	522 135	420 899	348 445	272 977	225 96
5	Male – Masculin	2 066 150	85 962	299 079	327 516	269 217	208 541	170 515	133 764	115 72
6	Female – Féminin	2 007 544	83 228	292 042	318 084	252 918	212 358	177 930	139 213	110 24
	Haiti – Haïti									
	Urban – Urbaine									
	1 VII 1985 [1]									
7	Urban – Urbaine	*1 340 501*	*32 811*	*132 071*	*178 287*	*189 011*	*166 222*	*138 072*	*99 197*	*69 70*
8	Male – Masculin	*596 044*	*18 563*	*67 267*	*81 062*	*82 850*	*70 333*	*57 816*	*41 127*	*28 25*
9	Female – Féminin	*744 457*	*14 248*	*64 804*	*97 225*	*106 161*	*95 889*	*80 256*	*58 070*	*41 45*
	Rural – Rurale									
	1 VII 1985 [1]									
10	Rural – Rurale	*3 910 691*	*126 246*	*491 300*	*525 373*	*409 625*	*374 651*	*339 786*	*315 647*	*224 36*
11	Male – Masculin	*1 950 106*	*59 651*	*244 080*	*275 399*	*220 142*	*199 559*	*168 791*	*142 196*	*109 23*
12	Female – Féminin	*1 960 585*	*66 595*	*247 220*	*249 974*	*189 483*	*175 092*	*170 995*	*173 451*	*115 12*
	Honduras									
	Urban – Urbaine									
	1 VII 1985									
13	Urban – Urbaine	*1 737 275*	*—— 267	619 ——*	*240 913*	*226 571*	*223 659*	*188 443*	*138 578*	*105 55*
14	Male – Masculin	*840 009*	*—— 135	017 ——*	*120 266*	*109 648*	*104 955*	*90 492*	*67 700*	*51 38*
15	Female – Féminin	*897 266*	*—— 132	602 ——*	*120 647*	*116 923*	*118 704*	*97 951*	*70 878*	*54 16*
	Rural – Rurale									
	1 VII 1985									
16	Rural – Rurale	*2 635 212*	*—— 533	150 ——*	*439 801*	*343 206*	*252 566*	*199 077*	*171 284*	*143 26*
17	Male – Masculin	*1 351 976*	*—— 268	622 ——*	*221 076*	*175 646*	*134 174*	*104 437*	*88 112*	*73 76*
18	Female – Féminin	*1 283 236*	*—— 264	528 ——*	*218 725*	*167 560*	*118 392*	*94 640*	*83 172*	*69 49*
	Mexico – Mexique									
	Urban – Urbaine									
	1 VII 1979 [1]									
19	Urban – Urbaine	*45 795 644*	*—— 8 011	379 ——*	*6 528 142*	*5 765 921*	*5 246 029*	*4 341 220*	*3 381 860*	*2 724 60*
20	Male – Masculin	*22 873 586*	*—— 4 093	747 ——*	*3 321 779*	*2 911 154*	*2 619 804*	*2 181 183*	*1 708 360*	*1 354 85*
21	Female – Féminin	*22 922 058*	*—— 3 917	632 ——*	*3 206 363*	*2 854 767*	*2 626 225*	*2 160 037*	*1 673 500*	*1 369 74*
	Rural – Rurale									
	1 VII 1979 [1]									
22	Rural – Rurale	*23 585 460*	*—— 4 815	036 ——*	*3 888 552*	*3 034 325*	*2 228 011*	*1 802 595*	*1 581 246*	*1 289 83*
23	Male – Masculin	*12 162 124*	*—— 2 442	653 ——*	*1 983 729*	*1 569 612*	*1 184 733*	*945 961*	*808 005*	*670 34*
24	Female – Féminin	*11 423 336*	*—— 2 372	383 ——*	*1 904 823*	*1 464 713*	*1 043 278*	*856 634*	*773 241*	*619 49*
	Nicaragua									
	Urban – Urbaine									
	1 VII 1980									
25	Urban – Urbaine	*1 459 292*	*—— 229	331 ——*	*230 982*	*207 879*	*169 573*	*126 005*	*94 058*	*75 12*
26	Male – Masculin	*675 353*	*—— 115	478 ——*	*114 340*	*101 395*	*75 319*	*54 830*	*40 488*	*34 01*
27	Female – Féminin	*783 939*	*—— 113	853 ——*	*116 642*	*106 484*	*94 254*	*71 175*	*53 570*	*41 11*
	Rural – Rurale									
	1 VII 1980									
28	Rural – Rurale	*1 273 228*	*—— 237	309 ——*	*224 870*	*179 182*	*128 798*	*100 676*	*83 623*	*62 26*
29	Male – Masculin	*662 716*	*—— 120	681 ——*	*115 072*	*95 373*	*67 962*	*51 869*	*41 996*	*32 04*
30	Female – Féminin	*610 512*	*—— 116	628 ——*	*109 798*	*83 809*	*60 836*	*48 807*	*41 627*	*30 21*
	Panama									
	Urban – Urbaine									
	1 VII 1988*									
31	Urban – Urbaine	*1 212 475*	*—— 135	982 ——*	*125 435*	*129 557*	*138 384*	*133 970*	*114 378*	*92 50*
32	Male – Masculin	*591 986*	*—— 69	475 ——*	*64 136*	*64 432*	*65 947*	*63 189*	*56 049*	*46 16*
33	Female – Féminin	*620 489*	*—— 66	507 ——*	*61 299*	*65 125*	*72 437*	*70 781*	*58 329*	*46 34*

7. Population selon l'âge, le sexe et la résidence, urbaine/rurale: dernière année disponible, 1979 – 1988 (suite)

Données selon la résidence urbaine/rurale

(Voir notes à la fin du tableau.)

Age (en années)												
35 – 39	40 – 44	45 – 49	50 – 54	55 – 59	60 – 64	65 – 69	70 – 74	75 – 79	80 – 84	85 +	Unknown Inconnu	
100 541	83 664	69 928	66 306	47 040	41 631	28 703	21 109	13 332	8 707	5 898	–	1
46 597	39 843	32 300	31 011	22 202	20 015	13 255	9 829	6 056	3 768	2 312	–	2
53 944	43 821	37 628	35 295	24 838	21 616	15 448	11 280	7 276	4 939	3 586	–	3
197 822	162 321	135 876	116 871	80 420	74 190	42 164	29 312	17 846	11 798	8 738	–	4
98 734	84 297	69 839	61 083	42 721	41 075	22 580	15 431	9 482	6 184	4 409	–	5
99 088	78 024	66 037	55 788	37 699	33 115	19 584	13 881	8 364	5 614	4 329	–	6
63 004	*56 301*	*46 917*	*42 896*	*29 491*	*29 357*	*17 426*	*18 767*	*12 064*	*9 518*	*9 383*	–	7
26 822	*23 842*	*20 862*	*20 266*	*14 305*	*13 709*	*7 749*	*7 510*	*5 960*	*4 172*	*3 576*	–	8
36 182	*32 459*	*26 055*	*22 630*	*15 186*	*15 648*	*9 677*	*11 257*	*6 104*	*5 346*	*5 807*	–	9
215 309	*185 254*	*168 382*	*135 644*	*86 035*	*96 671*	*61 342*	*54 750*	*35 197*	*31 966*	*33 152*	–	10
100 486	*88 189*	*86 076*	*68 849*	*41 710*	*47 399*	*27 897*	*27 627*	*14 409*	*13 651*	*14 756*	–	11
114 823	*97 065*	*82 306*	*66 795*	*44 325*	*49 272*	*33 445*	*27 123*	*20 788*	*18 315*	*18 396*	–	12
78 027	*62 304*	*51 264*	*42 797*	*34 969*	*27 956*	*20 725*	*14 166*	*8 583*	*— 5 149 —*		–	13
38 265	*30 226*	*24 222*	*19 698*	*15 762*	*12 200*	*8 820*	*5 926*	*3 453*	*— 1 972 —*		–	14
39 762	*32 078*	*27 042*	*23 099*	*19 207*	*15 756*	*11 905*	*8 240*	*5 130*	*— 3 177 —*		–	15
114 593	*99 383*	*85 752*	*71 468*	*58 754*	*45 445*	*33 346*	*22 538*	*13 696*	*— 7 890 —*		–	16
58 242	*50 701*	*44 317*	*37 364*	*30 953*	*24 206*	*17 699*	*11 731*	*7 035*	*— 3 897 —*		–	17
56 351	*48 682*	*41 435*	*34 104*	*27 801*	*21 239*	*15 647*	*10 807*	*6 661*	*— 3 993 —*		–	18
2 171 055	*1 850 265*	*1 537 055*	*1 213 293*	*940 209*	*653 658*	*531 725*	*396 730*	*273 296*	*— 229 207 —*		–	19
1 072 271	*902 471*	*748 919*	*583 868*	*443 989*	*303 538*	*239 930*	*175 791*	*119 553*	*— 92 372 —*		–	20
1 098 784	*947 794*	*788 136*	*629 425*	*496 220*	*350 120*	*291 795*	*220 939*	*153 743*	*— 136 835 —*		–	21
1 102 551	*864 724*	*724 317*	*608 469*	*442 045*	*372 493*	*282 929*	*247 207*	*155 807*	*— 145 314 —*		–	22
570 049	*452 387*	*372 721*	*310 537*	*227 399*	*190 019*	*148 620*	*128 714*	*81 343*	*— 75 302 —*		–	23
532 502	*412 337*	*351 596*	*297 932*	*214 646*	*182 474*	*134 309*	*118 493*	*74 464*	*— 70 012 —*		–	24
76 319	*59 599*	*47 104*	*37 618*	*28 423*	*25 695*	*16 450*	*15 165*	*8 306*	*6 115*	*5 542*	–	25
33 569	*26 996*	*20 740*	*16 183*	*11 847*	*10 490*	*6 506*	*6 076*	*3 202*	*2 114*	*1 768*	–	26
42 750	*32 603*	*26 364*	*21 435*	*16 576*	*15 205*	*9 944*	*9 089*	*5 104*	*4 001*	*3 774*	–	27
65 842	*47 498*	*39 080*	*31 680*	*20 052*	*20 763*	*9 632*	*10 514*	*4 488*	*4 066*	*2 895*	–	28
33 599	*25 456*	*20 740*	*17 266*	*11 303*	*11 537*	*5 612*	*5 962*	*2 602*	*2 091*	*1 553*	–	29
32 243	*22 042*	*18 340*	*14 414*	*8 749*	*9 226*	*4 020*	*4 552*	*1 886*	*1 975*	*1 342*	–	30
76 236	*61 081*	*47 769*	*38 288*	*32 323*	*27 158*	*22 066*	*16 998*	*10 887*	*— 9 457 —*		–	31
37 449	*29 694*	*22 815*	*17 961*	*15 001*	*12 574*	*10 253*	*7 885*	*5 020*	*— 3 943 —*		–	32
38 787	*31 387*	*24 954*	*20 327*	*17 322*	*14 584*	*11 813*	*9 113*	*5 867*	*— 5 514 —*		–	33

7. Population by age, sex and urban/rural residence: latest available year, 1979 – 1988 (continued)

Data by urban/rural residence

(See notes at end of table.)

	Continent, country or area, sex, date and urban/rural residence — Continent, pays ou zone, sexe, date et résidence, urbaine/rurale	All ages Tous âges	Age (in years) -1	1-4	5-9	10-14	15-19	20-24	25-29	30-34
	AMERICA,NORTH— (Cont.–Suite) AMERIQUE DU NORD									
	Panama									
	Rural – Rurale									
	1 VII 1988*									
1	Rural – Rurale	*1 109 526*	*—— *155*	*718* ——*	*150 151*	*139 155*	*119 229*	*97 078*	*84 207*	*72 456*
2	Male – Masculin	*590 184*	*—— *79*	*526* ——*	*76 542*	*72 605*	*64 801*	*53 349*	*44 743*	*38 433*
3	Female – Féminin	*519 342*	*—— *76*	*192* ——*	*73 609*	*66 550*	*54 428*	*43 729*	*39 464*	*34 023*
	Puerto Rico – Porto Rico									
	Urban – Urbaine									
	1 IV 1980(C) [7]									
4	Urban – Urbaine	2 134 365	45 916	172 046	213 288	214 364	216 982	182 779	159 651	156 357
5	Male – Masculin	1 023 113	23 290	87 411	108 343	109 119	107 498	86 153	73 590	71 854
6	Female – Féminin	1 111 252	22 626	84 635	104 945	105 245	109 484	96 626	86 061	84 503
	Rural – Rurale									
	1 IV 1980(C) [7]									
7	Rural – Rurale	1 062 155	25 793	96 897	117 043	123 927	120 152	89 651	76 485	73 405
8	Male – Masculin	533 614	13 136	49 391	59 819	63 375	60 901	43 090	37 230	35 565
9	Female – Féminin	528 541	12 657	47 506	57 224	60 552	59 251	46 561	39 255	37 840
	Saint Kitts and Nevis – Saint–Kitts–et–Nevis									
	Urban – Urbaine									
	12 V 1980(C) [40]									
10	Urban – Urbaine	15 549	334	1 428	1 834	1 768	1 910	1 798	1 201	694
11	Male – Masculin	7 391	165	733	936	901	952	847	593	327
12	Female – Féminin	8 158	169	695	898	867	958	951	608	367
	Rural – Rurale									
	12 V 1980(C) [40]									
13	Rural – Rurale	27 760	670	2 830	3 516	3 742	3 714	2 857	1 673	967
14	Male – Masculin	13 449	338	1 432	1 722	1 909	1 934	1 392	841	461
15	Female – Féminin	14 311	332	1 398	1 794	1 833	1 780	1 465	832	506
	United States – Etats–Unis									
	Urban – Urbaine									
	1 IV 1980(C) [9 10]									
16	Urban – Urbaine	167 050 992	2 574 428	9 210 752	11 844 261	12 866 013	15 503 316	16 770 023	14 920 255	13 007 733
17	Male – Masculin	80 292 291	1 314 579	4 707 004	6 041 357	6 544 347	7 803 186	8 335 189	7 395 948	6 404 844
18	Female – Féminin	86 758 701	1 259 849	4 503 748	5 802 904	6 321 666	7 700 130	8 434 834	7 524 307	6 602 889
	Rural – Rurale									
	1 IV 1980(C) [9 10]									
19	Rural – Rurale	59 494 813	959 264	3 603 810	4 855 695	5 376 116	5 664 808	4 548 681	4 600 664	4 553 187
20	Male – Masculin	29 760 870	491 759	1 848 667	2 497 723	2 771 874	2 952 223	2 328 042	2 309 159	2 271 952
21	Female – Féminin	29 733 943	467 505	1 755 143	2 357 972	2 604 242	2 712 585	2 220 639	2 291 505	2 281 235
	United States Virgin Islands – Iles Vierges américaines									
	Urban – Urbaine									
	1 IV 1980(C) [7]									
22	Urban – Urbaine	37 730	*—— 4	292 ——*	4 571	5 019	4 217	2 703	2 443	3 041
23	Male – Masculin	17 685	*—— 2	196 ——*	2 259	2 520	2 062	1 146	1 040	1 386
24	Female – Féminin	20 045	*—— 2	096 ——*	2 312	2 499	2 155	1 557	1 403	1 655
	Rural – Rurale									
	1 IV 1980(C) [7]									
25	Rural – Rurale	58 839	*—— 6	421 ——*	6 937	7 538	6 026	3 859	4 146	5 139
26	Male – Masculin	28 519	*—— 3	221 ——*	3 472	3 760	2 976	1 751	1 804	2 374
27	Female – Féminin	30 320	*—— 3	200 ——*	3 465	3 778	3 050	2 108	2 342	2 765

7. Population selon l'âge, le sexe et la résidence, urbaine/rurale: dernière année disponible, 1979 – 1988 (suite)

Données selon la résidence urbaine/rurale

r notes à la fin du tableau.)

Age (en années)												
35 – 39	40 – 44	45 – 49	50 – 54	55 – 59	60 – 64	65 – 69	70 – 74	75 – 79	80 – 84	85 +	Unknown Inconnu	
59 003	*50 844*	*42 886*	*36 019*	*30 095*	*23 975*	*19 082*	*13 793*	*8 619*	**— 7 216 —**		–	*1*
31 850	*27 783*	*23 479*	*19 845*	*16 752*	*13 481*	*10 719*	*7 838*	*4 721*	**— 3 717 —**		–	*2*
27 153	*23 061*	*19 407*	*16 174*	*13 343*	*10 494*	*8 363*	*5 955*	*3 898*	**— 3 499 —**		–	*3*
133 013	115 758	103 507	93 014	84 198	71 554	63 867	44 309	31 243	16 889	15 630	–	*4*
61 483	53 543	47 836	43 161	39 470	33 448	29 603	20 249	13 849	7 196	6 017	–	*5*
71 530	62 215	55 671	49 853	44 728	38 106	34 264	24 060	17 394	9 693	9 613	–	*6*
61 271	49 894	41 513	36 772	35 340	33 381	30 677	21 171	14 138	7 356	7 289	–	*7*
29 973	24 520	20 492	18 014	17 688	17 193	16 386	11 546	7 820	3 942	3 533	–	*8*
31 298	25 374	21 021	18 758	17 652	16 188	14 291	9 625	6 318	3 414	3 756	–	*9*
508	468	471	564	523	594	545	380	268	142	94	25	*10*
238	197	196	228	241	257	234	165	103	43	22	13	*11*
270	271	275	336	282	337	311	215	165	99	72	12	*12*
753	709	811	847	840	1 060	989	759	514	256	178	75	*13*
332	316	372	371	381	504	455	320	190	95	45	39	*14*
421	393	439	476	459	556	534	439	324	161	133	36	*15*
0 069 592	8 390 402	8 083 037	8 680 125	8 661 706	7 423 145	6 423 647	5 032 521	3 613 862	2 249 374	1 726 800	–	*16*
4 909 764	4 052 389	3 882 533	4 113 307	4 042 082	3 381 825	2 766 122	2 027 634	1 327 980	742 589	499 612	–	*17*
5 159 828	4 338 013	4 200 504	4 566 818	4 619 624	4 041 320	3 657 525	3 004 887	2 285 882	1 506 785	1 227 188	–	*18*
3 895 710	3 279 006	3 006 718	3 029 907	2 953 548	2 664 476	2 358 834	1 765 603	1 179 860	685 659	513 267	–	*19*
1 951 745	1 655 821	1 505 716	1 507 363	1 439 781	1 288 067	1 136 833	825 913	519 681	276 638	181 913	–	*20*
1 943 965	1 623 185	1 501 002	1 522 544	1 513 767	1 376 409	1 222 001	939 690	660 179	409 021	331 354	–	*21*
2 540	1 946	1 546	1 334	1 189	932	768	556	342	156	135	–	*22*
1 218	869	697	570	502	439	340	204	131	58	48	–	*23*
1 322	1 077	849	764	687	493	428	352	211	98	87	–	*24*
4 651	3 457	2 651	2 116	1 892	1 488	1 139	651	383	186	159	–	*25*
2 218	1 722	1 263	1 064	932	762	572	329	172	67	60	–	*26*
2 433	1 735	1 388	1 052	960	726	567	322	211	119	99	–	*27*

7. Population by age, sex and urban/rural residence: latest available year, 1979 – 1988 (continued)

Data by urban/rural residence

(See notes at end of table.)

	Continent, country or area, sex, date and urban/rural residence — Continent, pays ou zone, sexe, date et résidence, urbaine/rurale	All ages Tous âges	Age (in years) – 1	1 – 4	5 – 9	10 – 14	15 – 19	20 – 24	25 – 29	30 – 3
	AMERICA,SOUTH— AMERIQUE DU SUD									
	Argentina – Argentine									
	Urban – Urbaine									
	1 VII 1985 [3]									
1	Urban – Urbaine	25 874 899	*— 2 842	051 —*	2 626 451	2 255 468	2 048 591	1 983 843	1 939 343	1 864 84
2	Male – Masculin	12 631 811	*— 1 443	366 —*	1 331 393	1 134 117	1 018 009	990 920	965 818	926 84
3	Female – Féminin	13 243 088	*— 1 398	685 —*	1 295 058	1 121 351	1 030 582	992 923	973 525	938 00
	Rural – Rurale									
	1 VII 1985 [3]									
4	Rural – Rurale	4 688 934	*— 630	584 —*	597 394	521 241	398 736	338 684	317 856	297 55
5	Male – Masculin	2 531 857	*— 320	688 —*	305 077	274 337	221 973	184 359	175 952	165 29
6	Female – Féminin	2 157 079	*— 309	896 —*	292 317	246 904	176 763	154 325	141 904	132 25
	Bolivia – Bolivie									
	Urban – Urbaine									
	1 VII 1987 [3]									
7	Urban – Urbaine	3 324 433	*— 552	967 —*	429 508	337 892	340 679	334 364	316 000	252 52
8	Male – Masculin	1 627 914	*— 279	919 —*	215 985	168 375	164 363	164 335	154 977	124 81
9	Female – Féminin	1 706 519	*— 273	048 —*	213 523	169 517	176 316	180 029	161 023	127 71
	Rural – Rurale									
	1 VII 1987 [3]									
10	Rural – Rurale	3 462 926	*— 604	515 —*	517 999	472 918	358 506	256 107	196 765	177 21
11	Male – Masculin	1 728 899	*— 304	517 —*	258 685	236 624	183 142	132 581	97 603	85 35
12	Female – Féminin	1 734 627	*— 299	998 —*	259 314	236 894	175 364	123 526	99 162	91 86
	Brazil – Brésil									
	Urban – Urbaine									
	1 VII 1987 [11]									
13	Urban – Urbaine	103 614 000	*— 12 527	000 —*	11 688 000	10 983 000	10 610 000	10 486 000	9 532 000	8 082 00
14	Male – Masculin	50 905 000	*— 6 312	000 —*	5 854 000	5 447 000	5 228 000	5 187 000	4 683 000	3 966 00
15	Female – Féminin	52 709 000	*— 6 215	000 —*	5 834 000	5 536 000	5 382 000	5 299 000	4 849 000	4 116 00
	Rural – Rurale									
	1 VII 1987 [11]									
16	Rural – Rurale	37 838	*— 5	932 —*	5 230	4 492	3 705	3 249	2 845	2 42
17	Male – Masculin	19 683	*— 2	991 —*	2 638	2 304	1 944	1 702	1 508	1 27
18	Female – Féminin	18 155	*— 2	941 —*	2 592	2 188	1 761	1 547	1 337	1 14
	Chile – Chili									
	Urban – Urbaine									
	1 VII 1988*									
19	Urban – Urbaine	10 718 888	*— 1 177	901 —*	1 066 532	1 004 126	1 046 128	1 056 994	1 005 329	862 79
20	Male – Masculin	5 191 835	*— 599	034 —*	540 950	505 427	518 254	521 663	492 322	421 32
21	Female – Féminin	5 527 053	*— 578	867 —*	525 582	498 699	527 874	535 331	513 007	441 46
	Rural – Rurale									
	1 VII 1988*									
22	Rural – Rurale	2 029 321	*— 262	168 —*	224 723	197 866	197 318	189 451	172 499	143 79
23	Male – Masculin	1 102 593	*— 133	793 —*	115 462	104 241	110 889	107 021	99 215	81 92
24	Female – Féminin	926 728	*— 128	375 —*	109 261	93 625	86 429	82 430	73 284	61 87
	Colombia – Colombie									
	Urban – Urbaine									
	15 X 1985(C)									
25	Urban – Urbaine	18 713 553	398 960	1 749 531	2 151 734	2 007 551	2 214 495	2 165 561	1 748 608	1 380 067
26	Male – Masculin	8 927 542	203 996	889 594	1 086 050	992 505	1 012 083	987 786	797 424	654 42
27	Female – Féminin	9 786 011	194 964	859 937	1 065 684	1 015 046	1 202 412	1 177 775	951 184	725 64
	Rural – Rurale									
	15 X 1985(C)									
28	Rural – Rurale	9 124 379	213 090	1 008 341	1 293 114	1 218 716	1 040 376	835 039	668 523	527 20
29	Male – Masculin	4 850 158	108 870	514 946	664 536	646 814	570 284	452 417	354 552	283 37
30	Female – Féminin	4 274 221	104 220	493 395	628 578	571 902	470 092	382 622	313 971	243 83
	Ecuador – Equateur									
	Urban – Urbaine									
	1 VII 1987 [3 12]									
31	Urban – Urbaine	5 244 025	*— 754	597 —*	645 783	606 496	619 691	561 749	465 993	373 47
32	Male – Masculin	2 579 282	*— 383	772 —*	325 036	301 404	299 893	275 311	232 176	184 04
33	Female – Féminin	2 664 743	*— 370	825 —*	320 747	305 092	319 798	286 438	233 817	189 42

7. Population selon l'âge, le sexe et la résidence, urbaine/rurale: dernière année disponible, 1979 – 1988 (suite)

Données selon la résidence urbaine/rurale

›ir notes à la fin du tableau.)

Age (en années)												
35 – 39	40 – 44	45 – 49	50 – 54	55 – 59	60 – 64	65 – 69	70 – 74	75 – 79	80 – 84	85 +	Unknown Inconnu	
1 674 749	*1 463 015*	*1 343 039*	*1 286 634*	*1 216 426*	*1 036 885*	*835 947*	*662 277*	*459 683*	**— 335 649 —**		–	1
832 925	*720 576*	*653 216*	*617 260*	*572 401*	*473 721*	*365 507*	*276 212*	*184 696*	**— 124 828 —**		–	2
841 824	*742 439*	*689 823*	*669 374*	*644 025*	*563 164*	*470 440*	*386 065*	*274 987*	**— 210 821 —**		–	3
274 514	*246 922*	*214 695*	*196 633*	*177 972*	*158 901*	*121 313*	*90 354*	*61 792*	**— 43 793 —**		–	4
152 813	*137 812*	*120 685*	*110 869*	*100 624*	*89 981*	*68 002*	*49 612*	*32 468*	**— 21 313 —**		–	5
121 701	*109 110*	*94 010*	*85 764*	*77 348*	*68 920*	*53 312*	*40 742*	*29 324*	**— 22 481 —**		–	6
188 620	*142 506*	*112 247*	*93 233*	*78 135*	*58 746*	*39 391*	*25 661*	*14 114*	**— 7 842 —**		–	7
91 547	*68 109*	*52 313*	*42 993*	*36 093*	*26 688*	*17 235*	*11 000*	*6 026*	**— 3 146 —**		–	8
97 073	*74 397*	*59 934*	*50 240*	*42 042*	*32 058*	*22 156*	*14 661*	*8 088*	**— 4 696 —**		–	9
172 967	*151 369*	*131 688*	*114 877*	*97 693*	*76 885*	*57 446*	*40 575*	*22 852*	**— 12 549 —**		–	10
85 045	*75 146*	*65 147*	*56 845*	*48 408*	*37 487*	*27 476*	*19 114*	*10 378*	**— 5 346 —**		–	11
87 922	*76 223*	*66 541*	*58 032*	*49 285*	*39 398*	*29 970*	*21 461*	*12 474*	**— 7 203 —**		–	12
6 642 000	*5 243 000*	*4 341 000*	*3 616 000*	*3 005 000*	*2 404 000*	*1 751 000*	*1 274 000*	*808 000*	**— 622 000 —**		–	13
3 243 000	*2 566 000*	*2 118 000*	*1 746 000*	*1 430 000*	*1 130 000*	*804 000*	*575 000*	*356 000*	**— 260 000 —**		–	14
3 399 000	*2 677 000*	*2 223 000*	*1 870 000*	*1 575 000*	*1 274 000*	*947 000*	*699 000*	*452 000*	**— 362 000 —**		–	15
1 987	*1 631*	*1 374*	*1 207*	*1 055*	*892*	*710*	*522*	*338*	**— 241 —**		–	16
1 063	*857*	*727*	*640*	*575*	*479*	*389*	*279*	*180*	**— 128 —**		–	17
924	*774*	*647*	*567*	*480*	*413*	*321*	*243*	*158*	**— 113 —**		–	18
722 457	596 874	495 979	404 959	358 612	294 850	226 653	170 267	118 462	*— 109 973 —*		–	19
350 899	286 320	234 463	187 570	161 318	128 351	94 249	67 475	44 210	*— 38 001 —*		–	20
371 558	310 554	261 516	217 389	197 294	166 499	132 404	102 792	74 252	*— 71 972 —*		–	21
117 218	100 187	88 050	76 610	69 201	59 165	47 306	36 491	24 207	*— 23 065 —*		–	22
65 989	56 124	49 109	42 146	37 934	32 197	25 200	18 779	11 927	*— 10 644 —*		–	23
51 229	44 063	38 941	34 464	31 267	26 968	22 106	17 712	12 280	*— 12 421 —*		–	24
1 164 631	839 017	701 453	614 586	469 544	378 666	269 393	199 952	125 997	74 760	59 047	–	25
550 436	411 453	333 310	290 071	221 270	175 178	121 923	90 600	56 274	30 664	22 502	–	26
614 195	427 564	368 143	324 515	248 274	203 488	147 470	109 352	69 723	44 096	36 545	–	27
500 065	385 507	342 656	305 360	224 835	200 033	130 349	105 349	58 555	37 763	29 500	–	28
262 574	208 044	181 645	165 879	124 645	112 603	73 123	59 461	32 880	19 414	14 095	–	29
237 491	177 463	161 011	139 481	100 190	87 430	57 226	45 888	25 675	18 349	15 405	–	30
288 221	*221 132*	*178 878*	*144 305*	*114 951*	*90 354*	*69 607*	*50 558*	*32 619*	**— 25 618 —**		–	31
141 664	*107 529*	*85 987*	*68 574*	*53 931*	*41 702*	*31 600*	*22 428*	*14 040*	**— 10 187 —**		–	32
146 557	*113 603*	*92 891*	*75 731*	*61 020*	*48 652*	*38 007*	*28 130*	*18 579*	**— 15 431 —**		–	33

7. Population by age, sex and urban/rural residence: latest available year, 1979 – 1988 (continued)

Data by urban/rural residence

(See notes at end of table.)

	Continent, country or area, sex, date and urban/rural residence Continent, pays ou zone, sexe, date et résidence, urbaine/rurale	All ages Tous âges	-1	1-4	5-9	10-14	15-19	20-24	25-29	30-3
	AMERICA,SOUTH— (Cont.–Suite) AMERIQUE DU SUD									
	Ecuador – Equateur									
	Rural – Rurale									
	1 VII 1987 [3 12]									
1	Rural – Rurale	*4 678 489*	**—— 795*	*445 ——**	*700 380*	*595 007*	*465 270*	*376 009*	*317 263*	*285 70*
2	Male – Masculin	*2 411 685*	**—— 404*	*435 ——**	*358 145*	*307 608*	*249 247*	*198 609*	*162 813*	*147 28*
3	Female – Féminin	*2 266 804*	**—— 391*	*010 ——**	*342 235*	*287 399*	*216 023*	*177 400*	*154 450*	*138 42*
	Paraguay									
	Urban – Urbaine									
	11 VII 1982(C)									
4	Urban – Urbaine	1 295 345	38 948	128 298	135 921	144 009	156 727	138 661	112 089	87 34
5	Male – Masculin	625 760	19 978	65 153	68 129	70 221	77 606	64 936	53 748	42 48
6	Female – Féminin	669 585	18 970	63 145	67 792	73 788	79 121	73 725	58 341	44 86
	Rural – Rurale									
	11 VII 1982(C)									
7	Rural – Rurale	1 734 485	66 369	230 365	260 144	232 170	177 828	153 132	122 133	94 72
8	Male – Masculin	895 649	33 685	117 353	133 579	121 745	90 042	80 638	64 493	50 66
9	Female – Féminin	838 836	32 684	113 012	126 565	110 425	87 786	72 494	57 640	44 06
	Peru – Pérou									
	Urban – Urbaine									
	1 VII 1988* [3 13]									
10	Urban – Urbaine	*14 622 300*	**— 1 990*	*500 ——**	*1 812 300*	*1 687 200*	*1 644 800*	*1 493 400*	*1 285 200*	*1 062 20*
11	Male – Masculin	*7 317 400*	**— 1 012*	*800 ——**	*916 400*	*845 800*	*825 900*	*751 000*	*645 200*	*532 00*
12	Female – Féminin	*7 304 900*	**—— 977*	*700 ——**	*895 900*	*841 400*	*818 900*	*742 400*	*640 000*	*530 20*
	Rural – Rurale									
	1 VII 1988* [3 13]									
13	Rural – Rurale	*6 633 600*	**— 1 162*	*800 ——**	*979 500*	*804 900*	*617 300*	*517 600*	*445 200*	*372 40*
14	Male – Masculin	*3 390 000*	**—— 592*	*800 ——**	*502 300*	*419 700*	*322 000*	*268 100*	*230 700*	*193 20*
15	Female – Féminin	*3 243 600*	**—— 570*	*000 ——**	*477 200*	*385 200*	*295 300*	*249 500*	*214 500*	*179 20*
	Uruguay									
	Urban – Urbaine									
	23 X 1985(C)									
16	Urban – Urbaine	2 581 087	45 443	179 254	241 453	225 517	198 098	196 521	187 659	167 91
17	Male – Masculin	1 222 260	23 156	91 422	122 663	114 108	96 917	94 420	89 586	79 76
18	Female – Féminin	1 358 827	22 287	87 832	118 790	111 409	101 181	102 101	98 073	88 15
	Rural – Rurale									
	23 X 1985(C)									
19	Rural – Rurale	374 154	6 221	26 041	34 070	31 907	31 422	30 397	27 477	25 87
20	Male – Masculin	216 761	3 139	13 306	17 457	17 337	18 909	18 287	15 967	14 97
21	Female – Féminin	157 393	3 082	12 735	16 613	14 570	12 513	12 110	11 510	10 89
	Venezuela									
	Urban – Urbaine									
	1 VII 1987 [3 14]									
22	Urban – Urbaine	*15 120 769*	**— 2 114*	*965 ——**	**— 3 563*	*233 ——**	**— 3 103*	*690 ——**	**————*	*————*
23	Male – Masculin	*7 543 619*	**— 1 077*	*044 ——**	**— 1 802*	*293 ——**	**— 1 553*	*037 ——**	**————*	*————*
24	Female – Féminin	*7 577 150*	**— 1 037*	*921 ——**	**— 1 760*	*940 ——**	**— 1 550*	*653 ——**	**————*	*————*
	Rural – Rurale									
	1 VII 1987 [3 14]									
25	Rural – Rurale	*3 151 388*	**—— 525*	*168 ——**	**—— 923*	*442 ——**	**—— 578*	*723 ——**	**————*	*————*
26	Male – Masculin	*1 681 547*	**—— 269*	*434 ——**	**—— 482*	*852 ——**	**—— 316*	*885 ——**	**————*	*————*
27	Female – Féminin	*1 469 841*	**—— 255*	*734 ——**	**—— 440*	*590 ——**	**—— 261*	*838 ——**	**————*	*————*
	ASIA—ASIE									
	Afghanistan									
	Urban – Urbaine									
	1 VII 1988* [15]									
28	Urban – Urbaine	*2 752 100*	*112 600*	*405 400*	*420 700*	*341 200*	*281 700*	*233 600*	*187 800*	*153 00*
29	Male – Masculin	*1 417 800*	*56 000*	*201 800*	*214 600*	*176 600*	*144 400*	*116 800*	*93 400*	*76 80*
30	Female – Féminin	*1 334 300*	*56 600*	*203 600*	*206 100*	*164 600*	*137 300*	*116 800*	*94 400*	*76 20*

7. Population selon l'âge, le sexe et la résidence, urbaine/rurale: dernière année disponible, 1979 – 1988 (suite)

Données selon la résidence urbaine/rurale

(Voir notes à la fin du tableau.)

Age (en années)												
35 – 39	40 – 44	45 – 49	50 – 54	55 – 59	60 – 64	65 – 69	70 – 74	75 – 79	80 – 84	85 +	Unknown Inconnu	
245 042	*198 554*	*167 150*	*138 758*	*113 754*	*91 866*	*72 498*	*53 361*	*34 963*	**— 27*	*460 —**	–	1
125 517	*102 081*	*86 226*	*71 513*	*58 407*	*47 094*	*36 766*	*26 621*	*16 950*	**— 12*	*369 —**	–	2
119 525	*96 473*	*80 924*	*67 245*	*55 347*	*44 772*	*35 732*	*26 740*	*18 013*	**— 15*	*091 —**	–	3
71 522	61 191	45 846	47 568	34 743	29 176	23 105	17 425	11 246	6 687	4 835	–	4
34 326	29 862	21 484	22 346	16 235	12 750	10 269	7 653	4 518	2 587	1 472	–	5
37 196	31 329	24 362	25 222	18 508	16 426	12 836	9 772	6 728	4 100	3 363	–	6
79 311	70 523	53 843	54 918	39 362	33 789	23 997	18 149	11 699	6 869	5 159	–	7
40 498	37 275	26 973	28 940	20 523	17 371	12 209	9 074	5 459	3 217	1 910	–	8
38 813	33 248	26 870	25 978	18 839	16 418	11 788	9 075	6 240	3 652	3 249	–	9
834 600	*661 900*	*544 000*	*458 300*	*369 500*	*281 500*	*207 000*	*145 600*	*90 600*	**— 53*	*700 —**	–	10
420 000	*333 000*	*271 100*	*225 900*	*179 600*	*134 000*	*96 600*	*66 300*	*39 800*	**— 22*	*000 —**	–	11
414 600	*328 900*	*272 900*	*232 400*	*189 900*	*147 500*	*110 400*	*79 300*	*50 800*	**— 31*	*700 —**	–	12
344 900	*292 300*	*255 300*	*226 100*	*190 600*	*150 600*	*113 300*	*80 800*	*50 300*	**— 29*	*700 —**	–	13
175 300	*147 100*	*129 000*	*113 900*	*95 000*	*74 200*	*54 400*	*37 400*	*22 500*	**— 12*	*400 —**	–	14
169 600	*145 200*	*126 300*	*112 200*	*95 600*	*76 400*	*58 900*	*43 400*	*27 800*	**— 17*	*300 —**	–	15
155 289	145 606	138 545	142 763	139 397	120 092	97 084	83 008	58 448	35 194	23 804	–	16
72 933	68 704	64 519	66 492	63 583	54 106	42 061	34 420	23 243	12 892	7 275	–	17
82 356	76 902	74 026	76 271	75 814	65 986	55 023	48 588	35 205	22 302	16 529	–	18
24 045	22 334	22 152	22 295	20 650	17 145	12 468	8 871	5 550	3 109	2 126	–	19
14 182	13 580	13 494	13 885	12 982	10 751	7 689	5 214	3 107	1 589	907	–	20
9 863	8 754	8 658	8 410	7 668	6 394	4 779	3 657	2 443	1 520	1 219	–	21
4 176 040	*————**	*543 150*	**————*	*1 112 706*	*————**	**————*	*————*	*506 985*	*————*	*————**	–	22
2 085 144	*————**	*267 614*	**————*	*– 539 253*	*————**	**————*	*————*	*219 234*	*————*	*————**	–	23
2 090 896	*————**	*275 536*	**————*	*– 573 453*	*————**	**————*	*————*	*287 751*	*————*	*————**	–	24
638 478	*————**	*109 233*	**————*	*– 243 077*	*————**	**————*	*————*	*133 267*	*————*	*————**	–	25
348 760	*————**	*58 645*	**————*	*– 132 688*	*————**	**————*	*————*	*72 283*	*————*	*————**	–	26
289 718	*————**	*50 588*	**————*	*– 110 389*	*————**	**————*	*————*	*60 984*	*————*	*————**	–	27
129 300	*109 900*	*93 000*	*77 200*	*62 200*	*48 800*	*35 800*	*24 900*	*15 900*	**— 19*	*100 —**	–	28
66 000	*57 700*	*50 400*	*43 000*	*35 600*	*28 400*	*20 900*	*14 600*	*9 400*	**— 11*	*400 —**	–	29
63 300	*52 200*	*42 600*	*34 200*	*26 600*	*20 400*	*14 900*	*10 300*	*6 500*	**— 7*	*700 —**	–	30

7. Population by age, sex and urban/rural residence: latest available year, 1979 – 1988 (continued)

Data by urban/rural residence

(See notes at end of table.)

	Continent, country or area, sex, date and urban/rural residence Continent, pays ou zone, sexe, date et résidence, urbaine/rurale	All ages Tous âges	Age (in years) – 1	1 – 4	5 – 9	10 – 14	15 – 19	20 – 24	25 – 29	30 – 34
	ASIA—ASIE (Cont.–Suite)									
	Afghanistan									
	Rural – Rurale									
	1 VII 1988* [15]									
1	Rural – Rurale	*12 761 200*	*562 700*	*1 956 900*	*1 900 200*	*1 447 400*	*1 178 900*	*1 020 100*	*849 700*	*713 300*
2	Male – Masculin	*6 544 600*	*269 200*	*954 200*	*968 800*	*769 700*	*632 100*	*529 400*	*420 900*	*335 900*
3	Female – Féminin	*6 216 600*	*293 500*	*1 002 700*	*931 400*	*677 700*	*546 800*	*490 700*	*428 800*	*377 400*
	Bangladesh									
	Urban – Urbaine									
	1 VII 1981 [3 6]									
4	Urban – Urbaine	*10 826 000*	*282 000*	*1 324 000*	*1 549 000*	*1 655 000*	*1 253 000*	*1 074 000*	*810 000*	*668 000*
5	Male – Masculin	*6 156 000*	*158 000*	*730 000*	*856 000*	*896 000*	*687 000*	*587 000*	*444 000*	*405 000*
6	Female – Féminin	*4 670 000*	*124 000*	*594 000*	*693 000*	*759 000*	*566 000*	*487 000*	*366 000*	*263 000*
	Rural – Rurale									
	1 VII 1981 [3 6]									
7	Rural – Rurale	*79 631 000*	*2 514 000*	*10 577 000*	*11 983 000*	*11 562 000*	*8 308 000*	*6 549 000*	*5 533 000*	*4 302 000*
8	Male – Masculin	*40 442 000*	*1 253 000*	*5 204 000*	*5 872 000*	*6 001 000*	*4 326 000*	*3 250 000*	*2 827 000*	*2 131 000*
9	Female – Féminin	*39 189 000*	*1 261 000*	*5 373 000*	*6 111 000*	*5 561 000*	*3 982 000*	*3 299 000*	*2 706 000*	*2 171 000*
	Brunei Darussalam – Brunéi Darussalam									
	Urban – Urbaine									
	1 VII 1982									
10	Urban – Urbaine	*118 546*	*—— 17	156 ——*	*13 783*	*12 146*	*12 567*	*14 931*	*13 616*	*9 52*
11	Male – Masculin	*63 093*	*—— 8	853 ——*	*7 104*	*6 126*	*6 644*	*8 070*	*7 277*	*5 260*
12	Female – Féminin	*55 453*	*—— 8	303 ——*	*6 679*	*6 020*	*5 923*	*6 861*	*6 339*	*4 261*
	Rural – Rurale									
	1 VII 1982									
13	Rural – Rurale	*81 100*	*—— 12	217 ——*	*11 144*	*9 512*	*8 311*	*8 982*	*8 050*	*5 443*
14	Male – Masculin	*43 482*	*—— 6	313 ——*	*5 751*	*4 909*	*4 357*	*4 918*	*4 524*	*2 946*
15	Female – Féminin	*37 618*	*—— 5	904 ——*	*5 393*	*4 603*	*3 954*	*4 064*	*3 526*	*2 497*
	China – Chine									
	Urban – Urbaine									
	1 VII 1982(C) [16]									
16	Urban – Urbaine	206 309 144	3 758 415	11 982 140	17 067 627	22 265 227	24 901 460	19 399 116	22 359 261	16 889 256
17	Male – Masculin	108 020 720	1 943 759	6 202 820	8 821 859	11 495 696	12 879 627	10 047 628	11 671 767	9 090 238
18	Female – Féminin	98 288 424	1 814 656	5 779 320	8 245 768	10 769 531	12 021 833	9 351 488	10 687 494	7 799 018
	Rural – Rurale									
	1 VII 1982(C) [16]									
19	Rural – Rurale	797 604 783	17 050 932	61 912 874	93 668 244	109545730	100464884	54 963 904	70 204 621	56 068 981
20	Male – Masculin	407 256 785	8 843 269	31 993 965	48 204 437	56342236	50924954	27 832 486	36 074 491	28 840 006
21	Female – Féminin	390 347 998	8 207 663	29 918 909	45 463 807	53203494	49539930	27 131 418	34 130 130	27 228 975
	Hong Kong – Hong-kong									
	Urban – Urbaine									
	11 III 1986(C) [41]									
22	Urban – Urbaine	5 024 047	66 773	292 180	386 407	406 609	416 437	520 142	560 602	466 914
23	Male – Masculin	2 576 497	34 797	152 397	200 487	212 814	216 461	263 298	286 433	241 297
24	Female – Féminin	2 447 550	31 976	139 783	185 920	193 795	199 976	256 844	274 169	225 617
	Rural – Rurale									
	11 III 1986(C) [41]									
25	Rural – Rurale	371 950	6 974	27 571	29 653	30 780	34 887	41 393	41 015	29 297
26	Male – Masculin	195 967	3 570	14 316	15 348	15 909	18 440	21 890	21 952	16 563
27	Female – Féminin	175 983	3 404	13 255	14 305	14 871	16 447	19 503	19 063	12 734
	India – Inde [17]									
	Urban – Urbaine									
	1 VII 1987									
28	Urban – Urbaine	*201 768 000*	*———	——69 325	000 ———	———*	*———	*63 668 000*	———*	*———
29	Male – Masculin	*106 729 000*	*———	——35 377	000 ———	———*	*———	*34 242 000*	———*	*———
30	Female – Féminin	*95 039 000*	*———	——33 948	000 ———	———*	*———	*29 426 000*	———*	*———
	Rural – Rurale									
	1 VII 1987									
31	Rural – Rurale	*579 606 000*	*———	——221 582	000 ———	———*	*———	*153 129 000*	———*	*———
32	Male – Masculin	*296 439 000*	*———	——113 963	000 ———	———*	*———	*78 795 000*	———*	*———
33	Female – Féminin	*283 167 000*	*———	——107 619	000 ———	———*	*———	*74 334 000*	———*	*———

7. Population selon l'âge, le sexe et la résidence, urbaine/rurale: dernière année disponible, 1979 – 1988 (suite)

Données selon la résidence urbaine/rurale

'oir notes à la fin du tableau.)

Age (en années) 35 – 39	40 – 44	45 – 49	50 – 54	55 – 59	60 – 64	65 – 69	70 – 74	75 – 79	80 – 84	85 +	Unknown Inconnu	
634 000	550 200	480 500	407 500	328 100	252 100	181 200	124 300	79 500	*— 94 600	—*	–	1
298 600	276 500	253 500	224 700	186 100	144 500	104 400	72 300	46 500	*— 57 300	—*	–	2
335 400	273 700	227 000	182 800	142 000	107 600	76 800	52 000	33 000	*— 37 300	—*	–	3
599 000	444 000	373 000	265 000	188 000	143 000	86 000	66 000	*——	– 47 000	——*	–	4
373 000	283 000	235 000	167 000	119 000	90 000	52 000	39 000	*——	– 35 000	——*	–	5
226 000	161 000	138 000	98 000	69 000	53 000	34 000	27 000	*——	– 12 000	——*	–	6
4 160 000	3 198 000	2 868 000	2 338 000	1 695 000	1 566 000	1 018 000	757 000	*——	– 703 000	——*	–	7
2 201 000	1 650 000	1 459 000	1 195 000	910 000	825 000	538 000	419 000	*——	– 381 000	——*	–	8
1 959 000	1 548 000	1 409 000	1 143 000	785 000	741 000	480 000	338 000	*——	– 322 000	——*	–	9
5 903	4 829	3 863	3 008	2 241	1 614	1 333	*——	——	1 805 ——	——*	230	10
3 403	2 625	2 007	1 725	1 276	934	706	*——	——	910 ——	——*	173	11
2 500	2 204	1 856	1 283	965	680	627	*——	——	895 ——	——*	57	12
3 838	3 143	2 900	2 129	1 575	1 145	865	*——	——	1 694 ——	——*	152	13
2 304	1 730	1 463	1 198	910	694	466	*——	——	896 ——	——*	103	14
1 534	1 413	1 437	931	665	451	399	*——	——	798 ——	——*	49	15
12 457 974	12 178 353	11 911 553	9 513 815	6 964 213	5 291 642	3 962 416	2 705 106	1 649 484	762 014	289 863	209	16
6 822 894	6 568 376	6 507 641	5 306 270	3 741 776	2 737 443	1 940 543	1 221 398	660 456	273 551	86 864	114	17
5 635 080	5 609 977	5 403 912	4 207 545	3 222 437	2 554 199	2 021 873	1 483 708	989 028	488 463	202 999	95	18
41 763 655	36 259 590	35 491 778	31 301 686	26 930 114	22 070 562	17 297 954	11 642 939	6 967 559	2 942 591	1 055 623	562	19
21 742 784	19 259 194	18 565 476	16 222 716	13 752 149	10 971 954	8 231 430	5 213 333	2 836 247	1 077 225	328 183	250	20
20 020 871	17 000 396	16 926 302	15 078 970	13 177 965	11 098 608	9 066 524	6 429 606	4 131 312	1 865 366	727 440	312	21
384 328	228 060	241 192	252 490	230 944	194 593	148 694	111 755	61 208	34 839	19 880	–	22
202 972	125 188	130 669	135 429	119 707	96 873	70 952	49 686	23 016	9 933	4 088	–	23
181 356	102 872	110 523	117 061	111 237	97 720	77 742	62 069	38 192	24 906	15 792	–	24
21 042	13 972	14 843	16 709	16 627	15 021	11 903	8 473	5 766	3 709	2 315	–	25
12 165	7 741	8 360	8 912	8 800	7 892	6 146	3 974	2 268	1 232	489	–	26
8 877	6 231	6 483	7 797	7 827	7 129	5 757	4 499	3 498	2 477	1 826	–	27
7 007 000	——*	*——	21 187 000	——*	*——	——	10 581 000	——	——	——*	–	28
0 226 000	——*	*——	11 612 000	——*	*——	——	5 272 000	——	——	——*	–	29
6 781 000	——*	*——	9 575 000	——*	*——	——	5 309 000	——	——	——*	–	30
9 638 000	——*	*——	66 292 000	——*	*——	——	38 965 000	——	——	——*	–	31
9 643 000	——*	*——	34 146 000	——*	*——	——	19 892 000	——	——	——*	–	32
9 995 000	——*	*——	32 146 000	——*	*——	——	19 073 000	——	——	——*	–	33

7. Population by age, sex and urban/rural residence: latest available year, 1979 – 1988 (continued)

Data by urban/rural residence

(See notes at end of table.)

	Continent, country or area, sex, date and urban/rural residence — Continent, pays ou zone, sexe, date et résidence, urbaine/rurale	All ages / Tous âges	-1	1-4	5-9	10-14	15-19	20-24	25-29	30-34
	ASIA—ASIE (Cont.–Suite)									
	Indonesia – Indonésie									
	Urban – Urbaine									
	1 VII 1985*									
1	Urban – Urbaine	*43 030 000*	**— 5 224*	*000 —**	*5 290 000*	*5 101 000*	*5 199 000*	*4 654 000*	*3 965 000*	*2 926 000*
2	Male – Masculin	*21 436 000*	**— 2 665*	*000 —**	*2 679 000*	*2 602 000*	*2 551 000*	*2 181 000*	*1 975 000*	*1 544 000*
3	Female – Féminin	*21 594 000*	**— 2 559*	*000 —**	*2 611 000*	*2 499 000*	*2 648 000*	*2 473 000*	*1 990 000*	*1 382 000*
	Rural – Rurale									
	1 VII 1985*									
4	Rural – Rurale	*121 017 000*	**— 16 326*	*000 —**	*16 827 000*	*15 795 000*	*11 368 000*	*9 633 000*	*9 845 000*	*7 733 000*
5	Male – Masculin	*60 208 000*	**— 8 342*	*000 —**	*8 699 000*	*8 181 000*	*5 784 000*	*4 203 000*	*4 569 000*	*3 938 000*
6	Female – Féminin	*60 809 000*	**— 7 984*	*000 —**	*8 128 000*	*7 614 000*	*5 584 000*	*5 430 000*	*5 276 000*	*3 795 000*
	Iran (Islamic Republic of – Rép. islamique d')									
	Urban – Urbaine									
	22 IX 1986(C)* [15]									
7	Urban – Urbaine	26 991 543	944 564	3 835 602	3 818 506	2 957 531	2 821 577	2 508 987	2 254 373	1 790 935
8	Male – Masculin	13 868 837	483 069	1 943 276	1 962 356	1 542 476	1 460 819	1 264 551	1 146 846	925 191
9	Female – Féminin	13 122 706	461 495	1 892 326	1 856 150	1 415 055	1 360 758	1 244 436	1 107 527	865 744
	Rural – Rurale									
	22 IX 1986(C)* [15]									
10	Rural – Rurale	22 611 241	840 547	3 427 991	3 709 600	3 007 807	2 405 340	1 705 322	1 404 595	1 128 479
11	Male – Masculin	11 495 408	428 806	1 732 621	1 898 312	1 543 876	1 232 221	871 096	689 462	541 702
12	Female – Féminin	11 115 833	411 741	1 695 370	1 811 288	1 463 931	1 173 119	834 226	715 133	586 777
	Iraq									
	Urban – Urbaine									
	1 VII 1987									
13	Urban – Urbaine	*12 025 138*	**— 1 972*	*683 —**	*1 609 923*	*1 434 254*	*1 392 134*	*1 211 158*	*1 048 136*	*776 420*
14	Male – Masculin	*6 239 604*	**— 1 013*	*254 —**	*824 495*	*743 364*	*721 627*	*641 128*	*555 795*	*410 585*
15	Female – Féminin	*5 785 534*	**— 959*	*429 —**	*785 428*	*690 890*	*670 507*	*570 030*	*492 341*	*365 835*
	Rural – Rurale									
	1 VII 1987									
16	Rural – Rurale	*4 634 302*	**— 921*	*342 —**	*815 725*	*697 286*	*551 805*	*331 502*	*222 652*	*179 144*
17	Male – Masculin	*2 323 753*	**— 469*	*898 —**	*416 329*	*362 497*	*285 657*	*157 554*	*101 403*	*84 309*
18	Female – Féminin	*2 310 549*	**— 451*	*444 —**	*399 396*	*334 789*	*266 148*	*173 948*	*121 249*	*94 835*
	Israel – Israël [18]									
	Urban – Urbaine									
	1 VII 1987 [1]									
19	Urban – Urbaine	3 884 000	*— 428	500 —*	*— 800	000 —*	345 200	312 900	290 600	286 000
20	Male – Masculin	1 929 000	*— 219	700 —*	*— 409	600 —*	175 700	160 500	145 800	142 200
21	Female – Féminin	1 955 000	*— 208	800 —*	*— 390	300 —*	169 500	152 400	144 800	143 800
	Rural – Rurale									
	1 VII 1987 [1]									
22	Rural – Rurale	484 900	*— 62	300 —*	*— 114	600 —*	52 800	40 000	34 300	35 300
23	Male – Masculin	250 000	*— 32	200 —*	*— 59	700 —*	28 200	22 000	17 700	17 500
24	Female – Féminin	234 900	*— 30	100 —*	*— 54	900 —*	24 600	18 000	16 600	17 800
	Japan – Japon									
	Urban – Urbaine									
	1 X 1985(C) [19]									
25	Urban – Urbaine	92 889 236	1 104 533	4 610 949	6 492 373	7 744 941	7 138 599	6 760 146	6 188 285	7 044 273
26	Male – Masculin	45 793 045	565 088	2 361 431	3 327 100	3 970 425	3 659 654	3 459 523	3 128 759	3 541 115
27	Female – Féminin	47 096 191	539 445	2 249 518	3 165 273	3 774 516	3 478 945	3 300 623	3 059 526	3 503 158
	Rural – Rurale									
	1 X 1985(C) [19]									
28	Rural – Rurale	28 159 687	325 125	1 418 656	2 039 461	2 297 180	1 841 348	1 440 408	1 635 117	2 009 951
29	Male – Masculin	13 704 271	166 483	725 775	1 045 958	1 176 545	940 773	706 472	819 571	1 017 150
30	Female – Féminin	14 455 416	158 642	692 881	993 503	1 120 635	900 575	733 936	815 546	992 801
	Jordan – Jordanie [20]									
	Urban – Urbaine									
	10 XI 1979(C) [21]									
31	Urban – Urbaine	1 241 734	47 973	173 430	206 087	182 326	144 552	95 807	70 791	65 711
32	Male – Masculin	643 145	24 617	89 212	106 243	94 599	75 345	49 623	37 077	33 056
33	Female – Féminin	598 589	23 356	84 218	99 844	87 727	69 207	46 184	33 714	32 655

7. Population selon l'âge, le sexe et la résidence, urbaine/rurale: dernière année disponible, 1979 – 1988 (suite)

Données selon la résidence urbaine/rurale

oir notes à la fin du tableau.)

Age (en années)												
35 – 39	40 – 44	45 – 49	50 – 54	55 – 59	60 – 64	65 – 69	70 – 74	75 – 79	80 – 84	85 +	Unknown Inconnu	
2 298 000	1 971 000	1 749 000	1 391 000	1 161 000	841 000	533 000	365 000	*——— – 360 000 ———*			2 300	1
1 169 000	985 000	887 000	664 000	552 000	409 000	266 000	159 000	*——— – 146 000 ———*			1 500	2
1 129 000	986 000	862 000	727 000	609 000	432 000	267 000	206 000	*——— – 214 000 ———*			800	3
6 944 000	5 812 000	5 396 000	4 396 000	3 595 000	3 028 000	1 739 000	1 290 000	*——— 1 286 000 ———*			5 000	4
3 487 000	2 898 000	2 703 000	2 164 000	1 720 000	1 470 000	862 000	603 000	*——— – 583 000 ———*			2 500	5
3 457 000	2 914 000	2 693 000	2 232 000	1 875 000	1 558 000	877 000	687 000	*——— – 703 000 ———*			2 500	6
1 265 228	976 537	877 101	845 462	711 387	586 527	297 408	175 121	116 042	98 406	93 771	16 478	7
657 468	510 371	466 835	455 483	359 058	310 702	149 813	83 608	48 086	43 915	44 673	10 241	8
607 760	466 166	410 266	389 979	352 329	275 825	147 595	91 513	67 956	54 491	49 098	6 237	9
855 259	690 468	716 263	751 238	641 991	599 113	280 403	159 276	97 280	83 946	91 883	14 440	10
394 788	329 830	361 515	401 215	341 923	338 075	154 790	85 747	54 380	39 905	46 947	8 197	11
460 471	360 638	354 748	350 023	300 068	261 038	125 613	73 529	42 900	44 041	44 936	6 243	12
651 021	466 749	370 027	306 310	241 000	183 590	125 390	99 004	71 986	*—— 65 353 ——*		–	13
341 618	245 564	194 843	159 159	122 144	91 824	61 894	48 343	34 647	*—— 29 320 ——*		–	14
309 403	221 185	175 184	147 151	118 856	91 766	63 496	50 661	37 339	*—— 36 033 ——*		–	15
152 750	135 899	115 332	108 678	101 071	91 104	73 842	57 471	38 393	*—— 40 306 ——*		–	16
75 335	67 562	57 092	53 195	49 405	43 338	35 484	27 463	18 075	*—— 19 157 ——*		–	17
77 415	68 337	58 240	55 483	51 666	47 766	38 358	30 008	20 318	*—— 21 149 ——*		–	18
267 500	200 600	154 900	154 800	144 100	141 200	*—— 213 500 ——*		*——— – 144 100 ———*			–	19
132 000	98 300	75 400	74 400	67 400	62 500	*—— 98 000 ——*		*——— – 67 400 ———*			–	20
135 500	102 300	79 500	80 400	76 700	78 700	*—— 115 600 ——*		*——— – 76 800 ———*			–	21
34 400	25 000	16 800	14 900	12 500	11 600	*—— 18 000 ——*		*——— – 12 400 ———*			–	22
17 700	12 900	8 800	7 600	6 000	5 500	*—— 8 600 ——*		*——— – 5 600 ———*			–	23
16 700	12 100	8 000	7 300	6 500	6 100	*—— 9 400 ——*		*——— – 6 800 ———*			–	24
8 460 219	7 265 141	6 418 621	5 984 058	5 084 292	3 854 427	2 964 885	2 506 982	1 730 525	975 677	519 951	40 359	25
4 233 323	3 613 795	3 195 514	2 970 343	2 481 223	1 699 431	1 258 014	1 060 969	705 498	367 306	167 847	26 687	26
4 226 896	3 651 346	3 223 107	3 013 715	2 603 069	2 154 996	1 706 871	1 446 013	1 025 027	608 371	352 104	13 672	27
277 825	1 869 813	1 817 993	1 948 936	1 915 453	1 551 111	1 228 534	1 056 415	762 818	457 260	265 296	987	28
164 907	938 082	896 607	956 071	928 151	680 471	522 994	442 626	311 930	174 937	88 128	640	29
112 918	931 731	921 386	992 865	987 302	870 640	705 540	613 789	450 888	282 323	177 168	347	30
60 411	52 449	40 952	32 047	21 977	15 957	11 427	8 845	6 670	2 118	2 204	–	31
32 352	27 427	21 425	17 370	11 271	8 155	5 787	4 125	3 306	1 098	1 057	–	32
28 059	25 022	19 527	14 677	10 706	7 802	5 640	4 720	3 364	1 020	1 147	–	33

7. Population by age, sex and urban/rural residence: latest available year, 1979 – 1988 (continued)

Data by urban/rural residence

(See notes at end of table.)

	Continent, country or area, sex, date and urban/rural residence / Continent, pays ou zone, sexe, date et résidence, urbaine/rurale	All ages / Tous âges	Age (in years) – 1	1 – 4	5 – 9	10 – 14	15 – 19	20 – 24	25 – 29	30 – 34
	ASIA—ASIE (Cont.–Suite)									
	Jordan – Jordanie [20]									
	Rural – Rurale									
	10 XI 1979(C) [21]									
1	Rural – Rurale	858 285	37 773	137 861	153 905	124 613	88 484	58 503	44 579	39 79[illegible]
2	Male – Masculin	443 446	19 295	71 338	79 786	65 210	45 889	29 744	22 893	19 44[illegible]
3	Female – Féminin	414 839	18 478	66 523	74 119	59 403	42 595	28 759	21 686	20 35[illegible]
	Korea, Republic of– Corée, République de									
	Urban – Urbaine									
	1 XI 1985(C) [1 22]									
4	Urban – Urbaine	26 417 972	435 393	2 104 344	2 535 806	2 759 167	2 924 204	2 957 314	2 984 933	2 269 38[illegible]
5	Male – Masculin	13 154 130	228 979	1 093 405	1 320 469	1 442 253	1 482 734	1 392 732	1 466 292	1 154 81[illegible]
6	Female – Féminin	13 263 842	206 414	1 010 939	1 215 337	1 316 914	1 441 470	1 564 582	1 518 641	1 114 56[illegible]
	Rural – Rurale									
	1 XI 1985(C) [1 22]									
7	Rural – Rurale	14 001 680	175 677	987 141	1 380 544	1 716 818	1 392 060	1 287 776	1 085 475	845 85[illegible]
8	Male – Masculin	7 073 434	91 710	508 664	704 884	868 317	744 588	792 988	560 893	434 79[illegible]
9	Female – Féminin	6 928 246	83 967	478 477	675 660	848 501	647 472	494 788	524 582	411 06[illegible]
	Malaysia – Malaisie									
	Peninsular Malaysia – Malaisie Péninsulaire									
	Urban – Urbaine									
	10 VI 1980(C)									
10	Urban – Urbaine	4 073 105	89 267	406 613	476 031	444 582	492 954	462 483	382 588	313 23[illegible]
11	Male – Masculin	2 044 873	45 976	209 148	243 970	226 655	245 650	224 921	187 995	159 27[illegible]
12	Female – Féminin	2 028 232	43 291	197 465	232 061	217 927	247 304	237 562	194 593	153 95[illegible]
	Rural – Rurale									
	10 VI 1980(C)									
13	Rural – Rurale	6 871 739	176 260	787 622	976 660	915 382	761 194	589 904	499 625	428 31[illegible]
14	Male – Masculin	3 424 461	90 456	402 521	497 835	464 717	375 014	278 743	239 635	212 93[illegible]
15	Female – Féminin	3 447 278	85 804	385 101	478 825	450 665	386 180	311 161	259 990	215 38[illegible]
	Sabah									
	Urban – Urbaine									
	10 VI 1980(C)									
16	Urban – Urbaine	249 615	6 365	31 101	33 524	27 581	29 411	29 835	25 046	17 08[illegible]
17	Male – Masculin	130 325	3 259	15 882	17 136	14 217	14 566	14 827	13 310	9 44[illegible]
18	Female – Féminin	119 290	3 106	15 219	16 388	13 364	14 845	15 008	11 736	7 63[illegible]
	Rural – Rurale									
	10 VI 1980(C)									
19	Rural – Rurale	706 097	18 178	95 419	111 564	85 608	73 429	72 680	55 212	38 65[illegible]
20	Male – Masculin	369 020	9 432	48 876	57 493	43 959	36 144	38 008	30 122	20 80[illegible]
21	Female – Féminin	337 077	8 746	46 543	54 071	41 649	37 285	34 672	25 090	17 85[illegible]
	Sarawak									
	Urban – Urbaine									
	10 VI 1980(C)									
22	Urban – Urbaine	299 850	7 506	31 335	38 899	36 665	38 218	32 370	29 015	20 72[illegible]
23	Male – Masculin	150 020	3 964	16 219	20 013	18 830	18 712	14 677	14 393	10 56[illegible]
24	Female – Féminin	149 830	3 542	15 116	18 886	17 835	19 506	17 693	14 622	10 16[illegible]
	Rural – Rurale									
	10 VI 1980(C)									
25	Rural – Rurale	935 703	22 027	107 871	146 104	123 718	98 258	77 861	66 948	56 73[illegible]
26	Male – Masculin	470 057	11 279	55 485	74 965	63 352	47 627	37 603	33 300	27 81[illegible]
27	Female – Féminin	465 646	10 748	52 386	71 139	60 366	50 631	40 258	33 648	28 92[illegible]
	Maldives									
	Urban – Urbaine									
	25 III 1985(C)									
28	Urban – Urbaine	45 874	1 523	5 111	5 223	5 319	7 168	5 717	3 912	2 58[illegible]
29	Male – Masculin	25 897	768	2 513	2 665	2 804	4 164	3 372	2 297	1 59[illegible]
30	Female – Féminin	19 977	755	2 598	2 558	2 515	3 004	2 345	1 615	98[illegible]

7. Population selon l'âge, le sexe et la résidence, urbaine/rurale: dernière année disponible, 1979 – 1988 (suite)

Données selon la résidence urbaine/rurale

oir notes à la fin du tableau.)

Age (en années)												
35 – 39	40 – 44	45 – 49	50 – 54	55 – 59	60 – 64	65 – 69	70 – 74	75 – 79	80 – 84	85 +	Unknown Inconnu	
38 295	34 118	26 694	20 210	14 567	12 141	8 490	7 576	6 319	2 005	2 359	–	1
19 313	17 259	13 861	10 602	7 606	6 296	4 750	4 110	3 647	1 091	1 315	–	2
18 982	16 859	12 833	9 608	6 961	5 845	3 740	3 466	2 672	914	1 044	–	3
1 849 691	1 476 361	1 263 907	923 794	651 244	489 210	337 655	231 649	137 974	57 069	28 555	322	4
944 029	762 523	647 474	451 574	288 969	206 492	133 003	78 760	41 137	13 278	4 909	302	5
905 662	713 838	616 433	472 220	362 275	282 718	204 652	152 889	96 837	43 791	23 646	20	6
731 490	711 147	825 305	771 465	616 513	517 666	385 162	269 605	174 116	80 591	47 173	98	7
380 340	346 162	395 515	358 045	271 611	233 895	173 707	111 793	62 376	22 885	10 231	36	8
351 150	364 985	429 790	413 420	344 902	283 771	211 455	157 812	111 740	57 706	36 942	62	9
220 829	197 744	143 901	122 958	92 651	78 233	60 305	45 370	24 868	11 621	6 875	–	10
114 116	101 889	72 269	61 599	44 880	37 187	28 703	21 493	11 719	4 905	2 520	–	11
106 713	95 855	71 632	61 359	47 771	41 046	31 602	23 877	13 149	6 716	4 355	–	12
336 644	332 637	250 100	228 471	175 987	149 106	101 205	82 741	41 737	23 005	15 146	–	13
168 509	166 698	121 640	113 010	85 978	73 480	51 651	41 712	22 065	11 116	6 748	–	14
168 135	165 939	128 460	115 461	90 009	75 626	49 554	41 029	19 672	11 889	8 398	–	15
13 201	10 686	7 509	5 703	4 010	3 459	2 240	1 440	766	373	282	–	16
7 543	6 099	4 293	3 154	2 196	1 812	1 210	730	362	162	120	–	17
5 658	4 587	3 216	2 549	1 814	1 647	1 030	710	404	211	162	–	18
36 746	31 968	26 579	18 792	15 578	11 541	6 652	3 667	2 208	829	791	–	19
19 818	17 020	14 494	10 575	8 444	6 234	3 584	2 025	1 202	395	390	–	20
16 928	14 948	12 085	8 217	7 134	5 307	3 068	1 642	1 006	434	401	–	21
15 397	11 668	9 282	7 684	5 916	5 278	4 111	2 908	1 725	754	392	–	22
8 039	5 954	4 648	3 768	2 722	2 523	2 080	1 462	911	375	163	–	23
7 358	5 714	4 634	3 916	3 194	2 755	2 031	1 446	814	379	229	–	24
48 486	39 338	35 983	31 146	25 706	22 128	13 653	10 437	4 919	2 656	1 731	–	25
24 483	19 664	16 953	15 592	12 989	11 345	7 353	5 459	2 694	1 282	822	–	26
24 003	19 674	19 030	15 554	12 717	10 783	6 300	4 978	2 225	1 374	909	–	27
2 048	1 837	1 772	1 341	854	715	331	208	93	57	44	20	28
1 258	1 081	1 115	839	536	419	207	121	57	38	33	18	29
790	756	657	502	318	296	124	87	36	19	11	2	30

7. Population by age, sex and urban/rural residence: latest available year, 1979 – 1988 (continued)

Data by urban/rural residence

(See notes at end of table.)

	Continent, country or area, sex, date and urban/rural residence — Continent, pays ou zone, sexe, date et résidence, urbaine/rurale	All ages Tous âges	Age (in years) -1	1–4	5–9	10–14	15–19	20–24	25–29	30–3
	ASIA—ASIE (Cont.–Suite)									
	Maldives									
	Rural – Rurale									
	25 III 1985(C)									
1	Rural – Rurale	134 214	6 430	19 856	20 827	16 963	13 626	11 814	8 624	5 67
2	Male – Masculin	67 585	3 284	10 039	10 618	8 859	6 158	5 293	4 073	2 72
3	Female – Féminin	66 629	3 146	9 817	10 209	8 104	7 468	6 521	4 551	2 94
	Myanmar [23]									
	Urban – Urbaine									
	31 III 1983(C) [42]									
4	Urban – Urbaine	8 466 292	170 827	786 268	996 542	1 065 952	998 016	889 808	733 075	564 47
5	Male – Masculin	4 214 463	86 571	398 404	505 760	546 426	501 049	445 247	365 245	280 49
6	Female – Féminin	4 251 829	84 256	387 864	490 782	519 526	496 967	444 561	367 830	283 98
	Rural – Rurale									
	31 III 1983(C) [42]									
7	Rural – Rurale	25 658 616	581 022	2 963 817	3 392 499	3 202 718	2 737 419	2 396 516	2 030 470	1 588 48
8	Male – Masculin	12 725 130	291 884	1 490 967	1 710 563	1 632 530	1 343 365	1 164 897	998 590	786 67
9	Female – Féminin	12 933 486	289 138	1 472 850	1 681 936	1 570 188	1 394 054	1 231 619	1 031 880	801 81
	Nepal – Népal									
	Urban – Urbaine									
	22 VI 1981(C) [1]									
10	Urban – Urbaine	956 721	22 999	113 110	127 584	110 510	97 389	98 951	80 533	65 42
11	Male – Masculin	512 236	11 949	59 482	66 613	60 218	52 822	51 445	42 172	34 62
12	Female – Féminin	444 485	11 050	53 628	60 971	50 292	44 567	47 506	38 361	30 79
	Rural – Rurale									
	22 VI 1981(C) [1]									
13	Rural – Rurale	14 066 118	380 795	1 797 601	2 062 862	1 596 511	1 231 012	1 236 747	1 081 137	909 98
14	Male – Masculin	7 183 100	195 619	923 531	1 050 528	859 072	642 924	585 484	528 020	433 64
15	Female – Féminin	6 883 018	185 176	874 070	1 012 334	737 439	588 088	651 263	553 117	476 33
	Pakistan [24]									
	Urban – Urbaine									
	1 III 1981(C)									
16	Urban – Urbaine	23 841 471	663 367	2 915 822	3 551 535	3 119 458	2 540 219	2 108 293	1 719 325	1 391 13
17	Male – Masculin	12 767 061	341 141	1 472 259	1 838 576	1 652 953	1 364 875	1 158 623	943 733	756 84
18	Female – Féminin	11 074 410	322 226	1 443 563	1 712 959	1 466 505	1 175 344	949 670	775 592	634 28
	Rural – Rurale									
	1 III 1981(C)									
19	Rural – Rurale	60 412 173	1 767 118	7 602 071	9 933 519	7 963 744	5 407 110	4 451 767	3 886 450	3 340 10
20	Male – Masculin	31 465 616	866 845	3 654 077	5 164 824	4 401 499	2 962 935	2 199 211	2 026 737	1 692 02
21	Female – Féminin	28 946 557	900 273	3 947 994	4 768 695	3 562 245	2 444 175	2 252 556	1 859 713	1 648 08
	Philippines									
	Urban – Urbaine									
	1 V 1980(C) [1]									
22	Urban – Urbaine	17 943 897	610 411	1 995 744	2 186 800	2 077 626	2 085 159	1 937 953	1 627 605	1 268 84
23	Male – Masculin	8 765 276	313 516	1 028 018	1 122 039	1 039 809	952 727	888 681	782 995	633 09
24	Female – Féminin	9 178 621	296 895	967 726	1 064 761	1 037 817	1 132 432	1 049 272	844 610	635 75
	Rural – Rurale									
	1 V 1980(C) [1]									
25	Rural – Rurale	30 154 563	1 132 501	3 927 541	4 418 646	3 872 278	3 170 482	2 650 271	2 226 559	1 729 73
26	Male – Masculin	15 363 479	580 455	2 010 781	2 274 643	1 996 213	1 614 121	1 321 627	1 135 293	887 98
27	Female – Féminin	14 791 084	552 046	1 916 760	2 144 003	1 876 065	1 556 361	1 328 644	1 091 266	841 74
	Sri Lanka									
	Urban – Urbaine									
	17 III 1981(C)									
28	Urban – Urbaine	3 192 489	70 482	256 761	323 301	350 393	362 171	357 563	296 432	261 2
29	Male – Masculin	1 669 466	35 902	130 396	163 750	179 442	190 540	191 690	157 750	139 7
30	Female – Féminin	1 523 023	34 580	126 365	159 551	170 951	171 631	165 873	138 682	121 5
	Rural – Rurale									
	17 III 1981(C)									
31	Rural – Rurale	11 654 261	328 552	1 198 943	1 359 226	1 338 940	1 241 016	1 168 900	978 425	864 1
32	Male – Masculin	5 898 787	167 423	610 782	691 966	682 863	622 258	573 926	480 275	429 8
33	Female – Féminin	5 755 474	161 129	588 161	667 260	656 077	618 758	594 974	498 150	434 3

7. Population selon l'âge, le sexe et la résidence, urbaine/rurale: dernière année disponible, 1979 – 1988 (suite)

Données selon la résidence urbaine/rurale

(Voir notes à la fin du tableau.)

Age (en années)												
35 – 39	40 – 44	45 – 49	50 – 54	55 – 59	60 – 64	65 – 69	70 – 74	75 – 79	80 – 84	85 +	Unknown Inconnu	
4 672	4 708	5 788	4 891	3 330	3 174	1 460	1 137	417	428	308	88	1
2 284	2 369	3 029	2 629	2 029	1 768	897	682	283	281	222	59	2
2 388	2 339	2 759	2 262	1 301	1 406	563	455	134	147	86	29	3
440 170	384 979	356 181	312 876	244 811	197 253	132 368	94 778	54 487	29 131	14 293	–	4
219 816	190 192	175 297	150 883	118 013	91 869	59 333	40 711	22 652	11 260	5 240	–	5
220 354	194 787	180 884	161 993	126 798	105 384	73 035	54 067	31 835	17 871	9 053	–	6
1 228 461	1 094 541	1 057 578	986 276	750 589	633 081	403 113	321 445	160 321	91 335	38 927	–	7
615 361	526 427	520 536	483 339	371 802	307 073	194 629	152 004	76 326	41 021	17 138	–	8
613 100	568 114	537 042	502 937	378 787	326 008	208 484	169 441	83 995	50 314	21 789	–	9
57 663	45 927	37 011	31 018	19 603	19 757	11 570	8 814	4 204	2 894	1 763	–	10
31 605	24 894	20 681	17 397	11 323	10 873	6 464	4 917	2 289	1 557	906	–	11
26 058	21 033	16 330	13 621	8 280	8 884	5 106	3 897	1 915	1 337	857	–	12
835 609	706 861	581 794	511 004	326 146	347 738	177 013	147 972	62 189	47 337	25 810	–	13
430 268	351 826	308 758	272 706	176 741	180 783	94 725	78 226	32 807	24 150	13 291	–	14
405 341	355 035	273 036	238 298	149 405	166 955	82 288	69 746	29 382	23 187	12 519	–	15
1 275 627	1 131 650	881 699	795 869	424 341	548 944	232 247	261 111	*———	– 280 829	———*	–	16
668 089	605 619	489 784	459 260	241 930	326 566	135 076	152 019	*———	– 159 709	———*	–	17
607 538	526 031	391 915	336 609	182 411	222 378	97 171	109 092	*———	– 121 120	———*	–	18
3 025 130	2 826 717	2 264 968	2 233 056	1 216 493	1 706 993	770 311	914 030	*———	1 102 592	———*	–	19
1 504 750	1 380 300	1 160 396	1 215 227	637 309	999 970	431 708	535 801	*———	632 005	———*	–	20
1 520 380	1 446 417	1 104 572	1 017 829	579 184	707 023	338 603	378 229	*———	470 587	———*	–	21
930 022	797 364	618 496	514 582	389 039	313 797	254 695	161 033	103 483	39 958	31 286	–	22
463 478	394 109	301 660	248 296	182 143	144 975	116 312	74 945	47 958	18 164	12 358	–	23
466 544	403 255	316 836	266 286	206 896	168 822	138 383	86 088	55 525	21 794	18 928	–	24
1 489 149	1 280 142	1 041 990	872 161	705 521	591 699	463 641	279 271	180 327	67 447	55 200	–	25
764 488	652 099	523 358	434 700	346 348	296 051	232 958	141 091	94 357	31 621	25 286	–	26
724 661	628 043	518 632	437 461	359 173	295 648	230 683	138 180	85 970	35 826	29 914	–	27
191 411	156 536	133 079	122 814	95 085	75 810	55 926	39 749	23 009	13 517	7 190	–	28
101 101	84 335	70 337	65 487	50 401	39 660	27 920	19 989	11 185	6 585	3 239	–	29
90 310	72 201	62 742	57 327	44 684	36 150	28 006	19 760	11 824	6 932	3 951	–	30
647 662	541 667	476 210	416 710	327 237	264 594	196 125	141 143	83 182	51 483	30 080	–	31
320 596	275 609	238 405	219 081	171 925	143 678	105 142	77 411	44 850	28 054	14 687	–	32
327 066	266 058	237 805	197 629	155 312	120 916	90 983	63 732	38 332	23 429	15 393	–	33

7. Population by age, sex and urban/rural residence: latest available year, 1979 – 1988 (continued)

Data by urban/rural residence

(See notes at end of table.)

	Continent, country or area, sex, date and urban/rural residence — Continent, pays ou zone, sexe, date et résidence, urbaine/rurale	All ages — Tous âges	Age (in years): – 1	1 – 4	5 – 9	10 – 14	15 – 19	20 – 24	25 – 29	30 –
	ASIA—ASIE (Cont.–Suite)									
	Syrian Arab Republic – République arabe syrienne									
	Urban – Urbaine 1 VII 1988* [1 26]									
1	Urban – Urbaine	*5 672 000*	*199 000*	*807 000*	*946 000*	*766 000*	*557 000*	*442 000*	*352 000*	*320 0*
2	Male – Masculin	*2 932 000*	*103 000*	*416 000*	*488 000*	*398 000*	*290 000*	*226 000*	*179 000*	*166 0*
3	Female – Féminin	*2 740 000*	*96 000*	*391 000*	*458 000*	*368 000*	*267 000*	*216 000*	*173 000*	*154 0*
	Rural – Rurale 1 VII 1988* [1 26]									
4	Rural – Rurale	*5 666 000*	*215 000*	*917 000*	*989 000*	*747 000*	*526 000*	*387 000*	*281 000*	*260 0*
5	Male – Masculin	*2 861 000*	*111 000*	*470 000*	*513 000*	*396 000*	*260 000*	*202 000*	*123 000*	*112 0*
6	Female – Féminin	*2 805 000*	*104 000*	*447 000*	*476 000*	*351 000*	*266 000*	*185 000*	*158 000*	*148 0*
	Thailand – Thaïlande									
	Urban – Urbaine 1 IV 1980(C) [1]									
7	Urban – Urbaine	7 632 916	158 815	590 632	743 735	821 050	1 014 496	1 006 208	777 698	549 3
8	Male – Masculin	3 744 425	82 220	303 682	381 476	410 688	486 375	493 636	373 676	268 6
9	Female – Féminin	3 888 491	76 595	286 950	362 259	410 362	528 121	512 572	404 022	280 7
	Rural – Rurale 1 IV 1980(C) [1]									
10	Rural – Rurale	37 191 624	984 837	3 691 562	5 091 643	5 083 447	4 393 765	3 514 821	2 776 729	2 149 3
11	Male – Masculin	18 584 182	501 840	1 884 037	2 598 009	2 595 612	2 210 243	1 746 201	1 369 647	1 064 5
12	Female – Féminin	18 607 442	482 997	1 807 525	2 493 634	2 487 835	2 183 522	1 768 620	1 407 082	1 084 7
	Turkey – Turquie									
	Urban – Urbaine 20 X 1985(C)									
13	Urban – Urbaine	26 865 757	*———	6 269 513	———*	3 120 316	2 856 981	2 858 305	2 439 336	2 058 8
14	Male – Masculin	14 010 670	*———	3 220 326	———*	1 657 883	1 544 913	1 575 398	1 267 893	1 081 9
15	Female – Féminin	12 855 087	*———	3 049 187	———*	1 462 433	1 312 068	1 282 907	1 171 443	976 8
	Rural – Rurale 20 X 1985(C)									
16	Rural – Rurale	23 798 701	*———	6 547 149	———*	3 073 160	2 550 483	1 926 175	1 601 426	1 315 5
17	Male – Masculin	11 661 305	*———	3 349 421	———*	1 552 814	1 199 668	858 654	788 294	641 9
18	Female – Féminin	12 137 396	*———	3 197 728	———*	1 520 346	1 350 815	1 067 521	813 132	673 6
	EUROPE									
	Andorra – Andorre									
	Urban – Urbaine 31 VII 1987									
19	Urban – Urbaine	*30 755*	*124*	*1 126*	*2 036*	*2 349*	*2 340*	*2 713*	*3 513*	*3 3*
20	Male – Masculin	*16 254*	*81*	*583*	*1 053*	*1 208*	*1 191*	*1 367*	*1 889*	*1 8*
21	Female – Féminin	*14 501*	*43*	*543*	*983*	*1 141*	*1 149*	*1 346*	*1 624*	*1 4*
	Rural – Rurale 31 VII 1987									
22	Rural – Rurale	*17 129*	*63*	*729*	*1 182*	*1 288*	*1 145*	*1 448*	*1 850*	*1 6*
23	Male – Masculin	*9 075*	*33*	*380*	*603*	*682*	*611*	*741*	*963*	*8*
24	Female – Féminin	*8 054*	*30*	*349*	*579*	*606*	*534*	*707*	*887*	*7*
	Austria – Autriche									
	Urban – Urbaine 12 V 1981(C) [1]									
25	Urban – Urbaine	4 161 045	44 826	161 117	226 021	292 276	320 666	315 477	283 447	308 1
26	Male – Masculin	1 919 638	22 948	82 932	115 304	149 104	161 127	153 471	137 484	152 9
27	Female – Féminin	2 241 407	21 878	78 185	110 717	143 172	159 539	162 006	145 963	155 2
	Rural – Rurale 12 V 1981(C) [1]									
28	Rural – Rurale	3 394 293	47 606	177 863	253 082	307 773	337 516	291 147	234 209	221 1
29	Male – Masculin	1 652 788	24 419	90 852	129 106	157 533	172 633	151 432	121 467	115 1
30	Female – Féminin	1 741 505	23 187	87 011	123 976	150 240	164 883	139 715	112 742	105 9

7. Population selon l'âge, le sexe et la résidence, urbaine/rurale: dernière année disponible, 1979 – 1988 (suite)

Données selon la résidence urbaine/rurale

(Voir notes à la fin du tableau.)

Age (en années)												
35 – 39	40 – 44	45 – 49	50 – 54	55 – 59	60 – 64	65 – 69	70 – 74	75 – 79	80 – 84	85 +	Unknown Inconnu	
298 000	*247 000*	*182 000*	*130 000*	*106 000*	*106 000*	*70 000*	*67 000*	*——— 77 000 ———*			–	*1*
158 000	*135 000*	*98 000*	*67 000*	*56 000*	*50 000*	*33 000*	*32 000*	*——— 37 000 ———*			–	*2*
140 000	*112 000*	*84 000*	*63 000*	*50 000*	*56 000*	*37 000*	*35 000*	*——— 40 000 ———*			–	*3*
273 000	*227 000*	*184 000*	*146 000*	*106 000*	*127 000*	*83 000*	*87 000*	*——— 111 000 ———*			–	*4*
126 000	*113 000*	*93 000*	*75 000*	*55 000*	*63 000*	*45 000*	*46 000*	*——— 58 000 ———*			–	*5*
147 000	*114 000*	*91 000*	*71 000*	*51 000*	*64 000*	*38 000*	*41 000*	*——— 53 000 ———*			–	*6*
437 134	391 176	316 515	250 330	175 412	143 433	101 842	73 653	42 827	23 266	15 362	–	*7*
214 688	192 286	153 858	122 169	84 109	67 893	46 462	31 671	17 301	8 473	5 152	–	*8*
222 446	198 890	162 657	128 161	91 303	75 540	55 380	41 982	25 526	14 793	10 210	–	*9*
1 907 686	1 775 900	1 577 899	1 263 051	936 071	710 423	528 244	386 741	231 980	115 678	71 831	–	*10*
946 808	872 255	773 369	622 419	459 634	343 367	250 312	173 645	99 889	45 500	26 850	–	*11*
960 878	903 645	804 530	640 632	476 437	367 056	277 932	213 096	132 091	70 178	44 981	–	*12*
1 666 547	1 230 623	1 051 514	993 879	801 948	528 090	*——— 932 156 ———*					57 719	*13*
875 682	642 844	533 667	516 913	399 462	259 564	*——— 399 207 ———*					34 976	*14*
790 865	587 779	517 847	476 966	402 486	268 526	*——— 532 949 ———*					22 743	*15*
1 120 024	977 533	957 095	1 048 713	847 121	602 096	*——— 1 193 752 ———*					38 398	*16*
537 914	455 373	457 775	522 245	424 974	296 249	*——— 555 835 ———*					20 127	*17*
582 110	522 160	499 320	526 468	422 147	305 847	*——— 637 917 ———*					18 271	*18*
2 717	*2 277*	*1 649*	*1 547*	*1 398*	*1 156*	*897*	*649*	*489*	*261*	*147*	*5*	*19*
1 497	*1 264*	*888*	*810*	*748*	*583*	*434*	*343*	*241*	*132*	*51*	*3*	*20*
1 220	*1 013*	*761*	*737*	*650*	*573*	*463*	*306*	*248*	*129*	*96*	*2*	*21*
1 464	*1 226*	*833*	*848*	*842*	*767*	*672*	*457*	*319*	*197*	*126*	*2*	*22*
813	*673*	*425*	*474*	*438*	*392*	*361*	*247*	*177*	*98*	*65*	*2*	*23*
651	*553*	*408*	*374*	*404*	*375*	*311*	*210*	*142*	*99*	*61*	–	*24*
303 784	288 140	215 134	244 219	265 002	184 859	211 020	208 495	155 642	87 213	45 529	–	*25*
151 675	144 848	106 356	116 797	107 051	72 883	81 501	75 820	52 350	24 649	10 415	–	*26*
152 109	143 292	108 778	127 422	157 951	111 976	129 519	132 675	103 292	62 564	35 114	–	*27*
182 998	214 341	185 516	193 862	186 362	122 805	138 933	130 441	94 017	50 323	24 381	–	*28*
93 681	109 245	94 180	96 908	79 149	50 097	56 242	51 414	35 553	16 700	7 040	–	*29*
89 317	105 096	91 336	96 954	107 213	72 708	82 691	79 027	58 464	33 623	17 341	–	*30*

7. Population by age, sex and urban/rural residence: latest available year, 1979 – 1988 (continued)

Data by urban/rural residence

(See notes at end of table.)

	Continent, country or area, sex, date and urban/rural residence Continent, pays ou zone, sexe, date et résidence, urbaine/rurale	All ages Tous âges	– 1	1 – 4	5 – 9	10 – 14	15 – 19	20 – 24	25 – 29	30 –
	EUROPE (Cont.–Suite)									
	Bulgaria – Bulgarie									
	Urban – Urbaine									
	1 VII 1986									
1	Urban – Urbaine	5 839 302	*—— 388	995 ——*	454 736	472 457	425 881	399 195	431 079	473
2	Male – Masculin	2 907 972	*—— 202	367 ——*	231 125	241 924	217 085	198 436	211 251	234
3	Female – Féminin	2 931 330	*—— 186	628 ——*	223 611	230 533	208 796	200 759	219 828	238
	Rural – Rurale									
	1 VII 1986									
4	Rural – Rurale	3 118 336	*—— 177	348 ——*	182 878	190 402	170 607	183 841	171 661	167
5	Male – Masculin	1 543 974	*—— 88	760 ——*	94 128	100 414	88 885	99 217	91 198	87
6	Female – Féminin	1 574 362	*—— 88	588 ——*	88 750	89 988	81 722	84 624	80 463	80
	Denmark – Danemark [27]									
	Urban – Urbaine									
	1 I 1981(C) [1]									
7	Urban – Urbaine	4 297 092	48 468	211 931	307 015	314 139	322 568	319 219	324 228	354
8	Male – Masculin	2 089 529	24 773	108 382	156 522	160 607	162 650	158 962	164 434	180
9	Female – Féminin	2 207 563	23 695	103 549	150 493	153 532	159 918	160 257	159 794	174
	Rural – Rurale									
	1 I 1981(C) [1]									
10	Rural – Rurale	826 897	8 698	37 527	57 818	69 274	77 707	52 349	48 560	53
11	Male – Masculin	438 696	4 434	19 375	29 692	35 903	42 191	30 919	26 665	28
12	Female – Féminin	388 201	4 264	18 152	28 126	33 371	35 516	21 430	21 895	25
	Finland – Finlande									
	Urban – Urbaine									
	1 VII 1986 [16]									
13	Urban – Urbaine	3 037 980	38 103	157 924	190 965	180 979	202 872	240 857	251 641	260
14	Male – Masculin	1 440 454	19 437	80 597	97 410	92 461	102 289	119 112	126 292	130
15	Female – Féminin	1 597 526	18 667	77 326	93 555	88 518	100 582	121 745	125 349	129
	Rural – Rurale									
	1 VII 1986 [16]									
16	Rural – Rurale	1 880 173	23 408	103 719	131 414	125 059	136 086	134 899	128 263	144
17	Male – Masculin	941 368	11 968	53 195	67 251	64 339	70 556	72 721	68 253	77
18	Female – Féminin	938 805	11 440	50 524	64 163	60 720	65 530	62 177	60 010	67
	France									
	Urban – Urbaine									
	4 III 1982(C) [28 43]									
19	Urban – Urbaine	39 799 820	97 800	2 253 680	2 775 740	3 100 880	3 185 100	3 303 180	3 258 080	3 270
20	Male – Masculin	19 239 340	50 480	1 157 180	1 413 720	1 594 180	1 615 500	1 621 940	1 624 720	1 646
21	Female – Féminin	20 560 480	47 320	1 096 500	1 362 020	1 506 700	1 569 600	1 681 240	1 633 360	1 623
	Rural – Rurale									
	4 III 1982(C) [28 43]									
22	Rural – Rurale	14 473 380	29 700	748 260	1 045 100	1 181 820	1 176 880	928 360	936 620	1 103
23	Male – Masculin	7 253 460	16 080	382 800	537 260	609 880	615 820	502 900	480 060	575
24	Female – Féminin	7 219 920	13 620	365 460	507 840	571 940	561 060	425 460	456 560	528
	German Democratic Rep. – Rép. démocratique allemande [29]									
	Urban – Urbaine									
	31 XII 1981(C) [1]									
25	Urban – Urbaine	12 765 395	174 786	707 040	706 044	912 286	1 054 458	1 008 380	1 005 784	851
26	Male – Masculin	5 964 585	88 939	361 902	361 317	467 784	539 638	511 066	506 207	427
27	Female – Féminin	6 800 810	85 847	345 138	344 727	444 502	514 820	497 314	499 577	423
	Rural – Rurale									
	31 XII 1981(C) [1]									
28	Rural – Rurale	3 940 240	57 401	211 323	209 090	265 926	340 409	343 651	292 584	221
29	Male – Masculin	1 884 527	29 482	108 374	107 256	136 169	175 324	182 287	159 131	118
30	Female – Féminin	2 055 713	27 919	102 949	101 834	129 757	165 085	161 364	133 453	102

7. Population selon l'âge, le sexe et la résidence, urbaine/rurale: dernière année disponible, 1979 – 1988 (suite)

Données selon la résidence urbaine/rurale

(Voir notes à la fin du tableau.)

Age (en années)												
35 – 39	40 – 44	45 – 49	50 – 54	55 – 59	60 – 64	65 – 69	70 – 74	75 – 79	80 – 84	85 +	Unknown Inconnu	
509 501	401 945	364 783	391 328	356 326	301 023	153 896	147 955	98 462	49 799	18 780	–	1
253 358	203 544	182 303	194 868	181 977	149 378	71 170	68 425	40 604	18 413	6 762	–	2
256 143	198 401	182 480	196 460	174 349	151 645	82 726	79 530	57 858	31 386	12 018	–	3
181 647	168 563	187 950	240 100	258 230	271 199	156 229	188 176	133 363	62 149	26 191	–	4
93 258	81 974	90 929	117 446	123 319	126 681	71 187	89 131	60 940	27 952	11 045	–	5
88 389	86 589	97 021	122 654	134 911	144 518	85 042	99 045	72 423	34 197	15 146	–	6
330 087	251 575	221 787	219 373	229 209	215 553	200 464	173 682	125 597	77 861	50 141	–	7
168 895	127 147	110 489	106 422	108 713	99 874	88 916	72 475	47 268	26 707	16 113	–	8
161 192	124 428	111 298	112 951	120 496	115 679	111 548	101 207	78 329	51 154	34 028	–	9
54 089	50 219	50 792	52 323	52 819	47 595	42 280	31 949	21 182	11 791	6 503	–	10
27 752	25 379	25 371	27 499	28 069	26 120	23 531	17 269	11 228	5 967	3 026	–	11
26 337	24 840	25 421	24 824	24 750	21 475	18 749	14 680	9 954	5 824	3 477	–	12
281 391	218 258	182 122	159 388	161 143	144 238	115 680	103 390	81 073	44 111	23 448	–	13
141 239	109 083	89 196	76 478	74 110	60 304	43 870	36 151	25 322	11 671	4 972	–	14
140 152	109 174	92 925	82 910	87 033	83 934	71 810	67 238	55 751	32 440	18 475	–	15
159 050	119 459	108 554	101 166	108 238	100 244	80 332	70 955	55 639	31 304	17 621	–	16
85 551	63 537	56 655	52 420	54 480	46 440	33 540	27 961	20 328	10 175	4 896	–	17
73 499	55 922	51 899	48 745	53 758	53 804	46 792	42 994	35 310	21 128	12 725	–	18
2 726 340	2 172 460	2 272 300	2 342 600	2 167 040	1 757 640	1 250 260	1 444 280	1 140 180	762 580	519 440	–	19
1 384 180	1 100 840	1 138 040	1 145 160	1 030 020	804 640	542 980	581 780	418 140	246 340	122 840	–	20
1 342 160	1 071 620	1 134 260	1 197 440	1 137 020	953 000	707 280	862 500	722 040	516 240	396 600	–	21
897 360	713 540	805 220	869 000	888 900	751 100	559 580	700 820	559 580	357 360	220 920	–	22
473 140	371 720	416 080	444 280	445 240	370 060	263 760	318 760	236 240	134 120	60 120	–	23
424 220	341 820	389 140	424 720	443 660	381 040	295 820	382 060	323 340	223 240	160 800	–	24
768 197	1 053 697	826 882	724 569	606 040	494 907	521 171	570 981	431 054	236 703	111 309	–	25
381 740	525 757	410 933	342 730	231 665	179 141	182 668	197 814	148 355	71 254	28 403	–	26
386 457	527 940	415 949	381 839	374 375	315 766	338 503	373 167	282 699	165 449	82 906	–	27
170 601	281 575	262 198	251 082	212 762	167 224	176 593	200 230	154 975	84 282	36 702	–	28
88 538	143 292	132 449	121 016	84 043	62 522	63 716	73 401	58 422	29 069	11 290	–	29
82 063	138 283	129 749	130 066	128 719	104 702	112 877	126 829	96 553	55 213	25 412	–	30

7. Population by age, sex and urban/rural residence: latest available year, 1979 – 1988 (continued)

Data by urban/rural residence

(See notes at end of table.)

	Continent, country or area, sex, date and urban/rural residence Continent, pays ou zone, sexe, date et résidence, urbaine/rurale	All ages Tous âges	Age (in years) – 1	1 – 4	5 – 9	10 – 14	15 – 19	20 – 24	25 – 29	30 –
	EUROPE (Cont.–Suite)									
	Greece – Grèce									
	Urban – Urbaine									
	5 IV 1981(C) [44 45]									
1	Urban – Urbaine	5 654 058	115 892	352 120	431 133	439 897	429 438	460 028	431 522	426 1
2	Male – Masculin	2 739 806	59 710	180 135	221 773	225 372	217 943	223 548	209 055	207 0
3	Female – Féminin	2 914 252	56 182	171 985	209 360	214 525	211 495	236 480	222 467	219 1
	Rural – Rurale									
	5 IV 1981(C) [44 45]									
4	Rural – Rurale	2 948 881	48 444	164 265	221 377	243 435	205 285	170 543	157 598	154 6
5	Male – Masculin	1 467 595	25 253	84 058	113 456	125 181	104 588	89 028	83 380	78 7
6	Female – Féminin	1 481 286	23 191	80 207	107 921	118 254	100 697	81 515	74 218	75 8
	Semi–urban – Semi–urbaine									
	5 IV 1981(C) [44 45]									
7	Semi–urban – Semi–urbaine	1 136 650	23 141	74 320	93 856	99 417	85 602	79 387	73 754	72 4
8	Male – Masculin	572 170	12 644	38 875	48 062	51 387	45 376	41 760	38 181	36 3
9	Female – Féminin	564 480	10 497	35 445	45 794	48 030	40 226	37 627	35 573	36 0
	Hungary – Hongrie									
	Urban – Urbaine									
	1 VII 1987									
10	Urban – Urbaine	6 266 277	70 936	292 422	452 869	507 384	451 238	407 023	420 242	557 3
11	Male – Masculin	2 994 596	36 342	149 732	231 672	260 895	230 690	204 217	209 053	275 2
12	Female – Féminin	3 271 681	34 594	142 690	221 197	246 489	220 548	202 806	211 189	282 1
	Rural – Rurale									
	1 VII 1987									
13	Rural – Rurale	4 346 464	54 002	210 444	307 153	350 590	282 585	240 654	273 561	349 4
14	Male – Masculin	2 126 837	27 491	107 238	157 878	180 206	146 937	129 401	144 203	184 7
15	Female – Féminin	2 219 627	26 511	103 206	149 275	170 384	135 648	111 253	129 358	164 6
	Ireland – Irlande									
	Urban – Urbaine									
	5 IV 1981(C)									
16	Urban – Urbaine	1 914 785	*—— 194	528 ——*	193 469	192 347	193 124	172 407	147 844	133 9
17	Male – Masculin	929 045	*—— 99	943 ——*	98 946	98 509	95 930	83 005	72 273	66 4
18	Female – Féminin	985 740	*—— 94	585 ——*	94 523	93 838	97 194	89 402	75 571	67 4
	Rural – Rurale									
	5 IV 1981(C)									
19	Rural – Rurale	1 528 620	*—— 158	476 ——*	156 018	148 891	133 305	103 720	98 209	97 9
20	Male – Masculin	800 309	*—— 81	087 ——*	80 162	76 762	70 747	57 441	52 105	51 7
21	Female – Féminin	728 311	*—— 77	389 ——*	75 856	72 129	62 558	46 279	46 104	46 1
	Netherlands – Pays-Bas									
	Urban – Urbaine									
	1 VII 1987 [1 30 46]									
22	Urban – Urbaine	7 455 020	*—— 425	195 ——*	410 334	428 450	574 651	702 146	684 509	604 8
23	Male – Masculin	3 642 031	*—— 216	710 ——*	209 644	219 075	290 840	351 424	350 910	309 8
24	Female – Féminin	3 812 989	*—— 208	485 ——*	200 690	209 375	283 811	350 722	333 599	294 9
	Rural – Rurale									
	1 VII 1987 [1 30 46]									
25	Rural – Rurale	1 693 522	*—— 115	796 ——*	118 265	128 193	153 244	134 569	131 731	131 0
26	Male – Masculin	859 003	*—— 59	455 ——*	60 474	65 575	79 038	71 654	67 614	67 5
27	Female – Féminin	834 519	*—— 56	341 ——*	57 791	62 618	74 206	62 915	64 117	63 4
	Semi–urban – Semi–urbaine									
	1 VII 1987 [1 30 46]									
28	Semi–urban – Semi–urbaine	5 515 087	*—— 347	293 ——*	362 349	396 083	485 065	434 920	432 239	435 5
29	Male – Masculin	2 746 948	*—— 177	454 ——*	185 289	202 600	249 599	225 922	217 977	219 5
30	Female – Féminin	2 768 139	*—— 169	839 ——*	177 060	193 483	235 466	208 998	214 262	215 9
	Norway – Norvège									
	Urban – Urbaine									
	1 XI 1980(C) [1]									
31	Urban – Urbaine	2 893 193	*—— 262	846 ——*	*—— 412	048 ——*	173 679	224 833	228 780	*——
32	Male – Masculin	1 409 663	*—— 134	119 ——*	*—— 211	081 ——*	88 333	111 279	114 958	*——
33	Female – Féminin	1 483 530	*—— 128	727 ——*	*—— 200	967 ——*	85 346	113 554	113 822	*——

7. Population selon l'âge, le sexe et la résidence, urbaine/rurale: dernière année disponible, 1979 – 1988 (suite)

Données selon la résidence urbaine/rurale

(Voir notes à la fin du tableau.)

Age (en années)												
35 – 39	40 – 44	45 – 49	50 – 54	55 – 59	60 – 64	65 – 69	70 – 74	75 – 79	80 – 84	85 +	Unknown Inconnu	
343 866	390 066	378 239	375 695	270 938	220 472	213 265	167 667	111 291	63 073	32 633	683	1
166 966	183 068	186 005	179 556	127 345	99 119	96 445	72 481	46 717	24 964	12 215	372	2
176 900	206 998	192 234	196 139	143 593	121 353	116 820	95 186	64 574	38 109	20 418	311	3
146 473	191 778	210 025	217 847	164 134	144 115	167 766	148 128	101 683	57 782	32 890	693	4
73 784	93 484	105 752	108 610	80 674	68 145	80 340	69 660	47 261	23 341	12 476	342	5
72 689	98 294	104 273	109 237	83 460	75 970	87 426	78 468	54 422	34 441	20 414	351	6
64 221	77 487	75 828	75 914	53 945	45 327	47 575	40 867	28 708	15 893	8 867	77	7
31 560	39 168	38 791	37 960	27 012	21 653	22 215	18 798	12 605	6 587	3 126	39	8
32 661	38 319	37 037	37 954	26 933	23 674	25 360	22 069	16 103	9 306	5 741	38	9
499 769	438 643	383 064	346 609	351 219	327 262	248 986	193 306	174 489	91 654	51 818	–	10
244 632	215 145	184 321	162 366	163 916	142 497	102 185	75 592	62 761	29 295	14 048	–	11
255 137	223 498	198 743	184 243	187 303	184 765	146 801	117 714	111 728	62 359	37 770	–	12
313 955	262 992	270 340	274 883	283 069	275 811	202 990	148 931	139 311	70 986	34 779	–	13
163 921	133 315	129 715	128 866	129 789	124 883	86 763	60 707	54 170	25 398	11 160	–	14
150 034	129 677	140 625	146 017	153 280	150 928	116 227	88 224	85 141	45 588	23 619	–	15
111 224	95 780	85 251	79 795	76 239	66 075	61 524	48 250	33 073	18 913	10 970	–	16
55 261	47 408	42 040	38 125	35 230	29 430	26 141	19 398	12 021	5 931	2 965	–	17
55 963	48 372	43 211	41 670	41 009	36 645	35 383	28 852	21 052	12 982	8 005	–	18
82 605	70 144	66 599	69 885	73 367	73 191	72 395	54 888	35 378	21 549	12 014	–	19
44 025	37 912	35 741	37 195	38 059	38 548	38 165	28 982	17 151	9 484	4 945	–	20
38 580	32 232	30 858	32 690	35 308	34 643	34 230	25 906	18 227	12 065	7 069	–	21
576 048	507 884	406 607	374 604	371 740	360 639	320 693	269 338	208 890	135 832	92 657	–	22
296 492	261 408	207 843	187 532	179 200	166 701	141 560	109 830	75 508	42 457	25 011	–	23
279 556	246 476	198 764	187 072	192 540	193 938	179 133	159 508	133 382	93 375	67 646	–	24
132 927	122 489	94 620	84 600	78 828	72 278	62 676	51 012	38 757	25 276	17 258	–	25
69 279	63 891	49 776	43 748	39 669	35 094	29 434	23 355	16 568	10 269	6 566	–	26
63 648	58 598	44 844	40 852	39 159	37 184	33 242	27 657	22 189	15 007	10 692	–	27
457 604	426 782	333 191	292 781	271 786	239 902	197 683	156 174	117 644	75 604	52 458	–	28
232 486	218 895	170 262	148 340	135 385	115 168	91 325	67 675	46 061	26 545	16 382	–	29
225 118	207 887	162 929	144 441	136 401	124 734	106 358	88 499	71 583	49 059	36 076	–	30
—— 719 578 ——	————	——*	*—— 315 828	——*	210 730	77 634	*—— 186 727	——*	*—— 80 510	——*	–	31
—— 364 435 ——	————	——*	*—— 154 253	——*	98 039	34 300	*—— 72 996	——*	*—— 25 870	——*	–	32
—— 355 143 ——	————	——*	*—— 161 575	——*	112 691	43 334	*—— 113 731	——*	*—— 54 640	——*	–	33

7. Population by age, sex and urban/rural residence: latest available year, 1979 – 1988 (continued)

Data by urban/rural residence

(See notes at end of table.)

	Continent, country or area, sex, date and urban/rural residence Continent, pays ou zone, sexe, date et résidence, urbaine/rurale	All ages Tous âges	Age (in years) -1	1 – 4	5 – 9	10 – 14	15 – 19	20 – 24	25 – 29	30 –
	EUROPE (Cont.–Suite)									
	Norway – Norvège									
	Rural – Rurale									
	1 XI 1980(C) [1]									
1	Rural – Rurale	1 197 939	*—— 104	192 ——*	*—— 177	518 ——*	77 072	84 303	75 538	*——
2	Male – Masculin	617 420	*—— 53	562 ——*	*—— 91	495 ——*	40 291	46 691	41 174	*——
3	Female – Féminin	580 519	*—— 50	630 ——*	*—— 86	023 ——*	36 781	37 612	34 364	*——
	Poland – Pologne									
	Urban – Urbaine									
	1 VII 1987 [34]									
4	Urban – Urbaine	22 879 384	333 515	1 557 397	1 977 049	1 793 984	1 539 971	1 522 309	1 899 679	2 215 4
5	Male – Masculin	10 985 709	171 125	799 394	1 012 478	916 336	781 649	758 947	927 959	1 075 4
6	Female – Féminin	11 893 675	162 390	758 003	964 571	877 648	758 322	763 362	971 720	1 140 0
	Rural – Rurale									
	1 VII 1987 [34]									
7	Rural – Rurale	14 784 372	280 371	1 153 250	1 317 671	1 243 221	1 041 066	1 070 188	1 178 875	1 138 2
8	Male – Masculin	7 384 007	143 998	590 704	674 432	635 328	536 949	566 653	650 207	621 5
9	Female – Féminin	7 400 365	136 373	562 546	643 239	607 893	504 117	503 535	528 668	516 6
	Portugal									
	Urban – Urbaine									
	16 III 1981(C)									
10	Urban – Urbaine	2 918 549	36 950	173 104	237 693	222 239	231 170	225 033	216 859	219 8
11	Male – Masculin	1 372 106	18 803	88 678	121 118	112 650	114 608	109 615	103 913	105 2
12	Female – Féminin	1 546 443	18 147	84 426	116 575	109 589	116 562	115 418	112 946	114 5
	Rural – Rurale									
	16 III 1981(C)									
13	Rural – Rurale	6 914 465	109 303	472 339	624 640	632 405	628 572	543 284	463 099	410 0
14	Male – Masculin	3 365 609	55 824	241 483	318 653	322 519	319 047	276 191	233 258	202 3
15	Female – Féminin	3 548 856	53 479	230 856	305 987	309 886	309 525	267 093	229 841	207 7
	Sweden – Suède									
	Urban – Urbaine									
	8 IX 1980(C) [1]									
16	Urban – Urbaine	6 913 493	60 567	324 836	467 336	483 390	483 736	478 302	498 033	563 8
17	Male – Masculin	3 378 530	31 137	166 514	238 813	247 478	245 613	239 742	252 440	285 6
18	Female – Féminin	3 534 963	29 430	158 322	228 523	235 912	238 123	238 560	245 593	278 2
	Rural – Rurale									
	8 IX 1980(C) [1]									
19	Rural – Rurale	1 406 945	11 684	62 221	87 305	93 922	95 043	74 891	81 527	96 6
20	Male – Masculin	743 668	5 915	31 749	45 085	48 539	50 773	42 788	43 985	52 6
21	Female – Féminin	663 277	5 769	30 472	42 220	45 383	44 270	32 103	37 542	44 0
	Switzerland – Suisse									
	Urban – Urbaine									
	2 XII 1980(C) [1]									
22	Urban – Urbaine	3 632 590	34 715	144 122	197 393	240 578	277 929	289 921	283 435	297 7
23	Male – Masculin	1 739 483	17 713	73 745	100 981	122 234	138 469	144 096	140 970	149 3
24	Female – Féminin	1 893 107	17 002	70 377	96 412	118 344	139 460	145 825	142 465	148 3
	Rural – Rurale									
	2 XII 1980(C) [1]									
25	Rural – Rurale	2 733 370	32 706	140 327	197 200	234 532	233 779	193 542	192 646	211 2
26	Male – Masculin	1 375 329	16 766	71 843	101 633	120 755	123 515	101 715	99 870	110 4
27	Female – Féminin	1 358 041	15 940	68 484	95 567	113 777	110 264	91 827	92 776	100 7
	United Kingdom – Royaume–Uni									
	Scotland – Ecosse									
	Urban – Urbaine									
	5 IV 1981(C)									
28	Urban – Urbaine	4 474 096	*—— 273	476 ——*	305 479	378 820	400 227	355 889	306 220	317 3
29	Male – Masculin	2 145 747	*—— 140	396 ——*	156 370	194 177	203 179	178 654	153 705	159 0
30	Female – Féminin	2 328 349	*—— 133	080 ——*	149 109	184 643	197 048	177 235	152 515	158 2
	Rural – Rurale									
	5 IV 1981(C)									
31	Rural – Rurale	559 846	*—— 34	873 ——*	38 930	46 331	46 015	37 733	35 888	41 3
32	Male – Masculin	281 373	*—— 17	882 ——*	19 963	23 980	24 226	20 414	18 385	21 3
33	Female – Féminin	278 473	*—— 16	991 ——*	18 967	22 351	21 789	17 319	17 503	20 0

7. Population selon l'âge, le sexe et la résidence, urbaine/rurale: dernière année disponible, 1979 – 1988 (suite)

Données selon la résidence urbaine/rurale

(Voir notes à la fin du tableau.)

Age (en années)												
35 – 39	40 – 44	45 – 49	50 – 54	55 – 59	60 – 64	65 – 69	70 – 74	75 – 79	80 – 84	85 +	Unknown Inconnu	
—— 257 675 ——		——*	*—— 134 497	——*	101 484	40 626	*—— 101 101	——*	*—— 43 933	——*	–	1
—— 135 372 ——		——*	*—— 69 371	——*	50 818	20 443	*—— 48 810	——*	*—— 19 393	——*	–	2
—— 122 303 ——		——*	*—— 65 126	——*	50 666	20 183	*—— 52 291	——*	*—— 24 540	——*	–	3
2 077 597	1 362 126	1 243 393	1 254 646	1 197 678	993 960	617 810	486 003	434 738	245 905	126 139	–	4
1 017 931	668 074	601 084	599 775	562 230	422 477	248 807	176 901	144 909	71 326	28 876	–	5
1 059 666	694 052	642 309	654 871	635 448	571 483	369 003	309 102	289 829	174 579	97 263	–	6
973 892	650 894	688 783	777 603	840 260	756 698	534 327	430 291	393 599	218 592	96 530	–	7
516 927	329 790	343 147	380 105	395 591	330 345	231 058	175 930	155 781	77 183	28 286	–	8
456 965	321 104	345 636	397 498	444 669	426 353	303 269	254 361	237 818	141 409	68 244	–	9
196 882	188 837	190 302	181 643	163 407	123 511	113 987	89 493	58 767	31 487	17 384	–	10
94 628	90 224	89 064	83 503	74 110	53 832	46 706	33 245	19 236	8 803	4 101	–	11
102 254	98 613	101 238	98 140	89 297	69 679	67 281	56 248	39 531	22 684	13 283	–	12
368 544	385 323	396 598	388 819	368 324	308 778	294 320	242 846	158 071	79 192	39 911	–	13
174 334	183 050	188 953	184 879	175 073	145 276	135 343	105 924	62 814	28 446	12 180	–	14
194 210	202 273	207 645	203 940	193 251	163 502	158 977	136 922	95 257	50 746	27 731	–	15
532 876	406 185	360 176	372 775	403 762	382 653	352 039	306 361	220 358	132 308	83 984	–	16
272 449	206 267	179 738	182 403	195 419	182 032	160 875	132 222	86 651	47 220	25 908	–	17
260 427	199 918	180 438	190 372	208 343	200 621	191 164	174 139	133 707	85 088	58 076	–	18
90 092	73 549	73 999	83 204	96 214	97 941	93 379	79 939	57 802	35 501	22 078	–	19
49 076	38 862	38 516	43 572	50 783	52 152	50 426	42 751	29 402	17 121	9 520	–	20
41 016	34 687	35 483	39 632	45 431	45 789	42 953	37 188	28 400	18 380	12 558	–	21
286 201	245 916	234 733	220 093	203 954	162 263	159 027	145 648	107 728	63 988	37 219	–	22
144 154	122 142	115 643	105 095	94 951	74 552	68 317	57 971	38 949	20 050	10 105	–	23
142 047	123 774	119 090	114 998	109 003	87 711	90 710	87 677	68 779	43 938	27 114	–	24
196 839	164 437	157 198	146 813	142 164	121 678	119 387	103 231	76 479	44 822	24 374	–	25
103 576	85 308	80 422	72 747	69 404	59 247	56 155	45 792	31 367	16 503	8 213	–	26
93 263	79 129	76 776	74 066	72 760	62 431	63 232	57 439	45 112	28 319	16 161	–	27
263 565	254 904	253 606	257 544	257 467	222 754	212 860	179 515	125 733	68 783	39 914	–	28
130 652	124 406	123 284	123 269	122 236	100 489	92 232	72 036	43 679	19 122	8 792	–	29
132 913	130 498	130 322	134 275	135 231	122 265	120 628	107 479	82 054	49 661	31 122	–	30
36 690	33 198	32 024	32 055	32 284	28 515	27 938	24 013	16 759	9 559	5 721	–	31
18 813	16 849	16 160	16 270	16 202	13 947	13 444	11 164	7 232	3 422	1 702	–	32
17 877	16 349	15 864	15 785	16 082	14 568	14 494	12 849	9 527	6 137	4 019	–	33

7. Population by age, sex and urban/rural residence: latest available year, 1979 – 1988 (continued)

Data by urban/rural residence

(See notes at end of table.)

	Continent, country or area, sex, date and urban/rural residence / Continent, pays ou zone, sexe, date et résidence, urbaine/rurale	Age (in years) All ages / Tous âges	-1	1-4	5-9	10-14	15-19	20-24	25-29	30-
	EUROPE (Cont.–Suite)									
	Yugoslavia – Yougoslavie									
	Urban – Urbaine									
	31 III 1981(C) [1]									
1	Urban – Urbaine	10 336 855	*—— 876	522 ——*	822 115	751 666	758 230	857 125	987 219	920
2	Male – Masculin	5 030 815	*—— 449	808 ——*	421 813	384 825	381 283	408 739	482 188	454
3	Female – Féminin	5 306 040	*—— 426	714 ——*	400 302	366 841	376 947	448 386	505 031	466
	Rural – Rurale									
	31 III 1981(C) [1]									
4	Rural – Rurale	12 087 832	*—— 986	129 ——*	1 015 169	1 036 180	1 086 817	1 003 211	906 908	774
5	Male – Masculin	6 052 952	*—— 508	102 ——*	522 699	533 587	563 634	543 422	491 001	412
6	Female – Féminin	6 034 880	*—— 478	027 ——*	492 470	502 593	523 183	459 789	415 907	361
	OCEANIA—OCEANIE									
	Australia – Australie									
	Urban – Urbaine									
	1 VII 1981 [1]									
7	Urban – Urbaine	12 492 974	186 715	742 206	1 041 795	1 080 048	1 082 163	1 087 450	1 019 722	1 018
8	Male – Masculin	6 165 870	95 520	379 920	532 661	551 055	546 917	542 159	505 803	510
9	Female – Féminin	6 327 104	91 195	362 286	509 134	528 993	535 246	545 291	513 919	508
	Rural – Rurale									
	1 VII 1981 [1]									
10	Rural – Rurale	2 083 360	35 765	147 259	208 146	214 950	176 877	160 333	164 427	173
11	Male – Masculin	1 101 208	18 366	75 711	107 480	111 414	96 858	87 202	85 835	90
12	Female – Féminin	982 152	17 399	71 548	100 666	103 536	80 019	73 131	78 592	82
	Cook Islands – Iles Cook									
	Urban – Urbaine									
	1 XII 1981(C) [47]									
13	Urban – Urbaine	9 530	231	827	1 212	1 414	1 308	933	583	
14	Male – Masculin	4 933	110	438	617	744	683	481	289	
15	Female – Féminin	4 597	121	389	595	670	625	452	294	
	Rural – Rurale									
	1 XII 1981(C) [47]									
16	Rural – Rurale	8 139	221	931	1 341	1 398	1 120	457	298	
17	Male – Masculin	4 172	112	465	689	718	621	223	138	
18	Female – Féminin	3 967	109	466	652	680	499	234	160	
	Fiji – Fidji									
	Urban – Urbaine									
	31 VIII 1986(C)									
19	Urban – Urbaine	277 025	*—— 36	752 ——*	34 324	29 640	28 290	30 011	26 783	21
20	Male – Masculin	138 277	*—— 18	816 ——*	17 589	14 944	14 018	14 519	13 042	10
21	Female – Féminin	138 748	*—— 17	936 ——*	16 735	14 696	14 272	15 492	13 741	11
	Rural – Rurale									
	31 VIII 1986(C)									
22	Rural – Rurale	438 350	*—— 64	534 ——*	58 828	49 385	45 326	43 717	36 661	28
23	Male – Masculin	224 291	*—— 33	228 ——*	30 261	25 414	23 052	22 212	18 946	14
24	Female – Féminin	214 059	*—— 31	306 ——*	28 567	23 971	22 274	21 505	17 715	14
	New Caledonia – Nouvelle–Calédonie									
	Urban – Urbaine									
	15 IV 1983(C)									
25	Urban – Urbaine	60 112	*—— 5	941 ——*	6 249	6 658	6 627	5 623	4 862	[illegible]
	Rural – Rurale									
	15 IV 1983(C)									
26	Rural – Rurale	85 256	*—— 10	989 ——*	11 622	11 222	9 065	7 013	5 944	[illegible]
	New Zealand – Nouvelle–Zélande									
	Urban – Urbaine									
	4 III 1986(C) [35]									
27	Urban – Urbaine	2 735 547	42 009	160 062	204 921	236 424	257 304	243 729	223 983	202
28	Male – Masculin	1 338 744	21 396	82 104	104 646	120 126	129 174	121 422	110 571	99
29	Female – Féminin	1 396 803	20 613	77 958	100 275	116 298	128 130	122 307	113 412	10

7. Population selon l'âge, le sexe et la résidence, urbaine/rurale: dernière année disponible, 1979 – 1988 (suite)

Données selon la résidence urbaine/rurale

'oir notes à la fin du tableau.)

Age (en années)												
35 – 39	40 – 44	45 – 49	50 – 54	55 – 59	60 – 64	65 – 69	70 – 74	75 – 79	80 – 84	85 +	Unknown Inconnu	
661 583	747 017	736 903	647 464	*—— 763	640 ——*	*——	——	751 978 ——	——	——*	54 906	1
325 916	371 667	371 073	313 357	*—— 338	366 ——*	*——	——	300 991 ——	——	——*	26 758	2
335 667	375 350	365 830	334 107	*—— 425	274 ——*	*——	——	450 987 ——	——	——*	28 148	3
602 302	744 676	806 927	786 115	*— 1 013	100 ——*	*——	—— 1	282 498 ——	——	——*	43 185	4
309 206	374 419	397 909	380 861	*—— 437	045 ——*	*——	——	558 790 ——	——	——*	19 632	5
293 096	370 257	409 018	405 254	*—— 576	055 ——*	*——	——	723 708 ——	——	——*	23 553	6
828 932	699 511	618 865	653 348	632 612	522 970	462 226	351 677	232 081	138 600	93 078	–	7
419 352	355 158	314 377	329 896	312 778	246 632	210 172	151 530	91 830	45 442	24 466	–	8
409 580	344 353	304 488	323 452	319 834	276 338	252 054	200 147	140 251	93 158	68 612	–	9
148 301	123 190	104 274	104 196	93 873	76 762	62 659	42 625	24 867	13 492	8 107	–	10
78 324	66 441	56 629	57 273	50 564	40 956	33 707	22 513	12 657	5 879	2 932	–	11
69 977	56 749	47 645	46 923	43 309	35 806	28 952	20 112	12 210	7 613	5 175	–	12
510	475	380	319	257	170	149	95	58	29	13	–	13
237	234	219	164	151	89	75	54	24	13	7	–	14
273	241	161	155	106	81	74	41	34	16	6	–	15
299	305	314	297	265	210	172	123	93	32	12	–	16
144	148	156	165	135	111	96	63	43	17	7	–	17
155	157	158	132	130	99	76	60	50	15	5	–	18
17 652	14 060	11 167	8 650	6 199	4 015	3 027	1 896 *——	–	1 825 ——	——*	847	19
8 889	7 079	5 484	4 343	3 169	2 001	1 470	905 *——	–	825 ——	——*	459	20
8 763	6 981	5 683	4 307	3 030	2 014	1 557	991 *——	–	1 000 ——	——*	388	21
24 065	20 709	17 635	14 014	10 870	8 028	6 163	4 112 *——	–	3 966 ——	——*	1 516	22
12 146	10 491	8 967	7 159	5 580	4 197	3 139	2 192 *——	–	1 919 ——	——*	776	23
11 919	10 218	8 668	6 855	5 290	3 831	3 024	1 920 *——	–	2 047 ——	——*	740	24
4 718	3 742	2 974	2 406	1 702	1 223	981	835	434	225	110	–	25
4 879	4 501	3 566	3 137	2 438	1 867	1 475	1 000	541	251	98	–	26
197 976	158 661	137 883	120 474	125 808	118 512	99 600	84 735	61 050	35 592	23 940	–	27
97 860	78 708	68 577	60 468	63 267	56 883	44 451	36 258	24 222	12 480	6 558	–	28
100 116	79 953	69 306	60 006	62 541	61 629	55 149	48 477	36 828	23 112	17 382	–	29

7. Population by age, sex and urban/rural residence: latest available year, 1979 – 1988 (continued)

Data by urban/rural residence

(See notes at end of table.)

	Continent, country or area, sex, date and urban/rural residence Continent, pays ou zone, sexe, date et résidence, urbaine/rurale	Age (in years) All ages Tous âges	– 1	1 – 4	5 – 9	10 – 14	15 – 19	20 – 24	25 – 29	30 -
	OCEANIA—OCEANIE(Cont.–Suite)									
	New Zealand – Nouvelle–Zélande									
	Rural – Rurale									
	4 III 1986(C) [35]									
1	Rural – Rurale	527 742	9 444	37 557	49 098	55 467	42 792	39 168	43 080	43
2	Male – Masculin	277 926	4 848	19 302	25 080	28 767	23 751	21 633	22 326	22
3	Female – Féminin	249 816	4 596	18 255	24 018	26 700	19 041	17 535	20 754	20
	Niue – Nioué									
	Urban – Urbaine									
	28 IX 1981(C)									
4	Urban – Urbaine	877	*———	———	364 ———	———*	96	63	62	
5	Male – Masculin	436	*———	———	184 ———	———*	44	36	27	
6	Female – Féminin	441	*———	———	180 ———	———*	52	27	35	
	Rural – Rurale									
	28 IX 1981(C)									
7	Rural – Rurale	2 404	*———	———	952 ———	———*	342	198	132	
8	Male – Masculin	1 236	*———	———	505 ———	———*	200	103	67	
9	Female – Féminin	1 168	*———	———	447 ———	———*	142	95	65	
	Pacific Islands – Iles du Pacifique [36]									
	Urban – Urbaine									
	15 IX 1980(C) [7]									
10	Urban – Urbaine	35 153	1 351	4 782	5 187	4 590	3 935	3 164	2 745	2
11	Male – Masculin	17 931	694	2 467	2 732	2 361	1 960	1 551	1 360	1
12	Female – Féminin	17 222	657	2 315	2 455	2 229	1 975	1 613	1 385	1
	Rural – Rurale									
	15 IX 1980(C) [7]									
13	Rural – Rurale	80 996	3 168	11 676	12 820	10 780	8 318	6 961	5 761	4
14	Male – Masculin	41 596	1 589	6 178	6 675	5 657	4 277	3 440	2 914	2
15	Female – Féminin	39 400	1 579	5 498	6 145	5 123	4 041	3 521	2 847	2
	Papua New Guinea – Papouasie–Nouvelle–Guinée									
	Urban – Urbaine									
	22 IX 1980(C)									
16	Urban – Urbaine	393 131	14 178	51 111	51 544	39 762	53 487	56 020	44 528	29
17	Male – Masculin	227 830	7 503	26 879	27 365	22 405	32 745	32 442	26 640	18
18	Female – Féminin	165 301	6 675	24 232	24 179	17 357	20 742	23 578	17 888	10
	Rural – Rurale									
	22 IX 1980(C)									
19	Rural – Rurale	2 617 596	88 562	318 771	382 433	347 173	250 193	201 804	175 064	184
20	Male – Masculin	1 347 842	45 875	165 732	198 468	182 057	134 834	103 526	86 398	88
21	Female – Féminin	1 269 754	42 687	153 039	183 965	165 116	115 359	98 278	88 666	95
	Vanuatu									
	Urban – Urbaine									
	15–16 I 1979(C)									
22	Urban – Urbaine	19 781	*—— 3	115 ——*	2 532	2 165	2 318	2 509	1 934	1
23	Male – Masculin	10 727	*—— 1	572 ——*	1 340	1 125	1 262	1 395	1 062	
24	Female – Féminin	9 054	*—— 1	543 ——*	1 192	1 040	1 056	1 114	872	
	Rural – Rurale									
	15–16 I 1979(C)									
25	Rural – Rurale	91 470	*—— 16	031 ——*	14 352	12 268	9 841	7 632	6 388	5
26	Male – Masculin	48 347	*—— 8	453 ——*	7 649	6 536	5 060	3 806	3 174	2
27	Female – Féminin	43 123	*—— 7	578 ——*	6 703	5 732	4 781	3 826	3 214	2

7. Population selon l'âge, le sexe et la résidence, urbaine/rurale: dernière année disponible, 1979 – 1988 (suite)

Données selon la résidence urbaine/rurale

Voir notes à la fin du tableau.)

Age (en années)												
35 – 39	40 – 44	45 – 49	50 – 54	55 – 59	60 – 64	65 – 69	70 – 74	75 – 79	80 – 84	85 +	Unknown Inconnu	
42 141	32 685	28 236	24 096	23 367	20 298	14 865	10 800	6 387	3 279	1 851	–	1
22 011	17 280	14 877	12 849	12 717	10 932	7 917	5 739	3 273	1 590	717	–	2
20 130	15 405	13 359	11 247	10 650	9 366	6 948	5 061	3 114	1 689	1 134	–	3
48	51	30	29	21	18	15	9 *—	–	13 —	—*	1	4
23	30	14	17	10	9	8	5 *—	–	3 —	—*	1	5
25	21	16	12	11	9	7	4 *—	–	10 —	—*	–	6
94	123	106	61	74	66	42	42 *—	–	83 —	—*	2	7
47	56	48	33	34	29	19	17 *—	–	35 —	—*	–	8
47	67	58	28	40	37	23	25 *—	–	48 —	—*	2	9
1 468	1 204	1 120	995	787	616	440	242	139	54	67	–	10
766	620	568	528	407	315	204	107	59	23	30	–	11
702	584	552	467	380	301	236	135	80	31	37	–	12
2 808	2 527	2 492	2 074	2 106	1 881	1 354	802	578	292	232	–	13
1 421	1 237	1 269	1 015	1 001	1 003	694	372	304	128	116	–	14
1 387	1 290	1 223	1 059	1 105	878	660	430	274	164	116	–	15
18 785	12 223	8 288	6 056	3 884	2 193	1 073	517 *—	–	426 —	—*	–	16
11 686	8 052	5 258	3 891	2 395	1 286	611	300 *—	–	234 —	—*	–	17
7 099	4 171	3 030	2 165	1 489	907	462	217 *—	–	192 —	—*	–	18
131 705	135 667	106 750	108 376	80 886	61 252	26 098	12 843 *—	–	5 742 —	—*	–	19
66 197	68 222	54 303	55 192	41 200	32 787	13 978	7 265 *—	–	3 050 —	—*	–	20
65 508	67 445	52 447	53 184	39 686	28 465	12 120	5 578 *—	–	2 692 —	—*	–	21
1 147	754	608	376	342	226 *—	—	—	323 —	—	—*	–	22
653	442	370	216	193	131 *—	—	—	171 —	—	—*	–	23
494	312	238	160	149	95 *—	—	—	152 —	—	—*	–	24
4 772	3 530	3 108	2 153	2 000	1 466 *—	—	—	2 918 —	—	—*	–	25
2 542	1 866	1 759	1 205	1 158	864 *—	—	—	1 776 —	—	—*	–	26
2 230	1 664	1 349	948	842	602 *—	—	—	1 142 —	—	—*	–	27

7. Population by age, sex and urban/rural residence: latest available year, 1979 – 1988 (continued)

Data by urban/rural residence

(See notes at end of table.)

	Continent, country or area, sex, date and urban/rural residence / Continent, pays ou zone, sexe, date et résidence, urbaine/rurale	All ages / Tous âges	Age (in years): – 1	1 – 4	5 – 9	10 – 14	15 – 19	20 – 24	25 – 29	30 –
	USSR—URSS									
	USSR – URSS									
	Urban – Urbaine									
	1 I 1987									
1	Urban – Urbaine	184 857 553	*— 15 764	006 ——*	14 214 354	13 328 152	12 962 218	15 004 790	18 382 951	16 261 1
2	Male – Masculin	86 900 000	*— 8 000	000 ——*	7 200 000	6 800 000	6 400 000	7 500 000	9 400 000	8 000 0
3	Female – Féminin	97 900 000	*— 7 700	000 ——*	7 000 000	6 600 000	6 600 000	7 500 000	9 000 000	8 200 0
	Rural – Rurale									
	1 I 1987									
4	Rural – Rurale	96 480 238	*— 10 378	839 ——*	9 011 835	8 934 060	7 673 753	7 162 102	6 293 755	5 966 6
5	Male – Masculin	45 100 000	*— 5 300	000 ——*	4 600 000	4 500 000	4 100 000	3 700 000	3 200 000	3 000 0
6	Female – Féminin	51 400 000	*— 5 100	000 ——*	4 400 000	4 400 000	3 600 000	3 400 000	3 100 000	3 000 0
	Byelorussian SSR – RSS de Biélorussie									
	Urban – Urbaine									
	1 I 1987									
7	Urban – Urbaine	6 438 264	*—— 596	096 ——*	539 337	468 137	494 820	576 774	679 229	583 5
8	Male – Masculin	3 058 160	*—— 304	521 ——*	275 960	239 275	233 891	280 990	336 953	282 7
9	Female – Féminin	3 380 104	*—— 291	575 ——*	263 377	228 862	260 929	295 784	342 276	300 8
	Rural – Rurale									
	1 I 1987									
10	Rural – Rurale	3 611 592	*—— 248	258 ——*	242 780	267 614	255 289	245 790	187 040	178 8
11	Male – Masculin	1 640 869	*—— 126	443 ——*	123 573	136 300	138 815	135 276	101 632	95 8
12	Female – Féminin	1 970 723	*—— 121	815 ——*	119 207	131 314	116 474	110 514	85 408	83 0
	Ukrainian SSR – RSS d'Ukraine									
	Urban – Urbaine									
	1 I 1987									
13	Urban – Urbaine	33 816 781	*— 2 659	619 ——*	2 460 722	2 361 344	2 369 102	2 655 728	3 056 013	2 792 5
14	Male – Masculin	15 839 382	*— 1 363	147 ——*	1 253 358	1 196 526	1 182 276	1 355 187	1 504 931	1 354 8
15	Female – Féminin	17 977 399	*— 1 296	472 ——*	1 207 364	1 164 818	1 186 826	1 300 541	1 551 082	1 437 7
	Rural – Rurale									
	1 I 1987									
16	Rural – Rurale	22 721 627	*— 2 272	281 ——*	2 233 650	1 714 062	1 901 532	1 963 343	1 649 168	1 839 8
17	Male – Masculin	9 910 832	*— 1 161	036 ——*	1 138 223	871 714	943 944	977 223	766 165	782 3
18	Female – Féminin	12 810 795	*— 1 111	245 ——*	1 095 427	842 348	957 588	986 120	883 003	1 057 5

GENERAL NOTES

(C) after date indicates data are results of a census. Unless otherwise specified, age is defined as age at last birthday (completed years). For definitions of urban , see Technical Notes for table 6. For method of evaluation and limitations of data, see Technical Notes, page 56.

Italics: estimates which are less reliable.

FOOTNOTES

* Provisional.
1 De jure population.
2 For classification by urban/rural residence, see end of table.
3 Data have been adjusted for underenumeration, at latest census.
4 Excluding Mayotte.
5 Excluding Bophuthatswana, Ciskei, Traskei and Venda. Data have not been adjusted for underenumeration.
6 Because of rounding, totals are not in all cases the sum of the parts.
7 De jure population, but including armed forces stationed in the area.
8 Age classification based on year of birth rather than on completed years of age.
9 De jure population, but excluding civilian citizens absent from country for extended period of time.
10 Excluding armed forces overseas.

NOTES GENERALES

(C) après la date indique qui'il s'agit des donnéesde recensement. Sauf indication contraire, l'âge désigne l'âge au dernier anniversaire (années révolues). Pour les définitions de "zones urbaines", voir les Notes techniques relatives au tableau 6. Pour la méthode d'évaluation et les insuffisances des données, voir Notes techniques, page 56.
Italiques: estimations moins sûres.

NOTES

* Données provisoires.
1 Population de droit.
2 Pour le classement selon la résidence, urbaine/rurale, voir la fin du tableau.
3 Les données ont été adjustées pour compenser les lacunes du dénombrement lors du dernier recensement.
4 Non compris Mayotte.
5 Non compris Bophuthatswana, Ciskei, Transkei et Venda. Les données n'ont pas été ajustées pour compenser les lacunes du dénombrement.
6 Les chiffres étant arrondis, les totaux ne correspondent pas toujours rigoureusement à la somme des chiffres partiels.
7 Population de droit, mais y compris les militaires en garnison sur le territoire.
8 La classification par âge est fondées sur l'année de naissance et non sur l'âge en années révolues.
9 Population de droit, mais non compris les civils hors du pays pendant une période prolongée.
10 Non compris les militaires à l'étranger.

Données selon la résidence urbaine/rurale

(Voir notes à la fin du tableau.)

Age (en années) 35 – 39	40 – 44	45 – 49	50 – 54	55 – 59	60 – 64	65 – 69	70 – 74	75 – 79	80 – 84	85 +	Unknown Inconnu	
14 516 491	7 984 857	13 541 192	9 707 443	10 431 273	8 006 030	4 495 175	*—	10 257 519		—*	–	1
7 100 000	3 900 000	6 400 000	4 500 000	4 600 000	2 900 000	1 500 000	*—	2 700 000		—*	–	2
7 400 000	4 100 000	7 200 000	5 200 000	5 800 000	5 100 000	3 000 000	*—	7 500 000		—*	–	3
4 933 320	3 053 780	6 031 697	5 416 294	6 136 401	4 739 126	2 871 310	*—	7 877 349		—*	–	4
2 500 000	1 400 000	2 800 000	2 500 000	2 800 000	1 700 000	900 000	*—	2 100 000		—*	–	5
2 500 000	1 600 000	3 200 000	2 900 000	3 400 000	3 000 000	2 000 000	*—	5 800 000		—*	–	6
527 848	300 559	424 516	329 000	310 395	239 088	122 135	*—	246 744		—*	–	7
257 070	147 027	203 041	152 117	141 676	89 664	43 768	*—	69 492		—*	–	8
270 778	153 532	221 475	176 883	168 719	149 424	78 367	*—	177 252		—*	–	9
157 471	123 793	230 079	294 834	323 293	264 462	146 801	*—	445 244		—*	–	10
82 429	57 623	103 614	130 624	142 719	92 674	47 347	*—	125 980		—*	–	11
75 042	66 170	126 465	164 210	180 574	171 788	99 454	*—	319 264		—*	–	12
2 649 919	1 642 115	2 735 889	1 816 876	2 002 589	1 629 747	918 998	*—	2 065 583		—*	–	13
1 278 800	783 525	1 282 223	860 292	910 649	606 363	314 324	*—	592 960		—*	–	14
1 371 119	858 590	1 453 666	956 584	1 091 940	1 023 384	604 674	*—	1 472 623		—*	–	15
1 366 832	1 091 509	1 481 071	1 309 877	1 152 318	906 425	731 177	*—	1 107 432		—*	1 055	16
520 429	380 148	525 887	494 225	387 330	331 013	258 387	*—	372 392		—*	370	17
846 403	711 361	955 184	815 652	764 988	575 412	472 790	*—	735 040		—*	685	18

FOOTNOTES (continued)

11 Excluding Indian jungle population.
12 Excluding nomadic Indian tribes.
13 Excluding Indian jungle population, estimated at 39 800 in 1972.
14 Excluding Indian jungle population, estimated at 31 800 in 1961.
15 Excluding nomads.
16 For the civilian population of 29 provinces, municipalities and autonomous regions.
17 Including data for the Indian–held part of Jammu and Kashmir, the final status of which has not yet been determined.
18 Including data for East Jerusalem and Israeli residents in certain other territories under occupation by Israeli military forces since June 1967.
19 Excluding diplomatic personnel outside the country, and foreign military and civilian personnel and their dependants stationed in the area.
20 Excluding data for Jordanian territory under occupation since June 1967 by Israeli military forces.
21 Including military and diplomatic personnel and their families abroad, numbering 933 at 1961 census, but excluding foreign military and diplomatic personnel and their families in the country, numbering 389 at 1961 census. Also including registered Palestinian refugees numbering 722 687 on 31 May 1967.

NOTES (suite)

11 Non compris les Indiens de la jungle.
12 Non compris les tribus d'Indiens nomades.
13 Non compris les Indiens de la jungle, estimés à 39 800 personnes en 1972.
14 Non compris les Indiens de la jungle, estimés à 31 800 personnes en 1961.
15 Non compris les nomades.
16 Pour la population civil seulement de 29 provinces, municipalités et régions autonomes.
17 Y compris les données pour la partie du Jammu–et–Cachemire occupée par l'Inde, dont le statut définitif n'a pas encore été déterminé.
18 Y compris les données pour Jérusalem–Est et les résidents israéliens dans certains autres territoires occupés depuis juin 1967 par les forces armées israéliennes.
19 Non compris le personnel diplomatique hors du pays, les militaires et agents civils étrangers en poste sur le territoire et les membres de leur famille les accompagnant.
20 Non compris les données pour le territoire jordanien occupé depuis juin 1967 par les forces armées israéliennes.
21 Y compris les militaires, les personnel diplomatique à l'étranger et les membres de leur famille les accompagnant au nombre de 933 personnes au recensement de 1961, mais non compris les militaires, le personnel diplomatique étranger en poste dans le pays et les membres de leur famille les accompagnant au nombre de 389 personnes au recensement de 1961. Y compris également les réfugiés de Palestine immatriculés, au nombre de 722 687 au 31 mai 1967.

FOOTNOTES (continued)

22 Excluding alien armed forces, civilian aliens employed by armed forces, and foreign diplomatic personnel and their dependants and Korean diplomatic personnel and their dependants stationed outside the country.
23 Formerly listed as "Burma".
24 Excluding data for Jammu and Kashmir, the final status of which has not yet been determined, Junagardh, Manavadar, Gilgit and Baltistan. Also excluding federally administered tribal areas.
25 Excluding transients afloat and non–locally domiciled military and civilian services personnel and their dependants and visitors, numbering 5 553, 5 187 and 8 985 respectively at 1980 census.
26 Including Palestinian refugees.
27 Excluding the Faeroe Islands and Greenland, shown separately.
28 De jure population but excluding diplomatic personnel outside the country and including foreign diplomatic personnel not living in embassies or consulates.
29 The data which relate to the German Democratic Republic and the Federal Republic of Germany include the relevant data relating to Berlin, for which separate data have not been supplied. This is without prejudice to any question of status which may be involved.
30 Figure differs from corresponding estimate shown elsewhere because it is a mean of end–year estimates rather than an estimate as of 1 July.
31 Including families of servicemen, but excluding visitors and transients.
32 Excluding armed forces stationed outside the country, but including alien armed forces stationed in the area.
33 Maltese population only.
34 Excluding civilian aliens within the country, and including civilian nationals temporarily outside the country.
35 Excluding diplomatic personnel and armed forces stationed outside the country, the latter numbering 1 936 at 1966 census; also excluding alien armed forces within the country.
36 Excluding Northern Marianas.
37 For indigenous population only.
38 Data have not been adjusted for underenumeration, estimated at 5.0 per cent.
39 Data have not been adjusted for underenumeration, estimated at 13.7 per cent.
40 Excluding population residing in institutions.
41 Including 26 106 transients and 9 131 Vietnamese refugees.
42 Excluding 1 183 005 persons from areas restricted by security reasons.
43 Based on a sample of census returns.
44 Including armed forces stationed outside the country, but excluding alien armed forces stationed in the area.
45 Based on a 10 per cent sample of census returns.
46 Excluding persons on the Central Register of Population (containing persons belonging to the Netherlands population but having no fixed municipality of residence).
47 Excluding 85 persons at sea.

NOTES (suite)

22 Non compris les militaires étrangers, les civils étrangers employés par les forces armées, le personnel diplomatique étranger et les membres de leur famille les accompagnant, le personnel diplomatique coréen hors du pays et les membres de leur famille les accompagnant.
23 Antérieurement désigné sous le nom de "Birmanie".
24 Non compris les données pour le Jammu–et–Cachemire, dont le statut définitif n'a pas encore été déterminé, le Junagardh, le Manavadar, le Gilgit et le Baltistan. Non compris également les zones tribales administrées par le gouvernement fédéral.
25 Non compris les personnes de passage à bord de navires, les militaires et agents civils non résidents et les membres de leur famille les accompagnant et les visiteurs, au nombre de 5 553, 5 187 et 8 985 respectivement, au recensement de 1980.
26 Y compris les réfugiés de Palestine.
27 Non compris les îles Féroé et le Groenland, qui font l'objet de rubriques distinctes.
28 Population de droit, non compris le personnel diplomatique hors du pays, mais y compris le personnel diplomatique étranger qui ne vit pas dans les ambassades ou les consulats.
29 Les données relatives à la République démocratique allemande et à la République fédérale d'Allemagne, incluent les données pertinentes relatives à Berlin, pour lequel des données séparées n'ont pas été fournies. Cela sans préjudice des questions de statut qui peuvent se poser à cet égard.
30 Ce chiffre s'écarte de l'estimation correspondante indiquée ailleurs, car il s'agit d'une moyenne d'estimations de fin d'année et non d'une estimation au 1er juillet.
31 Y compris les familles des militaires, mais non compris les visiteurs et les personnes de passage.
32 Non compris les militaires en garnison hors du pays, mais y compris les militaires étrangers en garnison sur le territoire.
33 Population maltaise seulement.
34 Non compris les civils étrangers dans le pays, mais y compris les civils nationaux temporairement hors du pays.
35 Non compris le personnel diplomatique et les militaires hors du pays, ces derniers au nombre de 1 936 au recensement de 1966; non compris également les militaires étrangers dans le pays.
36 Non compris les Mariannes septentrionales.
37 Pour la population indigène seulement.
38 Les données n'ont pas été adjustées pour compenser les lacunes du dénombrement, estimées à 5,0 p. 100.
39 Les données n'ont pas été adjustées pour compenser les lacunes du dénombrement, estimées à 13,7 p.100.
40 Non compris la population dans les institutions.
41 Y compris 26 106 transients et 9 131 réfugiés du Viet Nam.
42 Non compris 1 183 005 personnes des zones limitées pour raisons de sécurité.
43 D'après un échantillon des bulletins de recensement.
44 Y compris les militaires en garnison hors du pays, mais non compris les militaires étrangers en garnison sur le territoire.
45 D'après un échantillon de 10 p. 100 des bulletins de recensement.
46 Non compris les personnes inscrites sur le Registre central de la population (personnes appartenant à la population néerlandaise mais sans résidence fixe dans l'une des municipalités).
47 Non compris l85 personnes à bord de navires.

8. Population of capital cities and cities of 100 000 and more inhabitants: latest available year

Population des capitales et des villes de 100 000 habitants et plus: dernière année disponible

(See notes at end of table. – Voir notes à la fin du tableau.)

Continent, country or area, city and date Continent, pays ou zone, ville et date	Population City proper Ville proprement dite	Population Urban agglomeration Agglomération urbaine
AFRICA—AFRIQUE		
Algeria – Algérie		
12 II 1977 [1]		
ALGER	1 523 000	1 740 461
Annaba	239 975	246 049
Banta	102 756	102 756
Blida	138 240	158 047
Constantine	344 454	378 668
Oran	490 788	543 485
Setif	129 754	129 754
Sidi–bel–Abbès	112 998	112 998
Angola		
15 XII 1970		
LUANDA	...	[1] 475 328
Benin – Bénin		
1 VII 1981(E)		
Cotonou	383 250	...
PORTO–NOVO	144 000	...
Botswana		
1 VII 1987(E)		
GABERONE	107 677	...
Burkina Faso		
31 XII 1983(E)		
Bobo Dioulasso	173 925	...
OUAGADOUGOU	307 937	...
Burundi		
1 I 1987(E)		
BUJUMBURA	215 243	...
Cameroon – Cameroun		
VIII 1983(E)		
Douala	...	708 000
30 VI 1986(E)		
Douala	1 029 731	...
Mardua	...	103 653
Nkongsamba	...	123 149
VIII 1983(E)		
YAOUNDE	...	485 184
30 VI 1986(E)		
YAOUNDE	653 670	...
Cape Verde – Cap–Vert		
1 – 2 VI 1980		
PRAIA	57 748	...
Central African Republic – République centrafricaine		
31 XII 1984(E)		
BANGUI	473 817	...
Chad – Tchad		
1972(E)		
NDJAMENA	179 000	...
Comoros – Comores		
15 IX 1980		
MORONI	17 267	...
Congo		
22 XII 1984		
BRAZZAVILLE	596 200	...
Point Noire	298 014	...
Côte d'Ivoire		
30 IV 1975		
ABIDJAN	109 515	951 216
15 VI 1979(E)		
ABIDJAN	...	1 423 323
Bouake	...	272 640
Djibouti		
1970(E)		
DJIBOUTI	...	[2] 62 000
Egypt – Egypte		
1 VII 1986(E)		
Alexandria	2 893 000	...
Assyût	291 000	...
Aswan	196 000	...
Beni–Suef	163 000	...
17 – 18 IX 1986		
CAIRO	6 052 836	...
1 VII 1986(E)		
Damanhûr	226 000	...
El–Mahalla El–Kubra	385 000	...
Faiyûm	227 000	...
17 – 18 IX 1986		
Giza	1 857 508	...
1 VII 1986(E)		
Ismailia	236 000	...
Kafr–El–Dwar	194 000	...
Kena	142 000	...
Mansûra	358 000	...
Menia	203 000	...
Port Said	382 000	...
Shebin–El–Kom	136 000	...
17 – 18 IX 1986		
Shubra–El–Khema	710 794	...

8. Population of capital cities and cities of 100 000 and more inhabitants: latest available year (continued)

Population des capitales et des villes de 100 000 habitants et plus: dernière année disponible (suite)

(See notes at end of table. – Voir notes à la fin du tableau.)

Continent, country or area, city and date Continent, pays ou zone, ville et date	Population City proper Ville proprement dite	 Urban agglomeration Agglomération urbaine
AFRICA—AFRIQUE (Cont.–Suite)		
Egypt – Egypte		
1 VII 1986(E)		
Sohag	141 000	...
Suez	265 000	...
Tanta	374 000	...
Zagazig	274 000	...
Equatorial Guinea – Guinée équatoriale		
1 I 1983(E)		
MALABO	34 980	...
Ethiopia – Ethiopie		
1 VII 1988(E)		
ADDIS ABABA	1 686 300	...
Asmara	319 353	...
Diredawa	117 042	...
Gabon		
1 VII 1967(E)		
LIBREVILLE	...	57 000
Gambia – Gambie		
1 VII 1980)(E)		
BANJUL	*49 181*	[3] 109 986
Ghana		
1 III 1970		
ACCRA	564 194	[4] 738 498
Kumasi	260 286	345 117
Sekondi–Takoradi [5]	91 874	160 868
Guinea – Guinée		
21 V 1967(E)		
CONAKRY	...	197 267
Guinea–Bissau – Guinée–Bissau		
16 – 30 IV 1979		
BISSAU	109 214	...
Kenya		
24 VIII 1979		
Kisumu	152 643	...
1 VII 1985(E)		
Mombasa	442 369	...
NAIROBI	1 162 189	...
Lesotho		
31 I 1972(E)		
MASERU	*13 312*	29 049
Liberia – Libéria		
1 – 14 II 1984		
MONROVIA	421 058	...
Libyan Arab Jamahiriya – Jamahiriya arabe libyenne		
31 VII 1973 [1]		
BENGAZI [6]	282 192	...
Misurata	103 302	...
TRIPOLI [6]	551 477	...
Madagascar		
1 I 1971(E)		
ANTANANARIVO	*347 466*	377 600
Malawi		
1 – 21 IX 1987		
Blantyre–Limbe	331 588	...
LILONGWE	233 973	...
Mali		
1 – 16 XII 1976		
BAMAKO	399 869	419 239
Mauritania – Mauritanie		
22 XII 1976		
NOUAKCHOTT	...	134 986
Mauritius – Maurice Island of Mauritius – Ile Maurice		
1 VII 1986(E)		
PORT–LOUIS	137 017	...
Morocco – Maroc [1]		
1 VII 1981(E)		
Agadir	...	245 800
Béni–Mellal	...	204 800
20 VII 1971		
Casablanca	1 371 330	...
1 VII 1981(E)		
Casablanca	...	2 408 600
El Jadida	...	164 000
20 VII 1971		
Fez	321 460	...
1 VII 1981(E)		
Fez	...	562 000
20 VII 1971		
Kénitra	135 960	...
1 VII 1981(E)		
Kénitra	...	449 700

8. Population of capital cities and cities of 100 000 and more inhabitants: latest available year (continued)

Population des capitales et des villes de 100 000 habitants et plus: dernière année disponible (suite)

(See notes at end of table. – Voir notes à la fin du tableau.)

Continent, country or area, city and date Continent, pays ou zone, ville et date	Population City proper Ville proprement dite	 Urban agglomeration Agglomération urbaine
AFRICA—AFRIQUE (Cont.–Suite)		
Morocco – Maroc [1]		
1 VII 1981(E)		
Khemisset	...	100 100
Khouribga	...	229 600
20 VII 1971		
Marrakech	330 400	...
1 VII 1981(E)		
Marrakech	...	548 700
20 VII 1971		
Meknès	244 520	...
1 VII 1981(E)		
Meknès	...	486 600
Nador	...	115 300
20 VII 1971		
Oujda	155 800	...
1 VII 1981(E)		
Oujda	...	470 500
20 VII 1971		
RABAT–SALE	435 510	...
1 VII 1981(E)		
RABAT–SALE	...	841 800
20 VII 1971		
Safi	129 100	...
1 VII 1981(E)		
Safi	...	255 700
Settat	...	167 000
20 VII 1971		
Tanger	185 850	...
1 VII 1981(E)		
Tanger	...	304 000
Taza	...	146 500
20 VII 1971		
Tétouan	137 080	...
1 VII 1981(E)		
Tétouan	...	371 700
Mozambique		
1 VIII 1986(E)		
Beira	264 202	...
MAPUTO	882 601	...
Napmpula	182 505	...
Namibia – Namibie		
6 IX 1960		
WINDHOEK	...	36 051

Continent, country or area, city and date Continent, pays ou zone, ville et date	Population City proper Ville proprement dite	 Urban agglomeration Agglomération urbaine
AFRICA—AFRIQUE (Cont.–Suite)		
Niger		
20 VII 1977		
NIAMEY	225 314	...
Nigeria – Nigéria		
1 VII 1975(E)		
Aba	177 000	...
Abeokuta	253 000	...
Ado–Ekiti	213 000	...
Benin	136 000	...
Calabar	103 000	...
Ede	182 000	...
Enugu	187 000	...
Ibadan	847 000	...
Ife	176 000	...
Ikere–Ekiti	145 000	...
Ila	155 000	...
Ilesha	224 000	...
Ilovin	282 000	...
1 VII 1971(E)		
Iseyin	115 083	...
1 VII 1975(E)		
Iwo	214 000	...
Kaduna	202 000	...
Kano	399 000	...
1 VII 1971(E)		
Kastisima	109 424	...
1 VII 1975(E)		
LAGOS	1 060 848	...
Maiduguri	189 000	...
Mushin	197 000	...
Ogbomosho	432 000	...
Onitsha	220 000	...
Oshogbo	282 000	...
Oyo	152 000	...
Port Harcourt	242 000	...
Zaria	224 000	...
Réunion		
1 VII 1986(E)		
SAINT–DENIS	*——— [8] 117 523 ———*	
Rwanda		
15 – 16 VIII 1978		
KIGALI	116 227	...
St. Helena – Sainte–Hélène		
31 X 1976		
JAMESTOWN	1 576	...

8. Population of capital cities and cities of 100 000 and more inhabitants: latest available year (continued)

Population des capitales et des villes de 100 000 habitants et plus: dernière année disponible (suite)

(See notes at end of table. – Voir notes à la fin du tableau.)

Continent, country or area, city and date Continent, pays ou zone, ville et date	Population City proper Ville proprement dite	 Urban agglomeration Agglomération urbaine
AFRICA—AFRIQUE (Cont.–Suite)		
Sao Tome and Principe – Sao Tomé–et–Principe		
15 XII 1960		
SAO TOME	5 714	...
Senegal – Sénégal		
16 IV 1976 [1]		
DAKAR	798 792	...
Kaolack	106 899	...
Thies	117 333	...
Seychelles		
1 VIII 1977		
PORT VICTORIA	...	23 012
Sierra Leone		
15 XII 1985		
FREETOWN	469 776	...
Somalia – Somalie		
VII 1972(E)		
MOGADISHU	230 000	...
South Africa – Afrique du Sud		
6 V 1970		
Benoni	151 294	151 294
5 III 1985		
Bloemfontein	104 381	232 984
6 V 1970		
Boksburg	106 126	106 126
5 III 1985		
Boksburg	110 832	...
CAPE TOWN [9]	776 617	1 911 521
Dlepmeadow	192 682	...
Durban	634 301	982 075
6 V 1970		
East London	119 727	124 763
5 III 1985		
East Rand	...	1 038 108
6 V 1970		
Germiston	221 972	221 972
5 III 1985		
Germiston	116 718	...
Johannesburg	632 369	1 609 408
Kathlehong	137 745	...
Kayamnandi	220 548	...
Lekoa	218 392	...
Mamelodi	127 033	...
Nyanga	148 882	...
AFRICA—AFRIQUE (Cont.–Suite)		
South Africa – Afrique du Sud		
6 V 1970		
Pietermaritzburg	114 822	160 855
5 III 1985		
Port Elizabeth	272 844	651 993
PRETORIA [9]	443 059	822 925
Roodepoort	141 764	...
Sasolburg	...	540 142
Soweto	521 948	...
6 V 1970		
Springs	142 812	142 812
5 III 1985		
Tembisa	149 282	...
6 V 1970		
Umlazi	123 495	123 495
Vereeniging	172 549	172 549
5 III 1985		
West Rand	...	647 334
Sudan – Soudan		
1 VII 1980(E) [1]		
Elobied	118 000	...
Juba	116 000	...
Kassala	149 000	...
KHARTOUM	561 000	...
Khartoum North	249 000	...
Medoni	153 000	...
Omdurman	454 000	...
Port Sudan	205 000	...
Ware	116 000	...
Swaziland		
25 VIII 1976		
MBABANE	23 109	...
Togo		
1 III – 30 IV 1970		
LOME	148 156	...
Tunisia – Tunisie		
30 III 1984		
Nabeul	...	334 702
Sfax	231 911	...
TUNIS	596 654	1 394 749
Uganda – Ouganda		
18 VIII 1969		
KAMPALA	...	330 700

8. Population of capital cities and cities of 100 000 and more inhabitants: latest available year (continued)

Population des capitales et des villes de 100 000 habitants et plus: dernière année disponible (suite)

(See notes at end of table. – Voir notes à la fin du tableau.)

Continent, country or area, city and date Continent, pays ou zone, ville et date	Population City proper Ville proprement dite	Population Urban agglomeration Agglomération urbaine
AFRICA—AFRIQUE (Cont.–Suite)		
United Rep. of Tanzania – Rép.–Unie de Tanzanie		
1 VII 1985(E)		
Dar es Salaam	1 096 000	...
DODOMA	85 000	...
Mbeya	194 000	...
Mwanza	252 000	...
Tabora	214 000	...
Tanga	172 000	...
Zanzibar	133 000	...
Western Sahara – Sahara Occidental		
30 II 1974(E)		
EL AAIUN	20 010	...
Zaire – Zaïre		
1 VII 1984		
Bukavu	171 064	...
Kananga	290 898	...
1976(E)		
Kikwit	133 206	...
1 VII 1984		
KINSHASA	2 653 558	...
Kisangani	282 650	...
Kolwezi	201 382	...
Likasi (Jadotville)	194 465	...
Lubumbashi	543 268	...
31 XII 1972(E)		
Luluabourg	506 033	...
1 VII 1984		
Matadi	144 742	...
Mbandaka	125 263	...
Mbuji–Mayi	423 363	...
Zambia – Zambie		
25 VIII 1980		
Chingola	145 993	...
Kabwe	136 003	...
Kitwe	320 320	...
Luanshya	129 589	...
LUSAKA	535 830	...
Mufulira	150 069	...
Ndola	281 315	...
Zimbabwe		
1 VII 1983(E)		
Bulawayo	429 000	...
Chitungwiza	202 000	...
HARARE	681 000	...

Continent, country or area, city and date Continent, pays ou zone, ville et date	Population City proper Ville proprement dite	Population Urban agglomeration Agglomération urbaine
AMERICA,NORTH— AMERIQUE DU NORD		
Antigua and Barbuda – Antigua–et–Barbuda		
7 IV 1970		
ST.JOHN CITY	21 814	...
Bahamas		
1 VII 1985(E)		
NASSAU	...	153 620
Barbados – Barbade		
12 V 1980		
BRIDGETOWN	7 466	...
Belize		
12 V 1980		
BELIZE CITY	39 041	...
Bermuda – Bermudes		
1 VII 1984(E) [10]		
HAMILTON	1 669	...
British Virgin Islands – Iles Vierges britanniques		
7 IV 1960		
ROAD TOWN	891	...
Canada [1]		
3 VI 1981		
Brampton	149 030	...
Burlington	114 855	...
Burnaby	136 495	...
Calgary	592 740	...
1 VI 1986(E)		
Calgary	...	641 900
Chicoutimi–Jonguière	...	139 400
3 VI 1981		
East York	101 975	...
Edmonton	532 250	...
1 VI 1986(E)		
Edmonton	...	695 800
3 VI 1981		
Etobicoke	298 710	...
Halifax	114 590	...
1 VI 1986(E)		
Halifax	...	292 700
3 VI 1981		
Hamilton	306 435	...
1 VI 1986(E)		
Hamilton	...	564 000

8. Population of capital cities and cities of 100 000 and more inhabitants: latest available year (continued)

Population des capitales et des villes de 100 000 habitants et plus: dernière année disponible (suite)

(See notes at end of table. – Voir notes à la fin du tableau.)

Continent, country or area, city and date Continent, pays ou zone, ville et date	Population City proper Ville proprement dite	Urban agglomeration Agglomération urbaine
AMERICA,NORTH— (Cont.–Suite) AMERIQUE DU NORD		
Canada (Cont.–Suite) [1]		
3 VI 1981		
Kitchener	139 735	...
1 VI 1986(E)		
Kitchener	...	309 300
3 VI 1981		
Laval	268 335	...
London	254 280	...
1 VI 1986(E)		
London	...	296 700
3 VI 1981		
Longueuil	124 320	...
Mississauga	315 055	...
Montréal	980 355	...
1 VI 1986(E)		
Montréal	...	2 906 600
3 VI 1981		
North York	559 520	...
Oshawa	117 520	...
1 VI 1986(E)		
Oshawa	...	178 300
3 VI 1981		
OTTAWA	295 160	...
1 VI 1986(E)		
OTTAWA	...	777 700
3 VI 1981		
Québec	166 475	...
1 VI 1986(E)		
Québec	...	600 200
3 VI 1981		
Regina	162 610	...
1 VI 1986(E)		
Regina	...	175 700
3 VI 1981		
St. Catherines	124 015	...
1 VI 1986(E)		
St. Catherines	...	310 300
St. Johns'	...	161 100
Saint John	...	117 200
3 VI 1981		
Saskatoon	154 210	...
1 VI 1986(E)		
Saskatoon	...	170 300
3 VI 1981		
Scarborough	443 355	...
1 VI 1986(E)		
Sudbury	...	146 300
3 VI 1981		
Surrey	147 135	...
Thunder Bay	112 485	...
1 VI 1986(E)		
Thunder Bay	...	123 000
3 VI 1981		
Toronto	599 220	...
1 VI 1986(E)		
Toronto	...	3 274 200
Trois–Rivières	...	114 300
3 VI 1981		
Vancouver	414 280	...
1 VI 1986(E)		
Vancouver	...	1 368 100
Hong Kong	...	246 900
3 VI 1981		
Windsor	192 085	...
1 VI 1986(E)		
Windsor	...	251 600
3 VI 1981		
Winnipeg	564 475	...
1 VI 1986(E)		
Winnipeg	...	617 800
3 VI 1981		
York	134 615	...
Cayman Islands – Iles Caïmanes		
8 X 1979		
GEORGETOWN	7 617	...
Costa Rica [1]		
1 VII 1970(E)		
SAN JOSE	...	[11] 395 401
1 VII 1983(E)		
SAN JOSE	274 832	...
Cuba		
31 XII 1986(E)		
Bayamo	108 716	...
Camagüey	265 588	...
Cienfuegos	112 225	...
Guantánamo	179 091	...
Holguín	199 861	...
LA HABANA	2 036 799	...
Matanzas	106 954	...
Pinar del Río	108 109	...
Santa Clara	182 349	...

8. Population of capital cities and cities of 100 000 and more inhabitants: latest available year (continued)

Population des capitales et des villes de 100 000 habitants et plus: dernière année disponible (suite)

(See notes at end of table. – Voir notes à la fin du tableau.)

Continent, country or area, city and date Continent, pays ou zone, ville et date	Population City proper Ville proprement dite	Population Urban agglomeration Agglomération urbaine
AMERICA,NORTH— (Cont.–Suite) AMERIQUE DU NORD		
Cuba (Cont.–Suite)		
31 XII 1986(E)		
Santiago de Cuba	364 554	...
Dominica – Dominique		
7 IV 1960		
ROSEAU	10 417	...
Dominican Republic – République dominicaine		
9 I 1970		
Santiago de Los Caballeros	155 000	245 165
SANTO DOMINGO	673 470	817 645
El Salvador		
1 VII 1985(E)		
Mejicanos	107 278	...
SAN SALVADOR	462 652	...
Santa Ana	224 302	...
San Miguel	175 553	...
Greenland – Groenland		
26 X 1976 [1]		
GODTHAB	8 425	...
Grenada – Grenade		
7 IV 1970		
ST. GEORGE'S	7 303	...
Guadeloupe		
16 X 1967 [1]		
POINT–A–PITRE	29 522	...
Guatemala		
23 III 1981 [1]		
CIUDAD DE GUATEMALA	754 243	...
Haiti – Haïti		
1 VII 1984(E) [1]		
PORT–AU–PRINCE	*461 464*	738 342
Honduras		
31 VII 1985(E)		
La Ceiba	103 600	...
30 VI 1986(E)		
San Pedro Sula	397 201	...
TEGUCIGALPA	597 512	...

Continent, country or area, city and date Continent, pays ou zone, ville et date	Population City proper Ville proprement dite	Population Urban agglomeration Agglomération urbaine
Jamaica – Jamaïque		
8 VI 1982		
KINGSTON	104 041	524 638
Martinique		
9 III 1982 [1]		
FORT–DE–FRANCE	97 814	...
Mexico – Mexique [1]		
4 VI 1980		
Acapulco	301 902	...
Aguascalientes	293 152	...
30 VI 1979(E)		
Apatzingan	100 259	...
4 VI 1980		
Campeche	128 434	...
Celaya	141 615	...
Chihuahua	385 603	...
Ciudad Juárez	544 496	...
Ciudad Lopez Mateos	188 479	...
Ciudad Madero	132 444	...
Ciudad Obregon	165 520	...
Ciudad Victoria	140 161	...
Coatzacoalcos	127 170	...
30 VI 1979(E)		
Cordoba	121 723	...
4 VI 1980		
Cuernavaca	192 770	...
Culiacán	304 826	...
Durango	257 915	...
Ecatepec	741 821	...
Ensenada	120 483	...
Gomez Palacio	116 967	...
30 VI 1979(E)		
Guadalajara	...	2 467 657
4 VI 1980		
Guadalajara	1 626 152	...
Guadalupe	370 524	...
Hermosillo	297 175	...
Irapuato	170 138	...
Jalapa	204 594	...
Leon	593 002	...
Los Mochis	122 531	...
Matamoros	188 745	...
Mazatlán	199 830	...
Mérida	400 142	...
Mexicali	341 559	...
30 VI 1979(E)		
MEXICO, CIUDAD DE	...	14 750 182
4 VI 1980		
MEXICO, CIUDAD DE	8 831 079	...
Minatitlan	106 765	...
Monclova	115 786	...

8. Population of capital cities and cities of 100 000 and more inhabitants: latest available year (continued)

Population des capitales et des villes de 100 000 habitants et plus: dernière année disponible (suite)

(See notes at end of table. – Voir notes à la fin du tableau.)

Continent, country or area, city and date Continent, pays ou zone, ville et date	Population City proper Ville proprement dite	Population Urban agglomeration Agglomération urbaine
AMERICA,NORTH— (Cont.–Suite) AMERIQUE DU NORD		
Mexico – Mexique [1]		
30 VI 1979(E)		
Monterrey	...	2 018 625
4 VI 1980		
Monterrey	1 084 696	...
Morelia	297 544	...
Naucalpan	723 723	...
Netzahualcoyoti	1 342 230	...
Nuevo Laredo	201 731	...
Oaxaca de Juárez	154 223	...
Orizaba	114 848	...
Pachuca	110 351	...
Poza Rica de Hidalgo	166 799	...
Puebla de Zaragoza	772 908	...
Querétaro	215 976	...
Reynosa	194 693	...
30 VI 1979(E)		
Salamanca	105 543	...
4 VI 1980		
Saltillo	284 937	...
San Luis Potosí	362 371	...
San Nicolás de Los Garza	280 696	...
30 VI 1979(E)		
Tampico	*248 369*	389 940
4 VI 1980		
Tepic	145 741	...
Tijuana	429 500	...
Tlalnepantla	778 173	...
Tlaquepaque	133 500	...
Toluca	199 778	...
30 VI 1979(E)		
Torreon	...	407 271
4 VI 1980		
Torreon	328 086	...
Tuxtlan Gutiérrez	131 096	...
Uruapan	122 828	...
Veracruz Llave	284 822	...
Villa Hermosa	158 216	...
Zapopan	345 390	...
Montserrat		
12 V 1980		
PLYMOUTH	1 478	...
Netherlands Antilles – Antilles néerlandaises Curacao		
31 XII 1960 [1]		
WILLEMSTAD	43 546	[12] 94 133

Continent, country or area, city and date Continent, pays ou zone, ville et date	Population City proper Ville proprement dite	Population Urban agglomeration Agglomération urbaine
AMERICA,NORTH— (Cont.–Suite) AMERIQUE DU NORD		
Nicaragua		
1 VII 1979(E)		
MANAGUA	608 020	...
Panama		
1 VII 1988(E)		
PANAMA	[13] 431 937	...
San Miguelito	[13] 242 267	...
Puerto Rico – Porto Rico [14]		
1 VII 1984(E)		
Aguadilla	...	155 500
Arecibo	...	163 300
1 IV 1980		
Bayamon	185 087	...
Caguas	87 214	...
1 VII 1982(E)		
Caguas	...	274 600
1 IV 1980		
Carolina	147 835	...
Mayagüez	82 968	...
1 VII 1984(E)		
Mayagüez	...	209 800
1 IV 1980		
Ponce	161 739	...
1 VII 1984(E)		
Ponce	...	[15] 234 500
1 IV 1980		
SAN JUAN	424 600	...
1 VII 1984(E)		
SAN JUAN	...	[16] 1 816 300
Saint Christopher and Nevis — Saint–Christophe–et–Nevis		
12 V 1980		
BASSE–TERRE	14 161	...
Saint Lucia – Sainte–Lucie		
1 IV 1970		
CASTRIES	40 451	...
St. Pierre and Miquelon – Saint–Pierre–et–Miquelon		
9 III 1982		
ST. JOHN'S	5 416	...

8. Population of capital cities and cities of 100 000 and more inhabitants: latest available year (continued)

Population des capitales et des villes de 100 000 habitants et plus: dernière année disponible (suite)

(See notes at end of table. – Voir notes à la fin du tableau.)

Continent, country or area, city and date Continent, pays ou zone, ville et date	Population City proper Ville proprement dite	Population Urban agglomeration Agglomération urbaine
AMERICA,NORTH— (Cont.–Suite) AMERIQUE DU NORD		
St. Vincent and the Grenadines – Saint–Vincent–et–Grenadines		
7 IV 1960		
KINGSTOWN	4 308	...
Trinidad and Tobago – Trinité–et–Tobago		
1 VII 1982(E)		
PORT–OF–SPAIN	59 649	...
Turks and Caicos Islands – Iles Turques et Caïques		
12 V 1980		
GRAND TURK	3 098	...
United States – Etats–Unis [17] [18]		
1 VII 1986(E)		
Abilene	112 430	125 500
1 VII 1987(E)		
Abilene	...	123 000
1 VII 1986(E)		
Akron	222 060	([19])
Albany(Ga.)	84 950	117 200
1 VII 1987(E)		
Albany(Ga.)	...	117 200
1 VII 1986(E)		
Albany(N.Y.)	97 020	[20] 843 600
1 VII 1987(E)		
Albany(N.Y.)	...	[20] 846 400
1 VII 1986(E)		
Albuquerque	366 750	474 400
1 VII 1987(E)		
Albuquerque	...	486 200
1 VII 1986(E)		
Alexandria(La.)	51 400	139 600
1 VII 1987(E)		
Alexandria(La.)	...	140 200
Alexandria(Va.)	107 900	([21])
1 VII 1986(E)		
Allentown	104 360	[22] 656 800
1 VII 1987(E)		
Allentown	...	[22] 666 000
1 VII 1986(E)		
Altoona	53 160	132 500
1 VII 1987(E)		
Altoona	...	131 900
1 VII 1986(E)		
Amarillo	165 850	195 100
1 VII 1987(E)		
Amarillo	...	197 200
1 VII 1986(E)		
Anaheim	240 730	([23])
1 VII 1987(E)		
Anchorage	222 600	222 600
1 VII 1986(E)		
Anderson(In.)	61 020	132 700
1 VII 1987(E)		
Anderson(In.)	...	132 800
1 VII 1986(E)		
Anderson(S.C.)	28 680	140 700
1 VII 1987(E)		
Anderson(S.C.)	...	141 400
1 VII 1986(E)		
Ann Arbor	107 800	([24])
Anniston	29 370	123 800
1 VII 1987(E)		
Anniston	...	122 400
1 VII 1986(E)		
Appleton	64 190	[25] 307 500
1 VII 1987(E)		
Appleton	...	[25] 309 100
1 VII 1986(E)		
Arlington(Tx.)	249 770	([26])
Asheville	60 290	170 000
1 VII 1987(E)		
Asheville	...	171 500
1 VII 1986(E)		
Athens	43 100	141 500
1 VII 1987(E)		
Athens	...	141 900
1 VII 1986(E)		
Atlanta	421 910	2 560 500
1 VII 1987(E)		
Atlanta	...	2 656 800
1 VII 1986(E)		
Atlantic City	35 980	297 400
1 VII 1987(E)		
Atlantic City	...	302 700
1 VII 1986(E)		
Augusta	45 440	390 000
1 VII 1987(E)		
Augusta	...	392 500

8. Population of capital cities and cities of 100 000 and more inhabitants: latest available year (continued)

Population des capitales et des villes de 100 000 habitants et plus: dernière année disponible (suite)

(See notes at end of table. – Voir notes à la fin du tableau.)

Continent, country or area, city and date Continent, pays ou zone, ville et date	Population City proper Ville proprement dite	 Urban agglomeration Agglomération urbaine
AMERICA,NORTH— (Cont.–Suite) AMERIQUE DU NORD		
United States – Etats–Unis [17] [18]		
1 VII 1986(E)		
Aurora	217 990	([27])
Austin	466 550	726 300
1 VII 1987(E)		
Austin	...	738 000
1 VII 1986(E)		
Bakersfield	150 400	494 200
1 VII 1987(E)		
Bakersfield	...	504 500
Baltimore	745 900	2 302 900
1 VII 1986(E)		
Baton Rouge	241 130	545 700
1 VII 1987(E)		
Baton Rouge	...	538 300
1 VII 1986(E)		
Battle Creek	54 080	136 900
1 VII 1987(E)		
Battle Creek	...	137 600
1 VII 1986(E)		
Beaumont	119 900	[28] 375 800
1 VII 1987(E)		
Beaumont	...	[28] 371 100
1 VII 1986(E)		
Bellingham	44 960	113 700
1 VII 1987(E)		
Bellingham	...	114 900
1 VII 1986(E)		
Benton Harbor	14 160	163 600
1 VII 1987(E)		
Benton Harbor	...	164 800
1 VII 1986(E)		
Berkeley	104 110	([29])
Billings	80 310	120 100
1 VII 1987(E)		
Billings	...	118 100
1 VII 1986(E)		
Biloxi	47 750	[30] 204 100
1 VII 1987(E)		
Biloxi	...	[30] 205 800
1 VII 1986(E)		
Binghamton	52 910	261 800
1 VII 1987(E)		
Binghamton	...	260 000
1 VII 1986(E)		
Birmingham	277 510	911 000
1 VII 1987(E)		
Birmingham	...	916 900
1 VII 1986(E)		
Bloomington(Il.)	46 250	[31] 122 700
1 VII 1987(E)		
Bloomington(Il.)	...	[31] 123 800
1 VII 1986(E)		
Bloomington(In.)	52 500	101 700
1 VII 1987(E)		
Bloomington(In.)	...	103 600
1 VII 1986(E)		
Boise City	108 390	193 800
1 VII 1987(E)		
Boise City	...	195 700
1 VII 1986(E)		
Boston	573 600	[32] 4 058 900
1 VII 1987(E)		
Boston	...	[32] 4 092 900
1 VII 1986(E)		
Bradenton	37 450	177 100
1 VII 1987(E)		
Bradenton	...	183 500
1 VII 1986(E)		
Bremerton	34 100	169 200
1 VII 1987(E)		
Bremerton	...	174 300
1 VII 1986(E)		
Bridgeport	141 860	([33])
Brownsville	102 110	[34] 257 300
1 VII 1987(E)		
Brownsville	...	[34] 263 600
1 VII 1986(E)		
Bryan	62 220	[35] 120 800
1 VII 1987(E)		
Bryan	...	[35] 117 800
1 VII 1986(E)		
Buffalo	324 820	[36] 1 181 600
1 VII 1987(E)		
Buffalo	...	[36] 1 174 500
1 VII 1986(E)		
Burlington(N.C.)	36 830	102 400
1 VII 1987(E)		
Burlington(N.C.)	...	104 900

8. Population of capital cities and cities of 100 000 and more inhabitants: latest available year (continued)

Population des capitales et des villes de 100 000 habitants et plus: dernière année disponible (suite)

(See notes at end of table. – Voir notes à la fin du tableau.)

Continent, country or area, city and date / Continent, pays ou zone, ville et date	Population: City proper / Ville proprement dite	Population: Urban agglomeration / Agglomération urbaine
AMERICA,NORTH— (Cont.–Suite) AMERIQUE DU NORD		
United States – Etats–Unis [17] [18]		
1 VII 1986(E)		
Burlington(Vt.)	38 310	124 700
1 VII 1987(E)		
Burlington(Vt.)	...	126 700
1 VII 1986(E)		
Canton	87 110	400 400
1 VII 1987(E)		
Canton	...	397 100
1 VII 1986(E)		
Cedar Rapids	108 370	168 800
1 VII 1987(E)		
Cedar Rapids	...	169 600
1 VII 1986(E)		
Champaign	59 180	[37] 171 100
1 VII 1987(E)		
Champaign	...	[37] 172 700
1 VII 1986(E)		
Charleston(S.C.)	68 900	485 700
1 VII 1987(E)		
Charleston(S.C.)	...	508 100
1 VII 1986(E)		
Charleston(W.Va.)	57 920	266 400
1 VII 1987(E)		
Charleston(W.Va.)	...	261 200
1 VII 1986(E)		
Charlotte	352 070	[38] 1 065 400
1 VII 1987(E)		
Charlotte	...	[38] 1 091 000
Charlottesville	41 100	123 300
1 VII 1986(E)		
Chattanooga	162 170	425 500
1 VII 1987(E)		
Chattanooga	...	431 500
Chesapeake	141 500	([39])
1 VII 1986(E)		
Chicago	3 009 530	[40] 8 111 000
1 VII 1987(E)		
Chicago	...	[40] 8 146 900
1 VII 1986(E)		
Chico	32 680	166 700
1 VII 1987(E)		
Chico	...	169 000
1 VII 1986(E)		
Chula Vista	118 840	([41])
Cincinnati	369 750	[42] 1 690 100
1 VII 1987(E)		
Cincinnati	...	1 714 600
1 VII 1986(E)		
Clarksville	60 730	[43] 154 400
1 VII 1987(E)		
Clarksville	...	[43] 156 600
1 VII 1986(E)		
Cleveland	535 830	[44] 2 765 600
1 VII 1987(E)		
Cleveland	...	[44] 2 766 900
1 VII 1986(E)		
Colorado Springs	272 660	380 400
1 VII 1987(E)		
Colorado Springs	...	389 900
1 VII 1986(E)		
Columbia(Mo.)	63 140	106 500
1 VII 1987(E)		
Columbia(Mo.)	...	107 500
1 VII 1986(E)		
Columbia(S.C.)	93 020	444 700
1 VII 1987(E)		
Columbia(S.C.)	...	451 400
1 VII 1986(E)		
Columbus (Ga.)	180 180	250 500
1 VII 1987(E)		
Columbus (Ga.)	...	245 900
1 VII 1986(E)		
Columbus (Oh.)	566 030	1 299 400
1 VII 1987(E)		
Columbus (Oh.)	...	1 320 100
1 VII 1986(E)		
Concord	105 980	([29])
Corpus Christi	263 900	363 300
1 VII 1987(E)		
Corpus Christi	...	360 300
1 VII 1986(E)		
Cumberland	23 230	102 200
1 VII 1987(E)		
Cumberland	...	101 900

8. Population of capital cities and cities of 100 000 and more inhabitants: latest available year (continued)

Population des capitales et des villes de 100 000 habitants et plus: dernière année disponible (suite)

(See notes at end of table. – Voir notes à la fin du tableau.)

Continent, country or area, city and date Continent, pays ou zone, ville et date	Population City proper Ville proprement dite	Population Urban agglomeration Agglomération urbaine
AMERICA,NORTH— (Cont.–Suite) AMERIQUE DU NORD		
United States – Etats–Unis [17] [18]		
1 VII 1986(E)		
Dallas	1 003 520	[45] 3 655 100
1 VII 1987(E)		
Dallas	...	[45] 3 724 900
Danville	44 100	109 100
1 VII 1986(E)		
Davenport	98 750	[46] 371 300
1 VII 1987(E)		
Davenport	...	[46] 366 600
1 VII 1986(E)		
Dayton	178 920	[47] 933 500
1 VII 1987(E)		
Dayton	...	[47] 938 800
1 VII 1986(E)		
Daytona Beach	58 050	320 900
1 VII 1987(E)		
Daytona Beach	...	331 900
Dearborn	...	131 200
1 VII 1986(E)		
Decatur	90 360	126 700
1 VII 1987(E)		
Decatur	...	124 600
Denver	501 500	[48] 1 861 300
1 VII 1986(E)		
Des Moines	192 060	381 300
1 VII 1987(E)		
Des Moines	...	385 100
1 VII 1986(E)		
Detroit	1 086 220	[49] 4 611 300
1 VII 1987(E)		
Detroit	...	[49] 4 629 400
1 VII 1986(E)		
Dothan	53 310	129 900
1 VII 1987(E)		
Dothan	...	129 600
1 VII 1986(E)		
Duluth	82 380	243 500
1 VII 1987(E)		
Duluth	...	241 700
1 VII 1986(E)		
Durham	113 890	([50])
Eau Claire	54 580	136 800
1 VII 1987(E)		
Eau Claire	...	137 200
1 VII 1986(E)		
Elizabeth	106 540	([33])
Elkhart	44 180	[51] 146 400
1 VII 1987(E)		
Elkhart	...	[51] 149 700
1 VII 1986(E)		
El Paso	491 800	561 500
1 VII 1987(E)		
El Paso	...	572 800
1 VII 1986(E)		
Erie	115 270	279 200
1 VII 1987(E)		
Erie	...	278 700
1 VII 1986(E)		
Eugene	105 410	[52] 263 200
1 VII 1987(E)		
Eugene	...	[52] 264 700
1 VII 1986(E)		
Evansville	129 480	281 200
1 VII 1987(E)		
Evansville	...	281 000
1 VII 1986(E)		
Fargo	68 020	[53] 145 300
1 VII 1987(E)		
Fargo	...	[53] 146 600
1 VII 1986(E)		
Fayetteville(Ark.)	40 110	[54] 108 000
1 VII 1987(E)		
Fayetteville(Ark.)	...	[54] 109 700
1 VII 1986(E)		
Fayetteville(N.C.)	75 770	258 500
1 VII 1987(E)		
Fayetteville(N.C.)	...	258 500
1 VII 1986(E)		
Flint	145 590	434 900
1 VII 1987(E)		
Flint	...	435 100
1 VII 1986(E)		
Florence(Alab.)	36 100	137 700

8. Population of capital cities and cities of 100 000 and more inhabitants: latest available year (continued)

Population des capitales et des villes de 100 000 habitants et plus: dernière année disponible (suite)

(See notes at end of table. – Voir notes à la fin du tableau.)

Continent, country or area, city and date Continent, pays ou zone, ville et date	Population City proper Ville proprement dite	Population Urban agglomeration Agglomération urbaine
AMERIQUE DU NORD		
United States – Etats–Unis [17] [18]		
1 VII 1987(E)		
Florence(Alab.)	...	136 000
1 VII 1986(E)		
Florence(S.C.)	31 670	116 000
1 VII 1987(E)		
Florence(S.C.)	...	117 000
1 VII 1986(E)		
Fort Collins	74 140	[55] 174 600
1 VII 1987(E)		
Fort Collins	...	[55] 179 500
1 VII 1986(E)		
Fort Lauderdale	148 620	([56])
Fort Myers	39 530	[57] 279 100
1 VII 1987(E)		
Fort Myers	...	[57] 294 600
1 VII 1986(E)		
Fort Pierce	36 890	205 600
1 VII 1987(E)		
Fort Pierce	...	215 400
1 VII 1986(E)		
Fort Smith	74 320	175 200
1 VII 1987(E)		
Fort Smith	...	178 200
1 VII 1986(E)		
Fort Walton Beach	22 890	141 300
1 VII 1987(E)		
Fort Walton Beach	...	145 300
1 VII 1986(E)		
Fort Wayne	172 900	356 100
1 VII 1987(E)		
Fort Wayne	...	364 400
1 VII 1986(E)		
Fort Worth	429 550	([26])
Fremont	153 580	([29])
Fresno	284 660	587 600
1 VII 1987(E)		
Fresno	...	597 400
1 VII 1986(E)		
Fullerton	108 750	([23])
Gadsden	45 180	102 300
1 VII 1987(E)		
Gadsden	...	102 800
1 VII 1986(E)		
Gainesville	85 170	199 800
1 VII 1987(E)		
Gainesville	...	205 000
1 VII 1986(E)		
Garden Grove	134 850	([23])
Garland	176 570	([26])
Gary	136 790	([58])
Glendale(Az.)	125 820	([59])
Glendale(Ca.)	153 660	([23])
Glen Falls	16 080	112 400
1 VII 1987(E)		
Glen Falls	...	112 400
1 VII 1986(E)		
Grand Rapids	186 530	648 800
1 VII 1987(E)		
Grand Rapids	...	657 000
1 VII 1986(E)		
Greely	56 920	135 000
1 VII 1987(E)		
Greely	...	135 200
1 VII 1986(E)		
Green Bay	93 470	187 200
1 VII 1987(E)		
Green Bay	...	188 400
1 VII 1986(E)		
Greensboro	176 650	[60] 899 500
1 VII 1987(E)		
Greensboro	...	[60] 915 700
1 VII 1986(E)		
Greenville	58 370	[61] 606 400
1 VII 1987(E)		
Greenville	...	[61] 611 900
1 VII 1986(E)		
Hagerstown	33 670	114 100
1 VII 1987(E)		
Hagerstown	...	115 800
Hampton	128 000	([39])
1 VII 1986(E)		
Harrisburg	51 530	[62] 577 300
1 VII 1987(E)		
Harrisburg	...	[62] 583 700
1 VII 1986(E)		
Hartford	137 980	[63] 1 043 400

8. Population of capital cities and cities of 100 000 and more inhabitants: latest available year (continued)

Population des capitales et des villes de 100 000 habitants et plus: dernière année disponible (suite)

(See notes at end of table. – Voir notes à la fin du tableau.)

Continent, country or area, city and date Continent, pays ou zone, ville et date	Population City proper Ville proprement dite	 Urban agglomeration Agglomération urbaine
AMERICA,NORTH— (Cont.–Suite) AMERIQUE DU NORD		
United States – Etats–Unis [17] [18]		
1 VII 1987(E)		
Hartford	...	[63] 1 057 500
1 VII 1986(E)		
Hayward	101 520	([29])
Hialeah	161 760	([56])
Hickory	25 750	217 600
1 VII 1987(E)		
Hickory	...	219 100
1 VII 1986(E)		
Hollywood(Fl.)	120 910	([56])
Honolulu	372 330	816 700
1 VII 1987(E)		
Honolulu	...	830 600
1 VII 1986(E)		
Houma	35 080	[64] 189 100
1 VII 1987(E)		
Houma	...	[64] 185 100
1 VII 1986(E)		
Houston	1 728 910	[65] 3 635 000
1 VII 1987(E)		
Houston	...	[65] 3 626 300
1 VII 1986(E)		
Huntington	59 310	[66] 328 200
1 VII 1987(E)		
Huntington	...	[66] 323 400
1 VII 1986(E)		
Huntington Beach	183 620	([23])
Huntsville	163 420	233 700
1 VII 1987(E)		
Huntsville	...	231 500
1 VII 1986(E)		
Independence	112 950	([67])
Indianapolis	719 820	1 212 600
1 VII 1987(E)		
Indianapolis	...	1 228 600
1 VII 1986(E)		
Inglewood	102 550	([23])
Irving	128 530	([26])
Jackson (Mich.)	36 970	144 400
1 VII 1987(E)		
Jackson (Mich.)	...	146 900
1 VII 1986(E)		
Jackson (Miss.)	208 420	392 000
1 VII 1987(E)		
Jackson (Miss.)	...	395 900
1 VII 1986(E)		
Jacksonville(Fl.)	609 860	852 700
1 VII 1987(E)		
Jacksonville(Fl.)	...	878 200
1 VII 1986(E)		
Jacksonville(N.C.)	28 780	126 600
1 VII 1987(E)		
Jacksonville(N.C.)	...	125 900
1 VII 1986(E)		
Janesville	51 790	[68] 137 800
1 VII 1987(E)		
Janesville	...	134 900
1 VII 1986(E)		
Jersey City	219 480	([33])
Johnson City	44 700	[69] 443 400
1 VII 1987(E)		
Johnson City	...	[69] 442 600
1 VII 1986(E)		
Johnstown	31 840	254 100
1 VII 1987(E)		
Johnstown	...	252 200
1 VII 1986(E)		
Joplin	40 220	133 000
1 VII 1987(E)		
Joplin	...	133 900
1 VII 1986(E)		
Kalamazoo	77 230	217 700
1 VII 1987(E)		
Kalamazoo	...	218 500
1 VII 1986(E)		
Kansas City (Ka.)	162 070	([67])
Kansas City (Mo.)	441 170	1 517 800
1 VII 1987(E)		
Kansas City (Mo.)	...	1 546 400
1 VII 1986(E)		
Killeen	59 560	[70] 234 600
1 VII 1987(E)		
Killeen	...	[70] 234 000
1 VII 1986(E)		
Knoxville	173 210	591 100

8. Population of capital cities and cities of 100 000 and more inhabitants: latest available year (continued)

Population des capitales et des villes de 100 000 habitants et plus: dernière année disponible (suite)

(See notes at end of table. – Voir notes à la fin du tableau.)

Continent, country or area, city and date Continent, pays ou zone, ville et date	Population City proper Ville proprement dite	Population Urban agglomeration Agglomération urbaine
AMERICA,NORTH— (Cont.–Suite) AMERIQUE DU NORD		
United States – Etats–Unis [17] [18]		
1 VII 1987(E)		
Knoxville	...	594 000
1 VII 1986(E)		
Kokomo	45 610	101 400
1 VII 1987(E)		
Kokomo	...	100 900
1 VII 1986(E)		
Lafayette(Ind.)	44 240	[71] 124 400
1 VII 1987(E)		
Lafayette(Ind.)	...	[71] 124 800
1 VII 1986(E)		
Lafayetee(La.)	89 830	218 000
1 VII 1987(E)		
Lafayetee(La.)	...	212 100
1 VII 1986(E)		
Lake Charles	73 400	173 100
1 VII 1987(E)		
Lake Charles	...	171 800
1 VII 1986(E)		
Lakeland	61 890	[72] 377 200
1 VII 1987(E)		
Lakeland	...	[72] 387 000
1 VII 1986(E)		
Lakewood	122 140	([27])
Lancaster	57 200	393 500
1 VII 1987(E)		
Lancaster	...	403 700
1 VII 1986(E)		
Lansing	128 980	[73] 424 800
1 VII 1987(E)		
Lansing	...	[73] 427 800
1 VII 1986(E)		
Laredo	117 060	120 800
1 VII 1987(E)		
Laredo	...	123 900
1 VII 1986(E)		
Las Cruces	54 090	123 000
1 VII 1987(E)		
Las Cruces	...	128 800
1 VII 1986(E)		
Las Vegas	191 510	569 500
1 VII 1987(E)		
Las Vegas	...	599 900
1 VII 1986(E)		
Lawton	82 630	120 700
1 VII 1987(E)		
Lawton	...	119 400
1 VII 1986(E)		
Lexington–Fayette	212 900	332 000
1 VII 1987(E)		
Lexington–Fayette	...	341 500
1 VII 1986(E)		
Lima	45 990	154 100
1 VII 1987(E)		
Lima	...	155 600
1 VII 1986(E)		
Lincoln	183 050	206 100
1 VII 1987(E)		
Lincoln	...	207 700
1 VII 1986(E)		
Little Rock	181 030	[74] 505 600
1 VII 1987(E)		
Little Rock	...	[74] 511 500
1 VII 1986(E)		
Livonia	100 540	([24])
Long Beach	396 280	([23])
Longview	73 870	[75] 170 300
1 VII 1987(E)		
Longview	...	[75] 166 900
1 VII 1986(E)		
Los Angeles	3 259 340	[76] 13 074 800
1 VII 1987(E)		
Los Angeles	...	[76] 13 470 900
1 VII 1986(E)		
Louisville	286 470	962 800
1 VII 1987(E)		
Louisville	...	966 500
1 VII 1986(E)		
Lubbock	186 400	224 700
1 VII 1987(E)		
Lubbock	...	227 600
Lynchburg	66 700	142 800
1 VII 1986(E)		
Macon	118 420	[77] 282 100

8. Population of capital cities and cities of 100 000 and more inhabitants: latest available year (continued)

Population des capitales et des villes de 100 000 habitants et plus: dernière année disponible (suite)

(See notes at end of table. – Voir notes à la fin du tableau.)

Continent, country or area, city and date Continent, pays ou zone, ville et date	Population: City proper Ville proprement dite	Population: Urban agglomeration Agglomération urbaine
AMERICA,NORTH— (Cont.–Suite) AMERIQUE DU NORD		
United States – Etats–Unis [17] [18]		
1 VII 1987(E)		
Macon	...	[77] 282 600
1 VII 1986(E)		
Madison	175 830	344 900
1 VII 1987(E)		
Madison	...	347 400
1 VII 1986(E)		
Manchester	97 280	143 000
1 VII 1987(E)		
Manchester	...	145 900
1 VII 1986(E)		
Mansfield	51 340	128 800
1 VII 1987(E)		
Mansfield	...	128 100
1 VII 1986(E)		
McAllen	83 300	[78] 365 900
1 VII 1987(E)		
McAllen	...	[78] 378 600
1 VII 1986(E)		
Medford	43 580	140 000
1 VII 1987(E)		
Medford	...	143 000
1 VII 1986(E)		
Melbourne	56 740	[79] 361 200
1 VII 1987(E)		
Melbourne	...	[79] 374 900
1 VII 1986(E)		
Memphis	652 640	959 500
1 VII 1987(E)		
Memphis	...	971 900
1 VII 1986(E)		
Merced	47 020	163 200
1 VII 1987(E)		
Merced	...	165 800
1 VII 1986(E)		
Mesa	251 430	([59])
Miami	373 940	[80] 2 912 000
1 VII 1987(E)		
Miami	...	[80] 2 954 100
1 VII 1986(E)		
Midland	98 060	111 300
1 VII 1987(E)		
Midland	...	107 700
1 VII 1986(E)		
Milwaukee	605 090	[81] 1 552 000
1 VII 1987(E)		
Milwaukee	...	[81] 1 562 100
1 VII 1986(E)		
Minneapolis	356 840	[82] 2 295 200
1 VII 1987(E)		
Minneapolis	...	[82] 2 335 600
1 VII 1986(E)		
Mobile	203 260	470 000
1 VII 1987(E)		
Mobile	...	483 000
1 VII 1986(E)		
Modesto	132 940	316 600
1 VII 1987(E)		
Modesto	...	327 400
1 VII 1986(E)		
Monroe	56 210	145 900
1 VII 1987(E)		
Monroe	...	146 300
1 VII 1986(E)		
Montgomery	194 290	299 000
1 VII 1987(E)		
Montgomery	...	297 400
1 VII 1986(E)		
Muncie	72 600	120 900
1 VII 1987(E)		
Muncie	...	120 500
1 VII 1986(E)		
Muskegon	39 810	158 500
1 VII 1987(E)		
Muskegon	...	158 700
1 VII 1986(E)		
Naples	19 490	121 400
1 VII 1987(E)		
Naples	...	127 900
1 VII 1986(E)		
Nashville–Davidson	473 670	930 700
1 VII 1987(E)		
Nashville–Davidson	...	956 200

8. Population of capital cities and cities of 100 000 and more inhabitants: latest available year (continued)

Population des capitales et des villes de 100 000 habitants et plus: dernière année disponible (suite)

(See notes at end of table. – Voir notes à la fin du tableau.)

Continent, country or area, city and date Continent, pays ou zone, ville et date	Population City proper Ville proprement dite	 Urban agglomeration Agglomération urbaine
AMERICA,NORTH— (Cont.–Suite) AMERIQUE DU NORD		
United States – Etats–Unis [17] [18]		
1 VII 1986(E)		
Newark	316 240	(33)
New Bedford	96 450	168 800
1 VII 1987(E)		
New Bedford	...	166 400
1 VII 1986(E)		
New Haven	123 450	[83] 513 200
1 VII 1987(E)		
New Haven	...	[83] 519 000
1 VII 1986(E)		
New London	28 600	[84] 258 300
1 VII 1987(E)		
New London	...	[84] 258 600
1 VII 1986(E)		
New Orleans	554 500	1 334 400
1 VII 1987(E)		
New Orleans	543 000	1 321 000
Newport News	162 800	(39)
New York	7 316 700	[85] 18 053 800
Norfolk	280 800	[86] 1 346 100
1 VII 1986(E)		
Oakland	356 960	(29)
Ocala	45 120	171 000
1 VII 1987(E)		
Ocala	...	181 300
1 VII 1986(E)		
Odessa	101 210	133 100
1 VII 1987(E)		
Odessa	...	127 300
1 VII 1986(E)		
Oklahoma City	446 120	982 900
1 VII 1987(E)		
Oklahoma City	...	975 000
1 VII 1986(E)		
Olympia	29 710	146 600
1 VII 1987(E)		
Olympia	...	151 400
1 VII 1986(E)		
Omaha	349 270	614 300
1 VII 1987(E)		
Omaha	...	616 400
1 VII 1986(E)		
Ontario	114 320	(23)
Orange	100 740	(23)
Orlando	145 900	898 400
1 VII 1986(E)		
Oxnard	126 980	(23)
Panama City(Fl.)	35 630	122 300
1 VII 1987(E)		
Panama City(Fl.)	...	122 300
1 VII 1986(E)		
Parkersburg	38 540	[87] 156 200
1 VII 1987(E)		
Parkersburg	...	[87] 155 800
1 VII 1986(E)		
Pasadena(Ca.)	129 900	(23)
Pasadena(Tx.)	118 050	(88)
Pascagoula	30 860	128 200
1 VII 1987(E)		
Pascagoula	...	128 400
1 VII 1986(E)		
Paterson	139 130	(33)
Pensacola	63 820	337 100
1 VII 1987(E)		
Pensacola	...	343 900
1 VII 1986(E)		
Peoria	110 290	340 400
1 VII 1987(E)		
Peoria	...	338 500
Philadelphia	1 644 800	[89] 5 890 600
1 VII 1986(E)		
Phoenix	894 070	1 885 400
1 VII 1987(E)		
Phoenix	...	1 959 600
1 VII 1986(E)		
Pittsburgh	387 490	2 316 100
1 VII 1987(E)		
Pittsfield	...	2 296 400
1 VII 1986(E)		
Plano	111 030	(26)
Pomona	115 540	(23)
Portland(Me.)	62 670	205 500
1 VII 1987(E)		
Portland(Me.)	...	209 900
1 VII 1986(E)		
Portland(Or.)	387 870	[91] 1 364 100
1 VII 1987(E)		
Portland(Or.)	...	[91] 1 383 400
1 VII 1986		

8. Population of capital cities and cities of 100 000 and more inhabitants: latest available year (continued)

Population des capitales et des villes de 100 000 habitants et plus: dernière année disponible (suite)

(See notes at end of table. – Voir notes à la fin du tableau.)

Continent, country or area, city and date Continent, pays ou zone, ville et date	Population City proper Ville proprement dite	 Urban agglomeration Agglomération urbaine
AMERICA,NORTH— (Cont.–Suite) AMERIQUE DU NORD		
United States – Etats–Unis [17] [18]		
1 VII 1986(E)		
Portsmouth(Nh.)	25 970	[92] 210 900
1 VII 1987(E)		
Portsmouth(Nh.)	...	[92] 215 300
Portsmouth(Va.)	110 100	258 400
1 VII 1986(E)		
Poughkeepsie	29 990	256 800
1 VII 1987(E)		
Poughkeepsie	...	258 400
1 VII 1986(E)		
Providence	157 200	[93] 1 109 300
1 VII 1987(E)		
Providence	...	[93] 1 117 700
1 VII 1986(E)		
Provo	77 480	[94] 240 500
1 VII 1987(E)		
Provo	...	[94] 241 800
1 VII 1986(E)		
Pueblo	101 240	127 100
1 VII 1987(E)		
Pueblo	...	127 400
1 VII 1986(E)		
Raleigh	180 430	[95] 650 600
1 VII 1987(E)		
Raleigh	...	[95] 665 400
1 VII 1986(E)		
Reading	77 620	321 000
1 VII 1987(E)		
Reading	...	324 300
1 VII 1986(E)		
Redding	51 490	133 100
1 VII 1987(E)		
Redding	...	135 600
1 VII 1986(E)		
Reno	110 430	224 600
1 VII 1987(E)		
Reno	...	232 100
1 VII 1986(E)		
Richland	32 580	[96] 149 500
1 VII 1987(E)		
Richland	...	[96] 149 700
Richmond	216 600	[97] 825 300
1 VII 1986(E)		
Riverside	196 750	([23])
1 VII 1987(E)		
Roanoke	100 100	224 200
1 VII 1986(E)		
Rochester	235 970	980 300
1 VII 1987(E)		
Rochester	...	979 100
1 VII 1986(E)		
Rockford	135 760	280 300
1 VII 1987(E)		
Rockford	...	281 400
1 VII 1986(E)		
Sacramento	323 550	1 291 400
1 VII 1987(E)		
Sacramento	...	1 336 500
1 VII 1986(E)		
Saginaw	72 470	[98] 403 600
1 VII 1987(E)		
Saginaw	...	[98] 404 400
1 VII 1986(E)		
St. Cloud	42 850	175 100
1 VII 1987(E)		
St. Cloud	...	177 400
St. Louis	422 200	2 458 100
1 VII 1986(E)		
St. Paul	263 680	([99])
St. Petersburg	239 410	([100])
Salem	93 920	262 100
1 VII 1987(E)		
Salem	...	265 800
1 VII 1986(E)		
Salinas	96 960	[101] 339 700
1 VII 1987(E)		
Salinas	...	[101] 343 100
1 VII 1986(E)		
Salt Lake City	158 440	[102] 1041400
1 VII 1987(E)		
Salt Lake City	...	[102] 1054500
1 VII 1986(E)		
San Antonio	914 350	1 275 400
1 VII 1987(E)		
San Antonio	...	1 306 700

8. Population of capital cities and cities of 100 000 and more inhabitants: latest available year (continued)

Population des capitales et des villes de 100 000 habitants et plus: dernière année disponible (suite)

(See notes at end of table. – Voir notes à la fin du tableau.)

Continent, country or area, city and date / Continent, pays ou zone, ville et date	Population: City proper / Ville proprement dite	Population: Urban agglomeration / Agglomération urbaine
AMERIQUE DU NORD		
United States – Etats–Unis [17] [18]		
1 VII 1986(E)		
San Bernardino	138 620	([23])
San Diego	1 015 190	2 201 300
1 VII 1987(E)		
San Diego	...	2 285 900
San Francisco	740 400	[103] 5953100
1 VII 1986(E)		
San Jose	712 080	([29])
Santa Ana	236 780	([23])
Santa Barbara	79 290	[104] 339 400
1 VII 1987(E)		
Santa Barbara	...	[104] 340 900
1 VII 1986(E)		
Santa Fe	55 980	105 800
1 VII 1987(E)		
Santa Fe	...	111 100
1 VII 1986(E)		
Sarasota	51 500	247 600
1 VII 1987(E)		
Sarasota	...	255 600
1 VII 1986(E)		
Savannah	146 800	239 700
1 VII 1987(E)		
Savannah	...	241 400
1 VII 1986(E)		
Scottsdale	111 140	([59])
Scranton	82 260	[105] 725 900
1 VII 1987(E)		
Scranton	...	[105] 730 900
1 VII 1986(E)		
Seattle	486 200	[106] 2284500
1 VII 1987(E)		
Seattle	...	[106] 2340600
1 VII 1986(E)		
Sharon	16 150	123 600
1 VII 1987(E)		
Sharon	...	123 500
1 VII 1986(E)		
Sheboygan	47 410	102 700
1 VII 1987(E)		
Sheboygan	...	102 200
1 VII 1986(E)		
Shreveport	220 380	364 600
1 VII 1987(E)		
Shreveport	...	363 800
1 VII 1986(E)		
Sioux City	79 590	115 900
1 VII 1987(E)		
Sioux City	...	114 700
1 VII 1986(E)		
Sioux Falls	97 550	122 700
1 VII 1987(E)		
Sioux Falls	...	123 700
1 VII 1986(E)		
South Bend	107 190	[107] 241 400
1 VII 1987(E)		
South Bend	...	[107] 242 400
1 VII 1986(E)		
Spokane	172 890	356 900
1 VII 1987(E)		
Spokane	...	355 300
1 VII 1986(E)		
Springfield (Ill.)	100 290	190 600
1 VII 1987(E)		
Springfield (Ill.)	...	191 000
1 VII 1986(E)		
Springfield (Ma.)	149 410	517 500
1 VII 1987(E)		
Springfield (Ma.)	...	516 700
1 VII 1986(E)		
Springfield (Mo.)	139 360	225 300
1 VII 1987(E)		
Springfield (Mo.)	...	229 000
1 VII 1986(E)		
Stamford	101 080	([33])
State College	34 330	114 600
1 VII 1987(E)		
State College	...	114 600
1 VII 1986(E)		
Sterling Heights	111 960	([24])
Steubenville	23 580	[108] 154 800
1 VII 1987(E)		
Steubenville	...	[108] 149 000
1 VII 1986(E)		
Stockton	183 430	432 700

8. Population of capital cities and cities of 100 000 and more inhabitants: latest available year (continued)

Population des capitales et des villes de 100 000 habitants et plus: dernière année disponible (suite)

(See notes at end of table. – Voir notes à la fin du tableau.)

Continent, country or area, city and date Continent, pays ou zone, ville et date	Population City proper Ville proprement dite	Population Urban agglomeration Agglomération urbaine
AMERICA,NORTH— (Cont.–Suite) AMERIQUE DU NORD		
United States – Etats–Unis [17] [18]		
1 VII 1987(E)		
Stockton	...	443 500
1 VII 1986(E)		
Sunnyvale	112 130	([29])
Syracuse	160 750	649 300
1 VII 1987(E)		
Syracuse	...	647 000
1 VII 1986(E)		
Tacoma	158 950	([109])
Tallahassee	119 450	218 000
1 VII 1987(E)		
Tallahassee	...	222 600
1 VII 1986(E)		
Tampa	277 580	[110] 1914 300
1 VII 1987(E)		
Tampa	...	[110] 1965 100
1 VII 1986(E)		
Tempe	136 480	([59])
Terre Haute	57 920	134 100
1 VII 1987(E)		
Terre Haute	...	132 400
1 VII 1986(E)		
Texarkana	33 130	[111] 119 900
1 VII 1987(E)		
Texarkana	...	[111] 120 400
1 VII 1986(E)		
Toledo	340 680	611 200
1 VII 1987(E)		
Toledo	...	611 000
1 VII 1986(E)		
Topeka	118 580	160 800
1 VII 1987(E)		
Topeka	...	162 400
1 VII 1986(E)		
Torrance	135 570	([23])
Tucson	358 850	594 100
1 VII 1987(E)		
Tucson	...	619 400
1 VII 1986(E)		
Tulsa	373 750	733 500
1 VII 1987(E)		
Tulsa	...	733 000
1 VII 1986(E)		
Tuscaloosa	73 830	141 300
1 VII 1987(E)		
Tuscaloosa	...	144 200
1 VII 1986(E)		
Tyler	75 440	152 100
1 VII 1987(E)		
Tyler	...	152 600
1 VII 1986(E)		
Utica	69 440	[112] 315 400
1 VII 1987(E)		
Utica	...	[112] 313 900
Virginia Beach	350 100	([39])
1 VII 1986(E)		
Visalia	61 550	[113] 287 300
1 VII 1987(E)		
Visalia	...	[113] 291 600
1 VII 1986(E)		
Waco	105 220	187 600
1 VII 1987(E)		
Waco	...	189 400
1 VII 1986(E)		
Warren	149 800	([24])
1 VII 1987(E)		
WASHINGTON D.C.	622 000	3 346 000
1 VII 1986(E)		
Waterbury	102 300	211 100
1 VII 1987(E)		
Waterbury	...	213 400
1 VII 1986(E)		
Waterloo	70 010	[114] 151 500
1 VII 1987(E)		
Waterloo	...	[114] 149 300
1 VII 1986(E)		
Wausau	32 240	112 500
1 VII 1987(E)		
Wausau	...	111 500
1 VII 1986(E)		
West Palm Beach	68 570	[115] 755 600
1 VII 1987(E)		
West Palm Beach	...	[115] 790 100

8. Population of capital cities and cities of 100 000 and more inhabitants: latest available year (continued)

Population des capitales et des villes de 100 000 habitants et plus: dernière année disponible (suite)

(See notes at end of table. – Voir notes à la fin du tableau.)

Continent, country or area, city and date Continent, pays ou zone, ville et date	Population City proper Ville proprement dite	 Urban agglomeration Agglomération urbaine
AMERICA, NORTH— (Cont.–Suite) AMERIQUE DU NORD		
United States – Etats–Unis [17] [18]		
1 VII 1986(E)		
Wheeling	39 980	175 500
1 VII 1987(E)		
Wheeling	...	172 800
1 VII 1986(E)		
Wichita	288 870	470 000
1 VII 1987(E)		
Wichita	...	474 700
1 VII 1986(E)		
Wichita Falls	99 940	127 100
1 VII 1987(E)		
Wichita Falls	...	125 700
1 VII 1986(E)		
Williamsport	31 710	116 300
1 VII 1987(E)		
Williamsport	...	117 100
1 VII 1986(E)		
Wilmington	54 430	114 100
1 VII 1987(E)		
Wilmington	...	116 300
1 VII 1986(E)		
Winston–Salem	148 080	([116])
Worcester	157 770	408 200
1 VII 1987(E)		
Worcester	...	410 200
1 VII 1986(E)		
Yakima	49 370	183 200
1 VII 1987(E)		
Yakima	...	182 800
1 VII 1986(E)		
Yonkers	186 080	([33])
York	44 430	397 700
1 VII 1987(E)		
York	...	403 600
1 VII 1986(E)		
Youngstown	104 690	[117] 510 000
1 VII 1987(E)		
Youngstown	...	[117] 502 500
1 VII 1986(E)		
Yuba City	21 560	114 200
1 VII 1987(E)		
Yuba City	...	115 800
AMERICA, NORTH— (Cont.–Suite) AMERIQUE DU NORD		
United States Virgin Islands – Iles Vierges américaines		
1 IV 1980		
CHARLOTTE AMALIE	11 842	...
AMERICA, SOUTH— AMERIQUE DU SUD		
Argentina – Argentine		
22 X 1980		
Bahia Blanca	214 370	...
1 VII 1985(E)		
Bahia Blanca	...	242 000
22 X 1980		
BUENOS AIRES	2 922 829	...
1 VII 1985(E)		
BUENOS AIRES	...	10 728 000
22 X 1980		
Cordoba	970 570	...
1 VII 1985(E)		
Cordoba	...	1 055 000
Corrientes	197 000	...
22 X 1980		
La Plata	459 054	...
1 VII 1985(E)		
La Plata	...	611 000
Mar del Plata	448 000	...
22 X 1980		
Mendoza	119 088	...
1 VII 1985(E)		
Mendoza	...	668 000
Paraná	178 000	...
Posadas	191 000	...
22 X 1980		
Resistencia	174 419	...
1 VII 1985(E)		
Resistencia	...	262 000
Rio Cuarto	118 000	...
22 X 1980		
Rosario	794 127	...
1 VII 1985(E)		
Rosario	...	1 016 000
Salta	302 000	...
22 X 1980		
San Juan	118 046	...

8. Population of capital cities and cities of 100 000 and more inhabitants: latest available year (continued)

Population des capitales et des villes de 100 000 habitants et plus: dernière année disponible (suite)

(See notes at end of table. – Voir notes à la fin du tableau.)

Continent, country or area, city and date Continent, pays ou zone, ville et date	Population City proper Ville proprement dite	Population Urban agglomeration Agglomération urbaine
AMERICA,SOUTH— (Cont.–Suite) AMERIQUE DU SUD		
Argentina – Argentine		
1 VII 1985(E)		
San Juan	...	324 000
22 X 1980		
San Miguel de Tucumán	394 117	...
1 VII 1985(E)		
San Miguel de Tucumán	...	571 000
San Salvador de Jujuy	148 000	...
Santa Fé	310 000	...
Santiago del Estero	172 000	...
Bolivia – Bolivie		
1 VII 1985(E)		
Cochabamba	317 251	...
LA PAZ [118]	992 592	...
Oruro	178 693	...
Potosí	113 380	...
Santa Cruz	441 717	...
SUCRE [118]	86 609	...
Brazil – Brésil		
1 VII 1985(E) [1 119]		
Alagoinhas	*—— 117 298	——*
Alvorada	105 787	
Americana	156 809	
Anápolis	226 890	
Aracaju	361 544	
Araçatuba	142 308	
Arapiraca	148 416	
Araraquara	145 430	
Ariquemes	102 117	
Baglé	106 294	
Barra Mansa	187 891	
Bauru	220 871	
Belém	1120777	
Belo Horizonte	2122073	
Blumenou	192 871	
Bragança Paulista	105 462	
BRASILIA, DF	1576657	
Cabo	121 864	
Cachoeiro de Itapemirin	138 488	
Camacari	108 453	
Camaragibe	113 062	
Campina Grande	280 665	
Campinas	845 057	
Campo Grande	386 520	
Campos	367 134	
Canoas	262 156	
Carapicuíba	267 688	
Caratinga	110 205	
Cariacica	243 913	
Cascavel	201 475	
Caucaia	109 254	
Caxias	148 750	
Caxias do Sul	*—— 267 869	——*
Chapeco	101 230	
Codo	118 946	
Colatina	106 345	
Contagem	386 272	
Criciúma	128 818	
Cuiabá	283 075	
Curitiba	1285027	
Diadema	322 283	
Divinopolis	140 458	
Dourados	124 241	
Duque de Caxias	666 128	
Embu	120 206	
Feira de Santana	356 660	
Florianopolis	218 853	
Fortaleza	1588709	
Foz do Iguaçu	183 412	
Franca	183 595	
Goiânia	928 046	
Governador Valedares	217 434	
Gravatai	141 806	
Guarapuava	149 394	
Guarujá	186 817	
Guarulhos	717 723	
Ilhéus	146 139	
Imperatriz	236 957	
Ipatinga	214 358	
Irece	106 943	
Itaboraí	144 945	
Itabuna	178 733	
Itaguaí	106 154	
Itajaí	104 473	
Itapetininga	105 878	
Itapipoca	109 423	
Jaboatao	411 341	
Jacareí	149 824	
Jacobina	121 127	
Jequié	127 304	
Joao Pessoa	397 715	
Joinville	304 414	
Juazeiro	153 515	
Juazeiro do Norte	160 361	
Juiz de Fora	350 687	
Jundiaí	314 909	
Lages	143 558	
Limeira	187 820	
Linhares	122 825	
Londrina	347 707	
Luziania	101 077	
Macapá	169 558	
Maceio	484 094	
Magé	200 100	
Manaus	834 541	
Marabá	133 559	
Marília	136 518	
Maringá	197 527	
Mauá	270 777	
Mogi das Cruzes	234 937	
Montes Claros	215 323	
Natal	512 241	
Nilopolis	166 324	
Niteroi	442 706	
Nova Friburgo	143 991	

8. Population of capital cities and cities of 100 000 and more inhabitants: latest available year (continued)

Population des capitales et des villes de 100 000 habitants et plus: dernière année disponible (suite)

(See notes at end of table. – Voir notes à la fin du tableau.)

Continent, country or area, city and date Continent, pays ou zone, ville et date	Population City proper Ville proprement dite	 Urban agglomeration Agglomération urbaine
AMERICA,SOUTH— (Cont.–Suite) AMERIQUE DU SUD		
Brazil – Brésil		
1 VII 1985(E) [1 119]		
Nova Iguaçu	*——— 1324639 ———*	
Novo Hamburgo	168 460	
Olinda	335 889	
Osasco	594 249	
Parnaíba	116 527	
Passo Fundo	138 226	
Paulista	161 447	
Pelotas	278 427	
Petrolina	131 208	
Petropolis	275 076	
Piracicaba	252 945	
Pitanga	100 306	
Pocos de Caldas	100 414	
Ponta Grossa	223 989	
Porto Alegre	1275483	
Porto Velho	202 011	
Presidente Prudente	156 319	
Recife	289 627	
Resende	102 865	
Ribeirao Preto	384 604	
Rio Branco	145 948	
Rio Claro	130 309	
Rio de Janeiro	5615149	
Rio Grande	164 636	
Rondonopolis	101 642	
Salvador	1811367	
Santa Cruz do Sul	115 350	
Santa Luzia	117 017	
Santa Maria	197 177	
Santarém	227 412	
Santo André	637 010	
Santo Angelo	107 616	
Santos	461 096	
Sao Bernardo do Campo	565 620	
Sao Caetano do Sul	171 187	
Sao Carlo	140 860	
Sao Gonçalo	731 061	
Sao Joao de Meriti	459 103	
Sao José	106 124	
Sao José do Rio Prêto	230 151	
Sao José dos Campos	374 526	
Sao Leopoldo	114 126	
Sao Luís	564 434	
Sao Paolo	10099086	
Sao Vicente	240 849	
Serra	101 837	
Sete Lagoas	121 895	
Sobral	127 919	
Sorocaba	328 787	
Sumaré	151 100	
Susano	129 562	
Taboao da Serra	122 534	
Taubaté	205 941	
Teresina	476 102	
Teresopolis	116 252	
Teofilo Otoni	126 207	
Uberaba	245 921	
Uberlandia	*——— 313 651 ———*	
Uruguaiana	105 919	
Várzea Grande	102 524	
Viamao	149 392	
Vila Velha	253 203	
Vitoria	254 448	
Vitoria da Conquista	198 781	
Vitoria de Santo Antao	100 617	
Volta Redonda	220 084	
Chile – Chili		
31 XII 1985(E)		
Paraná	178 000	...
Antofagasta	203 067	...
Arica	158 422	...
Chillán	126 531	...
Concepcion	280 713	...
Iquique	127 491	...
Osorno	101 948	...
Puente Alto	126 297	...
Punta Arenas	107 064	...
Rancagua	157 209	...
San Bernardo	136 224	...
SANTIAGO [120]	4 099 714	...
Talca	137 621	...
Talcahuano	217 660	...
Temuco	168 120	...
Valdivia	104 910	...
Valparaiso	273 213	...
Viña del Mar	261 118	...
Colombia – Colombie		
15 X 1985		
Armenia	...	192 409
Barrancabermeja	...	141 516
Barranquilla	...	917 486
Bello	...	211 203
BOGOTA	...	4 176 769
Bucaramanga	...	351 687
Buenaventura	...	165 829
Cali	...	1 369 331
Cartagena	...	513 986
Cartago	...	95 650
Cienaga	...	56 164
Cúcuta	...	383 584
Dos Quebradas	...	97 063
Floridablanca	...	142 153
Ibagué	...	280 638
Itagui	...	139 050
Manizales	...	283 365
Medellín	...	1 452 392
Monteria	...	162 056
Neiva	...	179 908
Palmira	...	181 157
Pasto	...	203 742
Popayan	...	149 019
Pereira	...	241 927
Santa Marta	...	175 687
Sincelejo	...	122 484
Soacha	...	100 691
Soledad	...	168 291

(See notes at end of table. – Voir notes à la fin du tableau.)

Continent, country or area, city and date Continent, pays ou zone, ville et date	Population City proper Ville proprement dite	Population Urban agglomeration Agglomération urbaine
AMERICA,SOUTH— (Cont.–Suite) AMERIQUE DU SUD		
Colombia – Colombie		
15 X 1985		
Tulua	...	103 123
Valledupar	...	150 838
Villavicencio	...	162 556
Ecuador – Equateur		
28 XI 1982		
Ambato	100 454	112 775
1 VII 1987(E)		
Ambato	126 067	...
Cuenca	201 490	...
Esmeraldas	120 387	...
28 XI 1982		
Guayaquil	1 199 344	1 204 532
1 VII 1987(E)		
Guayaquil	1 572 615	...
28 XI 1982		
Machala	105 521	108 156
1 VII 1987(E)		
Machala	144 396	...
Manta	135 990	...
Milagro	102 884	...
28 XI 1982		
Portoviejo	102 628	123 151
1 VII 1987(E)		
Portoviejo	141 568	...
28 XI 1982		
QUITO	866 472	890 355
1 VII 1987(E)		
QUITO	1 137 705	...
Santo Domingo de los Colorados	104 059	...
Falkland Islands (Malvinas)– Iles Falkland (Malvinas)		
3 XII 1972		
STANLEY	1 079	...
French Guiana – Guyane Française		
9 III 1982		
CAYENNE	*——— [8] 38 093 ———*	
Guyana		
1 VII 1976(E)		
GEORGETOWN	72 049	187 056
AMERICA,SOUTH— (Cont.–Suite) AMERIQUE DU SUD		
Paraguay		
11 VII 1982		
ASUNCION	454 881	[121] 718 690
Peru – Pérou		
30 VI 1988(E)		
Arequipa	591 700	...
30 VI 1985(E)		
Callao	515 200	...
30 VI 1988(E)		
Chiclayo	394 800	...
Chimbote	278 600	...
Cuzco	255 300	...
Huancayo	199 200	...
12 VII 1981		
Huánuco	169 150	...
30 VI 1988(E)		
Ica	144 000	...
Iquitos	247 900	...
Juliaca	120 900	...
12 VII 1981		
LIMA	...	[122] 4 815 057
30 VI 1988(E)		
LIMA	6 053 900	...
Piura	297 200	...
Pucallpa	140 700	...
Santa	145 500	...
Tacna	137 500	...
Trujillo	491 100	...
Suriname		
31 III 1964		
PARAMARIBO	110 867	182 100
Uruguay		
23 X 1985		
MONTEVIDEO	1 251 647	...
Venezuela		
20 X 1981		
Barcelona Pto. La Cruz	156 519	...
30 VI 1987(E)		
Barinas	*158 309*	166 069
Barquisimeto	*661 265*	718 195
Cabimas	*162 097*	213 733
CARACAS	*1 246 677*	[123] 3 247 498
Ciudad Bolivar	*240 954*	259 069
Ciudad Guayana	*458 789*	466 448
Cumaná	*218 413*	247 051
20 X 1981		
Guarenas	101 464	...

8. Population of capital cities and cities of 100 000 and more inhabitants: latest available year (continued)

Population des capitales et des villes de 100 000 habitants et plus: dernière année disponible (suite)

(See notes at end of table. – Voir notes à la fin du tableau.)

Continent, country or area, city and date Continent, pays ou zone, ville et date	Population City proper Ville proprement dite	 Urban agglomeration Agglomération urbaine
AMERICA,SOUTH— (Cont.–Suite) AMERIQUE DU SUD		
Venezuela		
30 VI 1987(E)		
Los Teques	*148 602*	159 166
Maracaibo	*1 124 432*	1 295 421
Maracay	*496 662*	857 982
Maturín	*205 076*	252 645
Mérida	*188 160*	250 442
San Cristobal	*234 905*	338 188
Valencia	*856 455*	1 134 623
Valera	*132 279*	182 238
ASIA—ASIE		
Afghanistan		
1 VII 1988(E)		
Herat	177 300	...
KABUL	1 424 400	...
Kandahar (Quandahar)	225 500	...
Mazar–Sharif	130 600	...
Bahrain – Bahreïn		
5 IV 1981		
MANAMA	108 684	...
Bangladesh		
6 – 7 III 1981		
Bavisal	...	159 298
Chittagong	...	1 388 476
Comilla	...	126 130
DACCA	...	3 458 602
Jessore	...	149 426
Khulna	...	623 184
Mymenshing	...	107 863
Pabna	...	101 080
Rajshahi	...	171 600
Rangpur	...	155 964
Saidpur	...	128 085
Shitajkonj	...	104 522
Sylhet	...	166 847
Bhutan – Bhoutan		
1 VII 1977(E)		
THIMPHU	8 922	...
Brunei Darussalam – Brunéi Darussalam		
26 VIII 1981		
BANDAR SERIBEGAWAN	49 902	...
China – Chine [124]		
1 VII 1982		
Anqing	449 310	...
Anshan	1 195 580	2 517 080
Anshun	200 680	...
Baicheng	276 420	...
31 XII 1970(E)		
Bangiao	*——— [125] *114 600* ———*	
1 VII 1982		
Baoding	495 140	...
Baoji	341 240	3 361 600
Beihai	173 740	...
BEIJING	5 531 460	9 179 660
Bengbu	550 360	...
Benxi	773 730	1 412 120
Botou	1 075 920	1 592 940
Cangzhou	280 250	...
Changchun	1 747 410	5 705 230
Changde	213 890	...
Changsha	1 066 030	2 459 920
Changzhi	450 320	...
Changzhou	533 940	...
Chaoyang	206 700	...
Chaozhou	162 280	...
Chengde	326 910	...
Chengdu	2 499 000	4 025 180
31 XII 1970(E)		
Chenghwa	*——— [125] *137 236* ———*	
1 VII 1982		
Chenzhou	165 930	...
Chifeng	293 460	...
31 XII 1970(E)		
Chongli	*——— [125] *129 952* ———*	
1 VII 1982		
Chongqing	2 673 170	6 511 130
Dalian	1 480 240	4 619 060
Dandong	545 180	2 574 020
Daqing	758 430	...
Datong	962 470	...
Daxian	193 490	...
Dezhou	258 860	...
Dongshan	958 360	...
Dukou	497 330	795 910
Duyan	102 380	...
Echeng	119 040	...
Fengcheng	995 900	...
31 XII 1970(E)		
Fengshan	*——— [125] *102 109* ———*	
1 VII 1982		
Foshan	273 840	...
Fushun	1 184 940	2 045 150
Fuxin	646 580	1 693 380
Fuyang	177 850	...
Fuzhou (Fujian Sheng)	1 111 550	1 651 500
Fuzhou (Jiangxi Sheng)	158 300	...
Ganzhou	362 880	...
31 XII 1970(E)		
Gaoxiong	*——— [125] *828 191* ———*	
1 VII 1982		
Gejiu	352 980	...

8. Population of capital cities and cities of 100 000 and more inhabitants: latest available year (continued)

Population des capitales et des villes de 100 000 habitants et plus: dernière année disponible (suite)

(See notes at end of table. – Voir notes à la fin du tableau.)

Continent, country or area, city and date Continent, pays ou zone, ville et date	Population City proper Ville proprement dite	 Urban agglomeration Agglomération urbaine
ASIA—ASIE (Cont.–Suite)		
China – Chine [124]		
1 VII 1982		
Guangzhou	3 181 510	5 669 640
Guilin	432 410	686 170
Guiyang	1 350 190	...
Haikou	263 280	...
Hailer	157 490	...
Handan	929 530	...
Hangzhou	1 171 450	5 234 150
Hanzhong	374 270	...
Harbin	2 519 120	...
Hebi	336 430	...
Hefei	795 420	1 541 250
Hegang	592 470	...
Hengshui	101 260	...
Hengyang	531 730	...
Hohhoit	754 120	1 206 290
Huaibei	444 820	1 308 260
Huainan	1 029 220	1 519 420
Huangshi	375 640	1 068 650
Huizhou	158 380	...
Hunjiang	694 160	...
Huzhou	952 900	...
Ii'an	167 550	...
Iiangmen	212 450	...
Iiaozuo	484 370	...
Iinchang	107 970	313 660
Iingmen	110 900	...
Jiamusi	540 190	...
Jiaojing	150 620	...
Jiaxing	655 130	...
31 XII 1970(E)		
Jiayi	*—— [125] 238 713 ——*	
1 VII 1982		
Jilin	1 088 420	3 974 260
31 XII 1970(E)		
Jilon	*—— [125] 324 040 ——*	
1 VII 1982		
Jinan	1 359 130	3 375 830
Jingdezhen	611 030	...
Jinhua	869 460	...
Jining(Shandong Sheng)	190 420	...
Jining(Shanxi Sheng)	158 570	...
Jinzhou	599 490	4 448 460
Jiujiang	350 910	...
Jixi	781 800	...
Kaifeng	602 230	...
Kaiyuan	223 420	...
Karamay	156 970	...
Kashi	256 890	...
Korla	117 690	...
Kunming	1 418 640	1 975 820
Kuytan	239 870	...
Langfang	172 440	...
Lanzhou	1 364 480	2 339 750
Laohekou	101 500	...
Lengshuijiang	254 590	...
Lhasa	343 240	...
Lianyungang	397 090	...
Liaoyang	470 020	1 611 850
Liaoyuan	771 510	...
Linchuan	619 060	...
Linfen	208 210	...
Liupanshui	2 107 100	...
Liuzhou	581 980	...
Longyan	346 700	...
Loudi	104 500	...
Lu'an	145 880	...
Luohe	157 670	...
Luoyang	951 610	...
Luzhou	305 220	...
Ma'anshan	351 880	...
Manzhouli	104 220	...
Maoming	412 540	...
Meizhou	111 450	...
Mianyang	768 500	...
Mudangiang	581 300	...
Nanchang	1 075 710	2 471 070
Nanchong	228 340	...
Nanjiang	2 091 400	3 682 270
Nanning	889 790	...
Nanping	407 810	...
Nantong	402 990	...
Nanyang	288 300	...
Neijiang	270 750	...
Ningbo	478 940	943 460
Pingdingshan	470 330	...
31 XII 1970(E)		
Pingdong	*—— [125] *165 360* ——*	
1 VII 1982		
Pingyang	510 390	...
Pinxiang	1 189 030	...
Qingdo	1 172 370	4 204 840
Qingjiang	234 750	...
Qinhuangdo	394 210	...
Qiqihar	1 209 180	...
Qitaihe	283 420	...
Quanzhou	403 180	...
Quzhou	981 280	...
Sanmenxia	147 050	...
Sanming	199 230	...
Shanghai	6 292 960	11 185 100
Shangrao	664 780	...
Shangqiu	186 760	...
Shantou	717 620	...
31 XII 1970(E)		
Shanzhong	*—— [125] *235 667* ——*	
1 VII 1982		
Shaoguan	370 550	696 340
Shaoxing	1 091 170	...
Shaoyang	396 600	...
Shashi	238 960	...
Shenyang	3 944 240	5 054 640
Shenzhen	98 060	335 150
Shihezi	563 740	...
Shijianzhuang	1 068 720	...
Shiyan	306 830	...

8. Population of capital cities and cities of 100 000 and more inhabitants: latest available year (continued)

Population des capitales et des villes de 100 000 habitants et plus: dernière année disponible (suite)

(See notes at end of table. – Voir notes à la fin du tableau.)

Continent, country or area, city and date Continent, pays ou zone, ville et date	Population City proper Ville proprement dite	 Urban agglomeration Agglomération urbaine
ASIA—ASIE (Cont.–Suite)		
China – Chine [124]		
1 VII 1982		
Shizuishan	297 790	543 390
Shuangyashan	400 050	...
Siping	333 850	...
Suizhou	142 970	...
Suzhou	669 940	...
Tai'an	1 274 770	...
31 XII 1970(E)		
Tainan	*—— [125] 474 835 ——*	
Taipei	[125] 1769568	
1 VII 1982		
Taiyan	1 745 820	2 176 880
31 XII 1970(E)		
Taizhong	*—— [125] 448 140 ——*	
1 VII 1982		
Taizhou	161 200	...
Tangshan	1 407 840	...
31 XII 1970(E)		
Tansyuan	*—— [125] 105 841 ——*	
1 VII 1982		
Tianjin	5 152 180	7 790 160
Tianshui	185 230	...
Tiefa	145 890	...
Tieling	220 850	...
Tongchuan	353 520	...
Tonghua	359 960	...
Tongliao	213 470	...
Tongling	184 060	501 430
Tunxi	103 560	...
Uhai	266 620	...
Ulanhot	174 050	...
Urumqi	961 240	1 084 060
Wanxian	267 060	...
Weifang	393 410	...
Weihai	205 010	...
Wenzhou	515 650	5 948 130
Wuhan	3 287 720	4 273 080
Wuhu	449 070	944 150
Wuxi	798 310	...
Wuzhou	242 250	...
Xi'an	2 185 040	2 911 580
Xiamen	507 390	961 650
Xiangfan	323 000	...
Xiangtan	492 040	...
Xiangtan(Hebei Sheng)	334 210	...
Xiaguan	117 190	...
Xianyang	501 810	...
Xichang	145 840	...
Xining	566 650	927 290
Xinxiang	525 280	...
Xinyang	240 000	...
31 XII 1970(E)		
Xinzhu	*—— [125] 208 038 ——*	
ASIA—ASIE (Cont.–Suite)		
China – Chine		
1 VII 1982		
Xuchang	218 960	...
Xuzhou (Jiangsu Sheng)	776 770	...
Xuzhou (Anhui Sheng)	191 710	...
Yan'an	254 420	...
Yangquan	477 570	...
Yangzhou	302 090	...
Yanji	176 000	...
Yantai	385 180	...
Yibin	245 240	...
Yichang	365 000	...
Yichun (Heilongjiang Sheng)	755 830	1 167 020
Yichun (Jiangxi Sheng)	171 720	...
Yinchuan	354 100	658 400
Yingkow	422 590	2 788 690
Yining	257 280	...
Yiyang	165 040	...
Yuci	270 890	...
Yueyang	971 790	...
Yumen	195 290	...
Zaozhuang	1 244 020	2 703 540
Zhangjiakou	617 120	...
Zhangzhou	283 490	...
Zhanjiang	853 970	...
Zhaoqing	172 080	...
Zhaotang	133 080	...
Zhengzhou	1 404 050	1 942 970
Zhenjiang	345 560	...
Zhoukou	213 890	...
Zhuhai	131 860	...
Zhumadian	150 440	...
Zhuzhou	382 950	...
Zibo	2 197 660	...
Zigong	866 020	1 673 300
Zunyi	350 670	...
Cyprus – Chypre		
31 XII 1986(E)		
Limassol	...	*113 600*
31 XII 1987(E)		
Limassol	*118 200*	...
31 XII 1986(E)		
NICOSIA	...	*163 700*
31 XII 1987(E)		
NICOSIA	*164 500*	...
Democratic Kampuchea – Kampuchea démocratique		
17 IV 1962		
PHNOM PENH	393 995	...

8. Population of capital cities and cities of 100 000 and more inhabitants: latest available year (continued)

Population des capitales et des villes de 100 000 habitants et plus: dernière année disponible (suite)

(See notes at end of table. – Voir notes à la fin du tableau.)

Continent, country or area, city and date Continent, pays ou zone, ville et date	Population City proper Ville proprement dite	 Urban agglomeration Agglomération urbaine
ASIA—ASIE (Cont.–Suite)		
Democratic Yemen – Yémen démocratique		
9 VIII 1973		
ADEN	...	285 373
1 VII 1977(E)		
ADEN	271 590	...
East Timor – Timor oriental		
15 XII 1960		
DIW	52 158	...
Hong Kong – Hong-kong		
7 III 1961		
VICTORIA	633 138	674 962
India – Inde [126]		
1 III 1981		
Adoni	108 939	...
Agartala	132 186	...
Agra	694 191	747 318
Ahmedabad	2 059 725	2 548 057
Ahmednagar	143 937	181 210
Ajmer	375 593	...
Akola	225 412	...
Aligarh	320 861	...
Allhabad	616 051	650 070
Alleppey	169 940	...
Alwar	145 795	...
Ambala	[127] 104 565	121 203
Amravati(Amraoti)	261 404	...
Amritsar	594 844	...
Amroha	112 682	...
Anantapur	119 531	...
Arrah	125 111	...
Asansol	183 375	366 424
Aurangabad	284 607	316 421
Baharampur	...	102 311
Bally	147 735	([128])
Balurghat	104 621	112 621
Bangalore	2 628 593	2 921 751
Baranagar	170 343	([128])
Barddhaman	167 364	...
Bareilly	386 734	449 425
Barrackpur	115 516	([128])
Batala	...	101 966
Bathinda	124 453	127 363
Belgaum	274 430	300 372
Bellary	201 579	...
Berhampur	162 550	...
Berme	...	101 946
Bhadravati	53 551	130 606
Bhagalpur	225 062	...
Bharatpur	105 274	...
Bharuch	110 070	112 524
Bhatpara	265 419	([128])
Bhavnagar	307 121	308 642
Bheemavaram	101 894	...
Bhilwara	122 625	...
Bhiwandi	115 298	...
Bhiwani	101 277	...
Bhopal	671 018	...
Bhubaneswar	219 211	...
Bhusawal	123 133	132 142
Bihar	151 343	...
Bijapur	147 313	...
Bikaner	253 174	287 712
Bilaspur	147 218	187 104
Bokaro Steel City	224 099	264 480
Bombay	8 243 405	...
Bulandshahr	103 436	...
Burhanpur	140 986	...
Calcutta	3 305 006	[129] 9 194 018
Calicut	394 447	546 058
Cannanore	60 904	157 797
Chandan Nagar	101 925	([128])
Chandigarh	379 660	422 841
Chandrapur	115 777	...
Chapra	111 564	...
Cochin	513 249	685 836
Coimbatore	704 514	920 355
Cuddalore	127 625	...
Cuddapaph	103 125	...
Cuttack	269 950	327 412
Darbhanga	176 301	...
Davanagere	196 621	...
Dehra Dun	211 416	293 010
Delhi	4 884 234	[130] 5 729 283
Dhanbad	120 221	678 069
Dhulia	210 759	...
Dindigul	164 103	...
Durgapur	311 798	...
Durg–Bhilai Nagar	...	490 214
Eluru (Ellore)	168 154	...
Erode	142 252	275 991
Etawah	112 174	...
Faizabad–Ayodhya	101 873	143 167
Faridabad	330 864	...
Farrukhabad–Fategarh	145 793	160 796
Firozabad	202 338	...
Gadag–Betgeri	117 368	...
Ganganagar	123 692	...
Garden Reach	191 107	([128])
Gaya	247 075	...
Ghaziabad	271 730	287 170
Gondiya	100 423	...
Gorakhpur	290 814	307 501
Gulbarga	221 325	...
Guntur	367 699	...
Gurgaon	...	100 877
Gwalior	539 015	555 862
Habra	...	129 610
Hapur	102 837	...
Hardwar	115 513	145 946
Hisar	131 309	137 369
Hospet	...	115 351
Houghly–Chinsura	128 918	([128])
Howrah	744 429	([128])
Hubli	527 108	...
Hyderabad	[131] 2 093 488	2 545 836
Ichalakaranji	133 751	...

8. Population of capital cities and cities of 100 000 and more inhabitants: latest available year (continued)

Population des capitales et des villes de 100 000 habitants et plus: dernière année disponible (suite)

(See notes at end of table. – Voir notes à la fin du tableau.)

Continent, country or area, city and date Continent, pays ou zone, ville et date	Population	
	City proper Ville proprement dite	Urban agglomeration Agglomération urbaine
ASIA—ASIE (Cont.–Suite)		
India – Inde [126]		
1 III 1981		
Imphal	156 622	...
Indore	829 327	...
Jabalpur	614 162	757 303
Jadarpur	251 968	([128])
Jaipur	977 165	1 015 160
Jalgaon	145 335	...
Jalna	122 276	...
Jammu	206 135	223 361
Jamnagar	277 615	317 362
Jamshedpur	438 385	669 580
Jaunpur	105 140	...
Jhansi	246 172	284 141
Jodhpur	506 345	...
Jullundur	408 196	...
Jungadha	118 646	120 416
Kakinada	226 409	...
Kamarhati	234 951	([128])
Kanchipuram	130 926	145 254
Kanpur	1 481 789	1 639 064
Karaikudi	...	100 141
Karnal	132 107	...
Katihar	122 005	...
Khandwa	114 725	...
Kharagpur	150 475	232 575
Kolar Gold Fields	77 679	144 385
Kolhapur	340 625	351 392
Kotah	358 241	...
Kumbakonam	132 832	141 794
Kurnool	206 362	...
Latur	111 986	...
Lucknow	895 721	1 007 604
Ludhiana	607 052	...
Madras	3 276 622	4 289 347
Madurai	820 891	907 732
Malegaon	245 883	...
Mandya	100 285	...
Mangalore	172 252	306 078
Masulipatnam	138 530	...
Mathura	147 493	159 498
Meerut	417 395	536 615
Mirzapur–cum–Vindhayachal	127 787	...
Moradabad	330 051	345 350
Munger	129 260	...
Murwara	77 862	123 017
Muzaffarnagar	171 816	...
Muzaffarpur	190 416	...
Mysore	441 754	479 081
Nabadwip	109 108	129 800
Nadiad	142 689	...
Nager Coil	171 648	...
Nagpur	1 219 461	1 302 066
Naihati	114 607	([128])
Nanded	191 269	...
Nasik	262 428	429 034
Navasari	106 793	129 266
Nellore	237 065	...
NEW DELHI	[132] 273 036	...
Nizamabad	183 061	...
Onadal	14 921	109 209
Palghat	111 245	117 986
Panihati	205 718	([128])
Panipat	137 927	...
Parbhani	109 364	...
Patan	...	105 307
Pathankot	110 039	...
Patiala	205 141	206 254
Patna	776 371	918 903
Pollachi	...	114 971
Pondicherri	162 639	251 420
Poona	1 203 351	1 686 109
Porbandar	115 182	133 307
Proddatur	107 070	...
Puri	100 942	...
Purnia	...	109 875
Quilon	137 943	167 598
Raichur	124 762	...
Raipur	338 245	...
Rajahmundry	203 358	268 370
Rajapalayam	101 640	...
Rajkot	445 076	...
Rampur	204 610	...
Ranchi	[133] 489 626	502 771
Raniganj	48 702	119 101
Ratlam	142 319	155 578
Rewa	100 641	...
Rohtak	166 767	...
Rourkela	214 521	322 610
Sagar	160 392	207 479
Saharanpur	295 355	...
Salem	361 394	518 615
Sambal	108 232	...
Sambalpur	110 282	162 214
Sangli	152 389	268 988
Serampore	127 304	([128])
Shahjahanpur	185 396	205 095
Shillong	109 244	174 703
Shimoga	151 783	...
Sholapur	511 103	514 860
Sikar	102 970	...
Siliguri	154 378	...
Sitapur	101 210	...
Sonipat	109 369	...
South Dum Dum	230 266	([128])
South Suburban	394 916	([128])
Srinagar	594 775	606 002
Surat	776 583	913 806
Tenali	119 257	...
Thanjavur	184 015	...
Thane	309 897	389 801
Tiruchirapalli	362 045	609 548
Tirunelveli	128 850	323 344
Tirupati	115 292	...
Tiruppur	165 223	215 859
Titagarh	104 534	([128])
Trichur	...	170 122
Trivandrum	483 086	520 125
Tumkur	108 670	...
Tuticorin	192 949	250 677
Udaipur	232 588	...
Ujjain	278 454	282 203
Ulhasnagar	273 668	648 671
Vadodara (Baroda)	734 473	744 881
Valparai	115 452	...

8. Population of capital cities and cities of 100 000 and more inhabitants: latest available year (continued)

Population des capitales et des villes de 100 000 habitants et plus: dernière année disponible (suite)

(See notes at end of table. – Voir notes à la fin du tableau.)

Continent, country or area, city and date Continent, pays ou zone, ville et date	Population City proper Ville proprement dite	Population Urban agglomeration Agglomération urbaine
ASIA—ASIE (Cont.–Suite)		
India – Inde [126]		
1 III 1981		
Varanasi	708 647	797 162
Vellore	174 247	247 041
Vijayawada	454 577	543 008
Visakhapatnam	565 321	603 630
Vizianagarm	114 806	...
Wadhwan	...	130 602
Warangal	335 150	...
Yamunanagar	109 304	160 424
Indonesia – Indonésie		
31 X 1980		
Ambon	208 898	...
Balikpapan	280 675	...
Bandjarmasin	381 286	...
Bandung	1 462 637	...
Bogor	247 409	...
Cirebon	223 776	...
Djambi	230 373	...
JAKARTA	6 503 449	...
Kediri	221 830	...
Madium	150 562	...
Magelang	123 484	...
Malang	511 780	...
Manado	217 519	...
Medan	1 378 955	...
Padang	480 922	...
Pakalongan	132 558	...
Pakan Baru	186 262	...
Palembang	787 187	...
Pematang Siantar	150 376	...
Pontianak	304 778	...
Probolinggo	100 296	...
Samarinda	264 718	...
Semarang	1 026 671	...
Sukabumi	109 994	...
Surabaja	2 027 913	...
Surakarta	469 888	...
Tanjung Karang	284 275	...
Tegal	131 728	...
Ujung Pandang	709 038	...
Yogyakarta	398 727	...
Iran (Islamic Republic of – Rép. islamique d')		
1 XI 1976		
Abadan	...	308 391
Ahwaz	...	339 787
22 IX 1986		
Ahwaz	589 529	...
Amol	119 190	...
1 XI 1976		
Arak	...	128 904
22 IX 1986		
Arak	268 405	...
ASIA—ASIE (Cont.–Suite)		
Iran (Islamic Republic of – Rép. islamique d')		
1 XI 1976		
Ardabil	...	147 865
22 IX 1986		
Ardabil	283 710	...
Babol	115 891	...
Bakhtaran	565 544	...
Bandar–e–Abbas	200 142	...
1 XI 1976		
Borujerd	...	128 966
22 IX 1986		
Borujerd	184 763	...
1 VII 1982(E)		
Bushehr	120 000	...
1 XI 1976		
Dezful	...	172 014
22 IX 1986		
Dezful	142 116	...
1 XI 1976		
Esfahan	...	841 786
22 IX 1986		
Esfahan	1 001 248	...
Gorgan	139 417	...
1 XI 1976		
Hamadan	...	229 977
22 IX 1986		
Hamadan	274 274	...
Islam Shahr (Qasemabad)	217 771	...
1 XI 1976		
Karaj	...	214 453
22 IX 1986		
Karaj	276 592	...
Kashan	139 484	...
1 XI 1976		
Kerman	...	170 921
22 IX 1986		
Kerman	254 786	...
1 XI 1976		
Kermanshah	...	336 131
22 IX 1986		
Khomeini shahr	104 713	...
1 XI 1976		
Khoramabad	...	132 638
22 IX 1986		
Khoramabad	208 212	...

8. Population of capital cities and cities of 100 000 and more inhabitants: latest available year (continued)

Population des capitales et des villes de 100 000 habitants et plus: dernière année disponible (suite)

(See notes at end of table. – Voir notes à la fin du tableau.)

Continent, country or area, city and date Continent, pays ou zone, ville et date	Population City proper Ville proprement dite	 Urban agglomeration Agglomération urbaine
ASIA—ASIE (Cont.–Suite)		
Iran (Islamic Republic of – Rép. islamique d')		
1 XI 1976		
Khoramshahr	...	150 736
22 IX 1986		
Khoy	115 873	...
Malayer	105 953	...
Maraqeh	102 966	...
1 XI 1976		
Mashhad	...	743 245
22 IX 1986		
Mashhad	1 466 018	...
Masjed Soleyman	104 992	...
Najafabad	129 389	...
Neyshabur	110 487	...
Oroumich	304 823	...
Qaem shahr	110 137	...
1 XI 1976		
Qazvin	...	172 676
22 IX 1986		
Qazvin	248 874	...
1 XI 1976		
Qom	...	247 219
22 IX 1986		
Qom	550 630	...
Rajai shahr	117 979	...
1 XI 1976		
Rasht	...	195 288
22 IX 1986		
Rasht	293 881	...
1 XI 1976		
Rezaiyeh	...	164 419
22 IX 1986		
Sabzewar	129 608	...
Sanandaj	203 975	...
Sari	140 663	...
1 XI 1976		
Shiraz	...	448 029
22 IX 1986		
Shiraz	848 011	...
1 XI 1976		
Tabriz	...	715 478
22 IX 1986		
Tabriz	994 377	...
1 XI 1976		
TEHERAN	...	4 589 201
ASIA—ASIE (Cont.–Suite)		
Iran (Islamic Republic of – Rép. islamique d')		
22 IX 1986		
TEHERAN	6 022 079	...
1 XI 1976		
Yazd	...	160 678
22 IX 1986		
Yazd	234 003	...
Zahedan	288 612	...
1 XI 1976		
Zanjan	...	100 351
22 IX 1986		
Zanjan	215 458	...
Iraq		
1970(E)		
Al Sulaimaniya	*103 091*	...
Arbil	*101 779*	...
BAGHDAD	[134] *1 984 142*	...
Basra	*333 684*	...
Hilla	*103 544*	...
Kirkuk	*191 294*	...
Mosul	*310 313*	...
Najaf	*147 855*	...
Israel – Israël [1]		
1 VII 1987(E)		
Bat Yam	132 400	...
Be'er Sheva	114 700	...
Bene Beraq	106 100	...
Haifa	223 300	393 700
Holon	142 100	...
JERUSALEM [135]	[136] 475 800	...
Netanya	113 200	...
Petah Tiqwa	131 400	...
Ramat Gan	115 500	...
Rishon Leziyyon	118 300	...
Tel Aviv–Yafo	319 900	1 634 500
Japan – Japon [137] [138]		
30 IX 1986(E)		
Abiko	*——— 113 239 ———*	
Ageo	181 581	
Aizuwakamatsu	117 104	
Akashi	260 982	
Akita	296 596	
Amagasaki	502 270	
Anjo	134 322	
Aomori	294 726	
Asahikawa	365 311	
Ashikaga	168 778	
Atsugi	177 036	
Beppu	132 352	
Chiba	791 799	

8. Population of capital cities and cities of 100 000 and more inhabitants: latest available year (continued)

Population des capitales et des villes de 100 000 habitants et plus: dernière année disponible (suite)

(See notes at end of table. – Voir notes à la fin du tableau.)

Continent, country or area, city and date Continent, pays ou zone, ville et date	Population City proper Ville proprement dite	 Urban agglomeration Agglomération urbaine
ASIA—ASIE (Cont.–Suite)		
Japan – Japon [137] [138]		
30 IX 1986(E)		
Chigasaki	*—— 188 643 ——*	
Chofu	189 307	
Daito	122 158	
Fuchu	200 423	
Fuji	217 596	
Fujieda	114 488	
Fujinomiya	114 551	
Fujisawa	332 218	
Fukui	248 363	
1 X 1986(E)		
Fukuoka	1175 707	
30 IX 1986(E)		
Fukushima	271 436	
Fukuyama	362 049	
Funabashi	507 905	
Gifu	409 469	
Habikino	111 380	
Hachinohe	243 373	
Hachioji	424 328	
Hadano	140 452	
Hakodate	318 315	
Hamamatsu	516 826	
Higashiosaka	503 529	
Higashikurume	111 154	
Higashimurayama	126 533	
Himeji	451 075	
Hino	156 613	
Hirakata	381 961	
Hiratsuka	230 863	
Hirosaki	178 065	
1 X 1986(E)		
Hiroshima	1055 176	
30 IX 1986(E)		
Hitachi	205 673	
Hofu	118 394	
Ibaraki	249 074	
Ichihara	241 207	
Ichikawa	403 458	
Ichinomiya	257 167	
Ikeda	100 923	
Imabari	125 421	
Irima	121 669	
Ise	106 297	
Isezaki	112 915	
Ishinomaki	123 595	
Itami	180 457	
Iwaki	356 610	
Iwakuni	112 467	
Iwatsuki	101 265	
Izumi (Miyagi)	129 329	
Izumi (Osaka)	139 660	
Joetsu	129 774	
Kadoma	140 406	
Kagoshima	529 281	
Kakamigahara	125 252	
Kakogawa	229 923	
Kamakura	*—— 177 623 ——*	
Kanazawa	421 944	
Kariya	113 998	
Kashihara	112 742	
Kashiwa	279 339	
Kasugai	256 973	
Kasukabe	174 855	
Katsuta	104 568	
Kawagoe	283 954	
Kawaguchi	406 318	
Kawanishi	137 592	
1 X 1986(E)		
Kawasaki	1106 148	
30 IX 1986(E)		
Kiryu	131 623	
Kisarazu	120 861	
Kishiwada	185 718	
1 X 1986(E)		
Kitakyushu [139]	1053 010	
30 IX 1986(E)		
Kitami	107 296	
1 X 1986(E)		
Kobe	1422 922	
30 IX 1986(E)		
Kochi	310 519	
Kodaira	155 148	
Kofu	201 172	
Koganei	102 190	
Komaki	114 525	
Komatsu	107 299	
Koriyama	302 277	
Koshigaya	259 937	
Kumagaya	143 732	
Kumamoto	551 376	
Kurashiki	416 118	
Kure	227 602	
Kurume	223 148	
Kushiro	216 012	
1 X 1986(E)		
Kyoto	1480 355	
30 IX 1986(E)		
Machida	327 046	
Maebashi	278 997	
Matsubara	135 535	
Matsudo	429 413	
Matsue	138 780	
Matsumoto	195 243	
Matsusaka	116 578	
Matsuyama	431 372	
Minoo	114 421	
Misato	109 517	
Mishima	100 849	
Mitaka	162 825	
Mito	229 326	
Miyakonojo	132 664	
Miyazaki	281 645	
Moriguchi	158 028	

8. Population of capital cities and cities of 100 000 and more inhabitants: latest available year (continued)

Population des capitales et des villes de 100 000 habitants et plus: dernière année disponible (suite)

(See notes at end of table. – Voir notes à la fin du tableau.)

Continent, country or area, city and date Continent, pays ou zone, ville et date	Population City proper Ville proprement dite	 Urban agglomeration Agglomération urbaine
ASIA—ASIE (Cont.–Suite)		
Japan – Japon [137] [138]		
30 IX 1986(E)		
Morioka	*——— 235 317 ———*	
Muroran	138 397	
Musashino	136 427	
Nagano	339 471	
Nagaoka	183 110	
Nagareyama	127 147	
Nagasaki	449 265	
1 X 1986(E)		
Nagoya	2 130 632	
30 IX 1986(E)		
Naha	309 339	
Nara	330 419	
Narashino	137 415	
Neyagawa	257 355	
Niigata	468 932	
Niihama	133 921	
Niiza	128 513	
Nishinomiya	413 282	
Nobeoka	139 359	
Noda	106 903	
Numazu	212 601	
Obihiro	163 923	
Odawara	185 909	
Ogaki	145 595	
Oita	390 281	
Okayama	570 796	
Okazaki	285 699	
Okinawa	104 783	
Ome	110 828	
Omiya	376 373	
Omuta	160 132	
Onomichi	102 210	
1 X 1986(E)		
Osaka	2 643 213	
30 IX 1986(E)		
Ota	133 219	
Otaru	174 558	
Otsu	234 362	
Oyama	135 559	
Saga	166 988	
Sagamihara	486 679	
Sakai	811 824	
Sakata	102 030	
Sakura	125 069	
1 X 1986(E)		
Sapporo	1 567 724	
30 IX 1986(E)		
Sasebo	251 498	
Sayama	146 117	
Sendai	688 881	
Seto	122 296	
Shimizu	242 680	
Shimonoseki	263 550	
Shizuoka	468 424	
Soka	193 484	
Suita	*——— 344 271 ———*	
Suzuka	165 809	
Tachikawa	149 712	
Takamatsu	327 769	
Takaoka	177 196	
Takarazuka	195 651	
Takasaki	233 748	
Takatsuki	350 043	
Tama	125 479	
Tokorozawa	280 728	
Tokushima	256 790	
Tokuyama	112 014	
1 X 1986(E)		
TOKYO [140]	8 379 385	11 906 331
30 IX 1986(E)		
Tomakomai	*——— 158 985 ———*	
Tondabayashi	103 296	
Tottori	137 150	
Toyama	313 866	
Toyohashi	323 276	
Toyokawa	108 244	
Toyonaka	408 245	
Toyota	309 850	
Tsu	149 016	
Tsuchiura	119 956	
Tsuruoka	100 840	
Ube	172 654	
Ueda	117 188	
Uji	165 632	
Urawa	381 019	
Utsunomiya	411 060	
Wakayama	403 380	
Yachiyo	142 402	
Yaizu	110 395	
Yamagata	242 970	
Yamaguchi	121 937	
Yamato	178 161	
Yao	270 178	
Yatsushiro	109 992	
Yokkaichi	265 299	
1 X 1986(E)		
Yokohama	3 049 782	
30 IX 1986(E)		
Yokosuka	430 440	
Yonago	131 738	
Zama	100 482	
Jordan – Jordanie		
31 XII 1985(E)		
AMMAN	_812 500_	...
Irbid	_141 400_	...
Zarqa	_276 850_	...
Korea, Republic of– Corée, République de		
1 XI 1985 [1]		
Andong	114 340	...
Anyang	361 577	...

8. Population of capital cities and cities of 100 000 and more inhabitants: latest available year (continued)

Population des capitales et des villes de 100 000 habitants et plus: dernière année disponible (suite)

(See notes at end of table. – Voir notes à la fin du tableau.)

Continent, country or area, city and date / Continent, pays ou zone, ville et date	Population: City proper / Ville proprement dite	Population: Urban agglomeration / Agglomération urbaine
ASIA—ASIE (Cont.–Suite)		
Korea, Republic of– Corée, République de		
1 XI 1985 [1]		
Changweon	173 508	...
Chechon	102 309	...
Cheju	202 911	...
Cheonan	170 088	...
Cheongju	350 256	...
Chinhae	121 406	...
Chinju	227 309	...
Chonchu (Jeonju)	426 473	...
Chuncheon	163 217	...
Chungju	113 345	...
Inchon (Incheon)	1 386 911	...
Iri	192 269	...
Kangnung	132 995	...
Kumi	142 148	...
Kunsan	185 649	...
Kwang myong	219 611	...
Kwangchu (Gwangju)	905 896	...
Kyong ju	127 684	...
Masan	448 746	...
Mogpo	236 085	...
Pohang	260 691	...
Puchon	456 292	...
Pusan (Busan)	3 514 798	...
Seongnam	447 692	...
SEOUL	9 639 110	...
Suncheon	121 938	...
Suweon (Puwan)	1 430 752	...
Taebaek	113 993	...
Taegu (Daegu)	2 029 853	...
Taejon (Daejeon)	866 148	...
Uijong	162 701	...
Ulsan	551 014	...
Weonju	151 372	...
Yeosu	171 929	...
Kuwait – Koweït		
20 IV 1975		
Hawalli	130 565	...
KUWAIT CITY	78 116	...
Salmiya	113 943	...
Lao People's Dem. Rep. – Rép. Dém. populaire Lao		
1966(E)		
VIENTIANE	132 253	...
Lebanon – Liban		
15 XI 1970 [141]		
BEIRUT	474 870	938 940
1964(E)		
Tripoli	127 611	...
ASIA—ASIE (Cont.–Suite)		
Macau – Macao		
15 XII 1970		
MACAU	[142] 241 413	...
Malaysia – Malaisie Peninsular Malaysia – Malaisie Péninsulaire		
10 VI 1980		
George Town	248 241	...
Ipoh	293 849	...
Johore Bharu	246 395	...
Klang	192 080	...
Kota Bahru	167 872	...
KUALA LUMPUR	919 610	...
Kuala Terengganu	180 296	...
Kuantan	131 547	...
Petaling Jaya	207 805	...
Seremban	132 911	...
Taiping	146 002	...
Sabah		
10 VI 1980		
KOTA KINABALU	108 725	...
Sarawak		
25 VII 1970		
KUCHING	63 535	...
Maldives		
31 XII 1977		
MALE	29 522	...
Mongolia – Mongolie		
1 I 1987(E)		
ULAN BATOR	515 100	...
Myanmar [143]		
31 III 1983		
Bassein	144 096	...
Mandalay	532 949	...
Monywa	106 843	...
Moulmein	219 961	...
Pegu	150 528	...
Sittwe	107 621	...
Taunggyi	108 231	...
YANGON	2 513 023	...
Nepal – Népal		
22 VI 1981		
KATHMANDU	235 160	...

8. Population of capital cities and cities of 100 000 and more inhabitants: latest available year (continued)

Population des capitales et des villes de 100 000 habitants et plus: dernière année disponible (suite)

(See notes at end of table. – Voir notes à la fin du tableau.)

Continent, country or area, city and date Continent, pays ou zone, ville et date	Population: City proper Ville proprement dite	Population: Urban agglomeration Agglomération urbaine
ASIA—ASIE (Cont.–Suite)		
Oman		
1960(E)		
MUSCAT	*5 080*	6 208
Pakistan [144]		
1 III 1981		
Bahawalpur	...	180 263
Chiniot	...	105 559
D.G. Khan	...	102 007
Faisalabad(Lyallaur)	...	1 104 209
Gujranwala	...	658 753
Gujrat	...	155 058
Hyderabad	...	751 529
ISLAMABAD	...	204 364
Jhang	...	195 558
Karachi	...	5 180 562
Kasur	...	155 523
Lahore	...	2 952 689
Mardan	...	147 977
Multan	...	732 070
Nawabshah	...	102 139
Okara	...	153 483
Peshawar	...	566 248
Quetta	...	285 719
Rahimyar Khan	...	119 036
Rawalpindi	...	794 843
Sargodha	...	291 362
Sheikhu Pura	...	141 168
Sialkote	...	302 009
Philippines		
1 VII 1988(E)		
Angeles	232 757	...
Bacolod	321 261	...
Bago	127 232	...
Baguio	150 233	...
Batangas	172 931	...
Butuan	213 068	...
Cabanatuan	166 957	...
Cadiz	143 526	...
Cagayan de Oro	319 396	...
Calbayog	112 400	...
Caloocan	587 319	...
Cavite	102 026	...
Cebu	599 252	...
Dagupan	112 520	...
Davao	795 566	...
General Santos	189 343	...
Iligan	218 142	...
Iloilo	282 968	...
Lapu–Lapu	120 531	...
1 VII 1984(E)		
Las Pinas	190 364	...
1 VII 1988(E)		
Legaspi	119 369	...
Lipa	145 341	...
Lucena City	137 333	...
ASIA—ASIE (Cont.–Suite)		
Philippines		
1 VII 1984(E)		
Makati	*408 991*	...
Malabon	*212 930*	...
1 VII 1988(E)		
Mandaue	*161 465*	...
1 VII 1984(E)		
Mandaluyong	*226 670*	...
Manila	*1 728 441*	*6 720 050*
1 VII 1988(E)		
Manila	*1 835 290*	...
1 VII 1984(E)		
Marikina	*248 183*	...
Muntilupa	*172 421*	...
1 VII 1988(E)		
Naga	*110 365*	...
1 VII 1984(E)		
Navotas	*146 899*	...
1 VII 1988(E)		
Olongapo	*192 880*	...
Ormoc	*121 303*	...
Pagadian	*102 111*	...
1 VII 1984(E)		
Paranque	*252 791*	...
1 VII 1988(E)		
Pasay	*357 325*	...
1 VII 1984(E)		
Pasig	*318 853*	...
1 VII 1988(E)		
QUEZON CITY	*1 504 361*	...
San Carlos	*115 836*	...
San Pablo	*159 783*	...
Silay	*133 162*	...
Tacloban	*118 467*	...
1 VII 1984(E)		
Taguig	*130 719*	...
1 VII 1988(E)		
Toledo	*109 362*	...
1 VII 1984(E)		
Valenzuela	*275 725*	...
1 VII 1988(E)		
Zamboanga	*423 379*	...
Qatar		
16 III 1986		
DOHA	217 294	...

8. Population of capital cities and cities of 100 000 and more inhabitants: latest available year (continued)

Population des capitales et des villes de 100 000 habitants et plus: dernière année disponible (suite)

(See notes at end of table. – Voir notes à la fin du tableau.)

Continent, country or area, city and date Continent, pays ou zone, ville et date	Population City proper Ville proprement dite	 Urban agglomeration Agglomération urbaine
ASIA—ASIE (Cont.–Suite)		
Saudi Arabia – Arabie saoudite		
9 – 14 IX 1974		
Dammam	127 844	...
Hufuf	101 271	...
Jeddah	561 104	...
Makkah	366 801	...
Medina	198 186	...
RIYADH	666 840	...
Ta'if	204 857	...
Singapore – Singapour		
31 XII 1988(E)		
SINGAPORE	*——— [145] 2 670 000 ———*	
Sri Lanka		
1 VII 1986(E)		
COLOMBO	683 000	...
Dehiwala–Mount Lavinia	191 000	...
Galle	109 000	...
Jaffna	143 000	...
Kandy	130 000	...
Kotte	104 000	...
Moratuwa	138 000	...
Syrian Arab Republic – République arabe syrienne		
8 IX 1981		
Aleppo	985 413	1 121 781
1 VII 1988(E)		
Aleppo	1 261 000	...
Al–Kamishli	126 000	...
Al–Rakka	113 000	...
8 IX 1981		
DAMASCUS	1 112 214	1 444 303
1 VII 1988(E)		
DAMASCUS	1 326 000	...
Deir El–Zor	112 000	...
8 IX 1981		
Hama	177 208	248 188
1 VII 1988(E)		
Hama	222 000	...
8 IX 1981		
Homs	346 871	407 981
1 VII 1988(E)		
Homs	447 000	...
8 IX 1981		
Lattakia	196 791	231 555
1 VII 1988(E)		
Lattakia	249 000	...
ASIA—ASIE (Cont.–Suite)		
Thailand – Thaïlande		
1 IV 1980 [1]		
BANGKOK	4 697 071	...
Chiang Mai	101 594	...
Chon Buri	115 350	...
Nakhonsi Thammarat	102 123	...
Songkhia	172 604	...
Turkey – Turquie		
20 X 1985		
Adana	777 554	...
Adapazari	152 291	...
ANKARA [146]	2 235 035	...
Antalya	261 114	...
Balikesir	149 989	...
Bursa	612 510	...
Denizli	169 130	...
Diyarbakir	305 940	...
Elazig	182 296	...
Erzurum	246 053	...
Eskisehir	366 765	...
Gaziantep	478 635	...
12 X 1980		
Hatay	110 198	...
Içel	279 988	...
20 X 1985		
Isparta	101 215	...
Istanbul [147]	5 475 982	...
Izmir [148]	1 489 772	...
Kahramanmaras	210 371	...
Kayseri	373 937	...
12 X 1980		
Kocaeli	211 121	...
20 X 1985		
Konya	439 181	...
Kütahya	118 773	...
Malatya	243 138	...
Manisa	127 012	...
Mersin	314 350	...
12 X 1980		
Sakarya	224 414	...
20 X 1985		
Samsun	240 674	...
Sivas	198 553	...
Trabzon	142 008	...
12 X 1980		
Urfa	159 194	...
20 X 1985		
Van	110 653	...
Zonguldak	117 879	...

8. Population of capital cities and cities of 100 000 and more inhabitants: latest available year (continued)

Population des capitales et des villes de 100 000 habitants et plus: dernière année disponible (suite)

(See notes at end of table. – Voir notes à la fin du tableau.)

Continent, country or area, city and date Continent, pays ou zone, ville et date	Population City proper Ville proprement dite	 Urban agglomeration Agglomération urbaine
ASIA—ASIE (Cont.–Suite)		
United Arab Emirates – Emirats Arabes Unis		
15 XII 1980		
ABU DHABI	242 975	...
Ap–Ain	101 663	...
Dubai	265 702	...
Sharjah	125 149	...
Viet Nam		
1 X 1979		
Buonmathuot	71 815	176 429
Bien Hoa	187 254	245 753
Campha	76 697	108 656
Cantho	182 856	246 697
Da Nang	318 653	...
Haiphong	385 210	1 279 061
HANOI	897 500	2 570 905
Ho Chi Minh [149]	2 700 849	3 419 978
Hon Gai	114 573	120 264
Hué	165 710	210 953
Longxuyen	112 485	185 221
Minh Hai	72 517	103 104
Mytho	101 493	135 276
Namdinh	160 179	193 278
Nhatrang	172 663	212 488
Nguyen	138 023	...
Quang Nghia	41 119	220 604
Qui Nhon	127 211	165 540
Rach Gia	81 075	106 675
Thanhhoa	72 646	114 928
Viettri	72 108	112 778
Vinh	159 753	207 239
Yemen – Yémen		
1 VII 1975(E)		
SANA	140 339	...
EUROPE		
Albania – Albanie		
1 VII 1987(E)		
TIRANA	225 700	...
Andorra – Andorre		
30 IX 1986(E)		
ANDORRA LA VELLA	16 151	...
Austria – Autriche [1]		
12 V 1981		
Graz	243 166	394 981
Innsbruck	117 287	234 941
Klagenfurt	87 321	138 558
Linz	199 910	434 634
Salzburg	139 426	267 277
WIEN	1 531 346	2 044 331
1 VII 1988(E)		
WIEN	1 483 566	...
Belgium – Belgique [1 150]		
31 XII 1970		
Anderlecht	103 796	([151])
1 I 1986(E)		
Antwerpen (Anvers)	483 199	...
Bruges	117 799	...
1 I 1981(E)		
BRUXELLES (BRUSSEL)	139 678	...
1 I 1986(E)		
BRUXELLES (BRUSSEL)	...	[152] 976 536
Charleroi	210 324	...
Gent (Gand)	234 251	...
31 XII 1971(E)		
La Louvière	...	113 259
1 I 1986(E)		
Liège (Luik)	201 749	...
Namur	102 501	...
1 III 1981		
Schaerbeek (Schaarbeek)	106 754	...
Bulgaria – Bulgarie		
1 VII 1986(E)		
Bourgas	184 470	...
Choumen	101 504	...
Plévène	130 994	...
Plovdiv	345 675	...
Roussé	185 087	...
Slivène	103 400	...
SOFIA	1 117 057	...
Stara Zagora	152 222	...
Tolboukhin	109 770	...
Varna	302 640	...
Channel Islands – Iles Anglo–Normandes		
Jersey		
23 III 1986		
ST. HELIER	27 012	46 329
Czechoslovakia – Tchécoslovaquie		
1 I 1987(E)		
Bratislava	427 549	...
Brno	387 440	...
Hradec Králové	100 077	...
Kosice	227 601	...
Liberec	102 957	...
Olomouc	106 328	...
Ostrava	329 451	...
Pizen	174 824	...
PRAHA	1 203 730	...
Ustí nad Labem	105 043	...

8. Population of capital cities and cities of 100 000 and more inhabitants: latest available year (continued)

Population des capitales et des villes de 100 000 habitants et plus: dernière année disponible (suite)

(See notes at end of table. – Voir notes à la fin du tableau.)

Continent, country or area, city and date Continent, pays ou zone, ville et date	Population City proper Ville proprement dite	 Urban agglomeration Agglomération urbaine
EUROPE (Cont.–Suite)		
Denmark – Danemark		
1 I 1987(E) [1]		
Alborg	...	113 650
Arhus	...	195 152
KOBENHAVN	469 706	[153] 876 960
Odense	...	137 286
Faeroe Islands – Iles Féroé		
16 II 1970 [1]		
THORSHAVN	10 726	...
Finland – Finlande		
1 VII 1986(E) [1]		
Espoo	158 592	([154])
HELSINKI	486 658	959 566
Tampere	169 510	255 074
Turku	161 293	259 910
Vantaa	145 134	([154])
France		
4 III 1982 [155] [156]		
Aix–en–Provence	119 140	121 000
Amiens	130 880	153 000
Angers	137 760	196 000
Angouième	95 000	102 000
Annecy	...	110 000
Avignon	...	173 000
Bayonne	...	128 000
Besançon	114 040	121 000
Bèthune	...	147 000
Bordeaux	205 960	628 000
Boulogne–Billancourt [157]	101 360	...
Brest	154 020	187 000
Bruay–en–Artois	...	109 000
Caen	115 180	182 000
Calais	...	101 000
Cannes	...	296 000
Clermont–Ferrand	148 040	256 000
Dijon	140 900	209 000
Douai	...	202 000
Dunkerque	...	196 000
Grenoble	156 440	392 000
Hagondange–Briey	...	120 000
La Rochelle	...	100 000
Le Havre	199 120	255 000
Le Mans	147 140	191 000
Lens	...	323 000
Lille	164 900	[158] 935 000
Limoges	139 320	172 000
Lorient	...	104 000
Lyon	408 860	[159] 1 170 000
Mantes–la–Jolie	...	168 000
Marseille	867 260	1 080 000
Metz	113 360	185 000
Montbéliard	...	128 000
Montpellier	196 860	221 000
Mulhouse	107 480	220 000
Nancy	96 000	278 000
Nantes	242 340	465 000
Nice	335 240	449 000
Nimes	126 780	130 000
Orléans	103 660	220 000
PARIS	2 188 960	[160] 8 510 000
Pau	...	131 000
Perpignan	110 540	130 000
Reims	178 380	199 000
Rennes	195 260	234 000
Roubaix	100 820	([161])
Rouen	101 700	380 000
Saint–Etienne	204 120	317 000
Saint–Nazaire	112 000	121 000
Strasbourg	248 040	[158] 373 000
Thionville	...	128 000
Toulon	177 920	410 000
Toulouse	345 780	523 000
Tours	133 580	255 000
Trappes	...	142 000
Troyes	...	125 000
Valence	...	104 000
Valenciennes	...	[158] 337 000
Villeurbanne	116 660	...
German Democratic Rep. – Rép. démocratique allemande		
30 VI 1987(E) [1]		
BERLIN	1 271 259	...
Cottbus	128 526	...
Dessau	103 972	...
Dresden	519 527	...
Erfurt	219 158	...
Gera	134 039	...
Halle	235 404	...
Jena	107 921	...
Karl–Marx–Stadt	313 095	...
Leipzig	547 309	...
Magdeburg	290 381	...
Potsdam	142 289	...
Rostock	252 575	...
Schwerin	130 121	...
Zwickau	122 054	...
Germany, Federal Rep. of – Allemagne, République fédérale d'		
31 XII 1986(E) [1]		
Aachen	239 170	...
Augsburg	245 962	...
Bergisch Gladbach	101 776	...
Bielefeld	299 360	...
Bochum	381 216	...
BONN	291 439	...
Bottrop	112 256	...
Braunschweig	247 836	...
Bremen	521 976	...
Bremerhaven	132 194	...
Darmstadt	133 572	...
Dortmund	568 164	...

8. Population of capital cities and cities of 100 000 and more inhabitants: latest available year (continued)

Population des capitales et des villes de 100 000 habitants et plus: dernière année disponible (suite)

(See notes at end of table. – Voir notes à la fin du tableau.)

Continent, country or area, city and date / Continent, pays ou zone, ville et date	Population: City proper / Ville proprement dite	Population: Urban agglomeration / Agglomération urbaine
EUROPE (Cont.–Suite)		
Germany, Federal Rep. of – Allemagne, République fédérale d'		
31 XII 1986(E) [1]		
Duisburg	514 628	...
Düsseldorf	560 572	...
Erlangen	100 200	...
Essen	615 421	...
Frankfurt am Main	592 411	...
Freiburg im Breisgau	186 156	...
Gelsenkirchen	283 560	...
Göttingen	133 796	...
Hagen	206 070	...
Hamburg	1 571 267	...
Hamm	165 957	...
Hannover	505 718	...
Heidelberg	136 227	...
Heilbronn	111 713	...
Herne	171 274	...
Hildesheim	100 558	...
Karlsruhe	268 309	...
Kassel	185 370	...
Kiel	243 626	...
Koblenz	110 277	...
Köln	914 336	...
Krefeld	216 598	...
Leverkusen	154 703	...
Lübeck	209 159	...
Lüdwigshafen am Rhein	152 162	...
Mainz	189 005	...
Mannheim	294 648	...
Mönchengladbach	255 087	...
Mülheim a.d. Ruhr	170 392	...
München	1 274 716	...
Müster (West f.)	267 628	...
Neuss	143 832	...
Nürnberg	467 392	...
Oberhausen	221 542	...
Offenbach am Main	107 078	...
Oldenburg	139 256	...
Osnabrück	153 776	...
Paderborn	110 296	...
Pforzheim	104 452	...
Recklinghausen	117 585	...
Regensburg	123 821	...
Remscheid	121 005	...
Saarbrücken	184 353	...
Salzgitter	105 392	...
Siegen	107 319	...
Solingen	158 401	...
Stuttgart	565 486	...
Ulm	100 745	...
Wiesbaden	266 542	...
Witten	102 232	...
Wolfsburg	121 951	...
Wuppertal	374 217	...
Würzburg	127 050	...
Berlin	1 879 225	...

Continent, country or area, city and date / Continent, pays ou zone, ville et date	Population: City proper / Ville proprement dite	Population: Urban agglomeration / Agglomération urbaine
EUROPE (Cont.–Suite)		
Gibraltar		
30 VI 1988(E)		
GIBRALTAR	30 077	...
Greece – Grèce		
5 IV 1981 [162]		
ATHINAI	885 737	3 027 331
Calithèa	117 319	([163])
Iraclion	101 634	110 958
Larissa	102 048	102 048
Patrai	141 529	154 596
Péristéri	140 858	([163])
Piraiévs	196 389	([163])
Thessaloniki	406 413	706 180
Holy See – Saint-Siège		
30 VI 1988(E)		
HOLY SEE	766	...
Hungary – Hongrie		
1 VII 1987(E)		
BUDAPEST	2 099 094	...
Debrecen	216 100	...
Gyön	130 449	...
Kecskemét	104 526	...
Miskolc	210 482	...
Nyieregyháza	118 610	...
Pécs	180 204	...
Szeged	186 680	...
Székesfehérvár	113 073	...
Iceland – Islande		
1 XII 1983(E) [1]		
REYKJAVIK	87 309	...
1 XII 1984(E) [1]		
REYKJAVIK	...	130 175
Ireland – Irlande		
13 IV 1986		
Cork	133 271	173 694
DUBLIN	502 749	920 956
Isle of Man – Ile de Man		
6–7 IV 1986		
DOUGLAS	20 368	...
Italy – Italie		
25 X 1981		
Allessandria	100 523	...
1 VII 1984(E)		
Ancona	105 562	...
Bari	368 896	...
Bergamo	120 512	...
Bologna	445 139	...

8. Population of capital cities and cities of 100 000 and more inhabitants: latest available year (continued)

Population des capitales et des villes de 100 000 habitants et plus: dernière année disponible (suite)

(See notes at end of table. – Voir notes à la fin du tableau.)

Continent, country or area, city and date / Continent, pays ou zone, ville et date	Population: City proper / Ville proprement dite	Population: Urban agglomeration / Agglomération urbaine
EUROPE (Cont.–Suite)		
Italy – Italie		
1 VII 1984(E)		
Bolzano	102 826	...
Brescia	203 187	...
Cagliari	224 508	...
Catania	379 039	...
Catanzaro	101 964	...
Cosenza	106 353	...
Ferrara	146 735	...
Firenze	438 304	...
Foggia	157 595	...
Forli	110 884	...
Genova	742 442	...
La Spezia	111 980	...
Livorno	176 051	...
Messina	264 848	...
Milano	1 548 580	...
Modena	178 657	...
Monza	122 449	...
Napoli	1 207 750	...
Novara	102 430	...
Padova	229 950	...
Palermo	714 246	...
Parma	177 099	...
Perugia	144 505	...
Pescara	131 948	...
Piacenza	107 312	...
Pisa	104 054	...
Prato	162 144	...
Ravenna	137 011	...
Reggio di Calabria	176 442	...
Reggio nell'Emilia	130 747	...
Rimini	129 858	...
ROMA	2 828 692	...
Salerno	156 606	...
Sassari	119 835	...
Siracusa	118 966	...
Taranto	243 777	...
Terni	111 105	...
Torino	1 059 505	...
Torre del Greco	104 866	...
Trieste	244 980	...
Udine	101 068	...
Venezia	339 272	...
Verona	261 271	...
Vicenza	112 246	...
Liechtenstein		
31 XII 1982(E)		
VADUZ	4 904	...
Luxembourg		
1 I 1985(E) [1]		
LUXEMBOURG-VILLE	76 130	...
EUROPE (Cont.–Suite)		
Malta – Malte [164]		
31 XII 1980(E)		
VALLETA	...	14 020
31 XII 1987(E)		
VALLETA	9 239	...
Monaco		
4 III 1982 [1]		
MONACO	27 063	...
Netherlands – Pays-Bas		
1 VII 1987(E) [1 165]		
AMSTERDAM	687 220	1 023 329
Apeldoorn	146 016	...
Arnhem	127 889	296 362
Breda	119 819	155 613
Dordrecht	107 429	202 126
Eindhoven	190 982	379 377
Enschede	144 461	249 406
Groningen	167 974	206 781
Haarlem	148 919	213 990
Leiden	107 350	182 244
Maastricht	115 527	160 026
Nijmegen	146 227	240 085
Rotterdam	573 470	1 033 113
'S Gravenhage	444 720	679 282
Tilburg	154 025	224 934
Utrecht	229 849	518 779
Zaanstad	128 610	140 777
Norway – Norvège		
1 VII 1987(E) [1]		
Bergen	209 320	...
OSLO	452 415	719 967
Sor-Trondelg	134 920	...
Trondheim	135 010	...
Poland – Pologne		
1 VII 1987(E)		
Bialystok	257 570	...
Bielsko – Biala	177 248	...
Bydgoszcz	371 092	...
Bytom	239 507	...
Chorzow	139 632	...
Czestochowa	252 021	...
Dabrowa Gormicza	139 552	...
Elblag	121 368	...
Gdansk	468 622	...
Gdynia	249 391	...
Gliwice	210 970	...
Gorzow Wielkopolski	118 394	...
Jastrzebie – Zdroj	101 962	...
Kalisz	105 218	...
Katowice	367 968	...
Kielce	206 913	...

8. Population of capital cities and cities of 100 000 and more inhabitants: latest available year (continued)

Population des capitales et des villes de 100 000 habitants et plus: dernière année disponible (suite)

(See notes at end of table. – Voir notes à la fin du tableau.)

Continent, country or area, city and date Continent, pays ou zone, ville et date	Population City proper Ville proprement dite	 Urban agglomeration Agglomération urbaine
EUROPE (Cont.–Suite)		
Poland – Pologne		
1 VII 1987(E)		
Koszalin	104 204	...
Krakow	744 724	...
Lodz	846 485	...
Lublin	331 204	...
Olsztym	153 297	...
Opole	127 832	...
Plock	117 157	...
Poznan	584 928	...
Radom	220 323	...
Ruda Slaska	167 267	...
Rybnik	139 959	...
Rzeszow	146 078	...
Sosnowiec	259 423	...
Szczecin	395 146	...
Tarnow	117 932	...
Torun	195 806	...
Tychy	187 046	...
Walbrzych	140 862	...
WARSZAWA	1 667 558	...
Wloclawek	118 581	...
Wodzislaw Slaski	110 800	...
Wroclaw	640 033	...
Zabrze	198 831	...
Zielona Gora	112 820	...
Portugal		
15 XII 1970		
LISBOA	769 410	[166] 1 611 887
16 III 1981		
LISBOA	807 167	...
15 XII 1970		
Porto	307 040	[167] 1 314 794
16 III 1981		
Porto	327 368	...
Romania – Roumanie		
1 VII 1985(E)		
Arad	185 892	...
5 I 1977		
Bacau	127 299	149 769
1 VII 1985(E)		
Bacau	175 299	...
5 I 1977		
Baia Mare	100 985	117 557
1 VII 1985(E)		
Baia Mare	135 536	...
Botosani	104 836	...
5 I 1977		
Braila	195 659	199 891
EUROPE (Cont.–Suite)		
Romania – Roumanie		
1 VII 1985(E)		
Braila	234 600	...
5 I 1977		
Brasov	256 475	[168] 262 041
1 VII 1985(E)		
Brasov	346 640	...
5 I 1977		
BUCARESTI	1 807 239	1 934 025
1 VII 1985(E)		
BUCARESTI	1 975 508	...
Buzau	132 311	...
Cluj–Napoca	309 843	...
5 I 1977		
Constanta	256 978	[169] 290 226
1 VII 1985(E)		
Constanta	323 236	...
5 I 1977		
Craiova	221 261	249 461
1 VII 1985(E)		
Craiova	275 098	...
5 I 1977		
Galati	238 292	246 501
1 VII 1985(E)		
Galati	292 805	...
5 I 1977		
Iasi	265 002	284 308
1 VII 1985(E)		
Iasi	314 156	...
5 I 1977		
Oradea	170 531	181 709
1 VII 1985(E)		
Oradea	208 507	...
Piatra Neamt	107 581	...
5 I 1977		
Pitesti	123 735	165 387
1 VII 1985(E)		
Pitesti	154 112	...
5 I 1977		
Ploiesti	199 699	254 592
1 VII 1985(E)		
Ploiesti	234 021	...
Resita	104 362	...
5 I 1977		
Satu–Mare	103 544	103 612

8. Population of capital cities and cities of 100 000 and more inhabitants: latest available year (continued)

Population des capitales et des villes de 100 000 habitants et plus: dernière année disponible (suite)

(See notes at end of table. – Voir notes à la fin du tableau.)

Continent, country or area, city and date Continent, pays ou zone, ville et date	Population City proper Ville proprement dite	 Urban agglomeration Agglomération urbaine
EUROPE (Cont.–Suite)		
Romania – Roumanie		
1 VII 1985(E)		
Satu–Mare	128 115	...
5 I 1977		
Sibiu	151 137	169 692
1 VII 1985(E)		
Sibiu	176 928	...
5 I 1977		
Timisoara	269 353	282 691
1 VII 1985(E)		
Timisoara	318 955	...
5 I 1977		
Tirgus–Mures	130 076	152 561
1 VII 1985(E)		
Tirgus–Mures	157 411	...
San Marino – Saint–Marin		
31 XII 1987		
SAN MARINO(E)	2 777	4 137
Spain – Espagne		
1 VII 1986(E) [119]		
Albacete	*——— 126 594 ———*	
Alcalá de Henares	144 268	
Alcorcon	137 884	
Alicante	258 707	
Almería	154 242	
Badajoz	119 220	
Badalona	225 016	
Baracaldo	114 094	
Barcelona	1699231	
Bilbao	379 106	
Burgos	158 610	
Cádiz	155 219	
Cartagena	168 596	
Castellon	127 578	
Cordoba	296 074	
Elche	175 649	
Fuenlabrada	119 848	
Getafe	131 840	
Gijon	258 291	
Granada	256 528	
Hospitalet	279 779	
Huelva	135 575	
Jaén	103 291	
Jérez de la Frontera	179 191	
La Coruña	239 504	
La Laguna	107 593	
Leganés	167 783	
Leon	135 013	
Lérida	107 787	
Logroño	115 922	
MADRID	*——— 3 053 100 ———*	
Málaga	566 482	
Mataro	100 021	
Mostoles	175 133	
Murcia	304 184	
Orense	100 430	
Oviedo	185 919	
Palma de Gran Canaria	356 730	
Palma de Mallorca	295 351	
Pamplona	178 452	
Sabadell	186 115	
Salamanca	156 766	
San Sebastián	175 267	
Santa Coloma de Gramanet	135 258	
Santa Cruz de Tenerife	212 524	
Santander	186 455	
Sevilla	651 298	
Tarragona	106 360	
Tarrasa	160 105	
Valencia	728 621	
Valladolid	327 785	
Vigo	261 878	
Vitoria	199 936	
Zaragoza	573 710	
Sweden – Suède		
31 XII 1987(E) [1]		
Boras	100 395	...
Göteborg	431 521	716 347
Helsingborg	106 982	...
Jònkòping	108 962	...
Linköping	118 602	...
Malmö	230 838	463 192
Norr Köping	119 001	...
Orebro	119 066	...
STOCKHOLM	666 810	1 461 618
31 XII 1985(E) [1]		
Tonkoping	154 859	...
31 XII 1987(E) [1]		
Uppsala	159 962	...
Vàsteras	117 563	...
Switzerland – Suisse		
1 VII 1987(E) [1]		
Bâle	172 368	360 272
BERNE	136 712	298 892
Genève	161 058	381 189
Lausanne	124 113	260 816
Zürich	348 214	835 898
United Kingdom – Royaume–Uni		
1 VII 1987(E) [170]		
Aberdeen	213 228	...
Amber Valley	110 101	...
Arun	128 297	...
Ashfield	106 962	...
Aylesbury Vale	144 348	...
Barking and Dagenham [171]	147 760	...
Barnet [171]	305 884	...

8. Population of capital cities and cities of 100 000 and more inhabitants: latest available year (continued)

Population des capitales et des villes de 100 000 habitants et plus: dernière année disponible (suite)

(See notes at end of table. – Voir notes à la fin du tableau.)

Continent, country or area, city and date / Continent, pays ou zone, ville et date	Population: City proper / Ville proprement dite	Population: Urban agglomeration / Agglomération urbaine
EUROPE (Cont.–Suite)		
United Kingdom – Royaume–Uni		
1 VII 1987(E) [170]		
Barnsley	221 462	...
Basildon	157 419	...
Basingstoke & Deane	138 418	...
Bassetlaw	104 885	...
Belfast [172]	303 800	...
Beverley	110 803	...
Bexley [171]	220 592	...
Birmingham	998 197	...
Blackburn	136 884	...
Blackpool	144 143	...
Bolton	262 259	...
Bournemouth	154 186	...
Bradford	462 481	...
Braintree	116 393	...
Breckland	103 613	...
Brent [171]	256 644	...
Brighton	140 882	...
Bristol	384 422	...
Broadland	102 486	...
Bromley [171]	298 183	...
Broxtowe	106 825	...
Bury	173 687	...
Calderdale	194 843	...
Camden [171]	184 906	...
Canterbury	129 541	...
Cardiff [173]	281 452	...
Carlisle	101 502	...
Charnwood	146 837	...
Chelmsford	151 226	...
Cherwell	122 632	...
Chester	116 893	...
Chichester	104 905	...
Colchester	147 199	...
Coventry	308 922	...
Croydon [171]	319 178	...
Cunninghame	137 265	...
Dacorum	132 603	...
Derby	215 766	...
Doncaster	290 061	...
Dover	104 339	...
Dudley	302 642	...
Dundee	175 748	...
Dunfermline	129 049	...
Ealing [171]	296 901	...
East Devon	116 559	...
East Hampshire	100 210	...
East Hertfordshire	119 105	...
East Lindsey	113 790	...
Edinburgh	438 721	...
Elmbridge	107 871	...
Enfield [171]	261 502	...
Erewash	106 757	...
Epping Forest	112 975	...
Falkirk	143 229	...
Gateshead	206 912	...
Gedling	110 487	...
Glasgow [174]	715 621	...
United Kingdom – Royaume–Uni		
Greenwich [171]	216 556	...
Guildford	123 362	...
Hackney [171]	187 447	...
Halton	123 513	...
Hamilton	107 018	...
Hammersmith and Fulham [171]	151 112	...
Haringey [171]	193 681	...
Harrogate	146 371	...
Harrow	200 055	...
Havant and Waterloo	118 789	...
Havering [171]	237 324	...
Hillingdon [171]	231 189	...
Horsham	107 023	...
Hounslow [171]	194 023	...
Huntingdon	145 271	...
Ipswich	116 547	...
Islington [171]	168 652	...
Kensington and Chelsea [171]	133 087	...
Kings Lynn & West Norfolk	131 365	...
Kingston upon Hull	252 651	...
Kingston upon Thames [171]	132 242	...
Kirkcaddy	147 963	...
Kirklees	375 804	...
Knowsley	161 467	...
Kyle and Carrick	112 999	...
Lambeth [171]	130 428	...
Lancaster	130 428	...
Langbaurgh	145 568	...
Leeds	708 990	...
Leicester	279 706	...
Lewisham [171]	231 612	...
Liverpool	475 976	...
LONDON [175]	6 770 435	...
Luton	165 305	...
Macclesfield	151 847	...
Maidstone	134 543	...
Manchester	450 050	...
Mansfield	100 087	...
Merton [171]	163 978	...
Middlesbrough	143 255	...
Mid Bedfordshire	113 198	...
Mid Sussex	120 402	...
Milton Keynes	170 812	...
Monklands	106 187	...
Motherwell	147 542	...
Newark and Sherwood	103 398	...
Newbury	137 943	...
Newcastle–under–Lyme	118 051	...
Newcastle upon Tyne	282 681	...
Newham [171]	206 523	...
Newport	129 467	...
New Forest	161 250	...
Northampton	177 189	...

8. Population of capital cities and cities of 100 000 and more inhabitants: latest available year (continued)

Population des capitales et des villes de 100 000 habitants et plus: dernière année disponible (suite)

(See notes at end of table. – Voir notes à la fin du tableau.)

Continent, country or area, city and date Continent, pays ou zone, ville et date	Population City proper Ville proprement dite	Population Urban agglomeration Agglomération urbaine
EUROPE (Cont.–Suite)		
United Kingdom – Royaume–Uni		
1 VII 1987(E) [170]		
Northavon	127 763	...
North Bedfordshire	136 374	...
North Hertfordshire	111 724	...
North Tyneside	192 870	...
North Wiltshire	110 562	...
Norwich	118 616	...
Nottingham	276 788	...
Nuneaton & Bedworth	114 552	...
Ogwr	135 803	...
Oldham	219 457	...
Oxford	115 771	...
Perth and Kinross	123 607	...
Peterborough	151 192	...
Plymouth	255 771	...
Poole	129 295	...
Portsmouth	186 822	...
Preston	126 715	...
Reading	133 802	...
Redbridge [171]	230 066	...
Reigate and Banstead	113 744	...
Renfrew	201 295	...
Rhymney Valley	104 748	...
Richmond upon Thames [171]	163 014	...
Rochdale	206 681	...
Rochester–upon–Medway	146 432	...
Rotherham	251 722	...
St. Albans	128 611	...
St. Helens	187 255	...
Salford	237 678	...
Salisbury	101 376	...
Sandwell	298 366	...
Scarborough	104 423	...
Sefton	297 269	...
Sevenoaks	107 545	...
Sheffield	532 324	...
Solihull	203 901	...
Southampton	199 071	...
Southend on Sea	162 520	...
South Bedfordshire	111 049	...
South Cambridgeshire	117 391	...
South Kesteven	103 405	...
South Norfolk	100 495	...
South Oxfordshire	132 231	...
South Somerset	140 164	...
South Staffordshire	106 815	...
South Tyneside	156 258	...
Southwark [171]	216 755	...
Stafford	117 912	...
Stockport	291 052	...
Stockton–on–Tees	175 877	...
Stoke on Trent	246 707	...
Stratford–on–Avon	107 217	...
Stroud	108 937	...
Suffolk Coastal	109 187	...
Sunderland	297 088	...
Sutton [171]	168 619	...
Swale	112 531	...
Swansea	186 987	...
Tameside	215 955	...
Teignbridge	107 483	...
Tendring	126 197	...
Test Valley	100 399	...
Thamesdown	166 053	...
Thanet	126 879	...
The Wrekin	132 224	...
Thurrock	124 043	...
Tonbridge and Malling	100 440	...
Torbay	117 697	...
Tower Hamlets [171]	158 963	...
Trafford	216 135	...
Vale of Glamorgan	118 078	...
Vale of White Horse	111 368	...
Vale Royal	113 951	...
Wakefield	310 279	...
Walsall	261 791	...
Waltham Forest [171]	214 546	...
Wandsworth [171]	258 127	...
Warrington	183 744	...
Warwick	117 789	...
Waveney	105 909	...
Waverley	110 859	...
Wealden	131 739	...
West Lancashire	106 716	...
West Lothian	141 684	...
West Wiltshire	105 929	...
Westminster [171]	173 437	...
Wigan	307 180	...
Windsor and Maidenhead	129 942	...
Wirral	334 784	...
Wolverhampton	250 501	...
Wokingham	145 644	...
Woodspring	184 690	...
Wrexham Maelor	115 798	...
Wycombe	156 474	...
Wyre	102 204	...
York	101 528	...
Yugoslavia – Yougoslavie [1]		
31 III 1981		
Banya Luka	123 937	...
31 III 1971		
BEOGRAD	746 105	774 744
31 III 1981		
BEOGRAD	1 087 915	...
31 III 1971		
Ljubjana	173 853	213 298
31 III 1981		
Ljubjana	224 817	...
Marebor	106 113	...
Nis	161 376	...
31 III 1971		
Novi Sad	141 375	163 083
31 III 1981		
Novi Sad	170 020	...
Osijek	104 775	...
Pristina	108 083	...
Rijeka	159 433	...

8. Population of capital cities and cities of 100 000 and more inhabitants: latest available year (continued)

Population des capitales et des villes de 100 000 habitants et plus: dernière année disponible (suite)

(See notes at end of table. – Voir notes à la fin du tableau.)

Continent, country or area, city and date Continent, pays ou zone, ville et date	Population: City proper Ville proprement dite	Population: Urban agglomeration Agglomération urbaine
EUROPE (Cont.–Suite)		
Yugoslavia – Yougoslavie [1]		
31 III 1971		
Sarajevo	243 980	271 126
31 III 1981		
Sarajevo	319 017	...
Skoplje	408 143	...
Split	169 322	...
Subotica	100 516	...
Zagreb	649 586	...
OCEANIA—OCEANIE		
American Samoa – Samoa américaines		
1 IV 1980		
PAGO PAGO	3 075	...
Australia – Australie [1 176]		
30 VI 1976		
Adelaide	...	900 431
30 VI 1987(E)		
Adelaide	1 003 800	...
30 VI 1976		
Brisbane	...	957 743
30 VI 1987(E)		
Brisbane	1 171 300	...
30 VI 1976		
CANBERRA	...	196 539
30 VI 1987(E)		
CANBERRA	285 800	...
30 VI 1976		
Geelong	...	131 636
30 VI 1987(E)		
Geelong	145 900	...
30 VI 1976		
Gold Coast	...	116 195
30 VI 1987(E)		
Gold Coast	219 300	...
30 VI 1976		
Greater Wollongong	...	211 068
30 VI 1987(E)		
Greater Wollongong	237 600	...
30 VI 1976		
Hobart	...	162 062
30 VI 1987(E)		
Hobart	180 300	...
30 VI 1976		
Melbourne	...	2 604 035
30 VI 1987(E)		
Melbourne	2 931 900	...
30 VI 1976		
Newcastle	...	363 011
30 VI 1987(E)		
Newcastle	429 300	...
30 VI 1976		
Perth	...	805 747
30 VI 1987(E)		
Perth	1 025 300	...
30 VI 1976		
Sydney	...	3 021 982
30 VI 1987(E)		
Sydney	3 430 600	...
Townsville	103 700	...
Cook Islands – Iles Cook		
1 XII 1986		
RAROTONGA	9 281	...
Fiji – Fidji		
31 VIII 1986		
SUVA	69 665	141 273
French Polynesia – Polynésie française		
8 II 1971		
PAPEETE	25 342	[177] 36 784
15 X 1983		
PAPEETE	23 496	...
Guam		
1 IV 1980		
AGANA	896	...
Kiribati		
12 XII 1978		
TARAWA	...	17 921
New Caledonia – Nouvelle-Calédonie		
23 IV 1976		
NOUMEA	56 078	70 616
15 IV 1983		
NOUMEA	60 112	...

8. Population of capital cities and cities of 100 000 and more inhabitants: latest available year (continued)

Population des capitales et des villes de 100 000 habitants et plus: dernière année disponible (suite)

(See notes at end of table. – Voir notes à la fin du tableau.)

Continent, country or area, city and date Continent, pays ou zone, ville et date	Population City proper Ville proprement dite	 Urban agglomeration Agglomération urbaine
OCEANIA—OCEANIE(Cont.–Suite)		
New Zealand – Nouvelle–Zélande		
31 III 1988(E)		
Auckland	149 500	841 700
Christchurch	167 700	300 700
Dunedin	...	106 600
31 III 1984(E)		
Hamilton	...	102 300
31 III 1988(E)		
Manukau	185 800	([178])
Waitemata	100 700	...
WELLINGTON	136 000	325 200
Papua New Guinea – Papouasie–Nouvelle–Guinée		
22 IX 1980		
PORT MORESBY	118 424	123 624
1 VII 1986(E)		
PORT MORESBY	141 500	...
Pitcairn		
6 XII 1987(E)		
ADAMSTOWN	...	60
Samoa		
3 XI 1976		
APIA	...	32 099
Solomon Islands – Iles Salomon		
23 XI 1986		
HONIARA	30 413	...
Tonga		
30 XI 1976		
NUKU'ALOFA	...	18 312
Vanuatu		
22 I 1986		
VILA	13 067	14 184
USSR—URSS		
USSR – URSS		
1 I 1987(E)		
Abakan	151 000	...
Achinsk	121 000	...
Aktyubinsk	248 000	...
Alma–Ata	1 108 000	...
Almalyk	119 000	...
Almetievsk	128 000	...
Andizhan	288 000	...
1 I 1986(E)		
Andropov	252 000	...
1 I 1987(E)		
Angarsk	262 000	...
Angren	131 000	...
Anzhero–Sudzhensk	112 000	...
Arkhangelsk	416 000	...
Armavir	172 000	...
Arzamas	108 000	...
Ashkhabad	382 000	...
Astrakhan	509 000	...
17 I 1979		
Baku	...	[179] 1 550 000
1 I 1987(E)		
Baku	1 741 000	...
Balakovo	188 000	...
Balashikha	132 000	...
Baranovichi	154 000	...
Barnaul	596 000	...
Batumi	135 000	...
Belaya Tserkov	194 000	...
Belgorod	293 000	...
Belovo	118 000	...
Beltsy	157 000	...
Bendery	130 000	...
Berdyansk	133 000	...
Berezniki	200 000	...
Biisk	231 000	...
Blagovershchensk (Amurskaya oblast)	202 000	...
Bobruisk	232 000	...
Borisov	140 000	...
Bratsk	249 000	...
Brest	238 000	...
1 I 1986(E)		
Breznev	459 000	...
1 I 1987(E)		
Bryansk	445 000	...
Bukhara	220 000	...
Chardzhou	166 000	...
Cheboksary	414 000	...
Chelyabinsk	1 119 000	...
Cherepovets	315 000	...
Cherkassy	287 000	...
Cherkessk	107 000	...
Chernigov	291 000	...
Chernovtsy	254 000	...
Chimkent	389 000	...
Chirchik	160 000	...
Chita	349 000	...
Daugavpils	128 000	...
Dimitrovgrad	121 000	...
Dneprodzerzhinsk	279 000	...
Dnepropetrovsk	1 182 000	...
Donetsk (Donestskaya oblast)	1 090 000	...

8. Population of capital cities and cities of 100 000 and more inhabitants: latest available year (continued)

Population des capitales et des villes de 100 000 habitants et plus: dernière année disponible (suite)

(See notes at end of table. – Voir notes à la fin du tableau.)

Continent, country or area, city and date Continent, pays ou zone, ville et date	Population City proper Ville proprement dite	 Urban agglomeration Agglomération urbaine
USSR—URSS (Cont.–Suite)		
USSR – URSS		
1 I 1987(E)		
Dushanbe	582 000	...
Dzerzhinsk (Gorkovskaya oblast)	281 000	...
Dzhambul	315 000	...
Dzhezkazgan	105 000	...
Elektrostal	150 000	...
Elets	119 000	...
Enakievo	117 000	...
Engels	182 000	...
Erevan	1 168 000	...
Evpatoriya	106 000	...
Fergana	203 000	...
Frunze	632 000	...
Gomel	488 000	...
Gorky	1 425 000	...
Gorlovka	345 000	...
Grodno	263 000	...
Grozny	404 000	...
Guryev	150 000	...
Irkutsk	609 000	...
Ivano–Frankovsk	225 000	...
Ivanovo	479 000	...
Izhevsk	631 000	...
Kalinin (Tver)	447 000	...
Kaliningrad (Kaliningradskaya oblast	394 000	...
Kaliningrad (Moskovskaya oblast)	146 000	...
Kaluga	307 000	...
Kamenetz–Podolsky	101 000	...
Kamensk–Uralsky	204 000	...
Kamyshin	119 000	...
Kansk	108 000	...
Karaganda	633 000	...
Karshi	141 000	...
Kaunas	417 000	...
Kazan	1 068 000	...
Kemerovo	520 000	...
Kertch	173 000	...
Khabarovsk	591 000	...
Kharkov	1 587 000	...
Kherson	358 000	...
Khimki	128 000	...
Khmelnitsky	230 000	...
Kiev [180]	2 544 000	...
Kineshma	105 000	...
Kirov (Kirovskaya oblast)	421 000	...
Kirovabad (Azerbaidzhanskaya SSR)	270 000	...
Kirovakan	169 000	...
Kirovograd	269 000	...
Kiselevsk	128 000	...
Kishinev	663 000	...
Kislovodsk	110 000	...
Klaipeda	201 000	...
Kokand	173 000	...
Koktchetav	127 000	...
Kolomna	159 000	...
Kolpino	134 000	...
Kommunarsk	126 000	...
Komsomolsk–na–Amure	316 000	...
Konstantinovka	115 000	...
Kostroma	276 000	...
Kovrov	158 000	...
Kramatorsk	198 000	...
Krasny Luch	112 000	...
Krasnodar	623 000	...
Krasnoyarsk	899 000	...
Krementchug	230 000	...
Krivoi Rog	698 000	...
Kuibyshev (Kuibyshevskaya oblast)	1 280 000	...
Kurgan	354 000	...
Kursk	434 000	...
Kustanai	212 000	...
Kutaisi	220 000	...
Kzyl–Orda	189 000	...
Leninabad	157 000	...
Leninakan	228 000	...
17 I 1979		
Leningrad	...	[179] 4 588 000
1 I 1987(E)		
Leningrad	4 948 000	...
Leninsk–Kuznetsky	169 000	...
Liepaya	114 000	...
Lipetsk	465 000	...
Lisitchansk	124 000	...
Lutsk	185 000	...
Lvov	767 000	...
Lyubertsy	162 000	...
Magadan	148 000	...
Magnitogorsk	430 000	...
Maikop	145 000	...
Makeyevka	455 000	...
Makhachkala	320 000	...
Margilan	127 000	...
Mariupol	529 000	...
Melitopol	174 000	...
Mezhdurechensk	104 000	...
Miass	163 000	...
Michurinsk	103 000	...
17 I 1979		
Minsk [181]	...	[179] 1 276 000
1 I 1987(E)		
Minsk [181]	1 543 000	...
Mogilev	359 000	...
17 I 1979		
MOSKVA	...	[179] 8 011 000
1 I 1987(E)		
MOSKVA	8 815 000	...
Murmansk	432 000	...
Murom	124 000	...
Mytishchi	152 000	...
Naberezhnye Tchelny	480 000	...
Nakhodka	152 000	...
Naltchik	236 000	...

8. Population of capital cities and cities of 100 000 and more inhabitants: latest available year (continued)

Population des capitales et des villes de 100 000 habitants et plus: dernière année disponible (suite)

(See notes at end of table. – Voir notes à la fin du tableau.)

Continent, country or area, city and date Continent, pays ou zone, ville et date	Population City proper Ville proprement dite	 Urban agglomeration Agglomération urbaine
USSR—URSS (Cont.–Suite)		
USSR – URSS		
1 I 1987(E)		
Namangan	291 000	...
Navoi	106 000	...
Nevinnomyssk	116 000	...
Nikolaev		
(Nikolaevskaya oblast)	501 000	...
Nikopol	157 000	...
Nizhnekamsk	183 000	...
Nizhenvartovsk	212 000	...
Nizhny Tagil	427 000	...
Noginsk	122 000	...
Norilsk	181 000	...
Novgorod	228 000	...
Novocheboksarsk	109 000	...
Novocherkassk	188 000	...
Novokuybishevsk	112 000	...
Novokuznetsk	589 000	...
Novomoskovsk		
(Tulskaya oblast)	147 000	...
Novorossiysk	179 000	...
Novoshakhtinsk	106 000	...
Novosibirsk	1 423 000	...
Novotroisk	105 000	...
Nukus	152 000	...
Odessa	1 141 000	...
Odintsovo	120 000	...
Oktyabrsky	106 000	...
Omsk	1 134 000	...
Ordzhonikidze (Severo–Osetinskaya ASSR)	313 000	...
Orekhovo–Zuevo	137 000	...
Orel	335 000	...
Orenburg	537 000	...
Orsk	273 000	...
Orsha	123 000	...
Osh	209 000	...
Panevezhis	122 000	...
Pavlodar	331 000	...
Pavlograd	126 000	...
Penza	540 000	...
Perm	1 075 000	...
Pervouralsk	139 000	...
Petropavlovsk–Kamchatsky	252 000	...
Petropavlovsk (Severo–Kazakhstanskaya oblast)	233 000	...
Petrozavodsk	264 000	...
Pinsk	116 000	...
Podolsk	209 000	...
Poltava	309 000	...
Prokopyevsk	278 000	...
Pskov	202 000	...
Pyatigorsk	121 000	...
Ribinsk	254 000	...
Riga	900 000	...
Rostov–na–Donu	1 004 000	...
Rovno	233 000	...
Rubtsovsk	168 000	...
Rudniy	118 000	...
Rustavi	147 000	...
Ryazan	508 000	...
Salavat	153 000	...
Samarkand	388 000	...
Saransk	323 000	...
Sarapyul	111 000	...
Saratov	918 000	...
Semipalatinsk	330 000	...
Serov	103 000	...
Serpukhov	142 000	...
Sevastopol	350 000	...
Severodonetsk	127 000	...
Severodvinsk	239 000	...
Shakhty	225 000	...
Shaulyai	140 000	...
Shchelkovo	107 000	...
Shevchenko	161 000	...
Simferopol	338 000	...
Slavyansk	144 000	...
Smolensk	338 000	...
Sochi	317 000	...
Solikamsk	108 000	...
Stakhanov (Kadiezka)	112 000	...
Starsy Oskol	167 000	...
Stavropol	306 000	...
Sterlitamak	251 000	...
Sukhumi	130 000	...
Sumgait	234 000	...
Sumy	268 000	...
Surgut	227 000	...
Sverdlovsk		
(Sverdlovskaya oblast)	1 331 000	...
Syktivkyar	224 000	...
Syzran	174 000	...
Taganrog	295 000	...
Taldi–Kurgan	113 000	...
Tallinn	478 000	...
Tambov	305 000	...
Tartu	113 000	...
Tashauz	110 000	...
Tashkent	2 124 000	...
Tbilisi	1 194 000	...
Temirtau	228 000	...
Ternopol	197 000	...
Tiraspol	173 000	...
Tolyatti	627 000	...
Tomsk	489 000	...
Tselinograd	276 000	...
Tula	538 000	...
Tyumen	456 000	...
Ufa	1 092 000	...
Uhta	105 000	...
Ulan–Ude	351 000	...
Ulyanovsk	589 000	...
Uralsk	201 000	...
Urgentch	123 000	...
Usolie Sibirskoye	108 000	...
Ussuriisk	158 000	...
1 I 1986(E)		
Ustinov	620 000	...
1 I 1987(E)		
Ust–Ilimsk	105 000	...
Ust–Kamenogorsk	321 000	...
Uzgorod	111 000	...
Velikie Luky	113 000	...

8. Population of capital cities and cities of 100 000 and more inhabitants: latest available year (continued)

Population des capitales et des villes de 100 000 habitants et plus: dernière année disponible (suite)

(See notes at end of table. – Voir notes à la fin du tableau.)

Continent, country or area, city and date Continent, pays ou zone, ville et date	Population City proper Ville proprement dite	Urban agglomeration Agglomération urbaine
USSR—URSS (Cont.–Suite)		
USSR – URSS		
1 I 1987(E)		
Vilnius	566 000	...
Vinnitsa	383 000	...
Vitebsk	347 000	...
Vladimir	343 000	...
Vladivostok	615 000	...
Volgodonsk	179 000	...
Volgograd	988 000	...
Vologda	278 000	...
Volzhsky	257 000	...
Vorkuta	112 000	...
Voronezh	872 000	...
Voroshilovgrad	509 000	...
Votkinsk	101 000	...
Yakutsk	188 000	...
Yaroslavl	634 000	...
Yoshkar–Ola (Lashkar–Ola)	243 000	...
Yuzno–Sakhalinsk	166 000	...
Zagorsk	113 000	...
Zaporozhye	875 000	...
Zelenograd	148 000	...
Zhdanov	529 000	...
Zhitomir	287 000	...
Zhukovsky	100 000	...
Zkivastuz	141 000	...
Zlatoust	206 000	...

8. Population of capital cities and cities of 100 000 and more inhabitants: latest available year (continued)

Population des capitales et des villes de 100 000 habitants et plus: dernière année disponible (suite)

GENERAL NOTES

The capital city of each country is shown in capital letters. (E) after date indicates estimated data (including results of sample surveys); all other data are national or municipal census results. Figures in italics are estimates of questionable reliablity. For definition of city proper and urban agglomeration, method of evaluation and limitations of data, see Technical Notes, page 58. Designation and data for Berlin appearing in this table were supplied by the competent authorities pursuant to the relevant agreements of the Four Powers. See also the note on page ii.

FOOTNOTES

- * Provisional.
- 1 De jure population.
- 2 For "cercle".
- 3 Including Kombo St. Mary.
- 4 For "Accra–Tema Metropolitan area".
- 5 Including Sekondi (population 33 713) and Takoradi population (58 161). Data for urban agglomeration refer to the Sekondi–Takoradi Municipal Council.
- 6 Dual capitals.
- 7 For the urban commune of Antananarivo.
- 8 For communes which may contain rural areas as well as urban centre.
- 9 Pretoria is the administrative capital, Cape Town the legislative capital.
- 10 De jure population, but excluding persons residing in institutions.
- 11 "Metropolitan area ", comprising central of San José (including San José city) cantones Curridabat, Escazu, Montes de Oca, and Tibas and parts of cantones of Alajuelita, Desamparados, Goicoechea and Moravia.
- 12 Comprises the city and extension of the city which includes the oil refinery, the airport and a few separate living quarters.
- 13 Including corregimientos of Bella Vista, Betania, Calidonia, Curundu, El Chorillo, Juan Diaz, Parque Lefevre, Pedregal, Pueblo Nuevo, Rio Abajo, San Felipe, San Francisco and Santa Ana.
- 14 De jure population, but including armed forces stationed in the area.
- 15 Data for urban agglomeration refer to "standard metropolitan area" comprised of municipality of Ponce, which includes Ponce proper.
- 16 Data for urban agglomeration refer to "standard metropolitan statistical area", comprising municipios of San Juan, Caguas, Carolina, Catano, Guaynabo, Rio Piedras and Trujillo Alto.
- 17 De jure population, but excluding armed forces overseas and civilian citizens absent from country for extended period of time.
- 18 Unless otherwise noted, data for urban agglomeration refer to "consolidated metropolitan statistical area".

NOTES GENERALES

Le nom de la capitale de chaque pays est imprimé en majuscules. Le signe (E) après la date indique qu'il s'agit de données estimatives (y compris les résultats des enquête par sondage); toutes les autres données proviennent des résultats de recensements nationaux ou municipaux. Les chiffres en italiques sont des estimations de qualité douteuse. Pour la définition de la ville proprement dite et de l'agglomération urbaine, et pour les méthodes d'évaluation et les insuffisances des données, voir Notes techniques, page 58. L'appelation et les données relatives à Berlin qui figurent dans ce tableau ont été fournies par les autorités compétentes suivant les accords pertinents conclus par les quatre Puissances. Voir aussi la note figurant à la page ii.

NOTES

- * Données provisoires.
- 1 Population de droit.
- 2 Pour "cercle".
- 3 Y compris Kombo St. Mary.
- 4 Pour la "zone métropolitaine d'Accra–Tema".
- 5 Y compris Sekondi (33 713 personnes) et Takoradi (58 161 personnes). Les données concernant l'agglomération urbaine se rapportent au Conseil municipal de Sekondi–Takoradi.
- 6 Le pays a deux capitales.
- 7 Pour la commune urbaine de Antananarivo.
- 8 Commune(s) pouvant comprendre un centre urbain et une zone rurale.
- 9 Pretoria est la capital administrative, Le Cap la capital législative.
- 10 Population de droit, mais non compris les personnes dans les institutions.
- 11 "Zone métropolitaine" comprenant le canton central de San José (et la ville de San José), les cantons de Curridabat, Escazu, Montes de Oca et Tibas et certaines parties des cantons de Alajuelita, Desamparados, Goicoechea et Moravia.
- 12 Les données concernent la ville et le prolongement de la ville comprend la raffinerie de pétrole, l'aéroport et quelques maisons d'habitations.
- 13 Y compris les corregimientos de Bella Vista, Betania, Calidonia, Curundu, El Chorillo, Juan Diaz, Parque Lefevre, Pedregal, Pueblo Nuevo, Rio Abajo, San Felipe, San Francisco et Santa Ana.
- 14 Population de droit y compris les militaires en garnison sur le territoire.
- 15 Les données relatives à l'agglomération urbaine se rapportent à la "zone métropolitaine officielle" qui comprend la municipalité de Ponce, comprenant Ponce proprement dite.
- 16 Les données concernant l'agglomération urbaine se rapportent à la "zone métropolitaine statistique officielle" qui comprend les municipios de San Juan, Caguas, Carolina, Catano, Guaynabo, Rio Piedras et Trujillo Alto.
- 17 Population de droit, mais non compris les militaires à l'étranger et les civils hors du pays pendant une période prolongée.
- 18 Sauf indication contraire, les données relatives à l'agglomération urbaine se rapportent à la "zone métropolitaine statistique officielle unifiée".

8. Population of capital cities and cities of 100 000 and more inhabitants: latest available year (continued)

Population des capitales et des villes de 100 000 habitants et plus: dernière année disponible (suite)

FOOTNOTES (continued)

19 Included in urban agglomeration of Cleveland.
20 Albany–Schenectady–Troy, New York "standard metropolitan statistical area".
21 Included in urban agglomeration of Washington, D.C.
22 Allentown–Bethlehem–Easton, Pennsylvania–New Jersey "standard metropolitan statistical area".
23 Included in urban agglomeration of Los Angeles.
24 Included in urban agglomeration of Detroit.
25 Appleton–Oshkosh–Neenah, Wisconsin "standard metropolitan statistical area".
26 Included in urban agglomeration of Dallas.
27 Included in urban agglomeration of Denver.
28 Beaumont–Port Arthur–Orange, Texas "standard metropolitan statistical area".
29 Included in urban agglomeration of San Francisco.
30 Biloxi–Gulfport, Mississippi "standard metropolitan statistical area".
31 Bloomington–Normal, Illinois "standard metropolitan statistical area".
32 Boston–Lawrence–Salem "standard consolidated statistical area", comprising "standard metropolitan statistical area" of Boston (1987 population 2 841 700), Brocktown (185 400), Lawrence–Haverhill (375 000), Lowell (260 100), Nashua (172 400) and Salem–Gloucester (258 400).
33 Included in urban agglomeration of New York.
34 Brownsville–Harlingen–San Benito, Texas "standard metropolitan statistical area".
35 Bryan–College Station, "standard metropolitan statistical area".
36 Buffalo–Niagara Falls "standard consolidated statistical area", comprising "standard metropolitan statistical area" of Buffalo (1987 population 958 300) and Niagara Falls (216 200).
37 Champaign–Urbana–Rantoul, Illinois "standard metropolitan statistical area".
38 Charlotte–Gastonia–Rock Hill "standard metropolitan statistical area".
39 Included in urban agglomeration of Norfolk.
40 Chicago–Gary–Lake County "standard consolidated standard statistical area", comprising "standard metropolitan statistical area" of Aurora–Elgin (1987 population 352 300), Chicago (6 199 000), Gary–Hammod (604 300), Joliet (377 300), Kenosha (119 700) and Lake County (494 300).
41 Included in urban agglomeration of San Diego.
42 Cincinnati–Hamilton "standard consolidated statistical area", comprising "standard metropolitan statistical area" of Cincinnati (1987 population 1 438 300) and Hamilton–Middletown (276 300).
43 Clarksville–Hopkinsville "standard metropolitan statistical area".
44 Cleveland–Akron–Lorain "standard consolidated statistical area", comprising "standard metropolitan statistical area" of Cleveland (1987 population 1 851 400), Akron (647 000) and Lorain–Elyria (268 500).
45 Dallas–Fort Worth "standard consolidated statistical area", comprising "standard metropolitan statistical area" of Dallas, (1987 population 2 456 000) and Fort Worth–Arlington (1 268 900).
46 Davenport–Rock Island–Moline, Iowa–Illinois "standard metropolitan statistical area".
47 Dayton–Springfield "standard metropolitan statistical area".
48 Denver–Boulder "standard consolidated statistical area", comprising "standard metropolitan statistical area" of Boulder–Longmont (1987 population 216 800) and Denver (1 644 500).

NOTES (suite)

19 Comprise dans l'agglomération de Cleveland.
20 "Zone métropolitaine statistique officielle" d'Albany–Schenectady–Troy (New York).
21 Comprise dans l'agglomération de Washington, D.C.
22 "Zone métropolitaine statistique officielle" d'Allentown–Bethlehem–Easton (Pennsylvania–New Jersey).
23 Comprise dans l'agglomération urbaine de Los Angeles.
24 Comprise dans l'agglomération urbaine de Detroit.
25 "Zone métropolitaine statistique officielle d'Appleton–Oshkosh–Neenah (Wisconsin).
26 Comprise dans l'agglomération urbaine de Dallas.
27 Comprise dans l'agglomération urbaine de Denver.
28 "Zone métropolitaine statistique officielle" du Beaumont–Port Arthur–Orange (Texas).
29 Comprise dans l'agglomération urbaine de San Francisco.
30 "Zone métropolitaine officielle" de Biloxi–Gulfport (Mississippi).
31 "Zone méetropolitaine statistique officielle" de Bloomington–Normal (Illinois).)
32 "Zone statistique officielle unifiée" de Boston–Lawrence–Salem, comprenant la "Zone métropolitaine statistique officielle" de Boston (2 841 700 habitants en 1987), de Brockton (185 400 habitants), de Lawrence–Haverhill (375 000 habitants), Lowell (260 100 habitants), Nashua (172 400 habitants) et de Salem–Gloucester (258 400 habitants).
33 Comprise dans l'agglomération urbaine de New York.
34 "Zone métropolitaine statistique officielle" de Brownsville–Harlingen–San Benito (Texas).
35 "Zone métropolitaine statistique officielle" de Bryan–College Station.
36 "Zone statistique officielle unifiée" de Buffalo–Niagara Falls, comprenant la "Zone métropolitaine statistique officielle" de Buffalo (958 300 habitants en 1987) et Niagara Falls (216 200 habitants).
37 "Zone métropolitaine statistique officielle" de Champaign–Urbana–Rantoul (Illinois).
38 "Zone métropolitaine statistique officielle" de Charlotte–Gastonia–Rock Hill.
39 Comprise dans l'agglomération urbaine de Norfolk.
40 "Zone statistique officielle unifiée" de Chicago–Gary–Lake County, comprenant la "Zone métropolitaine" de Aurora–Elgin (352 300 habitants en 1987), de Chicago (6 199 000 habitants), de Gary–Hammod (604 300 habitants), de Joliet (377 300 habitants), de Kenosha (119 700 habitants) et de Lake County (494 300 habitants).
41 Comprise dans l'agglomération urbaine de San Diego.
42 Zone statistique officielle unifiée" de Cincinnati comprenant la "Zone métropolitaine statistique officielle" de Cincinnati (1 438 300 habitants en 1987) et de Hamilton–Middletown (276 300 habitants).
43 "Zone métropolitaine statistique officielle" de Clarksville–Hopkinsville.
44 "Zone statistique officielle unifiée" de Cleveland–Akron–Lorain, comprenant la "Zone métropolitaine statistique officielle" de Cleveland (1 851 400 habitants en 1987), de Akron (647 000 habitants) et de Lorain–Elyria (268 500 habitants).
45 "Zone statistique officielle unifiée" de Dallas–Fort Worth, comprenant la "Zone métropolitaine statistique officielle" de Dallas (2 456 000 habitants en 1987) er de Fort Worth–Arlington (1 268 900 habitants).
46 "Zone métropolitaine statistique officielle" de Davenport–Rock Island–Moline (Iowa–Illinois).
47 "Zone métropolitaine statistique officielle" de Dayton–Springfield.
48 "Zone statistique officielle unifiée" de Denver–Boulder, comprenant la "Zone métropolitaine statistique officielle" de Boulder–Longmont (216 800 habitants en 1987) et de Denver (1 644 500).

8. Population of capital cities and cities of 100 000 and more inhabitants: latest available year (continued)

Population des capitales et des villes de 100 000 habitants et plus: dernière année disponible (suite)

FOOTNOTES (continued)

49 Detroit–Ann Arbor "standard consolidated statistical area", comprising "standard metropolitan statistical area" of Detroit (1987 population 4 361 600) and Ann Arbor (267 800).
50 Included in urban agglomeration of Raleigh.
51 Elkhart–Goshen "standard metropolitan statistical area".
52 Eugene–Springfield "standard metropolitan statistical area".
53 Fargo–Moorehead, North Dakota–Minnesota "standard metropolitan statistical area".
54 Fayetteville–Springdale "standard metropolitan statistical area".
55 Fort Collins–Loveland "standard metropolitan statistical area".
56 Included in urban agglomeration of Miami.
57 Fort Myers–Cape Coral "standard metropolitan statistical area".
58 Included in urban agglomeration of Chicago.
59 Included in urban agglomeration of Phoenix.
60 Greensboro–Winston–Salem–High Point, North Carolina "standard metropolitan statistical area".
61 Greenville–Spartanburg "standard metropolitan statistical area".
62 Harrisburg–Lebanon–Carlisle "standard metropolitan statistical area".
63 Hartford–New Britain–Middletown "standard consolidated statistical area", comprising "standard metropolitan statistical area" of Hartford (1987 population 747 600), Bristol (78 200), Middletown (85 000) and New Britain (146 600).
64 Houma–Thibodaux "standard metropolitan area".
65 Houston–Galveston–Brazoria "standard consolidated statistical area", comprising "standard metropolitan statistical area" of Houston (1987 population 3 228 100), Galveston–Texas City (211 400) and Brazoria (186 800).
66 Huntington–Ashland, West Virginia–Kentucky–Ohio "standard metropolitan statistical area".
67 Included in urban agglomeration of Kansas City, Mo.
68 Janesville–Beloit "standard metropolitan statistical area".
69 Johnson City–Kingsport–Bristol "standard metropolitan statistical area".
70 Killeen–Temple "standard metropolitan statistical area".
71 Lafayette–West Lafayette "standard metropolitan statistical area".
72 Lakeland–Winter Haven "standard metropolitan statistical area".
73 Lansing–East Lansing "standard metropolitan statistical area".
74 Little Rock–North Little Rock "standard metropolitan statistical area".
75 Longview–Marshall "standard metropolitan statistical area".
76 Los Angeles–Long Beach–Anaheim–Riverside "standard" consolidated statistical area" of Los Angeles–Long Beach (1987 population 8 504 500), Anaheim–Santa Ana–Garden Grove (2 219 100), Oxnard–Simi Valley–Ventura (628 300) and Riverside–San Bernardino–Ontario (2 119 000).
77 Macon–Warner Robins "standard metropolitan statistical area".
78 McAllen–Edinburg–Mission, Texas "standard metropolitan statistical area".
79 Melbourne–Titusville–Palm Bay "standard metropolitan statistical area".

NOTES (suite)

49 "Zone statistique officielle unifiée" de Detroit–Ann Arbor, comprenant la "Zone métropolitaine statistique officielle" de Detroit (4 361 600 habitants en 1987) et de Ann Arbor (267 800 habitants).
50 Comprise dans l'agglomération urbaine de Raleigh.
51 "Zone métropolitaine statistique officielle" de Elkhart–Goshen.
52 "Zone métropolitaine statistique officielle" de Eugene–Springfield.
53 "Zone métropolitaine statistique officielle" de Fargo–Moorehead (Dakota du Nord–Minnesota).
54 "Zone métropolitaine statistique officielle" de Fayetteville–Springfield.
55 "Zone métropolitaine statistique officielle" de Fort Collins–Loveland.
56 Comprise dans l'agglomération urbaine de Miami.
57 "Zone métropolitaine statistique officielle" de Fort Myers–Cape Coral.
58 Comprise dans l'agglomération urbaine de Chicago.
59 Comprise dans l'agglomération urbaine de Phoenix.
60 "Zone métropolitaine statistique officielle" de Greensboro–Winston–Salem–High Point (Caroline du Nord).
61 "Zone métropolitaine statistique officielle" de Greenville–Spartanburg.
62 "Zone métropolitaine statistique officielle" de Harrisburg–Lebanon–Carlisle.
63 "Zone statistique officielle unifiée" de Hartford–New Britain–Middletown, comprenant la "Zone métropolitaine statistique officielle" de Hartford (747 600 habitants en 1987), de Bristol (78 200 habitants), de Middletown (84 500 habitants) et de New Britain (146 600 habitants).
64 "Zone métropolitaine statistique officielle" de Houma–Thibodaux.
65 "Zone statistique officielle unifiée" de Houston–Galveston–Brazoria, comprenant la "Zone métropolitaine statistique officielle" de Houston (3 228 100 habitants en 1987), de Galveston–Texas City (211 400 habitants) et de Brazoria (186 800 habitants).
66 "Zone métropolitaine statistique officielle" de Huntington–Ashland (Virginie occidentale–Kentucky–Ohio).
67 Comprise dans l'agglomération urbaine de Kansas City (Mo.).
68 "Zone métropolitaine statistique officielle" de Janesville–Beloit.
69 "Zone métropolitaine statistique officielle" de Johnson City–Kingsport–Bristol.
70 "Zone métropolitaine statistique officielle" de Killeen–Temple.
71 "Zone métropolitaine statistique officielle" de Lafayette–West Lafayette"
72 "Zone métropolitaine statistique officielle" de Lakeland–Winter Haven.
73 "Zone métropolitaine statistique officielle" de Lansing–East Lansing.
74 "Zone métropolitaine statistique officielle" de Little Rock–North Little Rock (Arkansas).
75 "Zone métropolitaine statistique officielle" de Longview–Marshall.
76 "Zone statistique officielle unifiée" de Los Angeles–Long Beach–Anaheim–Riverside, comprenant la "Zone métropolitaine statistique officielle" de Los Angeles–Long Beach (8 504 500 habitants en 1987), de Anaheim–Santa Ana–Garden Grove (2 219 100 habitants) de Oxnard–Simi Valley–Ventura (628 300 habitants) et de Riverside–San Bernardino–Ontario (2 119 000 habitants).
77 "Zone métropolitaine statistique officielle" de Macon–Warner Robins.
78 "Zone métropolitaine statistique officielle" de McAllen–Edinburg–Mission (Texas).
79 "Zone métropolitaine statistique officielle" de Melbourne–Titusville–Palm Bay.

FOOTNOTES (continued)

80 Miami–Fort Lauderdale "standard consolidated statistical area", comprising "standard metropolitan statistical area" of Miami–Hialeah (1987 population 1 791 500) and Fort Lauderdale–Holywood (1 162 600).
81 Milwaukee–Racine "standard consolidated statistical area", comprising "standard metropolitan statistical area" of Milwaukee (1987 population 1 389 100) and Racine (173 000).
82 Minneapolis–St. Paul, Minnesota "standard metropolitan statistical area".
83 New Haven–Meriden "standard metropolitan statistical area".
84 New London–Norwich, Connecticut "standard metropolitan statistical area".
85 New York–Northern New Jersey–Long Island "standard consolidated statistical area", comprising "standard metropolitan statistical area" of New York (1987 population 8 528 800), Bergen–Passaic (1 294 200), Bridgeport–Milford (443 800), Danbury (188 800), Jersey City (547 200), Middlesex–Somerset (966 300), Monmouth–Ocean (956 600), Nassau–Suffolk (2 631 000), Newark (1 890 800), Norwalk (125 700), Orange County (287 900) and Stamford (192 800).
86 Norfolk–Virginia Beach–Newport News "standard metropolitan statistical area".
87 Parkersburg–Marietta "standard metropolitan statistical area".
88 Included in urban agglomeration of Houston.
89 Philadephia–Wilmington–Trenton "standard consolidated statistical area", comprising "standard metropolitan statistical area" of Philadelphia (1987 population 4 866 500), Wilmington, Del.–N.J.–Md. (559 400), Trenton, N.J. (327 100) and Vineland–Milville–Bridgeton (137 600).
90 Pittsburg–Beaver Valley "standard consolidated statistical area", comprising "standard metropolitan statistical area" of Pittsburg (1987 population 2 105 400) and Beaver County (191 000).
91 Portland–Vancouver "standard consolidated statistical area", comprising "standard metropolitan statistical area" of Portland (1987 population 1 167 800) and Vancouver (215 600).
92 Portsmouth–Dover–Rochester "standard metropolitan statistical area".
93 Providence–Pawtucket–Fall River "standard consolidated statistical area", comprising "standard metropolitan statistical area" of Fall River (1987 population 152 900), Pawtucket–Woonsocket–Attleboro (322 100) and Providence (642 700).
94 Provo–Orem, Utah "standard metropolitan statistical area".
95 Raleigh–Durham "standard metropolitan statistical area".
96 Richland–Kennewick–Pasco "standard metropolitan statistical area".
97 Richmond–Petersburg "standard metropolitan statistical area".
98 Saginaw–Bay City–Midland "standard metropolitan statistical area".
99 Included in urban agglomeration of Minneapolis.
100 Included in urban agglomeration of Tampa.
101 Salinas–Seaside–Monterey, California "standard metropolitan statistical area".
102 Salt Lake City–Ogden "standard metropolitan statistical area".

NOTES (suite)

80 "Zone statistique officielle unifiée" de Miami–Fort Lauderdale, comprenant la "Zone métropolitaine statistique officielle" de Miami–Hialeah (1 791 500 habitants en 1987) et de Fort Lauderdale–Hollywood (1 162 600 habitants).
81 "Zone statistique officielle unifiée" de Milwaukee–Racine, comprenant la "Zone métropolitaine statistique officielle" de Milwaukee (1 389 100 habitant en 1987) et de Racine (173 000 habitants).
82 "Zone métropolitaine statistique officielle" de Minneapolis–St. Paul (Minnesota).
83 "Zone métropolitaine statistique officielle" de New Haven–Meriden.
84 "Zone métropolitaine statistique officielle" de New London–Norwich (Connecticut).
85 "Zone statistique officielle unifiée" de New York–New Jersey–Long Island, comprenant la "Zone métropolitaine statistique officielle" de New York (8 528 800 habitants en 1987), de Bergen–Passaic (1 294 200 habitants), de Bridgeport–Milford (443 800 habitants), de Danbury (188 800 habitants), de Jersey City (547 200), de Middlesex–Somerset (966 300 habitants), de Monmouth–Ocean (956 600 habitants), de Nassau–Suffolk (2 631 000 habitants), de Newark (1 890 800 habitants), de Norwalk (125 700 habitants), de Orange County (287 900 habitants) et de Stamford (192 800 habitants).
86 "Zone métropolitaine statistique officielle" de Norfolk–Virginia Beach–Newport News.
87 "Zone métropolitaine statistique officielle" de Parkersburg–Marietta.
88 Comprise dans l'agglomération urbaine de Houston.
89 "Zone statistique officielle unifiée" de Philadelphie–Wilmington–Trenton, comprenant la "Zone métropolitaine officielle" de Philadelphie (4 866 500 habitants en 1987), de Wilmington, Del.–N.J.–Md. (559 400 habitants), de Trenton, N.J. (327 100 habitants) et de Vineland–Milville–Bridgeton (137 600 habitants).
90 "Zone statistique officielle unifiée" de Pittsburg–Beaver Valley, comprenant la "Zone métropolitaine statistique officielle" de Pittsburg (2 105 400 habitants en 1987) et de Beaver County (191 000 habitants).
91 "Zone statistique oficielle unifiée" de Portland–Vancouver, comprenant la "Zone métropolitaine statistique officielle" de Portland (1 167 800 habitants en 1987) et de Vancouver (215 600 habitants).
92 "Zone métropolitaine statistique officielle" de Portsmouth–Dover–Rochester.
93 "Zone statistique officielle unifiée" de Providence–Pawtucket–Fall River, comprenant la "Zone métropolitaine statistique officielle" de Fall River (152 900 habitants en 1987), de Pawtucket–Woonsocket–Attleboro (322 100 habitants) et de Providence (642 700 habitants).
94 "Zone métropolitaine statistique officielle" de Provo–Orem (Utah).
95 "Zone métropolitaine statistique officielle" de Raleigh–Durham.
96 "Zone métropolitaine statistique officielle" de Richland–Kennewick–Pasco.
97 "Zone métropolitaine statistique officielle" de Richmond–Petersburg.
98 "Zone métropolitaine statistique officielle" de Saginaw–Bay City–Midland.
99 Comprise dans l'agglomération urbaine de Minneapolis.
100 Comprise dans l'agglomération urbaine de Tampa.
101 "Zone métropolitaine officielle" de Salinas–Seaside–Monterey (Californie).
102 "Zone métropolitaine officielle" de Salt Lake City–Ogden.

8. Population of capital cities and cities of 100 000 and more inhabitants: latest available year (continued)

Population des capitales et des villes de 100 000 habitants et plus: dernière année disponible (suite)

FOOTNOTES (continued)

103 San Francisco–Oakland–San Jose "standard consolidated statistical area", comprising "standard metropolitan statistical area" of Oakland (1987 population 1 968 800), San Francisco (1 590 000), San Jose (1 415 000), Santa Cruz (221 700), Vallejo–Fairfield–Napa (404 300) and Santa Rosa–Petaluma (354 000).

104 Santa Barbara–Santa Maria–Lompoc "standard metropolitan statistical area".

105 Scranton–Wilkes–Barre "standard metropolitan statistical area".

106 Seattle–Tacoma "standard consolidated statistical area", comprising "standard metropolitan statistical area" of Seattle–Everett (1987 population 1 795 900) and Tacoma (544 700).

107 South Bend–Mishawaka "standard metropolitan statistical area.

108 Steubenville–Weirton, Ohio–West Virginia "standard metropolitan statistical area.

109 Included in urban agglomeration of Seattle.

110 Tampa–St. Petersburg, Florida "standard metropolitan statistical area".

111 Texarkana, Texas–Arkansas "standard metropolitan statistical area".

112 Utica–Rome, New York "standard metropolitan statistical area".

113 Visalia–Tulare–Porterville "standard metropolitan statistical area".

114 Waterloo–Cedar Falls "standard metropolitan statistical area".

115 West Palm Beach–Boca Raton–Delray Beach "standard metropolitan statistical area".

116 Included in urban agglomeration of Greensboro.

117 Youngstown–Warren, Ohio "standard metropolitan statistical area".

118 La Paz is the actual capital and the seat of the Government but Sucre is the legal capital and the seat of the judiciary.

119 For "municipios" which may contain rural area as well as urban centre.

120 "Metropolitan area" (Gran Santiago).

121 "Metropolitan area", comprising Asuncion proper and localities of Trinidad, Zeballos Cué, Campo Grande and Lamboré.

122 "Metropolitan area" (Gran Lima).

123 "Metropolitan area", comprising Caracas proper (the urban parishes of Department of Libertador) and a part of district of Sucre in State of Miranda.

124 Data for 1982, based on a 10 per cent sample of census returns. Covering only the civilian population of 29 provinces, municipalities and autonomous regions.

125 For municipalities which may contain rural area as well as urban centre.

126 Including data for the India–held part of Jammu and Kashmir, the final status of which has not yet been determined. Excluding cities for Assam state.

127 For Ambala Municipal Corporation.

128 Included in urban agglomeration of Calcutta.

129 Including Bally(147 735), Baranagar(170 343), Barrackpur(115 516), Bhatpara(265 419), Calcutta Municipal Corporation(3 305 006), Chandan Nagar (101 925), Garden Reach(191 107), Houghly–Chinsura(128 918), Howrah(744 429), Jadarpur(251 968), Kamarhati (234 951), Naihati(114 607), Panihati(205 718), Serampore(127 304), South Dum Dum(230 266), South Suburban(394 916), and Titagarh (104 534).

NOTES (suite)

103 "Zone statistique officielle unifiée" de San Francisco–Oakland–San José, comprenant la "Zone métropolitaine statistique officielle" de Oakland (1 968 000 habitants en 1987), de San Francisco (1 590 000 habitants), de San José (1 415 000 habitants), de Santa Cruz (221 700 habitants), de Vallejo–Fairfield–Napa (404 300 habitants) et de Santa Rosa–Petaluma (354 000 habitants).

104 "Zone métropolitaine statistique officielle" de Santa Barbara–Santa Maria–Lompoc.

105 "Zone métropolitaine statistique officielle" de Scranton–Wilkes–Barre.

106 "Zone statistique officielle unifiée" de Seattle–Tacoma, comprenant la "Zone métropolitaine statistique officielle" de Seattle–Everett (1 795 900 habitants en 1987) et de Tacoma (544 700 habitants).

107 "Zone métropolitaine statistique officielle" de South Bend–Mishawaka.

108 "Zone métropolitaine statistique officielle" de Steubenville–Weirton (Ohio–Virginie occidentale).

109 Comprise dans l'agglomération urbaine de Seattle.

110 "Zone métropolitaine statistique officielle" de Tampa–St. Petersburg (Florida).

111 "Zone métropolitaine statistique officielle" de Texarkana (Texas–Arkansas).

112 "Zone métropolitaine statistique officielle" de Utica–Rome, (New York).

113 "Zone métropolitaine statistique officielle" de Visalia–Tulare–Porterville.

114 "Zone métropolitaine statistique officielle" de Waterloo–Cedar Falls.

115 "Zone métropolitaine statistique officielle" de West Palm Beach–Boca Raton–Delray Beach.

116 Comprise dans l'agglomération urbaine de Greensboro.

117 "Zone métropolitaine statistique officielle" de Youngstown–Warren (Ohio).

118 La Paz est la capitale effective et le siège du gouvernement, mais Sucre est la capitale constitutionnelle et la siège du pouvoir judiciaire.

119 Pour "municipios" qui peuvent comprendre un centre urbain et une zone rurale.

120 "Zone métropolitaine" (Grand Santiago).

121 "Zone métropolitaine" comprenant la ville d'Asuncion proprement dite et les localités de Trinidad , Zeballos Cué, Campo Grande et Lamboré.

122 "Zone métropolitaine (Grand Lima).

123 "Zone métropolitaine", comprenant la ville de Caracas proprement dite (paroisses urbaines du département du Libertador) et une partie du district de Sucre dans l'Etat de Miranda.

124 Données pour 1982, d'après un échantillon de 10 p . 100 des bulletins de recensement qui a porté sur la population civile seulement de 29 provinces, municipalités et régions autonomes.

125 Pour les municipalités qui peuvent comprendre un centre urbaine et une zone rurale.

126 Y compris les données concernant la partie de Jammu–et–Cachemire occupée par l'Inde, dont le statut définitif n'a pas encore été déterminé. Non compris les villes de l'état d'Assam.

127 Pour Municipal Corporation d'Ambala.

128 Comprise dans l'agglomération urbaine de Calcutta.

129 Y compris Bally(147 735), Baranagar(170 343), Barrackpur (115 516), Bhatpara(265 419), Calcutta Municipal Corporation(3 305 006), Chandan Nagar(101 925), Garden Reach(191 107), Houghly Chinsura(128 918), Howrah(744 429), Jadarpur (251 968), Kamarhati(234 951), Naihati(114 607), Panihati(205 718), Serampopre(127 304), South Dum Dum (230 266), South Suburban(394 916) et Titagarh(104 534).

8. Population of capital cities and cities of 100 000 and more inhabitants: latest available year (continued)

Population des capitales et des villes de 100 000 habitants et plus: dernière année disponible (suite)

FOOTNOTES (continued)

130 Including New Delhi.
131 Including Dharwar.
132 Included in urban agglomeration of Delhi.
133 Including Doranda Notified Committee.
134 Including Karkh, Rassaiah, Adhamiya and Kadhimain Qadha Centres and Maamoon, Mansour and Karradah–Sharquiya Nahlyas.
135 Designation and data provided by Israel. The position of the United Nations on the question of Jerusalem is contained in General Assembly resolution 181 (II) and subsequent resolutions of the General Assembly and the Security Council concerning this question.
136 Including East Jerusalem.
137 Excluding diplomatic personnel outside country and foreign military and civilian personnel and their dependants stationed in the area.
138 Except for Tokyo, all data refer to shi, a minor division which may include some scattered or rural population as well as an urban centre.
139 Including Kokura, Moji, Tobata, Wakamatsu and Yahata (Yawata).
140 Data for city proper refer to 23 wards (ku) of the old city. The urban agglomeration figures refer to Tokyo–to (Tokyo Prefecture), comprising the 23 wards plus 14 urban counties (shi), 18 towns (machi) and 8 villages (mura). The "Tokyo Metropolitan Area" comprises the 23 wards of Tokyo–to plus 21 cities, 20 towns and 2 villages. The "Keihin Metropolitan Area" (Tokyo–Yokohama Metropolitan Area plus 9 cities (one of which is Yokohama City) and two towns, with a total population of 20 485 542 on 1 October 1965.
141 Based on a sample survey.
142 Including area maritima and concelho of Macau.
143 Formerly listed as "Burma".
144 Excluding data for the Pakistan–held part of Jammu and Kashmir, the final status of which has not yet been determined. Junagardh, Manavadar, Gilgit and Baltistan. For cities in Jammu and Kashmir (cf126).
145 Excluding transients afloat and non–locally domiciled military and civilian services personnel and their dependants.
146 Including Altindag, Cankaya and Yenimahalle.
147 Including Adahalar, Bakiroy, Besistas, Beykoz, Beyogiu, Eminonu, Eyup, Faith, Gazi Osmanpasa, Kadikoy, Sariyer, Sisli, Uskudar and Zeytinburnu.
148 Including Karsiyaka.
149 Including Cholon.
150 Data for cities proper refer to communes which may contain an urban centre and a rural area.
151 Included in the urban agglomeration of Brussels.
152 Including Anderlecht and Schaerbeek.
153 Including Frederiksberg and 25 suburb municipalities.
154 Included in urban agglomeration of Helsinki.
155 Data for cities proper refer to communes which are centres for urban agglomeration.
156 De jure population, but excluding diplomatic personnel outside the country and including foreign diplomatic personnel not living in embassies or consulates.
157 Included in urban agglomeration of Paris.
158 Date refer to French territory of this international agglomeration.

NOTES (suite)

130 Y compris New Delhi.
131 Y compris Dharwar.
132 Comprise dans l'agglomération urbaine de Delhi.
133 Y compris le Notified Committee de Doranda.
134 Y compris les cazas de Karkh, Adhamiya et Kadhermain ainsi que les nahiyas de Maamoon, Mansour et Karradah–Sharquiya.
135 Appelation de données fournies par Israel. La position des Nations Unies concernant la question de Jérusalem est décrite dans la resolution 181 (II) de l'Assemblée générale et résolutions ultérieures de l'Assemblée générale et du Conseil de sécurité sur cette question.
136 Y compris Jérusalem–Est.
137 Non compris le personnel diplomatique hors du territoire, les militaires et agents civils étrangers en poste sur le territoire et les membres de leur famille les accompagnant.
138 Sauf pour Tokyo, toutes les données se rapportent à des shi, petites divisions administratives qui peuvent comprendre des peuplements dispersés ou ruraux en plus d'un centre urbain.
139 Y compris Kokura, Moji, Tobata, Wakamatsu et Yahata (Yawata).
140 Les données concernant la ville proprement dite se rapportent aux 23 circonscriptions de la vieille ville. Les chiffres pour l'agglomération urbaine se rapportent à Tokyo–to (préfecture de Tokyo), comprenant les 23 circonscriptions plus 14 cantons urbains (Shi), 18 villes (machi) et 8 villages (mura). La "zone métropolitaine de Tokyo" comprend les 23 circonscriptions de Tokyo–to plus 21 municipalités, 20 villes et 2 villages. La "zone métropolitaine de Keihin" (zone métropolitaine de Tokyo–Yokohama) comprend la zone métropolitaine de Tokyo, plus 9 municipalités, dont l'une est Yokohama et 2 villes, elle comptait 20 485 542 habitants au 1er octobre 1965.
141 D'après une enquête par sondage.
142 Y compris la zone maritime et le Concelho de Macao.
143 Antérieurement désigné sous le nom de "Birmanie".
144 Non compris les données pour la partie de Jammu–Cachemire occupée par le Pakistan dont le status definitif n'a pas encore été déterminé, et le Junagardh, le Manavadar, le Gilgit et le Baltistan. Pour les villes de Jammu–et–Cachemire, voir la note 126.
145 Non compris les personnes de passage à bord de navires, les militaires et agents civils non résidents et les membres de leur famille les accompagnant.
146 Y compris Altindag, Cankaya et Yenimahalle.
147 Y compris Adalar, Bakirkoy, Besistas, Beykoz, Beyoglu, Eminou, Eyup, Faith, Gazi Osmanpasa, Kadikoy, Sariyer, Sisli, Uskudar et Zeytinburnu.
148 Y compris Karsiyaka.
149 Y compris Cholon.
150 Les données concernant les villes proprement dites se rapportent à des communes qui peuvent comprendre un centre urbain et une zone rurale.
151 Comprise dans l'agglomération urbaine de Bruxelles.
152 Y compris Anderlecht et Schaerbeek.
153 Y compris Frederiksberg et 25 municipalitées suburbaines.
154 Comprise dans l'agglomération urbaine de Helsinki.
155 Les données concernant les villes proprement dites se rapportent à des communes qui sont des centres d'agglomérations urbaines.
156 Population de droit, mais non compris le personnel diplomatique hors du pays et y compris le personnel diplomatique étranger qui ne vit pas dans les ambassades ou les consulats.
157 Comprise dans l'agglomération urbaine de Paris.
158 Les données se rapportent aux habitants de cette agglomération internationale qui vivent en territoire francais.

8. Population of capital cities and cities of 100 000 and more inhabitants: latest available year (continued)

Population des capitales et des villes de 100 000 habitants et plus: dernière année disponible (suite)

FOOTNOTES (continued)

159 Includes Villeurbanne.
160 Data refer to the extended agglomeration, comprising the city of Paris, 73 communes in Department of Essonne, 36 communes in Department of Hauts–de–Seine, 13 communes in the Department of Seine–et–Marne, 40 communes in Department of Seine–Saint–Denis, 47 communes in Department of Val–de–Marne, 58 communes in Department of Val–d'Oise and 42 communes in the Department of Yvelines.
161 Including urban agglomeration of Lille.
162 Including armed forces stationed outside the country but excluding alien armed forces stationed in the area.
163 Included in urban agglomeration of Athens.
164 Including civilian nationals temporarily outside the country.
165 Data for cities proper refer to administrative units (municipalities).
166 For Lisbon proper and concelhos (administrative division) of Almada, Barreiro, Cascais, Loures, Moita, Oeiras, Seikal, Sintra; and frequezias (parish area) of Montijo and Vila Franca de Xira.
167 For Porto proper and concelhos (administrative division) of Espinho, Gondomar, Maia, Motoshinhos, Volongo, Vila Nova de Gaia.
168 Including the following cities: Codlea, Predeal, Risnov, Sacela and Zarnesti.
169 Including the following cities: Efor, Mangalia and Tekirgiol.
170 For district council areas.
171 Greater London Borough included in figure for "Greater London" conurbation.
172 Capital of Northern Ireland.
173 Capital of Wales for certain purposes.
174 Capital of Scotland.
175 "Greater London" conurbation as reconstituted in 1965 and comprising 32 new Greater London Boroughs (cf171).
176 Data for urban agglomeration refer to metropolitan areas defined for census purposes and normally comprising city proper (municipality) and contiguous urban areas.
177 For the Commune of Papeete and the districts of Pirae and Faaa.
178 Included in urban agglomeration of Auckland.
179 Including communities under the authority of the Town Council.
180 Capital of the Ukrainian Soviet Socialist Republic.
181 Capital of the Byelorussian Soviet Socialist Republic.

NOTES (suite)

159 Y compris Villeurbanne.
160 Ce chiffre se rapporte à l'agglomération étendue, qui comprend la ville de Paris, 73 communes dans le département de l'Essonne, 36 communes dans le département des Hauts–de–Seine, 13 communes dans le département de la Seine–et–Marne, 40 communes dans le département de la Seine–Saint–Denis , 47 communes dans le département du Val–de–Marne, 58 communes dans le département du Val–d'Oise et 42 communes dans le département des Yvelines.
161 Comprise dans l'agglomération urbaine de Lille.
162 Y compris les militaires en garnison hors du pays, mais non compris les militaires étrangers en garnison sur le territoire.
163 Comprise dans l'agglomération urbaine d'Athènes.
164 Y compris les civils nationaux temporairement hors du pays.
165 Les données concernant les villes proprement dites se rapportent à des unités administratives (municipalités).
166 Pour Lisbon proprement dite et concelhos (division administrative) d'Almada, Barreiro, Cascais, Loures, Moita, Oeiras, Seikal, Sintra; et frequezias (paroisses) de Montijo et Vila Franca de Xira.
167 Ville de Porto proprement dite et concelhos (division administrative) d'Espinho, Gondamar, Maia, Matoshinhos, Valongo, Vila Nova de Gaia.
168 Y compris les villes suivantes: Codlea, Predeal, Risnov, Sacele et Zarnesti.
169 Y compris les villes suivantes: Elorie, Mangalia et Tekirghiol.
170 Pour les zones de district council.
171 Le chiffre relatif à l'ensemble urbain du "Grand Londres" comprend le Greater London Borough.
172 Capitale de l'Irlande du Nord.
173 Considérée à certains égards comme la capitale du pays de Galles.
174 Capitale de l'Ecosse.
175 Ensemble urbain du "Grand Londres", tel qu'il a été reconstitué en 1965, comprenant 32 nouveaux Greater London Boroughs (voir la note 171).
176 Les données relatives aux agglomérations urbaines se rapportent à la zone métropolitaine définie aux fins du recensement qui comprend généralement la ville proprement dite (municipalité) et la zone urbaine contigue.
177 Pour la commune de Papeete et les districts de Pirae et Faaa.
178 Comprise dans l'agglomeration urbaine d'Auckland.
179 Y compris les communautés qui relèvent du Conseil municipal.
180 Capitale de la République socialiste soviétique d'Ukraine.
181 Capitale de la République socialiste soviétique de Biélorussie.

9. Live births and crude live-birth rates, by urban/rural residence: 1984 – 1988

Naissances vivantes et taux bruts de natalité selon la résidence, urbaine/rurale: 1984 – 1988

(See notes at end of table. – Voir notes à la fin du tableau.)

Continent, country or area and urban/rural residence — Continent, pays ou zone et résidence, urbaine/rurale	Code [1]	Number – Nombre 1984	1985	1986	1987	1988	Rate – Taux 1984	1985	1986	1987	1988
AFRICA—AFRIQUE											
Algeria – Algérie [2 3]	C	833 110	845 381	...	...	...	39.6	38.7	...	...	...
Angola	..	...	...	...	...	...				[4] 47.2	
Benin – Bénin	..	...	...	...	...	...				[4] 50.5	
Botswana	...	*25 814*	...	...	...	...				[4] 47.3	
Burkina Faso	..	...	...	...	...	...				[4] 47.2	
Burundi	..	...	...	...	...	...				[4] 45.7	
Cameroon – Cameroun	..	...	...	...	...	...				[4] 41.6	
Cape Verde – Cap-Vert	C	11 696	11 282	...	...	...	36.3	33.8	...	...	...
Central African Republic – République centrafricaine	..	...	...	...	...	...				[4] 44.3	
Chad – Tchad	..	...	...	...	...	...				[4] 44.2	
Comoros – Comores	...	...	...	*24 000*	...	...				[4] 45.6	
Congo	..	...	...	...	...	...				[4] 44.4	
Côte d'Ivoire	..	...	...	...	...	...				[4] 50.9	
Djibouti	U	*5 249*	*5 881*	...	...	...				[4] 47.3	
Egypt – Egypte	C	1 820 000	1 817 297	1 878 000	2 087 302	...	38.6	37.5	37.9	40.7	...
Equatorial Guinea – Guinée équatoriale	..	...	...	...	...	...				[4] 42.4	
Ethiopia – Ethiopie	..	...	...	...	...	...				[4] 43.7	
Gabon	..	...	...	...	...	...				[4] 38.8	
Gambia – Gambie	..	...	...	...	...	...				[4] 46.8	
Ghana	..	...	...	...	...	...				[4] 44.3	
Guinea – Guinée	..	...	...	...	...	...				[4] 46.6	
Guinea-Bissau – Guinée-Bissau	..	...	...	...	...	...				[4] 40.8	
Kenya	..	...	...	...	...	...				[4] 53.9	
Lesotho	..	...	...	...	...	...				[4] 40.8	
Liberia – Libéria	..	...	...	...	...	...				[4] 45.0	
Libyan Arab Jamahiriya – Jamahiriya arabe libyenne	..	...	...	...	...	...				[4] 43.9	
Madagascar	..	...	...	...	...	...				[4] 45.7	
Malawi	..	...	...	...	...	...				[4] 53.0	
Mali	..	...	...	...	...	...				[4] 50.1	
Mauritania – Mauritanie	..	...	...	...	...	...				[4] 46.2	
Mauritius – Maurice	..	...	...	...	...	...				[4] 18.5	
Island of Mauritius – Ile Maurice [5]	C	19 222	18 247	18 225	19 152	...	19.7	18.5	18.3	19.1	...
Rodrigues	C	1 110	856	945	882	...	32.6	24.4	26.6	24.1	...
Morocco – Maroc	..	...	...	...	...	...				[4] 35.3	
Mozambique	..	...	...	...	...	...				[4] 45.0	
Namibia – Namibie	..	...	...	...	...	...				[4] 44.0	
Niger	..	...	...	...	...	...				[4] 50.9	
Nigeria – Nigéria	..	...	...	...	...	...				[4] 49.8	
Réunion [2]	C	13 116	13 163	12 797	12 599	12 599	24.4	24.1	23.0	22.3	...
Rwanda	..	...	...	...	...	...				[4] 51.0	
St. Helena ex. dep. – Sainte-Hélène sans dép.	C	87	83	101	55	...	14.8	13.3	15.6	9.2	...
Tristan da Cunha	C	3	3	3	2	...	♦ 9.5	♦ 9.7	♦ 9.6	♦ 6.5	...
Sao Tome and Principe – Sao Tomé-et-Principe	C	...	3 924	...	...	...	...	36.3	...	...	...
Senegal – Sénégal	..	...	...	...	...	...				[4] 45.7	
Seychelles	+C	1 739	1 729	1 722	1 684	...	26.9	26.5	26.2	25.4	...
Sierra Leone	...	*68 133*	*75 849*	*84 041*	...	...				[4] 48.2	
Somalia – Somalie	..	...	...	...	...	...				[4] 50.8	
South Africa – Afrique du Sud	..	...	...	...	...	...				[4] 31.7	
Sudan – Soudan	..	...	...	...	...	...				[4] 44.6	
Swaziland	..	...	...	...	...	...				[4] 46.8	
Togo	..	...	...	...	...	...				[4] 44.9	
Tunisia – Tunisie	C	226 288	227 465	231 800	214 729	...	32.2	31.3	31.1	28.2	...
Uganda – Ouganda	..	...	...	...	...	...				[4] 50.1	
United Rep. of Tanzania – Rép.-Unie de Tanzanie	..	...	...	...	...	...				[4] 50.5	
Zaire – Zaïre	..	...	...	...	...	...				[4] 45.6	
Zambia – Zambie	..	...	...	...	...	...				[4] 51.2	
Zimbabwe	..	...	...	...	...	...				[4] 41.7	

9. Live births and crude live-birth rates, by urban/rural residence: 1984 – 1988 (continued)

Naissances vivantes et taux bruts de natalité selon la résidence, urbaine/rurale: 1984 – 1988 (suite)

(See notes at end of table. – Voir notes à la fin du tableau.)

Continent, country or area and urban/rural residence — Continent, pays ou zone et résidence, urbaine/rurale	Code [1]	Number – Nombre 1984	1985	1986	1987	1988	Rate – Taux 1984	1985	1986	1987	1988
AMERICA,NORTH— (Cont.–Suite) AMERIQUE DU NORD											
Anguilla	C	...	177	...	...	...	...	24.2	...	...	...
Antigua and Barbuda – Antigua–et–Barbuda	+C	1 126	1 190	1 130	1 094	...	15.0	15.7	14.8	13.1	...
Aruba	+C	1 169	1 109	1 014	902	...	18.4	18.1	16.8	15.1	...
Bahamas	C	5 177	5 584	4 770	4 331	...	22.6	24.1	20.2	18.0	...
Barbados – Barbade	+C	4 214	4 281	4 043	...	...	16.7	16.9	15.9	18.5	...
Belize	U	*6 150*	*6 659*	*6 178*	...	...	*37.9*	*40.1*	*36.1*	...	...
Bermuda – Bermudes	C	840	914	889	...	...	15.1	16.3	15.7	...	...
British Virgin Islands – Iles Vierges britanniques	+C	225	241	213	...	...	19.2	20.3	17.7	...	...
Canada [6]	C	377 031	375 727	372 431	369 441	...	15.1	14.9	14.7	14.4	...
Cayman Islands – Iles Caïmanes	+U	*414*	*367*	*360*	*359*	...	*20.8*	*17.6*	*16.9*	*16.0*	...
Costa Rica	C	75 993	84 252	...	80 326	...	31.4	33.9	...	28.9	...
Cuba [5]	C	166 281	182 067	166 049	179 477	*187 911	16.6	18.0	16.3	17.4	*18.1
Dominica – Dominique	C	1 716	...	...	...	...	20.8	...	...	...	...
Dominican Republic – République dominicaine	+U	*175 935*	...	...	...	...				[4] 31.3	
El Salvador [5]	U	*142 202*	*139 514*	...	...	...				[4] 36.3	
Greenland – Groenland	C	1 054	1 140	1 070	1 090	1 217	20.0	21.4	20.0	20.1	22.2
Guadeloupe [2]	C	6 671	6 750	6 374	...	...	20.2	20.3	19.2	19.5	...
Guatemala [5]	C	312 094	326 849	...	324 784	...	40.3	41.0	...	38.5	...
Haiti – Haïti	..	...	...	...	...	...				[4] 34.3	
Honduras	..	...	...	...	...	...				[4] 39.8	
Jamaica – Jamaïque	+C	57 533	56 210	54 067	...	*53 623	25.2	24.3	23.1	...	*21.9
Martinique [2]	C	5 715	5 722	5 961	...	*6 397	17.5	17.3	17.9	...	*19.4
Mexico – Mexique	+U	*2 511 894*	*2 655 671*	...	...	...				[4] 29.0	
Montserrat	+C	244	237	200	...	...	20.7	20.0	16.8	...	...
Nicaragua	+U	...	...	*141 039*	...	...				[4] 41.8	
Panama [5]	C	56 659	58 038	57 655	57 647	*57 580	26.5	26.6	25.9	25.3	*24.8
Puerto Rico – Porto Rico [5]	C	63 321	63 629	...	...	...	19.4	19.4	...	...	...
Saint Kitts and Nevis – Saint–Kitts–et–Nevis	+C	1 115	1 026	1 007	...	...	24.9	23.3	23.0	...	...
Saint Lucia – Sainte–Lucie	C	4 159	4 223	3 907	...	...	31.0	30.8	28.0	...	...
St. Pierre and Miquelon – Saint–Pierre–et–Miquelon [2]	C	128	...	...	...	...	19.7	...	...	...	...
St. Vincent and the Grenadines – Saint–Vincent–et–Grenadines	+C	2 831	...	2 708	...	...	26.2	...	24.5	...	...
Trinidad and Tobago – Trinité–et–Tobago	C	31 599	...	...	...	...	27.0	...	...	...	...
United States – Etats–Unis	C	3 669 141	3 760 561	3 756 547	*3829 000	*3913 000	15.5	15.7	15.5	*15.7	*15.9
AMERICA,SOUTH— AMERIQUE DU SUD											
Argentina – Argentine	..	...	...	...	...	...				[4] 21.4	
Bolivia – Bolivie	..	...	...	...	...	...				[4] 42.8	
Brazil – Brésil	U	*2 559 038*	*2 619 604*	*2 779 253*	*2 660 880*	...				[4] 28.6	
Chile – Chili [5]	C	265 016	261 978	272 997	279 712	...	22.2	21.6	22.1	22.3	...
Colombia – Colombie	+U	*825 842*	*835 922*	...	...	...				[4] 29.2	
Ecuador – Equateur [5 7]	U	*206 243*	*209 974*	*205 797*	*204 475*	...				[4] 35.4	
French Guiana – Guyane Française	U	*2 319*	*2 472*	*2 392*	...	...	*29.1*	*29.9*	*27.9*	...	...
Guyana	..	...	...	...	...	...				[4] 24.8	
Paraguay [5]	U	*40 484*	*39 969*	*36 891*	...	...				[4] 34.8	
Peru – Pérou [8 9]	..	698 000	699 000	...	723 000	...	36.4	35.5	...	34.9	...
Suriname	..	...	...	...	...	...				[4] 25.9	
Uruguay	+C	53 348	53 766	53 741	53 500	...	17.8	17.9	17.8	17.6	...
Venezuela [8]	C	503 973	502 329	504 278	516 773	...	29.9	29.0	28.3	28.3	...

9. Live births and crude live-birth rates, by urban/rural residence: 1984 – 1988 (continued)

Naissances vivantes et taux bruts de natalité selon la résidence, urbaine/rurale: 1984 – 1988 (suite)

(See notes at end of table. – Voir notes à la fin du tableau.)

Continent, country or area and urban/rural residence — Continent, pays ou zone et résidence, urbaine/rurale	Code [1]	Number – Nombre 1984	1985	1986	1987	1988	Rate – Taux 1984	1985	1986	1987	1988
ASIA—ASIE											
Afghanistan	..	...	...	...	...	...				[4] 49.3	
Bahrain – Bahreïn	U	11 519	12 314	12 893	...	...				[4] 28.2	
Bangladesh	..	...	...	...	...	...				[4] 42.2	
Bhutan – Bhoutan	..	...	...	...	...	...				[4] 38.3	
Brunei Darussalam – Brunéi Darussalam [5]	+C	6 330	6 682	6 920	...	...	29.3	30.1	30.6	...	...
China – Chine	..	...	...	...	...	...				[4] 20.5	
Cyprus – Chypre [5]	...	13 528	12 992	13 142	12 708	*13 217				[4] 18.6	
Democratic Kampuchea – Kampuchea démocratique	..	...	...	...	...	...				[4] 41.4	
Democratic Yemen – Yémen démocratique	..	...	...	...	...	...				[4] 47.3	
East Timor – Timor oriental	..	...	...	...	...	...				[4] 43.8	
Hong Kong – Hong-kong [10]	C	77 297	76 126	71 620	69 958	...	14.3	14.0	12.9	12.5	...
India – Inde [5] [11]	..	...	...	...	...	...	33.9	32.9	32.6	32.0	...
Indonesia – Indonésie	U	...	5 400 562	...	4 884 124	...				[4] 27.4	
Iran (Islamic Republic of – Rép. islamique d') [5]	U	2 067 803	...	2 033 285	1 977 129	*1 832 089				[4] 42.4	
Iraq	..	...	...	...	...	...				~~[4] 42.6~~	
Israel – Israël [5] [12]	C	98 478	99 376	99 341	99 022	...	23.7	23.5	23.1	22.7	...
Japan – Japon [5] [13]	C	1 489 780	1 431 577	1 382 946	1 346 658	...	12.4	11.8	11.4	11.0	...
Jordan – Jordanie [14]	+C	102 521	102 712	112 451	107 519	...				[4] 45.9	
Korea, Dem. People's Rep. of – Corée, rép. populaire dém. de	..	...	...	...	...	...				[4] 28.9	
Korea, Republic of – Corée, Rép. de [15]	..	693 000	674 000	658 000	651 000	...	17.1	16.5	16.0	15.7	...
Kuwait – Koweït	C	56 776	55 087	53 845	50 198	...	34.7	32.2	30.1	26.8	...
Lao People's Dem. Rep. – Rép. dém. populaire Lao	..	...	...	...	...	...				[4] 41.3	
Lebanon – Liban	..	...	...	...	...	...				[4] 28.9	
Macau – Macao [16]	...	6 666	7 560	7 477	7 565	*7 913	18.6	19.3	18.0	17.6	*18.0
Malaysia – Malaisie	..	...	...	...	...	...				[4] 28.6	
Peninsular Malaysia [2] [5] – Malaisie Péninsulaire	C	388 442	406 806	402 433	391 815	...	30.7	31.3	30.2	28.7	...
Sabah	U	46 897	48 609	51 410	...	...	39.8	39.7	40.4	...	...
Sarawak [5]	U	39 754	42 226	41 702	...	...	27.5	28.6	27.5	...	...
Maldives [5]	C	8 255	8 968	8 615	8 364	...	46.4	48.8	45.5	42.9	...
Mongolia – Mongolie [5]	...	68 100	69 600	71 800	...	...				[4] 38.9	
Myanmar [17]	..	...	...	...	...	...				[4] 30.6	
Nepal – Népal	..	...	...	...	...	...				[4] 39.6	
Oman	..	...	...	...	...	...				[4] 46.0	
Pakistan [5] [18]	..	3 044 237	3 167 156	...	...	...	32.6	32.9	...	...	...
Philippines	U	1 478 205	1 437 154	1 493 995	...	...				[4] 33.2	
Qatar	...	8 613	9 225	9 942	9 919	...				[4] 30.8	
Saudi Arabia – Arabie saoudite	..	...	...	...	...	...				[4] 42.0	
Singapore – Singapour [19]	C	41 556	42 484	38 379	43 616	*52 822	16.4	16.6	14.8	16.7	*20.0
Sri Lanka	+C	386 706	384 581	...	359 636	*343 692	24.8	24.3	...	22.0	*20.7
Syrian Arab Republic – République arabe syrienne [2] [20]	U	433 898	548 636	429 418	478 136	...				[4] 44.1	
Thailand – Thaïlande [5]	+U	956 680	973 624	945 304	884 043	...				[4] 22.3	
Turkey – Turquie	..	...	...	...	...	...				[4] 28.4	
United Arab Emirates – Emirats arabes unis	..	...	...	...	...	...				[4] 22.6	
Viet Nam	..	...	...	...	...	...				[4] 31.9	
Yemen – Yémen	..	...	...	...	...	...				[4] 47.9	

9. Live births and crude live-birth rates, by urban/rural residence: 1984 – 1988 (continued)

Naissances vivantes et taux bruts de natalité selon la résidence, urbaine/rurale: 1984 – 1988 (suite)

(See notes at end of table. – Voir notes à la fin du tableau.)

Continent, country or area and urban/rural residence — Continent, pays ou zone et résidence, urbaine/rurale	Code [1]	Number – Nombre 1984	1985	1986	1987	1988	Rate – Taux 1984	1985	1986	1987	1988
EUROPE											
Albania – Albanie [5]	C	79 177	77 535	76 435	79 696	...	27.3	26.2	25.3	25.9	...
Andorra – Andorre [5]	...	_472_	_557_	_547_	_527_	...	_11.0_	_12.5_	_11.6_	_11.1_	...
Austria – Autriche	C	89 234	87 440	86 964	86 503	*88 052	11.8	11.6	11.5	11.4	*11.6
Belgium – Belgique	C	115 715	114 030	117 102	117 422	...	11.7	11.6	11.8	11.8	...
Bulgaria – Bulgarie [5]	C	122 303	118 955	120 078	115 586	...	13.6	13.3	13.4	12.9	...
Channel Islands – Iles Anglo–Normandes	C	1 527	1 549	1 619	1 654	...	11.6	11.7	11.9	12.2	...
Guernsey – Guernesey	C	596	642	671	645	...	11.2	12.0	12.1	11.6	...
Jersey	+C	931	907	948	1 009	*1 109	11.9	11.4	11.8	12.6	...
Czechoslovakia – Tchécoslovaquie [5]	C	227 784	226 036	220 494	214 505	*216 000	14.7	14.6	14.2	13.8	*13.8
Denmark – Danemark [21]	C	51 800	53 749	55 312	56 221	58 907	10.1	10.5	10.8	11.0	11.5
Faeroe Islands – Iles Féroé	C	691	738	787	777	870	15.3	16.2	17.1	16.6	18.4
Finland – Finlande [5 22]	C	65 076	62 796	60 632	59 241	...	13.3	12.8	12.3	12.0	...
France [5 23]	C	759 939	768 431	778 468	767 828	*770 000	13.8	13.9	14.1	13.8	*13.8
German Democratic Rep. – Rép. démocratique allemande [5 24]	C	228 135	227 648	222 268	225 959	*215 734	13.7	13.7	13.4	13.6	*12.9
Germany, Federal Rep. of – Allemagne, République fédérale d' [24]	C	584 157	586 155	625 963	642 010	*673 900	9.5	9.6	10.3	10.5	*11.0
Gibraltar [25]	C	506	498	507	531	*523	17.6	17.4	17.5	18.0	*17.4
Greece – Grèce [5]	C	125 724	116 481	112 250	105 899	...	12.7	11.7	11.3	10.6	...
Hungary – Hongrie [5]	C	125 359	130 200	128 204	125 840	...	11.7	12.2	12.1	11.9	...
Iceland – Islande	C	4 113	3 820	3 800	4 150	...	17.2	15.8	15.6	16.9	...
Ireland – Irlande [5 26]	+C	64 062	62 388	61 426	58 864	...	18.2	17.6	17.3	16.6	...
Isle of Man – Ile de Man	C	666	703	709	729	*781	10.4	11.2	11.2	11.4	*11.8
Italy – Italie	C	585 972	575 495	554 845	548 116	*568 291	10.3	10.1	9.7	9.6	*9.9
Liechtenstein	...	_405_	_373_	_351_	...	...	_15.2_	_13.9_	_12.9_	...	...
Luxembourg	C	4 192	4 104	4 309	4 238	*4 516	11.5	11.2	11.7	11.5	*12.1
Malta – Malte [27]	C	5 607	5 587	5 421	5 471	...	17.0	16.6	15.8	15.9	...
Netherlands – Pays–Bas [5 28]	C	174 436	178 136	184 513	186 651	*186 300	12.1	12.3	12.7	12.7	*12.6
Norway – Norvège	C	50 274	51 134	52 514	54 027	*57 463	12.1	12.3	12.6	12.9	*13.7
Poland – Pologne [5]	C	699 041	677 576	634 748	605 492	*587 741	18.9	18.2	16.9	16.1	*15.5
Portugal [5]	C	142 805	130 492	126 748	123 218	...	14.2	12.8	12.4	12.0	...
Romania – Roumanie [5]	C	350 741	358 797	...	...	...	15.5	15.8	...	15.5	...
San Marino – Saint–Marin [5]	+C	223	207	179	220	...	10.0	9.3	7.9	9.7	...
Spain – Espagne	C	465 709	451 373	434 490	...	...	12.1	11.7	11.2	...	...
Sweden – Suède	C	93 889	98 463	101 950	104 677	*112 000	11.3	11.8	12.2	12.5	*13.3
Switzerland – Suisse [5]	C	74 710	74 684	76 320	76 505	...	11.6	11.5	11.7	11.7	...
United Kingdom – Royaume–Uni [29]	C	729 617	750 728	754 982	775 617	*786 878	12.9	13.3	13.3	13.6	*13.8
England and Wales – Angleterre et Galles	C	636 818	656 417	661 018	775 617	...	12.8	13.1	13.2	15.4	...
Northern Ireland – Irlande du Nord	+C	27 693	27 635	28 152	27 865	...	17.9	17.7	18.0	17.7	...
Scotland – Ecosse	+C	65 106	66 676	65 800	66 200	...	12.7	13.0	12.8	12.9	...
Yugoslavia – Yougoslavie [5]	C	377 383	366 629	359 626	359 338	*353 304	16.4	15.9	15.5	15.3	*15.0
OCEANIA—OCEANIE											
American Samoa – Samoa américaines	C	1 368	1 530	...	...	...	39.2	43.0	...	...	...
Australia – Australie	+C	234 034	247 348	243 408	244 347	*246 082	15.0	15.7	15.2	15.0	*14.9
Christmas Island – Ile Christmas	C	...	36	...	...	...	...	15.8	...	...	...
Cocos (Keeling) Islands – Iles des Cocos (Keeling)	C	6	7	12	...	...	...	♦ 11.3	♦ 19.8	...	...
Cook Islands – Iles Cook	+C	408	371	415	...	...	23.2	21.0	24.0	...	...
Fiji – Fidji [5]	+C	19 502	19 464	...	...	...	28.4	27.9	...	27.3	...
French Polynesia – Polynésie française	...	_5 133_	...	...	...	_*5 185_	_32.1_	...	...	...	_*29.7_
Guam [5 30]	C	3 067	3 197	3 309	3 348	...	25.6	27.9	26.7	26.5	...
New Caledonia – Nouvelle–Calédonie [5]	U	_3 772_	_3 553_	_3 782_	_3 881_	...	_25.4_	_23.5_	_24.6_	_24.5_	...
New Zealand – Nouvelle–Zélande [5]	+C	51 636	51 798	52 824	55 254	...	16.0	16.0	16.3	16.8	...

9. Live births and crude live-birth rates, by urban/rural residence: 1984 – 1988 (continued)

Naissances vivantes et taux bruts de natalité selon la résidence, urbaine/rurale: 1984 – 1988 (suite)

(See notes at end of table. – Voir notes à la fin du tableau.)

Continent, country or area and urban/rural residence Continent, pays ou zone et résidence, urbaine/rurale	Code [1]	Number – Nombre					Rate – Taux				
		1984	1985	1986	1987	1988	1984	1985	1986	1987	1988
OCEANIA—OCEANIE(Cont.–Suite)											
Niue – Nioué	...	*69*	*84*	*48*	*50*	...	*24.3*	*30.3*	*19.1*	*20.9*	...
Norfolk Island – Ile Norfolk	C	20	...	...	...	29	...	...	...	...	...
Pacific Islands – Iles du Pacifique											
Northern Mariana Islands – Iles Mariannes septentrionales [31]	U	...	*698*	*803*	...	...	...	...	*38.1*	...	...
Papua New Guinea – Papouasie–Nouvelle–Guinée	...	...	*111 010*	...	*122 240*	...				[4] 38.7	
Tonga	...	*2 931*	*2 810*	...	...	...	*30.5*	*28.9*	...	...	...
USSR—URSS											
USSR – URSS [32]	C	5 386 869	5 374 393	5 610 769	5 599 195	...	19.6	19.4	20.0	19.8	...
Byelorussian SSR – RSS de Biélorussie [32]	C	168 749	165 034	171 611	162 937	...	17.0	16.5	17.1	16.1	...
Ukrainian SSR – RSS d'Ukraine [32]	C	792 035	762 775	792 574	760 851	...	15.6	15.0	15.5	14.8	...

9. Live births and crude live-birth rates, by urban/rural residence: 1984 – 1988 (continued)

Naissances vivantes et taux bruts de natalité selon la résidence, urbaine/rurale: 1984 – 1988 (suite)

Data by urban/rural residence

Données selon la résidence urbaine/rurale

(See notes at end of table. – Voir notes à la fin du tableau.)

Continent, country or area and urban/rural residence — Continent, pays ou zone et résidence, urbaine/rurale	Code [1]	Number – Nombre 1984	1985	1986	1987	1988	Rate – Taux 1984	1985	1986	1987	1988
AFRICA—AFRIQUE											
Mauritius – Maurice											
Island of Mauritius – Ile Maurice	C										
Urban – Urbaine		8 165	7 983	7 431	7 979	...	20.1	19.6	18.1	19.4	...
Rural – Rurale		11 057	10 537	10 794	11 172	...	19.3	18.2	18.5	18.9	...
AMERICA,NORTH— AMERIQUE DU NORD											
Cuba	C										
Urban – Urbaine		110 852	122 900	113 488	...	...	15.7	17.1	15.5	...	...
Rural – Rurale		55 429	59 167	52 561	...	...	18.8	20.2	18.1	...	...
El Salvador	U										
Urban – Urbaine		*64 811*	*64 923*	...	...	...	...	...	...	...	...
Rural – Rurale		*77 391*	*74 591*	...	...	...	...	...	...	...	...
Guatemala	C										
Urban – Urbaine		118 874	123 475	...	...	...	...	...	...	...	...
Rural – Rurale		193 220	203 374	...	...	...	...	...	...	...	...
Panama	C										
Urban – Urbaine		26 487	27 418	27 175	26 766	...	24.4	24.6	23.7	22.7	...
Rural – Rurale		30 172	30 620	30 480	30 881	...	28.8	28.8	28.2	28.2	...
Puerto Rico – Porto Rico	C										
Urban – Urbaine		31 233	32 084	...	...	...	...	...	...	...	...
Rural – Rurale		32 071	31 522	...	...	...	...	...	...	...	...
AMERICA,SOUTH— AMERIQUE DU SUD											
Chile – Chili	C										
Urban – Urbaine		210 828	208 562	217 062	226 264	...	21.3	20.7	21.1	21.5	...
Rural – Rurale		40 937	40 317	42 285	39 510	...	20.1	19.9	20.9	19.5	...
Ecuador – Equateur [7]	U										
Urban – Urbaine		*101 325*	*105 373*	*113 321*	*110 469*	...	*21.7*	*21.6*	*22.2*	*20.8*	...
Rural – Rurale		*104 918*	*104 601*	*92 476*	*94 006*	...	*23.6*	*23.3*	*20.3*	*20.4*	...
Paraguay	U										
Urban – Urbaine		*22 544*	...	...	...	...	...	...	...	...	...
Rural – Rurale		*17 940*	...	...	...	...	...	...	...	...	...

9. Live births and crude live-birth rates, by urban/rural residence: 1984 – 1988 (continued)

Naissances vivantes et taux bruts de natalité selon la résidence, urbaine/rurale: 1984 – 1988 (suite)

Data by urban/rural residence

Données selon la résidence urbaine/rurale

(See notes at end of table. – Voir notes à la fin du tableau.)

Continent, country or area and urban/rural residence — Continent, pays ou zone et résidence, urbaine/rurale	Code [1]	Number – Nombre					Rate – Taux				
		1984	1985	1986	1987	1988	1984	1985	1986	1987	1988
ASIA—ASIE											
Brunei Darussalam – Brunéi Darussalam	+C										
Urban – Urbaine		5 471	5 862	6 178	...	...	...	...	...	...	...
Rural – Rurale		859	820	742	...	...	...	...	...	...	...
Cyprus – Chypre	...										
Urban – Urbaine		*8 930*	*8 509*	*[33] 7 116*	*[33] 6 839*	...	...	...	...	...	...
Rural – Rurale		*4 435*	*4 389*	*[33] 3 512*	*[33] 3 423*	...	...	...	...	...	...
India – Inde [11]	..										
Urban – Urbaine		...	...	...	...	...	29.4	28.1	...	...	...
Rural – Rurale		...	...	...	...	...	35.3	34.3	...	...	...
Iran (Islamic Republic of – Rép. islamique d')	U										
Urban – Urbaine		*1 065 862*	...	*1 037 974*	...	...	*44.0*	...	*38.5*	...	...
Rural – Rurale		*1 001 941*	...	*995 311*	...	...	*46.1*	...	*44.0*	...	...
Israel – Israël [12 34]	C										
Urban – Urbaine		86 276	86 758	86 809	86 457	...	23.2	23.0	22.7	22.3	...
Rural – Rurale		12 171	12 588	12 532	12 565	...	27.6	27.5	26.6	25.9	...
Japan – Japon [13]	C										
Urban – Urbaine		1 150 905	1 107 841	1 073 236	1 047 848	...	...	11.9	...	...	...
Rural – Rurale		338 875	323 736	309 710	298 810	...	...	11.5	...	...	...
Malaysia – Malaisie											
Peninsular Malaysia [2] – Malaisie Péninsulaire	C										
Urban – Urbaine		148 744	155 925	152 930	146 975	...	...	...	...	...	...
Rural – Rurale		239 698	250 881	240 503	244 840	...	...	...	...	...	...
Sarawak	U										
Urban – Urbaine		...	*8 799*	*6 653*	...	...	...	...	...	...	...
Rural – Rurale		...	*33 200*	*35 049*	...	...	...	...	...	...	...
Maldives	C										
Urban – Urbaine		1 469	1 439	1 445	1 310	...	32.8	30.6	29.3	25.4	...
Rural – Rurale		6 786	7 529	7 170	7 054	...	50.9	55.1	51.2	49.1	...
Mongolia – Mongolie	...										
Urban – Urbaine		*33 600*	*33 400*	*34 300*	...	...	*35.3*	*34.1*	*34.1*	...	...
Rural – Rurale		*34 500*	*36 200*	*37 500*	...	...	*38.7*	*39.7*	*40.2*	...	...
Pakistan [18]	..										
Urban – Urbaine		861 289	914 744	...	...	...	32.7	33.6	...	...	...
Rural – Rurale		2 182 948	2 252 412	...	...	...	32.6	32.7	...	...	...
Thailand – Thaïlande	+U										
Urban – Urbaine		*191 927*	*206 786*	*321 760*	...	...	...	...	...	...	...
Rural – Rurale		*764 753*	*766 838*	*623 544*	...	...	...	...	...	...	...
EUROPE											
Albania – Albanie	C										
Urban – Urbaine		22 497	22 578	22 960	24 006	...	22.8	22.3	22.1	22.5	...
Rural – Rurale		56 680	54 957	53 475	55 690	...	29.6	28.2	27.0	27.6	...
Andorra – Andorre	...										
Urban – Urbaine		*323*	*357*	*349*	*348*	...	*11.6*	*12.3*	*11.6*	*11.4*	...
Rural – Rurale		*149*	*200*	*198*	*179*	...	*10.1*	*12.8*	*11.8*	*10.5*	...
Bulgaria – Bulgarie	C										
Urban – Urbaine		82 485	81 072	83 476	...	...	14.0	13.8	14.3	...	...
Rural – Rurale		39 818	37 883	36 602	...	...	12.9	12.3	11.7	...	...

9. Live births and crude live-birth rates, by urban/rural residence: 1984 – 1988 (continued)

Naissances vivantes et taux bruts de natalité selon la résidence, urbaine/rurale: 1984 – 1988 (suite)

Data by urban/rural residence

Données selon la résidence urbaine/rurale

(See notes at end of table. – Voir notes à la fin du tableau.)

Continent, country or area and urban/rural residence — Continent, pays ou zone et résidence, urbaine/rurale	Code [1]	Number – Nombre 1984	1985	1986	1987	1988	Rate – Taux 1984	1985	1986	1987	1988
EUROPE (Cont.–Suite)											
Czechoslovakia – Tchécoslovaquie	C										
Urban – Urbaine		109 788	169 351	...	...	...	...	14.6	...	...	...
Rural – Rurale		57 996	56 685	...	...	...	...	14.4	...	...	...
Finland – Finlande [22]	C										
Urban – Urbaine		39 483	38 002	37 997	...	...	13.5	13.0	12.5	...	...
Rural – Rurale		25 593	24 794	22 635	...	...	13.0	12.6	12.0	...	...
France [23 35]	C										
Urban – Urbaine		590 447	595 145	600 781	592 837	...	...	...	...	...	...
Rural – Rurale		167 752	171 543	175 933	174 991	...	...	...	...	...	...
German Democratic Rep. – Rép. démocratique allemande [24]	C										
Urban – Urbaine		172 205	172 014	...	171 613	...	13.5	13.5	...	13.4	...
Rural – Rurale		55 930	55 634	...	54 346	...	14.3	14.5	...	14.1	...
Greece – Grèce	C										
Urban – Urbaine		82 458	76 156	...	...	...	...	...	...	...	...
Rural – Rurale		43 266	40 325	...	...	...	...	...	...	...	...
Hungary – Hongrie [34]	C										
Urban – Urbaine		66 961	69 998	71 436	70 398	...	10.8	11.3	11.5	11.2	...
Rural – Rurale		57 960	59 692	56 243	54 957	...	12.9	13.4	12.8	12.6	...
Ireland – Irlande [26]	+C										
Urban – Urbaine		18 787	18 267	...	...	...	...	...	...	...	...
Rural – Rurale		45 275	44 121	...	...	...	...	...	...	...	...
Netherlands – Pays-Bas [28 36]	C										
Urban – Urbaine		85 719	87 982	90 632	...	...	11.6	11.9	12.2	...	...
Rural – Rurale		22 413	22 900	23 596	...	...	13.5	13.7	14.0	...	...
Semi–urban – Semi–urbaine		66 292	67 245	70 275	...	...	12.3	12.4	12.9	...	...
Poland – Pologne	C										
Urban – Urbaine		387 959	371 343	344 119	325 593	...	17.6	16.6	15.2	14.2	...
Rural – Rurale		311 082	306 343	290 629	279 899	...	21.0	20.7	19.6	18.9	...
Portugal	C										
Urban – Urbaine		...	37 355	...	36 479	...	...	...	...	...	...
Rural – Rurale		...	74 864	...	70 763	...	...	...	...	...	...
Romania – Roumanie	C										
Urban – Urbaine		169 349	184 712	...	...	...	15.2	16.1	...	...	...
Rural – Rurale		181 392	174 085	...	...	...	15.8	15.5	...	...	...
San Marino – Saint-Marin	+C										
Urban – Urbaine		...	200	162	199	...	...	...	...	9.7	...
Rural – Rurale		...	7	17	21	...	...	...	...	♦ 9.7	...
Switzerland – Suisse	C										
Urban – Urbaine		41 561	41 291	42 086	42 012	...	10.6	10.5	10.7	10.6	...
Rural – Rurale		33 149	33 393	34 234	34 493	...	13.2	13.2	13.4	13.3	...
Yugoslavia – Yougoslavie	C										
Urban – Urbaine		188 013	180 924	177 884	177 131	...	...	...	...	...	...
Rural – Rurale		189 370	185 705	181 742	182 207	...	...	...	...	...	...
OCEANIA—OCEANIE											
Fiji – Fidji	+C										
Urban – Urbaine		7 076	7 419	...	...	...	...	...	...	...	...
Rural – Rurale		12 426	12 045	...	...	...	...	...	...	...	...
Guam [30 34]	C										
Urban – Urbaine		...	2 828	2 962	...	...	...	...	...	...	...
Rural – Rurale		...	320	309	...	...	...	...	...	...	...
New Caledonia – Nouvelle–Calédonie	U										
Urban – Urbaine		*1 332*	*1 374*	*1 542*	...	...	*15.4*	*15.7*	*17.4*	...	...
Rural – Rurale		*2 440*	*2 179*	*2 240*	...	...	*39.5*	*34.2*	*34.2*	...	...
New Zealand – Nouvelle–Zélande	+C										
Urban – Urbaine		37 163	37 306	38 371	40 754	...	...	...	13.9	...	...
Rural – Rurale		14 473	14 492	14 433	14 500	...	...	...	27.0	...	...

9. Live births rates, by urban/rural residence: 1984 – 1988 (continued)

Taux bruts de natalité selon la résidence, urbaine/rurale: 1984 – 1988 (suite)

GENERAL NOTES

For certain countries, there is a discrepancy between the total number of live births shown in this table and those shown in subsequent tables for the same year. Usually this discrepancy arises because the total number of births occurring in a given year is revised, although the remaining tabulations are not. Rates are the number of live births per 1 000 mid–year population. For definitions of "urban", see end of table 6. For method of evaluation and. limitations of data, see Technical Notes, page 60.

Italics: data from civil registers which are incomplete or of unknown completeness.

FOOTNOTES

* Provisional.
♦ Rates based on 30 or fewer live births.
+ Data tabulated by date of registration rather than occurrence.

1 Code "C" indicates that the data are estimated to be virtually complete (at least 90 per cent) and code "U" indicates that the data are estimated to be incomplete (less than 90 per cent). The code does not apply to estimated rates. For further details, see Technical Notes.
2 Excluding live–born infants dying before registration of birth.

3 For Algerian population only.
4 Estimate for 1985–1990 prepared by the Population Division of the United Nations.
5 For classification by urban/rural residence, see end of table.
6 Including Canadian residents temporarily in the United States, but excluding United States residents temporarily in Canada.

7 Excluding nomadic Indian tribes.
8 Excluding Indian jungle population.
9 Including and upward adjustment for under–registration.
10 Excluding Vietnamese refugees.
11 Based on Sample Registration Scheme.
12 Including data for East Jerusalem and Israeli residents in certain other territories under occupation by Israeli military forces since June 1967.

13 For Japanese nationals in Japan only; however, rates computed on total population.
14 Excluding data for Jordanian territory under occupation since June 1967 by Israeli military forces. Excluding foreigners, including registered Palestinian refugees. For number of refugees, see table 5.
15 Based on the results of the Continuous Demographic Sample Survey.
16 Events registered by Health Service only.
17 Formerly listed as "Burma".
18 Based on the results of the Population Growth Survey.
19 Excluding transients afloat and non–locally domiciled military and civilian services personnel and their dependants.

20 Excluding nomads and Palestinian refugees; however, rates computed on total population. For number of Palestinian refugees among whom births numbered 5 681 in 1968, see table 5.

NOTES GENERALES

Pour quelques pays il y a une discordance entre le nombre total des naissances vivantes présenté dans ce tableau et ceux présentés après pour la même année. Habituellement ces différences apparaîssent lorsque le nombre total des naissances pour une certaine année a été révisé; alors que les autres tabulations ne l'ont pas été. Les taux représentent le nombre de naissances vivantes pour 1 000 personnes au milieu de l'année. Pour les définitions des "régions urbaines", se reporter à la fin du tableau 6. Pour la méthode d'évaluation et les insuffisances des données, voir Notes techniques, page 60.
Italiques: données incomplètes ou dont le degré d'exactitude n'est pas connu, provenant des registres de l'état civil.

NOTES

* Données provisoires.
♦ Taux basés sur 30 naissances vivantes ou moins.
+ Données exploitées selon la date de l'enregistrement et non la date de l'événement.
1 Le code "C" indique que les données sont jugées pratiquement complètes (au moins 90 p. 100) et le code "U" que les données sont jugées incomplètes (moins de 90 p. 100). Le code ne s'applique pas aux taux estimatifs. Pour plus de détails, voir Notes techniques.
2 Non compris les enfants nés vivants, décédés avant l'enregistrement de leur naissance.
3 Pour la population algérienne seulement.
4 Estimations pour 1985–1990 établie par la Division de la population de l'Organisation des Nations Unies.
5 Pour le classement selon la résidence, urbaine/rurale voir la fin du tableau.
6 Y compris les résidents canadiens se trouvant temporairement aux Etats–Unis, mais non compris les résidents des Etats–Unis se trouvant temporairement au Canada.
7 Non compris les tribus d'Indiens nomades.
8 Non compris les Indiens de la jungle.
9 Y compris un ajustement pour sous–enregistrement.
10 Non compris les réfugiés du Viet Nam.
11 D'après le Programe d'enregistrement par sondage.
12 Y compris les données pour Jérusalem–Est et les résidents israéliens dans certains autres territoires occupés depuis juin 1967 par les forces armées israéliennes.
13 Pour les nationaux japonais au Japon seulement; toutefois, les taux sont calculés sur la base de la population totale.
14 Non compris les données pour le territoire jordanien occupé depuis juin 1967 par les forces armées israéliennes. Non compris les étrangers, mais y compris les réfugiés de Palestine immatriculés. Pour le nombre de réfugiés, voir le tableau 5.
15 D'après les résultats d'une enquête démographique par sondage.
16 Evénement enregistrés par les Service de santé seulement.
17 Antérieurement désigné sous le nom de "Birmanie".
18 D'après les résultats de la "Population Growth Survey".
19 Non compris les personnes de passage à bord de navires, ni les militaires et agents civils domiciliés hors du territoire et les membres de leur famille les accompagnant.
20 Non compris la population nomade et le réfugiés de Palestine; toutefois, les taux sont calculés sur la base de la population totale. Pour le nombre de réfugiés de Palestine, parmi lesquel les naissances s'établissent à 5 681 pour 1968, voir le tableau 5.

FOOTNOTES (continued)

21 Excluding Faeroe Islands and Greenland, shown separately.

22 Including nationals temporarily outside the country.
23 Including armed forces stationed outside the country.
24 The data which relate to the German Democratic Republic and the Federal Republic of Germany include the relevant data relating to Berlin, for which separate data have not been supplied. This is without prejudice to any question of status which may be involved.
25 Rates computed on population excluding armed forces.

26 Births registered within one year of occurrence.
27 Rates computed on population including civilian nationals temporarily outside country.
28 Including residents outside the country if listed in a Netherlands population register.
29 Data tabulated by date of occurrence for England and Wales, and by date of registration for Northern Ireland and Scotland.
30 Including United States military personnel, their dependants and contract employees.
31 Excluding United States military personnel, their dependants and contract employees.
32 Excluding infants born alive after less than 28 weeks' gestation, of less than 1 000 grammes in weight and 35 centimetres in length, who die within seven days of birth.
33 For government controlled areas.
34 Excluding births of unknown residence.
35 Prior to 1987, excluding nationals outside the country.
36 Excluding persons on the Central Register of Population (containing persons belonging to the Netherlands population but having no fixed municipality of residence).

NOTES (suite)

21 Non compris les îles Féroe et le Groenland, qui font l'objet de rubriques distinctes.
22 Y compris les nationaux se trouvant temporairement hors du pays.
23 Y compris les militaires nationaux hors du pays.
24 Les données relatives à la République démocratique allemande et à la République fédérale d'Allemagne, incluent les données relatives à Berlin, pour lequel des données séparées n'ont pas été fournies. Cela sans préjudice des questions de statut qui peuvent se poser à cet égard.
25 Taux calculés sur la base d'un chiffre de population qui ne comprend pas les militaires.
26 Naissances enregistrées dans l'année qui suit l'événement.
27 Taux calculés sur la base d'un chiffre de population qui comprend les civils nationaux temporairement hors du pays.
28 Y compris les résidents hors du pays, s'ils sont inscrits sur un registre de population néerlandais.
29 Données exploitées selon la date de l'événement pour l'Angleterre et le pays de Galles, et selon la date de l'enregistrement pour l'Irlande du Nord et l'Ecosse.
30 Y compris les militaires des Etats–Unis, les membres de leur famille les accompagnant et les agents contractuels des Etats–Unis.
31 Non compris les militaires des Etats–Unis, les membres de leur famille les accompagnant et les agents contractuels des Etats–Unis.
32 Non compris les enfants nés vivants après moins de 28 semaines de gestation, pesant moins de 1 000 grammes, mesurant moins de 35 centimètres et décédés dans les sept jours qui ont suivi leur naissance.
33 Pour les zones contrôllées pour le Gouvernement.
34 Non compris les naissances dont on ignore la résidence.
35 Pour les années antérieures a 1987, non compris nationaux hors du pays.
36 Non compris les personnes inscrites sur le Registre central de la population (personnes appartenant à la population néerlandaise mais sans résidence fixe dans l'une des municipalités).

10. Live births by age of mother, sex and urban/rural residence: latest available year

Naissances vivantes selon l'âge de la mère, le sexe et la résidence, urbaine/rurale: dernière année disponible

(See notes at end of table. – Voir notes à la fin du tableau.)

Continent, country or area, year, sex and urban/rural residence — Continent, pays ou zone, année, sexe et résidence, urbaine/rurale	Age of mother (in years) – Age de la mère (en années)										
	All ages Tous âges	−15	15–19	20–24	25–29	30–34	35–39	40–44	45–49	50+	Unknown Inconnu
AFRICA—AFRIQUE											
Algeria – Algérie											
1980 [1,2]											
Total	818 613	–	74 828	224 432	228 232	135 045	92 825	41 167	7 945	1 927	12 212
Cape Verde – Cap-Vert											
1985											
Total	11 282	*— 1 669 —*		3 812	2 772	1 753	663	377	*— 106 —*		130
Male – Masculin	5 705	*— 839 —*		1 890	1 423	892	341	197	*— 54 —*		69
Female – Féminin	5 577	*— 830 —*		1 922	1 349	861	322	180	*— 52 —*		61
Egypt – Egypte											
1982* [3]											
Total	1 601 265	*— 67 935 —*		321 201	497 122	334 060	216 403	77 436	*— 31 314 —*		55 794
Male – Masculin	825 569	*— 35 100 —*		166 026	255 745	172 154	111 753	39 760	*— 16 014 —*		29 017
Female – Féminin	775 696	*— 32 835 —*		155 175	241 377	161 906	104 650	37 676	*— 15 300 —*		26 777
Libyan Arab Jamahiriya – Jamahiriya arabe libyenne											
1981											
Total	118 228	*— 9 831 —*		29 757	28 228	21 957	13 823	5 515	1 817	97	7 203
Male – Masculin	60 688	*— 5 125 —*		15 376	14 537	11 252	6 944	2 839	899	54	3 662
Female – Féminin	57 540	*— 4 706 —*		14 381	13 691	10 705	6 879	2 676	918	43	3 541
Malawi											
1977 [3,4]											
Total [5]	267 805	1 049	36 853	71 119	64 160	38 803	28 348	13 708	7 830	5 533	402
Male – Masculin	126 837	311	17 095	34 090	30 767	18 416	13 348	6 383	3 685	2 553	189
Female – Féminin	139 828	411	19 581	36 954	33 279	20 279	14 940	7 274	4 097	2 803	210
Mauritius – Maurice											
Island of Mauritius – Ile Maurice											
1987											
Total	19 152	19	1 886	6 657	5 680	3 055	1 295	245	20	3	292
Male – Masculin	9 687	6	961	3 424	2 849	1 501	655	112	11	3	165
Female – Féminin	9 465	13	925	3 233	2 831	1 554	640	133	9	–	127
Rodrigues											
1987											
Total	882	1	137	264	178	96	64	35	2	–	105
Male – Masculin	426	1	68	120	90	54	32	17	1	–	43
Female – Féminin	456	–	69	144	88	42	32	18	1	–	62
Réunion											
1986 [1,6]											
Total	12 797	25	1 640	4 176	3 465	2 207	955	294	*— 26 —*		9
Rwanda											
1978 [3]											
Total	*261 268*	**— 14 187 —**		*70 084*	*67 941*	*44 534*	*34 363*	*20 179*	*7 624*	*2 127*	229
Sao Tome and Principe – Sao Tomé-et-Principe											
1979											
Total	3 233	6	522	971	696	428	335	177	26	3	69
Seychelles											
1987+											
Total	1 684	9	234	604	482	234	96	23	2	–	–
Male – Masculin	840	3	126	294	230	119	52	14	2	–	–
Female – Féminin	844	6	108	310	252	115	44	9	–	–	–
South Africa – Afrique du Sud [3]											
Asiatic – Asiatiques											
1977											
Total	18 881	4	1 474	6 366	5 851	3 381	1 393	370	40	2	–
Male – Masculin	9 547	2	748	3 245	2 901	1 739	708	182	20	2	–
Female – Féminin	9 334	2	726	3 121	2 950	1 642	685	188	20	–	–

10. Live births by age of mother, sex and urban/rural residence: latest available year (continued)

Naissances vivantes selon l'âge de la mère, le sexe et la résidence, urbaine/rurale: dernière année disponible (suite)

(See notes at end of table. – Voir notes à la fin du tableau.)

Continent, country or area, year, sex and urban/rural residence — Continent, pays ou zone, année, sexe et résidence, urbaine/rurale	Age of mother (in years) – Age de la mère (en années): All ages Tous âges	–15	15–19	20–24	25–29	30–34	35–39	40–44	45–49	50+	Unknown Inconnu
AFRICA—AFRIQUE (Cont.–Suite)											
South Africa – Afrique du Sud [3]											
Coloured – Personnes de Couleur											
1977											
Total	65 114	58	8 161	21 594	17 402	9 800	5 196	2 335	488	80	–
Male – Masculin	33 024	32	4 195	11 006	8 789	4 989	2 550	1 166	260	37	–
Female – Féminin	32 090	26	3 966	10 588	8 613	4 811	2 646	1 169	228	43	–
White – Blancs											
1977											
Total	74 037	7	4 892	23 816	26 253	13 867	4 166	944	90	2	–
Male – Masculin	37 849	4	2 475	12 198	13 311	7 153	2 174	480	53	1	–
Female – Féminin	36 188	3	2 417	11 618	12 942	6 714	1 992	464	37	1	–
Tunisia – Tunisie											
1980 [3]											
Total	225 201	1 177	10 084	53 084	58 740	35 230	19 955	10 131	2 641	1 789	32 370
Male – Masculin	115 649	520	5 161	27 135	30 300	18 205	10 215	5 260	1 367	854	16 632
Female – Féminin	109 552	657	4 923	25 949	28 440	17 025	9 740	4 871	1 274	935	15 738
Zimbabwe											
European – Européens											
1978+											
Total	3 118	1	280	1 040	1 094	501	140	29	–	–	33
Male – Masculin	1 626	–	148	535	576	260	77	13	–	–	17
Female – Féminin	1 492	1	132	505	518	241	63	16	–	–	16
AMERICA,NORTH— AMERIQUE DU NORD											
Antigua and Barbuda – Antigua-et-Barbuda											
1986+											
Total	1 130	8	237	366	296	155	58	7	*—	– —*	3
1975+											
Male – Masculin	695	4	170	220	149	65	46	18		4	19
Female – Féminin	667	5	188	210	130	68	36	10		–	20
Bahamas											
1986											
Total	4 770	6	780	1 447	1 324	738	270	57	5	–	143
Barbados – Barbade											
1986+											
Total	4 043	17	603	1 247	1 163	690	260	50	7	–	6
Belize											
1984											
Total	6 150	15	1 225	1 996	1 274	738	329	119	*—	17 —*	437
Bermuda – Bermudes											
1986											
Total	889	1	60	193	298	220	94	9	*—	– —*	14
Male – Masculin	469	1	27	104	158	116	54	4	*—	– —*	5
Female – Féminin	417	–	33	89	140	104	40	5	*—	– —*	6
British Virgin Islands – Iles Vierges britanniques											
1986+											
Total	213	1	31	41	51	51	19	*———	5	———*	14

10. Live births by age of mother, sex and urban/rural residence: latest available year (continued)

Naissances vivantes selon l'âge de la mère, le sexe et la résidence, urbaine/rurale: dernière année disponible (suite)

(See notes at end of table. – Voir notes à la fin du tableau.)

Continent, country or area, year, sex and urban/rural residence — Continent, pays ou zone, année, sexe et résidence, urbaine/rurale	All ages Tous âges	Age of mother (in years) – Age de la mère (en années) –15	15–19	20–24	25–29	30–34	35–39	40–44	45–49	50+	Unknown Inconnu
AMERICA,NORTH— (Cont.–Suite) AMERIQUE DU NORD											
Canada [7]											
1987											
Total	361 973	235	20 981	86 583	142 713	84 578	23 699	2 865	100	2	217
1986											
Male – Masculin	186 893	123	11 076	47 503	73 542	41 587	11 607	1 313	42	–	100
Female – Féminin	177 920	87	10 376	45 412	70 021	39 844	10 812	1 225	44	–	99
Cayman Islands – Iles Caïmanes											
1987+											
Total	359	2	55	113	99	69	20	1	–	–	–
Male – Masculin	192	1	34	56	59	34	8	1	–	–	–
Female – Féminin	167	1	21	57	40	35	12	–	–	–	–
Costa Rica											
1984											
Total	75 993	279	12 969	25 210	19 335	11 042	5 048	1 392	*—	131 —*	587
Cuba											
1986 [3]											
Total	166 049	1 396	44 492	62 180	33 659	16 210	6 140	992	174	263	543
Male – Masculin	85 274	680	23 891	32 019	16 545	8 141	2 992	532	87	109	278
Female – Féminin	80 775	716	20 601	30 161	17 114	8 069	3 148	460	87	154	265
Dominican Republic – République dominicaine											
1982+ [3]											
Total	106 235	920	7 361	18 721	17 787	14 137	9 497	6 661	4 561	5 770	20 820
Male – Masculin	53 268	414	3 773	9 469	8 956	7 054	4 813	3 358	2 225	2 745	10 461
Female – Féminin	52 967	506	3 588	9 252	8 831	7 083	4 684	3 303	2 336	3 025	10 359
El Salvador											
1985 [3]											
Total	139 514	538	27 131	44 265	29 791	17 644	10 664	4 259	943	89	4 190
Male – Masculin	70 986	280	13 743	22 680	15 085	8 936	5 467	2 180	451	41	2 123
Female – Féminin	68 528	258	13 388	21 585	14 706	8 708	5 197	2 079	492	48	2 067
Greenland – Groenland											
1987											
Total	1 090	1	152	401	315	159	54	*———	8	———*	–
Male – Masculin	555	1	68	209	164	78	29	*———	6	———*	–
Female – Féminin	535	–	84	192	151	81	25	*———	2	———*	–
Grenada – Grenade											
1978+											
Total	2 521	11	677	847	493	272	124	47	3	–	47
Guadeloupe											
1986 [1 6]											
Total	6 374	–	3	202	868	930	549	267	90	41	3 424
Male – Masculin	3 241	–	–	108	450	471	276	137	39	26	1 734
Female – Féminin	3 133	–	3	94	418	459	273	130	51	15	1 690
Guatemala											
1985 [3]											
Total	326 849	1 199	50 842	94 425	76 130	53 065	33 451	12 196	2 392	3 149	–
Male – Masculin	167 444	629	26 134	48 829	38 945	26 940	17 099	6 172	1 213	1 483	–
Female – Féminin	159 405	570	24 708	45 596	37 185	26 125	16 352	6 024	1 179	1 666	–
Honduras											
1983+											
Total	158 419	1 471	22 206	55 190	32 281	20 268	12 476	4 945	*— 1	063 —*	8 519
Jamaica – Jamaïque											
1984*+											
Total	57 240	358	14 554	18 875	12 471	6 449	2 990	1 012	108	9	414
1982											
Male – Masculin	30 045	201	7 762	9 975	6 255	3 483	1 641	506	69	–	153
Female – Féminin	29 034	160	7 684	9 565	5 858	3 340	1 660	550	50	4	163

10. Live births by age of mother, sex and urban/rural residence: latest available year (continued)

Naissances vivantes selon l'âge de la mère, le sexe et la résidence, urbaine/rurale: dernière année disponible (suite)

(See notes at end of table. – Voir notes à la fin du tableau.)

Continent, country or area, year, sex and urban/rural residence Continent, pays ou zone, année, sexe et résidence, urbaine/rurale	Age of mother (in years) – Age de la mère (en années)										
	All ages Tous âges	–15	15–19	20–24	25–29	30–34	35–39	40–44	45–49	50+	Unknown Inconnu
AMERICA,NORTH— (Cont.–Suite) AMERIQUE DU NORD											
Martinique											
1986 [1,6]											
Total	5 961	10	584	1 713	1 778	1 209	535	121	6	1	4
Male – Masculin	3 004	3	278	874	887	640	259	59	2	–	2
Female – Féminin	2 957	7	306	839	891	569	276	62	4	1	2
Mexico – Mexique											
1984+											
Total [5]	*2 511 894*	*6 180*	*366 018*	*788 690*	*609 139*	*359 088*	*204 691*	*75 424*	*18 123*	*22 778*	*61 763*
Male – Masculin	*1 265 030*	*3 150*	*185 837*	*399 574*	*307 689*	*180 231*	*102 469*	*37 899*	*9 134*	*10 247*	*28 800*
Female – Féminin	*1 241 420*	*3 017*	*179 486*	*387 683*	*300 264*	*178 199*	*101 814*	*37 362*	*8 952*	*12 455*	*32 188*
Montserrat											
1986+											
Total	200	1	50	64	43	28	9	3	–	–	2
Panama											
1987 [3]											
Total	57 647	380	11 121	18 680	14 358	7 632	3 410	953	137	21	955
Male – Masculin	29 532	208	5 669	9 553	7 447	3 894	1 709	491	58	15	488
Female – Féminin	28 115	172	5 452	9 127	6 911	3 738	1 701	462	79	6	467
Puerto Rico – Porto Rico											
1985 [3]											
Total [5]	63 629	254	10 724	21 645	17 550	9 032	3 591	753	47	2	31
Male – Masculin	32 607	146	5 520	11 029	9 035	4 597	1 856	386	23	2	13
Female – Féminin	31 020	108	5 204	10 615	8 515	4 435	1 734	367	24	–	18
Saint Kitts and Nevis – Saint–Kitts–et–Nevis											
1986+											
Total	1 007	4	231	307	272	127	45	17	*—	3 —*	1
Saint Lucia – Sainte–Lucie											
1986											
Total	3 907	12	958	1 309	881	434	240	71	*—	2 —*	–
Male – Masculin	1 953	10	482	630	458	208	128	35	*—	2 —*	–
Female – Féminin	1 954	2	476	679	423	226	112	36	*—	– —*	–
St. Pierre and Miquelon – Saint–Pierre–et–Miquelon											
1977 [1,6]											
Total	105	1	15	43	24	13	7	2	–	–	–
Male – Masculin	53	1	6	23	11	7	4	1	–	–	–
Female – Féminin	52	–	9	20	13	6	3	1	–	–	–
St. Vincent and the Grenadines – Saint–Vincent–et–Grenadines											
1986+ [3]											
Total	2 708	25	649	975	621	272	107	32	4	–	23
Male – Masculin	1 403	16	319	537	308	147	51	13	1	–	11
Female – Féminin	1 305	9	330	438	313	125	56	19	3	–	12
Trinidad and Tobago – Trinité–et–Tobago											
1984											
Total	31 599	88	4 847	10 801	8 570	4 646	2 045	444	27	3	128
Male – Masculin	16 053	45	2 384	5 596	4 378	2 322	1 014	240	12	1	61
Female – Féminin	15 546	43	2 463	5 205	4 192	2 324	1 031	204	15	2	67

10. Live births by age of mother, sex and urban/rural residence: latest available year (continued)

Naissances vivantes selon l'âge de la mère, le sexe et la résidence, urbaine/rurale: dernière année disponible (suite)

(See notes at end of table. – Voir notes à la fin du tableau.)

Continent, country or area, year, sex and urban/rural residence / Continent, pays ou zone, année, sexe et résidence, urbaine/rurale	Age of mother (in years) – Age de la mère (en années): All ages / Tous âges	–15	15–19	20–24	25–29	30–34	35–39	40–44	45–49	50+	Unknown / Inconnu
AMERICA,NORTH— (Cont.–Suite) AMERIQUE DU NORD											
United States – Etats–Unis											
1986 [8]											
Total	3 756 547	10 176	461 905	1102119	1199519	721 395	230 335	29 847	*—	1 251 —*	–
Male – Masculin	1 924 868	5 208	237 228	564 298	614 538	370 023	117 843	15 114	*—	616 —*	–
Female – Féminin	1 831 679	4 968	224 677	537 821	584 981	351 372	112 492	14 733	*—	635 —*	–
United States Virgin Islands – Iles Vierges américaines											
1982											
Total	2 509	*—	493 —*	769	623	354	218	49	*—	3 —*	–
AMERICA,SOUTH— AMERIQUE DU SUD											
Argentina – Argentine											
1983											
Total	655 876	2 798	80 972	177 342	178 643	122 361	61 628	17 983	2 337	1 196	10 616
Bolivia – Bolivie											
1977											
Total	*142 277*	*106*	*14 779*	*39 220*	*36 251*	*24 989*	*16 778*	*6 804*	*2 443*	*907*	–
Brazil – Brésil											
1986											
Total	*2 779 253*	*6 037*	*392 889*	*885 607*	*746 564*	*420 112*	*204 538*	*66 670*	*10 598*	*1 026*	*45 212*
Male – Masculin	*1 418 050*	*3 134*	*200 747*	*452 740*	*381 076*	*213 796*	*103 986*	*33 602*	*5 319*	*497*	*23 153*
Female – Féminin	*1 361 203*	*2 903*	*192 142*	*432 867*	*365 488*	*206 316*	*100 552*	*33 068*	*5 279*	*529*	*22 059*
Chile – Chili											
1987 [9]											
Total	265 774	597	35 633	84 674	75 416	45 037	19 282	4 742	383	10	–
Male – Masculin	136 226	289	18 338	43 379	38 769	22 963	9 902	2 388	192	6	–
Female – Féminin	129 548	308	17 295	41 295	36 647	22 074	9 380	2 354	191	4	–
Colombia – Colombie											
1985+											
Total	*835 922*	*38 009*	*110 746*	*215 355*	*186 469*	*137 282*	*79 448*	*39 030*	*23 842*	*5 741*	–
Ecuador – Equateur											
1987 [3 10]											
Total	*204 475*	*322*	*27 563*	*61 291*	*50 216*	*33 641*	*19 686*	*8 182*	*1 380*	*291*	*1 903*
Male – Masculin	*103 864*	*152*	*14 038*	*31 146*	*25 406*	*17 137*	*10 040*	*4 145*	*691*	*154*	*955*
Female – Féminin	*100 611*	*170*	*13 525*	*30 145*	*24 810*	*16 504*	*9 646*	*4 037*	*689*	*137*	*948*
French Guiana – Guyane Française											
1985 [1 6]											
Total	2 472	20	325	696	692	452	196	48	3	2	38
Male – Masculin	1 227	13	155	331	344	226	104	26	2	1	25
Female – Féminin	1 245	7	170	365	348	226	92	22	1	1	13
Paraguay											
1986 [3]											
Total	*36 891*	*30*	*4 252*	*10 278*	*9 160*	*6 147*	*3 964*	*1 420*	*—	*352 —*	*1 288*
Male – Masculin	*18 864*	*21*	*2 199*	*5 339*	*4 679*	*3 082*	*2 012*	*701*	*—	*164 —*	*667*
Female – Féminin	*18 027*	*9*	*2 053*	*4 939*	*4 481*	*3 065*	*1 952*	*719*	*—	*188 —*	*621*
Peru – Pérou											
1982+ [3 11]											
Total	*526 999*	*848*	*69 327*	*156 695*	*130 713*	*83 886*	*54 513*	*20 107*	*3 802*	*328*	*6 780*
Male – Masculin	*269 597*	*428*	*35 393*	*80 185*	*67 122*	*42 833*	*27 695*	*10 315*	*1 926*	*164*	*3 536*
Female – Féminin	*257 402*	*420*	*33 934*	*76 510*	*63 591*	*41 053*	*26 818*	*9 792*	*1 876*	*164*	*3 244*
Uruguay											
1985+											
Total	53 766	146	6 442	14 984	15 126	9 874	5 180	1 536	*—	138 —*	340
Male – Masculin	27 612	82	3 404	7 746	7 764	4 982	2 596	780	*—	64 —*	194
Female – Féminin	26 146	64	3 036	7 236	7 362	4 888	2 584	756	*—	74 —*	146

10. Live births by age of mother, sex and urban/rural residence: latest available year (continued)

Naissances vivantes selon l'âge de la mère, le sexe et la résidence, urbaine/rurale: dernière année disponible (suite)

(See notes at end of table. – Voir notes à la fin du tableau.)

Continent, country or area, year, sex and urban/rural residence — Continent, pays ou zone, année, sexe et résidence, urbaine/rurale	Age of mother (in years) – Age de la mère (en années): All ages / Tous âges	–15	15–19	20–24	25–29	30–34	35–39	40–44	45–49	50+	Unknown / Inconnu
AMERICA,SOUTH— (Cont.–Suite) AMERIQUE DU SUD											
Venezuela											
1987 [12]											
Total	516 773	3 532	91 440	155 598	128 957	83 198	39 302	10 852	1 599	437	1 858
Male – Masculin	264 000	1 770	46 816	79 454	66 144	42 259	20 023	5 499	808	241	986
Female – Féminin	252 773	1 762	44 624	76 144	62 813	40 939	19 279	5 353	791	196	872
ASIA—ASIE											
Afghanistan											
1979 [3 13]											
Total	627 619	*— 83	907 —*	163 116	151 167	106 756	71 654	35 011	*— 16	008 —*	–
Bahrain – Bahreïn											
1986											
Total	*12 893*	*14*	*563*	*3 292*	*4 283*	*2 775*	*1 224*	*489*	*183*	*58*	*12*
Bangladesh											
1982 [3]											
Total	*3 247 470*	**— 618*	*784 —**	*978 054*	*832 877*	*416 467*	*290 345*	*81 931*	**— 29*	*012 —**	–
Male – Masculin	*1 672 965*	**— 319*	*172 —**	*537 588*	*407 165*	*209 518*	*147 655*	*33 803*	**— 18*	*064 —**	–
Female – Féminin	*1 574 505*	**— 299*	*612 —**	*440 466*	*425 712*	*206 949*	*142 690*	*48 128*	**— 10*	*948 —**	–
Brunei Darussalam – Brunéi Darussalam											
1986+ [3]											
Total	6 920	4	456	1 826	2 299	1 509	640	153	20	–	13
Male – Masculin	3 564	4	230	943	1 190	754	338	87	8	–	10
Female – Féminin	3 356	–	226	883	1 109	755	302	66	12	–	3
Cyprus – Chypre											
1987 [3 14]											
Total	*10 337*	–	*701*	*3 491*	*3 579*	*1 809*	*577*	*96*	*3*	–	*81*
Male – Masculin	*5 306*	–	*360*	*1 787*	*1 858*	*908*	*303*	*49*	*2*	–	*39*
Female – Féminin	*5 031*	–	*341*	*1 704*	*1 721*	*901*	*274*	*47*	*1*	–	*42*
Hong Kong – Hong-kong											
1987 [15]											
Total [5]	69 958	14	1 292	11 254	31 243	20 082	5 491	535	25	–	22
Male – Masculin	35 977	8	630	5 806	16 034	10 449	2 780	245	12	–	13
Female – Féminin	33 977	6	662	5 448	15 207	9 631	2 711	290	13	–	9
Iraq											
1977											
Total	*289 522*	*854*	*25 017*	*77 821*	*74 458*	*52 112*	*31 117*	*11 740*	*4 455*	*1 797*	*10 151*
Male – Masculin	*151 404*	*434*	*12 979*	*40 720*	*38 765*	*27 268*	*16 343*	*6 283*	*2 371*	*992*	*5 249*
Female – Féminin	*138 118*	*420*	*12 038*	*37 101*	*35 693*	*24 844*	*14 774*	*5 457*	*2 084*	*805*	*4 902*
Israel – Israël [16]											
1987 [3]											
Total	99 022	18	4 072	25 724	32 393	23 164	11 203	1 986	99	26	337
Male – Masculin	50 559	8	2 015	13 046	16 725	11 867	5 649	1 020	53	10	166
Female – Féminin	48 463	10	2 057	12 678	15 668	11 297	5 554	966	46	16	171
Japan – Japon											
1987 [3 17]											
Total	1 346 658	28	17 530	225 098	634 440	364 838	95 776	8 682	229	1	36
Male – Masculin	692 304	15	9 059	116 081	325 898	187 293	49 372	4 441	119	1	25
Female – Féminin	654 354	13	8 471	109 017	308 542	177 545	46 404	4 241	110	–	11
Jordan – Jordanie [18]											
1979+											
Total	91 622	13	8 214	18 724	14 080	15 977	15 236	11 615	4 473	150	3 140
Korea, Republic of– Corée, République de											
1986+ [19]											
Total	*613 703*	–	*16 705*	*206 126*	*320 042*	*59 962*	*8 749*	*1 644*	*381*	*9*	*85*
Male – Masculin	*325 129*	–	*8 801*	*107 747*	*168 947*	*33 458*	*5 020*	*900*	*211*	*6*	*39*
Female – Féminin	*288 574*	–	*7 904*	*98 379*	*151 095*	*26 504*	*3 729*	*744*	*170*	*3*	*46*

10. Live births by age of mother, sex and urban/rural residence: latest available year (continued)

Naissances vivantes selon l'âge de la mère, le sexe et la résidence, urbaine/rurale: dernière année disponible (suite)

(See notes at end of table. – Voir notes à la fin du tableau.)

Continent, country or area, year, sex and urban/rural residence / Continent, pays ou zone, année, sexe et résidence, urbaine/rurale	Age of mother (in years) – Age de la mère (en années) All ages Tous âges	–15	15–19	20–24	25–29	30–34	35–39	40–44	45–49	50+	Unknown Inconnu
ASIA—ASIE (Cont.–Suite)											
Kuwait – Koweït											
1986											
Total	53 845	–	3 319	13 108	16 056	11 728	6 565	1 748	*—	335 —*	986
Male – Masculin	27 322	–	1 743	6 632	8 118	5 973	3 308	897	*—	176 —*	475
Female – Féminin	26 523	–	1 576	6 476	7 938	5 755	3 257	851	*—	159 —*	511
Macau – Macao											
1987 [20]											
Total	7 565	–	112	1 413	3 382	2 175	437	42	3	1	–
Male – Masculin	3 844	–	61	686	1 708	1 146	221	22	–	–	–
Female – Féminin	3 721	–	51	727	1 674	1 029	216	20	3	1	–
Malaysia – Malaisie											
Peninsular Malaysia – Malaisie Péninsulaire											
1987 [1 3]											
Total	391 815	137	14 522	91 483	133 244	90 821	46 239	13 161	1 148	84	976
Male – Masculin	201 521	68	7 520	47 059	68 582	46 658	23 718	6 763	577	45	531
Female – Féminin	190 294	69	7 002	44 424	64 662	44 163	22 521	6 398	571	39	445
Sarawak											
1986 [3]											
Total	41 702	105	4 563	12 059	12 256	7 716	3 231	933	138	33	668
Male – Masculin	22 161	54	2 445	6 502	6 445	4 060	1 714	488	74	17	362
Female – Féminin	19 541	51	2 118	5 557	5 811	3 656	1 517	445	64	16	306
Pakistan											
1985 [3 21]											
Total	3 167 156	–	207 692	799 504	884 788	609 124	425 655	162 884	66 766	10 743	–
Male – Masculin	1 626 217	–	105 834	409 776	462 221	303 785	225 535	80 677	34 913	3 476	–
Female – Féminin	1 540 939	–	101 858	389 728	422 567	305 339	200 120	82 207	31 853	7 267	–
Philippines											
1986											
Total	1 493 995	432	127 715	441 066	432 710	272 088	147 430	47 382	8 223	1 977	14 972
1984											
Male – Masculin	772 007	308	64 617	229 518	222 956	143 593	74 807	28 410	4 323	1 544	1 931
Female – Féminin	706 198	234	59 151	210 012	204 002	131 367	68 352	25 934	4 019	1 366	1 761
Qatar											
1987											
Total	9 919	3	584	2 782	3 338	2 000	982	154	20	12	44
Male – Masculin	5 182	2	334	1 437	1 751	1 042	497	81	9	8	21
Female – Féminin	4 737	1	250	1 345	1 587	958	485	73	11	4	23
Singapore – Singapour											
1987* [22]											
Total	43 889	10	891	7 926	18 150	12 554	3 881	445	14	–	18
Male – Masculin	22 731	3	477	4 132	9 353	6 504	2 000	244	8	–	10
Female – Féminin	21 154	7	414	3 793	8 795	6 049	1 881	201	6	–	8
Sri Lanka											
1983+ [3]											
Total	405 122	116	30 606	130 822	118 869	80 403	34 962	8 253	1 071	19	1
Male – Masculin	206 644	58	15 601	66 674	60 620	41 165	17 804	4 169	543	9	1
Female – Féminin	198 478	58	15 005	64 148	58 249	39 238	17 158	4 084	528	10	–
Thailand – Thaïlande											
1987+ [3]											
Total	884 043	1 195	117 771	307 419	233 428	128 531	54 898	20 216	7 070	3 843	9 672
Male – Masculin	452 508	595	59 807	157 434	120 223	66 064	28 151	10 254	3 421	1 706	4 853
Female – Féminin	431 535	600	57 964	149 985	113 205	62 467	26 747	9 962	3 649	2 137	4 819
United Arab Emirates – Emirats arabes unis											
1982											
Total	41 961	57	3 345	12 084	13 002	6 969	2 793	709	169	78	2 755
Male – Masculin	21 376	36	1 718	6 137	6 510	3 624	1 429	373	98	42	1 409
Female – Féminin	20 585	21	1 627	5 947	6 492	3 345	1 364	336	71	36	1 346

10. Live births by age of mother, sex and urban/rural residence: latest available year (continued)

Naissances vivantes selon l'âge de la mère, le sexe et la résidence, urbaine/rurale: dernière année disponible (suite)

(See notes at end of table. – Voir notes à la fin du tableau.)

Continent, country or area, year, sex and urban/rural residence — Continent, pays ou zone, année, sexe et résidence, urbaine/rurale	All ages Tous âges	Age of mother (in years) – Age de la mère (en années) –15	15–19	20–24	25–29	30–34	35–39	40–44	45–49	50+	Unknown Inconnu
EUROPE											
Albania – Albanie											
1987 [3]											
Total	79 696	–	2 371	24 123	30 419	15 448	5 712	1 261	167	28	167
Austria – Autriche											
1987 [3]											
Total	86 503	17	6 375	30 351	30 150	13 918	4 733	902	56	1	–
Male – Masculin	44 285	9	3 273	15 480	15 497	7 115	2 433	453	25	–	–
Female – Féminin	42 218	8	3 102	14 871	14 653	6 803	2 300	449	31	1	–
Belgium – Belgique											
1983											
Total	117 145	18	5 915	39 633	46 689	19 020	5 026	780	51	6	7
Male – Masculin	60 209	10	2 989	20 493	23 928	9 810	2 551	391	30	3	4
Female – Féminin	56 936	8	2 926	19 140	22 761	9 210	2 475	389	21	3	3
Bulgaria – Bulgarie											
1986 [3]											
Total	120 078	350	23 211	53 121	28 340	10 965	3 454	590	32	15	–
Male – Masculin	61 350	188	11 853	27 031	14 524	5 637	1 781	313	13	10	–
Female – Féminin	58 728	162	11 358	26 090	13 816	5 328	1 673	277	19	5	–
Channel Islands – Iles Anglo-Normandes											
Guernsey – Guernesey											
1986											
Total	671	–	42	147	250	166	57	9	–	–	–
Male – Masculin	326	–	22	75	126	71	31	1	–	–	–
Female – Féminin	345	–	20	72	124	95	26	8	–	–	–
Jersey											
1987+											
Total	1 009	–	39	169	393	305	90	*———	13	———*	–
Male – Masculin	546	–	16	90	211	181	38	*———	10	———*	–
Female – Féminin	463	–	23	79	182	124	52	*———	3	———*	–
Czechoslovakia – Tchécoslovaquie											
1986											
Total	220 494	31	26 535	100 668	58 604	25 778	7 842	1 001	35	–	–
Male – Masculin	113 206	21	13 614	51 733	30 064	13 216	4 019	525	14	–	–
Female – Féminin	107 288	10	12 921	48 935	28 540	12 562	3 823	476	21	–	–
Denmark – Danemark [23]											
1987											
Total	56 221	3	1 724	14 389	22 414	12 985	4 054	632	18	2	–
Male – Masculin	29 079	–	859	7 556	11 530	6 709	2 086	330	9	–	–
Female – Féminin	27 142	3	865	6 833	10 884	6 276	1 968	302	9	2	–
Faeroe Islands – Iles Féroé											
1987											
Total	777	–	58	204	267	161	71	16	–	–	–
Male – Masculin	381	–	28	106	125	79	36	7	–	–	–
Female – Féminin	396	–	30	98	142	82	35	9	–	–	–
Finland – Finlande											
1986 [3 24]											
Total	60 632	3	2 138	13 060	22 207	15 375	6 647	1 147	54	1	–
Male – Masculin	31 035	2	1 067	6 674	11 429	7 832	3 401	595	35	–	–
Female – Féminin	29 597	1	1 071	6 386	10 778	7 543	3 246	552	19	1	–
France											
1987 [3 6 25]											
Total	767 828	66	20 998	184 197	301 937	180 307	67 877	11 824	587	35	–
Male – Masculin	393 231	39	10 704	94 163	154 936	92 357	34 690	6 039	287	16	–
Female – Féminin	374 597	27	10 294	90 034	147 001	87 950	33 187	5 785	300	19	–

10. Live births by age of mother, sex and urban/rural residence: latest available year (continued)

Naissances vivantes selon l'âge de la mère, le sexe et la résidence, urbaine/rurale: dernière année disponible (suite)

(See notes at end of table. – Voir notes à la fin du tableau.)

Continent, country or area, year, sex and urban/rural residence — Continent, pays ou zone, année, sexe et résidence, urbaine/rurale	Age of mother (in years) – Age de la mère (en années)										
	All ages Tous âges	–15	15–19	20–24	25–29	30–34	35–39	40–44	45–49	50+	Unknown Inconnu
EUROPE (Cont.–Suite)											
German Democratic Rep. – Rép. démocratique allemande [26]											
1987 [3]											
Total	225 959	13	21 240	105 546	69 194	23 261	6 087	590	*—	28 —*	–
Germany, Federal Rep. of – Allemagne, République fédérale d' [26]											
1987 [6]											
Total	642 010	44	19 560	146 543	260 481	156 257	51 046	7 528	516	33	2
Male – Masculin	330 659	23	9 948	75 508	134 199	80 554	26 264	3 884	263	15	1
Female – Féminin	311 351	21	9 612	71 035	126 282	75 703	24 782	3 644	253	18	1
Gibraltar											
1980											
Total	550	*—	53 —*	190	194	79	26	8	–	–	–
Greece – Grèce											
1985 [3]											
Total	116 481	93	13 391	41 288	35 956	17 846	6 418	1 286	131	26	46
Male – Masculin	60 422	48	6 877	21 507	18 640	9 293	3 300	646	66	18	27
Female – Féminin	56 059	45	6 514	19 781	17 316	8 553	3 118	640	65	8	19
Hungary – Hongrie											
1987 [3]											
Total	125 840	167	16 787	45 660	36 482	19 777	5 958	971	38	–	–
Male – Masculin	64 579	87	8 574	23 529	18 742	10 136	2 981	505	25	–	–
Female – Féminin	61 261	80	8 213	22 131	17 740	9 641	2 977	466	13	–	–
Iceland – Islande											
1984											
Total	4 113	1	403	1 346	1 258	764	297	44	–	–	–
Ireland – Irlande											
1985*+ [27]											
Total	62 245	5	2 616	12 176	20 045	16 283	8 110	1 946	119	3	942
Male – Masculin	31 993	3	1 352	6 279	10 298	8 414	4 123	965	60	1	498
Female – Féminin	30 252	2	1 264	5 897	9 747	7 869	3 987	981	59	2	444
Italy – Italie											
1983											
Total	601 928	21	35 099	179 235	203 854	122 652	48 082	9 513	577	68	2 827
Male – Masculin	309 913	13	18 173	92 096	105 161	63 161	24 722	4 842	292	36	1 417
Female – Féminin	292 015	8	16 926	87 139	98 693	59 491	23 360	4 671	285	32	1 410
Liechtenstein											
1986											
Total	*351*	–	*7*	*60*	*139*	*102*	*34*	*7*	*2*	–	–
Luxembourg											
1987 [3]											
Total	4 238	*—	141 —*	931	1 687	1 098	321	46	1	–	13
Male – Masculin	2 159	*—	69 —*	486	870	542	163	24	1	–	4
Female – Féminin	2 079	*—	72 —*	445	817	556	158	22	–	–	9
Malta – Malte											
1987 [28]											
Total	5 314	*—	141 —*	1 069	2 019	1 323	606	155	1	–	–
Netherlands – Pays-Bas											
1986 [3 29]											
Total	184 513	*—	4 051 —*	36 252	80 834	49 219	12 369	1 600	*—	188 —*	–
Male – Masculin	93 853	*—	2 061 —*	18 441	41 157	25 078	6 212	815	*—	89 —*	–
Female – Féminin	90 660	*—	1 990 —*	17 811	39 677	24 141	6 157	785	*—	99 —*	–
Norway – Norvège											
1987 [3 6]											
Total	54 027	5	2 877	14 569	20 141	12 178	3 652	578	27	–	–
Male – Masculin	27 502	1	1 495	7 393	10 268	6 237	1 800	296	12	–	–
Female – Féminin	26 525	4	1 382	7 176	9 873	5 941	1 852	282	15	–	–

10. Live births by age of mother, sex and urban/rural residence: latest available year (continued)

Naissances vivantes selon l'âge de la mère, le sexe et la résidence, urbaine/rurale: dernière année disponible (suite)

(See notes at end of table. – Voir notes à la fin du tableau.)

Continent, country or area, year, sex and urban/rural residence — Continent, pays ou zone, année, sexe et résidence, urbaine/rurale	Age of mother (in years) – Age de la mère (en années) — All ages / Tous âges	–15	15–19	20–24	25–29	30–34	35–39	40–44	45–49	50+	Unknown / Inconnu
EUROPE (Cont.–Suite)											
Poland – Pologne											
1987 [3]											
Total	605 492	101	40 558	217 454	194 342	104 471	41 203	6 974	376	13	–
Male – Masculin	311 747	51	20 889	112 332	100 090	53 449	21 181	3 558	191	6	–
Female – Féminin	293 745	50	19 669	105 122	94 252	51 022	20 022	3 416	185	7	–
Portugal											
1987											
Total	123 218	103	11 684	39 951	39 289	21 018	8 659	2 274	210	14	16
Male – Masculin	63 572	54	6 041	20 724	20 181	10 824	4 490	1 135	108	7	8
Female – Féminin	59 646	49	5 643	19 227	19 108	10 194	4 169	1 139	102	7	8
Romania – Roumanie											
1985											
Total	358 797	545	55 961	132 104	103 376	47 749	15 592	3 163	291	16	–
San Marino – Saint–Marin											
1987+ [3]											
Total	220	–	10	76	72	44	13	3	1	–	1
Male – Masculin	114	–	4	39	40	25	5	–	1	–	–
Female – Féminin	106	–	6	37	32	19	8	3	–	–	1
Spain – Espagne											
1983											
Total	485 352	334	32 300	131 772	166 767	96 535	44 852	11 634	1 035	123	–
Male – Masculin	251 585	174	16 811	68 222	86 615	49 938	23 184	6 044	526	71	–
Female – Féminin	233 767	160	15 489	63 550	80 152	46 597	21 668	5 590	509	52	–
Sweden – Suède											
1987*											
Total	104 699	10	2 990	25 203	37 769	26 797	10 029	1 846	55	–	–
Male – Masculin	53 565	4	1 531	12 787	19 403	13 697	5 151	961	31	–	–
Female – Féminin	51 134	6	1 459	12 416	18 366	13 100	4 878	885	24	–	–
Switzerland – Suisse											
1987 [3]											
Total	76 505	7	1 366	15 558	32 177	20 513	6 008	837	38	1	–
Male – Masculin	39 187	4	719	7 989	16 529	10 391	3 103	433	19	–	–
Female – Féminin	37 318	3	647	7 569	15 648	10 122	2 905	404	19	1	–
United Kingdom – Royaume–Uni											
1987 [8]											
Total	775 617	228	65 723	220 377	271 898	154 982	52 667	9 176	496	70	–
Male – Masculin	397 903	113	34 020	113 213	139 174	79 388	27 012	4 689	246	48	–
Female – Féminin	377 714	115	31 703	107 164	132 724	75 594	25 655	4 487	250	22	–
England and Wales – Angleterre et Galles											
1985 [8]											
Total	656 417	239	56 690	193 958	227 486	126 185	44 393	6 882	519	65	–
Male – Masculin	336 835	135	29 018	99 921	116 400	64 725	22 855	3 490	257	34	–
Female – Féminin	319 582	104	27 672	94 037	111 086	61 460	21 538	3 392	262	31	–
Northern Ireland – Irlande du Nord											
1985+											
Total	27 635	5	1 973	7 847	9 195	5 600	2 505	490	20	–	–
Male – Masculin	14 184	1	1 012	4 038	4 661	2 933	1 278	251	10	–	–
Female – Féminin	13 451	4	961	3 809	4 534	2 667	1 227	239	10	–	–
Scotland – Ecosse											
1985+											
Total	66 676	19	6 499	20 778	23 477	11 583	3 687	511	23	1	98
Male – Masculin	34 120	7	3 287	10 661	11 933	5 935	1 952	279	14	1	51
Female – Féminin	32 556	12	3 212	10 117	11 544	5 648	1 735	232	9	–	47
Yugoslavia – Yougoslavie											
1987 [3]											
Total	359 338	216	35 331	134 991	112 366	53 082	18 361	3 546	421	96	928
Male – Masculin	186 170	114	18 411	69 766	58 181	27 547	9 546	1 857	219	50	479
Female – Féminin	173 168	102	16 920	65 225	54 185	25 535	8 815	1 689	202	46	449

10. Live births by age of mother, sex and urban/rural residence: latest available year (continued)

Naissances vivantes selon l'âge de la mère, le sexe et la résidence, urbaine/rurale: dernière année disponible (suite)

(See notes at end of table. – Voir notes à la fin du tableau.)

Continent, country or area, year, sex and urban/rural residence — Continent, pays ou zone, année, sexe et résidence, urbaine/rurale	Age of mother (in years) – Age de la mère (en années)										
	All ages Tous âges	–15	15–19	20–24	25–29	30–34	35–39	40–44	45–49	50+	Unknown Inconnu
OCEANIA—OCEANIE											
American Samoa – Samoa américaines											
1982											
Total	1 160	1	92	403	341	217	90	15	1	–	–
Male – Masculin	597	–	44	197	189	118	42	6	1	–	–
Female – Féminin	563	1	48	206	152	99	48	9	–	–	–
Australia – Australie											
1986+ [30]											
Total	243 408	522	13 804	59 045	94 561	56 187	17 021	2 146	*—	87 —*	35
Male – Masculin	124 914	280	6 981	30 332	48 341	28 951	8 840	1 125	*—	45 —*	19
Female – Féminin	118 494	242	6 823	28 713	46 220	27 236	8 181	1 021	*—	42 —*	16
Cocos (Keeling) Islands – Iles des Cocos (Keeling)											
1986*+											
Total	10	–	–	2	6	2	–	–	–	–	–
Male – Masculin	3	–	–	1	2	–	–	–	–	–	–
Female – Féminin	7	–	–	1	4	2	–	–	–	–	–
Cook Islands – Iles Cook											
1984+											
Total	408	2	101	124	85	41	37	8	*—	– —*	10
Male – Masculin	192	1	47	62	33	25	18	3	*—	– —*	3
Female – Féminin	216	1	54	62	52	16	19	5	*—	– —*	7
Fiji – Fidji											
1985+											
Total	19 464	2	2 156	7 720	5 432	2 595	1 110	302	44	7	96
Male – Masculin	10 083	1	1 163	3 933	2 831	1 325	595	152	29	4	50
Female – Féminin	9 381	1	993	3 787	2 601	1 270	515	150	15	3	46
Guam											
1986 [3 31]											
Total	3 309	3	459	1 144	920	531	208	42	2	–	–
Male – Masculin	1 727	3	241	602	486	265	108	20	2	–	–
Female – Féminin	1 582	–	218	542	434	266	100	22	–	–	–
New Caledonia – Nouvelle–Calédonie											
1987											
Total	3 881	8	361	1 147	1 153	680	303	97	9	5	118
1982											
Male – Masculin	1 969	1	246	695	523	303	142	48	8	3	–
Female – Féminin	1 861	3	256	634	463	283	163	53	2	4	–
New Zealand – Nouvelle–Zélande											
1987+ [3 30]											
Total	55 254	184	4 617	14 441	20 452	11 824	3 267	444	*—	25 —*	–
Male – Masculin	28 594	90	2 278	7 439	10 639	6 232	1 676	230	*—	10 —*	–
Female – Féminin	26 660	94	2 339	7 002	9 813	5 592	1 591	214	*—	15 —*	–
Norfolk Island – Ile Norfolk											
1988											
Total	29	–	1	5	11	11	1	–	–	–	–
Male – Masculin	19	–	1	4	8	6	–	–	–	–	–
Female – Féminin	10	–	–	1	3	5	1	–	–	–	–
Pacific Islands – Iles du Pacifique [3 32]											
1982 [33]											
Total	3 066	1	455	939	799	583	210	74	5	–	–
1979											
Male – Masculin	2 167	2	345	713	572	321	137	59	7	–	11
Female – Féminin	1 996	2	295	651	538	294	153	54	7	–	2

10. Live births by age of mother, sex and urban/rural residence: latest available year (continued)

Naissances vivantes selon l'âge de la mère, le sexe et la résidence, urbaine/rurale: dernière année disponible (suite)

(See notes at end of table. – Voir notes à la fin du tableau.)

Continent, country or area, year, sex and urban/rural residence — Continent, pays ou zone, année, sexe et résidence, urbaine/rurale	Age of mother (in years) – Age de la mère (en années) All ages Tous âges	–15	15–19	20–24	25–29	30–34	35–39	40–44	45–49	50+	Unknown Inconnu
OCEANIA—OCEANIE(Cont.–Suite)											
Pacific Islands – Iles du Pacifique											
Northern Mariana Islands – Iles Mariannes septentrionales											
1985											
Total	*698*	*6*	*97*	*210*	*210*	*121*	*50*	*4*	–	–	–
Male – Masculin	*374*	*4*	*57*	*101*	*109*	*73*	*27*	*3*	–	–	–
Female – Féminin	*324*	*2*	*40*	*109*	*101*	*48*	*23*	*1*	–	–	–
Samoa											
1980 [3]											
Total	*2 693*	*1*	*246*	*964*	*650*	*393*	*212*	*81*	*—	*34* —*	*112*
Male – Masculin	*1 459*	–	*123*	*541*	*350*	*220*	*103*	*45*	*—	*18* —*	*59*
Female – Féminin	*1 234*	*1*	*123*	*423*	*300*	*173*	*109*	*36*	*—	*16* —*	*53*
Tokelau – Tokélaou											
1982											
Total	*43*	–	*1*	*19*	*12*	*7*	*3*	*1*	–	–	–
Male – Masculin	*19*	–	*1*	*10*	*5*	*3*	–	–	–	–	–
Female – Féminin	*24*	–	–	*9*	*7*	*4*	*3*	*1*	–	–	–
USSR—URSS											
USSR – URSS											
1986 [34]											
Total	5 610 769	*— 445	888 —*	2139407	1767433	876 759	324 490	45 749	7 936	991	2 116
Byelorussian SSR – RSS de Biélorussie											
1975 [34]											
Total	146 517	11	876	62 037	40 155	16 916	12 465	2 860	*—	208 —*	–
Ukrainian SSR – RSS d'Ukraine											
1975 [34]											
Total	738 857	81	703	312 586	189 367	85 151	59 015	9 985		880	170

10. Live births by age of mother, sex and urban/rural residence: latest available year (continued)

Naissances vivantes selon l'âge de la mère, le sexe et la résidence, urbaine/rurale: dernière année disponible (suite)

Data by urban/rural residence

Données selon la résidence urbaine/rurale

(See notes at end of table. – Voir notes à la fin du tableau.)

Continent, country or area, year, sex and urban/rural residence / Continent, pays ou zone, année, sexe et résidence, urbaine/rurale	Age of mother (in years) – Age de la mère (en années)										
	All ages / Tous âges	–15	15–19	20–24	25–29	30–34	35–39	40–44	45–49	50+	Unknown / Inconnu
AFRICA—AFRIQUE											
Egypt – Egypte											
1982*											
Urban – Urbaine	646 463	*— 28 953 —*		133 394	215 779	136 102	74 996	22 770	*— 7 751 —*		26 718
Male – Masculin	332 722	*— 14 884 —*		68 799	110 896	69 932	38 528	11 852	*— 3 959 —*		13 872
Female – Féminin	313 741	*— 14 069 —*		64 595	104 883	66 170	36 468	10 918	*— 3 792 —*		12 846
Rural – Rurale	954 802	*— 38 982 —*		187 807	281 343	197 958	141 407	54 666	*— 23 563 —*		29 076
Male – Masculin	492 847	*— 20 216 —*		97 227	144 849	102 222	73 225	27 908	*— 12 055 —*		15 145
Female – Féminin	461 955	*— 18 766 —*		90 580	136 494	95 736	68 182	26 758	*— 11 508 —*		13 931
Malawi											
1977 [4]											
Urban – Urbaine [5]	21 596	69	2 722	6 787	5 712	3 099	1 922	720	335	185	45
Male – Masculin	10 434	19	1 290	3 366	2 799	1 498	892	300	165	82	23
Female – Féminin	11 039	29	1 420	3 409	2 889	1 577	1 018	411	164	100	22
Rural – Rurale [5]	246 209	980	34 131	64 332	58 448	35 704	26 426	12 988	7 495	5 348	357
Male – Masculin	116 403	292	15 805	30 724	27 968	16 918	12 456	6 083	3 520	2 471	166
Female – Féminin	128 789	382	18 161	33 545	30 390	18 702	13 922	6 863	3 933	2 703	188
Rwanda											
1978											
Urban – Urbaine	10 059	*— 675 —*		3 249	2 941	1 620	936	462	133	32	11
Rural – Rurale	251 209	*— 13 512 —*		66 835	65 000	42 914	33 427	19 717	7 491	2 095	218
South Africa – Afrique du Sud											
Asiatic – Asiatiques											
1977											
Urban – Urbaine	17 070	4	1 292	5 778	5 344	3 040	1 249	332	29	2	–
Male – Masculin	8 636	2	656	2 947	2 651	1 565	634	165	14	2	–
Female – Féminin	8 434	2	636	2 831	2 693	1 475	615	167	15	–	–
Rural – Rurale	1 811	–	182	588	507	341	144	38	11	–	–
Male – Masculin	911	–	92	298	250	174	74	17	6	–	–
Female – Féminin	900	–	90	290	257	167	70	21	5	–	–
Coloured – Personnes de Couleur											
1977											
Urban – Urbaine	52 399	32	6 291	17 514	14 346	7 972	4 084	1 785	328	47	–
Male – Masculin	26 699	20	3 284	8 974	7 267	4 029	2 024	899	179	23	–
Female – Féminin	25 700	12	3 007	8 540	7 079	3 943	2 060	886	149	24	–
Rural – Rurale	12 715	26	1 870	4 080	3 056	1 828	1 112	550	160	33	–
Male – Masculin	6 325	12	911	2 032	1 522	960	526	267	81	14	–
Female – Féminin	6 390	14	959	2 048	1 534	868	586	283	79	19	–
White – Blancs											
1977											
Urban – Urbaine	67 589	7	4 605	21 971	23 910	12 509	3 696	819	70	2	–
Male – Masculin	34 437	4	2 329	11 218	12 078	6 419	1 929	418	41	1	–
Female – Féminin	33 152	3	2 276	10 753	11 832	6 090	1 767	401	29	1	–
Rural – Rurale	6 448	–	287	1 845	2 343	1 358	470	125	20	–	–
Male – Masculin	3 412	–	146	980	1 233	734	245	62	12	–	–
Female – Féminin	3 036	–	141	865	1 110	624	225	63	8	–	–

10. Live births by age of mother, sex and urban/rural residence: latest available year (continued)

Naissances vivantes selon l'âge de la mère, le sexe et la résidence, urbaine/rurale: dernière année disponible (suite)

Data by urban/rural residence

Données selon la résidence urbaine/rurale

(See notes at end of table. – Voir notes à la fin du tableau.)

Continent, country or area, year, sex and urban/rural residence — Continent, pays ou zone, année, sexe et résidence, urbaine/rurale	Age of mother (in years) – Age de la mère (en années)										
	All ages Tous âges	–15	15–19	20–24	25–29	30–34	35–39	40–44	45–49	50+	Unknown Inconnu
AFRICA—AFRIQUE (Cont.–Suite)											
Tunisia – Tunisie											
1980											
Urban – Urbaine	136 957	741	6 238	32 164	34 214	20 114	10 373	4 390	988	1 061	26 674
Male – Masculin	70 250	306	3 233	16 459	17 654	10 414	5 276	2 211	511	496	13 690
Female – Féminin	66 717	435	3 005	15 705	16 560	9 700	5 097	2 179	477	575	12 984
Rural – Rurale	88 244	437	3 836	20 920	24 526	15 104	9 582	5 736	1 653	727	5 723
Male – Masculin	45 400	215	1 929	10 677	12 650	7 779	4 966	3 007	870	360	2 947
Female – Féminin	42 844	222	1 907	10 243	11 876	7 325	4 616	2 729	783	367	2 776
AMERICA,NORTH— AMERIQUE DU NORD											
Cuba											
1986											
Urban – Urbaine	113 488	953	30 424	42 499	22 994	11 076	4 194	678	119	179	372
Male – Masculin	58 881	469	16 497	22 109	11 424	5 621	2 066	367	60	75	193
Female – Féminin	54 607	484	13 927	20 390	11 570	5 455	2 128	311	59	104	179
Rural – Rurale	52 561	443	14 068	19 681	10 665	5 134	1 946	314	55	84	171
Male – Masculin	26 393	211	7 394	9 910	5 121	2 520	926	165	27	34	85
Female – Féminin	26 168	232	6 674	9 771	5 544	2 614	1 020	149	28	50	86
Dominican Republic – République dominicaine											
1982+											
Urban – Urbaine	*70 375*	*542*	*4 635*	*13 270*	*13 096*	*9 785*	*5 374*	*3 295*	*1 968*	*2 260*	*16 150*
Male – Masculin	*35 494*	*236*	*2 366*	*6 728*	*6 591*	*4 904*	*2 696*	*1 681*	*983*	*1 097*	*8 212*
Female – Féminin	*34 881*	*306*	*2 269*	*6 542*	*6 505*	*4 881*	*2 678*	*1 614*	*985*	*1 163*	*7 938*
Rural – Rurale	*35 860*	*378*	*2 726*	*5 451*	*4 691*	*4 352*	*4 123*	*3 366*	*2 593*	*3 510*	*4 670*
Male – Masculin	*17 774*	*178*	*1 407*	*2 741*	*2 365*	*2 150*	*2 117*	*1 677*	*1 242*	*1 648*	*2 249*
Female – Féminin	*18 086*	*200*	*1 319*	*2 710*	*2 326*	*2 202*	*2 006*	*1 689*	*1 351*	*1 862*	*2 421*
El Salvador											
1985											
Urban – Urbaine	*64 923*	*251*	*12 617*	*22 345*	*14 762*	*7 727*	*3 914*	*1 416*	*302*	*20*	*1 569*
Male – Masculin	*33 206*	*125*	*6 413*	*11 499*	*7 509*	*3 972*	*2 024*	*732*	*135*	*8*	*789*
Female – Féminin	*31 717*	*126*	*6 204*	*10 846*	*7 253*	*3 755*	*1 890*	*684*	*167*	*12*	*780*
Rural – Rurale	*74 591*	*287*	*14 514*	*21 920*	*15 029*	*9 917*	*6 750*	*2 843*	*641*	*69*	*2 621*
Male – Masculin	*37 780*	*155*	*7 330*	*11 181*	*7 576*	*4 964*	*3 443*	*1 448*	*316*	*33*	*1 334*
Female – Féminin	*36 811*	*132*	*7 184*	*10 739*	*7 453*	*4 953*	*3 307*	*1 395*	*325*	*36*	*1 287*
Guatemala											
1985											
Urban – Urbaine	123 475	337	18 357	38 311	30 503	19 370	10 792	3 762	658	1 385	–
Male – Masculin	63 783	190	9 469	19 936	15 784	9 881	5 547	1 944	337	695	–
Female – Féminin	59 692	147	8 888	18 375	14 719	9 489	5 245	1 818	321	690	–
Rural – Rurale	203 374	862	32 485	56 114	45 627	33 695	22 659	8 434	1 734	1 764	–
Male – Masculin	103 661	439	16 665	28 893	23 161	17 059	11 552	4 228	876	788	–
Female – Féminin	99 713	423	15 820	27 221	22 466	16 636	11 107	4 206	858	976	–
Panama											
1987											
Urban – Urbaine	26 766	111	4 376	9 039	7 482	3 887	1 327	220	15	1	308
Male – Masculin	13 700	68	2 245	4 603	3 859	1 994	654	114	5	1	157
Female – Féminin	13 066	43	2 131	4 436	3 623	1 893	673	106	10	–	151
Rural – Rurale	30 881	269	6 745	9 641	6 876	3 745	2 083	733	122	20	647
Male – Masculin	15 832	140	3 424	4 950	3 588	1 900	1 055	377	53	14	331
Female – Féminin	15 049	129	3 321	4 691	3 288	1 845	1 028	356	69	6	316

10. Live births by age of mother, sex and urban/rural residence: latest available year (continued)

Naissances vivantes selon l'âge de la mère, le sexe et la résidence, urbaine/rurale: dernière année disponible (suite)

Data by urban/rural residence

Données selon la résidence urbaine/rurale

(See notes at end of table. – Voir notes à la fin du tableau.)

Continent, country or area, year, sex and urban/rural residence — Continent, pays ou zone, année, sexe et résidence, urbaine/rurale	Age of mother (in years) – Age de la mère (en années)										
	All ages Tous âges	–15	15–19	20–24	25–29	30–34	35–39	40–44	45–49	50+	Unknown Inconnu
AMERICA,NORTH— (Cont.–Suite) AMERIQUE DU NORD											
Puerto Rico – Porto Rico											
1985											
Urban – Urbaine [5]	32 084	104	4 516	10 380	9 603	5 165	1 951	333	17	1	14
Male – Masculin	16 383	59	2 315	5 195	4 977	2 652	996	174	6	1	8
Female – Féminin	15 701	45	2 201	5 185	4 626	2 513	955	159	11	–	6
Rural – Rurale [5]	31 522	150	6 204	11 261	7 945	3 862	1 638	420	30	1	11
Male – Masculin	16 213	87	3 205	5 832	4 056	1 941	860	212	17	1	2
Female – Féminin	15 307	63	2 999	5 428	3 889	1 921	777	208	13	–	9
St. Vincent and the Grenadines – Saint-Vincent-et-Grenadines											
1983+											
Urban – Urbaine	2 379	11	738	781	457	272	102	17	*—	– —*	1
Male – Masculin	1 158	2	366	391	228	120	40	11	*—	– —*	–
Female – Féminin	1 221	9	372	390	229	152	62	6	*—	– —*	1
Rural – Rurale	916	2	231	319	195	93	43	21	*—	5 —*	7
Male – Masculin	450	2	122	164	88	40	22	11	*—	– —*	1
Female – Féminin	466	–	109	155	107	53	21	10	*—	5 —*	6
AMERICA,SOUTH— AMERIQUE DU SUD											
Ecuador – Equateur											
1987 [10]											
Urban – Urbaine	*110 469*	*173*	*14 536*	*35 150*	*28 977*	*18 055*	*8 735*	*2 944*	*461*	*139*	*1 299*
Male – Masculin	*56 332*	*84*	*7 385*	*17 890*	*14 744*	*9 279*	*4 489*	*1 501*	*226*	*69*	*665*
Female – Féminin	*54 137*	*89*	*7 151*	*17 260*	*14 233*	*8 776*	*4 246*	*1 443*	*235*	*70*	*634*
Rural – Rurale	*94 006*	*149*	*13 027*	*26 141*	*21 239*	*15 586*	*10 951*	*5 238*	*919*	*152*	*604*
Male – Masculin	*47 532*	*68*	*6 653*	*13 256*	*10 662*	*7 858*	*5 551*	*2 644*	*465*	*85*	*290*
Female – Féminin	*46 474*	*81*	*6 374*	*12 885*	*10 577*	*7 728*	*5 400*	*2 594*	*454*	*67*	*314*
Paraguay											
1984											
Urban – Urbaine	*22 544*	*25*	*2 418*	*6 534*	*6 087*	*4 015*	*1 966*	*708*	*—	*197* —*	*594*
Rural – Rurale	*17 940*	*18*	*2 042*	*4 775*	*4 046*	*2 801*	*1 814*	*893*	*—	*232* —*	*1 319*
Peru – Pérou											
1982+ [11]											
Urban – Urbaine	*336 170*	*552*	*43 900*	*103 716*	*87 046*	*53 824*	*30 891*	*9 999*	*1 549*	*132*	*4 561*
Male – Masculin	*171 784*	*278*	*22 380*	*53 032*	*44 604*	*27 533*	*15 649*	*5 138*	*776*	*60*	*2 334*
Female – Féminin	*164 386*	*274*	*21 520*	*50 684*	*42 442*	*26 291*	*15 242*	*4 861*	*773*	*72*	*2 227*
Rural – Rurale	*154 818*	*156*	*19 866*	*42 480*	*35 110*	*24 778*	*20 246*	*8 801*	*2 003*	*163*	*1 215*
Male – Masculin	*79 285*	*85*	*10 194*	*21 778*	*18 102*	*12 592*	*10 264*	*4 505*	*1 017*	*90*	*658*
Female – Féminin	*75 533*	*71*	*9 672*	*20 702*	*17 008*	*12 186*	*9 982*	*4 296*	*986*	*73*	*557*

10. Live births by age of mother, sex and urban/rural residence: latest available year (continued)

Naissances vivantes selon l'âge de la mère, le sexe et la résidence, urbaine/rurale: dernière année disponible (suite)

Data by urban/rural residence

Données selon la résidence urbaine/rurale

(See notes at end of table. – Voir notes à la fin du tableau.)

Continent, country or area, year, sex and urban/rural residence — Continent, pays ou zone, année, sexe et résidence, urbaine/rurale	Age of mother (in years) – Age de la mère (en années): All ages Tous âges	–15	15–19	20–24	25–29	30–34	35–39	40–44	45–49	50+	Unknown Inconnu
ASIA—ASIE											
Afghanistan											
1979 [13]											
Urban – Urbaine	78 903	*— 11	421 —*	21 515	19 039	14 008	8 417	3 151	*— 1	352 —*	–
Rural – Rurale	548 716	*— 72	486 —*	141 601	132 128	92 748	63 237	31 860	*— 14	656 —*	–
Bangladesh											
1982											
Urban – Urbaine	282 629	*— 50	703 —*	91 533	78 135	33 568	21 433	6 692	*—	565 —*	–
Male – Masculin	161 241	*— 29	072 —*	50 662	44 486	18 285	13 883	4 628	*—	225 —*	–
Female – Féminin	121 388	*— 21	631 —*	40 871	33 649	15 283	7 550	2 064	*—	340 —*	–
Rural – Rurale	2 964 841	*— 568	081 —*	886 533	754 714	382 899	268 928	75 240	*— 28	446 —*	–
Male – Masculin	1 511 724	*— 290	100 —*	486 926	362 663	191 233	133 788	29 176	*— 17	838 —*	–
Female – Féminin	1 453 117	*— 277	981 —*	399 607	392 051	191 666	135 140	46 064	*— 10	608 —*	–
Brunei Darussalam – Brunéi Darussalam											
1986+											
Urban – Urbaine	6 178	2	400	1 657	2 069	1 345	552	120	20	–	13
Male – Masculin	3 178	2	205	848	1 065	678	294	68	8	–	10
Female – Féminin	3 000	–	195	809	1 004	667	258	52	12	–	3
Rural – Rurale	742	2	56	169	230	164	88	33	–	–	–
Male – Masculin	386	2	25	95	125	76	44	19	–	–	–
Female – Féminin	356	–	31	74	105	88	44	14	–	–	–
Cyprus – Chypre											
1987 [14 35]											
Urban – Urbaine	6 839	–	398	2 218	2 449	1 243	405	69	1	–	56
Male – Masculin	3 492	–	197	1 119	1 262	639	213	32	1	–	29
Female – Féminin	3 347	–	201	1 099	1 187	604	192	37	–	–	27
Rural – Rurale	3 423	–	304	1 258	1 095	546	166	27	2	–	25
Male – Masculin	1 780	–	163	664	581	257	88	16	1	–	10
Female – Féminin	1 643	–	141	594	514	289	78	11	1	–	15
Israel – Israël [16]											
1987											
Urban – Urbaine	86 457	11	3 648	22 977	28 402	19 833	9 529	1 659	84	22	292
Male – Masculin	44 139	4	1 802	11 651	14 678	10 157	4 797	850	46	7	147
Female – Féminin	42 318	7	1 846	11 326	13 724	9 676	4 732	809	38	15	145
Rural – Rurale	12 565	7	424	2 747	3 991	3 331	1 674	327	15	4	45
Male – Masculin	6 420	4	213	1 395	2 047	1 710	852	170	7	3	19
Female – Féminin	6 145	3	211	1 352	1 944	1 621	822	157	8	1	26
Japan – Japon											
1987 [17]											
Urban – Urbaine	1 047 848	*— 13	916 —*	172 187	490 887	285 733	77 726	7 182	187	–	30
Male – Masculin	539 089	*— 7	161 —*	88 921	252 636	146 521	40 025	3 710	94	–	21
Female – Féminin	508 759	*— 6	755 —*	83 266	238 251	139 212	37 701	3 472	93	–	9
Rural – Rurale	298 810	*— 3	642 —*	52 911	143 553	79 105	18 050	1 500	42	1	6
Male – Masculin	153 215	*— 1	913 —*	27 160	73 262	40 772	9 347	731	25	1	4
Female – Féminin	145 595	*— 1	729 —*	25 751	70 291	38 333	8 703	769	17	–	2

10. Live births by age of mother, sex and urban/rural residence: latest available year (continued)

Naissances vivantes selon l'âge de la mère, le sexe et la résidence, urbaine/rurale: dernière année disponible (suite)

Data by urban/rural residence

Données selon la résidence urbaine/rurale

(See notes at end of table. – Voir notes à la fin du tableau.)

Continent, country or area, year, sex and urban/rural residence — Continent, pays ou zone, année, sexe et résidence, urbaine/rurale	Age of mother (in years) – Age de la mère (en années): All ages Tous âges	–15	15–19	20–24	25–29	30–34	35–39	40–44	45–49	50+	Unknown Inconnu
ASIA—ASIE (Cont.–Suite)											
Malaysia – Malaisie											
Peninsular Malaysia – Malaisie Péninsulaire											
1987 [1]											
Urban – Urbaine	146 975	37	3 965	32 409	54 596	36 356	15 460	3 496	234	21	401
Male – Masculin	75 616	22	2 063	16 651	28 096	18 589	8 047	1 790	120	10	228
Female – Féminin	71 359	15	1 902	15 758	26 500	17 767	7 413	1 706	114	11	173
Rural – Rurale	244 840	100	10 557	59 074	78 648	54 465	30 779	9 665	914	63	575
Male – Masculin	125 905	46	5 457	30 408	40 486	28 069	15 671	4 973	457	35	303
Female – Féminin	118 935	54	5 100	28 666	38 162	26 396	15 108	4 692	457	28	272
Sarawak											
1986											
Urban – Urbaine	*6 653*	*7*	*490*	*1 872*	*2 279*	*1 364*	*466*	*97*	*6*	*2*	*70*
Male – Masculin	*3 549*	*2*	*262*	*1 021*	*1 187*	*729*	*250*	*60*	*4*	*1*	*33*
Female – Féminin	*3 104*	*5*	*228*	*851*	*1 092*	*635*	*216*	*37*	*2*	*1*	*37*
Rural – Rurale	*35 049*	*98*	*4 073*	*10 187*	*9 977*	*6 352*	*2 765*	*836*	*132*	*31*	*598*
Male – Masculin	*18 612*	*52*	*2 183*	*5 481*	*5 258*	*3 331*	*1 464*	*428*	*70*	*16*	*329*
Female – Féminin	*16 437*	*46*	*1 890*	*4 706*	*4 719*	*3 021*	*1 301*	*408*	*62*	*15*	*269*
Maldives											
1984											
Urban – Urbaine	1 469	2	274	550	339	166	96	20	5	1	16
Pakistan											
1985 [21]											
Urban – Urbaine	914 744	–	57 463	263 273	258 300	169 783	119 999	30 649	13 450	1 827	–
Male – Masculin	471 696	–	29 787	130 278	140 167	85 183	60 299	16 070	8 187	1 725	–
Female – Féminin	443 048	–	27 676	132 995	118 133	84 600	59 700	14 579	5 263	102	–
Rural – Rurale	2 252 412	–	150 229	536 231	626 488	439 341	305 656	132 235	53 316	8 916	–
Male – Masculin	1 154 521	–	76 047	279 498	322 054	218 602	165 236	64 607	26 726	1 751	–
Female – Féminin	1 097 891	–	74 182	256 733	304 434	220 739	140 420	67 628	26 590	7 165	–
Sri Lanka											
1983+											
Urban – Urbaine	186 329	52	12 556	55 116	55 394	41 029	17 598	4 083	490	11	–
Male – Masculin	95 260	24	6 353	28 089	28 443	21 013	8 984	2 092	259	3	–
Female – Féminin	91 069	28	6 203	27 027	26 951	20 016	8 614	1 991	231	8	–
Rural – Rurale	218 793	64	18 050	75 706	63 475	39 374	17 364	4 170	581	8	1
Male – Masculin	111 384	34	9 248	38 585	32 177	20 152	8 820	2 077	284	6	1
Female – Féminin	107 409	30	8 802	37 121	31 298	19 222	8 544	2 093	297	2	–
Thailand – Thaïlande											
1986+											
Urban – Urbaine	*321 760*	*267*	*25 291*	*107 819*	*96 903*	*60 732*	*17 598*	*4 054*	*748*	*252*	*8 096*
Male – Masculin	*166 266*	*133*	*8 189*	*55 801*	*50 148*	*36 090*	*9 141*	*2 068*	*395*	*98*	*4 203*
Female – Féminin	*155 494*	*134*	*17 102*	*52 018*	*46 755*	*24 642*	*8 457*	*1 986*	*353*	*154*	*3 893*
Rural – Rurale	*623 544*	*865*	*98 363*	*211 572*	*152 443*	*72 939*	*43 377*	*19 944*	*8 885*	*5 989*	*9 167*
Male – Masculin	*316 443*	*411*	*54 753*	*107 533*	*77 979*	*32 582*	*21 936*	*9 992*	*4 296*	*2 466*	*4 495*
Female – Féminin	*307 101*	*454*	*43 610*	*104 039*	*74 464*	*40 357*	*21 441*	*9 952*	*4 589*	*3 523*	*4 672*

10. Live births by age of mother, sex and urban/rural residence: latest available year (continued)

Naissances vivantes selon l'âge de la mère, le sexe et la résidence, urbaine/rurale: dernière année disponible (suite)

Data by urban/rural residence

Données selon la résidence urbaine/rurale

(See notes at end of table. – Voir notes à la fin du tableau.)

Continent, country or area, year, sex and urban/rural residence — Continent, pays ou zone, année, sexe et résidence, urbaine/rurale	Age of mother (in years) – Age de la mère (en années)										
	All ages Tous âges	-15	15–19	20–24	25–29	30–34	35–39	40–44	45–49	50+	Unknown Inconnu
EUROPE											
Albania – Albanie											
1987											
Urban – Urbaine	24 006	–	660	6 640	9 640	5 400	1 396	184	24	9	53
Rural – Rurale	55 690	–	1 711	17 483	20 779	10 048	4 316	1 077	143	19	114
Austria – Autriche											
1983											
Urban – Urbaine	44 655	16	4 107	16 171	14 385	6 905	2 499	546	26	–	–
Male – Masculin	22 828	9	2 125	8 320	7 284	3 548	1 254	278	10	–	–
Female – Féminin	21 827	7	1 982	7 851	7 101	3 357	1 245	268	16	–	–
Rural – Rurale	45 463	6	5 280	18 214	13 429	5 879	2 051	573	31	–	–
Male – Masculin	23 301	2	2 737	9 292	6 944	3 009	1 020	280	17	–	–
Female – Féminin	22 162	4	2 543	8 922	6 485	2 870	1 031	293	14	–	–
Bulgaria – Bulgarie											
1986											
Urban – Urbaine	83 476	222	14 317	35 933	21 279	8 588	2 670	433	20	14	–
Male – Masculin	42 671	118	7 290	18 275	10 922	4 449	1 375	221	12	9	–
Female – Féminin	40 805	104	7 027	17 658	10 357	4 139	1 295	212	8	5	–
Rural – Rurale	36 602	128	8 894	17 188	7 061	2 377	784	157	12	1	–
Male – Masculin	18 679	70	4 563	8 756	3 602	1 188	406	92	1	1	–
Female – Féminin	17 923	58	4 331	8 432	3 459	1 189	378	65	11	–	–
Finland – Finlande											
1986 [24]											
Urban – Urbaine	37 997	2	1 330	8 014	14 153	9 770	4 047	660	21	–	–
Male – Masculin	19 352	1	671	4 132	7 190	4 957	2 049	336	16	–	–
Female – Féminin	18 645	1	659	3 882	6 963	4 813	1 998	324	5	–	–
Rural – Rurale	22 635	1	808	5 046	8 054	5 605	2 600	487	33	1	–
Male – Masculin	11 683	1	396	2 542	4 239	2 875	1 352	259	19	–	–
Female – Féminin	10 952	–	412	2 504	3 815	2 730	1 248	228	14	1	–
France											
1987 [6 25 36]											
Urban – Urbaine	591 272	54	16 916	143 358	229 358	138 255	53 228	9 571	500	32	–
Male – Masculin	302 827	29	8 642	73 298	117 828	70 655	27 235	4 879	246	15	–
Female – Féminin	288 445	25	8 274	70 060	111 530	67 600	25 993	4 692	254	17	–
Rural – Rurale	174 991	12	4 056	40 590	71 999	41 618	14 428	2 201	84	3	–
Male – Masculin	89 591	10	2 053	20 724	36 807	21 487	7 344	1 125	40	1	–
Female – Féminin	85 400	2	2 003	19 866	35 192	20 131	7 084	1 076	44	2	–
German Democratic Rep. – Rép. démocratique allemande [26]											
1987											
Urban – Urbaine	171 613	11	15 198	80 136	53 282	17 869	4 647	448	*—	22 —*	–
Rural – Rurale	54 346	2	6 042	25 410	15 912	5 392	1 440	142	*—	6 —*	–
Greece – Grèce											
1985											
Urban – Urbaine	76 156	55	6 725	25 119	25 327	13 188	4 756	855	84	19	28
Male – Masculin	39 388	30	3 438	13 014	13 073	6 897	2 441	422	44	12	17
Female – Féminin	36 768	25	3 287	12 105	12 254	6 291	2 315	433	40	7	11

10. Live births by age of mother, sex and urban/rural residence: latest available year (continued)

Naissances vivantes selon l'âge de la mère, le sexe et la résidence, urbaine/rurale: dernière année disponible (suite)

Data by urban/rural residence

Données selon la résidence urbaine/rurale

(See notes at end of table. – Voir notes à la fin du tableau.)

Continent, country or area, year, sex and urban/rural residence — Continent, pays ou zone, année, sexe et résidence, urbaine/rurale	Age of mother (in years) – Age de la mère (en années): All ages Tous âges	–15	15–19	20–24	25–29	30–34	35–39	40–44	45–49	50+	Unknown Inconnu
EUROPE (Cont.–Suite)											
Greece – Grèce											
1985											
Rural – Rurale	40 325	38	6 666	16 169	10 629	4 658	1 662	431	47	7	18
Male – Masculin	21 034	18	3 439	8 493	5 567	2 396	859	224	22	6	10
Female – Féminin	19 291	20	3 227	7 676	5 062	2 262	803	207	25	1	8
Hungary – Hongrie											
1987 [35]											
Urban – Urbaine	70 398	68	7 554	24 268	21 618	12 526	3 756	590	18	–	–
Male – Masculin	36 144	36	3 862	12 480	11 153	6 410	1 882	308	13	–	–
Female – Féminin	34 254	32	3 692	11 788	10 465	6 116	1 874	282	5	–	–
Rural – Rurale	54 957	99	9 210	21 183	14 699	7 183	2 186	377	20	–	–
Male – Masculin	28 181	51	4 702	10 941	7 501	3 686	1 093	195	12	–	–
Female – Féminin	26 776	48	4 508	10 242	7 198	3 497	1 093	182	8	–	–
Luxembourg											
1980											
Urban – Urbaine	2 728	–	155	846	1 007	526	138	34	1	–	21
Male – Masculin	1 323	–	81	412	474	260	70	15	1	–	10
Female – Féminin	1 405	–	74	434	533	266	68	19	–	–	11
Rural – Rurale	1 441	–	73	385	583	305	81	12	2	–	–
Male – Masculin	759	–	40	199	314	163	39	3	1	–	–
Female – Féminin	682	–	33	186	269	142	42	9	1	–	–
Netherlands – Pays-Bas											
1986 [29 37]											
Urban – Urbaine	90 632	*—	2 956 —*	20 161	37 351	23 003	6 179	836	*—	146 —*	–
Male – Masculin	46 083	*—	1 483 —*	10 251	19 008	11 764	3 090	416	*—	71 —*	–
Female – Féminin	44 549	*—	1 473 —*	9 910	18 343	11 239	3 089	420	*—	75 —*	–
Rural – Rurale	23 596	*—	241 —*	4 185	11 060	6 394	1 491	214	*—	11 —*	–
Male – Masculin	12 048	*—	131 —*	2 151	5 611	3 258	766	126	*—	5 —*	–
Female – Féminin	11 548	*—	110 —*	2 034	5 449	3 136	725	88	*—	6 —*	–
Semi-urban–Semi urbaine	70 275	*—	853 —*	11 902	32 420	19 820	4 699	550	*—	31 —*	–
Male – Masculin	35 719	*—	447 —*	6 039	16 536	10 055	2 356	273	*—	13 —*	–
Female – Féminin	34 556	*—	406 —*	5 863	15 884	9 765	2 343	277	*—	18 —*	–
Norway – Norvège											
1980 [6]											
Urban – Urbaine	22 363	3	1 443	7 238	8 313	4 100	1 104	158	4	–	–
Male – Masculin	11 570	1	740	3 727	4 317	2 150	558	73	4	–	–
Female – Féminin	10 793	2	703	3 511	3 996	1 950	546	85	–	–	–
Rural – Rurale	28 676	2	2 412	9 152	9 763	5 489	1 588	257	13	–	–
Male – Masculin	14 778	1	1 282	4 731	5 000	2 831	812	115	6	–	–
Female – Féminin	13 898	1	1 130	4 421	4 763	2 658	776	142	7	–	–
Poland – Pologne											
1987											
Urban – Urbaine	325 593	73	20 873	108 162	107 303	61 813	23 587	3 607	169	6	–
Male – Masculin	167 678	39	10 760	55 838	55 256	31 682	12 135	1 871	93	4	–
Female – Féminin	157 915	34	10 113	52 324	52 047	30 131	11 452	1 736	76	2	–
Rural – Rurale	279 899	28	19 685	109 292	87 039	42 658	17 616	3 367	207	7	–
Male – Masculin	144 069	12	10 129	56 494	44 834	21 767	9 046	1 687	98	2	–
Female – Féminin	135 830	16	9 556	52 798	42 205	20 891	8 570	1 680	109	5	–

10. Live births by age of mother, sex and urban/rural residence: latest available year (continued)

Naissances vivantes selon l'âge de la mère, le sexe et la résidence, urbaine/rurale: dernière année disponible (suite)

Data by urban/rural residence

Données selon la résidence urbaine/rurale

(See notes at end of table. – Voir notes à la fin du tableau.)

Continent, country or area, year, sex and urban/rural residence — Continent, pays ou zone, année, sexe et résidence, urbaine/rurale	Age of mother (in years) – Age de la mère (en années)										
	All ages Tous âges	-15	15–19	20–24	25–29	30–34	35–39	40–44	45–49	50+	Unknown Inconnu
EUROPE (Cont.–Suite)											
San Marino – Saint-Marin											
1987+											
Urban – Urbaine	205	–	10	72	65	41	12	3	1	–	1
Male – Masculin	106	–	4	36	36	24	5	–	1	–	–
Female – Féminin	99	–	6	36	29	17	7	3	–	–	1
Rural – Rurale	15	–	–	4	7	3	1	–	–	–	–
Male – Masculin	8	–	–	3	4	1	–	–	–	–	–
Female – Féminin	7	–	–	1	3	2	1	–	–	–	–
Switzerland – Suisse											
1987											
Urban – Urbaine	42 012	4	779	8 058	17 160	11 804	3 671	511	24	1	–
Male – Masculin	21 538	2	423	4 119	8 883	5 964	1 869	264	14	–	–
Female – Féminin	20 474	2	356	3 939	8 277	5 840	1 802	247	10	1	–
Rural – Rurale	34 493	3	587	7 500	15 017	8 709	2 337	326	14	–	–
Male – Masculin	17 649	2	296	3 870	7 646	4 427	1 234	169	5	–	–
Female – Féminin	16 844	1	291	3 630	7 371	4 282	1 103	157	9	–	–
Yugoslavia – Yougoslavie											
1987											
Urban – Urbaine	177 131	94	13 448	62 088	60 413	29 918	9 319	1 453	145	42	211
Male – Masculin	91 925	48	6 997	32 199	31 275	15 520	4 893	785	75	26	107
Female – Féminin	85 206	46	6 451	29 889	29 138	14 398	4 426	668	70	16	104
Rural – Rurale	182 207	122	21 883	72 903	51 953	23 164	9 042	2 093	276	54	717
Male – Masculin	94 245	66	11 414	37 567	26 906	12 027	4 653	1 072	144	24	372
Female – Féminin	87 962	56	10 469	35 336	25 047	11 137	4 389	1 021	132	30	345
OCEANIA—OCEANIE											
Guam											
1986 [31 35]											
Urban – Urbaine	2 962	2	399	1 032	818	487	186	36	2	–	–
Male – Masculin	1 540	2	213	538	430	240	99	16	2	–	–
Female – Féminin	1 422	–	186	494	388	247	87	20	–	–	–
Rural – Rurale	309	–	60	101	86	38	19	5	–	–	–
Male – Masculin	164	–	28	58	45	22	8	3	–	–	–
Female – Féminin	145	–	32	43	41	16	11	2	–	–	–
New Zealand – Nouvelle-Zélande											
1987+ [30]											
Urban – Urbaine	40 754	143	3 479	10 338	14 941	8 946	2 549	340	*—	18 —*	–
Male – Masculin	20 982	66	1 679	5 321	7 763	4 693	1 279	174	*—	7 —*	–
Female – Féminin	19 772	77	1 800	5 017	7 178	4 253	1 270	166	*—	11 —*	–
Rural – Rurale	14 500	41	1 138	4 103	5 511	2 878	718	104	*—	7 —*	–
Male – Masculin	7 612	24	599	2 118	2 876	1 539	397	56	*—	3 —*	–
Female – Féminin	6 888	17	539	1 985	2 635	1 339	321	48	*—	4 —*	–
Pacific Islands – Iles du Pacifique											
1978 [32]											
Urban – Urbaine	*1 426*	*3*	*205*	*545*	*368*	*196*	*83*	*23*	*3*	–	–
Male – Masculin	*760*	–	*103*	*289*	*195*	*112*	*49*	*10*	*2*	–	–
Female – Féminin	*666*	*3*	*102*	*256*	*173*	*84*	*34*	*13*	*1*	–	–

10. Live births by age of mother, sex and urban/rural residence: latest available year (continued)

Naissances vivantes selon l'âge de la mère, le sexe et la résidence, urbaine/rurale: dernière année disponible (suite)

Data by urban/rural residence

Données selon la résidence urbaine/rurale

(See notes at end of table. – Voir notes à la fin du tableau.)

Continent, country or area, year, sex and urban/rural residence Continent, pays ou zone, année, sexe et résidence, urbaine/rurale	All ages Tous âges	−15	15–19	20–24	25–29	30–34	35–39	40–44	45–49	50+	Unknown Inconnu
	Age of mother (in years) – Age de la mère (en années)										
OCEANIA—OCEANIE(Cont.–Suite)											
Pacific Islands – Iles du Pacifique											
1978 [32]											
Rural – Rurale	*1 670*	–	*251*	*564*	*438*	*217*	*122*	*67*	*9*	*2*	–
Male – Masculin	*869*	–	*133*	*294*	*224*	*113*	*60*	*40*	*4*	*1*	–
Female – Féminin	*801*	–	*118*	*270*	*214*	*104*	*62*	*27*	*5*	*1*	–
Samoa											
1980											
Urban – Urbaine	*720*	–	*95*	*274*	*160*	*93*	*41*	*6*	*1*	–	*50*
Male – Masculin	*385*	–	*44*	*159*	*87*	*52*	*17*	*3*	*1*	–	*22*
Female – Féminin	*335*	–	*51*	*115*	*73*	*41*	*24*	*3*	–	–	*28*
Rural – Rurale	*1 973*	*1*	*151*	*687*	*490*	*300*	*171*	*75*	*23*	*12*	*63*
Male – Masculin	*1 074*	*1*	*79*	*381*	*263*	*168*	*86*	*42*	*10*	*7*	*37*
Female – Féminin	*899*	–	*72*	*306*	*227*	*132*	*85*	*33*	*13*	*5*	*26*

GENERAL NOTES

For definitions of "urban", see end of table 6. For method of evaluation and limitations of data, see Technical Notes, page 64.

Italics: data from civil registers which are incomplete or of unknown completeness.

FOOTNOTES

* Provisional.
\+ Data tabulated by date of registration rather than occurrence.
1 Excluding live–born infants dying before registration of birth.
2 For Algerian population only.
3 For classification by urban/rural residence, see end of table.
4 Based on the results of the population census of 1977.
5 Including unknown sex.
6 Age classification based on year of birth of mother rather than exact date of birth of child.
7 Excluding Newfoundland. Including Canadian residents temporarily in the United States, but excluding United States residents temporarily in Canada.
8 Births to mothers of unknown age have been proportionately distributed among known ages.

NOTES GENERALES

Pour les définitions des "regions urbaines", se reporter à la fin du tableau 6. Pour la méthode d'évaluation et les insuffisances des données, voir Notes techniques, page 64.

Italiques: données incomplètes ou dont le degré d'exactitude n'est pas connu provenant des registres de l'état civil.

NOTES

* Données provisoires.
\+ Données exploitées selon la date de l'enregistrement et non la date de l'événement.
1 Non compris les enfants nés vivants, décédés avant l'enregistrement de leur naissance.
2 Pour la population algérienne seulement.
3 Pour le classement selon la résidence, urbaine/rurale, voir la fin du tableau.
4 D'après les résultats du recensement de la population de 1977.
5 Y compris le sexe inconnu.
6 Le classement selon l'âge est basé sur l'année de naissance de la mère et non sur la date exacte de naissance de l'enfant.
7 Non compris Terre–Neuve. Y compris les résidents canadiens se trouvant temporairement aux Etats–Unis, mais non compris les résidents des Etats–Unis se trouvant temporairement au Canada.
8 Les naissances parmi les mères d'âge inconnu ont été réparties proportionellement entre les groupes d'âges indiqués.

10. Live births by age of mother, sex and urban/rural residence: latest available year (continued)

Naissances vivantes selon l'âge de la mère, le sexe et la résidence, urbaine/rurale: dernière année diponible (suite)

FOOTNOTES (continued)

9 Excluding adjustment for under–registration.
10 Excluding nomadic Indian tribes.
11 Excluding Indian jungle population, estimated at 39 800 in 1972.
12 Excluding Indian jungle population, estimated at 31 800 in 1961.
13 Based on the results of the population census of 1979.
14 For government controlled areas.
15 Excluding Vietnamese refugees.
16 Including data for East Jerusalem and Israeli residents in certain other territories under occupation by Israeli military forces since June 1967.
17 For Japanese nationals in Japan only.
18 Excluding data for Jordanian territory under occupation since June 1967 by Israeli military forces. Excluding foreigners, but including registered Palestinian refugees. For number of refugees, see table 5.
19 Including late registrations.
20 Events registered by Health Service only.
21 Based on the results of the Population Growth Survey.
22 Excluding transients afloat and non–locally domiciled military and civilian service personnel and their dependants.
23 Excluding Faeroe Islands and Greenland, shown separately.
24 Including nationals temporarily outside the country.
25 Including armed forces outside the country.
26 The data which relate to the German Democratic Republic and the Federal Republic of Germany include the relevant data relating to Berlin, for which separate data have not been supplied. This is without prejudice to any question of status which may be involved.
27 Births registered within one year of occurrence.
28 Maltese population only.
29 Including residents outside the country if listed in a Netherlands population register.
30 For under 16 and 16–19 years, as appropriate.
31 Including United States military personnel, their dependants and contract employees.
32 Excluding United States military personnel, their dependants and contract employees.
33 Excluding Northern Marianas.
34 Excluding infants born alive after less than 28 weeks' gestation, of less than 1 000 grammes in weight and 35 centimetres in length, who die within seven days of birth.
35 Excluding births of unknown residence.
36 Excluding births of nationals outside the country.
37 Excluding persons on the Central Register of Population (containing persons belonging in the Netherlands population but having no fixed municipality of residence).

NOTES (suite)

9 Non compris d'un ajustement pour sous–enregistrement.
10 Non compris les tribus d'Indiens nomades.
11 Non compris les Indiens de la jungle, estimés à 39 800 personnes en 1972.
12 Non compris les Indiens de la jungle, estimés à 31 800 personnes en 1961.
13 D'après les résultats du recensement de la population de 1979.
14 Pour les zones controlées par le Gouvernement.
15 Non compris les réfugiés du Viet–Nam.
16 Y compris les données pour Jérusalem–Est et les résidents israéliens dans certains autres territoires occupés depuis juin 1967 par les forces armées israéliennes.
17 Pour les nationaux japonais au Japon seulement.
18 Non compris les données pour le territoire jordanien occupé depuis juin 1967 par les forces armées israéliennes. Non compris les étrangers, mais y compris les réfugiés de Palestine immatriculés. Pour le nombre de réfugiés, voir le tableau 5.
19 Y compris les enregistrement tardifs.
20 Evénements enregistrés par les Service de santé seulement.
21 D'après les résultats de la "Population Growth Survey".
22 Non compris les personnes de passage à bord de navires ni les militaires et agents civils domiciliés hors du territoire et les membres de leur famille les accompagnant.
23 Non compris les îles Féroé et le Groenland, qui font l'object de rubrique distinctes.
24 Y compris les nationaux se trouvant temporairement hors du pays.
25 Y compris les militaires hors du pays.
26 Les données relatives à la République démocratique allemande et à la République fédérale d'Allemagne, incluent les données pertinentes relatives à Berlin, pour lequel des données séparées non pas été fournies. Cela sans préjudice des questions de statut qui peuvent se poser à cet égard.
27 Naissances enregistrées dans l'année qui suit l'événement.
28 Population Maltaise seulement.
29 Y compris les résidents hors du pays, s'ils sont inscrits sur un registre de population néerlandais.
30 Pour moins de 16 ans et 16–19 ans, selon le cas.
31 Y compris les militaires des Etats–Unis, les membres de leur famille les accompagnant et les agents contractuels des Etats–Unis.
32 Non compris les militaires des Etats–Unis, les membres de leur famille les accompagnant et les agents contractuels des Etats–Unis.
33 Non compris les Mariannes septentrionales.
34 Non compris les enfants nés vivants après moins de 28 semaines de gestation, pesant moins de 1 000 grammes, mesurant moins de 35 centimètres et décédés dans les sept jours qui ont suivi leur naissance.
35 Non compris les naissances d'enfants dont on ignore la résidence.
36 Non compris les naissances de nationaux hors du pays.
37 Non compris les personnes inscrites sur le Registre central de la population (personnes appartenant à la population néerlandaise mais sans résidence fixe dans l'une des municipalités).

11. Live-birth rates specific for age of mother, by urban/rural residence: latest available year

Naissances vivantes, taux selon l'âge de la mère et la résidence, urbaine/rurale: dernière année disponible

(See notes at end of table. – Voir notes à la fin du tableau.)

Continent, country or area, year, and urban/rural residence Continent, pays ou zone, année, et résidence, urbaine/rurale	Age of mother (in years) – Age de la mère (en années)							
	All ages Tous âges [1]	– 20 [2]	20–24	25–29	30–34	35–39	40–44	45+ [3]
AFRICA—AFRIQUE								
Cape Verde – Cap-Vert 1985	142.3	77.9	210.4	194.8	203.0	152.1	77.6	15.6
Egypt – Egypte 1982 [4]	152.3	31.0	173.9	308.6	258.7	177.8	69.3	35.9
Malawi 1977 [4 5]	206.7	135.6	280.3	275.5	241.3	195.8	126.0	118.1
Mauritius – Maurice Island of Mauritius – Ile Maurice 1987	69.4	40.9	123.6	116.5	71.5	36.9	9.6	♦ 1.2
Rodrigues 1987	110.4	74.7	184.8	166.3	131.3	91.2	50.9	♦ 3.2
Réunion 1986 [6 7]	86.4	48.8	134.0	164.0	112.3	59.5	21.9	♦ 2.1
Rwanda 1978 [4]	*236.3*	*49.7*	*300.3*	*400.5*	*374.6*	*307.8*	*197.8*	*116.7*
Seychelles 1987+	107.1	67.6	157.8	163.5	124.5	75.2	♦ 20.9	♦ 1.8
Tunisia – Tunisie 1980	151.9	36.7	207.8	294.2	249.1	170.6	76.9	37.7
Zimbabwe European – Européens 1978+	47.8	23.7	95.5	121.5	55.0	17.0	♦ 3.9	–
AMERICA, NORTH— AMERIQUE DU NORD								
Bahamas 1985	87.2	69.6	140.0	147.1	100.7	39.3	12.1	♦ 0.8
Barbados – Barbade 1980+	66.8	70.7	110.4	95.5	62.6	24.0	8.2	♦ 3.6
Belize 1984	*181.8*	*143.5*	*291.7*	*248.1*	*198.3*	*118.7*	*53.4*	♦ *8.0*
Bermuda – Bermudes 1985	58.5	33.7	102.6	124.2	75.9	31.4	♦ 3.1	♦ 0.6
British Virgin Islands – Iles Vierges britanniques+ [8] 1980	85.5	65.6	124.5	142.9	81.8	♦ 56.7	*—— ♦ 7.3	——*
Canada 1987 [9]	52.5	22.8	79.6	120.6	74.7	23.2	3.3	0.1
Costa Rica 1984	121.8	96.0	192.1	181.7	131.0	76.8	27.0	3.1
Cuba 1986 [4]	58.4	81.3	107.6	82.4	45.5	17.7	3.2	1.6
Dominican Republic – République dominicaine 1980+ [4]	*161.2*	*61.6*	*190.6*	*252.5*	*228.9*	*157.1*	*122.7*	*212.2*
El Salvador 1985	*131.1*	*107.5*	*212.6*	*199.4*	*142.0*	*93.9*	*44.1*	*12.4*
Greenland – Groenland 1987	74.6	66.1	125.9	114.1	73.7	33.9	*—— ♦ 3.1	——*

11. Live–birth rates specific for age of mother, by urban/rural residence: latest available year (continued)

Naissances vivantes, taux selon l'âge de la mère et la résidence, urbaine/rurale: dernière année disponible (suite)

(See notes at end of table. – Voir notes à la fin du tableau.)

Continent, country or area, year, and urban/rural residence — Continent, pays ou zone, année, et résidence, urbaine/rurale	Age of mother (in years) – Age de la mère (en années)							
	All ages Tous âges [1]	– 20 [2]	20–24	25–29	30–34	35–39	40–44	45+ [3]
AMERICA,NORTH— (Cont.–Suite) AMERIQUE DU NORD								
Guadeloupe 1985 [6,7]	78.0	37.0	122.0	170.0	111.4	55.5	19.1	♦ 2.0
Guatemala 1985 [4]	188.1	125.5	273.5	271.0	225.6	183.0	81.5	43.0
Honduras 1981+	*196.9*	*137.7*	*307.4*	*279.6*	*235.4*	*177.0*	*81.4*	*21.7*
Jamaica – Jamaïque 1982+	114.4	120.1	177.4	149.7	111.2	66.7	24.5	3.4
Mexico – Mexique 1980	*97.0*	*64.8*	*156.6*	*144.7*	*108.9*	*82.5*	*34.4*	*10.4*
Montserrat 1982+	96.9	155.2	126.0	118.8	♦ 75.4	*———	♦ 12.3	———*
Panama 1986 [4]	104.6	93.5	175.8	161.7	101.0	57.9	18.3	5.5
Puerto Rico – Porto Rico 1985 [4]	75.0	66.2	147.9	149.9	81.8	30.9	7.3	0.5
Saint Kitts and Nevis – Saint–Kitts–et–Nevis 1986+	101.7	101.7	146.9	167.9	91.4	44.1	♦ 22.1	♦ 4.3
Saint Lucia – Sainte–Lucie 1986	129.5	113.6	206.0	201.8	125.9	88.7	29.3	♦ 0.9
St. Vincent and the Grenadines – Saint–Vincent–et–Grenadines 1980	140.8	144.9	219.5	188.1	134.1	65.4	28.1	♦ 5.4
Trinidad and Tobago – Trinité–et–Tobago 1983	112.6	89.8	184.8	178.0	115.3	68.6	16.4	1.6
United States – Etats–Unis 1986	59.1	51.7	108.2	109.2	69.3	24.3	4.1	0.2
United States Virgin Islands – Iles Vierges américaines 1980	96.9	90.1	213.6	146.9	96.4	58.3	19.9	♦ 0.4
AMERICA,SOUTH— AMERIQUE DU SUD								
Argentina – Argentine 1980	103.3	81.8	173.8	179.1	132.0	74.4	24.5	4.5
Bolivia – Bolivie 1976	*116.4*	*51.9*	*165.7*	*185.0*	*164.8*	*124.4*	*65.8*	*27.1*
Brazil – Brésil 1986	*78.8*	*57.6*	*131.8*	*126.5*	*83.5*	*50.0*	*20.5*	*4.2*
Chile – Chili 1986 [10]	79.2	59.2	134.3	131.7	89.9	48.0	13.8	1.4
Colombia – Colombie 1985+	*110.1*	*87.9*	*139.8*	*144.0*	*131.5*	*95.7*	*58.9*	*56.0*
Ecuador – Equateur 1987 [11]	*86.4*	*52.5*	*133.4*	*130.5*	*103.6*	*74.7*	*39.3*	*9.7*

11. Live-birth rates specific for age of mother, by urban/rural residence: latest available year (continued)

Naissances vivantes, taux selon l'âge de la mère et la résidence, urbaine/rurale: dernière année disponible (suite)

(See notes at end of table. – Voir notes à la fin du tableau.)

Continent, country or area, year, and urban/rural residence Continent, pays ou zone, année, et résidence, urbaine/rurale	Age of mother (in years) – Age de la mère (en années)							
	All ages Tous âges [1]	-20 [2]	20–24	25–29	30–34	35–39	40–44	45+ [3]
AMERICA,SOUTH— (Cont.-Suite) AMERIQUE DU SUD								
Paraguay 1985 [4]	*45.4*	*23.6*	*64.6*	*67.2*	*52.8*	*49.0*	*23.5*	*7.5*
Peru – Pérou 1981+ [4 12]	*107.8*	*63.5*	*166.6*	*168.2*	*129.2*	*103.2*	*43.3*	*9.9*
Uruguay 1985+	75.8	57.3	129.7	136.7	100.3	55.7	17.6	1.6
Venezuela 1987 [13]	114.3	100.9	180.0	171.1	127.9	71.9	25.7	6.3
ASIA—ASIE								
Afghanistan 1979 [4 14]	232.5	159.9	332.8	350.6	262.7	230.4	104.0	80.1
Bahrain – Bahreïn 1985	*141.0*	*37.0*	*164.5*	*249.0*	*226.6*	*130.0*	*56.2*	*42.1*
Bangladesh 1981 [4]	*161.5*	*130.4*	*247.7*	*260.0*	*164.0*	*127.4*	*46.0*	*18.0*
Brunei Darussalam – Brunéi Darussalam 1986+	117.3	36.0	149.9	202.0	162.6	101.7	39.2	♦ 6.5
Cyprus – Chypre 1987	*59.6*	*27.8*	*128.9*	*121.9*	*70.4*	*23.7*	*4.4*	♦ *0.2*
Hong Kong – Hong-kong 1987 [15]	46.6	6.2	41.3	102.6	77.1	26.1	4.2	♦ 0.2
Iraq 1977	*123.5*	*51.4*	*156.9*	*198.8*	*188.8*	*135.8*	*63.2*	*31.7*
Israel – Israël [16] 1987 [4]	95.0	21.1	151.6	201.3	143.8	73.9	17.4	1.4
Japan – Japon 1986 [4 17]	44.7	3.8	59.6	169.7	86.8	17.2	1.7	0.1
Jordan – Jordanie [18] 1979+	219.7	79.3	245.3	254.2	326.1	340.6	272.5	149.2
Korea, Republic of– Corée, République de 1986	*54.2*	*7.7*	*99.9*	*155.2*	*37.6*	*7.0*	*1.5*	*0.4*
Kuwait – Koweït 1986	132.2	44.2	176.6	213.7	179.6	128.5	50.5	13.7
Macau – Macao 1981 [19]	*65.0*	*10.2*	*79.8*	*140.9*	*90.3*	*39.2*	*12.1*	♦ *1.2*
Malaysia – Malaisie Peninsular Malaysia – Malaisie Péninsulaire 1987 [4 6]	111.7	20.8	135.0	219.0	176.4	110.7	43.4	4.5
Sarawak 1985	*114.9*	*56.7*	*167.8*	*207.0*	*155.8*	*80.3*	*27.6*	*7.7*
Pakistan 1976 [4 20]	206.0	56.3	271.2	348.2	305.3	225.7	127.6	72.5
Philippines 1986	*107.7*	*43.9*	*164.0*	*180.2*	*137.1*	*97.1*	*39.6*	*10.0*

11. Live–birth rates specific for age of mother, by urban/rural residence: latest available year (continued)

Naissances vivantes, taux selon l'âge de la mère et la résidence, urbaine/rurale: dernière année disponible (suite)

(See notes at end of table. – Voir notes à la fin du tableau.)

Continent, country or area, year, and urban/rural residence — Continent, pays ou zone, année, et résidence, urbaine/rurale	All ages Tous âges [1]	– 20 [2]	20–24	25–29	30–34	35–39	40–44	45+ [3]
	Age of mother (in years) – Age de la mère (en années)							
ASIA—ASIE (Cont.–Suite)								
Qatar 1986	*153.2*	*62.0*	*264.1*	*287.0*	*152.3*	*102.1*	*30.5*	*10.2*
Singapore – Singapour 1987 [21]	56.7	8.3	60.4	125.8	94.4	34.3	6.0	♦ 0.2
Sri Lanka 1983+ [4]	102.9	37.4	166.7	180.1	139.8	80.9	23.5	3.5
Thailand – Thaïlande 1987+	*63.0*	*40.2*	*112.3*	*99.8*	*64.7*	*35.2*	*16.7*	*10.2*
EUROPE								
Austria – Autriche 1987 [4]	44.5	22.5	93.7	97.2	52.1	18.5	3.8	0.2
Belgium – Belgique 1983	49.2	15.9	101.8	124.6	53.8	15.3	2.9	0.2
Bulgaria – Bulgarie 1986 [4]	57.1	81.1	186.1	94.4	34.4	10.0	2.1	0.2
Channel Islands – Iles Anglo-Normandes Guernsey – Guernesey 1986	48.4	20.0	65.9	124.7	87.4	24.6	♦ 5.5	–
Jersey 1986+	42.9	13.0	43.7	91.0	82.2	31.4	*——— ♦	3.8 ———*
Czechoslovakia – Tchécoslovaquie 1986	58.8	50.6	187.7	108.9	41.7	12.8	2.0	0.1
Denmark – Danemark [22] 1987	43.5	9.5	70.7	122.3	71.3	21.5	3.2	♦ 0.1
Faeroe Islands – Iles Féroé 1987	70.9	28.9	113.1	161.7	102.0	45.1	♦ 12.6	–
Finland – Finlande 1986 [4 23]	48.3	12.9	71.0	119.8	77.8	31.1	6.9	0.4
France 1987 [4 7 24]	56.3	10.1	86.3	143.3	85.3	31.4	7.3	0.4
German Democratic Rep. – Rép. démocratique allemande [25] 1985 [4]	54.4	43.8	160.8	100.1	34.7	10.4	1.3	0.1
Germany, Federal Rep. of – Allemagne, République fédérale d' [25] 1986	40.1	8.6	57.7	108.2	70.0	23.8	3.6	0.2
Greece – Grèce 1984 [4]	53.1	41.2	131.6	108.9	56.7	21.3	4.6	0.5
Hungary – Hongrie 1987 [4]	49.2	47.6	145.4	107.1	44.3	14.7	2.7	0.1
Iceland – Islande 1984	69.3	38.1	123.6	124.7	86.5	38.9	7.2	–
Ireland – Irlande 1985+ [26]	75.0	16.8	87.1	160.3	136.2	74.5	21.5	1.6

11. Live–birth rates specific for age of mother, by urban/rural residence: latest available year (continued)

Naissances vivantes, taux selon l'âge de la mère et la résidence, urbaine/rurale: dernière année disponible (suite)

(See notes at end of table. – Voir notes à la fin du tableau.)

Continent, country or area, year, and urban/rural residence Continent, pays ou zone, année, et résidence, urbaine/rurale	Age of mother (in years) – Age de la mère (en années)							
	All ages Tous âges [1]	– 20 [2]	20–24	25–29	30–34	35–39	40–44	45+ [3]
EUROPE (Cont.–Suite)								
Italy – Italie 1982	44.9	16.9	91.1	108.9	63.6	26.3	5.4	0.4
Liechtenstein 1986	44.3	♦ 5.9	46.9	106.3	83.5	30.5	♦ 6.9	♦ 2.5
Luxembourg 1987	44.6	11.6	63.0	107.5	72.2	23.7	3.8	♦ 0.1
Malta – Malte 1987 [27]	59.9	12.0	88.1	144.8	96.3	42.7	11.1	♦ 0.1
Netherlands – Pays–Bas 1986 [4 28]	47.9	6.8	58.0	134.0	86.6	21.2	3.4	0.5
Norway – Norvège 1987 [4 7]	52.7	17.7	91.0	131.7	79.6	24.6	4.0	♦ 0.3
Poland – Pologne 1987 [4]	65.8	32.2	171.6	129.5	63.1	27.2	6.9	0.4
Portugal 1987	48.6	27.9	93.3	98.3	59.6	25.9	7.4	0.8
Romania – Roumanie 1985	65.2	57.8	191.4	121.1	55.2	21.4	5.1	0.4
San Marino – Saint–Marin 1987+	36.5	♦ 11.8	74.7	73.2	49.7	♦ 16.0	♦ 3.8	♦ 1.4
Spain – Espagne 1981	59.8	22.8	106.1	138.5	85.1	42.5	13.0	1.1
Sweden – Suède 1987	52.2	11.0	83.6	139.0	95.2	33.2	5.7	0.2
Switzerland – Suisse 1987 [4]	45.3	6.2	60.1	126.0	83.4	24.4	3.4	0.2
United Kingdom – Royaume–Uni 1987	55.3	30.9	93.9	125.5	81.3	26.6	4.8	0.4
England and Wales – Angleterre et Galles 1985	54.0	29.5	94.5	127.6	76.4	24.1	4.6	0.4
Northern Ireland – Irlande du Nord 1985+	74.2	28.7	121.8	162.8	114.0	51.8	10.9	♦ 0.5
Scotland – Ecosse 1985+	52.6	30.9	95.2	123.3	68.0	20.7	3.4	♦ 0.2
Yugoslavia – Yougoslavie 1987	61.7	41.0	150.9	124.2	57.1	21.5	5.5	0.7
OCEANIA—OCEANIE								
Australia – Australie 1983+	62.2	26.5	102.7	146.1	81.5	25.0	4.3	0.2
Cook Islands – Iles Cook 1981+	120.9	91.6	225.8	200.9	151.9	72.4	♦ 40.2	♦ 9.4
Fiji – Fidji 1985+	106.5	58.8	223.7	175.8	98.9	51.4	17.1	3.6
Guam 1980 [29]	110.9	74.6	194.1	174.5	116.8	53.5	25.0	♦ 2.5

11. Live-birth rates specific for age of mother, by urban/rural residence: latest available year (continued)

Naissances vivantes, taux selon l'âge de la mère et la résidence, urbaine/rurale: dernière année disponible (suite)

(See notes at end of table. – Voir notes à la fin du tableau.)

Continent, country or area, year, and urban/rural residence — Continent, pays ou zone, année, et résidence, urbaine/rurale	Age of mother (in years) – Age de la mère (en années): All ages Tous âges [1]	– 20 [2]	20–24	25–29	30–34	35–39	40–44	45+ [3]
OCEANIA—OCEANIE(Cont.–Suite)								
New Caledonia – Nouvelle-Calédonie 1983	*107.7*	*64.6*	*212.6*	*183.6*	*122.7*	*70.7*	*25.3*	♦ *4.2*
New Zealand – Nouvelle-Zélande 1987+ [4]	63.7	31.8	105.0	145.6	91.4	27.0	4.4	♦ 0.3
Pacific Islands – Iles du Pacifique 1979 [30]	*165.9*	*100.2*	*242.4*	*263.4*	*212.2*	*143.6*	*54.9*	♦ *7.9*
Samoa 1977	*104.4*	*33.5*	*205.5*	*194.6*	*148.0*	*102.4*	*40.0*	*18.4*
USSR—URSS								
USSR – URSS 1986 [31]	79.8	43.9	192.2	146.4	79.2	33.8	7.9	0.9

11. Live–birth rates specific for age of mother, by urban/rural residence: latest available year (continued)

Naissances vivantes, taux selon l'âge de la mère et la résidence, urbaine/rurale: dernière année disponible (suite)

Data by urban/rural residence

Données selon la résidence urbaine/rurale

(See notes at end of table. – Voir notes à la fin du tableau.)

Continent, country or area, year, and urban/rural residence Continent, pays ou zone, année, et résidence, urbaine/rurale	Age of mother (in years) – Age de la mère (en années)							
	All ages Tous âges [1]	– 20 [2]	20–24	25–29	30–34	35–39	40–44	45+ [3]
AFRICA—AFRIQUE								
Egypt – Egypte								
1982								
Urban – Urbaine	129.6	26.7	139.0	278.9	230.1	142.5	47.0	21.2
Rural – Rurale	172.9	35.3	212.2	336.6	283.2	204.8	86.3	46.5
Malawi								
1977 [5]								
Urban – Urbaine	208.2	119.1	272.1	273.0	241.4	194.3	113.5	101.0
Rural – Rurale	206.5	137.1	281.1	275.7	241.2	195.9	126.7	118.9
Rwanda								
1978								
Urban – Urbaine	*201.7*	*53.1*	*265.1*	*336.3*	*283.3*	*223.6*	*130.7*	*62.1*
Rural – Rurale	*238.0*	*49.6*	*302.2*	*404.0*	*379.3*	*311.1*	*200.2*	*118.5*
AMERICA,NORTH—AMERIQUE DU NORD								
Cuba								
1986								
Urban – Urbaine	54.2	80.4	100.7	77.2	41.6	15.9	2.8	1.4
Rural – Rurale	70.0	83.1	126.0	96.2	57.4	23.5	4.3	2.3
Dominican Republic – République dominicaine								
1980+								
Urban – Urbaine	*201.2*	*72.7*	*244.1*	*347.0*	*314.6*	*182.3*	*130.2*	*198.8*
Rural –Rurale	*130.5*	*52.8*	*146.3*	*179.4*	*165.5*	*139.2*	*117.6*	*222.1*
Guatemala								
1981								
Urban – Urbaine	220.2	156.1	337.2	331.2	260.6	168.2	76.8	19.2
Rural – Rurale	221.0	161.9	310.4	313.5	289.1	204.0	100.4	29.2
Panama								
1986								
Urban – Urbaine	85.0	65.4	139.1	149.3	87.9	38.4	8.9	♦ 1.1
Rural – Rurale	131.7	129.8	234.6	178.0	119.8	85.0	30.8	10.9
Puerto Rico – Porto Rico								
1980								
Urban – Urbaine	65.0	49.9	126.7	125.4	69.6	27.7	6.5	♦ 0.5
Rural – Rurale	139.1	130.2	278.1	215.9	121.9	60.9	20.2	3.8
AMERICA,SOUTH—AMERIQUE DU SUD								
Ecuador – Equateur								
1987 [11]								
Urban – Urbaine	*79.9*	*46.5*	*124.2*	*125.4*	*96.4*	*60.3*	*26.2*	*6.5*
Rural – Rurale	*95.6*	*61.4*	*148.3*	*138.4*	*113.3*	*92.2*	*54.6*	*13.3*
Paraguay								
1982								
Urban – Urbaine	*55.0*	*28.8*	*77.8*	*89.5*	*74.3*	*47.9*	*21.9*	*6.3*
Rural – Rurale	*35.2*	*18.0*	*51.5*	*53.5*	*46.2*	*35.9*	*19.6*	*8.6*
Peru – Pérou								
1981 [12]								
Urban – Urbaine	*268.6*	*151.2*	*450.9*	*485.2*	*343.8*	*217.0*	*78.2*	*14.6*
Rural – Rurale	*105.3*	*62.3*	*158.0*	*160.0*	*137.4*	*120.9*	*56.2*	*15.7*

11. Live-birth rates specific for age of mother, by urban/rural residence: latest available year (continued)

Naissances vivantes, taux selon l'âge de la mère et la résidence, urbaine/rurale: dernière année disponible (suite)

Data by urban/rural residence

Données selon la résidence urbaine/rurale

(See notes at end of table. – Voir notes à la fin du tableau.)

Continent, country or area, year, and urban/rural residence Continent, pays ou zone, année, et résidence, urbaine/rurale	Age of mother (in years) – Age de la mère (en années)							
	All ages Tous âges [1]	– 20 [2]	20–24	25–29	30–34	35–39	40–44	45+ [3]
ASIA—ASIE								
Afghanistan								
1979 [14]								
Urban – Urbaine	189.6	120.3	262.9	285.5	249.3	183.8	74.6	47.5
Rural – Rurale	240.3	168.6	346.9	362.6	264.9	238.5	108.2	85.6
Bangladesh								
1981								
Urban – Urbaine	*121.5*	*85.0*	*178.4*	*202.6*	*121.1*	*90.0*	*39.4*	*3.9*
Rural – Rurale	*166.6*	*136.9*	*257.9*	*267.6*	*169.2*	*131.7*	*46.6*	*19.4*
Israel – Israël [16]								
1987								
Urban – Urbaine	93.2	21.7	151.3	196.8	138.4	70.6	16.3	1.3
Rural – Rurale	110.4	17.6	153.2	241.3	187.8	100.6	27.1	♦ 2.4
Japan – Japon								
1985 [17]								
Urban – Urbaine	45.3	4.0	56.7	171.0	85.6	18.1	1.9	0.1
Rural – Rurale	50.5	4.2	82.2	195.7	82.3	15.1	1.5	0.1
Malaysia – Malaisie								
Peninsular Malaysia – Malaisie Péninsulaire								
1980 [6]								
Urban – Urbaine	95.9	21.1	126.9	198.1	145.1	71.0	22.6	3.2
Rural – Rurale	147.0	46.3	229.8	280.9	213.6	132.0	53.5	6.9
Pakistan								
1976 [20]								
Urban – Urbaine	192.6	42.7	257.0	382.8	294.4	214.7	88.0	45.3
Rural – Rurale	211.3	62.6	277.3	335.4	309.2	229.8	141.7	82.7
Sri Lanka								
1981+								
Urban – Urbaine	236.6	76.5	338.4	424.6	352.9	205.6	63.4	8.8
Rural – Rurale	76.9	28.0	127.9	137.2	97.4	60.4	17.3	2.7
EUROPE								
Austria – Autriche								
1981								
Urban – Urbaine	43.8	29.8	102.6	92.8	45.6	15.6	3.7	♦ 0.2
Rural – Rurale	60.6	38.7	139.0	120.2	62.0	25.4	7.2	0.6
Bulgaria – Bulgarie								
1986								
Urban – Urbaine	55.5	69.6	179.0	96.8	36.1	10.4	2.2	0.2
Rural – Rurale	61.1	110.4	203.1	87.8	29.6	8.9	1.8	♦ 0.1
Finland – Finlande								
1986 [23]								
Urban – Urbaine	46.3	13.2	65.8	112.9	75.2	28.9	6.0	♦ 0.2
Rural – Rurale	51.8	12.3	81.2	134.2	82.8	35.4	8.7	0.7

11. Live-birth rates specific for age of mother, by urban/rural residence: latest available year (continued)

Naissances vivantes, taux selon l'âge de la mère et la résidence, urbaine/rurale: dernière année disponible (suite)

Data by urban/rural residence

Données selon la résidence urbaine/rurale

(See notes at end of table. – Voir notes à la fin du tableau.)

Continent, country or area, year, and urban/rural residence — Continent, pays ou zone, année, et résidence, urbaine/rurale	All ages Tous âges [1]	Age of mother (in years) – Age de la mère (en années) -20 [2]	20–24	25–29	30–34	35–39	40–44	45+ [3]
EUROPE (Cont.–Suite)								
France								
1982 [7 24 32]								
Urban – Urbaine	61.9	16.7	112.6	142.9	78.5	29.1	6.1	0.5
Rural – Rurale	55.3	12.3	117.0	147.1	70.6	24.1	4.5	0.3
German Democratic Rep. – Rép. démocratique allemande [25]								
1981								
Urban – Urbaine	54.6	48.3	170.9	100.5	33.5	8.6	1.5	0.1
Rural – Rurale	64.8	61.8	185.5	105.1	37.2	10.6	2.2	♦ 0.2
Greece – Grèce								
1981								
Urban – Urbaine	61.8	43.3	133.5	126.4	68.7	29.8	6.1	0.9
Rural – Rurale	82.9	81.7	240.3	175.3	81.6	33.5	8.0	1.1
Hungary – Hongrie								
1987								
Urban – Urbaine	44.2	34.6	119.7	102.4	44.4	14.7	2.6	0.2
Rural – Rurale	57.2	68.6	190.4	113.6	43.6	14.6	2.9	♦ 0.1
Netherlands – Pays-Bas								
1986 [28]								
Urban – Urbaine	46.1	10.3	57.3	113.5	78.8	21.6	3.7	0.7
Rural – Rurale	55.2	3.2	66.3	174.6	101.9	22.8	4.0	♦ 0.2
Semi-urban – Semi-urbaine	48.4	3.6	56.7	153.8	92.8	20.3	2.9	0.2
Norway – Norvège								
1980 [7]								
Urban – Urbaine	54.2	23.2	99.1	118.1	60.9	20.8	3.6	♦ 0.1
Rural – Rurale	55.9	26.7	116.8	126.3	64.2	22.7	4.5	♦ 0.2
Poland – Pologne								
1987								
Urban – Urbaine	54.0	27.6	141.7	110.4	54.2	22.3	5.2	0.3
Rural – Rurale	88.1	39.1	217.0	164.6	82.6	38.5	10.5	0.6
Switzerland – Suisse								
1980								
Urban – Urbaine	39.8	8.5	61.5	107.6	65.2	18.9	3.0	♦ 0.2
Rural – Rurale	55.0	11.6	105.1	150.8	78.3	23.7	4.9	0.5
OCEANIA—OCEANIE								
New Zealand – Nouvelle-Zélande								
1986+								
Urban – Urbaine	53.6	25.8	83.8	124.5	78.8	22.7	3.6	♦ 0.2
Rural – Rurale	113.6	62.7	248.9	263.2	127.8	31.9	6.8	♦ 0.4

11. Live–birth rates specific for age of mother, by urban/rural residence: latest available year (continued)

Naissances vivantes, taux selon l'âge de la mère et la résidence, urbaine/rurale: dernière année diponible (suite)

GENERAL NOTES

Rates are the number of live births by age of mother per 1 000 corresponding female population. For definitions of "urban", see end of table 6. For method of evaluation and limitations of data, see Technical Notes, page 66.

Italics: rates calculated using live births from civil registers which are incomplete or of unknown completeness.

FOOTNOTES

- * Provisional.
- ♦ Rates based on 30 or fewer live births.
- \+ Data tabulated by date of registration rather than occurrence.

1 Rates computed on female population aged 15–49.
2 Rates computed on female population aged 15–19.
3 Rates computed on female population aged 45–49.
4 For classification by urban/rural residence, see end of table.
5 Based on the results of the population census of 1977.
6 Excluding live–born infants dying before registration of birth.
7 Age classification based on year of birth of mother rather than exact date of birth of child.
8 Based on births recorded at Peebles' hospital.
9 Excluding Newfoundland; however, rates computed on total population. Including Canadian residents temporarily in the United States, but excluding United States residents temporarily in Canada.
10 Excluding adjustment for under–registration.
11 Excluding nomadic Indian tribes.
12 Excluding Indian jungle population, estimated at 39 800 in 1972.
13 Excluding Indian jungle population, estimated at 31 800 in 1961.
14 Based on the results of the population census of 1979.
15 Excluding Vietnamese refugees.
16 Including data for East Jerusalem and Israeli residents in certain other territories under occupation by Israeli military forces since June 1967.
17 For Japanese nationals in Japan only; however, rates computed on population including foreigners except foreign military and civilian personnel and their dependants stationed in the area.
18 Excluding data for Jordanian territory under occupation since June 1967 by Israeli military forces. Excluding foreigners, but including registered Palestinian refugees. For number of refugees, see table 5.
19 Births registered by Health Service only.
20 Based on the results of the Population Growth Survey.
21 Excluding transients afloat and non–locally domiciled military and civilian services personnel and their dependants.
22 Excluding Faeroe Islands and Greenland, shown separately.
23 Including nationals temporarily outside the country.
24 Including armed forces outside the country.

NOTES GENERALES

Les taux représentent les nombres de naissances vivantes selon l'âge de la mère pour 1 000 femmes du même groupe d'âge . Pour les définitions des "régions urbaines", se reporter à la fin du tableau 6. Pour la méthode d'évaluation et les insuffisances des données, voir Notes techniques, page 66.
Italiques: taux calculés d'après des chiffres de naissances vivantes provenant des registres de l'état civil incomplets ou dont le degré d'exactitude n'est pas connu.

NOTES

- * Données provisoires.
- ♦ Taux basés sur 30 naissances vivantes ou moins.
- \+ Données exploitées selon la date de l'enregistrement et non la date de l'événement.

1 Taux calculés sur la base de la population féminine de 15 à 49 ans.
2 Taux calculés sur la base de la population féminine de 15 à 19 ans.
3 Taux calculés sur la base de la population féminine de 45 à 49 ans.
4 Pour le classement selon la résidence, urbaine/rurale, voir la fin du tableau.
5 D'après les résultats du recensement de la population de 1977.
6 Non compris les enfants nés vivants, décédés avant l'enregistrement de leur naissance.
7 Le classement selon l'âge est basé sur l'année de naissance de la mère et non sur la date exacte de naissance de l'enfant.
8 D'après les naissances enregistrées à l'hôpital de Peeble.
9 Non compris Terre–Neuve; toutefois, les taux sont calculés sur la base de la population totale. Y compris les résidents canadiens se trouvant temporairement aux Etats–Unis, mais non compris les résidents des Etats–Unis se trouvant temporairement au Canada.
10 Non compris d'un ajustement pour sous–enregistrement.
11 Non compris les tribus d'Indiens nomades.
12 Non compris les Indiens de la jungle, estimés à 39 800 personnes en 1972.
13 Non compris les Indiens de la jungle, estimés à 31 800 personnes en 1961.
14 D'après les résultats du recensement de la population de 1979.
15 Non compris réfugiés du Viet–Nam.
16 Y compris les données pour Jérusalem–Est et les résidents israéliens dans certains autres territoires occupés depuis juin 1967 pour les forces armées israéliennes.
17 Pour les nationaux japonais au Japon seulement; toutefois, les taux sont calculés sur la base d'une population comprenant les étrangers, mais ne comprenant ni les militaires et agents civils étrangers en poste sur le territoire ni les membres de leur famille les accompagnant.
18 Non compris les données pour le territoire jordanien occupé depuis juin 1967 par les forces armées israéliennes. Non compris les étrangers, mais y compris les réfugiés de Palestine immatriculés. Pour le nombre de réfugiés, voir le tableau 5.
19 Naissances enregistrées par le Service de santé seulement.
20 D'après les résultats de la "Population Growth Survey".
21 Non compris les personnes de passage à bord de navires, ni les militaires et agents civils domiciliés hors du territoire et les membres de leur famille les accompagnant.
22 Non compris les îles Féroé et le Groenland, qui font l'objet de rubriques distinctes.
23 Y compris les nationaux se trouvant temporairement hors du pays.
24 Y compris les militaires hors du pays.

11. Live–birth rates specific for age of mother, by urban/rural residence: latest available year (continued)

Naissances vivantes, taux selon l'âge de la mère et la résidence, urbaine/rurale: dernière année disponible (suite)

FOOTNOTES (continued)

25 The data which relate to the German Democratic Republic and the Federal Republic of Germany include the relevant data relating to Berlin, for which separate data have not been supplied. This is without prejudice to any question of status which may be involved.
26 Births registered within one year of occurrence.
27 Rates computed on Maltese population only.
28 Including residents outside the country if listed in a Netherlands population register.
29 Including United States military personnel, their dependants and contract employees.
30 Excluding United States military personnel, their dependants and contract employees.
31 Excluding infants born alive after less than 28 weeks' gestation, of less than 1 000 grammes in weight and 35 centimetres in length, who die within seven days of birth.
32 Excluding births of nationals outside the country.

NOTES (suite)

25 Les données relatives à la République démocratique allemande et à la République fédérale d'Allemagne, incluent les données pertinentes relatives à Berlin, pour lequel des données séparées n'ont pas été fournies. Cela sans préjudice des questions de statut qui peuvent se poser à cet égard.
26 Naissances enregistrées dans l'année que suit l'événement.
27 Taux calculés sur la base de la population maltaise seulement.
28 Y compris les résidents hors du pays, s'ils sont inscrits sur un registre de population néerlandais.
29 Y compris les militaires des Etats–Unis, les membres de leur famille les accompagnant et les agents contractuels des Etats–Unis.
30 Non compris les militaires des Etats–Unis, les membres de leur famille les accompagnant et les agents contractuels des Etats–Unis.
31 Non compris les enfants nés vivants après moins de 28 semaines de gestation, pesant moins de 1 000 grammes, mesurant moins de 35 centimètres et décédés dans les sept jours qui ont suivi leur naissance.
32 Non compris les naissances de nationaux hors du pays.

12. Late foetal deaths and late foetal death ratios, by urban/rural residence: 1983 – 1987

Morts foetales tardives et rapports de mortinatalité, selon la résidence, urbaine/rurale: 1983 – 1987

(See notes at end of table. – Voir notes à la fin du tableau.)

Continent, country or area and urban/rural residence — Continent, pays ou zone et résidence, urbaine/rurale	Code [1]	Number – Nombre					Ratio – Rapport				
		1983	1984	1985	1986	1987	1983	1984	1985	1986	1987
AFRICA—AFRIQUE											
Algeria – Algérie [2] [3]	U	...	...	16 851	...	...	...	...	19.9	...	...
Mauritius – Maurice											
Island of Mauritius – Ile Maurice [4]	+C	379	388	368	342	344					
Rodrigues [5]	+C	24	16	15	23	19					
Réunion [3]	U	232	216	170	189	...					
Seychelles	...	...	15	...	...	...					
Sierra Leone	...	2 596	3 024	3 701	3 898	...	42.5	44.4	48.8	46.4	...
AMERICA, NORTH— AMERIQUE DU NORD											
Antigua and Barbuda – Antigua-et-Barbuda	+U	8	...	...	...	...					
Bahamas [6]	...	69	42	54	58	*31					
Barbados – Barbade	+U	50	47	41	41	...					
British Virgin Islands – Iles Vierges britanniques	+...	8	8	7	2	...					
Canada [7]	C	1 828	1 678	1 629	1 574	1 584	4.9	4.4	4.3	4.2	4.3
Cayman Islands – Iles Caïmanes	C	1	3	2	3	1					
Cuba [4]	C	1 913	1 933	1 918	2 001	...	11.6	11.6	10.5	12.0	...
El Salvador [4]	...	961	864	832	...	...					
Greenland – Groenland	C	5	11	4	5	6					
Guadeloupe [3]	...	125	83	85	...	...					
Guatemala [4]	...	6 316	6 363	6 796	...	...	20.6	20.4	20.8	...	...
Jamaica – Jamaïque	+...	467	276	...	...	...					
Martinique [3]	...	78	71	81	30	...					
Mexico – Mexique	+...	22 255	28 541	27 993	...	...	8.5	11.4	10.5	...	...
Panama [4] [8]	U	457	442	428	421	471					
Puerto Rico – Porto Rico	C	710	673	657	...	...					
Saint Kitts and Nevis – Saint-Kitts-et-Nevis	C	20	16	28	14	...					
Trinidad and Tobago – Trinité-et-Tobago	C	564	372	...	...	...					
United States – Etats-Unis	C	21 306	20 670	20 167	19 353	...	5.9	5.6	5.4	5.2	...
AMERICA, SOUTH— AMERIQUE DU SUD											
Brazil – Brésil	...	43 684	40 453	39 057	38 460	...	16.1	15.8	14.9	13.8	...
Chile – Chili [4]	C	1 542	1 612	1 522	1 746	1 823	5.9	6.1	5.8	6.4	6.5
Colombia – Colombie [9]	+...	...	...	5 797	6 177	...	...	...	6.9	...	...
Ecuador – Equateur [10]	...	3 891	3 723	3 597	4 265	4 067	18.8	18.1	17.1	20.7	19.9
French Guiana – Guyane Française [3]	...	23	55	67	67	...					
Uruguay	+C	649	...	...	...	...					
Venezuela [11]	...	6 850	7 107	6 409	6 520	6 514	13.3	14.1	12.8	12.9	12.6
ASIA—ASIE											
Hong Kong – Hong-kong	...	386	330	295	292	291					
India – Inde [4]	...	...	...	...	...	...	...	10.4	...	...	...
Israel – Israël [12]	C	618	549	576	...	...					
Japan – Japon [4] [13]	C	9 464	8 724	7 733	6 902	6 252	6.3	5.9	5.4	5.0	4.6
Kuwait – Koweït [14]	C	667	551	588	522	...					
Macau – Macao	U	45	62	33	...	35					
Malaysia – Malaisie											
Peninsular Malaysia – Malaisie Péninsulaire [4] [15]	...	4 856	4 439	4 516	4 218	3 702	13.2	11.4	11.1	10.5	9.4
Sabah	...	215	211	222	179	...					
Sarawak	...	144	159	117	131	...					
Maldives [4]	...	188	202	161	137	165					

12. Late foetal deaths and late foetal death ratios, by urban/rural residence: 1983 – 1987 (continued)

Morts foetales tardives et rapports de mortinatalité, selon la résidence, urbaine/rurale: 1983 – 1987 (suite)

(See notes at end of table. – Voir notes à la fin du tableau.)

Continent, country or area and urban/rural residence Continent, pays ou zone et résidence, urbaine/rurale	Code [1]	Number – Nombre 1983	1984	1985	1986	1987	Ratio – Rapport 1983	1984	1985	1986	1987
ASIA—ASIE (Cont.–Suite)											
Philippines	U	*13 811*	*11 145*	*8 517*	*7 977*	*9 679*	*9.2*	*7.5*	*5.9*	*5.3*	...
Qatar	...	*136*	...	*84*	*95*	*71*					
Singapore – Singapour	+C	223	243	227	201	206					
Sri Lanka	+U	*2 552*	...	...	...	...	*6.3*	...	...	...	...
Thailand – Thaïlande	+...	*861*	*809*	*640*	*749*	...					
EUROPE											
Austria – Autriche	C	[14] 481	381	391	385	289					
Belgium – Belgique	C	824	780	764	...	...					
Bulgaria – Bulgarie [4]	C	863	840	785	716	...					
Channel Islands– Iles Anglo–Normandes											
Jersey	+C	2	5	5	...	...					
Czechoslovakia – Tchécoslovaquie [4]	C	1 176	1 148	1 097	1 194	1 016	5.1	5.0	4.9	5.4	4.7
Denmark – Danemark [16]	C	264	228	236	242	258					
Faeroe Islands – Iles Féroé	C	8	2	4	3	3					
Finland – Finlande [4] [17]	C	268	260	241	193	...					
France [4] [5] [18]	C	5 723	5 835	5 658	5 615	5 304	7.6	7.7	7.4	7.2	6.9
German Democratic Rep. – Rép. démocratique allemande [19]	C	1 317	1 236	1 187	1 041	1 117	5.6	5.4	5.2	4.7	4.9
Germany, Federal Rep. of – Allemagne, République fédérale d' [19]	C	2 790	2 567	2 414	2 506	2 485	4.7	4.4	4.1	4.0	3.9
Greece – Grèce [4]	U	*963*	*990*	*846*	...	...					
Hungary – Hongrie [4]	C	902	799	808	828	882					
Iceland – Islande [4]	C	14	17	...	...	...					
Ireland – Irlande	+C	581	542	516	...	...					
Isle of Man – Ile de Man	+C	2	8	2	1	5					
Italy – Italie	C	4 361	4 160	3 833	3 658	3 455	7.3	7.1	6.7	6.6	6.3
Luxembourg	C	24	20	22	20	23					
Netherlands – Pays–Bas [20]	C	1 002	1 036	1 054	1 060	...	5.9	5.9	5.9	5.7	...
Norway – Norvège	C	303	261	279	268	237					
Poland – Pologne [4]	C	4 397	4 201	3 897	3 703	3 475	6.1	6.0	5.8	5.8	5.7
Portugal	C	1 517	1 405	1 270	1 169	1 045	10.5	9.8	9.7	9.2	8.5
Romania – Roumanie [4]	C	2 605	2 988	2 824	...	...	8.1	8.5	7.9	...	...
San Marino – Saint–Marin	+...	*1*	*1*	...	*1*	...					
Spain – Espagne	...	*3 151*	...	...	...	...	*6.5*	...	...	...	...
Sweden – Suède [14]	C	340	381	388	423	412					
Switzerland – Suisse [4]	C	361	352	345	334	337					
United Kingdom – Royaume–Uni	C	4 214	4 186	4 189	4 065	3 931	5.8	5.7	5.6	5.4	5.1
England and Wales – Angleterre et Galles	C	3 631	3 643	3 645	3 550	3 420	5.8	5.7	5.6	5.4	4.4
Northern Ireland – Irlande du Nord	+C	204	164	178	125	171					
Scotland – Ecosse	+C	379	379	366	390	...					
Yugoslavia – Yougoslavie [4]	C	2 482	2 334	2 253	2 231	2 238	6.6	6.2	6.1	6.2	6.2
OCEANIA—OCEANIE											
American Samoa – Samoa américaines	...	*18*	*22*	*15*	...	...					
Australia – Australie	+C	1 233	1 193	1 128	1 180	...	5.1	5.1	4.6	4.8	...
Fiji – Fidji	+U	*86*	*74*	*101*	...	...					
Guam	C	...	...	16	4	...					
New Caledonia – Nouvelle–Calédonie	...	*57*	...	...	*46*	...					
New Zealand – Nouvelle–Zélande [4]	+C	269	261	254	249	265					
Pacific Islands – Iles du Pacifique											
Northern Mariana Islands – Iles Mariannes septentrionales	U	...	...	*9*	...	...					

12. Late foetal deaths and late foetal death ratios, by urban/rural residence: 1983 – 1987 (continued)

Morts foetales tardives et rapports de mortinatalité, selon la résidence, urbaine/rurale: 1983 – 1987 (suite)

Data by urban/rural residence

Données selon la résidence urbaine/rurale

(See notes at end of table. – Voir notes à la fin du tableau.)

Continent, country or area and urban/rural residence — Continent, pays ou zone et résidence, urbaine/rurale	Code [1]	Number – Nombre 1983	1984	1985	1986	1987	Ratio – Rapport 1983	1984	1985	1986	1987
AFRICA—AFRIQUE											
Mauritius – Maurice											
Island of Mauritius – Ile Maurice	+C										
Urban – Urbaine		134	149	129	122	133	...	...	...	...	...
Rural – Rurale		245	239	239	220	211	...	...	...	...	...
AMERICA,NORTH— AMERIQUE DU NORD											
Cuba	C										
Urban – Urbaine		1 176	[21] 1 177	1 216	1 262	...	10.7	[21] 10.6	9.9	11.1	...
Rural – Rurale		737	[21] 754	702	738	...	13.3	[21] 13.6	12.8	14.0	...
El Salvador	...										
Urban – Urbaine		...	*703*	*679*	...	...					
Rural – Rurale		...	*161*	*153*	...	...					
Guatemala	...										
Urban – Urbaine		*3 324*	*3 519*	*3 604*	...	...	*28.9*	*29.6*	*29.2*	...	...
Rural – Rurale		*2 992*	*2 844*	*3 192*	...	...	*15.6*	*14.7*	*15.7*	...	...
Panama [8]	...										
Urban – Urbaine		*220*	*229*	*203*	*186*	*201*					
Rural – Rurale		*237*	*213*	*225*	*235*	*270*					
AMERICA,SOUTH— AMERIQUE DU SUD											
Chile – Chili	C										
Urban – Urbaine		1 277	1 336	1 252	1 429	1 463	6.2	6.3	6.0	6.6	6.5
Rural – Rurale		265	276	270	317	360	6.9	6.7	6.7	7.5	9.1
ASIA—ASIE											
India– Inde	...										
Urban – Urbaine		...	...	...	...	...	...	*7.9*	...	...	...
Rural – Rurale		...	...	...	...	...	...	*11.0*	...	...	...
Japan – Japon [13 21]	C										
Urban – Urbaine		7 142	6 641	5 899	5 279	4 791	6.1	5.8	5.3	4.9	4.6
Rural – Rurale		2 315	2 072	1 826	1 614	1 454	6.7	6.1	5.6	5.2	4.9
Malaysia – Malaisie											
Peninsular Malaysia – [15] Malaisie Péninsulaire	...										
Urban – Urbaine		*1 316*	*1 201*	*1 225*	*1 221*	*1 065*	*9.6*	*8.1*	*7.9*	*8.0*	*7.2*
Rural – Rurale		*3 540*	*3 238*	*3 291*	*2 997*	*2 637*	*15.3*	*13.5*	*13.1*	*12.5*	*10.8*
Maldives	...										
Urban – Urbaine		*43*	*44*	*43*	*31*	*31*					
Rural – Rurale		*145*	*158*	*118*	*106*	*134*					
Thailand – Thaïlande	+...										
Urban – Urbaine		...	...	...	*510*	...					
Rural – Rurale		...	...	...	*239*	...					
EUROPE											
Bulgaria – Bulgarie	C										
Urban – Urbaine		546	549	538	479	...					
Rural – Rurale		317	291	247	237	...					
Czechoslovakia – Tchécoslovaquie	C										
Urban – Urbaine		891	854	798	...	...	5.2	5.0	4.7	...	...
Rural – Rurale		285	294	299	...	...	4.8	5.1	4.2	...	...
Finland – Finlande [17]	C										
Urban – Urbaine		163	164	137	116	...					
Rural – Rurale		105	96	104	77	...					
France [5 18]	C										
Urban – Urbaine		...	...	4 505	4 433	4 180	...	...	7.6	7.4	7.0
Rural – Rurale		...	...	1 140	1 151	1 103	...	...	6.6	6.5	6.3
Greece – Grèce	U										
Urban – Urbaine		*803*	*755*	*614*	...	...	*9.2*	*9.1*			
Rural – Rurale		*371*	*375*	*336*	...	...	*8.2*	*4.3*			

12. Late foetal deaths and late foetal death ratios, by urban/rural residence: 1983 – 1987 (continued)

Morts foetales tardives et rapports de mortinatalité, selon la résidence, urbaine/rurale: 1983 – 1987 (suite)

Data by urban/rural residence

Données selon la résidence urbaine/rurale

(See notes at end of table. – Voir notes à la fin du tableau.)

Continent, country or area and urban/rural residence — Continent, pays ou zone et résidence, urbaine/rurale	Code [1]	Number – Nombre 1983	1984	1985	1986	1987	Ratio – Rapport 1983	1984	1985	1986	1987
EUROPE (Cont.–Suite)											
Hungary – Hongrie [21]	C										
Urban – Urbaine		447	404	445	440	463					
Rural – Rurale		455	395	363	382	413					
Iceland – Islande	C										
Urban – Urbaine		14	16	...	...	...					
Rural – Rurale		–	1	...	...	...					
Poland – Pologne	C										
Urban – Urbaine		2 394	2 357	2 057	1 959	1 815	6.0	6.1	5.5	5.7	5.6
Rural – Rurale		2 003	1 844	1 840	1 744	1 660	6.3	5.9	6.0	6.0	5.9
Romania – Roumanie	C										
Urban – Urbaine		1 314	1 485	1 442	...	...	8.2	8.8	7.8	...	...
Rural – Rurale		1 291	1 503	1 382	...	...	8.0	8.3	7.9	...	...
Switzerland – Suisse	C										
Urban – Urbaine		...	211	191	185	197					
Rural – Rurale		...	141	154	149	140					
Yugoslavia – Yougoslavie	C										
Urban – Urbaine		1 258	1 154	1 150	1 161	1 118	6.6	6.1	6.4	6.5	6.3
Rural – Rurale		1 224	1 180	1 103	1 070	1 120	6.6	6.2	5.9	5.9	6.1
OCEANIA—OCEANIE											
New Caledonia – Nouvelle–Calédonie	...										
Urban – Urbaine		*34*	...	...	*14*	...					
Rural – Rurale		*23*	...	...	*32*	...					
New Zealand – Nouvelle–Zélande	+C										
Urban – Urbaine		186	196	183	182	201					
Rural – Rurale		83	65	71	67	64					

GENERAL NOTES

Late foetal deaths are those of 28 or more completed weeks of gestation. Data include foetal deaths of unknown gestational age. Ratios are the number of late foetal deaths per 1 000 live births. Ratios are shown only for countries or areas having at least a total of 1 000 late foetal deaths in a given year. For definitions of "urban", see end of table 6. For method of evaluation and limitations of data, see Technical Notes, page 69.

Italics: data from civil registers which are incomplete or of unknown completeness.

FOOTNOTES

- * Provisional
- \+ Data tabulated by date of registration rather than occurrence.

1 Code "C" indicates that the data are estimated to be virtually complete (at least 90 per cent) and code "U" indicates that the data are estimated to be incomplete (less than 90 per cent). For further details, see Technical Notes.
2 For Algerian population only.
3 Including live–born infants dying before registration of birth.
4 For classification by urban/rural residence, see end of table.
5 Foetal deaths after at least 180 days (6 calendar months or 26 weeks) of gestation.
6 Based on hospital records.
7 Including Canadian residents temporarily in the United States, but excluding United States residents temporarily in Canada.
8 Excluding tribal Indian population, numbering 62 187 in 1960; however, ratios computed on live births including Indian population.
9 Based on burial permits.
10 Excluding nomadic Indian tribes.
11 Excluding Indian jungle population, estimated at 31 800 in 1961.
12 Including data for East Jerusalem and Israeli residents in certain other territories under occupation by Israeli military forces since June 1967.
13 For Japanese nationals in Japan only.
14 Including foetal detaths under 28 weeks.
15 For the de jure population.
16 Excluding Faeroe Islands and Greenland, shown separately.
17 Including nationals temporarily outside the country.
18 Ratios computed on live births including national armed forces outside the country.
19 The data which relate to the German Democratic Republic and the Federal Republic of Germany include the relevant data relating to Berlin, for which separate data have not been supplied. This is without prejudice to any question of status which may be involved.
20 Including residents outside the country if listed in a Netherlands population register.
21 Excluding foetal deaths of unknown residence.

NOTES GENERALES

Les morts foetales tardives sont celles qui surviennent après 28 semaines complètes de gestation au moins. Les données comprennent les morts foetales survenues après une période de gestation de durée inconnue. Les rapports représentent le nombre de morts foetales tardives pour 1 000 naissances vivantes. Les rapports présentés ne se rapportent qu'aux pays ou zones ou l'on a enregistré un total d'au moins 1 000 morts foetales tardives dans une année donnée. Pour les définitions des "régions urbaines", se reporter à la fin du tableau 6. Pour la méthode d'évaluation et les insuffisances des données, voir Notes techniques, page 69.
Italiques: données incomplètes ou dont le degré d'exactitude n'est pas connu, provenant des registres de l'état civil.

NOTES

- * Données provisoires.
- \+ Données exploitées selon la date de l'enregistrement et non la date de l'événement.

1 Le code "C" indique que les données sont jugées pratiquement complètes (au moins 90 p. 100) et le code "U" que les données sont jugées incomplètes (moins de 90 p. 100). Pour plus de détails, voir Notes techniques.
2 Pour la population algérienne seulement.
3 Y compris les enfants nés vivants, décédés avant l'enregistrement de leur naissance.
4 Pour le classement selon la résidence, urbaine/rurale, voir la fin du tableau.
5 Morts foetales survenues après 180 jours (6 mois civils ou 26 semaines) au moins de gestation.
6 D'après les registres des hôpitaux.
7 Y compris les résidents canadiens se trouvant temporairement aux Etats–Unis, mais non compris les résidents des Etats–Unis se trouvant temporairement au Canada.
8 Non compris les Indiens vivant en tribus, au nombre de 62 187 en 1960; toutefois, les rapports sont calculés surles naissances vivantes qui comprennent les Indiens.
9 D'après les permis d'inhumer.
10 Non compris les tribus d'Indiens nomades.
11 Non compris les Indiens de la jungle, estimés à 31 800 personnes en 1961.
12 Y compris les données pour Jérusalem–Est et les résidents israéliens dans certains autres territoires occupés depuis juin 1967 par les forces armées israéliennes.
13 Pour les nationaux japonais au Japon seulement.
14 Y compris les morts foetales moins de 28 semaines.
15 Pour la population de droit.
16 Non compris les îles Féroé et le Groenland, qui font l'objet de rubriques distinctes.
17 Y compris les nationaux se trouvant temporairement hors du pays.
18 Rapports calculés sur la base des naissances vivantes qui comprennent les militaires nationaux hors du pays.
19 Les données relatives à la République démocratique allemande et à la République fédérale d'Allemagne, incluent les données pertinentes relatives à Berlin, pour lequel des données séparées n'ont pas été fournies. Cela sans préjudice des questions de statut qui peuvent se poser à cet égard.
20 Y compris les résidents hors du pays, s'ils sont inscrits sur un registre de population néerlandais.
21 Non compris les morts foetales tardives dont on ignore la résidence.

13. Legally induced abortions: 1979–1987

Avortements provoqués légalement: 1979–1987

(See notes at end of table. – Voir notes à la fin du tableau.)

Continent, country or area — Continent, pays ou zone	Code [1]	Number – Nombre 1979	1980	1981	1982	1983	1984	1985	1986	1987
AFRICA—AFRIQUE										
Botswana	...	...	...	...	...	...	17	...	...	...
Réunion	...	3 828	3 803	3 838	4 287	...	4 321	4 402	4 299	4 181
Seychelles	...	...	...	...	...	...	[2] 221	[2] 188	9	...
AMERICA, NORTH— AMERIQUE DU NORD										
Bermuda – Bermudes	a,b,c,e	...	...	...	...	85	92	...	...	...
Canada	a,b,c	65 043	65 751	65 053	66 254	61 750	62 291	60 956	62 406	...
Cuba	...	106 549	103 974	108 559	126 745	116 956	139 588	138 671	160 926	...
Greenland – Groenland	a,b,c,e,f	450	470	539	...	...	...	...	...	...
Guadeloupe	...	455	561	...	...	...	...	...	...	...
Martinique	...	...	...	1 846	2 211	2 455	2 321	*1 753	...	...
Panama [3]	...	11	26	11	12	...	...	...	...	...
AMERICA, SOUTH— AMERIQUE DU SUD										
French Guiana – Guyane française	...	...	...	...	...	...	388	...	...	...
ASIA—ASIE										
India – Inde [4]	a,b,c,d,e	...	346 327	388 405	500 624	492 696	561 033	583 704	...	...
Israel – Israël [5]	...	15 925	14 708	14 514	16 829	15 593	18 948	18 406	17 469	...
Japan – Japon [6]	a,b,c,d,e	...	...	...	590 299	568 363	568 916	550 127	*527 900	497 756
Singapore – Singapour	a,b,c,d,e	16 999	18 219	18 890	15 548	19 100	22 190	23 512	21 374	...
EUROPE										
Bulgaria – Bulgarie	...	147 888	155 876	152 370	147 791	134 165	131 140	132 041	134 686	...
Czechoslovakia – Tchécoslovaquie	a,b,c,e	94 486	100 170	103 517	107 638	108 662	113 802	119 325	124 188	158 451
Denmark – Danemark [7]	a,b,c,d,e,	23 193	23 334	22 779	21 462	20 791	20 742	19 919	20 067	20 830
Finland – Finlande	a,b,c,e,f	15 849	15 037	14 120	13 861	13 360	13 645	13 832	13 310	...
France	a,b,c,e	156 810	171 218	180 695	181 122	182 862	180 789	173 335	166 797	161 036
Germany, Federal Rep. of – Allemagne, République fédérale d' [8]	a,b,c,e,f	82 788	87 702	87 353	91 064	86 529	86 298	83 538	84 274	88 540
Greece – Grèce	a,b,c,e,f	137	117	109	...	220	193	*180	...	...
Hungary – Hongrie	a,b,c,d,e,	80 767	80 882	78 421	78 682	78 599	82 191	81 970	83 586	84 547
Iceland – Islande	a,b,c,e,f	556	523	597	613	687	...	...	...	...
Italy – Italie	...	187 752	207 644	216 755	231 308	231 061	228 377	210 192	196 969	...
Netherlands – Pays-Bas	a,b,c,e,f	...	...	20 897	20 187	19 700	*18 700	*17 300	...	...
Norway – Norvège	a,b,c,d,e	14 456	13 531	13 845	13 496	13 646	14 070	14 599	15 474	15 422
Poland – Pologne [9]	a,b,c,e,f	220 431	133 835	230 070	141 177	130 980	132 844	135 564	129 720	122 536
Sweden – Suède	a,b,c,d,e	34 709	34 887	33 294	32 604	31 014	30 755	30 838	33 090	34 707
United Kingdom – Royaume-Uni [10]	a,b,c,d,e	...	...	...	136 924	135 794	145 497	150 211	157 168	165 542
England and Wales – Angleterre et Galles [11]	a,b,c,d,e	120 611	128 927	162 480	163 045	162 161	169 993	171 873	...	...
Scotland – Ecosse	a,b,c,d,e	7 754	7 855	8 975	8 372	8 459	9 109	9 110	...	...
OCEANIA—OCEANIE										
New Zealand – Nouvelle-Zélande	b,c,d,e,f	...	5 945	6 758	6 903	7 198	7 275	7 130	8 056	8 789
USSR – URSS										
USSR – URSS	...	7009 000	7003 000	7 834 000	6912 000	6 765 000	6 780 000	7 034 000	7 116 000	...
Byelorussian SSR– RSS de Biélorussie	...	...	202 000	...	...	...	...	201 000	...	...
Ukrainian SSR– RSS d'Ukraine	...	...	1197 000	...	...	...	...	1179 000	...	...

13. Legally induced abortions: 1978–1986 (continued)

Avortements provoqués légalement: 1978–1986 (suite)

GENERAL NOTES

For method of evaluation and limitations of data, see Technical Notes, page 71.

FOOTNOTES

* Provisional.
1 Explanation of code:
a. continuance of pregnancy would involve risk to the life of the pregnant woman greater than if the pregnancy were terminated.
b. Continuance of pregnancy would involve risk of injury to the physical health of the pregnant woman greater than if the pregnancy were terminated.
c. Continuance of pregnancy would involve risk of injury to the mental health of the pregnant woman greater than if the pregnancy were terminated.
d. Continuance of pregnancy would involve risk of injury to mental or physical health of any existing children of the family greater than if the pregnancy were terminated.
e. There is a substantial risk that if the child were born it would suffer from such physical or mental abnormalities as to be seriously handicapped.
f. Other.
2 Including spontaneous abortions.
3 Prior to 1980, excluding the former Canal Zone.
4 For year ending 31 March.
5 Including data for East Jerusalem and Israeli residents in certain other territories under occupation by Israeli military forces since June 1967.
6 For Japanese nationals in Japan only.
7 Excluding the Faeroe Islands and Greenland shown separately.
8 The data which relate to the Federal Republic of Germany include the relevant data relating to Berlin for which separate data have not been supplied. This is without prejudice to any question of status which may be involved.
9 Except for 1979 and 1981, based on hospital and polyclinic records.
10 For residents only.
11 Prior to 1981, for residents only.

NOTES GENERALES

Pour la méthode d'évaluation et les insuffisances des données, voir Notes techniques, page 71.

NOTES

* Données provisoires.
1 Explication du code:
a. La prolongation de la grossesse exposerait la vie de la femme enceinte davantage que son interruption.
b. La prolongation de la grossesse causerait des complication pouvant affecter la santé physique de la femme enceinte davantage que son interruption.
c. La prolongation de la grossesse causerait des complications affectant les facultés mentales de la femme enceinte davantage que son interruption.
d. La prolongation de la grossesse causerait des complications affectant les facultés mentales ou physiques des enfants vivants de cette famille, davantage que son interruption.
e. Il y aurait des risques majeurs pour l'enfant de naître avec des anomalies physiques ou mentales qui l'handicaperaient gravement.
f. Autres.
2 Y compris les avortements spontanés.
3 Pour les années antérieures à l980, non compris l'ancienne Zone du Canal.
4 Période annuelle se terminant le 31 mars.
5 Y compris les données pour Jérusalem–Est et les résidents israéliens dans certains autres territoires occupés depuis juin 1967 par les forces armées israéliennes.
6 Pour les nationaux japonais au Japon seulement.
7 Non compris les îles Féroé et le Groenland, qui font l'objet de rubriques distinctes.
8 Les données relatives à la République fédérale d'Allemagne incluent les données pertinentes relatives à Berlin, pour lequel des données séparées n'ont pas été fournies. Cela sans préjudice des questions de statut qui peuvent se poser à cet égard.
9 Sauf pour 1979 et 1981, d'après les registres des hopitaux et des polycliniques.
10 Pour les résidents seulement.
11 Pour les années antérieures à 1981, pour les résidents seulement.

14. Legally induced abortions by age and number of previous live births of woman: latest available year
Avortements provoqués légalement selon l'âge de la femme et selon le nombre des naissances vivantes précédentes: dernière année disponible

(See notes at end of table. – Voir notes à la fin du tableau.)

Continent, country or area, year and number of previous live births / Continent, pays ou zone, année et nombre des naissances vivantes précédentes	Age of woman (in years) – Age de la femme (en années)									
	All ages / Tous âges	–15	15–19	20–24	25–29	30–34	35–39	40–44	45–49	50 plus	Unknown / Inconnu
AFRICA—AFRIQUE											
Réunion											
1987 [1]											
Total	4 140	22	574	1 303	955	683	451	134	*—	17 —*	1
0	2 931	21	513	996	613	418	270	89	*—	11 —*	–
1	939	1	49	247	268	197	138	35	*—	4 —*	–
2	133	–	3	27	40	31	25	6	*—	1 —*	–
3	28	–	–	7	4	10	5	2	*—	– —*	–
4	3	–	–	–	1	1	1	–	*—	– —*	–
5 plus	1	–	–	–	1	–	–	–	*—	– —*	–
Unknown–Inconnu	105	–	9	26	28	26	12	2	*—	1 —*	1
Seychelles											
1985 [2]											
Total	188	1	24	58	61	25	14	4	1	–	–
AMERICA,NORTH—AMERIQUE DU NORD											
Bermuda – Bermudes											
1984											
Total	92	3	30	21	18	14	5	–	–	1	–
0	44	3	27	9	1	3	1	–	–	–	–
1	21	–	2	6	6	6	1	–	–	–	–
2	13	–	–	3	7	2	–	–	–	–	–
3	8	–	–	2	3	1	2	–	–	1	–
4	1	–	–	–	–	1	–	–	–	–	–
5	2	–	–	–	1	1	–	–	–	–	–
6 plus	–	–	–	–	–	–	–	–	–	–	–
Unknown–Inconnu	3	–	1	1	–	–	1	–	–	–	–
Canada											
1986 [3]											
Total	62 406	378	13 542	20 562	13 623	8 514	4 541	1 158	*—	88 —*	–
0	36 272	364	11 847	13 821	6 365	2 634	1 013	220	*—	8 —*	–
1	11 695	2	1 139	4 195	3 369	1 935	854	189	*—	12 —*	–
2	9 198	–	146	1 711	2 708	2 592	1 620	391	*—	30 —*	–
3	2 811	–	16	295	735	902	650	193	*—	20 —*	–
4	721	–	–	37	147	229	205	93	*—	10 —*	–
5	193	–	–	9	30	56	67	26	*—	5 —*	–
6 plus	96	–	–	–	10	25	39	19	*—	3 —*	–
Unknown–Inconnu	1 420	12	394	494	259	141	93	27	*—	– —*	–
Panama											
1982											
Total	12	–	1	*—	7 —*	*—	2 —*	*—	2 —*	–	–
Former Canal Zone – Ancienne Zone du Canal											
1978											
Total	104	–	23	42	24	12	3	–	–	–	–
ASIA—ASIE											
India – Inde											
1985 [4]											
Total	583 704	1 074	20 225	109 436	138 508	97 315	42 755	10 223	*—	781 —*	163 387

14. Legally induced abortions by age and number of previous live births of woman: latest available year (continued)
Avortements provoqués légalement selon l'âge de la femme et selon le nombre des naissances vivantes précédentes: dernière année disponible (suite)

(See notes at end of table. – Voir notes à la fin du tableau.)

Continent, country or area, year and number of previous live births / Continent, pays ou zone, année et nombre des naissances vivantes précédentes	Age of woman (in years) – Age de la femme (en années)										
	All ages / Tous âges	–15	15–19	20–24	25–29	30–34	35–39	40–44	45–49	50 plus	Unknown / Inconnu
ASIA—ASIE (Cont.–Suite)											
Japan – Japon											
1987 [5]											
Total	497 756	*—	27 542 —*	81 178	86 633	117 866	131 514	48 262	4 408	105	248
Singapore – Singapour											
1986											
Total	21 374	27	1 755	5 851	6 056	4 547	2 492	567	*—	79 —*	–
0	8 279	27	1 618	4 055	1 897	521	141	18	*—	2 —*	–
1	3 870	–	119	1 071	1 562	797	271	47	*—	3 —*	–
2	6 215	–	17	610	2 034	2 213	1 110	212	*—	19 —*	–
3	2 139	–	1	104	467	765	652	134	*—	16 —*	–
4 plus	871	–	–	11	96	251	318	156	*—	39 —*	–
Unknown–Inconnu	–	–	–	–	–	–	–	–	*—	– —*	–
EUROPE											
Czechoslovakia – Tchécoslovaquie											
1985 [5]											
Total	119 325	34	8 103	24 773	31 419	29 545	19 145	5 898	375	22	11
0	13 872	34	5 844	5 576	1 389	571	336	110	9	3	–
1	21 225	–	1 933	8 437	5 216	3 049	1 850	696	39	2	3
2	57 697	–	292	9 258	18 412	16 609	10 021	2 924	170	8	3
3	21 034	–	29	1 311	5 296	7 418	5 355	1 511	109	3	2
4	3 903	–	–	161	866	1 353	1 096	391	28	6	2
5 plus	1 561	–	1	25	234	532	484	264	20	–	1
Unknown–Inconnu	33	–	4	5	6	13	3	2	–	–	–
Denmark – Danemark [6]											
1987											
Total	20 830	57	2 788	6 096	4 551	3 428	2 546	1 232	132	–	–
0	9 944	57	2 633	4 501	1 842	579	218	101	13	–	–
1	4 003	–	142	1 130	1 250	814	495	161	11	–	–
2	4 859	–	12	415	1 130	1 494	1 181	568	59	–	–
3	1 553	–	1	45	276	427	483	294	27	–	–
4	322	–	–	1	39	77	111	80	14	–	–
5	87	–	–	–	8	21	38	16	4	–	–
6 plus	62	–	–	4	6	16	20	12	4	–	–
Unknown–Inconnu	–	–	–	–	–	–	–	–	–	–	–
Faeroe Islands – Iles Féroé											
1975											
Total	26	–	4	2	3	8	6	3	–	–	–
0	6	–	4	1	–	1	–	–	–	–	–
1	3	–	–	1	1	–	1	–	–	–	–
2	2	–	–	–	–	–	–	2	–	–	–
3	6	–	–	–	2	3	1	–	–	–	–
4	2	–	–	–	–	1	1	–	–	–	–
5	3	–	–	–	–	3	–	–	–	–	–
6 plus	3	–	–	–	–	–	2	1	–	–	–
Unknown–Inconnu	1	–	–	–	–	–	1	–	–	–	–

14. Legally induced abortions by age and number of previous live births of woman: latest available year (continued)
Avortements provoqués légalement selon l'âge de la femme et selon le nombre des naissances vivantes précédentes: dernière année disponible (suite)

(See notes at end of table. – Voir notes à la fin du tableau.)

Continent, country or area, year and number of previous live births / Continent, pays ou zone, année et nombre des naissances vivantes précédentes	Age of woman (in years) – Age de la femme (en années)										
	All ages / Tous âges	–15	15–19	20–24	25–29	30–34	35–39	40–44	45–49	50 plus	Unknown / Inconnu
EUROPE (Cont.–Suite)											
Finland – Finlande											
1983 [3]											
Total	13 360	23	3 078	3 395	2 090	1 899	1 778	913	180	4	–
0	7 073	23	2 978	2 583	842	388	208	37	10	4	–
1	2 190	–	91	583	561	457	336	142	20	–	–
2	2 538	–	6	199	498	687	703	381	64	–	–
3	1 112	–	–	27	158	286	364	229	48	–	–
4	332	–	–	–	27	68	135	82	20	–	–
5	76	–	–	1	2	11	20	31	11	–	–
6 plus	33	–	–	–	1	2	12	11	7	–	–
Unknown–Inconnu	6	–	3	2	1	–	–	–	–	–	–
France											
1986											
Total	166 797	*— 17	075 —*	39 712	39 539	34 284	25 452	8 833	989	58	855
Germany, Federal Rep. of – Allemagne, République fédérale d' [7]											
1987											
Total	88 540	81	7 098	21 960	21 746	17 366	13 277	5 524	976	58	454
0	42 465	80	6 607	16 126	10 904	5 121	2 558	764	96	14	195
1	17 876	1	410	3 859	4 991	4 167	3 037	1 129	169	8	105
2	18 211	–	70	1 595	4 184	5 236	4 641	2 028	350	14	93
3	6 539	–	9	317	1 284	1 975	1 851	877	173	9	44
4	2 133	–	2	51	295	587	707	383	94	3	11
5	789	–	–	9	65	205	277	170	52	7	4
6 plus	527	–	–	3	23	75	206	173	42	3	2
Unknown–Inconnu	–	–	–	–	–	–	–	–	–	–	–
Greece – Grèce											
1985*											
Total	180	–	16	92	69	3	–	–	–	–	–
Hungary – Hongrie											
1987											
Total	84 547	126	9 152	14 132	15 848	20 741	16 710	7 165	*—	630 —*	43
0	15 920	126	7 414	5 501	1 534	754	399	168	*—	14 —*	10
1	16 364	–	1 386	4 272	3 637	3 327	2 395	1 209	*—	133 —*	5
2	34 983	–	303	3 354	7 194	11 066	8 994	3 731	*—	322 —*	19
3	12 114	–	39	802	2 491	3 894	3 352	1 429	*—	101 —*	6
4	3 139	–	1	142	676	1 043	878	361	*—	37 —*	1
5	1 064	–	–	29	199	372	342	111	*—	10 —*	1
6 plus	854	–	–	8	98	257	331	146	*—	13 —*	1
Unknown–Inconnu	109	–	9	24	19	28	19	10	*—	– —*	–
Iceland – Islande											
1983											
Total	687	4	160	203	125	91	67 *—	——	37 ——	—*	–
0	301	4	144	108	37	5	2 *—	——	1 ——	—*	–
1	141	–	15	73	36	12	4 *—	——	1 ——	—*	–
2	98	–	–	20	34	29	12 *—	——	3 ——	—*	–
3	85	–	–	2	16	28	23 *—	——	16 ——	—*	–
4 plus	61	–	–	–	2	17	26 *—	——	16 ——	—*	–
Unknown–Inconnu	1	–	1	–	–	–	– *—	——	– ——	—*	–
Italy – Italie											
1984											
Total	228 377	267	18 318	47 867	51 420	48 247	41 884	17 507	1 857	129	881

14. Legally induced abortions by age and number of previous live births of woman: latest available year (continued)
Avortements provoqués légalement selon l'âge de la femme et selon le nombre des naissances vivantes précédentes: dernière année disponible (suite)

(See notes at end of table. – Voir notes à la fin du tableau.)

Continent, country or area, year and number of previous live births / Continent, pays ou zone, année et nombre des naissances vivantes précédentes	Age of woman (in years) – Age de la femme (en années)										
	All ages / Tous âges	–15	15–19	20–24	25–29	30–34	35–39	40–44	45–49	50 plus	Unknown / Inconnu
EUROPE (Cont.–Suite)											
Netherlands – Pays–Bas											
1985*											
Total	17 300	35	2 715	4 510	3 870	3 040	2 315	710	*—	105 —*	–
Norway – Norvège											
1987											
Total	15 422	40	3 558	4 643	2 803	2 166	1 505	652	*—	52 —*	3
0	7 988	38	3 247	3 171	1 042	339	113	37	*—	– —*	1
1	2 631	–	198	997	724	421	221	66	*—	4 —*	–
2 – 3	4 130	–	11	362	957	1 287	1 024	454	*—	34 —*	1
4 – 5	335	1	1	5	39	93	110	72	*—	13 —*	1
6 plus	30	–	1	–	1	3	14	10	*—	1 —*	–
Unknown–Inconnu	308	1	100	108	40	23	23	13	*—	– —*	–
Sweden – Suède											
1987											
Total	34 707	150	5 775	9 324	6 694	5 361	4 782	2 371	250	–	–
0	20 961	142	4 734	5 965	3 413	2 620	2 515	1 405	167	–	–
1	7 825	2	544	1 971	1 877	1 529	1 299	555	48	–	–
2	2 314	–	59	456	609	543	446	187	14	–	–
3	672	–	10	95	190	176	150	48	3	–	–
4	220	–	1	15	62	69	45	26	2	–	–
5	74	–	–	2	14	26	20	11	1	–	–
6 plus	39	–	–	–	6	18	11	3	1	–	–
Unknown–Inconnu	2 602	6	427	820	523	380	296	136	14	–	–
United Kingdom – Royaume–Uni											
1987 [1]											
Total	165 542	977	40 626	52 210	32 954	20 030	13 327	4 997	383	24	14
0	97 680	956	37 057	36 969	15 140	5 008	1 982	525	35	3	5
1	23 618	2	2 513	8 664	6 125	3 421	2 176	678	37	2	–
2	26 312	–	325	4 627	7 370	6 815	5 099	1 934	131	7	4
3	10 914	–	30	1 129	2 947	3 105	2 490	1 124	83	5	1
4	3 569	–	3	188	895	1 035	971	431	45	–	1
5 plus	1 711	–	1	31	268	511	552	287	51	7	3
Unknown–Inconnu	1 738	19	697	602	209	135	57	18	1	–	–
United Kingdom – Royaume–Uni England and Wales – Angleterre et Galles											
1985 [1]											
Total	141 101	1 024	37 186	41 880	26 009	17 202	12 979	4 372	409	16	24
0	82 964	998	34 337	29 822	11 537	4 046	1 776	411	23	4	10
1	19 199	2	2 093	6 675	4 834	3 006	1 962	585	38	2	2
2	23 103	–	239	3 899	6 054	5 940	5 145	1 674	145	3	4
3	9 977	–	25	977	2 521	2 726	2 595	1 022	105	3	3
4	3 279	–	5	156	760	966	952	400	38	–	2
5 plus	1 494	–	1	33	191	453	495	259	56	4	2
Unknown–Inconnu	1 085	24	486	318	112	65	54	21	4	–	1
Scotland – Ecosse											
1985											
Total	9 110	71	2 752	2 805	1 560	972	698	233	19	–	–
0	5 297	71	2 522	1 833	591	185	73	20	2	–	–
1	1 447	–	201	572	346	193	104	30	1	–	–
2	1 445	–	27	320	381	339	287	85	6	–	–
3	623	–	2	71	165	172	144	65	4	–	–
4	206	–	–	8	59	58	57	22	2	–	–
5	63	–	–	1	14	15	23	8	2	–	–
6 plus	29	–	–	–	4	10	10	3	2	–	–
Unknown–Inconnu	–	–	–	–	–	–	–	–	–	–	–

14. Legally induced abortions by age and number of previous live births of woman: latest available year (continued)
Avortements provoqués légalement selon l'âge de la femme et selon le nombre des naissances vivantes précédentes: dernière année disponible (suite)

(See notes at end of table. – Voir notes à la fin du tableau.)

Continent, country or area, year and number of previous live births / Continent, pays ou zone, année et nombre des naissances vivantes précédentes	Age of woman (in years) – Age de la femme (en années)										
	All ages Tous âges	–15	15–19	20–24	25–29	30–34	35–39	40–44	45–49	50 plus	Unknown Inconnu
OCEANIA—OCEANIE											
Cocos (Keeling) Islands – Iles des Cocos (Keeling)											
1978											
Total	2	–	–	–	1	–	1	–	–	–	–
0	–	–	–	–	–	–	–	–	–	–	–
1	–	–	–	–	–	–	–	–	–	–	–
2	–	–	–	–	–	–	–	–	–	–	–
3	2	–	–	–	1	–	1	–	–	–	–
4	–	–	–	–	–	–	–	–	–	–	–
5	–	–	–	–	–	–	–	–	–	–	–
6 plus	–	–	–	–	–	–	–	–	–	–	–
Unknown–Inconnu	–	–	–	–	–	–	–	–	–	–	–
New Zealand – Nouvelle–Zélande											
1987											
Total	8 789	[8] 52	[8] 1 921	2 535	2 067	1 289	666	230	27	2	–
0	4 630	[8] 52	[8] 1 735	1 681	820	255	76	10	1	–	–
1	1 394	[8] –	[8] 157	509	429	216	59	22	2	–	–
2	1 442	[8] –	[8] 23	264	444	404	228	73	5	1	–
3	805	[8] –	[8] 6	61	252	257	165	54	10	–	–
4	323	[8] –	[8] –	17	91	95	73	42	4	1	–
5	116	[8] –	[8] –	3	25	36	37	12	3	–	–
6 plus	76	[8] –	[8] –	–	6	26	26	16	2	–	–
Unknown–Inconnu	3	[8] –	[8] –	–	–	–	2	1	–	–	–

GENERAL NOTES

For method of evaluation and limitations of data, see Technical Notes, page 73.

FOOTNOTES

1 For residents only.
2 Including spontaneous abortions.
3 Birth order based on number of previous confinements (deliveries) rather than on live births.
4 For year ending 31 March.
5 For Japanese nationals in Japan only.
6 Excluding Faeroe Islands and Greenland.
7 The data which relate to the Federal Republic of Germany include the relevant data relating to Berlin, for which separate data have not been supplied. This is without prejudice to any question of status which may be involved.

8 For under 16 and 16–19 years, as appropriate.

NOTES GENERALES

Pour la méthode d'évaluation et les insuffisances des données, voir Notes techniques, page 73.

NOTES

1 Pour les résidents seulement.
2 Y compris les avortements spontanés.
3 Le rang de naissance est déterminé par le nombre d'accouchements antérieurs plutôt que par le nombre des naissances vivantes.
4 Période annuelle se terminant le 31 mars.
5 Pour les nationaux japonais au Japon seulement.
6 Non compris les îles Féroé et le Groenland.
7 Les données relatives à la République fédérale d'Allemagne incluent les données pertinentes relatives à Berlin, pour lequel des données séparées n'ont pas été fournies. Cela sans préjudice des questions de statut qui peuvent se poser à cet égard.
8 Pour moins de 16 ans et 16–19 ans selon le cas.

15. Infant deaths and infant mortality rates, by urban/rural residence: 1984 – 1988

Décès d'enfants de moins d'un an et taux de mortalité infantile, selon la résidence, urbaine/rurale: 1984 – 1988

(See notes at end of table.– Voir notes à la fin du tableau.)

Continent, country or area and urban/rural residence — Continent, pays ou zone et résidence, urbaine/rurale	Code [1]	Number – Nombre 1984	1985	1986	1987	1988	Rate – Taux 1984	1985	1986	1987	1988
AFRICA—AFRIQUE											
Algeria – Algérie	..	...	...	...	...	...				[2] 73.7	
Angola	..	...	...	...	...	...				[2] 137.0	
Benin – Bénin	..	...	...	...	...	...				[2] 110.0	
Botswana	...	*216*	...	...	...	...				[2] 67.0	
Burkina Faso	..	...	...	...	...	...				[2] 137.6	
Burundi	..	...	...	...	...	...				[2] 111.9	
Cameroon – Cameroun	..	...	...	...	...	...				[2] 94.0	
Cape Verde – Cap-Vert	C	734	863	...	...	...	62.8	76.5	...	...	...
Central African Republic – République centrafricaine	..	...	...	...	...	...				[2] 132.0	
Chad – Tchad	..	...	...	...	...	...				[2] 132.0	
Comoros – Comores	...	...	...	*1 375*	...	...				[2] 79.8	
Congo	..	...	...	...	...	...				[2] 73.0	
Côte d'Ivoire	..	...	...	...	...	...				[2] 96.1	
Djibouti	..	...	...	...	...	...				[2] 121.6	
Egypt – Egypte	..	...	...	...	...	...				[2] 85.1	
Equatorial Guinea – Guinée équatoriale	..	...	...	...	...	...				[2] 127.0	
Ethiopia – Ethiopie	..	...	...	...	...	...				[2] 154.3	
Gabon	..	...	...	...	...	...				[2] 103.0	
Gambia – Gambie	..	...	...	...	...	...				[2] 142.8	
Ghana	..	...	...	...	...	...				[2] 89.5	
Guinea – Guinée	..	...	...	...	...	...				[2] 147.4	
Guinea-Bissau – Guinée-Bissau	..	...	...	...	...	...				[2] 132.0	
Kenya	..	...	...	...	...	...				[2] 72.0	
Lesotho	..	...	...	...	...	...				[2] 100.0	
Liberia – Libéria	..	...	...	...	...	...				[2] 87.4	
Libyan Arab Jamahiriya – Jamahiriya arabe libyenne	..	...	...	...	...	...				[2] 82.1	
Madagascar	..	...	...	...	...	...				[2] 120.0	
Malawi	..	...	...	...	...	...				[2] 150.5	
Mali	..	...	...	...	...	...				[2] 169.0	
Mauritania – Mauritanie	..	...	...	...	...	...				[2] 126.6	
Mauritius – Maurice											
Island of Mauritius – Ile Maurice [3]	+C	444	441	480	463	...	23.1	24.2	26.3	24.2	
Rodrigues	+C	61	46	44	41	...					
Morocco – Maroc	..	...	...	...	...	...				[2] 82.1	
Mozambique	..	...	...	...	...	...				[2] 141.5	
Namibia – Namibie	..	...	...	...	...	...				[2] 106.0	
Niger	..	...	...	...	...	...				[2] 134.6	
Nigeria – Nigéria	..	...	...	...	...	...				[2] 105.0	
Réunion [4]	U	*152*	*120*	*135*	*124*	...				[2] 13.8	
Rwanda	..	...	...	...	...	...				[2] 121.6	
St. Helena ex. dep. – Sainte-Hélène sans dép.	C	1	1	3	1	...					
Sao Tome and Principe – Sao Tomé-et-Principe	C	...	242	...	...	...	...	61.7	...	...	...
Senegal – Sénégal	..	...	...	...	...	...				[2] 127.7	
Seychelles	C	24	31	30	31	...					
Sierra Leone	...	...	...	*14 255*	...	...				[2] 154.3	
Somalia – Somalie	..	...	...	...	...	...				[2] 132.0	
South Africa – Afrique du Sud	..	...	...	...	...	...				[2] 72.5	
Sudan – Soudan	..	...	...	...	...	...				[2] 108.1	
Swaziland	..	...	...	...	...	...				[2] 118.0	
Togo	..	...	...	...	...	...				[2] 93.8	
Tunisia – Tunisie	..	...	...	...	...	...				[2] 58.7	
Uganda – Ouganda	..	...	...	...	...	...				[2] 102.7	
United Rep. of Tanzania – Rép.-Unie de Tanzanie	..	...	...	...	...	...				[2] 105.6	
Zaire – Zaïre	..	...	...	...	...	...				[2] 98.0	
Zambia – Zambie	..	...	...	...	...	...				[2] 79.8	

15. Infant deaths and infant mortality rates, by urban/rural residence: 1984 – 1988 (continued)

Décès d'enfants de moins d'un an et taux de mortalité infantile, selon la résidence, urbaine/rurale: 1984 – 1988 (suite)

(See notes at end of table.– Voir notes à la fin du tableau.)

Continent, country or area and urban/rural residence — Continent, pays ou zone et résidence, urbaine/rurale	Code [1]	Number – Nombre 1984	1985	1986	1987	1988	Rate – Taux 1984	1985	1986	1987	1988
AFRICA—AFRIQUE (Cont.–Suite)											
Zimbabwe	..	...	...	...	...	...				[2] 72.1	...
AMERICA,NORTH— AMERIQUE DU NORD											
Anguilla	+C	...	6	...	...	...					
Antigua and Barbuda – Antigua–et–Barbuda	+C	22	29	...	...	...	...	...	...	...	...
Bahamas	C	116	147	175	92	...	22.4	26.3	36.7	...	...
Barbados – Barbade	+C	54	34	51	...	...					
Belize	U	_144_	_126_	_133_	...	...	_23.4_	_18.9_	_21.5_	...	...
Bermuda – Bermudes	C	6	10	12	...	...					
British Virgin Islands – Iles Vierges britanniques	+C	3	4	5	...	...					
Canada [5]	C	3 058	2 982	2 938	2 706	...	8.1	7.9	7.9	7.3	...
Cayman Islands – Iles Caïmanes	+U	_1_	_4_	_4_	_2_	...					
Costa Rica	C	1 440	...	...	1 401	...	18.9	...	...	17.4	...
Cuba [3]	C	2 496	2 997	2 262	2 386	*2 235	15.0	16.5	13.6	13.3	*11.9
Dominican Republic – [3] République dominicaine	U	_6 609_	_6 411_	...	...	...				[2] 65.0	
El Salvador [3]	U	_4 991_	_4 540_	...	...	...				[2] 59.0	
Greenland – Groenland	C	30	28	25	29	...					
Guadeloupe [4]	C	115	103	98	...	...	17.2	15.3	...	...	...
Guatemala [3]	C	17 283	18 292	...	16 798	...	55.4	56.0	...	51.7	...
Haiti – Haïti	..	...	...	...	...	...	...	...	...	[2] 117.0	...
Honduras	U	...	...	...	...	...	...	...	...	[2] 69.0	...
Jamaica – Jamaïque	+C	758	...	...	...	...	13.2	...	...	...	...
Martinique [4]	U	_59_	_79_	_61_	...	_*58_					
Mexico – Mexique [3]	+U	_73 238_	_66 639_	...	...	...				[2] 47.0	
Montserrat	+C	3	4	1	...	...					
Nicaragua	+U	...	...	_8 698_	...	...				[2] 62.0	
Panama [3]	U	_1 134_	_1 264_	_1 117_	_1 021_	_987_				[2] 23.0	
Puerto Rico – Porto Rico [3]	C	991	947	...	...	...	15.6	14.9	...	...	...
Saint Kitts and Nevis – Saint–Kitts–et–Nevis [3]	+C	31	31	40	...	...					
Saint Lucia – Sainte–Lucie	C	71	100	84	...	...		23.7			
St. Vincent and the Grenadines – Saint–Vincent –et–Grenadines	+C	75	...	67	...	...					
Trinidad and Tobago – Trinité–et–Tobago	C	434	...	...	...	...	13.7	...	...	...	...
United States – Etats–Unis	C	39 580	40 030	38 891	*38 000	*38 700	10.8	10.6	10.4	*9.9	*9.9
AMERICA,SOUTH— AMERIQUE DU SUD											
Argentina – Argentine	..	...	...	...	...	...				[2] 32.0	
Bolivia – Bolivie	..	...	...	...	...	...				[2] 110.0	
Brazil – Brésil	U	_155 818_	_128 795_	_131 697_	_120 455_	...				[2] 63.0	
Chile – Chili [3]	C	5 182	5 105	5 220	5 182	...	19.6	19.5	19.1	18.5	...
Colombia – Colombie [3] [6]	+U	_16 750_	_17 944_	_16 185_	...	...				[2] 46.0	
Ecuador – Equateur [3] [7]	U	_11 161_	_10 615_	_10 372_	_9 761_	...				[2] 63.0	
French Guiana – Guyane Française	U	_61_	_50_	_53_	...	...					
Guyana	..	...	...	...	...	...				[2] 29.7	
Paraguay [4]	U	_1 796_	_2 060_	_1 541_	...	...				[2] 42.0	
Peru – Pérou [8] [9]	..	94 860	63 500	...	88 200	...	135.9	90.8	...	122.0	...
Suriname	..	...	...	...	...	...				[2] 30.5	
Uruguay	C	1 605	1 579	1 503	1 275	...	30.1	29.4	28.0	23.8	...
Venezuela [10]	C	13 740	13 105	12 457	12 247	...	27.3	26.1	24.7	23.7	...

15. Infant deaths and infant mortality rates, by urban/rural residence: 1984 – 1988 (continued)

Décès d'enfants de moins d'un an et taux de mortalité infantile, selon la résidence, urbaine/rurale: 1984 – 1988 (suite)

(See notes at end of table.– Voir notes à la fin du tableau.)

Continent, country or area and urban/rural residence — Continent, pays ou zone et résidence, urbaine/rurale	Code [1]	Number – Nombre 1984	1985	1986	1987	1988	Rate – Taux 1984	1985	1986	1987	1988
ASIA—ASIE											
Afghanistan	..	...	...	...	...	...				[2] 172.1	
Bahrain – Bahreïn	U	*258*	*241*	*226*	...	...				[2] 26.2	
Bangladesh	..	...	...	...	...	...				[2] 119.2	
Bhutan – Bhoutan	..	...	...	...	...	...				[2] 128.2	
Brunei Darussalam – Brunéi Darussalam	+C	80	76	51	...	...					
China – Chine	..	...	...	...	...	...				[2] 32.4	
Cyprus – Chypre	...	*202*	*156*	*157*	*152*	*145				[2] 12.0	
Democratic Kampuchea – Kampuchea démocratique	..	...	...	...	...	...				[2] 129.7	
Democratic Yemen – Yémen démocratique	..	...	...	...	...	...				[2] 120.4	
East Timor – Timor oriental	..	...	...	...	...	...				[2] 165.6	
Hong Kong – Hong-kong [11]	C	683	572	554	515	...	8.8	7.5	7.7	7.4	...
India – Inde [3,12]	..	...	...	...	...	...	104.0	97.0	96.0	95.0	...
Indonesia – Indonésie	U	...	*469 957*	...	*317 468*	...				[2] 84.0	
Iran (Islamic Republic of – Rép. islamique d')	..	...	...	...	...	...				[2] 63.0	
Iraq	..	...	...	...	...	...				[2] 68.6	
Israel – Israël [3,13]	C	1 261	1 183	1 136	...	...	12.8	11.9	11.4	...	...
Japan – Japon [3,14]	C	8 920	7 899	7 251	6 711	...	6.0	5.5	5.2	5.0	...
Jordan – Jordanie	..	...	...	...	...	...				[2] 44.4	
Korea, Dem. People's Rep. of – Corée, rép. populaire dém. de	..	...	...	...	...	...				[2] 24.5	
Korea, Republic of– Corée, République de	..	...	...	...	...	...				[2] 24.8	
Kuwait – Koweït	C	1 053	1 016	841	...	...	18.5	18.4	15.6	...	...
Lao People's Dem. Rep. – Rép. dém. populaire Lao	..	...	...	...	...	...				[2] 110.0	
Lebanon – Liban	..	...	...	...	...	...				[2] 40.1	
Macau – Macao [15]	...	80	95	54	52	74					
Malaysia – Malaisie [3,4]	..	...	...	...	...	...				[2] 24.1	
Peninsular Malaysia – Malaisie Péninsulaire	C	6 793	6 896	6 239	5 625	...	17.5	17.0	15.5	14.4	...
Sabah	U	*1 072*	*867*	*1 089*	...	...	*22.9*	*17.8*	*21.2*	...	...
Sarawak	U	*498*	*476*	*426*	...	...	*12.5*	*11.3*	*10.2*	...	...
Maldives [3]	C	561	542	497	417	...	68.0	60.4	57.7	49.9	...
Myanmar [16]	..	...	...	...	...	...				[2] 45.0	
Burma – Birmanie	..	...	...	...	...	...				[2] 70.2	
Nepal – Népal	..	...	...	...	...	...				[2] 128.2	
Oman	..	...	...	...	...	...				[2] 100.2	
Pakistan [3,17]	..	385 784	367 096	...	...	...	126.7	115.9	...	...	...
Philippines	U	*56 897*	*54 613*	*52 263*	*50 803*	...				*[2] 45.1*	
Qatar	...	...	*150*	*138*	*133*	...				*[2] 31.0*	
Saudi Arabia – Arabie saoudite	..	...	...	...	...	...	...	...		[2] 70.9	
Singapore – Singapour [18]	+C	365	394	359	324	*368	8.8	9.3	9.4	7.4	*7.0
Sri Lanka [3]	+C	...	...	8 104	8 587	...	...	...	22.5	23.9	...
Syrian Arab Republic – République arabe syrienne [4,19,20]	U	*3 121*	*3 426*	...	...	...	...	...	...	[2] 48.5	...
Thailand – Thaïlande [3]	+U	*10 820*	*10 533*	*8 990*	*9 358*	...	11.3	10.8	9.5	[2] 39.0	...
Turkey – Turquie	..	...	...	...	...	...	...	...	...	[2] 75.6	...
United Arab Emirates – Emirats arabes unis	..	...	...	...	...	...	...	...	...	[2] 26.2	...
Viet Nam	..	...	...	...	...	...	...	...	...	[2] 64.3	...
Yemen – Yémen	..	...	...	...	...	...	...	...	...	[2] 115.7	...
EUROPE											
Albania – Albanie [3]	C	...	...	...	2 247	...	...	...	...	28.2	...
Andorra – Andorre [3]	...	...	...	*2*	*4*						

15. Infant deaths and infant mortality rates, by urban/rural residence: 1984 – 1988 (continued)

Décès d'enfants de moins d'un an et taux de mortalité infantile, selon la résidence, urbaine/rurale: 1984 – 1988 (suite)

(See notes at end of table.– Voir notes à la fin du tableau.)

Continent, country or area and urban/rural residence — Continent, pays ou zone et résidence, urbaine/rurale	Code [1]	Number – Nombre 1984	1985	1986	1987	1988	Rate – Taux 1984	1985	1986	1987	1988
EUROPE (Cont.–Suite)											
Austria – Autriche [3]	C	1 018	977	893	850	*716	11.4	11.2	10.3	9.8	*8.1
Belgium – Belgique	C	1 236	1 073	1 135	1 138	...	10.7	9.4	9.7	9.7	...
Bulgaria – Bulgarie [3]	C	1 968	1 831	1 760	1 733	...	16.1	15.4	14.7	15.0	...
Channel Islands – Iles Anglo–Normandes	C	14	9	7	13	...					
Guernsey – Guernesey	C	6	4	2	4	...					
Jersey	C	8	5	5	9	11					
Czechoslovakia – [3] Tchécoslovaquie	C	3 490	3 165	3 067	2 806	*2 578	15.3	14.0	13.9	13.1	*11.9
Denmark – Danemark [21]	C	399	427	453	467	...	7.7	7.9	8.2	8.3	...
Faeroe Islands – Iles Féroé	C	5	7	5	4	...					
Finland – Finlande [3 22]	C	423	396	353	...	...	6.5	6.3	5.8	5.9	...
France [3]	C	6 299	6 389	6 257	6 017	*5 900	8.3	8.3	8.0	7.8	*7.7
German Democratic Rep. – Rép. démocratique allemande [3 23]	C	2 292	2 175	2 044	1 969	*1 744	10.0	9.6	9.2	8.7	*8.1
Germany, Federal Rep. of – Allemagne, République fédérale d' [24 23]	C	5 633	5 244	5 355	5 318	...	9.6	8.9	8.6	8.3	...
Greece – Grèce [3]	C	1 803	1 647	1 383	1 337	...	14.3	14.1	12.3	12.6	...
Hungary – Hongrie [3]	C	2 558	2 651	2 442	2 178	...	20.4	20.4	19.0	17.3	...
Iceland – Islande	C	25	...	...	14	...					
Ireland – Irlande [3 24]	+C	651	552	534	434	...	10.2	8.8	8.7	7.4	...
Isle of Man – Ile de Man	+C	7	4	11	4	...					
Italy – Italie	C	6 674	5 952	5 443	...	*5 402	11.4	10.3	9.8	...	*9.5
Liechtenstein	...	*3*	*4*	*2*	...	...					
Luxembourg	C	49	37	34	40	...					
Malta – Malte	C	65	74	53	39	...					
Netherlands – Pays–Bas [3 25]	C	1 452	1 430	1 428	1 411	*1 400	8.3	8.0	7.7	7.6	*7.5
Norway – Norvège [26]	C	419	434	408	453	...	8.3	8.5	7.8	8.4	...
Poland – Pologne [3]	C	13 444	12 523	11 117	10 601	*9 532	19.2	18.5	17.5	17.5	*16.2
Portugal [3]	C	2 389	2 327	2 017	1 755	...	16.7	17.8	15.9	14.2	...
Romania – Roumanie [3]	C	8 211	9 191	...	...	...	23.4	25.6	...	22.5	...
San Marino – Saint–Marin [3]	+C	1	3	1	3	...					
Spain – Espagne	C	4 204	3 831	...	...	...	9.0	8.5	...	...	...
Sweden – Suède	C	601	666	605	641	*650	6.4	6.8	5.9	6.1	*5.8
Switzerland – Suisse [3]	C	533	515	521	524	...	7.1	6.9	6.8	6.8	...
United Kingdom–Royaume–Uni [27]	C	7 000	7 030	7 176	7 072	*6 900	9.6	9.4	9.5	9.1	*8.8
England and Wales – Angleterre et Galles	C	6 037	6 141	6 310	6 270	...	9.5	9.4	9.5	8.1	...
Northern Ireland – Irlande du Nord	+C	291	265	286	242	...	10.5	9.6	10.2	8.7	...
Scotland – Ecosse	+C	672	624	580	560	...	10.3	9.4	8.8	8.5	...
Yugoslavia – Yougoslavie [3]	C	10 441	10 356	9 610	9 036	*8 745	27.7	28.2	26.7	25.1	*24.8
OCEANIA—OCEANIE											
American Samoa – Samoa américaines	C	6	17	...	...	...					
Australia – Australie	+C	2 163	2 452	2 154	2 115	*2 272	9.2	9.9	8.8	8.7	*9.2
Cook Islands – Iles Cook	+C	4	3	9	...	...					
Fiji – Fidji	+C	320	361	...	...	...	16.4	18.5	...	...	...
Guam [28]	C	...	39	31	40	...					
New Caledonia – Nouvelle–Calédonie	...	*62*	*49*	*49*	*59*	...					
New Zealand – Nouvelle–Zélande [3]	+C	597	560	592	554	...	11.6	10.8	11.2	10.0	...
Niue – Nioué	...	...	...	*2*	...	...					

15. Infant deaths and infant mortality rates, by urban/rural residence: 1984 – 1988 (continued)

Décès d'enfants de moins d'un an et taux de mortalité infantile, selon la résidence, urbaine/rurale: 1984 – 1988 (suite)

(See notes at end of table.– Voir notes à la fin du tableau.)

Continent, country or area and urban/rural residence — Continent, pays ou zone et résidence, urbaine/rurale	Code [1]	Number – Nombre					Rate – Taux				
		1984	1985	1986	1987	1988	1984	1985	1986	1987	1988
OCEANIA—OCEANIE(Cont.–Suite)											
Pacific Islands– Iles du Pacifique											
Northern Mariana Islands – Iles Mariannes septentrionales	U	...	*14*	*8*	...						
Papua New Guinea – Papouasie–Nouvelle–Guinée	..	...	*8 770*	...	*2 335*					[2] 58.8	
Tonga	...	*10*	*14*	...	...						
USSR—URSS											
USSR – URSS [29]	C	139 653	139 793	140 701	142 184	...	25.9	26.0	25.1	25.4	...
Byelorussian SSR – [29] RSS de Biélorussie	C	...	2 402	2 284	*2 200	...	...	14.6	13.3	*13.5	...

15. Infant deaths and infant mortality rates, by urban/rural residence: 1984 – 1988 (continued)

Décès d'enfants de moins d'un an et taux de mortalité infantile, selon la résidence, urbaine/rurale: 1984 – 1988 (suite)

Data by urban/rural residence

Données selon la résidence urbaine/rurale

(See notes at end of table.– Voir notes à la fin du tableau.)

Continent, country or area and urban/rural residence — Continent, pays ou zone et résidence, urbaine/rurale	Code [1]	Number – Nombre					Rate – Taux				
		1984	1985	1986	1987	1988	1984	1985	1986	1987	1988
AFRICA—AFRIQUE											
Mauritius – Maurice											
Island of Mauritius – Ile Maurice	+C										
Urban – Urbaine		192	186	268	197	...	23.5	23.3	36.1	24.7	...
Rural – Rurale		252	255	212	266	...	22.8	24.2	19.6	23.8	...
AMERICA,NORTH— AMERIQUE DU NORD											
Cuba	C										
Urban – Urbaine		1 459	1 725	*1 306	...	...	13.2	14.0	*11.5	...	...
Rural – Rurale		1 037	1 272	*938	...	...	18.7	21.5	*17.8	...	...
Dominican Republic – République dominicaine	U										
Urban – Urbaine		5 088	5 302	...	...	...	...	...	...	...	...
Rural – Rurale		1 521	1 109	...	...	...	...	...	...	...	...
El Salvador	U										
Urban – Urbaine		2 413	2 191	...	...	...	37.2	33.7	...	...	...
Rural – Rurale		2 578	2 349	...	...	...	33.3	31.5	...	...	...
Guatemala	C										
Urban – Urbaine		6 928	7 564	...	...	...	58.3	61.3	...	...	...
Rural – Rurale		10 355	10 728	...	...	...	53.6	52.7	...	...	...
Mexico – Mexique [30]	+U										
Urban – Urbaine		44 851	...	...	...	...	...	...	...	...	...
Rural – Rurale		27 827	...	...	...	...	...	...	...	...	...
Panama	U										
Urban – Urbaine		522	561	493	...	...	19.7	20.5	18.1	...	...
Rural – Rurale		612	703	624	...	...	20.3	23.0	20.5	...	...
Puerto Rico – Porto Rico [30]	C										
Urban – Urbaine		495	...	...	...	...	15.8	...	...	...	...
Rural – Rurale		494	...	...	...	...	15.4	...	...	...	...
Saint Kitts and Nevis – Saint-Kitts-et-Nevis	+C										
Urban – Urbaine		26	...	...	...	...					
Rural – Rurale		5	...	...	...	...					
AMERICA,SOUTH— AMERIQUE DU SUD											
Chile – Chili	C										
Urban – Urbaine		4 140	4 091	4 128	4 077	...	19.6	19.6	19.0	18.0	...
Rural – Rurale		1 042	1 014	1 092	1 105	...	25.5	25.1	25.8	28.0	...
Colombia – Colombie [6 30]	+U										
Urban – Urbaine		13 596	14 731	13 308	...	...	...	...	...	...	...
Rural – Rurale		2 959	2 922	2 632	...	...	...	...	...	...	...
Ecuador – Equateur [7]	U										
Urban – Urbaine		5 219	5 179	5 995	4 530	...	51.5	49.1	52.9	41.0	...
Rural – Rurale		5 942	5 436	4 377	5 231	...	56.6	52.0	47.3	55.6	...
Paraguay	U										
Urban – Urbaine		1 012	1 127	787	...	...	44.9	...	...	...	...
Rural – Rurale		784	933	754	...	...	43.7	...	...	...	...
ASIA—ASIE											
India – Inde [12]	..										
Urban – Urbaine		...	...	...	...	...	66.1	...	...	...	...
Rural – Rurale		...	...	...	...	...	113.3	...	...	...	...
Israel – Israël [13 30]	C										
Urban – Urbaine		1 086	1 040	...	...	...	12.6	12.0	...	...	...
Rural – Rurale		175	143	...	...	...	14.4	11.4	...	...	...

15. Infant deaths and infant mortality rates, by urban/rural residence: 1984 – 1988 (continued)

Décès d'enfants de moins d'un an et taux de mortalité infantile, selon la résidence, urbaine/rurale: 1984 – 1988 (suite)

Data by urban/rural residence

Données selon la résidence urbaine/rurale

(See notes at end of table.– Voir notes à la fin du tableau.)

Continent, country or area and urban/rural residence Continent, pays ou zone et résidence, urbaine/rurale	Code [1]	Number – Nombre					Rate – Taux				
		1984	1985	1986	1987	1988	1984	1985	1986	1987	1988
ASIA—ASIE (Cont.–Suite)											
Japan – Japon [14 30]	C										
Urban – Urbaine		6 671	5 991	5 462	5 078	...	5.8	5.4	5.1	4.8	...
Rural – Rurale		2 227	1 894	1 777	1 617	...	6.6	5.8	5.7	5.4	...
Malaysia – Malaisie											
Peninsular Malaysia – Malaisie Péninsulaire [4]	C										
Urban – Urbaine		2 027	2 100	1 880	1 706	...	13.6	13.5	12.3	11.6	...
Rural – Rurale		4 766	4 796	4 359	3 919	...	19.9	19.1	18.1	16.0	...
Sarawak	U										
Urban – Urbaine		...	*90*	*35*	...	...	...	*10.2*	*5.3*	...	...
Rural – Rurale		...	*384*	*391*	...	...	...	*11.6*	*11.2*	...	...
Maldives	C										
Urban – Urbaine		73	67	77	61	...	49.7	46.6	58.3	46.6	...
Rural – Rurale		488	475	420	356	...	71.9	63.1	58.6	50.5	...
Pakistan [17]	..										
Urban – Urbaine		90 606	82 523	...	...	...	105.2	90.2	...	...	...
Rural – Rurale		295 178	284 573	...	...	...	135.2	126.3	...	...	...
Sri Lanka	+C										
Urban – Urbaine		...	...	...	...	...	...	...	...	...	...
Rural – Rurale		...	...	...	...	...	...	...	...	...	...
Thailand – Thaïlande	+U										
Urban – Urbaine		*5 357*	...	*4 214*	...	...	*27.9*	...	*13.1*	...	...
Rural – Rurale		*5 463*	...	*4 776*	...	...	*7.1*	...	*7.7*	...	...
EUROPE											
Albania – Albanie	C										
Urban – Urbaine		...	...	...	559	...	...	...	...	23.3	...
Rural – Rurale		...	...	...	1 688	...	...	...	...	30.3	...
Andorra – Andorre	...										
Urban – Urbaine		...	...	*2*	*2*						
Rural – Rurale		...	...	–	*2*						
Austria – Autriche	C										
Urban – Urbaine		551	469	455	448	...	...	...	...	...	...
Rural – Rurale		467	508	438	402	...	...	...	...	...	...
Bulgaria – Bulgarie	C										
Urban – Urbaine		1 194	1 133	1 144	...	...	14.5	14.0	13.7	...	...
Rural – Rurale		774	698	616	...	...	19.4	18.4	16.8	...	...
Czechoslovakia – Tchécoslovaquie	C										
Urban – Urbaine		2 553	2 393	...	...	...	23.3	14.1	...	...	...
Rural – Rurale		937	772	...	...	...	16.2	13.6	...	...	...
Finland – Finlande [22]	C										
Urban – Urbaine		249	246	215	...	...	6.3	6.5	5.7	...	...
Rural – Rurale		174	150	138	...	...	6.8	6.0	6.1	...	...
France [31]	C										
Urban – Urbaine		4 855	4 884	4 831	4 750	...	8.2	8.2	8.0	8.0	...
Rural – Rurale		1 360	1 424	1 349	1 267	...	8.1	8.3	7.7	7.2	...
German Democratic Rep. – Rép. démocratique allemande [23]	C										
Urban – Urbaine		1 759	1 670	...	1 516	...	10.2	9.7	...	8.8	...
Rural – Rurale		533	505	...	453	...	9.5	9.1	...	8.3	...
Greece – Grèce	C										
Urban – Urbaine		1 335	1 225	...	...	...	16.2	16.1	...	...	...
Rural – Rurale		468	422	...	...	...	10.8	10.5	...	...	...
Hungary – Hongrie [30]	C										
Urban – Urbaine		1 345	1 399	1 306	1 183	...	20.1	20.0	18.3	16.8	...
Rural – Rurale		1 204	1 245	1 128	993	...	20.8	20.9	20.1	18.1	...
Ireland – Irlande [24]	+C										
Urban – Urbaine		226	...	...	...	...	12.0	...	...	...	...
Rural – Rurale		391	...	...	...	...	8.6	...	...	...	...
Netherlands – Pays-Bas [25 32]	C										
Urban – Urbaine		775	782	744	...	...	9.0	8.9	8.2	...	...
Rural – Rurale		157	173	168	...	...	7.0	7.6	7.1	...	...
Semi–urban–Semi–urbaine		520	475	516	...	...	7.8	7.1	7.3	...	...

15. Infant deaths and infant mortality rates, by urban/rural residence: 1984 – 1988 (continued)

Décès d'enfants de moins d'un an et taux de mortalité infantile, selon la résidence, urbaine/rurale: 1984 – 1988 (suite)

Data by urban/rural residence

Données selon la résidence urbaine/rurale

(See notes at end of table.– Voir notes à la fin du tableau.)

Continent, country or area and urban/rural residence Continent, pays ou zone et résidence, urbaine/rurale	Code [1]	Number – Nombre					Rate – Taux				
		1984	1985	1986	1987	1988	1984	1985	1986	1987	1988
EUROPE (Cont.–Suite)											
Poland – Pologne	C										
Urban – Urbaine		7 340	6 866	6 019	5 602	...	18.9	18.5	17.5	17.2	...
Rural – Rurale		6 104	5 657	5 098	4 999	...	19.6	18.5	17.5	17.9	...
Portugal [30]	C										
Urban – Urbaine		696	...	...	...	...	...	...	...	...	...
Rural – Rurale		1 399	...	...	...	...	...	...	...	...	...
Romania – Roumanie	C										
Urban – Urbaine		3 410	4 040	...	...	...	20.1	21.9	...	...	...
Rural – Rurale		4 801	5 151	...	...	...	26.5	29.6	...	...	...
San Marino – Saint-Marin	+C										
Urban – Urbaine		...	2	1	3	...					
Rural – Rurale		...	1	–	–	...					
Switzerland – Suisse	C										
Urban – Urbaine		292	283	278	304	...	7.0	6.9	6.6	7.2	...
Rural – Rurale		241	232	243	220	...	7.3	6.9	7.1	6.4	...
Yugoslavia – Yougoslavie	C										
Urban – Urbaine		4 857	4 793	4 362	4 306	...	25.8	26.5	24.5	24.3	...
Rural – Rurale		5 584	5 563	5 248	4 730	...	29.5	30.0	28.9	26.0	...
OCEANIA—OCEANIE											
New Zealand – Nouvelle-Zélande	+C										
Urban – Urbaine		399	413	432	425	...	10.7	11.1	11.3	10.4	...
Rural – Rurale		198	147	160	129	...	13.7	10.1	11.1	8.9	...

GENERAL NOTES

Data exclude foetal deaths. Rates are the number of deaths of infants under one year of age per 1 000 live births. Rates are shown only for countries or areas having at least a total of 100 infant deaths in a given year. For definitions of "urban", see end of table 6. For method of evaluation and limitations of data, see Technical Notes, page 75.

Italics: data from civil registers which are incomplete or of unknown completeness.

FOOTNOTES

* Provisional.
+ Data tabulated by date of registration rather than occurrence.

1 Code "C" indicates that the data are estimated to be virtually complete (at least 90 per cent) and code "U" indicates that the data are estimated to be incomplete (less than 90 per cent). The code does not apply to estimated rates. For further details, see Technical Notes.
2 Estimate for 1985–1990 prepared by the Population Division of the United Nations.
3 For classification by urban/rural residence, see end of table.
4 Excluding live–born infants dying before registration of birth.

5 Including Canadian residents temporarily in the United States but excluding United States residents temporarily in Canada.

NOTES GENERALES

Les données ne comprennent pas les morts foetales. Les taux représentent le nombre de décès d'enfants de moins d'un an pour 1 000 naissances vivantes. Les taux présentés ne se rapportent qu'aux pays ou zones où l'on a enregistré un total d'au moins 100 décès d'enfants de moins d'un an dans un année donnée. Pour les définitions des "régions urbaines", se reporter à la fin du tableau 6. Pour la méthode d'évaluation et les insuffisances des données, voir Notes techniques, page 75. Italiques: données incomplètes ou dont le degré d'exactitude n'est pas connu, provenant des registres de l'état civil.

NOTES

* Données provisoires.
+ Données exploitées selon la date de l'enregistrement et non la date de l'événement.
1 Le code "C" indique que les données sont jugées pratiquement complètes (au moins 90 p. 100) et le code "U" que les données sont jugées incomplètes (moins de 90 p. 100). Le code ne s'applique pas aux taux estimatifs. Pour plus de détails, voir Notes techniques.
2 Estimations pour 1985–1990 établie par la Division de la population de l'Organisation des Nations Unies.
3 Pour le classement selon la résidence, urbaine/rurale, voir la fin du tableau.
4 Non compris les enfants nés vivants, décédés avant l'enregistrement de leur naissance.
5 Y compris les résidents canadiens se trouvant temporairement aux Etats–Unis, mais non compris les résidents des Etats–Unis se trouvant temporairement au Canada.

15. Infant deaths and infant mortality rates, by urban/rural residence: 1984 – 1988 (continued)

Décès d'enfants de moins d'un an et taux de mortalité infantile, selon la résidence, urbaine/rurale: 1984 – 1988 (suite)

FOOTNOTES(continued)

6 Based on burial permits.
7 Excluding nomadic Indian tribes.
8 Excluding Indian jungle population, estimated at 39 800 in 1972.
9 Including an upward adjustment for under–registration.
10 Excluding Indian jungle population, estimated at 31 800 in 1961.
11 Excluding Vietnamese refugees.
12 Based on Sample Registration Scheme.
13 Including data for East Jerusalem and Israeli residents in certain other territories under occupation by Israeli military forces since June 1967.
14 For Japanese nationals in Japan only.
15 Events registered by Health Service only.
16 Formerly listed as "Burma".
17 Based on the results of the Population Growth Survey.
18 Rates computed on live births tabulated by date of occurrence.
19 Excluding nomads and Palestinian refugees. See table 5 for number of Palestinian refugees.
20 Infant deaths registered within one month of occurrence.
21 Excluding Faeroe Islands and Greenland, shown separately.
22 Including nationals temporarily outside the country.
23 The data which relate to the German Democratic Republic and the Federal Republic of Germany include the relevant data relating to Berlin, for which separate data have not been supplied. This is without prejudice to any question of status which may be involved.
24 Infant deaths registered within one year of occurrence.
25 Including residents outside the country if listed in a Netherlands population register.
26 Including residents temporarily outside the country.
27 Data tabulated by date of occurrence for England and Wales, and by date of registration for Northern Ireland and Scotland.
28 Including United States military personnel, their dependants and contract employees.
29 Excluding infants born alive after less than 28 weeks' gestation, of less than 1 000 grammes in weight and 35 centimetres in length, who die within seven days of birth.
30 Excluding infant deaths of unknown residence.
31 Excluding nationals outside the country.
32 Excluding persons on the Central Register of Population (containing persons belonging to the Netherlands population but having no fixed municipality of residence).

NOTES(suite)

6 D'après les permis d'inhumer.
7 Non compris les tribus d'Indiens nomades.
8 Non compris les Indiens de la jungle, estimés à 39 800 personnes in 1972.
9 Y compris un ajustement pour sous–enregistrement.
10 Non compris les Indiens de la jungle, estimés à 31 800 personnes en 1961.
11 Non compris les réfugiés du Viet Nam.
12 D'après le Programme d'enregistrement par sondage.
13 Y compris les données pour Jérusalem–Est et les résidents israéliens dans certains autres territoires occupés depuis juin 1967 par les forces armées israéliennes.
14 Pour les nationaux japonais au Japon seulement.
15 Evénements enregistrés par le Service de santé seulement.
16 Antérieurement désigné sans le nom de "Birmanie".
17 D'après les résultats de la "Population Growth Survey".
18 Taux calculés sur la base de données relatives aux naissances vivantes exploitées selon la date de l'événement.
19 Non compris la population nomade et les réfugiés de Palestine. Voir le tableau 5 pour le nombre de réfugiés de Palestine.
20 Décès d'enfants de moins d'un an enregistrés dans le mois qui suit l'événement.
21 Non compris les îles Féroé et le Groenland, qui font l'object de rubriques distinctes.
22 Y compris les nationaux se trouvant temporairement hors du pays.
23 Les données relatives à la République démocratique allemande et à la République fédérale d'Allemagne, incluent les données pertinentes relatives à Berlin, pour lequel les données séparées n'ont pas été fournies. Cela sans préjudice des questions de statut qui peuvent se poser à cet égard.
24 Décès d'enfants de moins d'un an enregistrés dans l'année qui suit l'événement.
25 Y compris les résidents hors du pays, s'ils sont inscrits sur un registre de population néerlandais.
26 Y compris les résidents se trouvant temporairement hors du pays.
27 Données exploitées selon la date de l'événement pour l'Angleterre et le pays de Galles et la date de l'enregistrement pour l'Irlande du Nord et l'Ecosse.
28 Y compris les militaires des Etats–Unis, les membres de leur famille les accompagnant et les agents contractuels des Etats–Unis.
29 Non compris les enfants nés vivants aprés moins de 28 semaines de gestation, pesant moins de 1 000 grammes, mesurant moins de 35 centimètres et décédés dans les sept jour qui ont suivi leur naissance.
30 Non compris les décès d'enfants de moins d'un an pour lequels le lieu de résidence n'est pas connu.
31 Non compris les nationaux hors du pays.
32 Non compris les personnes inscrites sur le Registre central de la population (personnes appartenant à la population néerlandaise mais sans résidence fixe dans l'une des municipalités).

16. Infant deaths and infant mortality rates by age, sex and urban/rural residence: latest available year
Décès d'enfants de moins d'un an et taux de mortalité infantile selon l'âge, le sexe et la résidence, urbaine/rurale: dernière année disponible

(See notes at end of table. – Voir notes à la fin du tableau.)

Continent, country or area, year, sex and urban/rural residence / Continent, pays ou zone, année, sexe et résidence, urbaine/rurale	Age (in days – en jours) Number – Nombre -365	-1	1-6	7-27	28-364	Unknown Inconnu	Rate – Taux -365	-1	1-6	7-27	28-364	Unknown Inconnu
AFRICA—AFRIQUE												
Algeria – Algérie												
1980 [1 2]												
Total	83 449	21 336	*——	56 749	——*	5 364	101.9	26.1	*——	69.3	——*	6.6
Botswana												
1983												
Total	291	*——	40	——*	251	–						
Male – Masculin	148	*——	18	——*	130	–						
Female – Féminin	143	*——	22	——*	121	–						
Egypt – Egypte												
1979*												
Total	124 318	18	7 776	11 565	104 959	–	76.1	♦ 0.0	4.8	7.1	64.2	–
Male – Masculin	62 660	11	4 620	6 426	51 603	–	74.6	♦ 0.0	5.5	7.7	61.5	–
Female – Féminin	61 658	7	3 156	5 139	53 356	–	77.7	♦ 0.0	4.0	6.5	67.2	–
Mali												
1976 [3]												
Total	132 981	*——	14 890	——*	18 091	–	120.9	♦ *——	——	54.6	——*	–
Male – Masculin	18 290	*——	8 628	——*	9 662	–	130.5	♦ *——	——	61.6	——*	–
Female – Féminin	14 691	*——	6 262	——*	8 429	–	110.8	♦ *——	——	47.2	——*	–
Mauritius – Maurice												
Island of Mauritius – Ile Maurice												
1987+												
Total	463	60	183	91	129	–						
Male – Masculin	283	31	111	63	78	–						
Female – Féminin	180	29	72	28	51	–						
Rodrigues												
1987+												
Total	41	8	8	6	19	–						
Male – Masculin	15	4	2	2	7	–						
Female – Féminin	26	4	6	4	12	–						
Réunion												
1987 [1]												
Total	124	–	52	10	62	–						
Male – Masculin	73	–	25	8	40	–						
Female – Féminin	51	–	27	2	22	–						
St. Helena ex. dep. – Sainte–Hélène sans dép.												
1986												
Total	3	–	1	1	–	1						
Male – Masculin	2	–	1	–	–	1						
Female – Féminin	1	–	–	1	–	–						
Sao Tome and Principe – Sao Tomé–et–Principe												
1979												
Total	231	*—	52 —*	50	129	–						
Male – Masculin	123	*—	30 —*	27	66	–						
Female – Féminin	108	*—	22 —*	23	63	–						
Seychelles												
1986+												
Total	30	15	10	1	4	–						
Male – Masculin	20	10	7	1	2	–						
Female – Féminin	10	5	3	–	2	–						

16. Infant deaths and infant mortality rates by age, sex and urban/rural residence: latest available year (continued)
Décès d'enfants de moins d'un an et taux de mortalité infantile selon l'âge, le sexe et la résidence, urbaine/rurale: dernière année disponible (suite)

(See notes at end of table. – Voir notes à la fin du tableau.)

Continent, country or area, year, sex and urban/rural residence / Continent, pays ou zone, année, sexe et résidence, urbaine/rurale	Age (in days – en jours)											
	Number – Nombre						Rate – Taux					
	–365	–1	1–6	7–27	28–364	Unknown Inconnu	–365	–1	1–6	7–27	28–364	Unknown Inconnu
AFRICA—AFRIQUE(Cont.–Suite)												
Tunisia – Tunisie												
1982												
Total	*8 011*	*—	*1 690* —*	*—	*6 351* —*	–	*36.5*	*—	*7.7* —*	*—	*28.9* —*	–
Male – Masculin	*4 383*	*—	*1 027* —*	*—	*3 356* —*	–	*38.9*	*—	*9.1* —*	*—	*29.8* —*	–
Female – Féminin	*3 628*	*—	*663* —*	*—	*2 965* —*	–	*34.0*	*—	*6.2* —*	*—	*27.8* —*	–
Zimbabwe												
European – Européens												
1978+												
Total	46	18	11	2	15	–						
Male – Masculin	25	11	4	2	8	–						
Female – Féminin	21	7	7	–	7	–						
AMERICA,NORTH— AMERIQUE DU NORD												
Antigua and Barbuda – Antigua–et–Barbuda												
1975+												
Total	52	10	12	1	22	7						
Male – Masculin	37	9	9	1	12	6						
Female – Féminin	15	1	3	–	10	1						
Bahamas												
1986[4]												
Total	169	*—	102 —*	14	53	–						
Male – Masculin	97	*—	56 —*	8	33	–						
Female – Féminin	72	*—	46 —*	6	20	–						
Barbados – Barbade												
1986+												
Total	51	31	8	3	9	–						
Male – Masculin	33	18	4	3	8	–						
Female – Féminin	18	13	4	–	1	–						
Bermuda – Bermudes												
1986												
Total	12	–	6	1	5	–						
Male – Masculin	7	–	3	1	3	–						
Female – Féminin	5	–	3	–	2	–						
British Virgin Islands – Iles Vierges britanniques												
1986+												
Total	5	2	1	1	1	–						
Male – Masculin	3	1	1	–	1	–						
Female – Féminin	2	1	–	1	–	–						
Canada												
1986[5]												
Total	2 938	1 085	492	332	1 029	–	7.9	2.9	1.3	0.9	2.8	–
Male – Masculin	1 660	639	280	181	560	–	...	...	...	...	...	...
Female – Féminin	1 278	446	212	151	469	–	...	...	...	...	...	...
Cayman Islands – Iles Caïmanes												
1983+												
Total	*4*	*2*	*1*	–	*1*	–						
Male – Masculin	*1*	*1*	–	–	–	–						
Female – Féminin	*3*	*1*	*1*	–	*1*	–						

16. Infant deaths and infant mortality rates by age, sex and urban/rural residence: latest available year (continued)
Décès d'enfants de moins d'un an et taux de mortalité infantile selon l'âge, le sexe et la résidence, urbaine/rurale: dernière année disponible (suite)

(See notes at end of table. – Voir notes à la fin du tableau.)

Continent, country or area, year, sex and urban/rural residence / Continent, pays ou zone, année, sexe et résidence, urbaine/rurale	Age (in days – en jours)											
	Number – Nombre						Rate – Taux					
	–365	–1	1–6	7–27	28–364	Unknown Inconnu	–365	–1	1–6	7–27	28–364	Unknown Inconnu
AMERICA,NORTH–(Cont.–Suite) AMERIQUE DU NORD												
Costa Rica												
1984												
Total	1 440	438	303	153	541	5	18.9	5.8	4.0	2.0	7.1	♦ 0.1
Male – Masculin	822	250	182	87	299	4	21.0	6.4	4.7	2.2	7.6	♦ 0.1
Female – Féminin	618	188	121	66	242	1	16.8	5.1	3.3	1.8	6.6	♦ 0.0
Cuba												
1986												
Total	2 262	509	657	285	811	–	13.6	3.1	4.0	1.7	4.9	–
Male – Masculin	1 329	298	404	167	460	–	15.6	3.5	4.7	2.0	5.4	–
Female – Féminin	933	211	253	118	351	–	11.5	2.6	3.1	1.5	4.3	–
Dominican Republic – République dominicaine												
1982												
Total	6 276	596	1 542	1 228	2 910	–	30.5	2.9	7.5	6.0	14.1	–
Male – Masculin	3 491	333	883	680	1 595	–	...	...	...	...	...	...
Female – Féminin	2 785	263	659	548	1 315	–	...	...	...	...	...	...
El Salvador												
1985												
Total	4 540	405	682	555	2 898	–	32.5	2.9	4.9	4.0	20.8	–
Male – Masculin	2 465	246	382	301	1 536	–	34.7	3.5	5.4	4.2	21.6	–
Female – Féminin	2 075	159	300	254	1 362	–	30.3	2.3	4.4	3.7	19.9	–
Greenland – Groenland												
1987												
Total	29	9	8	1	11	–						
Male – Masculin	13	3	2	1	7	–						
Female – Féminin	16	6	6	–	4	–						
Guadeloupe												
1986 [1]												
Total	98	8	32	28	30	–						
Male – Masculin	56	6	18	19	13	–						
Female – Féminin	42	2	14	9	17	–						
Guatemala												
1985												
Total	18 292	1 338	2 070	2 709	12 175	–	56.0	4.1	6.3	8.3	37.2	–
Male – Masculin	10 157	745	1 232	1 524	6 656	–	60.7	4.4	7.4	9.1	39.7	–
Female – Féminin	8 135	593	838	1 185	5 519	–	51.0	3.7	5.3	7.4	34.6	–
Honduras												
1979+												
Total	3 919	231	419	[6] 617	[6] 2652	–	24.9	1.5	2.7	[6] 3.9	[6] 16.8	–
Male – Masculin	2 226	142	264	[6] 348	[6] 1472	–	27.6	1.8	3.3	[6] 4.3	[6] 18.2	–
Female – Féminin	1 693	89	155	[6] 269	[6] 1180	–	22.0	1.2	2.0	[6] 3.5	[6] 15.4	–
Jamaica – Jamaïque												
1982+												
Total	590	39	114	57	379	1						
Male – Masculin	321	25	65	37	193	1						
Female – Féminin	269	14	49	20	186	–						
Martinique												
1984 [1]												
Total	59	4	17	18	20	–						
Male – Masculin	34	3	12	10	9	–						
Female – Féminin	25	1	5	8	11	–						
Mexico – Mexique												
1984+												
Total [7]	73 238	5 368	16 321	[8] 10017	[8] 41532	–	29.2	2.1	6.5	[8] 4.0	[8] 16.5	–
Male – Masculin	40 199	2 912	9 411	[8] 5 579	[8] 22297	–	31.8	2.3	7.4	[8] 4.4	[8] 17.6	–
Female – Féminin	32 409	2 398	6 775	[8] 4 352	[8] 18884	–	26.1	1.9	5.5	[8] 3.5	[8] 15.2	–

16. Infant deaths and infant mortality rates by age, sex and urban/rural residence: latest available year (continued)

Décès d'enfants de moins d'un an et taux de mortalité infantile selon l'âge, le sexe et la résidence, urbaine/rurale: dernière année disponible (suite)

(See notes at end of table. – Voir notes à la fin du tableau.)

Continent, country or area, year, sex and urban/rural residence — Continent, pays ou zone, année, sexe et résidence, urbaine/rurale	Age (in days – en jours): Number – Nombre						Rate – Taux					
	–365	–1	1–6	7–27	28–364	Unknown Inconnu	–365	–1	1–6	7–27	28–364	Unknown Inconnu
AMERICA,NORTH–(Cont.–Suite) AMERIQUE DU NORD												
Montserrat												
1982+												
Total	2	1	1	–	–	–						
Male – Masculin	–	–	–	–	–	–						
Female – Féminin	2	1	1	–	–	–						
Panama												
1986 [9]												
Total	*1 117*	*235*	*300*	*128*	*454*	–	*19.4*	*4.1*	*5.2*	*2.2*	*7.9*	–
Male – Masculin	*640*	*144*	*178*	*70*	*248*	–	*21.5*	*4.8*	*6.0*	*2.4*	*8.3*	–
Female – Féminin	*477*	*91*	*122*	*58*	*206*	–	*17.1*	*3.3*	*4.4*	*2.1*	*7.4*	–
Puerto Rico – Porto Rico												
1985												
Total [7]	947	306	312	149	179	1						
Male – Masculin	517	173	174	75	94	1						
Female – Féminin	429	132	138	74	85	–						
Saint Kitts and Nevis – Saint–Kitts–et–Nevis												
1986+												
Total	40	16	13	–	11	–						
Male – Masculin	21	11	6	–	4	–						
Female – Féminin	19	5	7	–	7	–						
Saint Lucia – Sainte–Lucie												
1986												
Total	84	15	37	4	28	–						
Male – Masculin	48	8	23	1	16	–						
Female – Féminin	36	7	14	3	12	–						
Trinidad and Tobago – Trinité–et–Tobago												
1984												
Total	434	124	108	55	146	1						
Male – Masculin	241	68	66	28	79	–						
Female – Féminin	193	56	42	27	67	1						
United States – Etats–Unis												
1986												
Total	38 891	14 585	6 468	4 159	13 679	–	10.4	3.9	1.7	1.1	3.6	–
Male – Masculin	22 224	8 155	3 814	2 305	7 950	–	11.5	4.2	2.0	1.2	4.1	–
Female – Féminin	16 667	6 430	2 654	1 854	5 729	–	9.1	3.5	1.4	1.0	3.1	–
AMERICA,SOUTH— AMERIQUE DU SUD												
Argentina – Argentine												
1983												
Total	19 478	4 222	4 552	2 137	8 567	–	29.7	6.4	6.9	3.3	13.1	–
Male – Masculin	11 038	2 425	2 665	1 212	4 736	–	33.0	7.2	8.0	3.6	14.1	–
Female – Féminin	8 399	1 785	1 881	917	3 816	–	26.2	5.6	5.9	2.9	11.9	–
Brazil – Brésil												
1986												
Total	*131 697*	*18 957*	*22 426*	*16 622*	*73 692*	–	*47.4*	*6.8*	*8.1*	*6.0*	*26.5*	–
Male – Masculin	*75 286*	*10 970*	*13 360*	*9 565*	*41 391*	–	*53.1*	*7.7*	*9.4*	*6.7*	*29.2*	–
Female – Féminin	*56 411*	*7 987*	*9 066*	*7 057*	*32 301*	–	*41.4*	*5.9*	*6.7*	*5.2*	*23.7*	–

16. Infant deaths and infant mortality rates by age, sex and urban/rural residence: latest available year (continued)

Décès d'enfants de moins d'un an et taux de mortalité infantile selon l'âge, le sexe et la résidence, urbaine/rurale: dernière année disponible (suite)

(See notes at end of table. – Voir notes à la fin du tableau.)

Continent, country or area, year, sex and urban/rural residence — Continent, pays ou zone, année, sexe et résidence, urbaine/rurale	Age (in days – en jours) Number – Nombre						Rate – Taux					
	–365	–1	1–6	7–27	28–364	Unknown Inconnu	–365	–1	1–6	7–27	28–364	Unknown Inconnu
AMERICA,SOUTH–(Cont.–Suite) AMERIQUE DU SUD												
Chile – Chili												
1987												
Total	5 182	1 193	935	563	2 491	–	18.5	4.3	3.3	2.0	8.9	–
Male – Masculin	2 907	663	541	309	1 394	–	20.3	4.6	3.8	2.2	9.7	–
Female – Féminin	2 275	530	394	254	1 097	–	16.7	3.9	2.9	1.9	8.0	–
Colombia – Colombie												
1986+ [10]												
Total	*16 185*	*2 428*	*3 210*	*2 097*	*8 450*	–	...	...	...	...	...	...
Male – Masculin	*9 086*	*1 355*	*1 909*	*1 163*	*4 659*	–	...	...	...	...	...	...
Female – Féminin	*7 099*	*1 073*	*1 301*	*934*	*3 791*	–	...	...	...	...	...	...
Ecuador – Equateur												
1987 [11]												
Total	*9 761*	*916*	*1 454*	*1 407*	*5 984*	–	*47.7*	*4.5*	*7.1*	*6.9*	*29.3*	–
Male – Masculin	*5 416*	*542*	*860*	*772*	*3 242*	–	*52.1*	*5.2*	*8.3*	*7.4*	*31.2*	–
Female – Féminin	*4 345*	*374*	*594*	*635*	*2 742*	–	*43.2*	*3.7*	*5.9*	*6.3*	*27.3*	–
Paraguay												
1985												
Total	*2 060*	*—	*543* —*	*270*	*1 247*	–	*51.5*	*—	*13.6* —*	*6.8*	*31.2*	–
Male – Masculin	*1 146*	*—	*322* —*	*152*	*672*	–	*55.6*	*—	*15.6* —*	*7.4*	*32.6*	–
Female – Féminin	*914*	*—	*221* —*	*118*	*575*	–	*47.2*	*—	*11.4* —*	*6.1*	*29.7*	–
Peru – Pérou												
1982+ [12]												
Total	*21 578*	*2 788*	*— *6 221* —*		*12 569*	–	*40.9*	*5.3*	*— *11.8* —*		*23.8*	–
Suriname												
1981												
Total	*269*	*42*	*81*	*43*	*103*	–						
Male – Masculin	*157*	*20*	*56*	*25*	*56*	–						
Female – Féminin	*112*	*22*	*25*	*18*	*47*	–						
Uruguay												
1987+												
Total [7]	1 275	334	270	164	507	–	23.8	6.2	5.0	3.1	9.5	–
Male – Masculin	716	192	149	102	273	–	...	...	...	...	...	...
Female – Féminin	552	139	119	62	232	–	...	...	...	...	...	...
Venezuela												
1987 [13]												
Total	12 247	*———	7 458	———*	4 789	–	23.7	*———	14.4	———*	9.3	–
Male – Masculin	6 940	*———	4 311	———*	2 629	–	26.3	*———	16.3	———*	10.0	–
Female – Féminin	5 307	*———	3 147	———*	2 160	–	21.0	*———	12.4	———*	8.5	–
ASIA—ASIE												
Brunei Darussalam – Brunéi Darussalam												
1982+												
Total	76	14	19	11	32	–						
Male – Masculin	40	7	11	5	17	–						
Female – Féminin	36	7	8	6	15	–						
Hong Kong – Hong-kong												
1987 [14]												
Total [7]	515	36	219	85	175	–						
Male – Masculin	283	20	119	42	102	–						
Female – Féminin	231	16	99	43	73	–						

16. Infant deaths and infant mortality rates by age, sex and urban/rural residence: latest available year (continued)

Décès d'enfants de moins d'un an et taux de mortalité infantile selon l'âge, le sexe et la résidence, urbaine/rurale: dernière année disponible (suite)

(See notes at end of table. – Voir notes à la fin du tableau.)

Continent, country or area, year, sex and urban/rural residence — Continent, pays ou zone, année, sexe et résidence, urbaine/rurale	Age (in days – en jours)											
	Number – Nombre						Rate – Taux					
	–365	–1	1–6	7–27	28–364	Unknown Inconnu	–365	–1	1–6	7–27	28–364	Unknown Inconnu
ASIA—ASIE (Cont.–Suite)												
Iraq												
1977												
Total	*8 868*	*— 2	*240 —*	*1 460*	*5 168*	–	*30.6*	*—	*7.7 —*	*5.0*	*17.8*	–
Male – Masculin	*5 196*	*— 1	*397 —*	*926*	*2 873*	–	*34.3*	*—	*9.2 —*	*6.1*	*19.0*	–
Female – Féminin	*3 672*	*—	*843 —*	*534*	*2 295*	–	*26.6*	*—	*6.1 —*	*3.9*	*16.6*	–
Israel – Israël [15]												
1985												
Total	1 183	294	328	161	400	–	11.9	3.0	3.3	1.6	4.0	–
Male – Masculin	652	153	194	93	212	–	12.8	3.0	3.8	1.8	4.2	–
Female – Féminin	531	141	134	68	188	–	11.0	2.9	2.8	1.4	3.9	–
Japan – Japon												
1987 [16]												
Total	6 711	1 575	1 490	868	2 778	–	5.0	1.2	1.1	0.6	2.1	–
Male – Masculin	3 734	887	839	480	1 528	–	5.4	1.3	1.2	0.7	2.2	–
Female – Féminin	2 977	688	651	388	1 250	–	4.5	1.1	1.0	0.6	1.9	–
Jordan – Jordanie [17]												
1979+												
Male – Masculin	*632*	*———	*139*	———*	*493*	–	*14.2*	*———	*3.1*	———*	*11.0*	–
Female – Féminin	*571*	*———	*84*	———*	*487*	–	*12.2*	*———	*1.8*	———*	*10.4*	–
1980+												
Total	*1 052*	*———	*192*	———*	*860*	–	...	...	...	...	...	...
Kuwait – Koweït												
1986												
Total	841	292	191	62	296	–	15.6	5.4	3.5	1.2	5.5	–
Male – Masculin	453	172	113	33	135	–	16.6	6.3	4.1	1.2	4.9	–
Female – Féminin	388	120	78	29	161	–	14.6	4.5	2.9	♦ 1.1	6.1	–
Macau – Macao												
1987												
Total	*52*	*28*	*11*	*1*	*12*	–						
Male – Masculin	*29*	*17*	*6*	*1*	*5*	–						
Female – Féminin	*23*	*11*	*5*	–	*7*	–						
Malaysia – Malaisie												
Peninsular Malaysia – Malaisie Péninsulaire												
1987 [1]												
Total	5 625	*— 2	820 —*	743	2 062	–	14.4	*—	7.2 —*	1.9	5.3	–
Male – Masculin	3 151	*— 1	609 —*	413	1 129	–	15.6	*—	8.0 —*	2.0	5.6	–
Female – Féminin	2 474	*— 1	211 —*	330	933	–	13.0	*—	6.4 —*	1.7	4.9	–
Sabah												
1984*												
Total	*1 064*	*—	*603 —*	*103*	*358*	–	*22.7*	*—	*12.9 —*	*2.2*	*7.6*	–
Male – Masculin	*575*	*—	*346 —*	*45*	*184*	–	*23.5*	*—	*14.1 —*	*1.8*	*7.5*	–
Female – Féminin	*489*	*—	*257 —*	*58*	*174*	–	*21.8*	*—	*11.5 —*	*2.6*	*7.8*	–
Sarawak												
1986												
Total	*426*	*—	*220 —*	*68*	*138*	–						
Male – Masculin	*253*	*—	*131 —*	*47*	*75*	–						
Female – Féminin	*173*	*—	*89 —*	*21*	*63*	–						
Maldives												
1987 [9]												
Total	417	13	158	74	172	–						
Male – Masculin	234	6	97	43	88	–						
Female – Féminin	183	7	61	31	84	–						

16. Infant deaths and infant mortality rates by age, sex and urban/rural residence: latest available year (continued)
Décès d'enfants de moins d'un an et taux de mortalité infantile selon l'âge, le sexe et la résidence, urbaine/rurale: dernière année disponible (suite)

(See notes at end of table. – Voir notes à la fin du tableau.)

Continent, country or area, year, sex and urban/rural residence / Continent, pays ou zone, année, sexe et résidence, urbaine/rurale	Age (in days – en jours): Number – Nombre –365	–1	1–6	7–27	28–364	Unknown Inconnu	Rate – Taux –365	–1	1–6	7–27	28–364	Unknown Inconnu
ASIA—ASIE(Cont.–Suite)												
Pakistan												
1985 [19]												
Total	367 096	9 169	111 809	73 075	169 511	3 532	115.9	2.9	35.3	23.1	53.5	1.1
Male – Masculin	206 313	6 390	73 953	36 659	87 972	1 339	126.9	3.9	45.5	22.5	54.1	0.8
Female – Féminin	160 783	2 779	37 856	36 416	81 539	2 193	104.3	1.8	24.6	23.6	52.9	1.4
Philippines												
1987												
Total	50 803	7 178	8 958	5 245	29 422	–	...	...	...	...	...	...
Male – Masculin	29 367	4 208	5 422	3 022	16 715	–	...	...	...	...	...	...
Female – Féminin	21 436	2 970	3 536	2 223	12 707	–	...	...	...	...	...	...
Qatar												
1987												
Total	133	18	37	29	49	–						
Male – Masculin	65	9	21	12	23	–						
Female – Féminin	68	9	16	17	26	–						
Singapore – Singapour												
1987+ [20]												
Total [17]	324	*—	191 —*	55	78	–						
Male – Masculin	191	*—	108 —*	37	46	–						
Female – Féminin	130	*—	80 —*	18	32	–						
Sri Lanka												
1983+												
Total	11 492	2	5 094	1 869	4 527	–	28.4	♦ 0.0	12.6	4.6	11.2	–
Male – Masculin	6 279	2	2 822	1 032	2 423	–	30.4	♦ 0.0	13.7	5.0	11.7	–
Female – Féminin	5 213	–	2 272	837	2 104	–	26.3	–	11.4	4.2	10.6	–
Thailand – Thaïlande												
1987+												
Total	9 358	390	1 910	1 143	5 522	393	10.6	0.4	2.2	1.3	6.2	0.4
Male – Masculin	5 366	229	1 111	637	3 172	217	11.9	0.5	2.5	1.4	7.0	0.5
Female – Féminin	3 992	161	799	506	2 350	176	9.2	0.4	1.9	1.2	5.4	0.4
EUROPE												
Albania – Albanie												
1987												
Total	2 247	108	291	253	1 595	–	28.2	1.4	3.7	3.2	20.0	–
Austria – Autriche												
1987												
Total	850	216	154	125	355	–						
Male – Masculin	475	113	92	66	204	–						
Female – Féminin	375	103	62	59	151	–						
Belgium – Belgique												
1983												
Total	1 235	355	260	144	476	–	10.5	3.0	2.2	1.2	4.1	–
Male – Masculin	723	192	150	97	284	–	12.0	3.2	2.5	1.6	4.7	–
Female – Féminin	512	163	110	47	192	–	9.0	2.9	1.9	0.8	3.4	–
Bulgaria – Bulgarie												
1986												
Total	1 760	129	579	293	759	–	14.7	1.1	4.8	2.4	6.3	–
Male – Masculin	1 026	69	371	157	429	–	16.7	1.1	6.0	2.6	7.0	–
Female – Féminin	734	60	208	136	330	–	12.5	1.0	3.5	2.3	5.6	–

16. Infant deaths and infant mortality rates by age, sex and urban/rural residence: latest available year (continued)
Décès d'enfants de moins d'un an et taux de mortalité infantile selon l'âge, le sexe et la résidence, urbaine/rurale: dernière année disponible (suite)

(See notes at end of table. – Voir notes à la fin du tableau.)

Continent, country or area, year, sex and urban/rural residence — Continent, pays ou zone, année, sexe et résidence, urbaine/rurale	Age (in days – en jours)											
	Number – Nombre						Rate – Taux					
	–365	–1	1–6	7–27	28–364	Unknown Inconnu	–365	–1	1–6	7–27	28–364	Unknown Inconnu
EUROPE (Cont.–Suite)												
Channel Islands – Iles Anglo-Normandes												
Guernsey – Guernesey												
1986												
Total	2	1	–	–	1	–						
Male – Masculin	1	–	–	–	1	–						
Female – Féminin	1	1	–	–	–	–						
Jersey												
1987 +												
Total	9	1	3	1	4	–						
Male – Masculin	5	1	2	1	1	–						
Female – Féminin	4	–	1	–	3	–						
Czechoslovakia – Tchécoslovaquie												
1985												
Total	3 165	924	846	402	993	–	14.0	4.1	3.7	1.8	4.4	–
Male – Masculin	1 826	543	494	230	559	–	15.8	4.7	4.3	2.0	4.8	–
Female – Féminin	1 339	381	352	172	434	–	12.2	3.5	3.2	1.6	3.9	–
Denmark – Danemark [21]												
1987												
Total	467	138	71	59	199	–						
Male – Masculin	290	84	48	35	123	–						
Female – Féminin	177	54	23	24	76	–						
Faeroe Islands – Iles Féroé												
1987												
Total	4	3	–	–	1	–						
Male – Masculin	2	1	–	–	1	–						
Female – Féminin	2	2	–	–	–	–						
Finland – Finlande												
1986 [9 22]												
Total	353	79	115	48	111	–						
Male – Masculin	213	51	69	29	64	–						
Female – Féminin	140	28	46	19	47	–						
France												
1987												
Total	6 017	845	1 476	792	2 904	–	7.8	1.1	1.9	1.0	3.8	–
Male – Masculin	3 572	494	892	444	1 742	–	9.1	1.3	2.3	1.1	4.4	–
Female – Féminin	2 445	351	584	348	1 162	–	6.5	0.9	1.6	0.9	3.1	–
German Democratic Rep. – Rép. démocratique allemande [23]												
1983												
Male – Masculin	1 505	*———	1 055	———*	450	–	12.5	*———	8.8	———*	3.7	–
Female – Féminin	1 001	*———	668	———*	332	–	8.8	*———	5.9	———*	2.9	–
1987												
Total	1 969	364	623	302	680	22	8.7	1.6	2.8	1.3	3.0	♦ 0.1
Germany, Federal Rep. of – Allemagne, République fédérale d' [23]												
1987 [24]												
Total	5 318	946	1 289	742	2 341	–	8.3	1.5	2.0	1.2	3.6	–
Male – Masculin	3 082	518	764	433	1 367	–	9.3	1.6	2.3	1.3	4.1	–
Female – Féminin	2 236	428	525	309	974	–	7.2	1.4	1.7	1.0	3.1	–

16. Infant deaths and infant mortality rates by age, sex and urban/rural residence: latest available year (continued)
Décès d'enfants de moins d'un an et taux de mortalité infantile selon l'âge, le sexe et la résidence, urbaine/rurale: dernière année disponible (suite)

(See notes at end of table. – Voir notes à la fin du tableau.)

Continent, country or area, year, sex and urban/rural residence / Continent, pays ou zone, année, sexe et résidence, urbaine/rurale	Age (in days – en jours) Number – Nombre –365	–1	1–6	7–27	28–364	Unknown Inconnu	Rate – Taux –365	–1	1–6	7–27	28–364	Unknown Inconnu
EUROPE (Cont.–Suite)												
Greece – Grèce												
1985												
Total	1 647	385	505	339	418	–	14.1	3.3	4.3	2.9	3.6	–
Male – Masculin	960	220	296	209	235	–	15.9	3.6	4.9	3.5	3.9	–
Female – Féminin	687	165	209	130	183	–	12.3	2.9	3.7	2.3	3.3	–
Hungary – Hongrie												
1987 [9]												
Total	2 178	661	650	321	546	–	17.3	5.3	5.2	2.5	4.3	–
Male – Masculin	1 278	388	398	184	308	–	19.8	6.0	6.2	2.8	4.8	–
Female – Féminin	900	273	252	137	238	–	14.7	4.5	4.1	2.2	3.9	–
Iceland – Islande												
1984												
Total	25	1	7	7	10	–						
Male – Masculin	14	–	4	3	7	–						
Female – Féminin	11	1	3	4	3	–						
Ireland – Irlande												
1985*+ [25]												
Total	553	179	92	68	214	–						
Male – Masculin	313	102	56	35	120	–						
Female – Féminin	240	77	36	33	94	–						
Isle of Man – Ile de Man												
1987+												
Total	4	2	–	–	2	–						
Male – Masculin	3	2	–	–	1	–						
Female – Féminin	1	–	–	–	1	–						
Italy – Italie												
1983												
Total	7 397	2 335	2 469	955	1 638	–	12.3	3.9	4.1	1.6	2.7	–
Male – Masculin	4 121	1 343	1 402	499	877	–	13.3	4.3	4.5	1.6	2.8	–
Female – Féminin	3 276	992	1 067	456	761	–	11.3	3.4	3.7	1.6	2.6	–
Luxembourg												
1987												
Total	40	9	13	4	14	–						
Male – Masculin	23	7	8	2	6	–						
Female – Féminin	17	2	5	2	8	–						
Malta – Malte												
1987												
Total	39	–	19	8	12	–						
Male – Masculin	22	–	11	5	6	–						
Female – Féminin	17	–	8	3	6	–						
Netherlands – Pays-Bas												
1986 [26]												
Total	1 428	329	412	144	543	–	7.7	1.8	2.2	0.8	2.9	–
Male – Masculin	803	181	239	86	297	–	8.6	1.9	2.5	0.9	3.2	–
Female – Féminin	625	148	173	58	246	–	6.9	1.6	1.9	0.6	2.7	–
Norway – Norvège												
1987 [27]												
Total	453	87	107	55	204	–						
Male – Masculin	251	40	65	33	113	–						
Female – Féminin	202	47	42	22	91	–						
Poland – Pologne												
1987												
Total	10 601	2 222	3 870	1 499	3 010	–	17.5	3.7	6.4	2.5	5.0	–
Male – Masculin	6 150	1 295	2 268	852	1 735	–	19.7	4.2	7.3	2.7	5.6	–
Female – Féminin	4 451	927	1 602	647	1 275	–	15.2	3.2	5.5	2.2	4.3	–

16. Infant deaths and infant mortality rates by age, sex and urban/rural residence: latest available year (continued)
Décès d'enfants de moins d'un an et taux de mortalité infantile selon l'âge, le sexe et la résidence, urbaine/rurale: dernière année disponible (suite)

(See notes at end of table. – Voir notes à la fin du tableau.)

Continent, country or area, year, sex and urban/rural residence — Continent, pays ou zone, année, sexe et résidence, urbaine/rurale	Age (in days – en jours) Number – Nombre -365	-1	1-6	7-27	28-364	Unknown Inconnu	Rate – Taux -365	-1	1-6	7-27	28-364	Unknown Inconnu
EUROPE (Cont.–Suite)												
Portugal												
1987												
Total	1 755	668	369	181	537	–	14.2	5.4	3.0	1.5	4.4	–
Male – Masculin	999	355	233	110	301	–	15.7	5.6	3.7	1.7	4.7	–
Female – Féminin	756	313	136	71	236	–	12.7	5.2	2.3	1.2	4.0	–
Romania – Roumanie												
1980												
Male – Masculin	6 663	288	1 278	1 089	4 008	–	...	...	...	...	...	...
Female – Féminin	5 028	191	784	817	3 236	–	...	...	...	...	...	...
1985												
Total	9 191	*—	1 677 —*	*—	7 514 —*	–	25.6	*—	4.7 —*	*—	20.9 —*	–
San Marino – Saint-Marin												
1987+												
Total	3	1	1	1	–	–						
Male – Masculin	3	1	1	1	–	–						
Female – Féminin	–	–	–	–	–	–						
Spain – Espagne												
1983												
Total	5 285	1 631	1 147	888	1 619	–	10.9	3.4	2.4	1.8	3.3	–
Male – Masculin	2 989	913	703	508	865	–	11.9	3.6	2.8	2.0	3.4	–
Female – Féminin	2 296	718	444	380	754	–	9.8	3.1	1.9	1.6	3.2	–
Sweden – Suède												
1987												
Total	641	133	195	73	240	–						
Male – Masculin	358	70	103	46	139	–						
Female – Féminin	283	63	92	27	101	–						
Switzerland – Suisse												
1987												
Total	524	164	104	57	199	–						
Male – Masculin	291	85	63	32	111	–						
Female – Féminin	233	79	41	25	88	–						
United Kingdom–Royaume–Uni												
1987												
Total	7 077	1 765	1 279	851	3 182	–	9.1	2.3	1.6	1.1	4.1	–
Male – Masculin	4 105	1 038	744	480	1 843	–	10.3	2.6	1.9	1.2	4.6	–
Female – Féminin	2 972	727	535	371	1 339	–	7.9	1.9	1.4	1.0	3.5	–
England and Wales – Angleterre et Galles												
1985												
Total	6 141	1 634	1 219	678	2 610	–	9.4	2.5	1.9	1.0	4.0	–
Male – Masculin	3 510	936	709	360	1 505	–	10.4	2.8	2.1	1.1	4.5	–
Female – Féminin	2 631	698	510	318	1 105	–	8.2	2.2	1.6	1.0	3.5	–
Northern Ireland – Irlande du Nord												
1985+												
Total	265	72	58	25	110	–						
Male – Masculin	151	42	30	17	62	–						
Female – Féminin	114	30	28	8	48	–						
Scotland – Ecosse												
1985+												
Total	624	164	126	74	260	–						
Male – Masculin	342	80	68	38	156	–						
Female – Féminin	282	84	58	36	104	–						

16. Infant deaths and infant mortality rates by age, sex and urban/rural residence: latest available year (continued)

Décès d'enfants de moins d'un an et taux de mortalité infantile selon l'âge, le sexe et la résidence, urbaine/rurale: dernière année disponible (suite)

(See notes at end of table. – Voir notes à la fin du tableau.)

Continent, country or area, year, sex and urban/rural residence — Continent, pays ou zone, année, sexe et résidence, urbaine/rurale	Age (in days – en jours) Number – Nombre –365	–1	1–6	7–27	28–364	Unknown Inconnu	Rate – Taux –365	–1	1–6	7–27	28–364	Unknown Inconnu
EUROPE (Cont.–Suite)												
Yugoslavia – Yougoslavie												
1987												
Total	9 036	1 870	2 219	1 100	3 847	–	25.1	5.2	6.2	3.1	10.7	–
Male – Masculin	4 896	1 045	1 300	591	1 960	–	26.3	5.6	7.0	3.2	10.5	–
Female – Féminin	4 140	825	919	509	1 887	–	23.9	4.8	5.3	2.9	10.9	–
OCEANIA—OCEANIE												
American Samoa – Samoa américaines												
1976												
Total	22	4	5	3	10	–						
Male – Masculin	14	4	3	3	4	–						
Female – Féminin	8	–	2	–	6	–						
Australia – Australie												
1986+												
Total	2 154	728	339	255	832	–	8.8	3.0	1.4	1.0	3.4	–
Male – Masculin	1 244	432	194	146	472	–	10.0	3.5	1.6	1.2	3.8	–
Female – Féminin	910	296	145	109	360	–	7.7	2.5	1.2	0.9	3.0	–
Cook Islands – Iles Cook												
1977+												
Total	4	–	1	1	2	–						
Male – Masculin	3	–	1	–	2	–						
Female – Féminin	1	–	–	1	–	–						
Fiji – Fidji												
1985+												
Total	361	*—	182 —*	48	131	–						
Male – Masculin	185	*—	102 —*	22	61	–						
Female – Féminin	176	*—	80 —*	26	70	–						
Guam												
1986[28]												
Total	31	17	5	2	7	–						
Male – Masculin	18	11	3	2	2	–						
Female – Féminin	13	6	2	–	5	–						
New Caledonia – Nouvelle–Calédonie												
1977												
Male – Masculin	*72*	*8*	*14*	*10*	*40*	–						
Female – Féminin	*40*	*5*	*5*	*3*	*27*	–						
1981												
Total	*70*	*12*	*19*	*7*	*32*	–						
New Zealand – Nouvelle–Zélande												
1987+												
Total	554	91	82	55	326	–						
Male – Masculin	302	47	54	30	171	–						
Female – Féminin	252	44	28	25	155	–						
Niue – Nioué												
1986												
Total	2	–	1	–	1	–						
Male – Masculin	–	–	–	–	–	–						
Female – Féminin	2	–	1	–	1	–						
Pacific Islands – Iles du Pacifique												
1979[29]												
Total	*128*	*31*	*33*	*9*	*55*	–						
Male – Masculin	*64*	*18*	*16*	*4*	*26*	–						
Female – Féminin	*64*	*13*	*17*	*5*	*29*	–						

16. Infant deaths and infant mortality rates by age, sex and urban/rural residence: latest available year (continued)

Décès d'enfants de moins d'un an et taux de mortalité infantile selon l'âge, le sexe et la résidence, urbaine/rurale: dernière année disponible (suite)

(See notes at end of table. – Voir notes à la fin du tableau.)

Continent, country or area, year, sex and urban/rural residence — Continent, pays ou zone, année, sexe et résidence, urbaine/rurale	Age (in days – en jours) Number – Nombre –365	–1	1–6	7–27	28–364	Unknown Inconnu	Rate – Taux –365	–1	1–6	7–27	28–364	Unknown Inconnu
OCEANIA–OCEANIE(Cont.–Suite)												
Pacific Islands – Iles du Pacifique												
Northern Mariana Islands – Iles Mariannes septentrionales												
1985												
Total	*14*	*7*	*3*	–	*4*	–						
Male – Masculin	*10*	*6*	*1*	–	*3*	–						
Female – Féminin	*4*	*1*	*2*	–	*1*	–						
Samoa												
1980												
Total	*35*	–	*9*	*5*	*21*	–						
Male – Masculin	*22*	–	*6*	*1*	*15*	–						
Female – Féminin	*13*	–	*3*	*4*	*6*	–						

16. Infant deaths and infant mortality rates by age, sex and urban/rural residence: latest available year (continued)
Décès d'enfants de moins d'un an et taux de mortalité infantile selon l'âge, le sexe et la résidence, urbaine/rurale: dernière année disponible (suite)
Data by urban/rural residence

Données selon la résidence urbaine/rurale

(See notes at end of table. – Voir notes à la fin du tableau.)

Continent, country or area, year, sex and urban/rural residence / Continent, pays ou zone, année, sexe et résidence, urbaine/rurale	Age (in days – en jours) Number – Nombre –365	–1	1–6	7–27	28–364	Unknown Inconnu	Rate – Taux –365	–1	1–6	7–27	28–364	Unknown Inconnu
AMERICA,NORTH— AMERIQUE DU NORD												
Panama												
Urban – Urbaine												
1986												
Urban – Urbaine	*493*	*127*	*168*	*63*	*135*	–	*18.1*	*4.7*	*6.2*	*2.3*	*5.0*	–
Male – Masculin	*289*	*79*	*97*	*35*	*78*	–	*20.8*	*5.7*	*7.0*	*2.5*	*5.6*	–
Female – Féminin	*204*	*48*	*71*	*28*	*57*	–	*15.4*	*3.6*	*5.4*	♦ *2.1*	*4.3*	–
Rural – Rurale												
1986												
Rural – Rurale	*624*	*108*	*132*	*65*	*319*	–	*20.5*	*3.5*	*4.3*	*2.1*	*10.5*	–
Male – Masculin	*351*	*65*	*81*	*35*	*170*	–	*22.2*	*4.1*	*5.1*	*2.2*	*10.8*	–
Female – Féminin	*273*	*43*	*51*	*30*	*149*	–	*18.6*	*2.9*	*3.5*	♦ *2.0*	*10.2*	–
ASIA—ASIE												
Maldives												
Urban – Urbaine												
1984												
Urban – Urbaine	75	15	18	18	24	–						
Male – Masculin	47	10	9	12	16	–						
Female – Féminin	28	5	9	6	8	–						
EUROPE												
Finland – Finlande												
Urban – Urbaine												
1984 [22]												
Urban – Urbaine	249	56	89	33	71	–						
Male – Masculin	146	29	54	21	42	–						
Female – Féminin	103	27	35	12	29	–						
Rural – Rurale												
1984 [22]												
Rural – Rurale	174	31	59	17	67	–						
Male – Masculin	92	17	32	8	35	–						
Female – Féminin	82	14	27	9	32	–						
Hungary – Hongrie												
Urban – Urbaine												
1986 [30]												
Urban – Urbaine	1 306	396	424	202	284	–	18.3	5.5	5.9	2.8	4.0	–
Male – Masculin	754	232	253	118	151	–	20.6	6.3	6.9	3.2	4.1	–
Female – Féminin	552	164	171	84	133	–	15.8	4.7	4.9	2.4	3.8	–
Rural – Rurale												
1986 [30]												
Rural – Rurale	1 128	335	357	167	269	–	20.1	6.0	6.3	3.0	4.8	–
Male – Masculin	657	203	202	89	163	–	22.9	7.1	7.0	3.1	5.7	–
Female – Féminin	471	132	155	78	106	–	17.1	4.8	5.6	2.8	3.8	–

16. Infant deaths and infant mortality rates by age, sex and urban/rural residence: latest available year (continued)
Décès d'enfants de moins d'un an et taux de mortalité infantile selon l'âge, le sexe et la résidence, urbaine/rurale: dernière année disponible (suite)

GENERAL NOTES

Data exclude foetal deaths. Rates are the number of deaths of infants of specified age by sex per 1 000 live births of some sex. Rates are shown only for countries or areas having at least a total of 1 000 infant deaths in a given year. For definition of urban , see end of table 6. For method of evaluation and limitations of data, see Technical Notes, page 79.

Italics: data from civil registers which are incomplete or of unknown completeness.

FOOTNOTES

* Provisional.
♦ Rates based on 30 or fewer maternal deaths.
+ Data tabulated by date of registration rather than occurrence.

1 Excluding live–born infants dying before registration of birth.
2 For Algerian population only.
3 Based on the results of the population census of 1976.
4 Excluding late registrations.
5 Including Canadian residents temporarily in the United States, but excluding United States residents temporarily in Canada.
6 For 7–30 days and 1–11 months, as appropriate.
7 Including infant deaths of unknown sex.
8 For 7–29 days and 1–11 months, as appropriate.
9 For classification by urban/rural residence, see end of table.
10 Based on number of burial permits. Rates computed on number of baptisms recorded in Roman Catholic Church registers.
11 Exluding nomadic Indian tribes.
12 Excluding Indian jungle population, estimated at 39 800 in 1972.
13 Excluding Indian jungle population, estimated at 31 800 in 1961.
14 Exluding Vietnamese refugees.
15 Including data for East Jerusalem and Israeli residents in certain other territories under occupation by Israeli military forces since June 1967.
16 For Japanese nationals in Japan only.
17 Excluding data for Jordanian territory under occupation since June 1967 by Israeli military forces. Excluding foreigners, but including registered Palestinian refugees. For number of refugees, see table 5.
18 Events registered by Health Service only.
19 Based on the results of the Population Growth Survey.
20 Excluding non–locally domiciled military and civilian services personnel and their dependants.
21 Excluding Faeroe Islands and Greenland, shown separately.
22 Including nationals temporarily outside the country.
23 The data which relate to the German Democratic Republic and the Federal Republic of Germany include the relevant data relating to Berlin, for which separate data have not been supplied. This is without prejudice to any question of status which may be involved.
24 Age classification based on difference between date of birth and date of death.
25 Infant deaths registered within one year of occurrence.
26 Including residents outside the country if listed in a Netherlands population register.
27 Including residents temporarily outside the country.
28 Including United States military personnel, their dependants and contract employees.
29 Excluding United States military personnel, their dependants and contract employees.
30 Excluding unknown residence.

NOTES GENERALES

Les données ne comprennent pas les morts foetales. Les taux représent le nombre de décès d'enfants d'âge et de sexe données pour 1 000 naissances vivantes du même sexe. Les taux présentés ne se rapportent qu'aux pays ou zones où l'on a enregistréun total d'au moins 1 000 décès d'un an dans une année donnée. Pour les définitions des "régions urbaines", se reporter à la fin du tableau 6. Pour la méthode d'évaluation et les insuffisances des données voir Notes techniques, page 79.
Italiques: données incomplètes ou dont le degré d'exactitude n'est pas connu, provenant des registres de l'état civil.

NOTES

* Données provisoires.
♦ Taux basés sur 30 décès liés à la maternité ou moins.
+ Données exploitées selon la date de l'enregistrement et non la date de l'événement.
1 Non compris les enfants nés vivants, décédés avant l'enregistrement de leur naissance.
2 Pour la population algérienne seulement.
3 D'après les résultats du le recensement de la population de 1976.
4 Non compris les enregistrements tardifs.
5 Y compris les résidents canadiens se trouvant temporairement aux Etats– Unis, mais non compris les résidents des Etats–Unis se trouvant temporairement au Canada.
6 Pour 7 à 30 jours et 1 à 11 mois, selon le cas.
7 Y compris les décès d'enfants de moins d'un an dont on ignore le sexe.
8 Pour 7 à 29 jours et 1 à 11 mois, selon le cas.
9 Pour le classement selon la résidence, urbaine/rurale, voir le fin du tableau.
10 D'aprés les permis d'inhumer. Taux calculés sur la base du nombre de baptêmes inscrits sur les registres des églises catholiques romaines.
11 Non compris les tribus d'Indiens nomades.
12 Non compris les Indiens de la jungle, estimés à 39 800 personnes en 1972.
13 Non compris les Indiens de la jungle, estimés à 31 800 personnes en 1961.
14 Non compris les réfugiés du Viet Nam.
15 Y compris les données pour Jérusalem–Est et les résidents israéliens dans certains autres territoires occupés depuis juin 1967 par les forces armées israéliennes.
16 Pour les nationaux japonais au Japon seulement.
17 Non compris les données pour le territoire jordanien occupé depuis juin 1967 par les forces armées israéliennes. Non compris les étrangers, mais y compris les réfugiés de Palestine immatriculés. Pour le nombre de réfugiés, voir le tableau 5.
18 Evénements enregistrés par le Service de santé seulement.
19 D'après les résultats de la "Population Growth Survey".
20 Non compris les militaires et agents civils non résidents et les membres de leur famille les accompagnant.
21 Non compris les îles Féroé et le Groenland, qui font l'objet de rubriques distinctes.
22 Y compris les nationaux se trouvant temporairement hors du pays.
23 Les données relatives à la République démocratique allemande et à la République fédérale d'Allemagne, incluent les données pertinentes relatives à Berlin, pour lequel des données séparées n'ont pas été fournies. Cela sans préjudice des questions de statut qui peuvent se poser à cet égard.
24 La classification selon l'âge repose sur la différence entre la date de la naissance et la date du décès.
25 Décès d'enfants de moins d'un an enregistrés dans l'année qui suit l'événement.
26 Y compris les résidents hors du pays, s'ils sont inscrits sur un registre de population néerlandais.
27 Y compris les résidents se trouvant temporairement hors du pays.
28 Y compris les militaires des Etats–Unis, les membres de leur famille les accompagnant et les agents contractuels des Etats–Unis.
29 Non compris les militaires des Etats–Unis, les membres de leur famille les accompagnant et les agents contractuels des Etats–Unis.
30 Non compris la résidence incounue.

17. Maternal deaths and maternal mortality rates: 1978 – 1987

(See notes at end of table.)

Continent and country or area	Number – Nombre									
	1978	1979	1980	1981	1982	1983	1984	1985	1986	1987
AFRICA										
Cape Verde [1]	...	...	10	...	...	...	...	...	...	...
Egypt	1 218	1 273	1 461	...	1 257	...	...	...	...	...
Mauritius										
Island of Mauritius +	24	25	27	16	21	11	18	19	23	19
Sao Tome and Principe	...	...	...	...	...	...	7	6	...	...
Zimbabwe [1]										
European population +	–	1	...	...	...	...	...	...	...	...
AMERICA, NORTH										
Bahamas	...	2	–	3	1	1	1	1	...	...
Barbados +	3	3	1	–	–	–	3	–	...	...
Canada [2]	23	27	28	23	7	20	12	15	11	...
Costa Rica	25	29	16	26	21	19	18	29	30	...
Cuba	67	...	82	70	89	75	77	84	87	...
Dominican Republic +	*104*	*143*	...	*127*	*124*	*104*	*108*	*106*	...	...
El Salvador	*131*	*150*	*120*	*101*	*133*	*107*	*99*	...	...	—
Guadeloupe	6	–	...	...	...	...	...	...	...	...
Guatemala	343	445	276	326	...	...	236	...	...	...
Mexico	2 355	2464	2296	2 199	2 166	2 133	...	...	...	...
Panama [3]	*48*	*37*	*38*	*33*	*49*	*33*	*28*	*33*	*36*	...
Puerto Rico	4	8	6	12	8	4	6	8	...	...
Trinidad and Tobago [4]	...	...	...	...	14	18	...	...	...	...
United States	321	336	334	309	292	290	285	295	272	...
AMERICA, SOUTH										
Argentina	562	548	485	472	464	395	386	386	...	...
Brazil [4]	...	*2 609*	*2 551*	*2 540*	*2 293*	*2 116*	*1 962*	...	...	...
Chile	218	176	185	116	142	105	92	131	129	...
Colombia [5]	...	...	...	*164*	...	...	...	...	...	...
Ecuador [6]	*498*	...	...	*415*	*394*	...	*384*	*397*	*330*	*355*
Guyana +	...	...	...	...	...	...	117	...	...	...
Paraguay +	*151*	*171*	*164*	*134*	*149*	*164*	*155*	*146*	*140*	...
Peru + [7]	*690*	*475*	*749*	*648*	*576*	*611*	...	...	...	...
Suriname	14	6	8	7	10	...	8	7	...	...
Uruguay	32	...	...	32	20	21	20	23	14	...
Venezuela [8]	310	...	*319*	*265*	*257*	*303*	...	...	...	...
ASIA										
Bahrain	...	...	...	...	...	...	...	*2*	...	*1*
Hong Kong [9]	5	7	4	7	1	6	5	4	2	3
Israel [10]	9	10	5	–	3	2	5	8	6	...
Japan [11]	378	376	323	294	279	234	228	226	187	162
Korea, Rep. of	...	...	...	...	...	...	...	*114*	*103*	*63*
Kuwait	5	7	4	4	10	7	8	2	3	1
Macau	...	...	...	*2*	...	...	...	...	–	–
Maldives [4]	...	...	...	...	...	...	...	...	59	54
Philippines + [1]	*1 734*	...	...	*1 542*	...	...	...	...	...	...
Singapore +	8	3	2	2	5	6	5	2	5	3

17. Mortalité liée à la maternité, nombre de décès et taux: 1978 – 1987

(Voir notes à la fin du tableau.)

Rate – Taux										Continent et pays ou zone
1978	1979	1980	1981	1982	1983	1984	1985	1986	1987	
										AFRIQUE
...	...	♦ 107.4	...	...	...	...	...	...	...	Cap–Vert [1]
82.3	77.9	I 93.1	...	78.5	...	...	...	...	...	Egypte
										Maurice
♦ 99.0	♦ 99.4	♦ 110.4	♦ 68.5	♦ 98.9	♦ 55.5	♦ 93.6	♦ 104.1	♦ 126.2	♦ 99.2	Ile Maurice +
...	...	...	...	...	...	...	♦ 152.9	...	...	Sao Tome–et–Principe
										Zimbabwe [1]
–	♦ 37.1	...	...	...	...	...	...	...	...	Population européenne +
										AMERIQUE DU NORD
...	♦ 41.6	–	I ♦ 37.1	♦ 18.9	♦ 18.9	♦ 19.3	♦ 17.9	...	...	Bahamas
♦ 69.7	♦ 70.3	I ♦ 24.1	–	–	–	♦ 71.2	–	...	...	Barbade +
♦ 6.4	I ♦ 7.4	♦ 7.6	♦ 6.2	♦ 1.9	♦ 5.4	♦ 3.2	♦ 4.0	♦ 3.0	...	Canada [2]
♦ 39.5	♦ 44.3	I ♦ 24.2	♦ 38.4	♦ 29.5	♦ 26.0	♦ 23.7	♦ 34.4	...	...	Costa Rica
45.2	...	I 59.9	51.4	55.7	45.4	46.3	46.1	52.4	...	Cuba
55.3	*83.6*	...	*51.0*	*60.3*	*58.4*	*61.4*	...	...	...	Rép. dominicaine +
75.8	*86.1*	*70.6*	*61.8*	*84.8*	*74.2*	*69.6*	...	–	...	El Salvador
♦ 106.4	I –	...	...	...	...	...	...	...	...	Guadeloupe
119.8	I 150.4	91.0	105.7	...	...	75.6	...	...	...	Guatemala
100.3	I 108.3	93.9	86.9	90.5	81.8	...	...	...	...	Mexique
90.5	I *69.9*	*72.2*	*61.3*	*89.9*	*59.8*	♦ *49.4*	*56.9*	*62.4*	...	Panama [3]
♦ 5.3	I ♦ 10.8	♦ 8.2	♦ 16.8	♦ 11.5	♦ 6.1	♦ 9.5	♦ 12.6	...	...	Porto Rico
...	...	...	...	♦ 43.0	♦ 54.2	...	...	...	...	Trinité–et–Tobago [4]
9.6	I 9.6	9.2	8.5	7.9	8.0	7.8	7.8	7.2	...	Etats–Unis
										AMERIQUE DU SUD
84.5	I 84.6	69.5	69.4	69.9	60.2	...	...	...	...	Argentine
...	*96.8*	*92.1*	*88.6*	*77.1*	*78.1*	76.7	...	...	...	Brésil [4]
94.7	74.9	74.9	43.8	51.8	40.3	34.7	50.0	47.3	...	Chili
...	...	...	*19.5*	...	...	...	...	...	...	Colombie [5]
216.3	...	...	I 185.9	181.8	...	186.2	189.1	160.4	173.6	Equateur [6]
...	...	...	...	...	...	...	...	...	...	Guyane +
149.9	I *164.3*	...	*439.8*	*467.3*	*502.1*	*382.9*	*365.3*	*379.5*	...	Paraguay +
148.2	I *109.8*	*160.6*	*141.4*	*109.3*	*88.7*	...	...	...	...	Pérou [7]
...	...	♦ 81.3	...	...	...	...	...	...	...	Suriname
55.9	I ...	...	59.3	♦ 37.2	♦ 39.3	♦ 37.5	♦ 42.8	♦ 26.1	...	Uruguay
65.2	I ♦ ...	64.7	53.3	50.3	58.9	...	...	...	...	Venezuela [8]
										ASIE
...	...	...	...	...	...	...	♦ *16.2*	...	...	Bahrein
♦ 6.2	I ♦ 8.5	♦ 4.7	♦ 8.1	♦ 1.2	♦ 7.2	♦ 6.5	♦ 5.3	♦ 2.8	♦ 4.3	Hong–kong [9]
♦ 9.8	I ♦ 10.7	♦ 5.3	–	♦ 3.1	♦ 2.0	♦ 5.1	♦ 8.1	♦ 6.0	...	Israël [10]
22.1	I 22.9	20.5	19.2	♦ 18.4	15.5	15.3	15.8	13.5	12.0	Japon [11]
...	...	...	...	♦ ...	...	...	*16.9*	*15.7*	*9.7*	Korea, Rep. de
♦ 10.4	I ♦ 14.5	♦ 7.8	♦ 7.7	♦ 18.4	♦ 12.6	14.1	♦ 3.6	♦ 5.6	♦ 2.0	Koweït
...	...	...	♦ *47.5*	...	...	...	...	...	...	Macao
...	...	...	...	...	...	...	...	684.9	645.6	Maldives [4]
125.0	...	...	*105.5*	...	...	...	...	...	...	Philippines + [1]
♦ 20.3	I ♦ 7.4	♦ 4.9	♦ 4.7	♦ 11.7	♦ 14.8	♦ 12.0	♦ 4.7	♦ 13.0	♦ 6.9	Singapour +

17. Maternal deaths and maternal mortality rates : 1978 – 1987 (continued)

(See notes at end of table)

Continent and country or area	Number – Nombre									
	1978	1979	1980	1981	1982	1983	1984	1985	1986	1987
EUROPE										
Austria	13	11 I	7	13	16	10	4	6	6	4
Belgium	16 I	11	7	12	9	6	10	...	4	...
Bulgaria	38	21 I	27	30	22	27	21	15	30	23
Czechoslovakia	27 I	35	23	32	19	23	22	18	24	...
Denmark [1 12]	5	7	1	2	6	2	4	1	2	...
Finland [1 13]	2	4	1	3	3	2	1	4	4	...
France [14]	114 I	91	103	125	110	113	108	92	85	...
German Democratic Republic [15]	49 I	55	43	35	30	37	42	38	29	28
Germany, Federal Republic of [15]	147 I	128	128	125	110	68	63	63	50	56
Greece	29 I	21	26	16	16	19	11	8	9	...
Hungary	37 I	25	31	25	37	19	19	34	19	17
Iceland	–	–	– I	–	–	–	–	–	–	1
Ireland + [16]	12	17	5	3	4	8	4	4	3	...
Italy	121	182	84	82	59	55	54	47	...	...
Luxembourg	3 I	1	–	–	–	–	–	–	–	1
Malta	4	...	... I	1	2	–	–	2	–	–
Netherlands [17]	19 I	12	16	14	11	9	17	8	15	...
Norway [18]	1	7	6	1	–	2	1	1	12	3
Poland	108	100 I	81	99	100	117	99	75	83	94
Portugal	55	49 I	31	29	34	23	22	13	11	15
Romania	538	... I	527	533	602	547	522	...	...	...
Spain	82	68 I	63	...	54	37	24	20	...	...
Sweden [1]	6	1	8	4	4	–	2	5	3	...
Switzerland [1]	13	8	4	5	9	4	1	4	3	5
United Kingdom										
England and Wales	68 I	74	70	57	42	54	52	46	45	46
Northern Ireland +	– I	1	2	1	2	4	3	–	–	1
Scotland +	4 I	7	10	13	6	8	8	9	7	2
Yugoslavia	56 I	83	68	98	85	63	65	60	...	38
OCEANIA										
Australia +	15 I	18	22	25	25	15	18	11	15	...
Fiji	9 I	3	2	62	...	26	8	8	...	...
New Zealand +	5 I	6	7	3	6	10	3	7	10	...
USSR										
USSR [4]	.. .	...	...	...	...	...	...	...	779	...
Byelorussian SSR [4]	.. .	...	...	...	...	...	...	...	7	...
Ukrainian SSR [4]	.. .	...	...	...	...	...	...	...	82	...

GENERAL NOTES

Rates are the number of maternal deaths (caused by deliveries and complications of pregnancy, childbirth and the puerperium) per 100 000 live birth. Maternal deaths are those listed for cause AM42, AM43 and AM44 in part A and B40 and B41 in part B of table 15 which presents deaths and death rates by cause. For method of evaluation and limitations of data, see Technical Notes, page 82.

Italics: data from civil registers which are incomplete or of unknown completeness.

I Separates data classified by the 8th and 9th Revisions of the Abbreviated List of Causes for Tabulation of Mortality in the International Classification of Diseases.

FOOTNOTES

- * Provisional.
- ♦ Rates based on 30 or fewer maternal deaths.
- \+ Data tabulated by date of registration rather than occurrence.

1 All data classified by 1965 Revision.
2 Including Canadian residents temporarily in the United States, but excluding United States residents temporarily in Canada.

3 Prior to 1980, excluding the former Canal Zone.
4 All data classified by 1975 revision.
5 Based on burial permits.
6 Excluding nomadic Indian tribes.
7 Excluding Indian jungle population estimated at 39 800 in 1972.
8 Excluding Indian jungle population estimated at 31 800 in 1961.
9 Excluding Vietnamese refugees.

NOTES GENERALES

Les taux représentent le nombre de décès liès à la maternité (accouchements et complications de la grossesse, de l'accouchement et des suites de couches), pour 100 000 naissances vivantes. Les décès liés à la maternité sont les décès dus aux causes de la catégorie AM42, AM43 et AM44 de la Partie A et de la catégorie B40 et B41 de la Partie B du tableau 15, qui présente les décès (nombre et taux) selon la cause. Pour la méthode d'evaluation et les insuffisances des données, voir Notes techniques, page 82.
Italiques: données incomplètes ou dont le degré d'exactitude n'est pas connu, provenant des registres de l'état civil.

I Sépare les données classées selon la 8ème et la 9ème Révision de la Liste abrégée de rubriques pour la mise en tableaux des causes de mortalité figurant dans la classification internationale des maladies.

NOTES

- * Données provisoires.
- ♦ Taux basés sur 30 décès liés à la maternité ou moins.
- \+ Données exploitées selon la date de l'enregistrement et non la date de l'événement.

1 Toutes les données sont classées selon la Révision de 1965.
2 Y compris les résidents canadiens se trouvant temporairement aux Etats–Unis, mais non compris les résidents des Etats–Unis se trouvant temporairement au Canada.
3 Pour les années antérieures à 1980, non compris l'ancienne Zone du Canal.
4 Tontes les données sont classiées selon la Révision de 1975.
5 D'après les permis d'inhumer.
6 Non compris les tribus d'Indiens nomades.
7 Non compris les Indiens de la jungle, estimés à 39 800 personnes en 1972.
8 Non compris les Indiens de la jungle, estimés à 31 800 personnes en 1961.
9 Non compris les réfugiés du Viet Nam.

17. Mortalité liée à la maternité, nombre de décès et taux: 1978 – 1987 (suite)

(Voir notes à la fin du tableau.)

Rate – Taux										Continent et pays ou zone
1978	1979	1980	1981	1982	1983	1984	1985	1986	1987	
										EUROPE
♦ 15.2	♦ 12.7	I ♦ 7.7	♦ 13.8	♦ 16.9	♦ 11.1	♦ 4.5	♦ 6.9	♦ 6.9	♦ 4.6	Autriche
♦ 13.1	I ♦ 8.9	♦ 5.6	♦ 9.7	♦ 7.5	♦ 5.1	♦ 8.6	...	♦ 3.4	...	Belgique
27.9	♦ 15.5	I ♦ 21.1	♦ 24.1	♦ 17.7	♦ 22.0	♦ 17.2	♦ 12.6	♦ 25.0	♦ 19.9	Bulgarie
♦ 9.7	I 12.9	9.2	♦ 13.5	♦ 8.1	♦ 10.0	♦ 9.7	♦ 8.0	♦ 10.9	...	Tchécoslovaquie
♦ 8.1	♦ 11.8	♦ 1.7	♦ 3.8	♦ 11.4	♦ 3.9	♦ 7.7	♦ 1.9	♦ 3.6	...	Danemark [1 12]
♦ 3.1	♦ 6.3	♦ 1.6	♦ 4.7	♦ 4.5	♦ 3.0	♦ 1.5	♦ 6.4	♦ 6.6	...	Finlande [1 13]
15.5	I 12.0	12.9	15.5	13.8	15.1	14.2	12.0	10.9	...	France [14]
21.1	I 23.4	17.5	14.7	♦ 12.5	15.8	18.4	16.7	13.0	12.4	Rép. démocratique allemande [15]
25.5	I 22.0	20.6	20.0	17.7	11.4	10.8	10.7	♦ 8.0	8.7	Allemagne, République fédérale d' [15]
♦ 19.8	I ♦ 14.2	♦ 17.6	♦ 11.4	♦ 11.7	♦ 14.3	♦ 8.7	♦ 6.9	8.0	...	Grèce
20.8	I ♦ 15.6	20.9	♦ 17.5	27.7	♦ 14.9	♦ 15.2	26.1	♦ 14.8	♦ 13.5	Hongrie
–	–	–	–	–	–	–	–	–	♦ 24.1	Islande
♦ 17.1	I ♦ 9.6	♦ 6.8	♦ 4.2	♦ 5.6	♦ 11.9	♦ 6.2	♦ 6.4	♦ 4.9	...	Irlande+ [16]
17.1	I 12.2	13.1	13.2	9.6	9.2	9.2	8.2	...	...	Italie
♦ 73.7	I ♦ 24.5	–	–	–	–	–	–	–	...	Luxembourg
♦ 68.2	...	...	I ♦ 18.3	♦ 32.9	–	–	♦ 35.8	–	–	Malte
♦ 10.8	I ♦ 6.9	♦ 8.8	♦ 7.8	♦ 6.4	♦ 5.3	♦ 9.7	♦ 4.5	♦ 8.1	...	Pays–Bas [17]
♦ 1.9	♦ 13.6	♦ 11.8	♦ 2.0	–	♦ 4.0	♦ 2.0	♦ 2.0	I ♦ 3.8	♦ 5.6	Norvège [18]
16.2	14.5	I 11.7	14.6	14.2	16.2	14.2	11.1	13.1	15.5	Pologne
32.8	30.6	I 19.6	♦ 19.1	22.5	♦ 15.9	♦ 15.4	♦ 10.0	♦ 8.7	♦ 12.2	Portugal
129.1	...	I 132.1	139.9	174.8	170.1	148.8	...	...	...	Roumanie
12.9	11.5	13.4	...	10.5	7.6	♦ 5.2	♦ 4.4	...	...	Espagne
♦ 6.4	♦ 1.0	♦ 8.2	♦ 4.3	♦ 4.3	–	♦ 2.1	♦ 5.1	♦ 2.9	...	Suède [1]
♦ 18.2	♦ 11.1	♦ 5.4	♦ 6.8	♦ 12.0	♦ 5.4	♦ 1.3	♦ 5.4	♦ 3.9	♦ 6.5	Suisse [1]
										Royaume–Uni
11.4	I 11.6	10.7	9.0	6.7	8.6	8.2	7.0	6.8	5.9	Angleterre et Galles
–	I ♦ 3.5	♦ 7.0	♦ 3.7	♦ 7.4	♦ 14.7	♦ 10.8	–	–	♦ 3.6	Irlande du Nord+
♦ 6.2	I ♦ 10.2	♦ 14.5	♦ 18.8	♦ 9.1	♦ 12.3	♦ 12.3	♦ 13.5	♦ 10.6	♦ 3.0	Ecosse+
14.7	I 21.9	17.8	26.6	22.4	16.8	17.2	16.4	...	10.6	Yougoslavie
										OCEANIE
♦ 6.7	I ♦ 8.1	♦ 9.8	♦ 10.6	♦ 10.4	♦ 6.2	♦ 7.7	♦ 4.4	♦ 6.2	...	Australie+
♦ 52.4	I ♦ 16.2	♦ 10.6	326.7	...	♦ 131.3	♦ 41.0	♦ 41.1	...	...	Fidji
♦ 9.8	I ♦ 11.5	♦ 13.8	♦ 7.4	♦ 12.0	♦ 19.8	♦ 5.8	♦ 13.5	♦ 18.9	...	Nouvelle–Zélande+
										URSS
...	...	...	...	...	...	...	...	13.9	...	URSS [4]
...	...	...	...	...	...	...	...	♦ 4.1	...	RSS de Biélorussie [4]
...	...	...	...	...	...	...	...	10.3	...	RSS d'Ukraine [4]

FOOTNOTES (continued)

10 Including data for East Jerusalem and Israeli residents in certain other territories under occupation by Israeli military forces since June 1967.
11 For Japanese nationals in Japan only.
12 Excluding Faeroe Islands and Greenland.
13 Including nationals temporarily outside the country.
14 Including armed forces stationed outside the country.
15 The data which relate to the German Democratic Republic and the Federal Republic of Germany include the relevant data relating to Berlin, for which separate data have not been supplied. This is without prejudice to any question of status which may be involved.
16 Deaths registered within one year of occurrence.
17 Including residents outside the country if listed in a Netherlands population register.
18 Including residents temporarily outside the country.

NOTES (suite)

10 Y compris les données pour Jérusalem–Est et les résidents israéliens dans certain autres territoires occupés depuis juin 1967 par les forces armées.
11 Pour nationaux japonais au Japon seulement.
12 Non compris les îles Féroé et le Groenland.
13 Y compris les nationaux se trouvant temporairement hors du pays.
14 Y compris les militaires en garnison hors du pays.
15 Les données relatives à la République démocratique allemande et à la République fédérale d'Allemagne, incluent les données pertinentes relatives à Berlin, pour lequel des données séparées n'ont pas été fournies. Cela sans préjudice des questions de statut que peuvent se poser à cet égard.
16 Décès enregistrés dans l'année que suit l'événement.
17 Y compris les résidents hors du pays, s'ils sont inscrit sur un registre de population néerlandais.
18 Y compris les résidents se trouvant temporairement hors du pays.

18. Deaths and crude death rates, by urban/rural residence: 1984 – 1988

Décès et taux bruts de mortalité, selon la résidence, urbaine/rurale: 1984 – 1988

(See notes at end of table. – Voir notes à la fin du tableau.)

Continent, country or area and urban/rural residence — Continent, pays ou zone et résidence, urbaine/rurale	Code [1]	Number – Nombre					Rate – Taux				
		1984	1985	1986	1987	1988	1984	1985	1986	1987	1988
AFRICA—AFRIQUE											
Algeria – Algérie [2 3]	U	...	*137 974*	...	...	...				[4] 9.1	
Angola	..	...	...	...	...	...				[4] 20.2	
Benin – Bénin	..	...	...	...	...	...				[4] 19.0	
Botswana	..	...	...	...	...	...				[4] 11.7	
Burkina Faso	..	...	...	...	...	...				[4] 18.5	
Burundi	..	...	...	...	...	...				[4] 17.0	
Cameroon – Cameroun	..	...	...	...	...	...				[4] 15.6	
Cape Verde – Cap–Vert	C	2 863	2 735	...	...	...	8.9	8.2	...	...	...
Central African Republic – République centrafricaine	..	...	...	...	...	...				[4] 19.7	
Chad – Tchad	..	...	...	...	...	...				[4] 19.5	
Comoros – Comores	...	...	...	*7 500*	...	...				[4] 14.5	
Congo	..	...	...	...	...	...				[4] 17.2	
Côte d'Ivoire	..	...	...	...	...	...				[4] 14.2	
Djibouti	..	...	...	...	...	...				[4] 17.7	
Egypt – Egypte	C	400 600	442 258	468 000	466 161	...	8.5	9.1	9.4	9.1	...
Equatorial Guinea – Guinée équatoriale	..	...	...	...	...	...				[4] 19.0	
Ethiopia – Ethiopie	..	...	...	...	...	...				[4] 23.6	
Gabon	..	...	...	...	...	...				[4] 16.4	
Gambia – Gambie	..	...	...	...	...	...				[4] 21.3	
Ghana	..	...	...	...	...	...				[4] 13.1	
Guinea – Guinée	..	...	...	...	...	...				[4] 21.9	
Guinea–Bissau – Guinée–Bissau	..	...	...	...	...	...				[4] 20.0	
Kenya	..	...	...	...	...	...				[4] 11.9	
Lesotho	..	...	...	...	...	...				[4] 12.4	
Liberia – Libéria	..	...	...	...	...	...				[4] 13.3	
Libyan Arab Jamahiriya – Jamahiriya arabe libyenne	..	...	...	...	...	...				[4] 9.4	
Madagascar	..	...	...	...	...	...				[4] 14.0	
Malawi	..	...	...	...	...	...				[4] 20.0	
Mali	..	...	...	...	...	...				[4] 20.8	
Mauritania – Mauritanie	..	...	...	...	...	...				[4] 19.0	
Mauritius – Maurice	..	...	...	...	...	...				[4] 5.4	
Island of Mauritius – Ile Maurice [5]	+C	6 417	6 691	6 622	6 581	...	6.6	6.8	6.7	6.6	...
Rodrigues	+C	229	215	183	172	...	6.7	6.1	5.1	4.7	...
Morocco – Maroc	..	...	...	...	...	...				[4] 9.7	
Mozambique	..	...	...	...	...	...				[4] 18.5	
Namibia – Namibie	..	...	...	...	...	...				[4] 12.2	
Niger	..	...	...	...	...	...				[4] 20.9	
Nigeria – Nigéria	..	...	...	...	...	...				[4] 15.6	
Réunion [2]	C	3 040	3 018	3 047	3 090	...	5.7	5.5	5.5	5.5	...
Rwanda	..	...	...	...	...	...				[4] 17.1	
St. Helena ex. dep. – Sainte–Hélène sans dép.	C	46	43	53	40	...	7.8	6.9	8.2	6.7	...
Tristan da Cunha	C	2	2	1	4	...	♦ 6.3	♦ 6.5	♦ 3.2	♦ 12.9	...
Sao Tome and Principe – Sao Tomé–et–Principe	C	...	954	...	...	...	...	8.8	...	...	...
Senegal – Sénégal	..	...	...	...	...	...				[4] 18.9	
Seychelles	+C	488	468	498	505	...	7.5	7.2	7.6	7.6	...
Sierra Leone	...	*31 800*	*30 055*	*36 889*	...	...				[4] 23.4	
Somalia – Somalie	..	...	...	...	...	...				[4] 20.2	
South Africa – Afrique du Sud	..	...	...	...	...	...				[4] 9.8	
Sudan – Soudan	..	...	...	...	...	...				[4] 15.8	
Swaziland	..	...	...	...	...	...				[4] 12.5	
Togo	..	...	...	...	...	...				[4] 14.1	
Tunisia – Tunisie	U	*33 740*	*35 963*	*35 500*	...	** 33 839*				[4] 7.4	
Uganda – Ouganda	..	...	...	...	...	...				[4] 15.4	
United Rep. of Tanzania – Rép.–Unie de Tanzanie	..	...	...	...	...	...				[4] 14.0	
Zaire – Zaïre	..	...	...	...	...	...				[4] 13.9	
Zambia – Zambie	..	...	...	...	...	...				[4] 13.7	
Zimbabwe	..	...	...	...	...	...				[4] 10.2	

18. Deaths and crude death rates, by urban/rural residence: 1984 – 1988 (continued)

Décès et taux bruts de mortalité, selon la résidence, urbaine/rurale: 1984 – 1988 (suite)

(See notes at end of table. – Voir notes à la fin du tableau.)

Continent, country or area and urban/rural residence — Continent, pays ou zone et résidence, urbaine/rurale	Code [1]	Number – Nombre					Rate – Taux				
		1984	1985	1986	1987	1988	1984	1985	1986	1987	1988
AMERICA,NORTH— AMERIQUE DU NORD											
Anguilla	+C	...	73	...	...	...	...	10.0	...	...	...
Antigua and Barbuda – Antigua–et–Barbuda	+C	386	405	383	364	...	5.1	5.4	5.0	4.4	...
Aruba	C	323	334	377	370	...	5.1	5.4	6.3	6.2	...
Bahamas	C	1 150	1 341	1 407	1 376	...	5.0	5.8	6.0	5.7	...
Barbados – Barbade	+C	1 976	2 127	2 160	...	...	7.8	8.4	8.5	8.4	...
Belize	U	*798*	*660*	*716*	...	...	*4.9*	*4.0*	*4.2*	...	...
Bermuda – Bermudes	C	396	421	415	...	...	7.1	7.5	7.3	...	...
British Virgin Islands – Iles Vierges britanniques	+C	66	65	82	...	...	5.6	5.5	6.8	...	...
Canada [6]	C	175 727	181 323	184 224	184 953	...	7.0	7.2	7.3	7.2	...
Cayman Islands – Iles Caïmanes	U	*114*	*126*	*141*	*118*	...	*5.7*	*6.1*	*6.6*	*5.2*	...
Costa Rica	C	9 931	10 493	10 449	10 687	...	4.1	4.2	3.8	3.8	...
Cuba [5]	C	59 895	64 430	63 145	65 075	* 67 780	6.0	6.4	6.2	6.3	* 6.5
Dominica – Dominique	+C	432	...	...	...	...	5.2	...	...	...	...
Dominican Republic – République dominicaine [5]	+U	*28 236*	*27 844*	...	...	...				[4] 6.8	
El Salvador [5]	U	*28 854*	*27 225*	...	...	...				[4] 8.5	
Greenland – Groenland	C	439	436	446	445	442	8.3	8.2	8.3	8.2	8.1
Guadeloupe [2]	C	2 235	2 309	2 238	...	...	6.8	6.9	6.7	7.3	...
Guatemala [5]	C	65 824	69 455	...	* 49 905	...	8.5	8.7	...	* 5.9	...
Haiti – Haïti	..	...	...	...	...	...				[4] 12.7	
Honduras	..	...	...	...	...	...				[4] 8.1	
Jamaica – Jamaïque	+C	13 405	13 918	13 341	...	* 12 167	5.9	6.0	5.7	5.5	* 5.0
Martinique [2]	C	2 072	2 157	2 104	...	* 2 039	6.3	6.5	6.3	7.7	* 6.2
Mexico – Mexique [5]	C	410 550	414 003	...	...	...	5.4	5.3	...	5.8	...
Montserrat	C	104	124	123	...	...	8.8	10.5	10.3	...	...
Nicaragua	U	...	...	*27 008*	...	...				[4] 8.0	
Panama [5]	U	*8 250*	*8 991*	*8 942*	*8 576*	** 8 727*				[4] 5.2	
Puerto Rico – Porto Rico [5]	C	21 733	23 194	...	...	...	6.6	7.1	...	...	...
Saint Kitts and Nevis – Saint–Kitts–et–Nevis [5]	+C	481	441	461	...	...	10.7	10.0	10.5	...	...
Saint Lucia – Sainte–Lucie	C	740	824	843	...	...	5.5	6.0	6.0	...	...
St. Pierre and Miquelon – Saint–Pierre–et–Miquelon [2]	C	58	...	...	...	...	8.9	...	...	...	...
St. Vincent and the Grenadines – Saint–Vincent–et–Grenadines	+C	703	...	655	...	...	6.5	...	5.9	...	...
Trinidad and Tobago – Trinité–et–Tobago	C	7 819	...	...	...	...	6.7	...	...	...	...
United States – Etats–Unis	C	2 039 369	2 086 440	2 105 361	*2 127 000	*2 171 000	8.6	8.7	8.7	* 8.7	* 8.8
AMERICA,SOUTH— AMERIQUE DU SUD											
Argentina – Argentine	C	...	241 377	...	...	...	...	7.9	...	...	...
Bolivia – Bolivie	..	...	...	...	...	...	...			[4] 14.1	
Brazil – Brésil	U	*833 384*	*806 238*	*834 927*	*816 397*	...				[4] 7.9	
Chile – Chili [5]	C	74 669	73 534	72 209	70 559	...	6.3	6.1	5.9	5.6	...
Colombia – Colombie [5 7]	+U	*137 189*	*153 947*	*146 346*	...	...				[4] 7.4	
Ecuador – Equateur [5 8]	U	*53 118*	*51 134*	*50 957*	*51 567*	...				[4] 7.6	
French Guiana – Guyane Française [2]	U	491	501	491	...	...	6.2	6.1	5.7	...	...
Guyana	C	4 781	...	...	...	...	5.1	...	...	...	...
Paraguay [5]	U	11 954	14 094	11 519	...	...				[4] 6.6	
Peru – Pérou [9]	..	198 000	196 000	...	194 000	...	10.3	9.9	...	9.4	...
Suriname	C	...	2 275	...	...	...	...	6.1	...	...	...
Uruguay	+C	30 011	28 566	28 791	29 128	...	10.0	9.5	9.5	9.6	...
Venezuela [10]	C	78 091	78 938	77 647	80 322	...	4.6	4.6	4.4	4.4	...

18. Deaths and crude death rates, by urban/rural residence: 1984 – 1988 (continued)

Décès et taux bruts de mortalité, selon la résidence, urbaine/rurale: 1984 – 1988 (suite)

(See notes at end of table. – Voir notes à la fin du tableau.)

Continent, country or area and urban/rural residence — Continent, pays ou zone et résidence, urbaine/rurale	Code [1]	Number – Nombre 1984	1985	1986	1987	1988	Rate – Taux 1984	1985	1986	1987	1988
ASIA—ASIE											
Afghanistan	..	...	...	...	...	...				[4] 23.0	
Bahrain – Bahreïn	U	*1 303*	*1 212*	*1 423*	*1 569*	...				[4] 3.8	
Bangladesh	..	...	...	...	...	...				[4] 15.5	
Bhutan – Bhoutan	..	...	...	...	...	...				[4] 16.8	
Brunei Darussalam – Brunéi Darussalam	+C	768	794	723	762	...	3.6	3.6	3.2	3.3	...
China – Chine	..	...	...	...	...	...				[4] 6.7	
Cyprus – Chypre	...	*5 269*	*5 653*	*5 629*	*6 037*	**6 028*				[4] 8.2	
Democratic Kampuchea – Kampuchea démocratique	..	...	...	...	...	...				[4] 16.6	
Democratic Yemen – Yémen démocratique	..	...	...	...	...	...				[4] 15.8	
East Timor – Timor oriental	..	...	...	...	...	...				[4] 21.5	
Hong Kong – Hong–kong [11]	C	25 510	25 248	25 902	26 916	*27 595	4.7	4.6	4.7	4.8	4.9
India – Inde [5 12]	..	...	...	...	...	...	12.6	11.8	11.1	10.8	...
Indonesia – Indonésie	U	...	*1 846 431*	...	*1 344 410*	...				[4] 11.2	
Iran (Islamic Republic of – Rép. islamique d') [5]	U	*186 440*	...	*190 061*	*202 266*	** 204 220*				[4] 8.0	
Iraq	..	...	...	...	...	...				[4] 7.8	
Israel – Israël [5 13]	C	27 931	28 093	29 415	...	...	6.7	6.6	6.8	6.9	...
Japan – Japon [5 14]	C	740 247	752 283	750 620	751 172	...	6.2	6.2	6.2	6.2	...
Jordan – Jordanie [15]	U	*8 303*	*8 731*	*8 853*	*8 591*	...				[4] 6.6	
Korea, Dem. People's Rep. of – Corée, rép. populaire dém. de	..	...	...	...	...	...				[4] 5.4	
Korea, Republic of– [16 17] Corée, République de	..	250 000	253 000	252 000	255 000	...	6.2	6.2	6.1	6.1	...
Kuwait – Koweït	C	4 544	4 711	4 390	4 113	...	2.8	2.8	2.5	2.2	...
Lao People's Dem. Rep. – Rép. dém. populaire Lao	..	...	...	...	...	...				[4] 16.4	
Lebanon – Liban	..	...	...	...	...	...				[4] 7.8	
Macau – Macao [18]	...	*1 571*	*1 466*	*1 324*	*1 321*	**1 437*	*4.4*	*3.7*	*3.2*	*3.1*	**3.3*
Malaysia – Malaisie	..	...	...	...	...	...				[4] 5.6	
Peninsular Malaysia – [2 5] Malaisie Péninsulaire	C	67 252	68 367	66 475	65 282	...	5.3	5.3	5.0	4.8	...
Sabah	U	*5 077*	*5 017*	*5 114*	...	...	*4.3*	*4.1*	*4.0*	...	...
Sarawak [5]	U	*5 581*	*5 542*	*5 184*	...	...	*3.9*	*3.7*	*3.4*	...	...
Maldives [5]	C	1 646	1 607	1 511	1 525	...	9.2	8.7	8.0	7.8	...
Myanmar	..	...	...	...	...	...				[4] 9.7	
Mongolia – Mongolie [5]	...	*20 300*	*18 700*	*16 400*	...	...				[4] 8.0	
Nepal – Népal	..	...	...	...	...	...				[4] 14.8	
Oman	..	...	...	...	...	...				[4] 12.7	
Pakistan [5 20]	..	830 564	839 247	...	...	...	8.9	8.7	...	...	...
Philippines	U	*313 359*	*334 663*	*326 749*	*335 254*	...				[4] 7.7	
Qatar	..	*642*	*794*	*784*	*788*	...				[4] 4.3	
Saudi Arabia – Arabie saoudite	...	...	...	...	...	...				[4] 7.6	
Singapore – Singapour [21]	+C	13 162	13 348	12 821	13 173	* 13 690	5.2	5.2	5.0	5.0	* 5.2
Sri Lanka	+C	100 669	98 013	...	94 838	* 96 536	6.5	6.2	...	5.8	* 5.8
Syrian Arab Republic – République arabe syrienne [2 22 23]	+U	*50 572*	*60 989*	*50 711*	*51 581*	...				[4] 7.0	
Thailand – Thaïlande [6]	+U	*225 282*	*225 088*	*218 025*	*232 968*	...				[4] 7.0	
Turkey – Turquie	..	...	...	...	...	...				[4] 8.4	
United Arab Emirates – Emirats arabes unis	..	...	...	...	...	...				[4] 3.6	
Viet Nam	..	...	...	...	...	...				[4] 9.5	
Yemen – Yémen	..	...	...	...	...	...				[4] 15.7	
EUROPE											
Albania – Albanie [5]	C	16 618	17 179	17 369	17 119	...	5.7	5.8	5.7	5.6	...
Andorra – Andorre [5]	...	*164*	*165*	*179*	*175*	...	*3.8*	*3.7*	*3.8*	*3.7*	...
Austria – Autriche [5]	C	88 466	89 578	87 071	84 907	* 83 262	11.7	11.9	11.5	11.2	*11.0
Belgium – Belgique [24]	C	109 658	110 770	110 466	105 622	...	11.1	11.2	11.1	10.6	...
Bulgaria – Bulgarie [5]	C	101 419	107 485	104 039	107 909	...	11.3	12.0	11.6	12.0	...
Channel Islands – Iles Anglo–Normandes	C	1 389	1 483	1 488	1 416	...	10.5	11.2	11.0	10.4	...

18. Deaths and crude death rates, by urban/rural residence: 1984 – 1988 (continued)

Décès et taux bruts de mortalité, selon la résidence, urbaine/rurale: 1984 – 1988 (suite)

(See notes at end of table. – Voir notes à la fin du tableau.)

Continent, country or area and urban/rural residence — Continent, pays ou zone et résidence, urbaine/rurale	Code [1]	Number – Nombre 1984	1985	1986	1987	1988	Rate – Taux 1984	1985	1986	1987	1988
EUROPE (Cont.–Suite)											
Channel Islands – Iles Anglo-Normandes											
Guernsey – Guernesey	C	578	608	614	571	...	10.8	11.4	11.1	10.3	...
Jersey	+C	811	875	874	845	*810	10.3	11.0	10.9	10.5	...
Czechoslovakia – Tchécoslovaquie [5]	C	183 927	184 105	185 405	179 042	*178 000	11.9	11.9	11.9	11.5	*11.4
Denmark – Danemark [25]	C	57 109	58 378	58 100	58 136	59 034	11.2	11.4	11.3	11.3	11.5
Faeroe Islands – Iles Féroé	C	345	335	367	367	410	7.7	7.3	8.0	7.9	8.7
Finland – Finlande [5 26]	C	45 098	48 198	47 135	47 968	...	9.2	9.8	9.6	9.7	...
France [5 27]	C	542 490	552 496	546 926	527 466	*524 000	9.9	10.0	9.9	9.5	*9.4
German Democratic Rep. – Rép. démocratique allemande [5 28]	C	221 181	225 353	223 521	213 872	*213 126	13.3	13.5	13.4	12.9	*12.8
Germany, Federal Rep. of – Allemagne, République fédérale d' [28]	C	696 118	704 296	701 890	687 419	*684 654	11.4	11.5	11.5	11.2	*11.2
Gibraltar [29]	C	265	276	290	217	*293	9.2	9.7	10.0	7.4	*9.7
Greece – Grèce [5]	C	88 397	92 886	91 469	95 232	...	8.9	9.3	9.2	9.5	...
Holy See – Saint-Siège	...	...	...	*1*	...	...	...	...	♦ *1.3*	...	...
Hungary – Hongrie [5]	C	146 709	147 614	147 089	142 601	139 142	13.8	13.9	13.8	13.4	*13.1
Iceland – Islande [5]	C	1 584	1 654	1 650	1 700	...	6.6	6.9	6.8	6.9	...
Ireland – Irlande [5 30]	+C	32 076	33 213	33 620	31 219	*31 494	9.1	9.4	9.5	8.8	*8.9
Isle of Man – Ile de Man	C	974	1 045	952	925	*993	15.3	16.6	15.1	14.4	*15.0
Italy – Italie	C	531 899	544 811	542 127	531 478	*536 701	9.3	9.5	9.5	9.3	*9.3
Liechtenstein	...	*177*	*171*	*188*	...	...	*6.7*	*6.4*	*6.9*	...	...
Luxembourg	C	4 072	4 027	3 970	4 012	3 732	11.1	11.0	10.8	10.9	*10.0
Malta – Malte [31]	C	2 996	2 837	2 824	2 908	...	9.1	8.4	8.2	8.4	...
Netherlands – Pays-Bas [5 32]	C	119 812	122 704	125 307	122 181	124 000	8.3	8.5	8.6	8.3	*8.4
Norway – Norvège [33]	C	42 528	44 372	43 560	44 959	45 033	10.3	10.7	10.5	10.7	*10.7
Poland – Pologne [5]	C	364 883	381 458	376 316	378 365	370 821	9.9	10.3	10.0	10.0	*9.8
Portugal [5]	C	97 227	97 339	95 828	95 423	...	9.6	9.6	9.4	9.3	...
Romania – Roumanie [5]	C	233 699	246 670	...	...	...	10.3	10.9	...	...	...
San Marino – Saint-Marin [5]	+C	156	188	171	154	...	7.0	8.4	7.6	6.8	...
Spain – Espagne	C	295 425	308 430	306 613	...	...	7.7	8.0	7.9	9.1	...
Sweden – Suède	C	90 483	94 032	93 295	93 307	*94 000	10.9	11.3	11.1	11.1	*11.1
Switzerland – Suisse [5]	C	58 602	59 583	60 105	59 511	*60 282	9.1	9.2	9.2	9.1	*9.3
United Kingdom – Royaume-Uni	C	[34] 644 918	670 656	660 735	644 342	*633 900	11.4	11.8	11.6	11.3	*11.1
England and Wales – Angleterre et Galles	+C	566 881	590 734	581 200	566 994	...	11.4	11.8	11.6	11.3	...
Northern Ireland – Irlande du Nord	+C	15 692	15 955	16 065	15 334	...	10.1	10.2	10.3	9.7	...
Scotland – Ecosse [5]	+C	62 345	63 967	63 467	62 014	...	12.1	12.5	12.4	12.1	...
Yugoslavia – Yougoslavie [5]	C	214 725	212 883	213 149	214 666	*212 038	9.3	9.2	9.2	9.2	*9.0
OCEANIA—OCEANIE											
American Samoa – Samoa américaines	C	154	156	...	...	...	4.4	4.4	...	...	...
Australia – Australie	+C	109 914	118 808	114 981	117 441	*118 929	7.1	7.5	7.2	7.2	*7.2
Christmas Island – Ile Christmas	+C	...	2	...	...	...	...	♦ 0.9	...	...	...
Cocos (Keeling) Islands – Iles des Cocos (Keeling)	C	4	1	2	...	...	...	♦ 1.6	♦ 3.3	...	...
Cook Islands – Iles Cook	C	102	80	90	...	...	5.8	4.5	5.2	...	...
Fiji – Fidji [5]	+C	3 162	3 680	...	...	...	4.6	5.3	...	5.0	...
French Polynesia – Polynésie française	...	...	...	...	...	**834*	...	...	...	...	**4.8*
Guam [5 35]	C	...	441	451	486	...	...	3.9	3.6	3.8	...
New Caledonia – Nouvelle-Calédonie [5]	U	*874*	*874*	*864*	*864*	...	*5.9*	*5.8*	*5.6*	*5.5*	...
New Zealand – Nouvelle-Zélande [5]	+C	25 378	27 480	27 045	27 419	...	7.9	8.5	8.3	8.4	...
Niue – Nioué	...	*22*	*16*	*22*	*13*	...	♦ *7.8*	♦ *5.8*	♦ *8.7*	♦ *5.4*	...
Norfolk Island – Ile Norfolk	C	14	...	...	...	9	...	...	...	...	...

18. Deaths and crude death rates, by urban/rural residence: 1984 – 1988 (continued)

Décès et taux bruts de mortalité, selon la résidence, urbaine/rurale: 1984 – 1988 (suite)

(See notes at end of table. – Voir notes à la fin du tableau.)

Continent, country or area and urban/rural residence — Continent, pays ou zone et résidence, urbaine/rurale	Code [1]	Number – Nombre					Rate – Taux				
		1984	1985	1986	1987	1988	1984	1985	1986	1987	1988
OCEANIA—OCEANIE(Cont.–Suite)											
Pacific Islands – Iles du Pacifique											
Northern Mariana Islands – Iles Mariannes septentrionales	U	...	*95*	*120*	...	...	...	*4.7*	*5.7*	...	...
Papua New Guinea – Papouasie–Nouvelle–Guinée	...	...	*40 880*	...	*42 540*	...	...			[4] 12.1	
Pitcairn	C	4	...	...	...	...	♦ 70.2	...	...	...	...
Tonga	...	*274*	*343*	...	...	...	*2.8*	*3.5*	...	...	...
USSR—URSS											
USSR – URSS [36]	C	2 964 921	2 947 068	2 737 351	2 804 785	...	10.8	10.6	9.8	9.9	...
Byelorussian SSR – RSS de Biélorussie [36]	C	104 274	105 690	97 276	99 921	...	10.5	10.6	9.7	9.9	...
Ukrainian SSR – RSS d'Ukraine [36]	C	610 338	617 548	565 150	586 387	...	12.0	12.1	11.1	11.4	...

18. Deaths and crude death rates, by urban/rural residence: 1984 – 1988 (continued)

Décès et taux bruts de mortalité, selon la résidence, urbaine/rurale: 1984 – 1988 (suite)

Data by urban/rural residence

Données selon la résidence urbaine/rurale

(See notes at end of table. – Voir notes à la fin du tableau.)

Continent, country or area and urban/rural residence — Continent, pays ou zone et résidence, urbaine/rurale	Code [1]	Number – Nombre 1984	1985	1986	1987	1988	Rate – Taux 1984	1985	1986	1987	1988
AFRICA—AFRIQUE											
Mauritius – Maurice											
Island of Mauritius – Ile Maurice	+C										
Urban – Urbaine		3 021	2 982	2 936	2 963	...	7.5	7.3	7.2	7.2	...
Rural – Rurale		3 396	3 709	3 686	3 618	...	5.9	6.4	6.3	6.1	...
AMERICA,NORTH— AMERIQUE DU NORD											
Cuba	C										
Urban – Urbaine		43 527	47 124	45 958	...	...	6.2	6.6	6.3	...	...
Rural – Rurale		16 368	17 306	17 005	...	...	5.6	5.9	5.9	...	...
Dominican Republic – République dominicaine	+U										
Urban – Urbaine		*19 441*	*20 547*	...	...	...	...	...	...	...	...
Rural – Rurale		*8 775*	*7 297*	...	...	...	...	...	...	...	...
El Salvador	U										
Urban – Urbaine		*16 304*	*15 302*	...	...	...	...	...	...	...	...
Rural – Rurale		*12 550*	*11 923*	...	...	...	...	...	...	...	...
Guatemala	C										
Urban – Urbaine		27 604	29 265	...	...	...	...	...	...	...	...
Rural – Rurale		38 220	40 190	...	...	...	...	...	...	...	...
Mexico – Mexique [37]	C										
Urban – Urbaine		255 746	...	...	...	...	...	...	...	...	...
Rural – Rurale		149 319	...	...	...	...	...	...	...	...	...
Panama	U										
Urban – Urbaine		*4 392*	*4 656*	*4 665*	...	...	*4.0*	*4.2*	*4.1*	...	...
Rural – Rurale		*3 858*	*4 335*	*4 277*	...	...	*3.7*	*4.1*	*4.0*	...	...
Puerto Rico – Porto Rico [37]	C										
Urban – Urbaine		11 932	12 864	...	...	...	...	...	...	...	...
Rural – Rurale		9 751	10 284	...	...	...	...	...	...	...	...
Saint Kitts and Nevis – Saint–Kitts–et–Nevis	+C										
Urban – Urbaine		345	...	...	...	...	...	...	...	...	...
Rural – Rurale		136	...	...	...	...	...	...	...	...	...
AMERICA,SOUTH— AMERIQUE DU SUD											
Chile – Chili	C										
Urban – Urbaine		61 938	60 989	59 166	58 883	...	6.3	6.0	5.7	5.6	...
Rural – Rurale		12 731	12 545	13 043	11 676	...	6.2	6.2	6.4	5.8	...
Colombia – Colombie [7]	+U										
Urban – Urbaine		*109 465*	*122 377*	*116 355*	...	...	...	*6.5*	...	...	...
Rural – Rurale		*26 042*	*29 074*	*27 355*	...	...	...	*3.2*	...	...	...
Ecuador – Equateur [8]	U										
Urban – Urbaine		*25 572*	*25 436*	*31 164*	*25 620*	...	*5.5*	*5.2*	*6.1*	*4.8*	...
Rural – Rurale		*27 546*	*25 698*	*19 793*	*25 947*	...	*6.2*	*5.7*	*4.3*	*5.6*	...
Paraguay	U										
Urban – Urbaine		*6 660*	*7 636*	*6 168*	...	...	...	...	...	...	...
Rural – Rurale		*5 295*	*6 458*	*5 351*	...	...	...	...	...	...	...
ASIA—ASIE											
India – Inde [12]	..										
Urban – Urbaine		...	...	...	...	...	8.6	7.8	...	...	...
Rural – Rurale		...	...	...	...	...	13.8	13.0	...	...	...
Iran (Islamic Republic of – Rép. islamique d')	U										
Urban – Urbaine		*113 489*	...	*115 018*	...	...	*4.7*	...	*4.3*	...	...
Rural – Rurale		*72 951*	...	*75 043*	...	...	*3.4*	...	*3.3*	...	...
Israel – Israël [13 37]	C										
Urban – Urbaine		25 746	26 046	...	...	...	6.9	6.9	...	...	...
Rural – Rurale		2 031	2 047	...	...	...	4.6	4.5	...	...	...
Japan – Japon [14 37]	C										
Urban – Urbaine		516 886	528 768	528 339	532 029	...	...	5.7	...	...	...
Rural – Rurale		221 815	222 122	220 730	217 651	...	...	7.9	...	...	...

18. Deaths and crude death rates, by urban/rural residence: 1984 – 1988 (continued)

Décès et taux bruts de mortalité, selon la résidence, urbaine/rurale: 1984 – 1988 (suite)

Data by urban/rural residence

Données selon la résidence urbaine/rurale

(See notes at end of table. – Voir notes à la fin du tableau.)

Continent, country or area and urban/rural residence — Continent, pays ou zone et résidence, urbaine/rurale	Code [1]	Number – Nombre 1984	1985	1986	1987	1988	Rate – Taux 1984	1985	1986	1987	1988
ASIA—ASIE (Cont.–Suite)											
Malaysia – Malaisie											
Peninsular Malaysia – Malaisie Péninsulaire [2]	C										
Urban – Urbaine		25 460	25 939	25 445	24 832	...	...	...	...	...	...
Rural – Rurale		41 792	42 428	41 030	40 450	...	...	...	...	...	...
Sarawak	U										
Urban – Urbaine		...	*957*	*461*	...	...	...	...	...	...	...
Rural – Rurale		...	*4 355*	*4 723*	...	...	...	...	...	...	...
Maldives	C										
Urban – Urbaine		263	288	301	292	...	5.9	6.1	6.1	5.7	...
Rural – Rurale		1 383	1 319	1 210	1 233	...	10.4	9.7	8.6	8.6	...
Mongolia – Mongolie	...										
Urban – Urbaine		*8 600*	*8 300*	*7 000*	...	...	*9.0*	*8.5*	*7.0*	...	...
Rural – Rurale		*11 700*	*10 400*	*9 400*	...	...	*13.1*	*11.4*	*10.1*	...	...
Pakistan [20]	..										
Urban – Urbaine		200 233	204 997	...	...	...	7.6	7.5	...	...	...
Rural – Rurale		630 331	634 250	...	...	...	9.4	9.2	...	...	...
Thailand – Thaïlande	+U										
Urban – Urbaine		*64 752*	...	*55 994*	*64 175*	...	...	...	...	...	...
Rural – Rurale		*160 530*	...	*162 031*	*168 793*	...	...	...	...	...	...
EUROPE											
Albania – Albanie	C										
Urban – Urbaine		5 489	5 587	5 482	5 616	...	5.6	5.5	5.3	5.3	...
Rural – Rurale		11 129	11 592	11 887	11 503	...	5.8	6.0	6.0	5.7	...
Andorra – Andorre	...										
Urban – Urbaine		*102*	*100*	*119*	*107*	...	*3.7*	*3.4*	*3.9*	*3.5*	...
Rural – Rurale		*62*	*65*	*60*	*68*	...	*4.2*	*4.2*	*3.6*	*4.0*	...
Austria – Autriche	C										
Urban – Urbaine		53 997	54 497	53 017	51 576	...	...	...	...	...	...
Rural – Rurale		34 469	35 081	34 054	33 331	...	...	...	...	...	...
Bulgaria – Bulgarie	C										
Urban – Urbaine		47 982	50 872	50 048	...	...	8.2	8.7	8.6	...	...
Rural – Rurale		53 437	56 613	53 991	...	...	17.3	18.3	17.3	...	...
Czechoslovakia – Tchécoslovaquie	C										
Urban – Urbaine		126 762	127 478	...	...	...	...	11.0	...	...	...
Rural – Rurale		57 165	56 627	...	...	...	...	14.4	...	...	...
Finland – Finlande [26]	C										
Urban – Urbaine		25 385	26 925	27 811	...	...	8.7	9.2	9.2	...	...
Rural – Rurale		19 713	21 273	19 324	...	...	10.0	10.8	10.3	...	...
France [27 38]	C										
Urban – Urbaine		370 099	376 521	373 391	363 472	...	...	...	...	...	...
Rural – Rurale		169 717	173 230	170 727	163 994	...	...	...	...	...	...
German Democratic Rep. – Rép. démocratique allemande	C										
Urban – Urbaine		163 954	166 785	...	159 232	...	12.8	13.1	...	12.5	...
Rural – Rurale		57 227	58 568	...	54 640	...	14.6	15.2	...	14.1	...
Greece – Grèce	C										
Urban – Urbaine		44 942	47 658	...	...	...	...	...	...	...	...
Rural – Rurale		43 455	45 228	...	...	...	...	...	...	...	...
Hungary – Hongrie [39]	C										
Urban – Urbaine		75 282	76 169	78 898	76 181	...	12.2	12.3	12.6	12.2	...
Rural – Rurale		71 154	71 157	67 873	66 053	...	15.9	16.0	15.4	15.2	...
Iceland – Islande	C										
Urban – Urbaine		1 412	...	...	...	...	6.6	...	...	...	...
Rural – Rurale		172	...	...	...	...	6.6	...	...	...	...
Ireland – Irlande [30]	+C										
Urban – Urbaine		11 109	11 528	11 400	...	...	...	...	5.7	...	...
Rural – Rurale		20 967	21 685	22 220	...	...	...	...	14.4	...	...
Netherlands – Pays-Bas [32 40]	C										
Urban – Urbaine		68 440	69 988	71 267	...	...	9.3	9.5	9.6	...	...
Rural – Rurale		12 163	12 418	12 687	...	...	7.3	7.4	7.5	...	...
Semi–urban		39 199	40 287	41 345	...	...	7.3	7.4	7.6	...	...

18. Deaths and crude death rates, by urban/rural residence: 1984 – 1988 (continued)

Décès et taux bruts de mortalité, selon la résidence, urbaine/rurale: 1984 – 1988 (suite)

Data by urban/rural residence

Données selon la résidence urbaine/rurale

(See notes at end of table. – Voir notes à la fin du tableau.)

Continent, country or area and urban/rural residence — Continent, pays ou zone et résidence, urbaine/rurale	Code [1]	Number – Nombre 1984	1985	1986	1987	1988	Rate – Taux 1984	1985	1986	1987	1988
EUROPE (Cont.–Suite)											
Poland – Pologne	C										
Urban – Urbaine		204 145	213 260	211 849	213 739	...	9.2	9.5	9.4	9.3	...
Rural – Rurale		160 738	168 198	164 467	164 626	...	10.8	11.3	11.1	11.1	...
Portugal [37]	C										
Urban – Urbaine		27 389	28 309	...	30 093	...	...	...	...	...	...
Rural – Rurale		58 575	58 489	...	56 217	...	...	...	...	...	...
Romania – Roumanie	C										
Urban – Urbaine		86 951	99 933	...	...	...	7.8	8.7	...	...	...
Rural – Rurale		146 748	146 737	...	...	...	12.8	13.0	...	...	...
San Marino – Saint–Marin	+C										
Urban – Urbaine		...	167	151	139	...	...	...	...	6.8	...
Rural – Rurale		...	21	20	15	...	...	...	...	♦ 6.9	...
Switzerland – Suisse	C										
Urban – Urbaine		35 518	36 190	36 681	36 237	...	9.0	9.2	9.3	9.2	...
Rural – Rurale		23 084	23 393	23 424	23 274	...	9.2	9.2	9.2	9.0	...
United Kingdom – Royaume–Uni											
Scotland – Ecosse	C										
Urban – Urbaine		55 090	56 317	...	...	...	...	...	...	...	...
Rural – Rurale		7 255	7 650	...	...	...	...	...	...	...	...
Yugoslavia – Yougoslavie	C										
Urban – Urbaine		86 408	87 444	88 007	90 360	...	...	...	...	...	...
Rural – Rurale		128 317	125 439	125 142	124 306	...	...	...	...	...	...
OCEANIA—OCEANIE											
Fiji – Fidji	C										
Urban – Urbaine		1 947	1 886	...	...	...	...	...	...	...	...
Rural – Rurale		1 215	1 794	...	...	...	...	...	...	...	...
Guam [35 37]	C										
Urban – Urbaine		...	344	360	...	...	...	...	...	...	...
Rural – Rurale		...	66	62	...	...	...	...	...	...	...
New Caledonia – Nouvelle–Calédonie	U										
Urban – Urbaine		409	456	444	433	...	4.7	5.2	5.0	...	...
Rural – Rurale		465	418	420	431	...	7.5	6.6	6.4	...	...
New Zealand – Nouvelle–Zélande	+C										
Urban – Urbaine		19 478	21 180	21 017	21 300	...	...	...	7.6	...	...
Rural – Rurale		5 900	6 300	6 028	6 119	...	...	...	11.3	...	...

GENERAL NOTES

For certain countries, there is a discrepancy between the total number of deaths shown in this table and those shown in subsequent tables for the same year. Usually this discrepancy arises because the total number of deaths occurring in a given year is revised, although the remaining tabulations are not. Data exclude foetal deaths. Rates are the number of deaths per 1 000 mid–year population. For definitions of "urban", see end of table 6. For method of evaluation and limitations of data, see Technical Notes, page 84.

Italics: data from civil registers which are incomplete or of unkwown completeness.

FOOTNOTES

* Provisional.
♦ Rates based on 30 or fewer deaths.
+ Data tabulated by date of registration rather than occurrence.

1 Code "C" indicates that the data are estimated to be virtually complete (at least 90 per cent) and code "U" indicates that the data are estimated to be incomplete (less than 90 per cent). The code does not apply to estimated rates. For further details, see Technical Notes.
2 Excluding live–born infants dying before registration of birth.
3 Registered data are for Algerian population only.
4 Estimate for 1985–1990 prepared by the Population Division of the United Nations.
5 For classification by urban/rural residence, see end of table.
6 Including Canadian residents temporarily in the United States, but excluding United States residents temporarily in Canada.
7 Based on burial permits.
8 Excluding nomadic Indian tribes.
9 Excluding Indian jungle population, estimated at 39 800 in 1972. Including adjustment for under–registration.
10 Excluding Indian jungle population, estimated at 31 800 in 1961.
11 Excluding Vietnamese refugees.
12 Based on Sample Registration scheme.
13 Including data for East Jerusalem and Israeli residents in certain other territories under occupation by Israeli military forces since June 1967.
14 For Japanese nationals in Japan only; however, rates computed on total population.
15 Excluding data for Jordanian territory under occupation since june 1967 by Israeli military forces. Excluding foreigners, but including registered Palestinian refugees. For number of refugees, see table 5.
16 Excluding alien armed forces, civilian aliens employed by armed forces, and foreign diplomatic personnel and their dependants.

NOTES GENERALES

Pour quelques pays il y a une discordance entre le nombre total des décès vivantes présenté dans ce tableau et ceux présentés après pour la même année. Habituellement ces différences apparaîssent lorsque le nombre total des décès pour une certaine année a été révisé; alors que les autres tabulations ne l'ont pas été. Les données ne comprennent pas les morts foetales. Les taux représentent le nombre de décès pour 1 000 personnes au milieu de l'année. Pour les définitions des "régions urbaines", se reporter à la fin du tableau 6. Pour la méthode d'évaluation et les insuffisances des données, voir Notes techniques, page 84.
Italiques: données incomplètes ou dont le degré d'exactitude n'est pas connu, provenant des registres de l'état civil.

NOTES

* Données provisoires.
♦ Taux basés sur 30 décès ou moins.
+ Données exploitées selon la date de l'enregistrement et non la date de l'événement.
1 Le code "C" indique que les données sont jugées pratiquement complètes (au moins 90 p. 100) et le code "U" que les données sont jugées incomplètes (moins de 90 p. 100). Le code ne s'applique pas aux taux estimatifs. Pour plus de détails, voir Notes techniques.
2 Non compris les enfants nés vivants, décédés avant l'enregistrement de leur naissance.
3 Les données ne sont enregistrées que pour la population algérienne.
4 Estimations pour 1985–1990 établies pour la Division de la population de l'Organisation des Nations Unies.
5 Pour le classement selon la résidence, urbaine/rurale, voir la fin du tableau.
6 Y compris les résidents canadiens se trouvant temporairement aux Etats–Unis, mais non compris les résidents des Etats–Unis se trouvant temporairement au Canada.
7 D'aprés les permis d'inhumer.
8 Non compris les tribus d'Indiens nomades.
9 Non compris les Indiens de la jungle, estimés à 39 800 personnes en 1972. Y compris d'un ajustement pour sous–enregistrement.
10 Non compris les Indiens de la jungle, estimés à 31 800 personnes en 1961.
11 Non compris les réfugiés du Viet Nam.
12 D'après le Programme d'enregistrement par sondage.
13 Y compris les données pour Jérusalem–Est et les résidents israéliens dans certains autres territoires occupés depuis juin 1967 par les forces armées israéliennes.
14 Pour les nationaux japonais au Japon seulement; toutefois, les taux sont calculés sur la base de la population totale.
15 Non compris les données pour le territoire jordanien occupé depuis juin 1967 par les forces armées israéliennes. Non compris les étrangers, mais y compris les réfugiés de Palestine immatriculés. Pour le nombre de réfugiés, voir le tableau 5.
16 Non compris les militaires étrangers, les civils étrangers employés par les forces armées, le personnel diplomatique étranger et les membres de leur famille les accompagnant.

18. Deaths and crude death rates, by urban/rural residence: 1984 – 1988 (continued)

FOOTNOTES (continued)

17 Estimates based on the results of the continuous Demographic Sample Survey.

18 Events registered by Health Service only.
19 Formerly listed as "Burma".
20 Based on the results of the Population Growth survey.
21 Excluding transients afloat and non–locally domiciled military and civilian services personnel and their dependants.

22 Excluding nomads and Palestinian refugees; however, rates computed on total population. For number of Palestinian refugees among whom deaths numbered 950 in 1973, see table 5.

23 Including late registered deaths.
24 Including armed forces stationed outside the country, but excluding alien armed forces stationed in the area.
25 Excluding Faeroe Islands and Greenland, shown separately.

26 Including nationals temporarily outside the country.
27 Including armed forces stationed outside the country.
28 The data which relate to the German Democratic Republic and the Federal Republic of Germany include the relevant data relating to Berlin, for which separate data have not been supplied. This is without prejudice to any question of status which may be involved.
29 Excluding armed forces.
30 Deaths registered within one year of occurrence.
31 Computed on population including civilian nationals temporarily outside the country.
32 Including residents outside the country if listed in a Netherlands population register.
33 Including residents temporarily outside the country.
34 Data tabulated by year of occurrence for England and Wales, and by year of registration for Northern Ireland and Scotland.
35 Including United States military personnel, their dependants and contract employees.
36 Excluding infants born alive after less than 28 weeks' gestation, of less than 1 000 grammes in weight and 35 centimetres in length, who die within seven days of birth.
37 Excluding deaths of unknown residence.

38 Excluding nationals outside the country.
39 For the de jure population.
40 Excluding persons on the Central Register of Population (containing persons belonging to the Netherlands population but having no fixed municipality of residence).

NOTES (suite)

18 Les estimations sont basés sur les résultats d'une enquête démographique par sondage continue.
19 Evénements enregistrés par le Service de santé seulement.
19 Antérieurement désigné sous le nom de "Birmanie".
20 D'après les résultats de la Population Growth Survey .
21 Non compris les personnes de passage à bord de navires, ni les militaires et agents civils domiciliés hors du territoire et les membres de leur famille les accompagnant.
22 Non compris la population nomade et les réfugiés de Palestine; toutefois, les taux sont calculés sur la base de la population totale. Pour le nombre de réfugiés de Palestine parmi lesquels les décès s'établissent à 950 pour 1973, voir tableau 5.
23 Y compris les décès enregistrés tardivement.
24 Y compris les militaires nationaux hors du pays, mais non compris les militaires étrangers en garnison sur le territoire.
25 Non compris les îles Féroé et le Groenland, qui font l'objet de rubriques distinctes.
26 Y compris les nationaux se trouvant temporairement hors du pays.
27 Y compris les militaires nationaux se trouvant hors du pays.
28 Les données relatives à la République démocratique allemande et à la République fédérale d'Allemagne, incluent les données pertinentes relatives à Berlin, pour lequel des données séparées n'ont pas été fournies. Cela sans préjudice des questions de statut qui peuvent se poser à cet égard.
29 Non compris les militaires.
30 Décès enregistrés dans l'année qui suit l'événement.
31 Les taux sont calculés sur la base d'un chiffre de population qui comprend les civils nationaux temporairement hors du pays.
32 Y compris les résidents hors du pays, s'ils sont inscrits sur un registre de population néerlandais.
33 Y compris les résidents se trouvant temporairement hors du pays.
34 Données exploitées selon l'année de l'événement pour l'Angleterre et le pays de Galles et l'année de l'enregistrement pour l'Irlande du Nord et l'Ecosse.
35 Y compris les militaires des Etats–Unis, les membres de leur famille les accompagnant et les agents contractuels des Etats–Unis.
36 Non compris les enfants nés vivants après moins de 28 semaines de gestation, pesant moins de 1 000 grammes, mesurant moins de 35 centimètres et décédés dans les sept jours qui ont suivi leur naissance.
37 Non compris les décès de personnes pour lesquelles le lieu de résidence n'est pas connu.
38 Non compris les nationaux hors du pays.
39 Pour la population de droit.
40 Non compris les personnes inscrites sur le Registre central de la population (personnes appartenant à la population néerlandaise mais sans résidence fixe dans l'une des municipalités).

19. Deaths by age, sex and urban/rural residence: latest available year

(See notes at end of table.)

	Continent, country or area, year, sex and urban/rural residence Continent, pays ou zone, année, sexe et résidence, urbaine/rurale	All ages Tous âges	Age (in years) –1	1–4	5–9	10–14	15–19	20–24	25–29	30–3
	AFRICA—AFRIQUE									
	Algeria – Algérie									
	1982 [1 2]									
1	Male – Masculin	*107 962*	*42 237*	*17 408*	*3 046*	*1 630*	*2 052*	*2 592*	*2 182*	*2 13*
2	Female – Féminin	*101 065*	*36 867*	*17 250*	*2 909*	*1 565*	*1 946*	*2 156*	*2 066*	*1 87*
	Cape Verde – Cap-Vert									
	1985									
3	Male – Masculin	1 385	462	135	21	15	23	30	21	1
4	Female – Féminin	1 350	401	142	18	11	15	20	16	1
	Egypt – Egypte									
	1981 [3]									
5	Male – Masculin	227 497	57 125	25 588	5 008	4 009	4 485	4 049	4 180	3 79
6	Female – Féminin	204 767	54 892	28 477	3 903	2 681	3 193	2 628	3 137	2 71
	Libyan Arab Jamahiriya – Jamahiriya arabe libyenne									
	1981									
7	Male – Masculin	*8 961*	*2 790*	*533*	*216*	*———	*386* ———*	*———	*532* ———*	*———
8	Female – Féminin	*6 982*	*2 689*	*508*	*161*	*———	*193* ———*	*———	*160* ———*	*———
	Malawi									
	1977 [3 4]									
9	Male – Masculin	72 876	18 291	39 809	6 266	1 486	773	592	454	38
10	Female – Féminin	65 818	16 517	36 948	5 568	1 399	865	698	504	37
	Mali									
	1976 [3 5]									
11	Male – Masculin	60 016	18 397	20 373	3 621	1 254	1 102	855	815	95
12	Female – Féminin	54 514	14 776	19 178	3 226	1 022	1 408	1 255	1 413	1 53
	Mauritius – Maurice									
	Island of Mauritius – Ile Maurice									
	1987+									
13	Male – Masculin	3 761	283	46	22	30	43	77	83	9
14	Female – Féminin	2 820	180	27	21	30	53	57	66	5
	Rodrigues									
	1987+									
15	Male – Masculin	83	15	4	–	1	3	4	–	
16	Female – Féminin	89	26	4	2	2	2	1	4	
	Réunion									
	1987 [1 6]									
17	Male – Masculin	1 831	73	16	13	8	30	44	54	6
18	Female – Féminin	1 243	51	14	10	6	14	20	19	2
	St. Helena ex. dep. – Sainte-Hélène sans dép.									
	1986									
19	Male – Masculin	30	2	–	–	–	–	2	–	
20	Female – Féminin	23	1	–	–	–	–	–	–	
	Sao Tome and Principe – Sao Tomé-et-Principe									
	1979									
21	Male – Masculin	450	123	96	9	9	4	7	4	
22	Female – Féminin	409	108	86	11	2	5	6	4	
	Seychelles									
	1987+									
23	Male – Masculin	279	17	3	2	3	4	8	7	1
24	Female – Féminin	226	14	5	4	–	4	1	5	
	Tunisia – Tunisie									
	1980 [3]									
25	Male – Masculin	*20 992*	*4 813*	*1 427*	*350*	*315*	*398*	*505*	*405*	*3*
26	Female – Féminin	*15 453*	*4 004*	*1 344*	*365*	*259*	*279*	*311*	*297*	*28*

19. Décès selon l'âge, le sexe et la résidence, urbaine/rurale: dernière année disponible

(…ir notes à la fin du tableau.)

Age (en années)												
35 – 39	40 – 44	45 – 49	50 – 54	55 – 59	60 – 64	65 – 69	70 – 74	75 – 79	80 – 84	85 +	Unknown Inconnu	
2 052	2 257	2 463	2 873	3 294	3 823	4 243	4 622	4 341	*— 4 708	—*	–	1
1 785	1 775	1 795	2 096	2 427	3 180	4 002	4 924	5 075	*— 7 371	—*	–	2
8	19	30	38	51	41 *—	—	—	461 —	—	—*	15	3
16	13	26	21	35	36 *—	—	—	550 —	—	—*	17	4
4 158	4 970	7 153	11 111	12 768	15 986	16 528	17 124	*—	– 29 463 —	—*	–	5
3 175	2 792	4 369	6 573	6 481	9 974	12 511	14 368	*—	– 42 898 —	—*	–	6
369 –*	*— 380 —*		*— 644 —*		*— 740 —*		*— 1 068 —*		*— 1 171 —*		132	7
179 –*	*— 250 —*		*— 331 —*		*— 600 —*		*— 819 —*		*— 984 —*		108	8
333	381	420	454	414	545 *—	—	—	1 931 —	—	—*	340	9
283	299	263	311	204	285 *—	—	—	1 031 —	—	—*	264	10
902	1 125	957	1 315	1 139	1 768	1 062	1 409	802	*— 2 171	—*	–	11
1 074	1 165	731	1 025	705	1 458	758	1 169	615	*— 2 001	—*	–	12
144	146	180	263	350	486	430	461	324	182	110	8	13
57	56	81	130	148	305	272	347	338	280	317	1	14
–	5	–	7	4	4	7	8	12	2	6	–	15
1	6	2	2	3	5	6	6	8	3	3	–	16
85	88	129	154	174	176	188	163	176	115	80	–	17
34	50	31	40	75	93	93	150	160	159	197	–	18
–	–	1	1	1	5	2	1	7	3	5	–	19
–	–	–	1	1	1	4	3	3	6	3	–	20
4	13	6	12	19	15	25	20	23	*— 41	—*	15	21
7	6	8	12	13	18	12	16	21	*— 50	—*	19	22
9	7	16	18	19	30	23	26	27	27	23	–	23
2	3	9	6	15	14	12	28	25	34	42	–	24
295	481	635	736	912	1 319	1 706	1 952	1 821	*— 2 610	—*	–	25
257	368	415	498	544	745	1 028	1 329	1 131	*— 1 989	—*	5	26

19. Deaths by age, sex and urban/rural residence: latest available year (continued)

(See notes at end of table.)

	Continent, country or area, year, sex and urban/rural residence Continent, pays ou zone, année, sexe et résidence, urbaine/rurale	All ages Tous âges	Age (in years) – 1	1 – 4	5 – 9	10 – 14	15 – 19	20 – 24	25 – 29	30 –
	AFRICA—AFRIQUE (Cont.–Suite)									
	Zimbabwe									
	1982									
1	Male – Masculin	*12 613*	*2 586*	*812*	*272*	*207*	*291*	*513*	*578*	5
2	Female – Féminin	*7 429*	*2 178*	*919*	*213*	*164*	*206*	*271*	*294*	2
	European – Européens									
	1978+									
3	Male – Masculin	1 327	25	4	6	10	35	87	47	
4	Female – Féminin	922	21	9	7	2	7	15	13	
	AMERICA,NORTH— AMERIQUE DU NORD									
	Antigua and Barbuda – Antigua-et-Barbuda									
	1986+ [3]									
5	Male – Masculin	189	–	1	*——	– ——*	*——	6 ——*	*——	7 ——
6	Female – Féminin	195	3	1	*——	1 ——*	*——	5 ——*	*——	5 ——
	Bahamas									
	1986									
7	Male – Masculin	838	97	22	10	9	7	40	35	
8	Female – Féminin	569	72	8	5	3	4	13	15	
	Barbados – Barbade									
	1986									
9	Male – Masculin	1 052	33	5	2	6	4	9	16	
10	Female – Féminin	1 108	18	5	6	4	5	5	9	
	Belize									
	1983									
11	Male – Masculin	*394*	*82*	*15*	*2*	*5*	*9*	*7*	*8*	
12	Female – Féminin	*325*	*55*	*15*	*3*	*5*	*6*	*2*	*6*	
	Bermuda – Bermudes									
	1986									
13	Male – Masculin	245	7	–	–	–	4	5	4	
14	Female – Féminin	170	5	–	–	1	–	–	3	
	British Virgin Islands – Iles Vierges britanniques									
	1986+									
15	Male – Masculin	51	3	–	–	–	–	–	–	
16	Female – Féminin	31	2	–	–	–	–	–	1	
	Canada									
	1987 [7]									
17	Male – Masculin	101 252	1 587	357	212	306	1 062	1 477	1 507	1 5
18	Female – Féminin	83 701	1 119	284	163	150	375	436	509	6
	Cayman Islands – Iles Caïmanes									
	1987 [8]									
19	Male – Masculin	53	1	1	–	–	2	–	1	
20	Female – Féminin	53	1	–	–	1	–	–	1	
	Costa Rica									
	1984									
21	Male – Masculin	5 607	822	110	51	75	101	180	174	1
22	Female – Féminin	4 324	618	91	35	38	46	75	66	
	Cuba									
	1986 [3]									
23	Male – Masculin	35 758	1 329	279	196	292	615	841	658	6
24	Female – Féminin	27 387	933	234	126	182	518	547	415	4
	Dominica – Dominique									
	1982+									
25	Male – Masculin	213	10	–	6	1	3	3	2	
26	Female – Féminin	193	2	4	3	1	1	–	2	

19. Décès selon l'âge, le sexe et la résidence, urbaine/rurale: dernière année disponible (suite)

(Voir notes à la fin du tableau.)

Age (en années)												
35 – 39	40 – 44	45 – 49	50 – 54	55 – 59	60 – 64	65 – 69	70 – 74	75 – 79	80 – 84	85 +	Unknown Inconnu	
442	*611*	*605*	*1 069*	*636*	*1 295*	*572*	*781*	*258*	*206*	*162*	213	*1*
239	*270*	*211*	*351*	*230*	*462*	*273*	*299*	*143*	*189*	*179*	91	*2*
33	35	46	101	119	156	183	153	117	72	50	4	*3*
11	14	25	54	77	83	88	104	112	109	153	–	*4*
*——	9 ——*	*——	22 ——*	*——	35 ——*	*——	49 ——*	*———— –	55 ————	———*	5	*5*
*——	8 ——*	*——	7 ——*	*——	19 ——*	*——	48 ——*	*———— –	91 ————	———*	7	*6*
33	42	41	47	64	55	74	67	72	47	38	1	*7*
18	16	31	26	40	46	51	49	51	50	59	–	*8*
22	17	18	40	48	68	118	162	180	152	136	4	*9*
15	17	17	15	46	60	80	153	203	157	281	2	*10*
9	*12*	*10*	*18*	*18*	*12*	*34*	*38*	*32*	*31*	*30*	*15*	*11*
7	*2*	*12*	*13*	*18*	*15*	*23*	*26*	*27*	*26*	*46*	*10*	*12*
7	7	11	14	22	25	25	24	27	27	27	–	*13*
1	3	6	5	10	11	19	17	23	29	33	–	*14*
4	2	–	6	3	1	5	4	5	7	–	8	*15*
2	–	–	1	–	2	4	4	2	11	–	2	*16*
1 638	1 982	2 584	3 868	6 536	9 400	12 091	14 334	14 856	12 430	13 477	26	*17*
805	1 204	1 488	2 301	3 546	5 426	7 276	9 476	11 786	12 999	23 720	14	*18*
1	1	1	4	3	4	2	7	6	5	12	–	*19*
1	–	1	1	2	5	2	5	7	8	17	–	*20*
127	129	175	229	312	352	445	550	521	551	566	15	*21*
90	96	112	153	207	254	306	429	480	477	665	13	*22*
758	948	1 235	1 443	1 849	2 576	3 326	4 378	4 977	4 943	4 376	56	*23*
535	628	894	1 069	1 389	1 747	2 472	3 158	3 922	3 858	4 314	19	*24*
5	6	5	8	9	16	23	42	25	21	18	8	*25*
2	4	5	9	18	11	16	24	13	33	26	14	*26*

19. Deaths by age, sex and urban/rural residence: latest available year (continued)

(See notes at end of table.)

	Continent, country or area, year, sex and urban/rural residence / Continent, pays ou zone, année, sexe et résidence, urbaine/rurale	All ages / Tous âges	Age (in years) –1	1–4	5–9	10–14	15–19	20–24	25–29	30–3
	AMERICA,NORTH— (Cont.–Suite) AMERIQUE DU NORD									
	Dominican Republic – République dominicaine									
	1985+									
1	Male – Masculin	*15 248*	*3 443*	*1 011*	*253*	*166*	*282*	*456*	*414*	*36*
2	Female – Féminin	*12 596*	*2 968*	*950*	*217*	*145*	*232*	*263*	*245*	*26*
	El Salvador									
	1985 [3]									
3	Male – Masculin	*15 979*	*2 465*	*860*	*273*	*224*	*706*	*1 110*	*821*	*66*
4	Female – Féminin	*11 246*	*2 075*	*772*	*240*	*157*	*271*	*273*	*218*	*2*
	Greenland – Groenland									
	1987									
5	Male – Masculin	281	13	9	3	7	19	25	12	
6	Female – Féminin	164	16	3	–	–	3	8	7	
	Grenada – Grenade									
	1978+									
7	Male – Masculin	365	42	24	3	4	5	6	10	
8	Female – Féminin	400	31	15	3	1	7	4	4	
	Guadeloupe									
	1986 [1]									
9	Male – Masculin	1 218	56	13	7	10	22	27	20	2
10	Female – Féminin	1 020	42	8	4	8	6	7	17	
	Guatemala									
	1985 [3]									
11	Male – Masculin	37 895	10 157	6 087	1 265	675	801	1 152	1 136	1 1
12	Female – Féminin	31 560	8 135	5 979	1 189	540	598	776	724	7
	Honduras									
	1983+									
13	Male – Masculin	*10 877*	*1 477*	*847*	*294*	*153*	*223*	*397*	*393*	*3*
14	Female – Féminin	*8 427*	*1 280*	*853*	*222*	*118*	*134*	*217*	*209*	*2*
	Jamaica – Jamaïque									
	1982+									
15	Male – Masculin	5 417	320	156	52	42	*—— 126	——*	*——	125 ——
16	Female – Féminin	5 444	270	165	44	41	*—— 119	——*	*——	118 ——
	Martinique									
	1986 [1]									
17	Male – Masculin	1 131	28	4	1	1	19	23	15	2
18	Female – Féminin	973	33	4	2	4	9	6	9	
	Mexico – Mexique									
	1985 [3 9]									
19	Male – Masculin	232 238	36 618	11 663	4 066	3 529	6 553	9 299	9 305	8 4
20	Female – Féminin	178 699	29 279	10 546	2 958	2 149	2 924	3 582	3 455	3 6
	Montserrat									
	1986+									
21	Male – Masculin	65	–	–	1	1	1	1	1	
22	Female – Féminin	58	1	–	2	–	1	–	1	
	Netherlands Antilles – Antilles néerlandaises									
	1981									
23	Male – Masculin	444	51	1	5	4	8	8	11	
24	Female – Féminin	449	44	1	2	2	4	5	1	
	Panama									
	1986 [3]									
25	Male – Masculin	*5 189*	*640*	*179*	*74*	*55*	*140*	*139*	*152*	*1*
26	Female – Féminin	*3 753*	*477*	*168*	*70*	*37*	*69*	*66*	*68*	

19. Décès selon l'âge, le sexe et la résidence, urbaine/rurale: dernière année disponible (suite)

(Voir notes à la fin du tableau.)

Age (en années)												
35 – 39	40 – 44	45 – 49	50 – 54	55 – 59	60 – 64	65 – 69	70 – 74	75 – 79	80 – 84	85 +	Unknown Inconnu	
368	381	432	610	648	872	819	1 130	875	945	1 774	–	1
273	291	377	514	456	575	593	767	661	825	1 980	–	2
626	640	659	667	741	792	802	959	940	838	908	282	3
253	307	342	413	464	640	664	860	832	871	1 182	194	4
10	12	10	23	25	26	20	20	17	16	6	–	5
4	7	4	7	14	15	13	13	15	16	14	–	6
7	11	17	14	23	26	36	44	31	25	34	3	7
6	6	14	19	16	26	40	50	51	34	66	1	8
35	36	49	57	101	112	118	159	131	107	128	1	9
33	20	28	35	48	53	82	105	133	131	247	1	10
1 180	987	1 075	1 334	1 416	1 627	1 709	1 880	1 607	1 224	1 443	–	11
837	708	749	894	1 070	1 286	1 229	1 639	1 458	1 380	1 642	–	12
261	287	247	273	303	360	342	423	392	340	3 539	–	13
189	201	170	208	227	293	304	355	348	334	2 559	–	14
*——	183 ——*	*——	329 ——*	*——	755 ——*	*——	1 415 ——*	*———— –	1 876 ———	———*	38	15
*——	173 ——*	*——	334 ——*	*——	690 ——*	*——	1 055 ——*	*———— –	2 413 ———	———*	22	16
18	23	37	67	94	101	137	157	156	117	111	1	17
16	24	17	37	41	57	86	106	139	154	217	5	18
9 017	9 083	9 991	10 726	11 658	13 182	13 087	14 903	15 311	14 669	17 314	3 832	19
4 274	4 504	5 534	6 699	8 376	9 811	10 501	13 322	14 374	15 331	24 736	2 719	20
–	1	2	4	1	5	7	7	8	12	11	1	21
–	–	2	–	1	3	4	8	5	10	19	1	22
9	13	11	21	24	35	37	73	63	35	30	–	23
5	6	8	23	20	21	36	54	61	68	86	–	24
142	133	170	202	256	349	467	560	487	399	459	64	25
88	81	92	120	150	200	299	378	361	346	559	33	26

19. Deaths by age, sex and urban/rural residence: latest available year (continued)

(See notes at end of table.)

	Continent, country or area, year, sex and urban/rural residence — Continent, pays ou zone, année, sexe et résidence, urbaine/rurale	All ages Tous âges	Age (in years) -1	1-4	5-9	10-14	15-19	20-24	25-29	30
	AMERICA,NORTH— (Cont.–Suite) AMERIQUE DU NORD									
	Puerto Rico – Porto Rico 1985 [3 9]									
1	Male – Masculin	13 446	517	76	46	68	180	255	268	
2	Female – Féminin	9 747	429	46	25	39	55	68	90	
	Saint Kitts and Nevis – Saint-Kitts-et-Nevis 1986+ [3]									
3	Male – Masculin	239	21	2	4	1	1	4	3	
4	Female – Féminin	222	19	6	–	3	6	1	2	
	Saint Lucia – Sainte-Lucie 1986									
5	Male – Masculin	432	48	12	7	4	5	11	18	
6	Female – Féminin	411	36	8	3	–	2	5	8	
	St. Vincent and the Grenadines – Saint-Vincent-et-Grenadines 1986+									
7	Male – Masculin	328	31	12	3	5	1	9	15	
8	Female – Féminin	327	36	9	1	4	2	2	4	
	Trinidad and Tobago – Trinité-et-Tobago 1984									
9	Male – Masculin	4 321	241	72	29	28	81	145	130	
10	Female – Féminin	3 498	193	48	17	25	41	54	44	
	Turks and Caicos Islands – Iles Turques et Caïques 1979+									
11	Male – Masculin	11	1	1	–	–	–	–	–	
12	Female – Féminin	23	2	2	–	–	–	1	1	
	United States – Etats-Unis 1986									
13	Male – Masculin	1 104 005	22 224	4 262	2 437	3 066	11 786	18 048	19 595	21
14	Female – Féminin	1 001 356	16 667	3 218	1 645	1 640	4 438	5 657	6 879	8
	AMERICA,SOUTH— AMERIQUE DU SUD									
	Argentina – Argentine 1983 [9]									
15	Male – Masculin	141 565	11 038	1 855	751	676	1 173	1 512	1 644	[illegible]
16	Female – Féminin	109 279	8 399	1 598	549	436	662	832	945	[illegible]
	Bolivia – Bolivie 1977									
17	Male – Masculin	*18 548*	*4 598*	*3 333*	*508*	*321*	*449*	*501*	*566*	
18	Female – Féminin	*16 835*	*4 089*	*3 371*	*446*	*264*	*407*	*445*	*460*	
	Brazil – Brésil 1986									
19	Male – Masculin	*495 584*	*75 286*	*14 063*	*5 559*	*5 110*	*11 869*	*17 493*	*17 723*	*18*
20	Female – Féminin	*339 343*	*56 411*	*11 843*	*3 783*	*3 205*	*4 802*	*5 894*	*6 509*	*7*
	Chile – Chili 1987 [3]									
21	Male – Masculin	38 086	2 907	543	266	257	560	948	963	
22	Female – Féminin	32 473	2 275	363	167	154	273	350	378	

19. Décès selon l'âge, le sexe et la résidence, urbaine/rurale: dernière année disponible (suite)

(Voir notes à la fin du tableau.)

Age (en années)												
35 – 39	40 – 44	45 – 49	50 – 54	55 – 59	60 – 64	65 – 69	70 – 74	75 – 79	80 – 84	85 +	Unknown Inconnu	
393	425	482	627	810	1 041	1 258	1 657	1 593	1 417	1 945	42	1
145	152	198	287	446	592	894	1 121	1 258	1 339	2 447	5	2
5	5	5	10	16	22	24	41	30	22	19	1	3
2	3	3	7	6	18	17	24	29	28	43	1	4
16	7	11	21	23	32	34	40	41	48	45	–	5
9	6	14	14	14	30	38	38	29	61	85	–	6
5	7	12	15	19	18	22	43	44	23	35	2	7
4	3	11	16	13	25	35	33	37	32	52	5	8
118	122	212	234	298	406	520	522	426	362	262	9	9
73	93	135	176	213	311	396	410	425	369	411	14	10
–	–	–	–	–	1	3	1	–	3	–	1	11
–	–	–	–	1	1	2	2	4	4	1	1	12
23 027	23 896	29 361	42 978	69 198	103 133	130 613	152 433	154 284	128 547	142 953	533	13
10 469	13 001	17 054	25 768	41 125	65 573	88 036	114 457	139 236	153 082	284 520	466	14
2 651	3 799	5 612	8 656	11 213	13 389	12 595	17 456	16 860	12 922	10 940	4 886	15
1 689	2 139	2 797	4 054	5 477	6 885	7 568	12 804	15 052	15 481	17 691	2 941	16
586	*566*	*818*	*748*	*743*	*819* *	—	—	*3 476*	—	*	–	17
525	*444*	*549*	*519*	*542*	*644* *	—	—	*3 680*	—	*	–	18
19 467	*20 647*	*24 192*	*27 760*	*32 136*	*34 942*	*37 153*	*40 903*	*38 631*	*29 284*	*24 001*	*1 024*	19
8 723	*10 008*	*12 250*	*14 810*	*18 487*	*21 451*	*25 623*	*31 080*	*33 353*	*31 194*	*32 272*	*281*	20
969	1 190	1 403	1 894	2 674	3 077	3 670	4 475	4 604	3 444	3 243	–	21
540	681	944	1 169	1 741	2 142	2 731	3 675	4 393	4 324	5 788	–	22

19. Deaths by age, sex and urban/rural residence: latest available year (continued)

(See notes at end of table.)

	Continent, country or area, year, sex and urban/rural residence — Continent, pays ou zone, année, sexe et résidence, urbaine/rurale	Age (in years) — All ages / Tous âges								
		All ages Tous âges	– 1	1 – 4	5 – 9	10 – 14	15 – 19	20 – 24	25 – 29	30 – 3
	AMERICA,SOUTH— (Cont.–Suite) AMERIQUE DU SUD									
	Colombia – Colombie									
	1986+ 3 10									
1	Male – Masculin	*85 534*	*9 086*	*3 094*	*1 257*	*1 070*	*2 991*	*5 400*	*5 307*	*4 1*
2	Female – Féminin	*60 812*	*7 099*	*2 605*	*833*	*632*	*1 191*	*1 416*	*1 382*	*1 2*
	Ecuador – Equateur									
	1987 3 11									
3	Male – Masculin	*28 235*	*5 416*	*2 362*	*671*	*477*	*720*	*967*	*961*	*9*
4	Female – Féminin	*23 332*	*4 345*	*2 264*	*525*	*368*	*487*	*522*	*470*	*4*
	Falkland Islands (Malvinas)– Iles Falkland (Malvinas)									
	1983*+									
5	Male – Masculin	13	–	–	–	–	2	–	1	
6	Female – Féminin	5	–	–	–	–	–	–	–	
	French Guiana – Guyane Française									
	1985 1									
7	Male – Masculin	280	–	31	5	3	5	12	10	
8	Female – Féminin	204	–	35	–	–	3	5	7	
	Guyana									
	1976+									
9	Male – Masculin	3 451	645	165	51	45	62	92	88	
10	Female – Féminin	2 800	451	126	48	27	49	62	56	
	Paraguay									
	1986 3									
11	Male – Masculin	*6 174*	*844*	*388*	*116*	*79*	*147*	*178*	*175*	*1*
12	Female – Féminin	*5 345*	*697*	*332*	*79*	*68*	*99*	*115*	*104*	*1*
	Peru – Pérou									
	1983+ 12									
13	Male – Masculin	*48 676*	*12 468*	*6 449*	*1 128*	*741*	*978*	*1 262*	*1 122*	*9*
14	Female – Féminin	*44 614*	*10 814*	*6 339*	*1 017*	*593*	*811*	*916*	*872*	*8*
	Suriname									
	1981									
15	Male – Masculin	1 171	157	42	15	19	31	26	24	
16	Female – Féminin	1 174	112	39	14	11	15	13	8	
	Uruguay									
	1986 9									
17	Male – Masculin	15 639	846	94	52	63	102	139	162	1
18	Female – Féminin	13 132	652	93	45	31	50	60	77	1
	Venezuela									
	1986 13									
19	Male – Masculin	44 014	7 112	1 575	612	615	1 265	1 823	1 662	1 5
20	Female – Féminin	33 633	5 345	1 402	455	371	558	614	685	7
	ASIA—ASIE									
	Afghanistan									
	1979 3 14									
21	Male – Masculin	148 554	57 060	28 021	5 650	3 614	3 827	4 359	3 974	3 8
22	Female – Féminin	142 420	49 267	26 754	6 533	4 538	5 349	5 498	5 418	5 0
	Bahrain – Bahreïn									
	1986									
23	Male – Masculin	*835*	*116*	*17*	*19*	*9*	*8*	*23*	*29*	
24	Female – Féminin	*588*	*110*	*16*	*9*	*3*	*5*	*4*	*12*	
	Bangladesh									
	1982 3									
25	Male – Masculin	*572 569*	*175 072*	*90 705*	*24 034*	*9 430*	*8 223*	*7 512*	*8 055*	*7 7*
26	Female – Féminin	*539 210*	*164 985*	*102 618*	*26 984*	*8 721*	*11 950*	*11 951*	*13 113*	*10 2*

19. Décès selon l'âge, le sexe et la résidence, urbaine/rurale: dernière année disponible (suite)

(Voir notes à la fin du tableau.)

Age (en années)												
35–39	40–44	45–49	50–54	55–59	60–64	65–69	70–74	75–79	80–84	85 +	Unknown Inconnu	
3 524	2 822	3 145	3 523	4 614	5 258	6 043	6 480	6 249	4 788	5 055	1 635	1
1 511	1 567	2 137	2 776	3 492	4 026	4 950	5 521	5 883	5 061	6 811	647	2
846	909	940	1 068	1 267	1 349	1 538	1 818	1 875	1 691	2 258	190	3
542	583	630	733	892	970	1 121	1 439	1 673	1 725	3 352	207	4
–	–	2	1	1	2	2	–	–	1	–	–	5
–	–	–	–	–	1	1	–	1	–	2	–	6
12	14	19	19	10	19	30	32	20	24	1	–	7
2	6	9	8	10	8	12	25	23	46	–	–	8
80	96	142	180	215	301	288	308	261	144	131	78	9
45	77	83	157	144	221	213	243	269	175	256	55	10
156	189	192	226	337	415	439	583	*———	– 1 505	———*	50	11
124	139	172	189	214	266	325	454	*———	– 1 828	———*	33	12
1 025	1 104	1 313	1 615	1 640	2 008	2 119	2 495	2 467	2 506	3 220	2 045	13
967	925	1 062	1 107	1 165	1 538	1 734	2 040	2 212	2 705	5 058	1 897	14
24	50	43	51	80	64	75	116	97	72	89	77	15
25	26	36	38	48	72	65	82	88	84	131	255	16
197	303	441	802	1 165	1 610	1 789	2 159	*———	– 5 462	———*	111	17
153	202	265	386	601	765	1 063	1 513	*———	– 7 005	———*	55	18
1 314	1 398	1 698	2 087	2 785	3 163	3 332	3 710	3 222	2 587	2 538	–	19
797	858	1 057	1 365	1 701	2 219	2 541	3 146	3 117	2 738	3 920	–	20
3 717	3 551	3 375	3 663	3 793	4 266	4 188	4 378	3 467	*—— 3 792	——*	–	21
4 486	3 779	3 314	3 469	3 553	3 946	3 798	3 419	2 228	*—— 2 063	——*	–	22
38	24	26	43	53	92	58	85	*———	– 167	———*	–	23
5	10	21	28	34	45	38	77	*———	– 162	———*	–	24
9 048	12 067	13 111	21 986	24 010	30 681	29 210	29 378	*———	– 72 335	———*	–	25
11 031	12 009	12 363	19 108	20 496	24 483	21 425	20 354	*———	– 47 417	———*	–	26

19. Deaths by age, sex and urban/rural residence: latest available year (continued)

(See notes at end of table.)

	Continent, country or area, year, sex and urban/rural residence Continent, pays ou zone, année, sexe et résidence, urbaine/rurale	All ages Tous âges	Age (in years) –1	1–4	5–9	10–14	15–19	20–24	25–29	30–[illegible]
	ASIA—ASIE (Cont.–Suite)									
	Brunei Darussalam – Brunéi Darussalam									
	1986+ [3]									
1	Male – Masculin	433	24	28	8	4	9	21	18	[illegible]
2	Female – Féminin	290	27	18	9	2	3	5	11	[illegible]
	Cyprus – Chypre									
	1987 [15]									
3	Male – Masculin	*2 470*	*67*	*12*	*6*	*9*	*19*	*28*	*22*	[illegible]
4	Female – Féminin	*2 442*	*47*	*10*	*7*	*1*	*7*	*2*	*12*	
	Hong Kong – Hong-kong									
	1987 [9 16]									
5	Male – Masculin	14 998	283	71	40	48	83	132	196	[illegible]
6	Female – Féminin	11 915	231	48	31	28	39	76	121	[illegible]
	Iran (Islamic Republic of – Rép. islamique d')									
	1986									
7	Male – Masculin	*132 019*	*9 714*	*14 319*	*6 353*	*4 171*	*9 574*	*10 216*	*5 114*	[illegible]
8	Female – Féminin	*58 042*	*6 338*	*4 875*	*2 022*	*1 430*	*2 329*	*2 547*	*2 226*	[illegible]
	Iraq									
	1977									
9	Male – Masculin	*28 615*	*5 196*	*2 018*	*848*	*593*	*495*	*498*	*631*	[illegible]
10	Female – Féminin	*21 943*	*3 672*	*1 665*	*607*	*439*	*434*	*461*	*493*	[illegible]
	Israel – Israël [17]									
	1985 [3]									
11	Male – Masculin	14 914	652	106	74	56	148	173	142	[illegible]
12	Female – Féminin	13 179	531	109	45	40	53	61	68	[illegible]
	Japan – Japon									
	1987 [18]									
13	Male – Masculin	408 094	3 734	1 576	949	906	3 158	3 178	3 098	[illegible]
14	Female – Féminin	343 078	2 977	1 090	583	540	1 041	1 322	1 456	[illegible]
	Jordan – Jordanie [19]									
	1980+									
15	Male – Masculin	*3 941*	*545*	*315*	*131*	*106*	*106*	*108*	*91*	[illegible]
16	Female – Féminin	*2 377*	*507*	*302*	*89*	*39*	*48*	*58*	*49*	[illegible]
	Korea, Republic of– Corée, République de									
	1986 [3 20 21]									
17	Male – Masculin	*137 730*	*1 243*	*2 296*	*1 807*	*1 334*	*3 283*	*3 659*	*4 770*	[illegible]
18	Female – Féminin	*97 692*	*1 137*	*1 844*	*1 438*	*1 002*	*1 697*	*1 796*	*2 126*	[illegible]
	Kuwait – Koweït									
	1986									
19	Male – Masculin	2 731	453	105	65	30	62	76	91	[illegible]
20	Female – Féminin	1 659	388	68	43	26	22	23	44	[illegible]
	Macau – Macao									
	1987 [22]									
21	Male – Masculin	*687*	*29*	*5*	*6*	*2*	*7*	*10*	*9*	
22	Female – Féminin	*634*	*23*	*3*	*4*	*4*	*3*	*10*	*4*	
	Malaysia – Malaisie									
	Peninsular Malaysia – Malaisie Péninsulaire									
	1987 [1 3]									
23	Male – Masculin	36 795	3 151	828	489	439	757	1 033	985	[illegible]
24	Female – Féminin	28 487	2 474	781	391	319	390	461	488	[illegible]
	Sabah									
	1986									
25	Male – Masculin	*3 178*	*615*	*233*	*66*	*41*	*74*	*122*	*142*	[illegible]
26	Female – Féminin	1 936	474	165	54	39	41	55	49	[illegible]

19. Décès selon l'âge, le sexe et la résidence, urbaine/rurale: dernière année disponible (suite)

(Voir notes à la fin du tableau.)

Age (en années)												
35 – 39	40 – 44	45 – 49	50 – 54	55 – 59	60 – 64	65 – 69	70 – 74	75 – 79	80 – 84	85 +	Unknown Inconnu	
5	11	10	32	38	33	42	47	35	26	24	–	1
7	10	7	23	12	18	21	25	34	15	29	–	2
34	*49*	*56*	*125*	*106*	*206*	*253*	*293*	*359*	*—— 804	——*	–	3
10	*24*	*29*	*57*	*77*	*101*	*164*	*278*	*376*	*—— 1 233	——*	–	4
271	297	554	968	1 421	1 808	2 291	2 390	1 990	1 154	746	19	5
167	126	202	401	625	967	1 294	1 709	1 811	1 692	2 194	8	6
2 861	*3 148*	*3 948*	*5 792*	*7 226*	*10 676 *——*	*——*	*——*	*35 045 ——*	*——*	*——**	–	7
1 611	*1 727*	*1 912*	*2 548*	*3 027*	*4 643 *——*	*——*	*——*	*18 754 ——*	*——*	*——**	–	8
673	*671*	*999*	*1 380*	*1 369*	*2 231*	*2 044 *——*	*——*	*—— 8 356*	*——*	*——**	–	9
547	*541*	*629*	*951*	*742*	*1 353*	*1 169 *——*	*——*	*—— 7 759*	*——*	*——**	–	10
158	188	312	483	800	1 211	1 299	2 297	2 653	2 042	1 962	–	11
121	129	175	310	570	871	1 221	1 974	2 479	1 986	2 354	1	12
7 068	9 065	13 986	22 847	31 996	35 287	36 652	51 975	65 405	58 788	54 245	475	13
3 966	5 061	7 427	10 953	14 600	19 557	25 453	37 920	55 757	62 667	88 640	82	14
100	*133*	*172*	*252*	*222*	*248 *——*	*——*	*——*	*1 315 ——*	*——*	*——**	*9*	15
66	*82*	*56*	*91*	*100*	*127 *——*	*——*	*——*	*703 ——*	*——*	*——**	*3*	16
5 340	*7 401*	*10 769*	*11 669*	*11 413*	*13 777*	*14 882*	*14 387*	*12 131*	*7 011*	*5 905*	–	17
2 100	*2 827*	*3 899*	*4 921*	*5 774*	*7 006*	*9 067*	*11 329*	*12 973*	*10 676*	*14 072*	–	18
86	124	162	215	202	201	155	161	111	107	180	44	19
46	53	55	82	65	106	104	112	104	105	180	6	20
12	*12*	*25*	*26*	*54*	*71*	*88*	*94*	*97*	*59*	*54*	*14*	21
11	*8*	*10*	*20*	*27*	*22*	*59*	*90*	*90*	*90*	*133*	*10*	22
1 003	1 188	1 535	2 162	2 701	3 212	3 938	3 833	3 886	2 503	2 082	139	23
685	692	884	1 320	1 798	2 394	3 231	3 196	3 668	2 271	2 365	85	24
107	*140*	*141*	*194*	*200*	*228*	*194*	*222*	*136*	*92*	*86*	*38*	25
55	*67*	*80*	*101*	*95*	*137*	*101*	*126*	*81*	*67*	*71*	*14*	26

19. Deaths by age, sex and urban/rural residence: latest available year (continued)

(See notes at end of table.)

	Continent, country or area, year, sex and urban/rural residence — Continent, pays ou zone, année, sexe et résidence, urbaine/rurale	All ages Tous âges	Age (in years) -1	1-4	5-9	10-14	15-19	20-24	25-29	30-34
	ASIA—ASIE (Cont.-Suite)									
	Malaysia – Malaisie									
	Sarawak									
	1986 [3]									
1	Male – Masculin	*3 168*	*253*	*78*	*37*	*36*	*53*	*73*	*75*	*8[illegible]*
2	Female – Féminin	*2 016*	*173*	*60*	*26*	*18*	*34*	*39*	*41*	*4[illegible]*
	Maldives									
	1987 [3]									
3	Male – Masculin	836	234	96	21	8	13	9	10	1[illegible]
4	Female – Féminin	689	183	94	10	2	18	29	35	3[illegible]
	Pakistan									
	1985 [3 23]									
5	Male – Masculin	458 134	206 313	38 095	14 488	4 555	11 249	8 349	4 991	4 92[illegible]
6	Female – Féminin	381 113	160 783	49 187	10 782	4 739	7 152	8 769	9 659	6 28[illegible]
	Philippines									
	1987+									
7	Male – Masculin	*197 275*	*29 367*	*22 485*	*6 751*	*3 144*	*4 987*	*7 418*	*7 983*	*7 77[illegible]*
8	Female – Féminin	*137 979*	*21 436*	*19 984*	*5 308*	*2 513*	*2 672*	*3 120*	*3 376*	*3 51[illegible]*
	Qatar									
	1987									
9	Male – Masculin	*525*	*65*	*22*	*6*	*6*	*18*	*26*	*35*	*3[illegible]*
10	Female – Féminin	*263*	*68*	*13*	*3*	*5*	*3*	*5*	*4*	[illegible]
	Singapore – Singapour									
	1987+ [9 24]									
11	Male – Masculin	7 410	191	40	29	42	70	130	155	16[illegible]
12	Female – Féminin	5 760	130	28	21	26	42	52	85	10[illegible]
	Sri Lanka									
	1983+ [3]									
13	Male – Masculin	56 368	6 279	2 407	1 043	811	1 322	2 321	1 688	1 63[illegible]
14	Female – Féminin	38 806	5 213	2 234	867	559	1 124	1 333	962	92[illegible]
	Syrian Arab Republic – République arabe syrienne									
	1984+ [25]									
15	Male – Masculin	*17 224*	*1 653*	*2 163*	*976*	*605*	*577*	*244*	*290*	*27[illegible]*
16	Female – Féminin	*14 855*	*1 468*	*2 141*	*1 744*	*795*	*467*	*333*	*285*	*25[illegible]*
	Thailand – Thaïlande									
	1987+ [3]									
17	Male – Masculin	*133 179*	*5 366*	*3 710*	*2 606*	*1 935*	*4 062*	*5 352*	*5 266*	*5 00[illegible]*
18	Female – Féminin	*99 789*	*3 992*	*3 031*	*2 088*	*1 508*	*2 129*	*2 256*	*2 072*	*2 30[illegible]*
	EUROPE									
	Albania – Albanie									
	1987 [3]									
19	Male – Masculin	9 572	1 234	632	129	93	122	184	142	13[illegible]
20	Female – Féminin	7 547	1 013	603	73	41	71	87	97	9[illegible]
	Austria – Autriche									
	1987 [3]									
21	Male – Masculin	39 202	475	77	55	59	337	473	402	43[illegible]
22	Female – Féminin	45 705	375	65	38	30	109	128	124	15[illegible]
	Belgium – Belgique									
	1984* [26]									
23	Male – Masculin	57 307	689	156	92	97	319	559	505	59[illegible]
24	Female – Féminin	53 766	450	149	66	74	146	168	207	26[illegible]
	Bulgaria – Bulgarie									
	1986 [3]									
25	Male – Masculin	57 521	1 026	223	138	153	286	362	442	61[illegible]
26	Female – Féminin	46 518	734	194	90	83	133	159	193	25[illegible]

19. Décès selon l'âge, le sexe et la résidence, urbaine/rurale: dernière année disponible (suite)

(Voir notes à la fin du tableau.)

Age (en années)												
35 – 39	40 – 44	45 – 49	50 – 54	55 – 59	60 – 64	65 – 69	70 – 74	75 – 79	80 – 84	85 +	Unknown Inconnu	
90	95	121	173	242	280	371	356	329	202	159	62	1
46	74	72	109	151	179	240	202	214	144	110	37	2
7	13	26	43	37	63	64	61	33	28	26	29	3
14	13	33	23	27	37	31	33	25	13	7	31	4
5 921	10 118	10 161	9 576	10 692	20 944	11 684	24 180	8 572	18 367	34 954	–	5
7 978	5 666	5 512	11 247	5 600	6 670	17 175	17 637	10 350	13 743	22 175	–	6
8 059	7 279	8 658	9 723	10 194	10 932	11 100	11 501	11 282	8 438	10 193	8	7
3 703	3 674	4 168	5 126	5 320	6 593	7 620	9 051	9 775	8 737	12 287	5	8
27	24	31	36	32	45	30	28	17	11	31	5	9
4	4	9	11	10	19	18	28	12	17	19	2	10
204	197	306	454	706	843	883	990	970	596	378	64	11
122	125	198	275	377	475	587	791	895	677	738	13	12
1 630	1 855	2 488	3 085	3 497	3 767	4 598	5 015	4 093	4 538	4 226	70	13
897	893	1 089	1 440	1 628	2 160	2 952	3 322	3 077	3 594	4 488	54	14
266	396	512	1 097	678	1 211	1 164	1 500	1 001	1 106	1 513	–	15
221	305	313	629	369	679	638	1 060	890	1 050	1 216	–	16
5 096	5 507	7 207	8 971	10 148	10 768	10 988	11 792	10 414	8 308	7 605	3 071	17
2 671	3 152	4 252	5 691	6 485	7 380	8 198	9 850	9 909	9 861	11 124	1 836	18
109	155	271	351	570	707	927	1 081	1 121	757	850	3	19
88	66	123	158	238	340	455	722	993	880	1 405	3	20
527	748	1 317	1 523	2 614	3 429	3 667	4 768	7 029	6 340	4 932	–	21
266	410	590	668	1 211	2 173	2 890	4 632	8 596	10 484	12 758	–	22
700	784	1 375	2 300	3 741	5 656	5 284	9 296	10 018	8 373	6 758	7	23
355	492	787	1 184	1 928	2 876	2 914	6 336	9 593	11 717	14 058	4	24
953	1 242	1 886	3 253	4 541	6 887	5 675	8 502	9 429	7 168	4 743	–	25
420	462	722	1 413	2 219	3 643	3 529	6 864	9 296	8 615	7 490	–	26

19. Deaths by age, sex and urban/rural residence: latest available year (continued)

(See notes at end of table.)

	Continent, country or area, year, sex and urban/rural residence / Continent, pays ou zone, année, sexe et résidence, urbaine/rurale	Age (in years)								
		All ages / Tous âges	-1	1-4	5-9	10-14	15-19	20-24	25-29	30-34
	EUROPE (Cont.–Suite)									
	Channel Islands – Iles Anglo-Normandes									
	Guernsey – Guernesey									
	1986									
1	Male – Masculin	299	2	–	–	–	2	3	2	–
2	Female – Féminin	315	–	–	–	–	2	1	–	3
	Jersey									
	1987+									
3	Male – Masculin	427	5	–	–	1	1	1	1	3
4	Female – Féminin	418	4	1	–	–	–	1	3	1
	Czechoslovakia – Tchécoslovaquie									
	1987 [3]									
5	Male – Masculin	92 773	1 649	267	218	205	448	601	680	1 025
6	Female – Féminin	86 269	1 157	209	131	110	184	174	243	384
	Denmark – Danemark [27]									
	1987									
7	Male – Masculin	30 222	290	56	31	36	144	244	227	317
8	Female – Féminin	27 914	177	55	20	19	49	76	87	128
	Faeroe Islands – Iles Féroé									
	1987									
9	Male – Masculin	227	2	2	–	–	3	3	1	–
10	Female – Féminin	140	2	–	–	1	1	–	–	–
	Finland – Finlande									
	1986 [3 28]									
11	Male – Masculin	23 980	213	36	36	41	146	245	273	385
12	Female – Féminin	23 155	140	30	16	16	57	78	94	127
	France									
	1987 [3 29 30]									
13	Male – Masculin	275 360	3 572	709	476	530	1 706	3 212	3 187	3 579
14	Female – Féminin	252 106	2 445	534	350	324	705	1 000	1 095	1 459
	German Democratic Rep. – Rép. démocratique allemande [31]									
	1987 [3]									
15	Male – Masculin	94 083	1 156	255	141	126	542	813	915	1 137
16	Female – Féminin	119 789	813	195	104	78	210	294	359	461
	Germany, Federal Rep. of – Allemagne, République fédérale d' [31]									
	1987									
17	Male – Masculin	324 629	3 082	558	365	347	1 755	2 772	2 566	2 661
18	Female – Féminin	362 790	2 236	386	224	223	669	967	939	1 308
	Gibraltar									
	1984 [32]									
19	Male – Masculin	126	2	–	–	–	–	–	–	–
20	Female – Féminin	126	1	–	–	–	1	2	–	1
	Greece – Grèce									
	1985 [3]									
21	Male – Masculin	48 452	960	140	98	101	344	453	424	379
22	Female – Féminin	44 434	687	86	64	64	123	143	129	171
	Hungary – Hongrie									
	1987 [3]									
23	Male – Masculin	74 917	1 278	168	109	139	374	427	660	1 285
24	Female – Féminin	67 684	900	126	77	82	139	155	225	510
	Iceland – Islande									
	1984									
25	Male – Masculin	853	14	2	2	2	13	14	13	18
26	Female – Féminin	731	11	1	3	–	4	2	4	8

19. Décès selon l'âge, le sexe et la résidence, urbaine/rurale: dernière année disponible (suite)

notes à la fin du tableau.)

Age (en années)												
35–39	40–44	45–49	50–54	55–59	60–64	65–69	70–74	75–79	80–84	85 +	Unknown Inconnu	
4	4	4	6	14	26	49	54	48	44	37	–	1
1	4	4	11	9	21	16	37	50	57	99	–	2
4	7	6	14	25	46	59	54	*——— -	199	———*	1	3
3	6	8	7	21	18	35	51	*——— -	259	———*	–	4
1 632	2 410	3 166	4 661	7 608	11 071	10 928	12 158	16 172	11 098	6 776	–	5
664	908	1 350	2 024	3 495	5 815	7 213	10 554	17 624	17 671	16 359	–	6
378	620	687	1 072	1 676	2 632	3 589	4 465	5 027	4 332	4 399	–	7
190	363	485	745	1 120	1 564	2 244	3 084	4 308	5 083	8 117	–	8
5	6	5	8	13	14	25	49	37	30	24	–	9
1	2	2	1	5	7	10	24	20	27	37	–	10
575	675	849	1 219	1 886	2 493	2 708	3 553	3 828	2 794	2 025	–	11
198	206	348	397	733	1 190	1 796	3 013	4 587	4 672	5 457	–	12
4 918	5 953	7 255	12 362	19 015	24 699	26 991	27 743	43 328	42 883	43 242	–	13
2 119	2 552	3 036	4 947	7 511	10 379	13 206	17 337	36 257	51 356	95 494	–	14
1 286	1 544	3 623	4 988	6 870	6 466	7 908	10 806	17 213	16 672	11 622	–	15
547	786	1 813	2 404	3 455	5 564	7 937	13 533	25 113	27 823	28 300	–	16
3 648	5 195	11 133	15 371	22 193	26 594	30 082	41 142	59 475	54 107	41 583	–	17
1 881	2 765	5 494	7 002	10 143	17 205	23 721	37 714	68 656	80 576	100 681	–	18
1	–	1	3	6	11	9	16	27	11	39	–	19
2	1	2	13	14	25	18	17	15	6	8	–	20
470	562	1 141	1 818	2 971	3 580	4 392	7 146	8 440	7 592	7 440	1	21
242	305	630	1 001	1 556	1 905	3 145	5 695	7 978	8 877	11 633	–	22
1 687	2 222	3 267	4 575	6 520	8 763	8 315	9 340	11 617	8 295	5 876	–	23
737	985	1 373	2 081	3 327	4 866	5 942	8 406	13 060	12 272	12 421	–	24
11	10	19	33	48	66	94	123	117	98	156	–	25
8	6	9	16	22	38	64	82	119	118	216	–	26

19. Deaths by age, sex and urban/rural residence: latest available year (continued)

(See notes at end of table.)

	Continent, country or area, year, sex and urban/rural residence Continent, pays ou zone, année, sexe et résidence, urbaine/rurale	Age (in years) All ages Tous âges	-1	1-4	5-9	10-14	15-19	20-24	25-29	30-3
	EUROPE (Cont.-Suite)									
	Ireland - Irlande									
	1985+ [3 33]									
1	Male - Masculin	18 201	307	67	55	57	117	161	136	14
2	Female - Féminin	15 012	245	55	27	31	42	50	35	7
	Isle of Man - Ile de Man									
	1987+									
3	Male - Masculin	468	3	1	-	-	6	5	*——	4 ——
4	Female - Féminin	457	1	1	-	2	1	-	*——	3 ——
	Italy - Italie									
	1984									
5	Male - Masculin	277 696	3 824	765	627	660	1 937	2 325	1 816	2 00
6	Female - Féminin	248 869	2 850	684	591	417	661	714	766	1 02
	Liechtenstein									
	1986									
7	Male - Masculin	*102*	*1*	*1*	-	-	-	*1*	-	*——
8	Female - Féminin	*86*	*1*	-	-	-	*1*	-	-	*——
	Luxembourg									
	1987 [3]									
9	Male - Masculin	2 047	23	5	5	2	15	22	27	2
10	Female - Féminin	1 965	17	4	2	1	5	8	6	
	Malta - Malte									
	1987									
11	Male - Masculin	1 498	22	6	4	3	5	15	14	
12	Female - Féminin	1 410	17	3	1	-	2	4	8	
	Monaco									
	1983									
13	Male - Masculin	*245*	*2*	-	-	*1*	*2*	-	*1*	
14	Female - Féminin	*203*	-	-	-	-	*1*	-	*1*	
	Netherlands - Pays-Bas									
	1986 [3 34]									
15	Male - Masculin	66 653	803	170	103	124	334	492	493	49
16	Female - Féminin	58 654	625	148	66	81	148	211	238	33
	Norway - Norvège									
	1987 [3 35]									
17	Male - Masculin	24 008	251	58	30	33	148	211	175	19
18	Female - Féminin	20 951	202	32	20	19	56	56	59	7
	Poland - Pologne									
	1987 [3]									
19	Male - Masculin	200 735	6 150	946	555	504	1 182	1 848	2 643	3 94
20	Female - Féminin	177 630	4 451	648	331	265	395	484	802	1 32
	Portugal									
	1987 [3]									
21	Male - Masculin	49 828	999	266	187	212	584	784	701	68
22	Female - Féminin	45 595	756	213	126	113	196	204	215	28
	Romania - Roumanie									
	1985									
23	Male - Masculin	130 178	*—— 6	556 ——*	805	611	890	1 022	1 632	2 06
24	Female - Féminin	116 492	*—— 4	957 ——*	548	326	460	489	756	1 00
	San Marino - Saint-Marin									
	1987+ [3]									
25	Male - Masculin	97	3	-	-	-	1	2	2	
26	Female - Féminin	57	-	-	-	-	1	-	1	
	Spain - Espagne									
	1983									
27	Male - Masculin	158 375	2 989	739	563	561	1 284	1 757	1 572	1 56
28	Female - Féminin	144 194	2 296	560	333	308	564	556	584	70

19. Décès selon l'âge, le sexe et la résidence, urbaine/rurale: dernière année disponible (suite)

(Voir notes à la fin du tableau.)

Age (en années)												
35 – 39	40 – 44	45 – 49	50 – 54	55 – 59	60 – 64	65 – 69	70 – 74	75 – 79	80 – 84	85 +	Unknown Inconnu	
160	216	345	548	1 006	1 651	2 302	3 215	3 106	2 464	2 140	–	1
92	140	184	316	545	947	1 365	2 094	2 410	2 780	3 577	–	2
*——	7 ——*	*——	18 ——*	*——	62 ——*	*——	139 ——*	*——	164 ——*	59	–	3
*——	7 ——*	*——	11 ——*	*——	38 ——*	*——	89 ——*	*——	177 ——*	127	–	4
2 702	4 278	7 247	12 696	20 035	27 796	26 931	46 537	47 257	37 029	31 227	–	5
1 471	2 362	3 749	5 969	9 072	14 412	15 776	32 502	43 428	48 718	63 700	–	6
2 -*	*——	1 ——*	*——	7 ——*	*——	24 ——*	*——	34 ——*	*——	31 ——*	–	7
1 -*	*——	3 ——*	*——	– ——*	*——	6 ——*	*——	24 ——*	*——	50 ——*	–	8
34	43	64	87	173	180	197	278	346	299	223	–	9
16	19	36	62	68	94	115	222	347	413	522	–	10
15	20	26	57	75	138	170	202	293	244	180	–	11
11	15	22	29	41	101	123	181	270	277	301	–	12
1	1	6	5	19	10	12	31	45	59	50	–	13
–	–	1	5	6	7	7	18	37	45	75	–	14
772	1 023	1 512	2 402	3 816	5 847	7 924	10 021	10 887	9 474	9 961	–	15
515	612	853	1 292	2 037	2 931	4 046	6 082	9 097	11 526	17 807	–	16
246	378	412	628	1 103	1 915	2 913	3 652	4 077	3 662	3 924	–	17
93	180	224	320	537	906	1 521	2 283	3 407	4 210	6 747	–	18
5 287	5 337	8 407	13 170	19 348	22 309	20 093	22 747	29 541	22 099	14 620	–	19
1 954	2 134	3 311	5 392	8 708	12 679	14 128	19 955	32 473	33 567	34 624	–	20
779	943	1 369	2 279	3 236	4 489	5 192	7 084	8 467	6 522	5 050	–	21
402	539	760	1 137	1 622	2 464	3 240	5 212	7 939	9 477	10 697	–	22
2 495	3 299	6 195	8 230	11 121	12 640	9 275	18 204	19 728	15 572	9 841	–	23
1 159	1 511	2 671	4 070	5 886	8 413	8 044	17 793	21 742	19 987	16 674	–	24
1	1	1	1	4	10	9	16	19	13	14	–	25
–	1	–	1	–	3	8	6	8	11	17	–	26
2 052	2 590	4 693	7 610	10 863	14 072	16 411	22 692	25 652	21 859	18 847	–	27
1 010	1 208	2 230	3 574	5 083	7 063	10 455	17 267	24 936	28 877	36 583	–	28

19. Deaths by age, sex and urban/rural residence: latest available year (continued)

(See notes at end of table.)

	Continent, country or area, year, sex and urban/rural residence — Continent, pays ou zone, année, sexe et résidence, urbaine/rurale	All ages Tous âges	Age (in years) – 1	1 – 4	5 – 9	10 – 14	15 – 19	20 – 24	25 – 29	30 – 34
	EUROPE (Cont.–Suite)									
	Sweden – Suède									
	1987									
1	Male – Masculin	49 338	358	61	39	60	192	293	313	356
2	Female – Féminin	43 969	283	57	26	30	79	98	115	170
	Switzerland – Suisse									
	1987 [3]									
3	Male – Masculin	30 740	291	64	44	36	226	428	349	347
4	Female – Féminin	28 771	233	53	31	22	86	126	116	133
	United Kingdom – Royaume–Uni									
	1987									
5	Male – Masculin	318 282	4 105	657	377	470	1 612	2 125	1 789	1 987
6	Female – Féminin	326 060	2 972	550	265	288	614	733	835	1 139
	England and Wales – Angleterre et Galles									
	1985									
7	Male – Masculin	292 327	3 510	638	328	503	1 374	1 738	1 405	1 548
8	Female – Féminin	298 407	2 631	497	260	308	544	630	649	934
	Northern Ireland – Irlande du Nord									
	1985+									
9	Male – Masculin	8 088	151	33	16	22	64	85	58	51
10	Female – Féminin	7 867	114	22	17	13	19	23	30	32
	Scotland – Ecosse									
	1985+ [3]									
11	Male – Masculin	31 147	342	57	49	58	174	208	185	205
12	Female – Féminin	32 820	282	55	37	34	63	76	101	106
	Yugoslavia – Yougoslavie									
	1987									
13	Male – Masculin	112 959	4 896	787	387	357	682	1 078	1 200	1 675
14	Female – Féminin	101 707	4 140	607	262	192	338	409	481	672
	OCEANIA—OCEANIE									
	American Samoa – Samoa américaines									
	1982									
15	Male – Masculin	99	16	4	–	2	4	7	2	4
16	Female – Féminin	50	6	2	–	2	1	–	–	–
	Australia – Australie									
	1986+									
17	Male – Masculin	62 210	1 244	267	151	196	730	1 042	893	840
18	Female – Féminin	52 771	910	202	104	102	273	353	327	360
	Cocos (Keeling) Islands – Iles des Cocos (Keeling)									
	1985									
19	Male – Masculin	1	–	–	–	–	–	–	–	–
20	Female – Féminin	–	–	–	–	–	–	–	–	–
	Cook Islands – Iles Cook									
	1984									
21	Male – Masculin	52	1	1	–	1	1	2	1	1
22	Female – Féminin	50	3	–	–	–	1	1	–	–
	Fiji – Fidji									
	1985+									
23	Male – Masculin	2 204	185	69	29	20	45	80	67	56
24	Female – Féminin	1 476	176	45	23	22	48	51	29	35
	Guam									
	1986 [3 36]									
25	Male – Masculin	286	18	2	5	3	14	12	8	6
26	Female – Féminin	165	13	3	–	4	4	1	2	–

19. Décès selon l'âge, le sexe et la résidence, urbaine/rurale: dernière année disponible (suite)

'oir notes à la fin du tableau.)

Age (en années)												
35 – 39	40 – 44	45 – 49	50 – 54	55 – 59	60 – 64	65 – 69	70 – 74	75 – 79	80 – 84	85 +	Unknown Inconnu	
479	698	915	1 281	2 057	3 331	5 320	7 413	9 242	8 387	8 543	–	1
253	406	499	693	1 054	1 867	2 953	4 661	7 155	9 037	14 533	–	2
404	561	680	1 109	1 659	2 346	3 231	4 139	5 220	4 868	4 738	–	3
187	312	377	572	791	1 158	1 749	2 659	4 518	5 979	9 669	–	4
2 641	4 152	5 927	10 023	18 058	29 617	41 250	52 098	58 621	47 152	35 621	–	5
1 763	2 691	3 899	6 278	10 705	18 332	26 764	38 806	54 383	62 883	92 160	–	6
2 418	3 358	5 432	9 406	16 688	29 016	35 148	50 547	54 444	42 918	31 908	–	7
1 628	2 175	3 464	5 647	10 005	17 659	22 484	36 801	50 211	57 888	83 992	–	8
70	123	178	341	506	806	1 078	1 346	1 320	990	850	–	9
47	66	116	175	306	477	678	1 093	1 347	1 395	1 897	–	10
338	421	733	1 226	2 118	3 368	3 912	5 427	5 636	3 933	2 757	–	11
203	278	433	746	1 386	2 177	2 878	4 571	5 598	6 006	7 790	–	12
2 114	2 501	4 463	7 866	11 105	11 613	10 380	11 558	17 448	13 622	9 164	63	13
1 030	1 218	2 175	3 639	5 585	7 949	8 646	11 223	19 094	17 718	16 277	52	14
3	3	1	4	7	8	12	7	6	6	2	1	15
1	1	1	7	4	3	4	2	6	4	5	1	16
920	1 181	1 519	2 359	4 116	6 307	7 535	9 497	9 566	7 334	6 498	15	17
477	666	887	1 270	2 124	3 248	4 586	6 541	7 874	8 442	14 023	2	18
–	–	–	–	–	–	1	–	–	–	–	–	19
–	–	–	–	–	–	–	–	–	–	–	–	20
–	1	1	3	4	7	3	4	3	3	1	14	21
–	1	–	1	1	5	4	4	4	5	1	19	22
97	110	126	188	213	201	227	163	127	99	98	4	23
45	58	81	90	103	129	131	132	85	79	97	17	24
10	9	13	20	30	32	35	21	24	16	8	–	25
4	3	2	9	19	22	17	20	14	13	15	–	26

19. Deaths by age, sex and urban/rural residence: latest available year (continued)

(See notes at end of table.)

	Continent, country or area, year, sex and urban/rural residence Continent, pays ou zone, année, sexe et résidence, urbaine/rurale	All ages Tous âges	Age (in years) – 1	1 – 4	5 – 9	10 – 14	15 – 19	20 – 24	25 – 29	30 – 3[illegible]
	OCEANIA—OCEANIE(Cont.–Suite)									
	Nauru									
	1978									
1	Male – Masculin	46	10	–	–	1	3	2	1	[illegible]
2	Female – Féminin	12	2	1	2	–	–	–	–	[illegible]
	New Caledonia – Nouvelle–Calédonie									
	1982									
3	Male – Masculin	*538*	*49*	*27*	*8*	*7*	*13*	*18*	*18*	*1[illegible]*
4	Female – Féminin	*376*	*35*	*15*	*12*	*2*	*2*	*2*	*8*	*1[illegible]*
	New Zealand – Nouvelle–Zélande									
	1987 + [3]									
5	Male – Masculin	14 467	302	61	45	61	236	281	214	19[illegible]
6	Female – Féminin	12 952	252	51	25	34	88	91	95	9[illegible]
	Niue – Nioué									
	1975									
7	Male – Masculin	15	–	2	–	1	–	–	2	[illegible]
8	Female – Féminin	9	–	1	–	–	–	–	–	[illegible]
	Norfolk Island – Ile Norfolk									
	1988									
9	Male – Masculin	6	–	–	–	–	–	–	–	
10	Female – Féminin	3	–	–	–	–	–	–	–	[illegible]
	Pacific Islands – Iles du Pacifique									
	1979 [3 37]									
11	Male – Masculin	*357*	*64*	*38*	*6*	*4*	*9*	*11*	*10*	[illegible]
12	Female – Féminin	*258*	*64*	*24*	*4*	*3*	*6*	*2*	*7*	[illegible]
	Northern Mariana Islands – Iles Mariannes septentrionales									
	1985									
13	Male – Masculin	*56*	*10*	–	*1*	–	*2*	–	*2*	
14	Female – Féminin	*39*	*4*	–	*1*	–	–	*1*	*2*	
	Samoa									
	1980 [3]									
15	Male – Masculin	*286*	*22*	*12*	*2*	*9*	*10*	*9*	*8*	[illegible]
16	Female – Féminin	*189*	*13*	*11*	*6*	*7*	*6*	*5*	*3*	[illegible]
	Tokelau – Tokélaou									
	1982									
17	Male – Masculin	*5*	–	–	–	–	–	–	–	[illegible]
18	Female – Féminin	*11*	–	*2*	–	–	–	–	–	[illegible]

19. Décès selon l'âge, le sexe et la résidence, urbaine/rurale: dernière année disponible (suite)

(Voir notes à la fin du tableau.)

Age (en années)												
35–39	40–44	45–49	50–54	55–59	60–64	65–69	70–74	75–79	80–84	85 +	Unknown Inconnu	
1	3	3	5	2	6	2	2	–	1	–	–	1
1	–	2	1	–	2	–	1	–	–	–	–	2
18	*23*	*21*	*37*	*50*	*50*	*60*	*54*	*33*	*26*	*14*	–	*3*
5	*8*	*12*	*16*	*24*	*35*	*35*	*42*	*43*	*34*	*36*	–	*4*
196	228	345	567	908	1 307	1 716	2 174	2 276	1 795	1 564	–	*5*
130	156	245	366	514	810	1 108	1 629	1 973	2 109	3 181	–	*6*
–	–	–	–	1	1	1	–	7	–	–	–	*7*
1	–	–	1	–	1	2	–	3	–	–	–	*8*
–	–	–	–	1	–	1	1	–	2	–	–	*9*
–	–	–	–	–	–	–	2	–	1	–	–	*10*
10	*13*	*17*	*24*	*23*	*22*	*37*	*20*	*25*	*5*	*10*	–	*11*
4	*7*	*16*	*10*	*18*	*13*	*13*	*18*	*15*	*10*	*17*	–	*12*
2	*2*	*1*	*3*	*9*	*4*	*4*	*5*	*5*	*4*	*1*	–	*13*
1	–	*1*	–	*1*	*3*	*7*	*5*	*6*	*3*	*3*	–	*14*
10	*9*	*16*	*19*	*18*	*35*	*27*	*18*	*17*	*9*	*20*	*10*	*15*
8	*7*	*6*	*10*	*13*	*11*	*13*	*18*	*12*	*12*	*20*	*6*	*16*
–	–	*1*	–	–	*1*	–	–	–	*1*	*2*	–	*17*
–	–	–	–	–	–	*2*	*2*	*2*	–	*3*	–	*18*

19. Deaths by age, sex and urban/rural residence: latest available year (continued)

Data by urban/rural residence

(See notes at end of table.)

	Continent, country or area, year, sex and urban/rural residence — Continent, pays ou zone, année, sexe et résidence, urbaine/rurale	Age (in years) All ages Tous âges	-1	1-4	5-9	10-14	15-19	20-24	25-29	30-34
	AFRICA—AFRIQUE									
	Egypt – Egypte									
	Urban – Urbaine									
	1980									
1	Male – Masculin	90 697	26 268	7 305	1 651	1 535	1 985	1 965	2 102	1 660
2	Female – Féminin	76 496	26 725	5 277	1 235	958	1 504	1 277	1 417	1 238
	Rural – Rurale									
	1980									
3	Male – Masculin	132 698	47 523	5 040	3 348	2 587	2 471	1 849	2 194	1 916
4	Female – Féminin	121 336	50 004	3 578	2 870	1 771	1 631	1 238	1 531	1 323
	Malawi									
	Urban – Urbaine									
	1977 [4]									
5	Male – Masculin	2 604	790	1 282	181	59	25	19	24	16
6	Female – Féminin	2 385	744	1 211	169	43	25	21	12	15
	Rural – Rurale									
	1977 [4]									
7	Male – Masculin	70 272	17 501	38 527	6 085	1 427	748	573	430	371
8	Female – Féminin	63 433	15 773	35 737	5 399	1 356	840	677	492	364
	Mali									
	Urban – Urbaine									
	1976 [5]									
9	Male – Masculin	6 306	1 963	2 283	377	138	113	71	84	74
10	Female – Féminin	5 611	1 533	2 241	328	112	131	89	114	104
	Rural – Rurale									
	1976 [5]									
11	Male – Masculin	53 710	16 434	18 091	3 244	1 116	990	784	731	875
12	Female – Féminin	48 903	13 244	16 939	2 897	910	1 277	1 166	1 298	1 429
	Tunisia – Tunisie									
	Urban – Urbaine									
	1980									
13	Male – Masculin	*14 417*	*3 547*	*741*	*216*	*196*	*288*	*384*	*293*	*236*
14	Female – Féminin	*10 563*	*2 934*	*688*	*215*	*157*	*196*	*184*	*180*	*196*
	Rural – Rurale									
	1980									
15	Male – Masculin	*6 575*	*1 266*	*686*	*134*	*119*	*110*	*121*	*112*	*76*
16	Female – Féminin	*4 890*	*1 070*	*656*	*150*	*102*	*83*	*127*	*117*	*89*
	AMERICA,NORTH— AMERIQUE DU NORD									
	Antigua and Barbuda – Antigua–et–Barbuda									
	Urban – Urbaine									
	1975+									
17	Male – Masculin	214	36	7	3	–	7	2	2	1
18	Female – Féminin	188	15	5	–	–	2	2	2	2
	Rural – Rurale									
	1975+									
19	Male – Masculin	29	1	1	–	–	–	–	2	–
20	Female – Féminin	32	–	–	–	–	–	–	1	1
	Cuba									
	Urban – Urbaine									
	1986									
21	Male – Masculin	25 384	762	142	122	186	377	539	410	440
22	Female – Féminin	20 574	544	125	74	101	293	336	256	266
	Rural – Rurale									
	1986									
23	Male – Masculin	10 249	557	135	74	106	237	295	245	240
24	Female – Féminin	6 756	381	106	51	81	223	208	157	157
	Dominican Republic – République dominicaine									
	Urban – Urbaine									
	1985+									
25	Male – Masculin	*11 166*	*2 848*	*707*	*169*	*119*	*224*	*358*	*301*	*278*
26	Female – Féminin	*9 381*	*2 454*	*691*	*158*	*107*	*179*	*199*	*188*	*203*

19. Décès selon l'âge, le sexe et la résidence, urbaine/rurale: dernière année disponible (suite)

Données selon la résidence urbaine/rurale

notes à la fin du tableau.)

Age (en années)												
35 – 39	40 – 44	45 – 49	50 – 54	55 – 59	60 – 64	65 – 69	70 – 74	75 – 79	80 – 84	85 +	Unknown Inconnu	
1 851	2 205	3 078	4 559	5 228	6 006	6 425	6 279	*———	– 10 595	———*	–	1
1 479	1 306	1 765	2 732	2 491	3 848	4 312	5 018	*———	– 13 914	———*	–	2
2 302	2 715	4 196	5 929	6 963	8 220	9 261	8 834	*———	– 17 350	———*	–	3
1 623	1 330	2 192	3 396	3 151	5 262	6 958	7 490	*———	– 25 988	———*	–	4
15	17	21	19	24	28	*———	———	61	———	———*	23	5
11	15	13	22	11	17	*———	———	41	———	———*	15	6
318	364	399	435	390	517	*———	———	1 870	———	———*	317	7
272	284	250	289	193	268	*———	———	990	———	———*	249	8
75	105	99	128	107	143	136	123	84	*—— 203	——*	–	9
80	91	78	76	76	101	72	118	72	*—— 194	——*	–	10
827	1 020	857	1 187	1 032	1 625	926	1 286	717	*—— 1 967	——*	–	11
995	1 073	653	949	629	1 357	686	1 051	543	*—— 1 806	——*	–	12
227	*370*	*469*	*544*	*674*	*965*	*1 198*	*1 297*	*1 143*	*—— *1 629*	——*	–	13
185	*227*	*288*	*339*	*364*	*519*	*721*	*972*	*793*	*—— *1 402*	——*	*3*	14
68	*111*	*166*	*192*	*238*	*354*	*508*	*655*	*678*	*—— *981*	——*	–	15
72	*141*	*127*	*159*	*180*	*226*	*307*	*357*	*338*	*—— *587*	——*	*2*	16
6	3	9	8	12	21	22	36	17	9	7	6	17
3	5	10	10	9	16	21	24	21	17	21	3	18
–	1	2	2	2	7	1	–	2	2	6	–	19
–	1	–	–	1	1	–	2	4	12	9	–	20
510	684	927	1 084	1 435	1 942	2 469	3 240	3 638	3 455	2 982	40	21
384	442	646	792	1 046	1 318	1 862	2 445	3 097	3 073	3 458	16	22
245	262	306	357	414	630	847	1 132	1 330	1 471	1 350	16	23
148	186	247	276	336	426	609	708	821	781	851	3	24
274	*279*	*319*	*449*	*477*	*640*	*589*	*808*	*586*	*622*	*1 119*	–	25
195	*219*	*280*	*370*	*324*	*419*	*412*	*557*	*476*	*578*	*1 372*	–	26

19. Deaths by age, sex and urban/rural residence: latest available year (continued)

Data by urban/rural residence

(See notes at end of table.)

	Continent, country or area, year, sex and urban/rural residence — Continent, pays ou zone, année, sexe et résidence, urbaine/rurale	All ages Tous âges	Age (in years) -1	1–4	5–9	10–14	15–19	20–24	25–29	30–3[cut off]
	AMERICA,NORTH— (Cont.–Suite) AMERIQUE DU NORD									
	Dominican Republic – République dominicaine									
	Rural – Rurale									
	1985+									
1	Male – Masculin	4 082	595	304	84	47	58	98	113	9
2	Female – Féminin	3 215	514	259	59	38	53	64	57	6
	El Salvador									
	Urban – Urbaine									
	1985									
3	Male – Masculin	8 880	1 212	328	107	105	409	652	496	37
4	Female – Féminin	6 422	979	273	109	77	138	158	113	12
	Rural – Rurale									
	1985									
5	Male – Masculin	7 099	1 253	532	166	119	297	458	325	28
6	Female – Féminin	4 824	1 096	499	131	80	133	115	105	9
	Guatemala									
	Urban – Urbaine									
	1985									
7	Male – Masculin	16 596	4 266	1 797	361	241	412	675	635	63
8	Female – Féminin	12 669	3 298	1 630	298	186	242	322	287	29
	Rural – Rurale									
	1985									
9	Male – Masculin	21 299	5 891	4 290	904	434	389	477	501	50
10	Female – Féminin	18 891	4 837	4 349	891	354	356	454	437	42
	Mexico – Mexique									
	Urban – Urbaine									
	1983 [9 38]									
11	Male – Masculin	143 959	27 326	5 165	2 046	1 942	3 750	5 594	5 415	5 11
12	Female – Féminin	113 688	21 191	4 559	1 447	1 211	1 613	2 100	2 087	2 19
	Rural – Rurale									
	1983 [9 38]									
13	Male – Masculin	85 508	15 899	6 132	1 878	1 505	2 463	3 402	3 277	2 98
14	Female – Féminin	62 022	12 713	5 958	1 433	916	1 221	1 377	1 389	1 30
	Panama									
	Urban – Urbaine									
	1986									
15	Male – Masculin	2 642	289	46	22	18	69	65	69	5
16	Female – Féminin	2 023	204	33	20	12	22	24	36	3
	Rural – Rurale									
	1986									
17	Male – Masculin	2 547	351	133	52	37	71	74	83	6
18	Female – Féminin	1 730	273	135	50	25	47	42	32	5
	Puerto Rico – Porto Rico									
	Urban – Urbaine									
	1985 [9 38]									
19	Male – Masculin	7 243	277	34	25	34	100	144	158	21
20	Female – Féminin	5 621	217	16	12	17	25	44	57	5
	Rural – Rurale									
	1985 [9 38]									
21	Male – Masculin	6 162	240	42	21	34	80	111	110	12
22	Female – Féminin	4 121	212	30	13	21	30	24	33	5
	Saint Kitts and Nevis – Saint-Kitts-et-Nevis									
	Urban – Urbaine									
	1984+									
23	Male – Masculin	174	14	1	–	–	1	2	5	
24	Female – Féminin	[illegible]	12	1	1	–	1	–	2	
	Rural – Rurale									
	1984+									
25	Male – Masculin	62	2	–	–	–	1	–	–	
26	Female – Féminin	74	3	3	1	–	–	–	–	

19. Décès selon l'âge, le sexe et la résidence, urbaine/rurale: dernière année disponible (suite)

Données selon la résidence urbaine/rurale

(Voir notes à la fin du tableau.)

Age (en années)												
35 – 39	40 – 44	45 – 49	50 – 54	55 – 59	60 – 64	65 – 69	70 – 74	75 – 79	80 – 84	85 +	Unknown Inconnu	
94	*102*	*113*	*161*	*171*	*232*	*230*	*322*	*289*	*323*	*655*	–	1
78	*72*	*97*	*144*	*132*	*156*	*181*	*210*	*185*	*247*	*608*	–	2
373	*371*	*376*	*404*	*452*	*473*	*447*	*544*	*555*	*464*	*542*	*192*	3
144	*158*	*199*	*259*	*287*	*396*	*406*	*545*	*536*	*594*	*806*	*121*	4
253	*269*	*283*	*263*	*289*	*319*	*355*	*415*	*385*	*374*	*366*	*90*	5
109	*149*	*143*	*154*	*177*	*244*	*258*	*315*	*296*	*277*	*376*	*73*	6
613	516	544	648	691	749	766	929	783	600	738	–	7
388	314	353	399	455	577	559	746	731	707	878	–	8
567	471	531	686	725	878	943	951	824	624	705	–	9
449	394	396	495	615	709	670	893	727	673	764	–	10
5 336	5 418	6 228	7 001	7 702	8 411	8 190	10 178	9 340	8 850	8 531	2 419	11
2 480	2 901	3 612	4 466	5 548	6 545	6 999	9 290	9 299	10 501	14 247	1 396	12
3 464	3 241	3 455	3 529	3 683	4 021	3 965	5 036	4 859	5 266	5 881	1 563	13
1 638	1 672	1 840	1 957	2 342	2 744	2 851	3 941	4 036	4 646	7 214	833	14
75	*65*	*101*	*93*	*141*	*200*	*260*	*322*	*272*	*196*	*257*	*29*	15
37	*38*	*49*	*65*	*82*	*116*	*173*	*248*	*234*	*201*	*377*	*13*	16
67	*68*	*69*	*109*	*115*	*149*	*207*	*238*	*215*	*203*	*202*	*35*	17
51	*43*	*43*	*55*	*68*	*84*	*126*	*130*	*127*	*145*	*182*	*20*	18
223	233	263	364	489	605	687	887	845	732	910	14	19
91	83	97	169	234	347	507	657	735	802	1 452	2	20
169	191	218	263	320	435	570	769	745	684	1 033	1	21
54	69	101	118	212	245	387	464	522	537	995	–	22
2	4	4	7	7	13	26	25	24	17	14	4	23
3	2	1	3	14	16	15	24	22	21	28	–	24
1	1	–	2	2	9	6	7	15	9	6	1	25
–	–	2	–	7	2	3	12	15	7	18	1	26

19. Deaths by age, sex and urban/rural residence: latest available year (continued)

Data by urban/rural residence

(See notes at end of table.)

	Continent, country or area, year, sex and urban/rural residence — Continent, pays ou zone, année, sexe et résidence, urbaine/rurale	All ages Tous âges	Age (in years) −1	1−4	5−9	10−14	15−19	20−24	25−29	30−34
	AMERICA,NORTH— (Cont.–Suite) AMERIQUE DU NORD									
	St. Vincent and the Grenadines – Saint–Vincent–et–Grenadines									
	Urban – Urbaine									
	1983+									
1	Male – Masculin	166	47	8	–	1	1	3	5	–
2	Female – Féminin	182	43	15	2	3	3	4	1	–
	Rural – Rurale									
	1983+									
3	Male – Masculin	197	14	7	4	2	4	2	3	–
4	Female – Féminin	234	18	11	4	–	3	1	2	[illegible]
	AMERICA,SOUTH— AMERIQUE DU SUD									
	Chile – Chili									
	Urban – Urbaine									
	1987									
5	Male – Masculin	31 108	2 261	353	200	197	425	726	771	77[illegible]
6	Female – Féminin	27 775	1 816	267	129	122	203	274	318	32[illegible]
	Rural – Rurale									
	1987									
7	Male – Masculin	6 978	646	190	66	60	135	222	192	22[illegible]
8	Female – Féminin	4 698	459	96	38	32	70	76	60	5[illegible]
	Colombia – Colombie									
	Urban – Urbaine									
	1986+ [10]									
9	Male – Masculin	*66 570*	*7 512*	*2 149*	*906*	*777*	*2 190*	*3 970*	*3 914*	*3 13[illegible]*
10	Female – Féminin	*49 785*	*5 796*	*1 803*	*593*	*468*	*914*	*1 137*	*1 106*	*1 03[illegible]*
	Rural – Rurale									
	1986+ [10]									
11	Male – Masculin	*17 151*	*1 436*	*880*	*323*	*268*	*711*	*1 294*	*1 210*	*92[illegible]*
12	Female – Féminin	*10 204*	*1 196*	*758*	*230*	*151*	*258*	*260*	*252*	*21[illegible]*
	Ecuador – Equateur									
	Urban – Urbaine									
	1987 [11]									
13	Male – Masculin	*14 170*	*2 594*	*831*	*288*	*221*	*368*	*541*	*540*	*50[illegible]*
14	Female – Féminin	*11 450*	*1 936*	*752*	*184*	*161*	*227*	*247*	*225*	*24[illegible]*
	Rural – Rurale									
	1987 [11]									
15	Male – Masculin	*14 065*	*2 822*	*1 531*	*383*	*256*	*352*	*426*	*421*	*41[illegible]*
16	Female – Féminin	*11 882*	*2 409*	*1 512*	*341*	*207*	*260*	*275*	*245*	*24[illegible]*
	Paraguay									
	Urban – Urbaine									
	1986									
17	Male – Masculin	*3 276*	*437*	*201*	*53*	*35*	*73*	*88*	*80*	*7[illegible]*
18	Female – Féminin	*2 892*	*350*	*168*	*37*	*29*	*33*	*62*	*39*	*4[illegible]*
	Rural – Rurale									
	1986									
19	Male – Masculin	*2 898*	*407*	*187*	*63*	*44*	*74*	*90*	*95*	*8[illegible]*
20	Female – Féminin	*2 453*	*347*	*164*	*42*	*39*	*66*	*53*	*65*	*5[illegible]*
	ASIA—ASIE									
	Afghanistan									
	Urban – Urbaine									
	1979 [14]									
21	Male – Masculin	18 205	6 313	3 290	382	300	435	692	630	56[illegible]
22	Female – Féminin	17 617	4 722	3 717	884	594	719	756	774	69[illegible]
	Rural – Rurale									
	1979 [14]									
23	Male – Masculin	130 349	50 747	24 731	5 268	3 314	3 392	3 667	3 344	3 29[illegible]
24	Female – Féminin	124 803	44 545	23 037	5 649	3 944	4 630	4 742	4 644	4 31[illegible]

19. Décès selon l'âge, le sexe et la résidence, urbaine/rurale: dernière année disponible (suite)

Données selon la résidence urbaine/rurale

(Voir notes à la fin du tableau.)

Age (en années)												
35 – 39	40 – 44	45 – 49	50 – 54	55 – 59	60 – 64	65 – 69	70 – 74	75 – 79	80 – 84	85 +	Unknown Inconnu	
7	3	4	6	2	14	13	15	9	8	12	8	1
2	1	5	5	7	7	9	14	21	19	18	3	2
1	5	4	5	8	14	20	23	32	21	21	7	3
3	1	6	8	14	12	18	20	24	31	52	5	4
769	984	1 165	1 576	2 267	2 579	3 095	3 712	3 767	2 822	2 664	–	5
455	599	823	987	1 491	1 854	2 325	3 217	3 749	3 755	5 063	–	6
200	206	238	318	407	498	575	763	837	622	579	–	7
85	82	121	182	250	288	406	458	644	569	725	–	8
2 546	*2 050*	*2 378*	*2 765*	*3 702*	*4 282*	*4 948*	*5 291*	*5 068*	*3 851*	*4 060*	*1 076*	9
1 244	*1 272*	*1 783*	*2 335*	*2 966*	*3 439*	*4 131*	*4 595*	*4 898*	*4 177*	*5 592*	*503*	10
860	*686*	*699*	*688*	*854*	*900*	*1 028*	*1 099*	*1 101*	*876*	*938*	*374*	11
252	*271*	*321*	*415*	*482*	*547*	*764*	*854*	*922*	*828*	*1 139*	*89*	12
444	*454*	*476*	*600*	*675*	*714*	*806*	*938*	*967*	*926*	*1 202*	*84*	13
286	*285*	*328*	*410*	*489*	*544*	*642*	*744*	*941*	*937*	*1 824*	*46*	14
402	*455*	*464*	*468*	*592*	*635*	*732*	*880*	*908*	*765*	*1 056*	*106*	15
256	*298*	*302*	*323*	*403*	*426*	*479*	*695*	*732*	*788*	*1 528*	*161*	16
76	*98*	*105*	*108*	*194*	*225*	*239*	*345*	*———–	*824*	———*	*25*	17
59	*65*	*80*	*106*	*109*	*161*	*187*	*288*	*———–	*1 054*	———*	*17*	18
80	*91*	*87*	*118*	*143*	*190*	*200*	*238*	*———–	*681*	———*	*25*	19
65	*74*	*92*	*83*	*105*	*105*	*138*	*166*	*———–	*774*	———*	*16*	20
523	530	517	528	546	620	609	648	514 *——	562	——*	–	21
614	552	481	495	491	547	523	475	295 *——	281	——*	–	22
3 194	3 021	2 858	3 135	3 247	3 646	3 579	3 730	2 953 *——	3 230	——*	–	23
3 872	3 227	2 833	2 974	3 062	3 399	3 275	2 944	1 933 *——	1 782	——*	–	24

19. Deaths by age, sex and urban/rural residence: latest available year (continued)

Data by urban/rural residence

(See notes at end of table.)

	Continent, country or area, year, sex and urban/rural residence — Continent, pays ou zone, année, sexe et résidence, urbaine/rurale	All ages — Tous âges	Age (in years) –1	1–4	5–9	10–14	15–19	20–24	25–29	30–3
	ASIA—ASIE (Cont.–Suite)									
	Bangladesh									
	Urban – Urbaine									
	1982									
1	Male – Masculin	*48 378*	*14 117*	*6 379*	*1 179*	*1 129*	*966*	*798*	*998*	*99[illegible]*
2	Female – Féminin	*36 554*	*12 586*	*6 119*	*745*	*935*	*743*	*744*	*751*	*75[illegible]*
	Rural – Rurale									
	1982									
3	Male – Masculin	*524 191*	*160 955*	*84 326*	*22 855*	*8 301*	*7 257*	*6 714*	*7 057*	*6 7[illegible]*
4	Female – Féminin	*502 656*	*152 399*	*96 499*	*26 239*	*7 786*	*11 207*	*11 207*	*12 362*	*9 4[illegible]*
	Brunei Darussalam – Brunéi Darussalam									
	Urban – Urbaine									
	1976+									
5	Male – Masculin	275	53	15	4	6	6	9	5	
6	Female – Féminin	198	46	9	3	2	1	5	3	
	Rural – Rurale									
	1976+									
7	Male – Masculin	88	11	5	1	2	–	4	–	
8	Female – Féminin	106	12	7	2	1	–	1	–	
	Israel – Israël [17]									
	Urban – Urbaine									
	1985									
9	Male – Masculin	13 791	573	96	61	47	129	147	124	1[illegible]
10	Female – Féminin	12 255	467	89	40	33	46	53	62	[illegible]
	Rural – Rurale									
	1985									
11	Male – Masculin	1 123	79	10	13	9	19	26	18	[illegible]
12	Female – Féminin	924	64	20	5	7	7	8	6	
	Korea, Republic of– Corée, République de									
	Urban – Urbaine									
	1981 [20 21]									
13	Male – Masculin	*51 074*	*642*	*1 569*	*894*	*679*	*1 294*	*2 124*	*1 937*	*1 7[illegible]*
14	Female – Féminin	*35 511*	*531*	*1 414*	*706*	*446*	*684*	*1 035*	*1 118*	*9[illegible]*
	Rural – Rurale									
	1981 [20 21]									
15	Male – Masculin	*77 787*	*480*	*2 092*	*1 675*	*1 192*	*2 286*	*3 305*	*2 163*	*1 9[illegible]*
16	Female – Féminin	*52 175*	*403*	*2 058*	*1 416*	*1 032*	*1 427*	*1 653*	*1 184*	*1 0[illegible]*
	Malaysia – Malaisie									
	Peninsular Malaysia – Malaisie Péninsulaire									
	Urban – Urbaine									
	1987 [1]									
17	Male – Masculin	13 991	952	227	126	124	267	373	372	4[illegible]
18	Female – Féminin	10 841	754	213	102	89	98	149	193	2[illegible]
	Rural – Rurale									
	1987 [1]									
19	Male – Masculin	22 804	2 199	601	363	315	490	660	613	5[illegible]
20	Female – Féminin	17 646	1 720	568	289	230	292	312	295	3[illegible]
	Sarawak									
	Urban – Urbaine									
	1986									
21	Male – Masculin	*262*	*22*	*2*	*2*	*1*	*2*	*6*	*4*	
22	Female – Féminin	*199*	*13*	*5*	*5*	*1*	*2*	*2*	*4*	
	Rural – Rurale									
	1986									
23	Male – Masculin	*2 906*	*231*	*76*	*35*	*35*	*51*	*67*	*71*	[illegible]
24	Female – Féminin	*1 817*	*160*	*55*	*21*	*17*	*32*	*37*	*37*	[illegible]
	Maldives									
	Urban – Urbaine									
	1987									
25	Male – Masculin	168	29	5	7	3	2	4	5	
26	Female – Féminin	124	32	4	7	–	8	6	8	

19. Décès selon l'âge, le sexe et la résidence, urbaine/rurale: dernière année disponible (suite)

Données selon la résidence urbaine/rurale

'oir notes à la fin du tableau.)

Age (en années)												
35 – 39	40 – 44	45 – 49	50 – 54	55 – 59	60 – 64	65 – 69	70 – 74	75 – 79	80 – 84	85 +	Unknown Inconnu	
1 447	*1 827*	*1 827*	*2 358*	*2 095*	*2 309*	*2 525*	*2 693*	*———	*– 4 733*	———*	–	*1*
730	*752*	*1 106*	*1 116*	*1 298*	*1 515*	*1 472*	*1 862*	*———	*– 3 324*	———*	–	*2*
7 601	*10 240*	*11 284*	*19 628*	*21 915*	*28 372*	*26 685*	*26 685*	*———	*– 67 602*	———*	–	*3*
10 301	*11 257*	*11 257*	*17 992*	*19 198*	*22 968*	*19 953*	*18 492*	*———	*– 44 093*	———*	–	*4*
5	7	16	12	22	21	25	26	21	3	12	–	*5*
9	9	10	11	13	18	10	12	17	7	7	–	*6*
1	1	4	4	2	5	10	12	12	8	6	–	*7*
3	4	2	4	6	5	14	11	14	4	14	–	*8*
140	166	285	443	752	1 133	1 215	2 130	2 459	1 915	1 829	–	*9*
110	120	159	286	541	800	1 163	1 842	2 311	1 855	2 202	1	*10*
18	22	27	40	48	78	84	166	195	127	133	–	*11*
11	9	16	24	29	71	58	132	169	130	152	–	*12*
2 433	*3 563*	*4 169*	*4 347*	*5 042*	*5 366*	*4 953*	*4 780*	*2 790*	*— *2 720*	——*	*1*	*13*
1 143	*1 426*	*1 837*	*2 252*	*2 371*	*2 717*	*3 356*	*3 823*	*3 521*	*— *6 164*	——*	–	*14*
2 598	*4 020*	*4 931*	*5 264*	*6 603*	*7 740*	*8 334*	*8 524*	*6 042*	*— *8 547*	——*	*2*	*15*
1 199	*1 644*	*2 117*	*2 493*	*2 868*	*3 440*	*4 294*	*5 553*	*5 347*	*— *13 008*	——*	*1*	*16*
425	490	665	874	1 053	1 237	1 483	1 513	1 558	1 023	775	47	*17*
236	273	355	519	712	866	1 174	1 262	1 481	1 039	1 074	27	*18*
578	698	870	1 288	1 648	1 975	2 455	2 320	2 328	1 480	1 307	92	*19*
449	419	529	801	1 086	1 528	2 057	1 934	2 187	1 232	1 291	58	*20*
8	*8*	*12*	*15*	*17*	*17*	*32*	*36*	*29*	*16*	*22*	*5*	*21*
6	*6*	*10*	*3*	*15*	*15*	*25*	*23*	*16*	*27*	*13*	*3*	*22*
82	*87*	*109*	*158*	*225*	*263*	*339*	*320*	*300*	*186*	*137*	*57*	*23*
40	*68*	*62*	*106*	*136*	*164*	*215*	*179*	*198*	*117*	*97*	*34*	*24*
4	7	12	17	10	18	10	11	4	6	9	1	*25*
4	5	12	5	5	5	4	6	5	2	2	–	*26*

19. Deaths by age, sex and urban/rural residence: latest available year (continued)

Data by urban/rural residence

(See notes at end of table.)

	Continent, country or area, year, sex and urban/rural residence — Continent, pays ou zone, année, sexe et résidence, urbaine/rurale	All ages Tous âges	Age (in years) -1	1–4	5–9	10–14	15–19	20–24	25–29	30
	ASIA—ASIE (Cont.–Suite)									
	Maldives									
	Rural – Rurale									
	1987									
1	Male – Masculin	668	205	91	14	5	11	5	5	
2	Female – Féminin	565	151	90	13	2	10	23	27	
	Pakistan									
	Urban – Urbaine									
	1985[23]									
3	Male – Masculin	119 689	48 444	7 725	2 174	389	1 123	759	1 133	1
4	Female – Féminin	85 308	34 079	7 404	1 639	1 003	1 348	1 949	2 848	
	Rural – Rurale									
	1985[23]									
5	Male – Masculin	338 445	157 869	30 370	12 314	4 166	10 126	7 590	3 858	3
6	Female – Féminin	295 805	126 704	41 783	9 143	3 736	5 804	6 820	6 811	5
	Sri Lanka									
	Urban – Urbaine									
	1983+									
7	Male – Masculin	27 587	3 782	1 183	519	421	728	1 308	1 026	
8	Female – Féminin	16 830	3 075	1 093	448	295	568	669	554	
	Rural – Rurale									
	1983+									
9	Male – Masculin	25 650	1 674	974	452	358	550	938	614	
10	Female – Féminin	18 909	1 449	871	346	238	496	600	365	
	Thailand – Thaïlande									
	Urban – Urbaine									
	1987+									
11	Male – Masculin	*37 888*	*2 408*	*855*	*680*	*604*	*1 570*	*2 133*	*2 083*	
12	Female – Féminin	*26 287*	*1 876*	*756*	*598*	*454*	*720*	*788*	*719*	
	Rural – Rurale									
	1987+									
13	Male – Masculin	*95 291*	*2 958*	*2 855*	*1 926*	*1 331*	*2 492*	*3 219*	*3 183*	3
14	Female – Féminin	*73 502*	*2 116*	*2 275*	*1 490*	*1 054*	*1 409*	*1 468*	*1 353*	
	EUROPE									
	Albania – Albanie									
	Urban – Urbaine									
	1987									
15	Male – Masculin	3 113	305	98	33	29	27	55	41	
16	Female – Féminin	2 503	254	69	24	7	20	21	35	
	Rural – Rurale									
	1987									
17	Male – Masculin	6 459	929	534	96	64	95	129	101	
18	Female – Féminin	5 044	759	534	49	34	51	66	62	
	Austria – Autriche									
	Urban – Urbaine									
	1987									
19	Male – Masculin	22 787	249	33	31	23	141	223	211	
20	Female – Féminin	28 789	199	31	17	17	49	66	68	
	Rural – Rurale									
	1987									
21	Male – Masculin	16 415	226	44	24	36	196	250	191	
22	Female – Féminin	16 916	176	34	21	13	60	62	56	
	Bulgaria – Bulgarie									
	Urban – Urbaine									
	1986									
23	Male – Masculin	28 002	657	118	76	102	160	203	252	
24	Female – Féminin	22 046	487	107	53	46	78	91	138	
	Rural – Rurale									
	1986									
25	Male – Masculin	29 519	369	105	62	51	126	159	190	
26	Female – Féminin	24 472	247	87	37	37	55	68	55	

19. Décès selon l'âge, le sexe et la résidence, urbaine/rurale: dernière année disponible (suite)

Données selon la résidence urbaine/rurale

(Voir notes à la fin du tableau.)

Age (en années)												
35–39	40–44	45–49	50–54	55–59	60–64	65–69	70–74	75–79	80–84	85 +	Unknown Inconnu	
3	6	14	26	27	45	54	50	29	22	17	28	1
10	8	21	18	22	32	27	27	20	11	5	31	2
1 018	3 698	4 506	2 751	6 413	9 059	4 838	8 007	2 224	5 806	7 721	–	3
4 158	619	1 090	3 279	1 502	2 927	4 029	3 148	4 420	3 939	5 130	–	4
4 903	6 420	5 655	6 825	4 279	11 885	6 846	16 173	6 348	12 561	27 233	–	5
3 820	5 047	4 422	7 968	4 098	3 743	13 146	14 489	5 930	9 804	17 045	–	6
983	1 162	1 519	1 870	1 956	2 047	2 095	2 158	1 530	1 346	924	58	7
479	484	558	711	775	1 030	1 210	1 235	1 030	1 042	1 018	41	8
599	625	878	1 113	1 372	1 569	2 212	2 603	2 376	3 025	3 108	11	9
328	347	421	623	735	986	1 424	1 856	1 873	2 388	3 218	11	10
1 601	1 606	2 112	2 589	2 875	3 036	2 738	3 013	2 394	1 767	1 517	525	11
792	877	1 186	1 584	1 733	1 874	1 971	2 386	2 302	2 086	2 545	287	12
3 495	3 901	5 095	6 382	7 273	7 732	8 250	8 779	8 020	6 541	6 088	2 546	13
1 879	2 275	3 066	4 107	4 752	5 506	6 227	7 464	7 607	7 775	8 579	1 549	14
45	55	94	139	239	351	353	375	344	242	231	1	15
30	24	51	82	104	160	192	285	355	321	430	1	16
64	100	177	212	331	356	574	706	777	515	619	2	17
58	42	72	76	134	180	263	437	638	559	975	2	18
308	464	750	808	1 479	2 031	2 115	2 865	4 182	3 735	2 918	–	19
165	277	376	391	695	1 396	1 788	2 860	5 281	6 713	8 303	–	20
219	284	567	715	1 135	1 398	1 552	1 903	2 847	2 605	2 014	–	21
101	133	214	277	516	777	1 102	1 772	3 315	3 771	4 455	–	22
585	731	1 141	1 874	2 671	3 621	2 930	3 764	3 970	2 805	1 957	–	23
296	308	487	840	1 264	1 864	1 746	3 141	4 045	3 657	3 227	–	24
368	511	745	1 379	1 870	3 266	2 745	4 738	5 459	4 363	2 786	–	25
124	154	235	573	955	1 779	1 783	3 723	5 251	4 958	4 263	–	26

19. Deaths by age, sex and urban/rural residence: latest available year (continued)

Data by urban/rural residence

(See notes at end of table.)

	Continent, country or area, year, sex and urban/rural residence — Continent, pays ou zone, année, sexe et résidence, urbaine/rurale	All ages Tous âges	Age (in years) −1	1–4	5–9	10–14	15–19	20–24	25–29	30–3
	EUROPE (Cont.–Suite)									
	Czechoslovakia – Tchécoslovaquie									
	Urban – Urbaine									
	1985									
1	Male – Masculin	65 656	1 376	175	169	173	316	463	548	82
2	Female – Féminin	61 822	1 017	153	125	87	119	133	205	29
	Rural – Rurale									
	1985									
3	Male – Masculin	29 546	450	84	81	59	141	201	230	3
4	Female – Féminin	27 081	322	50	51	22	50	63	67	[illegible]
	Finland – Finlande									
	Urban – Urbaine									
	1986 [28]									
5	Male – Masculin	13 705	131	20	20	24	77	144	168	2
6	Female – Féminin	14 106	84	18	7	13	35	46	62	[illegible]
	Rural – Rurale									
	1986 [28]									
7	Male – Masculin	10 275	82	16	16	17	69	101	105	1
8	Female – Féminin	9 049	56	12	9	3	22	32	32	[illegible]
	France									
	Urban – Urbaine									
	1987 [29 30 39]									
9	Male – Masculin	185 986	2 774	489	315	351	1 089	2 230	2 314	2 5
10	Female – Féminin	175 099	1 911	381	226	217	468	737	833	1 0
	Rural – Rurale									
	1987 [29 30 39]									
11	Male – Masculin	87 835	756	196	136	159	569	878	774	9
12	Female – Féminin	76 159	511	133	102	96	204	225	225	3
	German Democratic Rep. – Rép. démocratique allemande [31]									
	Urban – Urbaine									
	1987									
13	Male – Masculin	69 005	874	182	116	94	398	617	665	8
14	Female – Féminin	90 227	642	130	70	59	156	233	288	3
	Rural – Rurale									
	1987									
15	Male – Masculin	25 078	282	73	25	32	144	196	250	2
16	Female – Féminin	29 562	171	65	34	19	54	61	71	1
	Greece – Grèce									
	Urban – Urbaine									
	1985									
17	Male – Masculin	24 988	730	72	45	53	171	257	214	2
18	Female – Féminin	22 670	495	44	34	34	74	86	76	1
	Rural – Rurale									
	1985									
19	Male – Masculin	23 464	230	68	53	48	173	196	210	1
20	Female – Féminin	21 764	192	42	30	30	49	57	53	
	Hungary – Hongrie									
	Urban – Urbaine									
	1987 [40]									
21	Male – Masculin	38 480	692	92	55	78	174	221	328	6
22	Female – Féminin	37 701	491	68	37	42	72	93	110	3
	Rural – Rurale									
	1987 [40]									
23	Male – Masculin	36 201	584	76	53	58	190	192	316	5
24	Female – Féminin	29 852	409	55	39	39	65	58	111	1
	Ireland – Irlande									
	Urban – Urbaine									
	1985+ [33]									
25	Male – Masculin	5 717	84	24	18	21	31	56	50	
26	Female – Féminin	5 811	68	17	5	8	14	22	16	
	Rural – Rurale									
	1985+ [33]									
27	Male – Masculin	12 484	223	43	37	36	86	105	86	
28	Female – Féminin	9 201	177	38	22	23	28	28	19	

19. Décès selon l'âge, le sexe et la résidence, urbaine/rurale: dernière année disponible (suite)

Données selon la résidence urbaine/rurale

oir notes à la fin du tableau.)

Age (en années)												
35 – 39	40 – 44	45 – 49	50 – 54	55 – 59	60 – 64	65 – 69	70 – 74	75 – 79	80 – 84	85 +	Unknown Inconnu	
1 179	1 614	2 094	3 561	5 373	8 313	5 935	11 064	10 943	7 230	4 306	–	1
516	657	903	1 573	2 717	4 548	3 923	9 343	12 674	12 128	10 710	–	2
439	634	919	1 492	2 240	3 303	2 354	4 928	5 408	3 968	2 283	–	3
150	210	322	593	973	1 633	1 591	4 058	5 731	5 686	5 427	–	4
358	424	506	748	1 110	1 458	1 581	2 053	2 115	1 526	1 010	–	5
128	142	230	252	452	761	1 121	1 795	2 801	2 803	3 265	–	6
217	251	343	471	776	1 035	1 127	1 500	1 713	1 268	1 015	–	7
70	64	118	145	281	429	675	1 218	1 786	1 869	2 192	–	8
3 539	4 396	5 305	8 974	13 456	16 996	18 454	18 846	28 102	27 513	28 285	–	9
1 615	1 943	2 244	3 669	5 470	7 445	9 452	12 208	24 840	34 707	65 638	–	10
1 298	1 450	1 859	3 270	5 429	7 557	8 395	8 791	15 141	15 308	14 920	–	11
468	565	742	1 225	1 997	2 858	3 684	5 068	11 351	16 589	29 787	–	12
963	1 228	2 678	3 577	5 043	4 734	5 911	8 015	12 624	12 100	8 341	–	13
429	636	1 458	1 844	2 603	4 162	5 955	10 191	18 692	20 853	21 465	–	14
323	316	945	1 411	1 827	1 732	1 997	2 791	4 589	4 572	3 281	–	15
118	150	355	560	852	1 402	1 982	3 342	6 421	6 970	6 835	–	16
279	324	654	1 066	1 714	2 046	2 487	3 926	4 029	3 462	3 257	–	17
156	175	370	568	925	1 208	1 933	3 146	4 031	4 267	4 942	–	18
191	238	487	752	1 257	1 534	1 905	3 220	4 411	4 130	4 183	1	19
86	130	260	433	631	697	1 212	2 549	3 947	4 610	6 691	–	20
859	1 161	1 599	2 253	3 344	4 444	4 350	4 951	6 026	4 185	2 983	–	21
443	584	782	1 131	1 841	2 741	3 280	4 681	7 143	6 687	7 155	–	22
816	1 047	1 653	2 311	3 148	4 293	3 939	4 375	5 574	4 102	2 889	–	23
289	397	585	944	1 476	2 111	2 653	3 711	5 897	5 581	5 247	–	24
54	76	146	227	401	585	771	995	939	687	501	–	25
25	48	78	136	229	412	533	845	937	1 112	1 279	–	26
106	140	199	321	605	1 066	1 531	2 220	2 167	1 777	1 639	–	27
67	92	106	180	316	535	832	1 249	1 473	1 668	2 298	–	28

19. Deaths by age, sex and urban/rural residence: latest available year (continued)

Data by urban/rural residence

(See notes at end of table.)

	Continent, country or area, year, sex and urban/rural residence — Continent, pays ou zone, année, sexe et résidence, urbaine/rurale	All ages Tous âges	-1	1-4	5-9	10-14	15-19	20-24	25-29	30-…
	Age (in years)									
	EUROPE (Cont.–Suite)									
	Luxembourg									
	Urban – Urbaine									
	1980									
1	Male – Masculin	1 325	9	3	2	2	9	14	10	
2	Female – Féminin	1 279	20	4	3	5	4	2	7	
	Rural – Rurale									
	1980									
3	Male – Masculin	784	12	1	1	2	9	5	8	
4	Female – Féminin	725	7	1	2	2	1	3	6	
	Netherlands – Pays-Bas									
	Urban – Urbaine									
	1986 [34 41]									
5	Male – Masculin	37 021	425	79	49	57	141	244	278	3…
6	Female – Féminin	34 246	319	67	29	39	69	127	147	1…
	Rural – Rurale									
	1986 [34 41]									
7	Male – Masculin	7 253	89	28	13	12	48	63	45	
8	Female – Féminin	5 434	79	25	13	9	18	21	16	
	Semi-urban – Semi-urbaine									
	1986 [34 41]									
9	Male – Masculin	22 372	289	63	41	55	145	185	169	1…
10	Female – Féminin	18 973	227	56	24	33	61	63	75	1…
	Norway – Norvège									
	Urban – Urbaine									
	1980 [35]									
11	Male – Masculin	10 038	106	20	22	13	49	91	92	
12	Female – Féminin	9 343	78	12	4	10	18	27	43	
	Rural – Rurale									
	1980 [35]									
13	Male – Masculin	12 568	130	43	35	33	116	112	74	1…
14	Female – Féminin	9 391	97	15	21	19	40	22	24	
	Poland – Pologne									
	Urban – Urbaine									
	1987									
15	Male – Masculin	111 422	3 242	462	293	267	550	866	1 357	2 3…
16	Female – Féminin	102 317	2 360	327	174	139	203	251	481	8…
	Rural – Rurale									
	1987									
17	Male – Masculin	89 313	2 908	484	262	237	632	982	1 286	1 6…
18	Female – Féminin	75 313	2 091	321	157	126	192	233	321	4…
	Portugal									
	Urban – Urbaine									
	1987 [38]									
19	Male – Masculin	15 029	293	64	47	51	133	200	185	2…
20	Female – Féminin	15 064	237	56	34	28	55	61	67	
	Rural – Rurale									
	1987 [38]									
21	Male – Masculin	29 796	597	178	120	139	391	498	442	3…
22	Female – Féminin	26 421	429	130	78	73	126	112	122	1…
	San Marino – Saint-Marin									
	Urban – Urbaine									
	1987+									
23	Male – Masculin	88	3	–	–	–	1	2	2	
24	Female – Féminin	53	–	–	–	–	1	–	1	
	Rural – Rurale									
	1987+									
25	Male – Masculin	9	–	–	–	–	–	–	–	
26	Female – Féminin	4	–	–	–	–	–	–	–	
	Switzerland – Suisse									
	Urban – Urbaine									
	1987									
27	Male – Masculin	18 089	170	28	22	19	104	243	230	1…
28	Female – Féminin	18 148	134	23	18	11	49	68	70	

19. Décès selon l'âge, le sexe et la résidence, urbaine/rurale: dernière année disponible (suite)

Données selon la résidence urbaine/rurale

…oir notes à la fin du tableau.)

Age (en années) 35–39	40–44	45–49	50–54	55–59	60–64	65–69	70–74	75–79	80–84	85 +	Unknown Inconnu	
10	25	60	73	86	94	193	233	215	167	109	–	1
13	17	24	34	58	69	103	183	228	267	231	–	2
13	11	16	40	37	62	107	133	148	104	70	–	3
8	7	11	26	19	42	55	117	121	166	130	–	4
477	546	796	1 223	2 057	3 209	4 449	5 781	6 168	5 317	5 421	–	5
287	321	450	721	1 129	1 709	2 361	3 632	5 400	6 723	10 527	–	6
74	100	148	257	366	629	834	1 019	1 194	1 098	1 192	–	7
49	64	79	122	202	274	409	588	836	1 011	1 591	–	8
221	377	568	922	1 392	2 008	2 641	3 221	3 523	3 058	3 348	–	9
179	227	324	449	706	948	1 276	1 861	2 861	3 792	5 689	–	10
90	103	193	350	645	1 001	1 429	1 581	1 657	1 330	1 178	–	11
53	60	105	185	317	515	761	1 167	1 725	1 910	2 317	–	12
120	153	236	402	740	1 081	1 461	1 746	2 036	1 949	1 982	–	13
45	57	97	173	300	465	706	1 128	1 577	1 954	2 613	–	14
3 286	3 478	5 441	8 360	12 133	13 545	11 311	12 102	14 799	10 572	7 040	–	15
1 346	1 552	2 231	3 665	5 613	8 047	8 439	11 513	17 977	17 995	19 111	–	16
2 001	1 859	2 966	4 810	7 215	8 764	8 782	10 645	14 742	11 527	7 580	–	17
608	582	1 080	1 727	3 095	4 632	5 689	8 442	14 496	15 572	15 513	–	18
256	329	444	805	1 126	1 562	1 660	2 146	2 386	1 779	1 357	–	19
155	193	274	382	607	877	1 073	1 761	2 555	2 972	3 591	–	20
433	495	772	1 224	1 787	2 468	3 015	4 208	5 275	4 090	3 279	–	21
203	297	414	645	858	1 312	1 863	2 990	4 701	5 688	6 225	–	22
1	1	1	1	4	10	9	15	16	11	11	–	23
–	1	–	1	–	3	7	6	7	11	15	–	24
–	–	–	–	–	–	–	1	3	2	3	–	25
–	–	–	–	–	–	1	–	1	–	2	–	26
255	339	418	660	1 037	1 383	1 893	2 335	3 002	2 893	2 864	–	27
124	204	259	390	501	736	1 067	1 611	2 762	3 750	6 288	–	28

19. Deaths by age, sex and urban/rural residence: latest available year (continued)

Data by urban/rural residence

(See notes at end of table.)

	Continent, country or area, year, sex and urban/rural residence — Continent, pays ou zone, année, sexe et résidence, urbaine/rurale	All ages Tous âges	Age (in years) –1	1–4	5–9	10–14	15–19	20–24	25–29	30–3
	EUROPE (Cont.–Suite)									
	Switzerland – Suisse									
	Rural – Rurale									
	1987									
1	Male – Masculin	12 651	121	36	22	17	122	185	119	15
2	Female – Féminin	10 623	99	30	13	11	37	58	46	5
	United Kingdom – Royaume–Uni									
	Scotland – Ecosse									
	Urban – Urbaine									
	1985+									
3	Male – Masculin	27 175	293	44	44	50	*—	315 —*	*—	343 —
4	Female – Féminin	29 142	238	41	36	29	*—	118 —*	*—	182 —
	Rural – Rurale									
	1985+									
5	Male – Masculin	3 972	49	13	5	8	*—	67 —*	*—	47 —
6	Female – Féminin	3 678	44	14	1	5	*—	21 —*	*—	25 —
	Yugoslavia – Yougoslavie									
	Urban – Urbaine									
	1987									
7	Male – Masculin	46 809	2 403	285	160	146	287	453	554	78
8	Female – Féminin	43 551	1 903	218	109	84	148	167	261	34
	Rural – Rurale									
	1987									
9	Male – Masculin	66 150	2 493	502	227	211	395	625	646	88
10	Female – Féminin	58 156	2 237	389	153	108	190	242	220	32
	OCEANIA—OCEANIE									
	Guam									
	Urban – Urbaine									
	1986 [36 38]									
11	Male – Masculin	230	15	2	5	1	11	11	7	
12	Female – Féminin	130	11	3	–	4	4	1	2	
	Rural – Rurale									
	1986 [36 38]									
13	Male – Masculin	34	2	–	–	2	–	–	–	
14	Female – Féminin	28	1	–	–	–	–	–	–	
	New Zealand – Nouvelle–Zélande									
	Urban – Urbaine									
	1987+									
15	Male – Masculin	10 913	222	48	37	36	174	203	152	13
16	Female – Féminin	10 387	203	41	18	18	61	75	69	6
	Rural – Rurale									
	1987+									
17	Male – Masculin	3 554	80	13	8	25	62	78	62	5
18	Female – Féminin	2 565	49	10	7	16	27	16	26	3
	Pacific Islands – Iles du Pacifique									
	Urban – Urbaine									
	1979 [37]									
19	Male – Masculin	*156*	*30*	*14*	*2*	*1*	*5*	*2*	*7*	
20	Female – Féminin	*105*	*30*	*8*	*2*	*1*	*5*	–	*2*	
	Rural – Rurale									
	1979 [37]									
21	Male – Masculin	*201*	*34*	*24*	*4*	*3*	*4*	*9*	*3*	
22	Female – Féminin	*153*	*34*	*16*	*2*	*2*	*1*	*2*	*5*	
	Samoa									
	Urban – Urbaine									
	1980									
23	Male – Masculin	*50*	*2*	*2*	*1*	*1*	*4*	–	*2*	
24	Female – Féminin	*33*	*1*	*3*	*2*	*2*	*1*	–	–	
	Rural – Rurale									
	1980									
25	Male – Masculin	*236*	*20*	*10*	*1*	*8*	*6*	*9*	*6*	
26	Female – Féminin	*156*	*12*	*8*	*4*	*5*	*5*	*5*	*3*	

19. Décès selon l'âge, le sexe et la résidence, urbaine/rurale: dernière année disponible (suite)

Données selon la résidence urbaine/rurale

(Voir notes à la fin du tableau.)

Age (en années)												
35 – 39	40 – 44	45 – 49	50 – 54	55 – 59	60 – 64	65 – 69	70 – 74	75 – 79	80 – 84	85 +	Unknown Inconnu	
149	222	262	449	622	963	1 338	1 804	2 218	1 975	1 874	–	1
63	108	118	182	290	422	682	1 048	1 756	2 229	3 381	–	2
*——	656 ——*	*——	1 730 ——*	*——	4 889 ——*	*——	8 244 ——*	*——	8 276 ——*	2 291	–	3
*——	418 ——*	*——	1 051 ——*	*——	3 208 ——*	*——	6 707 ——*	*——	10 328 ——*	6 786	–	4
*——	103 ——*	*——	229 ——*	*——	597 ——*	*——	1 095 ——*	*——	1 293 ——*	466	–	5
*——	63 ——*	*——	128 ——*	*——	355 ——*	*——	742 ——*	*——	1 276 ——*	1 004	–	6
949	1 158	2 018	3 641	5 052	5 405	4 455	4 733	6 441	4 579	3 267	37	7
566	671	1 092	1 772	2 750	3 721	3 902	4 815	7 423	6 925	6 655	24	8
1 165	1 343	2 445	4 225	6 053	6 208	5 925	6 825	11 007	9 043	5 897	26	9
464	547	1 083	1 867	2 835	4 228	4 744	6 408	11 671	10 793	9 622	28	10
6	6	10	13	22	27	29	18	23	14	8	–	11
3	3	2	7	18	15	13	12	10	9	13	–	12
1	1	2	6	4	4	6	2	1	1	–	–	13
1	–	–	2	1	3	4	6	4	4	2	–	14
152	163	248	423	660	974	1 281	1 653	1 753	1 369	1 231	–	15
99	107	179	260	382	607	862	1 289	1 595	1 761	2 698	–	16
44	65	97	144	248	333	435	521	523	426	333	–	17
31	49	66	106	132	203	246	340	378	348	483	–	18
7	*8*	*10*	*9*	*13*	*7*	*17*	*8*	*9*	*–*	*2*	*–*	*19*
1	*4*	*5*	*5*	*8*	*6*	*6*	*8*	*2*	*1*	*6*	*–*	*20*
3	*5*	*7*	*15*	*10*	*15*	*20*	*12*	*16*	*5*	*8*	*–*	*21*
3	*3*	*11*	*5*	*10*	*7*	*7*	*10*	*13*	*9*	*11*	*–*	*22*
1	*3*	*2*	*5*	*3*	*5*	*4*	*7*	*4*	*1*	*3*	*–*	*23*
1	*–*	*–*	*2*	*4*	*4*	*4*	*3*	*1*	*3*	*2*	*–*	*24*
9	*6*	*14*	*14*	*15*	*30*	*23*	*11*	*13*	*8*	*17*	*10*	*25*
7	*7*	*6*	*8*	*9*	*7*	*9*	*15*	*11*	*9*	*18*	*6*	*26*

19. Deaths by age, sex and urban/rural residence: latest available year (continued)

GENERAL NOTES

Data exclude foetal deaths. For method of evaluation and limitations of data, see Technical Notes, page 87.
Italics: data from civil registers which are incomplete or of unknown completeness.

FOOTNOTES

* Provisional.
+ Data tabulated by year of registration rather than occurrence.

1 Excluding deaths of infants dying before registration of birth.

2 For Algerian population only.
3 For classification by urban/rural residence, see end of table.
4 Based on the results of the population census of 1977.
5 Based on the results of the population census of 1976.
6 For domicile population only.
7 Including Canadian residents temporarily in the United States, but excluding United States residents temporarily in Canada.
8 Excluding visitors.
9 Excluding deaths of unknown sex.
10 Based on burial permits.
11 Excluding nomadic Indian tribes.
12 Excluding Indian jungle population, estimated at 39 800 in 1972.
13 Excluding Indian jungle population, estimated at 31 800 in 1961.
14 Based on the results of the population census of 1979.
15 For government controlled areas.
16 Excluding Vietnamese refugees.
17 Including data for East Jerusalem and Israeli residents in certain other territories under occupation by Israeli military forces since June 1967.

18 For Japanese nationals in Japan only.
19 Excluding data for Jordanian territory under occupation since June 1967 by Israeli military forces. Excluding foreigners but including registered Palestinian refugees. For number of refugees, see table 5.

NOTES GENERALES

Les données ne comprennent pas les morts foetales. Pour la méthode d'évaluation et les insuffisances des données, voir Notes techniques, page 87.
Italiques: données incomplètes ou dont le degré d'exactitude n'est pas connu, provenant des registres de l'état civil.

NOTES

* Données provisoires.
+ Données exploitées selon l'année de l'enregistrement et non l'année de l'événement.
1 Non compris les enfants nés vivants décédés avant l'enregistrement de leur naissance.
2 Pour la population algérienne seulement.
3 Pour le classement selon la résidence, urbaine/rurale, voir la fin du tableau.
4 D'après les résultats du recensement de 1977.
5 D'après les résultats du recensement de 1976.
6 Pour la population dans les domiciles seulement.
7 Y compris les résidents canadiens temporairement aux Etats–Unis, mais non compris les résidents des Etats–Unis, temporairement au Canada.
8 Non compris les visiteurs.
9 Non compris les décès dont on ignore le sexe.
10 D'après les permis d'inhumer.
11 Non compris les tribus d'Indiens nomades.
12 Non compris les Indiens de la jungle, estimés à 39 800 personnes en 1972.
13 Non compris les Indiens de la jungle, estimés à 31 800 personnes en 1961.
14 D'après les résultats du recensement de 1979.
15 Pour lesZones contrôlées pour le Gouvernement.
16 Non compris les réfugiés du Viet Nam.
17 Y compris les données pour Jérusalem–Est et les résidents israéliens dans certains autres territoires occupés depuis juin 1967 par les forces armées israéliennes.
18 Pour les nationaux japonais au Japon seulement.
19 Non compris les données pour le territoire jordanien occupé depuis juin 1967 par les forces armées israéliennes. Non compris les étrangers, mais y compris les réfugiés de Palestine immatriculés. Pour le nombre de réfugiés, voir le tableau 5.

19. Décès selon l'âge, le sexe et la résidence, urbaine/rurale: dernière année disponible (suite)

FOOTNOTES (continued)

20 Excluding alien armed forces, civilian aliens employed by armed forces, and foreign diplomatic personnel and their dependants.

21 Including late registrations.

22 Events registered by Health Service only.

23 Based on the results of the Population Growth Survey.

24 Excluding non–locally domiciled military and civilian services personnel and their dependants.

25 Excluding deaths for which cause is unknown.

26 Including armed forces stationed outside the country, but excluding alien armed forces stationed in the area.

27 Excluding Faeroe Island and Greenland, shown separately.

28 Including nationals temporarily outside the country.

29 Including armed forces stationed outside the country.

30 For ages five years and over, age classification based on year of birth rather than exact date of birth.

31 The data which relate to the German Democratic Republic and the Federal Republic of Germany include the relevant data relating to Berlin, for which separate data have not been supplied. This is without prejudice to any question of status which may be involved.

32 For medically certified. Excluding armed forces.

33 Deaths registered within one year of occurrence.

34 Including residents outside the country if listed in a Netherlands population register.

35 Including residents temporarily outside the country.

36 Including United States military personnel, their dependants and contract employees.

37 For year ending 30 June. Excluding United States military personnel, their dependants and contract employees.

38 Excluding deaths of unknown residence.

39 Excluding nationals outside the country.

40 For the de jure population.

41 Excluding persons on the Central Register of Population (containing persons belonging to the Netherlands population but having no fixed municipality of residence).

NOTES (suite)

20 Non compris les militaires étrangers, les civils étrangers employés par les forces armées ni le personnel diplomatique étranger et les membres de leur famille les accompagnant.

21 Y compris les enregistrement tardives.

22 Evénements enregistrés par le Service de santé seulement.

23 D'après les résultats de la "Population Growth Survey".

24 Non compris les militaires et agents civils non résidents et les membres de leur famille les accompagnant.

25 Non compris les décès dont on ignore la cause.

26 Y compris les militaires nationaux hors du pays, mais non compris les militaires étrangers en garnison sur le territoire.

27 Non compris les îles Féroé et le Groenland, qui font l'objet de rubriques distinctes.

28 Y compris les nationaux se trouvant temporairement hors du pays.

29 Y compris les militaires en garnison hors du pays.

30 A partir de cinq ans, le classement selon l'âge est basé sur l'année de naissances et non sur la date exacte de naissance.

31 Les données relatives à la République démocratique allemande et à la République fédérale d'Allemagne, incluent les données pertinentes relatives à Berlin, pour lequel des données séparées n'ont pas été fournies. Cela sans préjudice des questions de statut qui peuvent se poser à cet égard.

32 Certification médicale. Non compris les militaires.

33 Décès enregistrés dans l'année qui suit l'événement.

34 Y compris les résidents hors du pays, s'ils sont inscrits sur un registre de population néerlandais.

35 Y compris les résidents se trouvant temporairement hors du pays.

36 Y compris les militaires des Etats–Unis, les membres de leur famille les accompagnant et les agents contractuels des Etats–Unis.

37 Pour la période annuelle se terminant le 30 juin. Non compris les militaires des Etats–Unis et les membres de leur famille les accompagnant et les agents contractuels des Etats–Unis.

38 Non compris les décès dont on ignore la résidence.

39 Non compris les nationaux hors du pays.

40 Pour la population de droit.

41 Non compris les personnes inscrites sur le Registre central de la population (personnes appartenant à la population néerlandaise mais sans résidence fixe dans l'une des municipalités).

20. Death rates specific for age, sex and urban/rural residence: latest available year

(See notes at end of table.)

	Continent, country or area, year, sex and urban/rural residence Continent, pays ou zone, année, sexe et résidence, urbaine/rurale	Age (in years) All ages Tous âges [1]	-1	1–4	5–9	10–14	15–19	20–24	25–29	30–
	AFRICA—AFRIQUE									
	Algeria – Algérie									
	1982 [2 3]									
1	Male – Masculin	*10.9*	*105.1*	*12.5*	*1.9*	*1.2*	*1.8*	*2.9*	*3.0*	
2	Female – Féminin	*10.1*	*95.4*	*12.8*	*2.0*	*1.2*	*1.8*	*2.5*	*2.9*	
	Cape Verde – Cap-Vert									
	1985									
3	Male – Masculin	8.9	*——	21.1 ——*	♦ 0.8	♦ 0.6	♦ 1.1	♦ 1.9	♦ 2.1	♦
4	Female – Féminin	7.5	*——	19.3 ——*	♦ 0.7	♦ 0.5	♦ 0.7	♦ 1.1	♦ 1.1	♦
	Egypt – Egypte									
	1976 [4]									
5	Male – Masculin	12.5	172.5	15.6	2.1	1.9	2.0	2.7	3.2	
6	Female – Féminin	11.7	173.2	19.1	1.7	1.3	1.5	1.5	2.1	
	Malawi									
	1977 [4 5]									
7	Male – Masculin	27.3	151.3	97.7	15.3	5.1	3.0	3.0	2.2	
8	Female – Féminin	22.9	129.0	87.2	13.4	5.1	3.1	2.7	2.2	
	Mali									
	1976 [4 6]									
9	Male – Masculin	20.4	162.4	44.8	7.7	3.9	4.0	4.6	4.6	
10	Female – Féminin	17.2	131.2	41.9	7.0	3.3	4.4	4.9	5.5	
	Mauritius – Maurice									
	Island of Mauritius – Ile Maurice									
	1987+									
11	Male – Masculin	7.5	30.4	1.2	♦ 0.4	♦ 0.6	0.9	1.4	1.7	
12	Female – Féminin	5.6	20.1	♦ 0.7	♦ 0.4	♦ 0.6	1.1	1.0	1.3	
	Réunion									
	1987 [2]									
13	Male – Masculin	6.7	11.4	♦ 0.6	♦ 0.5	♦ 0.3	♦ 0.9	1.3	2.6	
14	Female – Féminin	4.4	8.1	♦ 0.6	♦ 0.4	♦ 0.2	♦ 0.4	♦ 0.6	♦ 0.9	♦
	Tunisia – Tunisie									
	1980									
15	Male – Masculin	*6.5*	*——	*12.6* ——*	*0.8*	*0.8*	*1.1*	*1.8*	*2.0*	
16	Female – Féminin	*4.9*	*——	*11.2* ——*	*0.8*	*0.6*	*0.8*	*1.0*	*1.3*	
	Zimbabwe									
	1982									
17	Male – Masculin	*3.4*	*——	*5.3* ——*	*0.4*	*0.4*	*0.7*	*1.8*	*2.4*	
18	Female – Féminin	*1.9*	*——	*4.7* ——*	*0.3*	*0.3*	*0.5*	*0.7*	*1.0*	
	European – Européens									
	1978+									
19	Male – Masculin	10.0	*—— ♦	3.1 ——*	♦ 0.6	♦ 0.9	2.7	7.1	4.5	
20	Female – Féminin	7.3	*—— ♦	3.4 ——*	♦ 0.7	♦ 0.2	♦ 0.6	♦ 1.4	♦ 1.4	♦
	AMERICA, NORTH— AMERIQUE DU NORD									
	Bahamas									
	1985									
21	Male – Masculin	6.3	*——	7.4 ——*	♦ 0.5	♦ 0.5	♦ 1.3	2.4	♦ 2.7	
22	Female – Féminin	4.9	*——	6.8 ——*	♦ 0.2	♦ 0.4	♦ 1.0	♦ 1.1	♦ 0.9	♦
	Barbados – Barbade									
	1980+									
23	Male – Masculin	8.0	26.2	♦ 1.0	♦ 0.6	♦ 0.7	♦ 0.4	♦ 1.2	♦ 0.8	♦
24	Female – Féminin	8.4	25.3	♦ 0.6	♦ 0.2	♦ 0.3	♦ 0.4	♦ 0.2	♦ 0.5	♦

20. Taux de mortalité selon l'âge, le sexe et la résidence, urbaine/rurale: dernière année disponible

oir notes à la fin du tableau.)

Age(en années)											
35–39	40–44	45–49	50–54	55–59	60–64	65–69	70–74	75–79	80–84	85 plus	
6.1	7.1	8.1	11.3	16.7	23.2	34.0	43.1	67.9	*———	89.0 ———	*1
4.4	4.6	5.0	7.0	10.6	16.5	27.5	38.8	64.2	*———	102.0 ———	*2
♦ 3.2	♦ 6.6	♦ 7.1	9.7	14.2	18.7 *———	———	—	61.7 ———	———	———*	3
♦ 3.6	♦ 2.6	♦ 3.8	♦ 3.5	6.7	12.7 *———	———	—	57.5 ———	———	———*	4
4.6	5.8	9.8	14.9	23.1	29.7	58.3	73.7 *———	—	165.0 ———	———*	5
2.8	2.8	5.1	7.3	11.7	15.7	38.8	49.5 *———	—	227.0 ———	———*	6
2.5	4.0	4.0	6.9	6.4	11.2 *———	———	—	15.8 ———	———	———*	7
2.0	2.7	2.3	3.8	3.1	5.2 *———	———	—	8.2 ———	———	———*	8
6.0	8.5	8.9	13.0	15.0	23.6	26.8	45.0	47.4	*———	78.1 ———*	9
6.6	8.1	7.6	10.1	11.4	18.1	20.9	31.3	37.1	*———	61.7 ———*	10
3.9	6.3	9.6	13.6	22.8	31.8	49.5	72.1	113.0	128.2	243.4	11
1.6	2.2	4.1	6.8	9.6	19.9	25.5	43.2	74.6	100.8	181.3	12
5.3	6.6	10.9	15.5	21.0	25.8	41.7	52.2	96.7	129.6	189.6	13
2.0	3.6	2.5	3.7	8.4	11.6	15.7	32.1	50.0	84.8	160.2	14
2.4	3.4	5.0	6.3	9.7	16.2	24.7	44.9	81.3	*———	115.5 ———	*15
1.9	2.4	3.0	4.3	6.3	11.0	19.8	38.5	76.9	*———	100.5 ———	*16
3.0	4.3	5.2	9.6	9.4	16.9	14.7	26.2 *———	—	15.9 ———	———*	17
1.4	1.9	1.9	3.9	3.8	7.1	7.0	9.8 *———	—	10.9 ———	———*	18
3.6	4.3	5.4	12.2	15.1 *———	57.5 ———*	*———	———	47.2 ———	———	———*	19
♦ 1.3	♦ 1.9	♦ 3.1	6.9	10.1 *———	28.5 ———*	*———	———	43.1 ———	———	———*	20
♦ 4.1	6.5	8.7	10.8	19.0	27.6	42.8	49.8	69.9	*———	102.5 ———*	21
♦ 1.6	♦ 4.4	♦ 3.0	♦ 6.9	♦ 7.4	13.1	23.2	32.0	50.7	*———	153.1 ———*	22
♦ 1.8	♦ 3.2	♦ 6.5	10.8	11.7	19.1	34.6	47.0	68.9	133.2	184.0	23
♦ 1.4	♦ 2.1	♦ 4.2	7.3	9.6	12.4	19.2	35.4	55.9	90.0	172.7	24

20. Death rates specific for age, sex and urban/rural residence: latest available year (continued)

(See notes at end of table.)

	Continent, country or area, year, sex and urban/rural residence — Continent, pays ou zone, année, sexe et résidence, urbaine/rurale	All ages Tous âges [1]	Age (in years) –1	1–4	5–9	10–14	15–19	20–24	25–29	30–3
	AMERICA,NORTH— (Cont.–Suite) AMERIQUE DU NORD									
	Canada									
	1987 [7]									
1	Male – Masculin	8.0	8.3	0.5	0.2	0.3	1.1	1.3	1.3	1
2	Female – Féminin	6.4	6.2	0.4	0.2	0.2	0.4	0.4	0.4	0
	Costa Rica									
	1984									
3	Male – Masculin	4.6	24.1	0.8	0.3	0.5	0.7	1.4	1.7	1
4	Female – Féminin	3.6	19.1	0.7	0.2	0.3	0.3	0.6	0.6	0
	Cuba									
	1986 [4]									
5	Male – Masculin	6.9	15.8	0.8	0.5	0.6	1.0	1.4	1.6	1
6	Female – Féminin	5.4	11.7	0.7	0.4	0.4	0.9	0.9	1.0	1
	El Salvador									
	1985									
7	Male – Masculin	_6.8_	*——	_8.3_ ——*	_0.7_	_0.7_	_2.6_	_5.7_	_6.2_	_5_
8	Female – Féminin	_4.6_	*——	_7.3_ ——*	_0.6_	_0.5_	_1.0_	_1.3_	_1.4_	_1_
	Guadeloupe									
	1985 [2]									
9	Male – Masculin	7.8	*——	4.8 ——*	♦ 0.3	♦ 0.4	♦ 0.8	♦ 1.0	3.1	♦ 3
10	Female – Féminin	6.1	*——	4.2 ——*	♦ 0.1	♦ 0.1	♦ 0.2	♦ 0.6	♦ 0.7	♦ 1
	Guatemala									
	1985 [4]									
11	Male – Masculin	9.4	*——	22.2 ——*	2.0	1.3	1.9	3.3	4.0	4
12	Female – Féminin	8.0	*——	20.1 ——*	2.0	1.1	1.4	2.2	2.6	3
	Honduras									
	1981+									
13	Male – Masculin	_5.3_	_25.9_	_4.6_	_1.1_	_0.8_	_1.4_	_2.3_	_2.7_	_3_
14	Female – Féminin	_4.2_	_20.5_	_4.3_	_1.0_	_0.6_	_0.9_	_1.4_	_1.3_	_1_
	Jamaica – Jamaïque									
	1982+									
15	Male – Masculin	5.0	12.8	1.4	0.4	0.3	*——	0.5 ——*	*——	0.9 ——
16	Female – Féminin	4.9	10.9	1.5	0.3	0.3	*——	0.5 ——*	*——	0.8 ——
	Mexico – Mexique									
	1985 [4]									
17	Male – Masculin	5.9	*——	8.4 ——*	0.7	0.7	1.4	2.4	3.0	3
18	Female – Féminin	4.6	*——	7.2 ——*	0.5	0.4	0.7	1.0	1.1	1
	Panama									
	1986 [4]									
19	Male – Masculin	_4.6_	_21.2_	_1.6_	_0.5_	_0.4_	_1.1_	_1.3_	_1.6_	_1_
20	Female – Féminin	_3.4_	_16.5_	_1.5_	_0.5_	_0.3_	_0.6_	_0.6_	_0.7_	_1_
	Puerto Rico – Porto Rico									
	1985 [4]									
21	Male – Masculin	8.4	19.1	0.7	0.3	0.4	1.0	1.9	2.5	3
22	Female – Féminin	5.8	18.1	0.4	♦ 0.2	0.2	0.3	0.5	0.8	1
	Trinidad and Tobago – Trinité–et–Tobago									
	1983									
23	Male – Masculin	7.2	15.7	0.9	♦ 0.5	0.6	1.4	1.7	2.3	2
24	Female – Féminin	6.0	12.0	0.9	♦ 0.3	♦ 0.4	0.6	0.7	1.2	1
	United States – Etats–Unis									
	1986									
25	Male – Masculin	9.4	11.6	0.6	0.3	0.4	1.2	1.8	1.8	2
26	Female – Féminin	8.1	9.2	0.5	0.2	0.2	0.5	0.6	0.6	0

20. Taux de mortalité selon l'âge, le sexe et la résidence, urbaine/rurale: dernière année disponible (suite)

oir notes à la fin du tableau.)

Age(en années)											
35–39	40–44	45–49	50–54	55–59	60–64	65–69	70–74	75–79	80–84	85 plus	
1.6	2.3	3.8	6.3	10.9	17.6	27.9	43.6	68.3	104.0	188.2	1
0.8	1.4	2.2	3.8	5.8	9.1	14.0	22.4	37.8	64.0	144.0	2
2.0	2.5	4.2	6.1	10.5	14.3	24.9	36.2	55.5	92.4	156.1	3
1.4	1.8	2.7	3.9	6.8	10.0	16.2	27.0	48.2	72.8	144.2	4
2.2	3.1	4.6	6.6	9.8	16.0 *——	——	—— —	50.8 ——	——	——*	5
1.5	2.0	3.3	4.9	7.4	11.0 *——	——	—— —	41.1 ——	——	——*	6
6.0	*6.9*	*8.2*	*9.5*	*13.3*	*19.0*	*25.7*	*43.6*	*64.5* *——	*152.3* ——		*7
2.2	*3.1*	*4.0*	*5.5*	*7.4*	*13.6*	*19.1*	*35.3*	*48.5* *——	*137.8* ——		*8
4.3	5.4	6.2	9.2	16.9	26.3	31.3	48.8	80.6	110.1	240.3	9
♦ 1.4	♦ 2.2	♦ 3.3	4.6	6.1	11.6	22.3	24.8	48.6	100.5	183.2	10
6.4	6.6	8.2	11.4	14.8	22.8	35.8	58.4	88.1 *——	170.7 ——		*11
4.6	4.7	5.8	7.7	11.2	17.9	25.0	49.1	75.5 *——	163.8 ——		*12
3.4	*4.6*	*5.7*	*6.2*	*8.4*	*12.3*	*18.5*	*32.1*	*45.0* *——	*367.8* ——		*13
2.1	*3.0*	*3.7*	*4.5*	*6.3*	*10.0*	*13.8*	*24.7*	*37.0* *——	*265.4* ——		*14
*——	2.0 ——*	*——	4.7 ——*	*——	13.5 ——*	*——	31.1 ——*	*—— —	79.0 ——	——*	15
*——	1.9 ——*	*——	4.4 ——*	*——	11.3 ——*	*——	21.7 ——*	*—— —	71.8 ——	——*	16
4.7	5.9	7.8	10.1	14.2	19.5	28.1	41.4	65.2 *——	163.8 ——		*17
2.2	2.8	4.1	5.8	9.3	12.9	19.3	30.4	48.4 *——	151.8 ——		*18
2.2	*2.5*	*4.0*	*5.6*	*8.5*	*14.1*	*23.1*	*38.3*	*55.9* *——	*118.9* ——		*19
1.4	*1.6*	*2.2*	*3.5*	*5.2*	*8.5*	*15.6*	*27.2*	*41.7* *——	*106.4* ——		*20
4.0	4.7	6.3	8.8	12.8	17.8	23.8	38.7 *——	—— —	82.8 ——	——*	21
1.2	1.5	2.2	3.5	6.1	8.2	14.9	24.3 *——	—— —	74.6 ——	——*	22
3.6	6.5	7.0	12.6	18.1	29.0	40.5	59.2	70.8 *——	170.7 ——		*23
1.9	3.2	5.2	7.1	13.5	20.6	32.5	41.4	61.0 *——	139.2 ——		*24
2.5	3.4	5.0	8.2	12.9	20.2	29.8	46.7	70.2	108.1	180.5	25
1.1	1.8	2.8	4.6	7.0	11.2	16.7	26.0	40.6	68.5	142.0	26

20. Death rates specific for age, sex and urban/rural residence: latest available year (continued)

(See notes at end of table.)

	Continent, country or area, year, sex and urban/rural residence Continent, pays ou zone, année, sexe et résidence, urbaine/rurale	Age (in years) All ages Tous âges [1]	-1	1–4	5–9	10–14	15–19	20–24	25–29	30–
	AMERICA,SOUTH— AMERIQUE DU SUD									
	Argentina – Argentine									
	1980									
1	Male – Masculin	9.8	*——	9.2 ——*	0.5	0.5	1.1	1.4	1.6	[illegible]
2	Female – Féminin	7.3	*——	7.5 ——*	0.4	0.4	0.7	0.8	1.0	[illegible]
	Bolivia – Bolivie									
	1976									
3	Male – Masculin	6.6	46.3	8.7	1.2	0.8	1.3	2.1	2.5	[illegible]
4	Female – Féminin	5.8	39.6	7.8	1.1	0.8	1.1	1.8	2.4	[illegible]
	Brazil – Brésil									
	1986									
5	Male – Masculin	7.2	*——	9.7 ——*	0.7	0.7	1.7	2.5	2.9	[illegible]
6	Female – Féminin	4.9	*——	7.5 ——*	0.5	0.4	0.7	0.9	1.1	[illegible]
	Chile – Chili									
	1986 [4]									
7	Male – Masculin	6.6	*——	5.0 ——*	0.5	0.4	1.0	1.6	1.7	[illegible]
8	Female – Féminin	5.2	*——	3.9 ——*	0.3	0.3	0.4	0.5	0.6	[illegible]
	Colombia – Colombie									
	1985+ [8]									
9	Male – Masculin	6.2	24.9	2.2	0.8	0.7	1.6	3.2	3.8	[illegible]
10	Female – Féminin	4.6	19.9	2.0	0.6	0.4	0.7	1.0	1.1	[illegible]
	Ecuador – Equateur									
	1987 [4 9]									
11	Male – Masculin	5.7	*——	9.9 ——*	1.0	0.8	1.3	2.0	2.4	[illegible]
12	Female – Féminin	4.7	*——	8.7 ——*	0.8	0.6	0.9	1.1	1.2	[illegible]
	Paraguay									
	1985+ [4]									
13	Male – Masculin	3.9	*——	5.4 ——*	0.6	0.4	0.7	1.0	1.1	[illegible]
14	Female – Féminin	3.7	*——	4.8 ——*	0.4	0.4	0.6	0.8	1.0	[illegible]
	Peru – Pérou									
	1983+ [10]									
15	Male – Masculin	5.1	*——	13.1 ——*	0.9	0.6	1.0	1.4	1.5	
16	Female – Féminin	4.9	*——	12.3 ——*	0.8	0.5	0.8	1.1	1.2	
	Suriname									
	1980									
17	Male – Masculin	9.0	118.4	♦ 1.6	♦ 0.7	♦ 0.6	♦ 1.1	2.6	♦ 2.4	♦ [illegible]
18	Female – Féminin	6.7	73.2	♦ 1.6	♦ 0.5	♦ 0.2	♦ 0.7	♦ 0.9	♦ 0.8	♦ [illegible]
	Uruguay									
	1985+									
19	Male – Masculin	10.7	*——	7.5 ——*	*——	0.5 ——*	*——	1.0 ——*	*——	1.3 ——
20	Female – Féminin	8.4	*——	5.9 ——*	*——	0.2 ——*	*——	0.4 ——*	*——	0.8 ——
	Venezuela									
	1986 [11]									
21	Male – Masculin	4.9	*——	6.5 ——*	0.5	0.6	1.3	2.1	2.2	[illegible]
22	Female – Féminin	3.8	*——	5.3 ——*	0.4	0.4	0.6	0.7	0.9	
	ASIA—ASIE									
	Afghanistan									
	1979 [4 12]									
23	Male – Masculin	22.1	216.7	28.9	6.0	4.4	5.7	8.0	10.3	[illegible]
24	Female – Féminin	22.5	190.6	25.8	7.2	6.4	10.2	11.2	12.6	[illegible]

20. Taux de mortalité selon l'âge, le sexe et la résidence, urbaine/rurale: dernière année disponible (suite)

(Voir notes à la fin du tableau.)

Age(en années)											
35–39	40–44	45–49	50–54	55–59	60–64	65–69	70–74	75–79	80–84	85 plus	
2.9	4.7	7.7	11.4	17.2	24.4	37.4	55.2	82.6	*——	181.8 ——	*1
2.0	2.7	3.7	5.5	8.0	11.4	18.5	30.9	54.8	*——	158.4 ——	*2
3.9	5.0	6.9	8.2	11.2	15.2 *——	——	——	— 32.7 ——	——	——*	3
3.2	3.8	4.6	5.6	6.9	10.0 *——	——	——	— 31.2 ——	——	——*	4
4.7	6.3	8.7	12.0	16.3	22.4	32.5	48.7	75.6	*——	145.2 ——	*5
2.1	3.0	4.4	6.3	9.1	13.1	20.9	33.8	57.2	*——	141.0 ——	*6
2.6	4.1	6.3	9.5	15.5	21.5	33.5	55.5	86.2	*——	148.3 ——	*7
1.3	2.1	3.2	4.8	8.2	11.3	18.8	32.4	52.6	*——	125.2 ——	*8
4.1	4.6	6.4	9.0	12.8	20.7	33.0	55.6 *——	——	— 167.5 ——	——*	9
2.0	2.6	4.3	6.7	9.1	15.8	26.3	40.2 *——	——	— 150.7 ——	——*	10
3.2	4.3	5.5	7.6	11.3	15.2	22.5 *——	—— ——	74.5 ——	——	——*	11
2.0	2.8	3.6	5.1	7.7	10.4	15.2 *——	—— ——	67.1 ——	——	——*	12
1.5	2.9	3.3	6.4	9.8	13.4	20.9	42.0 *——	——	— 110.7 ——	——*	13
1.6	2.5	3.1	5.1	5.5	8.7	14.1	27.3 *——	——	— 102.8 ——	——*	14
2.1	2.7	3.7	5.6	7.2	11.5	16.1	27.2	47.4	*——	204.5 ——	*15
2.0	2.3	3.0	3.8	4.9	8.2	11.7	18.8	33.9	*——	197.0 ——	*16
♦ 3.5	6.0	7.9	10.9	19.0	32.1	42.9	53.5	74.5	142.3	218.1	17
♦ 2.7	♦ 2.5	4.4	6.1	7.6	15.4	26.3	37.5	50.9	101.7	184.2	18
—— 2.8 ——*	*——	8.0 ——*	*——	18.4 ——*	*——	42.7 ——*	*——	—	116.8 ——	——*	19
—— 1.8 ——*	*——	3.9 ——*	*——	8.5 ——*	*——	22.2 ——*	*——	—	90.3 ——	——*	20
2.4	3.5	5.4	7.9	12.6	18.9	28.2	47.7 *——	——	— 99.3 ——	——*	21
1.5	2.2	3.4	5.1	7.6	12.8	19.6	34.4 *——	——	— 86.0 ——	——*	22
11.9	11.8	13.6	13.8	22.9	22.7	51.2	41.5	101.5	*——	50.5 ——*	23
14.4	11.2	16.6	14.1	33.8	24.5	73.6	40.6	109.5	*——	39.3 ——*	24

20. Death rates specific for age, sex and urban/rural residence: latest available year (continued)

(See notes at end of table.)

	Continent, country or area, year, sex and urban/rural residence — Continent, pays ou zone, année, sexe et résidence, urbaine/rurale	Age (in years): All ages — Tous âges [1]	–1	1–4	5–9	10–14	15–19	20–24	25–29	30–
	ASIA—ASIE (Cont.–Suite)									
	Bahrain – Bahreïn									
	1985									
1	Male – Masculin	*3.2*	*——	*5.7* ——*	♦ *0.5*	♦ *0.4*	♦ *0.2*	♦ *0.4*	*0.9*	[illegible]
2	Female – Féminin	*2.5*	*——	*4.9* ——*	♦ *0.4*	♦ *0.2*	♦ *0.3*	♦ *0.1*	♦ *0.4*	♦ [illegible]
	Bangladesh									
	1981 [4]									
3	Male – Masculin	*11.6*	*128.4*	*14.1*	*3.4*	*1.2*	*1.4*	*1.6*	*2.2*	[illegible]
4	Female – Féminin	*11.6*	*119.5*	*15.8*	*3.8*	*1.2*	*2.4*	*2.9*	*3.8*	[illegible]
	Cyprus – Chypre									
	1987									
5	Male – Masculin	*7.3*	*——	*2.4* ——*	♦ *0.2*	♦ *0.4*	♦ *0.7*	♦ *1.0*	♦ *0.7*	♦ [illegible]
6	Female – Féminin	*7.2*	*——	*1.8* ——*	♦ *0.2*	♦ *0.0*	♦ *0.3*	♦ *0.1*	♦ *0.4*	♦ [illegible]
	Hong Kong – Hong-kong									
	1987 [13]									
7	Male – Masculin	5.2	7.4	0.4	0.2	0.2	0.4	0.5	0.6	[illegible]
8	Female – Féminin	4.4	6.5	0.3	0.2	♦ 0.1	0.2	0.3	0.4	[illegible]
	Iran (Islamic Republic of – Rép. islamique d')									
	1986									
9	Male – Masculin	*5.2*	*10.6*	*3.9*	*1.6*	*1.3*	*3.5*	*4.8*	*2.8*	
10	Female – Féminin	*2.4*	*7.2*	*1.3*	*0.5*	*0.5*	*0.9*	*1.2*	*1.2*	
	Iraq									
	1977									
11	Male – Masculin	*4.6*	*19.9*	*2.2*	*0.8*	*0.7*	*1.0*	*0.8*	*1.5*	
12	Female – Féminin	*3.8*	*15.3*	*1.9*	*0.6*	*0.6*	*0.8*	*0.9*	*1.3*	
	Israel – Israël [14]									
	1985 [4]									
13	Male – Masculin	7.1	12.9	0.5	0.3	0.3	0.8	1.0	0.9	
14	Female – Féminin	6.2	11.1	0.6	0.2	0.2	0.3	0.4	0.4	[illegible]
	Japan – Japon									
	1986 [15]									
15	Male – Masculin	6.8	5.6	0.6	0.2	0.2	0.7	0.8	0.8	[illegible]
16	Female – Féminin	5.6	4.8	0.4	0.1	0.1	0.2	0.3	0.4	[illegible]
	Jordan – Jordanie [16]									
	1979+									
17	Male – Masculin	*3.7*	*14.5*	*2.4*	*0.9*	*0.8*	*0.7*	*1.2*	*1.1*	
18	Female – Féminin	*2.4*	*12.6*	*2.0*	*0.6*	*0.3*	*0.5*	*0.6*	*0.7*	
	Korea, Republic of– Corée, République de									
	1986+ [4 17]									
19	Male – Masculin	*6.6*	*——	*1.7* ——*	*0.9*	*0.6*	*1.4*	*1.7*	*2.3*	
20	Female – Féminin	*4.7*	*——	*1.5* ——*	*0.7*	*0.5*	*0.8*	*0.9*	*1.0*	
	Kuwait – Koweït									
	1986									
21	Male – Masculin	2.7	17.6	1.0	0.6	♦ 0.3	0.8	0.9	0.7	
22	Female – Féminin	2.1	15.6	0.7	0.4	♦ 0.3	♦ 0.3	♦ 0.3	0.6	♦
	Macau – Macao									
	1981 [18]									
23	Male – Masculin	*6.4*	*——	*5.2* ——*	*——	*0.2* ——*	*——	*1.0* ——*	*——	*1.7* ——
24	Female – Féminin	*5.7*	*——	*4.4* ——*	*——	*0.4* ——*	*——	*0.5* ——*	*——	*0.8* ——

20. Taux de mortalité selon l'âge, le sexe et la résidence, urbaine/rurale: dernière année disponible (suite)

(Voir notes à la fin du tableau.)

Age(en années)											
35–39	40–44	45–49	50–54	55–59	60–64	65–69	70–74	75–79	80–84	85 plus	
1.8	♦ 1.9	4.1	7.4	9.0	24.8	28.7	53.1 *———	—	95.5 ———	———*	1
♦ 1.3	♦ 1.2	♦ 2.5	♦ 4.0	♦ 6.7	15.4	21.0	26.4 *———	—	63.5 ———	———*	2
3.3	5.5	6.8	14.7	21.2	29.7	44.5	58.3 *———	—	160.0 ———	———*	3
4.5	6.3	7.2	14.2	21.8	28.4	38.5	52.9 *———	—	138.0 ———	———*	4
1.4	2.3	3.1	8.1	7.9	17.5	24.8	31.5	49.2 *———	151.7 ———		*5
♦ 0.4	♦ 1.1	♦ 1.5	3.5	5.1	7.4	13.9	24.8	40.9 *———	189.7 ———		*6
1.1	1.9	4.0	6.6	10.4	16.1	27.6	40.9	66.3	90.2	130.9	7
0.8	1.0	1.8	3.2	5.1	8.7	14.5	24.0	38.9	57.2	105.0	8
2.7	3.7	4.7	6.7	10.3	16.4 *———	———	——— —	46.3 ———	———	———*	9
1.5	2.1	2.5	3.4	4.6	8.6 *———	———	——— —	25.2 ———	———	———*	10
2.6	3.6	4.7	9.0	11.3	19.7	25.2 *———	———	55.8 ———	———	———*	11
2.3	2.8	3.1	5.7	6.0	12.5	15.7 *———	———	45.1 ———	———	———*	12
1.1	2.0	3.6	6.1	11.2	17.1	25.0	42.4	69.4	108.0	208.7	13
0.8	1.4	1.9	3.6	6.8	10.6	20.2	31.0	59.4	90.3	199.5	14
1.3	2.2	3.5	6.1	8.9	12.6	20.8	35.0	61.0	105.7	184.7	15
0.8	1.2	1.8	2.7	4.0	6.2	10.4	18.8	35.8	70.1	146.2	16
2.0	3.1	4.6	7.7	12.5	16.0	24.6	33.2	51.2 *———	83.6 ———*		17
1.5	1.9	2.9	3.1	5.2	8.1	14.6	14.1	24.3 *———	46.8 ———*		18
3.9	6.3	9.8	13.5	19.4	30.2	47.9	72.0 *———	—	156.1 ———	———*	19
1.7	2.6	3.7	5.4	8.0	12.1	21.3	36.0 *———	—	99.8 ———	———*	20
0.9	1.8	3.1	6.5	10.5	21.1	31.1	53.0	70.8	130.6	234.4	21
0.9	1.5	2.2	5.2	6.8	16.4	23.8	38.8	63.9	102.4	220.3	22
*——— 3.0	———*	*——— 6.6	———*	*——— 16.0	———*	*——— 43.4	———*	*——— —	90.4 ———	———*	23
*——— 1.8	———*	*——— 2.9	———*	*——— 10.2	———*	*——— 17.5	———*	*——— —	76.3 ———	———*	24

20. Death rates specific for age, sex and urban/rural residence: latest available year (continued)

(See notes at end of table.)

	Continent, country or area, year, sex and urban/rural residence Continent, pays ou zone, année, sexe et résidence, urbaine/rurale	All ages Tous âges [1]	Age (in years) -1	1–4	5–9	10–14	15–19	20–24	25–29	30–34
	ASIA—ASIE (Cont.–Suite)									
	Malaysia – Malaisie Peninsular Malaysia – Malaisie Péninsulaire 1987 [2 4]									
1	Male – Masculin	5.4	15.6	1.1	0.6	0.6	1.0	1.5	1.7	1.9
2	Female – Féminin	4.2	13.0	1.1	0.5	0.4	0.6	0.7	0.8	1.1
	Sabah 1986									
3	Male – Masculin	*4.8*	*——	*6.8* ——*	*0.8*	*0.5*	*1.2*	*2.2*	*2.4*	*2.1*
4	Female – Féminin	*3.2*	*——	*5.5* ——*	*0.7*	*0.5*	*0.7*	*1.0*	*0.9*	*1.6*
	Sarawak 1985									
5	Male – Masculin	*4.5*	*——	*3.6* ——*	*0.5*	♦ *0.2*	*0.8*	*1.3*	*1.1*	*1.3*
6	Female – Féminin	*3.0*	*——	*2.7* ——*	♦ *0.3*	♦ *0.2*	*0.4*	*0.5*	*0.6*	*0.9*
	Maldives 1985 [4]									
7	Male – Masculin	8.8	68.4	7.8	♦ 1.4	♦ 1.0	♦ 1.3	♦ 1.7	♦ 2.0	♦ 1.4
8	Female – Féminin	9.0	67.9	9.3	♦ 1.0	♦ 0.8	♦ 2.0	3.5	♦ 3.1	♦ 4.1
	Pakistan 1976 [4 19]									
9	Male – Masculin	11.4	153.0	12.5	5.1	2.1	2.5	2.4	1.7	3.8
10	Female – Féminin	11.6	135.7	15.8	4.4	2.5	3.2	3.7	4.6	3.2
	Philippines 1986+									
11	Male – Masculin	*6.9*	*35.4*	*6.0*	*1.5*	*0.9*	*1.6*	*2.9*	*3.7*	*4.0*
12	Female – Féminin	*4.8*	*26.2*	*5.4*	*1.2*	*0.7*	*0.9*	*1.2*	*1.4*	*1.8*
	Singapore – Singapour 1987+ [20]									
13	Male – Masculin	5.6	9.3	0.5	♦ 0.3	0.4	0.6	0.9	1.0	1.[illegible]
14	Female – Féminin	4.5	6.9	♦ 0.4	♦ 0.2	♦ 0.3	0.4	0.4	0.6	0.8
	Sri Lanka 1983+ [4]									
15	Male – Masculin	7.2	*——	8.8 ——*	1.2	0.9	1.6	3.0	2.5	2.8
16	Female – Féminin	5.1	*——	7.9 ——*	1.0	0.7	1.4	1.7	1.5	1.[illegible]
	Syrian Arab Republic – République arabe syrienne 1984+ [21]									
17	Male – Masculin	*3.4*	*8.8*	*2.8*	*1.1*	*0.9*	*1.2*	*0.6*	*1.1*	*1.[illegible]*
18	Female – Féminin	*3.1*	*8.4*	*2.9*	*2.1*	*1.3*	*1.0*	*0.9*	*1.0*	*1.[illegible]*
	Thailand – Thaïlande 1987+									
19	Male – Masculin	*5.0*	*——	*2.8* ——*	*0.8*	*0.6*	*1.3*	*1.9*	*2.2*	*2.[illegible]*
20	Female – Féminin	*3.7*	*——	*2.2* ——*	*0.7*	*0.5*	*0.7*	*0.8*	*0.9*	*1.[illegible]*
	EUROPE									
	Austria – Autriche 1987 [4]									
21	Male – Masculin	10.9	11.0	0.4	0.2	0.3	1.1	1.4	1.3	1.[illegible]
22	Female – Féminin	11.5	9.1	0.4	0.2	♦ 0.1	0.4	0.4	0.4	0.[illegible]
	Belgium – Belgique 1984 [22]									
23	Male – Masculin	11.9	11.2	0.6	0.3	0.3	0.8	1.4	1.3	1.[illegible]
24	Female – Féminin	10.7	7.7	0.6	0.2	0.2	0.4	0.4	0.5	0.[illegible]

20. Taux de mortalité selon l'âge, le sexe et la résidence, urbaine/rurale: dernière année disponible (suite)

(Voir notes à la fin du tableau.)

Age(en années)											
35–39	40–44	45–49	50–54	55–59	60–64	65–69	70–74	75–79	80–84	85 plus	
2.4	3.8	5.4	9.8	15.2	24.1	38.1	61.4	81.4	140.1	178.7	1
1.6	2.3	3.2	5.9	9.4	16.9	27.5	46.5	67.2	116.5	134.7	2
3.0	5.2	5.7	10.4	14.6	22.6	23.9	52.9	59.1 *———	127.1 ———		*3
1.9	3.0	3.9	6.5	8.6	15.2	14.6	32.3	40.5 *———	92.0 ———		*4
2.0	3.0	4.0	8.0	11.8	20.0	26.7	51.3	59.5 *———	89.3 ———		*5
1.3	1.5	2.6	5.0	7.9	13.4	20.8	31.3	34.5 *———	54.7 ———		*6
♦ 2.8	♦ 7.8	♦ 5.3	11.8	14.4	19.7	31.7	54.8	♦ 88.2	106.6	♦ 70.6	7
♦ 3.1	♦ 9.7	♦ 7.6	♦ 10.5	♦ 17.3	21.2	50.9	♦ 42.4	♦ 76.5	♦ 138.6	♦ 72.2	8
1.0	8.3	5.4	6.6	12.3	18.6	35.9	39.1	85.8	39.7	123.9	9
4.2	4.9	4.7	14.6	5.8	23.2	20.3	49.8	56.2	93.6	106.5	10
5.0	5.8	8.2	11.4	15.3	21.9	29.2	44.1 *————	—	114.6 ————*		11
2.4	2.9	4.1	6.1	7.7	11.9	17.5	31.1 *————	—	103.1 ————*		12
1.8	2.6	4.4	8.2	14.8	23.6	32.8	53.2	79.5	126.8	270.0	13
1.1	1.7	2.8	5.1	8.1	13.6	20.7	35.2	56.6	85.7	184.5	14
3.7	4.9	7.7	10.5	15.2	19.7	33.1	49.7	71.8 *———	162.3 ———		*15
2.1	2.5	3.5	5.4	7.8	13.2	23.4	38.6	58.1 *———	158.5 ———		*16
1.1	1.8	3.0	8.9	7.0	12.2	17.4	22.4 *————	—	43.1 ————*		17
0.9	1.5	2.0	5.3	4.2	6.5	9.4	15.6 *————	—	39.0 ————*		18
3.2	4.5	6.9	9.9	14.1	19.8	29.4	46.4 *————	—	111.6 ————*		19
1.7	2.6	3.9	5.8	8.3	12.4	19.2	31.9 *————	—	88.0 ————*		20
2.0	3.1	5.0	8.1	13.0	20.0	29.7	48.6	77.2	123.2	208.9	21
1.0	1.7	2.2	3.5	5.7	8.9	14.4	27.4	49.6	92.3	185.3	22
2.0	2.8	4.7	7.6	13.0	21.4	34.5	56.1	88.7	135.0	222.4	23
1.0	1.8	2.7	3.8	6.3	9.7	15.4	27.1	49.7	91.4	179.1	24

20. Death rates specific for age, sex and urban/rural residence: latest available year (continued)

(See notes at end of table.)

	Continent, country or area, year, sex and urban/rural residence — Continent, pays ou zone, année, sexe et résidence, urbaine/rurale	All ages Tous âges [1]	Age (in years) –1	1–4	5–9	10–14	15–19	20–24	25–29	30–3
	EUROPE (Cont.–Suite)									
	Bulgaria – Bulgarie									
	1986 [4]									
1	Male – Masculin	12.9	*—— 4.3 ——*		0.4	0.4	0.9	1.2	1.5	1.
2	Female – Féminin	10.3	*—— 3.4 ——*		0.3	0.3	0.5	0.6	0.6	0.
	Czechoslovakia – Tchécoslovaquie									
	1986									
3	Male – Masculin	12.7	16.1	0.7	0.4	0.3	0.9	1.2	1.3	1.
4	Female – Féminin	11.2	11.6	0.4	0.2	0.2	0.3	0.4	0.5	0.
	Denmark – Danemark [23]									
	1987									
5	Male – Masculin	12.0	10.1	0.5	0.2	0.2	0.8	1.1	1.2	1.
6	Female – Féminin	10.7	6.5	0.5	♦ 0.1	♦ 0.1	0.3	0.4	0.5	0.
	Finland – Finlande									
	1986 [4 24]									
7	Male – Masculin	10.1	6.8	0.3	0.2	0.3	0.8	1.3	1.4	1.
8	Female – Féminin	9.1	4.6	♦ 0.2	♦ 0.1	♦ 0.1	0.3	0.4	0.5	0.
	France									
	1987 [4 25 26]									
9	Male – Masculin	10.2	9.2	0.5	0.2	0.3	0.8	1.5	1.5	1.
10	Female – Féminin	8.9	6.6	0.4	0.2	0.2	0.3	0.5	0.5	0.
	German Democratic Rep. – Rép. démocratique allemande [27]									
	1985 [4]									
11	Male – Masculin	12.6	10.7	0.7	0.3	0.3	0.9	1.3	1.4	1.
12	Female – Féminin	14.4	8.3	0.5	0.2	0.2	0.4	0.5	0.5	0.
	Germany, Federal Rep. of – Allemagne, République fédérale d' [27]									
	1986									
13	Male – Masculin	11.3	9.9	0.5	0.3	0.3	0.8	1.0	1.0	1.
14	Female – Féminin	11.7	7.7	0.4	0.2	0.1	0.3	0.4	0.4	0.
	Greece – Grèce									
	1984 [4]									
15	Male – Masculin	9.5	*—— 3.2 ——*		0.3	0.3	0.8	1.2	1.1	1
16	Female – Féminin	8.4	*—— 2.6 ——*		0.2	0.2	0.3	0.4	0.4	0
	Hungary – Hongrie									
	1987 [4]									
17	Male – Masculin	14.6	20.0	0.7	0.3	0.3	1.0	1.3	1.9	2
18	Female – Féminin	12.3	14.7	0.5	0.2	0.2	0.4	0.5	0.7	1
	Iceland – Islande									
	1984									
19	Male – Masculin	7.1	♦ 6.5	♦ 0.2	♦ 0.2	♦ 0.2	♦ 1.2	♦ 1.2	♦ 1.2	♦ 1
20	Female – Féminin	6.1	♦ 5.3	♦ 0.1	♦ 0.3	–	♦ 0.4	♦ 0.2	♦ 0.4	♦ 0
	Ireland – Irlande									
	1985+ [4 28]									
21	Male – Masculin	10.3	9.3	0.5	0.3	0.3	0.7	1.1	1.1	1
22	Female – Féminin	8.5	8.0	0.4	♦ 0.2	0.2	0.3	0.4	0.3	0
	Italy – Italie									
	1984									
23	Male – Masculin	10.0	12.5	0.6	0.3	0.3	0.8	1.0	0.9	1
24	Female – Féminin	8.5	9.8	0.6	0.3	0.2	0.3	0.3	0.4	0

20. Taux de mortalité selon l'âge, le sexe et la résidence, urbaine/rurale: dernière année disponible (suite)

(Voir notes à la fin du tableau.)

Age(en années)											
35–39	40–44	45–49	50–54	55–59	60–64	65–69	70–74	75–79	80–84	85 plus	
2.7	4.3	6.9	10.4	14.9	24.9	39.9	54.0	92.9	154.6	266.4	1
1.2	1.6	2.6	4.4	7.2	12.3	21.0	38.4	71.4	131.4	275.7	2
2.6	4.6	7.6	12.3	19.9	31.4	45.4	70.1	109.4	170.1	270.7	3
1.1	2.0	3.0	4.9	8.2	13.5	22.3	41.4	71.0	121.5	222.8	4
1.9	3.0	4.4	8.0	13.4	21.5	32.1	49.6	75.5	118.9	201.9	5
1.0	1.8	3.2	5.5	8.6	11.6	17.2	26.8	43.5	75.7	162.1	6
2.5	3.9	5.8	9.5	14.7	23.4	35.0	55.4	83.9	127.9	205.2	7
0.9	1.2	2.4	3.0	5.2	8.6	15.1	27.3	50.4	87.2	174.9	8
2.2	3.5	5.0	8.2	12.8	18.4	29.5	37.8	67.5	112.3	223.8	9
1.0	1.6	2.2	3.2	4.7	6.8	11.8	16.7	34.4	67.6	170.1	10
2.1	3.4	5.6	9.3	14.5	23.1	36.6	62.9	104.8	165.4	280.8	11
1.2	1.8	2.8	4.6	7.2	12.5	20.1	37.8	69.0	124.5	236.8	12
1.8	2.8	4.6	7.6	12.6	19.6	30.2	52.2	84.2	133.0	213.1	13
1.0	1.5	2.3	3.6	5.7	9.2	14.8	27.0	48.2	89.2	180.2	14
1.3	2.2	3.2	5.8	9.6	15.9	24.7	40.0	65.6	99.8	195.7	15
0.8	1.2	1.7	2.6	4.9	7.6	14.6	26.6	48.9	86.2	185.2	16
4.1	6.4	10.4	15.7	22.2	32.8	44.0	68.5	99.3	151.7	233.1	17
1.8	2.8	4.0	6.3	9.8	14.5	22.6	40.8	66.3	113.7	202.3	18
♦ 1.3	♦ 1.6	♦ 3.6	5.9	9.3	14.6	26.4	43.2	56.8	73.2	173.9	19
♦ 1.0	♦ 1.0	♦ 1.7	♦ 2.9	♦ 4.3	8.1	16.3	24.4	45.4	63.4	135.8	20
1.4	2.3	4.2	7.3	14.1	24.7	37.9	62.2	98.9	157.9	281.6	21
0.8	1.5	2.3	4.3	7.5	13.1	20.3	34.0	58.2	108.6	223.6	22
1.4	2.4	4.0	7.3	12.2	19.5	30.3	47.4	77.0	122.0	213.7	23
0.8	1.3	2.0	3.3	5.1	8.5	14.1	24.5	45.4	84.9	179.1	24

20. Death rates specific for age, sex and urban/rural residence: latest available year (continued)

(See notes at end of table.)

	Continent, country or area, year, sex and urban/rural residence — Continent, pays ou zone, année, sexe et résidence, urbaine/rurale	Age (in years)								
		All ages Tous âges [1]	-1	1–4	5–9	10–14	15–19	20–24	25–29	30–34
	EUROPE (Cont.–Suite)									
	Luxembourg									
	1987									
1	Male – Masculin	11.4	♦ 10.5	♦ 0.6	♦ 0.5	♦ 0.2	♦ 1.2	♦ 1.5	♦ 1.7	♦ 1.6
2	Female – Féminin	10.4	♦ 8.1	♦ 0.5	♦ 0.2	♦ 0.1	♦ 0.4	♦ 0.5	♦ 0.4	♦ 0.5
	Malta – Malte									
	1987 [29]									
3	Male – Masculin	8.8	*—— ♦	2.0 ——*	♦ 0.3	♦ 0.2	♦ 0.4	♦ 1.2	♦ 1.0	♦ 0.6
4	Female – Féminin	8.0	*—— ♦	1.5 ——*	♦ 0.1	–	♦ 0.2	♦ 0.3	♦ 0.6	♦ 0.3
	Netherlands – Pays-Bas									
	1986 [4 30]									
5	Male – Masculin	9.3	8.7	0.5	0.2	0.2	0.5	0.8	0.8	0.8
6	Female – Féminin	8.0	7.0	0.4	0.2	0.2	0.2	0.3	0.4	0.6
	Norway – Norvège									
	1987 [4 31]									
7	Male – Masculin	11.6	9.2	0.6	♦ 0.2	0.2	0.9	1.3	1.1	1.2
8	Female – Féminin	9.9	7.8	0.3	♦ 0.2	♦ 0.1	0.3	0.3	0.4	0.5
	Poland – Pologne									
	1987 [4]									
9	Male – Masculin	10.9	19.5	0.7	0.3	0.3	0.9	1.4	1.7	2.3
10	Female – Féminin	9.2	14.9	0.5	0.2	0.2	0.3	0.4	0.5	0.8
	Portugal									
	1987									
11	Male – Masculin	10.1	15.7	0.9	0.5	0.5	1.3	1.8	1.7	2.0
12	Female – Féminin	8.6	12.6	0.8	0.3	0.3	0.5	0.5	0.5	0.8
	Romania – Roumanie									
	1985									
13	Male – Masculin	11.6	*——	7.4 ——*	0.8	0.6	0.9	1.4	1.8	2.3
14	Female – Féminin	10.1	*——	5.9 ——*	0.6	0.4	0.5	0.7	0.9	1.2
	Spain – Espagne									
	1981									
15	Male – Masculin	8.4	*——	3.0 ——*	0.3	0.4	0.8	1.1	1.1	1.3
16	Female – Féminin	7.2	*——	2.3 ——*	0.2	0.2	0.3	0.4	0.4	0.6
	Sweden – Suède									
	1987									
17	Male – Masculin	11.9	12.7	0.3	0.2	0.2	0.7	0.9	1.1	1.2
18	Female – Féminin	10.3	10.6	0.3	♦ 0.1	♦ 0.1	0.3	0.3	0.4	0.6
	Switzerland – Suisse									
	1987 [4]									
19	Male – Masculin	9.6	15.0	0.4	0.2	0.2	1.0	1.6	1.4	1.4
20	Female – Féminin	8.6	12.5	0.4	0.2	♦ 0.1	0.4	0.5	0.5	0.5
	United Kingdom – Royaume-Uni									
	1987									
21	Male – Masculin	11.5	10.6	0.4	0.2	0.3	0.7	0.9	0.8	1.0
22	Female – Féminin	11.2	8.0	0.4	0.2	0.2	0.3	0.3	0.4	0.6
	England and Wales – Angleterre et Galles									
	1985									
23	Male – Masculin	12.0	10.6	0.5	0.2	0.3	0.7	0.8	0.8	0.9
24	Female – Féminin	11.7	8.3	0.4	0.2	0.2	0.3	0.3	0.4	0.4
	Northern Ireland – Irlande du Nord									
	1985+									
25	Male – Masculin	10.6	10.6	0.6	♦ 0.2	♦ 0.3	0.9	1.2	1.0	1.0
26	Female – Féminin	9.9	8.6	♦ 0.4	♦ 0.3	♦ 0.2	♦ 0.3	♦ 0.4	♦ 0.5	0.7

20. Taux de mortalité selon l'âge, le sexe et la résidence, urbaine/rurale: dernière année disponible (suite)

(Voir notes à la fin du tableau.)

Age (en années)											
35–39	40–44	45–49	50–54	55–59	60–64	65–69	70–74	75–79	80–84	85 plus	
2.3	3.3	5.4	7.7	14.7	22.4	33.0	50.0	83.5 *———	176.9 ———		*1
♦ 1.2	♦ 1.6	3.1	5.6	5.7	8.8	13.8	27.5	48.8 *———	131.9 ———		*2
♦ 1.0	♦ 1.5	♦ 3.2	6.7	10.2	19.5	28.8	53.4	94.9	164.1	243.6	3
♦ 0.8	♦ 1.1	♦ 2.5	♦ 3.0	4.6	12.2	17.9	37.8	64.7	114.1	211.5	4
1.3	2.0	3.6	6.4	10.9	18.4	31.2	50.1	79.9	120.9	211.3	5
0.9	1.3	2.1	3.5	5.6	8.2	13.1	22.1	40.6	75.3	163.5	6
1.5	2.5	3.8	6.7	11.2	18.3	29.4	47.2	73.9	118.3	207.3	7
0.6	1.3	2.1	3.4	5.3	8.1	13.2	23.0	42.1	75.6	161.2	8
3.4	5.3	8.9	13.4	20.2	29.6	41.9	64.5	98.2	148.8	255.8	9
1.3	2.1	3.4	5.1	8.1	12.7	21.0	35.4	61.5	106.2	209.2	10
2.4	3.4	5.2	8.4	12.5	18.9	27.6	47.0	78.1	123.5	225.3	11
1.2	1.7	2.6	3.7	5.4	8.7	14.0	25.6	47.5	94.8	196.9	12
3.4	5.4	8.4	11.6	17.3	25.2	37.4	59.0	96.0	153.8	282.3	13
1.6	2.4	3.5	5.6	8.6	13.9	23.6	42.0	76.1	134.9	289.5	14
1.7	2.8	4.4	7.1	11.2	17.4	27.0	44.0 *———	—	104.8 ———	———*	15
0.8	1.3	2.1	3.2	4.8	8.3	13.1	24.4 *———	—	84.1 ———	———*	16
1.5	2.0	3.5	5.9	9.7	15.3	24.5	41.9	67.0	105.8	187.7	17
0.8	1.2	2.0	3.2	4.8	8.0	12.2	21.9	38.2	69.1	145.6	18
1.6	2.2	3.2	5.8	9.6	15.5	25.2	40.6	63.2	98.3	170.5	19
0.8	1.3	1.8	2.9	4.3	6.6	11.3	19.7	35.0	64.6	138.6	20
1.3	2.1	3.8	6.7	12.2	20.8	32.9	53.7	82.8	124.3	194.3	21
0.9	1.4	2.5	4.1	6.9	11.8	17.9	29.5	47.7	79.8	159.9	22
1.3	2.2	3.9	7.0	12.5	21.8	34.2	55.7	87.9	135.7	223.1	23
0.9	1.4	2.5	4.2	7.2	12.1	18.3	29.9	49.7	85.5	178.0	24
1.4	2.8	4.6	9.5	14.8	24.7	41.5	60.4	90.3	140.8	238.2	25
1.0	1.5	2.9	4.6	8.0	12.6	20.6	35.0	55.5	94.2	190.1	26

20. Death rates specific for age, sex and urban/rural residence: latest available year (continued)

(See notes at end of table.)

	Continent, country or area, year, sex and urban/rural residence — Continent, pays ou zone, année, sexe et résidence, urbaine/rurale	All ages Tous âges [1]	Age (in years) –1	1–4	5–9	10–14	15–19	20–24	25–29	30–3.
	EUROPE (Cont.–Suite)									
	United Kingdom – Royaume–Uni									
	Scotland – Ecosse									
	1985+ [4]									
1	Male – Masculin	12.6	10.3	0.4	0.3	0.3	0.8	0.9	0.9	1.
2	Female – Féminin	12.4	8.8	0.4	0.2	0.2	0.3	0.3	0.5	0.
	Yugoslavia – Yougoslavie									
	1987									
3	Male – Masculin	9.8	27.0	1.1	0.4	0.4	0.7	1.1	1.3	1.
4	Female – Féminin	8.6	24.4	0.9	0.3	0.2	0.4	0.5	0.5	0.
	OCEANIA—OCEANIE									
	Australia – Australie									
	1983+									
5	Male – Masculin	7.9	10.5	0.6	0.3	0.3	1.1	1.5	1.4	1.
6	Female – Féminin	6.4	8.8	0.5	0.2	0.2	0.4	0.5	0.5	0.
	Fiji – Fidji									
	1985+									
7	Male – Masculin	6.2	18.7	1.8	♦ 0.7	♦ 0.5	1.2	2.3	2.2	2.
8	Female – Féminin	4.2	19.1	1.2	♦ 0.6	♦ 0.6	1.3	1.5	♦ 0.9	1.
	New Caledonia – Nouvelle–Calédonie									
	1976									
9	Male – Masculin	9.0	*——	11.3 ——*	♦ 0.8	♦ 1.0	♦ 1.7	♦ 2.7	♦ 4.1	♦ 3.
10	Female – Féminin	6.5	*——	8.5 ——*	♦ 0.6	♦ 0.4	♦ 1.1	♦ 3.2	♦ 1.6	♦ 1.
	New Zealand – Nouvelle–Zélande									
	1987+ [4]									
11	Male – Masculin	8.8	11.0	0.6	0.3	0.4	1.5	2.0	1.5	1.
12	Female – Féminin	7.8	9.6	0.5	♦ 0.2	0.2	0.6	0.7	0.7	0.

20. Taux de mortalité selon l'âge, le sexe et la résidence, urbaine/rurale: dernière année disponible (suite)

(Voir notes à la fin du tableau.)

Age(en années)											
35–39	40–44	45–49	50–54	55–59	60–64	65–69	70–74	75–79	80–84	85 plus	
1.9	2.8	5.2	8.9	15.8	26.3	40.3	63.5	98.5	139.6	225.4	*1*
1.1	1.8	2.9	5.1	9.3	14.7	22.8	37.1	56.0	92.4	182.1	*2*
2.4	3.9	6.3	10.7	16.4	24.4	35.4	57.4	89.0	140.3	199.3	*3*
1.2	1.9	3.0	4.8	7.7	12.6	20.8	38.2	66.6	115.2	196.9	*4*
1.4	2.3	4.0	7.3	12.3	19.0	30.8	48.0	77.2	*———	144.8 ———	**5*
0.9	1.3	2.4	4.0	6.1	9.7	15.1	25.2	42.6	*———	108.7 ———	**6*
4.6	6.3	8.9	16.6	24.1	29.8	46.4	49.5	*——— —	77.7 ———	———*	*7*
2.1	3.3	5.6	7.9	11.5	19.0	26.2	38.4	*——— —	53.2 ———	———*	*8*
♦ *4.3*	♦ *7.2*	*12.4*	*15.0*	*31.2*	*40.2*	*53.2*	*70.0*	*140.5*	*———	*121.4* ———	**9*
♦ *3.5*	♦ *4.6*	♦ *3.3*	♦ *10.1*	*23.7*	*28.3*	*35.9*	*53.8*	*87.9*	*———	*102.9* ———	**10*
1.6	2.2	3.9	7.7	12.2	19.0	32.3	52.0	80.3	121.9	200.5	*11*
1.1	1.5	2.8	5.0	7.1	11.4	17.6	30.0	47.7	80.3	166.7	*12*

20. Death rates specific for age, sex and urban/rural residence: latest available year (continued)

Data by urban/rural residence

(See notes at end of table.)

	Continent, country or area, year, sex and urban/rural residence — Continent, pays ou zone, année, sexe et résidence, urbaine/rurale	Age (in years)								
		All ages Tous âges [1]	-1	1–4	5–9	10–14	15–19	20–24	25–29	30–34
	AFRICA—AFRIQUE									
	Egypt – Egypte									
	Urban – Urbaine									
	1976									
1	Male – Masculin	11.5	173.1	11.3	1.8	1.6	2.0	3.0	3.2	2.9
2	Female – Féminin	10.4	171.4	13.3	1.4	1.1	1.6	1.6	2.1	2.2
	Rural – Rurale									
	1976									
3	Male – Masculin	13.3	171.9	18.3	2.3	2.0	1.9	2.5	3.1	3.5
4	Female – Féminin	12.7	174.8	22.7	1.9	1.4	1.4	1.5	2.0	2.0
	Malawi									
	Urban – Urbaine									
	1977 [5]									
5	Male – Masculin	10.3	77.2	37.9	6.0	2.6	♦ 1.0	♦ 0.7	♦ 0.8	♦ 0.8
6	Female – Féminin	11.0	71.9	35.6	5.3	1.7	♦ 1.1	♦ 0.8	♦ 0.6	♦ 1.2
	Rural – Rurale									
	1977 [5]									
7	Male – Masculin	29.0	158.2	103.1	16.1	5.3	3.2	3.4	2.5	3.0
8	Female – Féminin	23.9	134.1	91.7	14.0	5.4	3.3	3.0	2.3	2.5
	Mali									
	Urban – Urbaine									
	1976 [6]									
9	Male – Masculin	12.3	96.9	29.4	4.8	2.4	2.0	1.6	2.4	2.5
10	Female – Féminin	10.5	77.3	29.1	4.1	1.8	2.2	1.9	2.7	3.0
	Rural – Rurale									
	1976 [6]									
11	Male – Masculin	22.2	176.6	47.9	8.2	4.2	4.5	5.5	5.1	6.2
12	Female – Féminin	18.6	142.8	44.5	7.6	3.7	5.0	5.6	6.0	7.7
	AMERICA,NORTH— AMERIQUE DU NORD									
	Cuba									
	Urban – Urbaine									
	1986									
13	Male – Masculin	7.0	13.1	0.6	0.5	0.5	0.9	1.3	1.4	1.8
14	Female – Féminin	5.5	9.6	0.6	0.3	0.3	0.7	0.8	0.9	1.0
	Rural – Rurale									
	1986									
15	Male – Masculin	6.7	21.4	1.3	0.6	0.6	1.2	1.7	2.0	2.4
16	Female – Féminin	5.0	16.4	1.1	0.5	0.5	1.3	1.3	1.4	1.7
	Guatemala									
	Urban – Urbaine									
	1981									
17	Male – Masculin	19.3	126.1	15.5	2.9	2.0	5.1	13.3	16.7	16.8
18	Female – Féminin	12.3	107.6	15.6	2.5	1.5	2.5	3.3	4.0	4.5
	Rural – Rurale									
	1981									
19	Male – Masculin	12.1	75.7	16.2	3.1	1.6	2.8	5.8	8.2	8.3
20	Female – Féminin	9.9	64.2	16.9	3.3	1.7	2.2	2.8	3.4	3.9
	Mexico – Mexique									
	Urban – Urbaine									
	1979									
21	Male – Masculin	6.4	*——	9.9 ——*	0.8	0.8	1.6	2.6	3.2	3.4
22	Female – Féminin	5.0	*——	8.1 ——*	0.6	0.5	0.7	1.1	1.3	1.6
	Rural – Rurale									
	1979									
23	Male – Masculin	7.5	*——	11.7 ——*	1.4	1.1	2.5	3.9	4.3	4.4
24	Female – Féminin	5.8	*——	10.0 ——*	1.1	0.9	1.4	1.9	2.1	2.5

20. Taux de mortalité selon l'âge, le sexe et la résidence, urbaine/rurale: dernière année disponible (suite)

Données selon la résidence urbaine/rurale

(Voir notes à la fin du tableau.)

Age(en années)											
35–39	40–44	45–49	50–54	55–59	60–64	65–69	70–74	75–79	80–84	85 plus	
4.1	5.2	8.6	13.5	21.2	29.5	55.9	72.8 *———	—	151.9 ———	———*	1
3.2	3.3	5.5	7.8	12.9	17.5	44.2	55.1 *———	—	203.3 ———	———*	2
5.0	6.3	10.8	16.1	24.6	29.8	60.1	74.4 *———	—	174.1 ———	———*	3
2.6	2.4	4.7	6.9	10.9	14.6	35.8	46.4 *———	—	241.3 ———	———*	4
♦ 0.9	♦ 1.5	♦ 2.2	♦ 3.5	♦ 5.9	♦ 11.7 *———	———	——— —	15.9 ———	———	———*	5
♦ 1.1	♦ 2.4	♦ 2.5	♦ 6.5	♦ 4.5	♦ 9.6 *———	———	——— —	12.8 ———	———	———*	6
2.8	4.4	4.2	7.2	6.4	11.1 *———	———	——— —	15.8 ———	———	———*	7
2.0	2.8	2.3	3.7	3.0	5.1 *———	———	——— —	8.1 ———	———	———*	8
2.8	4.9	5.8	9.1	10.3	17.0	27.4	36.0	40.7 *———	94.3 ———*		9
2.9	4.2	5.2	5.8	8.6	10.9	14.5	25.7	27.2 *———	53.0 ———*		10
6.6	9.2	9.5	13.6	15.8	24.4	26.7	46.1	48.2 *———	76.8 ———*		11
7.4	8.7	8.0	10.7	11.8	19.1	21.9	32.1	39.0 *———	62.8 ———*		12
2.0	3.0	4.7	6.9	10.6	16.7 *———	———	——— —	51.2 ———	———	———*	13
1.4	1.8	3.1	4.7	7.2	10.6 *———	———	——— —	40.1 ———	———	———*	14
2.7	3.3	4.3	5.9	7.8	14.0 *———	———	——— —	49.3 ———	———	———*	15
1.8	2.5	4.0	5.5	8.0	12.6 *———	———	——— —	45.0 ———	———	———*	16
18.7	18.5	20.5	24.8	29.0	37.0	53.6	73.5	104.5	148.1	205.4	17
5.7	7.9	8.6	12.0	16.9	23.1	36.8	59.0	88.5	127.8	193.8	18
9.0	8.5	10.3	12.8	17.2	22.8	35.2	50.7	68.4	98.2	127.5	19
4.5	5.4	6.7	8.1	12.4	20.2	32.0	56.4	74.6	98.3	145.8	20
5.0	6.2	8.3	11.2	16.9	23.4	38.1	49.8	83.0 *———	143.8 ———		*21
2.5	3.2	4.6	6.9	10.3	15.0	26.1	37.4	62.8 *———	141.8 ———		*22
6.5	7.2	9.6	10.2	15.4	17.6	29.0	33.7	65.1 *———	113.9 ———		*23
3.5	4.1	5.5	6.1	10.1	12.9	23.4	29.4	54.3 *———	131.4 ———		*24

20. Death rates specific for age, sex and urban/rural residence: latest available year (continued)

Data by urban/rural residence

(See notes at end of table.)

	Continent, country or area, year, sex and urban/rural residence — Continent, pays ou zone, année, sexe et résidence, urbaine/rurale	All ages Tous âges [1]	Age (in years) -1	1–4	5–9	10–14	15–19	20–24	25–29	30–34
	AMERICA,NORTH— (Cont.–Suite) AMERIQUE DU NORD									
	Panama									
	Urban – Urbaine									
	1986									
1	Male – Masculin	4.7	20.5	0.9	♦ 0.3	♦ 0.3	1.1	1.1	1.3	1.2
2	Female – Féminin	3.4	14.8	0.7	♦ 0.3	♦ 0.2	♦ 0.3	♦ 0.4	0.7	0.9
	Rural – Rurale									
	1986									
3	Male – Masculin	4.4	21.8	2.1	0.7	0.5	1.1	1.5	1.9	1.9
4	Female – Féminin	3.4	18.1	2.2	0.7	♦ 0.4	0.9	1.0	0.8	1.7
	Puerto Rico – Porto Rico									
	Urban – Urbaine									
	1980									
5	Male – Masculin	6.1	16.5	0.4	♦ 0.2	♦ 0.2	1.2	1.6	2.1	2.4
6	Female – Féminin	4.4	12.4	0.4	♦ 0.2	♦ 0.2	0.3	0.4	0.4	0.6
	Rural – Rurale									
	1980									
7	Male – Masculin	10.6	31.1	1.0	♦ 0.4	0.6	1.7	2.5	3.2	3.2
8	Female – Féminin	6.9	21.5	0.7	♦ 0.4	♦ 0.2	♦ 0.4	0.7	♦ 0.7	1.2
	AMERICA,SOUTH— AMERIQUE DU SUD									
	Chile – Chili									
	Urban – Urbaine									
	1985									
9	Male – Masculin	6.8	*——	4.6 ——*	0.4	0.4	0.9	1.5	1.7	2.[illegible]
10	Female – Féminin	5.3	*——	3.9 ——*	0.3	0.3	0.4	0.5	0.6	0.8
	Rural – Rurale									
	1985									
11	Male – Masculin	6.8	*——	5.2 ——*	0.6	0.5	1.1	2.1	2.7	2.9
12	Female – Féminin	5.5	*——	4.9 ——*	0.5	0.5	0.6	0.9	1.1	1.2
	Ecuador – Equateur									
	Urban – Urbaine									
	1987 [9]									
13	Male – Masculin	5.5	*——	8.9 ——*	0.9	0.7	1.2	2.0	2.3	2.2
14	Female – Féminin	4.3	*——	7.2 ——*	0.6	0.5	0.7	0.9	1.0	1.[illegible]
	Rural – Rurale									
	1987 [9]									
15	Male – Masculin	5.8	*——	10.8 ——*	1.1	0.8	1.4	2.1	2.6	2.8
16	Female – Féminin	5.2	*——	10.0 ——*	1.0	0.7	1.2	1.5	1.6	1.[illegible]
	Paraguay									
	Urban – Urbaine									
	1982+									
17	Male – Masculin	5.1	30.3	3.2	1.0	0.6	0.8	1.3	1.4	1.[illegible]
18	Female – Féminin	4.4	24.2	3.0	0.6	♦ 0.4	0.5	0.9	1.0	1.[illegible]
	Rural – Rurale									
	1982+									
19	Male – Masculin	2.3	9.4	1.4	0.4	0.3	0.4	0.7	0.8	1.[illegible]
20	Female – Féminin	2.3	8.0	1.2	0.3	♦ 0.2	0.4	0.5	0.9	1.2
	ASIA—ASIE									
	Afghanistan									
	Urban – Urbaine									
	1979 [12]									
21	Male – Masculin	17.3	160.6	22.9	2.5	2.2	4.0	8.2	9.5	10.[illegible]
22	Female – Féminin	18.3	127.9	25.7	6.0	5.0	7.6	9.2	11.6	12.[illegible]
	Rural – Rurale									
	1979 [12]									
23	Male – Masculin	23.0	226.5	29.9	6.7	4.8	6.0	7.9	10.5	12.[illegible]
24	Female – Féminin	23.2	201.0	25.8	7.4	6.6	10.8	11.6	12.7	12.[illegible]

20. Taux de mortalité selon l'âge, le sexe et la résidence, urbaine/rurale: dernière année disponible (suite)

Données selon la résidence urbaine/rurale

(Voir notes à la fin du tableau.)

Age(en années)											
35–39	40–44	45–49	50–54	55–59	60–64	65–69	70–74	75–79	80–84	85 plus	
2.2	2.4	4.9	5.5	9.8	16.4	26.6	43.4	62.5	*———	122.0 ———	*1
1.0	1.3	2.2	3.4	5.0	8.4	15.6	29.7	45.6	*———	110.3 ———	*2
2.2	2.6	3.1	5.7	7.2	11.8	19.9	33.0	49.3	*———	115.5 ———	*3
2.0	2.0	2.3	3.5	5.4	8.6	15.7	23.3	36.0	*———	100.1 ———	*4
2.7	3.9	4.8	7.2	10.2	16.2	21.9	32.5	48.3	69.2	133.8	5
1.1	1.5	2.1	3.3	4.9	8.0	12.3	22.9	35.5	61.9	125.4	6
4.5	6.6	9.3	15.0	17.9	24.4	38.1	51.3	78.3	129.6	243.4	7
1.7	2.2	4.2	7.2	9.8	16.0	22.3	40.4	66.3	111.9	237.8	8
2.9	4.7	7.2	11.2	17.7	25.4	37.7	61.9	88.3	*———	158.3 ———	*9
1.3	2.2	3.6	5.1	8.4	11.6	18.9	35.3	52.5	*———	135.1 ———	*10
3.8	5.1	6.9	8.1	12.0	17.3	30.8	45.1	67.6	*———	118.5 ———	*11
1.7	2.6	3.6	6.1	8.4	12.2	19.1	30.1	57.8	*———	111.4 ———	*12
3.1	4.2	5.5	8.7	12.5	17.1	25.5	*——— ———	86.4	———	———*	13
2.0	2.5	3.5	5.4	8.0	11.2	16.9	*——— ———	71.5	———	———*	14
3.2	4.5	5.4	6.5	10.1	13.5	19.9	*——— ———	64.5	———	———*	15
2.1	3.1	3.7	4.8	7.3	9.5	13.4	*——— ———	62.5	———	———*	16
1.8	2.7	4.7	6.0	10.2	16.5	28.0	35.9	*——— —	75.2	———*	17
2.0	2.2	3.8	4.6	7.5	9.4	12.9	21.6	*——— —	66.9	———*	18
1.4	1.9	1.8	3.1	4.1	8.1	11.0	20.3	*——— —	47.2	———*	19
1.2	1.8	2.3	3.3	4.4	5.5	8.7	15.9	*——— —	46.2	———*	20
10.5	11.8	13.9	14.4	23.2	23.5	48.4	43.0	92.7	*———	51.9 ———*	21
13.4	13.1	16.9	15.9	31.8	27.1	65.6	42.1	92.9	*———	38.0 ———*	22
12.2	11.8	13.5	13.7	22.9	22.5	51.7	41.3	103.2	*———	50.2 ———*	23
14.6	11.0	16.5	13.9	34.1	24.1	75.1	40.4	112.6	*———	39.5 ———*	24

20. Death rates specific for age, sex and urban/rural residence: latest available year (continued)

Data by urban/rural residence

(See notes at end of table.)

	Continent, country or area, year, sex and urban/rural residence Continent, pays ou zone, année, sexe et résidence, urbaine/rurale	Age (in years)								
		All ages Tous âges [1]	-1	1–4	5–9	10–14	15–19	20–24	25–29	30–3[illegible]
	ASIA—ASIE (Cont.–Suite)									
	Bangladesh									
	Urban – Urbaine									
	1981									
1	Male – Masculin	*7.2*	*90.8*	*8.2*	*1.2*	*1.1*	*1.2*	*1.0*	*1.8*	*2.[illegible]*
2	Female – Féminin	*7.2*	*99.2*	*8.3*	*1.0*	*1.1*	*1.2*	*1.4*	*1.9*	*2.[illegible]*
	Rural – Rurale									
	1981									
3	Male – Masculin	*12.3*	*133.1*	*14.9*	*3.7*	*1.2*	*1.5*	*1.7*	*2.2*	*2.[illegible]*
4	Female – Féminin	*12.2*	*121.4*	*16.6*	*4.1*	*1.2*	*2.5*	*3.1*	*4.1*	*3.[illegible]*
	Israel – Israël [14]									
	Urban – Urbaine									
	1985									
5	Male – Masculin	7.3	*——	3.1 ——*	*——	0.3 ——*	0.8	0.9	0.9	1.[illegible]
6	Female – Féminin	6.5	*——	2.7 ——*	*——	0.2 ——*	0.3	0.4	0.4	0.[illegible]
	Rural – Rurale									
	1985									
7	Male – Masculin	4.8	*——	2.9 ——*	*—— ♦	0.4 ——*	♦ 0.7	♦ 1.2	♦ 1.0	♦ 0.[illegible]
8	Female – Féminin	4.2	*——	3.0 ——*	*—— ♦	0.2 ——*	♦ 0.3	♦ 0.5	♦ 0.4	♦ 0.[illegible]
	Korea, Republic of– Corée, République de									
	Urban – Urbaine									
	1980+ [17]									
9	Male – Masculin	*4.8*	*3.7*	*1.5*	*0.8*	*0.6*	*1.2*	*1.5*	*1.7*	*2.[illegible]*
10	Female – Féminin	*3.4*	*3.5*	*1.5*	*0.7*	*0.6*	*0.6*	*0.8*	*1.0*	*1.[illegible]*
	Rural – Rurale									
	1980+ [17]									
11	Male – Masculin	*12.1*	*6.5*	*4.2*	*2.3*	*1.6*	*3.9*	*3.5*	*4.7*	*5.[illegible]*
12	Female – Féminin	*9.0*	*6.9*	*4.2*	*2.1*	*1.6*	*2.9*	*3.6*	*3.4*	*3.[illegible]*
	Malaysia – Malaisie									
	Peninsular Malaysia – Malaisie Péninsulaire									
	Urban – Urbaine									
	1980 [2]									
13	Male – Masculin	5.6	22.8	1.1	0.5	0.5	0.8	1.5	1.7	1.[illegible]
14	Female – Féminin	4.1	18.2	1.0	0.4	0.3	0.4	0.5	0.7	1.[illegible]
	Rural – Rurale									
	1980 [2]									
15	Male – Masculin	7.2	41.1	2.7	1.0	0.8	1.5	2.3	2.4	2.[illegible]
16	Female – Féminin	5.5	32.2	2.7	0.9	0.6	0.9	1.1	1.4	2.[illegible]
	Maldives									
	Urban – Urbaine									
	1985									
17	Male – Masculin	6.5	48.2	♦ 4.8	♦ 1.1	♦ 0.7	♦ 1.2	♦ 1.5	♦ 3.0	♦ 2.[illegible]
18	Female – Féminin	6.0	♦ 39.7	♦ 3.8	♦ 0.4	♦ 0.4	♦ 2.0	♦ 2.6	♦ 3.1	♦ 5.[illegible]
	Rural – Rurale									
	1985									
19	Male – Masculin	9.7	73.1	8.6	♦ 1.5	♦ 1.1	♦ 1.3	♦ 1.9	♦ 1.5	♦ 0.[illegible]
20	Female – Féminin	9.9	74.7	10.8	♦ 1.2	♦ 0.9	♦ 2.0	♦ 3.8	♦ 3.1	♦ 3.[illegible]
	Pakistan									
	Urban – Urbaine									
	1976 [19]									
21	Male – Masculin	9.3	125.9	9.2	2.4	1.1	1.7	0.6	0.5	5.[illegible]
22	Female – Féminin	8.3	107.0	7.5	3.2	1.1	0.5	4.0	2.2	3.[illegible]
	Rural – Rurale									
	1976 [19]									
23	Male – Masculin	12.2	163.7	13.7	6.0	2.5	2.9	3.3	2.2	3.[illegible]
24	Female – Féminin	12.9	145.9	19.0	4.8	3.0	4.4	3.6	5.5	3.[illegible]

20. Taux de mortalité selon l'âge, le sexe et la résidence, urbaine/rurale: dernière année disponible (suite)

Données selon la résidence urbaine/rurale

(Voir notes à la fin du tableau.)

Age(en années)											
35–39	40–44	45–49	50–54	55–59	60–64	65–69	70–74	75–79	80–84	85 plus	
3.2	5.6	6.8	11.9	15.9	22.1	42.1	61.3 *———	———	— 128.1 ———	———*	1
3.0	4.3	7.5	10.5	17.4	25.9	40.3	63.6 *———	———	— 233.8 ———	———*	2
3.3	5.5	6.8	15.1	21.8	30.5	44.7	58.0 *———	———	— 165.0 ———	———*	3
4.7	6.6	7.2	14.5	22.3	28.6	38.4	52.0 *———	———	— 131.0 ———	———*	4
1.1	2.0	3.7	6.1	11.4	17.3	*——— 34.3	———*	*———	— 100.5 ———	———*	5
0.9	1.4	1.9	3.6	6.9	10.4	*——— 26.2	———*	*———	— 91.5 ———	———*	6
♦ 1.2	♦ 2.1	♦ 3.2	6.0	8.3	13.9	*——— 29.1	———*	*———	— 91.0 ———	———*	7
♦ 0.7	♦ 0.9	♦ 2.1	♦ 3.5	♦ 4.5	12.2	*——— 20.0	———*	*———	— 76.4 ———	———*	8
3.6	5.5	8.8	14.7	23.0	37.1	54.7	81.2	119.8	*———	246.9 ———	*9
1.9	2.7	4.0	6.6	9.0	14.4	23.1	36.1	60.3	*———	135.4 ———	*10
8.4	10.9	13.5	19.7	29.0	42.8	63.5	96.7	155.7	*———	349.4 ———	*11
4.3	4.7	6.0	8.5	11.4	18.3	29.3	48.3	78.8	*———	198.5 ———	*12
2.1	3.8	7.2	11.6	18.8	30.1	46.3	65.6	96.9	131.3	169.0	13
1.6	2.4	4.2	6.2	10.8	17.8	29.9	43.6	69.0	108.0	170.1	14
2.9	4.4	6.7	10.9	18.4	28.6	45.1	67.0	97.2	130.4	161.1	15
2.3	3.0	4.4	7.4	11.6	21.1	32.7	56.3	75.2	105.7	147.7	16
♦ 1.6	♦ 9.2	♦ 8.1	♦ 13.1	♦ 22.4	♦ 35.8	♦ 24.2	♦ 57.9	♦ 105.3	♦ 184.2	♦ 242.4	17
♦ 6.3	♦ 7.9	♦ 13.7	♦ 15.9	♦ 6.3	♦ 37.2	♦ 8.1	–	♦ 83.3	♦ 263.2	♦ 363.6	18
♦ 3.5	♦ 7.2	♦ 4.3	♦ 11.4	♦ 12.3	♦ 15.8	♦ 33.4	54.3	♦ 84.8	♦ 96.1	♦ 45.0	19
♦ 2.1	♦ 10.3	♦ 6.2	♦ 9.3	♦ 20.0	♦ 17.8	60.4	♦ 50.5	♦ 74.6	♦ 122.4	♦ 34.9	20
2.4	5.9	7.6	7.6	14.0	13.5	27.7	66.4	89.9	57.2	149.3	21
4.0	4.6	6.9	20.1	8.0	21.5	22.5	38.8	28.3	70.5	98.1	22
0.5	9.2	4.4	6.2	11.7	20.0	38.4	32.2	84.5	35.2	116.0	23
4.3	5.0	3.9	12.8	5.1	23.8	19.6	53.5	64.7	100.3	109.3	24

20. Death rates specific for age, sex and urban/rural residence: latest available year (continued)

Data by urban/rural residence

(See notes at end of table.)

	Continent, country or area, year, sex and urban/rural residence — Continent, pays ou zone, année, sexe et résidence, urbaine/rurale	Age (in years) — All ages / Tous âges [1]	-1	1–4	5–9	10–14	15–19	20–24	25–29	30–34
	ASIA—ASIE (Cont.–Suite)									
	Sri Lanka									
	Urban – Urbaine									
	1981+									
1	Male – Masculin	14.0	109.1	7.1	2.2	2.0	3.4	5.2	5.3	5.5
2	Female – Féminin	10.5	90.0	7.1	2.0	1.3	3.0	4.1	4.4	4.4
	Rural – Rurale									
	1981+									
3	Male – Masculin	4.7	17.7	1.6	0.6	0.5	0.9	1.5	1.4	1.3
4	Female – Féminin	3.8	15.6	1.9	0.6	0.4	1.0	1.0	0.9	0.9
	EUROPE									
	Austria – Autriche									
	Urban – Urbaine									
	1981									
5	Male – Masculin	13.2	14.8	0.6	0.3	0.3	1.2	1.4	1.3	1.4
6	Female – Féminin	13.5	10.7	0.5	♦ 0.2	♦ 0.2	0.5	0.6	0.6	0.7
	Rural – Rurale									
	1981									
7	Male – Masculin	11.5	14.9	0.8	0.3	0.3	1.8	2.1	1.7	1.8
8	Female – Féminin	10.4	10.9	0.5	♦ 0.2	0.2	0.5	0.5	0.5	0.8
	Bulgaria – Bulgarie									
	Urban – Urbaine									
	1986									
9	Male – Masculin	9.6	*——	3.8 ——*	0.3	0.4	0.7	1.0	1.2	1.6
10	Female – Féminin	7.5	*——	3.2 ——*	0.2	0.2	0.4	0.5	0.6	0.7
	Rural – Rurale									
	1986									
11	Male – Masculin	19.1	*——	5.3 ——*	0.7	0.5	1.4	1.6	2.1	2.6
12	Female – Féminin	15.5	*——	3.8 ——*	0.4	0.4	0.7	0.8	0.7	1.1
	Finland – Finlande									
	Urban – Urbaine									
	1986 [24]									
13	Male – Masculin	9.5	6.7	♦ 0.2	♦ 0.2	♦ 0.3	0.8	1.2	1.3	1.8
14	Female – Féminin	8.8	4.5	♦ 0.2	♦ 0.1	♦ 0.1	0.3	0.4	0.5	0.7
	Rural – Rurale									
	1986 [24]									
15	Male – Masculin	10.9	6.9	♦ 0.3	♦ 0.2	♦ 0.3	1.0	1.4	1.5	2.[illegible]
16	Female – Féminin	9.6	4.9	♦ 0.2	♦ 0.1	♦ 0.0	♦ 0.3	0.5	0.5	0.5
	France									
	Urban – Urbaine									
	1982 [25] [26]									
17	Male – Masculin	9.9	67.2	0.5	0.3	0.3	1.0	1.6	1.5	1.[illegible]
18	Female – Féminin	8.8	52.3	0.4	0.2	0.2	0.4	0.5	0.6	0.7
	Rural – Rurale									
	1982 [25] [26]									
19	Male – Masculin	12.4	59.4	0.6	0.3	0.4	1.2	2.0	1.6	1.5
20	Female – Féminin	10.9	46.8	0.4	0.2	0.2	0.5	0.6	0.6	0.6
	German Democratic Rep. – Rép. démocratique allemande [27]									
	Urban – Urbaine									
	1981									
21	Male – Masculin	12.7	14.8	0.7	0.4	0.3	1.1	1.5	1.4	1.[illegible]
22	Female – Féminin	14.1	10.4	0.5	0.3	0.2	0.5	0.5	0.6	0.[illegible]
	Rural – Rurale									
	1981									
23	Male – Masculin	15.0	14.5	0.8	0.5	0.4	1.5	1.4	1.6	1.[illegible]
24	Female – Féminin	15.6	10.3	0.5	♦ 0.3	♦ 0.2	0.6	0.5	0.5	0.[illegible]

20. Taux de mortalité selon l'âge, le sexe et la résidence, urbaine/rurale: dernière année disponible (suite)

Données selon la résidence urbaine/rurale

(Voir notes à la fin du tableau.)

Age(en années)											
35–39	40–44	45–49	50–54	55–59	60–64	65–69	70–74	75–79	80–84	85 plus	
8.1	10.4	15.9	21.6	31.9	43.0	63.4	85.8	116.1	200.3	266.7	1
5.5	6.9	10.1	11.1	18.5	24.7	36.9	55.6	81.3	142.1	247.8	2
1.8	2.2	3.9	5.2	8.1	11.6	21.4	34.3	58.1	105.3	220.0	3
1.2	1.5	2.4	3.3	5.3	9.0	17.8	31.0	51.6	102.2	223.5	4
2.5	3.7	6.0	9.8	14.0	22.0	34.5	57.3	92.3	149.5	240.3	5
1.3	1.9	3.0	4.1	6.8	10.3	17.4	30.9	57.3	106.0	205.2	6
2.5	4.0	6.4	10.1	15.4	21.3	35.2	58.4	98.0	153.3	263.2	7
1.2	1.5	2.8	3.9	6.1	10.2	18.3	32.1	61.3	111.6	217.7	8
2.3	3.6	6.3	9.6	14.7	24.2	41.2	55.0	97.8	152.3	289.4	9
1.2	1.6	2.7	4.3	7.2	12.3	21.1	39.5	69.9	116.5	268.5	10
3.9	6.2	8.2	11.7	15.2	25.8	38.6	53.2	89.6	156.1	252.2	11
1.4	1.8	2.4	4.7	7.1	12.3	21.0	37.6	72.5	145.0	281.5	12
2.5	3.9	5.7	9.8	15.0	24.2	36.0	56.8	83.5	130.8	203.1	13
0.9	1.3	2.5	3.0	5.2	9.1	15.6	26.7	50.2	86.4	176.7	14
2.5	3.9	6.1	9.0	14.2	22.3	33.6	53.6	84.3	124.6	207.3	15
1.0	1.1	2.3	3.0	5.2	8.0	14.4	28.3	50.6	88.5	172.3	16
2.2	3.4	5.9	9.6	14.0	19.8	29.5	45.1	70.4	108.3	190.1	17
1.1	1.6	2.4	3.7	5.3	7.6	12.5	20.7	38.1	70.4	150.3	18
2.1	3.5	5.7	8.9	12.7	17.7	28.2	42.5	70.4	111.3	197.2	19
1.0	1.5	2.3	3.3	5.0	7.0	12.1	21.0	40.3	76.4	165.5	20
2.5	3.5	5.7	8.9	14.7	21.7	41.2	66.3	106.9	161.0	279.1	21
1.2	2.0	3.2	5.0	7.8	11.5	23.6	39.5	70.9	123.3	231.3	22
2.8	4.3	7.0	9.3	13.7	21.0	42.7	65.7	104.6	157.4	276.2	23
1.3	1.9	3.1	4.6	7.7	11.1	23.6	41.0	72.9	125.8	237.4	24

20. Death rates specific for age, sex and urban/rural residence: latest available year (continued)

Data by urban/rural residence

(See notes at end of table.)

	Continent, country or area, year, sex and urban/rural residence Continent, pays ou zone, année, sexe et résidence, urbaine/rurale	All ages Tous âges [1]	Age (in years) –1	1–4	5–9	10–14	15–19	20–24	25–29	30–
	EUROPE (Cont.–Suite)									
	Greece – Grèce									
	Urban – Urbaine									
	1981									
1	Male – Masculin	8.3	15.6	0.4	0.2	0.3	0.7	0.8	0.9	
2	Female – Féminin	7.1	12.2	0.3	0.2	0.2	0.3	0.3	0.4	
	Rural – Rurale									
	1981									
3	Male – Masculin	15.1	14.9	1.1	0.5	0.6	1.4	2.6	2.0	
4	Female – Féminin	14.1	12.9	0.8	0.3	0.3	0.6	0.9	0.9	
	Hungary – Hongrie									
	Urban – Urbaine									
	1987									
5	Male – Masculin	12.8	19.0	0.6	0.2	0.3	0.8	1.1	1.6	
6	Female – Féminin	11.5	14.2	0.5	0.2	0.2	0.3	0.5	0.5	
	Rural – Rurale									
	1987									
7	Male – Masculin	17.0	21.2	0.7	0.3	0.3	1.3	1.5	2.2	
8	Female – Féminin	13.4	15.4	0.5	0.3	0.2	0.5	0.5	0.9	
	Ireland – Irlande									
	Urban – Urbaine									
	1981+ [28]									
9	Male – Masculin	6.3	*——	1.8 ——*	♦ 0.2	♦ 0.2	0.7	0.9	0.6	
10	Female – Féminin	6.1	*——	1.5 ——*	♦ 0.1	♦ 0.1	0.3	♦ 0.2	♦ 0.2	
	Rural – Rurale									
	1981+ [28]									
11	Male – Masculin	15.2	*——	4.2 ——*	0.5	0.6	1.4	2.0	1.6	
12	Female – Féminin	12.1	*——	3.3 ——*	0.4	♦ 0.3	0.5	♦ 0.6	0.8	
	Netherlands – Pays-Bas									
	Urban – Urbaine									
	1986 [30]									
13	Male – Masculin	10.2	9.5	0.5	0.2	0.2	0.5	0.7	0.8	
14	Female – Féminin	9.0	7.4	0.4	♦ 0.1	0.2	0.2	0.4	0.4	
	Rural – Rurale									
	1986 [30]									
15	Male – Masculin	8.5	7.5	♦ 0.6	♦ 0.2	♦ 0.2	0.6	0.9	0.7	
16	Female – Féminin	6.5	6.9	♦ 0.6	♦ 0.2	♦ 0.1	♦ 0.2	♦ 0.3	♦ 0.3	
	Semi-urban – Semi-urbaine									
	1986 [30]									
17	Male – Masculin	8.2	8.2	0.5	0.2	0.3	0.6	0.8	0.8	
18	Female – Féminin	6.9	6.7	0.4	♦ 0.1	0.2	0.3	0.3	0.4	
	Norway – Norvège									
	Urban – Urbaine									
	1980 [31]									
19	Male – Masculin	11.7	9.4	♦ 0.5	♦ 0.4	♦ 0.2	0.8	1.3	1.3	
20	Female – Féminin	10.2	7.3	♦ 0.3	♦ 0.1	♦ 0.2	♦ 0.3	♦ 0.4	0.6	
	Rural – Rurale									
	1980 [31]									
21	Male – Masculin	10.8	8.7	0.7	0.4	0.3	1.2	1.3	0.9	
22	Female – Féminin	8.2	6.9	♦ 0.2	♦ 0.2	♦ 0.2	0.4	♦ 0.3	♦ 0.3	
	Poland – Pologne									
	Urban – Urbaine									
	1987									
23	Male – Masculin	10.1	18.9	0.6	0.3	0.3	0.7	1.1	1.5	
24	Female – Féminin	8.6	14.5	0.4	0.2	0.2	0.3	0.3	0.5	
	Rural – Rurale									
	1987									
25	Male – Masculin	12.1	20.2	0.8	0.4	0.4	1.2	1.7	2.0	
26	Female – Féminin	10.2	15.3	0.6	0.2	0.2	0.4	0.5	0.6	

20. Taux de mortalité selon l'âge, le sexe et la résidence, urbaine/rurale: dernière année disponible (suite)

Données selon la résidence urbaine/rurale

'oir notes à la fin du tableau.)

Age(en années)											
35–39	40–44	45–49	50–54	55–59	60–64	65–69	70–74	75–79	80–84	85 plus	
1.4	2.0	3.2	6.0	10.8	18.8	30.5	47.8	72.6	114.2	212.9	1
0.7	1.1	2.0	3.0	5.4	10.0	17.1	30.1	55.3	95.3	197.9	2
2.3	2.8	4.4	7.1	12.6	19.1	29.0	46.7	82.3	149.6	310.6	3
1.2	1.7	2.6	4.3	5.7	10.1	16.3	32.8	65.9	128.0	293.7	4
3.5	5.4	8.7	13.9	20.4	31.2	42.6	65.5	96.0	142.9	212.3	5
1.7	2.6	3.9	6.1	9.8	14.8	22.3	39.8	63.9	107.2	189.4	6
5.0	7.9	12.7	17.9	24.3	34.4	45.4	72.1	102.9	161.5	258.9	7
1.9	3.1	4.2	6.5	9.6	14.0	22.8	42.1	69.3	122.4	222.2	8
1.2	1.7	3.3	7.3	12.4	20.4	30.4	49.4	79.6	104.7	166.3	9
0.6	1.1	2.3	4.5	7.3	10.7	17.9	29.9	47.7	77.8	153.7	10
1.8	4.4	6.0	10.3	17.1	25.6	42.7	70.6	114.0	178.7	317.7	11
1.4	2.4	4.0	5.8	8.8	16.0	24.2	41.8	80.3	140.0	280.1	12
1.6	2.3	3.9	6.5	11.5	19.0	32.2	52.7	82.6	126.7	219.2	13
1.0	1.4	2.3	3.8	5.8	8.7	13.5	22.7	40.8	73.8	163.5	14
1.0	1.7	3.1	5.9	9.4	18.1	29.0	43.6	72.7	106.9	186.5	15
0.7	1.2	1.8	3.0	5.2	7.4	12.7	21.4	38.3	69.5	155.0	16
0.9	1.9	3.4	6.3	10.6	17.6	30.2	48.3	78.1	117.2	209.1	17
0.8	1.2	2.0	3.1	5.3	7.7	12.5	21.3	40.9	79.8	166.0	18
1.6	2.4	4.6	7.5	12.3	21.0	35.2	52.1	84.2	122.3	201.2	19
1.0	1.4	2.4	3.8	5.5	9.2	14.7	25.9	47.9	82.8	167.9	20
1.6	2.6	4.1	6.6	11.2	18.0	27.7	42.6	71.5	114.8	200.6	21
0.6	1.0	1.8	3.0	4.6	7.6	12.8	24.1	43.8	83.6	166.7	22
3.2	5.2	9.1	13.9	21.6	32.1	45.5	68.4	102.1	148.2	243.8	23
1.3	2.2	3.5	5.6	8.8	14.1	22.9	37.2	62.0	103.1	196.5	24
3.9	5.6	8.6	12.7	18.2	26.5	38.0	60.5	94.6	149.3	268.0	25
1.3	1.8	3.1	4.3	7.0	10.9	18.8	33.2	61.0	110.1	227.3	26

20. Death rates specific for age, sex and urban/rural residence: latest available year (continued)

Data by urban/rural residence

(See notes at end of table.)

Continent, country or area, year, sex and urban/rural residence Continent, pays ou zone, année, sexe et résidence, urbaine/rurale	All ages Tous âges [1]	Age (in years) -1	1-4	5-9	10-14	15-19	20-24	25-29	30-3
EUROPE (Cont.-Suite)									
Switzerland – Suisse									
Urban – Urbaine									
1980									
1 Male – Masculin	9.6	10.2	♦ 0.4	♦ 0.3	0.3	0.9	1.5	1.2	1.
2 Female – Féminin	8.6	8.2	♦ 0.3	♦ 0.2	♦ 0.2	0.4	0.6	0.5	0.
Rural – Rurale									
1980									
3 Male – Masculin	10.2	12.6	0.7	0.5	0.3	1.1	1.8	1.3	1.
4 Female – Féminin	8.8	8.5	0.5	♦ 0.2	♦ 0.2	0.4	0.6	0.5	0.
United Kingdom – Royaume–Uni									
Scotland – Ecosse									
Urban – Urbaine									
1981+									
5 Male – Masculin	12.9	*——	3.1 ——*	0.2	0.3	*——	1.0 ——*	*——	1.2 ——
6 Female – Féminin	12.3	*——	2.5 ——*	0.2	0.2	*——	0.3 ——*	*——	0.6 ——
Rural – Rurale									
1981+									
7 Male – Masculin	14.3	*——	3.6 ——*	♦ 0.6	♦ 0.5	*——	1.7 ——*	*——	1.5 ——
8 Female – Féminin	12.7	*——	3.2 ——*	♦ 0.2	♦ 0.4	*——	0.6 ——*	*——	0.7 ——
OCEANIA—OCEANIE									
New Zealand – Nouvelle–Zélande									
Urban – Urbaine									
1986+									
9 Male – Masculin	8.2	11.7	0.8	♦ 0.2	0.4	1.2	1.6	1.4	1
10 Female – Féminin	7.2	8.8	0.5	♦ 0.2	♦ 0.2	0.4	0.5	0.5	0
Rural – Rurale									
1986+									
11 Male – Masculin	12.9	17.5	♦ 1.2	♦ 0.4	♦ 0.8	3.5	3.2	2.4	2
12 Female – Féminin	9.8	16.3	♦ 0.5	♦ 0.5	♦ 0.5	♦ 1.0	♦ 1.3	♦ 1.1	♦ 1

GENERAL NOTES

Data exclude foetal deaths. Rates are the number of deaths by age and sex per 1 000 corresponding population. For definitions of "urban", see end of table 6. For method of evaluation and limitations of data, see Technical Notes, page 89.

Italics: rates calculated using deaths from civil registers which are incomplete or of unknown completeness.

FOOTNOTES

- * Provisional.
- ♦ Rates based on 30 or fewer deaths.
- \+ Data tabulated by date of registration rather than occurrence.

1 Including deaths of unknown age.
2 Excluding live–born infants dying before registration of birth.

3 For Algerian population only.
4 For classification by urban/rural residence, see end of table.
5 Based on the results of the population census of 1977.
6 Based on the results of the population census of 1976.
7 Including Canadian residents temporarily in the United States, but excluding United States residents temporarily in Canada.

8 Based on burial permits.
9 Excluding nomadic Indian tribes.
10 Excluding Indian jungle population, estimated at 39 800 in 1972.
11 Excluding Indian jungle population, estimated at 31 800 in 1961.
12 Based on the results of the population census of 1979.
13 Excluding Vietnamese refugees.

NOTES GENERALES

Les données ne comprennent pas les morts foetales. Les taux représentent le nombre de décès selon l'âge et le sexe pour 1 000 personnes du même groupe d'âges et du même sexe. Pour les définitions des "régions urbaines", se reporter à la fin du tableau 6. Pour la méthode d'évaluation et les insuffisances des données, voir Notes techniques, page 89.
Italiques: taux calculés d'après des chiffres de décès provenant des registres de l'état civil incomplets ou dont le degré d'exactitude n'est pas connu.

NOTES

- * Données provisoires.
- ♦ Taux basés sur 30 décès ou moins.
- \+ Données exploitées selon la date de l'enregistrement et non la date de l'événement.

1 Y compris les décès dont on ignore l'âge.
2 Non compris les enfants nés vivants, décédés avant l'enregistrement de leur naissance.
3 Pour la population algérienne seulement.
4 Pour le classement selon la résidence, urbaine/rurale, voir la fin du tableau.
5 D'après les résultats du recensement de la population de 1977.
6 D'après les résultats du recensement de la population de 1976.
7 Y compris les résidents canadiens se trouvant temporairement aux Etats–Unis, mais non compris les résidents des Etats–Unis se trouvant temporairement au Canada.
8 D'après les permis d'inhumer.
9 Non compris les tribus d'Indiens nomades.
10 Non compris les Indiens de la jungle, estimés à 39 800 personnes en 1972.
11 Non compris les Indiens de la jungle, estimés à 31 800 personnes en 1961.
12 D'après les résultats du recensement de la population de 1979.
13 Non compris les réfugiés du Viet Nam.

20. Taux de mortalité selon l'âge, le sexe et la résidence, urbaine/rurale: dernière année disponible (suite)

Données selon la résidence urbaine/rurale

'oir notes à la fin du tableau.)

Age(en années)											
35–39	40–44	45–49	50–54	55–59	60–64	65–69	70–74	75–79	80–84	85 plus	
1.6	2.5	3.5	6.0	11.2	17.7	30.1	47.0	70.2	115.0	202.2	1
0.8	1.3	2.5	3.2	5.3	7.8	13.5	22.7	41.0	73.3	159.9	2
1.7	2.4	4.0	7.1	11.9	18.5	29.4	47.8	74.2	123.6	216.2	3
0.8	1.3	2.0	3.6	5.1	8.6	13.8	25.7	49.1	85.9	186.1	4
*——	2.8 ——*	*——	8.6 ——*	*——	22.1 ——*	*——	54.6 ——*	*——	120.0 ——*	239.9	5
*——	1.5 ——*	*——	4.7 ——*	*——	12.5 ——*	*——	31.4 ——*	*——	75.0 ——*	192.5	6
*——	2.7 ——*	*——	6.3 ——*	*——	19.7 ——*	*——	49.6 ——*	*——	117.7 ——*	257.9	7
*——	1.5 ——*	*——	5.2 ——*	*——	11.2 ——*	*——	28.3 ——*	*——	81.1 ——*	203.3	8
1.7	2.1	3.6	6.8	10.3	18.3	28.2	47.5	70.7	109.0	185.7	9
0.9	1.5	2.4	3.8	6.7	10.1	15.1	24.4	43.5	75.2	146.4	10
2.5	4.2	5.8	12.7	18.8	33.7	56.1	93.4	163.8	240.3	405.9	11
1.8	2.5	3.8	7.5	12.3	18.1	33.2	67.8	123.3	190.1	414.5	12

OTNOTES (continued)

Including data for East Jerusalem and Israeli residents in certain other territories under occupation by Israeli military forces since June 1967.

For Japanese nationals in Japan only; however, rates computed on population including foreigners except foreign military and civilian personnel and their dependants stationed in the area.

Excluding data for Jordanian territory under occupation since June 1967 by Israeli military forces.

Excluding alien armed forces, civilian aliens employed by armed forces, and foreign diplomatic personnel and their dependants.

Events registered by Health Service only.

Based on the results of the Population Growth Survey.

Excluding transients afloat and non–locally domiciled military and civilian services personnel and their dependants.

Excluding deaths for which cause is unknown.

Including armed forces stationed outside the country, but excluding alien armed forces stationed in the area.

Excluding Faeroe Islands and Greenland.

Including nationals temporarily outside the country.

Including armed forces stationed outside the country.

For ages five years and over, age classification based on year of birth rather than exact date of birth.

The data which relate to the German Democratic Republic and the Federal Republic of Germany include the relevant data relating to Berlin, for which separate data have not been supplied. This is without prejudice to any question of status which may be involved.

Deaths registered within one year of occurrence.

Rates computed on population including civilian nationals temporarily outside the country.

Including residents outside the country if listed in a Netherlands population register.

Including residents temporarily outside the country.

NOTES (suite)

14 Y compris les données pour Jérusalem–Est et les résidents israéliens dans certains autres territoires occupés depuis juin 1967 par les forces armées israéliennes.

15 Pour les nationaux japonais au Japon seulement; toutefois, les taux sont calculés sur la base d'une population comprenant les étrangers, mais ne comprenant ni les militaires et agents civils étrangers en poste sur le territoire ni les membres de leur famille les accompagnant.

16 Non compris les données pour le territoire jordanien occupé depuis juin 1967 par les forces armées israéliennes.

17 Non compris les militaires étrangers, les civils étrangers employés par les forces armées, le personnel diplomatique étranger et les membres de leur famille les accompagnant.

18 Evénements enregistrés par le service de santé seulement.

19 D'après les résultats de la "Population Growth Survey".

20 Non compris les personnes de passage à bord de navires, les militaires et agents civils domiciliés hors du territoire et les membres de leur famille les accompagnant.

21 Non compris les décès dont on ignore la cause.

22 Y compris les militaires nationaux hors du pays, mais non compris les militaires étrangers en garnison sur le territoire.

23 Non compris les îles Féroé et le Groenland.

24 Y compris les nationaux se trouvant temporairement hors du pays.

25 Y compris les militaires en garnison hors du pays.

26 A partir de cinq ans, le classement selon l'âge est basé sur l'année de naissance et non sur la date exacte de naissance.

27 Les données relatives à la République démocratique allemande et à la République fédérale d'Allemagne, incluent les données pertinentes relatives à Berlin, pour lequel des données séparées n'ont pas été fournies. Cela sans préjudice des questions du statut qui peuvent se poser à cet égard.

28 Décès enregistrés dans l'année qui suit l'événement.

29 Taux calculés sur la base d'un chiffre de population qui comprend les civils nationaux temporairement hors du pays.

30 Y compris les résidents hors du pays, s'ils sont inscrits sur un registre de population néerlandais.

31 Y compris les résidents se trouvant temporairement hors du pays.

21. Deaths and death rates by cause: latest available year

Décès selon la cause, nombres et taux: dernière année disponible

Part A: Classified according to Abbreviated International List, 1975 Revision

Partie A: Décès classés selon la Liste internationale abrégée de la révision de 1975

(See notes at end of table. – Voir notes à la fin du tableau.)

AFRICA–AFRIQUE – AMERICA, NORTH–AMERIQUE DU NORD

Cause of death abbreviated list number [1] / Cause de décès numéro dans la liste abrégée [1]	Egypt – Egypte 1982		Mauritius – Maurice Island of Mauritius – Ile Maurice 1987+		Sao Tome and Principe – Sao Tomé-et-Principe 1985 [2]		Bahamas 1985 [2]	
	Number Nombre	Rate Taux	Number Nombre	Rate Taux	Number Nombre	Rate Taux	Number Nombre	Rate Taux
TOTAL	441 621	991.9	6 581	655.6	1 055	975.4	1 298	559.3
AM 1	–	–	–	–	–	–	–	–
AM 2	165	0.4	–	–	–	–	–	–
AM 3	65 206	146.4	62	6.2	51	47.2	5	♦ 2.2
AM 4	1 422	3.2	12	♦ 1.2	8	♦ 7.4	14	♦ 6.0
AM 5	4	♦ 0.0	–	–	–	–	–	–
AM 6	291	0.7	–	–	–	–	–	–
AM 7	3 747	8.4	5	♦ 0.5	21	♦ 19.4	2	♦ 0.9
AM 8	208	0.5	52	5.2	22	♦ 20.3	22	♦ 9.5
AM 9	–	–	–	–	–	–	–	–
AM10	1 797	4.0	–	–	7	♦ 6.5	–	–
AM11	1	♦ 0.0	–	–	163	150.7	–	–
AM12	2 353	5.3	16	♦ 1.6	29	♦ 26.8	3	♦ 1.3
AM13	336	0.8	77	7.7	3	♦ 2.8	27	♦ 11.6
AM14	68	0.2	2	♦ 0.2	–	–	2	♦ 0.9
AM15	254	0.6	26	♦ 2.6	–	–	6	♦ 2.6
AM16	564	1.3	66	6.6	8	♦ 7.4	26	♦ 11.2
AM17	544	[3] 4.1	34	[3] 9.6	2	...	13	♦ [3] 16.3
AM18	76	[3] 0.6	22	♦ [3] 6.2	–	–	10	♦ [3] 12.6
AM19	706	1.6	29	♦ 2.9	–	–	2	♦ 0.9
AM20	5 608	12.6	287	28.6	16	♦ 14.8	130	56.0
AM21	3 271	7.3	321	32.0	4	♦ 3.7	44	19.0
AM22	2	♦ 0.0	34	3.4	2	♦ 1.8	–	–
AM23	4	♦ 0.0	3	♦ 0.3	17	♦ 15.7	2	♦ 0.9
AM24	400	0.9	83	8.3	50	46.2	18	♦ 7.8
AM25	747	1.7	15	♦ 1.5	8	♦ 7.4	7	♦ 3.0
AM26	451	1.0	1	♦ 0.1	–	–	–	–
AM27	5 159	11.6	34	3.4	1	♦ 0.9	–	–
AM28	10 244	23.0	238	23.7	41	37.9	66	28.4
AM29	243	0.5	779	77.6	13	♦ 12.0	77	33.2
AM30	6 854	15.4	223	22.2	–	–	44	19.0
AM31	5 395	12.1	850	84.7	38	35.1	108	46.5
AM32	4 321	9.7	4	♦ 0.4	4	♦ 3.7	19	♦ 8.2
AM33	50 321	113.0	868	86.5	12	♦ 11.1	72	31.0
AM34	26 294	59.1	182	18.1	81	74.9	80	34.5
AM35	39	0.1	–	–	–	–	2	♦ 0.9
AM36	20 955	47.1	250	24.9	22	♦ 20.3	10	♦ 4.3
AM37	323	0.7	52	5.2	–	–	1	♦ 0.4
AM38	66	0.1	–	–	1	♦ 0.9	–	–
AM39	3 560	8.0	131	13.0	13	♦ 12.0	34	14.6
AM40	4 559	10.2	203	20.2	2	♦ 1.8	16	♦ 6.9
AM41	114	[4] 4.0	1	♦ [4] 1.4	–	...	–	–
AM42	32	[5] 2.0	9	♦ [5] 47.0	–	–	1	♦ [5] 17.9
AM43	1 043	[5] 65.1	10	♦ [5] 52.2	6	♦ [5] 152.9	–	–
AM44	182	[5] 11.4	–	–	–	–	–	–
AM45	4 638	10.4	63	6.3	14	♦ 12.9	7	♦ 3.0
AM46	3	♦ [5] 0.2	2	♦ [5] 10.4	2	♦ [5] 51.0	–	–
AM47	11 710	[5] 731.3	337	[5] 1 759.6	35	[5] 891.9	68	[5] 1 217.8
AM48	100 603	225.9	274	27.3	228	210.8	40	17.2
AM49	78 617	176.6	421	41.9	84	77.7	157	67.7
AM50	779	1.7	91	9.1	17	♦ 15.7	39	16.8
AM51	54	0.1	24	♦ 2.4	6	♦ 5.5	3	♦ 1.3
AM52	6 521	14.6	202	20.1	20	♦ 18.5	17	♦ 7.3
AM53	218	0.5	140	13.9	2	♦ 1.8	1	♦ 0.4
AM54	237	0.5	21	♦ 2.1	2	♦ 1.8	35	15.1
AM55	10 312	23.2	25	♦ 2.5	–	–	68	29.3

21. Deaths and death rates by cause: latest available year (continued)

Décès selon la cause, nombres et taux: dernière année disponible (suite)

Part A: Classified according to Abbreviated International List, 1975 Revision

Partie A: Décès classés selon la Liste internationale abrégée de la révision de 1975

(See notes at end of table. – Voir notes à la fin du tableau.)

AMERICA, NORTH(cont.) – AMERIQUE DU NORD(suite)

Cause of death abbreviated list number [1] / Cause de décès numéro dans la liste abrégée [1]	Barbados – Barbade 1985 [2] Number Nombre	Rate Taux	Canada 1986 [6] Number Nombre	Rate Taux	Costa Rica 1986 Number Nombre	Rate Taux	Cuba 1986 Number Nombre	Rate Taux
TOTAL	2 226	880.9	184 224	726.6	10 449	384.6	63 145	619.1
AM 1	–	–	–	–	–	–	–	–
AM 2	1	♦ 0.4	–	–	–	–	1	♦ 0.0
AM 3	4	♦ 1.6	48	0.2	166	6.1	312	3.1
AM 4	7	♦ 2.8	111	0.4	86	3.2	64	0.6
AM 5	–	–	–	–	4	♦ 0.1	1	♦ 0.0
AM 6	–	–	18	♦ 0.1	2	♦ 0.1	198	1.9
AM 7	2	♦ 0.8	–	–	–	–	9	♦ 0.1
AM 8	28	♦ 11.1	445	1.8	26	♦ 1.0	111	1.1
AM 9	–	–	–	–	–	–	–	–
AM10	–	–	–	–	11	♦ 0.4	–	–
AM11	–	–	–	–	–	–	–	–
AM12	13	♦ 5.1	450	1.8	76	2.8	184	1.8
AM13	56	22.2	2 213	8.7	514	18.9	615	6.0
AM14	20	♦ 7.9	4 203	16.6	73	2.7	855	8.4
AM15	10	♦ 4.0	1 387	5.5	49	1.8	243	2.4
AM16	22	♦ 8.7	11 833	46.7	147	5.4	2 922	28.6
AM17	28	...	4 335	[3] 42.5	95	...	749	[3] 19.5
AM18	16	...	428	[3] 4.2	124	...	324	[3] 8.4
AM19	9	♦ 3.6	1 701	6.7	102	3.8	469	4.6
AM20	201	79.5	21 348	84.2	1 008	37.1	5 873	57.6
AM21	183	72.4	3 697	14.6	178	6.6	1 649	16.2
AM22	–	–	8	♦ 0.0	–	–	–	–
AM23	11	♦ 4.4	170	0.7	42	1.5	22	♦ 0.2
AM24	5	♦ 2.0	435	1.7	36	1.3	186	1.8
AM25	8	♦ 3.2	82	0.3	54	2.0	189	1.9
AM26	–	–	12	♦ 0.0	4	♦ 0.1	24	♦ 0.2
AM27	4	♦ 1.6	628	2.5	45	1.7	243	2.4
AM28	57	22.6	1 365	5.4	135	5.0	804	7.9
AM29	165	65.3	27 072	106.8	832	30.6	9 534	93.5
AM30	46	18.2	20 389	80.4	651	24.0	5 616	55.1
AM31	302	119.5	14 029	55.3	756	27.8	6 436	63.1
AM32	120	47.5	2 678	10.6	57	2.1	1 867	18.3
AM33	271	107.2	13 086	51.6	431	15.9	3 062	30.0
AM34	74	29.3	6 019	23.7	366	13.5	3 917	38.4
AM35	1	♦ 0.4	365	1.4	11	♦ 0.4	9	♦ 0.1
AM36	27	♦ 10.7	2 261	8.9	210	7.7	744	7.3
AM37	9	♦ 3.6	745	2.9	36	1.3	332	3.3
AM38	1	♦ 0.4	40	0.2	14	♦ 0.5	105	1.0
AM39	19	♦ 7.5	2 203	8.7	190	7.0	710	7.0
AM40	34	13.5	1 778	7.0	126	4.6	732	7.2
AM41	–	–	84	[4] 2.9	20	...	115	[4] 11.5
AM42	–	–	1	♦ [5] 0.3	9	...	19	♦ [5] 11.4
AM43	–	–	9	♦ [5] 2.4	21	...	43	[5] 25.9
AM44	–	–	1	♦ [5] 0.3	–	...	25	♦ [5] 15.1
AM45	12	♦ 4.7	1 387	5.5	462	17.0	827	8.1
AM46	7	♦ [5] 163.5	38	[5] 10.2	29	...	70	[5] 42.2
AM47	54	[5] 1 261.4	1 181	[5] 317.1	640	...	912	[5] 549.2
AM48	42	16.6	2 288	9.0	322	11.9	118	1.2
AM49	245	97.0	19 912	78.5	1 200	44.2	[7] 4 435	[7] 43.5
AM50	29	♦ 11.5	3 922	15.5	344	12.7	...	...
AM51	11	♦ 4.4	2 012	7.9	131	4.8	...	...
AM52	44	17.4	3 162	12.5	349	12.8	...	...
AM53	7	♦ 2.8	3 670	14.5	131	4.8	...	...
AM54	19	♦ 7.5	513	2.0	109	4.0	...	...
AM55	2	♦ 0.8	462	1.8	25	♦ 0.9	...	...

21. Deaths and death rates by cause: latest available year (continued)

Décès selon la cause, nombres et taux: dernière année disponible (suite)

Part A: Classified according to Abbreviated International List, 1975 Revision

Partie A: Décès classés selon la Liste internationale abrégée de la révision de 1975

(See notes at end of table. – Voir notes à la fin du tableau.)

AMERICA, NORTH(cont.) – AMERIQUE DU NORD(suite)

Cause of death abbreviated list number [1] / Cause de décès numéro dans la liste abrégée [1]	Dominican Republic – République dominicaine 1985+		El Salvador 1984 [8]		Guadeloupe 1979 [9]		Guatemala 1984 [2]	
	Number Nombre	Rate Taux	Number Nombre	Rate Taux	Number Nombre	Rate Taux	Number Nombre	Rate Taux
TOTAL	*27 844*	*434.0*	*28 870*	*604.0*	2 109	645.5	66 260	856.1
AM 1	–	–	–	–	–	–	–	–
AM 2	*24*	*♦ 0.4*	*301*	*6.3*	1	♦ 0.3	232	3.0
AM 3	*1 799*	*28.0*	*1 736*	*36.3*	1	♦ 0.3	10 872	140.5
AM 4	*547*	*8.5*	*197*	*4.1*	9	♦ 2.8	804	10.4
AM 5	*6*	*♦ 0.1*	*29*	*♦ 0.6*	2	♦ 0.6	1 148	14.8
AM 6	*16*	*♦ 0.2*	*7*	*♦ 0.1*	1	♦ 0.3	4	♦ 0.1
AM 7	*30*	*♦ 0.5*	*50*	*1.0*	12	♦ 3.7	76	1.0
AM 8	*410*	*6.4*	*75*	*1.6*	–	–	648	8.4
AM 9	–	–	–	–	–	–	–	–
AM10	*156*	*2.4*	*182*	*3.8*	–	–	1 120	14.5
AM11	*9*	*♦ 0.1*	*63*	*1.3*	–	–	428	5.5
AM12	*299*	*4.7*	*230*	*4.8*	6	♦ 1.8	1 040	13.4
AM13	*144*	*2.2*	*140*	*2.9*	56	17.1	612	7.9
AM14	*76*	*1.2*	*27*	*♦ 0.6*	18	♦ 5.5	8	♦ 0.1
AM15	*40*	*0.6*	*2*	*♦ 0.0*	6	♦ 1.8	12	♦ 0.2
AM16	*142*	*2.2*	*38*	*0.8*	26	♦ 8.0	60	0.8
AM17	*82*	...	*12*	*♦ 0.9*	28	...	48	...
AM18	*117*	...	*74*	*5.6*	6	...	132	...
AM19	*98*	*1.5*	*94*	*2.0*	12	♦ 3.7	136	1.8
AM20	*1 061*	*16.5*	*646*	*13.5*	114	34.9	1 300	16.8
AM21	*573*	*8.9*	*294*	*6.2*	83	25.4	304	3.9
AM22	*9*	*♦ 0.1*	*1*	*♦ 0.0*	5	♦ 1.5	28	♦ 0.4
AM23	*630*	*9.8*	*203*	*4.2*	–	–	3 412	44.1
AM24	*242*	*3.8*	*262*	*5.5*	10	♦ 3.1	608	7.9
AM25	*278*	*4.3*	*107*	*2.2*	4	♦ 1.2	264	3.4
AM26	*14*	*♦ 0.2*	*4*	*♦ 0.1*	2	♦ 0.6	16	♦ 0.2
AM27	*32*	*0.5*	*16*	*♦ 0.3*	339	103.8	24	♦ 0.3
AM28	*612*	*9.5*	*45*	*0.9*	102	31.2	112	1.4
AM29	*1 626*	*25.3*	*792*	*16.6*	–	–	1 084	14.0
AM30	*109*	*1.7*	*62*	*1.3*	38	11.6	68	0.9
AM31	*1 726*	*26.9*	*869*	*18.2*	217	66.4	1 008	13.0
AM32	*56*	*0.9*	*22*	*♦ 0.5*	–	–	92	1.2
AM33	*2 262*	*35.3*	*1 245*	*26.0*	6	♦ 1.8	2 024	26.2
AM34	*1 158*	*18.0*	*672*	*14.1*	3	♦ 0.9	8 696	112.4
AM35	*18*	*♦ 0.3*	*38*	*0.8*	6	♦ 1.8	880	11.4
AM36	*409*	*6.4*	*742*	*15.5*	34	10.4	640	8.3
AM37	*122*	*1.9*	*113*	*2.4*	9	♦ 2.8	184	2.4
AM38	*22*	*♦ 0.3*	*21*	*♦ 0.4*	1	♦ 0.3	56	0.7
AM39	*816*	*12.7*	*286*	*6.0*	67	20.5	708	9.1
AM40	*182*	*2.8*	*144*	*3.0*	30	♦ 9.2	400	5.2
AM41	*41*	...	*8*	*♦ [4]3.3*	–	–	4	...
AM42	*18*	...	*7*	*♦ [5]4.9*	–	–	40	[5]12.8
AM43	*79*	...	*91*	*[5]64.0*	–	–	188	[5]60.2
AM44	*9*	...	*1*	*♦ [5]0.7*	–	–	8	♦ [5]2.6
AM45	*447*	*7.0*	*160*	*3.3*	5	♦ 1.5	760	9.8
AM46	*115*	...	*37*	*[5]26.0*	–	–	80	[5]25.6
AM47	*2 620*	...	*2 861*	*[5]2 011.9*	35	[5]601.6	9 604	[5]3 077.3
AM48	*4 178*	*65.1*	*6 727*	*140.7*	27	♦ 8.3	6 908	89.3
AM49	*2 220*	*34.6*	*3 181*	*66.6*	478	146.3	5 352	69.1
AM50	*557*	*8.7*	*713*	*14.9*	31	9.5	112	1.4
AM51	*52*	*0.8*	*214*	*4.5*	8	♦ 2.4	196	2.5
AM52	*836*	*13.0*	*1 247*	*26.1*	63	19.3	1 112	14.4
AM53	*133*	*2.1*	*565*	*11.8*	31	9.5	40	0.5
AM54	*310*	*4.8*	*1 929*	*40.4*	3	♦ 0.9	256	3.3
AM55	*277*	*4.3*	*1 288*	*26.9*	174	53.3	2 312	29.9

21. Deaths and death rates by cause: latest available year (continued)

Décès selon la cause, nombres et taux: dernière année disponible (suite)

Part A: Classified according to Abbreviated International List, 1975 Revision

Partie A: Décès classés selon la Liste internationale abrégée de la révision de 1975

(See notes at end of table. – Voir notes à la fin du tableau.)

AMERICA, NORTH(cont.) – AMERIQUE DU NORD(suite)

Cause of death abbreviated list number [1] / Cause de décès numéro dans la liste abrégée [1]	Martinique		Mexico – Mexique		Panama		Puerto Rico – Porto Rico	
	1985 [2] [9]		1983+		1986		1985 [2]	
	Number Nombre	Rate Taux	Number Nombre	Rate Taux	Number Nombre	Rate Taux	Number Nombre	Rate Taux
TOTAL	2 140	646.7	410 860	550.5	8 942	401.5	23 192	706.5
AM 1	–	–	–	–	–	–	–	–
AM 2	–	–	1 027	1.4	–	–	–	–
AM 3	1	♦ 0.3	36 973	49.5	213	9.6	2	♦ 0.1
AM 4	8	♦ 2.4	6 626	8.9	173	7.8	79	2.4
AM 5	–	–	485	0.6	8	♦ 0.4	–	–
AM 6	–	–	20	♦ 0.0	7	♦ 0.3	1	♦ 0.0
AM 7	5	♦ 1.5	569	0.8	4	♦ 0.2	7	♦ 0.2
AM 8	17	♦ 5.1	3 362	4.5	38	1.7	245	7.5
AM 9	–	–	–	–	–	–	–	–
AM10	–	–	315	0.4	39	1.8	–	–
AM11	–	–	14	♦ 0.0	–	–	–	–
AM12	7	♦ 2.1	3 580	4.8	61	2.7	41	1.2
AM13	47	14.2	3 385	4.5	129	5.8	338	10.3
AM14	15	♦ 4.5	792	1.1	63	2.8	232	7.1
AM15	9	♦ 2.7	307	0.4	19	♦ 0.9	50	1.5
AM16	25	♦ 7.6	3 632	4.9	152	6.8	433	13.2
AM17	37	[3] 30.8	1 428	...	52	[3] 7.6	223	[3] 17.9
AM18	8	♦ [3] 6.6	3 057	...	81	[3] 11.8	54	[3] 4.3
AM19	12	♦ 3.6	2 077	2.8	62	2.8	153	4.7
AM20	272	82.2	15 888	21.3	603	27.1	2 178	66.4
AM21	57	17.2	18 832	25.2	206	9.2	1 150	35.0
AM22	–	–	145	0.2	3	♦ 0.1	–	–
AM23	1	♦ 0.3	4 800	6.4	74	3.3	19	♦ 0.6
AM24	2	♦ 0.6	3 697	5.0	74	3.3	43	1.3
AM25	6	♦ 1.8	1 295	1.7	44	2.0	40	1.2
AM26	1	♦ 0.3	104	0.1	2	♦ 0.1	12	♦ 0.4
AM27	4	♦ 1.2	1 487	2.0	26	♦ 1.2	9	♦ 0.3
AM28	57	17.2	3 798	5.1	135	6.1	817	24.9
AM29	44	13.3	14 096	18.9	660	29.6	1 776	54.1
AM30	10	♦ 3.0	3 740	5.0	365	16.4	1 745	53.2
AM31	362	109.4	16 309	21.9	880	39.5	1 492	45.5
AM32	32	9.7	744	1.0	69	3.1	817	24.9
AM33	260	78.6	30 754	41.2	430	19.3	2 389	72.8
AM34	39	11.8	25 901	34.7	289	13.0	1 369	41.7
AM35	2	♦ 0.6	1 176	1.6	37	1.7	6	♦ 0.2
AM36	19	♦ 5.7	11 339	15.2	147	6.6	321	9.8
AM37	12	♦ 3.6	2 934	3.9	35	1.6	91	2.8
AM38	–	–	529	0.7	3	♦ 0.1	9	♦ 0.3
AM39	40	12.1	16 545	22.2	92	4.1	769	23.4
AM40	27	♦ 8.2	7 331	9.8	105	4.7	468	14.3
AM41	2	♦ [4] 7.4	497	...	10	♦ [4] 7.1	3	♦ [4] 0.9
AM42	–	–	216	[5] 8.3	5	♦ [5] 8.7	1	♦ [5] 1.6
AM43	–	–	1 850	[5] 70.9	29	♦ 50.3	7	♦ [5] 11.0
AM44	–	–	67	[5] 2.6	2	♦ 3.5	–	–
AM45	15	♦ 4.5	7 105	9.5	206	9.2	202	6.2
AM46	–	–	1 019	[5] 39.1	34	59.0	14	♦ [5] 22.0
AM47	35	[5] 611.7	22 633	[5] 867.5	488	846.4	583	[5] 916.2
AM48	237	71.6	20 559	27.5	730	32.8	184	5.6
AM49	241	72.8	47 870	64.1	970	43.6	2 696	82.1
AM50	49	14.8	14 262	19.1	368	16.5	593	18.1
AM51	7	♦ 2.1	4 309	5.8	67	3.0	137	4.2
AM52	18	♦ 5.4	26 885	36.0	344	15.4	397	12.1
AM53	12	♦ 3.6	1 041	1.4	83	3.7	269	8.2
AM54	12	♦ 3.6	12 711	17.0	123	5.5	579	17.6
AM55	74	22.4	743	1.0	103	4.6	149	4.5

21. Deaths and death rates by cause: latest available year (continued)

Décès selon la cause, nombres et taux: dernière année disponible (suite)

Part A: Classified according to Abbreviated International List, 1975 Revision

Partie A: Décès classés selon la Liste internationale abrégée de la révision de 1975

(See notes at end of table. – Voir notes à la fin du tableau.)

AMERICA,NORTH(cont.)/SOUTH – AMERIQUE DU NORD(suite)/SUD

Cause of death abbreviated list number [1] / Cause de décès numéro dans la liste abrégée [1]	Trinidad and Tobago – Trinité-et-Tobago		United States – Etats-Unis		Argentina – Argentine		Brazil – Brésil	
	1983		1986		1985 [2]		1984 [10]	
	Number Nombre	Rate Taux	Number Nombre	Rate Taux	Number Nombre	Rate Taux	Number Nombre	Rate Taux
TOTAL	7 546	662.8	2 105 361	871.3	239 181	782.6	809 190	610.0
AM 1	–	–	–	–	–	–	–	–
AM 2	1	♦ 0.1	2	0.0	4	♦ 0.0	81	0.1
AM 3	54	4.7	464	0.2	1 159	3.8	31 893	24.0
AM 4	10	♦ 0.9	1 782	0.7	1 350	4.4	5 583	4.2
AM 5	–	–	6	♦ 0.0	40	0.1	121	0.1
AM 6	–	–	286	0.1	26	♦ 0.1	336	0.3
AM 7	5	♦ 0.4	22	♦ 0.0	68	0.2	723	0.5
AM 8	62	5.4	18 795	7.8	3 155	10.3	8 032	6.1
AM 9	–	–	–	–	–	–	–	–
AM10	1	♦ 0.1	2	0.0	79	0.3	2 343	1.8
AM11	–	–	5	♦ 0.0	1	♦ 0.0	897	0.7
AM12	53	4.7	10 259	4.2	1 575	5.2	10 703	8.1
AM13	100	8.8	13 855	5.7	3 354	11.0	9 256	7.0
AM14	57	5.0	47 858	19.8	3 154	10.3	2 420	1.8
AM15	17	♦ 1.5	7 958	3.3	905	3.0	1 280	1.0
AM16	74	6.5	125 522	51.9	7 282	23.8	7 902	6.0
AM17	73	[3] 19.2	40 539	[3] 41.2	3 661	[3] 34.1	4 238	[3] 10.2
AM18	62	[3] 16.3	4 558	[3] 4.6	774	[3] 7.2	2 311	[3] 5.6
AM19	29	♦ 2.5	17 365	7.2	1 409	4.6	3 069	2.3
AM20	416	36.5	211 721	87.6	21 624	70.7	37 314	28.1
AM21	727	63.9	37 184	15.4	4 833	15.8	12 608	9.5
AM22	1	♦ 0.1	298	0.1	81	0.3	2 057	1.5
AM23	29	♦ 2.5	2 356	1.0	1 053	3.4	9 473	7.1
AM24	52	4.6	3 708	1.5	471	1.5	2 167	1.6
AM25	16	♦ 1.4	1 160	0.5	629	2.1	3 360	2.5
AM26	1	♦ 0.1	60	0.0	31	0.1	166	0.1
AM27	24	♦ 2.1	6 381	2.6	253	0.8	1 480	1.1
AM28	345	30.3	30 989	12.8	3 421	11.2	13 909	10.5
AM29	829	72.8	261 002	108.0	15 553	50.9	42 679	32.2
AM30	472	41.5	259 727	107.5	8 170	26.7	17 173	12.9
AM31	947	83.2	149 643	61.9	23 624	77.3	71 793	54.1
AM32	71	6.2	22 706	9.4	8 263	27.0	6 544	4.9
AM33	398	35.0	242 409	100.3	50 951	166.7	55 470	41.8
AM34	285	25.0	67 974	28.1	5 326	17.4	34 874	26.3
AM35	4	♦ 0.4	1 838	0.8	35	0.1	232	0.2
AM36	143	12.6	22 176	9.2	2 329	7.6	8 456	6.4
AM37	39	3.4	6 477	2.7	515	1.7	2 467	1.9
AM38	9	♦ 0.8	512	0.2	98	0.3	393	0.3
AM39	119	10.5	26 159	10.8	3 140	10.3	11 011	8.3
AM40	79	6.9	21 767	9.0	4 515	14.8	7 116	5.4
AM41	26	♦ [4] 33.2	508	[4] 1.8	88	[4] 2.8	251	[4] 3.1
AM42	8	♦ [5] 24.1	51	[5] 1.4	136	...	267	[5] 10.4
AM43	10	♦ [5] 30.1	201	[5] 5.3	243	...	1 613	[5] 63.0
AM44	–	–	20	♦ [5] 0.5	7	...	82	[5] 3.2
AM45	99	8.7	12 638	5.2	2 884	9.4	8 451	6.4
AM46	1	♦ [5] 3.0	270	[5] 7.2	323	...	628	[5] 24.5
AM47	181	[5] 545.0	18 121	[5] 482.4	8 385	...	48 749	[5] 1 905.0
AM48	239	21.0	31 390	13.0	7 833	25.6	182 142	137.3
AM49	702	61.7	225 605	93.4	21 738	71.1	52 785	39.8
AM50	190	16.7	46 867	19.4	2 628	8.6	21 928	16.5
AM51	43	3.8	11 444	4.7	1 116	3.7	2 068	1.6
AM52	255	22.4	36 966	15.3	6 035	19.7	21 314	16.1
AM53	99	8.7	30 904	12.8	2 021	6.6	4 431	3.3
AM54	58	5.1	21 462	8.9	1 509	4.9	19 739	14.9
AM55	31	2.7	3 389	1.4	1 324	4.3	12 812	9.7

21. Deaths and death rates by cause: latest available year (continued)

Décès selon la cause, nombres et taux: dernière année disponible (suite)

Part A: Classified according to Abbreviated International List, 1975 Revision

Partie A: Décès classés selon la Liste internationale abrégée de la révision de 1975

(See notes at end of table. – Voir notes à la fin du tableau.)

AMERICA, SOUTH(cont.) – AMERIQUE DU SUD(suite)

Cause of death abbreviated list number [1] / Cause de décès numéro dans la liste abrégée [1]	Chile – Chili 1986 Number Nombre	Rate Taux	Colombia – Colombie 1981+ [11] Number Nombre	Rate Taux	Ecuador – Equateur 1987 [12] Number Nombre	Rate Taux	Guyana 1984+ Number Nombre	Rate Taux
TOTAL	72 209	585.8	*166 195*	*628.9*	*51 567*	*519.7*	4 781	510.7
AM 1	–	–	–	–	–	–	–	–
AM 2	37	0.3	–	–	*110*	*1.1*	2	♦ 0.2
AM 3	529	4.3	*9 307*	*35.2*	*3 702*	*37.3*	11	♦ 1.2
AM 4	732	5.9	*2 374*	*9.0*	*1 278*	*12.9*	14	♦ 1.5
AM 5	2	♦ 0.0	*522*	*2.0*	*114*	*1.1*	–	–
AM 6	11	♦ 0.1	–	–	*2*	♦ *0.0*	–	–
AM 7	4	♦ 0.0	*416*	*1.6*	*64*	*0.6*	8	♦ 0.9
AM 8	688	5.6	–	–	*248*	*2.5*	61	6.5
AM 9	–	–	–	–	–	–	–	–
AM10	24	♦ 0.2	*1 121*	*4.2*	*257*	*2.6*	–	–
AM11	–	–	*772*	*2.9*	*77*	*0.8*	1	♦ 0.1
AM12	489	4.0	*3 957*	*15.0*	*354*	*3.6*	49	5.2
AM13	2 421	19.6	–	–	*1 160*	*11.7*	42	4.5
AM14	471	3.8	–	–	*115*	*1.2*	13	♦ 1.4
AM15	238	1.9	–	–	*56*	*0.6*	7	♦ 0.7
AM16	1 261	10.2	–	–	*263*	[3] *2.6*	15	♦ 1.6
AM17	675	[3] 15.5	–	–	*162*	[3] *5.6*	21	–
AM18	728	[3] 16.7	–	–	*207*	*7.1*	25	–
AM19	384	3.1	–	–	*285*	*2.9*	9	♦ 1.0
AM20	6 470	52.5	–	–	*2 490*	*25.1*	148	15.8
AM21	1 294	10.5	*2 608*	*9.9*	*833*	*8.4*	163	17.4
AM22	39	0.3	–	–	*147*	*1.5*	17	♦ 1.8
AM23	127	1.0	–	–	*953*	*9.6*	205	21.9
AM24	165	1.3	*1 543*	*5.8*	*547*	*5.5*	97	10.4
AM25	205	1.7	*1 699*	*6.4*	*288*	*2.9*	10	♦ 1.1
AM26	5	♦ 0.0	–	–	*32*	*0.3*	3	♦ 0.3
AM27	333	2.7	–	–	*86*	*0.9*	14	♦ 1.5
AM28	1 063	8.6	*5 666*	*21.4*	*590*	*5.9*	176	18.8
AM29	4 669	37.9	–	–	*1 381*	*13.9*	199	21.3
AM30	2 617	21.2	*11 012*	*41.7*	*274*	*2.8*	60	6.4
AM31	6 707	54.4	*9 496*	*35.9*	*2 414*	*24.3*	597	63.8
AM32	1 173	9.5	–	–	*143*	*1.4*	19	♦ 2.0
AM33	3 232	26.2	*15 560*	*58.9*	*3 201*	*32.3*	462	49.4
AM34	5 186	42.1	–	–	*2 687*	*27.1*	171	18.3
AM35	138	1.1	–	–	*258*	*2.6*	2	♦ 0.2
AM36	1 820	14.8	–	–	*1 901*	*19.2*	49	5.2
AM37	224	1.8	*1 131*	*4.3*	*277*	*2.8*	29	♦ 3.1
AM38	75	0.6	–	–	*65*	*0.7*	5	♦ 0.5
AM39	3 234	26.2	–	–	*701*	*7.1*	119	12.7
AM40	699	5.7	*1 767*	*6.7*	*906*	*9.1*	47	5.0
AM41	172	[4] 19.9	–	–	*75*	[4] *14.6*	2	...
AM42	47	[5] 17.2	*164*	[5] *19.5*	*27*	♦ [5] *13.2*	5	...
AM43	77	[5] 28.2	–	–	*321*	[5] *157.0*	12	...
AM44	5	♦ [5] 1.8	–	–	*7*	♦ [5] *3.4*	–	–
AM45	1 222	9.9	*2 074*	*7.8*	*664*	*6.7*	26	♦ 2.8
AM46	58	[5] 21.2	–	–	*107*	[5] *52.3*	–	–
AM47	1 735	[5] 635.5	*9 841*	[5] *1 172.6*	*2 837*	[5] *1 387.5*	155	...
AM48	5 998	48.7	*12 543*	*47.5*	*7 771*	*78.3*	515	55.0
AM49	5 929	48.1	–	–	*4 961*	*50.0*	769	82.1
AM50	796	6.5	*5 040*	*19.1*	*1 729*	*17.4*	2	♦ 0.2
AM51	381	3.1	–	–	*597*	*6.0*	23	♦ 2.5
AM52	2 210	17.9	–	–	*2 430*	*24.5*	204	21.8
AM53	655	5.3	*915*	*3.5*	*391*	*3.9*	13	♦ 1.4
AM54	376	3.0	*9 880*	*37.4*	*1 002*	*10.1*	2	♦ 0.2
AM55	4 379	35.5	*1 708*	*6.5*	*20*	♦ *0.2*	183	19.5

21. Deaths and death rates by cause: latest available year (continued)

Décès selon la cause, nombres et taux: dernière année disponible (suite)

Part A: Classified according to Abbreviated International List, 1975 Revision

Partie A: Décès classés selon la Liste internationale abrégée de la révision de 1975

(See notes at end of table. – Voir notes à la fin du tableau.)

AMERICA,SOUTH(cont.) – AMERIQUE DU SUD(suite)

Cause of death abbreviated list number [1] / Cause de décès numéro dans la liste abrégée [1]	Paraguay		Peru – Pérou		Suriname		Uruguay	
	1986+ [2]		1983+ [10 13]		1985		1986+ [2]	
	Number Nombre	Rate Taux	Number Nombre	Rate Taux	Number Nombre	Rate Taux	Number Nombre	Rate Taux
TOTAL	12 695	333.5	93 290	498.7	2 275	606.0	28 772	951.1
AM 1	–	–	–	–	–	–	–	–
AM 2	1	♦ 0.0	626	3.3	3	♦ 0.8	1	♦ 0.0
AM 3	780	20.5	9 675	51.7	87	23.2	175	5.8
AM 4	198	5.2	3 954	21.1	7	♦ 1.9	85	2.8
AM 5	–	–	458	2.4	–	–	15	♦ 0.5
AM 6	2	♦ 0.1	13	♦ 0.1	–	–	3	♦ 0.1
AM 7	67	1.8	86	0.5	3	♦ 0.8	10	♦ 0.3
AM 8	229	6.0	2 561	13.7	23	♦ 6.1	258	8.5
AM 9	–	–	–	–	–	–	–	–
AM10	21	♦ 0.6	833	4.5	–	–	6	♦ 0.2
AM11	3	♦ 0.1	12	♦ 0.1	1	♦ 0.3	–	–
AM12	79	2.1	689	3.7	12	♦ 3.2	75	2.5
AM13	119	3.1	1 217	6.5	14	♦ 3.7	552	18.2
AM14	42	1.1	124	0.7	19	♦ 5.1	572	18.9
AM15	16	♦ 0.4	82	0.4	1	♦ 0.3	194	6.4
AM16	90	2.4	404	2.2	14	♦ 3.7	1 133	37.5
AM17	65	...	267	[3] 4.9	7	...	565	...
AM18	75	...	382	[3] 7.0	23	...	90	...
AM19	75	2.0	273	1.5	6	♦ 1.6	174	5.8
AM20	615	16.2	2 914	15.6	105	28.0	3 389	112.0
AM21	281	7.4	569	3.0	86	22.9	617	20.4
AM22	13	♦ 0.3	62	0.3	17	♦ 4.5	19	♦ 0.6
AM23	113	3.0	2 135	11.4	2	♦ 0.5	107	3.5
AM24	78	2.0	752	4.0	16	♦ 4.3	78	2.6
AM25	104	2.7	418	2.2	8	♦ 2.1	74	2.4
AM26	–	–	59	0.3	–	–	–	–
AM27	21	♦ 0.6	94	0.5	1	♦ 0.3	21	♦ 0.7
AM28	172	4.5	654	3.5	39	10.4	334	11.0
AM29	713	18.7	1 788	9.6	185	49.3	2 039	67.4
AM30	117	3.1	544	2.9	18	♦ 4.8	1 738	57.4
AM31	1 330	34.9	2 459	13.1	154	41.0	3 670	121.3
AM32	59	1.5	1 705	9.1	18	♦ 4.8	965	31.9
AM33	1 169	30.7	3 859	20.6	172	45.8	2 775	91.7
AM34	602	15.8	14 652	78.3	78	20.8	626	20.7
AM35	32	0.8	473	2.5	11	♦ 2.9	9	♦ 0.3
AM36	141	3.7	2 918	15.6	64	17.0	351	11.6
AM37	28	♦ 0.7	291	1.6	7	♦ 1.9	62	2.0
AM38	14	♦ 0.4	186	1.0	1	♦ 0.3	19	♦ 0.6
AM39	83	2.2	1 210	6.5	43	11.5	254	8.4
AM40	175	4.6	1 095	5.9	35	9.3	308	10.2
AM41	17	...	131	[4] 13.2	3	...	20	...
AM42	19	♦ [5] 51.5	68	[5] 9.9	1	...	5	♦ [5] 9.3
AM43	115	[5] 311.7	540	[5] 78.4	6	...	9	♦ [5] 16.7
AM44	6	♦ [5] 16.3	3	♦ [5] 0.4	–	...	–	–
AM45	184	4.8	634	3.4	51	13.6	249	8.2
AM46	27	♦ [5] 73.2	67	[5] 9.7	6	...	44	[5] 81.9
AM47	503	[5] 1 363.5	6 208	[5] 901.0	129	...	550	[5] 1 023.4
AM48	2 193	57.6	6 542	35.0	369	98.3	2 091	69.1
AM49	994	26.1	12 870	68.8	164	43.7	2 739	90.5
AM50	241	6.3	1 253	6.7	68	18.1	286	9.5
AM51	66	1.7	75	0.4	13	♦ 3.5	152	5.0
AM52	361	9.5	3 199	17.1	65	17.3	907	30.0
AM53	57	1.5	99	0.5	81	21.6	265	8.8
AM54	153	4.0	407	2.2	20	♦ 5.3	88	2.9
AM55	37	1.0	701	3.7	19	♦ 5.1	4	♦ 0.1

21. Deaths and death rates by cause: latest available year (continued)

Décès selon la cause, nombres et taux: dernière année disponible (suite)

Part A: Classified according to Abbreviated International List, 1975 Revision

Partie A: Décès classés selon la Liste internationale abrégée de la révision de 1975

(See notes at end of table. – Voir notes à la fin du tableau.)

AMERICA,SOUTH(cont.) – AMERIQUE DU SUD(suite) – ASIA – ASIE

Cause of death abbreviated list number [1] / Cause de décès numéro dans la liste abrégée [1]	Venezuela 1983 [2 14]		Bahrain – Bahreïn 1987		Hong Kong – Hong-kong 1987 [16]		Israel – Israël [16] 1986 [2]	
	Number Nombre	Rate Taux	Number Nombre	Rate Taux	Number Nombre	Rate Taux	Number Nombre	Rate Taux
TOTAL	76 725	468.0	*1 569*	*376.9*	26 959	480.3	29 413	684.2
AM 1	–	–	–	–	–	–	–	–
AM 2	1	♦ 0.0	–	–	1	♦ 0.0	–	–
AM 3	3 955	24.1	*1*	*♦ 0.2*	4	♦ 0.1	66	1.5
AM 4	769	4.7	*1*	*♦ 0.2*	360	6.4	18	♦ 0.4
AM 5	69	0.4	–	–	–	–	1	♦ 0.0
AM 6	17	♦ 0.1	*3*	*♦ 0.7*	–	–	4	♦ 0.1
AM 7	107	0.7	–	–	4	♦ 0.1	–	–
AM 8	1 290	7.9	*14*	*♦ 3.4*	378	6.7	442	10.3
AM 9	–	–	–	–	–	–	–	–
AM10	174	1.1	–	–	1	♦ 0.0	–	–
AM11	17	♦ 0.1	–	–	1	♦ 0.0	4	♦ 0.1
AM12	1 365	8.3	*2*	*♦ 0.5*	76	1.4	68	1.6
AM13	1 507	9.2	*12*	*♦ 2.9*	544	9.7	341	7.9
AM14	318	1.9	*1*	*♦ 0.2*	510	9.1	509	11.8
AM15	137	0.8	*5*	*♦ 1.2*	287	5.1	134	3.1
AM16	1 012	6.2	*41*	*9.8*	2 465	43.9	733	17.1
AM17	434	[3] 8.9	*7*	*♦ [3] 6.7*	262	[3] 12.4	534	[3] 36.2
AM18	522	[3] 10.7	*3*	*♦ [3] 2.9*	129	[3] 6.1	30	♦ [3] 2.0
AM19	495	3.0	*2*	*♦ 0.5*	188	3.3	289	6.7
AM20	4 476	27.3	*52*	*12.5*	3 873	69.0	2 758	64.2
AM21	2 040	12.4	*56*	*13.5*	232	4.1	407	9.5
AM22	113	0.7	–	–	–	–	1	♦ 0.0
AM23	337	2.1	–	–	–	–	9	♦ 0.2
AM24	354	2.2	–	–	12	♦ 0.2	79	1.8
AM25	488	3.0	–	–	36	0.6	25	♦ 0.6
AM26	5	♦ 0.0	–	–	–	–	1	♦ 0.0
AM27	168	1.0	*1*	*♦ 0.2*	184	3.3	109	2.5
AM28	1 596	9.7	*51*	*12.3*	841	15.0	429	10.0
AM29	6 873	41.9	*243*	*58.4*	1 669	29.7	4 225	98.3
AM30	1 765	10.8	*22*	*♦ 5.3*	1 151	20.5	2 324	54.1
AM31	4 961	30.3	*50*	*12.0*	3 136	55.9	2 816	65.5
AM32	653	4.0	–	–	21	♦ 0.4	66	1.5
AM33	5 615	34.2	*101*	*24.3*	859	15.3	2 938	68.3
AM34	3 303	20.1	*35*	*8.4*	1 681	29.9	761	17.7
AM35	126	0.8	–	–	1	♦ 0.0	4	♦ 0.1
AM36	993	6.1	*9*	*♦ 2.2*	533	9.5	221	5.1
AM37	235	1.4	–	–	123	2.2	62	1.4
AM38	115	0.7	–	–	1	♦ 0.0	7	♦ 0.2
AM39	1 087	6.6	*12*	*♦ 2.9*	310	5.5	274	6.4
AM40	784	4.8	–	–	990	17.6	572	13.3
AM41	57	[4] 6.8	–	–	6	♦ [4] 1.0	26	♦ [4] 6.5
AM42	60	[5] 11.7	–	–	–	–	–	–
AM43	222	[5] 43.2	*1*	...	3	♦ [5] 4.3	5	♦ [5] 5.0
AM44	21	♦ [5] 4.1	–	–	–	–	1	♦ [5] 1.0
AM45	1 709	10.4	*58*	*13.9*	246	4.4	395	9.2
AM46	291	[5] 56.6	–	–	–	–	4	♦ [5] 4.0
AM47	5 392	[5] 1 048.2	*159*	...	237	[5] 338.8	462	[5] 465.1
AM48	2 601	15.9	*333*	*80.0*	647	11.5	1 662	38.7
AM49	6 399	39.0	*170*	*40.8*	3 373	60.1	3 608	83.9
AM50	4 801	29.3	*52*	*12.5*	283	5.0	419	9.7
AM51	729	4.4	–	–	164	2.9	198	4.6
AM52	3 256	19.9	*19*	*♦ 4.6*	329	5.9	914	21.3
AM53	787	4.8	*9*	*♦ 2.2*	619	11.0	278	6.5
AM54	2 118	12.9	*3*	*♦ 0.7*	66	1.2	77	1.8
AM55	6	♦ 0.0	*41*	*9.8*	123	2.2	103	2.4

21. Deaths and death rates by cause: latest available year (continued)

Décès selon la cause, nombres et taux: dernière année disponible (suite)

Part A: Classified according to Abbreviated International List, 1975 Revision

Partie A: Décès classés selon la Liste internationale abrégée de la révision de 1975

(See notes at end of table. – Voir notes à la fin du tableau.) ASIA(cont.) – ASIE(suite)

Cause of death abbreviated list number [1] / Cause de décès numéro dans la liste abrégée [1]	Japan – Japon 1987 [17]		Korea, Republic of– Corée, République de 1987 [2]		Kuwait – Koweït 1987 [2]		Macau – Macao 1987	
	Number Nombre	Rate Taux	Number Nombre	Rate Taux	Number Nombre	Rate Taux	Number Nombre	Rate Taux
TOTAL	751 172	615.3	193 954	466.5	4 287	228.9	1 321	308.1
AM 1	–	–	–	–	–	–	–	–
AM 2	–	–	37	0.1	–	–	–	–
AM 3	799	0.7	567	1.4	26	♦ 1.4	–	–
AM 4	4 022	3.3	5 321	12.8	20	♦ 1.1	27	♦ 6.3
AM 5	9	–	8	♦ 0.0	–	–	–	–
AM 6	1	0.0	5	♦ 0.0	–	–	–	–
AM 7	19	♦ 0.0	33	0.1	–	–	1	♦ 0.2
AM 8	2 788	2.3	579	1.4	50	2.7	7	♦ 1.6
AM 9	–	–	–	–	–	–	–	–
AM10	96	0.1	107	0.3	1	♦ 0.1	–	–
AM11	1	0.0	1	♦ 0.0	1	♦ 0.1	–	–
AM12	3 393	2.8	165	0.4	27	♦ 1.4	10	♦ 2.3
AM13	48 340	39.6	11 216	27.0	21	♦ 1.1	15	♦ 3.5
AM14	12 708	10.4	510	1.2	19	♦ 1.0	20	♦ 4.7
AM15	8 368	6.9	548	1.3	10	♦ 0.5	10	♦ 2.3
AM16	31 729	26.0	3 578	8.6	67	3.6	79	18.4
AM17	5 231	...	457	[3] 3.0	27	♦ [3] 5.7	5	...
AM18	1 792	...	213	[3] 1.4	8	♦ [3] 1.7	4	...
AM19	5 642	4.6	1 009	2.4	48	2.6	7	♦ 1.6
AM20	85 753	70.2	14 796	35.6	277	14.8	129	30.1
AM21	9 134	7.5	2 651	6.4	112	6.0	20	♦ 4.7
AM22	–	–	41	0.1	4	♦ 0.2	1	♦ 0.2
AM23	195	0.2	82	0.2	–	–	18	♦ 4.2
AM24	1 519	1.2	191	0.5	8	♦ 0.4	3	♦ 0.7
AM25	536	0.4	493	1.2	15	♦ 0.8	–	–
AM26	37	0.0	7	♦ 0.0	–	–	–	–
AM27	1 492	1.2	137	0.3	16	♦ 0.9	4	♦ 0.9
AM28	10 734	8.8	15 476	37.2	299	16.0	37	8.6
AM29	29 797	24.4	1 807	4.3	387	20.7	26	♦ 6.1
AM30	18 272	15.0	297	0.7	274	14.6	109	25.4
AM31	123 626	101.3	25 154	60.5	111	5.9	152	35.5
AM32	2 732	2.2	707	1.7	136	7.3	12	♦ 2.8
AM33	98 959	81.1	15 335	36.9	155	8.3	150	35.0
AM34	49 013	40.1	2 739	6.6	219	11.7	83	19.4
AM35	121	0.1	178	0.4	–	–	–	–
AM36	13 624	11.2	3 103	7.5	37	2.0	36	8.4
AM37	3 874	3.2	845	2.0	12	♦ 0.6	8	♦ 1.9
AM38	100	0.1	154	0.4	–	–	–	–
AM39	16 672	13.7	9 988	24.0	40	2.1	23	♦ 5.4
AM40	14 329	11.7	1 329	3.2	71	3.8	37	8.6
AM41	246	...	25	♦ [4] 0.9	5	♦ [4] 6.6	2	...
AM42	10	♦ [5] 0.7	3	♦ [5] 0.5	–	–	–	–
AM43	131	[5] 9.7	59	[5] 9.1	1	♦ [5] 2.0	–	–
AM44	21	♦ [5] 1.6	1	♦ [5] 0.2	–	–	–	–
AM45	3 707	3.0	695	1.7	342	18.3	14	♦ 3.3
AM46	243	[5] 18.0	3	♦ [5] 0.5	–	–	–	–
AM47	2 336	[5] 173.5	90	[5] 13.8	409	[5] 814.8	30	♦ [5] 396.6
AM48	29 066	23.8	35 095	84.4	204	10.9	71	16.6
AM49	54 284	44.5	12 587	30.3	240	12.8	84	19.6
AM50	12 374	10.1	7 326	17.6	343	18.3	17	♦ 4.0
AM51	3 836	3.1	2 860	6.9	32	1.7	5	♦ 1.2
AM52	12 045	9.9	11 474	27.6	160	8.5	18	♦ 4.2
AM53	23 831	19.5	3 301	7.9	16	♦ 0.9	19	♦ 4.4
AM54	918	0.8	447	1.1	10	♦ 0.5	2	♦ 0.5
AM55	2 667	2.2	124	0.3	27	♦ 1.4	26	♦ 6.1

21. Deaths and death rates by cause: latest available year (continued)

Décès selon la cause, nombres et taux: dernière année disponible (suite)

Part A: Classified according to Abbreviated International List, 1975 Revision

Partie A: Décès classés selon la Liste internationale abrégée de la révision de 1975

(See notes at end of table. – Voir notes à la fin du tableau.)

ASIA(cont.) – ASIE(suite) – EUROPE

Cause of death abbreviated list number [1] / Cause de décès numéro dans la liste abrégée [1]	Maldives		Singapore – Singapour		Austria – Autriche		Belgium – Belgique	
	1987		1987+ [2,18]		1987		1986 [2,19]	
	Number Nombre	Rate Taux	Number Nombre	Rate Taux	Number Nombre	Rate Taux	Number Nombre	Rate Taux
TOTAL	1 525	781.6	13 170	504.1	84 907	1 120.8	112 791	1 138.0
AM 1	–	–	2	♦ 0.1	–	–	–	–
AM 2	–	–	1	♦ 0.0	1	♦ 0.0	1	♦ 0.0
AM 3	–	–	36	1.4	2	♦ 0.0	55	0.6
AM 4	27	♦ 13.8	186	7.1	182	2.4	133	1.3
AM 5	–	–	–	–	–	–	–	–
AM 6	–	–	2	♦ 0.1	7	♦ 0.1	13	♦ 0.1
AM 7	50	25.6	1	♦ 0.0	1	♦ 0.0	6	♦ 0.1
AM 8	–	–	142	5.4	18	♦ 0.2	506	5.1
AM 9	–	–	–	–	–	–	–	–
AM10	–	–	–	–	1	♦ 0.0	1	♦ 0.0
AM11	–	–	–	–	3	♦ 0.0	–	–
AM12	43	22.0	62	2.4	89	1.2	116	1.2
AM13	–	–	367	14.0	2 045	27.0	1 781	18.0
AM14	–	–	243	9.3	1 678	22.1	2 292	23.1
AM15	–	–	111	4.2	974	12.9	982	9.9
AM16	–	–	781	29.9	3 160	41.7	6 516	65.7
AM17	–	–	178	18.0	1 675	50.5	2 400	...
AM18	–	–	77	7.8	231	7.0	234	...
AM19	–	–	106	4.1	542	7.2	813	8.2
AM20	–	–	1 268	48.5	8 778	115.9	12 202	123.1
AM21	–	–	492	18.8	1 450	19.1	2 040	20.6
AM22	–	–	–	–	–	–	3	♦ 0.0
AM23	–	–	3	♦ 0.1	–	–	7	♦ 0.1
AM24	–	–	21	♦ 0.8	94	1.2	224	2.3
AM25	–	–	20	♦ 0.8	40	0.5	27	♦ 0.3
AM26	–	–	–	–	1	♦ 0.0	11	♦ 0.1
AM27	–	–	59	2.3	350	4.6	62	0.6
AM28	90	46.1	320	12.2	1 698	22.4	1 198	12.1
AM29	–	–	1 687	64.6	9 707	128.1	9 209	92.9
AM30	–	–	778	29.8	5 800	76.6	4 870	49.1
AM31	–	–	1 343	51.4	13 402	176.9	11 499	116.0
AM32	–	–	13	♦ 0.5	1 772	23.4	4 877	49.2
AM33	208	106.6	475	18.2	12 121	160.0	14 075	142.0
AM34	12	♦ 6.1	998	38.2	1 473	19.4	2 850	28.8
AM35	99	50.7	3	♦ 0.1	74	1.0	472	4.8
AM36	–	–	177	6.8	2 188	28.9	3 436	34.7
AM37	–	–	58	2.2	539	7.1	377	3.8
AM38	–	–	–	–	38	0.5	17	♦ 0.2
AM39	–	–	133	5.1	2 115	27.9	1 381	13.9
AM40	–	–	277	10.6	348	4.6	1 595	16.1
AM41	–	–	–	–	66	[4] 7.0	50	...
AM42	54	[5] 645.6	1	♦ [5] 2.3	–	–	1	♦ [5] 0.9
AM43	–	–	2	♦ [5] 4.6	3	♦ [5] 3.5	3	♦ [5] 2.6
AM44	–	–	–	–	1	♦ [5] 1.2	–	–
AM45	–	–	168	6.4	309	4.1	535	5.4
AM46	–	–	6	♦ [5] 13.8	28	♦ [5] 32.4	19	♦ [5] 16.2
AM47	–	–	122	[5] 279.7	319	[5] 368.8	945	[5] 807.0
AM48	–	–	201	7.7	855	11.3	8 260	83.3
AM49	937	480.3	1 319	50.5	4 594	60.6	9 661	97.5
AM50	–	–	233	8.9	1 422	18.8	2 058	20.8
AM51	–	–	76	2.9	1 594	21.0	1 366	13.8
AM52	1	♦ 0.5	122	4.7	888	11.7	1 028	10.4
AM53	4	♦ 2.0	302	11.6	2 069	27.3	2 202	22.2
AM54	–	–	45	1.7	97	1.3	210	2.1
AM55	–	–	153	5.9	65	0.9	172	1.7

21. Deaths and death rates by cause: latest available year (continued)

Décès selon la cause, nombres et taux: dernière année disponible (suite)

Part A: Classified according to Abbreviated International List, 1975 Revision

Partie A: Décès classés selon la Liste internationale abrégée de la révision de 1975

(See notes at end of table. – Voir notes à la fin du tableau.)

EUROPE(cont.–suite)

Cause of death abbreviated list number [1] / Cause de décès numéro dans la liste abrégée [1]	Bulgaria – Bulgarie		Czechoslovakia – Tchécoslovaquie		France		German Democratic Rep. – Rép. démocratique allemande [22]	
	1987 [2]		1986 [2]		1986 [20 21]		1987 [2]	
	Number Nombre	Rate Taux	Number Nombre	Rate Taux	Number Nombre	Rate Taux	Number Nombre	Rate Taux
TOTAL	107 213	1 195.3	185 718	1 195.6	546 926	987.3	213 874	1 285.2
AM 1	–	–	–	–	1	♦ 0.0	–	–
AM 2	–	–	–	–	8	♦ 0.0	2	♦ 0.0
AM 3	36	0.4	56	0.4	438	0.8	31	0.2
AM 4	233	2.6	296	1.9	1 154	2.1	313	1.9
AM 5	–	–	–	–	3	♦ 0.0	–	–
AM 6	47	0.5	12	♦ 0.1	56	0.1	27	♦ 0.2
AM 7	2	♦ 0.0	4	♦ 0.0	29	♦ 0.1	2	♦ 0.0
AM 8	217	2.4	114	0.7	2 560	4.6	75	0.4
AM 9	–	–	–	–	–	–	–	–
AM10	–	–	–	–	10	♦ 0.0	–	–
AM11	1	♦ 0.0	–	–	23	♦ 0.0	1	♦ 0.0
AM12	141	1.6	202	1.3	2 795	5.0	280	1.7
AM13	2 339	26.1	3 428	22.1	7 326	13.2	3 807	22.9
AM14	684	7.6	2 634	17.0	10 838	19.6	2 444	14.7
AM15	1 064	11.9	2 508	16.1	4 238	7.6	2 434	14.6
AM16	3 100	34.6	7 920	51.0	19 839	35.8	5 955	35.8
AM17	977	...	2 480	[3] 40.5	9 530	[3] 42.1	2 662	...
AM18	239	...	662	[3] 10.8	868	[3] 3.8	842	...
AM19	454	5.1	1 089	7.0	4 672	8.4	1 084	6.5
AM20	6 180	68.9	16 376	105.4	75 697	136.7	15 586	93.7
AM21	1 642	18.3	3 046	19.6	6 791	12.3	5 995	36.0
AM22	–	–	7	♦ 0.0	1 284	2.3	200	1.2
AM23	3	♦ 0.0	–	–	371	0.7	25	♦ 0.1
AM24	41	0.5	124	0.8	1 556	2.8	498	3.0
AM25	72	0.8	155	1.0	401	0.7	104	0.6
AM26	67	0.7	2	♦ 0.0	13	♦ 0.0	9	♦ 0.1
AM27	543	6.1	1 094	7.0	1 190	2.1	722	4.3
AM28	2 768	30.9	1 431	9.2	5 447	9.8	16 255	97.7
AM29	6 414	71.5	22 290	143.5	39 159	70.7	8 500	51.1
AM30	14 459	161.2	24 121	155.3	15 089	27.2	23 352	140.3
AM31	22 136	246.8	31 458	202.5	59 961	108.2	19 785	118.9
AM32	8 994	100.3	11 733	75.5	1 963	3.5	37 260	223.9
AM33	10 408	116.0	9 574	61.6	72 479	130.8	18 950	113.9
AM34	4 073	45.4	6 448	41.5	13 082	23.6	3 666	22.0
AM35	43	0.5	449	2.9	2 108	3.8	77	0.5
AM36	1 894	21.1	4 916	31.6	9 038	16.3	5 678	34.1
AM37	413	4.6	844	5.4	2 411	4.4	...	...
AM38	28	♦ 0.3	98	0.6	210	0.4	...	...
AM39	1 554	17.3	2 912	18.7	11 863	21.4	...	...
AM40	708	7.9	1 642	10.6	5 453	9.8	890	5.3
AM41	137	...	570	[4] 31.5	497	[4] 6.9	506	...
AM42	9	♦ [5] 7.8	6	♦ [5] 2.7	7	♦ [5] 0.9	2	♦ [5] 0.9
AM43	14	♦ [5] 12.1	18	♦ [5] 8.2	72	[5] 9.2	26	♦ [5] 11.5
AM44	–	–	–	–	6	♦ [5] 0.8	–	–
AM45	540	6.0	907	5.8	2 042	3.7	770	4.6
AM46	25	♦ [5] 21.6	7	♦ [5] 3.2	6	♦ [5] 0.8	10	♦ [5] 4.4
AM47	491	[5] 424.8	1 495	[5] 678.0	1 501	[5] 192.8	1 109	[5] 490.8
AM48	4 180	46.6	1 401	9.0	35 354	63.8	...	...
AM49	4 335	48.3	8 995	57.9	67 786	122.4	...	...
AM50	1 107	12.3	1 525	9.8	10 340	18.7	1 731	10.4
AM51	575	6.4	4 177	26.9	12 424	22.4	2 703	16.2
AM52	2 073	23.1	2 989	19.2	11 761	21.2	...	...
AM53	1 492	16.6	2 972	19.1	12 529	22.6	...	...
AM54	213	2.4	175	1.1	657	1.2	...	...
AM55	48	0.5	356	2.3	1 990	3.6	...	...

21. Deaths and death rates by cause: latest available year (continued)

Décès selon la cause, nombres et taux: dernière année disponible (suite)

Part A: Classified according to Abbreviated International List, 1975 Revision

Partie A: Décès classés selon la Liste internationale abrégée de la révision de 1975

(See notes at end of table. – Voir notes à la fin du tableau.)

EUROPE(cont.–suite)

Cause of death abbreviated list number [1] / Cause de décès numéro dans la liste abrégée [1]	Germany, Federal Rep. of – Allemagne, République fédérale d' [22]		Greece – Grèce		Hungary – Hongrie		Iceland – Islande	
	1987		1986 [2]		1987		1987 [2]	
	Number / Nombre	Rate / Taux	Number / Nombre	Rate / Taux	Number / Nombre	Rate / Taux	Number / Nombre	Rate / Taux
TOTAL	687 419	1 123.8	91 783	921.0	142 601	1 343.7	1 724	701.4
AM 1	–	–	–	–	–	–	–	–
AM 2	4	♦ 0.0	–	–	–	–	–	–
AM 3	209	0.3	4	♦ 0.0	20	♦ 0.2	–	–
AM 4	895	1.5	222	2.2	603	5.7	–	–
AM 5	5	♦ 0.0	–	–	–	–	–	–
AM 6	87	0.1	9	♦ 0.1	14	♦ 0.1	1	♦ 0.4
AM 7	6	♦ 0.0	6	♦ 0.1	19	♦ 0.2	–	–
AM 8	1 097	1.8	244	2.4	6	♦ 0.1	3	♦ 1.2
AM 9	–	–	–	–	–	–	–	–
AM10	2	♦ 0.0	–	–	–	–	–	–
AM11	9	♦ 0.0	1	♦ 0.0	–	–	–	–
AM12	2 257	3.7	86	0.9	461	4.3	3	♦ 1.2
AM13	14 627	23.9	1 419	14.2	2 977	28.1	42	17.1
AM14	16 906	27.6	885	8.9	2 380	22.4	34	13.8
AM15	6 997	11.4	128	1.3	1 669	15.7	9	♦ 3.7
AM16	26 876	43.9	4 269	42.8	6 526	61.5	78	31.7
AM17	14 417	...	1 193	...	2 119	[3] 48.2	38	...
AM18	1 892	...	103	...	671	[3] 15.3	3	...
AM19	5 169	8.4	725	7.3	889	8.4	10	♦ 4.1
AM20	79 642	130.2	9 643	96.8	12 601	118.7	224	91.1
AM21	11 335	18.5	1 016	10.2	2 082	19.6	7	♦ 2.8
AM22	30	♦ 0.0	–	–	–	–	–	–
AM23	3	♦ 0.0	–	–	2	♦ 0.0	–	–
AM24	809	1.3	433	4.3	88	0.8	2	♦ 0.8
AM25	240	0.4	25	♦ 0.2	171	1.6	1	♦ 0.4
AM26	17	♦ 0.0	1	♦ 0.0	1	...	–	–
AM27	2 043	3.3	55	0.6	928	8.7	1	♦ 0.4
AM28	9 643	15.8	535	5.4	5 390	50.8	8	♦ 3.3
AM29	79 754	130.4	7 418	74.4	14 351	135.2	345	140.4
AM30	57 135	93.4	2 357	23.6	13 180	124.2	140	57.0
AM31	87 066	142.3	17 633	176.9	21 976	207.1	176	71.6
AM32	12 928	21.1	290	2.9	11 214	105.7	13	♦ 5.3
AM33	94 083	153.8	17 603	176.6	8 496	80.1	116	47.2
AM34	12 828	21.0	1 377	13.8	743	7.0	131	53.3
AM35	281	0.5	17	♦ 0.2	56	0.5	2	♦ 0.8
AM36	20 825	34.0	642	6.4	4 681	44.1	41	16.7
AM37	3 061	5.0	92	0.9	848	8.0	6	♦ 2.4
AM38	277	0.5	2	♦ 0.0	84	0.8	–	–
AM39	13 823	22.6	1 012	10.2	4 690	44.2	3	♦ 1.2
AM40	5 329	8.7	1 805	18.1	481	4.5	7	♦ 2.8
AM41	457	...	73	...	269	19.6	2	...
AM42	9	♦ [5] 1.4	1	♦ [5] 0.9	4	♦ [5] 3.2	–	–
AM43	43	[5] 6.7	8	♦ [5] 7.1	13	♦ [5] 10.3	–	–
AM44	4	♦ [5] 0.6	–	–	–	–	1	♦ [5] 24.1
AM45	2 143	3.5	507	5.1	775	7.3	12	♦ 4.9
AM46	179	[5] 27.9	72	[5] 64.1	67	[5] 53.2	1	♦ [5] 24.1
AM47	1 975	[5] 307.6	719	[5] 640.5	1 279	[5] 1 016.4	16	♦ [5] 385.5
AM48	18 029	29.5	7 325	73.5	93	0.9	19	♦ 7.7
AM49	48 948	80.0	7 221	72.5	6 856	64.6	107	43.5
AM50	7 566	12.4	1 929	19.4	1 688	15.9	26	♦ 10.6
AM51	8 013	13.1	753	7.6	3 699	34.9	14	♦ 5.7
AM52	3 938	6.4	1 388	13.9	2 342	22.1	42	17.1
AM53	11 599	19.0	393	3.9	4 782	45.1	36	14.6
AM54	690	1.1	94	0.9	266	2.5	2	♦ 0.8
AM55	1 219	2.0	50	0.5	51	0.5	2	♦ 0.8

21. Deaths and death rates by cause: latest available year (continued)

Décès selon la cause, nombres et taux: dernière année disponible (suite)

Part A: Classified according to Abbreviated International List, 1975 Revision

Partie A: Décès classés selon la Liste internationale abrégée de la révision de 1975

(See notes at end of table. – Voir notes à la fin du tableau.) EUROPE(cont.–suite)

Cause of death abbreviated list number [1] / Cause de décès numéro dans la liste abrégée [1]	Ireland – Irlande 1986+ [2,23]		Italy – Italie 1985 [2]		Luxembourg 1987 [2]		Malta – Malte 1987 [2,24]	
	Number Nombre	Rate Taux	Number Nombre	Rate Taux	Number Nombre	Rate Taux	Number Nombre	Rate Taux
TOTAL	33 704	951.9	547 436	958.0	4 065	1 105.6	2 950	857.1
AM 1	–	–	–	–	–	–	–	–
AM 2	–	–	3	♦ 0.0	–	–	–	–
AM 3	8	♦ 0.2	166	0.3	3	♦ 0.8	1	♦ 0.3
AM 4	69	1.9	840	1.5	2	♦ 0.5	1	♦ 0.3
AM 5	1	♦ 0.0	5	♦ 0.0	1	♦ 0.3	–	–
AM 6	13	♦ 0.4	55	0.1	2	♦ 0.5	–	–
AM 7	–	–	84	0.1	–	–	–	–
AM 8	86	2.4	412	0.7	3	♦ 0.8	12	♦ 3.5
AM 9	–	–	–	–	–	–	–	–
AM10	–	–	2	♦ 0.0	–	–	–	–
AM11	–	–	2	♦ 0.0	–	–	–	–
AM12	66	1.9	694	1.2	15	♦ 4.1	3	♦ 0.9
AM13	540	15.3	14 714	25.7	64	17.4	44	12.8
AM14	669	18.9	8 245	14.4	107	29.1	15	♦ 4.4
AM15	258	7.3	4 578	8.0	38	10.3	45	13.1
AM16	1 554	43.9	27 311	47.8	205	55.8	99	28.8
AM17	571	[3] 44.9	9 953	...	80	[3] 50.2	60	[3] 44.4
AM18	58	[3] 4.6	350	...	10	♦ [3] 6.3	5	♦ [3] 3.7
AM19	222	6.3	4 626	8.1	41	11.1	24	♦ 7.0
AM20	3 014	85.1	63 993	112.0	481	130.8	248	72.1
AM21	292	8.2	18 683	32.7	70	19.0	65	18.9
AM22	4	♦ 0.1	4	–	–	–	–	–
AM23	5	♦ 0.1	4	–	–	–	–	–
AM24	64	1.8	1 091	1.9	3	♦ 0.8	6	♦ 1.7
AM25	19	♦ 0.5	175	0.3	3	♦ 0.8	–	–
AM26	8	♦ 0.2	24	♦ 0.0	–	–	1	♦ 0.3
AM27	65	1.8	2 328	4.1	3	♦ 0.8	–	–
AM28	285	8.0	15 250	26.7	34	9.2	21	♦ 6.1
AM29	7 019	198.2	42 053	73.6	339	92.2	418	121.5
AM30	1 780	50.3	26 925	47.1	289	78.6	360	104.6
AM31	3 654	103.2	78 497	137.4	651	177.1	400	116.2
AM32	558	15.8	18 049	31.6	80	21.8	65	18.9
AM33	3 044	86.0	66 503	116.4	533	145.0	598	173.8
AM34	2 205	62.3	9 535	16.7	61	16.6	91	26.4
AM35	69	1.9	539	0.9	2	♦ 0.5	–	–
AM36	835	23.6	19 486	34.1	78	21.2	4	♦ 1.2
AM37	214	6.0	2 458	4.3	13	♦ 3.5	15	♦ 4.4
AM38	8	♦ 0.2	133	0.2	3	♦ 0.8	–	–
AM39	99	2.8	18 492	32.4	90	24.5	16	♦ 4.6
AM40	419	11.8	4 658	8.2	39	10.6	59	17.1
AM41	54	[4] 14.1	864	...	–	–	–	–
AM42	–	–	5	♦ [5] 0.9	–	–	–	–
AM43	3	♦ [5] 4.9	42	[5] 7.3	1	♦ [5] 23.6	–	–
AM44	–	–	–	–	–	–	–	–
AM45	263	7.4	2 074	3.6	7	♦ 1.9	14	♦ 4.1
AM46	5	♦ [5] 8.1	194	[5] 33.7	3	♦ [5] 70.8	1	♦ [5] 18.3
AM47	158	[5] 257.2	3 621	[5] 629.2	14	♦ [5] 330.3	18	♦ [5] 329.0
AM48	328	9.3	14 870	26.0	107	29.1	44	12.8
AM49	3 582	101.2	36 110	63.2	327	88.9	136	39.5
AM50	422	11.9	9 066	15.9	76	20.7	17	♦ 4.9
AM51	318	9.0	8 678	15.2	59	16.0	13	♦ 3.8
AM52	415	11.7	4 913	8.6	32	8.7	22	♦ 6.4
AM53	282	8.0	4 759	8.3	74	20.1	1	♦ 0.3
AM54	29	♦ 0.8	841	1.5	6	♦ 1.6	3	♦ 0.9
AM55	70	2.0	479	0.8	16	♦ 4.4	5	♦ 1.5

21. Deaths and death rates by cause: latest available year (continued)

Décès selon la cause, nombres et taux: dernière année disponible (suite)

Part A: Classified according to Abbreviated International List, 1975 Revision

Partie A: Décès classés selon la Liste internationale abrégée de la révision de 1975

(See notes at end of table. – Voir notes à la fin du tableau.)

EUROPE(cont.–suite)

Cause of death abbreviated list number [1] / Cause de décès numéro dans la liste abrégée [1]	Netherlands – Pays-Bas		Norway – Norvège		Poland – Pologne		Portugal	
	1986 [25]		1987 [2]		1987 [26]		1987	
	Number Nombre	Rate Taux	Number Nombre	Rate Taux	Number Nombre	Rate Taux	Number Nombre	Rate Taux
TOTAL	125 307	860.4	44 989	1 074.5	378 365	1 004.6	95 423	931.0
AM 1	–	–	–	–	–	–	–	–
AM 2	–	–	–	–	–	–	5	♦ 0.0
AM 3	54	0.4	38	0.9	117	0.3	46	0.4
AM 4	41	0.3	15	♦ 0.4	1 606	4.3	335	3.3
AM 5	–	–	–	–	3	–	1	♦ 0.0
AM 6	31	0.2	22	♦ 0.5	88	0.2	23	♦ 0.2
AM 7	–	–	–	–	43	0.1	23	♦ 0.2
AM 8	266	1.8	116	2.8	720	1.9	137	1.3
AM 9	–	–	–	–	–	–	–	–
AM10	–	–	–	–	–	–	6	♦ 0.1
AM11	–	–	–	–	–	–	–	–
AM12	325	2.2	124	3.0	791	2.1	186	1.8
AM13	2 333	16.0	743	17.7	7 974	21.2	2 861	27.9
AM14	2 929	20.1	909	21.7	2 374	6.3	1 240	12.1
AM15	964	6.6	535	12.8	3 298	8.8	610	6.0
AM16	8 546	58.7	1 362	32.5	15 589	41.4	2 074	20.2
AM17	3 040	[3] 50.5	711	[3] 41.3	3 905	[3] 26.8	1 295	[3] 31.0
AM18	312	[3] 5.2	152	[3] 8.8	2 026	[3] 13.9	167	[3] 4.0
AM19	977	6.7	324	7.7	2 042	5.4	522	5.1
AM20	14 865	102.1	4 900	117.0	32 182	85.4	8 012	78.2
AM21	3 388	23.3	520	12.4	5 766	15.3	2 067	20.2
AM22	52	0.4	5	♦ 0.1	17	♦ 0.0	34	0.3
AM23	2	♦ 0.0	1	♦ 0.0	7	♦ 0.0	37	0.4
AM24	225	1.5	55	1.3	322	0.9	163	1.6
AM25	78	0.5	19	♦ 0.5	461	1.2	77	0.8
AM26	–	–	–	–	55	0.1	9	♦ 0.1
AM27	124	0.9	151	3.6	2 820	7.5	253	2.5
AM28	779	5.3	472	11.3	8 098	21.5	742	7.2
AM29	19 924	136.8	7 920	189.2	29 388	78.0	6 235	60.8
AM30	5 312	36.5	3 828	91.4	8 156	21.7	2 088	20.4
AM31	11 824	81.2	5 438	129.9	25 127	66.7	23 694	231.2
AM32	1 539	10.6	431	10.3	81 241	215.7	2 216	21.6
AM33	13 719	94.2	3 512	83.9	42 993	114.1	7 144	69.7
AM34	3 295	22.6	2 613	62.4	6 523	17.3	2 213	21.6
AM35	471	3.2	49	1.2	59	0.2	51	0.5
AM36	3 141	21.6	828	19.8	10 242	27.2	1 616	15.8
AM37	534	3.7	229	5.5	1 894	5.0	362	3.5
AM38	62	0.4	18	♦ 0.4	208	0.6	24	♦ 0.2
AM39	790	5.4	318	7.6	3 775	10.0	2 881	28.1
AM40	1 223	8.4	216	5.2	3 196	8.5	1 027	10.0
AM41	205	[4] 11.6	83	[4] 14.4	434	[4] 10.8	50	[4] 3.9
AM42	1	♦ [5] 0.5	–	–	11	♦ [5] 1.8	6	♦ [5] 4.9
AM43	14	♦ [5] 7.6	3	♦ [5] 5.6	82	[5] 13.5	9	♦ [5] 7.3
AM44	–	–	–	–	1	♦ [5] 0.2	–	–
AM45	780	5.4	259	6.2	3 410	9.1	564	5.5
AM46	47	[5] 25.5	4	♦ [5] 7.4	791	[5] 130.6	20	♦ [5] 16.2
AM47	493	[5] 267.2	143	[5] 264.7	4 599	[5] 759.5	865	[5] 702.0
AM48	4 916	33.8	1 525	36.4	24 809	65.9	10 660	104.0
AM49	12 089	83.0	3 706	88.5	15 563	41.3	5 738	56.0
AM50	1 491	10.2	405	9.7	5 118	13.6	2 689	26.2
AM51	1 475	10.1	955	22.8	3 836	10.2	1 014	9.9
AM52	764	5.2	597	14.3	8 992	23.9	970	9.5
AM53	1 604	11.0	649	15.5	5 012	13.3	960	9.4
AM54	151	1.0	60	1.4	644	1.7	128	1.2
AM55	112	0.8	26	♦ 0.6	1 957	5.2	1 274	12.4

21. Deaths and death rates by cause: latest available year (continued)

Décès selon la cause, nombres et taux: dernière année disponible (suite)

Part A: Classified according to Abbreviated International List, 1975 Revision

Partie A: Décès classés selon la Liste internationale abrégée de la révision de 1975

(See notes at end of table. – Voir notes à la fin du tableau.) EUROPE(cont.–suite)

Cause of death abbreviated list number [1] / Cause de décès numéro dans la liste abrégée [1]	Romania – Roumanie		Spain – Espagne		United Kingdom – Royaume–Uni England and Wales – Angleterre et Galles		Northern Ireland – Irlande du Nord	
	1984		1985 [2]		1987		1987+	
	Number Nombre	Rate Taux	Number Nombre	Rate Taux	Number Nombre	Rate Taux	Number Nombre	Rate Taux
TOTAL	233 699	1 032.9	312 532	811.7	566 994	1 128.5	15 334	973.5
AM 1	–	–	–	–	–	–	–	–
AM 2	–	–	9	♦ 0.0	2	♦ 0.0	–	–
AM 3	332	1.5	255	0.7	160	0.3	2	♦ 0.1
AM 4	843	3.7	1 059	2.7	430	0.9	14	♦ 0.9
AM 5	18	♦ 0.1	1	♦ 0.0	5	♦ 0.0	–	–
AM 6	29	♦ 0.1	159	0.4	155	0.3	6	♦ 0.4
AM 7	18	♦ 0.1	36	0.1	2	♦ 0.0	–	–
AM 8	93	0.4	1 128	2.9	661	1.3	23	♦ 1.5
AM 9	–	–	–	–	–	–	–	–
AM10	9	♦ 0.0	2	♦ 0.0	6	♦ 0.0	1	♦ 0.1
AM11	–	–	5	♦ 0.0	7	♦ 0.0	–	–
AM12	565	2.5	635	1.6	952	1.9	17	♦ 1.1
AM13	4 065	18.0	7 140	18.5	9 509	18.9	239	15.2
AM14	1 173	5.2	3 812	9.9	11 378	22.6	352	22.3
AM15	1 110	4.9	2 161	5.6	5 675	11.3	127	8.1
AM16	5 353	23.7	11 349	29.5	35 138	69.9	759	48.2
AM17	1 975	[3] 22.7	4 293	...	13 751	...	309	...
AM18	1 477	[3] 17.0	410	...	1 903	...	37	...
AM19	928	4.1	2 236	5.8	3 650	7.3	83	5.3
AM20	12 960	57.3	34 928	90.7	59 764	118.9	1 464	92.9
AM21	1 550	6.8	8 453	22.0	7 637	15.2	57	3.6
AM22	3	♦ 0.0	4	♦ 0.0	3	♦ 0.0	–	–
AM23	29	♦ 0.1	87	0.2	46	0.1	1	♦ 0.1
AM24	99	0.4	624	1.6	1 332	2.7	14	♦ 0.9
AM25	304	1.3	200	0.5	291	0.6	4	♦ 0.3
AM26	5	♦ 0.0	18	♦ 0.0	8	♦ 0.0	5	♦ 0.3
AM27	1 542	6.8	1 596	4.1	2 415	4.8	53	3.4
AM28	19 223	85.0	2 146	5.6	3 760	7.5	69	4.4
AM29	9 790	43.3	23 452	60.9	99 772	198.6	3 690	234.3
AM30	23 687	104.7	8 329	21.6	55 463	110.4	848	53.8
AM31	34 687	153.3	47 702	123.9	69 456	138.2	1 818	115.4
AM32	15 747	69.6	11 641	30.2	5 073	10.1	87	5.5
AM33	31 910	141.0	44 988	116.8	35 136	69.9	1 032	65.5
AM34	9 474	41.9	8 009	20.8	24 648	49.1	1 510	95.9
AM35	22	♦ 0.1	712	1.8	190	0.4	2	♦ 0.1
AM36	9 198	40.7	5 533	14.4	11 719	23.3	208	13.2
AM37	954	4.2	1 202	3.1	4 307	8.6	77	4.9
AM38	117	0.5	85	0.2	115	0.2	3	♦ 0.2
AM39	7 519	33.2	8 328	21.6	2 709	5.4	58	3.7
AM40	1 924	8.5	5 249	13.6	4 519	9.0	147	9.3
AM41	934	[4] 34.4	319	...	530	...	9	...
AM42	449	[5] 128.0	9	♦ [5] 2.0	5	♦ [5] 0.6	–	–
AM43	73	[5] 20.8	11	♦ [5] 2.4	37	[5] 4.8	1	♦ [5] 3.6
AM44	–	–	–	–	4	♦ [5] 0.5	–	–
AM45	2 258	10.0	1 622	4.2	2 638	5.2	91	5.8
AM46	351	[5] 100.1	33	[5] 7.3	91	[5] 11.7	–	–
AM47	1 465	[5] 417.7	1 619	[5] 358.7	2 398	[5] 309.2	79	[5] 283.5
AM48	108	0.5	9 763	25.4	3 996	8.0	57	3.6
AM49	657	2.9	35 513	92.2	67 698	134.7	1 219	77.4
AM50	[27] 14 336	[27] 63.4	5 670	14.7	4 754	9.5	224	14.2
AM51	...	...	1 049	2.7	3 405	6.8	172	10.9
AM52	...	...	5 205	13.5	3 370	6.7	146	9.3
AM53	...	...	2 514	6.5	3 986	7.9	86	5.5
AM54	...	...	405	1.1	355	0.7	90	5.7
AM55	...	...	824	2.1	1 980	3.9	44	2.8

21. Deaths and death rates by cause: latest available year (continued)

Décès selon la cause, nombres et taux: dernière année disponible (suite)

Part A: Classified according to Abbreviated International List, 1975 Revision

Partie A: Décès classés selon la Liste internationale abrégée de la révision de 1975

(See notes at end of table. – Voir notes à la fin du tableau.)

EUROPE(cont.–suite) – OCEANIA – OCEANIE

Cause of death abbreviated list number [1] / Cause de décès numéro dans la liste abrégée [1]	United Kingdom – Royaume–Uni Scotland – Ecosse 1987+		Yugoslavia – Yougoslavie 1987		Australia – Australie 1986+		Fiji – Fidji 1985	
	Number Nombre	Rate Taux	Number Nombre	Rate Taux	Number Nombre	Rate Taux	Number Nombre	Rate Taux
TOTAL	62 014	1 213.1	214 666	916.7	114 981	717.8	3 680	528.0
AM 1	–	–	–	–	–	–	–	–
AM 2	–	–	1	♦ 0.0	–	–	–	–
AM 3	9	♦ 0.2	867	3.7	47	0.3	77	11.0
AM 4	42	0.8	1 380	5.9	61	0.4	49	7.0
AM 5	–	–	48	0.2	–	–	–	–
AM 6	17	♦ 0.3	28	♦ 0.1	9	♦ 0.1	1	♦ 0.1
AM 7	–	–	25	♦ 0.1	5	♦ 0.0	–	–
AM 8	99	1.9	295	1.3	237	1.5	–	–
AM 9	–	–	–	–	–	–	–	–
AM10	1	♦ 0.0	42	0.2	5	♦ 0.0	–	–
AM11	1	♦ 0.0	1	♦ 0.0	1	♦ 0.0	–	–
AM12	81	1.6	202	0.9	233	1.5	92	13.2
AM13	985	19.3	3 763	16.1	1 382	8.6	358	51.4
AM14	1 167	22.8	1 398	6.0	3 092	19.3	–	–
AM15	610	11.9	1 801	7.7	1 040	6.5	–	–
AM16	4 290	83.9	7 279	31.1	5 702	35.6	–	–
AM17	1 234	...	2 433	[3] 26.5	2 230	...	–	–
AM18	188	...	737	[3] 8.0	350	...	–	–
AM19	312	6.1	1 007	4.3	1 024	6.4	–	–
AM20	5 864	114.7	15 862	67.7	13 075	81.6	13	♦ 1.9
AM21	540	10.6	2 672	11.4	1 958	12.2	203	29.1
AM22	–	–	3	♦ 0.0	4	♦ 0.0	17	♦ 2.4
AM23	7	♦ 0.1	29	♦ 0.1	42	0.3	–	–
AM24	89	1.7	190	0.8	252	1.6	25	♦ 3.6
AM25	22	♦ 0.4	234	1.0	44	0.3	19	♦ 2.7
AM26	–	–	6	♦ 0.0	6	♦ 0.0	5	♦ 0.7
AM27	242	4.7	446	1.9	394	2.5	24	♦ 3.4
AM28	324	6.3	5 306	22.7	1 085	6.8	306	43.9
AM29	14 271	279.2	17 341	74.1	22 664	141.5	557	79.9
AM30	4 134	80.9	2 215	9.5	9 339	58.3	271	38.9
AM31	8 225	160.9	28 894	123.4	12 491	78.0	167	24.0
AM32	523	10.2	7 534	32.2	1 144	7.1	–	–
AM33	3 338	65.3	49 102	209.7	8 142	50.8	–	–
AM34	3 750	73.4	4 428	18.9	1 486	9.3	185	26.5
AM35	36	0.7	75	0.3	46	0.3	1	♦ 0.1
AM36	791	15.5	4 721	20.2	2 144	13.4	115	16.5
AM37	422	8.3	994	4.2	786	4.9	47	6.7
AM38	8	♦ 0.2	72	0.3	28	♦ 0.2	2	♦ 0.3
AM39	401	7.8	4 219	18.0	1 170	7.3	44	6.3
AM40	514	10.1	2 071	8.8	1 106	6.9	90	12.9
AM41	34	...	677	[4] 24.8	83	...	2	♦ [4] 5.1
AM42	–	–	8	♦ [5] 2.2	3	♦ [5] 1.2	3	♦ [5] 15.4
AM43	2	♦ [5] 3.0	30	♦ [5] 8.3	12	♦ [5] 4.9	5	♦ [5] 25.7
AM44	–	–	–	–	–	–	–	–
AM45	225	4.4	1 178	5.0	841	5.2	37	5.3
AM46	6	♦ [5] 9.1	200	[5] 55.7	30	♦ [5] 12.3	33	[5] 169.5
AM47	224	[5] 338.4	3 511	[5] 977.1	834	[5] 342.6	115	[5] 590.8
AM48	264	5.2	18 307	78.2	793	4.9	356	51.1
AM49	6 036	118.1	9 020	38.5	11 733	73.2	123	17.6
AM50	580	11.3	3 657	15.6	2 987	18.6	89	12.8
AM51	720	14.1	1 519	6.5	880	5.5	–	–
AM52	573	11.2	4 097	17.5	1 565	9.8	104	14.9
AM53	522	10.2	4 025	17.2	1 982	12.4	77	11.0
AM54	104	2.0	420	1.8	315	2.0	–	–
AM55	187	3.7	296	1.3	99	0.6	68	9.8

21. Deaths and death rates by cause: latest available year (continued)

Décès selon la cause, nombres et taux: dernière année disponible (suite)

Part A: Classified according to Abbreviated International List, 1975 Revision

Partie A: Décès classés selon la Liste internationale abrégée de la révision de 1975

(See notes at end of table. – Voir notes à la fin du tableau.)

Cause of death abbreviated list number [1] / Cause de décès numéro dans la liste abrégée [1]	New Zealand – Nouvelle-Zélande		USSR – URSS		Byelorussian SSR – RSS de Biélorussie	
	1986+ [2]		1986 [28]		1986 [28]	
	Number Nombre	Rate Taux	Number Nombre	Rate Taux	Number Nombre	Rate Taux
TOTAL	27 052	833.0	2 737 351	976.8	97 275	968.6
AM 1	–	–	...	...	...	...
AM 2	–	–	121	0.0	1	♦ 0.0
AM 3	20	♦ 0.6	...	...	...	...
AM 4	16	♦ 0.5	...	...	...	...
AM 5	1	♦ 0.0	31	0.0	–	–
AM 6	17	♦ 0.5	2 382	0.8	87	0.9
AM 7	2	♦ 0.1	137	0.0	2	♦ 0.0
AM 8	46	1.4	6 447	2.3	94	0.9
AM 9	–	–	...	...	...	...
AM10	1	♦ 0.0	1 103	0.4	1	♦ 0.0
AM11	–	–	2	♦ 0.0	–	–
AM12	57	1.8	...	...	...	...
AM13	345	10.6	86 826	31.0	3 404	33.9
AM14	701	21.6	19 314	6.9	620	6.2
AM15	336	10.3	22 244	7.9	864	8.6
AM16	1 278	39.4	89 084	31.8	2 785	27.7
AM17	529	[3] 51.3	25 143	[3] 22.1	859	...
AM18	89	[3] 8.6	11 559	[3] 10.2	344	...
AM19	220	6.8	13 470	4.8	535	5.3
AM20	2 723	83.8	200 676	71.6	6 911	68.8
AM21	409	12.6	9 965	3.6	304	3.0
AM22	–	–	...	...	...	...
AM23	7	♦ 0.2	...	...	...	...
AM24	32	1.0	1 766	0.6	47	0.5
AM25	9	♦ 0.3	3 147	1.1	55	0.5
AM26	–	–	5 498	2.0	51	0.5
AM27	127	3.9	16 994	6.1	889	8.9
AM28	254	7.8	15 014	5.4	346	3.4
AM29	4 423	136.2	85 594	30.5	1 821	18.1
AM30	3 032	93.4	767 441	273.9	37 625	374.6
AM31	2 855	87.9	518 387	185.0	14 491	144.3
AM32	128	3.9	...	...	...	...
AM33	1 691	52.1	...	...	...	...
AM34	1 203	37.0	61 125	21.8	548	5.5
AM35	19	♦ 0.6	1 982	0.7	27	♦ 0.3
AM36	637	19.6	75 983	27.1	3 987	39.7
AM37	209	6.4	10 072	3.6	351	3.5
AM38	6	♦ 0.2	2 123	0.8	65	0.6
AM39	113	3.5	...	...	...	...
AM40	236	7.3	12 414	4.4	509	5.1
AM41	17	♦ [4] 4.7	4 369	[4] 17.0	173	...
AM42	1	♦ [5] 1.9	779	[5] 13.9	7	♦ [5] 4.1
AM43	6	♦ [5] 11.4	...	...	...	...
AM44	3	♦ [5] 5.7	...	...	...	...
AM45	234	7.2	26 066	9.3	912	9.1
AM46	5	♦ [5] 9.5	7 035	[5] 125.4	110	[5] 64.1
AM47	155	[5] 293.4	33 840	[5] 603.1	715	[5] 416.6
AM48	255	7.9	11 660	4.2	163	1.6
AM49	2 566	79.0	...	...	...	...
AM50	762	23.5	36 049	12.9	1 132	11.3
AM51	316	9.7	...	...	...	...
AM52	429	13.2	...	...	...	...
AM53	414	12.7	...	...	...	...
AM54	73	2.2	...	...	...	...
AM55	45	1.4	...	...	...	...

21. Deaths and death rates by cause: latest available year (continued)

Décès selon la cause, nombres et taux: dernière année disponible (suite)

Part B: Classified according to Abbreviated International List, 1965 Revision

Partie B: Décès classés selon la Liste internationale abrégée de la révision de 1965

(See notes at end of table. – Voir notes à la fin du tableau.)

AFRICA–AFRIQUE – ASIA–ASIE – EUROPE

Cause of death abbreviated list number [1] / Cause de décès numéro dans la liste abrégée [1]	Cape Verde – Cap-Vert 1980		Zimbabwe European – Européens 1979+		Philippines 1981+		Denmark – Danemark [29] 1986 [2]	
	Number Nombre	Rate Taux	Number Nombre	Rate Taux	Number Nombre	Rate Taux	Number Nombre	Rate Taux
TOTAL	2 281	770.1	2 224	911.5	296 547	598.6	57 777	1 128.3
B 1	–	–	–	–	298	0.6	–	–
B 2	18	♦ 6.1	–	–	582	1.2	–	–
B 3	5	♦ 1.7	–	–	1 477	3.0	2	♦ 0.0
B 4	277	93.5	1	♦ 0.4	16 217	32.7	21	♦ 0.4
B 5	36	12.2	3	♦ 1.2	26 287	53.1	30	♦ 0.6
B 6	2	♦ 0.7	1	♦ 0.4	1 030	2.1	18	♦ 0.4
B 7	–	–	–	–	–	–	–	–
B 8	–	–	–	–	504	1.0	–	–
B 9	–	–	–	–	57	0.1	–	–
B 10	–	–	–	–	6	♦ 0.0	1	♦ 0.0
B 11	5	♦ 1.7	–	–	58	0.1	20	♦ 0.4
B 12	–	–	–	–	118	0.2	–	–
B 13	–	–	–	–	–	–	–	–
B 14	34	11.5	1	♦ 0.4	6 951	14.0	1	♦ 0.0
B 15	–	–	–	–	31	0.1	–	–
B 16	–	–	3	♦ 1.2	1 071	2.2	–	–
B 17	–	–	–	–	4	♦ 0.0	3	♦ 0.1
B 18	78	26.3	9	♦ 3.7	6 213	12.5	166	3.2
B 19	142	47.9	363	148.8	15 621	31.5	14 630	285.7
B 20	5	♦ 1.7	10	♦ 4.1	438	0.9	316	6.2
B 21	12	♦ 4.1	16	♦ 6.6	1 701	3.4	836	16.3
B 22	47	15.9	1	♦ 0.4	6 863	13.9	51	1.0
B 23	18	♦ 6.1	1	♦ 0.4	1 506	3.0	57	1.1
B 24	28	♦ 9.5	4	♦ 1.6	2 560	5.2	60	1.2
B 25	1	♦ 0.3	–	–	41	0.1	1	♦ 0.0
B 26	4	♦ 1.3	12	♦ 4.9	2 189	4.4	255	5.0
B 27	24	♦ 8.1	39	16.0	9 478	19.1	332	6.5
B 28	21	♦ 7.1	441	180.7	11 083	22.4	16 468	321.6
B 29	168	56.7	80	32.8	19 714	39.8	2 026	39.6
B 30	148	50.0	186	76.2	10 029	20.2	5 221	102.0
B 31	1	♦ 0.3	1	♦ 0.4	1 476	3.0	160	3.1
B 32	88	29.7	84	34.4	43 164	87.1	1 219	23.8
B 33	66	22.3	73	29.9	5 569	11.2	2 535	49.5
B 34	7	♦ 2.4	8	♦ 3.3	4 443	9.0	432	8.4
B 35	1	♦ 0.3	1	♦ 0.4	451	0.9	39	0.8
B 36	4	♦ 1.3	7	♦ 2.9	144	0.3	187	3.7
B 37	11	♦ 3.7	30	♦ 12.3	1 969	4.0	687	13.4
B 38	6	♦ 2.0	3	♦ 1.2	4 445	9.0	65	1.3
B 39	1	♦ [4] 5.8	3	...	70	...	73	[4] 10.3
B 40	–	–	–	–	248	[5] 17.0	–	–
B 41	10	♦ [5] 107.4	1	♦ [5] 37.1	1 294	[5] 88.6	2	♦ [5] 3.6
B 42	56	18.9	16	♦ 6.6	3 607	7.3	247	[5] 4.8
B 43	11	♦ [5] 118.1	12	♦ [5] 445.3	2 456	[5] 168.1	120	[5] 217.0
B 44	80	[5] 859.1	6	♦ [5] 222.6	20 172	[5] 1 380.5	61	[5] 110.3
B 45	568	191.8	65	26.6	26 973	54.5	2 376	46.4
B 46	209	70.6	185	75.8	21 879	44.2	5 138	100.3
BE47	8	♦ 2.7	93	38.1	2 044	4.1	728	14.2
BE48	69	23.3	116	47.5	4 100	8.3	1 526	29.8
BE49	7	♦ 2.4	41	16.8	236	0.5	1 416	27.7
BE50	5	♦ 1.7	308	126.2	9 680	19.5	251	4.9

21. Deaths and death rates by cause: latest available year (continued)

Décès selon la cause, nombres et taux: dernière année disponible (suite)

Part B: Classified according to Abbreviated International List, 1965 Revision

Partie B: Décès classés selon la Liste internationale abrégée de la révision de 1965

(See notes at end of table. – Voir notes à la fin du tableau.)

Cause of death abbreviated list number [1] / Cause de décès numéro dans la liste abrégée [1]	Finland – Finlande 1986 [2 21]		Sweden – Suède 1986 [2]		Switzerland – Suisse 1987	
	Number Nombre	Rate Taux	Number Nombre	Rate Taux	Number Nombre	Rate Taux
TOTAL	47 308	961.9	93 268	1 114.4	59 511	909.2
B 1	–	–	–	–	–	–
B 2	–	–	–	–	1	♦ 0.0
B 3	–	–	–	–	1	♦ 0.0
B 4	38	0.8	2	♦ 0.0	10	♦ 0.2
B 5	77	1.6	40	0.5	104	1.6
B 6	86	1.7	70	0.8	16	♦ 0.2
B 7	–	–	–	–	–	–
B 8	–	–	1	♦ 0.0	–	–
B 9	–	–	–	–	–	–
B 10	1	♦ 0.0	–	–	–	–
B 11	5	♦ 0.1	11	♦ 0.1	19	♦ 0.3
B 12	–	–	–	–	–	–
B 13	–	–	–	–	–	–
B 14	1	♦ 0.0	–	–	2	♦ 0.0
B 15	–	–	–	–	–	–
B 16	1	♦ 0.0	–	–	1	♦ 0.0
B 17	2	♦ 0.0	–	–	8	♦ 0.1
B 18	173	3.5	541	6.5	325	5.0
B 19	9 538	193.9	19 352	231.2	15 931	243.4
B 20	142	2.9	420	5.0	444	6.8
B 21	487	9.9	1 315	15.7	1 275	19.5
B 22	8	♦ 0.2	70	0.8	26	♦ 0.4
B 23	37	0.8	128	1.5	81	1.2
B 24	33	0.7	51	0.6	41	0.6
B 25	–	–	1	♦ 0.0	1	♦ 0.0
B 26	331	6.7	25	♦ 0.3	102	1.6
B 27	436	8.9	417	5.0	1 230	18.8
B 28	14 040	285.5	30 774	367.7	9 691	148.1
B 29	2 453	49.9	4 732	56.5	7 948	121.4
B 30	5 744	116.8	9 769	116.7	5 727	87.5
B 31	139	2.8	161	1.9	166	2.5
B 32	1 814	36.9	4 912	58.7	1 301	19.9
B 33	1 090	22.2	1 837	21.9	1 450	22.2
B 34	215	4.4	531	6.3	305	4.7
B 35	12	♦ 0.2	21	♦ 0.2	17	♦ 0.3
B 36	168	3.4	220	2.6	199	3.0
B 37	427	8.7	665	7.9	742	11.3
B 38	121	2.5	182	2.2	98	1.5
B 39	34	[4] 5.8	60	[4] 4.6	65	[4] 7.2
B 40	–	–	–	–	–	–
B 41	4	♦ [5] 6.6	3	♦ [5] 2.9	5	♦ [5] 6.5
B 42	234	4.8	363	4.3	230	3.5
B 43	91	[5] 150.1	161	[5] 157.9	95	[5] 124.2
B 44	40	[5] 66.0	70	[5] 68.7	81	[5] 105.9
B 45	240	4.9	781	9.3	1 120	17.1
B 46	5 073	103.1	10 575	126.4	5 496	84.0
BE47	604	12.3	858	10.3	971	14.8
BE48	1 708	34.7	1 970	23.5	2 396	36.6
BE49	1 310	26.6	1 549	18.5	1 576	24.1
BE50	351	7.1	630	7.5	214	3.3

21. Deaths and death rates by cause : latest available (continued)

Décès selon la cause, nombres et taux : dernière année disponible (suite)

GENERAL NOTES

Data exclude foetal deaths. In Part A of this table, cause of death is classified according to the Adapted Mortality List derived from the 1975 (ninth) Revision. In Part B, data classified according to the 1965 Revision are shown. Rates are the number of deaths from each cause per 100 000 population except for the rates for AM17–18, AM41–44 and AM46–47 in Part A and B39, B40–41 and B43–44 in Part B where, as specified in footnotes, the base has been changed in order to relate the deaths more closely to the population actually at risk. For method of evaluation and limitations of data, see Technical Notes, page 92.

Italics: Data from civil registers which are incomplete or of unknown completeness.

FOOTNOTES

- * Provisional.
- ♦ Rates based on 30 or fewer deaths.
- \+ Data tabulated by date of registration rather than occurrence.

1 For title of each cause group and detailed list categories included, see Technical Notes.
2 Source: Ministry of Health
3 Per 100 000 females of 15 years and over.
4 Per 100 000 males of 50 years and over.
5 Per 100 000 live-born.
6 Including Canadian residents temporarily in the United States, but excluding United States residents temporarily in Canada.
7 For AM49 to AM55.
8 Including deaths of foreigners temporarily in the country.
9 Excluding deaths of infants dying before registration of birth.

10 Excluding deaths for which information by cause was not available.
11 Based on burial permits.
12 Excluding nomadic Indian tribes.
13 Excluding Indian jungle population, estimated at 39 800 in 1972.
14 Excluding Indian jungle population, estimated at 31 800 in 1961.
15 Excluding Vietnamese refugees.
16 Including data for East Jerusalem and Israeli residents in certain other territories under occupation by Israeli military forces since June 1967.

17 For Japanese nationals in Japan only; however, rates computed on total population.
18 Excluding transients afloat and non–locally domiciled military and civilian services personnel and their dependants.

19 Including armed forces stationed outside the country, but excluding alien armed forces stationed in the area.
20 Including armed forces outside the country.
21 Including nationals temporarily outside the country.
22 The data which relate to the German Democratic Republic and the Federal Republic of Germany include the relevant data relating to Berlin, for which separate data have not been supplied. This is without prejudice to any question of status which may be involved.
23 Deaths registered within one year of occurrence.
24 Rates computed on population including civilian nationals temporarily outside the country.
25 Including residents outside the country if listed in a Netherlands population register.
26 Including residents temporarily outside the country.

27 For AM50 to AM55.
28 Excluding infants born alive after less than 28 weeks' gestation, of less than 1000 grammes in weight and 35 centimetres in length, who die within seve days of birth.
29 Excluding Faeroe Islands and Greenland.

NOTES GENERALES

Il n'est pas tenu compte des morts foetales. Dans la partie A du tableau, les causes de décès sont classées selon la Liste adaptée des causes de mortalité, dérivé de la neuvième révision (1975). Les données classées selon la révision de 1965 figurent dans la partie B du tableau. Les taux représentent le nombre de décès attribuables à chaque cause pour 100 000 personnes dans la population totale. Font exception à cette règle les taux pour les catégories AM17–18, AM41–44 et AM46–47 dans la partie A du tableau et pour les catégories B39, B40–41 et B43–44 dans la partie B du tableau, où comme il est indique dans les notes, on a changé la base pour mieux relier les décès à la population effectivement exposée au risque. Pour la méthode d'évaluation et les insuffisances des données, voir Notes techniques, page 92.
Italiques: Données incomplètes ou dont le degré d'exactitude n'est pas connu provenant des registres de l'état civil.

NOTES

- * Données provisoires.
- ♦ Taux basés sur 30 décès ou moins.
- \+ Données exploitées selon la date de l'enregistrement et non la date de l'événement.

1 Pour le titre de chaque groupe de causes et les catégories de la nomenclature détaillée, voir Notes techniques.
2 Source: Ministère de la Santé
3 Pour 100 000 personnes du sexe féminin âgées de 15 ans et plus.
4 Pour 100 000 personnes du sexe masculin âgées de 50 ans et plus.
5 Pour 100 000 enfants nés vivants.
6 Y compris les résidents canadiens temporairement aux Etats–Unis, mais non compris les résidents de Etats–Unis temporairement au Canada.
7 Pour AM49 à AM55.
8 Y compris les décès étrangers temporairement dans le pays.
9 Non compris les enfants de moins d'un an décédés avant l'enregistrement de leur naissance.
10 Non compris les décès dont il n'a pas été possible de connaître la cause.
11 D'après les permis d'inhumer.
12 Non compris les tribus d'Indiens nomades.
13 Non compris les Indiens de la jungle, estimés à 39 800 personnes en 1972.
14 Non compris les Indiens de la jungle, estimés à 31 800 personnes en 1961.
15 Non compris les réfugiés du Viet Nam.
16 Y compris les données pour Jérusalem–Est et les résidents israéliens dans certains autres territoires occupés depuis juin 1967 par les forces armées israéliennes.
17 Pour les nationaux japonais au Japon seulement, toutefois les taux sont calculés sur la base de la population totale.
18 Non compris les personnes de passage à bord de navires, les militaires et agents civils domiciliés hors du territoire et les membres de leur famille les accompagnant.
19 Y compris les militaires nationaux hors du pays, mais non compris les militaires étrangers en garnison sur le territoire.
20 Y compris les militaires en garnison hors du pays.
21 Y compris les nationaux temporairement hors du pays.
22 Les données relatives à la République démocratique allemande et à la République fédérale d'Allemagne incluent les données pertinentes relatives à Berlin, pour lequel des données séparées n'ont pas été fournies. Cela sans préjudice des questions de statut qui peuvent se poser à cet égard.
23 Décès enregistrés dans l'année que suit l'événement.
24 Les taux sont calculés sur la base d'un chiffre de population qui comprend les civils nationaux temporairement hors du pays.
25 Y compris les résidents hors du pays, s'ils sont inscrits sur un registre de population néerlandais.
26 Y compris les résidents temporairement hors du pays.
contractuels des Etats–Unis.
27 Pour AM50 à AM55.
28 Non compris les enfants nés vivants aprés moins de 28 semaines de gestation, pesant moins de 1000 grammes, mesuranmoins de 35 centimètres et décédés dans les septjours qui ont suivi leur naissance.
29 Non compris les Iles Féroé et le Groenland.

22. Expectation of life at specified ages for each sex: latest available year

(See notes at end of table.)

	Continent, country or area, period and sex / Continent, pays ou zone, période et sexe	Age (in years) 0	1	2	3	4	5	10	15	20
	AFRICA—AFRIQUE									
	Algeria – Algérie									
	1983									
1	Male – Masculin	61.57	66.28	...	...	...	63.75	59.58	55.16	50.78
2	Female – Féminin	63.32	67.83	...	...	...	65.41	61.24	56.63	52.02
	Angola									
	1985–1990 [1]									
3	Male – Masculin	42.94	...	...	...	...	...	...	...	...
4	Female – Féminin	46.11	...	...	...	...	...	...	...	...
	Benin – Bénin									
	1985–1990 [1]									
5	Male – Masculin	44.90	...	...	...	...	...	...	...	...
6	Female – Féminin	48.14	...	...	...	...	...	...	...	...
	Botswana									
	1981									
7	Male – Masculin	52.32	55.90	...	...	...	54.56	50.43	46.06	41.91
8	Female – Féminin	59.70	62.64	...	...	...	61.47	57.59	53.02	48.69
	Burkina Faso									
	1985–1990 [1]									
9	Male – Masculin	45.60	...	...	...	...	...	...	...	...
10	Female – Féminin	48.89	...	...	...	...	...	...	...	...
	Burundi									
	1985–1990 [1]									
11	Male – Masculin	47.36	...	...	...	...	...	...	...	...
12	Female – Féminin	50.68	...	...	...	...	...	...	...	...
	Cameroon – Cameroun									
	1985–1990 [1]									
13	Male – Masculin	49.00	...	...	...	...	...	...	...	...
14	Female – Féminin	53.00	...	...	...	...	...	...	...	...
	Cape Verde – Cap-Vert									
	1979–1981									
15	Male – Masculin	58.95	62.03	...	...	...	59.30	54.54	49.69	44.89
16	Female – Féminin	61.04	63.46	...	...	...	60.68	55.88	51.03	46.18
	Central African Republic – République centrafricaine									
	1985–1990 [1]									
17	Male – Masculin	43.93	...	...	...	...	...	...	...	...
18	Female – Féminin	47.12	...	...	...	...	...	...	...	...
	Chad – Tchad									
	1985–1990 [1]									
19	Male – Masculin	43.93	...	...	...	...	...	...	...	...
20	Female – Féminin	47.12	...	...	...	...	...	...	...	...
	Comoros – Comores									
	1985–1990 [1]									
21	Male – Masculin	50.28	...	...	...	...	...	...	...	...
22	Female – Féminin	53.77	...	...	...	...	...	...	...	...
	Congo									
	1985–1990 [1]									
23	Male – Masculin	46.88	...	...	...	...	...	...	...	...
24	Female – Féminin	50.17	...	...	...	...	...	...	...	...
	Côte d'Ivoire									
	1985–1990 [1]									
25	Male – Masculin	50.80	...	...	...	...	...	...	...	...
26	Female – Féminin	54.20	...	...	...	...	...	...	...	...
	Djibouti									
	1985–1990 [1]									
27	Male – Masculin	45.40	...	...	...	...	...	...	...	...
28	Female – Féminin	48.65	...	...	...	...	...	...	...	...

22. Espérance de vie à un âge donné pour chaque sexe: dernière année disponible

(Voir notes à la fin du tableau.)

Age (en années)													
25	30	35	40	45	50	55	60	65	70	75	80	85	
46.22	41.64	37.14	32.71	28.33	23.94	19.83	15.90	12.19	8.97	...	...	...	1
47.51	42.96	38.45	34.01	29.61	25.23	20.97	16.92	13.17	9.66	...	...	...	2
...	...	...	...	...	...	...	...	...	...	...	...	...	3
...	...	...	...	...	...	...	...	...	...	...	...	...	4
...	...	...	...	...	...	...	...	...	...	...	...	...	5
...	...	...	...	...	...	...	...	...	...	...	...	...	6
37.96	34.10	30.29	26.54	22.83	19.25	15.89	12.84	10.22	8.15	6.81	...	...	7
44.52	40.32	36.09	31.88	27.70	23.63	19.72	15.97	12.52	9.34	6.55	...	...	8
...	...	...	...	...	...	...	...	...	...	...	...	...	9
...	...	...	...	...	...	...	...	...	...	...	...	...	10
...	...	...	...	...	...	...	...	...	...	...	...	...	11
...	...	...	...	...	...	...	...	...	...	...	...	...	12
...	...	...	...	...	...	...	...	...	...	...	...	...	13
...	...	...	...	...	...	...	...	...	...	...	...	...	14
40.16	35.48	30.79	26.31	21.67	17.34	12.92	8.36	3.85	...	...	...	...	15
41.43	36.70	31.92	27.38	22.64	18.00	13.35	8.67	3.90	...	...	...	...	16
...	...	...	...	...	...	...	...	...	...	...	...	...	17
...	...	...	...	...	...	...	...	...	...	...	...	...	18
...	...	...	...	...	...	...	...	...	...	...	...	...	19
...	...	...	...	...	...	...	...	...	...	...	...	...	20
...	...	...	...	...	...	...	...	...	...	...	...	...	21
...	...	...	...	...	...	...	...	...	...	...	...	...	22
...	...	...	...	...	...	...	...	...	...	...	...	...	23
...	...	...	...	...	...	...	...	...	...	...	...	...	24
...	...	...	...	...	...	...	...	...	...	...	...	...	25
...	...	...	...	...	...	...	...	...	...	...	...	...	26
...	...	...	...	...	...	...	...	...	...	...	...	...	27
...	...	...	...	...	...	...	...	...	...	...	...	...	28

22. Expectation of life at specified ages for each sex: latest available year (continued)

(See notes at end of table.)

	Continent, country or area, period and sex / Continent, pays ou zone, période et sexe	Age (in years) 0	1	2	3	4	5	10	15	20
	AFRICA—AFRIQUE (Cont.–Suite)									
	Egypt – Egypte									
	1985–1990 [1]									
1	Male – Masculin	59.29	...	...	...	...	...	...	...	...
2	Female – Féminin	61.97	...	...	...	...	...	...	...	...
	Equatorial Guinea – Guinée équatoriale									
	1985–1990 [1]									
3	Male – Masculin	44.90	...	...	...	...	...	...	...	...
4	Female – Féminin	48.13	...	...	...	...	...	...	...	...
	Ethiopia – Ethiopie									
	1985–1990 [1]									
5	Male – Masculin	39.45	...	...	...	...	...	...	...	...
6	Female – Féminin	42.60	...	...	...	...	...	...	...	...
	Gabon									
	1985–1990 [1]									
7	Male – Masculin	49.86	...	...	...	...	...	...	...	...
8	Female – Féminin	53.18	...	...	...	...	...	...	...	...
	Gambia – Gambie									
	1985–1990 [1]									
9	Male – Masculin	41.43	...	...	...	...	...	...	...	...
10	Female – Féminin	44.62	...	...	...	...	...	...	...	...
	Ghana									
	1985–1990 [1]									
11	Male – Masculin	52.24	...	...	...	...	...	...	...	...
12	Female – Féminin	55.81	...	...	...	...	...	...	...	...
	Guinea – Guinée									
	1985–1990 [1]									
13	Male – Masculin	40.63	...	...	...	...	...	...	...	...
14	Female – Féminin	43.81	...	...	...	...	...	...	...	...
	Guinea–Bissau – Guinée–Bissau									
	1985–1990 [1]									
15	Male – Masculin	43.41	...	...	...	...	...	...	...	...
16	Female – Féminin	46.63	...	...	...	...	...	...	...	...
	Kenya									
	1985–1990 [1]									
17	Male – Masculin	56.50	...	...	...	...	...	...	...	...
18	Female – Féminin	60.46	...	...	...	...	...	...	...	...
	Lesotho									
	1985–1990 [1]									
19	Male – Masculin	51.50	...	...	...	...	...	...	...	...
20	Female – Féminin	60.50	...	...	...	...	...	...	...	...
	Liberia – Libéria									
	1985–1990 [1]									
21	Male – Masculin	53.00	...	...	...	...	...	...	...	...
22	Female – Féminin	56.00	...	...	...	...	...	...	...	...
	Libyan Arab Jamahiriya – Jamahiriya arabe libyenne									
	1985–1990 [1]									
23	Male – Masculin	59.05	...	...	...	...	...	...	...	...
24	Female – Féminin	62.46	...	...	...	...	...	...	...	...
	Madagascar									
	1985–1990 [1]									
25	Male – Masculin	52.00	...	...	...	...	...	...	...	...
26	Female – Féminin	55.00	...	...	...	...	...	...	...	...
	Malawi									
	1977									
27	Male – Masculin	38.12	45.78	...	...	...	49.37	47.43	43.84	40.19
28	Female – Féminin	41.16	47.91	...	...	...	51.46	49.76	46.25	42.63

22. Espérance de vie à un âge donné pour chaque sexe: dernière année disponible (suite)

(Voir notes à la fin du tableau.)

Age (en années)													
25	30	35	40	45	50	55	60	65	70	75	80	85	
...	...	...	...	...	...	...	...	...	...	...	...	...	1
...	...	...	...	...	...	...	...	...	...	...	...	...	2
...	...	...	...	...	...	...	...	...	...	...	...	...	3
...	...	...	...	...	...	...	...	...	...	...	...	...	4
...	...	...	...	...	...	...	...	...	...	...	...	...	5
...	...	...	...	...	...	...	...	...	...	...	...	...	6
...	...	...	...	...	...	...	...	...	...	...	...	...	7
...	...	...	...	...	...	...	...	...	...	...	...	...	8
...	...	...	...	...	...	...	...	...	...	...	...	...	9
...	...	...	...	...	...	...	...	...	...	...	...	...	10
...	...	...	...	...	...	...	...	...	...	...	...	...	11
...	...	...	...	...	...	...	...	...	...	...	...	...	12
...	...	...	...	...	...	...	...	...	...	...	...	...	13
...	...	...	...	...	...	...	...	...	...	...	...	...	14
...	...	...	...	...	...	...	...	...	...	...	...	...	15
...	...	...	...	...	...	...	...	...	...	...	...	...	16
...	...	...	...	...	...	...	...	...	...	...	...	...	17
...	...	...	...	...	...	...	...	...	...	...	...	...	18
...	...	...	...	...	...	...	...	...	...	...	...	...	19
...	...	...	...	...	...	...	...	...	...	...	...	...	20
...	...	...	...	...	...	...	...	...	...	...	...	...	21
...	...	...	...	...	...	...	...	...	...	...	...	...	22
...	...	...	...	...	...	...	...	...	...	...	...	...	23
...	...	...	...	...	...	...	...	...	...	...	...	...	24
...	...	...	...	...	...	...	...	...	...	...	...	...	25
...	...	...	...	...	...	...	...	...	...	...	...	...	26
36.81	33.37	29.87	26.39	22.99	19.67	16.47	13.43	10.63	8.13	6.04	4.21	...	27
39.03	35.43	31.89	28.40	24.88	21.28	17.76	14.42	11.38	8.71	6.45	4.40	...	28

22. Expectation of life at specified ages for each sex: latest available year (continued)

(See notes at end of table.)

	Continent, country or area, period and sex / Continent, pays ou zone, période et sexe	Age (in years) 0	1	2	3	4	5	10	15	20
	AFRICA—AFRIQUE (Cont.–Suite)									
	Mali									
	1976									
1	Male – Masculin	46.91	53.79	...	...	...	59.54	56.70	52.72	48.63
2	Female – Féminin	49.66	55.35	...	...	...	60.69	57.69	53.58	49.68
	Mauritania – Mauritanie									
	1985–1990 [1]									
3	Male – Masculin	44.41	...	...	...	...	...	...	...	...
4	Female – Féminin	47.64	...	...	...	...	...	...	...	...
	Mauritius – Maurice									
	Island of Mauritius – Ile Maurice									
	1984–1986 [2]									
5	Male – Masculin	64.45	65.16	...	...	...	61.48	56.62	51.74	46.99
6	Female – Féminin	71.88	72.33	...	...	...	68.63	63.75	58.90	54.17
	Rodrigues									
	1981–1985									
7	Male – Masculin	64.47	67.02	...	...	...	64.12	59.31	54.53	49.85
8	Female – Féminin	68.95	70.98	...	...	...	68.36	63.56	58.70	53.93
	Morocco – Maroc									
	1985–1990 [1]									
9	Male – Masculin	59.05	...	...	...	...	...	...	...	...
10	Female – Féminin	62.46	...	...	...	...	...	...	...	...
	Mozambique									
	1985–1990 [1]									
11	Male – Masculin	44.90	...	...	...	...	...	...	...	...
12	Female – Féminin	48.14	...	...	...	...	...	...	...	...
	Namibia – Namibie									
	1985–1990 [1]									
13	Male – Masculin	55.00	...	...	...	...	...	...	...	...
14	Female – Féminin	57.50	...	...	...	...	...	...	...	...
	Niger									
	1985–1990 [1]									
15	Male – Masculin	42.92	...	...	...	...	...	...	...	...
16	Female – Féminin	46.13	...	...	...	...	...	...	...	...
	Nigeria – Nigéria									
	1985–1990 [1]									
17	Male – Masculin	48.82	...	...	...	...	...	...	...	...
18	Female – Féminin	52.23	...	...	...	...	...	...	...	...
	Réunion									
	1985–199 [1]									
19	Male – Masculin	66.98	...	...	...	...	...	...	...	...
20	Female – Féminin	75.46	...	...	...	...	...	...	...	...
	Rwanda									
	1978									
21	Male – Masculin	45.10	52.20	...	...	...	53.30	49.70	45.40	41.50
22	Female – Féminin	47.70	54.00	...	...	...	55.20	51.10	47.40	43.60
	Senegal – Sénégal									
	1985–1990 [1]									
23	Male – Masculin	44.21	...	...	...	...	...	...	...	...
24	Female – Féminin	47.44	...	...	...	...	...	...	...	...
	Seychelles									
	1981–1985									
25	Male – Masculin	65.26	65.51	...	...	...	61.72	56.97	52.05	47.28
26	Female – Féminin	74.05	74.35	...	...	...	70.70	65.91	60.99	56.10
	Sierra Leone									
	1985–1990 [1]									
27	Male – Masculin	39.45	...	...	...	...	...	...	...	...
28	Female – Féminin	42.60	...	...	...	...	...	...	...	...

22. Espérance de vie à un âge donné pour chaque sexe: dernière année disponible (suite)

(Voir notes à la fin du tableau.)

Age (en années)													
25	30	35	40	45	50	55	60	65	70	75	80	85	
44.56	40.43	36.43	32.40	28.65	24.81	21.28	17.73	14.62	11.35	8.59	5.22	...	1
45.82	42.00	38.38	34.58	30.88	26.97	23.22	19.43	16.04	12.53	9.23	5.61	...	2
...	...	...	...	...	...	...	...	...	...	...	...	...	3
...	...	...	...	...	...	...	...	...	...	...	...	...	4
42.26	37.60	33.03	28.60	24.41	20.50	16.99	13.69	11.00	8.61	6.55	4.97	3.22	5
49.41	44.68	39.99	35.37	30.85	26.41	22.17	18.23	14.75	11.58	9.08	7.17	5.25	6
45.23	40.64	36.12	31.68	27.33	23.03	18.78	15.27	11.78	8.63	6.56	4.34	...	7
49.24	44.55	39.85	35.17	30.68	26.25	21.95	17.86	14.40	10.87	7.43	4.58	...	8
...	...	...	...	...	...	...	...	...	...	...	...	...	9
...	...	...	...	...	...	...	...	...	...	...	...	...	10
...	...	...	...	...	...	...	...	...	...	...	...	...	11
...	...	...	...	...	...	...	...	...	...	...	...	...	12
...	...	...	...	...	...	...	...	...	...	...	...	...	13
...	...	...	...	...	...	...	...	...	...	...	...	...	14
...	...	...	...	...	...	...	...	...	...	...	...	...	15
...	...	...	...	...	...	...	...	...	...	...	...	...	16
...	...	...	...	...	...	...	...	...	...	...	...	...	17
...	...	...	...	...	...	...	...	...	...	...	...	...	18
...	...	...	...	...	...	...	...	...	...	...	...	...	19
...	...	...	...	...	...	...	...	...	...	...	...	...	20
37.90	34.30	30.60	26.90	23.40	19.90	16.70	13.60	10.90	8.50	6.50	4.90	3.60	21
40.00	36.40	32.80	29.10	25.40	21.70	18.20	14.80	11.80	9.10	7.00	5.20	3.70	22
...	...	...	...	...	...	...	...	...	...	...	...	...	23
...	...	...	...	...	...	...	...	...	...	...	...	...	24
42.79	38.25	33.85	29.75	25.73	21.82	18.62	14.97	11.41	8.88	6.61	3.74	2.16	25
51.25	46.65	41.92	37.27	32.91	28.32	24.17	20.20	16.31	12.60	9.50	6.70	4.81	26
...	...	...	...	...	...	...	...	...	...	...	...	...	27
...	...	...	...	...	...	...	...	...	...	...	...	...	28

22. Expectation of life at specified ages for each sex: latest available year (continued)

(See notes at end of table.)

	Continent, country or area, period and sex / Continent, pays ou zone, période et sexe	Age (in years) 0	1	2	3	4	5	10	15	20
	AFRICA—AFRIQUE (Cont.–Suite)									
	Somalia – Somalie									
	1985–1990 [1]									
1	Male – Masculin	43.41	...	...	...	...	...	...	...	...
2	Female – Féminin	46.60	...	...	...	...	...	...	...	...
	South Africa – Afrique du Sud									
	1985–1990 [1]									
3	Male – Masculin	57.51	...	...	...	...	...	...	...	...
4	Female – Féminin	63.48	...	...	...	...	...	...	...	...
	Sudan – Soudan									
	1985–1990 [1]									
5	Male – Masculin	48.60	...	...	...	...	...	...	...	...
6	Female – Féminin	51.00	...	...	...	...	...	...	...	...
	Swaziland									
	1976									
7	Male – Masculin	42.90	50.30	...	...	...	51.20	47.30	43.10	39.40
8	Female – Féminin	49.50	56.90	...	...	...	57.30	53.30	49.00	45.00
	Togo									
	1985–1990 [1]									
9	Male – Masculin	51.26	...	...	...	...	...	...	...	...
10	Female – Féminin	54.79	...	...	...	...	...	...	...	...
	Tunisia – Tunisie									
	1985–1990 [1]									
11	Male – Masculin	64.55	...	...	...	...	...	...	...	...
12	Female – Féminin	66.11	...	...	...	...	...	...	...	...
	Uganda – Ouganda									
	1985–1990 [1]									
13	Male – Masculin	49.36	...	...	...	...	...	...	...	...
14	Female – Féminin	52.69	...	...	...	...	...	...	...	...
	United Rep. of Tanzania – Rép.–Unie de Tanzanie									
	1985–1990 [1]									
15	Male – Masculin	51.30	...	...	...	...	...	...	...	...
16	Female – Féminin	54.70	...	...	...	...	...	...	...	...
	Zaire – Zaïre									
	1985–1990 [1]									
17	Male – Masculin	50.83	...	...	...	...	...	...	...	...
18	Female – Féminin	54.22	...	...	...	...	...	...	...	...
	Zambia – Zambie									
	1980									
19	Male – Masculin	50.36	54.92	...	...	...	55.28	52.24	47.90	43.94
20	Female – Féminin	52.46	56.93	...	...	...	57.03	53.85	49.47	45.43
	Zimbabwe									
	1985–1990 [1]									
21	Male – Masculin	56.52	...	...	...	...	...	...	...	...
22	Female – Féminin	60.13	...	...	...	...	...	...	...	...
	AMERICA,NORTH— AMERIQUE DU NORD									
	Aruba									
	1972–1978									
23	Male – Masculin	68.30	69.30	...	...	...	65.50	60.70	55.80	51.10
24	Female – Féminin	75.40	76.30	...	...	...	72.60	67.70	62.80	58.00
	Barbados – Barbade									
	1980									
25	Male – Masculin	67.15	69.14	...	...	...	65.55	60.65	55.82	51.06
26	Female – Féminin	72.46	73.20	...	...	...	69.53	64.64	59.83	54.94

22. Espérance de vie à un âge donné pour chaque sexe: dernière année disponible (suite)

(Voir notes à la fin du tableau.)

Age (en années)													
25	30	35	40	45	50	55	60	65	70	75	80	85	
...	...	...	...	...	...	...	...	...	...	...	...	...	1
...	...	...	...	...	...	...	...	...	...	...	...	...	2
...	...	...	...	...	...	...	...	...	...	...	...	...	3
...	...	...	...	...	...	...	...	...	...	...	...	...	4
...	...	...	...	...	...	...	...	...	...	...	...	...	5
...	...	...	...	...	...	...	...	...	...	...	...	...	6
35.90	32.40	28.80	25.30	21.80	18.50	15.40	12.60	10.10	7.90	6.00	4.40	3.10	7
41.40	37.60	33.80	29.90	26.10	22.40	18.90	15.60	12.50	9.70	7.30	5.40	3.80	8
...	...	...	...	...	...	...	...	...	...	...	...	...	9
...	...	...	...	...	...	...	...	...	...	...	...	...	10
...	...	...	...	...	...	...	...	...	...	...	...	...	11
...	...	...	...	...	...	...	...	...	...	...	...	...	12
...	...	...	...	...	...	...	...	...	...	...	...	...	13
...	...	...	...	...	...	...	...	...	...	...	...	...	14
...	...	...	...	...	...	...	...	...	...	...	...	...	15
...	...	...	...	...	...	...	...	...	...	...	...	...	16
...	...	...	...	...	...	...	...	...	...	...	...	...	17
...	...	...	...	...	...	...	...	...	...	...	...	...	18
40.23	36.44	32.59	28.75	24.96	21.28	17.78	14.48	11.50	8.80	6.56	4.59	...	19
41.64	37.74	33.80	29.87	25.99	22.22	18.61	15.19	12.08	9.23	6.85	4.77	...	20
...	...	...	...	...	...	...	...	...	...	...	...	...	21
...	...	...	...	...	...	...	...	...	...	...	...	...	22
46.50	41.80	37.30	32.80	28.50	24.20	20.10	16.90	13.60	10.40	7.80	5.60	...	23
53.20	48.40	43.60	38.90	34.20	29.60	25.30	20.90	16.60	12.70	9.60	6.90	...	24
46.18	41.58	36.82	32.30	27.75	23.68	19.89	14.68	13.56	10.91	8.18	5.60	...	25
50.11	45.38	40.64	36.03	31.64	27.26	23.19	19.10	15.46	12.17	9.32	6.40	...	26

22. Expectation of life at specified ages for each sex: latest available year (continued)

(See notes at end of table.)

	Continent, country or area, period and sex / Continent, pays ou zone, période et sexe	Age (in years) 0	1	2	3	4	5	10	15	20
	AMERICA,NORTH— (Cont.–Suite) AMERIQUE DU NORD									
	Bermuda – Bermudes									
	1980									
1	Male – Masculin	68.81	69.74	...	...	...	65.74	60.85	55.99	51.13
2	Female – Féminin	76.28	77.41	...	...	...	73.41	68.52	63.52	58.59
	Canada									
	1984–1986									
3	Male – Masculin	73.00	72.63	...	...	...	68.77	63.86	58.95	54.25
4	Female – Féminin	79.78	79.35	...	...	...	75.48	70.55	65.61	60.74
	Costa Rica									
	1985–1990 [1]									
5	Male – Masculin	72.41	...	...	...	...	...	...	...	...
6	Female – Féminin	77.04	...	...	...	...	...	...	...	...
	Cuba									
	1983–1984									
7	Male – Masculin	72.66	73.00	72.10	71.19	70.24	69.29	64.47	59.61	54.89
8	Female – Féminin	76.10	76.16	75.26	74.31	73.35	72.38	67.51	62.63	57.89
	Dominican Republic – République dominicaine									
	1985–1990 [1]									
9	Male – Masculin	63.86	...	...	...	...	...	...	...	...
10	Female – Féminin	68.06	...	...	...	...	...	...	...	...
	El Salvador									
	1985									
11	Male – Masculin	50.74	...	...	...	...	...	...	...	...
12	Female – Féminin	63.89	...	...	...	...	...	...	...	...
	Greenland – Groenland									
	1981–1985									
13	Male – Masculin	60.40	61.70	...	...	...	58.10	53.50	48.80	44.80
14	Female – Féminin	66.30	67.60	...	...	...	64.10	59.40	54.50	50.00
	Guadeloupe									
	1975–1979									
15	Male – Masculin	66.40	...	...	...	...	...	...	...	...
16	Female – Féminin	72.40	...	...	...	...	...	...	...	...
	Guatemala									
	1979–1980									
17	Male – Masculin	55.11	59.09	...	...	...	58.51	54.38	49.83	45.55
18	Female – Féminin	59.43	62.98	...	...	...	62.77	58.74	54.18	49.79
	Haiti – Haïti									
	1985–1990 [1]									
19	Male – Masculin	53.09	...	...	...	...	...	...	...	...
20	Female – Féminin	56.41	...	...	...	...	...	...	...	...
	Honduras									
	1985–1990 [1]									
21	Male – Masculin	61.94	...	...	...	...	...	...	...	...
22	Female – Féminin	66.07	...	...	...	...	...	...	...	...
	Jamaica – Jamaïque									
	1985–1990 [1]									
23	Male – Masculin	71.34	...	...	...	...	...	...	...	...
24	Female – Féminin	76.67	...	...	...	...	...	...	...	...
	Martinique									
	1975									
25	Male – Masculin	67.00	...	...	...	...	...	...	...	...
26	Female – Féminin	73.50	...	...	...	...	...	...	...	...
	Mexico – Mexique									
	1979									
27	Male – Masculin	62.10	...	...	...	...	...	...	...	...
28	Female – Féminin	66.00	...	...	...	...	...	...	...	...

22. Espérance de vie à un âge donné pour chaque sexe: dernière année disponible (suite)

(Voir notes à la fin du tableau.)

Age (en années)													
25	30	35	40	45	50	55	60	65	70	75	80	85	
46.45	41.75	36.94	32.43	28.04	24.11	20.20	16.84	13.75	11.18	9.28	7.51	6.43	1
53.72	48.72	43.84	39.03	34.36	29.79	25.11	20.84	17.00	13.32	10.06	7.41	6.07	2
49.59	44.89	40.17	35.46	30.86	26.42	22.25	18.39	14.91	11.84	9.18	6.97	5.18	3
55.85	50.97	46.12	41.30	36.58	31.98	27.53	23.27	19.23	15.49	12.07	9.11	6.65	4
...	...	...	...	...	...	...	...	...	...	...	...	...	5
...	...	...	...	...	...	...	...	...	...	...	...	...	6
50.24	45.61	40.99	36.43	31.93	27.56	23.35	19.32	15.56	12.20	9.37	7.11	5.24	7
53.16	48.44	43.70	39.00	34.39	29.90	25.54	21.33	17.34	13.70	10.58	8.03	5.85	8
...	...	...	...	...	...	...	...	...	...	...	...	...	9
...	...	...	...	...	...	...	...	...	...	...	...	...	10
...	...	...	...	...	...	...	...	...	...	...	...	...	11
...	...	...	...	...	...	...	...	...	...	...	...	...	12
41.70	37.90	33.60	29.40	25.20	21.40	17.80	14.20	11.10	8.60	6.20	4.50	...	13
45.60	41.00	36.40	31.90	27.70	23.70	19.90	16.50	13.20	10.60	8.10	5.90	...	14
...	...	...	...	...	...	...	...	...	...	...	...	...	15
...	...	...	...	...	...	...	...	...	...	...	...	...	16
41.64	37.92	34.23	30.56	26.92	23.37	19.91	16.57	13.45	10.30	8.63	7.00	...	17
45.49	41.25	37.10	33.01	28.99	25.00	21.13	17.50	14.16	11.42	9.29	7.78	...	18
...	...	...	...	...	...	...	...	...	...	...	...	...	19
...	...	...	...	...	...	...	...	...	...	...	...	...	20
...	...	...	...	...	...	...	...	...	...	...	...	...	21
...	...	...	...	...	...	...	...	...	...	...	...	...	22
...	...	...	...	...	...	...	...	...	...	...	...	...	23
...	...	...	...	...	...	...	...	...	...	...	...	...	24
...	...	...	...	...	...	...	...	...	...	...	...	...	25
...	...	...	...	...	...	...	...	...	...	...	...	...	26
...	...	...	...	...	...	...	...	...	...	...	...	...	27
...	...	...	...	...	...	...	...	...	...	...	...	...	28

22. Expectation of life at specified ages for each sex: latest available year (continued)

(See notes at end of table.)

	Continent, country or area, period and sex / Continent, pays ou zone, période et sexe	Age (in years) 0	1	2	3	4	5	10	15	20
	AMERICA,NORTH— (Cont.–Suite) AMERIQUE DU NORD									
	Netherlands Antilles – Antilles néerlandaises 1970									
1	Male – Masculin	58.90	61.90	61.30	60.50	59.60	58.70	54.30	49.80	45.70
2	Female – Féminin	65.70	68.40	67.60	66.90	66.10	65.10	60.40	55.50	50.90
	Nicaragua 1985–1990 [1]									
3	Male – Masculin	61.98	...	...	...	...	...	...	...	...
4	Female – Féminin	64.61	...	...	...	...	...	...	...	...
	Panama 1980–1985 [3]									
5	Male – Masculin	69.20	70.16	...	...	...	67.05	62.37	57.57	53.01
6	Female – Féminin	72.85	73.60	...	...	...	70.40	65.71	60.90	56.17
	Puerto Rico – Porto Rico 1983–1985									
7	Male – Masculin	70.26	70.45	...	...	...	66.57	61.66	56.76	52.02
8	Female – Féminin	77.28	77.34	...	...	...	73.45	68.52	63.59	58.69
	Saint Kitts and Nevis – Saint–Kitts–et–Nevis 1985									
9	Male – Masculin	65.99	67.41	...	...	...	63.70	58.74	53.78	49.10
10	Female – Féminin	69.67	70.64	...	...	...	67.37	62.55	57.63	52.79
	Saint Lucia – Sainte–Lucie 1986									
11	Male – Masculin	68.00	68.70	...	...	...	65.10	60.20	55.30	50.60
12	Female – Féminin	74.80	75.20	...	...	...	71.40	66.50	61.50	56.60
	Trinidad and Tobago – Trinité–et–Tobago 1980–1985									
13	Male – Masculin	66.88	67.34	66.53	...	...	63.78	58.97	54.10	49.39
14	Female – Féminin	71.62	71.64	70.87	...	...	68.01	63.18	58.27	53.44
	United States – Etats–Unis 1986									
15	Male – Masculin	71.30	71.10	70.20	69.20	68.20	67.30	62.40	57.50	52.80
16	Female – Féminin	78.30	78.00	77.00	76.10	75.10	74.10	69.20	64.30	59.40
	AMERICA,SOUTH— AMERIQUE DU SUD									
	Argentina – Argentine 1975–1980									
17	Male – Masculin	65.43	67.45	66.73	65.85	64.91	63.96	59.16	54.33	49.64
18	Female – Féminin	72.12	73.86	73.17	72.28	71.34	70.39	65.56	60.70	55.93
	Bolivia – Bolivie 1985–1990 [1]									
19	Male – Masculin	50.85	...	...	...	...	...	...	...	...
20	Female – Féminin	55.41	...	...	...	...	...	...	...	...
	Brazil – Brésil 1985–1990 [1]									
21	Male – Masculin	62.30	...	...	...	...	...	...	...	...
22	Female – Féminin	67.60	...	...	...	...	...	...	...	...
	Chile – Chili 1985–1990									
23	Male – Masculin	68.05	68.43	67.57	66.64	65.69	64.72	59.87	55.03	50.27
24	Female – Féminin	75.05	75.29	74.42	73.49	72.54	71.57	66.69	61.80	56.93
	Colombia – Colombie 1980–1985									
25	Male – Masculin	63.39	66.24	65.79	65.07	64.27	63.42	58.72	53.97	49.5[illegible]
26	Female – Féminin	69.23	71.50	71.04	70.30	69.48	68.63	63.87	59.05	54.31

22. Espérance de vie à un âge donné pour chaque sexe: dernière année disponible (suite)

(Voir notes à la fin du tableau.)

Age (en années)													
25	30	35	40	45	50	55	60	65	70	75	80	85	
41.90	37.70	33.40	29.20	25.10	21.00	17.30	14.20	11.30	8.50	6.10	4.40	...	1
46.20	41.60	37.00	32.60	28.50	24.20	20.60	16.80	13.30	10.20	7.30	5.70	...	2
...	...	...	...	...	...	...	...	...	...	...	...	...	3
...	...	...	...	...	...	...	...	...	...	...	...	...	4
48.56	44.04	39.51	35.02	30.65	26.42	22.35	18.55	15.05	11.90	9.07	6.83	...	5
51.45	46.74	42.11	37.56	33.03	28.61	24.35	20.28	16.50	13.07	10.05	7.46	...	6
47.47	42.98	38.52	34.18	29.95	25.84	21.96	18.25	14.92	11.70	9.20	6.78	5.35	7
53.83	48.99	44.18	39.46	34.75	30.16	25.75	21.53	17.58	13.88	10.85	7.87	6.04	8
44.27	39.54	34.96	30.40	25.95	22.05	18.47	14.90	12.19	9.46	7.51	6.10	4.87	9
47.82	43.09	38.66	34.16	29.56	25.08	20.79	17.96	14.55	11.48	8.79	7.05	4.96	10
45.90	41.60	37.20	33.00	28.80	24.70	20.80	17.10	13.80	10.70	8.40	5.60	3.80	11
51.80	46.90	42.50	37.90	33.30	28.90	24.80	17.20	20.60	13.80	10.80	7.40	5.10	12
44.80	40.23	35.60	31.13	26.86	22.88	19.22	15.84	12.78	10.13	8.05	6.18	...	13
48.64	43.86	39.14	34.55	30.17	25.90	22.03	18.42	15.02	12.05	9.38	7.07	...	14
48.20	43.70	39.10	34.50	30.10	25.80	21.80	18.00	14.70	11.70	9.10	6.90	5.20	15
54.60	49.70	44.90	40.20	35.50	31.00	26.60	22.50	18.60	15.00	11.70	8.80	6.40	16
45.05	40.46	35.91	31.50	27.27	23.30	19.61	16.17	13.06	10.29	7.77	5.38	...	17
51.20	46.51	41.86	37.29	32.80	28.42	24.17	20.04	16.13	12.56	9.33	6.56	...	18
...	...	...	...	...	...	...	...	...	...	...	...	...	19
...	...	...	...	...	...	...	...	...	...	...	...	...	20
...	...	...	...	...	...	...	...	...	...	...	...	...	21
...	...	...	...	...	...	...	...	...	...	...	...	...	22
45.66	41.13	36.67	32.30	28.11	24.07	20.40	16.84	13.77	10.95	8.65	6.96	5.76	23
52.08	47.27	42.51	37.81	33.25	28.81	24.57	20.58	16.66	13.29	10.36	7.87	6.33	24
45.40	41.34	37.15	32.89	28.72	24.68	20.87	17.28	14.02	11.39	9.00	7.39	...	25
49.64	44.97	40.35	35.77	31.39	27.13	23.11	19.29	15.83	12.85	10.23	8.38	...	26

22. Expectation of life at specified ages for each sex: latest available year (continued)

(See notes at end of table.)

	Continent, country or area, period and sex / Continent, pays ou zone, période et sexe	Age (in years) 0	1	2	3	4	5	10	15	2
	AMERICA,SOUTH— (Cont.–Suite) AMERIQUE DU SUD									
	Ecuador – Equateur									
	1985 [4]									
1	Male – Masculin	63.39	67.12	66.99	66.40	65.69	64.91	60.43	55.74	51.1
2	Female – Féminin	67.59	70.64	70.50	69.91	69.19	68.41	63.09	59.17	54.5
	Guyana									
	1985–1990 [1]									
3	Male – Masculin	67.30	...	...	...	...	...	...	...	...
4	Female – Féminin	72.30	...	...	...	...	...	...	...	...
	Paraguay									
	1980–1985									
5	Male – Masculin	64.42	67.10	66.82	66.19	65.46	64.67	60.10	55.37	50.7
6	Female – Féminin	68.51	70.97	70.55	69.83	69.02	68.17	63.54	58.76	54.0
	Peru – Pérou									
	1980–1985 [5]									
7	Male – Masculin	56.77	62.32	...	...	...	61.57	57.21	52.60	48.1
8	Female – Féminin	66.50	65.67	...	...	...	64.89	60.48	55.85	51.3
	Suriname									
	1985–1990 [1]									
9	Male – Masculin	67.05	...	...	...	...	...	...	...	...
10	Female – Féminin	72.10	...	...	...	...	...	...	...	...
	Uruguay									
	1984–1986									
11	Male – Masculin	68.43	69.67	68.79	67.84	66.88	65.91	61.03	56.18	51.4
12	Female – Féminin	74.88	75.89	75.01	74.07	73.11	72.14	67.24	62.34	57.4
	Venezuela									
	1985 [5]									
13	Male – Masculin	66.68	68.45	67.77	66.87	65.94	64.99	60.31	55.53	50.9
14	Female – Féminin	72.80	74.16	73.49	72.60	71.67	70.72	65.90	61.02	56.2
	ASIA—ASIE									
	Afghanistan									
	1985–1990 [1]									
15	Male – Masculin	41.00	...	...	...	...	...	...	...	...
16	Female – Féminin	42.00	...	...	...	...	...	...	...	...
	Bahrain – Bahreïn									
	1981–1986 [6]									
17	Male – Masculin	65.90	68.30	...	...	...	65.20	60.50	55.70	51.0
18	Female – Féminin	68.90	71.20	...	...	...	68.30	63.60	58.80	54.0
	Bangladesh									
	1984									
19	Male – Masculin	54.90	62.40	63.00	63.00	62.80	62.20	58.80	54.30	49.8
20	Female – Féminin	54.70	60.30	61.00	61.70	61.70	61.40	57.80	53.50	49.3
	Bhutan – Bhoutan									
	1985–1990 [1]									
21	Male – Masculin	48.60	...	...	...	...	...	...	...	
22	Female – Féminin	47.10	...	...	...	...	...	...	...	
	Brunei Darussalam – Brunéi Darussalam									
	1981									
23	Male – Masculin	70.13	70.32	...	...	...	66.68	61.90	57.12	52.4
24	Female – Féminin	72.69	72.65	...	...	...	68.96	64.08	59.26	54.4
	China – Chine									
	1985–1990 [1]									
25	Male – Masculin	67.98	...	...	...	...	...	...	...	
26	Female – Féminin	70.94	...	...	...	...	...	...	...	

22. Espérance de vie à un âge donné pour chaque sexe: dernière année disponible (suite)

(Voir notes à la fin du tableau.)

Age (en années)													
25	30	35	40	45	50	55	60	65	70	75	80	85	
46.66	42.23	37.86	33.57	29.40	25.34	21.43	17.76	14.34	11.24	8.59	6.38	4.91	1
49.92	45.36	40.81	36.32	31.92	27.60	23.41	19.43	15.68	12.35	9.44	7.04	5.26	2
...	...	...	...	...	...	...	...	...	...	...	...	...	3
...	...	...	...	...	...	...	...	...	...	...	...	...	4
46.19	41.61	37.03	32.51	28.11	23.90	19.95	16.31	13.03	10.14	7.72	5.80	4.33	5
49.35	44.69	40.50	35.47	30.97	26.60	22.40	18.41	14.71	11.40	8.61	6.39	4.68	6
43.86	39.53	35.24	30.97	26.82	22.79	18.98	15.41	12.14	9.20	6.76	4.90	...	7
46.94	42.57	38.19	33.82	29.49	25.20	21.06	17.07	13.40	10.13	7.43	5.37	...	8
...	...	...	...	...	...	...	...	...	...	...	...	...	9
...	...	...	...	...	...	...	...	...	...	...	...	...	10
46.70	41.99	37.30	32.68	28.25	24.01	20.19	16.65	13.46	10.68	8.35	6.35	4.99	11
52.60	47.76	42.98	38.27	33.68	29.23	24.97	21.01	17.30	13.95	10.95	8.51	6.63	12
46.36	41.86	37.42	33.07	28.86	24.81	20.93	17.30	14.17	11.42	9.08	7.21	5.71	13
51.44	46.68	41.95	37.31	32.77	28.39	24.22	20.30	16.68	13.48	10.66	8.28	6.13	14
...	...	...	...	...	...	...	...	...	...	...	...	...	15
...	...	...	...	...	...	...	...	...	...	...	...	...	16
46.40	41.80	37.20	32.70	28.40	24.20	20.30	16.70	13.50	10.70	8.40	6.50	5.00	17
49.30	44.60	40.00	35.50	31.00	26.70	22.50	18.60	15.10	11.90	9.20	6.90	5.20	18
45.50	41.00	36.50	31.90	27.70	23.70	19.60	16.20	12.90	10.60	8.90	...	...	19
45.10	40.70	36.60	32.10	27.80	23.70	19.80	16.00	12.80	9.70	7.00	...	...	20
...	...	...	...	...	...	...	...	...	...	...	...	...	21
...	...	...	...	...	...	...	...	...	...	...	...	...	22
47.83	43.17	38.51	33.87	29.41	25.06	21.05	17.27	13.67	10.55	7.60	5.68	4.22	23
49.68	44.87	40.14	35.44	30.92	26.63	22.68	19.19	16.13	12.86	9.97	7.23	5.22	24
...	...	...	...	...	...	...	...	...	...	...	...	...	25
...	...	...	...	...	...	...	...	...	...	...	...	...	26

22. Expectation of life at specified ages for each sex: latest available year (continued)

(See notes at end of table.)

	Continent, country or area, period and sex / Continent, pays ou zone, période et sexe	Age (in years) 0	1	2	3	4	5	10	15	[illegible]
	ASIA—ASIE (Cont.–Suite)									
	Cyprus – Chypre									
	1983–1987									
1	Male – Masculin	73.90	73.91	...	...	...	70.03	65.14	60.25	55.
2	Female – Féminin	77.82	77.61	...	...	...	73.72	68.85	63.89	58.
	Democratic Kampuchea – Kampuchea démocratique									
	1985–1990 [1]									
3	Male – Masculin	47.00	...	...	...	...	...	...	...	
4	Female – Féminin	49.90	...	...	...	...	...	...	...	
	Democratic Yemen – Yémen démocratique									
	1985–1990 [1]									
5	Male – Masculin	49.40	...	...	...	...	...	...	...	
6	Female – Féminin	52.37	...	...	...	...	...	...	...	
	East Timor – Timor oriental									
	1985–1990 [1]									
7	Male – Masculin	41.65	...	...	...	...	...	...	...	
8	Female – Féminin	43.44	...	...	...	...	...	...	...	
	Hong Kong – Hong–kong									
	1987 [7]									
9	Male – Masculin	74.24	73.82	72.87	71.90	70.92	69.94	65.00	60.07	55.
10	Female – Féminin	79.72	79.26	78.29	77.32	76.35	75.36	70.42	65.47	60.
	India – Inde									
	1976–1980									
11	Male – Masculin	52.50	58.60	...	...	...	58.80	54.80	50.30	45.
12	Female – Féminin	52.10	58.60	...	...	...	60.20	56.60	52.10	47.
	Indonesia – Indonésie									
	1985–1990 [1]									
13	Male – Masculin	54.60	...	...	...	...	...	...	...	
14	Female – Féminin	57.40	...	...	...	...	...	...	...	
	Iran (Islamic Republic of – Rép. islamique d')									
	1976									
15	Male – Masculin	55.75	60.78	...	...	...	58.42	53.87	49.37	45.
16	Female – Féminin	55.04	60.14	...	...	...	58.65	54.38	50.02	44.
	Iraq									
	1985–1990 [1]									
17	Male – Masculin	62.98	...	...	...	...	...	...	...	
18	Female – Féminin	64.82	...	...	...	...	...	...	...	
	Israel – Israël [8]									
	1985									
19	Male – Masculin	73.53	73.48	72.59	70.61	70.12	69.64	64.74	59.82	55.
20	Female – Féminin	76.99	76.85	75.93	74.98	74.01	73.02	68.09	63.16	58.
	Japan – Japon									
	1987 [9]									
21	Male – Masculin	75.61	75.01	74.07	73.12	72.15	71.17	66.25	61.31	56
22	Female – Féminin	81.39	80.76	79.81	78.85	77.87	76.89	71.94	66.98	62
	Jordan – Jordanie									
	1985–1990 [1]									
23	Male – Masculin	64.16	...	...	...	...	...	...	...	
24	Female – Féminin	67.84	...	...	...	...	...	...	...	
	Korea, Dem. People's Rep. of – Corée, rép. populaire dém. de									
	1985–1990 [1]									
25	Male – Masculin	66.16	...	...	...	...	...	...	...	
26	Female – Féminin	72.68	...	...	...	...	...	...	...	

22. Espérance de vie à un âge donné pour chaque sexe: dernière année disponible (suite)

(Voir notes à la fin du tableau.)

Age (en années)													
25	30	35	40	45	50	55	60	65	70	75	80	85	
50.77	45.97	41.18	36.48	31.86	27.41	23.24	19.27	15.82	12.60	9.90	7.67	...	1
54.06	49.18	44.30	39.43	34.67	30.00	25.49	21.12	17.02	13.19	9.94	7.25	...	2
...	...	...	...	...	...	...	...	...	...	...	...	...	3
...	...	...	...	...	...	...	...	...	...	...	...	...	4
...	...	...	...	...	...	...	...	...	...	...	...	...	5
...	...	...	...	...	...	...	...	...	...	...	...	...	6
...	...	...	...	...	...	...	...	...	...	...	...	...	7
...	...	...	...	...	...	...	...	...	...	...	...	...	8
50.29	45.44	40.62	35.83	31.17	26.73	22.54	18.59	14.97	11.78	8.97	6.64	4.77	9
55.61	50.71	45.85	41.02	36.21	31.51	26.96	22.59	18.48	14.68	11.24	8.32	5.91	10
41.40	36.90	32.60	28.30	24.30	20.50	17.10	14.10	11.70	9.60	...	...	...	11
43.70	39.60	35.40	31.20	27.00	23.00	19.30	15.90	13.20	10.90	...	...	...	12
...	...	...	...	...	...	...	...	...	...	...	...	...	13
...	...	...	...	...	...	...	...	...	...	...	...	...	14
41.24	37.27	33.22	29.19	25.23	21.46	17.89	14.58	11.58	8.97	6.81	5.02	3.81	15
42.12	38.30	34.39	30.47	26.51	22.46	18.92	15.39	12.16	9.34	7.02	5.24	3.88	16
...	...	...	...	...	...	...	...	...	...	...	...	...	17
...	...	...	...	...	...	...	...	...	...	...	...	...	18
50.30	45.51	40.72	35.94	31.28	26.80	22.55	18.70	15.13	11.80	8.99	6.69	4.75	19
53.35	48.46	43.57	38.75	34.00	29.30	24.78	20.54	16.50	12.97	9.72	7.21	4.91	20
51.71	46.90	42.10	37.35	32.71	28.21	23.95	19.94	16.12	12.56	9.43	6.88	4.95	21
57.15	52.26	47.38	42.54	37.77	33.07	28.49	24.00	19.67	15.55	11.77	8.50	5.89	22
...	...	...	...	...	...	...	...	...	...	...	...	...	23
...	...	...	...	...	...	...	...	...	...	...	...	...	24
...	...	...	...	...	...	...	...	...	...	...	...	...	25
...	...	...	...	...	...	...	...	...	...	...	...	...	26

22. Expectation of life at specified ages for each sex: latest available year (continued)

(See notes at end of table.)

	Continent, country or area, period and sex / Continent, pays ou zone, période et sexe	Age (in years) 0	1	2	3	4	5	10	15	
	ASIA—ASIE (Cont.–Suite)									
	Korea, Republic of– Corée, République de 1978–1979									
1	Male – Masculin	62.70	63.73	...	...	...	60.30	55.62	50.85	46
2	Female – Féminin	69.07	71.02	...	...	...	68.23	63.46	58.62	53.
	Kuwait – Koweït 1985–1990 [1]									
3	Male – Masculin	70.75	...	...	...	...	...	...	...	
4	Female – Féminin	74.97	...	...	...	...	...	...	...	
	Lao People's Dem. Rep. – Rép. dém. populaire Lao 1985–1990 [1]									
5	Male – Masculin	47.00	...	...	...	...	...	...	...	
6	Female – Féminin	50.00	...	...	...	...	...	...	...	
	Lebanon – Liban 1985–1990 [1]									
7	Male – Masculin	65.10	...	...	...	...	...	...	...	
8	Female – Féminin	69.00	...	...	...	...	...	...	...	
	Malaysia – Malaisie 1985–1990 [1]									
9	Male – Masculin	67.52	...	...	...	...	...	...	...	
10	Female – Féminin	71.58	...	...	...	...	...	...	...	
	Peninsular Malaysia – Malaisie Péninsulaire 1987									
11	Male – Masculin	68.83	68.92	...	...	...	65.21	60.40	55.56	50
12	Female – Féminin	73.00	72.95	...	...	...	69.26	64.42	59.56	54
	Maldives 1985									
13	Male – Masculin	62.20	65.58	...	...	...	63.69	59.06	54.26	49
14	Female – Féminin	59.48	62.63	...	...	...	60.87	56.19	51.37	46
	Mongolia – Mongolie 1985–1990 [1]									
15	Male – Masculin	61.50	...	...	...	...	...	...	...	
16	Female – Féminin	65.60	...	...	...	...	...	...	...	
	Myanmar [10] 1978 [11]									
17	Male – Masculin	58.93	61.01	...	...	...	59.05	54.87	50.30	45
18	Female – Féminin	63.66	65.30	...	...	...	63.58	59.42	54.77	50
	Nepal – Népal 1981									
19	Male – Masculin	50.88	56.57	...	...	...	55.76	51.67	47.28	43
20	Female – Féminin	48.10	54.13	...	...	...	54.73	50.98	46.89	43
	Oman 1985–1990 [1]									
21	Male – Masculin	54.08	...	...	...	...	...	...	...	
22	Female – Féminin	56.75	...	...	...	...	...	...	...	
	Pakistan 1976–1978									
23	Male – Masculin	59.04	66.46	...	...	...	65.24	61.34	56.80	52
24	Female – Féminin	59.20	65.58	...	...	...	64.81	60.68	56.26	51
	Philippines 1987									
25	Male – Masculin	61.90	64.82	64.40	63.70	62.90	62.07	57.52	52.84	48
26	Female – Féminin	65.50	67.79	67.37	66.65	65.84	64.99	60.40	55.69	51

22. Espérance de vie à un âge donné pour chaque sexe: dernière année disponible (suite)

(Voir notes à la fin du tableau.)

Age (en années)													
25	30	35	40	45	50	55	60	65	70	75	80	85	
41.69	37.17	32.64	28.13	23.96	19.94	16.17	12.74	9.89	7.69	5.79	4.49	...	1
49.16	44.43	39.68	35.04	30.57	26.18	21.93	17.87	14.13	10.77	8.17	5.87	...	2
...	...	...	...	...	...	...	...	...	...	...	...	...	3
...	...	...	...	...	...	...	...	...	...	...	...	...	4
...	...	...	...	...	...	...	...	...	...	...	...	...	5
...	...	...	...	...	...	...	...	...	...	...	...	...	6
...	...	...	...	...	...	...	...	...	...	...	...	...	7
...	...	...	...	...	...	...	...	...	...	...	...	...	8
...	...	...	...	...	...	...	...	...	...	...	...	...	9
...	...	...	...	...	...	...	...	...	...	...	...	...	10
46.20	41.58	36.96	32.38	27.95	23.65	19.72	16.09	12.84	10.02	7.76	5.47	...	11
49.89	45.08	40.33	35.64	31.02	26.49	22.20	18.15	14.54	11.32	8.65	6.15	...	12
45.10	40.64	35.90	31.28	27.42	23.30	19.53	15.63	11.88	8.35	6.10	4.88	...	13
42.69	38.45	34.14	29.54	25.95	21.75	17.86	14.40	10.81	8.47	5.46	4.59	...	14
...	...	...	...	...	...	...	...	...	...	...	...	...	15
...	...	...	...	...	...	...	...	...	...	...	...	...	16
41.52	37.27	33.04	28.88	24.93	21.32	17.85	14.63	11.82	9.20	6.95	5.05	3.84	17
45.94	41.65	37.33	33.07	28.88	24.88	21.04	17.40	14.06	10.87	8.16	5.95	4.17	18
39.22	35.30	31.40	27.58	23.87	20.30	16.95	13.82	11.01	8.52	6.36	4.49	...	19
39.32	35.68	32.07	28.46	24.83	21.19	17.72	14.42	11.48	8.81	6.53	4.54	...	20
...	...	...	...	...	...	...	...	...	...	...	...	...	21
...	...	...	...	...	...	...	...	...	...	...	...	...	22
47.85	43.39	39.04	34.77	30.57	26.55	22.76	19.25	16.08	13.08	10.30	7.44	4.37	23
47.80	43.62	39.42	35.23	31.04	27.03	22.95	19.27	15.71	12.72	9.79	7.12	4.34	24
43.97	39.57	35.18	30.85	26.64	22.61	18.83	15.34	12.20	9.42	7.05	5.05	...	25
46.63	42.19	37.78	33.41	29.10	24.91	20.88	17.08	13.56	10.42	7.75	5.54	...	26

22. Expectation of life at specified ages for each sex: latest available year (continued)

(See notes at end of table.)

	Continent, country or area, period and sex / Continent, pays ou zone, période et sexe	Age (in years) 0	1	2	3	4	5	10	15	2[illegible]
	ASIA—ASIE (Cont.–Suite)									
	Qatar									
	1985–1990 [1]									
1	Male – Masculin	66.93	...	...	...	...	...	...	...	
2	Female – Féminin	71.80	...	...	...	...	...	...	...	
	Saudi Arabia – Arabie saoudite									
	1985–1990 [1]									
3	Male – Masculin	61.70	...	...	...	...	...	...	...	
4	Female – Féminin	65.20	...	...	...	...	...	...	...	
	Singapore – Singapour									
	1980									
5	Male – Masculin	68.70	68.60	67.70	66.70	65.70	64.80	59.90	55.00	50.[illegible]
6	Female – Féminin	74.00	73.90	73.00	72.00	71.10	70.10	65.20	60.30	55.[illegible]
	Sri Lanka									
	1981									
7	Male – Masculin	67.78	68.99	...	...	...	65.69	60.99	56.23	51.[illegible]
8	Female – Féminin	71.66	72.67	...	...	...	69.46	64.75	59.94	55.[illegible]
	Syrian Arab Republic – République arabe syrienne									
	1976–1979									
9	Male – Masculin	63.77	66.92	...	...	...	64.33	59.88	55.17	50.[illegible]
10	Female – Féminin	64.70	67.06	...	...	...	64.43	60.14	55.46	50.[illegible]
	Thailand – Thaïlande									
	1985–1986									
11	Male – Masculin	63.82	66.31	...	...	...	62.88	58.28	53.48	48.[illegible]
12	Female – Féminin	68.85	70.91	...	...	...	67.27	62.68	58.01	53.[illegible]
	Turkey – Turquie									
	1985–1990 [1]									
13	Male – Masculin	62.50	...	...	...	...	...	...	...	
14	Female – Féminin	65.77	...	...	...	...	...	...	...	
	United Arab Emirates – Emirats arabes unis									
	1985–1990 [1]									
15	Male – Masculin	68.57	...	...	...	...	...	...	...	
16	Female – Féminin	72.92	...	...	...	...	...	...	...	
	Viet Nam									
	1979									
17	Male – Masculin	63.66	65.70	65.45	64.00	64.44	63.77	59.66	55.01	50.[illegible]
18	Female – Féminin	67.89	69.99	69.73	69.27	68.69	68.01	63.85	59.20	54.[illegible]
	Yemen – Yémen									
	1985–1990 [1]									
19	Male – Masculin	49.50	...	...	...	...	...	...	...	
20	Female – Féminin	52.40	...	...	...	...	...	...	...	
	EUROPE									
	Albania – Albanie									
	1985–1986									
21	Male – Masculin	68.48	...	...	...	...	...	...	...	
22	Female – Féminin	73.94	...	...	...	...	...	...	...	
	Austria – Autriche									
	1987									
23	Male – Masculin	71.53	71.31	70.36	69.39	68.41	67.42	62.50	57.58	52.[illegible]
24	Female – Féminin	78.13	77.82	76.87	75.90	74.92	73.94	69.00	64.05	59.[illegible]
	Belgium – Belgique									
	1979–1982 [7]									
25	Male – Masculin	70.04	69.99	69.05	68.09	67.12	66.15	61.26	56.36	51.[illegible]
26	Female – Féminin	76.79	76.61	75.68	74.72	73.75	72.78	67.88	62.95	58.[illegible]

22. Espérance de vie à un âge donné pour chaque sexe: dernière année disponible (suite)

ir notes à la fin du tableau.)

Age (en années)													
25	30	35	40	45	50	55	60	65	70	75	80	85	
...	...	...	...	...	...	...	...	...	...	...	...	...	1
...	...	...	...	...	...	...	...	...	...	...	...	...	2
...	...	...	...	...	...	...	...	...	...	...	...	...	3
...	...	...	...	...	...	...	...	...	...	...	...	...	4
45.50	40.70	36.00	31.30	26.80	22.60	18.70	15.20	12.20	9.70	7.40	5.60	4.00	5
50.60	45.70	40.90	36.20	31.50	27.00	22.80	18.80	15.10	11.80	9.00	6.50	4.40	6
47.24	42.77	39.23	33.19	29.49	25.39	21.46	17.74	14.25	11.07	8.37	5.81	...	7
50.81	46.20	41.56	36.96	32.44	28.01	23.70	19.57	15.69	12.19	9.17	6.43	...	8
46.44	41.96	37.36	32.74	28.24	23.89	19.76	16.16	13.20	10.20	7.18	4.46	...	9
46.56	42.10	37.42	32.84	28.50	24.11	19.76	16.23	13.23	10.36	7.60	4.50	...	10
44.30	40.01	35.68	31.34	27.07	22.99	19.09	15.52	12.53	9.69	7.49	5.20	...	11
48.84	44.24	39.63	35.05	30.62	26.23	22.12	18.56	15.15	12.03	9.33	6.17	...	12
...	...	...	...	...	...	...	...	...	...	...	...	...	13
...	...	...	...	...	...	...	...	...	...	...	...	...	14
...	...	...	...	...	...	...	...	...	...	...	...	...	15
...	...	...	...	...	...	...	...	...	...	...	...	...	16
45.83	41.30	36.79	32.33	27.92	23.63	19.61	16.02	12.87	10.14	7.88	6.15	4.55	17
49.94	45.33	40.80	36.33	31.93	27.60	23.33	19.39	15.88	12.72	9.96	7.60	5.65	18
...	...	...	...	...	...	...	...	...	...	...	...	...	19
...	...	...	...	...	...	...	...	...	...	...	...	...	20
...	...	...	...	...	...	...	...	...	...	...	...	...	21
...	...	...	...	...	...	...	...	...	...	...	...	...	22
48.24	43.53	38.87	34.24	29.74	25.43	21.36	17.62	14.21	11.11	8.40	6.23	4.59	23
54.28	49.38	44.52	39.74	35.06	30.43	25.91	21.58	17.43	13.57	10.12	7.26	5.12	24
47.01	42.32	37.62	32.98	28.44	24.09	20.02	16.26	12.95	10.03	7.62	5.74	4.23	25
53.23	48.39	43.57	38.82	34.14	29.58	25.17	20.93	16.90	13.16	9.84	7.11	5.04	26

22. Expectation of life at specified ages for each sex: latest available year (continued)

(See notes at end of table.)

	Continent, country or area, period and sex / Continent, pays ou zone, période et sexe	Age (in years) 0	1	2	3	4	5	10	15	20
	EUROPE (Cont.–Suite)									
	Bulgaria – Bulgarie									
	1978–1980 [7]									
1	Male – Masculin	68.35	69.05	68.20	67.27	66.33	65.37	60.53	55.67	50.91
2	Female – Féminin	73.55	73.97	73.11	72.18	71.23	70.27	65.40	60.49	55.64
	Czechoslovakia – Tchécoslovaquie									
	1985									
3	Male – Masculin	67.25	67.33	66.39	65.42	64.44	63.46	58.57	53.68	48.88
4	Female – Féminin	74.71	74.58	73.63	72.67	71.69	70.72	65.80	60.86	55.95
	Denmark – Danemark [12]									
	1986–1987 [7]									
5	Male – Masculin	71.80	71.40	70.50	69.50	68.50	67.50	62.60	57.70	52.90
6	Female – Féminin	77.60	77.20	76.20	75.30	74.30	73.30	68.40	63.40	58.50
	Faeroe Islands – Iles Féroé									
	1981–1985									
7	Male – Masculin	73.30	73.10	...	...	...	69.20	64.50	59.60	55.00
8	Female – Féminin	79.60	73.40	...	...	...	75.50	70.60	65.70	60.80
	Finland – Finlande									
	1986 [7]									
9	Male – Masculin	70.49	69.98	69.00	68.01	67.03	66.05	61.12	56.20	51.42
10	Female – Féminin	78.72	78.08	77.12	76.13	75.14	74.16	69.19	64.23	59.33
	France									
	1987									
11	Male – Masculin	72.03	71.69	70.75	69.78	68.81	67.83	62.91	58.00	53.24
12	Female – Féminin	80.27	79.79	78.84	77.87	76.89	75.91	70.99	66.05	61.16
	German Democratic Rep. – Rép. démocratique allemande [13]									
	1986–1987 [7]									
13	Male – Masculin	69.73	69.45	68.50	67.54	66.57	65.61	60.70	55.77	51.01
14	Female – Féminin	75.74	75.32	74.38	73.41	72.44	71.46	66.54	61.59	56.70
	Germany, Federal Rep. of – Allemagne, République fédérale d' [13]									
	1985–1987									
15	Male – Masculin	71.81	71.52	70.57	69.60	68.62	67.65	62.73	57.80	53.01
16	Female – Féminin	78.37	77.97	77.02	76.05	75.07	74.08	69.15	64.20	59.30
	Greece – Grèce									
	1980 [7]									
17	Male – Masculin	72.15	72.82	71.89	70.95	69.99	69.02	54.13	59.26	54.48
18	Female – Féminin	76.35	76.78	76.05	75.09	74.13	73.15	68.24	63.32	58.43
	Hungary – Hongrie									
	1987 [7]									
19	Male – Masculin	65.67	65.99	65.06	64.10	63.14	62.16	57.24	52.33	47.54
20	Female – Féminin	73.74	73.83	72.88	71.92	70.95	69.97	65.05	60.11	55.22
	Iceland – Islande									
	1983–1984 [7]									
21	Male – Masculin	73.96	73.41	72.42	71.44	70.46	69.49	64.62	59.69	55.01
22	Female – Féminin	80.20	79.70	78.76	77.76	76.76	75.78	70.89	65.91	61.01
	Ireland – Irlande									
	1980–1982 [7]									
23	Male – Masculin	70.14	69.94	69.01	68.06	67.10	66.13	61.25	56.35	51.58
24	Female – Féminin	75.62	75.35	74.40	73.44	72.47	71.50	66.58	61.65	56.75
	Italy – Italie									
	1983 [7]									
25	Male – Masculin	71.43	71.37	70.42	69.45	68.48	67.50	62.58	57.68	52.92
26	Female – Féminin	78.14	77.99	77.04	76.08	75.10	74.12	69.19	64.25	59.34

22. Espérance de vie à un âge donné pour chaque sexe: dernière année disponible (suite)

r notes à la fin du tableau.)

Age (en années) 25	30	35	40	45	50	55	60	65	70	75	80	85	
46.19	41.50	36.86	32.29	27.87	23.62	19.64	15.92	12.74	9.98	7.59	5.67	4.33	1
50.78	45.94	41.12	36.32	31.63	27.06	22.66	18.41	14.63	11.32	8.42	6.09	4.68	2
44.16	39.45	34.78	30.22	25.87	21.80	18.04	14.63	11.68	9.01	6.72	4.88	3.42	3
51.05	46.17	41.30	36.51	31.82	27.27	22.90	18.74	14.89	11.38	8.34	5.89	3.95	4
48.20	43.40	38.80	34.10	29.60	25.20	21.10	17.40	14.10	11.10	8.50	6.50	4.80	5
53.60	48.70	43.90	39.10	34.50	30.00	25.70	21.70	17.90	14.30	11.00	8.10	5.80	6
50.30	45.60	40.80	36.00	31.20	26.90	22.60	18.60	15.00	11.60	8.70	6.60	...	7
55.80	50.90	46.10	41.20	36.40	31.90	27.10	22.60	18.40	14.50	10.80	7.80	...	8
46.73	42.05	37.42	32.87	28.48	24.26	20.31	16.66	13.43	10.53	8.10	6.11	4.59	9
54.45	49.59	44.74	39.94	35.18	30.57	26.00	21.62	17.45	13.63	10.24	7.47	5.27	10
48.62	43.97	39.33	34.76	30.31	26.05	22.08	18.41	14.98	11.80	8.98	6.61	4.75	11
56.30	51.44	46.62	41.84	37.14	32.53	28.05	23.67	19.43	15.39	11.65	8.43	5.88	12
46.29	41.57	36.90	32.29	27.80	23.52	19.55	15.91	12.54	9.62	7.17	5.16	3.68	13
51.82	46.96	42.12	37.33	32.64	28.07	23.66	19.44	15.47	11.86	8.70	6.15	4.26	14
48.27	43.51	38.76	34.07	29.32	25.15	21.05	17.26	13.78	10.67	8.05	5.99	4.49	15
54.41	49.52	44.66	39.87	35.15	30.53	26.04	21.72	17.61	13.78	10.34	7.46	5.28	16
49.74	45.01	40.29	35.58	30.94	26.42	22.13	18.17	14.59	11.48	8.84	6.68	4.95	17
53.54	48.66	43.79	38.95	34.15	29.46	24.93	20.63	16.69	13.17	10.12	7.58	5.54	18
42.84	38.22	33.72	29.36	25.25	21.45	17.99	14.83	12.01	9.44	7.13	5.28	3.68	19
50.34	45.51	40.76	36.11	31.56	27.17	22.95	18.94	15.20	11.77	8.75	6.29	4.23	20
50.31	45.62	40.92	36.21	31.68	27.20	23.06	19.20	15.52	12.52	9.85	7.54	5.31	21
56.10	51.18	46.34	41.51	36.75	32.13	27.49	23.09	18.86	15.14	11.80	8.90	6.42	22
46.88	42.12	37.34	32.63	28.05	23.64	19.59	15.90	12.57	9.65	7.26	5.36	3.93	23
51.85	46.95	42.08	37.26	32.56	28.00	23.66	19.54	15.73	12.20	9.13	6.65	4.80	24
48.19	43.41	38.63	33.90	29.30	24.89	20.79	17.04	13.62	10.54	7.91	5.85	4.25	25
54.43	49.53	44.65	38.83	35.07	30.42	25.90	21.54	17.41	13.53	10.10	7.32	5.15	26

22. Expectation of life at specified ages for each sex: latest available year (continued)

(See notes at end of table.)

	Continent, country or area, period and sex / Continent, pays ou zone, période et sexe	Age (in years) 0	1	2	3	4	5	10	15	20
	EUROPE (Cont.–Suite)									
	Liechtenstein									
	1980–1984									
1	Male – Masculin	66.07	65.80	64.80	63.80	62.95	61.95	57.07	52.44	47.56
2	Female – Féminin	72.94	73.11	72.11	71.31	70.31	69.31	64.31	59.47	54.77
	Luxembourg									
	1980–1982									
3	Male – Masculin	70.00	68.90	...	...	...	...	60.20	...	50.90
4	Female – Féminin	76.70	76.60	...	...	...	...	67.10	...	57.40
	Malta – Malte									
	1987									
5	Male – Masculin	72.54	72.13	71.13	70.18	69.21	68.28	63.37	58.43	53.55
6	Female – Féminin	77.01	76.52	75.61	74.61	73.60	72.61	67.64	62.64	57.70
	Netherlands – Pays-Bas									
	1985–1986 [7]									
7	Male – Masculin	72.95	72.64	71.69	70.72	69.75	68.77	63.84	58.92	54.08
8	Female – Féminin	79.55	79.12	78.17	77.20	76.22	75.24	70.29	65.35	60.43
	Norway – Norvège									
	1987 [7]									
9	Male – Masculin	72.75	72.42	71.47	70.51	69.55	68.58	63.66	58.72	53.96
10	Female – Féminin	79.55	79.16	78.20	77.23	76.25	75.26	70.32	65.36	60.47
	Poland – Pologne									
	1987									
11	Male – Masculin	66.81	67.11	...	...	...	63.29	58.39	53.48	48.71
12	Female – Féminin	75.20	75.32	...	...	...	71.46	66.54	61.59	56.69
	Portugal									
	1979–1982									
13	Male – Masculin	68.35	69.10	68.25	67.34	66.41	65.47	60.66	55.85	51.31
14	Female – Féminin	75.20	75.72	74.85	73.93	72.98	72.02	67.17	62.29	57.46
	Romania – Roumanie									
	1976–1978									
15	Male – Masculin	67.42	...	...	...	...	...	...	...	...
16	Female – Féminin	72.06	...	...	...	...	...	...	...	...
	San Marino – Saint-Marin									
	1977–1986									
17	Male – Masculin	73.16	72.92	71.95	70.98	70.00	69.02	64.07	59.12	54.26
18	Female – Féminin	79.12	78.94	77.97	77.00	76.03	75.05	70.52	65.19	60.27
	Spain – Espagne									
	1980–1982									
19	Male – Masculin	72.52	72.54	71.62	70.68	69.72	68.74	63.88	58.99	54.20
20	Female – Féminin	78.61	78.44	77.52	76.57	75.60	74.62	69.73	64.81	59.91
	Sweden – Suède									
	1987 [7]									
21	Male – Masculin	74.16	73.66	72.69	71.72	70.74	69.75	64.80	59.87	55.06
22	Female – Féminin	80.15	79.60	78.63	77.65	76.68	75.69	70.73	65.77	60.86
	Switzerland – Suisse									
	1986–1987									
23	Male – Masculin	73.80	73.40	...	...	...	69.50	64.60	59.70	54.90
24	Female – Féminin	80.50	80.00	...	...	...	76.10	71.20	66.30	61.40
	United Kingdom – Royaume-Uni									
	1984–1987									
25	Male – Masculin	71.22	71.49	70.54	69.58	68.60	67.62	62.70	57.78	52.97
26	Female – Féminin	77.51	77.15	76.21	75.24	74.26	73.27	68.34	63.40	58.48
	England and Wales – Angleterre et Galles									
	1983–1985 [7]									
27	Male – Masculin	71.80	71.58	70.63	69.67	68.69	67.71	62.79	57.87	53.07
28	Female – Féminin	77.74	77.40	76.45	75.48	74.50	73.52	68.59	63.65	58.74

22. Espérance de vie à un âge donné pour chaque sexe: dernière année disponible (suite)

ir notes à la fin du tableau.)

Age (en années)													
25	30	35	40	45	50	55	60	65	70	75	80	85	
43.49	38.68	34.54	30.57	26.34	22.47	18.51	15.17	12.33	9.42	7.32	5.74	4.00	1
50.06	45.06	40.28	35.71	31.58	27.44	23.03	19.00	14.91	11.20	8.63	6.23	4.30	2
...	41.80	...	32.40	...	23.60	19.70	16.00	12.80	9.90	7.50	...	...	3
...	47.80	...	38.40	...	29.20	24.90	20.70	16.70	13.00	9.70	...	...	4
48.84	44.07	39.20	34.39	29.64	25.07	20.84	16.81	13.27	10.00	7.25	5.20	4.00	5
52.78	47.92	42.99	38.14	33.35	28.72	24.12	19.63	15.71	11.99	8.94	6.42	4.59	6
49.28	44.46	39.63	34.86	30.20	25.68	21.42	17.48	13.94	10.89	8.30	6.28	4.61	7
55.52	50.61	45.75	40.94	36.18	31.54	27.05	22.75	18.59	14.71	11.16	8.12	5.74	8
49.28	44.54	39.79	35.08	30.50	26.02	21.85	17.94	14.40	11.27	8.63	6.40	4.68	9
55.57	50.67	45.79	40.93	36.18	31.54	27.04	22.70	18.53	14.62	11.09	8.11	5.73	10
44.04	39.38	34.81	30.38	26.14	22.20	18.57	15.27	12.31	9.65	7.31	5.45	4.03	11
51.79	46.92	42.10	37.35	32.73	28.23	23.90	19.77	15.90	12.41	9.26	6.71	4.78	12
46.82	42.24	37.63	33.09	28.69	24.49	20.52	16.74	13.28	10.16	7.44	5.31	3.66	13
52.62	47.79	42.99	38.27	33.61	29.05	24.60	20.29	16.18	12.38	9.02	6.31	4.22	14
...	...	...	...	...	...	...	...	...	...	...	...	...	15
...	...	...	...	...	...	...	...	...	...	...	...	...	16
49.42	44.69	39.95	35.12	30.34	26.90	21.76	17.78	14.23	11.10	8.36	6.14	4.10	17
55.40	50.46	45.55	40.66	35.82	31.08	26.46	22.05	17.64	13.54	10.04	7.05	4.77	18
49.49	44.75	40.03	35.35	30.80	26.42	22.26	18.39	14.77	11.54	8.81	6.59	4.89	19
55.01	50.13	45.28	40.46	35.72	31.07	26.54	22.13	17.93	14.02	10.53	7.63	5.46	20
50.31	45.57	40.83	36.12	31.47	26.99	22.73	18.73	14.99	11.65	8.80	6.46	4.63	21
55.96	51.07	46.22	41.39	36.64	31.99	27.47	23.07	18.90	14.94	11.37	8.27	5.82	22
50.30	45.70	40.90	36.20	31.60	37.10	22.80	18.80	15.20	12.00	9.20	6.90	5.00	23
56.50	51.70	46.80	42.00	37.20	32.50	28.00	23.50	19.30	15.30	11.60	8.40	5.90	24
48.19	43.38	38.58	33.82	29.17	24.71	20.51	16.69	13.31	10.37	7.90	5.92	4.40	25
53.57	48.67	43.81	38.99	34.26	29.66	25.25	21.09	17.22	13.65	10.45	7.69	5.48	26
48.28	43.46	38.66	33.89	29.24	24.77	20.57	16.75	13.37	10.44	7.99	6.06	4.69	27
53.82	48.93	44.06	39.24	34.51	29.92	25.51	21.36	17.49	13.91	10.72	8.03	6.01	28

22. Expectation of life at specified ages for each sex: latest available year (continued)

(See notes at end of table.)

	Continent, country or area, period and sex / Continent, pays ou zone, période et sexe	Age (in years) 0	1	2	3	4	5	10	15	20
	EUROPE (Cont.–Suite)									
	Northern Ireland – Irlande du Nord									
	1983									
1	Male – Masculin	69.25	69.30	68.36	67.41	66.46	65.48	60.57	55.67	50.93
2	Female – Féminin	75.65	75.40	74.46	73.49	72.51	71.54	66.63	61.70	56.80
	Scotland – Ecosse									
	1985									
3	Male – Masculin	70.05	69.76	68.81	67.83	66.85	65.87	60.97	56.06	51.27
4	Female – Féminin	75.83	75.49	74.55	73.58	72.61	71.62	66.71	61.77	56.86
	Yugoslavia – Yougoslavie									
	1984–1985									
5	Male – Masculin	68.13	...	...	...	...	65.24	60.39	55.51	50.97
6	Female – Féminin	73.55	...	...	...	...	71.15	66.27	61.34	56.47
	OCEANIA—OCEANIE									
	Australia – Australie									
	1986 [7] [14]									
7	Male – Masculin	72.77	72.50	71.56	70.59	69.63	68.66	63.74	58.84	54.13
8	Female – Féminin	79.13	78.74	77.80	76.83	75.86	74.88	69.94	65.00	60.13
	Cook Islands – Iles Cook									
	1974–1978									
9	Male – Masculin	63.17	65.24	...	...	...	61.78	57.02	52.16	47.80
10	Female – Féminin	67.09	68.94	...	...	...	65.68	60.78	55.99	51.27
	Fiji – Fidji									
	1976									
11	Male – Masculin	60.75	62.07	62.05	61.54	60.84	60.03	55.54	50.91	46.49
12	Female – Féminin	63.90	64.76	64.54	63.94	63.18	62.33	57.74	53.03	48.50
	Guam									
	1979–1981									
13	Male – Masculin	69.53	69.36	...	...	...	65.53	60.63	55.75	51.10
14	Female – Féminin	75.59	75.64	...	...	...	71.78	66.85	61.89	57.12
	New Zealand – Nouvelle–Zélande									
	1986–1988									
15	Male – Masculin	71.03	70.94	...	...	...	67.14	62.24	57.35	52.75
16	Female – Féminin	77.27	77.02	...	...	...	73.17	68.27	63.34	58.50
	Papua New Guinea – Papouasie–Nouvelle–Guinée									
	1985–1990 [1]									
17	Male – Masculin	53.18	...	...	...	...	...	...	...	...
18	Female – Féminin	54.84	...	...	...	...	...	...	...	...
	Samoa									
	1976									
19	Male – Masculin	61.00	...	...	...	...	...	...	...	...
20	Female – Féminin	64.30	...	...	...	...	...	...	...	...
	Solomon Islands – Iles Salomon									
	1980–1984									
21	Male – Masculin	59.90	...	...	...	...	...	...	...	...
22	Female – Féminin	61.40	...	...	...	...	...	...	...	...
	USSR—URSS									
	USSR – URSS									
	1985–1986									
23	Male – Masculin	64.15	65.03	...	...	...	61.73	56.94	52.10	47.39
24	Female – Féminin	73.27	73.93	...	...	...	70.64	65.80	60.90	56.05

22. Espérance de vie à un âge donné pour chaque sexe: dernière année disponible (suite)

oir notes à la fin du tableau.)

Age (en années)													
25	30	35	40	45	50	55	60	65	70	75	80	85	
46.26	41.55	36.84	32.13	27.57	23.22	19.21	15.62	12.38	9.55	7.20	5.35	3.88	1
51.92	47.06	42.23	37.44	32.77	28.19	23.89	19.09	16.11	12.61	9.51	6.99	5.03	2
46.50	41.70	36.94	32.26	27.69	23.35	19.30	15.68	12.54	9.78	7.54	5.83	4.39	3
51.95	47.08	42.22	37.45	32.77	28.22	23.88	19.90	16.23	12.89	10.01	7.46	5.44	4
46.26	41.56	37.11	32.54	28.15	24.16	20.39	16.93	13.81	11.09	9.08	8.22	9.41	5
51.59	46.97	42.37	37.59	33.11	28.59	24.37	20.35	16.63	13.36	10.76	9.36	10.00	6
49.53	44.84	40.11	35.39	30.76	26.27	22.02	18.10	14.58	11.46	8.77	6.56	4.80	7
55.28	50.41	45.54	40.71	35.96	31.33	26.85	22.54	18.46	14.69	11.30	8.30	5.90	8
43.58	39.38	34.59	29.83	25.79	21.77	17.83	14.52	12.09	9.33	7.26	5.40	6.04	9
46.56	41.99	37.29	32.86	28.13	23.68	19.63	16.04	12.89	9.75	7.26	5.54	3.53	10
42.25	38.00	33.74	29.53	25.38	21.36	17.53	13.94	10.74	7.93	5.67	3.97	2.74	11
44.12	39.74	35.35	30.99	26.70	22.53	18.53	14.75	11.33	8.32	5.87	4.05	2.73	12
46.61	42.10	37.55	32.81	28.38	24.31	20.43	16.78	13.72	11.07	8.20	6.27	3.88	13
52.28	47.51	42.65	37.98	33.25	28.50	24.18	20.19	16.46	13.37	10.67	8.03	6.35	14
48.17	43.50	38.79	34.09	29.49	25.06	20.93	17.12	13.70	10.70	8.19	6.17	4.57	15
53.67	48.82	44.00	39.21	34.52	29.96	25.61	21.47	17.57	13.95	10.73	8.03	5.78	16
...	...	...	...	...	...	...	...	...	...	...	...	...	17
...	...	...	...	...	...	...	...	...	...	...	...	...	18
...	...	...	...	...	...	...	...	...	...	...	...	...	19
...	...	...	...	...	...	...	...	...	...	...	...	...	20
...	...	...	...	...	...	...	...	...	...	...	...	...	21
...	...	...	...	...	...	...	...	...	...	...	...	...	22
42.85	38.37	34.00	29.73	25.69	21.88	18.34	15.14	12.34	9.84	...	...	...	23
51.24	46.44	41.69	37.00	32.42	27.97	23.70	19.64	15.82	12.39	...	...	...	24

22. Expectation of life at specified ages for each sex: latest available year (continued)

(See notes at end of table.)

	Continent, country or area, period and sex / Continent, pays ou zone, période et sexe	Age (in years) 0	1	2	3	4	5	10	15	20
	USSR—URSS (Cont.–Suite)									
	Byelorussian SSR – RSS de Biélorussie 1985–1986									
1	Male – Masculin	66.66	66.72	...	...	...	62.96	58.13	53.26	48.50
2	Female – Féminin	75.52	75.42	...	...	...	71.65	66.76	61.86	56.97
	Ukrainian SSR – RSS d'Ukraine 1985–1986									
3	Male – Masculin	65.90	66.05	...	...	...	62.38	57.56	52.70	47.95
4	Female – Féminin	74.45	74.43	...	...	...	70.73	65.86	60.97	56.11

GENERAL NOTES

Average number of years of life remaining to persons surviving to exact age specified, if subject to mortality conditions of the period indicated. For limitations of data, see Technical Notes, page 96.

FOOTNOTES

* Provisional.
1 Estimates prepared in the Population Division of the United Nations.
2 For Mauritian population only.
3 Excluding tribal Indian population numbering 62 187 in 1960.
4 Excluding nomadic Indian tribes.
5 Excluding Indian jungle population.
6 For Bahrain population only.

NOTES GENERALES

Nombre moyen d'années restant à vivre aux personnes ayant atteint l'âge donné si elles sont soumises aux conditions de mortalité de la période indiquée. Pour les insuffisances des données, voir Notes techniques, page 96.

NOTES

* Données provisoires.
1 Estimations établies par la Division de la population de l'Organisation des Nations Unies.
2 Pour la population Mauricienne seulement.
3 Non compris les Indiens vivant en tribus, au nombre de 62 187 en 1960.
4 Non compris les tribus d'Indiens nomades.
5 Non compris les Indiens de la jungle.
6 Pour la population du Bahraïn seulement.

22. Espérance de vie à un âge donné pour chaque sexe: dernière année disponible (suite)

oir notes à la fin du tableau.)

Age (en années)													
25	30	35	40	45	50	55	60	65	70	75	80	85	
43.90	39.35	34.91	30.60	26.56	22.72	19.12	15.77	12.69	10.00	...	...	...	*1*
52.11	47.25	42.46	37.72	33.11	28.63	24.31	20.19	16.47	13.05	...	...	...	*2*
43.34	38.82	34.38	30.05	25.99	22.13	18.52	15.23	12.36	9.74	...	...	...	*3*
51.26	46.42	41.63	36.91	32.30	27.81	23.51	19.39	15.53	12.06	...	...	...	*4*

OTNOTES (Continued)

7 Complete life table.
8 Including data for East Jesuralem and Israeli residents in certain other territories under occupation by Israeli military forces since June 1967.
9 For Japanese nationals in Japan only.
10 Formerly listed as "Burma".
11 For urban population only.
12 Excluding the Faeroe Islands and Greenland.
13 The data which relate to the German Democratic Republic and the Federal Republic of Germany include the relevant data relating to Berlin, for which separate data have not been supplied. This is without prejudice to any question of status which may be involved.
14 Excluding full–blooded aborigines, estimated at 49 036 in June 1966.

NOTES (Suite)

7 Table complète de mortalité.
8 Y compris les données pour Jérusalem–Est et les résidents israéliens dans certains autres territoires occupés depuis juin 1967 par les forces armées israéliennes.
9 Pour les nationaux japonais au Japon seulement.
10 Antérieurement désigné sous le nom de "Birmanie".
11 Pour la population urbaine seulement.
12 Non compris les îles Féroé et le Groenland.
13 Les données relatives à la République démocratique allemande et à la République fédérale d'Allemagne, incluent les données pertinentes relatives à Berlin, pour lequel des données séparées n'ont pas été fournies. Cela sans préjudice des questions de status qui peuvent se poser à cet égard.
14 Non compris les aborigènes purs, estimés à 49 036 en juin 1966.

23. Marriages and crude marriage rates, by urban/rural residence: 1984 – 1988

Mariages et taux bruts de nuptialité, selon la résidence, urbaine/rurale: 1984 – 1988

(See notes at end of table. – Voir notes à la fin du tableau.)

Continent, country or area and urban/rural residence — Continent, pays ou zone et résidence, urbaine/rurale	Code [1]	Number – Nombre					Rate – Taux				
		1984	1985	1986	1987	1988	1984	1985	1986	1987	1988
AFRICA—AFRIQUE											
Algeria – Algérie [2]	...	...	123 688	...	...	...	...	5.7	...	...	...
Botswana	...	3 572	...	1 634	...	...	3.4	...	1.4	...	...
Egypt – Egypte [3]	+...	...	442 280	...	...	...	...	9.1	...	...	...
Mauritius – Maurice											
Island of Mauritius – Ile Maurice [4]	+C	10 638	11 088	10 347	11 201	...	10.9	11.3	10.4	11.2	...
Rodrigues	+C	227	157	219	191	...	6.7	4.5	6.2	5.2	...
Réunion	...	3 331	3 185	3 165	3 001	...	6.2	5.8	5.7	5.3	...
St. Helena ex. dep. – Sainte–Hélène sans dép.	C	46	44	27	27	...					
Tristan da Cunha	C	1	2	...	...	...					
Sao Tome and Principe – Sao Tomé–et–Principe	U	...	86	...	...	...					
Seychelles	+C	390	583	568	...	...	6.0	8.9	8.7	...	...
Tunisia – Tunisie	...	53 484	50 025	*47 900	...	*47 121	7.6	6.9	*6.4	...	*6.0
AMERICA,NORTH—AMERIQUE DU NORD											
Anguilla	C	...	101	...	...	...	...	13.8	...	...	...
Antigua and Barbuda – Antigua–et–Barbuda	+C	203	262	...	343	...	2.7	3.5	...	4.1	...
Aruba	C	526	431	357	380	...	8.3	7.0	5.9	6.3	...
Bahamas	C	1 720	1 980	1 792	1 888	...	7.5	8.5	7.6	7.9	...
Barbados – Barbade	C	1 163	1 186	1 461	...	...	4.6	4.7	5.8	...	...
Belize	C	854	866	1 025	...	...	5.3	5.2	6.0	...	...
Bermuda – Bermudes	+C	663	696	775	...	...	11.9	12.4	13.7	...	...
British Virgin Islands – Iles Vierges britanniques	+C	149	155	139	...	...	12.7	13.0	11.6	...	...
Canada	C	185 597	184 096	175 518	182 151	...	7.4	7.3	6.9	7.1	...
Cayman Islands – Iles Caïmanes	+...	225	176	216	279	...	11.3	8.5	10.1	12.4	...
Costa Rica	C	20 558	...	...	21 743	...	8.5	...	...	7.8	...
Cuba [4]	C	75 524	80 407	84 014	78 012	*82 184	7.6	8.0	8.2	7.6	*7.9
Dominican Republic – République dominicaine	+C	30 985	21 301	...	...	...	4.9	3.3	...	...	...
El Salvador [4]	...	16 727	18 097	...	...	...	3.5	3.8	...	...	...
Greenland – Groenland	C	316	344	349	385	*376	6.0	6.5	6.5	7.1	*6.9
Guadeloupe	C	1 653	1 610	1 692	...	...	5.0	4.8	5.1	...	...
Guatemala	C	33 415	38 489	...	44 440	...	4.3	4.8	...	5.3	...
Jamaica – Jamaïque	+C	10 410	11 776	10 721	...	*10 429	4.6	5.1	4.6	...	*4.3
Martinique	C	1 297	1 331	1 346	...	*1 556	4.0	4.0	4.0	...	*4.7
Mexico – Mexique	+C	498 698	513 267	...	...	...	6.5	6.6	...	...	...
Montserrat	+...	52	55	40	...	...					
Nicaragua	+C	...	...	11 919	...	...	...	...	3.5	...	...
Panama [4 5]	C	12 253	12 430	12 104	11 188	*12 003	5.7	5.7	5.4	4.9	*5.2
Puerto Rico – Porto Rico	C	29 695	30 306	...	...	...	9.1	9.2	...	...	...
Saint Lucia – Sainte–Lucie	C	466	423	432	...	...	3.5	3.1	3.1	...	...
St. Pierre and Miquelon – Saint–Pierre–et–Miquelon	+C	33	...	...	...	...					
St. Vincent and the Grenadines – Saint–Vincent–et–Grenadines	+C	394	...	425	...	...	3.6	...	3.8	...	...
Trinidad and Tobago – Trinité–et–Tobago	+C	8 403	7 842	9 076	7 602	...	7.2	6.7	7.6	6.1	...
United States – Etats–Unis	C	2 477 192	2 412 625	*2 400 000	*2 421 000	*2 389 000	10.5	10.1	*9.9	*9.9	*9.7
AMERICA,SOUTH—AMERIQUE DU SUD											
Brazil – Brésil	U	936 070	952 294	1 007 474	930 893	...	7.1	7.0	7.3	6.6	...
Chile – Chili [4]	+C	87 261	91 099	93 995	95 531	...	7.3	7.5	7.6	7.6	...

23. Marriages and crude marriage rates, by urban/rural residence: 1984 – 1988 (continued)

Mariages et taux bruts de nuptialité, selon la résidence, urbaine/rurale: 1984 – 1988 (suite)

(See notes at end of table. – Voir notes à la fin du tableau.)

Continent, country or area and urban/rural residence — Continent, pays ou zone et résidence, urbaine/rurale	Code [1]	Number – Nombre					Rate – Taux				
		1984	1985	1986	1987	1988	1984	1985	1986	1987	1988
AMERICA,SOUTH— (Cont.–Suite) AMERIQUE DU SUD											
Ecuador – Equateur [6]	U	*54 038*	*56 560*	*60 205*	*61 301*	...	*5.9*	*6.0*	*6.2*	*6.2*	...
French Guiana – Guyane Française	U	*309*	*317*	*332*	...	...	*3.9*	*3.8*	*3.9*	...	...
Paraguay	+U	*16 354*	*18 370*	*16 015*	...	...	*4.6*	*5.0*	*4.2*	...	...
Uruguay	C	20 192	22 276	21 748	21 812	...	6.8	7.4	7.2	7.2	...
Venezuela [7]	C	92 137	93 939	100 002	105 058	...	5.5	5.4	5.6	5.7	...
ASIA—ASIE											
Bahrain – Bahreïn	...	*2 535*	*2 656*	*2 708*	...	...	*6.3*	*6.4*	*6.6*	...	...
Brunei Darussalam – Brunéi Darussalam	...	*1 883*	*1 898*	*1 673*	...	...	*8.7*	*8.6*	*7.4*	...	...
Cyprus – Chypre [4 8]	C	4 126	5 659	5 175	5 954	*4 987	6.3	8.5	7.7	8.7	*7.3
Hong Kong – Hong-kong	C	53 409	45 056	43 280	48 561	*45 238	9.9	8.3	7.8	8.6	*8.0
Indonesia – Indonésie	...	[9] *1 158 318*	...	...	...	...	[9] *7.2*	...	...	...	...
Iran (Islamic Republic of – Rép. islamique d') [4]	+U	*384 876*	...	*408 282*	*330 465*	**346 647*	*8.4*	...	*8.3*	*6.5*	**6.6*
Israel – Israël [4 10]	C	29 871	29 158	30 113	30 116	...	7.2	6.9	7.0	6.9	...
Japan – Japon [4 11]	+C	739 991	735 850	710 962	696 173	...	6.2	6.1	5.9	5.7	...
Jordan – Jordanie [4 12]	+C	18 189	20 152	19 397	23 208	...	5.4	5.7	5.3	6.1	...
Korea, Republic of– Corée, République de	U	*353 309*	*362 767*	*353 477*	...	...	*8.7*	*8.9*	*8.6*	...	...
Kuwait – Koweït	C	9 609	9 672	9 829	9 842	...	5.9	5.6	5.5	5.3	...
Macau – Macao	...	*2 936*	*3 254*	*2 845*	*2 472*	**2 282*	*8.2*	*8.3*	*6.8*	*5.8*	**5.2*
Mongolia – Mongolie [4]	...	*11 200*	*12 400*	*15 100*	...	...	*6.1*	*6.6*	*7.8*	...	...
Philippines	U	*380 171*	*378 550*	*389 482*	*400 760*	...	*7.1*	*6.9*	*7.0*	*7.0*	...
Qatar	...	*1 145*	*1 092*	*1 181*	*1 349*	...	*4.0*	*3.7*	*3.8*	*4.1*	...
Singapore – Singapour [13 14]	+C	24 940	23 466	20 075	23 404	*24 853	9.9	9.2	7.8	9.0	*9.4
Sri Lanka	+U	*122 702*	*128 034*	*127 897*	*129 574*	...	*7.9*	*8.1*	*7.9*	*7.9*	...
Syrian Arab Republic – République arabe syrienne [15]	+...	*83 692*	*96 326*	*96 126*	*102 626*	...	*8.4*	*9.4*	*9.1*	*9.4*	...
Thailand – Thaïlande	C	392 822	343 134	333 974	...	...	7.7	6.6	6.3	...	...
Turkey – Turquie [4 16]	+U	...	*365 109*	*387 017*	*436 065*	...	...	*7.4*	*7.7*	*8.5*	...
EUROPE											
Albania – Albanie [4]	C	26 397	25 271	25 718	27 370	...	9.1	8.5	8.5	8.9	...
Andorra – Andorre [4]	...	*130*	*118*	*130*	*125*	...	*3.0*	*2.6*	*2.8*	*2.6*	...
Austria – Autriche [4 17]	C	45 823	44 867	45 821	76 205	*35 361	6.1	5.9	6.1	10.1	*4.7
Belgium – Belgique [18]	C	58 962	57 551	56 834	56 770	...	6.0	5.8	5.7	5.7	...
Bulgaria – Bulgarie [4 19]	C	65 361	66 682	64 965	64 298	...	7.3	7.4	7.3	7.2	...
Channel Islands – Iles Anglo-Normandes	C	1 038	963	1 153	1 099	...	7.9	7.3	8.5	8.1	...
Guernsey – Guernesey	C	404	365	464	447	...	7.6	6.8	8.4	8.1	...
Jersey	+C	634	598	689	652	*695	8.1	7.5	8.6	8.1	...
Czechoslovakia – Tchécoslovaquie [4]	C	121 340	119 583	119 979	122 183	...	7.8	7.7	7.7	7.9	...
Denmark – Danemark [20]	C	28 624	29 322	30 773	31 132	32 068	5.6	5.7	6.0	6.1	6.3
Faeroe Islands – Iles Féroé	C	200	188	222	205	260	4.4	4.1	4.8	4.4	5.5
Finland – Finlande [4 21]	C	28 550	25 751	25 820	26 391	...	5.8	5.3	5.2	5.3	...
France [4 22]	C	281 402	269 419	265 678	265 177	*273 000	5.1	4.9	4.8	4.8	*4.9
German Democratic Rep. – Rép. démocratique allemande [23]	C	133 898	131 514	137 208	141 283	*137 165	8.0	7.9	8.3	8.5	*8.2
Germany, Federal Rep. of – Allemagne, République fédérale d' [23]	C	364 140	364 661	372 112	382 564	*396 891	6.0	6.0	6.1	6.3	*6.5
Gibraltar [24]	C	398	584	633	724	*739	13.9	20.4	21.8	24.6	*24.6
Greece – Grèce [4]	C	54 793	63 709	60 903	62 899	...	5.5	6.4	6.1	6.3	...

23. Marriages and crude marriage rates, by urban/rural residence: 1984 – 1988 (continued)

Mariages et taux bruts de nuptialité, selon la résidence, urbaine/rurale: 1984 – 1988 (suite)

(See notes at end of table. – Voir notes à la fin du tableau.)

Continent, country or area and urban/rural residence — Continent, pays ou zone et résidence, urbaine/rurale	Code [1]	Number – Nombre 1984	1985	1986	1987	1988	Rate – Taux 1984	1985	1986	1987	1988
EUROPE (Cont.–Suite)											
Hungary – Hongrie [4]	C	74 951	73 238	72 434	66 082	...	7.0	6.9	6.8	6.2	...
Iceland – Islande [25]	C	1 413	1 300	1 230	1 180	...	5.9	5.4	5.1	4.8	...
Ireland – Irlande	+C	18 513	18 791	18 322	18 149	...	5.2	5.3	5.2	5.1	...
Isle of Man – Ile de Man	C	378	333	350	430	*443	5.9	5.3	5.5	6.7	*6.7
Italy – Italie	C	298 028	295 990	296 539	305 147	*315 447	5.2	5.2	5.2	5.3	*5.5
Liechtenstein	C	377	339	295	...	...	14.2	12.6	10.8	...	...
Luxembourg [25]	C	1 970	1 962	1 892	1 958	*2 063	5.4	5.4	5.1	5.3	*5.5
Malta – Malte [26]	C	2 725	2 549	2 619	2 437	...	8.2	7.6	7.6	7.1	...
Netherlands – Pays-Bas [4]	C	81 655	82 747	87 337	87 402	*89 500	5.7	5.7	6.0	6.0	*6.1
Norway – Norvège [27]	C	20 537	20 221	20 513	21 081	...	5.0	4.9	4.9	5.0	...
Poland – Pologne [4]	C	285 258	266 816	257 887	252 819	*246 791	7.7	7.2	6.9	6.7	*6.5
Portugal	C	69 875	68 461	69 271	71 656	...	6.9	6.7	6.8	7.0	...
Romania – Roumanie [4]	C	164 110	161 094	...	...	...	7.3	7.1	...	...	...
San Marino – Saint-Marin [4]	C	189	202	172	198	...	8.5	9.0	7.6	8.7	...
Spain – Espagne	C	192 406	193 128	203 394	...	...	5.0	5.0	5.3	...	...
Sweden – Suède	C	36 849	38 297	38 906	41 223	*44 100	4.4	4.6	4.6	4.9	*5.2
Switzerland – Suisse [4]	C	38 614	38 776	40 234	43 063	...	6.0	6.0	6.2	6.6	...
United Kingdom – Royaume-Uni	+C	395 797	393 117	393 938	397 937	*385 006	7.0	6.9	6.9	7.0	*6.7
England and Wales – Angleterre et Galles	C	349 186	346 389	*347 900	*351 800	...	7.0	6.9	*6.9	*7.0	...
Northern Ireland – Irlande du Nord	+C	10 361	10 343	10 224	10 363	...	6.7	6.6	6.5	6.6	...
Scotland – Ecosse	+C	36 253	36 385	*35 800	...	...	7.0	7.1	*7.0	...	...
Yugoslavia – Yougoslavie [4]	C	167 789	163 022	160 277	163 469	*160 739	7.3	7.0	6.9	7.0	*6.8
OCEANIA—OCEANIE											
Australia – Australie	+C	108 655	115 493	114 913	114 074	*116 750	7.0	7.3	7.2	7.0	*7.1
Christmas Island – Ile Christmas	...	...	*32*	...	...	...					
Cocos (Keeling) Islands – Iles des Cocos (Keeling)	C	...	3	...	...	...					
Cook Islands – Iles Cook	+C	91	90	105	...	...			6.1	...	...
Fiji – Fidji	+U	*6 605*	*6 593*	...	...	...	*9.6*	*9.5*	...	...	...
Guam [28]	...	*1 382*	*1 498*	*1 522*	*1 512*	...	*11.5*	*13.1*	*12.3*	*12.0*	...
New Caledonia – Nouvelle-Calédonie [4]	...	*752*	*764*	*780*	*729*	...	*5.1*	*5.0*	*5.1*	*4.6*	...
New Zealand – Nouvelle-Zélande [4]	C	25 272	24 657	24 037	24 443	...	7.8	7.6	7.4	7.5	...
Niue – Nioué	...	*15*	*14*	*9*	*10*	...					
Norfolk Island – Ile Norfolk	+...	...	...	...	...	*25*					
Pacific Islands – Iles du Pacifique											
Northern Mariana Islands – Iles Mariannes septentrionales	...	*441*	*414*	*414*	...	...	*22.7*	*20.6*	*19.7*	...	...
Tonga	...	*666*	*645*	...	...	...	*6.9*	*6.6*	...	...	...
USSR—URSS											
USSR – URSS	C	2 634 144	2 717 805	2 753 075	2 776 568	...	9.6	9.8	9.8	9.8	...
Byelorussian SSR – RSS de Biélorussie	C	93 569	98 673	99 358	102 053	...	9.4	9.9	9.9	10.1	...
Ukrainian SSR – RSS d'Ukraine	C	449 993	489 910	483 366	512 985	...	8.9	9.6	9.5	10.0	...

23. Marriages and crude marriage rates, by urban/rural residence: 1984 – 1988 (continued)

Mariages et taux bruts de nuptialité, selon la résidence, urbaine/rurale: 1984 – 1988 (suite)

Data by urban/rural residence

Données selon la résidence urbaine/rurale

(See notes at end of table. – Voir notes à la fin du tableau.)

Continent, country or area and urban/rural residence — Continent, pays ou zone et résidence, urbaine/rurale	Code [1]	Number – Nombre					Rate – Taux				
		1984	1985	1986	1987	1988	1984	1985	1986	1987	1988
AFRICA—AFRIQUE											
Mauritius – Maurice											
Island of Mauritius – Ile Maurice	+C										
Urban – Urbaine		3 923	3 936	3 944	4 494	...	9.7	9.7	9.6	10.9	...
Rural – Rurale		6 715	7 152	6 393	6 707	...	11.7	12.4	10.9	11.3	...
AMERICA,NORTH— AMERIQUE DU NORD											
Cuba	C										
Urban – Urbaine		65 813	70 442	73 718	...	...	9.3	9.8	10.1	...	...
Rural – Rurale		9 711	9 965	10 296	...	...	3.3	3.4	3.5	...	...
El Salvador	...										
Urban – Urbaine		*12 749*	*13 615*	...	...	...	...	...	...	...	...
Rural – Rurale		*3 978*	*4 482*	...	...	...	...	...	...	...	...
Panama [5]	C										
Urban – Urbaine		8 366	8 489	8 207	7 599	...	7.7	7.6	7.1	6.4	...
Rural – Rurale		3 887	3 941	3 897	3 589	...	3.7	3.7	3.6	3.3	...
AMERICA,SOUTH— AMERIQUE DU SUD											
Chile – Chili	+C										
Urban – Urbaine		74 968	77 300	79 214	81 660	...	7.6	7.7	7.7	7.8	...
Rural – Rurale		12 293	13 799	14 781	13 871	...	6.0	6.8	7.3	6.8	...
ASIA—ASIE											
Cyprus – Chypre [8]	C										
Urban – Urbaine		2 878	3 849	3 597	4 100	...	...	...	...	...	...
Rural – Rurale		1 248	1 810	1 578	1 854	...	...	...	...	...	...
Iran (Islamic Republic of – Rép. islamique d')	+U										
Urban – Urbaine		*247 253*	...	*263 883*	...	...	*10.2*	...	*9.8*	...	...
Rural – Rurale		*137 623*	...	*144 399*	...	...	*6.3*	...	*6.4*	...	...
Israel – Israël [10 29]	C										
Urban – Urbaine		26 554	26 075	...	26 610	...	7.1	6.9	...	6.9	...
Rural – Rurale		2 882	2 716	...	3 122	...	6.5	5.9	...	6.4	...
Japan – Japon [11]	+C										
Urban – Urbaine		589 559	587 794	...	...	...	...	6.3	...	...	...
Rural – Rurale		150 432	148 056	...	...	...	...	5.3	...	...	...
Jordan – Jordanie [12]	+C										
Urban – Urbaine		11 440	12 419	11 995	14 747	...	...	...	...	...	...
Rural – Rurale		6 749	7 733	7 402	8 461	...	...	...	...	...	...
Mongolia – Mongolie	...										
Urban – Urbaine		*6 200*	*6 400*	*8 200*	...	...	*6.5*	*6.5*	*8.1*	...	...
Rural – Rurale		*5 000*	*6 000*	*6 900*	...	...	*5.6*	*6.6*	*7.4*	...	...
Turkey – Turquie [16]	+U										
Urban – Urbaine		...	*209 399*	*227 683*	*249 915*	...	...	*9.2*	...	...	...
Rural – Rurale		...	*155 710*	*159 334*	*186 150*	...	...	*5.8*	...	...	...
EUROPE											
Albania – Albanie	C										
Urban – Urbaine		9 442	8 831	7 960	10 063	...	9.6	8.7	7.6	9.4	...
Rural – Rurale		16 955	16 440	16 758	17 307	...	8.9	8.4	8.5	8.6	...
Andorra – Andorre	...										
Urban – Urbaine		*61*	*66*	*57*	*60*	...					
Rural – Rurale		*69*	*52*	*73*	*65*	...					
Austria – Autriche [17]	C										
Urban – Urbaine		...	24 921	...	...	...	...	...	...	...	...
Rural – Rurale		...	19 946	...	...	...	...	...	...	...	...

23. Marriages and crude marriage rates, by urban/rural residence: 1984 – 1988 (continued)

Mariages et taux bruts de nuptialité, selon la résidence, urbaine/rurale: 1984 – 1988 (suite)

Data by urban/rural residence

Données selon la résidence urbaine/rurale

(See notes at end of table. – Voir notes à la fin du tableau.)

Continent, country or area and urban/rural residence — Continent, pays ou zone et résidence, urbaine/rurale	Code [1]	Number – Nombre 1984	1985	1986	1987	1988	Rate – Taux 1984	1985	1986	1987	1988
EUROPE (Cont.–Suite)											
Bulgaria – Bulgarie [19]	C										
Urban – Urbaine		44 230	45 009	43 746	...	...	7.5	7.7	7.5	...	...
Rural – Rurale		21 131	21 673	21 219	...	...	6.9	7.0	6.8	...	...
Czechoslovakia – Tchécoslovaquie	C										
Urban – Urbaine		89 830	88 877	...	...	...	...	7.7	...	...	...
Rural – Rurale		31 510	30 706	...	...	...	...	7.8	...	...	...
Finland – Finlande [21]	C										
Urban – Urbaine		19 231	17 397	18 150	...	...	6.6	5.9	6.0	...	...
Rural – Rurale		9 319	8 354	7 670	...	...	4.7	4.2	4.1	...	...
France [22]	C										
Urban – Urbaine		199 911	192 511	190 884	190 164	...	...	...	...	...	...
Rural – Rurale		81 491	76 908	74 794	75 013	...	...	...	...	...	...
Greece – Grèce	C										
Urban – Urbaine		33 474	40 373	...	...	...	...	...	...	...	...
Rural – Rurale		21 319	23 336	...	...	...	...	...	...	...	...
Hungary – Hongrie [29]	C										
Urban – Urbaine		41 890	41 324	42 336	39 263	...	6.8	6.7	6.8	6.3	...
Rural – Rurale		32 618	31 484	29 706	26 433	...	7.3	7.1	6.8	6.1	...
Netherlands – Pays-Bas	C										
Urban – Urbaine		71 772	72 866	...	...	...	9.7	9.9	...	...	...
Rural – Rurale		9 883	9 881	...	...	...	6.0	5.9	...	...	...
Poland – Pologne	C										
Urban – Urbaine		171 096	159 762	153 812	152 447	...	7.7	7.1	6.8	6.7	...
Rural – Rurale		114 162	107 054	104 075	100 372	...	7.7	7.2	7.0	6.8	...
Romania – Roumanie	C										
Urban – Urbaine		93 931	95 749	...	...	...	8.4	8.3	...	...	...
Rural – Rurale		70 179	65 345	...	...	...	6.1	5.8	...	...	...
San Marino – Saint-Marin	C										
Urban – Urbaine		...	186	...	...	...	...	...	...	...	...
Rural – Rurale		...	16	...	...	...	...	...	...	...	...
Switzerland – Suisse	C										
Urban – Urbaine		23 447	23 657	24 553	26 352	...	6.0	6.0	6.2	6.7	...
Rural – Rurale		15 167	15 119	15 681	16 711	...	6.0	6.0	6.1	6.5	...
Yugoslavia – Yougoslavie	C										
Urban – Urbaine		81 169	79 545	78 839	79 852	...	...	...	...	...	...
Rural – Rurale		86 620	83 477	81 438	83 617	...	...	...	...	...	...
OCEANIA—OCEANIE											
New Caledonia – Nouvelle-Calédonie	...										
Urban – Urbaine		*502*	*517*	...	...	...	*5.8*	*5.9*	...	...	...
Rural – Rurale		*250*	*247*	...	...	...	*4.0*	*3.9*	...	...	...
New Zealand – Nouvelle-Zélande	C										
Urban – Urbaine		18 788	18 405	18 004	18 485	...	...	...	6.5	...	...
Rural – Rurale		6 484	6 252	6 033	5 958	...	...	...	11.3	...	...

GENERAL NOTES

Rates are the number of legal (recognized) marriages performed and registered per 1 000 mid–year population. Rates are shown only for countries or areas having at least a total of 100 marriages in a given year. For definitions of "urban", see end of table 6. For method of evaluation and limitations of data, see Technical Notes, page 98.

Italics: data from civil registers which are incomplete or of unknown completeness.

FOOTNOTES

* Provisional.
\+ Data tabulated by date of registration rather than occurrence.

1 Code "C" indicates that the data are estimated to be virtually complete (at least 90 per cent) and code "U" indicates that the data are estimated to be incomplete (less than 90 per cent). For futher details, see Technical Notes.
2 For Algerian population only; however rates computed on total population.
3 Including marriages resumed after "revocable divorce" (among Moslem population), which approximates legal separations.
4 For classification by urban/rural residence, see end of table.
5 Excluding tribal Indian population, numbering 62 187 in 1960.
6 Excluding nomadic Indian tribes.
7 Excluding Indian jungle population, estimated at 31 800 in 1961.
8 For government controlled areas.
9 For 1983–1984 fiscal year.
10 Including data for East Jerusalem and Israeli residents in certain other territories under occupation Israeli military forces since June 1967.
11 For Japanese nationals in Japan only; however, rates computed on total population.
12 Excluding data for Jordanian territory under occupation since 1967 by Israeli military forces. Excluding foreigners, but including registered Palestinian refugees. For number of refugees, see table 5.
13 Rates computed on population excluding transients afloat and non–locally domiciled military and civilian services personnel and their dependants.

NOTES GENERALES

Les taux représentent le nombre de mariages qui ont été célébrés et reconnus par la loi pour 1 000 personnes au milieu de l'année. Les taux présentés ne se rapportent qu'aux pays ou zones où l'on a enregistré un total d'au moins 100 mariages dans une année donnée. Pour les définitions des "régions urbaines", se reporter à la fin du tableau 6. Pour la méthode d'évaluation et les insuffisances des données, voir Notes techniques, page 98.
Italiques: données incomplètes ou dont le degré d'exactitude n'est pas connu, provenant des registres de l'état civil.

NOTES

* Données provisoires.
\+ Données exploitées selon la date de l'enregistrement et non la date de l'événement.
1 Le code "C" indique que les données sont jugées pratiquement complètes (au moins 90 p. 100) et le code "U" que les données sont jugées incomplètes (moins de 90 p. 100). Pour plus de détails, voir Notes techniques.
2 Pour la population algérienne seulement; toutefois, les taux sont calculés sur la base de la population totale.
3 Y compris les unions réconstituées après un "divorce révocable" (parmi la population musulmane), qui est à peu près l'équivalent d'une séparation légale.
4 Pour le classement selon la résidence, urbaine/rurale, voir la fin du tableau.
5 Non compris les Indiens vivant en tribus, au nombre de 62 187 in 1960.
6 Non compris les tribus d'Indiens nomades.
7 Non compris les Indiens de la jungle, estimés à 31 800 personnes en 1961.
8 Pour les zones contrôlées par le Gouvernement.
9 Pour l'année fiscale 1983–1984.
10 Y compris les données pour Jérusalem–Est et les résidents israéliens dans certains autres territoires occupés depuis juin 1967 par les forces armées israéliennes.
11 Pour les nationaux japonais au Japon seulement, toutefois les taux sont calculés sur la base de la population totale.
12 Non compris les données pour le territoire jordanien occupé depuis 1967 par les forces armées israéliennes. Non compris les étrangers, mais y compris les réfugiés de Palestine immatriculés. Pour le nombre de réfugiés, voir le tableau 5.
13 Taux calculés sur la base d'un chiffre de population qui ne comprend pas les personnes de passage à bord de navires, les militaires et agents civils domiciliés hors du territoire et les membres de leur famille les accompagnant.

23. Marriages and crude marriage rates, by urban/rural residence: 1984 – 1988 (continued)

Mariages et taux bruts de nuptialité, selon la résidence, urbaine/rurale: 1984 – 1988 (suite)

FOOTNOTES (cont.)

14 Registration of Kandyan marriages is complete; registration of Moslem and general marriages is incomplete.
15 Excluding nomads; however, rates computed on total population.

16 For provincial capitals and district centres only; however, rates computed on total population.
17 Excluding aliens temporarily in the area.
18 Including armed forces stationed outside the country and alien armed forces in the area unless marriage performed by local foreign authority.

19 Including Bulgarian nationals outside the country, but excluding aliens in the area.
20 Excluding Faeroe Islands and Greenland, shown separately.

21 Marriages in which the bride was domiciled in Finland only.
22 Including armed forces stationed outside the country. Rates computed on population including armed forces stationed outside the country, but excluding alien armed forces living in military camps within the country.
23 The data which relate to the German Democratic Republic and the Federal Republic of Germany include the relevant data relating to Berlin, for which separate data have not been supplied. This is without prejudice to any question of status which may be involved.
24 Rates computed on population excluding armed forces.

25 For the de jure population.
26 Computed on population including civilian nationals temporarily outside the country.
27 Marriages in which the groom was domiciled in Norway only.
28 Including United States military personnel, their dependants and contract employees.
29 Excluding marriages of unknown residence.

NOTES (suite)

14 Tous les mariages de Kandyens sont enregistrés; l'enregistrement des mariages musulmans et des autres mariages est incomplet.
15 Non compris la population nomade; toutefois, les taux sont calculés sur la base de la population totale.
16 Pour les capitales de provinces et les chefs–lieux de districts seulement; toute fois, les taux sont calculés sur la base de la population totale.
17 Non compris les étrangers se trouvant temporairement sur le territoire.
18 Y compris les militaires nationaux hors du pays et les militaires étrangers en garnison sur le territoire, sauf si le mariage a été célébré par l'autorité étrangère locale.
19 Y compris les nationaux bulgares à l'étranger, mais non compris les étrangers sur le territoire.
20 Non compris les îles Féroé et le Groenland, qui font l'objet de rubriques distinctes.
21 Mariages où l'épouse était domiciliée en Finlande seulement.
22 Y compris les militaires nationaux hors du pays. Taux calculés sur la base d'un chiffre de population qui comprend les militaires nationaux hors du pays, mais pas les militaires étrangers en garnison sur le territoire.
23 Les données relatives à la République démocratique allemande et à la République fédérale d'Allemagne incluent les données pertinentes relatives à Berlin, pour lequel des données séparées n'ont pas été fournies. Cela sans préjudice des questions de statut qui peuvent se poser à cet égard.
24 Taux calculés sur la base d'un chiffre de population qui ne comprend pas les militaires.
25 Pour la population de droit.
26 Calculés sur la base d'un chiffre de population qui comprend les civils nationaux temporairement hors du pays.
27 Mariages où l'époux était domicilié en Norvège seulement.
28 Y compris les militaires des Etats–Unis, les membres de leur famille les accompagnant et les agents contractuels des Etats–Unis.
29 Non compris les mariages pour lesquels le lieu de résidence n'est pas connu.

24. Marriages by age of bridegroom and by age of bride: latest available year

Mariages selon l'âge de l'époux et selon l'âge de l'épouse: dernière année disponible

(See notes at end of table – Voir notes à la fin du tableau.)

Continent, country or area and year / Continent, pays ou zone et année	Age [1]	Age(in years–en années)												
		All ages / Tous âges	–15	15–19	20–24	25–29	30–34	35–39	40–44	45–49	50–54	55–59	60+	Unknown / Inconnu
AFRICA—AFRIQUE														
Algeria – Algérie														
1980 [2]														
Groom – Epoux	...	*128 424*	*–	*5 966 —**	*40 731*	*47 811*	*15 035*	*5 955*	*3 657*	*2 735*	*——	*5 284*	——*	*1 250*
Bride – Epouse	...	*128 424*	*283*	*54 867*	*45 276*	*16 722*	*4 631*	*1 934*	*1 403*	*869*	*——	*513*	——*	*1 926*
Egypt – Egypte														
1981+ [3]														
Groom – Epoux	18	*385 095*	*–	*32 694 —**	*110100*	*126851*	*57 300*	*18 579*	*12 152*	*7 512*	*6 187*	*4 830*	*5 836*	*3 054*
Bride – Epouse	16	*385 095*	*–	*180 452 —**	*116357*	*46 669*	*16 356*	*6 478*	*3 967*	*2 454*	*1 788*	*956*	*1 386*	*8 232*
Mauritius – Maurice Island of Mauritius – Ile Maurice														
1987+														
Groom – Epoux	16	11 201	–	174	2 499	3 958	2 383	1 114	455	201	155	132	130	–
Bride – Epouse	16	11 201	5	2 484	4 494	2 246	1 002	507	236	99	60	26	42	–
Réunion														
1987														
Groom – Epoux	...	*3 001*	–	*43*	*1 064*	*972*	*410*	*178*	*102*	*77*	*50*	*32*	*73*	–
Bride – Epouse	...	*3 001*	–	*444*	*1 343*	*662*	*258*	*119*	*56*	*48*	*32*	*19*	*20*	–
South Africa – Afrique du Sud														
Asiatic – Asiatiques														
1977														
Groom – Epoux	18	7 831	–	205	2 769	2 544	1 028	505	244	192	135	78	131	–
Bride – Epouse	16	7 831	–	1 974	3 162	1 259	598	322	195	124	89	57	51	–
Coloured – Personnes de Couleur														
1977														
Groom – Epoux	18	18 611	–	578	7 114	5 255	2 210	1 188	735	517	368	253	393	–
Bride – Epouse	16	18 611	–	2 400	7 803	4 161	1 667	971	601	398	256	117	237	–
White – Blancs														
1977														
Groom – Epoux	18	38 537	–	1 513	18 087	9 298	3 340	1 699	1 130	917	724	591	1 238	–
Bride – Epouse	16	38 537	–	9 995	16 810	4 911	2 195	1 269	860	726	599	432	740	–
Tunisia – Tunisie														
1980+ [4]														
Groom – Epoux	20	*39 558*	*–	*575 —**	*14 867*	*16 901*	*4 609*	*1 084*	*574*	*289*	*164*	*87*	*408*	–
Bride – Epouse	17	*39 558*	–	*15 775*	*16 568*	*5 213*	*865*	*212*	*140*	*73*	*37*	*42*	*632*	*1*
Zimbabwe														
European – Européens														
1977														
Groom – Epoux	...	2 432	–	58	896	652	265	139	89	86	68	54	45	80
Bride – Epouse	...	2 432	–	507	966	377	183	89	79	71	44	22	24	70

24. Marriages by age of bridegroom and by age of bride: latest available year (continued)

Mariages selon l'âge de l'époux et selon l'âge de l'épouse: dernière année disponible (suite)

(See notes at end of table – Voir notes à la fin du tableau.)

Continent, country or area and year / Continent, pays ou zone et année	Age [1]	All ages / Tous âges	–15	15–19	20–24	25–29	30–34	35–39	40–44	45–49	50–54	55–59	60+	Unknown / Inconnu
		Age(in years–en années)												
AMERICA,NORTH — AMERIQUE DU NORD														
Bahamas														
1986*														
Groom – Epoux	15	1 784	–	23	454	562	313	171	108	52	36	32	15	18
Bride – Epouse	15	1 784	–	124	643	485	245	129	75	38	24	7	9	5
Barbados – Barbade														
1986														
Groom – Epoux	18	1 461	–	5	185	446	362	205	86	57	34	27	53	1
Bride – Epouse	16	1 461	–	32	376	476	299	120	57	40	25	10	25	1
Canada														
1987														
Groom – Epoux	([5])	182 151	–	2 372	50 001	60 466	28 434	14 591	8 857	5 317	3 712	2 825	5 576	–
Bride – Epouse	([5])	182 151	6	11 332	71 068	49 624	21 217	11 010	6 471	4 046	2 455	1 777	3 145	–
Costa Rica														
1982														
Groom – Epoux	15	18 542	1	1 711	8 054	4 794	1 793	791	467	275	189	142	263	62
Bride – Epouse	15	18 542	119	6 584	6 766	2 704	1 058	494	283	157	108	53	114	102
Cuba														
1986														
Groom – Epoux	16	84 014	–	8 561	32 897	16 034	7 938	4 999	3 278	2 382	1 692	1 472	4 064	697
Bride – Epouse	14	84 014	1 154	22 851	30 896	10 472	4 950	3 354	2 514	1 951	1 573	1 314	2 316	669
Dominican Republic – République dominicaine														
1984+														
Groom – Epoux	16	30 985	102	4 298	8 955	6 825	4 121	2 315	1 307	827	441	212	207	1 375
Bride – Epouse	15	30 985	9	831	6 336	8 273	5 414	3 226	2 120	1 454	898	598	755	1 071
El Salvador														
1985 [6]														
Groom – Epoux	16	18 142	–	1 262	5 763	4 357	2 404	1 509	912	678	440	269	463	85
Bride – Epouse	14	18 142	200	4 247	5 810	3 328	1 719	997	635	426	249	148	148	235
Guadeloupe														
1986														
Groom – Epoux	20	1 692	–	5	295	652	331	158	57	46	*——	148	——*	–
Bride – Epouse	19	1 692	*–	142 —*	653	443	187	93	48	36	*——	90	——*	–
Guatemala														
1985														
Groom – Epoux	16	38 489	28	6 079	14 396	7 062	3 525	2 133	1 431	1 085	848	659	1 243	–
Bride – Epouse	14	38 489	1 163	14 802	10 264	4 373	2 598	1 646	1 163	879	621	416	564	–
Honduras														
1983+														
Groom – Epoux	14	19 875	15	1 518	9 034	3 901	2 340	1 192	754	419	309	177	216	–
Bride – Epouse	12	19 875	760	4 798	9 229	2 407	1 244	627	350	199	129	63	69	–

24. Marriages by age of bridegroom and by age of bride: latest available year (continued)

Mariages selon l'âge de l'époux et selon l'âge de l'épouse: dernière année disponible (suite)

(See notes at end of table – Voir notes à la fin du tableau.)

Continent, country or area and year / Continent, pays ou zone et année	Age [1]	Age(in years–en années) All ages / Tous âges	–15	15–19	20–24	25–29	30–34	35–39	40–44	45–49	50–54	55–59	60+	Unknown / Inconnu
AMERICA,NORTH (Cont.)— AMERIQUE DU NORD (Suite)														
Martinique														
1984														
Groom – Epoux	...	1 297	–	6	189	520	219	111	67	43	*—	142	—*	–
Bride – Epouse	...	1 297	1	64	460	384	150	79	48	29	*—	82	—*	–
Mexico – Mexique														
1984+														
Groom – Epoux	16	498 698	126	78 564	205552	113939	40 499	18 189	10 260	6 786	*—	15 254	—*	9 529
Bride – Epouse	14	498 698	8 051	179407	176353	69 115	24 849	11 908	6 660	4 584	*—	8 000	—*	9 771
Panama														
1987 [7]														
Groom – Epoux	14	11 188	–	509	3 110	3 107	1 711	935	554	357	235	211	368	91
Bride – Epouse	12	11 188	138	1 852	3 752	2 463	1 165	634	391	244	161	114	136	138
Puerto Rico – Porto Rico														
1985														
Groom – Epoux	18	30 306	–	3 166	10 669	6 810	3 125	2 085	1 312	867	670	*–	1 602 –*	–
Bride – Epouse	12	30 306	419	7 068	10 340	5 244	2 607	1 641	979	692	477	*–	839 –*	–
Trinidad and Tobago – Trinité-et-Tobago														
1987														
Groom – Epoux	(5)	7 602	–	230	2 435	2 398	1 106	487	304	190	152	82	216	2
Bride – Epouse	(5)	7 602	48	1 506	2 769	1 689	718	319	187	114	92	55	101	4
United States – Etats-Unis														
1986 [8,9,10]														
Groom – Epoux	(5)	1 854 744	8 231	84 131	534689	491724	277425	*– 269	538 –*	*– 102	744 –*	51 600	34 662	–
Bride – Epouse	(5)	1 854 744	56 654	186143	612901	427787	234121	*– 215	108 –*	*– 73	069 –*	30 095	18 866	–
AMERICA,SOUTH— AMERIQUE DU SUD														
Argentina – Argentine														
1981														
Groom – Epoux	16	161 422	34	9 141	63 783	51 188	16 794	6 143	3 134	1 965	1 752	1 527	4 199	1 762
Bride – Epouse	14	161 422	1 128	39 937	65 075	30 103	10 024	4 128	2 323	1 667	1 589	1 348	2 163	1 937
Bolivia – Bolivie														
1977														
Groom – Epoux	...	28 233	–	2 338	11 436	9 763	1 393	509	874	665	401	*–	854 –*	–
Bride – Epouse	...	28 233	160	7 203	10 564	5 089	2 234	1 169	677	461	283	*–	393 –*	–
Brazil – Brésil														
1986														
Groom – Epoux	...	1 007 474	31	79 598	428477	277611	100506	43 042	23 918	17 347	12 231	9 463	15 250	–
Bride – Epouse	...	1 007 474	7 276	334513	370409	156096	61 223	31 382	17 840	12 392	7 405	4 442	4 496	–

24. Marriages by age of bridegroom and by age of bride: latest available year (continued)

Mariages selon l'âge de l'époux et selon l'âge de l'épouse: dernière année disponible (suite)

(See notes at end of table – Voir notes à la fin du tableau.)

Continent, country or area and year / Continent, pays ou zone et année	Age [1]	All ages / Tous âges	–15	15–19	20–24	25–29	30–34	35–39	40–44	45–49	50–54	55–59	60+	Unknown / Inconnu
		Age(in years–en années)												
AMERICA,SOUTH (Cont.)— AMERIQUE DU SUD (Suite)														
Chile – Chili														
1987+														
Groom – Epoux	14	95 531	4	4 797	40 748	31 226	10 026	3 441	1 616	943	664	592	1 474	–
Bride – Epouse	12	95 531	417	19 518	42 317	20 641	6 719	2 499	1 203	732	507	390	588	–
Colombia – Colombie														
1980+ [11]														
Groom – Epoux	14	102 448	22	6 539	39 663	31 669	12 379	4 881	2 345	1 307	940	590	1 418	695
Bride – Epouse	12	102 448	691	31 578	40 571	17 333	5 817	2 351	1 181	665	421	264	296	1 280
Ecuador – Equateur														
1987 [12]														
Groom – Epoux	14	61 301	19	7 210	24 461	15 629	6 662	2 951	1 523	898	633	501	798	16
Bride – Epouse	12	61 301	1 112	19 975	21 961	9 804	4 034	1 911	975	593	326	247	325	38
French Guiana – Guyane Française														
1984														
Groom – Epoux	...	309	–	2	43	97	69	29	17	11	*——	41	——*	–
Bride – Epouse	...	309	–	21	81	90	46	20	19	11	*——	21	——*	–
Paraguay														
1985+														
Groom – Epoux	14	18 370	–	594	6 310	5 399	2 493	1 242	793	505	309	220	505	–
Bride – Epouse	12	18 370	273	5 386	5 792	3 060	1 558	887	516	332	192	127	247	–
Peru – Pérou														
1977+ [13]														
Groom – Epoux	16	38 297	*– 2 099 —*		12 168	10 959	5 078	2 487	1 613	1 049	*——	2 522	——*	322
Bride – Epouse	14	38 297	409	9 518	12 871	6 828	3 091	1 700	1 142	818	*——	1 538	——*	382
Uruguay														
1987														
Groom – Epoux	14	21 812	*– 1 560 —*		7 772	6 036	2 336	1 268	*– 1 232 –*		*——	1 588	——*	20
Bride – Epouse	12	21 812	*– 5 380 —*		7 668	4 148	1 700	900	*– 1 008 –*		*——	1 000	——*	8
Venezuela														
1987 [14]														
Groom – Epoux	21	105 058	91	11 648	38 795	27 536	12 748	6 200	3 094	1 876	1 229	787	1 054	–
Bride – Epouse	18	105 058	2 695	31 908	34 807	19 100	8 469	4 007	1 777	1 057	539	343	356	–
ASIA—ASIE														
Bahrain – Bahreïn														
1986														
Groom – Epoux	...	2 708	40	749	1 189	439	140	49	20	14	*——	11	——*	57
Bride – Epouse	...	2 708	*–	67 —*	997	957	337	135	50	38	*——	83	——*	44

24. Marriages by age of bridegroom and by age of bride: latest available year (continued)

Mariages selon l'âge de l'époux et selon l'âge de l'épouse: dernière année disponible (suite)

(See notes at end of table – Voir notes à la fin du tableau.)

Continent, country or area and year / Continent, pays ou zone et année	Age [1]	Age(in years–en années)												
		All ages / Tous âges	–15	15–19	20–24	25–29	30–34	35–39	40–44	45–49	50–54	55–59	60+	Unknown / Inconnu
ASIA—ASIE (Cont.–Suite)														
Brunei Darussalam – Brunéi Darussalam														
1986														
Groom – Epoux	([5])	*1 673*	*–*	*73*	*628*	*552*	*252*	*80*	*40*	*19*	*9*	*5*	*15*	*–*
Bride – Epouse	([5])	*1 673*	*12*	*181*	*523*	*534*	*312*	*82*	*9*	*13*	*2*	*2*	*3*	*–*
Cyprus – Chypre														
1987 [15]														
Groom – Epoux	17	5 954	–	55	2 002	2 389	803	294	141	87	57	47	79	–
Bride – Epouse	15	5 954	–	1 110	2 737	1 306	377	185	101	57	33	24	24	–
Hong Kong – Hong-kong														
1987														
Groom – Epoux	16	48 561	–	282	6 965	20 730	10 712	3 456	1 256	971	1 135	1 145	1 909	–
Bride – Epouse	16	48 561	–	1 589	16 439	18 938	5 150	1 737	876	802	1 019	994	1 017	–
Iraq														
1976														
Groom – Epoux	18	*47 408*	**–*	*1 875 —**	*10 504*	*12 751*	*7 352*	*4 898*	**–*	*5 377 –**	**–*	*2 818 –**	*1 637*	*196*
Bride – Epouse	18	*47 408*	**–*	*11 310 —**	*13 959*	*8 415*	*5 185*	*3 066*	**–*	*3 382 –**	**–*	*1 422 –**	*440*	*329*
Israel – Israël [16]														
1987														
Groom – Epoux	([17])	30 116	*–	999 —*	11 211	11 203	3 799	1 342	632	291	173	115	321	30
Bride – Epouse	17	30 116	*–	6 994 —*	14 191	5 549	1 794	807	306	126	89	56	159	45
Japan – Japon														
1987+ [18]														
Groom – Epoux	18	630 333	–	6 691	116841	275816	141166	54 794	16 047	8 124	4 909	2 913	3 026	6
Bride – Epouse	16	630 333	–	21 079	252669	254677	55 381	24 847	9 825	5 858	3 357	1 585	1 052	3
Jordan – Jordanie [19]														
1987+														
Groom – Epoux	18	23 208	1	1 416	9 135	8 046	2 259	756	523	383	238	181	246	24
Bride – Epouse	16	23 208	2	10 241	9 092	2 674	645	235	141	71	50	15	25	17
Korea, Republic of– Corée, République de														
1986														
Groom – Epoux	18	*353 477*	*–*	*3 131*	*62 976*	*221454*	*45 911*	*8 849*	*4 142*	*2 630*	*1 699*	**– 2*	*570 –**	*115*
Bride – Epouse	16	*353 477*	*–*	*22 569*	*190598*	*116147*	*13 792*	*4 468*	*2 413*	*1 588*	*906*	**–*	*874 –**	*122*
Kuwait – Koweït														
1987														
Groom – Epoux	...	9 842	*–	378 —*	3 842	3 088	1 340	504	253	188	107	70	69	3
Bride – Epouse	...	9 842	79	3 360	3 925	1 451	571	234	129	48	30	7	4	4
Macau – Macao														
1987														
Groom – Epoux	...	*2 472*	*–*	*6*	*265*	*1 064*	*733*	*235*	*93*	*33*	*15*	*9*	*19*	*–*
Bride – Epouse	...	*2 472*	*–*	*47*	*785*	*1 076*	*427*	*97*	*16*	*6*	*10*	*4*	*4*	*–*

24. Marriages by age of bridegroom and by age of bride: latest available year (continued)

Mariages selon l'âge de l'époux et selon l'âge de l'épouse: dernière année disponible (suite)

(See notes at end of table – Voir notes à la fin du tableau.)

Continent, country or area and year / Continent, pays ou zone et année	Age [1]	Age(in years–en années)												
		All ages / Tous âges	–15	15–19	20–24	25–29	30–34	35–39	40–44	45–49	50–54	55–59	60+	Unknown / Inconnu
ASIA—ASIE (Cont.–Suite)														
Malaysia – Malaisie														
Peninsular Malaysia – Malaisie Péninsulaire														
1979 [20]														
Groom – Epoux	16	*19 075*	*2*	*97*	*4 201*	*8 260*	*3 770*	*1 298*	*607*	*338*	*234*	*133*	*135*	–
Bride – Epouse	14	*19 075*	*9*	*1 507*	*8 923*	*5 756*	*1 676*	*641*	*262*	*161*	*74*	*38*	*28*	–
Philippines														
1987														
Groom – Epoux	16	*400 760*	–	*37 433*	*157248*	*124677*	*44 808*	*16 400*	*7 257*	*4 370*	*——	*8 565*	——*	*2*
Bride – Epouse	14	*400 760*	*1 798*	*111659*	*158646*	*80 855*	*26 874*	*10 389*	*4 367*	*2 532*	*——	*3 607*	——*	*33*
Qatar														
1987														
Groom – Epoux	...	*1 349*	–	*549*	*533*	*182*	*43*	*13*	*14*	*3*	*1*	*1*	*1*	*9*
Bride – Epouse	...	*1 349*	–	*87*	*504*	*456*	*159*	*53*	*28*	*22*	*15*	*8*	*9*	*8*
Singapore – Singapour														
1987+														
Groom – Epoux	([5])	23 404	–	118	4 949	10 663	5 021	1 567	502	276	144	74	90	–
Bride – Epouse	([5])	23 404	–	1 355	10 173	8 200	2 455	802	228	114	37	17	23	–
Sri Lanka														
1983+ [21]														
Groom – Epoux	...	*123 731*	–	*634*	*42 928*	*44 398*	*23 452*	*7 532*	*2 291*	*1 004*	*576*	*400*	*516*	–
Bride – Epouse	...	*123 731*	*368*	*20 137*	*66 064*	*23 618*	*9 120*	*2 577*	*826*	*455*	*265*	*166*	*135*	–
Turkey – Turquie [22]														
1987														
Groom – Epoux	17	*436 065*	–	*36 923*	*184767*	*145431*	*38 236*	*12 096*	*5 477*	*3 687*	*2 957*	*2 572*	*3 883*	*36*
Bride – Epouse	15	*436 065*	*1 244*	*154468*	*185341*	*62 478*	*17 746*	*6 244*	*3 009*	*1 735*	*1 437*	*939*	*1 392*	*32*
EUROPE														
Albania – Albanie														
1987														
Groom – Epoux	...	27 370	*–	341 —*	7 867	13 849	3 942	801	270	130	*——	170	——*	–
Bride – Epouse	...	27 370	*–	5 570 —*	15 366	5 150	916	212	66	35	*——	54	——*	1
Austria – Autriche														
1987 [23]														
Groom – Epoux	21	76 205	–	1 609	25 819	27 873	10 368	4 235	2 496	1 740	700	586	779	–
Bride – Epouse	16	76 205	–	8 281	36 184	19 314	6 191	2 588	1 600	1 107	407	235	298	–
Belgium – Belgique														
1985 [24]														
Groom – Epoux	18	57 551	*–	1 258 —*	28 389	16 479	4 815	2 514	1 260	953	*–	1 212 –*	671	–
Bride – Epouse	15	57 551	*–	7 826 —*	31 873	10 039	3 393	1 771	946	670	*–	760 –*	273	–

24. Marriages by age of bridegroom and by age of bride: latest available year (continued)

Mariages selon l'âge de l'époux et selon l'âge de l'épouse: dernière année disponible (suite)

(See notes at end of table – Voir notes à la fin du tableau.)

Continent, country or area and year / Continent, pays ou zone et année	Age [1]	Age(in years–en années)											
		All ages / Tous âges	–15	15–19	20–24	25–29	30–34	35–39	40–44	45–49	50–54	55–59	60+	Unknown / Inconnu
EUROPE (Cont.–Suite)														
Bulgaria – Bulgarie														
1986 [25]														
Groom – Epoux	18	64 965	–	3 955	32 565	15 407	5 939	3 201	1 451	789	552	415	691	–
Bride – Epouse	18	64 965	–	24 301	24 903	7 563	3 580	2 004	1 004	553	353	311	393	–
Czechoslovakia – Tchécoslovaquie														
1985														
Groom – Epoux	16	119 583	–	7 792	57 936	29 034	10 516	5 589	3 034	1 920	1 387	1 047	1 328	–
Bride – Epouse	16	119 583	–	33 825	54 527	14 244	6 998	3 891	2 487	1 499	980	543	589	–
Denmark – Danemark [26]														
1987														
Groom – Epoux	18	31 132	–	161	4 414	10 019	6 258	3 522	2 519	1 311	814	516	532	1 066
Bride – Epouse	15	31 132	1	827	8 617	9 897	4 718	2 555	1 896	1 063	493	233	295	537
Finland – Finlande														
1986 [27]														
Groom – Epoux	18	25 820	–	418	6 513	9 544	4 432	2 228	1 092	633	359	256	345	–
Bride – Epouse	17	25 820	1	1 657	9 661	7 815	3 195	1 634	802	485	252	144	174	–
France														
1987 [28 29]														
Groom – Epoux	18	265 177	–	1 475	77 632	97 723	39 602	20 053	11 235	5 989	4 206	2 874	4 388	–
Bride – Epouse	15	265 177	6	13 252	116470	72 080	29 004	15 341	8 054	4 230	2 899	1 742	2 099	–
German Democratic Rep. – Rép. démocratique allemande [30]														
1987														
Groom – Epoux	18	141 283	–	3 258	58 016	40 988	15 080	8 352	4 977	4 828	2 577	1 605	1 602	–
Bride – Epouse	18	141 283	–	15 856	71 453	26 768	10 792	5 978	3 645	3 512	1 785	783	711	–
Germany, Federal Rep. of – Allemagne, République fédérale d' [30]														
1986														
Groom – Epoux	21	372 112	–	4 717	96 640	134554	60 068	28 753	16 675	13 501	6 576	4 203	6 425	–
Bride – Epouse	16	372 112	4	27 326	156719	103311	37 180	17 706	10 710	9 384	4 393	2 298	3 081	–
Greece – Grèce														
1985														
Groom – Epoux	18	63 709	7	1 065	16 537	24 529	11 312	4 584	1 843	1 282	889	641	1 017	3
Bride – Epouse	14	63 709	342	16 089	24 476	12 870	4 645	2 209	1 005	808	515	373	374	3
Hungary – Hongrie														
1987														
Groom – Epoux	16	66 082	–	4 228	28 414	16 139	7 009	3 406	2 156	1 380	973	893	1 484	–
Bride – Epouse	14	66 082	19	19 289	26 394	7 932	4 740	2 618	1 695	1 242	724	611	818	–

24. Marriages by age of bridegroom and by age of bride: latest available year (continued)

Mariages selon l'âge de l'époux et selon l'âge de l'épouse: dernière année disponible (suite)

(See notes at end of table – Voir notes à la fin du tableau.)

Continent, country or area and year / Continent, pays ou zone et année	Age [1]	All ages / Tous âges	–15	15–19	20–24	25–29	30–34	35–39	40–44	45–49	50–54	55–59	60+	Unknown / Inconnu
EUROPE (Cont.–Suite)														
Iceland – Islande														
1984 [31]														
Groom – Epoux	18	1 413	–	37	495	477	195	93	44	27	19	11	15	–
Bride – Epouse	18	1 413	–	107	657	385	128	61	35	17	11	7	5	–
Ireland – Irlande														
1985														
Groom – Epoux	14	18 791	*–	411 —*	6 613	7 673	2 609	797	267	142	81	66	97	35
Bride – Epouse	12	18 791	*–	1 436 —*	9 226	5 896	1 454	398	128	91	51	30	40	41
Italy – Italie														
1983														
Groom – Epoux	16	303 663	–	5 098	97 696	128886	42 306	12 781	5 727	3 299	2 424	1 850	3 596	–
Bride – Epouse	16	303 663	–	53 321	149454	66 376	17 475	6 613	3 470	2 283	1 712	1 240	1 719	–
Luxembourg														
1987 [31]														
Groom – Epoux	18	1 958	–	27	539	707	314	163	85	48	37	20	18	–
Bride – Epouse	15	1 958	–	160	796	558	232	100	49	32	15	11	5	–
Malta – Malte														
1987 [28]														
Groom – Epoux	16	2 437	–	47	761	1 175	265	88	56	13	12	8	12	–
Bride – Epouse	14	2 437	–	239	1 192	732	162	64	26	14	4	1	3	–
Netherlands – Pays-Bas														
1986														
Groom – Epoux	18	87 337	*–	542 —*	26 617	32 679	12 717	6 125	3 117	1 946	1 257	921	1 416	–
Bride – Epouse	18	87 337	*–	4 519 —*	41 777	22 884	8 493	4 144	2 128	1 341	789	441	821	–
Norway – Norvège														
1987 [28] [32]														
Groom – Epoux	20	20 285	–	208	4 960	7 583	3 745	1 663	960	518	281	168	199	–
Bride – Epouse	18	20 285	–	1 216	8 324	6 080	2 358	1 076	607	307	159	67	91	–
Poland – Pologne														
1987														
Groom – Epoux	21	252 819	–	10 137	116171	77 032	22 512	9 142	4 100	3 017	2 859	2 618	5 231	–
Bride – Epouse	18	252 819	–	49 411	128013	39 309	14 841	7 467	3 463	2 832	2 609	1 977	2 897	–
Portugal														
1987 [4]														
Groom – Epoux	16	71 656	50	3 554	31 195	22 986	6 083	2 377	1 230	908	821	781	1 671	–
Bride – Epouse	16	71 656	1 595	13 944	33 611	13 519	3 447	1 686	947	761	737	568	841	–
Romania – Roumanie														
1985														
Groom – Epoux	18	161 094	*–	5 366 —*	70 425	49 918	16 247	6 692	3 336	2 808	2 159	1 626	2 517	–
Bride – Epouse	16	161 094	*–	59 879 —*	56 873	20 765	9 762	4 570	2 574	2 454	1 700	1 142	1 375	–

24. Marriages by age of bridegroom and by age of bride: latest available year (continued)

Mariages selon l'âge de l'époux et selon l'âge de l'épouse: dernière année disponible (suite)

(See notes at end of table – Voir notes à la fin du tableau.)

Continent, country or area and year Continent, pays ou zone et année	Age [1]	Age (in years–en années) All ages Tous âges	–15	15–19	20–24	25–29	30–34	35–39	40–44	45–49	50–54	55–59	60+	Unknown Inconnu
EUROPE (Cont.–Suite)														
Spain – Espagne														
1983 [33]														
Groom – Epoux	14	196 155	80	8 611	80 387	73 606	17 686	5 732	2 500	1 754	1 417	1 234	3 148	–
Bride – Epouse	12	196 155	320	33 245	102816	40 287	8 797	3 465	1 639	1 384	1 244	1 047	1 911	–
Sweden – Suède														
1987 [6]														
Groom – Epoux	18	43 530	–	187	5 108	12 443	9 991	5 656	3 590	1 897	1 164	841	685	1 968
Bride – Epouse	18	43 530	–	1 065	10 093	13 207	7 427	3 948	2 665	1 407	727	319	365	2 307
Switzerland – Suisse														
1987														
Groom – Epoux	18	43 063	–	104	7 683	16 446	9 021	4 169	2 327	1 394	769	554	596	–
Bride – Epouse	17	43 063	–	1 293	14 990	15 194	5 883	2 473	1 507	832	434	253	204	–
United Kingdom – Royaume–Uni														
1987														
Groom – Epoux	16	397 937	*–	10 586 —*	132038	119808	51 389	29 330	19 268	11 539	8 249	5 654	10 076	–
Bride – Epouse	16	397 937	*–	38 991 —*	170147	90 911	36 643	21 634	15 344	9 424	5 577	3 190	6 076	–
England and Wales – Angleterre et Galles														
1985 [21,34]														
Groom – Epoux	16	346 389	–	11 689	120415	96 804	42 532	26 681	15 439	10 606	7 362	5 262	9 599	–
Bride – Epouse	16	346 389	–	41 927	149174	70 495	30 055	20 079	12 217	8 439	5 110	2 858	6 035	–
Northern Ireland – Irlande du Nord														
1985														
Groom – Epoux	16	10 343	–	545	4 556	3 189	1 010	431	199	124	94	74	121	–
Bride – Epouse	16	10 343	–	1 611	5 179	2 217	623	287	145	102	61	48	70	–
Scotland – Ecosse														
1985														
Groom – Epoux	16	36 385	–	1 640	14 640	9 903	4 052	2 239	1 276	851	615	453	716	–
Bride – Epouse	16	36 385	–	4 900	16 855	7 393	2 746	1 670	982	717	463	255	404	–
Yugoslavia – Yougoslavie														
1987														
Groom – Epoux	18	163 469	–	4 193	62 975	57 551	20 581	7 089	2 732	1 941	1 668	1 388	3 144	207
Bride – Epouse	18	163 469	4	40 793	72 060	29 029	9 793	4 205	1 811	1 552	1 338	1 003	1 673	208
OCEANIA—OCEANIE														
Australia – Australie														
1986+														
Groom – Epoux	18	114 913	–	1 649	36 370	35 579	16 541	9 251	5 247	3 481	2 180	1 757	2 858	–
Bride – Epouse	18	114 913	–	9 809	48 518	27 394	11 922	6 878	3 920	2 475	1 370	999	1 627	1

24. Marriages by age of bridegroom and by age of bride: latest available year (continued)

Mariages selon l'âge de l'époux et selon l'âge de l'épouse: dernière année disponible (suite)

(See notes at end of table – Voir notes à la fin du tableau.)

Continent, country or area and year — Continent, pays ou zone et année	Age [1]	Age(in years–en années)												
		All ages Tous âges	–15	15–19	20–24	25–29	30–34	35–39	40–44	45–49	50–54	55–59	60+	Unknown Inconnu
OCEANIA(Cont.)— OCEANIE(Suite)														
Fiji – Fidji														
1985+														
Groom – Epoux	18	*6 593*	–	*477*	*2 880*	*1 845*	*642*	*311*	*162*	*107*	*73*	*40*	*56*	–
Bride – Epouse	16	*6 593*	–	*2 166*	*2 776*	*928*	*344*	*184*	*86*	*65*	*25*	*11*	*8*	–
Guam														
1987 [35]														
Groom – Epoux	17	*1 512*	–	*9*	*415*	*454*	*259*	*158*	*100*	*43*	*30*	*24*	*19*	*1*
Bride – Epouse	17	*1 512*	*1*	*43*	*538*	*447*	*252*	*135*	*49*	*19*	*19*	*5*	*4*	–
New Zealand – Nouvelle-Zélande														
1987 [21]														
Groom – Epoux	16	24 443	–	320	7 219	7 749	3 539	1 960	1 196	799	537	413	711	–
Bride – Epouse	16	24 443	–	1 751	10 199	6 018	2 516	1 410	903	652	368	233	393	–
USSR—URSS														
USSR – URSS														
1984														
Groom – Epoux	18	2 634 144	*– 106	587 –*	1470155	541842	192905	89 780	55 210	56 341	35 576	32 763	52 880	105
Bride – Epouse	18	2 634 144	*– 659	676 –*	1188116	365704	157187	71 986	43 595	49 624	30 906	29 997	37 131	222
Byelorussian SSR – RSS de Biélorussie														
1986														
Groom – Epoux	18	99 358	*– 2	990 —*	54 770	21 913	7 563	4 108	1 788	1 925	1 209	1 091	2 001	–
Bride – Epouse	18	99 358	*– 22	207 —*	45 194	15 213	6 403	3 576	1 381	1 726	1 160	1 040	1 458	–
Ukrainian SSR – RSS d'Ukraine														
1986														
Groom – Epoux	18	483 366	*– 21	375 —*	251335	97 305	38 001	22 312	10 298	13 717	7 319	7 788	13 916	–
Bride – Epouse	17	483 366	*– 140	190 —*	181782	65 423	32 370	18 744	8 703	12 862	6 643	6 662	9 987	–

24. Marriages by age of bridegroom and by age of bride: latest available year (continued)

Mariages selon l'âge de l'époux et selon l'âge de l'épouse: dernière année disponible (suite)

GENERAL NOTES

Data are legal (recognized) marriages performed and registered. For method of evaluation and limitations of data, see Technical Notes, page 102.

Italics: data from civil registers which are incomplete or of unknown completeness.

FOOTNOTES

- * Provisional.
- \+ Data tabulated by date of registration rather than occurrence.

1 Age below which marriage is unlawful or invalid without dispensation by competent authority.
2 For Algerian population only.
3 Including marriages resumed after "revocable divorce" (among Moslem population), which approximates legal separation.
4 For under 17 and 17–19 years, as appropriate.
5 Varies among major civil divisions, or ethnic or religious groups.

6 Including residents outside the country.
7 Excluding tribal population numbering 62 187 in 1960.
8 Marriages performed in varying number of states. These data are not to be considered as necessarily representative of the country.
9 Based on returns of sample marriage records.
10 For under 18 and 18–19 years, as appropriate.
11 Except for Bogotá, data are not to be considered as necessarily representative of the country.
12 Excluding nomadic Indian tribes.
13 Excluding Indian jungle population, estimated at 39 800 in 1972.
14 Excluding Indian jungle population, estimated at 31 800 in 1961.
15 For government controlled areas.
16 Including data for East Jerusalem and Israeli residents in certain other territories under occupation by Israeli military forces since June 1967.

17 No minimum age has been fixed for males.
18 For Japanese nationals in Japan only. For grooms and brides married for the first time whose marriages occurred and were registered in the same year.

19 Excluding data for Jordanian territory under occupation since June 1967 by Israeli military forces. Excluding foreigners but including registered Palestinian refugees. For number of refugees, see table 5.

20 Non–Moslem civil marriages and christian ritual marriages only.

21 For under 16 and 16–19 years, as appropriate.
22 For provincial capitals and district centres only.
23 Excluding aliens temporarily in the area.
24 Including armed forces stationed outside the country and alien armed forces in the area unless marriage performed by local foreign authority.

25 Including Bulgarian nationals outside the country, but excluding aliens in the area.
26 Excluding Faeroe Islands and Greenland.
27 Marriages in which the bride was domiciled in Finland only.
28 Including armed forces stationed outside the country.
29 Age classification based on year of birth rather than exact date of birth.

30 The data which relate to the German Democratic Republic and the Federal Republic of Germany include the data relating to Berlin, for which separate data have not been supplied. This is without prejudice to any question of status which may be involved.
31 For the de jure population.
32 Marriages in which the groom was domiciled in Norway only.
33 Civil marriages only. Canonical marriages are void for males under 16 years of age and for females under 14 years of age.
34 Grooms and brides of unknown age have been proportionally distributed in age groups 21 years and over.
35 Including United States military personnel, their dependants and contract employees.

NOTES GENERALES

Les données représentent le nombre de mariages qui ont été célébrés et reconnus par la loi. Pour la méthode d'évaluation et les insuffisances des données, voir Notes techniques, page 102.
Italiques: données incomplètes ou dont le degré d'exactitude n'est pas connu, provenant des registres de l'état civil.

NOTES

- * Données provisoires.
- \+ Données exploitées selon la date de l'enregistrement et non la date de l'événement.

1 Age en–dessous duquel le mariage est illégal ou nul sans une dispense de l'autorité compétente.
2 Pour la population algérienne seulement.
3 Y compris les unions reconstituées après un "divorce révocable" (parmi la population musulmane), qui est à peu près l'équivalent d'une séparation légale.
4 Pour moins de 17 ans et 17–19 ans, selon le cas.
5 Varie selon les grandes divisions administratives ou selon les groups ethniques ou religieux.
6 Y compris les résidents à l'étranger.
7 Non compris les Indiens vivant en tribus, au nombre de 62 187 en 1960.
8 Mariages célébrés dans un nombre variable d'Etats. Ces données ne sont donc pas nécessairement représentatives de l'ensemble des Etats–Unis.
9 D'après un échantillon extrait des registres de mariages.
10 Pour moins de 18 ans et 18–19 ans, selon le cas.
11 Sauf pour Bogotá, les données ne concernent que les mariages inscrits sur les registres des églises catholiques romaines.
12 Non compris les tribus d'Indiens nomades.
13 Non compris les Indiens de la jungle, estimés à 39 800 personnes en 1972.
14 Non compris les Indiens de la jungle, estimés à 31 800 personnes en 1961.
15 Pour les zones contrôlées pour le Gouvernement.
16 Y compris les données pour Jérusalem–Est et les résidents israéliens dans certains autres territoires occupés depuis juin 1967 par les forces armées israéliennes.
17 Il n'y a pas d'âge minimal pour les hommes.
18 Pour les nationaux japonais au Japon seulement. Pour les époux et épouses mariés pour la première fois, dont le mariage a été célébré et enregistré la même année.
19 Non compris les données pour le territoire jordanien occupé depuis juin 1967 par les forces armées israéliennes. Non compris les étrangers, mais y compris les réfugiés de Palestine immatriculés. Pour les nombres de réfugiés, voir le tableau 5.
20 Mariages civils non musulmans et mariages celébrés selon le rite chrétien seulement.
21 Pour moins de 16 ans et 16–19 ans, selon le cas.
22 Pour les capitales de province et les chefs–lieux de district seulement.
23 Non compris les étrangers temporairement sur le territoire.
24 Y compris les militaires nationaux hors du pays et les militaires étrangers en garnison sur le territoire, sauf si le mariage a été célébré par l'autorité étrangère locale.
25 Y compris les nationaux bulgares à l'étranger, mais non compris les étrangers sur le territoire.
26 Non compris les îles Féroé et le Groenland.
27 Mariages où l'épouse était domiciliée en Finlande seulement.
28 Y compris les militaires nationaux hors du pays.
29 Le classement selon l'âge est basé sur l'année de naissance et non sur la date exacte de naissance.
30 Les données relatives à la République démocratique allemande et à la République fédérale d'Allemagne, incluent les données pertinentes relatives à Berlin, pour lequel des données séparées n'ont pas été fournies. Cela sans préjudice des questions de statut qui peuvent se poser à cet égard.
31 Pour la population de droit.
32 Mariages où l'époux était domicilié en Norvège seulement.
33 Mariages civils seulement. Les mariages religieux sont nuls pour les hommes ayant moins de 16 ans et pour les femmes ayant moins de 14 ans.
34 On a réparti proportionnellement entre les groupes d'âge de plus de 21 ans époux et épouses d'âge inconnu.
35 Y compris les militaires des Etats–Unis, les membres de leur famille les accompagnant et les agents contractuels des Etats–Unis.

25. Divorces and crude divorce rates: 1984 – 1988

Divorces et taux bruts de divortialité: 1984 – 1988

(See notes at end of table. – Voir notes à la fin du tableau.)

Continent and country or area / Continent et pays ou zone	Code [1]	Number – Nombre 1984	1985	1986	1987	1988	Rate – Taux 1984	1985	1986	1987	1988
AFRICA—AFRIQUE											
Egypt – Egypte [2]	+...	...	*79 189*	...	...	...	...	*1.63*	...	...	...
Mauritius – Maurice											
Island of Mauritius – Ile Maurice	+C	471	468	616	842	...	0.48	0.47	0.62	0.84	...
Réunion	+...	*510*	*629*	*785*	*734*	...	*0.95*	*1.15*	*1.41*	*1.30*	...
St. Helena ex. dep. – Sainte–Hélène sans dép.	C	7	12	2	7	...					
Seychelles	+C	49	45	37	...	...					
Tunisia – Tunisie	...	*7 300*	*5 956*	...	...	...	*1.04*	*0.82*	...	...	...
AMERICA,NORTH— AMERIQUE DU NORD											
Anguilla	+...	...	*6*	...	...	...					
Antigua and Barbuda – Antigua–et–Barbuda	C	39	35	...	43	...					
Aruba	+C	142	171	191	214	...	2.23	2.79	3.17	3.57	...
Bahamas [3]	...	*362*	*346*	*368*	...	...	*1.58*	*1.49*	*1.56*	...	...
Barbados – Barbade	C	299	307	357	...	...	1.18	1.21	1.41	...	...
Belize	+C	86	72	...	...	...					
Bermuda – Bermudes	C	214	209	...	...	...	3.85	3.73	...	...	...
British Virgin Islands – Iles Vierges britanniques	...	*22*	*14*	*11*	...	...					
Canada	C	65 172	61 980	...	78 160	...	2.61	2.46	...	3.05	...
Cuba	C	28 310	29 297	32 867	32 408	...	2.83	2.90	3.22	3.15	...
Dominican Republic – République dominicaine	+C	11 901	7 808	...	...	...	1.90	1.22	...	...	...
El Salvador	...	*1 549*	*1 980*	...	...	...	*0.32*	*0.41*	...	...	...
Greenland – Groenland	...	*140*	*144*	*152*	*151*	**95*	*2.66*	*2.71*	*2.84*	*2.79*	
Guadeloupe	+...	*488*	*393*	*511*	...	...	*1.48*	*1.18*	*1.54*	...	...
Guatemala	+C	1 302	1 435	...	1 507	...	0.17	0.18	...	0.18	...
Jamaica – Jamaïque	C	738	873	894	...	*863	0.32	0.38	0.38	...	*0.35
Martinique	+...	330	375	360	...	...	1.01	1.13	1.08	...	...
Mexico – Mexique	+C	32 170	25 625	...	...	...	0.42	0.33	...	...	...
Nicaragua	...	...	...	*730*	...	...	...	...	*0.22*	...	...
Panama [4]	C	1 361	1 476	1 447	1 505	...	0.64	0.68	0.65	0.66	...
Puerto Rico – Porto Rico	C	13 698	14 686	...	...	...	4.19	4.47	...	...	...
Saint Lucia – Sainte–Lucie	C	33	...	50	...	...					
St. Pierre and Miquelon – Saint–Pierre–et–Miquelon	...	*5*	...	...	...	...					
Trinidad and Tobago – Trinité–et–Tobago	C	962	1 086	1 169	1 163	...	0.82	0.92	0.97	0.94	...
United States – Etats–Unis [5]	U	*1 169 000*	*1 190 000*	*1 159 000*	*1 159 000*	*1 183 000*	*4.94*	*4.97*	*4.80*	*4.75*	*4.80*
AMERICA,SOUTH— AMERIQUE DU SUD											
Brazil – Brésil	...	*30 847*	*35 533*	*31 185*	*30 772*	...	*0.23*	*0.26*	*0.22*	*0.22*	...
Chile – Chili	...	*3 987*	*4 621*	...	...	...	*0.33*	*0.38*	...	...	...
Ecuador – Equateur [6]	...	*3 546*	*3 938*	*4 203*	*4 075*	...	*0.39*	*0.42*	*0.43*	*0.41*	...
French Guiana – Guyane Française	...	*28*	*48*	*34*	...	...					
Uruguay [7]	+C	2 967	4 118	4 191	...	...	0.99	1.37	1.38	...	...
Venezuela [8]	...	...	*19 958*	*20 831*	*22 665*	...	...	*1.15*	*1.17*	*1.24*	...
ASIA—ASIE											
Bahrain – Bahreïn	...	*499*	*464*	*471*	...	...	*1.25*	*1.11*	*1.14*	...	...
Brunei Darussalam – Brunéi Darussalam	...	*159*	*161*	*197*	...	...	*0.74*	*0.72*	*0.87*	...	...
Cyprus – Chypre	C	250	258	276	326	*312	0.38	0.39	0.41	0.48	*0.45
Hong Kong – Hong–kong	...	*3 335*	*4 313*	*4 257*	*5 055*	...	*0.62*	*0.79*	*0.77*	*0.90*	...

25. Divorces and crude divorce rates: 1984 – 1988 (continued)

Divorces et taux bruts de divortialité: 1984 – 1988 (suite)

(See notes at end of table. – Voir notes à la fin du tableau.)

Continent and country or area / Continent et pays ou zone	Code [1]	Number – Nombre 1984	1985	1986	1987	1988	Rate – Taux 1984	1985	1986	1987	1988
ASIA—ASIE (Cont.–Suite)											
Indonesia – Indonésie	...	*175 630*	...	...	...	...	*1.10*	...	...	...	...
Iran (Islamic Republic of – Rép. islamique d')	+...	*35 178*	...	*38 983*	*33 697*	**33 433*	*0.76*	...	*0.79*	*0.66*	**0.64*
Israel – Israël [9]	C	4 834	4 911	5 086	5 218	...	1.16	1.16	1.18	1.19	...
Japan – Japon [10]	+C	178 746	166 640	166 054	158 227	...	1.49	1.38	1.37	1.29	...
Jordan – Jordanie [11]	+C	2 652	3 687	3 446	3 709	...	0.79	1.05	0.94	0.98	...
Korea, Republic of– [12] Corée, République de	U	*33 305*	*34 640*	*33 835*	...	...	*0.82*	*0.85*	*0.82*	...	...
Kuwait – Koweït	C	2 548	2 739	2 834	2 697	...	1.56	1.60	1.58	1.44	...
Macau – Macao	...	*40*	*42*	*32*	*37*	**33*					
Mongolia – Mongolie	...	*600*	*700*	*1 000*	...	...	*0.32*	*0.37*	*0.51*	...	...
Qatar	...	*305*	*291*	*308*	*337*	...	*1.07*	*0.97*	*0.98*	*1.03*	...
Singapore – Singapour	...	*2 028*	*2 048*	*2 271*	*2 708*	**2 916*	*0.80*	*0.80*	*0.88*	*1.04*	**1.10*
Sri Lanka	U	*2 612*	*2 344*	*3 103*	*4 429*	...	*0.17*	*0.15*	*0.19*	*0.27*	...
Syrian Arab Republic – République arabe syrienne [13]	+...	*5 788*	*6 679*	*6 776*	*7 249*	...	*0.58*	*0.65*	*0.64*	*0.66*	...
Thailand – Thaïlande	...	*30 057*	*30 057*	*36 602*	...	...	*0.59*	*0.58*	*0.69*	...	...
Turkey – Turquie	C	16 987	18 571	18 774	18 305	...	0.35	0.38	0.37	0.36	...
EUROPE											
Albania – Albanie	C	2 335	2 451	2 383	2 537	...	0.80	0.83	0.79	0.82	...
Austria – Autriche [14]	C	14 869	15 460	14 679	14 639	...	1.97	2.04	1.94	1.93	...
Belgium – Belgique [15]	C	18 645	18 437	18 316	...	...	1.89	1.87	1.85	...	...
Bulgaria – Bulgarie [16]	C	13 227	14 361	10 042	12 552	...	1.48	1.60	1.12	1.40	...
Channel Islands – Iles Anglo–Normandes	C	364	313	382	358	...	2.76	2.36	2.81	2.63	...
Guernsey – Guernesey	C	170	140	192	153	...	3.19	2.63	3.46	2.76	...
Jersey	+C	194	173	190	205	*238	2.48	2.18	2.37	2.55	...
Czechoslovakia – Tchécoslovaquie	C	37 422	38 289	37 885	39 522	*39 000	2.42	2.47	2.44	2.54	*2.50
Denmark – Danemark [17]	C	14 490	14 385	14 490	14 381	14 756	2.83	2.81	2.83	2.80	2.88
Faeroe Islands – Iles Féroé	C	29	34	26	45	43	...	...	...	...	...
Finland – Finlande [18]	C	9 644	9 063	9 742	10 363	...	1.97	1.85	1.98	2.10	...
France [19]	C	104 012	107 505	108 380	106 527	...	1.89	1.95	1.96	1.91	...
German Democratic Rep. – Rép. démocratique allemande [20]	C	50 320	51 240	52 234	50 640	*49 393	3.02	3.08	3.14	3.04	*2.96
Germany, Federal Rep. of – Allemagne, République fédérale d' [20]	C	130 744	128 124	122 443	129 850	...	2.14	2.10	2.00	2.12	...
Greece – Grèce	C	8 672	7 568	8 650	...	...	0.88	0.76	0.87	...	...
Hungary – Hongrie	C	28 696	29 302	29 545	29 846	...	2.69	2.75	2.78	2.81	...
Iceland – Islande [21]	C	449	520	500	500	...	1.87	2.15	2.05	2.03	...
Isle of Man – Ile de Man	C	124	146	128	305	*183	1.94	2.32	2.02	4.75	*2.77
Italy – Italie	...	*15 065*	*15 650*	*16 857*	...	**25 192*	*0.26*	*0.27*	*0.29*	...	**0.44*
Luxembourg	C	631	665	680	739	...	1.72	1.81	1.85	2.01	...
Netherlands – Pays-Bas	C	34 068	34 044	29 836	27 809	*26 500	2.36	2.35	2.05	1.90	*1.79
Norway – Norvège	C	7 974	8 206	7 891	8 417	...	1.93	1.98	1.89	2.01	...
Poland – Pologne	C	52 948	49 095	50 580	49 707	*50 000	1.43	1.32	1.35	1.32	*1.32
Portugal	C	7 034	8 988	8 411	8 948	...	0.70	0.88	0.82	0.87	...
Romania – Roumanie	C	32 853	32 587	...	...	...	1.45	1.43	...	...	...
San Marino – Saint–Marin	C	5	3	10	22	...					
Sweden – Suède	C	20 377	19 763	19 107	18 426	*19 100	2.44	2.37	2.28	2.19	*2.26
Switzerland – Suisse	C	11 219	11 415	11 395	11 552	...	1.74	1.76	1.75	1.76	...
United Kingdom – Royaume–Uni	C	157 211	174 666	167 309	164 208	*160 274	2.78	3.08	2.95	2.88	*2.81
England and Wales – Angleterre et Galles	C	143 746	159 693	...	...	...	2.89	3.20	...	...	...
Northern Ireland – Irlande du Nord	C	1 553	1 602	...	...	...	1.00	1.03	...	...	...
Scotland – Ecosse	C	11 915	13 371	...	...	...	2.31	2.60	...	...	...
Yugoslavia – Yougoslavie	C	22 260	23 952	22 093	20 807	*22 608	0.97	1.03	0.95	0.89	*0.96

25. Divorces and crude divorce rates: 1984 – 1988 (continued)

Divorces et taux bruts de divortialité: 1984 – 1988 (suite)

(See notes at end of table. – Voir notes à la fin du tableau.)

Continent and country or area / Continent et pays ou zone	Code [1]	Number – Nombre 1984	1985	1986	1987	1988	Rate – Taux 1984	1985	1986	1987	1988
OCEANIA—OCEANIE											
Australia – Australie [22]	C	43 124	39 830	39 417	...	...	2.77	2.52	2.46	...	...
Guam [23]	C	550	876	1 023	1 279	...	4.59	7.65	8.26	10.12	...
New Caledonia – Nouvelle-Calédonie	...	*116*	*168*	*158*	*166*	...	*0.78*	*1.11*	*1.02*	*1.05*	...
New Zealand – Nouvelle-Zélande	C	9 167	8 551	8 746	8 702	...	2.84	2.63	2.69	2.65	...
Pacific Islands – Iles du Pacifique											
Northern Mariana Islands – Iles Mariannes septentrionales	...	*21*	*35*	*62*	...	...					
Tonga	...	*88*	*63*	...	...	...					
USSR—URSS											
USSR – URSS	C	932 305	933 097	941 329	950 709	...	3.39	3.36	3.36	3.36	...
Byelorussian SSR – RSS de Biélorussie	C	30 825	31 197	30 297	30 507	...	3.11	3.13	3.02	3.02	...
Ukrainian SSR – RSS d'Ukraine	C	186 629	183 373	180 366	184 720	...	3.68	3.60	3.53	3.60	...

25. Divorces and crude divorce rates: 1984 – 1988 (continued)

Divorces et taux bruts de divortialité: 1984 – 1988 (suite)

GENERAL NOTES

Data exclude annulments and legal separations unless otherwise specified. Rates are the number of final divorce decrees granted under civil law per 1 000 mid–year population. Rates are shown only for countries or areas having at least a total 100 divorces in a given year. For method of evaluation and limitations of data, see Technical Notes, page 104.

Italics: data from civil registers which are incomplete or of unknown completeness.

FOOTNOTES

* Provisional.
\+ Data tabulated by date of registration rather than occurrence.

1 Code "C" indicates that the data are estimated to be virtually complete (at least 90 per cent) and code "U" indicates that the data are estimated to be incomplete (less than 90 per cent). For further details, see Technical Notes.
2 Including "revocable divorces" (among Moslem population), which approximate legal separations.
3 Petitions for divorce entered in courts.
4 Excluding tribal Indian population, numbering 62 187 in 1960.
5 Estimates based on divorces and annulments reported by a varying number of states.
6 Excluding nomadic Indian tribes.
7 Including annulments.
8 Excluding Indian jungle population, estimated at 31 800 in 1961.
9 Including data for East Jerusalem and Israeli residents in certain other territories under occupation by Israeli military forces since June 1967.
10 For Japanese nationals in Japan only; however, rates computed on total population.
11 Excluding data for Jordanian territory under occupation since June 1967 by Israeli military forces. Excluding foreigner but including registered Palestinian refugees. For number of refugees, see table 5.
12 Excluding alien armed forces, civilian aliens employed by armed forces, and foreign diplomatic personnel and their dependants.
13 Excluding nomads; however, rates computed on total population.
14 Excluding aliens temporarily in the area.
15 Including armed forces stationed outside the country and alien armed forces in the area.
16 Including Bulgarian nationals outside the country, but excluding aliens in the area.
17 Excluding Faeroe Islands and Greenland, shown separately.
18 Including nationals temporarily outside the country.
19 Rates computed on population including armed forces stationed outside the country, but excluding alien armed forces living in military camps within the country.
20 The data which relate to the German Democratic Republic and the Federal Republic of Germany include the relevant data relating to Berlin, for which separate data have not been supplied. This is without prejudice to any question of status which may be involved.
21 For the de jure population.
22 Excluding full–blooded aborigines estimated at 49 036 in June 1966.
23 Including United States military personnel, their dependants and contract employees.

NOTES GENERALES

Sauf indications contraires, il n'est pas tenu compte des annulations et des séparations légales. Les taux représentent le nombre de jugements de divorce définitifs prononcés par les tribunaux pour 1 000 personnes au milieu de l'année. Les taux présentés ne se rapportent qu'aux pays ou zones où l'on a enregistré un total d'au moins 100 divorces dans une année donnée. Pour la méthode d'évaluation et les insuffisances des données, voir Notes techniques, page 104.
Italiques: données incomplètes ou dont le degré d'exactitude n'est pas connu, provenant des registres de l'état civil.

NOTES

* Données provisoires.
\+ Données exploitées selon la date de l'enregistrement et non la date de l'événement.
1 Le code "C" indique que les données sont jugées pratiquement complètes (au moins 90 p. 100) et le code "U" que les données sont jugées incomplètes (moins de 90 p. 100). Pour plus de détails, voir Notes techniques.
2 Y compris les "divorces révocables" (parmi la population musulmane), qui sont à peu près l'équivalent des séparations légales.
3 Demandes de divorce en instance devant les tribunaux.
4 Non compris les Indiens vivant en tribus, au nombre de 62 187 en 1960.
5 Estimations fondées sur les chiffres (divorces et annulations) communiqués par un nombre variable d'Etats.
6 Non compris les tribus d'Indiens nomades.
7 Y compris les annulations.
8 Non compris les Indiens de la jungle, estimés à 31 800 personnes en 1961.
9 Y compris les données pour Jérusalem–Est et les résidents israéliens dans certains autres territoires occupés depuis juin 1967 par les forces armées israéliennes.
10 Pour les nationaux japonais au Japon seulement; toutefois, les taux sont calculés sur la base de la population totale.
11 Non compris les données pour le territoire jordanien occupé depuis juin 1967 par les forces armées israéliennes. Non compris les étrangers, mais y compris les réfugiés de Palestine immatriculés. Pour le nombre de réfugiés, voir le tableau 5.
12 Non compris les militaires étrangers, les civils étrangers employés par les forces armées ni le personnel diplomatique étranger et les membres de leur famille les accompagnant.
13 Non compris la population nomade; toutefois, les taux sont calculés sur la base de la population totale.
14 Y compris les étrangers se trouvant temporairement sur le territoire.
15 Y compris les militaires nationaux hors du pays et les militaires étrangers en garnison sur le territoire.
16 Y compris les nationaux bulgares à l'étranger, mais non compris les étrangers sur le territoire.
17 Non compris les îles Féroé et le Groenland, qui font l'objet de rubriques distinctes.
18 Y compris les nationaux temporairement hors du pays.
19 Taux calculés sur la base d'un chiffre de population qui comprend les militaires nationaux hors du pays, mais pas les militaires étrangers en garnison sur le territoire.
20 Les données relatives à la République démocratique allemande et à la République fédérale d'Allemagne, incluent les données pertinentes relatives à Berlin, pour lequel des données séparées n'ont pas été fournies. Cela sans préjudice des questions de statut qui peuvent se poser à cet égard.
21 Pour la population de droit.
22 Non compris les aborigènes purs, estimés à 49 036 personnes en juin 1966.
23 Y compris les militaires des Etats–Unis, les membres de leur famille les accompagnant et les agents contractuels des Etats–Unis.

26. Population by sex and single years of age: each census, 1976 – 1988

Population selon le sexe et l'année d'âge: chaque recensement, 1976 – 1988

(See notes at end of table. – Voir notes à la fin du tableau.)

Continent, country or area, date and age (in years) Continent, pays ou zone, date et âge (en années)	Both sexes Les deux sexes	Male Masculin	Female Féminin
AFRICA – AFRIQUE			
Botswana			
12–26 VIII 1981			
Total	941 027	443 104	497 923
0	42 702	21 413	21 289
1	25 161	12 663	12 498
2	33 715	16 755	16 960
3	35 768	17 754	18 014
4	34 807	17 484	17 323
5	34 067	17 173	16 894
6	32 292	16 063	16 229
7	29 171	14 517	14 654
8	27 456	13 681	13 775
9	25 968	12 867	13 101
10	26 442	13 063	13 379
11	23 689	11 595	12 094
12	25 240	12 615	12 625
13	23 203	11 199	12 004
14	21 153	10 237	10 916
15	20 447	10 056	10 391
16	18 439	8 841	9 598
17	17 239	7 854	9 385
18	18 770	8 580	10 190
19	17 562	7 641	9 921
20	17 611	7 493	10 118
21	16 506	6 988	9 518
22	15 110	6 099	9 011
23	15 005	6 154	8 851
24	14 153	5 912	8 241
25	14 460	6 019	8 441
26	12 406	5 118	7 288
27	11 769	5 111	6 658
28	12 383	5 295	7 088
29	11 555	4 955	6 600
30	12 497	5 495	7 002
31	7 922	3 504	4 418
32	9 804	4 165	5 639
33	7 509	3 338	4 171
34	8 412	3 825	4 587
35	8 919	4 095	4 824
36	8 049	3 639	4 410
37	6 370	2 823	3 547
38	6 875	2 973	3 902
39	7 231	3 296	3 935
40	10 931	5 184	5 747
41	6 429	3 014	3 415
42	6 788	3 096	3 692
43	5 002	2 239	2 763
44	4 539	2 067	2 472
45	7 137	3 408	3 729
46	5 398	2 483	2 915
47	4 497	2 092	2 405
48	6 883	3 143	3 740
49	5 302	2 449	2 853
50	7 564	3 606	3 958
51	4 078	1 917	2 161
52	4 347	2 106	2 241
53	4 337	2 005	2 332
54	3 890	1 790	2 100
55	4 427	2 023	2 404
56	6 148	2 804	3 344
57	3 023	1 374	1 649
58	4 290	1 959	2 331
59	4 029	1 930	2 099
60	5 869	2 975	2 894
61	2 820	1 399	1 421
62	3 531	1 714	1 817
63	3 119	1 518	1 601
64	1 782	871	911
65	3 307	1 498	1 809
66	1 828	821	1 007
67	3 267	1 652	1 615
68	2 583	1 126	1 457
69	3 404	1 672	1 732
70	3 487	1 652	1 835
71	2 049	1 004	1 045
72	1 641	808	833
73	1 015	466	549
74	1 297	557	740
75	1 727	805	922
76	1 366	620	746
77	718	362	356
78	1 734	742	992
79	2 139	1 022	1 117
80	2 756	1 294	1 462
81	976	458	518
82	711	270	441
83	315	123	192
84	500	182	318
85 plus	11 113	4 086	7 027
Unknown–Inconnu	9 097	4 370	4 727

26. Population by sex and single years of age: each census, 1976 – 1988 (continued)

Population selon le sexe et l'année d'âge: chaque recensement, 1976 – 1988 (suite)

(See notes at end of table. – Voir notes à la fin du tableau.)

Continent, country or area, date and age (in years) Continent, pays ou zone, date et âge (en années)	Both sexes Les deux sexes	Male Masculin	Female Féminin
AFRICA – AFRIQUE (cont.–suite)			
Burundi			
15–16 VIII 1979 [1]			
Total	4 028 420	1 946 145	2 082 275
0	153 730	76 241	77 489
1	153 456	76 497	76 959
2	141 559	70 504	71 055
3	126 662	63 066	63 596
4	121 479	59 704	61 775
5	115 533	57 694	57 839
6	115 147	56 698	58 449
7	107 101	53 380	53 721
8	103 772	51 541	52 231
9	107 033	53 441	53 592
10	93 955	46 798	47 157
11	79 704	39 833	39 871
12	103 969	51 944	52 025
13	91 123	45 892	45 231
14	94 830	47 398	47 432
15	98 840	50 229	48 611
16	94 942	47 101	47 841
17	85 761	42 412	43 349
18	112 307	54 135	58 172
19	89 325	42 782	46 543
20	117 232	53 186	64 046
21	76 674	38 315	38 359
22	78 974	38 479	40 495
23	71 951	35 383	36 568
24	67 489	33 609	33 880
25	83 523	39 035	44 488
26	54 450	27 327	27 123
27	58 094	29 299	28 795
28	54 338	24 851	29 487
29	41 160	20 661	20 499
30	81 581	34 546	47 035
31	33 315	17 582	15 733
32	39 832	19 216	20 616
33	28 927	14 889	14 038
34	28 138	13 156	14 982
35	50 674	22 265	28 409
36	28 443	12 930	15 513
37	30 708	15 324	15 384
38	31 988	13 712	18 276
39	30 266	14 221	16 045
40	59 740	23 083	36 657
41	22 130	10 510	11 620
42	28 940	13 474	15 466
43	23 226	10 670	12 556
44	21 187	10 049	11 138
45	42 783	18 433	24 350
46	19 536	9 349	10 187
47	21 782	11 000	10 782
48	23 482	10 123	13 359
49	25 675	12 546	13 129
50	48 146	19 348	28 798
51	15 872	7 494	8 378
52	19 381	8 710	10 671
53	13 220	5 931	7 289
54	16 655	7 577	9 078
55	22 754	10 101	12 653
56	14 014	6 228	7 786
57	12 812	6 070	6 742
58	14 587	6 144	8 443
59	18 689	9 046	9 643
60	37 783	15 422	22 361
61	10 514	5 042	5 472
62	11 335	4 818	6 517
63	12 411	5 508	6 903
64	15 490	6 660	8 830
65	20 552	9 154	11 398
66	6 902	3 205	3 697
67	10 109	4 802	5 307
68	9 522	3 904	5 618
69	11 290	5 436	5 854
70	22 104	10 015	12 089
71	7 307	3 633	3 674
72	7 007	3 147	3 860
73	4 883	2 386	2 497
74	5 096	2 557	2 539
75	10 402	5 091	5 311
76	5 329	2 713	2 616
77	3 310	1 718	1 592
78	5 230	2 708	2 522
79	6 626	3 525	3 101
80	9 711	4 869	4 842
81	2 170	1 199	971
82	2 570	1 371	1 199
83	1 734	909	825
84	1 867	1 034	833
85 plus	20 563	12 184	8 379
Unknown–Inconnu	4 007	1 973	2 034

26. Population by sex and single years of age: each census, 1976 – 1988 (continued)

Population selon le sexe et l'année d'âge: chaque recensement, 1976 – 1988 (suite)

(See notes at end of table. – Voir notes à la fin du tableau.)

Continent, country or area, date and age (in years) / Continent, pays ou zone, date et âge (en années)	Both sexes / Les deux sexes	Male / Masculin	Female / Féminin	Continent, country or area, date and age (in years) / Continent, pays ou zone, date et âge (en années)	Both sexes / Les deux sexes	Male / Masculin	Female / Féminin
AFRICA – AFRIQUE (cont.–suite)							
Comoros – Comores [2]							
15 IX 1980							
Total	335 150	167 089	168 061				
0	10 518	5 308	5 210	50	8 352	4 014	4 338
1	8 805	4 455	4 350	51	431	257	174
2	11 383	5 791	5 592	52	941	482	459
3	12 568	6 230	6 338	53	636	365	271
4	12 321	6 250	6 071	54	760	408	352
5	12 580	6 451	6 129	55	2 063	1 023	1 040
6	12 165	6 141	6 024	56	986	521	465
7	11 791	6 032	5 759	57	639	379	260
8	12 539	6 282	6 257	58	879	497	382
9	9 931	5 121	4 810	59	504	315	189
10	13 913	7 297	6 616	60	6 780	3 296	3 484
11	8 391	4 522	3 869	61	260	156	104
12	7 924	4 231	3 693	62	586	345	241
13	6 742	3 585	3 157	63	417	255	162
14	6 555	3 406	3 149	64	426	253	173
15	7 943	4 059	3 884	65	1 746	926	820
16	6 250	3 087	3 163	66	324	198	126
17	5 753	2 727	3 026	67	474	287	187
18	7 020	3 325	3 695	68	528	281	247
19	4 559	2 020	2 539	69	242	123	119
20	10 013	4 526	5 487	70	4 463	2 195	2 268
21	3 115	1 465	1 650	71	136	92	44
22	5 148	2 334	2 814	72	336	172	164
23	3 476	1 622	1 854	73	190	117	73
24	3 352	1 537	1 815	74	149	96	53
25	7 208	3 151	4 057	75	894	485	409
26	3 525	1 557	1 968	76	249	139	110
27	3 699	1 722	1 977	77	140	78	62
28	4 572	2 059	2 513	78	280	147	133
29	2 284	1 030	1 254	79	116	66	50
30	11 309	5 237	6 072	80	2 171	998	1 173
31	1 281	669	612	81	50	29	21
32	3 030	1 461	1 569	82	102	53	49
33	1 395	679	716	83	63	34	29
34	1 650	802	848	84	54	29	25
35	6 150	2 866	3 284	85 plus	1 757	818	939
36	2 168	988	1 180	Unknown–Inconnu	1 185	751	434
37	2 194	1 064	1 130				
38	3 035	1 546	1 489				
39	1 652	849	803				
40	10 809	5 204	5 605				
41	860	488	372				
42	2 102	1 164	938				
43	1 084	646	438				
44	837	467	370				
45	4 585	2 382	2 203				
46	1 166	632	534				
47	1 133	642	491				
48	1 465	799	666				
49	893	501	392				

26. Population by sex and single years of age: each census, 1976 – 1988 (continued)

Population selon le sexe et l'année d'âge: chaque recensement, 1976 – 1988 (suite)

(See notes at end of table. – Voir notes à la fin du tableau.)

Continent, country or area, date and age (in years) / Continent, pays ou zone, date et âge (en années)	Both sexes / Les deux sexes	Male / Masculin	Female / Féminin
AFRICA – AFRIQUE (cont.–suite)			
Congo			
22 XII 1984 [1]			
Total	1 909 248	929 102	980 146
0	71 469	35 868	35 601
1	61 078	30 799	30 279
2	65 857	33 088	32 769
3	61 366	30 938	30 428
4	61 997	30 999	30 998
5	57 885	29 135	28 750
6	59 227	29 716	29 511
7	58 482	29 225	29 257
8	56 126	27 969	28 157
9	54 467	27 213	27 254
10	54 052	26 925	27 127
11	46 857	23 479	23 378
12	52 528	26 332	26 196
13	44 631	22 004	22 627
14	47 108	23 313	23 795
15	45 169	22 112	23 057
16	43 961	21 244	22 717
17	40 129	19 713	20 416
18	42 016	20 353	21 663
19	40 019	19 389	20 630
20	39 704	19 202	20 502
21	34 979	16 961	18 018
22	36 272	17 572	18 700
23	27 398	13 443	13 955
24	33 873	16 653	17 220
25	31 383	15 473	15 910
26	30 578	15 310	15 268
27	25 969	12 523	13 446
28	26 125	12 313	13 812
29	22 468	10 338	12 130
30	25 525	12 134	13 391
31	20 108	9 553	10 555
32	22 200	10 631	11 569
33	14 694	6 852	7 842
34	18 915	9 041	9 874
35	19 912	9 692	10 220
36	18 020	8 750	9 270
37	15 083	7 229	7 854
38	15 008	6 993	8 015
39	16 025	7 539	8 486
40	15 524	7 347	8 177
41	11 633	5 888	5 745
42	14 975	7 643	7 332
43	9 676	4 990	4 686
44	16 371	7 595	8 776
45	16 352	8 030	8 322
46	13 234	6 201	7 033
47	11 717	5 670	6 047
48	13 286	6 184	7 102
49	13 869	6 394	7 475
50	12 469	5 735	6 734
51	8 666	4 240	4 426
52	11 588	5 458	6 130
53	6 128	3 017	3 111
54	17 829	7 112	10 717
55	10 570	4 752	5 818
56	10 565	4 751	5 814
57	8 089	3 773	4 316
58	7 666	3 386	4 280
59	10 852	4 492	6 360
60	8 130	3 510	4 620
61	5 153	2 326	2 827
62	6 511	2 922	3 589
63	4 039	1 871	2 168
64	15 414	6 078	9 336
65	6 718	3 011	3 707
66	7 262	3 351	3 911
67	4 406	2 109	2 297
68	4 288	2 032	2 256
69	6 109	2 553	3 556
70	4 551	2 244	2 307
71	2 296	1 139	1 157
72	3 926	1 753	2 173
73	1 448	671	777
74	6 981	2 959	4 022
75	2 123	929	1 194
76	1 711	790	921
77	1 088	491	597
78	909	425	484
79	2 111	911	1 200
80	1 058	446	612
81	540	230	310
82	600	250	350
83	415	178	237
84	1 550	634	916
85 plus	1 153	485	668
Unknown–Inconnu	9 036	4 130	4 906

26. Population by sex and single years of age: each census, 1976 – 1988 (continued)

Population selon le sexe et l'année d'âge: chaque recensement, 1976 – 1988 (suite)

(See notes at end of table. – Voir notes à la fin du tableau.)

Continent, country or area, date and age (in years) / Continent, pays ou zone, date et âge (en années)	Both sexes / Les deux sexes	Male / Masculin	Female / Féminin
AFRICA – AFRIQUE (cont.–suite)			
Côte d'Ivoire			
31 V 1978 [3]			
Total	7 540 060	3 761 388	3 778 672
0	344 893	172 185	172 708
1	314 669	158 076	156 593
2	299 107	147 805	151 302
3	287 846	145 485	142 361
4	263 097	134 587	128 510
5	264 333	132 241	132 092
6	261 717	132 918	128 799
7	242 542	123 242	119 300
8	209 776	108 138	101 638
9	194 552	99 220	95 332
10	180 388	89 849	90 539
11	146 544	77 321	69 223
12	159 359	83 674	75 685
13	156 230	79 757	76 473
14	143 355	71 779	71 576
15	140 255	68 144	72 111
16	118 963	52 801	66 162
17	132 205	58 411	73 794
18	141 597	58 549	83 048
19	133 072	57 534	75 538
20	133 386	62 158	71 228
21	121 030	56 510	64 520
22	127 149	61 096	66 053
23	116 400	60 315	56 085
24	130 305	65 485	64 820
25	141 343	72 167	69 176
26	108 448	55 712	52 736
27	111 447	55 400	56 047
28	114 791	56 581	58 210
29	111 235	55 141	56 094
30	118 887	58 449	60 438
31	84 006	41 916	42 090
32	91 702	43 288	48 414
33	78 070	37 408	40 662
34	79 235	40 608	38 627
35	95 993	49 472	46 521
36	68 706	37 434	31 272
37	88 869	43 664	45 205
38	83 216	41 102	42 114
39	78 917	39 221	39 696
40	81 155	39 912	41 243
41	60 704	32 560	28 144
42	71 824	38 688	33 136
43	59 138	32 533	26 605
44	56 036	30 129	25 907
45	62 779	35 158	27 621
46	46 834	25 458	21 376
47	67 059	32 665	34 394
48	63 645	33 321	30 324
49	52 862	26 738	26 124
50	56 164	27 311	28 853
51	38 037	19 281	18 756
52	46 647	23 615	23 032
53	39 872	20 914	18 958
54	36 122	18 109	18 013
55	33 718	17 391	16 327
56	30 896	15 433	15 463
57	42 832	21 321	21 511
58	39 100	20 903	18 197
59	36 655	18 703	17 952
60	37 054	18 103	18 951
61	19 922	9 430	10 492
62	20 722	10 744	9 978
63	17 705	9 009	8 696
64	16 959	9 438	7 521
65	20 919	9 721	11 198
66	11 964	6 830	5 134
67	20 306	10 829	9 477
68	16 581	7 994	8 587
69	14 340	6 601	7 739
70	16 048	7 198	8 850
71	7 977	4 156	3 821
72	9 896	4 746	5 150
73	5 854	3 284	2 570
74	5 805	2 546	3 259
75	7 396	3 316	4 080
76	4 333	2 404	1 929
77	9 172	5 252	3 920
78	5 993	2 442	3 551
79	4 338	1 463	2 875
80	5 997	1 941	4 056
81	1 659	554	1 105
82	1 073	418	655
83	883	602	281
84	1 264	663	601
85 plus	16 186	6 718	9 468
Unknown–Inconnu	–	–	–

26. Population by sex and single years of age: each census, 1976 – 1988 (continued)

Population selon le sexe et l'année d'âge: chaque recensement, 1976 – 1988 (suite)

(See notes at end of table. – Voir notes à la fin du tableau.)

Continent, country or area, date and age (in years) / Continent, pays ou zone, date et âge (en années)	Both sexes / Les deux sexes	Male / Masculin	Female / Féminin
AFRICA – AFRIQUE (cont.–suite)			
Gambia – Gambie			
15 IV 1983			
Total	687 817	342 134	345 683
0	18 134	9 262	8 872
1	21 055	10 683	10 372
2	24 112	12 060	12 052
3	26 749	13 328	13 421
4	26 738	13 089	13 649
5	25 429	12 460	12 969
6	24 254	11 879	12 375
7	22 774	11 565	11 209
8	23 529	11 802	11 727
9	15 465	7 933	7 532
10	20 274	10 570	9 704
11	11 037	5 825	5 212
12	16 558	8 616	7 942
13	12 755	6 446	6 309
14	12 158	6 057	6 101
15	17 634	8 527	9 107
16	11 661	5 242	6 419
17	10 252	4 722	5 530
18	14 750	6 823	7 927
19	8 773	4 084	4 689
20	22 095	9 522	12 573
21	8 578	4 071	4 507
22	10 322	4 887	5 435
23	9 208	4 659	4 549
24	8 336	4 048	4 288
25	22 286	9 740	12 546
26	9 963	4 729	5 234
27	9 247	4 403	4 844
28	12 344	5 521	6 823
29	7 018	3 377	3 641
30	26 085	11 045	15 040
31	4 305	2 347	1 958
32	6 805	3 446	3 359
33	4 046	2 203	1 843
34	3 708	1 879	1 829
35	14 568	6 993	7 575
36	5 224	2 720	2 504
37	4 334	2 477	1 857
38	5 805	3 059	2 746
39	3 162	1 724	1 438
40	19 439	9 082	10 357
41	2 021	1 153	868
42	3 451	1 981	1 470
43	2 743	1 633	1 110
44	2 024	1 150	874
45	10 433	5 646	4 787
46	2 499	1 424	1 075
47	2 100	1 265	835
48	3 313	1 921	1 392
49	1 816	1 074	742
50	13 639	6 806	6 833
51	1 153	688	465
52	1 903	1 146	757
53	1 544	916	628
54	1 465	859	606
55	4 315	2 466	1 849
56	2 119	1 306	813
57	1 283	834	449
58	1 655	990	665
59	964	568	396
60	9 914	5 152	4 762
61	657	382	275
62	1 055	618	437
63	1 039	672	367
64	839	506	333
65	3 298	1 882	1 416
66	696	432	264
67	841	534	307
68	1 057	589	468
69	705	445	260
70	5 588	2 926	2 662
71	299	171	128
72	578	323	255
73	427	252	175
74	334	210	124
75	1 690	930	760
76	435	237	198
77	269	160	109
78	610	357	253
79	291	156	135
80	3 517	1 732	1 785
81	140	78	62
82	262	141	121
83	291	156	135
84	169	93	76
85 plus	3 964	2 000	1 964
Unknown–Inconnu	7 443	4 269	3 174

26. Population by sex and single years of age: each census, 1976 – 1988 (continued)

Population selon le sexe et l'année d'âge: chaque recensement, 1976 – 1988 (suite)

(See notes at end of table. – Voir notes à la fin du tableau.)

Continent, country or area, date and age (in years) Continent, pays ou zone, date et âge (en années)	Both sexes Les deux sexes	Male Masculin	Female Féminin	Continent, country or area, date and age (in years) Continent, pays ou zone, date et âge (en années)	Both sexes Les deux sexes	Male Masculin	Female Féminin
AFRICA – AFRIQUE (cont.–suite)							
Lesotho							
12 IV 1976 [1]							
Total	1 216 815	587 348	629 467				
0	39 863	19 883	19 980	50	11 094	5 419	5 675
1	34 529	17 323	17 206	51	6 733	3 248	3 485
2	29 772	14 754	15 018	52	7 427	3 524	3 903
3	32 723	16 277	16 446	53	5 224	2 504	2 720
4	31 725	15 726	15 999	54	8 882	4 201	4 681
5	35 042	17 581	17 461	55	6 159	3 083	3 076
6	30 165	14 928	15 237	56	8 570	4 313	4 257
7	27 776	13 857	13 919	57	11 507	5 214	6 293
8	30 923	15 661	15 262	58	11 524	5 460	6 064
9	29 270	14 696	14 574	59	3 675	1 807	1 868
10	31 383	15 709	15 674	60	7 602	3 349	4 253
11	26 715	13 186	13 529	61	2 747	1 231	1 516
12	35 657	18 011	17 646	62	7 637	3 537	4 100
13	30 737	15 074	15 663	63	6 026	2 374	3 652
14	28 935	13 881	15 054	64	3 978	1 765	2 213
15	26 041	12 511	13 530	65	7 437	2 904	4 533
16	28 423	13 318	15 105	66	3 538	1 673	1 865
17	22 624	10 512	12 112	67	3 112	1 430	1 682
18	26 504	12 309	14 195	68	3 558	1 560	1 998
19	21 013	9 769	11 244	69	2 145	951	1 194
20	25 275	11 650	13 625	70	5 325	1 954	3 371
21	18 218	8 737	9 481	71	2 197	958	1 239
22	21 029	9 867	11 162	72	2 548	949	1 599
23	17 869	8 419	9 450	73	1 437	605	832
24	20 740	9 651	11 089	74	4 096	1 512	2 584
25	19 410	9 430	9 980	75	2 960	1 302	1 658
26	17 558	8 582	8 976	76	5 168	1 722	3 446
27	13 547	6 773	6 774	77	1 107	385	722
28	17 236	8 360	8 876	78	2 305	819	1 486
29	14 936	7 332	7 604	79	4 009	1 170	2 839
30	19 036	9 266	9 770	80 plus	12 359	3 695	8 664
31	10 882	5 492	5 390	Unknown–Inconnu	24 326	13 449	10 877
32	12 487	5 989	6 498				
33	9 530	4 617	4 913				
34	14 515	6 926	7 589				
35	12 539	6 287	6 252				
36	16 170	8 256	7 914				
37	9 169	4 651	4 518				
38	12 821	6 421	6 400				
39	8 846	4 477	4 369				
40	16 294	7 833	8 461				
41	7 621	3 765	3 856				
42	14 348	6 812	7 536				
43	14 547	7 216	7 331				
44	9 753	4 524	5 229				
45	10 534	5 116	5 418				
46	9 868	4 884	4 984				
47	8 688	4 313	4 375				
48	10 414	5 240	5 174				
49	6 703	3 429	3 274				

26. Population by sex and single years of age: each census, 1976 – 1988 (continued)

Population selon le sexe et l'année d'âge: chaque recensement, 1976 – 1988 (suite)

(See notes at end of table. – Voir notes à la fin du tableau.)

Continent, country or area, date and age (in years) Continent, pays ou zone, date et âge (en années)	Both sexes Les deux sexes	Male Masculin	Female Féminin
AFRICA – AFRIQUE (cont.–suite)			
Mauritania – Mauritanie			
1 I 1977 [4]			
Total	1 338 830	658 361	680 469
0	47 098	24 665	22 433
1	36 999	19 090	17 909
2	39 482	19 767	19 715
3	46 160	22 905	23 255
4	47 048	23 834	23 214
5	47 467	24 330	23 137
6	46 907	24 001	22 906
7	50 406	25 799	24 607
8	43 645	23 136	20 509
9	30 781	16 543	14 238
10	41 851	22 595	19 256
11	25 080	13 785	11 295
12	34 229	18 363	15 866
13	24 815	12 665	12 150
14	26 690	13 733	12 957
15	29 482	14 492	14 990
16	32 601	15 961	16 640
17	23 324	10 977	12 347
18	33 024	16 177	16 847
19	19 843	9 897	9 946
20	43 975	19 536	24 439
21	15 339	7 857	7 482
22	20 052	9 789	10 263
23	14 041	6 874	7 167
24	17 911	8 720	9 191
25	28 662	12 581	16 081
26	26 148	12 098	14 050
27	12 337	5 993	6 344
28	11 992	5 813	6 179
29	9 890	4 484	5 406
30	35 347	14 562	20 785
31	11 157	5 085	6 072
32	8 994	4 483	4 511
33	7 426	3 419	4 007
34	10 800	5 494	5 306
35	17 473	7 694	9 779
36	18 853	8 909	9 944
37	8 665	4 021	4 644
38	7 957	4 001	3 956
39	8 761	4 280	4 481
40	36 698	16 424	20 274
41	9 636	4 624	5 012
42	8 049	4 031	4 018
43	5 743	2 964	2 779
44	8 560	4 622	3 938
45	14 463	7 392	7 071
46	12 840	6 101	6 739
47	5 986	3 039	2 947
48	5 378	2 636	2 742
49	9 176	4 639	4 537
50	25 174	11 144	14 030
51	7 879	4 328	3 551
52	5 954	3 024	2 930
53	3 622	1 816	1 806
54	4 491	2 376	2 115
55	7 504	3 843	3 661
56	13 334	6 403	6 931
57	3 901	1 853	2 048
58	4 867	2 498	2 369
59	4 792	2 314	2 478
60	15 907	6 846	9 061
61	3 823	1 834	1 989
62	2 734	1 527	1 207
63	2 660	1 447	1 213
64	2 138	1 100	1 038
65	3 738	1 998	1 740
66	3 971	1 914	2 057
67	2 088	1 081	1 007
68	1 337	660	677
69	3 438	1 326	2 112
70	10 733	4 327	6 406
71	2 798	1 142	1 656
72	1 396	646	750
73	2 009	896	1 113
74	1 478	697	781
75	2 153	879	1 274
76	5 278	1 967	3 311
77	1 129	453	676
78	542	287	255
79	541	191	350
80	2 340	788	1 552
81	349	124	225
82	455	131	324
83	303	112	191
84	261	122	139
85 plus	4 472	1 387	3 085
Unknown–Inconnu	–	–	–

26. Population by sex and single years of age: each census, 1976 – 1988 (continued)

Population selon le sexe et l'année d'âge: chaque recensement, 1976 – 1988 (suite)

(See notes at end of table. – Voir notes à la fin du tableau.)

Continent, country or area, date and age (in years) / Continent, pays ou zone, date et âge (en années)	Both sexes / Les deux sexes	Male / Masculin	Female / Féminin
AFRICA – AFRIQUE (cont.–suite)			
Mauritius – Maurice			
Island of Mauritius – Ile Maurice			
2 VII 1983			
Total	966 863	481 368	485 495
0	19 795	9 975	9 820
1	21 506	10 822	10 684
2	22 573	11 441	11 132
3	24 183	12 187	11 996
4	23 299	11 746	11 553
5	22 066	11 185	10 881
6	21 393	10 825	10 568
7	19 932	9 915	10 017
8	20 681	10 497	10 184
9	20 084	10 066	10 018
10	17 633	8 991	8 642
11	18 387	9 166	9 221
12	18 866	9 628	9 238
13	20 439	10 449	9 990
14	19 482	9 897	9 585
15	21 727	10 938	10 789
16	21 400	10 883	10 517
17	23 721	11 914	11 807
18	23 218	11 720	11 498
19	23 659	11 976	11 683
20	22 632	11 533	11 099
21	22 243	11 160	11 083
22	20 393	10 354	10 039
23	20 473	10 279	10 194
24	19 559	9 751	9 808
25	18 816	9 266	9 550
26	19 240	9 745	9 495
27	18 433	9 304	9 129
28	16 513	8 236	8 277
29	16 383	8 157	8 226
30	17 346	8 653	8 693
31	15 550	7 887	7 663
32	16 895	8 615	8 280
33	15 041	7 589	7 452
34	13 076	6 486	6 590
35	12 632	6 215	6 417
36	11 112	5 592	5 520
37	9 553	4 621	4 932
38	11 085	5 372	5 713
39	10 400	5 155	5 245
40	8 167	3 970	4 197
41	8 235	4 079	4 156
42	7 683	3 808	3 875
43	8 697	4 267	4 430
44	7 682	3 828	3 854
45	7 900	3 901	3 999
46	7 814	3 865	3 949
47	7 633	3 748	3 885
48	7 727	3 833	3 894
49	7 761	3 938	3 823
50	6 941	3 484	3 457
51	5 893	2 987	2 906
52	6 058	2 965	3 093
53	6 695	3 289	3 406
54	6 611	3 434	3 177
55	6 902	3 441	3 461
56	6 928	3 391	3 537
57	7 447	3 710	3 737
58	6 886	3 381	3 505
59	6 635	3 358	3 277
60	5 569	2 754	2 815
61	5 346	2 613	2 733
62	5 182	2 479	2 703
63	4 385	2 029	2 356
64	4 101	2 003	2 098
65	3 836	1 794	2 042
66	4 080	1 988	2 092
67	3 391	1 592	1 799
68	3 586	1 586	2 000
69	3 766	1 698	2 068
70	2 962	1 301	1 661
71	2 625	1 181	1 444
72	2 584	1 107	1 477
73	2 136	853	1 283
74	1 970	791	1 179
75	1 923	743	1 180
76	1 615	620	995
77	1 334	503	831
78	1 269	466	803
79	1 156	386	770
80	1 042	366	676
81	745	230	515
82	762	239	523
83	655	194	461
84	465	129	336
85 plus	2 003	447	1 556
Unknown–Inconnu	661	408	253

26. Population by sex and single years of age: each census, 1976 – 1988 (continued)

Population selon le sexe et l'année d'âge: chaque recensement, 1976 – 1988 (suite)

(See notes at end of table. – Voir notes à la fin du tableau.)

Continent, country or area, date and age (in years) Continent, pays ou zone, date et âge (en années)	Both sexes Les deux sexes	Male Masculin	Female Féminin
AFRICA – AFRIQUE (cont.–suite)			
Mauritius – Maurice Rodrigues			
2 VII 1983			
Total	33 082	16 552	16 530
0	1 095	560	535
1	1 165	578	587
2	1 176	576	600
3	1 172	594	578
4	1 036	524	512
5	997	494	503
6	1 036	522	514
7	981	492	489
8	943	447	496
9	948	478	470
10	858	429	429
11	802	410	392
12	888	446	442
13	900	465	435
14	741	377	364
15	847	408	439
16	773	394	379
17	808	404	404
18	732	365	367
19	737	387	350
20	665	328	337
21	613	291	322
22	631	316	315
23	534	260	274
24	523	272	251
25	503	256	247
26	511	266	245
27	476	241	235
28	381	208	173
29	410	189	221
30	319	166	153
31	348	182	166
32	373	213	160
33	325	164	161
34	251	125	126
35	279	139	140
36	297	154	143
37	318	165	153
38	317	169	148
39	293	139	154
40	291	149	142
41	273	148	125
42	347	179	168
43	259	116	143
44	260	111	149
45	256	133	123
46	239	130	109
47	232	109	123
48	226	116	110
49	214	96	118
50	174	95	79
51	227	107	120
52	181	104	77
53	174	98	76
54	161	80	81
55	150	72	78
56	160	80	80
57	168	81	87
58	142	74	68
59	136	66	70
60	124	65	59
61	116	61	55
62	129	59	70
63	106	60	46
64	107	48	59
65	98	52	46
66	119	51	68
67	94	44	50
68	88	39	49
69	71	35	36
70	91	38	53
71	81	29	52
72	63	30	33
73	58	19	39
74	60	24	36
75	54	26	28
76	37	12	25
77	37	14	23
78	30	13	17
79	32	13	19
80	25	12	13
81	20	6	14
82	26	10	16
83	18	6	12
84	14	5	9
85 plus	42	10	32
Unknown–Inconnu	70	34	36

26. Population by sex and single years of age: each census, 1976 – 1988 (continued)

Population selon le sexe et l'année d'âge: chaque recensement, 1976 – 1988 (suite)

(See notes at end of table. – Voir notes à la fin du tableau.)

Continent, country or area, date and age (in years) / Continent, pays ou zone, date et âge (en années)	Both sexes / Les deux sexes	Male / Masculin	Female / Féminin
AFRICA – AFRIQUE (cont.–suite)			
Mozambique			
1 VIII 1980 [5]			
Total	11 673 725	5 670 484	6 003 241
0	363 788	177 289	186 499
1	400 898	197 508	203 390
2	421 013	206 325	214 688
3	456 170	221 793	234 377
4	434 281	212 508	221 773
5	428 336	212 517	215 819
6	417 883	203 804	214 079
7	357 851	175 988	181 863
8	367 855	180 722	187 133
9	296 040	148 122	147 918
10	401 975	207 350	194 625
11	265 094	138 506	126 588
12	321 707	175 661	146 046
13	241 718	131 564	110 154
14	239 640	133 114	106 526
15	236 680	129 367	107 313
16	221 020	120 149	100 871
17	204 326	109 537	94 789
18	248 277	121 193	127 084
19	198 983	88 476	110 507
20	280 520	112 222	168 298
21	148 049	66 327	81 722
22	181 142	79 405	101 737
23	151 068	68 957	82 111
24	146 592	66 891	79 701
25	183 088	79 606	103 482
26	134 548	62 479	72 069
27	133 426	61 835	71 591
28	166 183	70 791	95 392
29	150 808	66 299	84 509
30	272 371	108 140	164 231
31	109 805	54 001	55 804
32	150 848	67 675	83 173
33	88 581	45 159	43 422
34	90 004	43 778	46 226
35	135 221	59 455	75 766
36	96 011	46 197	49 814
37	87 969	41 087	46 882
38	122 834	52 928	69 906
39	122 760	51 900	70 860
40	214 777	92 751	122 026
41	78 112	39 229	38 883
42	110 180	52 687	57 493
43	76 378	38 669	37 709
44	62 277	33 535	28 742
45	117 069	57 747	59 322
46	61 994	32 224	29 770
47	61 688	32 703	28 985
48	91 842	44 908	46 934
49	80 490	38 789	41 701
50	166 410	78 434	87 976
51	47 529	25 710	21 819
52	65 518	33 740	31 778
53	44 684	23 686	20 998
54	44 034	22 978	21 056
55	47 844	24 902	22 942
56	42 552	22 122	20 430
57	34 022	17 653	16 369
58	54 749	27 002	27 747
59	46 755	22 510	24 245
60	120 074	54 983	65 091
61	25 183	13 092	12 091
62	39 433	19 055	20 378
63	24 952	12 409	12 543
64	22 419	11 263	11 156
65	35 460	16 764	18 696
66	20 114	10 624	9 490
67	18 450	9 494	8 956
68	31 344	14 591	16 753
69	24 307	11 185	13 122
70	57 483	26 520	30 963
71	11 645	6 147	5 498
72	17 321	8 409	8 912
73	9 884	5 072	4 812
74	8 148	4 234	3 914
75	16 150	7 920	8 230
76	8 692	4 275	4 417
77	5 213	2 734	2 479
78	13 104	6 213	6 891
79	11 506	5 347	6 159
80	31 014	14 397	16 617
81	3 404	1 581	1 823
82	5 372	2 334	3 038
83	2 907	1 312	1 595
84	2 464	1 144	1 320
85 plus	45 223	21 789	23 434
Unknown–Inconnu	38 192	18 992	19 200

26. Population by sex and single years of age: each census, 1976 – 1988 (continued)

Population selon le sexe et l'année d'âge: chaque recensement, 1976 – 1988 (suite)

(See notes at end of table. – Voir notes à la fin du tableau.)

Continent, country or area, date and age (in years) Continent, pays ou zone, date et âge (en années)	Both sexes Les deux sexes	Male Masculin	Female Féminin
AFRICA – AFRIQUE (cont.–suite)			
St. Helena ex. dep. – Sainte-Hélène sans dép.			
22 II 1987			
Total	5 559	2 708	2 851
0	100	46	54
1	75	42	33
2	93	49	44
3	96	59	37
4	126	53	73
5	123	60	63
6	96	47	49
7	92	44	48
8	97	50	47
9	98	42	56
10	95	45	50
11	121	54	67
12	96	48	48
13	105	61	44
14	120	64	56
15	122	53	69
16	146	66	80
17	147	84	63
18	109	54	55
19	125	48	77
20	88	34	54
21	71	31	40
22	92	34	58
23	75	35	40
24	88	32	56
25	75	30	45
26	100	45	55
27	103	43	60
28	87	48	39
29	70	32	38
30	88	42	46
31	76	39	37
32	76	41	35
33	87	46	41
34	92	46	46
35	70	39	31
36	81	35	46
37	78	38	40
38	78	47	31
39	77	39	38
40	69	43	26
41	62	33	29
42	85	53	32
43	89	56	33
44	50	30	20
45	43	21	22
46	62	40	22
47	39	15	24
48	51	22	29
49	52	31	21
50	42	29	13
51	58	33	25
52	40	26	14
53	54	30	24
54	55	27	28
55	44	16	28
56	44	19	25
57	32	14	18
58	46	21	25
59	36	15	21
60	45	19	26
61	37	16	21
62	33	12	21
63	37	12	25
64	38	14	24
65	40	21	19
66	24	11	13
67	35	22	13
68	30	13	17
69	27	13	14
70	28	13	15
71	22	12	10
72	28	8	20
73	28	13	15
74	16	4	12
75	17	7	10
76	24	12	12
77	8	3	5
78	12	4	8
79	24	9	15
80 – 84	72	30	42
85 plus	47	21	26
Unknown–Inconnu	–	–	–

26. Population by sex and single years of age: each census, 1976 – 1988 (continued)

Population selon le sexe et l'année d'âge: chaque recensement, 1976 – 1988 (suite)

(See notes at end of table. – Voir notes à la fin du tableau.)

Continent, country or area, date and age (in years) / Continent, pays ou zone, date et âge (en années)	Both sexes / Les deux sexes	Male / Masculin	Female / Féminin	Continent, country or area, date and age (in years) / Continent, pays ou zone, date et âge (en années)	Both sexes / Les deux sexes	Male / Masculin	Female / Féminin
AFRICA – AFRIQUE (cont.–suite)							
St. Helena – Sainte–Hélène Tristan da Cunha							
22 II 1987 [3]							
Total	296	139	157				
0	3	2	1	50	4	2	2
1	3	1	2	51	3	1	2
2	2	2	–	52	4	2	2
3	4	–	4	53	6	4	2
4	3	1	2	54	4	3	1
5	6	5	1	55	2	–	2
6	2	2	–	56	2	2	–
7	4	3	1	57	7	4	3
8	1	–	1	58	1	1	–
9	5	2	3	59	5	2	3
10	–	–	–	60	–	–	–
11	3	1	2	61	7	5	2
12	2	–	2	62	6	3	3
13	7	1	6	63	1	–	1
14	3	1	2	64	6	3	3
15	2	–	2	65	4	3	1
16	5	3	2	66	2	2	–
17	12	7	5	67	5	2	3
18	8	4	4	68	2	2	–
19	6	5	1	69	2	1	1
20	6	2	4	70	2	1	1
21	5	1	4	71	1	1	–
22	4	1	3	72	1	–	1
23	6	2	4	73	3	–	3
24	1	–	1	74	1	–	1
25	1	1	–	75	3	1	2
26	3	1	2	76	–	–	–
27	5	2	3	77	2	2	–
28	3	2	1	78	3	2	1
29	5	3	2	79	–	–	–
30	2	1	1	80	–	–	–
31	2	1	1	81	1	–	1
32	4	1	3	82	1	–	1
33	5	1	4	83	–	–	–
34	2	–	2	84	–	–	–
35	5	1	4	85 plus	6	3	3
36	5	2	3	Unknown–Inconnu	–	–	–
37	3	2	1				
38	3	2	1				
39	9	5	4				
40	1	1	–				
41	2	1	1				
42	5	2	3				
43	3	1	2				
44	7	4	3				
45	2	1	1				
46	6	2	4				
47	5	2	3				
48	3	1	2				
49	5	1	4				

26. Population by sex and single years of age: each census, 1976 – 1988 (continued)

Population selon le sexe et l'année d'âge: chaque recensement, 1976 – 1988 (suite)

(See notes at end of table. – Voir notes à la fin du tableau.)

Continent, country or area, date and age (in years) Continent, pays ou zone, date et âge (en années)	Both sexes Les deux sexes	Male Masculin	Female Féminin	Continent, country or area, date and age (in years) Continent, pays ou zone, date et âge (en années)	Both sexes Les deux sexes	Male Masculin	Female Féminin
AFRICA – AFRIQUE (cont.–suite)							
Sao Tome and Principe – Sao Tomé–et–Principe							
15 VIII 1981							
Total	96 611	48 031	48 580				
0	4 431	2 245	2 186	50	564	289	275
1	3 882	1 948	1 934	51	782	365	417
2	3 561	1 842	1 719	52	678	347	331
3	3 643	1 864	1 779	53	627	311	316
4	3 443	1 741	1 702	54	590	274	316
5	3 286	1 710	1 576	55	554	249	305
6	2 984	1 549	1 435	56	710	348	362
7	2 582	1 310	1 272	57	560	274	286
8	2 568	1 287	1 281	58	504	242	262
9	2 544	1 290	1 254	59	488	258	230
10	2 471	1 244	1 227	60	367	180	187
11	2 620	1 341	1 279	61	581	297	284
12	2 374	1 210	1 164	62	407	198	209
13	2 298	1 173	1 125	63	407	189	218
14	2 089	1 082	1 007	64	366	168	198
15	2 190	1 091	1 099	65	289	143	146
16	2 218	1 141	1 077	66	384	177	207
17	2 151	1 050	1 101	67	330	156	174
18	2 023	1 007	1 016	68	320	163	157
19	1 892	943	949	69	327	152	175
20	1 770	850	920	70	266	120	146
21	1 855	954	901	71	370	158	212
22	1 605	791	814	72	236	96	140
23	1 427	735	692	73	224	100	124
24	1 332	628	704	74	204	87	117
25	1 272	621	651	75	157	67	90
26	1 252	568	684	76	252	91	161
27	1 114	526	588	77	163	50	113
28	1 075	556	519	78	157	65	92
29	941	448	493	79	162	75	87
30	949	452	497	80	112	48	64
31	868	412	456	81	145	53	92
32	780	384	396	82	103	42	61
33	659	321	338	83	86	33	53
34	654	280	374	84	71	24	47
35	633	290	343	85 plus	335	120	215
36	673	318	355	Unknown–Inconnu	–	–	–
37	683	329	354				
38	634	307	327				
39	700	318	382				
40	688	342	346				
41	846	438	408				
42	782	394	388				
43	779	415	364				
44	860	425	435				
45	699	354	345				
46	684	330	354				
47	753	389	364				
48	841	424	417				
49	675	355	320				

26. Population by sex and single years of age: each census, 1976 – 1988 (continued)

Population selon le sexe et l'année d'âge: chaque recensement, 1976 – 1988 (suite)

(See notes at end of table. – Voir notes à la fin du tableau.)

Continent, country or area, date and age (in years) / Continent, pays ou zone, date et âge (en années)	Both sexes / Les deux sexes	Male / Masculin	Female / Féminin
AFRICA – AFRIQUE (cont.–suite)			
South Africa – Afrique du Sud [6]			
5 III 1985 [7]			
Total	23 385 645	11545282	11840363
0	532 469	266 840	265 629
1	499 865	251 069	248 796
2	560 451	280 842	279 609
3	571 340	286 537	284 803
4	559 699	280 171	279 528
5	522 886	263 957	258 929
6	518 939	260 981	257 958
7	534 837	269 001	265 836
8	561 062	279 924	281 138
9	537 984	269 456	268 528
10	589 379	295 790	293 589
11	494 726	246 406	248 320
12	599 563	301 527	298 036
13	556 584	276 577	280 007
14	556 386	276 897	279 489
15	528 053	260 398	267 655
16	520 611	254 087	266 524
17	461 149	225 949	235 200
18	512 834	247 834	265 000
19	446 209	215 377	230 832
20	506 039	238 751	267 288
21	457 378	223 367	234 011
22	463 082	226 163	236 919
23	453 180	223 472	229 708
24	452 512	223 547	228 965
25	472 201	234 200	238 001
26	402 544	201 292	201 252
27	381 691	199 685	182 006
28	412 478	206 576	205 902
29	359 045	185 787	173 258
30	453 492	217 321	236 171
31	281 096	148 195	132 901
32	366 511	183 021	183 490
33	281 676	147 191	134 485
34	299 073	152 321	146 752
35	349 614	177 848	171 766
36	296 646	148 967	147 679
37	242 852	127 559	115 293
38	302 023	148 805	153 218
39	239 790	123 572	116 218
40	350 181	168 079	182 102
41	178 836	93 740	85 096
42	257 442	128 680	128 762
43	204 105	104 745	99 360
44	192 369	99 971	92 398
45	280 848	143 520	137 328
46	180 646	91 713	88 933
47	160 327	83 224	77 103
48	201 381	99 801	101 580
49	171 934	87 631	84 303
50	239 072	112 457	126 615
51	116 777	59 562	57 215
52	164 452	82 745	81 707
53	127 947	64 841	63 106
54	139 736	69 405	70 331
55	150 758	75 061	75 697
56	130 843	64 669	66 174
57	101 160	49 932	51 228
58	126 025	59 149	66 876
59	110 277	52 040	58 237
60	189 346	80 441	108 905
61	79 488	36 222	43 266
62	100 895	44 026	56 869
63	91 055	40 933	50 122
64	91 270	41 496	49 774
65	138 487	62 160	76 327
66	73 345	33 644	39 701
67	86 098	38 879	47 219
68	77 295	32 822	44 473
69	64 006	27 093	36 913
70	106 407	45 051	61 356
71	51 507	23 306	28 201
72	55 497	23 464	32 033
73	42 552	18 262	24 290
74	43 629	18 668	24 961
75	57 150	24 294	32 856
76	34 555	13 992	20 563
77	25 656	10 260	15 396
78	33 946	13 339	20 607
79	27 971	10 633	17 338
80	43 994	16 061	27 933
81	16 541	6 006	10 535
82	16 593	6 001	10 592
83	13 171	4 952	8 219
84	15 676	6 103	9 573
85 plus	86 450	28 949	57 501
Unknown–Inconnu	–	–	–

(See notes at end of table. – Voir notes à la fin du tableau.)

Continent, country or area, date and age (in years) / Continent, pays ou zone, date et âge (en années)	Both sexes / Les deux sexes	Male / Masculin	Female / Féminin
AFRICA – AFRIQUE (cont.–suite)			
Tunisia – Tunisie			
30 III 1984*			
Total	6 975 450	3 546 040	3 429 410
0	202 320	105 200	97 120
1	197 550	100 650	96 900
2	201 880	103 620	98 260
3	210 890	108 180	102 710
4	202 690	103 950	98 740
5	192 230	98 160	94 070
6	192 780	98 360	94 420
7	188 780	97 310	91 470
8	184 210	94 690	89 520
9	174 570	89 570	85 000
10	169 640	86 270	83 370
11	172 170	88 150	84 020
12	154 810	79 820	74 990
13	159 250	81 930	77 320
14	161 760	82 660	79 100
15	157 500	80 960	76 540
16	153 930	78 950	74 980
17	160 560	81 750	78 810
18	159 120	80 340	78 780
19	165 910	83 140	82 770
20	147 050	74 230	72 820
21	143 900	73 430	70 470
22	127 820	64 990	62 830
23	130 380	66 090	64 290
24	125 450	62 980	62 470
25	114 370	56 190	58 180
26	110 000	56 040	53 960
27	110 650	54 090	56 560
28	101 240	50 210	51 030
29	102 660	50 960	51 700
30	93 550	47 840	45 710
31	88 220	44 250	43 970
32	79 600	39 850	39 750
33	82 250	40 520	41 730
34	69 400	33 860	35 540
35	62 660	30 180	32 480
36	61 280	28 500	32 780
37	58 190	28 360	29 830
38	58 360	28 000	30 360
39	57 970	27 830	30 140
40	50 250	24 820	25 430
41	51 460	25 500	25 960
42	50 020	25 300	24 720
43	59 410	27 200	32 210
44	64 640	30 270	34 370
45	58 700	28 610	30 090
46	50 140	24 910	25 230
47	54 030	27 140	26 890
48	57 780	28 560	29 220
49	64 660	29 820	34 840
50	57 260	28 440	28 820
51	49 740	25 470	24 270
52	43 330	23 930	19 400
53	56 420	27 660	28 760
54	53 430	26 090	27 340
55	46 380	24 180	22 200
56	37 610	20 610	17 000
57	33 340	19 140	14 200
58	36 130	18 580	17 550
59	47 190	22 460	24 730
60	36 660	18 910	17 750
61	30 020	16 970	13 050
62	23 820	13 830	9 990
63	38 630	19 410	19 220
64	35 700	18 060	17 640
65	27 810	15 930	11 880
66	21 550	13 080	8 470
67	17 180	10 670	6 510
68	18 090	10 070	8 020
69	29 460	15 290	14 170
70	23 790	13 260	10 530
71	17 570	10 590	6 980
72	16 450	10 150	6 300
73	20 200	10 680	9 520
74	18 460	9 500	8 960
75	14 130	8 030	6 100
76	8 030	4 900	3 130
77	5 710	3 380	2 330
78	5 650	3 260	2 390
79	11 000	5 140	5 860
80	10 300	5 550	4 750
81	5 190	2 980	2 210
82	3 400	2 090	1 310
83	5 970	2 920	3 050
84	4 030	1 790	2 240
85 plus	13 000	6 650	6 350
Unknown–Inconnu	4 180	2 200	1 980

26. Population by sex and single years of age: each census, 1976 – 1988 (continued)

Population selon le sexe et l'année d'âge: chaque recensement, 1976 – 1988 (suite)

(See notes at end of table. – Voir notes à la fin du tableau.)

Continent, country or area, date and age (in years) Continent, pays ou zone, date et âge (en années)	Both sexes Les deux sexes	Male Masculin	Female Féminin
AFRICA – AFRIQUE (cont.–suite)			
United Rep. of Tanzania – Rép.–Unie de Tanzanie			
26 VIII 1978			
Total	17 512 611	8 587 086	8 925 525
0	625 699	302 730	322 969
1	588 686	290 090	298 596
2	627 136	307 159	319 977
3	672 820	332 256	340 564
4	664 075	325 744	338 331
5	640 708	322 489	318 219
6	605 726	300 482	305 244
7	547 518	271 350	276 168
8	563 434	274 964	288 470
9	446 122	221 936	224 186
10	500 067	251 409	248 658
11	340 866	169 080	171 786
12	473 552	246 040	227 512
13	385 098	196 583	188 515
14	401 865	203 534	198 331
15	377 050	195 473	181 577
16	338 913	173 437	165 476
17	300 008	150 434	149 574
18	446 137	206 300	239 837
19	257 173	115 697	141 476
20	391 380	160 210	231 170
21	211 086	98 106	112 980
22	280 351	121 099	159 252
23	202 210	91 658	110 552
24	244 071	115 506	128 565
25	364 195	158 859	205 336
26	236 908	112 212	124 696
27	195 501	95 817	99 684
28	319 210	143 671	175 539
29	198 057	99 765	98 292
30	392 235	170 977	221 258
31	128 112	68 442	59 670
32	198 681	96 018	102 663
33	123 717	64 769	58 948
34	119 590	57 331	62 259
35	284 818	134 836	149 982
36	167 686	84 117	83 569
37	106 766	56 789	49 977
38	208 553	101 454	107 099
39	118 331	62 320	56 011
40	296 020	128 209	167 811
41	73 715	39 077	34 638
42	138 521	71 102	67 419
43	86 998	43 949	43 049
44	74 939	39 151	35 788
45	241 396	119 583	121 813
46	94 174	49 303	44 871
47	70 700	38 119	32 581
48	155 058	75 729	79 329
49	71 014	37 657	33 357
50	229 959	101 274	128 685
51	46 481	26 107	20 374
52	81 674	44 098	37 576
53	52 533	30 559	21 974
54	60 016	31 573	28 443
55	124 952	63 798	61 154
56	76 189	44 447	31 742
57	41 231	24 740	16 491
58	91 870	48 705	43 165
59	46 189	23 561	22 628
60	184 781	88 432	96 349
61	29 546	15 253	14 293
62	45 135	22 086	23 049
63	30 396	15 509	14 887
64	57 914	31 135	26 779
65	100 394	48 111	52 283
66	31 885	16 598	15 287
67	29 336	17 430	11 906
68	55 059	29 490	25 569
69	24 191	13 181	11 010
70	106 179	53 178	53 001
71	17 758	9 564	8 194
72	26 003	14 203	11 800
73	26 776	15 650	11 126
74	17 415	10 451	6 964
75	47 196	24 831	22 365
76	18 072	9 652	8 420
77	11 739	6 690	5 049
78	33 724	19 081	14 643
79	10 118	5 895	4 223
80	45 501	22 291	23 210
81	6 048	3 492	2 556
82	9 398	5 150	4 248
83	5 574	3 039	2 535
84	5 054	3 142	1 912
85 plus	89 679	51 668	38 011
Unknown–Inconnu	–	–	–

26. Population by sex and single years of age: each census, 1976 – 1988 (continued)

Population selon le sexe et l'année d'âge: chaque recensement, 1976 – 1988 (suite)

(See notes at end of table. – Voir notes à la fin du tableau.)

Continent, country or area, date and age (in years) / Continent, pays ou zone, date et âge (en années)	Both sexes / Les deux sexes	Male / Masculin	Female / Féminin
AFRICA – AFRIQUE (cont.–suite)			
Zambia – Zambie			
25 VIII 1980			
Total	5 661 801	2 769 995	2 891 806
0	200 897	99 616	101 281
1	189 358	94 469	94 889
2	208 648	103 718	104 930
3	205 627	102 627	103 000
4	215 497	107 352	108 145
5	210 626	106 109	104 517
6	210 160	104 943	105 217
7	191 170	95 336	95 834
8	204 098	101 324	102 774
9	168 217	83 669	84 548
10	189 580	95 256	94 324
11	139 981	67 949	72 032
12	173 977	88 444	85 533
13	126 844	63 219	63 625
14	138 009	69 148	68 861
15	122 431	60 673	61 758
16	138 446	67 850	70 596
17	103 654	50 418	53 236
18	131 781	61 856	69 925
19	96 655	43 871	52 784
20	121 526	54 763	66 763
21	90 892	41 814	49 078
22	97 750	42 899	54 851
23	83 435	38 422	45 013
24	80 188	35 647	44 541
25	79 235	37 913	41 322
26	73 492	33 935	39 557
27	59 633	29 260	30 373
28	75 293	34 325	40 968
29	49 280	22 953	26 327
30	78 302	35 870	42 432
31	51 331	23 387	27 944
32	67 974	30 887	37 087
33	50 097	23 561	26 536
34	44 690	19 474	25 216
35	55 693	25 336	30 357
36	48 039	20 268	27 771
37	35 587	16 308	19 279
38	60 868	27 750	33 118
39	37 260	17 949	19 311
40	66 459	29 701	36 758
41	35 632	16 863	18 769
42	45 872	21 668	24 204
43	31 036	15 339	15 697
44	33 538	16 286	17 252
45	45 726	23 135	22 591
46	30 195	14 219	15 976
47	24 641	12 677	11 964
48	45 864	24 554	21 310
49	30 664	17 158	13 506
50	53 262	26 049	27 213
51	22 388	11 727	10 661
52	30 875	16 618	14 257
53	19 118	10 545	8 573
54	19 868	10 370	9 498
55	21 238	11 352	9 886
56	23 144	12 436	10 708
57	12 401	6 571	5 830
58	22 832	12 515	10 317
59	18 017	10 083	7 934
60	38 822	18 971	19 851
61	13 397	7 364	6 033
62	19 050	10 273	8 777
63	8 604	4 303	4 301
64	11 982	6 380	5 602
65	13 193	6 230	6 963
66	19 121	12 790	6 331
67	7 472	4 079	3 393
68	13 009	6 668	6 341
69	9 222	4 887	4 335
70	19 768	10 267	9 501
71	6 168	3 318	2 850
72	8 173	4 246	3 927
73	3 700	2 021	1 679
74	4 330	2 307	2 023
75	6 319	3 398	2 921
76	5 518	3 013	2 505
77	2 221	1 233	988
78	6 569	3 627	2 942
79	5 518	3 318	2 200
80	8 555	4 301	4 254
81	1 496	684	812
82	2 037	994	1 043
83	964	510	454
84	1 337	699	638
85 plus	12 543	6 457	6 086
Unknown–Inconnu	73 722	37 223	36 499

26. Population by sex and single years of age: each census, 1976 – 1988 (continued)

Population selon le sexe et l'année d'âge: chaque recensement, 1976 – 1988 (suite)

(See notes at end of table. – Voir notes à la fin du tableau.)

Continent, country or area, date and age (in years) / Continent, pays ou zone, date et âge (en années)	Both sexes / Les deux sexes	Male / Masculin	Female / Féminin
AFRICA – AFRIQUE (cont.–suite)			
Zimbabwe			
18 VIII 1982 [8]			
Total	7 501 470	3 673 620	3 827 850
0	270 030	133 070	136 960
1	255 680	124 650	131 030
2	274 190	135 530	138 660
3	261 180	127 570	133 610
4	247 600	122 510	125 090
5	242 060	120 680	121 380
6	255 510	127 170	128 340
7	254 200	126 260	127 940
8	250 320	124 840	125 480
9	229 970	113 810	116 160
10	247 210	123 600	123 610
11	175 110	88 180	86 930
12	238 050	121 140	116 910
13	187 330	95 170	92 160
14	200 790	101 660	99 130
15	171 990	88 610	83 380
16	176 130	88 570	87 560
17	141 010	69 420	71 590
18	174 910	81 470	93 440
19	138 730	62 090	76 640
20	164 480	69 470	95 010
21	112 410	50 330	62 080
22	139 400	62 360	77 040
23	116 830	52 900	63 930
24	121 460	55 320	66 140
25	126 480	60 410	66 070
26	107 890	48 260	59 630
27	92 460	44 530	47 930
28	111 070	50 030	61 040
29	86 580	40 190	46 390
30	128 430	59 550	68 880
31	53 700	26 110	27 590
32	87 840	43 470	44 370
33	59 080	27 400	31 680
34	63 110	28 870	34 240
35	94 470	45 180	49 290
36	66 770	30 650	36 120
37	47 520	22 670	24 850
38	62 590	27 600	34 990
39	46 740	21 820	24 920
40	100 700	49 660	51 040
41	36 050	19 310	16 740
42	64 760	33 190	31 570
43	41 520	20 960	20 560
44	38 550	18 930	19 620
45	61 160	31 760	29 400
46	46 080	23 190	22 890
47	36 090	19 140	16 950
48	47 840	23 090	24 750
49	35 710	19 310	16 400
50	79 550	42 880	36 670
51	25 270	14 780	10 490
52	42 390	23 350	19 040
53	25 620	14 380	11 240
54	29 830	16 390	13 440
55	33 920	18 120	15 800
56	26 410	14 000	12 410
57	19 670	10 830	8 840
58	29 600	14 640	14 960
59	18 600	9 810	8 790
60	58 220	30 500	27 720
61	16 680	9 840	6 840
62	25 470	13 950	11 520
63	15 190	8 680	6 510
64	26 550	13 880	12 670
65	25 000	12 430	12 570
66	10 940	5 420	5 520
67	10 420	5 100	5 320
68	20 190	10 330	9 860
69	11 120	5 530	5 590
70	26 180	12 760	13 420
71	7 450	4 160	3 290
72	14 350	6 970	7 380
73	5 650	2 810	2 840
74	6 680	3 110	3 570
75 plus	86 170	39 410	46 760
Unknown–Inconnu	14 580	7 900	6 680

26. Population by sex and single years of age: each census, 1976 – 1988 (continued)

Population selon le sexe et l'année d'âge: chaque recensement, 1976 – 1988 (suite)

(See notes at end of table. – Voir notes à la fin du tableau.)

Continent, country or area, date and age (in years) Continent, pays ou zone, date et âge (en années)	Both sexes Les deux sexes	Male Masculin	Female Féminin
AMERICA, NORTH – AMERIQUE DU NORD			
Aruba			
1 II 1981 [1]			
Total	60 312	29 340	30 972
0	1 093	531	562
1	1 083	565	518
2	1 044	537	507
3	971	522	449
4	934	474	460
5	887	463	424
6	959	498	461
7	936	460	476
8	1 162	601	561
9	1 102	544	558
10	1 167	599	568
11	1 068	541	527
12	1 061	531	530
13	1 052	528	524
14	1 096	585	511
15	1 253	644	609
16	1 285	644	641
17	1 345	673	672
18	1 399	693	706
19	1 339	713	626
20	1 366	708	658
21	1 222	629	593
22	1 213	623	590
23	1 261	654	607
24	1 211	590	621
25	1 163	529	634
26	1 111	500	611
27	1 145	541	604
28	1 072	549	523
29	1 093	523	570
30	1 090	540	550
31	1 014	498	516
32	907	417	490
33	961	447	514
34	908	408	500
35	933	428	505
36	859	396	463
37	811	379	432
38	701	331	370
39	773	368	405
40	799	349	450
41	750	358	392
42	784	363	421
43	743	355	388
44	789	366	423
45	730	308	422
46	687	333	354
47	638	294	344
48	729	363	366
49	537	249	288
50	614	284	330
51	530	251	279
52	574	277	297
53	440	214	226
54	329	153	176
55	381	173	208
56	360	184	176
57	400	206	194
58	439	222	217
59	265	130	135
60	317	140	177
61	316	144	172
62	356	174	182
63	341	136	205
64	421	179	242
65	267	143	124
66	288	139	149
67	276	129	147
68	267	117	150
69	331	116	215
70	322	158	164
71	265	123	142
72	254	130	124
73	267	119	148
74	190	74	116
75	184	79	105
76	152	64	88
77	137	58	79
78	126	50	76
79	107	40	67
80	97	48	49
81	86	29	57
82	60	24	36
83	62	23	39
84	59	18	41
85 plus	196	50	146
Unknown–Inconnu	–	–	–

26. Population by sex and single years of age: each census, 1976 – 1988 (continued)

Population selon le sexe et l'année d'âge: chaque recensement, 1976 – 1988 (suite)

(See notes at end of table. – Voir notes à la fin du tableau.)

Continent, country or area, date and age (in years) Continent, pays ou zone, date et âge (en années)	Both sexes Les deux sexes	Male Masculin	Female Féminin
AMERICA, NORTH (cont.) – AMERIQUE DU NORD (suite)			
Bahamas			
12 V 1980 [9]			
Total	209 505	101 774	107 731
0	5 208	2 588	2 620
1	4 733	2 409	2 324
2	5 315	2 680	2 635
3	5 377	2 727	2 650
4	5 404	2 648	2 756
5	5 434	2 711	2 723
6	5 345	2 672	2 673
7	5 496	2 802	2 694
8	5 785	2 920	2 865
9	5 712	2 751	2 961
10	5 341	2 679	2 662
11	5 085	2 454	2 631
12	5 368	2 675	2 693
13	5 375	2 666	2 709
14	5 307	2 705	2 602
15	5 393	2 682	2 711
16	5 395	2 696	2 699
17	5 256	2 655	2 601
18	5 211	2 613	2 598
19	4 820	2 392	2 428
20	4 741	2 246	2 495
21	4 167	2 005	2 162
22	4 098	2 010	2 088
23	4 051	1 947	2 104
24	3 782	1 856	1 926
25	3 781	1 857	1 924
26	3 349	1 597	1 752
27	3 060	1 479	1 581
28	2 879	1 366	1 513
29	2 876	1 345	1 531
30	3 074	1 481	1 593
31	2 449	1 118	1 331
32	2 668	1 286	1 382
33	2 428	1 156	1 272
34	2 220	1 075	1 145
35	2 489	1 174	1 315
36	2 321	1 080	1 241
37	2 305	1 166	1 139
38	2 388	1 084	1 304
39	2 226	1 069	1 157
40	2 464	1 198	1 266
41	1 609	793	816
42	2 131	1 004	1 127
43	1 811	855	956
44	1 674	793	881
45	1 777	873	904
46	1 459	708	751
47	1 431	680	751
48	1 520	716	804
49	1 473	718	755
50	1 606	748	858
51	1 068	497	571
52	1 264	597	667
53	1 165	559	606
54	1 123	526	597
55	1 014	489	525
56	1 024	497	527
57	866	377	489
58	970	418	552
59	883	412	471
60	1 038	483	555
61	770	357	413
62	891	402	489
63	907	411	496
64	843	388	455
65	1 020	459	561
66	647	297	350
67	662	299	363
68	628	266	362
69	670	306	364
70	740	301	439
71	453	209	244
72	474	197	277
73	399	162	237
74	356	128	228
75	374	147	227
76	344	145	199
77	222	78	144
78	245	95	150
79	247	95	152
80	232	77	155
81	140	47	93
82	137	51	86
83	113	43	70
84	113	40	73
85 plus	526	169	357
Unknown–Inconnu	270	142	128

26. Population by sex and single years of age: each census, 1976 – 1988 (continued)

Population selon le sexe et l'année d'âge: chaque recensement, 1976 – 1988 (suite)

(See notes at end of table. – Voir notes à la fin du tableau.)

Continent, country or area, date and age (in years) / Continent, pays ou zone, date et âge (en années)	Both sexes / Les deux sexes	Male / Masculin	Female / Féminin
AMERICA, NORTH (cont.) – AMERIQUE DU NORD (suite)			
Barbados – Barbade			
12 V 1980 [9]			
Total	244 228	115 771	128 457
0	3 646	1 870	1 776
1	4 022	2 010	2 012
2 – 4	13 266	6 651	6 615
5	4 857	2 440	2 417
6	4 812	2 430	2 382
7	5 288	2 627	2 661
8	5 293	2 647	2 646
9	5 057	2 532	2 525
10	4 820	2 476	2 344
11	4 914	2 477	2 437
12	5 150	2 599	2 551
13	5 279	2 603	2 676
14	5 447	2 704	2 743
15	5 464	2 717	2 747
16	5 613	2 820	2 793
17	5 443	2 802	2 641
18	5 299	2 599	2 700
19	5 481	2 704	2 777
20	5 508	2 808	2 700
21	5 030	2 475	2 555
22	5 052	2 476	2 576
23	4 904	2 337	2 567
24	4 729	2 286	2 443
25	4 839	2 356	2 483
26	4 226	2 069	2 157
27	4 131	1 971	2 160
28	3 736	1 859	1 877
29	3 625	1 746	1 879
30	3 909	1 919	1 990
31	3 022	1 467	1 555
32	3 328	1 589	1 739
33	2 833	1 431	1 402
34	2 750	1 318	1 432
35	2 572	1 225	1 347
36	2 396	1 090	1 306
37	2 006	911	1 095
38	1 918	896	1 022
39	1 963	897	1 066
40	2 287	1 090	1 197
41	1 576	695	881
42	2 200	991	1 209
43	1 839	812	1 027
44	1 838	791	1 047
45	1 859	810	1 049
46	1 627	706	921
47	1 868	793	1 075
48	1 680	745	935
49	1 848	808	1 040
50	2 177	949	1 228
51	1 667	744	923
52	2 057	874	1 183
53	1 759	720	1 039
54	1 867	777	1 090
55	1 660	754	906
56	1 773	754	1 019
57	1 633	708	925
58	1 616	692	924
59	1 693	756	937
60	1 858	833	1 025
61	1 592	664	928
62	1 713	770	943
63	1 760	738	1 022
64	1 872	807	1 065
65	2 150	924	1 226
66	1 744	758	986
67	1 598	703	895
68	1 672	709	963
69	1 597	717	880
70	1 905	823	1 082
71	1 456	646	810
72	1 553	692	861
73	1 264	511	753
74	1 147	499	648
75	1 248	537	711
76	1 250	505	745
77	956	381	575
78	857	341	516
79	876	312	564
80	801	248	553
81	464	145	319
82	478	148	330
83	402	119	283
84	414	121	293
85 plus	1 669	337	1 332
Unknown–Inconnu	1 780	980	800

26. Population by sex and single years of age: each census, 1976 – 1988 (continued)

Population selon le sexe et l'année d'âge: chaque recensement, 1976 – 1988 (suite)

(See notes at end of table. – Voir notes à la fin du tableau.)

Continent, country or area, date and age (in years) Continent, pays ou zone, date et âge (en années)	Both sexes Les deux sexes	Male Masculin	Female Féminin
AMERICA, NORTH (cont.) – AMERIQUE DU NORD (suite)			
Belize			
12 V 1980 [9]			
Total	142 847	71 899	70 948
0	4 619	2 331	2 288
1	4 659	2 306	2 353
2	4 649	2 390	2 259
3	5 003	2 496	2 507
4	4 711	2 378	2 333
5	4 393	2 208	2 185
6	4 432	2 250	2 182
7	4 400	2 168	2 232
8	4 536	2 280	2 256
9	4 357	2 136	2 221
10	4 393	2 244	2 149
11	3 758	1 927	1 831
12	3 854	1 922	1 932
13	3 783	1 858	1 925
14	3 839	1 939	1 900
15	3 659	1 820	1 839
16	3 588	1 753	1 835
17	3 487	1 741	1 746
18	3 443	1 753	1 690
19	3 074	1 578	1 496
20	3 115	1 548	1 567
21	2 519	1 274	1 245
22	2 360	1 207	1 153
23	2 458	1 225	1 233
24	2 211	1 163	1 048
25	2 089	1 007	1 082
26	1 821	865	956
27	1 767	942	825
28	1 697	870	827
29	1 594	795	799
30	1 819	925	894
31	1 241	641	600
32	1 326	682	644
33	1 251	623	628
34	1 037	523	514
35	1 183	602	581
36	943	488	455
37	970	488	482
38	1 105	557	548
39	995	497	498
40	1 341	702	639
41	917	482	435
42	1 001	532	469
43	853	413	440
44	900	442	458
45	1 015	528	487
46	867	413	454
47	849	425	424
48	960	494	466
49	889	460	429
50	1 147	587	560
51	724	380	344
52	793	430	363
53	750	391	359
54	806	429	377
55	723	364	359
56	606	326	280
57	635	326	309
58	600	296	304
59	563	293	270
60	760	395	365
61	422	218	204
62	551	273	278
63	502	247	255
64	424	213	211
65	575	296	279
66	461	208	253
67	411	210	201
68	486	233	253
69	470	219	251
70	494	241	253
71	292	144	148
72	353	184	169
73	314	155	159
74	311	148	163
75	272	127	145
76	248	124	124
77	171	78	93
78	216	105	111
79	234	106	128
80	274	136	138
81	102	41	61
82	121	57	64
83	101	40	61
84	98	35	63
85 plus	476	216	260
Unknown–Inconnu	631	337	294

26. Population by sex and single years of age: each census, 1976 – 1988 (continued)

Population selon le sexe et l'année d'âge: chaque recensement, 1976 – 1988 (suite)

(See notes at end of table. – Voir notes à la fin du tableau.)

Continent, country or area, date and age (in years) / Continent, pays ou zone, date et âge (en années)	Both sexes / Les deux sexes	Male / Masculin	Female / Féminin
AMERICA, NORTH (cont.) – AMERIQUE DU NORD (suite)			
British Virgin Islands – Iles Vierges britanniques			
12 V 1980 [9]			
Total	10 985	5 617	5 368
0	268	133	135
1	246	134	112
2	239	124	115
3	289	145	144
4	249	128	121
5	248	129	119
6	260	126	134
7	269	151	118
8	260	127	133
9	271	129	142
10	246	112	134
11	218	110	108
12	232	121	111
13	219	99	120
14	221	106	115
15	205	95	110
16	200	91	109
17	192	97	95
18	215	118	97
19	194	102	92
20	210	100	110
21	196	87	109
22	234	116	118
23	217	113	104
24	198	101	97
25	227	118	109
26	244	123	121
27	236	111	125
28	207	110	97
29	206	112	94
30	227	115	112
31	171	96	75
32	190	101	89
33	173	97	76
34	157	81	76
35	181	111	70
36	157	82	75
37	118	63	55
38	124	66	58
39	100	58	42
40	126	68	58
41	76	41	35
42	101	49	52
43	84	44	40
44	68	31	37
45	87	34	53
46	73	40	33
47	55	29	26
48	74	37	37
49	69	30	39
50	96	52	44
51	68	42	26
52	70	32	38
53	78	35	43
54	69	32	37
55	71	39	32
56	58	38	20
57	58	34	24
58	72	39	33
59	64	38	26
60	84	39	45
61	53	22	31
62	55	23	32
63	49	22	27
64	53	34	19
65	58	28	30
66	54	28	26
67	42	22	20
68	42	22	20
69	41	23	18
70	47	27	20
71	28	16	12
72	32	20	12
73	29	18	11
74	26	15	11
75	32	20	12
76	35	20	15
77	18	10	8
78	25	13	12
79	24	12	12
80	17	11	6
81	11	4	7
82	10	4	6
83	8	6	2
84	10	6	4
85 plus	62	28	34
Unknown–Inconnu	9	2	7

26. Population by sex and single years of age: each census, 1976 – 1988 (continued)

Population selon le sexe et l'année d'âge: chaque recensement, 1976 – 1988 (suite)

(See notes at end of table. – Voir notes à la fin du tableau.)

Continent, country or area, date and age (in years) Continent, pays ou zone, date et âge (en années)	Both sexes Les deux sexes	Male Masculin	Female Féminin
AMERICA, NORTH (cont.) – AMERIQUE DU NORD (suite)			
Costa Rica			
10 VI 1984 [1]			
Total	2 416 809	1 208 216	1 208 593
0	66 370	34 058	32 312
1	59 237	30 210	29 027
2	65 183	33 280	31 903
3	66 729	33 838	32 891
4	65 303	33 526	31 777
5	62 285	31 782	30 503
6	58 606	29 733	28 873
7	58 050	29 707	28 343
8	55 840	28 470	27 370
9	54 887	28 005	26 882
10	54 702	27 944	26 758
11	53 290	27 139	26 151
12	54 487	27 822	26 665
13	54 638	27 425	27 213
14	54 891	27 801	27 090
15	54 503	27 179	27 324
16	55 838	28 172	27 666
17	57 463	28 759	28 704
18	59 001	29 922	29 079
19	52 045	25 676	26 369
20	54 952	27 042	27 910
21	48 062	23 486	24 576
22	53 447	26 607	26 840
23	54 617	26 941	27 676
24	50 256	25 021	25 235
25	47 252	23 189	24 063
26	42 097	20 391	21 706
27	41 555	20 469	21 086
28	41 793	20 631	21 162
29	37 814	18 583	19 231
30	42 300	21 014	21 286
31	27 777	13 654	14 123
32	34 009	16 438	17 571
33	33 405	16 936	16 469
34	31 018	15 489	15 529
35	29 434	14 328	15 106
36	26 952	13 124	13 828
37	24 310	11 787	12 523
38	25 732	12 764	12 968
39	23 711	11 879	11 832
40	26 334	13 189	13 145
41	15 483	7 552	7 931
42	22 777	11 561	11 216
43	20 612	10 336	10 276
44	18 871	9 440	9 431
45	19 145	9 619	9 526
46	16 031	7 881	8 150
47	16 098	7 972	8 126
48	17 642	8 768	8 874
49	14 976	7 472	7 504
50	18 819	9 267	9 552
51	11 227	5 481	5 746
52	15 836	7 863	7 973
53	15 154	7 446	7 708
54	15 450	7 595	7 855
55	13 763	6 747	7 016
56	13 377	6 675	6 702
57	11 594	5 745	5 849
58	11 784	5 808	5 976
59	9 851	4 851	5 000
60	13 495	6 759	6 736
61	7 156	3 502	3 654
62	10 062	4 949	5 113
63	10 175	5 003	5 172
64	9 284	4 475	4 809
65	9 300	4 541	4 759
66	7 049	3 432	3 617
67	7 245	3 621	3 624
68	7 071	3 371	3 700
69	6 122	2 911	3 211
70	8 471	4 225	4 246
71	4 436	2 093	2 343
72	6 289	3 125	3 164
73	5 873	2 855	3 018
74	6 026	2 896	3 130
75	5 291	2 642	2 649
76	4 043	1 917	2 126
77	3 493	1 675	1 818
78	3 725	1 821	1 904
79	2 786	1 327	1 459
80	3 629	1 728	1 901
81	1 784	852	932
82	2 194	1 015	1 179
83	2 265	1 068	1 197
84	2 641	1 297	1 344
85 plus	8 239	3 627	4 612

26. Population by sex and single years of age: each census, 1976 – 1988 (continued)

Population selon le sexe et l'année d'âge: chaque recensement, 1976 – 1988 (suite)

(See notes at end of table. – Voir notes à la fin du tableau.)

Continent, country or area, date and age (in years) Continent, pays ou zone, date et âge (en années)	Both sexes Les deux sexes	Male Masculin	Female Féminin	Continent, country or area, date and age (in years) Continent, pays ou zone, date et âge (en années)	Both sexes Les deux sexes	Male Masculin	Female Féminin
AMERICA, NORTH (cont.) – AMERIQUE DU NORD (suite)							
Dominica – Dominique							
7 IV 1981 [9]							
Total	73 795	36 754	37 041				
0	1 483	756	727	50	689	298	391
1	1 921	972	949	51	342	157	185
2	1 656	841	815	52	469	207	262
3	1 613	837	776	53	421	199	222
4	1 523	796	727	54	441	190	251
5	1 683	865	818	55	491	218	273
6	1 869	948	921	56	445	202	243
7	2 097	1 154	943	57	382	190	192
8	2 248	1 176	1 072	58	387	176	211
9	2 230	1 134	1 096	59	342	164	178
10	2 252	1 150	1 102	60	668	305	363
11	2 186	1 117	1 069	61	317	141	176
12	2 207	1 110	1 097	62	401	177	224
13	2 270	1 109	1 161	63	383	164	219
14	2 168	1 109	1 059	64	380	172	208
15	2 048	1 024	1 024	65	460	221	239
16	2 088	1 069	1 019	66	337	154	183
17	1 895	968	927	67	346	162	184
18	1 808	936	872	68	344	154	190
19	1 551	782	769	69	325	159	166
20	1 603	860	743	70	484	191	293
21	1 533	786	747	71	262	115	147
22	1 467	791	676	72	295	126	169
23	1 295	688	607	73	239	106	133
24	1 110	597	513	74	203	73	130
25	1 091	578	513	75	252	103	149
26	1 023	550	473	76	200	79	121
27	910	476	434	77	167	57	110
28	892	483	409	78	190	82	108
29	795	434	361	79	158	62	96
30	821	418	403	80	210	57	153
31	635	333	302	81	118	45	73
32	801	379	422	82	69	34	35
33	653	326	327	83	68	23	45
34	609	308	301	84	83	32	51
35	666	354	312	85 plus	481	149	332
36	628	312	316	Unknown–Inconnu	281	155	126
37	513	254	259				
38	554	273	281				
39	459	211	248				
40	668	319	349				
41	372	175	197				
42	525	236	289				
43	437	198	239				
44	459	205	254				
45	533	260	273				
46	424	187	237				
47	413	176	237				
48	513	216	297				
49	467	219	248				

26. Population by sex and single years of age: each census, 1976 – 1988 (continued)

Population selon le sexe et l'année d'âge: chaque recensement, 1976 – 1988 (suite)

(See notes at end of table. – Voir notes à la fin du tableau.)

Continent, country or area, date and age (in years) Continent, pays ou zone, date et âge (en années)	Both sexes Les deux sexes	Male Masculin	Female Féminin	Continent, country or area, date and age (in years) Continent, pays ou zone, date et âge (en années)	Both sexes Les deux sexes	Male Masculin	Female Féminin
AMERICA, NORTH (cont.) – AMERIQUE DU NORD (suite)							
Grenada – Grenade							
30 IV 1981							
Total	89 088	42 985	46 103				
0	1 940	1 001	939	50	898	397	501
1	2 229	1 138	1 091	51	475	204	271
2	2 159	1 074	1 085	52	725	315	410
3	2 353	1 160	1 193	53	552	244	308
4	2 252	1 167	1 085	54	575	263	312
5	2 339	1 150	1 189	55	596	277	319
6	2 430	1 225	1 205	56	612	272	340
7	2 405	1 243	1 162	57	398	163	235
8	2 463	1 280	1 183	58	542	233	309
9	2 365	1 211	1 154	59	427	207	220
10	2 384	1 218	1 166	60	811	343	468
11	2 169	1 113	1 056	61	279	113	166
12	2 396	1 227	1 169	62	493	207	286
13	2 313	1 131	1 182	63	363	149	214
14	2 225	1 076	1 149	64	413	192	221
15	2 263	1 128	1 135	65	610	288	322
16	2 429	1 199	1 230	66	379	174	205
17	2 499	1 247	1 252	67	351	149	202
18	2 279	1 161	1 118	68	438	185	253
19	2 240	1 086	1 154	69	364	150	214
20	2 211	1 112	1 099	70	684	286	398
21	1 880	908	972	71	245	116	129
22	1 863	922	941	72	375	144	231
23	1 842	892	950	73	305	139	166
24	1 520	716	804	74	294	111	183
25	1 491	751	740	75	351	148	203
26	1 266	635	631	76	275	113	162
27	1 031	485	546	77	159	58	101
28	986	509	477	78	241	81	160
29	964	489	475	79	172	51	121
30	1 130	558	572	80	313	86	227
31	694	348	346	81	134	88	46
32	913	426	487	82	96	26	70
33	688	328	360	83	62	16	46
34	688	350	338	84	111	30	81
35	651	305	346	85 plus	576	139	437
36	735	351	384	Unknown–Inconnu	15	10	5
37	535	262	273				
38	632	259	373				
39	552	263	289				
40	871	386	485				
41	438	217	221				
42	717	338	379				
43	535	219	316				
44	510	253	257				
45	692	317	375				
46	550	232	318				
47	476	225	251				
48	659	313	346				
49	527	214	313				

26. Population by sex and single years of age: each census, 1976 – 1988 (continued)

Population selon le sexe et l'année d'âge: chaque recensement, 1976 – 1988 (suite)

(See notes at end of table. – Voir notes à la fin du tableau.)

Continent, country or area, date and age (in years) / Continent, pays ou zone, date et âge (en années)	Both sexes / Les deux sexes	Male / Masculin	Female / Féminin
AMERICA, NORTH (cont.) – AMERIQUE DU NORD (suite)			
Guatemala			
23 III 1981 [10]			
Total	6 054 227	3 015 826	3 038 401
0	236 005	120 080	115 925
1	202 268	102 421	99 847
2	202 799	102 825	99 974
3	209 460	105 292	104 168
4	206 998	104 589	102 409
5	193 862	98 038	95 824
6	193 755	97 894	95 861
7	175 692	89 315	86 377
8	183 633	92 885	90 748
9	154 602	78 176	76 426
10	172 393	88 268	84 125
11	135 488	69 111	66 377
12	165 171	86 267	78 904
13	146 331	73 262	73 069
14	137 271	69 185	68 086
15	138 453	67 542	70 911
16	125 097	60 636	64 461
17	134 587	65 493	69 094
18	143 303	68 896	74 407
19	107 162	51 035	56 127
20	140 431	64 093	76 338
21	83 835	40 874	42 961
22	121 652	59 448	62 204
23	106 328	51 861	54 467
24	95 494	45 451	50 043
25	121 466	56 381	65 085
26	82 619	40 151	42 468
27	76 810	37 291	39 519
28	88 035	42 246	45 789
29	58 381	29 129	29 252
30	126 272	63 037	63 235
31	45 476	23 138	22 338
32	70 433	34 653	35 780
33	60 559	30 201	30 358
34	47 889	23 639	24 250
35	102 809	50 179	52 630
36	51 274	25 007	26 267
37	44 728	21 627	23 101
38	60 888	29 263	31 625
39	38 664	19 255	19 409
40	101 126	50 060	51 066
41	28 834	15 082	13 752
42	47 587	24 514	23 073
43	36 804	18 565	18 239
44	31 634	15 919	15 715
45	74 269	35 810	38 459
46	29 705	14 994	14 711
47	27 223	13 641	13 582
48	46 087	22 837	23 250
49	28 520	14 857	13 663
50	75 761	36 181	39 580
51	21 809	11 541	10 268
52	33 508	17 265	16 243
53	26 498	13 859	12 639
54	25 601	13 248	12 353
55	43 209	20 830	22 379
56	24 357	12 754	11 603
57	17 785	9 193	8 592
58	25 733	13 206	12 527
59	16 376	8 940	7 436
60	56 936	28 435	28 501
61	12 360	6 995	5 365
62	17 530	9 612	7 918
63	15 710	8 738	6 972
64	13 285	7 310	5 975
65	27 029	13 023	14 006
66	11 875	6 269	5 606
67	10 282	5 522	4 760
68	13 948	7 032	6 916
69	7 733	3 989	3 744
70	23 952	11 340	12 612
71	5 638	3 125	2 513
72	8 533	4 349	4 184
73	6 593	3 455	3 138
74	5 705	2 991	2 714
75	12 746	5 915	6 831
76	5 313	2 816	2 497
77	3 867	2 078	1 789
78	5 746	2 880	2 866
79	3 506	1 849	1 657
80	11 088	5 157	5 931
81	3 132	1 658	1 474
82	2 459	1 219	1 240
83	2 006	1 022	984
84	1 820	896	924
85 plus	14 636	6 721	7 915
Unknown–Inconnu	–	–	–

26. Population by sex and single years of age: each census, 1976 – 1988 (continued)

Population selon le sexe et l'année d'âge: chaque recensement, 1976 – 1988 (suite)

(See notes at end of table. – Voir notes à la fin du tableau.)

AMERICA, NORTH (cont.) – AMERIQUE DU NORD (suite)

Haiti – Haïti

30 VIII 1982* [1]

Continent, country or area, date and age (in years) Continent, pays ou zone, date et âge (en années)	Both sexes Les deux sexes	Male Masculin	Female Féminin	Continent, country or area, date and age (in years) Continent, pays ou zone, date et âge (en années)	Both sexes Les deux sexes	Male Masculin	Female Féminin
Total	5 053 189	2 449 550	2 603 639				
0	147 103	71 836	75 267	50	78 305	41 337	36 968
1	124 397	59 979	64 418	51	17 474	10 175	7 299
2	152 089	75 441	76 648	52	38 032	19 453	18 579
3	155 659	76 672	78 987	53	19 929	11 453	8 476
4	151 035	72 923	78 112	54	23 372	10 683	12 689
5	146 560	73 827	72 733	55	34 400	17 316	17 084
6	139 960	66 590	73 370	56	23 677	13 238	10 439
7	140 188	67 170	73 018	57	15 783	8 608	7 175
8	137 753	65 904	71 849	58	24 966	12 039	12 927
9	108 076	55 945	52 131	59	16 313	7 933	8 380
10	145 961	74 306	71 655	60	75 050	39 067	35 983
11	87 325	42 284	45 041	61	8 135	3 566	4 569
12	141 390	73 427	67 963	62	19 761	10 503	9 258
13	104 172	48 197	55 975	63	10 718	3 921	6 797
14	99 765	50 980	48 785	64	9 479	4 449	5 030
15	104 545	54 103	50 442	65	33 713	17 749	15 964
16	107 056	50 185	56 871	66	8 948	4 398	4 550
17	88 620	43 329	45 291	67	10 352	4 935	5 417
18	121 021	59 002	62 019	68	12 377	5 437	6 940
19	90 045	45 035	45 010	69	12 071	5 315	6 756
20	130 307	62 451	67 856	70	50 336	24 837	25 499
21	68 112	32 250	35 862	71	5 522	3 309	2 213
22	98 668	45 607	53 061	72	8 388	3 655	4 733
23	81 999	36 810	45 189	73	5 746	2 898	2 848
24	78 260	36 165	42 095	74	4 096	1 795	2 301
25	108 808	52 125	56 683	75	21 667	10 720	10 947
26	75 662	30 882	44 780	76	6 135	2 392	3 743
27	67 602	30 139	37 463	77	5 205	2 707	2 498
28	86 817	35 545	51 272	78	7 560	3 183	4 377
29	54 087	24 449	29 638	79	7 140	2 440	4 700
30	118 917	57 441	61 476	80	25 552	11 447	14 105
31	33 029	14 717	18 312	81	3 996	2 562	1 434
32	59 172	28 133	31 039	82	8 117	4 122	3 995
33	38 467	20 635	17 832	83	3 425	1 471	1 954
34	35 819	15 707	20 112	84	2 555	1 068	1 487
35	93 179	45 640	47 539	85 plus	55 446	24 731	30 715
36	46 032	20 998	25 034	Unknown–Inconnu	–	–	–
37	32 265	16 100	16 165				
38	53 497	24 193	29 304				
39	43 824	20 997	22 827				
40	113 595	55 806	57 789				
41	22 890	9 355	13 535				
42	45 564	22 677	22 887				
43	30 715	13 224	17 491				
44	19 011	8 804	10 207				
45	78 420	41 198	37 222				
46	30 203	15 691	14 512				
47	29 937	15 586	14 351				
48	43 777	20 737	23 040				
49	28 093	13 441	14 652				

26. Population by sex and single years of age: each census, 1976 – 1988 (continued)

Population selon le sexe et l'année d'âge: chaque recensement, 1976 – 1988 (suite)

(See notes at end of table. – Voir notes à la fin du tableau.)

Continent, country or area, date and age (in years) Continent, pays ou zone, date et âge (en années)	Both sexes Les deux sexes	Male Masculin	Female Féminin
AMERICA, NORTH (cont.) – AMERIQUE DU NORD (suite)			
Jamaica – Jamaïque			
8 VI 1982 [1]			
Total	2 190 357	1 074 633	1 115 724
0	49 754	25 036	24 718
1	54 049	27 076	26 973
2	53 909	26 953	26 956
3	56 226	28 041	28 185
4	53 822	27 542	26 280
5	55 512	27 591	27 921
6	55 888	27 953	27 935
7	56 145	28 250	27 895
8	57 446	28 994	28 452
9	59 358	29 952	29 406
10	61 542	31 430	30 112
11	57 410	28 794	28 616
12	57 863	29 621	28 242
13	56 988	28 475	28 513
14	54 466	27 439	27 027
15	52 368	25 994	26 374
16	53 744	26 513	27 231
17	55 959	28 139	27 820
18	52 525	26 525	26 000
19	48 527	23 577	24 950
20	47 283	23 064	24 219
21	42 890	20 672	22 218
22	44 692	21 408	23 284
23	40 399	19 121	21 278
24	37 610	17 883	19 727
25	36 909	17 625	19 284
26	33 306	15 906	17 400
27	30 253	14 673	15 580
28	29 182	13 723	15 459
29	26 130	12 505	13 625
30	30 671	15 328	15 343
31	22 354	10 905	11 449
32	26 768	12 988	13 780
33	20 497	9 898	10 599
34	20 517	9 976	10 541
35	22 230	11 028	11 202
36	20 209	9 872	10 337
37	18 425	8 955	9 470
38	20 239	9 809	10 430
39	16 156	7 802	8 354
40	23 272	11 546	11 726
41	12 837	6 331	6 506
42	20 024	9 804	10 220
43	14 722	7 146	7 576
44	14 349	7 042	7 307
45	16 803	8 579	8 224
46	13 725	6 443	7 282
47	12 915	6 228	6 687
48	14 985	7 093	7 892
49	13 138	6 222	6 916
50	20 310	9 664	10 646
51	10 800	5 201	5 599
52	17 389	8 476	8 913
53	12 859	6 115	6 744
54	13 493	6 572	6 921
55	13 974	6 888	7 086
56	13 914	6 885	7 029
57	10 462	5 136	5 326
58	11 540	5 721	5 819
59	9 714	4 647	5 067
60	18 305	8 342	9 963
61	7 639	3 572	4 067
62	11 997	5 611	6 386
63	9 671	4 528	5 143
64	9 872	4 567	5 305
65	14 708	7 332	7 376
66	8 229	4 023	4 206
67	9 591	4 772	4 819
68	10 183	4 965	5 218
69	7 547	3 510	4 037
70	15 131	7 149	7 982
71	6 674	3 196	3 478
72	9 616	4 698	4 918
73	6 134	2 894	3 240
74	6 255	2 942	3 313
75	8 518	4 023	4 495
76	5 764	2 645	3 119
77	4 090	1 836	2 254
78	5 237	2 364	2 873
79	3 941	1 750	2 191
80	6 235	2 467	3 768
81	2 962	1 232	1 730
82	4 187	1 719	2 468
83	1 818	745	1 073
84	2 023	799	1 224
85 plus	12 584	4 177	8 407
Unknown–Inconnu	–	–	–

26. Population by sex and single years of age: each census, 1976 – 1988 (continued)

Population selon le sexe et l'année d'âge: chaque recensement, 1976 – 1988 (suite)

(See notes at end of table. – Voir notes à la fin du tableau.)

Continent, country or area, date and age (in years) Continent, pays ou zone, date et âge (en années)	Both sexes Les deux sexes	Male Masculin	Female Féminin
AMERICA, NORTH (cont.) – AMERIQUE DU NORD (suite)			
Mexico – Mexique			
4 VI 1980 [1]			
Total	66 846 833	33039307	33807526
0	1 711 865	862 929	848 936
1	1 681 778	847 488	834 290
2	1 904 481	956 821	947 660
3	2 003 797	1 003 389	1 000 408
4	2 045 947	1 027 885	1 018 062
5	2 083 159	1 051 887	1 031 272
6	2 192 014	1 098 923	1 093 091
7	2 047 573	1 034 480	1 013 093
8	2 104 835	1 058 395	1 046 440
9	1 856 374	929 238	927 136
10	1 991 855	1 010 345	981 510
11	1 682 913	846 610	836 303
12	1 941 033	991 035	949 998
13	1 723 852	860 847	863 005
14	1 754 698	865 838	888 860
15	1 633 560	808 804	824 756
16	1 569 089	770 875	798 214
17	1 559 619	772 749	786 870
18	1 597 979	793 713	804 266
19	1 296 292	620 547	675 745
20	1 471 339	699 358	771 981
21	1 074 823	523 337	551 486
22	1 275 464	622 291	653 173
23	1 207 518	585 987	621 531
24	1 125 383	541 201	584 182
25	1 177 079	564 497	612 582
26	960 499	463 397	497 102
27	906 493	444 538	461 955
28	946 041	453 629	492 412
29	814 280	398 999	415 281
30	1 134 837	548 618	586 219
31	565 148	283 794	281 354
32	807 267	395 023	412 244
33	697 194	347 835	349 359
34	633 613	310 358	323 255
35	834 609	404 245	430 364
36	665 550	327 436	338 114
37	561 172	278 001	283 171
38	749 028	360 804	388 224
39	596 575	294 087	302 488
40	908 759	434 599	474 160
41	337 620	171 507	166 113
42	596 164	304 185	291 979
43	466 146	230 868	235 278
44	436 509	218 547	217 962
45	649 048	312 704	336 344
46	396 123	197 760	198 363
47	371 928	184 884	187 044
48	514 757	248 067	266 690
49	383 773	191 274	192 499
50	655 371	307 766	347 605
51	231 461	119 174	112 287
52	368 950	184 626	184 324
53	300 925	149 751	151 174
54	307 256	151 567	155 689
55	425 039	202 436	222 603
56	299 580	155 654	143 926
57	232 849	121 243	111 606
58	305 331	149 608	155 723
59	203 104	103 562	99 542
60	504 125	235 156	268 969
61	110 840	57 946	52 894
62	191 550	95 755	95 795
63	164 408	82 632	81 776
64	144 223	70 373	73 850
65	294 779	133 968	160 811
66	146 850	73 677	73 173
67	135 920	67 997	67 923
68	178 707	83 034	95 673
69	119 442	58 622	60 820
70	335 700	155 496	180 204
71	67 813	35 192	32 621
72	121 513	59 693	61 820
73	90 714	45 118	45 596
74	89 144	43 503	45 641
75	174 658	78 720	95 938
76	83 563	41 196	42 367
77	64 430	32 277	32 153
78	90 836	43 708	47 128
79	66 831	32 759	34 072
80	177 619	80 261	97 358
81	23 358	11 604	11 754
82	36 185	16 674	19 511
83	25 692	11 889	13 803
84	26 512	12 066	14 446
85 plus	210 854	87 222	123 632
Unknown–Inconnu	193 249	92 754	100 495

26. Population by sex and single years of age: each census, 1976 – 1988 (continued)

Population selon le sexe et l'année d'âge: chaque recensement, 1976 – 1988 (suite)

(See notes at end of table. – Voir notes à la fin du tableau.)

Continent, country or area, date and age (in years) Continent, pays ou zone, date et âge (en années)	Both sexes Les deux sexes	Male Masculin	Female Féminin
AMERICA, NORTH (cont.) – AMERIQUE DU NORD (suite)			
Montserrat			
12 V 1980			
Total	11 519	5 536	5 983
0	151	69	82
1	218	114	104
2	203	96	107
3	195	101	94
4	196	96	100
5	249	125	124
6	279	133	146
7	272	128	144
8	304	142	162
9	246	133	113
10	238	117	121
11	232	116	116
12	291	145	146
13	272	139	133
14	312	161	151
15	269	132	137
16	228	117	111
17	270	141	129
18	235	116	119
19	230	116	114
20	212	114	98
21	192	109	83
22	177	81	96
23	208	102	106
24	200	90	110
25	211	102	109
26	164	83	81
27	170	86	84
28	162	87	75
29	169	89	80
30	167	91	76
31	131	63	68
32	168	96	72
33	118	71	47
34	132	67	65
35	131	68	63
36	124	60	64
37	83	47	36
38	87	39	48
39	86	50	36
40	97	49	48
41	52	25	27
42	80	35	45
43	72	36	36
44	61	28	33
45	65	22	43
46	71	30	41
47	66	28	38
48	64	31	33
49	73	31	42
50	99	48	51
51	66	34	32
52	97	43	54
53	85	34	51
54	80	37	43
55	79	31	48
56	106	47	59
57	78	41	37
58	86	34	52
59	101	44	57
60	135	47	88
61	63	25	38
62	78	27	51
63	69	23	46
64	105	50	55
65	127	45	82
66	94	44	50
67	95	49	46
68	91	32	59
69	84	54	30
70	125	51	74
71	56	20	36
72	82	33	49
73	68	34	34
74	71	27	44
75	72	38	34
76	69	29	40
77	51	23	28
78	57	25	32
79	42	14	28
80	68	25	43
81	26	10	16
82	23	8	15
83	30	9	21
84	21	5	16
85 plus	146	44	102
Unknown–Inconnu	11	5	6

26. Population by sex and single years of age: each census, 1976 – 1988 (continued)

Population selon le sexe et l'année d'âge: chaque recensement, 1976 – 1988 (suite)

(See notes at end of table. – Voir notes à la fin du tableau.)

Continent, country or area, date and age (in years) / Continent, pays ou zone, date et âge (en années)	Both sexes / Les deux sexes	Male / Masculin	Female / Féminin	Continent, country or area, date and age (in years) / Continent, pays ou zone, date et âge (en années)	Both sexes / Les deux sexes	Male / Masculin	Female / Féminin
AMERICA, NORTH (cont.) – AMERIQUE DU NORD (suite)							
Saint Kitts and Nevis – Saint–Kitts–et–Nevis							
12 V 1980 [9]							
Total	43 309	20 840	22 469				
0	1 004	503	501	50	318	129	189
1	987	509	478	51	228	93	135
2	1 025	504	521	52	301	137	164
3	1 210	633	577	53	265	106	159
4	1 036	519	517	54	299	134	165
5	1 031	525	506	55	320	151	169
6	1 071	511	560	56	286	130	156
7	1 069	543	526	57	221	107	114
8	1 116	542	574	58	289	132	157
9	1 063	537	526	59	247	102	145
10	1 045	534	511	60	362	157	205
11	986	523	463	61	252	116	136
12	1 111	530	581	62	362	166	196
13	1 154	599	555	63	337	159	178
14	1 214	624	590	64	341	163	178
15	1 145	601	544	65	385	169	216
16	1 135	608	527	66	286	122	164
17	1 130	568	562	67	285	142	143
18	1 128	562	566	68	295	133	162
19	1 086	547	539	69	283	123	160
20	1 053	522	531	70	335	136	199
21	985	456	529	71	193	87	106
22	953	466	487	72	229	101	128
23	847	412	435	73	207	94	113
24	817	383	434	74	175	67	108
25	774	391	383	75	225	96	129
26	639	331	308	76	188	65	123
27	552	270	282	77	117	41	76
28	467	230	237	78	127	49	78
29	442	212	230	79	125	42	83
30	453	228	225	80	130	46	84
31	270	136	134	81	50	20	30
32	329	153	176	82	69	24	45
33	276	118	158	83	71	28	43
34	333	153	180	84	78	20	58
35	285	136	149	85 plus	272	67	205
36	258	118	140	Unknown–Inconnu	100	52	48
37	224	96	128				
38	261	122	139				
39	233	98	135				
40	293	118	175				
41	192	89	103				
42	230	106	124				
43	226	95	131				
44	236	105	131				
45	238	115	123				
46	246	115	131				
47	249	115	134				
48	288	117	171				
49	261	106	155				

26. Population by sex and single years of age: each census, 1976 – 1988 (continued)

Population selon le sexe et l'année d'âge: chaque recensement, 1976 – 1988 (suite)

(See notes at end of table. – Voir notes à la fin du tableau.)

Continent, country or area, date and age (in years) / Continent, pays ou zone, date et âge (en années)	Both sexes / Les deux sexes	Male / Masculin	Female / Féminin
AMERICA, NORTH (cont.) – AMERIQUE DU NORD (suite)			
Saint Lucia – Sainte–Lucie			
12 V 1980 [9]			
Total	113 409	54 509	58 900
0	2 586	1 303	1 283
1	3 141	1 555	1 586
2	3 436	1 716	1 720
3	3 461	1 746	1 715
4	3 302	1 642	1 660
5	3 395	1 734	1 661
6	3 435	1 725	1 710
7	3 345	1 691	1 654
8	3 431	1 693	1 738
9	3 297	1 655	1 642
10	3 220	1 638	1 582
11	3 079	1 530	1 549
12	3 483	1 761	1 722
13	3 323	1 679	1 644
14	3 421	1 719	1 702
15	3 031	1 533	1 498
16	2 989	1 494	1 495
17	2 727	1 336	1 391
18	2 713	1 316	1 397
19	2 440	1 211	1 229
20	2 406	1 152	1 254
21	2 040	926	1 114
22	1 906	900	1 006
23	1 828	846	982
24	1 772	858	914
25	1 703	822	881
26	1 361	619	742
27	1 316	629	687
28	1 397	671	726
29	1 239	563	676
30	1 412	671	741
31	884	394	490
32	1 159	539	620
33	1 041	485	556
34	1 054	465	589
35	1 014	480	534
36	1 001	474	527
37	821	366	455
38	853	381	472
39	685	304	381
40	1 079	515	564
41	550	243	307
42	787	358	429
43	672	305	367
44	728	327	401
45	866	400	466
46	618	259	359
47	596	266	330
48	736	340	396
49	650	285	365
50	937	409	528
51	474	214	260
52	700	328	372
53	569	238	331
54	726	314	412
55	698	308	390
56	639	302	337
57	484	230	254
58	610	281	329
59	545	264	281
60	944	430	514
61	424	174	250
62	553	253	300
63	470	218	252
64	535	255	280
65	666	308	358
66	471	221	250
67	418	208	210
68	414	199	215
69	344	165	179
70	565	227	338
71	243	108	135
72	321	129	192
73	230	95	135
74	244	92	152
75	323	120	203
76	261	106	155
77	167	67	100
78	228	102	126
79	149	52	97
80	326	112	214
81	82	33	49
82	107	37	70
83	95	37	58
84	91	29	62
85 plus	666	181	485
Unknown–Inconnu	261	143	118

26. Population by sex and single years of age: each census, 1976 – 1988 (continued)

Population selon le sexe et l'année d'âge: chaque recensement, 1976 – 1988 (suite)

(See notes at end of table. – Voir notes à la fin du tableau.)

AMERICA, NORTH (cont.) – AMERIQUE DU NORD (suite)

St. Vincent and the Grenadines – Saint–Vincent–et–Grenadines

12 V 1980

Continent, country or area, date and age (in years) / Continent, pays ou zone, date et âge (en années)	Both sexes / Les deux sexes	Male / Masculin	Female / Féminin
Total	97 845	47 409	50 436
0	2 412	1 195	1 217
1	3 005	1 521	1 484
2	2 750	1 409	1 341
3	3 080	1 526	1 554
4	2 981	1 564	1 417
5	2 768	1 378	1 390
6	2 925	1 461	1 464
7	3 095	1 587	1 508
8	3 096	1 561	1 535
9	2 848	1 488	1 360
10	2 745	1 392	1 353
11	2 509	1 308	1 201
12	2 817	1 468	1 349
13	2 776	1 365	1 411
14	2 991	1 527	1 464
15	2 593	1 320	1 273
16	2 674	1 342	1 332
17	2 581	1 330	1 251
18	2 483	1 202	1 281
19	2 386	1 180	1 206
20	2 318	1 120	1 198
21	1 896	927	969
22	1 974	964	1 010
23	1 847	857	990
24	1 558	727	831
25	1 394	662	732
26	1 270	583	687
27	1 069	488	581
28	1 116	532	584
29	1 040	492	548
30	1 145	541	604
31	692	332	360
32	882	417	465
33	737	369	368
34	856	430	426
35	787	377	410
36	669	303	366
37	517	252	265
38	695	325	370
39	598	266	332
40	842	369	473
41	449	201	248
42	745	346	399
43	558	245	313
44	542	230	312
45	698	297	401
46	583	270	313
47	478	213	265
48	631	273	358
49	557	237	320
50	705	281	424
51	377	162	215
52	644	305	339
53	484	218	266
54	557	249	308
55	520	215	305
56	526	236	290
57	367	159	208
58	432	197	235
59	400	200	200
60	760	344	416
61	328	143	185
62	463	198	265
63	462	197	265
64	465	219	246
65	591	266	325
66	346	150	196
67	359	172	187
68	434	202	232
69	358	157	201
70	428	188	240
71	217	105	112
72	323	140	183
73	223	91	132
74	246	112	134
75	270	117	153
76	221	84	137
77	162	59	103
78	246	100	146
79	152	57	95
80	194	55	139
81	85	29	56
82	122	35	87
83	84	22	62
84	107	31	76
85 plus	445	97	348
Unknown–Inconnu	84	48	36

26. Population by sex and single years of age: each census, 1976 – 1988 (continued)

Population selon le sexe et l'année d'âge: chaque recensement, 1976 – 1988 (suite)

(See notes at end of table. – Voir notes à la fin du tableau.)

Continent, country or area, date and age (in years) Continent, pays ou zone, date et âge (en années)	Both sexes Les deux sexes	Male Masculin	Female Féminin	Continent, country or area, date and age (in years) Continent, pays ou zone, date et âge (en années)	Both sexes Les deux sexes	Male Masculin	Female Féminin
AMERICA, NORTH (cont.) – AMERIQUE DU NORD (suite)							
Turks and Caicos Islands – Iles Turques et Caïques							
12 V 1980 [9]							
Total	7 413	3 580	3 833				
0	190	88	102	50	59	21	38
1	219	108	111	51	56	23	33
2	195	90	105	52	60	19	41
3	196	94	102	53	51	23	28
4	194	98	96	54	55	22	33
5	172	91	81	55	57	24	33
6	190	95	95	56	58	20	38
7	232	108	124	57	52	25	27
8	217	108	109	58	41	22	19
9	233	130	103	59	52	24	28
10	227	115	112	60	58	35	23
11	216	112	104	61	37	21	16
12	209	93	116	62	41	15	26
13	213	115	98	63	32	19	13
14	164	76	88	64	36	21	15
15	192	105	87	65	35	18	17
16	222	122	100	66	31	15	16
17	187	87	100	67	36	17	19
18	173	96	77	68	28	10	18
19	139	67	72	69	24	11	13
20	121	53	68	70	46	19	27
21	123	56	67	71	33	13	20
22	111	59	52	72	33	4	29
23	114	49	65	73	34	13	21
24	94	46	48	74	14	4	10
25	96	51	45	75	20	8	12
26	88	55	33	76	22	10	12
27	108	45	63	77	14	6	8
28	106	51	55	78	14	5	9
29	101	44	57	79	12	5	7
30	91	49	42	80	14	6	8
31	59	25	34	81	9	5	4
32	61	31	30	82	11	6	5
33	55	29	26	83	5	3	2
34	66	37	29	84	10	2	8
35	78	41	37	85 plus	30	4	26
36	63	33	30	Unknown–Inconnu	1	1	–
37	38	21	17				
38	56	27	29				
39	55	24	31				
40	52	19	33				
41	41	21	20				
42	59	25	34				
43	47	23	24				
44	57	31	26				
45	59	20	39				
46	59	28	31				
47	54	24	30				
48	44	22	22				
49	56	24	32				

26. Population by sex and single years of age: each census, 1976 – 1988 (continued)

Population selon le sexe et l'année d'âge: chaque recensement, 1976 – 1988 (suite)

(See notes at end of table. – Voir notes à la fin du tableau.)

Continent, country or area, date and age (in years) / Continent, pays ou zone, date et âge (en années)	Both sexes / Les deux sexes	Male / Masculin	Female / Féminin
AMERICA, SOUTH – AMERIQUE DU SUD			
Brazil – Brésil			
1 IX 1980 [1, 11]			
Total	119 002 706	59123361	59879345
0	3 523 774	1 783 939	1 739 835
1	3 270 527	1 656 059	1 614 468
2	3 306 855	1 674 182	1 632 673
3	3 195 020	1 611 746	1 583 274
4	3 127 524	1 582 970	1 544 554
5	3 086 516	1 563 460	1 523 056
6	2 968 742	1 501 554	1 467 188
7	2 990 544	1 510 437	1 480 107
8	2 904 049	1 475 140	1 428 909
9	2 823 890	1 426 816	1 397 074
10	2 976 401	1 507 159	1 469 242
11	2 811 079	1 414 452	1 396 627
12	2 879 786	1 453 749	1 426 037
13	2 760 579	1 374 604	1 385 975
14	2 835 477	1 409 095	1 426 382
15	2 896 258	1 426 455	1 469 803
16	2 826 448	1 387 497	1 438 951
17	2 749 390	1 360 534	1 388 856
18	2 663 581	1 331 509	1 332 072
19	2 440 294	1 199 960	1 240 334
20	2 530 706	1 237 757	1 292 949
21	2 280 765	1 120 530	1 160 235
22	2 379 532	1 181 742	1 197 790
23	2 220 175	1 099 256	1 120 919
24	2 102 042	1 034 623	1 067 419
25	2 116 723	1 037 123	1 079 600
26	1 953 894	961 450	992 444
27	1 861 587	913 323	948 264
28	1 837 332	904 278	933 054
29	1 672 681	825 196	847 485
30	1 872 624	930 816	941 808
31	1 464 507	721 118	743 389
32	1 557 654	771 191	786 463
33	1 453 726	719 069	734 657
34	1 337 779	658 357	679 422
35	1 406 006	690 466	715 540
36	1 288 067	632 173	655 894
37	1 228 173	604 294	623 879
38	1 274 730	629 006	645 724
39	1 155 843	570 485	585 358
40	1 457 486	726 884	730 602
41	1 051 877	525 746	526 131
42	1 139 387	574 186	565 201
43	1 026 882	507 264	519 618
44	1 048 249	519 770	528 479
45	1 073 128	534 160	538 968
46	896 416	444 685	451 731
47	877 816	429 948	447 868
48	948 701	470 709	477 992
49	857 332	421 493	435 839
50	1 054 948	515 265	539 683
51	754 125	376 266	377 859
52	813 816	407 084	406 732
53	755 511	375 256	380 255
54	730 860	361 896	368 964
55	763 422	378 693	384 729
56	667 472	333 901	333 571
57	588 860	292 360	296 500
58	595 000	296 695	298 305
59	526 080	258 887	267 193
60	665 165	316 463	348 702
61	440 203	217 069	223 134
62	479 094	235 611	243 483
63	428 539	209 333	219 206
64	432 584	209 386	223 198
65	522 134	249 930	272 204
66	424 554	207 055	217 499
67	383 457	187 769	195 688
68	374 422	181 068	193 354
69	324 359	156 652	167 707
70	388 755	179 532	209 223
71	232 649	114 184	118 465
72	248 261	119 801	128 460
73	228 488	110 100	118 388
74	218 427	101 497	116 930
75	222 908	100 912	121 996
76	177 614	81 597	96 017
77	147 115	66 893	80 222
78	151 468	68 372	83 096
79	133 322	60 007	73 315
80	145 142	60 293	84 849
81	59 131	26 939	32 192
82	60 701	26 319	34 382
83	50 248	21 296	28 952
84	48 656	20 091	28 565
85 plus	228 621	85 299	143 322
Unknown–Inconnu	128 041	65 175	62 866

(See notes at end of table. – Voir notes à la fin du tableau.)

Continent, country or area, date and age (in years) Continent, pays ou zone, date et âge (en années)	Both sexes Les deux sexes	Male Masculin	Female Féminin	Continent, country or area, date and age (in years) Continent, pays ou zone, date et âge (en années)	Both sexes Les deux sexes	Male Masculin	Female Féminin
AMERICA, SOUTH (cont.) – AMERIQUE DU SUD (suite)							
Chile – Chili							
21 IV 1982							
Total	11 329 736	5 553 409	5 776 327				
0	268 432	136 320	132 112	50	105 722	48 184	57 538
1	218 505	111 475	107 030	51	81 875	40 793	41 082
2	241 024	122 402	118 622	52	112 241	54 433	57 808
3	240 779	121 563	119 216	53	86 099	41 383	44 716
4	237 257	120 776	116 481	54	87 039	41 589	45 450
5	226 655	115 098	111 557	55	81 881	37 953	43 928
6	235 631	119 018	116 613	56	76 095	35 936	40 159
7	246 714	124 788	121 926	57	66 782	32 004	34 778
8	251 649	127 776	123 873	58	69 460	32 785	36 675
9	246 767	124 641	122 126	59	57 530	27 650	29 880
10	255 486	129 164	126 322	60	72 158	31 324	40 834
11	244 775	124 176	120 599	61	49 351	23 938	25 413
12	245 512	124 763	120 749	62	65 003	30 315	34 688
13	241 848	121 182	120 666	63	54 466	25 258	29 208
14	252 079	126 533	125 546	64	54 393	25 548	28 845
15	269 781	136 883	132 898	65	66 886	30 417	36 469
16	257 472	129 387	128 085	66	52 504	24 258	28 246
17	263 364	132 110	131 254	67	46 515	21 765	24 750
18	262 950	131 225	131 725	68	47 029	20 791	26 238
19	249 321	120 731	128 590	69	35 327	16 036	19 291
20	240 510	116 050	124 460	70	46 927	19 786	27 141
21	241 456	119 294	122 162	71	32 165	15 383	16 782
22	240 565	119 020	121 545	72	42 814	19 618	23 196
23	229 041	112 527	116 514	73	30 539	13 945	16 594
24	217 465	106 548	110 917	74	28 687	12 775	15 912
25	206 321	100 199	106 122	75	29 288	12 504	16 784
26	193 452	93 057	100 395	76	27 190	11 435	15 755
27	185 844	90 239	95 605	77	19 768	8 846	10 922
28	184 439	90 177	94 262	78	23 340	9 892	13 448
29	161 840	79 025	82 815	79	15 414	6 703	8 711
30	175 783	83 704	92 079	80	19 990	7 698	12 292
31	139 714	69 093	70 621	81	13 601	5 675	7 926
32	168 356	81 713	86 643	82	17 848	7 261	10 587
33	153 435	76 107	77 328	83	8 698	3 425	5 273
34	141 716	69 043	72 673	84	9 398	3 515	5 883
35	138 875	66 460	72 415	85 plus	45 589	15 910	29 679
36	142 649	69 347	73 302	Unknown–Inconnu	–	–	–
37	131 254	63 571	67 683				
38	138 046	67 162	70 884				
39	120 288	59 383	60 905				
40	129 477	60 331	69 146				
41	107 050	54 118	52 932				
42	140 060	68 918	71 142				
43	106 323	52 243	54 080				
44	93 782	45 659	48 123				
45	97 322	46 134	51 188				
46	93 124	45 120	48 004				
47	88 481	42 531	45 950				
48	98 837	47 019	51 818				
49	88 618	42 875	45 743				

26. Population by sex and single years of age: each census, 1976 – 1988 (continued)

Population selon le sexe et l'année d'âge: chaque recensement, 1976 – 1988 (suite)

(See notes at end of table. – Voir notes à la fin du tableau.)

Continent, country or area, date and age (in years) / Continent, pays ou zone, date et âge (en années)	Both sexes / Les deux sexes	Male / Masculin	Female / Féminin
AMERICA, SOUTH (cont.) – AMERIQUE DU SUD (suite)			
Colombia – Colombie			
15 X 1985			
Total	27 837 932	13777700	14060232
0	612 050	312 866	299 184
1	589 009	300 834	288 175
2	692 587	353 237	339 350
3	739 588	374 529	365 059
4	736 688	375 940	360 748
5	749 379	383 229	366 150
6	700 673	353 957	346 716
7	690 602	351 472	339 130
8	687 050	350 539	336 511
9	617 144	311 389	305 755
10	685 519	350 068	335 451
11	586 105	295 696	290 409
12	675 954	351 206	324 748
13	635 812	318 845	316 967
14	642 877	323 504	319 373
15	674 951	328 404	346 547
16	630 792	305 391	325 401
17	643 842	313 148	330 694
18	729 803	361 118	368 685
19	575 483	274 306	301 177
20	709 268	333 905	375 363
21	490 960	237 179	253 781
22	660 537	320 189	340 348
23	589 284	284 639	304 645
24	550 551	264 291	286 260
25	631 902	298 421	333 481
26	461 355	216 385	244 970
27	450 910	215 314	235 596
28	519 897	252 907	266 990
29	353 067	168 949	184 118
30	621 850	300 348	321 502
31	235 992	116 731	119 261
32	418 223	203 075	215 148
33	334 960	169 916	165 044
34	296 250	147 729	148 521
35	482 986	234 595	248 391
36	307 101	147 597	159 504
37	275 453	133 681	141 772
38	364 663	180 937	183 726
39	234 493	116 200	118 293
40	442 965	220 964	222 001
41	133 385	69 279	64 106
42	267 177	137 063	130 114
43	214 433	108 932	105 501
44	166 564	83 259	83 305
45	354 041	175 452	178 589
46	159 024	78 567	80 457
47	161 037	79 406	81 631
48	225 380	110 226	115 154
49	144 627	71 304	73 323
50	341 855	164 283	177 572
51	97 281	49 910	47 371
52	185 146	94 120	91 026
53	148 792	75 074	73 718
54	146 872	72 563	74 309
55	241 893	117 613	124 280
56	137 345	69 641	67 704
57	105 204	53 151	52 053
58	132 609	66 044	66 565
59	77 328	39 466	37 862
60	258 883	125 879	133 004
61	50 896	26 283	24 613
62	95 914	49 027	46 887
63	93 909	47 376	46 533
64	79 097	39 216	39 881
65	168 166	80 355	87 811
66	60 021	29 994	30 027
67	59 986	30 167	29 819
68	71 688	34 719	36 969
69	39 881	19 811	20 070
70	139 247	65 940	73 307
71	27 546	14 208	13 338
72	55 002	27 810	27 192
73	44 183	22 196	21 987
74	39 323	19 907	19 416
75	80 303	37 948	42 355
76	32 199	15 906	16 293
77	21 363	10 557	10 806
78	33 082	16 068	17 014
79	17 605	8 675	8 930
80	56 239	24 031	32 208
81	11 385	5 523	5 862
82	16 731	7 628	9 103
83	14 493	6 653	7 840
84	13 675	6 243	7 432
85 plus	88 547	36 597	51 950
Unknown–Inconnu	–	–	–

26. Population by sex and single years of age: each census, 1976 – 1988 (continued)

Population selon le sexe et l'année d'âge: chaque recensement, 1976 – 1988 (suite)

(See notes at end of table. – Voir notes à la fin du tableau.)

Continent, country or area, date and age (in years) Continent, pays ou zone, date et âge (en années)	Both sexes Les deux sexes	Male Masculin	Female Féminin
AMERICA, SOUTH (cont.) – AMERIQUE DU SUD (suite)			
Ecuador – Equateur			
28 XI 1982 [12] [13]			
Total	8 060 712	4 021 034	4 039 678
0	241 003	121 947	119 056
1	235 923	119 970	115 953
2	242 059	122 781	119 278
3	250 746	126 239	124 507
4	253 452	129 059	124 393
5	241 715	123 128	118 587
6	225 780	113 694	112 086
7	222 231	113 260	108 971
8	226 239	113 840	112 399
9	201 056	101 320	99 736
10	221 249	112 664	108 585
11	198 715	100 809	97 906
12	228 939	118 073	110 866
13	188 389	94 973	93 416
14	197 916	98 498	99 418
15	177 660	89 283	88 377
16	176 405	88 022	88 383
17	177 109	88 815	88 294
18	187 350	91 155	96 195
19	158 262	79 591	78 671
20	174 779	81 243	93 536
21	137 169	67 992	69 177
22	181 039	89 987	91 052
23	146 262	72 218	74 044
24	137 857	67 441	70 416
25	140 408	67 968	72 440
26	126 090	61 472	64 618
27	123 370	60 891	62 479
28	126 909	61 515	65 394
29	95 769	47 465	48 304
30	134 403	64 916	69 487
31	76 848	38 792	38 056
32	117 315	58 334	58 981
33	89 457	45 954	43 503
34	79 373	39 548	39 825
35	96 231	46 395	49 836
36	83 056	40 381	42 675
37	73 363	36 319	37 044
38	89 178	43 543	45 635
39	60 549	30 476	30 073
40	100 780	48 139	52 641
41	47 596	24 612	22 984
42	86 932	45 187	41 745
43	54 259	27 351	26 908
44	52 042	26 215	25 827
45	75 648	36 586	39 062
46	51 065	25 220	25 845
47	45 973	23 015	22 958
48	59 527	28 725	30 802
49	39 791	20 493	19 298
50	79 134	36 523	42 611
51	31 514	16 576	14 938
52	59 656	30 886	28 770
53	38 294	20 130	18 164
54	39 417	19 738	19 679
55	50 032	23 965	26 067
56	38 823	19 974	18 849
57	28 040	14 635	13 405
58	34 215	16 751	17 464
59	20 877	11 175	9 702
60	70 537	32 059	38 478
61	16 929	9 458	7 471
62	31 884	16 591	15 293
63	20 797	11 006	9 791
64	21 168	10 946	10 222
65	38 504	17 576	20 928
66	19 972	10 493	9 479
67	16 570	8 756	7 814
68	19 987	9 693	10 294
69	10 847	5 703	5 144
70	44 542	19 695	24 847
71	9 117	4 990	4 127
72	18 971	10 053	8 918
73	11 096	5 925	5 171
74	10 097	5 231	4 866
75	22 233	10 083	12 150
76	10 073	5 081	4 992
77	7 175	3 841	3 334
78	10 742	5 265	5 477
79	5 072	2 628	2 444
80	22 356	9 372	12 984
81	3 845	2 006	1 839
82	8 296	4 118	4 178
83	3 082	1 547	1 535
84	3 240	1 467	1 773
85 plus	28 342	11 584	16 758
Unknown–Inconnu	–	–	–

26. Population by sex and single years of age: each census, 1976 – 1988 (continued)

Population selon le sexe et l'année d'âge: chaque recensement, 1976 – 1988 (suite)

(See notes at end of table. – Voir notes à la fin du tableau.)

Continent, country or area, date and age (in years) Continent, pays ou zone, date et âge (en années)	Both sexes Les deux sexes	Male Masculin	Female Féminin
AMERICA, SOUTH (cont.) – AMERIQUE DU SUD (suite)			
French Guiana – Guyane Française			
9 III 1982 [1]			
Total	73 012	38 448	34 564
0	390	222	168
1	2 002	1 007	995
2	1 923	964	959
3	1 779	880	899
4	1 657	872	785
5	1 611	845	766
6	1 617	809	808
7	1 656	853	803
8	1 672	874	798
9	1 570	779	791
10	1 687	849	838
11	1 662	839	823
12	1 642	827	815
13	1 437	725	712
14	1 499	756	743
15	1 425	741	684
16	1 459	699	760
17	1 421	717	704
18	1 411	703	708
19	1 327	662	665
20	1 484	887	597
21	1 800	1 250	550
22	1 353	746	607
23	1 327	738	589
24	1 328	695	633
25	1 444	772	672
26	1 338	705	633
27	1 340	697	643
28	1 464	774	690
29	1 370	732	638
30	1 508	809	699
31	1 283	690	593
32	1 360	724	636
33	1 210	633	577
34	1 155	624	531
35	1 137	611	526
36	1 085	606	479
37	973	531	442
38	895	478	417
39	819	462	357
40	900	494	406
41	689	392	297
42	863	460	403
43	701	361	340
44	650	370	280
45	678	365	313
46	594	311	283
47	588	293	295
48	551	308	243
49	490	292	198
50	587	337	250
51	471	246	225
52	582	341	241
53	434	230	204
54	435	253	182
55	409	223	186
56	401	220	181
57	415	217	198
58	384	196	188
59	355	187	168
60	381	195	186
61	329	158	171
62	394	208	186
63	294	157	137
64	272	143	129
65	296	161	135
66	266	133	133
67	273	135	138
68	297	148	149
69	197	84	113
70	234	112	122
71	180	90	90
72	208	103	105
73	178	82	96
74	142	69	73
75	118	54	64
76	106	52	54
77	113	58	55
78	93	35	58
79	89	41	48
80	101	46	55
81	75	35	40
82	80	27	53
83	65	24	41
84	50	17	33
85 plus	246	65	181
Unknown–Inconnu	238	133	105

26. Population by sex and single years of age: each census, 1976 – 1988 (continued)

Population selon le sexe et l'année d'âge: chaque recensement, 1976 – 1988 (suite)

(See notes at end of table. – Voir notes à la fin du tableau.)

Continent, country or area, date and age (in years) Continent, pays ou zone, date et âge (en années)	Both sexes Les deux sexes	Male Masculin	Female Féminin
AMERICA, SOUTH (cont.) – AMERIQUE DU SUD (suite)			
Guyana			
12 V 1980			
Total	758 619	375 841	382 778
0	15 454	7 773	7 681
1	20 908	10 574	10 334
2	19 558	9 875	9 683
3	21 403	10 434	10 969
4	20 216	10 260	9 956
5	20 650	10 387	10 263
6	19 760	9 807	9 953
7	21 939	11 135	10 804
8	22 058	10 938	11 120
9	22 117	11 121	10 996
10	21 517	11 045	10 472
11	19 959	10 006	9 953
12	21 571	10 886	10 685
13	21 525	10 601	10 924
14	20 742	10 532	10 210
15	19 355	9 484	9 871
16	20 005	9 771	10 234
17	19 969	10 034	9 935
18	19 139	9 336	9 803
19	18 086	9 007	9 079
20	17 436	8 273	9 163
21	15 598	7 644	7 954
22	15 469	7 664	7 805
23	15 081	7 217	7 864
24	13 650	6 686	6 964
25	13 543	6 681	6 862
26	11 700	5 853	5 847
27	11 125	5 634	5 491
28	10 800	5 230	5 570
29	10 334	5 060	5 274
30	11 455	5 667	5 788
31	7 899	3 896	4 003
32	9 315	4 446	4 869
33	7 828	3 844	3 984
34	7 543	3 699	3 844
35	7 033	3 547	3 486
36	5 998	2 857	3 141
37	6 213	3 021	3 192
38	7 660	3 624	4 036
39	6 670	3 308	3 362
40	7 442	3 662	3 780
41	4 011	1 998	2 013
42	5 869	2 861	3 008
43	5 410	2 634	2 776
44	5 515	2 736	2 779
45	5 911	2 871	3 040
46	4 822	2 338	2 484
47	5 112	2 519	2 593
48	5 107	2 480	2 627
49	4 819	2 438	2 381
50	5 844	2 841	3 003
51	3 512	1 795	1 717
52	4 732	2 349	2 383
53	4 275	2 179	2 096
54	4 570	2 306	2 264
55	4 114	2 065	2 049
56	4 048	2 022	2 026
57	3 165	1 604	1 561
58	3 405	1 720	1 685
59	3 475	1 841	1 634
60	3 800	1 896	1 904
61	2 014	1 004	1 010
62	2 595	1 290	1 305
63	2 504	1 257	1 247
64	2 555	1 270	1 285
65	3 401	1 596	1 805
66	2 945	1 479	1 466
67	2 381	1 210	1 171
68	2 322	1 126	1 196
69	1 710	871	839
70	2 080	987	1 093
71	1 330	677	653
72	1 558	743	815
73	1 195	561	634
74	1 343	642	701
75	1 435	696	739
76	1 127	520	607
77	805	347	458
78	988	461	527
79	918	394	524
80	1 053	476	577
81	375	151	224
82	421	164	257
83	391	132	259
84	368	139	229
85 plus	1 501	481	1 020
Unknown–Inconnu	2 065	1 155	910

26. Population by sex and single years of age: each census, 1976 – 1988 (continued)

Population selon le sexe et l'année d'âge: chaque recensement, 1976 – 1988 (suite)

(See notes at end of table. – Voir notes à la fin du tableau.)

Continent, country or area, date and age (in years) Continent, pays ou zone, date et âge (en années)	Both sexes Les deux sexes	Male Masculin	Female Féminin
AMERICA, SOUTH (cont.) – AMERIQUE DU SUD (suite)			
Paraguay			
11 VII 1982			
Total	3 029 830	1 521 409	1 508 421
0	105 317	53 663	51 654
1	85 213	43 215	41 998
2	96 099	49 008	47 091
3	90 109	45 383	44 726
4	87 242	44 900	42 342
5	83 056	42 371	40 685
6	80 989	41 316	39 673
7	81 351	41 327	40 024
8	77 360	39 541	37 819
9	73 309	37 153	36 156
10	79 013	40 582	38 431
11	73 630	37 554	36 076
12	80 799	42 243	38 556
13	70 875	35 693	35 182
14	71 862	35 894	35 968
15	66 554	33 743	32 811
16	68 392	34 480	33 912
17	72 357	37 718	34 639
18	67 290	32 991	34 299
19	59 962	28 716	31 246
20	63 282	30 694	32 588
21	51 483	25 356	26 127
22	66 101	33 608	32 493
23	55 623	27 850	27 773
24	55 304	28 066	27 238
25	53 029	26 345	26 684
26	48 028	24 395	23 633
27	47 264	23 965	23 299
28	45 857	23 068	22 789
29	40 044	20 468	19 576
30	47 785	23 952	23 833
31	31 303	16 252	15 051
32	41 503	21 264	20 239
33	32 977	17 203	15 774
34	28 505	14 481	14 024
35	34 392	17 026	17 366
36	30 556	15 249	15 307
37	28 562	14 049	14 513
38	31 049	15 117	15 932
39	26 274	13 383	12 891
40	31 661	15 703	15 958
41	21 345	11 123	10 222
42	34 472	17 811	16 661
43	23 137	11 668	11 469
44	21 099	10 832	10 267
45	23 947	11 659	12 288
46	19 260	9 572	9 688
47	18 574	9 025	9 549
48	18 788	8 820	9 968
49	19 120	9 381	9 739
50	25 408	12 076	13 332
51	15 703	8 026	7 677
52	25 032	12 899	12 133
53	18 380	9 236	9 144
54	17 963	9 049	8 914
55	16 992	8 295	8 697
56	16 983	8 513	8 470
57	14 516	7 294	7 222
58	14 493	7 039	7 454
59	11 121	5 617	5 504
60	18 361	8 359	10 002
61	8 440	4 346	4 094
62	14 735	7 179	7 556
63	11 036	5 314	5 722
64	10 393	4 923	5 470
65	11 624	5 322	6 302
66	9 665	4 752	4 913
67	9 051	4 419	4 632
68	9 771	4 557	5 214
69	6 991	3 428	3 563
70	10 903	4 771	6 132
71	5 238	2 643	2 595
72	8 640	4 143	4 497
73	5 496	2 672	2 824
74	5 297	2 498	2 799
75	5 753	2 499	3 254
76	4 730	2 068	2 662
77	4 015	1 733	2 282
78	5 615	2 357	3 258
79	2 832	1 320	1 512
80	4 315	1 690	2 625
81	2 244	1 046	1 198
82	3 922	1 737	2 185
83	1 620	724	896
84	1 455	607	848
85 plus	9 994	3 382	6 612
Unknown–Inconnu	–	–	–

26. Population by sex and single years of age: each census, 1976 – 1988 (continued)

Population selon le sexe et l'année d'âge: chaque recensement, 1976 – 1988 (suite)

(See notes at end of table. – Voir notes à la fin du tableau.)

Continent, country or area, date and age (in years) Continent, pays ou zone, date et âge (en années)	Both sexes Les deux sexes	Male Masculin	Female Féminin
AMERICA, SOUTH (cont.) – AMERIQUE DU SUD (suite)			
Peru – Pérou			
12 VII 1981 [14] [15]			
Total	17 005 210	8 489 867	8 515 343
0	494 784	247 298	247 486
1	449 408	228 124	221 284
2	467 951	238 432	229 519
3	501 179	251 359	249 820
4	521 007	264 430	256 577
5	502 275	253 717	248 558
6	495 528	249 931	245 597
7	481 233	243 828	237 405
8	487 582	244 846	242 736
9	435 640	219 337	216 303
10	463 160	235 088	228 072
11	420 981	214 729	206 252
12	465 351	240 873	224 478
13	417 379	212 083	205 296
14	409 158	205 064	204 094
15	391 673	193 508	198 165
16	372 623	184 020	188 603
17	381 667	193 669	187 998
18	398 547	201 884	196 663
19	320 181	159 849	160 332
20	362 339	175 547	186 792
21	307 646	154 975	152 671
22	336 422	167 148	169 274
23	305 364	150 628	154 736
24	289 804	141 542	148 262
25	296 173	142 283	153 890
26	267 485	129 955	137 530
27	247 912	122 715	125 197
28	258 309	124 759	133 550
29	207 715	104 053	103 662
30	280 761	133 439	147 322
31	175 370	91 228	84 142
32	208 088	102 672	105 416
33	184 575	95 388	89 187
34	171 654	86 578	85 076
35	209 350	98 955	110 395
36	184 500	91 075	93 425
37	147 737	73 002	74 735
38	193 903	91 588	102 315
39	148 486	75 875	72 611
40	221 267	102 447	118 820
41	123 708	67 450	56 258
42	161 986	83 213	78 773
43	121 589	62 418	59 171
44	111 400	57 883	53 517
45	175 837	82 350	93 487
46	121 592	62 184	59 408
47	99 746	50 980	48 766
48	144 531	70 264	74 267
49	101 716	53 566	48 150
50	167 786	76 078	91 708
51	84 297	46 913	37 384
52	106 797	54 672	52 125
53	85 228	44 999	40 229
54	88 374	45 308	43 066
55	107 799	50 222	57 577
56	89 686	46 153	43 533
57	60 414	32 413	28 001
58	83 818	41 563	42 255
59	57 809	31 842	25 967
60	140 432	61 550	78 882
61	45 585	25 797	19 788
62	57 354	29 657	27 697
63	47 974	25 474	22 500
64	44 905	23 618	21 287
65	83 291	36 406	46 885
66	40 788	21 730	19 058
67	37 304	19 743	17 561
68	47 865	22 106	25 759
69	27 652	14 200	13 452
70	82 640	34 071	48 569
71	24 416	13 973	10 443
72	31 986	16 110	15 876
73	21 092	11 343	9 749
74	20 139	10 513	9 626
75	45 424	19 676	25 748
76	21 915	10 871	11 044
77	14 593	7 859	6 734
78	25 499	12 067	13 432
79	13 594	6 835	6 759
80	47 006	19 205	27 801
81	13 958	7 699	6 259
82	9 484	4 439	5 045
83	5 969	2 845	3 124
84	6 133	2 714	3 419
85 plus	71 932	30 974	40 958
Unknown–Inconnu	–	–	–

26. Population by sex and single years of age: each census, 1976 – 1988 (continued)

Population selon le sexe et l'année d'âge: chaque recensement, 1976 – 1988 (suite)

(See notes at end of table. – Voir notes à la fin du tableau.)

Continent, country or area, date and age (in years) Continent, pays ou zone, date et âge (en années)	Both sexes Les deux sexes	Male Masculin	Female Féminin	Continent, country or area, date and age (in years) Continent, pays ou zone, date et âge (en années)	Both sexes Les deux sexes	Male Masculin	Female Féminin
AMERICA, SOUTH (cont.) – AMERIQUE DU SUD (suite)							
Uruguay							
23 X 1985 [16]							
Total	2 955 241	1 439 021	1 516 220				
0	51 664	26 295	25 369	50	35 316	16 739	18 577
1	47 602	24 344	23 258	51	28 828	14 317	14 511
2	52 157	26 624	25 533	52	33 531	16 303	17 228
3	53 110	26 983	26 127	53	34 149	16 668	17 481
4	52 426	26 777	25 649	54	33 234	16 350	16 884
5	52 988	26 798	26 190	55	35 136	16 473	18 663
6	54 599	27 678	26 921	56	31 982	15 209	16 773
7	55 123	28 184	26 939	57	31 249	15 082	16 167
8	56 910	28 989	27 921	58	31 727	15 138	16 589
9	55 903	28 471	27 432	59	29 953	14 663	15 290
10	54 974	27 967	27 007	60	31 763	14 543	17 220
11	52 110	26 695	25 415	61	24 747	12 161	12 586
12	51 325	26 432	24 893	62	28 380	13 433	14 947
13	49 110	24 911	24 199	63	26 807	12 706	14 101
14	49 905	25 440	24 465	64	25 540	12 014	13 526
15	48 408	24 382	24 026	65	27 480	12 509	14 971
16	48 569	24 719	23 850	66	21 348	9 756	11 592
17	45 195	22 977	22 218	67	21 542	9 975	11 567
18	44 398	22 410	21 988	68	20 487	9 100	11 387
19	42 950	21 338	21 612	69	18 695	8 410	10 285
20	44 817	22 287	22 530	70	21 500	9 065	12 435
21	45 641	22 736	22 905	71	17 364	7 773	9 591
22	45 791	22 693	23 098	72	19 393	8 410	10 983
23	46 428	23 114	23 314	73	17 532	7 536	9 996
24	44 241	21 877	22 364	74	16 090	6 850	9 240
25	44 429	21 922	22 507	75	17 353	7 217	10 136
26	42 996	20 912	22 084	76	13 640	5 716	7 924
27	42 209	20 610	21 599	77	11 915	4 851	7 064
28	43 121	21 145	21 976	78	11 663	4 662	7 001
29	42 381	20 964	21 417	79	9 427	3 904	5 523
30	43 594	21 491	22 103	80	9 885	3 768	6 117
31	38 415	18 775	19 640	81	8 457	3 336	5 121
32	38 522	18 644	19 878	82	7 560	2 873	4 687
33	37 383	18 232	19 151	83	6 616	2 437	4 179
34	35 872	17 597	18 275	84	5 785	2 067	3 718
35	38 127	18 476	19 651	85 plus	25 930	8 182	17 748
36	35 802	17 442	18 360	Unknown–Inconnu	–	–	–
37	35 167	17 081	18 086				
38	35 753	17 303	18 450				
39	34 485	16 813	17 672				
40	37 566	18 008	19 558				
41	31 272	15 448	15 824				
42	34 483	16 820	17 663				
43	33 691	16 659	17 032				
44	30 928	15 349	15 579				
45	35 111	17 056	18 055				
46	31 849	15 423	16 426				
47	31 220	15 326	15 894				
48	31 121	14 968	16 153				
49	31 396	15 240	16 156				

26. Population by sex and single years of age: each census, 1976 – 1988 (continued)

Population selon le sexe et l'année d'âge: chaque recensement, 1976 – 1988 (suite)

(See notes at end of table. – Voir notes à la fin du tableau.)

Continent, country or area, date and age (in years) / Continent, pays ou zone, date et âge (en années)	Both sexes / Les deux sexes	Male / Masculin	Female / Féminin
ASIA – ASIE			
Hong Kong – Hong-kong			
11 III 1986* [17]			
Total	5 395 997	2 772 464	2 623 533
0	73 747	38 367	35 380
1	72 681	38 755	33 926
2	78 540	40 586	37 954
3	83 333	42 752	40 581
4	85 197	44 620	40 577
5	84 622	43 966	40 656
6	83 385	42 794	40 591
7	82 065	42 446	39 619
8	82 968	43 350	39 618
9	83 020	43 279	39 741
10	83 838	44 095	39 743
11	88 598	45 915	42 683
12	88 332	46 276	42 056
13	90 219	47 536	42 683
14	86 402	44 901	41 501
15	86 432	45 270	41 162
16	86 838	44 685	42 153
17	91 676	48 386	43 290
18	91 549	47 450	44 099
19	94 829	49 110	45 719
20	99 594	50 731	48 863
21	109 723	55 547	54 176
22	113 975	57 740	56 235
23	121 051	61 882	59 169
24	117 192	59 288	57 904
25	125 750	63 779	61 971
26	119 620	61 032	58 588
27	124 879	64 223	60 656
28	117 337	60 782	56 555
29	114 031	58 569	55 462
30	110 286	56 223	54 063
31	102 153	52 889	49 264
32	98 038	50 772	47 266
33	94 511	49 827	44 684
34	91 223	48 149	43 074
35	91 736	48 632	43 104
36	88 974	47 590	41 384
37	80 816	43 106	37 710
38	75 425	39 805	35 620
39	68 419	36 004	32 415
40	53 536	28 602	24 934
41	50 426	27 307	23 119
42	49 832	27 731	22 101
43	45 018	24 884	20 134
44	43 220	24 405	18 815
45	48 387	27 108	21 279
46	48 597	26 668	21 929
47	51 490	27 523	23 967
48	52 880	28 556	24 324
49	54 681	29 174	25 507
50	53 921	28 413	25 508
51	49 140	26 072	23 068
52	61 057	33 305	27 752
53	53 717	28 831	24 886
54	51 364	27 720	23 644
55	55 964	29 822	26 142
56	49 027	25 452	23 575
57	46 806	24 351	22 455
58	47 279	24 569	22 710
59	48 495	24 313	24 182
60	47 701	24 167	23 534
61	42 251	21 496	20 755
62	40 735	20 164	20 571
63	41 031	20 444	20 587
64	37 896	18 494	19 402
65	38 532	18 611	19 921
66	33 794	16 924	16 870
67	29 973	14 175	15 798
68	28 437	13 578	14 859
69	29 861	13 810	16 051
70	29 161	13 656	15 505
71	24 436	10 912	13 524
72	23 653	10 514	13 139
73	21 412	9 198	12 214
74	21 566	9 380	12 186
75	18 632	7 301	11 331
76	14 532	5 684	8 848
77	12 194	4 809	7 385
78	10 983	3 948	7 035
79	10 633	3 542	7 091
80	10 045	3 199	6 846
81	8 105	2 331	5 774
82	7 679	2 100	5 579
83	6 524	1 862	4 662
84	6 195	1 673	4 522
85 plus	22 195	4 577	17 618
Unknown–Inconnu	–	–	–

26. Population by sex and single years of age: each census, 1976 – 1988 (continued)

Population selon le sexe et l'année d'âge: chaque recensement, 1976 – 1988 (suite)

(See notes at end of table. – Voir notes à la fin du tableau.)

Continent, country or area, date and age (in years) Continent, pays ou zone, date et âge (en années)	Both sexes Les deux sexes	Male Masculin	Female Féminin
ASIA – ASIE(cont.–suite)			
India – Inde [18]			
1 III 1981 [19 20 21]			
Total	665 287 832	343930414	321357418
0	16 622 181	8 466 943	8 155 238
1	11 749 149	5 972 451	5 776 698
2	18 102 499	9 130 240	8 972 259
3	18 841 123	9 393 408	9 447 715
4	18 435 864	9 439 400	8 996 464
5	20 551 051	10701326	9 849 725
6	20 200 286	10396609	9 803 677
7	16 480 191	8 381 577	8 098 614
8	22 628 650	11734235	10894415
9	13 778 763	7 040 751	6 738 012
10	23 949 665	12598009	11351656
11	11 913 436	6 178 466	5 734 970
12	22 967 100	12389982	10577118
13	12 504 981	6 478 979	6 026 002
14	14 339 551	7 538 906	6 800 645
15	15 810 805	8 679 861	7 130 944
16	14 493 588	7 543 945	6 949 643
17	8 373 964	4 349 798	4 024 166
18	18 433 442	9 649 082	8 784 360
19	6 925 635	3 664 754	3 260 881
20	21 885 608	10412554	11473054
21	6 343 876	3 539 193	2 804 683
22	14 524 980	7 516 810	7 008 170
23	6 945 167	3 614 623	3 330 544
24	7 608 160	3 879 197	3 728 963
25	23 796 318	11950160	11846158
26	7 375 945	3 963 352	3 412 593
27	5 344 368	2 894 504	2 449 864
28	11 668 310	5 568 785	6 099 525
29	2 562 145	1 371 966	1 190 179
30	25 991 510	13000374	12991136
31	1 994 641	1 145 236	849 405
32	8 656 256	4 448 779	4 207 477
33	3 029 882	1 604 817	1 425 065
34	2 769 634	1 399 770	1 369 864
35	23 623 882	12351076	11272806
36	4 390 502	2 293 369	2 097 133
37	2 551 265	1 358 826	1 192 439
38	6 694 503	3 083 439	3 611 064
39	1 634 796	838 359	796 437
40	24 407 644	12815704	11591940
41	1 305 643	766 085	539 558
42	5 207 510	2 772 906	2 434 604
43	1 814 778	932 506	882 272
44	1 476 388	754 918	721 470
45	19 963 460	10601232	9 362 228
46	2 172 891	1 170 677	1 002 214
47	1 619 866	892 262	727 604
48	4 462 211	2 178 566	2 283 645
49	1 031 287	560 441	470 846
50	19 542 139	10468726	9 073 413
51	919 590	556 587	363 003
52	2 854 024	1 618 663	1 235 361
53	1 030 866	584 452	446 414
54	1 093 761	602 576	491 185
55	11 476 878	5 852 302	5 624 576
56	1 536 433	858 048	678 385
57	822 807	479 066	343 741
58	2 095 385	1 033 290	1 062 095
59	509 960	295 185	214 775
60	15 025 960	7 668 488	7 357 472
61	526 733	304 871	221 862
62	1 591 129	850 299	740 830
63	553 994	300 520	253 474
64	455 973	252 720	203 253
65	7 550 151	3 775 596	3 774 555
66	470 774	258 503	212 271
67	404 799	224 943	179 856
68	840 959	399 450	441 509
69	232 147	124 265	107 882
70	7 023 238	3 528 155	3 495 083
71	190 400	111 037	79 363
72	623 843	336 866	286 977
73	196 474	111 855	84 619
74	165 524	96 701	68 823
75	2 507 700	1 244 081	1 263 619
76	223 886	124 930	98 956
77	105 718	64 362	41 356
78	259 838	130 749	129 089
79	69 469	40 155	29 314
80	2 392 003	1 177 465	1 214 538
81	85 681	53 650	32 031
82	147 140	80 335	66 805
83	44 950	25 589	19 361
84	44 493	25 635	18 858
85 plus	1 439 265	703 650	735 615
Unknown–Inconnu	278 399	157 438	120 961

26. Population by sex and single years of age: each census, 1976 – 1988 (continued)

Population selon le sexe et l'année d'âge: chaque recensement, 1976 – 1988 (suite)

(See notes at end of table. – Voir notes à la fin du tableau.)

Continent, country or area, date and age (in years) Continent, pays ou zone, date et âge (en années)	Both sexes Les deux sexes	Male Masculin	Female Féminin
ASIA – ASIE(cont.–suite)			
Iran (Islamic Republic of – Rép. islamique d')			
22 IX 1986*			
Total	49 857 384	25491645	24365739
0	1 795 511	917 775	877 736
1	1 838 845	933 542	905 303
2	1 914 042	964 976	949 066
3	1 816 688	923 128	893 560
4	1 736 818	875 751	861 067
5	1 691 786	865 532	826 254
6	1 691 692	864 560	827 132
7	1 513 056	778 844	734 212
8	1 373 395	709 679	663 716
9	1 302 377	664 553	637 824
10	1 286 234	666 427	619 807
11	1 189 900	613 041	576 859
12	1 213 915	629 282	584 633
13	1 154 057	597 691	556 366
14	1 151 928	595 411	556 517
15	1 178 751	617 376	561 375
16	1 067 671	561 488	506 183
17	1 048 028	541 297	506 731
18	1 041 551	523 907	517 644
19	913 416	458 972	454 444
20	979 770	477 297	502 473
21	816 531	417 323	399 208
22	848 271	431 789	416 482
23	795 662	410 793	384 869
24	789 675	404 545	385 130
25	876 956	434 299	442 657
26	713 256	349 526	363 730
27	718 303	374 608	343 695
28	701 718	353 360	348 358
29	663 936	331 115	332 821
30	750 046	379 860	370 186
31	589 284	298 144	291 140
32	551 197	276 338	274 859
33	518 376	257 107	261 269
34	524 912	263 244	261 668
35	586 520	300 529	285 991
36	416 567	205 007	211 560
37	397 726	193 796	203 930
38	352 236	170 658	181 578
39	378 838	187 466	191 372
40	465 579	232 978	232 601
41	328 420	166 633	161 787
42	322 195	162 443	159 752
43	273 325	137 950	135 375
44	286 487	145 197	141 290
45	385 899	191 098	194 801
46	279 446	149 072	130 374
47	276 576	144 478	132 098
48	294 327	159 369	134 958
49	364 316	187 733	176 583
50	453 599	240 270	213 329
51	262 706	144 373	118 333
52	295 948	159 046	136 902
53	291 049	160 777	130 272
54	302 798	157 932	144 866
55	354 995	179 600	175 395
56	243 408	126 395	117 013
57	239 450	119 162	120 288
58	243 824	133 538	110 286
59	277 702	145 486	132 216
60	395 888	206 059	189 829
61	223 408	128 730	94 678
62	209 247	115 793	93 454
63	179 751	102 525	77 226
64	183 646	99 170	84 476
65	224 980	116 011	108 969
66	99 797	55 094	44 703
67	91 630	50 091	41 539
68	73 160	39 182	33 978
69	90 544	45 625	44 919
70	136 488	67 883	68 605
71	51 642	27 956	23 686
72	51 557	26 536	25 021
73	41 650	22 553	19 097
74	56 360	26 127	30 233
75	68 188	30 518	37 670
76	33 484	16 321	17 163
77	31 254	16 733	14 521
78	29 823	14 698	15 125
79	51 673	24 796	26 877
80	71 986	39 088	32 898
81	29 220	13 885	15 335
82	24 945	8 173	16 772
83	23 903	10 721	13 182
84	32 798	12 253	20 545
85 plus	187 354	92 820	94 534
Unknown–Inconnu	31 518	18 738	12 780

26. Population by sex and single years of age: each census, 1976 – 1988 (continued)

Population selon le sexe et l'année d'âge: chaque recensement, 1976 – 1988 (suite)

(See notes at end of table. – Voir notes à la fin du tableau.)

Continent, country or area, date and age (in years) Continent, pays ou zone, date et âge (en années)	Both sexes Les deux sexes	Male Masculin	Female Féminin
ASIA – ASIE(cont.–suite)			
Israel – Israël [22]			
4 VI 1983 [1 23]			
Total	4 037 620	2 011 590	2 026 030
0	91 845	47 008	44 837
1	89 575	46 338	43 237
2	89 662	46 199	43 463
3	89 543	45 917	43 626
4	89 735	46 008	43 727
5	90 008	46 288	43 720
6	93 763	48 018	45 745
7	93 345	47 945	45 400
8	91 084	46 744	44 340
9	88 711	45 439	43 272
10	83 384	42 759	40 625
11	85 073	43 556	41 517
12	83 285	42 819	40 466
13	79 606	40 881	38 725
14	76 001	38 842	37 159
15	71 562	36 815	34 747
16	71 022	36 835	34 187
17	72 325	37 874	34 451
18	71 679	37 546	34 133
19	68 705	35 820	32 885
20	66 164	34 160	32 004
21	64 987	33 578	31 409
22	65 909	33 611	32 298
23	64 646	32 698	31 948
24	63 613	31 807	31 806
25	63 306	31 486	31 820
26	62 163	30 850	31 313
27	62 832	30 974	31 858
28	61 824	30 572	31 252
29	62 552	30 536	32 016
30	64 996	32 270	32 726
31	64 270	31 712	32 558
32	63 280	31 302	31 978
33	59 397	29 420	29 977
34	53 479	26 411	27 068
35	58 401	28 728	29 673
36	58 368	28 774	29 594
37	49 461	24 494	24 967
38	43 168	21 458	21 710
39	38 980	19 255	19 725
40	34 941	17 062	17 879
41	33 860	16 747	17 113
42	33 448	16 563	16 885
43	35 982	17 709	18 273
44	34 410	16 889	17 521
45	36 124	17 602	18 522
46	35 295	17 105	18 190
47	35 404	17 435	17 969
48	33 806	16 506	17 300
49	32 967	15 848	17 119
50	34 139	16 283	17 856
51	32 673	15 536	17 137
52	31 593	15 322	16 271
53	33 335	15 718	17 617
54	31 868	14 893	16 975
55	31 871	14 719	17 152
56	31 205	14 302	16 903
57	31 238	13 908	17 330
58	32 329	14 588	17 741
59	32 884	14 717	18 167
60	32 376	14 892	17 484
61	29 846	14 705	15 141
62	29 443	14 337	15 106
63	29 517	14 084	15 433
64	24 055	11 090	12 965
65	21 251	9 700	11 551
66	20 380	9 495	10 885
67	21 733	9 958	11 775
68	26 781	12 012	14 769
69	26 130	12 094	14 036
70	26 258	11 799	14 459
71	24 367	11 634	12 733
72	23 544	11 670	11 874
73	23 276	11 081	12 195
74	19 709	9 375	10 334
75	18 496	8 830	9 666
76	15 325	7 680	7 645
77	13 750	6 879	6 871
78	12 642	6 135	6 507
79	10 969	5 258	5 711
80	9 953	4 654	5 299
81	7 989	3 730	4 259
82	7 504	3 343	4 161
83	7 731	3 359	4 372
84	4 667	2 106	2 561
85 plus	18 847	8 491	10 356
Unknown–Inconnu	–	–	–

26. Population by sex and single years of age: each census, 1976 – 1988 (continued)

Population selon le sexe et l'année d'âge: chaque recensement, 1976 – 1988 (suite)

(See notes at end of table. – Voir notes à la fin du tableau.)

Continent, country or area, date and age (in years) Continent, pays ou zone, date et âge (en années)	Both sexes Les deux sexes	Male Masculin	Female Féminin
ASIA – ASIE(cont.–suite)			
Japan – Japon			
1 X 1985 [24]			
Total	121 048 923	59497316	61551607
0	1 429 658	731 571	698 087
1	1 488 363	761 945	726 418
2	1 504 910	770 041	734 869
3	1 508 715	772 180	736 535
4	1 527 617	783 040	744 577
5	1 596 623	818 476	778 147
6	1 636 472	839 670	796 802
7	1 706 161	873 463	832 698
8	1 751 870	897 453	854 417
9	1 840 708	943 996	896 712
10	1 927 529	987 723	939 806
11	2 034 623	1 043 746	990 877
12	2 068 981	1 058 743	1 010 238
13	2 029 146	1 040 855	988 291
14	1 981 842	1 015 903	965 939
15	1 925 050	989 065	935 985
16	1 895 535	973 067	922 468
17	1 850 928	948 823	902 105
18	1 858 950	950 503	908 447
19	1 449 484	738 969	710 515
20	1 793 326	913 438	879 888
21	1 668 404	848 953	819 451
22	1 622 440	824 689	797 751
23	1 568 705	795 001	773 704
24	1 547 679	783 914	763 765
25	1 560 365	788 956	771 409
26	1 591 676	803 555	788 121
27	1 555 402	784 395	771 007
28	1 516 000	764 859	751 141
29	1 599 959	806 565	793 394
30	1 671 589	844 981	826 608
31	1 671 701	842 843	828 858
32	1 789 628	899 787	889 841
33	1 895 956	952 550	943 406
34	2 025 350	1 018 104	1 007 246
35	2 187 524	1 099 089	1 088 435
36	2 408 332	1 210 092	1 198 240
37	2 403 501	1 207 873	1 195 628
38	2 296 917	1 157 498	1 139 419
39	1 441 770	723 678	718 092
40	1 563 627	779 447	784 180
41	1 910 068	951 201	958 867
42	1 859 160	925 656	933 504
43	1 919 433	957 375	962 058
44	1 882 666	938 198	944 468
45	1 723 292	857 144	866 148
46	1 508 667	750 030	758 637
47	1 623 607	805 068	818 539
48	1 680 565	834 371	846 194
49	1 700 483	845 508	854 975
50	1 649 899	818 507	831 392
51	1 577 683	781 316	796 367
52	1 597 514	789 879	807 635
53	1 570 853	777 909	792 944
54	1 537 045	758 803	778 242
55	1 469 248	723 393	745 855
56	1 441 364	706 655	734 709
57	1 401 404	685 056	716 348
58	1 363 915	659 422	704 493
59	1 323 814	634 848	688 966
60	1 253 783	588 200	665 583
61	1 138 526	519 717	618 809
62	1 058 909	455 343	603 566
63	1 004 770	421 907	582 863
64	949 550	394 735	554 815
65	984 602	412 027	572 575
66	794 746	338 300	456 446
67	809 914	344 947	464 967
68	803 086	343 324	459 762
69	801 071	342 410	458 661
70	764 979	327 545	437 434
71	758 333	323 387	434 946
72	713 853	301 237	412 616
73	687 880	286 874	401 006
74	638 352	264 552	373 800
75	603 439	249 358	354 081
76	556 230	227 758	328 472
77	499 585	204 353	295 232
78	463 478	187 366	276 112
79	370 611	148 593	222 018
80	354 696	138 303	216 393
81	311 481	120 889	190 592
82	292 624	110 605	182 019
83	255 051	93 824	161 227
84	219 085	78 622	140 463
85 plus	785 247	255 975	529 272
Unknown–Inconnu	41 346	27 327	14 019

26. Population by sex and single years of age: each census, 1976 – 1988 (continued)

Population selon le sexe et l'année d'âge: chaque recensement, 1976 – 1988 (suite)

(See notes at end of table. – Voir notes à la fin du tableau.)

Continent, country or area, date and age (in years) Continent, pays ou zone, date et âge (en années)	Both sexes Les deux sexes	Male Masculin	Female Féminin
ASIA – ASIE(cont.–suite)			
Jordan – Jordanie [25]			
10 XI 1979 [26]			
Total	2 100 019	1 086 591	1 013 428
0	85 746	43 912	41 834
1	81 058	41 509	39 549
2	79 733	41 415	38 318
3	75 858	39 194	36 664
4	74 642	38 432	36 210
5	74 656	38 565	36 091
6	73 691	38 134	35 557
7	73 070	37 629	35 441
8	70 210	36 358	33 852
9	68 365	35 343	33 022
10	66 971	34 780	32 191
11	63 214	32 963	30 251
12	60 198	31 221	28 977
13	59 230	30 823	28 407
14	57 326	30 022	27 304
15	53 069	27 779	25 290
16	51 980	27 179	24 801
17	49 142	25 965	23 177
18	39 524	20 588	18 936
19	39 321	19 723	19 598
20	34 370	16 893	17 477
21	33 997	17 115	16 882
22	30 718	16 165	14 553
23	27 781	14 669	13 112
24	27 444	14 525	12 919
25	26 350	13 613	12 737
26	23 190	12 214	10 976
27	23 133	12 052	11 081
28	21 485	11 226	10 259
29	21 212	10 865	10 347
30	21 020	10 173	10 847
31	21 671	10 734	10 937
32	21 241	10 738	10 503
33	19 987	10 230	9 757
34	21 585	10 622	10 963
35	23 679	11 988	11 691
36	18 842	10 225	8 617
37	18 750	10 025	8 725
38	16 830	9 079	7 751
39	20 605	10 348	10 257
40	21 385	10 628	10 757
41	16 870	8 805	8 065
42	15 004	7 893	7 111
43	16 419	8 963	7 456
44	16 889	8 397	8 492
45	16 210	7 971	8 239
46	12 538	6 708	5 830
47	12 323	6 609	5 714
48	10 556	5 865	4 691
49	16 019	8 133	7 886
50	15 027	7 155	7 872
51	9 717	5 492	4 225
52	9 362	5 463	3 899
53	7 897	4 574	3 323
54	10 254	5 288	4 966
55	9 695	4 549	5 146
56	6 099	3 406	2 693
57	6 151	3 399	2 752
58	5 275	2 937	2 338
59	9 324	4 586	4 738
60	9 851	3 994	5 857
61	5 392	3 250	2 142
62	4 041	2 316	1 725
63	3 755	2 197	1 558
64	5 059	2 694	2 365
65	6 021	2 709	3 312
66	2 473	1 456	1 017
67	2 828	1 621	1 207
68	2 578	1 547	1 031
69	6 017	3 204	2 813
70	7 719	2 939	4 780
71	2 262	1 375	887
72	1 884	1 102	782
73	1 990	1 335	655
74	2 566	1 484	1 082
75	3 921	1 824	2 097
76	1 261	812	449
77	1 178	766	412
78	1 401	880	521
79	5 228	2 671	2 557
80	2 227	937	1 290
81	570	400	170
82	399	261	138
83	380	262	118
84	547	329	218
85 plus	4 563	2 372	2 191
Unknown–Inconnu	–	–	–

26. Population by sex and single years of age: each census, 1976 – 1988 (continued)

Population selon le sexe et l'année d'âge: chaque recensement, 1976 – 1988 (suite)

(See notes at end of table. – Voir notes à la fin du tableau.)

Continent, country or area, date and age (in years) / Continent, pays ou zone, date et âge (en années)	Both sexes / Les deux sexes	Male / Masculin	Female / Féminin	Continent, country or area, date and age (in years) / Continent, pays ou zone, date et âge (en années)	Both sexes / Les deux sexes	Male / Masculin	Female / Féminin
ASIA – ASIE(cont.–suite)							
Korea, Republic of– Corée, République de							
1 XI 1985 [27] [28]							
Total	40 419 652	20227564	20192088				
0	611 070	320 689	290 381	50	386 000	189 783	196 217
1	674 694	350 374	324 320	51	365 707	178 450	187 257
2	756 277	391 975	364 302	52	324 134	156 810	167 324
3	809 223	419 353	389 870	53	332 011	154 796	177 215
4	851 291	440 367	410 924	54	287 407	129 780	157 627
5	837 102	432 555	404 547	55	272 940	121 977	150 963
6	796 168	411 457	384 711	56	271 810	120 633	151 177
7	748 496	386 925	361 571	57	252 695	111 196	141 499
8	768 968	397 006	371 962	58	237 429	104 762	132 667
9	765 616	397 410	368 206	59	232 883	102 012	130 871
10	812 590	419 880	392 710	60	209 945	91 634	118 311
11	871 478	450 892	420 586	61	209 151	92 406	116 745
12	897 188	461 186	436 002	62	207 757	91 346	116 411
13	941 767	485 776	455 991	63	192 369	84 355	108 014
14	952 962	492 836	460 126	64	187 654	80 646	107 008
15	933 931	480 589	453 342	65	168 742	73 587	95 155
16	935 640	482 032	453 608	66	139 476	60 845	78 631
17	879 169	453 988	425 181	67	135 985	57 556	78 429
18	799 517	411 705	387 812	68	137 068	56 934	80 134
19	768 007	399 008	368 999	69	141 546	57 788	83 758
20	816 253	432 588	383 665	70	113 676	45 427	68 249
21	823 205	432 068	391 137	71	105 657	41 209	64 448
22	883 443	454 636	428 807	72	102 288	38 428	63 860
23	866 664	442 487	424 177	73	94 061	34 706	59 355
24	855 525	423 941	431 584	74	85 572	30 783	54 789
25	866 156	424 144	442 012	75	78 145	27 457	50 688
26	863 130	425 810	437 320	76	70 735	23 999	46 736
27	836 076	416 659	419 417	77	62 699	20 382	42 317
28	776 943	392 588	384 355	78	48 412	15 304	33 108
29	728 103	367 984	360 119	79	52 099	16 371	35 728
30	769 833	388 640	381 193	80	38 213	11 109	27 104
31	662 404	342 192	320 212	81	27 829	7 516	20 313
32	552 479	280 565	271 914	82	25 107	6 466	18 641
33	637 422	328 566	308 856	83	24 285	5 882	18 403
34	493 100	249 647	243 453	84	22 226	5 190	17 036
35	516 875	265 597	251 278	85 plus	75 728	15 140	60 588
36	517 794	265 653	252 141	Unknown–Inconnu	420	338	82
37	525 995	269 698	256 297				
38	537 173	275 285	261 888				
39	483 344	248 136	235 208				
40	400 783	205 815	194 968				
41	420 499	213 768	206 731				
42	423 476	213 084	210 392				
43	476 982	242 287	234 695				
44	465 768	233 731	232 037				
45	423 548	213 063	210 485				
46	438 205	217 677	220 528				
47	425 291	213 825	211 466				
48	409 045	203 380	205 665				
49	393 123	195 044	198 079				

26. Population by sex and single years of age: each census, 1976 – 1988 (continued)

Population selon le sexe et l'année d'âge: chaque recensement, 1976 – 1988 (suite)

(See notes at end of table. – Voir notes à la fin du tableau.)

Continent, country or area, date and age (in years) Continent, pays ou zone, date et âge (en années)	Both sexes Les deux sexes	Male Masculin	Female Féminin
ASIA – ASIE(cont.–suite)			
Kuwait – Koweït			
21 IV 1985			
Total	1 697 301	965 297	732 004
0	48 099	24 487	23 612
1	48 922	24 903	24 019
2	49 551	25 217	24 334
3	48 045	24 572	23 473
4	47 583	24 078	23 505
5	46 376	23 627	22 749
6	43 382	21 990	21 392
7	41 357	20 942	20 415
8	40 506	20 653	19 853
9	38 766	19 879	18 887
10	37 249	18 860	18 389
11	35 142	17 822	17 320
12	34 662	17 731	16 931
13	33 115	16 902	16 213
14	32 330	16 549	15 781
15	32 460	16 401	16 059
16	30 889	15 717	15 172
17	28 926	14 712	14 214
18	27 389	13 641	13 748
19	25 532	12 226	13 306
20	30 243	14 615	15 628
21	26 114	12 816	13 298
22	30 370	15 906	14 464
23	30 202	15 974	14 228
24	31 459	17 589	13 870
25	43 904	26 882	17 022
26	34 466	20 584	13 882
27	36 770	22 748	14 022
28	37 940	23 744	14 196
29	34 176	21 037	13 139
30	49 443	32 248	17 195
31	31 616	19 489	12 127
32	34 960	22 591	12 369
33	30 268	19 332	10 936
34	27 436	17 317	10 119
35	42 655	28 631	14 024
36	24 545	15 385	9 160
37	25 358	15 995	9 363
38	23 865	15 367	8 498
39	21 138	13 088	8 050
40	32 572	21 414	11 158
41	16 995	11 136	5 859
42	17 487	11 560	5 927
43	15 962	10 538	5 424
44	15 064	10 160	4 904
45	24 839	16 857	7 982
46	12 279	8 243	4 036
47	12 088	8 236	3 852
48	12 187	8 307	3 880
49	11 045	7 305	3 740
50	17 179	11 345	5 834
51	7 741	5 430	2 311
52	7 600	5 267	2 333
53	7 024	4 770	2 254
54	6 680	4 556	2 124
55	10 273	6 631	3 642
56	4 654	3 313	1 341
57	4 541	3 191	1 350
58	4 106	2 726	1 380
59	3 749	2 376	1 373
60	6 525	3 747	2 778
61	2 313	1 482	831
62	2 132	1 351	781
63	2 140	1 289	851
64	2 061	1 171	890
65	4 091	1 967	2 124
66	1 306	793	513
67	1 267	720	547
68	1 202	685	517
69	1 041	580	461
70	2 632	1 225	1 407
71	722	418	304
72	725	421	304
73	810	438	372
74	753	393	360
75	1 633	739	894
76	376	207	169
77	361	199	162
78	350	183	167
79	321	167	154
80	898	375	523
81	192	97	95
82	191	90	101
83	244	112	132
84	231	107	124
85 plus	1 510	733	777
Unknown–Inconnu	–	–	–

26. Population by sex and single years of age: each census, 1976 – 1988 (continued)

Population selon le sexe et l'année d'âge: chaque recensement, 1976 – 1988 (suite)

(See notes at end of table. – Voir notes à la fin du tableau.)

Continent, country or area, date and age (in years) Continent, pays ou zone, date et âge (en années)	Both sexes Les deux sexes	Male Masculin	Female Féminin
ASIA – ASIE(cont.–suite)			
Malaysia – Malaisie Peninsular Malaysia – Malaisie Péninsulaire			
10 VI 1980			
Total	10 944 844	5 469 334	5 475 510
0	265 527	136 432	129 095
1	301 490	154 744	146 746
2	295 083	151 218	143 865
3	303 322	154 929	148 393
4	294 340	150 778	143 562
5	295 243	150 600	144 643
6	290 580	148 637	141 943
7	284 028	145 091	138 937
8	289 226	147 645	141 581
9	293 614	149 832	143 782
10	268 263	137 012	131 251
11	271 477	138 148	133 329
12	275 101	139 777	135 324
13	267 170	135 430	131 740
14	277 953	141 005	136 948
15	262 297	131 739	130 558
16	261 798	131 117	130 681
17	252 243	125 065	127 178
18	243 511	119 175	124 336
19	234 299	113 568	120 731
20	231 000	111 315	119 685
21	210 692	100 673	110 019
22	209 172	99 459	109 713
23	201 418	96 350	105 068
24	200 105	95 867	104 238
25	192 842	93 086	99 756
26	183 326	88 184	95 142
27	177 282	85 785	91 497
28	173 982	84 617	89 365
29	154 781	75 958	78 823
30	174 253	86 363	87 890
31	152 806	75 997	76 809
32	149 797	75 475	74 322
33	144 518	72 651	71 867
34	120 171	61 725	58 446
35	113 254	57 669	55 585
36	114 148	57 446	56 702
37	113 559	57 621	55 938
38	109 405	55 687	53 718
39	107 107	54 202	52 905
40	124 672	63 680	60 992
41	101 983	51 717	50 266
42	108 181	54 970	53 211
43	96 994	49 177	47 817
44	98 551	49 043	49 508
45	99 780	49 504	50 276
46	79 612	38 990	40 622
47	73 315	36 031	37 284
48	70 825	34 959	35 866
49	70 469	34 425	36 044
50	91 611	44 913	46 698
51	75 879	36 330	39 549
52	73 239	35 445	37 794
53	55 659	29 368	26 291
54	55 041	28 553	26 488
55	58 634	30 335	28 299
56	70 645	32 912	37 733
57	56 687	25 894	30 793
58	40 586	20 568	20 018
59	42 086	21 149	20 937
60	62 689	30 594	32 095
61	57 532	27 258	30 274
62	49 720	22 986	26 734
63	29 219	15 366	13 853
64	28 179	14 463	13 716
65	33 577	16 858	16 719
66	41 305	20 468	20 837
67	37 795	17 947	19 848
68	24 565	12 481	12 084
69	24 268	12 600	11 668
70	37 722	18 788	18 934
71	33 252	16 047	17 205
72	29 475	13 874	15 601
73	13 939	7 352	6 587
74	13 723	7 144	6 579
75	15 235	7 616	7 619
76	17 485	8 945	8 540
77	14 968	7 584	7 384
78	9 570	4 902	4 668
79	9 347	4 737	4 610
80	13 672	6 467	7 205
81	8 415	3 984	4 431
82	6 879	2 986	3 893
83	2 950	1 347	1 603
84	2 710	1 237	1 473
85 plus	22 021	9 268	12 753
Unknown–Inconnu	–	–	–

26. Population by sex and single years of age: each census, 1976 – 1988 (continued)

Population selon le sexe et l'année d'âge: chaque recensement, 1976 – 1988 (suite)

(See notes at end of table. – Voir notes à la fin du tableau.)

Continent, country or area, date and age (in years) Continent, pays ou zone, date et âge (en années)	Both sexes Les deux sexes	Male Masculin	Female Féminin
ASIA – ASIE(cont.–suite)			
Malaysia – Malaisie Sabah			
11 VI 1980			
Total	955 712	499 345	456 367
0	24 543	12 691	11 852
1	32 054	16 469	15 585
2	32 528	16 707	15 821
3	30 731	15 683	15 048
4	31 207	15 899	15 308
5	30 064	15 427	14 637
6	30 241	15 494	14 747
7	28 504	14 607	13 897
8	28 642	14 824	13 818
9	27 637	14 277	13 360
10	25 024	12 857	12 167
11	22 311	11 605	10 706
12	24 041	12 455	11 586
13	21 002	10 792	10 210
14	20 811	10 467	10 344
15	20 741	10 335	10 406
16	20 671	10 066	10 605
17	19 558	9 555	10 003
18	22 331	11 100	11 231
19	19 539	9 654	9 885
20	24 927	12 741	12 186
21	20 612	10 660	9 952
22	21 046	10 815	10 231
23	18 208	9 417	8 791
24	17 722	9 202	8 520
25	20 132	11 040	9 092
26	15 686	8 458	7 228
27	14 610	7 886	6 724
28	16 460	8 860	7 600
29	13 370	7 188	6 182
30	18 880	10 488	8 392
31	9 530	5 190	4 340
32	11 616	6 259	5 357
33	7 740	4 063	3 677
34	7 973	4 252	3 721
35	12 385	6 819	5 566
36	8 639	4 752	3 887
37	9 438	5 088	4 350
38	10 627	5 875	4 752
39	8 858	4 827	4 031
40	13 874	7 709	6 165
41	7 063	3 852	3 211
42	9 511	5 053	4 458
43	6 363	3 380	2 983
44	5 843	3 125	2 718
45	9 928	5 492	4 436
46	5 972	3 287	2 685
47	7 792	4 128	3 664
48	5 588	3 147	2 441
49	4 808	2 733	2 075
50	7 711	4 356	3 355
51	3 786	2 106	1 680
52	5 857	3 219	2 638
53	3 539	2 024	1 515
54	3 602	2 024	1 578
55	4 813	2 654	2 159
56	3 996	2 199	1 797
57	4 840	2 488	2 352
58	3 219	1 776	1 443
59	2 720	1 523	1 197
60	5 422	2 797	2 625
61	2 366	1 283	1 083
62	3 604	1 955	1 649
63	2 011	1 115	896
64	1 597	896	701
65	2 469	1 309	1 160
66	1 676	897	779
67	2 448	1 311	1 137
68	1 281	692	589
69	1 018	585	433
70	1 934	985	949
71	803	470	333
72	1 133	599	534
73	685	390	295
74	552	311	241
75	681	346	335
76	517	283	234
77	895	461	434
78	457	234	223
79	424	240	184
80	609	291	318
81	155	58	97
82	204	89	115
83	113	63	50
84	121	56	65
85 plus	1 073	510	563
Unknown–Inconnu	–	–	–

26. Population by sex and single years of age: each census, 1976 – 1988 (continued)

Population selon le sexe et l'année d'âge: chaque recensement, 1976 – 1988 (suite)

(See notes at end of table. – Voir notes à la fin du tableau.)

Continent, country or area, date and age (in years) Continent, pays ou zone, date et âge (en années)	Both sexes Les deux sexes	Male Masculin	Female Féminin
ASIA – ASIE(cont.–suite)			
Malaysia – Malaisie Sarawak			
10 VI 1980			
Total	1 235 553	620 077	615 476
0	29 533	15 243	14 290
1	34 238	17 702	16 536
2	34 363	17 648	16 715
3	35 665	18 368	17 297
4	34 940	17 986	16 954
5	35 256	18 245	17 011
6	36 818	18 809	18 009
7	37 874	19 409	18 465
8	37 429	19 076	18 353
9	37 626	19 439	18 187
10	33 914	17 362	16 552
11	32 255	16 788	15 467
12	32 897	16 933	15 964
13	30 910	15 762	15 148
14	30 407	15 337	15 070
15	30 096	14 820	15 276
16	28 319	13 827	14 492
17	27 533	13 375	14 158
18	27 192	13 277	13 915
19	23 336	11 040	12 296
20	25 196	11 727	13 469
21	22 220	10 354	11 866
22	21 649	10 317	11 332
23	20 678	9 834	10 844
24	20 488	10 048	10 440
25	21 509	10 567	10 942
26	20 555	10 136	10 419
27	19 254	9 568	9 686
28	19 374	9 741	9 633
29	15 271	7 681	7 590
30	18 962	9 594	9 368
31	14 971	7 322	7 649
32	16 021	7 856	8 165
33	13 746	6 778	6 968
34	13 760	6 827	6 933
35	15 412	7 793	7 619
36	12 722	6 500	6 222
37	12 131	6 213	5 918
38	12 934	6 585	6 349
39	10 684	5 431	5 253
40	14 952	7 514	7 438
41	9 678	4 854	4 824
42	9 630	4 836	4 794
43	7 858	3 973	3 885
44	8 888	4 441	4 447
45	12 104	5 825	6 279
46	8 575	4 038	4 537
47	7 823	3 702	4 121
48	9 377	4 435	4 942
49	7 386	3 601	3 785
50	13 948	6 739	7 209
51	6 637	3 349	3 288
52	6 290	3 223	3 067
53	6 202	3 073	3 129
54	5 753	2 976	2 777
55	9 352	4 545	4 807
56	6 293	3 162	3 131
57	4 956	2 536	2 420
58	5 947	2 935	3 012
59	5 074	2 533	2 541
60	12 167	6 016	6 151
61	4 808	2 390	2 418
62	3 843	2 003	1 840
63	3 451	1 780	1 671
64	3 137	1 679	1 458
65	5 776	3 035	2 741
66	3 412	1 836	1 576
67	2 708	1 481	1 227
68	3 225	1 646	1 579
69	2 643	1 435	1 208
70	6 361	3 145	3 216
71	2 404	1 277	1 127
72	1 739	949	790
73	1 469	788	681
74	1 372	762	610
75	2 430	1 309	1 121
76	1 329	731	598
77	921	507	414
78	1 019	561	458
79	945	497	448
80	2 096	972	1 124
81	530	273	257
82	315	174	141
83	260	124	136
84	209	114	95
85 plus	2 123	985	1 138
Unknown–Inconnu	–	–	–

26. Population by sex and single years of age: each census, 1976 – 1988 (continued)

Population selon le sexe et l'année d'âge: chaque recensement, 1976 – 1988 (suite)

(See notes at end of table. – Voir notes à la fin du tableau.)

Continent, country or area, date and age (in years) / Continent, pays ou zone, date et âge (en années)	Both sexes / Les deux sexes	Male / Masculin	Female / Féminin
ASIA – ASIE(cont.–suite)			
Maldives			
25 III 1985			
Total	180 088	93 482	86 606
0	7 953	4 052	3 901
1	6 155	3 062	3 093
2	5 922	3 015	2 907
3	6 548	3 190	3 358
4	6 342	3 285	3 057
5	6 282	3 218	3 064
6	4 743	2 389	2 354
7	4 882	2 486	2 396
8	5 277	2 763	2 514
9	4 866	2 427	2 439
10	4 945	2 614	2 331
11	4 262	2 206	2 056
12	4 514	2 424	2 090
13	4 213	2 129	2 084
14	4 348	2 290	2 058
15	4 175	2 193	1 982
16	4 263	2 162	2 101
17	4 019	1 895	2 124
18	4 580	2 247	2 333
19	3 757	1 825	1 932
20	4 136	2 026	2 110
21	3 375	1 672	1 703
22	4 027	1 940	2 087
23	3 074	1 508	1 566
24	2 919	1 519	1 400
25	3 802	1 942	1 860
26	2 497	1 221	1 276
27	2 244	1 126	1 118
28	2 392	1 240	1 152
29	1 601	841	760
30	3 440	1 784	1 656
31	1 064	610	454
32	1 428	750	678
33	1 127	573	554
34	1 195	604	591
35	2 272	1 259	1 013
36	1 186	584	602
37	972	497	475
38	1 397	737	660
39	893	465	428
40	2 880	1 489	1 391
41	686	383	303
42	1 043	564	479
43	909	499	410
44	1 027	515	512
45	2 723	1 474	1 249
46	1 257	656	601
47	1 016	568	448
48	1 602	904	698
49	962	542	420
50	2 895	1 492	1 403
51	647	377	270
52	988	599	389
53	818	469	349
54	884	531	353
55	1 329	794	535
56	887	514	373
57	612	380	232
58	856	537	319
59	500	340	160
60	2 256	1 185	1 071
61	365	222	143
62	461	285	176
63	431	258	173
64	376	237	139
65	616	361	255
66	340	215	125
67	267	170	97
68	353	231	122
69	215	127	88
70	834	467	367
71	130	85	45
72	165	104	61
73	118	81	37
74	98	66	32
75	222	151	71
76	84	54	30
77	62	43	19
78	94	58	36
79	48	34	14
80	321	213	108
81	53	29	24
82	45	29	16
83	30	23	7
84	36	25	11
85 plus	352	255	97
Unknown–Inconnu	108	77	31

26. Population by sex and single years of age: each census, 1976 – 1988 (continued)

Population selon le sexe et l'année d'âge: chaque recensement, 1976 – 1988 (suite)

(See notes at end of table. – Voir notes à la fin du tableau.)

Continent, country or area, date and age (in years) Continent, pays ou zone, date et âge (en années)	Both sexes Les deux sexes	Male Masculin	Female Féminin
ASIA – ASIE (cont.–suite)			
Myanmar [29]			
31 III 1983 [30]			
Total	34 124 908	16939593	17185315
0	751 849	378 455	373 394
1	943 785	474 977	468 808
2	934 548	469 523	465 025
3	945 105	478 840	466 265
4	926 647	466 031	460 616
5	938 776	475 623	463 153
6	913 895	461 168	452 727
7	848 102	431 431	416 671
8	902 584	448 834	453 750
9	785 684	399 267	386 417
10	970 495	493 502	476 993
11	737 281	376 202	361 079
12	941 510	481 885	459 625
13	804 465	415 543	388 922
14	814 919	411 824	403 095
15	802 079	406 958	395 121
16	773 659	381 991	391 668
17	705 729	350 030	355 699
18	827 213	397 001	430 212
19	626 755	308 434	318 321
20	880 807	420 774	460 033
21	527 500	262 149	265 351
22	664 810	325 070	339 740
23	616 730	307 788	308 942
24	596 477	294 363	302 114
25	728 096	359 195	368 901
26	528 445	262 207	266 238
27	536 354	268 570	267 784
28	546 896	264 625	282 271
29	423 754	209 238	214 516
30	689 598	339 250	350 348
31	344 490	173 740	170 750
32	409 980	200 755	209 225
33	374 606	187 043	187 563
34	334 291	166 385	167 906
35	522 180	265 923	256 257
36	318 751	159 209	159 542
37	291 976	147 145	144 831
38	307 439	149 683	157 756
39	228 285	113 217	115 068
40	440 516	208 007	232 509
41	209 569	104 475	105 094
42	276 954	135 363	141 591
43	259 800	123 710	136 090
44	292 681	145 064	147 617
45	432 609	213 292	219 317
46	239 985	118 983	121 002
47	246 884	123 589	123 295
48	284 466	137 153	147 313
49	209 815	102 816	106 999
50	443 855	213 339	230 516
51	184 821	91 649	93 172
52	231 846	115 698	116 148
53	222 084	108 566	113 518
54	216 546	104 970	111 576
55	295 482	143 768	151 714
56	214 376	107 412	106 964
57	164 276	81 460	82 816
58	182 083	87 418	94 665
59	139 183	69 757	69 426
60	320 770	152 768	168 002
61	108 801	53 097	55 704
62	144 930	70 737	74 193
63	133 149	63 777	69 372
64	122 684	58 563	64 121
65	178 654	84 083	94 571
66	89 230	42 973	46 257
67	112 821	54 654	58 167
68	88 951	41 406	47 545
69	65 825	30 846	34 979
70	179 137	81 398	97 739
71	53 384	25 563	27 821
72	63 343	29 947	33 396
73	65 133	30 252	34 881
74	55 226	25 555	29 671
75	78 310	36 308	42 002
76	40 033	18 520	21 513
77	33 674	15 507	18 167
78	40 511	18 505	22 006
79	22 280	10 138	12 142
80	56 530	23 888	32 642
81	15 554	6 984	8 570
82	18 560	8 197	10 363
83	16 032	7 132	8 900
84	13 790	6 080	7 710
85 plus	53 220	22 378	30 842
Unknown–Inconnu	–	–	–

26. Population by sex and single years of age: each census, 1976 – 1988 (continued)

Population selon le sexe et l'année d'âge: chaque recensement, 1976 – 1988 (suite)

(See notes at end of table. – Voir notes à la fin du tableau.)

Continent, country or area, date and age (in years) / Continent, pays ou zone, date et âge (en années)	Both sexes / Les deux sexes	Male / Masculin	Female / Féminin
ASIA – ASIE(cont.–suite)			
Pakistan [31]			
1 III 1981			
Total	84 253 644	44232677	40020967
0	2 430 485	1 207 986	1 222 499
1	1 863 212	851 267	1 011 945
2	2 866 242	1 400 264	1 465 978
3	2 818 589	1 383 608	1 434 981
4	2 969 850	1 491 197	1 478 653
5	2 907 209	1 498 106	1 409 103
6	3 084 271	1 584 837	1 499 434
7	2 322 268	1 197 018	1 125 250
8	3 444 053	1 816 811	1 627 242
9	1 727 253	906 628	820 625
10	3 411 364	1 852 468	1 558 896
11	1 280 829	692 385	588 444
12	3 018 328	1 690 545	1 327 783
13	1 470 567	798 947	671 620
14	1 902 114	1 020 107	882 007
15	1 783 374	997 526	785 848
16	1 957 439	1 037 899	919 540
17	913 139	491 460	421 679
18	2 572 959	1 394 691	1 178 268
19	720 418	406 234	314 184
20	2 944 139	1 372 131	1 572 008
21	594 439	340 975	253 464
22	1 598 901	872 289	726 612
23	701 228	389 910	311 318
24	721 353	382 529	338 824
25	2 916 893	1 534 280	1 382 613
26	731 779	411 095	320 684
27	526 864	293 348	233 516
28	1 201 064	608 926	592 138
29	229 175	122 821	106 354
30	3 090 977	1 576 081	1 514 896
31	177 003	98 619	78 384
32	851 238	434 847	416 391
33	340 627	191 501	149 126
34	271 394	147 823	123 571
35	2 753 037	1 446 036	1 307 001
36	418 227	224 945	193 282
37	301 269	116 877	184 392
38	664 922	312 387	352 535
39	163 302	72 594	90 708
40	2 964 270	1 529 905	1 434 365
41	130 743	72 645	58 098
42	537 806	221 528	316 278
43	205 399	105 807	99 592
44	120 149	56 034	64 115
45	2 300 467	1 215 968	1 084 499
46	183 903	94 248	89 655
47	131 470	71 163	60 307
48	448 318	224 777	223 541
49	82 509	44 024	38 485
50	2 484 397	1 354 822	1 129 575
51	89 548	54 203	35 345
52	245 097	133 493	111 604
53	129 621	87 081	42 540
54	80 262	44 888	35 374
55	1 229 619	654 072	575 547
56	116 774	66 010	50 764
57	62 161	34 586	27 575
58	193 927	102 377	91 550
59	38 353	22 194	16 159
60	1 957 918	1 138 105	819 813
61	54 837	35 258	19 579
62	114 066	64 111	49 955
63	96 368	69 342	27 026
64	32 748	19 720	13 028
65	821 312	463 183	358 129
66	37 767	22 935	14 832
67	30 276	18 029	12 247
68	90 386	51 592	38 794
69	22 817	11 045	11 772
70	1 031 346	595 819	435 527
71	27 963	17 475	10 488
72	56 132	31 009	25 123
73	46 071	34 788	11 283
74	13 629	8 729	4 900
75 plus	1 383 421	791 714	591 707
Unknown–Inconnu	–	–	–

26. Population by sex and single years of age: each census, 1976 – 1988 (continued)

Population selon le sexe et l'année d'âge: chaque recensement, 1976 – 1988 (suite)

(See notes at end of table. – Voir notes à la fin du tableau.)

Continent, country or area, date and age (in years) Continent, pays ou zone, date et âge (en années)	Both sexes Les deux sexes	Male Masculin	Female Féminin
ASIA – ASIE(cont.–suite)			
Qatar			
16 III 1986			
Total*	369 079	247 846	121 233
0	8 161	4 143	4 018
1	7 843	3 953	3 890
2	8 496	4 354	4 142
3	8 548	4 360	4 188
4	8 106	4 155	3 951
5 – 9	34 643	17 774	16 869
10 – 14	26 654	13 871	12 783
15 – 19	22 603	12 323	10 280
20 – 24	32 537	22 098	10 439
25 – 29	53 146	41 620	11 526
30 – 34	54 214	40 974	13 240
35 – 39	39 949	30 127	9 822
40 – 44	25 063	19 219	5 844
45 – 49	16 451	12 728	3 723
50 – 54	10 144	7 686	2 458
55 – 59	5 236	3 845	1 391
60 – 64	3 203	2 177	1 026
65 – 69	1 594	1 009	585
70 – 74	1 036	569	467
75 – 79	504	286	218
80 plus	855	502	353
Unknown–Inconnu	93	73	20

26. Population by sex and single years of age: each census, 1976 – 1988 (continued)

Population selon le sexe et l'année d'âge: chaque recensement, 1976 – 1988 (suite)

(See notes at end of table. – Voir notes à la fin du tableau.)

Continent, country or area, date and age (in years) Continent, pays ou zone, date et âge (en années)	Both sexes Les deux sexes	Male Masculin	Female Féminin
ASIA – ASIE(cont.–suite)			
Turkey – Turquie			
20 X 1985			
Total	50 664 458	25671975	24992483
0	1 014 611	518 255	496 356
1	986 730	508 869	477 861
2	1 259 624	646 006	613 618
3	1 369 829	694 193	675 636
4	1 446 407	745 201	701 206
5	1 474 920	758 597	716 323
6	1 213 009	621 639	591 370
7	1 393 484	716 707	676 777
8	1 401 474	715 303	686 171
9	1 256 574	644 977	611 597
10	1 350 973	697 177	653 796
11	1 157 524	601 456	556 068
12	1 267 012	660 162	606 850
13	1 248 270	647 837	600 433
14	1 169 697	604 065	565 632
15	1 228 872	630 785	598 087
16	1 093 045	551 495	541 550
17	1 028 872	520 369	508 503
18	1 094 179	526 035	568 144
19	962 496	515 897	446 599
20	1 302 357	628 248	674 109
21	844 391	452 591	391 800
22	909 665	456 266	453 399
23	925 971	482 589	443 382
24	802 096	414 358	387 738
25	1 156 224	555 995	600 229
26	760 470	396 232	364 238
27	696 498	357 879	338 619
28	699 416	349 496	349 920
29	728 154	396 585	331 569
30	1 090 326	506 129	584 197
31	589 578	329 999	259 579
32	628 378	331 064	297 314
33	588 527	307 507	281 020
34	477 597	249 205	228 392
35	908 547	442 076	466 471
36	519 768	274 022	245 746
37	479 408	244 410	234 998
38	499 107	248 575	250 532
39	379 741	204 513	175 228
40	734 017	320 972	413 045
41	350 101	192 509	157 592
42	385 101	198 392	186 709
43	412 538	216 205	196 333
44	326 399	170 139	156 260
45	648 474	290 295	358 179
46	336 191	177 619	158 572
47	364 945	186 958	177 987
48	367 871	184 068	183 803
49	291 128	152 502	138 626
50	592 471	224 725	367 746
51	304 505	177 778	126 727
52	448 592	254 403	194 189
53	394 057	217 831	176 226
54	302 967	164 421	138 546
55	558 673	249 555	309 118
56	290 616	153 689	136 927
57	271 810	141 195	130 615
58	295 668	152 238	143 430
59	232 302	127 759	104 543
60	486 401	203 088	283 313
61	173 392	99 247	74 145
62	168 153	91 076	77 077
63	173 397	92 965	80 432
64	128 843	69 437	59 406
65	299 652	120 489	179 163
66	108 030	54 906	53 124
67	95 378	47 388	47 990
68	97 416	45 964	51 452
69	76 912	41 111	35 801
70	277 409	106 457	170 952
71	96 763	54 540	42 223
72	106 552	57 305	49 247
73	100 660	52 398	48 262
74	85 625	43 828	41 797
75	177 708	72 146	105 562
76	74 039	35 139	38 900
77	57 546	28 758	28 788
78	53 027	24 487	28 540
79	32 202	15 239	16 963
80	115 007	39 646	75 361
81	36 278	18 191	18 087
82	32 928	16 194	16 734
83	29 409	13 989	15 420
84	24 388	11 290	13 098
85 plus	148 979	55 577	93 402
Unknown–Inconnu	96 117	55 103	41 014

26. Population by sex and single years of age: each census, 1976 – 1988 (continued)

Population selon le sexe et l'année d'âge: chaque recensement, 1976 – 1988 (suite)

(See notes at end of table. – Voir notes à la fin du tableau.)

Continent, country or area, date and age (in years) Continent, pays ou zone, date et âge (en années)	Both sexes Les deux sexes	Male Masculin	Female Féminin	Continent, country or area, date and age (in years) Continent, pays ou zone, date et âge (en années)	Both sexes Les deux sexes	Male Masculin	Female Féminin
EUROPE							
Austria – Autriche							
12 V 1981 [1]							
Total	7 555 338	3 572 426	3 982 912				
0	92 432	47 367	45 065	50	88 382	44 248	44 134
1	86 361	44 330	42 031	51	88 212	43 810	44 402
2	84 290	43 165	41 125	52	88 226	43 680	44 546
3	83 674	42 841	40 833	53	86 641	41 875	44 766
4	84 655	43 448	41 207	54	86 620	40 092	46 528
5	88 688	45 334	43 354	55	88 868	38 793	50 075
6	93 393	47 603	45 790	56	89 581	37 364	52 217
7	93 682	47 807	45 875	57	89 803	36 479	53 324
8	98 495	50 320	48 175	58	90 702	36 502	54 200
9	104 845	53 346	51 499	59	92 410	37 062	55 348
10	109 151	55 809	53 342	60	86 570	34 576	51 994
11	116 179	59 536	56 643	61	80 166	31 823	48 343
12	122 464	62 536	59 928	62	51 074	20 441	30 633
13	125 621	64 326	61 295	63	42 791	17 391	25 400
14	126 634	64 430	62 204	64	47 063	18 749	28 314
15	126 936	64 861	62 075	65	49 222	19 432	29 790
16	132 275	67 233	65 042	66	73 339	28 645	44 694
17	133 065	67 233	65 832	67	75 451	29 766	45 685
18	134 101	67 709	66 392	68	77 458	30 457	47 001
19	131 805	66 724	65 081	69	74 483	29 443	45 040
20	128 358	64 775	63 583	70	72 802	28 043	44 759
21	123 640	62 145	61 495	71	71 660	27 116	44 544
22	119 859	60 177	59 682	72	67 453	25 402	42 051
23	118 378	59 665	58 713	73	64 237	23 880	40 357
24	116 389	58 141	58 248	74	62 784	22 793	39 991
25	110 995	55 379	55 616	75	57 648	21 179	36 469
26	104 715	52 222	52 493	76	53 796	19 441	34 355
27	101 475	50 760	50 715	77	49 806	17 569	32 237
28	100 911	50 647	50 264	78	45 769	15 584	30 185
29	99 560	49 943	49 617	79	42 640	14 130	28 510
30	100 368	50 476	49 892	80	35 940	11 488	24 452
31	102 409	51 979	50 430	81	31 920	9 820	22 100
32	108 315	54 657	53 658	82	27 435	8 219	19 216
33	110 519	56 058	54 461	83	22 975	6 544	16 431
34	107 685	54 890	52 795	84	19 266	5 278	13 988
35	74 241	37 380	36 861	85 plus	69 910	17 455	52 455
36	94 118	47 237	46 881	Unknown–Inconnu	–	–	–
37	103 798	52 174	51 624				
38	99 842	50 442	49 400				
39	114 783	58 123	56 660				
40	117 508	59 284	58 224				
41	130 528	65 925	64 603				
42	97 950	49 593	48 357				
43	79 158	40 093	39 065				
44	77 337	39 198	38 139				
45	76 229	38 137	38 092				
46	76 722	38 316	38 406				
47	79 912	40 046	39 866				
48	82 422	41 141	41 281				
49	85 365	42 896	42 469				

26. Population by sex and single years of age: each census, 1976 – 1988 (continued)

Population selon le sexe et l'année d'âge: chaque recensement, 1976 – 1988 (suite)

(See notes at end of table. – Voir notes à la fin du tableau.)

Continent, country or area, date and age (in years) Continent, pays ou zone, date et âge (en années)	Both sexes Les deux sexes	Male Masculin	Female Féminin
EUROPE(cont.–suite)			
Channel Islands – Iles Anglo–Normandes Guernsey – Guernesey			
23 III 1986			
Total	55 482	26 859	28 623
0	636	329	307
1	610	317	293
2	631	321	310
3	626	322	304
4	651	360	291
5	628	336	292
6	629	308	321
7	611	314	297
8	595	305	290
9	596	292	304
10	593	293	300
11	701	378	323
12	701	352	349
13	791	408	383
14	768	401	367
15	876	451	425
16	850	425	425
17	784	408	376
18	811	386	425
19	871	423	448
20	890	462	428
21	954	487	467
22	930	458	472
23	864	419	445
24	843	426	417
25	806	388	418
26	844	416	428
27	775	398	377
28	808	396	412
29	743	374	369
30	759	399	360
31	799	430	369
32	748	368	380
33	812	391	421
34	739	370	369
35	822	404	418
36	880	423	457
37	864	404	460
38	909	453	456
39	1 068	545	523
40	679	336	343
41	741	372	369
42	683	337	346
43	590	281	309
44	567	300	267
45	623	308	315
46	721	360	361
47	730	381	349
48	640	331	309
49	693	348	345
50	596	305	291
51	631	318	313
52	622	308	314
53	643	319	324
54	622	296	326
55	669	318	351
56	635	318	317
57	605	280	325
58	602	280	322
59	584	266	318
60	580	277	303
61	625	286	339
62	643	303	340
63	541	247	294
64	594	278	316
65	605	267	338
66	638	304	334
67	423	196	227
68	438	214	224
69	480	216	264
70	477	196	281
71	538	232	306
72	452	201	251
73	491	205	286
74	447	185	262
75	423	179	244
76	393	178	215
77	363	146	217
78	326	123	203
79	302	116	186
80	328	123	205
81	263	95	168
82	235	79	156
83	216	65	151
84	186	53	133
85 plus	783	193	590
Unknown–Inconnu	–	–	–

26. Population by sex and single years of age: each census, 1976 – 1988 (continued)

Population selon le sexe et l'année d'âge: chaque recensement, 1976 – 1988 (suite)

(See notes at end of table. – Voir notes à la fin du tableau.)

Continent, country or area, date and age (in years) Continent, pays ou zone, date et âge (en années)	Both sexes Les deux sexes	Male Masculin	Female Féminin	Continent, country or area, date and age (in years) Continent, pays ou zone, date et âge (en années)	Both sexes Les deux sexes	Male Masculin	Female Féminin
EUROPE(cont.–suite)							
Channel Islands – Iles Anglo–Normandes Jersey							
23 III 1986							
Total	80 212	38 751	41 461				
0	877	482	395	50	979	509	470
1	864	420	444	51	948	488	460
2	839	424	415	52	889	449	440
3	804	420	384	53	851	427	424
4	793	393	400	54	813	416	397
5	808	384	424	55	862	427	435
6	836	427	409	56	835	414	421
7	790	395	395	57	797	360	437
8	778	374	404	58	757	377	380
9	733	362	371	59	804	435	369
10	795	426	369	60	800	387	413
11	831	381	450	61	825	428	397
12	801	410	391	62	744	345	399
13	802	406	396	63	785	388	397
14	946	503	443	64	740	346	394
15	974	519	455	65	801	327	474
16	999	511	488	66	706	307	399
17	1 003	537	466	67	584	238	346
18	1 143	579	564	68	567	255	312
19	1 328	608	720	69	586	276	310
20	1 428	653	775	70	639	267	372
21	1 556	755	801	71	644	271	373
22	1 625	750	875	72	613	269	344
23	1 659	793	866	73	665	293	372
24	1 573	768	805	74	579	228	351
25	1 526	753	773	75	556	225	331
26	1 496	724	772	76	562	234	328
27	1 522	742	780	77	538	214	324
28	1 485	736	749	78	443	162	281
29	1 415	699	716	79	423	145	278
30	1 344	652	692	80	393	146	247
31	1 287	648	639	81	376	114	262
32	1 305	662	643	82	287	95	192
33	1 275	618	657	83	256	84	172
34	1 248	632	616	84	249	76	173
35	1 223	628	595	85 plus	1 068	256	812
36	1 300	635	665	Unknown–Inconnu	–	–	–
37	1 323	696	627				
38	1 374	702	672				
39	1 373	684	689				
40	1 077	540	537				
41	1 120	548	572				
42	1 073	520	553				
43	959	515	444				
44	932	487	445				
45	968	498	470				
46	1 037	535	502				
47	1 016	529	487				
48	982	493	489				
49	1 003	517	486				

26. Population by sex and single years of age: each census, 1976 – 1988 (continued)

Population selon le sexe et l'année d'âge: chaque recensement, 1976 – 1988 (suite)

(See notes at end of table. – Voir notes à la fin du tableau.)

Continent, country or area, date and age (in years) / Continent, pays ou zone, date et âge (en années)	Both sexes / Les deux sexes	Male / Masculin	Female / Féminin
EUROPE(cont.–suite)			
Denmark – Danemark [32]			
1 I 1981 [1]			
Total	5 123 989	2 528 225	2 595 764
0	57 166	29 207	27 959
1	59 450	30 408	29 042
2	62 205	31 830	30 375
3	62 166	31 768	30 398
4	65 637	33 751	31 886
5	72 192	36 689	35 503
6	71 213	36 293	34 920
7	71 532	36 529	35 003
8	75 063	38 218	36 845
9	74 833	38 485	36 348
10	70 822	36 201	34 621
11	71 005	36 511	34 494
12	73 913	38 026	35 887
13	80 519	41 124	39 395
14	87 154	44 648	42 506
15	84 428	43 276	41 152
16	82 317	42 272	40 045
17	81 289	41 581	39 708
18	76 817	39 187	37 630
19	75 424	38 525	36 899
20	75 333	38 439	36 894
21	73 194	37 347	35 847
22	73 846	37 711	36 135
23	74 111	38 011	36 100
24	75 084	38 373	36 711
25	74 941	38 536	36 405
26	73 975	37 770	36 205
27	75 702	38 819	36 883
28	74 583	38 122	36 461
29	73 587	37 852	35 735
30	76 244	38 724	37 520
31	76 060	38 775	37 285
32	80 434	41 215	39 219
33	85 869	43 955	41 914
34	89 010	45 817	43 193
35	86 932	44 815	42 117
36	83 070	42 636	40 434
37	76 756	39 094	37 662
38	72 503	37 051	35 452
39	64 915	33 051	31 864
40	63 223	32 068	31 155
41	60 989	31 135	29 854
42	60 692	30 727	29 965
43	59 290	29 696	29 594
44	57 600	28 900	28 700
45	55 967	28 048	27 919
46	55 334	27 575	27 759
47	53 682	26 922	26 760
48	54 023	26 683	27 340
49	53 573	26 632	26 941
50	54 384	26 860	27 524
51	52 978	26 121	26 857
52	54 944	27 250	27 694
53	54 063	26 640	27 423
54	55 327	27 050	28 277
55	55 561	27 043	28 518
56	56 692	27 632	29 060
57	56 578	27 381	29 197
58	54 911	26 686	28 225
59	58 286	28 040	30 246
60	59 755	28 679	31 076
61	51 019	24 656	26 363
62	52 417	25 211	27 206
63	50 256	23 849	26 407
64	49 701	23 599	26 102
65	48 372	22 813	25 559
66	50 073	23 248	26 825
67	49 113	22 670	26 443
68	48 748	22 544	26 204
69	46 438	21 172	25 266
70	45 213	20 401	24 812
71	44 528	19 766	24 762
72	41 439	18 011	23 428
73	38 345	16 392	21 953
74	36 106	15 174	20 932
75	33 744	13 961	19 783
76	31 773	12 849	18 924
77	29 059	11 555	17 504
78	27 363	10 684	16 679
79	24 840	9 447	15 393
80	22 204	8 345	13 859
81	19 673	7 171	12 502
82	18 067	6 626	11 441
83	15 670	5 624	10 046
84	14 038	4 908	9 130
85 plus	56 644	19 139	37 505
Unknown–Inconnu	–	–	–

26. Population by sex and single years of age: each census, 1976 – 1988 (continued)

Population selon le sexe et l'année d'âge: chaque recensement, 1976 – 1988 (suite)

(See notes at end of table. – Voir notes à la fin du tableau.)

Continent, country or area, date and age (in years) Continent, pays ou zone, date et âge (en années)	Both sexes Les deux sexes	Male Masculin	Female Féminin
EUROPE(cont.–suite)			
Finland – Finlande			
17 XI 1985 [1 3]			
Total	4 910 664	2 377 780	2 532 884
0	62 526	31 869	30 657
1	65 048	33 172	31 876
2	66 839	34 169	32 670
3	66 363	34 114	32 249
4	63 966	32 670	31 296
5	63 485	32 520	30 965
6	63 817	32 416	31 401
7	64 226	32 880	31 346
8	65 536	33 458	32 078
9	66 382	33 969	32 413
10	65 034	33 413	31 621
11	62 022	31 550	30 472
12	56 520	29 083	27 437
13	58 705	30 237	28 468
14	61 063	31 031	30 032
15	63 365	32 302	31 063
16	65 112	33 329	31 783
17	70 333	35 845	34 488
18	73 059	37 297	35 762
19	73 512	37 339	36 173
20	73 824	37 607	36 217
21	75 654	38 618	37 036
22	76 575	39 105	37 470
23	75 671	38 789	36 882
24	75 544	38 620	36 924
25	75 463	38 631	36 832
26	75 642	38 737	36 905
27	73 617	37 636	35 981
28	77 492	39 768	37 724
29	80 119	41 084	39 035
30	79 804	40 924	38 880
31	80 516	40 842	39 674
32	80 299	41 179	39 120
33	83 757	43 124	40 633
34	81 540	42 030	39 510
35	85 283	43 953	41 330
36	88 459	45 799	42 660
37	90 721	46 618	44 103
38	90 764	46 682	44 082
39	89 348	45 831	43 517
40	80 269	41 371	38 898
41	64 848	33 142	31 706
42	62 022	31 698	30 324
43	49 900	25 339	24 561
44	72 753	36 895	35 858
45	51 950	26 150	25 800
46	61 000	30 476	30 524
47	59 360	29 946	29 414
48	55 745	27 848	27 897
49	53 544	26 710	26 834
50	54 044	27 017	27 027
51	51 875	25 649	26 226
52	49 396	24 499	24 897
53	52 235	25 602	26 633
54	53 986	26 684	27 302
55	55 768	26 987	28 781
56	55 159	26 281	28 878
57	54 491	26 050	28 441
58	52 144	24 656	27 488
59	52 092	24 328	27 764
60	51 670	23 579	28 091
61	49 456	21 930	27 526
62	49 696	21 470	28 226
63	46 190	19 278	26 912
64	46 332	19 055	27 277
65	46 399	18 697	27 702
66	33 783	13 677	20 106
67	39 074	15 361	23 713
68	37 877	14 632	23 245
69	35 736	13 647	22 089
70	35 916	13 605	22 311
71	36 689	13 729	22 960
72	34 987	12 800	22 187
73	35 303	12 858	22 445
74	33 428	12 016	21 412
75	31 456	10 928	20 528
76	29 948	10 267	19 681
77	26 908	8 976	17 932
78	24 787	7 960	16 827
79	22 103	6 899	15 204
80	18 874	5 708	13 166
81	16 980	4 949	12 031
82	14 218	4 193	10 025
83	12 649	3 515	9 134
84	10 921	2 955	7 966
85 plus	39 698	9 528	30 170
Unknown–Inconnu	–	–	–

26. Population by sex and single years of age: each census, 1976 – 1988 (continued)

Population selon le sexe et l'année d'âge: chaque recensement, 1976 – 1988 (suite)

(See notes at end of table. – Voir notes à la fin du tableau.)

Continent, country or area, date and age (in years) Continent, pays ou zone, date et âge (en années)	Both sexes Les deux sexes	Male Masculin	Female Féminin
EUROPE(cont.–suite)			
France			
4 III 1982 [33 34 35]			
Total	54 273 200	26492800	27780400
0	127 500	66 560	60 940
1	771 780	395 700	376 080
2	771 680	397 560	374 120
3	743 540	381 060	362 480
4	714 940	365 660	349 280
5	723 760	369 600	354 160
6	714 460	365 260	349 200
7	739 800	377 200	362 600
8	794 280	404 700	389 580
9	848 540	434 220	414 320
10	876 540	452 700	423 840
11	872 160	447 900	424 260
12	856 220	443 460	412 760
13	840 800	431 160	409 640
14	836 980	428 840	408 140
15	844 380	433 340	411 040
16	866 840	444 660	422 180
17	875 260	451 400	423 860
18	896 420	458 380	438 040
19	879 080	443 540	435 540
20	845 920	425 780	420 140
21	857 200	430 660	426 540
22	855 300	428 000	427 300
23	845 000	423 960	421 040
24	828 120	416 440	411 680
25	834 400	418 540	415 860
26	843 340	423 160	420 180
27	835 720	415 620	420 100
28	844 460	423 800	420 660
29	836 780	423 660	413 120
30	858 560	435 140	423 420
31	846 400	424 740	421 660
32	889 900	452 340	437 560
33	882 300	449 300	433 000
34	896 340	460 280	436 060
35	877 940	451 040	426 900
36	843 140	432 520	410 620
37	639 440	328 680	310 760
38	637 600	326 020	311 580
39	625 580	319 060	306 520
40	592 960	303 640	289 320
41	527 040	269 720	257 320
42	569 580	293 780	275 800
43	603 020	305 740	297 280
44	593 400	299 680	293 720
45	596 780	303 220	293 560
46	611 000	310 080	300 920
47	614 020	308 020	306 000
48	633 840	319 220	314 620
49	621 880	313 580	308 300
50	653 900	323 820	330 080
51	642 420	319 120	323 300
52	659 100	326 800	332 300
53	630 700	311 660	319 040
54	625 480	308 040	317 440
55	613 220	301 140	312 080
56	617 520	299 400	318 120
57	625 560	299 980	325 580
58	603 200	289 740	313 460
59	596 440	285 000	311 440
60	589 660	278 760	310 900
61	608 620	283 180	325 440
62	617 340	291 440	325 900
63	369 200	172 580	196 620
64	323 920	148 740	175 180
65	282 480	129 660	152 820
66	259 880	119 100	140 780
67	324 580	144 740	179 840
68	474 380	207 720	266 660
69	468 520	205 520	263 000
70	465 560	200 920	264 640
71	424 780	181 820	242 960
72	433 060	181 400	251 660
73	412 940	170 340	242 600
74	408 760	166 060	242 700
75	376 920	149 800	227 120
76	361 200	141 000	220 200
77	342 320	134 480	207 840
78	322 220	120 380	201 840
79	297 100	108 720	188 380
80	285 040	101 180	183 860
81	254 580	90 320	164 260
82	218 200	73 800	144 400
83	193 680	62 600	131 080
84	168 440	52 560	115 880
85 plus	740 360	182 960	557 400

26. Population by sex and single years of age: each census, 1976 – 1988 (continued)

Population selon le sexe et l'année d'âge: chaque recensement, 1976 – 1988 (suite)

(See notes at end of table. – Voir notes à la fin du tableau.)

Continent, country or area, date and age (in years) Continent, pays ou zone, date et âge (en années)	Both sexes Les deux sexes	Male Masculin	Female Féminin
EUROPE(cont.–suite)			
Greece – Grèce			
5 IV 1981 [8 36]			
Total	9 739 589	4 779 571	4 960 018
0	187 477	97 607	89 870
1	148 691	76 242	72 449
2	147 191	75 695	71 496
3	142 883	73 681	69 202
4	151 940	77 450	74 490
5	149 313	77 627	71 686
6	153 939	78 654	75 285
7	144 588	74 035	70 553
8	150 806	77 700	73 106
9	147 720	75 275	72 445
10	151 384	77 444	73 940
11	154 858	79 663	75 195
12	158 408	81 621	76 787
13	162 674	83 153	79 521
14	155 425	80 059	75 366
15	152 052	78 512	73 540
16	147 610	75 646	71 964
17	139 915	71 109	68 806
18	139 579	69 125	70 454
19	141 169	73 515	67 654
20	150 080	75 739	74 341
21	142 578	72 033	70 545
22	140 019	69 785	70 234
23	136 831	68 107	68 724
24	140 450	68 672	71 778
25	136 737	67 180	69 557
26	135 177	67 365	67 812
27	125 471	63 040	62 431
28	134 371	67 163	67 208
29	131 118	65 868	65 250
30	134 293	67 242	67 051
31	115 716	58 262	57 454
32	125 941	60 787	65 154
33	136 254	66 680	69 574
34	141 020	69 199	71 821
35	133 862	65 505	68 357
36	119 917	58 223	61 694
37	97 979	49 382	48 597
38	104 368	51 067	53 301
39	98 434	48 133	50 301
40	141 269	66 524	74 745
41	121 764	60 248	61 516
42	133 889	63 459	70 430
43	123 266	60 359	62 907
44	139 143	65 130	74 013
45	139 051	67 307	71 744
46	137 386	67 136	70 250
47	131 552	65 424	66 128
48	131 607	64 438	67 169
49	124 496	66 243	58 253
50	151 486	71 981	79 505
51	123 569	62 365	61 204
52	137 500	66 442	71 058
53	122 246	60 369	61 877
54	134 655	64 969	69 686
55	118 994	57 073	61 921
56	100 839	47 717	53 122
57	90 449	45 238	45 211
58	98 593	42 691	55 902
59	80 142	42 312	37 830
60	107 839	48 537	59 302
61	65 628	33 325	32 303
62	79 689	34 063	45 626
63	78 227	37 241	40 986
64	78 531	35 751	42 780
65	93 234	43 119	50 115
66	86 024	39 971	46 053
67	74 925	37 697	37 228
68	104 269	43 916	60 353
69	70 154	34 297	35 857
70	100 431	40 019	60 412
71	63 995	32 360	31 635
72	68 823	31 620	37 203
73	60 658	28 988	31 670
74	62 755	27 952	34 803
75	65 339	26 409	38 930
76	52 044	24 468	27 576
77	45 214	21 058	24 156
78	42 430	18 927	23 503
79	36 655	15 721	20 934
80	57 600	19 368	38 232
81	19 270	10 117	9 153
82	22 350	9 983	12 367
83	19 450	8 121	11 329
84	18 078	7 303	10 775
85 plus	74 390	27 817	46 573
Unknown–Inconnu	1 453	753	700

26. Population by sex and single years of age: each census, 1976 – 1988 (continued)

Population selon le sexe et l'année d'âge: chaque recensement, 1976 – 1988 (suite)

(See notes at end of table. – Voir notes à la fin du tableau.)

Continent, country or area, date and age (in years) Continent, pays ou zone, date et âge (en années)	Both sexes Les deux sexes	Male Masculin	Female Féminin
EUROPE(cont.–suite)			
Isle of Man – Ile de Man			
6 IV 1986 [1]			
Total	64 282	30 782	33 500
0	687	336	351
1	651	339	312
2	622	307	315
3	673	337	336
4	736	381	355
5	731	379	352
6	737	388	349
7	764	384	380
8	671	333	338
9	727	369	358
10	746	383	363
11	798	422	376
12	876	403	473
13	932	513	419
14	972	504	468
15	995	525	470
16	943	493	450
17	942	499	443
18	928	473	455
19	942	462	480
20	949	505	444
21	920	476	444
22	921	477	444
23	831	429	402
24	825	412	413
25	800	395	405
26	724	383	341
27	756	371	385
28	743	361	382
29	749	351	398
30	702	332	370
31	745	371	374
32	729	373	356
33	772	412	360
34	783	376	407
35	844	417	427
36	899	434	465
37	888	428	460
38	947	498	449
39	984	505	479
40	821	404	417
41	824	424	400
42	795	384	411
43	731	345	386
44	746	372	374
45	679	346	333
46	696	372	324
47	738	350	388
48	678	321	357
49	730	372	358
50	678	340	338
51	678	347	331
52	639	313	326
53	642	318	324
54	641	321	320
55	710	339	371
56	705	321	384
57	693	313	380
58	677	310	367
59	689	295	394
60	763	348	415
61	778	363	415
62	775	350	425
63	773	359	414
64	845	368	477
65	810	360	450
66	896	403	493
67	638	302	336
68	569	249	320
69	706	311	395
70	741	338	403
71	719	320	399
72	805	341	464
73	686	302	384
74	687	291	396
75	631	254	377
76	630	266	364
77	598	269	329
78	540	223	317
79	533	208	325
80	445	133	312
81	447	152	295
82	356	127	229
83	324	100	224
84	288	92	196
85 plus	1 109	300	809
Unknown–Inconnu	416	210	206

26. Population by sex and single years of age: each census, 1976 – 1988 (continued)

Population selon le sexe et l'année d'âge: chaque recensement, 1976 – 1988 (suite)

(See notes at end of table. – Voir notes à la fin du tableau.)

Continent, country or area, date and age (in years) Continent, pays ou zone, date et âge (en années)	Both sexes Les deux sexes	Male Masculin	Female Féminin
EUROPE(cont.–suite)			
Italy – Italie			
25 X 1981			
Total	56 556 911	27506354	29050557
0	617 816	317 529	300 287
1	631 278	324 249	307 029
2	671 805	344 927	326 878
3	704 366	361 706	342 660
4	737 197	378 598	358 599
5	783 596	402 493	381 103
6	826 008	423 785	402 223
7	860 391	441 318	419 073
8	864 826	443 596	421 230
9	880 363	451 726	428 637
10	901 184	461 442	439 742
11	890 083	455 509	434 574
12	915 658	468 560	447 098
13	915 888	467 647	448 241
14	927 155	473 081	454 074
15	953 818	485 600	468 218
16	962 280	489 631	472 649
17	965 493	491 919	473 574
18	915 150	465 595	449 555
19	892 098	453 342	438 756
20	871 941	442 910	429 031
21	855 887	435 161	420 726
22	830 594	421 120	409 474
23	797 399	402 009	395 390
24	788 021	396 657	391 364
25	794 366	399 372	394 994
26	779 399	390 471	388 928
27	761 495	380 178	381 317
28	744 779	373 358	371 421
29	738 570	369 173	369 397
30	758 092	378 878	379 214
31	776 495	387 912	388 583
32	805 272	401 198	404 074
33	833 060	415 845	417 215
34	826 830	412 073	414 757
35	811 152	405 289	405 863
36	647 383	321 989	325 394
37	692 503	344 831	347 672
38	692 058	343 317	348 741
39	693 930	344 046	349 884
40	736 969	364 951	372 018
41	787 031	389 370	397 661
42	785 583	387 888	397 695
43	772 836	381 305	391 531
44	713 277	351 473	361 804
45	706 854	346 910	359 944
46	723 641	355 402	368 239
47	721 122	353 974	367 148
48	707 319	347 219	360 100
49	706 540	344 628	361 912
50	731 145	357 135	374 010
51	744 628	362 849	381 779
52	705 503	342 903	362 600
53	706 459	342 275	364 184
54	704 144	339 639	364 505
55	702 380	337 344	365 036
56	685 013	326 631	358 382
57	689 349	326 638	362 711
58	676 101	316 204	359 897
59	684 575	314 402	370 173
60	639 085	292 856	346 229
61	670 282	306 471	363 811
62	367 817	168 116	199 701
63	328 682	148 408	180 274
64	359 771	164 079	195 692
65	449 909	203 197	246 712
66	545 346	245 026	300 320
67	542 334	242 829	299 505
68	551 164	245 026	306 138
69	518 687	229 141	289 546
70	490 726	214 593	276 133
71	474 622	205 843	268 779
72	447 543	191 231	256 312
73	409 527	171 228	238 299
74	371 535	152 911	218 624
75	344 407	139 516	204 891
76	316 670	125 783	190 887
77	287 559	110 642	176 917
78	252 227	95 209	157 018
79	235 662	87 342	148 320
80 – 84	801 712	276 445	525 267
85 plus	445 496	133 282	312 214
Unknown–Inconnu	–	–	–

26. Population by sex and single years of age: each census, 1976 – 1988 (continued)

Population selon le sexe et l'année d'âge: chaque recensement, 1976 – 1988 (suite)

(See notes at end of table. – Voir notes à la fin du tableau.)

Continent, country or area, date and age (in years) / Continent, pays ou zone, date et âge (en années)	Both sexes / Les deux sexes	Male / Masculin	Female / Féminin
EUROPE(cont.–suite)			
Luxembourg			
31 III 1981 [1]			
Total	364 602	177 869	186 733
0	4 375	2 203	2 172
1	4 184	2 095	2 089
2	4 162	2 137	2 025
3	4 085	2 108	1 977
4	4 044	2 067	1 977
5	4 095	2 095	2 000
6	4 159	2 147	2 012
7	4 026	2 101	1 925
8	4 296	2 226	2 070
9	4 686	2 387	2 299
10	4 766	2 424	2 342
11	4 865	2 474	2 391
12	5 135	2 647	2 488
13	5 271	2 712	2 559
14	5 349	2 707	2 642
15	5 515	2 760	2 755
16	5 575	2 885	2 690
17	5 615	2 902	2 713
18	5 566	2 834	2 732
19	5 677	2 770	2 907
20	5 721	2 781	2 940
21	5 736	2 898	2 838
22	5 811	2 884	2 927
23	5 920	2 994	2 926
24	5 930	2 879	3 051
25	5 955	2 961	2 994
26	5 988	3 042	2 946
27	5 798	2 868	2 930
28	5 935	2 982	2 953
29	5 690	2 940	2 750
30	5 633	2 835	2 798
31	5 755	2 996	2 759
32	5 820	3 042	2 778
33	5 635	2 993	2 642
34	5 625	2 951	2 674
35	4 951	2 616	2 335
36	4 910	2 565	2 345
37	5 118	2 694	2 424
38	5 078	2 646	2 432
39	4 840	2 486	2 354
40	4 464	2 251	2 213
41	5 005	2 563	2 442
42	5 018	2 515	2 503
43	4 773	2 462	2 311
44	4 734	2 506	2 228
45	4 651	2 352	2 299
46	4 610	2 340	2 270
47	4 691	2 388	2 303
48	4 718	2 443	2 275
49	4 975	2 541	2 434
50	5 166	2 632	2 534
51	5 131	2 625	2 506
52	4 980	2 537	2 443
53	4 908	2 511	2 397
54	4 589	2 226	2 363
55	4 331	2 073	2 258
56	4 070	1 762	2 308
57	3 936	1 741	2 195
58	3 790	1 599	2 191
59	3 818	1 634	2 184
60	3 747	1 629	2 118
61	3 579	1 591	1 988
62	2 728	1 262	1 466
63	2 572	1 180	1 392
64	2 777	1 297	1 480
65	3 020	1 330	1 690
66	3 508	1 540	1 968
67	3 365	1 470	1 895
68	3 435	1 448	1 987
69	3 229	1 328	1 901
70	3 150	1 359	1 791
71	3 091	1 298	1 793
72	2 872	1 166	1 706
73	2 887	1 161	1 726
74	2 631	1 020	1 611
75	2 403	924	1 479
76	2 236	851	1 385
77	1 961	707	1 254
78	1 830	636	1 194
79	1 733	618	1 115
80	1 520	513	1 007
81	1 267	447	820
82	1 085	350	735
83	878	286	592
84	760	233	527
85 plus	2 685	790	1 895
Unknown–Inconnu	–	–	–

26. Population by sex and single years of age: each census, 1976 – 1988 (continued)

Population selon le sexe et l'année d'âge: chaque recensement, 1976 – 1988 (suite)

(See notes at end of table. – Voir notes à la fin du tableau.)

Continent, country or area, date and age (in years) / Continent, pays ou zone, date et âge (en années)	Both sexes / Les deux sexes	Male / Masculin	Female / Féminin
EUROPE(cont.–suite)			
Portugal			
16 III 1981			
Total	9 833 014	4 737 715	5 095 299
0	146 253	74 627	71 626
1	157 930	80 708	77 222
2	153 277	78 555	74 722
3	161 553	82 545	79 008
4	172 683	88 353	84 330
5	175 221	89 623	85 598
6	172 416	87 941	84 475
7	169 897	86 677	83 220
8	173 950	88 318	85 632
9	170 849	87 212	83 637
10	171 826	87 670	84 156
11	170 655	87 292	83 363
12	170 023	86 296	83 727
13	169 142	85 990	83 152
14	172 998	87 921	85 077
15	174 466	88 393	86 073
16	175 833	88 375	87 458
17	172 635	87 238	85 397
18	170 060	85 525	84 535
19	166 748	84 124	82 624
20	164 656	83 187	81 469
21	156 596	78 516	78 080
22	153 933	77 221	76 712
23	151 929	76 347	75 582
24	141 203	70 535	70 668
25	142 375	71 092	71 283
26	138 948	69 129	69 819
27	132 779	65 824	66 955
28	133 868	65 752	68 116
29	131 988	65 374	66 614
30	132 241	65 810	66 431
31	128 517	63 588	64 929
32	130 924	63 844	67 080
33	122 392	58 973	63 419
34	115 824	55 416	60 408
35	122 062	57 870	64 192
36	116 314	54 750	61 564
37	114 035	54 673	59 362
38	110 032	52 415	57 617
39	102 983	49 254	53 729
40	109 825	52 408	57 417
41	114 737	54 722	60 015
42	116 780	55 581	61 199
43	115 596	54 951	60 645
44	117 222	55 612	61 610
45	119 965	56 940	63 025
46	114 453	54 165	60 288
47	116 543	55 148	61 395
48	118 714	56 046	62 668
49	117 225	55 718	61 507
50	118 828	56 377	62 451
51	112 315	53 027	59 288
52	114 419	53 618	60 801
53	109 888	51 522	58 366
54	115 012	53 838	61 174
55	112 015	52 400	59 615
56	110 302	51 771	58 531
57	106 134	49 638	56 496
58	102 140	47 807	54 333
59	101 140	47 567	53 573
60	102 949	47 710	55 239
61	85 894	39 885	46 009
62	78 211	36 196	42 015
63	81 598	37 273	44 325
64	83 637	38 044	45 593
65	83 856	37 982	45 874
66	84 557	38 034	46 523
67	82 058	36 559	45 499
68	79 980	35 615	44 365
69	77 856	33 859	43 997
70	78 685	33 866	44 819
71	70 676	30 157	40 519
72	64 720	27 217	37 503
73	61 583	25 212	36 371
74	56 675	22 717	33 958
75	51 494	20 156	31 338
76	47 087	18 025	29 062
77	44 775	16 665	28 110
78	38 934	14 412	24 522
79	34 548	12 792	21 756
80	32 427	11 298	21 129
81	24 727	8 606	16 121
82	21 082	6 968	14 114
83	17 794	5 757	12 037
84	14 649	4 620	10 029
85 plus	57 295	16 281	41 014

26. Population by sex and single years of age: each census, 1976 – 1988 (continued)

Population selon le sexe et l'année d'âge: chaque recensement, 1976 – 1988 (suite)

(See notes at end of table. – Voir notes à la fin du tableau.)

Continent, country or area, date and age (in years) Continent, pays ou zone, date et âge (en années)	Both sexes Les deux sexes	Male Masculin	Female Féminin
EUROPE(cont.–suite)			
United Kingdom – Royaume–Uni			
Northern Ireland – Irlande du Nord			
5 IV 1981 [37]			
Total	1 481 959	725 217	756 742
0	24 537	12 515	12 022
1	25 154	12 931	12 223
2	23 343	11 842	11 501
3	22 646	11 564	11 082
4	22 861	11 716	11 145
5	23 303	11 908	11 395
6	23 888	12 274	11 614
7	25 059	12 916	12 143
8	26 022	13 476	12 546
9	26 292	13 656	12 636
10	27 627	14 067	13 560
11	27 728	14 267	13 461
12	28 338	14 488	13 850
13	28 586	14 706	13 880
14	28 922	14 837	14 085
15	28 943	15 011	13 932
16	29 882	15 339	14 543
17	28 832	14 771	14 061
18	27 662	14 441	13 221
19	26 660	13 611	13 049
20	26 658	13 836	12 822
21	25 108	12 919	12 189
22	23 589	12 079	11 510
23	22 857	11 659	11 198
24	21 545	10 957	10 588
25	20 848	10 678	10 170
26	19 650	10 098	9 552
27	19 498	9 994	9 504
28	19 294	9 821	9 473
29	18 668	9 494	9 174
30	19 126	9 830	9 296
31	19 157	9 639	9 518
32	19 174	9 608	9 566
33	19 418	9 646	9 772
34	19 870	9 988	9 882
35	18 308	9 190	9 118
36	18 490	9 122	9 368
37	18 836	9 409	9 427
38	18 713	9 276	9 437
39	16 361	8 202	8 159
40	15 889	7 904	7 985
41	16 123	7 943	8 180
42	16 133	7 898	8 235
43	15 473	7 650	7 823
44	15 936	7 802	8 134
45	15 452	7 583	7 869
46	14 791	7 234	7 557
47	14 713	7 230	7 483
48	14 967	7 168	7 799
49	14 714	7 181	7 533
50	15 557	7 418	8 139
51	15 162	7 222	7 940
52	14 951	7 171	7 780
53	14 708	6 978	7 730
54	15 330	7 360	7 970
55	15 042	7 090	7 952
56	14 684	7 054	7 630
57	15 007	7 060	7 947
58	14 782	6 972	7 810
59	15 326	7 221	8 105
60	15 408	7 221	8 187
61	15 053	7 040	8 013
62	13 080	6 040	7 040
63	11 835	5 352	6 483
64	12 251	5 594	6 657
65	12 533	5 706	6 827
66	13 284	5 917	7 367
67	12 491	5 565	6 926
68	12 587	5 520	7 067
69	11 946	5 242	6 704
70	11 566	4 913	6 653
71	10 476	4 411	6 065
72	10 015	4 198	5 817
73	9 212	3 772	5 440
74	8 843	3 510	5 333
75	8 099	3 121	4 978
76	7 538	2 855	4 683
77	6 760	2 539	4 221
78	6 068	2 179	3 889
79	5 476	1 898	3 578
80	5 425	1 847	3 578
81	4 462	1 481	2 981
82	3 782	1 248	2 534
83	3 218	1 067	2 151
84	2 940	877	2 063
85 plus	11 418	3 184	8 234
Unknown–Inconnu	–	–	–

26. Population by sex and single years of age: each census, 1976 – 1988 (continued)

Population selon le sexe et l'année d'âge: chaque recensement, 1976 – 1988 (suite)

(See notes at end of table. – Voir notes à la fin du tableau.)

Continent, country or area, date and age (in years) Continent, pays ou zone, date et âge (en années)	Both sexes Les deux sexes	Male Masculin	Female Féminin
EUROPE(cont.–suite)			
Yugoslavia – Yougoslavie			
31 III 1981 [1]			
Total	22 424 687	11083768	11340919
0	381 367	195 799	185 568
1	374 173	192 868	181 305
2	366 269	188 534	177 735
3	368 041	189 503	178 538
4	372 800	191 205	181 595
5	378 551	194 626	183 925
6	370 552	190 243	180 309
7	363 077	186 404	176 673
8	362 917	186 532	176 385
9	362 187	186 707	175 480
10	351 602	180 876	170 726
11	355 664	183 073	172 591
12	355 189	182 292	172 897
13	359 953	184 748	175 205
14	365 438	187 423	178 015
15	371 190	190 356	180 834
16	364 085	186 202	177 883
17	368 876	189 175	179 701
18	367 343	187 915	179 428
19	373 553	191 268	182 285
20	380 767	194 467	186 300
21	371 188	190 112	181 076
22	372 670	191 216	181 454
23	360 745	184 947	175 798
24	374 967	191 420	183 547
25	377 955	194 054	183 901
26	398 718	205 111	193 607
27	376 368	193 619	182 749
28	400 848	205 174	195 674
29	340 238	175 231	165 007
30	374 542	192 117	182 425
31	359 635	184 446	175 189
32	336 395	171 165	165 230
33	318 077	163 006	155 071
34	306 453	155 942	150 511
35	223 848	112 998	110 850
36	242 756	122 507	120 249
37	253 400	127 165	126 235
38	264 505	131 976	132 529
39	279 377	140 477	138 900
40	292 301	147 378	144 923
41	299 542	149 632	149 910
42	290 879	144 484	146 395
43	299 655	150 294	149 361
44	309 316	154 298	155 018
45	308 399	154 800	153 599
46	313 156	156 404	156 752
47	313 516	155 553	157 963
48	310 732	152 916	157 816
49	298 027	149 309	148 718
50	313 353	155 176	158 177
51	293 593	145 151	148 442
52	289 960	141 930	148 030
53	274 538	131 956	142 582
54	262 136	120 006	142 130
55	246 230	109 579	136 651
56	233 707	102 866	130 841
57	223 891	98 236	125 655
58	221 613	95 005	126 608
59	200 621	88 528	112 093
60	202 174	85 659	116 515
61	184 951	82 250	102 701
62	97 623	41 232	56 391
63	83 115	35 957	47 158
64	82 814	36 099	46 715
65	94 325	39 421	54 904
66	159 595	69 313	90 282
67	137 721	60 014	77 707
68	167 057	71 664	95 393
69	142 101	62 529	79 572
70	155 197	65 614	89 583
71	139 923	62 908	77 015
72	121 898	54 483	67 415
73	114 244	50 509	63 735
74	108 117	47 135	60 982
75	101 200	42 308	58 892
76	88 401	37 484	50 917
77	79 908	33 746	46 162
78	69 864	29 064	40 800
79	58 961	24 295	34 666
80	73 513	28 421	45 092
81	43 021	17 312	25 709
82	33 275	12 710	20 565
83	28 600	10 950	17 650
84	23 291	8 252	15 039
85 plus	94 263	31 649	62 614
Unknown–Inconnu	98 091	46 390	51 701

26. Population by sex and single years of age: each census, 1976 – 1988 (continued)

Population selon le sexe et l'année d'âge: chaque recensement, 1976 – 1988 (suite)

(See notes at end of table. – Voir notes à la fin du tableau.)

Continent, country or area, date and age (in years) / Continent, pays ou zone, date et âge (en années)	Both sexes / Les deux sexes	Male / Masculin	Female / Féminin
OCEANIA – OCEANIE			
Australia – Australie			
30 VI 1981 [38]			
Total	14 576 328	7 267 075	7 309 253
0	222 480	113 886	108 594
1	217 553	111 755	105 798
2	221 385	113 344	108 041
3	224 355	114 551	109 804
4	226 172	115 981	110 191
5	230 950	118 388	112 562
6	238 822	122 467	116 355
7	248 631	127 875	120 756
8	257 832	131 693	126 139
9	273 706	139 718	133 988
10	278 973	142 294	136 679
11	260 804	133 484	127 320
12	261 084	133 410	127 674
13	248 424	127 136	121 288
14	245 733	126 165	119 568
15	242 648	124 485	118 163
16	246 026	126 240	119 786
17	253 355	129 815	123 540
18	257 842	131 769	126 073
19	259 158	131 451	127 707
20	258 927	131 186	127 741
21	253 698	128 096	125 602
22	248 747	125 205	123 542
23	245 700	123 953	121 747
24	240 711	120 921	119 790
25	240 886	121 195	119 691
26	236 520	117 881	118 639
27	234 758	117 079	117 679
28	237 594	118 189	119 405
29	234 391	117 294	117 097
30	240 951	120 578	120 373
31	232 847	117 525	115 322
32	232 289	116 254	116 035
33	235 805	119 398	116 407
34	250 340	126 914	123 426
35	210 573	107 240	103 333
36	207 504	105 153	102 351
37	197 511	100 513	96 998
38	180 423	91 988	88 435
39	181 222	92 782	88 440
40	179 479	91 776	87 703
41	164 724	85 072	79 652
42	167 205	85 337	81 868
43	158 515	81 044	77 471
44	152 778	78 370	74 408
45	152 829	78 115	74 714
46	144 087	73 546	70 541
47	140 914	72 603	68 311
48	142 118	72 876	69 242
49	143 191	73 866	69 325
50	156 932	79 569	77 363
51	147 004	75 594	71 410
52	152 340	78 142	74 198
53	152 604	78 316	74 288
54	148 664	75 548	73 116
55	150 575	76 150	74 425
56	148 892	74 607	74 285
57	143 503	72 164	71 339
58	142 600	70 852	71 748
59	140 915	69 569	71 346
60	141 888	68 328	73 560
61	124 101	60 596	63 505
62	112 079	53 549	58 530
63	109 910	52 080	57 830
64	111 754	53 035	58 719
65	111 363	52 319	59 044
66	110 440	51 658	58 782
67	107 378	50 095	57 283
68	100 008	45 948	54 060
69	95 696	43 859	51 837
70	92 809	41 310	51 499
71	82 596	37 276	45 320
72	78 612	34 840	43 772
73	73 057	31 680	41 377
74	67 228	28 937	38 291
75	63 093	26 609	36 484
76	57 351	23 639	33 712
77	49 991	20 360	29 631
78	45 208	17 996	27 212
79	41 305	15 883	25 422
80	41 009	14 585	26 424
81	36 021	12 568	23 453
82	28 003	9 478	18 525
83	24 908	7 896	17 012
84	22 150	6 794	15 356
85 plus	101 171	27 390	73 781
Unknown–Inconnu	–	–	–

26. Population by sex and single years of age: each census, 1976 – 1988 (continued)

Population selon le sexe et l'année d'âge: chaque recensement, 1976 – 1988 (suite)

(See notes at end of table. – Voir notes à la fin du tableau.)

Continent, country or area, date and age (in years) Continent, pays ou zone, date et âge (en années)	Both sexes Les deux sexes	Male Masculin	Female Féminin
OCEANIA – OCEANIE(cont.–suite)			
Fiji – Fidji			
31 VIII 1986			
Total	715 375	362 568	352 807
0	20 303	10 436	9 867
1	19 834	10 211	9 623
2	20 450	10 521	9 929
3	20 326	10 454	9 872
4	20 373	10 422	9 951
5	20 043	10 310	9 733
6	19 934	10 150	9 784
7	18 843	9 763	9 080
8	17 576	8 936	8 640
9	16 756	8 691	8 065
10	16 516	8 316	8 200
11	16 266	8 341	7 925
12	15 906	8 178	7 728
13	15 463	7 879	7 584
14	14 874	7 644	7 230
15	14 689	7 448	7 241
16	15 345	7 747	7 598
17	15 147	7 609	7 538
18	14 271	7 224	7 047
19	14 164	7 042	7 122
20	15 091	7 554	7 537
21	15 005	7 507	7 498
22	15 323	7 603	7 720
23	14 329	7 094	7 235
24	13 980	6 973	7 007
25	13 600	6 881	6 719
26	13 595	6 861	6 734
27	12 518	6 269	6 249
28	12 147	6 133	6 014
29	11 584	5 844	5 740
30	11 297	5 647	5 650
31	9 812	4 913	4 899
32	10 051	4 971	5 080
33	9 896	4 908	4 988
34	9 652	4 898	4 754
35	8 446	4 326	4 120
36	8 864	4 464	4 400
37	7 892	3 898	3 994
38	8 582	4 318	4 264
39	7 933	4 029	3 904
40	8 340	4 112	4 228
41	6 697	3 384	3 313
42	6 476	3 286	3 190
43	6 695	3 452	3 243
44	6 561	3 336	3 225
45	6 917	3 540	3 377
46	6 133	3 037	3 096
47	5 301	2 649	2 652
48	5 295	2 649	2 646
49	5 156	2 576	2 580
50	5 921	2 847	3 074
51	4 353	2 257	2 096
52	4 105	2 149	1 956
53	3 944	2 037	1 907
54	4 341	2 212	2 129
55	4 360	2 250	2 110
56	4 103	2 142	1 961
57	2 867	1 502	1 365
58	2 833	1 437	1 396
59	2 906	1 418	1 488
60	3 357	1 626	1 731
61	2 251	1 194	1 057
62	2 264	1 184	1 080
63	2 023	1 074	949
64	2 148	1 120	1 028
65	2 439	1 164	1 275
66	2 230	1 152	1 078
67	1 563	810	753
68	1 515	793	722
69	1 443	690	753
70	1 857	859	998
71	1 110	591	519
72	1 102	584	518
73	922	525	397
74	1 017	538	479
75 – 79	5 791	2 744	3 047
Unknown–Inconnu	2 363	1 235	1 128

26. Population by sex and single years of age: each census, 1976 – 1988 (continued)

Population selon le sexe et l'année d'âge: chaque recensement, 1976 – 1988 (suite)

(See notes at end of table. – Voir notes à la fin du tableau.)

Continent, country or area, date and age (in years) Continent, pays ou zone, date et âge (en années)	Both sexes Les deux sexes	Male Masculin	Female Féminin
OCEANIA – OCEANIE(cont.–suite)			
New Zealand – Nouvelle–Zélande			
4 III 1986 [37 39]			
Total	3 263 283	1 616 667	1 646 616
0	51 456	26 244	25 212
1	49 599	25 407	24 192
2	49 740	25 479	24 261
3	49 002	25 224	23 778
4	49 281	25 299	23 982
5	50 568	25 950	24 618
6	51 654	26 379	25 275
7	49 530	25 068	24 462
8	49 911	25 458	24 453
9	52 359	26 877	25 482
10	53 340	27 315	26 025
11	56 430	28 875	27 555
12	58 320	29 628	28 692
13	61 356	31 317	30 039
14	62 442	31 758	30 684
15	62 034	31 539	30 495
16	61 884	31 626	30 258
17	60 228	30 741	29 487
18	58 272	29 544	28 728
19	57 675	29 475	28 200
20	56 001	28 701	27 300
21	56 481	28 731	27 750
22	56 607	28 611	27 996
23	57 006	28 644	28 362
24	56 799	28 365	28 434
25	55 833	27 921	27 912
26	54 207	26 949	27 258
27	53 322	26 538	26 784
28	51 711	25 692	26 019
29	51 987	25 797	26 190
30	50 883	25 065	25 818
31	49 626	24 564	25 062
32	48 828	24 126	24 702
33	49 047	24 225	24 822
34	47 628	23 910	23 718
35	48 144	23 865	24 279
36	47 850	24 036	23 814
37	48 297	24 222	24 075
38	48 558	24 147	24 411
39	47 268	23 601	23 667
40	41 796	20 871	20 925
41	38 496	19 218	19 278
42	36 726	18 552	18 174
43	36 375	18 258	18 117
44	37 944	19 086	18 858
45	37 644	19 041	18 603
46	34 401	17 229	17 172
47	32 559	16 281	16 278
48	30 894	15 588	15 306
49	30 618	15 312	15 306
50	29 109	14 706	14 403
51	28 968	14 712	14 256
52	28 221	14 226	13 995
53	29 178	14 778	14 400
54	29 094	14 898	14 196
55	30 390	15 426	14 964
56	29 847	15 195	14 652
57	29 865	15 153	14 712
58	29 463	15 186	14 277
59	29 610	15 027	14 583
60	28 944	14 547	14 397
61	28 461	14 061	14 400
62	27 600	13 533	14 067
63	26 952	12 861	14 091
64	26 850	12 813	14 037
65	26 499	12 444	14 055
66	23 022	10 689	12 333
67	21 807	9 900	11 907
68	21 147	9 519	11 628
69	21 984	9 816	12 168
70	20 352	9 069	11 283
71	20 835	9 120	11 715
72	19 206	8 538	10 668
73	18 528	8 019	10 509
74	16 623	7 254	9 369
75	15 972	6 729	9 243
76	14 640	6 033	8 607
77	13 782	5 556	8 226
78	12 072	4 953	7 119
79	10 977	4 224	6 753
80	10 089	3 837	6 252
81	8 826	3 210	5 616
82	7 683	2 763	4 920
83	6 540	2 283	4 257
84	5 748	1 974	3 774
85 plus	25 782	7 266	18 516
Unknown–Inconnu	–	–	–

26. Population by sex and single years of age: each census, 1976 – 1988 (continued)

Population selon le sexe et l'année d'âge: chaque recensement, 1976 – 1988 (suite)

(See notes at end of table. – Voir notes à la fin du tableau.)

Continent, country or area, date and age (in years) Continent, pays ou zone, date et âge (en années)	Both sexes Les deux sexes	Male Masculin	Female Féminin
OCEANIA – OCEANIE(cont.–suite)			
Papua New Guinea – Papouasie–Nouvelle–Guinée			
22 IX 1980			
Total	3 010 727	1 575 672	1 435 055
0	102 740	53 378	49 362
1	90 607	47 416	43 191
2	93 640	48 934	44 706
3	94 256	48 892	45 364
4	91 379	47 369	44 010
5	94 446	49 132	45 314
6	89 770	46 580	43 190
7	86 296	44 823	41 473
8	83 846	43 721	40 125
9	79 619	41 577	38 042
10	85 388	44 788	40 600
11	80 392	42 232	38 160
12	79 046	41 802	37 244
13	72 172	38 256	33 916
14	69 937	37 384	32 553
15	67 787	36 624	31 163
16	65 029	35 546	29 483
17	57 636	32 284	25 352
18	57 263	32 180	25 083
19	55 965	30 945	25 020
20	61 963	33 154	28 809
21	51 380	27 514	23 866
22	49 906	26 532	23 374
23	46 007	24 130	21 877
24	48 568	24 638	23 930
25	46 550	24 213	22 337
26	44 491	23 074	21 417
27	41 003	21 449	19 554
28	42 857	22 270	20 587
29	44 691	22 032	22 659
30	59 606	27 868	31 738
31	41 414	20 792	20 622
32	42 160	21 993	20 167
33	33 663	17 758	15 905
34	36 490	18 485	18 005
35	34 106	17 423	16 683
36	27 698	14 438	13 260
37	27 141	13 903	13 238
38	29 490	15 577	13 913
39	32 055	16 542	15 513
40	42 671	21 534	21 137
41	27 761	14 373	13 388
42	27 707	14 597	13 110
43	22 636	11 912	10 724
44	27 115	13 858	13 257
45	26 355	13 938	12 417
46	20 860	10 911	9 949
47	19 635	10 177	9 458
48	21 546	10 958	10 588
49	26 642	13 577	13 065
50	37 553	19 479	18 074
51	19 319	10 061	9 258
52	20 068	10 401	9 667
53	16 984	8 579	8 405
54	20 508	10 563	9 945
55	20 379	10 559	9 820
56	16 264	8 318	7 946
57	14 187	7 172	7 015
58	14 526	7 445	7 081
59	19 414	10 101	9 313
60	25 103	13 315	11 788
61	11 493	6 318	5 175
62	10 681	5 764	4 917
63	7 623	4 044	3 579
64	8 545	4 632	3 913
65	7 900	4 220	3 680
66	5 252	2 853	2 399
67	4 600	2 490	2 110
68	4 797	2 514	2 283
69	4 622	2 512	2 110
70	6 514	3 710	2 804
71	2 379	1 305	1 074
72	1 787	1 063	724
73	1 233	703	530
74	1 447	784	663
75 plus	6 168	3 284	2 884

26. Population by sex and single years of age: each census, 1976 – 1988 (continued)

Population selon le sexe et l'année d'âge: chaque recensement, 1976 – 1988 (suite)

(See notes at end of table. – Voir notes à la fin du tableau.)

Continent, country or area, date and age (in years) Continent, pays ou zone, date et âge (en années)	Both sexes Les deux sexes	Male Masculin	Female Féminin
OCEANIA – OCEANIE(cont.–suite)			
Vanuatu			
15–16 I 1979			
Total	111 251	59 074	52 177
0	4 356	2 260	2 096
1	3 743	1 982	1 761
2	3 608	1 899	1 709
3	3 745	1 932	1 813
4	3 694	1 952	1 742
5	3 440	1 829	1 611
6	3 566	1 895	1 671
7	2 962	1 590	1 372
8	3 582	1 880	1 702
9	3 334	1 795	1 539
10	3 236	1 687	1 549
11	2 879	1 538	1 341
12	2 901	1 545	1 356
13	2 642	1 408	1 234
14	2 775	1 483	1 292
15	2 516	1 334	1 182
16	2 510	1 306	1 204
17	2 190	1 148	1 042
18	2 633	1 356	1 277
19	2 310	1 178	1 132
20	2 302	1 153	1 149
21	1 877	985	892
22	1 992	1 026	966
23	1 806	901	905
24	2 164	1 136	1 028
25	1 859	955	904
26	1 851	926	925
27	1 389	701	688
28	1 791	907	884
29	1 432	747	685
30	1 504	774	730
31	1 347	670	677
32	1 202	608	594
33	1 244	628	616
34	1 146	614	532
35	1 031	552	479
36	1 455	843	612
37	900	466	434
38	1 402	729	673
39	1 131	605	526
40	996	535	461
41	820	452	368
42	894	504	390
43	825	412	413
44	749	405	344
45	663	361	302
46	754	443	311
47	556	328	228
48	1 133	654	479
49	610	343	267
50	642	349	293
51	499	298	201
52	416	230	186
53	531	298	233
54	441	246	195
55	447	257	190
56	460	273	187
57	363	215	148
58	678	368	310
59	394	238	156
60	484	273	211
61	286	172	114
62	280	179	101
63	331	178	153
64	311	193	118
65	255	149	106
66	296	168	128
67	181	107	74
68	307	170	137
69	219	130	89
70	239	134	105
71	139	85	54
72	168	99	69
73	133	79	54
74	121	76	45
75	125	78	47
76	145	85	60
77	114	74	40
78	154	93	61
79	90	57	33
80 plus	555	363	192
Unknown–Inconnu	–	–	–

26. Population by sex and single years of age: each census, 1976 – 1988 (continued)

Population selon le sexe et l'année d'âge: chaque recensement, 1976 – 1988 (suite)

GENERAL NOTES

Unless otherwise specified, age is defined as age at last birthday (completed years). For definitions of "urban", see Technical Notes for table 6. For method of evaluation and limitations of data, see Technical Notes, page 107.

FOOTNOTES

* Provisional.
1 De jure population.
2 Excluding Mayotte.
3 Based on results of a sample survey.
4 Including nomads, estimated at 444 020.
5 Data have not been adjusted for underenumeration, estimated at 3.8 per cent.
6 Excluding Bophuthatswana, Ciskei, Transkei, and Venda.
7 Data have not been adjusted for underenumeration.
8 Based on a 10 per cent sample of census returns.
9 De jure population, but excluding persons residing in institutions.
10 Data have not been adjusted for underenumeration, estimated at 13.7 per cent.
11 Excluding Indian jungle population.
12 Excluding nomadic Indian tribes.
13 Data have not been adjusted for underenumeration, estimated at 5.6 per cent.
14 Excluding Indian jungle population estimated at 39 800 in 1972.
15 Data have not been adjusted for underenumeration, estimated at 4.1 per cent.
16 Data have not been adjusted for underenumeration, estimated at 2.6 per cent.
17 Including 26 106 transients and 9 131 Vietnamese refugees.
18 Including data for the Indian–held part of Jammu and Kashmir, the final status of which has not yet been determined.
19 Data exclude adjustment for underenumeration, estimated at 1.7 per cent.
20 Based on 5 per cent sample of census returns.
21 Because of rounding, totals are not in all cases the sum of the parts.

NOTES GENERALES

Sauf indication contraire, l'âge désigne l'âge au dernier anniversaire (années révolues). Pour les définitions de "zones urbaines", voir les Notes techniques relatives au tableau 6. Pour la méthode d'évaluation et les insuffisances des données, voir Notes techniques, page 107.

NOTES

* Données provisoires.
1 Population de droit.
2 Non compris Mayotte.
3 D'après les résultats d'une enquête par sondage.
4 Y compris les nomades, estimés à 444 020 personne.
5 Les données n'ont pas été adjustées pour compenser les lacunes du dénombrement, estimées à 3,8 p. 100.
6 Non compris Bophuthatswana, Ciskei, Transkei et Venda.
7 Les données n'ont été adjustées pour compenser les lacunes du dénombrement.
8 D'après un échantillon de 10 p. 100 des bulletins de recensement.
9 Population de droit, mais non compris les personnes dans les institutions.
10 Les données n'ont pas été adjustées pour compenser les lacunes du dénombrement, estimées à 13,7 p. 100.
11 Non compris les Indiens de la jungle.
12 Non compris les tribus d'Indiens nomades.
13 Les données n'ont pas été adjustées pour compenser les lacunes du dénombrement, estimées à 5,6 p. 100.
14 Non compris les Indiens de la jungle, estimés à 39 800 personnes en 1972.
15 Les données n'ont pas été adjustées pour compenser les lacunes du dénombrement, estimées à 4,1 p. 100.
16 Les données n'ont pas été adjustées pour compenser les lacunes du dénombrement, estimées à 2,6 p. 100.
17 Y compris 26 106 transients et 9 131 réfugiés du Viet Nam.
18 Y compris les données concernant la partie du Jammu–et– Cachemire occupée par l'Inde, dont le status définitif n'a pas encore été déterminé. Non compris Assam.
19 Les données n'ont pas été adjustées pour compenser les lacunes du dénombrement, estimées à 1,7 p. 100.
20 D'après un échantillon de 5 p. 100 des bulletins de recensement.
21 Les chiffres étant arrondis, les totaux ne correspondent pas toujours rigoureusement à la somme des chiffres partiels.

26. Population by sex and single years of age: each census, 1976 – 1988 (continued)

Population selon le sexe et l'année d'âge: chaque recensement, 1976 – 1988 (suite)

FOOTNOTES (continued)

22 Including data for East Jerusalem and Israeli residents certain other territories under occupation by Israeli military forces since June 1967.

23 Data exclude adjustment for underenumeration, estimated at 1.5 per cent.

24 Excluding diplomatic personnel outside the country, and foreign military and civilian personnel and their dependants stationed in the area.

25 Excluding data for Jordanian territory under occupation since June 1967 by Israeli military forces.

26 Including military and diplomatic personnel and their families abroad, numbering 933 at 1961 census but excluding foreign military and diplomatic personnel and their families in the country, numbering 389 at 1961 census. Also including registered Palestinian refugees numbering 722 687 on 31 May 1967.

27 Excluding alien armed forces, civilian aliens employed by armed forces, and foreign diplomatic personnel and their dependants and Korean diplomatic personnel and their dependants stationed outside the country.

28 Excluding 28 834 foreigners.

29 Formerly listed as Burma .

30 Excluding 1 183 005 persons from areas restricted by security reasons.

31 Excluding data for Jammu and Kashmir, the final status of which has not yet been determined, Junagardh, Manavadar, Gilgit and Baltistan.

32 Excluding Faeroe Islands and Greenland, shown separately.

33 De jure population but excluding diplomatic personnel outside the country and including foreign diplomatic personnel not living in embassies or consulates.

34 Based on a sample of census returns.

35 Age classification based on year of birth rather than on completed years of age.

36 Including armed forces stationed outside the country, but excluding armed forces stationed in the area.

37 For usual residents in country at time of census.

38 Data exclude adjustment for underenumeration, estimated at 1.9 per cent.

39 Excluding diplomatic personnel and armed forces stationed outside the country, the latter numbering 1 936 at 1966 census; also excluding alien forces armed within the country.

NOTES (suite)

22 Y compris les données pour Jérusalem–Est et les résidents israéliens dans certains autres territoire occupés depuis juin 1967 par les forces armées israéliennes.

23 Les données n'ont pas été adjustées pour compenser les lacunes du dénombrement, estimées à 1,5 p. 100.

24 Non compris le personnel diplomatique hors du pays, les militaires et agents civils étrangers en poste sur le territoire et les membres de leur famille les accompagnant.

25 Non compris les données pour le territoire jordanien occupée depuis juin 1967 par les forces armées israéliennes.

26 Y compris les militaires, le personnel diplomatique à l'étranger et les membres de leur famille les accompagnant au nombre de 933 personnes au recensement de 1967, mais non compris les militaires, le pesonnel diplomatique étranger en poste dans le pays et les membres de leur famille les accompagnant au nombre de 389 personnes au recensement de 1961. Y compris également les réfugiés de Palestine immatriculés, au nombre de 722 687 au 31 mai 1967.

27 Non compris les militaires étrangers, les civils étrangers employés par les forces armées, le personnel diplomatique étranger et les membres de leur famille les accompagnant, le personnel diplomatique coréen hors du pays et les membres de leur famille les accompagnant.

28 Non compris 28 834 étrangers.

29 Antétieurement désigné sous le nom de "Burmanie".

30 Non compris 1 183 005 personnes des zones limitées pour raisons de sécurité.

31 Non compris le données pour le Jammu–et–Cachemire, dont le statut définitif n'a pas encore été déterminé, le Junagardh, le Manavadar, le Gilgit et le Baltistan.

32 Non compris les îles Féroé et le Groenland, qui font l'objet de rubriques distinctes.

33 Population de droit, non compris le personnel diplomatique hors du pays, mais y compris le personnel diplomatique étranger qui ne vit pas dans les ambassades ou les consulats.

34 D'après un échantillon des bulletins de recensement.

35 La classification par âge est fondée sur l'année de naissance et non sur l'âge en années révolues.

36 Y compris les militaires en garnison hors du pays mais non compris les militaires étrangers en garnison sur le territoire.

37 Pour les résidents habituels dans le pays au moment du recensement.

38 Les données n'ont pas été adjustées pour compenser les lacunes du dénombrement, estimées à 1,9 p. 100.

39 Non compris le personnel diplomatique et les militaires hors du pays, ces deminers au nombre de 1 936 au recensements de 1966; non compris également les militaires étrangers dans le pays.

26. Population by sex and single years of age: each census, 1976 – 1988 (continued)

Population selon le sexe et l'année d'âge: chaque recensement, 1976 – 1988 (suite)

List of countries or areas covered by this table in the 1983 issue of the Demographic Yearbook
Liste des pays ou zones couverts par ce tableau, dans l'édition de 1983 de l'Annuaire démographique

Continent and country or area Continent et pays ou zone	Census date Date du recensement	Issue Edition
AFRICA — AFRIQUE		
Botswana	12–26 VIII 1981	1988
Burundi	15–16 VIII 1979	1988
Comoros – Comores	15 IX 1980	1988
Congo	22 XII 1984	1988
Côte d'Ivoire	31 V 1978	1988
Gambia – Gambie	15 IV 1983	1988
Lesotho	12 IV 1976	1988
Mauritania – Mauritanie	1 I 1977	1988
Mauritius – Maurice		
Island of Mauritius – Ile Maurice	2 VII 1983	1988
Rodrigues	2 VII 1983	1988
Mozambique	1 VIII 1980	1988
St. Helena ex. dep. – Sainte-Hélène sans dép.	22 II 1987	1988
Tristan da Cunha	22 II 1987	1988
Sao Tome and Principe – Sao Tomé-et-Principe	15 VIII 1981	1988
South Africa – Afrique du Sud	5 III 1985	1988
Tunisia – Tunisie	30 III 1984	1988
United Rep. of Tanzania Rép.-Unie de Tanzanie	26 VIII 1978	1988
Zambia – Zambie	25 VIII 1980	1988
Zimbabwe	18 VIII 1982	1988
AMERICA NORTH — AMERIQUE DU NORD		
Aruba	1 II 1981	1988
Bahamas	12 V 1980	1988
Barbados	12 V 1980	1988
Belize	12 V 1980	1988
British Virgin Islands – Iles Vierges britanniques	12 V 1980	1988
Costa Rica	10 VI 1984	1988
Dominica – Dominique	7 IV 1981	1988
Grenada – Grenade	30 IV 1981	1988
Guatemala	23 III 1981	1988
Haiti – Haïti	30 VIII 1982	1988
Jamaica – Jamaïque	8 VI 1982	1988
Mexico – Mexique	4 VI 1980	1988
Montserrat	12 V 1980	1988
Saint Kitts and Nevis – Saint-Kitts-et-Nevis	12 V 1980	1988
Saint Lucia – Sainte-Lucie	12 V 1980	1988
St. Vincent and the Grenadines – Saint-Vincent-et-Grenadines	12 V 1980	1988
Turks and Caicos Islands – Iles Turques et Caïques	12 V 1980	1988
AMERICA SOUTH — AMERIQUE DU SUD		
Brazil – Brésil	1 IX 1980	1988
Chile – Chili	21 IV 1982	1988
Colombia – Colombie	15 X 1985	1988
Ecuador – Equateur	28 XI 1982	1988
French Guiana – Guyane Française	9 III 1982	1988
AMERICA SOUTH (cont.) — AMERIQUE DU SUD (suite)		
Guyana	12 V 1980	1988
Paraguay	11 VII 1982	1988
Peru – Pérou	12 VII 1981	1988
Uruguay	23 X 1985	1988
ASIA — ASIE		
Hong Kong – Hong-kong	11 III 1986	1988
India – Inde	1 III 1981	1988
Iran (Islamic Republic of – Rép. islamique d')	22 IX 1986	1988
Israel – Israël	4 VI 1983	1988
Japan – Japon	1 X 1985	1988
Jordan – Jordanie	10 XI 1979	1988
Korea, Republic of – Corée, République de	1 X 1980	1988
Kuwait – Koweït	21 IV 1985	1988
Malaysia – Malaisie		
Peninsular Malaysia – Malaisie Péninsulaire	10 VI 1980	1988
Sabah	11 VI 1980	1988
Sarawak	10 VI 1980	1988
Maldives	25 III 1985	1988
Myanmar	31 III 1983	1988
Pakistan	1 III 1981	1988
Qatar	16 III 1986	1988
Turkey – Turquie	20 X 1985	1988
EUROPE		
Austria – Autriche	12 V 1981	1988
Channel Islands – Iles Anglo-Normandes		
Guernsey – Guernesey	23 III 1986	1988
Jersey	23 III 1986	1988
Denmark – Danemark	1 I 1981	1988
Finland – Finlande	17 XI 1985	1988
France	4 III 1982	1988
Greece – Grèce	5 IV 1981	1988
Isle of Man – Ile de Man	6 IV 1986	1988
Italy – Italie	25 X 1981	1988
Luxembourg	31 III 1981	1988
Portugal	16 III 1981	1988
United Kingdom – Royaume-Uni		
Northern Ireland – Irlande du Nord	5 IV 1981	1988
Yugoslavia – Yougoslavie	31 III 1981	1988
OCEANIA – OCEANIE		
Australia – Australie	30 VI 1981	1988
Fiji – Fidji	31 VIII 1986	1988
New Zealand – Nouvelle-Zélande	4 III 1986	1988
Papua New Guinea – Papouasie-Nouvelle-Guinée	22 IX 1980	1988
Vanuatu	15–16 I 1979	1988

27. Population by national and/or ethnic group and sex: each census, 1973 – 1988

Population selon le groupe national et/ou ethnique et le sexe: chaque recensement, 1973 – 1988

(See notes at end of table. – Voir notes à la fin du tableau.)

Continent, country or area, census date and group Continent, pays ou zone, date du recensement et groupe	Both sexes Les deux sexes	Male Masculin	Female Féminin
AFRICA—AFRIQUE			
Benin – Bénin			
20–30 III 1979			
Total	3 331 210	1 596 939	1 734 271
Adja	366 245	170 179	196 066
Bariba	282 583	139 758	142 825
Dendi	71 411	34 891	36 520
Djougou	100 000	49 539	50 461
Fon	1 305 626	619 259	686 367
Houeda	284 599	135 835	148 764
Non–African – Non africaines	215 901	105 364	110 537
Peulh	185 704	92 426	93 278
Yoruba	397 427	189 371	208 056
Other – Autres	41 284	21 268	20 016
Unknown – Inconnu	80 430	39 049	41 381
Congo			
7 II 1974 [1]			
Total	1 319 790	633 999	685 791
Babinga	17 187	8 533	8 654
Bateke	226 763	108 137	118 626
Echira	39 672	18 589	21 083
Kongo	679 761	327 899	351 862
Kotas	11 053	5 197	5 856
Mbetis	63 046	29 475	33 571
Mbochis	162 096	77 034	85 062
Mekaa	24 045	11 550	12 495
Sangha	36 432	17 114	19 318
Other – Autres	59 735	30 471	29 264
22 XII 1984 [1]			
Total	1 924 332	934 027	990 305
American – Americaines	42	15	27
Angola	7 663	3 690	3 973
Benin – Bénin	4 340	2 155	2 185
Cameroon – Cameroun	2 056	1 201	855
AFRICA–AFRIQUE(Cont.–Suite)			
Congo			
22 XII 1984 [1]			
Central African Rep. Rép. centrafricaine	6 619	3 391	3 228
Chad –Tchad	1 867	1 207	660
Chinese – Chinois	424	424	–
Cubans	117	18	99
Congo	1 828 972	886 473	942 499
Equatorial Guinea Guinée équatorial	447	251	196
French – Français	3 559	1 882	1 677
Gabon	771	393	378
German – Allemands	56	21	35
Libyans–Libyennes	100	30	70
Malians	2 515	1 309	1 206
Mauritians	622	493	129
Other Africans– Autres africaines	859	491	368
Other European – Autres Européens	459	164	295
Portuguese – Portugais	162	90	72
Russian – Russes	403	168	235
Senegalese	2 003	1 566	437
Togo	333	193	140
Zaire – Zaïre	55 472	25 689	29 783
Other – Autres	1 397	994	403
Unknown – Inconnu	3 074	1 719	1 355
Gambia – Gambie			
21 IV 1973			
Total	493 499	250 386	243 113
Gambians	440 716	218 118	222 598
Guineans(Bisaau)	6 817	3 805	3 012
Guineans(Conakry)	10 137	7 491	2 646
Malians	5 467	4 006	1 461
Mauritania	1 883	1 551	332
Non–African – Non africaines	1 159	717	442
Other Africans– Autres africaines	794	439	355
Senegalese	25 309	13 579	11 730
Sierra Leone	436	233	203
Unknown – Inconnu	781	447	334

27. Population by national and/or ethnic group and sex: each census, 1973 – 1988 (continued)

Population selon le groupe national et/ou ethnique et le sexe: chaque recensement, 1973 – 1988 (suite)

(See notes at end of table. – Voir notes à la fin du tableau.)

Continent, country or area, census date and group Continent, pays ou zone, date du recensement et groupe	Both sexes Les deux sexes	Male Masculin	Female Féminin
AFRICA—AFRIQUE (Cont.–Suite)			
Gambia – Gambie			
15 IV 1983*			
Total	687 817	342 134	345 683
Gambians	623 859	306 363	317 496
Guineans(Bisaau)	5 626	3 059	2 567
Guineans(Conakry)	12 599	8 058	4 541
Malians	4 295	2 961	1 334
Mauritania	1 828	1 427	401
Non–African – Non africaines	2 523	1 400	1 123
Other Africans– Autres africaines	1 023	586	437
Senegalese	32 385	16 195	16 190
Sierra Leone	517	296	221
Unknown – Inconnu	3 162	1 789	1 373
Lesotho			
12 IV 1976			
Total	1 064 188	458 260	605 928
Asiatic – Asiatiques	659	337	322
European – Européens	1 607	890	717
Mixed – Métis	951	422	529
Mosotho	1 052 824	453 089	599 735
Other Africans– Autres africaines	7 915	3 423	4 492
Other – Autres	232	99	133
South Africa – Afrique du Sud			
6 V 1980 [2]			
Total	25 016 525	12720448	12296077
Asiatic – Asiatiques	819 202	406 682	412 520
Coloured – Personnes de Couleur	2 624 007	1 292 906	1 331 101
North Ndebele	265 977	135 642	130 335
North Sotho	2 372 522	1 170 414	1 202 108
Shangaan Tsonga	1 024 160	538 221	485 939
South Ndebele	394 856	194 533	200 323
South Sotho	1 780 511	951 717	828 794
Swazi	848 749	425 113	423 636
Tswana	1 356 067	721 650	634 417
Venda	182 034	108 091	73 943
White – Blancs	4 551 068	2 268 478	2 282 590
Xhosa	2 927 377	1 612 603	1 314 774
Zulu	5 769 718	2 814 786	2 954 932
Other – Autres	100 277	79 612	20 665
5 III 1985 [3]			
Total	23 385 645	11545282	11840363
Asiatic – Asiatiques	821 361	406 340	415 021
Coloured – Personnes de Couleur	2 832 705	1 377 989	1 454 716
North Ndebele	267 722	128 617	139 105
North Sotho	2 306 235	1 084 012	1 222 223
Shangaan Tsonga	1 024 594	523 106	501 488
South Ndebele	378 144	179 768	198 376
AFRICA–AFRIQUE(Cont.–Suite)			
South Africa – Afrique du Sud			
5 III 1985 [3]			
South Sotho	1 579 570	812 917	766 653
Swazi	841 071	409 484	431 587
Tswana	1 147 932	580 510	567 422
Venda	125 555	77 442	48 113
White – Blancs	4 568 739	2 252 201	2 316 538
Xhosa	2 080 082	1 146 141	933 941
Zulu	5 337 334	2 510 591	2 826 743
Other – Autres	74 601	56 164	18 437
Zambia – Zambie			
25 VIII 1980			
Total	5 661 801	2 769 995	2 891 806
African – Africains	5 621 262	2 748 374	2 872 888
Asiatic – Asiatiques	17 955	9 450	8 505
European – Européens	15 584	8 504	7 080
Unknown – Inconnu	7 000	3 667	3 333
Zimbabwe			
18 VIII 1982 [4]			
Total	7 501 470	3 673 620	3 827 850
African – Africains	7 321 170	3 584 580	3 736 590
Asiatic – Asiatiques	10 830	5 560	5 270
Coloured – Personnes de Couleur	20 710	10 260	10 450
European – Européens	146 880	72 310	74 570
Other – Autres	1 880	910	970
AMERICA,NORTH— AMERIQUE DU NORD			
Aruba			
1 II 1981 [1]			
Total	60 312	29 340	30 972
English–Anglais	770	225	545
Dutch – Néerlandais	56 574	27 817	28 757
Portuguese – Portugais	199	113	86
United States – Etats Unies	387	188	199
Venezuelan	449	264	185
Other – Autres	1 933	733	1 200
Barbados – Barbade			
12 V 1980 [5]			
Total	244 228	115 771	128 457
Amerindian – Amérindiens	39	14	25
Chinese – Chinois	66	36	30
Indian – Indiens	1 257	615	642
Mixed – Métis	6 362	2 723	3 639
Negro – Noirs	224 565	106 735	117 830
Portuguese – Portugais	101	41	60
Syrian, Lebanese or Arab – Syriens, Libanais ou Arabes	90	52	38
White – Blancs	7 953	3 698	4 255

27. Population by national and/or ethnic group and sex: each census, 1973 – 1988 (continued)

Population selon le groupe national et/ou ethnique et le sexe: chaque recensement, 1973 – 1988 (suite)

(See notes at end of table. – Voir notes à la fin du tableau.)

Continent, country or area, census date and group / Continent, pays ou zone, date du recencement et groupe	Both sexes / Les deux sexes	Male / Masculin	Female / Féminin
AMERICA,NORTH— (Cont.-Suite) AMERIQUE DU NORD			
Barbados – Barbade			
12 V 1980 [5]			
Other – Autres	134	62	72
Unknown – Inconnu	3 661	1 795	1 866
Belize			
12 V 1980 [5]			
Total	142 847	71 899	70 948
Amerindian – Amérindiens	9 689	4 958	4 731
Chinese – Chinois	214	117	97
Indian – Indiens	2 997	1 507	1 490
Mixed – Métis	47 689	24 450	23 239
Negro – Noirs	57 099	28 359	28 740
Portuguese – Portugais	3 953	1 992	1 961
Syrian, Lebanese or Arab – Syriens, Libanais ou Arabes	10 816	5 151	5 665
White – Blancs	5 998	3 118	2 880
Other – Autres	801	429	372
Unknown – Inconnu	3 591	1 818	1 773
British Virgin Islands – Iles Vierges britanniques			
12 V 1980 [5]			
Total	10 985	5 617	5 368
Amerindian – Amérindiens	11	5	6
Indian – Indiens	98	61	37
Mixed – Métis	171	90	81
Negro – Noirs	9 748	4 966	4 782
Syrian, Lebanese or Arab – Syriens, Libanais ou Arabes	20	14	6
White – Blancs	821	424	397
Other – Autres	27	12	15
Unknown – Inconnu	89	45	44
Canada			
3 VI 1986 [1 6]			
Total	25 022 005	12368455	12653550
Aboriginal–aborigènes	373 270	184 270	189 000
Arab – Arabes	27 275	15 825	11 450
Armenian – Arméniens	22 525	11 500	11 020
Asiatic – Asiatiques	266 800	136 090	130 710
Austrian–Autrichens	24 905	12 500	12 405
Belgian – Belgiens	28 395	14 015	14 380
Black – Noirs	174 960	82 735	92 225
British – Anglais	8 406 550	4 129 185	4 277 365
British and French	1 139 335	552 200	587 135
British and others	2 262 525	1 114 115	1 148 410
AMERICA, NORTH—(Cont.Suite) AMERIQUE DU NORD			
Canada			
3 VI 1986 [1 6]			
Caribean	48 475	22 325	26 150
Cambodian	10 365	5 425	4 940
Chinese – Chinois	360 320	178 655	181 665
Croatian – Croates	35 120	18 070	17 050
Czech and slovak– Tchèques et slovaques	55 535	28 930	26 605
Dutch – Néerlandais	351 765	182 725	169 040
Egyptian	11 580	6 305	5 275
Estonian	13 200	6 270	6 930
Filipino – Philippins	93 285	41 120	52 165
Finnish–Finnois	40 565	19 060	21 505
French – Français	6 424 755	3 148 585	3 276 170
German – Allemands	896 720	454 975	441 745
Greek – Grecs	143 780	74 545	69 235
Hungarian– Hongrois	97 850	51 345	46 505
Iranian	13 320	7 860	5 460
Italian – Italiens	709 585	369 330	340 255
Japanese – Japonais	40 250	19 795	20 455
Jewish – Juifs	245 860	123 930	121 930
Korean – Coréens	27 680	13 220	14 460
Latvian–Latvien	12 615	6 230	6 385
Lebanese	29 350	15 985	13 365
Lithuanian–Lituanien	14 730	7 620	7 110
Luhya	9 575	4 970	4 605
Macedonian – Macédoniens	11 355	5 870	5 485
Maltese	15 345	8 105	7 240
Pacific Islander – Habitants des îles du Pacifique	6 625	3 285	3 335
Polish – Polonais	222 260	112 290	109 970
Portuguese – Portugais	199 595	101 405	98 190
Romanian – Roumains	18 745	9 270	9 475
Russian – Russes	32 085	15 260	16 825
Scandinavian–Scandinaves	171 715	89 425	82 290
Serbian – Serbes	9 510	5 195	4 315
Slovene–Slovéne	5 890	2 960	2 930
Spanish – Espagnol	57 125	28 305	28 820
Swiss – Suisse	19 135	10 465	8 665
Turkish – Turcs	5 065	2 645	2 420
Ukrainian – Ukrainiens	420 210	210 030	210 180
Vietnamese – Vietnamiens	53 010	29 045	23 965
Yugoslav – Yougoslaves	51 205	27 220	23 985
Other – Autres	1 310 310	647 970	662 350
Dominica – Dominique			
7 IV 1981 [5]			
Total	73 795	36 754	37 041
Amerindian – Amérindiens	1 111	588	523
Indian – Indiens	37	13	24
Mixed – Métis	4 433	2 190	2 243
Negro – Noris	67 272	33 472	33 800

(See notes at end of table. – Voir notes à la fin du tableau.)

Continent, country or area, census date and group / Continent, pays ou zone, date du recensement et groupe	Both sexes / Les deux sexes	Male / Masculin	Female / Féminin
AMERICA,NORTH— (Cont.–Suite) AMERIQUE DU NORD			
Dominica – Dominique			
7 IV 1981 [5]			
Syrian, Lebanese or Arab – Syriens, Libanais ou Arabes	70	44	26
White – Blancs	341	190	151
Other – Autres	103	41	62
Unknown – Inconnu	428	216	212
Grenada – Grenade			
30 IV 1981			
Total	89 088	42 943	46 145
Amerindian – Amérindiens	11	6	5
Indian – Indiens	2 811	1 390	1 421
Mixed – Métis	11 816	5 481	6 335
Negro – Noirs	73 207	35 418	37 789
Portuguese – Portugais	54	20	34
Syrian, Lebanese or Arab – Syriens, Libanais ou Arabes	56	32	24
White – Blancs	524	279	245
Other – Autres	54	21	33
Unknown – Inconnu	555	296	259
Jamaica – Jamaïque			
8 VI 1982* [5]			
Total	2 172 879	1 063 462	1 109 417
Chinese – Chinois	5 320	2 987	2 333
Indian – Indiens	29 283	14 553	14 730
Mixed – Métis	278 015	128 861	149 154
Negro – Noirs	1 622 473	801 091	821 382
Syrian, Lebanese or Arab – Syriens, Libanais ou Arabes	759	405	354
White – Blancs	4 841	2 281	2 560
Other – Autres	26 019	11 825	14 194
Unknown – Inconnu	206 169	101 459	104 710
Montserrat			
12 V 1980			
Total	11 519	5 536	5 983
Indian – Indiens	40	19	21
Mixed – Métis	152	76	76
Negro – Noirs	10 833	5 178	5 655
White – Blancs	403	216	187
Unknown – Inconnu	91	47	44

Continent, country or area, census date and group / Continent, pays ou zone, date du recencement et groupe	Both sexes / Les deux sexes	Male / Masculin	Female / Féminin
AMERICA,NORTH— (Cont.–Suite) AMERIQUE DU NORD			
Netherlands Antilles – Antilles néerlandaises			
1 II 1981 [1]			
Total	171 620	82 808	88 812
English–Anglais	3 577	1 603	1 974
Dutch – Néerlandais	160 124	77 348	82 776
Portuguese – Portugais	1 895	977	918
United States – Etats Unies	802	393	409
Venezuelan	535	259	276
Other – Autres	4 687	2 228	2 459
Panama			
11 V 1980 [7]			
Total	1 831 399	928 285	903 114
Indigenous – Indigènes	93 091	44 916	48 175
Non–Indigenous – Non–indigènes	1 738 308	883 369	854 939
Saint Kitts and Nevis – Saint–Kitts–et–Nevis			
12 V 1980 [5]			
Total	43 309	20 840	22 469
Indian – Indiens	67	31	36
Mixed – Métis	1 440	620	820
Negro – Noirs	40 845	19 718	21 127
Portuguese – Portugais	30	15	15
Syrian, Lebanese or Arab – Syriens, Libanais ou Arabes	21	13	8
White – Blancs	390	208	182
Other – Autres	24	11	13
Unknown – Inconnu	492	224	268
Saint Lucia – Sainte–Lucie			
12 V 1980 [5]			
Total	113 409	54 509	58 900
Amerindian – Amérindiens	49	29	20
Indian – Indiens	2 955	1 403	1 552
Mixed – Métis	10 577	4 948	5 629
Negro – Noirs	98 455	47 416	51 039
Syrian, Lebanese or Arab – Syriens, Libanais ou Arabes	46	30	16
White – Blancs	634	344	290
Other – Autres	98	39	59
Unknown – Inconnu	595	300	295

27. Population by national and/or ethnic group and sex: each census, 1973 – 1988 (continued)

Population selon le groupe national et/ou ethnique et le sexe: chaque recensement, 1973 – 1988 (suite)

(See notes at end of table. – Voir notes à la fin du tableau.)

Continent, country or area, census date and group Continent, pays ou zone, date du recensement et groupe	Both sexes Les deux sexes	Male Masculin	Female Féminin
AMERICA,NORTH— (Cont.–Suite) AMERIQUE DU NORD			
St. Vincent and the Grenadines – Saint–Vincent–et–Grenadines			
12 V 1980			
Total	97 845	47 409	50 436
Amerindian – Amérindiens	43	20	23
Indian – Indiens	1 586	759	827
Mixed – Métis	13 609	6 494	7 115
Negro – Noirs	80 251	39 011	41 240
Portuguese – Portugais	506	237	269
Syrian, Lebanese or Arab – Syriens, Libanais ou Arabes	13	8	5
White – Blancs	1 101	538	563
Other – Autres	288	131	157
Unknown – Inconnu	448	211	237
Trinidad and Tobago – Trinité–et–Tobago			
12 V 1980 [5]			
Total	1 055 763	526 234	529 529
Chinese – Chinois	5 562	3 000	2 562
Indian – Indiens	429 187	215 613	213 574
Mixed – Métis	172 285	83 563	88 722
Negro – Noirs	430 864	215 132	215 732
Syrian, Lebanese or Arab – Syriens, Libanais ou Arabes	951	511	440
White – Blancs	9 946	4 884	5 062
Other – Autres	2 913	1 531	1 382
Unknown – Inconnu	4 055	2 000	2 055
Turks and Caicos Islands – Iles Turques et Caïques			
12 V 1980 [5]			
Total	7 413	3 580	3 833
Indian – Indiens	26	10	16
Mixed – Métis	4 681	2 205	2 476
Negro – Noirs	2 436	1 213	1 223
White – Blancs	244	139	105
Unknown – Inconnu	26	13	13
United States – Etats–Unis			
1 IV 1980 [8 9]			
Total	226 545 805	110053161	116492644
Aleut – Aléoutes	14 205	7 186	7 019
American Indian	1 364 033	673 517	690 516
Asian Indian	361 531	187 083	174 448
Black – Noirs	26 495 025	12519189	13975836
Chinese – Chinois	806 040	407 544	398 496
Eskimo – Eskimos	42 162	21 525	20 637
Filipino – Philippins	774 652	374 191	400 461
United States–Etats–Unis			
1 IV 1980 [8 9]			
Guam	32 158	16 583	15 575
Hawaiian – Hawaïens	166 814	82 256	84 558
Japanese – Japonais	700 974	320 941	380 033
Korean – Coréens	354 593	147 825	206 768
Samoan – Samoans	41 948	21 249	20 699
Vietnamese – Vietnamiens	261 729	135 640	126 089
White – Blancs	188 371 622	91685333	96686289
Other – Autres	6 758 319	3 453 099	3 305 220
United States Virgin Islands – Iles Vierges américaines			
1 IV 1980 [10]			
Total	96 569	46 204	50 365
Black – Noirs	76 951	36 470	40 481
White – Blancs	14 280	7 070	7 210
Other – Autres	5 338	2 664	2 674
AMERICA,SOUTH— AMERIQUE DU SUD			
Brazil – Brésil			
1 IX 1980 [1 11]			
Total	119 011 052	59142833	59868219
Black – Noirs	7 046 906	3 551 348	3 495 558
Chinese – Chinois	672 251	343 907	328 344
Mixed – Métis	46 233 531	23329043	22904488
White – Blancs	64 540 467	31665653	32874814
Unknown – Inconnu	517 897	252 882	265 015
Guyana			
12 V 1980			
Total	758 619	375 841	382 778
Amerindian – Amérindiens	39 867	19 729	20 138
Chinese – Chinois	1 842	1 023	819
Indian – Indiens	389 760	194 374	195 386
Mixed – Métis	83 763	41 398	42 365
Negro – Noirs	231 330	113 084	118 246
Portuguese – Portugais	2 975	1 499	1 476
Syrian, Lebanese or Arab – Syriens, Libanais ou Arabes	44	26	18
White – Blancs	770	400	370
Other – Autres	247	139	108
Unknown – Inconnu	8 021	4 169	3 852
ASIA—ASIE			
China – Chine			
1 VII 1982 [12]			
Total	1003913 927	515277505	488636422

27. Population by national and/or ethnic group and sex: each census, 1973 – 1988 (continued)

Population selon le groupe national et/ou ethnique et le sexe: chaque recensement, 1973 – 1988 (suite)

(See notes at end of table. – Voir notes à la fin du tableau.)

Continent, country or area, census date and group Continent, pays ou zone, date du recensement et groupe	Both sexes Les deux sexes	Male Masculin	Female Féminin
ASIA—ASIE (Cont.–Suite)			
China – Chine			
1 VII 1982 [12]			
Achang	20 433	10 135	10 298
Bai	1 132 224	567 674	564 550
Benglong	12 297	6 150	6 147
Blang	58 473	29 442	29 031
Bouyei	2 119 345	1 069 081	1 050 264
Bonan	9 017	4 615	4 402
Dai	839 496	416 678	422 818
Derung	4 633	2 254	2 379
Daur	94 126	48 401	45 725
Dong	1 426 400	743 670	682 730
English – Anglais	279 523	143 329	136 194
Ewenki	19 398	9 919	9 479
Gaoshan	1 650	886	764
Gelao	54 164	28 247	25 917
Gin	13 108	6 172	6 936
Han	936 674 944	481060240	455614704
Hani	1 058 806	535 160	523 646
Hezhu	1 489	762	727
Hui	7 228 398	3 674 393	3 554 005
Jingpo	92 976	44 762	48 214
Jino	11 962	5 947	6 015
Kazakh–Kszaks	907 546	467 416	440 130
Kirgiz	113 386	57 955	55 431
Korean – Coréens	1 765 204	873 092	892 112
Lahu	304 256	153 391	150 865
Lhoba	1 066	501	565
Li	887 107	446 380	440 727
Lisu	481 884	242 587	239 297
Manchu	4 304 981	2 297 814	2 007 167
Maonan	38 159	19 701	18 458
Miao	5 021 175	2 573 992	2 447 183
Moinben	1 140	581	559
Mongol – Mongols	3 411 367	1 752 499	1 658 868
Mulam	90 357	45 957	44 400
Naxi	251 592	126 184	125 408
Nu	22 896	11 704	11 192
Oroqen	4 103	2 085	2 018
Pumi	24 238	12 233	12 005
Qiang	102 815	51 820	50 995
Russian – Russes	2 917	1 142	1 775
Salar	69 135	34 794	34 341
She	371 965	196 791	175 174
Shui	286 908	146 703	140 205
Tajik	26 600	13 646	12 954
Tatar – Tatars	4 122	2 135	1 987
Tibetan	3 847 875	1 882 334	1 965 541
Tu	159 632	82 254	77 378
Tujia	2 836 814	1 479 085	1 357 729
Uighar–Ouïgours	5 963 491	3 056 378	2 907 113
Uzbek–Uzbec	12 213	6 411	5 802
Va	298 611	149 847	148 764
Xibe	83 683	44 375	39 308
Yao	1 411 967	724 612	687 355
Yi	5 453 564	2 752 343	2 701 221
China – Chine [12]			
1 VII 1982			
Yugu	10 568	5 296	5 272
Zhuang	13 383 086	6 744 941	6 638 145
Other – Autres	4 937	1 037	3 900
Unknown – Inconnu	799 705	409 572	390 133
Israel – Israël [13]			
4 VI 1983 [1 14]			
Total	3 349 997	1 662 725	1 687 272
African – Africains	322 831	157 097	165 734
Asiatic – Asiatiques	297 282	145 635	151 647
European–American – Americaines Européens	802 023	376 941	425 082
Israelis	1 927 861	983 052	944 809
Malaysia – Malaisie			
Peninsular Malaysia – Malaisie Péninsulaire			
10 VI 1980 [5]			
Total	10 886 713	5 423 614	5 463 099
Chinese – Chinois	3 630 542	1 814 231	1 816 311
Indian – Indiens	1 087 561	556 935	530 626
Malay – Malais	6 102 194	3 018 844	3 083 350
Other – Autres	66 416	33 604	32 812
Sabah			
10 VI 1980			
Total	955 712	499 345	456 367
Chinese – Chinois	155 304	81 340	73 964
Indian – Indiens	5 293	3 239	2 054
Pribumi	792 043	412 820	379 223
Other – Autres	3 072	1 946	1 126
Sarawak			
10 VI 1980			
Total	1 235 553	620 077	615 476
Bidaya	104 914	52 181	52 733
Chinese – Chinois	360 553	182 714	177 839
Iban	368 508	181 900	186 608
Indian – Indiens	3 294	1 853	1 441
Indigenous – Indigènes	67 152	34 174	32 978
Malay – Malais	248 757	125 624	123 133
Melanau – Mélanaus	69 813	34 344	35 469
Other – Autres	12 562	7 287	5 275
Sri Lanka			
17 III 1981			
Total	14 846 750	7 568 254	7 278 496
Burgher – Burghers	39 374	19 634	19 740
Ceylon Moor	1 046 926	534 932	511 994
Ceylon Tamil	1 886 872	973 129	913 743
Indian Tamil	818 656	411 904	406 752
Malay – Malais	46 963	24 331	22 632
Sinhalese	10 979 561	5 588 889	5 390 672
Other – Autres	28 398	15 435	12 963

27. Population by national and/or ethnic group and sex: each census, 1973 – 1988 (continued)

Population selon le groupe national et/ou ethnique et le sexe: chaque recensement, 1973 – 1988 (suite)

(See notes at end of table. – Voir notes à la fin du tableau.)

Continent, country or area, census date and group Continent, pays ou zone, date du recensement et groupe	Both sexes Les deux sexes	Male Masculin	Female Féminin
ASIA—ASIE (Cont.–Suite)			
Viet Nam			
1 X 1979			
Total	52 741 766	25580582	27161184
Bana	109 063	54 355	54 708
Dao	346 785	172 610	174 175
Ede	140 884	67 158	73 726
Giarai	184 507	88 299	96 208
Hao	935 074	462 552	472 522
Hmong(méo)	411 074	201 990	209 084
Khome	717 291	339 124	378 167
Kinh	46 065 384	22330188	23735196
Muong	686 082	326 621	359 461
Nung	559 702	272 705	286 997
Tay	901 802	439 018	462 784
Thai – Thais	766 720	374 657	392 063
Other – Autres	917 398	451 305	466 093
EUROPE			
Yugoslavia – Yougoslavie			
31 III 1981 [1]			
Total	22 424 687	11083768	11340919
Albanian – Albanais	1 730 364	903 968	826 396
Austrian–Autrichens	1 402	327	1 075
Bulgarian – Bulgares	36 185	18 393	17 792
Croatian – Croates	4 427 958	2 136 249	2 291 709
Czech – Tchèques	19 625	8 903	10 722
German – Allemands	8 712	2 376	6 336
Greek – Grecs	1 639	784	855
Hungarian– Hongrois	426 867	202 479	224 388
Italian – Italiens	15 132	7 013	8 119
Jewish – Juifs	1 383	642	741
Macedonian – Macédoniens	1 339 727	677 496	662 231
Montenegrin – Monténégrins	579 046	292 027	287 019
Moslem – Musulmans	1 999 957	1 006 799	993 158
Polish – Polonais	3 043	888	2 155
Romanian – Roumains	54 954	26 303	28 651
Romany–Romain	168 098	84 880	83 218
Russian – Russes	4 463	1 497	2 966
Ruthenian – Ruthènes	23 285	11 283	12 002
Serb	8 140 478	4 039 128	4 101 350
Slovak – Slovaques	80 334	38 814	41 520
Slovenian – Slovènes	1 753 554	839 424	914 130
Turkish – Turcs	101 166	51 989	49 177
Ukrainian – Ukrainiens	12 813	6 190	6 623
Vlach	32 063	14 986	17 077
Other – Autres	1 309 104	635 317	673 787
Unknown – Inconnu	153 335	75 613	77 722
OCEANIA—OCEANIE(Cont.–Suite)			
American Samoa – Samoa américaines			
1 IV 1980 [10]			
Total	32 297	16 384	15 913
Filipino – Philippins	50	...	...
Irish	13	...	...
Japanese – Japonais	46	...	...
Korean – Coréens	181	...	...
Other Asiatic – Autres Asiatiques	96	...	...
Other European – Autres Européens	66	...	...
Pacific Islander – Habitants des îles du Pacifique	296	...	...
Part Samoan – Métis de Samoans	136	...	...
Samoan – Samoans	29 301	...	...
Tongan – Tongans	892	...	...
Unknown – Inconnu	1 220	...	...
Australia – Australie			
31 VI 1981 [15]			
Total	14 576 330	7 267 077	7 309 253
Aboriginal–aborigènes	144 663	72 180	72 483
European – Européens	13 864 151	6 914 312	6 949 839
Torres Strait Islander – Habitants des îles des détroit de Torres	15 234	7 542	7 692
Unknown – Inconnu	552 282	273 043	279 239
Fiji – Fidji			
31 VIII 1986			
Total	715 375	362 568	352 807
Chinese – Chinois	4 784	2 546	2 238
European – Européens	4 196	2 240	1 956
Fijian – Fidjiens	329 305	167 256	162 049
Indian – Indiens	348 704	175 829	172 875
Pacific Islander – Habitants des îles du Pacifique	8 627	4 499	4 128
Part European – Métis d'Européens	10 297	5 396	4 901
Rotuman – Rotumans	8 652	4 387	4 265
Other – Autres	810	415	395
Guam [10]			
1 IV 1980			
Total	105 979	...	...
Asian and Pacific Islander – Asiatiques et habitants des îles du Pacifique	656	...	...

27. Population by national and/or ethnic group and sex: each census, 1973 – 1988 (continued)

Population selon le groupe national et/ou ethnique et le sexe: chaque recensement, 1973 – 1988 (suite)

(See notes at end of table. – Voir notes à la fin du tableau.)

Continent, country or area, census date and group / Continent, pays ou zone, date du recensement et groupe	Both sexes / Les deux sexes	Male / Masculin	Female / Féminin
OCEANIA—OCEANIE(Cont.–Suite)			
Guam			
1 IV 1980 [10]			
Carolinian	34	...	...
Chamarro	48 675	...	...
English – Anglais	1 514	...	...
European – Européens	8 442	...	...
Filipino – Philippins	22 447	...	...
German – Allemands	2 223	...	...
Irish	1 537	...	...
Japanese – Japonais	1 855	...	...
Kosraean	40	...	...
Korean – Coréens	1 873	...	...
Mandarin and Tamil– Mandarin et Tamoul	33	...	...
Pacific Islander – Habitants des îles du Pacifique	513	...	...
Palauan	1 335	...	...
Polynesian – Polynésiens	122	...	...
Ponapean	69	...	...
Samoan – Samoans	49	...	...
Wallisian – Wallisíens	11	...	...
Yapese	36	...	...
Other – Autres	7 365	...	...
Unknown – Inconnu	7 150	...	...
New Caledonia – Nouvelle–Calédonie			
15 IV 1983			
Total	145 368	74 285	71 083
European – Européens	53 974	28 232	25 742
Indonesian – Indonésiens	5 319	2 693	2 626
Melanesian – Mélanésiens	61 870	30 824	31 046
Tahitian – Tahitiens	5 570	2 879	2 691
Vanuatu	1 212	718	494
Vietnamese – Vietnamiens	2 381	1 190	1 191
Wallisian – Wallisíens	12 174	6 240	5 934
Other – Autres	2 868	1 509	1 359
New Zealand – Nouvelle–Zélande			
4 III 1986 [1]			
Total	3 263 286	1 616 667	1 646 667
Chinese– Chinois	19 506	9 906	9 600
Cook Island Maori Métis de Maoris des îles Cook	23 973	12 045	11 928
OCEANIA—OCEANIE(Cont.–Suite)			
New Zealand – Nouvelle–Zélande			
4 III 1986 [1]			
European – Européens	2 651 382	1 311 729	1 339 653
European–Chinese Européens–Chinois	2 397	1 206	1 191
European Maori – Européens Maoris	94 884	46 578	48 306
European–Polynesian Européens–Polynésiens	14 796	7 398	7 398
Indian – Indiens	12 123	6 381	5 742
Indian–European Indiens–Européens	1 953	999	954
Maori – Maoris	295 314	148 020	147 294
Niuean – Niuéens	8 472	4 218	4 254
Samoan – Samoans	50 196	25 029	25 167
Tongan – Tongans	9 228	4 737	4 491
Other – Autres	42 501	21 126	21 375
Unknown – Inconnu	36 561	17 295	19 266
Pacific Islands – Iles du Pacifique			
15 IX 1980 [10]			
Total	132 929	68 344	64 585
Carolinian	2 337	...	...
European – Européens	96	...	...
Filipino – Philippins	2 035	...	...
Kosraean	5 604	...	...
Marshallese	30 034	...	...
Mixed – Métis	724	...	...
Other Asiatic – Autres Asiatiques	534	...	...
Palauan	12 546	...	...
Samoan – Samoans	17	...	...
Trukese	37 504	...	...
Yapese	4 551	...	...
Other – Autres	34 098	...	...
Unknown – Inconnu	2 849	...	...
Vanuatu			
15 I 1979			
Total	111 251	59 074	52 177
Chinese – Chinois	359	237	122
European – Européens	2 409	1 331	1 078
Melanesian – Mélanésiens	408	204	204
Polynesian – Polynésiens	1 023	568	455
Vanuatu	104 371	55 316	49 055
Vietnamese – Vietnamiens	365	182	183
Other – Autres	2 316	1 236	1 080

27. Population by national and/or ethnic group and sex: each census, 1973 – 1988 (continued)

Population selon le groupe national et/ou ethnique et le sexe: chaque recensement, 1973 – 1988 (suite)

GENERAL NOTES

For definitions of "urban", see Technical Notes for table 6. For method of evaluation and limitations of data, see Technical Notes, page 108.

FOOTNOTES

* Provisional.
1 De jure population.
2 Excluding Bophuthatswana, Transkei, and Venda.
3 Excluding Bophuthatswana, Ciskei, Traskei and Venda. Data have not been adjusted for underenumeration.
4 Based on a 10 per cent sample of census returns.
5 De jure population, but excluding persons residing in institutions.
6 Based on a 20 per cent sample of census returns.
7 Data have not been adjusted for underenumeration, estimated at 6.6 per cent.
8 De jure population but excluding armed forces overseas.
9 Excluding civilian citizens absent from country for extended period of time.
10 De jure population, but including armed forces stationed in the area.
11 Based on a sample of census returns.
12 For only the civilian population of 29 provinces, municipalities and autonomous regions. Excluding transients afloat and non–locally domiciled military and civilian services personnel and their dependants and visitors, numbering 5 553, 5 187 and 8 985 respectively at 1980 census.
13 Including data for East Jerusalem and Israeli residents in certain other territories under occupation by Israeli military forces since June 1967.
14 For Jewish population only.
15 Data have not been adjusted for underenumeration, estimated at 1.9 per cent.

NOTES GENERALES

Pour les définitions de "zones urbaines", voir Notes techniques relatives au tableau 6. Pour la méthode d'évaluation et les insuffisances des données, voir Notes techniques, page 108.

NOTES

* Données provisoires.
1 Population de droit.
2 Non compris Bophuthatswana, Transkei et Venda.
3 Non compris Bophuthatswana, Ciskei, Transkei et Venda. Les données n'ont pas été ajustées pour compenser les lacunes du dénombrement.
4 D'après un échantillon de 10 p. 100 des bulletins de recensement.
5 Population de droit, mais non compris les personnes dans les institutions.
6 D'après un échantillon de 20 p. 100 des bulletins de recensement.
7 Les données n'ont pas été adjustées pour compenser les lacunes du dénombrement, estimées à 6,6 p. 100.
8 Population de droit, mais non compris les militaires à l'étranger.
9 Non compris les civils hors du pays pendant une période prolongée.
10 Population de droit, mais y compris les militaires en garnison sur le territoire.
11 D'après un échantillon des bulletins de recensement.
12 Pour la population civil seulement de 29 provinces, municipalités et régions autonomes. Non compris les personnes de passage à bord de navires, les militaires et agents civils non résidents et les membres de leur famille les accompagnant et les visiteurs, au nombre de 5 553, 5 187 et 8 985 respectivement, au recensement de 1980.
13 Y compris les données pour Jérusalem–Est et les résidents israéliens dans certains autres territoires occupés depuis juin 1967 par les forces armées israéliennes.
14 Pour la population juive seulement.
15 Les données n'ont pas été adjustées pour compenser les lacunes du dénombrement, estimées à 1,9 p. 100.

27. Population by national and/or ethnic group and sex: each census, 1973 – 1988 (continued)

Population selon le groupe national et/ou ethnique et le sexe: chaque recensement, 1973 – 1988 (suite)

List of countries or areas covered by this table in the 1983 issue of the Demographic Yearbook
Liste des pays ou zones couverts par ce tableau, dans l'édition de 1983 de l'Annuaire démographique

Continent and country or area Continent et pays ou zone	Census date Date du recensement	Issue Edition
AFRICA – AFRIQUE—		
Kenya	24 VIII 1979	1983
Rwanda	15–16 V 1978	1983
Swaziland	25 VIII 1976	1983
AMERICA NORTH — AMERIQUE DU NORD		
Bermuda – Bermudes	12 V 1980	1983
Canada	3 VI 1981	1983
ASIA — ASIE		
Brunei – Brunéi	26 VIII 1981	1983
Hong Kong – Hong–kong	9 III 1981	1983
Singapore – Singapour	24 VI 1980	1983
EUROPE		
Czechoslovkia– Tchecoslovaquie	I XI 1980	1983
Hungary – Hongrie	I I 1980	1983
Monaco	4 III 1982	1983
Rumania – Roumanie	5 I 1977	1983
OCEANIA — OCEANIE		
American Samoa – Samoa américaines	25 IX 1974	1983
OCEANIA (cont.) — OCEANIE (suite)		
Australia – Australie	30 VI 1976	1983
Christmas Island – Ile Christmas	30 VI 1981	1983
Cocos (Keeling) Islands – Iles des Cocos(Keeling)	30 VI 1981	1983
Cook Islands – Iles Cook	1 XII 1976	1983
Cook Islands – Iles Cook	1 XII 1981	1983
Fiji – Fidji	13 IX 1976	1983
Kiribati	12 XII 1978	1983
Nauru	22 I 1977	1983
New Caledonia – Nouvelle–Calédonie	23 IV 1976	1983
New Zealand– Nouvelle–Zélande	23 III 1976	1983
New Zealand– Nouvelle–Zélande	24 III 1981	1983
Niue – Nioué	29 IX 1976	1983
Solomon Islands–Iles Salomon	7 II 1976	1983
Tokelau – Tokélaou	25 X 1976	1983
Tonga	30 XI 1976	1983
USSR — URSS		
USSR – URSS	17 1 1979	1983
Byelorussian SSR – RSS de Biélorussie	17 1 1979	1983
Ukrainian SSR – RSS D'Ukraine	17 1 1979	1983

28. Population by language and sex: each census, 1977 – 1988

Population selon la langue et le sexe: chaque recensement, 1977 – 1988

(See notes at end of table. – Voir notes à la fin du tableau.)

Continent, country or area, census date and language Continent, pays ou zone, date du recensement et langage	Both sexes Les deux sexes	Male Masculin	Female Féminin
AFRICA—AFRIQUE			
Mauritius – Maurice			
Island of Mauritius – Ile Maurice			
2 VII 1983			
Total	966 863	481 368	485 495
Arabic – Arabe	1 813	900	913
Bhacha	50	27	23
Bhojpuri	197 050	97 591	99 459
Bouharian	4 707	2 391	2 316
Cantonese	84	39	45
Creole – Créole	521 950	261 571	260 379
English – Anglais	2 028	983	1 045
French – Français	36 048	16 800	19 248
German – Allemand	25	13	12
Gujarati – Goujarati	531	245	286
Hakka	1 249	615	634
Hindi	111 134	55 478	55 656
Italian – Italien	35	18	17
Mandarian	116	61	55
Marathi – Marathe	12 420	6 205	6 215
Polish – Polonais	96	44	52
Punjabi	61	32	29
Russian – Russe	21	9	12
Sindhi	52	26	26
Tamil – Tamoul	35 646	17 473	18 173
Telugu – Télougou	15 364	7 561	7 803
Urdu – Ourdou	23 572	11 745	11 827
Other – Autres	175	83	92
Unknown – Inconnu	2 636	1 458	1 178
Rodrigues			
2 VII 1983			
Total	33 082	16 552	16 530
Bhojpuri	26	18	8
Creole – Créole	32 789	16 375	16 414
French – Français	170	88	82
Other – Autres	50	28	22
Unknown – Inconnu	47	43	4
Mozambique			
1 VIII 1980 [1]			
Total	11 673 725	5 670 484	6 003 241
Bitonga	223 971	107 337	116 634
Chope	332 924	156 643	176 281
Chuabo	664 319	330 806	333 513
Kuanua	3 466	1 644	1 822
Koti	41 289	19 715	21 574
Lomwe	907 521	449 170	458 351
Macaoan	3 231 559	1 583 103	1 648 456
Macedonian – Macédonien	224 662	103 581	121 081
Marendje	402 952	194 977	207 975
Mwani	51 547	24 838	26 709
Ngulu	10 059	5 187	4 872
Nsenga	27 179	12 391	14 788
Mozambique			
1 VIII 1980 [1]			
Nyanja(chewa)	385 875	180 403	205 472
Nyunwe	262 455	126 009	136 446
Phimbi	14 058	6 192	7 866
Portuguese – Portugais	143 108	75 636	67 472
Ronga	423 797	202 215	221 582
Sena	1 087 262	529 221	558 041
Shona	759 930	372 170	387 760
Swahili	6 103	3 618	2 485
Swazi	10 548	5 022	5 526
Tsonga	1 444 187	692 682	751 505
Tswa	696 212	336 167	360 045
Yao	194 107	90 310	103 797
Zulu	8 003	3 538	4 465
Unknown – Inconnu	116 632	57 909	58 723
Niger			
20 XI 1977 [2]			
Total	5 102 990	2 529 725	2 573 265
Arabic – Arabe	24 549	12 198	12 351
Djerma	1 109 137	549 109	560 028
Gourma	6 679	3 337	3 342
Hadussa	2 758 218	1 359 391	1 398 827
Kanduri	212 156	101 639	110 517
Peul	513 339	262 732	250 607
Tamachen	428 741	214 509	214 232
Toubou	11 278	5 646	5 632
Other – Autres	27 018	14 830	12 188
Unknown – Inconnu	11 875	6 334	5 541
South Africa – Afrique du Sud [3]			
6 V 1980			
Total	25 016 525	12720448	12296077
Afrikaans	4 660 730	2 326 333	2 334 397
Dutch – Néerlandais	12 095	5 971	6 124
English – Anglais	2 480 198	1 223 791	1 256 407
English and African	350 456	173 872	176 584
English and Gujarathi	7 031	3 451	3 580
English and Hindi	7 281	3 288	3 993
English and Tamil – Anglais et Tamoul	8 105	3 405	4 700
English and Telegu	1 134	494	640
English and Urdu	4 303	1 967	2 336
French – Français	7 316	3 649	3 667
German – Allemand	41 057	20 849	20 208
Greek – Grec	17 597	9 034	8 563
Gujarati – Goujarati	17 757	7 568	10 189
Hindi	14 739	6 005	8 734
Italian – Italien	14 358	7 438	6 920
Ndebelle, North	161 370	84 785	76 585
Ndebelle, South	289 487	143 429	146 058
Portuguese – Portugais	56 601	29 218	27 383
Shangaan–Tsonga	915 059	480 143	434 916
Sotho, North	2 449 162	1 206 492	1 242 670
Sotho, South	1 923 471	1 025 261	898 210

28. Population by language and sex: each census, 1977 – 1988 (continued)

Population selon la langue et le sexe: chaque recensement, 1977 – 1988 (suite)

(See notes at end of table. – Voir notes à la fin du tableau.)

Continent, country or area, census date and language / Continent, pays ou zone, date du recensement et langage	Both sexes / Les deux sexes	Male / Masculin	Female / Féminin
AFRICA—AFRIQUE (Cont.–Suite)			
South Africa – Afrique du Sud [3]			
6 V 1980			
Swazi	642 021	326 775	315 246
Tamil – Tamoul	13 020	4 883	8 137
Telugu – Télougou	1 875	675	1 200
Tswana	1 346 383	723 164	623 219
Urdu – Ourdou	7 679	3 190	4 489
Venda	160 135	95 465	64 670
Xhosa	2 791 981	1 546 074	1 245 907
Zulu	6 160 752	3 011 453	3 149 299
Unknown – Inconnu	453 372	242 326	211 046
Tunisia – Tunisie			
30 III 1984 [4]			
Total	2 699 700	1 662 100	1 037 600
Arabic – Arabe	602 200	353 600	248 600
Arabic and French	1 829 900	1 137 600	692 300
Arabic,French and English	219 900	144 700	75 200
Other – Autres	27 900	16 800	11 100
Unknown – Inconnu	19 800	9 400	10 400
Zambia – Zambie			
25 VIII 1980 [5]			
Total	5 656 908	2 767 364	2 889 544
African – Africain	623	265	358
Ambo	1 352	641	711
Bemba	9 174	4 765	4 409
Bisa	82 100	38 323	43 777
Bwila	2 901	1 409	1 492
Chewa	299 304	145 804	153 500
Chikunda	9 326	4 504	4 822
Chishinga	3 168	1 606	1 562
Chokwe	35 146	17 512	17 634
English – Anglais	18 598	10 051	8 547
French – Français	684	428	256
German – Allemand	536	282	254
Gowa	8 047	3 685	4 362
Gujarti	6 562	3 429	3 133
Gumbo	40 854	19 163	21 691
Hindi	2 198	1 152	1 046
Ila	45 715	21 835	23 880
Imilangu	5 349	2 241	3 108
Italian – Italien	460	271	189
Kabende	28 471	12 955	15 516
Kaonde	153 180	74 640	78 540
Koma	13 311	5 802	7 509
Kunda	23 145	10 908	12 237
Kwandi	4 507	2 158	2 349
Kwanga	19 967	8 821	11 146
Lamba	131 175	63 095	68 080
Lala	160 107	78 107	82 000
Lenje	98 871	47 714	51 157
Leya	9 660	4 399	5 261
Zambia – Zambia			
25 VIII 1980 [5]			
Lima	7 042	3 480	3 562
Lozi	339 676	167 894	171 782
Luano	2 111	1 013	1 098
Luchazi	35 366	16 732	18 634
Lungu	54 707	26 473	28 234
Lunda	146 251	71 139	75 112
Luvale	114 313	55 564	58 749
Luyana	459	222	237
Mambwe	91 467	45 543	45 924
Mashasha	1 044	486	558
Mashi	15 903	7 020	8 883
Mbowe	1 115	539	576
Mbunda	83 388	38 976	44 412
Mukulu	1 995	1 015	980
Mwenyi	4 943	2 235	2 708
Ndembu	508	259	249
Ndebele	23 513	11 546	11 967
Njanja	292 852	149 645	143 207
Ngoni	110 512	54 163	56 349
Nkoya	32 881	15 645	17 236
Nsenga	259 113	122 856	136 257
Nyengo	11 328	4 866	6 462
Portuguese – Portugais	329	207	122
Shona	35 868	17 773	18 095
Sala	12 486	6 005	6 481
Senga	46 248	21 503	24 745
Shila	944	505	439
Simaa	10 455	4 544	5 911
Soli	42 545	20 529	22 016
Subiya	1 398	697	701
Swahili	8 771	4 832	3 939
Swaka	31 851	15 579	16 272
Talwa	23 079	11 301	11 778
Tambo	1 845	835	1 010
Toka	16 570	7 720	8 850
Totela	5 036	2 040	2 996
Tonga	617 650	299 401	318 249
Tumbuka	259 410	128 084	131 326
Urdu – Ourdou	650	348	302
Unga	14 980	7 078	7 902
Ushi	97 251	47 147	50 104
Winamwanga	103 477	51 445	52 032
Wiwa	7 914	3 788	4 126
Yombe	755	349	406
Other – Autres	104 189	53 146	51 043
Unknown – Inconnu	1 368 229	679 232	688 997
Zimbabwe			
18 VIII 1982 [6]			
Total	7 501 470	3 673 620	3 827 850
English – Anglais	167 330	...	...
Ndebele	1 215 700	...	...
Nyanja(chewa)	168 940	...	...
Other – Autres	17 050	...	...
Sera–Chikda	55 440	...	...

28. Population by language and sex: each census, 1977 – 1988 (continued)

Population selon la langue et le sexe: chaque recensement, 1977 – 1988 (suite)

(See notes at end of table. – Voir notes à la fin du tableau.)

Continent, country or area, census date and language / Continent, pays ou zone, date du recensement et langage	Both sexes / Les deux sexes	Male / Masculin	Female / Féminin
AFRICA—AFRIQUE(Cont.–Suite)			
Zimbabwe			
18 VIII 1982 [6]			
Shona	5 412 300	...	...
Sotho–Tswana	23 940	...	...
Thonga–Hlengwe	94 740	...	...
Tongan – Tongans	89 510	...	...
Venda	48 180	...	...
Other – Autres	17 050	...	...
Unknown – Inconnu	191 290	...	...
AMERICA,NORTH— AMERIQUE DU NORD			
Netherlands Antilles – [7] Antilles néerlandaises			
1 II 1981 [2]			
Total	231 932	112 148	119 784
English – Anglais	24 590	...	...
Dutch – Néerlandais	14 064	...	...
Paoiamentu	185 155	...	...
Portuguese – Portugais	1 861	...	...
Spanish – Espagnol	4 447	...	...
Other – Autres	1 815	...	...
Puerto Rico – Porto Rico			
1 IV 1980 [8 9]			
Total	2 855 868	...	...
English – Anglais	13 839	...	...
Spanish – Espagnol	2 805 444	...	...
Unknown – Inconnu	36 585	...	...
AMERICA,SOUTH— AMERIQUE DU SUD			
Paraguay			
11 VII 1982 [9]			
Total	2 565 850	1 285 240	1 280 610
English – Anglais	652	340	312
German – Allemand	21 993	11 051	10 942
Guarani	1 029 786	534 863	494 923
Japanese – Japonais	3 322	1 706	1 616
Portuguese – Portugais	80 991	43 811	37 180
Spanish – Espagnol	166 441	75 010	91 431
Spanish and Guarani Espagnol et Guarani	1 247 742	610 751	636 991
Unknown – Inconnu	59	30	29
Other – Autres	14 864	7 678	7 186
Peru – Pérou			
12 VII 1981 [9 10 11]			
Total	14 570 881	7 260 224	7 310 657
Aymara	122 523	41 233	81 290
Quechua	1 113 410	401 688	711 722
Peru			
11 VII 1982 [9 10 11]			
Spanish – Espagnol	10 633 146	5 345 868	5 287 278
Spanish and Aymara Espagol et Aymara	236 340	134 771	101 569
Spanish and Quechua Espagnol et Quechua	2 071 012	1 131 000	940 012
Other – Autres	394 450	205 664	188 786
ASIA—ASIE			
India – Inde [12]			
1 III 1981 [13]			
Total	665 287 849	343930423	321357426
Assamese	70 525	39 683	30 842
Bengali	51 503 085	26546645	24956440
Gujarati – Goujarati	33 189 039	17020881	16168158
Hindi	264 189 057	138615770	125573287
Kannada	26 887 837	13644839	13242998
Kashimiri	3 174 684	1 680 901	1 493 783
Malayalam	25 952 966	12834186	13118780
Marathi – Marathe	49 624 847	25209841	24415006
Oriya	22 881 053	11513362	11367691
Punjabi	18 588 400	9 838 383	8 750 017
Sanskrit	2 946	1 632	1 314
Sindhi	1 946 278	987 389	958 889
Tamil – Tamoul	44 730 389	22584654	22145735
Telugu – Télougou	54 226 227	27346025	26880202
Urdu – Ourdou	35 323 282	18307161	17016121
Other – Autres	32 997 234	17759071	15238163
Israel – Israël [14]			
4 VI 1983 [15]			
Total	1 352 345	680 780	671 565
Arabic – Arabe	155 075	100 650	54 425
Bucharin	1 865	875	990
Bulgarian – Bulgare	4 205	1 605	2 600
Czech – Tchéque	500	210	290
Dutch – Néerlandais	915	350	565
English – Anglais	28 150	12 130	16 020
French – Français	19 895	7 620	12 275
Georgian – Géorgien	8 755	4 350	4 405
German – Allemand	14 625	4 780	9 845
Greek – Grec	695	310	385
Hebrew	931 445	469 035	462 410
Hungarian – Hongrois	12 815	4 740	8 075
Indian–Indiens	4 350	2 005	2 345
Italian – Italien	1 405	585	820
Kurdish	1 340	605	735
Persian – Persan	9 270	4 185	5 085
Polish – Polonais	7 520	2 530	4 990
Portuguese – Portugais	735	280	455
Romanian – Roumain	35 445	14 560	20 885
Russian – Russe	39 320	17 195	22 125
Serbian – Serbes	740	360	380

28. Population by language and sex: each census, 1977 – 1988 (continued)

Population selon la langue et le sexe: chaque recensement, 1977 – 1988 (suite)

(See notes at end of table. – Voir notes à la fin du tableau.)

Continent, country or area, census date and language / Continent, pays ou zone, date du recensement et langage	Both sexes / Les deux sexes	Male / Masculin	Female / Féminin
ASIA—ASIE (Cont.–Suite)			
Israel – Israël [14]			
4 VI 1983 [15]			
Spanish – Espagnol	21 265	8 840	12 425
Turkish – Turc	2 555	1 190	1 365
Yiddish	49 460	21 790	27 670
Philippines			
1 V 1980 [2 16]			
Total	38 984 894	19388153	19596741
English – Anglais	25 099 120	12449465	12649655
Pilipino Tagalog and English	24 356 096	12070602	12285494
Pilipino or Tagalog	29 998 585	14884573	15114012
EUROPE			
Austria – Autriche			
12 V 1981 [2]			
Total	7 555 338	3 572 773	3 982 565
Croatian – Croate	5 953	...	...
Czech – Tchéque	2 233	...	...
German – Allemand	7 278 629	...	...
Magyar	4 939	...	...
Slovak – Slovaque	6 639	...	...
Other – Autres	256 945	...	...
Finland – Finlande			
31 XII 1985 [2 17]			
Total	4 910 664	2 377 780	2 532 884
Arabic – Arabe	379	347	32
Bulgarian – Bulgare	96	56	40
Chinese – Chinois	149	92	57
Czech – Tchéque	78	36	42
Danish – Danois	201	121	80
Dutch – Néerlandais	185	145	40
English – Anglais	2 092	1 300	792
Estonian – Estonien	432	102	330
Finish – Finnois	4 596 908	2 225 386	2 371 522
French – Français	427	284	143
German – Allemand	2 060	1 303	757
Greek – Grec	156	136	20
Hebrew	83	60	23
Hindi	72	53	19
Hungarian – Hongrois	298	169	129
Icelandic – Islandais	37	16	21
Italian – Italien	258	214	44
Japanese – Japanois	195	136	59
Korean – Coréens	30	13	17
Lappish – Lapon	1 699	918	781
Norwegian – Norvégien	238	115	123
Persian – Persan	118	80	38
Polish – Polonais	510	236	274
Portugese – Portugais	81	44	37
Pubjabi	71	57	14
Finland – Finlande			
31 XII 1985 [2 17]			
Romanian – Roumain	47	34	13
Russian – Russe	2 263	800	1 463
Serbian – Serbes	37	29	8
Siamese	55	7	48
Spanish – Espagnol	594	384	210
Swedish – Suédois	299 098	144 123	154 975
Tartar – Tatar	47	25	22
Turkish – Turc	598	315	283
Urdu – Ourdou	37	32	5
Vietnamese – Vietnamiens	285	159	126
Other – Autres	557	351	206
Unknown – Inconnu	193	102	91
Ireland – Irlande			
5 IV 1981 [18]			
Total	3 226 467	...	...
Gaelic – Gaélique	1 018 312	...	...
Other – Autres	2 208 155	...	...
Yugoslavia – Yougoslavie			
31 III 1981 [2]			
Total	22 424 687	11083778	11340933
Albanian – Albanais	1 756 663	...	...
Bulgarian – Bulgare	37 268	...	...
Czech – Tchéque	16 197	...	...
Danish – Danois	971	...	...
Dutch – Néerlandais	325	...	...
English – Anglais	1 463	...	...
French – Français	2 566	...	...
German – Allemand	9 223	...	...
Greek – Grec	1 833	...	...
Hebrew	58	...	...
Hungarian – Hongrois	409 080	...	...
Macedonian – Macédonien	1 373 930	...	...
Norwegian – Norvégien	321	...	...
Polish – Polonais	2 301	...	...
Romanian – Roumain	59 870	...	...
Romany – Romani	140 619	...	...
Russian – Russe	3 500	...	...
Ruthenian – Ruthène	19 413	...	...
Serbo croatian – Serbo croate	16 342 884	...	...
Slovak – Slovaque	74 033	...	...
Slovenian – Slovène	1 761 394	...	...
Swedish – Suédois	653	...	...
Telugu – Télougou	19 411	...	...
Turkish – Turc	82 090	...	...
Ukrainian – Ukrainien	7 058	...	...
Wallachian	135 589	...	...
Other – Autres	4 970	...	...
Unknown – Inconnu	161 004	...	...

28. Population by language and sex: each census, 1977 – 1988 (continued)

Population selon la langue et le sexe: chaque recensement, 1977 – 1988 (suite)

(See notes at end of table. – Voir notes à la fin du tableau.)

Continent, country or area, census date and language Continent, pays ou zone, date du recensement et langage	Both sexes Les deux sexes	Male Masculin	Female Féminin
OCEANIA—OCEANIE(Cont.–Suite)			
American Samoa – Samoa américaines			
1 IV 1980 [8 9]			
Total	27 511	...	...
English – Anglais	1 077	...	...
Japanese – Japanois	17	...	...
Korean – Coréens	132	...	...
Polynesian– Polynésiens	792	...	...
Samoan	24 512	...	...
Tagalog	25	...	...
Trukese	15	...	...
Other – Autres	930	...	...
Unknown – Inconnu	11	...	...
Guam			
1 IV 1980 [8 9]			
Total	92 977	...	...
Chamoran	32 034	...	...
English – Anglais	33 182	...	...
Japanese – Japanois	1 744	...	...
Marshallese	25	...	...
Micoac	1 216	...	...
Polynesian– Polynésiens	49	...	...
Samoan	29	...	...
Tagalog	15 487	...	...
Trukese	96	...	...
Other – Autres	9 115	...	...
Pacific Islands – Iles du Pacifique			
15 IX 1980 [8 9]			
Total	109 488	...	...
Chamoran	8 561	...	...
Chinese – Chinois	17	...	...
English – Anglais	1 498	...	...
Filipino–Philippins	1 678	...	...
Japanese – Japanois	308	...	...
Korean – Coréens	154	...	...
Kusaiean	4 499	...	...
Marshallese	22 449	...	...
Palaun	9 825	...	...
Ponapen	12 449	...	...
Trukese	25 166	...	...
Other – Autres	22 884	...	...
Papua New Guinea – Papouasie–Nouvelle–Guinée			
22 IX 1980 [19 20]			
Total	255 368	153 871	101 497
Enga	2 930	1 781	1 149
English – Anglais	11 097	5 993	5 104
Huli	1 039	710	329
Ket	5 951	3 663	2 288
Kuanua	3 133	1 739	1 394
Kuman	4 068	2 423	1 645
Melpa	998	591	407
Mendi	464	305	159
Motu	16 830	9 339	7 491
Pidgin	85 164	52 325	32 839
Yabem	1 639	940	699
Other – Autres	92 854	53 540	39 314
Unknown – Inconnu	1 336	972	364
Not asked	27 865	19 550	8 315

28. Population by language and sex: each census, 1977 – 1988 (continued)

Population selon la langue et le sexe: chaque recensement, 1977 – 1988 (suite)

GENERAL NOTES

Classification is based on either mother tongue, language usually spoken in the home, all languages spoken, ability to speak designated languages or combination of two types. For definitions of "urban", see Technical Notes for table 6. For method of evaluation and limitations of data, see Technical Notes, page 111.

FOOTNOTES

- * Provisional.
- 1 Data have not been adjusted for underenumeration, estimated at 3.8 per cent.
- 2 De jure population.
- 3 Excluding Bophuthatswana, Transkei, and Venda.
- 4 For literate population and 10 years of age.
- 5 Excluding 4893 persons.
- 6 Based on a 10 per cent sample of census returns.
- 7 Including Aruba.
- 8 De jure population, but including armed forces stationed in the area.
- 9 For 5 years of age and over.
- 10 Excluding Indian jungle population estimated at 39 800 in 1972.
- 11 Data exclude adjustment for underenumeration, estimated at 4.1 per cent.
- 12 Including data for the Indian–held part of Jammu and Kashmir, the final status of which has not yet been determined. Excluding Assam.
- 13 Data have not been adjusted for underenumeration, estimated at 1.7 per cent.
- 14 Including data for East Jerusalem and Israeli residents in certain other territories under occupation by Israeli military forces since June 1967.
- 15 For 15 years of age and over with the first language.
- 16 Ability to speak one or more languages.
- 17 Based on national registers.
- 18 For 3 years of age and over.
- 19 For urban population only.
- 20 For 20 years of age and over.

NOTES GENERALES

La classification a été établie soit d'après la langue maternelle, la langue habituellement parlée au foyer, toutes les langues parlées ou l'aptitude à parler certaines langues déterminées, soit d'après une combinaison de deux catégories de données. Pour les définitions de "zones urbaines", voir Notes techniques relatives au tableau 6. Pour la méthode d'évaluation et les insuffisances des données, voir Notes techniques, page 111.

NOTES

- * Données provisoires.
- 1 Les données n'ont pas été adjustées pour o mpenser les lacunes du dénombrement, estimées à 3,8 p. 100.
- 2 Population de droit.
- 3 Non compris Bophuthatswana, Transkei et Venda.
- 4 Pour la population alphabète et 10 ans et plus.
- 5 Non compris 4893 personnes.
- 6 D'après un échantillon de 10 p. 100 des bulletins de recensement.
- 7 Y compris Aruba.
- 8 Population de droit, mais y compris les militaires en garnison sur le territoire.
- 9 Pour la population âgée de 5 ans et plus.
- 10 Non compris les Indiens de la jungle, estimés à 39 800 personnes en 1972.
- 11 Les données n'ont pas été adjustées pour compenser les lacunes du dénombrement, estimées à 4,1 p. 100.
- 12 Y compris les données pour la partie du Jammu et Cachemire occupée par l'Inde dont le statut définitif n'a pas encore été déterminé. Non compris Assam.
- 13 Les données n'ont pas été adjustées pour compenser les lacunes du dénombrement, estimées à 1,7 p. 100.
- 14 Y compris les données pour Jérusalem–Est et les résidents israéliens dans certains autres territoires occupés depuis juin 1967 par les forces armées israéliennes.
- 15 Pour la population âgée de 15 ans et plus avec le première langue.
- 16 L'aptitude à parler une ou plusieurs langues.
- 17 D'après les registres nationaux.
- 18 Pour la population âgée de 3 ans et plus.
- 19 Pour la population urbaine seulement.
- 20 Pour la population âgée de 3 ans et plus.

28. Population by language and sex: each census, 1977 – 1987 (continued)

Population selon la langue et le sexe: chaque recensement, 1977 – 1987 (suite)

List of countries or areas covered by this table in the 1983 issue of the Demographic Yearbook
Liste des pays ou zones couverts par ce tableau, dans l'édition de 1983 de l'Annuaire démographique

Continent and country or area Continent et pays ou zone	Census date Date du recensement	Issue Edition	Continent and country or area Continent et pays ou zone	Census date Date du recensement	Issue Edition
AMERICA NORTH — AMERIQUE DU NORD			EUROPE (cont.–suite)		
			Liechtenstein	31 XII 1981	1983
Canada	3 VI 1981	1983	Switzerland – Suisse	2 XII 1980	1983
United States Virgin Islands – Iles Vierges américaines	1 IV 1980	1983	OCEANIA — OCEANIE		
ASIA — ASIE			Christmas Islands – Ile Christmas	30 VI 1981	1983
Brunei – Brunéi	26 VIII 1981	1983	Cocos (Keeling) Islands – Iles des Cocos (Keeling)	30 VI 1981	1983
Indonesia – Indonésie	31 X 1980	1983			
Nepal – Népal	22 VI 1981	1983	USSR — URSS		
Singapore – Singapour	24 VI 1980	1983			
Thailand – Thaïlande	1 IV 1980	1983	USSR – URSS	17 I 1979	1983
EUROPE			Byelorussian SSR – RSS de Biélorussie	17 I 1979	1983
Hungary – Hongrie	1 I 1980	1983	Ukrainian SSR – RSS D'Ukraine	17 I 1979	1983

29. Population by religion and sex: each census, 1979 – 1988

Population selon la religion et le sexe: chaque recensement, 1979 – 1988

(See notes at end of table. – Voir notes à la fin du tableau.)

Continent, country or area, census date and religion / Continent, pays ou zone, date du recensement et religion	Both sexes / Les deux sexes	Male / Masculin	Female / Féminin
AFRICA—AFRIQUE			
Egypt – Egypte			
17–18 IX 1986*			
Total	48 205 049	24655297	23549752
Christian – Chrétiens	2 829 349	1 451 390	1 377 959
Moslem – Musulmans	45 368 453	23198541	22169912
Other religions – Autres religions	7 247	5 366	1 881
Mauritius – Maurice			
Island of Mauritius – Ile Maurice			
2 VII 1983 [1]			
Total	964 762	480 148	484 614
Adventist– Adventiste	3 070	1 483	1 587
Ahir	277	144	133
Ahmadhya	1 045	522	523
Aryan	484	258	226
Arya Samajist	31 645	15 830	15 815
Anglican	3 688	1 762	1 926
Baboojee	404	186	218
Baptist	677	365	312
Bengali	233	108	125
Bhopuri	49	24	25
Brahmine	157	76	81
Brethren	25	12	13
Buddhist – Bouddhistes	3 657	1 964	1 693
Catholic–Catholiques	42	18	24
Centre de la Voix de la Délivrance	91	48	43
Chinese–Chinois	865	512	353
Christian – Chrétiens	22 300	11 279	11 021
Christian Science	23	10	13
Christian Tamil	2 086	1 004	1 082
Church of England	5 438	2 762	2 676
Church of God	63	32	31
Church of Scotland	611	291	320
Confucian – Confucianistes	76	38	38
Curmy	149	66	83
Dravidian	166	82	84
Dutch Reformed	72	40	32
Evangelic	304	144	160
Gujrati	63	32	31
Hare Rama Hare Krishna	77	35	42
Hindu – Hindous	297 555	147 737	149 818
Islam	123 399	61 641	61 758
Jehovah Witness	1 082	523	559
Jew – Juifs	35	21	14
Kabir Panthis	790	386	404
Libre Penseur	22	11	11
Lohath	76	35	41
Mahommeddan	352	185	167
Maraj	117	59	58
Marathi	11 524	5 772	5 752
Mauritian	211	118	93
Momine	56	29	27
Mauritius– Maurice			
Island of Mauritius– Ile Maurice			
2 VII 1983 [1]			
Moslem – Musulmans	173	86	87
New Jerusalem	28	10	18
Nouvelle Eglise	21	9	12
Nuckbansee	39	19	20
Pantheism	35	14	21
Pentecostal	2 035	948	1 087
Puranic	760	387	373
Rabidass	271	124	147
Raj Bansee	27	14	13
Rajput	15 441	7 681	7 760
Ravi Ved	37 716	18 946	18 770
Sanatanist	99 535	49 634	49 901
Sawji	61	30	31
Sikh – Sikhs	28	28	28
Sino Catholic	127	67	60
Sunnee Hanafee	155	71	84
Vaish	8 045	4 056	3 989
Vedic	1 155	579	576
Other religions – Autres religions	340	166	174
No religion – Sans religion	1 435	882	553
Unknown – Inconnu	284 106	140 667	143 411
Rodrigues			
2 VII 1983			
Total	33 082	16 552	16 530
Adventist– Adventiste	102	50	52
Christian – Chrétiens	492	255	237
Catholic–Catholiques	31 518	15 671	15 847
Hindu – Hindous	145	92	53
Islam	56	31	25
Jehovah Witness	52	23	29
Moslem – Musulmans	84	54	30
Pentecostal	64	33	31
Other religions – Autres religions	76	44	32
Unknown – Inconnu	493	299	194
St. Helena ex. dep. – Sainte–Hélène sans dép.			
22 II 1987 [2]			
Total	5 500	2 669	2 831
Baptist	152	73	79
Catholic–Catholiques	13	2	11
Christian – Chrétiens	22	9	13
Church of England	4 756	2 333	2 423
Jehovah Witness	268	113	155
Methodist	10	6	4
Salvation Army	72	36	36
Seven Day Adventist	74	28	46
Other religions – Autres religions	12	5	7
No religion – Sans religion	107	56	51
Unknown – Inconnu	14	8	6

29. Population by religion and sex: each census, 1979 – 1988 (continued)

Population selon la religion et le sexe: chaque recensement, 1979 – 1988 (suite)

(See notes at end of table. – Voir notes à la fin du tableau.)

Continent, country or area, census date and religion Continent, pays ou zone, date du recensement et religion	Both sexes Les deux sexes	Male Masculin	Female Féminin
AFRICA—AFRIQUE (Cont.–Suite)			
South Africa – Afrique du Sud [3]			
6 V 1980			
Total	25 016 525	12720448	12296077
Anglican	805 793	415 638	390 155
Apostolic Church	485 022	242 082	242 940
Apostolic Faith Mission	284 168	139 676	144 492
Assembles of God	144 662	69 545	75 117
Baptist	257 583	125 856	131 727
Buddhist – Bouddhistes	2 815	1 623	1 192
Catholic–Catholiques	2 406 699	1 236 154	1 170 545
Church of England	362 461	187 961	174 500
Church of Prov. of SA	478 363	232 032	246 331
Confucian – Confucianistes	7 164	3 934	3 230
Faith mission healers	3 167	1 699	1 468
Full Gospel Church	185 852	91 289	94 563
Gereformeerde	198 776	99 841	98 935
Greek Church	31 005	16 268	14 737
Hindu – Hindous	528 807	262 855	265 952
Islam	352 993	175 128	177 865
Jew – Juifs	121 088	59 149	61 939
Lutheran	888 664	444 980	443 684
Methodist	2 231 981	1 145 422	1 086 559
Morman	9 573	4 612	4 961
Nederduitsc	3 782 510	1 920 260	1 862 250
Pentecostal	50 231	24 305	25 926
Presbyterian	531 876	262 946	268 930
Protestant	68 364	33 623	34 741
Salvation Army	45 614	22 544	23 070
Seven Day Adventist	81 307	39 399	41 908
United Church	492 918	242 097	250 821
Zion Christan Church	531 183	264 290	266 893
Other religions – Autres religions	4 674 704	2 291 702	2 383 002
No religion – Sans religion	565 871	347 533	218 338
Unknown – Inconnu	4 405 311	2 316 005	2 089 306
AMERICA,NORTH— AMERIQUE DU NORD			
Bahamas			
12 V 1980 [4]			
Total	209 505	101 774	107 731
Anglican	42 091	20 706	21 385
Assembly of God	2 648	1 227	1 421
Baptist	67 193	31 762	35 431
Brethren	5 696	2 646	3 050
Catholic–Catholiques	39 397	19 858	19 539
AMERICA, NORTH— (Cont.–Suite) AMERIQUE DU NORD			
Bahamas			
12 V 1980 [4]			
Church of God	11 909	5 508	6 401
Jehovah Witness	1 650	743	907
Jew – Juifs	204	105	99
Lutheran	632	304	328
Methodist	12 739	6 214	6 525
Orthodox	326	175	151
Pentecostal	8 061	3 602	4 459
Presbyterian	842	412	430
Seven Day Adventist	5 939	2 722	3 217
Other religions – Autres religions	4 465	2 214	2 251
No religion – Sans religion	5 713	3 576	2 137
Barbados – Barbade			
12 V 1980 [4]			
Total	244 228	115 771	128 457
Anglican	96 894	44 241	52 653
Baptist	3 243	1 273	1 970
Brethren	2 809	1 127	1 682
Catholic–Catholiques	10 776	4 630	6 146
Church of God	6 394	2 561	3 833
Hindu – Hindous	411	200	211
Jehovah Witness	3 402	1 377	2 025
Jew – Juifs	255	124	131
Methodist	17 388	7 363	10 025
Moravian	4 186	1 749	2 437
Moslem – Musulmans	773	422	351
Pentecostal	18 480	7 125	11 355
Presbyterian	342	156	186
Salvation Army	965	344	621
Seven Day Adventist	8 511	3 503	5 008
Other religions – Autres religions	20 059	8 637	11 422
No religion – Sans religion	42 721	27 367	15 354
Unknown – Inconnu	6 619	3 572	3 047

29. Population by religion and sex: each census, 1979 – 1988 (continued)

Population selon la religion et le sexe: chaque recensement, 1979 – 1988 (suite)

(See notes at end of table. – Voir notes à la fin du tableau.)

Continent, country or area, census date and religion Continent, pays ou zone, date du recensement et religion	Both sexes Les deux sexes	Male Masculin	Female Féminin
AMERICA,NORTH— (Cont.–Suite) AMERIQUE DU NORD			
Belize			
12 V 1980 [4]			
Total	142 847	71 899	70 948
Anglican	16 894	8 467	8 427
Baptist	1 228	616	612
Brethren	154	78	76
Catholic–Catholiques	88 587	44 642	43 945
Church of God	1 105	543	562
Hindu – Hindous	106	61	45
Jehovah Witness	1 459	680	779
Jew – Juifs	92	38	54
Mennonite	5 647	2 848	2 799
Methodist	8 632	4 292	4 340
Moravian	1 650	772	878
Moslem – Musulmans	110	68	42
Pentecostal	3 237	1 584	1 653
Presbyterian	766	411	355
Salvation Army	292	140	152
Seven Day Adventist	4 201	1 962	2 239
Other religions – Autres religions	2 792	1 432	1 360
No religion – Sans religion	1 757	1 100	657
Unknown – Inconnu	4 138	2 165	1 973
Bermuda – Bermudes			
12 V 1980 [4]			
Total	54 050	26 350	27 700
Anglican	20 163	9 632	10 531
Baptist	740	323	417
Brethren	1 094	520	574
Catholic–Catholiques	7 458	3 790	3 668
Church of God	896	404	492
Episcopal and methodist	5 531	2 623	2 908
Hindu – Hindous	44	24	20
Jehovah Witness	572	232	340
Methodist	3 306	1 489	1 817
Moravian	22	7	15
Moslem – Musulmans	393	216	177
Orthodox	260	169	91
Pentecostal	1 774	751	1 023
Rastafarian	1 783	843	940
Salvation Army	1 135	524	611
Seven Day Adventist	2 731	1 249	1 482
Other religions – Autres religions	1 412	701	711
No religion – Sans religion	4 233	2 599	1 634
Unknown – Inconnu	503	254	249
AMERICA,NORTH— (Cont.–Suite) AMERIQUE DU NORD			
British Virgin Islands – Iles Vierges britanniques			
12 V 1980 [4]			
Total	10 985	5 617	5 368
Anglican	2 302	1 196	1 106
Baptist	429	181	248
Catholic–Catholiques	675	331	344
Church of God	800	353	447
Hindu – Hindous	39	20	19
Jehovah Witness	225	106	119
Methodist	4 997	2 571	2 426
Moravian	68	39	29
Moslem – Musulmans	34	22	12
Pentecostal	56	24	32
Presbyterian	54	27	27
Seven Day Adventist	569	276	293
Other religions – Autres religions	394	228	166
No religion – Sans religion	246	186	60
Unknown – Inconnu	97	57	40
Dominica – Dominique			
7 IV 1981 [4]			
Total	73 795	36 754	37 041
Anglican	572	310	262
Baptist	1 722	779	943
Brethren	153	73	80
Catholic–Catholiques	56 770	27 981	28 789
Church of God	533	276	257
Hindu – Hindous	19	11	8
Jehovah Witness	430	192	238
Jew – Juifs	18	16	2
Methodist	3 663	1 867	1 796
Moravian	14	5	9
Moslem – Musulmans	54	41	13
Pentecostal	2 155	1 001	1 154
Presbyterian	57	34	23
Seven Day Adventist	2 379	1 118	1 261
Other religions – Autres religions	3 114	1 606	1 508
No religion – Sans religion	1 294	1 003	291
Unknown – Inconnu	848	441	407
Grenada – Grenade			
30 IV 1981			
Total	89 088	42 943	46 145
Anglican	15 226	7 502	7 724
Baptist	1 846	732	1 114
Brethren	375	163	212

29. Population by religion and sex: each census, 1979 – 1988 (continued)

Population selon la religion et le sexe: chaque recensement, 1979 – 1988 (suite)

(See notes at end of table. – Voir notes à la fin du tableau.)

Continent, country or area, census date and religion Continent, pays ou zone, date du recensement et religion	Both sexes Les deux sexes	Male Masculin	Female Féminin
AMERICA,NORTH— (Cont.–Suite) AMERIQUE DU NORD			
Grenada – Grenade			
30 IV 1981			
Catholic–Catholiques	52 820	25 480	27 340
Church of God	1 367	623	744
Hindu – Hindous	58	34	24
Jehovah Witness	667	300	367
Jew – Juifs	11	6	5
Methodist	2 478	1 205	1 273
Moslem – Musulmans	76	46	30
Pentecostal	3 468	1 496	1 972
Presbyterian	894	468	426
Salvation Army	11	4	7
Seven Day Adventist	5 061	2 272	2 789
Other religions – Autres religions	3 048	1 553	1 495
No religion – Sans religion	483	466	17
Unknown – Inconnu	1 199	593	606
Haiti – Haïti			
30 VIII 1982 [2]			
Total	5 053 792	2 448 370	2 605 422
Adventist– Adventiste	64 860	28 768	36 092
Anglican	9 567	3 379	6 188
Baptist	491 329	233 585	257 744
Catholic–Catholiques	4 057 496	1 980 538	2 076 958
Pentecostal	181 503	82 725	98 778
Methodist	33 654	16 043	17 611
Wesleyenne	14 770	6 818	7 952
Other religions – Autres religions	137 600	62 741	74 859
Unknown – Inconnu	63 013	33 773	29 240
Jamaica – Jamaïque			
8 VI 1982* [4]			
Total	2 172 879	1 063 462	1 109 417
A.M.E. Zion	30 530	12 761	17 769
Anglican	154 548	71 287	83 261
Baptist	217 839	98 700	119 139
Brethren	22 961	10 029	12 932
Catholic–Catholiques	107 580	50 769	56 811
Church of God	400 379	175 140	225 239
Disciples of Christ	8 483	3 706	4 777
Jehovah Witness	25 016	10 991	14 025
Jew – Juifs	412	202	210
Methodist	68 289	30 770	37 519
Moravian	31 772	14 924	16 848
Moslem – Musulmans	2 238	1 311	927
Pentecostal	113 570	47 974	65 596
Rastafarian	14 249	11 661	2 588
Salvation Army	11 131	5 040	6 091
Seven Day Adventist	150 722	67 129	83 593
United Church	58 938	27 154	31 784
Jamaica – Jamaïque			
8 VI 1982* [4]			
Other religions – Autres religions	125 091	56 889	68 202
No religion – Sans religion	385 517	244 191	141 326
Unknown – Inconnu	243 614	122 834	120 780
Mexico – Mexique			
4 VI 1980 [2]			
Total	66 846 833	33039307	33807526
Catholic–Catholiques	61 916 757	30473225	31443532
Protestant	2 201 609	1 061 364	1 140 245
Jew – Juifs	61 790	31 581	30 209
Other religions – Autres religions	578 138	285 071	293 067
No religion – Sans religion	2 088 453	1 188 028	900 425
Unknown – Inconnu	86	38	48
Montserrat			
12 V 1980			
Total	11 519	5 536	5 983
Anglican	3 676	1 803	1 873
Baptist	138	60	78
Catholic–Catholiques	1 368	659	709
Church of God	285	121	164
Hindu – Hindous	18	10	8
Jehovah Witness	57	30	27
Methodist	2 742	1 302	1 440
Moslem – Musulmans	14	10	4
Pentecostal	1 503	662	841
Presbyterian	49	28	21
Seven Day Adventist	1 045	476	569
Other religions – Autres religions	312	156	156
No religion – Sans religion	199	147	52
Unknown – Inconnu	113	72	41
Netherlands Antilles – [5] Antilles néerlandaises			
1 II 1981 [2]			
Total	231 932	112 148	119 784
Adventist– Adventiste	2 979	...	...
Anglican	2 756	...	...
Catholic–Catholiques	197 115	...	...
Dutch Reformed	1 152	...	...
Evangelic	1 150	...	...
Jehovah Witness	2 260	...	...
Jew – Juifs	591	...	...
Mahommeddan	389	...	...
Methodist	6 871	...	...
Protestant	7 369	...	...
Other religions – Autres religions	3 966	...	...
No religion – Sans religion	5 334	...	...

29. Population by religion and sex: each census, 1979 – 1988 (continued)

Population selon la religion et le sexe: chaque recensement, 1979 – 1988 (suite)

(See notes at end of table. – Voir notes à la fin du tableau.)

Continent, country or area, census date and religion Continent, pays ou zone, date du recensement et religion	Both sexes Les deux sexes	Male Masculin	Female Féminin
AMERICA,NORTH— (Cont.–Suite) AMERIQUE DU NORD			
Saint Kitts and Nevis – Saint–Kitts–et–Nevis			
12 V 1980 [4]			
Total	43 309	20 840	22 469
A.M.E. Zion	18	9	9
Anglican	14 111	6 976	7 135
Baptist	1 137	482	655
Brethren	581	253	328
Catholic–Catholiques	3 128	1 610	1 518
Church of God	1 518	647	871
Pentecostal	1 059	407	652
Hindu – Hindous	19	8	11
Jehovah Witness	423	180	243
Methodist	12 473	5 978	6 495
Moravian	3 749	1 830	1 919
Presbyterian	27	9	18
Salvation Army	29	11	18
Seven Day Adventist	1 088	460	628
Other religions – Autres religions	2 705	1 195	1 510
No religion – Sans religion	660	485	175
Unknown – Inconnu	584	300	284
Saint Lucia – Sainte–Lucie			
12 V 1980 [4]			
Total	113 409	54 509	58 900
Agnostic – Agnostiques	3 041	1 483	1 558
Baptist	1 551	720	831
Brethren	142	64	78
Catholic–Catholiques	97 075	46 459	50 616
Church of God	772	375	397
Hindu – Hindous	50	27	23
Jehovah Witness	572	271	301
Jew – Juifs	54	47	7
Methodist	870	399	471
Moslem – Musulmans	25	15	10
Pentecostal	1 435	618	817
Presbyterian	74	30	44
Salvation Army	19	8	11
Seven Day Adventist	4 909	2 264	2 645
Other religions – Autres religions	1 191	707	484
No religion – Sans religion	745	568	177
Unknown – Inconnu	884	454	430
St. Vincent and the Grenadines – Saint–Vincent–et–Grenadines			
12 V 1980			
Total	97 845	47 409	50 436
Agnostic – Agnostiques	40 682	20 065	20 617
Baptist	5 814	2 361	3 453
Brethren	1 153	509	644
Catholic–Catholiques	11 328	5 605	5 723
Church of God	2 149	957	1 192
Hindu – Hindous	53	27	26
Jehovah Witness	386	176	210
Methodist	20 454	10 084	10 370
Moravian	14	9	5
Moslem – Musulmans	16	11	5
Pentecostal	3 946	1 767	2 179
Presbyterian	107	66	41
Salvation Army	173	86	87
Seven Day Adventist	4 311	1 934	2 377
Other religions – Autres religions	4 700	2 149	2 551
No religion – Sans religion	1 578	1 044	534
Unknown – Inconnu	981	559	422
Trinidad and Tobago – Trinité–et–Tobago			
12 V 1980 [4]			
Total	1 055 763	526 234	529 529
Anglican	155 155	79 450	75 705
Baptist	25 333	11 582	13 751
Catholic–Catholiques	347 740	172 737	175 003
Hindu – Hindous	262 917	133 470	129 447
Jehovah Witness	8 021	3 616	4 405
Methodist	15 118	7 461	7 657
Moslem – Musulmans	63 333	32 198	31 135
Pentecostal	36 451	16 202	20 249
Presbyterian	40 275	20 088	20 187
Seven Day Adventist	26 268	11 967	14 301
Other religions – Autres religions	54 039	24 938	29 101
No religion – Sans religion	10 392	6 745	3 647
Unknown – Inconnu	10 721	5 780	4 941
Turks and Caicos Islands – Iles Turques et Caïques			
12 V 1980 [6]			
Total	4 510	2 135	2 375
Anglican	909	448	461
Baptist	1 807	840	967
Brethren	73	37	36
Catholic–Catholiques	75	43	32
Church of God	359	132	227
Jehovah Witness	26	11	15
Methodist	864	432	432
Pentecostal	30	15	15
Seven Day Adventist	69	28	41
Other religions – Autres religions	179	75	104
No religion – Sans religion	47	35	12
Unknown – Inconnu	72	39	33

29. Population by religion and sex: each census, 1979 – 1988 (continued)

Population selon la religion et le sexe: chaque recensement, 1979 – 1988 (suite)

(See notes at end of table. – Voir notes à la fin du tableau.)

Continent, country or area, census date and religion / Continent, pays ou zone, date du recensement et religion	Both sexes / Les deux sexes	Male / Masculin	Female / Féminin
AMERICA, SOUTH— (Cont.–Suite) AMERIQUE DU SUD			
Brazil – Brésil			
1 IX 1980 [2,7,8]			
Total	119 011 052	59142833	59868219
Buddhist – Bouddhistes	257 006	120 921	136 085
Catholic–Catholiques	114 606 475	56785100	57821375
Jew – Juifs	91 795	46 101	45 694
Other religions – Autres religions	1 802 994	833 989	969 005
No religion – Sans religion	1 953 096	1 203 819	749 277
Unknown – Inconnu	299 686	152 903	146 783
Guyana			
12 V 1980			
Total	758 619	375 841	382 778
Agnostic – Agnostiques	108 787	53 467	55 320
Baptist	4 436	2 046	2 390
Brethren	7 065	3 221	3 844
Catholic–Catholiques	86 619	42 293	44 326
Church of God	8 394	4 018	4 376
Hindu – Hindous	281 119	141 001	140 118
Jehovah Witness	3 743	1 563	2 180
Jew – Juifs	4 774	2 200	2 574
Mennonite	358	140	218
Methodist	22 405	10 466	11 939
Moravian	3 437	1 617	1 820
Moslem – Musulmans	66 122	33 136	32 986
Pentecostal	12 993	5 823	7 170
Presbyterian	38 752	18 477	20 275
Salvation Army	366	160	206
Seven Day Adventist	19 654	8 708	10 946
Other religions – Autres religions	47 509	22 916	24 593
No religion – Sans religion	28 006	17 067	10 939
Unknown – Inconnu	14 080	7 522	6 558
Peru – Pérou			
11 VII 1981 [9,10]			
Total	17 005 210	8 489 867	8 515 343
Agnostic – Agnostiques	31 757	22 685	9 072
Catholic–Catholiques	15 150 572	7 576 253	7 574 319
Other Christians	803 919	396 805	407 114
Other religions – Autres religions	37 441	18 646	18 795
Unknown – Inconnu	981 521	475 478	506 043

Continent, country or area, census date and religion / Continent, pays ou zone, date du recensement et religion	Both sexes / Les deux sexes	Male / Masculin	Female / Féminin
ASIA—ASIE			
Bangladesh			
6–7 III 1981 [11]			
Total	87 119 965	44919191	42200774
Buddhist – Bouddhistes	538 331	277 634	260 697
Catholic–Catholiques	274 481	138 798	135 683
Hindu – Hindous	10 570 245	5 444 656	5 125 589
Moslem – Musulmans	75 486 980	38929379	36557601
Other religions – Autres religions	249 928	128 724	121 204
India – Inde [12]			
1 III 1981 [13]			
Total	665 287 849	343930423	321357426
Buddhist – Bouddhistes	4 719 900	2 416 824	2 303 076
Christian – Chrétiens	16 174 498	8 118 081	8 056 417
Hindu – Hindous	549 724 717	284365289	265359428
Jain – Djaïns	3 192 572	1 644 578	1 547 994
Moslem – Musulmans	75 571 514	39019643	36551871
Sikh – Sikhs	13 078 146	6 957 891	6 120 255
Other religions – Autres religions	2 766 285	1 376 106	1 390 179
Unknown – Inconnu	60 217	32 011	28 206
Israel – Israël [14]			
4 VI 1983* [2,15]			
Total	4 037 620	2 011 590	2 026 030
Christian – Chrétiens	94 157	45 897	48 260
Druze	65 861	33 833	32 028
Jew – Juifs	3 349 997	1 662 725	1 687 272
Moslem – Musulmans	526 639	268 644	257 995
Other religions – Autres religions	966	491	475
Jordan – Jordanie [16]			
10–11 XI 1979 [2,17]			
Total	2 132 997	1 115 841	1 017 156
Christian – Chrétiens	92 943	48 029	44 914
Moslem – Musulmans	2 036 407	1 064 462	971 945
Other religions – Autres religions	3 647	3 350	297
Korea, Republic of– Corée, République de			
1 XI 1985 [18,19]			
Total	40 419 652	20227564	20192088
Buddhist – Bouddhistes	8 059 624	3 740 897	4 318 727
Christian – Chrétiens	6 489 282	2 969 363	3 519 919
Catholic–Catholiques	1 865 397	844 803	1 020 594
Confucian – Confucianistes	483 366	260 804	222 562
Other religions – Autres religions	305 627	140 150	165 477
No religion – Sans religion	23 216 356	12271547	10944809

29. Population by religion and sex: each census, 1979 – 1988 (continued)

Population selon la religion et le sexe: chaque recensement, 1979 – 1988 (suite)

(See notes at end of table. – Voir notes à la fin du tableau.)

Continent, country or area, census date and religion / Continent, pays ou zone, date du recensement et religion	Both sexes / Les deux sexes	Male / Masculin	Female / Féminin
ASIA—ASIE (Cont.-Suite)			
Macau – Macao			
16 III 1981 [20]			
Total	222 525	...	...
Buddhist – Bouddhistes	100 350	...	...
Catholic–Catholiques	16 455	...	...
Protestant	2 820	...	...
Other Christians – Autres Chrétiens	123	...	...
Other religions – Autres religions	768	...	...
No religion – Sans religion	102 009	...	...
Malaysia – Malaisie			
Peninsular Malaysia – Malaisie Péninsulaire			
10 VI 1980 [21]			
Total	10 886 713	5 423 614	5 463 099
Buddhist – Bouddhistes	2 064 949	1 028 034	1 036 915
Christian – Chrétiens	233 023	113 055	119 968
Confucian – Confucianistes	1 401 681	704 790	696 891
Hindu – Hindous	915 446	464 007	451 439
Moslem – Musulmans	6 106 105	3 026 271	3 079 834
Other religions – Autres religions	92 850	47 773	45 077
No religion – Sans religion	72 659	39 684	32 975
Sabah			
11 VI 1980 [21]			
Total	950 556	495 495	455 061
Buddhist – Bouddhistes	78 868	41 047	37 821
Christian – Chrétiens	258 606	133 616	124 990
Confucian – Confucianistes	36 604	19 435	17 169
Hindu – Hindous	2 896	1 698	1 198
Islam	487 627	255 670	231 957
Tribal	23 042	11 790	11 252
Other religions – Autres religions	5 432	2 843	2 589
No religion – Sans religion	57 481	29 396	28 085
Sarawak			
10 VI 1980 [21]			
Total	1 233 103	618 000	615 103
ASIA—ASIE (Cont.-Suite)			
Malaysia– Malaisie			
Sarawak			
10 VI 1980 [21]			
Buddhist – Bouddhistes	121 639	61 793	59 846
Christian – Chrétiens	351 361	174 393	176 968
Confucian – Confucianistes	80 398	41 212	39 186
Hindu – Hindous	2 051	1 131	920
Moslem – Musulmans	324 575	162 674	161 901
Other religions – Autres religions	207 881	102 526	105 355
No religion – Sans religion	145 198	74 271	70 927
Pakistan			
1 III 1981 [22]			
Total	84 253 644	44232677	40020967
Buddhist – Bouddhistes	2 639	...	...
Catholic–Catholiques	1 310 426	...	...
Hindu – Hindous	1 276 116	...	...
Moslem – Musulmans	81 450 057	...	...
Parsee	7 007	...	...
Sikh – Sikhs	2 146	...	...
Other religions – Autres religions	205 253	...	...
Sri Lanka			
17 III 1981			
Total	14 846 750	7 568 254	7 278 496
Buddhist – Bouddhistes	10 288 325	5 248 066	5 040 259
Catholic–Catholiques	1 023 713	511 487	512 226
Other Christians – Autres Chrétiens	106 855	52 434	54 421
Hindu – Hindous	2 297 806	1 178 878	1 118 928
Moslem – Musulmans	1 121 717	572 696	549 021
Other religions – Autres religions	8 334	4 693	3 641
EUROPE			
Austria – Autriche			
12 V 1981 [2]			
Total	7 555 338	3 572 426	3 982 912
Catholic–Catholiques	6 398 192	2 980 931	3 417 261
Evangelical	423 162	190 050	233 112
Jew – Juifs	7 123	3 488	3 635
Moslem – Musulmans	76 939	47 770	29 169
Other religions – Autres religions	118 866	59 956	58 910
No religion – Sans religion	452 039	251 368	200 671
Unknown – Inconnu	79 017	38 863	40 154

29. Population by religion and sex: each census, 1979 – 1988 (continued)

Population selon la religion et le sexe: chaque recensement, 1979 – 1988 (suite)

(See notes at end of table. – Voir notes à la fin du tableau.)

Continent, country or area, census date and religion Continent, pays ou zone, date du recensement et religion	Both sexes Les deux sexes	Male Masculin	Female Féminin
EUROPE (Cont.–Suite)			
Finland – Finlande			
31 XII 1985[2,23]			
Total	4 910 664	2 377 780	2 532 884
Adventist– Adventiste	4 610	1 696	2 914
Bahai – Bahaïs	352	160	192
Baptist	2 545	1 152	1 393
Christian – Chrétiens	14 138	6 166	7 972
Catholic–Catholiques	3 604	1 781	1 823
Islam	787	360	427
Jehovah Witness	11 491	5 067	6 424
Jew – Juifs	994	487	507
Lutheran	4 381 534	2 069 972	2 311 562
Methodist	1 362	632	730
Orthodox	53 760	24 855	28 905
Other religions – Autres religions	138	63	75
No religion – Sans religion	435 292	265 361	169 931
Unknown – Inconnu	57	28	29
Ireland – Irlande			
5 IV 1981*			
Total	3 443 405	1 729 354	1 714 051
Catholic–Catholiques	3 203 574	1 604 024	1 599 550
Church of Ireland	95 339	46 689	48 650
Jew – Juifs	2 128	1 087	1 041
Methodist	5 813	2 799	3 014
Presbyterian	14 252	7 244	7 008
Other religions – Autres religions	10 752	5 810	4 942
No religion – Sans religion	39 564	24 208	15 356
Unknown – Inconnu	71 983	37 493	34 490
Liechtenstein			
31 XII 1982[23]			
Total	26 380	13 004	13 376
Catholic–Catholiques	22 467	...	...
Protestant	2 296	...	...
Confucian – Confucianistes	529	...	...
Unknown – Inconnu	1 088	...	...
Portugal			
16 III 1981[2,24]			
Total	7 836 504	...	...
Catholic	6 352 705	...	...
EUROPE (Cont.–Suite)			
Portugal			
16 III 1981[2,24]			
Pentecostal	2 564	...	...
Protestant	39 122	...	...
Other Christians Autres Chrétiens	59 985	...	...
Jew – Juifs	5 493	...	...
Moslem – Musulmans	4 335	...	...
Other religions – Autres religions	3 899	...	...
No religion – Sans religion	253 786	...	...
Unknown – Inconnu	1 114 615	...	...
United Kingdom – Royaume –Uni Northern Ireland – Irlande du Nord			
5–6 IV 1981[2,25]			
Total	1 481 959	725 217	756 742
Baptist	16 375	7 727	8 648
Christian – Chrétiens	38 739	18 252	20 487
Catholic–Catholiques	414 532	203 217	211 315
Protestant	14 318	7 100	7 218
Other Christians Autres Chrétiens	281 472	137 557	143 915
Methodist	58 731	27 806	30 925
Presbyterian	339 818	163 925	175 893
Other religions – Autres religions	43 390	21 856	21 534
Unknown – Inconnu	274 584	137 777	136 807
OCEANIA—OCEANIE			
Australia – Australie			
31 VI 1981[26]			
Total	14 576 330	7 267 076	7 309 254
Baptist	190 259	89 328	100 931
Brethren	21 489	10 199	11 290
Buddhist – Bouddhistes	35 073	18 295	16 778
Church of Christ	89 424	40 707	48 717
Catholic–Catholiques	3 786 505	1 862 144	1 924 361
Church of England	3 810 469	1 844 817	1 965 652
Other Christians Autres Chrétiens	497 466	240 971	256 495
Jehovah Witness	51 815	23 274	28 541
Jew – Juifs	62 126	30 347	31 779
Latter Day Saints	32 444	15 182	17 262
Lutheran	199 760	97 461	102 299
Methodist	490 767	238 090	252 677
Moslem – Musulmans	76 792	41 329	35 463
Orthodox	421 281	215 877	205 404

29. Population by religion and sex: each census, 1979 – 1988 (continued)

Population selon la religion et le sexe: chaque recensement, 1979 – 1988 (suite)

(See notes at end of table. – Voir notes à la fin du tableau.)

Continent, country or area, census date and religion Continent, pays ou zone, date du recensement et religion	Both sexes Les deux sexes	Male Masculin	Female Féminin
OCEANIA—OCEANIE(Cont.–Suite)			
Australia – Australie			
31 VI 1981 [26]			
Pentecostal	72 148	33 777	38 371
Presbyterian	637 818	305 010	332 808
Salvation Army	71 570	32 992	38 578
Seven Day Adventist	47 474	21 500	25 974
United Church	712 609	327 257	385 352
Other religions – Autres religions	97 128	53 027	44 101
No religion – Sans religion	1 576 718	891 592	685 126
Unknown – Inconnu	1 595 195	833 900	761 295
Fiji – Fidji			
31 VIII 1986			
Total	715 375	362 568	352 807
Christian – Chrétiens	378 452	192 431	186 021
Confucian – Confucianistes	82	43	39
Hindu – Hindous	273 088	137 813	135 275
Moslem – Musulmans	56 001	28 162	27 839
Sikh – Sikhs	4 674	2 416	2 258
Other religions – Autres religions	378	209	169
No religion – Sans religion	2 700	1 494	1 206
New Zealand – Nouvelle–Zélande			
4 III 1986 [2 27]			
Total	3 263 283	1 616 667	1 646 616
Agnostic – Agnostiques	2 937	1 947	990
Anglican	791 850	368 466	423 384
Assembly of God	14 349	6 516	7 833
Baptist	67 935	31 209	36 726
Brethren	19 710	8 952	10 758
Catholic–Catholiques	496 155	239 757	256 398
Other Christians Autres Chrétiens	43 803	21 012	22 791
Jehovah Witness	16 380	7 167	9 213
Latter Day Saints	37 143	17 433	19 710
Methodist	153 243	70 407	82 836
Presbyterian	587 517	280 110	307 407
Ratana	39 729	19 332	20 397
Salvation Army	16 818	7 380	9 438
Other religions – Autres religions	138 525	67 881	70 644
No religion – Sans religion	533 766	303 960	229 806
Unknown – Inconnu	303 423	165 138	138 285
OCEANIA—OCEANIE(Cont.–Suite)			
Papua New Guinea – Papouasie–Nouvelle–Guinée			
22 IX 1980 [28]			
Total	2 079 128	1 089 195	989 933
Anglican	82 303	43 863	38 440
Baptist	49 359	26 004	23 355
Catholic–Catholiques	718 352	378 520	339 832
Evangelical	186 465	92 983	93 482
Jehovah Witness	6 159	3 007	3 152
Lutheran	548 973	286 387	262 586
Salvation Army	1 058	663	395
Seven Day Adventist	96 498	51 667	44 831
United Church	272 469	142 694	129 775
Other religions – Autres religions	43 121	21 980	21 141
No religion – Sans religion	54 744	28 912	25 832
Unknown – Inconnu	19 627	12 515	7 112
Samoa			
3 XI 1981			
Total	156 349	81 027	75 322
Adventist– Adventiste	3 618	1 883	1 735
Catholic–Catholiques	33 997	17 474	16 523
Protestant	12 969	6 642	6 327
Other Christians Autres Chrétiens	74 031	38 303	35 728
Methodist	25 292	13 241	12 051
Other religions – Autres religions	5 726	3 052	2 674
No religion – Sans religion	286	187	99
Unknown – Inconnu	430	245	185
Vanuatu			
15–16 I 1979			
Total	111 251	59 074	52 177
Anglican	16 778	8 906	7 872
Church of Christ	4 241	2 239	2 002
Catholic–Catholiques	16 502	8 650	7 852
Other Christians Autres Chrétiens	11 058	5 840	5 218
Presbyterian	40 843	21 674	19 169
Traditionalist	8 460	4 450	4 010
Other religions – Autres religions	1 291	711	580
No religion – Sans religion	1 250	704	546
Unknown – Inconnu	10 828	5 900	4 928

29. Population by religion and sex: each census, 1979 – 1988 (continued)

Population selon la religion et le sexe: chaque recensement, 1979 – 1988 (suite)

GENERAL NOTES

For definitions of "urban", see Technical Notes for table 6. For method of evaluation and limitations of data, see Technical Notes, page 114.

FOOTNOTES

- * Provisional.
- 1 Excluding visitors.
- 2 De jure population.
- 3 Excluding Bophuthatswana, Transkei, and Venda.
- 4 De jure population, but excluding persons residing in institutions.
- 5 Including Aruba.
- 7 Excluding Indian jungle population.
- 8 Based on a sample of census returns.
- 9 Excluding Indian jungle population estimated at 39 800 in 1972.
- 10 Data exclude adjustment for underenumeration, estimated at 4.1 per cent.
- 11 Data have not been adjusted for underenumeration, estimated at 3.1 per cent. Excluding transients afloat.
- 12 Including data for the Indian–held part of Jammu and Kashmir, the final status of which has not yet been determined. Excluding Assam.
- 13 Data exclude adjustment for underenumeration, estimated at 1.7 per cent.
- 14 Including data for East Jerusalem and Israeli residents in certain other territories under occupation by Israeli military forces since June 1967.
- 15 Data exclude adjustment for underenumeration, estimated at 1.5 per cent.
- 16 Excluding data for Jordanian territory under occupation since June 1967 by Israeli military forces.
- 17 Including military and diplomatic personnel and their families abroad numbering 933 at 1961 census; excluding foreign military and diplomatic personnel and their families in the country, numbering 389 at 1961 census. Also including registered Palestinian refugees numbering 722 687 at 31 May 1967.
- 18 Excluding alien armed forces, civilian aliens employed by armed forces, and foreign diplomatic personnel and their dependants and Korean diplomatic personnel and their dependants stationed outside the country.
- 19 Excluding 28 834 foreigners.
- 20 For 5 years of age and over.
- 21 Excluding persons residing in institutions.
- 22 Excluding data for Jammu and Kashmir, the final status of which has not yet been determined; also excluding Junagardh, Manavadar, Gilgit and Baltistan.
- 23 Based on national registers.
- 24 For 12 years of age and over.
- 25 Data exclude adjustment for underenumeration, estimated at 4.74 per cent.
- 26 Data exclude adjustment for underenumeration, estimated at 1.9 per cent.
- 27 Excluding diplomatic personnel and armed forces stationed outside the country, the latter numbering 1 936 at 1966 census; also excluding alien forces armed within the country.
- 28 For 10 years of age and over.

NOTES GENERALES

Pour les définitions de "zones urbaines", voir Notes techniques relatives au tableau 6. Pour la méthode d'évaluation et les insuffisances des données, voir Notes techniques, page 114.

NOTES

- * Données provisoires.
- 1 Non compris visiteurs.
- 2 Population de droit.
- 3 Non compris Bophuthatswana, Transkei et Venda.
- 4 Population de droit, mais non compris les personnes dans les institutions.
- 5 Y compris Aruba.
- 7 Non compris les Indiens de la jungle.
- 8 D'après un échantillon des bulletins de recensement.
- 9 Non compris les Indiens de la jungle, estimés à 39 800 personnes en 1972.
- 10 Les données n'ont pas été adjustées pour compenser les lacunes du dénombrement, estimées à 4,1 p. 100.
- 11 Les données n'ont pas été adjustées pour compenser les lacunes du dénombrement, estimées à 3,1 p. 100. Non compris les personnes de passage à bord de navires.
- 12 Y compris les données pour la partie du Jammu et Cachemire occupée par l'Inde dont le statut définitif n'a pas encore été déterminé. Non compris Assam.
- 13 Les données n'ont pas été adjustées pour compenser les lacunes du dénombrement, estimées à 1,7 p. 100.
- 14 Y compris les données pour Jérusalem–Est et les résidents israéliens dans certains autres territoires occupés depuis juin 1967 par les forces armées israéliennes.
- 15 Les données n'ont pas été adjustées pour compenser les lacunes du dénombrement, estimées à 1,5 p. 100.
- 16 Non compris les données pour le territoire jordanien occupé depuis juin 1967 par les forces armées israéliennes.
- 17 Y compris les militaires le personnel diplomatique à l'étranger et leur famille, au nombre de 933 au recensement de 1961; non compris les militaires et le personnel diplomatique étranger en poste dans le pays et les membres de leur famille les accompagnant, au nombre de 389 au recensement de 1961; Y compris également les réfugiés de Palestine immatriculés, au nombre de 722 687 au 31 mai 1967.
- 18 Non compris les militaires étrangers, les civils étrangers employés par les forces armées, le personnel diplomatique étranger et les membres de leur famille les accompagnant, le personnel diplomatique coréen hors du pays et les membres de leur famille les accompagnant.
- 19 Non compris 28 834 étrangers.
- 20 Pour la population âgée de 5 ans et plus.
- 21 Non compris les personnes dans les institutions.
- 22 Non compris les données pour le Jammu et Cachemire dont le statut définitif n'a pas encore été déterminé; non compris également le Junagardh, le Manavadar, le Gilgit et le Baltistan.
- 23 D'après les registres nationaux.
- 24 Pour la population âgée de 12 ans et plus.
- 25 Les données n'ont pas été adjustées pour compenser les lacunes du dénombrement, estimées à 1,74 p. 100.
- 26 Les données n'ont pas été adjustées pour o mpenser les lacunes du dénombrement, estimées à 1,9 p. 100.
- 27 Non compris le personnel diplomatique et les militaires hors du pays, ces deminers au nombre de 1 936 au recensements de 1966; non compris également les militaires étrangers dans le pays.
- 28 Pour la population âgée de 10 ans et plus.

29. Population by religion and sex: each census, 1979 – 1988 (continued)

Population selon la religion et le sexe: chaque recensement, 1979 – 1988 (suite)

List of countries or areas covered by this table in the 1983 issue of the Demographic Yearbook
Liste des pays ou zones couverts par ce tableau, dans l'édition de 1983 de l'Annuaire démographique

Continent and country or area Continent et pays ou zone	Census date Date du recensement	Issue Edition
AMERICA NORTH — AMERIQUE DU NORD		
Canada	3 VI 1981	1983
AMERICA SOUTH — AMERIQUE DU SUD		
Peru – Pérou	22 X 1980	1983
ASIA — ASIE		
Afghanistan	23–24 VI 1979	1983
Bahrain – Bahreïn	5 IV 1981	1983
Brunei – Brunéi	26 VIII 1981	1983
Kuwait – Koweït	21 IV 1980	1983
Nepal – Népal	22 VI 1981	1983
Singapore – Singapore	24 VI 1980	1983
Thailand – Thaïlande	1 IV 1980	1983

Continent and country or area Continent et pays ou zone	Census date Date du recensement	Issue Edition
EUROPE		
Gibraltar	9 XI 1981	1983
Liechtenstein	31 XII 1981	1983
Norway	1 XI 1981	1983
Switzerland – Suisse	5 IV 1981	1983
OCEANIA – OCEANIE		
Christmas Island – Ile Christmas	30 VI 1981	1983
Cocos (Keeling) Islands – Iles des Cocos (Keeling)	30 VI 1981	1983
Cook Islands – Iles Cook	1 XII 1981	1983
New Zealand – Nouvelle–Zélande	24 III 1981	1983
Norfolk Islands – Ile Norfolk	30 VI 1981	1983

30. Population of major civil divisions by urban/rural residence: each census, 1973 – 1988

Population des principales divisions administratives selon la résidence urbaine/rurale: chaque recensement, 1973 – 1988

(See notes at end of table. – Voir notes à la fin du tableau.)

Continent, country or area, census date, civil division and urban/rural residence Continent, pays ou zone, date du recensement, division et résidence urbaine/rurale	Population
AFRICA—AFRIQUE	
Botswana	
12–26 VIII 1981	
Total – Totale	941 027
Urban Area	
Francistown	31 065
Gaborone	59 657
Jwaneng	5 567
Lobatse	19 034
Orapa	5 229
Selebi Pikwe	29 467
Rural Districts	
Borolong	15 471
Central	323 328
Chobe	7 934
Ghanzi	19 096
Kgalakgadi	24 059
Kgatleng	44 461
Kweneng	117 129
Ngamiland	68 063
North East	36 636
Ngwake	104 182
South East	30 649
Burkina Faso	
10–20 XII 1985 [1]	
Total – Totale	7 976 019
Provinces	
Bam	164 263
Bazega	306 976
Bougouriba	221 522
Boulgou	403 358
Boulkiemde	363 594
Comoe	250 510
Ganzourgou	196 006
Gnagna	229 249
Gourma	294 123
Houet	585 031
Kadiogo	459 138
Kenedougou	139 722
Kossi	330 413
Kouritenga	197 027
Mouhoun	289 213
Nahouri	105 273
Namentenga	198 798
Oubritenga	303 229
Oudalan	105 715
Passore	225 115
Poni	234 501
Sanguie	218 289
Sanmatenga	368 365
Seno	230 043
Sissili	246 844
Soum	190 464
Sourou	267 770
Tapoa	159 121
Yatenga	537 205
Zoundweogo	155 142
AFRICA—AFRIQUE (Cont.–Suite)	
Burundi	
15–16 VIII 1979 [1]	
Total – Totale	4 028 420
Divisions	
Bubanza	154 093
Bujumbura	460 945
Bururi	313 016
Bujumbura	107 550
Cibitoke	179 853
Gitega	471 020
Karuzi	210 589
Kayanza	383 085
Kirundo	289 181
Makamba	120 897
Muramvya	377 242
Muyinga	257 259
Ngozi	394 351
Rurana	141 357
Ruyigi	167 982
Central African Republic – République centrafricaine	
8–22 XII 1975 [2]	
Total – Totale	2 054 610
Prefecture	
Bamingui–Bangoran	24 799
Bangui	300 723
Basse–Kotto	148 863
Duham	214 807
Gribingui–Economique	74 089
Haut–Mbomou	42 713
Haute–kotto	35 419
Haute–Sangha	194 959
Kemo–Gribingui	61 740
Lobaye	125 632
Mbomou	109 304
Nana–Mambere	168 389
Ombella–Mpoko	104 719
Ouakai	176 234
Ouham–Pende	193 139
Sangha–Economique	57 147
Vakaga	21 934
Comoros – Comores [3]	
15 IX 1980	
Total – Totale	335 150
Prefecture	
Centre	95 480
Domoni	53 910
Moheli	16 536
Mutsamudu	59 037
Nord	52 164
Sima	23 011
Sud	35 012
Egypt – Egypte	
17–18 IX 1986* [2]	
Total – Totale	48 205 049
Governorates– Gouvernorats	
Cities–Villes	
Alexandria	2 917 327
Cairo	6 052 836
Port Said	399 793
Suez	326 820
Provinces of lower Egypt – Provinces de la Basse–Egypte	
Beheira	3 257 168
Dakahliya	3 500 470
Damietta	741 264
Gharbiya	2 870 960
Ismailia	544 427
Kafr El Sheik	1 800 129
Kalyubia	2 514 244
Minufiya	2 227 087
Sharkiya	3 420 119
Provinces of Upper Egypt – Provinces de la Haute–Egypte	
Aswan	801 408
Asyût	2 223 034
Beni Suef	1 442 981
Faiyûm	1 544 047
Giza	3 700 054
Minya	2 648 043
Quena	2 252 315
Souhag	2 455 134
Frontier Districts– Districts des frontières	
Matrouh	160 567
New Vally	113 838
North Sinai	171 505
Red Sea	90 491
South Sinai	28 988
Gambia – Gambie	
21 IV 1973	
Total – Totale	493 499
Banjul(City–Ville)	39 179
Local Govt. areas	
Basse	86 167
Brikama	91 013
Georgetown	54 232
Kerewan	93 388
Kombo St. Mary	39 404
Kuntaur	47 669
Mansakonko	42 447
15 IV 1983*	
Total – Totale	687 817
Banjul(City–Ville)	44 188
Local Govt. areas	
Basse	111 388

(See notes at end of table. – Voir notes à la fin du tableau.)

Continent, country or area, census date, civil division and urban/rural residence Continent, pays ou zone, date du recensement, division et résidence urbaine/rurale	Population
AFRICA—AFRIQUE (Cont.–Suite)	
Gambia – Gambie	
15 IV 1983*	
Brikama	137 245
Georgetown	68 410
Kerewan	112 225
Kombo St. Mary	101 504
Kuntaur	57 594
Mansakonko	55 263
Ghana	
11 III 1984 [2]	
Total – Totale	12 296 081
Regions – Régions	
Ashanti	2 090 100
Brong Ahafo	1 206 608
Central	1 142 335
Eastern	1 680 890
Greater Accra	1 431 099
Northern	1 164 583
Upper East	772 744
Upper West	438 008
Volta	1 211 907
Western	1 157 807
Guinea – Guinée	
4–17 II 1983* [4]	
Total – Total	4 533 240
Regions–Régions	
Beyla	118 302
Boffa	102 164
Boke	158 212
Conakry	670 278
Coyah	112 289
Dabola	69 746
Dalaba	93 738
Dinguiraye	96 486
Faranah	106 780
Forecariah	85 040
Fria	55 307
Gaoual	97 400
Guecrerdou	149 828
Kankan	164 663
Kerouane	81 755
Kindia	152 720
Kissidougou	138 219
Koubia	71 066
Koundara	68 002
Kouroussa	104 317
Labe	187 323
Lelouma	129 052
Lola	76 628
Macenta	143 159
Mali	192 918
Maou	133 420
Mandiana	105 753
N'zerekore	176 303
Pita	220 152
Siguiri	161 041
Telimele	177 881
Touguei	79 291
Yomou	54 007
Lesotho	
12 IV 1976 [1]	
Total – Totale	1 216 815
Districts	
Berea	146 124
Butha–buthe	77 178
Leribe	206 558
Mafeteng	154 339
Maseru	257 809
Mohale's Hoek	136 311
Mokhotlong	73 508
Qacha's Nek	76 497
Quthing	88 491
Liberia – Libéria	
1–14 II 1984*	
Total – Totale	2 101 628
Counties	
Bomi	66 420
Bong	255 813
Grand Bassa	159 648
Grand Cape Mount	79 322
Grand Gedeh	102 810
Lofa	247 641
Maryland	85 267
Montserrado	544 878
Nimba	313 050
Rivercess	37 849
Sinoe	64 147
Territories–Territoires	
Gibi	66 802
Kru Coast	35 267
Marshall	31 190
Sasstown	11 524
Malawi	
20 IX 1977	
Total – Totale	5 547 460
Central Region	
Dedza	298 190
Dowa	247 603
Kasungu	194 436
Nkhotakota	94 370
Ntcheu	226 454
Ntchisi	87 437
Lilongwe	704 117
Mchingi	158 833
Salima	132 276
Northern Region	
Chitipa	72 316
Karonga	106 923
Mzimba	301 361
Nkhata Bay	105 803
Rumphi	62 450
Southern Region	
Blantyre	408 062
Chikwawa	194 425
Chiradzulu	176 184
Machinga	341 836
Mangochi	302 341
Mulanue	477 546
Mwanza	71 405
Nsanje	108 758
Thyolo	322 000
Zomba	352 334
1–21 IX 1987*	
Total – Totale	7 982 607
Central Region	
Dedza	410 847
Dowa	322 112
Kasungu	322 854
Nkhotakota	157 083
Ntcheu	359 618
Ntchisi	120 697
Lilongwe	986 411
Mchingi	248 161
Salima	188 255
Northern Region	
Chitipa	96 842
Karonga	147 096
Mzimba	432 437
Nkhata Bay	136 044
Rumphi	94 702
Southern Region	
Blantyre	587 893
Chikwawa	319 781
Chiradzulu	210 736
Machinga	514 569
Mangochi	495 876
Mulanue	638 326
Mwanza	121 267
Nsanje	201 311
Thyolo	431 539
Zomba	438 150
Mali	
1–30 IV 1987* [1]	
Total – Totale	7 620 225
District	
Bamako	646 163
Regions–Régions	
Gao	383 734
Kayes	1 058 575
Koulikoro	1 180 260
Mopti	1 261 383
Segou	1 328 250
Sikasso	1 308 828
Tombouctou	453 032

30. Population of major civil divisions by urban/rural residence: each census, 1973 – 1988 (continued)

Population des principales divisions administratives selon la résidence urbaine/rurale: chaque recensement, 1973 – 1988 (suite)

(See notes at end of table. – Voir notes à la fin du tableau.)

Continent, country or area, census date, civil division and urban/rural residence Continent, pays ou zone, date du recensement, division et résidence urbaine/rurale	Population
AFRICA—AFRIQUE (Cont.–Suite)	
Mauritania – Mauritanie	
1 I 1977 [5]	
Total – Totale	1 338 830
Regions–Régions	
Adrar	55 354
Assaba	129 162
Brakna	151 353
Dakhlat NDB	23 526
Gorgol	149 432
Guidimaka	83 231
Hodh Charki	156 721
Hodh Gharbi	124 194
Inchiri	17 611
Nouakchott	134 704
Tagant	74 980
Tiris Zemmour	22 554
Trarza	216 008
Mauritius – Maurice	
Island of Mauritius – Ile Maurice	
2 VII 1983	
Total – Totale	966 863
Urban Area	
City of Port Louis	133 702
Wilhems District	
Beau Bassin Rose Hill	90 577
Curepipe	62 200
Quatre Bornes	63 682
Vacoas and Phoenix	53 090
Rural Districts	
Black River	34 066
Flacq	107 670
Grand Port	93 180
Moka	61 209
Pamplemousses	90 466
Plaines Wilhems	37 239
Rivière du Rempart	80 993
Savanne	58 789
Morocco – Maroc	
3–21 IX 1982* [2]	
Total – Totale	20 419 555
Provinces	
Agadir	579 741
Al Hoceima	311 298
Azilal	387 115
Beni Mellal	668 703
Ben Slimane	174 464
Boujdour	8 481
Boulemane	131 470
Chaouen	309 024
El Jadida	763 351
El Kalaa Sraghna	577 595
Errachidia	421 207
Essauira	393 683
Es–Smara	20 480
Fes	805 464
Figuig	101 359
Guelmim	128 676
Ifrane	100 255
Kenitra	715 967
Khemisset	405 836
Khenifra	363 716
Khouribga	437 002
Laayoune	113 411
Marrakech	1 266 695
Meknes	626 868
Nador	593 255
Ouarzazate	533 892
Oued Eddahab	21 496
Oujda	780 762
Safi	706 618
Settat	692 359
Sidi Kacem	514 127
Tanger	436 227
Tan Tan	47 040
Taounate	535 972
Taroudante	558 501
Tata	99 950
Taza	613 485
Tetouan	704 205
Tiznit	313 140
Prefectures	
Ain Chok–Hay Hassani	298 376
Ain Sbaa–Hay Mohammedi	421 272
Ben M'Sik–Bidi Othman	639 558
Casablanca–Anfa	923 630
Mohammedia–Zenata	153 828
Rabat–Sale	1 020 001
Niger	
20 XI 1977 [1]	
Total – Totale	5 102 990
Departments – Départements	
Agadez	124 985
Diffa	167 389
Dosso	693 207
Maradi	949 747
Niamey	1 171 822
Tahoua	993 615
Zinder	1 002 225
Seychelles	
1 VIII 1977	
Total – Totale	61 898
Districts	
La Digue	1 911
Mahe	54 572
Outer Islands	682
Praslin	4 343
Silhouette	390
AFRICA—AFRIQUE (Cont.–Suite)	
Sierra Leone	
8 XII 1974 [6]	
Total – Totale	2 735 159
Eastern Province	
Kailahun District	180 365
Kenema District	266 636
Kono District	328 930
Northern province	
Bombali District	233 626
Kambia district	155 341
Koinadugu district	158 626
Port Loko district	292 244
Tonkolili district	206 321
Southern province	
Bo District	217 711
Bonthe District	80 606
Moyamba District	188 745
Pujehun District	102 741
Sherbro District	6 955
Western Area	
Freetown	276 247
Western rural area	40 065
15 XII 1985* [7]	
Total – Totale	3 517 530
Eastern Province	
Kailahun District	233 839
Kenema District	337 055
Kono District	389 657
Northern province	
Bombali District	315 914
Kambia district	186 231
Koinadugu district	183 286
Port Loko district	329 344
Tonkolili district	247 451
Southern province	
Bo District	268 671
Bonthe District	97 975
Moyamba District	250 514
Pujehun District	116 318
Sherbro District	7 032
Western Area	
Freetown	469 776
Western rural area	84 467
South Africa – Afrique du Sud [8]	
5 III 1985 [2 4]	
Total – Totale	23 385 645
Cape	5 041 137
Natal	2 145 018
Transvaal	7 532 179
Orange Free State	1 776 903
Self–governing National States	
Gazankulu	497 213
Kangwane	392 782
Kwandebele	235 855

30. Population of major civil divisions by urban/rural residence: each census, 1973 – 1988 (continued)

Population des principales divisions administratives selon la résidence urbaine/rurale: chaque recensement, 1973 – 1988 (suite)

(See notes at end of table. – Voir notes à la fin du tableau.)

Continent, country or area, census date, civil division and urban/rural residence Continent, pays ou zone, date du recensement, division et résidence urbaine/rurale	Population
AFRICA—AFRIQUE (Cont.–Suite)	
South Africa – Afrique du Sud [8]	
5 III 1985 [2 4]	
Kwa Zulu	3 747 015
Lebowa	1 835 984
Qwaqua	181 559
Tunisia – Tunisie	
30 III 1984 [2]	
Total – Totale	6 966 173
Governorates–Gouvernorats	
Béja	274 706
Ben–Arous	246 193
Bizerte	394 670
Gabès	240 016
Gafsa	235 723
Jendouba	359 429
Kairouan	421 607
Kasserine	297 959
Kibili	95 371
L'ariana	374 192
Le Kef	247 672
Mahdia	270 435
Médenine	295 889
Monastir	278 478
Nabeul	461 405
Sfax	577 992
Sidi Bouzid	288 528
Siliana	222 038
Sousse	322 491
Tataouine	100 329
Tozeur	67 943
Tunis	774 364
Zaghouan	118 743
Uganda – Ouganda	
18 I 1980*	
Total – Totale	12 636 179
Districts	
Apac	313 333
Arua	472 283
Bundibugyu	112 216
Bushenyi	524 669
Gulu	270 085
Hoima	294 301
Iganga	643 881
Jinja	228 520
Kabale	455 421
Kabarole	519 821
Kampala	479 792
Kamuli	349 549
Kapchorwa	73 967
Kasese	277 697
Kitgum	308 711
Kotido	161 445
Kumi	239 539
Lira	370 252
Luwero	412 474
Masaka	631 156
Masindi	223 230
Mbale	556 941
Mbarara	688 153
Moroto	188 641
Moyo	106 492
Mpigi	639 919
Mubende	510 260
Mukono	634 275
Nebbi	233 000
Rakai	274 558
Rukungiri	296 559
Soroti	476 629
Tororo	668 410
Zaire – Zaïre	
1 VII 1984*	
Total – Totale	29 671 407
Regions–Régions	
Bandundu	3 682 845
Bas–Zaire	1 971 520
Equateur	3 405 512
Haut–Zaire	4 206 069
Kasai–Occid	2 287 416
Kasai–Oriental	2 402 603
Kinshasa	2 653 558
Kivu	5 187 865
Shaba	3 874 019
Zambia – Zambie	
25 VIII 1980 [2]	
Total – Totale	5 661 801
Provinces	
Central	511 905
Copperbelt	1 251 178
Eastern	650 902
Luapula	420 966
Lusaka	691 054
Northern	674 750
North Western	302 668
Southern	671 923
Western	486 455
Zimbabwe	
18 VIII 1982*	
Total – Totale	7 546 071
Provinces	
Manicaland	1 099 202
Mashonaland Central	563 407
Mashonaland East	1 495 984
Mashonaland West	858 962
Mashonaland North	885 339
Mashonaland South	519 636
Masvingo	1 031 697
Midlands	1 091 844
AMERICA,NORTH—AMERIQUE DU NORD	
Bahamas	
12 V 1980 [9]	
Total – Totale	209 505
Islands – Iles	
Abaco	7 324
Acklins	616
Andros	8 397
Berry Islands	509
Biminis	1 432
Cat Island	2 143
Crooked	517
Eleuthera	8 326
Exuma	2 271
Grand Bahama	33 102
Harbor Island and Spanish Wells	3 672
Inagua	939
Long Cay	33
Long Island	3 358
Mayaguana	476
New Providence	135 437
Ragged Island	146
Rum Cay and San Salvador	807
Belize	
12 V 1980 [9]	
Total – Totale	142 847
Belize(City–Ville)	39 041
Districts	
Belmopan	2 907
Belize District	10 790
Cayo	19 790
Corozal	22 211
Orange Walk	22 738
Stan Creek	13 921
Toledo	11 449
Bermuda – Bermudes	
12 V 1980 [9]	
Total – Totale	54 050
Hamilton(City–Ville)	3 784
St. George(Town–Ville)	4 587
Parishes – Paroisses	
Devonshire	6 843
Paget	4 497
Pembroke	12 060
Sandy	6 255
Smith	4 463
Southampton	4 613
Warwick	6 948

30. Population of major civil divisions by urban/rural residence: each census, 1973 – 1988 (continued)

Population des principales divisions administratives selon la résidence urbaine/rurale: chaque recensement, 1973 – 1988 (suite)

(See notes at end of table. – Voir notes à la fin du tableau.)

Continent, country or area, census date, civil division and urban/rural residence Continent, pays ou zone, date du recensement, division et résidence urbaine/rurale	Population
AMERICA,NORTH— (Cont.–Suite) AMERIQUE DU NORD	
British Virgin Islands – Iles Vierges britanniques	
12 V 1980 [9]	
Total – Totale	10 985
Islands – Iles	
Anegada	164
Jost Van Dyke	134
Tortola	9 119
Virgin Gorda	1 412
Others – Autres	156
Dominica – Dominique	
7 IV 1981 [9]	
Total – Totale	73 795
Parishes – Paroisses	
Roseau	8 279
St. Andrew	12 748
St. David	7 337
St. George	12 222
St. John	5 412
St. Joseph	6 606
St. Luke	1 503
St. Mark	1 921
St. Patrick	9 780
St. Paul	6 386
St. Peter	1 601
Grenada – Grenade	
30 IV 1981	
Total – Totale	89 088
Parishes – Paroisses	
Carriacou	4 671
St. Andrew	22 425
St. David	10 195
St. George	29 369
St. John	8 328
St. Mark	3 968
St. Patrick	10 132
Guatemala	
21 III 1981 [2 10]	
Total – Totale	6 054 227
Departments – Départements	
Alta Verapaz	322 008
Baja Verapaz	115 602
Chimaltenango	230 059
Chiquimula	168 863
El Progreso	81 188
Escuintla	334 666
Guatemala	1 311 192
Huehuetenango	431 343
Izabal	194 618
Jalapa	136 091
Jutiapa	251 068
Petén	131 927
Quezaltenango	366 949
Quiché	328 175
Retalhuleu	150 923
Sacatepéquez	121 127
San Marcos	472 326
Santa Rosa	194 168
Sololá	154 249
Suchitepéquez	237 554
Totonicapán	204 419
Zacapa	115 712
Haiti – Haïti	
30 VIII 1982 [1 2]	
Total – Totale	5 053 792
Departments– Départements	
Artibonite	732 932
Centre	361 470
Grande Anse	489 957
Nord	564 002
Nord–Est	189 573
Nord–Ouest	293 531
Ouest	1 551 792
Sud	502 624
Sud–Est	367 911
Jamaica – Jamaïque	
8 VI 1982 [1 2]	
Total – Totale	2 190 357
Parishes – Paroisses	
Claredon	203 132
Hanover	62 837
Kingston	104 041
Manchester	144 029
Portland	73 656
St. Andrew	482 889
St. Ann	137 745
St. Catherine	332 674
St. Elizabeth	136 897
St. James	135 959
St. Mary	105 969
St. Thomas	80 441
Trelanny	69 466
Westmorland	120 622
Martinique	
9 III 1982 [1]	
Total – Totale	326 717
Communes	
Ajoupa Bouillon	1 762
Anse D'Arlets	2 810
Basse–Pointe	4 200
Carbet	2 711
Case Pilote	2 016
Diamant	2 384
Ducos	9 409
Fonds Saint Denis	1 047
Fort de France	97 814
Francois	14 382
Groand Riviere	1 162
Gros Morne	9 264
Lamentin	26 367
Lorrain	7 919
Macouba	1 695
Marigot	3 498
Marin	6 081
Morne Rouge	4 919
Precheur	2 002
Riviere Pilote	11 236
Riviere Salee	6 759
Robert (le)	15 398
Saint Esprit	7 262
Saint Joseph	11 259
Saint Pierre	5 443
Saint Anne	3 362
Sainte Lucie	4 476
Sainte Marie	18 536
Schoelcher	18 203
Trinite (la)	10 079
Trois ilets	3 242
Vauclin (le)	6 947
Morne Vert	1 749
Belle Fontaine	1 324
Mexico – Mexique	
4 VI 1980 [1 2]	
Total – Totale	66 846 833
Distrito Federal	8 831 079
States – Etats	
Aguascalientes	519 439
Baja California	1 177 886
Baja California Sur	215 139
Campeche	420 553
Coahuila	1 557 265
Colima	346 293
Chiapas	2 084 717
Chihuahua	2 005 477
Durango	1 182 320
Guanajuato	3 006 110
Guerrero	2 109 513
Hidalgo	1 547 493
Jalisco	4 371 998
Mexico	7 564 335
Michoacàn	2 868 824
Morelos	947 089
Nayarit	726 120
Nuevo Leon	2 513 044
Oaxaca	2 369 076
Puebla	3 347 685
Querétaro	739 605
Quintana Roo	225 985

30. Population of major civil divisions by urban/rural residence: each census, 1973 – 1988 (continued)

Population des principales divisions administratives selon la résidence urbaine/rurale: chaque recensement, 1973 – 1988 (suite)

(See notes at end of table. – Voir notes à la fin du tableau.)

Continent, country or area, census date, civil division and urban/rural residence Continent, pays ou zone, date du recensement, division et résidence urbaine/rurale	Population
AMERICA,NORTH— (Cont.–Suite) AMERIQUE DU NORD	
Mexico – Mexique	
4 VI 1980 [1,2]	
San Luis Potasi	1 673 893
Sinaloa	1 849 879
Sonora	1 513 731
Tabasco	1 062 961
Tamaulipas	1 924 484
Tlaxcala	556 597
Veracruz	5 387 680
Yucatán	1 063 733
Zacatecas	1 136 830
Montserrat	
12 V 1980	
Total – Totale	11 519
Parishes – Paroisses	
Plymouth	1 478
St. Anthony	4 650
St. George	2 235
St. Peter	3 156
Panama	
11 V 1980 [2,11]	
Total – Totale	1 831 399
Provinces	
Bocas del Toro	53 487
Cocle	140 903
Colon	137 997
Chiriquí	287 350
Darién	26 524
Herrera	81 963
Los Santos	70 261
Panamá	831 048
Veraguas	173 245
San Blas	28 621
Saint Christopher and Nevis — Saint–Christophe–et–Nevis	
12 V 1980 [9]	
Total – Totale	43 309
Parishes – Paroisses	
Christchurch	1 989
St. Anne	3 145
St. George(Nevis)	2 295
St. George(Kitts)	14 283
St. James	1 691
St. John(Nevis)	2 224
St. John(Kitts)	3 163
St. Mary	3 308
St. Paul(Nevis)	1 243
St. Paul(Kitts)	2 080
St. Peter	2 497
St. Thomas(Nevis)	1 975
St. Thomas(Kitts)	2 255
Trinity	1 161

Continent, country or area, census date, civil division and urban/rural residence Continent, pays ou zone, date du recensement, division et résidence urbaine/rurale	Population
Saint Lucia – Sainte–Lucie	
12 V 1980 [9]	
Total – Totale	113 409
Districts	
Anse la Raye	4 971
Canaries	2 085
Castries Suburbs	40 751
Castries Town	2 213
Choiseul	6 498
Dennery	9 652
Gros Islet	10 164
Laboire	6 889
Micoud	11 934
Soufriere	7 295
Vieux–Fort	10 957
St. Pierre and Miquelon – Saint–Pierre–et–Miquelon	
9 III 1982	
Total – Totale	6 037
Communes	
Miquelon	621
Saint–Pierre	5 416
St. Vincent and the Grenadines – Saint–Vincent–et–Grenadines	
12 V 1980	
Total – Totale	97 845
Districts	
Barrouallie	4 667
Bridgetown	6 762
Calliaqua	17 440
Chateau Belair	6 101
Colonarie	7 210
Georgetown	6 494
Kingstown	16 532
Kingstown Suburbs	8 609
Layou	5 510
Marriaqua	8 408
North Grenadines	4 740
Sandy Bay	2 867
South Grenadines	2 505
Turks and Caicos Islands – Iles Turques et Caïques	
12 V 1980*	
Total – Totale	7 413
Islands – Iles	
Grand Turk	3 098
Middle Caicos	396
North Caicos	1 278
Providenciales	977
Salt Cay	284
South Caicos	1 380

Continent, country or area, census date, civil division and urban/rural residence Continent, pays ou zone, date du recensement, division et résidence urbaine/rurale	Population
United States – Etats–Unis	
1 IV 1980 [2,12,13]	
Total – Totale	226 545 805
District of Columbia	638 333
States – Etats	
Alabama	3 893 888
Alaska	401 851
Arizona	2 718 215
Arkansas	2 286 435
California	23 667 902
Colorado	2 889 964
Connecticut	3 107 576
Delaware	594 338
Florida	9 746 324
Georgia	5 463 105
Hawaii	964 691
Idaho	943 935
Illinois	11 426 518
Indiana	5 490 224
Iowa	2 913 808
Kansas	2 363 679
Kentucky	3 660 777
Louisiana	4 205 900
Maine	1 124 660
Maryland	4 216 975
Massachusets	5 737 037
Michigan	9 262 078
Minnesota	4 075 970
Mississippi	2 520 638
Missouri	4 916 686
Montana	786 690
Nebraska	1 569 825
Nevada	800 493
New Hampshire	920 610
New Jersey	7 364 823
New Mexico	1 302 894
New York	17 558 072
North Carolina	5 881 766
North Dakota	652 717
Ohio	10 797 630
Oklahoma	3 025 290
Oregon	2 633 105
Pennsylvania	11 863 895
Rhode Island	947 154
South Carolina	3 121 820
South Dakota	690 768
Tennessee	4 591 120
Texas	14 229 191
Utah	1 461 037
Vermont	511 456
Virginia	5 346 818
Washington	4 132 156
West Virginia	1 949 644
Wisconsin	4 705 767
Wyoming	469 557

30. Population of major civil divisions by urban/rural residence: each census, 1973 – 1988 (continued)

Population des principales divisions administratives selon la résidence urbaine/rurale: chaque recensement, 1973 – 1988 (suite)

(See notes at end of table. – Voir notes à la fin du tableau.)

Continent, country or area, census date, civil division and urban/rural residence Continent, pays ou zone, date du recensement, division et résidence urbaine/rurale	Population
AMERICA,SOUTH AMERIQUE DU SUD	
Argentina – Argentine	
22 X 1980 [2 14]	
Total – Totale	27 947 446
Capital Federal	2 922 829
Provinces	
Buenos Aires	10 865 408
Catamarca	207 717
Chaco	701 392
Chubut	263 116
Cordoba	2 407 754
Corrientes	661 454
Entre Ríos	908 313
Formosa	295 887
Jujuy	410 008
La Pampa	208 260
La Rioja	164 217
Mendoza	1 196 228
Misiones	588 977
Neuquén	243 850
Río Negro	383 354
Salta	662 870
San Juan	465 976
San Luis	214 416
Santa Cruz	114 941
Santa Fé	2 465 546
Santiago del Estero	594 920
Tierra del Fuego	27 358
Tucumán	972 655
Brazil – Brésil	
1 IX 1980 [1 15]	
Total – Totale	119 098 992
Distrito Federal	1 177 393
States – Etats	
Acre	301 605
Alagoas	1 987 581
Amazonas	1 432 066
Bahia	9 474 263
Ceará	5 294 876
Espírito Santo	2 023 821
Goiás	3 865 482
Maranhao	4 002 599
Mato Grosso	1 141 661

Continent, country or area, census date, civil division and urban/rural residence Continent, pays ou zone, date du recensement, division et résidence urbaine/rurale	Population
AMERICA,SOUTH—(Cont.–Suite) AMERIQUE DU SUD	
Brazil – Brésil	
Mato Grosso do Sul	1 370 333
Minas Gerais	13 390 805
Pará	3 411 868
Paraíba	2 772 600
Paraná	7 630 466
Pernambuco	6 147 102
Piauí	2 140 066
Rio de Janeiro	11 297 327
Rio Grande do Norte	1 899 720
Rio de Grande do Sul	7 777 212
Santa Catarina	3 628 751
Sao Paulo	25 040 698
Sergipe	1 141 834
Territories – Territoires	
Amapá	175 634
Fernando de Noronha	1 266
Rondônia	492 810
Roraima	79 153
Chile – Chili	
21 IV 1982 [2]	
Total – Totale	11 329 736
Regions–Régions	
Antofagasta	341 702
Araucanía	698 232
Atacama	183 407
Aysen del General Carlos Ibanez del Campo	66 361
Bío–Bío	1 518 888
Coquimbo	419 956
Libertador General Bernardo O'Higgins	586 672
Los Lagos	848 699
Magallanes y la Antártica Chilena	131 914
Maule	730 587
Metropolitana de Santiago	4 318 097
Tarapacá	275 144
Valparaíso	1 210 077

Continent, country or area, census date, civil division and urban/rural residence Continent, pays ou zone, date du recensement, division et résidence urbaine/rurale	Population
Colombia – Colombie	
15 X 1985*	
Total – Totale	27 867 326
Departments – Départements	
Antioquía	3 888 067
Atlático	1 428 601
Bogotá	3 982 941
Bolívar	1 197 623
Boyacá	1 097 618
Caldas	838 094
Caquetá	214 473
Cauca	795 838
Cesar	584 631
Cordoba	913 636
Cundinamarca	1 382 360
Choco	242 768
Huila	647 756
La Guajira	255 310
Magdalena	769 141
Meta	412 312
Nariño	1 019 098
Norte de Santander	883 884
Quindio	377 860
Risaralda	625 451
Santander	1 438 226
Sucre	529 059
Tolima	1 051 852
Valle	2 847 087
Intendencias	
Arauca	70 085
Casanare	110 253
Putumayo	119 815
San Andrés	35 936
Comisarías	
Amazonas	30 327
Guainía	9 214
Guaviare	35 305
Vaupés	18 935
Vichada	13 770

30. Population of major civil divisions by urban/rural residence: each census, 1973 – 1988 (continued)

Population des principales divisions administratives selon la résidence urbaine/rurale: chaque recensement, 1973 – 1988 (suite)

(See notes at end of table. – Voir notes à la fin du tableau.)

Continent, country or area, census date, civil division and urban/rural residence Continent, pays ou zone, date du recensement, division et résidence urbaine/rurale	Population
AMERICA, SOUTH— (Cont.–Suite) AMERIQUE DU SUD	
Ecuador – Equateur	
28 XI 1982 [2,16,17]	
Total – Totale	8 060 712
Provinces	
Azuay	442 019
Bolívar	145 949
Canar	174 510
Carchi	127 779
Chimborazo	316 948
Cotopaxi	277 678
El Oro	334 872
Esmeraldas	249 008
Galápagos	6 119
Guayas	2 038 454
Imababura	247 287
Loja	360 767
Los Ríos	455 869
Manabí	868 598
Morona Santiago	70 217
Napo	115 110
Pastaza	31 779
Pichincha	1 382 125
Tungurahua	326 777
Zamora Chinchipe	46 691
Other–Autres	42 156
French Guiana – Guyane Française	
9 III 1982 [1]	
Total – Totale	73 012
Communes	
Apatou	618
Camopi	555
Cayenne	38 093
Go–Santi–Padaicht	1 061
Iracoubo	939
Kourou	7 061
Macouria	445
Mana	1 723
Maripasoula	993
Matoury	2 537
Montsinery–Toonneg.	333
Ouanary	89
Regina	501
Remire–Montsoly	6 758
Roura	943
St. Elie	138
St. Georges	1 197
St. Laurent–du–Mar	6 971
Saul	67
Sinnamary	1 990
AMERICA, SOUTH— (Cont.–Suite) AMERIQUE DU SUD	
Guyana	
12 V 1980	
Total – Totale	758 619
Georgetown(City–Ville)	56 095
Areas	
EastBank–Demerara	42 329
East Berbice	138 528
East Coast Demerara	121 335
Georgetown Suburb	111 744
Mazaruni–Potaro Dist.	16 335
New Amsterdam	19 287
North West District	18 297
Pomeroon–Somerset–Berks	58 586
Rupununi District	16 177
Upper Demerara River	36 678
West Berbice	36 342
West Demerara	86 886
Paraguay	
11 VII 1982 [2]	
Total – Totale	3 029 830
Capital–Capitale	
Asuncion	454 881
Departments – Département	
Alto Paraguay	8 734
Alto Paraná	199 644
Amambay	68 395
Boqueron	14 556
Caoguazú	299 437
Caozapa	109 452
Canendiyú	66 409
Central	497 388
Concepcion	133 977
Cordillera	194 011
Choco	287
Guairá	143 510
Itapúa	262 680
Misiones	77 475
Nueva Asuncion	234
Neembacú	70 338
Paraguarí	204 399
Presidente Hayes	33 021
San Pedro	191 002
Peru – Pérou	
12 VII 1981 [2,18,19]	
Total – Totale	17 005 210
Departments– Départements	
Amazonas	254 560
Ancash	818 289
Apurimac	323 346
Arequipa	706 580
Ayacucho	503 392
Cajamarca	1 045 569
Callao	443 413
Cusco	832 504
Huancavelica	346 797
Huanuco	484 780
Ica	433 897
Junin	852 238
La Libertad	962 949
Lambayeque	674 442
Lima	4 745 877
Loreto	445 368
Madre de Dios	33 007
Moquegua	101 610
Pasco	213 125
Piura	1 125 865
Puno	890 258
San Martin	319 751
Tacna	143 085
Tumbes	103 839
Ucayali	200 669
Uruguay	
23 X 1985 [2,20]	
Total – Totale	2 955 241
Departments– Départements	
Artigas	69 145
Canelones	364 248
Cerro Largo	78 416
Colonia	112 717
Durazno	55 077
Flores	24 739
Florida	66 474
Lavalleja	61 466
Maldonado	94 314
Montevideo	1 311 976
Paysandú	103 763
Río Negro	48 644
Rivera	89 475
Rocha	66 601
Salto	108 487
San José	89 893
Soriano	79 439
Tacuarembo	83 498
Treinta y Tres	46 869
Venezuela	
20 X 1981 [2,21,22]	
Total – Totale	14 516 735
Distrito Federal	2 070 742
States–Etats	
Anzoátegui	683 717
Apure	188 187
Aragua	891 623
Barinas	326 166
Bolívar	668 340

30. Population of major civil divisions by urban/rural residence: each census, 1973 – 1988 (continued)

Population des principales divisions administratives selon la résidence urbaine/rurale: chaque recensement, 1973 – 1988 (suite)

(See notes at end of table. – Voir notes à la fin du tableau.)

Continent, country or area, census date, civil division and urban/rural residence Continent, pays ou zone, date du recensement, division et résidence urbaine/rurale	Population
AMERICA, SOUTH— (Cont.–Suite) AMERIQUE DU SUD	
Venezuela	
20 X 1981 [2 21 22]	
Carabobo	1 062 268
Cojedes	133 991
Falcon	503 896
Guárico	393 467
Lara	945 064
Mérida	459 361
Miranda	1 421 442
Monagas	388 536
Nueva Esparta	197 198
Portuguesa	424 984
Sucre	585 698
Táchira	660 234
Trujillo	433 735
Yaracuy	300 597
Oulia	1 674 252
Federal Territories– Territoires fédéraux	
Amazonas	45 667
Delta Amacuro	56 720
Dependencias Federales	850
ASIA—ASIE	
Bangladesh	
6–7 III 1981 [23]	
Total – Totale	87 119 965
Divisions	
Chittagong	22 595 588
Dhaka	26 241 653
Khulna	17 150 891
Rajshahi	21 131 833
ASIA—ASIE (Cont.–Suite)	
China – Chine [24]	
1 VII 1982 [2]	
Total – Totale	1003 913 927
Provinces, Municipalities & Autonomous Regions – Provinces, Municipalités & Autonomous Régions	
Anhui	49 665 947
Beijing	9 230 663
Fujian	25 872 917
Gansu	19 569 191
Guangdong	59 299 620
Guangxi	36 421 421
Guizhou	28 552 942
Hebei	53 005 507
Heilongjiang	32 665 512
Henan	74 422 573
Hubei	47 808 118
Hunan	54 010 155
Jilin	22 560 024
Jiangsu	60 521 113
Jiangxi	33 185 471
Liaoning	35 721 694
Ningxia	3 895 576
Qinghai	3 895 695
Shaanxi	28 904 369
Shanxi	25 291 450
Shandong	74 419 152
Shanghai	11 859 700
Sichuan	99 713 246
Tianjin	7 764 137
Tibet	1 863 623
Yunnan	32 553 699
Xinjiang	13 081 538
Zhejiang	38 884 593
Inner Mongolia	19 274 281
Cyprus – Chypre	
1 X 1982 [25]	
Total – Totale	512 098
Districts	
Famagusta	25 659
Larnaca	84 496
Limmasol	145 614
Nicosia	210 684
Paphos	45 645
Israel – Israël [26]	
4 VI 1983* [1]	
Total – Totale	4 037 620
Districts	
Central district	830 681
Southern district	478 761
Haifa	575 300
Judea, Samaria,	23 789
Jerusalem	472 877
Northern district	655 962
Tel–Aviv	1 000 250
Japan – Japon	
1 X 1985 [2 27]	
Total – Totale	121 048 923
Hokkaido Island– Ile Hokkaido	
Hokkaido Prefecture (Todofuken)	5 679 439
Honshu Island–Ile Honshu	
Prefectures– Préfectures (Todofuken)	
Aichi–ken	6 455 172
Akita–ken	1 254 032
Aomori–ken	1 524 448
Chiba–ken	5 148 163
Fukui–ken	817 633
Fukushima–ken	2 080 304
Gifu–ken	2 028 536
Gumma–ken	1 921 259
Hiroshima–ken	2 819 200
Hyogo–ken	5 278 050
Ibaraki–ken	2 725 005
Ishikawa–ken	1 152 325
Iwate–ken	1 433 611
Kanagawa–ken	7 431 974
Kyoto–fu	2 586 574
Mie–ken	1 747 311
Miyagi–ken	2 176 295
Nagano–ken	2 136 927
Nara–ken	1 304 866
Niigata–ken	2 478 470
Okayama–ken	1 916 906
Osaka–fu	8 668 095
Saitama–ken	5 863 678
Shiga–ken	1 155 844
Shimane–ken	794 629
Shizuoka–ken	3 574 692
Tochigi–ken	1 866 066
Tokyo–to	11 829 363
Tottori–ken	616 024
Toyama–ken	1 118 369
Wakayama–ken	1 087 206
Yamagata–ken	1 261 662
Yamaguchi–ken	1 601 627
Yamanashi–ken	832 832
Kyushu Island–Ile Kyushu	
Prefectures– Préfectures	
Fukuoka–ken	4 719 259
Kagoshima–ken	1 819 270
Kumamoto–ken	1 837 747
Miyazaki–ken	1 175 543
Nagasaki–ken	1 593 968
Oita–ken	1 250 214

30. Population of major civil divisions by urban/rural residence: each census, 1973 – 1988 (continued)

Population des principales divisions administratives selon la résidence urbaine/rurale: chaque recensement, 1973 – 1988 (suite)

(See notes at end of table. – Voir notes à la fin du tableau.)

Continent, country or area, census date, civil division and urban/rural residence Continent, pays ou zone, date du recensement, division et résidence urbaine/rurale	Population
ASIA—ASIE (Cont.–Suite)	
Japan – Japon	
1 X 1985 [2,27]	
Okinawa–ken	1 179 097
Saga–ken	880 013
Shikoku Island – Ile Shikoku	
Prefectures– Préfectires (Todofuken)	
Ehime–ken	1 529 983
Kagawa–ken	1 022 569
Kochi–ken	839 784
Tokushima–ken	834 889
Jordan – Jordanie [28]	
10–11 XI 1979 [1,2,29]	
Total – Totale	2 132 997
Governorates – Gouvernorats	
Amman	1 173 170
Balga	147 827
Irbid	611 280
Karak	125 959
Ma'an	74 761
Korea, Republic of– Corée, République de	
1 XI 1985 [2,30]	
Total – Totale	40 448 486
Cities–Villes	
Inchon	1 386 911
Pusan	3 514 798
Seoul	9 639 110
Taegu	2 029 853
Provinces (Do)	
Cheju–do	488 576
Chollanam–do	3 748 428
Chollabuk–do	2 202 078
Chunchongnam–do	3 001 179
Chungchongbuk–do	1 391 004
Kang–wan–do	1 724 809
Kyongyi–do	4 794 135
Kyongsangnam–do	3 516 660
Kyongsangbuk–do	3 010 945
Macau – Macao	
16 III 1981*	
Total – Totale	241 729
Municipalities(concelho)– Municipalités(concelho)	
Coloane Island	2 574
Macao city	223 581
Maritime area	11 064
Taipa Island	4 510
Malaysia – Malaisie	
Peninsular Malaysia – Malaisie Péninsulaire	
10 VI 1980 [2]	
Total – Totale	10 944 844
States–Etats	
Johore	1 580 423
Kedah	1 077 815
Kelantan	859 270
Malacca	446 769
Negri Sembilan	551 442
Pahang	768 801
Penang	900 772
Perak	1 743 655
Perlis	144 782
Selangar	1 426 250
Trengganu	525 255
Wilayah Persekutuan (Federal territory)	919 610
Myanmar [31]	
31 III 1983 [2,32]	
Total – Totale	34 124 908
Divisions	
Irrawaddy	4 994 061
Magwe	3 243 166
Mandalay	4 577 762
Pegu	3 799 791
Rangoon	3 965 916
Sagaing	3 825 158
Tenasserim	913 943
States–Etats	
Chin	368 949
Kachin	819 774
Kasen	632 962
Kayah	159 661
Mon	1 680 157
Rakhine	2 045 559
Shan	3 090 339
Pakistan [33]	
1 III 1981 [2]	
Total – Totale	84 253 644
Provinces	
Baluchistan	4 332 376
F.A.T.A.	2 198 547
Islamabad	340 286
N.W.F.P.	11 061 328
Punjeb	47 292 441
Sind	19 028 666
Philippines	
1 V 1980 [1,2]	
Total – Totale	48 098 460
Regions–Régions	
Bicol	3 476 982
Cagayan Valley	2 215 522
Central Luzon	4 802 793
Central Mindanao	2 270 949
Central Visayas	3 787 374
Eastern Visayas	2 799 534
Ilocos	3 540 893
National Capital	5 925 884
Northern Mindanao	2 758 985
Southern Mindanao	3 346 803
Southern Tagalog	6 118 620
Western Mindanao	2 528 506
Western Visayas	4 525 615
Qatar	
16 III 1986*	
Total – Totale	369 079
Municipalities – Municipalités	
Al Ghuwayriyah	1 629
Al Jumayliyah	7 217
Al Khor	8 993
Al Shamar	4 380
Doha	217 294
Jenan Al Batna	2 727
Rayyan	91 996
Umm Salal	11 161
Wakrah	23 682
Sri Lanka	
17 III 1981 [2]	
Total – Totale	14 846 750
Districts	
Ampara	388 970
Anuradhapura	587 929
Badulla	640 952
Batticalon	330 333
Colombo	1 699 241
Galle	814 531
Gampaha	1 390 862
Hambantota	424 344
Jaffna	830 552
Kalutara	829 704
Kandy	1 048 317
Kegalle	684 944
Kurunnegala	1 211 801
Mannar	106 235
Matale	357 354
Matara	643 786
Moneragala	273 570
Mullaitivu	77 189
Nuwar Eliya	603 577
Puttalam	492 533
Polonnarnwa	261 563
Ratnapura	797 087
Trincomalee	255 948
Vavuniya	95 428
Syrian Arab Republic – République arabe syrienne	
8 IX 1981* [2,34]	
Total – Totale	9 052 628
Damascus (city–ville)	1 112 214
Governorates– Gouvernorats	
Aleppo	1 878 701
Al–Hasakeh	669 756
Al–Rakka	348 383
Al–Sweida	199 114
Damascus	917 364

30. Population of major civil divisions by urban/rural residence: each census, 1973 – 1988 (continued)

Population des principales divisions administratives selon la résidence urbaine/rurale: chaque recensement, 1973 – 1988 (suite)

(See notes at end of table. – Voir notes à la fin du tableau.)

Continent, country or area, census date, civil division and urban/rural residence Continent, pays ou zone, date du recensement, division et résidence urbaine/rurale	Population
ASIA—ASIE (Cont.–Suite)	
Syrian Arab Republic – République arabe syrienne	
8 IX 1981*[2,34]	
Dar'a	362 969
Deir–ez–Zor	409 130
Hama	736 452
Homs	815 103
Idleb	579 510
Lattakiaale	554 384
Quneitra	26 258
Tartous	443 290
Turkey – Turquie	
12 X 1980	
Total – Totale	44 736 957
Provinces (Ili)	
Adana	1 485 743
Adiyaman	367 595
Afyon Karahisar	596 878
Agri	368 009
Amasya	341 287
Ankara	2 855 283
Antalya	748 706
Artvin	228 997
Aydin	652 488
Balikesir	853 177
Bilecik	147 001
Bingöl	228 702
Bitlis	257 908
Bolu	471 751
Burdur	235 009
Bursa	1 148 791
Canakkale	391 568
Cankiri	259 928
Corum	569 523
Denizli	603 338
Diyarbakir	778 150
Edirne	363 286
Elazig	440 808
Erzincan	282 296
Erzurum	801 809
Eskisehir	544 033
Gaziantep	808 697
Giresun	480 083
Gümüshane	275 191
Hakkâri	155 463
Hatay	856 271
Isparta	350 116
Içel	843 931
Istanbul	4 741 890
Izmir	1 976 763
Kars	700 238
Kastamonu	450 360
Kayseri	778 383
Kirklareli	283 408
Kirsehir	240 497
Kocaeli	596 600
Konya	1 562 546
Kütahya	497 089
Malatya	606 996
Manisa	941 941
Maras	738 032
Mardin	564 967
Mugal	438 145
Mus	302 406
Nevsehir	256 933
Nigde	512 071
Ordu	713 535
Rize	361 258
Sakarya	548 747
Samsun	1 008 113
Siirt	445 483
Sinop	276 464
Sivas	749 610
Tekirdag	360 742
Tokat	624 768
Trabzon	731 045
Tunceli	157 974
Urfa	602 736
Usak	247 224
Van	468 646
Yozgat	504 433
Zonguldak	955 098
20 X 1985	
Total – Totale	50 664 458
Provinces (Ili)	
Adana	1 725 940
Adiyaman	430 728
Afyon Karahisar	666 978
Agri	421 131
Amasya	358 289
Ankara	3 306 327
Antalya	891 149
Artvin	226 338
Aydin	743 419
Balikesir	910 282
Bilecik	160 909
Bingöl	241 548
Bitlis	300 843
Bolu	504 778
Burdur	248 002
Bursa	1 324 015
Canakkale	417 121
Cankiri	263 964
Corum	599 204
Denizli	667 478
Diyarbakir	934 505
Edirne	389 638
Elazig	483 715
Erzincan	299 985
Erzurum	856 175
Eskisehir	597 397
Gaziantep	966 490
Giresun	502 151
Gümüshane	283 753
Hakkâri	182 645
Hatay	1 002 252
Isparta	382 844
Içel	1 034 085
Istanbul	5 842 985
Izmir	2 317 829
Kars	722 431
Kastamonu	450 353
Kayseri	864 060
Kirklareli	297 098
Kirsehir	260 156
Kocaeli	742 245
Konya	1 769 050
Kütahya	543 384
Malatya	665 809
Manisa	1 050 130
Maras	840 472
Mardin	652 069
Mugal	486 290
Mus	339 492
Nevsehir	278 129
Nigde	560 386
Ordu	763 857
Rize	374 206
Sakarya	610 500
Samsun	1 108 710
Siirt	524 741
Sinop	280 140
Sivas	772 209
Tekirdag	402 721
Tokat	679 071
Trabzon	786 194
Tunceli	151 906
Urfa	795 034
Usak	271 261
Van	547 216
Yozgat	545 301
Zonguldak	1 044 945
Viet Nam	
1 X 1979	
Total – Totale	52 741 766
Cities – Villes	
Haiphong	1 279 067
Hanoi	2 570 905
Ho–Chi–Minh	3 419 978
Provinces	
Angiang	1 532 362
Bacthai	815 105
Bentre	1 041 838
Binhthithien	1 901 713
Caobang	479 823
Cuulong	1 504 215
Daclac	490 198
Dongnai	1 304 799
Dongthap	1 182 787
Gialai–Kontum	595 906

30. Population of major civil divisions by urban/rural residence: each census, 1973 – 1988 (continued)

Population des principales divisions administratives selon la résidence urbaine/rurale: chaque recensement, 1973 – 1988 (suite)

(See notes at end of table. – Voir notes à la fin du tableau.)

Continent, country or area, census date, civil division and urban/rural residence Continent, pays ou zone, date du recensement, division et résidence urbaine/rurale	Population
ASIA—ASIE (Cont.–Suite)	
Viet Nam	
1 X 1979	
Habac	1 662 671
Haihung	2 145 662
Hanamninh	2 781 409
Hasaonbinh	1 537 190
Hatuyen	782 453
Hauginag	2 232 891
Hoanglienson	778 217
Kiengiang	994 673
Lai Chau	322 077
Lamdong	396 657
Langson	484 657
Longan	957 264
Minhhai	1 219 595
Nghetinh	3 111 989
Nghiabinh	2 095 354
Phukhanh	1 188 637
Quangnam–Danang	1 529 520
Quangninh	750 055
Songbe	659 093
Sonla	487 793
Tayninh	684 006
Thaibinh	1 506 235
Thanhhoa	2 532 261
Thuanhai	938 255
Tiengiang	1 264 498
Vinhphu	1 488 348
Vungtau–Condao	91 610
Yemen – Yémen	
1 II 1975 [35]	
Total – Totale	4 540 278
Governorates– Gouvernorats	
Al–Beidah	159 129
Al–Hodiedah	673 113
Al–Mahweet	175 509
Dhamar	453 888
Hajjah	394 827
Ibb	789 494
Ma–arib	39 121
Sa'adah	158 410
Sana'a	819 010
Taiz	877 777
EUROPE	
Belgium – Belgique	
1 III 1981 [1]	
Total – Totale	9 848 647
Provinces	
Anvers	1 569 876
Brabant	2 221 222
Hainaut	1 301 477
Liege	999 413
Limbourg	716 888
Luxembourg	221 926
Namur	407 400
Flandre Orientale	1 331 192
Flandre Occidentale	1 079 253
Bulgaria – Bulgarie	
4 XII 1985	
Total – Totale	8 948 388
Capital–Capitale	
Sofia	1 198 615
Provinces(Okruzi)	
Blagoevgrad	345 942
Bourgas	449 237
Choumen	254 884
Gabrovo	174 681
Haskovo	301 347
Kardjali	302 505
Kustendil	190 714
Lovetch	202 968
Mihailovgrad	223 415
Pazardzhik	325 971
Pernik	174 044
Plévène	362 305
Plovdiv	753 992
Razgrad	197 856
Roussé	304 580
Silistra	174 122
Slivène	239 448
Smolian	164 095
Sofia	305 358
Stara Zagora	410 905
Targovishté	171 311
Tolboukhin	257 341
Varna	464 807
Veliko Turnovo	339 518
Vidin	166 680
Vratza	287 732
Yambol	204 015
Denmark – Danemark [36]	
1 I 1981 [1,2]	
Total – Totale	5 123 989
Frederiksberg Kommune	88 167
Kobenhavns Kommune	493 771
Counties (Amter)	
Arhus	575 540
Bornholms	47 499
Frederiksberg	329 992
Fyns	453 626
Kobenhavns	624 684
Nordjyllands	482 501
Ribe	213 503
Ringköbing	263 519
Roskilde	203 246
Sönderjyllands	250 872
Storströms	260 160
Vestsjaellands	278 592
Vejle	326 559
Viborg	231 758
Finland – Finlande	
17 XI 1985 [1,2]	
Total – Totale	4 910 619
Provinces (Läänit)	
Ahvenanmaa	23 631
Häme	677 844
Keski–Suomi	247 819
Kuopio	256 141
Kymi	340 960
Lappi	201 077
Mikkeli	209 082
Oulu	432 129
Pohjois–Karjala	177 623
Turku ja Pori	713 178
Uusimaa	1 186 599
Vaasa	444 536
France	
4 III 1982 [37,38]	
Total – Totale	54 273 200
Divisions	
Alsace	1 553 740
Aquitaine	2 655 800
Auvergne	1 329 180
Basse–Normandie	1 350 480
Bourgogne	1 592 300
Bretagne	2 703 440
Centre	2 265 340
Champagne–Ardenne	1 344 820
Corse	234 640
Côte d'Azur	3 942 980
Franche–Comté	1 078 700
Haute–Normandie	1 659 520
Ile–de–France	10 064 840
Languedoc–Roussillon	1 929 520
Limousin	736 340
Lorraine	2 334 740
Midi–Pyrénées	2 308 740
Nord–Pas–de–Calais	3 919 240
Pays de La Loire	2 937 980
Picardie	1 740 460
Poitou–Charentes	1 567 600
Rhône–Alpes	5 022 800

30. Population of major civil divisions by urban/rural residence: each census, 1973 – 1988 (continued)

Population des principales divisions administratives selon la résidence urbaine/rurale: chaque recensement, 1973 – 1988 (suite)

(See notes at end of table. – Voir notes à la fin du tableau.)

Continent, country or area, census date, civil division and urban/rural residence Continent, pays ou zone, date du recensement, division et résidence urbaine/rurale	Population
EUROPE (Cont.–Suite)	
Greece – Grèce	
5 IV 1981 [2,39,40]	
Total – Totale	9 739 589
Greater Athens–Région d'Athèn	3 027 560
Departments – Départements	
Centrale et Eubée	1 099 962
Epire	324 683
Grète	502 192
Iles Ioniennes	428 336
Iles de la Mer Egée	182 333
Macédoine	2 121 624
Peloponése	1 012 485
Thessalie	695 285
Thrace	345 129
Isle of Man – Ile de Man	
6–7 IV 1986 [1]	
Total – Totale	64 282
Towns–Villes	
Castletown	3 019
Douglas	20 368
Peel	3 660
Ramsey	5 778
Villages	
Laxey	1 279
Michael	574
Onchan	7 608
Port Erin	2 868
Port St. Mary	1 610
Parishes–Paroisses	
Andreas	1 115
Arbory	1 610
Ballaugh	745
Braddan	1 804
Bride	378
German	1 051
Jurby	582
Lezayre	1 362
Lonan	1 139
Malew	2 054
Marown	1 281
Maughold	755
Michael	470
Onchan	341
Patrick	1 044
Rushen	1 360
Santon	427
Liechtenstein	
31 XII 1982 [41]	
Total – Totale	26 380
Regions–Oberland	
Balzers	3 419
Planken	276
Schaan	4 572
Triesen	3 060
Triesenberg	2 220
Vaduz	4 904
Regions–Unterland	
Eschen	2 683
Gamprin	829
Mauren	2 596
Ruggell	1 220
Schellengerg	601
Luxembourg	
31 III 1981 [1]	
Total – Totale	364 602
Districts	
Diekirch	53 353
Grevenmacher	38 846
Luxembourg	272 403
Malta – Malte	
16 XI 1985 [42]	
Total – Totale	345 418
Regions–Régions	
Inner Harbour	101 963
Outer Harbour	98 610
South Eastern	42 475
Western	44 580
Northern	32 108
Gozo and Comino	25 682
Portugal	
16 III 1981 [2]	
Total – Totale	9 833 014
Districts	
Acores	243 410
Aveiro	622 988
Beja	188 420
Braga	708 924
Braganca	184 252
C.Branco	234 230
Coimbra	436 324
Evora	180 277
Faro	323 534
Guarda	205 631
Leiria	420 229
Lisboa	2 069 467
Madeira	252 844
Portalegre	142 905
Porto	1 562 287
Santarem	454 123
Setobal	658 326
V.Castelo	256 814
Vila Real	264 381
Viseu	423 648
United Kingdom – Royaume–Uni	
Northern Ireland – Irlande du Nord	
5 IV 1981 [1]	
Total	1 481 959
Districts	
Antrim	44 384
Ards	57 626
Armagh	47 618
Ballymena	54 426
Ballymoney	22 873
Banbridge	29 885
Belfast	295 223
Carrickfergus	28 458
Castlereagh	60 757
Coleraine	46 272
Cookstown	26 624
Craigavon	71 202
Down	52 869
Dungannon	41 073
Fermanagh	51 008
Larne	28 929
Limavady	26 270
Lisburn	82 091
Londonderry	83 384
Magherafelt	30 825
Moyee	14 252
Newry and Mourne	72 243
Newtownabbey	71 631
North Down	65 849
Omagh	41 159
Strabane	35 028
Yugoslavia – Yougoslavie	
31 III 1981 [1,2]	
Total – Totale	22 424 687
People's Republics– Républiques populaires	
Bosna i Hercegovina	4 124 256
Crna Gora	584 310
Hrvatska	4 601 469
Makedonija	1 909 112
Slovenija	1 891 864
Srbija	9 313 676

30. Population of major civil divisions by urban/rural residence: each census, 1973 – 1988 (continued)

Population des principales divisions administratives selon la résidence urbaine/rurale: chaque recensement, 1973 – 1988 (suite)

(See notes at end of table. – Voir notes à la fin du tableau.)

Continent, country or area, census date, civil division and urban/rural residence Continent, pays ou zone, date du recensement, division et résidence urbaine/rurale	Population
OCEANIA—OCEANIE	
American Samoa – Samoa américaines	
1 IV 1980 [2 43]	
Total – Totale	32 297
Districts	
Eastern	18 050
Manu'A	1 732
Swains Island	27
Western	12 488
Fiji – Fidji	
31 VIII 1986	
Total – Totale	715 375
Divisions	
Central	260 110
Eastern	42 762
Northern	129 154
Western	283 349
New Caledonia – Nouvelle-Calédonie	
15 IV 1983	
Total – Totale	145 368
Administrative sub-divisions– Subdivision administratve	
Commune de Nouméa	60 112
Est	14 704
Iles Loyaute	15 510
Ouest	16 174
Sud	38 868
OCEANIA—OCEANIE (Cont.–Suite)	
Pacific Islands – Iles du Pacifique	
15 IX 1980 [2 43]	
Total – Totale	132 929
Districts	
Kosrae	5 491
Marshall Islands	30 873
Northern Mariana Is.	16 780
Palau	12 116
Ponape	22 081
Truk	37 488
Yap	8 100
Papua New Guinea – Papouasie-Nouvelle-Guinée	
22 IX 1980 [2]	
Total – Totale	3 010 727
National Capital– Capitale Nationale	123 624
Provinces	
Central	116 964
Chimbu	178 290
Eastern Highlands	276 726
East New Britain	133 197
East Sepik	221 890
Enga	164 534
Gulf	64 120
Madang	211 069
Manus	26 036
Milne Bay	127 975
Morobe	310 622
New Ireland	66 028
Northern	77 442
North Solomons	128 794
Southern Highlands	236 052
Western	78 575
Western Highlands	265 656
West New Britain	88 941
West Sepik	114 192
OCEANIA—OCEANIE (Cont.–Suite)	
Solomon Islands – Iles Salomon	
23 XI 1986	
Total – Totale	285 176
Provinces	
Central Islands	18 457
Guadalcanal	49 831
Honiara	30 413
Makira–Ulawa	21 796
Malaita	80 032
Santa Isabel	14 616
Temotu	14 781
Western	55 250
Tonga	
28 XI 1986*	
Total – Totale	94 535
Divisions	
Eua	4 393
Ha'apai	8 979
Niuas	2 379
Tongatapu	63 614
Vava'u	15 170
Vanuatu	
15–16 I 1979 [2]	
Total – Totale	111 251
Local Government Regions	
Ambae–Maewo–Santo	9 576
Ambryn	6 176
Banks–Torres	4 958
Efate	19 819
Epi	2 597
Malakula	15 163
Pentecost	9 361
Paama–Lopevi	2 228
Santo	19 423
Shepherds	4 444
Tafea	17 506

30. Population of major civil divisions by urban/rural residence: each census, 1973 – 1988 (continued)

Population des principales divisions administratives selon la résidence urbaine/rurale: chaque recensement, 1973 – 1988 (suite)

Data by urban/rural residence

Données selon la résidence urbaine/rurale

(See notes at end of table. – Voir notes à la fin du tableau.)

Continent, country or area, census date, civil division and urban/rural residence Continent, pays ou zone, date du recensement, division et résidence urbaine/rurale	Population
AFRICA—AFRIQUE	
Central African Republic – République centrafricaine	
Urban – Urbaine	
8–22 XII 1975	
Total – Totale	708 321
Prefecture	
Bamingui–Bangoran	6 732
Bangui	300 723
Basse–Kotto	22 699
Duham	50 249
Gribingui–Economique	14 783
Haut–Mbomou	19 574
Haute–kotto	8 875
Haute–Sangha	51 100
Kemo–Gribingui	21 440
Lobaye	27 205
Mbomou	30 744
Nana–Mambere	40 586
Ombella–Mpoko	18 032
Ouakai	57 014
Ouham–Pende	25 874
Sangha–Economique	7 807
Vakaga	4 884
Rural – Rurale	
8–22 XII 1975	
Total – Totale	1 346 289
Prefecture	
Bamingui–Bangoran	18 067
Bangui	–
Basse–Kotto	126 164
Duham	164 558
Gribingui–Economique	59 306
Haut–Mbomou	23 139
Haute–kotto	26 544
Haute–Sangha	143 859
Kemo–Gribingui	40 300
Lobaye	98 427
Mbomou	78 560
Nana–Mambere	127 803
Ombella–Mpoko	86 687
Ouakai	119 220
Ouham–Pende	167 265
Sangha–Economique	49 340
Vakaga	17 050
Egypt – Egypte	
Urban – Urbaine	
17–18 IX 1986*	
Total – Totale	21 173 436
Governorates– Gouvernorats	
Cities–Villes	
Alexandria	2 917 327
Cairo	6 052 836
Port Said	399 793
Suez	326 820
East Sepik	221 890
AFRICA—AFRIQUE (Cont.–Suite)	
Egypt – Egypte	
Urban – Urbaine	
17–18 IX 1986*	
Provinces of lower Egypt – Provinces de la Basse–Egypte	
Beheira	766 260
Dakahliya	916 395
Damietta	187 053
Gharbiya	939 631
Ismailia	265 899
Kafr El Sheik	411 121
Kalyubia	1 099 420
Minufiya	447 703
Sharkiya	721 760
Provinces of Upper Egypt – Provinces de la Haute–Egypte	
Aswan	320 070
Asyût	618 362
Beni Suef	362 231
Faiyûm	358 713
Giza	2 126 364
Minya	549 393
Quena	524 365
Souhag	536 539
Frontier Districts– Districts des frontières	
Matrouh	82 437
New Vally	50 443
North Sinai	105 581
Red Sea	74 010
South Sinai	12 910
Rural – Rurale	
17–18 IX 1986*	
Total – Totale	27 031 613
Provinces of lower Egypt – Provinces de la Basse–Egypte	
Beheira	2 490 908
Dakahliya	2 584 075
Damietta	554 211
Gharbiya	1 931 329
Ismailia	278 528
Kafr El Sheik	1 389 008
Kalyubia	1 414 824
Minufiya	1 779 384
Sharkiya	2 698 359
Provinces of Upper Egypt – Provinces de la Haute–Egypte	
Aswan	481 338
Asyût	1 604 672
Beni Suef	1 080 750
Faiyûm	1 185 334
Giza	1 573 690
Quena	1 727 950
Souhag	1 918 595
Frontier Districts– Districts des frontières	
Matrouh	78 130
New Vally	63 395
North Sinai	65 924
Red Sea	16 481
South Sinai	16 078
Ghana	
Urban – Urbaine	
11 III 1984	
Total – Totale	3 934 796
Regions – Régions	
Ashanti	679 750
Brong Ahafo	321 106
Central	329 196
Eastern	466 276
Greater Accra	1 188 278
Northern	293 462
Upper East	99 507
Upper West	47 549
Volta	247 906
Western	261 766
Rural – Rurale	
11 III 1984	
Total – Totale	8 361 285
Regions – Régions	
Ashanti	1 410 350
Brong Ahafo	885 502
Central	813 139
Eastern	1 214 614
Greater Accra	242 821
Northern	871 121
Upper East	673 237
Upper West	390 459
Volta	964 001
Western	896 041
Morocco – Maroc	
Urban – Urbaine	
3–21 IX 1982*	
Total – Totale	8 730 399
Provinces	
Agadir	245 860
Al Hoceima	59 490
Azilal	32 339
Beni Mellal	255 817
Ben Slimane	34 262
Boujdour	3 597
Boulemane	12 493
Chaouen	26 499
El Jadida	150 037
El Kalaa Sraghna	71 605
Errachidia	64 731
Essauira	46 858
Es–Smara	17 753

30. Population of major civil divisions by urban/rural residence: each census, 1973 – 1988 (continued)

Population des principales divisions administratives selon la résidence urbaine/rurale: chaque recensement, 1973 – 1988 (suite)

Data by urban/rural residence

Données selon la résidence urbaine/rurale

(See notes at end of table. – Voir notes à la fin du tableau.)

Continent, country or area, census date, civil division and urban/rural residence Continent, pays ou zone, date du recensement, division et résidence urbaine/rurale	Population
AFRICA—AFRIQUE (Cont.–Suite)	
Morocco – Maroc	
Urban – Urbaine	
3–21 IX 1982*	
Fes	548 209
Figuig	36 452
Guelmim	42 886
Ifrane	44 547
Kenitra	294 370
Khemisset	115 135
Khenifra	130 862
Khouribga	241 457
Laayoune	96 784
Marrakech	482 605
Meknes	386 085
Nador	115 062
Ouarzazate	48 914
Oued Eddahab	17 822
Oujda	478 919
Safi	267 162
Settat	143 956
Sidi Kacem	118 713
Tanger	312 227
Tan Tan	41 451
Taounate	21 173
Taroudante	50 979
Tata	3 142
Taza	108 260
Tetouan	364 725
Tiznit	40 650
Prefectures	
Ain Chok–Hay Hassani	230 210
Ain Sbaa–Hay Mohammedi	421 272
Ben M'Sik–Bidi Othman	592 716
Casablanca–Anfa	914 151
Mohammedia–Zenata	105 120
Rabat–Sale	893 042
Rural – Rurale	
3–21 IX 1982*	
Total – Totale	11 689 156
Provinces	
Agadir	333 881
Al Hoceima	251 808
Azilal	354 776
Beni Mellal	412 886
Ben Slimane	140 202
Boujdour	4 884
Boulemane	118 977
Chaouen	282 525
El Jadida	613 314
El Kalaa Sraghna	505 990
Errachidia	356 476
Essauira	346 825
Es–Smara	2 727
Fes	257 255
Figuig	64 907
Guelmim	85 790
Ifrane	55 708
Kenitra	421 597
AFRICA—AFRIQUE (Cont.–Suite)	
Morocco – Maroc	
Rural – Rurale	
3–21 IX 1982*	
Khemisset	290 701
Khenifra	232 854
Khouribga	195 545
Laayoune	16 627
Marrakech	784 090
Meknes	240 783
Nador	478 193
Ouarzazate	484 978
Oued Eddahab	3 674
Oujda	301 843
Safi	439 456
Settat	548 403
Sidi Kacem	395 414
Tanger	124 000
Tan Tan	5 589
Taounate	514 799
Taroudante	507 522
Tata	96 808
Taza	505 225
Tetouan	339 480
Tiznit	272 490
Prefectures	
Ain Chok–Hay Hassani	68 166
Ain Sbaa–Hay Mohammedi	–
Ben M'Sik–Bidi Othman	46 842
Casablanca–Anfa	9 479
Mohammedia–Zenata	48 708
Rabat–Sale	126 959
South Africa – Afrique du Sud [8]	
Urban – Urbaine	
5 III 1985 [4]	
Total – Totale	13 068 343
Cape	3 906 143
Natal	1 471 411
Transraal	5 687 750
Orange Free State	893 357
Self–governing National States	
Gazankulu	20 209
Kangwane	54 299
Kwandebele	22 511
Kwa Zulu	873 746
Lebowa	117 464
Qwaqua	21 453
AFRICA—AFRIQUE (Cont.–Suite)	
South Africa – Afrique du Sud [8]	
Rural – Rurale	
5 III 1985 [4]	
Total – Totale	10 317 302
Cape	1 134 994
Natal	673 607
Transraal	1 844 429
Orange Free State	883 546
Self–governing National States	
Gazankulu	477 004
Kangwane	338 483
Kwandebele	213 344
Kwa Zulu	2 873 269
Lebowa	1 718 520
Qwaqua	160 106
Tunisia – Tunisie	
Urban – Urbaine	
30 III 1984	
Total – Totale	3 680 830
Governorates– Gouvernorats	
Béja	85 276
Ben–Arous	214 085
Bizerte	220 168
Gabès	140 819
Gafsa	147 026
Jendouba	65 418
Kairouan	103 041
Kasserine	89 050
Kibili	192 428
L'ariana	28 315
Le Kef	95 871
Mahdia	97 516
Médenine	179 103
Monastir	229 304
Nabeul	254 088
Sfax	339 649
Sidi Bouzid	35 956
Siliana	44 380
Sousse	228 630
Tataouine	43 184
Tozeur	43 328
Tunis	774 364
Zaghouan	29 831

30. Population of major civil divisions by urban/rural residence: each census, 1973 – 1988 (continued)

Population des principales divisions administratives selon la résidence urbaine/rurale: chaque recensement, 1973 – 1988 (suite)

Data by urban/rural residence

Données selon la résidence urbaine/rurale

(See notes at end of table. – Voir notes à la fin du tableau.)

Continent, country or area, census date, civil division and urban/rural residence Continent, pays ou zone, date du recensement, division et résidence urbaine/rurale	Population
AFRICA—AFRIQUE (Cont.–Suite)	
Tunisia – Tunisie	
Rural – Rurale	
30 III 1984	
Total – Totale	3 285 343
Governorates– Gouvernorats	
Béja	189 430
Ben–Arous	32 108
Bizerte	174 502
Gabès	99 197
Gafsa	88 697
Jendouba	294 011
Kairouan	318 566
Kasserine	208 909
Kibili	181 764
L'ariana	67 056
Le Kef	151 801
Mahdia	172 919
Médenine	116 786
Monastir	49 174
Nabeul	207 317
Sfax	238 343
Sidi Bouzid	252 572
Siliana	177 658
Sousse	93 861
Tataouine	57 145
Tozeur	24 615
Zaghouan	88 912
Zambia – Zambie	
Urban – Urbaine	
25 VIII 1980	
Total – Totale	2 258 520
Provinces	
Central	151 419
Copperbelt	1 029 903
Eastern	62 892
Luapula	54 942
Lusaka	551 367
Northern	118 275
North Western	40 849
Southern	166 555
Western	82 318
Rural – Rurale	
25 VIII 1980	
Total – Totale	3 403 281
Provinces	
Central	360 486
Copperbelt	221 275
Eastern	588 010
Luapula	366 024
Lusaka	139 687
Northern	556 475
North Western	261 819
Southern	505 368
Western	404 137
AMERICA,NORTH— AMERIQUE DU NORD	
Guatemala	
Urban – Urbaine	
21 III 1981 [10]	
Total – Totale	1 980 533
Departments – Départements	
Alta Verapaz	46 018
Baja Verapaz	21 566
Chimaltenango	85 877
Chiquimula	40 421
El Progreso	22 169
Escuintla	106 117
Guatemala	855 736
Huehuetenango	59 371
Izabal	36 284
Jalapa	38 708
Jutiapa	48 926
Petén	31 747
Quezaltenango	138 383
Quiché	37 248
Retalhuleu	42 683
Sacatepéquez	87 375
San Marcos	56 755
Santa Rosa	44 832
Sololá	54 665
Suchitepéquez	67 450
Totonicapán	25 537
Zacapa	32 665
Rural – Rurale	
21 III 1981 [10]	
Total – Totale	4 073 694
Departments – Départements	
Alta Verapaz	275 990
Baja Verapaz	94 036
Chimaltenango	144 182
Chiquimula	128 442
El Progreso	59 019
Escuintla	228 549
Guatemala	455 456
Huehuetenango	371 972
Izabal	158 334
Jalapa	97 383
Jutiapa	202 142
Petén	100 180
Quezaltenango	228 566
Quiché	290 927
Retalhuleu	108 240
Sacatepéquez	33 752
San Marcos	415 571
Santa Rosa	149 336
Sololá	99 584
Suchitepéquez	170 104
Totonicapán	178 882
Zacapa	83 047
Haiti – Haïti	
Urban – Urbaine	
30 VIII 1982 [1]	
Total – Totale	1 241 940
Departments– Départements	
Artibonite	114 383
Centre	38 791
Grande Anse	51 692
Nord	119 158
Nord–Est	38 365
Nord–Ouest	33 198
Ouest	761 155
Sud	58 786
Sud–Est	26 412
Rural – Rurale	
30 VIII 1982 [1]	
Total – Totale	3 811 852
Departments– Départements	
Artibonite	618 549
Centre	322 679
Grande Anse	438 265
Nord	444 844
Nord–Est	151 208
Nord–Ouest	260 333
Ouest	790 637
Sud	443 838
Sud–Est	341 499
Jamaica – Jamaïque	
Urban – Urbaine	
8 VI 1982 [1]	
Total – Totale	1 040 720
Parishes – Paroisses	
Claredon	56 303
Hanover	5 652
Kingston	104 041
Manchester	48 717
Portland	16 003
St. Andrew	420 597
St. Ann	26 024
St. Catherine	209 460
St. Elizabeth	12 262
St. James	70 265
St. Mary	22 833
St. Thomas	20 788
Trelanny	6 713
Westmorland	21 062
Rural – Rurale	
8 VI 1982 [1]	
Total – Totale	1 149 637
Parishes – Paroisses	
Claredon	146 829
Hanover	57 185
Manchester	95 312
Portland	57 653
St. Andrew	62 292

30. Population of major civil divisions by urban/rural residence: each census, 1973 – 1988 (continued)

Population des principales divisions administratives selon la résidence urbaine/rurale: chaque recensement, 1973 – 1988 (suite)

Data by urban/rural residence

Données selon la résidence urbaine/rurale

(See notes at end of table. – Voir notes à la fin du tableau.)

Continent, country or area, census date, civil division and urban/rural residence Continent, pays ou zone, date du recensement, division et résidence urbaine/rurale	Population
AMERICA,NORTH— (Cont.–Suite) AMERIQUE DU NORD	
Jamaica – Jamaïque	
Rural – Rurale	
8 VI 1982 [1]	
St. Catherine	123 214
St. Elizabeth	124 635
St. James	65 694
St. Mary	83 136
St. Thomas	59 653
Trelanny	62 753
Westmorland	99 560
Mexico – Mexique	
Urban – Urbaine	
4 VI 1980 [1]	
Total – Totale	44 299 729
Distrito Federal	8 831 079
States – Etats	
Aguascalientes	365 545
Baja California	1 004 194
Baja California Sur	149 973
Campeche	292 006
Coahuila	1 204 971
Colima	258 586
Chiapas	702 969
Chihuahua	1 410 799
Durango	595 544
Guanajuato	1 771 604
Guerrero	883 394
Hidalgo	506 275
Jalisco	3 304 635
Mexico	6 007 404
Michoacàn	1 530 083
Morelos	699 331
Nayarit	414 528
Nuevo Leon	2 197 288
Oaxaca	757 871
Puebla	1 899 938
Querétaro	350 623
Quintana Roo	133 511
San Luis Potosi	786 023
Sinaloa	1 049 545
Sonora	1 067 861
Tabasco	405 950
Tamaulipas	1 445 960
Tlaxcala	320 480
Veracruz	2 743 286
Yucatán	782 041
Zacatecas	426 432
Rural – Rurale	
4 VI 1980 [1]	
Total – Totale	22 547 104
Distrito Federal	–
States – Etats	
Aguascalientes	153 894
Baja California	173 692
Baja California Sur	65 166
Campeche	128 547
AMERICA,NORTH— (Cont.–Suite) AMERIQUE DU NORD	
Mexico – Mexique	
Rural – Rurale	
4 VI 1980 [1]	
Coahuila	352 294
Colima	87 707
Chiapas	1 381 748
Chihuahua	594 678
Durango	586 776
Guanajuato	1 234 506
Guerrero	1 226 119
Hidalgo	1 041 218
Jalisco	1 067 363
Mexico	1 556 931
Michoacàn	1 338 741
Morelos	247 758
Nayarit	311 592
Nuevo Leon	315 756
Oaxaca	1 611 205
Puebla	1 447 747
Querétaro	388 982
Quintana Roo	92 474
San Luis Potasi	887 870
Sinaloa	800 334
Sonora	445 870
Tabasco	657 011
Tamaulipas	478 524
Tlaxcala	236 117
Veracruz	2 644 394
Yucatán	281 692
Zacatecas	710 398
Panama	
Urban – Urbaine	
11 V 1980 [11]	
Total – Totale	910 580
Provinces	
Bocas del Toro	17 745
Cocle	35 907
Colon	72 514
Chiriquí	90 135
Darién	1 623
Herrera	32 308
Los Santos	10 018
Panamá	617 333
Veraguas	32 997
San Blas	–
Rural – Rurale	
11 V 1980 [11]	
Total – Totale	920 819
Provinces	
Bocas del Toro	35 742
Cocle	104 996
Colon	65 483
Chiriquí	197 215
Darién	24 901
Herrera	49 655
Panamá	213 715
Veraguas	140 248
San Blas	28 621
AMERICA,NORTH— (Cont.–Suite) AMERIQUE DU NORD	
United States – Etats–Unis	
Urban – Urbaine	
1 IV 1980 [12 13]	
Total – Totale	167 050 992
District of Columbia	638 333
States – Etats	
Alabama	2 337 713
Alaska	258 567
Arizona	2 278 728
Arkansas	1 179 556
California	21 607 606
Colorado	2 329 869
Connecticut	2 449 774
Delaware	419 819
Florida	8 212 385
Georgia	3 409 081
Hawaii	834 592
Idaho	509 702
Illinois	9 518 039
Indiana	3 525 298
Iowa	1 708 232
Kansas	1 575 899
Kentucky	1 862 183
Louisiana	2 887 309
Maine	534 072
Maryland	3 386 555
Massachusets	4 808 339
Michigan	6 551 551
Minnesota	2 725 202
Mississippi	1 192 805
Missouri	3 349 588
Montana	416 402
Nebraska	987 859
Nevada	682 947
New Hampshire	480 325
New Jersey	6 557 377
New Mexico	939 963
New York	14 858 068
North Carolina	2 822 852
North Dakota	318 310
Ohio	7 918 259
Oklahoma	2 035 082
Oregon	1 788 354
Pennsylvania	8 220 851
Rhode Island	824 004
South Carolina	1 689 253
South Dakota	320 777
Tennessee	2 773 573
Texas	11 333 017
Utah	1 233 060
Vermont	172 735
Virginia	3 529 423
Washington	3 037 014
West Virginia	705 319
Wisconsin	3 020 732
Wyoming	294 639

30. Population of major civil divisions by urban/rural residence: each census, 1973 – 1988 (continued)

Population des principales divisions administratives selon la résidence urbaine/rurale: chaque recensement, 1973 – 1988 (suite)

Data by urban/rural residence

Données selon la résidence urbaine/rurale

(See notes at end of table. – Voir notes à la fin du tableau.)

Continent, country or area, census date, civil division and urban/rural residence Continent, pays ou zone, date du recensement, division et résidence urbaine/rurale	Population
AMERICA,NORTH— (Cont.–Suite)	
AMERIQUE DU NORD	
United States – Etats–Unis	
Rural – Rurale	
1 IV 1980 [12 13]	
Total – Totale	59 494 813
District of Columbia	–
States – Etats	
Alabama	1 556 175
Alaska	143 284
Arizona	439 487
Arkansas	1 106 879
California	2 060 296
Colorado	560 095
Connecticut	657 802
Delaware	174 519
Florida	1 533 939
Georgia	2 054 024
Hawaii	130 099
Idaho	434 233
Illinois	1 908 479
Indiana	1 964 926
Iowa	1 205 576
Kansas	787 780
Kentucky	1 798 594
Louisiana	1 318 591
Maine	590 588
Maryland	830 420
Massachusets	928 698
Michigan	2 710 527
Minnesota	1 350 768
Mississippi	1 327 833
Missouri	1 567 098
Montana	370 288
Nebraska	581 966
Nevada	117 546
New Hampshire	440 285
New Jersey	807 446
New Mexico	362 931
New York	2 700 004
North Carolina	3 058 914
North Dakota	334 407
Ohio	2 879 371
Oklahoma	990 208
Oregon	844 751
Pennsylvania	3 643 044
Rhode Island	123 150
South Carolina	1 432 567
South Dakota	369 991
Tennessee	1 817 547
Texas	2 896 174
Utah	227 977
Vermont	338 721
Virginia	1 817 395
Washington	1 095 142
West Virginia	1 244 325
Wisconsin	1 685 035
Wyoming	174 918

Continent, country or area, census date, civil division and urban/rural residence Continent, pays ou zone, date du recensement, division et résidence urbaine/rurale	Population
AMERICA,SOUTH—	
AMERIQUE DU SUD	
Argentina – Argentine	
Urban – Urbaine	
22 X 1980 [14]	
Total – Totale	23 192 892
Capital Federal	2 922 829
Provinces	
Buenos Aires	10 122 513
Catamarca	119 513
Chaco	426 844
Chubut	214 049
Cordoba	1 943 557
Corrientes	425 880
Entre Ríos	625 304
Formosa	164 703
Jujuy	301 943
La Pampa	135 110
La Rioja	101 247
Mendoza	824 430
Misiones	297 095
Neuquén	185 608
Río Negro	275 373
Salta	476 153
San Juan	335 376
San Luis	150 170
Santa Cruz	99 776
Santa Fé	2 022 790
Sandiago del Estero	308 945
Tierra del Fuego	24 240
Tucumán	689 444
Rural – Rurale	
22 X 1980 [14]	
Total – Totale	4 754 554
Capital Federal	–
Provinces	
Buenos Aires	742 895
Catamarca	88 204
Chaco	274 548
Chubut	49 067
Cordoba	464 197
Corrientes	235 574
Entre Ríos	283 009
Formosa	131 184
Jujuy	108 065
La Pampa	73 150
La Rioja	62 970
Mendoza	371 798
Misiones	291 882
Neuquén	58 242
Río Negro	107 981
Salta	186 717
San Juan	130 600
San Luis	64 246
Santa Cruz	15 165
Santa Fé	442 756
Santiago del Estero	285 975
Tierra del Fuego	3 118
Tucumán	283 211

Continent, country or area, census date, civil division and urban/rural residence Continent, pays ou zone, date du recensement, division et résidence urbaine/rurale	Population
AMERICA,SOUTH— (Cont.–Suite)	
AMERIQUE DU SUD	
Chile – Chili	
Urban – Urbaine	
21 IV 1982	
Total – Totale	9 316 120
Regions–Régions	
Antofagasta	337 050
Araucanía	396 938
Atacama	167 282
Aysen del General Carlos Ibanez Del Campo	51 128
Bío–Bío	1 152 504
Coquimbo	309 149
Libertador General Bernerdo O'Higgins	375 800
Los Lagos	494 639
Magallanes y la Antártica Chilena	119 038
Maule	409 354
Metropolitana de Santiago	4 152 230
Tarapaca	257 846
Valparaíso	1 093 162
Rural – Rurale	
21 IV 1982	
Total – Totale	2 013 616
Regions–Régions	
Antofagasta	4 652
Araucanía	301 294
Atacama	16 125
Aysen del General Carlos Ibanez del Campo	15 233
Bío–Bío	366 384
Coquimbo	110 807
Libertador General Bernardo O'Higgins	210 872
Los Lagos	354 060
Magallanes y la Antártica Chilena	12 876
Maule	321 233
Metropolitana de Santiago	165 867
Tarapaca	17 298
Valparaíso	116 915
Ecuador – Equateur	
Urban – Urbaine	
28 XI 1982 [16 17]	
Total – Totale	3 968 362
Provinces	
Azuay	169 156
Bolívar	22 757
Canar	28 299
Carchi	48 181
Chimborazo	89 224

30. Population of major civil divisions by urban/rural residence: each census, 1973 – 1988 (continued)

Population des principales divisions administratives selon la résidence urbaine/rurale: chaque recensement, 1973 – 1988 (suite)

Data by urban/rural residence

Données selon la résidence urbaine/rurale

(See notes at end of table. – Voir notes à la fin du tableau.)

Continent, country or area, census date, civil division and urban/rural residence Continent, pays ou zone, date du recensement, division et résidence urbaine/rurale	Population
AMERICA,SOUTH— (Cont.–Suite) AMERIQUE DU SUD	
Ecuador – Equateur	
Urban – Urbaine	
28 XI 1982 [16] [17]	
Cotopaxi	42 645
El Oro	213 970
Esmeraldas	118 563
Galápagos	4 493
Guayas	1 399 567
Imababura	92 350
Loja	120 654
Los Ríos	148 378
Manabí	318 818
Morona Santiago	16 618
Napo	20 011
Pastaza	10 327
Pichincha	973 326
Tungurahua	120 430
Zamora Chinchipe	10 595
Other–Autres	–
Rural – Rurale	
28 XI 1982 [16] [17]	
Total – Totale	4 092 350
Provinces	
Azuay	272 863
Bolívar	123 192
Canar	146 211
Carchi	79 598
Chimborazo	227 724
Cotopaxi	235 033
El Oro	120 902
Esmeraldas	130 445
Galápagos	1 626
Guayas	638 887
Imababura	154 937
Loja	240 113
Los Ríos	307 491
Manabí	549 780
Morona Santiago	53 599
Napo	95 099
Pastaza	21 452
Pichincha	408 799
Tungurahua	206 347
Zamora Chinchipe	36 096
Other–Autres	42 156
Paraguay	
Urban – Urbaine	
11 VII 1982	
Total – Totale	1 295 345
Capital–Capitale	
Asuncion	454 881
Departments – Département	
Alto Paraguay	5 168
Alto Paraná	83 149
Amambay	43 992
Boqueron	6 525
Caoguazú	57 704
Caozapa	14 002
Canendiyú	13 064
Central	298 040
Concepcion	34 700
Cordillera	48 588
Choco	–
Guairá	40 326
Itapúa	61 788
Misiones	28 346
Nueva Asuncion	–
Neembacú	22 957
Paraguarí	41 279
Presidente Hayes	11 654
San Pedro	29 182
Rural – Rurale	
11 VII 1982	
Total – Totale	1 734 485
Capital–Capitale	
Asuncion	–
Departments – Département	
Alto Paraguay	3 566
Alto Paraná	116 495
Amambay	24 403
Boqueron	8 031
Caoguazú	241 733
Caozapa	95 450
Canendiyú	53 345
Central	199 348
Concepcion	99 277
Cordillera	145 423
Choco	287
Guairá	103 184
Itapúa	200 892
Misiones	49 129
Nueva Asuncion	234
Neembacú	47 381
Paraguarí	163 120
Presidente Hayes	21 367
San Pedro	161 820
Peru – Pérou	
Urban – Urbaine	
12 VII 1981 [18] [19]	
Total – Totale	11 091 923
Departments– Départements	
Amazonas	81 973
Ancash	434 553
Apurimac	83 422
Arequipa	583 927
Ayacucho	183 688
Cajamarca	214 739
Callao	440 446
Cusco	348 396
Huancavelica	85 775
Huanuco	153 471
Ica	341 619
Junin	510 662
La Libertad	627 960
Lambayeque	518 631
Lima	4 542 911
Loreto	244 411
Madre de Dios	15 960
Moquegua	78 391
Pasco	121 802
Piura	697 191
Puno	283 222
San Martin	181 210
Tacna	122 187
Tumbes	81 837
Ucayali	113 539
Rural – Rurale	
12 VII 1981 [18] [19]	
Total – Totale	5 913 287
Departments– Départements	
Amazonas	172 587
Ancash	383 736
Apurimac	239 924
Arequipa	122 653
Ayacucho	319 704
Cajamarca	830 830
Callao	2 967
Cusco	484 108
Huancavelica	261 022
Huanuco	331 309
Ica	92 278
Junin	341 576
La Libertad	334 989
Lambayeque	155 811
Lima	202 966
Loreto	200 957
Madre de Dios	17 047
Moquegua	23 219
Pasco	91 323
Piura	428 674
Puno	607 036
San Martin	138 541
Tacna	20 898
Tumbes	22 002
Ucayali	87 130
Uruguay	
Urban – Urbaine	
23 X 1985 [20]	
Total – Totale	2 581 087
Departments– Départements	
Artigas	56 105
Canelones	297 985
Cerro Largo	63 491
Colonia	91 438
Durazno	45 043

30. Population of major civil divisions by urban/rural residence: each census, 1973 – 1988 (continued)

Population des principales divisions administratives selon la résidence urbaine/rurale: chaque recensement, 1973 – 1988 (suite)

Data by urban/rural residence

Données selon la résidence urbaine/rurale

(See notes at end of table. – Voir notes à la fin du tableau.)

Continent, country or area, census date, civil division and urban/rural residence Continent, pays ou zone, date du recensement, division et résidence urbaine/rurale	Population
AMERICA,SOUTH— (Cont.–Suite) AMERIQUE DU SUD	
Uruguay	
Urban – Urbaine	
23 X 1985 [20]	
Flores	19 792
Florida	49 710
Lavalleja	47 643
Maldonado	85 498
Montevideo	1 255 106
Paysandú	89 591
Río Negro	38 333
Rivera	73 171
Rocha	55 453
Salto	89 655
San José	62 040
Soriano	62 552
Tacuarembo	61 060
Treinta y Tres	37 421
Rural – Rurale	
23 X 1985 [20]	
Total – Totale	374 154
Departments– Départements	
Artigas	13 040
Canelones	66 263
Cerro Largo	14 925
Colonia	21 279
Durazno	10 034
Flores	4 947
Florida	16 764
Lavalleja	13 823
Maldonado	8 816
Montevideo	56 870
Paysandú	14 172
Río Negro	10 311
Rivera	16 304
Rocha	11 148
Salto	18 832
San José	27 853
Soriano	16 887
Tacuarembo	22 438
Treinta y Tres	9 448

Continent, country or area, census date, civil division and urban/rural residence Continent, pays ou zone, date du recensement, division et résidence urbaine/rurale	Population
AMERICA,SOUTH—(Cont.–Suite) AMERIQUE DU SUD	
Venezuela	
Urban – Urbaine	
20 X 1981 [21 22]	
Total – Totale	12 208 301
States – Etats	
Distrito Federal	2 054 734
Anzoátegui	586 684
Apure	109 191
Aragua	841 364
Barinas	215 586
Bolívar	594 507
Carabobo	1 013 386
Cojedes	98 786
Falcon	334 300
Guárico	318 252
Lara	728 886
Mérida	291 934
Miranda	1 303 153
Monagas	300 275
Nueva Esparta	177 311
Portuguesa	308 860
Sucre	419 341
Táchira	460 531
Trujillo	271 654
Yaracuy	225 491
Oulia	1 493 672
Federal Territories– Territoires fédéraux	
Amazonas	30 864
Delta Amacuro	29 539
Dependencias Federales	–
Rural – Rurale	
20 X 1981 [21 22]	
Total – Totale	2 308 434
Distrito Federal	16 008
States–Etats	
Anzoátegui	97 033
Apure	78 996
Aragua	50 259
Barinas	110 580

Continent, country or area, census date, civil division and urban/rural residence Continent, pays ou zone, date du recensement, division et résidence urbaine/rurale	Population
AMERICA,SOUTH—(Cont.–Suite) AMERIQUE DU SUD	
Venezuela	
Rural – Rurale	
20 X 1981 [21 22]	
Bolívar	73 833
Carabobo	48 882
Cojedes	35 205
Falcon	169 596
Guárico	75 215
Lara	216 178
Mérida	167 427
Miranda	118 289
Monagas	88 261
Nueva Esparta	19 887
Portuguesa	116 124
Sucre	166 357
Táchira	199 703
Trujillo	162 081
Yaracuy	75 106
Oulia	180 580
Federal Territories– Territoires fédéraux	
Amazonas	14 803
Delta Amacuro	27 181
Dependencias Federales	850
ASIA — ASIE	
China – Chine [24]	
Urban – Urbaine	
1 VII 1982	
Total – Totale	206 309 144
Provinces, Municipalities Municipalités & Autonomous Régions	
Anhui	7 031 468
Beijing	5 970 198
Fujian	5 480 122
Gansu	3 002 495
Guangdong	11 042 758
Guangxi	4 307 094
Guizhou	5 402 205
Hebei	7 258 935
Heilongjiang	13 110 473
Henan	10 771 790
Hubei	8 279 094
Hunan	7 674 066
Jilin	8 941 116

30. Population of major civil divisions by urban/rural residence: each census, 1973 – 1988 (continued)

Population des principales divisions administratives selon la résidence urbaine/rurale: chaque recensement, 1973 – 1988 (suite)

Data by urban/rural residence

Données selon la résidence urbaine/rurale

(See notes at end of table. – Voir notes à la fin du tableau.)

Continent, country or area, census date, civil division and urban/rural residence Continent, pays ou zone, date du recensement, division et résidence urbaine/rurale	Population
ASIA—ASIE (Cont.–Suite)	
China – Chine [24]	
Urban – Urbaine	
1 VII 1982	
Jiangsu	9 572 190
Jiangxi	6 452 917
Liaoning	15 132 301
Ningxia	875 941
Qinghai	797 907
Shaanxi	5 490 516
Shanxi	5 314 517
Shandong	14 190 681
Shanghai	6 975 136
Sichuan	14 233 199
Tianjin	5 333 616
Tibet	179 185
Yunnan	4 216 109
Xinjiang	3 714 841
Zhejiang	9 996 931
Inner Mongolia	5 561 343
Rural – Rurale	
1 VII 1982	
Total – Totale	797 604 783
Provinces, Municipalities & Autonomous Regions – Provinces, Municipalités & Autonomous Régions	
Anhui	42 634 479
Beijing	3 260 465
Fujian	20 392 795
Gansu	16 566 696
Guangdong	48 256 862
Guangxi	32 114 327
Guizhou	23 150 737
Hebei	45 746 572
Heilongjiang	19 555 039
Henan	63 650 783
Hubei	39 529 024
Hunan	46 336 089
Jilin	13 618 908
Jiangsu	50 948 923
Jiangxi	26 732 554
Liaoning	20 589 393
Ningxia	3 019 635
Qinghai	3 097 788
Shaanxi	23 413 853
Shanxi	19 976 933
Shandong	60 228 471
Shanghai	4 884 564
Sichuan	85 480 047
Tianjin	2 430 521
Tibet	1 684 438
Yunnan	28 337 590
Xinjiang	9 366 697
Zhejiang	28 887 662
Inner Mongolia	13 712 938
ASIA—ASIE (Cont.–Suite)	
Japan – Japon	
Urban – Urbaine	
1 X 1985 [27]	
Total – Totale	92 889 236
Hokkaido Island–Ile Hokkaido	
Hokkaido Prefecture (Todofuken)	4 122 135
Honshu Island–Ile Honshu	
Prefectures–Préfectures (Todofuken)	
Aichi–ken	5 401 303
Akita–ken	675 028
Aomori–ken	953 613
Chiba–ken	4 394 750
Fukui–ken	552 884
Fukushima–ken	1 304 260
Gifu–ken	1 288 172
Gumma–ken	1 206 849
Hiroshima–ken	2 120 057
Hyogo–ken	4 454 228
Ibaraki–ken	1 311 019
Ishikawa–ken	794 811
Iwate–ken	804 605
Kanagawa–ken	7 083 269
Kyoto–fu	2 237 068
Mie–ken	1 170 856
Miyagi–ken	1 357 057
Nagano–ken	1 347 763
Nara–ken	880 333
Niigata–ken	1 585 577
Okayama–ken	1 386 091
Osaka–fu	8 364 984
Saitama–ken	4 855 990
Shiga–ken	628 415
Shimane–ken	457 084
Shizuoka–ken	2 767 189
Tochigi–ken	1 228 339
Tokyo–to	11 671 674
Tottori–ken	358 554
Toyama–ken	783 777
Wakayama–ken	667 531
Yamagata–ken	888 792
Yamaguchi–ken	1 233 449
Yamanashi–ken	411 232
Kyushu Island–Ile Kyushu	
Prefectures–Préfectures	
Fukuoka–ken	3 557 967
Kagoshima–ken	1 030 052
Kumamoto–ken	1 013 452
Miyazaki–ken	794 430
Nagasaki–ken	988 038
Oita–ken	896 958
Okinawa–ken	796 714
Saga–ken	460 177
Shikoku Island – Ile Shikoku	
Prefectures–Préfectires (Todofuken)	
Ehime–ken	1 065 200
Kagawa–ken	551 557
Kochi–ken	558 993
Tokushima–ken	426 960
ASIA—ASIE (Cont.–Suite)	
Japan – Japon	
Rural – Rurale	
1 X 1985 [27]	
Total – Totale	28 159 687
Hokkaido Island–Ile Hokkaido	
Hokkaido Prefecture (Todofuken)	1 557 304
Honshu Island–Ile Honshu	
Prefectures–Préfectures (Todofuken)	
Aichi–ken	1 053 869
Akita–ken	579 004
Aomori–ken	570 835
Chiba–ken	753 413
Fukui–ken	264 749
Fukushima–ken	776 044
Gifu–ken	740 364
Gumma–ken	714 410
Hiroshima–ken	699 143
Hyogo–ken	823 822
Ibaraki–ken	1 413 986
Ishikawa–ken	357 514
Iwate–ken	629 006
Kanagawa–ken	348 705
Kyoto–fu	349 506
Mie–ken	576 455
Miyagi–ken	819 238
Nagano–ken	789 164
Nara–ken	424 533
Niigata–ken	892 893
Okayama–ken	530 815
Osaka–fu	303 111
Saitama–ken	1 007 688
Shiga–ken	527 429
Shimane–ken	337 545
Shizuoka–ken	807 503
Tochigi–ken	637 727
Tokyo–to	157 689
Tottori–ken	257 470
Toyama–ken	334 592
Wakayama–ken	419 675
Yamagata–ken	372 870
Yamaguchi–ken	368 178
Yamanashi–ken	421 600
Kyushu Island–Ile Kyushu	
Prefectures–Préfectures	
Fukuoka–ken	1 161 292
Kagoshima–ken	789 218
Kumamoto–ken	824 295
Miyazaki–ken	381 113
Nagasaki–ken	605 930
Oita–ken	353 256
Okinawa–ken	382 383

30. Population of major civil divisions by urban/rural residence: each census, 1973 – 1988 (continued)

Population des principales divisions administratives selon la résidence urbaine/rurale: chaque recensement, 1973 – 1988 (suite)

Data by urban/rural residence

Données selon la résidence urbaine/rurale

(See notes at end of table. – Voir notes à la fin du tableau.)

Continent, country or area, census date, civil division and urban/rural residence / Continent, pays ou zone, date du recensement, division et résidence urbaine/rurale	Population
ASIA—ASIE (Cont.–Suite)	
Japan – Japon	
Rural – Rurale	
1 X 1985 [27]	
Saga–ken	419 836
Shikoku Island – Ile Shikoku	
Prefectures– Préfectires (Todofuken)	
Ehime–ken	464 783
Kagawa–ken	471 012
Kochi–ken	280 791
Tokushima–ken	407 929
Jordan – Jordanie [28]	
Urban – Urbaine	
10–11 XI 1979 [1 29]	
Total – Totale	1 266 665
Governorates – Gouvernorats	
Amman	956 788
Balga	35 768
Irbid	192 892
Karak	36 229
Ma'an	44 988
Rural – Rurale	
10–11 XI 1979 [1 29]	
Total – Totale	866 332
Governorates – Gouvernorats	
Amman	216 382
Balga	112 059
Irbid	418 388
Karak	89 730
Ma'an	29 773
Korea, Republic of– Corée, République de	
Urban – Urbaine	
1 XI 1985 [30]	
Total – Totale	26 442 980
Cities–Villes	
Inchon	1 386 911
Pusan	3 514 798
Seoul	9 639 110
Taegu	2 029 853
Provinces (Do)	
Cheju–do	285 222
Chollanam–do	1 494 769
Chollabuk–do	945 161
Chunchongnam–do	1 036 344
Chungchongbuk–do	565 861
Kang–wan–do	722 239
Kyongyi–do	2 213 614
Kyongsangnam–do	1 749 746
Kyongsangbuk–do	859 352
Rural – Rurale	
1 XI 1985 [30]	
Total – Totale	14 005 506
Provinces (Do)	
Cheju–do	203 354
Chollanam–do	2 253 659
Chollabuk–do	1 256 917
Chunchongnam–do	1 964 835
Chungchongbuk–do	825 143
Kang–wan–do	1 002 570
Kyongyi–do	2 580 521
Kyongsangnam–do	1 766 914
Kyongsangbuk–do	2 151 593
Malaysia – Malaisie	
Peninsular Malaysia – Malaisie Péninsulaire	
Urban – Urbaine	
10 VI 1980	
Total – Totale	4 073 105
States–Etats	
Johore	556 836
Kedah	155 503
Kelantan	241 028
Malacca	104 381
Negri Sembilan	179 514
Pahang	200 863
Penang	427 805
Perak	562 202
Perlis	12 949
Selangor	487 233
Trengganu	225 181
Wilayah Persekutuan (Federal territory)	919 610
Rural – Rurale	
10 VI 1980	
Total – Totale	6 871 739
States–Etats	
Johore	1 023 587
Kedah	922 312
Kelantan	618 242
Malacca	342 388
Negri Sembilan	371 928
Pahang	567 938
Penang	472 967
Perak	1 181 453
Perlis	131 833
Selangor	939 017
Trengganu	300 074
Wilayah Persekutuan (Federal territory)	–
ASIA—ASIE (Cont.–Suite)	
Myanmar [31]	
Urban – Urbaine	
31 III 1983 [32]	
Total – Totale	8 466 292
Divisions	
Irrawaddy	741 844
Magwe	493 703
Mandalay	1 214 364
Pegu	740 108
Rangoon	2 705 039
Sagaing	529 694
Tenasserim	216 183
States–Etats	
Chin	54 125
Kachin	181 781
Kasen	104 831
Kayah	41 522
Mon	473 059
Rkhine	303 764
Shan	658 565
Rural – Rurale	
31 III 1983 [32]	
Total – Totale	25 658 616
Divisions	
Irrawaddy	4 252 217
Magwe	2 749 463
Mandalay	3 363 398
Pegu	3 059 683
Rangoon	1 260 877
Sagaing	3 295 464
Tenasserim	697 760
States–Etats	
Chin	314 824
Kachin	637 993
Kasen	528 131
Kayah	118 139
Mon	1 207 098
Rakhine	1 741 795
Shan	2 431 774

30. Population of major civil divisions by urban/rural residence: each census, 1973 – 1988 (continued)

Population des principales divisions administratives selon la résidence urbaine/rurale: chaque recensement, 1973 – 1988 (suite)

Data by urban/rural residence

Données selon la résidence urbaine/rurale

(See notes at end of table. – Voir notes à la fin du tableau.)

Continent, country or area, census date, civil division and urban/rural residence Continent, pays ou zone, date du recensement, division et résidence urbaine/rurale	Population
ASIA—ASIE (Cont.–Suite)	
Pakistan [33]	
Urban – Urbaine	
1 III 1981	
Total – Totale	23 841 471
Provinces	
Baluchistan	676 772
Islamabad	204 364
N.W.F.P.	1 665 653
Punjeb	13 051 646
Sind	8 243 036
Rural – Rurale	
1 III 1981	
Total – Totale	60 412 173
Provinces	
Baluchistan	3 655 604
F.A.T.A.	2 198 547
Islamabad	135 922
N.W.F.P.	9 395 675
Punjeb	34 240 795
Sind	10 785 630
Philippines	
Urban – Urbaine	
1 V 1980 [1]	
Total – Totale	17 943 897
Regions–Régions	
Bicol	746 216
Cagayan Valley	343 543
Central Luzon	2 009 259
Central Mindanao	427 203
Central Visayas	1 212 116
Eastern Visayas	609 521
Ilocos	841 565
National Capital	5 925 884
Northern Mindanao	732 887
Southern Mindanao	1 124 273
Southern Tagalog	2 257 735
Western Mindanao	431 355
Western Visayas	1 282 340
Rural – Rurale	
1 V 1980 [1]	
Total – Totale	30 154 563
Regions–Régions	
Bicol	2 730 766
Cagayan Valley	1 871 979
Central Luzon	2 793 534
Central Mindanao	1 843 746
Central Visayas	2 575 258
Eastern Visayas	2 190 013
Ilocos	2 699 328
National Capital	–
Northern Mindanao	2 026 098
Southern Mindanao	2 222 530
Southern Tagalog	3 860 885
Western Mindanao	2 097 151
Western Visayas	3 243 275

Continent, country or area, census date, civil division and urban/rural residence Continent, pays ou zone, date du recensement, division et résidence urbaine/rurale	Population
ASIA—ASIE (Cont.–Suite)	
Sri Lanka	
Urban – Urbaine	
17 III 1981	
Total – Totale	3 192 489
Districts	
Ampara	53 276
Anuradhapura	41 392
Badulla	51 591
Batticalon	79 415
Colombo	1 264 284
Galle	166 371
Gampaha	388 342
Hambantota	41 430
Jaffna	270 573
Kalutara	178 071
Kandy	145 109
Kegalle	52 761
Kurunnegala	43 497
Mannar	13 931
Matale	38 108
Matara	71 151
Moneragala	6 020
Mullaitivu	7 192
Nuwar Eliya	37 288
Puttalam	61 728
Polonnarnwa	20 495
Ratnapura	59 213
Trincomalee	82 739
Vavuniya	18 512
Rural – Rurale	
17 III 1981	
Total – Totale	11 654 261
Districts	
Ampara	335 694
Anuradhapura	546 537
Badulla	589 361
Batticalon	250 918
Colombo	434 957
Galle	648 160
Gampaha	1 002 520
Hambantota	382 914
Jaffna	559 979
Kalutara	651 633
Kandy	903 208
Kegalle	632 183
Kurunnegala	1 168 304
Mannar	92 304
Matale	319 246
Matara	572 635
Moneragala	267 550
Mullaitivu	69 997
Nuwar Eliya	566 289
Puttalam	430 805
Polonnarnwa	241 068
Ratnapura	737 874
Trincomalee	173 209
Vavuniya	76 916

Continent, country or area, census date, civil division and urban/rural residence Continent, pays ou zone, date du recensement, division et résidence urbaine/rurale	Population
Syrian Arab Republic – République arabe syrienne	
Urban – Urbaine	
8 IX 1981* [34]	
Total – Totale	4 252 813
Damascus (city–ville)	1 112 214
Governorates–Gouvernorats	
Aleppo	1 121 781
Al–Hasakeh	193 919
Al–Rakka	134 904
Al–Sweida	57 381
Damascus	332 089
Dar'a	77 353
Deir–ez–Zor	124 564
Hama	248 188
Homs	407 981
Idleb	121 524
Lattakiaale	231 555
Quneitra	32
Tartous	89 328
Rural – Rurale	
8 IX 1981* [34]	
Total – Totale	4 799 815
Damascus (city–ville)	–
Governorates–Gouvernorats	
Aleppo	756 920
Al–Hasakeh	475 837
Al–Rakka	213 479
Al–Sweida	141 733
Damascus	585 275
Dar'a	285 616
Deir–ez–Zor	284 566
Hama	488 264
Homs	407 122
Idleb	457 986
Lattakiaale	322 829
Quneitra	26 226
Tartous	353 962
EUROPE	
Denmark – Danemark [36]	
Urban – Urbaine	
1 I 1981 [1]	
Total – Totale	4 297 092
Frederiksberg Kommune	88 167
Kobenhavns Kommune	493 771
Counties (Amter)	
Arhus	483 789
Bornholms	33 372
Frederiksberg	301 727

30. Population of major civil divisions by urban/rural residence: each census, 1973 – 1988 (continued)

Population des principales divisions administratives selon la résidence urbaine/rurale: chaque recensement, 1973 – 1988 (suite)

Data by urban/rural residence

Données selon la résidence urbaine/rurale

(See notes at end of table. – Voir notes à la fin du tableau.)

Continent, country or area, census date, civil division and urban/rural residence Continent, pays ou zone, date du recensement, division et résidence urbaine/rurale	Population
EUROPE (Cont.–Suite)	
Denmark – Danemark [36]	
Urban – Urbaine	
1 I 1981 [1]	
Fyns	359 122
Kobenhavns	624 684
Nordjyllands	378 628
Ribe	167 114
Ringköbing	197 141
Roskilde	181 499
Sönderjyllands	188 380
Storströms	179 936
Vestsjaellands	200 271
Vejle	262 954
Viborg	156 537
Rural – Rurale	
1 I 1981 [1]	
Total – Totale	826 897
Frederiksberg Kommune	–
Kobenhavns Kommune	–
Counties (Amter)	
Arhus	91 751
Bornholms	14 127
Frederiksberg	28 265
Fyns	94 504
Kobenhavns	–
Nordjyllands	103 873
Ribe	46 389
Ringköbing	66 378
Roskilde	21 747
Sönderjyllands	62 492
Storströms	80 224
Vestsjaellands	78 321
Vejle	63 605
Viborg	75 221
Finland – Finlande	
Urban – Urbaine	
17 XI 1985 [1]	
Total – Totale	2 938 341
Provinces	
(Läänit)	
Ahvenanmaa	9 874
Häme	422 950
Keski–Suomi	95 667
Kuopio	135 501
Kymi	232 317
Lappi	94 319
Mikkeli	90 823
Oulu	181 637
Pohjois–Karjala	86 574
Turku ja Pori	428 778
Uusimaa	968 520
Vaasa	191 381
EUROPE (Cont.–Suite)	
Finland – Finlande	
Rural – Rurale	
17 XI 1985 [1]	
Total – Totale	1 972 278
Provinces	
(Läänit)	
Ahvenanmaa	13 757
Häme	254 894
Keski–Suomi	152 152
Kuopio	120 640
Kymi	108 643
Lappi	106 758
Mikkeli	118 259
Oulu	250 492
Pohjois–Karjala	91 049
Turku ja Pori	284 400
Uusimaa	218 079
Vaasa	253 155
Greece – Grèce	
Urban – Urbaine	
5 IV 1981 [39 40]	
Total – Totale	5 654 058
Greater Athens– Région d'Athèn	3 027 560
Departments – Départements	
Centrale et Eubée	320 471
Epire	77 438
Grète	190 407
Iles Ioniennes	140 627
Iles de la Mer Egée	36 881
Macédoine	1 093 036
Peloponése	354 041
Thessalie	291 522
Thrace	122 075
Rural – Rurale	
5 IV 1981 [39 40]	
Total – Totale	2 948 881
Greater Athens– Région d'Athèn	–
Departments – Départements	
Centrale et Eubée	433 452
Epire	218 611
Grète	252 273
Iles Ioniennes	204 340
Iles de la Mer Egée	119 587
Macédoine	725 173
Peloponése	524 618
Thessalie	299 603
Thrace	171 224
Semi–urban – Semi–urbaine	
5 IV 1981 [39 40]	
Total – Totale	1 136 650
Greater Athens–	
Departments – Départements	
Centrale et Eubée	346 039
Epire	28 634
Grète	59 512
Iles Ioniennes	83 369
Iles de la Mer Egée	25 865
Macédoine	303 415
Peloponése	133 826
Thessalie	104 160
Thrace	51 830
Portugal	
Urban – Urbaine	
16 III 1981	
Total – Totale	2 918 549
Districts	
Acores	33 479
Aveiro	57 920
Beja	19 643
Braga	95 359
Braganca	14 181
C.Branco	43 063
Coimbra	87 218
Evora	34 851
Faro	77 900
Guarda	14 040
Leiria	43 977
Lisboa	1 328 966
Madeira	44 111
Portalegre	28 028
Porto	558 604
Santarem	44 760
Setobal	332 863
V.Castelo	15 190
Vila Real	24 326
Viseu	20 070
Rural – Rurale	
16 III 1981	
Total – Totale	6 914 465
Districts	
Acores	209 931
Aveiro	565 068
Beja	168 777
Braga	613 565
Braganca	170 071
C.Branco	191 167
Coimbra	349 106
Evora	145 426
Faro	245 634
Guarda	191 591
Leiria	376 252
Lisboa	740 501
Madeira	208 733
Portalegre	114 877
Porto	1 003 683
Santarem	409 363
Setobal	325 463
V.Castelo	241 624
Vila Real	240 055
Viseu	403 578

30. Population of major civil divisions by urban/rural residence: each census, 1973 – 1988 (continued)

Population des principales divisions administratives selon la résidence urbaine/rurale: chaque recensement, 1973 – 1988 (suite)

Data by urban/rural residence

Données selon la résidence urbaine/rurale

(See notes at end of table. – Voir notes à la fin du tableau.)

Continent, country or area, census date, civil division and urban/rural residence Continent, pays ou zone, date du recensement, division et résidence urbaine/rurale	Population
EUROPE (Cont.–Suite)	
Yugoslavia – Yougoslavie	
Urban – Urbaine	
31 III 1981 [1]	
Total – Totale	10 336 854
People's Republics– Républiques populaires	
Bosna i Hercegovina	1 411 721
Crna Gora	296 251
Hrvatska	2 337 622
Makedonija	1 029 201
Slovenija	925 532
Srbija	4 336 527
Rural – Rurale	
31 III 1981 [1]	
Total – Totale	12 087 833
People's Republics– Républiques populaires	
Bosna i Hercegovina	2 712 535
Crna Gora	288 059
Hrvatska	2 263 847
Makedonija	879 911
Slovenija	966 332
Srbija	4 977 149
OCEANIA—OCEANIE	
American Samoa – Samoa américaines	
Urban – Urbaine	
1 IV 1980 [43]	
Total – Totale	5 660
Districts	
Eastern	5 660
Manu'A	–
Swains Island	–
Western	–
Rural – Rurale	
1 IV 1980 [43]	
Total – Totale	26 637
Districts	
Eastern	12 390
Manu'A	1 732
Swains Island	27
Western	12 488
Fiji – Fidji	
Urban – Urbaine	
31 VIII 1986	
Total – Totale	277 025
Divisions	
Central	175 077
Eastern	2 895
Northern	19 409
Western	79 644
Rural – Rurale	
31 VIII 1986	
Total – Totale	438 350
Divisions	85 033
Central	85 033
Eastern	39 867
Northern	109 745
Western	203 705
OCEANIA—OCEANIE (Cont.–Suite)	
Pacific Islands – Iles du Pacifique	
Urban – Urbaine	
15 IX 1980 [43]	
Total – Totale	37 831
Districts	
Kosrae	–
Marshall Is.	14 752
Northern Mariana Is.	2 678
Palau	6 222
Ponape	5 549
Yap	–
Rural – Rurale	
15 IX 1980 [43]	
Total – Totale	95 098
Districts	
Kosrae	5 491
Marshall Is.	16 121
Northern Mariana Is.	14 102
Palau	5 894
Ponape	16 532
Truk	28 858
Yap	8 100
Papua New Guinea – Papouasie–Nouvelle–Giunée	
Urban – Urbaine	
22 IX 1980	
Total – Totale	393 131
National Capital– Capitale Nationale	123 624
Provinces	
Central	4 242
Chimbu	6 223
Eastern Highlands	23 969
East New Britain	18 015
East Sepik	23 892
Enga	2 380
Gulf	6 179
Madang	22 590
Manus	5 409
Milne Bay	6 322
Morobe	72 484
New Ireland	5 386
Northern	6 429
North Solomons	22 908
Southern Highlands	4 746
Western	9 642
Western Highlands	16 969
West New Britain	5 283
West Sepik	6 439
OCEANIA—OCEANIE (Cont.–Suite)	
Papua New Guinea – Papouasie–Nouvelle–Guinée	
Rural – Rurale	
22 IX 1980	
Total – Totale	2 617 596
National Capital– Capitale Nationale	–
Provinces	
Central	112 722
Chimbu	172 067
Eastern Highlands	252 757
East New Britain	115 182
East Sepik	197 998
Enga	162 154
Gulf	57 941
Madang	188 479
Manus	20 627
Milne Bay	121 653
Morobe	238 138
New Ireland	60 642
Northern	71 013
North Solomons	105 886
Southern Highlands	231 306
Western	68 933
Western Highlands	248 687
West New Britain	83 658
West Sepik	107 753
Vanuatu	
Urban – Urbaine	
15 I 1979	
Total – Totale	19 781
Local Government	
Regions	
Efate	14 598
Santo	5 183
Rural – Rurale	
15 I 1979	
Total – Totale	91 470
Local Government	
Regions	
Ambae–Maewo–Santo	9 576
Ambryn	6 176
Banks–Torres	4 958
Efate	5 221
Epi	2 597
Malakula	15 163
Paema–Lopevi	2 228
Pentecost	9 631
Santo	14 240
Shepherds	4 444
Tafea	17 506

30. Population of major civil divisions by urban/rural residence: each census, 1973 – 1988 (continued)

Population des principales divisions administratives selon la résidence, urbaine/rurale: chaque recensement, 1973 – 1988 (suite)

GENERAL NOTES

For definitions of "urban", see Technical notes for table 6. For method of evaluation and limitations of data, see Technical Notes, page 116. Designation and data for Berlin in this table were supplied by the competent authorities pursuant to the relevant agreements of the Four Powers. See also the note on page ii.

FOOTNOTES

* Provisional.
1 De jure population.
2 For classification by urban/rural residence, see end of table.
3 Excluding Mayotte.
4 Data have not been adjusted for underenumeration.
5 Including nomads, estimated at 444 020.
6 Data have not been adjusted for underenumeration, estimated at 10 per cent.
7 Data have not been adjusted for underenumeration, estimated at 5 per cent.
8 Excluding Bophuthatswana, Ciskei, Transkei and Venda.
9 De jure population, but excluding persons residing in institution.
10 Data have not been adjusted for underenumeration, estimated at 13.7 per cent.
11 Data have not been adjusted for underenumeration, estimated at 6.6 per cent.
12 De jure population, but excluding armed forces stationed overseas.
13 Excluding civilian citizens absent from country for extended period of time.
14 Data have not been adjusted for underenumeration, estimated at 1 per cent.
15 Excluding Indian jungle population.
16 Excluding nomadic Indian tribes.
17 Data have not been adjusted for underenumeration, estimated at 5.6 per cent.
18 Excluding Indian jungle population estimated at 39 800 in 1972.
19 Data have not been adjusted for underenumeration, estimated at 4.1 per cent.
20 Data have not been adjusted for underenumeration, estimated at 2.6 per cent.
21 Excluding Indian jungle population estimated at 31 800 in 1961.

NOTES GENERALES

Pour les définitions de "zones urbaines", voir les Notes techniques relatives au tableau 6. Pour la méthode d'évaluation et les insuffisances des données, voir Notes techniques, page 116. L'appellation et les données relatives à Berlin qui figurent dans ce tableau ont été fournies par les autorités compétentes suivant les accords pertinents conclus par les quatre Puissances. Voir aussi la note figurant à la page ii.

NOTES

* Données provisoires.
1 Population de droit.
2 Pour le classement selon la résidence, urbaine/rurale, voir la fin du tableau.
3 Non compris Mayotte.
4 Les données n'ont pas été adjustées pour compenser les lacunes du dénombrement.
5 Y compris les nomades, estimées à 444 020.
6 Les données n'ont pas été adjustées pour compenser les lacunes du dénombrement, estimées à 10 p. 100.
7 Les données n'ont pas été adjustées pour compenser les lacunes du dénombrement, estimées à 5 p. 100.
8 Non compris Bophuthatswana, Ciskei, Transkei et Venda.
9 Population de droit, mais non compris les personnes dans les institutions.
10 Les données n'ont pas été adjustées pour compenser les lacunes du dénombrement, estimées à 13,7 p. 100.
11 Les données n'ont pas été adjustées pour compenser les lacunes du dénombrement, estimées à 6,6 p. 100.
12 Population de droit, mais non compris les militaires à l'étranger.
13 Non compris les civils hors du pays pendant une période prolongéé.
14 Les données n'ont pas été adjustées pour compenser les lacunes du dénombrement, estimées à 1 p. 100.
15 Non compris les Indiens de la jungle.
16 Non compris les tribus d'Indiens nomades.
17 Les données n'ont pas été adjustées pour compenser les lacunes du dénombrement, estimées à 5.6 p. 100.
18 Non compris les Indiens de la jungle, estimés à 39 800 personnes en 1972.
19 Les données n'ont pas été adjustées pour compenser les lacunes du dénombrement, estimées à 4,1 p. 100.
20 Les données n'ont pas été adjustées pour compenser les lacunes du dénombrement, estimées à 2,6 p. 100.
21 Non compris les Indiens de la jungle, estimées à 31 800 en 1961.

30. Population of major civil divisions by urban/rural residence: each census, 1973 – 1988 (continued)

Population des principales divisions administratives selon la résidence urbaine/rurale: chaque recensement, 1973 – 1988 (suite)

FOOTNOTES (continued)

22 Data have not been adjusted for underenumeration, estimated at 6.85 per cent.
23 Data have not been adjusted for underenumeration, estimated at 3.1 per cent.
24 For the civilian population of 29 provinces, municipalities and antonomous regions.
25 Housing census only.
26 Including data for East Jerusalem and Israeli residents in certain other territories under occupation by Israeli military forces since June 1967.
27 Excluding diplomatic personnel outside the country, and foreign military and civilian personnel and their dependants stationed in the area.
28 Excluding data for Jordanian territory under occupation since June 1967 by Israeli military forces.
29 Including military and diplomatic personnel and their families abroad numbering 933 at 1961 census, but excluding foreign military and diplomatic personnel and their families in the country, numbering 389 at 1961 census. Also including registered Palestinian refugees numbering 722 687 on 31 May 1967.
30 Excluding alien armed forces, civilian aliens employed by armed forces, and foreign diplomatic personnel and their dependants and Korean diplomatic personnel and their dependants stationed outside the country.
31 Formerly listed as "Burma".
32 Excluding 1 183 005 persons from areas restricted by security reasons.
33 Excluding data for Jammu and Kashmir, the final status of which has not yet been determined, Junagardh, Manavadar, Gilgit and Baltistan.
34 Including Palestinian refugees.
35 Excluding 718 300 persons not covered by census.
36 Excluding the Faeroe Islands and Greenland.
37 De jure population but excluding diplomatic personnel outside the country and including foreign diplomatic personnel not living in embassies or consulates.
38 Based on a sample of census returns.
39 Including armed forces stationed outside the country, but excluding armed forces stationed in the area.
40 Based on a 10 per cent sample of census returns.
41 Based on national registers.
42 Including civilian nationals temporarily outside the country.
43 De jure population, but including armed forces stationed in the area.

NOTES (suite)

22 Les données n'ont pas été adjustées pour compenser les lacunes du dénombrement, estimées à 6,85 p. 100.
23 Les données n'ont pas été adjustées pour compenser les lacunes du dénombrement, estimées à 3,1 p. 100.
24 Pour la population civil seulement de 29 provinces, municipalités et régions antonomes.
25 Recensement de l'habitation seulement.
26 Y compris les données pour Jérusalem–Est et les résidents israéliens dans certains autres territoires occupés depuis juin 1967 par les forces armées israéliennes.
27 Non compris le personnel diplomatique hors du pays, les militaires et agents civils étrangers en poste sur le territoire et les membres de leur famille les accompagnant.
28 Non compris les données pour le territoire jordanien occupé depuis juin 1967 par les forces armées israéliennes.
29 Y compris les militaires, le personnel diplomatique à l'étranger et leur famille, au nombre de 933 au recensement de 1961, mais non compris les militaires et le personnel diplomatique étranger en poste dans le pays et les membres de leur famille les accompagnant, au nombre de 389 au recensement de 1961. Y compris également les réfugiés de Palestine immatriculés, au nombre de 722 687 au 31 mai 1967.
30 Non compris les militaires étrangers, les civils étrangers employés par les forces armées, le personnel diplomatique étranger et les membres de leur famille les accompagnant, le personnel diplomatique coréen hors du pays et les membres de leur famille les accompagnant.
31 Antérieurement désigné sous le nom de "Birmanie".
32 Non compris 1 183 005 personnes des zones limitées pour raisones de sécurité.
33 Non compris les données pour le Jammu–et–Cachemire, dont le statut définitif n'a pas encore été déterminé, le Junagardh, le Manavadar, le Gilgit et le Baltistan.
34 Y compris les réfugiés de Palestine.
35 Non compris 718 300 personnes, sur qui le recensement n'a pas porté.
36 Non compris les Iles Féroé et le Groenland.
37 Population de droit, non compris le personnel diplomatique hors du pays, mais y conpris le personnel diplomatique étranger qui ne vit pas dans les ambassades ou les consulats.
38 D'après un échantillon des bulletins de recensement.
39 Y compris les militaires en garnison hors du pays mais non compris les militaires étrangers en garnison sur le territoire.
40 D'après un échantillon de 10 p. 100 des bulletins de recensement.
41 D'après les registres nationaux.
42 Y compris les civils nationaux temporairement hors du pays.
43 Population de droit, mais y compris les militaires en garnison sur le territoire.

30. Population of major civil divisions by urban/rural residence: each census, 1973 – 1988 (continued)

Population des principales divisions administratives selon la résidence, urbaine/rurale: chaque recensement, 1973 – 1988 (suite)

List of countries or areas covered by this table in the 1983 issue of the Demographic Yearbook
Liste des pays ou zones couverts par ce tableau, dans l'édition de 1983 de l'Annuaire démographique

Continent and country or area Continent et pays ou zone	Census date Date du recensement	Issue Edition
AFRICA — AFRIQUE		
Benin – Bénin	20–30 III 1979	1983
Cameroon – Cameroun	9 IV 1976	1983
Congo	7 II 1974	1983
Egypt – Egypte	22–23 XI 1976	1983
Guinea–Bissau – Guinée–Bissau	16–30 IV 1979	1983
Ivory Coast – Côte d'Ivoire	30 IV 1975	1983
Kenya	24 VIII 1979	1983
Liberia – Libéria	1 II 1974	1983
Mali	16 XII 1976	1983
Mauritania – Mauritanie	22 XII 1976	1983
Mozambique	1 VII 1980	1983
Réunion	16 X 1974	1983
Senegal – Sénégal	16 IV 1976	1983
Sudan – Soudan	1 II 1983	1983
Swaziland	25 VIII 1976	1983
Tunisia – Tunisie	8 V 1975	1983
United Rep. of Tanzania – Rép.–Unie de Tanzanie		
Tanganyika	26–27 VIII 1978	1983
Zanzibar	26–27 VIII 1978	1983
Zambia – Zambie	1 IX 1974	1983
AMERICA,NORTH — AMERIQUE DU NORD		
Canada	1 VI 1976	1983
Canada	3 VI 1981	1983
Cayman Islands – Iles Caïmanes	8 X 1979	1983
Cuba	11 IX 1981	1983
Greenland – Groenland	26 X 1976	1983
Honduras	6 III 1974	1983
St.Pierre and Miquelon – Saint–Pierre–et–Miquelon	18 II 1974	1983
Trinidad and Tobago Trinité–et–Tobago	12 V 1980	1983
AMERICA SOUTH — AMERIQUE DU SUD		
Bolivia – Bolivie	29 IX 1976	1983
Ecuador – Equateur	8 VI 1974	1983
Uruguay	21 V 1975	1983
ASIA — ASIE		
Afghanistan	24 VI 1979	1983
Bahrain – Bahreïn	5 IV 1981	1983
Bangladesh	1 III 1974	1983
Brunei – Brunéi	26 VIII 1981	1983
India – Inde	1 III 1981	1983
ASIA (cont.) — ASIE (suite)		
Iran (Islamic Republic of – Rép.islamique d')	1 XI 1976	1983
Japan	1 X 1975	1983
Japan	1 X 1980	1983
Korea,Republic of– Corée,Rép. de	1 X 1975	1983
Kuwait – Koweït	21 IV 1980	1983
Maldives	31 XII 1977	1983
Turkey – Turquie	26 X 1975	1983
Yemen – Yémen	1 II 1975	1983
EUROPE		
Bulgaria – Bulgarie	2 XII 1975	1983
Czechoslovakia – Tchécoslovaquie	1 XI 1980	1983
Faeroe Islands – Iles Féroé	22 XI 1977	1983
Finland – Finlande	31 XII 1975	1983
Finland – Finlande	1 XI 1980	1983
German Democratic Rep. – Rép.démocratique allemande	31 XII 1981	1983
Hungary – Hongrie	1 I 1980	1983
Ireland – Irlande	5 IV 1981	1983
Isle of Man – Ile de Man	6 IV 1981	1983
Italy – Italie	25 X 1981	1983
Norway – Norvège	1 XI 1980	1983
Poland – Pologne	7 XII 1978	1983
Romania – Roumanie	5 I 1977	1983
Spain – Espagne	28 II 1981	1983
Sweden – Suède	1 XI 1975	1983
Sweden – Suède	8 IX 1980	1983
Switzerland – Suisse	2 XII 1980	1983
United Kingdom–Royaume–Uni		
Scotland – Ecosse	5 IV 1981	1983
OCEANIA — OCEANIE		
Cook Islands – Iles Cook	1 XII 1976	1983
Cook Islands – Iles Cook	1 XII 1981	1983
Fiji – Fidji	13 IX 1976	1983
French Polynesia – Polynésie française	29 IV 1977	1983
New Caledonia – Nouvelle–Calédonie	23 IV 1976	1983
New Zealand – Nouvelle–Zélande	24 III 1981	1983
Solomon Islands – Iles Solomon	7 II 1976	1983
Tonga	30 XI 1976	1983

31. Population in localities by size–class and sex: each census, 1974 – 1988

Population dans les localités selon la catégorie d'importance et le sexe: chaque recensement, 1974 – 1988

(See notes at end of table. – Voir notes à la fin du tableau.)

Continent, country or area, date and size–class / Continent,pays ou zone, date et catégorie d'importance	Locality / Localité	Population Total	Male / Masculin	Female / Féminin
AFRICA—AFRIQUE				
Botswana				
12–16 VIII 1981				
Total	103	941 027	443 104	497 923
In localities – Ensemble des localités	103	781 413	...	...
2000 plus	13	167 577	...	...
1000 – 1999	18	148 607	...	...
500 – 999	18	103 959	...	...
200 – 499	18	239 500	...	...
– – 199	18	121 770	...	...
In others–Autres [1]	...	159 614	...	...
Cameroon – Cameroun				
9 IV 1976 [2 3]				
Total	10570	7 131 833	3 491 433	3 640 400
In localities – Ensemble des localités	10570	7 045 290	3 449 583	3 595 707
100000 plus	2	683 408	363 026	320 382
50000 – 99999	4	246 719	127 723	118 996
20000 – 49999	17	488 154	234 545	253 609
10000 – 19999	44	629 336	306 626	322 710
5000 – 9999	102	711 369	340 661	370 708
2000 – 4999	332	997 544	483 147	514 397
1000 – 1999	675	923 435	449 363	474 072
500 – 999	1 388	964 294	466 547	497 747
200 – 499	2 917	933 634	450 107	483 527
– – 199	5 089	467 397	227 838	239 559
In others–Autres [1]	...	86 543	41 850	44 693
Comoros – Comores [4]				
15 IX 1980				
Total	309	335 150	167 089	168 061
In localities – Ensemble des localités	309	335 150	167 089	168 061
10000 – 19999	2	29 791	15 092	14 699
5000 – 9999	6	36 902	18 214	18 688
2000 – 4999	29	85 972	42 846	43 126
1000 – 1999	64	86 870	43 399	43 471
500 – 999	84	60 898	30 171	30 727
200 – 499	93	30 665	15 325	15 340
– – 199	31	4 052	2 042	2 010
Liberia – Libéria				
1 II 1974				
Total	3 295	1 503 368	759 109	744 259
In localities – Ensemble des localités	3 295	1 503 368	759 109	744 259
20000 – 49999	4	114 615	60 111	54 504
10000 – 19999	9	123 852	67 395	56 457
5000 – 9999	20	143 318	76 067	67 251
2000 – 4999	62	183 828	93 702	90 126
1000 – 1999	192	260 251	131 615	128 636
500 – 999	350	238 589	116 445	122 144
200 – 499	830	265 595	128 826	136 769
– – 199	1 828	173 320	84 948	88 372
Mauritania – Mauritanie				
1 I 1977 [5]				
Total	2 361	894 810	447 011	447 799
In localities – Ensemble des localités	2 361	894 810	447 011	447 799
500000 plus	1	134 704	76 406	58 298
10000 – 499999	6	102 994	55 404	47 590
5000 – 9999	9	64 049	31 334	32 715
2000 – 4999	20	58 002	27 698	30 304
1000 – 1999	65	87 641	41 879	45 762
500 – 999	189	130 992	62 445	68 547
200 – 499	624	191 684	91 980	99 704
– – 199	1 447	124 744	59 865	64 879
Mauritius – Maurice Island of Mauritius – Ile Maurice				
2 VII 1983				
Total	103	966 863	481 368	485 495
In localities – Ensemble des localités	103	879 027	437 515	441 512
100000 – 499999	1	133 702	66 132	67 570
50000 – 99999	4	269 549	133 441	136 108
10000 – 49999	9	138 450	69 034	69 416
5000 – 9999	24	170 002	84 893	85 109
2000 – 4999	39	129 505	65 072	64 433
1000 – 1999	23	36 325	18 163	18 162
500 – 999	2	1 038	548	490
200 – 499	1	456	232	224
In others–Autres [1]	...	87 836	43 853	43 983
Rodrigues				
2 VII 1983				
Total	135	33 082	16 552	16 530
In localities – Ensemble des localités	135	33 082	16 552	16 530
1000 – 1999	1	1 270	624	646
500 – 999	12	8 074	4 099	3 975
200 – 499	53	17 407	8 683	8 724
– – 199	69	6 331	3 146	3 185
Sao Tome and Principe – Sao Tomé-et-Principe				
15 VIII 1980				
Total	549	96 611	48 031	48 580
In localities – Ensemble des localités	549	96 611	48 031	48 580
2000 – 4999	5	15 029	7 181	7 848
1000 – 1999	9	12 624	6 205	6 419
500 – 999	34	23 060	11 121	11 939
200 – 499	65	20 838	10 483	10 355
– – 199	436	25 060	13 041	12 019
Tunisia – Tunisie				
30 III 1984				
Total	703	6 966 173	3 547 315	3 418 858
In localities – Ensemble des localités	703	4 315 998	2 192 220	2 123 778
500000 plus	1	596 654	305 242	291 412
100000 – 499999	1	231 911	117 562	114 349
50000 – 99999	11	825 206	418 361	406 845
20000 – 49999	35	1 057 992	538 646	519 346
10000 – 19999	46	619 168	313 797	305 371
5000 – 9999	44	312 381	158 795	153 586
2000 – 4999	96	292 506	148 109	144 397
1000 – 1999	131	175 708	88 555	87 153

31. Population in localities by size–class and sex: each census, 1974 – 1988 (continued)

Population dans les localités selon la catégorie d'importance et le sexe: chaque recensement, 1974 – 1988 (suite)

(See notes at end of table. – Voir notes à la fin du tableau.)

Continent, country or area, date and size–class Continent, pays ou zone, date et catégorie d'importance	Locality Localité	Population Total	 Male Masculin	 Female Féminin
AFRICA(cont.) — AFRIQUE(suite)				
Tunisia – Tunisie				
30 III 1984				
500 – 999	232	160 780	80 946	79 834
200 – 499	105	43 499	22 111	21 388
– – 199	1	193	96	97
In others–Autres [1]	...	2 650 175	1 355 095	1 295 080
AMERICA, NORTH— AMERIQUE DU NORD				
Bahamas				
12 V 1980 [6]				
Total	18	209 505	101 774	107 731
In localities – Ensemble des localités	18	209 505	101 774	107 731
100000 – 499999	1	135 437	64 861	70 576
20000 – 99999	1	33 102	16 694	16 408
5000 – 19999	3	24 047	11 931	12 116
2000 – 4999	4	11 447	5 562	5 885
1000 – 1999	1	1 432	764	668
500 – 999	5	3 385	1 647	1 738
200 – 499	1	476	227	249
– – 199	2	179	88	91
Barbados – Barbade				
12 V 1980 [6]				
Total	11	244 228	115 771	128 457
In localities – Ensemble des localités	11	244 228	115 771	128 457
50000 plus	1	96 916	45 259	51 657
20000 – 49999	1	40 206	18 703	21 503
10000 – 19999	6	83 934	40 522	43 412
5000 – 9999	3	23 172	11 287	11 885
Guadeloupe				
9 III 1982 [2]				
Total	34	327 002	160 112	166 890
In localities – Ensemble des localités	34	327 002	160 112	166 890
50000 – 99999	1	56 189	26 694	29 495
20000 – 49999	1	25 310	11 295	14 015
10000 – 19999	9	123 874	61 390	62 484
5000 – 9999	13	94 246	46 976	47 270
2000 – 4999	6	21 652	10 916	10 736
1000 – 1999	4	5 731	2 841	2 890
Haiti – Haïti				
30 VIII 1982* [2]				
Total	746	5 053 792	2 448 370	2 605 422
In localities – Ensemble des localités	746	5 053 792	2 448 370	2 605 422
100000 plus	3	683 341	297 336	386 005
50000 – 99999	1	64 406	27 986	36 420
20000 – 49999	8	246 506	113 758	132 748
10000 – 19999	80	1 036 828	508 443	528 385
5000 – 9999	291	2 063 465	1 027 090	1 036 375
2000 – 4999	222	800 407	397 609	402 798
1000 – 1999	80	119 105	57 165	61 940
500 – 999	44	33 786	16 196	17 590
200 – 499	15	5 684	2 662	3 022
– – 199	2	264	125	139
Mexico – Mexique				
4 VI 1980 [2]				
Total	125 300	66 846 833	33 039 307	33 807 526
In localities – Ensemble des localités	125 300	66 846 833	33 039 307	33 807 526
500000 plus	19	15 985 981	7 728 355	8 257 626
100000 – 499999	52	11 352 926	5 505 371	5 847 555
50000 – 99999	33	2 337 699	1 134 107	1 203 592
20000 – 49999	119	3 596 371	1 751 050	1 845 321
10000 – 19999	248	3 407 480	1 670 153	1 737 327
5000 – 9999	513	3 527 104	1 747 863	1 779 241
2000 – 4999	1 883	5 734 016	2 861 973	2 872 043
1000 – 1999	4 100	5 585 494	2 817 823	2 767 671
500 – 999	8 473	5 886 009	2 986 591	2 899 418
100 – 499	31054	7 544 871	3 858 254	3 686 617
– – 99	78806	1 888 882	977 767	911 115
Panama				
11 V 1980 [7]				
Total	9 475	1 795 012	906 000	889 012
In localities – Ensemble des localités	9 475	1 795 012	906 000	889 012
100000 – 499999	2	545 783	261 865	283 918
25000 – 99999	3	146 878	71 240	75 638
10000 – 24999	7	96 194	46 978	49 216
5000 – 9999	9	58 890	28 565	30 325
2000 – 4999	42	125 966	62 764	63 202
1000 – 1999	81	111 857	57 111	54 746
500 – 999	203	138 588	71 752	66 836
– – 499	9 128	570 856	305 725	265 131
Saint Kitts and Nevis – Saint–Kitts–et–Nevis				
12 V 1980 [6]				
Total	14	43 309	20 840	22 469
In localities – Ensemble des localités	14	43 309	20 840	22 469
10000 plus	1	14 283	6 811	7 472
2000 – 9999	8	20 967	10 122	10 845
1000 – 1999	5	8 059	3 907	4 152
United States – Etats–Unis				
1 IV 1980 [8 9]				
Total	22529	226545805	110053161	116492644
In localities – Ensemble des localités	22529	165450724	...	...
500000 plus	22	28 402 469	...	...
100000 – 499999	151	29 236 682	...	...
50000 – 99999	290	19 798 031	...	...
20000 – 49999	675	23 456 637	...	...
10000 – 19999	1 765	27 656 037	...	...
5000 – 9999	2 181	15 360 977	...	...
2000 – 4999	3 766	11 832 444	...	...
1000 – 1999	3 964	5 655 253	...	...
500 – 999	3 418	2 460 836	...	...
200 – 499	3 902	1 310 450	...	...
– – 199	2 395	280 908	...	...
In others–Autres [1]	...	61 095 081	...	...

31. Population in localities by size–class and sex: each census, 1974 – 1988 (continued)

Population dans les localités selon la catégorie d'importance et le sexe: chaque recensement, 1974 – 1988 (suite)

(See notes at end of table. – Voir notes à la fin du tableau.)

Continent, country or area, date and size–class Continent,pays ou zone, date et catégorie d'importance	Locality Localité	Population		
		Total	Male Masculin	Female Féminin
AMERICA,SOUTH— AMERIQUE DU SUD				
Ecuador – Equateur				
28 XI 1982 [10 11]				
Total	842	8 060 712	4 021 034	4 039 678
In localities – Ensemble des localités	842	8 018 556	3 998 627	4 019 929
500000 plus	2	2 094 887	1 013 928	1 080 959
100000 – 499999	6	732 459	361 015	371 444
50000 – 99999	9	664 264	324 901	339 363
20000 – 49999	33	933 378	474 279	459 099
10000 – 19999	87	1 225 132	623 154	601 978
5000 – 9999	169	1 165 602	588 795	576 807
2000 – 4999	282	919 183	464 221	454 962
1000 – 1999	146	222 768	115 880	106 888
500 – 999	60	46 490	24 708	21 782
200 – 499	38	13 502	7 228	6 274
– – 199	10	819	518	373
In others–Autres [1]	...	42 156	22 407	19 749
Paraguay				
11 VII 1982				
Total	4 661	3 029 830	1 521 409	1 508 421
In localities – Ensemble des localités	4 661	3 029 830	1 521 409	1 508 421
100000 – 499999	1	454 881	214 973	239 908
50000 – 99999	2	144 970	70 964	74 006
20000 – 49999	9	275 950	133 898	142 052
10000 – 19999	3	45 313	22 130	23 183
5000 – 9999	22	137 571	67 393	70 178
2000 – 4999	100	281 151	140 993	140 158
1000 – 1999	380	517 458	263 697	253 761
500 – 999	851	593 239	305 540	287 699
200 – 499	1 334	447 627	231 784	215 843
– – 199	1 959	131 670	70 037	61 633
Peru – Pérou				
12 VII 1981 [12 13]				
Total	63666	17 005 210	8 489 867	8 515 343
In localities – Ensemble des localités	63666	17 005 210	8 489 867	8 515 343
100000 plus	24	4 737 781	2 350 444	2 387 337
50000 – 99999	26	1 868 099	907 908	960 191
20000 – 49999	44	1 431 874	715 792	716 082
10000 – 19999	41	558 038	279 419	278 619
5000 – 9999	91	642 134	326 410	315 724
2000 – 4999	246	739 700	376 636	363 064
1000 – 1999	581	788 717	400 836	387 881
500 – 999	1 915	1 294 824	649 800	645 024
200 – 499	7 816	2 399 460	1 206 933	1 192 527
– – 199	52882	2 544 583	1 275 689	1 268 894
Uruguay				
23 X 1985* [14]				
Total	288	2 930 564	1 424 802	1 505 762
500000 plus	1	1 247 920	577 172	670 748
50000 – 499999	4	270 424	128 988	141 436
20000 – 49999	12	385 783	183 697	202 086
10000 – 19999	17	245 358	119 204	126 154
5000 – 9999	21	143 985	70 159	73 826
2000 – 4999	42	127 443	62 170	65 273
1000 – 1999	36	52 042	25 581	26 461
500 – 999	53	37 230	18 753	18 477
200 – 499	84	25 608	13 034	12 574
– – 199	18	1 520	837	683
In others–Autres [1]	...	393 251	225 207	168 044
Venezuela				
20 X 1981 [15 16]				
Total	19149	14 516 735	7 258 674	7 258 061
In localities – Ensemble des localités	19149	14 442 798	...	...
500000 plus	3	2 559 517	...	...
100000 – 499999	19	3 688 847	...	...
50000 – 99999	28	1 905 009	...	...
20000 – 49999	53	1 610 324	...	...
10000 – 19999	57	776 551	...	...
5000 – 9999	89	598 963	...	...
2000 – 4999	143	496 010	...	...
1000 – 1999	377	569 642	...	...
500 – 999	722	496 523	...	...
200 – 499	2 493	758 630	...	...
– – 199	15165	982 782	...	...
In others–Autres [1]	...	73 937	...	...
ASIA—ASIE				
Brunei Darussalam – Brunéi Darussalam				
26 VIII 1981 [17]				
Total	409	192 832	102 942	89 890
In localities – Ensemble des localités	409	192 832	102 942	89 890
2000 plus	16	47 948	...	...
1000 – 1999	39	55 192	...	...
500 – 999	65	44 708	...	...
200 – 499	90	28 995	...	...
– – 199	199	15 989	...	...
Cyprus – Chypre				
1 X 1982 [18]				
Total	397	512 098	254 625	257 473
In localities – Ensemble des localités	397	512 098	254 625	257 473
100000 plus	2	223 552	110 501	113 051
20000 – 99999	1	35 823	17 536	18 287
10000 – 19999	1	17 228	8 726	8 502
5000 – 9999	4	29 204	14 562	14 642
2000 – 4999	25	74 009	37 187	36 822
1000 – 1999	25	34 285	17 336	16 949
500 – 999	66	46 111	23 067	23 044
200 – 499	119	38 455	19 165	19 290
– – 199	154	13 431	6 545	6 886
India – Inde [19]				
1 III 1981 [20]				
Total	3 301	157439118	83 725 708	73 713 410
In localities – Ensemble des localités	3 301	157439118	83 725 708	73 713 410
500000 plus	218	95 116 798	51 115 222	44 001 576

31. Population in localities by size–class and sex: each census, 1974 – 1988 (continued)

Population dans les localités selon la catégorie d'importance et le sexe: chaque recensement, 1974 – 1988 (suite)

(See notes at end of table. – Voir notes à la fin du tableau.)

Continent, country or area, date and size–class Continent, pays ou zone, date et catégorie d'importance	Locality Localité	Population Total	 Male Masculin	 Female Féminin
ASIA—ASIE (Cont.–Suite)				
India – Inde [19]				
1 III 1981 [20]				
50000 – 499999	270	18 191 847	9 557 570	8 634 277
20000 – 49999	744	22 561 621	11 751 354	10 810 267
10000 – 19999	1 053	14 928 267	7 786 226	7 142 041
5000 – 9999	761	5 781 337	3 052 994	2 728 343
500 – 4999	255	859 248	462 342	396 906
Israel – Israël [21]				
4 VI 1983* [2]				
Total	1 091	4 037 620	2 011 590	2 026 030
In localities – Ensemble des localités	1 091	3 997 469	1 990 286	2 007 183
100000 – 499999	10	1 800 098	881 623	918 475
50000 – 99999	5	345 872	173 302	172 570
20000 – 49999	22	699 539	348 335	351 204
10000 – 19999	25	350 857	177 617	173 240
5000 – 9999	89	419 663	212 520	207 143
1000 – 4999	940	421 591	213 193	203 398
In others–Autres [1]	...	40 151	21 304	18 847
Japan – Japon				
1 X 1985 [22]				
Total	3 254	121048923	59 497 316	61 551 607
In localities – Ensemble des localités	3 254	121048923	59 497 316	61 551 607
500000 plus	21	30 901 945	15 356 039	15 545 906
100000 – 499999	183	38 849 011	19 148 521	19 700 490
50000 – 99999	220	14 983 757	7 360 812	7 622 945
20000 – 49999	547	16 933 981	8 252 428	8 681 553
10000 – 19999	772	10 746 488	5 205 050	5 541 438
5000 – 9999	941	6 864 473	3 316 967	3 547 506
2000 – 4999	450	1 614 276	781 165	833 111
1000 – 1999	84	130 174	64 309	65 865
500 – 999	29	22 608	10 886	11 722
200 – 499	6	2 016	1 050	966
-- 199	1	194	89	105
Jordan – Jordanie [23]				
10–11 XI 1979 [24]				
Total	1 007	2 100 019	1 086 591	1 013 428
In localities – Ensemble des localités	1 007	2 100 019	1 086 591	1 013 428
500000 plus	3	927 661	478 688	448 973
50000 – 499999	10	292 650	152 761	139 889
10000 – 49999	6	72 558	37 800	34 758
5000 – 9999	25	170 424	86 704	83 720
2000 – 4999	204	430 813	222 420	208 393
500 – 1999	128	92 382	48 889	43 493
200 – 499	242	79 543	41 513	38 030
-- 199	389	33 988	17 816	16 172
Kuwait – Koweït				
20–21 IV 1985				
Total	70	1 697 301	965 297	732 004
In localities – Ensemble des localités	70	1 697 301	965 297	732 004
20000 plus	21	1 228 101	691 431	536 670
10000 – 19999	21	296 948	166 548	130 400
5000 – 9999	19	141 636	88 143	53 493
2000 – 4999	9	30 616	19 175	11 441
Myanmar [25]				
31 III 1983 [26]				
Total	15054	34 124 908	16 939 593	17 185 315
In localities – Ensemble des localités	15054	34 124 908	16 939 593	17 185 315
5000 plus	1 101	8 907 889	4 479 122	4 428 767
2000 – 4999	5 093	15 279 010	7 549 466	7 729 544
1000 – 1999	5 165	7 595 608	3 751 260	3 844 348
500 – 999	2 601	1 970 669	975 690	994 979
200 – 499	947	351 359	174 004	177 355
-- 199	147	20 373	10 051	10 322
Philippines				
1 V 1980 [2]				
Total	1 565	48 098 460	24 128 755	23 969 705
In localities – Ensemble des localités	1 565	48 098 460	24 128 755	23 969 705
500000 plus	3	3 406 725	1 642 797	1 763 928
100000 – 499999	40	7 428 461	3 642 855	3 785 606
50000 – 99999	137	9 173 603	4 609 822	4 563 781
20000 – 49999	613	18 882 230	9 563 218	9 319 012
10000 – 19999	497	7 366 762	3 737 626	3 629 136
5000 – 9999	205	1 609 489	814 433	795 056
2000 – 4999	56	214 550	109 459	105 091
1000 – 1999	9	13 547	6 893	6 654
500 – 999	3	2 338	1 223	1 115
200 – 499	2	755	429	326
Sri Lanka				
17 III 1981 [20]				
Total	134	3 192 489	1 669 466	1 523 023
In localities – Ensemble des localités	134	3 192 489	1 669 466	1 523 023
500000 plus	1	587 647	327 213	260 434
100000 – 499999	4	527 618	267 207	260 411
50000 – 99999	4	292 032	150 721	141 311
20000 – 49999	31	981 837	508 946	472 891
10000 – 19999	34	498 002	252 920	245 082
5000 – 9999	30	214 521	112 682	101 839
2000 – 4999	27	85 679	46 922	38 757
1000 – 1999	3	5 153	2 855	2 298
Syrian Arab Republic – République arabe syrienne				
8 IX 1981 [27]				
Total	6 212	9 046 144	4 621 852	4 424 292
In localities – Ensemble des localités	6 212	9 046 144	4 621 852	4 424 292
100000 – 499999	5	2 815 004	1 458 409	1 356 595
50000 – 99999	8	565 620	292 868	272 752
20000 – 49999	15	464 490	238 324	226 166
10000 – 19999	47	679 258	347 583	331 675
5000 – 9999	98	653 885	330 228	323 657
2000 – 4999	391	1 162 682	588 569	574 113
1000 – 1999	705	968 439	491 468	476 971
500 – 999	1 264	895 357	452 195	443 162
200 – 499	1 992	665 482	334 425	331 057
-- 199	1 687	175 927	87 783	88 144

31. Population in localities by size–class and sex: each census, 1974 – 1988 (continued)

Population dans les localités selon la catégorie d'importance et le sexe: chaque recensement, 1974 – 1988 (suite)

(See notes at end of table. – Voir notes à la fin du tableau.)

Continent, country or area, date and size–class / Continent,pays ou zone, date et catégorie d'importance	Locality / Localité	Population: Total	Male / Masculin	Female / Féminin
ASIA—ASIE (Cont.–Suite)				
Turkey – Turquie				
20 X 1985				
Total	36667	50 664 458	25 671 975	24 992 483
In localities – Ensemble des localités	36667	50 664 458	25 671 975	24 992 483
500000 plus	8	5 899 674	...	...
100000 – 499999	45	10 889 572	...	...
50000 – 99999	46	3 051 601	...	...
20000 – 49999	110	3 430 505	...	...
10000 – 19999	190	2 618 398	...	...
5000 – 9999	333	2 267 359	...	...
2000 – 4999	1 512	4 401 166	...	...
1000 – 1999	4 085	5 471 473	...	...
500 – 999	10067	7 061 559	...	...
200 – 499	14022	4 752 393	...	...
-- 199	6 249	820 758	...	...
EUROPE				
Austria – Autriche				
12 V 1981 [2]				
Total	327	7 555 338	3 572 426	3 982 912
In localities – Ensemble des localités	327	4 522 666	2 088 423	2 434 243
500000 plus	1	1 679 157	754 432	924 725
100000 – 499999	4	807 798	373 186	434 612
50000 – 99999	3	210 624	98 235	112 389
20000 – 49999	12	435 427	206 247	229 180
10000 – 19999	66	440 779	206 432	234 347
5000 – 9999	55	376 258	178 251	198 007
2000 – 4999	186	572 623	271 640	300 983
In others–Autres [1]	...	3 032 672	1 484 003	1 548 669
Bulgaria – Bulgarie				
4 XII 1985				
Total	5 295	8 948 388	4 430 061	4 518 327
In localities – Ensemble des localités	5 295	8 948 388	4 430 061	4 518 327
500000 plus	1	1 114 759	538 064	576 695
100000 – 499999	9	1 602 811	791 093	811 718
50000 – 99999	15	1 034 339	512 936	521 403
20000 – 49999	24	732 733	364 237	368 496
10000 – 19999	43	582 636	291 404	291 232
5000 – 9999	78	530 673	265 482	265 191
2000 – 4999	340	988 284	494 218	494 066
1000 – 1999	728	1 012 149	504 472	507 677
500 – 999	1 116	800 008	397 326	402 682
200 – 499	1 262	423 163	208 824	214 339
-- 199	1 679	126 833	62 005	64 828
Denmark – Danemark [28]				
1 I 1981 [2]				
Total	1 423	5 123 989	2 528 225	2 595 764
In localities – Ensemble des localités	1 423	4 297 092	2 089 529	2 207 563
500000 plus	1	1 381 882	662 434	719 448
100000 – 499999	3	432 806	207 033	225 773
50000 – 99999	2	126 924	61 834	65 090
20000 – 49999	19	601 385	289 787	311 598
10000 – 19999	21	296 549	143 592	152 957
5000 – 9999	37	256 495	125 804	130 691
2000 – 4999	215	463 334	228 810	234 524
1000 – 1999	154	301 885	150 683	151 202
500 – 999	343	237 774	119 166	118 608
200 – 499	628	198 058	100 386	97 672
In others–Autres [1]	...	826 897	438 696	388 201
Finland – Finlande				
17 XI 1985 [2]				
Total	957	4 910 619	2 377 978	2 532 641
In localities – Ensemble des localités	957	3 743 277	...	...
50000 plus	9	1 526 562	...	...
20000 – 49999	23	681 156	...	...
10000 – 19999	19	274 141	...	...
2000 – 9999	182	774 229	...	...
1000 – 1999	159	232 433	...	...
500 – 999	190	136 507	...	...
200 – 499	375	118 249	...	...
In others–Autres [1]	...	1 167 342	...	...
France				
4 III 1982 [29]				
Total	36433	54 334 871	...	...
In localities – Ensemble des localités	36433	54 334 871	...	...
500000 plus	2	3 050 679	...	...
100000 – 499999	34	5 255 485	...	...
50000 – 99999	64	4 503 123	...	...
20000 – 49999	282	8 771 378	...	...
10000 – 19999	391	5 448 190	...	...
5000 – 9999	800	5 517 923	...	...
2000 – 4999	2 368	7 231 552	...	...
1000 – 1999	3 737	5 185 623	...	...
500 – 999	6 463	4 478 842	...	...
200 – 499	11160	3 587 788	...	...
-- 199	11132	1 304 288	...	...
Greece – Grèce				
5 IV 1981 [30]				
Total	12315	9 740 151	...	...
In localities – Ensemble des localités	12315	9 664 612	...	...
500000 plus	1	885 737	...	...
100000 – 499999	7	1 206 067	...	...
50000 – 99999	17	1 107 276	...	...
20000 – 49999	54	1 710 862	...	...
10000 – 19999	42	563 834	...	...
5000 – 9999	56	371 566	...	...
2000 – 4999	259	775 492	...	...
1000 – 1999	546	740 957	...	...
500 – 999	1 359	939 584	...	...
200 – 499	2 638	853 091	...	...
-- 199	7 336	510 146	...	...
In others–Autres [1]	...	75 539	...	...
Italy – Italie				
25 X 1981				
Total	8 086	56 556 911	27 506 354	29 050 557

31. Population in localities by size–class and sex: each census, 1974 – 1988 (continued)

Population dans les localités selon la catégorie d'importance et le sexe: chaque recensement, 1974 – 1988 (suite)

(See notes at end of table. – Voir notes à la fin du tableau.)

Continent, country or area, date and size–class / Continent, pays ou zone, date et catégorie d'importance	Locality / Localité	Population		
		Total	Male / Masculin	Female / Féminin
EUROPE (Cont.–Suite)				
Italy – Italie				
25 X 1981				
In localities – Ensemble des localités	8 086	56 556 911	27 506 354	29 050 557
500000 plus	6	8 239 250	...	...
100000 – 499999	43	7 680 665	...	...
50000 – 99999	81	5 402 244	...	...
20000 – 49999	295	8 882 659	...	...
10000 – 19999	569	7 621 172	...	...
5000 – 9999	1 129	7 729 316	...	...
2000 – 4999	2 292	7 326 353	...	...
1000 – 1999	1 775	2 581 592	...	...
500 – 999	1 135	846 269	...	...
– – 499	761	247 391	...	...
Luxembourg				
31 III 1981* [2]				
Total	118	364 606	177 881	186 725
In localities – Ensemble des localités	118	364 606	177 881	186 725
50000 plus	1	78 924	37 329	41 595
20000 – 49999	1	25 142	12 114	13 028
10000 – 19999	4	54 084	26 563	27 521
5000 – 9999	8	51 956	25 701	26 255
2000 – 4999	27	83 148	40 641	42 507
1000 – 1999	32	43 024	21 340	21 684
500 – 999	34	24 516	12 309	12 207
– – 499	11	3 812	1 884	1 928
Portugal				
16 III 1981				
Total	...	9 833 014	4 737 715	5 095 299
In localities – Ensemble des localités	...	9 388 637	4 514 531	4 874 106
500000 plus	1	807 167	369 835	437 332
100000 – 499999	1	327 368	148 990	178 378
50000 – 99999	6	424 384	201 968	222 416
20000 – 49999	27	738 125	353 043	385 082
10000 – 19999	43	621 505	298 270	323 235
– – 9999	...	6 470 088	3 142 425	3 327 663
In others–Autres [1]	...	444 377	223 184	221 193
United Kingdom – Royaume–Uni Northern Ireland – Irlande du Nord				
5–6 IV 1981 [2]				
Total	257	1 481 959	725 217	756 742
In localities – Ensemble des localités	257	1 064 315	512 773	551 542
100000 plus	1	295 223	138 889	156 334
50000 – 99999	2	118 846	57 940	60 906
20000 – 49999	7	200 339	96 754	103 585
10000 – 19999	11	157 468	76 293	81 175
5000 – 9999	15	103 609	50 188	53 421
2000 – 4999	20	56 938	27 673	29 265
1000 – 1999	44	61 484	30 379	31 105
500 – 999	58	40 837	20 043	20 794
200 – 499	78	27 091	13 345	13 746
– – 199	21	2 480	1 269	1 211
In others–Autres [1]	...	417 644	212 444	205 200

Continent, country or area, date and size–class / Continent, pays ou zone, date et catégorie d'importance	Locality / Localité	Population		
		Total	Male / Masculin	Female / Féminin
Yugoslavia – Yougoslavie				
31 III 1981* [2]				
Total	27507	22 424 711	11 083 778	11 340 933
In localities – Ensemble des localités	27507	22 424 711	11 083 778	11 340 933
500000 plus	2	1 738 832	...	...
100000 – 499999	12	2 155 552	...	...
50000 – 99999	23	1 438 518	...	...
20000 – 49999	57	1 850 271	...	...
10000 – 19999	95	1 303 753	...	...
5000 – 9999	213	1 458 840	...	...
2000 – 4999	906	2 676 830	...	...
1000 – 1999	2 320	3 179 251	...	...
500 – 999	4 442	3 125 293	...	...
200 – 499	7 404	2 404 696	...	...
– – 199	11975	1 092 875	...	...
OCEANIA—OCEANIE				
Australia – Australie				
30 VI 1981 [31]				
Total	608	14 576 330	7 267 076	7 309 254
In localities – Ensemble des localités	608	12 501 428	...	...
500000 plus	5	8 089 658	...	...
100000 – 499999	8	1 114 598	...	...
75000 – 99999	1	86 112	...	...
50000 – 74999	9	475 164	...	...
25000 – 49999	12	398 076	...	...
20000 – 24999	12	266 429	...	...
15000 – 19999	21	367 006	...	...
10000 – 14999	17	210 535	...	...
5000 – 9999	84	616 334	...	...
2500 – 4999	122	416 834	...	...
2000 – 2499	59	130 224	...	...
1000 – 1999	213	300 600	...	...
– – 999	45	29 858	...	...
In others–Autres [1]	...	2 074 902	...	...
New Caledonia – Nouvelle–Calédonie				
15 IV 1983				
Total	32	145 368	74 285	71 083
In localities – Ensemble des localités	32	145 368	74 285	71 083
100000 plus	1	60 112	30 174	29 938
10000 – 99999	1	14 614	7 487	7 127
5000 – 9999	2	13 666	6 896	6 770
2000 – 4999	10	35 139	18 209	16 930
1000 – 1999	12	18 529	9 783	8 746
500 – 999	3	2 194	1 146	1 048
200 – 499	3	1 114	590	524
New Zealand – Nouvelle–Zélande				
4 III 1986 [32]				
Total	...	3 307 083	1 638 356	1 668 727
In localities – Ensemble des localités	...	3 307 083	1 638 356	1 668 727

31. Population in localities by size–class and sex: each census, 1974 – 1988 (continued)

Population dans les localités selon la catégorie d'importance et le sexe: chaque recensement, 1974 – 1988 (suite)

(See notes at end of table. – Voir notes à la fin du tableau.)

Continent, country or area, date and size–class / Continent,pays ou zone, date et catégorie d'importance	Locality / Localité	Population: Total	Population: Male / Masculin	Population: Female / Féminin
OCEANIA (cont.)— OCEANIE (suite)				
New Zealand – Nouvelle–Zélande				
4 III 1986 [32]				
100000 plus	4	631 988	...	...
50000 – 99999	7	513 226	...	...
20000 – 49999	19	640 697	...	...
10000 – 19999	22	310 579	...	...
5000 – 9999	35	235 108	...	...
2000 – 4999	51	167 446	...	...
1000 – 1999	51	72 903	...	...
500 – 999	...	735 136	...	...
Pacific Islands – Iles du Pacifique				
15 IX 1980 [33]				
Total	51	132 929	68 344	64 585
In localities – Ensemble des localités	51	72 653	...	...
5000 plus	5	32 134	...	...
2000 – 4999	3	7 760	...	...
1000 – 1999	9	12 092	...	...
500 – 999	22	15 753	...	...
200 – 499	12	4 914	...	...
In others–Autres [1]	...	60 276	...	...
OCEANIA(cont.) — OCEANIE(suite)				
Papua New Guinea – Papouasie–Nouvelle–Guinée				
22 IX 1980				
In localities – Ensemble des localités	12593	3 010 727	1 575 671	1 435 056
100000 plus	1	123 624	71 249	52 375
50000 – 99999	1	61 617	35 931	25 686
20000 – 49999	1	21 335	12 180	9 155
10000 – 19999	5	79 384	45 089	34 295
5000 – 9999	3	20 286	11 425	8 861
2000 – 4999	34	96 401	54 634	41 767
1000 – 1999	223	292 981	153 829	139 152
500 – 999	779	521 803	267 943	253 860
200 – 499	3 446	1 049 801	534 376	515 425
– – 199	8 100	743 495	389 015	354 480
Samoa				
3 XI 1981				
Total	329	156 349	81 027	75 322
In localities – Ensemble des localités	329	156 349	81 027	75 322
1000 plus	42	55 022	28 316	26 706
500 – 999	66	43 775	22 792	20 983
200 – 499	221	57 552	29 919	27 633
Vanuatu				
15–16 I 1979				
Total	2 289	111 251	59 074	52 177
In localities – Ensemble des localités	2 289	111 251	59 074	52 177
500 plus	3	1 922	...	...
200 – 499	101	29 331	...	...
– – 199	2 185	79 998	...	...

31. Population in localities by size–class and sex: each census, 1974 – 1988 (continued)

Population dans les localités selon la catégorie d'importance et le sexe: chaque recensement, 1974 – 1988 (continued)

GENERAL NOTES

For method of evaluation and limitations of data, see Technical Notes, page 118.

FOOTNOTES

* Provisional.
1 Population not in identifiable localities.
2 De jure population.
3 Data have not been adjusted for underenumeration, estimated at 7.4151 per cent.
4 Excluding Mayotte.
5 Excluding 444 020 nomads.
6 De jure population, but excluding persons residing in institutions.
7 Data have not been adjusted for underenumeration, estimated at 6.6 per cent. Excluding indigenous population.
8 De jure population, but excluding armed forces stationed overseas.
9 Excluding civilian citizens absent from country for extended period of time.
10 Excluding nomadic Indian tribes.
11 Data have not been adjusted for underenumeration, estimated at 5.6 per cent.
12 Excluding Indian jungle population estimated at 39 800 in 1972.
13 Data have not been adjusted for underenumeration, estimated at 4.1 per cent.
14 Data have not been adjusted for underenumeration, estimated at 2.6 per cent.
15 Excluding Indian jungle population.
16 Data have not been adjusted for underenumeration, estimated at 6.85 per cent.
17 Data have not been adjusted for underenumeration, estimated at 1.06 per cent. Excluding transients afloat.
18 Housing census only.
19 Including data for the Indian–held part of Jammu and Kashmir, the final status of which has not yet been determined. Excluding Assam.
20 For urban population only.
21 Including data for East Jerusalem and Israeli residents in certain other territories under occupation by Israeli military forces since June 1967.
22 Excluding diplomatic personnel outside the country, and foreign military and civilian personnel and their dependants stationed in the area.
23 Excluding data for Jordanian territory under occupation since 1967 by Israeli military forces.
24 Including military and diplomatic personnel and their families abroad numbering 933 at 1961 census; excluding foreign military and diplomatic personnel and their families in the country, numbering 389 at 1961 census. Also including registered Palestinian refugees numbering 722 687 on 31 May 1967.
25 Formerly listed as "Burma".
26 Excluding 1 183 005 persons from areas restricted by security reasons.
27 Including Palestinian refugees numbering 193 000 on 1 July 1977.
28 Excluding the Faeroe Islands and Greenland.
29 De jure population but excluding diplomatic personnel outside the country and including foreign diplomatic personnel not living in embassies or consulates.
30 Including armed forces stationed outside the country, but excluding alien armed forces stationed in the area.
31 Data have not been adjusted for underenumeration, estimated at 1.9 per cent.
32 Excluding diplomatic personnel and armed forces stationed outside the country, the latter numbering 1 936 at 1966 census; also excluding alien armed forces within the country.
33 De jure population, but including armed forces stationed in the area.

NOTES GENERALES

Pour la méthode d'évaluation et les insuffisances des données, voir Notes techniques, page 118.

NOTES

* Données provisoires.
1 Population ne résident pas dans des localités identifiables.
2 Population de droit.
3 Les données n'ont pas été adjustées pour compenser les lacunes du dénombrement, estimées à 7,4151 p. 100.
4 Non compris Mayotte.
5 Non compris 444 020 nomades.
6 Population de droit, mais non compris les personnes dans les institutions.
7 Les données n'ont pas été adjustées pour compenser les lacunes du dénombrement, estimées à 6,6 p. 100. Non compris la population indigène.
8 Population de droit, mais non compris les militaires à l'étranger.
9 Non compris les civils hors du pays pendant une période prolongée.
10 Non compris les tribus d'Indiens nomades.
11 Les données n'ont pas été adjustées pour compenser les lacunes du dénombrement, estimées à 5,6 p. 100.
12 Non compris les Indiens de la jungle, estimées à 39 800 personnes en 1972.
13 Les données n'ont pas été adjustées pour compenser les lacunes du dénombrement, estimées à 4,1 p.100.
14 Les données n'ont pas été adjustées pour compenser les lacunes du dénombrement, estimées à 2,6 p. 100.
15 Non compris les Indiens de la jungle.
16 Les données n'ont pas été adjustées pour compenser les lacunes du dénombrement, estimées à 6,85 p. 100.
17 Les données n'ont pas été adjustées pour compenser les lacunes du dénombrement, estimées à 1,06 p. 100. Non compris les personnes de passage à bord des navires.
18 Recensement de l'habitation seulement.
19 Y compris les données pour la partie du Jammu et Cachemire occupée par l'Inde, dont le statut définitif n'a pas encore été déterminé. Non compris Assam.
20 Pour la population urbaine seulement.
21 Y compris les données pour Jérusalem–Est et les résidents israéliens dans certains autres territoires occupés depuis juin 1967 par les forces armées israéliennes.
22 Non compris le personnel diplomatique hors du pays, les militaires et agents civils étrangers en poste sur le territoire et les membres de leur famille les accompagnant.
23 Non compris les données pour le territoire jordanien occupé depuis juin 1967 par les forces armées israéliennes.
24 Y compris les militaires, le personnel diplomatique à l'étranger et leur famille, au nombre de 933 au recensement de 1961; non compris les militaires et le personnel diplomatique étranger en poste dans le pays et les membres de leur famille les accompagnant, au nombre de 389 au recensement de 1961. Y compris également les réfugiés de Palestine immatriculés, au nombre de 722 687 au 31 mai 1967.
25 Antérieurement désigné sous le nom de "Birmanie".
26 Non compris 1 183 005 personnes des zones limitées pour raisons de sécurité.
27 Y compris les réfugiés de Palestine au nombre de 193 000 au 1 juillet 1977.
28 Non compris les Iles Féroé et le Groenland.
29 Population de droit, non compris le personnel diplomatique hors du pays, mais y compris le personnel diplomatique étranger qui ne vit pas dans les ambassades ou les consulats.
30 Y compris les militaires en garnison hors du pays, mais non compris les militaires étrangers en garnison sur le territoire.
31 Les données n'ont pas été adjustées pour compenser les lacunes du dénombrement, estimées à 1,9 p. 100.
32 Non compris le personnel diplomatique et les militaires hors du pays, ces derniers au nombre de 1 936 au recensement de 1966; non compris également les militaires étrangers dans le pays.
33 Population de droit, mais y compris les militaires en garnison sur le territoire.

31. Population in localities by size–class and sex: census, 1974 – 1988 (continued)

Population dans les localités selon la catégorie d'importance et le sexe: chaque recensement, 1974 – 1988 (suite)

List of countries or areas covered by this table in the 1983 issue of the Demographic Yearbook
Liste des pays ou zones couverts par ce tableau, dans l'édition de 1983 de l'Annuaire démographique

Continent and country or area Continent et pays ou zone	Census date Date du recensement	Issue Edition
AFRICA — AFRIQUE		
Congo	7 II 1974	1983
Egypt – Egypte	22–23 XI 1976	1983
Kenya	24 VIII 1979	1983
Mali	16 XII 1976	1983
St.Helena ex. dep – Sainte–Hélèn sans dép.	31 X 1976	1983
Senegal – Sénégal	16 IV 1976	1983
AMERICA,NORTH — AMERIQUE DU NORD		
Bermuda – Bermudes	12 V 1980	1983
Canada	3 VI 1981	1983
Cayman Islands – Iles Caïmanes	8 X 1979	1983
Cuba	11 IX 1981	1983
Guadeloupe	16 X 1974	1983
Honduras	6 III 1974	1983
Martinique	16 X 1974	1983
Puerto Rico – Porto Rico	1 IV 1980	1983
St.Pierre and Miquelon Saint–Pierre–et–Miquelon	18 II 1974	1983
Unites States Virgin Islands – Iles Vierges américaines	1 IV 1980	1983
AMERICA,SOUTH — AMERIQUE DU SUD		
Argentina – Argentine	22 X 1980	1983
Bolivia – Bolivie	29 IX 1976	1983
Uruguay	21 V 1975	1983
ASIA — ASIE		
Bangladesh	6 III 1981	1983
Iran(Islamic Rep. of– Rép.islamique d')	1 XI 1976	1983
Japan – Japon	1 X 1975	1983
Japan – Japon	1 X 1980	1983
Jordan – Jordanie	10 XI 1979	1983
Korea,Rep.of – Corée, Rép. de	1 XI 1980	1983
Kuwait – Koweït	21 IV 1975	1983
Maldives	31 XII 1977	1983
Nepal – Népal	22 VI 1981	1983
Thailand – Thaïlande	1 IV 1980	1983
Turkey – Turquie	12 X 1980	1983
EUROPE		
Belgium – Belgique	1 III 1981	1983
Channel Islands – Iles Anglo–Normandes		
Guernsey – Guernesey	5 IV 1981	1983
Jersey	5 IV 1981	1983
Finland – Finlande	1 XI 1980	1981
France	20 II 1975	1983
German Democratic Republic – Rép. démocratique allemande	31 XII 1981	1983
Hungary – Hongrie	1 I 1980	1983
Ireland – Irlande	1 IV 1979	1983
Ireland – Irlande	5 IV 1981	1983
Isle of Man – Ile de Man	4 IV 1976	1983
Liechtenstein	31 XII 1981	1983
Norway – Norvège	1 XI 1980	1983
Poland – Pologne	7 XII 1979	1983
Romania – Roumanie	5 I 1977	1983
Spain – Espagne	28 II 1981	1983
Sweden – Suède	1 XI 1975	1983
Sweden – Suède	8 IX 1980	1983
United Kingdom – Royaume–Uni		
Scotland – Ecosse	5 IV 198	1 1983
OCEANIA — OCEANIE		
American Samoa – Samoa américaines	25 IX 1974	1983
American Samoa – Samoa américaines	1 IV 1980	1983
Australia – Australie	30 VI 1976	1983
Cook Islands – Iles Cook	1 XII 1976	1983
Cook Islands – Iles Cook	1 XII 1981	1983
Fiji – Fidji	13 IX 1976	1983
Guam	1 IV 1980	1983
New Caledonia – Nouvelle–Calédonie	23 IV 1976	1983
New Zealand – Nouvelle–Zélande	24 III 1981	1983
Samoa	3 XI 1976	1983
Solomon Islands – Iles Solomon	7 II 1976	1983
Tokelau – Tokélaou	25 X 1976	1983
Tokelau – Tokélaou	1 X 1982	1983
Tonga	30 XI 1976	1983

32. Population by literacy, sex, age and urban/rural residence: each census, 1975 – 1988

(See notes at end of table.)

	Continent, country or area, census date, sex, literacy and urban/rural residence Continent, pays ou zone, date du recensement, alphabétisme et résidence, urbaine/rurale	Age (in years) 10 plus [1]	15 plus [2]	10 – 14	15 – 19	20 – 24	25 – 29
	AFRICA—AFRIQUE						
	Burkina Faso						
	1 XII 1975 [3]						
	Total						
1	Total	3 732 826	3 074 598	649 829	544 081	410 807	419 920
2	Literate–Alphabète	372 799	266 641	105 335	84 105	52 953	38 136
3	Illiterate–Analphabète	3 352 635	2 803 440	543 329	459 118	357 104	381 125
4	Unknown–Inconnu	7 392	4 517	1 165	858	750	659
	Male – Masculin						
5	Total	1 845 559	1 490 955	350 375	281 434	187 295	182 154
6	Literate–Alphabète	289 406	216 316	72 418	63 418	41 298	31 015
7	Illiterate–Analphabète	1 552 640	1 272 593	277 378	217 592	145 652	150 843
8	Unknown–Inconnu	3 513	2 046	579	424	345	296
	Female – Féminin						
9	Total	1 887 267	1 583 643	299 454	262 647	223 512	237 766
10	Literate–Alphabète	83 393	50 325	32 917	20 687	11 655	7 121
11	Illiterate–Analphabète	1 799 995	1 530 847	265 951	241 526	211 452	230 282
12	Unknown–Inconnu	3 879	2 471	586	434	405	363
	Burundi						
	15–16 VIII 1979 [3]						
	Total						
13	Total	2 783 018	2 315 430	463 581	481 175	412 320	291 565
14	Literate–Alphabète	661 758	517 190	143 495	150 531	122 093	81 009
15	Illiterate–Analphabète	2 085 161	1 780 559	301 722	320 638	286 835	209 144
16	Unknown–Inconnu	36 099	17 681	18 364	10 006	3 392	1 412
	Male – Masculin						
17	Total	1 327 449	1 093 611	231 865	236 659	198 972	141 173
18	Literate–Alphabète	453 586	371 918	80 980	91 359	84 448	60 241
19	Illiterate–Analphabète	857 727	713 571	142 898	140 747	112 956	80 321
20	Unknown–Inconnu	16 136	8 122	7 987	4 553	1 568	611
	Female – Féminin						
21	Total	1 455 569	1 221 819	231 716	244 516	213 348	150 392
22	Literate–Alphabète	208 172	145 272	62 515	59 172	37 645	20 768
23	Illiterate–Analphabète	1 227 434	1 066 988	158 824	179 891	173 879	128 823
24	Unknown–Inconnu	19 963	9 559	10 377	5 453	1 824	801
	Central African Republic – République centrafricaine						
	8–22 XII 1975						
	Total						
25	Total	1 240 747	1 029 424	211 323	177 566	*——— 250 595 ———*	
26	Literate–Alphabète	287 214	187 429	99 785	76 453	*——— 71 038 ———*	
27	Illiterate–Analphabète	951 365	840 358	111 007	100 840	*——— 179 025 ———*	
28	Unknown–Inconnu	2 168	1 637	531	273	*——— 532 ———*	
	Male – Masculin						
29	Total	591 135	477 712	113 423	84 920	*——— 111 645 ———*	
30	Literate–Alphabète	207 798	141 168	66 630	52 179	*——— 53 781 ———*	
31	Illiterate–Analphabète	382 529	335 865	46 664	32 657	*——— 57 640 ———*	
32	Unknown–Inconnu	808	679	129	84	*——— 224 ———*	
	Female – Féminin						
33	Total	649 612	551 712	97 900	92 646	*——— 138 950 ———*	
34	Literate–Alphabète	79 416	46 261	33 155	24 274	*——— 17 257 ———*	
35	Illiterate–Analphabète	568 836	504 493	64 343	68 183	*——— 121 385 ———*	
36	Unknown–Inconnu	1 360	958	402	189	*——— 308 ———*	
	Comoros – Comores [4]						
	15 IX 1980						
	Total						
37	Total	[5] 198 245	175 839	[6] 21 221	31 525	25 104	21 288
38	Literate–Alphabète	[5] 96 709	81 686	[6] 14 656	20 141	13 500	10 217
39	Illiterate–Analphabète	[5] 93 925	88 780	[6] 4 741	10 079	10 792	10 469
40	Unknown–Inconnu	[5] 7 611	5 373	[6] 1 824	1 305	812	602
	Male – Masculin						
41	Total	[5] 97 209	85 236	[6] 11 222	15 218	11 484	9 519
42	Literate–Alphabète	[5] 54 738	46 321	[6] 8 152	10 786	7 032	5 343
43	Illiterate–Analphabète	[5] 38 860	36 429	[6] 2 194	3 835	4 037	3 862
44	Unknown–Inconnu	[5] 3 611	2 486	[6] 876	597	415	314

(Voir notes à la fin du tableau.)

32. Population selon l'alphabétisme, le sexe, l'âge et la résidence, urbaine/rurale: chaque recensement, 1975 – 1988

Sujet spécial

Age (en années) 30 – 34	35 – 44	45 – 54	55 – 64	65 plus	Unknown Inconnu	
336 327	531 451	379 630	*——— 452 3 82 ———*		8 399	1
23 225	32 923	18 441	*——— 16 8 58 ———*		823	2
312 605	497 851	360 700	*——— 434 9 37 ———*		5 866	3
497	677	489	*——— 5 87 ———*		1 710	4
150 809	251 779	192 179	*——— 245 3 05 ———*		4 229	5
19 387	28 896	16 724	*——— 15 5 78 ———*		672	6
131 195	222 574	175 243	*——— 229 4 94 ———*		2 669	7
227	309	212	*——— 2 33 ———*		888	8
185 518	279 672	187 451	*——— 207 0 77 ———*		4 170	9
3 838	4 027	1 717	*——— 1 2 80 ———*		151	10
181 410	275 277	185 457	*——— 205 4 43 ———*		3 197	11
270	368	277	*——— 3 54 ———*		822	12
211 793	327 302	246 532	170 389	174 354	4 007	13
54 214	67 271	28 518	9 741	3 813	1 073	14
156 779	258 957	217 446	160 379	170 381	2 880	15
800	1 074	568	269	160	54	16
99 389	146 238	110 511	75 039	85 630	1 973	17
41 940	55 707	25 614	9 013	3 596	688	18
57 099	90 076	84 569	65 872	81 931	1 258	19
350	455	328	154	103	27	20
112 404	181 064	136 021	95 350	88 724	2 034	21
12 274	11 564	2 904	728	217	385	22
99 680	168 881	132 877	94 507	88 450	1 622	23
450	619	240	115	57	27	24
222 903	188 256	125 736	*——— 64 3 68 ———*		–	25
25 629	9 682	3 487	*——— 1 1 40 ———*		–	26
196 914	178 340	122 120	*——— 63 1 19 ———*		–	27
360	234	129	*——— 1 09 ———*		–	28
99 189	86 480	61 502	*——— 33 9 76 ———*		–	29
22 324	8 775	3 128	*——— 9 81 ———*		–	30
76 728	77 580	58 319	*——— 32 9 41 ———*		–	31
137	125	55	*——— 54 ———*		–	32
123 714	101 776	64 234	*——— 30 3 92 ———*		–	33
3 305	907	359	*——— 1 59 ———*		–	34
120 186	100 760	63 801	*——— 30 1 78 ———*		–	35
223	109	74	*——— 55 ———*		–	36
18 665	30 891	20 362	13 540	14 464	1 185	37
8 269	12 746	7 844	4 846	4 123	367	38
9 936	17 428	12 007	8 281	9 788	404	39
460	717	511	413	553	414	40
8 848	15 282	10 482	7 040	7 363	751	41
4 657	7 653	4 933	3 170	2 747	265	42
3 964	7 265	5 346	3 715	4 405	237	43
227	364	203	155	211	249	44

32. Population by literacy, sex, age and urban/rural residence: each census, 1975 – 1988 (continued)

(See notes at end of table.)

	Continent, country or area, census date, sex, literacy and urban/rural residence Continent, pays ou zone, date du recensement, alphabétisme et résidence, urbaine/rurale	Age (in years) 10 plus [1]	15 plus [2]	10 – 14	15 – 19	20 – 24	25 – 29
	AFRICA—AFRIQUE (Cont.–Suite)						
	Comoros – Comores [4]						
	15 IX 1980						
	Female – Féminin						
1	Total	[5] 101 036	90 603	[6] 9 999	16 307	13 620	11 769
2	Literate–Alphabète	[5] 41 971	35 365	[6] 6 504	9 355	6 468	4 874
3	Illiterate–Analphabète	[5] 55 065	52 351	[6] 2 547	6 244	6 755	6 607
4	Unknown–Inconnu	[5] 4 000	2 887	[6] 948	708	397	288
	Egypt – Egypte						
	17–18 XI 1986* [7]						
	Total						
5	Total	34 773 395	...	...	...	...	...
6	Literate–Alphabète	17 612 771	...	...	...	...	...
7	Illiterate–Analphabète	17 160 624	...	...	...	...	...
	Male – Masculin						
8	Total	18 006 253	...	...	...	...	...
9	Literate–Alphabète	11 203 084	...	...	...	...	...
10	Illiterate–Analphabète	6 803 169	...	...	...	...	...
	Female – Féminin						
11	Total	16 767 142	...	...	...	...	...
12	Literate–Alphabète	6 409 687	...	...	...	...	...
13	Illiterate–Analphabète	10 357 455	...	...	...	...	...
	Morocco – Maroc						
	3–21 IX 1982 [7] [8]						
	Total						
14	Total	14 219 816	11 641 780	2 578 036	2 218 676	1 923 758	1 506 211
15	Literate–Alphabète	5 005 323	3 522 547	1 482 776	1 054 978	773 407	585 388
16	Illiterate–Analphabète	9 214 493	8 119 233	1 095 260	1 163 698	1 150 351	920 823
	Male – Masculin						
17	Total	6 984 363	5 662 334	1 322 029	1 085 216	925 620	736 339
18	Literate–Alphabète	3 407 039	2 475 255	931 784	668 434	500 202	402 282
19	Illiterate–Analphabète	3 577 324	3 187 079	390 245	416 782	425 418	334 057
	Female – Féminin						
20	Total	7 235 453	5 979 446	1 256 007	1 133 460	998 138	769 872
21	Literate–Alphabète	1 598 284	1 047 292	550 992	386 544	273 205	183 106
22	Illiterate–Analphabète	5 637 169	4 932 154	705 015	746 916	724 933	586 766
	Mozambique						
	1 VIII 1980 [7] [9]						
	Total						
23	Total	7 729 610	6 221 284	1 470 134	1 109 286	907 371	*————
24	Literate–Alphabète	2 295 114	1 681 519	609 747	561 869	316 555	*————
25	Illiterate–Analphabète	5 417 106	4 522 941	859 844	545 791	588 471	*————
26	Unknown–Inconnu	17 390	16 824	543	1 626	2 345	*————
	Male – Masculin						
27	Total	3 733 908	2 928 721	786 195	568 722	393 802	*————
28	Literate–Alphabète	1 660 344	1 282 235	374 946	382 677	231 411	*————
29	Illiterate–Analphabète	2 061 692	1 634 940	410 939	185 087	161 025	*————
30	Unknown–Inconnu	11 872	11 546	310	958	1 366	*————
	Female – Féminin						
31	Total	3 995 702	3 292 563	683 939	540 564	513 569	*————
32	Literate–Alphabète	634 770	399 284	234 801	179 192	85 144	*————
33	Illiterate–Analphabète	3 355 414	2 888 001	448 905	360 704	427 446	*————
34	Unknown–Inconnu	5 518	5 278	233	668	979	*————
	St. Helena ex. dep. – Sainte–Hélène sans dép.						
	22 II 1987						
	Total						
35	Total	...	[5] 4 884*–	—— [10] 1 095	————*	*———— [10] 1 059	————*
36	Literate–Alphabète	...	[5] 4 733*–	—— [10] 1 074	————*	*———— [10] 1 042	————*
37	Illiterate–Analphabète	...	[5] 119*–	—— [10] 16	————*	*———— [10] 14	————*
38	Unknown–Inconnu	...	[5] 32*–	—— [10] 5	————*	*———— [10] 3	————*

32. Population selon l'alphabétisme, le sexe, l'âge et la résidence, urbaine/rurale: chaque recensement, 1975 – 1988 (suite)

(Voir notes à la fin du tableau.)

Age (en années)						
30 – 34	35 – 44	45 – 54	55 – 64	65 plus	Unknown Inconnu	
9 817	15 609	9 880	6 500	7 101	434	1
3 612	5 093	2 911	1 676	1 376	102	2
5 972	10 163	6 661	4 566	5 383	167	3
233	353	308	258	342	165	4
...	...	...	...	...	...	5
...	...	...	...	...	...	6
...	...	...	...	...	...	7
...	...	...	...	...	...	8
...	...	...	...	...	...	9
...	...	...	...	...	...	10
...	...	...	...	...	...	11
...	...	...	...	...	...	12
...	...	...	...	...	...	13
1 128 939	1 712 462	1 418 739	936 762	796 233	–	14
388 133	365 717	194 112	99 377	61 435	–	15
740 806	1 346 745	1 224 627	837 385	734 798	–	16
547 912	781 956	683 538	480 102	421 651	–	17
284 610	292 607	176 647	92 998	57 475	–	18
263 302	489 349	506 891	387 104	364 176	–	19
581 027	930 506	735 201	456 660	374 582	–	20
103 523	73 110	17 465	6 379	3 960	–	21
477 504	857 396	717 736	450 281	370 622	–	22
2 044 457 ——*	*—— 1 5 48 904	——*	*—— 611 2 66	——*	38 192	23
516 732 ——*	*—— 240 968	——*	*—— 45 3 95	——*	3 848	24
1 521 011 ——*	*—— 1 3 03 253	——*	*—— 564 4 15	——*	34 321	25
6 714 ——*	*—— 4 683	——*	*—— 1 4 56	——*	23	26
911 330 ——*	*—— 761 979	——*	*—— 292 8 88	——*	18 992	27
417 080 ——*	*—— 210 072	——*	*—— 40 9 95	——*	3 163	28
489 790 ——*	*—— 548 381	——*	*—— 250 6 57	——*	15 813	29
4 460 ——*	*—— 3 526	——*	*—— 1 2 36	——*	16	30
1 133 127 ——*	*—— 786 925	——*	*—— 318 3 78	——*	19 200	31
99 652 ——*	*—— 30 896	——*	*—— 4 4 00	——*	685	32
1 031 221 ——*	*—— 754 872	——*	*—— 313 7 58	——*	18 508	33
2 254 ——*	*—— 1 157	——*	*—— 2 20	——*	7	34
[10] 936	[10] 676	[10] 445	*—— [10] 6 73	——*	1	35
[10] 902	[10] 659	[10] 422	*—— [10] 6 34	——*	1	36
[10] 24	[10] 10	[10] 21	*—— [10] 34	——*	–	37
[10] 10	[10] 7	[10] 2	*—— [10] 5	——*	–	38

32. Population by literacy, sex, age and urban/rural residence: each census, 1975 – 1988 (continued)

(See notes at end of table.)

	Continent, country or area, census date, sex, literacy and urban/rural residence Continent, pays ou zone, date du recensement, alphabétisme et résidence, urbaine/rurale	Age (in years) 10 plus [1]	15 plus [2]	10 – 14	15 – 19	20 – 24	25 – 29
	AFRICA—AFRIQUE (Cont.–Suite)						
	St. Helena ex. dep. – Sainte–Hélène sans dép.						
	22 II 1987						
	Male – Masculin						
1	Total	...	[5] 2 521*–	——— [10] 566	———*	*———	[10] 523 ———*
2	Literate–Alphabète	...	[5] 2 429*–	——— [10] 553	———*	*———	[10] 514 ———*
3	Illiterate–Analphabète	...	[5] 74*–	——— [10] 9	———*	*———	[10] 9 ———*
4	Unknown–Inconnu	...	[5] 18*–	——— [10] 4	———*	*———	[10] – ———*
	Female – Féminin						
5	Total	...	[5] 2 363*–	——— [10] 529	———*	*———	[10] 536 ———*
6	Literate–Alphabète	...	[5] 2 304*–	——— [10] 521	———*	*———	[10] 528 ———*
7	Illiterate–Analphabète	...	[5] 46*–	——— [10] 7	———*	*———	[10] 5 ———*
8	Unknown–Inconnu	...	[5] 13*–	——— [10] 1	———*	*———	[10] 3 ———*
	Sao Tome and Principe – Sao Tomé–et–Principe						
	15 VIII 1981*						
	Total						
9	Total	63 638	51 805	11 833	10 470	7 986	5 653
10	Literate–Alphabète	39 822	29 659	10 163	8 993	6 194	3 811
11	Illiterate–Analphabète	23 721	22 080	1 641	1 464	1 780	1 835
12	Unknown–Inconnu	95	66	29	13	12	7
	Male – Masculin						
13	Total	31 219	25 180	6 039	5 230	3 957	2 719
14	Literate–Alphabète	23 663	18 395	5 268	4 782	3 548	2 300
15	Illiterate–Analphabète	7 506	6 755	751	440	402	415
16	Unknown–Inconnu	50	30	20	8	7	4
	Female – Féminin						
17	Total	32 419	26 625	5 794	5 240	4 029	2 934
18	Literate–Alphabète	16 159	11 264	4 895	4 211	2 646	1 511
19	Illiterate–Analphabète	16 215	15 325	890	1 024	1 378	1 420
20	Unknown–Inconnu	45	36	9	5	5	3
	South Africa – Afrique du Sud [11]						
	6 V 1980						
	Total						
21	Total	...	15 596 019	[12] 4 667 341	*——— 5 13 5 860	———*	*———
22	Literate–Alphabète	...	11 884 243	[12] 3 107 478	*——— 4 37 3 999	———*	*———
23	Illiterate–Analphabète	...	3 711 776	[12] 1 559 863	*——— 761 861	———*	*———
	Male – Masculin						
24	Total	...	7 993 640	[12] 2 337 388	*——— 2 65 2 268	———*	*———
25	Literate–Alphabète	...	6 197 117	[12] 1 530 987	*——— 2 26 3 610	———*	*———
26	Illiterate–Analphabète	...	1 796 523	[12] 806 401	*——— 388 658	———*	*———
	Female – Féminin						
27	Total	...	7 602 379	[12] 2 329 953	*——— 2 48 3 592	———*	*———
28	Literate–Alphabète	...	5 687 126	[12] 1 576 491	*——— 2 11 0 389	———*	*———
29	Illiterate–Analphabète	...	1 915 253	[12] 753 462	*——— 373 203	———*	*———
	Tunisia – Tunisie						
	30 III 1984*						
	Total						
30	Total	5 027 550	4 209 920	817 630	797 020	674 600	538 920
31	Literate–Alphabète	2 705 880	2 028 790	677 090	601 070	492 110	355 900
32	Illiterate–Analphabète	2 321 670	2 181 130	140 540	195 950	182 490	183 020
	Male – Masculin						
33	Total	2 540 640	2 122 610	418 030	404 310	341 020	266 910
34	Literate–Alphabète	1 661 650	1 282 210	379 440	349 930	289 150	217 810
35	Illiterate–Analphabète	878 990	840 400	38 590	54 380	51 870	49 100
	Female – Féminin						
36	Total	2 486 910	2 087 310	399 600	392 710	333 580	272 010
37	Literate–Alphabète	1 044 230	746 580	297 650	251 140	202 960	138 090
38	Illiterate–Analphabète	1 442 680	1 340 730	101 950	141 570	130 620	133 920

32. Population selon l'alphabétisme, le sexe, l'âge et la résidence, urbaine/rurale: chaque recensement, 1975 – 1988 (suite)

(Voir notes à la fin du tableau.)

Age (en années) 30 – 34	35 – 44	45 – 54	55 – 64	65 plus	Unknown Inconnu	
[10] 515	[10] 403	[10] 224	*———— [10] 290	————*	1	1
[10] 493	[10] 389	[10] 208	*———— [10] 272	————*	1	2
[10] 17	[10] 9	[10] 14	*———— [10] 16	————*	–	3
[10] 5	[10] 5	[10] 2	*———— [10] 2	————*	–	4
[10] 421	[10] 273	[10] 221	*———— [10] 383	————*	–	5
[10] 409	[10] 270	[10] 214	*———— [10] 362	————*	–	6
[10] 7	[10] 1	[10] 7	*———— [10] 19	————*	–	7
[10] 5	[10] 2	[10] –	*———— [10] 2	————*	–	8
3 908	7 274	6 889	4 939	4 686	–	9
2 299	3 323	2 414	1 485	1 140	–	10
1 600	3 948	4 468	3 447	3 538	–	11
9	3	7	7	8	–	12
1 848	3 574	3 435	2 400	2 017	–	13
1 456	2 347	1 830	1 191	941	–	14
391	1 227	1 603	1 206	1 071	–	15
1	–	2	3	5	–	16
2 060	3 700	3 454	2 539	2 669	–	17
843	976	584	294	199	–	18
1 209	2 721	2 865	2 241	2 467	–	19
8	3	5	4	3	–	20
3 754 674 ————*	2 638 124	1 818 932	1 219 072	1 029 357	–	21
2 984 005 ————*	1 948 281	1 230 812	760 764	586 382	–	22
770 669 ————*	689 843	588 120	458 308	442 975	–	23
1 998 730 ————*	1 380 977	929 518	589 892	442 255	–	24
1 600 615 ————*	1 037 645	646 780	387 559	260 908	–	25
398 115 ————*	343 332	282 738	202 333	181 347	–	26
1 755 944 ————*	1 257 147	889 414	629 180	587 102	–	27
1 383 390 ————*	910 636	584 032	373 205	325 474	–	28
372 554 ————*	346 511	305 382	255 975	261 628	–	29
413 020	574 240	545 480	365 490	301 150	–	30
225 740	188 770	89 320	46 200	29 680	–	31
187 280	385 470	456 160	319 290	271 470	–	32
205 950	275 540	270 160	191 370	167 350	–	33
149 130	134 750	75 930	40 960	24 550	–	34
56 820	140 790	194 230	150 410	142 800	–	35
207 070	298 700	275 320	174 120	133 800	–	36
76 610	54 020	13 390	5 240	5 130	–	37
130 460	244 680	261 930	168 880	128 670	–	38

32. Population by literacy, sex, age and urban/rural residence: each census, 1975 – 1988 (continued)

(See notes at end of table.)

	Continent, country or area, census date, sex, literacy and urban/rural residence Continent, pays ou zone, date du recensement, alphabétisme et résidence, urbaine/rurale	Age (in years)					
		10 plus [1]	15 plus [2]	10 – 14	15 – 19	20 – 24	25 – 29
	AFRICA—AFRIQUE (Cont.–Suite)						
	Zimbabwe						
	18 VIII 1982 [13]						
	Total						
1	Total	4 885 840	3 837 350	1 048 490	802 770	654 580	524 480
2	Literate–Alphabète	3 981 810	2 985 230	996 580	739 420	557 940	431 110
3	Illiterate–Analphabète	904 030	852 120	51 910	63 350	96 640	93 370
	Male – Masculin						
4	Total	2 379 880	1 850 130	529 750	390 160	290 380	243 420
5	Literate–Alphabète	2 063 770	1 557 340	506 430	373 170	265 360	217 880
6	Illiterate–Analphabète	316 110	292 790	23 320	16 990	25 020	25 540
	Female – Féminin						
7	Total	2 505 980	1 987 240	518 740	412 610	364 200	281 060
8	Literate–Alphabète	1 918 060	1 427 910	490 150	366 250	292 580	213 230
9	Illiterate–Analphabète	587 920	559 330	28 590	46 360	71 620	67 830
	AMERICA,NORTH—AMERIQUE DU NORD						
	Costa Rica						
	10 VI 1984 [3]						
	Total						
10	Total	1 804 319	1 532 311	272 008	278 850	261 334	210 511
11	Literate–Alphabète	1 678 996	1 419 365	259 631	271 041	253 738	203 210
12	Illiterate–Analphabète	125 323	112 946	12 377	7 809	7 596	7 301
	Male – Masculin						
13	Total	895 607	757 476	138 131	139 708	129 097	103 263
14	Literate–Alphabète	832 697	702 045	130 652	135 082	124 999	99 498
15	Illiterate–Analphabète	62 910	55 431	7 479	4 626	4 098	3 765
	Female – Féminin						
16	Total	908 712	774 835	133 877	139 142	132 237	107 248
17	Literate–Alphabète	846 299	717 320	128 979	135 959	128 739	103 712
18	Illiterate–Analphabète	62 413	57 515	4 898	3 183	3 498	3 536
	Guadeloupe						
	9 III 1982 [3]						
	Total						
19	Total	267 347	223 975	41 884	41 898	30 927	22 715
20	Literate–Alphabète	242 998	201 114	41 027	41 315	30 248	21 796
21	Illiterate–Analphabète	23 075	22 103	716	490	609	848
22	Unknown–Inconnu	1 274	758	141	93	70	71
	Male – Masculin						
23	Total	129 911	108 073	21 139	21 111	16 156	10 953
24	Literate–Alphabète	117 526	96 494	20 611	20 741	15 701	10 380
25	Illiterate–Analphabète	11 663	11 122	432	302	408	528
26	Unknown–Inconnu	722	457	96	68	47	45
	Female – Féminin						
27	Total	137 436	115 902	20 745	20 787	14 771	11 762
28	Literate–Alphabète	125 472	104 620	20 416	20 574	14 547	11 416
29	Illiterate–Analphabète	11 412	10 981	284	188	201	320
30	Unknown–Inconnu	552	301	45	25	23	26
	Haiti – Haïti						
	30 VIII 1982* [3]						
	Total						
31	Total	3 650 369	3 071 756	578 613	511 287	457 346	392 976
32	Literate–Alphabète	1 346 887	1 066 965	279 922	281 524	213 961	146 799
33	Illiterate–Analphabète	2 303 482	2 004 791	298 691	229 763	243 385	246 177
	Male – Masculin						
34	Total	1 763 263	1 474 069	289 194	251 654	213 283	173 140
35	Literate–Alphabète	675 604	547 318	128 286	134 706	103 627	70 524
36	Illiterate–Analphabète	1 087 659	926 751	160 908	116 948	109 656	102 616
	Female – Féminin						
37	Total	1 887 106	1 597 687	289 419	259 633	244 063	219 836
38	Literate–Alphabète	671 283	519 647	151 636	146 818	110 334	76 275
39	Illiterate–Analphabète	1 215 823	1 078 040	137 783	112 815	133 729	143 561

32. Population selon l'alphabétisme, le sexe, l'âge et la résidence, urbaine/rurale: chaque recensement, 1975 – 1988 (suite)

(Voir notes à la fin du tableau.)

Age (en années)						
30 – 34	35 – 44	45 – 54	55 – 64	65 plus	Unknown Inconnu	
392 160	599 670	429 540 *	—— 434 1 50 ——	*	–	1
311 100	434 030	273 500 *	—— 238 1 30 ——	*	–	2
81 060	165 640	156 040 *	—— 196 0 20 ——	*	–	3
185 400	290 010	228 270 *	—— 222 4 90 ——	*	–	4
161 830	234 570	162 910 *	—— 141 6 20 ——	*	–	5
23 570	55 440	65 360 *	—— 80 8 70 ——	*	–	6
206 760	309 660	201 270 *	—— 211 6 80 ——	*	–	7
149 270	199 460	110 590 *	—— 96 5 30 ——	*	–	8
57 490	110 200	90 680 *	—— 115 1 50 ——	*	–	9
168 509	234 216	160 378	110 541	107 972	–	10
160 687	215 102	137 665	93 174	84 748	–	11
7 822	19 114	22 713	17 367	23 224	–	12
83 531	115 960	79 364	54 514	52 039	–	13
79 674	106 846	68 587	46 321	41 038	–	14
3 857	9 114	10 777	8 193	11 001	–	15
84 978	118 256	81 014	56 027	55 933	–	16
81 013	108 256	69 078	46 853	43 710	–	17
3 965	10 000	11 936	9 174	12 223	–	18
21 052	33 361	27 269	22 583	24 170	1 488	19
20 247	31 123	23 043	18 075	15 267	857	20
734	2 122	4 117	4 403	8 780	256	21
71	116	109	105	123	375	22
9 874	15 998	12 900	10 782	10 299	699	23
9 407	14 689	10 538	8 394	6 644	421	24
432	1 242	2 295	2 325	3 590	109	25
35	67	67	63	65	169	26
11 178	17 363	14 369	11 801	13 871	789	27
10 840	16 434	12 505	9 681	8 623	436	28
302	880	1 822	2 078	5 190	147	29
36	49	42	42	58	206	30
285 404	500 572	387 542	238 282	298 347	–	31
94 499	132 278	93 696	50 635	53 573	–	32
190 905	368 294	293 846	187 647	244 774	–	33
136 633	237 794	199 754	120 640	141 171	–	34
50 482	72 849	56 211	29 364	29 555	–	35
86 151	164 945	143 543	91 276	111 616	–	36
148 771	262 778	187 788	117 642	157 176	–	37
44 017	59 429	37 485	21 271	24 018	–	38
104 754	203 349	150 303	96 371	133 158	–	39

32. Population by literacy, sex, age and urban/rural residence: each census, 1975 – 1988 (continued)

(See notes at end of table.)

	Continent, country or area, census date, sex, literacy and urban/rural residence Continent, pays ou zone, date du recensement, alphabétisme et résidence, urbaine/rurale	Age (in years) 10 plus [1]	15 plus [2]	10 – 14	15 – 19	20 – 24	25 – 29
	AMERICA,NORTH— (Cont.–Suite) AMERIQUE DU NORD						
	Martinique						
	9 III 1982 [3]						
	Total						
1	Total	274 690	233 570	40 403	43 493	33 220	22 392
2	Literate–Alphabète	255 486	215 273	39 769	43 014	32 632	21 812
3	Illiterate–Analphabète	17 362	16 713	548	393	477	462
4	Unknown–Inconnu	1 842	1 584	86	86	111	118
	Male – Masculin						
5	Total	132 042	111 348	20 348	21 839	17 619	10 678
6	Literate–Alphabète	122 000	101 788	19 998	21 524	17 251	10 333
7	Illiterate–Analphabète	9 137	8 773	313	269	307	278
8	Unknown–Inconnu	905	787	37	46	61	67
	Female – Féminin						
9	Total	142 648	122 222	20 055	21 654	15 601	11 714
10	Literate–Alphabète	133 486	113 485	19 771	21 490	15 381	11 479
11	Illiterate–Analphabète	8 225	7 940	235	124	170	184
12	Unknown–Inconnu	937	797	49	40	50	51
	Mexico – Mexique						
	4 VI 1980 [3]						
	Total						
13	Total	47 215 010	37 927 410	9 094 351	7 656 539	6 154 527	4 804 392
14	Literate–Alphabète	39 901 194	31 475 670	8 425 524	7 114 592	5 584 296	4 219 010
15	Illiterate–Analphabète	7 120 567	6 451 740	668 827	541 947	570 231	585 382
16	Unknown–Inconnu	193 249	–	–	–	–	–
	Male – Masculin						
17	Total	23 167 872	18 500 443	4 574 675	3 766 688	2 972 174	2 325 060
18	Literate–Alphabète	20 192 707	15 955 272	4 237 435	3 527 308	2 745 709	2 096 665
19	Illiterate–Analphabète	2 882 411	2 545 171	337 240	239 380	226 465	228 395
20	Unknown–Inconnu	92 754	–	–	–	–	–
	Female – Féminin						
21	Total	24 047 138	19 426 967	4 519 676	3 889 851	3 182 353	2 479 332
22	Literate–Alphabète	19 708 487	15 520 398	4 188 089	3 587 284	2 838 587	2 122 345
23	Illiterate–Analphabète	4 238 156	3 906 569	331 587	302 567	343 766	356 987
24	Unknown–Inconnu	100 495	–	–	–	–	–
	Panama						
	11 V 1980 [7 14]						
	Total						
25	Total	1 317 855	1 088 477	229 378	200 236	162 363	138 591
26	Literate–Alphabète	1 143 730	931 946	211 784	190 200	151 100	125 306
27	Illiterate–Analphabète	174 125	156 531	17 594	10 036	11 263	13 285
	Male – Masculin						
28	Total	663 665	546 714	116 951	99 676	79 874	66 859
29	Literate–Alphabète	579 150	471 977	107 173	95 209	75 131	61 578
30	Illiterate–Analphabète	84 515	74 737	9 778	4 467	4 743	5 281
	Female – Féminin						
31	Total	654 190	541 763	112 427	100 560	82 489	71 732
32	Literate–Alphabète	564 580	459 969	104 611	94 991	75 969	63 728
33	Illiterate–Analphabète	89 610	81 794	7 816	5 569	6 520	8 004
	Puerto Rico – Porto Rico						
	1 IV 1980 [15 16]						
	Total						
34	Total	...	2 280 138	...	337 207	272 357	236 426
35	Literate–Alphabète	...	2 002 677	...	317 261	255 750	221 213
36	Illiterate–Analphabète	...	277 461	...	19 946	16 607	15 213
	Male – Masculin						
37	Total	...	1 085 528	...	168 459	129 183	111 173
38	Literate–Alphabète	...	962 313	...	157 603	120 379	103 196
39	Illiterate–Analphabète	...	123 215	...	10 856	8 804	7 977
	Female – Féminin						
40	Total	...	1 194 610	...	168 748	143 174	125 253
41	Literate–Alphabète	...	1 040 364	...	159 658	135 371	118 017
42	Illiterate–Analphabète	...	154 246	...	9 090	7 803	7 236

32. Population selon l'alphabétisme, le sexe, l'âge et la résidence, urbaine/rurale: chaque recensement, 1975 – 1988 (suite)

(Voir notes à la fin du tableau.)

Age (en années) 30 – 34	35 – 44	45 – 54	55 – 64	65 plus	Unknown Inconnu	
19 963	32 808	30 059	24 204	27 431	717	1
19 437	31 506	27 177	20 711	18 984	444	2
402	1 099	2 703	3 281	7 896	101	3
124	203	179	212	551	172	4
9 126	15 174	14 163	11 322	11 427	346	5
8 791	14 411	12 398	9 338	7 742	214	6
266	658	1 652	1 871	3 472	51	7
69	105	113	113	213	81	8
10 837	17 634	15 896	12 882	16 004	371	9
10 646	17 095	14 779	11 373	11 242	230	10
136	441	1 051	1 410	4 424	50	11
55	98	66	99	338	91	12
3 838 059	6 152 132	4 179 592	2 581 049	2 561 120	193 249	13
3 274 644	4 906 494	3 102 861	1 782 166	1 491 607	–	14
563 415	1 245 638	1 076 731	798 883	1 069 513	–	15
–	–	–	–	–	193 249	16
1 885 628	3 024 279	2 047 573	1 274 365	1 204 676	92 754	17
1 664 840	2 546 497	1 640 175	959 691	774 387	–	18
220 788	477 782	407 398	314 674	430 289	–	19
–	–	–	–	–	92 754	20
1 952 431	3 127 853	2 132 019	1 306 684	1 356 444	100 495	21
1 609 804	2 359 997	1 462 686	822 475	717 220	–	22
342 627	767 856	669 333	484 209	639 224	–	23
–	–	–	–	–	100 495	24
121 483	176 502	122 602	*— 166 7 00 —*		–	25
106 432	147 255	94 957	*— 116 6 96 —*		–	26
15 051	29 247	27 645	*— 50 0 04 —*		–	27
62 158	89 497	63 059	*— 85 5 91 —*		–	28
54 636	75 458	49 354	*— 60 6 11 —*		–	29
7 522	14 039	13 705	*— 24 9 80 —*		–	30
59 325	87 005	59 543	*— 81 1 09 —*		–	31
51 796	71 797	45 603	*— 56 0 85 —*		–	32
7 529	15 208	13 940	*— 25 0 24 —*		–	33
229 419	360 004	272 651	226 601	345 473	–	34
212 921	328 226	243 376	191 732	232 198	–	35
16 498	31 778	29 275	34 869	113 275	–	36
107 066	169 539	128 496	108 786	162 826	–	37
98 583	154 685	116 427	95 034	116 406	–	38
8 483	14 854	12 069	13 752	46 420	–	39
122 353	190 465	144 155	117 815	182 647	–	40
114 338	173 541	126 949	96 698	115 792	–	41
8 015	16 924	17 206	21 117	66 855	–	42

32. Population by literacy, sex, age and urban/rural residence: each census, 1975 – 1988 (continued)

(See notes at end of table.)

	Continent, country or area, census date, sex, literacy and urban/rural residence Continent, pays ou zone, date du recensement, alphabétisme et résidence, urbaine/rurale	Age (in years) 10 plus [1]	15 plus [2]	10 – 14	15 – 19	20 – 24	25 – 29
	AMERICA,NORTH— (Cont.–Suite) AMERIQUE DU NORD						
	St. Pierre and Miquelon – Saint–Pierre–et–Miquelon						
	9 III 1982 [17]						
	Total						
1	Total	5 084	4 409	675	614	487	488
2	Literate–Alphabète	5 043	4 370	673	609	484	485
3	Illiterate–Analphabète	34	32	2	3	3	3
4	Unknown–Inconnu	7	7	–	2	–	–
	Male – Masculin						
5	Total	2 506	2 180	326	323	244	264
6	Literate–Alphabète	2 488	2 162	326	319	244	262
7	Illiterate–Analphabète	16	16	–	3	–	2
8	Unknown–Inconnu	2	2	–	1	–	–
	Female – Féminin						
9	Total	2 578	2 229	349	291	243	224
10	Literate–Alphabète	2 555	2 208	347	290	240	223
11	Illiterate–Analphabète	18	16	2	–	3	1
12	Unknown–Inconnu	5	5	–	1	–	–
	AMERICA,SOUTH— AMERIQUE DU SUD						
	Argentina – Argentine						
	22 X 1980 [7 18]						
	Total						
13	Total	21 922 849	19 466 678	2 456 171	2 341 488	2 224 157	2 124 283
14	Literate–Alphabète	20 658 199	18 281 714	2 376 485	2 271 353	2 151 960	2 040 810
15	Illiterate–Analphabète	1 264 650	1 184 964	79 686	70 135	72 197	83 473
	Male – Masculin						
16	Total	10 708 765	9 468 556	1 240 209	1 173 841	1 099 810	1 050 065
17	Literate–Alphabète	10 119 909	8 925 382	1 194 527	1 132 009	1 061 137	1 006 183
18	Illiterate–Analphabète	588 856	543 174	45 682	41 832	38 673	43 882
	Female – Féminin						
19	Total	11 214 084	9 998 122	1 215 962	1 167 647	1 124 347	1 074 218
20	Literate–Alphabète	10 538 290	9 356 332	1 181 958	1 139 344	1 090 823	1 034 627
21	Illiterate–Analphabète	675 794	641 790	34 004	28 303	33 524	39 591
	Brazil – Brésil						
	1 IX 1980 [3 7 16 19]						
	Total						
22	Total	87 805 265	73 413 902	14 263 322	13 575 971	11 513 220	9 442 217
23	Literate–Alphabète	65 368 414	54 733 876	10 575 146	11 336 501	9 709 924	7 738 956
24	Illiterate–Analphabète	22 393 295	18 648 986	3 676 448	2 235 370	1 799 071	1 699 039
25	Unknown–Inconnu	43 556	31 040	11 728	4 100	4 225	4 222
	Male – Masculin						
26	Total	43 337 058	36 112 824	7 159 059	6 705 955	5 673 908	4 641 370
27	Literate–Alphabète	32 725 199	27 570 252	5 123 185	5 445 581	4 771 323	3 844 293
28	Illiterate–Analphabète	10 590 053	8 527 160	2 029 877	1 258 297	900 410	794 912
29	Unknown–Inconnu	21 806	15 412	5 997	2 077	2 175	2 165
	Female – Féminin						
30	Total	44 468 207	37 301 078	7 104 263	6 870 016	5 839 312	4 800 847
31	Literate–Alphabète	32 643 215	27 163 624	5 451 961	5 890 920	4 938 601	3 894 663
32	Illiterate–Analphabète	11 803 242	10 121 826	1 646 571	977 073	898 661	904 127
33	Unknown–Inconnu	21 750	15 628	5 731	2 023	2 050	2 057
	Chile – Chili						
	21 IV 1982						
	Total						
34	Total	8 916 323	7 676 623	1 239 700	1 302 888	1 169 037	931 896
35	Literate–Alphabète	8 176 433	6 995 584	1 180 849	1 258 131	1 131 083	896 504
36	Illiterate–Analphabète	739 890	681 039	58 851	44 757	37 954	35 392
	Male – Masculin						
37	Total	4 329 552	3 703 734	625 818	650 336	573 439	452 697
38	Literate–Alphabète	3 979 659	3 388 196	591 463	624 072	552 982	435 169
39	Illiterate–Analphabète	349 893	315 538	34 355	26 264	20 457	17 528

32. Population selon l'alphabétisme, le sexe, l'âge et la résidence, urbaine/rurale: chaque recensement, 1975 – 1988 (suite)

(Voir notes à la fin du tableau.)

Age (en années)						
30 – 34	35 – 44	45 – 54	55 – 64	65 plus	Unknown Inconnu	
506	752	576	457	529	–	1
501	748	568	455	520	–	2
4	3	6	2	8	–	3
1	1	2	–	1	–	4
265	406	283	201	194	–	5
262	403	281	201	190	–	6
3	2	2	–	4	–	7
–	1	–	–	–	–	8
241	346	293	256	335	–	9
239	345	287	254	330	–	10
1	1	4	2	4	–	11
1	–	2	–	1	–	12
1 974 193	3 272 921	2 956 420	2 282 652	2 290 564	–	13
1 880 994	3 095 707	2 771 073	2 090 832	1 978 985	–	14
93 199	177 214	185 347	191 820	311 579	–	15
979 816	1 628 206	1 457 871	1 090 965	987 982	–	16
931 766	1 542 274	1 373 415	1 008 149	870 449	–	17
48 050	85 932	84 456	82 816	117 533	–	18
994 377	1 644 715	1 498 549	1 191 687	1 302 582	–	19
949 228	1 553 433	1 397 658	1 082 683	1 108 536	–	20
45 149	91 282	100 891	109 004	194 046	–	21
7 686 290	12 076 700	8 762 653	5 586 419	4 770 432	128 041	22
5 999 500	8 690 829	5 807 479	3 248 136	2 202 551	59 392	23
1 683 251	3 380 639	2 951 392	2 335 250	2 564 974	67 861	24
3 539	5 232	3 782	3 033	2 907	788	25
3 800 551	5 980 274	4 336 762	2 748 398	2 225 606	65 175	26
3 028 442	4 487 187	3 070 449	1 753 524	1 169 453	31 762	27
770 268	1 490 425	1 264 454	993 481	1 054 913	33 016	28
1 841	2 662	1 859	1 393	1 240	397	29
3 885 739	6 096 426	4 425 891	2 838 021	2 544 826	62 866	30
2 971 058	4 203 642	2 737 030	1 494 612	1 033 098	27 630	31
912 983	1 890 214	1 686 938	1 341 769	1 510 061	34 845	32
1 698	2 570	1 923	1 640	1 667	391	33
779 004	1 247 804	939 358	647 119	659 517	–	34
735 782	1 133 945	817 053	528 096	494 990	–	35
43 222	113 859	122 305	119 023	164 527	–	36
379 660	607 192	450 061	302 711	287 638	–	37
358 992	554 489	394 792	249 622	218 078	–	38
20 668	52 703	55 269	53 089	69 560	–	39

32. Population by literacy, sex, age and urban/rural residence: each census, 1975 – 1988 (continued)

(See notes at end of table.)

	Continent, country or area, census date, sex, literacy and urban/rural residence Continent, pays ou zone, date du recensement, alphabétisme et résidence, urbaine/rurale	Age (in years) 10 plus [1]	15 plus [2]	10 – 14	15 – 19	20 – 24	25 – 29
	AMERICA,SOUTH— (Cont.–Suite) AMERIQUE DU SUD						
	Chile – Chili						
	21 IV 1982						
	Female – Féminin						
1	Total	4 586 771	3 972 889	613 882	652 552	595 598	479 199
2	Literate–Alphabète	4 196 774	3 607 388	589 386	634 059	578 101	461 335
3	Illiterate–Analphabète	389 997	365 501	24 496	18 493	17 497	17 864
	Ecuador – Equateur						
	28 XI 1982 [20 21]						
	Total						
4	Total	5 720 508	4 685 300	1 035 208	876 787	777 108	612 549
5	Literate–Alphabète	4 875 974	3 914 694	961 280	828 359	716 403	551 592
6	Illiterate–Analphabète	844 534	770 606	73 928	48 428	60 705	60 957
	Male – Masculin						
7	Total	2 835 796	2 310 779	525 017	436 866	378 881	299 311
8	Literate–Alphabète	2 492 827	2 005 455	487 372	415 642	355 686	276 618
9	Illiterate–Analphabète	342 969	305 324	37 645	21 224	23 195	22 693
	Female – Féminin						
10	Total	2 884 712	2 374 521	510 191	439 921	398 227	313 238
11	Literate–Alphabète	2 383 147	1 909 239	473 908	412 717	360 717	274 974
12	Illiterate–Analphabète	501 565	465 282	36 283	27 204	37 510	38 264
	French Guiana – Guyane Française						
	9 III 1982 [3]						
	Total						
13	Total	57 135	48 970	7 927	7 043	7 292	6 956
14	Literate–Alphabète	47 878	40 317	7 446	6 573	6 482	5 805
15	Illiterate–Analphabète	8 829	8 305	457	454	792	1 124
16	Unknown–Inconnu	428	348	24	16	18	27
	Paraguay						
	11 VII 1982						
	Total						
17	Total	2 169 785	1 793 606	376 179	334 555	291 793	234 222
18	Literate–Alphabète	1 681 560	1 385 452	296 108	298 018	255 824	199 024
19	Illiterate–Analphabète	455 847	380 386	75 461	32 549	31 820	31 725
20	Unknown–Inconnu	32 378	27 768	4 610	3 988	4 149	3 473
	Male – Masculin						
21	Total	1 083 532	891 566	191 966	167 648	145 574	118 241
22	Literate–Alphabète	862 009	713 321	148 688	149 818	129 207	102 855
23	Illiterate–Analphabète	207 328	166 420	40 908	15 928	14 479	13 858
24	Unknown–Inconnu	14 195	11 825	2 370	1 902	1 888	1 528
	Female – Féminin						
25	Total	1 086 253	902 040	184 213	166 907	146 219	115 981
26	Literate–Alphabète	819 551	672 131	147 420	148 200	126 617	96 169
27	Illiterate–Analphabète	248 519	213 966	34 553	16 621	17 341	17 867
28	Unknown–Inconnu	18 183	15 943	2 240	2 086	2 261	1 945
	Peru – Pérou						
	12 VII 1981 [22 23]						
	Total						
29	Total	12 168 623	9 992 594	2 176 029	1 864 691	1 601 575	1 277 594
30	Literate–Alphabète	10 149 361	8 152 451	1 996 910	1 743 814	1 473 585	1 140 593
31	Illiterate–Analphabète	1 968 904	1 799 458	169 446	115 013	122 706	133 037
32	Unknown–Inconnu	50 358	40 685	9 673	5 864	5 284	3 964
	Male – Masculin						
33	Total	6 048 565	4 940 728	1 107 837	932 930	789 840	623 765
34	Literate–Alphabète	5 474 756	4 440 071	1 034 685	897 874	760 199	594 357
35	Illiterate–Analphabète	553 933	485 486	68 447	32 448	27 452	28 006
36	Unknown–Inconnu	19 876	15 171	4 705	2 608	2 189	1 402
	Female – Féminin						
37	Total	6 120 058	5 051 866	1 068 192	931 761	811 735	653 829
38	Literate–Alphabète	4 674 605	3 712 380	962 225	845 940	713 386	546 236
39	Illiterate–Analphabète	1 414 971	1 313 972	100 999	82 565	95 254	105 031
40	Unknown–Inconnu	30 482	25 514	4 968	3 256	3 095	2 562

32. Population selon l'alphabétisme, le sexe, l'âge et la résidence, urbaine/rurale: chaque recensement, 1975 – 1988 (suite)

(…ir notes à la fin du tableau.)

Age (en années)						
30 – 34	35 – 44	45 – 54	55 – 64	65 plus	Unknown Inconnu	
399 344	640 612	489 297	344 408	371 879	–	1
376 790	579 456	422 261	278 474	276 912	–	2
22 554	61 156	67 036	65 934	94 967	–	3
497 400	743 990	519 979	333 317	324 170	–	4
433 961	598 263	377 765	219 453	188 898	–	5
63 439	145 727	142 214	113 864	135 272	–	6
247 544	368 618	257 892	166 560	155 107	–	7
223 489	313 120	200 938	119 850	100 112	–	8
24 055	55 498	56 954	46 710	54 995	–	9
249 856	375 372	262 087	166 757	169 063	–	10
210 472	285 143	176 827	99 603	88 786	–	11
39 384	90 229	85 260	67 154	80 277	–	12
6 516	8 712	5 410	3 634	3 407	238	13
5 374	6 956	4 167	2 690	2 270	115	14
1 118	1 719	1 203	907	988	67	15
24	37	40	37	149	56	16
182 073	282 547	202 175	137 070	129 171	–	17
149 012	214 717	129 986	77 487	61 384	–	18
30 367	63 564	68 908	57 041	64 412	–	19
2 694	4 266	3 281	2 542	3 375	–	20
93 152	141 961	99 743	66 879	58 368	–	21
78 243	112 562	68 229	40 749	31 658	–	22
13 720	27 573	30 175	25 108	25 579	–	23
1 189	1 826	1 339	1 022	1 131	–	24
88 921	140 586	102 432	70 191	70 803	–	25
70 769	102 155	61 757	36 738	29 726	–	26
16 647	35 991	38 733	31 933	38 833	–	27
1 505	2 440	1 942	1 520	2 244	–	28
1 020 448	883 976	*—— 3 344 310 ——*			–	29
872 737	694 315	*—— 2 227 407 ——*			–	30
144 166	186 199	*—— 1 098 337 ——*			–	31
3 545	3 462	*—— 18 566 ——*			–	32
509 305	430 495	*—— 1 654 393 ——*			–	33
475 730	387 561	*—— 1 324 350 ——*			–	34
32 305	41 776	*—— 323 499 ——*			–	35
1 270	1 158	*—— 6 544 ——*			–	36
511 143	453 481	*—— 1 689 917 ——*			–	37
397 007	306 754	*—— 903 057 ——*			–	38
111 861	144 423	*—— 774 838 ——*			–	39
2 275	2 304	*—— 12 022 ——*			–	40

32. Population by literacy, sex, age and urban/rural residence: each census, 1975 – 1988 (continued)

(See notes at end of table.)

	Continent, country or area, census date, sex, literacy and urban/rural residence Continent, pays ou zone, date du recensement, alphabétisme et résidence, urbaine/rurale	10 plus [1]	15 plus [2]	10 – 14	15 – 19	20 – 24	25 – 29
	AMERICA,SOUTH— (Cont.–Suite) AMERIQUE DU SUD						
	Uruguay						
	23 X 1985 [7 24]						
	Total						
1	Total	2 422 759	2 165 335	257 424	229 520	226 918	215 136
2	Literate–Alphabète	2 312 110	2 058 834	253 276	226 275	223 002	211 200
3	Illiterate–Analphabète	103 039	99 726	3 313	2 855	3 392	3 463
4	Unknown–Inconnu	7 610	6 775	835	390	524	473
	Male – Masculin						
5	Total	1 167 878	1 036 433	131 445	115 826	112 707	105 553
6	Literate–Alphabète	1 108 529	979 764	128 765	113 823	110 259	103 116
7	Illiterate–Analphabète	55 419	53 376	2 043	1 800	2 161	2 192
8	Unknown–Inconnu	3 930	3 293	637	203	287	245
	Female – Féminin						
9	Total	1 254 881	1 128 902	125 979	113 694	114 211	109 583
10	Literate–Alphabète	1 203 581	1 079 070	124 511	112 452	112 743	108 084
11	Illiterate–Analphabète	47 620	46 350	1 270	1 055	1 231	1 271
12	Unknown–Inconnu	3 680	3 482	198	187	237	228
	Venezuela						
	20 X 1981 [7 19 25]						
	Total						
13	Total	10 511 982	8 719 399	1 792 583	1 646 276	1 449 072	*—
14	Literate–Alphabète	9 035 083	7 388 139	1 646 944	1 537 491	1 344 642	*—
15	Illiterate–Analphabète	1 476 899	1 331 260	145 639	108 785	104 430	*—
	Male – Masculin						
16	Total	5 226 589	4 322 681	903 908	822 541	716 784	*—
17	Literate–Alphabète	4 557 537	3 738 658	818 879	759 305	661 951	*—
18	Illiterate–Analphabète	669 052	584 023	85 029	63 236	54 833	*—
	Female – Féminin						
19	Total	5 285 393	4 396 718	888 675	823 735	732 288	*—
20	Literate–Alphabète	4 477 546	3 649 481	828 065	778 186	682 691	*—
21	Illiterate–Analphabète	807 847	747 237	60 610	45 549	49 597	*—
	ASIA—ASIE						
	Bangladesh						
	6–7 III 1981 [7 26]						
	Total						
22	Total	58 168 869	46 519 423	11 649 446	8 146 737	6 779 564	6 420 593
23	Literate–Alphabète	16 530 345	13 596 340	2 934 005	2 913 936	2 407 775	2 142 821
24	Illiterate–Analphabète	41 638 524	32 923 083	8 715 441	5 232 801	4 371 789	4 277 772
	Male – Masculin						
25	Total	30 287 627	24 061 949	6 225 678	4 129 291	3 244 241	3 241 135
26	Literate–Alphabète	11 240 948	9 560 366	1 680 582	1 753 929	1 517 129	1 459 923
27	Illiterate–Analphabète	19 046 679	14 501 583	4 545 096	2 375 362	1 727 112	1 781 212
	Female – Féminin						
28	Total	27 881 242	22 457 474	5 423 768	4 017 446	3 535 323	3 179 458
29	Literate–Alphabète	5 289 397	4 035 974	1 253 423	1 160 007	890 646	682 898
30	Illiterate–Analphabète	22 591 845	18 421 500	4 170 345	2 857 439	2 644 677	2 496 560
	China – Chine						
	1 VII 1982 [27]						
	Total						
31	Total	798 472 924	666661967	131 810 957	125 366 344	74 363 020	92 563 882
32	Literate–Alphabète	555 059 839	436697493	118 362 346	113 593 559	63 712 861	71 822 606
33	Illiterate–Analphabète	243 413 085	229964474	13 448 611	11 772 785	10 650 159	20 741 276
	Male – Masculin						
34	Total	409 267 032	341429100	67 837 932	63 804 581	37 880 116	47 746 255
35	Literate–Alphabète	334 280 271	270383785	63 896 486	61 097 150	35 715 363	43 184 213
36	Illiterate–Analphabète	74 986 761	71 045 315	3 941 446	2 707 431	2 164 753	4 562 042
	Female – Féminin						
37	Total	389 205 892	325232867	63 973 025	61 561 763	36 482 904	44 817 627
38	Literate–Alphabète	220 779 568	166313708	54 465 860	52 496 409	27 997 498	28 638 393
39	Illiterate–Analphabète	168 426 324	158919159	9 507 165	9 065 354	8 485 406	16 179 234

32. Population selon l'alphabétisme, le sexe, l'âge et la résidence, urbaine/rurale: chaque recensement, 1975 – 1988 (suite)

ir notes à la fin du tableau.)

Age (en années)						
30 – 34	35 – 44	45 – 54	55 – 64	65 plus	Unknown Inconnu	
193 786	347 274	325 755	297 284	329 662	–	1
189 051	336 979	310 865	276 995	284 467	–	2
4 221	9 337	13 801	19 162	43 495	–	3
514	958	1 089	1 127	1 700	–	4
94 739	169 399	158 390	141 422	138 397	–	5
91 821	162 941	149 628	130 223	117 953	–	6
2 648	5 945	8 189	10 657	19 784	–	7
270	513	573	542	660	–	8
99 047	177 875	167 365	155 862	191 265	–	9
97 230	174 038	161 237	146 772	166 514	–	10
1 573	3 392	5 612	8 505	23 711	–	11
244	445	516	585	1 040	–	12
2 223 695 ———*	1 329 469	958 268	601 035	511 584	–	13
2 031 597 ———*	1 113 401	712 752	384 777	263 479	–	14
92 098 ———*	216 068	245 516	216 258	248 105	–	15
1 103 398 ———*	666 559	483 471	297 949	231 979	–	16
1 015 560 ———*	577 347	385 211	209 811	129 473	–	17
37 838 ———*	89 212	98 260	88 138	102 506	–	18
1 120 297 ———*	662 910	474 797	303 086	279 605	–	19
1 016 037 ———*	536 054	327 541	174 966	134 006	–	20
04 260 ———*	126 856	147 256	128 120	145 599	–	21
4 963 134	8 133 534	5 552 134	3 569 023	2 954 704	–	22
1 444 819	2 113 114	1 275 244	736 064	562 567	–	23
3 518 315	6 020 420	4 276 890	2 832 959	2 392 137	–	24
2 491 984	4 278 964	3 001 983	1 969 488	1 704 863	–	25
1 028 163	1 608 499	1 043 646	638 319	510 758	–	26
1 463 821	2 670 465	1 958 337	1 331 169	1 194 105	–	27
2 471 150	3 854 570	2 550 151	1 599 535	1 249 841	–	28
416 656	504 615	231 598	97 745	51 809	–	29
2 054 494	3 349 955	2 318 553	1 501 790	1 198 032	–	30
72 958 237	102 659 572	88 218 832 *———	110 532 080	———*	–	31
53 837 249	68 721 145	38 341 251 *———	26 668 822	———*	–	32
19 120 988	33 938 427	49 877 581 *———	83 863 258	———*	–	33
37 930 240	54 393 250	46 602 105 *———	53 072 553	———*	–	34
32 928 256	44 568 826	29 778 943 *———	23 111 034	———*	–	35
5 001 984	9 824 424	16 823 162 *———	29 961 519	———*	–	36
35 027 997	48 266 322	41 616 727 *———	57 459 527	———*	–	37
20 908 993	24 152 319	8 562 308 *———	3 557 788	———*	–	38
14 119 004	24 114 003	33 054 419 *———	53 901 739	———*	–	39

32. Population by literacy, sex, age and urban/rural residence: each census, 1975 – 1988 (continued)

(See notes at end of table.)

	Continent, country or area, census date, sex, literacy and urban/rural residence Continent, pays ou zone, date du recensement, alphabétisme et résidence, urbaine/rurale	Age (in years) 10 plus [1]	15 plus [2]	10 – 14	15 – 19	20 – 24	25 – 29
	ASIA—ASIE (Cont.–Suite)						
	India – Inde [28]						
	1 III 1981 [7 29 30 31]						
	Total						
1	Total	487 898 075	401944943	85 674 734	64 037 433	57 307 790	50 747 085
2	Literate–Alphabète	212 411 856	163847185	48 384 611	35 455 002	29 810 007	24 135 081
3	Illiterate–Analphabète	275 486 209	238097747	37 290 123	28 582 428	27 497 781	26 612 003
	Male – Masculin						
4	Total	253 273 474	207931693	45 184 343	33 887 440	28 962 377	25 748 767
5	Literate–Alphabète	144 370 053	114031856	30 226 619	22 406 656	19 272 119	16 157 542
6	Illiterate–Analphabète	108 903 419	93 899 834	14 957 724	11 480 784	9 690 257	9 591 225
	Female – Féminin						
7	Total	234 624 601	194013249	40 490 391	30 149 993	28 345 413	24 998 317
8	Literate–Alphabète	68 041 803	49 815 329	18 157 992	13 048 346	10 537 888	7 977 539
9	Illiterate–Analphabète	166 582 790	144197913	22 332 399	17 101 644	17 807 524	17 020 778
	Iran (Islamic Republic of – Rép. islamique d')						
	22 IX 1986* [32]						
	Total						
10	Total	32 925 838	26 929 586	5 965 334	5 226 917	4 214 304	3 658 969
11	Literate–Alphabète	19 107 483	14 009 952	5 086 773	4 111 254	3 007 986	2 229 555
12	Illiterate–Analphabète	13 728 989	12 846 921	865 177	1 107 634	1 195 744	1 423 449
13	Unknown–Inconnu	89 366	72 713	13 384	8 029	10 574	5 965
	Male – Masculin						
14	Total	16 815 680	13 710 890	3 086 352	2 693 040	2 135 643	1 836 308
15	Literate–Alphabète	11 465 499	8 637 443	2 821 180	2 336 182	1 760 794	1 356 995
16	Illiterate–Analphabète	5 313 302	5 044 537	258 940	352 948	370 322	476 341
17	Unknown–Inconnu	36 879	28 910	6 232	3 910	4 527	2 972
	Female – Féminin						
18	Total	16 110 158	13 218 696	2 878 982	2 533 877	2 078 661	1 822 661
19	Literate–Alphabète	7 641 984	5 372 509	2 265 593	1 775 072	1 247 192	872 560
20	Illiterate–Analphabète	8 415 687	7 802 384	606 237	754 686	825 422	947 108
21	Unknown–Inconnu	52 487	43 803	7 152	4 119	6 047	2 993
	Israel – Israël [33]						
	4 VI 1983 [3 34]						
	Total						
22	Total	...	2 716 585	...	[35] 213 235	[35] 459 630 *	———
23	Literate–Alphabète	...	2 492 505	...	[35] 211 060	[35] 452 135 *	———
24	Illiterate–Analphabète	...	224 080	...	[35] 2 175	[35] 7 495 *	———
	Male – Masculin						
25	Total	...	1 329 070	...	[35] 109 900	[35] 234 915 *	———
26	Literate–Alphabète	...	1 262 130	...	[35] 109 265	[35] 232 290 *	———
27	Illiterate–Analphabète	...	66 940	...	[35] 635	[35] 2 625 *	———
	Female – Féminin						
28	Total	...	1 387 515	...	[35] 103 335	[35] 224 715 *	———
29	Literate–Alphabète	...	1 230 375	...	[35] 101 795	[35] 219 845 *	———
30	Illiterate–Analphabète	...	157 140	...	[35] 1 540	[35] 4 870 *	———
	Jordan – Jordanie [36]						
	10 XI 1979 [37]						
	Total						
31	Total	...	1 036 051	...	233 036	154 310	115 370
32	Literate–Alphabète	...	692 049	...	216 966	133 615	89 610
33	Illiterate–Analphabète	...	344 002	...	16 070	20 695	25 760
	Male – Masculin						
34	Total	...	536 291	...	121 234	79 367	59 970
35	Literate–Alphabète	...	431 621	...	117 576	74 584	53 879
36	Illiterate–Analphabète	...	104 670	...	3 658	4 783	6 091
	Female – Féminin						
37	Total	...	499 760	...	111 802	74 943	55 400
38	Literate–Alphabète	...	260 428	...	99 390	59 031	35 731
39	Illiterate–Analphabète	...	239 332	...	12 412	15 912	19 669

32. Population selon l'alphabétisme, le sexe, l'âge et la résidence, urbaine/rurale: chaque recensement, 1975 – 1988 (suite)

Voir notes à la fin du tableau.)

Age (en années) 30 – 34	35 – 44	45 – 54	55 – 64	65 plus	Unknown Inconnu	
42 441 923	*——— 144 2 38 469	———*	*——— 43 172 243	———*	278 398	1
17 893 588	*——— 47 2 91 693	———*	*——— 9 261 814	———*	180 060	2
24 548 333	*——— 96 9 46 774	———*	*——— 33 910 428	———*	98 339	3
21 598 977	*——— 75 7 19 261	———*	*——— 22 014 871	———*	157 438	4
12 593 378	*——— 35 9 88 552	———*	*——— 7 613 609	———*	111 578	5
9 005 598	*——— 39 7 30 709	———*	*——— 14 401 261	———*	45 861	6
20 842 946	*——— 68 5 19 207	———*	*——— 21 157 373	———*	120 961	7
5 300 210	*——— 11 3 03 141	———*	*——— 1 648 205	———*	68 482	8
15 542 735	*——— 57 2 16 065	———*	*——— 19 509 167	———*	52 478	9
2 919 405	3 687 392	3 190 064	2 538 999	1 493 536	30 918	10
1 565 168	1 507 494	854 866	516 980	216 649	10 758	11
1 350 544	2 173 964	2 328 041	2 007 619	1 259 926	16 891	12
3 693	5 934	7 157	14 400	16 961	3 269	13
1 466 883	1 792 356	1 685 048	1 349 748	751 864	18 438	14
998 292	989 054	635 619	393 317	167 190	6 876	15
466 136	800 641	1 046 058	952 451	579 640	9 825	16
2 455	2 661	3 371	3 980	5 034	1 737	17
1 452 522	1 895 036	1 505 016	1 189 251	741 672	12 480	18
566 876	518 440	219 247	123 663	49 459	3 882	19
884 408	1 373 323	1 281 983	1 055 168	680 286	7 066	20
1 238	3 273	3 786	10 420	11 927	1 532	21
615 380 ———*	424 255	337 640	303 995	362 450	–	22
599 865 ———*	397 715	288 060	254 610	289 060	–	23
15 515 ———*	26 540	49 580	49 385	73 390	–	24
302 640 ———*	208 640	162 840	140 490	169 645	–	25
298 005 ———*	201 830	149 195	126 510	145 035	–	26
4 635 ———*	6 810	13 645	13 980	24 610	–	27
312 740 ———*	215 615	174 800	163 505	192 805	–	28
301 860 ———*	195 885	138 865	128 100	144 025	–	29
10 880 ———*	19 730	35 935	35 405	48 780	–	30
105 504	185 273	119 903	64 642	58 013	–	31
72 401	100 135	49 301	20 063	9 958	–	32
33 103	85 138	70 602	44 579	48 055	–	33
52 497	96 351	63 258	33 328	30 286	–	34
46 033	74 684	39 773	16 633	8 459	–	35
6 464	21 667	23 485	16 695	21 827	–	36
53 007	88 922	56 645	31 314	27 727	–	37
26 368	25 451	9 528	3 430	1 499	–	38
26 639	63 471	47 117	27 884	26 228	–	39

32. Population by literacy, sex, age and urban/rural residence: each census, 1975 – 1988 (continued)

(See notes at end of table.)

	Continent, country or area, census date, sex, literacy and urban/rural residence Continent, pays ou zone, date du recensement, alphabétisme et résidence, urbaine/rurale	Age (in years) 10 plus [1]	15 plus [2]	10 – 14	15 – 19	20 – 24	25 – 29
	ASIA—ASIE (Cont.–Suite)						
	Kuwait – Koweït						
	20–21 IV 1985						
	Total						
1	Total	1 244 714	1 072 216	172 498	145 196	148 388	187 256
2	Literate–Alphabète	964 324	798 703	165 621	133 952	122 805	147 134
3	Illiterate–Analphabète	280 390	273 513	6 877	11 244	25 583	40 122
	Male – Masculin						
4	Total	734 949	647 085	87 864	72 697	76 900	114 995
5	Literate–Alphabète	591 683	506 003	85 680	69 716	65 957	92 233
6	Illiterate–Analphabète	143 266	141 082	2 184	2 981	10 943	22 762
	Female – Féminin						
7	Total	509 765	425 131	84 634	72 499	71 488	72 261
8	Literate–Alphabète	372 641	292 700	79 941	64 236	56 848	54 901
9	Illiterate–Analphabète	137 124	132 431	4 693	8 263	14 640	17 360
	Macau – Macao						
	16 III 1981 [3 38]						
	Total						
10	Total	127 359	125 891	1 468	15 476	29 003	23 906
11	Literate–Alphabète	114 739	113 778	961	14 395	27 728	22 753
12	Illiterate–Analphabète	12 620	12 113	507	1 081	1 275	1 153
	Male – Masculin						
13	Total	80 102	79 468	634	7 746	15 887	14 954
14	Literate–Alphabète	74 155	73 754	401	7 225	15 260	14 292
15	Illiterate–Analphabète	5 947	5 714	233	521	627	662
	Female – Féminin						
16	Total	47 257	46 423	834	7 730	13 116	8 952
17	Literate–Alphabète	40 584	40 024	560	7 170	12 468	8 461
18	Illiterate–Analphabète	6 673	6 399	274	560	648	491
	Malaysia – Malaisie Peninsular Malaysia – Malaisie Péninsulaire						
	10 VI 1980 [39]						
	Total						
19	Total	7 977 088	6 619 772	1 357 316	1 246 085	1 038 246	873 508
20	Literate–Alphabète	6 003 777	4 813 407	1 190 370	1 146 347	926 440	754 800
21	Illiterate–Analphabète	1 973 311	1 806 365	166 946	99 738	111 806	118 708
	Male – Masculin						
22	Total	3 935 552	3 245 741	689 811	614 595	491 594	420 392
23	Literate–Alphabète	3 284 944	2 680 788	604 156	570 475	451 278	384 854
24	Illiterate–Analphabète	650 608	564 953	85 655	44 120	40 316	35 538
	Female – Féminin						
25	Total	4 041 536	3 374 031	667 505	631 490	546 652	453 116
26	Literate–Alphabète	2 718 833	2 132 619	586 214	575 872	475 162	369 946
27	Illiterate–Analphabète	1 322 703	1 241 412	81 291	55 618	71 490	83 170
	Sabah						
	11 VI 1980 [39]						
	Total						
28	Total	655 161	542 279	112 882	102 345	101 631	79 505
29	Literate–Alphabète	381 520	298 025	83 495	79 743	70 366	51 585
30	Illiterate–Analphabète	273 641	244 254	29 387	22 602	31 265	27 920
	Male – Masculin						
31	Total	343 855	285 877	57 978	50 349	52 189	42 829
32	Literate–Alphabète	227 457	183 573	43 884	41 385	39 697	31 701
33	Illiterate–Analphabète	116 398	102 304	14 094	8 964	12 492	11 128
	Female – Féminin						
34	Total	311 306	256 402	54 904	51 996	49 442	36 676
35	Literate–Alphabète	154 063	114 452	39 611	38 358	30 669	19 884
36	Illiterate–Analphabète	157 243	141 950	15 293	13 638	18 773	16 792

32. Population selon l'alphabétisme, le sexe, l'âge et la résidence, urbaine/rurale: chaque recensement, 1975 – 1988 (suite)

(Voir notes à la fin du tableau.)

Age (en années)						
30 – 34	35 – 44	45 – 54	55 – 64	65 plus	Unknown Inconnu	
173 723	235 641	118 662	42 494	20 856	–	1
133 084	168 234	69 784	19 220	4 490	–	2
40 639	67 407	48 878	23 274	16 366	–	3
110 977	153 274	80 316	27 277	10 649	–	4
87 336	117 347	54 161	15 748	3 505	–	5
23 641	35 927	26 155	11 529	7 144	–	6
62 746	82 367	38 346	15 217	10 207	–	7
45 748	50 887	15 623	3 472	985	–	8
16 998	31 480	22 723	11 745	9 222	–	9
15 614	15 742	13 154	*—— 12 996 ——*		–	10
14 816	14 227	10 455	*—— 9 404 ——*		–	11
798	1 515	2 699	*—— 3 592 ——*		–	12
11 115	11 259	9 288	*—— 9 219 ——*		–	13
10 614	10 484	8 058	*—— 7 821 ——*		–	14
501	775	1 230	*—— 1 398 ——*		–	15
4 499	4 483	3 866	*—— 3 777 ——*		–	16
4 202	3 743	2 397	*—— 1 583 ——*		–	17
297	740	1 469	*—— 2 194 ——*		–	18
735 756	1 080 456	741 029	493 812	410 880	–	19
596 804	729 230	371 589	187 522	100 675	–	20
138 952	351 226	369 440	306 290	310 205	–	21
367 462	545 293	365 126	240 005	201 274	–	22
329 238	453 155	262 773	144 929	84 086	–	23
38 224	92 138	102 353	95 076	117 188	–	24
368 294	535 163	375 903	253 807	209 606	–	25
267 566	276 075	108 816	42 593	16 589	–	26
100 728	259 088	267 087	211 214	193 017	–	27
55 199	91 848	58 200	34 389	19 162	–	28
31 035	37 790	16 635	7 454	3 417	–	29
24 164	54 058	41 565	26 935	15 745	–	30
29 805	49 841	32 209	18 533	10 122	–	31
20 580	28 114	13 234	6 056	2 806	–	32
9 225	21 727	18 975	12 477	7 316	–	33
25 394	42 007	25 991	15 856	9 040	–	34
10 455	9 676	3 401	1 398	611	–	35
14 939	32 331	22 590	14 458	8 429	–	36

32. Population by literacy, sex, age and urban/rural residence: each census, 1975 – 1988 (continued)

(See notes at end of table.)

	Continent, country or area, census date, sex, literacy and urban/rural residence / Continent, pays ou zone, date du recensement, alphabétisme et résidence, urbaine/rurale	Age (in years)					
		10 plus [1]	15 plus [2]	10 – 14	15 – 19	20 – 24	25 – 29
	ASIA—ASIE (Cont.–Suite)						
	Malaysia – Malaisie						
	Sarawak						
	10 VI 1980 [7] [39]						
	Total						
1	Total	879 423	719 107	160 316	136 196	109 767	95 569
2	Literate–Alphabète	481 796	367 260	114 536	104 054	78 350	64 114
3	Illiterate–Analphabète	397 627	351 847	45 780	32 142	31 417	31 455
	Male – Masculin						
4	Total	436 107	353 979	82 128	66 084	51 859	47 342
5	Literate–Alphabète	278 149	218 178	59 971	54 230	41 321	37 367
6	Illiterate–Analphabète	157 958	135 801	22 157	11 854	10 538	9 975
	Female – Féminin						
7	Total	443 316	365 128	78 188	70 112	57 908	48 227
8	Literate–Alphabète	203 647	149 082	54 565	49 824	37 029	26 747
9	Illiterate–Analphabète	239 669	216 046	23 623	20 288	20 879	21 480
	Maldives						
	25–28 III 1985						
	Total						
10	Total	121 118	98 728	22 282	20 794	17 531	12 536
11	Literate–Alphabète	110 285	90 189	20 017	19 661	16 509	11 715
12	Illiterate–Analphabète	9 181	7 598	1 574	830	860	724
13	Unknown–Inconnu	1 652	941	691	303	162	97
	Male – Masculin						
14	Total	63 595	51 855	11 663	10 322	8 665	6 370
15	Literate–Alphabète	57 789	47 412	10 322	9 685	8 150	5 963
16	Illiterate–Analphabète	5 036	4 059	970	517	444	370
17	Unknown–Inconnu	770	384	371	120	71	37
	Female – Féminin						
18	Total	57 523	46 873	10 619	10 472	8 866	6 166
19	Literate–Alphabète	52 496	42 777	9 695	9 976	8 359	5 752
20	Illiterate–Analphabète	4 145	3 539	604	313	416	354
21	Unknown–Inconnu	882	557	320	183	91	60
	Myanmar [40]						
	31 III 1983 [41]						
	Total						
22	Total	25 233 933	20 965 263	4 268 670	3 735 435	3 286 324	2 763 545
23	Literate–Alphabète	20 118 340	16 472 494	3 645 846	3 170 636	2 790 632	2 306 206
24	Illiterate–Analphabète	5 115 593	4 492 769	622 824	564 799	495 692	457 339
	Male – Masculin						
25	Total	12 455 444	10 276 488	2 178 956	1 844 414	1 610 144	1 363 835
26	Literate–Alphabète	10 724 245	8 816 031	1 908 214	1 627 654	1 431 903	1 202 036
27	Illiterate–Analphabète	1 731 199	1 460 457	270 742	216 760	178 241	161 799
	Female – Féminin						
28	Total	12 778 489	10 688 775	2 089 714	1 891 021	1 676 180	1 399 710
29	Literate–Alphabète	9 394 095	7 656 463	1 737 632	1 542 982	1 358 729	1 104 170
30	Illiterate–Analphabète	3 384 394	3 032 312	352 082	348 039	317 451	295 540
	Pakistan [42]						
	1 III 1981 [7]						
	Total						
31	Total	57 820 212	46 737 010	11 083 202	7 947 329	6 560 060	5 605 775
32	Literate–Alphabète	14 839 854	12 023 186	2 816 668	2 853 877	2 192 279	1 673 703
33	Illiterate–Analphabète	42 980 358	34 713 824	8 266 534	5 093 452	4 367 781	3 932 072
	Male – Masculin						
34	Total	30 894 955	24 840 503	6 054 452	4 327 810	3 357 834	2 970 470
35	Literate–Alphabète	10 633 886	8 788 732	1 845 154	1 904 334	1 515 998	1 220 099
36	Illiterate–Analphabète	20 261 069	16 051 771	4 209 298	2 423 476	1 841 836	1 750 371
	Female – Féminin						
37	Total	26 925 257	21 896 507	5 028 750	3 619 519	3 202 226	2 635 305
38	Literate–Alphabète	4 205 968	3 234 454	971 514	949 543	676 281	453 604
39	Illiterate–Analphabète	22 719 289	18 662 053	4 057 236	2 669 976	2 525 945	2 181 701

32. Population selon l'alphabétisme, le sexe, l'âge et la résidence, urbaine/rurale: chaque recensement, 1975 – 1988 (suite)

(Voir notes à la fin du tableau.)

Age (en années) 30 – 34	35 – 44	45 – 54	55 – 64	65 plus	Unknown Inconnu	
77 191	114 476	83 810	58 875	43 223	–	1
41 530	44 625	19 686	9 619	5 282	–	2
35 661	69 851	64 124	49 256	37 941	–	3
38 141	57 797	40 729	29 458	22 569	–	4
26 496	31 145	15 114	7 863	4 642	–	5
11 645	26 652	25 615	21 595	17 927	–	6
39 050	56 679	43 081	29 417	20 654	–	7
15 034	13 480	4 572	1 756	640	–	8
24 016	43 199	38 509	27 661	20 014	–	9
8 254	13 265	13 792	8 073	4 483	108	10
7 722	12 055	11 899	6 859	3 769	79	11
462	1 113	1 780	1 152	677	9	12
70	97	113	62	37	20	13
4 321	6 992	7 612	4 752	2 821	77	14
4 067	6 399	6 615	4 112	2 421	55	15
222	550	951	620	385	7	16
32	43	46	20	15	15	17
3 933	6 273	6 180	3 321	1 662	31	18
3 655	5 656	5 284	2 747	1 348	24	19
240	563	829	532	292	2	20
38	54	67	42	22	5	21
2 152 965	3 148 151	2 712 911	1 825 734	1 340 198	–	22
1 753 222	2 429 076	1 936 680	1 244 883	841 159	–	23
399 743	719 075	776 231	580 851	499 039	–	24
1 067 173	1 551 796	1 330 055	888 757	620 314	–	25
930 222	1 327 798	1 100 419	714 234	481 765	–	26
136 951	223 998	229 636	174 523	138 549	–	27
1 085 792	1 596 355	1 382 856	936 977	719 884	–	28
823 000	1 101 278	836 261	530 649	359 394	–	29
262 792	495 077	546 595	406 328	360 490	–	30
4 731 239	8 259 124	6 175 592	1 640 834	5 817 057	–	31
1 247 248	1 883 899	1 156 176	280 032	735 972	–	32
3 483 991	6 375 225	5 019 416	1 360 802	5 081 085	–	33
2 448 871	4 158 758	3 324 667	879 239	3 372 854	–	34
933 963	1 437 966	919 675	234 561	622 136	–	35
1 514 908	2 720 792	2 404 992	644 678	2 750 718	–	36
2 282 368	4 100 366	2 850 925	761 595	2 444 203	–	37
313 285	445 933	236 501	45 471	113 836	–	38
1 969 083	3 654 433	2 614 424	716 124	2 330 367	–	39

32. Population by literacy, sex, age and urban/rural residence: each census, 1975 – 1988 (continued)

(See notes at end of table.)

	Continent, country or area, census date, sex, literacy and urban/rural residence Continent, pays ou zone, date du recensement, alphabétisme et résidence, urbaine/rurale	10 plus [1]	15 plus [2]	10 – 14	15 – 19	20 – 24	25 – 29
	ASIA—ASIE (Cont.–Suite)						
	Philippines						
	1 V 1980 [3 7 39 41]						
	Total						
1	Total	33 681 424	27 734 739	5 946 685	5 231 468	4 543 903	3 824 256
2	Literate–Alphabète	27 861 191	23 107 817	4 753 374	4 819 901	4 152 813	3 424 685
3	Illiterate–Analphabète	5 820 233	4 626 922	1 193 311	411 567	391 090	399 571
	Male – Masculin						
4	Total	16 692 565	13 658 525	3 034 040	2 551 220	2 177 803	1 894 425
5	Literate–Alphabète	13 822 947	11 458 040	2 364 907	2 328 808	1 977 597	1 691 259
6	Illiterate–Analphabète	2 869 618	2 200 485	669 133	222 412	200 206	203 166
	Female – Féminin						
7	Total	16 988 859	14 076 214	2 912 645	2 680 248	2 366 100	1 929 831
8	Literate–Alphabète	14 038 244	11 649 777	2 388 467	2 491 093	2 175 216	1 733 426
9	Illiterate–Analphabète	2 950 615	2 426 437	524 178	189 155	190 884	196 405
	Qatar						
	16 III 1986*						
	Total						
10	Total	293 281	266 534	26 654	22 633	32 569	53 194
11	Literate–Alphabète	227 254	201 342	25 865	21 369	28 039	43 846
12	Illiterate–Analphabète	65 655	64 860	771	1 259	4 511	9 321
13	Unknown–Inconnu	372	332	18	5	19	27
	Male – Masculin						
14	Total	209 113	195 169	13 871	12 338	22 121	41 664
15	Literate–Alphabète	163 322	149 715	13 566	11 705	18 790	34 164
16	Illiterate–Analphabète	45 547	45 237	295	631	3 321	7 477
17	Unknown–Inconnu	244	217	10	2	10	23
	Female – Féminin						
18	Total	84 168	71 365	12 783	10 295	10 448	11 530
19	Literate–Alphabète	63 932	51 627	12 299	9 664	9 249	9 682
20	Illiterate–Analphabète	20 108	19 623	476	628	1 190	1 844
21	Unknown–Inconnu	128	115	8	3	9	4
	Sri Lanka						
	17 III 1981 [7]						
	Total						
22	Total	11 309 485	9 620 152	1 689 333	1 603 187	1 526 463	1 274 857
23	Literate–Alphabète	9 865 507	8 348 168	1 517 339	1 449 298	1 400 040	1 174 881
24	Illiterate–Analphabète	1 443 978	1 271 984	171 994	153 889	126 423	99 976
	Male – Masculin						
25	Total	5 768 035	4 905 730	862 305	812 798	765 617	638 025
26	Literate–Alphabète	5 257 233	4 481 306	775 927	737 804	712 440	600 706
27	Illiterate–Analphabète	510 802	424 424	86 378	74 994	53 177	37 319
	Female – Féminin						
28	Total	5 541 450	4 714 422	827 028	790 389	760 846	636 832
29	Literate–Alphabète	4 608 274	3 866 862	741 412	711 494	687 600	574 175
30	Illiterate–Analphabète	933 176	847 560	85 616	78 895	73 246	62 657
	Syrian Arab Republic – République arabe syrienne						
	7 IX 1981 [43]						
	Total						
31	Total	5 643 034	4 468 479	1 173 272	978 014	725 214	536 128
32	Literate–Alphabète	3 481 026	2 486 214	994 271	764 375	500 593	333 582
33	Illiterate–Analphabète	2 160 619	1 981 015	178 982	213 585	224 502	202 275
34	Unknown–Inconnu	1 389	1 250	18	54	119	271
	Male – Masculin						
35	Total	2 883 027	2 274 930	607 453	504 400	367 322	270 900
36	Literate–Alphabète	2 243 930	1 673 540	570 016	455 737	318 551	224 852
37	Illiterate–Analphabète	638 422	600 779	37 431	48 639	48 705	45 903
38	Unknown–Inconnu	675	611	6	24	66	145
	Female – Féminin						
39	Total	2 760 007	2 193 549	565 819	473 614	357 892	265 228
40	Literate–Alphabète	1 237 096	812 674	424 256	308 638	182 042	108 730
41	Illiterate–Analphabète	1 522 197	1 380 236	141 551	164 946	175 797	156 372
42	Unknown–Inconnu	714	639	12	30	53	126

32. Population selon l'alphabétisme, le sexe, l'âge et la résidence, urbaine/rurale: chaque recensement, 1975 – 1988 (suite)

(Voir notes à la fin du tableau.)

Age (en années)						
30 – 34	35 – 44	45 – 54	55 – 64	65 plus	Unknown Inconnu	
2 983 656	4 481 389	3 039 565	1 996 843	1 633 659	–	1
2 633 931	3 727 851	2 267 273	1 253 272	828 091	–	2
349 725	753 538	772 292	743 571	805 568	–	3
1 509 013	2 262 349	1 502 542	967 456	793 717	–	4
1 330 215	1 890 671	1 151 726	643 164	444 600	–	5
178 798	371 678	350 816	324 292	349 117	–	6
1 474 643	2 219 040	1 537 023	1 029 387	839 942	–	7
1 303 716	1 837 180	1 115 547	610 108	383 491	–	8
170 927	381 860	421 476	419 279	456 451	–	9
54 252	65 065	26 613	8 438	3 770	93	10
42 602	46 182	15 008	3 389	907	47	11
11 573	18 759	11 554	5 028	2 855	24	12
77	124	51	21	8	22	13
41 004	49 394	20 434	6 025	2 189	73	14
32 454	36 350	12 651	2 867	734	41	15
8 510	12 959	7 746	3 143	1 450	15	16
40	85	37	15	5	17	17
13 248	15 671	6 179	2 413	1 581	20	18
10 148	9 832	2 357	522	173	6	19
3 063	5 800	3 808	1 885	1 405	9	20
37	39	14	6	3	5	21
1 125 426	1 537 276	1 148 813	762 726	641 404	–	22
1 026 298	1 336 062	926 103	587 379	448 107	–	23
99 128	201 214	222 710	175 347	193 297	–	24
569 613	781 641	593 310	405 664	339 062	–	25
537 769	725 435	532 707	355 616	278 829	–	26
31 844	56 206	60 603	50 048	60 233	–	27
555 813	755 635	555 503	357 062	302 342	–	28
488 529	610 627	393 396	231 763	169 278	–	29
67 284	145 008	162 107	125 299	133 064	–	30
433 398	646 180	547 418	324 786	277 341	1 283	31
238 985	307 803	195 407	95 775	49 694	540	32
194 232	338 175	351 838	228 910	227 498	622	33
181	202	173	101	149	121	34
217 838	319 476	280 259	170 561	144 174	644	35
168 849	225 835	157 319	80 404	41 993	374	36
48 890	93 526	122 848	90 129	102 139	212	37
99	115	92	28	42	58	38
215 560	326 704	267 159	154 225	133 167	639	39
70 136	81 968	38 088	15 371	7 701	166	40
145 342	244 649	228 990	138 781	125 359	410	41
82	87	81	73	107	63	42

32. Population by literacy, sex, age and urban/rural residence: each census, 1975 – 1988 (continued)

(See notes at end of table.)

	Continent, country or area, census date, sex, literacy and urban/rural residence / Continent, pays ou zone, date du recensement, alphabétisme et résidence, urbaine/rurale	10 plus [1]	15 plus [2]	10 – 14	15 – 19	20 – 24	25 – 29
	ASIA—ASIE (Cont.–Suite)						
	Turkey – Turquie						
	12 X 1980						
	Total						
1	Total	32 805 858	27 135 605	5 502 813	4 967 307	4 049 679	3 375 326
2	Literate–Alphabète	22 618 807	17 821 033	4 710 906	4 280 133	3 354 396	2 629 325
3	Illiterate–Analphabète	10 174 505	9 306 164	790 505	685 959	694 073	744 961
	Male – Masculin						
4	Total	16 581 925	13 625 394	2 869 879	2 562 865	2 073 844	1 719 161
5	Literate–Alphabète	13 751 885	11 093 850	2 605 709	2 393 625	1 946 044	1 599 068
6	Illiterate–Analphabète	2 822 709	2 526 685	263 414	168 553	127 088	119 437
7	Unknown–Inconnu	7 331	4 859	756	687	712	656
	Female – Féminin						
8	Total	16 223 933	13 510 211	2 632 934	2 404 442	1 975 835	1 656 165
9	Literate–Alphabète	8 866 922	6 727 183	2 105 197	1 886 508	1 408 352	1 030 257
10	Illiterate–Analphabète	7 351 796	6 779 479	527 091	517 406	566 985	625 524
11	Unknown–Inconnu	5 215	3 549	646	528	498	384
	Viet Nam						
	1 X 1979						
	Total						
12	Total	37 338 752	30 299 423	7 039 329	6 014 884	4 882 269	3 717 784
13	Literate–Alphabète	31 901 826	25 398 776	6 503 050	5 717 024	4 638 009	3 492 062
14	Illiterate–Analphabète	5 436 926	4 900 647	536 279	297 860	244 260	225 722
	Male – Masculin						
15	Total	17 705 563	14 073 008	3 632 555	2 954 333	2 281 171	1 742 277
16	Literate–Alphabète	16 085 528	12 719 392	3 366 136	2 828 950	2 202 834	1 671 120
17	Illiterate–Analphabète	1 620 035	1 353 616	266 419	125 383	78 337	71 157
	Female – Féminin						
18	Total	19 633 189	16 226 415	3 406 774	3 060 551	2 601 098	1 975 507
19	Literate–Alphabète	15 816 298	12 679 384	3 136 914	2 888 074	2 435 175	1 820 942
20	Illiterate–Analphabète	3 816 891	3 547 031	269 860	172 477	165 923	154 565
	Yemen – Yémen						
	1 II 1975 [3]						
	Total						
21	Total	2 919 581	...	...	...	...	...
22	Literate–Alphabète	343 222	...	...	...	...	...
23	Illiterate–Analphabète	2 564 522	...	...	...	...	...
24	Unknown–Inconnu	11 837	...	...	...	...	...
	Male – Masculin						
25	Total	1 337 938	...	...	...	...	...
26	Literate–Alphabète	318 456	...	...	...	...	...
27	Illiterate–Analphabète	1 013 526	...	...	...	...	...
28	Unknown–Inconnu	5 956	...	...	...	...	...
	Female – Féminin						
29	Total	1 581 643	...	...	...	...	...
30	Literate–Alphabète	24 766	...	...	...	...	...
31	Illiterate–Analphabète	1 550 996	...	...	...	...	...
32	Unknown–Inconnu	5 881	...	...	...	...	...
	EUROPE						
	Greece – Grèce						
	5 IV 1981 [7 13 44]						
	Total						
33	Total	8 215 041	7 430 839	782 749	720 325	709 958	662 874
34	Literate–Alphabète	7 456 783	6 685 977	769 962	708 414	697 218	648 554
35	Illiterate–Analphabète	706 721	700 837	5 665	7 281	7 390	8 920
36	Unknown–Inconnu	51 537	44 025	7 122	4 630	5 350	5 400
	Male – Masculin						
37	Total	3 995 605	3 592 912	401 940	367 907	354 336	330 616
38	Literate–Alphabète	3 825 566	3 429 424	395 606	361 979	348 260	323 638
39	Illiterate–Analphabète	143 266	140 520	2 722	3 507	3 319	4 000
40	Unknown–Inconnu	26 773	22 968	3 612	2 421	2 757	2 978

32. Population selon l'alphabétisme, le sexe, l'âge et la résidence, urbaine/rurale: chaque recensement, 1975 – 1988 (suite)

(Voir notes à la fin du tableau.)

Age (en années)						
30 – 34	35 – 44	45 – 54	55 – 64	65 plus	Unknown Inconnu	
2 694 715	4 255 027	3 737 015	1 943 289	2 113 247	167 440	1
1 923 396	2 540 681	1 825 209	774 484	493 409	86 868	2
770 393	1 712 752	1 910 635	1 168 180	1 619 211	77 836	3
1 373 541	2 067 616	1 905 568	967 439	955 360	86 652	4
1 239 224	1 678 686	1 307 780	563 308	366 115	52 326	5
133 723	387 993	597 141	403 809	588 941	32 610	6
594	937	647	322	304	1 716	7
1 321 174	2 187 411	1 831 447	975 850	1 157 887	80 788	8
684 172	861 995	517 429	211 176	127 294	34 542	9
636 670	1 324 759	1 313 494	764 371	1 030 270	45 226	10
332	657	524	303	323	1 020	11
2 491 975	4 484 816	2 102 875	*——— 6 604 820	———*	–	12
2 302 985	3 955 419	1 730 454	*——— 3 562 823	———*	–	13
188 990	529 397	372 421	*——— 3 041 997	———*	–	14
1 177 320	2 070 219	1 002 133	*——— 2 845 555	———*	–	15
1 119 843	1 928 664	907 971	*——— 2 060 010	———*	–	16
57 477	141 555	94 162	*——— 785 5 45	———*	–	17
1 314 655	2 414 597	1 100 742	*——— 3 759 265	———*	–	18
1 183 142	2 026 755	822 483	*——— 1 502 813	———*	–	19
131 513	387 842	278 259	*——— 2 256 452	———*	–	20
...	...	...	...	...	...	21
...	...	...	...	...	...	22
...	...	...	...	...	...	23
...	...	...	...	...	...	24
...	...	...	...	...	...	25
...	...	...	...	...	...	26
...	...	...	...	...	...	27
...	...	...	...	...	...	28
...	...	...	...	...	...	29
...	...	...	...	...	...	30
...	...	...	...	...	...	31
...	...	...	...	...	...	32
653 224	1 213 891	1 333 548	898 931	1 238 088	1 453	33
638 997	1 153 601	1 205 524	785 397	848 272	844	34
9 506	52 544	121 528	108 678	384 990	219	35
4 721	7 746	6 496	4 856	4 826	390	36
322 170	588 030	656 674	423 948	549 231	753	37
315 853	571 475	624 055	402 598	481 566	536	38
3 629	12 425	29 147	19 001	65 492	24	39
2 688	4 130	3 472	2 349	2 173	193	40

32. Population by literacy, sex, age and urban/rural residence: each census, 1975 – 1988 (continued)

(See notes at end of table.)

	Continent, country or area, census date, sex, literacy and urban/rural residence Continent, pays ou zone, date du recensement, alphabétisme et résidence, urbaine/rurale	Age (in years) 10 plus [1]	15 plus [2]	10 – 14	15 – 19	20 – 24	25 – 29
	EUROPE (Cont.–Suite)						
	Greece – Grèce						
	5 IV 1981 [7 13 44]						
	Female – Féminin						
1	Total	4 219 436	3 837 927	380 809	352 418	355 622	332 258
2	Literate–Alphabète	3 631 217	3 256 553	374 356	346 435	348 958	324 916
3	Illiterate–Analphabète	563 455	560 317	2 943	3 774	4 071	4 920
4	Unknown–Inconnu	24 764	21 057	3 510	2 209	2 593	2 422
	Italy – Italie						
	25 X 1981						
	Total						
5	Total	...	44 429 297	[45] 3 648 784	4 688 839	4 143 842 *	——
6	Literate–Alphabète	...	42 856 741	[45] 3 637 711	4 674 042	4 127 140 *	——
7	Illiterate–Analphabète	...	1 572 556	[45] 11 073	14 797	16 702 *	——
	Male – Masculin						
8	Total	...	21 290 188	[45] 1 864 797	2 386 087	2 097 857 *	——
9	Literate–Alphabète	...	20 750 407	[45] 1 858 591	2 379 372	2 091 012 *	——
10	Illiterate–Analphabète	...	539 781	[45] 6 206	6 715	6 845 *	——
	Female – Féminin						
11	Total	...	23 139 109	[45] 1 783 987	2 302 752	2 045 985 *	——
12	Literate–Alphabète	...	22 106 334	[45] 1 779 120	2 294 670	2 036 128 *	——
13	Illiterate–Analphabète	...	1 032 775	[45] 4 867	8 082	9 857 *	——
	Malta – Malte						
	16 XI 1985 [46]						
	Total						
14	Total	285 193	...* ——	50 010	——*	26 799	28 673
15	Literate–Alphabète	250 919	...* ——	49 476	——*	25 961	27 041
16	Illiterate–Analphabète	34 274	...* ——	534	——*	838	1 632
	Male – Masculin						
17	Total	139 292	...* ——	25 774	——*	13 856	14 513
18	Literate–Alphabète	122 099	...* ——	25 383	——*	13 230	13 394
19	Illiterate–Analphabète	17 193	...* ——	391	——*	626	1 119
	Female – Féminin						
20	Total	145 901	...* ——	24 236	——*	12 943	14 160
21	Literate–Alphabète	128 820	...* ——	24 093	——*	12 731	13 647
22	Illiterate–Analphabète	17 081	...* ——	143	——*	212	513
	Portugal						
	16 III 1981						
	Total						
23	Total	8 178 985	7 324 341	854 644	859 742	768 317	679 958
24	Literate–Alphabète	6 658 511	5 818 135	840 376	843 038	751 505	661 653
25	Illiterate–Analphabète	1 520 474	1 506 206	14 268	16 704	16 812	18 305
	Male – Masculin						
26	Total	3 893 156	3 457 987	435 169	433 655	385 806	337 171
27	Literate–Alphabète	3 360 452	2 933 526	426 926	423 760	376 561	328 229
28	Illiterate–Analphabète	532 704	524 461	8 243	9 895	9 245	8 942
	Female – Féminin						
29	Total	4 285 829	3 866 354	419 475	426 087	382 511	342 787
30	Literate–Alphabète	3 298 059	2 884 609	413 450	419 278	374 944	333 424
31	Illiterate–Analphabète	987 770	981 745	6 025	6 809	7 567	9 363
	Yugoslavia – Yougoslavie						
	31 III 1981 [3]						
	Total						
32	Total	18 724 752	16 838 815	1 787 846	1 845 047	1 860 336	1 894 127
33	Literate–Alphabète	16 943 522	15 085 319	1 770 986	1 822 211	1 831 578	1 861 124
34	Illiterate–Analphabète	1 781 230	1 753 496	16 860	22 836	28 758	33 003
	Male – Masculin						
35	Total	9 181 345	8 216 543	918 412	944 916	952 161	973 189
36	Literate–Alphabète	8 804 144	7 848 978	911 897	937 473	943 794	964 762
37	Illiterate–Analphabète	377 201	367 565	6 515	7 443	8 367	8 427
	Female – Féminin						
38	Total	9 543 407	8 622 272	869 434	900 131	908 175	920 938
39	Literate–Alphabète	8 139 378	7 236 341	859 089	884 738	887 784	896 362
40	Illiterate–Analphabète	1 404 029	1 385 931	10 345	15 393	20 391	24 576

(Voir notes à la fin du tableau.)

Age (en années) 30 – 34	35 – 44	45 – 54	55 – 64	65 plus	Unknown Inconnu	
331 054	625 861	676 874	474 983	688 857	700	1
323 144	582 126	581 469	382 799	366 706	308	2
5 877	40 119	92 381	89 677	319 498	195	3
2 033	3 616	3 024	2 507	2 653	197	4
——— 15 151 080 ——	———————*	7 157 355	5 803 055	7 485 126	–	5
——— 14 999 349 ——	———————*	6 872 614	5 505 359	6 678 237	–	6
——— 151 731 ——	———————*	284 741	297 696	806 889	–	7
——— 7 542 917 ——	———————*	3 492 934	2 701 149	3 069 244	–	8
——— 7 487 658 ——	———————*	3 389 869	2 595 841	2 806 655	–	9
——— 55 259 ——	———————*	103 065	105 308	262 589	–	10
——— 7 608 163 ——	———————*	3 664 421	3 101 906	4 415 882	–	11
——— 7 511 691 ——	———————*	3 482 745	2 909 518	3 871 582	–	12
——— 96 472 ——	———————*	181 676	192 388	544 300	–	13
27 323	51 227	36 495	31 213	33 453	–	14
25 273	46 679	31 017	23 744	21 728	–	15
2 050	4 548	5 478	7 469	11 725	–	16
13 735	25 313	17 083	14 489	14 529	–	17
12 380	22 534	14 441	11 245	9 492	–	18
1 355	2 779	2 642	3 244	5 037	–	19
13 588	25 914	19 412	16 724	18 924	–	20
12 893	24 145	16 576	12 499	12 236	–	21
695	1 769	2 836	4 225	6 688	–	22
629 898	1 139 586	1 157 362	964 020	1 125 458	–	23
608 880	994 673	838 598	597 024	522 764	–	24
21 018	144 913	318 764	366 996	602 694	–	25
307 631	542 236	546 399	448 291	456 798	–	26
299 094	493 382	435 267	319 665	257 568	–	27
8 537	48 854	111 132	128 626	199 230	–	28
322 267	597 350	610 963	515 729	668 660	–	29
309 786	501 291	403 331	277 359	265 196	–	30
12 481	96 059	207 632	238 370	403 464	–	31
1 695 102	2 755 578	2 977 409	1 776 740	2 034 476	98 091	32
1 655 940	2 598 928	2 587 807	1 420 135	1 307 596	87 217	33
39 162	156 650	389 602	356 605	726 880	10 874	34
866 676	1 381 208	1 463 200	775 412	859 781	46 390	35
858 239	1 357 029	1 402 526	717 321	667 834	43 269	36
8 437	24 179	60 674	58 091	191 947	3 121	37
828 426	1 374 370	1 514 209	1 001 328	1 174 695	51 701	38
797 701	1 241 899	1 185 281	702 814	639 762	43 948	39
30 725	132 471	328 928	298 514	534 933	7 753	40

32. Population by literacy, sex, age and urban/rural residence: each census, 1975 – 1988 (continued)

(See notes at end of table.)

	Continent, country or area, census date, sex, literacy and urban/rural residence Continent, pays ou zone, date du recensement, alphabétisme et résidence, urbaine/rurale	10 plus [1]	15 plus [2]	10 – 14	15 – 19	20 – 24	25 – 29
	OCEANIA—OCEANIE						
	American Samoa – Samoa américaines						
	1 IV 1980 [15]						
	Total						
1	Total	...	19 090	...	3 849	3 057	2 388
2	Literate–Alphabète	...	18 583	...	3 761	2 983	2 346
3	Illiterate–Analphabète	...	507	...	88	74	42
	Male – Masculin						
4	Total	...	9 486	...	1 878	1 390	1 152
5	Literate–Alphabète	...	9 246	...	1 837	1 362	1 129
6	Illiterate–Analphabète	...	240	...	41	28	23
	Female – Féminin						
7	Total	...	9 604	...	1 971	1 667	1 236
8	Literate–Alphabète	...	9 337	...	1 924	1 621	1 217
9	Illiterate–Analphabète	...	267	...	47	46	19
	Guam						
	1 IV 1980 [15]						
	Total						
10	Total	...	69 007	...	10 993	11 108	10 324
11	Literate–Alphabète	...	66 537	...	10 479	10 652	10 030
12	Illiterate–Analphabète	...	2 470	...	514	456	294
	Male – Masculin						
13	Total	...	36 408	...	5 849	6 019	5 194
14	Literate–Alphabète	...	35 091	...	5 577	5 740	5 025
15	Illiterate–Analphabète	...	1 317	...	272	279	169
	Female – Féminin						
16	Total	...	32 599	...	5 144	5 089	5 130
17	Literate–Alphabète	...	31 446	...	4 902	4 912	5 005
18	Illiterate–Analphabète	...	1 153	...	242	177	125
	Pacific Islands – Iles du Pacifique						
	15 IX 1980 [15]						
	Total						
19	Total	89 333	71 770	17 563	13 956	11 637	9 969
20	Literate–Alphabète	81 753	65 972	15 781	13 085	11 043	9 454
21	Illiterate–Analphabète	7 580	5 798	1 782	871	594	515
	Male – Masculin						
22	Total	45 695	36 558	9 137	7 079	5 700	5 027
23	Literate–Alphabète	42 278	34 104	8 174	6 621	5 416	4 790
24	Illiterate–Analphabète	3 417	2 454	963	458	284	237
	Female – Féminin						
25	Total	43 638	35 212	8 426	6 877	5 937	4 942
26	Literate–Alphabète	39 475	31 868	7 607	6 464	5 627	4 664
27	Illiterate–Analphabète	4 163	3 344	819	413	310	278
	Vanuatu						
	15–16 I 1979						
	Total						
28	Total	75 221	60 788	14 433	12 159	10 141	8 322
29	Literate–Alphabète	41 570	32 141	9 429	9 034	6 984	5 041
30	Illiterate–Analphabète	33 651	28 647	5 004	3 125	3 157	3 281
	Male – Masculin						
31	Total	40 060	32 399	7 661	6 322	5 201	4 236
32	Literate–Alphabète	23 699	18 576	5 123	4 891	3 837	2 795
33	Illiterate–Analphabète	16 361	13 823	2 538	1 431	1 364	1 441
	Female – Féminin						
34	Total	35 161	28 389	6 772	5 837	4 940	4 086
35	Literate–Alphabète	17 871	13 565	4 306	4 143	3 147	2 246
36	Illiterate–Analphabète	17 290	14 824	2 466	1 694	1 793	1 840

32. Population selon l'alphabétisme, le sexe, l'âge et la résidence, urbaine/rurale: chaque recensement, 1975 – 1988 (suite)

(Voir notes à la fin du tableau.)

30 – 34	35 – 44	45 – 54	55 – 64	65 plus	Unknown Inconnu	
2 066	3 113	2 261	1 411	945	–	1
2 016	3 057	2 190	1 354	876	–	2
50	56	71	57	69	–	3
1 033	1 686	1 159	721	467	–	4
1 005	1 655	1 123	695	440	–	5
28	31	36	26	27	–	6
1 033	1 427	1 102	690	478	–	7
1 011	1 402	1 067	659	436	–	8
22	25	35	31	42	–	9
9 289	11 295	8 172	4 841	2 985	–	10
9 079	11 011	7 932	4 645	2 709	–	11
210	284	240	196	276	–	12
4 854	6 036	4 409	2 642	1 405	–	13
4 737	5 866	4 274	2 554	1 318	–	14
117	170	135	88	87	–	15
4 435	5 259	3 763	2 199	1 580	–	16
4 342	5 145	3 658	2 091	1 391	–	17
93	114	105	108	189	–	18
7 936	9 695	7 837	6 045	4 695	–	19
7 490	9 006	7 025	5 214	3 655	–	20
446	689	812	831	1 040	–	21
4 228	5 064	4 099	3 096	2 265	–	22
4 062	4 835	3 791	2 746	1 843	–	23
166	229	308	350	422	–	24
3 708	4 631	3 738	2 949	2 430	–	25
3 428	4 171	3 234	2 468	1 812	–	26
280	460	504	481	618	–	27
6 443	10 203	6 245	4 034	3 241	–	28
3 481	4 185	1 918	975	523	–	29
2 962	6 018	4 327	3 059	2 718	–	30
3 294	5 503	3 550	2 346	1 947	–	31
2 035	2 710	1 286	667	355	–	32
1 259	2 793	2 264	1 679	1 592	–	33
3 149	4 700	2 695	1 688	1 294	–	34
1 446	1 475	632	308	168	–	35
1 703	3 225	2 063	1 380	1 126	–	36

Age (en années)

32. Population by literacy, sex, age and urban/rural residence: each census, 1975 – 1988 (continued)
Data by urban/rural residence

(See notes at end of table.)

	Continent, country or area, census date, sex, literacy and urban/rural residence Continent, pays ou zone, date du recensement, alphabétisme et résidence, urbaine/rurale	Age (in years)					
		10 plus [1]	15 plus [2]	10 – 14	15 – 19	20 – 24	25 – 29
	AFRICA—AFRIQUE						
	Egypt – Egypte						
	Urban – Urbaine						
	17–18 XI 1986*						
	Total						
1	Total	15 878 449	...	...	...	...	...
2	Literate–Alphabète	10 298 688	...	...	...	...	...
3	Illiterate–Analphabète	5 579 761	...	...	...	...	...
	Male – Masculin						
4	Total	8 201 157	...	...	...	...	...
5	Literate–Alphabète	6 030 789	...	...	...	...	...
6	Illiterate–Analphabète	2 170 368	...	...	...	...	...
	Female – Féminin						
7	Total	7 677 292	...	...	...	...	...
8	Literate–Alphabète	4 267 899	...	...	...	...	...
9	Illiterate–Analphabète	3 409 393	...	...	...	...	...
	Rural – Rurale						
	17–18 XI 1986*						
	Total						
10	Total	18 894 946	...	...	...	...	...
11	Literate–Alphabète	7 314 083	...	...	...	...	...
12	Illiterate–Analphabète	11 580 863	...	...	...	...	...
	Male – Masculin						
13	Total	9 805 096	...	...	...	...	...
14	Literate–Alphabète	5 172 295	...	...	...	...	...
15	Illiterate–Analphabète	4 632 801	...	...	...	...	...
	Female – Féminin						
16	Total	9 089 850	...	...	...	...	...
17	Literate–Alphabète	2 141 788	...	...	...	...	...
18	Illiterate–Analphabète	6 948 062	...	...	...	...	...
	Morocco – Maroc						
	Urban – Urbaine						
	3–21 IX 1982 [8]						
	Total						
19	Total	6 414 160	5 326 670	1 087 490	1 038 749	941 553	744 341
20	Literate–Alphabète	3 576 034	2 652 236	923 798	778 245	605 122	453 247
21	Illiterate–Analphabète	2 838 126	2 674 434	163 692	260 504	336 431	291 094
	Male – Masculin						
22	Total	3 148 762	2 606 861	541 901	503 341	452 451	371 058
23	Literate–Alphabète	2 190 882	1 695 800	495 082	433 182	353 980	283 728
24	Illiterate–Analphabète	957 880	911 061	46 819	70 159	98 471	87 330
	Female – Féminin						
25	Total	3 265 398	2 719 809	545 589	535 408	489 102	373 283
26	Literate–Alphabète	1 385 152	956 436	428 716	345 063	251 142	169 519
27	Illiterate–Analphabète	1 880 246	1 763 373	116 873	190 345	237 960	203 764
	Rural – Rurale						
	3–21 IX 1982 [8]						
	Total						
28	Total	7 805 656	6 315 110	1 490 546	1 179 927	982 205	761 870
29	Literate–Alphabète	1 429 289	870 311	558 978	276 733	168 285	132 141
30	Illiterate–Analphabète	6 376 367	5 444 799	931 568	903 194	813 920	629 729
	Male – Masculin						
31	Total	3 835 601	3 055 473	780 128	581 875	473 169	365 281
32	Literate–Alphabète	1 216 157	779 455	436 702	235 252	146 222	118 554
33	Illiterate–Analphabète	2 619 444	2 276 018	343 426	346 623	326 947	246 727
	Female – Féminin						
34	Total	3 970 055	3 259 637	710 418	598 052	509 036	396 589
35	Literate–Alphabète	213 132	90 856	122 276	41 481	22 063	13 587
36	Illiterate–Analphabète	3 756 923	3 168 781	588 142	556 571	486 973	383 002

32. Population selon l'alphabétisme, le sexe, l'âge et la résidence, urbaine/rurale: chaque recensement, 1975 – 1988 (suite)
Données selon la résidence urbaine/rurale

(Voir notes à la fin du tableau.)

Age (en années) 30 – 34	35 – 44	45 – 54	55 – 64	65 plus	Unknown Inconnu	
...	...	...	...	...	...	1
...	...	...	...	...	...	2
...	...	...	...	...	...	3
...	...	...	...	...	...	4
...	...	...	...	...	...	5
...	...	...	...	...	...	6
...	...	...	...	...	...	7
...	...	...	...	...	...	8
...	...	...	...	...	...	9
...	...	...	...	...	...	10
...	...	...	...	...	...	11
...	...	...	...	...	...	12
...	...	...	...	...	...	13
...	...	...	...	...	...	14
...	...	...	...	...	...	15
...	...	...	...	...	...	16
...	...	...	...	...	...	17
...	...	...	...	...	...	18
543 103	768 656	622 324	391 725	276 219	–	19
298 693	277 264	139 414	66 014	34 237	–	20
244 410	491 392	482 910	325 711	241 982	–	21
277 019	359 735	304 570	202 681	136 006	–	22
202 398	208 715	123 015	60 182	30 600	–	23
74 621	151 020	181 555	142 499	105 406	–	24
266 084	408 921	317 754	189 044	140 213	–	25
96 295	68 549	16 399	5 832	3 637	–	26
169 789	340 372	301 355	183 212	136 576	–	27
585 836	943 806	796 415	545 037	520 014	–	28
89 440	88 453	54 698	33 363	27 198	–	29
496 396	855 353	741 717	511 674	492 816	–	30
270 893	422 221	378 968	277 421	285 645	–	31
82 212	83 892	53 632	32 816	26 875	–	32
188 681	338 329	325 336	244 605	258 770	–	33
314 943	521 585	417 447	267 616	234 369	–	34
7 228	4 561	1 066	547	323	–	35
307 715	517 024	416 381	267 069	234 046	–	36

32. Population by literacy, sex, age and urban/rural residence: each census, 1975 – 1988 (continued)
Data by urban/rural residence

(See notes at end of table.)

	Continent, country or area, census date, sex, literacy and urban/rural residence Continent, pays ou zone, date du recensement, alphabétisme et résidence, urbaine/rurale	Age (in years)					
		10 plus [1]	15 plus [2]	10 – 14	15 – 19	20 – 24	25 – 29
	AFRICA—AFRIQUE (Cont.–Suite)						
	Mozambique						
	Urban – Urbaine						
	1 VIII 1980 [9]						
	Total						
1	Total	1 049 023	868 397	177 711	186 062	164 111 *	———
2	Literate–Alphabète	649 902	520 647	128 418	147 109	111 846 *	———
3	Illiterate–Analphabète	393 589	342 420	49 101	38 486	51 634 *	———
4	Unknown–Inconnu	5 532	5 330	192	467	631 *	———
	Male – Masculin						
5	Total	564 880	471 318	91 910	107 154	87 352 *	———
6	Literate–Alphabète	435 552	364 771	70 090	93 582	74 186 *	———
7	Illiterate–Analphabète	126 172	103 490	21 726	13 288	12 812 *	———
8	Unknown–Inconnu	3 156	3 057	94	284	354 *	———
	Female – Féminin						
9	Total	484 143	397 079	85 801	78 908	76 759 *	———
10	Literate–Alphabète	214 350	155 876	58 328	53 527	37 660 *	———
11	Illiterate–Analphabète	267 417	238 930	27 375	25 198	38 822 *	———
12	Unknown–Inconnu	2 376	2 273	98	183	277 *	———
	Rural – Rurale						
	1 VIII 1980 [9]						
	Total						
13	Total	6 680 587	5 352 887	1 292 423	923 224	743 260 *	———
14	Literate–Alphabète	1 645 212	1 160 872	481 329	414 760	204 709 *	———
15	Illiterate–Analphabète	5 023 517	4 180 521	810 743	507 305	536 837 *	———
16	Unknown–Inconnu	11 858	11 494	351	1 159	1 714 *	———
	Male – Masculin						
17	Total	3 169 028	2 457 403	694 285	461 568	306 450 *	———
18	Literate–Alphabète	1 224 792	917 464	304 856	289 095	157 225 *	———
19	Illiterate–Analphabète	1 935 520	1 531 450	389 213	171 799	148 213 *	———
20	Unknown–Inconnu	8 716	8 489	216	674	1 012 *	———
	Female – Féminin						
21	Total	3 511 559	2 895 484	598 138	461 656	436 810 *	———
22	Literate–Alphabète	420 420	243 408	176 473	125 665	47 484 *	———
23	Illiterate–Analphabète	3 087 997	2 649 071	421 530	335 506	388 624 *	———
24	Unknown–Inconnu	3 142	3 005	135	485	702 *	———
	AMERICA,NORTH—AMERIQUE DU NORD						
	Panama						
	Urban – Urbaine						
	11 V 1980 [14]						
	Total						
25	Total	698 034	590 677	107 357	107 677	91 953	79 163
26	Literate–Alphabète	668 064	563 950	104 114	105 785	89 939	76 932
27	Illiterate–Analphabète	29 970	26 727	3 243	1 892	2 014	2 231
	Male – Masculin						
28	Total	332 066	278 774	53 292	49 752	43 073	36 624
29	Literate–Alphabète	318 887	267 401	51 486	48 827	42 095	35 752
30	Illiterate–Analphabète	13 179	11 373	1 806	925	978	872
	Female – Féminin						
31	Total	365 968	311 903	54 065	57 925	48 880	42 539
32	Literate–Alphabète	349 177	296 549	52 628	56 958	47 844	41 180
33	Illiterate–Analphabète	16 791	15 354	1 437	967	1 036	1 359
	Rural – Rurale						
	11 V 1980 [14]						
	Total						
34	Total	560 329	450 405	109 924	83 408	63 256	53 364
35	Literate–Alphabète	453 253	352 949	100 304	79 076	58 010	46 370
36	Illiterate–Analphabète	107 076	97 456	9 620	4 332	5 246	6 994

32. Population selon l'alphabétisme, le sexe, l'âge et la résidence, urbaine/rurale: chaque recensement, 1975 – 1988 (suite)
Données selon la résidence urbaine/rurale

(Voir notes à la fin du tableau.)

Age (en années) 30 – 34	35 – 44	45 – 54	55 – 64	65 plus	Unknown Inconnu	
305 667 ———*	*——— 165 846	———*	*——— 46 7 11	———*	2 915	1
177 197 ———*	*——— 73 275	———*	*——— 11 2 20	———*	837	2
126 245 ———*	*——— 90 939	———*	*——— 35 1 16	———*	2 068	3
2 225 ———*	*——— 1 632	———*	*——— 3 75	———*	10	4
164 210 ———*	*——— 91 217	———*	*——— 21 3 85	———*	1 652	5
129 656 ———*	*——— 58 326	———*	*——— 9 0 21	———*	691	6
33 350 ———*	*——— 31 905	———*	*——— 12 1 35	———*	956	7
1 204 ———*	*——— 986	———*	*——— 2 29	———*	5	8
141 457 ———*	*——— 74 629	———*	*——— 25 3 26	———*	1 263	9
47 541 ———*	*——— 14 949	———*	*——— 2 1 99	———*	146	10
92 895 ———*	*——— 59 034	———*	*——— 22 9 81	———*	1 112	11
1 021 ———*	*——— 646	———*	*——— 1 46	———*	5	12
1 738 790 ———*	*——— 1 3 83 058	———*	*——— 564 5 55	———*	35 277	13
339 535 ———*	*——— 167 693	———*	*——— 34 1 75	———*	3 011	14
1 394 766 ———*	*——— 1 2 12 314	———*	*——— 529 2 99	———*	32 253	15
4 489 ———*	*——— 3 051	———*	*——— 1 0 81	———*	13	16
747 120 ———*	*——— 670 762	———*	*——— 271 5 03	———*	17 340	17
287 424 ———*	*——— 151 746	———*	*——— 31 9 74	———*	2 472	18
456 440 ———*	*——— 516 476	———*	*——— 238 5 22	———*	14 857	19
3 256 ———*	*——— 2 540	———*	*——— 1 0 07	———*	11	20
991 670 ———*	*——— 712 296	———*	*——— 293 0 52	———*	17 937	21
52 111 ———*	*——— 15 947	———*	*——— 2 2 01	———*	539	22
938 326 ———*	*——— 695 838	———*	*——— 290 7 77	———*	17 396	23
1 233 ———*	*——— 511	———*	*——— 74	———*	2	24
68 004	92 520	63 213	25 111	63 036	–	25
65 627	88 927	59 378	23 185	54 177	–	26
2 377	3 593	3 835	1 926	8 859	–	27
33 416	44 427	30 183	12 224	29 075	–	28
32 052	42 842	28 655	11 487	25 691	–	29
1 364	1 585	1 528	737	3 384	–	30
34 588	48 093	33 030	12 887	33 961	–	31
33 575	46 085	30 723	11 698	28 486	–	32
1 013	2 008	2 307	1 189	5 475	–	33
48 252	75 562	53 615	20 416	52 532	–	34
39 387	56 581	34 766	12 410	26 349	–	35
8 865	18 981	18 849	8 006	26 183	–	36

32. Population by literacy, sex, age and urban/rural residence: each census, 1975 – 1988 (continued)
Data by urban/rural residence

(See notes at end of table.)

Continent, country or area, census date, sex, literacy and urban/rural residence Continent, pays ou zone, date du recensement, alphabétisme et résidence, urbaine/rurale	Age (in years) 10 plus [1]	15 plus [2]	10 – 14	15 – 19	20 – 24	25 – 29
AMERICA,NORTH— (Cont.–Suite) AMERIQUE DU NORD						
Panama						
Rural – Rurale						
11 V 1980 [14]						
Male – Masculin						
1 Total	303 649	246 232	57 417	45 895	33 975	27 796
2 Literate–Alphabète	246 651	195 111	51 540	43 464	31 276	24 558
3 Illiterate–Analphabète	56 998	51 121	5 877	2 431	2 699	3 238
Female – Féminin						
4 Total	256 680	204 173	52 507	37 513	29 281	25 568
5 Literate–Alphabète	206 602	157 838	48 764	35 612	26 734	21 812
6 Illiterate–Analphabète	50 078	46 335	3 743	1 901	2 547	3 756
AMERICA,SOUTH— AMERIQUE DU SUD						
Argentina – Argentine						
Urban – Urbaine						
22 X 1980 [18]						
Total						
7 Total	18 389 508	...	...	...	...	...
8 Literate–Alphabète	17 642 275	...	...	...	...	...
9 Illiterate–Analphabète	747 233	...	...	...	...	...
Male – Masculin						
10 Total	8 786 131	...	...	...	...	...
11 Literate–Alphabète	8 470 916	...	...	...	...	...
12 Illiterate–Analphabète	315 215	...	...	...	...	...
Female – Féminin						
13 Total	9 603 377	...	...	...	...	...
14 Literate–Alphabète	9 171 359	...	...	...	...	...
15 Illiterate–Analphabète	432 018	...	...	...	...	...
Rural – Rurale						
22 X 1980 [18]						
Total						
16 Total	3 533 341	...	...	...	...	...
17 Literate–Alphabète	3 015 924	...	...	...	...	...
18 Illiterate–Analphabète	517 417	...	...	...	...	...
Male – Masculin						
19 Total	1 922 634	...	...	...	...	...
20 Literate–Alphabète	1 648 993	...	...	...	...	...
21 Illiterate–Analphabète	273 641	...	...	...	...	...
Female – Féminin						
22 Total	1 610 707	...	...	...	...	...
23 Literate–Alphabète	1 366 931	...	...	...	...	...
24 Illiterate–Analphabète	243 776	...	...	...	...	...
Brazil – Brésil						
Urban – Urbaine						
1 IX 1980 [3 16 19]						
Total						
25 Total	61 058 968	51 910 472	9 076 859	9 229 764	8 285 233	6 885 295
26 Literate–Alphabète	50 987 319	43 172 914	7 770 938	8 448 418	7 571 571	6 167 160
27 Illiterate–Analphabète	10 042 592	8 715 740	1 299 216	779 196	710 745	714 876
28 Unknown–Inconnu	29 057	21 818	6 705	2 150	2 917	3 259
Male – Masculin						
29 Total	29 430 868	24 901 001	4 494 057	4 446 589	4 013 766	3 326 347
30 Literate–Alphabète	25 160 999	21 362 982	3 775 087	4 029 339	3 679 404	3 020 622
31 Illiterate–Analphabète	4 255 540	3 527 408	715 522	416 173	332 876	304 060
32 Unknown–Inconnu	14 329	10 611	3 448	1 077	1 486	1 665

32. Population selon l'alphabétisme, le sexe, l'âge et la résidence, urbaine/rurale: chaque recensement, 1975 – 1988 (suite)
Données selon la résidence urbaine/rurale

(Voir notes à la fin du tableau.)

Age (en années)						
30 – 34	35 – 44	45 – 54	55 – 64	65 plus	Unknown Inconnu	
26 367	41 043	29 890	11 394	29 872	–	1
21 575	31 251	20 039	7 158	15 790	–	2
4 792	9 792	9 851	4 236	14 082	–	3
21 885	34 519	23 725	9 022	22 660	–	4
17 812	25 330	14 727	5 252	10 559	–	5
4 073	9 189	8 998	3 770	12 101	–	6
...	...	...	...	...	...	7
...	...	...	...	...	...	8
...	...	...	...	...	...	9
...	...	...	...	...	...	10
...	...	...	...	...	...	11
...	...	...	...	...	...	12
...	...	...	...	...	...	13
...	...	...	...	...	...	14
...	...	...	...	...	...	15
...	...	...	...	...	...	16
...	...	...	...	...	...	17
...	...	...	...	...	...	18
...	...	...	...	...	...	19
...	...	...	...	...	...	20
...	...	...	...	...	...	21
...	...	...	...	...	...	22
...	...	...	...	...	...	23
...	...	...	...	...	...	24
5 561 752	8 505 393	6 212 292	3 917 924	3 312 819	71 637	25
4 815 001	6 938 615	4 720 761	2 662 831	1 848 557	43 467	26
744 108	1 562 977	1 488 869	1 252 899	1 462 070	27 636	27
2 643	3 801	2 662	2 194	2 192	534	28
2 700 621	4 132 701	2 990 289	1 842 769	1 447 919	35 810	29
2 391 269	3 511 842	2 425 397	1 377 353	927 756	22 930	30
308 013	618 938	563 626	464 458	519 264	12 610	31
1 339	1 921	1 266	958	899	270	32

32. Population by literacy, sex, age and urban/rural residence: each census, 1975 – 1988 (continued)
Data by urban/rural residence

(See notes at end of table.)

	Continent, country or area, census date, sex, literacy and urban/rural residence Continent, pays ou zone, date du recensement, alphabétisme et résidence, urbaine/rurale	Age (in years) 10 plus [1]	15 plus [2]	10 – 14	15 – 19	20 – 24	25 – 29
	AMERICA,SOUTH— (Cont.–Suite) AMERIQUE DU SUD						
	Brazil – Brésil						
	Urban – Urbaine						
	1 IX 1980 [3 16 19]						
	Female – Féminin						
1	Total	31 628 100	27 009 471	4 582 802	4 783 175	4 271 467	3 558 948
2	Literate–Alphabète	25 826 320	21 809 932	3 995 851	4 419 079	3 892 167	3 146 538
3	Illiterate–Analphabète	5 787 052	5 188 332	583 694	363 023	377 869	410 816
4	Unknown–Inconnu	14 728	11 207	3 257	1 073	1 431	1 594
	Rural – Rurale						
	1 IX 1980 [3 16 19]						
	Total						
5	Total	26 746 297	21 503 430	5 186 463	4 346 207	3 227 987	2 556 922
6	Literate–Alphabète	14 381 095	11 560 962	2 804 208	2 888 083	2 138 353	1 571 796
7	Illiterate–Analphabète	12 350 703	9 933 246	2 377 232	1 456 174	1 088 326	984 163
8	Unknown–Inconnu	14 499	9 222	5 023	1 950	1 308	963
	Male – Masculin						
9	Total	13 906 190	11 211 823	2 665 002	2 259 366	1 660 142	1 315 023
10	Literate–Alphabète	7 564 200	6 207 270	1 348 098	1 416 242	1 091 919	823 671
11	Illiterate–Analphabète	6 334 513	4 999 752	1 314 355	842 124	567 534	490 852
12	Unknown–Inconnu	7 477	4 801	2 549	1 000	689	500
	Female – Féminin						
13	Total	12 840 107	10 291 607	2 521 461	2 086 841	1 567 845	1 241 899
14	Literate–Alphabète	6 816 895	5 353 692	1 456 110	1 471 841	1 046 434	748 125
15	Illiterate–Analphabète	6 016 190	4 933 494	1 062 877	614 050	520 792	493 311
16	Unknown–Inconnu	7 022	4 421	2 474	950	619	463
	Uruguay						
	Urban – Urbaine						
	23 X 1985 [24]						
	Total						
17	Total	2 114 937	1 889 420	225 517	198 098	196 521	187 659
18	Literate–Alphabète	2 031 906	1 809 699	222 207	195 608	193 669	184 816
19	Illiterate–Analphabète	78 297	75 598	2 699	2 193	2 469	2 511
20	Unknown–Inconnu	4 734	4 123	611	297	383	332
	Male – Masculin						
21	Total	985 019	870 911	114 108	96 917	94 420	89 586
22	Literate–Alphabète	944 999	832 959	112 040	95 457	92 741	87 949
23	Illiterate–Analphabète	37 767	36 134	1 633	1 304	1 468	1 480
24	Unknown–Inconnu	2 253	1 818	435	156	211	157
	Female – Féminin						
25	Total	1 129 918	1 018 509	111 409	101 181	102 101	98 073
26	Literate–Alphabète	1 086 907	976 740	110 167	100 151	100 928	96 867
27	Illiterate–Analphabète	40 530	39 464	1 066	889	1 001	1 031
28	Unknown–Inconnu	2 481	2 305	176	141	172	175
	Rural – Rurale						
	23 X 1985 [24]						
	Total						
29	Total	307 822	275 915	31 907	31 422	30 397	27 477
30	Literate–Alphabète	280 204	249 135	31 069	30 667	29 333	26 384
31	Illiterate–Analphabète	24 742	24 128	614	662	923	952
32	Unknown–Inconnu	2 876	2 652	224	93	141	141
	Male – Masculin						
33	Total	182 859	165 522	17 337	18 909	18 287	15 967
34	Literate–Alphabète	163 530	146 805	16 725	18 366	17 518	15 167
35	Illiterate–Analphabète	17 652	17 242	410	496	693	712
36	Unknown–Inconnu	1 677	1 475	202	47	76	88
	Female – Féminin						
37	Total	124 963	110 393	14 570	12 513	12 110	11 510
38	Literate–Alphabète	116 674	102 330	14 344	12 301	11 815	11 217
39	Illiterate–Analphabète	7 090	6 886	204	166	230	240
40	Unknown–Inconnu	1 199	1 177	22	46	65	53

32. Population selon l'alphabétisme, le sexe, l'âge et la résidence, urbaine/rurale: chaque recensement, 1975 – 1988 (suite)
Données selon la résidence urbaine/rurale

(Voir notes à la fin du tableau.)

30 – 34	35 – 44	45 – 54	55 – 64	65 plus	Unknown Inconnu	
2 861 131	4 372 692	3 222 003	2 075 155	1 864 900	35 827	1
2 423 732	3 426 773	2 295 364	1 285 478	920 801	20 537	2
436 095	944 039	925 243	788 441	942 806	15 026	3
1 304	1 880	1 396	1 236	1 293	264	4
2 124 538	3 571 307	2 550 361	1 668 495	1 457 613	56 404	5
1 184 499	1 752 214	1 086 718	585 305	353 994	15 925	6
939 143	1 817 662	1 462 523	1 082 351	1 102 904	40 225	7
896	1 431	1 120	839	715	254	8
1 099 930	1 847 573	1 346 473	905 629	777 687	29 365	9
637 173	975 345	645 052	376 171	241 697	8 832	10
462 255	871 487	700 828	529 023	535 649	20 406	11
502	741	593	435	341	127	12
1 024 608	1 723 734	1 203 888	762 866	679 926	27 039	13
547 326	776 869	441 666	209 134	112 297	7 093	14
476 888	946 175	761 695	553 328	567 255	19 819	15
394	690	527	404	374	127	16
167 912	300 895	281 308	259 489	297 538	–	17
164 593	293 933	271 340	245 256	260 484	–	18
2 986	6 402	9 393	13 638	36 006	–	19
333	560	575	595	1 048	–	20
79 760	141 637	131 011	117 689	119 891	–	21
77 911	137 670	125 865	110 887	104 479	–	22
1 698	3 686	4 885	6 547	15 066	–	23
151	281	261	255	346	–	24
88 152	159 258	150 297	141 800	177 647	–	25
86 682	156 263	145 475	134 369	156 005	–	26
1 288	2 716	4 508	7 091	20 940	–	27
182	279	314	340	702	–	28
25 874	46 379	44 447	37 795	32 124	–	29
24 458	43 046	39 525	31 739	23 983	–	30
1 235	2 935	4 408	5 524	7 489	–	31
181	398	514	532	652	–	32
14 979	27 762	27 379	23 733	18 506	–	33
13 910	25 271	23 763	19 336	13 474	–	34
950	2 259	3 304	4 110	4 718	–	35
119	232	312	287	314	–	36
10 895	18 617	17 068	14 062	13 618	–	37
10 548	17 775	15 762	12 403	10 509	–	38
285	676	1 104	1 414	2 771	–	39
62	166	202	245	338	–	40

32. Population by literacy, sex, age and urban/rural residence: each census, 1975 – 1988 (continued)
Data by urban/rural residence

(See notes at end of table.)

	Continent, country or area, census date, sex, literacy and urban/rural residence Continent, pays ou zone, date du recensement, alphabétisme et résidence, urbaine/rurale	Age (in years) 10 plus [1]	15 plus [2]	10 – 14	15 – 19	20 – 24	25 – 29
	AMERICA,SOUTH— (Cont.–Suite) AMERIQUE DU SUD						
	Venezuela						
	Urban – Urbaine						
	20 X 1981 [19 25]						
	Total						
1	Total	8 542 264	7 154 052	1 388 212	1 330 897	1 212 517	*———
2	Literate–Alphabète	7 725 184	6 403 723	1 321 461	1 279 669	1 161 482	*———
3	Illiterate–Analphabète	817 080	750 329	66 751	51 228	51 035	*———
	Male – Masculin						
4	Total	4 170 170	3 478 435	691 735	651 989	590 361	*———
5	Literate–Alphabète	3 839 222	3 185 729	653 493	623 624	565 182	*———
6	Illiterate–Analphabète	330 948	292 706	38 242	28 365	25 179	*———
	Female – Féminin						
7	Total	4 372 094	3 675 617	696 477	678 908	622 156	*———
8	Literate–Alphabète	3 885 962	3 217 994	667 968	656 045	596 300	*———
9	Illiterate–Analphabète	486 132	457 623	28 509	22 863	25 856	*———
	Rural – Rurale						
	20 X 1981 [19 25]						
	Total						
10	Total	1 554 576	1 233 340	321 236	247 231	184 268	*———
11	Literate–Alphabète	991 431	740 363	251 068	196 910	138 130	*———
12	Illiterate–Analphabète	563 145	492 977	70 168	50 321	46 138	*———
	Male – Masculin						
13	Total	842 210	672 582	169 628	135 200	99 540	*———
14	Literate–Alphabète	551 365	423 163	128 202	104 865	74 057	*———
15	Illiterate–Analphabète	290 845	249 419	41 426	30 335	25 483	*———
	Female – Féminin						
16	Total	712 366	560 758	151 608	112 031	84 728	*———
17	Literate–Alphabète	440 066	317 200	122 866	92 045	64 073	*———
18	Illiterate–Analphabète	272 300	243 558	28 742	19 986	20 655	*———
	Semi–urban – Semi–urbaine						
	20 X 1981 [19 25]						
	Total						
19	Total	415 142	332 007	83 135	68 148	52 287	*———
20	Literate–Alphabète	318 468	244 053	74 415	60 912	45 030	*———
21	Illiterate–Analphabète	96 674	87 954	8 720	7 236	7 257	*———
	Male – Masculin						
22	Total	214 209	171 664	42 545	35 352	26 883	*———
23	Literate–Alphabète	166 950	129 766	37 184	30 816	22 712	*———
24	Illiterate–Analphabète	47 259	41 898	5 361	4 536	4 171	*———
	Female – Féminin						
25	Total	200 933	160 343	40 590	32 796	25 404	*———
26	Literate–Alphabète	151 518	114 287	37 231	30 096	22 318	*———
27	Illiterate–Analphabète	49 415	46 056	3 359	2 700	3 086	*———
	ASIA—ASIE						
	Bangladesh						
	Urban – Urbaine						
	6–7 III 1981 [26]						
	Total						
28	Total	9 499 021	7 704 602	1 794 419	1 364 476	1 303 743	1 181 388
29	Literate–Alphabète	4 423 952	3 711 853	712 099	727 561	722 442	642 183
30	Illiterate–Analphabète	5 075 069	3 992 749	1 082 320	636 915	581 301	539 205
	Male – Masculin						
31	Total	5 480 219	4 533 212	947 007	743 459	740 829	708 724
32	Literate–Alphabète	3 018 184	2 631 261	386 923	430 110	478 819	457 124
33	Illiterate–Analphabète	2 462 035	1 901 951	560 084	313 349	262 010	251 600
	Female – Féminin						
34	Total	4 018 802	3 171 390	847 412	621 017	562 914	472 664
35	Literate–Alphabète	1 405 768	1 080 592	325 176	297 451	243 623	185 059
36	Illiterate–Analphabète	2 613 034	2 090 798	522 236	323 566	319 291	287 605

32. Population selon l'alphabétisme, le sexe, l'âge et la résidence, urbaine/rurale: chaque recensement, 1975 – 1988 (suite)
Données selon la résidence urbaine/rurale

(Voir notes à la fin du tableau.)

Age (en années): 30 – 34	35 – 44	45 – 54	55 – 64	65 plus	Unknown Inconnu	
1 885 057 ———*	1 095 947	767 826	469 936	391 872	–	1
1 786 388 ———*	979 045	626 584	338 989	231 566	–	2
98 669 ———*	116 902	141 242	130 947	160 306	–	3
922 286 ———*	541 438	379 998	225 092	167 271	–	4
881 086 ———*	498 251	330 644	178 648	108 294	–	5
41 200 ———*	43 187	49 354	46 444	58 977	–	6
962 771 ———*	554 509	387 828	244 844	224 601	–	7
905 302 ———*	480 794	295 940	160 341	123 272	–	8
57 469 ———*	73 715	91 888	84 503	101 329	–	9
263 153 ———*	185 387	152 769	105 622	94 910	–	10
182 805 ———*	100 707	64 532	34 115	23 164	–	11
80 348 ———*	84 680	88 237	71 507	71 746	–	12
141 967 ———*	100 171	83 801	59 517	52 386	–	13
101 848 ———*	60 547	41 917	23 901	16 028	–	14
40 119 ———*	39 624	41 884	35 616	36 358	–	15
121 186 ———*	85 216	68 968	46 105	42 524	–	16
80 957 ———*	40 160	22 615	10 214	7 136	–	17
40 229 ———*	45 056	46 353	35 891	35 388	–	18
75 485 ———*	48 135	37 673	25 477	24 802	–	19
62 404 ———*	33 649	21 636	11 673	8 749	–	20
13 081 ———*	14 486	16 037	13 804	16 053	–	21
39 145 ———*	24 950	19 672	13 340	12 322	–	22
32 626 ———*	18 549	12 650	7 262	5 151	–	23
6 519 ———*	6 401	7 022	6 078	7 171	–	24
36 340 ———*	23 185	18 001	12 137	12 480	–	25
29 778 ———*	15 100	8 986	4 411	3 598	–	26
6 562 ———*	8 085	9 015	7 726	8 882	–	27
872 370	1 304 552	822 220	473 683	382 170	–	28
428 960	592 163	323 165	163 359	112 020	–	29
443 410	712 389	499 055	310 324	270 150	–	30
527 594	810 985	492 801	283 240	225 580	–	31
316 530	457 738	258 885	135 916	96 139	–	32
211 064	353 247	233 916	147 324	129 441	–	33
344 776	493 567	329 419	190 443	156 590	–	34
112 430	134 425	64 280	27 443	15 881	–	35
232 346	359 142	265 139	163 000	140 709	–	36

32. Population by literacy, sex, age and urban/rural residence: each census, 1975 – 1988 (continued)
Data by urban/rural residence

(See notes at end of table.)

	Continent, country or area, census date, sex, literacy and urban/rural residence Continent, pays ou zone, date du recensement, alphabétisme et résidence, urbaine/rurale	Age (in years) 10 plus [1]	15 plus [2]	10 – 14	15 – 19	20 – 24	25 – 29
	ASIA—ASIE (Cont.–Suite)						
	Bangladesh						
	Rural – Rurale						
	6–7 III 1981 [26]						
	Total						
1	Total	48 669 848	38 814 821	9 855 027	6 782 261	5 475 821	5 239 205
2	Literate–Alphabète	12 106 393	9 884 487	2 221 906	2 186 375	1 685 333	1 500 638
3	Illiterate–Analphabète	36 563 455	28 930 334	7 633 121	4 595 886	3 790 488	3 738 567
	Male – Masculin						
4	Total	24 807 408	19 528 737	5 278 671	3 385 832	2 503 412	2 532 411
5	Literate–Alphabète	8 222 764	6 929 105	1 293 659	1 323 819	1 038 310	1 002 799
6	Illiterate–Analphabète	16 584 644	12 599 632	3 985 012	2 062 013	1 465 102	1 529 612
	Female – Féminin						
7	Total	23 862 440	19 286 084	4 576 356	3 396 429	2 972 409	2 706 794
8	Literate–Alphabète	3 883 629	2 955 382	928 247	862 556	647 023	497 839
9	Illiterate–Analphabète	19 978 811	16 330 702	3 648 109	2 533 873	2 325 386	2 208 955
	India – Inde [28]						
	Urban – Urbaine						
	1 III 1981 [29 30 31]						
	Total						
10	Total	119 442 086	99 960 997	19 365 889	16 764 823	16 149 588	13 829 827
11	Literate–Alphabète	80 318 790	65 104 908	15 122 454	12 886 236	12 064 731	9 846 296
12	Illiterate–Analphabète	39 123 287	34 856 078	4 243 434	3 878 586	4 084 855	3 983 526
	Male – Masculin						
13	Total	64 323 400	54 106 881	10 153 636	8 957 278	8 676 508	7 343 796
14	Literate–Alphabète	49 728 382	41 315 334	8 361 520	7 358 214	7 195 065	5 963 784
15	Illiterate–Analphabète	14 595 017	12 791 547	1 792 114	1 599 064	1 481 444	1 380 012
	Female – Féminin						
16	Total	55 118 686	45 854 115	9 212 254	7 807 545	7 473 080	6 486 031
17	Literate–Alphabète	30 590 408	23 789 574	6 760 934	5 528 022	4 869 666	3 882 512
18	Illiterate–Analphabète	24 528 270	22 064 533	2 451 320	2 279 522	2 603 411	2 603 516
	Rural – Rurale						
	1 III 1981 [29 30 31]						
	Total						
19	Total	368 455 989	301983946	66 308 845	47 272 610	41 158 202	36 917 258
20	Literate–Alphabète	132 093 066	98 742 277	33 262 157	22 568 766	17 745 276	14 288 785
21	Illiterate–Analphabète	236 362 922	203241669	33 046 689	24 703 842	23 412 926	22 628 475
	Male – Masculin						
22	Total	188 950 074	153824812	35 030 707	24 930 162	20 285 869	18 404 971
23	Literate–Alphabète	94 641 671	72 716 522	21 865 099	15 048 442	12 077 054	10 193 758
24	Illiterate–Analphabète	94 308 402	81 108 287	13 165 610	9 881 720	8 208 813	8 211 213
	Female – Féminin						
25	Total	179 505 915	148159134	31 278 137	22 342 448	20 872 333	18 512 286
26	Literate–Alphabète	37 451 395	26 025 755	11 397 058	7 520 324	5 668 222	4 095 027
27	Illiterate–Analphabète	142 054 520	122133380	19 881 079	14 822 122	15 204 113	14 417 262
	Malaysia – Malaisie						
	Sarawak						
	Urban – Urbaine						
	10 VI 1980 [39]						
	Total						
28	Total	164 527	139 424	25 103	27 487	25 031	22 358
29	Literate–Alphabète	125 773	105 929	19 844	25 147	21 876	19 202
30	Illiterate–Analphabète	38 754	33 495	5 259	2 340	3 155	3 156
	Male – Masculin						
31	Total	80 243	67 460	12 783	13 139	11 124	11 048
32	Literate–Alphabète	67 642	57 568	10 074	12 246	10 137	10 160
33	Illiterate–Analphabète	12 601	9 892	2 709	893	987	888
	Female – Féminin						
34	Total	84 284	71 964	12 320	14 348	13 907	11 310
35	Literate–Alphabète	58 131	48 361	9 770	12 901	11 739	9 042
36	Illiterate–Analphabète	26 153	23 603	2 550	1 447	2 168	2 268

32. Population selon l'alphabétisme, le sexe, l'âge et la résidence, urbaine/rurale: chaque recensement, 1975 – 1988 (suite)
Données selon la résidence urbaine/rurale

(Voir notes à la fin du tableau.)

Age (en années)						
30 – 34	35 – 44	45 – 54	55 – 64	65 plus	Unknown Inconnu	
4 090 764	6 828 982	4 729 914	3 095 340	2 572 534	–	1
1 015 859	1 520 951	952 079	572 705	450 547	–	2
3 074 905	5 308 031	3 777 835	2 522 635	2 121 987	–	3
1 964 390	3 467 979	2 509 182	1 686 248	1 479 283	–	4
711 633	1 150 761	784 761	502 403	414 619	–	5
1 252 757	2 317 218	1 724 421	1 183 845	1 064 664	–	6
2 126 374	3 361 003	2 220 732	1 409 092	1 093 251	–	7
304 226	370 190	167 318	70 302	35 928	–	8
1 822 148	2 990 813	2 053 414	1 338 790	1 057 323	–	9
10 981 392	*——— 33 7 87 999 ———*		*——— 8 447 368 ———*		115 200	10
7 396 559	*——— 19 4 54 042 ———*		*——— 3 457 044 ———*		91 428	11
3 584 833	*——— 14 3 33 957 ———*		*——— 4 990 321 ———*		23 773	12
6 016 022	*——— 18 8 63 152 ———*		*——— 4 250 125 ———*		62 883	13
4 754 082	*——— 13 4 94 306 ———*		*——— 2 549 883 ———*		51 528	14
1 261 939	*——— 5 3 68 847 ———*		*——— 1 700 241 ———*		11 356	15
4 965 370	*——— 14 9 24 847 ———*		*——— 4 197 242 ———*		52 317	16
2 642 477	*——— 5 9 59 736 ———*		*——— 907 1 61 ———*		39 900	17
2 322 894	*——— 8 9 65 110 ———*		*——— 3 290 080 ———*		12 417	18
31 460 531	*——— 110 4 50 470 ———*		*——— 34 724 875 ———*		163 198	19
10 497 029	*——— 27 8 37 651 ———*		*——— 5 804 770 ———*		88 632	20
20 963 500	*——— 82 6 12 819 ———*		*——— 28 920 107 ———*		74 566	21
15 582 955	*——— 56 8 56 109 ———*		*——— 17 764 746 ———*		94 555	22
7 839 296	*——— 22 4 94 246 ———*		*——— 5 063 726 ———*		60 050	23
7 743 659	*——— 34 3 61 862 ———*		*——— 12 701 020 ———*		34 505	24
15 877 576	*——— 53 5 94 360 ———*		*——— 16 960 131 ———*		68 644	25
2 657 733	*——— 5 3 43 405 ———*		*——— 741 0 44 ———*		28 582	26
13 219 841	*——— 48 2 50 955 ———*		*——— 16 219 087 ———*		40 061	27
15 957	20 591	12 524	8 227	7 249	–	28
12 824	14 784	6 837	3 342	1 917	–	29
3 133	5 807	5 687	4 885	5 332	–	30
8 054	10 536	6 183	3 783	3 593	–	31
7 249	8 988	4 717	2 479	1 592	–	32
805	1 548	1 466	1 304	2 001	–	33
7 903	10 055	6 341	4 444	3 656	–	34
5 575	5 796	2 120	863	325	–	35
2 328	4 259	4 221	3 581	3 331	–	36

32. Population by literacy, sex, age and urban/rural residence: each census, 1975 – 1988 (continued)
Data by urban/rural residence

(See notes at end of table.)

	Continent, country or area, census date, sex, literacy and urban/rural residence / Continent, pays ou zone, date du recensement, alphabétisme et résidence, urbaine/rurale	Age (in years) 10 plus [1]	15 plus [2]	10 – 14	15 – 19	20 – 24	25 – 29
	ASIA—ASIE (Cont.–Suite)						
	Malaysia – Malaisie						
	Sarawak						
	Rural – Rurale						
	10 VI 1980 [39]						
	Total						
1	Total	714 896	579 683	135 213	108 709	84 736	73 211
2	Literate–Alphabète	356 023	261 331	94 692	78 907	56 474	44 912
3	Illiterate–Analphabète	358 873	318 352	40 521	29 802	28 262	28 299
	Male – Masculin						
4	Total	355 864	286 519	69 345	52 945	40 735	36 294
5	Literate–Alphabète	210 507	160 610	49 897	41 984	31 184	27 207
6	Illiterate–Analphabète	145 357	125 909	19 448	10 961	9 551	9 087
	Female – Féminin						
7	Total	359 032	293 164	65 868	55 764	44 001	36 917
8	Literate–Alphabète	145 516	100 721	44 795	36 923	25 290	17 705
9	Illiterate–Analphabète	213 516	192 443	21 073	18 841	18 711	19 212
	Pakistan [42]						
	Urban – Urbaine						
	1 III 1981						
	Total						
10	Total	16 710 747	13 591 289	3 119 458	2 540 219	2 108 293	1 719 325
11	Literate–Alphabète	7 874 274	6 446 893	1 427 381	1 500 190	1 212 659	908 230
12	Illiterate–Analphabète	8 836 473	7 144 396	1 692 077	1 040 029	895 634	811 095
	Male – Masculin						
13	Total	9 115 085	7 462 132	1 652 953	1 364 875	1 158 623	943 733
14	Literate–Alphabète	5 042 867	4 248 444	794 423	864 362	756 711	593 124
15	Illiterate–Analphabète	4 072 218	3 213 688	858 530	500 513	401 912	350 609
	Female – Féminin						
16	Total	7 595 662	6 129 157	1 466 505	1 175 344	949 670	775 592
17	Literate–Alphabète	2 831 407	2 198 449	632 958	635 828	455 948	315 106
18	Illiterate–Analphabète	4 764 255	3 930 708	833 547	539 516	493 722	460 486
	Rural – Rurale						
	1 III 1981						
	Total						
19	Total	41 109 465	33 145 721	7 963 744	5 407 110	4 451 767	3 886 450
20	Literate–Alphabète	6 965 580	5 576 293	1 389 287	1 353 687	979 620	765 473
21	Illiterate–Analphabète	34 143 885	27 569 428	6 574 457	4 053 423	3 472 147	3 120 977
	Male – Masculin						
22	Total	21 779 870	17 378 371	4 401 499	2 962 935	2 199 211	2 026 737
23	Literate–Alphabète	5 591 019	4 540 288	1 050 731	1 039 972	759 287	626 975
24	Illiterate–Analphabète	16 188 851	12 838 083	3 350 768	1 922 963	1 439 924	1 399 762
	Female – Féminin						
25	Total	19 329 595	15 767 350	3 562 245	2 444 175	2 252 556	1 859 713
26	Literate–Alphabète	1 374 561	1 036 005	338 556	313 715	220 333	138 498
27	Illiterate–Analphabète	17 955 034	14 731 345	3 223 689	2 130 460	2 032 223	1 721 215
	Philippines						
	Urban – Urbaine						
	1 V 1980 [3 39 41]						
	Total						
28	Total	13 057 945	10 982 522	2 075 423	2 068 611	1 910 099	1 609 932
29	Literate–Alphabète	12 078 345	10 229 275	1 849 070	2 006 324	1 852 967	1 556 487
30	Illiterate–Analphabète	979 600	753 247	226 353	62 287	57 132	53 445
	Male – Masculin						
31	Total	6 240 564	5 202 099	1 038 465	943 139	870 689	770 237
32	Literate–Alphabète	5 806 060	4 891 670	914 390	913 399	844 321	745 461
33	Illiterate–Analphabète	434 504	310 429	124 075	29 740	26 368	24 776
	Female – Féminin						
34	Total	6 817 381	5 780 423	1 036 958	1 125 472	1 039 410	839 695
35	Literate–Alphabète	6 272 285	5 337 605	934 680	1 092 925	1 008 646	811 026
36	Illiterate–Analphabète	545 096	442 818	102 278	32 547	30 764	28 669

32. Population selon l'alphabétisme, le sexe, l'âge et la résidence, urbaine/rurale: chaque recensement, 1975 – 1988 (suite)
Données selon la résidence urbaine/rurale

(Voir notes à la fin du tableau.)

Age (en années) 30 – 34	35 – 44	45 – 54	55 – 64	65 plus	Unknown Inconnu	
61 234	93 885	71 286	50 648	35 974	–	1
28 706	29 841	12 849	6 277	3 365	–	2
32 528	64 044	58 437	44 371	32 609	–	3
30 087	47 261	34 546	25 675	18 976	–	4
19 247	22 157	10 397	5 384	3 050	–	5
10 840	25 104	24 149	20 291	15 926	–	6
31 147	46 624	36 740	24 973	16 998	–	7
9 459	7 684	2 452	893	315	–	8
21 688	38 940	34 288	24 080	16 683	–	9
1 391 135	2 407 277	1 677 568	424 341	1 323 131	–	10
677 442	1 042 231	616 739	151 405	337 997	–	11
713 693	1 365 046	1 060 829	272 936	985 134	–	12
756 849	1 273 708	949 044	241 930	773 370	–	13
460 773	721 326	458 408	118 943	274 797	–	14
296 076	552 382	490 636	122 987	498 573	–	15
634 286	1 133 569	728 524	182 411	549 761	–	16
216 669	320 905	158 331	32 462	63 200	–	17
417 617	812 664	570 193	149 949	486 561	–	18
3 340 104	5 851 847	4 498 024	1 216 493	4 493 926	–	19
569 806	841 668	539 437	128 627	397 975	–	20
2 770 298	5 010 179	3 958 587	1 087 866	4 095 951	–	21
1 692 022	2 885 050	2 375 623	637 309	2 599 484	–	22
473 190	716 640	461 267	115 618	347 339	–	23
1 218 832	2 168 410	1 914 356	521 691	2 252 145	–	24
1 648 082	2 966 797	2 122 401	579 184	1 894 442	–	25
96 616	125 028	78 170	13 009	50 636	–	26
1 551 466	2 841 769	2 044 231	566 175	1 843 806	–	27
1 259 872	1 717 589	1 127 752	700 359	588 308	–	28
1 210 429	1 611 486	1 006 434	571 977	413 171	–	29
49 443	106 103	121 318	128 382	175 137	–	30
626 478	850 704	546 476	325 621	268 755	–	31
603 076	804 029	498 513	277 992	204 879	–	32
23 402	46 675	47 963	47 629	63 876	–	33
633 394	866 885	581 276	374 738	319 553	–	34
607 353	807 457	507 921	293 985	208 292	–	35
26 041	59 428	73 355	80 753	111 261	–	36

32. Population by literacy, sex, age and urban/rural residence: each census, 1975 – 1988 (continued)
Data by urban/rural residence

(See notes at end of table.)

	Continent, country or area, census date, sex, literacy and urban/rural residence Continent, pays ou zone, date du recensement, alphabétisme et résidence, urbaine/rurale	Age (in years): 10 plus [1]	15 plus [2]	10 – 14	15 – 19	20 – 24	25 – 29
	ASIA—ASIE (Cont.–Suite)						
	Philippines						
	Rural – Rurale						
	1 V 1980 [3 39 41]						
	Total						
1	Total	20 623 479	16 752 217	3 871 262	3 162 857	2 633 804	2 214 324
2	Literate–Alphabète	15 782 846	12 878 542	2 904 304	2 813 577	2 299 846	1 868 198
3	Illiterate–Analphabète	4 840 633	3 873 675	966 958	349 280	333 958	346 126
	Male – Masculin						
4	Total	10 452 001	8 456 426	1 995 575	1 608 081	1 307 114	1 124 188
5	Literate–Alphabète	8 016 887	6 566 370	1 450 517	1 415 409	1 133 276	945 798
6	Illiterate–Analphabète	2 435 114	1 890 056	545 058	192 672	173 838	178 390
	Female – Féminin						
7	Total	10 171 478	8 295 791	1 875 687	1 554 776	1 326 690	1 090 136
8	Literate–Alphabète	7 765 959	6 312 172	1 453 787	1 398 168	1 166 570	922 400
9	Illiterate–Analphabète	2 405 519	1 983 619	421 900	156 608	160 120	167 736
	Sri Lanka						
	Urban – Urbaine						
	17 III 1981						
	Total						
10	Total	2 541 945	2 191 552	350 393	362 171	357 563	296 432
11	Literate–Alphabète	2 375 376	2 047 980	327 396	343 393	343 183	285 598
12	Illiterate–Analphabète	166 569	143 572	22 997	18 778	14 380	10 834
	Male – Masculin						
13	Total	1 339 418	1 159 976	179 442	190 540	191 690	157 750
14	Literate–Alphabète	1 276 597	1 108 433	168 164	181 320	185 271	153 305
15	Illiterate–Analphabète	62 821	51 543	11 278	9 220	6 419	4 445
	Female – Féminin						
16	Total	1 202 527	1 031 576	170 951	171 631	165 873	138 682
17	Literate–Alphabète	1 098 779	939 547	159 232	162 073	157 912	132 293
18	Illiterate–Analphabète	103 748	92 029	11 719	9 558	7 961	6 389
	Rural – Rurale						
	17 III 1981						
	Total						
19	Total	8 767 540	7 428 600	1 338 940	1 241 016	1 168 900	978 425
20	Literate–Alphabète	7 490 131	6 300 188	1 189 943	1 105 905	1 056 857	889 283
21	Illiterate–Analphabète	1 277 409	1 128 412	148 997	135 111	112 043	89 142
	Male – Masculin						
22	Total	4 428 617	3 745 754	682 863	622 258	573 927	480 275
23	Literate–Alphabète	3 980 636	3 372 873	607 763	556 484	527 169	447 401
24	Illiterate–Analphabète	447 981	372 881	75 100	65 774	46 758	32 874
	Female – Féminin						
25	Total	4 338 923	3 682 846	656 077	618 758	594 973	498 150
26	Literate–Alphabète	3 509 495	2 927 315	582 180	549 421	529 688	441 882
27	Illiterate–Analphabète	829 428	755 531	73 897	69 337	65 285	56 268
	EUROPE						
	Greece – Grèce						
	Urban – Urbaine						
	5 IV 1981 [13 44]						
	Total						
28	Total	4 754 913	4 314 333	439 897	429 438	460 028	431 522
29	Literate–Alphabète	4 478 121	4 044 426	433 225	423 340	453 267	424 321
30	Illiterate–Analphabète	248 492	245 654	2 743	3 486	3 778	3 973
31	Unknown–Inconnu	28 300	24 253	3 929	2 612	2 983	3 228
	Male – Masculin						
32	Total	2 278 188	2 052 444	225 372	217 943	223 548	209 055
33	Literate–Alphabète	2 210 254	1 987 838	222 119	214 966	220 188	205 466
34	Illiterate–Analphabète	52 967	51 614	1 331	1 602	1 789	1 744
35	Unknown–Inconnu	14 967	12 992	1 922	1 375	1 571	1 845

32. Population selon l'alphabétisme, le sexe, l'âge et la résidence, urbaine/rurale: chaque recensement, 1975 – 1988 (suite)
Données selon la résidence urbaine/rurale

(Voir notes à la fin du tableau.)

Age (en années)						
30 – 34	35 – 44	45 – 54	55 – 64	65 plus	Unknown Inconnu	
1 723 784	2 763 800	1 911 813	1 296 484	1 045 351	–	1
1 423 502	2 116 365	1 260 839	681 295	414 920	–	2
300 282	647 435	650 974	615 189	630 431	–	3
882 535	1 411 645	956 066	641 835	524 962	–	4
727 139	1 086 642	653 213	365 172	239 721	–	5
155 396	325 003	302 853	276 663	285 241	–	6
841 249	1 352 155	955 747	654 649	520 389	–	7
696 363	1 029 723	607 626	316 123	175 199	–	8
144 886	322 432	348 121	338 526	345 190	–	9
261 260	347 947	255 893	170 895	139 391	–	10
251 020	326 999	232 165	150 732	114 890	–	11
10 240	20 948	23 728	20 163	24 501	–	12
139 757	185 436	135 824	90 061	68 918	–	13
135 956	178 589	128 519	83 933	61 540	–	14
3 801	6 847	7 305	6 128	7 378	–	15
121 503	162 511	120 069	80 834	70 473	–	16
115 064	148 410	103 646	66 799	53 350	–	17
6 439	14 101	16 423	14 035	17 123	–	18
864 166	1 189 329	892 920	591 831	502 013	–	19
775 278	1 009 063	693 938	436 647	333 217	–	20
88 888	180 266	198 982	155 184	168 796	–	21
429 856	596 205	457 486	315 603	270 144	–	22
401 813	546 846	404 188	271 683	217 289	–	23
28 043	49 359	53 298	43 920	52 855	–	24
434 310	593 124	435 434	276 228	231 869	–	25
373 465	462 217	289 750	164 964	115 928	–	26
60 845	130 907	145 684	111 264	115 941	–	27
426 140	733 932	753 934	491 410	587 929	683	28
419 667	711 241	707 604	449 898	455 088	470	29
3 851	18 628	43 028	38 774	130 136	95	30
2 622	4 063	3 302	2 738	2 705	118	31
207 017	350 034	365 561	226 464	252 822	372	32
203 886	343 179	352 177	217 949	230 027	297	33
1 541	4 566	11 565	7 197	21 610	22	34
1 590	2 289	1 819	1 318	1 185	53	35

32. Population by literacy, sex, age and urban/rural residence: each census, 1975 – 1988 (continued)
Data by urban/rural residence

(See notes at end of table.)

	Continent, country or area, census date, sex, literacy and urban/rural residence Continent, pays ou zone, date du recensement, alphabétisme et résidence, urbaine/rurale	Age (in years): 10 plus [1]	15 plus [2]	10 – 14	15 – 19	20 – 24	25 – 29
	EUROPE (Cont.–Suite)						
	Greece – Grèce						
	Urban – Urbaine						
	5 IV 1981 [13 44]						
	Female – Féminin						
1	Total	2 476 725	2 261 889	214 525	211 495	236 480	222 467
2	Literate–Alphabète	2 267 867	2 056 588	211 106	208 374	233 079	218 855
3	Illiterate–Analphabète	195 525	194 040	1 412	1 884	1 989	2 229
4	Unknown–Inconnu	13 333	11 261	2 007	1 237	1 412	1 383
	Rural – Rurale						
	5 IV 1981 [13 44]						
	Total						
5	Total	2 514 795	2 270 667	243 435	205 285	170 543	157 598
6	Literate–Alphabète	2 139 390	1 899 246	239 833	201 967	167 030	153 110
7	Illiterate–Analphabète	362 416	360 691	1 603	2 068	2 164	3 254
8	Unknown–Inconnu	12 989	10 730	1 999	1 250	1 349	1 234
	Male – Masculin						
9	Total	1 244 828	1 119 305	125 181	104 588	89 028	83 380
10	Literate–Alphabète	1 170 791	1 047 289	123 292	102 844	87 420	81 275
11	Illiterate–Analphabète	67 717	66 920	796	1 077	900	1 488
12	Unknown–Inconnu	6 320	5 096	1 093	667	708	617
	Female – Féminin						
13	Total	1 269 967	1 151 362	118 254	100 697	81 515	74 218
14	Literate–Alphabète	968 599	851 957	116 541	99 123	79 610	71 835
15	Illiterate–Analphabète	294 699	293 771	807	991	1 264	1 766
16	Unknown–Inconnu	6 669	5 634	906	583	641	617
	Semi–urban – Semi–urbaine						
	5 IV 1981 [13 44]						
	Total						
17	Total	945 333	845 839	99 417	85 602	79 387	73 754
18	Literate–Alphabète	839 272	742 305	96 904	83 107	76 921	71 123
19	Illiterate–Analphabète	95 813	94 492	1 319	1 727	1 448	1 693
20	Unknown–Inconnu	10 248	9 042	1 194	768	1 018	938
	Male – Masculin						
21	Total	472 589	421 163	51 387	45 376	41 760	38 181
22	Literate–Alphabète	444 521	394 297	50 195	44 169	40 652	36 897
23	Illiterate–Analphabète	22 582	21 986	595	828	630	768
24	Unknown–Inconnu	5 486	4 880	597	379	478	516
	Female – Féminin						
25	Total	472 744	424 676	48 030	40 226	37 627	35 573
26	Literate–Alphabète	394 751	348 008	46 709	38 938	36 269	34 226
27	Illiterate–Analphabète	73 231	72 506	724	899	818	925
28	Unknown–Inconnu	4 762	4 162	597	389	540	422

32. Population selon l'alphabétisme, le sexe, l'âge et la résidence, urbaine/rurale: chaque recensement, 1975 – 1988 (suite)
Données selon la résidence urbaine/rurale

(Voir notes à la fin du tableau.)

Age (en années) 30 – 34	35 – 44	45 – 54	55 – 64	65 plus	Unknown Inconnu	
219 123	383 898	388 373	264 946	335 107	311	1
215 781	368 062	355 427	231 949	225 061	173	2
2 310	14 062	31 463	31 577	108 526	73	3
1 032	1 774	1 483	1 420	1 520	65	4
154 620	338 251	427 872	308 249	508 249	693	5
149 492	310 222	364 465	251 809	301 151	311	6
3 853	26 089	61 812	55 550	205 901	122	7
1 275	1 940	1 595	890	1 197	260	8
78 782	167 268	214 362	148 819	233 078	342	9
76 724	160 584	200 533	139 798	198 111	210	10
1 449	5 762	13 117	8 637	34 490	1	11
609	922	712	384	477	131	12
75 838	170 983	213 510	159 430	275 171	351	13
72 768	149 638	163 932	112 011	103 040	101	14
2 404	20 327	48 695	46 913	171 411	121	15
666	1 018	883	506	720	129	16
72 464	141 708	151 742	99 272	141 910	77	17
69 838	132 138	133 455	83 690	92 033	63	18
1 802	7 827	16 688	14 354	48 953	2	19
824	1 743	1 599	1 228	924	12	20
36 371	70 728	76 751	48 665	63 331	39	21
35 243	67 712	71 345	44 851	53 428	29	22
639	2 097	4 465	3 167	9 392	1	23
489	919	941	647	511	9	24
36 093	70 980	74 991	50 607	78 579	38	25
34 595	64 426	62 110	38 839	38 605	34	26
1 163	5 730	12 223	11 187	39 561	1	27
335	824	658	581	413	3	28

32. Population by literacy, sex, age and urban/rural residence: each census, 1975 – 1988 (continued)

GENERAL NOTES

Literacy is defined as ability both to read and write hence unless otherwise specified, semi–literates (persons able to read but not to write); are included with illiterate population. For definitions of "urban", see Technical notes for table 6. For method of evaluation and limitations of data, see Technical Notes, page 120.

FOOTNOTES

* Provisional.
1 Including unknown age.
2 Excluding unknown age.
3 De jure population.
4 Excluding Mayotte.
5 For 12 years and over.
6 For 12–14 years.
7 For classification by urban/rural residence, see end of table.
8 Excluding population counted separately.
9 Data have not been adjusted for underenumeration, estimated at 3.8 per cent.
10 For 12–19, 20–29, 30–39, 40–49, 50–59 and 60 years of age and over, as appropriate.
11 Excluding Bophuthatswana, Transkei and Venda.
12 For 7–14 years.
13 Based on a 10 per cent sample of census returns.
14 Data have not been adjusted for underenumeration, estimated at 6.6 per cent. Excluding indigenous population.
15 De jure population, but including armed forces stationed in the area.
16 Based on a sample of census returns.
17 Age classification based on year of birth rather than on completed years of age.
18 Data have not been adjusted for underenumeration, estimated at 1 per cent.
19 Excluding Indian jungle population.
20 Excluding nomadic Indian tribes.
21 Data have not been adjusted for underenumeration, estimated at 5.6 per cent.
22 Excluding Indian jungle population estimated at 39 800 in 1972.
23 Data have not been adjusted for underenumeration, estimated at 4.1 per cent.

NOTES GENERALES

Par alphabète, on entend toute personne sachant lire et écrire; par conséquent sauf indication contraire, les semi–alphabètes (personnes sachant lire mais non écrire) sont classés avec les analphabètes. Pour les définitions de "zones urbaines", voir les Notes techniques relatives au tableau 6. Pour la méthode d'évaluation et les insuffisances des données, voir Notes techniques, page 120.

NOTES

* Données provisoires.
1 Y compris les personnes d'âge inconnu.
2 Non compris les personnes d'âge inconnu.
3 Population de droit.
4 Non compris Mayotte.
5 Pour 12 ans et plus.
6 Pour 12–14 ans.
7 Pour le classement selon la résidence, urbaine/rurale, voir la fin du tableau.
8 Non compris la populaton comptée à part.
9 Les données n'ont pas été adjustées pour compenser les lacunes du dénombrement, estimées à 3,8 p. 100.
10 Pour 12–19 ans, 20–29 ans, 30–39 ans, 40–49 ans, 50–59 ans et 60 ans et plus, selon le cas.
11 Non compris Bophuthatswana, Transkei et Venda.
12 Pour 7–14 ans.
13 D'après un échantillon de 10 p. 100 des bulletins de recensement.
14 Les données n'ont été adjustées pour compenser les lacunes du dénombrement, estimées à 6,6 p.100. Non compris la population indigène.
15 Population de droit, mais y compris les militaires en garnison sur le territoire.
16 D'après un échantillon des bulletins de recensement.
17 La classification par âge est fondées sur l'année de naissance et non sur l'âge en années révolues.
18 Les données n'ont pas été adjustées pour compenser les lacunes du dénombrement, estimées à 1 p. 100.
19 Non compris les Indiens de la jungle.
20 Non compris les tribus d'Indiens nomades.
21 Les données n'ont pas été adjustées pour compenser les lacunes du dénombrement, estimées à 5,6 p. 100.
22 Non compris les Indiens de la jungle, estimés à 39 800 personnes en 1972.
23 Les données n'ont pas été adjustées pour compenser les lacunes du dénombrement, estimées à 4,1 p. 100.

32. Population selon l'alphabétisme, le sexe, l'âge et la résidence, urbaine/rurale: chaque recensement, 1975 – 1988 (suite)

FOOTNOTES (continued)

24 Data have not been adjusted for underenumeration, estimated at 2.6 per cent.
25 Data have not been adjusted for underenumeration, estimated at 6.85 per cent.
26 Data have not been adjusted for underenumeration, estimated at 3.1 per cent.
27 For the civilian population of 29 provinces, municipalities and autonomous regions.
28 Including data for the Indian–held part of Jammu and Kashmir, the final status of which has not yet been determined. Excluding Assam.
29 Because of rounding, totals are not in all cases the sum of the parts.
30 Data exclude adjustment for underenumeration, estimated at 1.7 per cent.
31 Based on a 5 per cent sample of census returns.
32 For settled population only.
33 Including data for East Jerusalem and Israeli residents in certain other territories under occupation by Israeli military forces since June 1967.
34 Excluding persons for whom school attendance data not available.
35 For 15–17 and 18–24 years, as appropriate.
36 Excluding data for Jordanian territory under occupation since June 1967 by Israeli military forces.
37 Including military and diplomatic personnel and their families abroad, numbering 933 at 1961 census, but excluding foreign military and diplomatic personnel and their families in the country, numbering 389 at 1961 census. Also including registered Palestinian refugees numbering 722 687 on 31 May 1967.
38 For economic active population only.
39 Excluding institutional population.
40 Formerly listed as "Burma".
41 Based on a 20 per cent sample of census returns.
42 Excluding data for Jammu and Kashmir, the final status of which has not yet been determined; also excluding Junagardh, Manavadar, Gilgit and Baltistan. Excluding federally administered tribal areas.
43 For Syrian population only.
44 Including armed forces stationed outside the country, but excluding alien armed forces stationed in the area.
45 For 11–14 years.
46 Including civilian nationals temporarily outside the country.

NOTES (suite)

24 Les données n'ont pas été adjustées pour compenser les lacunes du dénombrement, estimées à 2,6 p. 100.
25 Les données n'ont pas été adjustées pour compenser les lacunes du dénombrement, estimées à 6,85 p. 100.
26 Les données n'ont pas été adjustées pour compenser les lacunes du dénombrement, estimées à 3,1 p. 100.
27 Pour la population civil seulement de 29 provinces, municipalités et régions autonomes.
28 Y compris les données pour la partie du Jammu et du Cachemire occupée par l'Inde, dont le statut définitif n'a pas encore été déterminé. Non compris Assam.
29 Les chiffres étant arrondis, les totaux ne correspondent pas toujours rigoureusement à la somme des chiffres partiels.
30 Les données n'ont pas été ajustées pour compenser les lacunes du dénombrement, estimées à 1,7 p. 100.
31 D'après un échantillon de 5 p. 100 des bulletins de recensement.
32 Pour la population sédentaire seulement.
33 Y compris les données pour Jérusalem–Est et les résidents israéliens dans certains autres territoires occupés depuis juin 1967 par les forces armées israéliennes.
34 Non compris les personnes pour les quelles on ne possède pas de données concernant la fréquentation scolaire.
35 Pour 15–17 ans et 18–24 ans, selon le cas.
36 Non compris les données pour le territoire jordanien occupé depuis juin 1967 par les forces armées israéliennes.
37 Y compris les militaires, les personnel diplomatique à l'étranger et les membres de leur famille les accompagnant au nombre de 933 personnes au recensement de 1961, mais non compris les militaires, le personnel diplomatique étranger en poste dans le pays et les membres de leur famille les accompagnant au nombre de 389 personnes au recensement de 1961. Y compris également les réfugiés de Palestine immatriculés, au nombre de 722 687 au 31 mai 1967.
38 Pour la population économique active seulement.
39 Non compris la population dans les institutions.
40 Antérieurement désigné sous le nom de "Birmanie".
41 D'après un échantillon de 20 p. 100 des bulletins de recensement.
42 Non compris les données pour le Jammu et Cachemire dont le statut définitif n'a pas encore été déterminé; non compris également le Junagardh, le Manavadar, le Gilgit et le Baltistan. Non compris les zones tribales administrées par le gouvernement fédéral.
43 Pour la population syrienne seulement.
44 Y compris les militaires en garnison hors du pays, mais non compris les militaires étrangers en garnison sur le territoire.
45 Pour 11–14 ans.
46 Y compris les civils nationaux temporairement hors du pays.

32. Population by literacy, sex, age and urban/rural residence: each census, 1975 – 1988 (continued)

Population selon l'alphabétisme, le sexe, l'âge et la résidence, urbaine/rurale: chaque recensement, 1975 – 1988 (suite)

List of countries or areas covered by this table in the 1983 issue of the Demographic Yearbook
Liste des pays ou zones couverts par ce tableau, dans l'édition de 1983 de l'Annuaire démographique

Continent and country or area Continent et pays ou zone	Census date Date du recensement	Issue Edition
AFRICA — AFRIQUE		
Benin – Bènin	20–30 III 1979	1983
Cameroon – Cameroun	9 IV 1976	1983
Egypt – Egypte	22–23 XI 1976	1983
Guinea–Bissau – Guinée–Bissau	16 IV 1979	1983
Mali	16 XII 1976	1983
Mauritania–Mauritanie	22 XII 1976	1983
Réunion	9 III 1982	1983
Rwanda	15–16 VIII 1978	1983
St.Helena ex.dep. – Sainte–Hélène sans dép.	31 X 1976	1983
Swaziland	26 VIII 1976	1983
AMERICA, NORTH — AMERIQUE DU NORD		
Cuba	11 IX 1981	1983
Trinidad and Tobago – Trinité–et–Tobago	12 V 1980	1983
AMERICA, SOUTH — AMERIQUE DU SUD		
Bolivia – Bolivie	29 IX 1976	1983
Uruguay	21 V 1975	1983
ASIA — ASIE		
Afghanistan	24 VI 1979	1983
Bahrain – Bahreïn	5 IV 1981	1983
Brunei – Brunéi	26 VIII 1981	1983
Indonesia – Indonésie	31 X 1980	1983
Iran (Islamic Republic of – Rép. islamique d')	1 XI 1976	1983
Kuwait – Koweït	21 IV 1975	1983
Kuwait – Koweït	21 IV 1980	1983
Maldives	31 XII 1977	1983
Nepal – Népal	22 VI 1981	1983
Singapore – Singapour	24 VI 1980	1983
Thailand – Thaïlande	1 IV 1980	1983
Turkey – Turquie	26 X 1975	1983
United Arab Emirates – Emirates Arabes Unis	31 XII 1975	1983
EUROPE		
Hungary – Hongrie	1 I 1980	1983
Liechtenstein	31 XII 1981	1983
Poland – Pologne	7 XII 1978	1983
San Marino – Saint–Marin	30 XI 1976	1983
Spain – Espagne	28 II 1981	1983
OCEANIA – OCEANIE		
New Caledonia – Nouvelle–Calédonie	23 IV 1976	1983
Tonga	30 XI 1976	1983

33. Illiterate and total population 15 years of age and over, by sex and urban/rural residence: each census, 1975 – 1988
Population analphabète et population totale de 15 ans et plus, selon le sexe et la résidence, urbaine/ rurale: chaque recensement, 1975 – 1988

(See notes at end of table. – Voir notes à la fin du tableau.)

Continent, country or area, date and urban/rural residence Continent, pays ou zone, date et résidence urbaine/rurale	Both sexes – Les deux sexes			Male – Masculin			Female – Féminin		
	Total	Illiterate–Analphabète		Total	Illiterate–Analphabète		Total	Illiterate–Analphabète	
		Number Nombre	Per cent P.100		Number Nombre	Per cent P. 100		Number Nombre	Per cent P.100
AFRICA—AFRIQUE									
Burkina Faso 1 XII 1975 [1]	3 074 598	2 803 440	91.2	1 490 955	1 272 593	85.4	1 583 643	1 530 847	96.7
Burundi 15–16 VIII 1979 [1]	2 315 430	1 780 559	76.9	1 093 611	713 571	65.2	1 221 819	1 066 988	87.3
Central African Republic – République centrafricaine 8–22 XII 1975	1 029 424	840 358	81.6	477 712	335 865	70.3	551 712	504 493	91.4
Comoros – Comores [2] 15 IX 1980	175 839	88 780	50.5	85 236	36 429	42.7	90 603	52 351	57.8
Egypt – Egypte 17–18 XI 1986* [3 4]	34 773 395	17 160 624	49.3	18 006 253	6 803 169	37.8	16 767 142	10 357 455	61.8
Morocco – Maroc 3–21 IX 1982 [3 5]	11 641 780	8 119 233	69.7	5 662 334	3 187 079	56.3	5 979 446	4 932 154	82.5
Mozambique 1 VIII 1980 [3 6]	6 221 284	4 522 941	72.7	2 928 721	1 634 940	55.8	3 292 563	2 888 001	87.7
St. Helena ex. dep. – Sainte–Hélène sans dép. 22 II 1987 [7]	3 789	103	2.7	1 955	65	3.3	1 834	39	2.1
Sao Tome and Principe – Sao Tomé–et–Principe 15 VIII 1981*	51 805	22 080	42.6	25 180	6 755	26.8	26 625	15 325	57.6
South Africa – Afrique du Sud [8] 6 V 1980	15 596 019	3 711 776	23.8	7 993 640	1 796 523	22.5	7 602 379	1 915 253	25.2
Tunisia – Tunisie 30 III 1984*	4 209 920	2 181 130	51.8	2 122 610	840 400	39.6	2 087 310	1 340 730	64.2
Zimbabwe 18 VIII 1982 [9]	3 837 350	852 120	22.2	1 850 130	292 790	15.8	1 987 240	559 330	28.1
AMERICA,NORTH— AMERIQUE DU NORD									
Costa Rica 10 VI 1984 [1]	1 532 311	112 946	7.4	757 476	55 431	7.3	774 835	57 515	7.4
Guadeloupe 9 III 1982 [1]	223 975	22 103	9.9	108 073	11 122	10.3	115 902	10 981	9.5
Haiti – Haïti 30 VIII 1982 [1]	3 071 756	2 004 791	65.3	1 474 069	926 751	62.9	1 597 687	1 078 040	67.5
Martinique 9 III 1982 [1]	233 570	16 713	7.2	111 348	8 773	7.9	122 222	7 940	6.5
Mexico – Mexique 4 VI 1980 [1]	37 927 410	6 451 740	17.0	18 500 443	2 545 171	13.8	19 426 967	3 906 569	20.1
Panama 11 V 1980 [3 10]	1 088 477	156 531	14.4	546 714	74 737	13.7	541 763	81 794	15.1
Puerto Rico – Porto Rico 1 IV 1980 [11 12]	2 280 138	277 461	12.2	1 085 528	123 215	11.3	1 194 610	154 246	12.9
St. Pierre and Miquelon – Saint–Pierre–et–Miquelon 9 III 1982	4 409	32	0.7	2 180	16	0.7	2 229	16	0.7

33. Illiterate and total population 15 years of age and over, by sex and urban/rural residence: each census, 1975 – 1988 (continued)
Population analphabète et population totale de 15 ans et plus, selon le sexe et la résidence, urbaine/ rurale: chaque recensement, 1975 – 1988 (suite)

(See notes at end of table. – Voir notes à la fin du tableau.)

Continent, country or area, date and urban/rural residence — Continent, pays ou zone, date et résidence urbaine/rurale	Both sexes – Les deux sexes: Total	Illiterate–Analphabète: Number Nombre	Per cent P.100	Male – Masculin: Total	Illiterate–Analphabète: Number Nombre	Per cent P. 100	Female – Féminin: Total	Illiterate–Analphabète: Number Nombre	Per cent P.100
AMERICA,SOUTH— AMERIQUE DU SUD									
Argentina – Argentine 22 X 1980 [3 13]	19 466 678	1 184 964	6.1	9 468 556	543 174	5.7	9 998 122	641 790	6.4
Brazil – Brésil 1 IX 1980 [1 3 12 14]	73 413 902	18 648 986	25.4	36 112 824	8 527 160	23.6	37 301 078	10 121 826	27.1
Chile – Chili 21 IV 1982	7 676 623	681 039	8.9	3 703 734	315 538	8.5	3 972 889	365 501	9.2
Ecuador – Equateur 28 XI 1982 [15 16]	4 685 300	770 606	16.4	2 310 779	305 324	13.2	2 374 521	465 282	19.6
French Guiana – Guyane Française 9 III 1982 [1]	48 970	8 305	17.0	...	...	...	...	...	...
Paraguay 11 VII 1982	1 793 606	380 386	21.2	891 566	166 420	18.7	902 040	213 966	23.7
Peru – Pérou 12 VII 1981 [17 18]	9 992 594	1 799 458	18.0	4 940 728	485 486	9.8	5 051 866	1 313 972	26.0
Uruguay 23 X 1985 [3 19]	2 165 335	99 726	4.6	1 036 433	53 376	5.1	1 128 902	46 350	4.1
Venezuela 20 X 1981 [3 14 20]	8 719 399	1 331 260	15.3	4 322 681	584 023	13.5	4 396 718	747 237	17.0
ASIA—ASIE									
Bangladesh 6–7 III 1981 [3 21]	46 519 423	32 923 083	70.8	24 061 949	14 501 583	60.3	22 457 474	18 421 500	82.0
China – Chine [22] 1 VII 1982	666 661 967	229964474	34.5	341429100	71 045 315	20.8	325232867	158919159	48.9
India – Inde [23] 1 III 1981 [3 24 25 26]	401 944 943	238097747	59.2	207931693	93 899 834	45.2	194013249	144197913	74.3
Iran (Islamic Republic of – Rép. islamique d') 22 IX 1986* [27]	26 929 586	12 846 921	47.7	13 710 890	5 044 537	36.8	13 218 696	7 802 384	59.0
Israel – Israël [28] 4 VI 1983 [1 29]	2 716 585	224 080	8.2	1 329 070	66 940	5.0	1 387 515	157 140	11.3
Jordan – Jordanie [30] 10 XI 1979 [31]	1 036 051	344 002	33.2	536 291	104 670	19.5	499 760	239 332	47.9
Kuwait – Koweït 20–21 IV 1985	1 072 216	273 513	25.5	647 085	141 082	21.8	425 131	132 431	31.1
Macau – Macao 16 III 1981 [1 32]	125 891	12 113	9.6	79 468	5 714	7.2	46 423	6 399	13.8
Malaysia – Malaisie Peninsular Malaysia – Malaisie Péninsulaire 10 VI 1980 [33]	6 619 772	1 806 365	27.3	3 245 741	564 953	17.4	3 374 031	1 241 412	36.8
Sabah 11 VI 1980 [33]	542 279	244 254	45.0	285 877	102 304	35.8	256 402	141 950	55.4
Sarawak 10 VI 1980 [3 33]	719 107	351 847	48.9	353 979	135 801	38.4	365 128	216 046	59.2
Maldives 25–28 III 1985	98 728	7 598	7.7	51 855	4 059	7.8	46 873	3 539	7.5

33. Illiterate and total population 15 years of age and over, by sex and urban/rural residence: each census, 1975 – 1988 (continued)
Population analphabète et population totale de 15 ans et plus, selon le sexe et la résidence, urbaine/ rurale: chaque recensement, 1975 – 1988 (suite)

(See notes at end of table. – Voir notes à la fin du tableau.)

Continent, country or area, date and urban/rural residence — Continent, pays ou zone, date et résidence urbaine/rurale	Both sexes – Les deux sexes			Male – Masculin			Female – Féminin		
	Total	Illiterate–Analphabète Number Nombre	Illiterate–Analphabète Per cent P.100	Total	Illiterate–Analphabète Number Nombre	Illiterate–Analphabète Per cent P. 100	Total	Illiterate–Analphabète Number Nombre	Illiterate–Analphabète Per cent P.100
ASIA—ASIE (Cont.–Suite)									
Myanmar [34] 31 III 1983 [35]	20 965 263	4 492 769	21.4	10 276 488	1 460 457	14.2	10 688 775	3 032 312	28.4
Pakistan [36] 1 III 1981 [3]	46 737 010	34 713 824	74.3	24 840 503	16 051 771	64.6	21 896 507	18 662 053	85.2
Philippines 1 V 1980 [1,3,33,35]	27 734 739	4 626 922	16.7	13 658 525	2 200 485	16.1	14 076 214	2 426 437	17.2
Qatar 16 III 1986*	266 534	64 860	24.3	195 169	45 237	23.2	71 365	19 623	27.5
Sri Lanka 17 III 1981 [3]	9 620 152	1 271 984	13.2	4 905 730	424 424	8.7	4 714 422	847 560	18.0
Syrian Arab Republic – République arabe syrienne 7 IX 1981 [37]	4 468 479	1 981 015	44.3	2 274 930	600 779	26.4	2 193 549	1 380 236	62.9
Turkey – Turquie 12 X 1980	27 135 605	9 306 164	34.3	13 625 394	2 526 685	18.5	13 510 211	6 779 479	50.2
Viet Nam 1 X 1979	30 299 423	4 900 647	16.2	14 073 008	1 353 616	9.6	16 226 415	3 547 031	21.9
Yemen – Yémen 1 II 1975 [14]	2 919 581	2 564 522	87.8	1 337 938	1 013 526	75.8	1 581 643	1 550 996	98.1
EUROPE									
Greece – Grèce 5 IV 1981 [3,9,38]	7 430 839	700 837	9.4	3 592 912	140 520	3.9	3 837 927	560 317	14.6
Italy – Italie 25 X 1981	44 429 297	1 572 556	3.5	21 290 188	539 781	2.5	23 139 109	1 032 775	4.5
Malta – Maite 16 XI 1985 [7,39]	235 183	33 740	14.3	113 518	16 802	14.8	121 665	16 938	13.9
Portugal 16 III 1981	7 324 341	1 506 206	20.6	3 457 987	524 461	15.2	3 866 354	981 745	25.4
Yugoslavia – Yougoslavie 31 III 1981 [1]	16 838 815	1 753 496	10.4	8 216 543	367 565	4.5	8 622 272	1 385 931	16.1
OCEANIA—OCEANIE									
American Samoa – Samoa américaines 1 IV 1980 [11]	19 090	507	2.7	9 486	240	2.5	9 604	267	2.8
Guam 1 IV 1980 [11]	69 007	2 470	3.6	36 408	1 317	3.6	32 599	1 153	3.5
Pacific Islands – Iles du Pacifique 15 IX 1980 [11]	71 770	5 798	8.1	36 558	2 454	6.7	35 212	3 344	9.5
Vanuatu 15–16 I 1979	60 788	28 647	47.1	32 399	13 823	42.7	28 389	14 824	52.2

33. Illiterate and total population 15 years of age and over, by sex and urban/rural residence: each census, 1975 – 1988 (continued)
Population analphabète et population totale de 15 ans et plus, selon le sexe et la résidence, urbaine/ rurale: chaque recensement, 1975 – 1988 (suite)
Data by urban/rural residence
Données selon la résidence urbaine/rurale

(See notes at end of table. – Voir notes à la fin du tableau.)

Continent, country or area, date and urban/rural residence — Continent, pays ou zone, date et résidence urbaine/rurale	Both sexes – Les deux sexes: Total	Both sexes: Illiterate–Analphabète: Number Nombre	Both sexes: Illiterate–Analphabète: Per cent P.100	Male – Masculin: Total	Male: Illiterate–Analphabète: Number Nombre	Male: Illiterate–Analphabète: Per cent P. 100	Female – Féminin: Total	Female: Illiterate–Analphabète: Number Nombre	Female: Illiterate–Analphabète: Per cent P.100
AFRICA—AFRIQUE									
Egypt – Egypte* [4]									
Urban – Urbaine									
17–18 XI 1986	15 878 449	5 579 761	35.1	8 201 157	2 170 368	26.5	7 677 292	3 409 393	44.4
Rural – Rurale									
17–18 XI 1986	18 894 946	11 580 863	61.3	9 805 096	4 632 801	47.2	9 089 850	6 948 062	76.4
Morocco – Maroc [5]									
Urban – Urbaine									
3–21 IX 1982	5 326 670	2 674 434	50.2	2 606 861	911 061	34.9	2 719 809	1 763 373	64.8
Rural – Rurale									
3–21 IX 1982	6 315 110	5 444 799	86.2	3 055 473	2 276 018	74.5	3 259 637	3 168 781	97.2
Mozambique [6]									
Urban – Urbaine									
1 VIII 1980	868 397	342 420	39.4	471 318	103 490	22.0	397 079	238 930	60.2
Rural – Rurale									
1 VIII 1980	5 352 887	4 180 521	78.1	2 457 403	1 531 450	62.3	2 895 484	2 649 071	91.5
AMERICA,NORTH— AMERIQUE DU NORD									
Panama [10]									
Urban – Urbaine									
11 V 1980	590 677	26 727	4.5	278 774	11 373	4.1	311 903	15 354	4.9
Rural – Rurale									
11 V 1980	450 405	97 456	21.6	246 232	51 121	20.8	204 173	46 335	22.7
AMERICA,SOUTH— AMERIQUE DU SUD									
Argentina – Argentine [4 13]									
Urban – Urbaine									
22 X 1980	18 389 508	747 233	4.1	8 786 131	315 215	3.6	9 603 377	432 018	4.5
Rural – Rurale									
22 X 1980	3 533 341	517 417	14.6	1 922 634	273 641	14.2	1 610 707	243 776	15.1
Brazil – Brésil [1 12 14]									
Urban – Urbaine									
1 IX 1980	51 910 472	8 715 740	16.8	24 901 001	3 527 408	14.2	27 009 471	5 188 332	19.2
Rural – Rurale									
1 IX 1980	21 503 430	9 933 246	46.2	11 211 823	4 999 752	44.6	10 291 607	4 933 494	47.9
Uruguay [19]									
Urban – Urbaine									
23 X 1985	1 889 420	75 598	4.0	870 911	36 134	4.1	1 018 509	39 464	3.9
Rural – Rurale									
23 X 1985	275 915	24 128	8.7	165 522	17 242	10.4	110 393	6 886	6.2
Venezuela [14 20]									
Urban – Urbaine									
20 X 1981	7 154 052	750 329	10.5	3 478 435	292 706	8.4	3 675 617	457 623	12.4
Rural – Rurale									
20 X 1981	1 233 340	492 977	40.0	672 582	249 419	37.1	560 758	243 558	43.4
Semi–urban – Semi–urbaine									
20 X 1981	332 007	87 954	26.5	171 664	41 898	24.4	160 343	46 056	28.7
ASIA—ASIE									
Bangladesh [21]									
Urban – Urbaine									
6–7 III 1981	7 704 602	3 992 749	51.8	4 533 212	1 901 951	42.0	3 171 390	2 090 798	65.9
Rural – Rurale									
6–7 III 1981	38 814 821	28 930 334	74.5	19 528 737	12 599 632	64.5	19 286 084	16 330 702	84.7
India – Inde [23 24 25 26]									
Urban – Urbaine									
1 III 1981	99 960 997	34 856 078	34.9	54 106 881	12 791 547	23.6	45 854 115	22 064 533	48.1
Rural – Rurale									
1 III 1981	301 983 946	203241669	67.3	153824812	81 108 287	52.7	148159134	122133380	82.4

33. Illiterate and total population 15 years of age and over, by sex and urban/rural residence: each census, 1975 – 1988 (continued)
Population analphabète et population totale de 15 ans et plus, selon le sexe et la résidence, urbaine/ rurale: chaque recensement, 1975 – 1988 (suite)
Data by urban/rural residence
Données selon la résidence urbaine/rurale

(See notes at end of table. – Voir notes à la fin du tableau.)

Continent, country or area, date and urban/rural residence — Continent, pays ou zone, date et résidence urbaine/rurale	Both sexes – Les deux sexes			Male – Masculin			Female – Féminin		
	Total	Illiterate–Analphabète		Total	Illiterate–Analphabète		Total	Illiterate–Analphabète	
		Number Nombre	Per cent P.100		Number Nombre	Per cent P. 100		Number Nombre	Per cent P.100
ASIA—ASIE (Cont.–Suite)									
Malaysia – Malaisie									
Sarawak [33]									
Urban – Urbaine									
10 VI 1980	139 424	33 495	24.0	67 460	9 892	14.7	71 964	23 603	32.8
Rural – Rurale									
10 VI 1980	579 683	318 352	54.9	286 519	125 909	43.9	293 164	192 443	65.6
Pakistan [36]									
Urban – Urbaine									
1 III 1981	13 591 289	7 144 396	52.6	7 462 132	3 213 688	43.1	6 129 157	3 930 708	64.1
Rural – Rurale									
1 III 1981	33 145 721	27 569 428	83.2	17 378 371	12 838 083	73.9	15 767 350	14 731 345	93.4
Philippines [1 33 35]									
Urban – Urbaine									
1 V 1980	10 982 522	753 247	6.9	5 202 099	310 429	6.0	5 780 423	442 818	7.7
Rural – Rurale									
1 V 1980	16 752 217	3 873 675	23.1	8 456 426	1 890 056	22.3	8 295 791	1 983 619	23.9
Sri Lanka									
Urban – Urbaine									
17 III 1981	2 191 552	143 572	6.6	1 159 976	51 543	4.4	1 031 576	92 029	8.9
Rural – Rurale									
17 III 1981	7 428 600	1 128 412	15.2	3 745 754	372 881	10.0	3 682 846	755 531	20.5
EUROPE									
Greece – Grèce [9 38]									
Urban – Urbaine									
5 IV 1981	4 314 333	245 654	5.7	2 052 444	51 614	2.5	2 261 889	194 040	8.6
Rural – Rurale									
5 IV 1981	2 270 667	360 691	15.9	1 119 305	66 920	6.0	1 151 362	293 771	25.5
Semi–urban									
5 IV 1981	845 839	94 492	11.2	421 163	21 986	5.2	424 676	72 506	17.1

GENERAL NOTES

Literacy is defined as ability both to read and to write; hence unless otherwise specified, semi–literates (persons able to read but not to write) are included with illiterate population. Percentages are the illiterate population 15 years of age and over per 100 total population of corresponding sex–age group, excluding population of unknown literacy. For definitions of "urban", see end of table 6. For method of evaluation and limitations of data, see Technical Notes, page 122.

FOOTNOTES

- * Provisional.
- 1 De jure population.
- 2 Excluding Mayotte.
- 3 For classification by urban/rural residence, see end of table.
- 4 For 10 years and over.
- 5 Excluding population counted separately.
- 6 Data have not been adjusted for underenumeration, estimated at 3.8 per cent.
- 7 For 20 years and over.
- 8 Excluding Bophuthatswana, Transkei and Venda.
- 9 Based on a 10 per cent sample of census returns.
- 10 Data have not been adjusted for underenumeration, estimated at 6.6 per cent. Excluding indigenous population.
- 11 De jure population, but including armed forces stationed in the area.
- 12 Based on a sample of census returns.

NOTES GENERALES

Par alphabète, on entend toute personne sachant lire et écrire; par conséquent, sauf indication contraire, les semi–analphabètes (personnes sachant lire mais non écrire) sont classés avec les analphabètes. Les pourcentages indiquent la proportion de la population analphabète âgée de 15 ans et plus pour 100 personnes du même group d'âge et du même sexe, non compris la population dont l'aptitude à lire et à écrire est inconnue. Pour les définitions des "régions urbaines", se reporter à la fin du tableau 6. Pour la méthode d'évaluation et les insuffisances des données, voir Notes techniques, page 122.

NOTES

- * Données provisoires.
- 1 Population de droit.
- 2 Non compris Mayotte.
- 3 Pour le classement selon la résidence, urbaine/rurale , voir la fin du tableau.
- 4 Pour 10 ans et plus.
- 5 Non compris la populaton comptée à part.
- 6 Les données n'ont pas été adjustées pour compenser les lacunes du dénombrement, estimées à 3,8 p. 100.
- 7 Pour 20 ans et plus.
- 8 Non compris Bophuthatswana, Transkei et Venda.
- 9 D'après un échantillon de 10 p. 100 des bulletins de recensement.
- 10 Les données n'ont été adjustées pour compenser les lacunes du dénombrement, estimées à 6,6 p.100. Non compris la population indigène.
- 11 Population de droit, mais y compris les militaires en garnison sur le territoire.
- 12 D'après un échantillon des bulletins de recensement.

33. Illiterate and total population 15 years of age and over, by sex and urban/rural residence: each census, 1975 – 1988 (continued)
Population analphabète et population totale de 15 ans et plus, selon le sexe et la résidence, urbaine/ rurale: chaque recensement, 1975 – 1988 (suite)

FOOTNOTES (continued)

13 Data have not been adjusted for underenumeration, estimated at 1 per cent.
14 Excluding Indian jungle population.
15 Excluding nomadic Indian tribes.
16 Data have not been adjusted for underenumeration, estimated at 5.6 per cent.
17 Excluding Indian jungle population estimated at 39 800 in 1972.
18 Data have not been adjusted for underenumeration, estimated at 4.1 per cent.
19 Data have not been adjusted for underenumeration, estimated at 2.6 per cent.
20 Data have not been adjusted for underenumeration, estimated at 6.85 per cent.
21 Data have not been adjusted for underenumeration, estimated at 3.1 per cent.
22 For the civilian population of 29 provinces, municipalities and autonomous regions.
23 Including data for the Indian–held part of Jammu and Kashmir, the final status of which has not yet been determined. Excluding Assam.
24 Because of rounding, totals are not in all cases the sum of the parts.
25 Data exclude adjustment for underenumeration, estimated at 1.7 per cent.
26 Based on a 5 per cent sample of census returns.
27 For settled population only.
28 Including data for East Jerusalem and Israeli residents in certain other territories under occupation by Israeli military forces since June 1967.
29 Excluding persons for whom school attendance data not available.
30 Excluding data for Jordanian territory under occupation since June 1967 by Israeli military forces.
31 Including military and diplomatic personnel and their families abroad, numbering 933 at 1961 census, but excluding foreign military and diplomatic personnel and their families in the country, numbering 389 at 1961 census. Also including registered Palestinian refugees numbering 722 687 on 31 May 1967.
32 For economic active population only.
33 Excluding institutional population.
34 Formerly listed as "Burma".
35 Based on a 20 per cent sample of census returns.
36 Excluding data for Jammu and Kashmir, the final status of which has not yet been determined; also excluding Junagardh, Manavadar, Gilgit and Baltistan. Excluding federally administered tribal areas.
37 For Syrian population only.
38 Including armed forces stationed outside the country, but excluding alien armed forces stationed in the area.
39 Including civilian nationals temporarily outside the country.

NOTES (suite)

13 Les données n'ont pas été adjustées pour compenser les lacunes du dénombrement, estimées à 1 p. 100.
14 Non compris les Indiens de la jungle.
15 Non compris les tribus d'Indiens nomades.
16 Les données n'ont pas été adjustées pour compenser les lacunes du dénombrement, estimées à 5,6 p. 100.
17 Non compris les Indiens de la jungle, estimés à 39 800 personnes en 1972.
18 Les données n'ont pas été adjustées pour compenser les lacunes du dénombrement, estimées à 4,1 p. 100.
19 Les données n'ont pas été adjustées pour compenser les lacunes du dénombrement, estimées à 2,6 p. 100.
20 Les données n'ont pas été adjustées pour compenser les lacunes du dénombrement, estimées à 6,85 p. 100.
21 Les données n'ont pas été adjustées pour compenser les lacunes du dénombrement, estimées à 3,1 p. 100.
22 Pour la population civil seulement de 29 provinces, municipalités et régions autonomes.
23 Y compris les données pour la partie du Jammu et du Cachemire occupée par l'Inde, dont le statut définitif n'a pas encore été déterminé. Non compris Assam.
24 Les chiffres étant arrondis, les totaux ne correspondent pas toujours rigoureusement à la somme des chiffres partiels.
25 Les données n'ont pas été ajustées pour compenser les lacunes du dénombrement, estimées à 1,7 p. 100.
26 D'après un échantillon de 5 p. 100 des bulletins de recensement.
27 Pour la population sédentaire seulement.
28 Y compris les données pour Jérusalem–Est et les résidents israéliens dans certains autres territoires occupés depuis juin 1967 par les forces armées israéliennes.
29 Non compris les personnes pour les quelles on ne possède pas de données concernant la fréquentation scolaire.
30 Non compris les données pour le territoire jordanien occupé depuis juin 1967 par les forces armées israéliennes.
31 Y compris les militaires, les personnel diplomatique à l'étranger et les membres de leur famille les accompagnant au nombre de 933 personnes au recensement de 1961, mais non compris les militaires, le personnel diplomatique étranger en poste dans le pays et les membres de leur famille les accompagnant au nombre de 389 personnes au recensement de 1961. Y compris également les réfugiés de Palestine immatriculés, au nombre de 722 687 au 31 mai 1967.
32 Pour la population économique active seulement.
33 Non compris la population dans les institutions.
34 Antérieurement désigné sous le nom de "Birmanie".
35 D'après un échantillon de 20 p. 100 des bulletins de recensement.
36 Non compris les données pour le Jammu et Cachemire dont le statut définitif n'a pas encore été déterminé; non compris également le Junagardh, le Manavadar, le Gilgit et le Baltistan. Non compris les zones tribales administrées par le gouvernement fédéral.
37 Pour la population syrienne seulement.
38 Y compris les militaires en garnison hors du pays, mais non compris les militaires étrangers en garnison sur le territoire.
39 Y compris les civils nationaux temporairement hors du pays.

33. Illiterate and total population 15 years of age and over, by sex and urban/rural residence: each census, 1975 – 1988 (continued)

Population analphabète et population totale de 15 ans et plus, selon le sexe et la résidence, urbaine/rurale: chaque recensement, 1975 – 1988 (suite)

List of countries or areas covered by this table in the 1983 issue of the Demographic Yearbook
Liste des pays ou zones couverts par ce tableau, dans l'édition de 1983 de l'Annuaire démographique

Continent and country or area Continent et pays ou zone	Census date Date du recensement	Issue Edition
AFRICA — AFRIQUE		
Benin – Bènin	20–30 III 1979	1983
Cameroon – Cameroun	9 IV 1976	1983
Egypt – Egypte	22–23 XI 1976	1983
Guinea–Bissau – Guinée–Bissau	16 IV 1979	1983
Mali	16 XII 1976	1983
Mauritania–Mauritanie	22 XII 1976	1983
Réunion	9 III 1982	1983
Rwanda	15–16 VIII 1978	1983
St.Helena ex.dep. – Sainte–Hélène sans dép.	31 X 1976	1983
Swaziland	26 VIII 1976	1983
AMERICA, NORTH — AMERIQUE DU NORD		
Cuba	11 IX 1981	1983
Trinidad and Tobago – Trinité–et–Tobago	12 V 1980	1983
AMERICA, SOUTH — AMERIQUE DU SUD		
Bolivia – Bolivie	29 IX 1976	1983
Uruguay	21 V 1975	1983
ASIA — ASIE		
Afghanistan	24 VI 1979	1983
Bahrain – Bahreïn	5 IV 1981	1983
Brunei – Brunéi	26 VIII 1981	1983
Indonesia – Indonésie	31 X 1980	1983
Iran (Islamic Republic of – Rép. islamique d')	1 XI 1976	1983
Kuwait – Koweït	21 IV 1975	1983
Kuwait – Koweït	21 IV 1980	1983
Maldives	31 XII 1977	1983
Nepal – Népal	22 VI 1981	1983
Singapore – Singapour	24 VI 1980	1983
Thailand – Thaïlande	1 IV 1980	1983
Turkey – Turquie	26 X 1975	1983
United Arab Emirates – Emirates Arabes Unis	31 XII 1975	1983
EUROPE		
Hungary – Hongrie	1 I 1980	1983
Liechtenstein	31 XII 1981	1983
Poland – Pologne	7 XII 1978	1983
San Marino – Saint–Marin	30 XI 1976	1983
Spain – Espagne	28 II 1981	1983
OCEANIA – OCEANIE		
New Caledonia – Nouvelle–Calédonie	23 IV 1976	1983
Tonga	30 XI 1976	1983

34. Population 15 years and over, by educational attainment, age, sex and urban/rural residence: each census, 1973 – 1988

Population de 15 ans et plus, selon le degré d'instruction, l'âge, le sexe et la résidence, urbaine/rurale: chaque recensement, 1973 – 1988

(See notes at end of table. – Voir notes à la fin du tableau.)

Continent, country or area, census date, sex, educational level and urban/rural residence Continent, pays ou zone, date du recensement, sexe, degré d'instruction et résidence urbaine/rurale	Age (in years – en années)								
	15 plus	15 – 19	20 – 24	25 – 34	35 – 44	45 – 54	55 – 64	65 plus	Unknown Inconnu
AFRICA—AFRIQUE									
Botswana									
12–26 VIII 1981 [1 2]									
Total									
Total	227 619	37 641	47 642	62 537	33 168	21 702	12 967	9 820	2 142
–1	134 918	18 798	18 080	31 511	25 215	18 821	11 790	9 212	1 491
First level – Premier degré	64 139	15 387	19 216	21 119	5 191	1 625	741	405	455
Second level – Second degré	26 783	3 448	10 053	9 054	2 392	1 090	386	176	184
Third level – Troisième degré	1 788	8	293	853	370	166	59	27	12
Male – Masculin									
Total	91 051	15 155	17 923	24 799	13 492	8 728	5 401	4 236	1 317
–1	50 053	8 807	6 401	9 924	8 602	6 956	4 649	3 821	893
First level – Premier degré	26 679	5 250	7 027	9 382	3 105	931	423	266	295
Second level – Second degré	13 093	1 093	4 343	4 910	1 511	706	282	129	119
Third level – Troisième degré	1 226	5	152	583	274	135	47	20	10
Female – Féminin									
Total	136 568	22 486	29 719	37 738	19 676	12 974	7 566	5 584	825
–1	84 856	9 991	11 679	21 587	16 613	11 865	7 132	5 391	598
First level – Premier degré	37 460	10 137	12 189	11 737	2 086	694	318	139	160
Second level – Second degré	13 690	2 355	5 710	4 144	881	384	104	47	65
Third level – Troisième degré	562	3	141	270	96	31	12	7	2
Cameroon – Cameroun									
9 IV 1976 [3 4]									
Total									
Total	4 033 658*	–1 238 432	—*	917 230	758 531	530 847	328 792	259 826	–
–1	2 534 334*	— 426 544	—*	562 088	565 614	440 125	294 237	245 726	–
First level – Premier degré	1 134 892*	— 591 583	—*	263 515	159 488	79 289	29 956	11 061	–
Second level – Second degré	333 851*	— 212 191	—*	82 837	27 695	7 859	2 197	1 072	–
Third level – Troisième degré	11 785*	— 3 968	—*	4 818	2 037	727	192	43	–
Level not stated – Degré non indiqué	18 796*	— 4 416	—*	3 972	3 697	2 847	2 210	1 924	–
Male – Masculin									
Total	1 911 816*	— 588 151	—*	411 445	354 828	262 649	166 331	128 412	–
–1	967 491*	— 140 911	—*	178 348	209 154	186 177	136 088	116 813	–
First level – Premier degré	692 331*	— 306 930	—*	162 375	118 508	67 935	27 251	9 872	–
Second level – Second degré	234 526*	— 135 906	—*	65 283	24 037	6 733	1 807	760	–
Third level – Troisième degré	9 732*	— 3 249	—*	3 949	1 719	619	162	34	–
Level not stated – Degré non indiqué	7 736*	— 1 695	—*	1 490	1 410	1 185	1 023	933	–
Female – Féminin									
Total	2 121 842*	— 650 281	—*	505 785	403 703	268 198	162 461	131 414	–
–1	1 566 843*	— 285 633	—*	383 740	356 460	253 948	158 149	128 913	–
First level – Premier degré	442 561*	— 285 193	—*	101 140	40 980	11 354	2 705	1 189	–
Second level – Second degré	99 325*	— 76 285	—*	17 544	3 658	1 126	390	312	–
Third level – Troisième degré	2 053*	— 719	—*	869	318	108	30	9	–
Level not stated – Degré non indiqué	11 060*	— 2 451	—*	2 482	2 287	1 662	1 187	991	–

34. Population 15 years and over, by educational attainment, age, sex and urban/rural residence: each census, 1973 – 1988 (continued)
Population de 15 ans et plus, selon le degré d'instruction, l'âge, le sexe et la résidence, urbaine/rurale: chaque recensement, 1973 – 1988 (suite)

(See notes at end of table. – Voir notes à la fin du tableau.)

Continent, country or area, census date, sex, educational level and urban/rural residence Continent, pays ou zone, date du recensement, sexe, degré d'instruction et résidence urbaine/rurale	Age (in years – en années)								
	15 plus	15 – 19	20 – 24	25 – 34	35 – 44	45 – 54	55 – 64	65 plus	Unknown Inconnu
AFRICA—AFRIQUE (Cont.–Suite)									
Central African Republic – République centrafricaine									
8–22 XII 1975									
Total									
Total	1 029 444	177 566	120 043	231 835	210 532	160 952	*— 128 516 —*		–
–1	816 710	92 910	72 403	182 103	190 611	153 455	*— 125 228 —*		–
First level – Premier degré	161 555	63 765	36 463	37 622	15 751	5 788	*— 2 166 —*		–
Second level – Second degré	39 361	19 865	8 930	7 774	1 883	548	*— 361 —*		–
Third level – Troisième degré	1 942	83	386	771	357	233	*— 112 —*		–
Level not stated – Degré non indiqué	9 876	943	1 861	3 565	1 930	928	*— 649 —*		–
Male – Masculin									
Total	477 732	84 920	55 109	103 141	93 491	75 322	*— 65 749 —*		–
–1	320 227	28 238	21 405	62 822	76 196	68 625	*— 62 941 —*		–
First level – Premier degré	117 493	41 029	24 882	30 329	13 843	5 420	*— 1 990 —*		–
Second level – Second degré	31 551	15 190	7 176	6 703	1 692	471	*— 319 —*		–
Third level – Troisième degré	1 558	43	334	628	292	159	*— 102 —*		–
Level not stated – Degré non indiqué	6 903	420	1 312	2 659	1 468	647	*— 397 —*		–
Female – Féminin									
Total	551 712	92 646	64 934	128 694	117 041	85 630	*— 62 767 —*		–
–1	496 483	64 672	50 998	119 281	114 415	84 830	*— 62 287 —*		–
First level – Premier degré	44 062	22 736	11 581	7 293	1 908	368	*— 176 —*		–
Second level – Second degré	7 810	4 675	1 754	1 071	191	77	*— 42 —*		–
Third level – Troisième degré	384	40	52	143	65	74	*— 10 —*		–
Level not stated – Degré non indiqué	2 973	523	549	906	462	281	*— 252 —*		–
Comoros – Comores [5]									
15 IX 1980 [6]									
Total									
Total	87 840	21 446	14 312	19 548	13 463	8 355	5 259	4 676	781
First level – Premier degré	24 667	6 788	3 543	5 705	3 761	2 197	1 439	1 140	94
Second level – Second degré	9 291	4 367	2 892	1 422	351	148	58	17	36
Third level – Troisième degré	584	11	59	258	143	71	29	12	1
Level not stated – Degré non indiqué	53 298	10 280	7 818	12 163	9 208	5 939	3 733	3 507	650
Male – Masculin									
Total	49 321	11 383	7 447	10 541	8 017	5 136	3 325	2 958	514
First level – Premier degré	14 106	3 822	1 700	3 093	2 319	1 372	956	777	67
Second level – Second degré	6 495	2 705	2 099	1 158	310	129	52	14	28
Third level – Troisième degré	513	8	41	224	134	66	27	12	1
Level not stated – Degré non indiqué	28 207	4 848	3 607	6 066	5 254	3 569	2 290	2 155	418
Female – Féminin									
Total	38 519	10 063	6 865	9 007	5 446	3 219	1 934	1 718	267
First level – Premier degré	10 561	2 966	1 843	2 612	1 442	825	483	363	27
Second level – Second degré	2 796	1 662	793	264	41	19	6	3	8
Third level – Troisième degré	71	3	18	34	9	5	2	–	–
Level not stated – Degré non indiqué	25 091	5 432	4 211	6 097	3 954	2 370	1 443	1 352	232

34. Population 15 years and over, by educational attainment, age, sex and urban/rural residence: each census, 1973 – 1988 (continued)
Population de 15 ans et plus, selon le degré d'instruction, l'âge, le sexe et la résidence, urbaine/rurale: chaque recensement, 1973 – 1988 (suite)

(See notes at end of table. – Voir notes à la fin du tableau.)

Continent, country or area, census date, sex, educational level and urban/rural residence / Continent, pays ou zone, date du recensement, sexe, degré d'instruction et résidence urbaine/rurale	Age (in years – en années) 15 plus	15 – 19	20 – 24	25 – 34	35 – 44	45 – 54	55 – 64	65 plus	Unknown Inconnu
AFRICA—AFRIQUE (Cont.–Suite)									
Congo									
22 XII 1984									
Total									
Total	1 056 118	211 294	172 226	237 965	152 227	125 138	86 989	61 243	9 036
–1	427 536	19 173	28 754	70 716	81 829	91 496	75 326	55 580	4 662
First level – Premier degré	212 316	46 327	27 656	59 953	41 964	23 842	7 399	3 081	2 094
1	18 372	1 796	1 738	4 108	4 374	3 705	1 599	670	382
2	22 431	2 123	2 573	5 976	5 573	3 873	1 446	531	336
3	25 021	4 379	3 959	7 219	5 068	2 796	840	416	344
4	27 663	6 268	4 096	7 062	5 280	3 160	1 003	444	350
5	32 696	10 792	4 736	8 215	5 139	2 579	647	309	279
6	86 133	20 969	10 554	27 373	16 530	7 729	1 864	711	403
Second level – Second degré	359 254	143 640	106 034	83 383	18 920	4 480	1 138	685	974
1	50 743	31 288	8 301	7 257	2 548	757	191	179	222
2	60 571	36 738	12 783	8 111	2 047	492	106	126	168
3	69 580	34 133	19 501	12 061	2 801	627	172	116	169
4	99 857	32 949	33 900	24 230	6 409	1 543	371	187	268
5	17 977	3 815	7 461	5 308	1 080	197	54	19	43
6	18 220	2 622	8 472	5 857	1 004	152	55	21	37
7	41 307	1 888	15 291	20 226	2 932	671	174	61	64
Not stated–non indiqué	1 029	207	325	333	99	41	15	6	3
Third level – Troisième degré	25 602	375	6 123	14 843	3 252	768	148	40	53
1	4 027	90	1 636	2 007	219	49	10	8	8
2	4 108	24	932	2 573	455	92	21	4	7
3	3 916	11	508	2 537	674	140	29	7	10
4	909	2	95	569	183	51	4	2	3
5	827	1	51	522	204	36	11	1	1
6	1 546	112	623	663	105	32	8	1	2
7	1 276	46	400	610	175	37	5	2	1
8 plus	2 443	3	423	1 534	349	110	15	1	8
Not stated–non indiqué	6 550	86	1 455	3 828	888	221	45	14	13
Special education – Education spéciale	7 310	184	1 048	3 183	1 946	689	209	43	8
Level not stated – Degré non indiqué	24 100	1 595	2 611	5 887	4 316	3 863	2 769	1 814	1 245

34. Population 15 years and over, by educational attainment, age, sex and urban/rural residence: each census, 1973 – 1988 (continued)

Population de 15 ans et plus, selon le degré d'instruction, l'âge, le sexe et la résidence, urbaine/rurale: chaque recensement, 1973 – 1988 (suite)

(See notes at end of table. – Voir notes à la fin du tableau.)

Continent, country or area, census date, sex, educational level and urban/rural residence Continent, pays ou zone, date du recensement, sexe, degré d'instruction et résidence urbaine/rurale	Age (in years – en années)								
	15 plus	15 – 19	20 – 24	25 – 34	35 – 44	45 – 54	55 – 64	65 plus	Unknown Inconnu
AFRICA—AFRIQUE (Cont.–Suite)									
Congo									
22 XII 1984									
Male – Masculin									
Total	502 099	102 811	83 831	114 168	73 666	58 041	37 861	27 591	4 130
-1	144 563	5 626	8 505	20 439	23 788	31 557	29 121	23 808	1 719
First level – Premier degré	118 150	21 979	11 311	26 516	28 693	19 655	6 409	2 444	1 143
1	9 395	694	524	1 244	2 235	2 663	1 265	558	212
2	12 006	785	803	2 157	3 406	2 997	1 241	442	175
3	13 136	1 920	1 464	2 877	3 352	2 291	719	326	187
4	14 941	2 863	1 566	2 790	3 645	2 672	871	339	195
5	17 810	5 255	2 010	3 702	3 674	2 233	581	222	133
6	50 862	10 462	4 944	13 746	12 381	6 799	1 732	557	241
Second level – Second degré	202 753	74 216	57 566	50 258	14 858	3 895	908	473	579
1	25 317	14 948	3 742	3 697	1 876	658	150	134	112
2	28 430	17 108	5 208	3 980	1 463	416	85	77	93
3	33 976	17 278	7 950	5 772	2 128	552	134	74	88
4	59 790	18 811	19 389	14 562	5 071	1 353	301	128	175
5	11 774	2 798	4 552	3 255	909	173	43	16	28
6	12 177	1 879	5 544	3 715	821	128	43	17	30
7	30 764	1 313	11 035	15 065	2 518	588	141	53	51
Not stated–non indiqué	555	81	146	212	72	27	11	4	2
Third level – Troisième degré	20 110	248	4 632	11 665	2 676	681	129	33	46
1	3 217	72	1 260	1 620	198	44	10	7	6
2	3 348	16	750	2 094	382	81	16	2	7
3	3 299	8	426	2 124	569	130	28	5	9
4	769	2	77	486	152	45	4	–	3
5	722	–	43	452	182	33	10	1	1
6	1 016	64	420	427	70	25	8	1	1
7	714	29	251	293	105	29	4	2	1
8 plus	1 595	–	267	983	235	90	12	1	7
Not stated–non indiqué	5 430	57	1 138	3 186	783	204	37	14	11
Special education – Education spéciale	5 406	94	643	2 291	1 579	568	189	37	5
Level not stated – Degré non indiqué	11 117	648	1 174	2 999	2 072	1 685	1 105	796	638

34. Population 15 years and over, by educational attainment, age, sex and urban/rural residence: each census, 1973 – 1988 (continued)

Population de 15 ans et plus, selon le degré d'instruction, l'âge, le sexe et la résidence, urbaine/rurale: chaque recensement, 1973 – 1988 (suite)

(See notes at end of table. – Voir notes à la fin du tableau.)

Continent, country or area, census date, sex, educational level and urban/rural residence Continent, pays ou zone, date du recensement, sexe, degré d'instruction et résidence urbaine/rurale	Age (in years – en années)								
	15 plus	15 – 19	20 – 24	25 – 34	35 – 44	45 – 54	55 – 64	65 plus	Unknown Inconnu
AFRICA—AFRIQUE (Cont.–Suite)									
Congo									
22 XII 1984									
Female – Féminin									
Total	554 019	108 483	88 395	123 797	78 561	67 097	49 128	33 652	4 906
–1	282 973	13 547	20 249	50 277	58 041	59 939	46 205	31 772	2 943
First level – Premier degré	94 166	24 348	16 345	33 437	13 271	4 187	990	637	951
1	8 977	1 102	1 214	2 864	2 139	1 042	334	112	170
2	10 425	1 338	1 770	3 819	2 167	876	205	89	161
3	11 885	2 459	2 495	4 342	1 716	505	121	90	157
4	12 722	3 405	2 530	4 272	1 635	488	132	105	155
5	14 886	5 537	2 726	4 513	1 465	346	66	87	146
6	35 271	10 507	5 610	13 627	4 149	930	132	154	162
Second level – Second degré	156 501	69 424	48 468	33 125	4 062	585	230	212	395
1	25 426	16 340	4 559	3 560	672	99	41	45	110
2	32 141	19 630	7 575	4 131	584	76	21	49	75
3	35 604	16 855	11 551	6 289	673	75	38	42	81
4	40 067	14 138	14 511	9 668	1 338	190	70	59	93
5	6 203	1 017	2 909	2 053	171	24	11	3	15
6	6 043	743	2 928	2 142	183	24	12	4	7
7	10 543	575	4 256	5 161	414	83	33	8	13
Not stated–non indiqué	474	126	179	121	27	14	4	2	1
Third level – Troisième degré	5 492	127	1 491	3 178	576	87	19	7	7
1	810	18	376	387	21	5	–	1	2
2	760	8	182	479	73	11	5	2	–
3	617	3	82	413	105	10	1	2	1
4	140	–	18	83	31	6	–	2	–
5	105	1	8	70	22	3	1	–	–
6	530	48	203	236	35	7	–	–	1
7	562	17	149	317	70	8	1	–	–
8 plus	848	3	156	551	114	20	3	–	1
Not stated–non indiqué	1 120	29	317	642	105	17	8	–	2
Special education – Education spéciale	1 904	90	405	892	367	121	20	6	3
Level not stated – Degré non indiqué	12 983	947	1 437	2 888	2 244	2 178	1 664	1 018	607
Gambia – Gambie									
21 IV 1973									
Total									
Total	289 905	40 773	43 237	83 131	50 541	32 314	19 123	18 881	1 905
–1	265 653	32 951	37 655	77 964	48 266	30 815	18 251	18 204	1 547
First level – Premier degré	6 479	2 639	1 301	1 241	528	357	204	180	29
Second level – Second degré	16 751	5 084	4 172	3 676	1 651	1 059	617	453	39
Level not stated – Degré non indiqué	1 022	99	109	250	96	83	51	44	290
Male – Masculin									
Total	147 742	19 419	20 817	40 382	26 395	18 070	11 249	10 545	865
–1	130 789	14 212	16 951	36 565	24 684	16 954	10 639	10 116	668
First level – Premier degré	4 334	1 686	802	883	408	275	147	113	20
Second level – Second degré	11 951	3 462	2 988	2 745	1 229	779	431	289	28
Level not stated – Degré non indiqué	668	59	76	189	74	62	32	27	149
Female – Féminin									
Total	142 163	21 354	22 420	42 749	24 146	14 244	7 874	8 336	1 040
–1	134 864	18 739	20 704	41 399	23 582	13 861	7 612	8 088	879
First level – Premier degré	2 145	953	499	358	120	82	57	67	9
Second level – Second degré	4 800	1 622	1 184	931	422	280	186	164	11
Level not stated – Degré non indiqué	354	40	33	61	22	21	19	17	141

34. Population 15 years and over, by educational attainment, age, sex and urban/rural residence: each census, 1973 – 1988 (continued)

Population de 15 ans et plus, selon le degré d'instruction, l'âge, le sexe et la résidence, urbaine/rurale: chaque recensement, 1973 – 1988 (suite)

(See notes at end of table. – Voir notes à la fin du tableau.)

Continent, country or area, census date, sex, educational level and urban/rural residence Continent, pays ou zone, date du recensement, sexe, degré d'instruction et résidence urbaine/rurale	Age (in years – en années)								
	15 plus	15 – 19	20 – 24	25 – 34	35 – 44	45 – 54	55 – 64	65 plus	Unknown Inconnu
AFRICA—AFRIQUE (Cont.–Suite)									
Mauritius – Maurice									
Island of Mauritius – Ile Maurice									
2 VII 1983 [2]									
Total									
Total	502 237	74 443	99 475	151 710	74 695	46 925	*— 54 905 —*		84
–1	406	58	54	115	65	53	*— 60 —*		1
First level – Premier degré	310 693	42 744	46 038	87 322	48 996	37 661	*— 47 870 —*		62
1	3 845	164	205	425	809	1 053	*— 1 189 —*		–
2	15 783	726	882	2 475	3 249	3 947	*— 4 500 —*		4
3	30 146	1 664	2 057	5 750	6 153	6 828	*— 7 690 —*		4
4	28 628	2 177	2 349	5 880	5 403	5 823	*— 6 989 —*		7
5	83 479	16 650	13 628	24 426	11 376	8 143	*— 9 233 —*		23
6	139 187	20 195	25 798	46 103	20 541	10 323	*— 16 210 —*		17
Not stated–non indiqué	9 625	1 168	1 119	2 263	1 465	1 544	*— 2 059 —*		7
Second level – Second degré	173 146	31 437	51 591	55 797	21 557	7 431	*— 5 316 —*		17
Third level – Troisième degré	17 503	160	1 721	8 357	4 014	1 716	*— 1 534 —*		1
Special education – Education spéciale	63	19	16	13	5	6	*— 4 —*		–
Level not stated – Degré non indiqué	426	25	55	106	58	58	*— 121 —*		3
Male – Masculin									
Total	268 360	36 575	50 279	79 441	41 655	27 776	*— 32 571 —*		63
–1	206	28	31	52	30	29	*— 36 —*		–
First level – Premier degré	157 119	21 112	21 247	39 897	24 650	21 716	*— 28 452 —*		45
1	2 076	96	113	182	353	594	*— 738 —*		–
2	8 200	364	408	971	1 505	2 235	*— 2 715 —*		2
3	15 893	842	934	2 330	2 984	4 074	*— 4 727 —*		2
4	14 656	1 109	1 150	2 505	2 548	3 249	*— 4 088 —*		7
5	43 063	8 801	6 903	11 401	5 693	4 747	*— 5 500 —*		18
6	68 410	9 286	11 196	21 445	10 948	5 963	*— 9 561 —*		11
Not stated–non indiqué	4 821	614	543	1 063	619	854	*— 1 123 —*		5
Second level – Second degré	98 342	15 311	27 958	33 598	13 900	4 639	*— 2 920 —*		16
Third level – Troisième degré	12 436	103	1 013	5 830	3 033	1 355	*— 1 101 —*		1
Special education – Education spéciale	30	9	8	5	3	2	*— 3 —*		–
Level not stated – Degré non indiqué	227	12	22	59	39	35	*— 59 —*		1
Female – Féminin									
Total	233 877	37 868	49 196	72 269	33 040	19 149	*— 22 334 —*		21
–1	200	30	23	63	35	24	*— 24 —*		1
First level – Premier degré	153 574	21 632	24 791	47 425	24 346	15 945	*— 19 418 —*		17
1	1 769	68	92	243	456	459	*— 451 —*		–
2	7 583	362	474	1 504	1 744	1 712	*— 1 785 —*		2
3	14 253	822	1 123	3 420	3 169	2 754	*— 2 963 —*		2
4	13 972	1 068	1 199	3 375	2 855	2 574	*— 2 901 —*		–
5	40 416	7 849	6 725	13 025	5 683	3 396	*— 3 733 —*		5
6	70 777	10 909	14 602	24 658	9 593	4 360	*— 6 649 —*		6
Not stated–non indiqué	4 804	554	576	1 200	846	690	*— 936 —*		2
Second level – Second degré	74 804	16 126	23 633	22 199	7 657	2 792	*— 2 396 —*		1
Third level – Troisième degré	5 067	57	708	2 527	981	361	*— 433 —*		–
Special education – Education spéciale	33	10	8	8	2	4	*— 1 —*		–
Level not stated – Degré non indiqué	199	13	33	47	19	23	*— 62 —*		2

34. Population 15 years and over, by educational attainment, age, sex and urban/rural residence: each census, 1973 – 1988 (continued)

Population de 15 ans et plus, selon le degré d'instruction, l'âge, le sexe et la résidence, urbaine/rurale: chaque recensement, 1973 – 1988 (suite)

(See notes at end of table. – Voir notes à la fin du tableau.)

Continent, country or area, census date, sex, educational level and urban/rural residence Continent, pays ou zone, date du recensement, sexe, degré d'instruction et résidence urbaine/rurale	Age (in years – en années) 15 plus	15 – 19	20 – 24	25 – 34	35 – 44	45 – 54	55 – 64	65 plus	Unknown Inconnu
AFRICA—AFRIQUE (Cont.–Suite)									
Mauritius – Maurice Rodrigues									
2 VII 1983 [2]									
Total									
Total	13 333	3 122	2 612	3 150	2 073	1 244	*—	1 120 —*	12
-1	7	3	2	1	–	–	*—	1 —*	–
First level – Premier degré	11 751	2 680	2 233	2 645	1 875	1 205	*—	1 102 —*	11
Second level – Second degré	1 373	434	362	416	132	18	*—	10 —*	1
Third level – Troisième degré	179	–	13	84	62	15	*—	5 —*	–
Special education – Education spéciale	2	1	–	1	–	–	*—	– —*	–
Level not stated – Degré non indiqué	21	4	2	3	4	6	*—	2 —*	–
Male – Masculin									
Total	6 750	1 545	1 286	1 670	1 078	641	*—	523 —*	7
-1	2	2	–	–	–	–	*—	– —*	–
First level – Premier degré	5 879	1 334	1 087	1 372	950	619	*—	511 —*	6
Second level – Second degré	734	207	190	241	78	9	*—	8 —*	1
Third level – Troisième degré	123	–	8	55	47	10	*—	3 —*	–
Special education – Education spéciale	–	–	–	–	–	–	*—	– —*	–
Level not stated – Degré non indiqué	12	2	1	2	3	3	*—	1 —*	–
Female – Féminin									
Total	6 580	1 577	1 325	1 479	994	603	*—	597 —*	5
-1	5	1	2	1	–	–	*—	1 —*	–
First level – Premier degré	5 872	1 346	1 146	1 273	925	586	*—	591 —*	5
Second level – Second degré	639	227	172	175	54	9	*—	2 —*	–
Third level – Troisième degré	56	–	5	29	15	5	*—	2 —*	–
Special education – Education spéciale	2	1	–	1	–	–	*—	– —*	–
Level not stated – Degré non indiqué	6	2	–	–	–	3	*—	1 —*	–
Mozambique									
1 VIII 1980 [4 6 7]									
Total									
Total	1 702 214	563 495	318 900	227 499	295 947	245 651	*—	46 851 —*	3 871
First level – Premier degré	1 580 579	528 420	283 555	208 075	277 994	234 371	*—	44 528 —*	3 636
Second level – Second degré	101 523	33 449	32 691	16 073	12 597	5 767	*—	741 —*	205
Third level – Troisième degré	3 265	–	309	821	1 [illegible]	830	*—	126 —*	7
Level not stated – Degré non indiqué	16 847	1 626	2 345	2 530	4 184	4 683	*—	1 456 —*	23
Male – Masculin									
Total	1 296 960	383 635	232 777	177 862	243 678	213 598	*—	42 231 —*	3 179
First level – Premier degré	1 205 806	358 564	206 870	163 003	229 423	204 642	*—	40 311 —*	2 993
Second level – Second degré	77 278	24 113	24 351	12 709	10 567	4 794	*—	580 —*	164
Third level – Troisième degré	2 314	–	190	546	832	636	*—	104 —*	6
Level not stated – Degré non indiqué	11 562	958	1 366	1 604	2 856	3 526	*—	1 236 —*	16

34. Population 15 years and over, by educational attainment, age, sex and urban/rural residence: each census, 1973 – 1988 (continued)

Population de 15 ans et plus, selon le degré d'instruction, l'âge, le sexe et la résidence, urbaine/rurale: chaque recensement, 1973 – 1988 (suite)

(See notes at end of table. – Voir notes à la fin du tableau.)

Continent, country or area, census date, sex, educational level and urban/rural residence Continent, pays ou zone, date du recensement, sexe, degré d'instruction et résidence urbaine/rurale	Age (in years – en années)								
	15 plus	15 – 19	20 – 24	25 – 34	35 – 44	45 – 54	55 – 64	65 plus	Unknown Inconnu
AFRICA—AFRIQUE (Cont.–Suite)									
Mozambique									
1 VIII 1980 [4 6 7]									
Female – Féminin									
Total	405 254	179 860	86 123	49 637	52 269	32 053	*—— 4 620 ——*		692
First level – Premier degré	374 773	169 856	76 685	45 072	48 571	29 729	*—— 4 217 ——*		643
Second level – Second degré	24 245	9 336	8 340	3 364	2 030	973	*—— 161 ——*		41
Third level – Troisième degré	951	–	119	275	340	194	*—— 22 ——*		1
Level not stated – Degré non indiqué	5 285	668	979	926	1 328	1 157	*—— 220 ——*		7
Niger									
20 XI 1977									
Total									
Total	2 863 274	556 970	444 931	795 987	474 006	263 823	161 674	147 772	18 111
–1	2 584 246	486 299	403 221	728 634	428 399	237 680	147 311	136 608	16 094
First level – Premier degré	245 042	55 342	33 700	60 454	43 526	25 262	14 068	11 075	1 615
Second level – Second degré	26 381	14 268	5 571	4 358	1 174	496	168	55	291
Third level – Troisième degré	7 605	1 061	2 439	2 541	907	385	127	34	111
Male – Masculin									
Total	1 363 187	232 243	181 855	358 886	259 143	153 202	92 828	76 499	8 531
–1	1 130 350	181 708	149 739	300 900	216 919	128 622	79 303	66 166	6 993
First level – Premier degré	207 907	40 122	26 119	52 501	40 478	23 877	13 309	10 263	1 238
Second level – Second degré	18 910	9 622	4 102	3 437	984	383	124	42	216
Third level – Troisième degré	6 020	791	1 895	2 048	762	320	92	28	84
Female – Féminin									
Total	1 500 087	324 727	263 076	437 101	214 863	110 621	68 846	71 273	9 580
–1	1 453 896	304 591	253 482	427 734	211 480	109 058	68 008	70 442	9 101
First level – Premier degré	37 135	15 220	7 581	7 953	3 048	1 385	759	812	377
Second level – Second degré	7 471	4 646	1 469	921	190	113	44	13	75
Third level – Troisième degré	1 585	270	544	493	145	65	35	6	27
Sao Tome and Principe – Sao Tomé–et–Principe									
15 VIII 1981 [6]									
Total									
Total	29 725	9 006	6 206	6 126	3 326	2 421	1 492	1 148	–
First level – Premier degré	18 931	6 573	3 978	3 861	1 977	1 303	709	530	–
Second level – Second degré	2 723	681	1 029	665	206	84	35	23	–
Third level – Troisième degré	121	2	27	53	21	13	3	2	–
Special education – Education spéciale	7 884	1 737	1 160	1 531	1 119	1 014	738	585	–
Level not stated – Degré non indiqué	66	13	12	16	3	7	7	8	–

34. Population 15 years and over, by educational attainment, age, sex and urban/rural residence: each census, 1973 – 1988 (continued)

Population de 15 ans et plus, selon le degré d'instruction, l'âge, le sexe et la résidence, urbaine/rurale: chaque recensement, 1973 – 1988 (suite)

(See notes at end of table. – Voir notes à la fin du tableau.)

Continent, country or area, census date, sex, educational level and urban/rural residence Continent, pays ou zone, date du recensement, sexe, degré d'instruction et résidence urbaine/rurale	Age (in years – en années)								
	15 plus	15 – 19	20 – 24	25 – 34	35 – 44	45 – 54	55 – 64	65 plus	Unknown Inconnu
AFRICA—AFRIQUE (Cont.–Suite)									
Sao Tome and Principe – Sao Tomé–et–Principe									
15 VIII 1981 [6]									
Male – Masculin									
Total	18 425	4 790	3 555	3 761	2 347	1 832	1 194	946	–
First level – Premier degré	11 755	3 512	2 252	2 432	1 450	1 058	601	450	–
Second level – Second degré	1 760	406	649	453	141	66	29	16	–
Third level – Troisième degré	88	1	18	41	17	9	1	1	–
Special education – Education spéciale	4 792	863	629	830	739	697	560	474	–
Level not stated – Degré non indiqué	30	8	7	5	–	2	3	5	–
Female – Féminin									
Total	11 300	4 216	2 651	2 365	979	589	298	202	–
First level – Premier degré	7 176	3 061	1 726	1 429	527	245	108	80	–
Second level – Second degré	963	275	380	212	65	18	6	7	–
Third level – Troisième degré	33	1	9	12	4	4	2	1	–
Special education – Education spéciale	3 092	874	531	701	380	317	178	111	–
Level not stated – Degré non indiqué	36	5	5	11	3	5	4	3	–
Senegal – Sénégal									
16 IV 1976 [8]									
Total									
Total	2 758 470	500 544	415 773	630 692	465 768	325 259	218 055	195 213	7 166
First level – Premier degré	252 016	93 635	60 475	47 408	24 507	14 728	6 907	3 852	504
Second level – Second degré	140 107	56 039	41 057	30 513	7 614	2 857	1 237	548	242
Third level – Troisième degré	21 141	1 777	6 664	8 036	2 748	1 267	451	151	47
Religious school – Ecole religeuse	872 100	137 511	115 686	199 030	156 360	114 281	78 982	69 098	1 152
Level not stated – Degré non indiqué	1 473 106	211 582	191 891	345 705	274 539	192 126	130 478	121 564	5 221
Male – Masculin									
Total	1 331 172	241 550	196 530	284 263	217 760	165 629	117 512	103 015	4 913
First level – Premier degré	160 331	52 255	34 200	31 178	19 723	12 896	6 287	3 419	373
Second level – Second degré	97 377	36 473	27 272	22 782	6 443	2 567	1 136	494	210
Third level – Troisième degré	15 415	689	4 364	6 134	2 460	1 173	422	131	42
Religious school – Ecole religeuse	554 634	86 418	70 462	115 963	97 569	77 076	56 663	49 574	909
Level not stated – Degré non indiqué	503 415	65 715	60 232	108 206	91 565	71 917	53 004	49 397	3 379
Female – Féminin									
Total	1 427 298	258 994	219 243	346 429	248 008	159 630	100 543	92 198	2 253
First level – Premier degré	91 685	41 380	26 275	16 230	4 784	1 832	620	433	131
Second level – Second degré	42 730	19 566	13 785	7 731	1 171	290	101	54	32
Third level – Troisième degré	5 726	1 088	2 300	1 902	288	94	29	20	5
Religious school – Ecole religeuse	317 466	51 093	45 224	83 067	58 791	37 205	22 319	19 524	243
Level not stated – Degré non indiqué	969 691	145 867	131 659	237 499	182 974	120 209	77 474	72 167	1 842

34. Population 15 years and over, by educational attainment, age, sex and urban/rural residence: each census, 1973 – 1988 (continued)

Population de 15 ans et plus, selon le degré d'instruction, l'âge, le sexe et la résidence, urbaine/rurale: chaque recensement, 1973 – 1988 (suite)

(See notes at end of table. – Voir notes à la fin du tableau.)

Continent, country or area, census date, sex, educational level and urban/rural residence Continent, pays ou zone, date du recensement, sexe, degré d'instruction et résidence urbaine/rurale	Age (in years – en années)								
	15 plus	15 – 19	20 – 24	25 – 34	35 – 44	45 – 54	55 – 64	65 plus	Unknown Inconnu
AFRICA—AFRIQUE (Cont.–Suite)									
Sierra Leone									
VI 1976 [9] [10]									
Total									
Total	2 218 307	...	...	...	...	...	...	...	...
–1	1 754 388	...	...	...	...	...	...	...	...
First level – Premier degré	304 042	...	...	...	...	...	...	...	...
Second level – Second degré	147 827	...	...	...	...	...	...	...	...
Third level – Troisième degré	10 255	...	...	...	...	...	...	...	...
Level not stated – Degré non indiqué	1 795	...	...	...	...	...	...	...	...
Male – Masculin									
Total	1 095 155	...	...	...	...	...	...	...	...
–1	803 627	...	...	...	...	...	...	...	...
First level – Premier degré	185 003	...	...	...	...	...	...	...	...
Second level – Second degré	98 761	...	...	...	...	...	...	...	...
Third level – Troisième degré	7 087	...	...	...	...	...	...	...	...
Level not stated – Degré non indiqué	677	...	...	...	...	...	...	...	...
Female – Féminin									
Total	1 123 152	...	...	...	...	...	...	...	...
–1	950 761	...	...	...	...	...	...	...	...
First level – Premier degré	119 039	...	...	...	...	...	...	...	...
Second level – Second degré	49 066	...	...	...	...	...	...	...	...
Third level – Troisième degré	3 168	...	...	...	...	...	...	...	...
Level not stated – Degré non indiqué	1 118	...	...	...	...	...	...	...	...
South Africa – Afrique du Sud [11]									
6 V 1980 [12] [13]									
Total									
Total	25 016 525	12 053 311	2 503 055	3 754 674	*— 4 4 57 056 —*		1 219 072	1 029 357	–
–1	9 694 131	6 032 108	442 282	832 415	*— 1 3 99 295 —*		501 826	486 205	–
First level – Premier degré	10 353 251	5 063 508	1 124 031	1 695 369	*— 1 7 62 361 —*		412 030	295 952	–
1	2 881 201	2 172 372	138 706	207 331	*—— 251 977 ——*		66 793	44 022	–
2	1 426 621	741 860	149 361	219 581	*—— 231 197 ——*		52 596	32 026	–
3	1 322 750	645 104	159 747	224 169	*—— 221 590 ——*		44 676	27 464	–
4	1 397 779	589 593	189 143	261 940	*—— 267 543 ——*		52 887	36 673	–
5	1 446 634	520 343	235 488	318 872	*—— 287 503 ——*		50 625	33 803	–
6	1 878 266	394 236	251 586	463 476	*—— 502 551 ——*		144 453	121 964	–
Second level – Second degré	4 617 304	916 547	897 792	1 124 472	*— 1 1 82 548 —*		275 718	220 227	–
1	1 008 829	350 686	181 463	192 003	*—— 198 641 ——*		42 815	43 221	–
2 – 3	2 108 497	428 354	397 677	510 794	*—— 558 751 ——*		121 276	91 645	–
4	1 499 978	137 507	318 652	421 675	*—— 425 156 ——*		111 627	85 361	–
Third level – Troisième degré	160 509	172	20 507	59 233	*—— 56 651 ——*		13 808	10 138	–
Level not stated – Degré non indiqué	191 330	40 976	18 443	43 185	*—— 56 201 ——*		15 690	16 835	–

34. Population 15 years and over, by educational attainment, age, sex and urban/rural residence: each census, 1973 – 1988 (continued)

Population de 15 ans et plus, selon le degré d'instruction, l'âge, le sexe et la résidence, urbaine/rurale: chaque recensement, 1973 – 1988 (suite)

(See notes at end of table. – Voir notes à la fin du tableau.)

Continent, country or area, census date, sex, educational level and urban/rural residence Continent, pays ou zone, date du recensement, sexe, degré d'instruction et résidence urbaine/rurale	Age (in years – en années)								
	15 plus	15 – 19	20 – 24	25 – 34	35 – 44	45 – 54	55 – 64	65 plus	Unknown Inconnu
AFRICA—AFRIQUE (Cont.–Suite)									
South Africa – Afrique du Sud [14]									
5 III 1985 [12]									
Total									
Total	15 189 475	2 468 856	2 332 191	3 709 807	*— 4 396 978 —*		1 171 117	1 110 526	–
–1	2 955 745	179 289	260 837	570 790	*— 1 055 863 —*		402 938	486 028	–
First level – Premier degré	7 535 587	1 563 384	1 154 698	1 898 983	*— 2 068 950 —*		465 687	383 885	–
1	849 328	127 750	117 999	203 859	*— 261 931 —*		73 053	64 736	–
2	810 508	128 988	123 546	215 254	*— 244 922 —*		56 469	41 329	–
3	842 412	168 991	138 025	224 178	*— 233 683 —*		46 613	30 922	–
4	1 040 048	219 461	168 608	270 405	*— 286 653 —*		56 633	38 288	–
5	1 249 017	279 487	223 537	338 873	*— 316 037 —*		55 054	36 029	–
6	1 672 761	284 405	185 958	416 331	*— 520 837 —*		133 572	131 658	–
7	1 047 123	353 776	195 267	224 189	*— 194 858 —*		41 149	37 884	–
Not stated–non indiqué	24 390	526	1 758	5 894	*— 10 029 —*		3 144	3 039	–
Second level – Second degré	4 351 950	717 332	879 898	1 128 916	*— 1 146 203 —*		270 857	208 744	–
1	1 645 715	335 637	281 028	404 710	*— 438 602 —*		105 109	80 629	–
2	605 112	193 559	142 878	127 178	*— 107 473 —*		19 191	14 833	–
3	1 390 013	178 233	367 669	353 309	*— 329 579 —*		88 514	72 709	–
4	172 406	3 197	17 413	60 093	*— 67 995 —*		14 606	9 102	–
5	538 704	6 706	70 910	183 626	*— 202 554 —*		43 437	31 471	–
Third level – Troisième degré	271 945	271	30 207	97 673	*— 102 571 —*		23 564	17 659	–
1 – 4	184 692	255	25 710	69 934	*— 62 827 —*		14 850	11 116	–
5 – 6	17 257	–	409	5 205	*— 8 403 —*		1 805	1 435	–
7 plus	6 945	–	155	1 290	*— 3 668 —*		1 019	813	–
Not stated–non indiqué	63 051	16	3 933	21 244	*— 27 673 —*		5 890	4 295	–
Level not stated – Degré non indiqué	74 248	8 580	6 551	13 445	*— 23 391 —*		8 071	14 210	–
Male – Masculin									
Total	7 439 307	1 203 645	1 135 300	1 875 589	*— 2 216 865 —*		543 969	463 939	–
–1	1 327 303	84 794	118 844	268 180	*— 491 369 —*		169 444	194 672	–
First level – Premier degré	3 759 279	774 205	565 529	969 046	*— 1 061 898 —*		223 687	164 914	–
1	439 331	69 448	59 565	106 900	*— 138 996 —*		35 275	29 147	–
2	416 108	67 491	61 058	112 294	*— 129 270 —*		27 075	18 920	–
3	432 908	88 222	69 252	117 800	*— 121 388 —*		22 209	14 037	–
4	517 454	110 769	83 867	139 475	*— 141 384 —*		25 749	16 210	–
5	608 530	135 699	109 314	169 937	*— 152 526 —*		25 713	15 341	–
6	820 580	136 652	88 869	204 385	*— 270 512 —*		65 451	54 711	–
7	510 929	165 757	92 883	114 917	*— 101 735 —*		20 433	15 204	–
Not stated–non indiqué	13 439	167	721	3 338	*— 6 087 —*		1 782	1 344	–
Second level – Second degré	2 139 584	339 518	433 506	571 715	*— 578 301 —*		129 724	86 820	–
1	775 540	158 858	134 579	197 542	*— 206 967 —*		46 665	30 929	–
2	314 427	92 973	71 691	70 919	*— 61 916 —*		10 289	6 639	–
3	729 725	85 163	192 453	191 632	*— 181 187 —*		46 097	33 193	–
4	67 834	840	5 751	23 573	*— 28 622 —*		5 817	3 231	–
5	252 058	1 684	29 032	88 049	*— 99 609 —*		20 856	12 828	–
Third level – Troisième degré	176 472	124	13 927	59 770	*— 72 947 —*		17 244	12 460	–
1 – 4	119 771	117	12 305	44 211	*— 44 609 —*		10 765	7 764	–
5 – 6	13 770	–	258	3 827	*— 7 095 —*		1 466	1 124	–
7 plus	5 752	–	77	942	*— 3 173 —*		881	679	–
Not stated–non indiqué	37 179	7	1 287	10 790	*— 18 070 —*		4 132	2 893	–
Level not stated – Degré non indiqué	36 669	5 004	3 494	6 878	*— 12 350 —*		3 870	5 073	–

34. Population 15 years and over, by educational attainment, age, sex and urban/rural residence: each census, 1973 – 1988 (continued)
Population de 15 ans et plus, selon le degré d'instruction, l'âge, le sexe et la résidence, urbaine/rurale: chaque recensement, 1973 – 1988 (suite)

(See notes at end of table. – Voir notes à la fin du tableau.)

Continent, country or area, census date, sex, educational level and urban/rural residence Continent, pays ou zone, date du recensement, sexe, degré d'instruction et résidence urbaine/rurale	Age (in years – en années)								
	15 plus	15 – 19	20 – 24	25 – 34	35 – 44	45 – 54	55 – 64	65 plus	Unknown Inconnu
AFRICA—AFRIQUE (Cont.–Suite)									
South Africa – Afrique du Sud [14]									
5 III 1985 [12]									
Female – Féminin									
Total	7 750 168	1 265 211	1 196 891	1 834 218	*— 2 180 113 —*		627 148	646 587	–
–1	1 628 442	94 495	141 993	302 610	*— 564 494 —*		233 494	291 356	–
First level – Premier degré	3 776 308	789 179	589 169	929 937	*— 1 007 052 —*		242 000	218 971	–
1	409 997	58 302	58 434	96 959	*— 122 935 —*		37 778	35 589	–
2	394 400	61 497	62 488	102 960	*— 115 652 —*		29 394	22 409	–
3	409 504	80 769	68 773	106 378	*— 112 295 —*		24 404	16 885	–
4	522 594	108 692	84 741	130 930	*— 145 269 —*		30 884	22 078	–
5	640 487	143 788	114 223	168 936	*— 163 511 —*		29 341	20 688	–
6	852 181	147 753	97 089	211 946	*— 250 325 —*		68 121	76 947	–
7	536 194	188 019	102 384	109 272	*— 93 123 —*		20 716	22 680	–
Not stated–non indiqué	10 951	359	1 037	2 556	*— 3 942 —*		1 362	1 695	–
Second level – Second degré	2 212 366	377 814	446 392	557 201	*— 567 902 —*		141 133	121 924	–
1	870 175	176 779	146 449	207 168	*— 231 635 —*		58 444	49 700	–
2	290 685	100 586	71 187	56 259	*— 45 557 —*		8 902	8 194	–
3	660 288	93 070	175 216	161 677	*— 148 392 —*		42 417	39 516	–
4	104 572	2 357	11 662	36 520	*— 39 373 —*		8 789	5 871	–
5	286 646	5 022	41 878	95 577	*— 102 945 —*		22 581	18 643	–
Third level – Troisième degré	95 473	147	16 280	37 903	*— 29 624 —*		6 320	5 199	–
1 – 4	64 921	138	13 405	25 723	*— 18 218 —*		4 085	3 352	–
5 – 6	3 487	–	151	1 378	*— 1 308 —*		339	311	–
7 plus	1 193	–	78	348	*— 495 —*		138	134	–
Not stated–non indiqué	25 872	9	2 646	10 454	*— 9 603 —*		1 758	1 402	–
Level not stated – Degré non indiqué	37 579	3 576	3 057	6 567	*— 11 041 —*		4 201	9 137	–
Swaziland									
25 VIII 1976									
Total									
Total	258 511	51 982	38 361	58 340	43 291	29 517	18 242	17 176	1 602
–1	111 110	10 866	10 109	21 491	21 647	18 488	12 996	14 486	1 027
First level – Premier degré	99 853	25 346	16 386	25 592	16 694	8 763	4 292	2 780	–
1	4 726	707	495	927	966	757	479	360	35
2	7 010	1 242	910	1 518	1 402	976	567	338	57
3	12 540	2 713	1 840	3 146	2 295	1 313	788	383	62
4	16 098	3 734	2 689	4 180	2 835	1 505	723	367	65
5	14 781	4 049	2 785	3 798	2 244	1 102	481	261	61
6	16 618	5 077	2 867	4 231	2 419	1 208	499	251	66
7	20 301	7 685	4 284	4 619	2 249	908	331	158	67
8 plus	7 779	139	516	3 173	2 284	994	424	205	44
Second level – Second degré	43 521	15 700	10 821	9 967	4 181	1 777	696	379	–
1	11 156	4 843	1 992	2 421	1 187	498	118	55	42
2	10 168	4 519	2 151	2 138	869	314	117	39	21
3	12 885	3 864	3 565	3 312	1 309	541	184	73	37
4	3 121	1 373	859	471	199	127	70	20	2
5	6 191	1 101	2 254	1 625	617	297	207	78	12
Third level – Troisième degré	4 027	70	1 045	1 290	769	489	258	102	4

34. Population 15 years and over, by educational attainment, age, sex and urban/rural residence: each census, 1973 – 1988 (continued)
Population de 15 ans et plus, selon le degré d'instruction, l'âge, le sexe et la résidence, urbaine/rurale: chaque recensement, 1973 – 1988 (suite)

(See notes at end of table. – Voir notes à la fin du tableau.)

Continent, country or area, census date, sex, educational level and urban/rural residence Continent, pays ou zone, date du recensement, sexe, degré d'instruction et résidence urbaine/rurale	Age (in years – en années) 15 plus	15 – 19	20 – 24	25 – 34	35 – 44	45 – 54	55 – 64	65 plus	Unknown Inconnu
AFRICA—AFRIQUE (Cont.–Suite)									
Swaziland									
25 VIII 1976									
Male – Masculin									
Total	115 361	23 513	15 196	24 794	20 539	14 358	8 855	7 372	734
–1	47 277	4 909	3 793	8 180	9 461	8 674	6 008	5 833	419
First level – Premier degré	43 401	11 509	5 486	10 315	8 022	4 281	2 240	1 548	–
1	2 004	366	190	328	394	322	214	177	13
2	2 957	601	332	544	557	439	266	188	30
3	5 332	1 226	608	1 180	1 002	657	412	219	28
4	6 639	1 638	822	1 573	1 288	696	384	211	27
5	6 341	1 876	899	1 501	1 091	534	247	161	32
6	7 214	2 386	945	1 717	1 143	587	263	140	33
7	9 024	3 374	1 547	2 079	1 183	499	202	102	38
8 plus	3 900	42	143	1 393	1 364	547	252	128	31
Second level – Second degré	22 412	7 067	5 407	5 545	2 601	1 117	436	239	–
1	5 187	2 238	761	1 109	662	285	69	36	27
2	4 915	2 002	963	1 119	523	199	75	18	16
3	6 812	1 649	1 805	1 933	858	363	127	48	29
4	1 783	675	546	290	143	74	43	11	1
5	3 715	503	1 332	1 094	415	196	122	46	7
Third level – Troisième degré	2 271	28	510	754	455	286	171	64	3
Female – Féminin									
Total	143 150	28 469	23 165	33 546	22 752	15 159	9 387	9 804	868
–1	63 833	5 957	6 316	13 311	12 186	9 814	6 988	8 653	608
First level – Premier degré	52 452	13 837	10 900	15 277	8 672	482	2 052	1 232	–
1	2 722	341	305	599	572	435	265	183	22
2	4 053	641	578	974	845	537	301	150	27
3	7 218	1 487	1 232	1 966	1 293	656	376	174	34
4	9 459	2 096	1 867	2 607	1 547	809	339	156	38
5	8 440	2 173	1 886	2 297	1 153	568	234	100	29
6	9 404	2 691	1 922	2 514	1 276	621	236	111	33
7	11 277	4 311	2 737	2 540	1 066	409	129	56	29
8 plus	3 879	97	373	1 780	920	447	172	77	13
Second level – Second degré	21 109	8 633	5 414	4 422	1 580	660	260	140	–
1	5 969	2 605	1 231	1 312	525	213	49	19	15
2	5 253	2 517	1 188	1 019	346	115	42	21	5
3	6 073	2 215	1 760	1 379	451	178	57	25	8
4	1 338	698	313	181	56	53	27	9	1
5	2 476	598	922	531	202	101	85	32	5
Third level – Troisième degré	1 756	42	535	536	314	203	87	38	1
United Rep. of Tanzania – Rép.–Unie de Tanzanie									
26 VIII 1978 [4 15]									
Total									
Total	11 530 657	...	...	...	...	...	...	...	...
–1	5 602 550	...	...	...	...	...	...	...	...
First level – Premier degré	5 549 541	...	...	...	...	...	...	...	...
Second level – Second degré	191 339	...	...	...	...	...	...	...	...
Third level – Troisième degré	175 225	...	...	...	...	...	...	...	...
Level not stated – Degré non indiqué	12 002	...	...	...	...	...	...	...	...

34. Population 15 years and over, by educational attainment, age, sex and urban/rural residence: each census, 1973 – 1988 (continued)
Population de 15 ans et plus, selon le degré d'instruction, l'âge, le sexe et la résidence, urbaine/rurale: chaque recensement, 1973 – 1988 (suite)

(See notes at end of table. – Voir notes à la fin du tableau.)

Continent, country or area, census date, sex, educational level and urban/rural residence Continent, pays ou zone, date du recensement, sexe, degré d'instruction et résidence urbaine/rurale	Age (in years – en années)								
	15 plus	15 – 19	20 – 24	25 – 34	35 – 44	45 – 54	55 – 64	65 plus	Unknown Inconnu
AFRICA—AFRIQUE (Cont.–Suite)									
United Rep. of Tanzania – Rép.–Unie de Tanzanie									
26 VIII 1978 [4 15]									
Male – Masculin									
Total	5 637 887	...	...	...	...	...	...	...	...
–1	2 022 058	...	...	...	...	...	...	...	...
First level – Premier degré	3 343 647	...	...	...	...	...	...	...	...
Second level – Second degré	138 449	...	...	...	...	...	...	...	...
Third level – Troisième degré	125 085	...	...	...	...	...	...	...	...
Level not stated – Degré non indiqué	8 648	...	...	...	...	...	...	...	...
Female – Féminin									
Total	5 892 800	...	...	...	...	...	...	...	...
–1	3 580 492	...	...	...	...	...	...	...	...
First level – Premier degré	2 205 894	...	...	...	...	...	...	...	...
Second level – Second degré	52 890	...	...	...	...	...	...	...	...
Third level – Troisième degré	50 170	...	...	...	...	...	...	...	...
Level not stated – Degré non indiqué	3 354	...	...	...	...	...	...	...	...
Zambia – Zambie									
25 VIII 1980 [16]									
Total									
Total	501 930	101 599	137 012	*— 221 017	—*	*—	– 30 780	—*	11 522
Second level – Second degré	459 756	97 590	132 604	*— 202 870	—*	*—	– 21 717	—*	4 975
1	62 084	28 841	12 115	*— 17 067	—*	*—	– 3 480	—*	581
2	119 310	29 423	23 896	*— 57 329	—*	*—	– 7 581	—*	1 081
3	144 874	25 695	56 493	*— 57 690	—*	*—	– 3 484	—*	1 512
4	27 251	7 513	8 496	*— 10 077	—*	*—	– 911	—*	254
5	102 085	5 947	30 941	*— 58 210	—*	*—	– 5 466	—*	1 521
6	4 152	171	663	*— 2 497	—*	*—	– 795	—*	26
Third level – Troisième degré	6 133	45	461	*— 4 491	—*	*—	– 1 109	—*	27
Level not stated – Degré non indiqué	36 041	3 964	3 947	*— 13 656	—*	*—	– 7 954	—*	6 520
Male – Masculin									
Total	335 150	51 982	84 469	*— 164 927	—*	*—	– 24 829	—*	8 943
Second level – Second degré	308 351	50 014	82 224	*— 153 404	—*	*—	– 18 588	—*	4 121
1	38 217	15 533	7 688	*— 11 440	—*	*—	– 3 076	—*	480
2	77 668	15 048	13 556	*— 41 273	—*	*—	– 6 865	—*	926
3	93 703	12 138	33 610	*— 43 818	—*	*—	– 2 901	—*	1 236
4	18 848	4 232	5 427	*— 8 193	—*	*—	– 778	—*	218
5	77 049	2 965	21 566	*— 46 889	—*	*—	– 4 388	—*	1 241
6	2 866	98	377	*— 1 791	—*	*—	– 580	—*	20
Third level – Troisième degré	4 705	20	266	*— 3 480	—*	*—	– 918	—*	21
Level not stated – Degré non indiqué	22 134	1 988	1 979	*— 8 043	—*	*—	– 5 323	—*	4 801
Female – Féminin									
Total	166 780	49 617	52 543	*— 56 090	—*	*—	– 5 951	—*	2 579
Second level – Second degré	151 405	47 576	50 380	*— 49 466	—*	*—	– 3 129	—*	854
1	23 867	13 308	4 427	*— 5 627	—*	*—	– 404	—*	101
2	41 642	14 375	10 340	*— 16 056	—*	*—	– 716	—*	155
3	51 171	13 557	22 883	*— 13 872	—*	*—	– 583	—*	276
4	8 403	3 281	3 069	*— 1 884	—*	*—	– 133	—*	36
5	25 037	2 982	9 376	*— 11 321	—*	*—	– 1 078	—*	280
6	1 286	73	286	*— 706	—*	*—	– 215	—*	6
Third level – Troisième degré	1 428	25	195	*— 1 011	—*	*—	– 191	—*	6
Level not stated – Degré non indiqué	13 947	2 016	1 968	*— 5 613	—*	*—	– 2 631	—*	1 719

34. Population 15 years and over, by educational attainment, age, sex and urban/rural residence: each census, 1973 – 1988 (continued)
Population de 15 ans et plus, selon le degré d'instruction, l'âge, le sexe et la résidence, urbaine/rurale: chaque recensement, 1973 – 1988 (suite)

(See notes at end of table. – Voir notes à la fin du tableau.)

Continent, country or area, census date, sex, educational level and urban/rural residence / Continent, pays ou zone, date du recensement, sexe, degré d'instruction et résidence urbaine/rurale	Age (in years – en années) 15 plus	15 – 19	20 – 24	25 – 34	35 – 44	45 – 54	55 – 64	65 plus	Unknown Inconnu
AFRICA—AFRIQUE (Cont.–Suite)									
Zimbabwe									
18 VIII 1982 [17] [18]									
Total									
Total	2 145 440	...	...	...	...	...	...	...	...
First level – Premier degré	1 900 760	...	...	...	...	...	...	...	...
1	449 080	...	...	...	...	...	...	...	...
2	409 310	...	...	...	...	...	...	...	...
3	329 510	...	...	...	...	...	...	...	...
4	220 900	...	...	...	...	...	...	...	...
5	178 320	...	...	...	...	...	...	...	...
6	164 810	...	...	...	...	...	...	...	...
7	148 830	...	...	...	...	...	...	...	...
Second level – Second degré	244 680	...	...	...	...	...	...	...	...
1	101 900	...	...	...	...	...	...	...	...
2	80 120	...	...	...	...	...	...	...	...
3	29 220	...	...	...	...	...	...	...	...
4	23 770	...	...	...	...	...	...	...	...
5	3 760	...	...	...	...	...	...	...	...
6	5 910	...	...	...	...	...	...	...	...
Male – Masculin									
Total	1 138 200	...	...	...	...	...	...	...	...
First level – Premier degré	992 980	...	...	...	...	...	...	...	...
1	225 070	...	...	...	...	...	...	...	...
2	207 600	...	...	...	...	...	...	...	...
3	171 430	...	...	...	...	...	...	...	...
4	117 160	...	...	...	...	...	...	...	...
5	97 160	...	...	...	...	...	...	...	...
6	90 060	...	...	...	...	...	...	...	...
7	84 500	...	...	...	...	...	...	...	...
Second level – Second degré	145 220	...	...	...	...	...	...	...	...
1	60 000	...	...	...	...	...	...	...	...
2	47 670	...	...	...	...	...	...	...	...
3	17 210	...	...	...	...	...	...	...	...
4	14 060	...	...	...	...	...	...	...	...
5	2 360	...	...	...	...	...	...	...	...
6	3 920	...	...	...	...	...	...	...	...
Female – Féminin									
Total	1 007 240	...	...	...	...	...	...	...	...
First level – Premier degré	907 780	...	...	...	...	...	...	...	...
1	224 010	...	...	...	...	...	...	...	...
2	201 710	...	...	...	...	...	...	...	...
3	158 080	...	...	...	...	...	...	...	...
4	103 740	...	...	...	...	...	...	...	...
5	81 160	...	...	...	...	...	...	...	...
6	94 750	...	...	...	...	...	...	...	...
7	64 330	...	...	...	...	...	...	...	...
Second level – Second degré	99 460	...	...	...	...	...	...	...	...
1	41 900	...	...	...	...	...	...	...	...
2	32 450	...	...	...	...	...	...	...	...
3	12 010	...	...	...	...	...	...	...	...
4	9 710	...	...	...	...	...	...	...	...
5	1 400	...	...	...	...	...	...	...	...
6	1 990	...	...	...	...	...	...	...	...

34. Population 15 years and over, by educational attainment, age, sex and urban/rural residence: each census, 1973 – 1988 (continued)
Population de 15 ans et plus, selon le degré d'instruction, l'âge, le sexe et la résidence, urbaine/rurale: chaque recensement, 1973 – 1988 (suite)

(See notes at end of table. – Voir notes à la fin du tableau.)

Continent, country or area, census date, sex, educational level and urban/rural residence Continent, pays ou zone, date du recensement, sexe, degré d'instruction et résidence urbaine/rurale	Age (in years – en années)								
	15 plus	15 – 19	20 – 24	25 – 34	35 – 44	45 – 54	55 – 64	65 plus	Unknown Inconnu
AMERICA,NORTH— AMERIQUE DU NORD									
Barbados – Barbade									
12 V 1980 [19 20]									
Total									
Total	161 741	16 921	25 148	36 347	20 566	18 393	17 146	25 460	1 760
–1	958	61	49	86	73	86	109	483	11
First level – Premier degré	83 498	3 322	5 718	12 090	12 031	13 973	14 254	21 977	133
Second level – Second degré	65 566	12 398	17 580	21 239	6 708	3 281	2 102	2 207	51
Third level – Troisième degré	4 616	159	774	1 571	1 063	597	272	175	5
Level not stated – Degré non indiqué	7 103	981	1 027	1 361	691	456	409	618	1 560
Male – Masculin									
Total	74 858	8 924	12 348	17 699	9 381	7 919	7 463	10 154	970
–1	437	36	29	53	39	32	51	196	1
First level – Premier degré	37 464	2 100	3 293	6 151	5 380	5 771	6 029	8 661	79
Second level – Second degré	30 713	6 287	8 183	9 843	2 930	1 470	1 002	963	35
Third level – Troisième degré	2 842	55	363	951	709	427	204	128	5
Level not stated – Degré non indiqué	3 402	446	480	701	323	219	177	206	850
Female – Féminin									
Total	86 883	7 997	12 800	18 648	11 185	10 474	9 683	15 306	790
–1	521	25	20	33	34	54	58	287	10
First level – Premier degré	46 034	1 222	2 425	5 939	6 651	8 202	8 225	13 316	54
Second level – Second degré	34 847	6 111	9 397	11 396	3 778	1 811	1 100	1 244	10
Third level – Troisième degré	1 774	104	411	620	354	170	68	47	–
Level not stated – Degré non indiqué	3 701	535	547	660	368	237	232	412	710
Bermuda – Bermudes									
12 V 1980 [19 21]									
Total									
Total	40 855	...	...	...	...	...	...	...	...
–1	509	...	...	...	...	...	...	...	...
First level – Premier degré	10 265	...	...	...	...	...	...	...	...
Second level – Second degré	19 741	...	...	...	...	...	...	...	...
Third level – Troisième degré	7 996	...	...	...	...	...	...	...	...
Level not stated – Degré non indiqué	769	...	...	...	...	...	...	...	...
Male – Masculin									
Total	19 666	...	...	...	...	...	...	...	...
–1	272	...	...	...	...	...	...	...	...
First level – Premier degré	5 231	...	...	...	...	...	...	...	...
Second level – Second degré	9 175	...	...	...	...	...	...	...	...
Third level – Troisième degré	3 983	...	...	...	...	...	...	...	...
Level not stated – Degré non indiqué	368	...	...	...	...	...	...	...	...

34. Population 15 years and over, by educational attainment, age, sex and urban/rural residence: each census, 1973 – 1988 (continued)
Population de 15 ans et plus, selon le degré d'instruction, l'âge, le sexe et la résidence, urbaine/rurale: chaque recensement, 1973 – 1988 (suite)

(See notes at end of table. – Voir notes à la fin du tableau.)

Continent, country or area, census date, sex, educational level and urban/rural residence Continent, pays ou zone, date du recensement, sexe, degré d'instruction et résidence urbaine/rurale	Age (in years – en années) 15 plus	15 – 19	20 – 24	25 – 34	35 – 44	45 – 54	55 – 64	65 plus	Unknown Inconnu
AMERICA,NORTH— (Cont.–Suite) AMERIQUE DU NORD									
Bermuda – Bermudes									
12 V 1980 [19 21]									
Female – Féminin									
Total	21 189	...	...	...	...	...	...	...	...
–1	237	...	...	...	...	...	...	...	...
First level – Premier degré	5 034	...	...	...	...	...	...	...	...
Second level – Second degré	10 566	...	...	...	...	...	...	...	...
Third level – Troisième degré	4 013	...	...	...	...	...	...	...	...
Level not stated – Degré non indiqué	401	...	...	...	...	...	...	...	...
Canada									
3 VI 1986 [4 19 22 23]									
Total									
Total	19 634 095	1 917 245	2 243 945	4 505 810	3 626 840	2 532 990	2 312 105	2 495 160	–
–1	195 985	2 805	5 465	15 470	16 370	28 965	40 600	86 310	–
First level – Premier degré	3 276 760	114 255	78 690	212 575	412 415	604 865	782 920	1 071 040	–
1	23 720	845	625	1 430	1 800	2 835	5 040	11 145	–
2	57 395	1 695	1 060	2 455	3 375	7 670	13 305	27 835	–
3	148 780	3 445	2 080	4 935	10 415	22 505	35 775	69 625	–
4	238 045	3 480	3 310	10 960	21 440	33 115	58 040	107 700	–
5	331 820	3 170	4 175	13 440	38 945	67 425	89 495	115 170	–
6	488 755	5 000	8 595	28 035	66 275	98 900	122 495	159 455	–
7	656 465	19 485	15 805	44 595	106 440	146 575	159 200	164 365	–
8 plus	1 332 670	77 130	43 035	106 730	163 725	225 845	299 565	416 640	–
Second level – Second degré	12 543 320	1 712 950	1 621 305	3 145 760	2 250 290	1 478 160	1 214 550	1 120 305	–
1	1 256 870	253 200	77 160	164 230	199 335	201 265	184 605	177 075	–
2	1 904 920	411 655	150 950	349 475	297 640	249 280	226 870	219 050	–
3	1 621 870	383 430	173 545	353 585	257 810	167 435	144 430	141 635	–
4	2 905 475	388 915	478 335	869 795	489 380	272 755	213 305	192 990	–
5	664 905	97 440	94 785	144 980	86 920	66 915	76 390	97 475	–
6	2 058 105	120 015	313 965	620 895	440 270	235 485	178 125	149 350	–
7	1 041 680	49 140	185 085	336 130	221 140	114 600	77 695	57 890	–
8 plus	1 089 495	9 155	147 475	306 665	257 795	170 435	113 120	84 850	–
Third level – Troisième degré	3 617 140	87 240	538 480	1 132 005	947 770	421 000	274 040	216 605	–
1	912 095	69 485	153 610	269 045	200 805	93 275	67 695	58 180	–
2	498 470	16 330	120 320	126 545	111 300	52 375	38 370	33 230	–
3	609 235	1 045	122 520	200 070	153 665	61 655	40 020	30 260	–
4	761 835	260	100 335	268 785	205 000	84 375	56 750	46 330	–
5	370 370	110	31 535	125 750	114 935	48 850	28 135	21 055	–
6	212 700	–	8 315	68 300	71 945	33 560	17 950	12 630	–
7	112 750	–	1 570	36 485	38 815	18 535	10 495	6 850	–
8 plus	139 705	10	290	37 035	51 295	28 375	14 625	8 075	–

34. Population 15 years and over, by educational attainment, age, sex and urban/rural residence: each census, 1973 – 1988 (continued)
Population de 15 ans et plus, selon le degré d'instruction, l'âge, le sexe et la résidence, urbaine/rurale: chaque recensement, 1973 – 1988 (suite)

(See notes at end of table. – Voir notes à la fin du tableau.)

Continent, country or area, census date, sex, educational level and urban/rural residence Continent, pays ou zone, date du recensement, sexe, degré d'instruction et résidence urbaine/rurale	Age (in years – en années)								
	15 plus	15 – 19	20 – 24	25 – 34	35 – 44	45 – 54	55 – 64	65 plus	Unknown Inconnu
AMERICA,NORTH— (Cont.–Suite) AMERIQUE DU NORD									
Canada									
3 VI 1986 [4 19 22 23]									
Male – Masculin									
Total	9 606 255	980 490	1 123 905	2 232 890	1 812 080	1 269 300	1 115 520	1 072 070	–
-1	83 520	1 645	2 865	8 015	7 890	12 880	17 020	33 205	–
First level – Premier degré	1 610 075	68 760	45 240	109 985	203 960	310 900	390 020	481 210	–
1	12 085	465	375	755	885	1 455	2 715	5 435	–
2	28 805	1 025	560	1 205	1 765	3 750	6 790	13 710	–
3	76 690	2 115	1 240	2 700	5 290	10 830	19 150	35 365	–
4	119 960	2 095	1 960	5 580	10 925	17 705	29 985	51 710	–
5	161 855	1 770	2 515	6 580	18 290	34 610	46 260	51 830	–
6	237 225	3 135	4 985	14 245	32 860	51 605	60 380	70 015	–
7	311 710	12 165	9 375	22 975	51 140	71 630	75 320	69 105	–
8 plus	661 750	45 990	24 225	55 940	82 815	119 315	149 425	184 040	–
Second level – Second degré	5 960 720	869 915	812 990	1 528 415	1 066 990	695 910	544 090	442 410	–
1	619 545	138 435	43 115	85 710	95 775	98 840	86 620	71 050	–
2	933 645	214 045	85 275	185 870	142 830	115 545	102 250	87 830	–
3	759 800	196 885	94 535	173 900	112 340	70 030	58 985	53 125	–
4	1 305 750	194 815	239 415	377 955	209 750	120 290	89 270	74 255	–
5	315 910	47 435	48 075	69 660	43 190	32 830	34 035	40 685	–
6	878 675	51 435	138 785	288 380	186 710	96 110	68 095	49 160	–
7	509 810	22 140	86 785	160 730	116 705	58 975	38 585	25 890	–
8 plus	637 335	4 475	77 005	186 205	159 690	103 290	66 250	40 420	–
Third level – Troisième degré	1 951 935	40 175	262 805	586 475	533 240	249 610	164 385	115 245	–
1	435 460	32 285	74 370	130 455	99 225	44 205	31 950	22 970	–
2	254 455	7 255	60 360	66 165	56 385	27 150	21 080	16 060	–
3	293 155	465	57 785	97 230	74 810	29 390	20 005	13 470	–
4	416 000	105	48 205	136 365	114 390	52 030	37 450	27 455	–
5	223 505	55	16 415	67 755	70 975	34 165	20 010	14 130	–
6	140 510	–	4 615	39 780	49 160	24 710	13 175	9 070	–
7	81 520	–	885	23 430	28 800	14 495	8 375	5 535	–
8 plus	107 325	5	180	25 290	39 500	23 460	12 340	6 550	–

34. Population 15 years and over, by educational attainment, age, sex and urban/rural residence: each census, 1973 – 1988 (continued)
Population de 15 ans et plus, selon le degré d'instruction, l'âge, le sexe et la résidence, urbaine/rurale: chaque recensement, 1973 – 1988 (suite)

(See notes at end of table. – Voir notes à la fin du tableau.)

Continent, country or area, census date, sex, educational level and urban/rural residence Continent, pays ou zone, date du recensement, sexe, degré d'instruction et résidence urbaine/rurale	Age (in years – en années)								
	15 plus	15 – 19	20 – 24	25 – 34	35 – 44	45 – 54	55 – 64	65 plus	Unknown Inconnu
AMERICA,NORTH— (Cont.–Suite) AMERIQUE DU NORD									
Canada									
3 VI 1986 [4 19 22 23]									
Female – Féminin									
Total	10 027 850	936 755	1 120 040	2 272 925	1 814 760	1 263 695	1 196 585	1 423 090	–
–1	112 465	1 165	2 595	7 455	8 475	16 090	23 580	53 105	–
First level – Premier degré	1 667 575	45 490	33 450	102 590	208 455	293 965	392 895	590 730	–
1	11 645	380	250	680	920	1 375	2 325	5 715	–
2	28 595	670	505	1 250	1 605	3 920	6 520	14 125	–
3	72 100	1 335	840	2 235	5 130	11 670	16 625	34 265	–
4	118 070	1 385	1 350	5 375	10 515	15 410	28 050	55 985	–
5	169 965	1 400	1 660	6 860	20 655	32 815	43 240	63 335	–
6	251 525	1 870	3 610	13 785	33 415	47 290	62 120	89 435	–
7	344 760	7 315	6 435	21 620	55 300	74 940	83 885	95 265	–
8 plus	670 920	31 140	18 805	50 790	80 910	106 535	150 140	232 600	–
Second level – Second degré	6 582 590	843 035	808 315	1 617 345	1 183 295	782 255	670 450	677 895	–
1	637 310	114 765	34 040	78 515	103 560	102 420	97 985	106 025	–
2	971 270	197 615	65 675	163 600	154 810	133 735	124 615	131 220	–
3	862 075	186 550	79 010	179 690	145 465	97 405	85 445	88 510	–
4	1 599 745	194 105	238 925	491 845	279 630	152 470	124 035	118 735	–
5	348 730	49 745	46 710	75 320	43 730	34 085	42 350	56 790	–
6	1 179 445	68 580	175 185	332 520	253 560	139 380	110 035	100 185	–
7	437 855	26 995	98 295	175 400	10 430	55 625	39 110	32 000	–
8 plus	452 165	4 685	70 470	120 460	98 105	67 140	46 875	44 430	–
Third level – Troisième degré	1 665 215	47 065	275 680	545 535	414 530	171 390	109 655	101 360	–
1	476 625	37 200	79 240	138 585	101 580	49 070	35 745	35 205	–
2	244 025	9 075	59 960	60 380	54 920	25 225	17 295	17 170	–
3	316 085	585	64 735	102 845	78 855	32 265	20 015	16 785	–
4	345 815	150	52 130	132 415	90 605	32 345	19 295	18 875	–
5	146 875	55	15 120	58 000	43 965	14 685	8 125	6 925	–
6	72 185	–	3 700	28 520	22 785	8 850	4 775	3 555	–
7	31 225	–	690	13 050	10 015	4 040	2 120	1 310	–
8 plus	32 375	5	110	11 740	11 795	4 915	2 280	1 530	–
Guadeloupe									
9 III 1982 [24 25]									
Total									
Total	152 638	...	...	43 767	33 361	27 269	22 583	24 170	1 488
–1	16 286	...	...	1 204	1 532	2 931	3 369	7 038	206
First level – Premier degré	82 576	...	...	16 062	17 979	18 023	15 451	14 646	557
Second level – Second degré	44 608	...	...	22 182	11 440	5 283	3 222	2 203	279
Third level – Troisième degré	7 868	...	...	4 088	2 216	854	406	268	36
Level not stated – Degré non indiqué	1 300	...	...	231	194	178	135	152	410
Male – Masculin									
Total	71 505	...	...	20 827	15 998	12 900	10 782	10 299	699
–1	7 899	...	...	688	868	1 588	1 790	2 879	86
First level – Premier degré	39 277	...	...	8 522	8 838	8 367	7 162	6 244	288
Second level – Second degré	19 032	...	...	9 361	4 835	2 301	1 465	955	115
Third level – Troisième degré	4 657	...	...	2 107	1 338	539	284	138	17
Level not stated – Degré non indiqué	730	...	...	149	119	105	81	83	193

34. Population 15 years and over, by educational attainment, age, sex and urban/rural residence: each census, 1973 – 1988 (continued)

Population de 15 ans et plus, selon le degré d'instruction, l'âge, le sexe et la résidence, urbaine/rurale: chaque recensement, 1973 – 1988 (suite)

(See notes at end of table. – Voir notes à la fin du tableau.)

Continent, country or area, census date, sex, educational level and urban/rural residence Continent, pays ou zone, date du recensement, sexe, degré d'instruction et résidence urbaine/rurale	Age (in years – en années)							
	15 plus	15 – 19	20 – 24	25 – 34	35 – 44	45 – 54	55 – 64	65 plus	Unknown Inconnu
AMERICA,NORTH— (Cont.–Suite) AMERIQUE DU NORD									
Guadeloupe									
9 III 1982 [24] [25]									
Female – Féminin									
Total	81 133	...	...	22 940	17 363	14 369	11 801	13 871	789
–1	8 387	...	...	516	664	1 343	1 580	4 164	120
First level – Premier degré	46 783	...	...	7 540	4 306	7 355	6 823	7 356	154
Second level – Second degré	22 182	...	...	12 821	11 440	5 283	3 222	2 202	279
Third level – Troisième degré	3 211	...	...	1 981	878	315	122	80	19
Level not stated – Degré non indiqué	570	...	...	82	75	73	54	69	217
Guatemala									
23 III 1981 [26]									
Total									
Total	3 338 499	648 602	547 740	777 940	544 348	388 981	243 281	187 607	–
–1	1 546 839	211 756	202 677	342 255	289 725	224 345	153 700	122 381	–
First level – Premier degré	1 270 625	297 487	233 289	305 699	189 562	126 531	69 741	48 316	–
1	95 161	20 123	14 475	22 423	16 427	11 501	6 135	4 077	–
2	278 242	56 377	47 542	69 097	47 195	31 874	16 343	9 814	–
3	327 426	67 995	59 974	79 120	51 124	36 332	19 614	13 267	–
4	158 693	40 172	30 710	36 996	22 215	14 539	8 403	5 658	–
5	85 150	29 068	16 387	18 453	10 256	5 649	3 222	2 115	–
6	325 954	83 752	64 201	79 610	42 345	26 636	16 025	13 385	–
Second level – Second degré	346 263	117 236	76 852	80 228	36 212	19 197	9 114	7 424	–
1	40 928	21 405	7 526	7 151	2 776	1 112	495	463	–
2	53 904	26 968	9 685	9 576	4 090	1 855	973	757	–
3	73 694	28 325	14 349	16 060	7 768	3 890	1 830	1 472	–
4	29 198	16 640	5 393	3 744	1 511	978	500	432	–
5	47 888	14 322	11 280	11 001	5 636	3 198	1 380	1 071	–
6	90 651	9 576	28 619	32 696	4 431	8 164	3 936	3 229	–
Third level – Troisième degré	64 470	2 444	16 057	24 444	11 547	5 889	2 428	1 661	–
1	8 457	1 911	3 583	1 976	568	269	88	62	–
2	9 559	533	4 152	3 022	1 051	469	206	126	–
3	11 024	–	3 668	4 210	1 792	884	295	175	–
4	5 369	–	1 749	2 194	802	384	154	86	–
5	8 125	–	1 487	3 688	1 638	773	321	218	–
6	21 936	–	1 418	9 354	5 696	3 110	1 364	994	–
Level not stated – Degré non indiqué	110 302	19 679	18 865	25 314	17 302	13 019	8 298	7 825	–

34. Population 15 years and over, by educational attainment, age, sex and urban/rural residence: each census, 1973 – 1988 (continued)
Population de 15 ans et plus, selon le degré d'instruction, l'âge, le sexe et la résidence, urbaine/rurale: chaque recensement, 1973 – 1988 (suite)

(See notes at end of table. – Voir notes à la fin du tableau.)

Continent, country or area, census date, sex, educational level and urban/rural residence Continent, pays ou zone, date du recensement, sexe, degré d'instruction et résidence urbaine/rurale	Age (in years – en années) 15 plus	15 – 19	20 – 24	25 – 34	35 – 44	45 – 54	55 – 64	65 plus	Unknown Inconnu
AMERICA,NORTH— (Cont.–Suite) AMERIQUE DU NORD									
Guatemala									
23 III 1981 [26]									
Male – Masculin									
Total	1 638 218	313 602	261 727	379 866	269 471	194 233	126 013	93 306	–
–1	645 624	84 093	76 945	136 023	121 986	97 458	72 584	56 535	–
First level – Premier degré	708 011	157 953	126 007	171 277	109 499	74 417	41 609	27 249	–
1	55 602	10 702	7 682	13 067	10 089	7 321	4 104	2 637	–
2	159 888	29 399	25 833	39 585	28 263	20 046	10 566	6 196	–
3	184 616	35 586	32 887	45 139	30 116	21 440	11 822	7 626	–
4	87 284	21 263	16 757	20 734	12 504	8 143	4 768	3 115	–
5	47 029	15 865	8 939	10 329	5 787	3 147	1 768	1 194	–
6	173 592	45 138	33 909	42 423	22 740	14 320	8 581	6 481	–
Second level – Second degré	174 673	60 001	38 341	40 455	18 131	9 450	4 587	3 708	–
1	22 149	11 674	3 987	3 909	1 546	579	233	221	–
2	28 937	14 364	5 206	5 207	2 310	983	488	379	–
3	39 098	14 634	7 689	8 687	4 222	2 083	1 004	779	–
4	15 583	8 397	3 063	2 196	829	567	276	255	–
5	24 441	6 981	5 826	5 533	2 878	1 717	841	665	–
6	44 465	3 951	12 570	14 923	6 346	3 521	1 745	1 409	–
Third level – Troisième degré	44 681	1 570	10 027	16 684	8 690	4 474	1 904	1 332	–
1	5 387	1 236	2 215	1 269	374	182	65	46	–
2	6 152	334	2 576	1 990	715	309	138	90	–
3	6 843	–	2 256	2 561	1 143	561	199	123	–
4	3 714	–	1 123	1 555	578	280	114	64	–
5	5 883	–	966	2 633	1 278	601	238	167	–
6	16 702	–	891	6 676	4 602	2 541	1 150	842	–
Level not stated – Degré non indiqué	65 229	9 985	10 407	15 427	11 165	8 434	5 329	4 482	–
Female – Féminin									
Total	1 700 281	335 000	286 013	398 074	274 877	194 748	117 268	94 301	–
–1	901 215	127 663	125 732	206 232	167 739	126 887	81 116	65 846	–
First level – Premier degré	562 614	139 534	107 282	134 422	80 063	52 114	28 132	21 067	–
1	39 559	9 421	6 793	9 356	6 338	4 180	2 031	1 440	–
2	118 354	26 978	21 709	29 512	18 932	11 828	5 777	3 618	–
3	141 809	32 409	27 087	33 981	20 008	14 892	7 791	5 641	–
4	71 409	18 909	13 953	16 262	9 711	6 396	3 635	2 543	–
5	38 121	13 203	7 448	8 124	4 469	2 502	1 454	921	–
6	152 362	38 614	30 292	37 187	19 605	12 316	7 444	6 904	–
Second level – Second degré	171 590	57 235	38 511	39 773	18 081	9 747	4 527	3 716	–
1	18 779	9 731	3 539	3 242	1 230	533	262	242	–
2	24 967	12 604	4 479	4 369	1 780	872	485	378	–
3	34 596	13 691	6 660	7 373	3 546	1 807	826	693	–
4	13 615	8 243	2 330	1 548	682	411	224	177	–
5	23 447	7 341	5 454	5 468	2 758	1 481	539	406	–
6	216 136	5 625	16 049	177 723	8 085	4 643	2 191	1 820	–
Third level – Troisième degré	19 789	874	6 030	7 760	2 857	1 415	524	329	–
1	3 070	675	1 368	707	194	87	23	16	–
2	3 407	199	1 576	1 032	336	160	68	36	–
3	4 181	–	1 412	1 649	649	323	96	52	–
4	1 655	–	626	639	224	104	40	22	–
5	2 242	–	521	1 055	360	172	83	51	–
6	5 234	–	527	2 678	1 094	569	214	152	–
Level not stated – Degré non indiqué	45 073	9 694	8 458	9 887	6 137	4 585	2 969	3 343	–

34. Population 15 years and over, by educational attainment, age, sex and urban/rural residence: each census, 1973 – 1988 (continued)

Population de 15 ans et plus, selon le degré d'instruction, l'âge, le sexe et la résidence, urbaine/rurale: chaque recensement, 1973 – 1988 (suite)

(See notes at end of table. – Voir notes à la fin du tableau.)

Continent, country or area, census date, sex, educational level and urban/rural residence Continent, pays ou zone, date du recensement, sexe, degré d'instruction et résidence urbaine/rurale	Age (in years – en années)								
	15 plus	15 – 19	20 – 24	25 – 34	35 – 44	45 – 54	55 – 64	65 plus	Unknown Inconnu
AMERICA,NORTH— (Cont.–Suite) AMERIQUE DU NORD									
Martinique									
9 III 1982 [2427]									
Total									
Total	225 739	34 945	33 220	42 355	32 808	30 059	24 204	27 431	717
–1	14 076	292	417	770	968	2 298	2 715	6 509	107
First level – Premier degré	90 851	2 238	3 634	13 477	17 101	20 161	17 023	16 962	255
Second level – Second degré	107 860	31 950	27 100	23 613	11 875	6 421	3 773	2 977	151
Third level – Troisième degré	10 882	388	1 939	4 183	2 587	937	442	386	20
Level not stated – Degré non indiqué	2 070	77	130	312	277	242	251	597	184
Male – Masculin									
Total	107 394	17 539	17 619	19 804	15 174	14 163	11 322	11 427	346
–1	7 209	192	246	458	544	1 361	1 527	2 827	54
First level – Premier degré	43 325	1 449	2 413	7 118	8 132	9 392	7 698	6 993	130
Second level – Second degré	50 297	15 730	14 082	10 081	4 858	2 689	1 664	1 124	69
Third level – Troisième degré	5 514	125	803	1 965	1 492	577	299	248	5
Level not stated – Degré non indiqué	1 049	43	75	182	148	144	134	235	88
Female – Féminin									
Total	118 345	17 406	15 601	22 551	17 634	15 896	12 882	16 004	371
–1	6 867	100	171	312	424	937	1 188	3 682	53
First level – Premier degré	47 526	789	1 221	6 359	8 969	10 769	9 325	9 969	125
Second level – Second degré	57 563	16 220	13 018	13 532	7 017	3 732	2 109	1 853	82
Third level – Troisième degré	5 368	263	1 136	2 218	1 095	360	143	138	15
Level not stated – Degré non indiqué	1 021	34	55	130	129	98	117	362	96
Mexico – Mexique									
4 VI 1980 [24 28]									
Total									
Total	27 617 015	6 566 634	5 054 302	6 628 313	4 208 674	*———	5 159 09 2	———*	–
First level – Premier degré	17 717 307	3 120 968	2 774 199	4 312 422	3 224 876	*———	4 284 84 2	———*	–
1	1 154 529	111 904	107 647	241 878	254 496	*———	– 438 604	———*	–
2	2 524 485	261 909	270 669	573 657	564 229	*———	– 854 021	———*	–
3	3 312 987	415 379	426 998	794 981	708 816	*———	– 966 813	———*	–
4	2 165 397	384 121	335 244	510 869	396 630	*———	– 538 533	———*	–
5	1 418 545	374 225	250 662	331 440	225 325	*———	– 236 893	———*	–
6	7 137 780	1 572 615	1 382 347	1 858 641	1 074 897	*———	1 249 28 0	———*	–
Not stated–non indiqué	3 384	815	632	756	483	*———	– 698	———*	–
Second level – Second degré	7 770 082	3 261 380	1 631 380	1 570 012	679 058	*———	– 628 252	———*	–
1	1 363 480	785 662	221 999	200 105	86 201	*———	– 69 513	———*	–
2	1 849 874	960 305	328 509	305 143	134 516	*———	– 121 401	———*	–
3	2 850 961	1 167 299	660 400	562 415	225 176	*———	– 235 671	———*	–
4 plus	1 688 924	337 147	418 222	500 549	232 297	*———	– 200 709	———*	–
Not stated–non indiqué	16 843	10 967	2 250	1 800	868	*———	– 958	———*	–
Third level – Troisième degré	2 129 626	184 286	648 723	745 879	304 740	*———	– 245 998	———*	–
1	293 342	84 468	117 510	56 370	18 961	*———	– 16 033	———*	–
2	288 950	34 720	133 086	70 781	24 463	*———	– 25 900	———*	–
3	397 739	3 408	146 487	132 161	59 177	*———	– 56 506	———*	–
4	277 891	–	93 452	118 746	37 003	*———	– 28 690	———*	–
5 plus	597 394	–	67 759	299 346	136 270	*———	– 94 019	———*	–
Not stated–non indiqué	272 310	61 690	90 429	68 475	26 866	*———	– 24 850	———*	–

34. Population 15 years and over, by educational attainment, age, sex and urban/rural residence: each census, 1973 – 1988 (continued)

Population de 15 ans et plus, selon le degré d'instruction, l'âge, le sexe et la résidence, urbaine/rurale: chaque recensement, 1973 – 1988 (suite)

(See notes at end of table. – Voir notes à la fin du tableau.)

Continent, country or area, census date, sex, educational level and urban/rural residence Continent, pays ou zone, date du recensement, sexe, degré d'instruction et résidence urbaine/rurale	Age (in years – en années)								
	15 plus	15 – 19	20 – 24	25 – 34	35 – 44	45 – 54	55 – 64	65 plus	Unknown Inconnu
AMERICA,NORTH— (Cont.–Suite) AMERIQUE DU NORD									
Mexico – Mexique									
4 VI 1980 [24 28]									
Male – Masculin									
Total	13 899 447	3 257 932	2 483 651	3 311 324	2 166 073	*———	2 680 467	———*	–
First level – Premier degré	8 431 815	1 440 986	1 238 847	1 994 130	1 584 567	*———	2 173 285	———*	–
1	597 804	53 953	50 679	119 804	132 714	*———	240 654	———*	–
2	1 244 652	121 574	122 790	267 802	280 646	*———	451 840	———*	–
3	1 605 701	187 121	190 610	370 247	352 315	*———	505 408	———*	–
4	1 018 975	174 260	148 166	234 362	193 862	*———	268 325	———*	–
5	689 246	183 327	114 012	157 226	113 256	*———	121 425	———*	–
6	3 273 612	720 328	612 272	844 278	511 500	*———	585 234	———*	–
Not stated–non indiqué	1 825	423	318	411	274	*———	399	———*	–
Second level – Second degré	3 988 577	1 715 915	822 914	780 287	349 589	*———	319 872	———*	–
1	802 884	457 464	131 562	120 537	52 354	*———	40 967	———*	–
2	1 095 580	547 949	201 944	188 554	83 933	*———	73 200	———*	–
3	1 505 151	607 484	357 375	297 704	120 069	*———	122 519	———*	–
4 plus	575 571	97 040	130 790	172 431	92 696	*———	82 614	———*	–
Not stated–non indiqué	9 391	5 978	1 243	1 061	537	*———	572	———*	–
Third level – Troisième degré	1 479 055	101 031	421 890	536 907	231 917	*———	187 310	———*	–
1	189 610	47 927	80 035	37 592	12 836	*———	11 220	———*	–
2	192 236	17 942	88 592	48 816	18 720	*———	18 166	———*	–
3	247 835	1 801	89 065	83 166	37 152	*———	36 651	———*	–
4	188 378	–	56 847	82 066	27 896	*———	21 569	———*	–
5 plus	475 769	–	45 643	234 358	114 968	*———	80 800	———*	–
Not stated–non indiqué	185 227	33 361	61 708	50 909	20 345	*———	18 904	———*	–
Female – Féminin									
Total	13 717 568	3 308 702	2 570 651	3 316 989	2 042 601	*———	2 478 625	———*	–
First level – Premier degré	9 285 492	1 679 982	1 535 352	2 318 292	1 640 309	*———	2 111 557	———*	–
1	556 730	57 951	56 968	122 074	121 787	*———	197 950	———*	–
2	1 279 833	140 335	147 879	305 855	283 583	*———	402 181	———*	–
3	1 707 286	228 258	236 388	424 734	356 501	*———	461 405	———*	–
4	1 146 422	209 861	187 078	276 507	202 768	*———	270 208	———*	–
5	729 499	190 898	136 650	174 414	112 069	*———	115 468	———*	–
6	3 864 168	852 287	770 075	1 014 363	563 397	*———	664 046	———*	–
Not stated–non indiqué	1 559	392	314	345	209	*———	299	———*	–
Second level – Second degré	3 781 505	1 545 465	808 466	789 725	329 469	*———	308 380	———*	–
1	560 596	328 198	90 437	79 568	33 847	*———	28 546	———*	–
2	754 294	412 356	126 565	116 589	50 583	*———	48 201	———*	–
3	1 284 684	559 815	303 025	264 711	83 933	*———	73 200	———*	–
4 plus	1 113 353	240 107	287 432	328 118	139 601	*———	118 095	———*	–
Not stated–non indiqué	7 452	4 989	1 007	739	331	*———	386	———*	–
Third level – Troisième degré	650 601	83 255	226 833	208 972	72 823	*———	58 718	———*	–
1	103 732	36 541	37 475	18 778	6 125	*———	4 813	———*	–
2	98 714	16 778	44 494	21 965	7 743	*———	7 734	———*	–
3	149 904	1 607	57 422	48 995	22 025	*———	19 855	———*	–
4	89 513	–	36 605	36 680	9 107	*———	7 121	———*	–
5 plus	121 625	–	22 116	64 988	21 302	*———	13 219	———*	–
Not stated–non indiqué	87 083	28 329	28 721	17 566	6 521	*———	5 946	———*	–

34. Population 15 years and over, by educational attainment, age, sex and urban/rural residence: each census, 1973 – 1988 (continued)
Population de 15 ans et plus, selon le degré d'instruction, l'âge, le sexe et la résidence, urbaine/rurale: chaque recensement, 1973 – 1988 (suite)

(See notes at end of table. – Voir notes à la fin du tableau.)

Continent, country or area, census date, sex, educational level and urban/rural residence Continent, pays ou zone, date du recensement, sexe, degré d'instruction et résidence urbaine/rurale	Age (in years – en années) 15 plus	15 – 19	20 – 24	25 – 34	35 – 44	45 – 54	55 – 64	65 plus	Unknown Inconnu
AMERICA,NORTH— (Cont.–Suite) AMERIQUE DU NORD									
Panama									
11 V 1980 [4 29]									
Total									
Total	1 088 477	200 236	162 363	260 074	176 502	122 602	88 270	78 430	–
–1	142 330	7 755	9 331	23 741	26 408	25 941	20 579	28 575	–
First level – Premier degré	497 791	73 212	59 945	119 781	92 009	65 034	49 949	37 861	–
1	17 441	1 308	1 310	3 504	3 485	3 229	2 492	2 113	–
2	38 494	2 829	3 017	7 861	7 792	7 236	5 473	4 286	–
3	69 796	5 121	4 991	13 119	13 780	13 571	10 997	8 217	–
4	58 139	6 578	5 204	12 362	11 641	9 237	7 390	5 727	–
5	56 463	8 669	6 100	12 525	10 281	7 576	6 524	4 788	–
6	254 349	48 515	39 145	70 009	44 740	23 923	15 469	12 548	–
Not stated–non indiqué	1 668	192	178	401	290	262	163	182	–
Second level – Second degré	353 215	115 031	69 637	80 096	41 580	23 728	13 993	9 150	–
1	32 049	13 961	4 834	6 324	3 350	1 741	1 097	742	–
2	59 061	21 762	8 880	13 056	7 119	3 956	2 721	1 567	–
3	88 664	32 225	13 994	20 916	10 892	5 980	2 945	1 712	–
4	36 056	19 418	5 085	4 573	2 569	1 997	1 376	1 038	–
5	34 885	14 782	6 994	5 854	3 305	2 201	1 138	611	–
6 plus	101 125	12 748	29 601	28 962	14 121	7 683	4 610	3 400	–
Not stated–non indiqué	1 375	135	249	411	224	170	106	80	–
Third level – Troisième degré	84 532	2 484	21 964	33 116	15 269	7 040	2 999	1 660	–
1 – 3	44 629	2 475	17 932	15 304	5 260	2 157	962	539	–
4 plus	39 092	–	3 963	17 528	9 784	4 749	1 979	1 089	–
Not stated–non indiqué	811	9	69	284	225	134	58	32	–
Level not stated – Degré non indiqué	10 609	1 754	1 486	3 340	1 236	859	750	1 184	–
Male – Masculin									
Total	546 714	99 676	79 874	129 017	89 497	63 059	46 128	39 463	–
–1	67 138	3 219	3 716	10 309	12 548	12 831	10 421	14 094	–
First level – Premier degré	258 957	39 714	31 584	61 520	47 195	33 616	26 191	19 137	–
1	9 594	728	665	1 897	1 952	1 752	1 424	1 176	–
2	19 137	1 588	150	4 131	4 100	3 961	2 922	2 285	–
3	96 324	2 846	2 528	66 669	7 099	7 077	5 781	4 324	–
4	29 730	3 638	2 585	6 016	6 049	4 752	3 793	2 897	–
5	29 382	4 724	3 044	6 343	5 361	3 977	3 482	2 451	–
6 plus	135 507	26 118	21 146	36 266	22 497	14 952	8 708	5 820	–
Not stated–non indiqué	803	72	86	198	137	145	81	84	–
Second level – Second degré	171 854	54 874	33 961	38 586	20 524	12 017	7 297	4 595	–
1	16 956	7 607	2 490	3 124	1 733	920	633	449	–
2	30 671	11 082	4 678	6 623	3 712	2 180	1 500	896	–
3	42 778	15 065	7 048	10 295	5 117	2 934	1 481	838	–
4	18 032	9 051	2 614	2 411	1 405	1 201	806	544	–
5	16 572	6 632	3 530	2 799	1 652	1 086	587	286	–
6 plus	46 181	5 376	13 481	13 124	6 801	3 617	2 242	1 540	–
Not stated–non indiqué	664	61	120	210	104	79	48	42	–
Third level – Troisième degré	43 009	985	9 786	16 664	8 559	4 133	1 797	1 085	–
1 – 3	20 722	983	7 909	7 162	2 676	1 177	509	306	–
4 plus	21 842	–	1 850	9 364	5 754	2 866	1 248	760	–
Not stated–non indiqué	445	2	27	138	129	90	40	19	–
Level not stated – Degré non indiqué	5 756	884	827	1 938	671	462	422	552	–

34. Population 15 years and over, by educational attainment, age, sex and urban/rural residence: each census, 1973 – 1988 (continued)
Population de 15 ans et plus, selon le degré d'instruction, l'âge, le sexe et la résidence, urbaine/rurale: chaque recensement, 1973 – 1988 (suite)

(See notes at end of table. – Voir notes à la fin du tableau.)

Continent, country or area, census date, sex, educational level and urban/rural residence Continent, pays ou zone, date du recensement, sexe, degré d'instruction et résidence urbaine/rurale	Age (in years – en années) 15 plus	15 – 19	20 – 24	25 – 34	35 – 44	45 – 54	55 – 64	65 plus	Unknown Inconnu
AMERICA,NORTH— (Cont.–Suite) AMERIQUE DU NORD									
Panama									
11 V 1980 [4 29]									
Female – Féminin									
Total	541 763	100 560	82 489	131 057	87 005	59 543	42 142	38 967	–
–1	75 192	4 536	5 615	13 432	13 860	13 110	10 158	14 481	–
First level – Premier degré	238 834	33 498	28 361	58 261	44 814	31 418	23 758	18 724	–
1	7 847	580	645	1 607	1 533	1 477	1 068	937	–
2	17 977	1 241	1 487	3 730	3 692	3 275	2 551	2 001	–
3	33 472	2 275	2 463	6 450	6 681	6 494	5 216	3 893	–
4	28 409	2 940	2 619	6 346	5 592	4 485	3 597	2 830	–
5	27 081	3 945	3 056	6 182	4 920	3 599	3 042	2 337	–
6 plus	123 183	22 397	17 999	33 743	22 243	11 971	8 202	6 628	–
Not stated–non indiqué	865	120	92	203	153	117	82	98	–
Second level – Second degré	181 361	60 157	35 676	41 510	21 056	11 711	6 696	4 555	–
1	15 093	6 354	2 344	3 200	1 617	821	464	293	–
2	28 390	10 680	4 202	6 433	3 407	1 776	1 221	671	–
3	45 886	17 160	6 946	10 621	5 775	3 046	1 464	874	–
4	18 024	10 367	2 471	2 162	1 164	796	570	494	–
5	17 313	8 150	3 464	3 055	653	1 115	551	325	–
6 plus	54 944	7 372	16 120	15 838	7 320	4 066	2 368	1 860	–
Not stated–non indiqué	711	74	129	201	120	91	58	38	–
Third level – Troisième degré	41 523	1 499	12 178	16 452	6 710	2 907	1 202	575	–
1 – 3	23 907	1 492	10 023	8 142	2 584	980	453	233	–
4 plus	17 250	–	2 113	8 164	4 030	1 883	731	329	–
Not stated–non indiqué	366	7	42	146	96	44	18	13	–
Level not stated – Degré non indiqué	4 853	870	659	1 402	565	397	328	632	–
Puerto Rico – Porto Rico									
1 IV 1980 [30]									
Total									
Total	2 187 246	337 207	272 357	465 845	360 004	272 651	226 601	252 581	–
–1	134 716	4 589	4 433	8 946	12 550	17 113	24 399	62 686	–
First level – Premier degré	772 561	97 493	47 020	105 034	119 851	121 193	132 466	149 504	–
1 – 4	302 901	11 264	10 186	27 416	39 681	54 785	69 445	90 124	–
5 – 6	217 401	22 517	14 341	36 251	42 589	36 338	32 009	33 356	–
7	95 093	22 409	9 680	18 124	16 334	11 118	8 774	8 654	–
8 plus	157 166	41 303	12 813	23 243	21 247	18 952	22 238	17 370	–
Second level – Second degré	881 073	219 627	128 407	217 890	156 081	86 875	45 664	26 529	–
1	174 378	64 410	17 440	30 643	28 976	18 217	9 102	5 590	–
2	125 108	58 320	13 203	20 834	16 041	8 170	4 946	3 594	–
3	124 430	52 045	18 229	22 984	16 251	7 985	4 494	2 442	–
4	457 157	44 852	79 535	143 429	94 813	52 503	27 122	14 903	–
Third level – Troisième degré	398 896	15 498	92 497	133 975	71 522	47 470	24 072	13 862	–
1	71 864	12 948	23 838	18 219	8 686	4 756	2 215	1 202	–
2	102 520	2 160	30 983	31 810	17 951	10 975	5 469	3 172	–
3	58 373	308	19 539	20 595	9 386	5 113	2 305	1 127	–
4	109 758	71	14 591	43 988	21 912	15 759	8 147	5 290	–
5	22 825	11	2 917	9 284	5 099	3 288	1 495	731	–
6 plus	33 556	–	629	10 079	8 488	7 579	4 441	2 340	–

34. Population 15 years and over, by educational attainment, age, sex and urban/rural residence: each census, 1973 – 1988 (continued)

Population de 15 ans et plus, selon le degré d'instruction, l'âge, le sexe et la résidence, urbaine/rurale: chaque recensement, 1973 – 1988 (suite)

(See notes at end of table. – Voir notes à la fin du tableau.)

Continent, country or area, census date, sex, educational level and urban/rural residence Continent, pays ou zone, date du recensement, sexe, degré d'instruction et résidence urbaine/rurale	Age (in years – en années) 15 plus	15 – 19	20 – 24	25 – 34	35 – 44	45 – 54	55 – 64	65 plus	Unknown Inconnu
AMERICA,NORTH— (Cont.–Suite) AMERIQUE DU NORD									
Puerto Rico – Porto Rico									
1 IV 1980 [30]									
Male – Masculin									
Total	1 042 925	168 459	129 183	218 239	169 539	128 496	108 786	120 223	–
-1	54 830	2 600	2 535	4 814	5 354	6 333	8 783	24 411	–
First level – Premier degré	378 894	56 325	25 624	52 442	55 329	52 745	60 476	75 953	–
1 – 4	146 585	7 360	5 794	14 706	17 438	22 974	31 657	46 656	–
5 – 6	103 161	13 369	8 072	17 045	18 752	15 726	13 943	16 254	–
7	49 842	13 455	5 474	8 724	8 176	5 215	4 301	4 497	–
8 plus	79 306	22 141	6 284	11 967	10 963	8 830	10 575	8 546	–
Second level – Second degré	428 085	103 817	64 518	102 020	74 429	43 946	25 928	13 427	–
1	86 969	31 861	9 120	15 259	14 323	8 536	4 967	2 903	–
2	61 336	28 323	6 469	10 342	7 908	3 833	2 760	1 701	–
3	60 479	24 163	9 083	11 082	8 130	3 990	2 723	1 308	–
4	219 301	19 470	39 846	65 337	44 068	27 587	15 478	7 515	–
Third level – Troisième degré	181 116	5 717	36 506	58 963	34 427	25 472	13 599	6 432	–
1	31 313	4 753	10 447	7 889	3 745	2 615	1 314	550	–
2	43 748	821	12 352	13 568	7 279	5 669	2 897	1 162	–
3	25 623	122	7 523	9 520	4 335	2 440	1 218	465	–
4	46 552	21	4 565	16 982	10 307	7 867	4 461	2 349	–
5	12 856	–	1 385	5 215	2 982	1 991	857	426	–
6 plus	21 024	–	234	5 789	5 779	4 890	2 852	1 480	–
Female – Féminin									
Total	1 144 321	168 748	143 174	247 606	190 465	144 155	117 815	132 358	–
-1	79 886	1 989	1 898	4 132	7 196	10 780	15 616	38 275	–
First level – Premier degré	393 667	41 168	21 396	52 592	64 522	68 448	71 990	73 551	–
1 – 4	156 316	3 904	4 392	12 710	22 243	31 811	37 788	43 468	–
5 – 6	114 240	9 148	6 269	19 206	23 837	20 612	18 066	17 102	–
7	45 251	8 954	4 206	9 400	8 158	5 903	4 473	4 157	–
8 plus	77 860	19 162	6 529	11 276	10 284	10 122	11 663	8 824	–
Second level – Second degré	452 988	115 810	63 889	115 870	81 652	42 929	19 736	13 102	–
1	87 409	32 549	8 320	15 384	14 653	9 681	4 135	2 687	–
2	63 772	29 997	6 734	10 492	8 133	4 337	2 186	1 893	–
3	63 951	27 882	9 146	11 902	8 121	3 995	1 771	1 134	–
4	237 856	25 382	39 689	78 092	50 745	24 916	11 644	7 388	–
Third level – Troisième degré	217 780	9 781	55 991	75 012	37 095	21 998	10 473	7 430	–
1	40 551	8 195	13 391	10 330	4 941	2 141	901	652	–
2	58 772	1 339	18 631	18 242	10 672	5 306	2 572	2 010	–
3	32 750	186	12 016	11 075	5 051	2 673	1 087	662	–
4	63 206	50	10 026	27 006	11 605	7 892	3 686	2 941	–
5	9 969	11	1 532	4 069	2 117	1 297	638	305	–
6 plus	12 532	–	395	4 290	2 709	2 689	1 589	860	–
Saint Kitts and Nevis – Saint–Kitts–et–Nevis									
12 V 1980 [19 20]									
Total									
Total	24 831	3 341	4 635	4 523	2 437	2 685	3 012	4 114	84
-1	246	20	23	22	19	21	36	87	18
First level – Premier degré	5 462	192	392	588	663	788	1 061	1 760	18
Second level – Second degré	18 446	3 109	4 125	3 726	1 619	1 796	1 843	2 192	36
Third level – Troisième degré	430	5	35	143	105	54	47	39	2
Level not stated – Degré non indiqué	247	15	60	44	31	26	25	36	10

34. Population 15 years and over, by educational attainment, age, sex and urban/rural residence: each census, 1973 – 1988 (continued)
Population de 15 ans et plus, selon le degré d'instruction, l'âge, le sexe et la résidence, urbaine/rurale: chaque recensement, 1973 – 1988 (suite)

(See notes at end of table. – Voir notes à la fin du tableau.)

Continent, country or area, census date, sex, educational level and urban/rural residence Continent, pays ou zone, date du recensement, sexe, degré d'instruction et résidence urbaine/rurale	Age (in years – en années) 15 plus	15 – 19	20 – 24	25 – 34	35 – 44	45 – 54	55 – 64	65 plus	Unknown Inconnu
AMERICA,NORTH— (Cont.–Suite) AMERIQUE DU NORD									
Saint Kitts and Nevis – Saint–Kitts–et–Nevis									
12 V 1980 [19 20]									
Male – Masculin									
Total	11 508	1 732	2 227	2 215	1 082	1 161	1 381	1 665	45
–1	124	13	8	9	11	15	20	40	8
First level – Premier degré	2 437	128	194	289	288	362	489	672	15
Second level – Second degré	8 539	1 580	1 977	1 805	693	733	822	913	16
Third level – Troisième degré	278	3	19	85	74	33	36	27	1
Level not stated – Degré non indiqué	130	8	29	27	16	18	14	13	5
Female – Féminin									
Total	13 323	1 609	2 408	2 308	1 355	1 524	1 631	2 449	39
–1	122	7	15	13	8	6	16	47	10
First level – Premier degré	3 025	64	198	299	375	426	572	1 088	3
Second level – Second degré	9 907	1 529	2 148	1 921	926	1 063	1 021	1 279	20
Third level – Troisième degré	152	2	16	58	31	21	11	12	1
Level not stated – Degré non indiqué	117	7	31	17	15	8	11	23	5
St. Pierre and Miquelon – Saint–Pierre–et–Miquelon									
9 III 1982 [21]									
Total									
Total	4 282	...	...	...	...	...	...	...	...
–1	34	...	...	...	...	...	...	...	...
First level – Premier degré	2 275	...	...	...	...	...	...	...	...
Second level – Second degré	1 745	...	...	...	...	...	...	...	...
Third level – Troisième degré	208	...	...	...	...	...	...	...	...
Level not stated – Degré non indiqué	20	...	...	...	...	...	...	...	...
Male – Masculin									
Total	2 110	...	...	...	...	...	...	...	...
–1	16	...	...	...	...	...	...	...	...
First level – Premier degré	1 082	...	...	...	...	...	...	...	...
Second level – Second degré	869	...	...	...	...	...	...	...	...
Third level – Troisième degré	133	...	...	...	...	...	...	...	...
Level not stated – Degré non indiqué	10	...	...	...	...	...	...	...	...
Female – Féminin									
Total	2 172	...	...	...	...	...	...	...	...
–1	18	...	...	...	...	...	...	...	...
First level – Premier degré	1 193	...	...	...	...	...	...	...	...
Second level – Second degré	876	...	...	...	...	...	...	...	...
Third level – Troisième degré	75	...	...	...	...	...	...	...	...
Level not stated – Degré non indiqué	10	...	...	...	...	...	...	...	...

34. Population 15 years and over, by educational attainment, age, sex and urban/rural residence: each census, 1973 – 1988 (continued)

Population de 15 ans et plus, selon le degré d'instruction, l'âge, le sexe et la résidence, urbaine/rurale: chaque recensement, 1973 – 1988 (suite)

(See notes at end of table. – Voir notes à la fin du tableau.)

Continent, country or area, census date, sex, educational level and urban/rural residence Continent, pays ou zone, date du recensement, sexe, degré d'instruction et résidence urbaine/rurale	Age (in years – en années)								
	15 plus	15 – 19	20 – 24	25 – 34	35 – 44	45 – 54	55 – 64	65 plus	Unknown Inconnu
AMERICA,NORTH— (Cont.–Suite) AMERIQUE DU NORD									
St. Vincent and the Grenadines – Saint–Vincent–et–Grenadines									
12 V 1980 [19] [20]									
Total									
Total	51 482	9 326	9 491	10 177	6 395	5 703	4 716	5 607	67
–1	924	67	55	87	110	136	136	321	12
First level – Premier degré	42 683	7 713	6 698	8 107	5 678	5 114	4 308	5 018	47
Second level – Second degré	6 648	1 425	2 570	1 632	390	296	178	152	5
Third level – Troisième degré	1 012	81	149	316	172	132	85	76	1
Level not stated – Degré non indiqué	215	40	19	35	45	25	9	40	2
Male – Masculin									
Total	24 121	4 927	4 541	4 835	2 910	2 500	2 104	2 265	39
–1	422	35	30	43	50	63	60	133	8
First level – Premier degré	20 253	4 293	3 409	3 887	2 543	2 203	1 898	1 995	25
Second level – Second degré	2 776	537	1 022	719	185	141	88	81	3
Third level – Troisième degré	572	37	72	170	108	84	54	46	1
Level not stated – Degré non indiqué	98	25	8	16	24	9	4	10	2
Female – Féminin									
Total	27 361	4 399	4 950	5 342	3 485	3 203	2 612	3 342	28
–1	502	32	25	44	60	73	76	188	4
First level – Premier degré	22 430	3 420	3 289	4 220	3 135	2 911	2 410	3 023	22
Second level – Second degré	3 872	888	1 548	913	205	155	90	71	2
Third level – Troisième degré	440	44	77	146	64	48	31	30	–
Level not stated – Degré non indiqué	117	15	11	19	21	16	5	30	–

34. Population 15 years and over, by educational attainment, age, sex and urban/rural residence: each census, 1973 – 1988 (continued)
Population de 15 ans et plus, selon le degré d'instruction, l'âge, le sexe et la résidence, urbaine/rurale: chaque recensement, 1973 – 1988 (suite)

(See notes at end of table. – Voir notes à la fin du tableau.)

Continent, country or area, census date, sex, educational level and urban/rural residence / Continent, pays ou zone, date du recensement, sexe, degré d'instruction et résidence urbaine/rurale	Age (in years – en années)								
	15 plus	15 – 19	20 – 24	25 – 34	35 – 44	45 – 54	55 – 64	65 plus	Unknown Inconnu
AMERICA,NORTH— (Cont.–Suite) AMERIQUE DU NORD									
Trinidad and Tobago – Trinité–et–Tobago									
12 V 1980									
Total									
Total	694 338	130 674	109 566	156 088	101 857	74 458	56 912	57 081	7 702
–1	34 251	1 133	925	1 899	3 505	6 868	7 933	11 474	514
First level – Premier degré	407 417	48 657	56 822	89 729	71 616	54 144	42 264	40 974	3 211
1	6 208	446	357	705	1 228	1 325	1 068	1 033	46
2	8 274	501	515	935	1 627	1 657	1 466	1 498	75
3	15 531	1 046	940	2 089	3 235	2 952	2 391	2 770	108
4	21 573	1 749	1 663	3 448	4 549	3 775	3 089	3 160	140
5	49 780	6 002	6 131	10 305	9 599	7 179	5 240	4 980	344
6	57 299	8 114	8 503	13 059	9 994	6 972	5 262	4 981	414
7 plus	243 978	30 422	38 300	58 424	40 601	29 545	23 092	21 813	1 781
Not stated–non indiqué	4 774	377	413	764	783	739	656	739	303
Second level – Second degré	225 209	79 183	47 579	56 764	21 646	10 519	5 098	3 378	1 042
1	4 901	2 107	1 138	962	336	187	80	54	37
2	13 431	5 723	2 519	3 112	1 199	477	200	141	60
3	25 572	11 445	4 276	5 743	2 250	1 036	454	302	66
4	31 771	18 643	3 163	5 355	2 530	1 202	501	307	70
5	115 259	33 942	28 150	32 420	11 258	5 173	2 357	1 358	601
6	14 463	4 132	3 533	3 598	1 441	857	531	327	44
7 plus	23 563	2 855	4 496	4 660	2 026	1 323	827	7 315	61
Not stated–non indiqué	2 186	336	302	540	383	233	136	148	108
Third level – Troisième degré	15 059	286	2 565	5 426	3 687	1 853	832	293	117
1	1 713	193	638	407	209	152	90	18	6
2	1 801	35	565	563	345	154	100	28	11
3	3 663	–	638	1 610	827	363	147	57	21
4	2 992	–	273	1 254	835	402	163	50	15
5	1 733	–	82	658	550	270	113	46	14
6	844	–	27	256	310	148	69	28	6
7 plus	1 538	–	56	474	522	310	117	48	11
Not stated–non indiqué	775	58	286	204	89	54	33	18	33
Level not stated – Degré non indiqué	12 402	1 415	1 675	2 270	1 403	1 074	785	962	2 818

34. Population 15 years and over, by educational attainment, age, sex and urban/rural residence: each census, 1973 – 1988 (continued)
Population de 15 ans et plus, selon le degré d'instruction, l'âge, le sexe et la résidence, urbaine/rurale: chaque recensement, 1973 – 1988 (suite)

(See notes at end of table. – Voir notes à la fin du tableau.)

Continent, country or area, census date, sex, educational level and urban/rural residence Continent, pays ou zone, date du recensement, sexe, degré d'instruction et résidence urbaine/rurale	Age (in years – en années)								
	15 plus	15 – 19	20 – 24	25 – 34	35 – 44	45 – 54	55 – 64	65 plus	Unknown Inconnu
AMERICA,NORTH— (Cont.–Suite) AMERIQUE DU NORD									
Trinidad and Tobago – Trinité–et–Tobago									
12 V 1980									
Male – Masculin									
Total	344 270	65 399	54 885	78 103	50 515	36 368	29 115	25 557	4 328
–1	11 588	612	471	839	1 150	1 746	2 536	4 012	222
First level – Premier degré	209 288	26 761	30 986	45 655	34 817	27 246	22 696	19 244	1 883
1	2 920	241	186	310	461	548	574	579	21
2	3 995	265	305	426	633	745	794	790	37
3	7 634	623	542	942	1 373	1 384	1 297	1 416	57
4	10 840	1 127	983	1 632	1 972	1 876	1 638	1 547	65
5	25 099	3 438	3 374	4 896	4 410	3 614	2 794	2 383	190
6	29 576	4 382	4 619	6 580	4 883	3 611	2 871	2 386	244
7 plus	126 593	16 465	20 733	30 416	20 638	15 044	12 362	9 838	1 097
Not stated–non indiqué	2 631	220	244	453	447	424	366	305	172
Second level – Second degré	107 119	37 281	21 320	27 076	11 114	5 361	2 738	1 649	580
1	2 076	942	519	303	130	99	38	29	16
2	6 432	2 721	1 146	1 471	632	242	117	73	30
3	12 246	5 417	2 076	2 655	1 119	519	254	167	39
4	15 204	8 941	1 439	2 535	1 252	582	260	157	38
5	54 656	16 033	12 532	15 397	5 793	2 621	1 284	662	334
6	6 688	1 781	1 473	1 744	759	448	291	168	24
7 plus	8 058	1 301	2 004	2 294	1 032	672	401	315	39
Not stated–non indiqué	1 153	145	131	303	224	147	81	67	55
Third level – Troisième degré	9 923	148	1 415	3 356	2 606	1 407	672	233	86
1	993	100	353	243	126	93	61	12	5
2	1 136	12	346	329	219	118	84	20	8
3	2 213	–	324	915	551	255	109	48	11
4	1 967	–	140	788	576	287	127	38	11
5	1 264	–	52	438	412	217	94	38	13
6	643	–	14	181	233	126	60	24	5
7 plus	1 202	–	31	324	425	267	106	40	9
Not stated–non indiqué	505	36	155	138	64	44	31	13	24
Level not stated – Degré non indiqué	6 352	597	693	1 177	828	608	473	419	1 557

34. Population 15 years and over, by educational attainment, age, sex and urban/rural residence: each census, 1973 – 1988 (continued)
Population de 15 ans et plus, selon le degré d'instruction, l'âge, le sexe et la résidence, urbaine/rurale: chaque recensement, 1973 – 1988 (suite)

(See notes at end of table. – Voir notes à la fin du tableau.)

Continent, country or area, census date, sex, educational level and urban/rural residence / Continent, pays ou zone, date du recensement, sexe, degré d'instruction et résidence urbaine/rurale	Age (in years – en années) 15 plus	15 – 19	20 – 24	25 – 34	35 – 44	45 – 54	55 – 64	65 plus	Unknown Inconnu
AMERICA,NORTH— (Cont.–Suite) AMERIQUE DU NORD									
Trinidad and Tobago – Trinité–et–Tobago									
12 V 1980									
Female – Féminin									
Total	350 068	65 275	54 681	77 985	51 342	38 090	27 797	31 524	3 374
–1	22 663	521	454	1 060	2 355	5 122	5 397	7 462	292
First level – Premier degré	198 129	21 896	25 836	44 074	36 799	26 898	19 568	21 730	1 328
1	3 288	205	171	395	767	777	494	454	25
2	4 279	236	210	509	994	912	672	708	38
3	7 897	423	398	1 147	1 862	1 568	1 094	1 354	51
4	10 733	622	680	1 816	2 577	1 899	1 451	1 613	75
5	24 681	2 564	2 757	5 409	5 189	3 565	2 446	2 597	154
6	27 723	3 732	3 884	6 479	5 111	3 361	2 391	2 595	170
7 plus	123 864	13 957	17 567	34 487	19 963	14 501	10 730	11 975	684
Not stated–non indiqué	2 143	157	169	311	336	315	290	434	131
Second level – Second degré	118 090	41 902	26 259	29 688	10 532	5 158	2 360	1 729	462
1	2 825	1 165	619	659	206	88	42	25	21
2	6 999	3 002	1 373	1 641	567	235	83	68	30
3	13 326	6 028	2 200	3 088	1 131	517	200	135	27
4	16 567	9 702	1 724	2 820	1 278	620	241	150	32
5	53 633	17 909	15 618	10 053	5 465	2 552	1 073	696	267
6	7 477	2 351	2 062	1 554	682	409	240	159	20
7 plus	8 970	1 554	2 492	2 366	1 044	651	426	415	22
Not stated–non indiqué	1 033	191	171	237	159	86	55	81	53
Third level – Troisième degré	5 136	138	1 150	2 070	1 081	446	160	60	31
1	720	93	285	164	83	59	29	6	1
2	665	23	219	234	126	36	16	8	3
3	1 450	–	314	695	276	108	38	9	10
4	1 025	–	133	466	259	115	36	12	4
5	469	–	30	220	138	53	19	8	1
6	201	–	13	75	77	22	9	4	1
7 plus	336	–	25	150	97	43	11	8	2
Not stated–non indiqué	270	22	131	66	25	10	2	5	9
Level not stated – Degré non indiqué	6 050	818	982	1 093	575	466	312	543	1 261
Turks and Caicos Islands – Iles Turques et Caïques									
12 V 1980 [19 20]									
Total									
Total	3 909	479	561	831	546	553	463	475	1
–1	30	1	4	3	3	6	2	11	–
First level – Premier degré	2 658	235	290	484	376	452	394	426	1
Second level – Second degré	957	237	237	248	116	57	37	25	–
Third level – Troisième degré	248	3	26	90	51	38	29	11	–
Level not stated – Degré non indiqué	14	3	4	5	–	–	1	1	–
Male – Masculin									
Total	1 848	265	263	417	265	226	226	185	1
–1	15	1	3	3	2	1	2	3	–
First level – Premier degré	1 263	156	171	240	183	165	185	162	1
Second level – Second degré	413	105	79	118	49	32	18	12	–
Third level – Troisième degré	149	–	9	54	31	28	20	7	–
Level not stated – Degré non indiqué	7	3	1	2	–	–	1	–	–

34. Population 15 years and over, by educational attainment, age, sex and urban/rural residence: each census, 1973 – 1988 (continued)

Population de 15 ans et plus, selon le degré d'instruction, l'âge, le sexe et la résidence, urbaine/rurale: chaque recensement, 1973 – 1988 (suite)

(See notes at end of table. – Voir notes à la fin du tableau.)

Continent, country or area, census date, sex, educational level and urban/rural residence Continent, pays ou zone, date du recensement, sexe, degré d'instruction et résidence urbaine/rurale	Age (in years – en années)								
	15 plus	15 – 19	20 – 24	25 – 34	35 – 44	45 – 54	55 – 64	65 plus	Unknown Inconnu
AMERICA,NORTH— (Cont.–Suite) AMERIQUE DU NORD									
Turks and Caicos Islands – Iles Turques et Caïques									
12 V 1980 [19] [20]									
Female – Féminin									
Total	2 061	214	298	414	281	327	237	290	–
–1	15	–	1	–	1	5	–	8	–
First level – Premier degré	1 395	79	119	244	193	287	209	264	–
Second level – Second degré	544	132	158	130	67	25	19	13	–
Third level – Troisième degré	99	3	17	36	20	10	9	4	–
Level not stated – Degré non indiqué	6	–	2	3	–	–	–	1	–
United States – Etats–Unis									
1 IV 1980 [31] [32]									
Total									
Total	175307629	21 178 128	21 293 814	37 181 374	25637555	22732301	21786071	25498386	–
–1	1 460 016	60 191	96 853	191 147	150 810	186 595	210 638	563 782	–
First level – Premier degré	26 836 595	3 091 015	790 869	1 814 288	2 231 663	3 488 611	4 913 124	10507025	–
1 – 4	3 594 615	54 159	88 189	258 469	309 456	519 977	722 173	1 642 192	–
5 – 6	5 320 946	170 037	171 050	450 555	521 337	777 191	1 012 746	2 218 030	–
7	4 468 342	478 615	132 345	325 017	403 671	613 684	841 863	1 673 147	–
8	13 452 692	2 388 204	399 285	780 247	997 199	1 577 759	2 336 342	4 973 656	–
Second level – Second degré	95 250 750	16 995 851	12 030 350	18 042 451	13864879	12574127	11747400	9 995 692	–
1	11 322 553	4 473 769	730 523	1 070 326	1 049 455	1 163 623	1 230 940	1 603 917	–
2	12 783 402	4 277 605	1 016 873	1 372 005	1 355 223	1 520 107	1 542 540	1 699 049	–
3	11 633 563	3 809 884	1 153 350	1 426 034	1 188 519	1 343 339	1 493 291	1 219 146	–
4	59 511 232	4 434 593	9 129 604	14 174 086	10271682	8 547 058	7 480 629	5 473 580	–
Third level – Troisième degré	51 760 268	1 031 071	8 375 742	17 133 488	9 390 203	6 482 968	4 914 909	4 431 887	–
1	8 223 896	940 988	2 466 962	325 892	1 655 283	1 112 264	919 210	803 297	–
2	8 428 620	79 385	2 533 911	350 105	1 879 657	1 381 083	1 152 622	1 051 857	–
3	5 563 617	9 124	1 475 788	1 714 556	849 902	594 067	458 163	462 017	–
4	12 939 908	1 367	1 518 042	4 864 190	2 379 816	1 714 555	1 260 538	1 201 400	–
5 – 6	6 635 621	88	356 630	2 518 311	1 573 126	987 200	657 500	542 766	–
7 plus	3 823 606	119	24 409	1 215 434	1 052 419	693 799	466 876	370 550	–
Male – Masculin									
Total	83 824 951	10 769 185	10 639 312	18 434 135	12570207	10957148	10192396	10262568	–
–1	695 813	32 942	53 440	102 640	77 004	90 717	103 085	235 985	–
First level – Premier degré	13 140 375	1 754 550	427 678	946 303	1 200 201	1 886 554	2 458 889	4 466 200	–
1 – 4	1 879 126	30 826	50 059	139 239	168 971	297 348	400 812	791 871	–
5 – 6	2 607 065	104 186	94 688	236 522	282 027	425 929	515 057	948 656	–
7	2 228 525	298 015	71 324	171 902	222 597	329 047	414 251	721 389	–
8	6 425 659	1 321 523	211 607	398 640	526 606	834 230	1 128 769	2 004 284	–
Second level – Second degré	42 934 595	8 535 902	6 113 506	8 181 889	6 067 518	5 334 177	4 999 375	3 702 228	–
1	5 445 318	2 305 373	382 127	507 907	499 373	555 209	561 281	634 048	–
2	5 952 710	2 188 217	536 458	631 496	592 054	673 020	692 272	639 193	–
3	5 461 346	1 940 550	643 660	687 087	511 889	561 569	651 269	465 322	–
4	26 075 221	2 101 762	4 551 261	6 355 399	4 464 202	3 544 379	3 094 553	1 963 665	–
Third level – Troisième degré	27 054 168	445 791	4 044 688	9 203 303	5 225 484	3 645 700	2 631 047	1 858 155	–
1	5 031 788	409 970	1 196 590	1 549 810	736 952	479 059	376 044	283 363	–
2	5 822 645	31 058	1 212 991	1 875 077	1 010 014	720 484	580 095	392 926	–
3	2 762 145	4 020	722 973	935 142	419 875	287 326	222 200	170 609	–
4	6 823 679	582	699 648	2 562 691	1 308 356	1 020 468	721 407	510 527	–
5 – 6	3 752 743	55	197 392	1 396 682	928 864	596 418	379 613	253 719	–
7 plus	2 861 168	106	15 094	883 901	821 423	541 945	351 688	247 011	–

34. Population 15 years and over, by educational attainment, age, sex and urban/rural residence: each census, 1973 – 1988 (continued)

Population de 15 ans et plus, selon le degré d'instruction, l'âge, le sexe et la résidence, urbaine/rurale: chaque recensement, 1973 – 1988 (suite)

(See notes at end of table. – Voir notes à la fin du tableau.)

Continent, country or area, census date, sex, educational level and urban/rural residence Continent, pays ou zone, date du recensement, sexe, degré d'instruction et résidence urbaine/rurale	Age (in years – en années)								
	15 plus	15 – 19	20 – 24	25 – 34	35 – 44	45 – 54	55 – 64	65 plus	Unknown Inconnu
AMERICA,NORTH— (Cont.–Suite) AMERIQUE DU NORD									
United States – Etats–Unis									
1 IV 1980 [31 32]									
Female – Féminin									
Total	91 482 678	10 408 943	10 654 502	18 747 239	13067348	11775153	11593675	15235818	–
–1	764 203	27 249	43 413	88 507	73 806	95 878	107 553	327 797	–
First level – Premier degré	13 696 220	1 336 465	363 191	867 985	1 031 462	1 602 057	2 454 235	6 040 825	–
1 – 4	1 694 489	2 333	38 130	119 230	140 485	222 629	321 361	850 321	–
5 – 6	2 713 881	65 851	76 362	214 033	239 310	351 262	497 689	1 269 374	–
7	2 239 817	180 600	61 021	153 115	181 074	284 637	427 612	951 758	–
8	7 027 033	1 066 681	187 678	381 607	470 593	743 529	1 207 573	2 969 372	–
Second level – Second degré	52 316 155	8 459 949	5 916 844	9 860 562	7 797 361	7 239 950	6 748 025	6 293 464	–
1	5 877 235	2 168 396	348 396	562 419	550 082	608 414	669 659	969 869	–
2	6 830 692	2 089 388	480 415	740 509	763 169	847 087	850 268	1 059 856	–
3	6 172 217	1 869 334	509 690	738 947	676 630	781 770	842 022	753 824	–
4	33 436 011	2 332 831	4 578 343	7 818 687	5 807 480	5 002 679	4 386 076	3 509 915	–
Third level – Troisième degré	24 706 100	585 280	4 331 054	7 930 185	4 164 719	2 837 268	2 283 862	2 573 732	–
1	6 120 108	531 018	1 270 372	1 704 082	918 331	633 205	543 166	519 934	–
2	5 762 975	48 327	1 320 920	1 632 028	869 643	660 599	572 527	658 931	–
3	2 801 472	5 104	752 815	779 414	430 027	306 741	235 963	291 408	–
4	6 116 229	785	818 394	2 301 499	1 071 460	694 087	539 131	690 873	–
5 – 6	2 942 878	33	159 238	1 181 629	644 262	390 782	277 887	289 047	–
7 plus	962 438	13	9 315	331 533	230 996	151 854	115 188	123 539	–
United States Virgin Islands – Iles Vierges américaines									
1 IV 1980 [30]									
Total									
Total	61 791	10 243	6 562	14 769	12 594	7 647	5 501	4 475	–
–1	755	53	42	82	83	96	124	275	–
First level – Premier degré	20 261	3 847	1 077	3 368	4 198	2 986	2 413	2 372	–
1 – 4	2 138	73	85	270	416	393	402	499	–
5 – 6	6 212	796	260	967	1 310	1 020	856	1 003	–
7	6 354	1 354	299	1 228	1 441	892	650	490	–
8	5 557	1 624	433	903	1 031	681	505	380	–
Second level – Second degré	28 174	6 171	3 985	7 059	5 446	2 831	1 670	1 012	–
1	4 901	1 922	471	819	728	424	313	224	–
2	4 492	1 780	509	845	710	336	198	114	–
3	3 804	1 466	574	758	568	268	108	62	–
4	14 977	1 003	2 431	4 637	3 440	1 803	1 051	612	–
Third level – Troisième degré	12 601	172	1 458	4 260	2 867	1 734	1 294	816	–
1	1 954	139	401	594	407	204	149	60	–
2	2 579	26	413	793	580	341	264	162	–
3	1 249	6	209	418	262	151	124	79	–
4	3 820	1	371	1 441	826	523	394	264	–
5 – 6	1 901	–	56	717	500	285	217	126	–
7 plus	1 098	–	8	297	292	230	146	125	–

34. Population 15 years and over, by educational attainment, age, sex and urban/rural residence: each census, 1973 – 1988 (continued)

Population de 15 ans et plus, selon le degré d'instruction, l'âge, le sexe et la résidence, urbaine/rurale: chaque recensement, 1973 – 1988 (suite)

(See notes at end of table. – Voir notes à la fin du tableau.)

Continent, country or area, census date, sex, educational level and urban/rural residence Continent, pays ou zone, date du recensement, sexe, degré d'instruction et résidence urbaine/rurale	Age (in years – en années)								
	15 plus	15 – 19	20 – 24	25 – 34	35 – 44	45 – 54	55 – 64	65 plus	Unknown Inconnu
AMERICA,NORTH— (Cont.–Suite) AMERIQUE DU NORD									
United States Virgin Islands – Iles Vierges américaines									
1 IV 1980 [30]									
Male – Masculin									
Total	28 776	5 038	2 897	6 604	6 027	3 594	2 635	1 981	–
–1	340	27	23	35	35	43	52	125	–
First level – Premier degré	10 022	2 275	624	1 602	2 077	1 376	1 090	978	–
1 – 4	1 056	51	50	140	214	196	178	227	–
5 – 6	3 111	526	150	463	680	496	380	416	–
7	3 159	838	178	584	697	397	294	171	–
8 plus	2 696	860	246	415	486	287	238	164	–
Second level – Second degré	12 541	2 680	1 739	3 097	2 518	1 268	793	446	–
1	2 329	895	239	391	361	192	139	112	–
2	2 043	777	250	369	335	156	106	50	–
3	1 734	633	300	340	257	121	59	24	–
4	6 435	375	950	1 997	1 565	799	489	260	–
Third level – Troisième degré	5 873	56	511	1 870	1 397	907	700	432	–
1	791	49	134	246	171	88	71	32	–
2	1 115	4	145	366	269	144	115	72	–
3	518	3	69	180	116	54	67	29	–
4	1 829	–	134	606	410	314	225	140	–
5 – 6	899	–	25	291	240	153	121	69	–
7 plus	721	–	4	181	191	154	101	90	–
Female – Féminin									
Total	33 015	5 205	3 665	8 165	6 567	4 053	2 866	2 494	–
–1	415	26	19	47	48	53	72	150	–
First level – Premier degré	10 239	1 572	453	1 766	2 121	1 610	1 323	1 394	–
1 – 4	1 082	22	35	130	202	197	224	272	–
5 – 6	3 101	270	110	504	630	524	476	587	–
7	3 195	516	121	644	744	495	356	319	–
8 plus	2 861	764	187	488	545	394	267	216	–
Second level – Second degré	15 633	3 491	2 246	3 962	2 928	1 563	877	566	–
1	2 572	1 027	232	428	367	232	174	112	–
2	2 449	1 003	259	476	375	180	92	64	–
3	2 070	833	274	418	311	147	49	38	–
4	8 542	628	1 481	2 640	1 875	1 004	562	352	–
Third level – Troisième degré	6 728	116	947	2 390	1 470	827	594	384	–
1	1 163	90	267	348	236	116	78	28	–
2	1 464	22	268	427	311	197	149	90	–
3	731	3	140	238	146	97	57	50	–
4	1 991	1	237	835	416	209	169	124	–
5 – 6	1 002	–	31	426	260	132	96	57	–
7 plus	377	–	4	116	101	76	45	35	–
AMERICA,SOUTH— AMERIQUE DU SUD									
Argentina – Argentine									
22 X 1980 [33]									
Total									
Total	18 920 533	2 767 452	2 175 858	3 971 127	3 135 733	2 795 426	*— 4 074 937 —*		–
First level – Premier degré	12 247 878	1 276 191	1 063 114	2 273 661	2 106 960	2 141 541	*— 3 386 411 —*		–
Second level – Second degré	5 219 044	1 398 892	784 810	1 186 445	783 714	513 915	*— 551 268 —*		–
Third level – Troisième degré	1 453 611	92 369	327 934	511 021	245 059	139 970	*— 137 258 —*		–

34. Population 15 years and over, by educational attainment, age, sex and urban/rural residence: each census, 1973 – 1988 (continued)

Population de 15 ans et plus, selon le degré d'instruction, l'âge, le sexe et la résidence, urbaine/rurale: chaque recensement, 1973 – 1988 (suite)

(See notes at end of table. – Voir notes à la fin du tableau.)

Continent, country or area, census date, sex, educational level and urban/rural residence Continent, pays ou zone, date du recensement, sexe, degré d'instruction et résidence urbaine/rurale	Age (in years – en années): 15 plus	15 – 19	20 – 24	25 – 34	35 – 44	45 – 54	55 – 64	65 plus	Unknown Inconnu
AMERICA,SOUTH— (Cont.–Suite) AMERIQUE DU SUD									
Brazil – Brésil									
1 IX 1980 [4 24 34 35]									
Total									
Total	73 558 675	13 569 436	11 517 327	17 139 575	12081083	8 764 110	5 584 948	4 788 756	113 440
–1	20 166 149	2 309 331	1 939 653	3 645 210	3 643 630	3 224 160	2 571 930	2 786 883	45 352
First level – Premier degré	43 378 092	9 613 382	6 979 310	10 263 234	7 093 634	4 862 016	2 699 864	1 809 249	57 403
1	3 028 662	470 385	339 341	644 415	585 039	458 194	301 347	224 374	5 567
2	5 231 018	847 050	640 533	1 211 907	1 038 100	745 345	436 676	303 032	8 375
3	7 276 875	1 290 449	989 238	1 730 199	1 416 667	980 694	528 143	331 240	10 245
4	16 112 385	2 504 450	2 528 714	4 183 439	2 926 473	2 055 579	1 129 075	763 495	21 160
5	2 322 608	1 061 150	472 258	470 517	181 983	80 038	34 862	19 247	2 553
6	2 339 311	1 056 670	470 107	458 559	190 938	95 462	42 244	23 080	2 251
7	2 423 567	1 102 323	542 393	450 847	178 247	87 626	39 289	20 607	2 235
8	4 643 666	1 280 905	996 726	1 113 351	576 187	359 078	188 228	124 174	5 017
Second level – Second degré	6 797 508	1 570 858	1 907 110	1 886 656	736 626	389 932	184 484	115 271	6 571
1	1 288 125	685 481	336 559	186 449	49 114	19 219	6 693	3 756	854
2	1 317 205	484 742	412 108	273 767	83 080	38 087	15 635	8 641	1 145
3	4 192 178	400 635	1 158 443	1 426 440	604 432	332 626	162 156	102 874	4 572
Third level – Troisième degré	3 145 645	65 733	678 228	1 321 778	595 349	281 214	124 907	74 695	3 741
1	444 297	56 048	208 696	131 816	32 602	9 813	3 091	1 823	408
2	428 403	9 685	188 701	163 730	43 030	14 365	5 238	2 970	684
3	498 874	–	139 389	222 705	78 523	34 003	14 615	9 027	612
4	1 076 663	–	102 723	501 830	266 915	123 733	52 268	27 972	1 222
5	468 458	–	27 778	197 701	118 572	70 044	33 597	20 225	541
6 plus	228 950	–	10 941	103 996	55 707	29 256	16 098	12 678	274
Level not stated – Degré non indiqué	71 281	10 132	13 026	22 697	11 844	6 788	3 763	2 658	373
Male – Masculin									
Total	36 198 157	6 705 370	5 677 083	8 451 384	5 983 231	4 337 052	2 748 469	2 238 328	57 240
–1	9 514 696	1 289 427	989 968	1 743 198	1 668 259	1 443 177	1 151 145	1 207 969	21 553
First level – Premier degré	21 792 584	4 691 179	3 479 139	5 141 274	3 597 929	2 507 589	1 420 271	924 895	30 308
1	1 605 494	251 514	179 660	326 556	302 700	244 536	167 761	129 853	2 914
2	2 658 333	430 039	324 704	587 853	518 571	389 342	237 272	166 082	4 470
3	3 600 107	624 425	483 638	832 780	701 307	501 493	278 532	172 416	5 516
4	8 009 353	1 191 918	1 241 377	2 110 401	1 478 031	1 040 526	573 156	362 898	11 046
5	1 173 389	535 451	235 429	235 652	95 117	41 990	18 619	9 791	1 340
6	1 196 024	526 631	238 210	238 055	103 706	53 025	22 877	12 281	1 239
7	1 226 185	534 832	277 229	233 286	97 143	49 466	22 186	10 876	1 167
8	2 323 699	596 369	498 892	576 691	301 354	187 211	99 868	60 698	2 616
Second level – Second degré	3 139 266	693 759	894 219	869 020	356 487	195 521	82 272	44 811	3 177
1	621 873	312 502	169 769	96 571	27 006	10 900	3 231	1 418	476
2	647 887	215 076	206 560	144 559	47 714	22 273	7 818	3 298	589
3	1 869 506	166 181	517 890	627 890	281 767	162 348	71 223	40 095	2 112
Third level – Troisième degré	1 717 292	26 322	308 066	687 648	354 247	187 042	92 686	59 259	2 022
1	223 899	22 429	101 104	72 586	18 479	5 732	2 075	1 282	212
2	221 013	3 893	87 688	90 365	24 348	8 761	3 508	2 090	360
3	227 735	–	59 358	100 426	35 349	17 017	8 983	6 287	315
4	542 179	–	39 909	227 694	143 515	74 416	35 612	20 440	593
5	343 431	–	14 883	130 579	91 917	58 283	29 307	18 085	377
6 plus	159 035	–	5 124	65 998	40 639	22 833	13 201	11 075	165
Level not stated – Degré non indiqué	34 319	4 683	5 691	10 244	6 309	3 723	2 095	1 394	180

34. Population 15 years and over, by educational attainment, age, sex and urban/rural residence: each census, 1973 – 1988 (continued)
Population de 15 ans et plus, selon le degré d'instruction, l'âge, le sexe et la résidence, urbaine/rurale: chaque recensement, 1973 – 1988 (suite)

(See notes at end of table. – Voir notes à la fin du tableau.)

Continent, country or area, census date, sex, educational level and urban/rural residence / Continent, pays ou zone, date du recensement, sexe, degré d'instruction et résidence urbaine/rurale	Age (in years – en années) 15 plus	15 – 19	20 – 24	25 – 34	35 – 44	45 – 54	55 – 64	65 plus	Unknown Inconnu
AMERICA, SOUTH— (Cont.–Suite) AMERIQUE DU SUD									
Brazil – Brésil									
1 IX 1980 [4 24 34 35]									
Female – Féminin									
Total	37 360 518	6 864 066	5 840 244	8 688 191	6 097 852	4 427 058	2 836 479	2 550 428	56 200
–1	10 651 453	1 019 904	949 685	1 902 012	1 975 371	1 780 983	1 420 785	1 578 914	23 799
First level – Premier degré	21 585 508	4 922 203	3 500 171	5 121 960	3 495 705	2 354 427	1 279 593	884 354	27 095
1	1 423 168	218 871	159 681	317 859	282 339	213 658	133 586	94 521	2 653
2	2 572 685	417 011	315 829	624 054	519 529	356 003	199 404	136 950	3 905
3	3 676 768	666 024	505 600	897 419	715 360	479 201	249 611	158 824	4 729
4	8 103 032	1 312 532	1 287 337	2 073 038	1 448 442	1 015 053	555 919	400 597	10 114
5	1 149 219	525 699	236 829	234 865	86 866	38 048	16 243	9 456	1 213
6	1 143 287	530 039	231 897	220 504	87 232	42 437	19 367	10 799	1 012
7	1 197 382	567 491	265 164	217 561	81 104	38 160	17 103	9 731	1 068
8	2 319 967	684 536	497 834	536 660	274 833	171 867	88 360	63 476	2 401
Second level – Second degré	3 658 242	877 099	1 012 891	1 017 636	380 139	194 411	102 212	70 460	3 394
1	666 252	372 979	166 790	89 878	22 108	8 319	3 462	2 338	378
2	669 318	269 666	205 548	129 208	35 366	15 814	7 817	5 343	556
3	2 322 672	234 454	640 553	798 550	322 665	170 278	90 933	62 779	2 460
Third level – Troisième degré	1 428 353	39 411	370 162	634 130	241 102	94 172	32 221	15 436	1 719
1	220 398	33 619	107 592	59 230	14 123	4 081	1 016	541	196
2	207 390	5 792	101 013	73 365	18 682	5 604	1 730	880	324
3	271 139	–	80 031	122 279	43 174	16 986	5 632	2 740	297
4	534 484	–	62 814	274 136	123 400	49 317	16 656	7 532	629
5	125 027	–	12 895	67 122	26 655	11 761	4 290	2 140	164
6 plus	69 915	–	5 817	37 998	15 068	6 423	2 897	1 603	109
Level not stated – Degré non indiqué	36 962	5 449	7 335	12 453	5 535	3 065	1 668	1 264	193
Chile – Chili									
21 IV 1982 [36]									
Total									
Total	964 698	728 181	159 894	32 466		*— 44 157 —*			–
First level – Premier degré	169 879	131 633	11 777	5 241		*— 21 228 —*			–
1 – 3	22 277	14 025	2 361	1 080		*— 4 811 —*			–
4 – 6	50 673	35 448	4 410	2 069		*— 8 746 —*			–
7 – 8	96 929	82 160	5 006	2 092		*— 7 671 —*			–
Second level – Second degré	599 518	525 140	53 250	9 457		*— 11 671 —*			–
1 – 2	275 952	249 985	16 576	3 830		*— 5 561 —*			–
3 – 4	307 387	265 182	32 044	4 935		*— 5 226 —*			–
5	16 179	9 973	4 630	692		*— 884 —*			–
Third level – Troisième degré	195 301	71 408	94 867	17 768		*— 11 258 —*			–
1 – 3	154 221	71 406	66 985	8 630		*— 7 200 —*			–
4 – 8	41 080	2	27 882	9 138		*— 4 058 —*			–
Male – Masculin									
Total	500 116	371 779	88 835	18 689		*— 20 813 —*			–
First level – Premier degré	93 235	75 571	5 870	2 509		*— 9 285 —*			–
1 – 3	11 642	7 696	1 283	575		*— 2 088 —*			–
4 – 6	28 436	21 555	2 175	957		*— 3 749 —*			–
7 – 8	53 157	46 320	2 412	977		*— 3 448 —*			–
Second level – Second degré	299 835	261 394	28 040	4 931		*— 5 470 —*			–
1 – 2	141 824	128 882	8 467	1 928		*— 2 547 —*			–
3 – 4	149 936	128 025	16 841	2 584		*— 2 486 —*			–
5	8 075	4 487	2 732	419		*— 437 —*			–
Third level – Troisième degré	107 046	34 814	54 925	11 249		*— 6 058 —*			–
1 – 3	81 877	34 814	38 621	4 884		*— 3 558 —*			–
4 – 8	25 169	–	16 304	6 365		*— 2 500 —*			–

34. Population 15 years and over, by educational attainment, age, sex and urban/rural residence: each census, 1973 – 1988 (continued)
Population de 15 ans et plus, selon le degré d'instruction, l'âge, le sexe et la résidence, urbaine/rurale: chaque recensement, 1973 – 1988 (suite)

(See notes at end of table. – Voir notes à la fin du tableau.)

Continent, country or area, census date, sex, educational level and urban/rural residence Continent, pays ou zone, date du recensement, sexe, degré d'instruction et résidence urbaine/rurale	Age (in years – en années)								
	15 plus	15 – 19	20 – 24	25 – 34	35 – 44	45 – 54	55 – 64	65 plus	Unknown Inconnu
AMERICA, SOUTH— (Cont.–Suite) AMERIQUE DU SUD									
Chile – Chili									
21 IV 1982 [36]									
Female – Féminin									
Total	464 582	356 402	71 059	13 777	*———	23 344	———	———*	–
First level – Premier degré	76 644	56 062	5 907	2 732	*———	11 943	———	———*	–
1 – 3	10 635	6 329	1 078	505	*———	2 723	———	———*	–
4 – 6	22 237	13 893	2 235	1 112	*———	4 997	———	———*	–
7 – 8	43 772	35 840	2 594	1 115	*———	4 223	———	———*	–
Second level – Second degré	298 952	263 746	25 210	4 526	*———	5 470	———	———*	–
1 – 2	134 128	121 103	8 109	1 902	*———	3 014	———	———*	–
3 – 4	157 451	137 157	15 203	2 351	*———	2 740	———	———*	–
5	8 104	5 486	1 898	273	*———	447	———	———*	–
Third level – Troisième degré	88 255	36 594	39 942	6 519	*———	5 200	———	———*	–
1 – 3	72 344	36 592	28 364	3 746	*———	3 642	———	———*	–
4 – 8	15 911	2	11 578	2 773	*———	1 558	———	———*	–
Ecuador – Equateur									
28 XI 1982 [37 38 39]									
Total									
Total	6 595 814	2 787 301	777 108	1 109 949	743 990	519 979	333 317	324 170	–
-1	1 231 151	410 634	77 533	155 589	169 926	156 035	120 958	140 476	–
First level – Premier degré	3 445 931	1 686 583	314 038	507 062	380 427	261 043	157 627	139 151	–
1 – 3	1 417 799	861 938	66 135	134 529	130 926	101 933	65 315	57 023	–
4 – 6	2 027 772	824 645	247 903	372 533	249 501	159 110	91 952	82 128	–
Second level – Second degré	1 196 156	502 057	246 183	241 824	102 620	54 868	28 677	19 927	–
1 – 3	705 507	358 980	119 949	124 408	51 650	27 158	14 049	9 313	–
4 – 6	490 649	143 077	126 234	117 416	50 970	27 710	14 628	10 614	–
Third level – Troisième degré	304 805	10 402	86 903	131 967	45 284	17 428	7 975	4 846	–
1 – 3	165 388	10 402	70 611	60 990	14 079	5 253	2 503	1 550	–
4 plus	139 417	–	16 292	70 977	31 205	12 175	5 472	3 296	–
Level not stated – Degré non indiqué	418 131	177 625	52 451	73 507	45 733	30 605	18 440	19 770	–
Male – Masculin									
Total	3 277 910	1 403 997	378 881	546 855	368 618	257 892	166 560	155 107	–
-1	545 374	205 815	31 967	63 305	69 554	65 151	51 205	58 377	–
First level – Premier degré	1 775 483	856 943	159 684	260 540	199 364	139 683	86 004	73 265	–
1 – 3	711 558	437 370	29 863	60 906	63 242	52 641	35 928	31 608	–
4 – 6	1 063 925	419 573	129 821	199 634	136 122	87 042	50 076	41 657	–
Second level – Second degré	574 127	247 187	119 595	110 786	46 002	25 495	14 357	10 705	–
1 – 3	345 575	178 036	58 045	59 146	24 850	13 282	7 257	4 959	–
4 – 6	228 552	69 151	61 550	51 640	21 152	12 213	7 100	5 746	–
Third level – Troisième degré	178 052	4 626	43 146	76 701	31 042	12 685	6 054	3 798	–
1 – 3	88 089	4 626	35 137	33 429	8 669	3 374	1 710	1 144	–
4 plus	89 963	–	8 009	43 272	22 373	9 311	4 344	2 654	–
Level not stated – Degré non indiqué	204 874	89 426	24 489	35 523	22 656	14 878	8 940	8 962	–

34. Population 15 years and over, by educational attainment, age, sex and urban/rural residence: each census, 1973 – 1988 (continued)

Population de 15 ans et plus, selon le degré d'instruction, l'âge, le sexe et la résidence, urbaine/rurale: chaque recensement, 1973 – 1988 (suite)

(See notes at end of table. – Voir notes à la fin du tableau.)

Continent, country or area, census date, sex, educational level and urban/rural residence Continent, pays ou zone, date du recensement, sexe, degré d'instruction et résidence urbaine/rurale	Age (in years – en années)								
	15 plus	15 – 19	20 – 24	25 – 34	35 – 44	45 – 54	55 – 64	65 plus	Unknown Inconnu
AMERICA, SOUTH— (Cont.–Suite) AMERIQUE DU SUD									
Ecuador – Equateur									
28 XI 1982 [37,38,39]									
Female – Féminin									
Total	3 317 904	1 383 304	398 227	563 094	375 372	262 087	166 757	169 063	–
–1	685 777	204 819	45 566	92 284	100 372	90 884	69 753	82 099	–
First level – Premier degré	1 670 088	829 640	154 354	246 522	181 063	121 360	71 263	65 886	–
1 – 3	706 241	424 568	36 272	73 623	67 684	49 292	29 387	25 415	–
4 – 6	963 847	405 072	118 082	172 899	113 379	72 068	41 876	40 471	–
Second level – Second degré	622 029	254 870	126 588	131 038	56 618	29 373	14 320	9 222	–
1 – 3	359 932	180 944	61 904	65 262	26 800	13 876	6 792	4 354	–
4 – 6	262 097	73 926	64 684	65 776	29 818	15 497	7 528	4 868	–
Third level – Troisième degré	126 753	5 776	43 757	55 266	14 242	4 743	1 921	1 048	–
1 – 3	77 299	5 776	35 474	27 561	5 410	1 879	793	406	–
4 plus	49 454	–	8 283	27 705	8 832	2 864	1 128	642	–
Level not stated – Degré non indiqué	213 257	88 199	27 962	37 984	23 077	15 727	9 500	10 808	–
French Guiana – Guyane Française									
9 III 1982 [24,25]									
Total									
Total	34 873	...	...	13 472	8 712	5 410	3 634	3 407	238
–1	7 169	...	...	2 270	1 768	1 203	922	933	73
First level – Premier degré	13 861	...	...	4 467	3 267	2 439	1 848	1 793	47
Second level – Second degré	11 082	...	...	5 500	2 970	1 421	697	466	28
Third level – Troisième degré	2 186	...	...	1 075	641	289	118	58	5
Level not stated – Degré non indiqué	575	...	...	160	66	58	49	157	85

34. Population 15 years and over, by educational attainment, age, sex and urban/rural residence: each census, 1973 – 1988 (continued)

Population de 15 ans et plus, selon le degré d'instruction, l'âge, le sexe et la résidence, urbaine/rurale: chaque recensement, 1973 – 1988 (suite)

(See notes at end of table. – Voir notes à la fin du tableau.)

Continent, country or area, census date, sex, educational level and urban/rural residence Continent, pays ou zone, date du recensement, sexe, degré d'instruction et résidence urbaine/rurale	Age (in years – en années) 15 plus	15 – 19	20 – 24	25 – 34	35 – 44	45 – 54	55 – 64	65 plus	Unknown Inconnu
AMERICA, SOUTH— (Cont.–Suite) AMERIQUE DU SUD									
Paraguay									
11 VII 1982 [40]									
Total									
Total	1 793 606	334 555	291 793	234 222	332 906	231 403	176 591	192 136	–
–1	189 650	14 560	14 931	15 304	29 414	31 170	30 959	53 312	–
First level – Premier degré	1 139 321	201 238	179 448	148 221	220 211	155 473	118 559	116 171	–
1	33 141	3 868	3 209	3 049	5 819	5 724	5 216	6 256	–
2	157 595	14 121	13 680	13 372	25 821	27 640	30 020	32 941	–
3	205 857	25 811	25 050	23 071	41 686	33 777	28 846	27 616	–
4	190 279	32 876	30 291	25 692	41 090	28 041	17 268	15 021	–
5	138 535	31 368	25 642	19 903	27 283	15 704	10 542	8 093	–
6	325 224	80 795	68 241	51 159	60 801	31 918	16 723	15 587	–
Not stated–non indiqué	88 685	12 399	13 335	11 975	17 711	12 664	9 944	10 657	–
Second level – Second degré	371 092	110 654	77 906	54 080	62 312	33 023	19 219	13 898	–
1	50 891	19 925	10 290	6 870	7 096	3 297	1 948	1 465	–
2	54 057	21 152	9 815	7 055	8 223	4 002	2 214	1 596	–
3	68 006	23 601	11 942	9 549	11 739	5 864	3 152	2 159	–
4	31 712	15 491	5 102	2 925	3 273	2 284	1 476	1 161	–
5	25 914	12 594	4 887	2 304	2 529	1 692	1 178	730	–
6	90 987	12 505	25 883	16 383	18 708	8 977	5 054	3 477	–
7	9 727	268	2 035	1 976	1 752	1 721	1 118	857	–
Not stated–non indiqué	39 798	5 118	7 952	7 018	8 992	5 186	3 079	2 453	–
Third level – Troisième degré	54 492	2 483	13 752	11 892	14 049	6 534	3 527	2 255	–
1	9 055	1 983	4 287	1 396	911	268	127	83	–
2	8 510	442	4 030	1 852	1 380	467	209	130	–
3	6 866	–	2 335	1 603	1 745	677	339	167	–
4	6 691	–	1 412	1 794	2 120	800	357	208	–
5	3 640	–	700	1 045	1 002	497	236	160	–
6	17 080	–	554	3 668	6 097	3 406	2 026	1 329	–
Not stated–non indiqué	2 650	58	434	534	794	419	233	178	–
Level not stated – Degré non indiqué	39 051	5 620	5 756	4 725	6 920	5 203	4 327	6 500	–
Male – Masculin									
Total	891 566	167 648	145 574	118 241	167 976	115 594	88 044	88 489	–
–1	70 437	6 781	6 163	6 175	11 731	11 665	11 413	16 509	–
First level – Premier degré	575 695	99 159	89 382	74 945	111 202	78 940	61 740	60 327	–
1	15 723	1 997	1 537	1 441	2 698	2 606	2 417	3 027	–
2	80 260	7 150	6 779	6 242	12 366	13 476	15 924	18 323	–
3	104 458	12 746	12 312	11 244	20 416	16 910	15 630	15 200	–
4	98 944	16 248	15 276	13 105	21 134	15 263	9 624	8 294	–
5	73 292	16 142	13 324	10 536	14 704	8 718	5 721	4 147	–
6	161 724	39 186	34 068	26 722	31 518	15 899	7 707	6 624	–
Not stated–non indiqué	41 294	5 690	6 086	5 655	8 366	6 068	4 717	4 712	–
Second level – Second degré	195 955	57 900	40 231	28 490	33 477	18 061	10 378	7 418	–
1	30 145	11 531	6 003	4 242	4 377	1 974	1 125	893	–
2	31 666	11 831	5 639	4 300	5 126	2 518	1 295	957	–
3	36 400	12 221	6 332	5 224	6 513	3 302	1 677	1 131	–
4	16 502	7 745	2 715	1 649	1 912	1 189	730	562	–
5	13 837	6 113	2 581	1 251	1 519	1 044	815	514	–
6	45 899	5 775	12 793	7 964	9 036	5 160	3 086	2 085	–
7	990	23	228	248	191	132	99	69	–
Not stated–non indiqué	20 516	2 661	3 940	3 612	4 803	2 742	1 551	1 207	–
Third level – Troisième degré	32 181	1 152	7 173	6 442	8 396	4 586	2 635	1 797	–
1	5 096	924	2 433	813	595	177	92	62	–
2	4 867	207	2 103	1 063	889	352	152	101	–
3	3 435	–	1 205	829	767	336	192	106	–
4	2 888	–	627	744	836	376	177	128	–
5	2 225	–	327	595	625	361	188	129	–
6	12 232	–	283	2 158	4 248	2 715	1 667	1 161	–
Not stated–non indiqué	1 438	21	195	240	436	269	167	110	–
Level not stated – Degré non indiqué	17 298	2 656	2 625	2 189	3 170	2 342	1 878	2 438	–

34. Population 15 years and over, by educational attainment, age, sex and urban/rural residence: each census, 1973 – 1988 (continued)

Population de 15 ans et plus, selon le degré d'instruction, l'âge, le sexe et la résidence, urbaine/rurale: chaque recensement, 1973 – 1988 (suite)

(See notes at end of table. – Voir notes à la fin du tableau.)

Continent, country or area, census date, sex, educational level and urban/rural residence / Continent, pays ou zone, date du recensement, sexe, degré d'instruction et résidence urbaine/rurale	Age (in years – en années) 15 plus	15 – 19	20 – 24	25 – 34	35 – 44	45 – 54	55 – 64	65 plus	Unknown Inconnu
AMERICA,SOUTH— (Cont.–Suite) AMERIQUE DU SUD									
Paraguay									
11 VII 1982 [40]									
Female – Féminin									
Total	902 040	166 907	146 219	115 981	164 930	115 809	88 547	103 647	–
-1	119 213	7 779	8 768	9 129	17 683	19 505	19 546	36 803	–
First level – Premier degré	563 626	102 079	90 066	73 276	109 009	76 533	56 819	55 844	–
1	17 418	1 871	1 672	1 608	3 121	3 118	2 799	3 229	–
2	77 335	6 971	6 901	7 130	13 455	14 164	14 096	14 618	–
3	101 399	13 065	12 738	11 827	21 270	16 867	13 216	12 416	–
4	91 335	16 628	15 015	12 587	19 956	12 778	7 644	6 727	–
5	65 248	15 226	12 318	9 367	12 579	6 991	4 821	3 946	–
6	163 500	41 609	34 173	24 437	29 283	16 019	9 016	8 963	–
Not stated–non indiqué	47 391	6 709	7 249	6 320	9 345	6 596	5 227	5 945	–
Second level – Second degré	175 137	52 754	37 675	25 590	28 835	14 962	8 841	6 480	–
1	20 746	8 394	4 287	2 628	2 719	1 323	823	572	–
2	22 391	9 321	4 176	2 755	3 097	1 484	919	639	–
3	31 606	11 380	5 610	4 325	5 226	2 562	1 475	1 028	–
4	15 210	7 746	2 387	1 276	1 361	1 095	746	599	–
5	12 077	6 481	2 306	1 053	1 010	648	363	216	–
6	45 088	6 730	13 090	8 419	9 672	3 817	1 968	1 392	–
7	8 737	245	1 807	1 728	1 561	1 589	1 019	788	–
Not stated–non indiqué	19 282	2 457	4 012	3 406	4 189	2 444	1 528	1 246	–
Third level – Troisième degré	22 311	1 331	6 579	5 450	5 653	1 948	892	458	–
1	3 959	1 059	1 854	583	316	91	35	21	–
2	3 643	235	1 927	789	491	115	57	29	–
3	3 431	–	1 130	774	978	341	147	61	–
4	3 803	–	785	1 050	1 284	424	180	80	–
5	1 415	–	373	450	377	136	48	31	–
6	4 848	–	271	1 510	1 849	691	359	168	–
Not stated–non indiqué	1 212	37	239	294	358	150	66	68	–
Level not stated – Degré non indiqué	21 753	2 964	3 131	2 536	3 750	2 861	2 449	4 062	–
Peru – Pérou									
12 VII 1981 [41 42]									
Total									
Total	9 992 594*	-3 466 266	——*	2 298 042	1 623 926	1 175 904	735 776	692 680	–
-1	1 515 513*	– 201 607	——*	234 130	307 695	286 532	224 037	261 512	–
First level – Premier degré	4 135 466*	-1 231 402	——*	894 821	784 331	584 550	346 878	293 484	–
1 – 4	2 302 176*	— 646 092	——*	473 469	455 404	344 819	208 317	174 075	–
5 plus	1 664 260*	— 541 956	——*	383 869	295 312	214 452	123 290	105 381	–
Not stated–non indiqué	16 093*	—— 43 354	——*	37 483	33 615	25 279	15 271	14 028	–
Second level – Second degré	3 377 221*	-1 780 707	——*	862 633	360 873	200 749	99 831	72 329	–
Third level – Troisième degré	650 083*	— 195 212	——*	252 904	112 232	50 747	23 881	15 107	–
Level not stated – Degré non indiqué	314 410*	—— 57 338	——*	53 554	58 795	53 326	41 149	50 248	–
Male – Masculin									
Total	4 940 728*	-1 722 770	——*	1 133 070	803 906	587 314	368 289	325 379	–
-1	413 455*	—— 51 074	——*	52 053	74 705	79 078	69 463	87 082	–
First level – Premier degré	2 169 367*	— 586 402	——*	430 868	426 394	342 281	211 979	171 443	–
1 – 4	1 197 035*	——288 746	——*	190 512	91 194	50 819	24 059	17 902	–
5 plus	885 063*	— 276 996	——*	197 444	163 251	122 674	70 301	54 397	–
Not stated–non indiqué	87 269*	—— 20 660	——*	17 800	17 777	14 498	8 940	7 594	–
Second level – Second degré	2 088 193*	-1 001 914	——*	572 089	259 450	138 971	68 511	47 258	–
Third level – Troisième degré	168 661*	—— 60 087	——*	60 302	26 881	11 786	5 844	3 761	–
Level not stated – Degré non indiqué	101 052*	—— 23 293	——*	17 758	16 476	15 198	12 492	15 835	–

34. Population 15 years and over, by educational attainment, age, sex and urban/rural residence: each census, 1973 – 1988 (continued)

Population de 15 ans et plus, selon le degré d'instruction, l'âge, le sexe et la résidence, urbaine/rurale: chaque recensement, 1973 – 1988 (suite)

(See notes at end of table. – Voir notes à la fin du tableau.)

Continent, country or area, census date, sex, educational level and urban/rural residence Continent, pays ou zone, date du recensement, sexe, degré d'instruction et résidence urbaine/rurale	Age (in years – en années)								
	15 plus	15 – 19	20 – 24	25 – 34	35 – 44	45 – 54	55 – 64	65 plus	Unknown Inconnu
AMERICA,SOUTH— (Cont.–Suite) AMERIQUE DU SUD									
Peru – Pérou									
12 VII 1981 [41 42]									
Female – Féminin									
Total	5 051 866*	–1 743 496	—*	1 164 972	820 020	588 590	367 487	367 301	–
–1	1 102 058*	— 150 533	—*	182 077	232 990	207 454	154 574	174 430	–
First level – Premier degré	1 966 099*	— 645 000	—*	463 953	357 937	242 269	134 899	122 041	–
1 – 4	1 105 141*	— 357 346	—*	257 845	210 038	139 710	75 579	64 623	–
5 plus	779 197*	— 264 960	—*	186 425	132 061	91 778	52 989	50 984	–
Not stated–non indiqué	81 761*	— 22 694	—*	19 683	15 838	10 781	6 331	6 434	–
Second level – Second degré	1 288 929*	— 778 793	—*	290 544	101 423	61 778	31 320	25 071	–
Third level – Troisième degré	481 422*	— 135 125	—*	192 602	85 351	38 961	18 037	11 346	–
Level not stated – Degré non indiqué	213 358*	— 34 045	—*	35 796	42 319	38 128	28 657	34 413	–
Uruguay									
23 X 1985 [4 43]									
Total									
Total	2 165 335	229 520	226 918	408 922	347 274	325 755	297 284	329 662	–
–1	87 024	2 940	3 773	7 988	9 956	16 892	24 697	20 778	–
First level – Premier degré	1 132 507	68 201	76 854	159 595	183 155	210 910	209 600	224 192	–
Second level – Second degré	760 691	149 758	114 806	189 118	118 228	74 310	46 562	67 909	–
Third level – Troisième degré	176 742	8 056	30 871	51 052	34 873	22 361	15 094	14 435	–
Level not stated – Degré non indiqué	8 371	565	614	1 169	1 062	1 282	1 331	2 348	–
Male – Masculin									
Total	1 036 433	115 826	112 707	200 292	169 399	158 390	141 422	138 397	–
–1	57 585	1 729	2 192	4 409	5 372	8 496	11 846	23 541	–
First level – Premier degré	545 275	36 602	40 301	81 876	90 498	103 681	99 313	93 004	–
Second level – Second degré	357 965	74 484	57 968	92 663	58 727	36 439	22 741	14 943	–
Third level – Troisième degré	71 687	2 716	11 927	20 755	14 256	9 108	6 887	6 038	–
Level not stated – Degré non indiqué	3 921	295	319	589	546	666	635	871	–
Female – Féminin									
Total	1 128 902	113 694	114 211	208 630	177 875	167 365	155 862	191 265	–
–1	35 645	1 211	1 581	3 579	4 584	8 396	12 851	3 443	–
First level – Premier degré	587 232	31 599	36 553	77 719	92 657	107 229	110 287	131 188	–
Second level – Second degré	402 726	75 274	56 838	96 455	59 501	37 871	23 821	52 966	–
Third level – Troisième degré	105 055	5 340	18 944	30 297	20 617	13 253	8 207	8 397	–
Level not stated – Degré non indiqué	4 450	270	295	580	516	616	696	1 477	–

34. Population 15 years and over, by educational attainment, age, sex and urban/rural residence: each census, 1973 – 1988 (continued)

Population de 15 ans et plus, selon le degré d'instruction, l'âge, le sexe et la résidence, urbaine/rurale: chaque recensement, 1973 – 1988 (suite)

(See notes at end of table. – Voir notes à la fin du tableau.)

Continent, country or area, census date, sex, educational level and urban/rural residence Continent, pays ou zone, date du recensement, sexe, degré d'instruction et résidence urbaine/rurale	Age (in years – en années)								
	15 plus	15 – 19	20 – 24	25 – 34	35 – 44	45 – 54	55 – 64	65 plus	Unknown Inconnu
AMERICA, SOUTH— (Cont.–Suite) AMERIQUE DU SUD									
Venezuela									
20 X 1981 [44 45]									
Total									
Total	8 719 399	1 646 276	1 449 072	2 223 695	1 329 469	958 268	601 035	511 584	–
–1	917 828	112 957	102 093	155 167	142 541	141 267	114 723	149 080	–
First level – Premier degré	4 575 229	695 883	610 571	1 103 966	786 215	640 076	413 493	325 025	–
1 – 3	954 578	121 028	106 696	218 683	191 097	159 863	95 071	62 140	–
4 plus	2 902 291	561 595	476 226	799 440	473 419	321 102	166 832	103 677	–
Not stated–non indiqué	718 360	13 260	27 649	85 843	121 699	159 111	151 590	159 208	–
Second level – Second degré	2 642 430	812 332	588 870	714 971	303 022	137 525	55 526	30 184	–
1 – 3	1 591 833	540 209	328 109	430 100	178 566	77 316	27 253	10 280	–
4 plus	966 703	257 087	249 967	267 933	112 274	48 839	20 875	9 728	–
Not stated–non indiqué	83 894	15 036	10 794	16 938	12 182	11 370	7 398	10 176	–
Third level – Troisième degré	583 912	25 104	147 538	249 591	97 691	39 400	17 293	7 295	–
1 – 3	306 472	23 159	117 924	115 101	32 192	11 495	4 818	1 783	–
4 plus	224 155	816	24 091	113 205	52 260	21 159	8 974	3 650	–
Not stated–non indiqué	53 285	1 129	5 523	21 285	13 239	6 746	3 501	1 862	–
Male – Masculin									
Total	4 322 681	822 541	716 784	1 103 398	666 559	483 471	297 949	231 979	–
–1	288 969	64 300	48 700	50 359	30 736	20 966	36 954	36 954	–
First level – Premier degré	2 427 898	368 989	316 129	567 860	416 807	353 404	231 822	172 887	–
1 – 3	475 782	66 096	54 661	104 163	92 005	79 755	49 154	29 948	–
4 plus	1 493 809	295 591	242 970	402 222	241 555	172 777	90 173	48 521	–
Not stated–non indiqué	458 312	7 302	18 498	61 475	83 247	100 877	92 495	94 418	–
Second level – Second degré	1 288 839	377 956	281 914	350 561	154 925	75 589	31 579	16 315	–
1 – 3	791 713	256 257	159 832	212 111	95 341	45 195	16 827	6 150	–
4 plus	458 113	114 318	117 149	130 937	54 047	24 981	11 331	5 350	–
Not stated–non indiqué	39 013	7 381	4 933	7 513	5 537	5 413	3 421	4 815	–
Third level – Troisième degré	328 430	11 296	70 041	134 618	64 091	28 979	13 582	5 823	–
1 – 3	163 000	10 403	56 174	63 362	20 287	7 928	3 496	1 350	–
4 plus	133 642	404	11 303	60 096	35 212	16 175	7 392	3 060	–
Not stated–non indiqué	31 788	489	2 564	11 160	8 592	4 876	2 694	1 413	–
Female – Féminin									
Total	4 396 718	823 735	732 288	1 120 297	662 910	474 797	303 086	279 605	–
–1	640 303	48 657	53 393	104 803	111 805	115 768	93 757	112 120	–
First level – Premier degré	2 147 331	326 894	294 442	536 106	369 408	286 672	181 671	152 138	–
1 – 3	528 796	54 932	52 035	114 520	99 092	80 108	45 917	82 192	–
4 plus	1 408 487	266 004	233 256	397 218	231 864	148 330	76 659	55 156	–
Not stated–non indiqué	260 048	5 958	9 151	24 368	38 452	58 234	59 095	64 790	–
Second level – Second degré	1 353 591	434 376	306 956	364 410	148 097	61 936	23 947	13 869	–
1 – 3	800 120	283 952	168 277	217 989	83 225	32 121	10 426	4 130	–
4 plus	508 590	142 769	132 818	136 996	58 227	23 858	9 544	4 378	–
Not stated–non indiqué	44 881	7 655	5 861	9 425	6 645	5 957	3 977	5 361	–
Third level – Troisième degré	255 482	13 808	77 497	114 973	33 600	10 421	3 711	1 472	–
1 – 3	143 472	12 756	61 750	51 739	11 905	3 567	1 322	433	–
4 plus	90 513	412	12 788	53 109	17 048	4 984	1 582	590	–
Not stated–non indiqué	21 497	640	2 959	10 125	4 647	1 870	807	449	–

34. Population 15 years and over, by educational attainment, age, sex and urban/rural residence: each census, 1973 – 1988 (continued)

Population de 15 ans et plus, selon le degré d'instruction, l'âge, le sexe et la résidence, urbaine/rurale: chaque recensement, 1973 – 1988 (suite)

(See notes at end of table. – Voir notes à la fin du tableau.)

Continent, country or area, census date, sex, educational level and urban/rural residence Continent, pays ou zone, date du recensement, sexe, degré d'instruction et résidence urbaine/rurale	Age (in years – en années)								
	15 plus	15 – 19	20 – 24	25 – 34	35 – 44	45 – 54	55 – 64	65 plus	Unknown Inconnu
ASIA—ASIE									
Bangladesh									
6 III 1981 [4, 46]									
Total									
Total	46 519 423	8 146 737	6 779 564	11 383 727	8 133 534	5 552 134	3 569 023	2 954 704	–
–1	31 242 067	4 871 145	4 124 961	7 438 385	5 760 130	4 066 605	2 711 745	2 269 096	–
First level – Premier degré	12 493 145	2 835 891	2 053 762	2 970 692	1 944 404	1 290 044	771 254	627 098	–
1 – 5	8 026 034	1 519 618	1 238 442	1 962 685	1 372 270	916 309	557 656	459 054	–
6 plus	4 467 111	1 316 273	815 320	1 008 007	572 134	373 735	213 598	168 044	–
Second level – Second degré	2 279 984	439 701	503 074	760 784	310 845	150 779	69 225	45 576	–
Third level – Troisième degré	504 227	–	97 767	213 866	118 155	44 706	16 799	12 934	–
Male – Masculin									
Total	24 061 949	4 129 291	3 244 241	5 733 119	4 278 964	3 001 983	1 969 488	1 704 863	–
–1	13 468 593	2 154 110	1 589 194	3 036 853	2 504 317	1 830 776	1 243 723	1 109 620	–
First level – Premier degré	8 238 830	1 668 439	1 184 707	1 841 607	1 372 308	987 664	643 780	540 325	–
1 – 5	4 968 544	782 415	637 444	1 114 921	921 927	672 363	452 928	386 546	–
6 plus	3 270 286	886 024	547 263	726 686	450 381	315 301	190 852	153 779	–
Second level – Second degré	1 911 235	306 742	393 028	665 903	290 330	143 796	67 007	44 429	–
Third level – Troisième degré	443 291	–	77 312	188 756	112 009	39 747	14 978	10 489	–
Female – Féminin									
Total	22 457 474	4 017 446	3 535 323	5 650 608	3 854 570	2 550 151	1 599 535	1 249 841	–
–1	17 773 474	2 717 035	2 535 767	4 401 532	3 255 813	2 235 829	1 468 022	1 159 476	–
First level – Premier degré	4 254 315	1 167 452	869 055	1 129 085	572 096	302 380	127 474	86 773	–
1 – 5	3 057 490	737 203	600 998	847 764	450 343	243 946	104 728	72 508	–
6 plus	1 196 825	430 249	268 057	281 321	121 753	58 434	22 746	14 265	–
Second level – Second degré	368 749	132 959	110 046	94 881	20 515	6 983	2 218	1 147	–
Third level – Troisième degré	60 936	–	20 455	25 110	6 146	4 959	1 821	2 445	–
Brunei Darussalam – Brunéi Darussalam									
26 VIII 1981 [20]									
Total									
Total	102 982	7 874	19 893	34 017	17 447	11 574	*—— 11 981 ——*		196
–1	25 588	769	1 557	3 905	5 251	5 746	*—— 8 315 ——*		45
First level – Premier degré	28 524	2 383	4 768	8 587	6 023	3 960	*—— 2 762 ——*		41
Second level – Second degré	40 039	4 642	12 665	16 884	4 129	1 133	*—— 549 ——*		37
Third level – Troisième degré	7 909	37	762	4 346	1 879	603	*—— 273 ——*		9
Level not stated – Degré non indiqué	922	43	141	295	165	132	*—— 82 ——*		64
Male – Masculin									
Total	56 758	4 401	10 823	18 578	9 908	6 260	*—— 6 643 ——*		145
–1	9 193	352	776	1 200	1 418	1 874	*—— 3 546 ——*		27
First level – Premier degré	18 009	1 261	2 699	4 658	4 015	2 961	*—— 2 381 ——*		34
Second level – Second degré	23 686	2 732	6 849	9 830	2 970	851	*—— 429 ——*		25
Third level – Troisième degré	5 191	27	395	2 671	1 391	475	*—— 226 ——*		6
Level not stated – Degré non indiqué	679	29	104	219	114	99	*—— 61 ——*		53

34. Population 15 years and over, by educational attainment, age, sex and urban/rural residence: each census, 1973 – 1988 (continued)
Population de 15 ans et plus, selon le degré d'instruction, l'âge, le sexe et la résidence, urbaine/rurale: chaque recensement, 1973 – 1988 (suite)

(See notes at end of table. – Voir notes à la fin du tableau.)

Continent, country or area, census date, sex, educational level and urban/rural residence / Continent, pays ou zone, date du recensement, sexe, degré d'instruction et résidence urbaine/rurale	Age (in years – en années) 15 plus	15 – 19	20 – 24	25 – 34	35 – 44	45 – 54	55 – 64	65 plus	Unknown Inconnu
ASIA—ASIE (Cont.–Suite)									
Brunei Darussalam – Brunéi Darussalam									
26 VIII 1981 [20]									
Female – Féminin									
Total	46 224	3 473	9 070	15 439	7 539	5 314	*— 5 338 —*		51
–1	16 395	417	781	2 705	3 833	3 872	*— 4 769 —*		18
First level – Premier degré	10 515	1 122	2 069	3 929	2 008	999	*— 381 —*		7
Second level – Second degré	16 353	1 910	5 816	7 054	1 159	282	*— 120 —*		12
Third level – Troisième degré	2 718	10	367	1 675	488	128	*— 47 —*		3
Level not stated – Degré non indiqué	243	14	37	76	51	33	*— 21 —*		11
China – Chine [47]									
1 VII 1982 [6]									
Total									
Total	436697493	113593559	63 712 861	125659855	68721145	38341251	*— 26 6 68 822 —*		–
First level – Premier degré	205381470	35 363 481	17 154 368	63 395 161	42015866	26831075	*— 20 6 21 519 —*		–
Second level – Second degré	225278744	77 629 660	45 886 266	60 943 437	24876661	10357933	*— 5 5 84 787 —*		–
Third level – Troisième degré	6 037 279	600 418	672 227	1 321 257	1 828 618	1 152 243	*— 462 516 —*		–
Male – Masculin									
Total	270383785	61 097 150	35 715 363	76 112 469	44568826	29778943	*— 23 1 11 034 —*		–
First level – Premier degré	123770062	16 492 343	8 025 691	34 991 232	26060204	20409333	*— 17 7 91 259 —*		–
Second level – Second degré	142128505	44 158 887	27 211 642	40 213 388	17161830	8 454 523	*— 4 9 28 235 —*		–
Third level – Troisième degré	4 485 218	445 920	478 030	907 849	1 346 792	915 087	*— 391 540 —*		–
Female – Féminin									
Total	166313708	52 496 409	27 997 498	49 547 386	24152319	8 562 308	*— 3 5 57 788 —*		–
First level – Premier degré	81 611 408	18 871 138	9 128 677	28 403 929	15955662	6 421 742	*— 2 8 30 260 —*		–
Second level – Second degré	83 150 239	33 470 773	18 674 624	20 730 049	7 714 831	1 903 410	*— 656 552 —*		–
Third level – Troisième degré	1 552 061	154 498	194 197	413 408	481 826	237 156	*— 70 976 —*		–
Hong Kong – Hong-kong									
11 III 1986* [48]									
Total									
Total	4 149 050	451 324	561 535	1 097 828	647 402	525 234	457 185	408 542	–
–1	585 891	2 192	6 094	29 135	42 777	114 867	171 309	219 517	–
First level – Premier degré	1 212 914	20 161	75 427	319 074	240 072	228 025	198 327	131 828	–
Second level – Second degré	2 051 429	423 189	427 199	643 751	303 639	137 836	71 309	44 506	–
Third level – Troisième degré	298 816	5 782	52 815	105 868	60 914	44 506	16 240	12 691	–
Male – Masculin									
Total	2 122 826	234 901	285 188	566 245	348 066	283 370	233 272	171 784	–
–1	148 943	1 025	2 353	10 261	13 457	32 344	44 619	44 884	–
First level – Premier degré	653 927	11 737	35 660	147 027	116 811	129 052	127 998	85 642	–
Second level – Second degré	1 139 335	219 549	220 078	346 664	180 474	91 797	49 028	31 745	–
Third level – Troisième degré	180 621	2 590	27 097	62 293	37 324	30 177	11 627	9 513	–

34. Population 15 years and over, by educational attainment, age, sex and urban/rural residence: each census, 1973 – 1988 (continued)

Population de 15 ans et plus, selon le degré d'instruction, l'âge, le sexe et la résidence, urbaine/rurale: chaque recensement, 1973 – 1988 (suite)

(See notes at end of table. – Voir notes à la fin du tableau.)

Continent, country or area, census date, sex, educational level and urban/rural residence Continent, pays ou zone, date du recensement, sexe, degré d'instruction et résidence urbaine/rurale	Age (in years – en années) 15 plus	15 – 19	20 – 24	25 – 34	35 – 44	45 – 54	55 – 64	65 plus	Unknown Inconnu
ASIA—ASIE (Cont.–Suite)									
Hong Kong – Hong–kong									
11 III 1986* [48]									
Female – Féminin									
Total	2 026 224	216 423	276 347	531 583	299 336	241 864	223 913	236 758	–
–1	436 948	1 167	3 741	18 874	29 320	82 523	126 690	174 633	–
First level – Premier degré	558 987	8 424	39 767	172 047	123 261	98 973	70 329	46 186	–
Second level – Second degré	912 094	203 640	207 121	297 087	123 165	46 039	22 281	12 761	–
Third level – Troisième degré	118 195	3 192	25 718	43 575	23 590	14 329	4 613	3 178	–
India – Inde [49]									
1 III 1981 [6] [50]									
Total									
Total	164027245	35 455 002	29 810 007	42 028 669	*— 47 291 693 —*		*— 9 261 814 —*		180 060
–1	29 616 479	4 464 508	3 615 168	6 070 972	*— 11 964 270 —*		*— 3 382 234 —*		119 327
First level – Premier degré	50 609 080	10 704 855	8 275 512	12 291 920	*— 15 981 108 —*		*— 3 328 458 —*		27 227
Second level – Second degré	74 307 511	20 049 871	15 728 806	19 620 189	*— 16 585 302 —*		*— 2 295 219 —*		28 124
Third level – Troisième degré	9 494 175	235 768	2 190 521	4 045 588	*— 2 761 013 —*		*— 255 903 —*		5 382
Male – Masculin									
Total	114143434	22 406 656	19 272 119	28 750 920	*— 35 988 552 —*		*— 7 613 609 —*		111 578
–1	20 258 782	2 717 771	2 202 367	3 884 328	*— 8 726 168 —*		*— 2 658 145 —*		70 003
First level – Premier degré	33 229 330	6 444 402	4 883 134	7 617 469	*— 11 575 429 —*		*— 2 691 840 —*		17 056
Second level – Second degré	53 521 197	13 119 629	10 803 338	14 222 997	*— 13 330 818 —*		*— 2 024 441 —*		19 974
Third level – Troisième degré	7 134 125	124 854	1 383 280	3 026 126	*— 2 356 137 —*		*— 239 183 —*		4 545
Female – Féminin									
Total	49 883 811	13 048 346	10 537 888	13 277 749	*— 11 303 141 —*		*— 1 648 205 —*		68 482
–1	9 357 697	1 746 737	1 412 801	2 186 644	*— 3 238 102 —*		*— 724 089 —*		49 324
First level – Premier degré	17 379 750	4 260 453	3 392 378	4 674 451	*— 4 405 679 —*		*— 636 618 —*		10 171
Second level – Second degré	20 786 314	6 930 242	4 925 468	5 397 192	*— 3 254 484 —*		*— 270 778 —*		8 150
Third level – Troisième degré	2 360 050	110 914	807 241	1 019 462	*— 404 876 —*		*— 16 720 —*		837
Israel – Israël [51]									
4 VI 1983 [24] [52] [53]									
Total									
Total	2 716 585*	— 672 865	—*	615 380	424 255	337 640	303 995	362 450	–
–1	224 080*	— 9 670	—*	15 515	26 540	49 580	49 385	73 390	–
First level – Premier degré	1 103 285*	— 236 150	—*	201 330	167 325	157 995	155 755	184 730	–
1 – 4	88 715*	— 4 315	—*	7 060	11 345	20 600	18 210	27 185	–
5 plus	1 014 570*	— 231 835	—*	194 270	155 980	137 395	137 545	157 545	–
Second level – Second degré	1 147 310*	— 414 045	—*	310 355	164 930	96 475	78 270	83 235	–
Third level – Troisième degré	241 910*	— 13 000	—*	88 180	65 460	33 590	20 585	21 095	–
Male – Masculin									
Total	1 329 070*	— 344 815	—*	302 640	208 640	162 840	140 490	169 645	–
–1	66 940*	— 3 260	—*	4 635	6 810	13 645	13 980	24 610	–
First level – Premier degré	552 185*	— 125 075	—*	100 535	83 425	79 230	73 855	90 065	–
1 – 4	42 305*	— 2 020	—*	2 725	4 395	9 485	8 945	14 735	–
5 plus	509 880*	— 123 055	—*	97 810	79 030	69 745	64 910	75 330	–
Second level – Second degré	569 645*	— 210 180	—*	149 940	80 410	48 680	39 470	40 965	–
Third level – Troisième degré	140 300*	— 6 300	—*	47 530	37 995	21 285	13 185	14 005	–

34. Population 15 years and over, by educational attainment, age, sex and urban/rural residence: each census, 1973 – 1988 (continued)
Population de 15 ans et plus, selon le degré d'instruction, l'âge, le sexe et la résidence, urbaine/rurale: chaque recensement, 1973 – 1988 (suite)

(See notes at end of table. – Voir notes à la fin du tableau.)

Continent, country or area, census date, sex, educational level and urban/rural residence Continent, pays ou zone, date du recensement, sexe, degré d'instruction et résidence urbaine/rurale	Age (in years – en années)								
	15 plus	15 – 19	20 – 24	25 – 34	35 – 44	45 – 54	55 – 64	65 plus	Unknown Inconnu
ASIA—ASIE (Cont.–Suite)									
Israel – Israël [51]									
4 VI 1983 [24 52 53]									
Female – Féminin									
Total	1 387 515*	— 328 050	—*	312 740	215 615	174 800	163 505	192 805	–
–1	157 140*	— 6 410	—*	10 880	19 730	35 935	35 405	48 780	–
First level – Premier degré	551 100*	— 111 075	—*	100 795	83 900	78 765	81 900	94 665	–
1 – 4	46 410*	— 2 295	—*	4 335	6 950	11 115	9 265	12 450	–
5 plus	504 690*	— 108 780	—*	96 460	76 950	67 650	72 635	82 215	–
Second level – Second degré	577 665*	— 203 865	—*	160 415	84 520	47 795	38 800	42 270	–
Third level – Troisième degré	101 610*	— 6 700	—*	40 650	27 465	12 305	7 400	7 090	–
Korea, Republic of– Corée, République de									
1 XI 1985 [54]									
Total									
Total	28 324 762	4 316 264	4 245 090	7 185 646	4 768 689	3 784 471	*— 4 024 182	—*	420
–1	3 078 798	13 195	20 002	64 753	184 687	562 773	*— 2 233 144	—*	244
First level – Premier degré	5 924 093	130 831	335 465	1 165 311	1 484 886	1 621 563	*— 1 186 008	—*	29
Second level – Second degré	15 490 965	3 872 301	2 675 992	4 730 605	2 483 698	1 255 380	*— 472 971	—*	18
Third level – Troisième degré	3 827 336	299 734	1 213 239	1 224 120	614 854	344 421	*— 130 967	—*	1
Level not stated – Degré non indiqué	3 570	203	392	857	564	334	*— 1 092	—*	128
Male – Masculin									
Total	13 968 883	2 227 322	2 185 720	3 616 795	2 433 054	1 852 608	*— 1 653 046	—*	338
–1	832 301	7 525	11 358	28 147	49 011	123 152	*— 612 873	—*	235
First level – Premier degré	2 384 028	58 123	141 350	437 861	520 628	636 318	*— 589 719	—*	29
Second level – Second degré	8 068 859	1 989 338	1 248 502	2 298 716	1 400 005	797 583	*— 334 697	—*	18
Third level – Troisième degré	2 682 211	172 227	784 288	851 596	463 090	295 351	*— 115 658	—*	1
Level not stated – Degré non indiqué	1 484	109	222	475	320	204	*— 99	—*	55
Female – Féminin									
Total	14 355 879	2 088 942	2 059 370	3 568 851	2 335 635	1 931 863	*— 2 371 136	—*	82
–1	2 246 497	5 670	8 644	36 606	135 676	439 621	*— 1 620 271	—*	9
First level – Premier degré	3 540 065	72 708	194 115	727 450	964 258	985 245	*— 596 289	—*	–
Second level – Second degré	7 422 106	1 882 963	1 427 490	2 431 889	1 083 693	457 797	*— 138 274	—*	–
Third level – Troisième degré	1 145 125	127 507	428 951	372 524	151 764	49 070	*— 15 309	—*	–
Level not stated – Degré non indiqué	2 086	94	170	382	244	130	*— 993	—*	73
Kuwait – Koweït									
21 IV 1985 [6]									
Total									
Total	798 703	133 952	122 805	280 218	168 234	69 784	19 220	4 490	–
–1	201 830	7 126	25 940	79 652	50 613	25 827	9 404	3 268	–
First level – Premier degré	98 339	24 284	12 719	28 684	20 668	9 273	2 333	378	–
Second level – Second degré	405 301	102 542	78 101	129 738	65 658	23 465	5 179	618	–
Third level – Troisième degré	93 233	–	6 045	42 144	31 295	11 219	2 304	226	–

34. Population 15 years and over, by educational attainment, age, sex and urban/rural residence: each census, 1973 – 1988 (continued)
Population de 15 ans et plus, selon le degré d'instruction, l'âge, le sexe et la résidence, urbaine/rurale: chaque recensement, 1973 – 1988 (suite)

(See notes at end of table. – Voir notes à la fin du tableau.)

Continent, country or area, census date, sex, educational level and urban/rural residence Continent, pays ou zone, date du recensement, sexe, degré d'instruction et résidence urbaine/rurale	Age (in years – en années)								
	15 plus	15 – 19	20 – 24	25 – 34	35 – 44	45 – 54	55 – 64	65 plus	Unknown Inconnu
ASIA—ASIE (Cont.–Suite)									
Kuwait – Koweït									
21 IV 1985 [6]									
Male – Masculin									
Total	506 003	69 716	65 957	179 569	117 347	54 161	15 748	3 505	–
-1	135 630	2 571	13 997	54 561	35 248	19 336	7 402	2 515	–
First level – Premier degré	63 347	13 030	7 531	19 132	14 105	7 310	1 957	282	–
Second level – Second degré	243 475	54 115	41 926	80 893	44 012	17 767	4 269	493	–
Third level – Troisième degré	63 551	–	2 503	24 983	23 982	9 748	2 120	215	–
Female – Féminin									
Total	292 700	64 236	56 848	100 649	50 887	15 623	3 472	985	–
-1	66 201	4 555	11 943	25 092	15 365	6 491	2 002	753	–
First level – Premier degré	34 992	11 254	5 188	9 552	6 563	1 963	376	96	–
Second level – Second degré	161 826	48 427	36 175	48 845	21 646	5 698	910	125	–
Third level – Troisième degré	29 682	–	3 542	17 161	7 313	1 471	184	11	–
Macau – Macao									
16 III 1981 [55]									
Total									
Total	125 891	15 476	29 003	39 520	15 742	13 154	*— 12 996 —*		–
-1	17 021	1 292	1 767	2 789	2 138	3 818	*— 5 217 —*		–
First level – Premier degré	62 526	9 134	14 208	19 908	7 268	6 218	*— 5 790 —*		–
Second level – Second degré	43 783	5 047	12 923	16 198	5 507	2 513	*— 1 595 —*		–
Third level – Troisième degré	2 561	3	105	625	829	605	*— 394 —*		–
Male – Masculin									
Total	79 468	7 746	15 887	26 069	11 259	9 288	*— 9 219 —*		–
-1	9 006	632	883	1 687	1 149	2 003	*— 2 652 —*		–
First level – Premier degré	40 828	4 481	7 874	13 358	5 407	4 826	*— 4 882 —*		–
Second level – Second degré	27 709	2 631	7 065	10 580	4 100	1 974	*— 1 359 —*		–
Third level – Troisième degré	1 925	2	65	444	603	485	*— 326 —*		–
Female – Féminin									
Total	46 423	7 730	13 116	13 451	4 483	3 866	*— 3 777 —*		–
-1	8 015	660	884	1 102	989	1 815	*— 2 565 —*		–
First level – Premier degré	21 698	4 653	6 334	6 550	1 861	1 392	*— 908 —*		–
Second level – Second degré	16 074	2 416	5 858	5 618	1 407	539	*— 236 —*		–
Third level – Troisième degré	636	1	40	181	226	120	*— 68 —*		–

34. Population 15 years and over, by educational attainment, age, sex and urban/rural residence: each census, 1973 – 1988 (continued)
Population de 15 ans et plus, selon le degré d'instruction, l'âge, le sexe et la résidence, urbaine/rurale: chaque recensement, 1973 – 1988 (suite)

(See notes at end of table. – Voir notes à la fin du tableau.)

Continent, country or area, census date, sex, educational level and urban/rural residence Continent, pays ou zone, date du recensement, sexe, degré d'instruction et résidence urbaine/rurale	Age (in years – en années)								
	15 plus	15 – 19	20 – 24	25 – 34	35 – 44	45 – 54	55 – 64	65 plus	Unknown Inconnu
ASIA—ASIE (Cont.–Suite)									
Malaysia – Malaisie									
Peninsular Malaysia – Malaisie Péninsulaire									
10 VI 1980 [56]									
Total									
Total	6 619 772	1 246 085	1 038 246	1 609 264	1 080 456	741 029	493 812	410 880	–
–1	1 539 947	52 728	69 511	181 549	291 125	338 380	299 035	307 619	–
First level – Premier degré	2 585 665	256 613	371 812	777 608	582 054	341 686	165 904	89 988	–
1	50 441	4 343	4 693	9 377	11 295	10 639	5 412	4 682	–
2	155 376	10 720	12 493	29 946	40 085	34 882	16 039	11 211	–
3	305 895	22 793	27 049	66 226	80 707	62 213	28 628	18 279	–
4	283 061	20 521	27 721	66 420	73 157	53 277	27 564	14 401	–
5	338 889	23 730	34 259	79 053	87 205	61 448	36 364	16 830	–
6	1 452 003	174 506	265 597	526 586	289 605	119 227	51 897	24 585	–
Second level – Second degré	2 358 613	926 471	557 166	597 231	184 669	54 582	26 407	12 087	–
1	129 303	36 119	28 580	34 659	17 249	7 091	3 658	1 947	–
2	158 026	64 824	28 009	41 926	14 441	5 186	2 501	1 139	–
3	883 083	376 093	191 543	231 072	58 655	15 511	6 985	3 224	–
4	178 276	133 080	9 067	17 451	11 844	3 993	1 846	995	–
5	868 889	271 689	248 045	239 010	74 471	20 760	10 504	4 410	–
6	36 633	25 542	6 122	3 408	1 013	310	172	66	–
7	104 203	19 124	45 800	29 505	6 996	1 731	741	306	–
Third level – Troisième degré	135 547	10 273	39 757	52 876	22 608	6 381	2 466	1 186	–
1	46 633	9 647	25 259	7 139	3 033	869	451	235	–
2	31 886	498	9 081	14 015	5 310	1 769	816	397	–
3 plus	57 028	128	5 417	31 722	14 265	3 743	1 199	554	–
Male – Masculin									
Total	3 245 741	614 595	491 594	787 854	545 293	365 126	240 005	201 274	–
–1	465 324	20 283	22 896	48 104	72 004	92 325	93 660	116 052	–
First level – Premier degré	1 373 612	110 600	151 747	354 756	329 907	227 671	124 423	74 508	–
1	25 027	1 945	2 173	3 734	4 776	5 624	3 278	3 497	–
2	72 016	4 294	4 527	9 641	16 270	18 369	10 176	8 739	–
3	149 670	9 616	9 663	22 387	36 771	36 595	19 803	14 835	–
4	144 564	8 450	9 829	22 667	35 505	34 813	21 087	12 213	–
5	189 618	10 349	13 337	30 548	48 047	43 567	29 022	14 748	–
6	792 777	75 946	112 218	265 779	188 598	88 703	41 057	20 476	–
Second level – Second degré	1 315 066	477 615	293 344	348 846	125 852	39 911	19 838	9 660	–
1	79 228	21 017	16 431	21 209	11 457	4 964	2 641	1 509	–
2	93 996	35 738	15 845	25 942	9 967	3 700	1 913	891	–
3	484 016	190 571	101 157	135 026	39 179	10 755	4 886	2 442	–
4	95 593	67 967	4 896	10 058	7 749	2 793	1 334	796	–
5	482 286	140 164	127 741	135 018	51 250	16 086	8 325	3 702	–
6	19 449	12 714	3 329	2 240	739	237	137	53	–
7	60 498	9 444	23 945	19 353	5 511	1 376	602	267	–
Third level – Troisième degré	91 739	6 097	23 607	36 148	17 530	5 219	2 084	1 054	–
1	28 553	5 744	14 814	4 622	2 129	670	371	203	–
2	21 295	276	5 561	9 352	3 776	1 323	662	345	–
3 plus	41 891	77	3 232	22 174	11 625	3 226	1 051	506	–

34. Population 15 years and over, by educational attainment, age, sex and urban/rural residence: each census, 1973 – 1988 (continued)

Population de 15 ans et plus, selon le degré d'instruction, l'âge, le sexe et la résidence, urbaine/rurale: chaque recensement, 1973 – 1988 (suite)

(See notes at end of table. – Voir notes à la fin du tableau.)

Continent, country or area, census date, sex, educational level and urban/rural residence / Continent, pays ou zone, date du recensement, sexe, degré d'instruction et résidence urbaine/rurale	Age (in years – en années) 15 plus	15 – 19	20 – 24	25 – 34	35 – 44	45 – 54	55 – 64	65 plus	Unknown Inconnu
ASIA—ASIE (Cont.–Suite)									
Malaysia – Malaisie									
Peninsular Malaysia – Malaisie Péninsulaire									
10 VI 1980 [56]									
Female – Féminin									
Total	3 374 031	631 490	546 652	821 410	535 163	375 903	253 807	209 606	–
–1	1 074 623	32 445	46 615	133 445	219 121	246 055	205 375	191 567	–
First level – Premier degré	1 212 053	146 013	220 065	422 852	252 147	114 015	41 481	15 480	–
1	25 414	2 398	2 520	5 643	6 519	5 015	2 134	1 185	–
2	83 360	6 426	7 966	20 305	23 815	16 513	5 863	2 472	–
3	156 225	13 177	17 386	43 839	43 936	25 618	8 825	3 444	–
4	138 497	12 071	17 892	43 753	37 652	18 464	6 477	2 188	–
5	149 271	13 381	20 922	48 505	39 158	17 881	7 342	2 082	–
6	659 286	98 560	153 379	260 807	101 067	30 524	10 840	4 109	–
Second level – Second degré	1 043 547	448 856	263 822	248 385	58 817	14 671	6 569	2 427	–
1	50 075	15 102	12 149	13 450	5 792	2 127	1 017	438	–
2	64 030	29 086	12 164	15 984	4 474	1 486	588	248	–
3	399 067	185 522	90 386	96 046	19 476	4 756	2 099	782	–
4	82 683	65 113	4 171	7 393	4 095	1 200	512	199	–
5	386 803	131 525	120 304	104 192	23 221	4 674	2 179	708	–
6	17 184	12 828	2 793	1 168	274	73	35	13	–
7	43 705	9 680	21 855	10 152	1 485	355	139	39	–
Third level – Troisième degré	43 808	4 176	16 150	16 728	5 078	1 162	382	132	–
1	18 080	3 903	10 445	2 517	904	199	80	32	–
2	10 591	222	3 520	4 663	1 534	446	154	52	–
3 plus	15 137	51	2 185	9 548	2 640	517	148	48	–
Sabah									
11 VI 1980 [56]									
Total									
Total	542 279	102 345	101 631	134 704	91 848	58 200	34 389	19 162	–
–1	245 082	21 169	31 103	52 644	54 912	42 244	27 205	15 805	–
First level – Premier degré	138 295	23 643	29 744	39 965	24 138	12 167	5 811	2 827	–
Second level – Second degré	153 085	57 351	39 800	39 553	11 348	3 342	1 233	458	–
Third level – Troisième degré	5 817	182	984	2 542	1 450	447	140	72	–
Male – Masculin									
Total	285 877	50 349	52 189	72 634	49 841	32 209	18 533	10 122	–
–1	105 415	8 275	12 671	21 205	23 048	19 889	12 893	7 434	–
First level – Premier degré	84 161	10 997	15 798	24 052	17 201	9 284	4 569	2 260	–
Second level – Second degré	91 982	30 987	23 106	25 496	8 425	2 652	956	360	–
Third level – Troisième degré	4 319	90	614	1 881	1 167	384	115	68	–
Female – Féminin									
Total	256 402	51 996	49 442	62 070	42 007	25 991	15 856	9 040	–
–1	139 667	12 894	18 432	31 439	31 864	22 355	14 312	8 371	–
First level – Premier degré	54 134	12 646	13 946	15 913	6 937	2 883	1 242	567	–
Second level – Second degré	61 103	26 364	16 694	14 057	2 923	690	277	98	–
Third level – Troisième degré	1 498	92	370	661	283	63	25	4	–

34. Population 15 years and over, by educational attainment, age, sex and urban/rural residence: each census, 1973 – 1988 (continued)

Population de 15 ans et plus, selon le degré d'instruction, l'âge, le sexe et la résidence, urbaine/rurale: chaque recensement, 1973 – 1988 (suite)

(See notes at end of table. – Voir notes à la fin du tableau.)

Continent, country or area, census date, sex, educational level and urban/rural residence / Continent, pays ou zone, date du recensement, sexe, degré d'instruction et résidence urbaine/rurale	Age (in years – en années) 15 plus	15 – 19	20 – 24	25 – 34	35 – 44	45 – 54	55 – 64	65 plus	Unknown Inconnu
ASIA—ASIE (Cont.-Suite)									
Malaysia – Malaisie									
Sarawak									
10 VI 1980 [56]									
Total									
Total	719 107	136 196	109 767	172 760	114 476	83 810	58 875	43 223	–
–1	320 611	23 210	24 313	58 640	65 834	62 302	48 783	37 529	–
First level – Premier degré	207 068	34 750	45 841	64 553	32 959	16 482	7 786	4 697	–
1	4 650	788	519	949	903	710	438	343	–
2	11 973	1 844	1 419	2 711	2 531	1 779	937	752	–
3	20 227	3 573	2 918	5 024	3 856	2 590	1 378	888	–
4	26 012	3 881	4 375	8 433	5 096	2 475	1 104	648	–
5	17 643	3 945	3 796	4 901	2 613	1 367	668	353	–
6	126 563	20 719	32 814	42 535	17 960	7 561	3 261	1 713	–
Second level – Second degré	183 903	77 894	37 970	46 195	14 144	4 624	2 153	923	–
1	11 355	5 863	1 560	2 038	1 119	442	228	105	–
2	18 763	10 813	2 282	3 444	1 364	504	247	109	–
3	78 011	34 211	13 516	19 485	6 808	2 358	1 151	482	–
4	13 169	9 582	1 091	1 672	471	211	100	42	–
5	54 066	14 861	16 135	17 534	4 009	987	379	161	–
6	2 275	1 485	441	269	54	12	9	5	–
7	6 264	1 079	2 945	1 753	319	110	39	19	–
Third level – Troisième degré	7 525	342	1 643	3 372	1 539	402	153	74	–
1	1 778	333	964	329	93	33	19	7	–
2	1 869	8	334	932	414	111	48	22	–
3 plus	3 878	1	345	2 111	1 032	258	86	45	–
Male – Masculin									
Total	353 979	66 084	51 859	85 483	57 797	40 729	29 458	22 569	–
–1	123 749	7 585	7 493	18 369	25 474	25 356	21 697	17 775	–
First level – Premier degré	115 570	15 931	21 769	35 078	21 271	11 578	5 966	3 977	–
1	2 854	393	252	498	594	505	329	283	–
2	6 779	805	605	1 313	1 540	1 185	693	638	–
3	11 488	1 616	1 280	2 543	2 406	1 809	1 059	775	–
4	14 662	1 646	1 810	4 428	3 486	1 842	902	548	–
5	9 730	1 772	1 747	2 664	1 693	1 018	536	300	–
6	70 057	9 699	16 075	23 632	11 552	5 219	2 447	1 433	–
Second level – Second degré	109 084	42 325	21 538	29 529	9 815	3 458	1 665	754	–
1	7 096	3 593	917	1 264	744	329	174	75	–
2	11 161	6 187	1 344	2 139	866	356	183	86	–
3	45 060	17 701	7 710	12 174	4 483	1 709	882	401	–
4	7 650	5 294	653	1 078	346	168	76	35	–
5	32 548	8 060	8 737	11 404	3 097	801	310	139	–
6	1 436	863	301	207	43	11	6	5	–
7	4 033	627	1 876	1 163	236	84	34	13	–
Third level – Troisième degré	5 576	243	1 059	2 507	1 237	337	130	63	–
1	1 182	239	593	234	67	28	15	6	–
2	1 353	4	239	659	308	81	42	20	–
3 plus	3 043	–	229	1 614	862	228	73	37	–

34. Population 15 years and over, by educational attainment, age, sex and urban/rural residence: each census, 1973 – 1988 (continued)
Population de 15 ans et plus, selon le degré d'instruction, l'âge, le sexe et la résidence, urbaine/rurale: chaque recensement, 1973 – 1988 (suite)

(See notes at end of table. – Voir notes à la fin du tableau.)

Continent, country or area, census date, sex, educational level and urban/rural residence / Continent, pays ou zone, date du recensement, sexe, degré d'instruction et résidence urbaine/rurale	Age (in years – en années) 15 plus	15 – 19	20 – 24	25 – 34	35 – 44	45 – 54	55 – 64	65 plus	Unknown Inconnu
ASIA—ASIE (Cont.–Suite)									
Malaysia – Malaisie									
Sarawak									
10 VI 1980 [56]									
Female – Féminin									
Total	365 128	70 112	57 908	87 277	56 679	43 081	29 417	20 654	–
–1	196 862	15 625	16 820	40 271	40 360	36 946	27 086	19 754	–
First level – Premier degré	91 498	18 819	24 072	29 475	11 688	4 904	1 820	720	–
1	1 796	395	267	451	309	205	109	60	–
2	5 194	1 039	814	1 398	991	594	244	114	–
3	8 739	1 957	1 638	2 481	1 450	781	319	113	–
4	11 350	2 235	2 565	4 005	1 610	633	202	100	–
5	7 913	2 173	2 049	2 237	920	349	132	53	–
6	56 506	11 020	16 739	18 903	6 408	2 342	814	280	–
Second level – Second degré	74 819	35 569	16 432	16 666	4 329	1 166	488	169	–
1	4 259	2 270	643	774	375	113	54	30	–
2	7 602	4 626	938	1 305	498	148	64	23	–
3	32 951	16 510	5 806	7 311	2 325	649	269	81	–
4	5 519	4 288	438	594	125	43	24	7	–
5	21 518	6 801	7 398	6 130	912	186	69	22	–
6	839	622	140	62	11	1	3	–	–
7	1 641	452	1 069	83	26	5	6	–	–
Third level – Troisième degré	1 949	99	584	865	302	65	23	11	–
1	596	94	371	95	26	5	4	1	–
2	518	4	97	273	106	30	6	2	–
3 plus	835	1	116	497	170	30	13	8	–
Myanmar [57]									
31 III 1983 [23]									
Total									
Total	20 965 263	3 735 435	3 286 324	4 916 510	3 148 151	2 712 911	1 825 734	1 340 198	–
–1	9 898 086	1 081 730	1 039 279	1 939 349	1 677 161	1 825 365	1 304 453	1 030 749	–
First level – Premier degré	6 831 074	1 616 458	1 348 762	1 756 757	885 462	617 239	379 023	227 373	–
Second level – Second degré	3 830 563	1 013 296	800 251	1 043 792	517 763	245 301	134 443	75 717	–
Third level – Troisième degré	375 101	20 048	93 378	170 177	63 378	20 163	4 967	2 990	–
Religious school – Ecole religeuse	29 610	3 903	4 637	6 032	4 157	4 790	2 790	3 301	–
Level not stated – Degré non indiqué	829	–	17	403	230	53	58	68	–
Male – Masculin									
Total	10 276 488	1 844 414	1 610 144	2 431 008	1 551 796	1 330 055	888 757	620 314	–
–1	4 436 554	500 260	460 213	864 664	736 315	821 849	599 331	453 922	–
First level – Premier degré	3 171 055	752 915	612 797	790 393	414 428	305 282	186 762	108 478	–
Second level – Second degré	2 426 807	578 007	486 966	677 293	354 045	182 345	95 963	52 188	–
Third level – Troisième degré	212 623	9 413	45 655	92 439	42 770	15 915	3 944	2 487	–
Religious school – Ecole religeuse	28 663	3 819	4 496	5 833	4 018	4 616	2 704	3 177	–
Level not stated – Degré non indiqué	786	–	17	386	220	48	53	62	–
Female – Féminin									
Total	10 688 775	1 891 021	1 676 180	2 485 502	1 596 355	1 382 856	936 977	719 884	–
–1	5 461 532	581 470	579 066	1 074 685	940 846	1 003 516	705 122	576 827	–
First level – Premier degré	3 660 019	863 543	735 965	966 364	471 034	311 957	192 261	118 895	–
Second level – Second degré	1 403 756	435 289	313 285	366 499	163 718	62 956	38 480	23 529	–
Third level – Troisième degré	162 478	10 635	47 723	77 738	20 608	4 248	1 023	503	–
Religious school – Ecole religeuse	947	84	141	199	139	174	86	124	–
Level not stated – Degré non indiqué	43	–	–	17	10	5	5	6	–

34. Population 15 years and over, by educational attainment, age, sex and urban/rural residence: each census, 1973 – 1988 (continued)
Population de 15 ans et plus, selon le degré d'instruction, l'âge, le sexe et la résidence, urbaine/rurale: chaque recensement, 1973 – 1988 (suite)

(See notes at end of table. – Voir notes à la fin du tableau.)

Continent, country or area, census date, sex, educational level and urban/rural residence Continent, pays ou zone, date du recensement, sexe, degré d'instruction et résidence urbaine/rurale	Age (in years – en années)								
	15 plus	15 – 19	20 – 24	25 – 34	35 – 44	45 – 54	55 – 64	65 plus	Unknown Inconnu
ASIA—ASIE (Cont.–Suite)									
Pakistan [58]									
1 III 1981 [4 6]									
Total									
Total	11 128 574	2 636 331	2 099 951	2 774 616	1 758 185	1 012 409	253 289	593 793	–
First level – Premier degré	6 946 920	1 875 693	1 137 805	1 526 370	1 087 120	681 530	181 749	456 653	–
Second level – Second degré	3 424 702	740 148	811 229	949 334	504 808	255 430	55 282	108 471	–
Third level – Troisième degré	744 086	20 013	149 195	295 839	163 642	73 183	15 550	26 664	–
Level not stated – Degré non indiqué	12 866	477	1 722	3 073	2 615	2 266	708	2 005	–
Male – Masculin									
Total	8 252 422	1 768 962	1 478 422	2 075 756	1 360 085	829 626	215 276	524 295	–
First level – Premier degré	5 062 117	1 274 760	797 559	1 106 646	799 996	536 506	150 402	396 248	–
Second level – Second degré	2 611 083	483 527	588 360	745 128	418 201	224 696	49 934	101 237	–
Third level – Troisième degré	568 384	10 298	91 098	221 396	139 682	66 536	14 331	25 043	–
Level not stated – Degré non indiqué	10 838	377	1 405	2 586	2 206	1 888	609	1 767	–
Female – Féminin									
Total	2 876 152	867 369	621 529	698 860	398 100	182 783	38 013	69 498	–
First level – Premier degré	1 884 803	600 933	340 246	419 724	287 124	145 024	31 347	60 405	–
Second level – Second degré	813 619	256 621	222 869	204 206	86 607	30 734	5 348	7 234	–
Third level – Troisième degré	175 702	9 715	58 097	74 443	23 960	6 647	1 219	1 621	–
Level not stated – Degré non indiqué	2 028	100	317	487	409	378	99	238	–
Philippines									
1 V 1980 [19 23]									
Total									
Total	27 734 739	5 231 468	4 543 903	6 807 912	*———	11 151 456	———	———*	–
–1	2 426 054	169 478	163 565	338 335	*———	1 754 676	———	———*	–
First level – Premier degré	13 533 217	1 946 268	1 921 014	3 307 669	*———	6 358 266	———	———*	–
1 – 3	3 074 710	324 758	307 740	567 480	*———	1 874 732	———	———*	–
4	2 586 701	298 239	306 026	575 446	*———	1 406 990	———	———*	–
5	1 724 114	302 056	261 718	422 332	*———	738 008	———	———*	–
6 – 7	6 147 692	1 021 215	1 045 530	1 742 411	*———	2 338 536	———	———*	–
Second level – Second degré	7 170 133	2 431 662	1 355 592	1 703 131	*———	1 679 748	———	———*	–
1 – 3	3 982 647	1 624 377	675 161	825 215	*———	857 894	———	———*	–
4	3 187 486	807 285	680 431	877 916	*———	821 854	———	———*	–
Third level – Troisième degré	4 477 777	675 590	1 078 722	1 429 655	*———	1 293 810	———	———*	–
1 – 3	2 212 195	624 492	625 646	552 312	*———	409 745	———	———*	–
4 plus	2 265 582	51 098	453 076	877 343	*———	884 065	———	———*	–
Level not stated – Degré non indiqué	127 558	8 470	25 010	29 122	*———	64 956	———	———*	–

34. Population 15 years and over, by educational attainment, age, sex and urban/rural residence: each census, 1973 – 1988 (continued)
Population de 15 ans et plus, selon le degré d'instruction, l'âge, le sexe et la résidence, urbaine/rurale: chaque recensement, 1973 – 1988 (suite)

(See notes at end of table. – Voir notes à la fin du tableau.)

Continent, country or area, census date, sex, educational level and urban/rural residence / Continent, pays ou zone, date du recensement, sexe, degré d'instruction et résidence urbaine/rurale	Age (in years – en années)								Unknown Inconnu
	15 plus	15 – 19	20 – 24	25 – 34	35 – 44	45 – 54	55 – 64	65 plus	
ASIA—ASIE (Cont.–Suite)									
Philippines									
1 V 1980 [19 23]									
Male – Masculin									
Total	13 658 525	2 551 220	2 177 803	3 403 438	*——	5 526 064	——	—*	–
-1	1 055 264	81 141	73 731	154 696	*——	745 696	——	—*	–
First level – Premier degré	6 623 880	977 115	929 978	1 638 432	*——	3 078 355	——	—*	–
1 – 3	1 592 077	187 327	170 898	312 838	*——	921 014	——	—*	–
4	1 301 198	162 358	162 939	300 101	*——	675 800	——	—*	–
5	849 377	161 434	133 833	208 777	*——	345 333	——	—*	–
6 – 7	2 881 228	465 996	462 308	816 716	*——	1 136 208	——	—*	–
Second level – Second degré	3 778 298	1 195 493	686 774	933 114	*——	962 917	——	—*	–
1 – 3	2 053 619	815 805	331 891	434 213	*——	471 710	——	—*	–
4	1 724 679	379 688	354 883	498 901	*——	491 207	——	—*	–
Third level – Troisième degré	2 141 829	293 658	476 306	663 580	*——	708 285	——	—*	–
1 – 3	1 121 406	272 446	294 277	294 544	*——	260 139	——	—*	–
4 plus	1 020 423	21 212	182 029	369 036	*——	448 146	——	—*	–
Level not stated – Degré non indiqué	59 254	3 813	11 014	13 616	*——	30 811	——	—*	–
Female – Féminin									
Total	14 076 214	2 680 248	2 366 100	3 404 474	*——	5 625 392	——	—*	–
-1	1 370 790	88 337	89 834	183 639	*——	1 008 980	——	—*	–
First level – Premier degré	6 909 337	969 153	991 036	1 669 237	*——	3 279 911	——	—*	–
1 – 3	1 482 633	137 431	136 842	254 642	*——	953 718	——	—*	–
4	1 285 503	135 881	143 087	275 345	*——	731 190	——	—*	–
5	874 737	140 622	127 885	213 555	*——	392 675	——	—*	–
6 – 7	3 266 464	555 219	583 222	925 695	*——	1 202 328	——	—*	–
Second level – Second degré	3 391 835	1 236 169	668 818	770 017	*——	716 831	——	—*	–
1 – 3	1 929 028	808 572	343 270	391 002	*——	386 184	——	—*	–
4	1 462 807	427 597	325 548	379 015	*——	330 647	——	—*	–
Third level – Troisième degré	2 335 948	381 932	602 416	766 075	*——	585 525	——	—*	–
1 – 3	1 090 789	352 046	331 369	257 768	*——	149 606	——	—*	–
4 plus	1 245 159	29 886	271 047	508 307	*——	435 919	——	—*	–
Level not stated – Degré non indiqué	68 304	4 657	13 996	15 506	*——	34 145	——	—*	–
Sri Lanka									
17 III 1981 [4]									
Total									
Total	9 620 152	1 603 187	1 526 463	2 400 283	1 537 276	1 148 813	762 726	641 404	–
-1	1 278 199	128 512	116 578	195 224	206 784	233 754	188 014	209 333	–
First level – Premier degré	6 257 511	1 127 009	946 935	1 514 059	999 375	769 999	509 184	390 950	–
1	359 853	54 545	43 195	72 316	62 095	57 802	37 178	32 722	–
2	876 258	123 965	116 310	190 067	151 153	133 261	88 891	72 611	–
3	3 080 371	433 591	428 774	729 895	537 366	437 508	293 236	220 001	–
4	1 941 029	514 908	358 656	521 781	248 761	141 428	89 879	65 616	–
Second level – Second degré	1 939 187	339 604	452 996	647 754	297 285	123 443	50 887	27 218	–
1	975 921	207 535	245 378	366 821	122 094	23 140	7 533	3 420	–
2	617 962	82 998	104 122	173 840	133 299	78 116	30 934	14 653	–
3	192 933	37 260	65 464	63 624	18 108	4 581	2 295	1 601	–
4	89 852	11 553	33 668	31 434	8 421	2 942	1 144	690	–
5	62 519	258	4 364	12 035	15 363	14 664	8 981	6 854	–
Third level – Troisième degré	75 133	75	3 583	32 728	23 091	8 899	4 418	2 339	–
1	70 021	69	3 378	31 222	21 584	7 877	3 872	2 019	–
2	5 112	6	205	1 506	1 507	1 022	546	320	–
Level not stated – Degré non indiqué	70 122	7 987	6 371	10 518	10 741	12 718	10 223	11 564	–

34. Population 15 years and over, by educational attainment, age, sex and urban/rural residence: each census, 1973 – 1988 (continued)
Population de 15 ans et plus, selon le degré d'instruction, l'âge, le sexe et la résidence, urbaine/rurale: chaque recensement, 1973 – 1988 (suite)

(See notes at end of table. – Voir notes à la fin du tableau.)

Continent, country or area, census date, sex, educational level and urban/rural residence / Continent, pays ou zone, date du recensement, sexe, degré d'instruction et résidence urbaine/rurale	Age (in years – en années)								
	15 plus	15 – 19	20 – 24	25 – 34	35 – 44	45 – 54	55 – 64	65 plus	Unknown Inconnu
ASIA—ASIE (Cont.–Suite)									
Sri Lanka									
17 III 1981 [4]									
Male – Masculin									
Total	4 905 729	812 798	765 616	1 207 638	781 641	593 310	405 664	339 062	–
–1	422 990	59 301	47 708	68 018	59 145	65 586	55 806	67 426	–
First level – Premier degré	3 422 606	593 046	495 263	790 652	541 972	443 670	310 432	247 571	–
1	187 920	29 612	22 254	33 966	29 956	31 034	21 446	19 652	–
2	472 629	66 902	60 696	95 909	77 843	73 978	52 381	44 920	–
3	1 692 343	232 062	219 626	374 817	291 428	254 006	180 286	140 118	–
4	1 069 674	264 470	192 687	285 960	142 745	84 652	56 319	42 841	–
Second level – Second degré	987 101	156 453	217 810	326 831	161 795	73 301	32 501	18 410	–
1	488 437	97 303	119 770	184 190	66 244	13 781	4 883	2 266	–
2	321 524	37 568	48 467	86 305	71 416	47 353	20 262	10 153	–
3	98 084	16 549	31 129	33 366	10 981	3 120	1 743	1 196	–
4	45 095	4 879	15 766	15 915	5 218	2 033	812	472	–
5	33 961	154	2 678	7 055	7 936	7 014	4 801	4 323	–
Third level – Troisième degré	48 805	38	2 002	18 275	15 534	7 066	3 850	2 040	–
1	44 869	36	1 905	17 277	14 343	6 189	3 374	1 745	–
2	3 936	2	97	998	1 191	877	476	295	–
Level not stated – Degré non indiqué	24 267	3 960	2 833	3 862	3 195	3 687	3 075	3 655	–
Female – Féminin									
Total	4 714 423	790 389	760 847	1 192 645	755 635	555 503	357 062	302 342	–
–1	855 209	69 211	68 870	127 206	147 639	168 168	132 208	141 907	–
First level – Premier degré	2 834 945	533 963	451 672	723 407	457 403	326 329	198 752	143 419	–
1	171 933	24 933	20 941	38 350	32 139	26 768	15 732	13 070	–
2	403 629	57 063	55 614	94 158	73 310	59 283	36 510	27 691	–
3	1 388 028	201 529	209 148	355 078	245 938	183 502	112 950	79 883	–
4	871 355	250 438	165 969	235 821	106 016	56 776	33 560	22 775	–
Second level – Second degré	952 086	183 151	235 186	320 923	135 490	50 142	18 386	8 808	–
1	487 484	110 232	125 608	182 631	55 850	9 359	2 650	1 154	–
2	296 438	45 430	55 655	87 535	61 883	30 763	10 672	4 500	–
3	94 849	20 711	34 335	30 258	7 127	1 461	552	405	–
4	44 757	6 674	17 902	15 519	3 203	909	332	218	–
5	28 558	104	1 686	4 980	7 427	7 650	4 180	2 531	–
Third level – Troisième degré	26 328	37	1 581	14 453	7 557	1 833	568	299	–
1	25 152	33	1 473	13 945	7 241	1 688	498	274	–
2	1 176	4	108	508	316	145	70	25	–
Level not stated – Degré non indiqué	45 855	4 027	3 538	6 656	7 546	9 031	7 148	7 909	–
Turkey – Turquie									
12 X 1980 [6]									
Total									
Total	17 907 901	4 280 133	3 354 396	4 552 721	2 540 681	1 825 209	774 484	493 409	86 868
–1	1 733 473	131 346	116 657	301 595	361 554	404 143	223 492	187 384	7 302
First level – Premier degré	11 451 032	2 791 907	2 172 944	3 030 526	1 686 512	1 125 195	401 190	212 025	30 733
Second level – Second degré	3 875 772	1 353 029	901 349	879 344	338 146	210 864	102 897	66 515	23 628
Third level – Troisième degré	843 788	3 830	162 426	340 163	153 787	84 589	46 662	27 227	25 104
Level not stated – Degré non indiqué	3 836	21	1 020	1 093	682	418	243	258	101

34. Population 15 years and over, by educational attainment, age, sex and urban/rural residence: each census, 1973 – 1988 (continued)
Population de 15 ans et plus, selon le degré d'instruction, l'âge, le sexe et la résidence, urbaine/rurale: chaque recensement, 1973 – 1988 (suite)

(See notes at end of table. – Voir notes à la fin du tableau.)

Continent, country or area, census date, sex, educational level and urban/rural residence / Continent, pays ou zone, date du recensement, sexe, degré d'instruction et résidence urbaine/rurale	Age (in years – en années)								
	15 plus	15 – 19	20 – 24	25 – 34	35 – 44	45 – 54	55 – 64	65 plus	Unknown Inconnu
ASIA—ASIE (Cont.–Suite)									
Turkey – Turquie									
12 X 1980 [6]									
Male – Masculin									
Total	11 146 176	2 393 625	1 946 044	2 838 292	1 678 686	1 307 780	563 308	366 115	52 326
-1	1 074 648	59 072	45 128	137 489	215 903	292 716	172 475	147 977	3 888
First level – Premier degré	6 873 382	1 463 791	1 193 828	1 846 448	1 108 534	805 384	285 329	152 790	17 278
Second level – Second degré	2 566 527	868 503	604 083	591 923	231 170	141 863	67 830	44 386	16 769
Third level – Troisième degré	628 749	2 250	102 154	261 676	122 598	67 487	37 492	20 791	14 301
Level not stated – Degré non indiqué	2 870	9	851	756	481	330	182	171	90
Female – Féminin									
Total	6 761 725	1 886 508	1 408 352	1 714 429	861 995	517 429	211 176	127 294	34 542
-1	658 825	72 274	71 529	164 106	145 651	111 427	51 017	39 407	3 414
First level – Premier degré	4 577 650	1 328 116	979 116	1 184 078	577 978	319 811	115 861	59 235	13 455
Second level – Second degré	1 309 245	484 526	297 266	287 421	106 976	69 001	35 067	22 129	6 859
Third level – Troisième degré	215 039	1 580	60 272	78 487	31 189	17 102	9 170	6 436	10 803
Level not stated – Degré non indiqué	966	12	169	337	201	88	61	87	11
Viet Nam									
1 X 1979 [6]									
Total									
Total	25 398 776	5 717 024	4 638 009	5 795 047	3 955 419	*———	5 293 277	———*	–
-1	1 262 671	59 385	59 385	123 189	206 634	*———	– 814 078	———*	–
First level – Premier degré	11 404 537	1 664 131	1 441 958	2 312 805	2 361 927	*———	3 623 716	———*	–
Second level – Second degré	12 459 494	3 992 553	3 097 583	3 241 339	1 306 933	*———	– 821 086	———*	–
Third level – Troisième degré	272 074	955	39 083	117 714	79 925	*———	– 34 397	———*	–
Male – Masculin									
Total	12 719 392	2 828 950	2 202 834	2 790 963	1 928 664	*———	2 967 981	———*	–
-1	475 788	25 711	18 944	39 544	57 339	*———	– 334 250	———*	–
First level – Premier degré	4 896 563	712 744	512 165	877 558	876 809	*———	1 917 287	———*	–
Second level – Second degré	7 155 344	2 090 089	1 651 525	1 799 100	927 334	*———	– 687 296	———*	–
Third level – Troisième degré	191 697	406	20 200	74 761	67 182	*———	– 29 148	———*	–
Female – Féminin									
Total	12 679 384	2 888 074	2 435 175	3 004 084	2 026 755	*———	2 325 296	———*	–
-1	786 883	33 674	40 441	83 645	149 295	*———	– 479 828	———*	–
First level – Premier degré	6 507 974	951 387	929 793	1 435 247	1 485 118	*———	1 706 429	———*	–
Second level – Second degré	5 304 150	1 902 464	1 446 058	1 442 239	379 599	*———	– 133 790	———*	–
Third level – Troisième degré	80 377	549	18 883	42 953	12 743	*———	– 5 249	———*	–
Yemen – Yémen									
1 II 1975 [15]									
Total									
Total	2 919 581	...	...	...	...	...	...	...	...
-1	2 873 762	...	...	...	...	...	...	...	...
First level – Premier degré	25 141	...	...	...	...	...	...	...	...
Second level – Second degré	5 729	...	...	...	...	...	...	...	...
Third level – Troisième degré	3 112	...	...	...	...	...	...	...	...
Level not stated – Degré non indiqué	11 837	...	...	...	...	...	...	...	...

34. Population 15 years and over, by educational attainment, age, sex and urban/rural residence: each census, 1973 – 1988 (continued)
Population de 15 ans et plus, selon le degré d'instruction, l'âge, le sexe et la résidence, urbaine/rurale: chaque recensement, 1973 – 1988 (suite)

(See notes at end of table. – Voir notes à la fin du tableau.)

Continent, country or area, census date, sex, educational level and urban/rural residence Continent, pays ou zone, date du recensement, sexe, degré d'instruction et résidence urbaine/rurale	Age (in years – en années)								
	15 plus	15 – 19	20 – 24	25 – 34	35 – 44	45 – 54	55 – 64	65 plus	Unknown Inconnu
ASIA—ASIE (Cont.–Suite)									
Yemen – Yémen									
1 II 1975									
Male – Masculin									
Total	1 337 938	...	...	...	...	...	...	...	...
-1	1 302 072	...	...	...	...	...	...	...	...
First level – Premier degré	21 873	...	...	...	...	...	...	...	...
Second level – Second degré	5 193	...	...	...	...	...	...	...	...
Third level – Troisième degré	2 844	...	...	...	...	...	...	...	...
Level not stated – Degré non indiqué	5 956	...	...	...	...	...	...	...	...
Female – Féminin									
Total	1 581 643	...	...	...	...	...	...	...	...
-1	1 571 690	...	...	...	...	...	...	...	...
First level – Premier degré	3 268	...	...	...	...	...	...	...	...
Second level – Second degré	536	...	...	...	...	...	...	...	...
Third level – Troisième degré	268	...	...	...	...	...	...	...	...
Level not stated – Degré non indiqué	5 881	...	...	...	...	...	...	...	...
EUROPE									
Austria – Autriche									
12 V 1981 [24]									
Total									
Total	6 044 774	658 182	606 624	1 046 952	989 263	838 731	759 028	1 145 994	–
Second level – Second degré	5 837 656	658 182	592 387	978 183	942 530	814 486	733 653	1 118 235	–
Third level – Troisième degré	207 118	–	14 237	68 769	46 733	24 245	25 375	27 759	–
Male – Masculin									
Total	2 800 228	333 760	304 903	527 011	499 449	414 241	309 180	411 684	–
Second level – Second degré	2 666 728	333 760	300 511	489 287	465 992	396 035	291 125	390 018	–
Third level – Troisième degré	133 500	–	4 392	37 724	33 457	18 206	18 055	21 666	–
Female – Féminin									
Total	3 244 546	324 422	301 721	519 941	489 814	424 490	449 848	734 310	–
Second level – Second degré	3 170 928	324 422	291 876	488 896	476 538	418 451	442 528	728 217	–
Third level – Troisième degré	73 618	–	9 845	31 045	13 276	6 039	7 320	6 093	–
Finland – Finlande									
31 XII 1985 [24 59]									
Total									
Total	3 959 132	345 381	377 268	788 249	774 367	543 135	512 998	617 734	–
First level – Premier degré	2 150 097	275 847	76 002	213 164	332 672	340 529	393 836	518 047	–
Second level – Second degré	1 349 966	69 532	289 811	429 205	296 917	129 995	74 733	59 773	–
Third level – Troisième degré	457 603	2	11 455	145 864	144 450	72 231	44 067	39 534	–
Level not stated – Degré non indiqué	1 466	–	–	16	328	380	362	380	–

34. Population 15 years and over, by educational attainment, age, sex and urban/rural residence: each census, 1973 – 1988 (continued)
Population de 15 ans et plus, selon le degré d'instruction, l'âge, le sexe et la résidence, urbaine/rurale: chaque recensement, 1973 – 1988 (suite)

(See notes at end of table. – Voir notes à la fin du tableau.)

Continent, country or area, census date, sex, educational level and urban/rural residence Continent, pays ou zone, date du recensement, sexe, degré d'instruction et résidence urbaine/rurale	Age (in years – en années)								
	15 plus	15 – 19	20 – 24	25 – 34	35 – 44	45 – 54	55 – 64	65 plus	Unknown Inconnu
EUROPE (Cont.–Suite)									
Finland – Finlande									
31 XII 1985 [24 59]									
Male – Masculin									
Total	1 891 229	176 112	192 739	403 955	397 328	270 581	233 614	216 900	–
First level – Premier degré	989 310	140 631	44 350	113 873	169 916	168 283	176 551	175 706	–
Second level – Second degré	650 957	35 481	143 807	214 462	144 307	60 146	31 492	21 262	–
Third level – Troisième degré	249 854	–	4 582	75 611	82 867	41 844	25 274	19 676	–
Level not stated – Degré non indiqué	1 108	–	–	9	238	308	297	256	–
Female – Féminin									
Total	2 067 903	169 269	184 529	384 294	377 039	272 554	279 384	400 834	–
First level – Premier degré	1 160 787	135 216	31 652	99 291	162 756	172 246	217 285	342 341	–
Second level – Second degré	699 009	34 051	146 004	214 743	152 610	69 849	43 241	38 511	–
Third level – Troisième degré	207 749	2	6 873	70 253	61 583	30 387	18 793	19 858	–
Level not stated – Degré non indiqué	358	–	–	7	90	72	65	124	–
Greece – Grèce									
5 IV 1981 [17 60]									
Total									
Total	7 432 292	720 325	709 958	1 316 098	1 213 891	1 333 548	898 931	1 238 088	1 453
–1	701 056	7 281	7 390	18 426	52 544	121 528	108 678	384 990	219
First level – Premier degré	4 166 060	231 972	280 214	669 072	775 296	910 910	618 673	679 318	605
1 – 5	1 025 403	7 749	9 441	36 421	141 259	320 351	194 122	315 840	220
6 plus	3 140 657	224 223	270 773	632 651	634 037	590 559	424 551	363 478	385
Second level – Second degré	2 036 502	421 406	310 890	473 190	302 992	247 646	138 287	141 901	190
1 – 3	763 903	321 004	80 861	124 534	78 165	64 046	42 016	53 171	106
4 – 6	1 116 633	99 053	204 786	294 712	193 837	161 099	85 709	77 359	78
7 plus	155 966	1 349	25 243	53 944	30 990	22 501	10 562	11 371	6
Third level – Troisième degré	484 259	55 036	106 114	145 289	75 313	46 968	28 437	27 053	49
1 – 3	154 770	55 036	81 620	16 223	1 312	384	181	–	14
4 plus	329 489	–	24 494	129 066	74 001	46 584	28 256	27 053	35
Level not stated – Degré non indiqué	44 415	4 630	5 350	10 121	7 746	6 496	4 856	4 826	390
Male – Masculin									
Total	3 593 665	367 907	354 336	652 786	588 030	656 674	423 948	549 231	753
–1	140 544	3 507	3 319	7 629	12 425	29 147	19 001	65 492	24
First level – Premier degré	2 032 688	115 332	134 595	310 716	354 833	443 372	303 453	370 049	338
1 – 5	444 761	3 661	4 513	15 274	46 335	137 065	79 228	158 568	117
6 plus	1 587 927	111 671	130 082	295 442	308 498	306 307	224 225	211 481	221
Second level – Second degré	1 076 044	216 827	152 789	238 039	162 346	142 611	75 696	87 577	159
1 – 3	455 857	172 151	51 433	79 048	49 391	41 394	25 722	36 638	80
4 – 6	537 641	43 989	87 951	130 298	95 924	88 550	44 759	46 095	75
7 plus	82 546	687	13 405	28 693	17 031	12 667	5 215	4 844	4
Third level – Troisième degré	321 228	29 820	60 876	90 736	54 296	38 072	23 449	23 940	39
1 – 3	92 267	29 820	49 349	11 790	958	228	108	–	14
4 plus	228 961	–	11 527	78 946	53 338	37 844	23 341	23 940	25
Level not stated – Degré non indiqué	23 161	2 421	2 757	5 666	4 130	3 472	2 349	2 173	193

34. Population 15 years and over, by educational attainment, age, sex and urban/rural residence: each census, 1973 – 1988 (continued)
Population de 15 ans et plus, selon le degré d'instruction, l'âge, le sexe et la résidence, urbaine/rurale: chaque recensement, 1973 – 1988 (suite)

(See notes at end of table. – Voir notes à la fin du tableau.)

Continent, country or area, census date, sex, educational level and urban/rural residence / Continent, pays ou zone, date du recensement, sexe, degré d'instruction et résidence urbaine/rurale	Age (in years – en années)								
	15 plus	15 – 19	20 – 24	25 – 34	35 – 44	45 – 54	55 – 64	65 plus	Unknown Inconnu
EUROPE (Cont.–Suite)									
Greece – Grèce									
5 IV 1981 [17 60]									
Female – Féminin									
Total	3 838 627	352 418	355 622	663 312	625 861	676 874	474 983	688 857	700
–1	560 512	3 774	4 071	10 797	40 119	92 381	89 677	319 498	195
First level – Premier degré	2 133 372	116 640	145 619	358 356	420 463	467 538	315 220	309 269	267
1 – 5	580 642	4 088	4 928	21 147	94 924	183 286	114 894	157 272	103
6 plus	1 552 730	112 552	140 691	337 209	325 539	284 252	200 326	151 997	164
Second level – Second degré	960 458	204 579	158 101	235 151	140 646	105 035	62 591	54 324	31
1 – 3	308 046	148 853	29 428	45 486	28 774	22 652	16 294	16 533	26
4 – 6	578 992	55 064	116 835	164 414	97 913	72 549	40 950	31 264	3
7 plus	73 420	662	11 838	25 251	13 959	9 834	5 347	6 527	2
Third level – Troisième degré	163 031	25 216	45 238	54 553	21 017	8 896	4 988	3 113	10
1 – 3	62 503	25 216	32 271	4 433	354	156	73	–	–
4 plus	100 528	–	12 967	50 120	20 663	8 740	4 915	3 113	10
Level not stated – Degré non indiqué	21 254	2 209	2 593	4 455	3 616	3 024	2 507	2 653	197
Ireland – Irlande									
5 IV 1981* [2]									
Total									
Total	2 200 296	150 228	256 213	475 257	359 372	301 413	288 859	368 954	–
First level – [61] Premier degré	1 003 490	26 735	37 703	134 254	154 535	171 523	192 102	286 638	–
Second level – Second degré	1 027 958	121 575	192 620	281 553	171 206	110 183	82 838	67 983	–
Third level – Troisième degré	168 848	1 918	25 890	59 450	33 631	19 707	13 919	14 333	–
Male – Masculin									
Total	1 097 150	83 542	128 800	240 882	184 412	153 066	141 265	165 183	–
First level – [61] Premier degré	517 407	15 270	20 162	71 761	84 904	92 906	98 783	133 621	–
Second level – Second degré	483 050	67 239	94 964	134 546	79 364	48 588	34 229	24 120	–
Third level – Troisième degré	96 693	1 033	13 674	34 575	20 144	11 572	8 253	7 442	–
Female – Féminin									
Total	1 103 146	66 686	127 413	234 375	174 960	148 347	147 594	203 771	–
First level – [61] Premier degré	486 083	11 465	17 541	62 493	69 631	78 617	93 319	153 017	–
Second level – Second degré	544 908	54 336	97 656	147 007	91 842	61 595	48 609	43 863	–
Third level – Troisième degré	72 155	885	12 216	24 875	13 487	8 135	5 666	6 891	–
Italy – Italie									
25 X 1981 [6]									
Total									
Total	42 856 741	4 674 042	4 127 140	*— 14 999 349 —*		6 872 614	5 505 359	6 678 237	–
–1	5 476 288	71 133	80 819	*— 760 689 —*		1 052 330	1 144 139	2 367 178	–
First level – Premier degré	29 883 988	4 156 486	2 432 476	*— 10 480 449 —*		5 075 954	3 822 764	3 915 859	–
1 – 5	18 251 933	676 618	697 216	*— 6 377 585 —*		4 013 599	3 152 526	3 334 389	–
6 – 8	11 632 055	3 479 868	1 735 260	*— 4 102 864 —*		1 062 355	670 238	581 470	–
Second level – Second degré	6 019 160	446 423	1 586 893	*— 2 830 447 —*		523 164	358 397	273 836	–
Third level – Troisième degré	1 477 305	–	26 952	*— 927 764 —*		221 166	180 059	121 364	–

34. Population 15 years and over, by educational attainment, age, sex and urban/rural residence: each census, 1973 – 1988 (continued)
Population de 15 ans et plus, selon le degré d'instruction, l'âge, le sexe et la résidence, urbaine/rurale: chaque recensement, 1973 – 1988 (suite)

(See notes at end of table. – Voir notes à la fin du tableau.)

Continent, country or area, census date, sex, educational level and urban/rural residence Continent, pays ou zone, date du recensement, sexe, degré d'instruction et résidence urbaine/rurale	Age (in years – en années)								
	15 plus	15 – 19	20 – 24	25 – 34	35 – 44	45 – 54	55 – 64	65 plus	Unknown Inconnu
EUROPE (Cont.–Suite)									
Italy – Italie									
25 X 1981 [6]									
Male – Masculin									
Total	20 750 407	2 379 372	2 091 012	*— 7 487 658 —*		3 389 869	2 595 841	2 806 655	–
–1	2 051 052	35 680	37 452	*—— 264 649 ——*		378 767	419 691	914 813	–
First level – Premier degré	14 694 378	2 167 404	1 264 164	*— 5 158 851 —*		2 578 711	1 854 936	1 670 312	–
1 – 5	8 391 054	357 015	316 477	*— 2 853 287 —*		1 973 113	1 483 753	1 407 409	–
6 – 8	6 303 324	1 810 389	947 687	*— 2 305 564 —*		605 598	371 183	262 903	–
Second level – Second degré	3 091 764	176 288	779 451	*— 1 539 817 —*		280 038	190 763	125 407	–
Third level – Troisième degré	913 213	–	9 945	*—— 524 341 ——*		152 353	130 451	96 123	–
Female – Féminin									
Total	22 106 334	2 294 670	2 036 128	*— 7 511 691 —*		3 482 745	2 909 518	3 871 582	–
–1	3 425 236	35 453	43 367	*—— 496 040 ——*		673 563	724 448	1 452 365	–
First level – Premier degré	15 189 610	1 989 082	1 168 312	*— 5 321 598 —*		2 497 243	1 967 828	2 245 547	–
1 – 5	9 860 879	319 603	380 739	*— 3 524 298 —*		2 040 486	1 668 773	1 926 980	–
6 – 8	5 328 731	1 669 479	787 573	*— 1 797 300 —*		456 757	299 055	318 567	–
Second level – Second degré	2 927 396	270 135	807 442	*— 1 290 630 —*		243 126	167 634	148 429	–
Third level – Troisième degré	564 092	–	17 007	*—— 403 423 ——*		68 813	49 608	25 241	–
Portugal									
16 III 1981 [8]									
Total									
Total	7 324 341	859 742	768 317	1 309 856	1 139 586	1 157 362	964 020	1 125 458	–
–1	1 600 763	17 208	17 736	42 235	153 897	338 914	391 646	639 127	–
First level – Premier degré	4 296 911	498 754	466 186	914 242	796 040	696 604	495 881	429 204	–
Second level – Second degré	1 167 036	332 672	233 387	262 267	143 512	94 532	57 174	43 492	–
Third level – Troisième degré	259 631	11 108	51 008	91 112	46 137	27 312	19 319	13 635	–
Male – Masculin									
Total	3 457 957	433 655	385 806	644 802	542 236	546 399	448 261	456 798	–
–1	564 917	10 148	9 705	18 814	52 002	118 943	139 695	215 610	–
First level – Premier degré	2 138 502	257 637	234 904	441 462	380 674	355 562	261 440	206 823	–
Second level – Second degré	593 149	160 673	114 752	130 745	79 270	52 010	32 384	23 315	–
Third level – Troisième degré	161 389	5 197	26 445	53 781	30 290	19 884	14 742	11 050	–
Female – Féminin									
Total	3 866 384	426 087	382 511	665 054	597 350	610 963	515 759	668 660	–
–1	1 035 846	7 060	8 031	23 421	101 895	219 971	251 951	423 517	–
First level – Premier degré	2 158 409	241 117	231 282	472 780	415 366	341 042	234 441	222 381	–
Second level – Second degré	573 887	171 999	118 635	131 522	64 242	42 522	24 790	20 177	–
Third level – Troisième degré	98 242	5 911	24 563	37 331	15 847	7 428	4 577	2 585	–

34. Population 15 years and over, by educational attainment, age, sex and urban/rural residence: each census, 1973 – 1988 (continued)
Population de 15 ans et plus, selon le degré d'instruction, l'âge, le sexe et la résidence, urbaine/rurale: chaque recensement, 1973 – 1988 (suite)

(See notes at end of table. – Voir notes à la fin du tableau.)

Continent, country or area, census date, sex, educational level and urban/rural residence Continent, pays ou zone, date du recensement, sexe, degré d'instruction et résidence urbaine/rurale	Age (in years – en années) 15 plus	15 – 19	20 – 24	25 – 34	35 – 44	45 – 54	55 – 64	65 plus	Unknown Inconnu
EUROPE (Cont.–Suite)									
Yugoslavia – Yougoslavie									
31 III 1981 [24]									
Total									
Total	16 936 909	1 845 047	1 860 337	3 589 229	2 755 579	2 977 410	1 776 739	2 034 475	98 093
–1	2 314 628	169 111	45 302	100 059	204 372	524 758	427 320	816 668	27 038
First level – Premier degré	9 258 324	1 439 810	744 695	1 701 818	1 587 731	1 722 665	1 035 563	1 001 815	24 227
1	4 103 426	1 304 273	490 788	965 828	545 452	388 315	205 968	191 947	10 855
2 – 3	609 681	7 795	13 333	30 965	79 026	198 961	98 495	179 355	1 751
4	3 451 330	74 574	149 709	427 865	740 745	968 721	602 581	478 041	9 094
5 – 7	1 093 887	53 168	90 865	277 160	222 508	166 668	128 519	152 472	2 527
Second level – Second degré	4 323 297	228 715	1 014 640	1 426 700	706 506	542 542	227 604	164 508	12 082
Third level – Troisième degré	947 590	696	50 303	349 938	248 099	177 189	79 416	38 941	3 008
1	531 099	–	19 764	204 728	133 308	98 896	45 689	26 857	1 857
2 plus	416 490	696	30 539	145 210	114 791	78 293	33 727	12 084	1 150
Level not stated – Degré non indiqué	93 071	6 715	5 397	10 714	8 871	10 256	6 836	12 543	31 739
Male – Masculin									
Total	8 262 935	944 916	952 162	1 839 865	1 381 209	1 463 201	775 411	859 781	46 390
–1	611 103	92 333	16 104	27 484	38 231	100 219	84 610	241 092	11 030
First level – Premier degré	4 311 419	723 702	338 051	758 259	696 467	831 968	473 541	479 019	10 412
1	2 036 038	676 575	243 040	465 272	270 600	203 213	93 772	78 673	4 893
2 – 3	222 499	3 109	5 616	12 025	24 369	66 354	30 832	79 597	597
4	1 582 293	20 256	47 215	152 190	308 380	492 546	299 328	258 458	3 920
5 – 7	470 589	23 762	42 180	128 772	93 118	69 855	49 609	62 291	1 002
Second level – Second degré	2 700 231	125 115	571 982	861 451	483 104	394 699	151 016	105 869	6 995
Third level – Troisième degré	596 031	287	23 208	187 392	158 913	131 678	63 527	29 238	1 788
1	349 433	–	9 800	115 098	91 153	75 628	36 167	20 430	1 157
2 plus	246 538	227	13 408	72 294	67 760	56 050	27 360	8 808	631
Level not stated – Degré non indiqué	44 151	3 479	2 817	5 279	4 494	4 637	2 717	4 563	16 165
Female – Féminin									
Total	8 673 974	900 131	908 175	1 749 364	1 374 370	1 514 209	1 001 328	1 174 694	51 703
–1	1 703 525	76 778	29 198	72 575	166 141	424 539	342 710	575 576	16 008
First level – Premier degré	4 946 905	716 108	406 644	943 559	891 264	890 697	562 022	522 796	13 815
1	2 067 388	627 698	247 748	500 556	274 852	185 102	112 196	113 274	5 962
2 – 3	387 182	4 686	7 717	18 940	54 657	132 607	67 663	99 758	1 154
4	1 869 037	54 318	102 494	275 675	432 365	476 175	303 253	219 583	5 174
5 – 7	623 298	29 406	48 685	148 388	129 390	96 813	78 910	90 181	1 525
Second level – Second degré	1 623 066	103 600	442 658	565 249	223 402	147 843	76 588	58 639	5 087
Third level – Troisième degré	351 559	409	27 095	162 546	89 186	45 511	15 889	9 703	1 220
1	181 667	–	9 964	89 630	42 155	23 268	9 522	6 427	701
2 plus	169 892	409	17 131	72 916	47 031	22 243	6 367	3 276	519
Level not stated – Degré non indiqué	48 920	3 236	2 580	5 435	4 377	5 619	4 119	7 980	15 574

34. Population 15 years and over, by educational attainment, age, sex and urban/rural residence: each census, 1973 – 1988 (continued)
Population de 15 ans et plus, selon le degré d'instruction, l'âge, le sexe et la résidence, urbaine/rurale: chaque recensement, 1973 – 1988 (suite)

(See notes at end of table. – Voir notes à la fin du tableau.)

Continent, country or area, census date, sex, educational level and urban/rural residence Continent, pays ou zone, date du recensement, sexe, degré d'instruction et résidence urbaine/rurale	Age (in years – en années)								
	15 plus	15 – 19	20 – 24	25 – 34	35 – 44	45 – 54	55 – 64	65 plus	Unknown Inconnu
OCEANIA—OCEANIE									
American Samoa – Samoa américaines									
1 IV 1980 [30]									
Total									
Total	19 090	3 849	3 057	4 454	3 113	2 261	1 411	945	–
–1	378	33	42	76	40	66	54	67	–
First level – Premier degré	5 246	678	511	895	931	938	734	559	–
1 – 4	908	67	93	153	156	162	129	148	–
5 – 6	1 836	89	142	303	307	374	348	273	–
7	832	120	102	162	160	156	86	46	–
8 plus	1 670	402	174	277	308	246	171	92	–
Second level – Second degré	10 834	3 038	1 991	2 514	1 613	943	481	254	–
1	2 691	835	186	396	504	399	239	132	–
2	1 672	869	222	266	165	80	44	26	–
3	1 505	798	261	260	101	51	22	12	–
4	4 966	536	1 322	1 592	843	413	176	84	–
Third level – Troisième degré	2 632	100	513	969	529	314	142	65	–
1	594	83	213	163	62	41	21	11	–
2	678	11	157	257	128	83	32	10	–
3	350	5	57	138	81	47	16	6	–
4	566	1	74	234	121	83	39	14	–
5 – 6	305	–	10	130	93	37	21	14	–
7 plus	139	–	2	47	44	23	13	10	–
Male – Masculin									
Total	9 486	1 878	1 390	2 185	1 686	1 159	721	467	–
–1	191	19	24	43	22	30	20	33	–
First level – Premier degré	2 477	352	263	467	456	381	323	235	–
1 – 4	418	26	46	85	72	75	52	62	–
5 – 6	829	50	76	160	164	130	141	108	–
7	407	71	54	88	80	63	35	16	–
8 plus	823	205	87	134	140	113	95	49	–
Second level – Second degré	5 342	1 476	911	1 161	853	526	267	148	–
1	1 348	433	93	178	243	198	132	71	–
2	821	439	117	120	78	38	16	13	–
3	745	389	130	110	59	34	17	6	–
4	2 428	215	571	753	473	256	102	58	–
Third level – Troisième degré	1 476	31	192	514	355	222	111	51	–
1	259	25	80	68	40	24	14	8	–
2	354	3	66	116	76	58	28	7	–
3	185	2	16	77	43	29	13	5	–
4	366	1	24	138	95	67	31	10	–
5 – 6	201	–	4	78	66	26	14	13	–
7 plus	111	–	2	37	35	18	11	8	–

34. Population 15 years and over, by educational attainment, age, sex and urban/rural residence: each census, 1973 – 1988 (continued)
Population de 15 ans et plus, selon le degré d'instruction, l'âge, le sexe et la résidence, urbaine/rurale: chaque recensement, 1973 – 1988 (suite)

(See notes at end of table. – Voir notes à la fin du tableau.)

Continent, country or area, census date, sex, educational level and urban/rural residence Continent, pays ou zone, date du recensement, sexe, degré d'instruction et résidence urbaine/rurale	Age (in years – en années)								
	15 plus	15 – 19	20 – 24	25 – 34	35 – 44	45 – 54	55 – 64	65 plus	Unknown Inconnu
OCEANIA—OCEANIE(Cont.–Suite)									
American Samoa – Samoa américaines									
1 IV 1980 [30]									
Female – Féminin									
Total	9 604	1 971	1 667	2 269	1 427	1 102	690	478	–
–1	187	14	18	33	18	36	34	34	–
First level – Premier degré	2 769	326	248	428	475	557	411	324	–
1 – 4	490	41	47	68	84	87	77	86	–
5 – 6	1 007	39	66	143	143	244	207	165	–
7	425	49	48	74	80	93	51	30	–
8 plus	847	197	87	143	168	133	76	43	–
Second level – Second degré	5 492	1 562	1 080	1 353	760	417	214	106	–
1	1 343	402	93	218	261	201	107	61	–
2	851	430	105	146	87	42	28	13	–
3	760	409	131	150	42	17	5	6	–
4	2 538	321	751	839	370	157	74	26	–
Third level – Troisième degré	1 156	69	321	455	174	92	31	14	–
1	335	58	133	95	22	17	7	3	–
2	324	8	91	141	52	25	4	3	–
3	165	3	41	61	38	18	3	1	–
4	200	–	50	96	26	16	8	4	–
5 – 6	104	–	6	52	27	11	7	1	–
7 plus	28	–	–	10	9	5	2	2	–
Fiji – Fidji									
31 VIII 1986									
Total									
Total	441 912	73 616	73 728	114 152	76 486	51 466	29 112	20 989	2 363
–1	33 640	780	1 136	4 328	6 013	7 016	6 389	7 518	460
First level – Premier degré	220 243	23 237	24 511	52 175	50 749	37 509	20 052	11 103	907
1	3 218	105	120	429	564	632	594	753	21
2	7 767	230	321	1 028	1 654	1 685	1 436	1 365	48
3	12 170	442	537	1 847	2 574	2 856	2 233	1 618	63
4	20 397	764	866	2 615	3 673	5 662	4 174	2 547	96
5	18 973	1 285	1 329	3 481	4 157	4 775	2 704	1 164	78
6	37 761	4 142	4 072	7 834	9 061	7 438	3 490	1 547	177
7	26 076	4 574	3 938	7 172	5 938	2 764	1 120	500	70
8 plus	93 881	11 695	13 328	27 769	23 128	11 697	4 301	1 609	354
Second level – Second degré	163 509	47 091	44 505	50 442	15 202	4 429	1 049	399	392
1	22 362	8 098	5 619	5 312	2 331	731	157	67	47
2	66 812	18 055	17 921	21 166	7 137	1 859	376	127	171
3	46 979	13 437	11 826	16 305	3 773	1 140	294	103	101
4	27 306	7 501	9 139	7 659	1 911	699	222	102	73
Third level – Troisième degré	17 270	1 288	3 130	6 258	3 615	1 718	789	422	50
Level not stated – Degré non indiqué	7 250	1 220	446	949	907	794	833	1 547	554

34. Population 15 years and over, by educational attainment, age, sex and urban/rural residence: each census, 1973 – 1988 (continued)

Population de 15 ans et plus, selon le degré d'instruction, l'âge, le sexe et la résidence, urbaine/rurale: chaque recensement, 1973 – 1988 (suite)

(See notes at end of table. – Voir notes à la fin du tableau.)

Continent, country or area, census date, sex, educational level and urban/rural residence Continent, pays ou zone, date du recensement, sexe, degré d'instruction et résidence urbaine/rurale	Age (in years – en années) 15 plus	15 – 19	20 – 24	25 – 34	35 – 44	45 – 54	55 – 64	65 plus	Unknown Inconnu
OCEANIA—OCEANIE(Cont.–Suite)									
Fiji – Fidji									
31 VIII 1986									
Male – Masculin									
Total	222 316	37 070	36 731	57 325	38 605	25 953	14 947	10 450	1 235
–1	10 453	350	445	1 374	1 562	1 797	1 988	2 770	167
First level – Premier degré	114 518	12 436	13 133	25 755	25 197	19 669	11 282	6 528	518
1	1 524	65	52	198	255	287	292	366	9
2	3 778	136	164	516	764	801	700	675	22
3	6 110	273	298	895	1 172	1 394	1 163	881	34
4	10 510	455	506	1 294	1 699	2 809	2 233	1 467	47
5	9 272	767	747	1 577	1 846	2 234	1 379	675	47
6	19 389	2 308	2 286	3 820	4 204	3 730	1 986	958	97
7	14 103	2 576	2 241	3 718	3 007	1 503	671	344	43
8 plus	49 832	5 856	6 839	13 737	12 250	6 911	2 858	1 162	219
Second level – Second degré	83 578	22 914	21 208	26 053	9 120	3 041	779	240	223
1	11 518	4 183	2 852	2 625	1 252	440	102	44	20
2	33 392	8 617	8 352	10 564	4 114	1 254	299	88	104
3	23 114	6 166	5 262	8 114	2 417	825	218	55	57
4	15 554	3 948	4 742	4 750	1 337	522	160	53	42
Third level – Troisième degré	10 304	684	1 726	3 640	2 278	1 100	547	301	28
Level not stated – Degré non indiqué	3 463	686	219	503	448	346	351	611	299
Female – Féminin									
Total	219 596	36 546	36 997	56 827	37 881	25 513	14 165	10 539	1 128
–1	23 187	430	691	2 954	4 451	5 219	4 401	4 748	293
First level – Premier degré	105 725	10 801	11 378	26 420	25 552	17 840	8 770	4 575	389
1	1 694	40	68	231	309	345	302	387	12
2	3 989	94	157	512	890	884	736	690	26
3	6 060	169	239	952	1 402	1 462	1 070	737	29
4	9 887	309	360	1 321	1 974	2 853	1 941	1 080	49
5	9 701	518	582	1 904	2 311	2 541	1 325	489	31
6	18 372	1 834	1 786	4 014	4 857	3 708	1 504	589	80
7	11 973	1 998	1 697	3 454	2 931	1 261	449	156	27
8 plus	44 049	5 839	6 489	14 032	10 878	4 786	1 443	447	135
Second level – Second degré	79 931	24 177	23 297	24 389	6 082	1 388	270	159	169
1	10 844	3 915	2 767	2 687	1 079	291	55	23	27
2	33 470	9 438	9 569	10 602	3 073	605	77	39	67
3	23 865	7 271	6 564	8 191	1 356	315	76	48	44
4	11 752	3 553	4 397	2 909	574	177	62	49	31
Third level – Troisième degré	6 966	604	1 404	2 618	1 337	618	242	121	22
Level not stated – Degré non indiqué	3 787	534	227	446	459	448	482	936	255

34. Population 15 years and over, by educational attainment, age, sex and urban/rural residence: each census, 1973 – 1988 (continued)
Population de 15 ans et plus, selon le degré d'instruction, l'âge, le sexe et la résidence, urbaine/rurale: chaque recensement, 1973 – 1988 (suite)

(See notes at end of table. – Voir notes à la fin du tableau.)

Continent, country or area, census date, sex, educational level and urban/rural residence / Continent, pays ou zone, date du recensement, sexe, degré d'instruction et résidence urbaine/rurale	Age (in years – en années)								
	15 plus	15 – 19	20 – 24	25 – 34	35 – 44	45 – 54	55 – 64	65 plus	Unknown Inconnu
OCEANIA—OCEANIE(Cont.–Suite)									
Guam									
1 IV 1980 [30]									
Total									
Total	69 007	10 993	11 108	19 613	11 295	8 172	4 841	2 985	–
–1	787	28	43	81	76	102	108	349	–
First level – Premier degré	11 191	1 624	310	960	1 274	2 568	2 534	1 921	–
1 – 4	3 207	37	55	154	170	708	993	1 090	–
5 – 6	3 412	78	72	312	453	992	968	537	–
7	1 635	240	55	177	230	419	356	158	–
8 plus	2 937	1 269	128	317	421	449	217	136	–
Second level – Second degré	37 799	9 021	7 968	10 289	5 600	3 208	1 297	416	–
1	4 744	2 420	389	618	562	473	206	76	–
2	5 465	2 361	588	946	760	546	197	67	–
3	4 481	2 113	662	808	466	271	130	31	–
4	23 109	2 127	6 329	7 917	3 812	1 918	764	242	–
Third level – Troisième degré	19 230	320	2 787	8 283	4 345	2 294	902	299	–
1	4 112	266	1 097	1 687	625	294	113	30	–
2	4 345	41	830	1 895	845	455	200	79	–
3	2 025	11	346	926	424	224	78	16	–
4	5 703	2	445	2 627	1 436	801	282	110	–
5 – 6	2 076	–	63	864	686	303	130	30	–
7 plus	969	–	6	284	329	217	99	34	–
Male – Masculin									
Total	36 408	5 849	6 019	10 048	6 036	4 409	2 642	1 405	–
–1	277	9	18	32	28	47	32	111	–
First level – Premier degré	5 186	916	134	370	513	1 237	1 181	835	–
1 – 4	1 288	19	26	51	74	296	412	410	–
5 – 6	1 530	51	31	110	173	482	426	257	–
7	862	144	25	77	109	208	207	92	–
8 plus	1 506	702	52	132	157	251	136	76	–
Second level – Second degré	20 281	4 798	4 556	5 168	2 878	1 781	828	272	–
1	2 357	1 219	177	262	266	252	126	55	–
2	2 870	1 285	285	435	391	303	126	45	–
3	2 422	1 138	392	406	223	150	89	24	–
4	12 632	1 156	3 702	4 065	1 998	1 076	487	148	–
Third level – Troisième degré	10 664	126	1 311	4 478	2 617	1 344	601	187	–
1	2 356	107	565	1 040	375	179	72	18	–
2	2 476	15	376	1 078	537	278	144	48	–
3	1 101	3	150	493	267	131	49	8	–
4	2 896	1	187	1 201	792	460	192	63	–
5 – 6	1 133	–	31	459	395	149	78	21	–
7 plus	702	–	2	207	251	147	66	29	–

34. Population 15 years and over, by educational attainment, age, sex and urban/rural residence: each census, 1973 – 1988 (continued)
Population de 15 ans et plus, selon le degré d'instruction, l'âge, le sexe et la résidence, urbaine/rurale: chaque recensement, 1973 – 1988 (suite)

(See notes at end of table. – Voir notes à la fin du tableau.)

Continent, country or area, census date, sex, educational level and urban/rural residence Continent, pays ou zone, date du recensement, sexe, degré d'instruction et résidence urbaine/rurale	Age (in years – en années) 15 plus	15 – 19	20 – 24	25 – 34	35 – 44	45 – 54	55 – 64	65 plus	Unknown Inconnu
OCEANIA—OCEANIE(Cont.–Suite)									
Guam									
1 IV 1980 [30]									
Female – Féminin									
Total	32 599	5 144	5 089	9 565	5 259	3 763	2 199	1 580	–
–1	510	19	25	49	48	55	76	238	–
First level – Premier degré	6 005	708	176	590	761	1 331	1 353	1 086	–
1 – 4	1 919	18	29	103	96	412	581	680	–
5 – 6	1 882	27	41	202	280	510	542	280	–
7	773	96	30	100	121	211	149	66	–
8 plus	1 431	567	76	185	264	198	81	60	–
Second level – Second degré	17 518	4 223	3 412	5 121	2 722	1 427	469	144	–
1	2 387	1 201	212	356	296	221	80	21	–
2	2 595	1 076	303	511	369	243	71	22	–
3	2 059	975	270	402	243	121	41	7	–
4	10 477	971	2 627	3 852	1 814	842	277	94	–
Third level – Troisième degré	8 566	194	1 476	3 805	1 728	950	301	112	–
1	1 756	159	532	647	250	115	41	12	–
2	1 869	26	454	817	308	177	56	31	–
3	924	8	196	433	157	93	29	8	–
4	2 807	1	258	1 426	644	341	90	47	–
5 – 6	943	–	32	405	291	154	52	9	–
7 plus	267	–	4	77	78	70	33	5	–
New Zealand – Nouvelle–Zélande									
24 III 1981 [4 8 22 62]									
Total									
Total	2 296 698	306 630	269 637	476 016	360 399	301 443	272 784	309 789	–
–1	22 413	663	1 098	2 379	2 562	3 645	4 113	7 953	–
First level – Premier degré	327 984	1 782	2 646	9 885	22 638	56 172	93 309	141 552	–
Second level – Second degré	1 269 480	259 980	160 263	269 955	212 574	158 001	111 999	96 708	–
3	134 316	5 430	8 286	19 494	24 987	28 401	24 192	23 526	–
4	333 072	31 359	31 260	72 099	75 597	54 969	36 561	31 227	–
5	530 424	117 441	72 504	134 802	90 402	55 233	34 272	25 770	–
6	214 332	79 683	38 451	37 710	18 030	15 576	12 972	11 910	–
7	57 336	26 067	9 762	5 850	3 558	3 822	4 002	4 275	–
Third level – Troisième degré	669 936	37 356	105 609	193 788	122 622	83 616	63 366	63 579	–
1	250 572	22 446	50 901	76 236	43 257	27 039	18 315	12 378	–
2	41 625	606	3 792	12 894	10 746	6 687	3 531	3 369	–
3	119 499	5 859	24 426	36 939	20 652	13 455	9 837	8 331	–
4	17 730	243	2 352	6 705	4 023	2 163	1 449	795	–
5	39 198	402	4 818	14 871	7 467	4 896	3 378	3 366	–
6	137 436	3 525	15 498	38 379	28 365	21 222	17 136	13 311	–
Not stated–non indiqué	63 876	4 275	3 822	7 764	8 112	8 154	9 720	22 029	–
Level not stated – Degré non indiqué	6 879	6 846	18	12	–	–	3	–	–

34. Population 15 years and over, by educational attainment, age, sex and urban/rural residence: each census, 1973 – 1988 (continued)
Population de 15 ans et plus, selon le degré d'instruction, l'âge, le sexe et la résidence, urbaine/rurale: chaque recensement, 1973 – 1988 (suite)

(See notes at end of table. – Voir notes à la fin du tableau.)

Continent, country or area, census date, sex, educational level and urban/rural residence Continent, pays ou zone, date du recensement, sexe, degré d'instruction et résidence urbaine/rurale	Age (in years – en années)								
	15 plus	15 – 19	20 – 24	25 – 34	35 – 44	45 – 54	55 – 64	65 plus	Unknown Inconnu
OCEANIA—OCEANIE(Cont.–Suite)									
New Zealand – Nouvelle–Zélande									
24 III 1981 [4 8 22 62]									
Male – Masculin									
Total	1 130 325	156 831	137 415	237 288	180 951	154 149	132 876	130 815	–
–1	10 959	390	603	1 290	1 422	2 016	1 986	3 252	–
First level – Premier degré	154 440	1 074	1 530	5 364	12 459	30 012	45 147	58 854	–
Second level – Second degré	601 659	132 915	77 436	123 441	98 862	76 059	52 404	40 542	–
3	69 984	3 303	4 632	10 602	13 521	15 423	12 315	10 188	–
4	160 581	17 775	16 239	34 149	36 648	26 373	16 794	12 603	–
5	241 053	61 785	33 873	57 507	37 851	24 276	15 216	10 545	–
6	98 739	36 180	16 794	17 787	8 835	7 743	6 141	5 259	–
7	31 302	13 872	5 898	3 396	2 007	2 244	1 938	1 947	–
Third level – Troisième degré	359 586	18 792	57 831	107 187	68 208	46 062	33 339	28 167	–
1	178 674	11 988	33 552	56 190	33 915	21 132	13 629	8 268	–
2	7 149	99	609	2 097	1 740	1 347	843	414	–
3	84 804	3 324	15 852	26 778	15 474	9 927	7 404	6 045	–
4	13 146	99	1 326	4 899	3 309	1 743	1 173	597	–
5	15 705	84	1 206	5 568	3 225	2 496	1 788	1 338	–
6	29 445	789	3 042	7 419	6 264	5 109	3 942	2 880	–
Not stated–non indiqué	30 663	2 409	2 244	4 236	4 281	4 308	4 560	8 625	–
Level not stated – Degré non indiqué	3 681	3 660	15	6	–	–	–	–	–
Female – Féminin									
Total	1 166 349	149 811	132 219	238 716	179 451	147 288	139 905	178 959	–
–1	11 457	276	495	1 092	1 137	1 626	2 130	4 701	–
First level – Premier degré	173 547	714	1 113	4 521	10 179	26 166	48 162	82 692	–
Second level – Second degré	667 794	127 068	82 830	146 493	113 709	81 945	59 589	56 160	–
3	64 317	2 124	3 657	8 886	11 457	12 978	11 874	13 341	–
4	172 491	13 587	15 021	37 953	38 952	28 596	19 764	18 618	–
5	289 359	55 656	38 628	77 283	52 551	30 960	19 056	15 225	–
6	115 596	43 506	21 657	19 923	9 198	7 833	6 831	6 648	–
7	26 031	12 195	3 867	2 448	1 551	1 578	2 064	2 328	–
Third level – Troisième degré	310 341	18 564	47 778	86 592	54 426	37 551	30 024	35 406	–
1	71 886	10 455	17 346	20 049	9 345	5 901	4 683	4 107	–
2	34 467	507	3 183	10 794	9 000	5 337	2 688	2 958	–
3	34 701	2 541	8 577	10 158	5 181	3 528	2 433	2 283	–
4	4 578	141	1 026	1 803	717	417	276	198	–
5	23 496	318	3 612	9 300	4 242	2 406	1 593	2 025	–
6	108 000	2 733	12 459	30 957	22 107	16 119	13 191	10 434	–
Not stated–non indiqué	33 213	1 869	1 575	3 531	3 834	3 843	5 160	13 401	–
Level not stated – Degré non indiqué	3 201	3 189	3	9	–	–	–	–	–

34. Population 15 years and over, by educational attainment, age, sex and urban/rural residence: each census, 1973 – 1988 (continued)

Population de 15 ans et plus, selon le degré d'instruction, l'âge, le sexe et la résidence, urbaine/rurale: chaque recensement, 1973 – 1988 (suite)

(See notes at end of table. – Voir notes à la fin du tableau.)

Continent, country or area, census date, sex, educational level and urban/rural residence Continent, pays ou zone, date du recensement, sexe, degré d'instruction et résidence urbaine/rurale	Age (in years – en années) 15 plus	15 – 19	20 – 24	25 – 34	35 – 44	45 – 54	55 – 64	65 plus	Unknown Inconnu
OCEANIA—OCEANIE(Cont.–Suite)									
Pacific Islands – Iles du Pacifique									
15 IX 1980 [30]									
Total									
Total	71 770	13 956	11 637	17 905	9 695	7 837	6 045	4 695	–
–1	9 496	637	626	1 183	1 253	1 818	1 890	2 089	–
First level – Premier degré	32 556	6 331	4 178	6 828	4 552	4 454	3 770	2 443	–
1 – 4	8 318	466	285	721	1 061	2 152	2 111	1 522	–
5 – 6	9 373	1 112	792	1 809	1 881	1 568	1 397	814	–
7	4 120	1 475	684	1 094	457	262	96	52	–
8	10 745	3 278	2 417	3 204	1 153	472	166	55	–
Second level – Second degré	23 309	6 831	5 604	6 889	2 606	1 046	222	111	–
1	5 721	2 391	960	1 024	901	363	55	27	–
2	4 174	1 928	939	875	281	113	26	12	–
3	3 202	1 409	827	713	172	55	13	13	–
4	10 212	1 103	2 878	4 277	1 252	515	128	59	–
Third level – Troisième degré	6 409	157	1 229	3 005	1 284	519	163	52	–
1	1 427	122	509	520	183	72	19	2	–
2	2 303	34	470	1 170	426	167	31	5	–
3	711	–	132	353	136	62	20	8	–
4	1 316	–	107	687	332	129	39	22	–
5 – 6	409	–	11	186	125	49	28	10	–
7 plus	243	1	–	89	82	40	26	5	–
Male – Masculin									
Total	36 558	7 079	5 700	9 255	5 064	4 099	3 096	2 265	–
–1	3 985	313	299	497	472	739	809	856	–
First level – Premier degré	15 090	3 207	1 825	2 776	1 829	2 146	2 011	1 296	–
1 – 4	3 487	246	125	236	310	856	984	730	–
5 – 6	4 449	580	323	607	734	852	857	496	–
7	2 015	757	289	488	222	156	68	35	–
8	5 139	1 624	1 088	1 445	563	282	102	35	–
Second level – Second degré	13 007	3 455	2 818	3 899	1 790	799	169	77	–
1	3 094	1 239	491	489	549	268	41	17	–
2	2 297	967	495	514	205	86	21	9	–
3	1 736	717	433	405	120	42	11	8	–
4	5 880	532	1 399	2 491	916	403	96	43	–
Third level – Troisième degré	4 476	104	758	2 083	973	415	107	36	–
1	963	82	321	345	141	58	15	1	–
2	1 577	22	262	820	317	132	21	3	–
3	523	–	100	257	110	45	8	3	–
4	942	–	71	471	244	113	25	18	–
5 – 6	285	–	4	123	94	36	20	8	–
7 plus	186	–	–	67	67	31	18	3	–

34. Population 15 years and over, by educational attainment, age, sex and urban/rural residence: each census, 1973 – 1988 (continued)

Population de 15 ans et plus, selon le degré d'instruction, l'âge, le sexe et la résidence, urbaine/rurale: chaque recensement, 1973 – 1988 (suite)

(See notes at end of table. – Voir notes à la fin du tableau.)

Continent, country or area, census date, sex, educational level and urban/rural residence Continent, pays ou zone, date du recensement, sexe, degré d'instruction et résidence urbaine/rurale	Age (in years – en années)							
	15 plus	15 – 19	20 – 24	25 – 34	35 – 44	45 – 54	55 – 64	65 plus	Unknown Inconnu
OCEANIA—OCEANIE(Cont.–Suite)									
Pacific Islands – Iles du Pacifique									
15 IX 1980 [30]									
Female – Féminin									
Total	35 212	6 877	5 937	8 650	4 631	3 738	2 949	2 430	–
-1	5 511	324	327	686	781	1 079	1 081	1 233	–
First level – Premier degré	17 466	3 124	2 353	4 052	2 723	2 308	1 759	1 147	–
1 – 4	4 831	220	160	485	751	1 296	1 127	792	–
5 – 6	4 924	532	469	1 202	1 147	716	540	318	–
7	2 105	718	395	606	235	106	28	17	–
8	5 606	1 654	1 329	1 759	590	190	64	20	–
Second level – Second degré	10 302	3 376	2 786	2 990	816	247	53	34	–
1	2 627	1 152	469	535	352	95	14	10	–
2	1 877	961	444	361	76	27	5	3	–
3	1 466	692	394	308	52	13	2	5	–
4	4 332	571	1 479	1 786	336	112	32	16	–
Third level – Troisième degré	1 933	53	471	922	311	104	56	16	–
1	464	40	188	175	42	14	4	1	–
2	726	12	208	350	109	35	10	2	–
3	188	–	32	96	26	17	12	5	–
4	374	–	36	216	88	16	14	4	–
5 – 6	124	–	7	63	31	13	8	2	–
7 plus	57	1	–	22	15	9	8	2	–
Papua New Guinea – Papouasie–Nouvelle–Guinée									
1 IX 1980 [8]									
Total									
Total	1 694 515	302 729	256 003	423 835	291 964	*———	– 419 984	———*	–
-1	1 195 887	124 147	133 580	294 764	246 971	*———	– 396 425	———*	–
First level – Premier degré	361 778	128 932	82 843	91 844	36 768	*———	– 21 391	———*	–
1	21 727	5 777	3 231	5 647	3 938	*———	– 3 134	———*	–
2	35 410	8 854	5 854	10 590	6 119	*———	– 3 993	———*	–
3	42 112	10 635	7 109	13 003	7 006	*———	– 4 359	———*	–
4	39 594	12 118	7 029	11 371	5 656	*———	– 3 420	———*	–
5	36 642	14 650	6 692	9 159	3 908	*———	– 2 233	———*	–
6	186 293	76 898	52 928	42 074	10 141	*———	– 4 252	———*	–
Second level – Second degré	136 850	49 650	39 580	37 227	8 225	*———	– 2 168	———*	–
1	17 133	8 687	2 416	3 814	1 771	*———	– 445	———*	–
2	37 940	16 657	9 564	8 980	2 189	*———	– 550	———*	–
3	21 686	8 972	3 829	6 636	1 792	*———	– 457	———*	–
4	50 929	13 102	20 239	15 173	1 914	*———	– 501	———*	–
5	1 666	1 067	314	193	68	*———	– 24	———*	–
6 plus	7 496	1 165	3 218	2 431	491	*———	– 191	———*	–

34. Population 15 years and over, by educational attainment, age, sex and urban/rural residence: each census, 1973 – 1988 (continued)
Population de 15 ans et plus, selon le degré d'instruction, l'âge, le sexe et la résidence, urbaine/rurale: chaque recensement, 1973 – 1988 (suite)

(See notes at end of table. – Voir notes à la fin du tableau.)

Continent, country or area, census date, sex, educational level and urban/rural residence Continent, pays ou zone, date du recensement, sexe, degré d'instruction et résidence urbaine/rurale	Age (in years – en années) 15 plus	15 – 19	20 – 24	25 – 34	35 – 44	45 – 54	55 – 64	65 plus	Unknown Inconnu
OCEANIA—OCEANIE(Cont.–Suite)									
Papua New Guinea – Papouasie–Nouvelle–Guinée									
1 IX 1980 [8]									
Male – Masculin									
Total	885 887	167 046	134 944	214 833	150 120	*———	218 944	———*	–
–1	572 443	56 470	59 734	133 074	120 176	*———	202 989	———*	–
First level – Premier degré	216 076	77 956	47 872	53 394	22 818	*———	14 036	———*	–
1	12 664	3 586	1 881	3 105	2 227	*———	1 865	———*	–
2	20 125	5 363	3 182	5 697	3 431	*———	2 452	———*	–
3	24 496	6 505	3 851	7 140	4 209	*———	2 791	———*	–
4	23 112	7 416	3 810	6 176	3 422	*———	2 288	———*	–
5	21 471	8 954	3 603	4 965	2 467	*———	1 482	———*	–
6	114 208	46 132	31 545	26 311	7 062	*———	3 158	———*	–
Second level – Second degré	97 368	32 620	27 338	28 365	7 126	*———	1 919	———*	–
1	11 958	5 617	1 524	2 521	1 397	*———	899	———*	–
2	25 061	10 557	5 924	6 226	1 874	*———	480	———*	–
3	15 426	6 146	2 491	4 781	1 601	*———	407	———*	–
4	37 846	8 635	14 532	12 497	1 731	*———	451	———*	–
5	1 262	774	250	164	58	*———	16	———*	–
6 plus	6 315	891	2 617	2 176	465	*———	166	———*	–
Female – Féminin									
Total	808 628	135 683	121 059	209 002	141 844	*———	201 040	———*	–
–1	623 444	67 677	73 846	161 690	126 795	*———	193 436	———*	...
First level – Premier degré	145 702	50 976	34 971	38 450	13 950	*———	7 355	———*	–
1	9 063	2 191	1 350	2 542	1 711	*———	1 269	———*	–
2	15 285	3 491	2 672	4 893	2 688	*———	1 541	———*	–
3	17 616	4 130	3 258	5 863	2 797	*———	1 568	———*	–
4	16 482	4 702	3 219	5 195	2 234	*———	1 132	———*	–
5	15 171	5 696	3 089	4 194	1 441	*———	751	———*	–
6	72 085	30 766	21 383	15 763	3 079	*———	1 094	———*	–
Second level – Second degré	39 482	17 030	12 242	8 862	1 099	*———	249	———*	–
1	5 675	3 070	892	1 293	374	*———	46	———*	–
2	12 879	6 100	3 640	2 754	315	*———	70	———*	–
3	6 260	2 826	1 338	1 855	191	*———	50	———*	–
4	13 083	4 467	5 707	2 676	183	*———	50	———*	–
5	404	293	64	29	10	*———	8	———*	–
6 plus	1 181	274	601	255	26	*———	25	———*	–

34. Population 15 years and over, by educational attainment, age, sex and urban/rural residence: each census, 1973 – 1988 (continued)
Population de 15 ans et plus, selon le degré d'instruction, l'âge, le sexe et la résidence, urbaine/rurale: chaque recensement, 1973 – 1988 (suite)

(See notes at end of table. – Voir notes à la fin du tableau.)

Continent, country or area, census date, sex, educational level and urban/rural residence Continent, pays ou zone, date du recensement, sexe, degré d'instruction et résidence urbaine/rurale	Age (in years – en années)								
	15 plus	15 – 19	20 – 24	25 – 34	35 – 44	45 – 54	55 – 64	65 plus	Unknown Inconnu
OCEANIA—OCEANIE(Cont.–Suite)									
Samoa									
3 XI 1981									
Total									
Total	87 110	20 896	15 000	16 535	12 165	10 053	6 835	4 736	890
–1	901	100	104	159	132	111	103	96	96
First level – Premier degré	58 712	18 836	12 090	11 489	6 892	4 636	2 794	1 576	399
1	4 423	948	614	936	757	604	309	213	42
2	19 126	3 377	2 401	3 889	3 455	2 918	1 855	1 081	150
3	6 113	3 675	762	834	484	184	92	48	34
4	8 698	4 136	1 591	1 614	754	315	171	77	40
5	18 144	6 320	6 080	3 574	1 152	499	291	117	111
6	2 208	380	642	642	290	116	76	40	22
Second level – Second degré	22 553	1 533	2 049	3 883	4 383	4 605	3 339	2 493	268
1	2 199	178	175	277	436	385	353	362	33
2	3 454	249	252	443	575	729	643	496	67
3	2 029	191	208	317	341	420	320	206	26
4	14 871	915	1 414	2 846	3 031	3 071	2 023	1 429	142
Third level – Troisième degré	1 671	142	157	230	218	289	269	319	47
1	393	35	39	45	35	61	69	92	17
2	494	47	47	71	79	68	80	91	11
3	784	60	71	114	104	160	120	136	19
Special education – Education spéciale	1 926	180	439	572	412	120	121	71	11
Level not stated – Degré non indiqué	1 191	105	161	199	190	157	129	181	69
Male – Masculin									
Total	44 502	10 919	7 868	8 380	6 029	5 040	3 546	2 226	494
–1	480	64	58	76	67	53	61	42	59
First level – Premier degré	29 642	9 570	6 029	5 597	3 340	2 444	1 602	827	233
1	2 300	580	346	451	340	285	175	104	19
2	10 184	2 032	1 394	1 968	1 615	1 508	1 026	553	88
3	2 951	1 827	390	356	188	95	49	29	17
4	4 290	2 036	831	717	358	174	101	47	26
5	8 635	2 901	2 716	1 725	648	304	206	69	66
6	1 282	194	352	380	191	78	45	25	17
Second level – Second degré	11 664	1 040	1 336	2 128	2 126	2 195	1 611	1 096	132
1	1 131	128	109	147	205	209	179	143	11
2	1 754	169	162	257	295	349	286	198	38
3	1 036	131	136	172	141	198	151	92	15
4	7 743	612	929	1 552	1 485	1 439	995	663	68
Third level – Troisième degré	846	94	103	128	112	121	130	134	24
1	196	18	22	22	21	24	30	50	9
2	260	29	31	46	43	33	37	35	6
3	390	47	50	60	48	64	63	49	9
Special education – Education spéciale	1 261	82	246	354	282	152	86	52	7
Level not stated – Degré non indiqué	602	69	84	102	102	75	56	75	39

34. Population 15 years and over, by educational attainment, age, sex and urban/rural residence: each census, 1973 – 1988 (continued)
Population de 15 ans et plus, selon le degré d'instruction, l'âge, le sexe et la résidence, urbaine/rurale: chaque recensement, 1973 – 1988 (suite)

(See notes at end of table. – Voir notes à la fin du tableau.)

Continent, country or area, census date, sex, educational level and urban/rural residence Continent, pays ou zone, date du recensement, sexe, degré d'instruction et résidence urbaine/rurale	Age (in years – en années)								
	15 plus	15 – 19	20 – 24	25 – 34	35 – 44	45 – 54	55 – 64	65 plus	Unknown Inconnu
OCEANIA—OCEANIE(Cont.–Suite)									
Samoa									
3 XI 1981									
Female – Féminin									
Total	42 608	9 977	7 132	8 155	6 136	5 013	3 289	2 510	396
–1	421	36	46	83	65	58	42	54	37
First level – Premier degré	29 153	9 266	6 061	5 895	3 552	2 192	1 272	749	166
1	2 203	368	268	485	417	319	214	109	23
2	8 942	1 345	1 007	1 921	1 840	1 410	829	528	62
3	3 162	1 848	372	478	296	89	43	19	17
4	4 408	2 100	760	897	396	141	70	30	14
5	9 512	3 419	3 364	1 852	504	195	85	48	45
6	926	186	290	262	99	38	31	15	5
Second level – Second degré	10 867	493	713	1 760	2 195	2 445	1 728	1 397	136
1	1 051	50	66	130	179	211	174	219	22
2	1 695	80	90	191	270	380	357	298	29
3	993	60	72	145	200	222	169	114	11
4	7 128	303	485	1 294	1 546	1 632	1 028	766	74
Third level – Troisième degré	825	48	54	102	106	168	139	185	23
1	197	17	17	23	14	37	39	42	8
2	234	18	16	25	36	35	43	56	5
3	394	13	21	54	56	96	57	87	10
Special education – Education spéciale	753	98	181	218	130	68	35	19	4
Level not stated – Degré non indiqué	589	36	77	97	88	82	73	106	30
Vanuatu									
15–16 I 1979									
Total									
Total	60 788	12 159	10 141	14 765	10 203	6 245	4 034	3 241	–
–1	17 968	1 751	1 892	3 702	3 576	2 821	2 157	2 069	–
First level – Premier degré	43 787	7 806	6 078	19 109	5 340	2 855	1 570	1 029	–
1	3 670	410	413	796	838	551	370	292	–
2	3 067	360	313	690	739	501	282	182	–
3	3 961	604	539	1 055	865	473	250	175	–
4	4 350	833	765	1 224	799	409	199	121	–
5	4 134	983	769	1 150	624	325	185	98	–
6	5 959	2 074	1 372	1 396	643	271	132	71	–
7	4 298	1 479	1 136	1 041	395	147	59	41	–
8	3 554	1 063	771	963	437	178	93	49	–
Second level – Second degré	9 827	2 602	2 171	2 748	1 287	569	307	143	–
1	2 424	821	527	617	273	114	47	25	–
2	2 458	702	581	648	281	123	83	40	–
3	1 220	441	276	294	132	43	23	11	–
4 plus	3 725	638	787	1 189	601	289	154	67	–

34. Population 15 years and over, by educational attainment, age, sex and urban/rural residence: each census, 1973 – 1988 (continued)

Population de 15 ans et plus, selon le degré d'instruction, l'âge, le sexe et la résidence, urbaine/rurale: chaque recensement, 1973 – 1988 (suite)

(See notes at end of table. – Voir notes à la fin du tableau.)

Continent, country or area, census date, sex, educational level and urban/rural residence Continent, pays ou zone, date du recensement, sexe, degré d'instruction et résidence urbaine/rurale	Age (in years – en années)								
	15 plus	15 – 19	20 – 24	25 – 34	35 – 44	45 – 54	55 – 64	65 plus	Unknown Inconnu
OCEANIA—OCEANIE(Cont.–Suite)									
Vanuatu									
15–16 I 1979									
Male – Masculin									
Total	32 399	6 322	5 201	7 530	5 503	3 550	2 346	1 947	–
–1	8 187	752	768	1 515	1 522	1 356	1 118	1 156	–
First level – Premier degré	18 076	4 077	3 145	4 298	3 059	1 790	1 017	690	–
1	1 967	213	214	380	397	342	224	197	–
2	1 582	160	151	308	372	292	174	125	–
3	2 106	306	231	497	502	293	163	114	–
4	2 234	412	352	554	435	252	142	87	–
5	2 315	525	389	607	400	212	119	63	–
6	3 292	1 042	760	764	407	191	84	44	–
7	2 484	813	634	622	251	92	42	30	–
8	2 096	606	414	566	295	116	69	30	–
Second level – Second degré	6 136	1 493	1 288	1 717	922	404	211	101	–
1	1 459	480	282	370	192	82	33	20	–
2	1 504	392	349	401	210	74	54	24	–
3	718	246	166	169	84	31	15	7	–
4 plus	2 455	375	491	777	436	217	109	50	–
Female – Féminin									
Total	28 389	5 837	4 940	7 235	4 700	2 695	1 688	1 294	–
–1	9 781	999	1 124	2 187	2 054	1 465	1 039	913	–
First level – Premier degré	14 917	3 729	2 933	4 017	2 281	1 065	553	339	–
1	1 703	197	199	416	441	209	146	95	–
2	1 485	200	162	382	367	209	108	57	–
3	1 855	298	308	558	363	180	87	61	–
4	2 116	421	413	670	364	157	57	34	–
5	1 819	458	380	543	224	113	66	35	–
6	2 667	1 032	612	632	236	80	48	27	–
7	1 814	666	502	419	144	55	17	11	–
8	1 458	457	357	397	142	62	24	19	–
Second level – Second degré	3 691	1 109	883	1 031	365	165	96	42	–
1	965	341	245	247	81	32	14	5	–
2	954	310	232	247	71	49	29	16	–
3	502	195	110	125	48	12	8	4	–
4 plus	1 270	263	296	412	165	72	45	17	–

34. Population 15 years and over, by educational attainment, age, sex and urban/rural residence: each census, 1973 – 1988 (continued)
Population de 15 ans et plus, selon le degré d'instruction, l'âge, le sexe et la résidence, urbaine/rurale: chaque recensement, 1973 – 1988 (suite)
Data by urban/rural residence

Données selon la résidence urbaine/rurale

(See notes at end of table. – Voir notes à la fin du tableau.)

Continent, country or area, census date, sex, educational level and urban/rural residence Continent, pays ou zone, date du recensement, sexe, degré d'instruction et résidence urbaine/rurale	Age (in years – en années)								
	15 plus	15 – 19	20 – 24	25 – 34	35 – 44	45 – 54	55 – 64	65 plus	Unknown Inconnu
AFRICA—AFRIQUE									
Cameroon – Cameroun									
Urban – Urbaine									
9 IV 1976 [3]									
Total									
Total	1 145 339*	— 455 588	—*	286 601	200 558	114 054	54 695	33 843	–
–1	446 115*	— 66 753	—*	107 586	115 681	80 110	45 238	30 747	–
First level – Premier degré	433 889*	— 222 014	—*	111 974	62 855	27 196	7 568	2 282	–
Second level – Second degré	249 294*	— 161 631	—*	61 285	19 157	5 448	1 311	462	–
Third level – Troisième degré	10 806*	— 3 763	—*	4 403	1 838	620	151	31	–
Level not stated – Degré non indiqué	5 235*	— 1 427	—*	1 353	1 027	680	427	321	–
Male – Masculin									
Total	603 001*	— 240 604	—*	149 368	104 939	63 379	29 319	15 392	–
–1	165 591*	— 22 188	—*	32 604	41 725	34 917	21 158	12 999	–
First level – Premier degré	253 477*	— 111 620	—*	65 349	44 907	22 942	6 745	1 914	–
Second level – Second degré	172 513*	— 102 981	—*	47 151	16 266	4 682	1 103	330	–
Third level – Troisième degré	8 931*	— 3 080	—*	3 610	1 560	529	128	24	–
Level not stated – Degré non indiqué	2 489*	— 735	—*	654	481	309	185	125	–
Female – Féminin									
Total	542 338*	— 214 984	—*	137 233	95 619	50 675	25 376	18 451	–
–1	280 524*	— 44 565	—*	74 982	73 956	45 193	24 080	17 748	–
First level – Premier degré	180 412*	— 110 394	–*	46 625	17 948	4 254	823	368	–
Second level – Second degré	76 781*	— 58 650	—*	14 134	2 891	766	208	132	–
Third level – Troisième degré	1 875*	— 683	—*	793	278	91	23	7	–
Level not stated – Degré non indiqué	2 746*	— 692	—*	699	546	371	242	196	–
Rural – Rurale									
9 IV 1976 [3]									
Total									
Total	2 888 319*	— 782 444	—*	630 629	557 973	416 793	274 097	225 983	–
–1	2 088 219*	— 357 791	—*	454 502	449 933	360 015	248 999	214 979	–
First level – Premier degré	701 003*	— 369 569	—*	151 541	96 633	52 093	22 388	8 779	–
Second level – Second degré	84 557*	— 50 560	—*	21 552	8 538	2 411	886	610	–
Third level – Troisième degré	979*	— 205	—*	415	199	107	41	12	–
Level not stated – Degré non indiqué	13 561*	— 2 719	—*	2 619	2 670	2 167	1 783	1 603	–
Male – Masculin									
Total	1 308 815*	— 347 547	—*	262 077	249 889	199 270	137 012	113 020	–
–1	801 900*	— 118 723	—*	145 744	167 429	151 260	114 930	103 814	–
First level – Premier degré	438 854*	— 194 770	—*	97 026	73 601	44 993	20 506	7 958	–
Second level – Second degré	62 013*	— 32 925	—*	18 132	7 771	2 051	704	430	–
Third level – Troisième degré	801*	— 169	—*	339	159	90	34	10	–
Level not stated – Degré non indiqué	5 247*	— 960	—*	836	929	876	838	808	–

34. Population 15 years and over, by educational attainment, age, sex and urban/rural residence: each census, 1973 – 1988 (continued)

Population de 15 ans et plus, selon le degré d'instruction, l'âge, le sexe et la résidence, urbaine/rurale: chaque recensement, 1973 – 1988 (suite)

Data by urban/rural residence

Données selon la résidence urbaine/rurale

(See notes at end of table. – Voir notes à la fin du tableau.)

Continent, country or area, census date, sex, educational level and urban/rural residence Continent, pays ou zone, date du recensement, sexe, degré d'instruction et résidence urbaine/rurale	Age (in years – en années)								
	15 plus	15 – 19	20 – 24	25 – 34	35 – 44	45 – 54	55 – 64	65 plus	Unknown Inconnu
AFRICA—AFRIQUE (Cont.–Suite)									
Cameroon – Cameroun									
Rural – Rurale									
9 IV 1976 [3]									
Female – Féminin									
Total	1 579 504*	— 435 297	—*	368 552	308 084	217 523	137 085	112 963	–
–1	1 286 319*	— 241 068	—*	308 758	282 504	208 755	134 069	111 165	–
First level – Premier degré	262 149*	— 174 799	—*	54 515	23 032	7 100	1 882	821	–
Second level – Second degré	22 544*	— 17 635	—*	3 420	767	360	182	180	–
Third level – Troisième degré	178*	— 36	—*	76	40	17	7	2	–
Level not stated – Degré non indiqué	8 314*	— 1 759	—*	1 783	1 741	1 291	945	795	–
Mozambique									
Urban – Urbaine									
1 VIII 1980 [6 7]									
Total									
Total	526 824	147 576	112 477	80 598	98 824	74 907	*— 11 595	—*	847
First level – Premier degré	451 021	127 197	89 869	67 190	87 006	68 378	*— 10 609	—*	772
Second level – Second degré	67 628	19 912	21 722	11 887	9 331	4 207	*— 510	—*	59
Third level – Troisième degré	2 835	–	255	743	1 040	690	*— 101	—*	6
Level not stated – Degré non indiqué	5 340	467	631	778	1 447	1 632	*— 375	—*	10
Male – Masculin									
Total	368 524	93 866	74 540	56 803	74 057	59 312	*— 9 250	—*	696
First level – Premier degré	314 499	80 369	58 802	46 831	64 910	54 388	*— 8 560	—*	639
Second level – Second degré	49 008	13 213	15 235	9 072	7 638	3 425	*— 378	—*	47
Third level – Troisième degré	1 955	–	149	486	719	513	*— 83	—*	5
Level not stated – Degré non indiqué	3 062	284	354	414	790	986	*— 229	—*	5
Female – Féminin									
Total	158 300	53 710	37 937	23 795	24 767	15 595	*— 2 345	—*	151
First level – Premier degré	136 522	46 828	31 067	20 359	22 096	13 990	*— 2 049	—*	133
Second level – Second degré	18 620	6 699	6 487	2 815	1 693	782	*— 132	—*	12
Third level – Troisième degré	880	–	106	257	321	177	*— 18	—*	1
Level not stated – Degré non indiqué	2 278	183	277	364	657	646	*— 146	—*	5
Rural – Rurale									
1 VIII 1980 [6 7]									
Total									
Total	1 175 390	415 919	206 423	146 901	197 123	170 744	*— 35 256	—*	3 024
First level – Premier degré	1 129 558	401 223	193 686	140 885	190 988	165 993	*— 33 919	—*	2 864
Second level – Second degré	33 895	13 537	10 969	4 186	3 266	1 560	*— 231	—*	146
Third level – Troisième degré	430	–	54	78	132	140	*— 25	—*	1
Level not stated – Degré non indiqué	11 507	1 159	1 714	1 752	2 737	3 051	*— 1 081	—*	13

34. Population 15 years and over, by educational attainment, age, sex and urban/rural residence: each census, 1973 – 1988 (continued)
Population de 15 ans et plus, selon le degré d'instruction, l'âge, le sexe et la résidence, urbaine/rurale: chaque recensement, 1973 – 1988 (suite)
Data by urban/rural residence

Données selon la résidence urbaine/rurale

(See notes at end of table. – Voir notes à la fin du tableau.)

Continent, country or area, census date, sex, educational level and urban/rural residence Continent, pays ou zone, date du recensement, sexe, degré d'instruction et résidence urbaine/rurale	Age (in years – en années) 15 plus	15 – 19	20 – 24	25 – 34	35 – 44	45 – 54	55 – 64	65 plus	Unknown Inconnu
AFRICA—AFRIQUE (Cont.–Suite)									
Mozambique									
Rural – Rurale									
1 VIII 1980 [6 7]									
Male – Masculin									
Total	928 436	289 769	158 237	121 059	169 621	154 286	*—— 32 981 ——*		2 483
First level – Premier degré	891 307	278 195	148 068	116 172	164 513	150 254	*—— 31 751 ——*		2 354
Second level – Second degré	28 270	10 900	9 116	3 637	2 929	1 369	*—— 202 ——*		117
Third level – Troisième degré	359	–	41	60	113	123	*—— 21 ——*		1
Level not stated – Degré non indiqué	8 500	674	1 012	1 190	2 066	2 540	*—— 1 007 ——*		11
Female – Féminin									
Total	246 954	126 150	48 186	25 842	27 502	16 458	*—— 2 275 ——*		541
First level – Premier degré	238 251	123 028	45 618	24 713	26 475	15 739	*—— 2 168 ——*		510
Second level – Second degré	5 625	2 637	1 853	549	337	191	*—— 29 ——*		29
Third level – Troisième degré	71	–	13	18	19	17	*—— 4 ——*		–
Level not stated – Degré non indiqué	3 007	485	702	562	671	511	*—— 74 ——*		2
United Rep. of Tanzania – Rép.–Unie de Tanzanie									
Urban – Urbaine									
26 VIII 1978 [15]									
Total									
Total	1 672 998	...	...	...	...	...	...	...	...
–1	477 520	...	...	...	...	...	...	...	...
First level – Premier degré	991 914	...	...	...	...	...	...	...	...
Second level – Second degré	119 030	...	...	...	...	...	...	...	...
Third level – Troisième degré	81 682	...	...	...	...	...	...	...	...
Level not stated – Degré non indiqué	2 852	...	...	...	...	...	...	...	...
Male – Masculin									
Total	888 176	...	...	...	...	...	...	...	...
–1	154 475	...	...	...	...	...	...	...	...
First level – Premier degré	589 589	...	...	...	...	...	...	...	...
Second level – Second degré	82 975	...	...	...	...	...	...	...	...
Third level – Troisième degré	59 030	...	...	...	...	...	...	...	...
Level not stated – Degré non indiqué	2 107	...	...	...	...	...	...	...	...
Female – Féminin									
Total	784 822	...	...	...	...	...	...	...	...
–1	323 045	...	...	...	...	...	...	...	...
First level – Premier degré	402 325	...	...	...	...	...	...	...	...
Second level – Second degré	36 055	...	...	...	...	...	...	...	...
Third level – Troisième degré	22 652	...	...	...	...	...	...	...	...
Level not stated – Degré non indiqué	745	...	...	...	...	...	...	...	...

34. Population 15 years and over, by educational attainment, age, sex and urban/rural residence: each census, 1973 – 1988 (continued)
Population de 15 ans et plus, selon le degré d'instruction, l'âge, le sexe et la résidence, urbaine/rurale: chaque recensement, 1973 – 1988 (suite)
Data by urban/rural residence

Données selon la résidence urbaine/rurale

(See notes at end of table. – Voir notes à la fin du tableau.)

Continent, country or area, census date, sex, educational level and urban/rural residence Continent, pays ou zone, date du recensement, sexe, degré d'instruction et résidence urbaine/rurale	Age (in years – en années)								
	15 plus	15 – 19	20 – 24	25 – 34	35 – 44	45 – 54	55 – 64	65 plus	Unknown Inconnu
AFRICA—AFRIQUE (Cont.–Suite)									
United Rep. of Tanzania – Rép.–Unie de Tanzanie									
Rural – Rurale									
26 VIII 1978 [15]									
Total									
Total	9 857 689	...	...	...	...	...	...	...	...
–1	5 125 030	...	...	...	...	...	...	...	...
First level – Premier degré	4 557 627	...	...	...	...	...	...	...	...
Second level – Second degré	72 309	...	...	...	...	...	...	...	...
Third level – Troisième degré	93 573	...	...	...	...	...	...	...	...
Level not stated – Degré non indiqué	9 150	...	...	...	...	...	...	...	...
Male – Masculin									
Total	4 749 711	...	...	...	...	...	...	...	...
–1	1 867 583	...	...	...	...	...	...	...	...
First level – Premier degré	2 754 078	...	...	...	...	...	...	...	...
Second level – Second degré	55 474	...	...	...	...	...	...	...	...
Third level – Troisième degré	66 055	...	...	...	...	...	...	...	...
Level not stated – Degré non indiqué	6 541	...	...	...	...	...	...	...	...
Female – Féminin									
Total	5 107 978	...	...	...	...	...	...	...	...
–1	3 257 447	...	...	...	...	...	...	...	...
First level – Premier degré	1 803 569	...	...	...	...	...	...	...	...
Second level – Second degré	16 835	...	...	...	...	...	...	...	...
Third level – Troisième degré	27 518	...	...	...	...	...	...	...	...
Level not stated – Degré non indiqué	2 609	...	...	...	...	...	...	...	...

34. Population 15 years and over, by educational attainment, age, sex and urban/rural residence: each census, 1973 – 1988 (continued)
Population de 15 ans et plus, selon le degré d'instruction, l'âge, le sexe et la résidence, urbaine/rurale: chaque recensement, 1973 – 1988 (suite)
Data by urban/rural residence
Données selon la résidence urbaine/rurale

(See notes at end of table. – Voir notes à la fin du tableau.)

Continent, country or area, census date, sex, educational level and urban/rural residence Continent, pays ou zone, date du recensement, sexe, degré d'instruction et résidence urbaine/rurale	Age (in years – en années)								
	15 plus	15 – 19	20 – 24	25 – 34	35 – 44	45 – 54	55 – 64	65 plus	Unknown Inconnu
AMERICA,NORTH— AMERIQUE DU NORD									
Canada									
Urban – Urbaine									
3 VI 1986 [19 22 23]									
Total									
Total	15 211 780	1 420 855	1 804 905	3 530 150	2 774 385	1 951 720	1 784 615	1 945 150	–
–1	150 355	1 920	4 055	12 135	12 670	22 055	31 520	66 000	–
First level – Premier degré	2 287 700	69 075	47 655	137 665	277 585	421 825	552 745	781 150	–
1	16 435	635	465	990	1 265	1 910	3 470	7 700	–
2	41 000	1 190	785	1 835	2 350	5 835	9 420	19 585	–
3	109 220	2 560	1 495	3 715	7 565	17 605	26 240	50 040	–
4	172 230	2 500	2 500	8 665	16 480	24 870	41 325	75 890	–
5	248 545	1 855	2 880	9 900	29 585	53 260	66 620	84 445	–
6	350 870	2 465	5 340	19 485	46 305	70 460	88 020	118 795	–
7	445 455	9 950	8 575	26 505	66 490	98 110	112 690	123 135	–
8 plus	903 935	47 915	25 615	66 565	107 560	149 780	204 950	301 550	–
Second level – Second degré	9 665 655	1 280 010	1 278 525	2 390 090	1 690 185	1 146 680	967 140	913 025	–
1	887 095	179 945	52 195	108 620	133 255	141 935	135 715	135 430	–
2	1 407 460	302 255	110 910	247 870	214 115	185 260	174 165	172 885	–
3	1 238 875	287 840	134 895	264 295	193 345	129 430	114 935	114 135	–
4	2 242 695	289 785	369 770	651 660	372 185	219 455	176 350	163 490	–
5	554 505	80 115	77 770	116 690	71 680	57 185	66 250	84 815	–
6	1 609 610	93 570	256 130	483 075	329 640	181 905	142 215	123 075	–
7	834 540	39 250	152 690	267 340	171 490	92 135	63 615	48 020	–
8 plus	890 675	7 255	124 165	250 545	204 475	139 365	93 895	70 975	–
Third level – Troisième degré	3 108 075	69 850	474 665	990 265	793 940	361 160	233 215	184 980	–
1	759 520	55 555	133 005	227 130	163 610	77 070	55 245	47 905	–
2	419 630	13 035	104 450	108 095	90 305	44 030	31 880	27 835	–
3	528 860	905	109 135	176 865	128 400	52 750	34 545	26 260	–
4	661 655	250	90 125	236 270	172 710	72 900	49 050	40 350	–
5	322 210	90	28 375	111 615	96 635	42 590	24 480	18 425	–
6	188 635	–	7 835	62 130	62 280	29 570	15 710	11 110	–
7	100 470	–	1 465	33 450	33 875	16 515	9 155	6 010	–
8 plus	127 115	10	280	34 720	46 125	25 740	13 150	7 090	–

34. Population 15 years and over, by educational attainment, age, sex and urban/rural residence: each census, 1973 – 1988 (continued)
Population de 15 ans et plus, selon le degré d'instruction, l'âge, le sexe et la résidence, urbaine/rurale: chaque recensement, 1973 – 1988 (suite)
Data by urban/rural residence
Données selon la résidence urbaine/rurale

(See notes at end of table. – Voir notes à la fin du tableau.)

Continent, country or area, census date, sex, educational level and urban/rural residence Continent, pays ou zone, date du recensement, sexe, degré d'instruction et résidence urbaine/rurale	Age (in years – en années)								
	15 plus	15 – 19	20 – 24	25 – 34	35 – 44	45 – 54	55 – 64	65 plus	Unknown Inconnu
AMERICA,NORTH— (Cont.–Suite) AMERIQUE DU NORD									
Canada									
Urban – Urbaine									
3 VI 1986 [19 22 23]									
Male – Masculin									
Total	7 327 280	720 250	891 380	1 742 025	1 369 870	965 870	843 350	794 535	–
–1	58 415	1 110	2 090	6 085	5 825	9 085	11 965	22 255	–
First level – Premier degré	1 053 200	40 905	26 255	66 700	128 420	205 980	261 730	323 210	–
1	7 485	320	270	510	545	930	1 645	3 265	–
2	18 485	685	375	865	1 075	2 545	4 260	8 680	–
3	51 645	1 545	840	1 925	3 470	7 675	12 935	23 255	–
4	80 310	1 495	1 395	4 065	7 725	12 375	19 935	33 320	–
5	114 720	970	1 625	4 425	12 700	26 070	33 305	35 625	–
6	159 110	1 540	2 915	9 000	20 990	34 920	41 400	48 345	–
7	198 255	6 055	4 890	12 605	29 850	45 845	50 855	48 155	–
8 plus	423 210	28 285	13 955	33 320	52 070	75 625	97 390	122 565	–
Second level – Second degré	4 527 090	645 840	631 210	1 150 625	787 295	534 325	427 755	350 040	–
1	423 330	97 310	28 665	54 710	61 370	68 060	61 870	51 345	–
2	677 450	156 455	61 545	129 505	100 665	85 335	77 110	66 835	–
3	576 745	147 795	72 515	129 805	83 270	54 360	46 790	42 210	–
4	999 535	144 005	183 065	281 615	158 475	96 905	73 785	61 685	–
5	262 495	39 320	39 330	56 650	35 135	27 800	29 390	34 870	–
6	670 630	39 835	111 615	220 800	135 240	71 695	52 660	38 785	–
7	400 605	17 580	70 075	126 985	87 935	46 315	31 010	20 705	–
8 plus	516 280	3 530	64 400	150 555	125 205	83 850	55 145	33 595	–
Third level – Troisième degré	1 688 540	32 390	231 820	518 600	448 330	216 475	141 895	99 030	–
1	365 600	25 990	64 325	111 200	80 910	37 285	26 735	19 155	–
2	214 870	5 845	52 075	56 750	46 020	23 060	17 650	13 470	–
3	257 310	385	51 720	87 415	63 135	25 435	17 525	11 695	–
4	363 090	105	43 505	121 360	96 430	45 245	32 610	23 835	–
5	194 350	55	14 885	60 720	59 220	29 670	17 480	12 320	–
6	123 970	–	4 340	36 155	42 255	21 745	11 530	7 945	–
7	72 125	–	800	21 340	24 980	12 820	7 315	4 870	–
8 plus	97 220	5	175	23 660	35 380	21 215	11 045	5 740	–

34. Population 15 years and over, by educational attainment, age, sex and urban/rural residence: each census, 1973 – 1988 (continued)
Population de 15 ans et plus, selon le degré d'instruction, l'âge, le sexe et la résidence, urbaine/rurale: chaque recensement, 1973 – 1988 (suite)
Data by urban/rural residence

Données selon la résidence urbaine/rurale

(See notes at end of table. – Voir notes à la fin du tableau.)

Continent, country or area, census date, sex, educational level and urban/rural residence Continent, pays ou zone, date du recensement, sexe, degré d'instruction et résidence urbaine/rurale	Age (in years – en années)								
	15 plus	15 – 19	20 – 24	25 – 34	35 – 44	45 – 54	55 – 64	65 plus	Unknown Inconnu
AMERICA,NORTH— (Cont.–Suite) AMERIQUE DU NORD									
Canada									
Urban – Urbaine									
3 VI 1986 [19 22 23]									
Female – Féminin									
Total	7 884 505	700 605	913 525	1 788 130	1 404 515	985 850	941 260	1 150 620	–
–1	91 925	805	1 965	6 045	6 850	12 965	19 550	43 745	–
First level – Premier degré	1 234 500	28 175	21 400	70 960	149 170	215 845	291 010	457 940	–
1	8 950	310	195	480	720	985	1 825	4 435	–
2	22 505	505	410	970	1 275	3 285	5 155	10 905	–
3	57 590	1 025	655	1 790	4 095	9 930	13 310	26 785	–
4	91 925	1 005	1 105	4 600	8 755	12 495	21 395	42 570	–
5	133 820	880	1 255	5 480	16 885	27 190	33 310	48 820	–
6	141 760	925	2 425	10 485	25 315	35 540	46 615	20 455	–
7	247 215	3 895	3 690	13 905	36 640	52 270	61 835	74 980	–
8 plus	480 730	19 635	11 665	33 245	55 485	74 155	107 560	178 985	–
Second level – Second degré	5 138 570	634 170	647 315	1 239 465	902 890	612 355	539 385	562 990	–
1	463 745	82 635	23 530	53 910	71 880	73 875	73 840	84 075	–
2	730 005	145 800	49 365	118 360	113 450	99 925	97 055	106 050	–
3	662 130	140 040	62 385	134 495	110 075	75 070	68 150	71 915	–
4	1 243 150	145 775	186 705	370 045	213 705	122 550	102 565	101 805	–
5	292 015	40 800	38 440	60 045	36 540	29 390	36 855	49 945	–
6	938 975	53 730	144 515	262 275	194 405	110 205	89 555	84 290	–
7	434 145	21 670	82 615	140 355	83 560	45 815	32 610	27 520	–
8 plus	374 380	3 720	59 760	99 985	79 270	55 515	38 750	37 380	–
Third level – Troisième degré	1 419 525	37 460	242 840	471 665	345 610	144 685	91 315	85 950	–
1	393 905	29 560	68 675	115 930	82 700	39 785	28 505	28 750	–
2	204 740	7 190	52 370	51 345	44 280	20 970	14 230	14 355	–
3	271 540	520	57 415	89 450	65 265	27 315	17 010	14 565	–
4	298 565	145	46 620	114 910	76 280	27 650	16 440	16 520	–
5	127 860	45	13 490	50 895	37 420	12 920	6 995	6 095	–
6	64 665	–	3 495	25 975	20 025	7 820	4 185	3 165	–
7	28 345	–	660	12 105	8 900	3 695	1 840	1 145	–
8 plus	29 900	5	105	11 060	10 745	4 525	2 105	1 355	–

34. Population 15 years and over, by educational attainment, age, sex and urban/rural residence: each census, 1973 – 1988 (continued)
Population de 15 ans et plus, selon le degré d'instruction, l'âge, le sexe et la résidence, urbaine/rurale: chaque recensement, 1973 – 1988 (suite)
Data by urban/rural residence

Données selon la résidence urbaine/rurale

(See notes at end of table. – Voir notes à la fin du tableau.)

Continent, country or area, census date, sex, educational level and urban/rural residence / Continent, pays ou zone, date du recensement, sexe, degré d'instruction et résidence urbaine/rurale	Age (in years – en années) 15 plus	15 – 19	20 – 24	25 – 34	35 – 44	45 – 54	55 – 64	65 plus	Unknown Inconnu
AMERICA,NORTH— (Cont.–Suite) AMERIQUE DU NORD									
Canada									
Rural – Rurale									
3 VI 1986 [19 22 23]									
Total									
Total	4 422 315	496 395	439 040	975 655	852 455	581 270	527 490	550 010	–
–1	45 630	885	1 410	3 335	3 695	6 910	9 085	20 310	–
First level – Premier degré	989 955	45 175	31 035	74 920	134 825	183 040	230 175	290 785	–
1	7 290	210	165	440	545	920	1 565	3 445	–
2	16 395	505	275	620	1 020	1 840	3 890	8 245	–
3	39 545	885	590	1 220	2 845	4 895	9 530	19 580	–
4	65 800	975	810	2 295	4 960	8 245	16 710	31 805	–
5	83 275	1 320	1 295	3 530	9 360	14 165	22 880	30 725	–
6	137 890	2 535	3 260	8 545	19 975	28 440	34 480	40 655	–
7	211 015	9 535	7 230	18 090	39 950	48 465	46 510	41 235	–
8 plus	428 725	29 210	17 415	40 170	56 165	76 065	94 610	115 090	–
Second level – Second degré	2 877 665	432 940	342 780	755 670	560 105	331 485	247 405	207 280	–
1	369 775	73 255	24 960	55 610	66 080	59 330	48 895	41 645	–
2	497 445	109 395	40 040	101 610	83 525	64 015	52 700	46 160	–
3	383 000	95 595	38 650	89 290	64 465	38 005	29 495	27 500	–
4	662 785	99 135	108 570	218 130	117 190	53 300	36 960	29 500	–
5	110 385	17 320	17 015	28 290	15 240	9 720	10 140	12 660	–
6	448 500	26 445	57 840	137 820	110 630	53 585	35 905	26 275	–
7	206 945	9 890	32 395	68 795	49 650	22 465	14 080	9 670	–
8 plus	198 815	1 905	23 310	56 120	53 320	31 065	19 225	13 870	–
Third level – Troisième degré	509 080	17 390	63 825	141 740	153 825	59 840	40 825	31 635	–
1	152 565	13 925	20 600	41 910	37 195	16 205	12 455	10 275	–
2	78 845	3 290	15 875	18 450	21 000	8 345	6 490	5 395	–
3	80 410	145	13 380	23 205	25 295	8 905	5 480	4 000	–
4	100 175	10	10 210	32 510	32 295	11 475	7 700	5 975	–
5	48 185	20	3 160	14 140	18 300	6 265	3 660	2 640	–
6	24 065	–	480	6 170	9 665	3 990	2 240	1 520	–
7	12 270	–	105	3 035	4 940	2 020	1 335	835	–
8 plus	12 590	–	5	2 315	5 170	2 635	1 475	990	–

34. Population 15 years and over, by educational attainment, age, sex and urban/rural residence: each census, 1973 – 1988 (continued)
Population de 15 ans et plus, selon le degré d'instruction, l'âge, le sexe et la résidence, urbaine/rurale: chaque recensement, 1973 – 1988 (suite)
Data by urban/rural residence
Données selon la résidence urbaine/rurale

(See notes at end of table. – Voir notes à la fin du tableau.)

Continent, country or area, census date, sex, educational level and urban/rural residence Continent, pays ou zone, date du recensement, sexe, degré d'instruction et résidence urbaine/rurale	Age (in years – en années)								
	15 plus	15 – 19	20 – 24	25 – 34	35 – 44	45 – 54	55 – 64	65 plus	Unknown Inconnu
AMERICA,NORTH— (Cont.–Suite) AMERIQUE DU NORD									
Canada									
Rural – Rurale									
3 VI 1986 [19 22 23]									
Male – Masculin									
Total	2 278 985	260 250	232 530	490 865	442 205	303 425	272 170	277 540	–
–1	25 096	530	775	1 930	2 065	3 796	5 050	10 950	–
First level – Premier degré	556 875	27 860	18 985	43 285	75 540	104 920	128 290	157 995	–
1	4 590	140	110	245	335	525	1 065	2 170	–
2	10 330	335	185	340	695	1 210	2 530	5 035	–
3	25 035	575	400	775	1 810	3 155	6 220	12 100	–
4	39 660	600	565	1 520	3 200	5 330	10 050	18 395	–
5	47 135	800	890	2 150	5 590	8 540	12 955	16 210	–
6	78 115	1 590	2 070	5 250	11 875	16 685	18 975	21 670	–
7	113 470	6 115	4 485	10 375	21 300	25 785	24 460	20 950	–
8 plus	238 530	17 705	10 275	22 625	30 745	43 670	52 035	61 475	–
Second level – Second degré	1 439 635	224 075	181 780	377 785	279 700	161 585	116 335	98 375	–
1	196 210	41 120	14 455	31 005	34 400	30 780	24 750	19 700	–
2	256 185	57 585	23 730	56 365	42 170	30 205	25 140	20 990	–
3	183 050	49 085	22 020	44 095	29 070	15 670	12 200	10 910	–
4	306 210	50 805	56 355	96 340	51 265	23 385	15 490	12 570	–
5	53 685	8 375	8 745	13 015	8 060	5 030	4 645	5 815	–
6	208 040	11 595	27 170	67 580	51 475	24 415	15 430	10 375	–
7	102 397	4 565	16 710	33 750	28 775	12 655	757	5 185	–
8 plus	121 050	940	12 605	35 650	34 485	19 440	11 105	6 825	–
Third level – Troisième degré	263 385	7 785	30 985	67 865	84 905	33 135	22 490	16 220	–
1	69 850	6 290	10 040	19 260	18 310	6 920	5 215	3 815	–
2	39 565	1 410	8 280	9 415	10 360	4 095	3 425	2 580	–
3	35 830	80	6 060	9 810	11 675	3 955	2 475	1 775	–
4	52 915	5	4 700	15 000	17 960	6 785	4 840	3 625	–
5	29 165	5	1 535	7 040	11 750	4 495	2 530	1 810	–
6	16 550	–	280	3 620	6 905	2 965	1 650	1 130	–
7	9 390	–	80	2 090	3 820	1 680	1 055	665	–
8 plus	10 110	–	5	1 635	4 115	2 245	1 295	815	–

34. Population 15 years and over, by educational attainment, age, sex and urban/rural residence: each census, 1973 – 1988 (continued)
Population de 15 ans et plus, selon le degré d'instruction, l'âge, le sexe et la résidence, urbaine/rurale: chaque recensement, 1973 – 1988 (suite)
Data by urban/rural residence

Données selon la résidence urbaine/rurale

(See notes at end of table. – Voir notes à la fin du tableau.)

Continent, country or area, census date, sex, educational level and urban/rural residence Continent, pays ou zone, date du recensement, sexe, degré d'instruction et résidence urbaine/rurale	Age (in years – en années)								
	15 plus	15 – 19	20 – 24	25 – 34	35 – 44	45 – 54	55 – 64	65 plus	Unknown Inconnu
AMERICA,NORTH— (Cont.–Suite) AMERIQUE DU NORD									
Canada									
Rural – Rurale									
3 VI 1986 [19 22 23]									
Female – Féminin									
Total	2 143 330	236 150	206 515	484 790	410 245	277 845	255 320	272 465	–
–1	20 535	355	635	1 405	1 630	3 120	4 030	9 360	–
First level – Premier degré	433 085	17 320	12 050	31 635	59 285	78 120	101 885	132 790	–
1	2 705	70	55	195	205	395	500	1 285	–
2	6 075	165	90	280	330	635	1 360	3 215	–
3	14 505	310	185	440	1 035	1 740	3 310	7 485	–
4	26 155	380	245	775	1 760	2 920	6 660	13 415	–
5	36 145	520	405	1 380	3 775	5 625	9 925	14 515	–
6	59 775	945	1 185	3 300	8 100	11 760	15 500	18 985	–
7	97 530	3 420	2 745	7 715	18 655	22 670	22 045	20 280	–
8 plus	190 175	11 505	7 140	17 545	25 425	32 375	42 575	53 610	–
Second level – Second degré	1 444 030	208 865	161 000	377 885	280 405	169 900	131 070	114 905	–
1	173 565	32 130	10 505	24 610	31 680	28 550	24 145	21 945	–
2	241 255	51 810	16 310	45 240	41 355	33 810	27 560	25 170	–
3	199 955	46 510	16 635	45 200	35 395	22 330	17 295	16 590	–
4	356 585	48 325	52 220	121 800	65 925	29 915	21 470	16 930	–
5	56 715	8 950	8 275	15 280	7 185	4 695	5 490	6 840	–
6	240 450	14 850	30 665	70 240	59 155	29 170	20 475	15 895	–
7	97 730	5 330	15 680	35 045	20 875	9 810	6 505	4 485	–
8 plus	70 720	965	10 705	20 470	18 835	11 620	8 125	–	–
Third level – Troisième degré	245 695	9 605	32 835	73 875	68 925	26 705	18 340	15 410	–
1	82 715	7 635	10 560	22 655	18 885	9 285	7 240	6 455	–
2	39 280	1 885	7 590	9 035	10 640	4 255	3 065	2 810	–
3	44 545	65	7 320	13 395	13 590	4 950	3 005	2 220	–
4	47 260	5	5 515	17 510	14 330	4 690	2 855	2 355	–
5	19 010	10	1 630	7 105	6 545	1 765	1 130	825	–
6	7 525	–	205	2 550	2 760	1 030	590	390	–
7	2 875	–	25	945	1 120	340	275	170	–
8 plus	2 475	–	–	685	1 055	385	175	175	–

34. Population 15 years and over, by educational attainment, age, sex and urban/rural residence: each census, 1973 – 1988 (continued)
Population de 15 ans et plus, selon le degré d'instruction, l'âge, le sexe et la résidence, urbaine/rurale: chaque recensement, 1973 – 1988 (suite)
Data by urban/rural residence

Données selon la résidence urbaine/rurale

(See notes at end of table. – Voir notes à la fin du tableau.)

Continent, country or area, census date, sex, educational level and urban/rural residence Continent, pays ou zone, date du recensement, sexe, degré d'instruction et résidence urbaine/rurale	Age (in years – en années)								
	15 plus	15 – 19	20 – 24	25 – 34	35 – 44	45 – 54	55 – 64	65 plus	Unknown Inconnu
AMERICA,NORTH— (Cont.–Suite) AMERIQUE DU NORD									
Panama									
Urban – Urbaine									
11 V 1980 [29]									
Total									
Total	590 677	107 677	91 953	147 167	92 520	63 213	46 720	41 427	–
–1	24 710	1 231	1 423	3 344	3 217	3 765	3 895	7 835	–
First level – Premier degré	211 156	22 346	20 638	48 001	38 798	31 582	26 911	22 880	–
1	4 374	254	270	760	709	828	763	790	–
2	10 007	555	578	1 666	1 650	2 009	1 806	1 743	–
3	20 730	1 066	1 108	3 175	3 480	4 342	3 856	3 703	–
4	19 976	1 438	1 234	3 395	3 494	3 810	3 443	3 162	–
5	25 335	2 585	1 995	4 593	4 343	4 335	4 208	3 276	–
6 plus	129 732	16 364	15 371	34 178	24 949	16 092	12 719	10 059	–
Not stated–non indiqué	1 002	84	82	234	173	166	116	147	–
Second level – Second degré	270 911	80 695	49 662	63 597	35 438	20 702	12 581	8 236	–
1	21 760	8 357	3 114	4 618	2 631	1 426	972	642	–
2	42 593	13 857	5 940	9 908	5 756	3 331	2 431	1 370	–
3	67 053	22 279	9 538	16 592	9 260	5 209	2 637	1 538	–
4	27 818	14 410	3 550	3 656	2 238	1 767	1 259	938	–
5	28 149	11 410	5 195	4 942	2 966	2 012	1 057	567	–
6 plus	82 306	10 268	22 122	23 500	12 389	6 799	4 124	3 104	–
Not stated–non indiqué	1 232	114	203	381	198	158	101	77	–
Third level – Troisième degré	76 330	2 173	19 143	30 043	14 168	6 515	2 750	1 538	–
1 – 3	39 351	2 164	15 473	13 604	4 774	1 975	871	490	–
4 plus	36 193	–	3 611	16 163	9 172	4 408	1 821	1 018	–
Not stated–non indiqué	786	9	59	276	222	132	58	30	–
Level not stated – Degré non indiqué	7 570	1 232	1 087	2 182	899	649	583	938	–
Male – Masculin									
Total	278 774	49 752	43 073	70 040	44 427	30 183	22 722	18 577	–
–1	10 293	599	655	1 541	1 447	1 479	1 604	2 968	–
First level – Premier degré	97 494	10 345	9 787	22 532	17 599	14 363	12 730	10 138	–
1	2 021	122	118	354	320	376	354	377	–
2	4 468	278	265	738	722	885	819	761	–
3	9 215	516	498	1 371	1 553	1 946	1 716	1 615	–
4	8 922	737	527	1 471	1 557	1 670	1 572	1 388	–
5	11 923	1 228	898	2 116	2 036	2 032	2 102	1 511	–
6 plus	60 533	7 441	7 439	16 386	11 346	7 380	6 118	4 423	–
Not stated–non indiqué	412	23	42	96	65	74	49	63	–
Second level – Second degré	128 361	37 353	23 556	29 762	17 011	10 186	6 451	4 042	–
1	11 221	4 452	1 547	2 238	1 325	725	556	378	–
2	21 672	6 926	3 061	4 897	2 917	1 781	1 326	764	–
3	31 171	10 022	4 557	7 897	4 200	2 473	1 287	735	–
4	13 655	6 555	1 802	1 864	1 189	1 038	726	481	–
5	13 076	5 064	2 571	2 269	1 428	958	529	257	–
6 plus	36 983	4 285	9 921	10 407	5 864	3 139	1 981	1 386	–
Not stated–non indiqué	583	49	97	190	88	72	46	41	–
Third level – Troisième degré	38 656	861	8 487	14 984	7 905	3 802	1 618	999	–
1 – 3	18 147	859	6 812	6 276	2 409	1 069	448	274	–
4 plus	20 077	–	1 653	8 575	5 369	2 643	1 130	707	–
Not stated–non indiqué	432	2	22	133	127	90	40	18	–
Level not stated – Degré non indiqué	3 970	594	588	1 221	465	353	319	430	–

34. Population 15 years and over, by educational attainment, age, sex and urban/rural residence: each census, 1973 – 1988 (continued)
Population de 15 ans et plus, selon le degré d'instruction, l'âge, le sexe et la résidence, urbaine/rurale: chaque recensement, 1973 – 1988 (suite)
Data by urban/rural residence

Données selon la résidence urbaine/rurale

(See notes at end of table. – Voir notes à la fin du tableau.)

Continent, country or area, census date, sex, educational level and urban/rural residence Continent, pays ou zone, date du recensement, sexe, degré d'instruction et résidence urbaine/rurale	Age (in years – en années)								
	15 plus	15 – 19	20 – 24	25 – 34	35 – 44	45 – 54	55 – 64	65 plus	Unknown Inconnu
AMERICA,NORTH— (Cont.–Suite) AMERIQUE DU NORD									
Panama									
Urban – Urbaine									
11 V 1980 [29]									
Female – Féminin									
Total	311 903	57 925	48 880	77 127	48 093	33 030	23 998	22 850	–
–1	14 417	632	768	1 803	1 770	2 286	2 291	4 867	–
First level – Premier degré	113 662	12 001	10 851	25 469	21 199	17 219	14 181	12 742	–
1	2 353	132	152	406	389	452	409	413	–
2	5 539	277	313	928	928	1 124	987	982	–
3	11 515	550	610	1 804	1 927	2 396	2 140	2 088	–
4	11 054	701	707	1 924	1 937	2 140	1 871	1 774	–
5	13 412	1 357	1 097	2 477	2 307	2 303	2 106	1 765	–
6 plus	69 199	8 923	7 932	17 792	13 603	8 712	6 601	5 636	–
Not stated–non indiqué	590	61	40	138	108	92	67	84	–
Second level – Second degré	142 550	43 342	26 106	33 835	18 427	10 516	6 130	4 194	–
1	10 539	3 905	1 567	2 380	1 306	701	416	264	–
2	20 921	6 931	2 879	5 011	2 839	1 550	1 105	606	–
3	35 882	12 257	4 981	8 695	5 060	2 736	1 350	803	–
4	14 163	7 855	1 748	1 792	1 049	729	533	457	–
5	15 073	6 346	2 624	2 673	1 538	1 054	528	310	–
6 plus	45 323	5 983	12 201	13 093	6 525	3 660	2 143	1 718	–
Not stated–non indiqué	649	65	106	191	110	86	55	36	–
Third level – Troisième degré	37 674	1 312	10 656	15 059	6 263	2 713	1 132	539	–
1 – 3	21 204	1 305	8 661	7 328	2 365	906	423	216	–
4 plus	16 116	–	1 958	7 588	3 803	1 765	691	311	–
Not stated–non indiqué	354	7	37	143	95	42	18	12	–
Level not stated – Degré non indiqué	3 600	638	499	961	434	296	264	508	–
Rural – Rurale									
11 V 1980 [29]									
Total									
Total	497 800	92 559	70 410	112 907	83 982	59 389	41 550	37 003	–
–1	117 620	6 524	7 908	20 397	23 191	22 176	16 684	20 740	–
First level – Premier degré	286 635	50 866	39 307	71 780	53 211	33 452	23 038	14 981	–
1	13 067	1 054	1 040	2 744	2 776	2 401	1 729	1 323	–
2	28 487	2 274	2 439	6 195	6 142	5 227	3 667	2 543	–
3	49 066	4 055	3 883	9 944	10 300	9 229	7 141	4 514	–
4	38 163	5 140	3 970	8 967	8 147	5 427	3 947	2 565	–
5	31 128	6 084	4 105	7 932	5 938	3 241	2 316	1 512	–
6 plus	126 058	32 151	23 774	35 831	19 791	7 831	4 191	2 489	–
Not stated–non indiqué	666	108	96	167	117	96	47	35	–
Second level – Second degré	82 304	34 336	19 975	16 499	6 142	3 026	1 412	914	–
1	10 289	5 604	1 720	1 706	719	315	125	100	–
2	16 468	7 905	2 940	3 148	1 363	625	290	197	–
3	21 611	9 946	4 456	4 324	1 632	771	308	174	–
4	8 238	5 008	1 535	917	331	230	117	100	–
5	6 736	3 372	1 799	912	339	189	81	44	–
6 plus	18 819	2 480	7 479	5 462	1 732	884	486	296	–
Not stated–non indiqué	143	21	46	30	26	12	5	3	–
Third level – Troisième degré	8 202	311	2 821	3 073	1 101	525	249	122	–
1 – 3	5 278	311	2 459	1 700	486	182	91	49	–
4 plus	2 899	–	352	1 365	612	341	158	71	–
Not stated–non indiqué	25	–	10	8	3	2	–	2	–
Level not stated – Degré non indiqué	3 039	522	399	1 158	337	210	167	246	–

34. Population 15 years and over, by educational attainment, age, sex and urban/rural residence: each census, 1973 – 1988 (continued)
Population de 15 ans et plus, selon le degré d'instruction, l'âge, le sexe et la résidence, urbaine/rurale: chaque recensement, 1973 – 1988 (suite)
Data by urban/rural residence

Données selon la résidence urbaine/rurale

(See notes at end of table. – Voir notes à la fin du tableau.)

Continent, country or area, census date, sex, educational level and urban/rural residence Continent, pays ou zone, date du recensement, sexe, degré d'instruction et résidence urbaine/rurale	Age (in years – en années)								
	15 plus	15 – 19	20 – 24	25 – 34	35 – 44	45 – 54	55 – 64	65 plus	Unknown Inconnu
AMERICA,NORTH— (Cont.–Suite) AMERIQUE DU NORD									
Panama									
Rural – Rurale									
11 V 1980 [29]									
Male – Masculin									
Total	267 940	49 924	36 801	58 977	45 070	32 876	23 406	20 886	–
–1	56 845	2 620	3 061	8 768	11 101	11 352	8 817	11 126	–
First level – Premier degré	161 463	29 369	21 797	38 988	29 596	19 253	13 461	8 999	–
1	7 573	606	547	1 543	1 632	1 376	1 070	799	–
2	16 049	1 310	1 265	3 393	3 378	3 076	2 103	1 524	–
3	27 109	2 330	2 030	5 298	5 546	5 131	4 065	2 709	–
4	20 808	2 901	2 058	4 545	4 492	3 082	2 221	1 509	–
5	17 459	3 496	2 146	4 227	3 325	1 945	1 380	940	–
6 plus	72 074	18 677	13 707	19 880	11 151	4 572	2 590	1 497	–
Not stated–non indiqué	391	49	44	102	72	71	32	21	–
Second level – Second degré	43 493	17 521	10 405	8 824	3 513	1 831	846	553	–
1	5 735	3 155	943	886	408	195	77	71	–
2	8 999	4 156	1 617	1 726	795	399	174	132	–
3	11 607	5 043	2 491	2 398	917	461	194	103	–
4	4 377	2 496	812	547	216	163	80	63	–
5	3 496	1 568	959	530	224	128	58	29	–
6 plus	9 198	1 091	3 560	2 717	937	478	261	154	–
Not stated–non indiqué	81	12	23	20	16	7	2	1	–
Third level – Troisième degré	4 353	124	1 299	1 680	654	331	179	86	–
1 – 3	2 575	124	1 097	886	267	108	61	32	–
4 plus	1 765	–	197	789	385	223	118	53	–
Not stated–non indiqué	13	–	5	5	2	–	–	1	–
Level not stated – Degré non indiqué	1 786	290	239	717	206	109	103	122	–
Female – Féminin									
Total	229 860	42 635	33 609	53 930	38 912	26 513	18 144	16 117	–
–1	60 775	3 904	4 847	11 629	12 090	10 824	7 867	9 614	–
First level – Premier degré	125 172	21 497	17 510	32 792	23 615	14 199	9 577	5 982	–
1	5 494	448	493	1 201	1 144	1 025	659	524	–
2	12 438	964	1 174	2 802	2 764	2 151	1 564	1 019	–
3	21 957	1 725	1 853	4 646	4 754	4 098	3 076	1 805	–
4	17 355	2 239	1 912	4 422	3 655	2 345	1 726	1 056	–
5	13 669	2 588	1 959	3 705	2 613	1 296	936	572	–
6 plus	53 984	13 474	10 067	15 951	8 640	3 259	1 601	992	–
Not stated–non indiqué	275	59	52	65	45	25	15	14	–
Second level – Second degré	38 811	16 815	9 570	7 675	2 629	1 195	566	361	–
1	4 554	2 449	777	820	311	120	48	29	–
2	7 469	3 749	1 323	1 422	568	226	116	65	–
3	10 004	4 903	1 965	1 926	715	310	114	71	–
4	3 861	2 512	723	370	115	67	37	37	–
5	3 240	1 804	840	382	115	61	23	15	–
6 plus	9 621	1 389	3 919	2 745	795	406	225	142	–
Not stated–non indiqué	62	9	23	10	10	5	3	2	–
Third level – Troisième degré	3 849	187	1 522	1 393	447	194	70	36	–
1 – 3	2 703	187	1 362	814	219	74	30	17	–
4 plus	1 134	–	155	576	227	118	40	18	–
Not stated–non indiqué	12	–	5	3	1	2	–	1	–
Level not stated – Degré non indiqué	1 253	232	160	441	131	101	64	124	–

34. Population 15 years and over, by educational attainment, age, sex and urban/rural residence: each census, 1973 – 1988 (continued)

Population de 15 ans et plus, selon le degré d'instruction, l'âge, le sexe et la résidence, urbaine/rurale: chaque recensement, 1973 – 1988 (suite)

Data by urban/rural residence

Données selon la résidence urbaine/rurale

(See notes at end of table. – Voir notes à la fin du tableau.)

Continent, country or area, census date, sex, educational level and urban/rural residence Continent, pays ou zone, date du recensement, sexe, degré d'instruction et résidence urbaine/rurale	Age (in years – en années)								
	15 plus	15 – 19	20 – 24	25 – 34	35 – 44	45 – 54	55 – 64	65 plus	Unknown Inconnu
AMERICA, SOUTH— AMERIQUE DU SUD									
Brazil – Brésil									
Urban – Urbaine									
1 IX 1980 [24,34,35]									
Total									
Total	51 984 689	9 224 728	8 283 202	12 450 908	8 509 002	6 218 967	3 912 923	3 306 555	78 404
–1	9 311 161	750 167	715 779	1 512 900	1 658 762	1 639 948	1 403 209	1 607 090	23 306
First level – Premier degré	33 082 176	6 923 228	5 103 306	7 832 649	5 545 959	3 916 999	2 203 782	1 511 134	45 119
1	1 844 820	234 867	184 697	377 731	361 811	304 640	212 429	164 927	3 718
2	3 275 513	438 696	353 247	740 137	680 470	517 126	314 945	225 224	5 668
3	4 864 042	743 535	584 254	1 131 482	999 723	730 155	405 622	261 853	7 418
4	12 539 679	1 574 756	1 783 648	3 292 012	2 441 032	1 770 493	980 023	680 383	17 332
5	2 002 822	886 274	403 455	420 741	166 974	74 182	31 489	17 471	2 236
6	2 082 886	914 059	413 558	420 502	179 798	90 875	40 240	21 798	2 056
7	2 188 270	976 991	485 338	415 589	167 738	83 482	37 501	19 596	2 035
8	4 284 144	1 154 050	895 109	1 034 455	548 413	346 046	181 533	119 882	4 656
Second level – Second degré	6 454 721	1 479 204	1 792 631	1 795 622	709 672	379 187	179 728	112 692	5 985
1	1 205 609	640 829	311 894	176 419	47 087	18 571	6 434	3 599	776
2	1 242 444	457 005	385 629	258 928	79 633	36 698	15 114	8 351	1 086
3	4 006 668	381 370	1 095 108	1 360 275	582 952	323 918	158 180	100 742	4 123
Third level – Troisième degré	3 073 779	63 903	660 302	1 289 545	583 852	276 610	122 782	73 137	3 648
1	431 612	54 560	202 419	128 142	31 669	9 619	3 029	1 781	393
2	417 489	9 343	183 782	159 557	42 028	14 069	5 144	2 886	680
3	486 563	–	135 929	216 745	76 848	33 300	14 339	8 814	588
4	1 054 260	–	100 372	489 913	262 265	121 862	51 300	27 354	1 194
5	461 128	–	27 295	194 086	116 855	69 215	33 175	19 967	535
6 plus	222 727	–	10 505	101 102	54 187	28 545	15 795	12 335	258
Level not stated – Degré non indiqué	62 852	8 226	11 184	20 192	10 757	6 223	3 422	2 502	346
Male – Masculin									
Total	24 947 442	4 446 576	4 013 978	6 031 244	4 134 941	2 993 130	1 844 236	1 444 440	38 897
–1	3 938 384	400 519	345 151	662 134	688 022	658 060	561 222	613 070	10 206
First level – Premier degré	16 327 670	3 366 312	2 526 772	3 863 916	2 750 152	1 957 858	1 110 244	728 785	23 631
1	921 565	125 075	94 886	179 846	174 103	149 681	108 667	87 492	1 815
2	1 600 306	225 053	176 481	342 667	324 335	255 324	159 742	113 723	2 981
3	2 351 181	364 511	283 830	528 873	479 833	359 218	203 486	127 468	3 962
4	6 146 873	748 747	868 562	1 635 612	1 210 983	878 386	483 621	311 858	9 104
5	1 008 903	445 903	201 203	209 980	86 608	38 731	16 576	8 721	1 181
6	1 060 172	452 648	208 690	217 525	97 163	50 046	21 565	11 422	1 113
7	1 102 500	470 094	247 301	214 833	91 241	46 792	20 978	10 193	1 068
8	2 136 170	534 281	445 819	534 580	285 886	179 680	95 609	57 908	2 407
Second level – Second degré	2 975 044	650 482	838 092	826 553	343 829	189 948	79 911	43 307	2 922
1	580 442	290 860	157 074	91 392	25 784	10 489	3 100	1 308	435
2	609 671	201 918	192 869	136 597	45 719	21 406	7 499	3 094	569
3	1 784 931	157 704	488 149	598 564	272 326	158 053	69 312	38 905	1 918
Third level – Troisième degré	1 676 237	25 502	299 076	669 575	347 259	183 872	90 992	57 986	1 975
1	217 038	21 771	97 697	70 456	18 006	5 620	2 031	1 249	208
2	215 198	3 731	85 250	88 071	23 793	8 553	3 423	2 021	356
3	221 863	–	57 763	97 674	34 557	16 646	8 780	6 139	304
4	529 378	–	38 851	221 316	140 700	73 136	34 870	19 928	577
5	337 814	–	14 597	127 897	90 572	57 590	28 935	17 852	371
6 plus	154 946	–	4 918	64 161	39 631	22 327	12 953	10 797	159
Level not stated – Degré non indiqué	30 107	3 761	4 887	9 066	5 679	3 392	1 867	1 292	163

34. Population 15 years and over, by educational attainment, age, sex and urban/rural residence: each census, 1973 – 1988 (continued)

Population de 15 ans et plus, selon le degré d'instruction, l'âge, le sexe et la résidence, urbaine/rurale: chaque recensement, 1973 – 1988 (suite)

Data by urban/rural residence

Données selon la résidence urbaine/rurale

(See notes at end of table. – Voir notes à la fin du tableau.)

Continent, country or area, census date, sex, educational level and urban/rural residence Continent, pays ou zone, date du recensement, sexe, degré d'instruction et résidence urbaine/rurale	Age (in years – en années)								
	15 plus	15 – 19	20 – 24	25 – 34	35 – 44	45 – 54	55 – 64	65 plus	Unknown Inconnu
AMERICA,SOUTH— (Cont.–Suite) AMERIQUE DU SUD									
Brazil – Brésil									
Urban – Urbaine									
1 IX 1980 [24 34 35]									
Female – Féminin									
Total	27 037 247	4 778 152	4 269 224	6 419 664	4 374 061	3 225 837	2 068 687	1 862 115	39 507
–1	5 372 777	349 648	370 628	850 766	970 740	981 888	841 987	994 020	13 100
First level – Premier degré	16 754 506	3 556 916	2 576 534	3 968 733	2 795 807	1 959 141	1 093 538	782 349	21 488
1	923 255	109 792	89 811	197 885	187 708	154 959	103 762	77 435	1 903
2	1 675 207	213 643	176 766	397 470	356 135	261 802	155 203	111 501	2 687
3	2 512 861	379 024	300 424	602 609	519 890	370 937	202 136	134 385	3 456
4	6 392 806	826 009	915 086	1 656 400	1 230 049	892 107	496 402	368 525	8 228
5	993 919	440 371	202 252	210 761	80 366	35 451	14 913	8 750	1 055
6	1 022 714	461 411	204 868	202 977	82 635	40 829	18 675	10 376	943
7	1 085 770	506 897	238 037	200 756	76 497	36 690	16 523	9 403	967
8	2 147 974	619 769	449 290	499 875	262 527	166 366	85 924	61 974	2 249
Second level – Second degré	3 479 677	828 722	954 539	969 069	365 843	189 239	99 817	69 385	3 063
1	625 167	349 969	154 820	85 027	21 303	8 082	3 334	2 291	341
2	632 773	255 087	192 760	122 331	33 914	15 292	7 615	5 257	517
3	2 221 737	223 666	606 959	761 711	310 626	165 865	88 868	61 837	2 205
Third level – Troisième degré	1 397 542	38 401	361 226	619 970	236 593	92 738	31 790	15 151	1 673
1	214 574	32 789	104 722	57 686	13 663	3 999	998	532	185
2	202 291	5 612	98 532	71 486	18 235	5 516	1 721	865	324
3	264 700	–	78 166	119 071	42 291	16 654	5 559	2 675	284
4	524 882	–	61 521	268 597	121 565	48 726	16 430	7 426	617
5	123 314	–	12 698	66 189	26 283	11 625	4 240	2 115	164
6 plus	67 781	–	5 587	36 941	14 556	6 218	2 842	1 538	99
Level not stated – Degré non indiqué	32 745	4 465	6 297	11 126	5 078	2 831	1 555	1 210	183
Rural – Rurale									
1 IX 1980 [24 34 35]									
Total									
Total	21 573 986	4 344 708	3 234 125	4 688 667	3 572 081	2 545 143	1 672 025	1 482 201	35 036
–1	10 854 988	1 559 164	1 223 874	2 132 310	1 984 868	1 584 212	1 168 721	1 179 793	22 046
First level – Premier degré	10 295 916	2 690 154	1 876 004	2 430 585	1 547 675	945 017	496 082	298 115	12 284
1	1 183 842	235 518	154 644	266 684	223 228	153 554	88 918	59 447	1 849
2	1 955 505	408 354	287 286	471 770	357 630	228 219	121 731	77 808	2 707
3	2 412 833	546 914	404 984	598 717	416 944	250 539	122 521	69 387	2 827
4	3 572 706	929 694	745 066	891 427	485 441	285 086	149 052	83 112	3 828
5	319 786	174 876	68 803	49 776	15 009	5 856	3 373	1 776	317
6	256 425	142 611	56 549	38 057	11 140	4 587	2 004	1 282	195
7	235 297	125 332	57 055	35 258	10 509	4 144	1 788	1 011	200
8	359 522	126 855	101 617	78 896	27 774	13 032	6 695	4 292	361
Second level – Second degré	342 787	91 654	114 479	91 034	26 954	10 745	4 756	2 579	586
1	82 516	44 652	24 665	10 030	2 027	648	259	157	78
2	74 761	27 737	26 479	14 839	3 447	1 389	521	290	59
3	185 510	19 265	63 335	66 165	21 480	8 708	3 976	2 132	449
Third level – Troisième degré	71 866	1 830	17 926	32 233	11 497	4 604	2 125	1 558	93
1	12 685	1 488	6 277	3 674	933	194	62	42	15
2	10 914	342	4 919	4 173	1 002	296	94	84	4
3	12 311	–	3 460	5 960	1 675	703	276	213	24
4	22 403	–	2 351	11 917	4 650	1 871	968	618	28
5	7 330	–	483	3 615	1 717	829	422	258	6
6 plus	6 223	–	436	2 894	1 520	711	303	343	16
Level not stated – Degré non indiqué	8 429	1 906	1 842	2 505	1 087	565	341	156	27

34. Population 15 years and over, by educational attainment, age, sex and urban/rural residence: each census, 1973 – 1988 (continued)
Population de 15 ans et plus, selon le degré d'instruction, l'âge, le sexe et la résidence, urbaine/rurale: chaque recensement, 1973 – 1988 (suite)
Data by urban/rural residence

Données selon la résidence urbaine/rurale

(See notes at end of table. – Voir notes à la fin du tableau.)

Continent, country or area, census date, sex, educational level and urban/rural residence Continent, pays ou zone, date du recensement, sexe, degré d'instruction et résidence urbaine/rurale	Age (in years – en années) 15 plus	15 – 19	20 – 24	25 – 34	35 – 44	45 – 54	55 – 64	65 plus	Unknown Inconnu
AMERICA,SOUTH— (Cont.–Suite) AMERIQUE DU SUD									
Brazil – Brésil									
Rural – Rurale									
1 IX 1980 [24 34 35]									
Male – Masculin									
Total	11 250 715	2 258 794	1 663 105	2 420 140	1 848 290	1 343 922	904 233	793 888	18 343
–1	5 576 312	888 908	644 817	1 081 064	980 237	785 117	589 923	594 899	11 347
First level – Premier degré	5 464 914	1 324 867	952 367	1 277 358	847 777	549 731	310 027	196 110	6 677
1	683 929	126 439	84 774	146 710	128 597	94 855	59 094	42 361	1 099
2	1 058 027	204 986	148 223	245 186	194 236	134 018	77 530	52 359	1 489
3	1 248 926	259 914	199 808	303 907	221 474	142 275	75 046	44 948	1 554
4	1 862 480	443 171	372 815	474 789	267 048	162 140	89 535	51 040	1 942
5	164 486	89 548	34 226	25 672	8 509	3 259	2 043	1 070	159
6	135 852	73 983	29 520	20 530	6 543	2 979	1 312	859	126
7	123 685	64 738	29 928	18 453	5 902	2 674	1 208	683	99
8	187 529	62 088	53 073	42 111	15 468	7 531	4 259	2 790	209
Second level – Second degré	164 222	43 277	56 127	42 467	12 658	5 573	2 361	1 504	255
1	41 431	21 642	12 695	5 179	1 222	411	131	110	41
2	38 216	13 158	13 691	7 962	1 995	867	319	204	20
3	84 575	8 477	29 741	29 326	9 441	4 295	1 911	1 190	194
Third level – Troisième degré	41 055	820	8 990	18 073	6 988	3 170	1 694	1 273	47
1	6 861	658	3 407	2 130	473	112	44	33	4
2	5 815	162	2 438	2 294	555	208	85	69	4
3	5 872	–	1 595	2 752	792	371	203	148	11
4	12 801	–	1 058	6 378	2 815	1 280	742	512	16
5	5 617	–	286	2 682	1 345	693	372	233	6
6 plus	4 089	–	206	1 837	1 008	506	248	278	6
Level not stated – Degré non indiqué	4 212	922	804	1 178	630	331	228	102	17
Female – Féminin									
Total	10 323 271	2 085 914	1 571 020	2 268 527	1 723 791	1 201 221	767 792	688 313	16 693
–1	5 278 676	670 256	579 057	1 051 246	1 004 631	799 095	578 798	584 894	10 699
First level – Premier degré	4 831 002	1 365 287	923 637	1 153 227	699 898	395 286	186 055	102 005	5 607
1	499 913	109 079	69 870	119 974	94 631	58 699	29 824	17 086	750
2	897 478	203 368	139 063	226 584	163 394	94 201	44 201	25 449	1 218
3	1 163 907	287 000	205 176	294 810	195 470	108 264	47 475	24 439	1 273
4	1 710 226	486 523	372 251	416 638	218 393	122 946	59 517	32 072	1 886
5	155 300	85 328	34 577	24 104	6 500	2 597	1 330	706	158
6	120 573	68 628	27 029	17 527	4 597	1 608	692	423	69
7	111 612	60 594	27 127	16 805	4 607	1 470	580	328	101
8	171 993	64 767	48 544	36 785	12 306	5 501	2 436	1 502	152
Second level – Second degré	178 565	48 377	58 352	48 567	14 296	5 172	2 395	1 075	331
1	41 085	23 010	11 970	4 851	805	237	128	47	37
2	36 545	14 579	12 788	6 877	1 452	522	202	86	39
3 plus	100 935	10 788	33 594	36 839	12 039	4 413	2 065	942	255
Third level – Troisième degré	30 811	1 010	8 936	14 160	4 509	1 434	431	285	46
1	5 824	830	2 870	1 544	460	82	18	9	11
2	5 099	180	2 481	1 879	447	88	9	15	–
3	6 439	–	1 865	3 208	883	332	73	65	13
4	9 602	–	1 293	5 539	1 835	591	226	106	12
5	1 713	–	197	933	372	136	50	25	–
6 plus	2 134	–	230	1 057	512	205	55	65	10
Level not stated – Degré non indiqué	4 217	984	1 038	1 327	457	234	113	54	10

34. Population 15 years and over, by educational attainment, age, sex and urban/rural residence: each census, 1973 – 1988 (continued)
Population de 15 ans et plus, selon le degré d'instruction, l'âge, le sexe et la résidence, urbaine/rurale: chaque recensement, 1973 – 1988 (suite)
Data by urban/rural residence
Données selon la résidence urbaine/rurale

(See notes at end of table. – Voir notes à la fin du tableau.)

Continent, country or area, census date, sex, educational level and urban/rural residence / Continent, pays ou zone, date du recensement, sexe, degré d'instruction et résidence urbaine/rurale	Age (in years – en années): 15 plus	15 – 19	20 – 24	25 – 34	35 – 44	45 – 54	55 – 64	65 plus	Unknown Inconnu
AMERICA, SOUTH— (Cont.–Suite) AMERIQUE DU SUD									
Uruguay									
Urban – Urbaine									
23 X 1985* [43]									
Total									
Total	1 762 600	191 300	192 200	346 400	286 600	264 600	238 000	243 500	–
First level – Premier degré	801 000	52 800	56 700	123 000	145 200	172 100	178 300	72 900	–
1 – 3 [63]	215 800	3 600	4 300	13 300	24 200	42 900	54 600	72 900	–
4 – 6	711 900	49 200	52 400	109 700	121 000	129 200	123 700	126 700	–
Second level – Second degré	675 300	134 700	110 000	175 900	109 100	71 100	44 300	30 200	–
1 – 3	348 900	81 400	58 900	85 100	52 700	35 100	21 100	14 600	–
4 – 6	326 400	53 300	51 100	90 800	56 400	36 000	23 200	15 600	–
Third level – Troisième degré	159 900	3 800	25 600	47 400	32 300	21 600	15 400	13 800	–
Level not stated – Degré non indiqué	9 500	2 000	800	1 200	1 000	1 000	1 200	2 300	–
Male – Masculin									
Total	814 800	93 100	92 100	165 400	134 900	123 100	107 700	98 500	–
First level – Premier degré	421 600	26 600	27 900	60 200	68 100	80 600	79 900	78 300	–
1 – 3 [63]	101 400	2 100	2 300	7 100	11 700	20 300	25 800	32 100	–
4 – 6	320 200	24 500	25 600	53 100	56 400	60 300	54 100	46 200	–
Second level – Second degré	327 700	65 300	54 400	85 800	53 400	33 700	20 800	14 300	–
1 – 3	179 300	42 000	30 500	45 300	27 200	17 400	9 900	7 000	–
4 – 6	148 400	23 300	23 900	40 500	26 200	16 300	10 900	7 300	–
Third level – Troisième degré	65 700	1 200	9 800	19 400	13 500	8 800	7 000	6 000	–
Level not stated – Degré non indiqué	3 900	900	400	600	400	400	500	700	–
Female – Féminin									
Total	947 800	98 300	100 100	181 000	151 700	141 500	130 200	145 000	–
First level – Premier degré	505 900	26 300	28 800	62 700	77 000	91 400	98 500	121 200	–
1 – 3 [63]	114 400	1 600	2 000	6 200	12 500	22 500	28 900	40 700	–
4 – 6	391 500	24 700	26 800	56 500	64 500	68 900	69 600	80 500	–
Second level – Second degré	347 600	69 400	55 600	90 300	55 700	37 300	23 400	15 900	–
1 – 3	169 600	39 400	28 400	39 900	25 500	17 700	11 100	7 600	–
4 – 6	178 000	30 000	27 200	50 400	30 200	19 600	12 300	8 300	–
Third level – Troisième degré	94 100	2 600	15 800	27 900	18 800	12 800	8 400	7 800	–
Level not stated – Degré non indiqué	5 500	1 100	400	700	500	600	600	1 600	–
Rural – Rurale									
23 X 1985* [43]									
Total									
Total	265 200	33 200	31 700	55 900	46 900	41 400	32 900	23 200	–
First level – Premier degré	211 800	22 400	21 600	39 400	38 500	37 300	30 600	22 000	–
1 – 3 [63]	58 300	1 300	1 600	5 200	9 600	13 700	15 200	11 700	–
4 – 6	153 500	21 100	20 000	34 200	28 900	23 600	15 400	10 300	–
Second level – Second degré	46 700	10 700	9 000	13 900	7 000	3 200	1 900	1 000	–
1 – 3	28 900	8 000	5 800	7 900	4 000	1 700	1 000	500	–
4 – 6	17 800	2 700	3 200	6 000	3 000	1 500	900	500	–
Third level – Troisième degré	6 400	100	1 000	2 500	1 300	800	500	200	–
Level not stated – Degré non indiqué	3 200	200	200	400	400	600	600	800	–

34. Population 15 years and over, by educational attainment, age, sex and urban/rural residence: each census, 1973 – 1988 (continued)
Population de 15 ans et plus, selon le degré d'instruction, l'âge, le sexe et la résidence, urbaine/rurale: chaque recensement, 1973 – 1988 (suite)
Data by urban/rural residence
Données selon la résidence urbaine/rurale

(See notes at end of table. – Voir notes à la fin du tableau.)

Continent, country or area, census date, sex, educational level and urban/rural residence / Continent, pays ou zone, date du recensement, sexe, degré d'instruction et résidence urbaine/rurale	Age (in years – en années) 15 plus	15 – 19	20 – 24	25 – 34	35 – 44	45 – 54	55 – 64	65 plus	Unknown Inconnu
AMERICA,SOUTH— (Cont.–Suite) AMERIQUE DU SUD									
Uruguay									
Rural – Rurale									
23 X 1985* [43]									
Male – Masculin									
Total	156 800	19 700	18 700	31 600	27 700	25 300	20 500	13 300	–
First level – Premier degré	126 500	13 600	13 100	22 800	22 700	22 700	19 100	12 500	–
1 – 3 [63]	37 100	900	1 200	3 200	6 100	8 800	10 000	6 900	–
4 – 6	89 400	12 700	11 900	19 600	16 600	13 900	9 100	5 600	–
Second level – Second degré	27 300	6 200	5 200	7 500	4 400	2 100	1 300	600	–
1 – 3	17 900	4 800	3 500	4 600	2 800	1 100	700	400	–
4 – 6	9 400	1 400	1 700	2 900	1 600	1 000	600	200	–
Third level – Troisième degré	3 100	–	400	1 200	700	400	300	100	–
Level not stated – Degré non indiqué	1 900	100	100	300	300	400	300	400	–
Female – Féminin									
Total	108 400	13 500	12 900	24 300	19 200	16 200	12 400	9 900	–
First level – Premier degré	85 300	8 800	8 500	16 600	15 800	14 600	11 500	9 500	–
1 – 3 [63]	21 200	400	500	2 000	3 500	4 900	5 100	4 800	–
4 – 6	64 200	8 400	8 100	14 600	12 300	9 800	6 300	4 700	–
Second level – Second degré	19 400	4 500	3 800	6 400	2 600	1 100	600	400	–
1 – 3	11 000	3 200	2 200	3 400	1 200	600	300	100	–
4 – 6	8 800	1 400	1 600	3 200	1 400	600	400	200	–
Third level – Troisième degré	3 300	100	600	1 300	600	400	200	100	–
Level not stated – Degré non indiqué	1 500	100	100	200	200	200	300	400	–
ASIA—ASIE									
Bangladesh									
Urban – Urbaine									
6 III 1981 [46]									
Total									
Total	7 704 602	1 364 476	1 303 743	2 053 758	1 304 552	822 220	473 683	382 170	–
–1	3 759 677	597 224	543 548	937 376	680 289	459 799	293 184	248 257	–
First level – Premier degré	2 654 153	570 166	472 179	676 869	424 369	264 221	138 087	108 262	–
1 – 5	1 401 884	238 883	235 252	361 833	243 734	161 457	86 318	74 407	–
6 plus	1 252 269	331 283	236 927	315 036	180 635	102 764	51 769	33 855	–
Second level – Second degré	962 851	197 086	226 064	300 699	125 700	66 581	30 178	16 543	–
Third level – Troisième degré	327 921	–	61 952	138 814	74 194	31 619	12 234	9 108	–
Male – Masculin									
Total	4 533 212	743 459	740 829	1 236 318	810 985	492 801	283 240	225 580	–
–1	1 769 657	287 705	239 727	434 018	332 090	218 002	137 643	120 472	–
First level – Premier degré	1 747 615	335 999	294 636	442 263	300 019	186 324	106 300	82 074	–
1 – 5	900 491	137 989	141 138	227 812	169 124	107 434	63 810	53 184	–
6 plus	847 124	198 010	153 498	214 451	130 895	78 890	42 490	28 890	–
Second level – Second degré	739 836	119 755	161 744	242 809	110 112	61 061	28 525	15 830	–
Third level – Troisième degré	276 104	–	44 722	117 228	68 764	27 414	10 772	7 204	–

34. Population 15 years and over, by educational attainment, age, sex and urban/rural residence: each census, 1973 – 1988 (continued)
Population de 15 ans et plus, selon le degré d'instruction, l'âge, le sexe et la résidence, urbaine/rurale: chaque recensement, 1973 – 1988 (suite)
Data by urban/rural residence
Données selon la résidence urbaine/rurale

(See notes at end of table. – Voir notes à la fin du tableau.)

Continent, country or area, census date, sex, educational level and urban/rural residence Continent, pays ou zone, date du recensement, sexe, degré d'instruction et résidence urbaine/rurale	Age (in years – en années) 15 plus	15 – 19	20 – 24	25 – 34	35 – 44	45 – 54	55 – 64	65 plus	Unknown Inconnu
ASIA—ASIE (Cont.–Suite)									
Bangladesh									
Urban – Urbaine									
6 III 1981 [46]									
Female – Féminin									
Total	3 171 390	621 017	562 914	817 440	493 567	329 419	190 443	156 590	–
–1	1 990 020	309 519	303 821	503 358	348 199	241 797	155 541	127 785	–
First level – Premier degré	906 538	234 167	177 543	234 606	124 350	77 897	31 787	26 188	–
1 – 5	501 393	100 894	94 114	134 021	74 610	54 023	22 508	21 223	–
6 plus	405 145	133 273	83 429	100 585	49 740	23 874	9 279	4 965	–
Second level – Second degré	223 015	77 331	64 320	57 890	15 588	5 520	1 653	713	–
Third level – Troisième degré	51 817	–	17 230	21 586	5 430	4 205	1 462	1 904	–
Rural – Rurale									
6 III 1981 [46]									
Total									
Total	38 814 821	6 782 261	5 475 821	9 329 969	6 828 982	4 729 914	3 095 340	2 572 534	–
–1	27 482 390	4 273 921	3 581 413	6 501 009	5 079 841	3 606 806	2 418 561	2 020 839	–
First level – Premier degré	9 838 992	2 265 725	1 581 583	2 293 823	1 520 035	1 025 823	633 167	518 836	–
1 – 5	6 624 150	1 280 735	1 003 190	1 600 852	1 128 536	754 852	471 338	384 647	–
6 plus	3 214 842	984 990	578 393	692 971	391 499	270 971	161 829	134 189	–
Second level – Second degré	1 317 133	242 615	277 010	460 085	185 145	84 198	39 047	29 033	–
Third level – Troisième degré	176 306	–	35 815	75 052	43 961	13 087	4 565	3 826	–
Male – Masculin									
Total	19 528 737	3 385 832	2 503 412	4 496 801	3 467 979	2 509 182	1 686 248	1 479 283	–
–1	11 698 936	1 866 405	1 349 467	2 602 835	2 172 227	1 612 774	1 106 080	989 148	–
First level – Premier degré	6 491 215	1 332 440	890 071	1 399 344	1 072 289	801 340	537 480	458 251	–
1 – 5	4 068 053	644 426	496 306	887 109	752 803	564 929	389 118	333 362	–
6 plus	2 423 162	688 014	393 765	512 235	319 486	236 411	148 362	124 889	–
Second level – Second degré	1 171 399	186 987	231 284	423 094	180 218	82 735	38 482	28 599	–
Third level – Troisième degré	167 187	–	32 590	71 528	43 245	12 333	4 206	3 285	–
Female – Féminin									
Total	19 286 084	3 396 429	2 972 409	4 833 168	3 361 003	2 220 732	1 409 092	1 093 251	–
–1	15 783 454	2 407 516	2 231 946	3 898 174	2 907 614	1 994 032	1 312 481	1 031 691	–
First level – Premier degré	3 347 777	933 285	691 512	894 479	447 746	224 483	95 687	60 585	–
1 – 5	2 556 097	636 309	506 884	713 743	375 733	189 923	82 220	51 285	–
6 plus	791 680	296 976	184 628	180 736	72 013	34 560	13 467	9 300	–
Second level – Second degré	145 734	55 628	45 726	36 991	4 927	1 463	565	434	–
Third level – Troisième degré	9 119	–	3 225	3 524	716	754	359	541	–
Pakistan [58]									
Urban – Urbaine									
1 III 1981									
Total									
Total	6 139 235	1 426 572	1 182 910	1 532 820	986 913	573 170	141 201	295 649	–
First level – Premier degré	3 267 127	892 227	529 154	705 583	522 615	333 422	86 989	197 137	–
Second level – Second degré	2 249 114	516 746	526 042	584 664	330 596	176 441	40 142	74 483	–
Third level – Troisième degré	617 492	17 481	127 013	241 318	132 586	62 242	13 723	23 129	–
Level not stated – Degré non indiqué	5 502	118	701	1 255	1 116	1 065	347	900	–

34. Population 15 years and over, by educational attainment, age, sex and urban/rural residence: each census, 1973 – 1988 (continued)

Population de 15 ans et plus, selon le degré d'instruction, l'âge, le sexe et la résidence, urbaine/rurale: chaque recensement, 1973 – 1988 (suite)

Data by urban/rural residence

Données selon la résidence urbaine/rurale

(See notes at end of table. – Voir notes à la fin du tableau.)

Continent, country or area, census date, sex, educational level and urban/rural residence Continent, pays ou zone, date du recensement, sexe, degré d'instruction et résidence urbaine/rurale	Age (in years – en années) 15 plus	15 – 19	20 – 24	25 – 34	35 – 44	45 – 54	55 – 64	65 plus	Unknown Inconnu
ASIA—ASIE (Cont.–Suite)									
Pakistan [58]									
Urban – Urbaine									
1 III 1981 [6]									
Male – Masculin									
Total	4 089 463	831 570	747 159	1 031 133	688 440	433 227	112 288	245 646	–
First level – Premier degré	2 068 646	525 820	332 503	442 011	322 023	227 385	64 056	154 848	–
Second level – Second degré	1 562 655	297 313	341 703	415 642	255 121	149 062	35 390	68 424	–
Third level – Troisième degré	454 044	8 370	72 418	172 544	110 472	56 012	12 574	21 654	–
Level not stated – Degré non indiqué	4 118	67	535	936	824	768	268	720	–
Female – Féminin									
Total	2 049 772	595 002	435 751	501 687	298 473	139 943	28 913	50 003	–
First level – Premier degré	1 198 481	366 407	196 651	263 572	200 592	106 037	22 933	42 289	–
Second level – Second degré	686 459	219 433	184 339	169 022	75 475	27 379	4 752	6 059	–
Third level – Troisième degré	163 448	9 111	54 595	68 774	22 114	6 230	1 149	1 475	–
Level not stated – Degré non indiqué	1 384	51	166	319	292	297	79	180	–
Rural – Rurale									
1 III 1981 [6]									
Total									
Total	4 989 339	1 209 759	917 041	1 241 796	771 272	439 239	112 088	298 144	–
First level – Premier degré	3 679 793	983 466	608 651	820 787	564 505	348 108	94 760	259 516	–
Second level – Second degré	1 175 588	223 402	285 187	364 670	174 212	78 989	15 140	33 988	–
Third level – Troisième degré	126 594	2 532	22 182	54 521	31 056	10 941	1 827	3 535	–
Level not stated – Degré non indiqué	7 364	359	1 021	1 818	1 499	1 201	361	1 105	–
Male – Masculin									
Total	4 162 959	937 392	731 263	1 044 623	671 645	396 399	102 988	278 649	–
First level – Premier degré	2 993 471	748 940	465 056	664 635	477 973	309 121	86 346	241 400	–
Second level – Second degré	1 048 428	186 214	246 657	329 486	163 080	75 634	14 544	32 813	–
Third level – Troisième degré	114 340	1 928	18 680	48 852	29 210	10 524	1 757	3 389	–
Level not stated – Degré non indiqué	6 720	310	870	1 650	1 382	1 120	341	1 047	–
Female – Féminin									
Total	826 380	272 367	185 778	197 173	99 627	42 840	9 100	19 495	–
First level – Premier degré	686 322	234 526	143 595	156 152	86 532	38 987	8 414	18 116	–
Second level – Second degré	127 160	37 188	38 530	35 184	11 132	3 355	596	1 175	–
Third level – Troisième degré	12 254	604	3 502	5 669	1 846	417	70	146	–
Level not stated – Degré non indiqué	644	49	151	168	117	81	20	58	–

34. Population 15 years and over, by educational attainment, age, sex and urban/rural residence: each census, 1973 – 1988 (continued)
Population de 15 ans et plus, selon le degré d'instruction, l'âge, le sexe et la résidence, urbaine/rurale: chaque recensement, 1973 – 1988 (suite)
Data by urban/rural residence

Données selon la résidence urbaine/rurale

(See notes at end of table. – Voir notes à la fin du tableau.)

Continent, country or area, census date, sex, educational level and urban/rural residence / Continent, pays ou zone, date du recensement, sexe, degré d'instruction et résidence urbaine/rurale	Age (in years – en années) 15 plus	15 – 19	20 – 24	25 – 34	35 – 44	45 – 54	55 – 64	65 plus	Unknown Inconnu
ASIA—ASIE (Cont.–Suite)									
Sri Lanka									
Urban – Urbaine									
17 III 1981									
Total									
Total	2 191 552	362 171	357 563	557 692	347 947	255 893	170 895	139 391	–
–1	160 684	16 988	14 346	22 684	23 960	27 920	24 586	30 200	–
First level – Premier degré	1 325 177	238 226	198 857	308 172	204 340	166 922	116 734	91 926	–
1	47 277	7 173	5 095	7 987	7 623	7 863	5 712	5 824	–
2	142 860	21 081	17 874	27 788	22 456	22 387	16 276	14 998	–
3	593 914	83 109	79 523	130 589	99 477	89 182	63 035	48 999	–
4	541 126	126 863	96 365	141 808	74 784	47 490	31 711	22 105	–
Second level – Second degré	653 270	105 108	141 203	210 499	106 448	52 838	24 278	12 896	–
1	328 691	65 514	79 441	123 742	44 395	10 202	3 708	1 689	–
2	196 502	20 470	25 670	47 643	45 427	33 754	15 639	7 899	–
3	78 628	15 415	25 066	25 238	8 307	2 544	1 307	751	–
4	28 118	3 589	9 272	9 083	3 358	1 778	682	356	–
5	21 331	120	1 754	4 793	4 961	4 560	2 942	2 201	–
Third level – Troisième degré	37 548	47	1 814	14 349	11 126	5 624	3 005	1 583	–
1	34 002	42	1 693	13 338	10 125	4 878	2 582	1 344	–
2	3 546	5	121	1 011	1 001	746	423	239	–
Level not stated – Degré non indiqué	14 873	1 802	1 343	1 988	2 073	2 589	2 292	2 786	–
Male – Masculin									
Total	1 159 976	190 540	191 690	297 507	185 436	135 824	90 061	68 918	–
–1	58 248	8 012	6 402	9 071	8 191	9 125	7 874	9 573	–
First level – Premier degré	717 885	129 806	110 182	165 717	109 798	90 267	63 411	48 704	–
1	23 645	3 910	2 656	3 870	3 653	3 938	2 789	2 829	–
2	73 309	11 615	9 560	13 900	11 102	11 339	8 328	7 465	–
3	315 181	45 609	42 264	66 672	52 457	48 142	34 214	25 823	–
4	305 750	68 672	55 702	81 275	42 586	26 848	18 080	12 587	–
Second level – Second degré	353 407	51 813	73 478	113 543	59 479	31 264	15 454	8 376	–
1	176 594	33 082	42 453	66 615	24 897	6 135	2 347	1 065	–
2	108 610	10 014	13 018	25 346	24 719	20 193	10 098	5 222	–
3	41 722	7 016	12 466	13 863	5 137	1 694	980	566	–
4	15 061	1 623	4 536	4 803	2 140	1 220	487	252	–
5	11 420	78	1 005	2 916	2 586	2 022	1 542	1 271	–
Third level – Troisième degré	24 850	25	988	8 325	7 244	4 306	2 578	1 384	–
1	22 136	23	929	7 671	6 465	3 673	2 215	1 160	–
2	2 714	2	59	654	779	633	363	224	–
Level not stated – Degré non indiqué	5 586	884	640	851	724	862	744	881	–

34. Population 15 years and over, by educational attainment, age, sex and urban/rural residence: each census, 1973 – 1988 (continued)
Population de 15 ans et plus, selon le degré d'instruction, l'âge, le sexe et la résidence, urbaine/rurale: chaque recensement, 1973 – 1988 (suite)
Data by urban/rural residence
Données selon la résidence urbaine/rurale

(See notes at end of table. – Voir notes à la fin du tableau.)

Continent, country or area, census date, sex, educational level and urban/rural residence / Continent, pays ou zone, date du recensement, sexe, degré d'instruction et résidence urbaine/rurale	Age (in years – en années)								
	15 plus	15 – 19	20 – 24	25 – 34	35 – 44	45 – 54	55 – 64	65 plus	Unknown Inconnu
ASIA—ASIE (Cont.–Suite)									
Sri Lanka									
Urban – Urbaine									
17 III 1981									
Female – Féminin									
Total	1 031 576	171 631	165 873	260 185	162 511	120 069	80 834	70 473	–
–1	102 436	8 976	7 944	13 613	15 769	18 795	16 712	20 627	–
First level – Premier degré	607 292	108 420	88 675	142 455	94 542	76 655	53 323	43 222	–
1	23 632	3 263	2 439	4 117	3 970	3 925	2 923	2 995	–
2	69 551	9 466	8 314	13 888	11 354	11 048	7 948	7 533	–
3	278 733	37 500	37 259	63 917	47 020	41 040	28 821	23 176	–
4	235 376	58 191	40 663	60 533	32 198	20 642	13 631	9 518	–
Second level – Second degré	299 863	53 295	67 725	96 956	46 969	21 574	8 824	4 520	–
1	152 097	32 432	36 988	57 127	19 498	4 067	1 361	624	–
2	87 892	10 456	12 652	22 297	20 708	13 561	5 541	2 677	–
3	36 906	8 399	12 600	11 375	3 170	850	327	185	–
4	13 057	1 966	4 736	4 280	1 218	558	195	104	–
5	9 911	42	749	1 877	2 375	2 538	1 400	930	–
Third level – Troisième degré	12 698	22	826	6 024	3 882	1 318	427	199	–
1	11 866	19	764	5 667	3 660	1 205	367	184	–
2	832	3	62	357	222	113	60	15	–
Level not stated – Degré non indiqué	9 287	918	703	1 137	1 349	1 727	1 548	1 905	–
Rural – Rurale									
17 III 1981									
Total									
Total	7 428 600	1 241 016	1 168 900	1 842 591	1 189 329	892 920	591 831	502 013	–
–1	1 117 515	111 524	102 232	172 540	182 824	205 834	163 428	179 133	–
First level – Premier degré	4 932 334	888 783	748 078	1 205 887	795 035	603 077	392 450	299 024	–
1	312 576	47 372	38 100	64 329	54 472	49 939	31 466	26 898	–
2	733 398	102 884	98 436	162 279	128 697	110 874	72 615	57 613	–
3	2 486 457	350 482	349 251	599 306	437 889	348 326	230 201	171 002	–
4	1 399 903	388 045	262 291	379 973	173 977	93 938	58 168	43 511	–
Second level – Second degré	1 285 917	234 496	311 793	437 255	190 837	70 605	26 609	14 322	–
1	647 230	142 021	165 937	243 079	77 699	12 938	3 825	1 731	–
2	421 460	62 528	78 452	126 197	87 872	44 362	15 295	6 754	–
3	114 305	21 845	40 398	38 386	9 801	2 037	988	850	–
4	61 734	7 964	24 396	22 351	5 063	1 164	462	334	–
5	41 188	138	2 610	7 242	10 402	10 104	6 039	4 653	–
Third level – Troisième degré	37 585	28	1 769	18 379	11 965	3 275	1 413	756	–
1	36 019	27	1 685	17 884	11 459	2 999	1 290	675	–
2	1 566	1	84	495	506	276	123	81	–
Level not stated – Degré non indiqué	55 249	6 185	5 028	8 530	8 668	10 129	7 931	8 778	–

34. Population 15 years and over, by educational attainment, age, sex and urban/rural residence: each census, 1973 – 1988 (continued)
Population de 15 ans et plus, selon le degré d'instruction, l'âge, le sexe et la résidence, urbaine/rurale: chaque recensement, 1973 – 1988 (suite)
Data by urban/rural residence

Données selon la résidence urbaine/rurale

(See notes at end of table. – Voir notes à la fin du tableau.)

Continent, country or area, census date, sex, educational level and urban/rural residence / Continent, pays ou zone, date du recensement, sexe, degré d'instruction et résidence urbaine/rurale	Age (in years – en années) 15 plus	15 – 19	20 – 24	25 – 34	35 – 44	45 – 54	55 – 64	65 plus	Unknown Inconnu
ASIA—ASIE (Cont.–Suite)									
Sri Lanka									
Rural – Rurale									
17 III 1981									
Male – Masculin									
Total	3 745 753	622 258	573 926	910 131	596 205	457 486	315 603	270 144	–
–1	364 742	51 289	41 306	58 947	50 954	56 461	47 932	57 853	–
First level – Premier degré	2 704 681	463 240	385 081	624 935	432 174	353 403	247 021	198 827	–
1	164 275	25 702	19 598	30 096	26 303	27 096	18 657	16 823	–
2	399 320	55 287	51 136	82 009	66 741	62 639	44 053	37 455	–
3	1 377 162	186 453	177 362	308 145	238 971	205 864	146 072	114 295	–
4	763 924	195 798	136 985	204 685	100 159	57 804	38 239	30 254	–
Second level – Second degré	633 694	104 640	144 332	213 288	102 316	42 037	17 047	10 034	–
1	311 843	64 221	77 317	117 575	41 347	7 646	2 536	1 201	–
2	212 914	27 554	35 449	60 959	46 697	27 160	10 164	4 931	–
3	56 362	9 533	18 663	19 503	5 844	1 426	763	630	–
4	30 034	3 256	11 230	11 112	3 078	813	325	220	–
5	22 541	76	1 673	4 139	5 350	4 992	3 259	3 052	–
Third level – Troisième degré	23 955	13	1 014	9 950	8 290	2 760	1 272	656	–
1	22 733	13	976	9 606	7 878	2 516	1 159	585	–
2	1 222	–	38	344	412	244	113	71	–
Level not stated – Degré non indiqué	18 681	3 076	2 193	3 011	2 471	2 825	2 331	2 774	–
Female – Féminin									
Total	3 682 847	618 758	594 974	932 460	593 124	435 434	276 228	231 869	–
–1	752 773	60 235	60 926	113 593	131 870	149 373	115 496	121 280	–
First level – Premier degré	2 227 653	425 543	362 997	580 952	362 861	249 674	145 429	100 197	–
1	148 301	21 670	18 502	34 233	28 169	22 843	12 809	10 075	–
2	334 078	47 597	47 300	80 270	61 956	48 235	28 562	20 158	–
3	1 109 295	164 029	171 889	291 161	198 918	142 462	84 129	56 707	–
4	635 979	192 247	125 306	175 288	73 818	36 134	19 929	13 257	–
Second level – Second degré	652 223	129 856	167 461	223 967	88 521	28 568	9 562	4 288	–
1	335 387	77 800	88 620	125 504	36 352	5 292	1 289	530	–
2	208 546	34 974	43 003	65 238	41 175	17 202	5 131	1 823	–
3	57 943	12 312	21 735	18 883	3 957	611	225	220	–
4	31 700	4 708	13 166	11 239	1 985	351	137	114	–
5	18 647	62	937	3 103	5 052	5 112	2 780	1 601	–
Third level – Troisième degré	13 630	15	755	8 429	3 675	515	141	100	–
1	13 286	14	709	8 278	3 581	483	131	90	–
2	344	1	46	151	94	32	10	10	–
Level not stated – Degré non indiqué	36 568	3 109	2 835	5 519	6 197	7 304	5 600	6 004	–

34. Population 15 years and over, by educational attainment, age, sex and urban/rural residence: each census, 1973 – 1988 (continued)
Population de 15 ans et plus, selon le degré d'instruction, l'âge, le sexe et la résidence, urbaine/rurale: chaque recensement, 1973 – 1988 (suite)
Data by urban/rural residence

Données selon la résidence urbaine/rurale

(See notes at end of table. – Voir notes à la fin du tableau.)

Continent, country or area, census date, sex, educational level and urban/rural residence Continent, pays ou zone, date du recensement, sexe, degré d'instruction et résidence urbaine/rurale	Age (in years – en années)								
	15 plus	15 – 19	20 – 24	25 – 34	35 – 44	45 – 54	55 – 64	65 plus	Unknown Inconnu
OCEANIA—OCEANIE(Cont.–Suite)									
New Zealand – Nouvelle–Zélande									
Urban – Urbaine									
24 III 1981 [8 22 62 64]									
Total									
Total	1 941 249	260 799	229 680	393 687	297 390	252 102	232 506	275 085	–
–1	19 431	585	957	2 154	2 271	3 105	3 456	6 903	–
First level – Premier degré	278 853	1 491	2 289	8 712	18 924	45 852	77 277	124 308	–
Second level – Second degré	1 054 548	219 693	133 623	218 613	170 829	129 996	95 595	86 199	–
3	112 401	4 458	7 002	16 218	20 229	23 232	20 337	20 925	–
4	274 689	25 737	25 806	58 635	60 507	45 054	31 125	27 825	–
5	435 033	97 314	59 541	108 204	72 402	45 309	29 316	22 947	–
6	180 957	68 337	32 367	30 600	14 670	13 077	11 271	10 635	–
7	51 468	23 847	8 907	4 956	3 021	3 324	3 546	3 867	–
Third level – Troisième degré	582 666	33 306	92 796	164 196	105 366	73 149	56 178	57 675	–
1	222 792	19 962	44 880	66 453	38 640	24 645	16 806	11 406	–
2	33 186	576	3 246	9 930	8 223	5 313	2 877	3 021	–
3	104 505	5 562	21 921	31 308	17 742	11 688	8 703	7 581	–
4	16 236	222	2 145	6 054	3 705	2 019	1 353	738	–
5	33 687	390	4 212	12 393	6 351	4 278	2 964	3 099	–
6	117 438	3 108	13 182	31 551	23 790	18 330	15 222	12 255	–
Not stated–non indiqué	54 822	3 486	3 210	6 507	6 915	6 876	8 253	19 575	–
Level not stated – Degré non indiqué	5 751	5 724	15	12	–	–	–	–	–
Male – Masculin									
Total	938 346	130 371	115 002	194 082	147 483	127 341	111 303	112 764	–
–1	9 228	333	501	1 146	1 239	1 683	1 614	2 712	–
First level – Premier degré	126 384	861	1 293	4 629	10 101	23 694	36 090	49 716	–
Second level – Second degré	485 280	109 848	62 670	96 468	76 503	61 026	43 752	35 013	–
3	56 388	2 577	3 783	8 529	10 479	12 216	10 026	8 778	–
4	126 987	13 923	12 831	26 502	28 041	20 973	13 941	10 776	–
5	191 880	49 962	26 835	44 409	29 289	19 482	12 777	9 126	–
6	82 020	30 648	13 833	14 169	7 023	6 429	5 313	4 605	–
7	28 005	12 738	5 388	2 859	1 671	1 926	1 695	1 728	–
Third level – Troisième degré	314 361	16 254	50 526	91 833	59 640	40 938	29 847	25 323	–
1	158 145	10 323	29 271	48 885	30 264	19 254	12 537	7 611	–
2	5 835	93	540	1 632	1 347	1 131	723	369	–
3	73 563	3 111	14 034	22 476	13 269	8 598	6 567	5 508	–
4	12 078	87	1 197	4 434	3 063	1 638	1 104	555	–
5	13 638	78	1 098	4 692	2 715	2 199	1 605	1 251	–
6	25 476	603	2 535	6 240	5 412	4 539	3 531	2 616	–
Not stated–non indiqué	25 626	1 959	1 851	3 474	3 570	3 579	3 780	7 413	–
Level not stated – Degré non indiqué	3 093	3 075	12	6	–	–	–	–	–

34. Population 15 years and over, by educational attainment, age, sex and urban/rural residence: each census, 1973 – 1988 (continued)
Population de 15 ans et plus, selon le degré d'instruction, l'âge, le sexe et la résidence, urbaine/rurale: chaque recensement, 1973 – 1988 (suite)
Data by urban/rural residence
Données selon la résidence urbaine/rurale

(See notes at end of table. – Voir notes à la fin du tableau.)

Continent, country or area, census date, sex, educational level and urban/rural residence / Continent, pays ou zone, date du recensement, sexe, degré d'instruction et résidence urbaine/rurale	Age (in years – en années)								
	15 plus	15 – 19	20 – 24	25 – 34	35 – 44	45 – 54	55 – 64	65 plus	Unknown Inconnu
OCEANIA—OCEANIE(Cont.–Suite)									
New Zealand – Nouvelle–Zélande									
Urban – Urbaine									
24 III 1981 [8 22 62 64]									
Female – Féminin									
Total	1 002 903	130 428	114 678	199 605	149 907	124 761	121 203	162 321	–
-1	10 203	252	456	1 008	1 032	1 422	1 842	4 191	–
First level – Premier degré	152 469	630	996	4 083	8 823	22 158	41 187	74 592	–
Second level – Second degré	569 268	109 845	70 953	122 145	94 326	68 970	51 843	51 186	–
3	56 013	1 881	3 219	7 689	9 750	11 016	10 311	12 147	–
4	147 702	11 814	12 975	32 133	32 466	24 081	17 184	17 049	–
5	243 153	47 352	32 706	63 795	43 113	25 827	16 539	13 821	–
6	98 937	37 689	18 534	16 431	7 647	6 648	5 958	6 030	–
7	23 463	11 109	3 519	2 097	1 350	1 398	1 851	2 139	–
Third level – Troisième degré	268 305	17 052	42 270	72 363	45 726	32 211	26 331	32 352	–
1	64 647	9 639	15 609	17 568	8 376	5 391	4 269	3 795	–
2	27 351	483	2 706	8 298	6 876	4 182	2 154	2 652	–
3	30 942	2 451	7 887	8 832	4 473	3 090	2 136	2 073	–
4	4 158	135	948	1 620	642	381	249	183	–
5	20 049	312	3 114	7 701	3 636	2 079	1 359	1 848	–
6	91 962	2 505	10 647	25 311	18 378	13 791	11 691	9 639	–
Not stated–non indiqué	29 196	1 527	1 359	3 033	3 345	3 297	4 473	12 162	–
Level not stated – Degré non indiqué	2 658	2 649	3	6	–	–	–	–	–
Rural – Rurale									
24 III 1981									
Total									
Total	353 250	45 498	39 513	81 771	62 613	49 050	40 140	34 665	–
-1	2 970	78	138	228	288	534	654	1 050	–
First level – Premier degré	49 029	291	354	1 167	3 693	10 296	15 999	17 229	–
Second level – Second degré	213 642	39 993	26 316	51 045	41 568	27 870	16 350	10 500	–
3	21 813	966	1 278	3 258	4 731	5 136	3 840	2 604	–
4	58 155	5 604	5 418	13 410	15 051	9 861	5 418	3 393	–
5	90 495	19 977	12 771	26 439	17 934	5 604	4 947	2 823	–
6	33 096	11 256	6 003	7 056	3 327	2 490	1 692	1 272	–
7	5 790	2 190	846	882	525	486	453	408	–
Third level – Troisième degré	86 478	4 011	12 702	29 328	17 064	10 350	7 137	5 886	–
1	27 411	2 466	5 961	9 660	4 530	2 337	1 491	966	–
2	8 427	30	546	2 961	2 514	1 371	654	351	–
3	14 910	300	2 490	5 592	2 895	1 761	1 128	744	–
4	1 578	126	204	642	318	138	93	57	–
5	5 505	12	606	2 472	1 113	621	417	264	–
6	19 818	399	2 292	6 768	4 530	2 868	1 902	1 059	–
Not stated–non indiqué	8 937	786	603	1 233	1 164	1 254	1 452	2 445	–
Level not stated – Degré non indiqué	1 131	1 125	3	3	–	–	–	–	–

34. Population 15 years and over, by educational attainment, age, sex and urban/rural residence: each census, 1973 – 1988 (continued)
Population de 15 ans et plus, selon le degré d'instruction, l'âge, le sexe et la résidence, urbaine/rurale: chaque recensement, 1973 – 1988 (suite)
Data by urban/rural residence

Données selon la résidence urbaine/rurale

(See notes at end of table. – Voir notes à la fin du tableau.)

Continent, country or area, census date, sex, educational level and urban/rural residence Continent, pays ou zone, date du recensement, sexe, degré d'instruction et résidence urbaine/rurale	Age (in years – en années)								
	15 plus	15 – 19	20 – 24	25 – 34	35 – 44	45 – 54	55 – 64	65 plus	Unknown Inconnu
OCEANIA—OCEANIE(Cont.–Suite)									
New Zealand – Nouvelle–Zélande									
Rural – Rurale									
24 III 1981 [8 22 62 64]									
Male – Masculin									
Total	189 924	26 124	21 987	42 699	33 099	26 538	21 447	18 030	–
-1	1 716	54	99	144	183	330	366	540	–
First level – Premier degré	27 966	210	237	729	2 340	6 288	9 030	9 132	–
Second level – Second degré	115 170	22 776	14 448	26 709	22 200	14 904	8 607	5 526	–
3	13 515	723	840	2 061	3 024	3 177	2 280	1 410	–
4	33 375	3 831	3 375	7 593	8 568	5 346	2 838	1 824	–
5	48 603	11 676	6 852	12 954	8 502	4 770	2 430	1 419	–
6	16 449	5 442	2 883	3 567	1 779	1 305	819	654	–
7	3 228	1 104	498	534	327	306	240	219	–
Third level – Troisième degré	44 484	2 499	7 200	15 117	8 376	5 016	3 444	2 832	–
1	20 178	1 650	4 224	7 185	3 561	1 827	1 077	654	–
2	1 314	6	69	465	393	216	120	45	–
3	11 160	210	1 803	4 269	2 190	1 323	831	534	–
4	1 050	12	126	459	243	102	66	42	–
5	2 064	6	108	873	510	297	183	87	–
6	3 795	171	483	1 128	804	543	402	264	–
Not stated–non indiqué	4 923	444	387	738	675	708	765	1 206	–
Level not stated – Degré non indiqué	588	585	3	–	–	–	–	–	–
Female – Féminin									
Total	163 326	19 374	17 526	39 072	29 514	22 512	18 693	16 635	–
-1	1 254	24	39	84	105	204	288	510	–
First level – Premier degré	21 063	81	117	438	1 353	4 008	6 969	8 097	–
Second level – Second degré	98 472	17 217	11 868	24 336	19 368	12 966	7 743	4 974	–
3	8 298	243	438	1 197	1 707	1 959	1 560	1 194	–
4	24 780	1 773	2 043	5 817	6 483	4 515	2 580	1 569	–
5	46 185	8 301	5 919	13 485	9 432	5 127	2 517	1 404	–
6	16 647	5 814	3 120	3 489	1 548	1 185	873	618	–
7	2 562	1 086	348	348	198	180	213	189	–
Third level – Troisième degré	41 994	1 512	5 502	14 211	8 688	5 334	3 693	3 054	–
1	7 233	816	1 737	2 475	969	510	414	312	–
2	7 113	24	477	2 496	2 121	1 155	534	306	–
3	3 750	90	687	1 323	705	438	297	210	–
4	420	6	78	183	75	36	27	15	–
5	3 441	6	498	1 599	603	324	234	177	–
6	16 023	228	1 809	5 640	3 726	2 325	1 500	795	–
Not stated–non indiqué	4 014	342	216	495	489	546	687	1 239	–
Level not stated – Degré non indiqué	543	540	–	3	–	–	–	–	–

34. Population 15 years and over, by educational attainment, age, sex and urban/rural residence: each census, 1973 – 1988 (continued)
Population de 15 ans et plus, selon le degré d'instruction, l'âge, le sexe et la résidence, urbaine/rurale: chaque recensement, 1973 – 1988 (suite)

GENERAL NOTES

For definitions of "urban", see Technical Notes for table 6. For method of evaluation and limitations of data, see Technical Notes, page 125.

FOOTNOTES

* Provisional.
1 Excluding foreigners.
2 For complete levels only.
3 Data have not been adjusted for underenumeration, estimated at 7.4151 per cent.
4 For classification by urban/rural residence, see end of table.
5 Excluding Mayotte.
6 For literate population only.
7 Data have not been adjusted for underenumeration, estimated at 3.8 per cent.
8 For resident population only.
9 Based on results of a sample survey.
10 For 5 years and over.
11 Excluding Bophuthatswana, Transkei and Venda.
12 Data have not been adjusted for underenumeration.
13 For all ages and under 20, as appropriate.
14 Excluding Bophuthatswana, Ciskei, Transkei and Venda.
15 For 10 years and over.
16 Excluding first level and never attended.
17 Based on a 10 per cent sample of census returns.
18 For 5–19 years only.
19 De jure population, but excluding persons residing in institutions.
20 Excluding population attending school.
21 For 16 years and over.
22 Because of rounding, totals are not in all cases the sum of the parts.
23 Based on a 20 per cent sample of census returns.
24 De jure population.
25 For 25 years and over.
26 Data have not been adjusted for underenumeration, estimated at 13.7 per cent.
27 For 16 years and over and 16–19 years, as appropriate.
28 Excluding less than first level.
29 Excluding indigenous population.
30 De jure population, but including armed forces stationed in the area.
31 De jure population but excluding armed forces overseas and civilian citizens absent from country for extended period of time.
32 Based on a 17 per cent sample of census returns.
33 Data exclude adjustment for underenumeration, estimated at one per cent.
34 Based on a sample of census returns.
35 Excluding Indian jungle population.
36 For school attending population only.
37 Excluding nomadic Indian tribes.
38 Data have not been adjusted for underenumeration, estimated at 5.6 per cent.
39 For 6 years and over and 6–19 years, as appropriate.
40 For 25–29, 30–39, 40–49, 50–59 and 60 years and over, as appropriate.
41 Excluding Indian jungle population, estimated at 39 800 in 1972.
42 Data exclude adjustment for underenumeration, estimated at 4.1 per cent.

NOTES GENERALES

Pour les définitions de "zones urbaines", voir les Notes techniques relatives au tableau 6. Pour la méthode d'évaluation et les insuffisances des données, voir Notes techniques, page 125.

NOTES

* Données provisoires.
1 Non compris les étrangers.
2 Pour les degrés complètes seulemente.
3 Les données n'ont pas été adjustées pour compenser les lacunes du dénombrement, estimées à 7,4151 p. 100.
4 Pour le classement selon la résidence, urbaine/rurale, voir la fin du tableau.
5 Non compris Mayotte.
6 Pour la population alphabète seulement.
7 Les données n'ont pas été adjustées pour compenser les lacunes du dénombrement, estimées à 3,8 p. 100.
8 Pour la population résidente seulement.
9 D'après les résultats d'une enquête par sondage.
10 Pour 5 ans et plus.
11 Non compris Bophuthatswana, Transkei et Venda.
12 Les données n'ont été adjustées pour compenser les lacunes du dénombrement.
13 Pour tous âges et moins de 20 ans, selon le cas.
14 Non compris Bophuthatswana, Ciskei, Transkei et Venda.
15 Pour 10 ans et plus.
16 Non compris le premier degré et les personnes jamais fréquentant les écoles.
17 D'après un échantillon de 10 p. 100 des bulletins de recensement.
18 Pour 5–19 ans seulement.
19 Population de droit, mais non compris les personnes dans les institutions.
20 Non compris la population fréquentant les écoles.
21 Pour 16 ans et plus.
22 Les chiffres étant arrondis, les totaux ne correspondent pas toujours rigoureusement à la somme des chiffres partiels.
23 D'après un échantillon de 20 p. 100 des bulletins de recensement.
24 Population de droit.
25 Pour 25 ans et plus.
26 Les données n'ont pas été adjustées pour compenser les lacunes du dénombrement, estimées à 13,7 p. 100.
27 Pour 16 ans et plus et 16–19 ans, selon le cas.
28 Non compris moins du premier degré.
29 Non compris la population indigène.
30 Population de droit, mais y compris les militaires en garnison sur le territoire.
31 Population de droit, mais non compris les militaires à l'étranger, ni les civils hors du pays pendant une période prolongée.
32 D'après un échantillon de 17 p. 100 des bulletins de recensement.
33 Les données n'ont pas été ajustées pour compenser les lacunes du dénombrement, estimées à 1 p. 100.
34 D'après un échantillon des bulletins de recensement.
35 Non compris les Indiens de la jungle.
36 Pour la population fréquentant les écoles seulement.
37 Non compris les tribus d'Indiens nomades.
38 Les données n'ont pas été adjustées pour compenser les lacunes du dénombrement, estimées à 5,6 p. 100.
39 Pour 6 ans et plus et 6–19 ans, selon le cas.
40 Pour 25–29, 30–39, 40–49, 50–59 et 60 ans et plus, selon le cas.
41 Non compris les Indiens de la jungle, estimés à 39 800 en 1972.
42 Les données n'ont pas été ajustées pour compenser les lagunes du dénombrement, estimées à 4,1 p. 100.

34. Population 15 years and over, by educational attainment, age, sex and urban/rural residence: each census, 1973 – 1988 (continued)
Population de 15 ans et plus, selon le degré d'instruction, l'âge, le sexe et la résidence, urbaine/rurale: chaque recensement, 1973 – 1988 (suite)

FOOTNOTES (continued)

43 Data exclude adjustment for underenumeration, estimated at 2.6 per cent.
44 Excluding Indian jungle population, estimated at 31 800 in 1961.
45 Data exclude adjustment for underenumeration, estimated at 6.85 per cent.
46 Data exclude adjustment for underenumeration, estimated at 3.1 per cent.
47 For the civilian population of 29 provinces, municipalities and autonomous regions.
48 Including 26 106 transients and 9 131 Vietnamese refugees.
49 Including data for the Indian–held part of Jammu and Kashmir, the final status of which has not yet been determined.
50 Based on a 5 per cent sample of census returns.
51 Including data for East Jerusalem and Israeli residents in certain other territories under occupation by Israeli military forces since June 1967.
52 Data exclude adjustment for underenumeration, estimated at 1.5 per cent.
53 Data refer to years of schooling.
54 Excluding alien armed forces, civilian aliens employed by armed forces, and foreign diplomatic personnel and their dependants and Korean diplomatic personnel and their dependants stationed outside the country.
55 For economically active population only.
56 Excluding institutional population.
57 Formerly listed as "Burma".
58 Excluding data for Jammu and Kashmir, the final status of which has not yet been determined; also excluding Junagardh, Manavadar, Gilgit and Baltistan. Excluding federally administered tribal areas.
59 Based on national registers.
60 Including armed forces stationed outside the country, but excluding alien armed forces stationed in the area.
61 Including level not stated.
62 Excluding diplomatic personnel and armed forces stationed outside the country, the latter numbering 1 936 at 1966 census; also excluding alien armed forces within the country.
63 Including less than one level.
64 Excluding ships' crews.

NOTES (suite)

43 Les données n'ont pas été adjustées pour pour compenser les lacunes du dénombrement, estimées à 2,6 p. 100.
44 Non compris les Indiens de la jungle, estimées à 31 800 en 1961.
45 Les données n'ont pas été ajustées pour compenser les lacunes du dénombrement, estimées à 6,85 p.100.
46 Les données n'ont pas été ajustées pour compenser les lacunes du dénombrement, estimées à 3,1 p. 100.
47 Pour la population civil seulement de 29 provinces, municipalités et régions autonomes.
48 Y compris 26 106 transients et 9 131 réfugiés du Viet Nam.
49 Y compris les données pour la partie du Jammu et Cachemire occupée par l'Inde, dont le statut définitif n'a pas encore été déterminé.
50 D'après un échantillon de 5 p. 100 des bulletins de recensement.
51 Y compris les données pour Jérusalem–Est et les résidents israéliens dans certains autres territoires occupés depuis juin 1967 par les forces armées israéliennes.
52 Les données n'ont pas été ajustées pour compenser les lacunes du dénombrement, estimées à 1,5 p. 100.
53 Données relatives à les années écolaires.
54 Non compris les militaires étrangers, les civils étrangers employés par les forces armées, le personnel diplomatique étranger et les membres de leur famille les accompagnant, le personnel diplomatique coréen hors du pays et les membres de leur famille les accompagnant.
55 Pour la population économique active seulement.
56 Non compris la population dans les institutions.
57 Antérieurement désigné sous le nom de "Birmanie".
58 Non compris les données pour le Jammu et Cachemire dont le statut définitif n'a pas encore été déterminé; non compris également le Junagardh, le Manavadar, le Gilgit et le Baltistan. Non compris les zones tribales administrées par le gouvernement fédéral.
59 D'après les registres nationaux.
60 Y compris les militaires en garnison hors du pays mais non compris les militaires étrangers en garnison sur le territoire.
61 Y compris le degré non indigné.
62 Non compris le personnel diplomatique et les militaires hors du pays, ces deminers au nombre de 1 936 au recensements de 1966; non compris également les militaires étrangers dans le pays.
63 Y compris moins de un degré.
64 Non compris les personnes travaillant sur les navires.

34. Population 15 years and over, by educational attainment, age, sex, and urban/rural residence: each census, 1973 – 1988 (continued)
Population de 15 ans et plus, selon le degré d'instruction, l'âge, le sexe et la résidence, urbaine/rurale: chaque recensement, 1973 – 1988 (suite)

List of countries or areas covered by this table in the 1983 issue of the Demographic Yearbook
Liste des pays ou zones couverts par ce tableau, dans l'édition de 1983 de l'Annuaire démographique

Continent and country or area Continent et pays ou zone	Census date Date du recensement	Issue Edition
AFRICA — AFRIQUE		
Egypt – Egypte	22–23 XI 1976	1983
Kenya	24 VIII 1979	1983
Liberia	1 II 1974	1983
Malawi	20 IX 1977	1983
Mali	16 XII 1976	1983
Rwanda	15–16 VIII 1978	1983
AMERICA, NORTH — AMERIQUE DU NORD		
Canada	3 VI 1981	1983
Cuba	11 IX 1981	1983
Hounduras	6 III 1974	1983
Turks and Caicos Islands – Iles Turques et Caïques	12 V 1980	1983
AMERICA, SOUTH — AMERIQUE DU SUD		
Bolivia – Bolivie	29 IX 1976	1983
Ecuador – Equateur	8 VI 1974	1983
Uruguay	21 V 1975	1983
ASIA — ASIE		
Bahrain – Bahreïn	5 IV 1981	1983
Hong Kong – Hong–kong	2 VIII 1976	1983
Hong Kong – Hong–kong	9 III 1981	1983
Indonesia – Indonésie	31 X 1980	1983
Japan–Japon	1 X 1980	1983
Korea, Republic of – Corée, République de	1 XI 1980	1983
Kuwait – Koweït	21 IV 1975	1983
ASIA (cont.) — ASIE (suite)		
Kuwait – Koweït	21 IV 1980	1983
Nepal – Népal	22 VI 1981	1983
Philippines	1 V 1975	1983
Singapore – Singapour	24 VI 1980	1983
Thailand – Thaïlande	1 IV 1980	1983
Turkey – Turquie	26 X 1975	1983
United Arab Emirates – Emirates Arabes Unis	31 XII 1975	1983
EUROPE		
Bulgaria – Bulgarie	2 XII 1975	1983
Czechoslovakia – Tchécoslovaquie	1 XI 1980	1983
German Democratic Rep. – Rép. démocratique allemande	31 XII 1981	1983
Hungary – Hongrie	1 I 1980	1983
Monaco	1 II 1975	1983
Norway – Norvège	1 XI 1980	1983
Poland – Pologne	7 XII 1978	1983
Romania – Roumanie	5 I 1977	1983
San Marino – Saint–Marin	30 XI 1976	1983
OCEANIA — OCEANIE		
Fiji – Fidji	12 IX 1976	1983
Kiribati	12 XII 1978	1983
New Zealand – Nouvelle–Zélande	24 III 1981	1983
Soloman Isalnds – Iles Saloman	7 II 1976	1983

35. Population 5 to 24 years of age by school attendance, sex, age and urban/rural residence: each census, 1979 – 1988

Population âgée de 5 à 24 ans, selon la fréquentation scolaire, le sexe, l'âge et la résidence, urbaine/rurale: chaque recensement, 1979 – 1988

(See notes at end of table. – Voir notes à la fin du tableau.)

Continent, country or area, date, age (in years) and urban/rural residence Continent, pays ou zone, date, âge (en années) et résidence urbaine/rurale	Both sexes – Les deux sexes			Male – Masculin			Female – Féminin		
	Total	Attending school Fréquentant les écoles		Total	Attending school Fréquentant les écoles		Total	Attending school Fréquentant les écoles	
		Number Nombre	Per cent P.100		Number Nombre	Per cent P.100		Number Nombre	Per cent P.100
AFRICA—AFRIQUE									
Botswana									
12–26 VIII 1981 [1]									
5 – 24	335 955	185 080	55.1	165 261	83 856	50.7	170 694	101 224	59.3
5	33 549	1 280	3.8	16 911	583	3.4	16 638	697	4.2
6	31 704	6 745	21.3	15 769	3 058	19.4	15 935	3 687	23.1
7	28 432	15 266	53.7	14 142	7 062	49.9	14 290	8 204	57.4
8	26 560	19 501	73.4	13 214	9 103	68.9	13 346	10 398	77.9
9	24 826	20 170	81.2	12 220	9 395	76.9	12 606	10 775	85.5
10	24 948	20 344	81.5	12 151	9 240	76.0	12 797	11 104	86.8
11	22 081	18 915	85.7	10 653	8 617	80.9	11 428	10 298	90.1
12	22 656	18 578	82.0	11 071	8 351	75.4	11 585	10 227	88.3
13	20 261	16 867	83.2	9 513	7 211	75.8	10 748	9 656	89.8
14	17 552	13 817	78.7	8 247	5 841	70.8	9 305	7 976	85.7
15	15 336	11 224	73.2	7 463	4 825	64.7	7 873	6 399	81.3
16	12 133	8 050	66.3	6 078	3 555	58.5	6 055	4 495	74.2
17	9 757	5 731	58.7	4 964	2 565	51.7	4 793	3 166	66.1
18	9 331	3 886	41.6	4 917	1 883	38.3	4 414	2 003	45.4
19	7 327	2 181	29.8	3 904	1 172	30.0	3 423	1 009	29.5
20	7 325	1 093	14.9	3 676	622	16.9	3 649	471	12.9
21	5 951	607	10.2	2 926	328	11.2	3 025	279	9.2
22	5 544	390	7.0	2 583	217	8.4	2 961	173	5.8
23	5 515	269	4.9	2 511	151	6.0	3 004	118	3.9
24	5 167	166	3.2	2 348	77	3.3	2 819	89	3.2
Burundi									
15–16 VIII 1979									
10 – 24	1 357 076	383 845	28.3	667 496	239 051	35.8	689 580	144 794	21.0
10 – 14	463 581	134 774	29.1	231 865	76 976	33.2	231 716	57 798	24.9
15 – 19	481 175	135 828	28.2	236 659	83 998	35.5	244 516	51 830	21.2
20 – 24	412 320	113 243	27.5	198 972	78 077	39.2	213 348	35 166	16.5
Comoros – Comores [2]									
15 IX 1980									
5 – 24	159 160	48 781	30.6	79 770	28 620	35.9	79 390	20 161	25.4
5	12 580	500	4.0	6 451	279	4.3	6 129	221	3.6
6	12 165	1 714	14.1	6 141	907	14.8	6 024	807	13.4
7	11 791	3 190	27.1	6 032	1 729	28.7	5 759	1 461	25.4
8	12 539	4 353	34.7	6 282	2 360	37.6	6 257	1 993	31.9
9	9 931	4 098	41.3	5 121	2 213	43.2	4 810	1 885	39.2
10	13 913	5 860	42.1	7 297	3 264	44.7	6 616	2 596	39.2
11	8 391	3 910	46.6	4 522	2 254	49.8	3 869	1 656	42.8
12	7 924	4 032	50.9	4 231	2 296	54.3	3 693	1 736	47.0
13	6 742	3 544	52.6	3 585	2 052	57.2	3 157	1 492	47.3
14	6 555	3 272	49.9	3 406	1 939	56.9	3 149	1 333	42.3
15	7 943	3 352	42.2	4 059	2 052	50.6	3 884	1 300	33.5
16	6 250	2 562	41.0	3 087	1 556	50.4	3 163	1 006	31.8
17	5 753	2 017	35.1	2 727	1 265	46.4	3 026	752	24.9
18	7 020	2 016	28.7	3 325	1 300	39.1	3 695	716	19.4
19	4 559	1 173	25.7	2 020	798	39.5	2 539	375	14.8
20 – 24	25 104	3 188	12.7	11 484	2 356	20.5	13 620	832	6.1

35. Population 5 to 24 years of age by school attendance, sex, age and urban/rural residence: each census, 1979 – 1988 (continued)

Population âgée de 5 à 24 ans, selon la fréquentation scolaire, le sexe, l'âge et la résidence, urbaine/rurale: chaque recensement, 1979 – 1988 (suite)

(See notes at end of table. – Voir notes à la fin du tableau.)

Continent, country or area, date, age (in years) and urban/rural residence Continent, pays ou zone, date, âge (en années) et résidence urbaine/rurale	Both sexes – Les deux sexes			Male – Masculin			Female – Féminin		
	Total	Attending school – Fréquentant les écoles: Number Nombre	Per cent P.100	Total	Attending school – Fréquentant les écoles: Number Nombre	Per cent P.100	Total	Attending school – Fréquentant les écoles: Number Nombre	Per cent P.100
AFRICA—AFRIQUE (Cont.–Suite)									
Mauritius – Maurice Island of Mauritius – Ile Maurice									
2 VII 1983									
5 – 24	417 988	212 803	50.9	211 127	109 916	52.1	206 861	102 887	49.7
5	22 066	21 624	98.0	11 185	10 959	98.0	10 881	10 665	98.0
6	21 393	21 055	98.4	10 825	10 652	98.4	10 568	10 403	98.4
7	19 932	19 570	98.2	9 915	9 719	98.0	10 017	9 851	98.3
8	20 681	20 288	98.1	10 497	10 316	98.3	10 184	9 972	97.9
9	20 084	19 533	97.3	10 066	9 792	97.3	10 018	9 741	97.2
10	17 633	16 884	95.8	8 991	8 638	96.1	8 642	8 246	95.4
11	18 387	16 731	91.0	9 166	8 467	92.4	9 221	8 264	89.6
12	18 866	14 837	78.6	9 628	7 849	81.5	9 238	6 988	75.6
13	20 439	13 483	66.0	10 449	7 220	69.1	9 990	6 263	62.7
14	19 482	11 139	57.2	9 897	5 908	59.7	9 585	5 231	54.6
15	21 727	10 887	50.1	10 938	5 663	51.8	10 789	5 224	48.4
16	21 400	9 028	42.2	10 883	4 752	43.7	10 517	4 276	40.7
17	23 721	8 341	35.2	11 914	4 465	37.5	11 807	3 876	32.8
18	23 218	5 232	22.5	11 720	2 933	25.0	11 498	2 299	20.0
19	23 659	2 726	11.5	11 976	1 643	13.7	11 683	1 083	9.3
20	22 632	856	3.8	11 533	545	4.7	11 099	311	2.8
21	22 243	286	1.3	11 160	196	1.8	11 083	90	0.8
22	20 393	161	0.8	10 354	100	1.0	10 039	61	0.6
23	20 473	91	0.4	10 279	58	0.6	10 194	33	0.3
24	19 559	51	0.3	9 751	41	0.4	9 808	10	0.1
Rodrigues									
2 VII 1983									
5 – 24	15 957	6 836	42.8	7 985	3 478	43.6	7 972	3 358	42.1
5	997	766	76.8	494	373	75.5	503	393	78.1
6	1 036	975	94.1	522	492	94.3	514	483	94.0
7	981	936	95.4	492	471	95.7	489	465	95.1
8	943	878	93.1	447	415	92.8	496	463	93.3
9	948	818	86.3	478	412	86.2	470	406	86.4
10	858	674	78.6	429	325	75.8	429	349	81.4
11	802	524	65.3	410	269	65.6	392	255	65.1
12	888	387	43.6	446	206	46.2	442	181	40.9
13	900	241	26.8	465	152	32.7	435	89	20.5
14	741	200	27.0	377	111	29.4	364	89	24.4
15	847	166	19.6	408	97	23.8	439	69	15.7
16	773	102	13.2	394	56	14.2	379	46	12.1
17	808	91	11.3	404	54	13.4	404	37	9.2
18	732	51	7.0	365	29	7.9	367	22	6.0
19	737	20	2.7	387	12	3.1	350	8	2.3
20	665	3	0.5	328	3	0.9	337	–	0.0
21	613	2	0.3	291	1	0.3	322	1	0.3
22	631	1	0.2	316	–	0.0	315	1	0.3
23	534	1	0.2	260	–	0.0	274	1	0.4
24	523	–	0.0	272	–	0.0	251	–	0.0
Tunisia – Tunisie									
30 III 1984*									
5 – 24	3 215 450	1 579 120	49.1	1 640 530	905 010	55.2	1 574 920	674 110	42.8
5	191 840	49 170	25.6	97 960	25 560	26.1	93 880	23 610	25.1
6 – 9	738 950	580 420	78.5	379 210	315 700	83.3	359 740	264 720	73.6
10 – 14	816 100	602 810	73.9	418 030	345 560	82.7	398 070	257 250	64.6
15 – 19	795 370	276 070	34.7	404 310	171 300	42.4	391 060	104 770	26.8
20 – 24	673 190	70 650	10.5	341 020	46 890	13.7	332 170	23 760	7.2
Zimbabwe									
18 VIII 1982 [3]									
5 – 24	3 732 470	2 165 270	58.0	...	...	...	...	...	...
5 – 9	1 230 160	612 300	49.8	...	...	...	...	...	...
10 – 14	1 046 970	971 640	92.8	...	...	...	...	...	...
15 – 19	801 730	513 570	64.1	...	...	...	...	...	...
20 – 24	653 610	67 760	10.4	...	...	...	...	...	...

35. Population 5 to 24 years of age by school attendance, sex, age and urban/rural residence: each census, 1979 – 1988 (continued)
Population âgée de 5 à 24 ans, selon la fréquentation scolaire, le sexe, l'âge et la résidence, urbaine/rurale: chaque recensement, 1979 – 1988 (suite)

(See notes at end of table. – Voir notes à la fin du tableau.)

Continent, country or area, date, age (in years) and urban/rural residence Continent, pays ou zone, date, âge (en années) et résidence urbaine/rurale	Both sexes – Les deux sexes			Male – Masculin			Female – Féminin		
	Total	Attending school Fréquentant les écoles		Total	Attending school Fréquentant les écoles		Total	Attending school Fréquentant les écoles	
		Number Nombre	Per cent P.100		Number Nombre	Per cent P.100		Number Nombre	Per cent P.100
AMERICA,NORTH— AMERIQUE DU NORD									
Aruba									
1 II 1981 [4]									
5 – 24	23 384	14 836	63.4	11 921	7 557	63.4	11 463	7 279	63.5
5	887	831	93.7	463	428	92.4	424	403	95.0
6	959	943	98.3	498	489	98.2	461	454	98.5
7	936	928	99.1	460	455	98.9	476	473	99.4
8	1 162	1 159	99.7	601	600	99.8	561	559	99.6
9	1 102	1 098	99.6	544	542	99.6	558	556	99.6
10	1 167	1 162	99.6	599	597	99.7	568	565	99.5
11	1 068	1 063	99.5	541	539	99.6	527	524	99.4
12	1 061	1 057	99.6	531	530	99.8	530	527	99.4
13	1 052	1 040	98.9	528	522	98.9	524	518	98.9
14	1 096	1 054	96.2	585	564	96.4	511	490	95.9
15	1 253	1 152	91.9	644	580	90.1	609	572	93.9
16	1 285	1 082	84.2	644	527	81.8	641	555	86.6
17	1 345	868	64.5	673	421	62.6	672	447	66.5
18	1 399	638	45.6	693	320	46.2	706	318	45.0
19	1 339	339	25.3	713	183	25.7	626	156	24.9
20	1 366	205	15.0	708	125	17.7	658	80	12.2
21	1 222	105	8.6	629	72	11.4	593	33	5.6
22	1 213	54	4.5	623	30	4.8	590	24	4.1
23	1 261	39	3.1	654	24	3.7	607	15	2.5
24	1 211	19	1.6	590	9	1.5	621	10	1.6
Bahamas									
12 V 1980 [5]									
5 – 24	101 162	67 786	67.0	50 137	32 847	65.5	51 025	34 939	68.5
5	5 434	3 897	71.7	2 711	1 913	70.6	2 723	1 984	72.9
6	5 345	4 931	92.3	2 672	2 452	91.8	2 673	2 479	92.7
7	5 496	5 231	95.2	2 802	2 674	95.4	2 694	2 557	94.9
8	5 785	5 584	96.5	2 920	2 807	96.1	2 865	2 777	96.9
9	5 712	5 537	96.9	2 751	2 664	96.8	2 961	2 873	97.0
10	5 341	5 154	96.5	2 679	2 576	96.2	2 662	2 578	96.8
11	5 085	4 911	96.6	2 454	2 360	96.2	2 631	2 551	97.0
12	5 368	5 165	96.2	2 675	2 557	95.6	2 693	2 608	96.8
13	5 375	5 159	96.0	2 666	2 550	95.6	2 709	2 609	96.3
14	5 307	4 985	93.9	2 705	2 509	92.8	2 602	2 476	95.2
15	5 393	4 793	88.9	2 682	2 299	85.7	2 711	2 494	92.0
16	5 395	4 182	77.5	2 696	1 968	73.0	2 699	2 214	82.0
17	5 256	2 905	55.3	2 655	1 304	49.1	2 601	1 601	61.6
18	5 211	1 528	29.3	2 613	630	24.1	2 598	898	34.6
19	4 820	977	20.3	2 392	437	18.3	2 428	540	22.2
20	4 741	812	17.1	2 246	315	14.0	2 495	497	19.9
21	4 167	631	15.1	2 005	242	12.1	2 162	389	18.0
22	4 098	542	13.2	2 010	231	11.5	2 088	311	14.9
23	4 051	453	11.2	1 947	194	10.0	2 104	259	12.3
24	3 782	409	10.8	1 856	165	8.9	1 926	244	12.7

35. Population 5 to 24 years of age by school attendance, sex, age and urban/rural residence: each census, 1979 – 1988 (continued)
Population âgée de 5 à 24 ans, selon la fréquentation scolaire, le sexe, l'âge et la résidence, urbaine/rurale: chaque recensement, 1979 – 1988 (suite)

(See notes at end of table. – Voir notes à la fin du tableau.)

Continent, country or area, date, age (in years) and urban/rural residence / Continent, pays ou zone, date, âge (en années) et résidence urbaine/rurale	Both sexes – Les deux sexes			Male – Masculin			Female – Féminin		
	Total	Attending school / Fréquentant les écoles: Number / Nombre	Per cent / P.100	Total	Attending school / Fréquentant les écoles: Number / Nombre	Per cent / P.100	Total	Attending school / Fréquentant les écoles: Number / Nombre	Per cent / P.100
AMERICA,NORTH— (Cont.–Suite) AMERIQUE DU NORD									
Barbados – Barbade									
12 V 1980 [5]									
5 – 24	103 440	63 364	61.3	51 559	31 172	60.5	51 881	32 192	62.0
5	4 857	4 603	94.8	2 440	2 301	94.3	2 417	2 302	95.2
6	4 812	4 727	98.2	2 430	2 388	98.3	2 382	2 339	98.2
7	5 288	5 244	99.2	2 627	2 603	99.1	2 661	2 641	99.2
8	5 293	5 243	99.1	2 647	2 621	99.0	2 646	2 622	99.1
9	5 057	5 017	99.2	2 532	2 510	99.1	2 525	2 507	99.3
10	4 820	4 774	99.0	2 476	2 451	99.0	2 344	2 323	99.1
11	4 914	4 877	99.2	2 477	2 457	99.2	2 437	2 420	99.3
12	5 150	5 089	98.8	2 599	2 570	98.9	2 551	2 519	98.7
13	5 279	5 170	97.9	2 603	2 539	97.5	2 676	2 631	98.3
14	5 447	5 103	93.7	2 704	2 495	92.3	2 743	2 608	95.1
15	5 464	4 590	84.0	2 717	2 160	79.5	2 747	2 430	88.5
16	5 613	3 546	63.2	2 820	1 554	55.1	2 793	1 992	71.3
17	5 443	2 242	41.2	2 802	1 005	35.9	2 641	1 237	46.8
18	5 299	1 038	19.6	2 599	468	18.0	2 700	570	21.1
19	5 481	501	9.1	2 704	237	8.8	2 777	264	9.5
20 – 24	25 223	1 600	6.3	12 382	813	6.6	12 841	787	6.1
Guatemala									
23 III 1981 [6]									
7 – 24	2 466 923	1 047 591	42.5	1 221 798	563 315	46.1	1 245 125	484 276	38.9
7	175 692	92 737	52.8	89 315	48 975	54.8	86 377	43 762	50.7
8	183 633	113 794	62.0	92 885	60 070	64.7	90 748	53 724	59.2
9	154 602	106 836	69.1	78 176	55 981	71.6	76 426	50 855	66.5
10	172 393	120 748	70.0	88 268	64 614	73.2	84 125	56 134	66.7
11	135 488	97 944	72.3	69 111	52 111	75.4	66 377	45 833	69.0
12	165 171	110 315	66.8	86 267	61 159	70.9	78 904	49 156	62.3
13	146 330	86 960	59.4	73 262	47 714	65.1	73 069	39 246	53.7
14	137 271	69 258	50.5	69 185	38 000	54.9	68 086	31 258	45.9
15 – 19	648 602	182 849	28.2	313 602	97 962	31.2	335 000	84 887	25.3
20 – 24	547 741	66 150	12.1	261 727	36 729	14.0	286 013	29 421	10.3
Haiti – Haïti									
30 VIII 1982 [4]									
6 – 24	2 073 226	794 587	38.3	1 009 739	403 673	40.0	1 063 487	390 914	36.8
6	139 960	37 929	27.1	66 590	18 246	27.4	73 370	19 683	26.8
7	140 188	49 346	35.2	67 170	23 308	34.7	73 018	26 038	35.7
8	137 754	51 796	37.6	65 904	24 780	37.6	71 850	27 016	37.6
9	108 076	47 337	43.8	55 945	25 679	45.9	52 131	21 658	41.5
10	145 961	64 953	44.5	74 306	31 729	42.7	71 655	33 224	46.4
11	87 325	50 299	57.6	42 284	24 905	58.9	45 041	25 394	56.4
12	141 390	70 554	49.9	73 427	37 962	51.7	67 963	32 592	48.0
13	104 172	57 399	55.1	48 197	28 243	58.6	55 975	29 156	52.1
14	99 765	53 773	53.9	50 979	27 376	53.7	48 786	26 397	54.1
15	104 545	52 691	50.4	54 103	26 456	48.9	50 442	26 235	52.0
16	107 056	55 027	51.4	50 185	26 146	52.1	56 871	28 881	50.8
17	88 620	44 133	49.8	43 329	22 358	51.6	45 291	21 775	48.1
18	121 021	46 472	38.4	59 002	25 135	42.6	62 019	21 337	34.4
19	90 046	31 786	35.3	45 035	18 419	40.9	45 011	13 367	29.7
20	130 307	29 710	22.8	62 451	15 550	24.9	67 856	14 160	20.9
21	68 112	17 164	25.2	32 250	9 288	28.8	35 862	7 876	22.0
22	98 668	15 195	15.4	45 607	8 118	17.8	53 061	7 077	13.3
23	81 999	10 414	12.7	36 810	5 816	15.8	45 189	4 598	10.2
24	78 261	8 609	11.0	36 165	4 159	11.5	42 096	4 450	10.6

35. Population 5 to 24 years of age by school attendance, sex, age and urban/rural residence: each census, 1979 – 1988 (continued)
Population âgée de 5 à 24 ans, selon la fréquentation scolaire, le sexe, l'âge et la résidence, urbaine/rurale: chaque recensement, 1979 – 1988 (suite)

(See notes at end of table. – Voir notes à la fin du tableau.)

Continent, country or area, date, age (in years) and urban/rural residence Continent, pays ou zone, date, âge (en années) et résidence urbaine/rurale	Both sexes – Les deux sexes			Male – Masculin			Female – Féminin		
	Total	Attending school – Fréquentant les écoles: Number Nombre	Attending school – Fréquentant les écoles: Per cent P.100	Total	Attending school – Fréquentant les écoles: Number Nombre	Attending school – Fréquentant les écoles: Per cent P.100	Total	Attending school – Fréquentant les écoles: Number Nombre	Attending school – Fréquentant les écoles: Per cent P.100
AMERICA,NORTH— (Cont.–Suite) AMERIQUE DU NORD									
Jamaica – Jamaïque									
8 VI 1982*[5]									
5 – 24	1 044 189	595 266	57.0	517 969	291 783	56.3	526 220	303 483	57.7
5	55 436	39 533	71.3	27 548	19 373	70.3	27 888	20 160	72.3
6	55 784	21 889	39.2	27 882	10 751	38.6	27 902	11 138	39.9
7	56 056	46 504	83.0	28 198	23 220	82.3	27 858	23 284	83.6
8	57 348	50 977	88.9	28 931	25 635	88.6	28 417	25 342	89.2
9	59 232	53 350	90.1	29 866	26 837	89.9	29 366	26 513	90.3
10	61 376	55 286	90.1	31 320	28 140	89.8	30 056	27 146	90.3
11	57 246	51 810	90.5	28 684	25 876	90.2	28 562	25 934	90.8
12	57 628	51 894	90.0	29 463	26 352	89.4	28 165	25 542	90.7
13	56 719	50 239	88.6	28 287	24 798	87.7	28 432	25 441	89.5
14	54 195	46 462	85.7	27 270	22 952	84.2	26 925	23 510	87.3
15	52 089	39 656	76.1	25 827	18 880	73.1	26 262	20 776	79.1
16	53 382	32 744	61.3	26 273	15 148	57.7	27 109	17 596	64.9
17	55 685	23 604	42.4	27 927	11 007	39.4	27 758	12 597	45.4
18	52 315	11 344	21.7	26 341	5 085	19.3	25 974	6 259	24.1
19	48 285	6 639	13.7	23 355	2 679	11.5	24 930	3 960	15.9
20	47 051	4 281	9.1	22 845	1 598	7.0	24 206	2 683	11.1
21	42 621	3 072	7.2	20 429	1 190	5.8	22 192	1 882	8.5
22	44 364	2 582	5.8	21 110	982	4.7	23 254	1 600	6.9
23	40 076	1 914	4.8	18 823	726	3.9	21 253	1 188	5.6
24	37 301	1 486	4.0	17 590	554	3.1	19 711	932	4.7
Mexico – Mexique									
4 VI 1980[4]									
6 – 14	17 295 147	10 576 599	61.2	8 695 711	5 369 446	61.7	8 599 436	5 207 153	60.6
6	2 192 014	774 423	35.3	1 098 923	380 664	34.6	1 093 091	393 759	36.0
7	2 047 573	1 510 180	73.8	1 034 480	761 293	73.6	1 013 093	748 887	73.9
8	2 104 835	1 696 754	80.6	1 058 395	853 702	80.7	1 046 440	843 052	80.6
9	1 856 374	1 551 695	83.6	929 238	776 903	83.6	927 136	774 792	83.6
10	1 991 855	1 638 235	82.2	1 010 345	831 413	82.3	981 510	806 822	82.2
11	1 682 913	1 291 833	76.8	846 610	653 627	77.2	836 303	638 206	76.3
12	1 941 033	1 109 039	57.1	991 035	579 921	58.5	949 998	529 118	55.7
13	1 723 852	634 248	36.8	860 847	333 002	38.7	863 005	301 246	34.9
14	1 754 698	370 192	21.1	865 838	198 921	23.0	888 860	171 271	19.3
Panama									
11 V 1980[7,8]									
5 – 24	835 548	523 609	62.7	420 138	263 543	62.7	415 410	260 066	62.6
5	48 239	18 511	38.4	24 400	9 057	37.1	23 839	9 454	39.7
6	47 429	35 069	73.9	24 188	17 775	73.5	23 241	17 294	74.4
7	46 951	40 379	86.0	23 942	20 535	85.8	23 009	19 844	86.2
8	51 840	47 005	90.7	26 455	23 920	90.4	25 385	23 085	90.9
9	49 112	45 510	92.7	24 652	22 769	92.4	24 460	22 741	93.0
10	49 288	45 666	92.7	25 341	23 478	92.6	23 947	22 188	92.7
11	45 520	42 065	92.4	23 173	21 445	92.5	22 347	20 620	92.3
12	48 138	41 902	87.0	24 844	21 756	87.6	23 294	20 146	86.5
13	43 730	35 439	81.0	21 974	18 015	82.0	21 756	17 424	80.1
14	42 702	31 328	73.4	21 619	15 972	73.9	21 083	15 356	72.8
15	42 767	28 191	65.9	21 101	13 937	66.0	21 666	14 254	65.8
16	41 342	25 415	61.5	20 609	12 473	60.5	20 733	12 942	62.4
17	40 662	22 082	54.3	20 258	10 858	53.6	20 404	11 224	55.0
18	40 011	17 606	44.0	20 224	8 683	42.9	19 787	8 923	45.1
19	35 454	12 752	36.0	17 484	6 209	35.5	17 970	6 543	36.4
20 – 24	162 363	34 689	21.4	79 874	16 661	20.9	82 489	18 028	21.9

35. Population 5 to 24 years of age by school attendance, sex, age and urban/rural residence: each census, 1979 – 1988 (continued)
Population âgée de 5 à 24 ans, selon la fréquentation scolaire, le sexe, l'âge et la résidence, urbaine/rurale: chaque recensement, 1979 – 1988 (suite)

(See notes at end of table. – Voir notes à la fin du tableau.)

Continent, country or area, date, age (in years) and urban/rural residence Continent, pays ou zone, date, âge (en années) et résidence urbaine/rurale	Both sexes – Les deux sexes			Male – Masculin			Female – Féminin		
	Total	Attending school – Fréquentant les écoles		Total	Attending school – Fréquentant les écoles		Total	Attending school – Fréquentant les écoles	
		Number Nombre	Per cent P.100		Number Nombre	Per cent P.100		Number Nombre	Per cent P.100
AMERICA,NORTH— (Cont.–Suite) AMERIQUE DU NORD									
Puerto Rico – Porto Rico									
1 IV 1980 [8 9]									
5 – 24	1 278 186	913 676	71.5	638 298	455 900	71.4	639 888	457 776	71.5
5	66 675	40 778	61.2	34 015	20 591	60.5	32 660	20 187	61.8
6	63 698	56 393	88.5	32 347	28 353	87.7	31 351	28 040	89.4
7	65 647	63 114	96.1	33 358	32 048	96.1	32 289	31 066	96.2
8	65 280	64 079	98.2	33 181	32 891	99.1	32 099	31 188	97.2
9	69 031	67 403	97.6	35 261	34 169	96.9	33 770	33 234	98.4
10	67 233	64 854	96.5	34 279	33 317	97.2	32 954	31 537	95.7
11	65 727	62 740	95.5	33 736	31 976	94.8	31 991	30 764	96.2
12	65 297	62 852	96.3	33 239	32 144	96.7	32 058	30 708	95.8
13	68 382	64 787	94.7	34 681	32 404	93.4	33 701	32 383	96.1
14	71 652	66 204	92.4	36 559	32 875	89.9	35 093	33 329	95.0
15	72 170	62 452	86.5	36 127	31 660	87.6	36 043	30 792	85.4
16	70 380	56 785	80.7	35 767	28 541	79.8	34 613	28 244	81.6
17	69 175	51 209	74.0	34 846	25 508	73.2	34 329	25 701	74.9
18	63 155	36 172	57.3	31 482	17 492	55.6	31 673	18 680	59.0
19	62 254	28 936	46.5	30 177	12 962	43.0	32 077	15 974	49.8
20	58 863	21 931	37.3	28 221	9 744	34.5	30 642	12 187	39.8
21	55 008	16 499	30.0	26 313	6 795	25.8	28 695	9 704	33.8
22	53 676	12 056	22.5	25 432	5 497	21.6	28 244	6 559	23.2
23	53 101	8 468	15.9	24 960	3 828	15.3	28 141	4 640	16.5
24	51 782	5 964	11.5	24 317	3 105	12.8	27 465	2 859	10.4
Saint Kitts and Nevis – Saint–Kitts–et–Nevis									
12 V 1980 [5]									
5 – 24	21 139	12 839	60.7	10 593	6 479	61.2	10 546	6 360	60.3
5	1 031	826	80.1	525	413	78.7	506	413	81.6
6	1 071	1 046	97.7	511	495	96.9	560	551	98.4
7	1 069	1 056	98.8	543	537	98.9	526	519	98.7
8	1 116	1 101	98.7	542	538	99.3	574	563	98.1
9	1 063	1 043	98.1	537	528	98.3	526	515	97.9
10	1 045	1 033	98.9	534	530	99.2	511	503	98.4
11	986	972	98.6	523	516	98.7	463	456	98.5
12	1 111	1 098	98.8	530	522	98.5	581	576	99.1
13	1 154	1 135	98.4	599	591	98.7	555	544	98.0
14	1 214	1 152	94.9	624	598	95.8	590	554	93.9
15	1 145	1 004	87.7	601	524	87.2	544	480	88.2
16	1 135	695	61.2	608	360	59.2	527	335	63.6
17	1 130	392	34.7	568	182	32.0	562	210	37.4
18	1 128	168	14.9	562	75	13.3	566	93	16.4
19	1 086	37	3.4	547	23	4.2	539	14	2.6
20 – 24	4 655	81	1.7	2 239	47	2.1	2 416	34	1.4

35. Population 5 to 24 years of age by school attendance, sex, age and urban/rural residence: each census, 1979 – 1988 (continued)

Population âgée de 5 à 24 ans, selon la fréquentation scolaire, le sexe, l'âge et la résidence, urbaine/rurale: chaque recensement, 1979 – 1988 (suite)

(See notes at end of table. – Voir notes à la fin du tableau.)

Continent, country or area, date, age (in years) and urban/rural residence Continent, pays ou zone, date, âge (en années) et résidence urbaine/rurale	Both sexes – Les deux sexes			Male – Masculin			Female – Féminin		
	Total	Attending school – Fréquentant les écoles		Total	Attending school – Fréquentant les écoles		Total	Attending school – Fréquentant les écoles	
		Number Nombre	Per cent P.100		Number Nombre	Per cent P.100		Number Nombre	Per cent P.100
AMERICA,NORTH— (Cont.–Suite) AMERIQUE DU NORD									
St. Vincent and the Grenadines – Saint–Vincent–et–Grenadines									
12 V 1980 [5]									
5 – 24	50 897	31 304	61.5	25 513	15 563	61.0	25 384	15 741	62.0
5	2 768	2 481	89.6	1 378	1 233	89.5	1 390	1 248	89.8
6	2 925	2 876	98.3	1 461	1 435	98.2	1 464	1 441	98.4
7	3 095	3 073	99.3	1 587	1 574	99.2	1 508	1 499	99.4
8	3 096	3 069	99.1	1 561	1 549	99.2	1 535	1 520	99.0
9	2 848	2 831	99.4	1 488	1 474	99.1	1 360	1 357	99.8
10	2 745	2 712	98.8	1 392	1 373	98.6	1 353	1 339	99.0
11	2 509	2 478	98.8	1 308	1 294	98.9	1 201	1 184	98.6
12	2 817	2 751	97.7	1 468	1 423	96.9	1 349	1 328	98.4
13	2 776	2 666	96.0	1 365	1 287	94.3	1 411	1 379	97.7
14	2 991	2 680	89.6	1 527	1 331	87.2	1 464	1 349	92.1
15	2 593	1 430	55.1	1 320	634	48.0	1 273	796	62.5
16	2 674	836	31.3	1 342	324	24.1	1 332	512	38.4
17	2 581	582	22.5	1 330	236	17.7	1 251	346	27.7
18	2 483	395	15.9	1 202	183	15.2	1 281	212	16.5
19	2 386	193	8.1	1 180	92	7.8	1 206	101	8.4
20 – 24	9 593	234	2.4	4 595	112	2.4	4 998	122	2.4
Unknown–Inconnu	17	17	100.0	9	9	100.0	8	8	100.0
United States – Etats–Unis									
1 IV 1980 [10 11]									
5 – 24	77 428 913	54 691 023	70.6	39 273 941	28 006 862	71.3	38 154 972	26 684 161	69.9
5	3 162 691	2 389 394	75.5	1 618 300	1 219 005	75.3	1 544 391	1 170 389	75.8
6	3 109 095	3 003 089	96.6	1 589 501	1 534 264	96.5	1 519 594	1 468 825	96.7
7	3 273 052	3 208 123	98.0	1 672 647	1 642 249	98.2	1 600 405	1 565 874	97.8
8	3 394 998	3 349 243	98.7	1 735 956	1 718 781	99.0	1 659 042	1 630 462	98.3
9	3 760 120	3 718 158	98.9	1 922 676	1 907 149	99.2	1 837 444	1 811 009	98.6
10	3 716 530	3 660 081	98.5	1 901 610	1 874 723	98.6	1 814 920	1 785 358	98.4
11	3 580 644	3 538 407	98.8	1 828 934	1 807 037	98.8	1 751 710	1 731 370	98.8
12	3 518 982	3 489 350	99.2	1 796 333	1 781 450	99.2	1 722 649	1 707 900	99.1
13	3 643 189	3 607 144	99.0	1 856 566	1 839 169	99.1	1 786 623	1 767 975	99.0
14	3 782 784	3 765 938	99.6	1 932 778	1 927 865	99.7	1 850 006	1 838 073	99.4
15	4 059 898	3 973 637	97.9	2 069 726	2 036 229	98.4	1 990 172	1 937 408	97.3
16	4 180 875	3 902 703	93.3	2 135 125	1 995 858	93.5	2 045 750	1 906 845	93.2
17	4 223 848	3 575 940	84.7	2 160 114	1 828 520	84.6	2 063 734	1 747 420	84.7
18	4 251 779	2 631 651	61.9	2 153 292	1 337 562	62.1	2 098 487	1 294 089	61.7
19	4 451 724	1 882 639	42.3	2 237 152	930 796	41.6	2 214 572	951 843	43.0
20	4 387 100	1 520 834	34.7	2 200 363	755 523	34.3	2 186 737	765 311	35.0
21	4 285 763	1 287 890	30.0	2 144 501	653 522	30.5	2 141 262	634 368	29.6
22	4 284 351	938 288	21.9	2 144 967	510 055	23.8	2 139 384	428 233	20.0
23	4 199 711	677 824	16.1	2 096 561	383 748	18.3	2 103 150	294 076	14.0
24	4 161 779	570 690	13.7	2 076 839	323 357	15.6	2 084 940	247 333	11.9

35. Population 5 to 24 years of age by school attendance, sex, age and urban/rural residence: each census, 1979 – 1988 (continued)

Population âgée de 5 à 24 ans, selon la fréquentation scolaire, le sexe, l'âge et la résidence, urbaine/rurale: chaque recensement, 1979 – 1988 (suite)

(See notes at end of table. – Voir notes à la fin du tableau.)

Continent, country or area, date, age (in years) and urban/rural residence Continent, pays ou zone, date, âge (en années) et résidence urbaine/rurale	Both sexes – Les deux sexes			Male – Masculin			Female – Féminin		
	Total	Attending school Fréquentant les écoles		Total	Attending school Fréquentant les écoles		Total	Attending school Fréquentant les écoles	
		Number Nombre	Per cent P.100		Number Nombre	Per cent P.100		Number Nombre	Per cent P.100
AMERICA,NORTH— (Cont.–Suite) AMERIQUE DU NORD									
United States Virgin Islands – Iles Vierges américaines									
1 IV 1980 [9]									
5 – 24	40 870	31 854	77.9	19 946	15 532	77.9	20 924	16 322	78.0
5	2 130	1 908	89.6	1 044	918	87.9	1 086	990	91.2
6	2 111	2 034	96.4	1 079	1 044	96.8	1 032	990	95.9
7	2 342	2 297	98.1	1 142	1 122	98.2	1 200	1 175	97.9
8	2 380	2 331	97.9	1 193	1 165	97.7	1 187	1 166	98.2
9	2 545	2 493	98.0	1 273	1 248	98.0	1 272	1 245	97.9
10	2 486	2 434	97.9	1 249	1 216	97.4	1 237	1 218	98.5
11	2 433	2 386	98.1	1 191	1 160	97.4	1 242	1 226	98.7
12	2 507	2 455	97.9	1 266	1 237	97.7	1 241	1 218	98.1
13	2 493	2 443	98.0	1 255	1 229	97.9	1 238	1 214	98.1
14	2 638	2 563	97.2	1 319	1 275	96.7	1 319	1 288	97.6
15	2 481	2 304	92.9	1 233	1 141	92.5	1 248	1 163	93.2
16	2 381	2 057	86.4	1 174	971	82.7	1 207	1 086	90.0
17	2 156	1 627	75.5	1 039	743	71.5	1 117	884	79.1
18	1 681	961	57.2	833	441	52.9	848	520	61.3
19	1 544	601	38.9	759	286	37.7	785	315	40.1
20	1 432	342	23.9	649	124	19.1	783	218	27.8
21	1 275	222	17.4	559	76	13.6	716	146	20.4
22	1 231	169	13.7	554	55	9.9	677	114	16.8
23	1 293	119	9.2	561	45	8.0	732	74	10.1
24	1 331	108	8.1	574	36	6.3	757	72	9.5
AMERICA,SOUTH— AMERIQUE DU SUD									
Argentina – Argentine									
22 X 1980 [8 12]									
5 – 24	9 805 572	5 912 971	60.3	...	...	...	...	...	...
5	596 761	343 343	57.5	...	...	...	...	...	...
6	554 297	469 128	84.6	...	...	...	...	...	...
7	545 678	518 890	95.1	...	...	...	...	...	...
8	550 190	527 822	95.9	...	...	...	...	...	...
9	536 830	516 811	96.3	...	...	...	...	...	...
10	529 264	507 458	95.9	...	...	...	...	...	...
11	498 736	477 896	95.8	...	...	...	...	...	...
12	488 851	460 564	94.2	...	...	...	...	...	...
13	469 785	408 699	87.0	...	...	...	...	...	...
14	469 535	350 564	74.7	...	...	...	...	...	...
15	480 079	294 776	61.4	...	...	...	...	...	...
16	472 985	238 417	50.4	...	...	...	...	...	...
17	469 610	203 653	43.4	...	...	...	...	...	...
18	472 887	148 714	31.4	...	...	...	...	...	...
19	445 927	109 652	24.6	...	...	...	...	...	...
20	446 669	88 507	19.8	...	...	...	...	...	...
21	432 420	74 785	17.3	...	...	...	...	...	...
22	446 871	66 740	14.9	...	...	...	...	...	...
23	455 532	57 808	12.7	...	...	...	...	...	...
24	442 665	48 744	11.0	...	...	...	...	...	...

35. Population 5 to 24 years of age by school attendance, sex, age and urban/rural residence: each census, 1979 – 1988 (continued)
Population âgée de 5 à 24 ans, selon la fréquentation scolaire, le sexe, l'âge et la résidence, urbaine/rurale: chaque recensement, 1979 – 1988 (suite)

(See notes at end of table. – Voir notes à la fin du tableau.)

Continent, country or area, date, age (in years) and urban/rural residence Continent, pays ou zone, date, âge (en années) et résidence urbaine/rurale	Both sexes – Les deux sexes			Male – Masculin			Female – Féminin		
	Total	Attending school – Fréquentant les écoles		Total	Attending school – Fréquentant les écoles		Total	Attending school – Fréquentant les écoles	
		Number Nombre	Per cent P.100		Number Nombre	Per cent P.100		Number Nombre	Per cent P.100
AMERICA,SOUTH— (Cont.–Suite) AMERIQUE DU SUD									
Brazil – Brésil									
1 IX 1980 [4,8,13,14]									
5 – 24	54 126 254	24 578 816	45.4	27 016 329	12 189 876	45.1	27 109 925	12 388 940	45.7
5	3 086 516	558 262	18.1	1 563 460	276 632	17.7	1 523 056	281 630	18.5
6	2 968 742	835 176	28.1	1 501 554	412 578	27.5	1 467 188	422 598	28.8
7	2 990 544	1 573 164	52.6	1 510 437	781 108	51.7	1 480 107	792 056	53.5
8	2 904 049	1 902 456	65.5	1 475 140	950 427	64.4	1 428 909	952 029	66.6
9	2 823 890	2 022 596	71.6	1 426 816	1 009 436	70.7	1 397 074	1 013 160	72.5
10	2 976 401	2 162 830	72.7	1 507 159	1 076 002	71.4	1 469 242	1 086 828	74.0
11	2 811 079	2 084 359	74.1	1 414 452	1 038 212	73.4	1 396 627	1 046 147	74.9
12	2 879 786	2 052 218	71.3	1 453 749	1 030 265	70.9	1 426 037	1 021 953	71.7
13	2 760 579	1 877 540	68.0	1 374 604	940 993	68.5	1 385 975	936 547	67.6
14	2 835 477	1 752 901	61.8	1 409 095	876 118	62.2	1 426 382	876 783	61.5
15	2 896 258	1 599 830	55.2	1 426 455	787 496	55.2	1 469 803	812 334	55.3
16	2 826 448	1 369 490	48.5	1 387 497	667 300	48.1	1 438 951	702 190	48.8
17	2 749 390	1 158 646	42.1	1 360 534	564 151	41.5	1 388 856	594 495	42.8
18	2 663 581	925 064	34.7	1 331 509	446 060	33.5	1 332 072	479 004	36.0
19	2 440 294	694 172	28.4	1 199 960	328 121	27.3	1 240 334	366 051	29.5
20 – 24	11 513 220	2 010 112	17.5	5 673 908	1 004 977	17.7	5 839 312	1 005 135	17.2
Chile – Chili									
21 IV 1982									
5 – 24	4 919 041	3 200 194	65.1	2 460 914	1 633 610	66.4	2 458 127	1 566 584	63.7
5	226 655	187 571	82.8	115 098	94 833	82.4	111 557	92 738	83.1
6	235 631	222 239	94.3	119 018	112 081	94.2	116 613	110 158	94.5
7	246 714	239 752	97.2	124 788	121 136	97.1	121 926	118 616	97.3
8	251 649	246 129	97.8	127 776	124 919	97.8	123 873	121 210	97.8
9	246 767	241 835	98.0	124 641	122 116	98.0	122 126	119 719	98.0
10	255 486	249 501	97.7	129 164	126 078	97.6	126 322	123 423	97.7
11	244 775	238 986	97.6	124 176	121 304	97.7	120 599	117 682	97.6
12	245 512	236 785	96.4	124 763	120 743	96.8	120 749	116 042	96.1
13	241 848	226 994	93.9	121 182	115 215	95.1	120 666	111 779	92.6
14	252 079	222 327	88.2	126 533	114 571	90.5	125 546	107 756	85.8
15	269 781	207 741	77.0	136 883	107 474	78.5	132 898	100 267	75.4
16	257 472	177 360	68.9	129 387	91 258	70.5	128 085	86 102	67.2
17	263 364	153 096	58.1	132 110	77 956	59.0	131 254	75 140	57.2
18	262 950	113 296	43.1	131 225	56 968	43.4	131 725	56 328	42.8
19	249 321	76 688	30.8	120 731	38 123	31.6	128 590	38 565	30.0
20	240 510	53 681	22.3	116 050	28 071	24.2	124 460	25 610	20.6
21	241 456	39 593	16.4	119 294	21 893	18.4	122 162	17 700	14.5
22	240 565	29 511	12.3	119 020	16 958	14.2	121 545	12 553	10.3
23	229 041	21 255	9.3	112 527	12 427	11.0	116 514	8 828	7.6
24	217 465	15 854	7.3	106 548	9 486	8.9	110 917	6 368	5.7
Ecuador – Equateur									
28 XI 1982 [15,16]									
6 – 24	3 564 406	2 221 446	62.3	1 782 878	1 125 293	63.1	1 781 528	1 096 153	61.5
6	225 780	129 104	57.2	113 694	64 390	56.6	112 086	64 714	57.7
7	222 231	165 172	74.3	113 260	83 947	74.1	108 971	81 225	74.5
8	226 239	182 016	80.5	113 840	91 424	80.3	112 399	90 592	80.6
9	201 056	168 761	83.9	101 320	85 037	83.9	99 736	83 724	83.9
10	221 249	185 502	83.8	112 664	94 594	84.0	108 585	90 908	83.7
11	198 715	167 981	84.5	100 809	85 159	84.5	97 906	82 822	84.6
12	228 939	201 065	87.8	118 073	104 624	88.6	110 866	96 441	87.0
13	188 389	155 666	82.6	94 973	79 489	83.7	93 416	76 177	81.5
14	197 916	144 964	73.2	98 498	73 834	75.0	99 418	71 130	71.5
15 – 19	876 786	482 274	55.0	436 866	241 143	55.2	439 920	241 131	54.8
20 – 24	777 106	238 941	30.7	378 881	121 652	32.1	398 225	117 289	29.5

35. Population 5 to 24 years of age by school attendance, sex, age and urban/rural residence: each census, 1979 – 1988 (continued)

Population âgée de 5 à 24 ans, selon la fréquentation scolaire, le sexe, l'âge et la résidence, urbaine/rurale: chaque recensement, 1979 – 1988 (suite)

(See notes at end of table. – Voir notes à la fin du tableau.)

Continent, country or area, date, age (in years) and urban/rural residence Continent, pays ou zone, date, âge (en années) et résidence urbaine/rurale	Both sexes – Les deux sexes			Male – Masculin			Female – Féminin		
	Total	Attending school – Fréquentant les écoles		Total	Attending school – Fréquentant les écoles		Total	Attending school – Fréquentant les écoles	
		Number – Nombre	Per cent – P.100		Number – Nombre	Per cent – P.100		Number – Nombre	Per cent – P.100
AMERICA,SOUTH— (Cont.–Suite) AMERIQUE DU SUD									
French Guiana – Guyane Française									
9 III 1982 [4]									
5 – 15	17 478	16 094	92.1	8 897	8 175	91.9	8 581	7 919	92.3
5 – 9	8 126	7 164	88.2	4 160	3 653	87.8	3 966	3 511	88.5
10 – 14	7 927	7 566	95.4	3 996	3 816	95.5	3 931	3 750	95.4
15	1 425	1 364	95.7	741	706	95.3	684	658	96.2
Paraguay									
11 VII 1982									
7 – 24	1 234 547	638 647	51.7	623 209	330 315	53.0	611 338	308 332	50.4
7	81 351	66 918	82.3	41 327	33 841	81.9	40 024	33 077	82.6
8	77 360	66 773	86.3	39 541	34 061	86.1	37 819	32 712	86.5
9	73 309	64 630	88.2	37 153	32 683	88.0	36 156	31 947	88.4
10	79 013	68 878	87.2	40 582	35 301	87.0	38 431	33 577	87.4
11	73 630	63 880	86.8	37 554	32 641	86.9	36 076	31 239	86.6
12	80 799	66 743	82.6	42 243	35 351	83.7	38 556	31 392	81.4
13	70 875	53 482	75.5	35 693	28 085	78.7	35 182	25 397	72.2
14	71 862	45 127	62.8	35 894	24 084	67.1	35 968	21 043	58.5
15	66 554	30 038	45.1	33 743	16 417	48.7	32 811	13 621	41.5
16	68 392	24 729	36.2	34 480	13 045	37.8	33 912	11 684	34.5
17	72 357	21 548	29.8	37 718	11 190	29.7	34 639	10 358	29.9
18	67 290	17 231	25.6	32 991	8 648	26.2	34 299	8 583	25.0
19	59 962	13 212	22.0	28 716	6 580	22.9	31 246	6 632	21.2
20	63 282	10 391	16.4	30 694	5 218	17.0	32 588	5 173	15.9
21	51 483	7 866	15.3	25 356	4 014	15.8	26 127	3 852	14.7
22	66 101	7 451	11.3	33 608	3 965	11.8	32 493	3 486	10.7
23	55 623	5 385	9.7	27 850	2 852	10.2	27 773	2 533	9.1
24	55 304	4 365	7.9	28 066	2 339	8.3	27 238	2 026	7.4
Peru – Pérou									
12 VII 1981 [8 17 18]									
5 – 24	8 044 553	4 923 048	61.2	4 042 266	2 581 984	63.9	4 002 287	2 341 064	58.5
5 – 9	2 402 258	1 643 570	68.4	1 211 659	837 961	69.2	1 190 599	805 609	67.7
10 – 14	2 176 029	1 839 724	84.5	1 107 837	960 335	86.7	1 068 192	879 389	82.3
15 – 19	1 864 691	1 047 730	56.2	932 930	565 789	60.6	931 761	481 941	51.7
20 – 24	1 601 575	392 024	24.5	789 840	217 899	27.6	811 735	174 125	21.4
Uruguay									
23 X 1985 [8 19 20]									
6 – 24	928 000	576 800	62.2	468 300	287 300	61.3	459 800	289 100	62.9
6	53 500	43 100	80.6	26 900	21 500	79.9	26 600	21 600	81.2
7	54 600	52 800	96.7	28 000	27 000	96.4	26 700	25 800	96.6
8	56 100	54 700	97.5	28 600	27 900	97.6	27 500	26 800	97.5
9	55 200	53 800	97.5	27 800	27 100	97.5	27 400	26 700	97.4
10	54 200	52 600	97.0	27 800	26 900	96.8	26 400	25 700	97.3
11	51 400	49 700	96.7	25 700	24 900	96.9	25 600	24 800	96.9
12	51 200	47 300	92.4	26 600	24 300	91.4	24 600	22 900	93.1
13	47 600	41 100	86.3	24 200	21 100	87.2	23 300	20 100	86.3
14	49 000	36 900	75.3	25 300	19 300	76.3	23 700	17 600	74.3
15	47 300	30 700	64.9	23 600	15 000	63.6	23 700	15 700	66.2
16	48 400	26 400	54.5	24 600	12 800	52.0	23 800	13 700	57.6
17	45 100	21 100	46.8	22 700	9 700	42.7	22 400	11 400	50.9
18	44 200	15 900	36.0	22 200	7 100	32.0	22 100	8 700	39.4
19	43 100	12 800	29.7	21 700	5 700	26.3	21 500	7 000	32.6
20	44 700	9 900	22.1	22 300	4 200	18.8	22 400	5 600	25.0
21	44 900	9 000	20.0	22 400	3 900	17.4	22 400	5 000	22.3
22	45 800	7 400	16.2	22 500	3 500	15.6	23 300	4 000	17.2
23	46 200	6 200	13.4	22 900	2 700	11.8	23 400	3 400	14.5
24	45 500	5 400	11.9	22 500	2 700	12.0	23 000	2 600	11.3

35. Population 5 to 24 years of age by school attendance, sex, age and urban/rural residence: each census, 1979 – 1988 (continued)

Population âgée de 5 à 24 ans, selon la fréquentation scolaire, le sexe, l'âge et la résidence, urbaine/rurale: chaque recensement, 1979 – 1988 (suite)

(See notes at end of table. – Voir notes à la fin du tableau.)

Continent, country or area, date, age (in years) and urban/rural residence Continent, pays ou zone, date, âge (en années) et résidence urbaine/rurale	Both sexes – Les deux sexes			Male – Masculin			Female – Féminin		
	Total	Attending school Fréquentant les écoles		Total	Attending school Fréquentant les écoles		Total	Attending school Fréquentant les écoles	
		Number Nombre	Per cent P.100		Number Nombre	Per cent P.100		Number Nombre	Per cent P.100
AMERICA,SOUTH— (Cont.–Suite) AMERIQUE DU SUD									
Venezuela									
20 X 1981 [8, 21, 22]									
5 – 24	6 793 978	4 056 056	59.7	3 409 626	2 005 033	58.8	3 384 352	2 051 023	60.6
5	395 085	179 386	45.4	201 015	89 680	44.6	194 070	89 706	46.2
6	390 055	246 608	63.2	198 128	123 264	62.2	191 927	123 344	64.3
7	379 746	319 786	84.2	192 445	160 593	83.4	187 301	159 193	85.0
8	371 413	327 073	88.1	187 968	163 961	87.2	183 445	163 112	88.9
9	369 748	333 157	90.1	186 837	167 044	89.4	182 911	166 113	90.8
10	374 679	339 307	90.6	190 975	171 467	89.8	183 704	167 840	91.4
11	361 028	326 351	90.4	182 597	163 801	89.7	178 431	162 550	91.1
12	358 931	317 091	88.3	180 391	158 111	87.6	178 540	158 980	89.0
13	356 057	303 320	85.2	178 484	151 739	85.0	177 573	151 581	85.4
14	341 888	267 421	78.2	171 461	132 845	77.5	170 427	134 576	79.0
15 – 19	1 646 276	793 173	48.2	822 541	380 627	46.3	823 735	412 546	50.1
20 – 24	1 449 072	303 383	20.9	716 784	141 901	19.8	732 288	161 482	22.1
ASIA—ASIE									
Bangladesh									
6–7 III 1981 [8, 23]									
5 – 24	40 734 020	8 927 015	21.9	20 781 936	5 579 289	26.8	19 952 084	3 347 726	16.8
5	3 414 805	326 879	9.6	1 752 946	183 228	10.5	1 661 859	143 651	8.6
6	2 776 562	505 431	18.2	1 408 429	281 913	20.0	1 368 133	223 518	16.3
7	2 836 860	729 722	25.7	1 414 660	402 845	28.5	1 422 200	326 877	23.0
8	3 004 446	886 609	29.5	1 540 261	502 169	32.6	1 464 185	384 440	26.3
9	2 125 600	736 349	34.6	1 066 430	406 703	38.1	1 059 170	329 646	31.1
10	3 481 971	1 196 219	34.4	1 853 371	702 722	37.9	1 628 600	493 497	30.3
11	1 589 800	623 738	39.2	809 485	353 804	43.7	780 315	269 934	34.6
12	3 271 284	1 036 860	31.7	1 807 675	647 014	35.8	1 463 609	389 846	26.6
13	1 495 399	508 745	34.0	791 242	316 946	40.1	704 157	191 799	27.2
14	1 810 992	518 230	28.6	963 905	338 097	35.1	847 087	180 133	21.3
15	2 063 418	450 005	21.8	1 164 572	326 152	28.0	898 846	123 853	13.8
16	1 856 458	344 608	18.6	917 234	253 909	27.7	939 224	90 699	9.7
17	914 586	177 877	19.4	455 804	134 575	29.5	458 782	43 302	9.4
18	2 555 517	307 921	12.0	1 229 575	251 897	20.5	1 325 942	56 024	4.2
19	756 758	102 446	13.5	362 106	82 326	22.7	394 652	20 120	5.1
20	2 804 092	192 978	6.9	1 222 929	159 726	13.1	1 581 163	33 252	2.1
21	594 762	64 013	10.8	300 442	51 862	17.3	294 320	12 151	4.1
22	1 957 296	116 601	6.0	951 308	95 956	10.1	1 005 988	20 645	2.1
23	648 677	57 282	8.8	348 053	50 296	14.4	300 624	6 986	2.3
24	774 737	44 502	5.7	421 509	37 149	8.8	353 228	7 353	2.1

35. Population 5 to 24 years of age by school attendance, sex, age and urban/rural residence: each census, 1979 – 1988 (continued)

Population âgée de 5 à 24 ans, selon la fréquentation scolaire, le sexe, l'âge et la résidence, urbaine/rurale: chaque recensement, 1979 – 1988 (suite)

(See notes at end of table. – Voir notes à la fin du tableau.)

Continent, country or area, date, age (in years) and urban/rural residence Continent, pays ou zone, date, âge (en années) et résidence urbaine/rurale	Both sexes – Les deux sexes			Male – Masculin			Female – Féminin		
	Total	Attending school Fréquentant les écoles		Total	Attending school Fréquentant les écoles		Total	Attending school Fréquentant les écoles	
		Number Nombre	Per cent P.100		Number Nombre	Per cent P.100		Number Nombre	Per cent P.100
ASIA—ASIE (Cont.–Suite)									
Hong Kong – Hong-kong									
11 III 1986* [24]									
5 – 24	1 866 308	1 174 068	62.9	964 647	611 525	63.4	901 661	562 543	62.4
5	84 622	83 407	98.6	43 966	43 289	98.5	40 656	40 118	98.7
6	83 385	83 036	99.6	42 794	42 605	99.6	40 591	40 431	99.6
7	82 065	81 691	99.5	42 446	42 224	99.5	39 619	39 467	99.6
8	82 968	82 548	99.5	43 350	43 161	99.6	39 618	39 387	99.4
9	83 020	82 616	99.5	43 279	43 076	99.5	39 741	39 540	99.5
10	83 838	83 364	99.4	44 095	43 831	99.4	39 743	39 533	99.5
11	88 598	88 047	99.4	45 915	45 658	99.4	42 683	42 389	99.3
12	88 332	87 457	99.0	46 276	45 737	98.8	42 056	41 720	99.2
13	90 219	89 274	99.0	47 536	47 029	98.9	42 683	42 245	99.0
14	86 402	83 827	97.0	44 901	43 301	96.4	41 501	40 526	97.6
15	86 432	78 298	90.6	45 270	40 325	89.1	41 162	37 973	92.3
16	86 838	70 074	80.7	44 685	34 544	77.3	42 153	35 530	84.3
17	91 676	59 505	64.9	48 386	29 945	61.9	43 290	29 560	68.3
18	91 549	43 126	47.1	47 450	21 727	45.8	44 099	21 399	48.5
19	94 829	27 713	29.2	49 110	14 945	30.4	45 719	12 768	27.9
20	99 594	18 438	18.5	50 731	10 465	20.6	48 863	7 973	16.3
21	109 723	13 881	12.6	55 547	8 358	15.0	54 176	5 523	10.2
22	113 975	9 247	8.1	57 740	5 747	10.0	56 235	3 500	6.2
23	121 051	5 670	4.7	61 882	3 647	5.9	59 169	2 023	3.4
24	117 192	2 849	2.4	59 288	1 911	3.2	57 904	938	1.6
India – Inde [25]									
1 III 1981 [8 26 27 28]									
5 – 14	179 313 674	79 226 214	44.2	93 438 841	49 438 106	52.9	85 874 833	29 788 108	34.7
5	20 551 051	2 559 642	12.5	10 701 326	1 480 340	13.8	9 849 725	1 079 302	11.0
6	20 200 286	6 423 538	31.8	10 396 609	3 762 746	36.2	9 803 677	2 660 792	27.1
7	16 480 191	7 807 495	47.4	8 381 577	4 557 752	54.4	8 098 614	3 249 743	40.1
8	22 628 650	10 993 745	48.6	11 734 235	6 693 702	57.0	10 894 415	4 300 043	39.5
9	13 778 763	8 222 442	59.7	7 040 751	4 895 990	69.5	6 738 012	3 326 452	49.4
10	23 949 665	12 303 738	51.4	12 598 009	7 806 424	62.0	11 351 656	4 497 314	39.6
11	11 913 436	7 213 008	60.5	6 178 466	4 467 118	72.3	5 734 970	2 745 890	47.9
12	22 967 100	11 024 626	48.0	12 389 982	7 369 076	59.5	10 577 118	3 655 550	34.6
13	12 504 981	6 385 327	51.1	6 478 979	4 144 987	64.0	6 026 002	2 240 340	37.2
14	14 339 551	6 292 650	43.9	7 538 906	4 259 970	56.5	6 800 645	2 032 680	29.9
Israel – Israël [29]									
4 VI 1983 [4 30]									
15 – 24	672 865	244 655	36.4	344 815	125 335	36.3	328 050	119 320	36.4
15 – 17	213 235	158 420	74.3	109 900	81 355	74.0	103 335	77 065	74.6
18 – 24	459 630	86 235	18.8	234 915	43 980	18.7	224 715	42 255	18.8
Jordan – Jordanie [31 32]									
10 XI 1979									
6 – 24	946 880	685 209	72.4	487 262	369 218	75.8	459 618	315 991	68.7
6 – 9	278 676	263 522	94.6	144 035	138 051	95.8	134 641	125 471	93.2
10 – 14	300 495	273 724	91.1	156 389	147 290	94.2	144 106	126 434	87.7
15 – 19	225 280	131 497	58.4	116 253	73 880	63.6	109 027	57 617	52.8
20 – 24	142 429	16 466	11.6	70 585	9 997	14.2	71 844	6 469	9.0

35. Population 5 to 24 years of age by school attendance, sex, age and urban/rural residence: each census, 1979 – 1988 (continued)

Population âgée de 5 à 24 ans, selon la fréquentation scolaire, le sexe, l'âge et la résidence, urbaine/rurale: chaque recensement, 1979 – 1988 (suite)

(See notes at end of table. – Voir notes à la fin du tableau.)

Continent, country or area, date, age (in years) and urban/rural residence Continent, pays ou zone, date, âge (en années) et résidence urbaine/rurale	Both sexes – Les deux sexes			Male – Masculin			Female – Féminin		
	Total	Attending school Fréquentant les écoles		Total	Attending school Fréquentant les écoles		Total	Attending school Fréquentant les écoles	
		Number Nombre	Per cent P.100		Number Nombre	Per cent P.100		Number Nombre	Per cent P.100
ASIA—ASIE (Cont.–Suite)									
Macau – Macao									
16 III 1981 [4]									
6 – 24	89 821	44 858	49.9	46 316	23 395	50.5	43 505	21 463	49.3
6	3 140	3 101	98.8	1 629	1 605	98.5	1 511	1 496	99.0
7	3 584	3 552	99.1	1 908	1 893	99.2	1 676	1 659	99.0
8	3 748	3 699	98.7	1 942	1 913	98.5	1 806	1 786	98.9
9	3 651	3 604	98.7	1 934	1 905	98.5	1 717	1 699	99.0
10	3 828	3 790	99.0	1 961	1 935	98.7	1 867	1 855	99.4
11	4 041	3 983	98.6	2 116	2 088	98.7	1 925	1 895	98.4
12	3 926	3 757	95.7	2 015	1 936	96.1	1 911	1 821	95.3
13	4 062	3 721	91.6	2 067	1 925	93.1	1 995	1 796	90.0
14	3 994	3 436	86.0	2 051	1 846	90.0	1 943	1 590	81.8
15	4 212	2 982	70.8	2 102	1 564	74.4	2 110	1 418	67.2
16	4 466	2 531	56.7	2 250	1 351	60.0	2 216	1 180	53.2
17	4 973	2 217	44.6	2 513	1 133	45.1	2 460	1 084	44.1
18	5 846	1 825	31.2	2 910	939	32.3	2 936	886	30.2
19	5 989	1 188	19.8	3 051	586	19.2	2 938	602	20.5
20	5 342	658	12.3	2 766	337	12.2	2 576	321	12.5
21	6 114	383	6.3	3 206	200	6.2	2 908	183	6.3
22	5 938	203	3.4	3 087	118	3.8	2 851	85	3.0
23	6 564	136	2.1	3 473	75	2.2	3 091	61	2.0
24	6 403	92	1.4	3 335	46	1.4	3 068	46	1.5
Malaysia – Malaisie Peninsular Malaysia – Malaisie Péninsulaire									
10 VI 1980 [33]									
6 – 24	4 798 071	2 706 621	56.4	2 386 532	1 390 495	58.3	2 411 539	1 316 126	54.6
6	290 295	96 912	33.4	148 453	49 737	33.5	141 842	47 175	33.3
7	283 754	262 125	92.4	144 912	134 109	92.5	138 842	128 016	92.2
8	288 993	271 655	94.0	147 495	138 861	94.1	141 498	132 794	93.8
9	293 382	277 017	94.4	149 672	141 579	94.6	143 710	135 438	94.2
10	268 066	254 388	94.9	136 908	130 375	95.2	131 158	124 013	94.6
11	271 271	256 060	94.4	138 025	130 921	94.9	133 246	125 139	93.9
12	274 669	250 868	91.3	139 520	128 730	92.3	135 149	122 138	90.4
13	266 302	226 692	85.1	134 928	117 085	86.8	131 374	109 607	83.4
14	277 008	220 804	79.7	140 430	114 150	81.3	136 578	106 654	78.1
15	261 275	186 540	71.4	131 092	95 594	72.9	130 183	90 946	69.9
16	260 344	151 096	58.0	130 098	77 170	59.3	130 246	73 926	56.8
17	250 826	110 428	44.0	124 075	56 632	45.6	126 751	53 796	42.4
18	241 903	62 266	25.7	117 930	31 626	26.8	123 973	30 640	24.7
19	231 737	34 546	14.9	111 400	18 305	16.4	120 337	16 241	13.5
20	227 862	19 992	8.8	108 631	10 977	10.1	119 231	9 015	7.6
21	207 731	11 482	5.5	98 123	6 535	6.7	109 608	4 947	4.5
22	206 269	7 255	3.5	96 965	4 131	4.3	109 304	3 124	2.9
23	198 709	4 188	2.1	94 080	2 533	2.7	104 629	1 655	1.6
24	197 675	2 307	1.2	93 795	1 445	1.5	103 880	862	0.8

35. Population 5 to 24 years of age by school attendance, sex, age and urban/rural residence: each census, 1979 – 1988 (continued)
Population âgée de 5 à 24 ans, selon la fréquentation scolaire, le sexe, l'âge et la résidence, urbaine/rurale: chaque recensement, 1979 – 1988 (suite)

(See notes at end of table. – Voir notes à la fin du tableau.)

Continent, country or area, date, age (in years) and urban/rural residence Continent, pays ou zone, date, âge (en années) et résidence urbaine/rurale	Both sexes – Les deux sexes			Male – Masculin			Female – Féminin		
	Total	Attending school – Fréquentant les écoles		Total	Attending school – Fréquentant les écoles		Total	Attending school – Fréquentant les écoles	
		Number Nombre	Per cent P.100		Number Nombre	Per cent P.100		Number Nombre	Per cent P.100
ASIA—ASIE (Cont.–Suite)									
Malaysia – Malaisie									
Sabah									
11 VI 1980 [33]									
6 – 24	431 616	190 291	44.1	219 562	100 950	46.0	212 054	89 341	42.1
6	30 175	10 318	34.2	15 453	5 386	34.9	14 722	4 932	33.5
7	28 435	20 787	73.1	14 565	10 741	73.7	13 870	10 046	72.4
8	28 570	22 123	77.4	14 784	11 615	78.6	13 786	10 508	76.2
9	27 578	21 788	79.0	14 244	11 381	79.9	13 334	10 407	78.0
10	24 979	19 669	78.7	12 833	10 245	79.8	12 146	9 424	77.6
11	22 265	18 006	80.9	11 576	9 604	83.0	10 689	8 402	78.6
12	23 971	17 985	75.0	12 411	9 662	77.8	11 560	8 323	72.0
13	20 933	14 776	70.6	10 742	8 035	74.8	10 191	6 741	66.1
14	20 734	13 223	63.8	10 416	7 030	67.5	10 318	6 193	60.0
15	20 657	11 217	54.3	10 274	6 026	58.7	10 383	5 191	50.0
16	20 597	9 002	43.7	10 013	4 767	47.6	10 584	4 235	40.0
17	19 463	5 903	30.3	9 482	3 203	33.8	9 981	2 700	27.1
18	22 214	2 809	12.6	11 017	1 614	14.6	11 197	1 195	10.7
19	19 414	1 217	6.3	9 563	712	7.4	9 851	505	5.1
20	24 735	700	2.8	12 601	415	3.3	12 134	285	2.3
21	20 445	318	1.6	10 539	221	2.1	9 906	97	1.0
22	20 862	206	1.0	10 674	128	1.2	10 188	78	0.8
23	18 034	164	0.9	9 288	111	1.2	8 746	53	0.6
24	17 555	80	0.5	9 087	54	0.6	8 468	26	0.3
Sarawak									
10 VI 1980 [8] [33]									
6 – 24	556 004	281 409	50.6	276 791	149 199	53.9	279 213	132 210	47.3
6	36 810	12 879	35.0	18 804	6 583	35.0	18 006	6 296	35.0
7	37 869	28 989	76.5	19 408	15 027	77.4	18 461	13 962	75.6
8	37 425	31 779	84.9	19 073	16 430	86.1	18 352	15 349	83.6
9	37 621	32 813	87.2	19 435	17 197	88.5	18 186	15 616	85.9
10	33 909	29 662	87.5	17 358	15 420	88.8	16 551	14 242	86.0
11	32 247	28 040	87.0	16 782	14 877	88.6	15 465	13 163	85.1
12	32 885	26 425	80.4	16 924	14 065	83.1	15 961	12 360	77.4
13	30 896	22 764	73.7	15 751	12 218	77.6	15 145	10 546	69.6
14	30 379	19 835	65.3	15 313	10 745	70.2	15 066	9 090	60.3
15	30 067	17 079	56.8	14 796	9 192	62.1	15 271	7 887	51.6
16	28 275	12 594	44.5	13 787	6 731	48.8	14 488	5 863	40.5
17	27 473	9 155	33.3	13 320	5 129	38.5	14 153	4 026	28.4
18	27 110	5 156	19.0	13 200	2 992	22.7	13 910	2 164	15.6
19	23 271	2 149	9.2	10 981	1 290	11.7	12 290	859	7.0
20	25 092	1 081	4.3	11 630	671	5.8	13 462	410	3.0
21	22 115	455	2.1	10 259	290	2.8	11 856	165	1.4
22	21 551	289	1.3	10 231	183	1.8	11 320	106	0.9
23	20 603	174	0.8	9 766	94	1.0	10 837	80	0.7
24	20 406	91	0.4	9 973	65	0.7	10 433	26	0.2

35. Population 5 to 24 years of age by school attendance, sex, age and urban/rural residence: each census, 1979 – 1988 (continued)

Population âgée de 5 à 24 ans, selon la fréquentation scolaire, le sexe, l'âge et la résidence, urbaine/rurale: chaque recensement, 1979 – 1988 (suite)

(See notes at end of table. – Voir notes à la fin du tableau.)

Continent, country or area, date, age (in years) and urban/rural residence Continent, pays ou zone, date, âge (en années) et résidence urbaine/rurale	Both sexes – Les deux sexes			Male – Masculin			Female – Féminin		
	Total	Attending school – Fréquentant les écoles: Number – Nombre	Per cent – P.100	Total	Attending school – Fréquentant les écoles: Number – Nombre	Per cent – P.100	Total	Attending school – Fréquentant les écoles: Number – Nombre	Per cent – P.100
ASIA—ASIE (Cont.–Suite)									
Myanmar [34]									
31 III 1983 [8 35]									
5 – 24	15 679 470	6 483 409	41.3	7 849 837	3 454 080	44.0	7 829 633	3 029 329	38.7
5	926 912	284 586	30.7	470 811	144 383	30.7	456 101	140 203	30.7
6	907 676	520 100	57.3	456 883	263 193	57.6	450 793	256 907	57.0
7	858 569	606 779	70.7	435 198	309 769	71.2	423 371	297 010	70.2
8	889 828	657 585	73.9	442 687	330 909	74.7	447 141	326 676	73.1
9	806 056	641 075	79.5	410 744	328 574	80.0	395 312	312 501	79.1
10	947 149	728 835	76.9	479 759	374 797	78.1	467 390	354 038	75.7
11	753 038	590 481	78.4	384 085	309 854	80.7	368 953	280 627	76.1
12	933 779	634 929	68.0	479 022	346 269	72.3	454 757	288 660	63.5
13	810 992	478 154	59.0	419 592	274 009	65.3	391 400	204 145	52.2
14	823 712	380 207	46.2	416 498	224 836	54.0	407 214	155 371	38.2
15	801 280	222 483	27.8	406 047	129 335	31.9	395 233	93 148	23.6
16	774 487	189 340	24.4	381 093	109 711	28.8	393 394	79 629	20.2
17	713 418	149 145	20.9	354 599	87 080	24.6	358 819	62 065	17.3
18	812 451	121 162	14.9	390 699	68 537	17.5	421 752	52 625	12.5
19	633 799	85 027	13.4	311 976	47 811	15.3	321 823	37 216	11.6
20	857 946	69 245	8.1	410 653	38 161	9.3	447 293	31 084	6.9
21	538 417	43 928	8.2	267 547	23 584	8.8	270 870	20 344	7.5
22	669 723	36 878	5.5	328 980	19 851	6.0	340 743	17 027	5.0
23	615 223	25 576	4.2	305 724	13 686	4.5	309 499	11 890	3.8
24	605 015	17 894	3.0	297 240	9 731	3.3	307 775	8 163	2.7
Pakistan [36]									
1 III 1981 [8 37]									
5 – 24	37 918 228	5 623 831	14.8	20 130 520	3 843 538	19.1	17 805 708	1 780 293	10.0
5 – 9	13 124 337	1 251 671	9.5	6 811 487	795 533	11.7	6 330 850	456 138	7.2
10 – 14	10 803 048	2 723 653	25.2	5 856 744	1 867 363	31.9	4 946 304	856 290	17.3
15 – 19	7 763 087	1 316 459	17.0	4 192 513	934 517	22.3	3 570 574	381 942	10.7
20 – 24	6 227 756	332 048	5.3	3 269 776	246 125	7.5	2 957 980	85 923	2.9
Philippines									
1 V 1980 [4 33 35]									
6 – 24	20 965 526	11 614 210	55.4	10 458 651	5 860 001	56.0	10 506 875	5 754 209	54.8
6	1 318 616	114 800	8.7	676 759	55 808	8.2	641 857	58 992	9.2
7	1 352 116	680 173	50.3	695 124	339 596	48.9	656 992	340 577	51.8
8	1 287 683	1 018 183	79.1	660 566	514 725	77.9	627 117	503 458	80.3
9	1 285 055	1 095 960	85.3	663 139	560 695	84.6	621 916	535 265	86.1
10	1 322 314	1 137 313	86.0	680 405	580 441	85.3	641 909	556 872	86.8
11	1 191 180	1 042 891	87.6	609 234	528 691	86.8	581 946	514 200	88.4
12	1 205 697	1 026 792	85.2	619 425	520 754	84.1	586 272	506 038	86.3
13	1 112 232	907 668	81.6	561 906	455 611	81.1	550 326	452 057	82.1
14	1 115 262	829 039	74.3	563 070	416 411	74.0	552 192	412 628	74.7
15	1 122 067	759 955	67.7	560 556	378 319	67.5	561 511	381 636	68.0
16	1 082 797	666 126	61.5	531 454	328 040	61.7	551 343	338 086	61.3
17	1 056 212	568 913	53.9	515 168	284 437	55.2	541 044	284 476	52.6
18	1 007 408	462 993	46.0	484 064	229 329	47.4	523 344	233 664	44.6
19	962 984	382 448	39.7	459 978	190 771	41.5	503 006	191 677	38.1
20 – 24	4 543 903	920 956	20.3	2 177 803	476 373	21.9	2 366 100	444 583	18.8

35. Population 5 to 24 years of age by school attendance, sex, age and urban/rural residence: each census, 1979 – 1988 (continued)

Population âgée de 5 à 24 ans, selon la fréquentation scolaire, le sexe, l'âge et la résidence, urbaine/rurale: chaque recensement, 1979 – 1988 (suite)

(See notes at end of table. – Voir notes à la fin du tableau.)

Continent, country or area, date, age (in years) and urban/rural residence Continent, pays ou zone, date, âge (en années) et résidence urbaine/rurale	Both sexes – Les deux sexes			Male – Masculin			Female – Féminin		
	Total	Attending school – Fréquentant les écoles		Total	Attending school – Fréquentant les écoles		Total	Attending school – Fréquentant les écoles	
		Number – Nombre	Per cent – P.100		Number – Nombre	Per cent – P.100		Number – Nombre	Per cent – P.100
ASIA—ASIE (Cont.–Suite)									
Qatar									
16 III 1986*									
5 – 24	116 500	72 623	62.3	66 104	37 460	56.7	50 396	35 163	69.8
5	8 012	1 212	15.1	4 105	655	16.0	3 907	557	14.3
6	7 143	4 716	66.0	3 660	2 457	67.1	3 483	2 259	64.9
7	6 821	6 344	93.0	3 489	3 239	92.8	3 332	3 105	93.2
8	6 590	6 110	92.7	3 412	3 262	95.6	3 178	2 848	89.6
9	6 078	5 787	95.2	3 108	2 995	96.4	2 970	2 792	94.0
10	6 103	5 853	95.9	3 168	3 072	97.0	2 935	2 781	94.8
11	5 366	5 123	95.5	2 715	2 611	96.2	2 651	2 512	94.8
12	5 296	5 041	95.2	2 759	2 648	96.0	2 537	2 393	94.3
13	5 055	4 767	94.3	2 697	2 560	94.9	2 358	2 207	93.6
14	4 834	4 473	92.5	2 532	2 352	92.9	2 302	2 121	92.1
15	4 707	4 205	89.3	2 552	2 265	88.8	2 155	1 940	90.0
16	4 741	3 945	83.2	2 530	2 037	80.5	2 211	1 908	86.3
17	4 405	3 341	75.8	2 362	1 699	71.9	2 043	1 642	80.4
18	4 591	2 920	63.6	2 577	1 458	56.6	2 014	1 462	72.6
19	4 189	2 297	54.8	2 317	1 114	48.1	1 872	1 183	63.2
20	5 859	1 977	33.7	3 579	890	24.9	2 280	1 087	47.7
21	4 815	1 498	31.1	2 998	679	22.6	1 817	819	45.1
22	6 821	1 307	19.2	4 675	606	13.0	2 146	701	32.7
23	6 888	959	13.9	4 887	482	9.9	2 001	477	23.8
24	8 186	748	9.1	5 982	379	6.3	2 204	369	16.7
Sri Lanka									
17 III 1981 [8]									
5 – 24	6 501 510	3 647 812	56.1	3 296 435	1 854 961	56.3	3 205 075	1 792 851	55.9
5	339 290	217 719	64.2	173 170	110 882	64.0	166 120	106 837	64.3
6	341 056	300 560	88.1	173 586	153 369	88.4	167 470	147 191	87.9
7	324 010	298 401	92.1	164 691	152 172	92.4	159 319	146 229	91.8
8	347 634	321 915	92.6	176 226	163 763	92.9	171 408	158 152	92.3
9	330 537	306 793	92.8	168 043	156 629	93.2	162 494	150 164	92.4
10	362 369	327 984	90.5	184 724	168 315	91.1	177 645	159 669	89.9
11	324 408	289 834	89.3	164 504	148 033	90.0	159 904	141 801	88.7
12	358 719	296 980	82.8	185 043	153 817	83.1	173 676	143 163	82.4
13	333 536	262 925	78.8	170 160	134 929	79.3	163 376	127 996	78.3
14	310 301	220 652	71.1	157 874	112 814	71.5	152 427	107 838	70.7
15	318 773	201 069	63.1	162 985	102 054	62.6	155 788	99 015	63.6
16	319 866	167 592	52.4	161 598	83 551	51.7	158 268	84 041	53.1
17	311 194	128 797	41.4	157 284	63 464	40.3	153 910	65 333	42.4
18	343 564	103 422	30.1	174 117	50 394	28.9	169 447	53 028	31.3
19	309 790	74 284	24.0	156 814	36 586	23.3	152 976	37 698	24.6
20	346 505	50 011	14.4	173 316	24 983	14.4	173 189	25 028	14.5
21	306 653	31 877	10.4	154 768	15 828	10.2	151 885	16 049	10.6
22	302 605	21 389	7.1	151 430	10 534	7.0	151 175	10 855	7.2
23	286 143	14 902	5.2	143 476	7 476	5.2	142 667	7 426	5.2
24	284 557	10 706	3.8	142 626	5 368	3.8	141 931	5 338	3.8

35. Population 5 to 24 years of age by school attendance, sex, age and urban/rural residence: each census, 1979 – 1988 (continued)

Population âgée de 5 à 24 ans, selon la fréquentation scolaire, le sexe, l'âge et la résidence, urbaine/rurale: chaque recensement, 1979 – 1988 (suite)

(See notes at end of table. – Voir notes à la fin du tableau.)

Continent, country or area, date, age (in years) and urban/rural residence Continent, pays ou zone, date, âge (en années) et résidence urbaine/rurale	Both sexes – Les deux sexes			Male – Masculin			Female – Féminin		
	Total	Attending school Fréquentant les écoles		Total	Attending school Fréquentant les écoles		Total	Attending school Fréquentant les écoles	
		Number Nombre	Per cent P.100		Number Nombre	Per cent P.100		Number Nombre	Per cent P.100
ASIA—ASIE (Cont.–Suite)									
Syrian Arab Republic – République arabe syrienne									
7 IX 1981 [38]									
5 – 24	4 238 960	2 236 828	52.8	2 175 148	1 309 662	60.2	2 063 812	927 166	44.9
5	294 598	49 069	16.7	150 953	26 412	17.5	143 645	22 657	15.8
6	300 402	195 682	65.1	152 581	104 451	68.5	147 821	91 231	61.7
7	253 524	207 143	81.7	129 318	113 005	87.4	124 206	94 138	75.8
8	260 574	222 521	85.4	133 046	121 992	91.7	127 528	100 529	78.8
9	253 362	218 889	86.4	130 075	121 058	93.1	123 287	97 831	79.4
10	240 277	208 234	86.7	124 191	117 301	94.5	116 086	90 933	78.3
11	238 004	200 227	84.1	123 998	115 487	93.1	114 006	84 740	74.3
12	239 761	185 723	77.5	124 507	111 111	89.2	115 254	74 612	64.7
13	226 365	156 734	69.2	116 638	96 605	82.8	109 727	60 129	54.8
14	228 865	135 148	59.1	118 119	85 538	72.4	110 746	49 610	44.8
15	221 543	109 979	49.6	114 804	69 988	61.0	106 739	39 991	37.5
16	214 459	88 907	41.5	109 837	56 328	51.3	104 622	32 579	31.1
17	192 520	68 995	35.8	99 515	43 178	43.4	93 005	25 817	27.8
18	186 696	54 581	29.2	94 274	34 600	36.7	92 422	19 981	21.6
19	162 796	41 908	25.7	85 970	27 047	31.5	76 826	14 861	19.3
20	166 862	33 659	20.2	80 599	22 370	27.8	86 263	11 289	13.1
21	156 960	22 716	14.5	78 207	15 987	20.4	78 753	6 729	8.5
22	139 605	17 465	12.5	72 690	12 489	17.2	66 915	4 976	7.4
23	139 397	11 307	8.1	72 153	8 501	11.8	67 244	2 806	4.2
24	122 390	7 941	6.5	63 673	6 214	9.8	58 717	1 727	2.9
EUROPE									
Austria – Autriche									
12 V 1981 [4 8]									
15 – 24	1 264 806	332 632	26.3	638 663	160 514	25.1	626 143	172 118	27.5
15	126 936	100 402	79.1	64 861	49 757	76.7	62 075	50 645	81.6
16	132 275	54 968	41.6	67 233	23 434	34.9	65 042	31 534	48.5
17	133 065	45 459	34.2	67 233	20 086	29.9	65 832	25 373	38.5
18	134 101	35 963	26.8	67 709	16 758	24.7	66 392	19 205	28.9
19	131 805	27 377	20.8	66 724	12 793	19.2	65 081	14 584	22.4
20	128 358	19 671	15.3	64 775	9 904	15.3	63 583	9 767	15.4
21	123 640	15 911	12.9	62 145	8 429	13.6	61 495	7 482	12.2
22	119 859	12 912	10.8	60 177	7 380	12.3	59 682	5 532	9.3
23	118 378	11 082	9.4	59 665	6 539	11.0	58 713	4 543	7.7
24	116 389	8 887	7.6	58 141	5 434	9.3	58 248	3 453	5.9
Belgium – Belgique									
1 III 1981 [4]									
5 – 24	2 948 588	1 888 463	64.0	1 507 243	966 407	64.1	1 441 345	922 056	64.0
5	119 216	6 545	5.5	61 093	3 294	5.4	58 123	3 251	5.6
6	123 212	105 207	85.4	63 196	53 868	85.2	60 016	51 339	85.5
7	128 377	127 732	99.5	65 858	65 539	99.5	62 519	62 193	99.5
8	134 150	133 561	99.6	68 681	68 370	99.5	65 469	65 191	99.6
9	139 275	138 747	99.6	71 245	70 978	99.6	68 030	67 769	99.6
10	141 795	141 230	99.6	72 503	72 202	99.6	69 292	69 028	99.6
11	141 257	140 594	99.5	72 316	71 959	99.5	68 941	68 635	99.6
12	141 217	140 512	99.5	72 246	71 888	99.5	68 971	68 624	99.5
13	144 831	143 964	99.4	74 240	73 767	99.4	70 591	70 197	99.4
14	149 189	143 987	96.5	76 263	73 313	96.1	72 926	70 674	96.9
15	154 086	142 087	92.2	78 827	72 261	91.7	75 259	69 826	92.8
16	160 573	135 155	84.2	81 951	68 196	83.2	78 622	66 959	85.2
17	161 750	116 949	72.3	82 672	57 281	69.3	79 078	59 668	75.5
18	158 209	86 591	54.7	80 861	42 500	52.6	77 348	44 091	57.0
19	159 898	64 955	40.6	81 230	31 858	39.2	78 668	33 097	42.1
20	158 442	46 997	29.7	80 696	24 008	29.8	77 746	22 989	29.6
21	161 691	33 081	20.5	82 512	18 529	22.5	79 179	14 552	18.4
22	159 119	20 891	13.1	81 115	13 040	16.1	78 004	7 851	10.1
23	158 256	12 403	7.8	80 973	8 383	10.4	77 283	4 020	5.2
24	154 045	7 275	4.7	78 765	5 173	6.6	75 280	2 102	2.8

35. Population 5 to 24 years of age by school attendance, sex, age and urban/rural residence: each census, 1979 – 1988 (continued)
Population âgée de 5 à 24 ans, selon la fréquentation scolaire, le sexe, l'âge et la résidence, urbaine/rurale: chaque recensement, 1979 – 1988 (suite)

(See notes at end of table. – Voir notes à la fin du tableau.)

Continent, country or area, date, age (in years) and urban/rural residence Continent, pays ou zone, date, âge (en années) et résidence urbaine/rurale	Both sexes – Les deux sexes			Male – Masculin			Female – Féminin		
	Total	Attending school Fréquentant les écoles		Total	Attending school Fréquentant les écoles		Total	Attending school Fréquentant les écoles	
		Number Nombre	Per cent P.100		Number Nombre	Per cent P.100		Number Nombre	Per cent P.100
EUROPE (Cont.–Suite)									
Finland – Finlande									
31 XII 1985[4, 39]									
7 – 24	1 222 137	847 499	69.3	624 472	421 636	67.5	597 665	425 862	71.3
7	64 226	64 065	99.7	32 880	32 798	99.7	31 346	31 268	99.8
8	65 536	65 372	99.7	33 458	33 374	99.7	32 078	31 998	99.7
9	66 382	66 216	99.7	33 969	33 884	99.7	32 413	32 332	99.7
10	65 034	64 871	99.7	33 413	33 329	99.7	31 621	31 542	99.7
11	62 022	61 867	99.7	31 550	31 471	99.7	30 472	30 396	99.7
12	56 520	56 379	99.7	29 083	29 010	99.7	27 437	27 368	99.7
13	58 705	58 558	99.7	30 237	30 161	99.7	28 468	28 397	99.7
14	61 063	60 910	99.7	31 031	30 953	99.7	30 032	29 957	99.7
15	63 365	63 207	99.7	32 302	32 221	99.7	31 063	30 985	99.7
16	65 112	59 694	91.7	33 329	30 386	91.2	31 783	29 308	92.2
17	70 333	58 630	83.4	35 845	29 990	83.7	34 488	28 640	83.0
18	73 059	47 677	65.3	37 297	21 628	58.0	35 762	26 049	72.8
19	73 512	20 668	28.1	37 339	8 732	23.4	36 173	11 936	33.0
20	73 824	18 862	25.5	37 607	6 079	16.2	36 217	12 783	35.3
21	75 654	22 918	30.3	38 618	9 325	24.1	37 036	13 593	36.7
22	76 575	22 475	29.3	39 105	10 492	26.8	37 470	11 983	32.0
23	75 671	19 094	25.2	38 789	9 488	24.5	36 882	9 606	26.0
24	75 544	16 036	21.2	38 620	8 315	21.5	36 924	7 721	20.9
France									
4 III 1982[14, 40, 41]									
5 – 20	13 311 440	11 666 320	87.6	6 812 140	5 894 640	86.5	6 499 300	5 771 680	88.8
5	723 760	699 660	96.7	369 600	357 160	96.6	354 160	342 500	96.7
6	714 460	708 460	99.2	365 260	362 400	99.2	349 200	346 060	99.1
7	739 800	737 720	99.7	377 200	376 100	99.7	362 600	361 620	99.7
8	794 280	792 640	99.8	404 700	403 760	99.8	389 580	388 880	99.8
9	848 540	846 740	99.8	434 220	433 320	99.8	414 320	413 420	99.8
10	876 540	874 960	99.8	452 700	452 020	99.8	423 840	422 940	99.8
11	872 160	870 240	99.8	447 900	446 940	99.8	424 260	423 300	99.8
12	856 220	854 600	99.8	443 460	442 720	99.8	412 760	411 880	99.8
13	840 800	839 260	99.8	431 160	430 380	99.8	409 640	408 880	99.8
14	836 980	834 740	99.7	428 840	427 680	99.7	408 140	407 060	99.7
15	844 380	832 320	98.6	433 340	426 080	98.3	411 040	406 240	98.8
16	866 840	826 880	95.4	444 660	418 220	94.1	422 180	408 660	96.8
17	875 260	695 960	79.5	451 400	340 900	75.5	423 860	355 060	83.8
18	896 420	591 620	66.0	458 380	276 980	60.4	438 040	314 640	71.8
19	879 080	395 000	44.9	443 540	178 060	40.1	435 540	216 940	49.8
20	845 920	265 520	31.4	425 780	121 920	28.6	420 140	143 600	34.2
Greece – Grèce									
5 IV 1981[3, 42]									
5 – 24	2 959 398	1 829 883	61.8	1 507 474	969 951	64.3	1 451 924	859 932	59.2
5	149 313	122 003	81.7	77 627	62 621	80.7	71 686	59 382	82.8
6	153 939	148 134	96.2	78 654	76 278	97.0	75 285	71 856	95.4
7	144 588	142 961	98.9	74 035	73 676	99.5	70 553	69 285	98.2
8	150 806	145 433	96.4	77 700	74 689	96.1	73 106	70 744	96.8
9	147 720	144 768	98.0	75 275	74 528	99.0	72 445	70 240	97.0
10	151 384	146 545	96.8	77 444	75 496	97.5	73 940	71 049	96.1
11	154 858	150 996	97.5	79 663	78 059	98.0	75 195	72 937	97.0
12	158 408	152 546	96.3	81 621	80 712	98.9	76 787	71 834	93.5
13	162 674	146 035	89.8	83 153	78 006	93.8	79 521	68 029	85.5
14	155 425	136 038	87.5	80 059	74 512	93.1	75 366	61 526	81.6
15	152 052	107 953	71.0	78 512	59 341	75.6	73 540	48 612	66.1
16	147 610	89 959	60.9	75 646	47 871	63.3	71 964	42 088	58.5
17	139 915	60 621	43.3	71 109	32 982	46.4	68 806	27 639	40.2
18	139 579	40 636	29.1	69 125	23 096	33.4	70 454	17 540	24.9
19	141 169	27 202	19.3	73 515	16 234	22.1	67 654	10 968	16.2
20	150 080	26 719	17.8	75 739	16 084	21.2	74 341	10 635	14.3
21	142 578	17 898	12.6	72 033	10 470	14.5	70 545	7 428	10.5
22	140 019	11 540	8.2	69 785	7 173	10.3	70 234	4 367	6.2
23	136 831	7 021	5.1	68 107	4 769	7.0	68 724	2 252	3.3
24	140 450	4 875	3.5	68 672	3 354	4.9	71 778	1 521	2.1

35. Population 5 to 24 years of age by school attendance, sex, age and urban/rural residence: each census, 1979 – 1988 (continued)

Population âgée de 5 à 24 ans, selon la fréquentation scolaire, le sexe, l'âge et la résidence, urbaine/rurale: chaque recensement, 1979 – 1988 (suite)

(See notes at end of table. – Voir notes à la fin du tableau.)

Continent, country or area, date, age (in years) and urban/rural residence Continent, pays ou zone, date, âge (en années) et résidence urbaine/rurale	Both sexes – Les deux sexes: Total	Attending school – Fréquentant les écoles: Number Nombre	Per cent P.100	Male – Masculin: Total	Attending school – Fréquentant les écoles: Number Nombre	Per cent P.100	Female – Féminin: Total	Attending school – Fréquentant les écoles: Number Nombre	Per cent P.100
EUROPE (Cont.–Suite)									
Ireland – Irlande									
5 IV 1981									
5 – 24	1 293 281	887 875	68.7	661 502	449 716	68.0	631 779	438 159	69.4
5	68 315	68 315	100.0	35 124	35 124	100.0	33 191	33 191	100.0
6	69 236	69 236	100.0	35 589	35 589	100.0	33 647	33 647	100.0
7	70 117	70 117	100.0	35 794	35 794	100.0	34 323	34 323	100.0
8	71 298	71 298	100.0	36 602	36 602	100.0	34 696	34 696	100.0
9	70 521	70 521	100.0	35 999	35 999	100.0	34 522	34 522	100.0
10	70 140	70 140	100.0	36 070	36 070	100.0	34 070	34 070	100.0
11	69 117	69 117	100.0	35 292	35 292	100.0	33 825	33 825	100.0
12	67 171	67 171	100.0	34 600	34 600	100.0	32 571	32 571	100.0
13	67 109	67 109	100.0	34 378	34 378	100.0	32 731	32 731	100.0
14	67 701	67 701	100.0	34 931	34 931	100.0	32 770	32 770	100.0
15	67 568	59 792	88.5	34 421	29 827	86.7	33 147	29 965	90.4
16	68 194	49 831	73.1	34 769	23 279	67.0	33 425	26 552	79.4
17	66 952	36 879	55.1	34 169	16 023	46.9	32 783	20 856	63.6
18	63 453	20 017	31.5	32 455	9 071	27.9	30 998	10 946	35.3
19	60 262	10 732	17.8	30 863	5 493	17.8	29 399	5 239	17.8
20	60 454	7 871	13.0	30 957	4 268	13.8	29 497	3 603	12.2
21	57 213	5 545	9.7	29 127	3 170	10.9	28 086	2 375	8.5
22	53 832	3 343	6.2	27 437	2 104	7.7	26 395	1 239	4.7
23	52 683	1 936	3.7	26 706	1 271	4.8	25 977	665	2.6
24	51 945	1 204	2.3	26 219	831	3.2	25 726	373	1.4
Italy – Italie									
25 X 1981									
6 – 18	11 778 297	9 686 356	82.2	6 019 409	4 956 753	82.3	5 758 888	4 729 603	82.1
6 – 13	7 054 401	7 020 602	99.5	3 613 583	3 595 571	99.5	3 440 818	3 425 031	99.5
14 – 18	4 723 896	2 665 754	56.4	2 405 826	1 361 182	56.6	2 318 070	1 304 572	56.3
Portugal									
16 III 1981 [4]									
5 – 24	3 345 036	1 679 323	50.2	1 694 401	846 717	50.0	1 650 635	832 606	50.4
5 – 9	862 333	572 081	66.3	439 771	290 299	66.0	422 562	281 782	66.7
10	171 826	165 173	96.1	87 670	84 178	96.0	84 156	80 995	96.2
11	170 655	160 359	94.0	87 292	82 499	94.5	83 363	77 860	93.4
12	170 023	153 350	90.2	86 296	79 299	91.9	83 727	74 051	88.4
13	169 142	132 131	78.1	85 990	69 927	81.3	83 152	62 204	74.8
14	172 998	100 388	58.0	87 921	52 268	59.4	85 077	48 120	56.6
15 – 19	859 742	300 909	35.0	433 655	144 634	33.4	426 087	156 275	36.7
20 – 24	768 317	94 932	12.4	385 806	43 613	11.3	382 511	51 319	13.4

35. Population 5 to 24 years of age by school attendance, sex, age and urban/rural residence: each census, 1979 – 1988 (continued)

Population âgée de 5 à 24 ans, selon la fréquentation scolaire, le sexe, l'âge et la résidence, urbaine/rurale: chaque recensement, 1979 – 1988 (suite)

(See notes at end of table. – Voir notes à la fin du tableau.)

Continent, country or area, date, age (in years) and urban/rural residence Continent, pays ou zone, date, âge (en années) et résidence urbaine/rurale	Both sexes – Les deux sexes			Male – Masculin			Female – Féminin		
	Total	Attending school Fréquentant les écoles		Total	Attending school Fréquentant les écoles		Total	Attending school Fréquentant les écoles	
		Number Nombre	Per cent P.100		Number Nombre	Per cent P.100		Number Nombre	Per cent P.100
OCEANIA—OCEANIE									
American Samoa – Samoa américaines									
1 IV 1980 [9]									
5 – 24	15 327	11 248	73.4	7 680	5 815	75.7	7 647	5 433	71.0
5	935	752	80.4	462	377	81.6	473	375	79.3
6	816	765	93.7	419	392	93.6	397	373	94.0
7	823	794	96.5	435	418	96.1	388	376	96.9
8	838	820	97.9	423	415	98.1	415	405	97.6
9	806	796	98.8	417	410	98.3	389	386	99.2
10	865	845	97.7	447	436	97.5	418	409	97.8
11	846	831	98.2	461	452	98.0	385	379	98.4
12	872	854	97.9	502	492	98.0	370	362	97.8
13	793	772	97.4	420	413	98.3	373	359	96.2
14	827	800	96.7	426	413	96.9	401	387	96.5
15	771	731	94.8	375	355	94.7	396	376	94.9
16	800	710	88.7	399	358	89.7	401	352	87.8
17	825	664	80.5	417	340	81.5	408	324	79.4
18	719	440	61.2	358	230	64.2	361	210	58.2
19	734	273	37.2	329	122	37.1	405	151	37.3
20	721	154	21.4	325	78	24.0	396	76	19.2
21	672	89	13.2	296	42	14.2	376	47	12.5
22	587	71	12.1	273	28	10.3	314	43	13.7
23	561	50	8.9	255	25	9.8	306	25	8.2
24	516	37	7.2	241	19	7.9	275	18	6.5
Australia – Australie									
30 VI 1981 [43]									
15 – 24	2 506 813	456 905	18.2	1 273 122	229 884	18.1	1 233 691	227 021	18.4
15 – 19	1 259 031	448 302	35.6	643 761	224 622	34.9	615 270	223 680	36.4
20 – 24	1 247 782	8 603	0.7	629 361	5 262	0.8	618 421	3 341	0.5
Fiji – Fidji									
31 VIII 1986									
5 – 19	245 793	167 749	68.2	125 278	85 483	68.2	120 515	82 266	68.3
5	20 043	4 510	22.5	10 310	2 227	21.6	9 733	2 283	23.5
6	19 934	16 817	84.4	10 150	8 558	84.3	9 784	8 259	84.4
7	18 843	18 168	96.4	9 763	9 397	96.3	9 080	8 771	96.6
8	17 576	17 116	97.4	8 936	8 681	97.1	8 640	8 435	97.6
9	16 756	16 282	97.2	8 691	8 423	96.9	8 065	7 859	97.4
10	16 516	15 942	96.5	8 316	7 986	96.0	8 200	7 956	97.0
11	16 266	15 506	95.3	8 341	7 905	94.8	7 925	7 601	95.9
12	15 906	14 688	92.3	8 178	7 486	91.5	7 728	7 202	93.2
13	15 463	13 048	84.4	7 879	6 560	83.3	7 584	6 488	85.5
14	14 874	10 940	73.6	7 644	5 525	72.3	7 230	5 415	74.9
15	14 689	8 822	60.1	7 448	4 428	59.5	7 241	4 394	60.7
16	15 345	7 276	47.4	7 747	3 745	48.3	7 598	3 531	46.5
17	15 147	4 902	32.4	7 609	2 569	33.8	7 538	2 333	30.9
18	14 271	2 503	17.5	7 224	1 347	18.6	7 047	1 156	16.4
19	14 164	1 229	8.7	7 042	646	9.2	7 122	583	8.2

35. Population 5 to 24 years of age by school attendance, sex, age and urban/rural residence: each census, 1979 – 1988 (continued)

Population âgée de 5 à 24 ans, selon la fréquentation scolaire, le sexe, l'âge et la résidence, urbaine/rurale: chaque recensement, 1979 – 1988 (suite)

(See notes at end of table. – Voir notes à la fin du tableau.)

Continent, country or area, date, age (in years) and urban/rural residence Continent, pays ou zone, date, âge (en années) et résidence urbaine/rurale	Both sexes – Les deux sexes			Male – Masculin			Female – Féminin		
	Total	Attending school Fréquentant les écoles		Total	Attending school Fréquentant les écoles		Total	Attending school Fréquentant les écoles	
		Number Nombre	Per cent P.100		Number Nombre	Per cent P.100		Number Nombre	Per cent P.100
OCEANIA—OCEANIE(Cont.–Suite)									
Guam									
1 IV 1980 [9]									
5 – 24	46 071	32 885	71.4	24 161	16 939	70.1	21 910	15 946	72.8
5	2 521	2 042	81.0	1 302	1 063	81.6	1 219	979	80.3
6	2 465	2 405	97.6	1 237	1 211	97.9	1 228	1 194	97.2
7	2 661	2 626	98.7	1 337	1 320	98.7	1 324	1 306	98.6
8	2 503	2 480	99.1	1 293	1 279	98.9	1 210	1 201	99.3
9	2 482	2 462	99.2	1 289	1 280	99.3	1 193	1 182	99.1
10	2 372	2 357	99.4	1 220	1 212	99.3	1 152	1 145	99.4
11	2 204	2 183	99.0	1 141	1 133	99.3	1 063	1 050	98.8
12	2 297	2 286	99.5	1 173	1 167	99.5	1 124	1 119	99.6
13	2 216	2 202	99.4	1 156	1 150	99.5	1 060	1 052	99.2
14	2 249	2 229	99.1	1 145	1 137	99.3	1 104	1 092	98.9
15	2 234	2 200	98.5	1 115	1 101	98.7	1 119	1 099	98.2
16	2 229	2 111	94.7	1 160	1 100	94.8	1 069	1 011	94.6
17	2 169	1 913	88.2	1 131	1 002	88.6	1 038	911	87.8
18	2 104	1 242	59.0	1 156	686	59.3	948	556	58.6
19	2 257	664	29.4	1 287	347	27.0	970	317	32.7
20	2 322	420	18.1	1 337	189	14.1	985	231	23.5
21	2 332	328	14.1	1 347	153	11.4	985	175	17.8
22	2 183	273	12.5	1 182	148	12.5	1 001	125	12.5
23	2 183	246	11.3	1 105	142	12.8	1 078	104	9.6
24	2 088	216	10.3	1 048	119	11.4	1 040	97	9.3
Pacific Islands – Iles du Pacifique									
15 IX 1980 [9]									
5 – 24	63 311	38 788	61.3	32 363	20 362	62.9	30 948	18 426	59.5
5	4 223	2 012	47.6	2 186	1 006	46.0	2 037	1 006	49.4
6	4 416	3 352	75.9	2 255	1 720	76.3	2 161	1 632	75.5
7	3 996	3 422	85.6	2 074	1 789	86.3	1 922	1 633	85.0
8	3 792	3 339	88.1	1 970	1 714	87.0	1 822	1 625	89.2
9	3 728	3 341	89.6	1 962	1 751	89.2	1 766	1 590	90.0
10	3 839	3 408	88.8	2 010	1 772	88.2	1 829	1 636	89.4
11	3 538	3 157	89.2	1 882	1 676	89.1	1 656	1 481	89.4
12	3 419	3 048	89.1	1 761	1 572	89.3	1 658	1 476	89.0
13	3 422	2 948	86.1	1 782	1 515	85.0	1 640	1 433	87.4
14	3 345	2 650	79.2	1 702	1 350	79.3	1 643	1 300	79.1
15	2 944	2 001	68.0	1 506	1 035	68.7	1 438	966	67.2
16	2 921	1 722	59.0	1 520	931	61.2	1 401	791	56.5
17	2 833	1 443	50.9	1 390	739	53.2	1 443	704	48.8
18	2 856	1 001	35.0	1 460	580	39.7	1 396	421	30.2
19	2 402	633	26.4	1 203	393	32.7	1 199	240	20.0
20	2 656	416	15.7	1 351	270	20.0	1 305	146	11.2
21	2 333	325	13.9	1 146	189	16.5	1 187	136	11.5
22	2 239	184	8.2	1 086	121	11.1	1 153	63	5.5
23	2 122	185	8.7	1 055	124	11.8	1 067	61	5.7
24	2 287	201	8.8	1 062	115	10.8	1 225	86	7.0

35. Population 5 to 24 years of age by school attendance, sex, age and urban/rural residence: each census, 1979 – 1988 (continued)
Population âgée de 5 à 24 ans, selon la fréquentation scolaire, le sexe, l'âge et la résidence, urbaine/rurale: chaque recensement, 1979 – 1988 (suite)

(See notes at end of table. – Voir notes à la fin du tableau.)

Continent, country or area, date, age (in years) and urban/rural residence / Continent, pays ou zone, date, âge (en années) et résidence urbaine/rurale	Both sexes – Les deux sexes			Male – Masculin			Female – Féminin		
	Total	Attending school – Fréquentant les écoles: Number Nombre	Per cent P.100	Total	Attending school – Fréquentant les écoles: Number Nombre	Per cent P.100	Total	Attending school – Fréquentant les écoles: Number Nombre	Per cent P.100
OCEANIA—OCEANIE(Cont.–Suite)									
Papua New Guinea – Papouasie–Nouvelle–Guinée									
22 IX 1980[18]									
5 – 24	1 373 343	292 627	21.3	729 073	174 243	23.9	644 270	118 384	18.4
5	93 638	872	0.9	48 721	486	1.0	44 917	386	0.9
6	89 005	3 486	3.9	46 182	1 853	4.0	42 823	1 633	3.8
7	85 483	11 565	13.5	44 416	6 234	14.0	41 067	5 331	13.0
8	82 995	22 754	27.4	43 280	12 483	28.8	39 715	10 271	25.9
9	78 877	30 145	38.2	41 176	16 868	41.0	37 701	13 277	35.2
10	84 700	36 739	43.4	44 421	20 910	47.1	40 279	15 829	39.3
11	79 800	37 404	46.9	41 961	21 545	51.3	37 839	15 859	41.9
12	78 614	37 385	47.6	41 592	21 777	52.4	37 022	15 608	42.2
13	71 834	31 788	44.3	38 087	18 916	49.7	33 747	12 872	38.1
14	69 665	25 941	37.2	37 247	15 841	42.5	32 418	10 100	31.2
15	67 552	20 123	29.8	36 501	12 770	35.0	31 051	7 353	23.7
16	64 824	15 365	23.7	35 430	10 255	28.9	29 394	5 110	17.4
17	57 460	8 972	15.6	32 188	6 450	20.0	25 272	2 522	10.0
18	57 087	5 215	9.1	32 069	3 976	12.4	25 018	1 239	5.0
19	55 806	2 458	4.4	30 858	1 933	6.3	24 948	525	2.1
20	61 738	1 480	2.4	33 012	1 174	3.6	28 726	306	1.1
21	51 120	516	1.0	27 352	438	1.6	23 768	78	0.3
22	49 537	233	0.5	26 333	186	0.7	23 204	47	0.2
23	45 560	112	0.2	23 885	88	0.4	21 675	24	0.1
24	48 048	74	0.2	24 362	60	0.2	23 686	14	0.1
Samoa									
3 XI 1981									
5 – 19	67 269	55 030	81.8	35 348	28 300	80.1	31 921	26 730	83.7
5 – 9	22 848	18 526	81.1	11 991	9 666	80.6	10 857	8 860	81.6
10 – 14	23 525	22 933	97.5	12 438	12 013	96.6	11 087	10 920	98.5
15 – 19	20 896	13 571	64.9	10 919	6 621	60.6	9 977	6 950	69.7
Vanuatu									
15–16 I 1979									
6 – 24	50 177	40 737	81.2	26 344	22 098	83.9	23 833	18 639	78.2
6	3 566	1 975	55.4	1 895	1 091	57.6	1 671	884	52.9
7	2 962	2 084	70.4	1 590	1 143	71.9	1 372	941	68.6
8	3 582	2 712	75.7	1 880	1 473	78.4	1 702	1 239	72.8
9	3 334	2 804	84.1	1 795	1 556	86.7	1 539	1 248	81.1
10	3 236	2 739	84.6	1 687	1 464	86.8	1 549	1 275	82.3
11	2 879	2 551	88.6	1 538	1 390	90.4	1 341	1 161	86.6
12	2 901	2 519	86.8	1 545	1 378	89.2	1 356	1 141	84.1
13	2 642	2 306	87.3	1 408	1 274	90.5	1 234	1 032	83.6
14	2 775	2 390	86.1	1 483	1 326	89.4	1 292	1 064	82.4
15 – 19	12 159	10 408	85.6	6 322	5 570	88.1	5 837	4 838	82.9
20 – 24	10 141	8 249	81.3	5 201	4 433	85.2	4 940	3 816	77.2

35. Population 5 to 24 years of age by school attendance, sex, age and urban/rural residence: each census, 1979 – 1988 (continued)
Population âgée de 5 à 24 ans, selon la fréquentation scolaire, le sexe, l'âge et la résidence, urbaine/rurale: chaque recensement, 1979 – 1988 (suite)
Data by urban/rural residence
Données selon la résidence urbaine/rurale

(See notes at end of table. – Voir notes à la fin du tableau.)

Continent, country or area, date, age (in years) and urban/rural residence Continent, pays ou zone, date, âge (en années) et résidence urbaine/rurale	Both sexes – Les deux sexes			Male – Masculin			Female – Féminin		
	Total	Attending school / Fréquentant les écoles		Total	Attending school / Fréquentant les écoles		Total	Attending school / Fréquentant les écoles	
		Number / Nombre	Per cent / P.100		Number / Nombre	Per cent / P.100		Number / Nombre	Per cent / P.100
AMERICA,NORTH— AMERIQUE DU NORD									
Panama									
Urban – Urbaine									
11 V 1980 [7]									
5 – 24	413 135	298 012	72.1	199 725	146 280	73.2	213 410	151 732	71.1
5	20 722	12 722	61.4	10 394	6 252	60.1	10 328	6 470	62.6
6	20 651	18 241	88.3	10 532	9 262	87.9	10 119	8 979	88.7
7	20 182	19 213	95.2	10 267	9 776	95.2	9 915	9 437	95.2
8	22 699	21 960	96.7	11 448	11 045	96.5	11 251	10 915	97.0
9	21 894	21 258	97.1	10 967	10 629	96.9	10 927	10 629	97.3
10	21 788	21 072	96.7	11 045	10 670	96.6	10 743	10 402	96.8
11	20 881	20 158	96.5	10 619	10 239	96.4	10 262	9 919	96.7
12	22 390	21 324	95.2	11 206	10 675	95.3	11 184	10 649	95.2
13	21 209	19 697	92.9	10 315	9 674	93.8	10 894	10 023	92.0
14	21 089	18 675	88.6	10 107	9 128	90.3	10 982	9 547	86.9
15	21 782	18 250	83.8	10 055	8 680	86.3	11 727	9 570	81.6
16	22 268	17 703	79.5	10 239	8 318	81.2	12 029	9 385	78.0
17	22 163	15 935	71.9	10 202	7 543	73.9	11 961	8 392	70.2
18	21 512	13 132	61.0	10 002	6 186	61.8	11 510	6 946	60.3
19	19 952	10 008	50.2	9 254	4 727	51.1	10 698	5 281	49.4
20 – 24	91 953	28 664	31.2	43 073	13 476	31.3	48 880	15 188	31.1
Rural – Rurale									
11 V 1980 [7]									
5 – 24	422 413	225 597	53.4	220 413	117 263	53.2	202 000	108 334	53.6
5	27 517	5 789	21.0	14 006	2 805	20.0	13 511	2 984	22.1
6	26 778	16 828	62.8	13 656	8 513	62.3	13 122	8 315	63.4
7	26 769	21 166	79.1	13 675	10 759	78.7	13 094	10 407	79.5
8	29 141	25 045	85.9	15 007	12 875	85.8	14 134	12 170	86.1
9	27 218	24 252	89.1	13 685	12 140	88.7	13 533	12 112	89.5
10	27 500	24 594	89.4	14 296	12 808	89.6	13 204	11 786	89.3
11	24 639	21 907	88.9	12 554	11 206	89.3	12 085	10 701	88.5
12	25 748	20 578	79.9	13 638	11 081	81.2	12 110	9 497	78.4
13	22 521	15 742	69.9	11 659	8 341	71.5	10 862	7 401	68.1
14	21 613	12 653	58.5	11 512	6 844	59.5	10 101	5 809	57.5
15	20 985	9 941	47.4	11 046	5 257	47.6	9 939	4 684	47.1
16	19 074	7 712	40.4	10 370	4 155	40.1	8 704	3 557	40.9
17	18 499	6 147	33.2	10 056	3 315	33.0	8 443	2 832	33.5
18	18 499	4 474	24.2	10 222	2 497	24.4	8 277	1 977	23.9
19	15 502	2 744	17.7	8 230	1 482	18.0	7 272	1 262	17.4
20 – 24	70 410	6 025	8.6	36 801	3 185	8.7	33 609	2 840	8.4
Puerto Rico – Porto Rico									
Urban – Urbaine									
1 IV 1980 [9]									
5 – 24	827 413	611 169	73.9	...	...	...	...	...	...
5	43 165	29 326	67.9	...	...	...	...	...	...
6	41 324	37 475	90.7	...	...	...	...	...	...
7 – 11	213 491	207 545	97.2	...	...	...	...	...	...
12 – 13	84 273	82 367	97.7	...	...	...	...	...	...
14 – 15	90 939	83 231	91.5	...	...	...	...	...	...
16 – 17	89 037	72 471	81.4	...	...	...	...	...	...
18 – 19	82 405	47 141	57.2	...	...	...	...	...	...
20 – 21	76 081	30 192	39.7	...	...	...	...	...	...
22 – 24	106 698	21 421	20.1	...	...	...	...	...	...

35. Population 5 to 24 years of age by school attendance, sex, age and urban/rural residence: each census, 1979 – 1988 (continued)
Population âgée de 5 à 24 ans, selon la fréquentation scolaire, le sexe, l'âge et la résidence, urbaine/rurale: chaque recensement, 1979 – 1988 (suite)
Data by urban/rural residence
Données selon la résidence urbaine/rurale

(See notes at end of table. – Voir notes à la fin du tableau.)

Continent, country or area, date, age (in years) and urban/rural residence / Continent, pays ou zone, date, âge (en années) et résidence urbaine/rurale	Both sexes – Les deux sexes			Male – Masculin			Female – Féminin		
	Total	Attending school – Fréquentant les écoles: Number / Nombre	Per cent / P.100	Total	Attending school – Fréquentant les écoles: Number / Nombre	Per cent / P.100	Total	Attending school – Fréquentant les écoles: Number / Nombre	Per cent / P.100
AMERICA,NORTH— (Cont.–Suite) AMERIQUE DU NORD									
Puerto Rico – Porto Rico									
Rural – Rurale									
1 IV 1980 [9]									
5 – 24	450 773	302 507	67.1	...	...	...	...	...	...
5	23 510	11 452	48.7	...	...	...	...	...	...
6	22 374	18 918	84.6	...	...	...	...	...	...
7 – 11	119 427	114 645	96.0	...	...	...	...	...	...
12 – 13	49 406	45 272	91.6	...	...	...	...	...	...
14 – 15	52 883	45 425	85.9	...	...	...	...	...	...
16 – 17	50 518	35 523	70.3	...	...	...	...	...	...
18 – 19	43 004	17 967	41.8	...	...	...	...	...	...
20 – 21	37 790	8 238	21.8	...	...	...	...	...	...
22 – 24	51 861	5 067	9.8	...	...	...	...	...	...
AMERICA,SOUTH— AMERIQUE DU SUD									
Argentina – Argentine									
Urban – Urbaine									
22 X 1980 [12]									
5 – 24	7 941 314	4 946 911	62.3	...	...	...	...	...	...
5 – 9	2 213 065	1 943 446	87.8	...	...	...	...	...	...
10 – 14	1 945 624	1 778 316	91.4	...	...	...	...	...	...
15 – 19	1 917 812	902 990	47.1	...	...	...	...	...	...
20 – 24	1 864 813	322 159	17.3	...	...	...	...	...	...
Rural – Rurale									
22 X 1980 [12]									
5 – 24	1 864 258	966 059	51.8	...	...	...	...	...	...
5 – 9	570 691	432 547	75.8	...	...	...	...	...	...
10 – 14	510 547	426 865	83.6	...	...	...	...	...	...
15 – 19	423 676	92 222	21.8	...	...	...	...	...	...
20 – 24	359 344	14 425	4.0	...	...	...	...	...	...
Brazil – Brésil									
Urban – Urbaine									
1 IX 1980 [4 13 14]									
5 – 24	35 729 258	19 535 147	54.7	17 564 327	9 648 514	54.9	18 164 931	9 886 633	54.4
5	1 882 262	438 451	23.3	952 130	217 519	22.8	930 132	220 932	23.8
6	1 819 132	682 516	37.5	918 035	338 460	36.9	901 097	344 056	38.2
7	1 849 005	1 233 895	66.7	930 918	613 568	65.9	918 087	620 327	67.6
8	1 802 618	1 456 089	80.8	911 633	727 586	79.8	890 985	728 503	81.8
9	1 784 385	1 530 098	85.7	897 199	763 985	85.2	887 186	766 113	86.4
10	1 843 622	1 593 979	86.5	925 369	792 663	85.7	918 253	801 316	87.3
11	1 778 806	1 550 010	87.1	885 365	768 870	86.8	893 441	781 140	87.4
12	1 815 437	1 540 706	84.9	903 430	766 364	84.8	912 007	774 342	84.9
13	1 781 445	1 454 275	81.6	873 883	722 473	82.7	907 562	731 802	80.6
14	1 857 549	1 396 559	75.2	906 010	692 232	76.4	951 539	704 327	74.0
15	1 923 198	1 311 711	68.2	925 569	640 349	69.2	997 629	671 362	67.3
16	1 894 066	1 143 528	60.4	907 670	553 891	61.0	986 396	589 637	59.8
17	1 869 722	988 747	52.9	901 360	477 887	53.0	968 362	510 860	52.8
18	1 828 779	798 241	43.6	887 890	381 322	42.9	940 889	416 919	44.3
19	1 713 999	608 070	35.5	824 100	286 141	34.7	889 899	321 929	36.2
20 – 24	8 285 233	1 808 272	21.8	4 013 766	905 204	22.6	4 271 467	903 068	21.1

35. Population 5 to 24 years of age by school attendance, sex, age and urban/rural residence: each census, 1979 – 1988 (continued)
Population âgée de 5 à 24 ans, selon la fréquentation scolaire, le sexe, l'âge et la résidence, urbaine/rurale: chaque recensement, 1979 – 1988 (suite)
Data by urban/rural residence
Données selon la résidence urbaine/rurale

(See notes at end of table. – Voir notes à la fin du tableau.)

Continent, country or area, date, age (in years) and urban/rural residence Continent, pays ou zone, date, âge (en années) et résidence urbaine/rurale	Both sexes – Les deux sexes			Male – Masculin			Female – Féminin		
	Total	Attending school Fréquentant les écoles		Total	Attending school Fréquentant les écoles		Total	Attending school Fréquentant les écoles	
		Number Nombre	Per cent P.100		Number Nombre	Per cent P.100		Number Nombre	Per cent P.100
AMERICA,SOUTH— (Cont.–Suite) AMERIQUE DU SUD									
Brazil – Brésil									
Rural – Rurale									
1 IX 1980 [4 13 14]									
5 – 24	18 396 996	5 043 669	27.4	9 452 002	2 541 362	26.9	8 944 994	2 502 307	28.0
5	1 204 254	119 811	9.9	611 330	59 113	9.7	592 924	60 698	10.2
6	1 149 610	152 660	13.3	583 519	74 118	12.7	566 091	78 542	13.9
7	1 141 539	339 269	29.7	579 519	167 540	28.9	562 020	171 729	30.6
8	1 101 431	446 367	40.5	563 507	222 841	39.5	537 924	223 526	41.6
9	1 039 505	492 498	47.4	529 617	245 451	46.3	509 888	247 047	48.5
10	1 132 779	568 851	50.2	581 790	283 339	48.7	550 989	285 512	51.8
11	1 032 273	534 349	51.8	529 087	269 342	50.9	503 186	265 007	52.7
12	1 064 349	511 512	48.1	550 319	263 901	48.0	514 030	247 611	48.2
13	979 134	423 265	43.2	500 721	218 520	43.6	478 413	204 745	42.8
14	977 928	356 342	36.4	503 085	183 886	36.6	474 843	172 456	36.3
15	973 060	288 119	29.6	500 886	147 147	29.4	472 174	140 972	29.9
16	932 382	225 962	24.2	479 827	113 409	23.6	452 555	112 553	24.9
17	879 668	169 899	19.3	459 174	86 264	18.8	420 494	83 635	19.9
18	834 802	126 823	15.2	443 619	64 738	14.6	391 183	62 085	15.9
19	726 295	86 102	11.9	375 860	41 980	11.2	350 435	44 122	12.6
20 – 24	3 227 987	201 840	6.3	1 660 142	99 773	6.0	1 567 845	102 067	6.5
Peru – Pérou									
Urban – Urbaine									
12 VII 1981 [17 18]									
5 – 24	5 292 257	3 672 007	69.4	2 640 093	1 890 128	71.6	2 652 164	1 781 879	67.2
5 – 9	1 458 061	1 167 341	80.1	735 365	589 098	80.1	722 696	578 243	80.0
10 – 14	1 389 638	1 274 588	91.7	699 490	648 172	92.7	690 148	626 416	90.8
15 – 19	1 297 703	869 648	67.0	642 421	454 903	70.8	655 282	414 745	63.3
20 – 24	1 146 855	360 430	31.4	562 817	197 955	35.2	584 038	162 475	27.8
Rural – Rurale									
12 VII 1981 [17 18]									
5 – 24	2 752 296	1 251 041	45.5	1 402 173	691 856	49.3	1 350 123	559 185	41.4
5 – 9	944 197	476 229	50.4	476 294	248 863	52.2	467 903	227 366	48.6
10 – 14	786 391	565 136	71.9	408 347	312 163	76.4	378 044	252 973	66.9
15 – 19	566 988	178 082	31.4	290 509	110 886	38.2	276 479	67 196	24.3
20 – 24	454 720	31 594	6.9	227 023	19 944	8.8	227 697	11 650	5.1
Uruguay									
Urban – Urbaine									
23 X 1985 [19 20]									
6 – 24	796 200	514 200	64.6	394 000	254 700	64.6	402 000	259 500	64.6
6	46 200	37 900	82.0	23 200	18 900	81.5	23 000	19 000	82.6
7	47 100	45 600	96.8	24 000	23 200	96.7	23 100	22 400	97.0
8	48 400	47 200	97.5	24 500	23 900	97.6	23 900	23 300	97.5
9	47 300	46 100	97.5	23 700	23 100	97.5	23 600	22 900	97.0
10	46 600	45 200	97.0	23 900	23 200	97.1	22 700	22 000	96.9
11	44 000	42 600	96.8	21 900	21 200	96.8	22 100	21 400	96.8
12	44 100	41 200	93.4	22 500	20 900	92.9	21 600	20 300	94.0
13	41 300	36 800	89.1	20 800	18 600	89.4	20 500	18 100	88.3
14	42 200	33 800	80.1	21 600	17 500	81.0	20 600	16 200	78.6
15	40 700	28 700	70.5	19 900	13 900	69.8	20 800	14 800	71.2
16	41 500	25 000	60.2	20 500	12 000	58.5	20 900	13 000	62.2

35. Population 5 to 24 years of age by school attendance, sex, age and urban/rural residence: each census, 1979 – 1988 (continued)

Population âgée de 5 à 24 ans, selon la fréquentation scolaire, le sexe, l'âge et la résidence, urbaine/rurale: chaque recensement, 1979 – 1988 (suite)

Data by urban/rural residence

Données selon la résidence urbaine/rurale

(See notes at end of table. – Voir notes à la fin du tableau.)

Continent, country or area, date, age (in years) and urban/rural residence Continent, pays ou zone, date, âge (en années) et résidence urbaine/rurale	Both sexes – Les deux sexes			Male – Masculin			Female – Féminin		
	Total	Attending school Fréquentant les écoles		Total	Attending school Fréquentant les écoles		Total	Attending school Fréquentant les écoles	
		Number Nombre	Per cent P.100		Number Nombre	Per cent P.100		Number Nombre	Per cent P.100
AMERICA, SOUTH— (Cont.–Suite) AMERIQUE DU SUD									
Uruguay									
Urban – Urbaine									
23 X 1985 [19 20]									
17	38 200	20 000	52.4	18 500	9 200	49.7	19 700	10 800	54.8
18	37 300	15 200	40.7	18 000	6 800	37.8	19 300	8 300	43.0
19	36 700	12 300	33.5	17 600	5 500	31.2	19 100	6 800	35.6
20	38 100	9 500	24.9	18 300	4 000	21.9	19 800	5 500	27.8
21	38 100	8 700	22.8	18 500	3 800	20.5	19 600	4 900	25.0
22	39 200	7 200	18.4	18 500	3 400	18.4	20 700	3 900	18.8
23	39 900	6 000	15.0	19 000	2 900	15.3	20 800	3 300	15.9
24	39 300	5 200	13.2	19 100	2 700	14.1	20 200	2 600	12.9
Rural – Rurale									
23 X 1985 [19 20]									
6 – 24	131 700	62 600	47.5	74 200	32 800	44.2	57 600	29 700	51.6
6	7 300	5 200	71.2	3 700	2 600	70.3	3 600	2 600	72.2
7	7 500	7 200	96.0	4 000	3 800	95.0	3 500	3 400	97.1
8	7 700	7 400	96.1	4 100	4 000	97.6	3 500	3 400	97.1
9	7 900	7 700	97.5	4 000	3 900	97.5	3 900	3 800	97.4
10	7 600	7 400	97.4	3 900	3 700	94.9	3 700	3 600	97.3
11	7 300	7 100	97.3	3 800	3 700	97.4	3 500	3 400	97.1
12	7 100	6 100	85.9	4 200	3 400	81.0	2 900	2 600	89.7
13	6 300	4 300	68.3	3 400	2 400	70.6	2 900	1 900	65.5
14	6 800	3 100	45.6	3 700	1 800	48.6	3 100	1 300	41.9
15	6 500	2 100	32.3	3 600	1 100	30.6	2 900	1 000	34.5
16	6 900	1 500	21.7	4 100	800	19.5	2 900	700	24.1
17	6 900	1 100	15.9	4 200	500	11.9	2 700	600	22.2
18	6 900	700	10.1	4 200	300	7.1	2 800	400	14.3
19	6 500	500	7.7	4 100	200	4.9	2 400	300	12.5
20	6 600	400	6.1	4 100	200	4.9	2 500	200	8.0
21	6 700	300	4.5	3 900	100	2.6	2 800	200	7.1
22	6 600	200	3.0	4 000	100	2.5	2 600	100	3.8
23	6 400	200	3.1	3 800	100	2.6	2 600	100	3.8
24	6 200	100	1.6	3 400	100	2.9	2 800	100	3.6
Venezuela									
Urban – Urbaine									
20 X 1981 [21 22]									
5 – 24	5 383 081	3 382 186	62.8	2 667 530	1 662 077	62.3	2 715 551	1 720 109	63.3
5	300 635	153 824	51.2	152 496	76 953	50.5	148 139	76 871	51.9
6	297 254	204 338	68.7	150 606	102 266	67.9	146 648	102 072	69.6
7	287 499	256 636	89.3	145 287	128 821	88.7	142 212	127 815	89.9
8	282 290	260 139	92.2	142 194	130 221	91.6	140 096	129 918	92.7
9	283 777	265 053	93.4	142 862	132 811	93.0	140 915	132 242	93.8
10	286 403	268 723	93.8	144 959	135 289	93.3	141 444	133 434	94.3
11	276 808	258 877	93.5	138 814	129 263	93.1	137 994	129 614	93.9
12	277 040	254 559	91.9	137 430	125 863	91.6	139 610	128 696	92.2
13	278 550	248 411	89.2	137 822	123 027	89.3	140 728	125 384	89.1
14	269 411	223 824	83.1	132 710	109 904	82.8	136 701	113 920	83.3
15 – 19	1 330 897	699 748	52.6	651 989	332 905	51.1	678 908	366 843	54.0
20 – 24	1 212 517	288 054	23.8	590 361	134 754	22.8	622 156	153 300	24.6
Rural – Rurale									
20 X 1981 [21 22]									
5 – 24	1 117 387	507 356	45.4	591 846	260 210	44.0	525 541	247 146	47.0
5	76 093	17 937	23.6	39 137	8 945	22.9	36 956	8 992	24.3
6	74 504	31 492	42.3	38 354	15 758	41.1	36 150	15 734	43.5
7	74 060	48 617	65.6	37 929	24 512	64.6	36 131	24 105	66.7
8	71 563	51 994	72.7	36 926	26 325	71.3	34 637	25 669	74.1
9	68 432	52 656	76.9	35 132	26 548	75.6	33 300	26 108	78.4
10	70 679	54 986	77.8	37 040	28 327	76.5	33 639	26 659	79.2

35. Population 5 to 24 years of age by school attendance, sex, age and urban/rural residence: each census, 1979 – 1988 (continued)

Population âgée de 5 à 24 ans, selon la fréquentation scolaire, le sexe, l'âge et la résidence, urbaine/rurale: chaque recensement, 1979 – 1988 (suite)

Data by urban/rural residence

Données selon la résidence urbaine/rurale

(See notes at end of table. – Voir notes à la fin du tableau.)

Continent, country or area, date, age (in years) and urban/rural residence / Continent, pays ou zone, date, âge (en années) et résidence urbaine/rurale	Both sexes – Les deux sexes			Male – Masculin			Female – Féminin		
	Total	Attending school / Fréquentant les écoles		Total	Attending school / Fréquentant les écoles		Total	Attending school / Fréquentant les écoles	
		Number / Nombre	Per cent / P.100		Number / Nombre	Per cent / P.100		Number / Nombre	Per cent / P.100
AMERICA,SOUTH—(Cont.–Suite) AMERIQUE DU SUD									
Venezuela									
Rural – Rurale									
20 X 1981 [21 22]									
11	67 178	52 317	77.9	35 118	26 908	76.6	32 060	25 409	79.3
12	65 043	48 008	73.8	34 419	24 995	72.6	30 624	23 013	75.1
13	61 103	41 496	67.9	32 218	21 901	68.0	28 885	19 595	67.8
14	57 233	32 426	56.7	30 833	17 293	56.1	26 400	15 133	57.3
15 – 19	247 231	65 727	26.6	135 200	34 140	25.3	112 031	31 587	28.2
20 – 24	184 268	9 700	5.3	99 540	4 558	4.6	84 728	5 142	6.1
Semi–urban – Semi–urbaine									
20 X 1981 [21 22]									
5 – 24	293 510	166 514	56.7	150 250	82 746	55.1	143 260	83 768	58.5
5	18 357	7 625	41.5	9 382	3 782	40.3	8 975	3 843	42.8
6	18 297	10 778	58.9	9 168	5 240	57.2	9 129	5 538	60.7
7	18 187	14 533	79.9	9 229	7 260	78.7	8 958	7 273	81.2
8	17 560	14 940	85.1	8 848	7 415	83.8	8 712	7 525	86.4
9	17 539	15 448	88.1	8 843	7 685	86.9	8 696	7 763	89.3
10	17 597	15 598	88.6	8 976	7 851	87.5	8 621	7 747	89.9
11	17 042	15 157	88.9	8 665	7 630	88.1	8 377	7 527	89.9
12	16 848	14 524	86.2	8 542	7 253	84.9	8 306	7 271	87.5
13	16 404	13 413	81.8	8 444	6 811	80.7	7 960	6 602	82.9
14	15 244	11 171	73.3	7 918	5 648	71.3	7 326	5 523	75.4
15 – 19	68 148	27 698	40.6	35 352	13 582	38.4	32 796	14 116	43.0
20 – 24	52 287	5 629	10.8	26 883	2 589	9.6	25 404	3 040	12.0
ASIA—ASIE									
Bangladesh									
Urban – Urbaine									
6–7 III 1981 [23]									
5 – 24	6 297 017	1 925 096	30.6	3 366 076	1 140 236	33.9	2 930 941	784 860	26.8
5	437 162	59 423	13.6	225 394	32 085	14.2	211 768	27 338	12.9
6	359 388	95 541	26.6	183 513	51 442	28.0	175 875	44 099	25.1
7	374 727	136 717	36.5	188 418	73 201	38.8	186 309	63 516	34.1
8	377 629	152 754	40.4	193 350	83 642	43.3	184 279	69 112	37.5
9	285 473	135 555	47.5	144 106	72 167	50.1	141 367	63 388	44.8
10	501 614	222 180	44.3	262 774	124 207	47.3	238 840	97 973	41.0
11	257 633	134 508	52.2	130 311	72 543	55.7	127 322	61 965	48.7
12	480 511	198 761	41.4	261 168	114 089	43.7	219 343	84 672	38.6
13	251 761	121 356	48.2	133 032	68 708	51.6	118 729	52 648	44.3
14	302 900	126 449	41.7	159 722	71 766	44.9	143 178	54 683	38.2
15	317 264	103 748	32.7	179 991	63 209	35.1	137 273	40 539	29.5
16	305 821	90 994	29.8	158 558	56 261	35.5	147 263	34 733	23.6
17	177 333	57 293	32.3	95 738	37 142	38.8	81 595	20 151	24.7
18	420 284	81 589	19.4	228 692	58 649	25.6	191 592	22 940	12.0
19	143 774	36 432	25.3	80 480	25 712	31.9	63 294	10 720	16.9
20	503 298	60 377	12.0	254 108	46 051	18.1	249 190	14 326	5.7
21	119 471	25 288	21.2	72 177	19 258	26.7	47 294	6 030	12.7
22	373 445	41 748	11.2	214 036	32 777	15.3	159 409	8 971	5.6
23	142 628	25 341	17.8	93 448	21 742	23.3	49 180	3 599	7.3
24	164 901	19 042	11.5	107 060	15 585	14.6	57 841	3 457	6.0

35. Population 5 to 24 years of age by school attendance, sex, age and urban/rural residence: each census, 1979 – 1988 (continued)
Population âgée de 5 à 24 ans, selon la fréquentation scolaire, le sexe, l'âge et la résidence, urbaine/rurale: chaque recensement, 1979 – 1988 (suite)
Data by urban/rural residence
Données selon la résidence urbaine/rurale

(See notes at end of table. – Voir notes à la fin du tableau.)

Continent, country or area, date, age (in years) and urban/rural residence Continent, pays ou zone, date, âge (en années) et résidence urbaine/rurale	Both sexes – Les deux sexes			Male – Masculin			Female – Féminin		
	Total	Attending school Fréquentant les écoles		Total	Attending school Fréquentant les écoles		Total	Attending school Fréquentant les écoles	
		Number Nombre	Per cent P.100		Number Nombre	Per cent P.100		Number Nombre	Per cent P.100
ASIA—ASIE (Cont.–Suite)									
Bangladesh									
Rural – Rurale									
6–7 III 1981 [23]									
5 – 24	34 437 003	7 001 919	20.3	17 415 860	4 439 053	25.5	17 021 143	2 562 866	15.1
5	2 977 643	267 456	9.0	1 527 552	151 143	9.9	1 450 091	116 313	8.0
6	2 417 174	409 890	17.0	1 224 916	230 471	18.8	1 192 258	179 419	15.0
7	2 462 133	593 005	24.1	1 226 242	329 644	26.9	1 235 891	263 361	21.3
8	2 626 817	733 855	27.9	1 346 911	418 527	31.1	1 279 906	315 328	24.6
9	1 840 127	600 794	32.6	922 324	334 536	36.3	917 803	266 258	29.0
10	2 980 357	974 039	32.7	1 590 597	578 515	36.4	1 389 760	395 524	28.5
11	1 332 167	489 230	36.7	679 174	281 261	41.4	652 993	207 969	31.8
12	2 790 773	838 099	30.0	1 546 507	532 925	34.5	1 244 266	305 174	24.5
13	1 243 638	387 389	31.1	658 210	248 238	37.7	585 428	139 151	23.8
14	1 508 092	391 781	26.0	804 183	266 331	33.1	703 909	125 450	17.8
15	1 746 154	346 257	19.8	984 581	262 943	26.7	761 573	83 314	10.9
16	1 550 637	253 614	16.4	758 676	197 648	26.1	791 961	55 966	7.1
17	737 253	120 584	16.4	360 066	97 433	27.1	377 187	23 151	6.1
18	2 135 233	226 332	10.6	1 000 883	193 248	19.3	1 134 350	33 084	2.9
19	612 984	66 014	10.8	281 626	56 614	20.1	331 358	9 400	2.8
20	2 300 794	132 601	5.8	968 821	113 675	11.7	1 331 973	18 926	1.4
21	475 291	38 725	8.1	228 265	32 604	14.3	247 026	6 121	2.5
22	1 583 851	74 853	4.7	737 272	63 179	8.6	846 579	11 674	1.4
23	506 049	31 941	6.3	254 605	28 554	11.2	251 444	3 387	1.3
24	609 836	25 460	4.2	314 449	21 564	6.9	295 387	3 896	1.3
India – Inde [25]									
Urban – Urbaine									
1 III 1981 [26 27]									
5 – 14	39 387 814	25 612 158	65.0	20 445 795	14 163 492	69.3	18 942 019	11 448 666	60.4
5	4 335 165	1 177 828	27.2	2 257 531	643 191	28.5	2 077 634	534 637	25.7
6	4 198 913	2 200 036	52.4	2 149 529	1 182 592	55.0	2 049 384	1 017 444	49.6
7	3 673 718	2 536 436	69.0	1 870 279	1 356 509	72.5	1 803 439	1 179 927	65.4
8	4 611 307	3 287 705	71.3	2 383 706	1 799 677	75.5	2 227 601	1 488 028	66.8
9	3 202 821	2 548 491	79.6	1 631 114	1 363 253	83.6	1 571 707	1 185 238	75.4
10	4 998 981	3 670 028	73.4	2 621 771	2 049 408	78.2	2 377 210	1 620 620	68.2
11	2 999 083	2 379 835	79.4	1 547 287	1 303 192	84.2	1 451 796	1 076 643	74.2
12	4 796 155	3 357 623	70.0	2 580 218	1 941 664	75.3	2 215 937	1 415 959	63.9
13	3 104 185	2 212 792	71.3	1 596 442	1 234 796	77.3	1 507 743	977 996	64.9
14	3 467 484	2 241 386	64.6	1 807 917	1 289 210	71.3	1 659 567	952 176	57.4
Rural – Rurale									
1 III 1981 [26 27]									
5 – 14	139 925 861	53 614 054	38.3	72 993 046	35 274 618	48.3	66 932 814	18 339 441	27.4
5	16 215 885	1 381 813	8.5	8 443 795	837 148	9.9	7 772 090	544 665	7.0
6	16 001 373	4 223 504	26.4	8 247 080	2 580 155	31.3	7 754 293	1 643 349	21.2
7	12 806 473	5 271 063	41.2	6 511 298	3 201 245	49.2	6 295 175	2 069 818	32.9
8	18 017 342	7 706 039	42.8	9 350 529	4 894 024	52.3	8 666 813	2 812 015	32.4
9	10 575 942	5 673 949	53.6	5 409 637	3 532 736	65.3	5 166 305	2 141 213	41.4
10	18 950 684	8 633 711	45.6	9 976 238	5 757 016	57.7	8 974 446	2 876 695	32.1
11	8 914 354	4 833 172	54.2	4 631 180	3 163 925	68.3	4 283 174	1 669 247	39.0
12	18 170 945	7 667 003	42.2	9 809 764	5 427 412	55.3	8 361 181	2 239 591	26.8
13	9 400 796	4 172 537	44.4	4 882 537	2 910 192	59.6	4 518 259	1 262 345	27.9
14	10 872 067	4 051 263	37.3	5 730 989	2 970 760	51.8	5 141 078	1 080 503	21.0

35. Population 5 to 24 years of age by school attendance, sex, age and urban/rural residence: each census, 1979 – 1988 (continued)

Population âgée de 5 à 24 ans, selon la fréquentation scolaire, le sexe, l'âge et la résidence, urbaine/rurale: chaque recensement, 1979 – 1988 (suite)

Data by urban/rural residence

Données selon la résidence urbaine/rurale

(See notes at end of table. – Voir notes à la fin du tableau.)

Continent, country or area, date, age (in years) and urban/rural residence Continent, pays ou zone, date, âge (en années) et résidence urbaine/rurale	Both sexes – Les deux sexes			Male – Masculin			Female – Féminin		
	Total	Attending school – Fréquentant les écoles		Total	Attending school – Fréquentant les écoles		Total	Attending school – Fréquentant les écoles	
		Number Nombre	Per cent P.100		Number Nombre	Per cent P.100		Number Nombre	Per cent P.100
ASIA—ASIE (Cont.–Suite)									
Malaysia – Malaisie									
Sarawak									
Urban – Urbaine									
10 VI 1980 [33]									
6 – 24	100 106	56 363	56.3	48 485	29 034	59.9	51 621	27 329	52.9
6	5 711	2 713	47.5	2 933	1 394	47.5	2 778	1 319	47.5
7	5 601	5 075	90.6	2 834	2 585	91.2	2 767	2 490	90.0
8	5 585	5 321	95.3	2 806	2 684	95.7	2 779	2 637	94.9
9	5 588	5 405	96.7	2 866	2 782	97.1	2 722	2 623	96.4
10	5 161	4 981	96.5	2 601	2 523	97.0	2 560	2 458	96.0
11	4 936	4 743	96.1	2 537	2 444	96.3	2 399	2 299	95.8
12	4 974	4 654	93.6	2 555	2 416	94.6	2 419	2 238	92.5
13	5 055	4 554	90.1	2 593	2 371	91.4	2 462	2 183	88.7
14	4 977	4 216	84.7	2 497	2 152	86.2	2 480	2 064	83.2
15	5 358	4 192	78.2	2 695	2 166	80.4	2 663	2 026	76.1
16	5 432	3 618	66.6	2 671	1 832	68.6	2 761	1 786	64.7
17	5 755	3 022	52.5	2 818	1 570	55.7	2 937	1 452	49.4
18	5 558	1 797	32.3	2 575	959	37.2	2 983	838	28.1
19	5 384	956	17.8	2 380	521	21.9	3 004	435	14.5
20	5 517	552	10.0	2 414	316	13.1	3 103	236	7.6
21	5 038	258	5.1	2 201	151	6.9	2 837	107	3.8
22	4 865	165	3.4	2 208	95	4.3	2 657	70	2.6
23	4 861	98	2.0	2 136	48	2.2	2 725	50	1.8
24	4 750	43	0.9	2 165	25	1.2	2 585	18	0.7
Rural – Rurale									
10 VI 1980 [33]									
6 – 24	455 898	225 046	49.4	228 306	120 165	52.6	227 592	104 881	46.1
6	31 099	10 166	32.7	15 871	5 189	32.7	15 228	4 977	32.7
7	32 268	23 914	74.1	16 574	12 442	75.1	15 694	11 472	73.1
8	31 840	26 458	83.1	16 267	13 746	84.5	15 573	12 712	81.6
9	32 033	27 408	85.6	16 569	14 415	87.0	15 464	12 993	84.0
10	28 748	24 681	85.9	14 757	12 897	87.4	13 991	11 784	84.2
11	27 311	23 297	85.3	14 245	12 433	87.3	13 066	10 864	83.1
12	27 911	21 771	78.0	14 369	11 649	81.1	13 542	10 122	74.7
13	25 841	18 210	70.5	13 158	9 847	74.8	12 683	8 363	65.9
14	25 402	15 619	61.5	12 816	8 593	67.0	12 586	7 026	55.8
15	24 709	12 887	52.2	12 101	7 026	58.1	12 608	5 861	46.5
16	22 843	8 976	39.3	11 116	4 899	44.1	11 727	4 077	34.8
17	21 718	6 133	28.2	10 502	3 559	33.9	11 216	2 574	22.9
18	21 552	3 359	15.6	10 625	2 033	19.1	10 927	1 326	12.1
19	17 887	1 193	6.7	8 601	769	8.9	9 286	424	4.6
20	19 575	529	2.7	9 216	355	3.9	10 359	174	1.7
21	17 077	197	1.2	8 058	139	1.7	9 019	58	0.6
22	16 686	124	0.7	8 023	88	1.1	8 663	36	0.4
23	15 742	76	0.5	7 630	46	0.6	8 112	30	0.4
24	15 656	48	0.3	7 808	40	0.5	7 848	8	0.1

35. Population 5 to 24 years of age by school attendance, sex, age and urban/rural residence: each census, 1979 – 1988 (continued)

Population âgée de 5 à 24 ans, selon la fréquentation scolaire, le sexe, l'âge et la résidence, urbaine/rurale: chaque recensement, 1979 – 1988 (suite)

Data by urban/rural residence

Données selon la résidence urbaine/rurale

(See notes at end of table. – Voir notes à la fin du tableau.)

Continent, country or area, date, age (in years) and urban/rural residence Continent, pays ou zone, date, âge (en années) et résidence urbaine/rurale	Both sexes – Les deux sexes Total	Attending school – Fréquentant les écoles: Number – Nombre	Per cent – P.100	Male – Masculin Total	Attending school – Fréquentant les écoles: Number – Nombre	Per cent – P.100	Female – Féminin Total	Attending school – Fréquentant les écoles: Number – Nombre	Per cent – P.100
ASIA—ASIE (Cont.–Suite)									
Myanmar [34]									
Urban – Urbaine									
31 III 1983 [35]									
5 – 24	3 950 318	2 169 681	54.9	1 998 482	1 137 619	56.9	1 951 836	1 032 062	52.9
5	204 098	66 216	32.4	103 502	33 560	32.4	100 596	32 656	32.5
6	196 871	138 050	70.1	99 939	70 412	70.5	96 932	67 638	69.8
7	199 985	166 105	83.1	101 373	84 897	83.7	98 612	81 208	82.4
8	196 842	171 864	87.3	99 639	87 669	88.0	97 203	84 195	86.6
9	198 746	177 773	89.4	101 307	91 146	90.0	97 439	86 627	88.9
10	217 576	194 476	89.4	110 384	99 380	90.0	107 192	95 096	88.7
11	198 965	175 778	88.3	101 786	91 371	89.8	97 179	84 407	86.9
12	226 554	188 764	83.3	116 629	100 361	86.1	109 925	88 403	80.4
13	211 003	164 476	77.9	109 542	89 624	81.8	101 461	74 852	73.8
14	211 854	146 658	69.2	108 085	80 889	74.8	103 769	65 769	63.4
15	205 924	114 809	55.8	105 321	62 424	59.3	100 603	52 385	52.1
16	208 065	105 925	50.9	105 076	57 619	54.8	102 989	48 306	46.9
17	198 646	90 085	45.3	100 021	49 325	49.3	98 625	40 760	41.3
18	205 914	73 616	35.7	101 666	38 756	38.1	104 248	34 860	33.4
19	179 467	55 833	31.1	88 965	29 186	32.8	90 502	26 647	29.4
20	204 876	47 217	23.0	101 356	24 269	23.9	103 520	22 948	22.2
21	160 956	32 062	19.9	81 025	16 130	19.9	79 931	15 932	19.9
22	181 778	27 072	14.9	91 099	13 745	15.1	90 679	13 327	14.7
23	171 356	19 398	11.3	86 543	9 865	11.4	84 813	9 533	11.2
24	170 842	13 504	7.9	85 224	6 991	8.2	85 618	6 513	7.6
Rural – Rurale									
31 III 1983 [35]									
5 – 24	11 729 152	4 313 728	36.8	5 851 355	2 316 461	39.6	5 877 797	1 997 267	34.0
5	722 814	218 370	30.2	367 309	110 823	30.2	355 505	107 547	30.3
6	710 805	382 050	53.7	356 944	192 781	54.0	353 861	189 269	53.5
7	658 584	440 674	66.9	333 825	224 872	67.4	324 759	215 802	66.4
8	692 986	485 721	70.1	343 048	243 240	70.9	349 938	242 481	69.3
9	607 310	463 302	76.3	309 437	237 428	76.7	297 873	225 874	75.8
10	729 573	534 359	73.2	369 375	275 417	74.6	360 198	258 942	71.9
11	554 073	414 703	74.8	282 299	218 483	77.4	271 774	196 220	72.2
12	707 225	446 165	63.1	362 393	245 908	67.9	344 832	200 257	58.1
13	599 989	313 678	52.3	310 050	184 385	59.5	289 939	129 293	44.6
14	611 858	233 549	38.2	308 413	143 947	46.7	303 445	89 602	29.5
15	595 356	107 674	18.1	300 726	66 911	22.2	294 630	40 763	13.8
16	566 422	83 415	14.7	276 017	52 092	18.9	290 405	31 323	10.8
17	514 772	59 060	11.5	254 578	37 755	14.8	260 194	21 305	8.2
18	606 537	47 546	7.8	289 033	29 781	10.3	317 504	17 765	5.6
19	454 332	29 194	6.4	223 011	18 625	8.4	231 321	10 569	4.6
20	653 070	22 028	3.4	309 297	13 892	4.5	343 773	8 136	2.4
21	377 461	11 866	3.1	186 522	7 454	4.0	190 939	4 412	2.3
22	487 945	9 806	2.0	237 881	6 106	2.6	250 064	3 700	1.5
23	443 867	6 178	1.4	219 181	3 821	1.7	224 686	2 357	1.0
24	434 173	4 390	1.0	212 016	2 740	1.3	222 157	1 650	0.7
Pakistan [36]									
Urban – Urbaine									
1 III 1981 [37]									
5 – 24	11 319 505	3 115 053	27.5	6 015 027	1 818 100	30.2	5 304 478	1 296 953	24.4
5 – 9	3 551 535	684 810	19.3	1 838 576	375 733	20.4	1 712 959	309 077	18.0
10 – 14	3 119 458	1 402 053	44.9	1 652 953	799 615	48.4	1 466 505	602 438	41.1
15 – 19	2 540 219	797 254	31.4	1 364 875	483 587	35.4	1 175 344	313 667	26.7
20 – 24	2 108 293	230 936	11.0	1 158 623	159 165	13.7	949 670	71 771	7.6

35. Population 5 to 24 years of age by school attendance, sex, age and urban/rural residence: each census, 1979 – 1988 (continued)

Population âgée de 5 à 24 ans, selon la fréquentation scolaire, le sexe, l'âge et la résidence, urbaine/rurale: chaque recensement, 1979 – 1988 (suite)

Data by urban/rural residence

Données selon la résidence urbaine/rurale

(See notes at end of table. – Voir notes à la fin du tableau.)

Continent, country or area, date, age (in years) and urban/rural residence Continent, pays ou zone, date, âge (en années) et résidence urbaine/rurale	Both sexes – Les deux sexes			Male – Masculin			Female – Féminin		
	Total	Attending school Fréquentant les écoles		Total	Attending school Fréquentant les écoles		Total	Attending school Fréquentant les écoles	
		Number Nombre	Per cent P.100		Number Nombre	Per cent P.100		Number Nombre	Per cent P.100
ASIA—ASIE (Cont.–Suite)									
Pakistan [36]									
Rural – Rurale									
1 III 1981 [37]									
5 – 24	26 616 723	2 508 778	9.4	14 115 493	2 025 438	14.3	12 501 230	483 340	3.9
5 – 9	9 590 802	566 861	5.9	4 972 911	419 800	8.4	4 617 891	147 061	3.2
10 – 14	7 683 590	1 321 600	17.2	4 203 791	1 067 748	25.4	3 479 799	253 852	7.3
15 – 19	5 222 868	519 205	9.9	2 827 638	450 930	15.9	2 395 230	68 275	2.8
20 – 24	4 119 463	101 112	2.5	2 111 153	86 960	4.1	2 008 310	14 152	0.7
Sri Lanka									
Urban – Urbaine									
17 III 1981									
5 – 24	1 393 428	782 050	56.1	725 422	400 638	55.2	668 006	381 412	57.1
5	63 000	41 716	66.2	32 113	21 212	66.1	30 887	20 504	66.4
6	63 187	56 753	89.8	32 077	28 842	89.9	31 110	27 911	89.7
7	62 460	58 396	93.5	31 647	29 631	93.6	30 813	28 765	93.4
8	68 561	64 547	94.1	34 555	32 595	94.3	34 006	31 952	94.0
9	66 093	62 188	94.1	33 358	31 499	94.4	32 735	30 689	93.7
10	73 461	67 497	91.9	37 216	34 440	92.5	36 245	33 057	91.2
11	66 207	60 283	91.1	33 616	30 825	91.7	32 591	29 458	90.4
12	74 079	62 783	84.8	38 347	32 671	85.2	35 732	30 112	84.3
13	69 684	56 963	81.7	35 757	29 358	82.1	33 927	27 605	81.4
14	66 962	50 471	75.4	34 506	26 113	75.7	32 456	24 358	75.0
15	69 745	47 494	68.1	36 200	24 559	67.8	33 545	22 935	68.4
16	71 375	41 449	58.1	36 934	21 176	57.3	34 441	20 273	58.9
17	70 933	32 997	46.5	37 353	16 802	45.0	33 580	16 195	48.2
18	78 312	26 612	34.0	41 474	13 582	32.7	36 838	13 030	35.4
19	71 806	18 990	26.4	38 579	9 849	25.5	33 227	9 141	27.5
20	81 413	12 579	15.4	43 450	6 640	15.3	37 963	5 939	15.6
21	71 634	7 997	11.2	38 656	4 211	10.9	32 978	3 786	11.5
22	71 408	5 564	7.8	38 344	2 962	7.7	33 064	2 602	7.9
23	67 103	3 935	5.9	35 956	2 132	5.9	31 147	1 803	5.8
24	66 005	2 836	4.3	35 284	1 539	4.4	30 721	1 297	4.2
Rural – Rurale									
17 III 1981									
5 – 24	5 108 082	2 865 762	56.1	2 571 013	1 454 323	56.6	2 537 069	1 411 439	55.6
5	276 290	176 003	63.7	141 057	89 670	63.6	135 233	86 333	63.8
6	277 869	243 807	87.7	141 509	124 527	88.0	136 360	119 280	87.5
7	261 550	240 005	91.8	133 044	122 541	92.1	128 506	117 464	91.4
8	279 073	257 368	92.2	141 671	131 168	92.6	137 402	126 200	91.8
9	264 444	244 605	92.5	134 685	125 130	92.9	129 759	119 475	92.1
10	288 908	260 487	90.2	147 508	133 875	90.8	141 400	126 612	89.5
11	258 201	229 551	88.9	130 888	117 208	89.5	127 313	112 343	88.2
12	284 640	234 197	82.3	146 696	121 146	82.6	137 944	113 051	82.0
13	263 852	205 962	78.1	134 403	105 571	78.5	129 449	100 391	77.6
14	243 339	170 181	69.9	123 368	86 701	70.3	119 971	83 480	69.6
15	249 028	153 575	61.7	126 785	77 495	61.1	122 243	76 080	62.2
16	248 491	126 143	50.8	124 664	62 375	50.0	123 827	63 768	51.5
17	240 261	95 800	39.9	119 931	46 662	38.9	120 330	49 138	40.8
18	265 252	76 810	29.0	132 643	36 812	27.8	132 609	39 998	30.2
19	237 984	55 294	23.2	118 235	26 737	22.6	119 749	28 557	23.8
20	265 092	37 432	14.1	129 866	18 343	14.1	135 226	19 089	14.1
21	235 019	23 880	10.2	116 112	11 617	10.0	118 907	12 263	10.3
22	231 197	15 825	6.8	113 086	7 572	6.7	118 111	8 253	7.0
23	219 040	10 967	5.0	107 520	5 344	5.0	111 520	5 623	5.0
24	218 552	7 870	3.6	107 342	3 829	3.6	111 210	4 041	3.6

35. Population 5 to 24 years of age by school attendance, sex, age and urban/rural residence: each census, 1979 – 1988 (continued)

Population âgée de 5 à 24 ans, selon la fréquentation scolaire, le sexe, l'âge et la résidence, urbaine/rurale: chaque recensement, 1979 – 1988 (suite)

Data by urban/rural residence

Données selon la résidence urbaine/rurale

(See notes at end of table. – Voir notes à la fin du tableau.)

Continent, country or area, date, age (in years) and urban/rural residence Continent, pays ou zone, date, âge (en années) et résidence urbaine/rurale	Both sexes – Les deux sexes			Male – Masculin			Female – Féminin		
	Total	Attending school – Fréquentant les écoles: Number Nombre	Per cent P.100	Total	Attending school – Fréquentant les écoles: Number Nombre	Per cent P.100	Total	Attending school – Fréquentant les écoles: Number Nombre	Per cent P.100
EUROPE									
Austria – Autriche									
Urban – Urbaine									
12 V 1981 [4]									
15 – 24	636 143	197 250	31.0	314 598	96 712	30.7	321 545	100 538	31.3
15	61 496	50 439	82.0	31 333	25 051	79.9	30 163	25 388	84.2
16	63 602	31 374	49.3	32 234	13 883	43.1	31 368	17 491	55.8
17	64 371	26 808	41.6	32 325	12 110	37.5	32 046	14 698	45.9
18	65 499	22 007	33.6	32 637	10 396	31.9	32 862	11 611	35.3
19	65 698	17 711	27.0	32 598	8 385	25.7	33 100	9 326	28.2
20	64 870	13 443	20.7	31 813	6 862	21.6	33 057	6 581	19.9
21	63 614	11 298	17.8	31 021	6 034	19.5	32 593	5 264	16.1
22	62 368	9 339	15.0	30 303	5 282	17.4	32 065	4 057	12.7
23	62 646	8 196	13.1	30 550	4 754	15.6	32 096	3 442	10.7
24	61 979	6 635	10.7	29 784	3 955	13.3	32 195	2 680	8.3
Rural – Rurale									
12 V 1981 [4]									
15 – 24	628 663	135 382	21.5	324 065	63 802	19.7	304 598	71 580	23.5
15	65 440	49 963	76.3	33 528	24 706	73.7	31 912	25 257	79.1
16	68 673	23 594	34.4	34 999	9 551	27.3	33 674	14 043	41.7
17	68 694	18 651	27.1	34 908	7 976	22.8	33 786	10 675	31.6
18	68 602	13 956	20.3	35 072	6 362	18.1	33 530	7 594	22.6
19	66 107	9 666	14.6	34 126	4 408	12.9	31 981	5 258	16.4
20	63 488	6 228	9.8	32 962	3 042	9.2	30 526	3 186	10.4
21	60 026	4 613	7.7	31 124	2 395	7.7	28 902	2 218	7.7
22	57 491	3 573	6.2	29 874	2 098	7.0	27 617	1 475	5.3
23	55 732	2 886	5.2	29 115	1 785	6.1	26 617	1 101	4.1
24	54 410	2 252	4.1	28 357	1 479	5.2	26 053	773	3.0
OCEANIA—OCEANIE									
Papua New Guinea – Papouasie–Nouvelle–Guinée									
Urban – Urbaine									
22 IX 1980 [1]									
5 – 24	193 043	52 307	27.1	110 954	31 465	28.4	82 089	20 842	25.4
5	11 753	193	1.6	6 243	106	1.7	5 510	87	1.6
6	10 345	747	7.2	5 414	390	7.2	4 931	357	7.2
7	9 494	2 600	27.4	5 001	1 391	27.8	4 493	1 209	26.9
8	8 808	5 238	59.5	4 783	2 881	60.2	4 025	2 357	58.6
9	7 634	5 641	73.9	4 113	3 120	75.9	3 521	2 521	71.6
10	7 397	5 744	77.7	3 953	3 163	80.0	3 444	2 581	74.9
11	6 649	5 152	77.5	3 645	2 875	78.9	3 004	2 277	75.8
12	7 419	5 278	71.1	4 351	3 205	73.7	3 068	2 073	67.6
13	7 647	5 013	65.6	4 415	2 984	67.6	3 232	2 029	62.8
14	8 567	5 016	58.5	4 999	3 060	61.2	3 568	1 956	54.8
15	9 142	4 308	47.1	5 502	2 775	50.4	3 640	1 533	42.1
16	10 016	3 683	36.8	6 113	2 577	42.2	3 903	1 106	28.3
17	10 314	2 250	21.8	6 469	1 703	26.3	3 845	547	14.2
18	11 661	1 070	9.2	7 228	898	12.4	4 433	172	3.9
19	11 587	261	2.3	7 031	234	3.3	4 556	27	0.6
20	12 835	85	0.7	7 437	78	1.0	5 398	7	0.1
21	10 944	17	0.2	6 385	16	0.2	4 559	1	0.0
22	10 842	6	0.1	6 269	5	0.1	4 573	1	0.0
23	9 962	2	0.0	5 736	2	0.0	4 226	–	0.0
24	10 027	3	0.0	5 867	2	0.0	4 160	1	0.0

35. Population 5 to 24 years of age by school attendance, sex, age and urban/rural residence: each census, 1979 – 1988 (continued)
Population âgée de 5 à 24 ans, selon la fréquentation scolaire, le sexe, l'âge et la résidence, urbaine/rurale: chaque recensement, 1979 – 1988 (suite)
Data by urban/rural residence
Données selon la résidence urbaine/rurale

(See notes at end of table. – Voir notes à la fin du tableau.)

Continent, country or area, date, age (in years) and urban/rural residence Continent, pays ou zone, date, âge (en années) et résidence urbaine/rurale	Both sexes – Les deux sexes			Male – Masculin			Female – Féminin		
	Total	Attending school Fréquentant les écoles		Total	Attending school Fréquentant les écoles		Total	Attending school Fréquentant les écoles	
		Number Nombre	Per cent P.100		Number Nombre	Per cent P.100		Number Nombre	Per cent P.100
OCEANIA—OCEANIE(Cont.–Suite)									
Papua New Guinea – Papouasie–Nouvelle–Guinée									
Rural – Rurale									
22 IX 1980 [1]									
5 – 24	1 180 300	240 320	20.4	618 119	142 778	23.1	562 181	97 542	17.3
5	81 885	679	0.8	42 478	380	0.9	39 407	299	0.8
6	78 660	2 739	3.5	40 768	1 463	3.6	37 892	1 276	3.4
7	75 989	8 965	11.8	39 415	4 843	12.3	36 574	4 122	11.3
8	74 187	17 516	23.6	38 497	9 602	24.9	35 690	7 914	22.2
9	71 243	24 504	34.4	37 063	13 748	37.1	34 180	10 756	31.5
10	77 303	30 995	40.1	40 468	17 747	43.9	36 835	13 248	36.0
11	73 151	32 252	44.1	38 316	18 670	48.7	34 835	13 582	39.0
12	71 195	32 107	45.1	37 241	18 572	49.9	33 954	13 535	39.9
13	64 187	26 775	41.7	33 672	15 932	47.3	30 515	10 843	35.5
14	61 098	20 925	34.2	32 248	12 781	39.6	28 850	8 144	28.2
15	58 410	15 815	27.1	30 999	9 995	32.2	27 411	5 820	21.2
16	54 808	11 682	21.3	29 317	7 678	26.2	25 491	4 004	15.7
17	47 146	6 722	14.3	25 719	4 747	18.5	21 427	1 975	9.2
18	45 426	4 145	9.1	24 841	3 078	12.4	20 585	1 067	5.2
19	44 219	2 197	5.0	23 827	1 699	7.1	20 392	498	2.4
20	48 903	1 395	2.9	25 575	1 096	4.3	23 328	299	1.3
21	40 176	499	1.2	20 967	422	2.0	19 209	77	0.4
22	38 695	227	0.6	20 064	181	0.9	18 631	46	0.2
23	35 598	110	0.3	18 149	86	0.5	17 449	24	0.1
24	38 021	71	0.2	18 495	58	0.3	19 526	13	0.1

GENERAL NOTES

Percentages are the number of population attending school in each age–sex group per 100 total population in the same age–sex group. For definitions of "urban", see Technical notes for table 6. For method of evaluation and limitations of data, see Technical Notes, page 128.

FOOTNOTES

- * Provisional.
- 1 For citizens only.
- 2 Excluding Mayotte.
- 3 Based on a 10 per cent sample of census returns.
- 4 De jure population.
- 5 De jure population, but excluding persons residing in institutions.
- 6 Data have not been adjusted for underenumeration, estimated at 13.7 per cent.
- 7 Data have not been adjusted for underenumeration, estimated at 6.6 per cent. Excluding indigenous population.
- 8 For classification by urban/rural residence, see end of table.
- 9 De jure population, but including armed forces stationed in the area.
- 10 De jure population, but excluding civilian citizens absent from country for extended period of time.
- 11 Excluding armed forces overseas.
- 12 Data have not been adjusted for underenumeration, estimated at one per cent.
- 13 Excluding Indian jungle population.

NOTES GENERALES

Les pourcentages représent le nombre de personnes de chaque groupe d'âge et de sexe fréquentant les écoles pour 100 appartenant au même groupe d'âge et de sexes. Pour les définitions de "zones urbaines", voir les Notes techniques relatives au tableau 6. Pour la méthode d'évaluation et les insuffisances des données, voir Notes techniques, page 128.

NOTES

- * Données provisoires.
- 1 Pour les citoyens seulement.
- 2 Non compris Mayotte.
- 3 D'après un échantillon de 10 p. 100 des bulletins de recensement.
- 4 Population de droit.
- 5 Population de droit, mais non compris les personnes dans les institutions.
- 6 Les données n'ont pas été adjustées pour compenser les lacunes du dénombrement, estimées à 13,7 p. 100.
- 7 Les données n'ont été adjustées pour compenser les lacunes du dénombrement, estimées à 6,6 p.100. Non compris la population indigène.
- 8 Pour le classement selon la résidence, urbaine/rurale, voir la fin du tableau.
- 9 Population de droit, mais y compris les militaires en garnison sur le territoire.
- 10 Population de droit, mais non compris les civils hors du pays pendant une période prolongée.
- 11 Non compris les militaires à l'étranger.
- 12 Les données n'ont pas été adjustées pour compenser les lacunes du dénombrement, estimées à 1 p. 100.
- 13 Non compris les Indiens de la jungle.

35. Population 5 to 24 years of age by school attendance, sex, age and urban/rural residence: each census, 1979 – 1988 (continued)

Population âgée de 5 à 24 ans, selon la fréquentation scolaire, le sexe, l'âge et la résidence, urbaine/rurale: chaque recensement, 1979 – 1988 (suite)

FOOTNOTES (continued)

14 Based on a sample of census returns.
15 Excluding nomadic Indian tribes.
16 Data have not been adjusted for underenumeration, estimated at 5.6 per cent.
17 Excluding Indian jungle population estimated at 39 800 in 1972.
18 Data have not been adjusted for underenumeration, estimated at 4.1 per cent.
19 Data have not been adjusted for underenumeration, estimated at 2.6 per cent.
20 Based on a 14 per cent sample of census returns.
21 Excluding Indian jungle population estimated at 31 800 in 1961.
22 Data have not been adjusted for underenumeration, estimated at 6.85 per cent.
23 Data have not been adjusted for underenumeration, estimated at 3.1 per cent.
24 Including 26 106 transients and 9 131 Vietnamese refugees.
25 Including data for the Indian–held part of Jammu and Kashmir, the final status of which has not yet been determined. Excluding Assam.
26 Based on a 5 per cent sample of census returns.
27 Because of rounding, totals are not in all cases the sum of the parts.
28 Data exclude adjustment for underenumeration, estimated at 1.7 per cent.
29 Including data for East Jerusalem and Israeli residents in certain other territories under occupation by Israeli military forces since June 1967.
30 Excluding persons for whom school attendance data not available.
31 For Jordanian population only.
32 Excluding data for Jordanian territory under occupation since June 1967 by Israeli military forces.
33 Excluding persons residing in institutions.
34 Formerly listed as "Burma".
35 Based on a 20 per cent sample of census returns.
36 Excluding data for Jammu and Kashmir, the final status of which has not yet been determined; also excluding Junagardh, Manavadar, Gilgit and Baltistan.
37 Excluding federally administered tribal areas.
38 For Syrian population only.
39 Based on national registers.
40 Age classification based on year of birth rather than on completed years of age.
41 De jure population but excluding diplomatic personnel outside the country and including foreign diplomatic personnel not living in embassies or consulates.
42 Including armed forces stationed outside the country, but excluding alien armed forces stationed in the area.
43 Data exclude adjustment for underenumeration, estimated at 1.9 per cent.

NOTES (suite)

14 D'après un échantillon des bulletins de recensement.
15 Non compris les tribus d'Indiens nomades.
16 Les données n'ont pas été adjustées pour compenser les lacunes du dénombrement, estimées à 5,6 p. 100.
17 Non compris les Indiens de la jungle, estimés à 39 800 personnes en 1972.
18 Les données n'ont pas été adjustées pour compenser les lacunes du dénombrement, estimées à 4,1 p. 100.
19 Les données n'ont pas été adjustées pour compenser les lacunes du dénombrement, estimées à 2,6 p. 100.
20 D'après un échantillon de 14 p. 100 des bulletins de recensement.
21 Non compris les Indiens de la jungle, estimés à 31 800 personnes en 1961.
22 Les données n'ont pas été adjustées pour compenser les lacunes du dénombrement, estimées à 6,85 p. 100.
23 Les données n'ont pas été adjustées pour compenser les lacunes du dénombrement, estimées à 3,1 p. 100.
24 Y compris 26 106 transients et 9 131 réfugiés du Viet Nam.
25 Y compris les données pour la partie du Jammu et du Cachemire occupée par l'Inde, dont le statut définitif n'a pas encore été déterminé. Non compris Assam.
26 D'après un échantillon de 5 p. 100 des bulletins de recensement.
27 Les chiffres étant arrondis, les totaux ne correspondent pas toujours rigoureusement à la somme des chiffres partiels.
28 Les données n'ont pas été ajustées pour compenser les lacunes du dénombrement, estimées à 1,7 p. 100.
29 Y compris les données pour Jérusalem–Est et les résidents israéliens dans certains autres territoires occupés depuis juin 1967 par les forces armées israéliennes.
30 Non compris les personnes pour les quelles on ne possède pas de données concernant la fréquentation scolaire.
31 Pour la population Jordanienne seulement.
32 Non compris les données pour le territoire jordanien occupé depuis juin 1967 par les forces armées israéliennes.
33 Non compris les personnes dans les institutions.
34 Antérieurement désigné sous le nom de "Birmanie".
35 D'après un échantillon de 20 p. 100 des bulletins de recensement.
36 Non compris les données pour le Jammu et Cachemire dont le statut définitif n'a pas encore été déterminé; non compris également le Junagardh, le Manavadar, le Gilgit et le Baltistan.
37 Non compris les zones tribales administrées par le gouvernement fédéral.
38 Pour la population syrienne seulement.
39 D'après les registres nationaux.
40 La classification par âge est fondée sur l'année de naissance et non sur l'âge en années révolues.
41 Population de droit, non compris le personnel diplomatique hors du pays, mais y compris le personnel diplomatique étranger qui ne vit pas dans les ambassades ou les consulats.
42 Y compris les militaires en garnison hors du pays mais non compris les militaires étrangers en garnison sur le territoire.
43 Les données n'ont pas été ajustées pour compenser les lacunes du dénombrement, estimées à 1,9 p. 100.

35. Population 15 to 24 years of age by school attendance, sex, age and urban/rural residence: each census, 1979 – 1988 (continued)
Population âgées de 5 à 24 ans, selon la fréquentation scolaire le sexe, l'âge et la résidence, urbaine/rurale: chaque recensement, 1979 – 1988 (suite)

List of countries or areas covered by this table in the 1983 issue of the Demographic Yearbook
Liste des pays ou zones couverts par ce tableau, dans l'édition de 1983 de l'Annuaire démographique

Continent and country or area Continent et pays ou zone	Census date Date du recensement	Issue Edition
AFRICA — AFRIQUE		
Guinea–Bissau – Guinée–Bissau	16 IV 1979	1983
Kenya	24 VIII 1979	1983
AMERICA, NORTH — AMERIQUE DU NORD		
Bermuda – Bermudes	12 V 1980	1983
Canada	3 VI 1981	1983
Cuba	11 IX 1981	1983
Guadeloupe	9 III 1982	1983
Trinidad and Tobago – Trinité–et–Tobago	12 V 1980	1983
ASIA — ASIE		
Afghanistan	23 VI 1979	1983
Bahrain – Bahreïn	5 IV 1981	1983
Brunei Darussalam – Brunéi Darussalam	26 VIII 1981	1983
Hong Kong – Hong–kong	9 III 1981	1983
Indonesia – Indonésie	31 X 1980	1983
Japan – Japon	1 X 1980	1983
Korea, Republic of – Corée, République de	1 XI 1980	1983
Singapore – Singapour	24 VI 1980	1983
Thailand – Thaïlande	1 IV 1980	1983
EUROPE		
Channel Islands – Iles Anglo–Normandes		
Jersey	5 IV 1981	1983
Czechoslovakia – Tchécoslovaquie	1 XI 1980	1983
Liechtenstein	31 XII 1981	1983
Norway – Norvège	1 XI 1980	1983
Spain – Espagne	28 II 1981	1983
United Kingdom – Royaume–Uni		
Angleterre et Galles	5 IV 1981	1983
OCEANIA – OCEANIE		
New Zealand – Nouvelle–Zélande	24 III 1981	1983

36. Economically active population and activity rates by sex, age and urban/rural residence: each census, 1973 – 1988
Population active et taux d'activité selon le sexe, l'âge et la résidence, urbaine/rurale: chaque recensement, 1973 – 1988

(See notes at end of table. – Voir notes à la fin du tableau.)

Continent, country or area, date, age(in years) and urban/rural residence — Continent, pays ou zone, date, âge(en années) et résidence, urbaine/rurale	Age [1]	Both sexes – Les deux sexes: Total	Both sexes: Economically active – Population active: Number – Nombre	Both sexes: Economically active: Per cent – P. 100	Male – Masculin: Total	Male: Economically active – Population active: Number – Nombre	Male: Economically active: Per cent – P. 100	Female – Féminin: Total	Female: Economically active – Population active: Number – Nombre	Female: Economically active: Per cent – P. 100
AFRICA—AFRIQUE										
Burundi										
15–16 VIII 1979 [2]										
10 plus	10	2 783 018	2 418 029	86.9	1 327 449	1 137 042	85.7	1 455 569	1 280 987	88.0
10 – 14		463 581	265 906	57.4	231 865	124 038	53.5	231 716	141 868	61.2
15 – 19		481 175	423 807	88.1	236 659	202 532	85.6	244 516	221 275	90.5
20 – 24		412 320	393 467	95.4	198 972	188 697	94.8	213 348	204 770	96.0
25 – 29		291 565	283 031	97.1	141 173	137 747	97.6	150 392	145 284	96.6
30 – 34		211 793	206 346	97.4	99 389	97 672	98.3	112 404	108 674	96.7
35 – 39		172 079	167 718	97.5	78 452	77 092	98.3	93 627	90 626	96.8
40 – 44		155 223	151 014	97.3	67 786	66 394	97.9	87 437	84 620	96.8
45 – 49		133 258	129 683	97.3	61 451	60 076	97.8	71 807	69 607	96.9
50 – 54		113 274	108 738	96.0	49 060	47 343	96.5	64 214	61 395	95.6
55 – 59		82 856	78 205	94.4	37 589	35 757	95.1	45 267	42 448	93.8
60 – 64		87 533	79 286	90.6	37 450	34 339	91.7	50 083	44 947	89.7
65 – 69		58 375	50 179	86.0	26 501	23 253	87.7	31 874	26 926	84.5
70 plus		115 979	78 320	67.5	59 129	41 040	69.4	56 850	37 280	65.6
Unknown–Inconnu		4 007	2 329	58.1	1 973	1 062	53.8	2 034	1 267	62.3
Congo										
22 XII 1984 [3]										
10 plus	10	1 291 409	625 297	48.4	616 155	347 252	56.4	675 254	278 045	41.2
10 – 14		244 782	9 517	3.9	121 733	3 774	3.1	123 049	5 743	4.7
15 – 19		209 532	38 393	18.3	101 306	19 083	18.8	108 226	19 306	17.8
20 – 24		168 178	71 946	42.8	80 351	42 982	53.5	87 827	28 964	33.0
25 – 29		135 094	91 602	67.8	64 761	55 719	86.0	70 333	35 883	51.0
30 – 34		100 830	77 567	76.9	47 711	46 088	96.6	53 119	31 479	59.3
35 – 39		83 695	67 216	80.3	39 948	39 049	97.7	43 747	28 167	64.4
40 – 44		67 954	56 063	82.5	33 314	32 518	97.6	34 640	23 545	68.0
45 – 49		68 224	56 686	83.1	32 327	31 235	96.6	35 897	25 451	70.9
50 – 54		56 524	46 522	82.3	25 479	23 684	93.0	31 045	22 838	73.6
55 – 59		47 572	36 264	76.2	21 064	17 054	81.0	26 508	19 210	72.5
60 – 64		39 121	29 164	74.5	16 634	13 482	81.0	22 487	15 682	69.7
65 plus		61 030	39 734	65.1	27 483	20 280	73.8	33 547	19 458	58.0
Unknown–Inconnu		8 873	4 623	52.1	4 044	2 304	57.0	4 829	2 319	48.0
Egypt – Egypte										
17–18 IX 1986* [4]										
Total	6	48 205 049	13 677 618	28.4	24 655 297	11 575 341	46.9	23 549 752	2 102 277	8.9
Ghana										
11 III 1984 [4]										
15 plus	15	6 760 967	5 580 104	82.5	3 261 069	2 724 481	83.5	3 499 898	2 855 623	81.6
Morocco – Maroc										
3–21 IX 1982 [4 5]										
Total	...	20 259 832	5 999 260	29.6	10 052 889	4 817 980	47.9	10 206 943	1 181 280	11.6
– 15		8 618 052	414 012	([6])	4 390 555	242 640	([6])	4 227 497	171 372	([6])
15 – 19		2 218 676	833 961	37.6	1 085 216	618 892	57.0	1 133 460	215 069	19.0
20 – 24		1 923 758	947 272	49.2	925 620	743 463	80.3	998 138	203 809	20.4
25 – 29		1 506 211	862 015	57.2	736 339	700 796	95.2	769 872	161 219	20.9
30 – 34		1 128 939	640 648	56.7	547 912	537 714	98.1	581 027	102 934	17.7
35 – 39		835 645	455 408	54.5	389 665	383 319	98.4	445 980	72 089	16.2
40 – 44		876 817	455 679	52.0	392 291	384 686	98.1	484 526	70 993	14.7
45 – 49		711 412	386 933	54.4	347 627	335 683	96.6	363 785	51 250	14.1
50 – 54		707 327	367 682	52.0	335 911	313 301	93.3	371 416	54 381	14.6
55 – 59		449 327	243 551	54.2	237 405	212 553	89.5	211 922	30 998	14.6
60 – 64		487 435	194 641	39.9	242 697	167 320	68.9	244 738	27 321	11.2
65 – 69		232 163	86 682	37.3	132 661	78 236	59.0	99 502	8 446	8.5
70 – 74		253 674	62 465	24.6	121 373	55 217	45.5	132 301	7 248	5.5
75 plus		310 396	48 311	15.6	167 617	44 160	26.3	142 779	4 151	2.9

36. Economically active population and activity rates by sex, age and urban/rural residence: each census, 1973 – 1988 (continued)
Population active et taux d'activité selon le sexe, l'âge et la résidence, urbaine/rurale: chaque recensement, 1973 – 1988 (suite)

(See notes at end of table. – Voir notes à la fin du tableau.)

Continent, country or area, date, age(in years) and urban/rural residence — Continent, pays ou zone, date, âge(en années) et résidence, urbaine/rurale	Age [1]	Both sexes – Les deux sexes: Total	Economically active – Population active: Number Nombre	Per cent P. 100	Male – Masculin: Total	Economically active – Population active: Number Nombre	Per cent P. 100	Female – Féminin: Total	Economically active – Population active: Number Nombre	Per cent P. 100
AFRICA—AFRIQUE (Cont.–Suite)										
Mozambique										
1 VIII 1980 [4 7]										
12 plus	12	7 036 360	5 671 290	80.6	3 375 299	2 697 725	79.9	3 661 061	2 973 565	81.2
12 – 14		803 065	228 855	28.5	440 339	107 963	24.5	362 726	120 892	33.3
15 – 19		1 109 286	673 223	60.7	568 722	300 875	52.9	540 564	372 348	68.9
20 – 24		907 371	809 665	89.2	393 802	359 973	91.4	513 569	449 692	87.6
25 – 29		768 053	717 700	93.4	341 010	333 281	97.7	427 043	384 419	90.0
30 – 34		711 609	674 075	94.7	318 753	314 724	98.7	392 856	359 351	91.5
35 – 39		564 795	540 187	95.6	251 567	248 726	98.9	313 228	291 461	93.0
40 – 44		541 724	518 883	95.8	256 871	253 943	98.9	284 853	264 940	93.0
45 – 49		413 083	397 120	96.1	206 371	203 993	98.8	206 712	193 127	93.4
50 – 54		368 175	351 281	95.4	184 548	181 836	98.5	183 627	169 445	92.3
55 – 59		225 922	214 220	94.8	114 189	112 087	98.2	111 733	102 133	91.4
60 – 64		232 061	213 950	92.2	110 802	107 485	97.0	121 259	106 465	87.8
65 – 69		129 675	116 959	90.2	62 658	59 850	95.5	67 017	57 109	85.2
70 – 74		104 481	89 935	86.1	50 382	46 874	93.0	54 099	43 061	79.6
75 plus		145 049	115 391	79.6	69 046	60 903	88.2	76 003	54 488	71.7
Unknown–Inconnu		12 011	9 846	82.0	6 239	5 212	83.5	5 772	4 634	80.3
Niger										
20 XI 1977										
14 plus	14	...	1 407 167	...	...	1 296 510	...	...	110 657	...
14 – 19		...	245 944	...	...	222 075	...	...	23 869	...
20 – 24		...	191 481	...	...	174 400	...	...	17 081	...
25 – 29		...	195 431	...	...	179 758	...	...	15 673	...
30 – 39		...	326 547	...	...	304 286	...	...	22 261	...
40 – 49		...	208 533	...	...	194 106	...	...	14 427	...
50 – 59		...	126 260	...	...	117 229	...	...	9 031	...
60 plus		...	112 971	...	...	104 656	...	...	8 315	...
Unknown–Inconnu		...	–	...	...	–	...	...	–	...
St. Helena ex. dep. – Sainte-Hélène sans dép.										
22 II 1987										
12 plus	12	5 415	2 516	46.5	2 625	1 607	61.2	2 790	909	32.6
12 – 19		2 139	532	24.9	1 048	294	28.1	1 091	238	21.8
20 – 29		829	635	76.6	353	344	97.4	476	291	61.1
30 – 39		766	584	76.2	393	387	98.5	373	197	52.8
40 – 49		580	445	76.7	328	323	98.5	252	122	48.4
50 – 59		431	244	56.6	215	199	92.6	216	45	20.8
60 plus		670	76	11.3	288	60	20.8	382	16	4.2
Sao Tome and Principe – Sao Tomé-et-Principe										
15 VIII 1981										
10 plus	10	63 687	29 378	46.1	31 245	20 153	64.5	32 442	9 225	28.4
10 – 14		11 852	194	1.6	6 050	119	2.0	5 802	75	1.3
15 – 19		10 474	3 177	30.3	5 232	2 170	41.5	5 242	1 007	19.2
20 – 24		7 989	5 079	63.6	3 958	3 393	85.7	4 031	1 686	41.8
25 – 34		9 564	6 607	69.1	4 568	4 310	94.4	4 996	2 297	46.0
35 – 44		7 278	5 229	71.8	3 576	3 493	97.7	3 702	1 736	46.9
45 – 54		6 893	4 758	69.0	3 438	3 310	96.3	3 455	1 448	41.9
55 – 64		4 944	2 814	56.9	2 403	2 114	88.0	2 541	700	27.5
65 plus		4 693	1 520	32.4	2 020	1 244	61.6	2 673	276	10.3
Unknown–Inconnu		–	–	...	–	–	...	–	–	...

36. Economically active population and activity rates by sex, age and urban/rural residence: each census, 1973 – 1988 (continued)
Population active et taux d'activité selon le sexe, l'âge et la résidence, urbaine/rurale: chaque recensement, 1973 – 1988 (suite)

(See notes at end of table. – Voir notes à la fin du tableau.)

Continent, country or area, date, age(in years) and urban/rural residence — Continent, pays ou zone, date, âge(en années) et résidence, urbaine/rurale	Age [1]	Both sexes – Les deux sexes: Total	Economically active – Population active: Number – Nombre	Per cent – P. 100	Male – Masculin: Total	Economically active – Population active: Number – Nombre	Per cent – P. 100	Female – Féminin: Total	Economically active – Population active: Number – Nombre	Per cent – P. 100
AFRICA—AFRIQUE (Cont.–Suite)										
South Africa – Afrique du Sud [8]										
5 III 1985 [4]										
Total	...	23 385 645	8 692 363	37.2	11 545 282	5 532 687	47.9	11 840 363	3 159 676	26.7
–20		10 665 026	595 402	([6])	5 309 620	322 084	([6])	5 355 406	273 318	([6])
20 – 24		2 332 191	1 497 062	64.2	1 135 300	862 666	76.0	1 196 891	634 396	53.0
25 – 34		3 709 807	2 727 404	73.5	1 875 589	1 720 426	91.7	1 834 218	1 006 978	54.9
35 – 54		4 396 978	3 117 162	70.9	2 216 865	2 069 825	93.4	2 180 113	1 047 337	48.0
55 – 64		1 171 117	584 516	49.9	543 969	422 222	77.6	627 148	162 294	25.9
65 plus		1 110 526	170 817	15.4	463 939	135 464	29.2	646 587	35 353	5.5
Tunisia – Tunisie										
30 III 1984 [9]										
15 plus	15	4 209 920	2 137 210	50.8	2 127 520	1 681 660	79.0	2 082 400	455 550	21.9
15 – 19		797 020	320 500	40.2	405 140	221 840	54.8	391 880	98 660	25.2
20 – 24		674 600	401 850	59.6	341 720	274 950	80.5	332 880	126 900	38.1
25 – 29		538 920	334 760	62.1	267 490	254 940	95.3	271 430	79 820	29.4
30 – 34		413 020	250 500	60.6	206 320	201 820	97.8	206 700	48 680	23.6
35 – 39		298 460	169 420	56.8	142 870	139 910	97.9	155 590	29 510	19.0
40 – 44		275 780	150 550	54.6	133 090	129 760	97.5	142 690	20 790	14.6
45 – 49		285 310	152 580	53.5	139 040	133 760	96.2	146 270	18 820	12.9
50 – 54		260 180	137 070	52.7	131 590	122 150	92.8	128 590	14 920	11.6
55 – 59		200 650	95 620	47.7	104 970	86 210	82.1	95 680	9 410	9.8
60 – 64		164 830	55 070	33.4	87 180	51 630	59.2	77 650	3 440	4.4
65 – 69		114 090	31 840	27.9	65 040	29 760	45.8	49 050	2 080	4.2
70 – 74		96 470	22 690	23.5	54 180	21 310	39.3	42 290	1 380	3.3
75 plus		90 590	14 760	16.3	48 890	13 620	27.9	41 700	1 140	2.7
Zambia – Zambie										
25 VIII 1980* [10] [11]										
12 plus	12	3 319 538	1 795 943	54.1	1 602 345	1 155 619	72.1	1 717 193	640 324	37.3
12 – 14		437 957	94 005	21.5	220 468	42 756	19.4	217 489	51 249	23.6
15 – 19		591 345	231 750	39.2	284 587	107 383	37.7	306 758	124 367	40.5
20 – 24		473 256	277 115	58.6	212 865	176 218	82.8	260 391	100 897	38.7
25 – 29		335 842	219 532	65.4	157 799	152 691	96.8	178 043	66 841	37.5
30 – 34		291 463	187 137	64.2	132 499	129 978	98.1	158 964	57 159	36.0
35 – 39		237 489	152 530	64.2	107 303	105 468	98.3	130 186	47 062	36.1
40 – 44		212 805	141 369	66.4	99 849	98 077	98.2	112 951	43 292	38.3
45 – 49		176 997	125 594	71.0	91 732	90 235	98.4	85 265	35 359	41.5
50 – 54		145 664	106 444	73.1	75 210	73 498	97.7	70 454	32 946	46.8
55 – 59		97 547	73 763	75.6	52 751	51 574	97.8	44 796	22 189	49.5
60 – 64		91 839	70 898	77.2	46 978	45 333	96.5	44 861	25 565	57.0
65 – 69		62 014	29 024	46.8	34 528	22 550	65.3	27 486	6 474	23.6
70 – 74		41 744	17 025	40.8	21 961	12 617	57.5	19 783	4 408	22.3
75 plus		50 103	17 962	35.8	26 773	13 690	51.1	23 335	4 272	18.3
Unknown–Inconnu		73 473	51 795	70.5	37 042	33 551	90.6	36 431	18 244	50.1
Zimbabwe										
18 VIII 1982 [12]										
10 plus	10	4 960 730	2 860 770	57.7	2 417 530	1 704 230	70.5	2 543 200	1 156 540	45.5
10 – 14		1 048 490	376 700	35.9	529 750	193 490	36.5	518 740	183 210	35.3
15 – 19		802 770	380 990	47.5	390 160	187 890	48.2	412 610	193 100	46.8
20 – 24		654 580	427 590	65.3	290 380	242 040	83.4	364 200	185 550	50.9
25 – 29		524 480	362 740	69.2	243 420	226 540	93.1	281 060	136 200	48.5
30 – 34		392 160	278 080	70.9	185 400	174 210	94.0	206 760	103 870	50.2
35 – 39		318 090	226 820	71.3	147 920	139 480	94.3	170 170	87 340	51.3
40 – 44		281 580	207 160	73.6	142 050	133 720	94.1	139 530	73 440	52.6
45 – 49		226 880	167 120	73.7	116 490	109 330	93.9	110 390	57 790	52.3
50 – 54		202 660	149 380	73.7	111 780	103 360	92.5	90 880	46 020	50.6
55 – 59		128 200	91 760	71.6	67 400	60 950	90.4	60 800	30 810	50.7
60 plus		366 260	185 080	50.5	184 880	127 510	69.0	181 380	57 570	31.7
Unknown–Inconnu		14 580	7 350	50.4	7 900	5 710	72.3	6 680	1 640	24.5

36. Economically active population and activity rates by sex, age and urban/rural residence: each census, 1973 – 1988 (continued)

Population active et taux d'activité selon le sexe, l'âge et la résidence, urbaine/rurale: chaque recensement, 1973 – 1988 (suite)

(See notes at end of table. – Voir notes à la fin du tableau.)

Continent, country or area, date, age(in years) and urban/rural residence — Continent, pays ou zone, date, âge(en années) et résidence, urbaine/rurale	Age [1]	Both sexes – Les deux sexes: Total	Both sexes: Economically active – Population active: Number Nombre	Both sexes: Economically active – Population active: Per cent P. 100	Male – Masculin: Total	Male: Economically active – Population active: Number Nombre	Male: Economically active – Population active: Per cent P. 100	Female – Féminin: Total	Female: Economically active – Population active: Number Nombre	Female: Economically active – Population active: Per cent P. 100
AMERICA,NORTH— AMERIQUE DU NORD										
Aruba										
1 II 1981 [2 13]										
14 plus	14	40 188	26 031	64.8	19 062	16 470	86.4	21 126	9 561	45.3
14		42	11	26.2	21	7	33.3	21	4	19.0
15 – 19		2 542	1 874	73.7	1 336	1 096	82.0	1 206	778	64.5
20 – 24		5 849	4 849	82.9	2 942	2 723	92.6	2 907	2 126	73.1
25 – 29		5 562	4 477	80.5	2 627	2 543	96.8	2 935	1 934	65.9
30 – 34		4 868	3 654	75.1	2 301	2 222	96.6	2 567	1 432	55.8
35 – 39		4 066	2 917	71.7	1 900	1 836	96.6	2 166	1 081	49.9
40 – 44		3 863	2 527	65.4	1 790	1 711	95.6	2 073	816	39.4
45 – 49		3 321	2 062	62.1	1 547	1 463	94.6	1 774	599	33.8
50 – 54		2 487	1 460	58.7	1 179	1 095	92.9	1 308	365	27.9
55 – 59		1 845	944	51.2	915	769	84.0	930	175	18.8
60 – 64		1 751	581	33.2	773	457	59.1	978	124	12.7
65 plus		3 992	675	16.9	1 731	548	31.7	2 261	127	5.6
Bahamas										
12 V 1980 [14]										
15 plus	15	129 220	87 052	67.4	61 687	48 275	78.3	67 533	38 777	57.4
15 – 19		26 075	10 604	40.7	13 038	6 101	46.8	13 037	4 503	34.5
20 – 24		20 839	16 578	79.6	10 064	8 779	87.2	10 775	7 799	72.4
25 – 29		15 945	13 312	83.5	7 644	7 070	92.5	8 301	6 242	75.2
30 – 34		12 839	10 689	83.3	6 116	5 836	95.4	6 723	4 853	72.2
35 – 39		11 729	9 749	83.1	5 573	5 299	95.1	6 156	4 450	72.3
40 – 44		9 689	7 827	80.8	4 643	4 387	94.5	5 046	3 440	68.2
45 – 49		7 660	5 935	77.5	3 695	3 416	92.4	3 965	2 519	63.5
50 – 54		6 226	4 551	73.1	2 927	2 599	88.8	3 299	1 952	59.2
55 – 59		4 757	3 098	65.1	2 193	1 836	83.7	2 564	1 262	49.2
60 – 64		4 449	2 396	53.9	2 041	1 481	72.6	2 408	915	38.0
65 plus		8 742	2 270	26.0	3 611	1 442	39.9	5 131	828	16.1
Unknown–Inconnu		270	43	15.9	142	29	20.4	128	14	10.9
Barbados – Barbade										
12 V 1980 [13 14]										
15 plus	15	161 741	107 923	66.7	74 858	59 733	79.8	86 883	48 190	55.5
15 – 19		16 921	11 860	70.1	8 924	6 832	76.6	7 997	5 028	62.9
20 – 24		25 148	21 034	83.6	12 348	11 111	90.0	12 800	9 923	77.5
25 – 29		20 523	17 821	86.8	9 982	9 463	94.8	10 541	8 358	79.3
30 – 34		15 824	13 564	85.7	7 717	7 403	95.9	8 107	6 161	76.0
35 – 39		10 835	8 979	82.9	5 006	4 792	95.7	5 829	4 187	71.8
40 – 44		9 731	7 806	80.2	4 375	4 174	95.4	5 356	3 632	67.8
45 – 49		8 872	6 734	75.9	3 858	3 662	94.9	5 014	3 072	61.3
50 – 54		9 521	6 706	70.4	4 061	3 802	93.6	5 460	2 904	53.2
55 – 59		8 358	5 394	64.5	3 655	3 272	89.5	4 703	2 122	45.1
60 – 64		8 788	4 368	49.7	3 808	2 698	70.8	4 980	1 670	33.5
65 plus		25 460	3 495	13.7	10 154	2 400	23.6	15 306	1 095	7.2
Unknown–Inconnu		1 760	162	9.2	970	124	12.8	790	38	4.8
Belize										
12 V 1980 [13 14]										
15 plus	15	72 365	40 260	55.6	36 595	32 258	88.1	35 770	8 002	22.4
15 – 19		12 698	7 295	57.4	6 438	5 607	87.1	6 260	1 688	27.0
20 – 24		12 464	7 724	62.0	6 308	5 845	92.7	6 156	1 879	30.5
25 – 29		8 904	5 352	60.1	4 446	4 148	93.3	4 458	1 204	27.0
30 – 34		6 636	3 958	59.6	3 378	3 184	94.3	3 258	774	23.8
35 – 39		5 167	3 003	58.1	2 617	2 468	94.3	2 550	535	21.0
40 – 44		4 988	2 932	58.8	2 562	2 422	94.5	2 426	510	21.0
45 – 49		4 557	2 592	56.9	2 307	2 165	93.8	2 250	427	19.0
50 – 54		4 201	2 384	56.7	2 209	2 056	93.1	1 992	328	16.5
55 – 59		3 116	1 652	53.0	1 601	1 421	88.8	1 515	231	15.2
60 – 64		2 652	1 269	47.8	1 343	1 107	82.4	1 309	162	12.4
65 plus		6 443	1 971	30.6	3 086	1 757	56.9	3 357	214	6.4
Unknown–Inconnu		539	128	23.7	300	78	26.0	239	50	20.9

36. Economically active population and activity rates by sex, age and urban/rural residence: each census, 1973 – 1988 (continued)

Population active et taux d'activité selon le sexe, l'âge et la résidence, urbaine/rurale: chaque recensement, 1973 – 1988 (suite)

(See notes at end of table. – Voir notes à la fin du tableau.)

Continent, country or area, date, age(in years) and urban/rural residence — Continent, pays ou zone, date, âge(en années) et résidence, urbaine/rurale	Age [1]	Both sexes – Les deux sexes: Total	Economically active – Population active: Number – Nombre	Per cent – P. 100	Male – Masculin: Total	Economically active – Population active: Number – Nombre	Per cent – P. 100	Female – Féminin: Total	Economically active – Population active: Number – Nombre	Per cent – P. 100
AMERICA,NORTH— (Cont.–Suite) AMERIQUE DU NORD										
British Virgin Islands – Iles Vierges britanniques										
12 V 1980 [13 14]										
15 plus	15	6 781	4 988	73.6	3 525	3 066	87.0	3 256	1 922	59.0
15 – 19		551	404	73.3	291	242	83.2	260	162	62.3
20 – 24		1 055	874	82.8	517	472	91.3	538	402	74.7
25 – 29		1 118	940	84.1	573	551	96.2	545	389	71.4
30 – 34		916	781	85.3	489	467	95.5	427	314	73.5
35 – 39		679	578	85.1	380	366	96.3	299	212	70.9
40 – 44		454	384	84.6	233	225	96.6	221	159	71.9
45 – 49		358	249	69.6	170	157	92.4	188	92	48.9
50 – 54		380	248	65.3	192	171	89.1	188	77	41.0
55 – 59		322	192	59.6	188	149	79.3	134	43	32.1
60 – 64		294	145	49.3	140	106	75.7	154	39	25.3
65 plus		646	191	29.6	351	159	45.3	295	32	10.8
Unknown–Inconnu		8	2	25.0	1	1	100.0	7	1	14.3
Canada										
3 VI 1986 [2 3 4 15]										
15 plus	15	19 634 105	13 049 855	66.5	9 606 255	7 441 170	77.5	10 027 850	5 608 690	55.9
15 – 19		1 917 250	901 405	47.0	980 495	474 650	48.4	936 755	426 755	45.6
20 – 24		2 243 945	1 918 510	85.5	1 123 905	1 012 785	90.1	1 120 045	905 720	80.9
25 – 29		2 327 495	1 976 285	84.9	1 155 395	1 091 460	94.5	1 172 095	884 825	75.5
30 – 34		2 178 315	1 815 685	83.4	1 077 495	1 026 345	95.3	1 100 825	789 340	71.7
35 – 39		2 015 120	1 688 550	83.8	1 002 990	955 775	95.3	1 012 130	732 775	72.4
40 – 44		1 611 720	1 343 435	83.4	809 090	765 920	94.7	802 630	577 515	72.0
45 – 49		1 309 260	1 050 305	80.2	655 390	611 400	93.3	653 880	438 905	67.1
50 – 54		1 223 725	905 135	74.0	613 910	552 085	89.9	609 815	353 045	57.9
55 – 59		1 197 590	751 390	62.7	590 475	480 140	81.3	607 115	271 250	44.7
60 – 64		1 114 515	476 650	42.8	525 045	314 600	59.9	589 470	162 050	27.5
65 – 69		901 230	131 095	14.5	411 015	91 260	22.2	490 215	39 835	8.1
70 – 74		717 260	56 505	7.9	313 975	40 645	12.9	403 280	15 855	3.9
75 plus		876 665	34 910	4.0	347 080	24 110	6.9	529 585	10 805	2.0
Costa Rica										
10 VI 1984 [2]										
12 plus	12	1 696 327	804 193	47.4	840 524	626 633	74.6	855 803	177 560	20.7
12 – 14		164 016	20 645	12.6	83 048	17 572	21.2	80 968	3 073	3.8
15 – 19		278 850	106 809	38.3	139 708	83 025	59.4	139 142	23 784	17.1
20 – 24		261 334	145 465	55.7	129 097	108 108	83.7	132 237	37 357	28.2
25 – 29		210 511	127 820	60.7	103 263	95 677	92.7	107 248	32 143	30.0
30 – 34		168 509	104 836	62.2	83 531	78 938	94.5	84 978	25 898	30.5
35 – 39		130 139	79 823	61.3	63 882	60 410	94.6	66 257	19 413	29.3
40 – 44		104 077	62 858	60.4	52 078	48 839	93.8	51 999	14 019	27.0
45 – 49		83 892	47 312	56.4	41 712	38 485	92.3	42 180	8 827	20.9
50 – 54		76 486	39 405	51.5	37 652	33 391	88.7	38 834	6 014	15.5
55 – 59		60 369	28 286	46.9	29 826	24 749	83.0	30 543	3 537	11.6
60 – 64		50 172	18 961	37.8	24 688	17 191	69.6	25 484	1 770	6.9
65 plus		107 972	21 973	20.3	52 039	20 248	38.9	55 933	1 725	3.1

36. Economically active population and activity rates by sex, age and urban/rural residence: each census, 1973 – 1988 (continued)
Population active et taux d'activité selon le sexe, l'âge et la résidence, urbaine/rurale: chaque recensement, 1973 – 1988 (suite)

(See notes at end of table. – Voir notes à la fin du tableau.)

Continent, country or area, date, age(in years) and urban/rural residence / Continent, pays ou zone, date, âge(en années) et résidence, urbaine/rurale	Age [1]	Both sexes – Les deux sexes: Total	Economically active – Population active: Number Nombre	Per cent P. 100	Male – Masculin: Total	Economically active – Population active: Number Nombre	Per cent P. 100	Female – Féminin: Total	Economically active – Population active: Number Nombre	Per cent P. 100
AMERICA,NORTH— (Cont.–Suite) AMERIQUE DU NORD										
Cuba										
11 IX 1981										
15 plus	15	6 775 335	3 617 620	53.4	3 404 381	2 479 733	72.8	3 370 954	1 137 887	33.8
15 – 19		1 162 217	282 207	24.3	589 336	193 264	32.8	572 881	88 943	15.5
20 – 24		805 455	517 408	64.2	403 787	334 290	82.8	401 668	183 118	45.6
25 – 29		718 906	525 552	73.1	356 864	338 279	94.8	362 042	187 273	51.7
30 – 34		692 933	517 422	74.7	344 791	333 625	96.8	348 142	183 797	52.8
35 – 39		622 135	462 991	74.4	309 845	300 408	97.0	312 290	162 583	52.1
40 – 44		537 504	391 012	72.7	270 245	260 356	96.3	267 259	130 656	48.9
45 – 49		441 837	299 997	67.9	220 190	209 502	95.1	221 647	90 495	40.8
50 – 54		394 684	243 571	61.7	198 660	182 905	92.1	196 024	60 666	30.9
55 – 59		344 666	180 279	52.3	173 421	149 274	86.1	171 245	31 005	18.1
60 – 64		312 898	108 683	34.7	158 759	96 696	60.9	154 139	11 987	7.8
65 – 69		268 032	50 775	18.9	135 530	46 435	34.3	132 502	4 340	3.3
70 plus		474 068	37 723	8.0	242 953	34 699	14.3	231 115	3 024	1.3
Dominica – Dominique										
7 IV 1981 [13] [14]										
15 plus	15	41 469	25 523	61.5	20 455	16 602	81.2	21 014	8 921	42.5
15 – 19		6 644	4 459	67.1	3 658	2 907	79.5	2 986	1 552	52.0
20 – 24		6 918	5 026	72.7	3 667	3 173	86.5	3 251	1 853	57.0
25 – 29		4 698	3 419	72.8	2 512	2 241	89.2	2 186	1 178	53.9
30 – 34		3 512	2 464	70.2	1 761	1 602	91.0	1 751	862	49.2
35 – 39		2 814	1 899	67.5	1 400	1 256	89.7	1 414	643	45.5
40 – 44		2 458	1 623	66.0	1 131	1 010	89.3	1 327	613	46.2
45 – 49		2 347	1 486	63.3	1 056	937	88.7	1 291	549	42.5
50 – 54		2 359	1 434	60.8	1 049	931	88.8	1 310	503	38.4
55 – 59		2 046	1 202	58.7	950	802	84.4	1 096	400	36.5
60 – 64		2 148	1 052	49.0	958	704	73.5	1 190	348	29.2
65 plus		5 284	1 333	25.2	2 180	957	43.9	3 104	376	12.1
Unknown–Inconnu		241	126	52.3	133	82	61.7	108	44	40.7
Grenada – Grenade										
30 IV 1981 [13] [14]										
15 plus	15	49 501	31 640	63.9	23 169	19 312	83.4	26 332	12 328	46.8
15 – 19		6 693	4 661	69.6	3 534	2 890	81.8	3 159	1 771	56.1
20 – 24		9 193	6 863	74.7	4 490	3 937	87.7	4 703	2 926	62.2
25 – 29		5 731	4 203	73.3	2 864	2 539	88.7	2 867	1 662	58.0
30 – 34		4 111	2 963	72.1	2 010	1 831	91.1	2 101	1 132	53.9
35 – 39		3 103	2 254	72.6	1 438	1 318	91.7	1 665	942	56.6
40 – 44		3 068	2 192	71.4	1 413	1 299	91.9	1 655	896	54.1
45 – 49		2 903	1 996	68.8	1 300	1 178	90.6	1 603	819	51.1
50 – 54		3 224	2 025	62.8	1 423	1 275	89.6	1 801	750	41.6
55 – 59		2 574	1 543	59.9	1 151	985	85.6	1 423	558	39.2
60 – 64		2 358	1 130	47.9	1 003	749	74.7	1 355	371	27.4
65 plus		6 533	1 807	27.7	2 536	1 307	51.5	3 997	501	12.5
Unknown–Inconnu		10	3	30.0	7	4	57.1	3	–	0.0
Jamaica – Jamaïque										
8 VI 1982 [16]										
14 plus	14	1 389 778	708 439	51.0	669 379	433 309	64.7	720 399	275 130	38.2
14		53 750	1 135	2.1	27 092	845	3.1	26 658	290	1.1
15 – 19		260 306	85 590	32.9	129 038	52 208	40.5	131 268	33 382	25.4
20 plus		1 075 722	621 714	57.8	513 249	380 256	74.1	562 473	241 458	42.9

36. Economically active population and activity rates by sex, age and urban/rural residence: each census, 1973 – 1988 (continued)
Population active et taux d'activité selon le sexe, l'âge et la résidence, urbaine/rurale: chaque recensement, 1973 – 1988 (suite)

(See notes at end of table. – Voir notes à la fin du tableau.)

Continent, country or area, date, age(in years) and urban/rural residence / Continent, pays ou zone, date, âge(en années) et résidence, urbaine/rurale	Age [1]	Both sexes – Les deux sexes			Male – Masculin			Female – Féminin		
		Total	Economically active – Population active		Total	Economically active – Population active		Total	Economically active – Population active	
			Number – Nombre	Per cent – P. 100		Number – Nombre	Per cent – P. 100		Number – Nombre	Per cent – P. 100
AMERICA,NORTH— (Cont.–Suite) AMERIQUE DU NORD										
Montserrat										
12 V 1980 [13 14]										
15 plus	15	7 569	4 800	63.4	3 603	2 831	78.6	3 966	1 969	49.6
15 – 19		949	750	79.0	507	429	84.6	442	321	72.6
20 – 24		986	835	84.7	496	462	93.1	490	373	76.1
25 – 29		874	729	83.4	445	406	91.2	429	323	75.3
30 – 34		715	597	83.5	387	360	93.0	328	237	72.3
35 – 39		511	419	82.0	264	242	91.7	247	177	71.7
40 – 44		362	294	81.2	173	163	94.2	189	131	69.3
45 – 49		339	230	67.8	142	132	93.0	197	98	49.7
50 – 54		427	255	59.7	196	157	80.1	231	98	42.4
55 – 59		450	212	47.1	197	143	72.6	253	69	27.3
60 – 64		450	170	37.8	172	110	64.0	278	60	21.6
65 plus		1 497	304	20.3	619	222	35.9	878	82	9.3
Unknown–Inconnu		9	5	55.6	5	5	100.0	4	–	0.0
Panama										
11 V 1980 [4 17]										
10 plus	10	1 258 363	546 852	43.5	635 715	394 012	62.0	622 648	152 840	24.5
10 – 14		217 281	9 572	4.4	110 709	6 820	6.2	106 572	2 752	2.6
15 – 19		191 085	52 519	27.5	95 647	36 506	38.2	95 438	16 013	16.8
20 – 24		155 209	90 565	58.3	77 048	60 634	78.7	78 161	29 931	38.3
25 – 29		132 527	86 638	65.4	64 420	58 288	90.5	68 107	28 350	41.6
30 – 34		116 256	76 579	65.9	59 783	53 894	90.1	56 473	22 685	40.2
35 – 39		92 319	60 795	65.9	46 528	43 345	93.2	45 791	17 450	38.1
40 – 44		75 763	49 012	64.7	38 942	36 014	92.5	36 821	12 998	35.3
45 – 49		62 441	38 522	61.7	32 174	29 193	90.7	30 267	9 329	30.8
50 – 54		54 387	30 115	55.4	27 899	24 126	86.5	26 488	5 989	22.6
55 – 59		45 527	21 112	46.4	23 618	17 824	75.5	21 909	3 288	15.0
60 plus		115 568	31 423	27.2	58 947	27 368	46.4	56 621	4 055	7.2
Puerto Rico – Porto Rico										
1 IV 1980 [4 18]										
16 plus	16	2 114 673	869 856	41.1	1 006 357	547 789	54.4	1 108 316	322 067	29.1
16 – 19		264 634	42 438	16.0	131 891	25 201	19.1	132 743	17 237	13.0
20 – 24		272 357	129 875	47.7	129 183	76 048	58.9	143 174	53 827	37.6
25 – 29		236 426	143 886	60.9	111 173	84 293	75.8	125 253	59 593	47.6
30 – 34		229 419	136 669	59.6	107 066	83 586	78.1	122 353	53 083	43.4
35 – 39		195 088	113 166	58.0	92 061	71 261	77.4	103 027	41 905	40.7
40 – 44		164 916	91 317	55.4	77 478	58 053	74.9	87 438	33 264	38.0
45 – 49		143 380	72 942	50.9	67 641	47 275	69.9	75 739	25 667	33.9
50 – 54		129 271	55 565	43.0	60 855	38 233	62.8	68 416	17 332	25.3
55 – 59		120 674	41 652	34.5	57 884	30 661	53.0	62 790	10 991	17.5
60 – 64		105 927	23 630	22.3	50 902	18 224	35.8	55 025	5 406	9.8
65 – 69		93 409	10 331	11.1	45 273	8 358	18.5	48 136	1 973	4.1
70 – 74		66 280	4 619	7.0	32 347	3 692	11.4	33 933	927	2.7
75 plus		92 892	3 766	4.1	42 603	2 904	6.8	50 289	862	1.7
Saint Kitts and Nevis – Saint–Kitts–et–Nevis										
12 V 1980 [13 14]										
15 plus	15	24 831	16 600	66.9	11 508	9 804	85.2	13 323	6 796	51.0
15 – 19		3 341	2 576	77.1	1 732	1 470	84.9	1 609	1 106	68.7
20 – 24		4 635	3 917	84.5	2 227	2 117	95.1	2 408	1 800	74.7
25 – 29		2 864	2 386	83.3	1 428	1 370	95.9	1 436	1 016	70.8
30 – 34		1 659	1 336	80.5	787	766	97.3	872	570	65.4
35 – 39		1 261	963	76.4	570	546	95.8	691	417	60.3
40 – 44		1 176	838	71.3	512	488	95.3	664	350	52.7
45 – 49		1 281	880	68.7	567	529	93.3	714	351	49.2
50 – 54		1 404	914	65.1	594	557	93.8	810	357	44.1
55 – 59		1 361	849	62.4	620	565	91.1	741	284	38.3
60 – 64		1 651	851	51.5	761	597	78.4	890	254	28.5
65 plus		4 114	1 044	25.4	1 665	768	46.1	2 449	276	11.3
Unknown–Inconnu		84	46	54.8	45	31	68.9	39	15	38.5

36. Economically active population and activity rates by sex, age and urban/rural residence: each census, 1973 – 1988 (continued)
Population active et taux d'activité selon le sexe, l'âge et la résidence, urbaine/rurale: chaque recensement, 1973 – 1988 (suite)

(See notes at end of table. – Voir notes à la fin du tableau.)

Continent, country or area, date, age(in years) and urban/rural residence — Continent, pays ou zone, date, âge(en années) et résidence, urbaine/rurale	Age [1]	Both sexes – Les deux sexes: Total	Both sexes – Les deux sexes: Economically active – Population active: Number – Nombre	Both sexes – Les deux sexes: Economically active – Population active: Per cent – P. 100	Male – Masculin: Total	Male – Masculin: Economically active – Population active: Number – Nombre	Male – Masculin: Economically active – Population active: Per cent – P. 100	Female – Féminin: Total	Female – Féminin: Economically active – Population active: Number – Nombre	Female – Féminin: Economically active – Population active: Per cent – P. 100
AMERICA,NORTH— (Cont.–Suite) AMERIQUE DU NORD										
Saint Lucia – Sainte–Lucie										
12 V 1980 [13] [14]										
15 plus	15	60 693	39 483	65.1	28 234	24 123	85.4	32 459	15 360	47.3
15 – 19		10 722	7 990	74.5	5 505	4 624	84.0	5 217	3 366	64.5
20 – 24		9 880	7 424	75.1	4 637	4 194	90.4	5 243	3 230	61.6
25 – 29		7 000	5 206	74.4	3 296	3 078	93.4	3 704	2 128	57.5
30 – 34		5 544	3 939	71.0	2 551	2 388	93.6	2 993	1 565	52.3
35 – 39		4 372	3 025	69.2	2 005	1 889	94.2	2 367	1 136	48.0
40 – 44		3 810	2 552	67.0	1 746	1 637	93.8	2 064	915	44.3
45 – 49		3 460	2 265	65.5	1 547	1 432	92.6	1 913	833	43.5
50 – 54		3 402	2 098	61.7	1 501	1 366	91.0	1 901	732	38.5
55 – 59		2 970	1 714	57.7	1 383	1 184	85.6	1 587	530	33.4
60 – 64		2 922	1 448	49.6	1 327	1 019	76.8	1 595	429	26.9
65 plus		6 404	1 713	26.7	2 623	1 241	47.3	3 781	458	12.1
Unknown–Inconnu		207	109	52.7	113	71	62.8	94	38	40.4
St. Pierre and Miquelon – Saint–Pierre–et–Miquelon										
9 III 1982 [2] [19]										
16 plus	16	4 282	2 381	55.6	2 110	1 625	77.0	2 172	756	34.8
16 – 19		487	127	26.1	253	73	28.9	234	54	23.1
20 – 24		487	389	79.9	244	229	93.9	243	160	65.8
25 – 29		488	390	79.9	264	258	97.7	224	132	58.9
30 – 34		506	370	73.1	265	253	95.5	241	117	48.5
35 – 39		408	285	69.9	212	208	98.1	196	77	39.3
40 – 44		344	241	70.1	194	190	97.9	150	51	34.0
45 – 49		316	210	66.5	153	147	96.1	163	63	38.6
50 – 54		260	164	63.1	130	122	93.8	130	42	32.3
55 – 59		238	130	54.6	116	99	85.3	122	31	25.4
60 – 64		219	45	20.5	85	29	34.1	134	16	11.9
65 – 69		181	14	7.7	79	6	7.6	102	8	7.8
70 – 74		148	10	6.8	57	7	12.3	91	3	3.3
75 plus		200	6	3.0	58	4	6.9	142	2	1.4
St. Vincent and the Grenadines – Saint–Vincent–et–Grenadines										
12 V 1980 [13] [14]										
15 plus	15	51 482	31 563	61.3	24 121	20 295	84.1	27 361	11 268	41.2
15 – 19		9 326	6 274	67.3	4 927	4 096	83.1	4 399	2 178	49.5
20 – 24		9 491	6 469	68.2	4 541	4 009	88.3	4 950	2 460	49.7
25 – 29		5 873	4 037	68.7	2 748	2 505	91.2	3 125	1 532	49.0
30 – 34		4 304	2 965	68.9	2 087	1 924	92.2	2 217	1 041	47.0
35 – 39		3 262	2 191	67.2	1 521	1 411	92.8	1 741	780	44.8
40 – 44		3 133	2 052	65.5	1 389	1 280	92.2	1 744	772	44.3
45 – 49		2 940	1 935	65.8	1 288	1 187	92.2	1 652	748	45.3
50 – 54		2 763	1 678	60.7	1 212	1 067	88.0	1 551	611	39.4
55 – 59		2 241	1 286	57.4	1 004	839	83.6	1 237	447	36.1
60 – 64		2 475	1 219	49.3	1 100	849	77.2	1 375	370	26.9
65 plus		5 607	1 422	25.4	2 265	1 104	48.7	3 342	318	9.5
Unknown–Inconnu		67	35	52.2	39	24	61.5	28	11	39.3

36. Economically active population and activity rates by sex, age and urban/rural residence: each census, 1973 – 1988 (continued)

Population active et taux d'activité selon le sexe, l'âge et la résidence, urbaine/rurale: chaque recensement, 1973 – 1988 (suite)

(See notes at end of table. – Voir notes à la fin du tableau.)

Continent, country or area, date, age(in years) and urban/rural residence — Continent, pays ou zone, date, âge(en années) et résidence, urbaine/rurale	Age [1]	Both sexes – Les deux sexes: Total	Both sexes: Economically active – Population active: Number – Nombre	Both sexes: Per cent – P. 100	Male – Masculin: Total	Male: Economically active – Population active: Number – Nombre	Male: Per cent – P. 100	Female – Féminin: Total	Female: Economically active – Population active: Number – Nombre	Female: Per cent – P. 100
AMERICA,NORTH— (Cont.–Suite) AMERIQUE DU NORD										
Trinidad and Tobago – Trinité–et–Tobago										
12 V 1980										
15 plus	15	694 338	379 511	54.7	344 270	269 405	78.3	350 068	110 106	31.5
15 – 19		130 674	44 933	34.4	65 399	32 804	50.2	65 275	12 129	18.6
20 – 24		109 566	74 168	67.7	54 885	49 065	89.4	54 681	25 103	45.9
25 – 29		86 130	59 765	69.4	42 914	40 763	95.0	43 216	19 002	44.0
30 – 34		69 958	47 973	68.6	35 189	33 975	96.5	34 769	13 998	40.3
35 – 39		55 236	37 235	67.4	27 398	26 559	96.9	27 838	10 676	38.3
40 – 44		46 621	30 984	66.5	23 117	22 335	96.6	23 504	8 649	36.8
45 – 49		38 821	24 992	64.4	18 871	18 045	95.6	19 950	6 947	34.8
50 – 54		35 637	22 039	61.8	17 497	16 322	93.3	18 140	5 717	31.5
55 – 59		30 834	18 100	58.7	15 750	14 013	89.0	15 084	4 087	27.1
60 – 64		26 078	11 901	45.6	13 365	9 618	72.0	12 713	2 283	18.0
65 plus		57 081	7 421	13.0	25 557	5 906	23.1	31 524	1 515	4.8
Unknown–Inconnu		7 702	–	–	4 328	–	–	3 374	–	–
United States – Etats–Unis										
1 IV 1980 [4 20 21 22]										
16 plus	16	171 214 258	106084668	62.0	81 732 090	61 416 203	75.1	89 482 168	44 668 465	49.9
16 – 19		17 084 757	8 396 936	49.1	8 676 324	4 548 799	52.4	8 408 433	3 848 137	45.8
20 – 24		21 293 814	16 016 658	75.2	10 639 312	8 795 366	82.7	10 654 502	7 221 292	67.8
25 – 29		19 471 494	15 375 857	79.0	9 678 198	8 880 754	91.8	9 793 296	6 495 103	66.3
30 – 34		17 709 880	13 889 468	78.4	8 755 937	8 230 665	94.0	8 953 943	5 658 803	63.2
35 – 39		13 972 227	11 062 194	79.2	6 862 568	6 483 148	94.5	7 109 659	4 579 046	64.4
40 – 44		11 665 328	9 224 793	79.1	5 707 639	5 349 553	93.7	5 957 689	3 875 240	65.0
45 – 49		11 024 925	8 409 393	76.3	5 345 908	4 918 865	92.0	5 679 017	3 490 528	61.5
50 – 54		11 707 376	8 395 085	71.7	5 611 240	4 964 911	88.5	6 096 136	3 430 174	56.3
55 – 59		11 651 267	7 406 453	63.6	5 497 675	4 430 491	80.6	6 153 592	2 975 962	48.4
60 – 64		10 134 804	4 684 997	46.2	4 694 721	2 834 590	60.4	5 440 083	1 850 407	34.0
65 – 69		8 767 959	1 866 187	21.3	3 880 624	1 134 251	29.2	4 887 335	731 936	15.0
70 – 74		6 822 149	833 635	12.2	2 859 530	523 092	18.3	3 962 619	310 543	7.8
75 plus		9 908 278	523 012	5.3	3 522 414	321 718	9.1	6 385 864	201 294	3.2
United States Virgin Islands – Iles Vierges américaines										
1 IV 1980 [4 18]										
16 plus	16	59 310	38 082	64.2	27 543	20 763	75.4	31 767	17 319	54.5
16 – 19		7 762	1 893	24.4	3 805	1 071	28.1	3 957	822	20.8
20 – 24		6 562	4 315	65.8	2 897	2 150	74.2	3 665	2 165	59.1
25 – 29		6 589	5 094	77.3	2 844	2 543	89.4	3 745	2 551	68.1
30 – 34		8 180	6 543	80.0	3 760	3 528	93.8	4 420	3 015	68.2
35 – 44		12 594	10 284	81.7	6 027	5 691	94.4	6 567	4 593	69.9
45 – 54		7 647	5 897	77.1	3 594	3 285	91.4	4 053	2 612	64.4
55 – 59		3 081	2 048	66.5	1 434	1 178	82.1	1 647	870	52.8
60 – 64		2 420	1 226	50.7	1 201	780	64.9	1 219	446	36.6
65 – 74		3 114	680	21.8	1 445	462	32.0	1 669	218	13.1
75 plus		1 361	102	7.5	536	75	14.0	825	27	3.3

36. Economically active population and activity rates by sex, age and urban/rural residence: each census, 1973 – 1988 (continued)

Population active et taux d'activité selon le sexe, l'âge et la résidence, urbaine/rurale: chaque recensement, 1973 – 1988 (suite)

(See notes at end of table. – Voir notes à la fin du tableau.)

Continent, country or area, date, age(in years) and urban/rural residence — Continent, pays ou zone, date, âge(en années) et résidence, urbaine/rurale	Age [1]	Both sexes – Les deux sexes: Total	Both sexes: Economically active – Population active: Number – Nombre	Both sexes: Per cent – P. 100	Male – Masculin: Total	Male: Economically active – Population active: Number – Nombre	Male: Per cent – P. 100	Female – Féminin: Total	Female: Economically active – Population active: Number – Nombre	Female: Per cent – P. 100
AMERICA,SOUTH— AMERIQUE DU SUD										
Chile – Chili										
21 IV 1982										
15 plus	15	7 676 623	3 680 277	47.9	3 703 734	2 720 822	73.5	3 972 889	959 455	24.1
15 – 19		1 302 888	325 715	25.0	650 336	234 363	36.0	652 552	91 352	14.0
20 – 24		1 169 037	653 365	55.9	573 439	454 990	79.3	595 598	198 375	33.3
25 – 29		931 896	591 228	63.4	452 697	423 146	93.5	479 199	168 082	35.1
30 – 34		779 004	494 236	63.4	379 660	364 064	95.9	399 344	130 172	32.6
35 – 39		671 112	418 977	62.4	325 923	312 501	95.9	345 189	106 476	30.8
40 – 44		576 692	349 426	60.6	281 269	264 348	94.0	295 423	85 078	28.8
45 – 49		466 382	264 563	56.7	223 679	201 581	90.1	242 703	62 982	25.9
50 – 54		472 976	241 385	51.0	226 382	187 361	82.8	246 594	54 024	21.9
55 – 59		351 748	151 238	43.0	166 328	121 145	72.8	185 420	30 093	16.2
60 – 64		295 371	99 955	33.8	136 383	83 912	61.5	158 988	16 043	10.1
65 – 69		248 261	52 246	21.0	113 267	43 200	38.1	134 994	9 046	6.7
70 – 74		181 132	22 401	12.4	81 507	18 044	22.1	99 625	4 357	4.4
75 plus		230 124	15 542	6.8	92 864	12 167	13.1	137 260	3 375	2.5
Colombia – Colombie										
24 X 1973 [17]										
Total	...	20 348 495	6 318 606	31.1	9 959 398	4 668 067	46.9	10 389 097	1 650 539	15.9
– 15		8 988 317	500 096	5.6	4 536 390	322 617	7.1	4 451 927	177 479	4.0
15 – 19		2 406 370	1 020 871	42.4	1 145 546	672 013	58.7	1 260 824	348 858	27.7
20 – 24		1 827 566	1 057 718	57.9	855 358	715 247	83.6	972 208	342 471	35.2
25 – 29		1 368 009	817 096	59.7	649 790	602 994	92.8	718 219	214 102	29.8
30 – 34		1 121 178	650 689	58.0	544 025	506 429	93.1	577 153	144 260	25.0
35 – 39		1 030 167	571 656	55.5	480 338	445 542	92.8	549 829	126 114	22.9
40 – 44		873 410	487 432	55.8	427 787	393 570	92.0	445 623	93 862	21.1
45 – 49		697 432	372 944	53.5	333 302	303 402	91.0	364 130	69 542	19.1
50 – 54		599 234	308 900	51.5	295 478	257 162	87.0	303 756	51 738	17.0
55 – 59		412 777	197 880	47.9	204 764	167 065	81.6	208 013	30 815	14.8
60 – 64		382 401	160 120	41.9	187 824	136 136	72.5	194 577	23 984	12.3
65 – 69		230 379	80 936	35.1	111 646	69 359	62.1	118 733	11 577	9.7
70 – 74		201 088	55 897	27.8	95 423	47 234	49.5	105 665	8 663	8.2
75 plus		210 167	36 371	17.3	91 727	29 297	31.9	118 440	7 074	6.0
Ecuador – Equateur										
28 XI 1982 [23 24]										
12 plus	12	5 300 544	2 346 063	44.3	2 622 323	1 861 652	71.0	2 678 221	484 411	18.1
12 – 14		615 244	69 249	11.3	311 544	49 017	15.7	303 700	20 232	6.7
15 – 19		876 787	272 740	31.1	436 866	208 714	47.8	439 921	64 026	14.6
20 – 24		777 108	375 917	48.4	378 881	285 332	75.3	398 227	90 585	22.7
25 – 29		612 549	351 528	57.4	299 311	269 514	90.0	313 238	82 014	26.2
30 – 34		497 400	288 118	57.9	247 544	227 703	92.0	249 856	60 415	24.2
35 – 39		402 378	228 602	56.8	197 114	183 262	93.0	205 264	45 340	22.1
40 – 44		341 612	194 242	56.9	171 504	159 468	93.0	170 108	34 774	20.4
45 – 49		272 009	149 578	55.0	134 039	123 494	92.1	137 970	26 084	18.9
50 – 54		247 970	133 656	53.9	123 853	112 118	90.5	124 117	21 538	17.4
55 – 59		171 993	89 686	52.1	86 500	76 376	88.3	85 493	13 310	15.6
60 – 64		161 324	76 884	47.7	80 060	66 198	82.7	81 264	10 686	13.1
65 – 69		105 887	46 188	43.6	52 221	40 076	76.7	53 666	6 112	11.4
70 – 74		93 827	35 741	38.1	45 894	31 198	68.0	47 933	4 543	9.5
75 plus		124 456	33 934	27.3	56 992	29 182	51.2	67 464	4 752	7.0

36. Economically active population and activity rates by sex, age and urban/rural residence: each census, 1973 – 1988 (continued)
Population active et taux d'activité selon le sexe, l'âge et la résidence, urbaine/rurale: chaque recensement, 1973 – 1988 (suite)

(See notes at end of table. – Voir notes à la fin du tableau.)

Continent, country or area, date, age(in years) and urban/rural residence — Continent, pays ou zone, date, âge(en années) et résidence, urbaine/rurale	Age [1]	Both sexes – Les deux sexes: Total	Both sexes: Economically active – Population active: Number – Nombre	Both sexes: Economically active – Population active: Per cent – P. 100	Male – Masculin: Total	Male: Economically active – Population active: Number – Nombre	Male: Economically active – Population active: Per cent – P. 100	Female – Féminin: Total	Female: Economically active – Population active: Number – Nombre	Female: Economically active – Population active: Per cent – P. 100
AMERICA,SOUTH— (Cont.–Suite) AMERIQUE DU SUD										
Guyana										
12 V 1980 [13 14]										
15 plus	15	420 762	231 547	55.0	206 189	175 534	85.1	214 573	56 013	26.1
15 – 19		69 550	36 817	52.9	34 178	27 984	81.9	35 372	8 833	25.0
20 – 24		76 440	47 140	61.7	37 030	33 706	91.0	39 410	13 434	34.1
25 – 29		57 342	35 884	62.6	28 356	26 670	94.1	28 986	9 214	31.8
30 – 34		43 972	26 821	61.0	21 514	20 364	94.7	22 458	6 457	28.8
35 – 39		33 536	20 066	59.8	16 333	15 536	95.1	17 203	4 530	26.3
40 – 44		28 226	16 821	59.6	13 876	13 116	94.5	14 350	3 705	25.8
45 – 49		25 754	15 160	58.9	12 637	11 815	93.5	13 117	3 345	25.5
50 – 54		22 919	13 058	57.0	11 461	10 277	89.7	11 458	2 781	24.3
55 – 59		18 198	9 397	51.6	9 247	7 567	81.8	8 951	1 830	20.4
60 – 64		13 459	4 775	35.5	6 712	3 899	58.1	6 747	876	13.0
65 plus		29 615	4 953	16.7	13 837	4 078	29.5	15 778	875	5.5
Unknown–Inconnu		1 751	655	37.4	1 008	522	51.8	743	133	17.9
Paraguay										
11 VII 1982										
12 plus	12	2 017 142	1 039 258	51.5	1 005 396	834 308	83.0	1 011 746	204 950	20.3
12 – 14		223 536	45 238	20.2	113 830	37 896	33.3	109 706	7 342	6.7
15 – 19		334 555	158 202	47.3	167 648	124 841	74.5	166 907	33 361	20.0
20 – 24		291 793	174 282	59.7	145 574	134 127	92.1	146 219	40 155	27.5
25 – 29		234 222	146 971	62.7	118 241	115 136	97.4	115 981	31 835	27.4
30 – 34		182 073	115 266	63.3	93 152	91 832	98.6	88 921	23 434	26.4
35 – 39		150 833	92 832	61.5	74 824	73 954	98.8	76 009	18 878	24.8
40 – 44		131 714	80 930	61.4	67 137	65 937	98.2	64 577	14 993	23.2
45 – 49		99 689	57 923	58.1	48 457	47 337	97.7	51 232	10 586	20.7
50 – 54		102 486	58 809	57.4	51 286	49 476	96.5	51 200	9 333	18.2
55 – 59		74 105	40 722	55.0	36 758	34 767	94.6	37 347	5 955	15.9
60 – 64		62 965	31 311	49.7	30 121	27 139	90.1	32 844	4 172	12.7
65 – 69		47 102	17 925	38.1	22 478	15 397	68.5	24 624	2 528	10.3
70 – 74		35 574	10 568	29.7	16 727	9 233	55.2	18 847	1 335	7.1
75 plus		46 495	8 279	17.8	19 163	7 236	37.8	27 332	1 043	3.8
Peru – Pérou										
12 VII 1981 [25 26]										
6 plus	6	14 068 606	5 313 891	37.8	7 006 507	3 978 410	56.8	7 062 099	1 335 481	18.9
6 – 14		4 076 012	124 231	3.0	2 065 779	66 264	3.2	2 010 233	57 967	2.9
15 – 19		1 864 691	508 950	27.3	932 930	340 663	36.5	931 761	168 287	18.1
20 – 24		1 601 575	835 253	52.2	789 840	597 689	75.7	811 735	237 564	29.3
25 – 29		1 277 594	773 583	60.5	623 765	570 330	91.4	653 829	203 253	31.1
30 – 34		1 020 448	652 255	63.9	509 305	495 083	97.2	511 143	157 172	30.7
35 – 39		883 976	553 391	62.6	430 495	423 293	98.3	453 481	130 098	28.7
40 – 44		739 950	467 080	63.1	373 411	367 070	98.3	366 539	100 010	27.3
45 – 49		643 422	398 549	61.9	319 344	313 815	98.3	324 078	84 734	26.1
50 – 54		532 482	327 328	61.5	267 970	260 050	97.0	264 512	67 278	25.4
55 – 59		399 526	236 913	59.3	202 193	191 068	94.5	197 333	45 845	23.2
60 – 64		336 250	185 707	55.2	166 096	146 592	88.3	170 154	39 115	23.0
65 plus		692 680	250 651	36.2	325 379	206 493	63.5	367 301	44 158	12.0

36. Economically active population and activity rates by sex, age and urban/rural residence: each census, 1973 – 1988 (continued)

Population active et taux d'activité selon le sexe, l'âge et la résidence, urbaine/rurale: chaque recensement, 1973 – 1988 (suite)

(See notes at end of table. – Voir notes à la fin du tableau.)

Continent, country or area, date, age(in years) and urban/rural residence — Continent, pays ou zone, date, âge(en années) et résidence, urbaine/rurale	Age [1]	Both sexes – Les deux sexes: Total	Both sexes: Economically active – Population active: Number – Nombre	Both sexes: Economically active – Population active: Per cent – P. 100	Male – Masculin: Total	Male: Economically active – Population active: Number – Nombre	Male: Economically active – Population active: Per cent – P. 100	Female – Féminin: Total	Female: Economically active – Population active: Number – Nombre	Female: Economically active – Population active: Per cent – P. 100
AMERICA,SOUTH— (Cont.–Suite) AMERIQUE DU SUD										
Uruguay										
23 X 1985 [4 27]										
12 plus	12	2 315 675	1 176 808	50.8	1 113 216	785 944	70.6	1 202 459	390 864	32.5
12 – 13		100 435	3 477	3.5	51 343	2 666	5.2	49 092	811	1.7
14 – 19		279 425	92 168	33.0	141 266	64 541	45.7	138 159	27 627	20.0
20 – 24		226 918	154 155	67.9	112 707	99 229	88.0	114 211	54 926	48.1
25 – 29		215 136	159 608	74.2	105 553	101 327	96.0	109 583	58 281	53.2
30 – 34		193 786	143 242	73.9	94 739	91 961	97.1	99 047	51 281	51.8
35 – 39		179 334	131 581	73.4	87 115	84 334	96.8	92 219	47 247	51.2
40 – 44		167 940	122 059	72.7	82 284	79 083	96.1	85 656	42 976	50.2
45 – 49		160 697	111 961	69.7	78 013	73 584	94.3	82 684	38 377	46.4
50 – 54		165 058	103 602	62.8	80 377	71 874	89.4	84 681	31 728	37.5
55 – 59		160 047	82 398	51.5	76 565	61 285	80.0	83 482	21 113	25.3
60 – 64		137 237	43 209	31.5	64 857	33 586	51.8	72 380	9 623	13.3
65 – 69		109 552	18 439	16.8	49 750	14 204	28.5	59 802	4 235	7.1
70 – 74		91 879	7 071	7.7	39 634	5 453	13.8	52 245	1 618	3.1
75 plus		128 231	3 838	3.0	49 013	2 817	5.7	79 218	1 021	1.3
Venezuela										
20 X 1981 [4 28 29]										
12 plus	12	9 776 275	4 693 768	48.0	4 853 017	3 387 892	69.8	4 923 258	1 305 876	26.5
12 – 14		1 056 876	59 268	5.6	530 336	44 053	8.3	526 540	15 215	2.9
15 – 19		1 646 276	538 696	32.7	822 541	385 015	46.8	823 735	153 681	18.7
20 – 24		1 449 072	838 240	57.8	716 784	574 041	80.1	732 288	264 199	36.1
25 – 29		1 236 929	803 392	64.9	610 993	553 554	90.6	625 936	249 838	39.9
30 – 34		986 766	659 590	66.8	492 405	461 298	93.7	494 361	198 292	40.1
35 – 39		727 764	482 315	66.3	363 267	341 430	94.0	364 497	140 885	38.7
40 – 44		601 705	386 965	64.3	303 292	281 921	93.0	298 413	105 044	35.2
45 – 49		512 503	308 292	60.2	258 065	235 404	91.2	254 438	72 888	28.6
50 – 54		445 765	246 706	55.3	225 406	196 525	87.2	220 359	50 181	22.8
55 – 59		340 139	164 420	48.3	170 190	136 340	80.1	169 949	28 080	16.5
60 – 64		260 896	101 427	38.9	127 759	87 144	68.2	133 137	14 283	10.7
65 plus		511 584	104 457	20.4	231 979	91 167	39.3	279 605	13 290	4.8
ASIA—ASIE										
Hong Kong – Hong-kong										
11 III 1986* [30]										
15 plus	15	4 149 050	2 753 848	66.4	2 122 826	1 716 411	80.9	2 026 224	1 037 437	51.2
15 – 19		451 324	161 885	35.9	234 901	89 068	37.9	216 423	72 817	33.6
20 – 24		561 535	482 956	86.0	285 188	251 714	88.3	276 347	231 242	83.7
25 – 29		601 617	507 641	84.4	308 385	300 048	97.3	293 232	207 593	70.8
30 – 34		496 211	389 322	78.5	257 860	252 484	97.9	238 351	136 838	57.4
35 – 39		405 370	318 754	78.6	215 137	210 286	97.7	190 233	108 468	57.0
40 – 44		242 032	194 729	80.5	132 929	129 800	97.6	109 103	64 929	59.5
45 – 49		256 035	197 834	77.3	139 029	133 702	96.2	117 006	64 132	54.8
50 – 54		269 199	187 472	69.6	144 341	132 903	92.1	124 858	54 569	43.7
55 – 59		247 571	144 200	58.2	128 507	103 321	80.4	119 064	40 879	34.3
60 – 64		209 614	89 242	42.6	104 765	62 034	59.2	104 849	27 208	25.9
65 plus		408 542	79 813	19.5	171 784	51 051	29.7	236 758	28 762	12.1
Israel – Israël [31]										
4 VI 1983 [2 32]										
15 plus	15	2 716 585	1 442 570	53.1	1 329 070	886 075	66.7	1 387 515	556 495	40.1
15 – 17		213 235	25 235	11.8	109 900	16 725	15.2	103 335	8 510	8.2
18 – 24		459 630	195 340	42.5	234 915	100 850	42.9	224 715	94 490	42.0
25 – 34		615 380	444 530	72.2	302 640	261 390	86.4	312 740	183 140	58.6
35 – 44		424 255	312 380	73.6	208 640	191 235	91.7	215 615	121 145	56.2
45 – 54		337 640	229 610	68.0	162 840	147 100	90.3	174 800	82 510	47.2
55 – 64		303 995	163 015	53.6	140 490	114 145	81.2	163 505	48 870	29.9
65 plus		362 450	72 460	20.0	169 645	54 630	32.2	192 805	17 830	9.2

36. Economically active population and activity rates by sex, age and urban/rural residence: each census, 1973 – 1988 (continued)

Population active et taux d'activité selon le sexe, l'âge et la résidence, urbaine/rurale: chaque recensement, 1973 – 1988 (suite)

(See notes at end of table. – Voir notes à la fin du tableau.)

Continent, country or area, date, age(in years) and urban/rural residence — Continent, pays ou zone, date, âge(en années) et résidence, urbaine/rurale	Age [1]	Both sexes – Les deux sexes: Total	Economically active – Population active: Number – Nombre	Per cent – P. 100	Male – Masculin: Total	Economically active – Population active: Number – Nombre	Per cent – P. 100	Female – Féminin: Total	Economically active – Population active: Number – Nombre	Per cent – P. 100
ASIA—ASIE (Cont.–Suite)										
Japan – Japon										
1 X 1985 [4 33]										
15 plus	15	94 974 359	60 390 551	63.6	46 131 184	37 071 666	80.4	48 843 175	23 318 885	47.7
15 – 19		8 979 947	1 646 209	18.3	4 600 427	884 613	19.2	4 379 520	761 596	17.4
20 – 24		8 200 554	6 066 625	74.0	4 165 995	3 111 117	74.7	4 034 559	2 955 508	73.3
25 – 29		7 823 402	5 927 325	75.8	3 948 330	3 831 075	97.0	3 875 072	2 096 250	54.1
30 – 34		9 054 224	6 689 229	73.9	4 558 265	4 475 932	98.2	4 495 959	2 213 297	49.2
35 – 39		10 738 044	8 406 708	78.3	5 398 230	5 313 256	98.4	5 339 814	3 093 452	57.9
40 – 44		9 134 954	7 491 301	82.0	4 551 877	4 477 284	98.4	4 583 077	3 014 017	65.8
45 – 49		8 236 614	6 739 562	81.8	4 092 121	4 009 093	98.0	4 144 493	2 730 469	65.9
50 – 54		7 932 994	6 205 941	78.2	3 926 414	3 810 634	97.1	4 006 580	2 395 307	59.8
55 – 59		6 999 745	4 964 696	70.9	3 409 374	3 173 806	93.1	3 590 371	1 790 890	49.9
60 – 64		5 405 538	3 010 095	55.7	2 379 902	1 864 251	78.3	3 025 636	1 145 844	37.9
65 – 69		4 193 419	1 716 862	40.9	1 781 008	1 082 512	60.8	2 412 411	634 350	26.3
70 – 74		3 563 397	965 361	27.1	1 503 595	644 000	42.8	2 059 802	321 361	15.6
75 plus		4 711 527	560 637	11.9	1 815 646	394 093	21.7	2 895 881	166 544	5.8
Jordan – Jordanie [34]										
10 XI 1979* [35]										
15 plus	15	1 029 673	446 316	43.3	530 813	412 982	77.8	498 860	33 334	6.7
15 – 19		232 600	48 784	21.0	120 853	44 935	37.2	111 747	3 849	3.4
20 – 24		153 143	79 018	51.6	78 324	67 261	85.9	74 819	11 757	15.7
25 – 29		114 092	65 255	57.2	58 811	57 769	98.2	55 281	7 486	13.5
30 – 34		104 623	55 749	53.3	51 712	51 159	98.9	52 911	4 590	8.7
35 – 39		98 060	52 821	53.9	51 096	50 398	98.6	46 964	2 423	5.2
40 – 44		86 038	44 408	51.6	44 232	43 042	97.3	41 806	1 366	3.3
45 – 49		67 160	34 251	51.0	34 880	33 481	96.0	32 280	770	2.4
50 – 54		51 941	26 279	50.6	27 719	25 784	93.0	24 222	495	2.0
55 – 59		36 287	16 764	46.2	18 686	16 445	88.0	17 601	319	1.8
60 – 64		27 919	11 126	39.8	14 333	10 982	76.6	13 586	144	1.1
65 plus		57 810	11 861	20.5	30 167	11 726	38.9	27 643	135	0.5
Kuwait – Koweït										
21 IV 1985										
15 plus	15	1 072 216	670 385	62.5	647 079	538 257	83.2	425 131	132 128	31.1
15 – 19		145 196	14 876	10.2	72 697	10 322	14.2	72 499	4 554	6.3
20 – 24		148 388	87 766	59.1	76 900	61 264	79.7	71 488	26 502	37.1
25 – 29		187 256	146 617	78.3	114 995	112 378	97.7	72 261	34 239	47.4
30 – 34		173 723	138 390	79.7	110 977	110 035	99.2	62 746	28 355	45.2
35 – 39		137 561	105 998	77.1	88 466	87 543	99.0	49 095	18 455	37.6
40 – 44		98 080	72 264	73.7	64 808	62 437	96.3	33 272	9 827	29.5
45 – 49		72 438	50 346	69.5	48 948	44 641	91.2	23 490	5 705	24.3
50 – 54		46 224	29 870	64.6	31 368	27 167	86.6	14 856	2 703	18.2
55 – 59		27 323	15 683	57.4	18 231	14 489	79.5	9 086	1 194	13.1
60 – 64		15 171	6 226	41.0	9 040	5 783	64.0	6 131	443	7.2
65 plus		20 856	2 349	11.3	10 649	2 198	20.6	10 207	151	1.5
Macau – Macao										
16 III 1981										
10 plus	10	207 084	127 359	61.5	104 899	80 102	76.4	102 185	47 257	46.2
10 – 14		20 819	1 468	7.1	10 625	634	6.0	10 194	834	8.2
15 – 19		27 002	15 476	57.3	13 517	7 746	57.3	13 485	7 730	57.3
20 – 24		32 497	29 003	89.2	16 790	15 887	94.6	15 707	13 116	83.5
25 – 29		28 025	23 906	85.3	15 183	14 954	98.5	12 842	8 952	69.7
30 – 34		19 590	15 614	79.7	11 255	11 115	98.8	8 335	4 499	54.0
35 – 39		11 522	8 930	77.5	6 568	6 453	98.2	4 954	2 477	50.0
40 – 44		9 310	6 812	73.2	4 946	4 806	97.2	4 364	2 006	46.0
45 – 49		9 919	6 626	66.8	4 866	4 626	95.1	5 053	2 000	39.6
50 – 54		11 245	6 528	58.1	5 301	4 662	87.9	5 944	1 866	31.4
55 – 59		9 465	4 865	51.4	4 313	3 444	79.9	5 152	1 421	27.6
60 plus		27 690	8 131	29.4	11 535	5 775	50.1	16 155	2 356	14.6

36. Economically active population and activity rates by sex, age and urban/rural residence: each census, 1973 – 1988 (continued)
Population active et taux d'activité selon le sexe, l'âge et la résidence, urbaine/rurale: chaque recensement, 1973 – 1988 (suite)

(See notes at end of table. – Voir notes à la fin du tableau.)

Continent, country or area, date, age(in years) and urban/rural residence / Continent, pays ou zone, date, âge(en années) et résidence, urbaine/rurale	Age [1]	Both sexes – Les deux sexes: Total	Both sexes: Economically active – Population active: Number – Nombre	Both sexes: Economically active – Population active: Per cent – P. 100	Male – Masculin: Total	Male: Economically active – Population active: Number – Nombre	Male: Economically active – Population active: Per cent – P. 100	Female – Féminin: Total	Female: Economically active – Population active: Number – Nombre	Female: Economically active – Population active: Per cent – P. 100
ASIA—ASIE (Cont.–Suite)										
Malaysia – Malaisie										
10 VI 1980 [3]										
10 plus	10	9 511 672	4 923 756	51.8	4 715 514	3 265 822	69.3	4 796 158	1 657 934	34.6
10 – 14		1 630 514	125 789	7.7	829 917	73 566	8.9	800 597	52 223	6.5
15 – 19		1 484 626	609 153	41.0	731 028	352 630	48.2	753 598	256 523	34.0
20 – 24		1 249 644	886 659	71.0	595 642	541 576	90.9	654 002	345 083	52.8
25 – 29		1 048 582	731 833	69.8	510 563	494 727	96.9	538 019	237 106	44.1
30 – 34		868 146	601 221	69.3	435 408	424 485	97.5	432 738	176 736	40.8
35 – 39		666 726	472 060	70.8	338 773	330 664	97.6	327 953	141 396	43.1
40 – 44		620 054	440 566	71.1	314 158	305 384	97.2	305 896	135 182	44.2
45 – 49		470 536	323 975	68.9	232 090	223 030	96.1	238 446	100 945	42.3
50 – 54		412 503	267 832	64.9	205 974	189 980	92.2	206 529	77 852	37.7
55 – 59		318 457	174 874	54.9	156 219	122 035	78.1	162 238	52 839	32.6
60 – 64		268 619	128 098	47.7	131 777	91 518	69.4	136 842	36 580	26.7
65 plus		473 265	161 696	34.2	233 965	116 227	49.7	239 300	45 469	19.0
Sabah										
10 VI 1980 [3]										
10 plus	10	655 161	368 832	56.3	343 855	252 001	73.3	311 306	116 831	37.5
10 – 14		112 882	18 504	16.4	57 978	10 461	18.0	54 904	8 043	14.6
15 – 19		102 345	47 008	45.9	50 349	27 624	54.9	51 996	19 384	37.3
20 – 24		101 631	71 183	70.0	52 189	47 693	91.4	49 442	23 490	47.5
25 – 29		79 505	56 272	70.8	42 829	40 543	94.7	36 676	15 729	42.9
30 – 34		55 199	39 114	70.9	29 805	28 239	94.7	25 394	10 875	42.8
35 – 39		49 522	35 455	71.6	26 998	25 440	94.2	22 524	10 015	44.5
40 – 44		42 326	30 314	71.6	22 843	21 517	94.2	19 483	8 797	45.2
45 – 49		33 878	24 397	72.0	18 610	17 361	93.3	15 268	7 036	46.1
50 – 54		24 322	16 817	69.1	13 599	12 231	89.9	10 723	4 586	42.8
55 – 59		19 471	12 702	65.2	10 552	8 885	84.2	8 919	3 817	42.8
60 – 64		14 918	8 711	58.4	7 981	6 079	76.2	6 937	2 632	37.9
65 plus		19 162	8 355	43.6	10 122	5 928	58.6	9 040	2 427	26.8
Maldives										
25 III 1985										
12 plus	12	111 911	52 263	46.7	58 775	40 911	69.6	53 136	11 352	21.4
12 – 14		13 075	785	6.0	6 843	593	8.7	6 232	192	3.1
15 – 19		20 794	7 895	38.0	10 322	5 822	56.4	10 472	2 073	19.8
20 – 24		17 531	9 437	53.8	8 665	7 330	84.6	8 866	2 107	23.8
25 – 29		12 536	7 030	56.1	6 370	5 595	87.8	6 166	1 435	23.3
30 – 34		8 254	4 843	58.7	4 321	3 841	88.9	3 933	1 002	25.5
35 – 39		6 720	3 993	59.4	3 542	3 150	88.9	3 178	843	26.5
40 – 44		6 545	3 857	58.9	3 450	2 996	86.8	3 095	861	27.8
45 – 49		7 560	4 568	60.4	4 144	3 600	86.9	3 416	968	28.3
50 – 54		6 232	3 668	58.9	3 468	2 890	83.3	2 764	778	28.1
55 – 59		4 184	2 501	59.8	2 565	2 066	80.5	1 619	435	26.9
60 – 64		3 889	1 976	50.8	2 187	1 594	72.9	1 702	382	22.4
65 plus		4 483	1 665	37.1	2 821	1 393	49.4	1 662	272	16.4
Unknown–Inconnu		108	45	41.7	77	41	53.2	31	4	12.9
Myanmar [36]										
31 III 1983										
10 plus	10	25 233 933	12 199 979	48.3	12 455 444	7 804 687	62.7	12 778 489	4 395 292	34.4
10 – 14		4 268 670	462 911	10.8	2 178 956	223 269	10.2	2 089 714	239 642	11.5
15 – 19		3 735 435	1 567 965	42.0	1 844 414	891 261	48.3	1 891 021	676 704	35.8
20 – 24		3 286 324	1 878 904	57.2	1 610 144	1 207 118	75.0	1 676 180	671 786	40.1
25 – 29		2 763 545	1 703 176	61.6	1 363 835	1 134 462	83.2	1 399 710	568 714	40.6
30 – 34		2 152 965	1 357 115	63.0	1 067 173	912 986	85.6	1 085 792	444 129	40.9
35 – 39		1 668 631	1 060 695	63.6	835 177	713 669	85.5	833 454	347 026	41.6
40 – 44		1 479 520	930 498	62.9	716 619	608 359	84.9	762 901	322 139	42.2
45 – 49		1 413 759	886 761	62.7	695 833	582 780	83.8	717 926	303 981	42.3
50 – 54		1 299 152	799 247	61.5	634 222	519 293	81.9	664 930	279 954	42.1
55 – 59		995 400	597 697	60.0	489 815	391 454	79.9	505 585	206 243	40.8
60 – 64		830 334	440 412	53.0	398 942	282 310	70.8	431 392	158 102	36.6
65 plus		1 340 198	514 598	38.4	620 314	337 726	54.4	719 884	176 872	24.6

36. Economically active population and activity rates by sex, age and urban/rural residence: each census, 1973 – 1988 (continued)
Population active et taux d'activité selon le sexe, l'âge et la résidence, urbaine/rurale: chaque recensement, 1973 – 1988 (suite)

(See notes at end of table. – Voir notes à la fin du tableau.)

Continent, country or area, date, age(in years) and urban/rural residence / Continent, pays ou zone, date, âge(en années) et résidence, urbaine/rurale	Age [1]	Both sexes – Les deux sexes: Total	Both sexes: Economically active – Population active: Number – Nombre	Both sexes: Economically active – Population active: Per cent – P. 100	Male – Masculin: Total	Male: Economically active – Population active: Number – Nombre	Male: Economically active – Population active: Per cent – P. 100	Female – Féminin: Total	Female: Economically active – Population active: Number – Nombre	Female: Economically active – Population active: Per cent – P. 100
ASIA—ASIE (Cont.–Suite)										
Qatar										
16 III 1986*										
15 plus	15	266 625	201 182	75.5	195 240	181 547	93.0	71 385	19 635	27.5
15 – 19		22 633	4 109	18.2	12 338	3 968	32.2	10 295	141	1.4
20 – 24		32 569	20 992	64.5	22 121	19 564	88.4	10 448	1 428	13.7
25 – 29		53 194	44 434	83.5	41 664	41 122	98.7	11 530	3 312	28.7
30 – 34		54 252	47 060	86.7	41 004	40 846	99.6	13 248	6 214	46.9
35 – 39		39 984	34 727	86.9	30 158	30 063	99.7	9 826	4 664	47.5
40 – 44		25 081	21 358	85.2	19 236	19 161	99.6	5 845	2 197	37.6
45 – 49		16 463	13 628	82.8	12 742	12 620	99.0	3 721	1 008	27.1
50 – 54		10 150	7 832	77.2	7 692	7 440	96.7	2 458	392	15.9
55 – 59		5 236	3 767	71.9	3 848	3 608	93.8	1 388	159	11.5
60 – 64		3 202	1 862	58.2	2 177	1 792	82.3	1 025	70	6.8
65 – 69		1 580	763	48.3	1 003	742	74.0	577	21	3.6
70 – 74		1 032	343	33.2	565	326	57.7	467	17	3.6
75 plus		1 158	243	21.0	621	238	38.3	537	5	0.9
Unknown–Inconnu		91	64	70.3	71	57	80.3	20	7	35.0
Sri Lanka										
17 III 1981 [4]										
10 plus	10	11 309 485	5 016 573	44.4	5 768 034	3 736 188	64.8	5 541 451	1 280 385	23.1
10 – 14		1 689 333	67 129	4.0	862 305	47 252	5.5	827 028	19 877	2.4
15 – 19		1 603 187	479 184	29.9	812 798	328 667	40.4	790 389	150 517	19.0
20 – 24		1 526 463	882 632	57.8	765 616	602 382	78.7	760 847	280 250	36.8
25 – 29		1 274 857	805 870	63.2	638 025	573 374	89.9	636 832	232 496	36.5
30 – 34		1 125 426	719 671	63.9	569 613	532 107	93.4	555 813	187 564	33.7
35 – 39		839 073	530 612	63.2	421 697	396 658	94.1	417 376	133 954	32.1
40 – 44		698 203	432 210	61.9	359 944	335 008	93.1	338 259	97 202	28.7
45 – 49		609 289	360 108	59.1	308 742	283 060	91.7	300 547	77 048	25.6
50 – 54		539 524	297 855	55.2	284 568	247 314	86.9	254 956	50 541	19.8
55 – 59		422 322	189 898	45.0	222 326	163 205	73.4	199 996	26 693	13.3
60 – 64		340 404	116 876	34.3	183 338	104 911	57.2	157 066	11 965	7.6
65 – 69		252 051	70 116	27.8	133 062	63 648	47.8	118 989	6 468	5.4
70 – 74		180 892	37 965	21.0	97 400	34 802	35.7	83 492	3 163	3.8
75 plus		208 461	26 447	12.7	108 600	23 800	21.9	99 861	2 647	2.6
Syrian Arab Republic – République arabe syrienne										
7 IX 1981 [37]										
10 plus	10	5 643 034	2 049 887	36.3	2 883 027	1 874 962	65.0	2 760 007	174 925	6.3
10 – 14		1 173 272	94 273	8.0	607 453	76 101	12.5	565 819	18 172	3.2
15 – 19		978 014	296 695	30.3	504 400	268 089	53.1	473 614	28 606	6.0
20 – 24		725 214	339 957	46.9	367 322	301 493	82.1	357 892	38 464	10.7
25 – 29		536 128	288 860	53.9	270 900	258 706	95.5	265 228	30 154	11.4
30 – 34		433 398	232 367	53.6	217 838	213 636	98.1	215 560	18 731	8.7
35 – 39		331 227	172 802	52.2	163 674	160 745	98.2	167 553	12 057	7.2
40 – 44		314 953	161 013	51.1	155 802	151 357	97.1	159 151	9 656	6.1
45 – 49		268 910	134 823	50.1	135 151	127 659	94.5	133 759	7 164	5.4
50 – 54		278 508	136 063	48.9	145 108	130 273	89.8	133 400	5 790	4.3
55 – 59		175 568	82 828	47.2	93 734	79 923	85.3	81 834	2 905	3.5
60 – 64		149 215	54 390	36.4	76 824	52 671	68.6	72 391	1 719	2.4
65 plus		277 344	55 443	20.0	144 177	53 972	37.4	133 167	1 471	1.1
Unknown–Inconnu		1 283	373	29.1	644	337	52.3	639	36	5.6

36. Economically active population and activity rates by sex, age and urban/rural residence: each census, 1973 – 1988 (continued)
Population active et taux d'activité selon le sexe, l'âge et la résidence, urbaine/rurale: chaque recensement, 1973 – 1988 (suite)

(See notes at end of table. – Voir notes à la fin du tableau.)

Continent, country or area, date, age(in years) and urban/rural residence Continent, pays ou zone, date, âge(en années) et résidence, urbaine/rurale	Age [1]	Both sexes – Les deux sexes: Total	Both sexes: Economically active – Population active: Number – Nombre	Both sexes: Economically active – Population active: Per cent – P. 100	Male – Masculin: Total	Male: Economically active – Population active: Number – Nombre	Male: Economically active – Population active: Per cent – P. 100	Female – Féminin: Total	Female: Economically active – Population active: Number – Nombre	Female: Economically active – Population active: Per cent – P. 100
ASIA—ASIE (Cont.–Suite)										
Turkey – Turquie										
12 X 1980 [4]										
12 plus	12	30 539 621	19 212 193	62.9	15 401 820	12 284 257	79.8	15 137 801	6 927 936	45.8
12 – 14		3 236 576	1 369 742	42.3	1 689 774	715 800	42.4	1 546 802	653 942	42.3
15 – 19		4 967 307	3 023 775	60.9	2 562 865	1 779 137	69.4	2 404 442	1 244 638	51.8
20 – 24		4 049 679	2 856 126	70.5	2 073 844	1 878 120	90.6	1 975 835	978 006	49.5
25 – 29		3 375 326	2 401 534	71.1	1 719 161	1 661 018	96.6	1 656 165	740 516	44.7
30 – 34		2 694 715	1 931 514	71.7	1 373 541	1 342 325	97.7	1 321 174	589 189	44.6
35 – 39		2 198 081	1 583 599	72.0	1 078 798	1 054 764	97.8	1 119 283	528 835	47.2
40 – 44		2 056 946	1 474 816	71.7	988 818	947 226	95.8	1 068 128	527 590	49.4
45 – 49		2 007 755	1 453 113	72.4	1 043 459	966 606	92.6	964 296	486 507	50.5
50 – 54		1 729 260	1 171 108	67.7	862 109	741 445	86.0	867 151	429 663	49.5
55 – 59		1 150 628	729 074	63.4	592 130	466 831	78.8	558 498	262 243	47.0
60 – 64		792 661	441 936	55.8	375 309	259 488	69.1	417 352	182 448	43.7
65 plus		2 113 247	699 288	33.1	955 360	423 394	44.3	1 157 887	275 894	23.8
Unknown–Inconnu		167 440	76 568	45.7	86 652	48 103	55.5	80 788	28 465	35.2
20 X 1985 [4]										
12 plus	12	35 339 299	21 579 996	61.1	17 803 595	13 932 731	78.3	17 535 704	7 647 265	43.6
12 – 14		3 684 979	1 403 078	38.1	1 912 064	727 733	38.1	1 772 915	675 345	38.1
15 – 19		5 407 464	3 199 442	59.2	2 744 581	1 869 552	68.1	2 662 883	1 329 890	49.9
20 – 24		4 784 480	3 328 527	69.6	2 434 052	2 196 146	90.2	2 350 428	1 132 381	48.2
25 – 29		4 040 762	2 845 777	70.4	2 056 187	1 983 820	96.5	1 984 575	861 957	43.4
30 – 34		3 374 406	2 377 052	70.4	1 723 904	1 679 195	97.4	1 650 502	697 857	42.3
35 – 39		2 786 571	1 969 138	70.7	1 413 596	1 374 272	97.2	1 372 975	594 866	43.3
40 – 44		2 208 156	1 542 170	69.8	1 098 217	1 029 244	93.7	1 109 939	512 926	46.2
45 – 49		2 008 609	1 338 992	66.7	991 442	863 099	87.1	1 017 167	475 893	46.8
50 – 54		2 042 592	1 314 720	64.4	1 039 158	831 234	80.0	1 003 434	483 486	48.2
55 – 59		1 649 069	965 063	58.5	824 436	594 936	72.2	824 633	370 127	44.9
60 – 64		1 130 186	578 761	51.2	555 813	349 907	63.0	574 373	228 854	39.8
65 plus		2 125 908	669 822	31.5	955 042	398 523	41.7	1 170 866	271 299	23.2
Unknown–Inconnu		96 117	47 454	49.4	55 103	35 070	63.6	41 014	12 384	30.2
Viet Nam										
1 X 1979										
Total	...	52 741 766	23 035 490	43.7	25 580 582	11 221 635	43.9	27 161 184	11 813 855	43.5
EUROPE										
Belgium – Belgique										
1 III 1981 [2]										
Total	...	9 848 647	3 971 843	40.3	4 810 349	2 536 676	52.7	5 038 298	1 435 167	28.5
– 15		1 972 483	3 286	([6])	1 009 807	2 110	([6])	962 676	1 176	([6])
15 – 19		794 516	217 603	27.4	405 541	125 091	30.8	388 975	92 512	23.8
20 – 24		791 553	595 013	75.2	404 061	319 338	79.0	387 492	275 675	71.1
25 – 29		747 444	626 172	83.8	382 193	358 441	93.8	365 251	267 731	73.3
30 – 34		727 817	579 636	79.6	372 256	355 836	95.6	355 561	223 800	62.9
35 – 39		579 551	436 525	75.3	294 464	281 123	95.5	285 087	155 402	54.5
40 – 44		575 431	400 748	69.6	288 462	270 355	93.7	286 969	130 393	45.4
45 – 49		608 385	391 684	64.4	302 871	275 129	90.8	305 514	116 555	38.1
50 – 54		618 911	357 670	57.8	304 570	261 090	85.7	314 341	96 580	30.7
55 – 59		607 792	262 027	43.1	293 917	207 768	70.7	313 875	54 259	17.3
60 – 64		409 471	74 528	18.2	192 411	62 068	32.3	217 060	12 460	5.7
65 – 69		449 170	15 947	3.5	200 314	11 310	5.6	248 856	4 637	1.9
70 – 74		399 421	6 806	1.7	163 844	4 464	2.7	235 577	2 342	1.0
75 plus		566 702	4 198	0.7	195 638	2 553	1.3	371 064	1 645	0.4

36. Economically active population and activity rates by sex, age and urban/rural residence: each census, 1973 – 1988 (continued)
Population active et taux d'activité selon le sexe, l'âge et la résidence, urbaine/rurale: chaque recensement, 1973 – 1988 (suite)

(See notes at end of table. – Voir notes à la fin du tableau.)

Continent, country or area, date, age(in years) and urban/rural residence / Continent, pays ou zone, date, âge(en années) et résidence, urbaine/rurale	Age [1]	Both sexes – Les deux sexes			Male – Masculin			Female – Féminin		
		Total	Economically active – Population active		Total	Economically active – Population active		Total	Economically active – Population active	
			Number – Nombre	Per cent – P. 100		Number – Nombre	Per cent – P. 100		Number – Nombre	Per cent – P. 100
EUROPE (Cont.–Suite)										
Channel Islands – Iles Anglo–Normandes Jersey										
23 III 1986 [38]										
15 plus	15	64 703	42 856	66.2	30 938	24 975	80.7	33 765	17 881	53.0
15 – 19		5 093	2 948	57.9	2 580	1 513	58.6	2 513	1 435	57.1
20 – 24		7 229	6 722	93.0	3 412	3 298	96.7	3 817	3 424	89.7
25 – 29		7 132	6 361	89.2	3 487	3 456	99.1	3 645	2 905	79.7
30 – 34		6 194	5 190	83.8	3 079	3 040	98.7	3 115	2 150	69.0
35 – 39		6 319	5 203	82.3	3 190	3 138	98.4	3 129	2 065	66.0
40 – 44		4 959	4 087	82.4	2 505	2 450	97.8	2 454	1 637	66.7
45 – 49		4 792	3 795	79.2	2 462	2 367	96.1	2 330	1 428	61.3
50 – 54		4 305	3 241	75.3	2 206	2 066	93.7	2 099	1 175	56.0
55 – 59		3 876	2 569	66.3	1 924	1 716	89.2	1 952	853	43.7
60 – 64		3 706	1 686	45.5	1 801	1 266	70.3	1 905	420	22.0
65 – 69		3 090	581	18.8	1 333	356	26.7	1 757	225	12.8
70 – 74		3 016	303	10.0	1 269	196	15.4	1 747	107	6.1
75 plus		4 992	170	3.4	1 690	113	6.7	3 302	57	1.7
Denmark – Danemark [39]										
1 I 1981 [2]										
15 plus	15	4 069 119	2 705 325	66.5	1 988 537	1 509 702	75.9	2 080 582	1 195 623	57.5
15 – 19		400 275	203 269	50.8	204 841	114 843	56.1	195 434	88 426	45.2
20 – 24		371 568	325 471	87.6	189 881	170 211	89.6	181 687	155 260	85.5
25 – 29		372 788	334 203	89.6	191 099	176 903	92.6	181 689	157 300	86.6
30 – 34		407 617	366 819	90.0	208 486	198 168	95.0	199 131	168 651	84.7
35 – 39		384 176	343 895	89.5	196 647	187 545	95.4	187 529	156 350	83.4
40 – 44		301 794	266 034	88.1	152 526	144 543	94.8	149 268	121 491	81.4
45 – 49		272 579	231 008	84.7	135 860	126 992	93.5	136 719	104 016	76.1
50 – 54		271 696	215 281	79.2	133 921	122 447	91.4	137 775	92 834	67.4
55 – 59		282 028	201 160	71.3	136 782	120 142	87.8	145 246	81 018	55.8
60 – 64		263 148	118 706	45.1	125 994	75 538	60.0	137 154	43 168	31.5
65 – 69		242 744	61 190	25.2	112 447	43 145	38.4	130 297	18 045	13.8
70 – 74		205 631	24 351	11.8	89 744	19 068	21.2	115 887	5 283	4.6
75 plus		293 075	13 938	4.8	110 309	10 157	9.2	182 766	3 781	2.1
Finland – Finlande										
17 XI 1985 [2]										
15 plus	15	3 959 250	2 415 991	61.0	1 891 465	1 262 641	66.8	2 067 785	1 153 350	55.8
15 – 19		346 397	86 963	25.1	176 558	47 050	26.6	169 839	39 913	23.5
20 – 24		377 983	240 792	63.7	193 136	124 445	64.4	184 847	116 347	62.9
25 – 29		382 979	323 586	84.5	196 291	173 279	88.3	186 688	150 307	80.5
30 – 34		406 693	362 409	89.1	208 572	194 712	93.4	198 121	167 697	84.6
35 – 39		446 909	405 639	90.8	230 116	216 088	93.9	216 793	189 551	87.4
40 – 44		322 920	294 456	91.2	164 938	153 722	93.2	157 982	140 734	89.1
45 – 49		283 771	251 314	88.6	142 233	128 016	90.0	141 538	123 298	87.1
50 – 54		261 721	213 384	81.5	129 526	107 911	83.3	132 195	105 473	79.8
55 – 59		269 634	154 943	57.5	128 236	76 714	59.8	141 398	78 229	55.3
60 – 64		243 189	69 579	28.6	105 028	32 463	30.9	138 161	37 116	26.9
65 – 69		192 453	8 908	4.6	75 894	5 542	7.3	116 559	3 366	2.9
70 – 74		176 790	4 018	2.3	65 258	2 699	4.1	111 532	1 319	1.2
75 plus		247 811	–	–	75 679	–	–	172 132	–	–

36. Economically active population and activity rates by sex, age and urban/rural residence: each census, 1973 – 1988 (continued)

Population active et taux d'activité selon le sexe, l'âge et la résidence, urbaine/rurale: chaque recensement, 1973 – 1988 (suite)

(See notes at end of table. – Voir notes à la fin du tableau.)

Continent, country or area, date, age(in years) and urban/rural residence — Continent, pays ou zone, date, âge(en années) et résidence, urbaine/rurale	Age [1]	Both sexes – Les deux sexes: Total	Economically active – Population active: Number – Nombre	Per cent – P. 100	Male – Masculin: Total	Economically active – Population active: Number – Nombre	Per cent – P. 100	Female – Féminin: Total	Economically active – Population active: Number – Nombre	Per cent – P. 100
EUROPE (Cont.–Suite)										
Ireland – Irlande										
5 IV 1981										
15 plus	15	2 399 676	1 271 122	53.0	1 193 945	912 495	76.4	1 205 731	358 627	29.7
15 – 19		326 429	142 560	43.7	166 677	81 225	48.7	159 752	61 335	38.4
20 – 24		276 127	222 541	80.6	140 446	126 362	90.0	135 681	96 179	70.9
25 – 29		246 053	175 524	71.3	124 378	120 336	96.7	121 675	55 188	45.4
30 – 34		231 958	145 449	62.7	118 287	114 950	97.2	113 671	30 499	26.8
35 – 39		193 829	117 722	60.7	99 286	96 038	96.7	94 543	21 684	22.9
40 – 44		165 924	100 795	60.7	85 320	81 358	95.4	80 604	19 437	24.1
45 – 49		151 850	91 049	60.0	77 781	73 011	93.9	74 069	18 038	24.4
50 – 54		149 680	85 787	57.3	75 320	68 135	90.5	74 360	17 652	23.7
55 – 59		149 606	78 594	52.5	73 289	62 162	84.8	76 317	16 432	21.5
60 – 64		139 266	62 051	44.6	67 978	49 684	73.1	71 288	12 367	17.3
65 – 69		133 919	29 186	21.8	64 306	23 446	36.5	69 613	5 740	8.2
70 – 74		103 138	13 372	13.0	48 380	10 753	22.2	54 758	2 619	4.8
75 plus		131 897	6 492	4.9	52 497	5 035	9.6	79 400	1 457	1.8
Italy – Italie										
25 X 1981										
14 plus	14	45 356 452	22 550 353	49.7	21 763 269	14 793 156	68.0	23 593 183	7 757 197	32.9
14 – 19		5 615 994	2 196 186	39.1	2 859 168	1 213 026	42.4	2 756 826	983 160	35.7
20 – 24		4 143 842	2 865 601	69.2	2 097 857	1 629 295	77.7	2 045 985	1 236 306	60.4
25 – 29		3 818 609	2 892 322	75.7	1 912 552	1 776 589	92.9	1 906 057	1 115 733	58.5
30 – 34		3 999 749	3 007 464	75.2	1 995 906	1 950 202	97.7	2 003 843	1 057 262	52.8
35 – 39		3 537 026	2 537 418	71.7	1 759 472	1 715 736	97.5	1 777 554	821 682	46.2
40 – 44		3 795 696	2 614 335	68.9	1 874 987	1 810 834	96.6	1 920 709	803 501	41.8
45 – 49		3 565 476	2 287 402	64.2	1 748 133	1 626 935	93.1	1 817 343	660 467	36.3
50 – 54		3 591 879	2 055 184	57.2	1 744 801	1 492 016	85.5	1 847 078	563 168	30.5
55 – 59		3 437 418	1 375 646	40.0	1 621 219	1 053 228	65.0	1 816 199	322 418	17.8
60 – 64		2 365 637	428 916	18.1	1 079 930	317 474	29.4	1 285 707	111 442	8.7
65 – 69		2 607 440	177 977	6.8	1 165 219	129 176	11.1	1 442 221	48 801	3.4
70 – 74		2 193 953	79 068	3.6	935 806	56 539	6.0	1 258 147	22 529	1.8
75 plus		2 683 733	32 834	1.2	968 219	22 106	2.3	1 715 514	10 728	0.6
Malta – Malte										
16 XI 1985 [40]										
15 plus	15	...	105 293	...	...	80 440	...	...	24 853	...
15 – 19		...	7 191	...	...	2 863	...	...	4 328	...
20 – 24		...	17 869	...	...	10 047	...	...	7 822	...
25 – 29		...	16 028	...	...	11 947	...	...	4 081	...
30 – 34		...	14 087	...	...	12 067	...	...	2 020	...
35 - 39		...	15 127	...	...	13 109	...	...	2 018	...
40 – 44		...	10 947	...	...	9 388	...	...	1 559	...
45 – 49		...	9 015	...	...	7 767	...	...	1 248	...
50 – 54		...	7 416	...	...	6 463	...	...	953	...
55 – 59		...	5 649	...	...	5 021	...	...	628	...
60 – 64		...	1 514	...	...	1 398	...	...	116	...
65 plus		...	450	...	...	370	...	...	80	...
Yugoslavia – Yougoslavie										
31 III 1981 [2]										
15 plus	15	16 936 907	9 358 671	55.3	8 262 935	5 740 660	69.5	8 673 972	3 618 011	41.7
15 – 19		1 845 047	403 079	21.8	944 916	227 937	24.1	900 131	175 142	19.5
20 – 24		1 860 337	1 224 173	65.8	952 162	706 739	74.2	908 175	517 434	57.0
25 – 29		1 894 127	1 450 025	76.6	973 189	859 508	88.3	920 938	590 517	64.1
30 – 34		1 695 102	1 266 819	74.7	866 676	747 740	86.3	828 426	519 079	62.7
35 – 39		1 263 886	917 285	72.6	635 123	551 636	86.9	628 763	365 649	58.2
40 – 44		1 491 693	1 050 428	70.4	746 086	660 445	88.5	745 607	389 983	52.3
45 – 49		1 543 830	1 042 321	67.5	768 982	680 574	88.5	774 848	361 747	46.7
50 – 54		1 433 580	821 470	57.3	694 219	547 663	78.9	739 361	273 807	37.0
55 – 59		1 126 062	475 908	42.3	494 214	301 953	61.1	631 848	173 955	27.5
60 – 74		1 990 855	214 639	10.8	864 787	133 266	15.4	1 126 068	81 373	7.2
75 plus		694 297	463 599	66.8	276 191	305 630	110.7	418 106	157 969	37.8
Unknown–Inconnu		98 091	28 925	29.5	46 390	17 569	37.9	51 701	11 356	22.0

36. Economically active population and activity rates by sex, age and urban/rural residence: each census, 1973 – 1988 (continued)

Population active et taux d'activité selon le sexe, l'âge et la résidence, urbaine/rurale: chaque recensement, 1973 – 1988 (suite)

(See notes at end of table. – Voir notes à la fin du tableau.)

Continent, country or area, date, age(in years) and urban/rural residence / Continent, pays ou zone, date, âge(en années) et résidence, urbaine/rurale	Age [1]	Both sexes – Les deux sexes: Total	Both sexes: Economically active – Population active: Number – Nombre	Both sexes: Economically active – Population active: Per cent – P. 100	Male – Masculin: Total	Male: Economically active – Population active: Number – Nombre	Male: Economically active – Population active: Per cent – P. 100	Female – Féminin: Total	Female: Economically active – Population active: Number – Nombre	Female: Economically active – Population active: Per cent – P. 100
OCEANIA—OCEANIE										
American Samoa – Samoa américaines										
1 IV 1980 [14]										
16 plus	16	18 319	8 329	45.5	9 111	5 063	55.6	9 208	3 266	35.5
16 – 19		3 078	347	11.3	1 503	177	11.8	1 575	170	10.8
20 – 24		3 057	1 261	41.2	1 390	592	42.6	1 667	669	40.1
25 – 29		2 388	1 311	54.9	1 152	743	64.5	1 236	568	46.0
30 – 34		2 066	1 299	62.9	1 033	795	77.0	1 033	504	48.8
35 – 44		3 113	2 048	65.8	1 686	1 335	79.2	1 427	713	50.0
45 – 54		2 261	1 309	57.9	1 159	864	74.5	1 102	445	40.4
55 – 59		776	341	43.9	388	249	64.2	388	92	23.7
60 – 64		635	245	38.6	333	184	55.3	302	61	20.2
65 – 74		650	143	22.0	337	105	31.2	313	38	12.1
75 plus		295	25	8.5	130	19	14.6	165	6	3.6
Australia – Australie										
30 VI 1986 [10 41]										
15 plus	15	11 965 311	7 176 670	60.0	5 904 292	4 342 326	73.5	6 061 018	2 834 337	46.8
15 – 19		1 317 263	683 992	51.9	673 182	356 400	52.9	644 081	327 592	50.9
20 – 24		1 281 665	1 038 179	81.0	648 532	571 774	88.2	633 133	466 405	73.7
25 – 29		1 297 964	996 545	76.8	649 286	599 649	92.4	648 678	396 896	61.2
30 – 34		1 233 569	928 384	75.3	615 509	572 631	93.0	618 060	355 753	57.6
35 – 39		1 234 272	958 526	77.7	622 201	577 978	92.9	612 071	380 548	62.2
40 – 44		986 873	773 741	78.4	504 257	463 746	92.0	482 616	309 995	64.2
45 – 49		818 910	616 839	75.3	419 830	379 029	90.3	399 080	237 810	59.6
50 – 54		712 727	479 177	67.2	363 662	313 539	86.2	349 065	165 638	47.5
55 – 59		735 970	402 643	54.7	373 365	288 043	77.1	362 605	114 600	31.6
60 – 64		699 378	205 426	29.4	341 142	155 941	45.7	358 236	49 485	13.8
65 – 69		557 780	53 318	9.6	259 595	36 420	14.0	298 185	16 898	5.7
70 – 74		463 197	23 632	5.1	204 209	16 243	8.0	258 988	7 389	2.9
75 plus		625 746	16 268	2.6	229 526	10 934	4.8	396 220	5 334	1.3
Fiji – Fidji										
31 VIII 1986										
15 plus	15	441 912	241 160	54.6	222 316	189 929	85.4	219 596	51 231	23.3
15 – 19		73 616	29 283	39.8	37 070	21 462	57.9	36 546	7 821	21.4
20 – 24		73 728	44 195	59.9	36 731	33 425	91.0	36 997	10 770	29.1
25 – 29		63 444	38 937	61.4	31 988	30 698	96.0	31 456	8 239	26.2
30 – 34		50 708	31 335	61.8	25 337	24 658	97.3	25 371	6 677	26.3
35 – 39		41 717	25 725	61.7	21 035	20 490	97.4	20 682	5 235	25.3
40 – 44		34 769	21 154	60.8	17 570	17 143	97.6	17 199	4 011	23.3
45 – 49		28 802	16 907	58.7	14 451	13 848	95.8	14 351	3 059	21.3
50 – 54		22 664	12 722	56.1	11 502	10 586	92.0	11 162	2 136	19.1
55 – 59		17 069	8 714	51.1	8 749	7 324	83.7	8 320	1 390	16.7
60 – 64		12 043	5 231	43.4	6 198	4 440	71.6	5 845	791	13.5
65 plus		20 989	5 937	28.3	10 450	5 060	48.4	10 539	877	8.3
Unknown–Inconnu		2 363	1 020	43.2	1 235	795	64.4	1 128	225	19.9
Guam										
1 IV 1980 [14]										
16 plus	16	66 773	44 484	66.6	35 293	29 000	82.2	31 480	15 484	49.2
16 – 19		8 759	3 305	37.7	4 734	2 127	44.9	4 025	1 178	29.3
20 – 24		11 108	8 400	75.6	6 019	5 425	90.1	5 089	2 975	58.5
25 – 29		10 324	7 845	76.0	5 194	4 843	93.2	5 130	3 002	58.5
30 – 34		9 289	7 218	77.7	4 854	4 642	95.6	4 435	2 576	58.1
35 – 44		11 295	8 865	78.5	6 036	5 768	95.6	5 259	3 097	58.9
45 – 54		8 172	5 767	70.6	4 409	3 871	87.8	3 763	1 896	50.4
55 – 59		2 914	1 742	59.8	1 634	1 290	78.9	1 280	452	35.3
60 – 64		1 927	809	42.0	1 008	624	61.9	919	185	20.1
65 – 74		2 227	481	21.6	1 121	381	34.0	1 106	100	9.0
75 plus		758	52	6.9	284	29	10.2	474	23	4.9

36. Economically active population and activity rates by sex, age and urban/rural residence: each census, 1973 – 1988 (continued)
Population active et taux d'activité selon le sexe, l'âge et la résidence, urbaine/rurale: chaque recensement, 1973 – 1988 (suite)

(See notes at end of table. – Voir notes à la fin du tableau.)

Continent, country or area, date, age(in years) and urban/rural residence / Continent, pays ou zone, date, âge(en années) et résidence, urbaine/rurale	Age [1]	Both sexes – Les deux sexes: Total	Both sexes: Economically active / Population active: Number / Nombre	Both sexes: Economically active: Per cent / P. 100	Male – Masculin: Total	Male: Economically active / Population active: Number / Nombre	Male: Economically active: Per cent / P. 100	Female – Féminin: Total	Female: Economically active / Population active: Number / Nombre	Female: Economically active: Per cent / P. 100
OCEANIA—OCEANIE(Cont.–Suite)										
New Caledonia – Nouvelle–Calédonie										
15 IV 1983										
Total	...	145 368	44 842	30.8	74 285	28 001	37.7	71 083	16 841	23.7
– 20		68 373	2 335	3.4	34 697	1 179	3.4	33 676	1 156	3.4
20 – 24		12 636	5 971	47.3	6 422	3 133	48.8	6 214	2 838	45.7
25 – 29		10 806	6 935	64.2	5 342	4 110	76.9	5 464	2 825	51.7
30 – 34		10 450	7 098	67.9	5 363	4 518	84.2	5 087	2 580	50.7
35 – 39		9 597	6 518	67.9	5 143	4 338	84.3	4 454	2 180	48.9
40 – 44		8 243	5 440	66.0	4 251	3 598	84.6	3 992	1 842	46.1
45 – 49		6 540	4 117	63.0	3 476	2 805	80.7	3 064	1 312	42.8
50 – 54		5 543	3 069	55.4	2 965	2 128	71.8	2 578	941	36.5
55 – 59		4 140	1 787	43.2	2 206	1 168	52.9	1 934	619	32.0
60 plus		9 040	1 572	17.4	4 420	1 024	23.2	4 620	548	11.9
New Zealand – Nouvelle–Zélande										
4 III 1986 [42]										
15 plus	15	2 468 295	1 608 600	65.2	1 210 389	938 610	77.5	1 257 906	669 990	53.3
15 – 19		300 093	188 631	62.9	152 925	99 357	65.0	147 168	89 274	60.7
20 – 24		282 894	233 697	82.6	143 052	129 753	90.7	139 842	103 944	74.3
25 – 29		267 060	210 318	78.8	132 897	125 991	94.8	134 163	84 327	62.9
30 – 34		246 012	194 931	79.2	121 890	116 403	95.5	124 122	78 528	63.3
35 – 39		240 117	202 824	84.5	119 871	115 395	96.3	120 246	87 429	72.7
40 – 44		191 337	165 072	86.3	95 985	92 346	96.2	95 352	72 726	76.3
45 – 49		166 116	140 457	84.6	83 451	79 794	95.6	82 665	60 663	73.4
50 – 54		144 570	112 920	78.1	73 320	68 532	93.5	71 250	44 388	62.3
55 – 59		149 175	97 782	65.5	75 987	66 189	87.1	73 188	31 593	43.2
60 – 64		138 807	40 140	28.9	67 815	28 746	42.4	70 992	11 394	16.0
65 plus		342 114	21 828	6.4	143 196	16 104	11.2	198 918	5 724	2.9
Pacific Islands – Iles du Pacifique [43]										
15 IX 1980 [14]										
16 plus	16	59 227	17 099	28.9	29 855	12 079	40.5	29 372	5 020	17.1
16 – 19		9 685	1 135	11.7	4 918	653	13.3	4 767	482	10.1
20 – 24		10 125	2 516	24.8	4 991	1 555	31.2	5 134	961	18.7
25 – 29		8 506	3 074	36.1	4 274	2 094	49.0	4 232	980	23.2
30 – 34		6 633	2 839	42.8	3 485	2 078	59.6	3 148	761	24.2
35 – 44		8 007	3 376	42.2	4 024	2 531	62.9	3 983	845	21.2
45 – 54		6 681	2 412	36.1	3 380	1 884	55.7	3 301	528	16.0
55 – 59		2 893	797	27.5	1 428	594	41.6	1 465	203	13.9
60 – 64		2 479	505	20.4	1 318	389	29.5	1 179	116	9.8
65 – 74		2 838	332	11.7	1 377	228	16.6	1 461	104	7.1
75 plus		1 362	113	8.3	660	73	11.1	702	40	5.7
Papua New Guinea – Papouasie–Nouvelle–Guinée										
22 IX 1980 [4 44]										
10 plus	10	2 079 128	770 580	37.1	1 089 195	468 761	43.0	989 933	301 819	30.5
10 – 14		384 613	39 077	10.2	203 308	18 642	9.2	181 305	20 435	11.3
15 – 19		302 729	99 981	33.0	167 046	59 221	35.5	135 683	40 760	30.0
20 – 24		256 003	122 731	47.9	134 944	79 904	59.2	121 059	42 827	35.4
25 – 29		215 669	108 367	50.2	110 959	71 096	64.1	104 710	37 271	35.6
30 – 34		208 166	101 739	48.9	103 874	61 960	59.6	104 292	39 779	38.1
35 – 39		146 699	71 092	48.5	75 576	43 721	57.8	71 123	27 371	38.5
40 – 44		145 265	68 708	47.3	74 544	40 627	54.5	70 721	28 081	39.7
45 – 49		113 504	51 334	45.2	58 567	30 077	51.4	54 937	21 257	38.7
50 – 54		113 181	47 816	42.2	58 253	27 637	47.4	54 928	20 179	36.7
55 – 59		84 005	31 806	37.9	43 112	18 437	42.8	40 893	13 369	32.7
60 – 64		63 016	18 095	28.7	33 816	11 227	33.2	29 200	6 868	23.5
65 plus		46 278	9 834	21.2	25 196	6 212	24.7	21 082	3 622	17.2

36. Economically active population and activity rates by sex, age and urban/rural residence: each census, 1973 – 1988 (continued)
Population active et taux d'activité selon le sexe, l'âge et la résidence, urbaine/rurale: chaque recensement, 1973 – 1988 (suite)
Data by urban/rural residence

Données selon la résidence urbaine/rurale

(See notes at end of table. – Voir notes à la fin du tableau.)

Continent, country or area, date, age(in years) and urban/rural residence — Continent, pays ou zone, date, âge(en années) et résidence, urbaine/rurale	Age [1]	Both sexes – Les deux sexes: Total	Both sexes: Economically active – Population active: Number – Nombre	Both sexes: Economically active – Population active: Per cent – P. 100	Male – Masculin: Total	Male: Economically active – Population active: Number – Nombre	Male: Economically active – Population active: Per cent – P. 100	Female – Féminin: Total	Female: Economically active – Population active: Number – Nombre	Female: Economically active – Population active: Per cent – P. 100
AFRICA—AFRIQUE										
Egypt – Egypte										
Urban – Urbaine										
17–18 IX 1986*										
Total	6	21 173 436	6 503 898	30.7	10 877 652	5 171 374	47.5	10 295 784	1 332 524	12.9
Rural – Rurale										
17–18 IX 1986*										
Total	6	27 031 613	7 173 720	26.5	13 777 645	6 403 967	46.5	13 253 968	769 753	5.8
Ghana										
Urban – Urbaine										
11 III 1984										
15 plus	15	2 271 994	1 751 921	77.1	1 096 681	865 722	78.9	1 175 313	886 199	75.4
Rural – Rurale										
11 III 1984										
15 plus	15	4 488 973	3 828 183	85.3	2 164 388	1 858 759	85.9	2 324 585	1 969 424	84.7
Morocco – Maroc										
Urban – Urbaine										
3–21 IX 1982 [5]										
Total	...	8 607 668	2 621 770	30.5	4 258 684	1 983 539	46.6	4 348 984	638 231	14.7
– 15		3 280 998	77 995	([6])	1 651 823	28 583	([6])	1 629 175	49 412	([6])
15 – 19		1 038 749	304 730	29.3	503 341	188 783	37.5	535 408	115 947	21.7
20 – 24		941 553	448 495	47.6	452 451	311 550	68.9	489 102	136 945	28.0
25 – 29		744 341	457 607	61.5	371 058	344 762	92.9	373 283	112 845	30.2
30 – 34		543 103	335 693	61.8	277 019	271 106	97.9	266 084	64 587	24.3
35 – 39		381 454	220 282	57.7	184 282	181 379	98.4	197 172	38 903	19.7
40 – 44		387 202	206 968	53.5	175 453	172 251	98.2	211 749	34 717	16.4
45 – 49		322 575	175 600	54.4	157 682	150 865	95.7	164 893	24 735	15.0
50 – 54		299 749	157 672	52.6	146 888	133 406	90.8	152 861	24 266	15.9
55 – 59		198 622	104 684	52.7	104 846	90 104	85.9	93 776	14 580	15.5
60 – 64		193 103	70 729	36.6	97 835	58 600	59.9	95 268	12 129	12.7
65 – 69		90 169	28 352	31.4	50 005	24 516	49.0	40 164	3 836	9.5
70 – 74		86 271	18 380	21.3	38 314	14 940	39.0	47 957	3 440	7.2
75 plus		99 779	14 583	14.6	47 687	12 694	26.6	52 092	1 889	3.6
Rural – Rurale										
3–21 IX 1982										
Total	...	11 652 164	3 377 490	29.0	5 794 205	2 834 441	48.9	5 857 959	543 049	9.3
– 15		5 337 054	336 017	([6])	2 738 732	214 057	([6])	2 598 322	121 960	([6])
15 – 19		1 179 927	529 231	44.9	581 875	430 109	73.9	598 052	99 122	16.6
20 – 24		982 205	498 777	50.8	473 169	431 913	91.3	509 036	66 864	13.1
25 – 29		761 870	404 408	53.1	365 281	356 034	97.5	396 589	48 374	12.2
30 – 34		585 836	304 955	52.1	270 893	266 608	98.4	314 943	38 347	12.2
35 – 39		454 191	235 126	51.8	205 383	201 940	98.3	248 809	33 186	13.3
40 – 44		489 615	248 711	50.8	216 838	212 435	98.0	272 777	36 276	13.3
45 – 49		388 837	211 333	54.3	189 945	184 818	97.3	198 892	26 515	13.3
50 – 54		407 578	210 010	51.5	189 023	179 895	95.2	218 555	30 115	13.8
55 – 59		250 705	138 867	55.4	132 559	122 449	92.4	118 146	16 418	13.9
60 – 64		294 332	123 912	42.1	144 862	108 720	75.0	149 470	15 192	10.2
65 – 69		141 994	58 330	41.1	82 656	53 720	65.0	59 338	4 610	7.8
70 – 74		167 403	44 085	26.3	83 059	40 277	48.5	84 344	3 808	4.5
75 plus		210 617	33 728	16.0	119 930	31 466	26.2	90 686	2 262	2.5

36. Economically active population and activity rates by sex, age and urban/rural residence: each census, 1973 – 1988 (continued)
Population active et taux d'activité selon le sexe, l'âge et la résidence, urbaine/rurale: chaque recensement, 1973 – 1988 (suite)
Data by urban/rural residence
Données selon la résidence urbaine/rurale

(See notes at end of table. – Voir notes à la fin du tableau.)

Continent, country or area, date, age(in years) and urban/rural residence / Continent, pays ou zone, date, âge(en années) et résidence, urbaine/rurale	Age [1]	Both sexes – Les deux sexes: Total	Both sexes: Economically active / Population active: Number / Nombre	Both sexes: Per cent / P. 100	Male – Masculin: Total	Male: Economically active / Population active: Number / Nombre	Male: Per cent / P. 100	Female – Féminin: Total	Female: Economically active / Population active: Number / Nombre	Female: Per cent / P. 100
AFRICA—AFRIQUE (Cont.–Suite)										
Mozambique										
Urban – Urbaine										
1 VIII 1980 [7]										
12 plus	12	975 997	591 402	60.6	529 062	396 621	75.0	446 935	194 781	43.6
12 – 14		106 095	9 690	9.1	56 797	5 790	10.2	49 298	3 900	7.9
15 – 19		186 062	64 750	34.8	107 154	43 673	40.8	78 908	21 077	26.7
20 – 24		164 111	113 932	69.4	87 352	77 321	88.5	76 759	36 611	47.7
25 – 29		127 658	97 667	76.5	68 200	66 540	97.6	59 458	31 127	52.4
30 – 34		105 026	82 463	78.5	55 827	55 052	98.6	49 199	27 411	55.7
35 – 39		72 983	58 626	80.3	40 183	39 687	98.8	32 800	18 939	57.7
40 – 44		64 773	52 333	80.8	35 422	34 903	98.5	29 351	17 430	59.4
45 – 49		44 770	36 588	81.7	25 744	25 313	98.3	19 026	11 275	59.3
50 – 54		35 275	27 849	78.9	18 796	18 281	97.3	16 479	9 568	58.1
55 – 59		21 028	16 320	77.6	11 255	10 833	96.2	9 773	5 487	56.1
60 – 64		18 754	13 480	71.9	8 912	8 303	93.2	9 842	5 177	52.6
65 – 69		11 059	7 389	66.8	5 291	4 617	87.3	5 768	2 772	48.1
70 – 74		8 591	5 037	58.6	3 751	3 040	81.0	4 840	1 997	41.3
75 plus		8 307	4 165	50.1	3 431	2 459	71.7	4 876	1 706	35.0
Unknown–Inconnu		1 505	1 113	74.0	947	809	85.4	558	304	54.5
Rural – Rurale										
1 VIII 1980 [7]										
12 plus	12	6 060 363	5 079 888	83.8	2 846 237	2 301 104	80.8	3 214 126	2 778 784	86.5
12 – 14		696 970	219 165	31.4	383 542	102 173	26.6	313 428	116 992	37.3
15 – 19		923 224	608 473	65.9	461 568	257 202	55.7	461 656	351 271	76.1
20 – 24		743 260	695 733	93.6	306 450	282 652	92.2	436 810	413 081	94.6
25 – 29		640 395	620 033	96.8	272 810	266 741	97.8	367 585	353 292	96.1
30 – 34		606 583	591 612	97.5	262 926	259 672	98.8	343 657	331 940	96.6
35 – 39		491 812	481 561	97.9	211 384	209 039	98.9	280 428	272 522	97.2
40 – 44		476 951	466 550	97.8	221 449	219 040	98.9	255 502	247 510	96.9
45 – 49		368 313	360 532	97.9	180 627	178 680	98.9	187 686	181 852	96.9
50 – 54		332 900	323 432	97.2	165 752	163 555	98.7	167 148	159 877	95.6
55 – 59		204 894	197 900	96.6	102 934	101 254	98.4	101 960	96 646	94.8
60 – 64		213 307	200 470	94.0	101 890	99 182	97.3	111 417	101 288	90.9
65 – 69		118 616	109 570	92.4	57 367	55 233	96.3	61 249	54 337	88.7
70 – 74		95 890	84 898	88.5	46 631	43 834	94.0	49 259	41 064	83.4
75 plus		136 742	111 226	81.3	65 615	58 444	89.1	71 127	52 782	74.2
Unknown–Inconnu		10 506	8 733	83.1	5 292	4 403	83.2	5 214	4 330	83.0
South Africa – Afrique du Sud [8]										
Urban – Urbaine										
5 III 1985										
Total	...	13 068 343	5 810 095	44.5	6 555 892	3 565 750	54.4	6 512 451	2 244 345	34.5
– 20		5 155 584	308 781	6.0	2 574 591	164 803	6.4	2 580 993	143 978	5.6
20 – 24		1 381 961	977 307	70.7	697 623	547 294	78.5	684 338	430 013	62.8
25 – 34		2 348 597	1 876 181	79.9	1 213 019	1 136 531	93.7	1 135 578	739 650	65.1
35 – 54		2 818 983	2 169 522	77.0	1 456 015	1 381 916	94.9	1 362 968	787 606	57.8
55 – 64		720 944	389 786	54.1	348 500	269 622	77.4	372 444	120 164	32.3
65 plus		642 274	88 518	13.8	266 144	65 584	24.6	376 130	22 934	6.1
Rural – Rurale										
5 III 1985										
Total	...	10 317 302	2 882 268	27.9	4 989 390	1 966 937	39.4	5 327 912	915 331	17.2
– 20		5 509 442	286 621	5.2	2 735 029	157 281	5.7	2 774 413	129 340	4.7
20 – 24		950 230	519 755	54.7	437 677	315 372	72.1	512 553	204 383	39.9
25 – 34		1 361 210	851 223	62.5	662 570	583 895	88.1	698 640	267 328	38.3
35 – 54		1 577 995	947 640	60.1	760 850	687 909	90.4	817 145	259 731	31.8
55 – 64		450 173	194 730	43.3	195 469	152 600	78.1	254 704	42 130	16.5
65 plus		468 252	82 299	17.6	197 795	69 880	35.3	270 457	12 419	4.6

36. Economically active population and activity rates by sex, age and urban/rural residence: each census, 1973 – 1988 (continued)
Population active et taux d'activité selon le sexe, l'âge et la résidence, urbaine/rurale: chaque recensement, 1973 – 1988 (suite)
Data by urban/rural residence

Données selon la résidence urbaine/rurale

(See notes at end of table. – Voir notes à la fin du tableau.)

Continent, country or area, date, age(in years) and urban/rural residence — Continent, pays ou zone, date, âge(en années) et résidence, urbaine/rurale	Age [1]	Both sexes – Les deux sexes: Total	Both sexes: Economically active – Population active: Number Nombre	Both sexes: Per cent P. 100	Male – Masculin: Total	Male: Economically active – Population active: Number Nombre	Male: Per cent P. 100	Female – Féminin: Total	Female: Economically active – Population active: Number Nombre	Female: Per cent P. 100
AMERICA,NORTH— AMERIQUE DU NORD										
Canada										
Urban – Urbaine										
3 VI 1986 [2 3 15]										
15 plus	15	15 211 780	10 219 780	67.2	7 327 270	5 707 295	77.9	7 884 510	4 512 490	57.2
15 – 19		1 420 850	692 325	48.7	720 245	355 075	49.3	700 610	337 250	48.1
20 – 24		1 804 900	1 557 575	86.3	891 375	803 500	90.1	913 525	754 065	82.5
25 – 29		1 851 845	1 592 955	86.0	917 350	867 260	94.5	934 495	725 690	77.7
30 – 34		1 678 310	1 411 815	84.1	824 675	785 525	95.3	853 640	626 295	73.4
35 – 39		1 543 055	1 302 670	84.4	759 540	724 755	95.4	783 520	577 910	73.8
40 – 44		1 231 330	1 033 740	84.0	610 335	579 440	94.9	620 995	454 295	73.2
45 – 49		1 007 300	815 530	81.0	497 565	465 700	93.6	509 730	349 825	68.6
50 – 54		944 425	706 065	74.8	468 300	423 620	90.5	476 120	282 440	59.3
55 – 59		925 605	586 560	63.4	448 855	366 985	81.8	476 755	219 575	46.1
60 – 64		859 010	369 330	43.0	394 505	236 355	59.9	464 505	132 975	28.6
65 – 69		688 290	91 730	13.3	302 340	60 230	19.9	385 945	31 495	8.2
70 – 74		557 820	36 965	6.6	231 675	24 835	10.7	326 150	12 130	3.7
75 plus		699 040	22 540	3.2	260 515	14 015	5.4	438 525	8 525	1.9
Rural – Rurale										
3 VI 1986 [2 3 15]										
15 plus	15	4 422 325	2 830 075	64.0	2 278 985	1 733 875	76.1	2 143 330	1 096 200	51.1
15 – 19		496 395	209 080	42.1	260 245	119 575	45.9	236 150	89 505	37.9
20 – 24		439 045	360 940	82.2	232 530	209 285	90.0	206 515	151 655	73.4
25 – 29		475 650	383 335	80.6	238 045	224 200	94.2	237 605	159 135	67.0
30 – 34		500 005	403 870	80.8	252 820	240 820	95.3	247 190	163 045	66.0
35 – 39		472 060	385 880	81.7	243 455	231 020	94.9	228 610	154 860	67.7
40 – 44		380 390	309 700	81.4	198 755	186 475	93.8	181 635	123 220	67.8
45 – 49		301 965	234 775	77.7	157 820	145 700	92.3	144 150	89 080	61.8
50 – 54		279 305	199 075	71.3	145 610	128 470	88.2	133 700	70 605	52.8
55 – 59		271 980	164 825	60.6	141 625	113 155	79.9	130 355	51 675	39.6
60 – 64		255 510	107 325	42.0	130 545	78 240	59.9	124 965	29 080	23.3
65 – 69		212 945	39 365	18.5	108 675	31 030	28.6	104 270	8 335	8.0
70 – 74		159 440	19 540	12.3	82 300	15 815	19.2	77 140	3 725	4.8
75 plus		177 625	12 365	7.0	86 565	10 090	11.7	91 060	2 280	2.5
Panama										
Urban – Urbaine										
11 V 1980 [17]										
10 plus	10	698 034	317 203	45.4	332 066	195 868	59.0	365 968	121 335	33.2
10 – 14		107 357	2 215	2.1	53 292	923	1.7	54 065	1 292	2.4
15 – 19		107 677	23 662	22.0	49 752	12 258	24.6	57 925	11 404	19.7
20 – 24		91 953	56 011	60.9	43 073	32 447	75.3	48 880	23 564	48.2
25 – 29		79 163	56 393	71.2	36 624	33 210	90.7	42 539	23 183	54.5
30 – 34		68 004	49 092	72.2	33 416	30 380	90.9	34 588	18 712	54.1
35 – 39		51 661	37 708	73.0	24 831	23 343	94.0	26 830	14 365	53.5
40 – 44		40 859	29 007	71.0	19 596	18 299	93.4	21 263	10 708	50.4
45 – 49		33 352	22 203	66.6	15 945	14 561	91.3	17 407	7 642	43.9
50 – 54		29 861	17 134	57.4	14 238	12 196	85.7	15 623	4 938	31.6
55 – 59		25 111	11 007	43.8	12 224	8 472	69.3	12 887	2 535	19.7
60 plus		63 036	12 771	20.3	29 075	9 779	33.6	33 961	2 992	8.8

36. Economically active population and activity rates by sex, age and urban/rural residence: each census, 1973 – 1988 (continued)

Population active et taux d'activité selon le sexe, l'âge et la résidence, urbaine/rurale: chaque recensement, 1973 – 1988 (suite)

Data by urban/rural residence

Données selon la résidence urbaine/rurale

(See notes at end of table. – Voir notes à la fin du tableau.)

Continent, country or area, date, age(in years) and urban/rural residence — Continent, pays ou zone, date, âge(en années) et résidence, urbaine/rurale	Age [1]	Both sexes – Les deux sexes: Total	Both sexes: Economically active – Population active: Number – Nombre	Both sexes: Economically active: Per cent – P. 100	Male – Masculin: Total	Male: Economically active – Population active: Number – Nombre	Male: Economically active: Per cent – P. 100	Female – Féminin: Total	Female: Economically active – Population active: Number – Nombre	Female: Economically active: Per cent – P. 100
AMERICA,NORTH— (Cont.–Suite) AMERIQUE DU NORD										
Panama										
Rural – Rurale										
11 V 1980 [17]										
10 plus	10	560 329	229 649	41.0	303 649	198 144	65.3	256 680	31 505	12.3
10 – 14		109 924	7 357	6.7	57 417	5 897	10.3	52 507	1 460	2.8
15 – 19		83 408	28 857	34.6	45 895	24 248	52.8	37 513	4 609	12.3
20 – 24		63 256	34 554	54.6	33 975	28 187	83.0	29 281	6 367	21.7
25 – 29		53 364	30 245	56.7	27 796	25 078	90.2	25 568	5 167	20.2
30 – 34		48 252	27 487	57.0	26 367	23 514	89.2	21 885	3 973	18.2
35 – 39		40 658	23 087	56.8	21 697	20 002	92.2	18 961	3 085	16.3
40 – 44		34 904	20 005	57.3	19 346	17 715	91.6	15 558	2 290	14.7
45 – 49		29 089	16 319	56.1	16 229	14 632	90.2	12 860	1 687	13.1
50 – 54		24 526	12 981	52.9	13 661	11 930	87.3	10 865	1 051	9.7
55 – 59		20 416	10 105	49.5	11 394	9 352	82.1	9 022	753	8.3
60 plus		52 532	18 652	35.5	29 872	17 589	58.9	22 660	1 063	4.7
Puerto Rico – Porto Rico										
Urban – Urbaine										
1 IV 1980 [18]										
16 plus	16	1 442 887	629 513	43.6	672 032	385 249	57.3	770 855	244 264	31.7
16 – 19		171 615	29 147	17.0	84 577	16 936	20.0	87 038	12 211	14.0
20 – 24		182 547	88 047	48.2	86 046	50 256	58.4	96 501	37 791	39.2
25 – 54		759 921	448 284	59.0	350 674	270 759	77.2	409 247	177 525	43.4
55 – 64		157 221	50 289	32.0	73 911	36 594	49.5	83 310	13 695	16.4
65 plus		171 583	13 746	8.0	76 824	10 704	13.9	94 759	3 042	3.2
Rural – Rurale										
1 IV 1980 [18]										
16 plus	16	671 786	240 343	35.8	334 325	162 540	48.6	337 461	77 803	23.1
16 – 19		93 019	13 291	14.3	47 314	8 265	17.5	45 705	5 026	11.0
20 – 24		89 810	41 828	46.6	43 137	25 792	59.8	46 673	16 036	34.4
25 – 54		338 579	165 261	48.8	165 600	111 942	67.6	172 979	53 319	30.8
55 – 64		69 380	14 993	21.6	34 875	12 291	35.2	34 505	2 702	7.8
65 plus		80 998	4 970	6.1	43 399	4 250	9.8	37 599	720	1.9
United States – Etats–Unis										
Urban – Urbaine										
1 IV 1980 [20 21 22]										
16 plus	16	127 719 450	80 245 519	62.8	60 210 729	45 558 685	75.7	67 508 721	34 686 834	51.4
16 – 19		12 617 320	6 373 067	50.5	6 343 806	3 384 216	53.3	6 273 514	2 988 851	47.6
20 – 24		16 758 790	12 629 951	75.4	8 319 852	6 796 780	81.7	8 438 938	5 833 171	69.1
25 – 54		63 193 698	49 578 537	78.5	30 765 240	28 505 930	92.7	32 428 458	21 072 607	65.0
55 – 64		16 148 876	9 239 874	57.2	7 454 057	5 436 391	72.9	8 694 819	3 803 483	43.7
65 plus		19 000 766	2 424 090	12.8	7 327 774	1 435 368	19.6	11 672 992	988 722	8.5
Rural – Rurale										
1 IV 1980 [20 21 22]										
16 plus	16	43 494 808	25 839 149	59.4	21 521 361	15 857 518	73.7	21 973 447	9 981 631	45.4
16 – 19		4 467 437	2 023 869	45.3	2 332 518	1 164 583	49.9	2 134 919	859 286	40.2
20 – 24		4 535 024	3 386 707	74.7	2 319 460	1 998 586	86.2	2 215 564	1 388 121	62.7
25 – 54		22 357 532	16 778 253	75.0	11 196 250	10 321 966	92.2	11 161 282	6 456 287	57.8
55 – 64		5 637 195	2 851 576	50.6	2 738 339	1 828 690	66.8	2 898 856	1 022 886	35.3
65 plus		6 497 620	798 744	12.3	2 934 794	543 693	18.5	3 562 826	255 051	7.2

36. Economically active population and activity rates by sex, age and urban/rural residence: each census, 1973 – 1988 (continued)
Population active et taux d'activité selon le sexe, l'âge et la résidence, urbaine/rurale: chaque recensement, 1973 – 1988 (suite)
Data by urban/rural residence
Données selon la résidence urbaine/rurale

(See notes at end of table. – Voir notes à la fin du tableau.)

Continent, country or area, date, age(in years) and urban/rural residence — Continent, pays ou zone, date, âge(en années) et résidence, urbaine/rurale	Age [1]	Both sexes – Les deux sexes: Total	Economically active – Population active: Number – Nombre	Per cent – P. 100	Male – Masculin: Total	Economically active – Population active: Number – Nombre	Per cent – P. 100	Female – Féminin: Total	Economically active – Population active: Number – Nombre	Per cent – P. 100
AMERICA,NORTH— (Cont.–Suite) AMERIQUE DU NORD										
United States Virgin Islands – Iles Vierges américaines										
Urban – Urbaine										
1 IV 1980 [18]										
16 plus	16	22 872	14 472	63.3	10 231	7 530	73.6	12 641	6 942	54.9
16 – 19		3 241	825	25.5	1 583	479	30.3	1 658	346	20.9
20 – 24		2 703	1 772	65.6	1 146	850	74.2	1 557	922	59.2
25 – 54		12 850	10 283	80.0	5 780	5 304	91.8	7 070	4 979	70.4
55 – 64		2 121	1 274	60.1	941	696	74.0	1 180	578	49.0
65 plus		1 957	318	16.2	781	201	25.7	1 176	117	9.9
Rural – Rurale										
1 IV 1980 [18]										
16 plus	16	36 438	23 610	64.8	17 312	13 233	76.4	19 126	10 377	54.3
16 – 19		4 521	1 068	23.6	2 222	592	26.6	2 299	476	20.7
20 – 24		3 859	2 543	65.9	1 751	1 300	74.2	2 108	1 243	59.0
25 – 54		22 160	17 535	79.1	10 445	9 743	93.3	11 715	7 792	66.5
55 – 64		3 380	2 000	59.2	1 694	1 262	74.5	1 686	738	43.8
65 plus		2 518	464	18.4	1 200	336	28.0	1 318	128	9.7
AMERICA,SOUTH— AMERIQUE DU SUD										
Uruguay										
Urban – Urbaine										
23 X 1985 [7 27]										
12 plus	12	1 989 400	989 200	49.7	921 000	631 600	68.6	1 068 400	357 600	33.5
12 – 13		85 400	2 500	2.9	43 300	1 900	4.4	42 100	700	1.7
14 – 19		236 600	70 900	30.0	116 100	47 100	40.6	120 500	23 800	19.8
20 – 24		194 600	131 000	67.3	93 400	80 800	86.5	101 200	50 200	49.6
25 – 29		187 000	139 600	74.7	89 600	85 500	95.4	97 400	54 100	55.5
30 – 34		164 900	122 700	74.4	78 600	76 000	96.7	86 400	46 700	54.0
35 – 39		151 300	111 900	74.0	71 500	69 000	96.5	79 800	42 800	53.6
40 – 44		142 400	103 500	72.7	66 700	64 000	96.0	75 700	39 500	52.2
45 – 49		136 200	95 000	69.7	63 500	59 400	93.5	72 700	35 500	48.8
50 – 54		141 100	86 100	61.0	65 400	57 100	87.3	75 700	29 000	38.3
55 – 59		139 100	69 100	49.7	62 600	48 800	78.0	76 500	20 300	26.5
60 – 64		118 000	34 300	29.1	53 100	25 600	48.2	64 900	8 700	13.4
65 plus		292 600	22 600	7.7	117 100	16 300	13.9	175 500	6 300	3.6
Rural – Rurale										
23 X 1985 [7 27]										
12 plus	12	316 300	183 100	57.9	187 600	152 600	81.3	128 700	30 500	23.7
12 – 13		13 400	1 200	9.0	7 600	1 000	13.2	5 800	200	3.4
14 – 19		40 600	21 000	51.7	23 900	17 300	72.4	16 700	3 700	22.2
20 – 24		32 500	22 700	69.8	19 200	18 300	95.3	13 300	4 300	32.3
25 – 29		29 400	20 100	68.4	16 600	16 100	97.0	12 800	4 000	31.2
30 – 34		28 600	19 800	69.2	16 400	15 900	97.0	12 100	3 900	32.2
35 – 39		25 900	18 200	70.3	15 300	14 800	96.7	10 600	3 400	32.1
40 – 44		24 600	17 300	70.3	14 900	14 400	96.6	9 700	2 900	29.9
45 – 49		23 700	16 500	69.6	14 600	13 900	95.2	9 100	2 600	28.6
50 – 54		23 700	16 100	67.9	14 500	13 700	94.5	9 200	2 400	26.1
55 – 59		22 000	14 300	65.0	13 900	12 700	91.4	8 100	1 600	19.8
60 – 64		18 300	8 800	48.1	11 400	8 000	70.2	7 000	800	11.4
65 plus		33 700	7 200	21.4	19 400	6 500	33.5	14 300	700	4.9

36. Economically active population and activity rates by sex, age and urban/rural residence: each census, 1973 – 1988 (continued)
Population active et taux d'activité selon le sexe, l'âge et la résidence, urbaine/rurale: chaque recensement, 1973 – 1988 (suite)
Data by urban/rural residence

Données selon la résidence urbaine/rurale

(See notes at end of table. – Voir notes à la fin du tableau.)

Continent, country or area, date, age(in years) and urban/rural residence — Continent, pays ou zone, date, âge(en années) et résidence, urbaine/rurale	Age [1]	Both sexes – Les deux sexes: Total	Both sexes – Economically active Population active: Number Nombre	Both sexes – Economically active Population active: Per cent P. 100	Male – Masculin: Total	Male – Economically active Population active: Number Nombre	Male – Economically active Population active: Per cent P. 100	Female – Féminin: Total	Female – Economically active Population active: Number Nombre	Female – Economically active Population active: Per cent P. 100
AMERICA,SOUTH— (Cont.–Suite) AMERIQUE DU SUD										
Venezuela										
Urban – Urbaine										
20 X 1981 [28 29]										
12 plus	12	7 979 053	3 910 538	49.0	3 886 397	2 703 521	69.6	4 092 656	1 207 017	29.5
12 – 14		825 001	36 909	4.5	407 962	24 629	6.0	417 039	12 280	2.9
15 – 19		1 330 897	426 596	32.1	651 989	288 541	44.3	678 908	138 055	20.3
20 – 24		1 212 517	710 514	58.6	590 361	465 812	78.9	622 156	244 702	39.3
25 – 29		1 049 472	696 513	66.4	510 667	462 181	90.5	538 805	234 332	43.5
30 – 34		835 585	573 262	68.6	411 619	387 076	94.0	423 966	186 186	43.9
35 – 39		604 686	412 914	68.3	297 527	281 249	94.5	307 159	131 665	42.9
40 – 44		491 261	325 748	66.3	243 911	228 329	93.6	247 350	97 419	39.4
45 – 49		412 342	254 180	61.6	203 991	187 100	91.7	208 351	67 080	32.2
50 – 54		355 484	199 782	56.2	176 007	153 829	87.4	179 477	45 953	25.6
55 – 59		269 938	130 108	48.2	131 348	104 677	79.7	138 590	25 431	18.3
60 – 64		199 998	74 182	37.1	93 744	61 641	65.8	106 254	12 541	11.8
65 plus		391 872	69 830	17.8	167 271	58 457	34.9	224 601	11 373	5.1
Rural – Rurale										
20 X 1981 [28 29]										
12 plus	12	1 416 719	619 918	43.8	770 052	553 244	71.8	646 667	66 674	10.3
12 – 14		183 379	19 465	10.6	97 470	17 116	17.6	85 909	2 349	2.7
15 – 19		247 231	90 949	36.8	135 200	79 676	58.9	112 031	11 273	10.1
20 – 24		184 268	99 101	53.8	99 540	86 082	86.5	84 728	13 019	15.4
25 – 29		145 097	81 309	56.0	78 350	71 481	91.2	66 747	9 828	14.7
30 – 34		118 056	66 276	56.1	63 617	58 467	91.9	54 439	7 809	14.3
35 – 39		97 389	54 025	55.5	52 475	48 057	91.6	44 914	5 968	13.3
40 – 44		87 998	48 128	54.7	47 696	43 123	90.4	40 302	5 005	12.4
45 – 49		80 204	43 021	53.6	43 667	39 122	89.6	36 537	3 899	10.7
50 – 54		72 565	37 824	52.1	40 134	34 866	86.9	32 431	2 958	9.1
55 – 59		56 382	27 921	49.5	31 615	26 062	82.4	24 767	1 859	7.5
60 – 64		49 240	22 689	46.1	27 902	21 403	76.7	21 338	1 286	6.0
65 plus		94 910	29 210	30.8	52 386	27 789	53.0	42 524	1 421	3.3
Semi–urban–Semi–urbaine										
20 X 1981 [28 29]										
12 plus	12	380 503	163 312	42.9	196 568	131 127	66.7	183 935	32 185	17.5
12 – 14		48 496	2 894	6.0	24 904	2 308	9.3	23 592	586	2.5
15 – 19		68 148	21 151	31.0	35 352	16 798	47.5	32 796	4 353	13.3
20 – 24		52 287	28 625	54.7	26 883	22 147	82.4	25 404	6 478	25.5
25 – 29		42 360	25 570	60.4	21 976	19 892	90.5	20 384	5 678	27.9
30 – 34		33 125	20 052	60.5	17 169	15 755	91.8	15 956	4 297	26.9
35 – 39		25 689	15 376	59.9	13 265	12 124	91.4	12 424	3 252	26.2
40 – 44		22 446	13 089	58.3	11 685	10 469	89.6	10 761	2 620	24.3
45 – 49		19 957	11 091	55.6	10 407	9 182	88.2	9 550	1 909	20.0
50 – 54		17 716	9 100	51.4	9 265	7 830	84.5	8 451	1 270	15.0
55 – 59		13 819	6 391	46.2	7 227	5 601	77.5	6 592	790	12.0
60 – 64		11 658	4 556	39.1	6 113	4 100	67.1	5 545	456	8.2
65 plus		24 802	5 417	21.8	12 322	4 921	39.9	12 480	496	4.0

36. Economically active population and activity rates by sex, age and urban/rural residence: each census, 1973 – 1988 (continued)
Population active et taux d'activité selon le sexe, l'âge et la résidence, urbaine/rurale: chaque recensement, 1973 – 1988 (suite)
Data by urban/rural residence

Données selon la résidence urbaine/rurale

(See notes at end of table. – Voir notes à la fin du tableau.)

Continent, country or area, date, age(in years) and urban/rural residence — Continent, pays ou zone, date, âge(en années) et résidence, urbaine/rurale	Age [1]	Both sexes – Les deux sexes: Total	Economically active – Population active: Number – Nombre	Per cent – P. 100	Male – Masculin: Total	Economically active – Population active: Number – Nombre	Per cent – P. 100	Female – Féminin: Total	Economically active – Population active: Number – Nombre	Per cent – P. 100
ASIA—ASIE										
Japan – Japon										
Urban – Urbaine										
1 X 1985 [33]										
15 plus	15	72 896 081	45 921 557	63.0	35 542 314	28 541 791	80.3	37 353 767	17 379 766	46.5
15 – 19		7 138 599	1 331 406	18.6	3 659 654	710 691	19.4	3 478 945	620 715	17.8
20 – 24		6 760 146	4 886 257	72.3	3 459 523	2 496 497	72.2	3 300 623	2 389 760	72.4
25 – 29		6 188 285	4 645 907	75.1	3 128 759	3 028 727	96.8	3 059 526	1 617 180	52.9
30 – 34		7 044 273	5 101 385	72.4	3 541 115	3 476 199	98.2	3 503 158	1 625 186	46.4
35 – 39		8 460 219	6 505 904	76.9	4 233 323	4 166 885	98.4	4 226 896	2 339 019	55.3
40 – 44		7 265 141	5 878 827	80.9	3 613 795	3 555 625	98.4	3 651 346	2 323 202	63.6
45 – 49		6 418 621	5 179 862	80.7	3 195 514	3 132 986	98.0	3 223 107	2 046 876	63.5
50 – 54		5 984 058	4 603 540	76.9	2 970 343	2 886 465	97.2	3 013 715	1 717 075	57.0
55 – 59		5 084 292	3 528 102	69.4	2 481 223	2 313 315	93.2	2 603 069	1 214 787	46.7
60 – 64		3 854 427	2 070 427	53.7	1 699 431	1 318 354	77.6	2 154 996	752 073	34.9
65 – 69		2 964 885	1 155 763	39.0	1 258 014	743 635	59.1	1 706 871	412 128	24.1
70 – 74		2 506 982	648 437	25.9	1 060 969	438 948	41.4	1 446 013	209 489	14.5
75 plus		3 226 153	385 740	12.0	1 240 651	273 464	22.0	1 985 502	112 276	5.7
Rural – Rurale										
1 X 1985 [33]										
15 plus	15	22 078 278	14 468 994	65.5	10 588 870	8 529 875	80.6	11 489 408	5 939 119	51.7
15 – 19		1 841 348	314 803	17.1	940 773	173 922	18.5	900 575	140 881	15.6
20 – 24		1 440 408	1 180 368	81.9	706 472	614 620	87.0	733 936	565 748	77.1
25 – 29		1 635 117	1 281 418	78.4	819 571	802 348	97.9	815 546	479 070	58.7
30 – 34		2 009 951	1 587 844	79.0	1 017 150	999 733	98.3	992 801	588 111	59.2
35 – 39		2 277 825	1 900 804	83.4	1 164 907	1 146 371	98.4	1 112 918	754 433	67.8
40 – 44		1 869 813	1 612 474	86.2	938 082	921 659	98.2	931 731	690 815	74.1
45 – 49		1 817 993	1 559 700	85.8	896 607	876 107	97.7	921 386	683 593	74.2
50 – 54		1 948 936	1 602 401	82.2	956 071	924 169	96.7	992 865	678 232	68.3
55 – 59		1 915 453	1 436 594	75.0	928 151	860 491	92.7	987 302	576 103	58.4
60 – 64		1 551 111	939 668	60.6	680 471	545 897	80.2	870 640	393 771	45.2
65 – 69		1 228 534	561 099	45.7	522 994	338 877	64.8	705 540	222 222	31.5
70 – 74		1 056 415	316 924	30.0	442 626	205 052	46.3	613 789	111 872	18.2
75 plus		1 485 374	174 897	11.8	574 995	120 629	21.0	910 379	54 268	6.0
Sri Lanka										
Urban – Urbaine										
17 III 1981										
10 plus	10	2 541 945	1 106 001	43.5	1 339 418	854 535	63.8	1 202 527	251 466	20.9
10 – 14		350 393	14 194	4.0	179 442	9 584	5.3	170 951	4 610	2.7
15 – 19		362 171	101 716	28.1	190 540	73 193	38.4	171 631	28 523	16.6
20 – 24		357 563	208 447	58.3	191 690	147 982	77.2	165 873	60 465	36.5
25 – 29		296 432	188 794	63.7	157 750	139 363	88.3	138 682	49 431	35.6
30 – 34		261 260	164 656	63.0	139 757	128 175	91.7	121 503	36 481	30.0
35 – 39		191 411	117 773	61.5	101 101	93 491	92.5	90 310	24 282	26.9
40 – 44		156 536	93 934	60.0	84 335	76 956	91.2	72 201	16 978	23.5
45 – 49		133 079	75 348	56.6	70 337	62 815	89.3	62 742	12 533	20.0
50 – 54		122 814	63 629	51.8	65 487	54 623	83.4	57 327	9 006	15.7
55 – 59		95 085	36 833	38.7	50 401	32 400	64.3	44 684	4 433	9.9
60 – 64		75 810	19 557	25.8	39 660	17 432	44.0	36 150	2 125	5.9
65 – 69		55 926	11 252	20.1	27 920	9 890	35.4	28 006	1 362	4.9
70 – 74		39 749	5 751	14.5	19 989	5 061	25.3	19 760	690	3.5
75 plus		43 716	4 117	9.4	21 009	3 570	17.0	22 707	547	2.4

36. Economically active population and activity rates by sex, age and urban/rural residence: each census, 1973 – 1988 (continued)
Population active et taux d'activité selon le sexe, l'âge et la résidence, urbaine/rurale: chaque recensement, 1973 – 1988 (suite)
Data by urban/rural residence
Données selon la résidence urbaine/rurale

(See notes at end of table. – Voir notes à la fin du tableau.)

Continent, country or area, date, age(in years) and urban/rural residence — Continent, pays ou zone, date, âge(en années) et résidence, urbaine/rurale	Age [1]	Both sexes – Les deux sexes: Total	Both sexes – Les deux sexes: Economically active Population active: Number Nombre	Both sexes – Les deux sexes: Economically active Population active: Per cent P. 100	Male – Masculin: Total	Male – Masculin: Economically active Population active: Number Nombre	Male – Masculin: Economically active Population active: Per cent P. 100	Female – Féminin: Total	Female – Féminin: Economically active Population active: Number Nombre	Female – Féminin: Economically active Population active: Per cent P. 100
ASIA—ASIE (Cont.–Suite)										
Sri Lanka										
Rural – Rurale										
17 III 1981										
10 plus	10	8 767 540	3 910 572	44.6	4 428 616	2 881 653	65.1	4 338 924	1 028 919	23.7
10 – 14		1 338 940	52 935	4.0	682 863	37 668	5.5	656 077	15 267	2.3
15 – 19		1 241 016	377 468	30.4	622 258	255 474	41.1	618 758	121 994	19.7
20 – 24		1 168 900	674 185	57.7	573 926	454 400	79.2	594 974	219 785	36.9
25 – 29		978 425	617 076	63.1	480 275	434 011	90.4	498 150	183 065	36.7
30 – 34		864 166	555 015	64.2	429 856	403 932	94.0	434 310	151 083	34.8
35 – 39		647 662	412 839	63.7	320 596	303 167	94.6	327 066	109 672	33.5
40 – 44		541 667	338 276	62.4	275 609	258 052	93.6	266 058	80 224	30.2
45 – 49		476 210	284 760	59.8	238 405	220 245	92.4	237 805	64 515	27.1
50 – 54		416 710	234 226	56.2	219 081	192 691	88.0	197 629	41 535	21.0
55 – 59		327 237	153 065	46.8	171 925	130 805	76.1	155 312	22 260	14.3
60 – 64		264 594	97 319	36.8	143 678	87 479	60.9	120 916	9 840	8.1
65 – 69		196 125	58 864	30.0	105 142	53 758	51.1	90 983	5 106	5.6
70 – 74		141 143	32 214	22.8	77 411	29 741	38.4	63 732	2 473	3.9
75 plus		164 745	22 330	13.6	87 591	20 230	23.1	77 154	2 100	2.7
Turkey – Turquie										
Urban – Urbaine										
12 X 1980										
12 plus	12	13 976 717	6 228 527	44.6	7 352 007	5 372 180	73.1	6 624 710	856 347	12.9
12 – 14		1 343 563	183 692	13.7	725 245	151 679	20.9	618 318	32 013	5.2
15 – 19		2 181 755	788 997	36.2	1 186 020	653 769	55.1	995 735	135 228	13.6
20 – 24		2 119 174	1 237 497	58.4	1 190 367	1 041 030	87.5	928 807	196 467	21.2
25 – 29		1 719 921	1 017 026	59.1	905 604	859 501	94.9	814 317	157 525	19.3
30 – 34		1 360 897	805 768	59.2	723 894	699 221	96.6	637 003	106 547	16.7
35 – 39		1 048 331	590 890	56.4	539 869	521 095	96.5	508 462	69 795	13.7
40 – 44		924 837	482 228	52.1	463 185	431 875	93.2	461 652	50 353	10.9
45 – 49		864 178	441 916	51.1	459 488	402 872	87.7	404 690	39 044	9.6
50 – 54		737 358	313 980	42.6	374 909	284 961	76.0	362 449	29 019	8.0
55 – 59		487 973	171 300	35.1	250 570	156 410	62.4	237 403	14 890	6.3
60 – 64		309 568	72 965	23.6	146 366	65 406	44.7	163 202	7 559	4.6
65 plus		802 454	91 735	11.4	345 047	80 806	23.4	457 407	10 929	2.4
Unknown–Inconnu		76 708	30 533	39.8	41 443	23 555	56.8	35 265	6 978	19.8
20 X 1985										
12 plus	12	19 351 549	8 381 756	43.3	10 139 398	7 247 921	71.5	9 212 151	1 133 835	12.3
12 – 14		1 875 621	220 880	11.8	1 006 937	181 106	18.0	868 684	39 774	4.6
15 – 19		2 856 981	1 026 064	35.9	1 544 913	849 705	55.0	1 312 068	176 359	13.4
20 – 24		2 858 305	1 605 488	56.2	1 575 398	1 368 198	86.8	1 282 907	237 290	18.5
25 – 29		2 439 336	1 428 680	58.6	1 267 893	1 205 257	95.1	1 171 443	223 423	19.1
30 – 34		2 058 830	1 213 591	58.9	1 081 942	1 043 392	96.4	976 888	170 199	17.4
35 – 39		1 666 547	958 249	57.5	875 682	841 838	96.1	790 865	116 411	14.7
40 – 44		1 230 623	647 853	52.6	642 844	584 585	90.9	587 779	63 268	10.8
45 – 49		1 051 514	467 263	44.4	533 667	426 075	79.8	517 847	41 188	8.0
50 – 54		993 879	372 445	37.5	516 913	344 451	66.6	476 966	27 994	5.9
55 – 59		801 948	226 276	28.2	399 462	208 637	52.2	402 486	17 639	4.4
60 – 64		528 090	103 989	19.7	259 564	95 977	37.0	268 526	8 012	3.0
65 plus		932 156	83 867	9.0	399 207	76 208	19.1	532 949	7 659	1.4
Unknown–Inconnu		57 719	27 111	47.0	34 976	22 492	64.3	22 743	4 619	20.3

36. Economically active population and activity rates by sex, age and urban/rural residence: each census, 1973 – 1988 (continued)
Population active et taux d'activité selon le sexe, l'âge et la résidence, urbaine/rurale: chaque recensement, 1973 – 1988 (suite)
Data by urban/rural residence

Données selon la résidence urbaine/rurale

(See notes at end of table. – Voir notes à la fin du tableau.)

Continent, country or area, date, age(in years) and urban/rural residence — Continent, pays ou zone, date, âge(en années) et résidence, urbaine/rurale	Age [1]	Both sexes – Les deux sexes: Total	Both sexes: Economically active – Population active: Number – Nombre	Both sexes: Per cent – P. 100	Male – Masculin: Total	Male: Economically active – Population active: Number – Nombre	Male: Per cent – P. 100	Female – Féminin: Total	Female: Economically active – Population active: Number – Nombre	Female: Per cent – P. 100
ASIA—ASIE (Cont.–Suite)										
Turkey – Turquie										
Rural – Rurale										
12 X 1980										
12 plus	12	16 562 904	12 983 666	78.4	8 049 813	6 912 077	85.9	8 513 091	6 071 589	71.3
12 – 14		1 893 013	1 186 050	62.7	964 529	564 121	58.5	928 484	621 929	67.0
15 – 19		2 785 552	2 234 778	80.2	1 376 845	1 125 368	81.7	1 408 707	1 109 410	78.8
20 – 24		1 930 505	1 618 629	83.8	883 477	837 090	94.7	1 047 028	781 539	74.6
25 – 29		1 655 405	1 384 508	83.6	813 557	801 517	98.5	841 848	582 991	69.3
30 – 34		1 333 818	1 125 746	84.4	649 647	643 104	99.0	684 171	482 642	70.5
35 – 39		1 149 750	992 709	86.3	538 929	533 669	99.0	610 821	459 040	75.2
40 – 44		1 132 109	992 588	87.7	525 633	515 351	98.0	606 476	477 237	78.7
45 – 49		1 143 577	1 011 197	88.4	583 971	563 734	96.5	559 606	447 463	80.0
50 – 54		991 902	857 128	86.4	487 200	456 484	93.7	504 702	400 644	79.4
55 – 59		662 655	557 774	84.2	341 560	310 421	90.9	321 095	247 353	77.0
60 – 64		483 093	368 971	76.4	228 943	194 082	84.8	254 150	174 889	68.8
65 plus		1 310 793	607 553	46.3	610 313	342 588	56.1	700 480	264 965	37.8
Unknown–Inconnu		90 732	46 035	50.7	45 209	24 548	54.3	45 523	21 487	47.2
20 X 1985										
12 plus	12	15 987 750	13 198 240	82.6	7 664 197	6 684 810	87.2	8 323 553	6 513 430	78.3
12 – 14		1 809 358	1 182 198	65.3	905 127	546 627	60.4	904 231	635 571	70.3
15 – 19		2 550 483	2 173 378	85.2	1 199 668	1 019 847	85.0	1 350 815	1 153 531	85.4
20 – 24		1 926 175	1 723 039	89.5	858 654	827 948	96.4	1 067 521	895 091	83.8
25 – 29		1 601 426	1 417 097	88.5	788 294	778 563	98.8	813 132	638 534	78.5
30 – 34		1 315 576	1 163 458	88.4	641 962	635 803	99.0	673 614	527 658	78.3
35 – 39		1 120 024	1 010 889	90.3	537 914	532 434	99.0	582 110	478 455	82.2
40 – 44		977 533	894 317	91.5	455 373	444 659	97.6	522 160	449 658	86.1
45 – 49		957 095	871 729	91.1	457 775	437 024	95.5	499 320	434 705	87.1
50 – 54		1 048 713	942 275	89.8	522 245	486 783	93.2	526 468	455 492	86.5
55 – 59		847 121	738 787	87.2	424 974	386 299	90.9	422 147	352 488	83.5
60 – 64		602 096	474 772	78.9	296 249	253 930	85.7	305 847	220 842	72.2
65 plus		1 193 752	585 955	49.1	555 835	322 315	58.0	637 917	263 640	41.3
Unknown–Inconnu		38 398	20 346	53.0	20 127	12 578	62.5	18 271	7 765	42.5
OCEANIA—OCEANIE										
Papua New Guinea – Papouasie–Nouvelle–Guinée										
Urban – Urbaine										
22 IX 1980 [44]										
10 plus	10	255 368	115 608	45.3	153 871	97 024	63.1	101 497	18 584	18.3
10 – 14		37 679	1 722	4.6	21 363	1 141	5.3	16 316	581	3.6
15 – 19		52 720	18 089	34.3	32 343	13 528	41.8	20 377	4 561	22.4
20 – 24		54 610	31 822	58.3	31 694	25 771	81.3	22 916	6 051	26.4
25 – 29		41 209	25 629	62.2	24 888	22 101	88.8	16 321	3 528	21.6
30 – 34		24 597	15 625	63.5	15 559	13 849	89.0	9 038	1 776	19.6
35 – 39		15 503	9 153	59.0	9 659	8 294	85.9	5 844	859	14.7
40 – 44		10 041	5 846	58.2	6 604	5 375	81.4	3 437	471	13.7
45 – 49		7 025	3 580	51.0	4 429	3 281	74.1	2 596	299	11.5
50 – 54		5 064	2 219	43.8	3 212	1 991	62.0	1 852	228	12.3
55 – 59		3 316	1 209	36.5	2 027	1 085	53.5	1 289	124	9.6
60 – 64		1 871	464	24.8	1 100	400	36.4	771	64	8.3
65 plus		1 733	250	14.4	993	208	20.9	740	42	5.7

36. Economically active population and activity rates by sex, age and urban/rural residence: each census, 1973 – 1988 (continued)
Population active et taux d'activité selon le sexe, l'âge et la résidence, urbaine/rurale: chaque recensement, 1973 – 1988 (suite)
Data by urban/rural residence

Données selon la résidence urbaine/rurale

(See notes at end of table. – Voir notes à la fin du tableau.)

Continent, country or area, date, age(in years) and urban/rural residence / Continent, pays ou zone, date, âge(en années) et résidence, urbaine/rurale	Age [1]	Both sexes – Les deux sexes: Total	Both sexes – Economically active / Population active: Number / Nombre	Both sexes – Economically active / Population active: Per cent / P. 100	Male – Masculin: Total	Male – Economically active / Population active: Number / Nombre	Male – Economically active / Population active: Per cent / P. 100	Female – Féminin: Total	Female – Economically active / Population active: Number / Nombre	Female – Economically active / Population active: Per cent / P. 100
OCEANIA—OCEANIE(Cont.–Suite)										
Papua New Guinea – Papouasie–Nouvelle–Guinée										
Rural – Rurale										
22 IX 1980 [44]										
10 plus	10	1 823 760	654 972	35.9	935 324	371 737	39.7	888 436	283 235	31.9
10 – 14		346 934	37 355	10.8	181 945	17 501	9.6	164 989	19 854	12.0
15 – 19		250 009	81 892	32.8	134 703	45 693	33.9	115 306	36 199	31.4
20 – 24		201 393	90 909	45.1	103 250	54 133	52.4	98 143	36 776	37.5
25 – 29		174 460	82 738	47.4	86 071	48 995	56.9	88 389	33 743	38.2
30 – 34		183 569	86 114	46.9	88 315	48 111	54.5	95 254	38 003	39.9
35 – 39		131 196	61 939	47.2	65 917	35 427	53.7	65 279	26 512	40.6
40 – 44		135 224	62 862	46.5	67 940	35 252	51.9	67 284	27 610	41.0
45 – 49		106 479	47 754	44.8	54 138	26 796	49.5	52 341	20 958	40.0
50 – 54		108 117	45 597	42.2	55 041	25 646	46.6	53 076	19 951	37.6
55 – 59		80 689	30 597	37.9	41 085	17 352	42.2	39 604	13 245	33.4
60 – 64		61 145	17 631	28.8	32 716	10 827	33.1	28 429	6 804	23.9
65 plus		44 545	9 584	21.5	24 203	6 004	24.8	20 342	3 580	17.6
Vanuatu										
Urban – Urbaine										
22 I 1986										
15 plus	15	12 725	9 045	71.1	6 773	5 768	85.2	5 952	3 278	55.1
15 – 24		4 805	3 011	62.7	2 428	1 778	73.2	2 377	1 233	51.9
25 – 44		6 086	4 747	78.0	3 302	3 100	93.9	2 784	1 647	59.2
45 – 64		1 488	1 037	69.7	847	738	87.1	641	299	46.6
65 plus		346	250	72.3	196	152	77.6	150	99	66.0

GENERAL NOTES

Percentages are the numbers economically active in each sex–age group per 100 total population in the same sex–age group. For definitions of "urban" see end of table 6. For limitations of data, see Technical Notes page 130.

FOOTNOTES

- * Provisional.
- 1 Lower age limit (in years) of economically active population tabulations.
- 2 De jure population.
- 3 Excluding persons residing in institutions.
- 4 For classification by urban/rural residence, see end of table.
- 5 Excluding population counted separately.
- 6 Rates not computed because the appropriate base cannot be determined.
- 7 Data exclude adjustment for underenumeration, estimated at 3.8 per cent.
- 8 Excluding Bophuthatswana, Ciskei, Transkei and Venda. Data have not been adjusted for underenumeration.
- 9 Based on a sample of census returns.
- 10 Economically active population refers to labour force population.
- 11 Reasons for discrepancy between these figures and those shown elsewhere is due to error in processing the census results.

NOTES GENERALES

Les pourcentages expriment le nombre de personnes actives par groupe d'âge et par sexe pour 100 personnes du même sexe dans la population totale. Pour les définitions des "régions urbaines", se reporter à la fin du tableau 6. Pour les insuffisances des données, voir Notes techniques, page 130.

NOTES

- * Données provisoires.
- 1 Limite d'âge inférieure (en années) fixée pour le classement de la population active.
- 2 Population de droit.
- 3 Non compris les personnes dans les institutions.
- 4 Pour le classement selon la résidence, urbaine/rurale, voir la fin du tableau.
- 5 Non compris la population comptée à part.
- 6 On n'a pas calculé les taux faute de pouvoir déterminé la base appropriée.
- 7 Les données n'ont pas été ajustées pour compenser les lacunes du dénombrement, estimées à 3,8 p. 100.
- 8 Non compris Bophuthatswana, Ciskei, Transkei et Venda. Les données n'ont pas été ajustées pour compenser les lacunes du dénombrement.
- 9 D'après un échantillon des bulletins de recensement.
- 10 La population active désigne la population dans la main–d'oeuvre.
- 11 Les divergences entre ces chiffres et les chiffres correspondants indiqués ailleurs s'expliquent par des erreurs dans le traitement des résultats du recensement.

36. Economically active population and activity rates by sex, age and urban/rural residence: each census, 1973 – 1988 (continued)
Population active et taux d'activité selon le sexe, l'âge et la résidence, urbaine/rurale: chaque recensement, 1973 – 1988 (suite)

FOOTNOTES (continued)

12 Based on a 10 per cent sample of census returns.
13 Excluding population attending school.
14 De jure population, but excluding persons residing in institutions.
15 Because of rounding, totals are not in all cases the sum of the parts.
16 For week preceding the census date.
17 Excluding indigenous population.
18 De jure population, but including armed forces stationed in the area.
19 Age classification based on year of birth rather than on completed years of age.
20 De jure population but excluding armed forces overseas and civilian citizens absent from country for extended period of time.
21 Based on a 17 per cent sample of census returns.
22 Including armed forces.
23 Excluding nomadic Indian tribes.
24 Data exclude adjustment for underenumeration, estimated at 5.6 per cent.
25 Excluding Indian jungle population, estimated at 39 800 in 1972.
26 Data exclude adjustment for underenumeration, estimated at 4.1 per cent.
27 Data exclude adjustment for underenumeration, estimated at 2.6 per cent.
28 Excluding Indian jungle population, estimated at 31 800 in 1961.
29 Data exclude adjustment for underenumeration, estimated at 6.85 per cent.
30 Including 26 106 transients and 9 131 Vietnames refugees.
31 Including data for East Jerusalem and Israeli residents in certain other territories under occupation by Israeli military forces since June 1967.
32 Economically active population excludes the armed forces and draftees for national service.
33 Excluding diplomatic personnel outside country and foreign military and civilian personnel and their dependants stationed in the area.
34 Excluding data for Jordanian territory under occupation since June 1967 by Israeli military forces.
35 Including military and diplomatic personnel and their families abroad, numbering 933 at 1961 census, but excluding foreign military and diplomatic personnel and their families in the country, numbering 389 at 1961 census. Also including registered Palestinian refugees numbering 722 687 on 31 May 1967.
36 Formerly listed as "Burma".
37 For Syrian population only.
38 Economically active population for industry and occupation only.
39 Excluding Faeroe Islands and Greenland.
40 Including civilian nationals temporarily outside the country.
41 Data excluded adjustment for underenumeration, estimated at 1.8 per cent.
42 Excluding diplomatic personnel and armed forces stationed outside the country, the latter numbering 1 936 at 1966 census, also excluding alien armed forces within the country.
43 Excluding Northern Marianas.
44 Economically active population excludes persons seeking work for the first time.

NOTES (suite)

12 D'après un échantillon de 10 p. 100 des bulletins de recensement.
13 Non compris la population fréquentant les écoles.
14 Population de droit, mais non compris les personnes dans les institutions.
15 Les chiffres étant arrondis, les totaux ne correspondent pas toujours rigoureusement à la somme des chiffres partiels.
16 Pour la semaine qui précédé la date du recensement.
17 Non compris la population indigène.
18 Population de droit, mais y compris les militaires en garnison sur le territoire.
19 La classification par âge est fondées sur l'année de naissance et non sur l'âge en années révolues.
20 Population de droit, mais non compris les militaires à l'étranger, ni les civils hors du pays pendant une période prolongée.
21 D'après un échantillon de 17 p. 100 des bulletins de recensement.
22 Y compris les militaires.
23 Non compris les tribus d'Indiens nomades.
24 Les données n'ont pas été ajustées pour compenser les lacunes du dénombrement, estimées à 5,6 p.100.
25 Non compris les Indiens de la jungle, estimés à 39 800 en 1972.
26 Les données n'ont pas été ajustées pour compenser les lacunes du dénombrement, estimées à 4,1 p. 100.
27 Les données n'ont pas été ajustées pour compenser les lacunes du dénombrement, estimées à 2,6 p. 100.
28 Non compris les Indiens de la jungle, estimés à 31 800 en 1961.
29 Les données n'ont pas été ajustées pour compenser les lacunes du dénombrement, estimées à 6,85 p. 100.
30 Y compris 26 106 transients et 9 131 réfugiés du Viet Nam.
31 Y compris les données pour Jérusalem–Est et les résidents israéliens dans certains autres territoires occupés depuis juin 1967 par les forces armées israéliennes.
32 La population active ne comprend pas les forces armées ni les militaires du contingent.
33 Non compris le personnel diplomatique hors du pays ni les militaires et agents civils étrangers en poste sur le territoire et les membres de leur famille les accompagnant.
34 Non compris les données pour le territoire jordanien occupé depuis juin 1967 par les forces armées israéliennes.
35 Y compris les militaires, les personnel diplomatique à l'étranger et les membres de leur famille les accompagnant au nombre de 933 personnes au recensement de 1961, mais non compris les militaires, le personnel diplomatique étranger en poste dans le pays et les membres de leur famille les accompagnant au nombre de 389 personnes au recensement de 1961. Y compris également les réfugiés de Palestine immatriculés, au nombre de 722 687 au 31 mai 1967.
36 Antérieurement désigné sous le nom de "Birmanie".
37 Pour la population Syrienne seulement.
38 La population active pour la branche d'activité économique et la profession seulement.
39 Non compris les îles Féroé et le Groenland.
40 Y compris les civils nationaux temporairement hors du pays.
41 Les données n'ont pas été ajustées pour compenser les lacunes du dénombrement, estimées à 1,8 p. 100.
42 Non compris le personnel diplomatique ni les militaires hors du pays, ces derniers au nombre de 1 936, au recensement de 1966; non compris également les militaires étrangers dans le pays.
43 Non compris les Mariannes septentrionales.
44 La population active ne comprend pas les personnes cherchant un emploi pour la premiére fois.

36. Economically active population and activity rates by sex, age and urban/rural residence: each census, 1973 – 1988 (continued)
Population active et taux d'activité selon le sexe, l'âge et la résidence, urbaine/rurale: chaque recensement, 1973 – 1988 (suite)

List of countries or areas covered by this table in the 1984 issue of the Demographic Yearbook
Liste des pays ou zones couverts par ce tableau, dans l'édition de 1984 de l'Annuaire démographique

Continent and country or area Continent et pays ou zone	Census date Date du recensement	Issue Edition
AFRICA — AFRIQUE		
Algeria – Algérie	12 II 1977	1984
Benin – Bénin	20–30 III 1979	1984
Botswana	12–26 VIII 1981	1984
Cameroon – Cameroun	9 IV 1976	1984
Central African Republic – Rép. centrafricaine	8 XII 1975	1984
Comoros – Comores	15 IX 1980	1984
Congo	7 II 1974	1984
Egypt – Egypte	22–23 XI 1976	1984
Guinea–Bissau – Guinée Bissau	16–30 IV 1979	1984
Ivary Coast – Côte d'Ivoire	30 IV 1975	1984
Liberia – Libéria	1 II 1974	1984
Malawi	20 IX 1977	1984
Mali	16 XII 1976	1984
Réunion	9 III 1982	1984
Rwanda	15–16 VIII 1978	1984
St. Helena ex. dep. – Sainte–Hélène sans dép.	31 X 1976	1984
Senegal – Sénégal	16 IV 1976	1984
Seychelles	1 VIII 1977	1984
Swaziland	25 VIII 1976	1984
AMERICA, NORTH — AMERIQUE DU NORD		
Bermuda – Bermudes	12 V 1980	1984
Canada	3 VI 1981	1984
Cayman Islands – Iles Caïmanes	8 X 1979	1984
Greenland – Groenland	26 X 1976	1984
Guadeloupe	16 X 1974	1984
Guadeloupe	9 III 1982	1984
Guatemala	26 III 1981	1984
Haiti – Haïti	30 VIII 1982	1984
Honduras	6 III 1974	1984
Martinique	16 X 1974	1984
Martinique	9 III 1982	1984
Mexico – Mexique	4 VI 1980	1984
St. Pierre and Miquelon – Saint–Pierre–et–Miquelon	18 II 1974	1984
Turks and Caicos Islands – Iles Turques et Caïques	12 V 1980	1984
AMERICA, SOUTH — AMERIQUE DU SUD		
Argentina – Argentine	22 X 1980	1984
Bolivia – Bolivie	29 IX 1976	1984
Brazil – Brésil	1 IX 1980	1984
Ecuador – Equateur	8 VI 1974	1984
French Guiana – Guyane Française	16 X 1974	1984
French Guiana – Guyane Française	9 III 1982	1984
Uruguay	21 V 1975	1984
ASIA — ASIE		
Afghanistan	23 VI 1979	1984
Bahrain – Bahreïn	5 IV 1981	1984
Bangladesh	1 III 1974	1984
Bangladesh	6 III 1981	1984
Brunei – Brunéi	26 VIII 1981	1984
China – Chine	1 VII 1982	1984

Continent and country or area Continent et pays ou zone	Census date Date du recensement	Issue Edition
ASIA (cont.) — ASIE (suite)		
Hong Kong – Hong–kong	2 VIII 1976	1984
Hong Kong – Hong–kong	9 III 1981	1984
India – Inde	1 III 1981	1984
Indonesia – Indonésie	31 X 1980	1984
Iran	1 XI 1976	1984
Iraq	17 X 1977	1984
Japan – Japon	1 X 1975	1984
Japan – Japon	1 X 1980	1984
Korea, Republic of – Corée, République de	1 X 1975	1984
Korea, Republic of – Corée, République de	1 X 1980	1984
Kuwait – Koweït	21 IV 1975	1984
Kuwait – Koweït	21 IV 1980	1984
Malausia – Malaisie Sarawak	10 VI 1980	1984
Maldives	31 XII 1977	1984
Nepal – Népal	22 VI 1981	1984
Pakistan	1 III 1981	1984
Philippines	1 V 1975	1984
Philippines	1 V 1980	1984
Singapore – Singapour	24 VI 1980	1984
Thailand – Thaïlande	1 IV 1980	1984
Turkey – Turquie	26 X 1975	1984
United Arab Emirates – Emirats arabes unis	31 XII 1975	1984
Yemen – Yémen	1 II 1975	1984
EUROPE		
Austria – Autriche	12 V 1981	1984
Bulgaria – Bulgarie	2 XII 1975	
Channel Islands – Iles Anglo–Normandes		
Guernsey – Guernesey	5 IV 1981	1984
Jersey	5 IV 1981	1984
Czechoslovakia – Tchécoslovaquie	1 XI 1980	1984
Denmark – Danemark	1 VII 1976	1984
Faeroe Islands – Iles Féroé	22 IX 1977	1984
Finland – Finlande	31 XII 1975	1984
Finland – Finlande	1 XI 1980	1984
France	20 II 1975	1984
France	4 III 1982	1984
Gibraltar	9 XI 1981	1984
Greece – Grèce	5 IV 1981	1984
Hungary – Hongrie	1 I 1980	1984
Isle of Man – Ile de Man	4 IV 1976	1984
Isle of Man – Ile de Man	6 IV 1981	1984
Liechtenstein	31 XII 1981	1984
Luxembourg	31 III 1981	1984
Monaco	1 II 1975	1984
Norway – Norvège	1 XI 1980	1984
Poland – Pologne	7 XII 1978	1984
Portugal	16 III 1981	1984
Romania – Roumanie	5 I 1977	1984
San Marino – Saint–Marin	30 XI 1976	1984
Spain – Espagne	28 II 1981	1984
Sweden – Suède	1 XI 1975	1984
Sweden – Suède	8 IX 1980	1984
Switzerland – Suisse	2 XII 1980	1984
United Kingdom – Royaume–Uni		
England and Wales – Angleterre et Galles	5 IV 1981	1984
Northern Ireland – Irlande du Nord	5 IV 1981	1984
Scotland – Ecosse	5 IV 1981	1984

36. Economically active population and activity rates by sex, age and urban/rural residence: each census, 1973 – 1988 (continued)
Population active et taux d'activité selon le sexe, l'âge et la résidence, urbaine/rurale: chaque recensement, 1973 – 1988 (suite)

List of countries or areas covered by this table in the 1984 issue of the Demographic Yearbook
Liste des pays ou zones couverts par ce tableau, dans l'édition de 1984 de l'Annuaire démographique

Continent and country or area Continent et pays ou zone	Census date Date du recensement	Issue Edition
OCEANIA — OCEANIE		
American Samoa – Samoa américaines	25 IX 1974	1984
Australia – Australie	30 VI 1976	1984
Australia – Australie	30 VI 1981	1984
Christmas Island – Ile Christmas	30 VI 1981	1984
Cook Islands – Iles Cook	1 XII 1976	1984
Cook Islands – Iles Cook	1 XII 1981	1984
Fiji – Fidji	13 IX 1976	1984
Kiribati	12 XII 1978	1984
New Caledonia – Nouvelle-Calédonie	23 IV 1976	1984
New Zealand – Nouvelle-Zélande	23 III 1976	1984
New Zealand – Nouvelle-Zélande	24 III 1981	1984
OCEANIA (cont.) — OCEANIE (suite)		
Niue – Nioué	29 IX 1976	1984
Norfolk Island – Ile Norfolk	30 VI 1981	1984
Samoa	3 XI 1976	1984
Solomon Islands – Iles Salomon	7 II 1976	1984
Tokelau – Tokélaou	25 X 1976	1984
Tonga	30 XI 1976	1984
Vanuatu	15–16 I 1979	1984
Niue – Nioué	29 IX 1976	1984
USSR — URSS		
USSR – URSS	17 I 1979	1984
Byelourssian SSR – RSS de Biélorussie	17 I 1979	1984
Ukrainian SSR – RSS d'Ukraine	17 I 1979	1984

37. Population not economically active by functional category, sex, age and urban/ rural residence: each census, 1973 – 1988
Population inactive selon la catégorie fonctionnelle, le sexe, l'âge et la résidence, urbaine/rurale: chaque recensement, 1973 – 1988

(See notes at end of table. – Voir notes à la fin du tableau.)

Continent, country or area, date, sex, age(in years) and urban/rural residence Continent, pays ou zone, date, sexe, âge(en années) et résidence urbaine/rurale	Total not economically active Population inactive totale	Functional categories – Catégories fonctionnelles Home-maker Personnes s'occupant du foyer	Student Etudiants	Income recipient Retraités et rentiers	Other Autres personnes inactives	Not stated Non déterminé
AFRICA—AFRIQUE						
Burundi						
15–16 VIII 1979 [1]						
Male – Masculin						
10 plus	184 130	–	95 413	3 236	85 481	–
10 – 14	105 000	–	62 295	–	42 705	–
15 – 19	33 494	–	25 144	–	8 350	–
20 – 24	9 621	–	6 611	–	3 010	–
25 – 34	4 334	–	1 363	–	2 971	–
35 – 44	2 399	–	–	–	2 399	–
45 – 54	2 900	–	–	–	2 900	–
55 – 64	4 785	–	–	577	4 208	–
65 plus	21 123	–	–	2 639	18 484	–
Unknown–Inconnu	474	–	–	20	454	–
Female – Féminin						
10 plus	169 971	28 408	59 691	2 111	79 761	–
10 – 14	87 109	4 401	43 799	–	38 909	–
15 – 19	22 776	3 886	13 827	–	5 063	–
20 – 24	8 305	4 719	1 863	–	1 723	–
25 – 34	8 621	6 324	202	–	2 095	–
35 – 44	5 699	3 695	–	–	2 004	–
45 – 54	4 905	1 942	–	–	2 963	–
55 – 64	7 819	1 491	–	365	5 963	–
65 plus	24 243	1 908	–	1 735	20 600	–
Unknown–Inconnu	494	42	–	11	441	–
Congo						
22 XII 1984 [2]						
Male – Masculin						
Total	255 381	–	230 159	11 983	13 239	–
– 15	114 750	–	113 380	38	1 332	–
15 – 19	78 904	–	76 052	136	2 716	–
20 – 24	34 780	–	32 044	201	2 535	–
25 – 29	7 873	–	6 462	157	1 254	–
30 – 34	1 178	–	553	91	534	–
35 – 39	626	–	144	129	353	–
40 – 44	569	–	67	214	288	–
45 – 49	885	–	43	521	321	–
50 – 54	1 609	–	16	1 257	336	–
55 – 59	3 832	–	39	3 375	418	–
60 – 64	2 972	–	84	2 309	579	–
65 plus	6 422	–	447	3 492	2 483	–
Unknown–Inconnu	981	–	828	63	90	–
Female – Féminin						
Total	379 754	155 124	208 210	1 063	15 357	–
– 15	112 969	1 576	109 507	34	1 852	–
15 – 19	84 938	13 659	68 286	79	2 914	–
20 – 24	56 410	29 650	24 746	96	1 918	–
25 – 29	33 333	28 658	3 719	57	899	–
30 – 34	21 054	20 106	467	38	443	–
35 – 39	15 195	14 729	124	32	310	–
40 – 44	10 730	10 426	59	23	222	–
45 – 49	10 078	9 717	48	43	270	–
50 – 54	7 864	7 363	31	67	403	–
55 – 59	6 887	6 174	35	99	579	–
60 – 64	6 279	5 103	59	120	997	–
65 plus	12 253	7 082	398	370	4 403	–
Unknown–Inconnu	1 764	881	731	5	147	–
Ghana						
11 III 1984 [3]						
Male – Masculin						
15 plus	536 588	30 849	422 369	13 857	69 513	–

37. Population not economically active by functional category, sex, age and urban/ rural residence: each census, 1973 – 1988 (continued)
Population inactive selon la catégorie fonctionnelle, le sexe, l'âge et la résidence, urbaine/rurale: chaque recensement, 1973 – 1988 (suite)

(See notes at end of table. – Voir notes à la fin du tableau.)

Continent, country or area, date, sex, age(in years) and urban/rural residence / Continent, pays ou zone, date, sexe, âge(en années) et résidence urbaine/rurale	Total not economically active / Population inactive totale	Functional categories – Catégories fonctionnelles				
		Home-maker / Personnes s'occupant du foyer	Student / Etudiants	Income recipient / Retraités et rentiers	Other / Autres personnes inactives	Not stated / Non déterminé
AFRICA—AFRIQUE (Cont.–Suite)						
Ghana						
11 III 1984 [3]						
Female – Féminin						
15 plus	644 275	277 761	239 348	4 062	123 104	–
Morocco – Maroc						
3–21 IX 1982 [3 4]						
Male – Masculin						
Total	5 234 909	–	2 199 713	...	3 035 196	–
– 15	4 147 915	–	1 542 472	...	2 605 443	–
15 – 19	466 324	–	456 547	...	9 777	–
20 – 24	182 157	–	171 526	...	10 631	–
25 – 29	35 543	–	25 916	...	9 627	–
30 – 34	10 198	–	3 252	...	6 946	–
35 – 39	6 346	–	–	...	6 346	–
40 – 44	7 605	–	–	...	7 605	–
45 – 49	11 944	–	–	...	11 944	–
50 – 54	22 610	–	–	...	22 610	–
55 – 59	24 852	–	–	...	24 852	–
60 – 64	75 377	–	–	...	75 377	–
65 – 69	54 425	–	–	...	54 425	–
70 – 74	66 156	–	–	...	66 156	–
75 plus	123 457	–	–	...	123 457	–
Unknown–Inconnu	–	–	–	...	–	–
Female – Féminin						
Total	9 025 663	4 341 981	1 351 511	...	3 332 171	–
– 15	4 056 125	176 473	990 956	...	2 888 696	–
15 – 19	918 391	646 347	265 819	...	6 225	–
20 – 24	794 329	704 385	84 147	...	5 797	–
25 – 29	608 653	595 413	9 240	...	4 000	–
30 – 34	478 093	473 246	1 349	...	3 498	–
35 – 39	373 891	370 158	–	...	3 733	–
40 – 44	413 533	407 502	–	...	6 031	–
45 – 49	312 535	306 929	–	...	5 606	–
50 – 54	317 035	301 119	–	...	15 916	–
55 – 59	180 924	167 214	–	...	13 710	–
60 – 64	217 417	111 780	–	...	105 637	–
65 – 69	91 056	38 088	–	...	52 968	–
70 – 74	125 053	26 970	–	...	98 083	–
75 plus	138 628	16 357	–	...	122 271	–
Unknown–Inconnu	–	–	–	...	–	–
Mozambique						
1 VIII 1980 [3 5]						
Male – Masculin						
12 plus	541 751	22 177	519 574	...	...	...
12 – 14	286 029	6 213	279 816	...	...	...
15 – 19	227 156	8 464	218 692	...	...	...
20 – 24	20 826	2 694	18 132	...	...	...
25 – 29	2 611	825	1 786	...	...	...
30 – 34	805	468	337	...	...	...
35 – 39	466	307	159	...	...	...
40 – 44	420	344	76	...	...	...
45 – 49	320	251	69	...	...	...
50 – 54	345	327	18	...	...	...
55 – 59	281	266	15	...	...	...
60 – 64	399	388	11	...	...	...
65 – 69	299	293	6	...	...	...
70 – 74	416	398	18	...	...	...
75 plus	846	814	32	...	...	...
Unknown–Inconnu	532	125	407	...	...	...

37. Population not economically active by functional category, sex, age and urban/ rural residence: each census, 1973 – 1988 (continued)
Population inactive selon la catégorie fonctionnelle, le sexe, l'âge et la résidence, urbaine/rurale: chaque recensement, 1973 – 1988 (suite)

(See notes at end of table. – Voir notes à la fin du tableau.)

Continent, country or area, date, sex, age(in years) and urban/rural residence Continent, pays ou zone, date, sexe, âge(en années) et résidence urbaine/rurale	Total not economically active Population inactive totale	Functional categories – Catégories fonctionnelles Home–maker Personnes s'occupant du foyer	Student Etudiants	Income recipient Retraités et rentiers	Other Autres personnes inactives	Not stated Non déterminé
AFRICA—AFRIQUE (Cont.–Suite)						
Mozambique						
1 VIII 1980 [3 5]						
Female – Féminin						
12 plus	557 669	257 836	299 833	...	...	...
12 – 14	202 130	12 147	189 983	...	...	...
15 – 19	145 625	41 499	104 126	...	...	...
20 – 24	56 680	52 137	4 543	...	...	...
25 – 29	38 507	37 963	544	...	...	...
30 – 34	30 203	30 044	159	...	...	...
35 – 39	19 310	19 233	77	...	...	...
40 – 44	17 068	17 004	64	...	...	...
45 – 49	11 069	11 036	33	...	...	...
50 – 54	10 087	10 069	18	...	...	...
55 – 59	6 016	6 004	12	...	...	...
60 – 64	6 936	6 924	12	...	...	...
65 – 69	4 120	4 112	8	...	...	...
70 – 74	3 944	3 930	14	...	...	...
75 plus	5 318	5 300	18	...	...	...
Unknown–Inconnu	656	434	222	...	...	...
South Africa – Afrique du Sud [6]						
5 III 1985 [3]						
Male – Masculin						
Total	6 012 595	29 871	3 161 945	477 013	2 343 766	–
– 20	5 076 642	4 872	3 027 923	3 996	2 039 851	–
20 – 24	183 528	2 448	100 593	4 214	76 273	–
25 – 34	155 163	6 315	24 786	12 989	111 073	–
35 – 54	147 040	9 945	3 998	43 664	89 433	–
55 – 64	121 747	3 500	987	96 064	21 196	–
65 plus	328 475	2 791	3 658	316 086	5 940	–
Unknown–Inconnu	–	–	–	–	–	–
Female – Féminin						
Total	8 680 687	2 497 038	3 213 014	623 229	2 347 406	–
– 20	5 225 670	105 229	3 060 956	3 705	2 055 780	–
20 – 24	418 913	215 432	98 275	3 468	101 738	–
25 – 34	827 240	676 178	33 361	9 463	108 238	–
35 – 54	1 132 776	1 022 826	12 070	35 808	62 072	–
55 – 64	464 854	307 083	3 156	142 163	12 452	–
65 plus	611 234	170 290	5 196	428 622	7 126	–
Unknown–Inconnu	–	–	–	–	–	–
Zambia – Zambie						
25 VIII 1980						
Male – Masculin						
12 plus	413 552	–	394 147	...	19 405	–
12 – 14	177 698	–	176 444	...	1 254	–
15 – 19	177 108	–	175 073	...	2 035	–
20 – 24	36 270	–	34 211	...	2 059	–
25 – 29	4 797	–	3 405	...	1 392	–
30 – 34	2 269	–	1 174	...	1 095	–
35 – 39	1 541	–	605	...	936	–
40 – 44	1 487	–	466	...	1 021	–
45 – 49	1 186	–	248	...	938	–
50 – 54	1 510	–	248	...	1 262	–
55 – 59	1 036	–	114	...	922	–
60 – 64	1 526	–	91	...	1 435	–
65 – 69	1 252	–	124	...	1 128	–
70 – 74	1 063	–	106	...	957	–
75 plus	2 261	–	131	...	2 130	–
Unknown–Inconnu	2 548	–	1 707	...	841	–

37. Population not economically active by functional category, sex, age and urban/ rural residence: each census, 1973 – 1988 (continued)
Population inactive selon la catégorie fonctionnelle, le sexe, l'âge et la résidence, urbaine/rurale: chaque recensement, 1973 – 1988 (suite)

(See notes at end of table. – Voir notes à la fin du tableau.)

Continent, country or area, date, sex, age(in years) and urban/rural residence Continent, pays ou zone, date, sexe, âge(en années) et résidence urbaine/rurale	Total not economically active Population inactive totale	Functional categories – Catégories fonctionnelles Home–maker Personnes s'occupant du foyer	Student Etudiants	Income recipient Retraités et rentiers	Other Autres personnes inactives	Not stated Non déterminé
AFRICA—AFRIQUE (Cont.–Suite)						
Zambia – Zambie						
25 VIII 1980						
Female – Féminin						
12 plus	1 043 496	736 103	287 987	...	19 406	–
12 – 14	166 206	1 950	163 075	...	1 181	–
15 – 19	182 324	70 259	109 632	...	2 433	–
20 – 24	159 399	147 751	9 573	...	2 075	–
25 – 29	111 102	108 117	1 952	...	1 033	–
30 – 34	101 743	99 415	1 172	...	1 156	–
35 – 39	83 067	81 388	495	...	1 184	–
40 – 44	69 567	67 985	423	...	1 159	–
45 – 49	49 783	48 705	211	...	867	–
50 – 54	37 428	36 172	99	...	1 157	–
55 – 59	22 551	21 464	71	...	1 016	–
60 – 64	19 229	17 753	69	...	1 407	–
65 – 69	10 547	9 414	75	...	1 058	–
70 – 74	6 346	5 189	27	...	1 130	–
75 plus	6 331	4 562	79	...	1 690	–
Unknown–Inconnu	17 873	15 979	1 034	...	860	–
Zimbabwe						
18 VIII 1982 [7]						
Male – Masculin						
10 plus	621 890	5 430	540 450	...	1 380	74 630
10 – 14	316 380	910	313 100	...	140	2 230
15 – 19	192 040	810	188 600	...	140	2 490
20 – 24	37 310	760	33 320	...	200	3 030
25 – 29	6 330	700	2 740	...	200	2 690
30 – 34	3 630	420	1 010	...	200	2 000
35 – 39	2 600	340	410	...	90	1 760
40 – 44	2 680	360	360	...	70	1 890
45 – 49	2 390	250	160	...	40	1 940
50 – 54	3 750	230	100	...	130	3 290
55 – 59	3 530	150	30	...	40	3 310
60 plus	50 110	490	530	...	120	48 970
Unknown–Inconnu	1 140	10	90	...	10	1 030
Female – Féminin						
10 plus	1 301 930	719 180	463 535	...	2 100	117 115
10 – 14	318 960	7 580	308 820	...	140	2 420
15 – 19	206 980	65 420	137 910	...	280	3 370
20 – 24	165 420	148 870	12 650	...	430	3 470
25 – 29	135 930	131 620	1 570	...	250	2 490
30 – 34	96 610	94 280	670	...	60	1 600
35 – 39	77 430	75 200	440	...	160	1 630
40 – 44	61 920	59 770	360	...	90	1 700
45 – 49	48 470	45 670	230	...	130	2 440
50 – 54	41 510	34 940	110	...	140	6 320
55 – 59	27 560	21 010	120	...	110	6 320
60 plus	116 960	33 020	650	...	310	82 980
Unknown–Inconnu	4 180	1 800	5	...	–	2 375

37. Population not economically active by functional category, sex, age and urban/ rural residence: each census, 1973 – 1988 (continued)

Population inactive selon la catégorie fonctionnelle, le sexe, l'âge et la résidence, urbaine/rurale: chaque recensement, 1973 – 1988 (suite)

(See notes at end of table. – Voir notes à la fin du tableau.)

Continent, country or area, date, sex, age(in years) and urban/rural residence Continent, pays ou zone, date, sexe, âge(en années) et résidence urbaine/rurale	Total not economically active Population inactive totale	Functional categories – Catégories fonctionnelles Home–maker Personnes s'occupant du foyer	Student Etudiants	Income recipient Retraités et rentiers	Other Autres personnes inactives	Not stated Non déterminé
AMERICA,NORTH— AMERIQUE DU NORD						
Bahamas						
12 V 1980 [8]						
Male – Masculin						
15 plus	10 681	175	6 960	2 482	1 064	–
15 – 19	6 296	32	6 178	14	72	–
20 – 24	721	16	605	32	68	–
25 – 29	217	4	126	29	58	–
30 – 34	86	6	26	18	36	–
35 – 39	103	11	14	23	55	–
40 – 44	108	9	4	39	56	–
45 – 49	131	8	–	57	66	–
50 – 54	202	19	2	97	84	–
55 – 59	254	18	–	154	82	–
60 – 64	502	17	–	383	102	–
65 plus	2 052	35	–	1 633	384	–
Unknown–Inconnu	9	–	5	3	1	–
Female – Féminin						
15 plus	26 500	14 038	8 169	2 716	1 577	–
15 – 19	7 932	623	7 240	16	53	–
20 – 24	2 460	1 659	736	13	52	–
25 – 29	1 827	1 623	148	10	46	–
30 – 34	1 749	1 663	24	19	43	–
35 – 39	1 577	1 503	6	19	49	–
40 – 44	1 517	1 408	6	34	69	–
45 – 49	1 363	1 242	4	46	71	–
50 – 54	1 269	1 094	5	85	85	–
55 – 59	1 225	970	–	145	110	–
60 – 64	1 426	861	–	386	179	–
65 plus	4 135	1 379	–	1 938	818	–
Unknown–Inconnu	20	13	–	5	2	–
Barbados – Barbade						
12 V 1980 [8]						
Male – Masculin						
15 plus	12 315	196	1 770	8 223	2 126	–
15 – 19	1 394	25	1 047	1	321	–
20 – 24	768	19	484	1	264	–
25 – 29	311	9	133	–	169	–
30 – 34	193	13	49	–	131	–
35 – 39	133	5	30	2	96	–
40 – 44	124	13	11	7	93	–
45 – 49	130	4	4	18	104	–
50 – 54	203	14	5	57	127	–
55 – 59	331	13	2	168	148	–
60 – 64	1 045	24	–	835	186	–
65 plus	7 669	57	2	7 127	483	–
Unknown–Inconnu	14	–	3	7	4	–

37. Population not economically active by functional category, sex, age and urban/ rural residence: each census, 1973 – 1988 (continued)
Population inactive selon la catégorie fonctionnelle, le sexe, l'âge et la résidence, urbaine/rurale: chaque recensement, 1973 – 1988 (suite)

(See notes at end of table. – Voir notes à la fin du tableau.)

Continent, country or area, date, sex, age(in years) and urban/rural residence Continent, pays ou zone, date, sexe, âge(en années) et résidence urbaine/rurale	Total not economically active Population inactive totale	Functional categories – Catégories fonctionnelles: Home–maker Personnes s'occupant du foyer	Student Etudiants	Income recipient Retraités et rentiers	Other Autres personnes inactives	Not stated Non déterminé
AMERICA,NORTH— (Cont.–Suite) AMERIQUE DU NORD						
Barbados – Barbade						
12 V 1980 [8]						
Female – Féminin						
15 plus	36 042	20 411	2 167	10 755	2 709	–
15 – 19	2 529	831	1 407	–	291	–
20 – 24	2 359	1 532	596	–	231	–
25 – 29	1 901	1 685	93	–	123	–
30 – 34	1 726	1 594	27	2	103	–
35 – 39	1 524	1 426	22	4	72	–
40 – 44	1 638	1 525	12	7	94	–
45 – 49	1 869	1 755	4	22	88	–
50 – 54	2 491	2 244	1	100	146	–
55 – 59	2 543	2 109	1	259	174	–
60 – 64	3 272	2 092	–	927	253	–
65 plus	14 151	3 598	4	9 420	1 129	–
Unknown–Inconnu	39	20	–	14	5	–
Belize						
12 V 1980 [8]						
Male – Masculin						
15 plus	2 760	174	117	1 920	549	–
15 – 19	432	53	89	66	224	–
20 – 24	175	21	17	45	92	–
25 – 29	131	16	10	50	55	–
30 – 34	78	8	1	37	32	–
35 – 39	74	8	–	34	32	–
40 – 44	73	11	–	39	23	–
45 – 49	81	14	–	53	14	–
50 – 54	105	6	–	84	15	–
55 – 59	140	7	–	120	13	–
60 – 64	204	7	–	184	13	–
65 plus	1 263	23	–	1 205	35	–
Unknown–Inconnu	4	–	–	3	1	–
Female – Féminin						
15 plus	26 640	25 060	90	1 260	230	–
15 – 19	4 261	4 066	49	36	110	–
20 – 24	4 065	3 974	27	18	46	–
25 – 29	3 142	3 101	8	16	17	–
30 – 34	2 409	2 383	3	14	9	–
35 – 39	1 956	1 938	2	12	4	–
40 – 44	1 870	1 856	–	9	5	–
45 – 49	1 781	1 757	–	21	3	–
50 – 54	1 618	1 585	–	28	5	–
55 – 59	1 256	1 187	–	66	3	–
60 – 64	1 120	1 024	–	93	3	–
65 plus	3 100	2 132	1	944	23	–
Unknown–Inconnu	62	57	–	3	2	–

37. Population not economically active by functional category, sex, age and urban/ rural residence: each census, 1973 – 1988 (continued)
Population inactive selon la catégorie fonctionnelle, le sexe, l'âge et la résidence, urbaine/rurale: chaque recensement, 1973 – 1988 (suite)

(See notes at end of table. – Voir notes à la fin du tableau.)

Continent, country or area, date, sex, age(in years) and urban/rural residence Continent, pays ou zone, date, sexe, âge(en années) et résidence urbaine/rurale	Total not economically active Population inactive totale	Functional categories – Catégories fonctionnelles Home–maker Personnes s'occupant du foyer	Student Etudiants	Income recipient Retraités et rentiers	Other Autres personnes inactives	Not stated Non déterminé
AMERICA,NORTH— (Cont.–Suite) AMERIQUE DU NORD						
British Virgin Islands – Iles Vierges britanniques						
12 V 1980 [8]						
Male – Masculin						
15 plus	297	26	20	251	–	–
15 – 19	17	1	12	4	–	–
20 – 24	11	3	7	1	–	–
25 – 29	6	2	–	4	–	–
30 – 34	5	2	1	2	–	–
35 – 39	2	1	–	1	–	–
40 – 44	3	–	–	3	–	–
45 – 49	4	–	–	4	–	–
50 – 54	12	3	–	9	–	–
55 – 59	29	1	–	28	–	–
60 – 64	31	4	–	27	–	–
65 plus	177	9	–	168	–	–
Unknown–Inconnu	–	–	–	–	–	–
Female – Féminin						
15 plus	1 212	1 032	22	158	–	–
15 – 19	62	42	18	2	–	–
20 – 24	108	104	4	–	–	–
25 – 29	137	134	–	3	–	–
30 – 34	97	96	–	1	–	–
35 – 39	82	81	–	1	–	–
40 – 44	60	58	–	2	–	–
45 – 49	94	85	–	9	–	–
50 – 54	109	100	–	9	–	–
55 – 59	89	80	–	9	–	–
60 – 64	112	100	–	12	–	–
65 plus	261	152	–	109	–	–
Unknown–Inconnu	1	–	–	1	–	–
Costa Rica						
10 VI 1984 [1]						
Male – Masculin						
12 plus	213 891	1 820	116 084	30 919	65 068	–
12 – 14	65 476	549	55 592	31	9 304	–
15 – 19	56 683	514	43 827	64	12 278	–
20 – 24	20 989	221	13 447	106	7 215	–
25 – 29	7 586	83	2 449	127	4 927	–
30 – 34	4 593	72	514	238	3 769	–
35 – 39	3 472	52	138	342	2 940	–
40 – 44	3 239	51	39	584	2 565	–
45 – 49	3 227	24	20	865	2 318	–
50 – 54	4 261	35	16	1 647	2 563	–
55 – 59	5 077	41	7	2 412	2 617	–
60 – 64	7 497	50	7	4 362	3 078	–
65 plus	31 791	128	28	20 141	11 494	–
Unknown–Inconnu	–	–	–	–	–	–

37. Population not economically active by functional category, sex, age and urban/ rural residence: each census, 1973 – 1988 (continued)
Population inactive selon la catégorie fonctionnelle, le sexe, l'âge et la résidence, urbaine/rurale: chaque recensement, 1973 – 1988 (suite)

(See notes at end of table. – Voir notes à la fin du tableau.)

Continent, country or area, date, sex, age(in years) and urban/rural residence Continent, pays ou zone, date, sexe, âge(en années) et résidence urbaine/rurale	Total not economically active Population inactive totale	Functional categories – Catégories fonctionnelles Home–maker Personnes s'occupant du foyer	Student Etudiants	Income recipient Retraités et rentiers	Other Autres personnes inactives	Not stated Non déterminé
AMERICA,NORTH— (Cont.–Suite) AMERIQUE DU NORD						
Costa Rica						
10 VI 1984 [1]						
Female – Féminin						
12 plus	678 243	528 748	115 783	15 005	18 707	–
12 – 14	77 895	24 387	51 137	18	2 353	–
15 – 19	115 358	65 850	46 287	44	3 177	–
20 – 24	94 880	78 597	14 158	62	2 063	–
25 – 29	75 105	70 782	2 723	100	1 500	–
30 – 34	59 080	57 149	712	158	1 061	–
35 – 39	46 844	45 435	310	229	870	–
40 – 44	37 980	36 620	132	476	752	–
45 – 49	33 353	31 646	94	978	635	–
50 – 54	32 820	30 507	73	1 615	625	–
55 – 59	27 006	24 694	43	1 763	506	–
60 – 64	23 714	20 982	36	2 110	586	–
65 plus	54 208	42 099	78	7 452	4 579	–
Unknown–Inconnu	–	–	–	–	–	–
Dominica – Dominique						
7 IV 1981 [8]						
Male – Masculin						
15 plus	2 830	280	283	1 695	572	–
15 – 19	516	109	169	47	191	–
20 – 24	264	37	71	37	119	–
25 – 29	158	16	32	35	75	–
30 – 34	87	13	8	31	35	–
35 – 39	70	11	1	30	28	–
40 – 44	65	14	–	31	20	–
45 – 49	74	14	–	44	16	–
50 – 54	82	11	–	55	16	–
55 – 59	115	8	–	92	15	–
60 – 64	211	12	–	181	18	–
65 plus	1 173	33	1	1 105	34	–
Unknown–Inconnu	15	2	1	7	5	–
Female – Féminin						
15 plus	11 481	8 551	293	1 632	226	–
15 – 19	1 320	947	240	133	96	–
20 – 24	1 264	1 148	38	77	45	–
25 – 29	941	891	9	40	20	–
30 – 34	837	802	3	32	9	–
35 – 39	720	691	1	25	6	–
40 – 44	667	626	1	36	5	–
45 – 49	710	663	–	42	6	–
50 – 54	774	691	–	60	9	–
55 – 59	677	563	–	78	8	–
60 – 64	825	582	–	117	3	–
65 plus	2 709	928	1	979	19	–
Unknown–Inconnu	37	19	–	13	–	–

37. Population not economically active by functional category, sex, age and urban/ rural residence: each census, 1973 – 1988 (continued)
Population inactive selon la catégorie fonctionnelle, le sexe, l'âge et la résidence, urbaine/rurale: chaque recensement, 1973 – 1988 (suite)

(See notes at end of table. – Voir notes à la fin du tableau.)

Continent, country or area, date, sex, age(in years) and urban/rural residence Continent, pays ou zone, date, sexe, âge(en années) et résidence urbaine/rurale	Total not economically active Population inactive totale	Functional categories – Catégories fonctionnelles Home–maker Personnes s'occupant du foyer	Student Etudiants	Income recipient Retraités et rentiers	Other Autres personnes inactives	Not stated Non déterminé
AMERICA,NORTH— (Cont.–Suite) AMERIQUE DU NORD						
Grenada – Grenade						
30 IV 1981 [8]						
Male – Masculin						
15 plus	3 106	749	208	1 646	503	–
15 – 19	451	190	103	32	126	–
20 – 24	384	143	57	35	149	–
25 – 29	226	92	36	35	63	–
30 – 34	124	48	11	41	24	–
35 – 39	89	36	1	22	30	–
40 – 44	79	31	–	33	15	–
45 – 49	83	33	–	32	18	–
50 – 54	115	33	–	63	19	–
55 – 59	134	29	–	88	17	–
60 – 64	233	36	–	186	11	–
65 plus	1 188	78	–	1 079	31	–
Unknown–Inconnu	–	–	–	–	–	–
Female – Féminin						
15 plus	13 506	10 675	201	2 415	215	–
15 – 19	1 286	1 047	144	28	67	–
20 – 24	1 641	1 515	41	34	51	–
25 – 29	1 146	1 084	13	23	26	–
30 – 34	929	893	1	23	12	–
35 – 39	693	679	1	9	4	–
40 – 44	732	691	1	36	4	–
45 – 49	756	713	–	30	13	–
50 – 54	1 029	939	–	84	6	–
55 – 59	851	737	–	105	9	–
60 – 64	961	777	–	180	4	–
65 plus	3 481	1 599	–	1 863	19	–
Unknown–Inconnu	1	1	–	–	–	–
Jamaica – Jamaïque						
8 VI 1982 [9 10]						
Male – Masculin						
14 plus	193 159	15 466	81 180	...	25 631	70 882
14	26 138	285	22 642	...	516	2 695
15 – 19	75 969	3 657	53 376	...	6 489	12 447
20 plus	91 052	11 524	5 162	...	18 626	55 740
Unknown–Inconnu	–	–	–	...	–	–
Female – Féminin						
14 plus	400 603	226 107	93 319	...	11 264	69 913
14	26 294	547	23 045	...	184	2 518
15 – 19	97 290	21 514	61 196	...	2 944	11 636
20 plus	277 019	204 046	9 078	...	8 136	55 759
Unknown–Inconnu	–	–	–	...	–	–

37. Population not economically active by functional category, sex, age and urban/ rural residence: each census, 1973 – 1988 (continued)
Population inactive selon la catégorie fonctionnelle, le sexe, l'âge et la résidence, urbaine/rurale: chaque recensement, 1973 – 1988 (suite)

(See notes at end of table. – Voir notes à la fin du tableau.)

Continent, country or area, date, sex, age(in years) and urban/rural residence Continent, pays ou zone, date, sexe, âge(en années) et résidence urbaine/rurale	Total not economically active Population inactive totale	Functional categories – Catégories fonctionnelles Home–maker Personnes s'occupant du foyer	Student Etudiants	Income recipient Retraités et rentiers	Other Autres personnes inactives	Not stated Non déterminé
AMERICA,NORTH— (Cont.–Suite) AMERIQUE DU NORD						
Mexico – Mexique						
4 VI 1980 [1]						
Male – Masculin						
12 plus	5 293 357	395 686	3 952 254	601 092	344 325	–
12 – 14	2 182 865	65 735	2 036 246	26 807	54 077	–
15 – 19	1 661 668	68 744	1 471 215	33 737	87 972	–
20 – 24	491 995	48 626	370 349	27 272	45 748	–
25 – 29	135 738	38 957	51 603	20 591	24 587	–
30 – 34	73 103	30 918	8 408	17 019	16 758	–
35 – 39	63 288	28 450	3 829	16 708	14 301	–
40 – 44	55 502	23 184	2 443	17 404	12 471	–
45 – 49	53 703	20 152	1 818	20 166	11 567	–
50 – 54	56 344	15 778	1 298	28 200	11 068	–
55 – 59	62 824	12 524	1 017	38 132	11 151	–
60 – 64	77 812	11 238	897	55 020	10 657	–
65 – 69	90 350	9 084	677	69 903	10 686	–
70 – 74	97 337	8 616	953	76 392	11 376	–
75 plus	190 828	13 680	1 501	153 741	21 906	–
Unknown–Inconnu	–	–	–	–	–	–
Female – Féminin						
12 plus	15 987 552	11 934 464	3 433 495	429 103	190 490	–
12 – 14	2 438 735	552 238	1 834 709	21 417	30 371	–
15 – 19	2 845 610	1 480 711	1 291 524	29 557	43 818	–
20 – 24	1 996 236	1 713 528	230 544	27 169	24 995	–
25 – 29	1 614 620	1 542 558	34 057	23 316	14 689	–
30 – 34	1 318 342	1 276 003	12 146	19 546	10 647	–
35 – 39	1 197 687	1 160 771	8 179	19 257	9 480	–
40 – 44	967 192	935 692	5 646	18 087	7 767	–
45 – 49	836 944	805 357	4 778	19 741	7 068	–
50 – 54	689 343	656 166	3 460	23 237	6 480	–
55 – 59	544 092	510 311	2 501	25 750	5 530	–
60 – 64	435 267	395 755	1 711	32 431	5 370	–
65 – 69	361 624	318 961	1 175	36 194	5 294	–
70 – 74	293 628	248 007	1 229	38 723	5 669	–
75 plus	448 232	338 406	1 836	94 678	13 312	–
Unknown–Inconnu	–	–	–	–	–	–
Montserrat						
12 V 1980 [8]						
Male – Masculin						
15 plus	662	45	73	497	47	–
15 – 19	54	1	35	6	12	–
20 – 24	18	2	4	5	7	–
25 – 29	26	3	12	5	6	–
30 – 34	20	1	11	5	3	–
35 – 39	17	1	8	6	2	–
40 – 44	5	1	–	2	2	–
45 – 49	6	2	1	1	2	–
50 – 54	30	4	2	18	6	–
55 – 59	49	5	–	42	2	–
60 – 64	54	3	–	48	3	–
65 plus	383	22	–	359	2	–
Unknown–Inconnu	–	–	–	–	–	–

37. Population not economically active by functional category, sex, age and urban/ rural residence: each census, 1973 – 1988 (continued)
Population inactive selon la catégorie fonctionnelle, le sexe, l'âge et la résidence, urbaine/rurale: chaque recensement, 1973 – 1988 (suite)

(See notes at end of table. – Voir notes à la fin du tableau.)

Continent, country or area, date, sex, age(in years) and urban/rural residence Continent, pays ou zone, date, sexe, âge(en années) et résidence urbaine/rurale	Total not economically active Population inactive totale	Functional categories – Catégories fonctionnelles Home-maker Personnes s'occupant du foyer	Student Etudiants	Income recipient Retraités et rentiers	Other Autres personnes inactives	Not stated Non déterminé
AMERICA,NORTH— (Cont.–Suite) AMERIQUE DU NORD						
Montserrat						
12 V 1980 [8]						
Female – Féminin						
15 plus	1 867	1 096	34	712	25	–
15 – 19	85	55	24	1	5	–
20 – 24	88	71	6	9	2	–
25 – 29	90	84	1	3	2	–
30 – 34	78	72	1	2	3	–
35 – 39	63	53	1	8	1	–
40 – 44	55	48	–	6	1	–
45 – 49	94	80	–	10	4	–
50 – 54	128	94	1	31	2	–
55 – 59	177	132	–	45	–	–
60 – 64	212	120	–	91	1	–
65 plus	793	285	–	504	4	–
Unknown–Inconnu	4	2	–	2	–	–
Panama						
11 V 1980 [3 11]						
Male – Masculin						
10 plus	239 111	–	152 418	26 565	60 128	–
10 – 14	103 569	–	95 329	–	8 240	–
15 – 19	58 781	–	46 508	–	12 273	–
20 – 24	16 093	–	8 459	88	7 546	–
25 – 29	5 928	–	1 183	153	4 592	–
30 – 34	5 561	–	814	253	4 494	–
35 – 39	3 068	–	91	211	2 766	–
40 – 44	2 838	–	34	312	2 492	–
45 – 49	2 796	–	–	530	2 266	–
50 – 54	3 600	–	–	1 305	2 295	–
55 – 59	5 658	–	–	3 489	2 169	–
60 plus	31 219	–	–	20 224	10 995	–
Unknown–Inconnu	–	–	–	–	–	–
Female – Féminin						
10 plus	467 595	260 259	153 600	14 926	38 810	–
10 – 14	103 528	3 381	92 194	–	7 953	–
15 – 19	79 099	20 545	49 592	–	8 962	–
20 – 24	47 984	33 832	9 152	98	4 902	–
25 – 29	39 491	34 277	1 957	236	3 021	–
30 – 34	33 698	31 539	399	152	1 608	–
35 – 39	28 273	26 766	212	147	1 148	–
40 – 44	23 758	22 447	94	222	995	–
45 – 49	20 758	19 434	–	542	782	–
50 – 54	20 362	17 770	–	1 668	924	–
55 – 59	18 514	14 948	–	2 607	959	–
60 plus	52 130	35 320	–	9 254	7 556	–
Unknown–Inconnu	–	–	–	–	–	–

37. Population not economically active by functional category, sex, age and urban/ rural residence: each census, 1973 – 1988 (continued)
Population inactive selon la catégorie fonctionnelle, le sexe, l'âge et la résidence, urbaine/rurale: chaque recensement, 1973 – 1988 (suite)

(See notes at end of table. – Voir notes à la fin du tableau.)

Continent, country or area, date, sex, age(in years) and urban/rural residence Continent, pays ou zone, date, sexe, âge(en années) et résidence urbaine/rurale	Total not economically active Population inactive totale	Functional categories – Catégories fonctionnelles Home–maker Personnes s'occupant du foyer	Student Etudiants	Income recipient Retraités et rentiers	Other Autres personnes inactives	Not stated Non déterminé
AMERICA,NORTH— (Cont.–Suite) AMERIQUE DU NORD						
Saint Kitts and Nevis – Saint–Kitts–et–Nevis						
12 V 1980 [8]						
Male – Masculin						
15 plus	1 570	131	150	703	440	146
15 – 19	213	22	122	–	16	53
20 – 24	84	13	22	–	22	27
25 – 29	47	6	5	–	17	19
30 – 34	18	1	–	–	7	10
35 – 39	20	1	1	–	8	10
40 – 44	22	3	–	1	13	5
45 – 49	33	4	–	2	21	6
50 – 54	32	4	–	12	15	1
55 – 59	49	11	–	20	16	2
60 – 64	156	15	–	89	47	5
65 plus	892	51	–	577	257	7
Unknown–Inconnu	4	–	–	2	1	1
Female – Féminin						
15 plus	6 404	4 347	94	1 059	815	89
15 – 19	455	347	68	–	12	28
20 – 24	578	525	19	–	15	19
25 – 29	412	383	7	–	10	12
30 – 34	296	283	–	–	7	6
35 – 39	268	252	–	–	11	5
40 – 44	310	290	–	1	14	5
45 – 49	360	334	–	9	15	2
50 – 54	449	395	–	27	27	–
55 – 59	456	369	–	51	31	5
60 – 64	635	419	–	138	74	4
65 plus	2 170	743	–	830	594	3
Unknown–Inconnu	15	7	–	3	5	–
Saint Lucia – Sainte–Lucie						
12 V 1980 [8]						
Male – Masculin						
15 plus	3 186	422	119	2 004	641	–
15 – 19	588	159	88	64	277	–
20 – 24	256	48	27	43	138	–
25 – 29	129	27	1	39	62	–
30 – 34	83	22	2	40	19	–
35 – 39	74	15	–	33	26	–
40 – 44	68	15	–	41	12	–
45 – 49	73	7	–	52	14	–
50 – 54	113	13	–	85	15	–
55 – 59	168	29	–	125	14	–
60 – 64	287	28	1	241	17	–
65 plus	1 342	59	–	1 237	46	–
Unknown–Inconnu	5	–	–	4	1	–

37. Population not economically active by functional category, sex, age and urban/ rural residence: each census, 1973 – 1988 (continued)
Population inactive selon la catégorie fonctionnelle, le sexe, l'âge et la résidence, urbaine/rurale: chaque recensement, 1973 – 1988 (suite)

(See notes at end of table. – Voir notes à la fin du tableau.)

Continent, country or area, date, sex, age(in years) and urban/rural residence Continent, pays ou zone, date, sexe, âge(en années) et résidence urbaine/rurale	Total not economically active Population inactive totale	Functional categories – Catégories fonctionnelles Home-maker Personnes s'occupant du foyer	Student Etudiants	Income recipient Retraités et rentiers	Other Autres personnes inactives	Not stated Non déterminé
AMERICA,NORTH— (Cont.–Suite) AMERIQUE DU NORD						
Saint Lucia – Sainte-Lucie						
12 V 1980 [8]						
Female – Féminin						
15 plus	16 273	13 176	183	2 637	277	–
15 – 19	1 547	1 230	163	34	120	–
20 – 24	1 825	1 697	17	40	71	–
25 – 29	1 488	1 432	2	32	22	–
30 – 34	1 380	1 346	1	28	5	–
35 – 39	1 194	1 158	–	29	7	–
40 – 44	1 110	1 065	–	34	11	–
45 – 49	1 067	1 014	–	47	6	–
50 – 54	1 147	1 041	–	97	9	–
55 – 59	1 044	917	–	124	3	–
60 – 64	1 158	885	–	270	3	–
65 plus	3 288	1 374	–	1 894	20	–
Unknown–Inconnu	25	17	–	8	–	–
St. Pierre and Miquelon – Saint-Pierre-et-Miquelon						
9 III 1982 [1 12]						
Male – Masculin						
16 plus	485	1	192	247	45	–
16 – 19	180	–	178	–	2	–
20 – 24	15	–	13	–	2	–
25 – 29	6	–	1	–	5	–
30 – 34	12	1	–	–	11	–
35 – 39	4	–	–	–	4	–
40 – 44	4	–	–	–	4	–
45 – 49	6	–	–	–	6	–
50 – 54	8	–	–	5	3	–
55 – 59	17	–	–	15	2	–
60 – 64	56	–	–	55	1	–
65 – 69	73	–	–	70	3	–
70 – 74	50	–	–	49	1	–
75 plus	54	–	–	53	1	–
Unknown–Inconnu	–	–	–	–	–	–
Female – Féminin						
16 plus	1 413	966	176	193	78	–
16 – 19	180	13	161	–	6	–
20 – 24	83	60	14	–	9	–
25 – 29	92	89	–	–	3	–
30 – 34	124	121	–	–	3	–
35 – 39	119	116	–	–	3	–
40 – 44	99	95	1	–	3	–
45 – 49	99	94	–	3	2	–
50 – 54	88	87	–	–	1	–
55 – 59	90	74	–	9	7	–
60 – 64	118	83	–	31	4	–
65 – 69	94	44	–	48	2	–
70 – 74	88	48	–	37	3	–
75 plus	139	42	–	65	32	–
Unknown–Inconnu	–	–	–	–	–	–

37. Population not economically active by functional category, sex, age and urban/ rural residence: each census, 1973 – 1988 (continued)
Population inactive selon la catégorie fonctionnelle, le sexe, l'âge et la résidence, urbaine/rurale: chaque recensement, 1973 – 1988 (suite)

(See notes at end of table. – Voir notes à la fin du tableau.)

Continent, country or area, date, sex, age(in years) and urban/rural residence Continent, pays ou zone, date, sexe, âge(en années) et résidence urbaine/rurale	Total not economically active Population inactive totale	Functional categories – Catégories fonctionnelles Home–maker Personnes s'occupant du foyer	Student Etudiants	Income recipient Retraités et rentiers	Other Autres personnes inactives	Not stated Non déterminé
AMERICA,NORTH— (Cont.–Suite) AMERIQUE DU NORD						
St. Vincent and the Grenadines – Saint–Vincent–et–Grenadines						
12 V 1980 [8]						
Male – Masculin						
15 plus	2 515	341	93	1 494	587	–
15 – 19	457	154	58	32	213	–
20 – 24	232	53	30	28	121	–
25 – 29	97	20	4	23	50	–
30 – 34	73	13	1	26	33	–
35 – 39	47	6	–	22	19	–
40 – 44	59	12	–	30	17	–
45 – 49	50	6	–	28	16	–
50 – 54	90	12	–	61	17	–
55 – 59	120	14	–	92	14	–
60 – 64	198	16	–	158	24	–
65 plus	1 088	35	–	991	62	–
Unknown–Inconnu	4	–	–	3	1	–
Female – Féminin						
15 plus	15 087	12 626	119	2 070	272	–
15 – 19	2 004	1 802	66	16	120	–
20 – 24	2 233	2 130	39	16	48	–
25 – 29	1 479	1 447	12	8	12	–
30 – 34	1 094	1 063	1	21	9	–
35 – 39	888	861	–	15	12	–
40 – 44	919	885	–	26	8	–
45 – 49	855	818	1	34	2	–
50 – 54	891	826	–	61	4	–
55 – 59	763	681	–	75	7	–
60 – 64	970	764	–	196	10	–
65 plus	2 978	1 340	–	1 598	40	–
Unknown–Inconnu	13	9	–	4	–	–
Trinidad and Tobago – Trinité–et–Tobago						
12 V 1980						
Male – Masculin						
15 plus	67 912	2 733	27 020	22 323	15 836	–
15 – 19	31 646	1 364	24 541	6	5 735	–
20 – 24	5 244	542	1 966	6	2 730	–
25 – 29	1 853	181	384	4	1 284	–
30 – 34	1 023	95	83	13	832	–
35 – 39	726	70	27	33	596	–
40 – 44	679	65	9	61	544	–
45 – 49	749	52	5	119	573	–
50 – 54	1 089	62	3	310	714	–
55 – 59	1 664	72	2	712	878	–
60 – 64	3 680	112	–	2 364	1 204	–
65 plus	19 559	118	–	18 695	746	–
Unknown–Inconnu	–	–	–	–	–	–

37. Population not economically active by functional category, sex, age and urban/ rural residence: each census, 1973 – 1988 (continued)
Population inactive selon la catégorie fonctionnelle, le sexe, l'âge et la résidence, urbaine/rurale: chaque recensement, 1973 – 1988 (suite)

(See notes at end of table. – Voir notes à la fin du tableau.)

Continent, country or area, date, sex, age(in years) and urban/rural residence Continent, pays ou zone, date, sexe, âge(en années) et résidence urbaine/rurale	Total not economically active Population inactive totale	Functional categories – Catégories fonctionnelles: Home–maker Personnes s'occupant du foyer	Student Etudiants	Income recipient Retraités et rentiers	Other Autres personnes inactives	Not stated Non déterminé
AMERICA,NORTH— (Cont.–Suite) AMERIQUE DU NORD						
Trinidad and Tobago – Trinité–et–Tobago						
12 V 1980						
Female – Féminin						
15 plus	234 847	167 314	34 083	24 496	8 954	–
15 – 19	52 605	18 930	31 270	4	2 401	–
20 – 24	29 203	25 440	2 453	6	1 304	–
25 – 29	24 029	23 121	286	3	619	–
30 – 34	20 654	20 203	52	13	386	–
35 – 39	17 094	16 759	11	9	315	–
40 – 44	14 767	14 452	7	24	284	–
45 – 49	12 936	12 570	2	54	310	–
50 – 54	12 352	11 633	–	165	554	–
55 – 59	10 931	9 867	1	320	743	–
60 – 64	10 381	8 063	–	1 143	1 175	–
65 plus	29 895	6 276	1	22 755	863	–
Unknown–Inconnu	–	–	–	–	–	–
AMERICA,SOUTH— AMERIQUE DU SUD						
Chile – Chili						
21 IV 1982						
Male – Masculin						
15 plus	982 912	34 192	473 176	329 902	145 642	–
15 – 19	415 973	9 784	372 529	539	33 121	–
20 – 24	118 449	5 745	84 239	980	27 485	–
25 – 29	29 551	2 585	12 275	1 154	13 537	–
30 – 34	15 596	1 890	2 095	1 705	9 906	–
35 – 39	13 422	1 764	724	2 977	7 957	–
40 – 44	16 921	1 770	429	7 071	7 651	–
45 – 49	22 098	1 551	241	13 890	6 416	–
50 – 54	39 021	2 001	188	28 945	7 887	–
55 – 59	45 183	1 791	135	36 066	7 191	–
60 – 64	52 471	1 788	96	42 669	7 918	–
65 – 69	70 067	1 459	71	63 016	5 521	–
70 – 74	63 463	992	70	58 430	3 971	–
75 plus	80 697	1 072	84	72 460	7 081	–
Unknown–Inconnu	–	–	–	–	–	–
Female – Féminin						
15 plus	3 013 434	2 273 701	443 610	199 556	96 567	–
15 – 19	561 200	182 889	360 947	371	16 993	–
20 – 24	397 223	312 888	68 673	596	15 066	–
25 – 29	311 117	294 150	8 540	660	7 767	–
30 – 34	269 172	260 524	2 283	924	5 441	–
35 – 39	238 713	231 402	1 046	1 707	4 558	–
40 – 44	210 345	202 424	651	3 195	4 075	–
45 – 49	179 721	170 373	379	5 276	3 693	–
50 – 54	192 570	176 414	307	11 068	4 781	–
55 – 59	155 327	133 549	267	17 254	4 257	–
60 – 64	142 945	110 368	150	27 774	4 653	–
65 – 69	125 948	85 294	116	35 921	4 617	–
70 – 74	95 268	55 126	109	35 301	4 732	–
75 plus	133 885	58 300	142	59 509	15 934	–
Unknown–Inconnu	–	–	–	–	–	–

37. Population not economically active by functional category, sex, age and urban/ rural residence: each census, 1973 – 1988 (continued)

Population inactive selon la catégorie fonctionnelle, le sexe, l'âge et la résidence, urbaine/rurale: chaque recensement, 1973 – 1988 (suite)

(See notes at end of table. – Voir notes à la fin du tableau.)

Continent, country or area, date, sex, age(in years) and urban/rural residence Continent, pays ou zone, date, sexe, âge(en années) et résidence urbaine/rurale	Total not economically active Population inactive totale	Functional categories – Catégories fonctionnelles Home–maker Personnes s'occupant du foyer	Student Etudiants	Income recipient Retraités et rentiers	Other Autres personnes inactives	Not stated Non déterminé
AMERICA,SOUTH— (Cont.–Suite) AMERIQUE DU SUD						
Colombia – Colombie						
24 X 1973 [11]						
Male – Masculin						
Total	2 220 650	90 008	1 538 004	181 525	411 113	14 188
– 15	1 153 340	28 524	1 003 273	2 815	118 728	3 940
15 – 19	471 966	14 751	411 466	9 338	36 411	1 567
20 – 24	139 319	9 198	97 091	12 337	20 693	792
25 – 29	46 248	5 732	16 659	11 081	12 776	548
30 – 34	37 213	4 111	3 704	10 921	18 477	383
35 – 39	34 508	3 807	1 470	11 301	17 930	288
40 – 44	33 975	3 733	1 044	12 346	16 852	242
45 – 49	29 711	3 104	580	11 583	14 444	189
50 – 54	38 155	3 513	568	16 444	17 630	161
55 – 59	37 569	2 680	311	17 408	17 170	130
60 – 64	50 514	3 438	500	20 683	25 893	1 174
65 – 69	41 123	2 373	261	16 354	22 135	1 164
70 – 74	46 759	2 491	416	14 700	29 152	1 430
75 plus	60 250	2 553	661	14 214	42 822	2 180
Female – Féminin						
Total	5 727 161	3 777 409	1 599 569	62 367	287 816	16 578
– 15	1 276 046	183 172	1 018 257	1 393	73 224	3 583
15 – 19	910 416	441 617	441 548	3 962	23 289	1 550
20 – 24	628 621	527 721	82 268	4 936	13 696	1 116
25 – 29	503 352	470 815	19 917	3 814	8 806	765
30 – 34	432 359	410 959	11 192	3 286	6 922	534
35 – 39	423 281	404 290	8 249	3 870	6 872	434
40 – 44	351 381	331 432	5 636	4 128	10 185	380
45 – 49	294 297	274 737	3 977	4 459	11 124	291
50 – 54	251 765	229 699	2 704	6 089	13 273	253
55 – 59	177 023	157 692	1 759	5 616	11 956	175
60 – 64	169 358	142 043	1 488	6 377	19 450	1 235
65 – 69	105 645	83 612	897	4 720	16 416	1 511
70 – 74	95 365	65 661	767	4 494	24 443	1 637
75 plus	108 252	53 959	910	5 223	48 160	3 114
Ecuador – Equateur						
28 XI 1982 [13 14]						
Male – Masculin						
12 plus	670 102	21 724	542 365	29 581	76 432	–
12 – 14	256 116	4 472	245 118	200	6 326	–
15 – 19	221 196	4 688	205 417	449	10 642	–
20 – 24	86 127	2 626	73 334	590	9 577	–
25 – 29	23 439	1 404	15 790	421	5 824	–
30 – 34	8 417	981	2 706	361	4 369	–
35 – 39	4 475	740	–	360	3 375	–
40 – 44	4 191	659	–	552	2 980	–
45 – 49	4 281	605	–	994	2 682	–
50 – 54	5 649	700	–	1 831	3 118	–
55 – 59	5 802	628	–	2 494	2 680	–
60 – 64	9 201	897	–	4 307	3 997	–
65 – 69	8 804	747	–	4 399	3 658	–
70 – 74	11 121	925	–	4 985	5 211	–
75 plus	21 283	1 652	–	7 638	11 993	–
Unknown–Inconnu	–	–	–	–	–	–

37. Population not economically active by functional category, sex, age and urban/ rural residence: each census, 1973 – 1988 (continued)
Population inactive selon la catégorie fonctionnelle, le sexe, l'âge et la résidence, urbaine/rurale: chaque recensement, 1973 – 1988 (suite)

(See notes at end of table. – Voir notes à la fin du tableau.)

Continent, country or area, date, sex, age(in years) and urban/rural residence Continent, pays ou zone, date, sexe, âge(en années) et résidence urbaine/rurale	Total not economically active Population inactive totale	Functional categories – Catégories fonctionnelles Home–maker Personnes s'occupant du foyer	Student Etudiants	Income recipient Retraités et rentiers	Other Autres personnes inactives	Not stated Non déterminé
AMERICA, SOUTH— (Cont.–Suite) AMERIQUE DU SUD						
Ecuador – Equateur						
28 XI 1982 [13 14]						
Female – Féminin						
12 plus	2 157 435	1 587 445	527 347	9 170	33 473	–
12 – 14	278 506	46 862	228 925	96	2 623	–
15 – 19	372 807	161 187	207 446	205	3 969	–
20 – 24	304 347	228 953	71 363	399	3 632	–
25 – 29	228 871	210 696	15 379	280	2 516	–
30 – 34	186 192	179 974	4 234	244	1 740	–
35 – 39	155 864	154 240	–	219	1 405	–
40 – 44	132 510	131 013	–	239	1 258	–
45 – 49	109 908	108 474	–	300	1 134	–
50 – 54	100 703	98 855	–	538	1 310	–
55 – 59	70 839	69 071	–	704	1 064	–
60 – 64	69 199	66 392	–	1 158	1 649	–
65 – 69	46 413	43 838	–	1 104	1 471	–
70 – 74	42 146	38 813	–	1 173	2 160	–
75 plus	59 130	49 077	–	2 511	7 542	–
Unknown–Inconnu	–	–	–	–	–	–
Guyana						
12 V 1980 [4]						
Male – Masculin						
15 plus	24 502	2 257	2 868	15 426	3 951	–
15 – 19	4 644	1 106	1 618	314	1 606	–
20 – 24	2 171	379	849	252	691	–
25 – 29	912	131	249	190	342	–
30 – 34	633	103	103	206	221	–
35 – 39	442	63	28	214	137	–
40 – 44	457	63	8	236	150	–
45 – 49	561	44	2	374	141	–
50 – 54	923	63	1	719	140	–
55 – 59	1 505	59	2	1 308	136	–
60 – 64	2 681	68	2	2 506	105	–
65 plus	9 531	171	1	9 082	277	–
Unknown–Inconnu	42	7	5	25	5	–
Female – Féminin						
15 plus	155 310	139 634	4 339	9 567	1 770	–
15 – 19	25 687	21 592	3 168	200	727	–
20 – 24	25 333	23 919	943	135	336	–
25 – 29	19 467	19 072	167	107	121	–
30 – 34	15 726	15 555	38	81	52	–
35 – 39	12 520	12 389	7	98	26	–
40 – 44	10 500	10 368	4	98	30	–
45 – 49	9 620	9 420	1	168	31	–
50 – 54	8 574	8 162	1	380	31	–
55 – 59	7 048	6 361	–	641	46	–
60 – 64	5 795	4 504	–	1 226	65	–
65 plus	14 746	8 031	1	6 409	305	–
Unknown–Inconnu	294	261	9	24	–	–

37. Population not economically active by functional category, sex, age and urban/ rural residence: each census, 1973 – 1988 (continued)
Population inactive selon la catégorie fonctionnelle, le sexe, l'âge et la résidence, urbaine/rurale: chaque recensement, 1973 – 1988 (suite)

(See notes at end of table. – Voir notes à la fin du tableau.)

Continent, country or area, date, sex, age(in years) and urban/rural residence Continent, pays ou zone, date, sexe, âge(en années) et résidence urbaine/rurale	Total not economically active Population inactive totale	Functional categories – Catégories fonctionnelles Home–maker Personnes s'occupant du foyer	Student Etudiants	Income recipient Retraités et rentiers	Other Autres personnes inactives	Not stated Non déterminé
AMERICA,SOUTH— (Cont.–Suite) AMERIQUE DU SUD						
Paraguay						
11 VII 1982						
Male – Masculin						
12 plus	164 876	–	125 718	17 709	21 449	–
12 – 14	74 604	–	73 943	–	661	–
15 – 19	41 169	–	40 029	–	1 140	–
20 – 24	10 433	–	9 488	–	945	–
25 – 29	2 463	–	1 728	–	735	–
30 – 34	922	–	279	–	643	–
35 – 39	623	–	82	–	541	–
40 – 44	972	–	48	372	552	–
45 – 49	964	–	17	473	474	–
50 – 54	1 647	–	16	890	741	–
55 – 59	1 861	–	11	1 063	787	–
60 – 64	2 904	–	15	1 820	1 069	–
65 plus	26 314	–	62	13 091	13 161	–
Unknown–Inconnu	–	–	–	–	–	–
Female – Féminin						
12 plus	805 189	657 963	124 976	5 860	16 390	–
12 – 14	101 991	31 084	70 461	–	446	–
15 – 19	133 194	90 583	41 886	–	725	–
20 – 24	105 813	95 028	10 125	–	660	–
25 – 29	84 031	81 726	1 745	–	560	–
30 – 34	65 393	64 615	357	–	421	–
35 – 39	57 088	56 587	114	–	387	–
40 – 44	49 530	48 840	96	236	358	–
45 – 49	40 611	39 835	64	379	333	–
50 – 54	41 816	40 679	43	599	495	–
55 – 59	31 334	30 278	17	539	500	–
60 – 64	28 635	26 966	15	838	816	–
65 plus	65 753	51 742	53	3 269	10 689	–
Unknown–Inconnu	–	–	–	–	–	–
Peru – Pérou						
12 VII 1981 [15] [16]						
Male – Masculin						
6 plus	2 868 921	93 291	2 560 066	75 972	4 104	135 488
6 – 14	1 872 965	24 044	1 780 592	–	–	68 329
15 – 19	569 670	14 749	550 154	80	88	4 599
20 – 24	189 464	12 094	172 666	225	219	4 260
25 – 29	51 843	6 186	42 349	181	160	2 967
30 – 34	12 930	3 738	6 867	264	155	1 906
35 – 39	6 275	3 105	1 441	277	139	1 313
40 – 44	5 608	2 791	1 300	418	152	947
45 – 49	4 889	2 580	580	845	121	763
50 – 54	7 293	2 696	534	3 167	235	661
55 – 59	10 620	2 706	287	6 792	315	520
60 – 64	18 876	3 663	474	13 773	423	543
65 plus	118 488	14 939	2 822	49 950	2 097	48 680
Unknown–Inconnu	–	–	–	–	–	–

37. Population not economically active by functional category, sex, age and urban/ rural residence: each census, 1973 – 1988 (continued)
Population inactive selon la catégorie fonctionnelle, le sexe, l'âge et la résidence, urbaine/rurale: chaque recensement, 1973 – 1988 (suite)

(See notes at end of table. – Voir notes à la fin du tableau.)

Continent, country or area, date, sex, age(in years) and urban/rural residence Continent, pays ou zone, date, sexe, âge(en années) et résidence urbaine/rurale	Total not economically active Population inactive totale	Functional categories – Catégories fonctionnelles Home-maker Personnes s'occupant du foyer	Student Etudiants	Income recipient Retraités et rentiers	Other Autres personnes inactives	Not stated Non déterminé
AMERICA,SOUTH— (Cont.-Suite) AMERIQUE DU SUD						
Peru – Pérou						
12 VII 1981 [15 16]						
Female – Féminin						
6 plus	5 558 226	3 043 719	2 325 647	20 559	2 864	165 437
6 – 14	1 820 425	84 379	1 659 119	–	–	76 927
15 – 19	738 059	253 279	480 253	74	54	4 399
20 – 24	571 330	429 253	139 451	223	152	2 251
25 – 29	448 815	416 828	30 398	262	121	1 206
30 – 34	352 806	345 469	6 218	285	128	706
35 – 39	322 537	319 079	2 472	292	125	569
40 – 44	265 736	262 905	1 791	506	125	409
45 – 49	238 613	235 875	1 224	927	158	429
50 – 54	196 401	192 878	932	1 911	207	473
55 – 59	150 751	146 817	533	2 755	241	405
60 – 64	129 896	125 184	517	3 393	279	523
65 plus	322 857	231 773	2 739	9 931	1 274	77 140
Unknown–Inconnu	–	–	–	–	–	–
Uruguay						
23 X 1985 [3 17]						
Male – Masculin						
12 plus	316 620	6 699	120 353	170 935	18 633	–
12 – 13	47 072	442	45 029	93	1 508	–
14 – 19	73 071	2 024	64 133	373	6 541	–
20 – 24	12 290	536	9 203	409	2 142	–
25 – 29	3 534	275	1 515	403	1 341	–
30 – 34	2 245	266	251	671	1 057	–
35 – 39	2 305	241	70	1 136	858	–
40 – 44	2 819	247	39	1 698	835	–
45 – 49	4 047	317	23	2 939	768	–
50 – 54	8 132	388	17	6 888	839	–
55 – 59	14 864	464	20	13 524	856	–
60 – 64	30 980	553	18	29 797	612	–
65 – 69	35 309	374	8	34 455	472	–
70 – 74	34 009	280	12	33 348	369	–
75 plus	45 943	292	15	45 201	435	–
Unknown–Inconnu	–	–	–	–	–	–
Female – Féminin						
12 plus	796 975	414 863	135 770	232 990	13 352	–
12 – 13	46 946	2 008	43 519	110	1 309	–
14 – 19	106 654	26 448	73 619	575	6 012	–
20 – 24	57 355	40 562	14 382	807	1 604	–
25 – 29	50 061	45 952	2 583	793	733	–
30 – 34	46 877	44 648	692	1 040	497	–
35 – 39	44 262	41 919	318	1 621	404	–
40 – 44	42 049	38 833	163	2 683	370	–
45 – 49	43 768	38 160	123	5 108	377	–
50 – 54	52 335	39 026	102	12 866	341	–
55 – 59	61 681	35 500	87	25 775	319	–
60 – 64	62 225	25 064	53	36 843	265	–
65 – 69	55 121	16 156	43	38 651	271	–
70 – 74	50 238	10 415	35	39 522	266	–
75 plus	77 403	10 172	51	66 596	584	–
Unknown–Inconnu	–	–	–	–	–	–

37. Population not economically active by functional category, sex, age and urban/ rural residence: each census, 1973 – 1988 (continued)
Population inactive selon la catégorie fonctionnelle, le sexe, l'âge et la résidence, urbaine/rurale: chaque recensement, 1973 – 1988 (suite)

(See notes at end of table. – Voir notes à la fin du tableau.)

Continent, country or area, date, sex, age(in years) and urban/rural residence Continent, pays ou zone, date, sexe, âge(en années) et résidence urbaine/rurale	Total not economically active Population inactive totale	Functional categories – Catégories fonctionnelles Home-maker Personnes s'occupant du foyer	Student Etudiants	Income recipient Retraités et rentiers	Other Autres personnes inactives	Not stated Non déterminé
AMERICA,SOUTH— (Cont.–Suite) AMERIQUE DU SUD						
Venezuela						
20 X 1981 [3 18 19]						
Male – Masculin						
12 plus	1 465 125	59 748	873 023	68 542	463 812	–
12 – 14	486 283	9 232	427 239	1 561	48 251	–
15 – 19	437 526	13 324	327 972	2 281	93 949	–
20 – 24	142 743	6 404	85 466	1 690	49 183	–
25 – 29	57 439	4 197	22 156	1 334	29 752	–
30 – 34	31 107	3 387	4 724	1 117	21 879	–
35 – 39	21 837	2 697	1 382	1 051	16 707	–
40 – 44	21 371	2 628	779	1 722	16 242	–
45 – 49	22 661	2 614	611	3 014	16 422	–
50 – 54	28 881	2 761	502	5 777	19 841	–
55 – 59	33 850	2 597	377	7 289	23 587	–
60 – 64	40 615	2 810	399	11 388	26 018	–
65 plus	140 812	7 097	1 416	30 318	101 981	–
Unknown–Inconnu	–	–	–	–	–	–
Female – Féminin						
12 plus	3 617 382	2 446 271	926 277	32 766	212 068	–
12 – 14	511 325	59 074	426 976	1 338	23 937	–
15 – 19	670 054	262 541	361 462	1 832	44 219	–
20 – 24	468 089	343 713	99 030	1 318	24 028	–
25 – 29	376 098	335 034	26 200	972	13 892	–
30 – 34	296 069	279 315	6 032	809	9 913	–
35 – 39	223 612	213 609	2 047	872	7 084	–
40 – 44	193 369	184 811	984	1 309	6 265	–
45 – 49	181 550	172 503	726	2 230	6 091	–
50 – 54	170 178	159 306	495	3 753	6 624	–
55 – 59	141 869	130 631	437	4 249	6 552	–
60 – 64	118 854	105 934	444	3 950	8 526	–
65 plus	266 315	199 800	1 444	10 134	54 937	–
Unknown–Inconnu	–	–	–	–	–	–
ASIA—ASIE						
Hong Kong – Hong–kong						
11 III 1986* [20]						
Male – Masculin						
Total	1 056 053	8 421	697 325	3 934	346 373	–
– 15	649 638	1 008	523 219	–	125 411	–
15 – 19	145 833	315	142 711	126	2 681	–
20 – 24	33 474	133	28 651	273	4 417	–
25 – 29	8 337	385	2 310	315	5 327	–
30 – 34	5 376	336	245	350	4 445	–
35 – 39	4 851	420	161	336	3 934	–
40 – 44	3 129	392	28	196	2 513	–
45 – 49	5 327	476	–	189	4 662	–
50 – 54	11 438	784	–	308	10 346	–
55 – 59	25 186	903	–	448	23 835	–
60 – 64	42 731	1 127	–	448	41 156	–
65 plus	120 733	2 142	–	945	117 646	–
Unknown–Inconnu	–	–	–	–	–	–

37. Population not economically active by functional category, sex, age and urban/ rural residence: each census, 1973 – 1988 (continued)
Population inactive selon la catégorie fonctionnelle, le sexe, l'âge et la résidence, urbaine/rurale: chaque recensement, 1973 – 1988 (suite)

(See notes at end of table. – Voir notes à la fin du tableau.)

Continent, country or area, date, sex, age(in years) and urban/rural residence Continent, pays ou zone, date, sexe, âge(en années) et résidence urbaine/rurale	Total not economically active Population inactive totale	Functional categories – Catégories fonctionnelles Home-maker Personnes s'occupant du foyer	Student Etudiants	Income recipient Retraités et rentiers	Other Autres personnes inactives	Not stated Non déterminé
ASIA—ASIE (Cont.–Suite)						
Hong Kong – Hong-kong						
11 III 1986* [20]						
Female – Féminin						
Total	1 586 096	618 472	642 387	8 099	317 138	–
– 15	597 309	643	482 694	–	113 972	–
15 – 19	143 606	2 547	139 029	119	1 911	–
20 – 24	45 105	22 558	18 319	392	3 836	–
25 – 29	85 639	78 709	1 904	497	4 529	–
30 – 34	101 513	97 278	287	518	3 430	–
35 – 39	81 765	78 545	133	497	2 590	–
40 – 44	44 174	41 780	21	350	2 023	–
45 – 49	52 874	48 170	–	434	4 270	–
50 – 54	70 289	61 114	–	462	8 713	–
55 – 59	78 185	61 728	–	784	15 673	–
60 – 64	77 641	50 768	–	994	25 879	–
65 plus	207 996	74 632	–	3 052	130 312	–
Unknown–Inconnu	–	–	–	–	–	–
India – Inde [21]						
1 III 1981 [3 22 23 24]						
Male – Masculin						
Total	162 850 211	2 477 265	64 618 726	2 577 543	93 176 677	–
– 15	127 647 113	839 791	49 086 726	6 947	77 713 653	–
15 – 19	15 938 432	428 981	11 914 724	4 000	3 590 726	–
20 – 24	6 078 606	294 101	3 017 360	5 360	2 761 786	–
25 – 29	1 911 294	172 195	427 904	5 971	1 305 223	–
30 – 34	715 329	106 302	52 706	13 019	543 302	–
35 – 39	446 790	85 393	12 545	28 036	320 818	–
40 – 49	819 691	151 611	9 357	100 588	558 135	–
50 – 59	1 490 010	143 987	5 730	470 158	870 135	–
60 plus	7 691 291	252 956	23 131	1 942 740	5 472 462	–
Unknown–Inconnu	111 655	1 948	68 543	724	40 437	–
Female – Féminin						
Total	257 832 652	120 922 677	35 265 466	1 072 817	100 571 692	–
– 15	121 819 056	9 087 429	29 773 663	4 039	82 953 925	–
15 – 19	22 188 466	14 672 135	4 551 938	1 740	2 962 653	–
20 – 24	20 035 453	18 180 316	739 326	2 304	1 113 509	–
25 – 29	16 954 818	16 415 299	82 431	2 610	454 479	–
30 – 34	13 580 619	13 295 578	20 453	3 751	260 836	–
35 – 39	12 060 200	11 837 804	11 200	5 893	205 302	–
40 – 49	19 193 698	18 463 535	13 627	42 175	674 361	–
50 – 59	13 703 758	11 377 019	7 969	202 002	2 116 767	–
60 plus	18 176 688	7 563 915	15 604	808 025	9 789 141	–
Unknown–Inconnu	119 896	29 647	49 255	278	40 719	–
Iraq						
12 X 1977						
Male – Masculin						
7 plus	1 275 278	–	1 022 544	14 980	237 754	–
7 – 14	692 073	–	659 558	645	31 870	–
15 – 19	281 605	–	268 815	465	12 325	–
20 – 24	83 151	–	73 443	354	9 354	–
25 – 29	11 109	–	4 600	275	6 234	–
30 – 34	6 268	–	578	247	5 443	–
35 – 39	6 947	–	200	290	6 457	–
40 – 44	8 443	–	–	347	8 096	–
45 – 49	15 364	–	–	670	14 694	–
50 – 54	17 471	–	–	803	16 668	–
55 – 59	19 116	–	–	1 005	18 111	–
60 – 64	25 950	–	–	1 487	24 463	–
65 plus	91 892	–	–	8 359	83 533	–
Unknown–Inconnu	15 889	–	15 350	33	506	–

37. Population not economically active by functional category, sex, age and urban/ rural residence: each census, 1973 – 1988 (continued)
Population inactive selon la catégorie fonctionnelle, le sexe, l'âge et la résidence, urbaine/rurale: chaque recensement, 1973 – 1988 (suite)

(See notes at end of table. – Voir notes à la fin du tableau.)

Continent, country or area, date, sex, age(in years) and urban/rural residence Continent, pays ou zone, date, sexe, âge(en années) et résidence urbaine/rurale	Total not economically active Population inactive totale	Functional categories – Catégories fonctionnelles Home–maker Personnes s'occupant du foyer	Student Etudiants	Income recipient Retraités et rentiers	Other Autres personnes inactives	Not stated Non déterminé
ASIA—ASIE (Cont.–Suite)						
Iraq						
12 X 1977						
Female – Féminin						
7 plus	3 129 695	2 445 345	550 820	7 073	126 457	–
7 – 14	636 231	270 462	352 814	447	12 508	–
15 – 19	458 870	310 708	143 195	182	4 785	–
20 – 24	430 438	381 966	44 876	191	3 405	–
25 – 29	312 250	306 146	3 702	170	2 232	–
30 – 34	225 028	222 251	623	201	1 953	–
35 – 39	190 797	188 092	222	273	2 210	–
40 – 44	154 488	151 763	–	326	2 399	–
45 – 49	164 821	160 090	–	504	4 227	–
50 – 54	135 495	128 306	–	582	6 607	–
55 – 59	100 862	91 371	–	601	8 890	–
60 – 64	92 181	78 608	–	823	12 750	–
65 plus	219 920	153 163	–	2 752	64 005	–
Unknown–Inconnu	8 314	2 419	5 388	21	486	–
Japan – Japon						
1 X 1985 [3,25]						
Male – Masculin						
15 plus	8 963 871	211 033	4 731 711	–	4 021 127	–
15 – 19	3 710 304	5 524	3 667 534	–	37 246	–
20 – 24	1 036 118	4 960	986 981	–	44 177	–
25 – 29	99 807	3 240	56 216	–	40 351	–
30 – 34	67 925	3 428	10 787	–	53 710	–
35 – 39	75 614	3 912	3 884	–	67 818	–
40 – 44	68 453	3 545	1 332	–	63 576	–
45 – 49	79 030	4 391	811	–	73 828	–
50 – 54	112 404	7 329	730	–	104 345	–
55 – 59	233 107	20 797	1 697	–	210 613	–
60 – 64	513 107	40 733	774	–	471 600	–
65 – 69	696 058	42 204	119	–	653 735	–
70 – 74	856 669	36 285	221	–	820 163	–
75 plus	1 415 275	34 685	625	–	1 379 965	–
Unknown–Inconnu	–	–	–	–	–	–
Female – Féminin						
15 plus	25 442 886	16 790 479	4 019 273	–	4 633 134	–
15 – 19	3 613 960	78 518	3 517 926	–	17 516	–
20 – 24	1 068 739	577 437	468 510	–	22 792	–
25 – 29	1 771 288	1 729 410	18 095	–	23 783	–
30 – 34	2 276 951	2 242 712	5 489	–	28 750	–
35 – 39	2 241 887	2 205 107	3 198	–	33 582	–
40 – 44	1 565 890	1 532 028	1 306	–	32 556	–
45 – 49	1 411 484	1 371 501	788	–	39 195	–
50 – 54	1 608 585	1 547 831	481	–	60 273	–
55 – 59	1 796 493	1 651 073	418	–	145 002	–
60 – 64	1 875 659	1 483 279	376	–	392 004	–
65 – 69	1 772 484	1 100 415	495	–	671 574	–
70 – 74	1 730 227	744 624	923	–	984 680	–
75 plus	2 709 239	526 544	1 268	–	2 181 427	–
Unknown–Inconnu	–	–	–	–	–	–

37. Population not economically active by functional category, sex, age and urban/ rural residence: each census, 1973 – 1988 (continued)
Population inactive selon la catégorie fonctionnelle, le sexe, l'âge et la résidence, urbaine/rurale: chaque recensement, 1973 – 1988 (suite)

(See notes at end of table. – Voir notes à la fin du tableau.)

Continent, country or area, date, sex, age(in years) and urban/rural residence Continent, pays ou zone, date, sexe, âge(en années) et résidence urbaine/rurale	Total not economically active Population inactive totale	Functional categories – Catégories fonctionnelles Home–maker Personnes s'occupant du foyer	Student Etudiants	Income recipient Retraités et rentiers	Other Autres personnes inactives	Not stated Non déterminé
ASIA—ASIE (Cont.–Suite)						
Jordan – Jordanie [26]						
10 XI 1979 [27]						
Male – Masculin						
15 plus	117 831	8	86 761	8 642	22 420	–
15 – 19	75 918	4	75 315	88	511	–
20 – 24	11 063	1	10 592	149	321	–
25 – 29	1 042	–	677	155	210	–
30 – 34	553	–	99	210	244	–
35 – 39	698	1	20	450	227	–
40 – 44	1 190	–	7	885	298	–
45 – 49	1 399	1	–	1 053	345	–
50 – 54	1 935	–	3	1 241	691	–
55 – 59	2 241	1	1	1 176	1 063	–
60 – 64	3 351	–	10	1 108	2 233	–
65 plus	18 441	–	37	2 127	16 277	–
Unknown–Inconnu	–	–	–	–	–	–
Female – Féminin						
15 plus	465 526	381 428	65 604	781	17 713	–
15 – 19	107 898	49 044	58 656	63	135	–
20 – 24	63 062	56 285	6 655	28	94	–
25 – 29	47 795	47 488	206	40	61	–
30 – 34	48 321	48 181	34	45	61	–
35 – 39	44 541	44 371	13	78	79	–
40 – 44	40 440	40 268	5	73	94	–
45 – 49	31 510	31 285	1	75	149	–
50 – 54	23 727	23 262	5	80	380	–
55 – 59	17 282	16 570	–	78	634	–
60 – 64	13 442	11 949	6	71	1 416	–
65 plus	27 508	12 725	23	150	14 610	–
Unknown–Inconnu	–	–	–	–	–	–
Kuwait – Koweït						
21 IV 1985						
Male – Masculin						
15 plus	108 822	–	79 242	18 606	10 974	–
15 – 19	62 375	–	61 788	108	479	–
20 – 24	15 636	–	15 005	287	344	–
25 – 29	2 617	–	2 051	352	214	–
30 – 34	942	–	352	443	147	–
35 – 39	923	–	40	796	87	–
40 – 44	2 371	–	5	2 276	90	–
45 – 49	4 307	–	1	4 154	152	–
50 – 54	4 201	–	–	3 989	212	–
55 – 59	3 742	–	–	3 445	297	–
60 – 64	3 257	–	–	2 756	501	–
65 plus	8 451	–	–	–	8 451	–
Unknown–Inconnu	–	–	–	–	–	–
Female – Féminin						
15 plus	293 003	214 811	65 172	1 821	11 199	–
15 – 19	67 945	16 449	51 362	14	120	–
20 – 24	44 986	32 540	12 285	57	104	–
25 – 29	38 022	36 657	1 212	100	53	–
30 – 34	34 391	33 899	293	168	31	–
35 – 39	30 640	30 361	14	241	24	–
40 – 44	23 445	23 152	5	261	27	–
45 – 49	17 785	17 462	1	269	53	–
50 – 54	12 153	11 764	–	261	128	–
55 – 59	7 892	7 446	–	231	215	–
60 – 64	5 688	5 081	–	219	388	–
65 plus	10 056	–	–	–	10 056	–
Unknown–Inconnu	–	–	–	–	–	–

37. Population not economically active by functional category, sex, age and urban/ rural residence: each census, 1973 – 1988 (continued)
Population inactive selon la catégorie fonctionnelle, le sexe, l'âge et la résidence, urbaine/rurale: chaque recensement, 1973 – 1988 (suite)

(See notes at end of table. – Voir notes à la fin du tableau.)

Continent, country or area, date, sex, age(in years) and urban/rural residence Continent, pays ou zone, date, sexe, âge(en années) et résidence urbaine/rurale	Total not economically active Population inactive totale	Functional categories – Catégories fonctionnelles Home-maker Personnes s'occupant du foyer	Student Etudiants	Income recipient Retraités et rentiers	Other Autres personnes inactives	Not stated Non déterminé
ASIA—ASIE (Cont.–Suite)						
Macau – Macao						
16 III 1981						
Male – Masculin						
10 plus	24 797	141	16 152	1 345	7 159	–
10 – 14	9 991	8	9 730	–	253	–
15 – 19	5 771	7	5 562	–	202	–
20 – 24	903	5	760	1	137	–
25 – 29	229	5	93	–	131	–
30 – 34	140	4	7	2	127	–
35 – 39	115	1	–	3	111	–
40 – 44	140	3	–	12	125	–
45 – 49	240	–	–	45	195	–
50 – 54	639	10	–	184	445	–
55 – 59	869	12	–	242	615	–
60 plus	5 760	86	–	856	4 818	–
Unknown–Inconnu	–	–	–	–	–	–
Female – Féminin						
10 plus	54 928	36 519	14 852	186	3 371	–
10 – 14	9 360	228	8 956	–	176	–
15 – 19	5 755	541	5 156	–	58	–
20 – 24	2 591	1 836	683	–	72	–
25 – 29	3 890	3 805	46	–	39	–
30 – 34	3 836	3 788	7	–	41	–
35 – 39	2 477	2 443	2	–	32	–
40 – 44	2 358	2 333	–	–	25	–
45 – 49	3 053	3 012	–	8	33	–
50 – 54	4 078	3 989	1	23	65	–
55 – 59	3 731	3 633	1	27	70	–
60 plus	13 799	10 911	–	128	2 760	–
Unknown–Inconnu	–	–	–	–	–	–
Malaysia – Malaisie						
10 VI 1980 [2]						
Male – Masculin						
10 plus	1 292 459	92 497	995 286	–	204 676	–
10 – 14	661 093	7 875	638 040	–	15 178	–
15 – 19	351 326	14 719	313 993	–	22 614	–
20 – 24	57 145	7 100	37 328	–	12 717	–
25 – 29	14 393	3 892	3 480	–	7 021	–
30 – 34	8 963	2 945	871	–	5 147	–
35 – 39	5 948	1 997	428	–	3 523	–
40 – 44	6 764	2 392	280	–	4 092	–
45 – 49	7 138	2 376	147	–	4 615	–
50 – 54	13 179	4 219	145	–	8 815	–
55 – 59	27 355	8 037	120	–	19 198	–
60 – 64	33 543	9 552	138	–	23 853	–
65 plus	105 612	27 393	316	–	77 903	–
Unknown–Inconnu	–	–	–	–	–	–

37. Population not economically active by functional category, sex, age and urban/ rural residence: each census, 1973 – 1988 (continued)
Population inactive selon la catégorie fonctionnelle, le sexe, l'âge et la résidence, urbaine/rurale: chaque recensement, 1973 – 1988 (suite)

(See notes at end of table. – Voir notes à la fin du tableau.)

Continent, country or area, date, sex, age(in years) and urban/rural residence Continent, pays ou zone, date, sexe, âge(en années) et résidence urbaine/rurale	Total not economically active Population inactive totale	Functional categories – Catégories fonctionnelles Home–maker Personnes s'occupant du foyer	Student Etudiants	Income recipient Retraités et rentiers	Other Autres personnes inactives	Not stated Non déterminé
ASIA—ASIE (Cont.–Suite)						
Malaysia – Malaisie						
10 VI 1980 [2]						
Female – Féminin						
10 plus	2 759 058	1 695 738	935 874	–	127 446	–
10 – 14	649 479	36 910	603 428	–	9 141	–
15 – 19	455 483	146 621	296 917	–	11 945	–
20 – 24	270 776	233 581	28 958	–	8 237	–
25 – 29	255 923	248 924	2 417	–	4 582	–
30 – 34	222 140	217 695	1 012	–	3 433	–
35 – 39	158 996	155 964	673	–	2 359	–
40 – 44	148 106	144 940	540	–	2 626	–
45 – 49	118 246	114 999	402	–	2 845	–
50 – 54	112 851	107 470	326	–	5 055	–
55 – 59	95 699	87 359	313	–	8 027	–
60 – 64	88 970	75 224	318	–	13 428	–
65 plus	182 389	126 051	570	–	55 768	–
Unknown–Inconnu	–	–	–	–	–	–
Maldives						
25 III 1985						
Male – Masculin						
12 plus	16 875	4 077	8 964	449	3 272	113
12 – 14	5 893	317	5 284	33	255	4
15 – 19	4 338	626	3 199	81	422	10
20 – 24	1 232	522	324	47	327	12
25 – 29	691	370	80	27	203	11
30 – 34	436	244	29	14	145	4
35 – 39	349	211	17	15	101	5
40 – 44	418	240	5	13	154	6
45 – 49	509	304	11	27	159	8
50 – 54	552	317	4	26	200	5
55 – 59	481	258	2	21	194	6
60 – 64	573	263	2	30	266	12
65 plus	1 380	400	7	112	831	30
Unknown–Inconnu	23	5	–	3	15	–
Female – Féminin						
12 plus	40 555	28 209	7 817	557	3 834	138
12 – 14	5 550	587	4 850	18	91	4
15 – 19	8 098	4 706	2 730	139	503	20
20 – 24	6 655	5 817	164	119	538	17
25 – 29	4 652	4 235	24	62	321	10
30 – 34	2 892	2 565	6	34	278	9
35 – 39	2 308	2 078	9	28	183	10
40 – 44	2 210	1 962	7	29	204	8
45 – 49	2 416	2 111	7	32	261	5
50 – 54	1 948	1 659	8	28	243	10
55 – 59	1 163	893	4	22	239	5
60 – 64	1 291	916	6	16	339	14
65 plus	1 348	667	2	30	623	26
Unknown–Inconnu	24	13	–	–	11	–

37. Population not economically active by functional category, sex, age and urban/ rural residence: each census, 1973 – 1988 (continued)
Population inactive selon la catégorie fonctionnelle, le sexe, l'âge et la résidence, urbaine/rurale: chaque recensement, 1973 – 1988 (suite)

(See notes at end of table. – Voir notes à la fin du tableau.)

Continent, country or area, date, sex, age(in years) and urban/rural residence Continent, pays ou zone, date, sexe, âge(en années) et résidence urbaine/rurale	Total not economically active Population inactive totale	Functional categories – Catégories fonctionnelles Home–maker Personnes s'occupant du foyer	Student Etudiants	Income recipient Retraités et rentiers	Other Autres personnes inactives	Not stated Non déterminé
ASIA—ASIE (Cont.–Suite)						
Myanmar [28]						
31 III 1983						
Male – Masculin						
10 plus	4 650 757	95 683	1 992 892	107 214	1 548 036	906 932
10 – 14	1 955 687	31 085	1 467 742	–	108 675	348 185
15 – 19	953 153	30 482	425 532	–	258 115	239 024
20 – 24	403 026	14 611	90 085	–	196 159	102 171
25 – 29	229 373	6 918	9 533	734	170 652	41 536
30 – 34	154 187	3 337	–	3 114	131 754	15 982
35 – 39	121 508	1 610	–	6 771	105 464	7 663
40 – 44	108 260	1 311	–	10 113	91 591	5 245
45 – 49	113 053	949	–	11 572	95 339	5 193
50 – 54	114 929	999	–	12 280	93 476	8 174
55 – 59	98 361	938	–	11 829	75 032	10 562
60 – 64	116 632	1 045	–	23 149	71 929	20 509
65 plus	282 588	2 398	–	27 652	149 850	102 688
Unknown–Inconnu	–	–	–	–	–	–
Female – Féminin						
10 plus	8 383 197	4 096 610	1 632 394	20 099	701 144	1 932 950
10 – 14	1 850 072	160 930	1 232 351	–	48 869	407 922
15 – 19	1 214 317	400 908	312 914	–	132 215	368 280
20 – 24	1 004 394	600 971	78 420	–	86 172	238 831
25 – 29	830 996	614 483	8 709	248	60 302	147 254
30 – 34	641 663	505 799	–	592	43 415	91 857
35 – 39	486 428	390 320	–	1 734	32 965	61 409
40 – 44	440 762	348 898	–	2 072	34 384	55 408
45 – 49	413 945	322 123	–	2 155	34 127	55 540
50 – 54	384 976	275 741	–	2 039	39 474	67 722
55 – 59	299 342	196 999	–	2 316	34 128	65 899
60 – 64	273 290	138 902	–	3 578	40 436	90 374
65 plus	543 012	140 536	–	5 365	114 657	282 454
Unknown–Inconnu	–	–	–	–	–	–
Qatar						
16 III 1986*						
Male – Masculin						
15 plus	13 544	–	10 697	–	2 847	–
15 – 19	8 333	–	8 036	–	297	–
20 – 24	2 525	–	2 233	–	292	–
25 – 29	524	–	362	–	162	–
30 – 34	142	–	52	–	90	–
35 – 39	87	–	14	–	73	–
40 – 44	71	–	–	–	71	–
45 – 49	115	–	–	–	115	–
50 – 54	244	–	–	–	244	–
55 – 59	235	–	–	–	235	–
60 – 64	380	–	–	–	380	–
65 – 69	259	–	–	–	259	–
70 – 74	237	–	–	–	237	–
75 plus	383	–	–	–	383	–
Unknown–Inconnu	9	–	–	–	9	–

37. Population not economically active by functional category, sex, age and urban/ rural residence: each census, 1973 – 1988 (continued)
Population inactive selon la catégorie fonctionnelle, le sexe, l'âge et la résidence, urbaine/rurale: chaque recensement, 1973 – 1988 (suite)

(See notes at end of table. – Voir notes à la fin du tableau.)

Continent, country or area, date, sex, age(in years) and urban/rural residence Continent, pays ou zone, date, sexe, âge(en années) et résidence urbaine/rurale	Total not economically active Population inactive totale	Functional categories – Catégories fonctionnelles Home-maker Personnes s'occupant du foyer	Student Etudiants	Income recipient Retraités et rentiers	Other Autres personnes inactives	Not stated Non déterminé
ASIA—ASIE (Cont.–Suite)						
Qatar						
16 III 1986*						
Female – Féminin						
15 plus	51 724	38 325	11 415	–	1 984	–
15 – 19	10 146	2 043	7 917	–	186	–
20 – 24	9 010	5 815	2 997	–	198	–
25 – 29	8 214	7 679	432	–	103	–
30 – 34	7 034	6 917	55	–	62	–
35 – 39	5 162	5 114	13	–	35	–
40 – 44	3 648	3 609	–	–	39	–
45 – 49	2 712	2 649	–	–	63	–
50 – 54	2 065	1 936	–	–	129	–
55 – 59	1 228	1 048	–	–	180	–
60 – 64	955	696	–	–	259	–
65 – 69	556	350	–	–	206	–
70 – 74	450	242	–	–	208	–
75 plus	531	218	–	–	313	–
Unknown–Inconnu	13	9	1	–	3	–
Sri Lanka						
17 III 1981 [3]						
Male – Masculin						
10 plus	2 031 846	21 592	1 169 007	352 168	489 079	–
10 – 14	815 053	3 627	724 831	3 350	83 245	–
15 – 19	484 131	5 929	349 439	3 131	125 632	–
20 – 24	163 234	3 496	76 769	2 610	80 359	–
25 – 29	64 651	1 702	17 532	2 207	43 210	–
30 – 34	37 506	1 193	108	2 790	33 415	–
35 – 39	25 039	841	41	2 973	21 184	–
40 – 44	24 936	687	44	5 359	18 846	–
45 – 49	25 682	640	32	8 740	16 270	–
50 – 54	37 254	710	35	20 239	16 270	–
55 – 59	59 121	663	27	45 124	13 307	–
60 – 64	78 427	657	41	66 178	11 551	–
65 – 69	69 414	579	35	59 030	9 770	–
70 – 74	62 598	417	32	54 918	7 231	–
75 plus	84 800	451	41	75 519	8 789	–
Unknown–Inconnu	–	–	–	–	–	–
Female – Féminin						
10 plus	4 261 066	2 642 758	1 126 490	353 847	137 971	–
10 – 14	807 151	94 084	686 339	2 658	24 070	–
15 – 19	639 872	256 345	350 204	2 388	30 935	–
20 – 24	480 597	380 378	74 498	2 369	23 352	–
25 – 29	404 336	372 594	15 055	2 285	14 402	–
30 – 34	368 249	354 257	112	3 192	10 688	–
35 – 39	283 422	272 632	47	3 640	7 103	–
40 – 44	241 057	228 420	35	7 138	5 464	–
45 – 49	223 499	204 713	23	13 692	5 071	–
50 – 54	204 415	169 170	37	30 791	4 417	–
55 – 59	173 303	123 073	22	46 803	3 405	–
60 – 64	145 101	81 715	30	60 737	2 619	–
65 – 69	112 521	53 095	28	57 181	2 217	–
70 – 74	80 329	27 920	29	50 649	1 731	–
75 plus	97 214	24 362	31	70 324	2 497	–
Unknown–Inconnu	–	–	–	–	–	–

37. Population not economically active by functional category, sex, age and urban/ rural residence: each census, 1973 – 1988 (continued)
Population inactive selon la catégorie fonctionnelle, le sexe, l'âge et la résidence, urbaine/rurale: chaque recensement, 1973 – 1988 (suite)

(See notes at end of table. – Voir notes à la fin du tableau.)

Continent, country or area, date, sex, age(in years) and urban/rural residence Continent, pays ou zone, date, sexe, âge(en années) et résidence urbaine/rurale	Total not economically active Population inactive totale	Functional categories – Catégories fonctionnelles Home–maker Personnes s'occupant du foyer	Student Etudiants	Income recipient Retraités et rentiers	Other Autres personnes inactives	Not stated Non déterminé
ASIA—ASIE (Cont.–Suite)						
Syrian Arab Republic – République arabe syrienne						
7 IX 1981 [29]						
Male – Masculin						
10 plus	1 008 065	–	827 878	27 116	151 565	1 506
10 – 14	531 352	–	525 898	160	5 151	143
15 – 19	236 311	–	230 457	302	5 216	336
20 – 24	65 829	–	60 990	261	4 339	239
25 – 29	12 194	–	8 327	366	3 204	297
30 – 34	4 202	–	955	525	2 602	120
35 – 39	2 929	–	189	595	2 066	79
40 – 44	4 445	–	268	664	3 448	65
45 – 49	7 492	–	161	1 107	6 179	45
50 – 54	14 835	–	103	2 428	12 267	37
55 – 59	13 811	–	60	2 745	10 981	25
60 – 64	24 153	–	105	4 247	19 783	18
65 plus	90 205	–	272	13 703	76 181	49
Unknown–Inconnu	307	–	93	13	148	53
Female – Féminin						
10 plus	2 585 082	1 934 497	522 552	13 450	114 147	436
10 – 14	547 647	183 731	359 969	267	3 614	66
15 – 19	445 008	309 278	132 883	372	2 394	81
20 – 24	319 428	291 788	25 722	222	1 643	53
25 – 29	235 074	231 414	2 161	192	1 273	34
30 – 34	196 829	194 868	522	239	1 179	21
35 – 39	155 496	153 851	265	252	1 110	18
40 – 44	149 495	146 895	294	452	1 839	15
45 – 49	126 595	123 469	153	556	2 396	21
50 – 54	127 610	118 606	137	1 255	7 599	13
55 – 59	78 929	70 297	57	1 180	7 386	9
60 – 64	70 672	50 996	96	2 131	17 436	13
65 plus	131 696	58 911	248	6 326	66 167	44
Unknown–Inconnu	603	393	45	6	111	48
Turkey – Turquie						
12 X 1980 [3]						
Male – Masculin						
12 plus	3 024 831	–	1 705 165	483 079	734 992	101 595
12 – 14	961 514	–	882 437	12	60 228	18 837
15 – 19	766 730	–	678 329	18	67 386	20 997
20 – 24	183 308	–	122 678	452	47 908	12 270
25 – 29	53 138	–	18 146	727	26 461	7 804
30 – 34	27 699	–	2 580	1 462	18 661	4 996
35 – 39	21 612	–	946	3 413	13 429	3 824
40 – 44	38 951	–	–	19 448	15 969	3 534
45 – 49	74 439	–	–	50 986	19 982	3 471
50 – 54	118 811	–	–	83 015	32 118	3 678
55 – 59	124 262	–	–	89 711	31 606	2 945
60 – 64	115 122	–	–	65 529	46 672	2 921
65 plus	530 358	–	–	167 512	347 529	15 317
Unknown–Inconnu	8 887	–	49	794	7 043	1 001

37. Population not economically active by functional category, sex, age and urban/ rural residence: each census, 1973 – 1988 (continued)
Population inactive selon la catégorie fonctionnelle, le sexe, l'âge et la résidence, urbaine/rurale: chaque recensement, 1973 – 1988 (suite)

(See notes at end of table. – Voir notes à la fin du tableau.)

Continent, country or area, date, sex, age(in years) and urban/rural residence Continent, pays ou zone, date, sexe, âge(en années) et résidence urbaine/rurale	Total not economically active Population inactive totale	Functional categories – Catégories fonctionnelles Home–maker Personnes s'occupant du foyer	Student Etudiants	Income recipient Retraités et rentiers	Other Autres personnes inactives	Not stated Non déterminé
ASIA—ASIE (Cont.–Suite)						
Turkey – Turquie						
12 X 1980 [3]						
Female – Féminin						
12 plus	8 169 368	6 950 968	949 415	98 079	169 072	1 834
12 – 14	888 307	316 520	541 338	–	30 247	202
15 – 19	1 156 195	765 116	358 497	–	32 352	230
20 – 24	995 311	939 464	43 813	561	11 264	209
25 – 29	914 832	905 761	3 882	673	4 368	148
30 – 34	731 407	726 363	1 164	978	2 801	101
35 – 39	590 132	584 814	701	2 253	2 274	90
40 – 44	540 108	530 808	–	6 461	2 744	95
45 – 49	477 551	466 614	–	8 293	2 569	75
50 – 54	437 187	416 652	–	16 859	3 609	67
55 – 59	296 072	277 141	–	15 427	3 459	45
60 – 64	234 637	217 007	–	10 905	6 685	40
65 plus	881 295	782 357	–	35 153	63 642	143
Unknown–Inconnu	26 334	22 351	20	516	3 058	389
20 X 1985 [3]						
Male – Masculin						
12 plus	3 820 952	–	2 057 396	180 057	1 460 277	123 222
12 – 14	1 177 297	–	1 094 798	674	61 623	20 202
15 – 19	867 354	–	775 405	1 449	67 481	23 019
20 – 24	232 525	–	165 051	1 743	50 863	14 868
25 – 29	68 201	–	18 897	2 138	37 726	9 440
30 – 34	41 240	–	2 385	2 435	29 630	6 790
35 – 39	36 771	–	811	2 744	27 951	5 265
40 – 44	66 830	–	–	4 121	58 279	4 430
45 – 49	126 570	–	–	5 269	116 520	4 781
50 – 54	206 377	–	–	9 710	190 913	5 754
55 – 59	228 335	–	–	10 798	211 804	5 733
60 – 64	205 076	–	–	16 904	183 282	4 890
65 plus	554 628	–	–	121 738	415 330	17 560
Unknown–Inconnu	9 748	–	49	334	8 875	490
Female – Féminin						
12 plus	9 849 302	8 304 149	1 279 980	21 979	243 194	–
12 – 14	1 091 907	335 567	731 267	787	24 286	–
15 – 19	1 327 272	839 156	461 063	1 546	25 507	–
20 – 24	1 213 906	1 124 155	77 433	962	11 356	–
25 – 29	1 119 954	1 107 607	6 525	588	5 234	–
30 – 34	950 603	943 862	2 178	463	4 100	–
35 – 39	776 711	767 454	1 472	529	7 256	–
40 – 44	595 793	579 316	–	571	15 906	–
45 – 49	540 342	522 681	–	699	16 962	–
50 – 54	519 052	495 727	–	1 020	22 305	–
55 – 59	453 788	425 711	–	1 298	26 779	–
60 – 64	344 963	320 389	–	1 907	22 667	–
65 plus	897 969	828 828	–	11 503	57 638	–
Unknown–Inconnu	17 042	13 696	42	106	3 198	–

37. Population not economically active by functional category, sex, age and urban/ rural residence: each census, 1973 – 1988 (continued)
Population inactive selon la catégorie fonctionnelle, le sexe, l'âge et la résidence, urbaine/rurale: chaque recensement, 1973 – 1988 (suite)

(See notes at end of table. – Voir notes à la fin du tableau.)

Continent, country or area, date, sex, age(in years) and urban/rural residence Continent, pays ou zone, date, sexe, âge(en années) et résidence urbaine/rurale	Total not economically active Population inactive totale	Functional categories – Catégories fonctionnelles Home–maker Personnes s'occupant du foyer	Student Etudiants	Income recipient Retraités et rentiers	Other Autres personnes inactives	Not stated Non déterminé
EUROPE						
Belgium – Belgique						
1 III 1981 [1]						
Male – Masculin						
Total	2 222 810	8 339	1 356 883	711 576	146 012	–
– 15	1 007 027	54	1 006 703	–	270	–
15 – 19	275 273	457	271 345	–	3 471	–
20 – 24	75 589	554	68 664	–	6 371	–
25 – 29	15 075	602	7 773	–	6 700	–
30 – 34	9 656	518	1 738	–	7 400	–
35 – 39	8 587	400	486	179	7 522	–
40 – 44	14 192	401	129	2 958	10 704	–
45 – 49	24 071	472	32	6 903	16 664	–
50 – 54	40 326	537	10	15 639	24 140	–
55 – 59	83 590	730	3	49 359	33 498	–
60 plus	669 424	3 614	–	636 538	29 272	–
Unknown–Inconnu	–	–	–	–	–	–
Female – Féminin						
Total	3 554 894	1 341 093	1 288 063	830 218	95 520	–
– 15	960 976	390	960 312	–	274	–
15 – 19	290 997	13 992	273 149	–	3 856	–
20 – 24	103 033	45 591	51 188	–	6 254	–
25 – 29	90 025	80 017	2 673	–	7 335	–
30 – 34	126 097	117 213	559	–	8 325	–
35 – 39	125 679	117 841	117	246	7 475	–
40 – 44	153 161	142 880	54	2 095	8 132	–
45 – 49	185 692	169 951	7	4 976	10 758	–
50 – 54	214 769	184 288	4	16 234	14 243	–
55 – 59	256 929	175 316	–	67 053	14 560	–
60 plus	1 047 536	293 614	–	739 614	14 308	–
Unknown–Inconnu	–	–	–	–	–	–
Denmark – Danemark [30]						
1 I 1981 [1]						
Male – Masculin						
Total	1 018 523	–	86 098	309 974	622 451	–
– 15	539 688	–	–	–	539 688	–
15 – 19	89 998	–	66 853	326	22 819	–
20 – 24	19 670	–	10 922	941	7 807	–
25 – 29	14 196	–	5 556	1 642	6 998	–
30 – 34	10 318	–	1 669	2 273	6 376	–
35 – 39	9 102	–	660	2 708	5 734	–
40 – 44	7 983	–	209	3 253	4 521	–
45 – 49	8 868	–	100	4 610	4 158	–
50 – 54	11 474	–	47	7 073	4 354	–
55 – 59	16 640	–	20	11 573	5 047	–
60 – 64	50 456	–	15	43 790	6 651	–
65 plus	240 130	–	47	231 785	8 298	–
Unknown–Inconnu	–	–	–	–	–	–

37. Population not economically active by functional category, sex, age and urban/ rural residence: each census, 1973 – 1988 (continued)
Population inactive selon la catégorie fonctionnelle, le sexe, l'âge et la résidence, urbaine/rurale: chaque recensement, 1973 – 1988 (suite)

(See notes at end of table. – Voir notes à la fin du tableau.)

Continent, country or area, date, sex, age(in years) and urban/rural residence Continent, pays ou zone, date, sexe, âge(en années) et résidence urbaine/rurale	Total not economically active Population inactive totale	Functional categories – Catégories fonctionnelles: Home-maker Personnes s'occupant du foyer	Student Etudiants	Income recipient Retraités et rentiers	Other Autres personnes inactives	Not stated Non déterminé
EUROPE (Cont.–Suite)						
Denmark – Danemark [30]						
1 I 1981 [1]						
Female – Féminin						
Total	1 400 141	239 781	102 922	478 047	579 391	–
– 15	515 182	–	–	–	515 182	–
15 – 19	107 008	8 330	82 476	259	15 943	–
20 – 24	26 427	7 465	11 453	816	6 693	–
25 – 29	24 389	12 622	4 779	1 603	5 385	–
30 – 34	30 480	21 384	1 949	2 581	4 566	–
35 – 39	31 179	22 397	1 208	3 626	3 948	–
40 – 44	27 777	19 189	485	4 944	3 159	–
45 – 49	32 703	21 993	256	7 208	3 246	–
50 – 54	44 941	29 012	130	12 049	3 750	–
55 – 59	64 228	37 310	89	22 806	4 023	–
60 – 64	93 986	40 877	36	48 543	4 530	–
65 plus	401 841	19 202	61	373 612	8 966	–
Unknown–Inconnu	–	–	–	–	–	–
Finland – Finlande						
17 XI 1985 [1]						
Male – Masculin						
Total	1 078 430	2 440	173 393	[31] 378 361	524 236	–
– 15	486 513	–	–	[31] –	486 513	–
15 – 19	125 024	118	115 614	[31] 1 086	8 206	–
20 – 24	64 643	151	40 207	[31] 2 377	21 908	–
25 – 29	18 738	166	13 189	[31] 3 535	1 848	–
30 – 34	9 333	213	2 781	[31] 5 373	966	–
35 – 39	9 200	283	1 049	[31] 6 917	951	–
40 – 44	8 171	195	337	[31] 6 993	646	–
45 – 49	11 728	261	108	[31] 10 638	721	–
50 – 54	19 525	345	46	[31] 18 240	894	–
55 – 59	49 750	418	21	[31] 48 345	966	–
60 – 64	71 385	266	36	[31] 70 493	590	–
65 – 69	68 369	23	4	[31] 68 316	26	–
70 – 74	60 372	1	1	[31] 60 369	1	–
75 plus	75 679	–	–	[31] 75 679	–	–
Unknown–Inconnu	–	–	–	[31] –	–	–
Female – Féminin						
Total	1 348 885	97 385	196 867	[31] 559 842	494 791	–
– 15	464 857	–	–	[31] –	464 857	–
15 – 19	126 097	787	123 000	[31] 775	1 535	–
20 – 24	64 713	5 797	52 712	[31] 1 702	4 502	–
25 – 29	32 898	12 267	13 460	[31] 2 464	4 707	–
30 – 34	27 155	15 471	4 170	[31] 3 918	3 596	–
35 – 39	24 255	14 086	2 287	[31] 5 335	2 547	–
40 – 44	15 433	7 873	821	[31] 5 474	1 265	–
45 – 49	16 845	6 905	277	[31] 8 270	1 393	–
50 – 54	25 470	8 466	70	[31] 14 889	2 045	–
55 – 59	61 883	11 817	27	[31] 46 677	3 362	–
60 – 64	99 794	13 613	41	[31] 81 343	4 797	–
65 – 69	110 832	253	2	[31] 110 395	182	–
70 – 74	106 521	50	–	[31] 106 468	3	–
75 plus	172 132	–	–	[31] 172 132	–	–
Unknown–Inconnu	–	–	–	[31] –	–	–

37. Population not economically active by functional category, sex, age and urban/ rural residence: each census, 1973 – 1988 (continued)
Population inactive selon la catégorie fonctionnelle, le sexe, l'âge et la résidence, urbaine/rurale: chaque recensement, 1973 – 1988 (suite)

(See notes at end of table. – Voir notes à la fin du tableau.)

Continent, country or area, date, sex, age(in years) and urban/rural residence / Continent, pays ou zone, date, sexe, âge(en années) et résidence urbaine/rurale	Total not economically active / Population inactive totale	Functional categories – Catégories fonctionnelles: Home–maker / Personnes s'occupant du foyer	Student / Etudiants	Income recipient / Retraités et rentiers	Other / Autres personnes inactives	Not stated / Non déterminé
EUROPE (Cont.–Suite)						
Greece – Grèce						
5 IV 1981 [3 7 32]						
Male – Masculin						
Total	1 254 884	–	634 771	...	620 113	–
– 15	376 255	–	371 836	...	4 419	–
15 – 19	209 208	–	200 517	...	8 691	–
20 – 24	62 654	–	52 859	...	9 795	–
25 – 29	14 970	–	8 370	...	6 600	–
30 – 34	7 018	–	942	...	6 076	–
35 – 39	6 037	–	195	...	5 842	–
40 – 44	9 549	–	–	...	9 549	–
45 – 49	16 083	–	–	...	16 083	–
50 – 54	32 597	–	–	...	32 597	–
55 – 59	44 141	–	–	...	44 141	–
60 – 64	72 013	–	–	...	72 013	–
65 – 69	122 195	–	–	...	122 195	–
70 – 74	117 928	–	–	...	117 928	–
75 plus	163 845	–	–	...	163 845	–
Unknown–Inconnu	391	–	52	...	339	–
Female – Féminin						
Total	3 244 282	2 314 038	548 975	...	381 269	–
– 15	368 168	23 335	342 090	...	2 743	–
15 – 19	269 053	97 669	168 152	...	3 232	–
20 – 24	214 550	177 054	34 730	...	2 766	–
25 – 29	205 617	200 185	3 274	...	2 158	–
30 – 34	218 519	215 676	461	...	2 382	–
35 – 39	193 822	190 973	224	...	2 625	–
40 – 44	237 059	231 996	–	...	5 063	–
45 – 49	236 576	229 781	–	...	6 795	–
50 – 54	253 864	239 385	–	...	14 479	–
55 – 59	202 569	181 296	–	...	21 273	–
60 – 64	190 710	155 691	–	...	35 019	–
65 – 69	210 122	146 075	–	...	64 047	–
70 – 74	185 428	111 499	–	...	73 929	–
75 plus	257 611	113 264	–	...	144 347	–
Unknown–Inconnu	614	159	44	...	411	–
Ireland – Irlande						
5 IV 1981						
Male – Masculin						
Total	816 859	1 041	451 685	129 084	235 049	–
– 15	535 409	–	354 379	–	181 030	–
15 – 19	85 452	50	83 693	–	1 709	–
20 – 24	14 084	45	11 644	–	2 395	–
25 – 29	4 042	52	1 422	–	2 568	–
30 – 34	3 337	73	335	–	2 929	–
35 – 39	3 248	58	124	70	2 996	–
40 – 44	3 962	61	56	207	3 638	–
45 – 49	4 770	73	14	335	4 348	–
50 – 54	7 185	67	14	1 140	5 964	–
55 – 59	11 127	93	1	3 014	8 019	–
60 – 64	18 294	81	2	8 805	9 406	–
65 – 69	40 860	108	–	36 428	4 324	–
70 – 74	37 627	116	1	35 060	2 450	–
75 plus	47 462	164	–	44 025	3 273	–
Unknown–Inconnu	–	–	–	–	–	–

37. Population not economically active by functional category, sex, age and urban/ rural residence: each census, 1973 – 1988 (continued)

Population inactive selon la catégorie fonctionnelle, le sexe, l'âge et la résidence, urbaine/rurale: chaque recensement, 1973 – 1988 (suite)

(See notes at end of table. – Voir notes à la fin du tableau.)

Continent, country or area, date, sex, age(in years) and urban/rural residence Continent, pays ou zone, date, sexe, âge(en années) et résidence urbaine/rurale	Total not economically active Population inactive totale	Functional categories – Catégories fonctionnelles Home–maker Personnes s'occupant du foyer	Student Etudiants	Income recipient Retraités et rentiers	Other Autres personnes inactives	Not stated Non déterminé
EUROPE (Cont.–Suite)						
Ireland – Irlande						
5 IV 1981						
Female – Féminin						
Total	1 355 424	661 510	439 356	48 240	206 318	–
– 15	508 320	–	336 346	–	171 974	–
15 – 19	98 417	3 815	93 558	–	1 044	–
20 – 24	39 502	29 724	8 255	–	1 523	–
25 – 29	66 487	64 316	692	–	1 479	–
30 – 34	83 172	81 363	262	–	1 547	–
35 – 39	72 859	71 247	118	75	1 419	–
40 – 44	61 167	59 385	52	84	1 646	–
45 – 49	56 031	53 860	41	165	1 965	–
50 – 54	56 708	53 530	25	489	2 664	–
55 – 59	59 885	55 053	5	1 280	3 547	–
60 – 64	58 921	50 979	2	4 058	3 882	–
65 – 69	63 873	50 050	–	10 945	2 878	–
70 – 74	52 139	38 237	–	11 164	2 738	–
75 plus	77 943	49 951	–	19 980	8 012	–
Unknown–Inconnu	–	–	–	–	–	–
Italy – Italie						
25 X 1981						
Male – Masculin						
Total	12 713 198	–	5 529 442	4 259 476	2 924 280	–
– 14	5 743 085	–	3 660 466	–	2 082 619	–
14 – 19	1 646 142	–	1 452 055	4 166	189 921	–
20 – 24	468 562	–	312 265	1 946	154 351	–
25 – 29	135 963	–	87 896	2 749	45 318	–
30 – 34	45 704	–	12 717	5 581	27 406	–
35 – 39	43 736	–	2 469	11 165	30 102	–
40 – 44	64 153	–	1 173	26 455	36 525	–
45 – 49	121 198	–	401	78 618	42 179	–
50 – 54	252 785	–	–	198 634	54 151	–
55 – 59	567 991	–	–	502 256	65 735	–
60 – 64	762 456	–	–	713 552	48 904	–
65 – 69	1 036 043	–	–	984 340	51 703	–
70 – 74	879 267	–	–	835 907	43 360	–
75 plus	946 113	–	–	894 107	52 006	–
Unknown–Inconnu	–	–	–	–	–	–
Female – Féminin						
Total	21 293 360	10 029 637	5 225 166	3 485 648	2 552 909	–
– 14	5 457 374	–	3 487 317	–	1 970 057	–
14 – 19	1 773 666	357 531	1 386 981	3 562	25 592	–
20 – 24	809 679	509 608	279 295	2 824	17 952	–
25 – 29	790 324	708 015	58 895	4 460	18 954	–
30 – 34	946 581	911 909	8 238	7 223	19 211	–
35 – 39	955 872	918 605	2 474	13 339	21 454	–
40 – 44	1 117 208	1 060 387	1 589	27 984	27 248	–
45 – 49	1 156 876	1 064 222	377	60 820	31 457	–
50 – 54	1 283 910	1 093 430	–	148 475	42 005	–
55 – 59	1 493 781	1 000 295	–	435 378	58 108	–
60 – 64	1 174 265	647 865	–	477 795	48 605	–
65 – 69	1 393 420	648 471	–	678 781	66 168	–
70 – 74	1 235 618	510 386	–	656 282	68 950	–
75 plus	1 704 786	598 913	–	968 725	137 148	–
Unknown–Inconnu	–	–	–	–	–	–

37. Population not economically active by functional category, sex, age and urban/ rural residence: each census, 1973 – 1988 (continued)
Population inactive selon la catégorie fonctionnelle, le sexe, l'âge et la résidence, urbaine/rurale: chaque recensement, 1973 – 1988 (suite)

(See notes at end of table. – Voir notes à la fin du tableau.)

Continent, country or area, date, sex, age(in years) and urban/rural residence Continent, pays ou zone, date, sexe, âge(en années) et résidence urbaine/rurale	Total not economically active Population inactive totale	Functional categories – Catégories fonctionnelles Home–maker Personnes s'occupant du foyer	Student Etudiants	Income recipient Retraités et rentiers	Other Autres personnes inactives	Not stated Non déterminé
EUROPE (Cont.–Suite)						
Yugoslavia – Yougoslavie						
31 III 1981 [1]						
Male – Masculin						
Total	4 827 480	2	2 254 829	937 895	1 634 754	–
– 15	2 730 101	...	...	6 448	...	–
15 – 19	705 528	...	...	6 713	...	–
20 – 24	220 183	...	...	6 142	...	–
25 – 29	56 726	...	...	4 555	...	–
30 – 34	19 659	...	...	5 701	...	–
35 – 39	14 258	...	...	7 185	...	–
40 – 44	24 319	...	...	15 810	...	–
45 – 49	44 878	...	...	35 683	...	–
50 – 54	120 709	...	...	109 423	...	–
55 – 59	182 240	...	...	170 749	...	–
60 – 64	144 758	...	...	133 861	...	–
65 – 69	181 005	...	...	160 668	...	–
70 – 74	172 829	...	...	138 878	...	–
75 plus	196 970	...	...	132 375	...	–
Unknown–Inconnu	13 317	...	...	3 704	...	–
Female – Féminin						
Total	7 363 570	2 730 760	2 018 269	931 554	1 682 987	–
– 15	2 579 333	...	...	6 452	...	–
15 – 19	713 455	...	...	6 483	...	–
20 – 24	363 016	...	...	5 324	...	–
25 – 29	273 223	...	...	3 711	...	–
30 – 34	251 544	...	...	5 612	...	–
35 – 39	232 127	...	...	8 999	...	–
40 – 44	330 010	...	...	20 665	...	–
45 – 49	394 114	...	...	46 773	...	–
50 – 54	453 405	...	...	107 541	...	–
55 – 59	451 797	...	...	161 757	...	–
60 – 64	286 006	...	...	111 002	...	–
65 – 69	326 387	...	...	138 113	...	–
70 – 74	305 538	...	...	131 890	...	–
75 plus	381 088	...	...	172 341	...	–
Unknown–Inconnu	22 527	...	...	4 891	...	–
OCEANIA—OCEANIE						
Cook Islands – Iles Cook						
1 XII 1981 [33]						
Male – Masculin						
15 plus	973	6	491	334	142	–
15 – 19	514	3	478	–	33	–
20 – 24	57	1	9	–	47	–
25 – 29	20	1	1	–	18	–
30 – 34	9	–	2	–	7	–
35 – 39	11	–	1	2	8	–
40 – 44	5	–	–	–	5	–
45 – 49	5	–	–	–	5	–
50 – 54	15	1	–	6	8	–
55 – 59	20	–	–	14	6	–
60 – 64	70	–	–	66	4	–
65 – 69	75	–	–	75	–	–
70 – 74	82	–	–	82	–	–
75 plus	90	–	–	89	1	–
Unknown–Inconnu	–	–	–	–	–	–

37. Population not economically active by functional category, sex, age and urban/ rural residence: each census, 1973 – 1988 (continued)
Population inactive selon la catégorie fonctionnelle, le sexe, l'âge et la résidence, urbaine/rurale: chaque recensement, 1973 – 1988 (suite)

(See notes at end of table. – Voir notes à la fin du tableau.)

Continent, country or area, date, sex, age(in years) and urban/rural residence Continent, pays ou zone, date, sexe, âge(en années) et résidence urbaine/rurale	Total not economically active Population inactive totale	Functional categories – Catégories fonctionnelles Home–maker Personnes s'occupant du foyer	Student Etudiants	Income recipient Retraités et rentiers	Other Autres personnes inactives	Not stated Non déterminé
OCEANIA—OCEANIE(Cont.–Suite)						
Cook Islands – Iles Cook						
1 XII 1981 [33]						
Female – Féminin						
15 plus	2 936	2 166	495	230	45	–
15 – 19	779	285	486	–	8	–
20 – 24	282	266	8	–	8	–
25 – 29	209	199	–	–	10	–
30 – 34	180	176	–	–	4	–
35 – 39	191	188	–	–	3	–
40 – 44	199	197	1	–	1	–
45 – 49	191	190	–	–	1	–
50 – 54	199	195	–	4	–	–
55 – 59	198	188	–	6	4	–
60 – 64	155	121	–	33	1	–
65 – 69	135	82	–	50	3	–
70 – 74	96	49	–	46	1	–
75 plus	122	30	–	91	1	–
Unknown–Inconnu	–	–	–	–	–	–
Fiji – Fidji						
31 VIII 1986						
Male – Masculin						
15 plus	30 868	908	15 685	...	14 275	–
15 – 19	15 226	136	13 604	...	1 486	–
20 – 24	2 949	184	1 480	...	1 285	–
25 – 29	1 140	127	306	...	707	–
30 – 34	583	97	91	...	395	–
35 – 39	479	81	41	...	357	–
40 – 44	391	43	11	...	337	–
45 – 49	561	45	5	...	511	–
50 – 54	866	54	4	...	808	–
55 plus	8 379	117	8	...	8 254	–
Unknown–Inconnu	294	24	135	...	135	–
Female – Féminin						
15 plus	166 714	133 239	14 300	...	19 175	–
15 – 19	28 415	11 742	12 894	...	3 779	–
20 – 24	25 905	22 536	1 111	...	2 258	–
25 – 29	23 050	22 099	104	...	847	–
30 – 34	18 560	18 102	38	...	420	–
35 – 39	15 348	15 028	19	...	301	–
40 – 44	13 113	12 831	6	...	276	–
45 – 49	11 231	10 748	8	...	475	–
50 – 54	8 968	8 007	3	...	958	–
55 plus	21 366	11 677	17	...	9 672	–
Unknown–Inconnu	758	469	100	...	189	–
New Caledonia – Nouvelle–Calédonie						
15 IV 1983						
Male – Masculin						
Total	19 170	3 996	6 646	3 492	1 441	3 595
– 20	8 731	1 098	6 270	–	587	776
20 – 24	2 757	875	325	–	795	762
25 – 29	878	369	51	–	59	399
30 – 34	508	247	–	–	–	261
35 – 39	434	194	–	–	–	240
40 – 44	383	154	–	–	–	229
45 – 49	383	159	–	–	–	224
50 – 54	783	205	–	378	–	200
55 – 59	968	131	–	694	–	143
60 plus	3 345	564	–	2 420	–	361
Unknown–Inconnu	–	–	–	–	–	–

37. Population not economically active by functional category, sex, age and urban/ rural residence: each census, 1973 – 1988 (continued)
Population inactive selon la catégorie fonctionnelle, le sexe, l'âge et la résidence, urbaine/rurale: chaque recensement, 1973 – 1988 (suite)

(See notes at end of table. – Voir notes à la fin du tableau.)

Continent, country or area, date, sex, age(in years) and urban/rural residence / Continent, pays ou zone, date, sexe, âge(en années) et résidence urbaine/rurale	Total not economically active / Population inactive totale	Functional categories – Catégories fonctionnelles: Home–maker / Personnes s'occupant du foyer	Student / Etudiants	Income recipient / Retraités et rentiers	Other / Autres personnes inactives	Not stated / Non déterminé
OCEANIA—OCEANIE(Cont.–Suite)						
New Caledonia – Nouvelle–Calédonie						
15 IV 1983						
Female – Féminin						
Total	29 211	19 340	6 517	1 513	11	1 830
– 20	8 485	1 740	6 195	–	4	546
20 – 24	3 048	2 416	274	–	3	355
25 – 29	2 478	2 276	48	–	4	150
30 – 34	2 369	2 265	–	–	–	104
35 – 39	2 171	2 090	–	–	–	81
40 – 44	2 044	1 963	–	–	–	81
45 – 49	1 665	1 579	–	–	–	86
50 – 54	1 649	1 426	–	144	–	79
55 – 59	1 282	1 008	–	204	–	70
60 plus	4 020	2 577	–	1 165	–	278
Unknown–Inconnu	–	–	–	–	–	–
New Zealand – Nouvelle–Zélande						
4 III 1986 [33 34]						
Male – Masculin						
15 plus	271 779	8 850	53 673	...	187 242	22 014
Female – Féminin						
15 plus	587 910	323 043	52 431	...	174 834	37 602
Papua New Guinea – Papouasie–Nouvelle–Guinée						
22 IX 1980 [3]						
Male – Masculin						
10 plus	616 614	3 877	148 098	325 295	139 344	–
10 – 14	183 755	768	101 123	56 138	25 726	–
15 – 19	107 129	697	41 364	30 449	34 619	–
20 – 24	54 510	452	4 685	27 357	22 016	–
25 – 29	39 547	358	679	25 820	12 690	–
30 – 34	41 597	332	187	30 709	10 369	–
35 – 39	31 590	302	47	23 674	7 567	–
40 – 44	33 705	241	7	26 055	7 402	–
45 – 49	28 288	185	6	22 298	5 799	–
50 – 54	30 437	199	–	24 675	5 563	–
55 – 59	24 545	157	–	20 588	3 800	–
60 – 64	22 539	115	–	19 960	2 464	–
65 plus	18 972	71	–	17 572	1 329	–
Unknown–Inconnu	–	–	–	–	–	–
Female – Féminin						
10 plus	684 467	114 187	93 088	399 162	78 030	–
10 – 14	160 013	3 135	71 794	63 537	21 547	–
15 – 19	94 337	13 067	19 864	40 321	21 085	–
20 – 24	77 749	27 120	1 105	40 090	9 434	–
25 – 29	67 054	23 236	167	37 933	5 718	–
30 – 34	64 167	16 139	103	42 740	5 185	–
35 – 39	43 481	10 300	53	29 604	3 524	–
40 – 44	42 434	7 769	1	31 327	3 337	–
45 – 49	33 497	5 316	1	25 581	2 599	–
50 – 54	34 597	3 941	–	28 125	2 531	–
55 – 59	27 388	2 478	–	23 307	1 603	–
60 – 64	22 298	1 095	–	20 213	990	–
65 plus	17 452	591	–	16 384	477	–
Unknown–Inconnu	–	–	–	–	–	–

37. Population not economically active by functional category, sex, age and urban/ rural residence: each census, 1973 – 1988 (continued)
Population inactive selon la catégorie fonctionnelle, le sexe, l'âge et la résidence, urbaine/rurale: chaque recensement, 1973 – 1988 (suite)
Data by urban/rural residence

Données selon la résidence urbaine/rurale

(See notes at end of table. – Voir notes à la fin du tableau.)

Continent, country or area, date, sex, age(in years) and urban/rural residence Continent, pays ou zone, date, sexe, âge(en années) et résidence urbaine/rurale	Total not economically active Population inactive totale	Functional categories – Catégories fonctionnelles Home–maker Personnes s'occupant du foyer	Student Etudiants	Income recipient Retraités et rentiers	Other Autres personnes inactives	Not stated Non déterminé
AFRICA—AFRIQUE						
Ghana						
Urban – Urbaine						
11 III 1984						
Male – Masculin						
15 plus	230 959	12 512	181 504	11 088	25 855	–
Female – Féminin						
15 plus	289 114	127 353	116 403	2 881	42 477	–
Rural – Rurale						
11 III 1984						
Male – Masculin						
15 plus	305 629	18 337	240 865	2 769	43 658	–
Female – Féminin						
15 plus	355 161	150 408	122 945	1 181	80 627	–
Morocco – Maroc						
Urban – Urbaine						
3–21 IX 1982 [4]						
Male – Masculin						
Total	2 275 145	–	1 281 932	...	993 213	–
– 15	1 623 240	–	811 664	...	811 576	–
15 – 19	314 558	–	310 068	...	4 490	–
20 – 24	140 901	–	135 897	...	5 004	–
25 – 29	26 296	–	21 572	...	4 724	–
30 – 34	5 913	–	2 731	...	3 182	–
35 – 39	2 903	–	–	...	2 903	–
40 – 44	3 202	–	–	...	3 202	–
45 – 49	6 817	–	–	...	6 817	–
50 – 54	13 482	–	–	...	13 482	–
55 – 59	14 742	–	–	...	14 742	–
60 – 64	39 235	–	–	...	39 235	–
65 – 69	25 489	–	–	...	25 489	–
70 – 74	23 374	–	–	...	23 374	–
75 plus	34 993	–	–	...	34 993	–
Unknown–Inconnu	–	–	–	...	–	–
Female – Féminin						
Total	3 710 753	1 659 068	1 055 112	...	996 573	–
– 15	1 579 763	26 778	719 179	...	833 806	–
15 – 19	419 461	171 409	244 430	...	3 622	–
20 – 24	352 157	267 507	81 336	...	3 314	–
25 – 29	260 438	249 581	8 898	...	1 959	–
30 – 34	201 497	198 812	1 269	...	1 416	–
35 – 39	158 269	156 419	–	...	1 850	–
40 – 44	177 032	173 865	–	...	3 167	–
45 – 49	140 158	137 173	–	...	2 985	–
50 – 54	128 595	120 429	–	...	8 166	–
55 – 59	79 196	71 973	–	...	7 223	–
60 – 64	83 139	46 984	–	...	36 155	–
65 – 69	36 328	17 292	–	...	19 036	–
70 – 74	44 517	12 038	–	...	32 479	–
75 plus	50 203	8 808	–	...	41 395	–
Unknown–Inconnu	–	–	–	...	–	–

37. Population not economically active by functional category, sex, age and urban/ rural residence: each census, 1973 – 1988 (continued)
Population inactive selon la catégorie fonctionnelle, le sexe, l'âge et la résidence, urbaine/rurale: chaque recensement, 1973 – 1988 (suite)
Data by urban/rural residence

Données selon la résidence urbaine/rurale

(See notes at end of table. – Voir notes à la fin du tableau.)

Continent, country or area, date, sex, age(in years) and urban/rural residence Continent, pays ou zone, date, sexe, âge(en années) et résidence urbaine/rurale	Total not economically active Population inactive totale	Functional categories – Catégories fonctionnelles Home–maker Personnes s'occupant du foyer	Student Etudiants	Income recipient Retraités et rentiers	Other Autres personnes inactives	Not stated Non déterminé
AFRICA—AFRIQUE (Cont.–Suite)						
Morocco – Maroc						
Rural – Rurale						
3–21 IX 1982 [4]						
Male – Masculin						
Total	2 959 764	–	917 781	...	2 041 983	–
– 15	2 524 675	–	730 808	...	1 793 867	–
15 – 19	151 766	–	146 479	...	5 287	–
20 – 24	41 256	–	35 629	...	5 627	–
25 – 29	9 247	–	4 344	...	4 903	–
30 – 34	4 285	–	521	...	3 764	–
35 – 39	3 443	–	–	...	3 443	–
40 – 44	4 403	–	–	...	4 403	–
45 – 49	5 127	–	–	...	5 127	–
50 – 54	9 128	–	–	...	9 128	–
55 – 59	10 110	–	–	...	10 110	–
60 – 64	36 142	–	–	...	36 142	–
65 – 69	28 936	–	–	...	28 936	–
70 – 74	42 782	–	–	...	42 782	–
75 plus	88 464	–	–	...	88 464	–
Unknown–Inconnu	–	–	–	...	–	–
Female – Féminin						
Total	5 314 910	2 682 913	296 399	...	5 314 527	–
– 15	2 476 362	149 695	271 777	...	2 054 890	–
15 – 19	498 930	474 938	21 389	...	598 052	–
20 – 24	442 172	436 878	2 811	...	509 036	–
25 – 29	348 215	345 832	342	...	396 589	–
30 – 34	276 596	274 434	80	...	314 943	–
35 – 39	215 623	213 739	–	...	248 808	–
40 – 44	236 501	233 637	–	...	272 777	–
45 – 49	172 377	169 756	–	...	198 892	–
50 – 54	188 440	180 690	–	...	218 555	–
55 – 59	101 728	95 241	–	...	118 146	–
60 – 64	134 278	64 796	–	...	149 470	–
65 – 69	54 726	20 796	–	...	59 338	–
70 – 74	80 536	14 932	–	...	84 344	–
75 plus	88 426	7 549	–	...	90 687	–
Unknown–Inconnu	–	–	–	...	–	–
Mozambique						
Urban – Urbaine						
1 VIII 1980 [5]						
Male – Masculin						
12 plus	109 809	7 385	102 424	...	...	...
12 – 14	46 560	1 523	45 037	...	...	...
15 – 19	54 799	3 367	51 432	...	...	...
20 – 24	6 621	1 159	5 462	...	...	...
25 – 29	682	342	340	...	...	...
30 – 34	222	170	52	...	...	...
35 – 39	124	109	15	...	...	...
40 – 44	113	102	11	...	...	...
45 – 49	81	73	8	...	...	...
50 – 54	89	87	2	...	...	...
55 – 59	70	69	1	...	...	...
60 – 64	93	93	–	...	...	...
65 – 69	68	67	1	...	...	...
70 – 74	89	85	4	...	...	...
75 plus	123	118	5	...	...	...
Unknown–Inconnu	75	21	54	...	...	...

37. Population not economically active by functional category, sex, age and urban/ rural residence: each census, 1973 – 1988 (continued)

Population inactive selon la catégorie fonctionnelle, le sexe, l'âge et la résidence, urbaine/rurale: chaque recensement, 1973 – 1988 (suite)

Data by urban/rural residence

Données selon la résidence urbaine/rurale

(See notes at end of table. – Voir notes à la fin du tableau.)

Continent, country or area, date, sex, age(in years) and urban/rural residence Continent, pays ou zone, date, sexe, âge(en années) et résidence urbaine/rurale	Total not economically active Population inactive totale	Functional categories – Catégories fonctionnelles				
		Home–maker Personnes s'occupant du foyer	Student Etudiants	Income recipient Retraités et rentiers	Other Autres personnes inactives	Not stated Non déterminé
AFRICA—AFRIQUE (Cont.–Suite)						
Mozambique						
Urban – Urbaine						
1 VIII 1980 [5]						
Female – Féminin						
12 plus	232 366	166 085	66 281	...	...	...
12 – 14	41 458	4 038	37 420	...	...	...
15 – 19	53 029	26 032	26 997	...	...	...
20 – 24	38 175	36 612	1 563	...	...	...
25 – 29	27 306	27 145	161	...	...	...
30 – 34	21 027	20 972	55	...	...	...
35 – 39	13 349	13 329	20	...	...	...
40 – 44	11 372	11 358	14	...	...	...
45 – 49	7 307	7 301	6	...	...	...
50 – 54	6 211	6 206	5	...	...	...
55 – 59	3 699	3 696	3	...	...	...
60 – 64	3 545	3 544	1	...	...	...
65 – 69	2 136	2 135	1	...	...	...
70 – 74	1 816	1 814	2	...	...	...
75 plus	1 745	1 741	4	...	...	...
Unknown–Inconnu	191	162	29	...	...	...
Rural – Rurale						
1 VIII 1980 [5]						
Male – Masculin						
12 plus	431 942	14 792	417 150	...	...	...
12 – 14	239 469	4 690	234 779	...	...	...
15 – 19	172 357	5 097	167 260	...	...	...
20 – 24	14 205	1 535	12 670	...	...	...
25 – 29	1 929	483	1 446	...	...	...
30 – 34	583	298	285	...	...	...
35 – 39	342	198	144	...	...	...
40 – 44	307	242	65	...	...	...
45 – 49	239	178	61	...	...	...
50 – 54	256	240	16	...	...	...
55 – 59	211	197	14	...	...	...
60 – 64	306	295	11	...	...	...
65 – 69	231	226	5	...	...	...
70 – 74	327	313	14	...	...	...
75 plus	723	696	27	...	...	...
Unknown–Inconnu	457	104	353	...	...	...
Female – Féminin						
12 plus	325 303	91 751	233 552	...	...	...
12 – 14	160 672	8 109	152 563	...	...	...
15 – 19	92 596	15 467	77 129	...	...	...
20 – 24	18 505	15 525	2 980	...	...	...
25 – 29	11 201	10 818	383	...	...	...
30 – 34	9 176	9 072	104	...	...	...
35 – 39	5 961	5 904	57	...	...	...
40 – 44	5 696	5 646	50	...	...	...
45 – 49	3 762	3 735	27	...	...	...
50 – 54	3 876	3 863	13	...	...	...
55 – 59	2 317	2 308	9	...	...	...
60 – 64	3 391	3 380	11	...	...	...
65 – 69	1 984	1 977	7	...	...	...
70 – 74	2 128	2 116	12	...	...	...
75 plus	3 573	3 559	14	...	...	...
Unknown–Inconnu	465	272	193	...	...	...

37. Population not economically active by functional category, sex, age and urban/ rural residence: each census, 1973 – 1988 (continued)
Population inactive selon la catégorie fonctionnelle, le sexe, l'âge et la résidence, urbaine/rurale: chaque recensement, 1973 – 1988 (suite)
Data by urban/rural residence
Données selon la résidence urbaine/rurale

(See notes at end of table. – Voir notes à la fin du tableau.)

Continent, country or area, date, sex, age(in years) and urban/rural residence / Continent, pays ou zone, date, sexe, âge(en années) et résidence urbaine/rurale	Total not economically active / Population inactive totale	Functional categories – Catégories fonctionnelles: Home–maker / Personnes s'occupant du foyer	Student / Etudiants	Income recipient / Retraités et rentiers	Other / Autres personnes inactives	Not stated / Non déterminé
AFRICA—AFRIQUE (Cont.–Suite)						
South Africa – Afrique du Sud [6]						
Urban – Urbaine						
5 III 1985						
Male – Masculin						
Total	2 990 142	12 653	1 696 652	313 849	966 988	–
– 20	2 457 972	2 153	1 614 020	2 725	839 074	–
20 – 24	102 145	1 060	63 384	3 142	34 559	–
25 – 34	76 488	2 655	14 775	9 812	49 246	–
35 – 54	74 099	4 060	1 975	33 100	34 964	–
55 – 64	78 878	1 436	531	70 528	6 383	–
65 plus	200 560	1 289	1 967	194 542	2 762	–
Unknown–Inconnu	–	–	–	–	–	–
Female – Féminin						
Total	4 268 106	1 248 173	1 720 730	370 876	928 327	–
– 20	2 501 886	38 891	1 635 149	2 475	825 371	–
20 – 24	189 454	94 720	57 719	2 540	34 475	–
25 – 34	395 928	334 657	16 770	7 165	37 336	–
35 – 54	575 362	521 041	6 400	25 745	22 176	–
55 – 64	252 280	161 532	1 788	84 447	4 513	–
65 plus	353 196	97 332	2 904	248 504	4 456	–
Unknown–Inconnu	–	–	–	–	–	–
Rural – Rurale						
5 III 1985						
Male – Masculin						
Total	3 022 453	17 218	1 465 293	163 164	1 376 778	–
– 20	2 618 670	2 719	1 413 903	1 271	1 200 777	–
20 – 24	81 383	1 388	37 209	1 072	41 714	–
25 – 34	78 675	3 660	10 011	3 177	61 827	–
35 – 54	72 941	5 885	2 023	10 564	54 469	–
55 – 64	42 869	2 064	456	25 536	14 813	–
65 plus	127 915	1 502	1 691	121 544	3 178	–
Unknown–Inconnu	–	–	–	–	–	–
Female – Féminin						
Total	4 412 581	1 248 865	1 492 284	252 353	1 419 079	–
– 20	2 723 784	66 338	1 425 807	1 230	1 230 409	–
20 – 24	229 459	120 712	40 556	928	67 263	–
25 – 34	431 312	341 521	16 591	2 298	70 902	–
35 – 54	557 414	501 785	5 670	10 063	39 896	–
55 – 64	212 574	145 551	1 368	57 716	7 939	–
65 plus	258 038	72 958	2 292	180 118	2 670	–
Unknown–Inconnu	–	–	–	–	–	–

37. Population not economically active by functional category, sex, age and urban/ rural residence: each census, 1973 – 1988 (continued)
Population inactive selon la catégorie fonctionnelle, le sexe, l'âge et la résidence, urbaine/rurale: chaque recensement, 1973 – 1988 (suite)
Data by urban/rural residence

Données selon la résidence urbaine/rurale

(See notes at end of table. – Voir notes à la fin du tableau.)

Continent, country or area, date, sex, age(in years) and urban/rural residence Continent, pays ou zone, date, sexe, âge(en années) et résidence urbaine/rurale	Total not economically active Population inactive totale	Functional categories – Catégories fonctionnelles Home–maker Personnes s'occupant du foyer	Student Etudiants	Income recipient Retraités et rentiers	Other Autres personnes inactives	Not stated Non déterminé
AMERICA,NORTH— AMERIQUE DU NORD						
Panama						
Urban – Urbaine						
11 V 1980 [11]						
Male – Masculin						
10 plus	134 537	–	90 944	19 397	24 196	–
10 – 14	52 197	–	50 025	–	2 172	–
15 – 19	37 284	–	32 628	–	4 656	–
20 – 24	10 410	–	6 644	55	3 711	–
25 – 29	3 265	–	986	102	2 177	–
30 – 34	2 819	–	559	164	2 096	–
35 – 39	1 405	–	74	135	1 196	–
40 – 44	1 249	–	28	189	1 032	–
45 – 49	1 257	–	–	354	903	–
50 – 54	1 919	–	–	936	983	–
55 – 59	3 672	–	–	2 767	905	–
60 plus	19 060	–	–	14 695	4 365	–
Unknown–Inconnu	–	–	–	–	–	–
Female – Féminin						
10 plus	243 047	114 660	95 982	12 697	19 708	–
10 – 14	52 608	364	50 161	–	2 083	–
15 – 19	46 289	6 132	36 301	–	3 856	–
20 – 24	25 119	14 688	7 463	72	2 896	–
25 – 29	19 154	15 565	1 541	191	1 857	–
30 – 34	15 804	14 380	309	118	997	–
35 – 39	12 421	11 457	148	110	706	–
40 – 44	10 507	9 659	59	176	613	–
45 – 49	9 623	8 683	–	443	497	–
50 – 54	10 589	8 528	–	1 461	600	–
55 – 59	10 273	7 314	–	2 301	658	–
60 plus	30 660	17 890	–	7 825	4 945	–
Unknown–Inconnu	–	–	–	–	–	–
Rural – Rurale						
11 V 1980 [11]						
Male – Masculin						
10 plus	104 574	–	61 474	7 168	35 932	–
10 – 14	51 372	–	45 304	–	6 068	–
15 – 19	21 497	–	13 880	–	7 617	–
20 – 24	5 683	–	1 815	33	3 835	–
25 – 29	2 663	–	197	51	2 415	–
30 – 34	2 742	–	255	89	2 398	–
35 – 39	1 663	–	17	76	1 570	–
40 – 44	1 589	–	6	123	1 460	–
45 – 49	1 539	–	–	176	1 363	–
50 – 54	1 681	–	–	369	1 312	–
55 – 59	1 986	–	–	722	1 264	–
60 plus	12 159	–	–	5 529	6 630	–
Unknown–Inconnu	–	–	–	–	–	–

37. Population not economically active by functional category, sex, age and urban/ rural residence: each census, 1973 – 1988 (continued)
Population inactive selon la catégorie fonctionnelle, le sexe, l'âge et la résidence, urbaine/rurale: chaque recensement, 1973 – 1988 (suite)
Data by urban/rural residence

Données selon la résidence urbaine/rurale

(See notes at end of table. – Voir notes à la fin du tableau.)

Continent, country or area, date, sex, age(in years) and urban/rural residence Continent, pays ou zone, date, sexe, âge(en années) et résidence urbaine/rurale	Total not economically active Population inactive totale	Functional categories – Catégories fonctionnelles: Home–maker Personnes s'occupant du foyer	Student Etudiants	Income recipient Retraités et rentiers	Other Autres personnes inactives	Not stated Non déterminé
AMERICA,NORTH— (Cont.–Suite) AMERIQUE DU NORD						
Panama						
Rural – Rurale						
11 V 1980 [11]						
Female – Féminin						
10 plus	224 548	145 599	57 618	2 229	19 102	–
10 – 14	50 920	3 017	42 033	–	5 870	–
15 – 19	32 810	14 413	13 291	–	5 106	–
20 – 24	22 865	19 144	1 689	26	2 006	–
25 – 29	20 337	18 712	416	45	1 164	–
30 – 34	17 894	17 159	90	34	611	–
35 – 39	15 852	15 309	64	37	442	–
40 – 44	13 251	12 788	35	46	382	–
45 – 49	11 135	10 751	–	99	285	–
50 – 54	9 773	9 242	–	207	324	–
55 – 59	8 241	7 634	–	306	301	–
60 plus	21 470	17 430	–	1 429	2 611	–
Unknown–Inconnu	–	–	–	–	–	–
AMERICA,SOUTH— AMERIQUE DU SUD						
Uruguay						
Urban – Urbaine						
23 X 1985 [17 35]						
Male – Masculin						
12 plus	276 400	5 500	108 800	150 500	11 700	–
12 – 13	39 500	300	38 400	–	700	–
14 – 19	64 700	1 700	59 500	300	3 200	–
20 – 24	11 200	400	9 000	200	1 500	–
25 – 29	3 300	300	1 500	400	1 100	–
30 – 34	1 900	200	200	600	800	–
35 – 39	1 800	200	100	1 000	600	–
40 – 44	2 200	200	–	1 400	600	–
45 – 49	3 600	300	–	2 700	600	–
50 – 54	7 700	300	–	6 800	700	–
55 – 59	13 300	300	–	12 200	700	–
60 – 64	27 200	500	–	26 200	400	–
65 plus	100 100	800	–	98 600	700	–
Unknown–Inconnu	–	–	–	–	–	–
Female – Féminin						
12 plus	694 300	348 200	123 000	216 900	6 100	–
12 – 13	39 900	1 800	37 600	100	400	–
14 – 19	92 000	21 600	67 700	600	2 000	–
20 – 24	49 000	33 900	13 400	800	800	–
25 – 29	42 200	38 400	2 400	900	500	–
30 – 34	38 700	36 700	700	1 000	400	–
35 – 39	36 300	34 100	300	1 600	300	–
40 – 44	35 400	32 500	200	2 500	300	–
45 – 49	36 400	31 500	200	4 600	200	–
50 – 54	46 100	33 500	200	12 100	300	–
55 – 59	55 300	30 600	100	24 500	100	–
60 – 64	55 700	21 600	100	33 800	100	–
65 plus	167 400	32 100	100	134 400	700	–
Unknown–Inconnu	–	–	–	–	–	–

37. Population not economically active by functional category, sex, age and urban/ rural residence: each census, 1973 – 1988 (continued)
Population inactive selon la catégorie fonctionnelle, le sexe, l'âge et la résidence, urbaine/rurale: chaque recensement, 1973 – 1988 (suite)
Data by urban/rural residence
Données selon la résidence urbaine/rurale

(See notes at end of table. – Voir notes à la fin du tableau.)

Continent, country or area, date, sex, age(in years) and urban/rural residence Continent, pays ou zone, date, sexe, âge(en années) et résidence urbaine/rurale	Total not economically active Population inactive totale	Functional categories – Catégories fonctionnelles Home–maker Personnes s'occupant du foyer	Student Etudiants	Income recipient Retraités et rentiers	Other Autres personnes inactives	Not stated Non déterminé
AMERICA,SOUTH— (Cont.–Suite) AMERIQUE DU SUD						
Uruguay						
Rural – Rurale						
23 X 1985 [17 35]						
Male – Masculin						
12 plus	32 900	2 100	10 400	17 400	3 000	–
12 – 13	6 100	200	5 600	–	300	–
14 – 19	5 900	800	4 400	–	600	–
20 – 24	700	100	300	100	200	–
25 – 29	400	100	100	–	200	–
30 – 34	400	100	–	100	200	–
35 – 39	400	100	–	200	100	–
40 – 44	400	–	–	200	200	–
45 – 49	600	100	–	300	200	–
50 – 54	800	100	–	500	200	–
55 – 59	1 200	100	–	800	200	–
60 – 64	3 300	100	–	3 000	200	–
65 plus	12 700	200	–	12 100	300	–
Unknown–Inconnu	–	–	–	–	–	–
Female – Féminin						
12 plus	95 900	69 900	9 300	14 900	1 800	–
12 – 13	5 300	800	4 400	–	100	–
14 – 19	12 100	7 400	4 200	–	500	–
20 – 24	8 700	8 000	500	100	100	–
25 – 29	8 600	8 400	100	100	100	–
30 – 34	8 100	7 900	–	100	100	–
35 – 39	7 200	7 000	–	100	100	–
40 – 44	6 700	6 400	–	200	100	–
45 – 49	6 500	6 000	–	300	100	–
50 – 54	6 800	6 100	–	500	100	–
55 – 59	6 400	4 800	–	1 500	100	–
60 – 64	6 100	3 200	–	2 800	100	–
65 plus	13 400	4 000	–	9 100	300	–
Unknown–Inconnu	–	–	–	–	–	–
Venezuela						
Urban – Urbaine						
20 X 1981 [18 19]						
Male – Masculin						
12 plus	1 182 876	38 970	741 017	63 035	339 854	–
12 – 14	383 333	5 469	345 856	1 260	30 748	–
15 – 19	363 448	8 699	284 099	1 910	68 740	–
20 – 24	124 549	4 358	80 625	1 490	38 076	–
25 – 29	48 486	2 951	21 252	1 200	23 083	–
30 – 34	24 543	2 328	4 502	971	16 742	–
35 – 39	16 278	1 752	1 267	920	12 339	–
40 – 44	15 582	1 588	681	1 546	11 767	–
45 – 49	16 891	1 578	507	2 761	12 045	–
50 – 54	22 178	1 789	424	5 355	14 610	–
55 – 59	26 671	1 667	323	6 853	17 828	–
60 – 64	32 103	1 837	341	10 614	19 311	–
65 plus	108 814	4 954	1 140	28 155	74 565	–
Unknown–Inconnu	–	–	–	–	–	–

37. Population not economically active by functional category, sex, age and urban/ rural residence: each census, 1973 – 1988 (continued)
Population inactive selon la catégorie fonctionnelle, le sexe, l'âge et la résidence, urbaine/rurale: chaque recensement, 1973 – 1988 (suite)
Data by urban/rural residence
Données selon la résidence urbaine/rurale

(See notes at end of table. – Voir notes à la fin du tableau.)

Continent, country or area, date, sex, age(in years) and urban/rural residence Continent, pays ou zone, date, sexe, âge(en années) et résidence urbaine/rurale	Total not economically active Population inactive totale	Functional categories – Catégories fonctionnelles Home–maker Personnes s'occupant du foyer	Student Etudiants	Income recipient Retraités et rentiers	Other Autres personnes inactives	Not stated Non déterminé
AMERICA,SOUTH— (Cont.–Suite) AMERIQUE DU SUD						
Venezuela						
Urban – Urbaine						
20 X 1981 [18] [19]						
Female – Féminin						
12 plus	2 885 639	1 881 926	803 827	30 107	169 779	–
12 – 14	404 759	33 846	353 192	1 069	16 652	–
15 – 19	540 853	183 975	320 162	1 538	35 178	–
20 – 24	377 454	262 665	93 554	1 180	20 055	–
25 – 29	304 473	266 333	25 248	867	12 025	–
30 – 34	237 780	222 740	5 789	709	8 542	–
35 – 39	175 494	166 776	1 913	790	6 015	–
40 – 44	149 931	142 610	909	1 191	5 221	–
45 – 49	141 271	133 448	647	2 064	5 112	–
50 – 54	133 524	124 075	436	3 539	5 474	–
55 – 59	113 159	103 369	386	4 017	5 387	–
60 – 64	93 713	82 847	387	3 741	6 738	–
65 plus	213 228	159 242	1 204	9 402	43 380	–
Unknown–Inconnu	–	–	–	–	–	–
Rural – Rurale						
20 X 1981 [18] [19]						
Male – Masculin						
12 plus	216 808	17 718	98 261	3 576	97 253	–
12 – 14	80 354	3 292	62 254	223	14 585	–
15 – 19	55 524	3 894	31 651	278	19 701	–
20 – 24	13 458	1 764	3 070	147	8 477	–
25 – 29	6 869	1 056	575	100	5 138	–
30 – 34	5 150	913	151	97	3 989	–
35 – 39	4 418	824	90	97	3 407	–
40 – 44	4 573	897	70	117	3 489	–
45 – 49	4 545	894	71	162	3 418	–
50 – 54	5 268	838	54	264	4 112	–
55 – 59	5 553	801	35	274	4 443	–
60 – 64	6 499	782	39	478	5 200	–
65 plus	24 597	1 763	201	1 339	21 294	–
Unknown–Inconnu	–	–	–	–	–	–
Female – Féminin						
12 plus	579 993	457 189	88 496	1 808	32 500	–
12 – 14	83 560	22 111	55 230	211	6 008	–
15 – 19	100 758	65 080	28 546	230	6 902	–
20 – 24	71 709	65 147	3 485	99	2 978	–
25 – 29	56 919	54 835	592	81	1 411	–
30 – 34	46 630	45 388	154	74	1 014	–
35 – 39	38 946	37 952	101	67	826	–
40 – 44	35 297	34 375	52	89	781	–
45 – 49	32 638	31 735	51	113	739	–
50 – 54	29 473	28 435	44	138	856	–
55 – 59	22 908	21 863	37	121	887	–
60 – 64	20 052	18 515	43	115	1 379	–
65 plus	41 103	31 753	161	470	8 719	–
Unknown–Inconnu	–	–	–	–	–	–

37. Population not economically active by functional category, sex, age and urban/ rural residence: each census, 1973 – 1988 (continued)
Population inactive selon la catégorie fonctionnelle, le sexe, l'âge et la résidence, urbaine/rurale: chaque recensement, 1973 – 1988 (suite)
Data by urban/rural residence
Données selon la résidence urbaine/rurale

(See notes at end of table. – Voir notes à la fin du tableau.)

Continent, country or area, date, sex, age(in years) and urban/rural residence Continent, pays ou zone, date, sexe, âge(en années) et résidence urbaine/rurale	Total not economically active Population inactive totale	Functional categories – Catégories fonctionnelles: Home–maker Personnes s'occupant du foyer	Student Etudiants	Income recipient Retraités et rentiers	Other Autres personnes inactives	Not stated Non déterminé
AMERICA,SOUTH— (Cont.–Suite) AMERIQUE DU SUD						
Venezuela						
Semi–urban – Semi–urbaine						
20 X 1981 [18 19]						
Male – Masculin						
12 plus	65 441	3 060	33 745	1 931	26 705	–
12 – 14	22 596	471	19 129	78	2 918	–
15 – 19	18 554	731	12 222	93	5 508	–
20 – 24	4 736	282	1 771	53	2 630	–
25 – 29	2 084	190	329	34	1 531	–
30 – 34	1 414	146	71	49	1 148	–
35 – 39	1 141	121	25	34	961	–
40 – 44	1 216	143	28	59	986	–
45 – 49	1 225	142	33	91	959	–
50 – 54	1 435	134	24	158	1 119	–
55 – 59	1 626	129	19	162	1 316	–
60 – 64	2 013	191	19	296	1 507	–
65 plus	7 401	380	75	824	6 122	–
Unknown–Inconnu	–	–	–	–	–	–
Female – Féminin						
12 plus	151 750	107 156	33 954	851	9 789	–
12 – 14	23 006	3 117	18 554	58	1 277	–
15 – 19	28 443	13 486	12 754	64	2 139	–
20 – 24	18 926	15 901	1 991	39	995	–
25 – 29	14 706	13 866	360	24	456	–
30 – 34	11 659	11 187	89	26	357	–
35 – 39	9 172	8 881	33	15	243	–
40 – 44	8 141	7 826	23	29	263	–
45 – 49	7 641	7 320	28	53	240	–
50 – 54	7 181	6 796	15	76	294	–
55 – 59	5 802	5 399	14	111	278	–
60 – 64	5 089	4 572	14	94	409	–
65 plus	11 984	8 805	79	262	2 838	–
Unknown–Inconnu	–	–	–	–	–	–
ASIA—ASIE						
India – Inde [21]						
Urban – Urbaine						
1 III 1981 [22 23 24]						
Male – Masculin						
Total	42 716 678	530 360	20 527 426	1 488 680	20 170 211	–
– 15	28 885 665	101 664	14 266 185	2 749	14 515 066	–
15 – 19	6 102 760	101 830	4 458 648	2 028	1 540 255	–
20 – 24	3 084 327	94 530	1 512 697	2 703	1 474 396	–
25 – 29	919 914	52 571	207 806	2 790	656 746	–
30 – 34	314 026	30 568	23 408	5 016	255 034	–
35 – 39	187 315	24 298	5 474	9 345	148 198	–
40 – 49	336 196	41 312	3 746	50 658	240 479	–
50 – 59	633 061	35 427	2 596	300 825	294 212	–
60 plus	2 201 833	47 568	9 371	1 112 171	1 032 724	–
Unknown–Inconnu	51 581	592	37 495	395	13 101	–

37. Population not economically active by functional category, sex, age and urban/ rural residence: each census, 1973 – 1988 (continued)
Population inactive selon la catégorie fonctionnelle, le sexe, l'âge et la résidence, urbaine/rurale: chaque recensement, 1973 – 1988 (suite)
Data by urban/rural residence

Données selon la résidence urbaine/rurale

(See notes at end of table. – Voir notes à la fin du tableau.)

Continent, country or area, date, sex, age(in years) and urban/rural residence Continent, pays ou zone, date, sexe, âge(en années) et résidence urbaine/rurale	Total not economically active Population inactive totale	Functional categories – Catégories fonctionnelles Home–maker Personnes s'occupant du foyer	Student Etudiants	Income recipient Retraités et rentiers	Other Autres personnes inactives	Not stated Non déterminé
ASIA—ASIE (Cont.–Suite)						
India – Inde [21]						
Urban – Urbaine						
1 III 1981 [22 23 24]						
Female – Féminin						
Total	67 666 798	33 010 811	14 846 901	328 506	19 480 579	–
– 15	27 586 100	1 233 307	11 532 741	1 601	14 818 451	–
15 – 19	7 221 897	3 510 999	2 666 341	765	1 043 792	–
20 – 24	6 680 726	5 605 034	523 829	902	550 961	–
25 – 29	5 568 885	5 307 754	56 709	951	203 471	–
30 – 34	4 150 382	4 036 224	12 322	1 425	100 406	–
35 – 39	3 657 505	3 571 894	6 114	2 634	76 864	–
40 – 49	5 366 818	5 108 637	7 047	18 422	232 710	–
50 – 59	3 454 268	2 826 967	3 620	71 026	552 655	–
60 plus	3 925 412	1 799 577	6 331	230 658	1 888 845	–
Unknown–Inconnu	54 805	10 418	31 847	122	12 424	–
Rural – Rurale						
1 III 1981 [22 23 24]						
Male – Masculin						
Total	120 133 533	1 946 906	44 091 300	1 088 862	73 006 464	–
– 15	98 761 448	738 126	34 820 540	4 198	63 198 589	–
15 – 19	9 835 671	327 151	7 456 077	1 972	2 050 469	–
20 – 24	2 994 279	199 571	1 504 662	2 656	1 287 390	–
25 – 29	991 380	119 624	220 097	3 181	648 476	–
30 – 34	401 302	75 734	29 297	8 003	288 269	–
35 – 39	259 475	61 096	7 071	18 691	172 618	–
40 – 49	483 495	110 299	5 610	49 931	317 655	–
50 – 59	856 949	108 561	3 133	169 331	575 924	–
60 plus	5 489 457	205 389	13 760	830 569	4 439 738	–
Unknown–Inconnu	60 077	1 355	31 053	330	27 336	–
Female – Féminin						
Total	190 165 856	87 911 867	20 418 565	744 311	81 091 112	–
– 15	94 232 956	7 854 122	18 240 922	2 437	68 135 473	–
15 – 19	14 966 569	11 161 136	1 885 598	975	1 918 861	–
20 – 24	13 354 727	12 575 282	215 497	1 401	562 548	–
25 – 29	11 385 933	11 107 547	25 722	1 659	251 007	–
30 – 34	9 430 237	9 259 354	8 126	2 325	160 429	–
35 – 39	8 402 695	8 265 910	5 086	3 260	128 439	–
40 – 49	13 826 880	13 354 898	6 580	23 754	441 649	–
50 – 59	10 249 490	8 550 051	4 350	130 977	1 564 114	–
60 plus	14 251 276	5 764 339	9 274	577 367	7 900 295	–
Unknown–Inconnu	65 093	19 228	17 410	156	28 297	–

37. Population not economically active by functional category, sex, age and urban/ rural residence: each census, 1973 – 1988 (continued)
Population inactive selon la catégorie fonctionnelle, le sexe, l'âge et la résidence, urbaine/rurale: chaque recensement, 1973 – 1988 (suite)
Data by urban/rural residence

Données selon la résidence urbaine/rurale

(See notes at end of table. – Voir notes à la fin du tableau.)

Continent, country or area, date, sex, age(in years) and urban/rural residence Continent, pays ou zone, date, sexe, âge(en années) et résidence urbaine/rurale	Total not economically active Population inactive totale	Functional categories – Catégories fonctionnelles Home–maker Personnes s'occupant du foyer	Student Etudiants	Income recipient Retraités et rentiers	Other Autres personnes inactives	Not stated Non déterminé
ASIA—ASIE (Cont.–Suite)						
Japan – Japon						
Urban – Urbaine						
1 X 1985 [25]						
Male – Masculin						
15 plus	6 912 531	149 137	3 889 621	–	2 873 773	–
15 – 19	2 944 148	4 496	2 912 070	–	27 582	–
20 – 24	945 222	3 962	907 680	–	33 580	–
25 – 29	83 231	2 476	51 614	–	29 141	–
30 – 34	51 140	2 513	9 754	–	38 873	–
35 – 39	57 492	2 949	3 429	–	51 114	–
40 – 44	52 290	2 712	1 160	–	48 418	–
45 – 49	58 733	3 152	691	–	54 890	–
50 – 54	80 763	5 113	590	–	75 060	–
55 – 59	165 757	14 062	1 262	–	150 433	–
60 – 64	378 917	28 247	619	–	350 051	–
65 – 69	512 363	29 747	96	–	482 520	–
70 – 74	619 732	25 652	158	–	593 922	–
75 plus	962 743	24 056	498	–	938 189	–
Unknown–Inconnu	–	–	–	–	–	–
Female – Féminin						
15 plus	19 907 749	13 487 546	3 231 275	–	3 188 928	–
15 – 19	2 854 838	62 853	2 779 352	–	12 633	–
20 – 24	901 565	462 152	423 282	–	16 131	–
25 – 29	1 435 634	1 403 033	16 175	–	16 426	–
30 – 34	1 872 868	1 847 830	4 845	–	20 193	–
35 – 39	1 883 887	1 856 403	2 823	–	24 661	–
40 – 44	1 325 306	1 299 804	1 154	–	24 348	–
45 – 49	1 174 017	1 144 423	695	–	28 899	–
50 – 54	1 294 387	1 250 173	401	–	43 813	–
55 – 59	1 385 885	1 280 656	339	–	104 890	–
60 – 64	1 399 725	1 117 408	272	–	282 045	–
65 – 69	1 290 577	815 742	330	–	474 505	–
70 – 74	1 230 484	549 934	651	–	679 899	–
75 plus	1 858 576	397 135	956	–	1 460 485	–
Unknown–Inconnu	–	–	–	–	–	–
Rural – Rurale						
1 X 1985 [25]						
Male – Masculin						
15 plus	2 051 340	61 896	842 090	–	1 147 354	–
15 – 19	766 156	1 028	755 464	–	9 664	–
20 – 24	90 896	998	79 301	–	10 597	–
25 – 29	16 576	764	4 602	–	11 210	–
30 – 34	16 785	915	1 033	–	14 837	–
35 – 39	18 122	963	455	–	16 704	–
40 – 44	16 163	833	172	–	15 158	–
45 – 49	20 297	1 239	120	–	18 938	–
50 – 54	31 641	2 216	140	–	29 285	–
55 – 59	67 350	6 735	435	–	60 180	–
60 – 64	134 190	12 486	155	–	121 549	–
65 – 69	183 695	12 457	23	–	171 215	–
70 – 74	236 937	10 633	63	–	226 241	–
75 plus	452 532	10 629	127	–	441 776	–
Unknown–Inconnu	–	–	–	–	–	–

37. Population not economically active by functional category, sex, age and urban/ rural residence: each census, 1973 – 1988 (continued)
Population inactive selon la catégorie fonctionnelle, le sexe, l'âge et la résidence, urbaine/rurale: chaque recensement, 1973 – 1988 (suite)
Data by urban/rural residence
Données selon la résidence urbaine/rurale

(See notes at end of table. – Voir notes à la fin du tableau.)

Continent, country or area, date, sex, age(in years) and urban/rural residence Continent, pays ou zone, date, sexe, âge(en années) et résidence urbaine/rurale	Total not economically active Population inactive totale	Functional categories – Catégories fonctionnelles Home–maker Personnes s'occupant du foyer	Student Etudiants	Income recipient Retraités et rentiers	Other Autres personnes inactives	Not stated Non déterminé
ASIA—ASIE (Cont.–Suite)						
Japan – Japon						
Rural – Rurale						
1 X 1985 [25]						
Female – Féminin						
15 plus	5 535 137	3 302 933	787 998	–	1 444 206	–
15 – 19	759 122	15 665	738 574	–	4 883	–
20 – 24	167 174	115 285	45 228	–	6 661	–
25 – 29	335 654	326 377	1 920	–	7 357	–
30 – 34	404 083	394 882	644	–	8 557	–
35 – 39	358 000	348 704	375	–	8 921	–
40 – 44	240 584	232 224	152	–	8 208	–
45 – 49	237 467	227 078	93	–	10 296	–
50 – 54	314 198	297 658	80	–	16 460	–
55 – 59	410 608	370 417	79	–	40 112	–
60 – 64	475 934	365 871	104	–	109 959	–
65 – 69	481 907	284 673	165	–	197 069	–
70 – 74	499 743	194 690	272	–	304 781	–
75 plus	850 663	129 409	312	–	720 942	–
Unknown–Inconnu	–	–	–	–	–	–
Sri Lanka						
Urban – Urbaine						
17 III 1981						
Male – Masculin						
10 plus	484 883	4 494	265 978	88 854	125 557	–
10 – 14	169 858	528	154 340	350	14 640	–
15 – 19	117 347	1 042	88 219	529	27 557	–
20 – 24	43 708	737	19 471	613	22 887	–
25 – 29	18 387	416	3 796	449	13 726	–
30 – 34	11 582	293	40	666	10 583	–
35 – 39	7 610	221	19	712	6 658	–
40 – 44	7 379	176	14	1 602	5 587	–
45 – 49	7 522	168	16	2 530	4 808	–
50 – 54	10 864	174	12	6 070	4 608	–
55 – 59	18 001	173	7	13 952	3 869	–
60 – 64	22 228	168	14	18 728	3 318	–
65 – 69	18 030	151	15	14 990	2 874	–
70 – 74	14 928	115	7	12 766	2 040	–
75 plus	17 439	132	8	14 897	2 402	–
Unknown–Inconnu	–	–	–	–	–	–
Female – Féminin						
10 plus	951 061	587 059	248 745	70 490	44 767	–
10 – 14	166 341	15 776	145 413	262	4 890	–
15 – 19	143 108	50 975	83 346	401	8 386	–
20 – 24	105 408	80 295	16 907	501	7 705	–
25 – 29	89 251	80 441	2 962	532	5 316	–
30 – 34	85 022	80 159	39	728	4 096	–
35 – 39	66 028	62 340	16	763	2 909	–
40 – 44	55 223	51 313	8	1 681	2 221	–
45 – 49	50 209	45 341	8	2 812	2 048	–
50 – 54	48 321	39 673	6	6 794	1 848	–
55 – 59	40 251	29 605	9	9 185	1 452	–
60 – 64	34 025	20 723	8	12 131	1 163	–
65 – 69	26 644	14 601	7	11 066	970	–
70 – 74	19 070	8 154	7	10 173	736	–
75 plus	22 160	7 663	9	13 461	1 027	–
Unknown–Inconnu	–	–	–	–	–	–

37. Population not economically active by functional category, sex, age and urban/ rural residence: each census, 1973 – 1988 (continued)
Population inactive selon la catégorie fonctionnelle, le sexe, l'âge et la résidence, urbaine/rurale: chaque recensement, 1973 – 1988 (suite)
Data by urban/rural residence
Données selon la résidence urbaine/rurale

(See notes at end of table. – Voir notes à la fin du tableau.)

Continent, country or area, date, sex, age(in years) and urban/rural residence Continent, pays ou zone, date, sexe, âge(en années) et résidence urbaine/rurale	Total not economically active Population inactive totale	Functional categories – Catégories fonctionnelles Home–maker Personnes s'occupant du foyer	Student Etudiants	Income recipient Retraités et rentiers	Other Autres personnes inactives	Not stated Non déterminé
ASIA—ASIE (Cont.–Suite)						
Sri Lanka						
Rural – Rurale						
17 III 1981						
Male – Masculin						
10 plus	1 546 963	17 098	903 029	263 314	363 522	–
10 – 14	645 195	3 099	570 491	3 000	68 605	–
15 – 19	366 784	4 887	261 220	2 602	98 075	–
20 – 24	119 526	2 759	57 298	1 997	57 472	–
25 – 29	46 264	1 286	13 736	1 758	29 484	–
30 – 34	25 924	900	68	2 124	22 832	–
35 – 39	17 429	620	22	2 261	14 526	–
40 – 44	17 557	511	30	3 757	13 259	–
45 – 49	18 160	472	16	6 210	11 462	–
50 – 54	26 390	536	23	14 169	11 662	–
55 – 59	41 120	490	20	31 172	9 438	–
60 – 64	56 199	489	27	47 450	8 233	–
65 – 69	51 384	428	20	44 040	6 896	–
70 – 74	47 670	302	25	42 152	5 191	–
75 plus	67 361	319	33	60 622	6 387	–
Unknown–Inconnu	–	–	–	–	–	–
Female – Féminin						
10 plus	3 310 005	2 055 699	877 745	283 357	93 204	–
10 – 14	640 810	78 308	540 926	2 396	19 180	–
15 – 19	496 764	205 370	266 858	1 987	22 549	–
20 – 24	375 189	300 083	57 591	1 868	15 647	–
25 – 29	315 085	292 153	12 093	1 753	9 086	–
30 – 34	283 227	274 098	73	2 464	6 592	–
35 – 39	217 394	210 292	31	2 877	4 194	–
40 – 44	185 834	177 107	27	5 457	3 243	–
45 – 49	173 290	159 372	15	10 880	3 023	–
50 – 54	156 094	129 497	31	23 997	2 569	–
55 – 59	133 052	93 468	13	37 618	1 953	–
60 – 64	111 076	60 992	22	48 606	1 456	–
65 – 69	85 877	38 494	21	46 115	1 247	–
70 – 74	61 259	19 766	22	40 476	995	–
75 plus	75 054	16 699	22	56 863	1 470	–
Unknown–Inconnu	–	–	–	–	–	–
Turkey – Turquie						
Urban – Urbaine						
12 X 1980						
Male – Masculin						
12 plus	1 921 325	–	1 087 102	358 536	406 490	69 197
12 – 14	565 915	–	518 601	7	35 301	12 006
15 – 19	519 522	–	458 025	15	46 574	14 908
20 – 24	139 933	–	93 233	315	37 134	9 251
25 – 29	42 021	–	14 424	515	21 280	5 802
30 – 34	21 868	–	2 079	1 017	15 053	3 719
35 – 39	16 786	–	708	2 411	10 765	2 902
40 – 44	29 171	–	–	13 990	12 460	2 721
45 – 49	54 570	–	–	36 382	15 486	2 702
50 – 54	88 500	–	–	61 823	23 860	2 817
55 – 59	93 309	–	–	68 284	22 840	2 185
60 – 64	80 485	–	–	50 603	27 922	1 960
65 plus	263 333	–	–	122 625	133 095	7 613
Unknown–Inconnu	5 912	–	32	549	4 720	611

37. Population not economically active by functional category, sex, age and urban/ rural residence: each census, 1973 – 1988 (continued)
Population inactive selon la catégorie fonctionnelle, le sexe, l'âge et la résidence, urbaine/rurale: chaque recensement, 1973 – 1988 (suite)
Data by urban/rural residence
Données selon la résidence urbaine/rurale

(See notes at end of table. – Voir notes à la fin du tableau.)

Continent, country or area, date, sex, age(in years) and urban/rural residence Continent, pays ou zone, date, sexe, âge(en années) et résidence urbaine/rurale	Total not economically active Population inactive totale	Functional categories – Catégories fonctionnelles Home–maker Personnes s'occupant du foyer	Student Etudiants	Income recipient Retraités et rentiers	Other Autres personnes inactives	Not stated Non déterminé
ASIA—ASIE (Cont.–Suite)						
Turkey – Turquie						
Urban – Urbaine						
12 X 1980						
Female – Féminin						
12 plus	5 751 718	4 923 091	673 676	75 484	78 363	1 104
12 – 14	584 458	216 158	350 995	–	17 205	100
15 – 19	858 871	555 307	281 052	–	22 356	156
20 – 24	731 108	685 292	36 945	417	8 309	145
25 – 29	656 345	649 458	3 241	500	3 039	107
30 – 34	530 178	526 511	914	753	1 929	71
35 – 39	438 497	434 514	515	1 840	1 567	61
40 – 44	411 085	403 634	–	5 525	1 854	72
45 – 49	365 499	356 778	–	6 986	1 682	53
50 – 54	333 265	317 332	–	13 941	1 944	48
55 – 59	222 397	207 911	–	12 804	1 654	28
60 – 64	155 503	144 389	–	8 983	2 107	24
65 plus	446 157	410 066	–	23 340	12 697	54
Unknown–Inconnu	18 355	15 741	14	395	2 020	185
20 X 1985						
Male – Masculin						
12 plus	2 857 553	–	1 532 734	73 245	1 156 030	95 544
12 – 14	821 163	–	756 399	486	49 285	14 993
15 – 19	689 494	–	612 212	1 110	57 227	18 945
20 – 24	202 924	–	144 672	1 370	44 114	12 768
25 – 29	59 324	–	16 629	1 753	32 942	8 000
30 – 34	35 856	–	2 103	2 016	26 014	5 723
35 – 39	31 807	–	676	2 302	24 308	4 521
40 – 44	56 577	–	–	3 521	49 290	3 766
45 – 49	106 211	–	–	4 465	97 683	4 063
50 – 54	171 354	–	–	7 788	158 801	4 765
55 – 59	189 980	–	–	8 271	177 116	4 593
60 – 64	163 025	–	–	8 664	150 811	3 550
65 plus	321 905	–	–	31 363	281 094	9 448
Unknown–Inconnu	7 933	–	43	136	7 345	409
Female – Féminin						
12 plus	8 054 976	6 838 500	1 015 269	10 492	190 715	–
12 – 14	825 378	271 672	536 544	617	16 545	–
15 – 19	1 131 807	710 951	398 970	1 231	20 655	–
20 – 24	1 042 554	961 520	71 091	763	9 180	–
25 – 29	945 973	935 929	5 660	434	3 950	–
30 – 34	805 232	800 050	1 784	369	3 029	–
35 – 39	673 386	665 658	1 184	405	6 139	–
40 – 44	523 633	508 923	–	430	14 280	–
45 – 49	475 971	460 261	–	518	15 192	–
50 – 54	448 341	427 904	–	671	19 766	–
55 – 59	384 345	359 695	–	795	23 855	–
60 – 64	260 149	239 933	–	878	19 338	–
65 plus	524 303	484 784	–	3 342	36 177	–
Unknown–Inconnu	13 904	11 220	36	39	2 609	–

37. Population not economically active by functional category, sex, age and urban/ rural residence: each census, 1973 – 1988 (continued)
Population inactive selon la catégorie fonctionnelle, le sexe, l'âge et la résidence, urbaine/rurale: chaque recensement, 1973 – 1988 (suite)
Data by urban/rural residence

Données selon la résidence urbaine/rurale

(See notes at end of table. – Voir notes à la fin du tableau.)

Continent, country or area, date, sex, age(in years) and urban/rural residence Continent, pays ou zone, date, sexe, âge(en années) et résidence urbaine/rurale	Total not economically active Population inactive totale	Functional categories – Catégories fonctionnelles Home–maker Personnes s'occupant du foyer	Student Etudiants	Income recipient Retraités et rentiers	Other Autres personnes inactives	Not stated Non déterminé
ASIA—ASIE (Cont.–Suite)						
Turkey – Turquie						
Rural – Rurale						
12 X 1980						
Male – Masculin						
12 plus	1 103 506	–	618 063	124 543	328 502	32 398
12 – 14	395 599	–	363 836	5	24 927	6 831
15 – 19	247 208	–	220 304	3	20 812	6 089
20 – 24	43 375	–	29 445	137	10 774	3 019
25 – 29	11 117	–	3 722	212	5 181	2 002
30 – 34	5 831	–	501	445	3 608	1 277
35 – 39	4 826	–	238	1 002	2 664	922
40 – 44	9 780	–	–	5 458	3 509	813
45 – 49	19 869	–	–	14 604	4 496	769
50 – 54	30 311	–	–	21 192	8 258	861
55 – 59	30 953	–	–	21 427	8 766	760
60 – 64	34 637	–	–	14 926	18 750	961
65 plus	267 025	–	–	44 887	214 434	7 704
Unknown–Inconnu	2 975	–	17	245	2 323	390
Female – Féminin						
12 plus	2 417 650	2 027 877	275 739	22 595	90 709	730
12 – 14	303 849	100 362	190 343	–	13 042	102
15 – 19	297 324	209 809	77 445	–	9 996	74
20 – 24	264 203	254 172	6 868	144	2 955	64
25 – 29	258 487	256 303	641	173	1 329	41
30 – 34	201 229	199 852	250	225	872	30
35 – 39	151 635	150 300	186	413	707	29
40 – 44	129 023	127 174	–	936	890	23
45 – 49	112 052	109 836	–	1 307	887	22
50 – 54	103 922	99 320	–	2 918	1 665	19
55 – 59	73 675	69 230	–	2 623	1 805	17
60 – 64	79 134	72 618	–	1 922	4 578	16
65 plus	435 138	372 291	–	11 813	50 945	89
Unknown–Inconnu	7 979	6 610	6	121	1 038	204
20 X 1985						
Male – Masculin						
12 plus	963 399	–	524 662	106 812	304 247	27 678
12 – 14	356 134	–	338 399	188	12 338	5 209
15 – 19	177 860	–	163 193	339	10 254	4 074
20 – 24	29 601	–	20 379	373	6 749	2 100
25 – 29	8 877	–	2 268	385	4 784	1 440
30 – 34	5 384	–	282	419	3 616	1 067
35 – 39	4 964	–	135	442	3 643	744
40 – 44	10 253	–	–	600	8 989	664
45 – 49	20 359	–	–	804	18 837	718
50 – 54	35 023	–	–	1 922	32 112	989
55 – 59	38 355	–	–	2 527	34 688	1 140
60 – 64	42 051	–	–	8 240	32 471	1 340
65 plus	232 723	–	–	90 375	134 236	8 112
Unknown–Inconnu	1 815	–	6	198	1 530	81

37. Population not economically active by functional category, sex, age and urban/ rural residence: each census, 1973 – 1988 (continued)
Population inactive selon la catégorie fonctionnelle, le sexe, l'âge et la résidence, urbaine/rurale: chaque recensement, 1973 – 1988 (suite)
Data by urban/rural residence

Données selon la résidence urbaine/rurale

(See notes at end of table. – Voir notes à la fin du tableau.)

Continent, country or area, date, sex, age(in years) and urban/rural residence Continent, pays ou zone, date, sexe, âge(en années) et résidence urbaine/rurale	Total not economically active Population inactive totale	Functional categories – Catégories fonctionnelles Home–maker Personnes s'occupant du foyer	Student Etudiants	Income recipient Retraités et rentiers	Other Autres personnes inactives	Not stated Non déterminé
ASIA—ASIE (Cont.–Suite)						
Turkey – Turquie						
Rural – Rurale						
20 X 1985						
Female – Féminin						
12 plus	1 794 326	1 465 649	264 711	11 487	52 479	–
12 – 14	266 529	63 895	194 723	170	7 741	–
15 – 19	195 465	128 205	62 093	315	4 852	–
20 – 24	171 352	162 635	6 342	199	2 176	–
25 – 29	173 981	171 678	865	94	1 344	–
30 – 34	145 371	143 812	394	124	1 041	–
35 – 39	103 325	101 796	288	141	1 100	–
40 – 44	72 160	70 393	–	181	1 586	–
45 – 49	64 371	62 420	–	349	1 602	–
50 – 54	70 711	67 823	–	503	2 385	–
55 – 59	69 443	66 016	–	1 029	2 398	–
60 – 64	84 814	80 456	–	1 029	3 329	–
65 plus	373 666	344 044	–	7 286	22 336	–
Unknown–Inconnu	3 138	2 476	6	67	589	–
EUROPE						
Greece – Grèce						
Urban – Urbaine						
5 IV 1981 [7 32]						
Male – Masculin						
Total	776 403	–	403 023	...	373 380	–
– 15	216 418	–	214 154	...	2 264	–
15 – 19	140 594	–	135 136	...	5 458	–
20 – 24	52 184	–	45 540	...	6 644	–
25 – 29	11 516	–	7 257	...	4 259	–
30 – 34	4 582	–	762	...	3 820	–
35 – 39	3 768	–	169	...	3 599	–
40 – 44	6 003	–	–	...	6 003	–
45 – 49	10 674	–	–	...	10 674	–
50 – 54	23 455	–	–	...	23 455	–
55 – 59	32 800	–	–	...	32 800	–
60 – 64	52 182	–	–	...	52 182	–
65 – 69	76 370	–	–	...	76 370	–
70 – 74	65 242	–	–	...	65 242	–
75 plus	80 487	–	–	...	80 487	–
Unknown–Inconnu	128	–	5	...	123	–
Female – Féminin						
Total	1 930 943	1 385 454	354 049	...	191 440	–
– 15	210 013	7 576	200 918	...	1 519	–
15 – 19	164 587	43 933	118 625	...	2 029	–
20 – 24	137 449	104 659	31 152	...	1 638	–
25 – 29	132 502	128 509	2 796	...	1 197	–
30 – 34	143 485	141 780	344	...	1 361	–
35 – 39	123 993	122 200	202	...	1 591	–
40 – 44	149 912	146 415	–	...	3 497	–
45 – 49	145 537	140 853	–	...	4 684	–
50 – 54	156 095	145 327	–	...	10 768	–
55 – 59	123 884	108 006	–	...	15 878	–
60 – 64	113 466	88 912	–	...	24 554	–
65 – 69	113 431	81 059	–	...	32 372	–
70 – 74	93 960	60 596	–	...	33 364	–
75 plus	122 353	65 516	–	...	56 837	–
Unknown–Inconnu	276	113	12	...	151	–

37. Population not economically active by functional category, sex, age and urban/ rural residence: each census, 1973 – 1988 (continued)
Population inactive selon la catégorie fonctionnelle, le sexe, l'âge et la résidence, urbaine/rurale: chaque recensement, 1973 – 1988 (suite)
Data by urban/rural residence

Données selon la résidence urbaine/rurale

(See notes at end of table. – Voir notes à la fin du tableau.)

Continent, country or area, date, sex, age(in years) and urban/rural residence Continent, pays ou zone, date, sexe, âge(en années) et résidence urbaine/rurale	Total not economically active Population inactive totale	Functional categories – Catégories fonctionnelles Home–maker Personnes s'occupant du foyer	Student Etudiants	Income recipient Retraités et rentiers	Other Autres personnes inactives	Not stated Non déterminé
EUROPE (Cont.–Suite)						
Greece – Grèce						
Rural – Rurale						
5 IV 1981 [7 32]						
Male – Masculin						
Total	338 352	–	160 402	...	177 950	–
– 15	111 976	–	110 453	...	1 523	–
15 – 19	46 583	–	44 386	...	2 197	–
20 – 24	6 663	–	4 666	...	1 997	–
25 – 29	2 273	–	677	...	1 596	–
30 – 34	1 805	–	151	...	1 654	–
35 – 39	1 552	–	22	...	1 530	–
40 – 44	2 595	–	–	...	2 595	–
45 – 49	3 758	–	–	...	3 758	–
50 – 54	5 919	–	–	...	5 919	–
55 – 59	7 672	–	–	...	7 672	–
60 – 64	12 870	–	–	...	12 870	–
65 – 69	32 555	–	–	...	32 555	–
70 – 74	38 347	–	–	...	38 347	–
75 plus	63 529	–	–	...	63 529	–
Unknown–Inconnu	255	–	47	...	208	–
Female – Féminin						
Total	935 089	655 342	134 401	...	145 346	–
– 15	111 929	12 308	98 752	...	869	–
15 – 19	73 928	40 110	33 084	...	734	–
20 – 24	51 788	48 849	2 211	...	728	–
25 – 29	48 400	47 433	233	...	734	–
30 – 34	48 978	48 163	78	...	737	–
35 – 39	46 418	45 574	12	...	832	–
40 – 44	59 503	58 363	–	...	1 140	–
45 – 49	64 125	62 576	–	...	1 549	–
50 – 54	68 692	66 183	–	...	2 509	–
55 – 59	57 132	53 249	–	...	3 883	–
60 – 64	56 369	48 824	–	...	7 545	–
65 – 69	72 995	48 760	–	...	24 235	–
70 – 74	70 035	38 543	–	...	31 492	–
75 plus	104 497	36 371	–	...	68 126	–
Unknown–Inconnu	300	36	31	...	233	–
Semi–urban – Semi–urbaine						
5 IV 1981 [7 32]						
Male – Masculin						
Total	140 129	–	71 346	...	68 783	–
– 15	47 861	–	47 229	...	632	–
15 – 19	22 031	–	20 995	...	1 036	–
20 – 24	3 807	–	2 653	...	1 154	–
25 – 29	1 181	–	436	...	745	–
30 – 34	631	–	29	...	602	–
35 – 39	717	–	4	...	713	–
40 – 44	951	–	–	...	951	–
45 – 49	1 651	–	–	...	1 651	–
50 – 54	3 223	–	–	...	3 223	–
55 – 59	3 669	–	–	...	3 669	–
60 – 64	6 961	–	–	...	6 961	–
65 – 69	13 270	–	–	...	13 270	–
70 – 74	14 339	–	–	...	14 339	–
75 plus	19 829	–	–	...	19 829	–
Unknown–Inconnu	8	–	–	...	8	–

37. Population not economically active by functional category, sex, age and urban/ rural residence: each census, 1973 – 1988 (continued)
Population inactive selon la catégorie fonctionnelle, le sexe, l'âge et la résidence, urbaine/rurale: chaque recensement, 1973 – 1988 (suite)
Data by urban/rural residence

Données selon la résidence urbaine/rurale

(See notes at end of table. – Voir notes à la fin du tableau.)

Continent, country or area, date, sex, age(in years) and urban/rural residence Continent, pays ou zone, date, sexe, âge(en années) et résidence urbaine/rurale	Total not economically active Population inactive totale	Functional categories – Catégories fonctionnelles Home–maker Personnes s'occupant du foyer	Student Etudiants	Income recipient Retraités et rentiers	Other Autres personnes inactives	Not stated Non déterminé
EUROPE (Cont.–Suite)						
Greece – Grèce						
Semi–urban – Semi–urbaine						
5 IV 1981 [7 32]						
Female – Féminin						
Total	378 250	273 242	60 525	...	44 483	–
– 15	46 226	3 451	42 420	...	355	–
15 – 19	30 538	13 626	16 443	...	469	–
20 – 24	25 313	23 546	1 367	...	400	–
25 – 29	24 715	24 243	245	...	227	–
30 – 34	26 056	25 733	39	...	284	–
35 – 39	23 411	23 199	10	...	202	–
40 – 44	27 644	27 218	–	...	426	–
45 – 49	26 914	26 352	–	...	562	–
50 – 54	29 077	27 875	–	...	1 202	–
55 – 59	21 553	20 041	–	...	1 512	–
60 – 64	20 875	17 955	–	...	2 920	–
65 – 69	23 696	16 256	–	...	7 440	–
70 – 74	21 433	12 360	–	...	9 073	–
75 plus	30 761	11 377	–	...	19 384	–
Unknown–Inconnu	38	10	1	...	27	–
OCEANIA—OCEANIE						
Papua New Guinea – Papouasie–Nouvelle–Guinée						
Urban – Urbaine						
22 IX 1980						
Male – Masculin						
10 plus	55 589	477	30 519	7 531	17 062	–
10 – 14	20 071	69	15 964	1 782	2 256	–
15 – 19	18 517	127	11 964	931	5 495	–
20 – 24	5 691	94	2 130	437	3 030	–
25 – 29	2 633	52	354	373	1 854	–
30 – 34	1 618	39	87	343	1 149	–
35 – 39	1 274	38	14	347	875	–
40 – 44	1 167	20	3	432	712	–
45 – 49	1 093	10	3	523	557	–
50 – 54	1 178	8	–	677	493	–
55 – 59	892	8	–	564	320	–
60 – 64	680	7	–	495	178	–
65 plus	775	5	–	627	143	–
Unknown–Inconnu	–	–	–	–	–	–
Female – Féminin						
10 plus	81 952	47 200	17 034	8 082	9 636	–
10 – 14	15 591	663	11 402	1 657	1 869	–
15 – 19	15 635	6 285	5 112	909	3 329	–
20 – 24	16 661	14 049	406	690	1 516	–
25 – 29	12 650	11 099	69	585	897	–
30 – 34	7 169	6 135	29	462	543	–
35 – 39	4 921	3 926	14	538	443	–
40 – 44	2 928	2 170	1	506	251	–
45 – 49	2 261	1 400	1	611	249	–
50 – 54	1 598	767	–	617	214	–
55 – 59	1 146	430	–	567	149	–
60 – 64	699	162	–	434	103	–
65 plus	693	114	–	506	73	–
Unknown–Inconnu	–	–	–	–	–	–

37. Population not economically active by functional category, sex, age and urban/ rural residence: each census, 1973 – 1988 (continued)
Population inactive selon la catégorie fonctionnelle, le sexe, l'âge et la résidence, urbaine/rurale: chaque recensement, 1973 – 1988 (suite)
Data by urban/rural residence
Données selon la résidence urbaine/rurale

(See notes at end of table. – Voir notes à la fin du tableau.)

Continent, country or area, date, sex, age(in years) and urban/rural residence Continent, pays ou zone, date, sexe, âge(en années) et résidence urbaine/rurale	Total not economically active Population inactive totale	Functional categories – Catégories fonctionnelles Home–maker Personnes s'occupant du foyer	Student Etudiants	Income recipient Retraités et rentiers	Other Autres personnes inactives	Not stated Non déterminé
OCEANIA—OCEANIE(Cont.–Suite)						
Papua New Guinea – Papouasie–Nouvelle–Guinée						
Rural – Rurale						
22 IX 1980						
Male – Masculin						
10 plus	561 025	3 400	117 579	317 764	122 282	–
10 – 14	163 684	699	85 159	54 356	23 470	–
15 – 19	88 612	570	29 400	29 518	29 124	–
20 – 24	48 819	358	2 555	26 920	18 986	–
25 – 29	36 914	306	325	25 447	10 836	–
30 – 34	39 979	293	100	30 366	9 220	–
35 – 39	30 316	264	33	23 327	6 692	–
40 – 44	32 538	221	4	25 623	6 690	–
45 – 49	27 195	175	3	21 775	5 242	–
50 – 54	29 259	191	–	23 998	5 070	–
55 – 59	23 653	149	–	20 024	3 480	–
60 – 64	21 859	108	–	19 465	2 286	–
65 plus	18 197	66	–	16 945	1 186	–
Unknown–Inconnu	–	–	–	–	–	–
Female – Féminin						
10 plus	602 515	66 987	76 054	391 080	68 394	–
10 – 14	144 422	2 472	60 392	61 880	19 678	–
15 – 19	78 702	6 782	14 752	39 412	17 756	–
20 – 24	61 088	13 071	699	39 400	7 918	–
25 – 29	54 404	12 137	98	37 348	4 821	–
30 – 34	56 998	10 004	74	42 278	4 642	–
35 – 39	38 560	6 374	39	29 066	3 081	–
40 – 44	39 506	5 599	–	30 821	3 086	–
45 – 49	31 236	3 916	–	24 970	2 350	–
50 – 54	32 999	3 174	–	27 508	2 317	–
55 – 59	26 242	2 048	–	22 740	1 454	–
60 – 64	21 599	933	–	19 779	887	–
65 plus	16 759	477	–	15 878	404	–
Unknown–Inconnu	–	–	–	–	–	–
Vanuatu						
Urban – Urbaine						
22 I 1986						
Male – Masculin						
15 plus	815	290	525	–	–	–
15 – 24	610	105	505	–	–	–
25 – 44	103	83	20	–	–	–
45 – 64	69	69	–	–	–	–
65 plus	33	33	–	–	–	–
Unknown–Inconnu	–	–	–	–	–	–
Female – Féminin						
15 plus	2 493	2 109	384	–	–	–
15 – 24	1 099	720	379	–	–	–
25 – 44	1 041	1 036	5	–	–	–
45 – 64	307	307	–	–	–	–
65 plus	46	46	–	–	–	–
Unknown–Inconnu	–	–	–	–	–	–

37. Population not economically active by functional category, sex, age and urban/ rural residence: each census, 1973 – 1988 (continued)
Population inactive selon la catégorie fonctionnelle, le sexe, l'âge et la résidence, urbaine/rurale: chaque recensement, 1973 – 1988 (suite)

GENERAL NOTES

For definitions of "urban" see end of table 6. For limitations of data, see Technical Notes page 136.

FOOTNOTES

- * Provisional.
- 1 De jure population.
- 2 Excluding persons residing in institutions.
- 3 For classification by urban/rural residence, see end of table.
- 4 Excluding population counted separately.
- 5 Data exclude adjustment for underenumeration, estimated at 3.8 per cent.
- 6 Excluding Bophuthatswana, Ciskei, Transkei and Venda. Data have not been adjusted for underenumeration.
- 7 Based on a 10 per cent sample of census returns.
- 8 De jure population, but excluding persons residing in institutions.
- 9 For week preceding the census date.
- 10 Excluding retired and disabled persons.
- 11 Excluding indigenous population.
- 12 Age classification based on year of birth rather than on completed years of age.
- 13 Excluding nomadic Indian tribes.
- 14 Data exclude adjustment for underenumeration, estimated at 5.6 per cent.
- 15 Excluding Indian jungle population, estimated at 39 800 in 1972.
- 16 Data exclude adjustment for underenumeration, estimated at 4.1 per cent.
- 17 Data exclude adjustment for underenumeration, estimated at 2.6 per cent.
- 18 Excluding Indian jungle population, estimated at 31 800 in 1961.
- 19 Data exclude adjustment for underenumeration, estimated at 6.85 per cent.
- 20 Including 26 106 transients and 9 131 Vietnames refugees.
- 21 Including data for the Indian–held part of Jammu and Kashmir, the final status of which has not yet been determined. Excluding Assam.
- 22 Because of rounding, totals are not in all cases the sum of the parts.
- 23 Based on a 5 per cent sample of census returns.
- 24 Data exclude adjustment for underenumeration, estimated at 1.7 per cent.
- 25 Excluding diplomatic personnel outside country and foreign military and civilian personnel and their dependants stationed in the area.
- 26 Excluding data for Jordanian territory under occupation since June 1967 by Israeli military forces.
- 27 Including military and diplomatic personnel and their families abroad, numbering 933 at 1961 census, but excluding foreign military and diplomatic personnel and their families in the country, numbering 389 at 1961 census. Also including registered Palestinian refugees numbering 722 687 on 31 May 1967.
- 28 Formerly listed as "Burma".
- 29 For Syrian population only.
- 30 Excluding Faeroe Islands and Greenland.
- 31 For pensioners and disabled for work.
- 32 Including armed forces stationed outside the country, but excluding armed forces stationed in the area.
- 33 Resident population only.
- 34 Excluding diplomatic personnel and armed forces stationed outside the country, the latter numbering 1 936 at 1966 census, also excluding alien armed forces within the country.
- 35 Based on a sample of census returns.

NOTES GENERALES

Pour les définitions des "régions urbaines", se reporter à la fin du tableau 6. Pour les insuffisances des données, voir Notes techniques, page 136.

NOTES

- * Données provisoires.
- 1 Population de droit.
- 2 Non compris les personnes dans les institutions.
- 3 Pour le classement selon la résidence, urbaine/rurale, voir la fin du tableau.
- 4 Non compris la population comptée à part.
- 5 Les données n'ont pas été ajustées pour compenser les lacunes du dénombrement, estimées à 3,8 p. 100.
- 6 Non compris Bophuthatswana, Ciskei, Transkei et Venda. Les données n'ont pas été ajustées pour compenser les lacunes du dénombrement.
- 7 D'après un échantillon de 10 p. 100 des bulletins de recensement.
- 8 Population de droit, mais non compris les personnes dans les institutions.
- 9 Pour la semaine qui précédé la date du recensement.
- 10 Non compris les retraités et les invalides.
- 11 Non compris la population indigène.
- 12 La classification par âge est fondées sur l'année de naissance et non sur l'âge en années révolues.
- 13 Non compris les tribus d'Indiens nomades.
- 14 Les données n'ont pas été ajustées pour compenser les lacunes du dénombrement, estimées à 5,6 p. 100.
- 15 Non compris les Indiens de la jungle, estimés à 39 800 en 1972.
- 16 Les données n'ont pas été ajustées pour compenser les lacunes du dénombrement, estimées à 4,1 p.100.
- 17 Les données n'ont pas été adjustées pour compenser les lacunes du dénombrement, estimées à 2,6 p. 100.
- 18 Non compris les Indiens de la jungle, estimés à 31 800 en 1961.
- 19 Les données n'ont pas été ajustées pour compenser les lacunes du dénombrement, estimées à 6,85 p. 100.
- 20 Y compris 26 106 transients et 9 131 réfugiés du Viet Nam.
- 21 Y compris les données concernant la partie du Jammu–et– Cachemire occupée par l'Inde, dont les statut définitif n'a pas encore été déterminé. Non compris Assam.
- 22 Les chiffres étant arrondis, les totaux ne correspondent pas toujours rigoureusement à la somme des chiffres partiels.
- 23 D'après un échantillon de 5 p. 100 des bulletins de recensement.
- 24 Les données n'ont pas été ajustées pour compenser les lacunes du dénombrement, estimées à 1,7 p. 100.
- 25 Non compris le personnel diplomatique hors du pays ni les militaires et agents civils étrangers en poste sur le territoire et les membres de leur famille les accompagnant.
- 26 Non compris les données pour le territoire jordanien occupé depuis juin 1967 par les forces armées israéliennes.
- 27 Y compris les militaires, les personnel diplomatique à l'étranger et les membres de leur famille les accompagnant au nombre de 933 personnes au recensement de 1961, mais non compris les militaires, le personnel diplomatique étranger en poste dans le pays et les membres de leur famille les accompagnant au nombre de 389 personnes au recensement de 1961. Y compris également les réfugiés de Palestine immatriculés, au nombre de 722 687 au 31 mai 1967.
- 28 Antérieurement désigné sous le nom de "Birmanie".
- 29 Pour la population Syrienne seulement.
- 30 Non compris les îles Féroé et le Groenland.
- 31 Pour les pensionnaires et les invalides qui ne peuvent pas travailler.
- 32 Y compris les militaires en garnison hors du pays mais non compris les militaires étrangers en garnison sur le territoire.
- 33 Pour la population résidente seulement.
- 34 Non compris le personnel diplomatique ni les militaires hors du pays, ces derniers au nombre de 1 936, au recensement de 1966; non compris également les militaires étrangers dans le pays.
- 35 D'après un échantillon des bulletins de recensement.

37. Population not economically active by functional category, sex, age and urban/rural residence: each census, 1973 – 1988 (continued)
Population inactive selon la catégorie fonctionnnelle, le sexe, l'âge et la résidence, urbaine/rurale: chaque recensement, 1973 – 1988 (suite)

List of countries or areas covered by this table in the 1984 issue of the Demographic Yearbook
Liste des pays ou zones couverts par ce tableau, dans l'édition de 1984 de l'Annuaire démographique

Continent and country or area Continent et pays ou zone	Census date Date du recensement	Issue Edition
AFRICA — AFRIQUE		
Cameroon – Cameroun	9 IV 1976	1984
Comoros – Comores	15 IX 1980	1984
Congo	7 II 1974	1984
Egypt – Egypte	22–23 XI 1976	1984
Guinea–Bissau – Guinée–Bissau	16–30 IV 1979	1984
Ivory Coast – Côte d'Ivoire	30 IV 1975	1984
Liberia – Libéria	1 II 1974	1984
Malawi	20 IX 1977	1984
Réunion	9 III 1982	1984
Rwanda	15–16 VIII 1978	1984
St. Helena ex. dep. – Sainte–Hélène sans dép.	31 X 1976	1984
Senegal – Sénégal	16 IV 1976	1984
AMERICA, NORTH — AMERIQUE DU NORD		
Bermuda – Bermudes	12 V 1980	1984
Canada	3 VI 1981	1984
Cayman Islands – Iles Caïmanes	8 X 1979	1984
Cuba	11 IX 1981	1984
Greenland – Groenland	26 X 1976	1984
Guadeloupe	26 X 1974	1984
Guadeloupe	9 III 1982	1984
Guatemala	26 III 1981	1984
Haiti – Haïti	30 VIII 1982	1984
Honduras	6 III 1974	1984
Martinique	16 X 1974	1984
Martinique	9 III 1982	1984
Turks and Caicos Islands – Iles Turques et Caïques	12 V 1980	1984
AMERICA, SOUTH — AMERIQUE DU SUD		
Argentina – Argentine	22 X 1980	1984
Bolivia – Bolivie	29 IX 1976	1984
Ecuador – Equateur	8 VI 1974	1984
French Guiana – Guyane Française	16 X 1974	1984
French Guiana – Guyane Française	9 III 1982	1984
Uruguay	21 V 1975	1984
ASIA — ASIE		
Afghanistan	23 VI 1979	1984
Bahrain – Bahreïn	5 IV 1981	1984
Bangladesh	1 III 1974	1984
Bangladesh	6 III 1981	1984
Hong Kong – Hong–kong	2 VIII 1976	1984
Hong Kong – Hong–kong	9 III 1981	1984
Indonesia – Indonésie	31 X 1980	1984
Iran	1 XI 1976	1984
Japan – Japon	1 X 1980	1984
Korea, Republic of – Corée, République de	1 X 1975	1984
Kuwait – Koweït	21 IV 1975	1984
Kuwait – Koweït	21 IV 1980	1984
ASIA (cont.) — ASIE (suite)		
Maldives	31 XII 1977	1984
Nepal – Népal	22 VI 1981	1984
Pakistan	1 III 1981	1984
Philippines	1 V 1975	1984
Philippines	1 V 1980	1984
Singapore – Singapour	24 VI 1980	1984
Thailand – Thaïlande	1 IV 1980	1984
Turkey – Turquie	26 X 1975	1984
United Arab Emirates – Emirats arabes unis	31 XII 1975	1984
EUROPE		
Austria – Autriche	12 V 1981	1984
Bulgaria – Bulgarie	2 XII 1975	1984
Channel Islands – Iles Anglo–Normandes		
Guernsey – Guernesey	5 IV 1981	1984
Jersey	5 IV 1981	1984
Czechoslovakia – Tchécoslovaquie	1 XI 1980	1984
Denmark – Danemark	1 VII 1976	1984
Faeroe Islands – Iles Féroé	22 IX 1977	1984
Finland – Finlande	31 XII 1975	1984
Finland – Finlande	1 XI 1980	1984
France	20 II 1975	1984
France	4 III 1982	1984
Gibraltar	9 XI 1981	1984
Hungary – Hongrie	1 I 1980	1984
Isle of Man – Ile de Man	6 IV 1981	1984
Liechtenstein	31 XII 1981	1984
Luxembourg	31 III 1981	1984
Norway – Norvège	1 XI 1980	1984
Poland – Pologne	7 XII 1978	1984
Portugal	16 III 1981	1984
San Marino – Saint–Marin	30 XI 1976	1984
Spain – Espagne	28 II 1981	1984
Sweden – Suède	1 XI 1975	1984
Sweden – Suède	8 IX 1980	1984
Switzerland – Suisse	24 VI 1980	1984
United Kingdom – Royaume–Uni		
England and Wales – Angleterre et Galles	5 IV 1981	1984
Northern Ireland – Irlande du Nord	5 IV 1981	1984
Scotland – Ecosse	5 IV 1981	1984
OCEANIA — OCEANIE		
Fiji – Fidji	13 IX 1976	1984
Kiribati	12 XII 1978	1984
New Caledonia – Nouvelle–Calédonie	23 VI 1976	1984
New Zealand – Nouvelle–Zélande	23 III 1976	1984
New Zealand – Nouvelle–Zélande	23 III 1981	1984
Niue – Nioué	29 IX 1976	1984
Norfolk Island – Ile Norfolk	30 VI 1981	1984
Samoa	3 XI 1976	1984
Tokelau – Tokélaou	25 X 1976	1984
Tonga	30 XI 1976	1984

38. Economically active population by industry, sex, age and urban/rural residence: each census, 1974 – 1988

(See notes at end of table.)

	Continent, country or area, date, sex, age(in years) and urban/rural residence Continent, pays ou zone, date, sexe, âge(en années) et résidence urbaine/rurale	Total economically active Population active totale	Industry Agriculture, hunting, forestry and fishing Agriculture, chasse, sylviculture et péche 1	Mining and quarrying Industries extractives 2	Manufacturing Industries Industries manufacturières 3	Electricity, gas and water Electricité, gaz et eau 4
	AFRICA—AFRIQUE					
	Burundi					
	15–16 VIII 1979 [1 2]					
	Male – Masculin					
1	10 plus	1 133 477	994 312	1 419	23 815	1 672
2	10 – 14	123 851	120 660	1	1 099	3
3	15 – 19	201 598	186 365	126	2 598	52
4	20 – 24	187 240	159 302	368	4 201	306
5	25 – 34	234 682	189 438	506	6 765	675
6	35 – 44	143 348	117 693	275	4 451	404
7	45 – 54	107 356	93 519	90	2 651	177
8	55 – 64	70 077	64 687	44	1 188	39
9	65 plus	64 275	61 907	9	824	14
10	Unknown–Inconnu	1 050	741	–	38	2
	Female – Féminin					
11	10 plus	1 279 692	1 251 887	15	12 906	23
12	10 – 14	141 768	139 126	1	1 196	–
13	15 – 19	220 787	216 110	1	2 242	2
14	20 – 24	204 227	198 145	10	2 333	11
15	25 – 34	253 842	246 766	2	2 859	5
16	35 – 44	175 219	171 796	1	1 686	3
17	45 – 54	130 991	129 091	–	1 139	1
18	55 – 64	87 393	86 275	–	781	–
19	65 plus	64 202	63 390	–	652	1
20	Unknown–Inconnu	1 263	1 188	–	18	–
	Congo					
	7 II 1974 [3 4]					
	Male – Masculin					
21	15 plus	218 650	104 837	1 560	27 925	1 467
22	15 – 19	5 677	2 526	18	1 465	41
23	20 – 24	18 618	5 274	235	4 357	168
24	25 – 34	57 488	17 529	617	9 767	484
25	35 – 44	55 520	23 155	450	7 043	457
26	45 – 54	41 699	24 765	170	3 369	264
27	55 – 64	28 820	22 854	55	1 370	42
28	65 plus	9 161	7 927	9	329	4
29	Unknown–Inconnu	1 667	807	6	225	7
	Female – Féminin					
30	15 plus	202 271	181 124	63	2 420	43
31	15 – 19	13 721	12 669	2	445	–
32	20 – 24	17 814	14 714	23	581	13
33	25 – 34	42 173	35 335	17	750	24
34	35 – 44	47 414	41 845	6	413	5
35	45 – 54	43 854	40 694	10	153	1
36	55 – 64	29 039	27 983	3	47	–
37	65 plus	6 523	6 280	2	11	–
38	Unknown–Inconnu	1 733	1 604	–	20	–
	22 XII 1984 [3]					
	Male – Masculin					
39	10 plus	295 172	105 460	6 599	31 724	2 409
40	10 – 14	989	723	3	67	1
41	15 – 19	8 476	3 089	71	1 333	58
42	20 – 24	27 941	6 300	426	3 712	234
43	25 – 34	89 575	17 036	2 499	10 057	950
44	35 – 44	67 720	19 766	1 952	8 250	648
45	45 – 54	52 027	22 477	1 296	5 209	454
46	55 – 64	28 414	20 112	275	1 929	53
47	65 plus	18 443	15 239	57	1 017	4
48	Unknown–Inconnu	1 587	718	20	150	7
	Female – Féminin					
49	10 plus	255 053	185 905	725	6 356	232
50	10 – 14	3 005	2 673	5	52	–
51	15 – 19	12 571	10 383	21	665	4
52	20 – 24	22 702	14 679	83	1 456	36
53	25 – 34	63 003	33 404	338	2 710	154
54	35 – 44	51 103	34 869	133	984	28
55	45 – 54	47 850	39 371	76	340	6
56	55 – 64	34 418	31 280	43	85	3
57	65 plus	18 689	17 836	24	40	1
58	Unknown–Inconnu	1 712	1 410	2	24	–

38. Population active selon la branche d'activité économique, le sexe, l'âge et la résidence, urbaine/rurale: chaque recensement, 1974 – 1988

(Voir notes à la fin du tableau.)

Branche d'activité économique

Construction Bâtiment et travaux publics 5	Wholesale and retail trade and restaurants and hotels Commerce de gros et de détail; restaurants et hôtels 6	Transport, storage and communication Transports, entrepôts et communications 7	Financing, insurance, real estate and business services Banques, assurances, affaires immobilières et services fournis aux enterprises 8	Community, social and personal services Services fournis à la collectivité, services sociaux et services personnels 9	Activities not adequately defined Activités mal désignées 0	
14 516	18 300	6 258	1 035	69 805	2 345	1
7	132	6	1	1 685	257	2
595	1 755	349	14	9 451	293	3
2 348	4 003	1 232	150	14 865	465	4
4 719	6 610	2 420	477	22 455	617	5
3 185	3 436	1 367	269	11 920	348	6
2 177	1 553	662	89	6 265	173	7
1 053	516	167	20	2 275	88	8
418	234	36	8	765	60	9
14	61	19	7	124	44	10
151	2 629	162	250	10 865	804	11
–	17	–	–	1 234	194	12
14	214	7	2	2 058	137	13
47	493	53	92	2 884	159	14
58	833	73	134	2 978	134	15
18	599	20	19	1 019	58	16
8	296	5	1	422	28	17
3	124	3	–	178	29	18
2	47	–	–	67	43	19
1	6	1	2	25	22	20
8 725	–	16 632	15 423	42 081	–	21
175	–	202	381	869	–	22
576	–	1 685	1 464	4 859	–	23
2 069	–	6 194	4 691	16 137	–	24
2 918	–	5 404	4 357	11 736	–	25
2 115	–	2 491	2 679	5 846	–	26
709	–	497	1 403	1 890	–	27
95	–	54	316	427	–	28
68	–	105	132	317	–	29
44	–	332	13 237	5 008	–	30
2	–	21	345	237	–	31
13	–	109	952	1 409	–	32
22	–	155	3 593	2 277	–	33
5	–	26	4 387	727	–	34
1	–	19	2 728	248	–	35
1	–	1	939	65	–	36
–	–	1	207	22	–	37
–	–	–	86	23	–	38
23 137	27 846	26 458	2 205	63 878	5 456	39
30	40	11	–	47	67	40
827	1 020	378	5	1 396	299	41
3 197	4 098	2 622	139	6 432	781	42
7 864	10 063	10 274	953	28 090	1 789	43
5 068	5 659	7 550	679	16 945	1 203	44
4 021	4 101	4 735	372	8 580	782	45
1 629	1 827	642	43	1 612	292	46
403	887	131	7	507	191	47
98	151	115	7	269	52	48
484	37 929	1 349	661	19 751	1 661	49
2	79	3	–	97	94	50
21	881	16	2	384	194	51
93	3 505	209	69	2 317	255	52
261	11 864	899	457	12 342	574	53
75	10 862	184	113	3 605	250	54
22	7 070	26	17	803	119	55
6	2 803	6	2	104	86	56
2	664	4	1	47	70	57
2	201	2	–	52	19	58

38. Economically active population by industry, sex, age and urban/rural residence: each census, 1974 – 1988 (continued)

(See notes at end of table.)

	Continent, country or area, date, sex, age(in years) and urban/rural residence Continent, pays ou zone, date, sexe, âge(en années) et résidence urbaine/rurale	Total economically active Population active totale	Industry: Agriculture, hunting, forestry and fishing Agriculture, chasse, sylviculture et pêche 1	Mining and quarrying Industries extractives 2	Manufacturing Industries Industries manufacturières 3	Electricity, gas and water Electricité, gaz et eau 4
	AFRICA—AFRIQUE (Cont.–Suite)					
	Ghana					
	11 III 1984 [3]					
	Male – Masculin					
1	Total	2 637 029	1 750 024	24 906	198 430	14 033
	Female – Féminin					
2	Total	2 785 451	1 560 943	1 922	389 988	1 404
	Morocco – Maroc					
	3–21 IX 1982 [5 6]					
	Male – Masculin					
3	Total	4 817 980	1 989 203	61 110	593 738	21 165
	Female – Féminin					
4	Total	1 181 280	362 426	2 250	336 877	1 300
	Mozambique					
	1 VIII 1980 [3 5 8]					
	Male – Masculin					
5	12 plus	2 622 220	1 887 779	72 562	242 688	8 480
6	12 – 14	...	93 767	90	1 032	5
7	15 – 19	...	214 509	2 068	18 600	348
8	20 – 24	...	210 920	9 014	46 414	1 375
9	25 – 39	...	562 254	37 236	110 494	4 152
10	40 – 59	...	561 364	21 422	57 054	2 317
11	60 plus	...	242 265	2 386	8 515	265
12	Unknown–Inconnu	...	2 700	346	579	18
	Female – Féminin					
13	12 plus	2 954 244	2 867 052	863	21 954	247
14	12 – 14	...	114 969	4	83	–
15	15 – 19	...	357 981	76	1 707	27
16	20 – 24	...	426 122	160	4 801	87
17	25 – 39	...	995 295	357	10 414	115
18	40 – 59	...	711 602	219	4 324	18
19	60 plus	...	256 700	43	583	–
20	Unknown–Inconnu	...	4 383	4	42	–
	Réunion					
	9 III 1982 [3]					
	Male – Masculin					
21	Total	77 270	16 622	3 682	598	2 431
	Female – Féminin					
22	Total	41 220	768	505	99	751
	Sao Tome and Principe – Sao Tomé–et–Principe					
	1 IX 1980					
	Male – Masculin					
23	10 plus	20 153	10 980	165	1 148	274
24	10 – 14	119	93	–	8	–
25	15 – 19	2 170	1 372	35	119	48
26	20 – 24	3 393	1 595	49	191	62
27	25 – 34	4 310	2 116	37	231	56
28	35 – 44	3 493	2 044	14	142	46
29	45 – 54	3 310	1 912	11	171	39
30	55 – 64	2 114	1 176	14	146	18
31	65 plus	1 244	672	5	140	5
	Female – Féminin					
32	10 plus	9 225	5 512	18	298	13
33	10 – 14	75	66	–	1	–
34	15 – 19	1 007	775	1	27	1
35	20 – 24	1 686	944	1	44	4
36	25 – 34	2 297	1 266	10	97	6
37	35 – 44	1 736	1 097	4	51	–
38	45 – 54	1 448	906	1	42	1
39	55 – 64	700	352	1	24	1
40	65 plus	276	106	–	12	–

38. Population active selon la branche d'activité économique, le sexe, l'âge et la résidence, urbaine/rurale: chaque recensement, 1974 – 1988 (suite)

(Voir notes à la fin du tableau.)

Branche d'activité économique						
Construction Bâtiment et travaux publics 5	Wholesale and retail trade and restaurants and hotels Commerce de gros et de détail; restaurants et hôtels 6	Transport, storage and communication Transports, entrepôts et communications 7	Financing, insurance, real estate and business services Banques, assurances, affaires immobilières et services fournis aux enterprises 8	Community, social and personal services Services fournis à la collectivité, services sociaux et services personnels 9	Activities not adequately defined Activités mal désignées 0	
60 692	111 540	117 806	19 933	339 665	–	1
3 994	680 607	5 000	7 542	134 051	–	2
434 093	474 392	136 853	*——— 725 938	———*	[7] 381 488	3
3 371	23 738	4 128	*——— 280 974	———*	[7] 166 216	4
41 611	90 654	74 817	...	35 725	167 904	5
53	585	54	...	...	...	6
1 739	9 289	1 650	...	...	...	7
6 086	18 421	6 714	...	...	...	8
18 943	37 880	33 550	...	...	...	9
12 787	21 096	28 386	...	...	...	10
1 886	3 116	4 241	...	...	...	11
117	267	222	...	...	...	12
510	21 590	2 208	...	11 668	28 152	13
3	95	2	...	...	...	14
71	1 430	202	...	...	...	15
168	3 683	846	...	...	...	16
210	9 849	948	...	...	...	17
51	5 795	202	...	...	...	18
7	713	7	...	...	...	19
–	25	1	...	...	...	20
10 896	9 145	4 971	8 955	19 406	564	21
280	5 183	900	7 342	25 173	219	22
1 733	844	977	134	3 882	16	23
9	1	–	–	8	–	24
193	37	36	8	322	–	25
313	121	116	34	909	3	26
303	173	278	45	1 064	7	27
239	148	186	33	640	1	28
310	163	186	8	506	4	29
240	120	114	4	281	1	30
126	81	61	2	152	–	31
72	1 196	59	53	1 996	8	32
–	1	1	–	6	–	33
9	61	6	5	122	–	34
11	107	15	20	538	2	35
21	228	17	18	630	4	36
15	223	16	8	321	1	37
10	273	3	1	210	1	38
4	197	1	1	119	–	39
2	106	–	–	50	–	40

38. Economically active population by industry, sex, age and urban/rural residence: each census, 1974 – 1988 (continued)

(See notes at end of table.)

	Continent, country or area, date, sex, age(in years) and urban/rural residence Continent, pays ou zone, date, sexe, âge(en années) et résidence urbaine/rurale	Total economically active Population active totale	Industry: Agriculture, hunting, forestry and fishing Agriculture, chasse, sylviculture et pêche 1	Mining and quarrying Industries extractives 2	Manufacturing Industries Industries manufacturières 3	Electricity, gas and water Electricité, gaz et eau 4
	AFRICA—AFRIQUE (Cont.–Suite)					
	South Africa – [9] Afrique du Sud					
	5 III 1985 [5 10]					
	Male – Masculin					
1	Total	5 532 687	851 098	721 696	986 453	85 701
2	–20	322 084	99 807	12 944	30 163	1 516
3	20 – 24	862 666	110 631	143 918	136 175	12 443
4	25 – 34	1 720 426	192 952	300 384	326 245	30 157
5	35 – 54	2 069 825	307 355	234 356	406 162	34 538
6	55 – 64	422 222	88 985	25 774	72 703	6 112
7	65 plus	135 464	51 368	4 320	15 005	935
	Female – Féminin					
8	Total	3 159 676	328 492	21 369	393 065	7 019
9	–20	273 318	59 117	983	27 232	317
10	20 – 24	634 396	67 254	3 650	83 092	1 227
11	25 – 34	1 006 978	84 425	7 368	140 292	2 263
12	35 – 54	1 047 337	93 178	8 328	126 243	2 811
13	55 – 64	162 294	17 630	911	13 831	357
14	65 plus	35 353	6 888	129	2 375	44
	Zambia – Zambie					
	25 VIII 1980 [3]					
	Male – Masculin					
15	12 plus	908 606	410 122	62 200	54 325	8 828
16	12 – 14	713	127	3	31	–
17	15 – 19	22 278	11 151	401	979	94
18	20 – 24	121 050	65 258	6 751	8 054	1 092
19	25 – 34	254 387	83 861	19 533	19 521	3 543
20	35 – 44	190 115	72 606	16 923	12 623	2 205
21	45 – 54	153 244	74 290	12 215	7 467	1 127
22	55 – 64	89 149	60 485	1 526	2 757	351
23	65 plus	46 157	34 548	52	1 147	108
24	Unknown–Inconnu	23 413	6 696	1 576	1 746	208
	Female – Féminin					
25	12 plus	394 338	271 332	2 588	10 215	272
26	12 – 14	1 189	22	2	4	...
27	15 – 19	16 152	9 420	66	454	2
28	20 – 24	69 744	46 650	663	2 269	67
29	25 – 34	104 832	60 049	1 279	3 237	155
30	35 – 44	80 205	54 717	385	1 957	25
31	45 – 54	60 591	48 480	124	1 203	14
32	55 – 64	41 492	36 981	37	618	2
33	65 plus	14 221	12 030	11	252	5
34	Unknown–Inconnu	5 912	2 986	21	227	2
	AMERICA,NORTH— AMERIQUE DU NORD					
	Bahamas					
	12 V 1980 [3 11 12 13]					
	Male – Masculin					
35	15 plus	45 807	3 557	301	2 938	1 133
36	15 – 19	5 238	267	49	325	49
37	20 – 24	8 004	484	45	586	153
38	25 – 34	12 336	739	65	958	386
39	35 – 44	9 463	705	64	554	297
40	45 – 54	5 906	571	40	306	156
41	55 – 64	3 323	466	35	152	76
42	65 plus	1 512	321	3	57	15
43	Unknown–Inconnu	25	4	–	–	1
	Female – Féminin					
44	15 plus	34 886	997	45	2 019	138
45	15 – 19	2 692	70	1	163	18
46	20 – 24	6 421	83	17	309	28
47	25 – 34	10 481	130	7	414	55
48	35 – 44	7 747	183	4	469	23
49	45 – 54	4 453	217	14	342	9
50	55 – 64	2 201	162	1	210	5
51	65 plus	878	150	1	112	–
52	Unknown–Inconnu	13	2	–	–	–

38. Population active selon la branche d'activité économique, le sexe, l'âge et la résidence, urbaine/rurale: chaque recensement, 1974 – 1988 (suite)

(Voir notes à la fin du tableau.)

Branche d'activité économique: Construction Bâtiment et travaux publics 5	Wholesale and retail trade and restaurants and hotels Commerce de gros et de détail; restaurants et hôtels 6	Transport, storage and communication Transports, entrepôts et communications 7	Financing, insurance, real estate and business services Banques, assurances, affaires immobilières et services fournis aux enterprises 8	Community, social and personal services Services fournis à la collectivité, services sociaux et services personnels 9	Activities not adequately defined Activités mal désignées 0	
526 270	558 291	362 192	173 930	718 937	548 119	1
20 121	20 512	10 245	2 497	51 619	72 660	2
72 279	78 608	50 216	22 474	109 388	126 534	3
169 270	169 833	117 898	56 681	198 142	158 864	4
217 535	227 768	151 845	72 486	265 030	152 750	5
37 388	46 687	27 509	14 475	69 751	32 838	6
9 677	14 883	4 479	5 317	25 007	4 473	7
30 069	383 585	55 964	165 274	1 246 103	528 736	8
1 347	21 999	5 159	11 804	53 889	91 471	9
5 157	76 429	12 469	40 839	182 911	161 368	10
10 227	131 592	17 257	52 720	405 625	155 209	11
11 463	129 764	18 292	50 844	504 910	101 504	12
1 561	19 266	2 431	7 484	80 894	17 929	13
314	4 535	356	1 583	17 874	1 255	14
36 231	43 785	46 089	17 181	175 942	53 903	15
30	13	13	1	232	...	16
420	1 437	462	169	5 059	...	17
3 695	4 954	4 920	2 056	24 318	...	18
9 498	12 298	16 620	7 510	62 775	...	19
9 000	10 010	11 459	4 054	40 249	...	20
7 882	7 770	7 813	2 004	24 702	...	21
3 152	3 834	2 484	696	9 885	...	22
1 132	2 028	459	915	3 299	...	23
1 422	1 441	1 859	472	5 423	...	24
541	41 886	2 577	4 956	44 530	15 441	25
...	13	5	...	850	...	26
31	1 624	63	128	2 874	...	27
150	4 981	633	1 213	10 063	...	28
193	12 718	1 263	2 371	19 436	...	29
92	12 100	320	718	7 243	...	30
40	6 379	112	324	2 237	...	31
11	1 833	75	87	794	...	32
14	658	14	30	295	...	33
10	1 343	6	6	93	...	34
6 436	11 821	4 482	3 010	11 013	1 116	35
898	2 133	329	246	836	106	36
1 033	2 502	615	448	1 949	189	37
1 483	2 952	1 112	951	3 402	288	38
1 472	2 021	1 128	695	2 294	233	39
945	1 170	737	395	1 417	169	40
420	692	412	205	790	75	41
179	348	149	69	317	54	42
6	3	–	1	8	2	43
239	12 653	1 694	3 431	13 081	589	44
39	1 358	125	322	553	43	45
54	2 683	353	770	2 011	113	46
70	3 456	640	1 422	4 119	168	47
45	2 737	365	671	3 123	127	48
19	1 517	158	186	1 914	77	49
9	665	40	49	1 016	44	50
3	232	12	10	343	15	51
–	5	1	1	2	2	52

38. Economically active population by industry, sex, age and urban/rural residence: each census, 1974 – 1988 (continued)

(See notes at end of table.)

	Continent, country or area, date, sex, age(in years) and urban/rural residence Continent, pays ou zone, date, sexe, âge(en années) et résidence urbaine/rurale	Total economically active Population active totale	Industry: Agriculture, hunting, forestry and fishing Agriculture, chasse, sylviculture et péche 1	Mining and quarrying Industries extractives 2	Manufacturing Industries manufacturières 3	Electricity, gas and water Electricité, gaz et eau 4
	AMERICA,NORTH— (Cont.–Suite) AMERIQUE DU NORD					
	Barbados – Barbade					
	12 V 1980* [11 12 13 14]					
	Male – Masculin					
1	15 plus	63 396	6 141	253	6 602	1 117
2	15 – 19	7 770	672	13	873	45
3	20 – 24	11 759	920	56	1 483	157
4	25 – 34	17 360	1 228	60	1 798	321
5	35 – 44	9 203	802	48	848	225
6	45 – 54	7 648	827	38	664	222
7	55 – 64	6 165	1 037	27	638	134
8	65 plus	2 532	641	10	292	12
9	Unknown–Inconnu	959	14	1	6	1
	Female – Féminin					
10	15 plus	51 630	3 755	20	8 479	95
11	15 – 19	5 697	97	3	1 205	5
12	20 – 24	10 597	272	2	2 604	9
13	25 – 34	15 142	686	4	3 049	47
14	35 – 44	8 083	742	5	891	12
15	45 – 54	6 160	906	3	445	17
16	55 – 64	3 938	851	3	226	3
17	65 plus	1 259	195	–	57	2
18	Unknown–Inconnu	754	6	–	2	–
	Belize					
	12 V 1980 [11 12 13 14]					
	Male – Masculin					
19	15 plus	34 384	14 074	37	3 029	553
20	15 – 19	6 230	2 631	5	459	58
21	20 – 24	6 225	2 304	3	672	80
22	25 – 34	7 702	3 050	11	752	130
23	35 – 44	5 087	2 079	9	455	80
24	45 – 54	4 359	1 830	5	345	77
25	55 – 64	2 626	1 235	2	214	65
26	65 plus	1 858	915	2	125	61
27	Unknown–Inconnu	297	30	–	7	2
	Female – Féminin					
28	15 plus	9 360	768	1	1 111	67
29	15 – 19	2 109	213	–	284	11
30	20 – 24	2 137	134	–	307	21
31	25 – 34	2 191	139	–	254	18
32	35 – 44	1 159	84	–	121	8
33	45 – 54	851	83	1	79	5
34	55 – 64	454	63	–	29	1
35	65 plus	280	38	–	33	2
36	Unknown–Inconnu	179	14	–	4	1
	British Virgin Islands – Iles Vierges britanniques					
	12 V 1980 [11 12 13]					
	Male – Masculin					
37	15 plus	3 066	259	3	179	597
38	15 – 19	242	8	–	22	30
39	20 – 24	472	12	–	36	94
40	25 – 34	1 018	31	2	75	235
41	35 – 44	591	27	–	18	133
42	45 – 54	328	45	–	15	65
43	55 – 64	255	65	1	7	31
44	65 plus	159	71	–	6	9
45	Unknown–Inconnu	1	–	–	–	–
	Female – Féminin					
46	15 plus	1 922	6	–	73	11
47	15 – 19	162	–	–	4	–
48	20 – 24	402	1	–	15	1
49	25 – 34	703	–	–	22	6
50	35 – 44	371	1	–	19	3
51	45 – 54	169	1	–	11	1
52	55 – 64	82	1	–	–	–
53	65 plus	32	2	–	2	–
54	Unknown–Inconnu	1	–	–	–	–

38. Population active selon la branche d'activité économique, le sexe, l'âge et la résidence, urbaine/rurale: chaque recensement, 1974 – 1988 (suite)

(Voir notes à la fin du tableau.)

Branche d'activité économique: Construction Bâtiment et travaux publics 5	Wholesale and retail trade and restaurants and hotels Commerce de gros et de détail; restaurants et hôtels 6	Transport, storage and communication Transports, entrepôts et communications 7	Financing, insurance, real estate and business services Banques, assurances, affaires immobilières et services fournis aux enterprises 8	Community, social and personal services Services fournis à la collectivité, services sociaux et services personnels 9	Activities not adequately defined Activités mal désignées 0	
9 095	6 595	5 529	1 027	12 057	14 980	1
996	821	242	51	1 121	2 936	2
1 762	1 379	714	210	2 438	2 640	3
2 478	1 675	1 805	346	4 137	3 512	4
1 421	841	1 138	197	1 830	1 853	5
1 226	730	852	137	1 216	1 736	6
919	700	600	61	882	1 167	7
269	441	161	20	416	270	8
24	8	17	5	17	866	9
325	6 478	1 411	1 400	16 108	13 559	10
20	497	96	90	604	3 080	11
66	1 183	396	386	2 546	3 133	12
114	1 723	560	602	5 077	3 280	13
53	1 003	218	204	3 425	1 530	14
53	867	102	83	2 589	1 095	15
19	788	33	29	1 466	520	16
–	412	4	6	387	196	17
–	5	2	–	14	725	18
1 727	1 776	1 600	180	4 978	6 430	19
232	269	160	21	570	1 825	20
317	289	283	36	1 108	1 133	21
439	322	413	47	1 357	1 181	22
290	275	275	35	836	753	23
253	270	244	17	709	609	24
128	174	134	16	256	402	25
65	172	85	8	124	301	26
3	5	6	–	18	226	27
36	958	148	205	2 658	3 408	28
10	230	20	26	367	948	29
8	228	44	71	714	610	30
9	172	47	67	846	639	31
4	126	23	24	378	391	32
3	111	6	9	211	343	33
1	55	5	7	87	206	34
–	28	2	–	41	136	35
1	8	1	1	14	135	36
55	169	47	224	1 396	137	37
5	17	9	9	98	44	38
16	22	8	30	234	20	39
25	58	16	82	455	39	40
3	23	5	57	308	17	41
4	20	1	25	142	11	42
1	14	6	17	110	3	43
1	15	2	4	48	3	44
–	–	–	–	1	–	45
3	235	91	65	1 302	136	46
–	17	13	11	91	26	47
2	43	21	18	255	46	48
–	75	44	26	497	33	49
–	40	7	7	275	19	50
1	25	4	2	117	7	51
–	23	2	1	50	5	52
–	12	–	–	16	–	53
–	–	–	–	1	–	54

38. Economically active population by industry, sex, age and urban/rural residence: each census, 1974 – 1988 (continued)

(See notes at end of table.)

	Continent, country or area, date, sex, age(in years) and urban/rural residence Continent, pays ou zone, date, sexe, âge(en années) et résidence urbaine/rurale	Industry: Total economically active Population active totale	Agriculture, hunting, forestry and fishing Agriculture, chasse, sylviculture et péche 1	Mining and quarrying Industries extractives 2	Manufacturing Industries Industries manufacturières 3	Electricity, gas and water Electricité, gaz et eau 4
	AMERICA,NORTH— (Cont.–Suite) AMERIQUE DU NORD					
	Canada					
	3 VI 1986 [5,12,15,16]					
	Male – Masculin					
1	15 plus	7 316 990	494 565	122 915	1 523 045	92 765
2	15 – 19	457 880	42 740	1 605	53 290	835
3	20 – 24	990 275	58 850	10 690	201 870	6 645
4	25 – 34	2 087 000	113 375	41 445	470 735	28 340
5	35 – 44	1 698 805	88 810	34 920	364 250	27 190
6	45 – 54	1 147 185	75 880	22 470	246 630	18 490
7	55 – 64	782 110	73 165	11 245	172 440	10 875
8	65 plus	153 730	41 750	535	13 835	395
	Female – Féminin					
9	15 plus	5 466 515	163 130	23 085	630 920	23 365
10	15 – 19	405 385	13 060	535	26 265	540
11	20 – 24	882 155	17 925	4 175	98 220	3 635
12	25 – 34	1 633 795	38 425	10 225	197 695	9 860
13	35 – 44	1 279 810	36 000	4 715	154 765	5 410
14	45 – 54	775 700	30 480	2 445	100 870	2 595
15	55 – 64	425 610	20 995	905	49 415	1 255
16	65 plus	64 055	6 250	70	3 690	65
	Costa Rica					
	10 VI 1984 [1,2]					
	Male – Masculin					
17	12 plus	618 866	241 851	1 504	75 162	8 204
18	12 – 14	16 399	11 131	47	749	6
19	15 – 19	79 831	44 165	178	9 201	181
20	20 – 24	106 258	40 463	264	16 633	1 087
21	25 – 34	173 758	53 684	429	23 644	3 142
22	35 – 44	108 957	36 019	247	12 786	1 957
23	45 – 54	71 687	27 330	200	7 233	1 170
24	55 – 64	41 823	18 406	94	3 670	577
25	65 plus	20 153	10 653	45	1 246	84
	Female – Féminin					
26	12 plus	175 560	7 549	45	30 884	831
27	12 – 14	2 926	453	2	144	–
28	15 – 19	23 055	1 868	4	4 742	19
29	20 – 24	36 597	1 468	13	8 739	241
30	25 – 34	57 824	1 817	15	9 825	409
31	35 – 44	33 352	1 131	8	4 746	110
32	45 – 54	14 810	546	1	1 872	34
33	55 – 64	5 285	209	2	639	18
34	65 plus	1 711	57	–	177	–
	Dominica – Dominique					
	7 IV 1981 [11,12,13,14]					
	Male – Masculin					
35	15 plus	18 197	6 575	7	831	232
36	15 – 19	3 333	583	2	158	7
37	20 – 24	3 522	1 012	1	191	46
38	25 – 34	4 138	1 230	1	220	86
39	35 – 44	2 444	1 020	2	93	40
40	45 – 54	1 981	1 034	–	68	33
41	55 – 64	1 615	952	1	67	12
42	65 plus	1 041	710	–	32	5
43	Unknown–Inconnu	123	34	–	2	3
	Female – Féminin					
44	15 plus	9 759	1 579	1	667	30
45	15 – 19	1 762	55	–	51	–
46	20 – 24	2 032	115	–	118	8
47	25 – 34	2 188	241	–	164	9
48	35 – 44	1 365	340	1	137	6
49	45 – 54	1 132	382	–	90	–
50	55 – 64	795	272	–	74	6
51	65 plus	414	158	–	31	–
52	Unknown–Inconnu	71	16	–	2	1

38. Population active selon la branche d'activité économique, le sexe, l'âge et la résidence, urbaine/rurale: chaque recensement, 1974 – 1988 (suite)

(Voir notes à la fin du tableau.)

Branche d'activité économique						
Construction Bâtiment et travaux publics 5	Wholesale and retail trade and restaurants and hotels Commerce de gros et de détail; restaurants et hôtels 6	Transport, storage and communication Transports, entrepôts et communications 7	Financing, insurance, real estate and business services Banques, assurances, affaires immobilières et services fournis aux enterprises 8	Community, social and personal services Services fournis à la collectivité, services sociaux et services personnels 9	Activities not adequately defined Activités mal désignées 0	
693 790	1 369 095	585 910	613 635	1 591 095	230 180	1
33 310	199 505	11 710	14 860	72 990	27 040	2
107 565	258 560	54 980	66 240	184 505	40 385	3
210 280	367 765	178 780	190 650	431 095	54 535	4
155 485	247 290	153 560	159 610	429 365	38 330	5
114 315	163 790	110 830	94 155	272 265	28 355	6
66 090	110 275	70 915	67 500	172 150	27 465	7
6 745	21 910	5 135	20 620	28 730	14 070	8
80 400	1 381 065	200 015	677 305	2 105 570	181 650	9
3 835	218 285	4 780	22 205	94 470	21 410	10
11 685	283 765	27 920	120 020	283 960	30 840	11
24 385	332 865	73 685	253 930	649 950	42 765	12
20 935	247 635	50 265	157 265	569 530	33 280	13
12 855	180 930	28 360	78 490	315 920	22 755	14
5 970	103 655	13 915	39 160	171 080	19 255	15
725	13 925	1 095	6 235	20 655	11 340	16
41 412	60 841	18 527	15 839	91 921	63 605	17
355	838	30	11	458	2 774	18
5 067	6 402	668	507	4 836	8 626	19
7 539	10 808	2 629	2 515	13 138	11 182	20
12 583	17 548	6 699	6 088	32 529	17 412	21
7 468	11 579	4 466	3 518	20 878	10 039	22
5 140	7 397	2 679	1 986	12 292	6 260	23
2 625	4 396	1 152	927	5 997	3 979	24
635	1 873	204	287	1 793	3 333	25
348	26 714	1 948	4 428	84 172	18 641	26
3	167	–	3	1 299	855	27
35	3 313	92	257	9 716	3 009	28
104	6 267	519	1 407	13 106	4 733	29
122	8 282	784	1 843	29 113	5 614	30
46	4 845	333	612	19 240	2 281	31
30	2 457	151	230	8 391	1 098	32
6	1 049	56	58	2 700	548	33
2	334	13	18	607	503	34
2 556	591	835	108	1 515	4 947	35
436	57	57	12	81	1 940	36
519	113	154	28	319	1 139	37
680	163	299	41	522	896	38
402	86	155	15	258	373	39
263	62	101	4	184	232	40
180	65	45	5	97	191	41
63	43	19	3	43	123	42
13	2	5	–	11	53	43
209	1 130	113	157	1 638	4 235	44
16	105	5	17	107	1 406	45
37	207	35	57	397	1 058	46
62	295	26	46	565	780	47
50	152	18	25	261	375	48
34	145	11	3	181	286	49
9	137	13	8	92	184	50
1	85	4	1	26	108	51
–	4	1	–	9	38	52

Special topic

38. Economically active population by industry, sex, age and urban/rural residence: each census, 1974 – 1988 (continued)

(See notes at end of table.)

	Continent, country or area, date, sex, age(in years) and urban/rural residence Continent, pays ou zone, date, sexe, âge(en années) et résidence urbaine/rurale	Total economically active Population active totale	Industry Agriculture, hunting, forestry and fishing Agriculture, chasse, sylviculture et péche 1	Mining and quarrying Industries extractives 2	Manufacturing Industries manufacturières 3	Electricity, gas and water Electricité, gaz et eau 4
	AMERICA,NORTH— (Cont.–Suite) AMERIQUE DU NORD					
	Grenada – Grenade					
	30 IV 1981 [11] [12] [13] [14]					
	Male – Masculin					
1	15 plus	20 566	5 881	46	1 038	339
2	15 – 19	3 209	509	3	158	32
3	20 – 24	4 255	825	6	235	56
4	25 – 34	4 611	1 004	15	248	73
5	35 – 44	2 728	823	8	134	61
6	45 – 54	2 562	1 007	6	130	71
7	55 – 64	1 815	873	7	79	32
8	65 plus	1 379	839	1	54	14
9	Unknown–Inconnu	7	1	–	–	–
	Female – Féminin					
10	15 plus	13 041	2 078	29	523	31
11	15 – 19	1 940	84	8	46	1
12	20 – 24	3 113	189	10	102	9
13	25 – 34	2 931	315	5	120	10
14	35 – 44	1 903	440	4	108	4
15	45 – 54	1 638	540	2	90	2
16	55 – 64	979	307	–	38	2
17	65 plus	535	203	–	19	3
18	Unknown–Inconnu	2	–	–	–	–
	Jamaica – Jamaïque					
	8 VI 1982 [17]					
	Male – Masculin					
19	Total	227 144	13 294	5 191	48 555	3 897
20	– 15	104	8	–	36	–
21	15 – 19	13 335	647	83	4 425	111
22	20 – 24	38 786	1 326	602	10 344	497
23	25 – 34	69 560	2 316	1 594	15 346	1 272
24	35 – 44	45 335	2 521	1 418	8 709	954
25	45 – 54	31 948	2 936	981	5 338	639
26	55 – 64	19 580	2 270	463	3 244	350
27	65 plus	8 496	1 270	50	1 113	74
	Female – Féminin					
28	Total	174 349	2 493	554	15 353	636
29	– 15	24	–	–	2	–
30	15 – 19	7 261	46	5	623	21
31	20 – 24	28 617	139	83	2 620	153
32	25 – 34	57 815	359	237	5 501	229
33	35 – 44	36 835	512	124	3 539	127
34	45 – 54	25 447	786	77	1 917	69
35	55 – 64	13 154	492	24	846	33
36	65 plus	5 196	159	4	305	4
	Montserrat					
	12 V 1980 [11] [12] [13] [14]					
	Male – Masculin					
37	15 plus	2 988	348	8	231	71
38	15 – 19	465	13	1	50	8
39	20 – 24	485	21	–	52	15
40	25 – 34	795	45	4	55	34
41	35 – 44	419	41	3	29	6
42	45 – 54	310	59	–	15	4
43	55 – 64	271	71	–	20	3
44	65 plus	238	98	–	10	1
45	Unknown–Inconnu	5	–	–	–	–
	Female – Féminin					
46	15 plus	2 124	125	1	227	18
47	15 – 19	362	4	–	43	2
48	20 – 24	404	12	–	59	6
49	25 – 34	594	13	–	74	6
50	35 – 44	320	18	–	34	3
51	45 – 54	212	20	–	9	–
52	55 – 64	143	30	–	4	–
53	65 plus	89	28	1	4	1

38. Population active selon la branche d'activité économique, le sexe, l'âge et la résidence, urbaine/rurale: chaque recensement, 1974 – 1988 (suite)

(Voir notes à la fin du tableau.)

Branche d'activité économique						
Construction Bâtiment et travaux publics 5	Wholesale and retail trade and restaurants and hotels Commerce de gros et de détail; restaurants et hôtels 6	Transport, storage and communication Transports, entrepôts et communications 7	Financing, insurance, real estate and business services Banques, assurances, affaires immobilières et services fournis aux enterprises 8	Community, social and personal services Services fournis à la collectivité, services sociaux et services personnels 9	Activities not adequately defined Activités mal désignées 0	
2 430	1 624	1 520	154	1 920	5 614	1
278	167	111	10	100	1 841	2
451	326	279	56	467	1 554	3
628	402	492	47	600	1 102	4
421	207	323	22	294	435	5
364	196	205	11	243	329	6
186	203	78	3	140	214	7
102	123	32	4	75	135	8
–	–	–	1	1	4	9
412	2 264	164	213	2 320	5 007	10
29	152	6	19	125	1 470	11
55	448	50	95	677	1 478	12
82	492	53	61	785	1 008	13
84	405	24	12	350	472	14
84	371	18	13	211	307	15
51	248	11	11	123	188	16
27	148	2	2	48	83	17
–	–	–	–	1	1	18
26 831	25 489	16 958	6 172	67 132	13 625	19
12	12	5	–	25	6	20
1 529	1 755	585	243	3 146	811	21
3 987	4 865	2 401	1 154	11 214	2 396	22
7 967	7 477	5 899	2 309	21 170	4 210	23
6 330	4 584	4 140	1 226	12 700	2 753	24
4 195	3 276	2 383	692	9 636	1 872	25
2 030	2 110	1 239	360	6 430	1 084	26
781	1 410	306	188	2 811	493	27
723	38 050	5 365	8 161	94 816	8 198	28
–	3	–	–	19	–	29
24	1 240	149	378	4 408	367	30
188	5 210	878	2 157	15 347	1 842	31
245	10 362	2 090	3 503	32 289	3 000	32
141	8 142	1 202	1 209	20 262	1 577	33
72	6 684	719	566	13 702	855	34
35	4 206	274	248	6 579	417	35
18	2 203	53	100	2 210	140	36
667	171	183	28	662	619	37
123	26	8	4	55	177	38
129	25	20	7	99	117	39
212	27	67	7	198	146	40
98	28	35	7	114	58	41
48	20	23	1	86	54	42
36	26	20	2	60	33	43
19	19	10	–	49	32	44
2	–	–	–	1	2	45
12	242	49	60	514	876	46
2	52	4	9	51	195	47
3	39	12	21	97	155	48
–	62	19	20	165	235	49
2	34	8	3	86	132	50
4	16	3	4	68	88	51
1	20	2	2	31	53	52
–	19	1	1	16	18	53

38. Economically active population by industry, sex, age and urban/rural residence: each census, 1974 – 1988 (continued)

(See notes at end of table.)

	Continent, country or area, date, sex, age(in years) and urban/rural residence Continent, pays ou zone, date, sexe, âge(en années) et résidence urbaine/rurale	Total economically active Population active totale	Industry: Agriculture, hunting, forestry and fishing Agriculture, chasse, sylviculture et pêche 1	Mining and quarrying Industries extractives 2	Manufacturing Industries Industries manufacturières 3	Electricity, gas and water Electricité, gaz et eau 4
	AMERICA,NORTH— (Cont.–Suite) AMERIQUE DU NORD					
	Puerto Rico – Porto Rico					
	1 IV 1980 [1,3,18,19]					
	Male – Masculin					
1	16 plus	465 326	24 510	819	82 147	...
2	16 – 19	12 505	1 024	9	1 899	...
3	20 – 24	55 519	3 040	66	11 163	...
4	25 – 34	145 184	5 953	260	29 082	...
5	35 – 44	116 348	4 891	208	21 542	...
6	45 – 54	77 916	3 858	158	12 056	...
7	55 – 64	44 439	3 614	99	5 371	...
8	65 plus	13 415	2 130	19	1 034	...
	Female – Féminin					
9	16 plus	268 596	1 046	64	62 789	...
10	16 – 19	7 755	43	–	1 602	...
11	20 – 24	40 453	153	14	10 127	...
12	25 – 34	97 799	296	22	23 879	...
13	35 – 44	66 470	201	21	17 644	...
14	45 – 54	38 599	161	7	7 265	...
15	55 – 64	14 561	136	–	1 990	...
16	65 plus	2 959	56	–	282	...
	Saint Kitts and Nevis – Saint–Kitts–et–Nevis					
	12 V 1980 [11,12,13,14]					
	Male – Masculin					
17	15 plus	10 084	3 120	2	1 384	1 111
18	15 – 19	1 572	405	–	229	163
19	20 – 24	2 170	548	–	381	281
20	25 – 34	2 179	459	–	325	325
21	35 – 44	1 055	330	–	112	129
22	45 – 54	1 103	480	–	107	99
23	55 – 64	1 183	530	2	150	69
24	65 plus	780	352	–	76	43
25	Unknown–Inconnu	42	16	–	4	2
	Female – Féminin					
26	15 plus	7 008	1 340	–	1 293	23
27	15 – 19	1 182	77	–	396	2
28	20 – 24	1 849	219	–	484	4
29	25 – 34	1 618	261	–	269	5
30	35 – 44	787	226	–	54	1
31	45 – 54	717	248	–	43	7
32	55 – 64	549	202	–	32	2
33	65 plus	282	101	–	14	2
34	Unknown–Inconnu	24	6	–	1	–
	Saint Lucia – Sainte–Lucie					
	12 V 1980 [11,12,13,14]					
	Male – Masculin					
35	15 plus	25 689	8 078	193	1 604	328
36	15 – 19	5 194	706	12	347	17
37	20 – 24	4 519	919	31	384	76
38	25 – 34	5 716	1 585	77	435	100
39	35 – 44	3 647	1 517	35	198	56
40	45 – 54	2 891	1 379	25	99	39
41	55 – 64	2 286	1 202	9	87	29
42	65 plus	1 327	745	2	52	10
43	Unknown–Inconnu	109	25	2	2	1
	Female – Féminin					
44	15 plus	16 463	2 664	17	1 502	43
45	15 – 19	3 790	179	3	315	3
46	20 – 24	3 489	275	9	381	7
47	25 – 34	3 856	538	3	369	13
48	35 – 44	2 145	589	1	195	7
49	45 – 54	1 615	535	1	149	6
50	55 – 64	986	375	–	61	5
51	65 plus	513	169	–	30	2
52	Unknown–Inconnu	69	4	–	2	–

38. Population active selon la branche d'activité économique, le sexe, l'âge et la résidence, urbaine/rurale: chaque recensement, 1974 – 1988 (suite)

(Voir notes à la fin du tableau.)

Branche d'activité économique						
Construction Bâtiment et travaux publics 5	Wholesale and retail trade and restaurants and hotels Commerce de gros et de détail; restaurants et hôtels 6	Transport, storage and communication Transports, entrepôts et communications 7	Financing, insurance, real estate and business services Banques, assurances, affaires immobilières et services fournis aux enterprises 8	Community, social and personal services Services fournis à la collectivité, services sociaux et services personnels 9	Activities not adequately defined Activités mal désignées 0	
51 388	96 746	45 466	39 793	124 457	–	1
1 428	3 603	587	1 049	2 906	–	2
6 192	12 330	3 218	5 255	14 255	–	3
16 530	26 496	13 552	13 425	39 886	–	4
13 713	23 721	12 524	9 762	29 987	–	5
7 960	16 315	9 443	6 131	21 995	–	6
4 582	10 406	4 964	3 331	12 072	–	7
983	3 875	1 178	840	3 356	–	8
2 749	34 898	7 937	15 061	144 052	–	9
80	2 289	77	340	3 324	–	10
432	6 230	1 027	3 248	19 222	–	11
1 082	9 913	3 184	6 517	52 906	–	12
728	8 170	1 852	3 094	34 760	–	13
286	5 278	1 287	1 287	23 028	–	14
100	2 442	459	486	8 948	–	15
41	576	51	89	1 864	–	16
381	498	124	742	1 590	1 132	17
38	48	7	47	160	475	18
88	78	30	92	409	263	19
110	110	39	184	456	171	20
49	55	22	96	198	64	21
32	54	7	121	150	53	22
32	85	10	122	125	58	23
31	67	9	79	87	36	24
1	1	–	1	5	12	25
40	755	148	64	2 284	1 061	26
1	56	11	3	183	453	27
9	155	44	26	592	316	28
7	169	66	18	672	151	29
7	80	19	6	342	52	30
5	124	6	4	244	36	31
7	104	1	4	173	24	32
4	67	1	2	74	17	33
–	–	–	1	4	12	34
2 569	1 051	1 280	194	2 307	8 085	35
425	173	90	16	216	3 192	36
508	173	212	51	456	1 709	37
716	223	404	61	667	1 448	38
360	155	295	28	357	646	39
294	113	163	16	304	459	40
182	118	89	11	207	352	41
81	91	26	10	93	217	42
3	5	1	1	7	62	43
75	1 707	180	271	2 227	7 777	44
14	199	13	37	251	2 776	45
12	279	43	88	588	1 807	46
18	421	75	108	671	1 640	47
18	266	25	29	305	710	48
6	236	14	6	226	436	49
6	177	6	–	125	231	50
1	123	2	1	53	132	51
–	6	2	2	8	45	52

38. Economically active population by industry, sex, age and urban/rural residence: each census, 1974 – 1988 (continued)

(See notes at end of table.)

	Continent, country or area, date, sex, age(in years) and urban/rural residence Continent, pays ou zone, date, sexe, âge(en années) et résidence urbaine/rurale	Total economically active Population active totale	Industry: Agriculture, hunting, forestry and fishing Agriculture, chasse, sylviculture et péche 1	Mining and quarrying Industries extractives 2	Manufacturing Industries manufacturières 3	Electricity, gas and water Electricité, gaz et eau 4
	AMERICA,NORTH— (Cont.–Suite) AMERIQUE DU NORD					
	St. Vincent and the Grenadines – Saint–Vincent–et–Grenadines					
	12 V 1980 [11,12,13,14]					
	Male – Masculin					
1	15 plus	22 193	6 499	105	1 028	349
2	15 – 19	4 683	851	9	158	18
3	20 – 24	4 430	986	14	258	71
4	25 – 34	4 748	1 168	15	291	117
5	35 – 44	2 840	937	23	117	71
6	45 – 54	2 393	1 019	21	82	36
7	55 – 64	1 824	868	17	71	26
8	65 plus	1 239	662	6	49	9
9	Unknown–Inconnu	36	8	–	2	1
	Female – Féminin					
10	15 plus	12 546	2 429	3	753	53
11	15 – 19	2 515	107	1	133	2
12	20 – 24	2 765	225	1	185	15
13	25 – 34	2 790	466	–	187	12
14	35 – 44	1 698	511	–	112	7
15	45 – 54	1 463	544	–	72	8
16	55 – 64	896	409	1	51	3
17	65 plus	404	165	–	10	6
18	Unknown–Inconnu	15	2	–	3	–
	United States Virgin Islands – Iles Vierges américaines					
	1 IV 1980 [1,3,18,19]					
	Total					
19	16 plus	35 652	451	36	3 140	...
20	16 – 19	1 479	21	–	81	...
21	20 – 24	3 753	41	3	350	...
22	25 – 34	10 969	112	12	1 037	...
23	35 – 44	9 843	98	14	971	...
24	45 – 54	5 682	87	7	442	...
25	55 – 64	3 167	60	–	230	...
26	65 plus	759	32	–	29	...
	AMERICA,SOUTH— AMERIQUE DU SUD					
	Chile – Chili					
	21 IV 1982					
	Male – Masculin					
27	15 plus	2 720 822	624 802	76 179	385 377	22 849
28	15 – 19	234 363	84 160	1 630	18 425	478
29	20 – 24	454 990	101 016	7 592	63 673	2 688
30	25 – 34	787 210	143 150	25 668	124 940	7 261
31	35 – 44	576 849	113 175	21 437	89 055	6 373
32	45 – 54	388 942	90 678	13 849	56 257	4 338
33	55 – 64	205 057	64 534	4 868	26 261	1 464
34	65 plus	73 411	28 089	1 135	6 766	247
	Female – Féminin					
35	15 plus	959 455	20 681	2 249	102 963	1 888
36	15 – 19	91 352	3 713	65	4 857	43
37	20 – 24	198 375	3 484	304	18 183	336
38	25 – 34	298 254	4 607	1 026	31 973	825
39	35 – 44	191 554	3 448	542	23 938	433
40	45 – 54	117 006	2 642	226	15 786	192
41	55 – 64	46 136	1 768	76	6 116	48
42	65 plus	16 778	1 019	10	2 110	11

38. Population active selon la branche d'activité économique, le sexe, l'âge et la résidence, urbaine/rurale: chaque recensement, 1974 – 1988 (suite)

(Voir notes à la fin du tableau.)

Branche d'activité économique						
Construction Bâtiment et travaux publics 5	Wholesale and retail trade and restaurants and hotels Commerce de gros et de détail; restaurants et hôtels 6	Transport, storage and communication Transports, entrepôts et communications 7	Financing, insurance, real estate and business services Banques, assurances, affaires immobilières et services fournis aux enterprises 8	Community, social and personal services Services fournis à la collectivité, services sociaux et services personnels 9	Activities not adequately defined Activités mal désignées 0	
3 097	1 267	1 749	159	3 386	4 554	1
464	143	124	14	439	2 463	2
641	227	316	50	803	1 064	3
822	299	563	44	947	482	4
451	168	399	24	465	184	5
336	162	224	13	369	131	6
239	174	94	10	219	106	7
140	93	26	4	140	110	8
4	1	3	–	4	13	9
452	1 299	133	192	2 653	3 023	10
40	79	4	12	488	1 649	11
79	228	35	70	1 138	789	12
89	335	53	78	1 296	274	13
87	238	18	22	578	125	14
73	227	19	8	446	66	15
53	134	3	2	185	55	16
31	58	–	–	59	61	17
–	–	1	–	5	4	18
3 676	6 697	3 437	3 147	15 068	–	19
101	615	106	133	422	–	20
330	838	332	371	1 488	–	21
1 014	2 058	1 053	950	4 733	–	22
1 170	1 685	1 000	864	4 041	–	23
656	881	555	434	2 620	–	24
347	472	330	305	1 423	–	25
58	148	61	90	341	–	26
227 834	349 574	192 064	73 070	495 633	273 440	27
10 957	23 519	5 971	1 109	35 346	52 768	28
36 966	60 274	24 799	11 552	78 251	68 179	29
65 803	104 332	62 818	28 749	159 490	64 999	30
53 740	71 956	52 582	17 284	110 296	40 951	31
37 586	49 966	31 995	8 670	68 747	26 856	32
18 764	27 555	11 142	3 910	32 125	14 434	33
4 018	11 972	2 757	1 796	11 378	5 253	34
4 089	160 543	15 578	31 955	517 308	102 201	35
208	7 359	453	825	53 396	20 433	36
1 099	31 441	3 254	8 512	98 599	33 163	37
1 640	45 208	6 306	13 403	168 352	24 914	38
674	34 435	3 556	6 004	106 846	11 678	39
336	25 749	1 486	2 233	61 569	6 787	40
95	11 811	430	739	21 771	3 282	41
37	4 540	93	239	6 775	1 944	42

38. Economically active population by industry, sex, age and urban/rural residence: each census, 1974 – 1988 (continued)

(See notes at end of table.)

	Continent, country or area, date, sex, age(in years) and urban/rural residence Continent, pays ou zone, date, sexe, âge(en années) et résidence urbaine/rurale	Total economically active Population active totale	Industry: Agriculture, hunting, forestry and fishing Agriculture, chasse, sylviculture et pêche 1	Mining and quarrying Industries extractives 2	Manufacturing Industries Industries manufacturières 3	Electricity, gas and water Electricité, gaz et eau 4
	AMERICA,SOUTH— (Cont.–Suite) AMERIQUE DU SUD					
	Ecuador – Equateur					
	28 XI 1982 [3,20,21]					
	Male – Masculin					
1	12 plus	1 799 015	727 880	6 912	214 063	11 946
2	12 – 14	40 162	24 318	92	3 128	21
3	15 – 19	189 445	87 271	501	20 984	334
4	20 – 24	266 392	92 571	940	39 890	1 677
5	25 – 34	484 879	150 014	2 226	66 592	4 465
6	35 – 44	341 319	131 951	1 581	39 013	2 816
7	45 – 54	234 783	105 829	961	23 695	1 684
8	55 – 64	142 067	73 592	430	13 020	742
9	65 plus	99 968	62 334	181	7 741	207
	Female – Féminin					
10	12 plus	463 945	59 092	494	72 467	1 237
11	12 – 14	16 083	3 722	13	1 133	2
12	15 – 19	58 260	9 160	32	9 080	40
13	20 – 24	84 669	16 968	116	15 593	332
14	25 – 34	138 819	10 520	180	22 792	574
15	35 – 44	79 692	10 112	82	12 387	182
16	45 – 54	47 383	8 464	36	6 486	69
17	55 – 64	23 860	5 650	25	3 028	29
18	65 plus	15 179	4 496	10	1 968	9
	Guyana					
	12 V 1980 [11,12,13,14]					
	Male – Masculin					
19	15 plus	185 638	45 325	8 805	23 486	2 600
20	15 – 19	31 140	4 734	572	2 612	133
21	20 – 24	35 550	7 807	1 654	4 784	453
22	25 – 34	48 888	11 872	2 503	6 816	856
23	35 – 44	29 597	8 584	1 685	4 100	567
24	45 – 54	22 895	7 053	1 362	3 135	409
25	55 – 64	12 014	3 743	796	1 592	151
26	65 plus	4 583	1 456	190	376	21
27	Unknown–Inconnu	971	76	43	71	10
	Female – Féminin					
28	15 plus	61 033	4 991	864	5 494	250
29	15 – 19	10 412	290	64	505	13
30	20 – 24	14 413	360	271	1 329	66
31	25 – 34	16 424	852	327	1 897	94
32	35 – 44	8 589	1 296	141	919	44
33	45 – 54	6 443	1 381	48	558	26
34	55 – 64	2 966	641	10	232	6
35	65 plus	1 337	165	1	40	1
36	Unknown–Inconnu	449	6	2	14	–
	Paraguay					
	11 VII 1982					
	Male – Masculin					
37	12 plus	834 308	422 850	1 389	80 817	2 328
38	12 – 14	37 896	27 300	26	1 851	9
39	15 – 19	124 841	62 631	157	9 195	90
40	20 – 24	134 127	65 133	238	14 999	414
41	25 – 34	206 968	93 807	384	23 234	830
42	35 – 44	139 891	67 657	288	14 376	484
43	45 – 54	96 813	50 997	180	9 498	296
44	55 – 64	61 906	34 205	84	5 332	159
45	65 plus	31 866	21 120	32	2 332	46
	Female – Féminin					
46	12 plus	204 950	22 668	17	43 841	277
47	12 – 14	7 342	2 494	–	555	–
48	15 – 19	33 361	4 948	–	5 547	14
49	20 – 24	40 155	3 155	4	8 631	63
50	25 – 34	55 269	3 896	5	12 908	104
51	35 – 44	33 871	3 098	2	8 022	56
52	45 – 54	19 919	2 585	4	4 561	32
53	55 – 64	10 127	1 579	1	2 434	6
54	65 plus	4 906	913	1	1 183	2

38. Population active selon la branche d'activité économique, le sexe, l'âge et la résidence, urbaine/rurale: chaque recensement, 1974 – 1988 (suite)

(Voir notes à la fin du tableau.)

Branche d'activité économique						
Construction Bâtiment et travaux publics 5	Wholesale and retail trade and restaurants and hotels Commerce de gros et de détail; restaurants et hôtels 6	Transport, storage and communication Transports, entrepôts et communications 7	Financing, insurance, real estate and business services Banques, assurances, affaires immobilières et services fournis aux enterprises 8	Community, social and personal services Services fournis à la collectivité, services sociaux et services personnels 9	Activities not adequately defined Activités mal désignées 0	
154 683	185 127	96 345	29 865	343 627	28 567	1
2 274	2 367	335	64	7 181	382	2
18 285	13 334	3 403	933	41 957	2 443	3
29 676	25 191	14 064	4 547	52 490	5 346	4
47 452	50 697	34 548	11 739	108 000	9 146	5
28 573	38 151	24 452	6 329	63 186	5 267	6
16 857	28 037	13 557	3 477	37 527	3 159	7
8 313	16 869	4 670	1 893	20 777	1 761	8
3 253	10 481	1 316	883	12 509	1 063	9
3 326	86 787	4 976	14 251	211 288	10 027	10
80	676	11	19	10 293	134	11
444	5 926	188	974	31 411	1 005	12
879	14 238	1 159	4 861	37 600	2 923	13
1 177	24 970	2 004	6 014	67 050	3 538	14
413	18 335	888	1 590	34 377	1 326	15
206	12 567	488	527	17 922	618	16
79	6 455	201	199	7 906	288	17
48	3 620	37	67	4 729	195	18
6 649	9 892	8 277	1 560	27 612	51 432	19
659	985	416	125	2 133	18 771	20
1 226	1 789	1 276	381	5 218	10 962	21
1 919	2 757	2 627	555	9 634	9 349	22
1 221	1 721	1 919	259	4 881	4 660	23
952	1 377	1 358	139	3 573	3 537	24
490	787	545	55	1 611	2 244	25
168	448	100	40	440	1 344	26
14	28	36	6	122	565	27
375	5 339	1 135	1 384	16 503	24 698	28
37	323	76	114	1 033	7 957	29
112	830	307	548	4 542	6 048	30
151	1 426	440	504	6 247	4 486	31
55	1 095	190	128	2 375	2 346	32
16	949	85	67	1 558	1 755	33
4	510	28	12	550	973	34
–	200	6	4	151	769	35
–	6	3	7	47	364	36
69 510	52 492	28 201	13 598	92 316	70 807	37
549	1 473	165	104	1 372	5 047	38
6 565	4 553	1 862	807	26 996	11 985	39
13 932	6 843	5 235	2 021	13 082	12 230	40
22 800	13 705	10 081	4 783	21 335	16 009	41
13 498	10 940	5 804	2 881	14 392	9 571	42
7 304	7 597	3 198	1 700	8 634	7 409	43
3 734	4 757	1 357	857	4 343	7 078	44
1 128	2 624	499	445	2 162	1 478	45
390	33 464	2 323	4 421	81 912	15 637	46
15	307	5	13	3 459	494	47
54	2 680	185	259	17 014	2 660	48
95	5 413	591	1 180	17 287	3 736	49
103	9 189	881	1 926	22 023	4 234	50
53	6 972	365	689	12 533	2 081	51
31	4 957	217	241	6 039	1 252	52
21	2 644	59	87	2 595	701	53
18	1 302	20	26	962	479	54

38. Economically active population by industry, sex, age and urban/rural residence: each census, 1974 – 1988 (continued)

(See notes at end of table.)

	Continent, country or area, date, sex, age(in years) and urban/rural residence Continent, pays ou zone, date, sexe, âge(en années) et résidence urbaine/rurale	Total economically active Population active totale	Industry Agriculture, hunting, forestry and fishing Agriculture, chasse, sylviculture et péche 1	Mining and quarrying Industries extractives 2	Manufacturing Industries Industries manufacturières 3	Electricity, gas and water Electricité, gaz et eau 4
	AMERICA,SOUTH— (Cont.–Suite) AMERIQUE DU SUD					
	Peru – Pérou					
	12 VII 1981 [22] [23]					
	Male – Masculin					
1	6 plus	3 978 410	1 642 287	91 820	422 226	16 145
2	6 – 14	66 264	45 471	288	1 860	22
3	15 – 19	340 663	167 370	3 861	21 812	319
4	20 – 24	597 689	217 997	14 014	67 394	2 035
5	25 – 34	1 065 413	348 972	31 837	133 900	5 688
6	35 – 44	790 363	301 927	22 261	88 871	3 950
7	45 – 54	573 865	251 787	13 110	61 276	2 586
8	55 – 64	337 660	173 923	5 340	32 367	1 249
9	65 plus	206 493	134 840	1 109	14 746	296
	Female – Féminin					
10	6 plus	1 335 481	291 909	5 195	138 171	1 641
11	6 – 14	57 967	24 717	35	2 107	–
12	15 – 19	168 287	40 729	265	12 207	29
13	20 – 24	237 564	34 535	1 140	25 535	394
14	25 – 34	360 425	51 521	2 382	42 235	838
15	35 – 44	230 108	48 938	809	26 341	241
16	45 – 54	152 012	42 495	365	16 707	102
17	55 – 64	84 960	27 945	162	8 430	33
18	65 plus	44 158	21 029	37	4 609	4
	Uruguay					
	23 X 1985 [5] [25]					
	Male – Masculin					
19	12 plus	785 944	155 801	1 711	142 134	14 632
20	12 – 13	2 666	1 068	3	225	–
21	14 – 19	64 541	18 260	123	11 061	166
22	20 – 24	99 229	17 716	195	19 759	1 682
23	25 – 34	193 288	31 141	381	37 784	4 076
24	35 – 44	163 417	29 343	373	29 690	3 115
25	45 – 54	145 458	28 757	360	25 372	3 337
26	55 – 64	94 871	22 260	229	15 612	2 017
27	65 plus	22 474	7 256	47	2 631	239
	Female – Féminin					
28	12 plus	390 864	14 382	60	72 811	2 745
29	12 – 13	811	132	–	41	–
30	14 – 19	27 627	1 373	2	4 307	28
31	20 – 24	54 926	1 526	12	11 156	465
32	25 – 34	109 562	3 272	16	20 657	1 246
33	35 – 44	90 223	3 143	18	17 047	524
34	45 – 54	70 105	2 892	10	13 348	374
35	55 – 64	30 736	1 528	2	5 266	90
36	65 plus	6 874	516	–	989	18
	Venezuela					
	20 X 1981 [2] [26] [27]					
	Male – Masculin					
37	12 plus	3 313 642	515 484	49 231	493 542	45 015
38	12 – 14	40 487	16 101	72	3 214	63
39	15 – 19	352 814	71 399	1 390	56 186	2 210
40	20 – 24	547 774	71 629	6 535	95 257	7 339
41	25 – 34	1 002 636	110 505	17 398	173 309	16 365
42	35 – 44	623 351	84 535	9 766	88 772	10 156
43	45 – 54	431 929	75 677	9 525	49 048	6 035
44	55 – 64	223 484	53 002	4 174	21 157	2 406
45	65 plus	91 167	32 636	371	6 599	441
	Female – Féminin					
46	12 plus	1 233 803	19 101	5 533	145 488	8 085
47	12 – 14	12 976	829	9	631	9
48	15 – 19	127 365	2 504	214	17 473	438
49	20 – 24	237 924	2 614	1 055	31 999	1 745
50	25 – 34	430 887	4 156	2 551	51 794	3 638
51	35 – 44	245 929	3 255	1 101	25 387	1 583
52	45 – 54	123 069	3 118	526	12 413	539
53	55 – 64	42 363	1 795	69	4 446	113
54	65 plus	13 290	830	8	1 345	20

38. Population active selon la branche d'activité économique, le sexe, l'âge et la résidence, urbaine/rurale: chaque recensement, 1974 – 1988 (suite)

ir notes à la fin du tableau.)

Branche d'activité économique

Construction Bâtiment et travaux publics 5	Wholesale and retail trade and restaurants and hotels Commerce de gros et de détail; restaurants et hôtels 6	Transport, storage and communication Transports, entrepôts et communications 7	Financing, insurance, real estate and business services Banques, assurances, affaires immobilières et services fournis aux enterprises 8	Community, social and personal services Services fournis à la collectivité, services sociaux et services personnels 9	Activities not adequately defined Activités mal désignées 0	
194 129	415 066	196 275	92 162	663 368	244 932	1
626	2 985	457	133	5 129	9 293	2
9 180	23 314	5 796	1 907	62 005	45 099	3
28 344	64 997	25 190	13 561	94 860	69 297	4
57 515	130 622	59 415	33 653	210 330	53 481	5
45 165	86 292	49 781	19 828	146 117	26 171	6
31 899	57 856	35 258	13 637	87 845	18 611	7
15 784	31 523	15 889	6 730	40 642	14 213	8
5 616	17 477	4 489	2 713	16 440	8 767	9
3 739	221 580	14 218	29 605	424 233	205 190	10
31	1 155	29	28	14 718	15 147	11
221	11 681	659	1 069	64 954	36 473	12
1 062	33 500	3 170	7 950	79 937	50 341	13
1 581	65 036	5 565	13 058	133 811	44 398	14
459	51 348	2 626	4 391	73 384	21 571	15
239	35 136	1 470	2 078	36 806	16 614	16
106	16 334	573	817	15 178	15 382	17
40	7 390	126	214	5 445	5 264	18
63 509	92 734	51 425	28 324	169 749	65 925	19
47	404	70	6	152	691	20
3 150	9 674	1 279	720	6 572	13 536	21
6 452	11 575	5 669	3 469	22 036	10 676	22
14 882	20 159	13 846	7 163	50 509	13 347	23
13 873	19 308	11 675	6 225	39 265	10 550	24
13 814	17 106	11 147	6 511	29 934	9 120	25
9 382	11 669	6 856	3 416	17 196	6 234	26
1 909	2 839	883	814	4 085	1 771	27
876	46 508	7 864	14 364	199 511	31 743	28
2	54	–	1	376	205	29
29	2 669	137	434	13 543	5 105	30
137	7 273	1 258	3 126	23 315	6 658	31
335	12 173	3 154	5 524	55 080	8 105	32
189	10 663	1 689	2 810	48 801	5 339	33
126	8 905	1 145	1 704	37 573	4 028	34
54	4 024	416	662	16 923	1 771	35
4	747	65	103	3 900	532	36
378 216	523 668	244 965	120 540	577 788	365 193	37
1 801	6 630	458	178	3 688	8 282	38
33 054	62 678	9 559	8 731	57 376	50 231	39
66 154	84 351	31 134	23 890	98 801	62 684	40
125 248	151 189	84 140	42 788	185 212	96 482	41
74 946	93 451	58 611	23 101	116 595	63 418	42
48 754	67 554	40 883	12 987	71 096	50 370	43
22 288	38 955	16 826	6 524	33 562	24 590	44
5 971	18 860	3 354	2 341	11 458	9 136	45
21 587	208 780	31 522	73 978	612 704	107 025	46
50	1 156	34	85	8 498	1 675	47
1 612	25 709	1 963	7 512	56 657	13 283	48
4 909	43 620	6 932	22 144	102 391	20 515	49
9 322	66 360	12 563	30 371	215 679	34 453	50
3 594	37 362	6 581	9 289	137 383	20 394	51
1 532	22 631	2 776	3 382	66 298	9 854	52
480	9 001	563	939	20 536	4 421	53
88	2 941	110	256	5 262	2 430	54

38. Economically active population by industry, sex, age and urban/rural residence: each census, 1974 – 1988 (continued)

(See notes at end of table.)

	Continent, country or area, date, sex, age(in years) and urban/rural residence Continent, pays ou zone, date, sexe, âge(en années) et résidence urbaine/rurale	Total economically active Population active totale	Industry Agriculture, hunting, forestry and fishing Agriculture, chasse, sylviculture et péche 1	Mining and quarrying Industries extractives 2	Manufacturing Industries manufacturières 3	Electricity, gas and water Electricité, gaz et eau 4
	ASIA—ASIE					
	Hong Kong – Hong-kong					
	11 III 1986* [28]					
	Male – Masculin					
1	15 plus	1 716 411	31 090	798	530 536	16 163
2	15 – 19	89 068	3 015	14	35 035	812
3	20 – 24	251 714	3 220	84	86 126	2 240
4	25 – 34	552 532	6 205	259	168 685	5 838
5	35 – 44	340 086	4 460	217	101 224	3 885
6	45 – 54	266 605	5 629	105	81 436	1 988
7	55 – 64	165 355	5 809	98	44 282	1 309
8	65 plus	51 051	2 752	21	13 748	91
	Female – Féminin					
9	15 plus	1 037 437	17 658	84	454 981	1 890
10	15 – 19	72 817	1 715	–	32 017	49
11	20 – 24	231 242	1 931	21	95 289	602
12	25 – 34	344 431	3 304	35	153 880	805
13	35 – 44	173 397	2 643	21	82 634	210
14	45 – 54	118 701	3 686	7	51 541	140
15	55 – 64	68 087	3 029	–	27 650	77
16	65 plus	28 762	1 350	–	11 970	7
	Iraq					
	17 X 1977					
	Male – Masculin					
17	7 plus	2 589 561	591 066	34 716	235 777	22 241
18	7 – 14	93 161	25 397	544	12 068	99
19	15 – 19	194 703	22 373	931	23 850	442
20	20 – 24	511 615	44 477	4 741	31 125	2 962
21	25 – 34	718 783	108 685	13 544	73 360	7 987
22	35 – 44	426 308	93 318	7 382	44 061	6 210
23	45 – 54	331 914	124 311	5 459	30 328	3 357
24	55 – 64	185 249	94 044	1 729	14 175	1 009
25	65 plus	124 670	78 032	348	6 485	150
26	Unknown–Inconnu	3 158	429	38	325	25
	Female – Féminin					
27	7 plus	544 378	352 824	2 119	48 618	949
28	7 – 14	72 157	65 737	133	3 384	4
29	15 – 19	56 706	41 902	157	7 756	70
30	20 – 24	79 420	39 315	572	10 564	409
31	25 – 34	133 333	61 681	803	12 742	350
32	35 – 44	82 587	50 194	280	6 678	91
33	45 – 54	68 681	52 182	117	4 580	21
34	55 – 64	34 277	28 125	48	1 901	2
35	65 plus	16 522	13 379	9	927	1
36	Unknown–Inconnu	695	309	–	86	1
	Israel – Israël [30]					
	4 VI 1983 [1 31]					
	Male – Masculin					
37	15 plus	886 075	46 500	...	...	11 540
38	15 – 17	16 725	2 430	...	...	65
39	18 – 24	100 850	6 630	...	...	840
40	25 – 34	261 390	13 470	...	...	3 400
41	35 – 44	191 235	8 530	...	...	2 760
42	45 – 54	147 100	6 690	...	...	2 295
43	55 – 64	114 145	5 455	...	...	1 950
44	65 plus	54 630	3 295	...	...	230
	Female – Féminin					
45	15 plus	556 495	14 695	...	...	1 945
46	15 – 17	8 510	690	...	...	30
47	18 – 24	94 490	2 425	...	...	265
48	25 – 34	183 140	3 590	...	...	665
49	35 – 44	121 145	2 855	...	...	455
50	45 – 54	82 510	2 515	...	...	360
51	55 – 64	48 870	1 820	...	...	155
52	65 plus	17 830	800	...	...	15

38. Population active selon la branche d'activité économique, le sexe, l'âge et la résidence, urbaine/rurale: chaque recensement, 1974 – 1988 (suite)

(Voir notes à la fin du tableau.)

Branche d'activité économique

Construction Bâtiment et travaux publics 5	Wholesale and retail trade and restaurants and hotels Commerce de gros et de détail; restaurants et hôtels 6	Transport, storage and communication Transports, entrepôts et communications 7	Financing, insurance, real estate and business services Banques, assurances, affaires immobilières et services fournis aux enterprises 8	Community, social and personal services Services fournis à la collectivité, services sociaux et services personnels 9	Activities not adequately defined Activités mal désignées 0	
162 218	404 148	187 652	105 287	266 885	[29] 11 634	1
5 340	22 552	4 501	2 947	11 975	[29] 2 877	2
20 466	53 794	21 959	19 383	41 971	[29] 2 471	3
61 781	114 685	66 392	39 291	86 806	[29] 2 590	4
34 438	78 200	46 452	16 884	53 094	[29] 1 232	5
24 408	66 222	30 603	11 963	42 907	[29] 1 344	6
12 999	50 573	15 477	10 458	23 489	[29] 861	7
2 786	18 122	2 268	4 361	6 643	[29] 259	8
10 954	212 860	30 940	69 489	231 154	[29] 7 427	9
483	21 188	2 170	3 710	9 238	[29] 2 247	10
2 268	50 267	10 878	24 122	43 953	[29] 1 911	11
3 800	59 310	10 801	31 542	79 267	[29] 1 687	12
1 708	30 744	3 843	6 559	44 153	[29] 882	13
1 589	26 340	2 023	2 464	30 456	[29] 455	14
854	18 151	966	868	16 366	[29] 126	15
252	6 860	259	224	7 721	[29] 119	16
316 560	207 949	172 814	26 023	871 879	[29] 110 536	17
21 522	4 661	1 619	392	7 043	[29] 19 816	18
34 793	8 926	5 630	861	73 287	[29] 23 610	19
53 128	19 057	24 490	2 405	301 302	[29] 27 928	20
93 349	51 182	61 241	9 813	281 104	[29] 18 518	21
51 968	39 790	42 633	6 638	127 367	[29] 6 941	22
37 909	39 730	25 926	4 099	55 325	[29] 5 470	23
17 079	24 755	8 877	1 323	18 085	[29] 4 173	24
6 450	19 601	2 205	459	7 109	[29] 3 831	25
362	247	193	33	1 257	[29] 249	26
5 136	16 155	4 985	5 066	86 100	[29] 22 426	27
225	220	33	2	671	[29] 1 748	28
482	663	316	164	2 388	[29] 2 808	29
1 512	2 828	1 797	1 723	12 867	[29] 7 833	30
1 708	4 640	1 952	2 181	42 471	[29] 4 805	31
626	2 558	587	776	18 809	[29] 1 988	32
396	2 611	218	188	6 770	[29] 1 598	33
117	1 616	56	21	1 501	[29] 890	34
59	989	17	5	468	[29] 668	35
11	30	9	6	155	[29] 88	36
72 890	103 710	67 420	67 055	215 900	70 340	37
1 405	2 165	430	600	3 480	2 485	38
11 350	12 370	5 670	6 135	21 595	12 385	39
21 255	27 885	20 185	22 670	61 620	20 555	40
16 125	20 185	17 210	14 290	47 615	12 110	41
13 150	16 705	13 475	9 780	38 185	9 145	42
7 595	15 295	8 320	8 500	30 985	5 240	43
2 010	9 105	2 130	5 080	12 420	8 420	44
5 300	59 395	16 695	63 350	268 595	48 090	45
35	1 195	140	800	2 595	1 600	46
1 140	10 535	3 300	16 290	35 755	8 850	47
1 825	14 700	5 480	25 670	93 535	14 155	48
1 090	12 080	3 280	12 165	67 715	7 650	49
700	10 480	2 200	5 415	43 855	4 910	50
440	7 960	1 465	2 390	21 120	5 335	51
70	2 445	830	620	4 020	5 590	52

38. Economically active population by industry, sex, age and urban/rural residence: each census, 1974 – 1988 (continued)

(See notes at end of table.)

	Continent, country or area, date, sex, age(in years) and urban/rural residence Continent, pays ou zone, date, sexe, âge(en années) et résidence urbaine/rurale	Total economically active Population active totale	Industry Agriculture, hunting, forestry and fishing Agriculture, chasse, sylviculture et péche	Mining and quarrying Industries extractives	Manufacturing Industries Industries manufacturières	Electricity, gas and water Electricité, gaz et eau
			1	2	3	4
	ASIA—ASIE (Cont.–Suite)					
	Japan – Japon					
	1 X 1985 [3 5 32]					
	Male – Masculin					
1	15 plus	35 679 165	2 927 466	84 225	8 710 355	293 151
2	15 – 19	787 546	19 018	782	265 780	5 942
3	20 – 24	2 953 166	69 244	3 945	792 150	28 069
4	25 – 34	8 055 652	263 539	14 728	1 863 461	79 155
5	35 – 44	9 562 141	361 521	21 879	2 525 833	79 780
6	45 – 54	7 622 416	624 732	29 420	2 048 468	62 011
7	55 – 64	4 681 166	887 431	11 314	941 272	35 615
8	65 plus	2 017 078	701 981	2 157	273 391	2 579
	Female – Féminin					
9	15 plus	22 678 067	2 484 727	11 091	5 262 249	43 690
10	15 – 19	708 517	3 172	208	200 407	1 593
11	20 – 24	2 812 255	22 008	1 327	578 299	10 397
12	25 – 34	4 143 792	199 058	1 722	859 582	9 850
13	35 – 44	5 987 240	364 254	2 614	1 635 297	9 884
14	45 – 54	5 044 824	668 133	3 269	1 371 043	8 322
15	55 – 64	2 873 537	823 034	1 644	493 656	3 300
16	65 plus	1 107 902	405 068	307	123 965	344
	Jordan – Jordanie [33]					
	10 XI 1979* [3 34]					
	Male – Masculin					
17	15 plus	376 528	45 685	6 018	30 297	2 357
18	15 – 19	34 232	1 922	174	3 643	126
19	20 – 24	59 048	2 997	718	5 368	425
20	25 – 34	103 606	6 699	1 701	8 880	584
21	35 – 44	90 070	10 156	1 752	7 050	658
22	45 – 54	55 688	11 061	1 242	3 793	397
23	55 – 64	23 964	7 880	373	1 261	142
24	65 plus	9 920	4 970	58	302	25
	Female – Féminin					
25	15 plus	29 541	364	44	1 899	30
26	15 – 19	2 137	120	2	475	2
27	20 – 24	10 362	47	24	515	11
28	25 – 34	11 635	36	14	503	13
29	35 – 44	3 696	64	4	266	4
30	45 – 54	1 195	61	–	112	–
31	55 – 64	425	24	–	22	–
32	65 plus	91	12	–	6	–
	Kuwait – Koweït					
	21 IV 1985 [2]					
	Male – Masculin					
33	15 plus	532 805	12 514	6 701	49 814	7 397
34	15 – 19	8 516	775	83	638	32
35	20 – 24	59 029	1 552	730	5 467	433
36	25 – 34	221 232	5 057	2 461	21 498	2 383
37	35 – 44	149 828	2 864	1 730	14 410	2 588
38	45 – 54	71 756	1 571	1 214	6 060	1 480
39	55 – 64	20 246	567	455	1 568	470
40	65 plus	2 198	128	28	173	11
	Female – Féminin					
41	15 plus	129 783	118	332	1 275	69
42	15 – 19	4 085	19	5	30	1
43	20 – 24	25 093	20	72	266	20
44	25 – 34	62 188	47	168	654	37
45	35 – 44	28 236	15	61	249	11
46	45 – 54	8 399	16	23	63	–
47	55 – 64	1 631	1	3	13	–
48	65 plus	151	–	–	–	–
49	Unknown–Inconnu	151	–	–	–	–

38. Population active selon la branche d'activité économique, le sexe, l'âge et la résidence, urbaine/rurale: chaque recensement, 1974 – 1988 (suite)

(Voir notes à la fin du tableau.)

Branche d'activité économique						
Construction Bâtiment et travaux publics 5	Wholesale and retail trade and restaurants and hotels Commerce de gros et de détail; restaurants et hôtels 6	Transport, storage and communication Transports, entrepôts et communications 7	Financing, insurance, real estate and business services Banques, assurances, affaires immobilières et services fournis aux enterprises 8	Community, social and personal services Services fournis à la collectivité, services sociaux et services personnels 9	Activities not adequately defined Activités mal désignées 0	
4 579 404	7 135 730	3 068 467	1 185 596	7 615 812	78 959	1
93 109	221 449	39 244	4 447	131 101	6 674	2
296 979	742 983	234 160	72 077	702 213	11 346	3
1 029 776	1 791 880	669 641	313 315	2 016 074	14 083	4
1 333 763	2 007 841	1 007 304	319 313	1 891 697	13 210	5
1 096 701	1 297 189	784 553	245 207	1 422 581	11 554	6
599 165	680 357	294 654	157 833	1 061 190	12 335	7
129 911	394 031	38 911	73 404	390 956	9 757	8
686 891	6 246 675	441 567	1 023 583	6 390 035	87 559	9
9 708	258 134	17 734	40 301	171 822	5 438	10
65 628	791 160	74 508	264 235	995 979	8 714	11
120 815	1 098 697	93 341	224 997	1 520 581	15 149	12
210 297	1 833 193	121 434	209 218	1 577 280	23 769	13
178 397	1 315 064	97 271	148 741	1 236 421	18 163	14
86 319	651 969	32 035	95 254	675 886	10 440	15
15 727	298 458	5 244	40 837	212 066	5 886	16
63 641	40 540	26 672	6 936	154 376	6	17
5 932	1 424	325	120	20 566	–	18
10 822	3 842	3 644	1 341	29 891	–	19
18 787	9 049	8 186	2 643	47 076	1	20
15 135	10 627	8 295	1 777	34 618	2	21
9 256	9 263	4 873	710	15 091	2	22
2 964	4 516	1 189	260	5 378	1	23
745	1 819	160	85	1 756	–	24
220	862	155	1 306	24 659	2	25
18	83	13	121	1 302	1	26
99	260	61	665	8 679	1	27
80	298	65	401	10 225	–	28
19	130	13	97	3 099	–	29
4	64	3	18	933	–	30
–	22	–	3	354	–	31
–	5	–	1	67	–	32
122 969	72 456	35 036	17 043	208 875	–	33
982	1 085	225	103	4 593	–	34
12 445	7 259	2 965	1 468	26 710	–	35
58 996	29 073	14 329	7 680	79 755	–	36
34 271	20 507	11 265	4 950	57 243	–	37
13 163	10 314	4 953	2 056	30 945	–	38
2 849	3 562	1 208	648	8 919	–	39
263	656	91	138	710	–	40
1 187	3 475	2 169	3 304	117 854	–	41
35	98	51	44	3 802	–	42
320	758	562	878	22 197	–	43
611	1 838	1 237	1 807	55 789	–	44
178	600	267	481	26 374	–	45
34	139	51	86	7 987	–	46
9	41	1	8	1 555	–	47
–	1	–	–	150	–	48
–	1	–	–	150	–	49

38. Economically active population by industry, sex, age and urban/rural residence: each census, 1974 – 1988 (continued)

(See notes at end of table.)

	Continent, country or area, date, sex, age(in years) and urban/rural residence Continent, pays ou zone, date, sexe, âge(en années) et résidence urbaine/rurale	Total economically active Population active totale	Industry: Agriculture, hunting, forestry and fishing Agriculture, chasse, sylviculture et pêche 1	Mining and quarrying Industries extractives 2	Manufacturing Industries Industries manufacturières 3	Electricity, gas and water Electricité, gaz et eau 4
	ASIA—ASIE (Cont.–Suite)					
	Macau – Macao					
	16 III 1981 [2]					
	Male – Masculin					
1	10 plus	78 448	5 102	65	27 032	795
2	10 – 14	541	283	–	160	–
3	15 – 19	7 197	806	4	3 477	22
4	20 – 24	15 435	807	5	6 522	103
5	25 – 34	25 646	1 247	22	9 332	292
6	35 – 44	11 158	652	15	3 391	127
7	45 – 54	9 254	667	9	2 153	113
8	55 plus	9 217	640	10	1 997	138
	Female – Féminin					
9	10 plus	46 612	2 449	6	29 272	81
10	10 – 14	773	300	–	460	–
11	15 – 19	7 464	559	1	6 093	4
12	20 – 24	12 932	517	1	9 253	19
13	25 – 34	13 344	470	1	8 655	37
14	35 – 44	4 465	210	2	2 202	10
15	45 – 54	3 857	226	1	1 339	11
16	55 plus	3 777	167	–	1 270	–
	Malaysia – Malaisie					
	Peninsular Malaysia – Malaisie Péninsulaire					
	10 VI 1980 [3]					
	Male – Masculin					
17	10 plus	2 564 662	850 577	39 791	323 529	5 776
	Female – Féminin					
18	10 plus	1 228 440	531 863	4 725	228 164	423
	Maldives					
	25 III 1985 [2]					
	Male – Masculin					
19	12 plus	40 313	13 843	604	5 116	500
20	12 – 14	543	284	28	50	2
21	15 – 19	5 670	1 624	125	674	82
22	20 – 24	7 191	1 968	116	821	145
23	25 – 34	9 306	2 976	147	1 164	151
24	35 – 44	6 097	2 014	73	721	63
25	45 – 54	6 457	2 703	70	789	40
26	55 – 64	3 637	1 686	37	557	13
27	65 plus	1 372	576	6	337	4
28	Unknown–Inconnu	40	12	2	3	–
	Female – Féminin					
29	12 plus	11 116	1 600	39	6 443	4
30	12 – 14	181	21	–	129	–
31	15 – 19	1 993	181	3	1 207	1
32	20 – 24	2 055	231	4	1 028	–
33	25 – 34	2 397	351	5	1 412	–
34	35 – 44	1 685	298	7	980	3
35	45 – 54	1 723	355	13	1 013	–
36	55 – 64	811	134	6	502	–
37	65 plus	267	27	1	171	–
38	Unknown–Inconnu	4	2	–	1	–
	Myanmar [35]					
	31 III 1983 [2]					
	Male – Masculin					
39	10 plus	7 654 781	5 059 440	53 377	561 799	19 239
40	10 – 14	211 645	182 592	904	10 487	93
41	15 – 19	843 014	631 946	6 233	66 416	1 000
42	20 – 24	1 161 223	739 761	10 809	99 219	2 982
43	25 – 34	2 013 541	1 216 797	17 019	156 530	5 828
44	35 – 44	1 315 737	809 088	9 518	97 692	3 855
45	45 – 54	1 099 577	729 779	5 910	74 328	3 878
46	55 – 64	672 699	484 566	2 461	39 753	1 419
47	65 plus	337 345	264 911	523	17 374	184

38. Population active selon la branche d'activité économique, le sexe, l'âge et la résidence, urbaine/rurale: chaque recensement, 1974 – 1988 (suite)

(Voir notes à la fin du tableau.)

Branche d'activité économique						
Construction Bâtiment et travaux publics 5	Wholesale and retail trade and restaurants and hotels Commerce de gros et de détail; restaurants et hôtels 6	Transport, storage and communication Transports, entrepôts et communications 7	Financing, insurance, real estate and business services Banques, assurances, affaires immobilières et services fournis aux enterprises 8	Community, social and personal services Services fournis à la collectivité, services sociaux et services personnels 9	Activities not adequately defined Activités mal désignées 0	
9 345	16 936	5 106	1 419	12 644	4	1
18	41	4	–	35	–	2
625	1 098	71	73	1 021	–	3
2 004	2 889	609	349	2 147	–	4
3 667	4 864	1 827	478	3 914	3	5
1 408	2 362	945	193	2 064	1	6
957	2 504	885	160	1 806	–	7
666	3 178	765	166	1 657	–	8
592	6 166	670	772	6 602	2	9
1	12	–	–	–	–	10
27	492	54	67	167	–	11
141	1 423	139	353	1 085	1	12
136	1 526	216	266	2 036	1	13
111	758	80	47	1 045	–	14
111	993	114	24	1 038	–	15
65	962	67	15	1 231	–	16
167 235	353 841	132 335	50 974	578 810	61 794	17
13 682	144 307	8 602	21 265	246 719	28 690	18
2 528	5 129	3 212	366	8 157	858	19
19	64	17	2	63	14	20
281	1 052	398	59	1 232	143	21
371	1 199	762	93	1 529	187	22
599	1 108	1 039	128	1 799	195	23
435	760	519	52	1 336	124	24
482	602	334	16	1 304	117	25
260	259	111	15	644	55	26
79	76	25	1	245	23	27
2	9	7	–	5	–	28
35	305	115	52	2 274	249	29
–	3	1	–	22	5	30
4	22	17	10	500	48	31
7	48	32	27	630	48	32
12	81	26	12	447	51	33
5	81	23	3	248	37	34
5	47	12	–	237	41	35
–	21	3	–	132	13	36
2	2	1	–	57	6	37
–	–	–	–	1	–	38
143 638	601 678	335 481	625 065	–	255 064	39
970	5 353	862	1 733	–	8 651	40
14 534	38 661	20 374	30 805	–	33 045	41
21 986	79 975	57 186	109 588	–	39 717	42
36 573	176 290	111 723	222 971	–	69 810	43
28 038	121 436	69 327	132 778	–	44 005	44
24 068	90 666	51 835	85 737	–	33 376	45
13 595	59 087	20 527	33 379	–	17 912	46
3 874	30 210	3 647	8 074	–	8 548	47

38. Economically active population by industry, sex, age and urban/rural residence: each census, 1974 – 1988 (continued)

(See notes at end of table.)

	Continent, country or area, date, sex, age(in years) and urban/rural residence Continent, pays ou zone, date, sexe, âge(en années) et résidence urbaine/rurale	Total economically active Population active totale	Industry Agriculture, hunting, forestry and fishing Agriculture, chasse, sylviculture et pêche 1	Mining and quarrying Industries extractives 2	Manufacturing Industries Industries manufacturières 3	Electricity, gas and water Electricité, gaz et eau 4
	ASIA—ASIE (Cont.–Suite)					
	Myanmar [35]					
	31 III 1983 [2]					
	Female – Féminin					
1	10 plus	4 345 790	2 696 666	16 617	543 541	1 678
2	10 – 14	234 603	179 130	773	32 604	10
3	15 – 19	663 037	453 229	3 219	111 240	121
4	20 – 24	654 704	409 635	3 166	104 602	266
5	25 – 34	1 001 134	568 904	4 280	135 263	644
6	35 – 44	668 060	378 962	2 555	73 455	400
7	45 – 54	583 399	353 788	1 714	49 606	170
8	55 – 64	364 062	232 061	752	26 106	57
9	65 plus	176 791	120 957	158	10 665	10
	Qatar					
	16 III 1986* [2]					
	Male – Masculin					
10	15 plus	180 756	6 279	4 632	13 791	5 264
11	15 – 19	3 708	88	71	61	35
12	20 – 24	19 269	779	326	1 228	234
13	25 – 34	81 765	2 915	1 695	6 714	1 592
14	35 – 44	49 203	1 543	1 512	3 969	1 889
15	45 – 54	20 054	692	792	1 421	1 038
16	55 – 64	5 396	213	209	340	357
17	65 plus	1 304	48	26	45	118
18	Unknown–Inconnu	57	1	1	13	1
	Female – Féminin					
19	15 plus	19 482	4	175	123	2
20	15 – 19	108	–	2	1	–
21	20 – 24	1 343	1	19	15	–
22	25 – 34	9 491	1	93	55	1
23	35 – 44	6 861	–	51	42	1
24	45 – 54	1 400	–	10	8	–
25	55 – 64	229	1	–	1	–
26	65 plus	43	1	–	1	–
27	Unknown–Inconnu	7	–	–	–	–
	Sri Lanka					
	17 III 1981 [3 5]					
	Male – Masculin					
28	10 plus	3 248 428	1 416 689	31 473	313 885	15 268
29	10 – 14	26 708	14 226	126	1 623	7
30	15 – 19	198 657	104 382	2 870	18 222	261
31	20 – 24	436 168	191 491	7 092	47 666	2 228
32	25 – 34	985 801	380 063	11 237	108 533	6 153
33	35 – 44	702 130	274 668	5 133	68 816	3 728
34	45 – 54	517 461	229 671	3 192	41 779	2 297
35	55 – 64	262 692	145 873	1 368	19 777	548
36	65 plus	118 811	76 315	455	7 469	46
	Female – Féminin					
37	10 plus	870 837	459 139	2 341	94 836	726
38	10 – 14	11 758	5 171	21	605	1
39	15 – 19	72 419	47 537	154	9 293	8
40	20 – 24	138 995	72 204	283	25 171	140
41	25 – 34	280 332	133 860	638	34 948	399
42	35 – 44	197 978	107 662	579	15 022	127
43	45 – 54	120 980	67 142	463	6 702	34
44	55 – 64	37 045	20 235	136	2 228	16
45	65 plus	11 330	5 328	67	867	1

38. Population active selon la branche d'activité économique, le sexe, l'âge et la résidence, urbaine/rurale: chaque recensement, 1974 – 1988 (suite)

(Voir notes à la fin du tableau.)

Branche d'activité économique						
Construction Bâtiment et travaux publics 5	Wholesale and retail trade and restaurants and hotels Commerce de gros et de détail; restaurants et hôtels 6	Transport, storage and communication Transports, entrepôts et communications 7	Financing, insurance, real estate and business services Banques, assurances, affaires immobilières et services fournis aux enterprises 8	Community, social and personal services Services fournis à la collectivité, services sociaux et services personnels 9	Activities not adequately defined Activités mal désignées 0	
13 164	760 575	9 649	181 318	–	122 582	1
416	11 890	111	2 109	–	7 560	2
2 463	63 735	575	7 984	–	20 471	3
2 489	90 291	1 050	26 610	–	16 595	4
4 000	179 013	3 445	80 580	–	25 005	5
2 359	149 323	2 094	39 613	–	19 299	6
1 066	142 731	1 389	16 028	–	16 907	7
331	86 407	772	6 516	–	11 060	8
40	37 185	213	1 878	–	5 685	9
40 408	21 647	7 075	2 850	78 322	488	10
135	154	49	22	3 086	7	11
3 306	2 386	471	192	10 292	55	12
20 844	10 248	3 007	1 332	33 236	182	13
11 461	5 490	2 349	884	19 990	116	14
3 839	2 408	960	336	8 500	68	15
729	766	202	66	2 465	49	16
84	191	36	18	727	11	17
10	4	1	–	26	–	18
115	317	282	307	18 144	13	19
3	9	4	3	86	–	20
18	34	43	45	1 165	3	21
50	142	156	183	8 807	3	22
33	97	68	60	6 505	4	23
10	28	10	13	1 319	2	24
1	6	1	3	215	1	25
–	1	–	–	40	–	26
–	–	–	–	7	–	27
129 134	399 520	191 323	46 834	393 895	310 407	28
288	3 289	91	29	4 191	2 838	29
5 776	28 333	2 225	763	11 889	23 936	30
17 059	58 905	18 137	5 924	40 139	47 527	31
43 236	130 602	62 142	18 786	132 415	92 634	32
31 299	82 211	57 306	10 630	104 357	63 982	33
21 630	54 135	39 526	7 381	72 029	45 821	34
7 430	29 131	10 382	2 392	21 980	23 811	35
2 416	12 914	1 514	929	6 895	9 858	36
4 834	37 798	8 251	10 093	193 945	58 874	37
19	96	6	4	4 763	1 072	38
215	1 144	152	143	8 656	5 117	39
825	5 241	1 525	2 222	22 153	9 231	40
2 239	13 946	3 687	5 951	68 309	16 355	41
956	8 639	2 059	1 370	48 744	12 820	42
445	4 892	680	304	31 487	8 831	43
99	2 591	115	83	7 795	3 747	44
36	1 249	27	16	2 038	1 701	45

38. Economically active population by industry, sex, age and urban/rural residence: each census, 1974 – 1988 (continued)

(See notes at end of table.)

	Continent, country or area, date, sex, age(in years) and urban/rural residence Continent, pays ou zone, date, sexe, âge(en années) et résidence urbaine/rurale	Total economically active Population active totale	Industry Agriculture, hunting, forestry and fishing Agriculture, chasse, sylviculture et pêche 1	Mining and quarrying Industries Industries extractives 2	Manufacturing Industries Industries manufacturières 3	Electricity, gas and water Electricité, gaz et eau 4
	ASIA—ASIE (Cont.–Suite)					
	Syrian Arab Republic – République arabe syrienne					
	7 IX 1981 [3,36]					
	Male – Masculin					
1	Total	1 819 557	438 143	10 022	272 234	17 709
2	– 15	59 992	27 729	66	13 582	62
3	15 – 19	246 290	60 382	414	55 875	834
4	20 – 24	292 612	43 200	812	46 989	1 961
5	25 – 34	466 582	69 376	3 975	68 544	6 676
6	35 – 44	311 129	63 652	2 681	42 251	4 270
7	45 – 54	257 094	82 288	1 537	29 859	2 919
8	55 – 64	132 011	60 103	486	11 764	893
9	65 plus	53 521	31 332	34	3 341	92
10	Unknown–Inconnu	326	81	17	29	2
	Female – Féminin					
11	Total	167 996	51 297	88	32 552	878
12	– 15	16 336	12 418	4	2 702	3
13	15 – 19	26 200	14 774	12	7 341	26
14	20 – 24	36 697	6 738	16	6 558	238
15	25 – 34	48 202	5 851	38	7 815	444
16	35 – 44	21 604	4 264	12	4 209	124
17	45 – 54	12 898	4 311	4	2 773	37
18	55 – 64	4 590	2 169	2	921	5
19	65 plus	1 438	765	–	226	1
20	Unknown–Inconnu	31	7	–	7	–
	Turkey – Turquie					
	20 X 1985 [3]					
	Male – Masculin					
21	12 plus	13 064 053	5 634 276	135 329	1 853 121	22 129
22	12 – 14	683 840	531 836	586	67 510	34
23	15 – 19	1 646 691	910 247	8 168	284 458	514
24	20 – 24	1 975 515	613 549	13 204	241 657	1 927
25	25 – 34	3 462 404	971 821	60 694	648 838	10 899
26	35 – 44	2 313 134	752 830	37 499	379 094	6 352
27	45 – 54	1 634 981	859 840	12 198	166 976	1 971
28	55 – 64	921 561	647 213	2 452	51 495	326
29	65 plus	392 929	340 531	355	9 764	24
30	Unknown–Inconnu	32 998	6 409	173	3 329	82
	Female – Féminin					
31	12 plus	7 492 733	6 484 257	1 797	332 248	1 095
32	12 – 14	664 338	635 853	1	22 010	7
33	15 – 19	1 268 520	1 144 791	36	81 308	53
34	20 – 24	1 077 938	879 186	193	69 184	252
35	25 – 34	1 539 945	1 134 210	1 006	88 707	575
36	35 – 44	1 103 381	931 829	380	44 645	134
37	45 – 54	957 388	902 673	135	19 321	50
38	55 – 64	598 292	581 661	29	5 290	13
39	65 plus	270 949	267 103	13	1 223	4
40	Unknown–Inconnu	11 982	6 951	4	560	7
	EUROPE					
	Belgium – Belgique					
	1 III 1981 [1,3]					
	Male – Masculin					
41	Total	2 328 008	87 671	114 576	582 908	31 665
42	– 15	1 718	48	6	476	2
43	15 – 19	88 115	3 263	2 738	27 617	344
44	20 – 24	266 187	6 650	11 346	72 395	1 966
45	25 – 34	670 493	13 494	31 690	164 956	8 142
46	35 – 44	527 160	16 089	29 644	135 589	8 864
47	45 – 54	506 607	26 367	32 138	127 460	8 123
48	55 – 64	249 451	20 172	6 932	52 344	4 211
49	65 plus	18 277	1 588	82	2 071	13

38. Population active selon la branche d'activité économique, le sexe, l'âge et la résidence, urbaine/rurale: chaque recensement, 1974 – 1988 (suite)

(Voir notes à la fin du tableau.)

Branche d'activité économique

Construction Bâtiment et travaux publics 5	Wholesale and retail trade and restaurants and hotels Commerce de gros et de détail; restaurants et hôtels 6	Transport, storage and communication Transports, entrepôts et communications 7	Financing, insurance, real estate and business services Banques, assurances, affaires immobilières et services fournis aux enterprises 8	Community, social and personal services Services fournis à la collectivité, services sociaux et services personnels 9	Activities not adequately defined Activités mal désignées 0	
325 078	174 448	125 363	13 953	334 626	107 981	1
8 770	3 608	491	46	5 095	543	2
63 792	16 995	6 975	358	26 332	14 333	3
59 251	16 720	20 267	1 285	52 058	50 069	4
89 310	38 360	47 803	3 916	112 394	26 228	5
50 518	33 783	26 964	3 746	74 539	8 725	6
36 452	34 530	17 091	2 997	44 255	5 166	7
13 820	20 788	5 123	1 226	15 942	1 866	8
3 107	9 646	623	376	3 948	1 022	9
58	18	26	3	63	29	10
3 856	4 765	3 043	2 413	67 560	1 544	11
407	146	14	1	570	71	12
933	406	153	68	2 141	346	13
1 014	1 045	906	597	19 002	583	14
978	1 643	1 270	1 013	28 836	314	15
302	826	480	484	10 811	92	16
154	431	167	205	4 736	80	17
47	179	39	43	1 144	41	18
20	88	12	2	308	16	19
1	1	2	–	12	1	20
743 849	1 300 838	584 501	290 556	2 406 041	93 413	21
9 849	26 101	1 406	711	43 894	1 913	22
99 339	154 685	21 081	10 781	147 269	10 149	23
115 414	161 574	57 068	26 317	732 409	12 396	24
248 133	390 825	235 305	123 670	740 254	31 965	25
143 448	251 504	165 713	82 983	473 749	19 962	26
88 899	196 855	79 460	29 785	188 131	10 866	27
32 632	95 343	20 741	12 411	54 552	4 396	28
4 638	21 629	2 412	2 274	10 180	1 122	29
1 497	2 322	1 315	1 624	15 603	644	30
6 697	81 798	31 387	98 698	441 248	13 508	31
192	1 632	88	120	3 732	703	32
1 117	12 749	972	4 904	20 598	1 992	33
1 687	17 995	6 988	21 613	78 265	2 575	34
2 087	23 579	16 504	50 810	218 440	4 027	35
864	14 211	5 318	16 669	87 254	2 077	36
475	7 741	1 054	3 099	21 751	1 089	37
187	3 007	275	830	6 532	468	38
58	641	92	189	1 373	253	39
30	243	96	464	3 303	324	40
240 441	345 254	235 009	140 151	494 141	56 192	41
237	830	27	5	57	30	42
14 069	18 353	6 731	1 006	11 960	2 034	43
33 093	38 915	31 170	10 965	52 444	7 243	44
67 431	93 004	74 429	50 046	149 721	17 580	45
54 766	76 381	46 538	33 491	113 553	12 245	46
51 074	71 859	47 756	26 785	104 610	10 435	47
18 966	40 690	27 824	15 303	57 313	5 696	48
805	5 222	534	2 550	4 483	929	49

38. Economically active population by industry, sex, age and urban/rural residence: each census, 1974 – 1988 (continued)

(See notes at end of table.)

	Continent, country or area, date, sex, age(in years) and urban/rural residence Continent, pays ou zone, date, sexe, âge(en années) et résidence urbaine/rurale	Total economically active Population active totale	Agriculture, hunting, forestry and fishing Agriculture, chasse, sylviculture et pêche 1	Mining and quarrying Industries extractives 2	Manufacturing Industries manufacturières 3	Electricity, gas and water Electricité, gaz et eau 4
	EUROPE (Cont.–Suite)					
	Belgium – Belgique					
	1 III 1981 [1 3]					
	Female – Féminin					
1	Total	1 191 062	25 597	4 499	198 620	2 906
2	– 15	802	9	–	223	1
3	15 – 19	62 506	604	175	18 407	118
4	20 – 24	211 395	1 300	663	40 715	482
5	25 – 34	409 121	3 823	1 663	69 369	942
6	35 – 44	253 286	6 246	1 038	39 598	690
7	45 – 54	184 027	9 142	834	26 116	519
8	55 – 64	61 301	4 110	115	3 714	152
9	65 plus	8 624	363	11	478	2
	Denmark – Danemark [37]					
	1 I 1981 [1]					
	Male – Masculin					
10	15 plus	1 509 702	142 243	2 361	321 420	13 447
11	15 – 19	114 843	10 789	60	25 721	166
12	20 – 24	170 211	8 911	234	31 297	693
13	25 – 34	375 071	17 164	597	77 775	2 978
14	35 – 44	332 088	22 557	547	76 703	3 709
15	45 – 54	249 439	27 452	481	59 318	2 902
16	55 – 64	195 680	30 199	333	42 210	2 417
17	65 plus	72 370	25 171	109	8 396	582
	Female – Féminin					
18	15 plus	1 195 623	51 964	379	144 967	2 737
19	15 – 19	88 426	2 860	34	14 137	118
20	20 – 24	155 260	1 579	35	18 328	230
21	25 – 34	325 951	5 705	85	37 409	846
22	35 – 44	277 841	13 085	96	33 931	689
23	45 – 54	196 850	14 881	68	24 357	485
24	55 – 64	124 186	10 453	42	14 204	320
25	65 plus	27 109	3 401	19	2 601	49
	Finland – Finlande					
	17 XI 1985 [1]					
	Male – Masculin					
26	15 plus	1 262 641	150 766	6 260	329 011	20 269
27	15 – 19	47 050	4 668	106	11 693	349
28	20 – 24	124 445	10 888	365	34 867	1 249
29	25 – 34	367 991	31 199	2 083	103 068	5 455
30	35 – 44	369 810	35 890	2 159	101 579	6 538
31	45 – 54	235 927	34 997	1 208	58 045	4 343
32	55 – 64	109 177	27 651	333	19 324	2 328
33	65 plus	8 241	5 473	6	435	7
	Female – Féminin					
34	15 plus	1 153 350	91 065	1 028	192 174	5 494
35	15 – 19	39 913	1 054	12	5 232	148
36	20 – 24	116 347	4 347	87	18 047	518
37	25 – 34	318 004	13 826	296	53 079	1 599
38	35 – 44	330 285	21 809	300	57 794	1 541
39	45 – 54	228 771	26 351	238	41 788	1 127
40	55 – 64	115 345	21 045	93	16 035	560
41	65 plus	4 685	2 633	2	199	1
	Ireland – Irlande					
	5 IV 1981					
	Male – Masculin					
42	15 plus	912 495	182 806	12 105	196 370	13 539
43	15 – 19	81 225	8 062	705	18 989	656
44	20 – 24	126 362	13 483	1 732	32 253	1 552
45	25 – 34	235 286	28 815	3 502	57 901	3 660
46	35 – 44	177 396	30 288	2 664	41 138	3 243
47	45 – 54	141 146	36 701	2 008	27 174	2 688
48	55 – 64	111 846	40 161	1 436	16 892	1 645
49	65 plus	39 234	25 296	58	2 023	95

38. Population active selon la branche d'activité économique, le sexe, l'âge et la résidence, urbaine/rurale: chaque recensement, 1974 – 1988 (suite)

(Voir notes à la fin du tableau.)

Construction Bâtiment et travaux publics 5	Wholesale and retail trade and restaurants and hotels Commerce de gros et de détail; restaurants et hôtels 6	Transport, storage and communication Transports, entrepôts et communications 7	Financing, insurance, real estate and business services Banques, assurances, affaires immobilières et services fournis aux enterprises 8	Community, social and personal services Services fournis à la collectivité, services sociaux et services personnels 9	Activities not adequately defined Activités mal désignées 0	
11 050	265 893	35 219	87 005	524 501	35 772	1
5	268	1	–	257	38	2
496	18 357	2 070	2 698	17 851	1 730	3
1 911	40 176	7 325	15 490	96 730	6 603	4
3 724	74 482	12 716	35 392	194 635	12 375	5
2 423	57 916	6 351	17 045	114 953	7 026	6
1 855	50 624	4 908	11 756	72 853	5 420	7
533	19 266	1 730	3 926	25 544	2 211	8
103	4 804	118	698	1 678	369	9
160 173	230 495	135 450	90 862	304 540	108 711	10
16 176	28 697	5 871	3 185	18 146	6 032	11
19 956	25 898	14 139	8 653	37 969	22 461	12
43 552	53 783	36 136	27 405	82 633	33 048	13
36 559	49 327	32 521	22 361	69 252	18 552	14
23 315	35 029	25 128	13 238	48 569	14 007	15
16 525	26 318	18 593	10 171	36 242	12 672	16
4 090	11 443	3 062	5 849	11 729	1 939	17
18 743	192 993	40 479	84 539	562 155	96 667	18
1 433	28 604	2 797	5 309	25 045	8 089	19
1 506	24 941	6 220	12 960	65 121	24 340	20
4 718	39 499	11 022	28 192	170 293	28 182	21
5 330	42 697	8 673	18 517	140 271	14 552	22
3 226	30 847	7 017	10 213	94 674	11 082	23
2 013	20 658	3 976	7 098	56 502	8 920	24
517	5 747	774	2 250	10 249	1 502	25
152 971	134 022	126 288	64 122	198 346	80 586	26
6 370	5 481	2 387	1 373	4 316	10 307	27
16 391	16 333	10 311	4 893	15 691	13 457	28
44 189	42 548	37 187	22 001	59 302	20 959	29
44 180	39 158	38 471	21 013	64 168	16 654	30
29 349	21 450	25 911	10 008	38 201	12 415	31
12 305	8 413	11 597	4 434	16 115	6 677	32
187	639	424	400	553	117	33
15 389	195 078	46 338	90 225	450 516	66 043	34
382	9 074	1 009	1 870	13 885	7 247	35
1 392	23 329	4 441	10 036	42 658	11 492	36
4 360	49 454	12 237	30 061	136 841	16 251	37
4 803	56 502	12 627	29 108	134 718	11 083	38
3 000	39 189	9 297	13 597	83 872	10 312	39
1 423	16 786	6 624	5 366	37 894	9 519	40
29	744	103	187	648	139	41
129 379	120 279	60 407	21 965	138 435	37 210	42
11 156	15 310	2 790	1 594	9 339	12 624	43
19 891	19 044	7 943	3 684	20 099	6 681	44
38 670	30 619	16 002	6 774	42 310	7 033	45
26 081	22 892	13 547	4 518	28 240	4 785	46
18 649	16 748	11 125	3 013	19 613	3 427	47
13 041	11 707	8 182	1 960	14 638	2 184	48
1 891	3 959	818	422	4 196	476	49

38. Economically active population by industry, sex, age and urban/rural residence: each census, 1974 – 1988 (continued)

(See notes at end of table.)

	Continent, country or area, date, sex, age(in years) and urban/rural residence Continent, pays ou zone, date, sexe, âge(en années) et résidence urbaine/rurale	Total economically active Population active totale	Industry Agriculture, hunting, forestry and fishing Agriculture, chasse, sylviculture et péche 1	Mining and quarrying Industries extractives 2	Manufacturing Industries Industries manufacturières 3	Electricity, gas and water Electricité, gaz et eau 4
	EUROPE (Cont.–Suite)					
	Ireland – Irlande					
	5 IV 1981					
	Female – Féminin					
1	15 plus	358 627	12 881	405	70 436	1 444
2	15 – 19	61 335	585	48	16 040	181
3	20 – 24	96 179	982	130	22 628	470
4	25 – 34	85 687	1 531	127	15 884	540
5	35 – 44	41 121	1 500	46	6 769	88
6	45 – 54	35 690	2 510	36	5 155	91
7	55 – 64	28 799	3 391	16	3 478	67
8	65 plus	9 816	2 382	2	482	7
	Italy – Italie					
	25 X 1981					
	Male – Masculin					
9	14 plus	14 793 156	1 430 497	739 406	3 357 052	215 087
10	14 – 19	1 213 026	52 913	24 199	254 885	4 929
11	20 – 24	1 629 295	85 050	59 100	393 760	15 123
12	25 – 34	3 726 791	206 982	187 951	909 716	65 738
13	35 – 44	3 526 570	289 801	208 227	850 488	66 369
14	45 – 54	3 118 951	456 003	195 838	687 679	48 302
15	55 – 64	1 370 702	276 264	61 357	238 242	14 267
16	65 plus	207 821	63 484	2 734	22 282	359
	Female – Féminin					
17	14 plus	7 757 197	809 825	162 348	1 656 538	26 207
18	14 – 19	983 160	32 933	11 216	218 766	894
19	20 – 24	1 236 306	67 600	26 800	300 489	4 192
20	25 – 34	2 172 995	162 370	54 019	496 768	10 222
21	35 – 44	1 625 183	202 208	38 612	355 507	6 852
22	45 – 54	1 223 635	251 031	26 911	237 627	3 207
23	55 – 64	433 860	82 919	4 443	42 417	788
24	65 plus	82 058	10 764	347	4 964	52
	Liechtenstein					
	31 XII 1982 [38]					
	Male – Masculin					
25	Total	8 116	305	*—— 3 336	——*	44
	Female – Féminin					
26	Total	4 075	59	*—— 1 064	——*	1
	Yugoslavia – Yougoslavie					
	31 III 1981 [1,3]					
	Male – Masculin					
27	Total	5 409 510	1 464 710	...	1 441 223	...
28	– 20	139 674	57 743	...	33 353	...
29	20 – 24	552 403	81 256	...	196 862	...
30	25 – 34	1 540 438	184 526	...	511 892	...
31	35 – 44	1 199 823	218 878	...	351 907	...
32	45 – 54	1 221 233	376 413	...	294 732	...
33	55 – 64	433 883	256 951	...	45 673	...
34	65 plus	305 209	286 239	...	2 992	...
35	Unknown–Inconnu	16 847	2 704	...	3 812	...
	Female – Féminin					
36	Total	3 370 169	1 218 118	...	768 470	...
37	– 20	124 166	62 077	...	32 287	...
38	20 – 24	412 101	76 061	...	137 067	...
39	25 – 34	1 039 078	174 063	...	308 349	...
40	35 – 44	740 619	217 157	...	180 457	...
41	45 – 54	631 015	319 540	...	99 413	...
42	55 – 64	254 763	215 298	...	7 443	...
43	65 plus	157 597	151 366	...	1 230	...
44	Unknown–Inconnu	10 830	2 556	...	2 224	...

38. Population active selon la branche d'activité économique, le sexe, l'âge et la résidence, urbaine/rurale: chaque recensement, 1974 – 1988 (suite)

(Voir notes à la fin du tableau.)

Construction Bâtiment et travaux publics 5	Wholesale and retail trade and restaurants and hotels Commerce de gros et de détail; restaurants et hôtels 6	Transport, storage and communication Transports, entrepôts et communications 7	Financing, insurance, real estate and business services Banques, assurances, affaires immobilières et services fournis aux enterprises 8	Community, social and personal services Services fournis à la collectivité, services sociaux et services personnels 9	Activities not adequately defined Activités mal désignées 0	
3 253	58 693	13 690	20 792	158 827	18 206	1
481	11 963	1 670	3 758	18 678	7 931	2
1 118	16 024	4 352	7 723	38 614	4 138	3
867	11 000	4 257	6 427	42 164	2 890	4
337	6 069	1 397	1 327	22 293	1 295	5
232	6 169	1 042	896	18 545	1 014	6
165	5 055	769	548	14 525	785	7
53	2 413	203	113	4 008	153	8
1 768 723	2 178 816	1 092 728	638 442	2 164 729	1 207 676	9
143 368	141 750	9 455	3 349	28 221	549 957	10
212 056	235 913	71 276	48 752	148 927	359 338	11
425 683	548 262	317 992	229 020	614 307	221 140	12
426 025	526 322	332 882	177 665	590 836	57 955	13
404 039	441 156	263 627	112 044	495 157	15 106	14
149 843	222 089	92 311	55 034	257 115	4 180	15
7 709	63 324	5 185	12 578	30 166	–	16
76 490	1 304 842	162 706	281 891	2 180 010	1 096 340	17
6 474	94 203	3 995	22 167	71 380	521 132	18
17 062	174 739	24 376	79 254	217 582	324 212	19
25 108	313 597	58 260	107 860	742 015	202 776	20
14 968	303 749	42 148	44 445	573 534	43 160	21
9 406	260 458	24 389	20 904	385 167	4 535	22
2 903	119 891	9 111	6 300	164 563	525	23
569	38 205	427	961	25 769	–	24
939	739	320	745	1 499	159	25
31	952	58	659	1 169	82	26
630 846	409 491	385 277	102 985	876 180	98 798	27
19 415	6 497	4 196	582	11 584	6 304	28
87 571	44 347	39 531	6 987	74 402	21 447	29
210 155	142 525	134 548	37 023	286 973	32 796	30
152 522	103 304	101 475	27 060	228 157	16 520	31
132 452	84 255	87 949	24 019	208 261	13 152	32
24 404	25 408	15 479	6 423	55 800	3 745	33
2 455	2 014	984	646	8 218	1 661	34
1 872	1 141	1 115	245	2 785	3 173	35
58 445	418 084	60 085	101 881	709 025	36 061	36
1 257	11 971	1 202	1 008	11 764	2 600	37
10 069	75 217	8 923	13 365	83 101	8 298	38
23 595	178 553	23 611	46 409	272 353	12 145	39
13 829	90 105	15 580	25 807	192 308	5 376	40
8 204	52 738	9 127	13 287	124 975	3 731	41
1 091	7 179	1 271	1 537	19 736	1 208	42
186	1 034	171	202	2 662	746	43
214	1 287	200	266	2 126	1 957	44

38. Economically active population by industry, sex, age and urban/rural residence: each census, 1974 – 1988 (continued)

(See notes at end of table.)

	Continent, country or area, date, sex, age(in years) and urban/rural residence Continent, pays ou zone, date, sexe, âge(en années) et résidence urbaine/rurale	Total economically active Population active totale	Industry: Agriculture, hunting, forestry and fishing Agriculture, chasse, sylviculture et péche 1	Mining and quarrying Industries extractives 2	Manufacturing Industries Industries manufacturières 3	Electricity, gas and water Electricité, gaz et eau 4
	OCEANIA—OCEANIE					
	American Samoa – Samoa américaines					
	1 IV 1980 [1 3 18 19]					
	Male – Masculin					
1	16 plus	4 923	88	2	998	...
2	16 – 19	160	14	–	35	...
3	20 – 24	555	12	1	151	...
4	25 – 34	1 495	29	1	352	...
5	35 – 44	1 314	18	–	282	...
6	45 – 54	853	8	–	144	...
7	55 – 64	430	7	–	31	...
8	65 plus	116	–	–	3	...
9	Unknown–Inconnu	–	–	–	–	...
	Female – Féminin					
10	16 plus	3 183	9	2	907	...
11	16 – 19	159	–	–	40	...
12	20 – 24	643	7	1	151	...
13	25 – 34	1 054	1	1	285	...
14	35 – 44	698	–	–	253	...
15	45 – 54	439	–	–	150	...
16	55 – 64	148	1	–	26	...
17	65 plus	42	–	–	2	...
	Australia – Australie					
	30 VI 1986 [3 15 39]					
	Male – Masculin					
18	15 plus	3 951 904	251 839	82 649	714 351	112 820
19	15 – 19	285 029	16 085	3 308	56 405	4 734
20	20 – 34	1 563 558	78 050	35 615	282 992	42 892
21	35 – 54	1 634 115	100 191	38 094	289 861	49 843
22	55 plus	469 202	57 513	5 632	85 093	15 351
	Female – Féminin					
23	15 plus	2 561 611	112 543	9 091	261 910	13 190
24	15 – 19	259 969	3 072	746	19 371	1 511
25	20 – 34	1 091 100	26 538	4 899	105 363	7 938
26	35 – 54	1 025 919	56 753	3 104	119 398	3 182
27	55 plus	184 623	26 180	342	17 778	559
	Fiji – Fidji					
	31 VIII 1986					
	Male – Masculin					
28	15 plus	189 929	94 133	1 270	13 684	2 049
29	15 – 19	21 462	12 905	54	944	31
30	20 – 24	33 425	16 544	241	2 309	209
31	25 – 34	55 356	24 084	414	4 712	672
32	35 – 44	37 633	15 952	299	3 247	645
33	45 – 54	24 434	12 355	214	1 787	380
34	55 plus	16 824	11 887	48	643	105
35	Unknown–Inconnu	795	406	–	42	7
	Female – Féminin					
36	15 plus	51 231	12 172	75	4 422	105
37	15 – 19	7 821	2 016	5	480	–
38	20 – 24	10 770	1 829	15	975	10
39	25 – 34	14 916	2 450	24	1 473	57
40	35 – 44	9 246	2 148	20	937	24
41	45 – 54	5 195	1 892	11	360	11
42	55 plus	3 058	1 790	–	170	1
43	Unknown–Inconnu	225	47	–	27	2
	Guam					
	1 IV 1980 [1 3 18 19]					
	Male – Masculin					
44	16 plus	18 994	232	20	1 309	...
45	16 – 19	1 062	18	–	60	...
46	20 – 24	2 097	26	1	125	...
47	25 – 34	5 579	60	7	384	...
48	35 – 44	4 362	42	2	302	...
49	45 – 54	3 655	45	5	270	...
50	55 – 64	1 845	33	5	149	...
51	65 plus	394	8	–	19	...

38. Population active selon la branche d'activité économique, le sexe, l'âge et la résidence, urbaine/rurale: chaque recensement, 1974 – 1988 (suite)

(Voir notes à la fin du tableau.)

Construction Bâtiment et travaux publics 5	Wholesale and retail trade and restaurants and hotels Commerce de gros et de détail; restaurants et hôtels 6	Transport, storage and communication Transports, entrepôts et communications 7	Financing, insurance, real estate and business services Banques, assurances, affaires immobilières et services fournis aux enterprises 8	Community, social and personal services Services fournis à la collectivité, services sociaux et services personnels 9	Activities not adequately defined Activités mal désignées 0	
589	490	...	102	1 268	810	1
17	33	...	5	37	7	2
63	78	...	15	115	60	3
159	161	...	35	321	238	4
165	133	...	25	300	220	5
119	57	...	15	242	169	6
62	22	...	5	184	90	7
4	6	...	2	69	26	8
–	–	...	–	–	–	9
30	441	...	110	602	954	10
2	38	...	11	43	18	11
16	106	...	31	135	151	12
7	163	...	49	161	339	13
4	87	...	12	109	218	14
1	32	...	4	78	165	15
–	11	...	3	60	44	16
–	4	...	–	16	19	17
371 480	689 874	385 107	345 440	849 767	148 577	18
26 479	91 785	11 680	18 267	40 021	16 265	19
154 903	269 378	151 049	139 554	353 711	55 414	20
157 587	260 923	174 172	148 146	357 895	57 403	21
32 511	67 788	48 206	39 473	98 140	19 495	22
55 198	535 187	97 293	316 802	1 066 837	93 560	23
2 264	109 204	5 721	40 592	65 901	11 587	24
21 687	196 890	46 554	162 738	483 815	34 678	25
27 320	197 167	38 229	96 752	445 819	38 195	26
3 927	31 926	6 789	16 720	71 302	9 100	27
11 557	17 679	12 048	4 073	22 172	11 264	28
651	1 403	378	225	1 060	3 811	29
1 744	3 187	1 715	899	3 022	3 555	30
3 623	5 768	4 318	1 475	8 057	2 233	31
3 047	3 906	3 221	862	5 499	955	32
1 889	2 098	1 677	402	3 151	481	33
558	1 237	694	194	1 277	181	34
45	80	45	16	106	48	35
229	8 331	1 103	1 943	14 447	8 404	36
23	730	62	139	782	3 584	37
69	1 735	298	586	2 289	2 964	38
89	2 749	463	859	5 449	1 303	39
27	1 730	180	261	3 584	335	40
16	897	77	64	1 739	128	41
4	444	16	24	532	77	42
1	46	7	10	72	13	43
2 810	3 395	...	1 520	995	6 039	44
68	427	...	91	133	200	45
224	487	...	198	161	576	46
705	929	...	410	298	1 766	47
823	600	...	354	142	1 464	48
660	539	...	293	127	1 261	49
287	349	...	141	90	623	50
43	64	...	33	44	149	51

38. Economically active population by industry, sex, age and urban/rural residence: each census, 1974 – 1988 (continued)

(See notes at end of table.)

	Continent, country or area, date, sex, age(in years) and urban/rural residence Continent, pays ou zone, date, sexe, âge(en années) et résidence urbaine/rurale	Total economically active Population active totale	Industry: Agriculture, hunting, forestry and fishing Agriculture, chasse, sylviculture et péche 1	Mining and quarrying Industries extractives 2	Manufacturing Industries manufacturières 3	Electricity, gas and water Electricité, gaz et eau 4
	OCEANIA—OCEANIE(Cont.–Suite)					
	Guam					
	1 IV 1980 [1,3,18,19]					
	Female – Féminin					
1	Total	13 698	49	5	297	...
2	– 15	905	3	–	23	...
3	15 – 19	2 281	9	1	55	...
4	20 – 24	4 993	10	3	123	...
5	25 – 34	2 951	13	1	58	...
6	35 – 44	1 835	10	–	30	...
7	45 – 54	610	4	–	8	...
8	55 plus	123	–	–	–	...
	New Zealand – Nouvelle–Zélande					
	4 III 1986 [2,3,40,41]					
	Male – Masculin					
9	15 plus	890 337	113 322	5 421	220 536	13 869
10	15 – 19	81 168	10 413	315	21 777	936
11	20 – 24	119 463	14 115	759	33 627	1 845
12	25 – 34	233 445	28 740	1 596	59 163	3 567
13	35 – 44	203 421	24 954	1 218	48 312	3 069
14	45 – 54	145 326	17 733	942	34 752	2 646
15	55 – 64	92 061	12 570	561	20 787	1 770
16	65 plus	15 453	4 797	30	2 118	36
	Female – Féminin					
17	15 plus	599 078	48 312	567	85 664	1 869
18	15 – 19	70 326	3 114	60	11 925	276
19	20 – 24	83 210	4 587	108	6 287	363
20	25 – 34	148 164	12 582	156	22 290	399
21	35 – 44	150 825	14 133	135	23 124	378
22	45 – 54	100 098	8 940	84	15 501	318
23	55 – 64	41 055	4 038	24	5 958	135
24	65 plus	5 400	918	–	579	–
	Norfolk Island – Ile Norfolk					
	30 VI 1981					
	Male – Masculin					
25	15 plus	569	25	3	39	6
	Female – Féminin					
26	15 plus	434	5	–	7	1
	Pacific Islands – Iles du Pacifique [42]					
	15 IX 1980 [1,3,15,18]					
	Male – Masculin					
27	16 plus	10 617	277	6	237	...
28	16 – 19	417	14	–	6	...
29	20 – 24	1 242	30	–	40	...
30	25 – 34	3 744	98	2	82	...
31	35 – 44	2 389	49	–	41	...
32	45 – 54	1 752	57	2	33	...
33	55 – 64	852	22	2	23	...
34	65 plus	221	7	–	12	...
	Female – Féminin					
35	16 plus	3 942	37	...	71	...
36	16 – 19	313	2	...	13	...
37	20 – 24	733	4	...	14	...
38	25 – 34	1 495	12	...	16	...
39	35 – 44	697	9	...	11	...
40	45 – 54	410	4	...	8	...
41	55 – 64	210	4	...	7	...
42	65 plus	84	2	...	2	...

38. Population active selon la branche d'activité économique, le sexe, l'âge et la résidence, urbaine/rurale: chaque recensement, 1974 – 1988 (suite)

(Voir notes à la fin du tableau.)

Branche d'activité économique: Construction / Bâtiment et travaux publics (5)	Wholesale and retail trade and restaurants and hotels / Commerce de gros et de détail; restaurants et hôtels (6)	Transport, storage and communication / Transports, entrepôts et communications (7)	Financing, insurance, real estate and business services / Banques, assurances, affaires immobilières et services fournis aux enterprises (8)	Community, social and personal services / Services fournis à la collectivité, services sociaux et services personnels (9)	Activities not adequately defined / Activités mal désignées (0)	
215	3 904	...	1 230	1 111	6 228	1
19	392	...	95	81	256	2
43	701	...	287	184	870	3
82	1 223	...	535	335	2 408	4
45	857	...	207	223	1 416	5
20	525	...	79	187	918	6
5	155	...	18	85	315	7
1	51	...	9	16	45	8
92 805	144 978	78 003	59 616	152 739	9 048	9
8 403	19 266	4 308	3 876	10 851	1 023	10
13 095	20 451	8 814	7 659	17 835	1 263	11
26 433	34 395	20 232	15 810	41 241	2 268	12
20 982	30 981	19 572	15 288	37 167	1 878	13
14 937	22 620	15 249	9 351	25 752	1 344	14
8 280	14 688	9 285	5 883	17 268	969	15
675	2 577	543	1 749	2 625	303	16
9 231	147 159	32 973	63 324	205 002	4 977	17
660	23 184	3 813	11 106	15 516	672	18
948	21 153	6 183	14 232	28 668	681	19
2 757	31 803	8 514	15 912	52 614	1 137	20
2 793	35 376	7 626	12 441	53 667	1 152	21
1 524	24 282	4 872	6 750	37 065	762	22
489	9 963	1 866	2 478	15 672	432	23
60	1 398	99	405	1 800	141	24
97	116	57	29	164	33	25
5	163	19	19	194	21	26
1 678	928	923	735	5 466	367	27
69	55	16	31	163	63	28
213	150	131	71	553	54	29
531	295	387	267	1 989	93	30
377	160	196	165	1 356	45	31
322	131	129	119	920	39	32
146	103	53	72	382	49	33
20	34	11	10	103	24	34
115	815	79	224	2 235	366	35
15	93	3	12	126	49	36
31	211	26	38	352	57	37
37	265	28	91	973	73	38
12	143	13	35	431	43	39
13	70	7	32	223	53	40
6	28	1	14	107	43	41
1	5	1	2	23	48	42

38. Economically active population by industry, sex, age and urban/rural residence: each census, 1974 – 1988 (continued)

(See notes at end of table.)

	Continent, country or area, date, sex, age(in years) and urban/rural residence Continent, pays ou zone, date, sexe, âge(en années) et résidence urbaine/rurale	Industry: Total economically active Population active totale	Agriculture, hunting, forestry and fishing Agriculture, chasse, sylviculture et péche 1	Mining and quarrying Industries extractives 2	Manufacturing Industries manufacturières 3	Electricity, gas and water Electricité, gaz et eau 4
	OCEANIA—OCEANIE(Cont.–Suite)					
	Pacific Islands– Iles du Pacifique					
	Northern Mariana Islands 4 Iles Mariannes septentrionales					
	15 IX 1980					
	Male – Masculin					
1	16 plus	3 902	115	4	82	...
2	16 – 19	191	7	–	1	...
3	20 – 24	498	19	1	10	...
4	25 – 34	1 331	32	1	28	...
5	35 – 44	966	25	2	26	...
6	45 – 54	627	19	–	14	...
7	55 – 64	235	11	–	3	...
8	65 plus	54	2	–	–	...
	Female – Féminin					
9	16 plus	2 039	7	...	28	...
10	16 – 19	197	–	...	–	...
11	20 – 24	475	2	...	8	...
12	25 – 34	763	3	...	12	...
13	35 – 44	352	2	...	7	...
14	45 – 54	180	–	...	1	...
15	55 – 64	52	–	...	–	...
16	65 plus	20	–	...	–	...

38. Population active selon la branche d'activité économique, le sexe, l'âge et la résidence, urbaine/rurale: chaque recensement, 1974 – 1988 (suite)

(Voir notes à la fin du tableau.)

Branche d'activité économique						
Construction Bâtiment et travaux publics 5	Wholesale and retail trade and restaurants and hotels Commerce de gros et de détail; restaurants et hôtels 6	Transport, storage and communication Transports, entrepôts et communications 7	Financing, insurance, real estate and business services Banques, assurances, affaires immobilières et services fournis aux enterprises 8	Community, social and personal services Services fournis à la collectivité, services sociaux et services personnels 9	Activities not adequately defined Activités mal désignées 0	
972	431	418	220	1 655	5	1
11	63	7	17	85	–	2
58	88	71	35	216	–	3
267	143	150	91	618	1	4
339	76	79	37	380	2	5
250	46	63	27	208	–	6
42	14	39	11	114	1	7
5	1	9	2	34	1	8
28	488	99	124	1 264	1	9
–	4	75	10	12	96	10
7	120	28	47	263	–	11
9	154	37	47	501	–	12
3	73	16	11	239	1	13
4	57	4	4	110	–	14
1	9	3	3	36	–	15
–	–	1	–	19	–	16

38. Economically active population by industry, sex, age and urban/rural residence: each census, 1974 – 1988 (continued)
Data by urban/rural residence

(See notes at end of table.)

	Continent, country or area, date, sex, age(in years) and urban/rural residence Continent, pays ou zone, date, sexe, âge(en années) et résidence urbaine/rurale	Total economically active Population active totale	Industry Agriculture, hunting, forestry and fishing Agriculture, chasse, sylviculture et péche	Mining and quarrying Industries extractives	Manufacturing Industries Industries manufacturières	Electricity, gas and water Electricité, gaz et eau
			1	2	3	4
	AFRICA—AFRIQUE					
	Morocco – Maroc					
	Urban – Urbaine					
	3–21 IX 1982 [6]					
	Male – Masculin					
1	Total	1 983 539	91 425	39 340	463 699	17 804
	Female – Féminin					
2	Total	638 231	13 763	1 950	235 913	1 280
	Rural – Rurale					
	3–21 IX 1982 [6]					
	Male – Masculin					
3	Total	2 834 441	1 897 778	21 770	130 039	3 361
	Female – Féminin					
4	Total	543 049	348 663	300	100 964	20
	Mozambique					
	Urban – Urbaine					
	1 VIII 1980 [3 8]					
	Male – Masculin					
5	12 plus	370 913	55 951	*————	102 495	——*
	Female – Féminin					
6	12 plus	187 862	132 173	*————	14 846	——*
	Rural – Rurale					
	1 VIII 1980 [3 8]					
	Male – Masculin					
7	12 plus	2 251 307	1 831 828	*————	221 235	——*
	Female – Féminin					
8	12 plus	2 766 382	2 734 879	*————	8 218	——*
	South Africa – [9] Afrique du Sud					
	Urban – Urbaine					
	5 III 1985 [10]					
	Male – Masculin					
9	Total	3 565 750	72 040	284 545	869 181	52 817
10	– 20	164 803	5 183	5 093	25 106	1 014
11	20 – 24	547 294	9 524	54 599	117 940	7 198
12	25 – 34	1 136 531	17 853	115 590	288 339	17 981
13	35 – 54	1 381 916	27 391	95 479	360 779	21 829
14	55 – 64	269 622	7 985	12 042	64 545	4 197
15	65 plus	65 584	4 104	1 742	12 472	598
	Female – Féminin					
16	Total	2 244 345	22 740	14 381	345 700	5 713
17	– 20	143 978	2 783	606	23 000	260
18	20 – 24	430 013	4 794	2 562	71 875	997
19	25 – 34	739 650	6 775	4 835	124 102	1 848
20	35 – 54	787 606	6 811	5 632	112 727	2 276
21	55 – 64	120 164	1 165	662	12 179	300
22	65 plus	22 934	412	84	1 817	32
	Rural – Rurale					
	5 III 1985 [10]					
	Male – Masculin					
23	Total	1 966 937	779 058	437 151	117 272	32 884
24	– 20	157 281	94 624	7 851	5 057	502
25	20 – 24	315 372	101 107	89 319	18 235	5 245
26	25 – 34	583 895	175 099	184 794	37 906	12 176
27	35 – 54	687 909	279 964	138 877	45 383	12 709
28	55 – 64	152 600	81 000	13 732	8 158	1 915
29	65 plus	69 880	47 264	2 578	2 533	337

38. Population active selon la branche d'activité économique, le sexe, l'âge et la résidence, urbaine/rurale: chaque recensement, 1974 – 1988 (suite)
Données selon la résidence urbaine/rurale

(Voir notes à la fin du tableau.)

Branche d'activité économique						
Construction Bâtiment et travaux publics 5	Wholesale and retail trade and restaurants and hotels Commerce de gros et de détail; restaurants et hôtels 6	Transport, storage and communication Transports, entrepôts et communications 7	Financing, insurance, real estate and business services Banques, assurances, affaires immobilières et services fournis aux enterprises 8	Community, social and personal services Services fournis à la collectivité, services sociaux et services personnels 9	Activities not adequately defined Activités mal désignées 0	
212 905	322 202	102 482	550 311	–	183 371	1
2 648	20 007	3 865	258 178	–	100 627	2
221 188	152 190	34 371	175 627	–	198 117	3
723	3 731	263	22 796	–	65 589	4
16 525	44 992	46 650	...	12 866	91 434	5
372	16 219	1 893	...	7 072	15 270	6
25 086	45 662	28 167	...	22 859	76 470	7
138	5 371	315	...	4 596	12 865	8
380 489	474 043	311 159	164 141	575 797	381 538	9
13 869	15 917	9 050	2 251	41 232	46 088	10
50 840	65 831	44 402	21 196	85 834	89 930	11
123 497	144 888	101 248	53 759	158 858	114 518	12
159 355	195 555	129 266	68 535	216 770	106 957	13
26 968	39 834	23 755	13 513	55 477	21 306	14
5 960	12 018	3 438	4 887	17 626	2 739	15
23 104	330 348	51 854	158 543	937 367	354 595	16
896	17 555	4 907	11 229	30 395	52 347	17
4 004	64 228	11 727	39 198	125 969	104 659	18
7 960	113 673	15 985	50 613	305 030	108 829	19
8 843	113 671	16 677	48 753	397 172	75 044	20
1 187	17 182	2 241	7 219	65 214	12 815	21
214	4 039	317	1 531	13 587	901	22
145 781	84 248	51 033	9 789	143 140	166 581	23
6 252	4 595	1 195	246	10 387	26 572	24
21 439	12 777	5 814	1 278	23 554	36 604	25
45 773	24 945	16 650	2 922	39 284	44 346	26
58 180	32 213	22 579	3 951	48 260	45 793	27
10 420	6 853	3 754	962	14 274	11 532	28
3 717	2 865	1 041	430	7 381	1 734	29

Special topic

38. Economically active population by industry, sex, age and urban/rural residence: each census, 1974 – 1988 (continued)
Data by urban/rural residence

(See notes at end of table.)

	Continent, country or area, date, sex, age(in years) and urban/rural residence Continent, pays ou zone, date, sexe, âge(en années) et résidence urbaine/rurale	Industry				
		Total economically active Population active totale	Agriculture, hunting, forestry and fishing Agriculture, chasse, sylviculture et péche	Mining and quarrying Industries extractives	Manufacturing Industries manufacturières	Electricity, gas and water Electricité, gaz et eau
			1	2	3	4
	AFRICA—AFRIQUE (Cont.–Suite)					
	South Africa – [9] Afrique du Sud					
	Rural – Rurale					
	5 III 1985 [10]					
	Female – Féminin					
1	Total	915 331	305 752	6 988	47 365	1 306
2	– 20	129 340	56 334	377	4 232	57
3	20 – 24	204 383	62 460	1 088	11 217	230
4	25 – 34	267 328	77 650	2 533	16 190	415
5	35 – 54	259 731	86 367	2 696	13 516	535
6	55 – 64	42 130	16 465	249	1 652	57
7	65 plus	12 419	6 476	45	558	12
	AMERICA,NORTH— AMERIQUE DU NORD					
	Canada					
	Urban – Urbaine					
	3 VI 1986 [12 15 16]					
	Male – Masculin					
8	15 plus	5 610 210	106 465	88 605	1 220 880	72 465
9	15 – 19	340 885	9 640	980	39 450	620
10	20 – 24	786 305	17 590	7 380	160 730	5 265
11	25 – 34	1 628 650	28 615	29 615	375 340	21 745
12	35 – 44	1 286 525	17 995	25 515	286 710	20 730
13	45 – 54	877 020	13 180	16 435	201 405	14 715
14	55 – 64	593 570	12 560	8 320	145 195	9 075
15	65 plus	97 255	6 875	355	12 040	320
	Female – Féminin					
16	15 plus	4 402 295	38 070	19 845	515 480	20 080
17	15 – 19	319 480	3 940	410	20 140	440
18	20 – 24	736 355	7 645	3 655	79 365	3 160
19	25 – 34	1 322 070	10 190	9 035	158 945	8 470
20	35 – 44	1 008 605	6 800	3 920	125 560	4 565
21	45 – 54	619 510	4 905	2 050	85 435	2 260
22	55 – 64	346 180	3 575	720	42 755	1 120
23	65 plus	50 085	1 020	50	3 275	60
	Rural – Rurale					
	3 VI 1986 [12 15 16]					
	Male – Masculin					
24	15 plus	1 706 780	388 105	34 310	302 165	20 295
25	15 – 19	116 995	33 105	625	13 835	210
26	20 – 24	203 970	41 255	3 315	41 135	1 380
27	25 – 34	458 355	84 760	11 835	95 395	6 590
28	35 – 44	412 280	70 815	9 395	77 540	6 460
29	45 – 54	270 170	62 705	6 035	45 220	3 775
30	55 – 64	188 535	60 600	2 920	27 245	1 795
31	65 plus	56 475	34 875	185	1 795	80
	Female – Féminin					
32	15 plus	1 064 225	125 060	3 240	115 440	3 285
33	15 – 19	85 910	9 120	125	6 130	100
34	20 – 24	145 795	10 275	520	18 855	470
35	25 – 34	311 725	28 235	1 195	38 745	1 390
36	35 – 44	271 205	29 200	800	29 205	845
37	45 – 54	156 190	25 580	395	15 435	335
38	55 – 64	79 425	17 415	185	6 660	135
39	65 plus	13 975	5 230	15	415	5

38. Population active selon la branche d'activité économique, le sexe, l'âge et la résidence, urbaine/rurale: chaque recensement, 1974 – 1988 (suite)
Données selon la résidence urbaine/rurale

(Voir notes à la fin du tableau.)

Branche d'activité économique						
Construction Bâtiment et travaux publics 5	Wholesale and retail trade and restaurants and hotels Commerce de gros et de détail; restaurants et hôtels 6	Transport, storage and communication Transports, entrepôts et communications 7	Financing, insurance, real estate and business services Banques, assurances, affaires immobilières et services fournis aux enterprises 8	Community, social and personal services Services fournis à la collectivité, services sociaux et services personnels 9	Activities not adequately defined Activités mal désignées 0	
6 965	53 237	4 110	6 731	308 736	174 141	1
451	4 444	252	575	23 494	39 124	2
1 153	12 201	742	1 641	56 942	56 709	3
2 267	17 919	1 272	2 107	100 595	46 380	4
2 620	16 093	1 615	2 091	107 738	26 460	5
374	2 084	190	265	15 680	5 114	6
100	496	39	52	4 287	354	7
499 855	1 140 530	458 435	549 775	1 298 725	174 475	8
23 100	167 880	8 970	13 260	57 370	19 610	9
80 870	222 915	43 700	61 065	154 395	32 405	10
151 695	307 465	141 665	173 490	356 020	42 995	11
106 535	199 140	118 385	139 660	342 440	29 420	12
83 610	133 330	86 545	83 560	222 705	21 525	13
49 075	91 475	55 475	60 005	142 100	20 285	14
4 975	18 320	3 700	18 735	23 700	8 235	15
59 110	1 131 970	162 755	597 095	1 718 885	138 995	16
2 690	179 360	3 915	19 345	73 210	16 030	17
9 160	239 915	24 325	107 740	236 295	25 100	18
17 805	268 790	61 740	222 035	531 460	33 595	19
14 775	196 085	39 465	136 790	455 275	25 385	20
9 545	147 225	22 115	69 840	259 285	16 850	21
4 550	88 375	10 430	35 565	145 050	14 045	22
585	12 225	765	5 780	18 325	7 995	23
193 930	228 570	127 470	63 860	292 370	55 705	24
10 210	31 625	2 740	1 595	15 620	7 425	25
26 695	35 645	11 280	5 175	30 110	7 980	26
58 585	60 300	37 120	17 160	75 070	11 540	27
48 950	48 150	35 170	19 955	86 930	8 910	28
30 700	30 460	24 285	10 595	49 565	6 830	29
17 015	18 795	15 445	7 490	30 050	7 180	30
1 770	3 590	1 435	1 885	5 030	5 840	31
21 290	249 095	37 265	80 205	386 690	42 660	32
1 150	38 920	865	2 855	21 260	5 385	33
2 530	43 850	3 600	12 275	47 670	5 750	34
6 575	64 080	11 950	31 890	118 490	9 170	35
6 165	51 550	10 800	20 475	114 260	7 900	36
3 310	33 710	6 245	8 655	56 635	5 895	37
1 420	15 280	3 480	3 600	26 030	5 215	38
140	1 700	325	455	2 335	3 345	39

38. Economically active population by industry, sex, age and urban/rural residence: each census, 1974 – 1988 (continued)
Data by urban/rural residence

(See notes at end of table.)

	Continent, country or area, date, sex, age(in years) and urban/rural residence Continent, pays ou zone, date, sexe, âge(en années) et résidence urbaine/rurale	Total economically active Population active totale	Industry Agriculture, hunting, forestry and fishing Agriculture, chasse, sylviculture et péche 1	Mining and quarrying Industries extractives 2	Manufacturing Industries Industries manufacturières 3	Electricity, gas and water Electricité, gaz et eau 4
	AMERICA,SOUTH— AMERIQUE DU SUD					
	Uruguay					
	Urban – Urbaine					
	23 X 1985 [25 43]					
	Male – Masculin					
1	12 plus	631 600	46 400	1 200	131 800	14 000
2	12 – 13	1 900	300	–	200	–
3	14 – 19	47 100	4 900	100	10 100	200
4	20 – 24	80 800	5 200	200	18 000	1 600
5	25 – 34	161 500	10 100	300	35 100	4 000
6	35 – 44	133 000	9 200	200	27 800	2 800
7	45 – 54	116 600	7 700	300	23 800	3 300
8	55 – 64	74 400	6 600	200	14 500	1 900
9	65 plus	16 300	2 400	–	2 300	200
	Female – Féminin					
10	12 plus	357 600	3 500	100	66 700	2 500
11	12 – 13	700	–	–	–	–
12	14 – 19	23 800	200	–	3 700	–
13	20 – 24	50 200	400	–	10 200	400
14	25 – 34	100 800	800	–	18 900	1 000
15	35 – 44	82 400	800	–	15 800	500
16	45 – 54	64 500	700	–	12 000	300
17	55 – 64	29 000	400	–	5 200	100
18	65 plus	6 300	200	–	800	–
	Rural – Rurale					
	23 X 1985 [25 43]					
	Male – Masculin					
19	12 plus	152 600	116 400	600	9 100	500
20	12 – 13	1 000	800	–	–	–
21	14 – 19	17 300	13 600	–	800	–
22	20 – 24	18 300	13 100	100	1 400	–
23	25 – 34	32 000	22 900	100	2 400	200
24	35 – 44	29 200	21 800	100	1 800	100
25	45 – 54	27 600	21 600	100	1 400	100
26	55 – 64	20 700	17 000	100	1 000	–
27	65 plus	6 500	5 500	–	200	–
	Female – Féminin					
28	12 plus	30 500	12 900	–	4 000	–
29	12 – 13	200	100	–	–	–
30	14 – 19	3 700	1 300	–	500	–
31	20 – 24	4 300	1 500	–	900	–
32	25 – 34	7 900	3 100	–	1 100	–
33	35 – 44	6 300	2 800	–	700	–
34	45 – 54	4 900	2 500	–	600	–
35	55 – 64	2 300	1 300	–	200	–
36	65 plus	700	400	–	100	–
	ASIA—ASIE					
	Japan – Japon					
	Urban – Urbaine					
	1 X 1985 [3 32]					
	Male – Masculin					
37	15 plus	27 418 805	1 204 931	49 135	6 926 621	233 585
38	15 – 19	635 505	7 119	428	204 445	4 619
39	20 – 24	2 370 934	26 282	2 405	612 974	21 451
40	25 – 34	6 303 942	100 545	8 445	1 456 700	62 963
41	35 – 44	7 534 660	146 546	12 733	2 015 167	64 124
42	45 – 54	5 860 517	252 939	17 733	1 663 241	50 644
43	55 – 64	3 344 646	363 989	6 143	749 432	27 952
44	65 plus	1 368 601	307 511	1 248	224 662	1 832

38. Population active selon la branche d'activité économique, le sexe, l'âge et la résidence, urbaine/rurale: chaque recensement, 1974 – 1988 (suite)
Données selon la résidence urbaine/rurale

(Voir notes à la fin du tableau.)

Branche d'activité économique						
Construction Bâtiment et travaux publics 5	Wholesale and retail trade and restaurants and hotels Commerce de gros et de détail; restaurants et hôtels 6	Transport, storage and communication Transports, entrepôts et communications 7	Financing, insurance, real estate and business services Banques, assurances, affaires immobilières et services fournis aux enterprises 8	Community, social and personal services Services fournis à la collectivité, services sociaux et services personnels 9	Activities not adequately defined Activités mal désignées 0	
58 100	87 200	49 200	27 000	155 900	60 800	1
–	500	100	–	100	600	2
2 800	8 900	1 400	700	5 700	12 500	3
6 000	11 300	5 500	3 400	19 600	10 100	4
13 600	18 900	13 100	6 900	46 600	12 800	5
12 500	17 900	11 300	5 800	35 700	9 800	6
12 600	16 100	10 500	6 300	27 700	8 300	7
8 700	10 900	6 500	3 200	16 500	5 400	8
1 800	2 700	800	700	3 900	1 400	9
800	44 600	7 600	14 500	187 900	29 500	10
–	–	–	–	300	200	11
–	2 600	100	500	11 900	4 800	12
100	6 800	1 200	3 100	21 800	6 100	13
300	11 700	3 200	5 600	51 500	7 700	14
200	10 300	1 500	2 700	45 500	5 000	15
100	8 800	1 000	1 700	36 200	3 800	16
100	3 800	500	700	16 700	1 500	17
–	700	–	100	3 900	400	18
4 400	3 700	2 100	300	8 700	6 700	19
–	–	–	–	–	200	20
300	400	–	–	400	1 600	21
500	300	200	100	1 600	900	22
900	1 000	600	100	2 700	1 100	23
900	800	500	100	1 900	1 000	24
1 100	600	400	100	1 200	900	25
600	400	300	–	700	700	26
100	100	–	–	100	400	27
–	1 300	300	300	9 300	2 400	28
–	–	–	–	–	–	29
–	100	–	–	1 100	600	30
–	200	–	100	1 300	400	31
–	300	100	100	2 600	400	32
–	300	100	–	2 000	300	33
–	200	–	–	1 400	300	34
–	100	–	–	700	100	35
–	–	–	–	200	100	36
3 360 423	6 020 890	2 448 402	1 053 395	6 048 610	72 813	37
73 459	193 838	32 824	3 744	108 897	6 132	38
225 786	639 580	191 373	63 760	576 612	10 711	39
750 791	1 513 095	532 185	275 721	1 590 225	13 272	40
1 005 930	1 702 587	796 020	281 584	1 497 467	12 502	41
802 208	1 102 106	624 462	219 562	1 116 941	10 681	42
409 750	554 958	238 584	141 102	841 812	10 924	43
92 499	314 726	32 954	67 922	316 656	8 591	44

38. Economically active population by industry, sex, age and urban/rural residence: each census, 1974 – 1988 (continued)
Data by urban/rural residence

(See notes at end of table.)

	Continent, country or area, date, sex, age(in years) and urban/rural residence Continent, pays ou zone, date, sexe, âge(en années) et résidence urbaine/rurale	Total economically active Population active totale	Industry: Agriculture, hunting, forestry and fishing Agriculture, chasse, sylviculture et pêche 1	Mining and quarrying Industries extractives 2	Manufacturing Industries manufacturières 3	Electricity, gas and water Electricité, gaz et eau 4
	ASIA—ASIE (Cont.–Suite)					
	Japan – Japon					
	Urban – Urbaine					
	1 X 1985 [3 32]					
	Female – Féminin					
1	15 plus	16 843 328	999 116	6 019	3 752 734	35 606
2	15 – 19	578 558	1 173	133	150 376	1 280
3	20 – 24	2 272 903	8 328	957	438 393	8 553
4	25 – 34	3 102 674	73 033	1 031	584 135	7 778
5	35 – 44	4 558 086	145 283	1 361	1 169 161	7 925
6	45 – 54	3 695 130	264 528	1 623	978 698	7 064
7	55 – 64	1 914 345	334 207	752	342 911	2 751
8	65 plus	721 632	172 564	162	89 060	255
	Rural – Rurale					
	1 X 1985 [3 32]					
	Male – Masculin					
9	15 plus	8 260 360	1 722 535	35 090	1 783 734	59 566
10	15 – 19	152 041	11 899	354	61 335	1 323
11	20 – 24	582 232	42 962	1 540	179 176	6 618
12	25 – 34	1 751 710	162 994	6 283	406 761	16 192
13	35 – 44	2 027 481	214 975	9 146	510 666	15 656
14	45 – 54	1 761 899	371 793	11 687	385 227	11 367
15	55 – 64	1 336 520	523 442	5 171	191 840	7 663
16	65 plus	648 477	394 470	909	48 729	747
	Female – Féminin					
17	15 plus	5 834 739	1 485 611	5 072	1 509 515	8 084
18	15 – 19	129 959	1 999	75	50 031	313
19	20 – 24	539 352	13 680	370	139 906	1 844
20	25 – 34	1 041 118	126 025	691	275 447	2 072
21	35 – 44	1 429 154	218 971	1 253	466 136	1 959
22	45 – 54	1 349 694	403 605	1 646	392 345	1 258
23	55 – 64	959 192	488 827	892	150 745	549
24	65 plus	386 270	232 504	145	34 905	89
	Sri Lanka					
	Urban – Urbaine					
	17 III 1981 [3]					
	Male – Masculin					
25	10 plus	732 857	57 871	2 321	103 897	6 237
26	10 – 14	5 840	514	13	535	5
27	15 – 19	41 715	3 908	204	6 239	101
28	20 – 24	106 532	7 812	487	17 649	891
29	25 – 34	237 316	16 136	830	35 869	2 562
30	35 – 44	162 144	11 192	420	21 867	1 415
31	45 – 54	113 686	9 080	249	13 475	974
32	55 – 64	48 233	6 002	90	6 148	261
33	65 plus	17 391	3 227	28	2 115	28
	Female – Féminin					
34	10 plus	160 285	4 835	202	34 052	391
35	10 – 14	3 135	42	–	136	1
36	15 – 19	10 094	345	7	3 149	3
37	20 – 24	29 682	601	25	10 926	96
38	25 – 34	56 351	1 334	81	12 875	206
39	35 – 44	33 064	1 223	40	4 566	60
40	45 – 54	19 665	888	32	1 753	16
41	55 – 64	6 045	279	12	480	9
42	65 plus	2 249	123	5	167	–

38. Population active selon la branche d'activité économique, le sexe, l'âge et la résidence, urbaine/rurale: chaque recensement, 1974 – 1988 (suite)

Données selon la résidence urbaine/rurale

(Voir notes à la fin du tableau.)

Branche d'activité économique

Construction Bâtiment et travaux publics 5	Wholesale and retail trade and restaurants and hotels Commerce de gros et de détail; restaurants et hôtels 6	Transport, storage and communication Transports, entrepôts et communications 7	Financing, insurance, real estate and business services Banques, assurances, affaires immobilières et services fournis aux enterprises 8	Community, social and personal services Services fournis à la collectivité, services sociaux et services personnels 9	Activities not adequately defined Activités mal désignées 0	
502 639	5 167 333	362 276	892 222	5 045 632	79 751	1
7 815	222 578	15 254	33 827	141 122	5 000	2
53 055	666 666	64 240	226 156	798 434	8 121	3
90 750	895 103	76 744	191 271	1 168 932	13 897	4
160 151	1 534 271	96 667	184 028	1 237 309	21 930	5
124 076	1 102 041	79 178	133 655	987 686	16 581	6
55 426	517 398	25 990	85 295	540 354	9 261	7
11 366	229 276	4 203	37 990	171 795	4 961	8
1 218 981	1 114 840	620 065	132 201	1 567 202	6 146	9
19 650	27 611	6 420	703	22 204	542	10
71 193	103 403	42 787	8 317	125 601	635	11
278 985	278 785	137 456	37 594	425 849	811	12
327 833	305 254	211 284	37 729	394 230	708	13
294 493	195 083	160 091	25 645	305 640	873	14
189 415	125 399	56 070	16 731	219 378	1 411	15
37 412	79 305	5 957	5 482	74 300	1 166	16
184 252	1 079 342	79 291	131 361	1 344 403	7 808	17
1 893	35 556	2 480	6 474	30 700	438	18
12 573	124 494	10 268	38 079	197 545	593	19
30 065	203 594	16 597	33 726	351 649	1 252	20
50 146	298 922	24 767	25 190	339 971	1 839	21
54 321	213 023	18 093	15 086	248 735	1 582	22
30 893	134 571	6 045	9 959	135 532	1 179	23
4 361	69 182	1 041	2 847	40 271	925	24
33 841	186 283	76 194	24 243	161 474	80 496	25
75	1 877	33	15	2 213	560	26
1 724	16 877	982	435	5 873	5 372	27
4 839	31 494	8 059	3 262	19 063	12 976	28
11 423	59 256	24 402	9 089	52 360	25 389	29
7 767	35 803	21 492	5 447	39 966	16 775	30
5 343	23 783	16 039	3 795	29 295	11 653	31
2 010	12 241	4 560	1 579	9 730	5 612	32
660	4 952	627	621	2 974	2 159	33
1 710	15 416	4 332	6 047	81 715	11 585	34
4	39	4	2	2 738	169	35
48	665	115	116	4 722	924	36
312	2 724	1 012	1 460	10 120	2 406	37
897	5 522	1 828	3 283	26 532	3 793	38
298	3 391	953	876	19 446	2 211	39
111	1 818	356	233	13 170	1 288	40
27	858	52	65	3 714	549	41
13	399	12	12	1 273	245	42

38. Economically active population by industry, sex, age and urban/rural residence: each census, 1974 – 1988 (continued)
Data by urban/rural residence

(See notes at end of table.)

	Continent, country or area, date, sex, age(in years) and urban/rural residence Continent, pays ou zone, date, sexe, âge(en années) et résidence urbaine/rurale	Total economically active Population active totale	Industry Agriculture, hunting, forestry and fishing Agriculture, chasse, sylviculture et pêche	Mining and quarrying Industries extractives	Manufacturing Industries Industries manufacturières	Electricity, gas and water Electricité, gaz et eau
			1	2	3	4
	ASIA—ASIE (Cont.–Suite)					
	Sri Lanka					
	Rural – Rurale					
	17 III 1981 [3]					
	Male – Masculin					
1	10 plus	2 515 571	1 358 818	29 152	209 988	9 031
2	10 – 14	20 868	13 712	113	1 088	2
3	15 – 19	156 942	100 474	2 666	11 983	160
4	20 – 24	329 636	183 679	6 605	30 017	1 337
5	25 – 34	748 485	363 927	10 407	72 664	3 591
6	35 – 44	539 986	263 476	4 713	46 949	2 313
7	45 – 54	403 775	220 591	2 943	28 304	1 323
8	55 – 64	214 459	139 871	1 278	13 629	287
9	65 plus	101 420	73 088	427	5 354	18
	Female – Féminin					
10	10 plus	710 552	454 304	2 139	60 784	335
11	10 – 14	8 623	5 129	21	469	–
12	15 – 19	62 325	47 192	147	6 144	5
13	20 – 24	109 313	71 603	258	14 245	44
14	25 – 34	223 981	132 526	557	22 073	193
15	35 – 44	164 914	106 439	539	10 456	67
16	45 – 54	101 315	66 254	431	4 949	18
17	55 – 64	31 000	19 956	124	1 748	7
18	65 plus	9 081	5 205	62	700	1
	OCEANIA—OCEANIE					
	Vanuatu					
	Urban – Urbaine					
	22 I 1986 [3]					
	Male – Masculin					
19	15 plus	5 309	476	14	285	113
20	15 – 24	1 532	167	3	116	27
21	25 – 44	3 008	226	8	137	66
22	45 – 64	681	66	3	29	17
23	65 plus	88	17	–	3	3
	Female – Féminin					
24	15 plus	2 933	98	1	102	5
25	15 – 24	1 088	32	1	35	2
26	25 – 44	1 569	41	–	55	2
27	45 – 64	241	21	–	11	1
28	65 plus	35	4	–	1	–

38. Population active selon la branche d'activité économique, le sexe, l'âge et la résidence, urbaine/rurale: chaque recensement, 1974 – 1988 (suite)
Données selon la résidence urbaine/rurale

(Voir notes à la fin du tableau.)

Branche d'activité économique						
Construction Bâtiment et travaux publics 5	Wholesale and retail trade and restaurants and hotels Commerce de gros et de détail; restaurants et hôtels 6	Transport, storage and communication Transports, entrepôts et communications 7	Financing, insurance, real estate and business services Banques, assurances, affaires immobilières et services fournis aux enterprises 8	Community, social and personal services Services fournis à la collectivité, services sociaux et services personnels 9	Activities not adequately defined Activités mal désignées 0	
95 293	213 237	115 129	22 591	232 421	229 911	1
213	1 412	58	14	1 978	2 278	2
4 052	11 456	1 243	328	6 016	18 564	3
12 220	27 411	10 078	2 662	21 076	34 551	4
31 813	71 346	37 740	9 697	80 055	67 245	5
23 532	46 408	35 814	5 183	64 391	47 207	6
16 287	30 352	23 487	3 586	42 734	34 168	7
5 420	16 890	5 822	813	12 250	18 199	8
1 756	7 962	887	308	3 921	7 699	9
3 124	22 382	3 919	4 046	112 230	47 289	10
15	57	2	2	2 025	903	11
167	479	37	27	3 934	4 193	12
513	2 517	513	762	12 033	6 825	13
1 342	8 424	1 859	2 668	41 777	12 562	14
658	5 248	1 106	494	29 298	10 609	15
334	3 074	324	71	18 317	7 543	16
72	1 733	63	18	4 081	3 198	17
23	850	15	4	765	1 456	18
691	979	768	309	1 674	...	19
199	333	156	94	437	...	20
374	514	508	192	983	...	21
111	113	99	21	222	...	22
7	19	5	2	32	...	23
12	601	82	242	1 790	...	24
5	230	33	92	658	...	25
6	312	44	135	974	...	26
1	52	5	15	135	...	27
–	7	–	–	23	...	28

38. Economically active population by industry, sex, age and urban/rural residence: each census, 1974 – 1988 (continued)

GENERAL NOTES

Economically active may be limited to persons above a minimun age; for known minima, see table 36. Industry is classified according to the 10 Divisions of the International Standard Industrial Classification of all Economic Activities. For definitions of "urban", see end of table 6. For limitations of data, see Technical Notes page 138.

FOOTNOTES

- * Provisional.
- 1 De jure population.
- 2 Excluding persons seeking work for the first time.
- 3 For employed workers only.
- 4 Reasons for discrepancy between these figures and those shown elsewhere not ascertained.
- 5 For classification by urban/rural residence, see end of table.
- 6 Excluding population counted separately.
- 7 Including persons seeking work for the first time and nationals abroad.
- 8 Data exclude adjustment for underenumeration, estimated at 3.8 per cent.
- 9 Excluding Bophuthatswana, Ciskei, Transkei and Venda.
- 10 Data exclude adjustment for underenumeration.
- 11 For 12 months preceding census date.
- 12 De jure population, but excluding persons residing in institutions.
- 13 Excluding population attending school.
- 14 Including other and not stated.
- 15 Because of rounding, totals are not in all cases the sum of the parts.
- 16 Excluding persons who never worked.
- 17 Excluding persons not classified by industry.
- 18 Excluding armed forces.
- 19 Based on an 18 per cent sample of census returns.
- 20 Excluding nomadic Indian tribes.
- 21 Data exclude adjustment for underenumeration, estimated at 5.6 per cent.
- 22 Excluding Indian jungle population, estimated at 39 800 in 1972.

NOTES GENERALES

La population active peut se limiter aux personnes ayant dépassé un âge minimum; pour les âges minimums connus, voir le tableau 36. Le classement est fait selon les 10 branches de la Classification internationale type, par industrie, de toutes les branches d'activité économique. Pour les définitions des "régions urbaines", se reporter à la fin du tableau 6. Pour les insuffisances des données, voir Notes techniques, page 138. .

NOTES

- * Données provisoires.
- 1 Population de droit.
- 2 Non compris les personnes cherchant un emploi pour la première fois.
- 3 Pour les personnes ayant un emploi seulement.
- 4 On ne sait pas comment s'explique la divergence entre ces chiffres et les chiffres correspondants indiqués ailleurs.
- 5 Pour le classement selon la résidence, urbaine/rurale, voir la fin du tableau.
- 6 Non compris la population compteé à part.
- 7 Y compris les personnes cherchant un emploi pour la première fois et les nationaux hors du pays.
- 8 Les données n'ont pas été ajustées pour compenser les lacunes du dénombrement, estimées à 3,8 p. 100.
- 9 Non compris Bophuthatswana, Ciskei, Transkei et Venda.
- 10 Les données n'ont pas été ajustées pour compenser les lacunes du dénombrement.
  dénombrement, estimées à 7,4151 p. 100.
- 11 Pour les 12 mois qui précédé la date du recensement.
- 12 Population de droit, mais non compris les personnes dans les institutions.
- 13 Non compris la population fréquentant les écoles.
- 14 Y compris autres et non déterminé.
- 15 Les chiffres étant arrondis, les totaux ne correspondent pas toujours rigoureusement à la somme des chiffres partiels.
- 16 Non compris les personnes qui jamais travaillant.
- 17 Non compris les personnes non classées selon la branche d'activité économique.
- 18 Non compris les militaires.
- 19 D'après un échantillon de 18 p. 100 des bulletins de recensement.
- 20 Non compris les tribus d'Indiens nomades.
- 21 Les données n'ont pas été ajustées pour compenser les lacunes du dénombrement, estimées à 5,6 p. 100.
- 22 Non compris les Indiens de la jungle, estimés à 39 800 en 1972.

38. Population active selon la branche d'activité économique, le sexe, l'âge et la résidence, urbaine/rurale: chaque recensement, 1974 – 1988 (suite)

FOOTNOTES (continued)

23 Data exclude adjustment for underenumeration, estimated at 4.1 per cent.

24 Including persons seeking work for the first time.
25 Data exclude adjustment for underenumeration, estimated at 2.6 per cent.

26 Excluding Indian jungle population, estimated at 31 800 in 1961.
27 Data exclude adjustment for underenumeration, estimated at 6.85 per cent.

28 Including 26 106 transients and 9 131 Vietnamese refugees.
29 Including unemployed who never worked.
30 Including data for East Jerusalem and Israeli residents certain other territories under occupation by Israeli military forces since June 1967.
31 Excluding the armed forces and draftees for national services.
32 Excluding diplomatic personnel outside country and foreign military and civilian personnel and their dependants stationed in the area.

33 Excluding data for Jordanian territory under occupation since June 1967 by Israeli military forces.
34 Including military and diplomatic personnel and their families abroad, numbering 933 at 1961 census but excluding foreign military and diplomatic personnel and their families in the country, numbering 389 at 1961 census. Also including registered Palestinian refugees numbering 722 687 on 31 May 1967.

35 Formerly listed as "Burma".
36 For Syrian population only.
37 Excluding Faeroe Islands and Greenland, shown separately.

38 Based on national registers.
39 Data excluded adjustment for underenumeration, estimated at 1.8 per cent.

40 For usual residents in country at time of census.
41 Excluding diplomatic personnel and armed forces stationed outside the country, the latter numbering 1 936 at 1966 census, also excluding alien armed forces within the country.
42 Excluding Northern Marianas.
43 Based on a sample of census returns.

NOTES (suite)

23 Les données n'ont pas été ajustées pour compenser les lacunes du dénombrement, estimées à 4,1 p. 100.
24 Y compris les personnes cherchant un emploi pour la première fois.
25 Les données n'ont pas été ajustées pour compenser les lacunes du dénombrement, estimées à 2,6 p.100.
26 Non compris les Indiens de la jungle, estimés à 31 800 en 1961.
27 Les données n'ont pas été ajustées pour compenser les lacunes du dénombrement, estimées à 6,85 p.100.
28 Y compris 26 106 transients et 9 131 réfugiés du Viet Nam.
29 Y compris les chômeurs qui jamais travaillant.
30 Y compris les données pour Jérusalem–Est et les résients israéliens dans certains autres territoires occupés depuis juin 1967 par les forces armées israéliennes.
31 Non compris les forces armées ni les militaires du contingent.
32 Non compris le personnel diplomatique hors du pays ni les militaires et agents civils étrangers en poste sur le territoire et les membres de leur famille les accompagnant.
33 Non compris les données pour le territoire jordanien occupée depuis juin 1967 par les forces armées israéliennes.
34 Y compris les militaires, les personnel diplomatique à l'étranger et les membres de leur famille les accompagnant au nombre de 933 personnes au recensement de 1961, mais non compris les militaires, le personnel diplomatique étranger en poste dans le pays et les membres de leur famille les accompagnant au nombre de 389 personnes au recensement de 1961. Y compris également les réfugiés de Palestine immatriculés, au nombre de 722 687 au 31 mai 1967.
35 Antérieurement désigné sous le nom de "Birmanie".
36 Pour la population Syrienne seulement.
37 Non compris les îles Féroé et le Groenland, qui font l'objet de rubriques distinctes.
38 D'après les registres nationaux.
39 Les données n'ont pas été ajustées pour compenser les lacunes du dénombrement, estimées à 1,8 p. 100.
40 Pour les résidents habituels dans le pays au moment du recensement.
41 Non compris le personnel diplomatique ni les militaires hors du pays, ces derniers au nombre de 1 936, au recensement de 1966; non compris également les militaires étrangers dans le pays.
42 Non compris les Mariannes septentrionales.
43 D'après un échantillon des bulletins de recensement.

38. Economically active population by industry, sex, age and urban/rural residence: each census, 1974 – 1988 (continued)
Population active selon la branche d'activité économique, le sexe, l'âge et la résidence, urbaine/rurale: chaque recensement, 1974 – 1988 (suite)

List of countries or areas covered by this table in the 1984 issue of the Demographic Yearbook
Liste des pays ou zones couverts par ce tableau, dans l'édition de 1984 de l'Annuaire démographique

Continent and country or area Continent et pays ou zone	Census date Date du recensement	Issue Edition
AFRICA — AFRIQUE		
Botswana	16 VIII 1981	1984
Cameroon – Cameroun	9 IV 1976	1984
Central African Republic– Republique centrafricaine	8 XII 1975	1984
Comoros – Comores	15 IX 1980	1984
Egypt – Egypte	23 XI 1976	1984
Guinea–Bissau – Guinée Bissau	16 IV 1979	1984
Liberia – Libéria	1 II 1974	1984
Malawi	20 IX 1977	1984
Mali	16 XII 1976	1984
Rwanda	15–16 VIII 1978	1984
Seychelles	1 VIII 1977	1984
AMERICA NORTH — AMERIQUE DU NORD		
Bermuda – Bermudes	12 V 1980	1984
Canada	3 VI 1981	1984
Greenland – Groenland	26 X 1976	1984
Guadeloupe	16 X 1974	1984
Guadeloupe	9 III 1982	1984
Guatemala	26 III 1981	1984
Haiti – Haïti	30 VIII 1982	1984
Honduras	6 III 1974	1984
Martinique	16 X 1974	1984
Martinique	9 III 1982	1984
Mexico – Mexique	4 VI 1980	1984
Panama	11 V 1980	1984
Trinidad and Tobago – Trinité–et–Tobago	12 V 1980	1984
Turks and Caicos Islands – Iles Turques et Caïques	12 V 1980	1984
United States – Etats–Unis	1 IV 1980	1984
AMERICA SOUTH — AMERIQUE DU SUD		
Argentina – Argentine	22 X 1980	1984
Bolivia – Bolivie	26 IX 1976	1984
Brazil – Brésil	1 IX 1980	1984
Ecuador – Equateur	8 VI 1974	1984
French Guiana – Guyane Française	9 III 1982	1984
Uruguay	21 V 1975	1984
ASIA — ASIE		
Afghanistan	23 VI 1979	1984
Bahrain – Bahreïn	5 IV 1981	1984
Bangladesh	1 III 1974	1984
Brunei Darussalam – Brunéi Darussalam	26 VIII 1981	1984
China – Chine	1 VII 1982	1984
Hong Kong – Hong–Kong	2 VIII 1976	1984
Hong Kong – Hong–kong	9 III 1981	1984
India – Inde	1 III 1981	1984
Indonesia – Indonésie	31 X 1980	1984
Iran	1 XI 1976	1984
Japan – Japon	1 X 1975	1984
Japan – Japon	1 X 1980	1984
Korea, Republic of Corée, République de	1 X 1975	1984
Korea, Republic of – Corée, République de	1 X 1980	1984
Kuwait – Koweït	21 IV 1975	1984
Kuwait – Koweït	21 IV 1980	1984
Malaysia – Malaisie Sarawak	10 VI 1980	1984

Continent and country or area Continent et pays ou zone	Census date Date du recensement	Issue Edition
ASIA (cont.) — ASIE (suite)		
Maldives	31 VII 1977	1984
Nepal – Népal	22 VI 1981	1984
Pakistan	1 III 1981	1984
Philippines	1 V 1975	1984
Philippines	1 V 1980	1984
Singapore Singapour	24 VI 1980	1984
Thailand – Thailande	1 IV 1980	1984
Turkey – Turquie	26 X 1975	1984
Turkey – Turquie	12 X 1980	1984
United Arab Emirates – Emirats arabes unis	31 XII 1975	1984
Yemen – Yémen	1 II 1975	1984
EUROPE		
Austria – Autriche	12 V 1981	1984
Bulgaria – Bulgarie	2 XII 1975	1984
Channel Islands – Iles Anglo–Normandes		
Guernsey – Guernesey	5 IV 1981	1984
Jersey	5 IV 1981	1984
Czechoslovakia – Tchécoslovaquie	1 XI 1980	1984
Denmark – Danemark	1 VII 1976	1984
Faeroe Islands – Iles Féroé	22 IX 1977	1984
Finland – Finlande	31 XI 1975	1984
Finland – Finlande	1 XI 1980	1984
France	20 II 1975	1984
France	4 III 1982	1984
Gibraltar	9 XI 1981	1984
Greece – Grèce	5 IV 1981	1984
Hungary – Hongrie	1 I 1980	1984
Isle of Man – Ile de Man	4 IV 1976	1984
Isle of Man – Ile de Man	6 IV 1981	1984
Liechtenstein	31 XII 1981	1984
Luxembourg	31 III 1981	1984
Norway – Norvège	1 XI 1980	1984
Poland – Pologne	7 XII 1978	1984
Portugal	16 III 1981	1984
San Marino – Saint Marin	30 XI 1976	1984
Spain – Espagne	28 II 1981	1984
Sweden – Suède	1 XI 1975	1984
Sweden – Suède	8 IX 1980	1984
Switzerland – Suisse	2 XII 1980	1984
United Kingdom – Royaume–Uni		
Northern Ireland – Irlande du Nord	5 IV 1981	1984
OCEANIA – OCEANIE		
Australia – Australie	30 VI 1976	1976
Australia – Australie	30 VI 1981	1984
Cook Islands – Iles Cook	1 XII 1976	1984
Cook Islands – Iles Cook	1 XII 1981	1984
Fiji – Fidji	13 IX 1976	1984
New Caledonia – Nouvelle–Calédonie	23 IV 1976	1984
New Zealand – Nouvelle–Zélande	23 IV 1976	1984
New Zealand – Nouvelle–Zélande	24 III 1981	1984
Pacific Islands – Iles du Pacifique	15 IX 1980	1984
Samoa	3 XI 1976	1984
Tonga	30 XI 1976	1984
Vanuatu	15–16 I 1979	1984

39. Economically active population by occupation, sex, age and urban/rural residence: each census, 1974 – 1988

(See notes at end of table.)

	Continent, country or area, date, sex, age(in years) and urban/rural residence Continent, pays ou zone, date, sexe, âge(en anneés) et résidence urbaine/rurale	Occupation: Total economically active Population active totale	Occupation: Professional, technical and related workers Personnel des professions techniques, libérales et assimilées	Occupation: Administrative and managerial workers Directeurs et cadres administratifs supérieurs	Occupation: Clerical and related workers Personnel administratif et travailleurs assimilés
	AFRICA—AFRIQUE				
	Burundi				
	15–16 VIII 1979 [1 2]				
	Male – Masculin				
1	10 plus	1 133 477	15 710	705	6 663
2	10 – 14	123 851	20	–	2
3	15 – 19	201 598	421	–	137
4	20 – 24	187 240	3 253	12	961
5	25 – 34	234 682	6 120	373	2 889
6	35 – 44	143 348	3 155	233	1 782
7	45 – 54	107 356	1 846	62	632
8	55 – 64	70 077	641	20	195
9	65 plus	64 275	207	5	48
10	Unknown–Inconnu	1 050	47	–	17
	Female – Féminin				
11	10 plus	1 279 692	5 215	63	2 331
12	10 – 14	141 768	18	–	4
13	15 – 19	220 787	317	–	126
14	20 – 24	204 227	1 860	6	978
15	25 – 34	253 842	2 027	30	1 006
16	35 – 44	175 219	652	16	175
17	45 – 54	130 991	227	8	21
18	55 – 64	87 393	76	3	11
19	65 plus	64 202	23	–	3
20	Unknown–Inconnu	1 263	15	–	7
	Comoros – Comores				
	15 IX 1980 [3]				
	Male – Masculin				
21	Total	73 232	2 302	189	1 220
22	– 15	3 193	...	...	...
23	15 – 19	6 784	...	...	...
24	20 – 24	8 393	...	...	...
25	25 – 34	17 278	...	...	...
26	35 – 44	14 745	...	...	...
27	45 – 54	10 044	...	...	...
28	55 – 64	6 547	...	...	...
29	65 plus	5 819	...	...	...
30	Unknown–Inconnu	429	...	...	...
	Female – Féminin				
31	Total	26 231	660	–	262
32	– 15	1 627	...	...	...
33	15 – 19	3 552	...	...	...
34	20 – 24	3 570	...	...	...
35	25 – 34	6 206	...	...	...
36	35 – 44	4 818	...	...	...
37	45 – 54	3 063	...	...	...
38	55 – 64	1 808	...	...	...
39	65 plus	1 516	...	...	...
40	Unknown–Inconnu	71	...	...	...
	Congo				
	7 II 1974 [4]				
	Male – Masculin				
41	15 plus	223 502	11 958	–	13 28[illegible]
42	15 – 19	5 677	95	–	13[illegible]
43	20 – 24	18 535	1 599	–	1 39[illegible]
44	25 – 34	56 025	5 648	–	5 486
45	35 – 44	55 630	2 756	–	3 965
46	45 – 54	42 927	1 137	–	1 56[illegible]
47	55 – 64	31 398	509	–	53[illegible]
48	65 plus	11 619	160	–	14[illegible]
49	Unknown–Inconnu	1 691	54	–	57

39. Population active selon la profession, le sexe, l'âge et la résidence, urbaine/rurale: chaque recensement, 1974 – 1988

(Voir notes à la fin du tableau.)

Profession: Sales workers / Personnel commercial et vendeurs	Services workers / Travailleurs spécialisés dans les services	Agricultural, animal husbandry and forestry workers, fishermen and hunters / Agriculteurs, éleveurs, forestiers, pêcheurs et chasseurs	Production and related workers, transport equipment operators and labourers / Ouvriers et manoeuvres non agricoles et conducteurs d'engins de transport	Workers not classifiable by occupation / Travailleurs ne pouvant être classés selon la profession	Members of the armed forces / Membres des forces armées	
14 960	43 483	993 373	56 983	1 600	–	1
88	1 256	121 028	1 266	191	–	2
1 492	7 908	186 743	4 711	186	–	3
3 417	9 790	158 969	10 591	247	–	4
5 435	12 917	188 713	17 815	420	–	5
2 699	6 537	117 335	11 359	248	–	6
1 211	3 292	93 375	6 798	140	–	7
391	1 249	64 617	2 903	61	–	8
181	448	61 854	1 460	72	–	9
46	86	739	80	35	–	10
2 332	4 204	1 251 525	13 281	741	–	11
23	1 166	139 159	1 223	175	–	12
205	1 610	216 079	2 328	122	–	13
394	480	197 997	2 391	121	–	14
716	359	246 642	2 939	123	–	15
545	260	171 767	1 755	49	–	16
286	178	129 071	1 161	39	–	17
116	92	86 274	792	29	–	18
44	48	63 375	666	43	–	19
3	11	1 161	26	40	–	20
1 334	2 334	35 918	29 537	398	–	21
...	...	...	...	...	...	22
...	...	...	...	...	...	23
...	...	...	...	...	...	24
...	...	...	...	...	...	25
...	...	...	...	...	...	26
...	...	...	...	...	...	27
...	...	...	...	...	...	28
...	...	...	...	...	...	29
...	...	...	...	...	...	30
418	137	13 819	10 935	–	–	31
...	...	...	...	...	...	32
...	...	...	...	...	...	33
...	...	...	...	...	...	34
...	...	...	...	...	...	35
...	...	...	...	...	...	36
...	...	...	...	...	...	37
...	...	...	...	...	...	38
...	...	...	...	...	...	39
...	...	...	...	...	...	40
12 021	10 261	99 427	17 829	58 722	–	41
389	181	2 398	219	2 264	–	42
1 302	626	5 070	1 531	7 011	–	43
3 704	2 191	16 268	5 949	16 779	–	44
3 135	2 976	20 907	5 782	16 109	–	45
1 912	2 472	22 939	2 812	10 087	–	46
1 159	1 403	21 930	1 129	4 730	–	47
307	347	9 089	261	1 312	–	48
113	65	826	146	430	–	49

39. Economically active population by occupation, sex, age and urban/rural residence: each census, 1974 – 1988 (continued)

(See notes at end of table.)

	Continent, country or area, date, sex, age(in years) and urban/rural residence Continent, pays ou zone, date, sexe, âge(en anneés) et résidence urbaine/rurale	Occupation			
		Total economically active Population Population active totale	Professional, technical and related workers Personnel des professions techniques, libérales et assimilées	Administrative and managerial workers Directeurs et cadres administratifs supérieurs	Clerical and related workers Personnel administratif et travailleurs assimilés
	AFRICA—AFRIQUE (Cont.–Suite)				
	Congo				
	7 II 1974 [4]				
	Female – Féminin				
1	15 plus	202 647	1 985	–	3 544
2	15 – 19	13 452	53	–	175
3	20 – 24	17 809	431	–	1 268
4	25 – 34	39 729	1 022	–	1 535
5	35 – 44	46 585	316	–	378
6	45 – 54	43 210	103	–	134
7	55 – 64	29 217	41	–	33
8	65 plus	10 909	16	–	8
9	Unknown–Inconnu	1 736	3	–	13
	22 XII 1984 [4]				
	Male – Masculin				
10	10 plus	295 172	42 217	1 655	23 326
11	10 – 14	989	5	–	5
12	15 – 19	8 476	239	2	150
13	20 – 24	27 941	2 836	15	1 610
14	25 – 34	89 575	21 668	503	9 379
15	35 – 44	67 720	11 850	677	7 437
16	45 – 54	52 027	4 333	390	4 240
17	55 – 64	28 414	794	53	349
18	65 plus	18 443	336	10	71
19	Unknown–Inconnu	1 587	156	5	85
	Female – Féminin				
20	10 plus	255 053	12 935	106	8 957
21	10 – 14	3 005	8	–	4
22	15 – 19	12 571	125	1	110
23	20 – 24	22 702	1 322	2	1 261
24	25 – 34	63 003	8 322	59	5 984
25	35 – 44	51 103	2 432	33	1 377
26	45 – 54	47 850	556	9	170
27	55 – 64	34 418	88	1	25
28	65 plus	18 689	48	1	6
29	Unknown–Inconnu	1 712	34	–	20
	Ghana				
	11 III 1984 [4]				
	Male – Masculin				
30	Total	2 637 029	142 598	14 809	89 551
	Female – Féminin				
31	Total	2 785 451	79 106	1 437	38 024
	South Africa – Afrique du Sud				
	6 V 1980 [5 6]				
	Male – Masculin				
32	Total	7 038 785	363 759	39 521	407 751
33	– 20	468 853	4 830	158	16 963
34	20 – 24	1 158 488	44 030	3 496	75 834
35	25 – 34	2 135 427	132 628	34 395	132 384
36	35 – 54	2 592 473	140 075	80 106	141 188
37	55 – 64	585 591	31 780	16 705	32 120
38	65 plus	197 953	10 416	4 661	9 262
	Female – Féminin				
39	Total	3 429 277	280 301	13 021	438 731
40	– 20	332 834	9 960	149	37 307
41	20 – 24	592 830	62 745	1 021	9 489
42	25 – 34	1 021 730	99 147	3 494	135 449
43	35 – 54	1 150 921	91 775	6 456	143 808
44	55 – 64	198 402	13 423	1 480	22 496
45	65 plus	47 158	3 251	421	4 780

39. Population active selon la profession, le sexe, l'âge et la résidence, urbaine/rurale: chaque recensement, 1974 – 1988 (suite)

(Voir notes à la fin du tableau.)

Profession						
Sales workers Personnel commercial et vendeurs	Services workers Travailleurs spécialisés dans les services	Agricultural, animal husbandry and forestry workers, fishermen and hunters Agriculteurs, éleveurs, forestiers, pêcheurs et chasseurs	Production and related workers, transport equipment operators and labourers Ouvriers et manoeuvres non agricoles et conducteurs d'engins de transport	Workers not classifiable by occupation Travailleurs ne pouvant être classés selon la profession	Members of the armed forces Membres des forces armées	
12 024	483	181 938	147	2 526	–	1
308	88	12 383	7	438	–	2
861	97	14 497	31	624	–	3
3 303	141	32 910	57	761	–	4
4 025	99	41 291	22	454	–	5
2 432	43	40 327	15	156	–	6
823	8	28 236	7	69	–	7
193	2	10 670	7	13	–	8
79	5	1 624	1	11	–	9
15 250	19 429	98 671	92 986	1 638	–	10
29	22	710	158	60	–	11
631	591	2 978	3 744	141	–	12
2 394	2 861	5 965	11 978	282	–	13
5 452	6 048	15 486	30 539	500	–	14
2 951	4 221	17 957	22 343	284	–	15
2 081	3 559	20 849	16 361	214	–	16
1 073	1 482	19 323	5 268	72	–	17
556	533	14 711	2 161	65	–	18
83	112	692	434	20	–	19
30 203	9 146	186 757	5 999	950	–	20
53	122	2 672	60	86	–	21
680	375	10 420	707	153	–	22
2 636	1 102	14 917	1 326	136	–	23
9 193	3 117	33 731	2 361	236	–	24
8 763	2 404	34 997	983	114	–	25
5 870	1 346	39 446	369	84	–	26
2 326	489	31 307	118	64	–	27
508	156	17 855	54	61	–	28
174	35	1 412	21	16	–	29
82 721	85 317	1 732 610	489 423	–	–	30
667 458	45 419	1 556 198	397 809	–	–	31
256 194	515 759	1 065 402	2 737 066	1 653 333	–	32
7 886	46 647	139 412	125 225	127 732	–	33
27 728	87 198	143 349	528 645	248 208	–	34
77 825	129 307	237 195	928 259	463 434	–	35
109 239	180 622	369 261	959 253	612 729	–	36
24 233	52 909	114 594	160 162	153 088	–	37
9 283	19 076	61 591	35 522	48 142	–	38
170 719	913 677	314 666	315 444	982 718	–	39
11 281	47 970	59 966	29 435	136 766	–	40
30 726	132 488	61 274	72 105	222 982	–	41
53 313	281 262	75 821	108 530	264 714	–	42
61 287	375 609	90 940	93 059	287 987	–	43
11 141	63 451	19 736	10 186	56 489	–	44
2 971	12 897	6 929	2 129	13 780	–	45

39. Economically active population by occupation, sex, age and urban/rural residence: each census, 1974 – 1988 (continued)

(See notes at end of table.)

	Continent, country or area, date, sex, age(in years) and urban/rural residence Continent, pays ou zone, date, sexe, âge(en anneés) et résidence urbaine/rurale	Occupation: Total economically active Population active totale	Professional, technical and related workers Personnel des professions techniques, libérales et assimilées	Administrative and managerial workers Directeurs et cadres administratifs supérieurs	Clerical and related workers Personnel administratif et travailleurs assimilés
	AFRICA—AFRIQUE (Cont.–Suite)				
	South Africa – Afrique du Sud				
	5 III 1985 [6,7]				
	Male – Masculin				
1	Total	5 532 687	380 704	211 311	507 205
2	– 20	471 729	8 624	1 030	27 595
3	20 – 24	713 021	38 165	8 264	69 227
4	25 – 34	1 720 426	142 332	50 483	164 671
5	35 – 54	2 069 825	150 343	121 415	194 062
6	55 – 64	422 222	31 863	24 430	39 447
7	65 plus	135 464	9 377	5 689	12 203
	Female – Féminin				
8	Total	3 159 676	333 132	44 644	662 622
9	– 20	397 024	15 622	961	70 223
10	20 – 24	510 690	56 579	3 928	115 639
11	25 – 34	1 006 978	131 522	13 101	213 965
12	35 – 54	1 047 337	111 055	21 902	221 915
13	55 – 64	162 294	15 065	3 859	33 891
14	65 plus	35 353	3 289	893	6 989
	Zambia – Zambie				
	25 VIII 1980 [4]				
	Male – Masculin				
15	12 plus	908 606	61 829	12 485	31 697
16	12 – 14	713	6	–	4
17	15 – 19	22 278	50	–	289
18	20 – 24	129 050	6 175	305	4 954
19	25 – 34	154 387	27 955	4 161	14 787
20	35 – 44	190 115	15 373	4 238	6 922
21	45 – 54	153 244	7 605	2 636	2 999
22	55 – 64	89 249	2 692	755	808
23	65 plus	46 157	793	241	159
24	Unknown–Inconnu	23 413	...	...	...
	Female – Féminin				
25	12 plus	394 338	25 993	1 565	16 832
26	12 – 14	1 189	–	–	–
27	15 – 19	16 152	360	–	377
28	20 – 24	69 744	5 913	213	5 714
29	25 – 34	104 832	13 291	714	8 775
30	35 – 44	80 205	4 595	378	1 239
31	45 – 54	60 591	1 152	170	253
32	55 – 64	41 492	339	31	134
33	65 plus	14 221	156	42	54
34	Unknown–Inconnu	5 912	287	17	286
	AMERICA,NORTH— AMERIQUE DU NORD				
	Bahamas				
	12 V 1980 [4,8,9,10]				
	Male – Masculin				
35	15 plus	45 807	4 993	1 444	3 122
36	15 – 19	5 238	230	14	420
37	20 – 24	8 004	731	68	705
38	25 – 34	12 336	2 048	394	1 023
39	35 – 44	9 463	1 069	480	527
40	45 – 54	5 906	546	318	267
41	55 – 64	3 323	262	147	136
42	65 plus	1 512	106	23	43
43	Unknown–Inconnu	25	1	–	1

39. Population active selon la profession, le sexe, l'âge et la résidence, urbaine/rurale: chaque recensement, 1974 – 1988 (suite)

(Voir notes à la fin du tableau.)

Profession						
Sales workers Personnel commercial et vendeurs	Services workers Travailleurs spécialisés dans les services	Agricultural, animal husbandry and forestry workers, fishermen and hunters Agriculteurs, éleveurs, forestiers, pêcheurs et chasseurs	Production and related workers, transport equipment operators and labourers Ouvriers et manoeuvres non agricoles et conducteurs d'engins de transport	Workers not classifiable by occupation Travailleurs ne pouvant être classés selon la profession	Members of the armed forces Membres des forces armées	
...	493 951	880 023	2 653 396	406 097	–	1
...	63 127	133 227	148 731	89 395	–	2
...	67 191	88 982	361 972	79 220	–	3
...	128 516	196 409	923 176	114 839	–	4
...	170 829	314 011	1 019 288	99 877	–	5
...	46 888	93 117	164 754	21 723	–	6
...	17 400	54 277	35 475	1 043	–	7
...	966 283	326 142	380 943	445 910	–	8
...	72 187	76 919	44 509	116 603	–	9
...	109 758	49 656	67 086	108 044	–	10
...	300 783	82 846	136 782	127 979	–	11
...	403 970	91 920	117 875	78 700	–	12
...	65 003	17 760	12 321	14 395	–	13
...	14 582	7 041	2 370	189	–	14
44 194	90 338	398 815	199 319	16 128	...	15
2	198	64	149	16	...	16
1 482	3 926	11 069	3 567	378	...	17
4 863	13 100	62 535	26 913	3 536	...	18
12 868	26 746	79 073	64 128	7 678	...	19
10 238	20 683	69 692	47 253	2 649	...	20
7 736	14 344	72 510	35 006	1 001	...	21
3 685	6 066	59 120	11 565	325	...	22
1 901	2 069	35 344	4 127	109	...	23
...	...	...	...	...	...	24
44 360	270 064	12 466	1 145	8 798	...	25
–	–	24	5	254	...	26
1 637	9 420	771	86	1 166	...	27
5 183	46 136	2 434	401	1 419	...	28
13 309	3 729	59 414	3 514	340	...	29
13 063	2 148	54 545	2 601	141	...	30
6 977	928	48 400	1 440	59	...	31
1 953	310	37 015	728	41	...	32
814	111	11 932	453	51	...	33
1 424	317	2 992	291	19	...	34
3 338	7 983	4 579	19 328	1 020	–	35
557	1 188	320	2 391	118	–	36
525	1 865	584	3 332	194	–	37
767	2 139	971	4 714	280	–	38
623	1 371	932	4 264	197	–	39
433	756	756	2 707	123	–	40
266	442	608	1 389	73	–	41
165	217	404	522	32	–	42
2	5	4	9	3	–	43

39. Economically active population by occupation, sex, age and urban/rural residence: each census, 1974 – 1988 (continued)

(See notes at end of table.)

	Continent, country or area, date, sex, age(in years) and urban/rural residence Continent, pays ou zone, date, sexe, âge(en anneés) et résidence urbaine/rurale	Occupation: Total economically active Population active totale	Professional, technical and related workers Personnel des professions techniques, libérales et assimilées	Administrative and managerial workers Directeurs et cadres administratifs supérieurs	Clerical and related workers Personnel administratif et travailleurs assimilés
	AMERICA,NORTH— (Cont.–Suite) AMERIQUE DU NORD				
	Bahamas				
	12 V 1980 [4,8,9,10]				
	Female – Féminin				
1	15 plus	34 886	4 763	483	9 539
2	15 – 19	2 692	161	8	1 007
3	20 – 24	6 421	850	32	2 440
4	25 – 34	10 481	2 065	180	3 639
5	35 – 44	7 747	1 055	168	1 762
6	45 – 54	4 453	427	67	552
7	55 – 64	2 201	156	27	105
8	65 plus	878	47	1	31
9	Unknown–Inconnu	13	2	–	3
	Barbados – Barbade				
	12 V 1980* [8,9,10,11]				
	Male – Masculin				
10	15 plus	63 396	5 449	1 460	4 976
11	15 – 19	7 770	154	5	371
12	20 – 24	11 759	872	54	1 253
13	25 – 34	17 360	2 071	382	1 863
14	35 – 44	9 203	1 110	445	619
15	45 – 54	7 648	687	344	448
16	55 – 64	6 165	391	168	309
17	65 plus	2 532	158	60	107
18	Unknown–Inconnu	959	6	2	6
	Female – Féminin				
19	15 plus	51 630	4 817	343	8 852
20	15 – 19	5 697	141	1	658
21	20 – 24	10 597	925	22	2 574
22	25 – 34	15 142	1 800	102	3 774
23	35 – 44	8 083	1 034	97	1 101
24	45 – 54	6 160	566	79	489
25	55 – 64	3 938	283	33	204
26	65 plus	1 259	65	9	47
27	Unknown–Inconnu	754	3	–	5
	Belize				
	12 V 1980 [8,9,10,11]				
	Male – Masculin				
28	15 plus	34 384	1 714	212	1 461
29	15 – 19	6 230	130	1	287
30	20 – 24	6 225	322	10	378
31	25 – 34	7 702	577	46	369
32	35 – 44	5 087	332	62	176
33	45 – 54	4 359	225	47	130
34	55 – 64	2 626	85	29	73
35	65 plus	1 858	40	17	43
36	Unknown–Inconnu	297	3	–	5
	Female – Féminin				
37	15 plus	9 360	1 838	29	1 365
38	15 – 19	2 109	246	–	246
39	20 – 24	2 137	469	4	498
40	25 – 34	2 191	623	8	410
41	35 – 44	1 159	271	6	132
42	45 – 54	851	139	6	56
43	55 – 64	454	52	3	10
44	65 plus	280	30	2	7
45	Unknown–Inconnu	179	8	–	6

39. Population active selon la profession, le sexe, l'âge et la résidence, urbaine/rurale: chaque recensement, 1974 – 1988 (suite)

(Voir notes à la fin du tableau.)

Profession: Sales workers / Personnel commercial et vendeurs	Services workers / Travailleurs spécialisés dans les services	Agricultural, animal husbandry and forestry workers, fishermen and hunters / Agriculteurs, éleveurs, forestiers, pêcheurs et chasseurs	Production and related workers, transport equipment operators and labourers / Ouvriers et manoeuvres non agricoles et conducteurs d'engins de transport	Workers not classifiable by occupation / Travailleurs ne pouvant être classés selon la profession	Members of the armed forces / Membres des forces armées	
3 803	12 551	863	2 502	382	–	1
558	677	42	202	37	–	2
861	1 797	47	332	62	–	3
843	3 082	88	453	131	–	4
752	3 198	156	579	77	–	5
410	2 262	207	485	43	–	6
250	1 173	172	289	29	–	7
128	360	149	160	2	–	8
1	2	2	2	1	–	9
4 040	5 965	6 419	28 366	6 721	–	10
405	348	815	3 149	2 523	–	11
783	1 133	1 004	5 367	1 293	–	12
1 064	2 153	1 232	7 632	963	–	13
527	826	832	4 434	410	–	14
508	602	836	3 914	309	–	15
428	637	1 043	2 934	255	–	16
316	257	642	872	120	–	17
9	9	15	64	848	–	18
4 971	11 210	3 671	8 833	8 933	–	19
356	318	87	1 210	2 926	–	20
817	1 127	247	2 480	2 405	–	21
1 209	2 965	664	3 036	1 592	–	22
788	2 718	735	1 052	558	–	23
734	2 393	890	663	346	–	24
680	1 346	842	329	221	–	25
382	331	200	61	164	–	26
5	12	6	2	721	–	27
1 687	1 571	12 948	11 895	2 896	–	28
173	100	2 447	1 869	1 223	–	29
220	239	2 013	2 515	528	–	30
319	367	2 750	2 860	414	–	31
297	234	1 912	1 872	202	–	32
308	244	1 750	1 525	130	–	33
186	200	1 179	779	95	–	34
180	184	872	439	83	–	35
4	3	25	36	221	–	36
954	1 979	485	1 372	1 338	–	37
228	382	92	407	508	–	38
188	328	63	349	238	–	39
162	413	97	293	185	–	40
137	311	58	152	92	–	41
124	287	71	95	73	–	42
73	174	59	38	45	–	43
35	75	35	28	68	–	44
7	9	10	10	129	–	45

39. Economically active population by occupation, sex, age and urban/rural residence: each census, 1974 – 1988 (continued)

(See notes at end of table.)

	Continent, country or area, date, sex, age(in years) and urban/rural residence Continent, pays ou zone, date, sexe, âge(en anneés) et résidence urbaine/rurale	Occupation: Total economically active Population active totale	Occupation: Professional, technical and related workers Personnel des professions techniques, libérales et assimilées	Occupation: Administrative and managerial workers Directeurs et cadres administratifs supérieurs	Occupation: Clerical and related workers Personnel administratif et travailleurs assimilés
	AMERICA,NORTH— (Cont.–Suite) AMERIQUE DU NORD				
	British Virgin Islands – Iles Vierges britanniques				
	12 V 1980 [8 9 10 11]				
	Male – Masculin				
1	15 plus	3 066	324	141	111
2	15 – 19	242	11	–	17
3	20 – 24	472	40	4	35
4	25 – 34	1 018	112	52	33
5	35 – 44	591	89	38	14
6	45 – 54	328	38	22	6
7	55 – 64	255	29	21	5
8	65 plus	159	5	4	1
9	Unknown–Inconnu	1	–	–	–
	Female – Féminin				
10	15 plus	1 982	262	65	388
11	15 – 19	187	13	1	66
12	20 – 24	411	40	3	113
13	25 – 34	720	118	24	149
14	35 – 44	374	61	18	44
15	45 – 54	170	21	10	11
16	55 – 64	86	7	9	3
17	65 plus	33	1	–	2
18	Unknown–Inconnu	1	1	–	–
	Canada				
	3 VI 1986 [8 12 13]				
	Male – Masculin				
19	15 plus	7 294 215	1 057 535	693 035	514 455
20	15 – 19	439 660	15 165	2 035	43 520
21	20 – 24	987 705	92 150	25 910	99 945
22	25 – 34	2 085 415	347 245	163 635	150 350
23	35 – 44	1 698 340	321 345	235 435	99 040
24	45 – 54	1 147 045	166 330	159 765	63 890
25	55 – 64	782 190	93 925	92 285	49 860
26	65 plus	153 855	21 375	13 965	7 850
27	Unknown–Inconnu	–	–	–	–
	Female – Féminin				
28	15 plus	5 446 010	1 118 740	281 210	1 776 890
29	15 – 19	389 935	19 240	2 385	114 080
30	20 – 24	879 170	132 955	25 570	322 665
31	25 – 34	1 632 225	407 715	95 325	568 930
32	35 – 44	1 279 270	331 930	87 140	396 925
33	45 – 54	775 720	151 700	45 945	232 390
34	55 – 64	425 595	66 330	21 995	127 050
35	65 plus	64 095	8 865	2 855	14 850
36	Unknown–Inconnu	–	–	–	–
	Costa Rica				
	10 VI 1984 [1 2]				
	Male – Masculin				
37	12 plus	618 866	44 786	20 017	30 093
38	12 – 14	16 399	–	–	83
39	15 – 19	79 831	748	41	1 752
40	20 – 24	106 258	5 261	1 641	7 274
41	25 – 34	173 758	18 930	6 513	12 289
42	35 – 44	108 957	11 356	5 785	5 036
43	45 – 54	71 687	5 609	3 651	2 354
44	55 – 64	41 823	2 260	1 774	1 080
45	65 plus	20 153	622	612	223
46	Unknown–Inconnu	–	–	–	–

39. Population active selon la profession, le sexe, l'âge et la résidence, urbaine/rurale: chaque recensement, 1974 – 1988 (suite)

(Voir notes à la fin du tableau.)

Profession						
Sales workers Personnel commercial et vendeurs	Services workers Travailleurs spécialisés dans les services	Agricultural, animal husbandry and forestry workers, fishermen and hunters Agriculteurs, éleveurs, forestiers, pêcheurs et chasseurs	Production and related workers, transport equipment operators and labourers Ouvriers et manoeuvres non agricoles et conducteurs d'engins de transport	Workers not classifiable by occupation Travailleurs ne pouvant être classés selon la profession	Members of the armed forces Membres des forces armées	
135	473	262	1 507	113	–	1
16	31	13	112	42	–	2
23	85	12	256	17	–	3
46	160	36	545	34	–	4
18	92	26	301	13	–	5
11	38	43	166	4	–	6
6	42	63	89	–	–	7
15	24	69	38	3	–	8
–	1	–	–	–	–	9
205	799	6	74	183	–	10
17	36	–	4	50	–	11
44	145	1	16	49	–	12
70	290	1	21	47	–	13
30	185	1	16	19	–	14
21	89	–	11	7	–	15
13	42	1	2	9	–	16
10	12	2	4	2	–	17
–	–	–	–	–	–	18
622 710	702 865	527 285	2 711 095	394 270	70 960	19
60 475	103 930	51 490	114 085	44 735	4 225	20
87 895	121 760	72 950	394 440	75 290	17 370	21
168 225	166 870	120 385	848 290	97 065	23 355	22
135 020	121 855	88 645	615 880	65 140	15 980	23
90 330	95 940	76 635	435 485	50 275	8 400	24
64 130	78 095	75 125	280 960	46 275	1 540	25
16 635	14 425	42 065	21 960	15 490	85	26
–	–	–	–	–	–	27
496 235	938 180	136 730	481 985	207 380	8 670	28
67 935	128 010	11 930	22 300	23 365	690	29
88 150	181 310	16 000	72 810	36 905	2 815	30
113 810	221 010	30 310	140 560	51 155	3 405	31
98 430	177 655	29 295	118 610	38 245	1 040	32
74 405	134 795	25 510	84 380	26 055	540	33
45 340	85 865	18 015	40 195	20 630	175	34
8 155	9 545	5 670	3 120	11 020	10	35
–	–	–	–	–	–	36
52 486	41 732	233 670	153 606	42 476	–	37
289	355	11 390	1 513	2 769	–	38
4 555	3 268	44 115	17 749	7 603	–	39
8 409	6 487	38 816	30 883	7 487	–	40
15 305	11 364	50 468	49 086	9 803	–	41
11 025	8 096	34 185	27 815	5 659	–	42
6 956	6 515	26 277	16 632	3 691	–	43
4 132	4 304	17 862	7 799	2 612	–	44
1 815	1 343	10 557	2 129	2 852	–	45
–	–	–	–	–	–	46

39. Economically active population by occupation, sex, age and urban/rural residence: each census, 1974 – 1988 (continued)

(See notes at end of table.)

	Continent, country or area, date, sex, age(in years) and urban/rural residence Continent, pays ou zone, date, sexe, âge(en anneés) et résidence urbaine/rurale	Occupation: Total economically active Population active totale	Occupation: Professional, technical and related workers Personnel des professions techniques, libérales et assimilées	Occupation: Administrative and managerial workers Directeurs et cadres administratifs supérieurs	Occupation: Clerical and related workers Personnel administratif et travailleurs assimilés
	AMERICA,NORTH— (Cont.–Suite) AMERIQUE DU NORD				
	Costa Rica				
	10 VI 1984 [1 2]				
	Female – Féminin				
1	12 plus	175 560	34 251	3 746	28 695
2	12 – 14	2 926	–	–	1
3	15 – 19	23 055	434	18	1 871
4	20 – 24	36 597	3 959	458	9 231
5	25 – 34	57 824	15 598	1 366	12 443
6	35 – 44	33 352	10 072	1 066	3 574
7	45 – 54	14 810	3 361	556	1 124
8	55 – 64	5 285	705	217	385
9	65 plus	1 711	122	65	66
10	Unknown–Inconnu	–	–	–	–
	Dominica – Dominique				
	7 IV 1981 [8 9 10 11]				
	Male – Masculin				
11	15 plus	18 197	837	156	586
12	15 – 19	3 333	54	–	80
13	20 – 24	3 522	180	5	171
14	25 – 34	4 138	326	42	190
15	35 – 44	2 444	140	50	72
16	45 – 54	1 981	78	32	39
17	55 – 64	1 615	37	20	25
18	65 plus	1 041	19	7	6
19	Unknown–Inconnu	123	3	–	3
	Female – Féminin				
20	15 plus	9 759	1 123	51	1 052
21	15 – 19	1 762	87	2	74
22	20 – 24	2 032	273	1	379
23	25 – 34	2 188	414	18	392
24	35 – 44	1 365	185	7	106
25	45 – 54	1 132	98	12	50
26	55 – 64	795	50	7	36
27	65 plus	414	10	4	11
28	Unknown–Inconnu	71	6	–	4
	Grenada – Grenade				
	30 IV 1981 [8 9 10 11]				
	Male – Masculin				
29	15 plus	20 566	1 251	174	928
30	15 – 19	3 209	63	–	116
31	20 – 24	4 255	301	16	301
32	25 – 34	4 611	421	38	267
33	35 – 44	2 728	171	42	101
34	45 – 54	2 562	162	40	78
35	55 – 64	1 815	89	24	48
36	65 plus	1 379	44	14	16
37	Unknown–Inconnu	7	–	–	1
	Female – Féminin				
38	15 plus	13 041	1 440	42	1 529
39	15 – 19	1 940	90	–	100
40	20 – 24	3 113	464	2	596
41	25 – 34	2 931	502	12	498
42	35 – 44	1 903	197	13	179
43	45 – 54	1 638	99	3	96
44	55 – 64	979	58	11	42
45	65 plus	535	30	1	17
46	Unknown–Inconnu	2	–	–	1

39. Population active selon la profession, le sexe, l'âge et la résidence, urbaine/rurale: chaque recensement, 1974 – 1988 (suite)

(Voir notes à la fin du tableau.)

Profession: Sales workers / Personnel commercial et vendeurs	Services workers / Travailleurs spécialisés dans les services	Agricultural, animal husbandry and forestry workers, fishermen and hunters / Agriculteurs, éleveurs, forestiers, pêcheurs et chasseurs	Production and related workers, transport equipment operators and labourers / Ouvriers et manoeuvres non agricoles et conducteurs d'engins de transport	Workers not classifiable by occupation / Travailleurs ne pouvant être classés selon la profession	Members of the armed forces / Membres des forces armées	
15 507	51 638	5 527	24 995	11 201	–	1
4	1 485	418	144	874	–	2
2 087	10 600	1 589	3 868	2 588	–	3
3 707	8 971	956	6 856	2 459	–	4
4 448	12 318	1 108	7 879	2 664	–	5
2 725	9 930	806	3 988	1 191	–	6
1 494	5 674	434	1 563	604	–	7
757	2 156	177	534	354	–	8
285	504	39	163	467	–	9
–	–	–	–	–	–	10
371	804	6 258	5 641	3 544	–	11
33	41	522	928	1 675	–	12
70	145	951	1 195	805	–	13
104	250	1 162	1 548	516	–	14
50	114	971	843	204	–	15
37	116	999	558	122	–	16
39	88	924	380	102	–	17
36	42	699	155	77	–	18
2	8	30	34	43	–	19
882	1 398	1 372	1 059	2 822	–	20
88	224	29	88	1 170	–	21
150	326	69	167	667	–	22
209	296	182	253	424	–	23
121	211	311	224	200	–	24
118	168	352	170	164	–	25
116	117	261	112	96	–	26
78	51	153	41	66	–	27
2	5	15	4	35	–	28
945	1 173	5 809	6 630	3 656	–	29
82	63	502	846	1 537	–	30
173	194	807	1 418	1 045	–	31
234	352	1 014	1 719	566	–	32
121	186	811	1 094	202	–	33
119	173	985	858	147	–	34
123	126	859	456	90	–	35
93	78	830	239	65	–	36
–	1	1	–	4	–	37
1 220	2 308	1 894	1 775	2 833	–	38
76	219	74	151	1 230	–	39
202	449	157	309	934	–	40
247	633	282	378	379	–	41
213	444	406	335	116	–	42
215	307	501	335	82	–	43
153	190	288	182	55	–	44
114	66	186	85	36	–	45
–	–	–	–	1	–	46

39. Economically active population by occupation, sex, age and urban/rural residence: each census, 1974 – 1988 (continued)

(See notes at end of table.)

	Continent, country or area, date, sex, age(in years) and urban/rural residence Continent, pays ou zone, date, sexe, âge(en anneés) et résidence urbaine/rurale	Occupation: Total economically active Population active totale	Occupation: Professional, technical and related workers Personnel des professions techniques, libérales et assimilées	Occupation: Administrative and managerial workers Directeurs et cadres administratifs supérieurs	Occupation: Clerical and related workers Personnel administratif et travailleurs assimilés
	AMERICA,NORTH— (Cont.–Suite) AMERIQUE DU NORD				
	Jamaica – Jamaïque				
	8 VI 1982 [10]				
	Male – Masculin				
1	14 plus	305 740	21 268	11 079	..
2	14	204	7	–	..
3	15 – 19	17 963	712	91	..
4	20 – 24	45 905	3 550	703	..
5	25 – 34	81 703	8 662	2 581	..
6	35 – 44	58 385	3 959	2 724	..
7	45 – 54	45 527	2 361	2 392	..
8	55 – 64	32 733	1 432	1 646	..
9	65 plus	23 320	585	942	..
	Female – Féminin				
10	14 plus	184 708	30 669	8 962	..
11	14	27	1	–	..
12	15 – 19	7 530	799	88	..
13	20 – 24	29 610	4 996	536	..
14	25 – 34	59 536	13 816	2 045	..
15	35 – 44	38 426	5 829	2 247	..
16	45 – 54	27 410	3 358	2 026	..
17	55 – 64	15 257	1 401	1 314	..
18	65 plus	6 912	469	706	..
	Martinique				
	9 III 1982 [14]				
	Male – Masculin				
19	Total	51 693	2 412	1 511	6 17
	Female – Féminin				
20	Total	40 443	503	691	11 78
	Mexico – Mexique				
	4 VI 1980 [1]				
	Male – Masculin				
21	12 plus	15 924 806	976 039	222 132	1 133 96
22	12 – 14	534 855	5 637	287	12 09
23	15 – 19	2 105 020	40 522	2 933	125 84
24	20 – 24	2 480 179	172 320	14 194	237 40
25	25 – 34	4 001 847	391 200	65 888	361 53
26	35 – 44	2 905 489	201 075	63 098	200 98
27	45 – 54	1 937 526	93 841	41 691	114 19
28	55 – 64	1 133 729	46 793	21 939	56 08
29	65 plus	826 161	24 651	12 102	25 82
	Female – Féminin				
30	12 plus	6 141 278	622 967	40 321	883 51
31	12 – 14	263 128	3 770	110	7 33
32	15 – 19	1 044 241	38 714	1 313	156 86
33	20 – 24	1 186 117	162 647	4 766	279 86
34	25 – 34	1 498 801	234 338	12 297	267 72
35	35 – 44	962 974	106 191	10 011	102 14
36	45 – 54	605 732	47 273	6 605	45 63
37	55 – 34	327 325	20 230	3 285	17 40
38	65 plus	252 960	9 804	1 934	6 56

39. Population active selon la profession, le sexe, l'âge et la résidence, urbaine/rurale: chaque recensement, 1974 – 1988 (suite)

(Voir notes à la fin du tableau.)

Profession: Sales workers / Personnel commercial et vendeurs	Services workers / Travailleurs spécialisés dans les services	Agricultural, animal husbandry and forestry workers, fishermen and hunters / Agriculteurs, éleveurs, forestiers, pêcheurs et chasseurs	Production and related workers, transport equipment operators and labourers / Ouvriers et manoeuvres non agricoles et conducteurs d'engins de transport	Workers not classifiable by occupation / Travailleurs ne pouvant être classés selon la profession	Members of the armed forces / Membres des forces armées	
[14] 26 851	22 450	119 465	100 061	4 566	–	1
[14] 8	4	138	46	1	–	2
[14] 2 005	882	7 580	6 464	229	–	3
[14] 6 143	3 850	13 744	17 249	666	–	4
[14] 8 951	6 798	21 526	31 893	1 292	–	5
[14] 4 461	4 468	19 991	21 814	968	–	6
[14] 2 652	3 427	20 883	13 066	746	–	7
[14] 1 759	2 155	18 441	6 850	450	–	8
[14] 872	866	17 162	2 679	214	–	9
[14] 55 533	54 419	14 211	18 837	2 077	–	10
[14] 1	16	4	5	–	–	11
[14] 2 656	2 855	318	686	128	–	12
[14] 12 111	8 189	818	2 598	362	–	13
[14] 19 576	15 438	1 807	6 147	707	–	14
[14] 9 535	12 869	2 569	4 948	429	–	15
[14] 6 376	9 179	3 494	2 697	280	–	16
[14] 3 595	4 452	3 105	1 251	139	–	17
[14] 1 683	1 421	2 096	505	32	–	18
3 909	3 579	7 987	21 208	2 641	2 268	19
5 147	15 838	2 768	2 162	1 496	50	20
1 094 760	1 423 134	4 835 671	4 050 251	2 188 858	...	21
30 372	31 925	241 625	94 587	118 332	...	22
118 528	146 406	685 459	609 870	375 461	...	23
133 875	219 251	596 752	744 747	361 637	...	24
254 286	393 217	949 864	1 088 650	497 210	...	25
214 024	292 575	849 062	735 372	349 294	...	26
161 356	186 336	658 314	447 840	233 954	...	27
103 903	97 621	446 091	220 542	140 753	...	28
78 416	55 803	408 504	108 643	112 217	...	29
517 562	1 172 545	676 646	819 456	1 408 262	...	30
12 347	74 051	46 890	29 941	88 687	...	31
73 508	265 679	92 846	186 175	229 142	...	32
71 012	180 117	80 533	178 168	229 014	...	33
109 933	234 333	136 497	194 536	309 143	...	34
99 564	182 583	121 160	114 191	227 134	...	35
76 962	120 724	89 833	64 247	154 457	...	36
42 988	65 395	56 480	31 073	90 473	...	37
31 248	49 663	52 407	21 125	80 212	...	38

39. Economically active population by occupation, sex, age and urban/rural residence: each census, 1974 – 1988 (continued)

(See notes at end of table.)

	Continent, country or area, date, sex, age(in years) and urban/rural residence / Continent, pays ou zone, date, sexe, âge(en anneés) et résidence urbaine/rurale	Occupation: Total economically active Population / Population active totale	Occupation: Professional, technical and related workers / Personnel des professions techniques, libérales et assimilées	Occupation: Administrative and managerial workers / Directeurs et cadres administratifs supérieurs	Occupation: Clerical and related workers / Personnel administratif et travailleurs assimilés
	AMERICA,NORTH— (Cont.–Suite) AMERIQUE DU NORD				
	Montserrat				
	12 V 1980 [8 9 10 11]				
	Male – Masculin				
1	15 plus	2 988	217	95	[illegible]
2	15 – 19	465	15	–	[illegible]
3	20 – 24	485	39	3	[illegible]
4	25 – 34	795	83	14	[illegible]
5	35 – 44	419	35	38	[illegible]
6	45 – 54	310	22	18	[illegible]
7	55 – 64	271	13	15	[illegible]
8	65 plus	238	10	7	[illegible]
9	Unknown–Inconnu	5	–	–	[illegible]
	Female – Féminin				
10	15 plus	2 124	256	35	[illegible]
11	15 – 19	362	15	2	[illegible]
12	20 – 24	404	56	1	[illegible]
13	25 – 34	594	100	7	[illegible]
14	35 – 44	320	36	12	[illegible]
15	45 – 54	212	33	9	[illegible]
16	55 – 64	143	9	4	[illegible]
17	65 plus	89	7	–	[illegible]
	Panama				
	11 V 1980 [2 15 16]				
	Male – Masculin				
18	10 plus	383 029	25 574	20 162	[illegible]
19	10 – 14	6 340	–	–	[illegible]
20	15 – 19	32 193	261	153	[illegible]
21	20 – 24	56 692	3 217	1 456	[illegible]
22	25 – 34	110 323	11 047	6 072	[illegible]
23	35 – 44	78 970	6 204	6 048	[illegible]
24	45 – 54	53 319	3 374	4 227	[illegible]
25	55 – 64	17 824	735	1 229	[illegible]
26	65 plus	27 368	736	977	[illegible]
	Female – Féminin				
27	10 plus	143 821	28 111	4 682	[illegible]
28	10 – 14	2 415	–	–	[illegible]
29	15 – 19	13 191	187	31	[illegible]
30	20 – 24	26 260	4 577	365	[illegible]
31	25 – 34	49 244	12 410	1 598	[illegible]
32	35 – 44	30 050	7 257	1 445	[illegible]
33	45 – 54	15 318	2 955	961	[illegible]
34	55 – 64	3 288	386	145	[illegible]
35	65 plus	4 055	339	137	[illegible]
	Puerto Rico – Porto Rico				
	1 IV 1980 [1 4 17 18]				
	Male – Masculin				
36	16 plus	465 326	46 066	45 423	[illegible]
37	16 – 19	12 505	444	199	[illegible]
38	20 – 24	55 519	4 307	2 857	[illegible]
39	25 – 34	145 184	17 462	13 835	[illegible]
40	35 – 44	116 348	11 519	12 628	[illegible]
41	45 – 54	77 916	7 857	9 696	[illegible]
42	55 – 64	44 439	3 471	5 026	[illegible]
43	65 plus	13 415	1 006	1 182	[illegible]

39. Population active selon la profession, le sexe, l'âge et la résidence, urbaine/rurale: chaque recensement, 1974 – 1988 (suite)

(Voir notes à la fin du tableau.)

Profession						
Sales workers Personnel commercial et vendeurs	Services workers Travailleurs spécialisés dans les services	Agricultural, animal husbandry and forestry workers, fishermen and hunters Agriculteurs, éleveurs, forestiers, pêcheurs et chasseurs	Production and related workers, transport equipment operators and labourers Ouvriers et manoeuvres non agricoles et conducteurs d'engins de transport	Workers not classifiable by occupation Travailleurs ne pouvant être classés selon la profession	Members of the armed forces Membres des forces armées	
120	285	475	1 376	260	–	1
16	34	31	224	122	–	2
19	53	33	249	46	–	3
22	101	63	419	37	–	4
19	33	60	205	16	–	5
11	29	80	119	19	–	6
18	21	89	99	11	–	7
15	12	119	58	9	–	8
–	2	–	3	–	–	9
173	557	139	224	325	–	10
38	43	4	41	143	–	11
22	90	13	56	55	–	12
44	163	15	64	64	–	13
22	113	19	35	27	–	14
12	79	26	14	20	–	15
19	53	33	6	10	–	16
16	16	29	8	6	–	17
22 677	35 275	135 506	114 721	10 919	–	18
234	478	5 127	389	66	–	19
1 766	2 539	18 334	7 348	789	–	20
3 542	5 684	16 905	19 207	1 987	–	21
6 608	10 365	28 367	37 762	3 406	–	22
4 696	6 965	24 951	24 935	2 130	–	23
3 101	5 025	19 240	15 137	1 489	–	24
1 015	1 788	7 210	4 827	493	–	25
1 715	2 431	15 372	5 116	559	–	26
11 738	43 902	3 838	10 363	4 011	–	27
81	1 745	434	54	55	–	28
776	9 113	590	476	339	–	29
2 158	6 786	456	1 565	772	–	30
3 620	10 207	724	4 005	1 366	–	31
2 446	8 058	712	2 546	805	–	32
1 492	4 874	485	1 122	430	–	33
488	1 300	175	251	100	–	34
677	1 819	262	344	144	–	35
53 408	63 490	24 629	194 205	–	–	36
1 335	1 786	1 079	6 450	–	–	37
5 221	7 938	3 067	26 136	–	–	38
13 552	17 926	5 822	63 666	–	–	39
13 541	15 402	4 761	50 386	–	–	40
10 119	11 491	3 887	28 877	–	–	41
6 672	7 198	3 858	15 201	–	–	42
2 968	1 749	2 155	3 489	–	–	43

Special topic

39. Economically active population by occupation, sex, age and urban/rural residence: each census, 1974 – 1988 (continued)

(See notes at end of table.)

	Continent, country or area, date, sex, age(in years) and urban/rural residence Continent, pays ou zone, date, sexe, âge(en anneés) et résidence urbaine/rurale	Occupation			
		Total economically active Population Population active totale	Professional, technical and related workers Personnel des professions techniques, libérales et assimilées	Administrative and managerial workers Directeurs et cadres administratifs supérieurs	Clerical and related workers Personnel administratif et travailleurs assimilés
	AMERICA,NORTH— (Cont.–Suite) AMERIQUE DU NORD				
	Puerto Rico – Porto Rico				
	1 IV 1980 [1 4 17 18]				
	Female – Féminin				
1	16 plus	268 596	56 604	16 119	72 12[illegible]
2	16 – 19	7 755	358	68	2 63[illegible]
3	20 – 24	40 453	7 098	1 800	14 68[illegible]
4	25 – 34	97 799	25 108	5 662	30 03[illegible]
5	35 – 44	66 470	13 336	4 340	14 57[illegible]
6	45 – 54	38 599	8 066	2 881	7 43[illegible]
7	55 – 64	14 561	2 213	1 174	2 36[illegible]
8	65 plus	2 959	425	194	38[illegible]
	Saint Kitts and Nevis – Saint–Kitts–et–Nevis				
	12 V 1980 [8 9 10 11]				
	Male – Masculin				
9	15 plus	10 084	560	208	54[illegible]
10	15 – 19	1 572	33	2	5[illegible]
11	20 – 24	2 170	142	3	16[illegible]
12	25 – 34	2 179	201	44	15[illegible]
13	35 – 44	1 055	82	58	4[illegible]
14	45 – 54	1 103	45	45	4[illegible]
15	55 – 64	1 183	36	33	5[illegible]
16	65 plus	780	19	22	1[illegible]
17	Unknown–Inconnu	42	2	1	
	Female – Féminin				
18	15 plus	7 008	771	33	82[illegible]
19	15 – 19	1 182	68	1	8[illegible]
20	20 – 24	1 849	238	2	28[illegible]
21	25 – 34	1 618	268	7	27[illegible]
22	35 – 44	787	96	4	9[illegible]
23	45 – 54	717	58	11	6[illegible]
24	55 – 64	549	32	6	2[illegible]
25	65 plus	282	10	2	
26	Unknown–Inconnu	24	1	–	
	Saint Lucia – Sainte–Lucie				
	12 V 1980 [8 9 10 11]				
	Male – Masculin				
27	15 plus	25 689	1 422	284	94[illegible]
28	15 – 19	5 194	150	2	16[illegible]
29	20 – 24	4 519	333	16	25[illegible]
30	25 – 34	5 716	491	82	27[illegible]
31	35 – 44	3 647	194	80	[illegible]
32	45 – 54	2 891	151	53	[illegible]
33	55 – 64	2 286	72	35	[illegible]
34	65 plus	1 327	26	15	[illegible]
35	Unknown–Inconnu	109	5	1	
	Female – Féminin				
36	15 plus	16 463	1 652	58	1 98[illegible]
37	15 – 19	3 790	241	1	2[illegible]
38	20 – 24	3 489	502	2	6[illegible]
39	25 – 34	3 856	535	13	7[illegible]
40	35 – 44	2 145	184	18	22[illegible]
41	45 – 54	1 615	119	16	[illegible]
42	55 – 64	986	46	5	[illegible]
43	65 plus	513	20	3	[illegible]
44	Unknown–Inconnu	69	5	–	[illegible]

39. Population active selon la profession, le sexe, l'âge et la résidence, urbaine/rurale: chaque recensement, 1974 – 1988 (suite)

(Voir notes à la fin du tableau.)

Profession						
Sales workers Personnel commercial et vendeurs	Services workers Travailleurs spécialisés dans les services	Agricultural, animal husbandry and forestry workers, fishermen and hunters Agriculteurs, éleveurs, forestiers, pêcheurs et chasseurs	Production and related workers, transport equipment operators and labourers Ouvriers et manoeuvres non agricoles et conducteurs d'engins de transport	Workers not classifiable by occupation Travailleurs ne pouvant être classés selon la profession	Members of the armed forces Membres des forces armées	
20 431	43 496	847	58 977	–	–	1
1 744	1 239	51	1 663	–	–	2
3 828	3 716	148	9 174	–	–	3
5 294	10 317	180	21 201	–	–	4
4 451	12 545	167	17 052	–	–	5
2 948	9 855	135	7 281	–	–	6
1 667	4 831	110	2 198	–	–	7
499	993	56	408	–	–	8
450	587	3 010	3 729	998	–	9
46	63	407	506	456	–	10
68	142	504	899	243	–	11
97	151	414	966	149	–	12
49	55	325	396	44	–	13
47	50	464	368	36	–	14
77	65	520	366	36	–	15
65	59	361	218	23	–	16
1	2	15	10	11	–	17
693	1 123	1 289	1 281	997	–	18
53	78	73	390	439	–	19
142	205	206	472	296	–	20
146	293	241	254	137	–	21
73	196	220	58	48	–	22
113	151	241	48	31	–	23
95	138	200	36	21	–	24
71	60	102	21	12	–	25
–	2	6	2	13	–	26
669	2 117	7 528	7 944	4 782	–	27
87	295	663	1 222	2 613	–	28
87	459	849	1 571	947	–	29
167	566	1 457	2 132	544	–	30
109	276	1 419	1 228	244	–	31
68	197	1 282	894	179	–	32
83	202	1 126	592	120	–	33
65	116	710	279	93	–	34
3	6	22	26	42	–	35
1 252	3 047	2 295	2 103	4 070	–	36
115	531	140	391	2 124	–	37
155	585	211	449	954	–	38
266	875	471	467	512	–	39
229	467	502	321	203	–	40
210	307	481	258	133	–	41
163	183	333	142	65	–	42
112	96	152	70	44	–	43
2	3	5	5	35	–	44

39. Economically active population by occupation, sex, age and urban/rural residence: each census, 1974 – 1988 (continued)

(See notes at end of table.)

	Continent, country or area, date, sex, age(in years) and urban/rural residence Continent, pays ou zone, date, sexe, âge(en anneés) et résidence urbaine/rurale	Occupation: Total economically active Population active totale	Occupation: Professional, technical and related workers Personnel des professions techniques, libérales et assimilées	Occupation: Administrative and managerial workers Directeurs et cadres administratifs supérieurs	Occupation: Clerical and related workers Personnel administratif et travailleurs assimilés
	AMERICA,NORTH— (Cont.–Suite) AMERIQUE DU NORD				
	St. Vincent and the Grenadines – Saint–Vincent–et–Grenadines				
	12 V 1980 [8 9 10 11]				
	Male – Masculin				
1	15 plus	22 193	1 248	205	1 07
2	15 – 19	4 683	106	1	13
3	20 – 24	4 430	372	9	33
4	25 – 34	4 748	429	45	28
5	35 – 44	2 840	151	50	12
6	45 – 54	2 393	95	63	8
7	55 – 64	1 824	53	31	6
8	65 plus	1 239	40	6	3
9	Unknown–Inconnu	36	2	–	
	Female – Féminin				
10	15 plus	12 546	1 480	52	1 36
11	15 – 19	2 515	207	–	11
12	20 – 24	2 765	501	4	49
13	25 – 34	2 790	493	16	49
14	35 – 44	1 698	149	7	13
15	45 – 54	1 463	85	15	9
16	55 – 64	896	33	10	3
17	65 plus	404	12	–	
18	Unknown–Inconnu	15	–	–	
	Trinidad and Tobago – Trinité–et–Tobago				
	12 V 1980 [4]				
	Male – Masculin				
19	15 plus	247 277	19 779	5 081	20 4
20	15 – 19	23 689	585	26	1 6
21	20 – 24	42 832	2 472	228	4 6
22	25 – 34	70 669	6 851	1 216	6 5
23	35 – 44	47 520	5 042	1 528	3 7
24	45 – 54	33 615	2 974	1 178	2 2
25	55 – 64	23 133	1 444	697	1 3
26	65 plus	5 819	411	208	2
	Female – Féminin				
27	15 plus	98 624	16 604	843	29 0
28	15 – 19	8 021	844	8	2 5
29	20 – 24	21 269	3 077	60	10 0
30	25 – 34	30 915	6 652	265	10 7
31	35 – 44	18 537	3 636	246	3 4
32	45 – 54	12 233	1 696	171	1 5
33	55 – 64	6 157	542	72	5
34	65 plus	1 492	157	21	1
	United States Virgin Islands – Iles Vierges américaines				
	1 IV 1980 [1 4 17 18]				
	Total				
35	16 plus	35 652	4 742	4 061	5 2
36	16 – 19	1 479	49	16	3
37	20 – 24	3 753	467	212	8
38	25 – 34	10 969	1 901	1 106	1 8
39	35 – 44	9 843	1 142	1 305	1 2
40	45 – 54	5 682	698	778	5
41	55 – 64	3 167	380	508	2
42	65 plus	759	105	136	

39. Population active selon la profession, le sexe, l'âge et la résidence, urbaine/rurale: chaque recensement, 1974 – 1988 (suite)

Voir notes à la fin du tableau.)

Profession: Sales workers / Personnel commercial et vendeurs	Services workers / Travailleurs spécialisés dans les services	Agricultural, animal husbandry and forestry workers, fishermen and hunters / Agriculteurs, éleveurs, forestiers, pêcheurs et chasseurs	Production and related workers, transport equipment operators and labourers / Ouvriers et manoeuvres non agricoles et conducteurs d'engins de transport	Workers not classifiable by occupation / Travailleurs ne pouvant être classés selon la profession	Members of the armed forces / Membres des forces armées	
911	994	5 432	7 931	4 402	–	1
77	51	658	1 216	2 436	–	2
140	161	789	1 604	1 023	–	3
220	271	959	2 088	447	–	4
128	180	782	1 265	162	–	5
126	145	872	884	120	–	6
133	111	766	565	98	–	7
86	74	601	298	103	–	8
1	1	5	11	13	–	9
1 045	2 133	1 634	1 882	2 954	–	10
68	217	63	205	1 642	–	11
164	414	132	278	774	–	12
252	613	300	372	250	–	13
205	382	334	370	116	–	14
184	311	375	346	57	–	15
114	132	309	216	51	–	16
58	59	119	92	60	–	17
–	5	2	3	4	–	18
15 332	21 783	24 058	136 444	4 398	–	19
1 695	990	2 214	15 706	789	–	20
2 363	3 574	3 276	25 279	1 011	–	21
3 967	7 311	5 504	38 034	1 226	–	22
2 937	4 186	4 734	24 759	590	–	23
2 162	2 781	3 965	17 923	392	–	24
1 392	2 201	3 271	12 534	291	–	25
816	740	1 094	2 209	99	–	26
12 071	18 568	4 496	15 520	1 491	–	27
1 461	1 190	155	1 579	196	–	28
2 518	2 272	228	2 666	375	–	29
3 125	4 595	545	4 607	416	–	30
1 998	4 633	1 083	3 283	224	–	31
1 588	3 466	1 485	2 081	162	–	32
1 016	1 904	866	1 126	100	–	33
365	508	134	178	18	–	34
3 538	7 140	751	10 186	...	...	35
260	292	33	510	...	...	36
418	636	68	1 053	...	...	37
1 039	1 958	159	2 991	...	...	38
922	2 014	153	3 031	...	...	39
518	1 346	169	1 601	...	...	40
284	731	121	851	...	...	41
97	163	48	149	...	...	42

Special topic

39. Economically active population by occupation, sex, age and urban/rural residence: each census, 1974 – 1988 (continued)

(See notes at end of table.)

	Continent, country or area, date, sex, age(in years) and urban/rural residence Continent, pays ou zone, date, sexe, âge(en anneés) et résidence urbaine/rurale	Occupation: Total economically active Population active totale	Occupation: Professional, technical and related workers Personnel des professions techniques, libérales et assimilées	Occupation: Administrative and managerial workers Directeurs et cadres administratifs supérieurs	Occupation: Clerical and related workers Personnel administratif et travailleurs assimilés
	AMERICA, SOUTH— AMERIQUE DU SUD				
	Argentina – Argentine				
	22 X 1980 [19]				
	Male – Masculin				
1	14 plus	7 278 034	3 995 924	258 762	800 24[illegible]
2	14 – 19	651 518	295 733	2 536	47 3[illegible]
3	20 – 24	940 644	498 838	16 030	131 6[illegible]
4	25 – 34	1 922 139	1 107 740	64 180	226 1[illegible]
5	35 – 44	1 548 901	889 504	70 943	163 4[illegible]
6	45 – 54	1 312 658	724 516	65 699	151 5[illegible]
7	55 – 64	725 427	384 334	33 952	72 1[illegible]
8	65 plus	176 747	95 259	5 422	8 0[illegible]
	Female – Féminin				
9	14 plus	2 755 764	964 648	25 914	578 4[illegible]
10	14 – 19	345 017	71 395	478	58 8[illegible]
11	20 – 24	474 638	129 366	2 232	159 8[illegible]
12	25 – 34	752 813	297 887	7 275	181 5[illegible]
13	35 – 44	557 756	235 599	7 099	92 8[illegible]
14	45 – 54	416 126	158 951	6 109	64 4[illegible]
15	55 – 64	167 724	58 199	2 138	18 1[illegible]
16	65 plus	41 690	13 251	583	2 7[illegible]
	Brazil – Brésil				
	1 IX 1980 [1 20]				
	Male – Masculin				
17	10 plus	31 392 986	1 188 369	3 369 773	
18	10 – 14	1 448 675	...	...	
19	15 – 19	4 345 217	...	...	
20	20 – 24	5 111 110	...	...	
21	25 – 34	8 148 213	...	...	
22	35 – 44	5 704 553	...	...	
23	45 – 54	3 851 046	...	...	
24	55 – 64	2 012 247	...	...	
25	65 plus	725 352	...	...	
26	Unknown–Inconnu	46 573	...	...	
	Female – Féminin				
27	10 plus	11 842 726	1 585 517	1 732 153	
28	10 – 14	611 273	...	...	
29	15 – 19	2 142 003	...	...	
30	20 – 24	2 281 841	...	...	
31	25 – 34	3 076 062	...	...	
32	35 – 44	1 989 886	...	...	
33	45 – 54	1 150 126	...	...	
34	55 – 64	452 067	...	...	
35	65 plus	122 509	...	...	
36	Unknown–Inconnu	16 959	...	...	
	Chile – Chili				
	21 IV 1982				
	Male – Masculin				
37	15 plus	2 720 822	133 370	73 276	255 7[illegible]
38	15 – 19	234 363	607	23	8 [illegible]
39	20 – 24	454 990	9 046	3 041	44 3[illegible]
40	25 – 34	787 210	57 763	17 230	92 [illegible]
41	35 – 44	576 849	35 445	20 517	61 [illegible]
42	45 – 54	388 942	18 705	17 090	33 [illegible]
43	55 – 64	205 057	8 000	10 178	11 8[illegible]
44	65 plus	73 411	3 804	5 197	3 5[illegible]

39. Population active selon la profession, le sexe, l'âge et la résidence, urbaine/rurale: chaque recensement, 1974 – 1988 (suite)

(Voir notes à la fin du tableau.)

Profession						
Sales workers Personnel commercial et vendeurs	Services workers Travailleurs spécialisés dans les services	Agricultural, animal husbandry and forestry workers, fishermen and hunters Agriculteurs, éleveurs, forestiers, pêcheurs et chasseurs	Production and related workers, transport equipment operators and labourers Ouvriers et manoeuvres non agricoles et conducteurs d'engins de transport	Workers not classifiable by occupation Travailleurs ne pouvant être classés selon la profession	Members of the armed forces Membres des forces armées	
944 729	...	1 061 245	...	217 128	...	1
73 199	...	193 329	...	39 394	...	2
106 091	...	152 661	...	35 424	...	3
237 827	...	237 599	...	48 612	...	4
201 547	...	186 791	...	36 674	...	5
180 221	...	159 339	...	31 365	...	6
116 810	...	99 625	...	18 602	...	7
29 034	...	31 901	...	7 057	...	8
363 395	...	131 037	...	692 369	...	9
51 042	...	15 394	...	147 851	...	10
62 822	...	13 399	...	107 000	...	11
88 574	...	29 124	...	148 452	...	12
69 535	...	31 800	...	120 863	...	13
59 480	...	28 006	...	99 083	...	14
26 446	...	10 949	...	51 833	...	15
5 496	...	2 365	...	17 287	...	16
1 519 795	...	10 643 985	11 372 288	2 678 028	620 748	17
...	...	...	...	...	...	18
...	...	...	...	...	...	19
...	...	...	...	...	...	20
...	...	...	...	...	...	21
...	...	...	...	...	...	22
...	...	...	...	...	...	23
...	...	...	...	...	...	24
...	...	...	...	...	...	25
...	...	...	...	...	...	26
3 605 336	...	1 583 670	2 525 408	804 507	6 135	27
...	...	...	...	...	...	28
...	...	...	...	...	...	29
...	...	...	...	...	...	30
...	...	...	...	...	...	31
...	...	...	...	...	...	32
...	...	...	...	...	...	33
...	...	...	...	...	...	34
...	...	...	...	...	...	35
...	...	...	...	...	...	36
214 653	127 201	621 660	1 049 914	244 970	...	37
14 065	8 933	84 511	59 125	58 118	...	38
34 510	23 462	100 859	172 451	67 245	...	39
63 110	38 301	140 431	318 406	59 320	...	40
45 021	24 989	111 753	246 668	31 289	...	41
31 764	17 972	90 562	161 619	18 035	...	42
18 072	10 202	65 082	73 895	7 787	...	43
8 111	3 342	28 462	17 750	3 176	...	44

39. Economically active population by occupation, sex, age and urban/rural residence: each census, 1974 – 1988 (continued)

(See notes at end of table.)

	Continent, country or area, date, sex, age(in years) and urban/rural residence Continent, pays ou zone, date, sexe, âge(en anneés) et résidence urbaine/rurale	Occupation: Total economically active Population active totale	Occupation: Professional, technical and related workers Personnel des professions techniques, libérales et assimilées	Occupation: Administrative and managerial workers Directeurs et cadres administratifs supérieurs	Occupation: Clerical and related workers Personnel administratif et travailleurs assimilés
	AMERICA,SOUTH— (Cont.–Suite) AMERIQUE DU SUD				
	Chile – Chili				
	21 IV 1982				
	Female – Féminin				
1	15 plus	959 455	148 061	18 850	163 8
2	15 – 19	91 352	931	9	5 2
3	20 – 24	198 375	15 370	928	43 5
4	25 – 34	298 254	68 982	3 851	66 2
5	35 – 44	191 554	38 560	5 253	30 4
6	45 – 54	117 006	17 807	4 902	13 2
7	55 – 64	46 136	4 807	2 668	3 9
8	65 plus	16 778	1 604	1 239	1 0
	Ecuador – Equateur				
	28 XI 1982 [21 22]				
	Male – Masculin				
9	12 plus	1 861 652	105 797	9 394	72 8
10	12 – 14	49 017	135	22	4
11	15 – 19	208 714	1 409	48	4 2
12	20 – 24	285 332	10 880	476	13 8
13	25 – 34	497 217	48 144	3 015	25 7
14	35 – 44	342 730	25 903	2 826	13 1
15	45 – 54	235 612	11 714	1 766	8 3
16	55 – 64	142 574	5 272	901	4 9
17	65 plus	100 456	2 340	340	2 0
	Female – Féminin				
18	12 plus	484 411	77 782	1 729	59 0
19	12 – 14	20 232	123	13	
20	15 – 19	64 026	1 479	14	3 6
21	20 – 24	90 585	11 695	163	19 3
22	25 – 34	142 429	37 754	740	23 9
23	35 – 44	80 114	16 373	454	7 4
24	45 – 54	47 622	7 024	223	3 0
25	55 – 64	23 996	2 487	92	1 0
26	65 plus	15 407	847	30	3
	French Guiana – Guyane Française				
	9 III 1982 [1 4]				
	Male – Masculin				
27	Total	17 205	1 752	519	1 7
	Female – Féminin				
28	Total	9 218	1 183	107	1 8
	Guyana				
	12 V 1980 [8 9 10 11]				
	Male – Masculin				
29	15 plus	185 638	11 492	1 398	10 5
30	15 – 19	31 140	571	5	9
31	20 – 24	35 550	2 281	43	2 5
32	25 – 34	48 888	4 355	344	3 5
33	35 – 44	29 597	2 060	393	1 6
34	45 – 54	22 895	1 399	379	1 2
35	55 – 64	12 014	536	172	4
36	65 plus	4 583	240	49	
37	Unknown–Inconnu	971	50	13	

39. Population active selon la profession, le sexe, l'âge et la résidence, urbaine/rurale: chaque recensement, 1974 – 1988 (suite)

(Voir notes à la fin du tableau.)

Profession						
Sales workers Personnel commercial et vendeurs	Services workers Travailleurs spécialisés dans les services	Agricultural, animal husbandry and forestry workers, fishermen and hunters Agriculteurs, éleveurs, forestiers, pêcheurs et chasseurs	Production and related workers, transport equipment operators and labourers Ouvriers et manoeuvres non agricoles et conducteurs d'engins de transport	Workers not classifiable by occupation Travailleurs ne pouvant être classés selon la profession	Members of the armed forces Membres des forces armées	
101 819	303 457	18 142	119 177	86 095	...	1
5 057	48 469	3 487	8 304	19 823	...	2
19 673	66 747	2 865	21 642	27 575	...	3
27 829	75 864	3 554	33 860	18 034	...	4
21 881	55 302	3 040	27 516	9 522	...	5
16 576	37 564	2 457	18 407	6 065	...	6
7 823	14 764	1 728	7 266	3 120	...	7
2 980	4 747	1 011	2 182	1 956	...	8
146 681	71 222	726 050	531 900	135 121	62 637	9
1 841	1 548	24 371	7 487	4 351	8 855	10
9 728	5 372	87 189	53 274	28 143	19 269	11
18 302	9 241	92 251	97 972	23 393	18 940	12
38 831	18 385	149 155	165 467	36 138	12 338	13
31 027	13 929	131 551	103 425	19 531	1 411	14
23 428	11 276	105 670	61 010	11 528	829	15
14 260	7 383	73 584	29 152	6 585	507	16
9 264	4 088	62 279	14 113	5 452	488	17
62 699	108 222	58 717	69 474	26 247	20 466	18
470	7 849	3 688	1 373	2 491	4 149	19
3 972	27 154	9 120	9 299	3 566	5 766	20
8 567	18 923	6 911	14 037	4 984	5 916	21
16 726	22 121	10 378	20 601	6 524	3 610	22
14 102	15 382	10 067	12 200	3 622	422	23
10 136	9 526	8 414	6 635	2 332	239	24
5 493	4 533	5 652	3 194	1 331	136	25
3 233	2 734	4 487	2 135	1 397	228	26
868	673	2 278	7 463	291	1 648	27
926	2 270	1 245	964	637	21	28
6 599	12 872	37 526	72 069	33 171	–	29
494	613	3 807	8 139	16 576	–	30
924	1 958	6 201	13 805	7 764	–	31
1 761	3 970	9 908	20 702	4 283	–	32
1 281	2 244	7 089	13 255	1 648	–	33
1 062	1 955	5 771	9 891	1 229	–	34
614	1 456	3 200	4 918	655	–	35
446	630	1 483	1 139	499	–	36
17	46	67	220	517	–	37

39. Economically active population by occupation, sex, age and urban/rural residence: each census, 1974 – 1988 (continued)

(See notes at end of table.)

	Continent, country or area, date, sex, age(in years) and urban/rural residence Continent, pays ou zone, date, sexe, âge(en anneés) et résidence urbaine/rurale	Occupation Total economically active Population active totale	Professional, technical and related workers Personnel des professions techniques, libérales et assimilées	Administrative and managerial workers Directeurs et cadres administratifs supérieurs	Clerical and related workers Personnel administratif et travailleurs assimilés
	AMERICA, SOUTH— (Cont.–Suite) AMERIQUE DU SUD				
	Guyana				
	12 V 1980 [8 9 10 11]				
	Female – Féminin				
1	15 plus	61 033	10 341	208	9 5[illegible]
2	15 – 19	10 412	721	2	6[illegible]
3	20 – 24	14 413	3 141	18	3 3[illegible]
4	25 – 34	16 424	3 973	65	4 0[illegible]
5	35 – 44	8 589	1 359	52	9[illegible]
6	45 – 54	6 443	786	47	3[illegible]
7	55 – 64	2 966	245	20	[illegible]
8	65 plus	1 337	94	3	[illegible]
9	Unknown–Inconnu	449	22	1	
	Paraguay				
	11 VII 1982				
	Male – Masculin				
10	12 plus	834 308	22 631	7 444	33 9[illegible]
11	12 – 14	37 896	20	5	1[illegible]
12	15 – 19	124 841	416	30	3 1[illegible]
13	20 – 24	134 127	2 427	352	8 5[illegible]
14	25 – 34	206 968	7 808	1 917	10 7[illegible]
15	35 – 44	139 891	5 809	2 144	5 5[illegible]
16	45 – 54	96 813	3 410	1 641	3 3[illegible]
17	55 – 64	61 906	1 830	917	1 6[illegible]
18	65 plus	31 866	911	438	7[illegible]
	Female – Féminin				
19	12 plus	204 950	22 062	1 683	19 8[illegible]
20	12 – 14	7 342	6	1	
21	15 – 19	33 361	394	15	1 8[illegible]
22	20 – 24	40 155	3 268	118	6 3[illegible]
23	25 – 34	55 269	8 964	512	7 0[illegible]
24	35 – 44	33 871	5 978	487	2 7[illegible]
25	45 – 54	19 919	2 243	336	1 3[illegible]
26	55 – 64	10 127	903	165	4[illegible]
27	65 plus	4 906	306	49	1[illegible]
	Peru – Pérou				
	12 VII 1981 [23 24]				
	Male – Masculin				
28	6 plus	3 978 410	254 783	22 031	384 [illegible]
29	6 – 14	66 264	–	–	1 [illegible]
30	15 – 29	1 508 682	67 269	3 565	175 [illegible]
31	30 – 44	1 285 446	129 010	9 846	129 [illegible]
32	45 – 64	911 525	52 843	7 525	69 [illegible]
33	65 plus	206 493	5 661	1 095	7 [illegible]
	Female – Féminin				
34	6 plus	1 335 481	149 690	1 894	185 [illegible]
35	6 – 14	57 967	–	–	[illegible]
36	15 – 29	609 104	50 718	459	104 [illegible]
37	30 – 44	387 280	75 173	833	57 [illegible]
38	45 – 64	236 972	22 503	525	21 [illegible]
39	65 plus	44 158	1 296	77	1 [illegible]

39. Population active selon la profession, le sexe, l'âge et la résidence, urbaine/rurale: chaque recensement, 1974 – 1988 (suite)

(Voir notes à la fin du tableau.)

Profession						
Sales workers Personnel commercial et vendeurs	Services workers Travailleurs spécialisés dans les services	Agricultural, animal husbandry and forestry workers, fishermen and hunters Agriculteurs, éleveurs, forestiers, pêcheurs et chasseurs	Production and related workers, transport equipment operators and labourers Ouvriers et manoeuvres non agricoles et conducteurs d'engins de transport	Workers not classifiable by occupation Travailleurs ne pouvant être classés selon la profession	Members of the armed forces Membres des forces armées	
4 804	8 474	3 933	7 221	16 459	–	1
307	614	241	680	7 156	–	2
598	994	292	1 466	4 602	–	3
1 100	2 059	636	2 189	2 318	–	4
1 073	1 971	975	1 387	778	–	5
953	1 757	1 068	1 002	451	–	6
542	798	546	413	311	–	7
227	263	170	60	494	–	8
4	18	5	24	349	–	9
41 199	41 734	422 475	207 524	57 394	–	10
1 214	1 392	27 318	3 065	4 745	–	11
3 327	23 651	62 676	21 224	10 369	–	12
4 744	3 370	65 108	40 325	9 266	–	13
10 581	4 628	93 534	65 911	11 806	–	14
8 858	3 713	67 522	38 873	7 443	–	15
6 219	2 525	50 955	22 475	6 200	–	16
3 919	1 604	34 219	11 360	6 370	–	17
2 337	851	21 143	4 291	1 195	–	18
26 333	54 926	22 002	44 149	13 982	–	19
238	3 503	2 486	634	447	–	20
1 934	16 069	4 874	5 795	2 472	–	21
3 757	12 350	3 021	8 505	2 831	–	22
6 911	11 702	3 682	12 759	3 689	–	23
5 732	5 911	2 962	8 061	2 037	–	24
4 229	3 308	2 521	4 652	1 300	–	25
2 335	1 495	1 553	2 507	707	–	26
1 197	588	903	1 236	499	–	27
349 839	189 713	1 622 486	907 305	248 056	–	28
2 673	5 117	45 767	3 794	7 023	–	29
128 992	80 450	567 113	336 119	149 185	–	30
124 375	59 418	453 498	331 355	48 458	–	31
77 809	38 931	421 611	208 943	34 313	–	32
15 990	5 797	134 497	27 094	9 077	–	33
181 477	201 978	288 617	119 102	207 435	–	34
1 011	14 843	24 869	2 205	14 420	–	35
60 590	125 288	101 198	50 712	116 000	–	36
68 768	36 685	71 597	37 868	38 861	–	37
44 486	21 361	70 016	23 738	32 761	–	38
6 622	3 801	20 937	4 579	5 393	–	39

39. Economically active population by occupation, sex, age and urban/rural residence: each census, 1974 – 1988 (continued)

(See notes at end of table.)

	Continent, country or area, date, sex, age(in years) and urban/rural residence Continent, pays ou zone, date, sexe, âge(en anneés) et résidence urbaine/rurale	Occupation: Total economically active Population Population active totale	Occupation: Professional, technical and related workers Personnel des professions techniques, libérales et assimilées	Occupation: Administrative and managerial workers Directeurs et cadres administratifs supérieurs	Occupation: Clerical and related workers Personnel administratif et travailleurs assimilés
	AMERICA,SOUTH— (Cont.–Suite) AMERIQUE DU SUD				
	Uruguay				
	23 X 1985 [25]				
	Male – Masculin				
1	12 plus	785 944	43 098	21 808	75 319
2	12 – 13	2 666	–	–	104
3	14 – 19	64 541	735	69	4 595
4	20 – 24	99 229	3 646	682	12 633
5	25 – 34	193 288	14 088	3 629	21 008
6	35 – 44	163 417	11 278	5 454	14 618
7	45 – 54	145 458	7 184	6 171	13 62[illegible]
8	55 – 64	94 871	4 635	4 646	7 594
9	65 plus	22 474	1 532	1 157	1 139
	Female – Féminin				
10	12 plus	390 864	61 969	5 703	65 32[illegible]
11	12 – 13	811	–	–	1[illegible]
12	14 – 19	27 627	654	32	1 818
13	20 – 24	54 926	5 721	225	13 129
14	25 – 34	109 562	21 765	1 166	25 82[illegible]
15	35 – 44	90 223	18 420	1 681	13 46[illegible]
16	45 – 54	70 105	10 779	1 620	8 11[illegible]
17	55 – 64	30 736	3 709	815	2 59[illegible]
18	65 plus	6 874	921	164	35[illegible]
	Venezuela				
	20 X 1981 [2 26 27]				
	Male – Masculin				
19	12 plus	3 313 642	262 744	67 523	236 16[illegible]
20	12 – 14	40 487	168	9	56[illegible]
21	15 – 19	352 814	20 483	311	22 42[illegible]
22	20 – 24	547 774	44 411	2 461	51 14[illegible]
23	25 – 34	1 002 636	101 213	19 053	82 01[illegible]
24	35 – 44	623 351	56 933	21 402	41 55[illegible]
25	45 – 54	431 929	26 417	15 615	24 21[illegible]
26	55 – 64	223 484	10 124	6 765	10 98[illegible]
27	65 plus	91 167	2 995	1 907	3 27[illegible]
	Female – Féminin				
28	12 plus	1 233 803	232 291	8 718	284 31[illegible]
29	12 – 14	12 976	150	1	34[illegible]
30	15 – 19	127 365	6 852	89	27 72[illegible]
31	20 – 24	237 924	38 293	601	81 06[illegible]
32	25 – 34	430 887	102 193	3 677	118 58[illegible]
33	35 – 44	245 929	59 164	2 549	39 21[illegible]
34	45 – 54	123 069	20 222	1 251	13 61[illegible]
35	55 – 64	42 363	4 584	450	3 15[illegible]
36	65 plus	13 290	833	100	60[illegible]
	ASIA—ASIE				
	Hong Kong – Hong–kong				
	11 III 1986* [28]				
	Male – Masculin				
37	15 plus	1 716 411	127 911	80 451	163 85[illegible]
38	15 – 19	89 068	2 751	77	7 55[illegible]
39	20 – 24	251 714	19 579	2 205	38 53[illegible]
40	25 – 34	552 532	54 523	25 809	60 13[illegible]
41	35 – 44	340 086	26 495	27 237	26 01[illegible]
42	45 – 54	266 605	17 024	15 624	17 60[illegible]
43	55 – 64	165 355	5 628	7 070	10 54[illegible]
44	65 plus	51 051	1 911	2 429	3 47[illegible]

39. Population active selon la profession, le sexe, l'âge et la résidence, urbaine/rurale: chaque recensement, 1974 – 1988 (suite)

(Voir notes à la fin du tableau.)

Profession						
Sales workers Personnel commercial et vendeurs	Services workers Travailleurs spécialisés dans les services	Agricultural, animal husbandry and forestry workers, fishermen and hunters Agriculteurs, éleveurs, forestiers, pêcheurs et chasseurs	Production and related workers, transport equipment operators and labourers Ouvriers et manoeuvres non agricoles et conducteurs d'engins de transport	Workers not classifiable by occupation Travailleurs ne pouvant être classés selon la profession	Members of the armed forces Membres des forces armées	
77 334	54 047	154 874	271 945	58 167	29 352	1
401	73	1 042	364	682	–	2
6 577	2 377	18 606	18 360	12 438	784	3
8 418	6 107	17 615	33 946	9 743	6 439	4
16 598	12 910	30 220	69 673	11 471	13 691	5
16 995	11 756	28 795	59 318	8 704	6 499	6
15 243	11 319	28 714	53 475	8 157	1 567	7
10 406	7 539	22 453	31 740	5 562	296	8
2 696	1 966	7 429	5 069	1 410	76	9
40 400	121 634	10 879	60 043	24 052	858	10
49	381	124	45	196	–	11
2 783	12 979	1 026	3 582	4 746	7	12
6 273	14 367	1 030	8 555	5 503	123	13
10 254	25 727	2 209	16 310	5 857	452	14
9 245	26 792	2 305	14 422	3 678	212	15
7 641	25 335	2 312	11 553	2 695	52	16
3 489	13 087	1 396	4 634	997	11	17
666	2 966	477	942	380	1	18
381 007	220 800	508 373	1 637 027	–	–	19
4 899	2 077	16 061	16 711	–	–	20
37 889	18 462	70 473	182 776	–	–	21
50 552	35 273	69 636	294 297	–	–	22
106 263	65 329	106 617	522 143	–	–	23
75 116	40 302	83 236	304 810	–	–	24
56 422	31 431	75 725	202 105	–	–	25
33 127	19 458	53 678	89 351	–	–	26
16 739	8 468	32 947	24 834	–	–	27
116 789	332 189	15 518	243 982	–	–	28
831	8 491	771	2 384	–	–	29
16 177	46 051	2 128	28 339	–	–	30
22 360	48 182	1 785	45 638	–	–	31
34 118	90 737	2 888	78 686	–	–	32
20 880	71 767	2 693	49 666	–	–	33
13 950	45 922	2 762	25 347	–	–	34
6 131	16 414	1 691	9 935	–	–	35
2 342	4 625	800	3 987	–	–	36
220 120	282 458	33 378	794 748	6 524	6 965	37
7 623	18 779	2 980	45 994	2 814	497	38
22 672	44 491	3 325	116 910	1 652	2 345	39
60 253	78 771	6 702	262 361	1 057	2 926	40
45 902	44 660	5 194	163 305	364	917	41
40 868	44 232	6 105	124 573	336	238	42
31 064	37 546	6 236	67 010	210	42	43
11 738	13 979	2 836	14 595	91	–	44

39. Economically active population by occupation, sex, age and urban/rural residence: each census, 1974 – 1988 (continued)

(See notes at end of table.)

	Continent, country or area, date, sex, age(in years) and urban/rural residence Continent, pays ou zone, date, sexe, âge(en anneés) et résidence urbaine/rurale	Total economically active Population active totale	Occupation: Professional, technical and related workers Personnel des professions techniques, libérales et assimilées	Occupation: Administrative and managerial workers Directeurs et cadres administratifs supérieurs	Occupation: Clerical and related workers Personnel administratif et travailleurs assimilés
	ASIA—ASIE (Cont.–Suite)				
	Hong Kong – Hong–kong				
	11 III 1986* [28]				
	Female – Féminin				
1	15 plus	1 037 437	97 629	16 478	234 401
2	15 – 19	72 817	5 614	28	18 640
3	20 – 24	231 242	25 179	1 008	93 268
4	25 – 34	344 431	37 884	8 169	95 872
5	35 – 44	173 397	17 738	4 830	20 111
6	45 – 54	118 701	9 044	1 750	5 180
7	55 – 64	68 087	1 834	609	1 120
8	65 plus	28 762	336	84	210
	Iraq				
	17 X 1977 [4]				
	Male – Masculin				
9	10 plus	2 585 726	132 704	12 680	352 021
10	10 – 14	89 326	184	3	316
11	15 – 19	194 703	856	24	29 679
12	20 – 24	511 615	11 620	251	137 023
13	25 – 34	718 783	65 233	3 213	130 432
14	35 – 44	426 308	37 479	4 691	39 550
15	45 – 54	331 914	12 747	3 359	11 626
16	55 plus	309 919	4 403	1 123	2 873
17	Unknown–Inconnu	3 158	182	16	522
	Female – Féminin				
18	10 plus	543 623	63 568	386	27 929
19	10 – 14	71 402	166	2	16
20	15 – 19	56 706	945	2	1 485
21	20 – 24	79 420	9 299	21	10 516
22	25 – 34	133 333	36 523	141	12 963
23	35 – 44	82 587	13 160	136	2 344
24	45 – 54	68 681	2 946	73	501
25	55 plus	50 799	442	11	51
26	Unknown–Inconnu	695	87	–	53
	Israel – Israël [29]				
	4 VI 1983 [1 30]				
	Male – Masculin				
27	15 plus	886 075	143 180	56 020	91 950
28	15 – 17	16 725	725	30	1 220
29	18 – 24	100 850	9 145	1 235	9 235
30	25 – 34	261 390	51 095	12 700	22 510
31	35 – 44	191 235	37 895	16 340	15 370
32	45 – 54	147 100	22 645	13 425	15 405
33	55 – 64	114 145	14 435	9 415	18 325
34	65 plus	54 630	7 240	2 875	9 885
	Female – Féminin				
35	15 plus	556 495	161 385	10 790	151 910
36	15 – 17	8 510	620	5	1 575
37	18 – 24	94 490	18 205	565	36 065
38	25 – 34	183 140	66 110	3 365	55 705
39	35 – 44	121 145	43 735	3 320	29 185
40	45 – 54	82 510	21 525	2 130	17 460
41	55 – 64	48 870	9 105	1 180	9 735
42	65 plus	17 830	2 085	225	2 185

39. Population active selon la profession, le sexe, l'âge et la résidence, urbaine/rurale: chaque recensement, 1974 – 1988 (suite)

(Voir notes à la fin du tableau.)

Profession						
Sales workers Personnel commercial et vendeurs	Services workers Travailleurs spécialisés dans les services	Agricultural, animal husbandry and forestry workers, fishermen and hunters Agriculteurs, éleveurs, forestiers, pêcheurs et chasseurs	Production and related workers, transport equipment operators and labourers Ouvriers et manoeuvres non agricoles et conducteurs d'engins de transport	Workers not classifiable by occupation Travailleurs ne pouvant être classés selon la profession	Members of the armed forces Membres des forces armées	
100 559	166 706	17 811	398 225	5 383	245	1
12 263	6 103	1 666	26 214	2 289	–	2
21 504	16 317	1 847	70 586	1 470	63	3
26 242	38 765	3 283	133 243	847	126	4
15 736	32 575	2 754	79 142	462	49	5
13 005	34 628	3 819	51 023	245	7	6
8 505	26 362	3 085	26 523	49	–	7
3 304	11 956	1 357	11 494	21	–	8
122 550	143 313	575 101	895 154	352 203	–	9
1 477	3 127	24 336	40 462	19 421	–	10
3 179	6 444	23 020	85 489	46 012	–	11
6 420	15 191	42 661	154 705	143 744	–	12
21 546	36 950	99 145	277 051	85 213	–	13
23 533	31 430	89 251	165 118	35 256	–	14
29 041	29 379	123 421	108 906	13 435	–	15
37 224	20 604	172 854	62 306	8 532	–	16
130	188	413	1 117	590	–	17
9 039	16 716	350 475	51 413	24 097	–	18
122	355	65 426	3 608	1 707	–	19
287	737	41 832	8 526	2 892	–	20
617	1 473	38 393	10 621	8 480	–	21
1 429	3 817	60 385	12 580	5 495	–	22
1 846	5 340	50 163	7 426	2 172	–	23
2 267	3 574	52 351	5 299	1 670	–	24
2 456	1 378	41 620	3 254	1 587	–	25
15	42	305	99	94	–	26
67 215	61 740	44 180	328 990	92 800	–	27
900	1 560	2 445	6 590	3 255	–	28
6 325	8 635	6 320	44 210	15 745	–	29
18 375	15 295	12 190	102 380	26 845	–	30
14 145	11 060	7 855	72 075	16 495	–	31
11 190	11 090	6 695	53 865	12 785	–	32
10 240	10 285	5 720	37 445	8 280	–	33
6 040	3 815	2 955	12 425	9 395	–	34
30 965	83 440	9 505	50 915	57 585	–	35
420	2 070	650	1 225	1 945	–	36
4 365	12 305	1 605	10 605	10 775	–	37
7 065	18 975	2 110	13 100	16 710	–	38
6 910	18 520	1 720	8 515	9 240	–	39
6 045	19 005	1 665	8 160	6 520	–	40
4 715	10 300	1 295	6 315	6 225	–	41
1 445	2 265	460	2 995	6 170	–	42

39. Economically active population by occupation, sex, age and urban/rural residence: each census, 1974 – 1988 (continued)

(See notes at end of table.)

	Continent, country or area, date, sex, age(in years) and urban/rural residence Continent, pays ou zone, date, sexe, âge(en anneés) et résidence urbaine/rurale	Occupation: Total economically active Population active totale	Occupation: Professional, technical and related workers Personnel des professions techniques, libérales et assimilées	Occupation: Administrative and managerial workers Directeurs et cadres administratifs supérieurs	Occupation: Clerical and related workers Personnel administratif et travailleurs assimilés
	ASIA—ASIE (Cont.–Suite)				
	Japan – Japon				
	1 X 1985 [4 12 15 31]				
	Male – Masculin				
1	15 plus	35 642 800	3 597 100	1 371 300	5 580 800
2	15 – 19	794 200	17 600	100	58 600
3	20 – 24	2 979 200	295 100	2 300	394 300
4	25 – 34	8 077 500	1 103 000	72 100	1 309 100
5	35 – 44	9 554 000	971 000	276 600	1 654 800
6	45 – 54	7 591 400	639 000	429 700	1 313 600
7	55 – 64	4 650 900	422 300	386 500	699 400
8	65 plus	1 995 700	148 900	203 900	151 000
	Female – Féminin				
9	15 plus	22 574 700	2 560 600	177 700	6 134 300
10	15 – 19	714 200	58 300	100	282 700
11	20 – 24	2 798 600	547 600	500	1 389 700
12	25 – 34	4 133 400	846 500	8 900	1 456 600
13	35 – 44	5 943 700	544 600	35 400	1 594 700
14	45 – 54	5 029 100	352 800	54 400	978 400
15	55 – 64	2 865 000	164 000	48 700	363 500
16	65 plus	1 090 700	46 700	29 600	68 500
	Jordan – Jordanie [32]				
	10 XI 1979* [4 33]				
	Male – Masculin				
17	15 plus	376 528	33 542	6 422	19 738
18	15 – 19	34 232	173	5	570
19	20 – 24	59 048	6 339	225	4 008
20	25 – 34	103 606	15 573	1 844	7 274
21	35 – 44	90 070	8 403	2 492	4 960
22	45 – 54	55 688	1 987	1 312	2 092
23	55 – 64	23 964	719	464	716
24	65 plus	9 920	348	80	118
	Female – Féminin				
25	15 plus	29 541	17 093	364	5 579
26	15 – 19	2 137	387	3	582
27	20 – 24	10 362	6 457	65	2 606
28	25 – 34	11 635	7 984	154	1 907
29	35 – 44	3 696	1 889	98	388
30	45 – 54	1 195	269	27	78
31	55 – 64	425	91	14	16
32	65 plus	91	16	3	2
	Kuwait – Koweït				
	21 IV 1985				
	Male – Masculin				
33	15 plus	538 257	72 622	10 243	63 086
34	15 – 19	10 322	167	–	1 079
35	20 – 24	61 264	4 282	196	9 615
36	25 – 34	222 413	28 487	2 729	27 221
37	35 – 44	149 980	26 107	4 053	16 080
38	45 – 54	71 808	10 838	2 405	7 070
39	55 – 64	20 272	2 556	733	1 890
40	65 plus	2 198	185	127	131
	Female – Féminin				
41	15 plus	132 128	36 304	392	19 651
42	15 – 19	4 554	158	–	451
43	20 – 24	26 502	4 510	28	5 074
44	25 – 34	62 594	19 704	203	10 740
45	35 – 44	28 282	9 418	128	2 918
46	45 – 54	8 408	2 294	28	419
47	55 – 64	1 637	213	5	49
48	65 plus	151	7	–	–

39. Population active selon la profession, le sexe, l'âge et la résidence, urbaine/rurale: chaque recensement, 1974 – 1988 (suite)

(Voir notes à la fin du tableau.)

Profession: Sales workers / Personnel commercial et vendeurs	Services workers / Travailleurs spécialisés dans les services	Agricultural, animal husbandry and forestry workers, fishermen and hunters / Agriculteurs, éleveurs, forestiers, pêcheurs et chasseurs	Production and related workers, transport equipment operators and labourers / Ouvriers et manoeuvres non agricoles et conducteurs d'engins de transport	Workers not classifiable by occupation / Travailleurs ne pouvant être classés selon la profession	Members of the armed forces / Membres des forces armées	
5 098 000	2 303 200	2 921 100	14 714 600	56 600	–	1
65 400	130 200	18 600	500 200	3 500	–	2
423 600	339 300	71 500	1 445 400	7 600	–	3
1 421 500	576 000	260 000	3 321 900	13 900	–	4
1 561 500	554 500	360 100	4 163 300	12 100	–	5
900 700	368 800	611 800	3 318 300	9 500	–	6
450 500	235 800	884 700	1 563 700	7 600	–	7
274 600	98 600	714 400	401 600	2 400	–	8
3 011 500	2 624 400	2 451 800	5 566 600	47 800	–	9
81 700	126 600	3 400	159 700	1 700	–	10
275 900	233 300	18 600	328 300	4 700	–	11
440 000	392 100	190 900	788 900	9 200	–	12
873 200	753 800	352 700	1 775 100	14 000	–	13
703 200	658 400	661 800	1 609 500	10 500	–	14
410 200	347 800	821 900	703 200	5 500	–	15
227 200	112 200	402 300	201 900	2 200	–	16
30 598	23 675	46 143	216 410	–	–	17
817	1 321	1 932	29 414	–	–	18
2 372	2 476	2 935	40 693	–	–	19
5 956	4 889	6 670	61 400	–	–	20
8 253	6 133	10 235	49 594	–	–	21
7 703	5 408	11 313	25 873	–	–	22
3 862	2 479	8 034	7 690	–	–	23
1 635	969	5 024	1 746	–	–	24
389	3 607	365	2 144	–	–	25
44	479	121	521	–	–	26
78	564	43	549	–	–	27
122	873	38	557	–	–	28
77	856	66	322	–	–	29
48	567	61	145	–	–	30
15	224	25	40	–	–	31
5	44	11	10	–	–	32
36 577	117 182	12 986	220 109	5 452	–	33
682	3 344	797	2 447	1 806	–	34
3 563	17 485	1 585	22 303	2 235	–	35
13 002	47 547	5 068	97 178	1 181	–	36
10 353	27 360	2 863	63 012	152	–	37
5 951	15 790	1 825	27 877	52	–	38
2 450	5 138	701	6 778	26	–	39
576	518	147	514	–	–	40
1 012	71 879	54	491	2 345	–	41
41	3 410	18	7	469	–	42
202	15 214	6	59	1 409	–	43
484	30 833	8	216	406	–	44
205	15 438	6	123	46	–	45
57	5 521	15	65	9	–	46
23	1 319	1	21	6	–	47
–	144	–	–	–	–	48

39. Economically active population by occupation, sex, age and urban/rural residence: each census, 1974 – 1988 (continued)

(See notes at end of table.)

	Continent, country or area, date, sex, age(in years) and urban/rural residence Continent, pays ou zone, date, sexe, âge(en anneés) et résidence urbaine/rurale	Total economically active Population Population active totale	Occupation: Professional, technical and related workers Personnel des professions techniques, libérales et assimilées	Occupation: Administrative and managerial workers Directeurs et cadres administratifs supérieurs	Occupation: Clerical and related workers Personnel administratif et travailleurs assimilés
	ASIA—ASIE (Cont.–Suite)				
	Macau – Macao				
	16 III 1981 [2]				
	Male – Masculin				
1	10 plus	78 448	2 439	479	5 537
2	10 – 14	541	–	–	–
3	15 – 19	7 197	51	–	189
4	20 – 24	15 435	242	11	1 163
5	25 – 34	25 646	642	121	1 957
6	35 – 44	11 158	557	123	890
7	45 – 54	9 254	520	118	709
8	55 plus	9 217	427	106	629
	Female – Féminin				
9	10 plus	46 612	2 417	72	4 461
10	10 – 14	773	–	–	–
11	15 – 19	7 464	53	–	325
12	20 – 24	12 932	563	4	1 741
13	25 – 34	13 344	894	23	1 670
14	35 – 44	4 465	437	17	383
15	45 – 54	3 857	284	16	236
16	55 plus	3 777	186	12	106
	Malaysia – Malaisie Peninsular Malaysia – Malaisie Péninsulaire				
	10 VI 1980 [4]				
	Male – Masculin				
17	10 plus	2 564 662	159 826	34 774	171 186
	Female – Féminin				
18	10 plus	1 228 440	102 083	3 387	133 321
	Maldives				
	25 III 1985 [2]				
	Male – Masculin				
19	12 plus	40 313	3 789	1 323	2 484
20	12 – 14	543	25	1	17
21	15 – 19	5 670	383	78	511
22	20 – 24	7 191	839	151	610
23	25 – 34	9 306	1 147	352	611
24	35 – 44	6 097	604	307	365
25	45 – 54	6 457	430	286	254
26	55 – 64	3 637	235	108	89
27	65 plus	1 372	123	39	21
28	Unknown–Inconnu	40	3	1	6
	Female – Féminin				
29	12 plus	11 116	949	141	82[illegible]
30	12 – 14	181	7	–	2
31	15 – 19	1 993	167	22	247
32	20 – 24	2 055	232	39	337
33	25 – 34	2 397	161	53	187
34	35 – 44	1 685	96	15	35
35	45 – 54	1 723	142	8	16
36	55 – 64	811	93	3	[illegible]
37	65 plus	267	50	1	–
38	Unknown–Inconnu	4	1	–	–

39. Population active selon la profession, le sexe, l'âge et la résidence, urbaine/rurale: chaque recensement, 1974 – 1988 (suite)

Voir notes à la fin du tableau.)

Profession						
Sales workers Personnel commercial et vendeurs	Services workers Travailleurs spécialisés dans les services	Agricultural, animal husbandry and forestry workers, fishermen and hunters Agriculteurs, éleveurs, forestiers, pêcheurs et chasseurs	Production and related workers, transport equipment operators and labourers Ouvriers et manoeuvres non agricoles et conducteurs d'engins de transport	Workers not classifiable by occupation Travailleurs ne pouvant être classés selon la profession	Members of the armed forces Membres des forces armées	
8 980	14 090	5 415	41 444	5	59	1
19	31	283	208	–	–	2
394	982	815	4 766	–	–	3
1 062	2 708	838	9 411	–	–	4
2 174	4 450	1 400	14 889	4	9	5
1 408	1 840	718	5 603	1	18	6
1 657	1 836	695	3 690	–	29	7
2 266	2 243	666	2 877	–	3	8
2 570	6 347	2 481	28 262	2	–	9
6	20	301	446	–	–	10
224	329	566	5 967	–	–	11
465	832	516	8 810	1	–	12
578	1 478	478	8 222	1	–	13
337	910	215	2 166	–	–	14
451	1 261	232	1 377	–	–	15
509	1 517	173	1 274	–	–	16
270 322	225 386	789 326	764 845	148 997	–	17
87 009	105 764	466 945	228 703	101 228	–	18
2 098	3 132	13 646	12 245	1 596	–	19
12	45	280	150	13	–	20
164	698	1 610	1 995	231	–	21
336	759	1 951	2 177	368	–	22
495	624	2 956	2 697	424	–	23
459	415	1 966	1 772	209	–	24
400	388	2 663	1 857	179	–	25
171	151	1 647	1 119	117	–	26
61	47	561	465	55	–	27
–	5	12	13	–	–	28
273	382	1 485	6 975	91	–	29
2	8	18	142	2	–	30
18	61	161	1 294	23	–	31
39	66	208	1 110	24	–	32
73	76	332	1 500	15	–	33
77	71	280	1 096	15	–	34
42	66	334	1 113	8	–	35
20	27	126	537	3	–	36
2	7	25	182	–	–	37
–	–	1	1	1	–	38

39. Economically active population by occupation, sex, age and urban/rural residence: each census, 1974 – 1988 (continued)

(See notes at end of table.)

	Continent, country or area, date, sex, age(in years) and urban/rural residence Continent, pays ou zone, date, sexe, âge(en anneés) et résidence urbaine/rurale	Occupation Total economically active Population active totale	Professional, technical and related workers Personnel des professions techniques, libérales et assimilées	Administrative and managerial workers Directeurs et cadres administratifs supérieurs	Clerical and related workers Personnel administratif et travailleurs assimilés
	ASIA—ASIE (Cont.–Suite)				
	Myanmar [34]				
	31 III 1983 [2]				
	Male – Masculin				
1	10 plus	7 654 781	168 318	41 223	203 43
2	10 – 14	211 645	419	–	16
3	15 – 19	843 014	3 176	129	7 54
4	20 – 24	1 161 223	13 461	797	32 49
5	25 – 34	2 013 541	57 126	7 915	80 37
6	35 – 44	1 315 737	44 404	14 957	50 22
7	45 – 54	1 099 577	29 495	11 639	24 21
8	55 – 64	672 699	13 593	4 916	7 96
9	65 plus	337 345	6 644	870	45
	Female – Féminin				
10	10 plus	4 345 790	122 028	5 486	66 25
11	10 – 14	234 603	312	–	5
12	15 – 19	663 037	2 549	32	1 73
13	20 – 24	654 704	16 944	139	11 87
14	25 – 34	1 001 134	56 252	1 938	35 00
15	35 – 44	668 060	29 227	1 847	14 03
16	45 – 54	583 399	10 824	816	2 77
17	55 – 64	364 062	4 531	486	75
18	65 plus	176 791	1 389	228	2
	Qatar				
	16 III 1986* [2]				
	Male – Masculin				
19	15 plus	180 756	15 086	2 546	21 58
20	15 – 19	3 708	59	1	1 22
21	20 – 24	19 269	600	43	3 52
22	25 – 34	81 765	5 669	690	9 64
23	35 – 44	49 203	5 742	948	4 99
24	45 – 54	20 054	2 214	590	1 80
25	55 – 64	5 396	584	219	32
26	65 plus	1 304	218	53	5
27	Unknown–Inconnu	57	–	2	
	Female – Féminin				
28	15 plus	19 482	5 511	22	2 01
29	15 – 19	108	17	–	3
30	20 – 24	1 343	631	1	29
31	25 – 34	9 491	3 224	12	1 08
32	35 – 44	6 861	1 271	4	49
33	45 – 54	1 400	331	3	9
34	55 – 64	229	37	2	1
35	65 plus	43	–	–	
36	Unknown–Inconnu	7	–	–	
	Sri Lanka				
	17 III 1981 [4 15]				
	Male – Masculin				
37	10 plus	3 248 428	130 283	30 416	199 35
38	10 – 14	26 708	78	11	5
39	15 – 19	198 657	854	198	1 74
40	20 – 24	436 168	8 216	1 873	19 16
41	25 – 34	985 801	41 076	9 136	74 21
42	35 – 44	702 130	39 104	9 516	58 73
43	45 – 54	517 461	27 733	6 106	36 02
44	55 – 64	262 692	9 722	2 719	8 27
45	65 plus	118 811	3 500	857	1 14

39. Population active selon la profession, le sexe, l'âge et la résidence, urbaine/rurale: chaque recensement, 1974 – 1988 (suite)

(Voir notes à la fin du tableau.)

Profession: Sales workers / Personnel commercial et vendeurs	Services workers / Travailleurs spécialisés dans les services	Agricultural, animal husbandry and forestry workers, fishermen and hunters / Agriculteurs, éleveurs, forestiers, pêcheurs et chasseurs	Production and related workers, transport equipment operators and labourers / Ouvriers et manoeuvres non agricoles et conducteurs d'engins de transport	Workers not classifiable by occupation / Travailleurs ne pouvant être classés selon la profession	Members of the armed forces / Membres des forces armées	
464 996	163 729	5 011 664	1 403 898	197 522	–	1
4 328	830	182 979	22 507	418	–	2
28 247	8 811	630 841	151 158	13 112	–	3
58 481	24 998	732 006	242 898	56 091	–	4
137 646	46 595	1 200 430	404 280	79 172	–	5
91 144	32 469	794 881	255 526	32 128	–	6
70 213	29 848	723 102	197 360	13 710	–	7
48 546	16 938	482 239	95 899	2 601	–	8
26 391	3 240	265 186	34 270	290	–	9
662 546	39 195	2 695 210	748 117	6 958	–	10
10 276	1 880	179 318	42 357	410	–	11
48 692	5 315	453 753	149 808	1 155	–	12
68 503	4 864	409 053	141 939	1 391	–	13
148 852	8 647	566 968	182 005	1 471	–	14
133 338	6 963	378 472	103 137	1 038	–	15
134 309	6 883	354 130	72 737	925	–	16
82 474	3 480	232 455	39 464	414	–	17
36 102	1 163	121 061	16 670	154	–	18
10 044	32 359	7 680	91 123	335	–	19
104	663	111	1 534	12	–	20
1 251	4 256	878	8 675	37	–	21
4 596	14 653	3 520	42 888	103	–	22
2 288	7 843	1 916	25 410	66	–	23
1 148	3 457	909	9 874	60	–	24
493	1 148	285	2 293	46	–	25
163	328	60	412	11	–	26
1	11	1	37	–	–	27
116	11 742	2	62	16	–	28
3	56	–	1	–	–	29
15	391	–	7	3	–	30
52	5 093	–	21	6	–	31
32	5 034	–	27	3	–	32
11	949	–	5	2	–	33
3	171	1	1	1	–	34
–	41	1	–	1	–	35
–	7	–	–	–	–	36
291 590	190 022	1 390 420	948 231	68 110	–	37
2 146	4 629	14 127	4 915	752	–	38
18 767	13 358	103 798	55 609	4 324	–	39
40 338	25 222	189 382	138 936	13 038	–	40
96 278	61 245	373 233	308 003	22 619	–	41
60 303	38 439	267 773	214 676	13 581	–	42
39 813	28 480	223 937	148 012	7 355	–	43
23 005	13 011	143 042	58 873	4 049	–	44
10 940	5 638	75 128	19 207	2 392	–	45

39. Economically active population by occupation, sex, age and urban/rural residence: each census, 1974 – 1988 (continued)

(See notes at end of table.)

	Continent, country or area, date, sex, age(in years) and urban/rural residence Continent, pays ou zone, date, sexe, âge(en anneés) et résidence urbaine/rurale	Total economically active Population active totale	Occupation Professional, technical and related workers Personnel des professions techniques, libérales et assimilées	Administrative and managerial workers Directeurs et cadres administratifs supérieurs	Clerical and related workers Personnel administratif et travailleurs assimilés
	ASIA—ASIE (Cont.–Suite)				
	Sri Lanka				
	17 III 1981 [4 15]				
	Female – Féminin				
1	10 plus	870 837	116 101	3 270	58 071
2	10 – 14	11 758	31	1	19
3	15 – 19	72 419	541	41	988
4	20 – 24	138 995	10 680	349	11 746
5	25 – 34	280 332	42 831	1 405	31 333
6	35 – 44	197 978	34 917	952	11 099
7	45 – 54	120 980	22 586	359	2 435
8	55 – 64	37 045	4 209	114	362
9	65 plus	11 330	306	49	89
	Syrian Arab Republic – République arabe syrienne				
	8 IX 1981 [4 35]				
	Male – Masculin				
10	10 plus	1 819 557	102 664	2 251	121 627
11	10 – 14	59 992	115	9	136
12	15 – 19	246 290	1 290	39	3 446
13	20 – 24	292 612	16 349	41	16 205
14	25 – 34	466 582	50 381	543	43 731
15	35 – 44	311 129	22 033	885	32 705
16	45 – 54	257 094	8 730	552	18 728
17	55 – 64	132 011	2 702	156	5 893
18	65 plus	53 521	1 044	25	761
19	Unknown–Inconnu	326	20	1	22
	Female – Féminin				
20	10 plus	167 996	49 077	106	22 572
21	10 – 14	16 336	30	2	18
22	15 – 19	26 200	828	8	897
23	20 – 24	36 697	15 140	8	6 574
24	25 – 34	48 202	23 035	28	9 604
25	35 – 44	21 604	6 952	33	3 930
26	45 – 54	12 898	2 522	24	1 318
27	55 – 64	4 590	445	2	208
28	65 plus	1 438	119	1	19
29	Unknown–Inconnu	31	6	–	4
	Turkey – Turquie				
	20 X 1985				
	Male – Masculin				
30	12 plus	13 932 731	713 841	157 948	495 715
31	12 – 14	727 733	2 871	–	529
32	15 – 19	1 869 552	18 417	12	12 292
33	20 – 24	2 196 146	58 996	5 176	49 182
34	25 – 34	3 663 015	329 630	43 504	232 161
35	35 – 44	2 403 516	205 566	57 169	141 046
36	45 – 54	1 694 333	65 074	34 893	43 120
37	55 – 64	944 843	20 078	14 614	11 126
38	65 plus	398 523	4 230	2 253	1 405
39	Unknown–Inconnu	35 070	8 979	327	4 854
	Female – Féminin				
40	12 plus	7 647 265	297 864	10 122	236 366
41	12 – 14	675 345	298	–	208
42	15 – 19	1 329 890	8 056	1	12 192
43	20 – 24	1 132 381	46 465	809	62 307
44	25 – 34	1 559 814	160 505	4 157	122 326
45	35 – 44	1 107 792	65 216	3 681	31 634
46	45 – 54	959 379	11 050	1 040	4 951
47	55 – 64	598 981	2 871	335	1 199
48	65 plus	271 299	645	70	254
49	Unknown–Inconnu	12 384	2 758	29	1 295

39. Population active selon la profession, le sexe, l'âge et la résidence, urbaine/rurale: chaque recensement, 1974 – 1988 (suite)

(Voir notes à la fin du tableau.)

Profession						
Sales workers Personnel commercial et vendeurs	Services workers Travailleurs spécialisés dans les services	Agricultural, animal husbandry and forestry workers, fishermen and hunters Agriculteurs, éleveurs, forestiers, pêcheurs et chasseurs	Production and related workers, transport equipment operators and labourers Ouvriers et manoeuvres non agricoles et conducteurs d'engins de transport	Workers not classifiable by occupation Travailleurs ne pouvant être classés selon la profession	Members of the armed forces Membres des forces armées	
24 100	45 194	456 589	141 827	25 685	–	1
99	4 675	5 134	1 205	594	–	2
637	7 188	47 335	13 359	2 330	–	3
2 597	6 443	71 615	30 762	4 803	–	4
7 757	9 204	132 961	46 838	8 003	–	5
5 800	6 294	107 331	27 089	4 496	–	6
3 970	6 140	66 906	15 739	2 845	–	7
2 168	3 479	20 037	5 030	1 646	–	8
1 072	1 771	5 270	1 805	968	–	9
148 185	99 787	443 119	796 870	105 054	–	10
2 678	1 244	27 712	27 575	523	–	11
13 363	7 479	60 685	145 828	14 160	–	12
13 059	11 434	43 755	142 091	49 678	–	13
30 741	23 530	70 940	221 285	25 431	–	14
28 653	24 340	64 832	129 585	8 096	–	15
31 255	20 093	83 249	89 855	4 632	–	16
19 216	9 169	60 446	32 843	1 586	–	17
9 207	2 479	31 420	7 667	918	–	18
13	19	80	141	30	–	19
2 300	7 542	52 012	33 040	1 347	–	20
106	457	12 531	3 123	69	–	21
284	659	15 011	8 185	328	–	22
464	786	6 812	6 379	534	–	23
571	1 524	5 951	7 258	231	–	24
372	1 836	4 362	4 050	69	–	25
287	1 491	4 371	2 819	66	–	26
138	597	2 194	972	34	–	27
77	188	773	245	16	–	28
1	4	7	9	–	–	29
921 050	1 023 154	5 606 150	3 474 829	1 540 044	–	30
13 238	18 194	530 842	115 559	46 500	–	31
84 730	86 495	908 212	512 307	247 087	–	32
103 726	184 541	611 352	460 247	722 926	–	33
275 782	327 527	963 481	1 211 741	279 189	–	34
187 330	230 054	746 514	708 164	127 673	–	35
156 223	125 024	855 606	339 639	74 754	–	36
79 585	41 489	644 726	103 941	29 284	–	37
18 920	7 220	339 172	17 329	7 994	–	38
1 516	2 610	6 245	5 902	4 637	–	39
56 514	87 964	6 463 653	305 109	189 673	–	40
1 212	3 417	634 231	22 560	13 419	–	41
9 654	10 164	1 141 898	80 804	67 121	–	42
12 469	11 018	876 481	61 802	61 030	–	43
15 673	24 209	1 130 186	75 484	27 274	–	44
9 617	19 761	928 725	39 702	9 456	–	45
5 176	13 553	899 805	17 921	5 883	–	46
2 082	4 728	579 506	5 070	3 190	–	47
470	910	266 002	1 305	1 643	–	48
161	204	6 819	461	657	–	49

39. Economically active population by occupation, sex, age and urban/rural residence: each census, 1974 – 1988 (continued)

(See notes at end of table.)

	Continent, country or area, date, sex, age(in years) and urban/rural residence Continent, pays ou zone, date, sexe, âge(en anneés) et résidence urbaine/rurale	Occupation: Total economically active Population active totale	Occupation: Professional, technical and related workers Personnel des professions techniques, libérales et assimilées	Occupation: Administrative and managerial workers Directeurs et cadres administratifs supérieurs	Occupation: Clerical and related workers Personnel administratif et travailleurs assimilés
	EUROPE				
	Belgium – Belgique				
	1 III 1981 [1,4]				
	Male – Masculin				
1	Total	2 328 008	316 220	135 731	323 400
2	– 20	89 833	940	33	5 226
3	20 – 24	266 187	24 403	2 526	35 630
4	25 – 34	670 493	116 742	30 295	105 538
5	35 – 44	527 160	84 112	39 404	68 063
6	45 – 54	506 607	55 396	37 785	66 708
7	55 – 64	249 451	29 253	23 654	41 258
8	65 plus	18 277	5 374	2 034	977
	Female – Féminin				
9	Total	1 191 062	289 791	28 796	308 394
10	– 20	63 308	3 666	6	14 480
11	20 – 24	211 395	54 999	2 174	67 873
12	25 – 34	409 121	120 376	9 897	122 664
13	35 – 44	253 286	65 034	7 500	55 665
14	45 – 54	184 027	32 998	6 168	36 368
15	55 – 64	61 301	11 792	2 561	10 641
16	65 plus	8 624	926	490	703
	Denmark – Danemark [36]				
	1 I 1981 [1]				
	Male – Masculin				
17	15 plus	1 509 702	205 408	80 343	145 040
18	15 – 19	114 843	2 319	30	6 555
19	20 – 24	170 211	7 955	489	20 754
20	25 – 34	375 071	67 530	10 849	43 196
21	35 – 44	332 088	62 957	24 195	30 860
22	45 – 54	249 439	34 219	20 291	22 676
23	55 – 64	195 680	22 975	17 332	17 201
24	65 plus	72 370	7 453	7 157	3 798
	Female – Féminin				
25	15 plus	1 195 623	195 332	9 275	275 907
26	15 – 19	88 426	3 847	11	10 136
27	20 – 24	155 260	18 947	168	36 123
28	25 – 34	325 951	79 539	1 943	88 375
29	35 – 44	277 841	51 145	3 125	68 763
30	45 – 54	196 850	24 829	1 851	43 001
31	55 – 64	124 186	14 013	1 445	25 719
32	65 plus	27 109	3 012	732	3 790
	Finland – Finlande				
	17 XI 1985 [1,4]				
	Male – Masculin				
33	15 plus	1 186 869	213 630	92 274	...
34	15 – 19	37 017	1 343	608	...
35	20 – 24	111 457	8 360	3 418	...
36	25 – 34	348 290	69 965	21 744	...
37	35 – 44	354 491	76 370	35 339	...
38	45 – 54	224 519	40 401	20 887	...
39	55 – 64	102 935	16 423	9 769	...
40	65 plus	8 160	768	509	...
	Female – Féminin				
41	15 plus	1 090 018	265 098	239 402	...
42	15 – 19	32 819	5 876	4 176	...
43	20 – 24	105 100	23 521	25 119	...
44	25 – 34	302 223	91 103	78 615	...
45	35 – 44	319 846	82 169	76 794	...
46	45 – 54	219 128	45 445	38 265	...
47	55 – 64	106 297	16 559	16 045	...
48	65 plus	4 605	425	388	...

39. Population active selon la profession, le sexe, l'âge et la résidence, urbaine/rurale: chaque recensement, 1974 – 1988 (suite)

(Voir notes à la fin du tableau.)

Profession: Sales workers / Personnel commercial et vendeurs	Services workers / Travailleurs spécialisés dans les services	Agricultural, animal husbandry and forestry workers, fishermen and hunters / Agriculteurs, éleveurs, forestiers, pêcheurs et chasseurs	Production and related workers, transport equipment operators and labourers / Ouvriers et manoeuvres non agricoles et conducteurs d'engins de transport	Workers not classifiable by occupation / Travailleurs ne pouvant être classés selon la profession	Members of the armed forces / Membres des forces armées	
174 086	104 563	92 289	1 107 320	21 531	52 868	1
2 740	4 519	3 645	65 130	1 191	6 409	2
11 050	14 776	7 388	155 924	3 080	11 410	3
43 540	32 030	14 298	311 252	6 533	10 265	4
43 173	21 133	16 746	241 621	4 366	8 542	5
42 839	20 464	27 489	237 816	3 960	14 150	6
26 143	10 947	21 110	92 898	2 111	2 077	7
4 601	694	1 613	2 679	290	15	8
169 762	181 677	25 464	171 792	11 987	3 399	9
11 409	12 815	667	18 810	779	676	10
20 636	26 214	1 294	34 505	2 215	1 485	11
41 274	50 281	3 755	55 900	3 928	1 046	12
38 833	43 102	6 193	34 546	2 330	83	13
36 754	36 769	9 104	23 900	1 881	85	14
16 141	11 636	4 089	3 685	735	21	15
4 715	860	362	446	119	3	16
97 684	79 764	145 933	617 179	107 699	30 652	17
5 946	4 384	3 811	42 934	44 913	3 951	18
8 525	11 191	8 364	83 234	18 887	10 812	19
21 034	22 330	18 657	168 196	15 641	7 638	20
23 073	17 050	25 790	139 228	5 543	3 392	21
17 800	11 854	33 315	101 868	3 910	3 506	22
14 675	10 448	34 947	71 435	5 491	1 176	23
6 631	2 507	21 049	10 284	13 314	177	24
86 930	318 842	43 757	120 368	144 425	787	25
7 544	16 177	454	7 104	43 039	114	26
13 013	51 004	1 164	19 683	14 826	332	27
19 759	84 982	4 827	33 547	12 735	244	28
19 270	73 329	11 929	26 958	23 284	38	29
14 780	56 220	13 716	20 800	21 619	34	30
10 249	33 080	9 338	11 502	18 817	23	31
2 315	4 050	2 329	774	10 105	2	32
76 208	60 239	151 871	574 161	9 221	9 265	33
2 227	2 311	4 720	24 489	1 290	29	34
7 995	7 338	10 991	70 344	1 627	1 384	35
25 014	18 818	31 668	175 771	2 286	3 024	36
23 073	16 347	36 486	161 104	2 066	3 706	37
12 535	10 678	35 188	102 493	1 321	1 016	38
4 912	4 648	27 383	39 105	589	106	39
452	99	5 435	855	42	–	40
102 264	224 181	17 414	165 152	76 500	7	41
5 115	9 423	51	6 549	1 629	–	42
10 775	23 993	411	16 997	4 284	–	43
22 342	55 632	2 099	40 805	11 625	2	44
31 334	61 003	3 742	46 198	18 604	2	45
23 215	47 502	5 064	37 533	22 101	3	46
8 937	26 262	5 191	16 874	16 429	–	47
546	366	856	196	1 828	–	48

39. Economically active population by occupation, sex, age and urban/rural residence: each census, 1974 – 1988 (continued)

(See notes at end of table.)

	Continent, country or area, date, sex, age(in years) and urban/rural residence Continent, pays ou zone, date, sexe, âge(en anneés) et résidence urbaine/rurale	Occupation			
		Total economically active Population Population active totale	Professional, technical and related workers Personnel des professions techniques, libérales et assimilées	Administrative and managerial workers Directeurs et cadres administratifs supérieurs	Clerical and related workers Personnel administratif et travailleurs assimilés
	EUROPE (Cont.–Suite)				
	France				
	4 III 1982 [4 37 38 39]				
	Male – Masculin				
1	15 plus	13 006 280	1 968 440	52 820	1 451 620
2	15 – 19	362 720	...	...	..
3	20 – 24	1 249 000	...	...	..
4	25 – 34	3 873 140	...	...	..
5	35 – 44	3 088 640	...	...	..
6	45 – 54	2 800 660	...	...	..
7	55 – 64	1 488 600	...	...	..
8	65 plus	143 520	...	...	..
9	Unknown–Inconnu	–	...	...	..
	Female – Féminin				
10	15 plus	8 459 680	1 390 680	5 460	2 610 920
11	15 – 19	195 840	...	...	..
12	20 – 24	1 081 900	...	...	..
13	25 – 34	2 613 380	...	...	..
14	35 – 44	1 890 260	...	...	..
15	45 – 54	1 653 500	...	...	..
16	55 – 64	926 420	...	...	..
17	65 plus	98 380	...	...	..
	Ireland – Irlande				
	5 IV 1981				
	Male – Masculin				
18	15 plus	912 495	79 075	31 406	56 439
19	15 – 19	81 225	1 493	28	7 152
20	20 – 24	126 362	10 177	1 311	12 613
21	25 – 34	235 286	28 532	8 582	15 205
22	35 – 44	177 396	17 756	10 123	8 240
23	45 – 54	141 146	11 059	6 787	6 751
24	55 – 64	111 846	7 329	4 048	5 595
25	65 plus	39 234	2 729	527	883
	Female – Féminin				
26	15 plus	358 627	75 443	3 599	106 447
27	15 – 19	61 335	3 627	6	18 331
28	20 – 24	96 179	16 860	469	38 503
29	25 – 34	85 687	24 729	1 235	29 215
30	35 – 44	41 121	13 035	835	8 546
31	45 – 54	35 690	9 123	619	6 499
32	55 – 64	28 799	6 359	383	4 550
33	65 plus	9 816	1 710	52	803
	Italy – Italie				
	25 X 1981				
	Male – Masculin				
34	14 plus	14 793 156	1 109 934	128 863	1 702 401
35	14 – 19	1 213 026	...	...	..
36	20 – 24	1 629 295	...	...	..
37	25 – 34	3 726 791	...	...	..
38	35 – 44	3 526 570	...	...	..
39	45 – 54	3 118 951	...	...	..
40	55 – 64	1 370 702	...	...	..
41	65 plus	207 821	...	...	..
	Female – Féminin				
42	14 plus	7 757 197	1 188 041	14 946	1 319 331
43	14 – 19	983 160	...	...	..
44	20 – 24	1 236 306	...	...	..
45	25 – 34	2 172 995	...	...	..
46	35 – 44	1 625 183	...	...	..
47	45 – 54	1 223 635	...	...	..
48	65 plus	82 058	...	...	..

39. Population active selon la profession, le sexe, l'âge et la résidence, urbaine/rurale: chaque recensement, 1974 – 1988 (suite)

(Voir notes à la fin du tableau.)

Profession: Sales workers / Personnel commercial et vendeurs	Services workers / Travailleurs spécialisés dans les services	Agricultural, animal husbandry and forestry workers, fishermen and hunters / Agriculteurs, éleveurs, forestiers, pêcheurs et chasseurs	Production and related workers, transport equipment operators and labourers / Ouvriers et manoeuvres non agricoles et conducteurs d'engins de transport	Workers not classifiable by occupation / Travailleurs ne pouvant être classés selon la profession	Members of the armed forces / Membres des forces armées	
964 160	798 680	1 216 520	6 202 500	104 440	247 100	1
...	...	...	...	...	...	2
...	...	...	...	...	...	3
...	...	...	...	...	...	4
...	...	...	...	...	...	5
...	...	...	...	...	...	6
...	...	...	...	...	...	7
...	...	...	...	...	...	8
...	...	...	...	...	...	9
902 520	1 745 440	586 880	1 144 280	61 560	11 940	10
...	...	...	...	...	...	11
...	...	...	...	...	...	12
...	...	...	...	...	...	13
...	...	...	...	...	...	14
...	...	...	...	...	...	15
...	...	...	...	...	...	16
...	...	...	...	...	...	17
89 474	42 159	185 842	386 868	27 072	14 160	18
8 299	2 506	8 268	38 758	12 079	2 642	19
11 837	5 960	13 872	61 587	5 194	3 811	20
22 645	11 880	29 337	110 243	4 219	4 643	21
18 964	9 176	30 622	78 033	2 537	1 945	22
14 424	6 567	37 224	55 780	1 838	716	23
9 811	4 794	41 003	37 853	1 032	381	24
3 494	1 276	25 516	4 614	173	22	25
42 879	51 907	12 671	52 625	13 040	16	26
9 439	8 710	589	13 297	7 334	2	27
10 443	9 826	918	16 246	2 902	12	28
7 390	9 143	1 446	11 052	1 475	2	29
4 633	7 191	1 466	4 839	576	–	30
4 758	7 831	2 493	3 932	435	–	31
4 023	7 062	3 383	2 775	264	–	32
2 193	2 144	2 376	484	54	–	33
1 147 246	1 189 282	1 375 062	6 844 950	1 207 676	87 742	34
...	...	...	...	...	...	35
...	...	...	...	...	...	36
...	...	...	...	...	...	37
...	...	...	...	...	...	38
...	...	...	...	...	...	39
...	...	...	...	...	...	40
...	...	...	...	...	...	41
757 818	957 535	789 494	1 633 692	1 096 340	–	42
...	...	...	...	...	...	43
...	...	...	...	...	...	44
...	...	...	...	...	...	45
...	...	...	...	...	...	46
...	...	...	...	...	...	47
...	...	...	...	...	...	48

39. Economically active population by occupation, sex, age and urban/rural residence: each census, 1974 – 1988 (continued)

(See notes at end of table.)

	Continent, country or area, date, sex, age(in years) and urban/rural residence Continent, pays ou zone, date, sexe, âge(en anneés) et résidence urbaine/rurale	Occupation: Total economically active Population active totale	Occupation: Professional, technical and related workers Personnel des professions techniques, libérales et assimilées	Occupation: Administrative and managerial workers Directeurs et cadres administratifs supérieurs	Occupation: Clerical and related workers Personnel administratif et travailleurs assimilés
	EUROPE (Cont.–Suite)				
	Yugoslavia – Yougoslavie				
	31 III 1981 [1 4]				
	Male – Masculin				
1	15 plus	5 409 510	460 844	134 105	350 997
2	15 – 19	139 674	2 708	–	1 94
3	20 – 24	552 403	36 453	1 378	26 01
4	25 – 34	1 540 438	178 544	30 369	122 27
5	35 – 44	1 199 823	120 608	46 794	88 69
6	45 – 54	1 221 233	95 502	43 345	85 37
7	55 – 64	433 883	23 487	11 439	24 69
8	65 plus	305 209	2 115	503	99
9	Unknown–Inconnu	16 847	1 427	277	1 00
	Female – Féminin				
10	15 plus	3 370 169	461 237	19 640	539 69
11	15 – 19	124 166	6 559	–	8 49
12	20 – 24	412 101	64 212	640	86 64
13	25 – 34	1 039 078	208 245	7 381	235 24
14	35 – 44	740 619	111 001	6 784	134 86
15	45 – 54	631 015	61 289	4 045	65 18
16	55 – 64	254 763	7 560	697	6 96
17	65 plus	157 597	858	41	84
18	Unknown–Inconnu	10 830	1 513	52	1 46
	OCEANIA—OCEANIE				
	American Samoa – Samoa américaines				
	1 IV 1980 [1 4 18]				
	Male – Masculin				
19	16 plus	4 923	759	605	40
20	16 – 19	160	12	3	1
21	20 – 24	555	68	23	8
22	25 – 34	1 495	277	149	13
23	35 – 44	1 314	175	199	8
24	45 – 54	853	125	145	6
25	55 – 64	430	71	67	1
26	65 plus	116	31	19	
	Female – Féminin				
27	16 plus	3 183	669	158	66
28	16 – 19	159	6	2	6
29	20 – 24	643	90	21	24
30	25 – 34	1 054	268	55	25
31	35 – 44	698	160	45	7
32	45 – 54	439	103	27	2
33	55 – 64	148	27	6	
34	65 plus	42	15	2	
	Australia – Australie				
	30 VI 1986 [4 12 40]				
	Male – Masculin				
35	15 plus	3 951 904	703 421	571 798	293 34
36	15 – 19	285 029	10 974	8 565	20 63
37	20 – 34	1 563 558	300 970	144 906	135 72
38	35 – 54	1 634 115	322 225	314 052	104 43
39	55 plus	469 202	69 252	104 275	32 55
	Female – Féminin				
40	15 plus	2 561 611	487 922	190 157	819 43
41	15 – 19	259 969	11 373	2 046	82 41
42	20 – 34	1 091 100	256 121	50 328	382 48
43	35 – 54	1 025 919	194 731	105 040	303 67
44	55 plus	184 623	25 697	32 743	50 85

39. Population active selon la profession, le sexe, l'âge et la résidence, urbaine/rurale: chaque recensement, 1974 – 1988 (suite)

(Voir notes à la fin du tableau.)

Sales workers Personnel commercial et vendeurs	Services workers Travailleurs spécialisés dans les services	Agricultural, animal husbandry and forestry workers, fishermen and hunters Agriculteurs, éleveurs, forestiers, pêcheurs et chasseurs	Production and related workers, transport equipment operators and labourers Ouvriers et manoeuvres non agricoles et conducteurs d'engins de transport	Workers not classifiable by occupation Travailleurs ne pouvant être classés selon la profession	Members of the armed forces Membres des forces armées	
Profession						
280 053	165 106	1 337 470	2 394 858	286 077	–	1
2 708	4 249	56 490	63 577	7 999	–	2
25 265	20 940	72 113	336 127	34 108	–	3
94 296	51 498	149 468	833 483	80 505	–	4
73 261	37 695	185 399	581 924	65 450	–	5
63 289	37 730	338 276	485 632	72 086	–	6
19 392	11 026	247 802	77 025	19 021	–	7
1 113	1 430	285 540	10 154	3 358	–	8
729	538	2 382	6 936	3 550	–	9
196 865	364 287	1 180 511	553 026	54 909	–	10
5 107	10 581	61 195	29 435	2 798	–	11
41 187	40 826	69 307	100 912	8 375	–	12
92 602	109 183	159 538	209 202	17 687	–	13
36 519	102 055	208 318	128 393	12 687	–	14
18 068	84 486	314 247	74 828	8 863	–	15
2 382	14 424	214 332	6 586	1 817	–	16
373	1 563	151 100	1 885	937	–	17
627	1 169	2 474	1 785	1 745	–	18
178	619	156	2 192	6	...	19
8	21	17	81	–	...	20
24	57	18	282	1	...	21
55	144	37	694	2	...	22
53	160	26	613	2	...	23
26	116	19	360	–	...	24
8	96	27	144	–	...	25
4	25	12	18	1	...	26
274	421	51	942	6	...	27
27	20	1	39	–	...	28
62	74	8	139	2	...	29
104	100	2	274	–	...	30
52	105	4	260	–	...	31
21	92	10	160	2	...	32
4	26	20	61	–	...	33
4	4	6	9	2	...	34
*——	——— 1 218 091	———* ...	[41] 1 056 410	108 840	...	35
*——	——— 138 139	———* ...	[41] 97 201	9 517	...	36
*——	——— 524 874	———* ...	[41] 420 563	36 521	...	37
*——	——— 440 262	———* ...	[41] 407 648	45 494	...	38
*——	——— 114 816	———* ...	[41] 130 998	17 308	...	39
*——	——— 587 645	———* ...	[41] 414 629	61 823	...	40
*——	——— 128 851	———* ...	[41] 30 078	5 208	...	41
*——	——— 242 068	———* ...	[41] 140 509	19 587	...	42
*——	——— 187 163	———* ...	[41] 207 896	27 411	...	43
*——	——— 29 563	———* ...	[41] 36 146	9 617	...	44

Special topic

39. Economically active population by occupation, sex, age and urban/rural residence: each census, 1974 – 1988 (continued)

(See notes at end of table.)

	Continent, country or area, date, sex, age(in years) and urban/rural residence Continent, pays ou zone, date, sexe, âge(en anneés) et résidence urbaine/rurale	Occupation: Total economically active Population active totale	Professional, technical and related workers Personnel des professions techniques, libérales et assimilées	Administrative and managerial workers Directeurs et cadres administratifs supérieurs	Clerical and related workers Personnel administratif et travailleurs assimilés
	OCEANIA—OCEANIE(Cont.–Suite)				
	Fiji – Fidji				
	31 VIII 1986				
	Male – Masculin				
1	15 plus	189 929	10 725	2 515	8 24
2	15 – 19	21 462	131	13	44
3	20 – 24	33 425	1 203	113	1 68
4	25 – 34	55 356	4 491	660	3 26
5	35 – 44	37 633	2 907	952	1 73
6	45 – 54	24 434	1 406	550	84
7	55 plus	16 824	537	221	24
8	Unknown–Inconnu	795	50	6	2
	Female – Féminin				
9	15 plus	51 231	7 049	251	7 32
10	15 – 19	7 821	85	2	47
11	20 – 24	10 770	934	23	2 07
12	25 – 34	14 916	3 051	89	3 26
13	35 – 44	9 246	1 835	77	1 13
14	45 – 54	5 195	880	51	29
15	55 plus	3 058	229	9	5
16	Unknown–Inconnu	225	35	–	2
	Guam				
	1 IV 1980 [1 4 18]				
	Male – Masculin				
17	16 plus	18 994	2 570	2 807	1 69
18	16 – 19	1 062	62	23	11
19	20 – 24	2 097	271	134	25
20	25 – 34	5 579	927	812	54
21	35 – 44	4 362	648	842	34
22	45 – 54	3 655	422	647	28
23	55 – 64	1 845	192	302	13
24	65 plus	394	48	47	[illegible]
	Female – Féminin				
25	16 plus	13 698	2 736	1 132	4 11
26	16 – 19	905	70	11	34
27	20 – 24	2 281	362	109	97
28	25 – 34	4 993	1 142	420	1 76
29	35 – 44	2 951	620	341	71
30	45 – 54	1 835	420	183	25
31	55 – 64	610	109	57	7
32	65 plus	123	13	11	[illegible]
	New Zealand – Nouvelle–Zélande				
	4 III 1986 [4 42 43]				
	Male – Masculin				
33	15 plus	890 337	115 914	61 074	67 2
34	15 – 19	81 156	2 973	162	6 8
35	20 – 24	119 457	11 532	1 740	10 1
36	25 – 34	233 457	34 899	13 263	14 8
37	35 – 44	203 418	32 166	22 218	13 3
38	45 – 54	145 332	19 974	14 679	11 6
39	55 – 64	92 067	12 087	7 680	9 2
40	65 plus	15 450	2 283	1 332	1 1
	Female – Féminin				
41	15 plus	609 078	109 011	13 002	194 9
42	15 – 19	70 323	3 513	114	28 2
43	20 – 24	93 204	16 524	1 041	36 7
44	25 – 34	148 158	33 759	3 948	44 7
45	35 – 44	150 807	29 556	4 404	44 0
46	45 – 54	100 113	18 132	2 391	28 5
47	55 – 64	41 055	6 744	921	11 5
48	65 plus	5 418	783	183	1 1

39. Population active selon la profession, le sexe, l'âge et la résidence, urbaine/rurale: chaque recensement, 1974 – 1988 (suite)

(Voir notes à la fin du tableau.)

Profession						
Sales workers Personnel commercial et vendeurs	Services workers Travailleurs spécialisés dans les services	Agricultural, animal husbandry and forestry workers, fishermen and hunters Agriculteurs, éleveurs, forestiers, pêcheurs et chasseurs	Production and related workers, transport equipment operators and labourers Ouvriers et manoeuvres non agricoles et conducteurs d'engins de transport	Workers not classifiable by occupation Travailleurs ne pouvant être classés selon la profession	Members of the armed forces Membres des forces armées	
10 540	7 979	93 925	43 403	11 564	1 036	1
975	308	12 904	2 817	3 792	73	2
1 908	1 091	16 470	7 105	3 507	348	3
3 176	2 734	23 805	14 526	2 223	479	4
2 155	1 981	15 909	10 844	1 036	113	5
1 313	1 244	12 416	5 986	658	16	6
970	585	12 019	1 946	302	2	7
43	36	402	179	46	5	8
4 321	7 443	11 999	4 550	8 280	11	9
430	749	2 010	506	3 565	1	10
803	1 345	1 792	878	2 920	5	11
1 224	2 219	2 400	1 417	1 246	1	12
898	1 851	2 103	1 030	311	2	13
592	925	1 870	454	128	2	14
345	314	1 778	233	96	–	15
29	40	46	32	14	–	16
1 099	2 556	335	7 924	12	...	17
76	268	40	477	–	...	18
139	348	64	882	5	...	19
345	640	80	2 228	1	...	20
225	429	40	1 837	1	...	21
184	456	44	1 622	–	...	22
111	306	43	751	1	...	23
19	109	24	127	4	...	24
2 200	2 920	46	551	2	...	25
258	181	10	34	–	...	26
383	363	6	87	–	...	27
691	820	6	153	–	...	28
464	684	12	119	1	...	29
317	556	11	96	–	...	30
71	250	1	51	–	...	31
16	66	–	11	1	...	32
80 787	55 269	117 051	383 763	9 276	...	33
8 460	6 147	11 079	44 145	1 299	...	34
9 162	8 052	14 571	62 940	1 344	...	35
19 656	14 655	29 367	104 553	2 253	...	36
19 434	11 436	25 191	77 787	1 833	...	37
13 872	8 322	18 288	57 165	1 395	...	38
8 754	5 547	13 452	34 386	897	...	39
1 449	1 110	5 103	2 787	255	...	40
71 346	94 539	45 459	76 371	4 437	...	41
11 571	11 535	3 249	11 367	717	...	42
8 865	11 997	4 428	13 032	603	...	43
14 136	21 627	11 793	17 133	981	...	44
17 550	23 454	13 137	17 727	978	...	45
12 843	17 139	8 334	12 075	669	...	46
5 577	7 662	3 687	4 584	369	...	47
804	1 125	831	453	120	...	48

39. Economically active population by occupation, sex, age and urban/rural residence: each census, 1974 – 1988 (continued)

(See notes at end of table.)

	Continent, country or area, date, sex, age(in years) and urban/rural residence Continent, pays ou zone, date, sexe, âge(en anneés) et résidence urbaine/rurale	Occupation: Total economically active Population active totale	Occupation: Professional, technical and related workers Personnel des professions techniques, libérales et assimilées	Occupation: Administrative and managerial workers Directeurs et cadres administratifs supérieurs	Occupation: Clerical and related workers Personnel administratif et travailleurs assimilés
	OCEANIA—OCEANIE(Cont.–Suite)				
	Norfolk Island – Ile Norfolk				
	30 VI 1981 [10]				
	Male – Masculin				
1	15 plus	675	150	16	[illegible]
	Female – Féminin				
2	15 plus	715	115	4	[illegible]
	Pacific Islands – Iles du Pacifique				
	15 IX 1980 [1 4 18]				
	Male – Masculin				
3	16 plus	14 519	2 881	1 629	[illegible]
4	16 – 19	608	52	6	[illegible]
5	20 – 24	1 740	267	77	[illegible]
6	25 – 34	5 075	1 199	605	[illegible]
7	35 – 44	3 355	763	501	[illegible]
8	45 – 54	2 379	381	316	[illegible]
9	55 – 64	1 087	165	97	[illegible]
10	65 plus	275	54	27	[illegible]
	Female – Féminin				
11	16 plus	5 981	1 224	290	[illegible]
12	16 – 19	510	28	4	[illegible]
13	20 – 24	1 208	189	34	[illegible]
14	25 – 34	2 258	571	154	[illegible]
15	35 – 44	1 049	269	48	[illegible]
16	45 – 54	590	111	42	[illegible]
17	55 – 64	262	48	8	[illegible]
18	65 plus	104	8	–	[illegible]

39. Population active selon la profession, le sexe, l'âge et la résidence, urbaine/rurale: chaque recensement, 1974 – 1988 (suite)

(Voir notes à la fin du tableau.)

Sales workers Personnel commercial et vendeurs	Services workers Travailleurs spécialisés dans les services	Agricultural, animal husbandry and forestry workers, fishermen and hunters Agriculteurs, éleveurs, forestiers, pêcheurs et chasseurs	Production and related workers, transport equipment operators and labourers Ouvriers et manoeuvres non agricoles et conducteurs d'engins de transport	Workers not classifiable by occupation Travailleurs ne pouvant être classés selon la profession	Members of the armed forces Membres des forces armées	
		Profession				
...	33	8	54	406	...	1
...	21	2	5	504	...	2
460	2 163	423	5 360	372	...	3
39	90	47	246	63	...	4
82	203	73	776	54	...	5
154	691	123	1 660	94	...	6
83	478	66	1 197	47	...	7
51	384	69	1 009	39	...	8
34	254	33	404	50	...	9
17	63	12	68	25	...	10
769	1 594	40	336	367	...	11
139	135	4	39	49	...	12
204	258	8	51	57	...	13
236	494	9	89	73	...	14
106	338	9	70	44	...	15
65	233	4	48	53	...	16
18	103	4	28	43	...	17
1	33	2	11	48	...	18

39. Economically active population by occupation, sex, age and urban/rural residence: each census, 1974 – 1988 (continued)
Data by urban/rural residence

(See notes at end of table.)

	Continent, country or area, date, sex, age(in years) and urban/rural residence Continent, pays ou zone, date, sexe, âge(en anneés) et résidence urbaine/rurale	Occupation: Total economically active Population active totale	Occupation: Professional, technical and related workers Personnel des professions techniques, libérales et assimilées	Occupation: Administrative and managerial workers Directeurs et cadres administratifs supérieurs	Occupation: Clerical and related workers Personnel administratif et travailleurs assimilés
	AMERICA,NORTH— AMERIQUE DU NORD				
	Panama				
	Urban – Urbaine				
	11 V 1980 [2 16]				
	Male – Masculin				
1	10 plus	188 946	21 486	16 632	15 47
2	10 – 14	794	–	–	3
3	15 – 19	9 751	184	107	82
4	20 – 24	29 695	2 336	1 149	4 00
5	25 – 34	62 306	9 163	5 075	5 72
6	35 – 44	41 392	5 498	5 008	2 56
7	45 – 54	26 757	2 989	3 506	1 48
8	55 – 64	8 472	648	1 006	45
9	65 plus	9 779	668	781	38
	Female – Féminin				
10	10 plus	114 671	23 356	4 311	33 56
11	10 – 14	1 203	–	–	3
12	15 – 19	9 481	138	29	1 45
13	20 – 24	20 715	3 222	324	8 42
14	25 – 34	40 423	10 216	1 469	13 92
15	35 – 44	24 742	6 447	1 336	6 21
16	45 – 54	12 580	2 665	893	2 80
17	55 – 64	2 535	352	133	41
18	65 plus	2 992	316	127	30
	Rural – Rurale				
	11 V 1980 [2 16]				
	Male – Masculin				
19	10 plus	194 083	4 088	3 530	2 71
20	10 – 14	5 546	–	–	[illegible]
21	15 – 19	22 442	77	46	17
22	20 – 24	26 997	881	307	69
23	25 – 34	48 017	1 884	997	97
24	35 – 44	37 578	706	1 040	47
25	45 – 54	26 562	385	721	24
26	55 – 64	9 352	87	223	7
27	65 plus	17 589	68	196	7
	Female – Féminin				
28	10 plus	29 150	4 755	371	3 61
29	10 – 14	1 212	–	–	[illegible]
30	15 – 19	3 710	49	2	22
31	20 – 24	5 545	1 355	41	1 1
32	25 – 34	8 821	2 194	129	1 3
33	35 – 44	5 308	810	109	5
34	45 – 54	2 738	290	68	1
35	55 – 64	753	34	12	[illegible]
36	65 plus	1 063	23	10	[illegible]

39. Population active selon la profession, le sexe, l'âge et la résidence, urbaine/rurale: chaque recensement, 1974 – 1988 (suite)
Données selon la résidence urbaine/rurale

(Voir notes à la fin du tableau.)

Profession						
Sales workers Personnel commercial et vendeurs	Services workers Travailleurs spécialisés dans les services	Agricultural, animal husbandry and forestry workers, fishermen and hunters Agriculteurs, éleveurs, forestiers, pêcheurs et chasseurs	Production and related workers, transport equipment operators and labourers Ouvriers et manoeuvres non agricoles et conducteurs d'engins de transport	Workers not classifiable by occupation Travailleurs ne pouvant être classés selon la profession	Members of the armed forces Membres des forces armées	
16 745	24 464	9 286	76 820	8 034	–	1
150	285	100	193	33	–	2
1 147	1 706	893	4 405	480	–	3
2 638	4 120	1 338	12 620	1 491	–	4
5 047	7 313	2 146	25 258	2 583	–	5
3 546	4 764	1 744	16 701	1 564	–	6
2 321	3 454	1 432	10 449	1 122	–	7
733	1 217	536	3 514	363	–	8
1 163	1 605	1 097	3 680	398	–	9
9 044	33 002	320	7 643	3 432	–	10
29	1 103	8	9	24	–	11
531	6 781	22	274	250	–	12
1 670	5 215	52	1 144	668	–	13
2 814	7 668	115	3 008	1 210	–	14
1 959	6 064	58	1 949	712	–	15
1 192	3 747	34	874	370	–	16
361	1 013	13	171	80	–	17
488	1 411	18	214	118	–	18
5 932	10 811	126 220	37 901	2 885	–	19
84	193	5 027	196	33	–	20
619	833	17 441	2 943	309	–	21
904	1 564	15 567	6 587	496	–	22
1 561	3 052	26 221	12 504	823	–	23
1 150	2 201	23 207	8 234	566	–	24
780	1 571	17 808	4 688	367	–	25
282	571	6 674	1 313	130	–	26
552	826	14 275	1 436	161	–	27
2 694	10 900	3 518	2 720	579	–	28
52	642	426	45	31	–	29
245	2 332	568	202	89	–	30
488	1 571	404	421	104	–	31
806	2 539	609	997	156	–	32
487	1 994	654	597	93	–	33
300	1 127	451	248	60	–	34
127	287	162	80	20	–	35
189	408	244	130	26	–	36

Special topic

39. Economically active population by occupation, sex, age and urban/rural residence: each census, 1974 – 1988 (continued)
Data by urban/rural residence

(See notes at end of table.)

	Continent, country or area, date, sex, age(in years) and urban/rural residence Continent, pays ou zone, date, sexe, âge(en anneés) et résidence urbaine/rurale	Total economically active Population Population active totale	Occupation: Professional, technical and related workers Personnel des professions techniques, libérales et assimilées	Occupation: Administrative and managerial workers Directeurs et cadres administratifs supérieurs	Occupation: Clerical and related workers Personnel administratif et travailleurs assimilés
	ASIA—ASIE				
	Japan – Japon				
	Urban – Urbaine				
	1 X 1985 [4 12 31]				
	Male – Masculin				
1	15 plus	27 356 700	2 988 500	1 148 400	4 600 600
2	15 – 19	640 100	15 300	100	49 300
3	20 – 24	2 395 800	253 400	2 000	323 000
4	25 – 34	6 333 300	925 700	60 000	1 057 600
5	35 – 44	7 512 500	811 500	230 100	1 355 800
6	45 – 54	5 802 100	518 400	354 700	1 094 900
7	55 – 64	3 328 000	340 500	327 300	589 300
8	65 plus	1 344 800	123 500	174 200	130 500
	Female – Féminin				
9	15 plus	16 722 100	2 050 600	151 600	5 076 300
10	15 – 19	582 900	49 300	100	233 900
11	20 – 24	2 251 600	444 100	500	1 141 900
12	25 – 34	3 101 300	662 100	7 800	1 169 600
13	35 – 44	4 510 000	431 700	29 500	1 316 200
14	45 – 54	3 667 900	288 100	45 900	836 300
15	55 – 64	1 891 300	135 400	41 400	317 400
16	65 plus	717 000	39 700	26 300	60 800
	Rural – Rurale				
	1 X 1985 [4 12 31]				
	Male – Masculin				
17	15 plus	8 286 100	608 600	222 900	980 200
18	15 – 19	154 100	2 300	–	9 300
19	20 – 24	583 500	41 700	300	71 300
20	25 – 34	1 744 200	177 300	12 100	251 400
21	35 – 44	2 041 400	159 500	46 500	299 000
22	45 – 54	1 789 300	120 600	75 000	218 600
23	55 – 64	1 322 900	81 800	59 200	110 000
24	65 plus	650 700	25 400	29 700	20 500
	Female – Féminin				
25	15 plus	5 852 600	510 100	26 100	1 058 000
26	15 – 19	131 300	9 000	–	48 800
27	20 – 24	547 000	103 400	–	247 800
28	25 – 34	1 032 000	184 400	1 100	287 000
29	35 – 44	1 433 700	112 900	5 900	278 500
30	45 – 54	1 361 200	64 700	8 500	142 000
31	55 – 64	973 700	28 600	7 300	46 100
32	65 plus	373 700	7 000	3 300	7 700
	Sri Lanka				
	Urban – Urbaine				
	17 III 1981 [4]				
	Male – Masculin				
33	10 plus	732 857	49 327	18 334	86 1[illegible]
34	10 – 14	5 840	34	9	[illegible]
35	15 – 19	41 715	424	123	1 1[illegible]
36	20 – 24	106 532	3 528	1 118	10 1[illegible]
37	25 – 34	237 316	15 805	4 972	30 1[illegible]
38	35 – 44	162 144	14 034	5 649	23 2[illegible]
39	45 – 54	113 686	10 075	4 098	16 3[illegible]
40	55 – 64	48 233	4 027	1 835	4 4[illegible]
41	65 plus	17 391	1 400	530	6[illegible]

39. Population active selon la profession, le sexe, l'âge et la résidence, urbaine/rurale: chaque recensement, 1974 – 1988 (suite)
Données selon la résidence urbaine/rurale

(Voir notes à la fin du tableau.)

Profession						
Sales workers Personnel commercial et vendeurs	Services workers Travailleurs spécialisés dans les services	Agricultural, animal husbandry and forestry workers, fishermen and hunters Agriculteurs, éleveurs, forestiers, pêcheurs et chasseurs	Production and related workers, transport equipment operators and labourers Ouvriers et manoeuvres non agricoles et conducteurs d'engins de transport	Workers not classifiable by occupation Travailleurs ne pouvant être classés selon la profession	Members of the armed forces Membres des forces armées	
4 312 000	1 911 900	1 187 800	11 152 800	54 500	–	1
57 700	112 900	6 500	394 800	3 500	–	2
363 500	296 400	28 600	1 121 600	7 200	–	3
1 223 000	473 200	101 000	2 478 900	13 500	–	4
1 329 900	454 900	142 200	3 176 100	11 800	–	5
763 100	304 100	236 400	2 521 600	8 700	–	6
355 600	190 100	365 300	1 152 100	7 500	–	7
219 000	79 940	307 600	307 700	2 300	–	8
2 431 300	2 096 300	974 700	3 896 700	44 600	–	9
68 400	111 100	900	117 700	1 500	–	10
228 400	196 200	6 700	229 100	4 600	–	11
353 900	310 600	67 700	521 200	8 400	–	12
712 500	602 700	137 700	1 266 300	13 200	–	13
575 400	518 500	260 300	1 133 300	9 900	–	14
314 900	268 100	326 900	482 000	5 000	–	15
177 800	88 900	174 400	147 000	2 000	–	16
786 000	391 400	1 733 300	3 561 000	2 100	–	17
7 700	17 300	12 100	105 400	–	–	18
60 100	42 900	42 900	323 900	400	–	19
198 500	102 500	158 800	843 000	400	–	20
231 600	99 400	217 700	987 200	300	–	21
137 500	64 600	375 300	796 700	800	–	22
94 900	45 700	519 400	411 600	100	–	23
55 600	18 700	406 800	93 900	100	–	24
580 100	528 100	1 477 100	1 669 900	3 200	–	25
13 300	15 500	2 500	42 000	200	–	26
47 500	37 100	11 900	99 200	100	–	27
86 100	81 500	123 200	267 800	800	–	28
160 700	151 100	215 000	508 800	800	–	29
127 800	139 900	401 500	476 200	600	–	30
95 300	79 700	495 000	221 100	500	–	31
49 400	23 300	227 900	54 900	200	–	32
127 600	83 413	56 929	284 560	26 546	–	33
1 135	2 543	514	1 441	134	–	34
10 371	8 008	3 900	16 534	1 206	–	35
19 673	13 345	7 657	45 265	5 788	–	36
40 709	26 250	15 940	93 814	9 628	–	37
25 399	14 762	10 891	62 710	5 458	–	38
16 861	11 127	8 939	43 505	2 743	–	39
9 308	5 234	5 926	16 349	1 145	–	40
4 144	2 144	3 162	4 942	444	–	41

39. Economically active population by occupation, sex, age and urban/rural residence: each census, 1974 – 1988 (continued)
Data by urban/rural residence

(See notes at end of table.)

	Continent, country or area, date, sex, age(in years) and urban/rural residence Continent, pays ou zone, date, sexe, âge(en anneés) et résidence urbaine/rurale	Total economically active Population Population active totale	Occupation Professional, technical and related workers Personnel des professions techniques, libérales et assimilées	Administrative and managerial workers Directeurs et cadres administratifs supérieurs	Clerical and related worke[rs] Personnel administratif et travailleurs assimilés
	ASIA—ASIE (Cont.–Suite)				
	Sri Lanka				
	Urban – Urbaine				
	17 III 1981 [4]				
	Female – Féminin				
1	10 plus	160 285	44 123	2 157	30
2	10 – 14	3 135	13	–	
3	15 – 19	10 094	253	31	
4	20 – 24	29 682	4 527	277	7
5	25 – 34	56 351	15 712	863	15
6	35 – 44	33 064	13 137	612	5
7	45 – 54	19 665	8 651	271	1
8	55 – 64	6 045	1 658	74	
9	65 plus	2 249	172	29	
	Rural – Rurale				
	17 III 1981 [4]				
	Male – Masculin				
10	10 plus	2 515 571	80 956	12 082	113
11	10 – 14	20 868	44	2	
12	15 – 19	156 942	430	75	
13	20 – 24	329 636	4 688	755	9
14	25 – 34	748 485	25 271	4 164	44
15	35 – 44	539 986	25 070	3 867	35
16	45 – 54	403 775	17 658	2 008	19
17	55 – 64	214 459	5 695	884	3
18	65 plus	101 420	2 100	327	
	Female – Féminin				
19	10 plus	710 552	71 978	1 113	27
20	10 – 14	8 623	18	1	
21	15 – 19	62 325	288	10	
22	20 – 24	109 313	6 153	72	4
23	25 – 34	223 981	27 119	542	16
24	35 – 44	164 914	21 780	340	5
25	45 – 54	101 315	13 935	88	
26	55 – 64	31 000	2 551	40	
27	65 plus	9 081	134	20	

39. Population active selon la profession, le sexe, l'âge et la résidence, urbaine/rurale: chaque recensement, 1974 – 1988 (suite)
Données selon la résidence urbaine/rurale

(Voir notes à la fin du tableau.)

Profession: Sales workers / Personnel commercial et vendeurs	Services workers / Travailleurs spécialisés dans les services	Agricultural, animal husbandry and forestry workers, fishermen and hunters / Agriculteurs, éleveurs, forestiers, pêcheurs et chasseurs	Production and related workers, transport equipment operators and labourers / Ouvriers et manoeuvres non agricoles et conducteurs d'engins de transport	Workers not classifiable by occupation / Travailleurs ne pouvant être classés selon la profession	Members of the armed forces / Membres des forces armées	
8 011	25 361	4 599	39 812	5 569	–	1
45	2 697	41	242	86	–	2
309	4 330	314	3 610	479	–	3
1 040	3 755	539	11 103	1 182	–	4
2 416	4 861	1 239	14 124	1 966	–	5
1 889	3 409	1 198	6 315	917	–	6
1 263	3 299	881	3 202	534	–	7
692	1 944	269	897	273	–	8
357	1 066	118	319	132	–	9
163 990	106 609	1 333 491	663 671	41 564	–	10
1 011	2 086	13 613	3 474	618	–	11
8 396	5 350	99 898	39 075	3 118	–	12
20 665	11 877	181 725	93 671	7 250	–	13
55 569	34 995	357 293	214 189	12 991	–	14
34 904	23 677	256 882	151 966	8 123	–	15
22 952	17 353	214 998	104 507	4 612	–	16
13 697	7 777	137 116	42 524	2 904	–	17
6 796	3 494	71 966	14 265	1 948	–	18
16 089	19 833	451 990	102 015	20 116	–	19
54	1 978	5 093	963	508	–	20
328	2 858	47 021	9 749	1 851	–	21
1 557	2 688	71 076	19 659	3 621	–	22
5 341	4 343	131 722	32 714	6 037	–	23
3 911	2 885	106 133	20 774	3 579	–	24
2 707	2 841	66 025	12 537	2 311	–	25
1 476	1 535	19 768	4 133	1 373	–	26
715	705	5 152	1 486	836	–	27

39. Economically active population by occupation, sex, age and urban/rural residence: each census, 1974 – 1988 (continued)

GENERAL NOTES

Economically active may be limited to persons above a minimum age; for known minima, see table 36. Occupation is classified in 8 groups of the International Standard Classification of Occupation (ISCO). For definitions of "urban", see end of table 6. For limitations of data, see Technical Notes, page 141.

FOOTNOTES

- * Provisional.
- 1 De jure population.
- 2 Excluding persons seeking work for the first time.
- 3 Excluding Mayotte.
- 4 For employed workers only.
- 5 Excluding Bophuthatswana, Transkei and Venda.
- 6 Data exclude adjustment for underenumeration.
- 7 Excluding Bophuthatswana, Ciskei, Transkei and Venda.
- 8 De jure population, but excluding persons residing in institutions.
- 9 For 12 months preceding census date.
- 10 Excluding population attending school.
- 11 Including other and not stated.
- 12 Because of rounding, totals are not in all cases the sum of the parts.
- 13 Economically active population refers to persons who had worked at some time since 1 January 1985.
- 14 Including clerical and related workers.
- 15 For classification by urban/rural residence, see end of table.
- 16 Excluding indigenous population.
- 17 Based on a 18 per cent sample of census returns.
- 18 Excluding armed forces.
- 19 Data exclude adjustment for underenumeration, estimated at 1 per cent.
- 20 Excluding Indian jungle population.
- 21 Excluding nomadic Indian tribes.
- 22 Data exclude adjustment for underenumeration, estimated at 5.6 per cent.

NOTES GENERALES

La population active peut se limiter aux personnes ayant dépassé un âge minimum; pour les âges minimums connus, voir le tableau 36. Les professions sont réparties en 8 groupes correspondant aux grands groupes de la Classification internationale type des professions (CITP). Pour les définitions des "régions urbaines", se reporter à la fin du tableau 6. Pour les insuffisances des données, voir Notes techniques, page 141.

NOTES

- * Données provisoires.
- 1 Population de droit.
- 2 Non compris les personnes cherchant un emploi pour la première fois.
- 3 Non compris Mayotte.
- 4 Pour les personnes ayant un emploi seulement.
- 5 Non compris Bophuthatswana, Transkei et Venda.
- 6 Les données n'ont pas été ajustées pour compenser les lacunes du dénombrement.
- 7 Non compris Bophuthatswana, Ciskei, Transkei et Venda.
- 8 Population de droit, mais non compris les personnes dans les institutions.
- 9 Pour les 12 mois qui précédé la date du recensement.
- 10 Non compris la population fréquentant les écoles.
- 11 Y compris autres et non déterminé.
- 12 Les chiffres étant arrondis, les totaux ne correspondent pas toujours rigoureusement à la somme des chiffres partiels.
- 13 La population active désigne les personnes ayant un emploi à partir de 1 Janvier 1985.
- 14 Y compris personnel administratif et travailleurs assimilés.
- 15 Pour le classement selon la résidence, urbaine/rurale, voir la fin du tableau.
- 16 Non compris la population indigène.
- 17 D'après un échantillon de 18 p. 100 des bulletins de recensement.
- 18 Non compris les militaires.
- 19 Les données n'ont pas été ajustées pour compenser les lacunes du dénombrement, estimées à 1 p. 100.
- 20 Non compris les Indiens de la jungle.
- 21 Non compris les tribus d'Indiens nomades.
- 22 Les données n'ont pas été ajustées pour compenser les lacunes du dénombrement, estimées à 5,6 p. 100.

39. Population active selon la profession, le sexe, l'âge et la résidence, urbaine/rurale: chaque recensement, 1974 – 1988 (suite)

FOOTNOTES (continued)

23 Excluding Indian jungle population, estimated at 39 800 in 1972.
24 Data exclude adjustment for underenumeration, estimated at 4.1 per cent.

25 Data exclude adjustment for underenumeration, estimated at 2.6 per cent.

26 Excluding Indian jungle population, estimated at 31 800 in 1961.
27 Data exclude adjustment for underenumeration, estimated at 6.85 per cent.

28 Including 26 106 transients and 9 131 Vietnames refugees.
29 Including data for East Jerusalem and Israeli residents certain other territories under occupation by Israeli military forces since June 1967.
30 Excluding the armed forces and draftees for national services.
31 Excluding diplomatic personnel outside country and foreign military and civilian personnel and their dependants stationed in the area.

32 Excluding data for Jordanian territory under occupation since June 1967 by Israeli military forces.
33 Including military and diplomatic personnel and their families abroad, numbering 933 at 1961 census but excluding foreign military and diplomatic personnel and their families in the country, numbering 389 at 1961 census. Also including registered Palestinian refugees numbering 722 687 on 31 May 1967.

34 Formerly listed as "Burma".
35 For Syrian population only.
36 Excluding Faeroe Islands and Greenland.
37 Based on a 5 per cent sample of census returns.
38 Age classification based on year of birth rather than on completed years of age.

39 De jure population, but excluding diplomatic personnel outside the country and including foreign diplomatic personnel not living in embassies or consulates.

40 Data excluded adjustment for underenumeration, estimated at 1.8 per cent.

41 Including mining, quarrying, transport and communication.
42 Resident population only.
43 Excluding diplomatic personnel and armed forces stationed outside the country, the latter numbering 1 936 at 1966 census, also excluding alien armed forces within the country.

NOTES (suite)

23 Non compris les Indiens de la jungle, estimés à 39 800 en 1972.
24 Les données n'ont pas été ajustées pour compenser les lacunes du dénombrement, estimées à 4,1 p. 100.
25 Les données n'ont pas été ajustées pour compenser les lacunes du dénombrement, estimées à 2,6 p.100.
26 Non compris les Indiens de la jungle, estimés à 31 800 en 1961.
27 Les données n'ont pas été ajustées pour compenser les lacunes du dénombrement, estimées à 6,85 p.100.
28 Y compris 26 106 transients et 9 131 réfugiés du Viet Nam.
29 Y compris les données pour Jérusalem–Est et les résients israéliens dans certains autres territoires occupés depuis juin 1967 par les forces armées israéliennes.
30 Non compris les forces armées ni les militaires du contingent.
31 Non compris le personnel diplomatique hors du pays ni les militaires et agents civils étrangers en poste sur le territoire et les membres de leur famille les accompagnant.
32 Non compris les données pour le territoire jordanien occupée depuis juin 1967 par les forces armées israéliennes.
33 Y compris les militaires, les personnel diplomatique à l'étranger et les membres de leur famille les accompagnant au nombre de 933 personnes au recensement de 1961, mais non compris les militaires, le personnel diplomatique étranger en poste dans le pays et les membres de leur famille les accompagnant au nombre de 389 personnes au recensement de 1961. Y compris également les réfugiés de Palestine immatriculés, au nombre de 722 687 au 31 mai 1967.
34 Antérieurement désigné sous le nom de "Birmanie".
35 Pour la population Syrienne seulement.
36 Non compris les îles Féroé et le Groenland.
37 D'après un échantillon de 5 p. 100 des bulletins de recensement.
38 La classification par âge est fondées sur l'année de naissance et non sur l'âge en années révolues.
39 Population de droit, mais non compris le personnel diplomatique hors du pays et y compris le personnel diplomatique étranger qui ne vit pas dans les ambassades ou les consulats.
40 Les données n'ont pas été ajustées pour compenser les lacunes du dénombrement, estimées à 1,8 p. 100.
41 Y compris industries extractives, transports et communications.
42 Pour la population résidente seulement.
43 Non compris le personnel diplomatique ni les militaires hors du pays, ces derniers au nombre de 1 936, au recensement de 1966; non compris également les militaires étrangers dans le pays.

39. Economically active population by occupation, sex, age and urban/rural residence: each census, 1974 – 1988 (continued)
Population active selon la profession, le sexe, l'âge et la résidence, urbaine/rurale: chaque recensement, 1974 – 1988 (suite)

List of countries or areas covered by this table in the 1984 issue of the Demographic Yearbook
Liste des pays ou zones couverts par ce tableau, dans l'édition de 1984 de l'Annuaire démographique

Continent and country or area Continent et pays ou zone	Census date Date du recensement	Issue Edition
AFRICA — AFRIQUE		
Algeria – Algérie	12 II 1977	1984
Botswana	16 VIII 1981	1984
Cameroon – Cameroun	9 IV 1976	1984
Central African Republic – République centrafricaine	8 XII 1975	1984
Egypt – Egypte	23 XI 1976	1984
Guinea–Bissau – Guinée Bissau	16 IV 1979	1984
Ivory Coast – Côte d'Ivoire	30 IV 1975	1984
Liberia – Libéria	1 II 1974	1984
Malawi	20 IX 1977	1984
Mali	16 XII 1976	1984
Rwanda	15–16 VIII 1978	1984
St. Helena ex. dep. – Sainte Hélène sans dep	31 X 1976	1984
Seychelles	1 VIII 1977	1984
Zimbabwe	18 VIII 1982	1984
AMERICA NORTH — AMERIQUE DU NORD		
Bermuda – Bermudes	12 V 1980	1984
Canada	3 VI 1981	1984
Guadeloupe	16 X 1974	1984
Guatemala	26 III 1981	1984
Haiti – Haïti	30 VIII 1982	1984
Honduras	16 III 1974	1984
Martinique	16 X 1974	1984
Turks and Caicos Islands – Iles Turques et Caïques	12 V 1980	1984
United States – Etats–Unis	1 IV 1980	1984
AMERICA SOUTH — AMERIQUE DU SUD		
Bolivia – Bolivie	26 IX 1976	1984
Ecuador – Equateur	8 VI 1974	1984
French Guiana – Guyane Française	9 III 1982	1984
Uruguay	21 V 1975	1984
ASIA — ASIE		
Afghanistan	23 VI 1979	1984
Bahrain – Bahreïn	5 IV 1981	1984
Bangladesh	1 III 1974	1984
Brunei Darussalam – Brunéi Darussalam	26 VIII 1981	1984
China – Chine	1 VII 1982	1984
Hong Kong – Hong–kong	2 VII 1976	1984
Hong Kong – Hong–Kong	9 III 1981	1984
India – Inde	1 III 1981	1984
Indonesia – Indonésie	31 X 1980	1984
Iran	1 XI 1976	1984
Japan – Japon	1 X 1975	1984
Japan – Japon	1 X 1980	1984
Korea, Republic of – Corée, République de	1 X 1975	1984
Korea, Republic of – Corée, République de	1 X 1980	1984
ASIA (cont.) — ASIE (suite)		
Kuwait – Koweït	21 IV 1975	1984
Kuwait – Koweït	21 IV 1980	1984
Malaysia – Malaisie: Sarawak	10 VI 1980	1984
Nepal – Népal	22 VI 1981	1984
Pakistan	1 III 1981	1984
Philippines	1 V 1975	1984
Philippines	1 V 1980	1984
Singapore – Singapour	24 VI 1980	1984
Thailand – Thailande	1 IV 1980	1984
Turkey – Turquie	26 X 1975	1984
Turkey – Turquie	12 X 1980	1984
United Arab Emirates – Emirats arabes unis	31 XII 1975	1984
EUROPE		
Austria – Autriche	12 V 1981	1984
Bulgaria – Bulgarie	2 XII 1975	1984
Channel Islands – Iles Anglo–Normandes: Guernsey – Guernesey	5 IV 1981	1984
Jersey	5 IV 1981	1984
Finland – Finlande	31 XI 1975	1984
Finland – Finlande	1 XI 1980	1984
France	20 II 1975	1984
Gibraltar	9 XI 1981	1984
Greece – Gréce	5 IV 1981	1984
Hungary – Hongrie	1 I 1980	1984
Isle of Man – Ile de Man	6 IV 1981	1984
Luxembourg	31 III 1981	1984
Norway – Norvège	1 XI 1980	1984
Poland – Pologne	7 XII 1978	1984
Portugal	16 III 1981	1984
San Marino – Saint Marin	30 XI 1976	1984
Spain – Espagne	28 II 1981	1984
Sweden – Suède	1 XI 1975	1984
Sweden – Suède	8 IX 1980	1984
United Kingdom – Royaume–Uni: Northern Ireland – Irlande du Nord	5 IV 1981	1984
OCEANIA – OCEANIE		
Australia – Australie	30 VI 1976	1976
Australia – Australie	30 VI 1981	1984
Cook Islands – Iles Cook	1 XII 1976	1984
Cook Islands – Iles Cook	1 XII 1981	1984
Fiji – Fidji	13 IX 1976	1984
Kiribati	12 XII 1978	1984
New Caledonia – Nouvelle–Calédonie	23 IV 1976	1984
New Zealand – Nouvelle–Zélande	23 III 1976	1984
New Zealand – Nouvelle–Zélande	24 III 1981	1984
Samoa	3 XI 1976	1984
Tokelau – Tokélau	25 X 1976	1984
Tonga	30 XI 1976	1984
Vanuatu	15–16 I 1979	1984

40. Economically active population by status, sex, age and urban/rural residence: each census, 1974 – 1988
Population active selon la situation dans la profession, le sexe, l'âge et la résidence, urbaine/rurale: chaque recensement, 1974 – 1988

(See notes at end of table. – Voir notes à la fin du tableau.)

Continent, country or area, date, sex, age(in years) and urban/rural residence Continent, pays ou zone, date, sexe, âge(en années) et résidence urbaine/rurale	Total economically active Population active totale	Status – Situation dans la profession: Employer Employeurs	Own–account worker Personnes travaillant à leur propre compte	Employee Salariés	Unpaid family worker Travailleurs familiaux non rémunérés	Members of producers' co–operatives Membres de coopératives de producteurs	Not classifiable by status Personnes inclassables selon la situation dans la profession
AFRICA—AFRIQUE							
Botswana							
12 – 26 VIII 1981 [1]							
Male – Masculin							
12 plus	188 317	*———	5 880 ——*	89 912	77 757	–	14 768
12 – 14	8 700		94	1 200	6 904	–	502
15 – 19	23 792		251	8 171	11 772	–	3 598
20 – 24	28 275		405	17 772	6 416	–	3 682
25 – 34	42 835		1225	27 625	10 187	–	3 798
35 – 44	29 838		1197	16 689	10 266	–	1 686
45 – 54	22 657		1144	9 773	10 949	–	791
55 – 64	15 988		806	4 861	9 963	–	358
65 plus	13 041		639	2 445	9 812	–	145
Unknown–Inconnu	3 191		119	1 376	1 488	–	208
Female – Féminin							
12 plus	127 158		3618	40 034	66 048	–	17 458
12 – 14	4 247		91	714	2 957	–	485
15 – 19	21 247		246	6 053	9 535	–	5 413
20 – 24	27 950		444	10 811	10 657	–	6 038
25 – 34	32 385		1001	13 617	13 745	–	4 022
35 – 44	16 390		834	5 237	9 330	–	989
45 – 54	10 808		497	2 174	7 836	–	301
55 – 64	7 061		263	784	5 924	–	90
65 plus	5 258		167	284	4 764	–	43
Unknown–Inconnu	1 812		75	360	1 300	–	77
Burundi							
15 – 16 VIII 1979 [2 3]							
Male – Masculin							
10 plus	1 133 477	1 287	622 638	122 548	384 078	–	2 926
10 – 14	123 851	–	195	2 154	120 874	–	628
15 – 19	201 598	–	13 719	15 118	171 886	–	875
20 – 24	187 240	134	90 136	26 121	70 271	–	578
25 – 34	234 682	411	177 015	40 060	16 794	–	402
35 – 44	143 348	333	118 536	21 902	2 414	–	163
45 – 54	107 356	202	94 698	11 501	857	–	98
55 plus	134 352	202	127 776	5 455	781	–	138
Unknown–Inconnu	1 050	5	563	237	201	–	44
Female – Féminin							
10 plus	1 279 692	255	237 353	12 563	1 027 732	–	1 789
10 – 14	141 768	–	107	1 058	140 204	–	399
15 – 19	220 787	–	4 544	2 295	213 677	–	271
20 – 24	204 227	20	19 175	3 665	181 086	–	281
25 – 34	253 842	56	42 639	3 691	207 144	–	312
35 – 44	175 219	70	46 397	1 146	127 408	–	198
45 – 54	130 991	42	45 457	437	84 937	–	118
55 plus	151 595	64	78 616	238	72 516	–	161
Unknown–Inconnu	1 263	3	418	33	760	–	49
Congo							
7 II 1974 [4]							
Male – Masculin							
15 plus	223 084	1 075	130 629	88 020	–	–	3 360
15 – 19	6 096	6	3 673	1 268	–	–	1 149
20 – 24	19 411	47	8 275	9 655	–	–	1 434
25 – 34	58 666	303	23 843	34 030	–	–	490
35 – 44	56 503	327	29 371	26 673	–	–	132
45 – 54	42 343	230	29 455	12 570	–	–	88
55 – 64	29 146	127	26 086	2 902	–	–	31
65 plus	9 216	27	8 885	303	–	–	1
Unknown–Inconnu	1 703	8	1 041	619	–	–	35

40. Economically active population by status, sex, age and urban/rural residence: each census, 1974 – 1988 (continued)
Population active selon la situation dans la profession, le sexe, l'âge et la résidence, urbaine/rurale: chaque recensement, 1974 – 1988 (suite)

(See notes at end of table. – Voir notes à la fin du tableau.)

Continent, country or area, date, sex, age(in years) and urban/rural residence — Continent, pays ou zone, date, sexe, âge(en années) et résidence urbaine/rurale	Status – Situation dans la profession: Total economically active — Population active totale	Employer — Employeurs	Own–account worker — Personnes travaillant à leur propre compte	Employee — Salariés	Unpaid family worker — Travailleurs familiaux non rémunérés	Members of producers' co–operatives — Membres de coopératives de producteurs	Not classifiable by status — Personnes inclassables selon la situation dans la profession
AFRICA—AFRIQUE (Cont.–Suite)							
Congo							
7 II 1974 [4]							
Female – Féminin							
15 plus	202 759	61	195 394	6 810	–	–	494
15 – 19	13 801	1	13 224	353	–	–	223
20 – 24	17 933	3	15 885	1 877	–	–	168
25 – 34	40 271	23	37 126	3 054	–	–	68
35 – 44	47 481	13	46 445	1 013	–	–	10
45 – 54	43 918	15	43 536	363	–	–	4
55 – 64	29 074	6	28 981	83	–	–	4
65 plus	8 531	–	8 505	25	–	–	1
Unknown–Inconnu	1 750	–	1 692	42	–	–	16
22 XII 1984 [4]							
Male – Masculin							
10 plus	295 172	1 647	140 515	141 154	2 350	–	[5] 9 506
10 – 14	989	2	618	53	150	–	[5] 166
15 – 19	8 476	41	3 711	1 820	564	–	[5] 2 340
20 – 24	27 941	184	10 394	13 066	697	–	[5] 3 600
25 – 34	89 575	524	29 392	57 210	526	–	[5] 1 923
35 – 44	67 720	418	26 378	40 159	171	–	[5] 594
45 – 54	52 027	299	27 556	23 676	92	–	[5] 404
55 – 64	28 414	128	24 186	3 758	91	–	[5] 251
65 plus	18 443	45	17 338	838	51	–	[5] 171
Unknown–Inconnu	1 587	6	942	574	8	–	[5] 57
Female – Féminin							
10 plus	255 053	195	219 440	27 504	4 607	–	[5] 3 307
10 – 14	3 005	3	2 086	91	705	–	[5] 120
15 – 19	12 571	9	10 149	523	1 293	–	[5] 597
20 – 24	22 702	22	17 606	3 514	768	–	[5] 792
25 – 34	63 003	67	44 620	16 766	690	–	[5] 860
35 – 44	51 103	44	45 268	5 037	402	–	[5] 352
45 – 54	47 850	34	45 971	1 225	364	–	[5] 256
55 – 64	34 418	14	33 772	214	223	–	[5] 195
65 plus	18 689	1	18 378	56	142	–	[5] 112
Unknown–Inconnu	1 712	1	1 590	78	20	–	[5] 23
Ghana							
11 III 1984 [4]							
Male – Masculin							
Total	2 637 029	...	1 650 617	[6] 668 500	248 075	1 677	68 160
Female – Féminin							
Total	2 785 451	...	2 127 058	[6] 206 028	431 347	697	20 321
Lesotho							
12 IV 1976							
Male – Masculin							
10 plus	424 691	...	19 807	[6] 192 796	74 448	–	137 640
10 – 14	75 650	...	50	[6] 3 976	9 250	–	62 374
15 – 19	58 211	...	174	[6] 15 418	10 290	–	32 329
20 – 24	48 092	...	521	[6] 33 475	5 834	–	8 262
25 – 34	72 322	...	2 386	[6] 53 809	8 999	–	7 128
35 – 44	59 958	...	3 961	[6] 40 061	9 839	–	6 097
45 – 54	41 661	...	4 288	[6] 22 230	9 773	–	5 370
55 – 64	31 980	...	4 505	[6] 11 799	9 958	–	5 718
65 plus	23 491	...	3 494	[6] 4 178	8 905	–	6 914
Unknown–Inconnu	13 326	...	428	[6] 7 850	1 600	–	3 448

40. Economically active population by status, sex, age and urban/rural residence: each census, 1974 – 1988 (continued)

Population active selon la situation dans la profession, le sexe, l'âge et la résidence, urbaine/rurale: chaque recensement, 1974 – 1988 (suite)

(See notes at end of table. – Voir notes à la fin du tableau.)

Continent, country or area, date, sex, age(in years) and urban/rural residence / Continent, pays ou zone, date, sexe, âge(en années) et résidence urbaine/rurale	Total economically active / Population active totale	Status – Situation dans la profession: Employer / Employeurs	Own–account worker / Personnes travaillant à leur propre compte	Employee / Salariés	Unpaid family worker / Travailleurs familiaux non rémunérés	Members of producers' co–operatives / Membres de coopératives de producteurs	Not classifiable by status / Personnes inclassables selon la situation dans la profession
AFRICA—AFRIQUE (Cont.–Suite)							
Lesotho							
12 IV 1976							
Female – Féminin							
10 plus	466 258	...	12 123	[6] 43 305	81 403	–	329 427
10 – 14	77 351	...	16	[6] 397	1 965	–	74 973
15 – 19	65 922	...	298	[6] 4 196	10 862	–	50 566
20 – 24	54 550	...	750	[6] 7 390	12 317	–	34 093
25 – 34	75 912	...	2 088	[6] 12 079	15 553	–	46 192
35 – 44	61 548	...	2 578	[6] 8 881	12 841	–	37 248
45 – 54	43 503	...	2 255	[6] 5 009	9 553	–	26 686
55 – 64	37 145	...	2 029	[6] 2 446	8 562	–	24 108
65 plus	39 547	...	1 808	[6] 960	8 363	–	28 416
Unknown–Inconnu	10 780	...	301	[6] 1 947	1 387	–	7 145
Morocco – Maroc							
3 – 21 IX 1982 [7,8]							
Male – Masculin							
Total	4 817 980	115 847	1 336 989	2 000 984	731 912	116 116	516 132
– 15	242 640	260	5 014	48 065	172 351	16 950	–
15 – 19	618 892	787	36 707	169 112	224 302	33 448	154 536
20 – 24	743 463	4 494	97 896	320 459	170 768	14 646	135 200
25 – 34	1 238 510	20 376	287 774	672 600	128 949	11 175	117 636
35 – 44	768 005	26 179	292 371	374 272	23 612	14 477	37 094
45 – 54	648 984	30 100	301 838	262 336	6 814	13 007	34 889
55 – 64	379 873	20 850	205 379	117 031	3 115	9 066	24 432
65 plus	133 453	9 198	82 891	28 771	1 381	2 177	9 035
Unknown–Inconnu	44 160	3 603	27 119	8 338	620	1 170	3 310
Female – Féminin							
Total	1 181 280	4 558	167 132	428 935	324 602	130 003	126 050
– 15	171 372	21	3 725	41 358	86 952	39 316	–
15 – 19	215 069	120	21 325	62 708	59 002	31 259	40 655
20 – 24	203 809	324	28 393	82 338	40 238	18 407	34 109
25 – 34	264 153	1 114	36 325	126 978	54 615	16 755	28 366
35 – 44	143 082	887	28 468	54 861	39 817	10 303	8 746
45 – 54	105 631	949	25 552	35 038	28 689	7 619	7 784
55 – 64	58 319	723	16 947	19 577	12 085	4 418	4 569
65 plus	15 694	300	5 234	4 890	2 744	1 085	1 441
Unknown–Inconnu	4 151	120	1 163	1 187	460	841	380
Niger							
20 XI 1977							
Male – Masculin							
14 plus	1 296 510	9 614	793 713	61 918	373 361	–	57 904
14 – 19	222 075	175	23 547	5 572	165 926	–	26 855
20 – 24	174 400	419	57 817	11 271	93 312	–	11 581
25 – 29	179 758	780	101 012	12 384	58 385	–	7 197
30 – 39	304 286	2 213	236 042	17 644	41 906	–	6 481
40 – 49	194 106	2 110	171 532	9 479	8 479	–	2 506
50 – 59	117 229	1 601	108 394	3 467	2 446	–	1 321
60 plus	104 656	2 316	95 369	2 101	2 907	–	1 963
Female – Féminin							
14 plus	110 657	589	43 948	5 882	49 912	–	10 326
14 – 19	23 869	31	4 259	858	15 398	–	3 323
20 – 24	17 081	26	4 903	1 748	9 192	–	1 212
25 – 29	15 673	35	5 440	1 272	8 072	–	854
30 – 39	22 261	96	10 038	1 154	9 720	–	1 253
40 – 49	14 427	130	8 297	430	4 456	–	1 114
50 – 59	9 031	101	5 830	229	1 933	–	938
60 plus	8 315	170	5 181	191	1 141	–	1 632

40. Economically active population by status, sex, age and urban/rural residence: each census, 1974 – 1988 (continued)
Population active selon la situation dans la profession, le sexe, l'âge et la résidence, urbaine/rurale: chaque recensement, 1974 – 1988 (suite)

(See notes at end of table. – Voir notes à la fin du tableau.)

Continent, country or area, date, sex, age(in years) and urban/rural residence — Continent, pays ou zone, date, sexe, âge(en années) et résidence urbaine/rurale	Status – Situation dans la profession: Total economically active — Population active totale	Employer — Employeurs	Own–account worker — Personnes travaillant à leur propre compte	Employee — Salariés	Unpaid family worker — Travailleurs familiaux non rémunérés	Members of producers' co–operatives — Membres de coopératives de producteurs	Not classifiable by status — Personnes inclassables selon la situation dans la profession
AFRICA—AFRIQUE (Cont.–Suite)							
Sao Tome and Principe – Sao Tomé–et–Principe							
1 IX 1980							
Male – Masculin							
10 plus	20 130	57	3 534	16 526	12	–	1
10 – 14	119	–	10	108	1	–	–
15 – 19	2 164	2	159	1 999	4	–	–
20 – 24	3 390	1	297	3 090	2	–	–
25 – 34	4 302	7	546	3 747	2	–	–
35 – 44	3 491	14	561	2 914	1	–	1
45 – 54	3 310	14	674	2 620	2	–	–
55 – 64	2 111	13	673	1 425	–	–	–
65 plus	1 243	6	614	623	–	–	–
Female – Féminin							
10 plus	9 217	12	1 272	7 916	14	–	3
10 – 14	75	–	4	70	1	–	–
15 – 19	1 007	3	50	954	–	–	–
20 – 24	1 684	1	85	1 594	2	–	2
25 – 34	2 295	3	202	2 086	4	–	–
35 – 44	1 735	2	239	1 488	6	–	–
45 – 54	1 446	2	318	1 124	1	–	1
55 – 64	699	–	230	469	–	–	–
65 plus	276	1	144	131	–	–	–
Zambia – Zambie							
25 VIII 1980[4]							
Male – Masculin							
12 plus	908 606	5 769	275 873	601 667	18 621	–	6 676
12 – 14	713	–	75	386	115	–	137
15 – 19	22 278	91	4 092	12 103	4 936	–	1 056
20 – 24	129 050	480	21 637	100 077	5 298	–	1 558
25 – 34	254 387	1 463	52 370	195 017	3 972	–	1 565
35 – 44	190 115	1 401	53 750	132 812	1 426	–	726
45 – 54	153 244	1 162	56 341	94 064	1 067	–	610
55 – 64	89 249	635	44 243	43 084	732	–	555
65 plus	46 157	425	36 959	7 565	873	–	335
Unknown–Inconnu	23 413	112	6 406	16 559	202	–	134
Female – Féminin							
12 plus	394 338	1 200	142 016	192 806	47 493	–	10 823
12 – 14	1 189	1	40	978	103	–	67
15 – 19	16 152	11	3 418	4 606	6 622	–	1 495
20 – 24	69 744	154	13 698	46 146	7 868	–	1 878
25 – 34	104 832	311	32 495	58 561	10 825	–	2 640
35 – 44	80 205	279	34 693	33 941	9 332	–	1 960
45 – 54	60 591	226	27 219	24 950	6 763	–	1 433
55 – 64	41 492	146	15 583	21 541	3 287	–	935
65 plus	14 221	56	11 253	625	1 897	–	390
Unknown–Inconnu	5 912	16	3 617	1 458	796	–	25
AMERICA,NORTH— AMERIQUE DU NORD							
Bahamas							
12 V 1980[4,9]							
Male – Masculin							
15 plus	45 807	2 360	3 504	39 351	126	–	466
15 – 19	5 238	22	90	5 027	56	–	43
20 – 24	8 004	87	233	7 592	23	–	69
25 – 44	21 799	1 250	1 439	18 872	32	–	206
45 – 64	9 229	859	1 327	6 919	12	–	112
65 plus	1 512	141	413	920	3	–	35
Unknown–Inconnu	25	1	2	21	–	–	1

40. Economically active population by status, sex, age and urban/rural residence: each census, 1974 – 1988 (continued)
Population active selon la situation dans la profession, le sexe, l'âge et la résidence, urbaine/rurale: chaque recensement, 1974 – 1988 (suite)

(See notes at end of table. – Voir notes à la fin du tableau.)

Continent, country or area, date, sex, age(in years) and urban/rural residence — Continent, pays ou zone, date, sexe, âge(en années) et résidence urbaine/rurale	Total economically active — Population active totale	Status – Situation dans la profession: Employer — Employeurs	Own–account worker — Personnes travaillant à leur propre compte	Employee — Salariés	Unpaid family worker — Travailleurs familiaux non rémunérés	Members of producers' co–operatives — Membres de coopératives de producteurs	Not classifiable by status — Personnes inclassables selon la situation dans la profession
AMERICA,NORTH— (Cont.–Suite) AMERIQUE DU NORD							
Bahamas							
12 V 1980 [4 9]							
Female – Féminin							
15 plus	34 886	576	2 267	31 482	267	–	294
15 – 19	2 692	6	32	2 593	37	–	24
20 – 24	6 421	24	114	6 220	23	–	40
25 – 44	18 228	288	876	16 839	89	–	136
45 – 64	6 654	229	980	5 281	89	–	75
65 plus	878	29	263	538	29	–	19
Unknown–Inconnu	13	–	2	11	–	–	–
Barbados – Barbade							
12 V 1980* [9 10 11]							
Male – Masculin							
15 plus	63 396	1 554	4 166	51 278	78	–	6 320
15 – 19	7 770	11	96	5 136	40	–	2 487
20 – 24	11 759	72	372	10 089	12	–	1 214
25 – 34	17 360	324	911	15 290	11	–	824
35 – 44	9 203	395	682	7 766	4	–	356
45 – 54	7 648	342	741	6 298	3	–	264
55 – 64	6 165	252	776	4 893	3	–	241
65 plus	2 532	157	576	1 700	5	–	94
Unknown–Inconnu	959	1	12	106	–	–	840
Female – Féminin							
15 plus	51 630	445	2 381	40 070	106	–	8 628
15 – 19	5 697	3	22	2 757	13	–	2 902
20 – 24	10 597	26	95	8 127	11	–	2 338
25 – 34	15 142	76	300	13 238	19	–	1 509
35 – 44	8 083	106	401	7 046	20	–	510
45 – 54	6 160	112	592	5 132	14	–	310
55 – 64	3 938	70	619	3 040	22	–	187
65 plus	1 259	51	349	700	7	–	152
Unknown–Inconnu	754	1	3	30	–	–	720
Belize							
12 V 1980 [9 10 11]							
Male – Masculin							
15 plus	34 384	10 031	13 763	6 785	905	–	2 900
15 – 19	6 230	705	2 767	1 006	571	–	1 181
20 – 24	6 225	961	3 066	1 516	159	–	523
25 – 34	7 702	2 157	3 316	1 732	73	–	424
35 – 44	5 087	1 974	1 829	1 039	33	–	212
45 – 54	4 359	1 905	1 425	866	28	–	135
55 – 64	2 626	1 303	818	373	19	–	113
65 plus	1 858	1 012	504	236	19	–	87
Unknown–Inconnu	297	14	38	17	3	–	225
Female – Féminin							
15 plus	9 360	858	3 701	3 368	204	–	1 229
15 – 19	2 109	47	932	597	59	–	474
20 – 24	2 137	57	1 030	801	28	–	221
25 – 34	2 191	162	850	988	45	–	146
35 – 44	1 159	178	418	454	30	–	79
45 – 54	851	186	265	299	28	–	73
55 – 64	454	128	136	145	7	–	38
65 plus	280	94	53	66	6	–	61
Unknown–Inconnu	179	6	17	18	1	–	137

40. Economically active population by status, sex, age and urban/rural residence: each census, 1974 – 1988 (continued)
Population active selon la situation dans la profession, le sexe, l'âge et la résidence, urbaine/rurale: chaque recensement, 1974 – 1988 (suite)

(See notes at end of table. – Voir notes à la fin du tableau.)

Continent, country or area, date, sex, age(in years) and urban/rural residence — Continent, pays ou zone, date, sexe, âge(en années) et résidence urbaine/rurale	Status – Situation dans la profession: Total economically active — Population active totale	Employer — Employeurs	Own–account worker — Personnes travaillant à leur propre compte	Employee — Salariés	Unpaid family worker — Travailleurs familiaux non rémunérés	Members of producers' co–operatives — Membres de coopératives de producteurs	Not classifiable by status — Personnes inclassables selon la situation dans la profession
AMERICA,NORTH— (Cont.–Suite) AMERIQUE DU NORD							
British Virgin Islands – Iles Vierges britanniques							
12 V 1980 [9 10 11]							
Male – Masculin							
15 plus	3 066	207	304	2 438	18	–	99
15 – 19	242	–	3	202	1	–	36
20 – 24	472	6	8	437	4	–	17
25 – 34	1 018	44	61	879	4	–	30
35 – 44	591	57	47	477	2	–	8
45 – 54	328	40	50	229	4	–	5
55 – 64	255	39	67	147	1	–	1
65 plus	159	21	68	66	2	–	2
Unknown–Inconnu	1	–	–	1	–	–	–
Female – Féminin							
15 plus	1 922	74	70	1 658	16	–	104
15 – 19	162	–	1	138	–	–	23
20 – 24	402	–	2	358	1	–	41
25 – 34	703	19	9	647	4	–	24
35 – 44	371	17	15	322	6	–	11
45 – 54	169	21	20	120	4	–	4
55 – 64	82	13	13	55	–	–	1
65 plus	32	4	10	17	1	–	–
Unknown–Inconnu	1	–	–	1	–	–	–
Canada							
3 VI 1986 [7 9 12]							
Male – Masculin							
15 plus	7 441 170	233 870	405 010	6 633 070	22 265	–	146 955
15 – 19	474 650	800	5 000	423 880	9 980	–	34 985
20 – 24	1 012 785	7 420	18 520	957 930	3 840	–	25 075
25 – 34	2 117 805	52 370	89 340	1 941 165	2 545	–	32 385
35 – 44	1 721 695	69 635	95 050	1 532 240	1 415	–	23 350
45 – 54	1 163 490	52 375	79 810	1 013 750	1 110	–	16 445
55 – 64	794 740	37 505	73 985	669 265	1 430	–	12 550
65 plus	156 015	13 760	43 300	94 845	1 945	–	2 155
Female – Féminin							
15 plus	5 608 690	55 815	131 035	5 192 345	66 815	–	162 675
15 – 19	426 760	295	1 630	383 955	4 050	–	36 825
20 – 24	905 725	2 380	7 310	866 530	2 960	–	26 550
25 – 34	1 674 170	15 225	36 595	1 567 105	13 300	–	41 945
35 – 44	1 310 295	17 310	38 890	1 205 620	17 455	–	31 020
45 – 54	791 950	11 790	24 285	723 925	15 715	–	16 230
55 – 64	433 305	6 535	16 100	392 715	10 240	–	7 705
65 plus	66 490	2 280	6 225	52 495	3 095	–	2 400
Costa Rica							
10 VI 1984 [2 3]							
Male – Masculin							
12 plus	618 866	16 326	142 966	419 578	39 996	–	–
12 – 14	16 399	280	2 021	7 961	6 137	–	–
15 – 19	79 831	1 804	8 187	54 472	15 368	–	–
20 – 24	106 258	2 545	13 856	81 331	8 526	–	–
25 – 34	173 758	4 535	35 685	128 620	4 918	–	–
35 – 44	108 957	3 136	31 770	72 379	1 672	–	–
45 – 54	71 687	2 123	25 047	43 368	1 149	–	–
55 – 64	41 823	1 245	16 449	23 119	1 010	–	–
65 plus	20 153	658	9 951	8 328	1 216	–	–

40. Economically active population by status, sex, age and urban/rural residence: each census, 1974 – 1988 (continued)
Population active selon la situation dans la profession, le sexe, l'âge et la résidence, urbaine/rurale: chaque recensement, 1974 – 1988 (suite)

(See notes at end of table. – Voir notes à la fin du tableau.)

Continent, country or area, date, sex, age(in years) and urban/rural residence — Continent, pays ou zone, date, sexe, âge(en années) et résidence urbaine/rurale	Status – Situation dans la profession: Total economically active — Population active totale	Employer — Employeurs	Own–account worker — Personnes travaillant à leur propre compte	Employee — Salariés	Unpaid family worker — Travailleurs familiaux non rémunérés	Members of producers' co–operatives — Membres de coopératives de producteurs	Not classifiable by status — Personnes inclassables selon la situation dans la profession
AMERICA,NORTH— (Cont.–Suite) AMERIQUE DU NORD							
Costa Rica							
10 VI 1984 [2 3]							
Female – Féminin							
12 plus	175 560	3 191	12 857	156 045	3 467	–	–
12 – 14	2 926	59	196	2 335	336	–	–
15 – 19	23 055	433	684	21 113	825	–	–
20 – 24	36 597	708	1 345	33 915	629	–	–
25 – 34	57 824	969	3 851	52 321	683	–	–
35 – 44	33 352	561	3 253	29 119	419	–	–
45 – 54	14 810	285	1 974	12 328	223	–	–
55 – 64	5 285	134	1 031	3 933	187	–	–
65 plus	1 711	42	523	981	165	–	–
Dominica – Dominique							
7 IV 1981 [9 10 11]							
Male – Masculin							
15 plus	18 197	5 919	4 341	4 134	355	–	3 448
15 – 19	3 333	303	798	420	188	–	1 624
20 – 24	3 522	823	976	850	77	–	796
25 – 34	4 138	1 268	1 139	1 204	43	–	484
35 – 44	2 444	956	588	684	9	–	207
45 – 54	1 981	934	403	520	14	–	110
55 – 64	1 615	900	277	321	11	–	106
65 plus	1 041	708	130	115	12	–	76
Unknown–Inconnu	123	27	30	20	1	–	45
Female – Féminin							
15 plus	9 759	1 758	2 462	2 777	174	–	2 588
15 – 19	1 762	29	261	307	19	–	1 146
20 – 24	2 032	88	632	661	28	–	623
25 – 34	2 188	256	743	770	28	–	391
35 – 44	1 365	354	380	443	36	–	152
45 – 54	1 132	417	217	337	28	–	133
55 – 64	795	361	163	179	28	–	64
65 plus	414	241	54	65	7	–	47
Unknown–Inconnu	71	12	12	15	–	–	32
Grenada – Grenade							
30 IV 1981 [9 10 11]							
Male – Masculin							
15 plus	20 566	3 915	7 484	5 383	167	–	3 617
15 – 19	3 209	131	1 033	461	64	–	1 520
20 – 24	4 255	391	1 672	1 101	50	–	1 041
25 – 34	4 611	713	1 907	1 401	30	–	560
35 – 44	2 728	594	1 091	850	4	–	189
45 – 54	2 562	660	919	828	6	–	149
55 – 64	1 815	678	548	488	8	–	93
65 plus	1 379	748	313	252	5	–	61
Unknown–Inconnu	7	–	1	2	–	–	4
Female – Féminin							
15 plus	13 041	1 474	3 939	4 756	98	–	2 774
15 – 19	1 940	29	294	365	27	–	1 225
20 – 24	3 113	72	945	1 167	13	–	916
25 – 34	2 931	204	986	1 351	17	–	373
35 – 44	1 903	308	691	790	10	–	104
45 – 54	1 638	382	560	607	12	–	77
55 – 64	979	259	320	344	10	–	46
65 plus	535	220	143	131	9	–	32
Unknown–Inconnu	2	–	–	1	–	–	1

40. Economically active population by status, sex, age and urban/rural residence: each census, 1974 – 1988 (continued)
Population active selon la situation dans la profession, le sexe, l'âge et la résidence, urbaine/rurale: chaque recensement, 1974 – 1988 (suite)

(See notes at end of table. – Voir notes à la fin du tableau.)

Continent, country or area, date, sex, age(in years) and urban/rural residence — Continent, pays ou zone, date, sexe, âge(en années) et résidence urbaine/rurale	Status – Situation dans la profession: Total economically active — Population active totale	Employer — Employeurs	Own–account worker — Personnes travaillant à leur propre compte	Employee — Salariés	Unpaid family worker — Travailleurs familiaux non rémunérés	Members of producers' co–operatives — Membres de coopératives de producteurs	Not classifiable by status — Personnes inclassables selon la situation dans la profession
AMERICA,NORTH— (Cont.–Suite) AMERIQUE DU NORD							
Montserrat							
12 V 1980 [9,10,11]							
Male – Masculin							
15 plus	2 988	480	1 391	819	31	–	267
15 – 19	465	5	257	76	4	–	123
20 – 24	485	23	292	120	1	–	49
25 – 34	795	94	420	237	4	–	40
35 – 44	419	83	185	135	–	–	16
45 – 54	310	28	97	164	2	–	19
55 – 64	271	90	86	77	7	–	11
65 plus	238	157	50	9	13	–	9
Unknown–Inconnu	5	–	4	1	–	–	–
Female – Féminin							
15 plus	2 124	177	796	808	25	–	318
15 – 19	362	2	133	85	2	–	140
20 – 24	404	3	196	148	2	–	55
25 – 34	594	20	274	236	2	–	62
35 – 44	320	44	102	146	5	–	23
45 – 54	212	29	48	111	4	–	20
55 – 64	143	39	30	60	3	–	11
65 plus	89	40	13	22	7	–	7
Unknown–Inconnu	–	–	–	–	–	–	–
Saint Kitts and Nevis – Saint–Kitts–et–Nevis							
12 V 1980 [9,10,11]							
Male – Masculin							
15 plus	10 084	325	826	7 913	36	–	984
15 – 19	1 572	–	14	1 093	8	–	457
20 – 24	2 170	15	50	1 854	14	–	237
25 – 34	2 179	74	132	1 825	8	–	140
35 – 44	1 055	65	107	842	1	–	40
45 – 54	1 103	62	135	869	1	–	36
55 – 64	1 183	56	197	887	2	–	41
65 plus	780	49	185	521	2	–	23
Unknown–Inconnu	42	4	6	22	–	–	10
Female – Féminin							
15 plus	7 008	85	425	5 489	39	–	970
15 – 19	1 182	–	–	746	2	–	434
20 – 24	1 849	1	16	1 542	8	–	282
25 – 34	1 618	19	47	1 414	11	–	127
35 – 44	787	14	65	655	4	–	49
45 – 54	717	20	108	549	6	–	34
55 – 64	549	18	108	396	7	–	20
65 plus	282	13	81	175	1	–	12
Unknown–Inconnu	24	–	–	12	–	–	12
Saint Lucia – Sainte–Lucie							
12 V 1980 [9,10,11]							
Male – Masculin							
15 plus	25 689	6 505	9 079	4 753	393	–	4 959
15 – 19	5 194	226	1 500	574	266	–	2 628
20 – 24	4 519	621	1 952	908	66	–	972
25 – 34	5 716	1 283	2 578	1 233	29	–	593
35 – 44	3 647	1 299	1 294	759	8	–	287
45 – 54	2 891	1 222	855	615	8	–	191
55 – 64	2 286	1 101	589	451	8	–	137
65 plus	1 327	733	280	200	8	–	106
Unknown–Inconnu	109	20	31	13	–	–	45

40. Economically active population by status, sex, age and urban/rural residence: each census, 1974 – 1988 (continued)
Population active selon la situation dans la profession, le sexe, l'âge et la résidence, urbaine/rurale: chaque recensement, 1974 – 1988 (suite)

(See notes at end of table. – Voir notes à la fin du tableau.)

Continent, country or area, date, sex, age(in years) and urban/rural residence — Continent, pays ou zone, date, sexe, âge(en années) et résidence urbaine/rurale	Status – Situation dans la profession: Total economically active — Population active totale	Employer — Employeurs	Own–account worker — Personnes travaillant à leur propre compte	Employee — Salariés	Unpaid family worker — Travailleurs familiaux non rémunérés	Members of producers' co–operatives — Membres de coopératives de producteurs	Not classifiable by status — Personnes inclassables selon la situation dans la profession
AMERICA,NORTH— (Cont.–Suite) AMERIQUE DU NORD							
Saint Lucia – Sainte–Lucie							
12 V 1980 [9 10 11]							
Female – Féminin							
15 plus	16 463	2 407	5 692	3 976	261	–	4 127
15 – 19	3 790	40	944	609	65	–	2 132
20 – 24	3 489	106	1 450	945	30	–	958
25 – 34	3 856	412	1 767	1 098	46	–	533
35 – 44	2 145	525	766	593	41	–	220
45 – 54	1 615	603	450	394	40	–	128
55 – 64	986	443	225	223	23	–	72
65 plus	513	275	69	105	16	–	48
Unknown–Inconnu	69	3	21	9	–	–	36
St. Pierre and Miquelon – Saint–Pierre–et–Miquelon							
9 III 1982 [2 4]							
Male – Masculin							
Total	1 484	31	786	644	4	–	19
Female – Féminin							
Total	662	10	334	312	2	–	4
St. Vincent and the Grenadines – Saint–Vincent–et–Grenadines							
12 V 1980 [9 10 11]							
Male – Masculin							
15 plus	22 193	4 256	7 506	5 755	245	–	4 431
15 – 19	4 683	186	1 215	697	141	–	2 444
20 – 24	4 430	388	1 740	1 230	52	–	1 020
25 – 34	4 748	851	1 977	1 445	19	–	456
35 – 44	2 840	729	1 076	856	12	–	167
45 – 54	2 393	795	723	745	7	–	123
55 – 64	1 824	720	505	491	8	–	100
65 plus	1 239	583	256	286	6	–	108
Unknown–Inconnu	36	4	14	5	–	–	13
Female – Féminin							
15 plus	12 546	1 447	3 489	4 566	98	–	2 946
15 – 19	2 515	33	341	477	24	–	1 640
20 – 24	2 765	75	809	1 090	11	–	780
25 – 34	2 790	252	1 017	1 259	15	–	247
35 – 44	1 698	330	533	708	17	–	110
45 – 54	1 463	351	437	603	16	–	56
55 – 64	896	276	265	296	9	–	50
65 plus	404	129	80	130	6	–	59
Unknown–Inconnu	15	1	7	3	–	–	4
Trinidad and Tobago – Trinité–et–Tobago							
12 V 1980 [4]							
Male – Masculin							
15 plus	247 277	8 210	25 556	211 033	1 054	–	1 424
15 – 19	23 689	149	1 068	21 654	529	–	289
20 – 24	42 832	585	3 184	38 421	306	–	336
25 – 34	70 669	1 936	7 012	61 204	141	–	376
35 – 44	47 520	2 018	5 287	40 005	30	–	180
45 – 54	33 615	1 772	4 077	27 630	23	–	113
55 – 64	23 133	1 181	3 324	18 515	14	–	99
65 plus	5 819	569	1 604	3 604	11	–	31

40. Economically active population by status, sex, age and urban/rural residence: each census, 1974 – 1988 (continued)
Population active selon la situation dans la profession, le sexe, l'âge et la résidence, urbaine/rurale: chaque recensement, 1974 – 1988 (suite)

(See notes at end of table. – Voir notes à la fin du tableau.)

Continent, country or area, date, sex, age(in years) and urban/rural residence — Continent, pays ou zone, date, sexe, âge(en années) et résidence urbaine/rurale	Status – Situation dans la profession						
	Total economically active — Population active totale	Employer — Employeurs	Own–account worker — Personnes travaillant à leur propre compte	Employee — Salariés	Unpaid family worker — Travailleurs familiaux non rémunérés	Members of producers' co–operatives — Membres de coopératives de producteurs	Not classifiable by status — Personnes inclassables selon la situation dans la profession
AMERICA,NORTH— (Cont.–Suite) AMERIQUE DU NORD							
Trinidad and Tobago – Trinité–et–Tobago							
12 V 1980 [4]							
Female – Féminin							
15 plus	98 624	1 381	7 077	88 974	736	–	456
15 – 19	8 021	14	185	7 640	120	–	62
20 – 24	21 269	77	547	20 411	105	–	129
25 – 34	30 915	322	1 524	28 818	142	–	109
35 – 44	18 537	355	1 747	16 206	158	–	71
45 – 54	12 233	342	1 530	10 181	127	–	53
55 – 64	6 157	190	1 116	4 763	60	–	28
65 plus	1 492	81	428	955	24	–	4
AMERICA,SOUTH— AMERIQUE DU SUD							
Brazil – Brésil							
1 IX 1980 [2 13 14]							
Male – Masculin							
Total	31 392 986	950 043	8 359 290	17 821 180	1 508 115	–	210 946
– 15	1 448 675	1 025	135 819	491 435	527 688	–	11 575
15 – 19	4 345 217	8 651	498 376	2 618 507	628 644	–	34 861
20 – 24	5 111 110	47 141	883 849	3 500 492	231 563	–	40 657
25 – 34	8 148 213	223 663	2 103 515	5 213 846	81 256	–	53 639
35 – 44	5 704 553	267 790	1 937 558	3 113 517	15 179	–	31 642
45 – 54	3 851 046	229 523	1 490 672	1 852 583	8 219	–	20 850
55 – 64	2 012 247	120 492	909 026	800 742	7 528	–	10 387
65 plus	725 352	50 587	386 198	205 403	7 379	–	4 875
Unknown–Inconnu	46 573	1 171	14 277	24 655	659	–	2 460
Female – Féminin							
Total	11 842 726	112 379	1 786 530	8 477 849	723 393	–	133 205
– 15	611 273	150	41 977	330 612	130 477	–	11 877
15 – 19	2 142 003	1 269	118 251	1 672 428	171 439	–	29 362
20 – 24	2 281 841	6 418	160 107	1 893 712	91 095	–	24 638
25 – 34	3 076 062	29 406	438 135	2 349 620	121 798	–	29 868
35 – 44	1 989 886	32 241	455 380	1 313 619	101 067	–	17 929
45 – 54	1 150 126	25 783	335 901	662 921	67 122	–	11 424
55 – 64	452 067	12 405	177 142	203 924	29 913	–	5 127
65 plus	122 509	4 460	56 584	39 502	9 808	–	2 200
Unknown–Inconnu	16 959	247	3 053	11 511	674	–	780
Chile – Chili							
21 IV 1982							
Male – Masculin							
15 plus	2 720 822	84 223	478 369	1 971 457	118 131	–	68 642
Female – Féminin							
15 plus	959 455	19 278	105 282	775 230	21 134	–	38 531
Ecuador – Equateur							
28 XI 1982 [15 16]							
Male – Masculin							
12 plus	1 861 652	67 003	679 586	840 210	109 285	62 637	102 931
12 – 14	48 017	553	7 016	12 558	14 465	8 855	...
15 – 19	208 712	3 527	35 173	101 698	34 027	19 269	...
20 – 24	285 332	7 471	68 565	151 757	21 184	18 940	...
25 – 34	497 217	18 514	161 578	263 739	16 795	12 338	...
35 – 44	342 730	15 626	148 462	151 921	9 062	1 411	...
45 – 54	236 612	11 180	117 284	89 323	5 928	829	...
55 – 64	142 574	6 339	78 474	46 364	3 763	507	...
65 plus	100 456	3 793	63 034	22 850	4 061	488	...

40. Economically active population by status, sex, age and urban/rural residence: each census, 1974 – 1988 (continued)
Population active selon la situation dans la profession, le sexe, l'âge et la résidence, urbaine/rurale: chaque recensement, 1974 – 1988 (suite)

(See notes at end of table. – Voir notes à la fin du tableau.)

Continent, country or area, date, sex, age(in years) and urban/rural residence — Continent, pays ou zone, date, sexe, âge(en années) et résidence urbaine/rurale	Total economically active — Population active totale	Status – Situation dans la profession: Employer — Employeurs	Own–account worker — Personnes travaillant à leur propre compte	Employee — Salariés	Unpaid family worker — Travailleurs familiaux non rémunérés	Members of producers' co–operatives — Membres de coopératives de producteurs	Not classifiable by status — Personnes inclassables selon la situation dans la profession
AMERICA,SOUTH— (Cont.–Suite) AMERIQUE DU SUD							
Ecuador – Equateur							
28 XI 1982 [15 16]							
Female – Féminin							
12 plus	484 411	12 177	115 647	276 333	26 862	20 466	32 926
12 – 14	20 232	145	1 841	8 096	2 450	4 149	...
15 – 19	64 026	816	8 158	37 321	5 673	5 766	...
20 – 24	90 585	1 529	12 701	60 610	4 004	5 916	...
25 – 34	142 429	3 566	28 387	94 811	5 275	3 610	...
35 – 44	80 114	2 830	26 005	42 705	3 919	422	...
45 – 54	47 622	1 857	19 207	20 629	2 830	239	...
55 – 64	23 996	933	11 391	8 307	1 592	136	...
65 plus	15 407	501	7 957	3 854	1 119	228	...
Guyana							
12 V 1980 [9 10 11]							
Male – Masculin							
15 plus	185 638	29 514	31 353	88 109	3 431	–	33 231
15 – 19	31 140	1 279	4 524	7 169	1 722	–	16 446
20 – 24	35 550	2 877	6 565	17 288	1 033	–	7 787
25 – 34	48 888	7 177	9 257	27 712	441	–	4 301
35 – 44	29 597	6 346	4 896	16 572	78	–	1 705
45 – 54	22 895	5 776	3 247	12 544	56	–	1 272
55 – 64	12 014	3 764	1 839	5 657	54	–	700
65 plus	4 583	2 216	928	882	42	–	515
Unknown–Inconnu	971	79	97	285	5	–	505
Female – Féminin							
15 plus	61 033	5 831	8 903	28 917	1 207	–	16 175
15 – 19	10 412	172	934	1 995	213	–	7 098
20 – 24	14 413	294	2 390	7 030	160	–	4 539
25 – 34	16 424	1 057	2 942	9 914	250	–	2 261
35 – 44	8 589	1 443	1 339	4 811	254	–	742
45 – 54	6 443	1 543	821	3 473	188	–	418
55 – 64	2 966	920	335	1 327	87	–	297
65 plus	1 337	393	123	292	54	–	475
Unknown–Inconnu	449	9	19	75	1	–	345
Paraguay							
11 VII 1982							
Male – Masculin							
12 plus	834 308	9 203	370 788	315 658	85 136	–	53 523
12 – 14	37 896	–	964	6 861	25 073	–	4 998
15 – 19	124 841	74	5 052	57 746	51 684	–	10 285
20 – 24	134 127	670	57 446	61 066	7 060	–	7 885
25 – 34	206 968	2 208	105 018	88 648	957	–	10 137
35 – 44	139 891	2 363	80 119	50 305	125	–	6 979
45 – 54	96 813	1 876	59 064	29 907	91	–	5 875
55 – 64	61 906	1 238	39 205	15 182	59	–	6 222
65 plus	31 866	774	23 920	5 943	87	–	1 142
Female – Féminin							
12 plus	204 950	1 703	66 496	76 613	10 791	–	49 347
12 – 14	7 342	–	301	870	2 494	–	3 677
15 – 19	33 361	28	4 384	8 489	4 719	–	15 741
20 – 24	40 155	125	9 691	17 699	1 326	–	11 314
25 – 34	55 269	426	18 534	25 634	982	–	9 693
35 – 44	33 871	470	14 479	13 768	616	–	4 538
45 – 54	19 919	352	10 137	6 549	406	–	2 475
55 – 64	10 127	197	5 828	2 688	170	–	1 244
65 plus	4 906	105	3 142	916	78	–	665

40. Economically active population by status, sex, age and urban/rural residence: each census, 1974 – 1988 (continued)
Population active selon la situation dans la profession, le sexe, l'âge et la résidence, urbaine/rurale: chaque recensement, 1974 – 1988 (suite)

(See notes at end of table. – Voir notes à la fin du tableau.)

Continent, country or area, date, sex, age(in years) and urban/rural residence — Continent, pays ou zone, date, sexe, âge(en années) et résidence urbaine/rurale	Status – Situation dans la profession: Total economically active — Population active totale	Employer — Employeurs	Own–account worker — Personnes travaillant à leur propre compte	Employee — Salariés	Unpaid family worker — Travailleurs familiaux non rémunérés	Members of producers' co–operatives — Membres de coopératives de producteurs	Not classifiable by status — Personnes inclassables selon la situation dans la profession
AMERICA,SOUTH— (Cont.–Suite) AMERIQUE DU SUD							
Peru – Pérou							
12 VII 1981 [17 18]							
Male – Masculin							
6 plus	3 978 410	45 663	1 763 715	1 763 177	152 978	27 938	224 939
6 – 14	66 264	108	8 792	11 439	35 124	4 209	6 592
15 – 29	1 508 682	7 748	523 084	725 519	101 282	14 726	136 323
30 – 44	1 285 446	17 871	577 874	636 486	8 202	4 247	40 766
45 – 64	911 525	16 262	503 403	350 570	5 739	3 557	31 994
65 plus	206 493	3 674	150 562	39 163	2 631	1 199	9 264
Female – Féminin							
6 plus	1 335 481	8 149	364 115	449 876	167 463	161 266	184 612
6 – 14	57 967	26	3 151	2 533	23 641	14 563	14 053
15 – 29	609 104	1 859	105 889	210 871	71 935	112 112	106 438
30 – 44	387 280	3 208	126 192	168 035	36 500	21 029	32 316
45 – 64	236 972	2 636	103 628	63 730	28 361	11 062	27 555
65 plus	44 158	420	25 255	4 707	7 026	2 500	4 250
Uruguay							
23 X 1985 [19]							
Male – Masculin							
12 plus	785 944	49 138	146 023	539 977	12 403	3 592	24 396
12 – 13	2 666	6	287	1 231	628	3	169
14 – 19	64 541	201	5 301	43 446	5 342	101	3 575
20 – 24	99 229	1 508	9 881	78 136	2 757	313	4 316
25 – 34	193 288	8 283	29 298	146 919	1 631	840	5 524
35 – 44	163 417	12 547	34 015	111 009	684	912	4 044
45 – 54	145 458	13 198	34 105	93 205	505	841	3 500
55 – 64	94 871	9 873	25 406	55 972	528	509	2 528
65 plus	22 474	3 522	7 730	10 059	328	73	740
Female – Féminin							
12 plus	390 864	11 107	56 525	293 681	8 390	1 076	12 711
12 – 13	811	–	40	447	137	2	78
14 – 19	27 627	44	1 868	20 398	995	40	1 309
20 – 24	54 926	384	3 967	44 780	880	127	2 318
25 – 34	109 562	2 127	12 379	88 266	1 748	303	3 472
35 – 44	90 223	3 274	14 930	67 129	1 802	289	2 451
45 – 54	70 105	3 107	13 591	49 493	1 738	213	1 816
55 – 64	30 736	1 671	7 701	19 523	806	87	902
65 plus	6 874	500	2 049	3 645	284	15	365
Venezuela							
20 X 1981 [3 20 21]							
Male – Masculin							
12 plus	3 313 642	115 233	651 641	2 038 731	39 458	21 593	446 986
12 – 14	40 487	222	8 161	17 079	5 114	244	9 667
15 – 19	352 814	2 237	48 936	224 916	13 428	1 650	61 647
20 – 24	547 774	6 057	73 596	379 395	6 774	2 638	79 314
25 – 34	1 002 636	25 692	165 855	676 419	5 214	6 612	122 844
35 – 44	623 351	29 199	133 434	376 211	2 778	4 766	76 963
45 – 54	431 929	27 977	111 600	228 187	2 522	3 490	58 153
55 – 64	223 484	16 157	71 040	104 330	2 039	1 659	28 259
65 plus	91 167	7 692	39 019	32 194	1 589	534	10 139
Female – Féminin							
12 plus	1 233 803	12 642	100 604	820 790	6 927	2 014	290 826
12 – 14	12 976	38	716	2 545	412	23	9 242
15 – 19	127 365	275	4 888	69 690	1 074	166	51 272
20 – 24	237 924	727	9 548	171 754	920	326	54 649
25 – 34	430 887	3 429	29 113	312 745	1 561	630	83 409
35 – 44	245 929	3 474	24 707	166 391	1 234	411	49 712
45 – 54	123 069	2 820	18 094	73 978	1 007	279	26 891
55 – 64	42 363	1 367	9 349	20 002	496	133	11 016
65 plus	13 290	512	4 189	3 685	223	46	4 635

40. Economically active population by status, sex, age and urban/rural residence: each census, 1974 – 1988 (continued)
Population active selon la situation dans la profession, le sexe, l'âge et la résidence, urbaine/rurale: chaque recensement, 1974 – 1988 (suite)

(See notes at end of table. – Voir notes à la fin du tableau.)

Continent, country or area, date, sex, age(in years) and urban/rural residence / Continent, pays ou zone, date, sexe, âge(en années) et résidence urbaine/rurale	Status – Situation dans la profession						
	Total economically active / Population active totale	Employer / Employeurs	Own–account worker / Personnes travaillant à leur propre compte	Employee / Salariés	Unpaid family worker / Travailleurs familiaux non rémunérés	Members of producers' co–operatives / Membres de coopératives de producteurs	Not classifiable by status / Personnes inclassables selon la situation dans la profession
ASIA—ASIE (Cont.–Suite)							
Hong Kong – Hong–kong							
11 III 1986* [22]							
Male – Masculin							
15 plus	1 716 411	98 678	128 377	1 410 632	12 001	–	66 723
15 – 19	89 068	49	1 043	76 134	2 491	–	9 351
20 – 24	251 714	2 114	5 576	228 095	3 035	–	12 894
25 – 34	552 532	22 546	28 454	483 558	2 126	–	15 848
35 – 44	340 086	29 015	29 592	272 599	795	–	8 085
45 – 54	266 605	24 661	30 813	200 737	965	–	9 429
55 – 64	165 355	14 854	23 399	117 295	1 386	–	8 421
65 plus	51 051	5 439	9 500	32 214	1 203	–	2 695
Female – Féminin							
15 plus	1 037 437	12 935	44 499	899 074	37 077	–	43 852
15 – 19	72 817	14	811	62 995	1 787	–	7 210
20 – 24	231 242	420	2 506	213 988	2 933	–	11 395
25 – 34	344 431	3 850	8 890	311 464	8 623	–	11 604
35 – 44	173 397	4 417	10 138	143 699	9 116	–	6 027
45 – 54	118 701	2 358	10 758	93 253	8 349	–	3 983
55 – 64	68 087	1 414	7 896	51 891	4 436	–	2 450
65 plus	28 762	462	3 500	21 784	1 833	–	1 183
Iraq							
17 X 1977 [4]							
Male – Masculin							
7 plus	2 525 283	38 998	512 519	1 715 509	41 452	186 447	30 358
7 – 14	76 080	349	13 555	45 433	12 517	1 803	2 423
15 – 19	176 542	783	18 120	142 019	9 020	2 706	3 894
20 – 24	495 172	2 308	40 246	431 217	7 710	7 824	5 867
25 – 34	710 978	9 551	104 037	556 830	6 656	27 769	6 135
35 – 44	424 710	9 731	95 810	284 016	2 708	29 417	3 028
45 – 54	330 669	8 466	109 117	163 193	1 636	45 123	3 134
55 – 64	184 312	4 364	71 723	65 291	644	39 433	2 857
65 plus	123 727	3 389	59 418	25 253	511	32 278	2 878
Unknown–Inconnu	3 093	57	493	2 257	50	94	142
Female – Féminin							
7 plus	533 931	1 255	41 149	149 192	316 577	15 645	10 113
7 – 14	71 525	51	1 744	3 858	64 380	528	964
15 – 19	55 382	68	3 184	10 244	40 041	618	1 227
20 – 24	73 615	125	4 832	30 030	36 076	856	1 696
25 – 34	131 188	280	8 162	62 989	55 345	2 135	2 277
35 – 44	82 343	236	7 702	26 304	44 032	2 642	1 427
45 – 54	68 546	255	7 707	11 116	44 518	3 724	1 226
55 – 64	34 211	134	4 633	3 126	22 750	2 852	716
65 plus	16 449	96	3 118	1 243	9 200	2 264	528
Unknown–Inconnu	672	10	67	282	235	26	52
Israel – Israël [23]							
4 VI 1983 [24]							
Male – Masculin							
15 plus	886 075	*———	135 520 ——*	671 010	3 940	–	75 605
15 – 17	16 725		335	12 180	780	–	3 430
18 – 24	100 850		5 565	84 645	1 460	–	9 180
25 – 34	261 390		33 845	203 825	765	–	22 955
35 – 44	191 235		34 790	141 670	230	–	14 545
45 – 54	147 100		27 550	109 675	155	–	9 720
55 – 64	114 145		20 260	87 690	205	–	5 990
65 plus	54 630		13 175	31 325	345	–	9 785
Female – Féminin							
15 plus	556 495		26 200	451 990	7 910	–	70 395
15 – 17	8 510		135	5 550	175	–	2 650
18 – 24	94 490		1 265	81 845	405	–	10 975
25 – 34	183 140		6 250	154 870	1 380	–	20 640
35 – 44	121 145		6 945	99 740	1 830	–	12 630
45 – 54	82 510		5 470	67 860	1 985	–	7 195
55 – 64	48 870		4 165	35 430	1 580	–	7 695
65 plus	17 830		1 970	6 695	555	–	8 610

40. Economically active population by status, sex, age and urban/rural residence: each census, 1974 – 1988 (continued)

Population active selon la situation dans la profession, le sexe, l'âge et la résidence, urbaine/rurale: chaque recensement, 1974 – 1988 (suite)

(See notes at end of table. – Voir notes à la fin du tableau.)

Continent, country or area, date, sex, age(in years) and urban/rural residence — Continent, pays ou zone, date, sexe, âge(en années) et résidence urbaine/rurale	Status – Situation dans la profession: Total economically active — Population active totale	Employer — Employeurs	Own–account worker — Personnes travaillant à leur propre compte	Employee — Salariés	Unpaid family worker — Travailleurs familiaux non rémunérés	Members of producers' co–operatives — Membres de coopératives de producteurs	Not classifiable by status — Personnes inclassables selon la situation dans la profession
ASIA—ASIE (Cont.–Suite)							
Japan – Japon							
1 X 1985 [4 7 12 25]							
Male – Masculin							
15 plus	35 642 800	1 701 700	4 791 800	28 155 300	[26] 994 000	–	–
15 – 19	794 200	400	4 900	745 700	[26] 43 200	–	–
20 – 24	2 979 200	8 300	35 900	2 785 700	[26] 149 300	–	–
25 – 34	8 077 500	165 300	345 200	7 213 500	[26] 353 500	–	–
35 – 44	9 554 000	531 600	938 300	7 870 700	[26] 213 300	–	–
45 – 54	7 591 400	514 000	1 246 800	5 774 800	[26] 55 800	–	–
55 – 64	4 650 900	322 200	1 269 000	3 000 000	[26] 59 500	–	–
65 plus	1 995 700	159 900	951 500	764 700	[26] 119 400	–	–
Female – Féminin							
15 plus	22 574 700	358 700	1 956 000	15 910 200	[26] 4 349 500	–	–
15 – 19	714 200	400	5 000	694 000	[26] 14 800	–	–
20 – 24	2 798 600	3 600	31 400	2 687 000	[26] 76 500	–	–
25 – 34	4 133 400	30 200	236 200	3 331 000	[26] 535 800	–	–
35 – 44	5 943 700	119 800	521 800	4 239 900	[26] 1 062 200	–	–
45 – 54	5 029 100	110 600	489 600	3 294 800	[26] 1 134 000	–	–
55 – 64	2 865 000	61 200	407 200	1 348 000	[26] 1 048 600	–	–
65 plus	1 090 700	32 900	264 700	315 400	[26] 477 600	–	–
Jordan – Jordanie [27]							
10 XI 1979* [4 28]							
Male – Masculin							
15 plus	376 528	12 207	88 110	272 176	3 319	–	716
15 – 19	34 232	137	2 252	30 269	1 126	–	448
20 – 24	59 048	709	6 145	50 890	1 161	–	143
25 – 34	103 606	2 805	16 928	83 091	714	–	68
35 – 44	90 070	3 807	23 845	62 224	172	–	22
45 – 54	55 688	2 859	20 973	31 767	76	–	13
55 – 64	23 964	1 341	11 782	10 793	36	–	12
65 plus	9 920	549	6 185	3 142	34	–	10
Female – Féminin							
15 plus	29 541	211	1 085	28 001	139	–	105
15 – 19	2 137	12	147	1 884	66	–	28
20 – 24	10 362	38	230	10 050	34	–	10
25 – 34	11 635	79	314	11 191	23	–	28
35 – 44	3 696	52	208	3 404	10	–	22
45 – 54	1 195	19	127	1 040	4	–	5
55 – 64	425	10	42	368	1	–	4
65 plus	91	1	17	64	1	–	8
Kuwait – Koweït							
21 IV 1985							
Male – Masculin							
15 plus	538 257	11 185	28 363	490 585	863	7 261	–
15 – 19	10 322	45	608	7 360	393	1 916	–
20 – 24	61 264	373	2 249	55 823	253	2 566	–
25 – 34	222 413	2 365	8 906	209 137	163	1 842	–
35 – 44	149 980	3 668	8 536	137 272	32	472	–
45 – 54	71 808	2 933	5 533	63 146	12	184	–
55 – 64	20 272	1 406	2 092	16 518	5	251	–
65 plus	2 198	395	439	1 329	5	30	–
Female – Féminin							
15 plus	132 128	211	114	129 137	37	2 629	–
15 – 19	4 554	–	12	4 051	15	476	–
20 – 24	26 502	10	4	24 994	11	1 483	–
25 – 34	62 594	66	27	61 953	9	539	–
35 – 44	28 282	92	31	28 073	2	84	–
45 – 54	8 408	37	26	8 315	–	30	–
55 – 64	1 637	6	14	1 601	–	16	–
65 plus	151	–	–	150	–	1	–

40. Economically active population by status, sex, age and urban/rural residence: each census, 1974 – 1988 (continued)
Population active selon la situation dans la profession, le sexe, l'âge et la résidence, urbaine/rurale: chaque recensement, 1974 – 1988 (suite)

(See notes at end of table. – Voir notes à la fin du tableau.)

Continent, country or area, date, sex, age(in years) and urban/rural residence Continent, pays ou zone, date, sexe, âge(en années) et résidence urbaine/rurale	Status – Situation dans la profession						
	Total economically active Population active totale	Employer Employeurs	Own–account worker Personnes travaillant à leur propre compte	Employee Salariés	Unpaid family worker Travailleurs familiaux non rémunérés	Members of producers' co–operatives Membres de coopératives de producteurs	Not classifiable by status Personnes inclassables selon la situation dans la profession
ASIA—ASIE (Cont.–Suite)							
Macau – Macao							
16 III 1981 [3]							
Male – Masculin							
10 plus	78 448	3 332	7 405	65 335	2 258	–	118
10 – 14	541	–	–	332	209	–	–
15 – 19	7 197	4	43	6 565	582	–	3
20 – 24	15 435	86	352	14 393	597	–	7
25 – 34	25 646	665	1 433	22 884	642	–	22
35 – 44	11 158	735	1 361	8 945	102	–	15
45 – 54	9 254	843	1 854	6 474	57	–	26
55 plus	9 217	999	2 362	5 742	69	–	45
Female – Féminin							
10 plus	46 612	329	1 258	42 745	2 128	–	152
10 – 14	773	–	–	553	220	–	–
15 – 19	7 464	2	19	7 010	429	–	4
20 – 24	12 932	13	59	12 433	421	–	6
25 – 34	13 344	75	154	12 690	406	–	19
35 – 44	4 465	63	228	3 929	230	–	15
45 – 54	3 857	83	372	3 136	239	–	27
55 plus	3 777	93	426	2 994	183	–	81
Malaysia – Malaisie Peninsular Malaysia – Malaisie Péninsulaire							
10 VI 1980 [4]							
Male – Masculin							
Total	2 564 662	113 599	740 184	1 584 800	126 079	–	–
– 15	43 719	1 197	9 012	20 832	12 678	–	–
15 – 19	239 127	7 315	36 654	166 011	29 147	–	–
20 – 24	413 016	14 484	65 559	312 098	20 875	–	–
25 – 34	753 061	33 930	174 315	522 891	21 925	–	–
35 – 44	526 744	28 149	172 661	311 301	14 633	–	–
45 – 54	338 497	16 465	132 795	177 993	11 244	–	–
55 – 64	167 193	8 213	96 615	52 903	9 462	–	–
65 plus	83 305	3 846	52 573	20 771	6 115	–	–
Female – Féminin							
Total	1 228 440	36 927	299 354	743 037	149 122	–	–
– 15	26 628	659	4 544	13 041	8 384	–	–
15 – 19	164 549	5 726	16 006	123 434	19 383	–	–
20 – 24	259 084	9 716	26 744	203 495	19 129	–	–
25 – 34	331 845	10 662	63 164	224 884	33 135	–	–
35 – 44	222 037	5 903	76 739	108 236	31 159	–	–
45 – 54	139 541	2 932	62 469	51 777	22 363	–	–
55 – 64	62 872	961	36 731	13 723	11 457	–	–
65 plus	21 884	368	12 957	4 447	4 112	–	–
Maldives							
25 III 1985 [1]							
Male – Masculin							
12 plus	40 313	1 574	17 776	17 619	2 012	–	1 445
12 – 14	543	4	275	186	59	–	23
15 – 19	5 670	77	1 709	3 403	301	–	190
20 – 24	7 191	235	2 392	4 010	350	–	216
25 – 34	9 306	458	3 847	4 223	420	–	373
35 – 44	6 097	355	2 785	2 499	258	–	211
45 – 54	6 457	275	3 544	2 045	348	–	258
55 – 64	3 637	123	2 243	973	193	–	123
65 plus	1 372	46	969	261	79	–	47
Unknown–Inconnu	40	1	12	19	4	–	4

40. Economically active population by status, sex, age and urban/rural residence: each census, 1974 – 1988 (continued)

Population active selon la situation dans la profession, le sexe, l'âge et la résidence, urbaine/rurale: chaque recensement, 1974 – 1988 (suite)

(See notes at end of table. – Voir notes à la fin du tableau.)

Continent, country or area, date, sex, age(in years) and urban/rural residence Continent, pays ou zone, date, sexe, âge(en années) et résidence urbaine/rurale	Status – Situation dans la profession Total economically active Population active totale	Employer Employeurs	Own–account worker Personnes travaillant à leur propre compte	Employee Salariés	Unpaid family worker Travailleurs familiaux non rémunérés	Members of producers' co–operatives Membres de coopératives de producteurs	Not classifiable by status Personnes inclassables selon la situation dans la profession
ASIA—ASIE (Cont.–Suite)							
Maldives							
25 III 1985 [1]							
Female – Féminin							
12 plus	11 116	81	6 642	2 820	1 179	–	532
12 – 14	181	–	56	97	23	–	9
15 – 19	1 993	–	794	944	191	–	84
20 – 24	2 055	8	944	829	193	–	98
25 – 34	2 397	22	1 460	566	252	–	116
35 – 44	1 685	20	1 191	215	198	–	79
45 – 54	1 723	25	1 274	118	221	–	100
55 – 64	811	5	677	37	73	–	38
65 plus	267	1	244	13	27	–	8
Unknown–Inconnu	4	–	2	1	1	–	–
Myanmar [29]							
31 III 1983 [3]							
Male – Masculin							
10 plus	7 654 781	118 831	3 562 843	2 347 006	1 547 899	69 826	8 376
10 – 14	211 645	510	17 315	49 860	143 960	–	–
15 – 19	843 014	2 551	101 578	261 905	472 134	4 653	193
20 – 24	1 161 223	5 667	273 966	430 495	440 379	10 036	680
25 – 34	2 013 541	17 644	883 565	723 989	362 252	23 797	2 294
35 – 44	1 315 737	17 809	767 582	432 826	79 792	15 211	2 517
45 – 54	1 099 577	20 075	750 208	289 901	27 834	9 845	1 714
55 – 64	672 699	22 514	506 848	124 899	12 773	4 808	857
65 plus	337 345	32 061	261 781	33 131	8 775	1 476	121
Female – Féminin							
10 plus	4 345 790	70 189	1 212 135	943 109	2 072 979	45 768	1 610
10 – 14	234 603	381	22 389	54 421	157 412	–	–
15 – 19	663 037	1 695	87 647	168 538	398 468	6 625	64
20 – 24	654 704	1 883	119 501	164 404	359 701	8 931	284
25 – 34	1 001 134	5 413	238 971	260 587	478 184	17 137	842
35 – 44	668 060	7 484	221 354	145 837	285 696	7 335	354
45 – 54	583 399	13 499	247 164	88 450	230 540	3 700	46
55 – 64	364 062	17 854	182 081	44 084	118 439	1 589	15
65 plus	176 791	21 980	93 028	16 788	44 539	451	5
Qatar							
16 III 1986* [3]							
Male – Masculin							
15 plus	180 756	1 614	1 921	177 030	71	–	120
Female – Féminin							
15 plus	19 482	11	10	19 458	3	–	–
Sri Lanka							
17 III 1981 [4 7]							
Male – Masculin							
10 plus	3 248 428	63 789	1 054 111	2 061 822	68 706	–	–
10 – 14	26 708	273	5 872	16 911	3 652	–	–
15 – 19	198 657	2 555	53 306	125 035	17 761	–	–
20 – 24	436 168	6 588	122 784	288 017	18 779	–	–
25 – 34	985 801	18 937	288 482	664 606	13 776	–	–
35 – 44	702 130	14 889	205 612	476 303	5 326	–	–
45 – 54	517 461	10 982	178 542	323 739	4 198	–	–
55 – 64	262 692	6 552	127 103	125 886	3 151	–	–
65 plus	118 811	3 013	72 410	41 325	2 063	–	–

40. Economically active population by status, sex, age and urban/rural residence: each census, 1974 – 1988 (continued)

Population active selon la situation dans la profession, le sexe, l'âge et la résidence, urbaine/rurale: chaque recensement, 1974 – 1988 (suite)

(See notes at end of table. – Voir notes à la fin du tableau.)

Continent, country or area, date, sex, age(in years) and urban/rural residence — Continent, pays ou zone, date, sexe, âge(en années) et résidence urbaine/rurale	Status – Situation dans la profession: Total economically active — Population active totale	Employer — Employeurs	Own–account worker — Personnes travaillant à leur propre compte	Employee — Salariés	Unpaid family worker — Travailleurs familiaux non rémunérés	Members of producers' co–operatives — Membres de coopératives de producteurs	Not classifiable by status — Personnes inclassables selon la situation dans la profession
ASIA—ASIE (Cont.–Suite)							
Sri Lanka							
17 III 1981 [4,7]							
Female – Féminin							
10 plus	870 837	7 273	115 703	707 647	40 214	–	–
10 – 14	11 758	109	1 263	9 111	1 275	–	–
15 – 19	72 419	582	7 943	58 476	5 418	–	–
20 – 24	138 995	1 171	14 134	116 157	7 533	–	–
25 – 34	280 332	2 113	28 843	237 820	11 556	–	–
35 – 44	197 978	1 567	26 048	162 941	7 422	–	–
45 – 54	120 980	1 077	22 192	92 943	4 768	–	–
55 – 64	37 045	474	10 858	23 955	1 758	–	–
65 plus	11 330	180	4 422	6 244	484	–	–
Syrian Arab Republic – République arabe syrienne							
8 IX 1981 [4,30]							
Male – Masculin							
10 plus	1 819 580	78 089	484 411	1 124 878	122 060	1 677	8 465
10 – 14	59 992	217	2 798	30 876	25 610	292	199
15 – 19	246 290	2 198	21 807	167 196	52 964	702	1 423
20 – 24	292 612	4 151	30 190	232 158	24 977	298	838
25 – 34	466 582	18 111	102 362	329 148	14 972	188	1 801
35 – 44	311 129	19 047	100 667	188 195	2 174	75	971
45 – 54	257 094	18 742	114 270	121 920	740	56	1 366
55 – 64	132 011	10 657	75 371	44 461	366	43	1 113
65 plus	53 544	4 950	36 851	10 726	244	23	750
Unknown–Inconnu	326	16	95	198	13	–	4
Female – Féminin							
10 plus	167 996	1 694	19 046	106 952	39 482	518	304
10 – 14	16 336	44	650	4 071	11 419	130	22
15 – 19	26 200	152	2 581	9 949	13 216	242	60
20 – 24	36 697	214	2 549	28 122	5 696	55	61
25 – 34	48 202	422	4 553	38 883	4 235	35	74
35 – 44	21 604	347	3 448	15 569	2 179	30	31
45 – 54	12 898	316	3 015	7 742	1 784	15	26
55 – 64	4 590	155	1 591	2 089	731	5	19
65 plus	1 438	44	654	502	221	6	11
Unknown–Inconnu	31	–	5	25	1	–	–
Turkey – Turquie							
20 X 1985 [4]							
Male – Masculin							
12 plus	13 064 053	182 198	4 311 114	5 905 699	2 663 496	–	1 546
12 – 14	683 840	237	13 716	159 670	510 185	–	32
15 – 19	1 646 691	3 763	86 325	687 799	868 620	–	184
20 – 24	1 975 515	10 627	215 373	1 221 588	527 699	–	228
25 – 34	3 462 404	59 952	968 691	1 963 871	469 405	–	485
35 – 44	2 313 134	53 441	951 810	1 176 752	130 818	–	313
45 – 54	1 634 981	34 971	1 031 531	500 359	67 927	–	193
55 – 64	921 561	15 637	719 601	145 805	40 450	–	68
65 plus	392 929	3 216	319 363	24 792	45 549	–	9
Unknown–Inconnu	32 998	354	4 704	25 063	2 843	–	34
Female – Féminin							
12 plus	7 492 733	10 750	351 067	1 072 481	6 058 365	–	70
12 – 14	664 338	208	8 620	48 310	607 196	–	4
15 – 19	1 268 520	899	22 393	154 241	1 090 972	–	15
20 – 24	1 077 938	1 371	26 433	206 892	843 230	–	12
25 – 34	1 539 945	3 208	57 632	402 975	1 076 108	–	22
35 – 44	1 103 381	2 621	70 732	172 693	857 326	–	9
45 – 54	957 388	1 365	76 313	59 274	820 432	–	4
55 – 64	598 292	704	59 735	18 731	519 120	–	2
65 plus	270 949	224	28 579	4 285	237 860	–	1
Unknown–Inconnu	11 982	150	630	5 080	6 121	–	1

40. Economically active population by status, sex, age and urban/rural residence: each census, 1974 – 1988 (continued)
Population active selon la situation dans la profession, le sexe, l'âge et la résidence, urbaine/rurale: chaque recensement, 1974 – 1988 (suite)

(See notes at end of table. – Voir notes à la fin du tableau.)

Continent, country or area, date, sex, age (in years) and urban/rural residence — Continent, pays ou zone, date, sexe, âge (en années) et résidence urbaine/rurale	Status – Situation dans la profession						
	Total economically active — Population active totale	Employer — Employeurs	Own–account worker — Personnes travaillant à leur propre compte	Employee — Salariés	Unpaid family worker — Travailleurs familiaux non rémunérés	Members of producers' co–operatives — Membres de coopératives de producteurs	Not classifiable by status — Personnes inclassables selon la situation dans la profession
EUROPE							
Belgium – Belgique							
1 III 1981 [2 4]							
Male – Masculin							
Total	2 328 008	108 863	249 878	1 937 578	19 996	–	11 693
– 20	89 833	63	798	83 789	4 950	–	233
20 – 24	266 187	1 954	11 195	244 990	6 784	–	1 264
25 – 34	670 493	22 265	58 600	581 598	4 240	–	3 790
35 – 44	527 160	31 308	56 916	434 824	1 434	–	2 678
45 – 54	506 607	31 697	67 130	404 139	1 486	–	2 155
55 – 64	249 451	17 398	47 167	182 703	915	–	1 268
65 plus	18 277	4 178	8 072	5 535	187	–	305
Female – Féminin							
Total	1 191 062	19 469	104 590	994 994	64 819	–	7 190
– 20	63 308	35	746	60 184	2 096	–	247
20 – 24	211 395	596	7 377	197 783	4 439	–	1 200
25 – 34	409 121	4 862	27 197	359 508	14 958	–	2 596
35 – 44	253 286	5 376	25 496	203 690	17 307	–	1 417
45 – 54	184 027	4 881	25 738	134 569	17 753	–	1 086
55 – 64	61 301	2 592	13 739	36 988	7 461	–	521
65 plus	8 624	1 127	4 297	2 272	805	–	123
Denmark – Danemark [31]							
1 I 1981 [2]							
Male – Masculin							
15 plus	1 509 702	88 672	148 402	1 272 417	211	–	–
15 – 19	114 843	21	290	114 532	–	–	–
20 – 24	170 211	623	2 061	167 527	–	–	–
25 – 34	375 071	14 340	15 934	344 774	23	–	–
35 – 44	332 088	27 022	27 251	277 761	54	–	–
45 – 54	249 439	21 833	32 048	195 498	60	–	–
55 – 64	195 680	17 183	37 761	140 694	42	–	–
65 plus	72 370	7 650	33 057	31 631	32	–	–
Female – Féminin							
15 plus	1 195 623	11 986	32 657	1 082 451	68 529	–	–
15 – 19	88 426	11	69	88 338	8	–	–
20 – 24	155 260	196	657	154 052	355	–	–
25 – 34	325 951	2 083	5 764	309 636	8 468	–	–
35 – 44	277 841	3 491	8 891	244 573	20 886	–	–
45 – 54	196 850	2 389	6 537	166 356	21 568	–	–
55 – 64	124 186	2 106	6 467	101 092	14 521	–	–
65 plus	27 109	1 710	4 272	18 404	2 723	–	–
Finland – Finlande							
17 XI 1985 [2 4]							
Male – Masculin							
15 plus	1 186 869	39 159	138 230	991 736	17 708	–	36
15 – 19	37 017	81	332	34 076	2 526	–	2
20 – 24	111 457	813	3 826	103 018	3 796	–	4
25 – 34	348 290	8 053	25 731	309 545	4 950	–	11
35 – 44	354 491	13 946	38 507	299 204	2 825	–	9
45 – 54	224 519	9 512	35 678	177 285	2 038	–	6
55 – 64	102 935	5 758	28 374	67 449	1 350	–	4
65 plus	8 160	996	5 782	1 159	223	–	–
Female – Féminin							
15 plus	1 090 018	11 199	40 124	964 400	74 265	–	30
15 – 19	32 819	30	122	32 127	540	–	–
20 – 24	105 100	226	1 433	101 356	2 081	–	4
25 – 34	302 223	2 037	7 748	281 069	11 362	...	–
35 – 44	319 846	3 889	11 797	284 230	19 922	–	8
45 – 54	219 128	2 744	9 531	184 566	22 282	–	5
55 – 64	106 297	1 893	8 129	80 111	16 159	–	5
65 plus	4 605	380	1 364	941	1 919	–	1

40. Economically active population by status, sex, age and urban/rural residence: each census, 1974 – 1988 (continued)
Population active selon la situation dans la profession, le sexe, l'âge et la résidence, urbaine/rurale: chaque recensement, 1974 – 1988 (suite)

(See notes at end of table. – Voir notes à la fin du tableau.)

Continent, country or area, date, sex, age(in years) and urban/rural residence / Continent, pays ou zone, date, sexe, âge(en années) et résidence urbaine/rurale	Status – Situation dans la profession: Total economically active / Population active totale	Employer / Employeurs	Own–account worker / Personnes travaillant à leur propre compte	Employee / Salariés	Unpaid family worker / Travailleurs familiaux non rémunérés	Members of producers' co–operatives / Membres de coopératives de producteurs	Not classifiable by status / Personnes inclassables selon la situation dans la profession
EUROPE (Cont.–Suite)							
Ireland – Irlande							
5 IV 1981							
Male – Masculin							
15 plus	912 495	*———	209 532 ———*	575 875	23 263	–	[32] 103 825
15 – 19	81 225		1 342	57 641	5 110	–	[32] 17 132
20 – 24	126 362		6 777	95 189	6 304	–	[32] 18 092
25 – 34	235 286		37 498	164 687	5 245	–	[32] 27 856
35 – 44	177 396		45 670	112 538	1 729	–	[32] 17 459
45 – 54	141 146		46 478	80 531	1 650	–	[32] 12 487
55 – 64	111 846		43 906	56 165	1 998	–	[32] 9 777
65 plus	39 234		27 861	9 124	1 227	–	[32] 1 022
Female – Féminin							
15 plus	358 627		22 173	301 549	5 435	–	[32] 29 470
15 – 19	61 335		119	50 367	417	–	[32] 10 432
20 – 24	96 179		791	86 677	716	–	[32] 7 995
25 – 34	85 687		2 899	75 805	1 225	–	[32] 5 758
35 – 44	41 121		3 632	34 490	965	–	[32] 2 034
45 – 54	35 690		4 886	28 130	975	–	[32] 1 699
55 – 64	28 799		5 663	20 929	854	–	[32] 1 353
65 plus	9 816		4 183	5 151	283	–	[32] 199
Italy – Italie							
25 X 1981							
Male – Masculin							
14 plus	14 793 156	575 617	2 502 730	10 264 551	242 582	–	1 207 676
14 – 19	1 213 026	722	15 168	614 521	32 658	–	549 957
20 – 24	1 629 295	19 572	111 330	1 087 169	51 886	–	359 338
25 – 34	3 726 791	147 900	503 907	2 791 075	62 769	–	221 140
35 – 44	3 526 570	156 427	675 261	2 599 888	37 039	–	57 955
45 – 54	3 118 951	132 797	686 182	2 251 239	33 627	–	15 106
55 – 64	1 370 702	84 034	393 207	869 470	19 811	–	4 180
65 plus	207 821	34 165	117 675	51 189	4 792	–	–
Female – Féminin							
14 plus	7 757 197	104 758	862 436	5 313 746	379 917	–	1 096 340
14 – 19	983 160	332	6 834	441 319	13 543	–	521 132
20 – 24	1 236 306	5 584	40 958	837 598	27 954	–	324 212
25 – 34	2 172 995	31 606	162 343	1 698 212	78 058	–	202 776
35 – 44	1 625 183	28 548	233 230	1 212 029	108 216	–	43 160
45 – 54	1 223 635	21 957	251 048	843 902	102 193	–	4 535
55 – 64	433 860	11 959	131 594	247 172	42 610	–	525
65 plus	82 058	4 772	36 429	33 514	7 343	–	–
Malta – Malte							
16 XI 1985 [33]							
Male – Masculin							
15 plus	80 440	2 148	9 653	68 639	–	–	–
15 – 19	2 863	9	65	2 789	–	–	–
20 – 24	10 047	74	565	9 408	–	–	–
25 – 34	24 014	469	2 771	20 774	–	–	–
35 – 44	22 497	685	3 127	18 685	–	–	–
45 – 54	14 230	521	1 956	11 753	–	–	–
55 – 64	6 419	326	1 030	5 063	–	–	–
65 plus	370	64	139	167	–	–	–
Female – Féminin							
15 plus	24 853	167	1 042	23 644	–	–	–
15 – 19	4 328	10	21	4 297	–	–	–
20 – 24	7 822	23	98	7 701	–	–	–
25 – 34	6 101	36	219	5 846	–	–	–
35 – 44	3 577	31	298	3 248	–	–	–
45 – 54	2 201	35	236	1 930	–	–	–
55 – 64	744	23	137	584	–	–	–
65 plus	80	9	33	38	–	–	–

40. Economically active population by status, sex, age and urban/rural residence: each census, 1974 – 1988 (continued)
Population active selon la situation dans la profession, le sexe, l'âge et la résidence, urbaine/rurale: chaque recensement, 1974 – 1988 (suite)

(See notes at end of table. – Voir notes à la fin du tableau.)

Continent, country or area, date, sex, age(in years) and urban/rural residence — Continent, pays ou zone, date, sexe, âge(en années) et résidence urbaine/rurale	Status – Situation dans la profession: Total economically active — Population active totale	Employer — Employeurs	Own–account worker — Personnes travaillant à leur propre compte	Employee — Salariés	Unpaid family worker — Travailleurs familiaux non rémunérés	Members of producers' co–operatives — Membres de coopératives de producteurs	Not classifiable by status — Personnes inclassables selon la situation dans la profession
EUROPE (Cont.–Suite)							
Yugoslavia – Yougoslavie							
31 III 1981 [2 4]							
Male – Masculin							
Total	5 409 510	44 535	1 035 344	3 974 525	274 051	52 571	28 484
– 15	2 178	–	–	–	2 178	–	–
15 – 19	137 496	373	13 892	80 124	41 282	445	1 380
20 – 24	552 403	1 570	27 856	469 700	47 228	1 044	5 005
25 – 34	1 540 438	9 318	93 521	1 355 256	68 959	4 746	8 638
35 – 44	1 199 823	11 562	145 818	989 908	39 271	8 087	5 177
45 – 54	1 221 233	12 101	278 762	871 919	37 425	16 241	4 785
55 – 64	433 883	5 213	220 915	178 494	16 104	11 683	1 474
65 plus	305 209	4 307	252 575	16 004	21 155	10 266	902
Unknown–Inconnu	16 847	91	2 005	13 120	449	59	1 123
Female – Féminin							
Total	3 370 169	12 186	445 821	2 172 790	705 708	17 008	16 656
– 15	4 390	–	1	–	4 389	–	–
15 – 19	119 776	176	10 463	62 189	46 041	183	724
20 – 24	412 101	560	15 267	340 133	52 904	408	2 829
25 – 34	1 039 078	2 807	51 398	871 453	106 186	1 766	5 468
35 – 44	740 619	2 596	85 244	530 394	116 013	3 183	3 189
45 – 54	631 015	2 414	126 138	315 904	179 221	5 034	2 304
55 – 64	254 763	1 655	88 236	39 125	121 217	3 850	680
65 plus	157 597	1 946	68 048	6 154	78 314	2 561	574
Unknown–Inconnu	10 830	32	1 026	7 438	1 423	23	888
OCEANIA—OCEANIE							
American Samoa – Samoa américaines							
1 IV 1980 [4 34]							
Male – Masculin							
16 plus	4 923	*———	151 ———*	4 766	6	–	–
16 – 19	160		6	154	–	–	–
20 – 24	555		10	543	2	–	–
25 – 34	1 495		47	1 447	1	–	–
35 – 44	1 314		46	1 266	2	–	–
45 – 54	853		32	820	1	–	–
55 – 64	430		8	422	–	–	–
65 plus	116		2	114	–	–	–
Female – Féminin							
16 plus	3 183		56	3 119	8	–	–
16 – 19	159		1	156	2	–	–
20 – 24	643		3	638	2	–	–
25 – 34	1 054		13	1 039	2	–	–
35 – 44	698		22	675	1	–	–
45 – 54	439		10	428	1	–	–
55 – 64	148		3	145	–	–	–
65 plus	42		4	38	–	–	–
Australia – Australie							
30 VI 1986 [4 12 35]							
Male – Masculin							
15 plus	3 951 903	278 267	453 455	3 204 424	15 761	–	–
15 – 19	285 029	829	4 273	275 321	4 605	–	–
20 – 24	490 653	6 992	25 203	455 799	2 659	–	–
25 – 34	1 072 907	59 676	105 444	905 303	2 482	–	–
35 – 44	981 782	99 494	129 688	751 186	1 414	–	–
45 – 54	652 335	65 501	97 228	488 470	1 132	–	–
55 – 64	408 223	35 043	67 801	303 795	1 580	–	–
65 plus	60 977	10 727	23 818	24 546	1 887	–	–

40. Economically active population by status, sex, age and urban/rural residence: each census, 1974 – 1988 (continued)
Population active selon la situation dans la profession, le sexe, l'âge et la résidence, urbaine/rurale: chaque recensement, 1974 – 1988 (suite)

(See notes at end of table. – Voir notes à la fin du tableau.)

Continent, country or area, date, sex, age(in years) and urban/rural residence — Continent, pays ou zone, date, sexe, âge(en années) et résidence urbaine/rurale	Status – Situation dans la profession: Total economically active — Population active totale	Employer — Employeurs	Own–account worker — Personnes travaillant à leur propre compte	Employee — Salariés	Unpaid family worker — Travailleurs familiaux non rémunérés	Members of producers' co–operatives — Membres de coopératives de producteurs	Not classifiable by status — Personnes inclassables selon la situation dans la profession
OCEANIA—OCEANIE(Cont.–Suite)							
Australia – Australie							
30 VI 1986 [4 12 35]							
Female – Féminin							
15 plus	2 561 611	121 893	197 780	2 197 009	44 930	–	–
15 – 19	259 968	366	1 474	255 313	2 815	–	–
20 – 24	406 477	3 258	7 351	393 113	2 754	–	–
25 – 34	684 621	28 178	45 672	599 004	11 768	–	–
35 – 44	645 125	46 655	64 031	522 693	11 745	–	–
45 – 54	380 791	27 427	44 785	300 715	7 867	–	–
55 – 64	156 841	12 364	25 938	113 098	5 443	–	–
65 plus	27 781	3 642	8 529	13 068	2 534	–	–
Fiji – Fidji							
31 VIII 1986							
Male – Masculin							
15 plus	189 929	28 396	72 706	46 607	31 200	–	11 020
15 – 19	21 462	560	7 833	3 931	5 325	–	3 813
20 – 24	33 425	3 085	11 724	9 280	5 823	–	3 513
25 – 34	55 356	10 146	19 202	16 427	7 433	–	2 148
35 – 44	37 633	8 040	14 156	10 087	4 451	–	899
45 – 54	24 434	5 041	10 622	4 778	3 551	–	442
55 plus	16 824	1 402	8 867	1 927	4 470	–	158
Unknown–Inconnu	795	122	302	177	147	–	47
Female – Féminin							
15 plus	51 231	9 706	8 294	16 946	8 031	–	8 254
15 – 19	7 821	182	696	1 756	1 609	–	3 578
20 – 24	10 770	1 408	830	4 179	1 426	–	2 927
25 – 34	14 916	4 235	1 730	6 011	1 694	–	1 246
35 – 44	9 246	2 438	1 924	3 283	1 301	–	300
45 – 54	5 195	1 149	1 712	1 245	976	–	113
55 plus	3 058	255	1 352	370	1 004	–	77
Unknown–Inconnu	225	39	50	102	21	–	13
Guam							
1 IV 1980 [4 34]							
Male – Masculin							
16 plus	18 994	*———	684 ———*	18 289	9	–	12
16 – 19	1 062		15	1 046	1	–	–
20 – 24	2 097		24	2 066	2	–	5
25 – 34	5 579		150	5 426	2	–	1
35 – 44	4 362		199	4 161	1	–	1
45 – 54	3 655		171	3 482	2	–	–
55 – 64	1 845		94	1 750	–	–	1
65 plus	394		31	358	1	–	4
Female – Féminin							
16 plus	13 698		336	13 343	17	–	2
16 – 19	905		7	897	1	–	–
20 – 24	2 281		26	2 254	1	–	–
25 – 34	4 993		89	4 903	1	–	–
35 – 44	2 951		93	2 852	5	–	1
45 – 54	1 835		70	1 758	7	–	–
55 – 64	610		39	570	1	–	–
65 plus	123		12	109	1	–	1

40. Economically active population by status, sex, age and urban/rural residence: each census, 1974 – 1988 (continued)
Population active selon la situation dans la profession, le sexe, l'âge et la résidence, urbaine/rurale: chaque recensement, 1974 – 1988 (suite)

(See notes at end of table. – Voir notes à la fin du tableau.)

Continent, country or area, date, sex, age(in years) and urban/rural residence — Continent, pays ou zone, date, sexe, âge(en années) et résidence urbaine/rurale	Total economically active — Population active totale	Employer — Employeurs	Own–account worker — Personnes travaillant à leur propre compte	Employee — Salariés	Unpaid family worker — Travailleurs familiaux non rémunérés	Members of producers' co–operatives — Membres de coopératives de producteurs	Not classifiable by status — Personnes inclassables selon la situation dans la profession
OCEANIA—OCEANIE(Cont.–Suite)							
New Zealand – Nouvelle–Zélande							
4 III 1986 [4 36 37]							
Male – Masculin							
15 plus	890 337	83 934	109 680	687 972	4 578	–	4 173
15 – 19	81 150	231	792	79 323	540	–	264
20 – 24	119 469	1 842	6 108	110 787	354	–	378
25 – 34	233 451	18 555	29 265	183 900	660	–	1 071
35 – 44	203 415	29 115	31 158	141 363	747	–	1 032
45 – 54	145 335	20 226	22 140	101 577	681	–	711
55 – 64	92 079	11 295	15 210	64 158	918	–	498
65 plus	15 438	2 670	5 007	6 864	678	–	219
Female – Féminin							
15 plus	609 078	25 401	38 001	529 518	13 485	–	2 673
15 – 19	70 338	159	267	69 438	294	–	180
20 – 24	93 204	801	1 908	89 658	612	–	225
25 – 34	148 161	6 360	10 266	126 957	3 954	–	624
35 – 44	150 813	9 564	12 699	123 444	4 302	–	804
45 – 54	100 107	5 898	8 082	83 127	2 523	–	477
55 – 64	41 052	2 175	3 792	33 459	1 368	–	258
65 plus	5 403	444	987	3 435	432	–	105

40. Economically active population by status, sex, age and urban/rural residence: each census, 1974 – 1988 (continued)

Population active selon la situation dans la profession, le sexe, l'âge et la résidence, urbaine/rurale: chaque recensement, 1974 – 1988 (suite)

Data by urban/rural residence

Données selon la résidence urbaine/rurale

(See notes at end of table. – Voir notes à la fin du tableau.)

Continent, country or area, date, sex, age(in years) and urban/rural residence — Continent, pays ou zone, date, sexe, âge(en années) et résidence urbaine/rurale	Status – Situation dans la profession: Total economically active — Population active totale	Employer — Employeurs	Own–account worker — Personnes travaillant à leur propre compte	Employee — Salariés	Unpaid family worker — Travailleurs familiaux non rémunérés	Members of producers' co–operatives — Membres de coopératives de producteurs	Not classifiable by status — Personnes inclassables selon la situation dans la profession
AFRICA—AFRIQUE							
Morocco – Maroc							
Urban – Urbaine							
3 – 21 IX 1982 [8]							
Male – Masculin							
Total	1 983 539	47 083	395 444	1 201 798	37 461	70 146	231 607
– 15	28 583	60	1 412	13 883	3 306	9 922	–
15 – 19	188 783	247	13 418	81 312	11 715	23 762	58 329
20 – 24	311 550	2 391	37 487	184 033	12 140	10 439	65 060
25 – 34	615 868	9 966	99 717	434 293	8 339	7 471	56 082
35 – 44	353 630	11 155	84 708	234 143	1 012	6 967	15 645
45 – 54	284 271	12 636	83 111	165 289	533	6 121	16 581
55 – 64	148 704	7 347	52 354	71 841	235	3 921	13 006
65 plus	39 456	2 538	17 425	13 181	181	1 076	5 055
Unknown–Inconnu	12 694	743	5 812	3 823	–	467	1 849
Female – Féminin							
Total	638 231	2 196	99 722	360 868	6 729	78 105	90 611
– 15	49 412	21	2 025	30 288	1 511	15 567	–
15 – 19	115 947	60	15 224	50 494	1 402	24 338	24 429
20 – 24	136 945	224	21 627	73 587	1 406	13 282	26 819
25 – 34	177 432	692	24 320	116 183	1 247	11 167	23 823
35 – 44	73 620	527	14 360	46 040	371	6 096	6 226
45 – 54	49 001	329	11 885	27 304	425	3 934	5 124
55 – 64	26 709	143	7 404	13 631	265	2 337	2 929
65 plus	7 276	160	2 414	2 836	62	823	981
Unknown–Inconnu	1 889	40	463	505	40	561	280
Rural – Rurale							
3 – 21 IX 1982 [8]							
Male – Masculin							
Total	2 834 441	68 764	941 545	799 186	694 451	45 970	284 525
– 15	214 057	200	3 602	34 182	169 045	7 028	–
15 – 19	430 109	540	23 289	87 800	212 587	9 686	96 207
20 – 24	431 913	2 103	60 409	136 426	158 628	4 207	70 140
25 – 34	622 642	10 410	188 057	238 307	120 610	3 704	61 554
35 – 44	414 375	15 024	207 663	140 129	22 600	7 510	21 449
45 – 54	364 713	17 464	218 727	97 047	6 281	6 886	18 308
55 – 64	231 169	13 503	153 025	45 190	2 880	5 145	11 426
65 plus	93 997	6 660	65 466	15 590	1 200	1 101	3 980
Unknown–Inconnu	31 466	2 860	21 307	4 515	620	703	1 461
Female – Féminin							
Total	543 049	2 362	67 410	68 067	317 873	51 898	35 439
– 15	121 960	–	1 700	11 070	85 441	23 749	–
15 – 19	99 122	60	6 101	12 214	57 600	6 921	16 226
20 – 24	66 864	100	6 766	8 751	38 832	5 125	7 290
25 – 34	86 721	322	12 005	10 795	53 368	5 588	4 643
35 – 44	69 462	360	14 108	8 821	39 446	4 207	2 520
45 – 54	56 630	620	13 667	7 734	28 264	3 685	2 660
55 – 64	31 610	680	9 543	5 946	11 820	2 081	1 540
65 plus	8 418	140	2 820	2 054	2 682	262	460
Unknown–Inconnu	2 262	80	700	682	420	280	100

40. Economically active population by status, sex, age and urban/rural residence: each census, 1974 – 1988 (continued)
Population active selon la situation dans la profession, le sexe, l'âge et la résidence, urbaine/rurale: chaque recensement, 1974 – 1988 (suite)
Data by urban/rural residence
Données selon la résidence urbaine/rurale

(See notes at end of table. – Voir notes à la fin du tableau.)

Continent, country or area, date, sex, age(in years) and urban/rural residence — Continent, pays ou zone, date, sexe, âge(en années) et résidence urbaine/rurale	Status – Situation dans la profession						
	Total economically active — Population active totale	Employer — Employeurs	Own–account worker — Personnes travaillant à leur propre compte	Employee — Salariés	Unpaid family worker — Travailleurs familiaux non rémunérés	Members of producers' co–operatives — Membres de coopératives de producteurs	Not classifiable by status — Personnes inclassables selon la situation dans la profession
AMERICA,NORTH— AMERIQUE DU NORD							
Canada							
Urban – Urbaine							
3 VI 1986 [9 12]							
Male – Masculin							
15 plus	5 707 295	143 660	186 865	5 257 285	5 065	–	114 420
15 – 19	355 075	400	3 595	323 025	1 255	–	26 790
20 – 24	803 500	4 770	9 910	768 605	910	–	19 315
25 – 34	1 652 785	33 515	46 400	1 546 425	660	–	25 785
35 – 44	1 304 195	44 440	46 940	1 193 980	540	–	18 300
45 – 54	889 320	31 765	35 935	808 435	595	–	12 590
55 – 64	603 345	21 420	29 150	542 305	570	–	9 900
65 plus	99 085	7 355	14 935	74 510	535	–	1 745
Female – Féminin							
15 plus	4 512 490	37 340	86 315	4 250 060	13 275	–	125 495
15 – 19	337 250	210	1 180	306 885	825	–	28 155
20 – 24	754 070	1 610	5 025	726 425	865	–	20 145
25 – 34	1 351 985	10 785	25 830	1 281 130	2 675	–	31 570
35 – 44	1 032 205	11 915	25 975	966 615	3 425	–	24 275
45 – 54	632 270	7 675	14 955	593 825	2 950	–	12 870
55 – 64	352 550	3 940	9 675	330 585	1 895	–	6 450
65 plus	52 150	1 205	3 680	44 595	640	–	2 030
Rural – Rurale							
3 VI 1986 [9 12]							
Male – Masculin							
15 plus	1 733 875	90 215	218 140	1 375 785	17 195	–	32 535
15 – 19	119 575	400	1 405	100 855	8 725	–	8 195
20 – 24	209 285	2 655	8 605	189 330	2 930	–	5 760
25 – 34	465 020	18 860	42 940	394 740	1 885	–	6 600
35 – 44	417 500	25 200	48 110	338 260	870	–	5 055
45 – 54	274 170	20 615	43 880	205 310	510	–	3 855
55 – 64	191 395	16 085	44 835	126 960	860	–	2 650
65 plus	56 935	6 405	28 365	20 335	1 415	–	410
Female – Féminin							
15 plus	1 096 200	18 475	44 730	942 280	53 535	–	37 185
15 – 19	89 500	85	450	77 075	3 230	–	8 670
20 – 24	151 650	760	2 285	140 110	2 095	–	6 405
25 – 34	322 180	4 435	10 765	285 975	10 625	–	10 375
35 – 44	278 090	5 395	12 920	239 005	14 025	–	6 745
45 – 54	159 680	4 120	9 330	130 095	12 765	–	3 360
55 – 64	80 755	2 600	6 430	62 130	8 345	–	1 260
65 plus	14 340	1 075	2 550	7 900	2 450	–	365
ASIA—ASIE							
Japan – Japon							
Urban – Urbaine							
1 X 1985 [4 12 14 25]							
Male – Masculin							
15 plus	27 356 700	1 348 200	2 931 800	22 522 800	553 900	–	–
15 – 19	640 100	400	4 000	607 800	27 900	–	–
20 – 24	2 395 800	6 800	28 900	2 269 100	90 900	–	–
25 – 34	6 333 300	131 200	237 000	5 765 200	199 900	–	–
35 – 44	7 512 500	424 000	649 200	6 316 000	123 200	–	–
45 – 54	5 802 100	410 500	776 900	4 581 300	33 500	–	–
55 – 64	3 328 000	249 600	696 800	2 354 800	26 700	–	–
65 plus	1 344 800	125 700	538 900	628 400	51 800	–	–

40. Economically active population by status, sex, age and urban/rural residence: each census, 1974 – 1988 (continued)
Population active selon la situation dans la profession, le sexe, l'âge et la résidence, urbaine/rurale: chaque recensement, 1974 – 1988 (suite)
Data by urban/rural residence

Données selon la résidence urbaine/rurale

(See notes at end of table. – Voir notes à la fin du tableau.)

Continent, country or area, date, sex, age(in years) and urban/rural residence — Continent, pays ou zone, date, sexe, âge(en années) et résidence urbaine/rurale	Total economically active — Population active totale	Employer — Employeurs	Own–account worker — Personnes travaillant à leur propre compte	Employee — Salariés	Unpaid family worker — Travailleurs familiaux non rémunérés	Members of producers' co–operatives — Membres de coopératives de producteurs	Not classifiable by status — Personnes inclassables selon la situation dans la profession
ASIA—ASIE (Cont.–Suite)							
Japan – Japon							
Urban – Urbaine							
1 X 1985 [4 12 14 25]							
Female – Féminin							
15 plus	16 722 100	303 100	1 352 400	12 467 200	2 599 200	–	–
15 – 19	582 900	400	4 400	567 600	10 500	–	–
20 – 24	2 251 600	3 200	25 700	2 173 300	49 300	–	–
25 – 34	3 101 300	25 800	175 800	2 568 700	331 000	–	–
35 – 44	4 510 000	102 300	381 900	3 312 800	713 100	–	–
45 – 54	3 667 900	93 900	333 700	2 557 400	682 900	–	–
55 – 64	1 891 300	50 100	254 600	1 033 700	553 000	–	–
65 plus	717 000	27 400	176 300	253 800	259 400	–	–
Rural – Rurale							
1 X 1985 [4 12 14 25]							
Male – Masculin							
15 plus	8 286 100	353 500	1 860 100	5 632 500	440 100	–	–
15 – 19	154 100	–	900	137 900	15 300	–	–
20 – 24	583 500	1 500	7 000	516 600	58 400	–	–
25 – 34	1 744 200	34 100	108 300	1 448 200	153 600	–	–
35 – 44	2 041 400	107 600	289 100	1 554 600	90 100	–	–
45 – 54	1 789 300	103 500	470 000	1 193 500	22 300	–	–
55 – 64	1 322 900	72 600	572 200	645 200	32 800	–	–
65 plus	650 700	34 200	412 600	136 300	67 600	–	–
Female – Féminin							
15 plus	5 852 600	55 600	603 600	3 443 000	1 750 300	–	–
15 – 19	131 300	–	600	126 400	4 300	–	–
20 – 24	547 000	400	5 700	513 600	27 200	–	–
25 – 34	1 032 000	4 400	60 400	762 400	204 800	–	–
35 – 44	1 433 700	17 500	140 000	927 100	349 100	–	–
45 – 54	1 361 200	16 700	155 900	737 400	451 100	–	–
55 – 64	973 700	11 100	152 600	314 300	495 600	–	–
65 plus	373 700	5 500	88 400	61 600	218 200	–	–
Sri Lanka							
Urban – Urbaine							
17 III 1981 [4]							
Male – Masculin							
10 plus	732 857	25 693	114 427	588 790	3 947	–	–
10 – 14	5 840	101	480	5 055	204	–	–
15 – 19	41 715	1 046	4 761	35 125	783	–	–
20 – 24	106 532	2 657	12 599	90 358	918	–	–
25 – 34	237 316	7 676	34 296	194 462	882	–	–
35 – 44	162 144	5 885	24 920	130 914	425	–	–
45 – 54	113 686	4 505	18 917	89 947	317	–	–
55 – 64	48 233	2 710	12 215	33 071	237	–	–
65 plus	17 391	1 113	6 239	9 858	181	–	–
Female – Féminin							
10 plus	160 285	2 143	7 363	149 823	956	–	–
10 – 14	3 135	39	74	2 932	90	–	–
15 – 19	10 094	162	303	9 533	96	–	–
20 – 24	29 682	415	658	28 476	133	–	–
25 – 34	56 351	638	1 717	53 774	222	–	–
35 – 44	33 064	411	1 779	30 693	181	–	–
45 – 54	19 665	292	1 508	17 734	131	–	–
55 – 64	6 045	137	861	4 981	66	–	–
65 plus	2 249	49	463	1 700	37	–	–

40. Economically active population by status, sex, age and urban/rural residence: each census, 1974 – 1988 (continued)
Population active selon la situation dans la profession, le sexe, l'âge et la résidence, urbaine/rurale: chaque recensement, 1974 – 1988 (suite)
Data by urban/rural residence

Données selon la résidence urbaine/rurale

(See notes at end of table. – Voir notes à la fin du tableau.)

Continent, country or area, date, sex, age(in years) and urban/rural residence — Continent, pays ou zone, date, sexe, âge(en années) et résidence urbaine/rurale	Status – Situation dans la profession: Total economically active — Population active totale	Employer — Employeurs	Own–account worker — Personnes travaillant à leur propre compte	Employee — Salariés	Unpaid family worker — Travailleurs familiaux non rémunérés	Members of producers' co–operatives — Membres de coopératives de producteurs	Not classifiable by status — Personnes inclassables selon la situation dans la profession
ASIA—ASIE (Cont.–Suite)							
Sri Lanka							
Rural – Rurale							
17 III 1981 [4]							
Male – Masculin							
10 plus	2 515 571	38 096	939 684	1 473 032	64 759	–	–
10 – 14	20 868	172	5 392	11 856	3 448	–	–
15 – 19	156 942	1 509	48 545	89 910	16 978	–	–
20 – 24	329 636	3 931	110 185	197 659	17 861	–	–
25 – 34	748 485	11 261	254 186	470 144	12 894	–	–
35 – 44	539 986	9 004	180 692	345 389	4 901	–	–
45 – 54	403 775	6 477	159 625	233 792	3 881	–	–
55 – 64	214 459	3 842	114 888	92 815	2 914	–	–
65 plus	101 420	1 900	66 171	31 467	1 882	–	–
Female – Féminin							
10 plus	710 552	5 130	108 340	557 824	39 258	–	–
10 – 14	8 623	70	1 189	6 179	1 185	–	–
15 – 19	62 325	420	7 640	48 943	5 322	–	–
20 – 24	109 313	756	13 476	87 681	7 400	–	–
25 – 34	223 981	1 475	27 126	184 046	11 334	–	–
35 – 44	164 914	1 156	24 269	132 248	7 241	–	–
45 – 54	101 315	785	20 684	75 209	4 637	–	–
55 – 64	31 000	337	9 997	18 974	1 692	–	–
65 plus	9 081	131	3 959	4 544	447	–	–

40. Economically active population by status, sex, age and urban/ rural residence: each census, 1974 – 1988 (continued)
Population active selon la situation dans la profession, le sexe, l'âge et la résidence, urbaine/rurale: chaque recensement, 1974 – 1988 (suite)

GENERAL NOTES

Economically active may be limited to persons above a minimum age; for known minima, see table 36. For definitions of "urban", see end of table 6. For limitations of data, see Technical Notes, page 143.

FOOTNOTES

* Provisional.
1 Excluding persons actively seeking work.
2 De jure population.
3 Excluding persons seeking work for the first time.
4 For employed workers only.
5 Including apprentices.
6 Including "Employer".
7 For classification by urban/rural residence, see end of table.
8 Excluding population counted separately.
9 De jure population, but excluding persons residing in institutions.
10 For 12 months preceding census date. Also excluding population attending school.
11 Including other and not stated.
12 Because of rounding, totals are not in all cases the sum of the parts.

13 Excluding Indian jungle population.
14 Total economically population includes persons not classifiable by status.

15 Excluding nomadic Indian tribes.
16 Data exclude adjustment for underenumeration, estimated at 5.6 per cent.

17 Excluding Indian jungle population, estimated at 39 800 in 1972.
18 Data exclude adjustment for underenumeration, estimated at 4.1 per cent.

19 Data exclude adjustment for underenumeration, estimated at 2.6 per cent.

20 Excluding Indian jungle population, estimated at 31 800 in 1961.
21 Data exclude adjustment for underenumeration, estimated at 6.85 per cent.

22 Including 26 106 transients and 9 131 Vietnamese refugees.

NOTES GENERALES

La population active peut se limiter aux personnes ayant dépassé un âge minimum; pour les âges minimums connus, voir le tableau 36. Pour les définitions des "régions urbaines", se reporter à la fin du tableau 6. Pour les insuffisances des données, voir Notes techniques, page 143.

NOTES

* Données provisoires.
1 Non compris les personnes cherchant activement un emploi.
2 Population de droit.
3 Non compris les personnes cherchant un emploi pour la première fois.
4 Pour les personnes ayant un emploi seleument.
5 Y compris les apprentis.
6 Y compris "Employeurs".
7 Pour le classement selon la résidence, urbaine/rurale, voir la fin du tableau.
8 Non compris la population comptée à part.
9 Population de droit, mais non compris les personnes dans les institutions.
10 Pour les 12 mois qui précédé le date du recensement. Egalement non compris la population fréquentant les écoles.
11 Y compris autres et non déterminé.
12 Les chiffres étant arrondis, les totaux ne correspondent pas toujours rigoureusement à la somme des chiffres partiels.
13 Non compris les Indiens de la jungle.
14 La population active total comprend les personnes inclassables selon la situation dans la profession.
15 Non compris les tribus d'Indiens nomades.
16 Les données n'ont pas été ajustées pour compenser les lacunes du dénombrement, estimées à 5,6 p. 100.
17 Non compris les Indiens de la jungle, estimés à 39 800 en 1972.
18 Les données n'ont pas été ajustées pour compenser les lagunes du dénombrement, estimées à 4,1 p. 100.
19 Les données n'ont pas été adjustées pour compenser les lacunes du dénombrement, estimées à 2,6 p. 100.
20 Non compris les Indiens de la jungle, estimées à 31 800 en 1961.
21 Les données n'ont pas été ajustées pour compenser les lacunes du dénombrement, estimées à 6,85 p.100.
22 Y compris 26 106 transients et 9 131 réfugiés du Viet Nam.

40. Economically active population by status, sex, age and urban/ rural residence: each census, 1974 – 1988 (continued)
Population active selon la situation dans la profession, le sexe, l'âge et la résidence, urbaine/rurale: chaque recensement, 1974 – 1988 (suite)

FOOTNOTES (continued)

23 Including data fo East Jerusalem and Israeli residents certain other territories under occupation by Israeli military forces since June 1967.

24 Excluding the armed forces and draftees for national services.

25 Excluding diplomatic personnel outside country and foreign military and civilian personnel and their dependants stationed in the area.

26 Including paid family workers.

27 Excluding data for Jordanian territory under occupation since June 1967 by Israeli military forces.

28 Including military and diplomatic personnel and their families abroad, numbering 933 at 1961 census but excluding foreign military and diplomatic personnel and their families in the country, numbering 389 at 1961 census. Also including registered Palestinian refugees numbering 722 687 on 31 May 1967.

29 Formerly listed as "Burma".

30 For Syrian population only.

31 Excluding Faeroe Islands and Greenland.

32 Including persons seeking work for the first time.

33 Including civilian nationals temporarily outside the country.

34 De jure population, but including armed forces stationed in the area.

35 Data excluded adjustment for underenumeration, estimated at 1.8 per cent.

36 Excluding diplomatic personnel and armed forces stationed outside the country, the latter numbering 1 936 at 1966 census, also excluding alien armed forces within the country.

37 Resident population only.

NOTES (suite)

23 Y compris les données pour Jérusalem–Est et les résidents israéliens dans certains autres territoires occupés depuis juin 1967 par les forces armées israéliennes.

24 Non compris les forces armées ni les militaires du contingent.

25 Non compris le personnel diplomatique hors du pays ni les militaires et agents civils étrangers en poste sur le territoire et les membres de leur famille les accompagnant.

26 Y compris les travailleurs familiaux rémunérés.

27 Non compris les données pour le territoire jordanien occupée depuis juin 1967 par les forces armées israéliennes.

28 Y compris les militaires, le personnel diplomatique à l'étranger et les membres de leur famille les accompagnant au nombre de 933 personnes au recensement de 1961, mais non compris les militaires, le personnel diplomatique étranger en poste dans le pays et les membres de leur famille les accompagnant au nombre de 389 personnes au recensement de 1961. Y compris également les réfugiés de Palestine immatriculés, au nombre de 722 687 au 31 mai 1967.

29 Antérieurement désigné sous le nom de "Birmanie".

30 Pour la population Syrienne seulement.

31 Non compris les îles Féroé et le Groenland.

32 Y compris les personnes cherchant un emploi pour la première fois.

33 Y compris les civils nationaux temporairement hors du pays.

34 Population de droit, mais y compris les militaires en garnison sur le territoire.

35 Les données n'ont pas été ajustées pour compenser les lacunes du dénombrement, estimées à 1,8 p. 100.

36 Non compris le personnel diplomatique ni les militaires hors du pays, ces derniers au nombre de 1 936, au recensement de 1966; non compris également les militaires étrangers dans le pays.

37 Pour la population résident seulement.

40. Economically active population by status, sex, age and urban/rural residence: each census, 1974 – 1988 (continued)
Population active selon la situation dans la profession, le sexe, l'âge et la résidence, urbaine/rurale: chaque recensement, 1974 – 1988 (suite)

List of countries or areas covered by this table in the 1984 issue of the Demographic Yearbook
Liste des pays ou zones couverts par ce tableau, dans l'édition de 1984 de l'Annuaire démographique

Continent and country or area Continent et pays ou zone	Census date Date du recensement	Issue Edition
AFRICA — AFRIQUE		
Benin – Bénin	20 III 1979	1984
Cameroon – Cameroun	9 IV 1976	1984
Comoros – Comores	15 IX 1980	1984
Egypt – Egypte	22–23 XI 1976	1984
Guinea–Bissau – Guinee–Bissau	16 IV 1979	1984
Liberia –Libéria	1 II 1974	1984
Malawi	20 IX 1977	1984
Mali	16 XII 1976	1984
Mozambique	1 VIII 1980	1984
Rwanda	15 VIII 1978	1984
St. Helena ex. dep. – Sainte–Hélène sans dép.	31 X 1976	1984
Seychelles	1 VIII 1977	1984
Swaziland	25 VIII 1976	1984
AMERICA NORTH — AMERIQUE DU NORD		
Bermuda – Bermudes	12 V 1980	1984
Canada	3 VI 1981	1984
Cayman Islands – Iles Caïmanes	8 X 1979	1984
Cuba	11 IX 1981	1984
Greenland – Groenland	26 X 1976	1984
Guadeloupe	16 X 1974	1984
Guadeloupe	9 III 1982	1984
Guatemala	26 III 1981	1984
Haiti – Haïti	30 VIII 1982	1984
Honduras	6 III 1974	1984
Martinique	16 X 1974	1984
Martinique	9 III 1982	1984
Mexico – Mexique	4 VI 1980	1984
Panama	11 V 1980	1984
St. Pierre and Miquelon – Saint–Pierre–et–Miquelon	18 II 1974	1984
Turks and Caicos Islands – Iles Turques et Caïques	12 V 1980	1984
United States – Etats–Unis	1 IV 1980	1984
United States Virgin Islands – Iles Vierges américaines	1 IV 1980	1984
AMERICA SOUTH — AMERIQUE DU SUD		
Argentina – Argentine	22 X 1980	1984
Bolivia – Bolivie	29 IX 1976	1984
Ecuador – Equateur	8 VI 1974	1984
French Guiana – Guyane Française	16 X 1974	1984
French Guiana – Guyane Française	9 III 1982	1984
Uruguay	21 V 1975	1984
ASIA — ASIE		
Afghanistan	23 VI 1979	1984
Bahrain – Bahreïn	5 IV 1981	1984
Bangladesh	1 III 1974	1984
Brunei Darussalam – Brunéi Darussalam	26 VIII 1981	1984
Hong Kong – Hong–kong	2 VIII 1976	1984
Hong Kong – Hong–kong	9 III 1981	1984
Indonesia – Indonésie	31 X 1980	1984
Iran (Islamic Republic of – Rép. islamique d'	1 XI 1976	1984
Japan – Japon	1 X 1975	1984
Japan – Japon	1 X 1980	1984
Korea, Republic of – Corée, République de	1 X 1975	1984

Continent and country or area Continent et pays ou zone	Census date Date du recensement	Issue Edition
ASIA – ASIE		
Kuwait – Koweït	21 IV 1975	1984
Kuwait – Koweït	21 IV 1980	1984
Malaysia – Malaisie		
Sarawak	10 VI 1980	1984
Maldives	31 XII 1977	1984
Nepal – Népal	22 VI 1981	1984
Pakistan	1 III 1981	1984
Philippines	1 V 1975	1984
Singapore – Singapour	24 VI 1980	1984
Turkey – Turquie	26 X 1975	1984
Turkey – Turquie	12 X 1980	1984
United Arab Emirates – Emirates arabes unis	31 XII 1975	1984
EUROPE		
Austria – Autriche	12 V 1981	1984
Bulgaria – Bulgarie	2 XII 1975	1984
Channel Islands – Iles Anglo–Normandes		
Guernsey – Guernesey	5 IV 1981	1984
Jersey	5 IV 1981	1984
Czechoslovakia – Tchécoslovaquie	1 XI 1980	1984
Denmark – Danemark	1 VII 1976	1984
Faeroe Islands – Iles Féroé	22 IX 1977	1984
Finland – Finlande	31 XII 1975	1984
Finland – Finlande	1 XI 1980	1984
France	20 II 1975	1984
France	4 III 1982	1984
Gibraltar	9 XI 1981	1984
Greece – Gréce	5 IV 1981	1984
Hungary – Hongrie	1 I 1980	1984
Isle of Man – Ile de Man	6 IV 1981	1984
Liechtenstein	31 XII 1981	1984
Luxembourg	31 III 1981	1984
Norway – Norvège	1 XI 1980	1984
Poland – Pologne	7 XII 1978	1984
Portugal	16 III 1981	1984
San Marino – Saint–Marin	30 XI 1976	1984
Spain – Espagne	28 II 1981	1984
Sweden – Suède	1 XI 1975	1984
United Kingdom – Royaume–Uni		
England and Wales – Angleterre et Galles	5 IV 1981	1984
Northern Ireland – Ireland du Nord	5 IV 1981	1984
Scotland – Ecosse	5 IV 1981	1984
OCEANIA – OCEANIE		
Australia – Australie	30 VI 1976	1984
Australia – Australie	30 VI 1981	1984
Cook Islands – Iles Cook	1 XII 1976	1984
Cook Islands – Iles Cook	1 XII 1981	1984
Fiji – Fidji	13 IX 1976	1984
New Caledonia – Nouvelle Calédonie	23 IV 1976	1984
New Zealand – Nouvelle–Zélande	23 III 1976	1984
New Zealand – Novelle–Zélande	24 III 1981	1984
Pacific Islands – Iles du Pacifique	15 IX 1980	1984
Samoa	3 XI 1976	1984
Tonga	30 XI 1976	1984

41. Economically active population by industry, status, sex and urban/rural residence: each census, 1974 – 1988

(See notes at end of table.)

	Continent, country or area, date, sex, status and urban/rural residence Continent, pays ou zone, date, sexe, situation dans la profession et résidence urbaine/rurale	Total economically active Population active totale	Industry			
			Agriculture, hunting, forestry and fishing Agriculture, chasse, sylviculture et pêche	Mining and quarrying Industries extractives	Manufacturing Industries manufacturières	Electricity, gas and water Electricité, gaz et eau
			1	2	3	4
	AFRICA—AFRIQUE					
	Congo					
	7 II 1974 [1]					
	Male – Masculin					
1	Total – Totale	223 084	104 830	1 559	27 920	1 467
2	Employer – Employeurs	1 075	87	3	302	–
3	Own account worker – Personnes travaillant à leur propre compte	130 629	99 310	165	12 189	52
4	Employee – Salariés	88 020	5 426	1 388	14 037	1 383
5	Member of producers'coop– Membres de coopératives de producteurs	2 941	7	3	1 392	32
6	Unknown – Inconnu	419	–	–	–	–
	Female – Féminin					
7	Total – Totale	202 759	181 121	63	2 420	43
8	Employer – Employeurs	61	4	–	13	–
9	Own account worker – Personnes travaillant à leur propre compte	195 394	180 938	18	1 471	–
10	Employee – Salariés	6 810	179	45	666	42
11	Member of producers'coop– Membres de coopératives de producteurs	453	–	–	270	1
12	Unknown – Inconnu	41	–	–	–	–
	22 XII 1984 [1]					
	Male – Masculin					
13	Total – Totale	295 172	105 460	6 599	31 724	2 409
14	Employer – Employeurs	1 647	182	25	340	6
15	Own account worker – Personnes travaillant à leur propre compte	140 515	93 858	915	13 670	112
16	Employee – Salariés	141 154	9 520	5 622	15 201	2 166
17	Unpaid family worker – Travailleurs familiaux non rémunérés	2 350	1 226	9	219	3
18	Member of producers'coop– Membres de coopératives de producteurs	6 376	38	8	1 993	94
19	Unknown – Inconnu	3 130	636	20	301	28
	Female – Féminin					
20	Total – Totale	255 053	185 905	725	6 356	232
21	Employer – Employeurs	195	27	8	38	1
22	Own account worker – Personnes travaillant à leur propre compte	219 440	180 250	290	3 039	14
23	Employee – Salariés	27 504	960	414	1 969	212
24	Unpaid family worker – Travailleurs familiaux non rémunérés	4 607	4 005	8	77	–
25	Member of producers'coop– Membres de coopératives de producteurs	1 461	22	1	1 152	3
26	Unknown – Inconnu	1 846	641	4	81	2

41. Population active selon la branche d'activité économique, la situation dans la profession, le sexe et la résidence, urbaine/rurale: chaque recensement, 1974 – 1988

(Voir notes à la fin du tableau.)

Branche d'activité économique						
Construction Bâtiment et travaux publics 5	Wholesale and retail trade and restaurants and hotels Commerce de gros et de détail; restaurants et hôtels 6	Transport, storage and communication Transports, entrepôts et communications 7	Financing, insurance, real estate and business services Banques, assurances, affaires immobilières et services fournis aux entreprises 8	Community, social and personal services Services fournis à la collectivité, services sociaux et services personnels 9	Activities not adequately defined Activités mal désignées 0	
8 724	–	16 631	15 423	42 073	4 457	1
39	–	145	332	144	23	2
3 735	–	1 118	8 518	4 373	1 169	3
4 821	–	15 265	6 561	37 056	2 083	4
129	–	103	12	500	763	5
–	–	–	–	–	419	6
44	–	332	13 237	5 003	496	7
1	–	8	22	8	5	8
6	–	7	12 601	124	229	9
37	–	315	611	4 817	98	10
–	–	2	3	54	123	11
–	–	–	–	–	41	12
23 137	27 846	26 458	2 205	69 334	–	13
277	378	195	4	240	–	14
8 233	15 609	2 821	41	5 256	–	15
12 928	11 096	22 598	2 141	59 882	–	16
113	436	100	2	242	–	17
1 367	77	479	13	2 307	–	18
219	250	265	4	1 407	–	19
484	37 929	1 349	661	19 751	1 661	20
7	83	2	2	23	4	21
57	35 043	24	9	324	390	22
395	2 144	1 298	645	18 976	491	23
4	361	2	2	61	87	24
13	21	14	1	192	42	25
8	277	9	2	175	647	26

41. Economically active population by industry, status, sex and urban/rural residence: each census, 1974 – 1988 (continued)

(See notes at end of table.)

	Continent, country or area, date, sex, status and urban/rural residence Continent, pays ou zone, date, sexe, situation dans la profession et résidence urbaine/rurale	Total economically active Population active totale	Industry Agriculture, hunting, forestry and fishing Agriculture, chasse, sylviculture et pêche 1	Mining and quarrying Industries extractives 2	Manufacturing Industries manufacturières 3	Electricity, gas and water Electricité, gaz et eau 4
	AFRICA—AFRIQUE (Cont.–Suite)					
	Ghana					
	11 III 1984 [1]					
	Male – Masculin					
1	Total – Totale	2 637 029	1 750 024	24 906	198 430	14 033
2	Own account worker – Personnes travaillant à leur propre compte	1 650 617	1 348 563	678	110 317	109
3	Employee – Salariés [2]	668 500	140 200	24 198	72 946	13 888
4	Unpaid family worker – Travailleurs familiaux non rémunérés	248 075	237 523	15	4 054	7
5	Member of producers'coop– Membres de coopératives de producteurs	1 677	306	4	256	1
6	Unknown – Inconnu	68 160	23 432	11	10 857	28
	Female – Féminin					
7	Total – Totale	2 785 451	1 560 943	1 922	389 988	1 404
8	Own account worker – Personnes travaillant à leur propre compte	2 127 058	1 137 677	511	340 982	56
9	Employee – Salariés [2]	206 028	35 209	1 369	19 742	1 328
10	Unpaid family worker – Travailleurs familiaux non rémunérés	431 347	385 259	39	14 630	11
11	Member of producers'coop– Membres de coopératives de producteurs	697	76	–	159	1
12	Unknown – Inconnu	20 321	2 722	3	14 475	8
	Morocco – Maroc					
	3–21 IX 1982 [3 4]					
	Male – Masculin					
13	Total – Totale	4 817 980	1 989 203	61 110	593 738	21 165
14	Employer – Employeurs	115 847	70 685	143	14 413	62
15	Own account worker – Personnes travaillant à leur propre compte	1 336 989	764 299	897	124 634	180
16	Employee – Salariés	2 000 984	388 563	55 667	351 677	19 841
17	Unpaid family worker – Travailleurs familiaux non rémunérés	731 912	668 499	362	17 740	–
18	Member of producers'coop– Membres de coopératives de producteurs	116 116	5 441	186	38 819	241
19	Unknown – Inconnu	516 132	91 716	3 855	46 455	841
	Female – Féminin					
20	Total – Totale	1 181 280	362 426	2 250	336 877	1 300
21	Employer – Employeurs	4 558	2 360	–	827	–
22	Own account worker – Personnes travaillant à leur propre compte	167 132	28 017	40	114 719	–
23	Employee – Salariés	428 935	35 134	2 129	128 910	1 257
24	Unpaid family worker – Travailleurs familiaux non rémunérés	324 602	282 512	–	35 734	–
25	Member of producers'coop– Membres de coopératives de producteurs	130 003	660	–	37 839	20
26	Unknown – Inconnu	126 050	13 743	81	18 848	23

41. Population active selon la branche d'activité économique, la situation dans la profession, le sexe et la résidence, urbaine/rurale: chaque recensement, 1974 – 1988 (suite)

(Voir notes à la fin du tableau.)

Branche d'activité économique						
Construction Bâtiment et travaux publics 5	Wholesale and retail trade and restaurants and hotels Commerce de gros et de détail; restaurants et hôtels 6	Transport, storage and communication Transports, entrepôts et communications 7	Financing, insurance, real estate and business services Banques, assurances, affaires immobilières et services fournis aux entreprises 8	Community, social and personal services Services fournis à la collectivité, services sociaux et services personnels 9	Activities not adequately defined Activités mal désignées 0	
60 692	111 540	117 806	19 933	339 665	–	1
20 746	69 415	36 901	1 411	62 477	–	2
38 294	39 030	70 917	17 823	251 204	–	3
291	2 830	1 850	11	1 494	–	4
40	123	120	585	242	–	5
1 321	142	8 018	103	24 248	–	6
3 994	680 607	5 000	7 542	134 051	–	7
429	629 474	314	58	17 557	–	8
3 429	21 000	4 582	7 190	112 179	–	9
116	29 750	28	2	1 512	–	10
1	96	4	285	75	–	11
19	287	72	7	2 728	–	12
434 093	474 392	136 853	–	725 938	381 488	13
8 055	12 441	1 971	–	6 471	1 606	14
26 762	325 210	19 412	–	62 203	13 392	15
332 514	84 492	100 906	–	612 993	54 331	16
3 775	28 413	3 550	–	5 739	3 834	17
5 112	5 376	1 047	–	6 658	53 236	18
57 875	18 460	9 967	–	31 874	255 089	19
3 371	23 738	4 128	–	280 974	166 216	20
–	344	–	–	927	100	21
142	12 338	82	–	10 043	1 751	22
2 685	7 940	3 784	–	237 613	9 483	23
20	1 436	22	–	3 638	1 240	24
41	220	40	–	15 128	76 055	25
483	1 460	200	–	13 625	77 587	26

41. Economically active population by industry, status, sex and urban/rural residence: each census, 1974 – 1988 (continued)

(See notes at end of table.)

	Continent, country or area, date, sex, status and urban/rural residence Continent, pays ou zone, date, sexe, situation dans la profession et résidence urbaine/rurale	Total economically active Population active totale	Industry Agriculture, hunting, forestry and fishing Agriculture, chasse, sylviculture et pêche	Mining and quarrying Industries extractives	Manufacturing Industries Industries manufacturières	Electricity, gas and water Electricité, gaz et eau
			1	2	3	4
	AFRICA—AFRIQUE (Cont.–Suite)					
	Réunion					
	9 III 1982 [1]					
	Male – Masculin					
1	Total – Totale	77 270	16 622	3 682	598	2 431
2	Employer – Employeurs	1 879	283	55	1	90
3	Own account worker – Personnes travaillant à leur propre compte	13 719	8 435	90	2	347
4	Employee – Salariés	59 665	6 988	3 498	592	1 934
5	Unpaid family worker – Travailleurs familiaux non rémunérés	1 235	893	11	–	22
6	Member of producers'coop– Membres de coopératives de producteurs	328	14	16	–	27
7	Unknown – Inconnu	444	9	12	3	11
	Female – Féminin					
8	Total – Totale	41 220	768	505	99	751
9	Employer – Employeurs	423	30	7	–	16
10	Own account worker – Personnes travaillant à leur propre compte	1 970	335	13	–	126
11	Employee – Salariés	37 649	255	464	99	573
12	Unpaid family worker – Travailleurs familiaux non rémunérés	659	145	14	–	12
13	Member of producers'coop– Membres de coopératives de producteurs	230	2	7	–	22
14	Unknown – Inconnu	289	1	–	–	2
	Sao Tome and Principe – Sao Tomé–et–Principe					
	1 IX 1980					
	Total					
15	Total – Totale	29 342	16 487	183	1 439	286
16	Employer – Employeurs	69	29	–	10	–
17	Own account worker – Personnes travaillant à leur propre compte	4 802	1 921	5	695	14
18	Employee – Salariés	24 441	14 530	178	733	264
19	Unpaid family worker – Travailleurs familiaux non rémunérés	26	6	–	1	8
20	Unknown – Inconnu	4	1	–	–	–
	Zambia – Zambie					
	25 VIII 1980 [1]					
	Male – Masculin					
21	Total – Totale	908 606	410 122	62 200	54 325	8 828
22	Employer – Employeurs	5 769	2 064	46	446	67
23	Own account worker – Personnes travaillant à leur propre compte	275 873	218 786	256	8 545	153
24	Employee – Salariés	601 667	168 889	61 779	45 006	8 558
25	Unpaid family worker – Travailleurs familiaux non rémunérés	18 621	16 150	22	197	4
26	Unknown – Inconnu	6 676	4 233	97	131	46

41. Population active selon la branche d'activité économique, la situation dans la profession, le sexe et la résidence, urbaine/rurale: chaque recensement, 1974 – 1988 (suite)

(Voir notes à la fin du tableau.)

Branche d'activité économique						
Construction Bâtiment et travaux publics 5	Wholesale and retail trade and restaurants and hotels Commerce de gros et de détail; restaurants et hôtels 6	Transport, storage and communication Transports, entrepôts et communications 7	Financing, insurance, real estate and business services Banques, assurances, affaires immobilières et services fournis aux entreprises 8	Community, social and personal services Services fournis à la collectivité, services sociaux et services personnels 9	Activities not adequately defined Activités mal désignées 0	
10 896	9 145	4 971	8 955	19 409	561	1
291	586	45	500	24	4	2
759	2 026	613	1 288	78	81	3
9 670	6 283	4 293	7 016	19 048	343	4
67	179	11	38	7	7	5
78	50	5	83	50	5	6
31	21	4	30	202	121	7
280	5 183	900	7 340	25 173	221	8
11	210	10	119	19	1	9
10	987	7	441	38	13	10
245	3 494	875	6 616	24 912	116	11
9	390	5	80	–	4	12
4	90	–	62	41	2	13
1	12	3	22	163	85	14
1 802	2 039	1 031	187	5 864	24	15
3	15	4	–	8	–	16
316	1 111	243	4	490	3	17
1 481	909	782	183	5 360	21	18
2	4	1	–	4	–	19
–	–	1	–	2	–	20
36 231	43 785	46 089	17 181	175 942	53 903	21
255	882	278	241	1 010	480	22
4 158	23 576	1 605	1 835	7 125	9 834	23
31 689	18 605	44 006	15 026	167 108	41 001	24
46	546	112	53	292	1 199	25
83	176	88	26	407	1 389	26

Special topic

41. Economically active population by industry, status, sex and urban/rural residence: each census, 1974 – 1988 (continued)

(See notes at end of table.)

	Continent, country or area, date, sex, status and urban/rural residence Continent, pays ou zone, date, sexe, situation dans la profession et résidence urbaine/rurale	Total economically active Population active totale	Industry Agriculture, hunting, forestry and fishing Agriculture, chasse, sylviculture et pêche 1	 Mining and quarrying Industries extractives 2	 Manufacturing Industries Industries manufacturières 3	 Electricity, gas and water Electricité, gaz et eau 4
	AFRICA—AFRIQUE (Cont.–Suite)					
	Zambia – Zambie					
	25 VIII 1980 [1]					
	Female – Féminin					
1	Total – Totale	394 338	271 332	2 588	10 215	272
2	Employer – Employeurs	1 200	467	4	50	1
3	Own account worker – Personnes travaillant à leur propre compte	142 016	93 719	79	5 514	5
4	Employee – Salariés	192 806	124 368	2 490	4 304	260
5	Unpaid family worker – Travailleurs familiaux non rémunérés	47 493	43 819	11	233	1
6	Unknown – Inconnu	10 823	8 959	4	114	5
	AMERICA,NORTH— AMERIQUE DU NORD					
	Bahamas					
	12 V 1980 [1 5 6]					
	Male – Masculin					
7	Total – Totale	45 807	3 557	301	2 938	1 133
8	Employer – Employeurs	2 360	300	–	147	5
9	Own account worker – Personnes travaillant à leur propre compte	3 504	985	1	233	3
10	Employee – Salariés	39 351	2 134	297	2 536	1 124
11	Unpaid family worker – Travailleurs familiaux non rémunérés	126	51	–	5	–
12	Unknown – Inconnu	466	87	3	17	1
	Female – Féminin					
13	Total – Totale	34 886	997	45	2 019	138
14	Employer – Employeurs	576	30	–	113	–
15	Own account worker – Personnes travaillant à leur propre compte	2 267	324	–	988	–
16	Employee – Salariés	31 482	516	45	871	138
17	Unpaid family worker – Travailleurs familiaux non rémunérés	267	92	–	22	–
18	Unknown – Inconnu	294	35	–	25	–
	Canada					
	3 VI 1986 [3 5 7 8]					
	Male – Masculin					
19	Total – Totale	7 316 990	494 570	122 910	1 523 045	92 760
20	Employer – Employeurs	233 630	55 195	130	9 905	60
21	Own account worker – Personnes travaillant à leur propre compte	404 895	170 825	325	15 715	105
22	Employee – Salariés	6 656 050	253 435	122 435	1 496 875	92 605
23	Unpaid family worker – Travailleurs familiaux non rémunérés	22 415	15 110	15	545	–
	Female – Féminin					
24	Total – Totale	5 466 520	163 130	23 085	630 920	23 365
25	Employer – Employeurs	55 825	6 910	10	2 250	–
26	Own account worker – Personnes travaillant à leur propre compte	131 015	19 540	45	5 290	15
27	Employee – Salariés	5 212 810	92 060	23 005	621 915	23 350
28	Unpaid family worker – Travailleurs familiaux non rémunérés	66 875	44 620	25	1 465	5

41. Population active selon la branche d'activité économique, la situation dans la profession, le sexe et la résidence, urbaine/rurale: chaque recensement, 1974 – 1988 (suite)

ir notes à la fin du tableau.)

Branche d'activité économique						
Construction Bâtiment et travaux publics 5	Wholesale and retail trade and restaurants and hotels Commerce de gros et de détail; restaurants et hôtels 6	Transport, storage and communication Transports, entrepôts et communications 7	Financing, insurance, real estate and business services Banques, assurances, affaires immobilières et services fournis aux entreprises 8	Community, social and personal services Services fournis à la collectivité, services sociaux et services personnels 9	Activities not adequately defined Activités mal désignées 0	
541	41 886	2 577	4 956	44 530	15 441	*1*
5	245	33	35	226	134	*2*
105	34 244	301	982	2 064	5 003	*3*
416	6 209	2 232	3 865	41 629	7 033	*4*
15	979	7	51	437	1 940	*5*
–	209	4	23	174	1 331	*6*
6 436	11 821	4 482	3 010	11 013	1 116	*7*
495	577	171	226	375	64	*8*
485	414	640	86	552	105	*9*
5 380	10 760	3 643	2 687	9 930	860	*10*
10	30	9	1	14	6	*11*
66	40	19	10	142	81	*12*
239	12 653	1 694	3 431	13 081	589	*13*
4	288	9	21	108	3	*14*
2	679	18	11	218	27	*15*
228	11 542	1 658	3 383	12 590	511	*16*
5	99	6	9	21	13	*17*
–	45	3	7	144	35	*18*
693 785	1 369 095	585 905	613 635	1 591 100	230 180	*19*
33 620	38 410	6 465	36 890	49 290	3 670	*20*
50 895	43 950	25 535	35 045	55 210	7 285	*21*
608 315	1 283 685	553 660	541 400	1 485 600	218 035	*22*
955	3 050	245	305	995	1 195	*23*
80 400	1 381 065	200 020	677 305	2 105 570	181 655	*24*
1 240	19 825	890	5 375	17 690	1 635	*25*
2 110	26 950	1 980	16 600	54 745	3 730	*26*
74 965	1 325 360	196 245	653 940	2 028 855	173 115	*27*
2 085	8 930	905	1 385	4 280	3 165	*28*

41. Economically active population by industry, status, sex and urban/rural residence: each census, 1974 – 1988 (continued)

(See notes at end of table.)

	Continent, country or area, date, sex, status and urban/rural residence Continent, pays ou zone, date, sexe, situation dans la profession et résidence urbaine/rurale	Total economically active Population active totale	Industry: Agriculture, hunting, forestry and fishing Agriculture, chasse, sylviculture et pêche 1	Mining and quarrying Industries extractives 2	Manufacturing Industries manufacturières 3	Electricity, gas and water Electricité, gaz et eau 4
	AMERICA,NORTH— (Cont.–Suite) AMERIQUE DU NORD					
	Costa Rica					
	10 VI 1984 [9] [10]					
	Male – Masculin					
1	Total – Totale	618 866	241 851	1 504	75 162	8 204
2	Employer – Employeurs	16 326	6 229	48	2 101	99
3	Own account worker – Personnes travaillant à leur propre compte	142 966	73 415	524	11 381	265
4	Employee – Salariés	419 578	130 372	899	60 967	7 826
5	Unpaid family worker – Travailleurs familiaux non rémunérés	39 996	31 835	33	713	14
6	Unknown – Inconnu	–	–	–	–	–
	Female – Féminin					
7	Total – Totale	175 560	7 549	45	30 884	831
8	Employer – Employeurs	3 191	145	–	523	11
9	Own account worker – Personnes travaillant à leur propre compte	12 857	514	7	3 463	1
10	Employee – Salariés	156 045	6 510	35	26 708	819
11	Unpaid family worker – Travailleurs familiaux non rémunérés	3 467	380	3	190	–
	Puerto Rico – Porto Rico					
	1 IV 1980 [1] [9] [11] [12]					
	Male – Masculin					
12	Total – Totale	465 326	24 510	819	82 147	...
13	Own account worker – Personnes travaillant à leur propre compte	50 352	4 680	68	1 976	...
14	Employee – Salariés	414 159	19 434	751	80 135	...
15	Unpaid family worker – Travailleurs familiaux non rémunérés	815	396	–	36	...
	Female – Féminin					
16	Total – Totale	268 596	1 046	64	62 789	...
17	Own account worker – Personnes travaillant à leur propre compte	7 201	104	6	225	...
18	Employee – Salariés	260 410	926	58	62 545	...
19	Unpaid family worker – Travailleurs familiaux non rémunérés	985	16	–	19	...
	United States Virgin Islands – Iles Vierges américaines					
	1 IV 1980 [1] [9] [11] [12]					
	Total					
20	Total – Totale	35 652	451	36	3 140	...
21	Employer – Employeurs	102	17	–	6	...
22	Own account worker – Personnes travaillant à leur propre compte	2 714	204	–	74	...
23	Employee – Salariés	32 836	230	36	3 060	...

41. Population active selon la branche d'activité économique, la situation dans la profession, le sexe et la résidence, urbaine/rurale: chaque recensement, 1974 – 1988 (suite)

(Voir notes à la fin du tableau.)

Construction Bâtiment et travaux publics 5	Wholesale and retail trade and restaurants and hotels Commerce de gros et de détail; restaurants et hôtels 6	Transport, storage and communication Transports, entrepôts et communications 7	Financing, insurance, real estate and business services Banques, assurances, affaires immobilières et services fournis aux entreprises 8	Community, social and personal services Services fournis à la collectivité, services sociaux et services personnels 9	Activities not adequately defined Activités mal désignées 0	
41 412	60 841	18 527	15 839	91 921	63 605	1
1 383	2 036	495	340	1 717	1 878	2
5 968	23 509	1 839	2 663	11 304	12 098	3
33 527	34 161	16 093	12 811	78 310	44 612	4
534	1 135	100	25	590	5 017	5
–	–	...	–		–	6
348	26 714	1 948	4 428	84 172	18 641	7
6	739	38	55	1 248	426	8
15	4 755	39	329	1 864	1 870	9
319	20 576	1 869	4 028	80 304	14 877	10
8	644	2	16	756	1 468	11
51 388	96 746	45 466	39 793	124 457	–	12
5 136	19 104	5 549	6 937	6 902	–	13
46 177	77 412	39 903	32 796	117 551	...	14
75	230	14	60	4	–	15
2 749	34 898	7 937	15 061	144 052	–	16
17	3 804	252	328	2 465	–	17
2 724	30 519	7 657	14 699	141 282	–	18
8	575	28	34	305	–	19
3 676	6 697	3 437	3 147	15 068	–	20
4	45	10	9	11	–	21
306	653	474	387	616	–	22
3 366	5 999	2 953	2 751	14 441	–	23

41. Economically active population by industry, status, sex and urban/rural residence: each census, 1974 – 1988 (continued)

(See notes at end of table.)

	Continent, country or area, date, sex, status and urban/rural residence Continent, pays ou zone, date, sexe, situation dans la profession et résidence urbaine/rurale	Total economically active Population active totale	Industry Agriculture, hunting, forestry and fishing Agriculture, chasse, sylviculture et pêche	Mining and quarrying Industries extractives	Manufacturing Industries manufacturières	Electricity, gas and water Electricité, gaz et eau
			1	2	3	4
	AMERICA,SOUTH— AMERIQUE DU SUD					
	Chile – Chili					
	21 IV 1982					
	Male – Masculin					
1	Total – Totale	2 720 822	624 802	76 179	385 377	22 849
2	Employer – Employeurs	84 223	17 888	557	11 871	163
3	Own account worker – Personnes travaillant à leur propre compte	478 369	139 982	5 047	33 260	414
4	Employee – Salariés	1 971 457	383 317	70 124	336 410	22 175
5	Unpaid family worker – Travailleurs familiaux non rémunérés	118 131	83 615	451	3 836	97
6	Unknown – Inconnu	68 642	–	–	–	–
	Female – Féminin					
7	Total – Totale	959 455	20 681	2 249	102 963	1 888
8	Employer – Employeurs	19 278	841	11	2 244	12
9	Own account worker – Personnes travaillant à leur propre compte	105 282	3 678	59	25 560	14
10	Employee – Salariés	775 230	12 412	2 169	73 456	1 856
11	Unpaid family worker – Travailleurs familiaux non rémunérés	21 134	3 750	10	1 703	6
12	Unknown – Inconnu	38 531	–	–	–	–
	Ecuador – Equateur					
	28 XI 1982 [13] [14]					
	Male – Masculin					
13	Total – Totale	1 861 652	727 880	6 912	214 063	11 946
14	Employer – Employeurs	67 003	18 191	349	11 160	149
15	Own account worker – Personnes travaillant à leur propre compte	679 586	369 382	1 581	62 505	361
16	Employee – Salariés	840 210	217 721	4 697	127 451	11 205
17	Unpaid family worker – Travailleurs familiaux non rémunérés	109 285	88 144	101	5 091	18
18	Member of producers'coop– Membres de coopératives de producteurs	62 637	–	–	–	–
19	Unknown – Inconnu	102 931	34 442	184	7 856	213
	Female – Féminin					
20	Total – Totale	484 391	59 092	494	72 467	1 237
21	Employer – Employeurs	12 177	1 050	11	2 551	7
22	Own account worker – Personnes travaillant à leur propre compte	115 647	26 596	129	28 091	16
23	Employee – Salariés	276 333	9 857	315	36 025	1 197
24	Unpaid family worker – Travailleurs familiaux non rémunérés	26 862	18 118	23	2 646	–
25	Member of producers'coop– Membres de coopératives de producteurs	20 446	–	–	–	–
26	Unknown – Inconnu	32 926	3 471	16	3 154	17

41. Population active selon la branche d'activité économique, la situation dans la profession, le sexe et la résidence, urbaine/rurale: chaque recensement, 1974 – 1988 (suite)

(Voir notes à la fin du tableau.)

Branche d'activité économique						
Construction Bâtiment et travaux publics 5	Wholesale and retail trade and restaurants and hotels Commerce de gros et de détail; restaurants et hôtels 6	Transport, storage and communication Transports, entrepôts et communications 7	Financing, insurance, real estate and business services Banques, assurances, affaires immobilières et services fournis aux entreprises 8	Community, social and personal services Services fournis à la collectivité, services sociaux et services personnels 9	Activities not adequately defined Activités mal désignées 0	
227 834	349 574	192 064	73 070	495 633	273 440	*1*
3 822	27 334	7 563	3 275	8 202	3 548	*2*
18 033	117 927	45 283	12 567	81 072	24 784	*3*
203 470	196 202	136 963	56 860	401 787	164 149	*4*
2 509	8 111	2 255	368	4 572	12 317	*5*
–	–	–	–	–	68 642	*6*
4 089	160 543	15 578	31 955	517 308	102 201	*7*
86	11 469	431	525	2 873	786	*8*
221	47 385	1 047	2 712	19 733	4 873	*9*
3 728	95 792	13 969	28 427	492 860	50 561	*10*
54	5 897	131	291	1 842	7 450	*11*
–	–	–	–	–	38 531	*12*
154 683	185 127	96 345	29 865	343 627	91 204	*13*
5 953	13 187	5 946	1 809	8 726	1 533	*14*
40 347	105 346	39 757	4 256	51 213	4 838	*15*
96 800	60 063	44 539	23 389	236 749	17 596	*16*
2 580	3 304	1 681	29	7 553	784	*17*
–	–	–	–	–	62 637	*18*
9 003	3 227	4 422	382	39 386	3 816	*19*
3 326	86 787	4 976	14 251	211 288	30 473	*20*
88	5 834	71	247	1 960	358	*21*
370	45 170	209	594	13 359	1 113	*22*
2 654	31 762	4 594	13 228	169 584	7 117	*23*
56	2 511	13	16	3 271	208	*24*
–	–	–	–	–	20 446	*25*
158	1 510	89	166	23 114	1 231	*26*

Special topic

41. Economically active population by industry, status, sex and urban/rural residence: each census, 1974 – 1988 (continued)

(See notes at end of table.)

	Continent, country or area, date, sex, status and urban/rural residence Continent, pays ou zone, date, sexe, situation dans la profession et résidence urbaine/rurale	Total economically active Population active totale	Industry: Agriculture, hunting, forestry and fishing Agriculture, chasse, sylviculture et pêche 1	Mining and quarrying Industries extractives 2	Manufacturing Industries Industries manufacturières 3	Electricity, gas and water Electricité, gaz et eau 4
	AMERICA,SOUTH— (Cont.–Suite) AMERIQUE DU SUD					
	Peru – Pérou					
	12 VII 1981 [15] [16]					
	Male – Masculin					
1	Total – Totale	3 912 146	1 596 816	91 532	420 366	16 123
2	Employer – Employeurs	45 555	11 096	720	8 649	59
3	Own account worker – Personnes travaillant à leur propre compte	1 754 923	1 141 698	4 132	100 010	310
4	Employee – Salariés	1 751 738	310 430	85 370	303 146	15 585
5	Unpaid family worker – Travailleurs familiaux non rémunérés	117 854	106 226	80	2 301	4
6	Member of producers'coop– Membres de coopératives de producteurs	23 729	–	–	–	–
7	Unknown – Inconnu	218 347	27 366	1 230	6 260	165
	Female – Féminin					
8	Total – Totale	1 277 514	267 192	5 160	136 064	1 641
9	Employer – Employeurs	8 123	812	29	1 139	5
10	Own account worker – Personnes travaillant à leur propre compte	360 964	110 389	190	63 067	7
11	Employee – Salariés	447 343	31 029	4 736	59 500	1 613
12	Unpaid family worker – Travailleurs familiaux non rémunérés	143 822	117 301	26	8 156	1
13	Member of producers'coop– Membres de coopératives de producteurs	146 703	–	–	–	–
14	Unknown – Inconnu	170 559	7 661	179	4 202	15
	Uruguay					
	23 X 1985 [10] [17]					
	Male – Masculin					
15	Total – Totale	775 529	155 801	1 711	142 134	14 632
16	Employer – Employeurs	49 138	13 581	77	8 472	8
17	Own account worker – Personnes travaillant à leur propre compte	146 023	41 987	210	13 904	26
18	Employee – Salariés	539 977	90 904	1 408	117 481	14 395
19	Unpaid family worker – Travailleurs familiaux non rémunérés	12 403	8 555	6	672	–
20	Member of producers'coop– Membres de coopératives de producteurs	3 592	556	2	373	–
21	Unknown – Inconnu	24 396	618	8	1 232	203
	Female – Féminin					
22	Total – Totale	383 490	14 382	60	72 811	2 745
23	Employer – Employeurs	11 107	1 231	8	1 792	1
24	Own account worker – Personnes travaillant à leur propre compte	56 525	3 052	4	14 860	1
25	Employee – Salariés	293 681	5 810	48	54 073	2 718
26	Unpaid family worker – Travailleurs familiaux non rémunérés	8 390	4 189	–	611	–
27	Member of producers'coop– Membres de coopératives de producteurs	1 076	51	–	788	–
28	Unknown – Inconnu	12 711	49	–	687	25

41. Population active selon la branche d'activité économique, la situation dans la profession, le sexe et la résidence, urbaine/rurale: chaque recensement, 1974 – 1988 (suite)

oir notes à la fin du tableau.)

Branche d'activité économique						
Construction Bâtiment et travaux publics 5	Wholesale and retail trade and restaurants and hotels Commerce de gros et de détail; restaurants et hôtels 6	Transport, storage and communication Transports, entrepôts et communications 7	Financing, insurance, real estate and business services Banques, assurances, affaires immobilières et services fournis aux entreprises 8	Community, social and personal services Services fournis à la collectivité, services sociaux et services personnels 9	Activities not adequately defined Activités mal désignées 0	
193 503	412 081	195 818	92 029	658 239	235 639	1
1 846	12 210	2 157	2 552	4 537	1 729	2
54 395	247 930	72 674	12 897	83 511	37 366	3
132 519	143 907	114 477	74 746	543 040	28 518	4
442	3 480	544	75	864	3 838	5
–	–	–	–	23 729	–	6
4 301	4 554	5 966	1 759	2 558	164 188	7
3 708	220 425	14 189	29 577	409 515	190 043	8
36	3 858	146	287	1 271	540	9
359	149 645	679	1 754	15 782	19 092	10
3 177	55 722	13 130	26 833	242 913	8 690	11
24	7 822	30	64	613	9 785	12
–	–	–	–	146 703	–	13
112	3 378	204	639	2 233	151 936	14
63 509	92 734	51 425	28 324	169 749	55 510	15
1 822	13 573	2 554	2 672	4 109	2 270	16
18 297	24 079	5 986	4 840	21 623	15 071	17
42 125	52 906	40 262	20 517	141 578	18 401	18
251	1 300	144	33	900	542	19
43	181	1 959	15	374	89	20
971	695	520	247	1 165	18 737	21
876	46 508	7 864	14 364	199 511	24 369	22
54	5 025	171	574	1 541	710	23
52	11 353	160	2 553	20 102	4 388	24
733	27 776	7 444	11 013	174 708	9 358	25
21	1 963	35	104	983	484	26
2	44	15	7	85	84	27
14	347	39	113	2 092	9 345	28

41. Economically active population by industry, status, sex and urban/rural residence: each census, 1974 – 1988 (continued)

(See notes at end of table.)

	Continent, country or area, date, sex, status and urban/rural residence Continent, pays ou zone, date, sexe, situation dans la profession et résidence urbaine/rurale	Total economically active Population active totale	Industry: Agriculture, hunting, forestry and fishing Agriculture, chasse, sylviculture et pêche 1	Mining and quarrying Industries extractives 2	Manufacturing Industries manufacturières 3	Electricity, gas and water Electricité, gaz et eau 4
	AMERICA, SOUTH— (Cont.–Suite) AMERIQUE DU SUD					
	Venezuela					
	20 X 1981 [10 18 19]					
	Male – Masculin					
1	Total – Totale	3 313 642	515 484	49 231	493 542	45 015
2	Employer – Employeurs	115 233	33 938	219	12 866	212
3	Own account worker – Personnes travaillant à leur propre compte	651 641	218 666	2 383	34 953	1 178
4	Employee – Salariés	2 038 731	201 968	43 430	413 313	40 404
5	Unpaid family worker – Travailleurs familiaux non rémunérés	39 458	32 948	16	610	18
6	Member of producers'coop– Membres de coopératives de producteurs	21 593	4 832	200	1 310	44
7	Unknown – Inconnu	446 986	23 132	2 983	30 490	3 159
	Female – Féminin					
8	Total – Totale	1 233 803	19 101	5 533	145 488	8 085
9	Employer – Employeurs	12 642	861	2	1 290	8
10	Own account worker – Personnes travaillant à leur propre compte	100 604	5 610	68	17 583	41
11	Employee – Salariés	820 790	9 532	5 162	117 323	7 529
12	Unpaid family worker – Travailleurs familiaux non rémunérés	6 927	1 762	3	386	3
13	Member of producers'coop– Membres de coopératives de producteurs	2 014	183	7	243	–
14	Unknown – Inconnu	290 826	1 153	291	8 663	504
	ASIA—ASIE					
	Brunei Darussalam – Brunéi Darussalam					
	26 VIII 1981 [1]					
	Male – Masculin					
15	Total – Totale	52 737	2 478	3 478	2 223	1 776
16	Employer – Employeurs	881	27	3	66	3
17	Own account worker – Personnes travaillant à leur propre compte	3 357	1 202	2	126	–
18	Employee – Salariés	48 313	1 178	3 473	2 022	1 773
19	Unpaid family worker – Travailleurs familiaux non rémunérés	186	71	–	9	–
	Female – Féminin					
20	Total – Totale	15 391	957	385	560	185
21	Employer – Employeurs	70	1	–	7	–
22	Own account worker – Personnes travaillant à leur propre compte	899	355	1	59	–
23	Employee – Salariés	14 198	536	384	485	185
24	Unpaid family worker – Travailleurs familiaux non rémunérés	224	65	–	9	–

41. Population active selon la branche d'activité économique, la situation dans la profession, le sexe et la résidence, urbaine/rurale: chaque recensement, 1974 – 1988 (suite)

(Voir notes à la fin du tableau.)

Construction Bâtiment et travaux publics 5	Wholesale and retail trade and restaurants and hotels Commerce de gros et de détail; restaurants et hôtels 6	Transport, storage and communication Transports, entrepôts et communications 7	Financing, insurance, real estate and business services Banques, assurances, affaires immobilières et services fournis aux entreprises 8	Community, social and personal services Services fournis à la collectivité, services sociaux et services personnels 9	Activities not adequately defined Activités mal désignées 0	
378 216	523 668	244 965	120 540	577 788	365 193	1
7 846	38 051	4 445	3 840	11 184	2 632	2
87 838	153 536	64 492	10 936	47 994	29 665	3
259 340	305 475	152 090	98 589	482 380	41 742	4
766	2 610	294	70	674	1 452	5
1 233	2 776	8 768	286	1 514	630	6
21 193	21 220	14 876	6 819	34 042	289 072	7
21 587	208 780	31 522	73 978	612 704	107 025	8
98	7 334	193	495	1 955	406	9
778	44 781	1 564	2 059	20 515	7 605	10
19 313	143 565	27 495	67 249	409 242	14 380	11
29	2 339	31	50	1 529	795	12
19	700	128	87	518	129	13
1 350	10 061	2 111	4 038	178 945	83 710	14
12 089	4 953	3 849	1 377	20 327	187	15
234	391	52	16	88	1	16
327	1 122	324	23	181	50	17
11 520	3 358	3 471	1 335	20 047	136	18
8	82	2	3	11	–	19
555	2 410	680	633	8 955	71	20
4	34	1	4	19	–	21
3	336	1	1	127	16	22
546	1 905	677	626	8 802	52	23
2	135	1	2	7	3	24

41. Economically active population by industry, status, sex and urban/rural residence: each census, 1974 – 1988 (continued)

(See notes at end of table.)

	Continent, country or area, date, sex, status and urban/rural residence Continent, pays ou zone, date, sexe, situation dans la profession et résidence urbaine/rurale	Total economically active Population active totale	Industry Agriculture, hunting, forestry and fishing Agriculture, chasse, sylviculture et pêche 1	Mining and quarrying Industries extractives 2	Manufacturing Industries manufacturières 3	Electricity, gas and water Electricité, gaz et eau 4
	ASIA—ASIE (Cont.–Suite)					
	Hong Kong – Hong-kong					
	11 III 1986* [20]					
	Male – Masculin					
1	Total – Totale	1 716 411	31 090	798	530 536	16 163
2	Employer – Employeurs	98 678	2 947	21	21 385	98
3	Own account worker – Personnes travaillant à leur propre compte	128 377	14 096	28	13 468	49
4	Employee – Salariés	1 410 632	9 130	693	473 843	15 694
5	Unpaid family worker – Travailleurs familiaux non rémunérés	12 001	4 232	–	1 757	–
6	Unknown – Inconnu	66 723	685	56	20 083	322
	Female – Féminin					
7	Total – Totale	1 037 437	17 658	84	454 981	1 890
8	Employer – Employeurs	12 935	203	–	2 667	14
9	Own account worker – Personnes travaillant à leur propre compte	44 499	5 055	7	3 332	–
10	Employee – Salariés	899 074	3 837	56	421 206	1 869
11	Unpaid family worker – Travailleurs familiaux non rémunérés	37 077	8 202	7	8 995	–
12	Unknown – Inconnu	43 852	361	14	18 781	7
	Iraq					
	12 X 1977					
	Male – Masculin					
13	Total – Totale	2 589 561	591 066	34 716	235 777	22 241
14	Employer – Employeurs	38 998	6 425	91	10 471	–
15	Own account worker – Personnes travaillant à leur propre compte	512 519	229 476	1 341	39 144	–
16	Employee – Salariés	1 715 509	132 291	32 984	183 323	22 241
17	Unpaid family worker – Travailleurs familiaux non rémunérés	41 452	34 051	216	1 751	–
18	Member of producers'coop– Membres de coopératives de producteurs	186 447	186 447	–	–	–
19	Unknown – Inconnu	30 358	2 376	84	1 088	–
	Female – Féminin					
20	Total – Totale	544 378	352 824	2 119	48 618	949
21	Employer – Employeurs	1 255	416	1	391	–
22	Own account worker – Personnes travaillant à leur propre compte	41 149	13 577	136	17 597	–
23	Employee – Salariés	149 192	13 588	1 496	25 217	949
24	Unpaid family worker – Travailleurs familiaux non rémunérés	316 577	309 063	473	5 034	–
25	Member of producers'coop– Membres de coopératives de producteurs	15 645	15 645	–	–	–
26	Unknown – Inconnu	10 113	535	13	379	–

41. Population active selon la branche d'activité économique, la situation dans la profession, le sexe et la résidence, urbaine/rurale: chaque recensement, 1974 – 1988 (suite)

(Voir notes à la fin du tableau.)

Branche d'activité économique						
Construction Bâtiment et travaux publics 5	Wholesale and retail trade and restaurants and hotels Commerce de gros et de détail; restaurants et hôtels 6	Transport, storage and communication Transports, entrepôts et communications 7	Financing, insurance, real estate and business services Banques, assurances, affaires immobilières et services fournis aux entreprises 8	Community, social and personal services Services fournis à la collectivité, services sociaux et services personnels 9	Activities not adequately defined Activités mal désignées 0	
162 218	404 148	187 652	105 287	266 885	[21] 11 634	1
4 410	54 676	4 424	4 200	6 209	[21] 308	2
3 857	60 801	19 894	2 093	13 727	[21] 364	3
145 306	267 525	155 942	95 963	240 467	[21] 6 069	4
217	4 997	322	119	280	[21] 77	5
8 428	16 149	7 070	2 912	6 202	[21] 4 816	6
10 954	212 860	30 940	69 489	231 154	[21] 7 427	7
175	7 671	476	616	1 050	[21] 63	8
140	21 048	994	322	13 482	[21] 119	9
9 890	156 197	27 671	66 360	209 447	[21] 2 541	10
273	17 003	644	294	1 505	[21] 154	11
476	10 941	1 155	1 897	5 670	[21] 4 550	12
316 560	207 949	172 814	26 023	871 879	[21] 110 536	13
4 909	9 673	1 804	466	4 793	[21] 366	14
39 370	109 021	54 448	4 720	31 465	[21] 3 534	15
269 976	86 377	114 062	20 528	832 952	[21] 20 775	16
589	1 798	1 385	200	852	[21] 610	17
–	–	–	–	–	–	18
1 716	1 080	1 115	109	1 817	[21] 20 973	19
5 136	16 155	4 985	5 066	86 100	[21] 22 426	20
29	246	8	7	123	[21] 34	21
254	7 032	258	53	1 573	[21] 669	22
4 788	8 047	4 668	4 991	83 871	[21] 1 577	23
30	725	26	5	258	[21] 963	24
–	–	–	–	–	–	25
35	105	25	10	275	[21] 8 736	26

41. Economically active population by industry, status, sex and urban/rural residence: each census, 1974 – 1988 (continued)

(See notes at end of table.)

	Continent, country or area, date, sex, status and urban/rural residence / Continent, pays ou zone, date, sexe, situation dans la profession et résidence urbaine/rurale	Total economically active / Population active totale	Industry: Agriculture, hunting, forestry and fishing / Agriculture, chasse, sylviculture et pêche	Mining and quarrying / Industries extractives	Manufacturing / Industries manufacturières	Electricity, gas and water / Electricité, gaz et eau
			1	2	3	4
	ASIA—ASIE (Cont.–Suite)					
	Israel – Israël [22]					
	4 VI 1983 [9 23]					
	Male – Masculin					
1	Total – Totale	886 075	46 500	...	...	11 540
2	Employer and own account worker – Employeurs et personnes travaillant à leur propre compte	135 520	15 375	...	...	235
3	Employee – Salariés	671 010	14 860	...	...	11 030
4	Unpaid family worker – Travailleurs familiaux non rémunérés	3 940	1 795	...	...	10
5	Unknown – Inconnu	75 605	14 470	...	...	265
	Female – Féminin					
6	Total – Totale	556 495	14 695	...	...	1 945
7	Employer and own account worker – Employeurs et personnes travaillant à leur propre compte	26 200	3 185	...	...	5
8	Employee – Salariés	451 990	5 310	...	...	1 930
9	Unpaid family worker – Travailleurs familiaux non rémunérés	7 910	1 715	...	...	–
10	Unknown – Inconnu	70 395	4 485	...	...	10
	Japan – Japon					
	1 X 1985 [1 3 24]					
	Male – Masculin					
11	Total – Totale	35 679 165	2 927 466	84 225	8 710 355	293 151
12	Employer – Employeurs	1 799 761	85 822	1 348	303 893	1
13	Own account worker – Personnes travaillant à leur propre compte	4 846 862	2 075 422	1 299	420 299	3
14	Employee – Salariés	28 058 950	329 924	81 126	7 874 040	293 145
15	Unpaid family worker – Travailleurs familiaux non rémunérés [25]	972 150	435 721	452	112 003	2
	Female – Féminin					
16	Total – Totale	22 678 067	2 484 727	11 091	5 262 249	43 690
17	Employer – Employeurs	369 898	4 991	43	21 053	–
18	Own account worker – Personnes travaillant à leur propre compte	1 953 715	388 352	10	451 291	–
19	Employee – Salariés	15 931 314	111 732	10 309	4 307 128	43 689
20	Unpaid family worker – Travailleurs familiaux non rémunérés [25]	4 420 660	1 978 899	728	482 447	–
	Jordan – Jordanie [26]					
	10 XI 1979* [1 27]					
	Male – Masculin					
21	Total – Totale	376 528	...	...	...	...
	Female – Féminin					
22	Total – Totale	29 541	364	44	1 899	30
23	Employer – Employeurs	211	4	–	44	–
24	Own account worker – Personnes travaillant à leur propre compte	1 085	60	1	620	1
25	Employee – Salariés	28 001	244	43	1 173	29
26	Unpaid family worker – Travailleurs familiaux non rémunérés	139	51	–	50	–
27	Unknown – Inconnu	105	5	–	12	–

41. Population active selon la branche d'activité économique, la situation dans la profession, le sexe et la résidence, urbaine/rurale: chaque recensement, 1974 – 1988 (suite)

(Voir notes à la fin du tableau.)

Branche d'activité économique						
Construction Bâtiment et travaux publics 5	Wholesale and retail trade and restaurants and hotels Commerce de gros et de détail; restaurants et hôtels 6	Transport, storage and communication Transports, entrepôts et communications 7	Financing, insurance, real estate and business services Banques, assurances, affaires immobilières et services fournis aux entreprises 8	Community, social and personal services Services fournis à la collectivité, services sociaux et services personnels 9	Activities not adequately defined Activités mal désignées 0	
72 890	103 710	67 420	67 055	215 900	70 340	1
13 690	36 015	9 645	14 205	17 435	5 305	2
57 355	64 485	56 595	51 885	189 630	29 940	3
230	805	65	80	345	155	4
1 615	2 405	1 115	885	8 490	34 940	5
5 300	59 395	16 695	63 350	268 595	48 090	6
140	7 725	365	2 660	8 430	1 080	7
5 035	44 150	14 335	59 360	238 580	15 650	8
55	3 155	90	605	875	400	9
70	4 365	1 905	725	20 710	30 960	10
4 579 404	7 135 730	3 068 467	1 185 596	7 615 812	78 959	11
381 085	605 674	31 630	28 171	361 194	943	12
512 619	1 031 694	109 265	93 880	596 546	5 835	13
3 592 641	5 248 188	2 921 749	1 059 465	6 586 802	71 870	14
92 809	250 011	5 774	4 013	71 090	275	15
686 891	6 246 675	441 567	1 023 583	6 390 035	87 559	16
3 180	227 673	1 386	6 226	104 990	356	17
1 317	494 498	2 180	40 647	572 728	2 692	18
515 427	4 230 080	414 853	944 709	5 271 246	82 141	19
166 928	1 294 005	23 137	31 907	440 637	1 972	20
...	...	...	...	...	...	21
220	862	155	1 306	24 659	2	22
4	49	3	2	105	–	23
1	114	2	14	272	–	24
214	668	150	1 289	24 189	2	25
–	25	–	1	12	–	26
1	6	–	–	81	–	27

41. Economically active population by industry, status, sex and urban/rural residence: each census, 1974 – 1988 (continued)

(See notes at end of table.)

	Continent, country or area, date, sex, status and urban/rural residence Continent, pays ou zone, date, sexe, situation dans la profession et résidence urbaine/rurale	Total economically active Population active totale	Industry Agriculture, hunting, forestry and fishing Agriculture, chasse, sylviculture et pêche 1	Mining and quarrying Industries extractives 2	Manufacturing Industries manufacturières 3	Electricity, gas and water Electricité, gaz et eau 4
	ASIA—ASIE (Cont.–Suite)					
	Kuwait – Koweït					
	21 IV 1985 [10]					
	Male – Masculin					
1	Total – Totale	532 805	12 514	6 701	49 814	7 397
2	Employer – Employeurs	11 185	47	9	1 376	–
3	Own account worker – Personnes travaillant à leur propre compte	28 363	691	2	1 823	–
4	Employee – Salariés	490 585	11 271	6 674	46 408	7 378
5	Unpaid family worker – Travailleurs familiaux non rémunérés	863	439	–	58	–
6	Unknown – Inconnu	1 809	66	16	149	19
	Female – Féminin					
7	Total – Totale	129 783	118	332	1 275	69
8	Employer – Employeurs	211	–	–	19	–
9	Own account worker – Personnes travaillant à leur propre compte	114	7	–	40	–
10	Employee – Salariés	129 137	89	330	1 203	69
11	Unpaid family worker – Travailleurs familiaux non rémunérés	37	21	–	–	–
12	Unknown – Inconnu	284	1	2	13	–
	Macau – Macao					
	16 III 1981 [10]					
	Male – Masculin					
13	Total – Totale	78 448	5 102	65	27 032	795
14	Employer – Employeurs	3 332	481	–	766	–
15	Own account worker – Personnes travaillant à leur propre compte	7 405	1 226	1	878	–
16	Employee – Salariés	65 335	1 733	64	25 246	795
17	Unpaid family worker – Travailleurs familiaux non rémunérés	2 258	1 662	–	140	–
18	Unknown – Inconnu	118	–	–	2	–
	Female – Féminin					
19	Total – Totale	46 612	2 449	6	29 272	81
20	Employer – Employeurs	329	33	–	69	–
21	Own account worker – Personnes travaillant à leur propre compte	1 258	111	–	71	–
22	Employee – Salariés	42 745	856	6	29 026	81
23	Unpaid family worker – Travailleurs familiaux non rémunérés	2 128	1 449	–	103	–
24	Unknown – Inconnu	152	–	–	3	–
	Maldives					
	25 III 1985 [10]					
	Male – Masculin					
25	Total – Totale	40 313	13 843	604	5 116	500
26	Employer – Employeurs	1 574	273	25	167	13
27	Own account worker – Personnes travaillant à leur propre compte	17 663	10 826	385	2 537	86
28	Employee – Salariés	17 619	776	120	2 044	386
29	Unpaid family worker – Travailleurs familiaux non rémunérés	2 012	1 431	58	220	5
30	Unknown – Inconnu	1 445	537	16	148	10

41. Population active selon la branche d'activité économique, la situation dans la profession, le sexe et la résidence, urbaine/rurale: chaque recensement, 1974 – 1988 (suite)

(Voir notes à la fin du tableau.)

Branche d'activité économique						
Construction Bâtiment et travaux publics 5	Wholesale and retail trade and restaurants and hotels Commerce de gros et de détail; restaurants et hôtels 6	Transport, storage and communication Transports, entrepôts et communications 7	Financing, insurance, real estate and business services Banques, assurances, affaires immobilières et services fournis aux entreprises 8	Community, social and personal services Services fournis à la collectivité, services sociaux et services personnels 9	Activities not adequately defined Activités mal désignées 0	
122 969	72 456	35 036	17 043	208 875	–	1
1 480	5 776	262	827	1 408	–	2
10 423	9 705	2 286	599	2 834	–	3
110 496	56 562	32 357	15 568	203 871	–	4
38	207	10	16	95	–	5
532	206	121	33	667	–	6
1 187	3 475	2 169	3 304	117 854	–	7
9	95	2	15	71	–	8
–	64	–	–	3	–	9
1 157	3 263	2 156	3 260	117 610	–	10
1	10	–	3	2	–	11
20	43	11	26	168	–	12
9 345	16 936	5 106	1 419	12 644	4	13
180	1 539	73	58	234	1	14
72	3 668	691	60	809	–	15
9 082	11 344	4 330	1 299	11 439	3	16
9	383	12	2	50	–	17
2	2	–	–	112	–	18
592	6 166	670	772	6 602	2	19
9	199	8	2	9	–	20
–	922	41	3	110	–	21
581	4 508	609	765	6 311	2	22
1	537	12	2	24	–	23
1	–	–	–	148	–	24
2 528	5 129	3 212	366	8 157	858	25
69	339	66	19	570	33	26
1 557	1 055	454	48	538	177	27
753	3 516	2 527	290	6 793	414	28
78	104	40	1	50	25	29
71	115	125	8	206	209	30

41. Economically active population by industry, status, sex and urban/rural residence: each census, 1974 – 1988 (continued)

(See notes at end of table.)

	Continent, country or area, date, sex, status and urban/rural residence Continent, pays ou zone, date, sexe, situation dans la profession et résidence urbaine/rurale	Total economically active Population active totale	Industry Agriculture, hunting, forestry and fishing Agriculture, chasse, sylviculture et pêche 1	Mining and quarrying Industries extractives 2	Manufacturing Industries manufacturières 3	Electricity, gas and water Electricité, gaz et eau 4
	ASIA—ASIE (Cont.–Suite)					
	Maldives					
	25 III 1985 [10]					
	Female – Féminin					
1	Total – Totale	11 116	1 600	39	6 443	4
2	Employer – Employeurs	81	10	–	21	–
3	Own account worker – Personnes travaillant à leur propre compte	6 504	1 104	22	4 638	–
4	Employee – Salariés	2 820	20	2	873	4
5	Unpaid family worker – Travailleurs familiaux non rémunérés	1 179	389	12	660	–
6	Unknown – Inconnu	532	77	3	251	–
	Myanmar [28]					
	31 III 1983 [10]					
	Male – Masculin					
7	Total – Totale	7 654 781	5 059 440	53 377	561 799	19 239
8	Employer – Employeurs	118 831	92 339	561	10 715	61
9	Own account worker – Personnes travaillant à leur propre compte	3 562 845	2 715 410	13 949	187 147	3 161
10	Employee – Salariés	2 347 006	804 600	35 633	317 733	15 746
11	Unpaid family worker – Travailleurs familiaux non rémunérés	1 547 897	1 440 713	2 026	37 837	148
12	Member of producers'coop– Membres de coopératives de producteurs	69 826	6 378	1 208	8 367	123
13	Unknown – Inconnu	8 376	–	–	–	–
	Female – Féminin					
14	Total – Totale	4 345 790	2 696 666	16 617	543 541	1 678
15	Employer – Employeurs	70 189	58 432	72	6 355	16
16	Own account worker – Personnes travaillant à leur propre compte	1 212 135	411 028	7 914	182 484	412
17	Employee – Salariés	943 109	365 934	5 739	246 449	1 235
18	Unpaid family worker – Travailleurs familiaux non rémunérés	2 072 979	1 859 699	2 258	87 810	15
19	Member of producers'coop– Membres de coopératives de producteurs	45 768	1 573	634	20 443	–
20	Unknown – Inconnu	1 610	–	–	–	–
	Qatar					
	16 III 1986* [10]					
	Male – Masculin					
21	Total – Totale	180 756	6 279	4 632	13 791	5 264
22	Employer – Employeurs	1 614	28	2	136	–
23	Own account worker – Personnes travaillant à leur propre compte	1 921	55	–	184	–
24	Employee – Salariés	177 030	6 183	4 630	13 464	5 264
25	Unpaid family worker – Travailleurs familiaux non rémunérés	71	13	–	7	–
26	Unknown – Inconnu	120	–	–	–	–

41. Population active selon la branche d'activité économique, la situation dans la profession, le sexe et la résidence, urbaine/rurale: chaque recensement, 1974 – 1988 (suite)

(Voir notes à la fin du tableau.)

Construction Bâtiment et travaux publics 5	Wholesale and retail trade and restaurants and hotels Commerce de gros et de détail; restaurants et hôtels 6	Transport, storage and communication Transports, entrepôts et communications 7	Financing, insurance, real estate and business services Banques, assurances, affaires immobilières et services fournis aux entreprises 8	Community, social and personal services Services fournis à la collectivité, services sociaux et services personnels 9	Activities not adequately defined Activités mal désignées 0	
35	305	115	52	2 274	249	1
1	17	2	1	24	5	2
18	184	23	3	427	85	3
10	37	78	47	1 693	56	4
5	50	4	–	49	10	5
1	17	8	1	81	93	6
143 638	601 678	335 481	625 065	–	255 064	7
1 354	4 529	5 195	1 712	–	2 365	8
30 115	374 556	102 850	75 399	–	60 258	9
109 705	133 409	216 959	529 169	–	184 052	10
1 780	48 370	5 452	5 224	–	6 347	11
684	40 814	5 025	5 185	–	2 042	12
–	–	–	8 376	–	–	13
13 164	760 575	9 649	181 318	–	122 582	14
61	3 094	967	435	–	757	15
426	570 588	1 280	11 111	–	26 892	16
12 439	54 897	6 804	163 764	–	85 848	17
187	112 489	305	1 690	–	8 526	18
51	19 507	293	2 708	–	559	19
–	–	–	1 610	–	–	20
40 408	21 647	7 075	2 850	78 322	488	21
259	957	33	71	117	11	22
273	849	187	54	297	22	23
39 871	19 814	6 855	2 724	77 886	339	24
3	26	–	–	21	1	25
2	1	–	1	1	115	26

41. Economically active population by industry, status, sex and urban/rural residence: each census, 1974 – 1988 (continued)

(See notes at end of table.)

	Continent, country or area, date, sex, status and urban/rural residence Continent, pays ou zone, date, sexe, situation dans la profession et résidence urbaine/rurale	Total economically active Population active totale	Industry: Agriculture, hunting, forestry and fishing Agriculture, chasse, sylviculture et pêche 1	Mining and quarrying Industries extractives 2	Manufacturing Industries manufacturières 3	Electricity, gas and water Electricité, gaz et eau 4
	ASIA—ASIE (Cont.–Suite)					
	Qatar					
	16 III 1986* [10]					
	Female – Féminin					
1	Total – Totale	19 482	4	175	123	2
2	Employer – Employeurs	11	–	–	–	–
3	Own account worker – Personnes travaillant à leur propre compte	10	1	–	1	–
4	Employee – Salariés	19 458	3	175	122	2
5	Unpaid family worker – Travailleurs familiaux non rémunérés	3	–	–	–	–
	Sri Lanka					
	17 III 1981 [1 3]					
	Male – Masculin					
6	Total – Totale	3 248 428	1 416 689	31 473	313 885	15 268
7	Employer – Employeurs	63 789	12 535	588	11 282	52
8	Own account worker – Personnes travaillant à leur propre compte	1 054 111	797 282	4 631	44 601	234
9	Employee – Salariés	2 061 822	549 457	25 755	256 014	14 975
10	Unpaid family worker – Travailleurs familiaux non rémunérés	68 706	57 415	499	1 988	7
	Female – Féminin					
11	Total – Totale	870 837	459 139	2 341	94 836	726
12	Employer – Employeurs	7 273	2 911	21	1 863	4
13	Own account worker – Personnes travaillant à leur propre compte	115 703	88 221	135	10 017	2
14	Employee – Salariés	707 647	332 035	2 172	82 138	718
15	Unpaid family worker – Travailleurs familiaux non rémunérés	40 214	35 972	13	818	2
	Syrian Arab Republic – République arabe syrienne					
	7 IX 1981 [1 29]					
	Male – Masculin					
16	Total – Totale	1 819 557	438 143	10 022	272 234	17 709
17	Employer – Employeurs	78 090	21 794	80	16 768	53
18	Own account worker – Personnes travaillant à leur propre compte	484 408	229 919	450	44 443	245
19	Employee – Salariés	1 124 880	91 194	9 423	202 167	17 387
20	Unpaid family worker – Travailleurs familiaux non rémunérés	122 060	94 904	65	8 258	18
21	Member of producers'coop– Membres de coopératives de producteurs	1 679	279	3	539	5
22	Unknown – Inconnu	8 440	53	1	59	1

41. Population active selon la branche d'activité économique, la situation dans la profession, le sexe et la résidence, urbaine/rurale: chaque recensement, 1974 – 1988 (suite)

(Voir notes à la fin du tableau.)

Branche d'activité économique						
Construction Bâtiment et travaux publics 5	Wholesale and retail trade and restaurants and hotels Commerce de gros et de détail; restaurants et hôtels 6	Transport, storage and communication Transports, entrepôts et communications 7	Financing, insurance, real estate and business services Banques, assurances, affaires immobilières et services fournis aux entreprises 8	Community, social and personal services Services fournis à la collectivité, services sociaux et services personnels 9	Activities not adequately defined Activités mal désignées 0	
115	317	282	307	18 144	13	1
–	4	–	1	6	–	2
–	1	–	–	7	–	3
115	311	282	306	18 129	13	4
–	1	–	–	2	–	5
129 134	399 520	191 323	46 834	393 895	310 407	6
2 592	24 421	2 263	881	4 897	4 278	7
7 077	146 654	7 568	2 100	24 147	19 817	8
119 317	223 680	181 192	43 791	363 157	284 484	9
148	4 765	300	62	1 694	1 828	10
4 834	37 798	8 251	10 093	193 945	58 874	11
31	1 008	40	76	753	566	12
57	10 711	74	179	2 931	3 376	13
4 739	24 953	8 127	9 830	188 914	54 021	14
7	1 126	10	8	1 347	911	15
325 078	174 448	125 363	13 953	334 626	107 981	16
6 390	21 526	2 987	1 160	6 746	586	17
43 713	92 832	33 463	4 568	32 804	1 971	18
270 766	50 287	86 669	8 104	292 244	96 639	19
3 847	9 682	2 161	114	2 449	562	20
236	100	59	3	351	104	21
126	21	24	4	32	8 119	22

41. Economically active population by industry, status, sex and urban/rural residence: each census, 1974 – 1988 (continued)

(See notes at end of table.)

	Continent, country or area, date, sex, status and urban/rural residence Continent, pays ou zone, date, sexe, situation dans la profession et résidence urbaine/rurale	Total economically active Population active totale	Industry Agriculture, hunting, forestry and fishing Agriculture, chasse, sylviculture et pêche 1	Mining and quarrying Industries extractives 2	Manufacturing Industries manufacturières 3	Electricity, gas and water Electricité, gaz et eau 4
	ASIA—ASIE (Cont.–Suite)					
	Syrian Arab Republic – République arabe syrienne					
	7 IX 1981 [1 29]					
	Female – Féminin					
1	Total – Totale	167 996	51 297	88	32 552	878
2	Employer – Employeurs	1 694	483	1	650	2
3	Own account worker – Personnes travaillant à leur propre compte	19 046	5 741	6	10 362	4
4	Employee – Salariés	106 952	8 242	74	19 128	871
5	Unpaid family worker – Travailleurs familiaux non rémunérés	39 482	36 752	7	2 069	1
6	Member of producers'coop– Membres de coopératives de producteurs	518	75	–	339	–
7	Unknown – Inconnu	304	4	–	4	–
	Turkey – Turquie					
	20 X 1985 [1]					
	Male – Masculin					
8	Total – Totale	13 064 053	5 634 276	135 329	1 853 121	22 129
9	Employer – Employeurs	182 198	5 435	907	65 231	–
10	Own account worker – Personnes travaillant à leur propre compte	4 311 114	2 794 019	1 282	275 338	–
11	Employee – Salariés	5 905 699	334 748	132 785	1 467 216	22 129
12	Unpaid family worker – Travailleurs familiaux non rémunérés	2 663 496	2 500 007	350	45 207	–
13	Unknown – Inconnu	1 546	67	5	129	–
	25 X 1985 [1]					
	Female – Féminin					
14	Total – Totale	7 492 733	6 484 257	1 797	332 248	1 095
15	Employer – Employeurs	10 750	2 456	9	2 360	–
16	Own account worker – Personnes travaillant à leur propre compte	351 067	284 173	3	29 569	–
17	Employee – Salariés	1 072 481	188 962	1 783	261 578	1 095
18	Unpaid family worker – Travailleurs familiaux non rémunérés	6 058 365	6 008 660	2	38 732	–
19	Unknown – Inconnu	70	6	–	9	–
	EUROPE					
	Belgium – Belgique					
	1 III 1981 [1 9]					
	Male – Masculin					
20	Total – Totale	2 328 008	87 671	114 576	582 908	31 665
21	Employer – Employeurs	108 863	4 286	259	18 222	31
22	Own account worker – Personnes travaillant à leur propre compte	249 878	67 509	230	17 149	41
23	Employee – Salariés	1 937 578	9 253	114 019	545 303	31 572
24	Unpaid family worker – Travailleurs familiaux non rémunérés	19 996	6 597	48	1 976	9
25	Unknown – Inconnu	11 693	26	20	258	12

41. Population active selon la branche d'activité économique, la situation dans la profession, le sexe et la résidence, urbaine/rurale: chaque recensement, 1974 – 1988 (suite)

(Voir notes à la fin du tableau.)

Construction Bâtiment et travaux publics 5	Wholesale and retail trade and restaurants and hotels Commerce de gros et de détail; restaurants et hôtels 6	Transport, storage and communication Transports, entrepôts et communications 7	Financing, insurance, real estate and business services Banques, assurances, affaires immobilières et services fournis aux entreprises 8	Community, social and personal services Services fournis à la collectivité, services sociaux et services personnels 9	Activities not adequately defined Activités mal désignées 0	
3 856	4 765	3 043	2 413	67 560	1 544	1
16	182	17	22	312	9	2
131	1 116	70	87	1 467	62	3
3 620	3 175	2 931	2 294	65 547	1 070	4
82	286	20	9	142	114	5
4	5	5	1	86	3	6
3	1	–	–	6	286	7
743 849	1 300 838	584 501	290 556	2 406 041	93 413	8
18 823	57 152	8 260	8 532	14 359	3 499	9
31 157	715 366	259 890	48 305	168 519	17 238	10
691 099	444 753	301 935	232 900	2 208 715	69 419	11
2 525	83 503	14 297	817	14 416	2 374	12
245	64	119	2	32	883	13
6 697	81 798	31 387	98 698	441 248	13 508	14
154	2 731	222	586	1 238	994	15
172	23 295	1 827	3 845	7 210	973	16
6 267	48 694	29 034	93 863	431 107	10 098	17
102	7 073	304	404	1 689	1 399	18
2	5	–	–	4	44	19
240 441	345 254	235 009	140 151	494 141	56 192	20
18 488	43 379	3 588	9 351	9 779	1 480	21
21 009	87 611	6 787	18 227	28 522	2 793	22
198 741	206 350	223 457	112 118	454 455	42 310	23
1 940	7 436	572	285	872	261	24
263	478	605	170	513	9 348	25

41. Economically active population by industry, status, sex and urban/rural residence: each census, 1974 – 1988 (continued)

(See notes at end of table.)

	Continent, country or area, date, sex, status and urban/rural residence Continent, pays ou zone, date, sexe, situation dans la profession et résidence urbaine/rurale	Total economically active Population active totale	Industry: Agriculture, hunting, forestry and fishing Agriculture, chasse, sylviculture et pêche 1	Mining and quarrying Industries extractives 2	Manufacturing Industries manufacturières 3	Electricity, gas and water Electricité, gaz et eau 4
	EUROPE (Cont.–Suite)					
	Belgium – Belgique					
	1 III 1981 [19]					
	Female – Féminin					
1	Total – Totale	1 191 062	25 597	4 855	198 264	2 906
2	Employer – Employeurs	19 469	298	17	1 325	–
3	Own account worker – Personnes travaillant à leur propre compte	104 590	11 236	15	2 160	7
4	Employee – Salariés	994 994	1 321	4 799	191 095	2 891
5	Unpaid family worker – Travailleurs familiaux non rémunérés	64 819	12 736	24	3 591	8
6	Unknown – Inconnu	7 190	6	–	93	–
	Denmark – Danemark [30]					
	1 I 1981 [9]					
	Male – Masculin					
7	Total – Totale	1 509 702	142 243	2 361	321 420	13 447
8	Employer – Employeurs	88 672	21 080	131	8 959	–
9	Own account worker – Personnes travaillant à leur propre compte	148 402	81 932	118	8 110	–
10	Employee – Salariés	1 272 417	39 227	2 112	304 329	13 447
11	Unpaid family worker – Travailleurs familiaux non rémunérés	211	4	–	22	–
	Female – Féminin					
12	Total – Totale	1 195 623	51 964	379	144 967	2 737
13	Employer – Employeurs	11 986	1 266	8	811	–
14	Own account worker – Personnes travaillant à leur propre compte	32 657	5 666	17	2 122	–
15	Employee – Salariés	1 082 451	9 760	300	137 149	2 737
16	Unpaid family worker – Travailleurs familiaux non rémunérés	68 529	35 272	54	4 885	–
	Finland – Finlande					
	17 XI 1985 [19]					
	Male – Masculin					
17	Total – Totale	1 186 869	150 766	6 260	329 011	20 269
18	Employer – Employeurs	39 159	6 842	107	5 257	–
19	Own account worker – Personnes travaillant à leur propre compte	138 230	88 363	127	6 538	–
20	Employee – Salariés	991 736	42 030	6 008	316 543	20 269
21	Unpaid family worker – Travailleurs familiaux non rémunérés	17 708	13 521	18	671	–
22	Unknown – Inconnu	36	10	–	2	–
	Female – Féminin					
23	Total – Totale	1 090 018	91 065	1 028	192 174	5 494
24	Employer – Employeurs	11 199	1 104	5	766	–
25	Own account worker – Personnes travaillant à leur propre compte	40 124	15 663	3	3 091	–
26	Employee – Salariés	964 400	12 902	1 009	186 356	5 494
27	Unpaid family worker – Travailleurs familiaux non rémunérés	74 265	61 386	11	1 957	–
28	Unknown – Inconnu	30	10	–	4	–

41. Population active selon la branche d'activité économique, la situation dans la profession, le sexe et la résidence, urbaine/rurale: chaque recensement, 1974 – 1988 (suite)

(Voir notes à la fin du tableau.)

Construction Bâtiment et travaux publics 5	Wholesale and retail trade and restaurants and hotels Commerce de gros et de détail; restaurants et hôtels 6	Transport, storage and communication Transports, entrepôts et communications 7	Financing, insurance, real estate and business services Banques, assurances, affaires immobilières et services fournis aux entreprises 8	Community, social and personal services Services fournis à la collectivité, services sociaux et services personnels 9	Activities not adequately defined Activités mal désignées 0	
11 050	265 893	35 219	87 005	524 501	35 772	1
546	11 606	375	866	3 963	473	2
379	59 539	711	7 445	21 800	1 298	3
8 522	159 567	32 641	75 422	491 283	27 453	4
1 593	34 975	1 314	3 188	6 753	637	5
10	206	178	84	702	5 911	6
160 173	230 495	135 450	90 862	304 540	108 711	7
13 506	22 204	5 534	6 431	10 558	269	8
11 338	19 291	8 057	6 426	10 203	2 927	9
135 322	188 858	121 849	78 001	283 763	105 509	10
7	142	10	4	16	6	11
18 743	192 993	40 479	84 539	562 155	96 667	12
272	5 441	399	798	2 893	98	13
324	8 864	529	1 757	6 585	6 793	14
13 359	163 779	37 229	80 413	548 262	89 463	15
4 788	14 909	2 322	1 571	4 415	313	16
152 971	134 022	126 288	64 122	198 346	4 814	17
6 355	9 367	5 276	2 517	3 304	134	18
9 472	8 052	11 635	3 980	8 647	1 416	19
136 441	115 354	108 845	57 425	185 968	2 853	20
698	1 249	531	199	424	397	21
5	–	1	1	3	14	22
15 389	195 078	46 338	90 225	450 516	2 711	23
122	5 384	282	504	3 001	31	24
90	7 009	414	1 849	11 263	742	25
14 371	176 734	44 558	87 079	434 581	1 316	26
805	5 949	1 084	793	1 665	615	27
1	2	–	–	6	7	28

41. Economically active population by industry, status, sex and urban/rural residence: each census, 1974 – 1988 (continued)

(See notes at end of table.)

	Continent, country or area, date, sex, status and urban/rural residence Continent, pays ou zone, date, sexe, situation dans la profession et résidence urbaine/rurale	Total economically active Population active totale	Industry Agriculture, hunting, forestry and fishing Agriculture, chasse, sylviculture et pêche 1	Mining and quarrying Industries extractives 2	Manufacturing Industries manufacturières 3	Electricity, gas and water Electricité, gaz et eau 4
	EUROPE (Cont.–Suite)					
	Ireland – Irlande					
	5 IV 1981					
	Male – Masculin					
1	Total – Totale	912 495	182 806	12 105	196 370	13 539
2	Employer and own account worker – Employeurs et personnes travaillant à leur propre compte	209 532	133 295	45	8 282	–
3	Employee – Salariés	575 875	21 364	10 688	165 914	13 004
4	Unpaid family worker – Travailleurs familiaux non rémunérés	23 263	21 133	–	170	–
5	Member of producers'coop– Membres de coopératives de producteurs	12 546	–	–	–	–
6	Unknown – Inconnu	91 279	7 014	1 372	22 004	535
	Female – Féminin					
7	Total – Totale	358 627	12 881	405	70 436	1 444
8	Employer and own account worker – Employeurs et personnes travaillant à leur propre compte	22 173	8 279	–	578	–
9	Employee – Salariés	301 549	1 304	386	63 129	1 430
10	Unpaid family worker – Travailleurs familiaux non rémunérés	5 435	3 180	1	71	–
11	Member of producers'coop– Membres de coopératives de producteurs	7 653	–	–	–	–
12	Unknown – Inconnu	21 817	118	18	6 658	14
	Italy – Italie					
	25 X 1981					
	Male – Masculin					
13	Total – Totale	14 793 156	1 430 497	739 406	3 357 052	215 087
14	Employer – Employeurs	575 617	19 907	5 625	43 077	260
15	Own account worker – Personnes travaillant à leur propre compte	2 502 730	704 433	27 170	412 251	1
16	Employee – Salariés	10 264 551	654 292	704 363	2 869 136	214 824
17	Unpaid family worker – Travailleurs familiaux non rémunérés	242 582	51 865	2 248	32 588	2
18	Unknown – Inconnu	1 207 676	–	–	–	–
	Female – Féminin					
19	Total – Totale	7 757 197	809 825	162 348	1 656 538	26 207
20	Employer – Employeurs	104 758	3 934	592	7 155	29
21	Own account worker – Personnes travaillant à leur propre compte	862 436	240 917	3 688	107 978	–
22	Employee – Salariés	5 313 746	470 069	156 186	1 502 600	26 175
23	Unpaid family worker – Travailleurs familiaux non rémunérés	379 917	94 905	1 882	38 805	3
24	Unknown – Inconnu	1 096 340	–	–	–	–

41. Population active selon la branche d'activité économique, la situation dans la profession, le sexe et la résidence urbaine/rurale: chaque recensement, 1974 – 1988 (suite)

(Voir notes à la fin du tableau.)

Branche d'activité économique						
Construction Bâtiment et travaux publics 5	Wholesale and retail trade and restaurants and hotels Commerce de gros et de détail; restaurants et hôtels 6	Transport, storage and communication Transports, entrepôts et communications 7	Financing, insurance, real estate and business services Banques, assurances, affaires immobilières et services fournis aux entreprises 8	Community, social and personal services Services fournis à la collectivité, services sociaux et services personnels 9	Activities not adequately defined Activités mal désignées 0	
129 379	120 279	60 407	21 965	138 435	37 210	1
16 986	29 452	5 676	1 918	12 050	1 828	2
81 852	80 197	50 220	19 628	120 426	12 582	3
294	1 356	89	11	164	46	4
–	–	–	–	–	12 546	5
30 247	9 274	4 422	408	5 795	10 208	6
3 253	58 693	13 690	20 792	158 827	18 206	7
26	8 511	160	159	4 188	272	8
3 006	44 920	13 099	20 181	147 689	6 405	9
26	1 707	42	27	349	32	10
–	–	–	–	–	7 653	11
195	3 555	389	425	6 601	3 844	12
1 768 723	2 178 816	1 092 728	638 442	2 164 729	1 207 676	13
52 706	198 714	4 763	172 013	78 552	–	14
298 444	817 526	146 343	16 121	80 441	–	15
1 404 118	1 033 470	934 765	448 774	2 000 809	–	16
13 455	129 106	6 857	1 534	4 927	–	17
–	–	–	–	–	1 207 676	18
76 490	1 304 842	162 706	281 891	2 180 010	1 096 340	19
1 302	48 438	953	23 791	18 564	–	20
3 190	415 158	3 272	5 362	82 871	–	21
69 707	614 971	156 288	249 305	2 068 445	–	22
2 291	226 275	2 193	3 433	10 130	–	23
–	–	–	–	–	1 096 340	24

41. Economically active population by industry, status, sex and urban/rural residence: each census, 1974 – 1988 (continued)

(See notes at end of table.)

	Continent, country or area, date, sex, status and urban/rural residence Continent, pays ou zone, date, sexe, situation dans la profession et résidence urbaine/rurale	Total economically active Population active totale	Industry Agriculture, hunting, forestry and fishing Agriculture, chasse, sylviculture et pêche 1	Mining and quarrying Industries extractives 2	Manufacturing Industries manufacturières 3	Electricity, gas and water Electricité, gaz et eau 4
	EUROPE (Cont.–Suite)					
	Yugoslavia – Yougoslavie					
	31 III 1981 [1,9]					
	Male – Masculin					
1	Total – Totale	5 409 510	1 464 710	...	1 441 223	...
2	Employer – Employeurs	44 535	10 044	...	–	...
3	Own account worker – Personnes travaillant à leur propre compte	1 035 344	899 001	...	–	...
4	Employee – Salariés	3 974 525	242 123	...	1 434 917	...
5	Unpaid family worker – Travailleurs familiaux non rémunérés	274 051	262 305	...	401	...
6	Member of producers'coop– Membres de coopératives de producteurs	52 571	49 899	...	–	...
7	Unknown – Inconnu	28 484	1 338	...	5 905	...
	Female – Féminin					
8	Total – Totale	3 370 169	1 218 118	...	768 470	...
9	Employer – Employeurs	12 186	4 671	...	–	...
10	Own account worker – Personnes travaillant à leur propre compte	445 821	426 118	...	1	...
11	Employee – Salariés	2 172 790	71 060	...	764 130	...
12	Unpaid family worker – Travailleurs familiaux non rémunérés	705 708	699 313	...	336	...
13	Member of producers'coop– Membres de coopératives de producteurs	17 008	16 484	...	–	...
14	Unknown – Inconnu	16 656	472	...	4 003	...
	OCEANIA—OCEANIE					
	American Samoa – Samoa américaines					
	1 IV 1980 [1,9,11,12]					
	Male – Masculin					
15	Total – Totale	4 923	88	...	998	...
16	Own account worker – Personnes travaillant à leur propre compte	145	16	...	5	...
17	Employee – Salariés	4 766	72	...	992	...
18	Unpaid family worker – Travailleurs familiaux non rémunérés	12	–	...	1	...
	Female – Féminin					
19	Total – Totale	3 183	9	...	907	...
20	Own account worker – Personnes travaillant à leur propre compte	50	–	...	1	...
21	Employee – Salariés	3 119	9	...	906	...
22	Unpaid family worker – Travailleurs familiaux non rémunérés	14	–	...	–	...

41. Population active selon la branche d'activité économique, la situation dans la profession, le sexe et la résidence, urbaine/rurale: chaque recensement, 1974 – 1988 (suite)

(Voir notes à la fin du tableau.)

Branche d'activité économique						
Construction Bâtiment et travaux publics 5	Wholesale and retail trade and restaurants and hotels Commerce de gros et de détail; restaurants et hôtels 6	Transport, storage and communication Transports, entrepôts et communications 7	Financing, insurance, real estate and business services Banques, assurances, affaires immobilières et services fournis aux entreprises 8	Community, social and personal services Services fournis à la collectivité, services sociaux et services personnels 9	Activities not adequately defined Activités mal désignées 0	
630 846	409 491	385 277	102 985	876 180	98 798	1
9 076	7 529	924	410	14 881	1 671	2
23 359	11 474	32 047	2 327	56 983	10 153	3
592 349	384 045	349 328	99 665	793 373	78 725	4
1 027	3 508	306	33	5 216	1 255	5
758	–	–	–	1 311	603	6
4 277	2 935	2 672	550	4 416	6 391	7
58 445	418 084	60 085	101 881	709 025	36 061	8
279	2 674	30	59	4 096	377	9
423	3 258	370	401	13 291	1 959	10
56 926	406 877	59 031	100 771	684 444	29 551	11
345	1 885	179	47	2 848	755	12
25	–	–	–	341	158	13
447	3 390	475	603	4 005	3 261	14
...	490	...	102	1 268	810	15
...	34	...	15	18	17	16
...	454	...	87	1 250	786	17
...	2	...	–	–	7	18
...	441	...	110	602	954	19
...	26	...	5	15	3	20
...	407	...	105	587	945	21
...	8	...	–	–	6	22

41. Economically active population by industry, status, sex and urban/rural residence: each census, 1974 – 1988 (continued)

(See notes at end of table.)

	Continent, country or area, date, sex, status and urban/rural residence Continent, pays ou zone, date, sexe, situation dans la profession et résidence urbaine/rurale	Total economically active Population active totale	Industry Agriculture, hunting, forestry and fishing Agriculture, chasse, sylviculture et pêche 1	Mining and quarrying Industries extractives 2	Manufacturing Industries manufacturières 3	Electricity, gas and water Electricité, gaz et eau 4
	OCEANIA—OCEANIE(Cont.–Suite)					
	Australia – Australie					
	30 VI 1986 [1,7,31]					
	Male – Masculin					
1	Total – Totale	3 952 150	251 786	82 703	714 439	112 815
2	Employer – Employeurs	278 377	35 245	588	26 670	–
3	Own account worker – Personnes travaillant à leur propre compte	453 484	119 286	1 448	29 320	–
4	Employee – Salariés	3 204 547	90 910	80 615	657 650	112 815
5	Unpaid family worker – Travailleurs familiaux non rémunérés	15 742	6 345	52	799	–
	Female – Féminin					
6	Total – Totale	2 561 579	112 544	9 071	261 959	13 202
7	Employer – Employeurs	121 860	17 313	152	10 534	–
8	Own account worker – Personnes travaillant à leur propre compte	197 715	55 904	260	11 704	–
9	Employee – Salariés	2 197 129	24 461	8 594	237 388	13 202
10	Unpaid family worker – Travailleurs familiaux non rémunérés	44 875	14 866	65	2 333	–
	Fiji – Fidji					
	31 VIII 1986					
	Male – Masculin					
11	Total – Totale	189 929	94 133	1 270	13 684	2 049
12	Employer – Employeurs	28 396	606	33	3 570	1 927
13	Own account worker – Personnes travaillant à leur propre compte	72 706	58 963	23	1 505	18
14	Employee – Salariés	46 607	3 813	1 205	8 520	102
15	Unpaid family worker – Travailleurs familiaux non rémunérés	31 200	30 479	2	49	2
16	Unknown – Inconnu	11 020	272	7	40	–
	Female – Féminin					
17	Total – Totale	51 231	12 172	75	4 422	105
18	Employer – Employeurs	9 706	49	1	338	100
19	Own account worker – Personnes travaillant à leur propre compte	8 294	4 266	2	799	–
20	Employee – Salariés	16 946	358	72	3 150	5
21	Unpaid family worker – Travailleurs familiaux non rémunérés	8 031	7 451	–	117	–
22	Unknown – Inconnu	8 254	48	–	18	–
	Guam					
	1 IV 1980 [1,9,11,12]					
	Male – Masculin					
23	Total – Totale	18 994	232	...	1 309	...
24	Own account worker – Personnes travaillant à leur propre compte	684	39	...	21	...
25	Employee – Salariés	18 289	193	...	1 288	...
26	Unpaid family worker – Travailleurs familiaux non rémunérés	9	–	...	–	...
	Female – Féminin					
27	Total – Totale	13 698	49	...	297	...
28	Own account worker – Personnes travaillant à leur propre compte	338	4	...	2	...
29	Employee – Salariés	13 343	45	...	295	...
30	Unpaid family worker – Travailleurs familiaux non rémunérés	17	–	...	–	...

Sujet spécial

41. Population active selon la branche d'activité économique, la situation dans la profession, le sexe et la résidence, urbaine/rurale: chaque recensement, 1974 – 1988 (suite)

(Voir notes à la fin du tableau.)

Branche d'activité économique						
Construction Bâtiment et travaux publics 5	Wholesale and retail trade and restaurants and hotels Commerce de gros et de détail; restaurants et hôtels 6	Transport, storage and communication Transports, entrepôts et communications 7	Financing, insurance, real estate and business services Banques, assurances, affaires immobilières et services fournis aux entreprises 8	Community, social and personal services Services fournis à la collectivité, services sociaux et services personnels 9	Activities not adequately defined Activités mal désignées 0	
371 503	689 874	385 168	345 507	849 777	148 578	1
37 009	80 470	10 986	39 818	40 640	6 951	2
90 748	78 175	34 816	42 076	32 129	25 486	3
242 985	528 181	338 975	262 998	775 400	114 018	4
761	3 048	391	615	1 608	2 123	5
55 215	535 081	97 316	316 757	1 066 875	93 559	6
8 922	44 598	4 116	9 077	23 939	3 209	7
13 660	49 078	7 549	19 165	29 280	11 115	8
28 303	432 213	84 046	286 292	1 009 431	73 199	9
4 330	9 192	1 605	2 223	4 225	6 036	10
11 557	17 679	12 048	4 073	22 172	11 264	11
2 491	243	3 605	619	15 232	70	12
2 194	4 943	2 731	439	1 656	234	13
6 747	12 257	5 617	2 992	4 919	435	14
98	172	54	8	306	30	15
27	64	41	15	59	10 495	16
229	8 331	1 103	1 943	14 447	8 404	17
27	125	521	336	8 179	30	18
11	2 408	37	48	674	49	19
185	5 606	536	1 546	5 274	214	20
6	162	4	1	284	6	21
–	30	5	12	36	8 105	22
...	3 395	...	1 520	4 935	2 099	23
...	183	...	161	71	91	24
...	3 208	...	1 356	4 863	1 996	25
...	4	...	3	1	–	26
...	3 904	...	1 230	3 021	4 318	27
...	176	...	31	70	51	28
...	3 718	...	1 195	2 951	4 265	29
...	10	...	4	–	2	30

41. Economically active population by industry, status, sex and urban/rural residence: each census, 1974 – 1988 (continued)

(See notes at end of table.)

	Continent, country or area, date, sex, status and urban/rural residence Continent, pays ou zone, date, sexe, situation dans la profession et résidence urbaine/rurale	Total economically active Population active totale	Industry Agriculture, hunting, forestry and fishing Agriculture, chasse, sylviculture et pêche 1	Mining and quarrying Industries extractives 2	Manufacturing Industries manufacturières 3	Electricity, gas and water Electricité, gaz et eau 4
	OCEANIA—OCEANIE(Cont.–Suite)					
	Pacific Islands – Iles du Pacifique					
	15 IX 1980 [1 9 11 12]					
	Male – Masculin					
1	Total – Totale	14 519	392	...	319	...
2	Own account worker – Personnes travaillant à leur propre compte	437	37	...	48	...
3	Employee – Salariés	13 698	354	...	270	...
4	Unpaid family worker – Travailleurs familiaux non rémunérés	12	1	...	1	...
	Female – Féminin					
5	Total – Totale	5 981	44	...	99	...
6	Own account worker – Personnes travaillant à leur propre compte	180	1	...	29	...
7	Employee – Salariés	5 417	43	...	69	...
8	Unpaid family worker – Travailleurs familiaux non rémunérés	17	–	...	1	...

41. Population active selon la branche d'activité économique, la situation dans la profession, le sexe et la résidence, urbaine/rurale: chaque recensement, 1974 – 1988 (suite)

(…ir notes à la fin du tableau.)

Branche d'activité économique						
Construction Bâtiment et travaux publics 5	Wholesale and retail trade and restaurants and hotels Commerce de gros et de détail; restaurants et hôtels 6	Transport, storage and communication Transports, entrepôts et communications 7	Financing, insurance, real estate and business services Banques, assurances, affaires immobilières et services fournis aux entreprises 8	Community, social and personal services Services fournis à la collectivité, services sociaux et services personnels 9	Activities not adequately defined Activités mal désignées 0	
...	1 359	...	955	3 714	3 779	1
...	105	...	25	91	50	2
...	1 248	...	930	3 623	3 357	3
...	6	...	–	–	–	4
...	1 303	...	348	1 523	2 343	5
...	71	...	3	47	26	6
...	1 219	...	345	1 474	1 949	7
...	13	...	–	2	1	8

41. Economically active population by industry, status, sex and urban/rural residence: each census, 1974 – 1988 (continued)
Data by urban/rural residence

(See notes at end of table.)

	Continent, country or area, date, sex, status and urban/rural residence Continent, pays ou zone, date, sexe, situation dans la profession et résidence urbaine/rurale	Total economically active Population active totale	Industry: Agriculture, hunting, forestry and fishing Agriculture, chasse, sylviculture et pêche	Industry: Mining and quarrying Industries extractives	Industry: Manufacturing Industries manufacturières	Industry: Electricity, gas and water Electricité, gaz et eau
			1	2	3	4
	AFRICA—AFRIQUE					
	Morocco – Maroc					
	Urban – Urbaine					
	3–21 IX 1982 [4]					
	Male – Masculin					
1	Total – Totale	1 983 539	91 425	39 340	463 699	17 804
2	Employer – Employeurs	47 083	8 979	123	12 813	62
3	Own account worker – Personnes travaillant à leur propre compte	395 444	17 297	217	84 092	120
4	Employee – Salariés	1 201 798	48 239	37 337	290 329	16 740
5	Unpaid family worker – Travailleurs familiaux non rémunérés	37 461	5 943	22	7 678	–
6	Member of producers'coop– Membres de coopératives de producteurs	70 146	841	126	32 116	221
7	Unknown – Inconnu	231 607	10 126	1 515	36 671	661
	Female – Féminin					
8	Total – Totale	638 231	13 763	1 950	235 913	1 280
9	Employer – Employeurs	2 196	200	–	686	–
10	Own account worker – Personnes travaillant à leur propre compte	99 722	646	–	78 150	–
11	Employee – Salariés	360 868	9 272	1 869	104 961	1 237
12	Unpaid family worker – Travailleurs familiaux non rémunérés	6 729	663	–	2 874	–
13	Member of producers'coop– Membres de coopératives de producteurs	78 105	120	–	33 335	20
14	Unknown – Inconnu	90 611	2 862	81	15 907	23
	Rural – Rurale					
	3–21 IX 1982 [4]					
	Male – Masculin					
15	Total – Totale	2 834 441	1 897 778	21 770	130 039	3 361
16	Employer – Employeurs	68 764	61 706	20	1 600	–
17	Own account worker – Personnes travaillant à leur propre compte	941 545	747 002	680	40 542	60
18	Employee – Salariés	799 186	340 324	18 330	61 348	3 101
19	Unpaid family worker – Travailleurs familiaux non rémunérés	694 451	662 556	340	10 062	–
20	Member of producers'coop– Membres de coopératives de producteurs	45 970	4 600	60	6 703	20
21	Unknown – Inconnu	284 525	81 590	2 340	9 784	180
	Female – Féminin					
22	Total – Totale	543 049	348 663	300	100 964	20
23	Employer – Employeurs	2 362	2 160	–	141	–
24	Own account worker – Personnes travaillant à leur propre compte	67 410	27 371	40	36 569	–
25	Employee – Salariés	68 067	25 862	260	23 949	20
26	Unpaid family worker – Travailleurs familiaux non rémunérés	317 873	281 849	–	32 860	–
27	Member of producers'coop– Membres de coopératives de producteurs	51 898	540	–	4 504	–
28	Unknown – Inconnu	35 439	10 881	–	2 941	–

41. Population active selon la branche d'activité économique, la situation dans la profession, le sexe et la résidence, urbaine/rurale: chaque recensement, 1974 – 1988 (suite)
Données selon la résidence urbaine/rurale

oir notes à la fin du tableau.)

Branche d'activité économique						
Construction Bâtiment et travaux publics 5	Wholesale and retail trade and restaurants and hotels Commerce de gros et de détail; restaurants et hôtels 6	Transport, storage and communication Transports, entrepôts et communications 7	Financing, insurance, real estate and business services Banques, assurances, affaires immobilières et services fournis aux entreprises 8	Community, social and personal services Services fournis à la collectivité, services sociaux et services personnels 9	Activities not adequately defined Activités mal désignées 0	
212 905	322 202	102 482	–	550 311	183 371	1
6 248	10 655	1 488	–	5 909	806	2
20 096	209 343	11 732	–	45 075	7 472	3
154 165	68 692	80 125	–	470 735	35 436	4
1 435	17 263	1 248	–	3 018	854	5
3 572	3 974	926	–	5 842	22 528	6
27 389	12 275	6 963	–	19 732	116 275	7
2 648	20 007	3 865	–	258 178	100 627	8
–	323	–	–	927	60	9
82	10 290	42	–	9 121	1 391	10
2 082	7 360	3 582	–	222 063	8 442	11
20	654	21	–	2 277	220	12
41	140	40	–	11 888	32 521	13
423	1 240	180	–	11 902	57 993	14
221 188	152 190	34 371	–	175 627	198 117	15
1 807	1 786	483	–	562	800	16
6 666	115 867	7 680	–	17 128	5 920	17
178 349	15 800	20 781	–	142 258	18 895	18
2 340	11 150	2 302	–	2 721	2 980	19
1 540	1 402	121	–	816	30 708	20
30 486	6 185	3 004	–	12 142	138 814	21
723	3 731	263	–	22 796	65 589	22
–	21	–	–	–	40	23
60	2 048	40	–	922	360	24
603	580	202	–	15 550	1 041	25
–	782	1	–	1 361	1 020	26
–	80	–	–	3 240	43 534	27
60	220	20	–	1 723	19 594	28

41. Economically active population by industry, status, sex and urban/rural residence: each census, 1974 – 1988 (continued)
Data by urban/rural residence

(See notes at end of table.)

	Continent, country or area, date, sex, status and urban/rural residence Continent, pays ou zone, date, sexe, situation dans la profession et résidence urbaine/rurale	Total economically active Population active totale	Industry: Agriculture, hunting, forestry and fishing Agriculture, chasse, sylviculture et pêche 1	Mining and quarrying Industries extractives 2	Manufacturing Industries Industries manufacturières 3	Electricity, gas and water Electricité, gaz et eau 4
	AMERICA,NORTH— AMERIQUE DU NORD					
	Canada					
	Urban – Urbaine					
	3 VI 1986 [5 7 8]					
	Male – Masculin					
1	Total – Totale	5 610 210	106 460	88 600	1 220 880	72 465
2	Employer – Employeurs	143 585	6 820	70	7 145	20
3	Own account worker – Personnes travaillant à leur propre compte	186 920	15 270	205	10 975	50
4	Employee – Salariés	5 274 605	83 410	88 320	1 202 450	72 395
5	Unpaid family worker – Travailleurs familiaux non rémunérés	5 105	960	5	305	–
	Female – Féminin					
6	Total – Totale	4 402 295	38 075	19 845	515 480	20 080
7	Employer – Employeurs	37 350	920	5	1 645	–
8	Own account worker – Personnes travaillant à leur propre compte	86 335	1 830	45	3 740	15
9	Employee – Salariés	4 265 290	33 590	19 780	509 320	20 06C
10	Unpaid family worker – Travailleurs familiaux non rémunérés	13 310	1 730	15	780	5
	Rural – Rurale					
	3 VI 1986 [5 7 8]					
	Male – Masculin					
11	Total – Totale	1 706 775	388 105	34 310	302 165	20 295
12	Employer – Employeurs	90 045	48 375	65	2 755	30
13	Own account worker – Personnes travaillant à leur propre compte	217 980	155 555	120	4 740	55
14	Employee – Salariés	1 381 445	170 025	34 120	294 430	20 210
15	Unpaid family worker – Travailleurs familiaux non rémunérés	17 310	14 145	15	240	–
	Female – Féminin					
16	Total – Totale	1 064 225	125 060	3 240	115 440	3 285
17	Employer – Employeurs	18 470	5 990	5	605	–
18	Own account worker – Personnes travaillant à leur propre compte	44 675	17 715	5	1 545	–
19	Employee – Salariés	947 520	58 470	3 225	112 600	3 285
20	Unpaid family worker – Travailleurs familiaux non rémunérés	53 565	42 885	10	690	–
	ASIA—ASIE					
	Japan – Japon					
	Urban – Urbaine					
	1 X 1985 [1 24]					
	Male – Masculin					
21	Total – Totale	27 418 805	1 204 931	49 135	6 926 621	233 585
22	Employer – Employeurs	1 430 639	42 024	690	239 147	1
23	Own account worker – Personnes travaillant à leur propre compte	2 992 263	854 320	671	321 785	2
24	Employee – Salariés	22 451 695	151 739	47 580	6 284 907	233 580
25	Unpaid family worker – Travailleurs familiaux non rémunérés [25]	543 375	156 615	194	80 696	2

41. Population active selon la branche d'activité économique, la situation dans la profession, le sexe et la résidence, urbaine/rurale: chaque recensement, 1974 – 1988 (suite)
Données selon la résidence urbaine/rurale

oir notes à la fin du tableau.)

Branche d'activité économique						
Construction Bâtiment et travaux publics 5	Wholesale and retail trade and restaurants and hotels Commerce de gros et de détail; restaurants et hôtels 6	Transport, storage and communication Transports, entrepôts et communications 7	Financing, insurance, real estate and business services Banques, assurances, affaires immobilières et services fournis aux entreprises 8	Community, social and personal services Services fournis à la collectivité, services sociaux et services personnels 9	Activities not adequately defined Activités mal désignées 0	
499 855	1 140 530	458 440	549 775	1 298 725	174 475	1
22 600	27 930	4 130	32 540	40 020	2 310	2
34 035	31 785	17 540	30 500	41 765	4 795	3
442 720	1 078 785	436 665	486 495	1 216 330	167 035	4
495	2 030	105	240	615	340	5
59 110	1 131 970	162 755	597 100	1 718 885	138 990	6
865	13 540	600	4 605	14 300	875	7
1 420	17 915	1 205	14 325	43 450	2 400	8
55 715	1 095 345	160 510	577 185	1 658 645	135 140	9
1 110	5 170	440	985	2 495	575	10
193 930	228 570	127 470	63 860	292 375	55 705	11
11 020	10 480	2 335	4 340	9 275	1 360	12
16 860	12 170	8 000	4 545	13 445	2 495	13
165 590	204 905	116 995	54 905	269 275	51 000	14
465	1 015	145	65	380	850	15
21 290	249 095	37 260	80 210	386 685	42 660	16
370	6 285	285	775	3 395	760	17
695	9 035	775	2 275	11 300	1 330	18
19 250	230 010	35 730	76 760	370 210	37 975	19
975	3 760	460	400	1 790	2 590	20
3 360 423	6 020 890	2 448 402	1 053 395	6 048 610	72 813	21
285 507	506 110	25 087	25 788	305 395	890	22
363 951	791 392	91 107	84 830	479 218	4 987	23
2 648 775	4 538 988	2 328 572	939 053	5 211 827	66 674	24
62 048	184 279	3 604	3 671	52 036	230	25

41. Economically active population by industry, status, sex and urban/rural residence: each census, 1974 – 1988 (continued)
Data by urban/rural residence

(See notes at end of table.)

	Continent, country or area, date, sex, status and urban/rural residence Continent, pays ou zone, date, sexe, situation dans la profession et résidence urbaine/rurale	Total economically active Population active totale	Industry Agriculture, hunting, forestry and fishing Agriculture, chasse, sylviculture et pêche	Mining and quarrying Industries extractives	Manufacturing Industries manufacturières	Electricity, gas and water Electricité, gaz et eau
			1	2	3	4
	ASIA—ASIE (Cont.–Suite)					
	Japan – Japon					
	Urban – Urbaine					
	1 X 1985 [1 24]					
	Female – Féminin					
1	Total – Totale	16 843 328	999 116	6 019	3 752 734	35 606
2	Employer – Employeurs	311 773	2 573	26	15 786	–
3	Own account worker – Personnes travaillant à leur propre compte	1 356 855	175 358	3	311 186	–
4	Employee – Salariés	12 513 550	45 748	5 611	3 064 238	35 605
5	Unpaid family worker – Travailleurs familiaux non rémunérés [25]	2 659 571	775 139	378	361 319	–
	Rural – Rurale					
	1 X 1985 [1 24]					
	Male – Masculin					
6	Total – Totale	8 260 360	1 722 535	35 090	1 783 734	59 566
7	Employer – Employeurs	369 122	43 798	658	64 746	–
8	Own account worker – Personnes travaillant à leur propre compte	1 854 599	1 221 102	628	98 514	1
9	Employee – Salariés	5 607 255	178 185	33 546	1 589 133	59 565
10	Unpaid family worker – Travailleurs familiaux non rémunérés [25]	428 775	279 106	258	31 307	–
	Female – Féminin					
11	Total – Totale	5 834 739	1 485 611	5 072	1 509 515	8 084
12	Employer – Employeurs	58 125	2 418	17	5 267	–
13	Own account worker – Personnes travaillant à leur propre compte	596 860	212 994	7	140 105	–
14	Employee – Salariés	3 417 764	65 984	4 698	1 242 890	8 084
15	Unpaid family worker – Travailleurs familiaux non rémunérés [25]	1 761 089	1 203 760	350	121 128	–
	Sri Lanka					
	Urban – Urbaine					
	17 III 1981 [1]					
	Male – Masculin					
16	Total – Totale	732 857	57 871	2 321	103 897	6 237
17	Employer – Employeurs	25 693	1 554	58	4 448	36
18	Own account worker – Personnes travaillant à leur propre compte	114 427	27 360	266	12 129	123
19	Employee – Salariés	588 790	28 221	1 981	86 752	6 072
20	Unpaid family worker – Travailleurs familiaux non rémunérés	3 947	736	16	568	6
	Female – Féminin					
21	Total – Totale	160 285	4 835	202	34 052	391
22	Employer – Employeurs	2 143	97	2	766	2
23	Own account worker – Personnes travaillant à leur propre compte	7 363	817	5	1 740	–
24	Employee – Salariés	149 823	3 846	195	31 449	389
25	Unpaid family worker – Travailleurs familiaux non rémunérés	956	75	–	97	–

41. Population active selon la branche d'activité économique, la situation dans la profession, le sexe et la résidence, urbaine/rurale: chaque recensement, 1974 – 1988 (suite)
Données selon la résidence urbaine/rurale

(Voir notes à la fin du tableau.)

Branche d'activité économique						
Construction Bâtiment et travaux publics 5	Wholesale and retail trade and restaurants and hotels Commerce de gros et de détail; restaurants et hôtels 6	Transport, storage and communication Transports, entrepôts et communications 7	Financing, insurance, real estate and business services Banques, assurances, affaires immobilières et services fournis aux entreprises 8	Community, social and personal services Services fournis à la collectivité, services sociaux et services personnels 9	Activities not adequately defined Activités mal désignées 0	
502 639	5 167 333	362 276	892 222	5 045 632	79 751	1
2 374	196 319	1 061	5 818	87 489	327	2
998	371 748	1 413	38 643	455 224	2 282	3
373 143	3 599 161	341 583	818 112	4 155 144	75 205	4
126 102	999 812	18 213	29 561	347 434	1 613	5
1 218 981	1 114 840	620 065	132 201	1 567 202	6 146	6
95 578	99 564	6 543	2 383	55 799	53	7
148 668	240 302	18 158	9 050	117 328	848	8
943 866	709 200	593 177	120 412	1 374 975	5 196	9
30 761	65 732	2 170	342	19 054	45	10
184 252	1 079 342	79 291	131 361	1 344 403	7 808	11
806	31 354	325	408	17 501	29	12
319	122 750	767	2 004	117 504	410	13
142 284	630 919	73 270	126 597	1 116 102	6 936	14
40 826	294 193	4 924	2 346	93 203	359	15
33 841	186 283	76 194	24 243	161 474	80 496	16
799	13 085	972	583	2 572	1 586	17
2 366	54 158	2 549	1 449	8 339	5 688	18
30 645	117 476	72 583	22 168	149 965	72 927	19
31	1 564	90	43	598	295	20
1 710	15 416	4 332	6 047	81 715	11 585	21
11	527	21	54	467	196	22
21	3 259	35	135	838	513	23
1 677	11 410	4 274	5 855	79 945	10 783	24
1	220	2	3	465	93	25

41. Economically active population by industry, status, sex and urban/rural residence: each census, 1974 – 1988 (continued)
Data by urban/rural residence

(See notes at end of table.)

	Continent, country or area, date, sex, status and urban/rural residence Continent, pays ou zone, date, sexe, situation dans la profession et résidence urbaine/rurale	Industry: Total economically active Population active totale	Agriculture, hunting, forestry and fishing Agriculture, chasse, sylviculture et pêche 1	Mining and quarrying Industries extractives 2	Manufacturing Industries manufacturières 3	Electricity, gas and water Electricité, gaz et eau 4
	ASIA—ASIE (Cont.–Suite)					
	Sri Lanka					
	Rural – Rurale					
	17 III 1981 [1]					
	Male – Masculin					
1	Total – Totale	2 515 571	1 358 818	29 152	209 988	9 031
2	Employer – Employeurs	38 096	10 981	530	6 834	16
3	Own account worker – Personnes travaillant à leur propre compte	939 684	769 922	4 365	32 472	111
4	Employee – Salariés	1 473 032	521 236	23 774	169 262	8 903
5	Unpaid family worker – Travailleurs familiaux non rémunérés	64 759	56 679	483	1 420	1
6	Unknown – Inconnu	–	–	–	–	–
	Female – Féminin					
7	Total – Totale	710 552	454 304	2 139	60 784	335
8	Employer – Employeurs	5 130	2 814	19	1 097	2
9	Own account worker – Personnes travaillant à leur propre compte	108 340	87 404	130	8 277	2
10	Employee – Salariés	557 824	328 189	1 977	50 689	329
11	Unpaid family worker – Travailleurs familiaux non rémunérés	39 258	35 897	13	721	2
12	Unknown – Inconnu	–	–	–	–	–
	OCEANIA—OCEANIE					
	Vanuatu					
	Urban – Urbaine					
	22 I 1986					
	Male – Masculin					
13	Total – Totale	5 309	476	14	285	113
14	Employer – Employeurs	417	79	–	25	5
15	Employee – Salariés	4 816	386	14	260	108
16	Unpaid family worker – Travailleurs familiaux non rémunérés	76	11	–	–	–
	Female – Féminin					
17	Total – Totale	2 933	98	1	102	5
18	Employer – Employeurs	153	10	–	20	–
19	Employee – Salariés	2 705	85	1	81	4
20	Unpaid family worker – Travailleurs familiaux non rémunérés	75	3	–	1	1

41. Population active selon la branche d'activité économique, la situation dans la profession, le sexe et la résidence, urbaine/rurale: chaque recensement, 1974 – 1988 (suite)
Données selon la résidence urbaine/rurale

(Voir notes à la fin du tableau.)

Branche d'activité économique						
Construction Bâtiment et travaux publics 5	Wholesale and retail trade and restaurants and hotels Commerce de gros et de détail; restaurants et hôtels 6	Transport, storage and communication Transports, entrepôts et communications 7	Financing, insurance, real estate and business services Banques, assurances, affaires immobilières et services fournis aux entreprises 8	Community, social and personal services Services fournis à la collectivité, services sociaux et services personnels 9	Activities not adequately defined Activités mal désignées 0	
95 293	213 237	115 129	22 591	232 421	229 911	1
1 793	11 336	1 291	298	2 325	2 692	2
4 711	92 496	5 019	651	15 808	14 129	3
88 672	106 204	108 609	21 623	213 192	211 557	4
117	3 201	210	19	1 096	1 533	5
–	–	–	–	–	–	6
3 124	22 382	3 919	4 046	112 230	47 289	7
20	481	19	22	286	370	8
36	7 452	39	44	2 093	2 863	9
3 062	13 543	3 853	3 975	108 969	43 238	10
6	906	8	5	882	818	11
–	–	–	–	–	–	12
691	979	768	309	1 674	...	13
42	115	76	14	61	...	14
647	819	680	294	1 608	...	15
2	45	12	1	5	...	16
12	601	82	242	1 790	...	17
3	86	1	10	23	...	18
9	459	80	232	1 754	...	19
–	56	1	–	13	...	20

41. Economically active population by industry, status, sex and urban/ rural residence: each census, 1974 – 1988 (continued)

Population active selon la branche d'activité économique, la situation dans la profession, le sexe et la résidence urbaine/rurale: chaque recensement, 1974 – 1988 (suite)

GENERAL NOTES

Economically active may be limited to persons above a minimum age; for known minima, see table 36. Industry is classified according to the 10 Divisions of the International Standard Industrial Classification of all Economic Activities. Additional distributions by industry (not classified by status) may be found in table 38; additional distributions by status (not classified by industry) may be found in table 40. For definitions of "urban", see end of table 6. For limitations of data, see Technical Notes, page 146.

FOOTNOTES

* Provisional.
1 For employed workers only.
2 Including employers.
3 For classification by urban/rural residence, see end of table.
4 Excluding population counted separately.
5 De jure population, but excluding persons residing in institutions.
6 For 12 months preceding census date. Also excluding population attending school.
7 Because of rounding, totals are not in all cases the sum of the parts.
8 Excluding persons who never worked.
9 De jure population.
10 Excluding persons seeking work for the first time.
11 Based on an 18 per cent sample of census returns.
12 Excluding armed forces.
13 Excluding nomadic Indian tribes.
14 Data exclude adjustment for underenumeration, estimated at 5.6 per cent.
15 Excluding Indian jungle population, estimated at 39 800 in 1972.
16 Data exclude adjustment for underenumeration, estimated at 4.1 per cent. Also for 15 years of age and over only.
17 Data exclude adjustment for underenumeration, estimated at 2.6 per cent.
18 Excluding Indian jungle population, estimated at 31 800 in 1961.
19 Data exclude adjustment for underenumeration, estimated at 6.85 per cent.
20 Including 26 106 transients and 9 131 Vietnamese refugees.
21 Including unemployed who never worked.
22 Including data for East Jerusalem and Israeli residents certain other territories under occupation by Israeli military forces since June 1967.
23 Excluding the armed forces and draftees for national services.
24 Excluding diplomatic personnel outside country and foreign military and civilian personnel and their dependants stationed in the area.
25 Including paid family workers.
26 Excluding data for Jordanian territory under occupation since June 1967 by Israeli military forces.
27 Including military and diplomatic personnel and their families abroad, numbering 933 at 1961 census but excluding foreign military and diplomatic personnel and their families in the country, numbering 389 at 1961 census. Also including registered Palestinian refugees numbering 722 687 on 31 May 1967.
28 Formerly listed as "Burma".
29 For Syrian population only.
30 Excluding Faeroe Islands and Greenland, shown separately.
31 Data excluded adjustment for underenumeration, estimated at 1.8 per cent.

NOTES GENERALES

La population active peut se limiter aux personnes ayant dépassé un âge minimum; pour les âges minimums connus, voir le tableau 36. Les branches d'activités économiques sont classées selon les 10 rubriques de la Classification internationale type, par industrie, de toutes les branches d'activités économiques. On trouvera au tableau 38 d'autres répartitions selon la branche d'activité économique (non classées selon la situation dans la profession) et au tableau 40 d'autres répartitions selon la situation dans la profession (non classées selon la branche d'activité économique). Pour les définitions des "régions urbaines", se reporter à la fin du tableau 6. Pour les insuffisances des données, voir Notes techniques, page 146.

NOTES

* Données provisoires.
1 Pour les personnes ayant un emploi seulement.
2 Y compris les employeurs.
3 Pour le classement selon la résidence, urbaine/rurale, voir la fin du tableau.
4 Non compris la population compteé à part.
5 Population de droit, mais non compris les personnes dans les institutions.
6 Pour les 12 mois qui précédé le date du recensement. Egalement non compris la population fréquentant les écoles.
7 Les chiffres étant arrondis, les totaux ne correspondent pas toujours rigoureusement à la somme des chiffres partiels.
8 Non compris les personnes qui jamais travaillant.
9 Population de droit.
10 Non compris les personnes cherchant un emploi pour la première fois.
11 D'après une échantillon de 18 p. 100 des bulletins de recensement.
12 Y compris les militaires.
13 Non compris les tribus d'Indiens nomades.
14 Les données n'ont pas été ajustées pour compenser les lacunes du dénombrement, estimées à 5,6 p. 100.
15 Non compris les Indiens de la jungle, estimés à 39 800 en 1972.
16 Les données n'ont pas été ajustées pour compenser les lacunes du dénombrement, estimées à 4,1 p. 100. Egalement pour 15 ans et plus seulement.
17 Les données n'ont pas été adjustées pour compenser les lacunes du dénombrement, estimées à 2,6 p. 100.
18 Non compris les Indiens de la jungle, estimés à 31 800 en 1961.
19 Les données n'ont pas été ajustées pour compenser les lacunes du dénombrement, estimées à 6,85 p.100.
20 Y compris 26 106 transients et 9 131 réfugiés du Viet Nam.
21 Y compris les chomeurs qui jamais travaillant.
22 Y compris les données pour Jérusalem–Est et les résients israéliens dans certains autres territoires occupés depuis juin 1967 par les forces armées israéliennes.
23 Non compris les forces armées ni les militaires du contingent.
24 Non compris le personnel diplomatique hors du pays ni les militaires et agents civils étrangers en poste sur le territoire et les membres de leur famille les accompagnant.
25 Y compris les travailleurs familiaux rémunérés.
26 Non compris les données pour le territoire jordanien occupée depuis juin 1967 par les forces armées israéliennes.
27 Y compris les militaires, les personnel diplomatique à l'étranger et les membres de leur famille les accompagnant au nombre de 933 personnes au recensement de 1961, mais non compris les militaires, le personnel diplomatique étranger en poste dans le pays et les membres de leur famille les accompagnant au nombre de 389 personnes au recensement de 1961. Y compris également les réfugiés de Palestine immatriculés, au nombre de 722 687 au 31 mai 1967.
28 Antérieurement désigné sous le nom de "Birmanie".
29 Pour la population Syrienne seulement.
30 Non compris les îles Féroé et le Groenland, qui font l'objet de rubriques distinctes.
31 Les données n'ont pas été ajustées pour compenser les lacunes du dénombrement, estimées à 1,8 p. 100.

41. Economically active population by industry, status, sex and urban/ rural residence: each census, 1974 – 1988 (continued)

Population active selon la branche d'activité économique, la situation dans la profession, le sexe et la résidence urbaine/rurale: chaque recensement, 1974 – 1988 (suite)

List of countries or areas covered by this table in the 1984 issue of the Demographic Yearbook
Liste des pays ou zones couverts par ce tableau, dans l'édition de 1984 de l'Annuaire démographique

Continent and country or area Continent et pays ou zone	Census date Date du recensement	Issue Edition
AFRICA — AFRIQUE		
Botswana	16–26 VIII 1981	1984
Comoros – Comores	15 IX 1980	1984
Egypt – Egypte	22–23 XI 1976	1984
Guinea–Bissau – Guinee–Bissau	16 IV 1979	1984
Liberia –Libéria	1 II 1974	1984
Mali	16 XII 1976	1984
Mozambique	1 VIII 1980	1984
Rwanda	15 VIII 1978	1984
Seychelles	1 VIII 1977	1984
AMERICA NORTH — AMERIQUE DU NORD		
Bermuda – Bermudes	12 V 1980	1984
Canada	3 VI 1981	1984
Cuba	11 IX 1981	1984
Greenland – Groenland	26 X 1976	1984
Guadeloupe	16 X 1974	1984
Guatemala	26 III 1981	1984
Haiti – Haïti	30 VIII 1982	1984
Honduras	6 III 1974	1984
Martinique	16 X 1974	1984
Panama	11 V 1980	1984
Turks and Caicos Islands – Iles Turques et Caïques	12 V 1980	1984
United States – Etats–Unis	1 IV 1980	1984
AMERICA SOUTH — AMERIQUE DU SUD		
Argentina – Argentine	22 X 1980	1984
Bolivia – Bolivie	29 IX 1976	1984
Brazil – Brésil	1 IX 1980	1984
Ecuador – Equateur	8 VI 1974	1984
French Guiana – Guyane Française	16 X 1974	1984
Paraguay	11 VII 1982	1984
Uruguay	21 V 1975	1984
ASIA — ASIE		
Bangladesh	1 III 1974	1984
Hong Kong – Hong–kong	2 VIII 1976	1984
Hong Kong – Hong–kong	9 III 1981	1984
Indonesia – Indonésie	31 X 1980	1984
Iran (Islamic Republic of – Rép. islamique d'	1 XI 1976	1984
Japan – Japon	1 X 1975	1984
Japan – Japon	1 X 1980	1984
Korea, Republic of – Corée, République de	1 X 1975	1984
Korea, Republic of – Corée, République de	1 XI 1980	1984
Kuwait – Kuwaït	21 IV 1975	1984

Continent and country or area Continent et pays ou zone	Census date Date du recensement	Issue Edition
ASIA—ASIE		
Kuwait – Koweït	21 IV 1980	1984
Maldives	25 III 1985	1984
Pakistan	1 III 1981	1984
Philippines	1 V 1975	1984
Singapore – Singapour	24 VI 1980	1984
Turkey – Turquie	26 X 1975	1984
Turkey – Turquie	12 X 1980	1984
United Arab Emirates – Emirats arabes unis	31 XII 1975	1984
EUROPE		
Austria – Autriche	12 V 1981	1984
Bulgaria – Bulgarie	2 XII 1985	1984
Channel Islands – Iles Anglo–Normandes		
Guernsey – Guernesey	5 IV 1981	1984
Jersey	5 IV 1981	1984
Czechoslovakia – Czechoslovakia	1 XI 1980	1984
Denmark – Danemark	1 VII 1976	1984
Faeroe Islands – Iles Féroé	22 IX 1977	1984
Finland – Finlande	31 XII 1975	1984
Finland – Finlande	1 XI 1980	1984
France	20 II 1975	1984
France	4 III 1982	1984
Gibraltar	9 XI 1981	1984
Greece – Grèce	5 IV 1981	1984
Hungary – Hongrie	1 I 1980	1984
Liechtenstein	31 XII 1981	1984
Luxembourg	31 III 1981	1984
Monaco	1 II 1975	1984
Norway – Norvège	1 XI 1980	1984
Poland – Pologne	7 XII 1978	1984
Portugal	16 III 1981	1984
San Marino – Saint–Marin	30 XI 1976	1984
Spain – Espagne	28 II 1981	1984
Sweden – Suède	1 XI 1975	1984
United Kingdom – Royaume–Uni Northern Ireland – Irlande du Nord	5 IV 1981	1984
OCEANIA—OCEANIE		
Australia – Australie	30 VI 1976	1984
Australia – Australie	30 VI 1981	1984
Cook Islands – Iles Cook	1 XII 1976	1984
Cook Islands – Iles Cook	1 XII 1981	1984
Fiji – Fidji	13 IX 1976	1984
New Caledonia – Nouvelle–Calédonie	23 IV 1976	1984
New Zealand – Nouvelle–Zélande	23 III 1976	1984
Samoa	3 XI 1976	1984

42. Economically active population by occupation, status, sex and urban/rural residence: each census, 1974 – 1988

(See notes at end of table.)

	Continent, country or area, date, sex, status and urban/rural residence Continent, pays ou zone, date, sexe, situation dans la profession et résidence urbaine/rurale	Total economically active Population active totale	Occupation: Professional, technical and related workers Personnel des professions techniques, libérales et assimilées	Occupation: Administrative and managerial workers Directeurs et cadres administratifs supérieurs	Occupation: Clerical and related workers Personnel administratif et travailleurs assimilés
	AFRICA—AFRIQUE				
	Congo				
	7 II 1974 [1 2]				
	Male – Masculin				
1	Total – Totale	222 537	11 388	–	12 765
2	Employer – Employeurs	1 075	59	–	42
3	Own account worker – Personnes travaillant à leur propre compte	130 629	380	–	66
4	Employee – Salariés	88 015	10 917	–	12 606
5	Member of producers'coop– Membres de coopératives de producteurs	2 797	30	–	48
6	Unknown – Inconnu	21	2	–	3
	Female – Féminin				
7	Total – Totale	202 720	1 895	–	3 288
8	Employer – Employeurs	61	3	–	3
9	Own account worker – Personnes travaillant à leur propre compte	195 394	48	–	14
10	Employee – Salariés	6 807	1 832	–	3 175
11	Member of producers'coop– Membres de coopératives de producteurs	453	8	–	96
12	Unknown – Inconnu	5	4	–	–
	22 XII 1984 [1]				
	Male – Masculin				
13	Total – Totale	295 172	42 217	1 655	23 326
14	Employer – Employeurs	1 647	93	82	45
15	Own account worker – Personnes travaillant à leur propre compte	140 515	2 565	67	256
16	Employee – Salariés	141 154	39 010	1 488	22 805
17	Unpaid family worker – Travailleurs familiaux non rémunérés	2 350	56	1	14
18	Member of producers'coop– Membres de coopératives de producteurs	6 376	108	5	48
19	Unknown – Inconnu	3 130	385	12	158
	Female – Féminin				
20	Total – Totale	255 053	12 935	106	8 957
21	Employer – Employeurs	195	12	–	14
22	Own account worker – Personnes travaillant à leur propre compte	219 440	397	7	74
23	Employee – Salariés	27 504	12 303	98	8 690
24	Unpaid family worker – Travailleurs familiaux non rémunérés	4 607	29	–	16
25	Member of producers'coop– Membres de coopératives de producteurs	1 461	59	–	93
26	Unknown – Inconnu	1 846	135	1	70

42. Population active selon la profession, la situation dans la profession, le sexe et la résidence, urbaine/rurale: chaque recensement 1974 – 1988

(Voir notes à la fin du tableau.)

Profession						
Sales workers Personnel commercial et vendeurs	Services workers Travailleurs spécialisés dans les services	Agricultural, animal husbandry and forestry workers, fishermen and hunters Agriculteurs, éleveurs, forestiers, pêcheurs et chasseurs	Production and related workers, transport equipment operators and labourers Ouvriers et manoeuvres non agricoles et conducteurs d'engins de transport	Workers not classifiable by occupation Travailleurs ne pouvant être classés selon la profession	Members of the armed forces Membres des forces armées	
13 274	8 887	104 839	15 398	55 986	–	1
403	29	95	84	363	–	2
8 703	679	100 800	1 524	18 477	–	3
4 165	8 141	3 942	13 783	34 461	–	4
2	33	2	4	2 678	–	5
1	5	–	3	7	–	6
13 304	514	181 307	105	2 307	–	7
36	5	4	–	10	–	8
12 815	38	181 083	21	1 375	–	9
453	471	219	84	573	–	10
–	–	–	–	349	–	11
–	–	1	–	–	–	12
15 250	19 429	98 671	92 986	1 638	–	13
256	154	121	878	18	–	14
10 157	5 156	91 015	31 156	143	–	15
4 458	13 684	5 806	53 190	713	–	16
239	197	1 216	590	37	–	17
20	46	25	6 014	110	–	18
120	192	488	1 158	617	–	19
30 203	9 146	186 757	5 999	950	–	20
53	42	27	46	1	–	21
28 822	6 192	180 350	3 430	168	–	22
859	2 600	1 735	1 105	114	–	23
216	172	3 999	90	85	–	24
19	42	17	1 211	20	–	25
234	98	629	117	562	–	26

42. Economically active population by occupation, status, sex and urban/rural residence: each census, 1974 – 1988 (continued)

(See notes at end of table.)

	Continent, country or area, date, sex, status and urban/rural residence Continent, pays ou zone, date, sexe, situation dans la profession et résidence urbaine/rurale	Occupation: Total economically active Population active totale	Professional, technical and related workers Personnel des professions techniques, libérales et assimilées	Administrative and managerial workers Directeurs et cadres administratifs supérieurs	Clerical and related workers Personnel administratif et travailleurs assimilés
	AFRICA—AFRIQUE (Cont.–Suite)				
	Ghana				
	11 III 1984 [1]				
	Male – Masculin				
1	Total – Totale	2 637 029	142 598	14 809	89 551
2	Own account worker – Personnes travaillant à leur propre compte	1 650 617	15 402	5 628	1 395
3	Employee – Salariés [3]	668 500	126 142	8 969	87 264
4	Unpaid family worker – Travailleurs familiaux non rémunérés	248 075	297	26	85
5	Member of producers'coop– Membres de coopératives de producteurs	1 677	162	149	767
6	Unknown – Inconnu	68 160	595	37	40
	Female – Féminin				
7	Total – Totale	2 785 451	79 106	1 437	38 024
8	Own account worker – Personnes travaillant à leur propre compte	2 127 058	7 158	556	168
9	Employee – Salariés [3]	206 028	71 339	864	37 353
10	Unpaid family worker – Travailleurs familiaux non rémunérés	431 347	307	8	59
11	Member of producers'coop– Membres de coopératives de producteurs	697	23	6	426
12	Unknown – Inconnu	20 321	279	3	18
	Zambia – Zambie				
	25 VIII 1980 [1]				
	Male – Masculin				
13	Total – Totale	908 606	61 829	12 485	31 697
14	Employer – Employeurs	5 769	343	207	206
15	Own account worker – Personnes travaillant à leur propre compte	275 873	2 428	341	317
16	Employee – Salariés	601 667	58 818	11 892	31 098
17	Unpaid family worker – Travailleurs familiaux non rémunérés	18 621	78	29	28
18	Unknown – Inconnu	6 676	162	16	48
	Female – Féminin				
19	Total – Totale	394 338	25 993	1 565	16 832
20	Employer – Employeurs	1 200	159	12	71
21	Own account worker – Personnes travaillant à leur propre compte	142 016	432	74	110
22	Employee – Salariés	192 806	25 225	1 451	16 549
23	Unpaid family worker – Travailleurs familiaux non rémunérés	47 493	59	27	51
24	Unknown – Inconnu	10 823	119	1	51

42. Population active selon la profession, la situation dans la profession, le sexe et la résidence, urbaine/rurale: chaque recensement 1974 – 1988 (suite)

(Voir notes à la fin du tableau.)

Profession: Sales workers Personnel commercial et vendeurs	Services workers Travailleurs spécialisés dans les services	Agricultural, animal husbandry and forestry workers, fishermen and hunters Agriculteurs, éleveurs, forestiers, pêcheurs et chasseurs	Production and related workers, transport equipment operators and labourers Ouvriers et manoeuvres non agricoles et conducteurs d'engins de transport	Workers not classifiable by occupation Travailleurs ne pouvant être classés selon la profession	Members of the armed forces Membres des forces armées	
82 721	85 317	1 732 610	489 423	–	–	1
67 061	4 277	1 357 927	198 927	–	–	2
13 035	80 423	113 470	239 197	–	–	3
2 544	361	237 677	7 085	–	–	4
44	158	141	256	–	–	5
37	98	23 395	43 958	–	–	6
667 458	45 419	1 556 198	397 809	–	–	7
624 542	14 077	1 137 118	343 439	–	–	8
14 030	26 846	31 113	24 483	–	–	9
28 598	2 299	385 223	14 853	–	–	10
95	16	29	102	–	–	11
193	2 181	2 715	14 932	–	–	12
44 194	90 338	396 815	199 319	71 929	–	13
1 128	623	1 993	913	356	–	14
24 256	2 130	219 113	20 945	6 343	–	15
18 057	87 245	155 341	176 438	62 778	–	16
560	110	16 211	468	1 137	–	17
193	230	4 157	555	1 315	–	18
44 360	13 115	270 064	12 466	9 943	–	19
352	35	447	56	68	–	20
36 916	962	93 476	6 933	3 113	–	21
5 907	11 872	123 233	4 916	3 654	–	22
949	164	44 051	355	1 837	–	23
236	82	8 857	206	1 271	–	24

42. Economically active population by occupation, status, sex and urban/rural residence: each census, 1974 – 1988 (continued)

(See notes at end of table.)

	Continent, country or area, date, sex, status and urban/rural residence Continent, pays ou zone, date, sexe, situation dans la profession et résidence urbaine/rurale	Total economically active Population active totale	Professional, technical and related workers Personnel des professions techniques, libérales et assimilées	Administrative and managerial workers Directeurs et cadres administratifs supérieurs	Clerical and related workers Personnel administratif et travailleurs assimilés
	AMERICA, NORTH— AMERIQUE DU NORD				
	Bahamas				
	12 V 1980 [1 4 5 6]				
	Male – Masculin				
1	Total – Totale	45 807	4 993	1 444	3 122
2	Employer – Employeurs	2 360	270	225	25
3	Own account worker – Personnes travaillant à leur propre compte	3 504	177	41	13
4	Employee – Salariés	39 351	4 481	1 175	3 076
5	Unpaid family worker – Travailleurs familiaux non rémunérés	126	2	–	2
6	Unknown – Inconnu	466	63	3	6
	Female – Féminin				
7	Total – Totale	34 886	4 763	483	9 539
8	Employer – Employeurs	576	51	28	17
9	Own account worker – Personnes travaillant à leur propre compte	2 267	56	12	9
10	Employee – Salariés	31 482	4 618	432	9 468
11	Unpaid family worker – Travailleurs familiaux non rémunérés	267	1	11	26
12	Unknown – Inconnu	294	37	–	19
	Canada				
	3 VI 1986 [4 7 8 9]				
	Male – Masculin				
13	Total – Totale	7 294 220	1 057 535	693 030	514 455
14	Employer – Employeurs	233 870	63 030	18 845	4 255
15	Own account worker – Personnes travaillant à leur propre compte	405 005	47 925	11 915	6 210
16	Employee – Salariés	6 633 070	946 215	661 965	503 370
17	Unpaid family worker – Travailleurs familiaux non rémunérés	22 260	365	310	625
	Female – Féminin				
18	Total – Totale	5 446 010	1 118 740	281 210	1 776 890
19	Employer – Employeurs	55 815	11 320	5 900	5 005
20	Own account worker – Personnes travaillant à leur propre compte	131 035	32 190	5 750	11 585
21	Employee – Salariés	5 192 345	1 074 000	269 000	1 747 295
22	Unpaid family worker – Travailleurs familiaux non rémunérés	66 815	1 220	565	13 000
	Costa Rica				
	10 VI 1984 [10 11]				
	Male – Masculin				
23	Total – Totale	618 866	44 786	20 017	30 093
24	Employer – Employeurs	16 326	882	1 212	422
25	Own account worker – Personnes travaillant à leur propre compte	142 966	5 411	3 113	291
26	Employee – Salariés	419 578	38 327	15 559	29 266
27	Unpaid family worker – Travailleurs familiaux non rémunérés	39 996	166	133	114

42. Population active selon la profession, la situation dans la profession, le sexe et la résidence, urbaine/rurale: chaque recensement 1974 – 1988 (suite)

(Voir notes à la fin du tableau.)

Profession						
Sales workers Personnel commercial et vendeurs	Services workers Travailleurs spécialisés dans les services	Agricultural, animal husbandry and forestry workers, fishermen and hunters Agriculteurs, éleveurs, forestiers, pêcheurs et chasseurs	Production and related workers, transport equipment operators and labourers Ouvriers et manoeuvres non agricoles et conducteurs d'engins de transport	Workers not classifiable by occupation Travailleurs ne pouvant être classés selon la profession	Members of the armed forces Membres des forces armées	
3 338	7 983	4 579	19 328	1 020	–	1
465	154	284	900	37	–	2
334	157	1 031	1 709	42	–	3
2 506	7 634	3 092	16 517	870	–	4
19	9	50	35	9	–	5
14	29	122	167	62	–	6
3 803	12 551	863	2 502	382	–	7
187	138	29	125	1	–	8
498	300	314	1 063	15	–	9
3 034	11 956	390	1 263	321	–	10
68	30	93	24	14	–	11
16	127	37	27	31	–	12
622 710	702 870	527 285	2 711 095	394 270	70 965	13
17 885	17 335	55 510	53 215	3 805	–	14
34 775	13 320	172 500	111 185	7 175	–	15
568 750	671 200	284 330	2 544 555	381 715	70 960	16
1 290	1 015	14 950	2 135	1 570	–	17
496 230	938 185	136 730	481 985	207 375	8 665	18
8 650	14 620	6 245	2 855	1 220	–	19
18 545	30 635	18 955	10 350	3 030	–	20
465 425	889 200	72 100	466 855	199 815	8 665	21
3 610	3 735	39 435	1 925	3 320	–	22
52 486	41 732	233 670	153 606	42 476	–	23
1 714	856	5 855	4 275	1 110	–	24
26 091	1 605	72 827	26 911	6 717	–	25
23 816	38 916	123 190	120 717	29 787	–	26
865	355	31 798	1 703	4 862	–	27

Special topic

42. Economically active population by occupation, status, sex and urban/rural residence: each census, 1974 – 1988 (continued)

(See notes at end of table.)

	Continent, country or area, date, sex, status and urban/rural residence Continent, pays ou zone, date, sexe, situation dans la profession et résidence urbaine/rurale	Occupation: Total economically active Population active totale	Professional, technical and related workers Personnel des professions techniques, libérales et assimilées	Administrative and managerial workers Directeurs et cadres administratifs supérieurs	Clerical and related workers Personnel administratif et travailleurs assimilés
	AMERICA,NORTH— (Cont.–Suite) AMERIQUE DU NORD				
	Costa Rica				
	10 VI 1984 [10 11]				
	Female – Féminin				
1	Total – Totale	175 560	34 251	3 746	28 695
2	Employer – Employeurs	3 191	353	150	393
3	Own account worker – Personnes travaillant à leur propre compte	12 857	967	582	164
4	Employee – Salariés	156 045	32 811	2 965	28 007
5	Unpaid family worker – Travailleurs familiaux non rémunérés	3 467	120	49	131
	Mexico – Mexique				
	4 VI 1980 [10]				
	Male – Masculin				
6	Total – Totale	15 924 806	976 039	222 132	1 133 961
7	Employer – Employeurs	755 188	64 174	70 599	31 903
8	Own account worker – Personnes travaillant à leur propre compte	3 523 713	112 134	17 085	16 092
9	Employee – Salariés	7 125 648	603 263	104 501	870 557
10	Unpaid family worker – Travailleurs familiaux non rémunérés	776 715	13 541	1 190	21 66[illegible]
11	Member of producers'coop– Membres de coopératives de producteurs	195 464	11 681	3 948	10 42[illegible]
12	Unknown – Inconnu	3 548 078	171 246	24 809	183 329
	Female – Féminin				
13	Total – Totale	6 141 278	622 967	40 321	883 519
14	Employer – Employeurs	203 912	19 088	12 238	18 664
15	Own account worker – Personnes travaillant à leur propre compte	1 230 558	26 174	4 075	7 64[illegible]
16	Employee – Salariés	2 640 863	436 217	17 307	684 02[illegible]
17	Unpaid family worker – Travailleurs familiaux non rémunérés	416 276	11 231	848	17 229
18	Member of producers'coop– Membres de coopératives de producteurs	49 857	4 477	534	6 383
19	Unknown – Inconnu	1 599 812	125 780	5 319	149 57
	Puerto Rico – Porto Rico				
	1 IV 1980 [1 10 12 13]				
	Male – Masculin				
20	Total – Totale	465 326	46 066	45 423	38 10
21	Own account worker – Personnes travaillant à leur propre compte	50 352	4 832	4 628	53[illegible]
22	Employee – Salariés	414 159	41 230	40 778	37 55[illegible]
23	Unpaid family worker – Travailleurs familiaux non rémunérés	815	4	17	1

42. Population active selon la profession, la situation dans la profession, le sexe et la résidence, urbaine/rurale: chaque recensement 1974 – 1988 (suite)

(Voir notes à la fin du tableau.)

Profession: Sales workers / Personnel commercial et vendeurs	Services workers / Travailleurs spécialisés dans les services	Agricultural, animal husbandry and forestry workers, fishermen and hunters / Agriculteurs, éleveurs, forestiers, pêcheurs et chasseurs	Production and related workers, transport equipment operators and labourers / Ouvriers et manoeuvres non agricoles et conducteurs d'engins de transport	Workers not classifiable by occupation / Travailleurs ne pouvant être classés selon la profession	Members of the armed forces / Membres des forces armées	
15 507	51 638	5 527	24 995	11 201	–	1
431	1 113	95	439	217	–	2
4 645	1 335	486	3 270	1 408	–	3
9 978	48 410	4 595	21 116	8 163	–	4
453	780	351	170	1 413	–	5
1 094 760	1 423 134	4 835 671	4 050 251	2 188 858	–	6
129 446	59 225	170 966	165 655	63 220	–	7
381 554	165 325	2 138 968	437 407	255 148	–	8
340 023	871 617	1 090 522	2 555 551	689 614	–	9
59 255	41 877	338 975	183 161	117 056	–	10
12 872	21 375	75 829	38 750	20 589	–	11
171 610	263 715	1 020 411	669 727	1 043 231	–	12
517 562	1 172 545	676 646	819 456	1 408 262	–	13
49 494	25 004	21 228	27 077	31 119	–	14
176 755	173 722	260 191	105 123	476 872	–	15
147 940	584 366	96 535	463 784	210 694	–	16
51 069	94 287	75 392	58 810	107 410	–	17
5 750	4 648	8 572	9 014	10 479	–	18
86 554	290 518	214 728	155 648	571 688	–	19
53 408	63 490	24 629	194 205	–	–	20
14 581	2 637	4 526	18 610	–	–	21
38 661	60 827	19 726	175 387	–	–	22
166	26	377	208	–	–	23

42. Economically active population by occupation, status, sex and urban/rural residence: each census, 1974 – 1988 (continued)

(See notes at end of table.)

	Continent, country or area, date, sex, status and urban/rural residence Continent, pays ou zone, date, sexe, situation dans la profession et résidence urbaine/rurale	Total economically active Population active totale	Occupation: Professional, technical and related workers Personnel des professions techniques, libérales et assimilées	Administrative and managerial workers Directeurs et cadres administratifs supérieurs	Clerical and related workers Personnel administratif et travailleurs assimilés
	AMERICA,NORTH— (Cont.–Suite) AMERIQUE DU NORD				
	Puerto Rico – Porto Rico				
	1 IV 1980 [1 10 12 13]				
	Female – Féminin				
1	Total – Totale	268 596	56 604	16 119	72 12[illegible]
2	Own account worker – Personnes travaillant à leur propre compte	7 201	1 009	724	40[illegible]
3	Employee – Salariés	260 410	55 528	15 325	71 45[illegible]
4	Unpaid family worker – Travailleurs familiaux non rémunérés	985	67	70	25[illegible]
	Saint Kitts and Nevis – Saint–Kitts–et–Nevis				
	12 V 1980 [4 5 6]				
	Male – Masculin				
5	Total – Totale	10 103	560	209	54[illegible]
	Female – Féminin				
6	Total – Totale	7 022	772	34	82[illegible]
	Trinidad and Tobago – Trinité–et–Tobago				
	12 V 1980 [1]				
	Male – Masculin				
7	Total – Totale	247 277	19 779	5 081	20 40[illegible]
8	Employer – Employeurs	8 210	574	1 036	1[illegible]
9	Own account worker – Personnes travaillant à leur propre compte	25 556	563	150	2[illegible]
10	Employee – Salariés	211 033	18 592	3 886	20 32[illegible]
11	Unpaid family worker – Travailleurs familiaux non rémunérés	1 054	16	6	
12	Unknown – Inconnu	1 424	34	3	3[illegible]
	Female – Féminin				
13	Total – Totale	98 624	16 604	843	29 03[illegible]
14	Employer – Employeurs	1 381	131	98	2[illegible]
15	Own account worker – Personnes travaillant à leur propre compte	7 077	250	18	[illegible]
16	Employee – Salariés	88 974	16 181	721	28 90[illegible]
17	Unpaid family worker – Travailleurs familiaux non rémunérés	736	23	6	3[illegible]
18	Unknown – Inconnu	456	19	–	5[illegible]
	AMERICA,SOUTH— AMERIQUE DU SUD				
	Chile – Chili				
	21 IV 1982 [11]				
	Male – Masculin				
19	Total – Totale	2 652 180	133 370	73 276	255 77[illegible]
20	Employer – Employeurs	84 223	5 449	40 936	1 42[illegible]
21	Own account worker – Personnes travaillant à leur propre compte	478 369	18 503	8 265	6 94[illegible]
22	Employee – Salariés	1 971 456	108 773	23 765	245 88[illegible]
23	Unpaid family worker – Travailleurs familiaux non rémunérés	118 132	645	310	1 52[illegible]

42. Population active selon la profession, la situation dans la profession, le sexe et la résidence, urbaine/rurale: chaque recensement 1974 – 1988 (suite)

(Voir notes à la fin du tableau.)

Profession						
Sales workers Personnel commercial et vendeurs	Services workers Travailleurs spécialisés dans les services	Agricultural, animal husbandry and forestry workers, fishermen and hunters Agriculteurs, éleveurs, forestiers, pêcheurs et chasseurs	Production and related workers, transport equipment operators and labourers Ouvriers et manoeuvres non agricoles et conducteurs d'engins de transport	Workers not classifiable by occupation Travailleurs ne pouvant être classés selon la profession	Members of the armed forces Membres des forces armées	
20 431	43 496	847	58 977	–	–	1
2 550	1 629	84	799	–	–	2
17 544	41 655	747	58 153	–	–	3
337	212	16	25	–	–	4
451	588	3 022	3 730	1 000	–	5
694	1 127	1 289	1 281	1 004	–	6
15 332	21 783	24 058	136 444	4 398	...	7
1 812	439	1 574	2 678	81	...	8
3 553	739	5 982	14 275	274	...	9
9 701	20 553	15 929	118 838	3 208	...	10
242	29	529	190	35	...	11
24	23	44	463	800	...	12
12 071	18 568	4 496	15 520	1 491	–	13
547	265	167	131	17	–	14
3 083	1 125	715	1 777	92	–	15
8 148	17 082	3 359	13 516	1 059	–	16
280	66	249	64	17	–	17
13	30	6	32	306	–	18
214 653	127 201	621 661	1 049 914	176 327	–	19
4 682	1 041	17 305	11 064	2 326	–	20
113 142	8 672	144 549	159 141	19 151	–	21
90 121	116 159	376 908	865 925	143 920	–	22
6 708	1 329	82 899	13 784	10 930	–	23

Special topic

42. Economically active population by occupation, status, sex and urban/rural residence: each census, 1974 – 1988 (continued)

(See notes at end of table.)

	Continent, country or area, date, sex, status and urban/rural residence Continent, pays ou zone, date, sexe, situation dans la profession et résidence urbaine/rurale	Occupation Total economically active Population active totale	Professional, technical and related workers Personnel des professions techniques, libérales et assimilées	Administrative and managerial workers Directeurs et cadres administratifs supérieurs	Clerical and related workers Personnel administratif et travailleurs assimilés
	AMERICA,SOUTH— (Cont.–Suite) AMERIQUE DU SUD				
	Chile – Chili				
	21 IV 1982 [11]				
	Female – Féminin				
1	Total – Totale	920 924	148 061	18 850	163 85
2	Employer – Employeurs	19 278	1 657	11 502	65
3	Own account worker – Personnes travaillant à leur propre compte	105 282	6 572	2 812	2 48
4	Employee – Salariés	775 230	139 197	4 312	158 90
5	Unpaid family worker – Travailleurs familiaux non rémunérés	21 134	635	224	1 81
	Ecuador – Equateur				
	28 XI 1982 [14 15]				
	Male – Masculin				
6	Total – Totale	1 861 652	105 797	9 394	72 85
7	Employer – Employeurs	67 003	5 503	2 507	54
8	Own account worker – Personnes travaillant à leur propre compte	679 586	13 538	633	62
9	Employee – Salariés	840 210	84 378	6 103	70 46
10	Unpaid family worker – Travailleurs familiaux non rémunérés	109 285	203	20	25
11	Member of producers'coop– Membres de coopératives de producteurs	62 637	–	–	
12	Unknown – Inconnu	102 931	2 175	131	95
	Female – Féminin				
13	Total – Totale	484 411	77 782	1 729	59 07
14	Employer – Employeurs	12 177	894	313	47
15	Own account worker – Personnes travaillant à leur propre compte	115 647	3 581	100	56
16	Employee – Salariés	276 333	71 760	1 267	57 21
17	Unpaid family worker – Travailleurs familiaux non rémunérés	26 862	109	12	9
18	Member of producers'coop– Membres de coopératives de producteurs	20 466	–	–	
19	Unknown – Inconnu	32 926	1 438	37	72
	Paraguay				
	11 VII 1982				
	Male – Masculin				
20	Total – Totale	834 308	22 631	7 444	33 90
21	Employer – Employeurs	9 203	202	1	
22	Own account worker – Personnes travaillant à leur propre compte	370 788	5 402	948	
23	Employee – Salariés	315 658	15 590	3 920	33 45
24	Unpaid family worker – Travailleurs familiaux non rémunérés	85 136	16	5	3
25	Unknown – Inconnu	53 523	1 421	2 570	41

42. Population active selon la profession, la situation dans la profession, le sexe et la résidence, urbaine/rurale: chaque recensement 1974 – 1988 (suite)

(Voir notes à la fin du tableau.)

Profession						
Sales workers Personnel commercial et vendeurs	Services workers Travailleurs spécialisés dans les services	Agricultural, animal husbandry and forestry workers, fishermen and hunters Agriculteurs, éleveurs, forestiers, pêcheurs et chasseurs	Production and related workers, transport equipment operators and labourers Ouvriers et manoeuvres non agricoles et conducteurs d'engins de transport	Workers not classifiable by occupation Travailleurs ne pouvant être classés selon la profession	Members of the armed forces Membres des forces armées	
101 819	303 457	18 144	119 177	47 562	–	1
2 041	943	806	976	701	–	2
44 769	13 593	3 654	26 503	4 899	–	3
50 268	287 636	10 020	90 156	34 732	–	4
4 741	1 285	3 664	1 542	7 230	–	5
146 681	71 222	726 050	531 900	197 758	–	6
10 829	2 274	17 591	24 936	2 814	–	7
97 067	9 310	369 575	172 178	16 658	–	8
33 828	56 713	216 418	298 047	74 259	–	9
2 717	517	88 167	10 971	6 437	–	10
–	–	–	–	62 637	–	11
2 240	2 408	34 299	25 768	34 953	–	12
62 699	108 222	58 717	69 474	46 713	–	13
4 242	2 163	1 025	2 427	638	–	14
40 405	11 297	26 643	29 374	3 678	–	15
14 952	83 255	9 412	30 830	7 644	–	16
2 061	1 871	18 190	2 743	1 780	–	17
–	–	–	–	20 466	–	18
1 039	9 636	3 447	4 100	12 507	–	19
41 199	41 734	422 475	207 524	*——— 57 394	———*	20
2 308	63	3 306	2 901	*——— 421	———*	21
25 433	1 547	273 078	59 067	*——— 5 313	———*	22
11 267	37 647	62 923	141 033	*——— 9 823	———*	23
828	96	81 711	1 999	*——— 443	———*	24
1 363	1 381	1 457	2 524	*——— 41 394	———*	25

42. Economically active population by occupation, status, sex and urban/rural residence: each census, 1974 – 1988 (continued)

(See notes at end of table.)

	Continent, country or area, date, sex, status and urban/rural residence Continent, pays ou zone, date, sexe, situation dans la profession et résidence urbaine/rurale	Total economically active Population active totale	Occupation: Professional, technical and related workers Personnel des professions techniques, libérales et assimilées	Occupation: Administrative and managerial workers Directeurs et cadres administratifs supérieurs	Occupation: Clerical and related workers Personnel administratif et travailleurs assimilés
	AMERICA,SOUTH— (Cont.–Suite) AMERIQUE DU SUD				
	Paraguay				
	11 VII 1982				
	Female – Féminin				
1	Total – Totale	204 950	22 062	1 683	19 8
2	Employer – Employeurs	1 703	70	–	
3	Own account worker – Personnes travaillant à leur propre compte	66 496	2 269	543	
4	Employee – Salariés	76 613	19 426	707	19 5
5	Unpaid family worker – Travailleurs familiaux non rémunérés	10 791	23	5	
6	Unknown – Inconnu	49 347	274	428	2
	Peru – Pérou				
	12 VII 1981 [16] [17]				
	Male – Masculin				
7	Total – Totale	3 912 146	254 783	22 031	382 3
8	Employer – Employeurs	45 555	6 529	5 357	4
9	Own account worker – Personnes travaillant à leur propre compte	1 754 923	32 273	–	3 0
10	Employee – Salariés	1 751 738	211 968	16 674	377 8
11	Unpaid family worker – Travailleurs familiaux non rémunérés	117 854	268	–	[illegible]
12	Member of producers'coop– Membres de coopératives de producteurs	23 729	–	–	
13	Unknown – Inconnu	218 347	3 745	–	7
	Female – Féminin				
14	Total – Totale	1 277 514	149 690	1 894	184 6
15	Employer – Employeurs	8 123	1 215	423	2
16	Own account worker – Personnes travaillant à leur propre compte	360 964	6 571	–	8
17	Employee – Salariés	447 343	139 329	1 471	182 3
18	Unpaid family worker – Travailleurs familiaux non rémunérés	143 822	277	–	2
19	Member of producers'coop– Membres de coopératives de producteurs	146 703	–	–	
20	Unknown – Inconnu	170 559	2 298	–	9

42. Population active selon la profession, la situation dans la profession, le sexe et la résidence, urbaine/rurale: chaque recensement 1974 – 1988 (suite)

(Voir notes à la fin du tableau.)

Profession						
Sales workers Personnel commercial et vendeurs	Services workers Travailleurs spécialisés dans les services	Agricultural, animal husbandry and forestry workers, fishermen and hunters Agriculteurs, éleveurs, forestiers, pêcheurs et chasseurs	Production and related workers, transport equipment operators and labourers Ouvriers et manoeuvres non agricoles et conducteurs d'engins de transport	Workers not classifiable by occupation Travailleurs ne pouvant être classés selon la profession	Members of the armed forces Membres des forces armées	
26 333	54 926	22 002	44 149	*——— 13 982	———*	1
1 077	140	120	211	*——— 85	———*	2
17 545	4 108	9 841	30 489	*——— 1 701	———*	3
6 813	9 214	2 932	12 116	*——— 5 889	———*	4
531	98	9 087	890	*——— 122	———*	5
367	41 366	22	443	*——— 6 185	———*	6
347 166	184 596	1 576 719	903 511	241 033	–	7
10 372	3 553	10 548	6 648	2 092	–	8
240 285	14 276	1 141 571	284 290	39 192	–	9
89 460	140 906	291 364	591 940	31 569	–	10
3 115	387	106 226	3 800	3 874	–	11
–	23 729	–	–	–	–	12
3 934	1 745	27 010	16 833	164 306	–	13
180 466	187 135	263 748	116 897	193 015	–	14
2 792	1 362	790	583	715	–	15
139 190	20 290	109 729	64 527	19 830	–	16
28 815	16 906	28 489	39 446	10 498	–	17
6 932	1 014	117 114	8 320	9 953	–	18
–	146 703	–	–	–	–	19
2 737	860	7 626	4 021	152 019	–	20

42. Economically active population by occupation, status, sex and urban/rural residence: each census, 1974 – 1988 (continued)

(See notes at end of table.)

	Continent, country or area, date, sex, status and urban/rural residence Continent, pays ou zone, date, sexe, situation dans la profession et résidence urbaine/rurale	Occupation: Total economically active Population active totale	Occupation: Professional, technical and related workers Personnel des professions techniques, libérales et assimilées	Occupation: Administrative and managerial workers Directeurs et cadres administratifs supérieurs	Occupation: Clerical and related workers Personnel administratif et travailleurs assimilés
	AMERICA,SOUTH— (Cont.–Suite) AMERIQUE DU SUD				
	Uruguay				
	23 X 1985 [11] [18]				
	Male – Masculin				
1	Total – Totale	775 529	43 098	21 808	75 319
2	Employer – Employeurs	49 138	2 817	9 488	44[illegible]
3	Own account worker – Personnes travaillant à leur propre compte	146 023	8 386	1 010	66[illegible]
4	Employee – Salariés	539 977	30 316	10 855	72 58[illegible]
5	Unpaid family worker – Travailleurs familiaux non rémunérés	12 403	505	17	15[illegible]
6	Member of producers'coop– Membres de coopératives de producteurs	3 592	206	98	83[illegible]
7	Unknown – Inconnu	24 396	868	340	63[illegible]
	Female – Féminin				
8	Total – Totale	383 490	61 969	5 703	65 32[illegible]
9	Employer – Employeurs	11 107	795	2 122	28[illegible]
10	Own account worker – Personnes travaillant à leur propre compte	56 525	8 378	450	40[illegible]
11	Employee – Salariés	293 681	50 935	2 925	63 50[illegible]
12	Unpaid family worker – Travailleurs familiaux non rémunérés	8 390	536	31	49[illegible]
13	Member of producers'coop– Membres de coopératives de producteurs	1 076	79	6	5[illegible]
14	Unknown – Inconnu	12 711	1 246	169	57[illegible]
	Venezuela				
	20 X 1981 [11] [19] [20]				
	Male – Masculin				
15	Total – Totale	3 313 642	262 744	67 523	236 16[illegible]
16	Employer – Employeurs	115 233	4 234	13 565	2 42[illegible]
17	Own account worker – Personnes travaillant à leur propre compte	651 641	17 664	6 744	3 80[illegible]
18	Employee – Salariés	2 038 731	228 902	44 568	217 94[illegible]
19	Unpaid family worker – Travailleurs familiaux non rémunérés	39 458	158	27	22[illegible]
20	Member of producers'coop– Membres de coopératives de producteurs	21 593	623	452	49[illegible]
21	Unknown – Inconnu	446 986	11 163	2 167	11 27[illegible]

42. Population active selon la profession, la situation dans la profession, le sexe et la résidence, urbaine/rurale: chaque recensement 1974 – 1988 (suite)

(Voir notes à la fin du tableau.)

Profession						
Sales workers Personnel commercial et vendeurs	Services workers Travailleurs spécialisés dans les services	Agricultural, animal husbandry and forestry workers, fishermen and hunters Agriculteurs, éleveurs, forestiers, pêcheurs et chasseurs	Production and related workers, transport equipment operators and labourers Ouvriers et manoeuvres non agricoles et conducteurs d'engins de transport	Workers not classifiable by occupation Travailleurs ne pouvant être classés selon la profession	Members of the armed forces Membres des forces armées	
77 334	54 047	154 874	271 945	47 752	29 352	1
14 940	569	13 398	6 887	595	–	2
30 892	3 603	43 096	50 711	7 660	–	3
29 505	49 313	88 767	208 121	21 166	29 352	4
1 241	199	8 514	1 411	361	–	5
121	32	533	1 611	157	–	6
635	331	566	3 204	17 813	–	7
40 400	121 634	10 879	60 043	16 678	858	8
5 389	642	1 219	503	148	–	9
13 732	13 611	3 061	15 905	982	–	10
18 965	105 809	2 423	41 829	6 429	858	11
1 963	565	4 093	397	313	–	12
35	17	45	820	18	–	13
316	990	38	589	8 788	–	14
381 007	220 800	508 373	1 637 027	–	–	15
34 897	4 089	33 144	22 880	–	–	16
146 983	8 811	218 828	248 804	–	–	17
185 443	185 905	197 674	978 296	–	–	18
1 882	366	32 484	4 312	–	–	19
2 035	565	4 668	12 757	–	–	20
9 767	21 064	21 575	369 978	–	–	21

42. Economically active population by occupation, status, sex and urban/rural residence: each census, 1974 – 1988 (continued)

(See notes at end of table.)

	Continent, country or area, date, sex, status and urban/rural residence Continent, pays ou zone, date, sexe, situation dans la profession et résidence urbaine/rurale	Occupation: Total economically active Population active totale	Occupation: Professional, technical and related workers Personnel des professions techniques, libérales et assimilées	Occupation: Administrative and managerial workers Directeurs et cadres administratifs supérieurs	Occupation: Clerical and related workers Personnel administratif et travailleurs assimilés
	AMERICA,SOUTH— (Cont.–Suite) AMERIQUE DU SUD				
	Venezuela				
	20 X 1981 [11 19 20]				
	Female – Féminin				
1	Total – Totale	1 233 803	232 291	8 718	284 3
2	Employer – Employeurs	12 642	1 042	891	4
3	Own account worker – Personnes travaillant à leur propre compte	100 604	4 777	513	1 1
4	Employee – Salariés	820 790	209 781	6 901	267 0
5	Unpaid family worker – Travailleurs familiaux non rémunérés	6 927	177	45	4
6	Member of producers'coop– Membres de coopératives de producteurs	2 014	200	34	3
7	Unknown – Inconnu	290 826	16 314	334	14 7
	ASIA—ASIE				
	Brunei Darussalam – Brunéi Darussalam				
	26 VIII 1981 [1]				
	Male – Masculin				
8	Total – Totale	52 737	6 588	1 936	3 7
9	Employer – Employeurs	881	19	353	
10	Own account worker – Personnes travaillant à leur propre compte	3 357	52	120	
11	Employee – Salariés	48 313	6 512	1 459	3 7
12	Unpaid family worker – Travailleurs familiaux non rémunérés	186	5	4	
	Female – Féminin				
13	Total – Totale	15 391	3 250	125	3 9
14	Employer – Employeurs	70	3	14	
15	Own account worker – Personnes travaillant à leur propre compte	899	10	3	
16	Employee – Salariés	14 198	3 235	104	3 9
17	Unpaid family worker – Travailleurs familiaux non rémunérés	224	2	4	
	Hong Kong – Hong–kong				
	11 III 1986*21				
	Male – Masculin				
18	Total – Totale	1 716 411	127 911	80 451	163 8
19	Employer – Employeurs	98 678	4 508	26 516	9
20	Own account worker – Personnes travaillant à leur propre compte	128 377	5 670	5 866	4
21	Employee – Salariés	1 410 632	114 793	46 781	157 9
22	Unpaid family worker – Travailleurs familiaux non rémunérés	12 001	119	168	3
23	Unknown – Inconnu	66 723	2 821	1 120	4 1

42. Population active selon la profession, la situation dans la profession, le sexe et la résidence, urbaine/rurale: chaque recensement 1974 – 1988 (suite)

(Voir notes à la fin du tableau.)

Profession: Sales workers / Personnel commercial et vendeurs	Services workers / Travailleurs spécialisés dans les services	Agricultural, animal husbandry and forestry workers, fishermen and hunters / Agriculteurs, éleveurs, forestiers, pêcheurs et chasseurs	Production and related workers, transport equipment operators and labourers / Ouvriers et manoeuvres non agricoles et conducteurs d'engins de transport	Workers not classifiable by occupation / Travailleurs ne pouvant être classés selon la profession	Members of the armed forces / Membres des forces armées	
116 789	332 189	15 518	243 982	–	–	1
6 031	1 902	837	1 443	–	–	2
39 800	22 058	5 429	26 839	–	–	3
65 907	144 552	6 656	119 940	–	–	4
1 544	1 655	1 580	1 431	–	–	5
480	406	166	420	–	–	6
3 027	161 616	850	93 909	–	–	7
2 755	10 129	4 731	22 704	173	–	8
341	47	24	93	1	–	9
968	71	1 319	775	48	–	10
1 376	10 002	3 319	21 807	124	–	11
70	9	69	29	–	–	12
1 317	4 628	1 107	935	61	–	13
25	16	1	5	–	–	14
332	49	352	133	16	–	15
845	4 548	692	781	42	–	16
115	15	62	16	3	–	17
220 120	282 458	33 378	794 748	6 524	6 965	18
45 891	5 810	2 919	11 746	350	–	19
61 060	4 382	14 054	36 589	308	–	20
102 557	258 239	11 502	710 727	1 197	6 839	21
4 144	720	4 211	2 296	28	–	22
6 468	13 307	692	33 390	4 641	126	23

42. Economically active population by occupation, status, sex and urban/rural residence: each census, 1974 – 1988 (continued)

(See notes at end of table.)

	Continent, country or area, date, sex, status and urban/rural residence Continent, pays ou zone, date, sexe, situation dans la profession et résidence urbaine/rurale	Total economically active Population active totale	Occupation: Professional, technical and related workers Personnel des professions techniques, libérales et assimilées	Occupation: Administrative and managerial workers Directeurs et cadres administratifs supérieurs	Occupation: Clerical and related workers Personnel administratif et travailleurs assimilés
	ASIA—ASIE (Cont.–Suite)				
	Hong Kong – Hong-kong				
	11 III 1986*21				
	Female – Féminin				
1	Total – Totale	1 037 437	97 629	16 478	234
2	Employer – Employeurs	12 935	672	2 989	
3	Own account worker – Personnes travaillant à leur propre compte	44 499	3 220	742	
4	Employee – Salariés	899 074	91 175	11 648	223
5	Unpaid family worker – Travailleurs familiaux non rémunérés	37 077	371	707	1
6	Unknown – Inconnu	43 852	2 191	392	8
	Iraq				
	17 X 1977 [1]				
	Male – Masculin				
7	Total – Totale	2 525 283	132 729	12 681	352
8	Employer – Employeurs	38 998	696	2 688	
9	Own account worker – Personnes travaillant à leur propre compte	512 519	5 137	972	1
10	Employee – Salariés	1 715 509	126 141	8 950	350
11	Unpaid family worker – Travailleurs familiaux non rémunérés	41 452	112	21	
12	Member of producers'coop– Membres de coopératives de producteurs	186 447	32	2	
13	Unknown – Inconnu	30 358	611	48	
	Female – Féminin				
14	Total – Totale	533 931	63 580	387	27
15	Employer – Employeurs	1 255	57	27	
16	Own account worker – Personnes travaillant à leur propre compte	41 149	1 027	15	
17	Employee – Salariés	149 192	62 164	331	27
18	Unpaid family worker – Travailleurs familiaux non rémunérés	316 577	136	7	
19	Member of producers'coop– Membres de coopératives de producteurs	15 645	4	–	
20	Unknown – Inconnu	10 113	192	7	
	Israel – Israël [22]				
	4 VI 1983 [10 23]				
	Male – Masculin				
21	Total – Totale	886 075	143 180	56 020	91
22	Employer and own account worker – Employeurs et personnes travaillant à leur propre compte	135 520	16 685	7 790	2
23	Employee – Salariés	671 010	121 280	45 970	85
24	Unpaid family worker – Travailleurs familiaux non rémunérés	3 940	175	65	
25	Unknown – Inconnu	75 605	5 040	2 195	3

42. Population active selon la profession, la situation dans la profession, le sexe et la résidence, urbaine/rurale: chaque recensement 1974 – 1988 (suite)

(Voir notes à la fin du tableau.)

Profession						
Sales workers Personnel commercial et vendeurs	Services workers Travailleurs spécialisés dans les services	Agricultural, animal husbandry and forestry workers, fishermen and hunters Agriculteurs, éleveurs, forestiers, pêcheurs et chasseurs	Production and related workers, transport equipment operators and labourers Ouvriers et manoeuvres non agricoles et conducteurs d'engins de transport	Workers not classifiable by occupation Travailleurs ne pouvant être classés selon la profession	Members of the armed forces Membres des forces armées	
100 559	166 706	17 811	398 225	5 383	245	1
6 250	987	189	1 225	105	–	2
21 069	9 324	5 055	4 592	84	–	3
54 207	146 609	4 067	367 516	602	245	4
13 881	3 318	8 153	8 589	105	–	5
5 152	6 468	347	16 303	4 487	–	6
122 627	143 522	576 538	897 070	288 085	–	7
6 572	4 053	6 458	18 084	252	–	8
92 725	15 823	233 690	161 141	1 873	–	9
21 389	122 556	113 565	707 317	265 390	–	10
1 191	423	34 308	4 813	542	–	11
17	35	186 170	158	12	–	12
733	632	2 347	5 557	20 016	–	13
9 043	16 752	350 836	51 689	13 715	–	14
215	76	422	416	31	–	15
6 566	503	13 849	18 650	516	–	16
1 546	15 993	11 117	26 745	3 490	–	17
621	73	309 371	5 420	942	–	18
2	–	15 627	10	–	–	19
93	107	450	448	8 736	–	20
67 215	61 740	44 180	328 990	92 800	–	21
32 995	6 155	14 750	47 505	7 450	–	22
32 420	53 475	16 205	268 825	46 900	–	23
580	150	1 640	735	475	–	24
1 220	1 960	11 585	11 925	37 975	–	25

42. Economically active population by occupation, status, sex and urban/rural residence: each census, 1974 – 1988 (continued)

(See notes at end of table.)

	Continent, country or area, date, sex, status and urban/rural residence Continent, pays ou zone, date, sexe, situation dans la profession et résidence urbaine/rurale	Occupation: Total economically active Population active totale	Occupation: Professional, technical and related workers Personnel des professions techniques, libérales et assimilées	Occupation: Administrative and managerial workers Directeurs et cadres administratifs supérieurs	Occupation: Clerical and related workers Personnel administratif et travailleurs assimilés
	ASIA—ASIE (Cont.–Suite)				
	Israel – Israël [22]				
	4 VI 1983 [10 23]				
	Female – Féminin				
1	Total – Totale	556 495	161 385	10 790	151 9
2	Employer and own account worker – Employeurs et personnes travaillant à leur propre compte	26 200	6 400	615	1 3
3	Employee – Salariés	451 990	143 830	9 590	143 9
4	Unpaid family worker – Travailleurs familiaux non rémunérés	7 910	530	170	1 1
5	Unknown – Inconnu	70 395	10 625	415	5 4
	Japan – Japon				
	1 X 1980 [7 8 24]				
	Male – Masculin				
6	Total – Totale	34 591 400	2 959 700	1 317 500	5 887 3
7	Employer – Employeurs	1 684 000	183 800	–	111 0
8	Own account worker – Personnes travaillant à leur propre compte	5 268 000	319 700	–	13 5
9	Employee – Salariés	26 421 400	2 434 000	1 317 500	5 738 6
10	Unpaid family worker – Travailleurs familiaux non rémunérés	1 213 600	22 100	–	24 2
	Female – Féminin				
11	Total – Totale	21 073 400	2 154 200	158 000	5 170 2
12	Employer – Employeurs	352 300	25 300	–	20 3
13	Own account worker – Personnes travaillant à leur propre compte	2 085 600	192 300	–	28 7
14	Employee – Salariés	13 543 400	1 879 700	158 000	4 636 2
15	Unpaid family worker – Travailleurs familiaux non rémunérés	5 075 200	56 900	–	484 9
	1 X 1985 [1 7 8 24]				
	Male – Masculin				
16	Total – Totale	35 642 800	3 597 100	1 371 300	5 580 8
17	Employer – Employeurs	1 701 700	228 400	–	82 2
18	Own account worker – Personnes travaillant à leur propre compte	4 791 800	329 400	–	24 2
19	Employee – Salariés	28 155 300	3 017 900	1 371 300	5 454 0
20	Unpaid family worker – Travailleurs familiaux non rémunérés [25]	994 000	21 400	–	20 4
	Female – Féminin				
21	Total – Totale	22 574 700	2 560 600	177 700	6 134 3
22	Employer – Employeurs	358 700	32 200	–	14 7
23	Own account worker – Personnes travaillant à leur propre compte	1 956 000	220 700	–	36 8
24	Employee – Salariés	15 910 200	2 253 700	177 700	5 449 4
25	Unpaid family worker – Travailleurs familiaux non rémunérés [25]	4 349 500	54 000	–	633 3

42. Population active selon la profession, la situation dans la profession, le sexe et la résidence, urbaine/rurale: chaque recensement 1974 – 1988 (suite)

oir notes à la fin du tableau.)

Profession						
Sales workers Personnel commercial et vendeurs	Services workers Travailleurs spécialisés dans les services	Agricultural, animal husbandry and forestry workers, fishermen and hunters Agriculteurs, éleveurs, forestiers, pêcheurs et chasseurs	Production and related workers, transport equipment operators and labourers Ouvriers et manoeuvres non agricoles et conducteurs d'engins de transport	Workers not classifiable by occupation Travailleurs ne pouvant être classés selon la profession	Members of the armed forces Membres des forces armées	
30 965	83 440	9 505	50 915	57 585	–	1
7 070	4 080	2 975	1 830	1 885	–	2
20 350	67 105	3 050	42 835	21 310	–	3
2 555	600	1 555	650	655	–	4
990	11 655	1 925	5 600	33 735	–	5
4 733 000	2 124 800	3 140 900	14 362 000	66 200	–	6
457 300	128 900	62 500	739 800	700	–	7
1 014 400	335 200	2 211 100	1 350 300	23 900	–	8
3 050 300	1 569 600	324 100	11 951 000	36 200	–	9
211 000	91 100	543 200	320 900	1 100	–	10
3 120 500	2 536 500	2 855 200	5 026 900	52 000	–	11
173 700	92 900	3 600	35 300	1 200	–	12
387 000	333 200	427 700	710 000	6 700	–	13
1 546 600	1 602 300	80 300	3 619 500	20 600	–	14
1 013 100	508 100	2 343 500	662 100	6 600	–	15
5 098 000	2 303 200	2 921 100	14 714 600	56 600	–	16
456 800	171 700	84 200	677 500	900	–	17
798 000	292 400	2 082 200	1 262 100	3 600	–	18
3 702 200	1 762 900	309 500	12 485 400	51 800	–	19
140 900	76 200	445 200	289 600	300	–	20
3 011 500	2 624 400	2 451 800	5 566 600	47 800	–	21
186 800	99 600	4 100	21 000	300	–	22
413 000	297 800	386 600	597 200	3 900	–	23
1 749 900	1 781 000	86 400	4 369 700	42 300	–	24
661 800	446 000	1 974 600	578 700	1 100	–	25

Special topic

42. Economically active population by occupation, status, sex and urban/rural residence: each census, 1974 – 1988 (continued)

(See notes at end of table.)

	Continent, country or area, date, sex, status and urban/rural residence Continent, pays ou zone, date, sexe, situation dans la profession et résidence urbaine/rurale	Total economically active Population active totale	Occupation Professional, technical and related workers Personnel des professions techniques, libérales et assimilées	Administrative and managerial workers Directeurs et cadres administratifs supérieurs	Clerical and related workers Personnel administratif et travailleurs assimilés
	ASIA—ASIE (Cont.–Suite)				
	Jordan – Jordanie [26]				
	10 XI 1979* [1 27]				
	Male – Masculin				
1	Total – Totale	376 528	33 542	6 422	19 7
2	Employer – Employeurs	12 207	805	812	
3	Own account worker – Personnes travaillant à leur propre compte	88 110	1 764	491	3
4	Employee – Salariés	272 176	30 914	5 100	19 2
5	Unpaid family worker – Travailleurs familiaux non rémunérés	3 319	16	15	
6	Unknown – Inconnu	716	43	4	
	Female – Féminin				
7	Total – Totale	29 541	17 093	364	5 5
8	Employer – Employeurs	211	75	13	
9	Own account worker – Personnes travaillant à leur propre compte	1 085	150	7	
10	Employee – Salariés	28 001	16 836	340	5 5
11	Unpaid family worker – Travailleurs familiaux non rémunérés	139	4	–	
12	Unknown – Inconnu	105	28	4	
	Kuwait – Koweït				
	21 IV 1985 [11]				
	Male – Masculin				
13	Total – Totale	532 805	72 622	10 243	63 0
14	Employer – Employeurs	11 185	408	2 186	
15	Own account worker – Personnes travaillant à leur propre compte	28 363	353	527	
16	Employee – Salariés	490 585	71 735	7 491	62 7
17	Unpaid family worker – Travailleurs familiaux non rémunérés	863	26	27	
18	Unknown – Inconnu	1 809	100	12	2
	Female – Féminin				
19	Total – Totale	129 783	36 304	392	19 6
20	Employer – Employeurs	211	15	39	
21	Own account worker – Personnes travaillant à leur propre compte	114	4	–	
22	Employee – Salariés	129 137	36 180	350	19 5
23	Unpaid family worker – Travailleurs familiaux non rémunérés	37	4	1	
24	Unknown – Inconnu	284	101	2	1
	Macau – Macao				
	16 III 1981 [11]				
	Male – Masculin				
25	Total – Totale	78 448	2 439	479	5 5
26	Employer – Employeurs	3 332	223	332	
27	Own account worker – Personnes travaillant à leur propre compte	7 405	464	–	
28	Employee – Salariés	65 335	1 641	147	5 5
29	Unpaid family worker – Travailleurs familiaux non rémunérés	2 258	5	–	
30	Unknown – Inconnu	118	106	–	

Sujet spécial

42. Population active selon la profession, la situation dans la profession, le sexe et la résidence, urbaine/rurale: chaque recensement 1974 – 1988 (suite)

(...ir notes à la fin du tableau.)

Profession						
Sales workers Personnel commercial et vendeurs	Services workers Travailleurs spécialisés dans les services	Agricultural, animal husbandry and forestry workers, fishermen and hunters Agriculteurs, éleveurs, forestiers, pêcheurs et chasseurs	Production and related workers, transport equipment operators and labourers Ouvriers et manoeuvres non agricoles et conducteurs d'engins de transport	Workers not classifiable by occupation Travailleurs ne pouvant être classés selon la profession	Members of the armed forces Membres des forces armées	
30 598	23 675	46 143	216 410	–	–	1
3 595	664	2 368	3 876	–	–	2
19 095	1 919	31 394	33 125	–	–	3
7 199	20 994	10 745	177 925	–	–	4
647	82	1 585	955	–	–	5
62	16	51	529	–	–	6
389	3 607	365	2 144	–	–	7
32	36	3	41	–	–	8
96	127	59	618	–	–	9
239	3 413	249	1 404	–	–	10
18	5	50	54	–	–	11
4	26	4	27	–	–	12
36 577	117 182	12 986	220 109	–	–	13
5 225	691	39	2 596	–	–	14
8 995	1 286	688	16 486	–	–	15
22 104	114 776	11 714	199 983	–	–	16
153	26	461	170	–	–	17
100	403	84	874	–	–	18
1 012	71 879	54	491	–	–	19
80	67	–	9	–	–	20
63	–	7	40	–	–	21
852	71 757	26	440	–	–	22
9	2	21	–	–	–	23
8	53	–	2	–	–	24
8 980	14 090	5 415	41 444	5	59	25
1 563	438	481	294	1	–	26
3 634	381	1 228	1 698	–	–	27
3 507	13 150	2 044	39 261	4	59	28
273	117	1 662	186	–	–	29
3	4	–	5	–	–	30

Special topic

42. Economically active population by occupation, status, sex and urban/rural residence: each census, 1974 – 1988 (continued)

(See notes at end of table.)

	Continent, country or area, date, sex, status and urban/rural residence Continent, pays ou zone, date, sexe, situation dans la profession et résidence urbaine/rurale	Total economically active Population active totale	Occupation: Professional, technical and related workers Personnel des professions techniques, libérales et assimilées	Occupation: Administrative and managerial workers Directeurs et cadres administratifs supérieurs	Occupation: Clerical and related workers Personnel administratif et travailleurs assimilés
	ASIA—ASIE (Cont.–Suite)				
	Macau – Macao				
	16 III 1981 [11]				
	Female – Féminin				
1	Total – Totale	46 612	2 417	72	4 46
2	Employer – Employeurs	329	12	39	
3	Own account worker – Personnes travaillant à leur propre compte	1 258	85	–	
4	Employee – Salariés	42 745	2 174	33	4 43
5	Unpaid family worker – Travailleurs familiaux non rémunérés	2 128	12	–	2
6	Unknown – Inconnu	152	134	–	
	Maldives				
	25 III 1985 [11]				
	Male – Masculin				
7	Total – Totale	40 313	3 789	1 323	2 48
8	Employer – Employeurs	1 574	111	147	3
9	Own account worker – Personnes travaillant à leur propre compte	17 663	584	99	19
10	Employee – Salariés	17 619	2 716	1 019	2 19
11	Unpaid family worker – Travailleurs familiaux non rémunérés	2 012	63	26	
12	Unknown – Inconnu	1 445	315	32	5
	Female – Féminin				
13	Total – Totale	11 116	949	141	82
14	Employer – Employeurs	81	15	8	
15	Own account worker – Personnes travaillant à leur propre compte	6 504	334	13	1
16	Employee – Salariés	2 820	454	114	78
17	Unpaid family worker – Travailleurs familiaux non rémunérés	1 179	34	2	
18	Unknown – Inconnu	532	112	4	1
	Qatar				
	16 III 1986* [11]				
	Male – Masculin				
19	Total – Totale	180 756	15 086	2 546	21 58
20	Employer – Employeurs	1 614	37	286	2
21	Own account worker – Personnes travaillant à leur propre compte	1 921	62	86	1
22	Employee – Salariés	177 030	14 984	2 173	21 53
23	Unpaid family worker – Travailleurs familiaux non rémunérés	71	–	1	
24	Unknown – Inconnu	120	3	–	
	Female – Féminin				
25	Total – Totale	19 482	5 511	22	2 01
26	Employer – Employeurs	11	5	–	
27	Own account worker – Personnes travaillant à leur propre compte	10	5	–	
28	Employee – Salariés	19 458	5 501	22	2 01
29	Unpaid family worker – Travailleurs familiaux non rémunérés	3	–	–	

42. Population active selon la profession, la situation dans la profession, le sexe et la résidence, urbaine/rurale: chaque recensement 1974 – 1988 (suite)

(Voir notes à la fin du tableau.)

Profession						
Sales workers Personnel commercial et vendeurs	Services workers Travailleurs spécialisés dans les services	Agricultural, animal husbandry and forestry workers, fishermen and hunters Agriculteurs, éleveurs, forestiers, pêcheurs et chasseurs	Production and related workers, transport equipment operators and labourers Ouvriers et manoeuvres non agricoles et conducteurs d'engins de transport	Workers not classifiable by occupation Travailleurs ne pouvant être classés selon la profession	Members of the armed forces Membres des forces armées	
2 570	6 347	2 481	28 262	2	...	1
151	82	33	12	–	...	2
890	62	112	109	–	...	3
1 119	6 073	885	28 029	2	...	4
410	121	1 451	108	–	...	5
–	9	–	4	–	...	6
2 098	3 132	13 646	12 245	1 596	–	7
268	458	199	303	53	–	8
937	123	10 708	4 356	666	–	9
745	2 474	798	6 893	777	–	10
93	13	1 412	341	58	–	11
55	64	529	352	42	–	12
273	382	1 485	6 975	91	–	13
17	4	6	28	2	–	14
176	125	1 012	4 760	67	–	15
15	202	18	1 218	12	–	16
48	24	382	683	4	–	17
17	27	67	286	6	–	18
10 044	32 359	7 680	91 123	335	–	19
898	54	27	280	5	–	20
746	113	57	830	9	–	21
8 381	32 176	7 582	89 991	206	–	22
19	16	14	19	1	–	23
–	–	–	3	114	–	24
116	11 742	2	62	16	–	25
4	1	–	–	–	–	26
1	2	1	1	–	–	27
110	11 737	1	61	16	–	28
1	2	–	–	–	–	29

42. Economically active population by occupation, status, sex and urban/rural residence: each census, 1974 – 1988 (continued)

(See notes at end of table.)

	Continent, country or area, date, sex, status and urban/rural residence Continent, pays ou zone, date, sexe, situation dans la profession et résidence urbaine/rurale	Total economically active Population active totale	Professional, technical and related workers Personnel des professions techniques, libérales et assimilées	Administrative and managerial workers Directeurs et cadres administratifs supérieurs	Clerical and related workers Personnel administratif et travailleurs assimilés
	ASIA—ASIE (Cont.–Suite)				
	Sri Lanka				
	17 III 1981 [1 7]				
	Male – Masculin				
1	Total – Totale	3 248 428	130 283	30 416	199 356
2	Employer – Employeurs	63 789	1 595	3 850	1 123
3	Own account worker – Personnes travaillant à leur propre compte	1 054 111	8 911	2 900	830
4	Employee – Salariés	2 061 822	119 300	23 576	197 297
5	Unpaid family worker – Travailleurs familiaux non rémunérés	68 706	477	90	106
	Female – Féminin				
6	Total – Totale	870 837	116 101	3 270	58 071
7	Employer – Employeurs	7 273	288	231	263
8	Own account worker – Personnes travaillant à leur propre compte	115 703	1 276	157	147
9	Employee – Salariés	707 647	114 316	2 866	57 589
10	Unpaid family worker – Travailleurs familiaux non rémunérés	40 214	221	16	72
	Syrian Arab Republic – République arabe syrienne				
	8 IX 1981 [1 28]				
	Male – Masculin				
11	Total – Totale	1 819 557	102 664	2 251	121 627
12	Employer – Employeurs	78 090	1 741	161	503
13	Own account worker – Personnes travaillant à leur propre compte	484 408	7 846	82	1 785
14	Employee – Salariés	1 124 880	92 825	1 970	119 020
15	Unpaid family worker – Travailleurs familiaux non rémunérés	122 060	180	38	271
16	Member of producers'coop– Membres de coopératives de producteurs	1 679	63	–	39
17	Unknown – Inconnu	8 440	9	–	9
	Female – Féminin				
18	Total – Totale	167 996	49 077	106	22 572
19	Employer – Employeurs	1 694	230	2	54
20	Own account worker – Personnes travaillant à leur propre compte	19 046	1 185	–	94
21	Employee – Salariés	106 952	47 576	90	22 383
22	Unpaid family worker – Travailleurs familiaux non rémunérés	39 482	48	14	21
23	Member of producers'coop– Membres de coopératives de producteurs	518	35	–	10
24	Unknown – Inconnu	304	3	–	10

42. Population active selon la profession, la situation dans la profession, le sexe et la résidence, urbaine/rurale: chaque recensement 1974 – 1988 (suite)

(Voir notes à la fin du tableau.)

Profession: Sales workers / Personnel commercial et vendeurs	Services workers / Travailleurs spécialisés dans les services	Agricultural, animal husbandry and forestry workers, fishermen and hunters / Agriculteurs, éleveurs, forestiers, pêcheurs et chasseurs	Production and related workers, transport equipment operators and labourers / Ouvriers et manoeuvres non agricoles et conducteurs d'engins de transport	Workers not classifiable by occupation / Travailleurs ne pouvant être classés selon la profession	Members of the armed forces / Membres des forces armées	
291 590	190 022	1 390 420	948 231	68 110	–	1
21 763	4 751	11 779	18 167	761	–	2
137 476	18 796	796 545	83 545	5 108	–	3
128 170	165 089	524 779	842 182	61 429	–	4
4 181	1 386	57 317	4 337	812	–	5
24 100	45 194	456 589	141 827	25 685	–	6
805	585	2 843	2 106	152	–	7
9 558	2 687	87 946	12 116	1 816	–	8
12 821	40 649	329 857	126 441	23 108	–	9
916	1 273	35 943	1 164	609	–	10
148 185	99 787	443 119	796 870	105 054	–	11
20 278	2 426	21 787	30 849	345	–	12
88 854	17 135	229 903	137 639	1 164	–	13
30 368	79 410	96 398	610 074	94 815	–	14
8 593	771	94 696	16 987	524	–	15
74	31	282	1 091	99	–	16
18	14	53	230	8 107	–	17
2 300	7 542	52 012	33 040	1 347	–	18
112	121	484	685	6	–	19
849	513	5 738	10 615	52	–	20
1 094	6 812	8 991	19 118	888	–	21
242	61	36 720	2 264	112	–	22
2	32	75	352	12	–	23
1	3	4	6	277	–	24

42. Economically active population by occupation, status, sex and urban/rural residence: each census, 1974 – 1988 (continued)

(See notes at end of table.)

	Continent, country or area, date, sex, status and urban/rural residence Continent, pays ou zone, date, sexe, situation dans la profession et résidence urbaine/rurale	Total economically active Population active totale	Occupation: Professional, technical and related workers Personnel des professions techniques, libérales et assimilées	Occupation: Administrative and managerial workers Directeurs et cadres administratifs supérieurs	Occupation: Clerical and related workers Personnel administratif et travailleurs assimilés
	ASIA—ASIE (Cont.–Suite)				
	Turkey – Turquie				
	12 X 1980 [1]				
	Male – Masculin				
1	Total – Totale	11 708 813	585 303	149 362	438 430
2	Employer – Employeurs	169 241	7 201	52 831	943
3	Own account worker – Personnes travaillant à leur propre compte	3 953 786	47 669	11 355	5 872
4	Employee – Salariés	5 216 151	526 113	84 443	430 565
5	Unpaid family worker – Travailleurs familiaux non rémunérés	2 323 995	4 036	713	1 001
6	Unknown – Inconnu	45 640	284	20	49
	Female – Féminin				
7	Total – Totale	6 813 509	254 602	8 485	210 815
8	Employer – Employeurs	7 218	1 340	1 152	111
9	Own account worker – Personnes travaillant à leur propre compte	323 471	6 832	175	416
10	Employee – Salariés	945 851	236 696	6 983	208 690
11	Unpaid family worker – Travailleurs familiaux non rémunérés	5 535 511	9 653	174	1 588
12	Unknown – Inconnu	1 458	81	1	10
	20 X 1985 [1]				
	Male – Masculin				
13	Total – Totale	13 064 053	713 841	157 948	495 715
14	Employer – Employeurs	182 198	9 871	57 995	1 141
15	Own account worker – Personnes travaillant à leur propre compte	4 311 114	64 226	11 341	7 711
16	Employee – Salariés	5 905 699	637 536	88 179	486 093
17	Unpaid family worker – Travailleurs familiaux non rémunérés	2 663 496	2 192	426	760
18	Unknown – Inconnu	1 546	16	7	10
	Female – Féminin				
19	Total – Totale	7 492 733	297 864	10 122	236 366
20	Employer – Employeurs	10 750	1 650	1 489	171
21	Own account worker – Personnes travaillant à leur propre compte	351 067	8 596	227	525
22	Employee – Salariés	1 072 481	286 279	8 325	235 331
23	Unpaid family worker – Travailleurs familiaux non rémunérés	6 058 365	1 336	81	339
24	Unknown – Inconnu	70	3	–	–
	EUROPE				
	Belgium – Belgique				
	1 III 1981 [1 10]				
	Male – Masculin				
25	Total – Totale	2 328 008	316 220	135 731	323 400
26	Employer – Employeurs	108 863	14 148	15 600	265
27	Own account worker – Personnes travaillant à leur propre compte	249 878	34 800	4 173	2 001
28	Employee – Salariés	1 937 578	264 604	115 638	319 919
29	Unpaid family worker – Travailleurs familiaux non rémunérés	19 996	428	175	535
30	Unknown – Inconnu	11 693	2 240	145	680

42. Population active selon la profession, la situation dans la profession, le sexe et la résidence, urbaine/rurale: chaque recensement 1974 – 1988 (suite)

(Voir notes à la fin du tableau.)

Profession: Sales workers / Personnel commercial et vendeurs	Services workers / Travailleurs spécialisés dans les services	Agricultural, animal husbandry and forestry workers, fishermen and hunters / Agriculteurs, éleveurs, forestiers, pêcheurs et chasseurs	Production and related workers, transport equipment operators and labourers / Ouvriers et manoeuvres non agricoles et conducteurs d'engins de transport	Workers not classifiable by occupation / Travailleurs ne pouvant être classés selon la profession	Members of the armed forces / Membres des forces armées	
757 282	846 526	5 123 145	3 777 297	31 468	–	1
37 305	16 815	6 155	47 844	147	–	2
519 664	114 138	2 593 781	658 311	2 996	–	3
152 786	702 760	345 534	2 969 399	4 551	–	4
47 333	12 711	2 177 525	80 385	291	–	5
194	102	150	21 358	23 483	–	6
34 282	66 621	5 932 073	305 380	1 251	–	7
1 259	679	1 142	1 533	2	–	8
11 101	3 173	263 134	38 559	81	–	9
17 772	61 490	206 885	207 112	223	–	10
4 135	1 272	5 460 875	57 696	118	–	11
15	7	37	480	827	–	12
921 050	1 023 154	5 606 150	3 474 829	671 366	–	13
37 978	18 557	5 694	48 699	2 263	–	14
600 459	132 739	2 786 775	689 103	18 760	–	15
216 269	856 182	320 448	2 659 124	641 868	–	16
66 249	15 647	2 493 184	76 987	8 051	–	17
95	29	49	916	424	–	18
56 514	87 964	6 463 653	305 109	35 141	–	19
1 747	1 003	2 592	1 442	656	–	20
19 589	5 067	283 203	32 340	1 520	–	21
29 164	80 144	188 050	231 686	13 502	–	22
6 007	1 746	5 989 801	39 626	19 429	–	23
7	4	7	15	34	–	24
174 086	104 563	92 289	1 107 320	21 531	52 868	25
32 606	3 908	4 248	37 415	673	–	26
71 912	9 647	67 398	58 694	1 253	–	27
63 953	89 331	14 004	1 002 671	14 590	52 868	28
4 947	1 172	6 578	6 000	161	–	29
668	505	61	2 540	4 854	–	30

Special topic

42. Economically active population by occupation, status, sex and urban/rural residence: each census, 1974 – 1988 (continued)

(See notes at end of table.)

	Continent, country or area, date, sex, status and urban/rural residence Continent, pays ou zone, date, sexe, situation dans la profession et résidence urbaine/rurale	Occupation: Total economically active Population active totale	Occupation: Professional, technical and related workers Personnel des professions techniques, libérales et assimilées	Occupation: Administrative and managerial workers Directeurs et cadres administratifs supérieurs	Occupation: Clerical and related workers Personnel administratif et travailleurs assimilés
	EUROPE (Cont.–Suite)				
	Belgium – Belgique				
	1 III 1981 [1 10]				
	Female – Féminin				
1	Total – Totale	1 191 062	289 791	28 796	308 394
2	Employer – Employeurs	19 469	2 260	1 685	27
3	Own account worker – Personnes travaillant à leur propre compte	104 590	12 797	824	435
4	Employee – Salariés	994 994	270 686	25 754	298 244
5	Unpaid family worker – Travailleurs familiaux non rémunérés	64 819	2 328	491	8 947
6	Unknown – Inconnu	7 190	1 720	42	741
	Denmark – Danemark [29]				
	1 I 1981 [10]				
	Male – Masculin				
7	Total – Totale	1 509 702	205 408	80 343	145 040
8	Employer – Employeurs	88 672	–	32 498	–
9	Own account worker – Personnes travaillant à leur propre compte	148 402	18 456	7 645	–
10	Employee – Salariés	1 272 417	186 952	40 200	144 977
11	Unpaid family worker – Travailleurs familiaux non rémunérés	211	–	–	63
	Female – Féminin				
12	Total – Totale	1 195 623	195 332	9 275	275 907
13	Employer – Employeurs	11 986	–	4 804	–
14	Own account worker – Personnes travaillant à leur propre compte	32 657	8 839	1 935	–
15	Employee – Salariés	1 082 451	186 493	2 536	256 106
16	Unpaid family worker – Travailleurs familiaux non rémunérés	68 529	–	–	19 801
	Finland – Finlande				
	17 XI 1985 [1 10]				
	Male – Masculin				
17	Total – Totale	1 186 869	213 630	*——— 92 274	———* ...
18	Employer – Employeurs	39 159	4 519	*——— ...	———* ...
19	Own account worker – Personnes travaillant à leur propre compte	138 230	6 441	*——— ...	———* ...
20	Employee – Salariés	991 736	202 368	*——— ...	———* ...
21	Unpaid family worker – Travailleurs familiaux non rémunérés	17 708	298	*——— ...	———* ...
22	Unknown – Inconnu	36	4	*——— ...	———* ...
	Female – Féminin				
23	Total – Totale	1 090 018	265 098	*——— ...	———* ...
24	Employer – Employeurs	11 199	1 356	*——— ...	———* ...
25	Own account worker – Personnes travaillant à leur propre compte	40 124	4 270	*——— ...	———* ...
26	Employee – Salariés	964 400	258 498	*——— ...	———* ...
27	Unpaid family worker – Travailleurs familiaux non rémunérés	74 265	973	*——— ...	———* ...
28	Unknown – Inconnu	30	1	*——— ...	———* ...

42. Population active selon la profession, la situation dans la profession, le sexe et la résidence, urbaine/rurale: chaque recensement 1974 – 1988 (suite)

(Voir notes à la fin du tableau.)

Profession: Sales workers / Personnel commercial et vendeurs	Services workers / Travailleurs spécialisés dans les services	Agricultural, animal husbandry and forestry workers, fishermen and hunters / Agriculteurs, éleveurs, forestiers, pêcheurs et chasseurs	Production and related workers, transport equipment operators and labourers / Ouvriers et manoeuvres non agricoles et conducteurs d'engins de transport	Workers not classifiable by occupation / Travailleurs ne pouvant être classés selon la profession	Members of the armed forces / Membres des forces armées	
169 762	181 677	25 464	171 792	11 987	3 399	1
10 764	2 852	295	1 368	218	–	2
62 047	13 276	11 204	3 460	547	–	3
68 753	160 240	1 302	158 937	7 679	3 399	4
27 776	4 537	12 655	7 784	301	–	5
422	772	8	243	3 242	–	6
97 684	79 764	145 933	617 179	107 699	30 652	7
18 405	3 121	19 796	12 492	2 360	–	8
16 263	1 480	75 490	16 240	12 828	–	9
62 941	75 107	50 643	588 447	92 498	30 652	10
75	56	4	–	13	–	11
86 930	318 842	43 757	120 368	144 425	787	12
3 566	1 543	931	205	937	–	13
6 432	1 505	4 066	619	9 261	–	14
65 986	314 189	3 833	119 544	132 977	787	15
10 946	1 605	34 927	–	1 250	–	16
76 208	60 239	151 871	436 421	146 961	9 265	17
7 654	1 358	6 657	12 566	2 450	–	18
8 089	2 071	87 181	26 837	6 582	–	19
59 600	56 539	44 842	395 404	136 610	9 265	20
863	271	13 179	1 605	1 311	–	21
2	–	12	9	8	–	22
102 264	224 181	87 447	107 794	63 826	6	23
3 649	3 278	1 078	558	279	–	24
6 132	9 128	15 433	2 982	1 293	–	25
87 909	210 315	10 812	102 525	59 915	6	26
4 573	1 451	60 115	1 725	2 338	–	27
1	9	9	4	1	–	28

42. Economically active population by occupation, status, sex and urban/rural residence: each census, 1974 – 1988 (continued)

(See notes at end of table.)

	Continent, country or area, date, sex, status and urban/rural residence Continent, pays ou zone, date, sexe, situation dans la profession et résidence urbaine/rurale	Total economically active Population active totale	Occupation: Professional, technical and related workers Personnel des professions techniques, libérales et assimilées	Administrative and managerial workers Directeurs et cadres administratifs supérieurs	Clerical and related workers Personnel administratif et travailleurs assimilés
	EUROPE (Cont.–Suite)				
	Ireland – Irlande				
	5 IV 1981				
	Male – Masculin				
1	Total – Totale	912 495	79 075	31 406	56 439
2	Employer – Employeurs	49 316	6 277	–	2
3	Own account worker – Personnes travaillant à leur propre compte	160 216	4 093	–	37
4	Employee – Salariés	575 875	67 176	30 827	53 393
5	Unpaid family worker – Travailleurs familiaux non rémunérés	23 263	12	–	49
6	Member of producers'coop– Membres de coopératives de producteurs	12 546	–	–	–
7	Unknown – Inconnu	91 279	1 517	579	2 958
	Female – Féminin				
8	Total – Totale	358 627	75 443	3 599	106 447
9	Employer – Employeurs	6 760	690	–	2
10	Own account worker – Personnes travaillant à leur propre compte	15 413	1 276	–	67
11	Employee – Salariés	301 549	71 659	3 545	101 771
12	Unpaid family worker – Travailleurs familiaux non rémunérés	5 435	18	–	313
13	Member of producers'coop– Membres de coopératives de producteurs	7 653	–	–	–
14	Unknown – Inconnu	21 817	1 800	54	4 294
	Italy – Italie				
	25 X 1981 [11]				
	Male – Masculin				
15	Total – Totale	13 585 480	1 395 626	2 252 785	1 375 062
16	Employer – Employeurs	575 617	219 008	150 934	19 903
17	Own account worker – Personnes travaillant à leur propre compte	2 502 730	30 116	165	702 875
18	Employee – Salariés	10 264 551	1 143 860	2 097 790	600 677
19	Unpaid family worker – Travailleurs familiaux non rémunérés	242 582	2 642	3 896	51 607
	Female – Féminin				
20	Total – Totale	6 660 857	1 205 151	1 356 907	789 494
21	Employer – Employeurs	104 758	30 718	22 266	3 934
22	Own account worker – Personnes travaillant à leur propre compte	862 436	9 824	445	240 710
23	Employee – Salariés	5 313 746	1 161 513	1 325 897	450 280
24	Unpaid family worker – Travailleurs familiaux non rémunérés	379 917	3 096	8 299	94 570

42. Population active selon la profession, la situation dans la profession, le sexe et la résidence, urbaine/rurale: chaque recensement 1974 – 1988 (suite)

(Voir notes à la fin du tableau.)

Profession: Sales workers / Personnel commercial et vendeurs	Services workers / Travailleurs spécialisés dans les services	Agricultural, animal husbandry and forestry workers, fishermen and hunters / Agriculteurs, éleveurs, forestiers, pêcheurs et chasseurs	Production and related workers, transport equipment operators and labourers / Ouvriers et manoeuvres non agricoles et conducteurs d'engins de transport	Workers not classifiable by occupation / Travailleurs ne pouvant être classés selon la profession	Members of the armed forces / Membres des forces armées	
89 474	42 159	185 842	386 868	27 072	14 160	1
15 013	2 829	13 539	11 559	97	–	2
14 624	2 269	119 689	19 287	217	–	3
54 068	33 900	24 181	293 737	5 601	12 992	4
1 088	149	21 131	821	13	–	5
–	–	–	–	12 546	–	6
4 681	3 012	7 302	61 464	8 598	1 168	7
42 879	51 907	12 671	52 625	13 040	16	8
3 238	1 549	1 110	160	11	–	9
5 134	1 305	7 149	459	23	–	10
30 146	44 542	1 111	46 474	2 285	16	11
1 597	261	3 183	60	3	–	12
–	–	–	–	7 653	–	13
2 764	4 250	118	5 472	3 065	–	14
2 175 605	1 463 305	2 010 946	1 436 224	892 466	583 461	15
–	2 367	–	179 908	945	2 552	16
268 664	282 012	353 035	653 959	145 311	66 593	17
1 891 348	1 151 932	1 643 387	485 665	739 613	510 279	18
15 593	26 994	14 524	116 692	6 597	4 037	19
325 447	1 146 792	86 343	1 038 660	22 592	689 471	20
–	315	–	44 324	61	3 140	21
14 376	101 915	5 709	406 241	2 909	80 307	22
301 612	1 008 195	77 348	373 388	17 825	597 688	23
9 459	36 367	3 286	214 707	1 797	8 336	24

42. Economically active population by occupation, status, sex and urban/rural residence: each census, 1974 – 1988 (continued)

(See notes at end of table.)

	Continent, country or area, date, sex, status and urban/rural residence Continent, pays ou zone, date, sexe, situation dans la profession et résidence urbaine/rurale	Occupation			
		Total economically active Population active totale	Professional, technical and related workers Personnel des professions techniques, libérales et assimilées	Administrative and managerial workers Directeurs et cadres administratifs supérieurs	Clerical and related workers Personnel administratif et travailleurs assimilés
	EUROPE (Cont.–Suite)				
	Yugoslavia – Yougoslavie				
	31 III 1981 [1] [10]				
	Male – Masculin				
1	Total – Totale	5 252 634	460 844	134 105	350 997
2	Employer – Employeurs	44 535	1 800	–	21
3	Own account worker – Personnes travaillant à leur propre compte	1 035 344	9 576	–	178
4	Employee – Salariés	3 817 649	446 507	134 105	349 494
5	Unpaid family worker – Travailleurs familiaux non rémunérés	274 051	240	–	41
6	Member of producers'coop– Membres de coopératives de producteurs	52 571	96	–	12
7	Unknown – Inconnu	28 484	2 625	–	1 251
	Female – Féminin				
8	Total – Totale	3 370 169	461 237	19 640	539 694
9	Employer – Employeurs	12 186	286	–	82
10	Own account worker – Personnes travaillant à leur propre compte	445 821	2 014	–	254
11	Employee – Salariés	2 172 790	456 344	19 640	536 460
12	Unpaid family worker – Travailleurs familiaux non rémunérés	705 708	204	–	298
13	Member of producers'coop– Membres de coopératives de producteurs	17 008	40	–	20
14	Unknown – Inconnu	16 656	2 349	–	2 580
	OCEANIA—OCEANIE				
	Australia – Australie				
	30 VI 1986 [1] [30]				
	Total				
15	Total – Totale	6 513 515	1 191 343	761 955	1 112 779
16	Employer – Employeurs	400 159	59 258	157 431	33 857
17	Own account worker – Personnes travaillant à leur propre compte	651 234	59 914	225 623	35 584
18	Employee – Salariés	5 401 432	1 070 466	365 388	1 030 648
19	Unpaid family worker – Travailleurs familiaux non rémunérés	60 690	1 705	13 513	12 690
	Fiji – Fidji				
	31 VIII 1986				
	Male – Masculin				
20	Total – Totale	189 929	10 725	2 515	8 242
21	Employer – Employeurs	28 396	6 690	691	4 036
22	Own account worker – Personnes travaillant à leur propre compte	72 706	650	384	115
23	Employee – Salariés	46 607	3 165	1 418	4 052
24	Unpaid family worker – Travailleurs familiaux non rémunérés	31 200	174	11	19
25	Unknown – Inconnu	11 020	46	11	20

42. Population active selon la profession, la situation dans la profession, le sexe et la résidence, urbaine/rurale: chaque recensement 1974 – 1988 (suite)

(Voir notes à la fin du tableau.)

Profession						
Sales workers Personnel commercial et vendeurs	Services workers Travailleurs spécialisés dans les services	Agricultural, animal husbandry and forestry workers, fishermen and hunters Agriculteurs, éleveurs, forestiers, pêcheurs et chasseurs	Production and related workers, transport equipment operators and labourers Ouvriers et manoeuvres non agricoles et conducteurs d'engins de transport	Workers not classifiable by occupation Travailleurs ne pouvant être classés selon la profession	Members of the armed forces Membres des forces armées	
280 053	165 106	1 337 470	2 394 858	129 201	–	1
296	7 370	9 799	24 743	506	–	2
2 695	9 315	895 761	110 783	7 036	–	3
274 738	145 314	119 999	2 232 321	115 171	–	4
353	1 554	261 811	8 850	1 202	–	5
12	144	49 578	2 565	164	–	6
1 959	1 409	522	15 596	5 122	–	7
196 865	364 287	1 180 511	553 026	54 909	–	8
139	4 570	4 671	2 226	212	–	9
977	7 122	424 958	8 722	1 774	–	10
193 843	347 667	35 296	534 883	48 657	–	11
291	1 931	699 035	2 997	952	–	12
19	127	16 399	318	85	–	13
1 596	2 870	152	3 880	3 229	–	14
...	1 805 736	...	1 471 039	97 711	...	15
...	108 103	...	33 252	4 888	...	16
...	205 841	...	105 873	10 283	...	17
...	1 482 904	...	1 319 340	77 496	...	18
...	8 888	...	12 574	5 044	...	19
10 540	7 979	93 925	43 403	11 564	1 036	20
123	3 489	875	11 071	413	1 008	21
4 735	376	58 721	7 521	195	9	22
5 479	4 052	3 600	24 357	470	14	23
143	41	30 455	324	32	1	24
60	21	274	130	10 454	4	25

42. Economically active population by occupation, status, sex and urban/rural residence: each census, 1974 – 1988 (continued)

(See notes at end of table.)

	Continent, country or area, date, sex, status and urban/rural residence Continent, pays ou zone, date, sexe, situation dans la profession et résidence urbaine/rurale	Total economically active Population active totale	Occupation Professional, technical and related workers Personnel des professions techniques, libérales et assimilées	Administrative and managerial workers Directeurs et cadres administratifs supérieurs	Clerical and related workers Personnel administratif et travailleurs assimilés
	OCEANIA—OCEANIE(Cont.–Suite)				
	Fiji – Fidji				
	31 VIII 1986				
	Female – Féminin				
1	Total – Totale	51 231	7 049	251	7 327
2	Employer – Employeurs	9 706	5 892	52	2 566
3	Own account worker – Personnes travaillant à leur propre compte	8 294	124	38	82
4	Employee – Salariés	16 946	889	155	4 615
5	Unpaid family worker – Travailleurs familiaux non rémunérés	8 031	127	5	28
6	Unknown – Inconnu	8 254	17	1	36

42. Population active selon la profession, la situation dans la profession, le sexe et la résidence, urbaine/rurale: chaque recensement 1974 – 1988 (suite)

(Voir notes à la fin du tableau.)

Profession						
Sales workers Personnel commercial et vendeurs	Services workers Travailleurs spécialisés dans les services	Agricultural, animal husbandry and forestry workers, fishermen and hunters Agriculteurs, éleveurs, forestiers, pêcheurs et chasseurs	Production and related workers, transport equipment operators and labourers Ouvriers et manoeuvres non agricoles et conducteurs d'engins de transport	Workers not classifiable by occupation Travailleurs ne pouvant être classés selon la profession	Members of the armed forces Membres des forces armées	
4 321	7 443	11 999	4 550	8 280	11	1
35	634	44	395	80	8	2
2 125	594	4 176	1 114	40	1	3
1 985	5 978	279	2 897	146	2	4
153	133	7 452	122	11	–	5
23	104	48	22	8 003	–	6

42. Economically active population by occupation, status, sex and urban/rural residence: each census, 1974 – 1988 (continued)
Data by urban/rural residence

(See notes at end of table.)

	Continent, country or area, date, sex, status and urban/rural residence Continent, pays ou zone, date, sexe, situation dans la profession et résidence urbaine/rurale	Occupation: Total economically active Population active totale	Occupation: Professional, technical and related workers Personnel des professions techniques, libérales et assimilées	Occupation: Administrative and managerial workers Directeurs et cadres administratifs supérieurs	Occupation: Clerical and related workers Personnel administratif et travailleurs assimilés
	AMERICA,NORTH— AMERIQUE DU NORD				
	Canada				
	Urban – Urbaine				
	3 VI 1986 [4 8 9]				
	Male – Masculin				
1	Total – Totale	5 592 875	909 415	586 200	450 315
2	Employer – Employeurs	143 660	54 770	14 245	2 970
3	Own account worker – Personnes travaillant à leur propre compte	186 870	41 650	9 545	4 625
4	Employee – Salariés	5 257 290	812 745	562 180	442 305
5	Unpaid family worker – Travailleurs familiaux non rémunérés	5 065	245	230	425
	Female – Féminin				
6	Total – Totale	4 386 995	927 460	242 935	1 488 035
7	Employer – Employeurs	37 340	9 605	4 410	3 245
8	Own account worker – Personnes travaillant à leur propre compte	86 310	27 165	4 320	8 260
9	Employee – Salariés	4 250 065	890 090	233 845	1 471 230
10	Unpaid family worker – Travailleurs familiaux non rémunérés	13 275	600	365	5 305
	Rural – Rurale				
	3 VI 1986 [4 8 9]				
	Male – Masculin				
11	Total – Totale	1 701 340	148 120	106 835	64 140
12	Employer – Employeurs	90 215	8 250	4 600	1 290
13	Own account worker – Personnes travaillant à leur propre compte	218 140	6 275	2 375	1 580
14	Employee – Salariés	1 375 790	133 470	99 780	61 070
15	Unpaid family worker – Travailleurs familiaux non rémunérés	17 195	120	80	195
	Female – Féminin				
16	Total – Totale	1 059 020	191 280	38 270	288 855
17	Employer – Employeurs	18 475	1 720	1 490	1 765
18	Own account worker – Personnes travaillant à leur propre compte	44 725	5 030	1 425	3 330
19	Employee – Salariés	942 280	183 910	35 150	276 065
20	Unpaid family worker – Travailleurs familiaux non rémunérés	53 540	625	200	7 695

42. Population active selon la profession, la situation dans la profession, le sexe et la résidence, urbaine/rurale: chaque recensement 1974 – 1988 (suite)
Données selon la résidence urbaine/rurale

(Voir notes à la fin du tableau.)

Profession						
Sales workers Personnel commercial et vendeurs	Services workers Travailleurs spécialisés dans les services	Agricultural, animal husbandry and forestry workers, fishermen and hunters Agriculteurs, éleveurs, forestiers, pêcheurs et chasseurs	Production and related workers, transport equipment operators and labourers Ouvriers et manoeuvres non agricoles et conducteurs d'engins de transport	Workers not classifiable by occupation Travailleurs ne pouvant être classés selon la profession	Members of the armed forces Membres des forces armées	
525 825	604 650	137 370	2 023 155	297 685	58 260	1
13 180	13 885	7 475	34 785	2 355	–	2
26 500	10 445	17 025	72 335	4 745	–	3
485 230	579 650	111 840	1 914 980	290 105	58 255	4
915	675	1 030	1 065	475	–	5
416 595	739 360	30 315	375 920	159 400	6 970	6
6 155	10 390	810	2 030	700	–	7
12 775	22 505	1 895	7 365	2 030	–	8
395 610	704 425	26 080	365 700	156 105	6 970	9
2 060	2 040	1 525	825	565	–	10
96 885	98 220	389 920	687 935	96 585	12 700	11
4 710	3 450	48 035	18 430	1 450	–	12
8 280	2 875	155 480	38 855	2 430	–	13
83 525	91 550	172 495	629 580	91 610	12 700	14
375	340	13 920	1 070	1 090	–	15
79 635	198 825	106 415	106 060	47 975	1 700	16
2 495	4 230	5 435	820	520	–	17
5 770	8 125	17 055	2 980	995	–	18
69 810	184 775	46 015	101 155	43 705	1 700	19
1 550	1 695	37 910	1 100	2 760	–	20

42. Economically active population by occupation, status, sex and urban/rural residence: each census, 1974 – 1988 (continued)
Data by urban/rural residence

(See notes at end of table.)

	Continent, country or area, date, sex, status and urban/rural residence Continent, pays ou zone, date, sexe, situation dans la profession et résidence urbaine/rurale	Total economically active Population active totale	Occupation: Professional, technical and related workers Personnel des professions techniques, libérales et assimilées	Occupation: Administrative and managerial workers Directeurs et cadres administratifs supérieurs	Occupation: Clerical and related workers Personnel administratif et travailleurs assimilés
	ASIA—ASIE				
	Japan – Japon				
	Urban – Urbaine				
	1 X 1980 [8 24]				
	Male – Masculin				
1	Total – Totale	26 338 000	2 432 900	1 115 500	4 859 400
2	Employer – Employeurs	1 332 600	160 500	–	86 600
3	Own account worker – Personnes travaillant à leur propre compte	3 269 700	265 000	–	11 200
4	Employee – Salariés	21 039 300	1 991 500	1 115 500	4 741 800
5	Unpaid family worker – Travailleurs familiaux non rémunérés	692 900	15 900	–	19 700
	Female – Féminin				
6	Total – Totale	15 344 400	1 717 500	138 400	4 271 100
7	Employer – Employeurs	296 900	22 900	–	17 200
8	Own account worker – Personnes travaillant à leur propre compte	1 455 300	164 700	–	25 000
9	Employee – Salariés	10 529 000	1 481 300	138 400	3 823 300
10	Unpaid family worker – Travailleurs familiaux non rémunérés	3 049 500	48 600	–	405 600
	1 X 1985 [1 8 24]				
	Male – Masculin				
11	Total – Totale	27 356 700	2 988 500	1 148 400	4 600 600
12	Employer – Employeurs	1 348 200	198 200	–	62 900
13	Own account worker – Personnes travaillant à leur propre compte	2 931 800	274 700	–	19 700
14	Employee – Salariés	22 522 800	2 499 900	1 148 400	4 502 600
15	Unpaid family worker – Travailleurs familiaux non rémunérés [25]	553 900	15 700	–	15 300
	Female – Féminin				
16	Total – Totale	16 722 100	2 050 600	151 600	5 076 300
17	Employer – Employeurs	303 100	29 000	–	12 600
18	Own account worker – Personnes travaillant à leur propre compte	1 352 400	187 900	–	31 600
19	Employee – Salariés	12 467 200	1 790 300	151 600	4 515 000
20	Unpaid family worker – Travailleurs familiaux non rémunérés [25]	2 599 200	43 400	–	517 000
	Rural – Rurale				
	1 X 1980 [8 24]				
	Male – Masculin				
21	Total – Totale	8 253 400	526 800	202 000	1 027 900
22	Employer – Employeurs	351 400	23 300	–	24 400
23	Own account worker – Personnes travaillant à leur propre compte	1 998 300	54 800	–	2 200
24	Employee – Salariés	5 382 100	442 500	202 000	996 800
25	Unpaid family worker – Travailleurs familiaux non rémunérés	520 700	6 200	–	4 500

42. Population active selon la profession, la situation dans la profession, le sexe et la résidence, urbaine/rurale: chaque recensement 1974 – 1988 (suite)
Données selon la résidence urbaine/rurale

(Voir notes à la fin du tableau.)

Profession: Sales workers Personnel commercial et vendeurs	Services workers Travailleurs spécialisés dans les services	Agricultural, animal husbandry and forestry workers, fishermen and hunters Agriculteurs, éleveurs, forestiers, pêcheurs et chasseurs	Production and related workers, transport equipment operators and labourers Ouvriers et manoeuvres non agricoles et conducteurs d'engins de transport	Workers not classifiable by occupation Travailleurs ne pouvant être classés selon la profession	Members of the armed forces Membres des forces armées	
3 954 700	1 772 500	1 265 900	10 876 300	60 700	–	1
378 900	111 700	31 400	562 800	700	–	2
784 100	272 900	905 200	1 010 100	21 200	–	3
2 633 500	1 314 600	135 900	9 071 800	34 500	–	4
158 100	73 400	193 300	231 600	900	–	5
2 479 900	2 042 600	1 139 800	3 511 200	43 900	–	6
149 900	77 400	1 800	26 500	1 200	–	7
287 300	260 000	190 800	522 500	5 000	–	8
1 277 100	1 295 300	26 900	2 468 200	18 500	–	9
765 600	409 900	920 300	494 100	5 400	–	10
4 312 000	1 911 900	1 187 800	11 152 800	54 500	–	11
377 500	144 900	43 100	520 700	900	–	12
610 300	231 500	848 600	943 800	3 200	–	13
3 219 100	1 477 100	137 500	9 487 600	50 200	–	14
105 100	58 300	158 600	200 700	200	–	15
2 431 300	2 096 300	974 700	3 896 700	44 600	–	16
161 600	80 300	2 100	17 200	300	–	17
312 100	230 800	171 600	414 900	3 500	–	18
1 464 900	1 435 000	30 200	3 040 500	39 700	–	19
492 700	350 300	770 800	424 100	900	–	20
778 300	352 200	1 875 000	3 485 600	5 500	–	21
78 400	17 200	31 100	177 000	–	–	22
230 300	62 300	1 305 900	340 200	2 700	–	23
416 700	255 000	188 200	2 879 100	1 700	–	24
52 900	17 700	349 900	89 300	200	–	25

42. Economically active population by occupation, status, sex and urban/rural residence: each census, 1974 – 1988 (continued)
Data by urban/rural residence

(See notes at end of table.)

	Continent, country or area, date, sex, status and urban/rural residence Continent, pays ou zone, date, sexe, situation dans la profession et résidence urbaine/rurale	Occupation: Total economically active Population active totale	Professional, technical and related workers Personnel des professions techniques, libérales et assimilées	Administrative and managerial workers Directeurs et cadres administratifs supérieurs	Clerical and related workers Personnel administratif et travailleurs assimilés
	ASIA—ASIE (Cont.–Suite)				
	Japan – Japon				
	Rural – Rurale				
	1 X 1980 [8 24]				
	Female – Féminin				
1	Total – Totale	5 729 000	436 700	19 600	899 10
2	Employer – Employeurs	55 400	2 400	–	3 10
3	Own account worker – Personnes travaillant à leur propre compte	630 300	27 600	–	3 70
4	Employee – Salariés	3 014 400	398 400	19 600	813 00
5	Unpaid family worker – Travailleurs familiaux non rémunérés	2 025 700	8 300	–	79 30
	1 X 1985 [1 8 24]				
	Male – Masculin				
6	Total – Totale	8 286 100	608 600	222 900	980 20
7	Employer – Employeurs	353 500	30 200	–	19 30
8	Own account worker – Personnes travaillant à leur propre compte	1 860 100	54 700	–	4 40
9	Employee – Salariés	5 632 500	518 000	222 900	951 40
10	Unpaid family worker – Travailleurs familiaux non rémunérés [25]	440 100	5 700	–	5 10
	Female – Féminin				
11	Total – Totale	5 852 600	510 100	26 100	1 058 00
12	Employer – Employeurs	55 600	3 200	–	2 10
13	Own account worker – Personnes travaillant à leur propre compte	603 600	32 800	–	5 20
14	Employee – Salariés	3 443 000	463 400	26 100	934 40
15	Unpaid family worker – Travailleurs familiaux non rémunérés [25]	1 750 300	10 600	–	116 30
	Sri Lanka				
	Urban – Urbaine				
	17 III 1981 [1]				
	Male – Masculin				
16	Total – Totale	732 857	49 327	18 334	86 14
17	Employer – Employeurs	25 693	877	1 886	65
18	Own account worker – Personnes travaillant à leur propre compte	114 427	3 513	1 423	39
19	Employee – Salariés	588 790	44 746	14 986	85 03
20	Unpaid family worker – Travailleurs familiaux non rémunérés	3 947	191	39	6
	Female – Féminin				
21	Total – Totale	160 285	44 123	2 157	30 65
22	Employer – Employeurs	2 143	186	139	17
23	Own account worker – Personnes travaillant à leur propre compte	7 363	567	83	7
24	Employee – Salariés	149 823	43 250	1 929	30 37
25	Unpaid family worker – Travailleurs familiaux non rémunérés	956	120	6	2

42. Population active selon la profession, la situation dans la profession, le sexe et la résidence, urbaine/rurale: chaque recensement 1974 – 1988 (suite)
Données selon la résidence urbaine/rurale

(Voir notes à la fin du tableau.)

Profession: Sales workers / Personnel commercial et vendeurs	Services workers / Travailleurs spécialisés dans les services	Agricultural, animal husbandry and forestry workers, fishermen and hunters / Agriculteurs, éleveurs, forestiers, pêcheurs et chasseurs	Production and related workers, transport equipment operators and labourers / Ouvriers et manoeuvres non agricoles et conducteurs d'engins de transport	Workers not classifiable by occupation / Travailleurs ne pouvant être classés selon la profession	Members of the armed forces / Membres des forces armées	
640 500	493 900	1 715 400	1 515 700	8 100	–	1
23 800	15 500	1 800	8 800	–	–	2
99 700	73 200	236 900	187 500	1 700	–	3
269 500	307 000	53 400	1 151 300	2 100	–	4
247 500	98 200	1 423 200	168 000	1 200	–	5
786 000	391 400	1 733 300	3 561 700	2 100	–	6
79 300	26 800	41 100	156 800	–	–	7
187 700	60 900	1 233 600	318 300	400	–	8
483 200	285 800	171 900	2 997 700	1 600	–	9
35 800	17 900	286 600	88 900	100	–	10
580 100	528 100	1 477 100	1 669 900	3 200	–	11
25 200	19 300	2 000	3 800	–	–	12
100 900	67 000	215 000	182 200	400	–	13
284 900	346 100	56 200	1 329 200	2 600	–	14
169 100	95 700	1 203 800	154 600	200	–	15
127 600	83 413	56 929	284 560	26 546	–	16
11 478	2 364	1 469	6 573	388	–	17
52 279	4 713	27 213	23 609	1 284	–	18
62 498	75 898	27 520	253 356	24 749	–	19
1 345	438	727	1 022	125	–	20
8 011	25 361	4 599	39 812	5 569	–	21
427	320	83	758	51	–	22
3 039	527	804	1 993	278	–	23
4 369	24 145	3 640	36 941	5 170	–	24
176	369	72	120	70	–	25

42. Economically active population by occupation, status, sex and urban/rural residence: each census, 1974 – 1988 (continued)
Data by urban/rural residence

(See notes at end of table.)

	Continent, country or area, date, sex, status and urban/rural residence Continent, pays ou zone, date, sexe, situation dans la profession et résidence urbaine/rurale	Total economically active Population active totale	Professional, technical and related workers Personnel des professions techniques, libérales et assimilées	Administrative and managerial workers Directeurs et cadres administratifs supérieurs	Clerical and related workers Personnel administratif et travailleurs assimilés
	ASIA—ASIE (Cont.–Suite)				
	Sri Lanka				
	Rural – Rurale				
	17 III 1981 [1]				
	Male – Masculin				
1	Total – Totale	2 515 571	80 956	12 082	113 208
2	Employer – Employeurs	38 096	718	1 964	465
3	Own account worker – Personnes travaillant à leur propre compte	939 684	5 398	1 477	437
4	Employee – Salariés	1 473 032	74 554	8 590	112 660
5	Unpaid family worker – Travailleurs familiaux non rémunérés	64 759	286	51	46
	Female – Féminin				
6	Total – Totale	710 552	71 978	1 113	27 418
7	Employer – Employeurs	5 130	102	92	84
8	Own account worker – Personnes travaillant à leur propre compte	108 340	709	74	75
9	Employee – Salariés	557 824	71 066	937	27 210
10	Unpaid family worker – Travailleurs familiaux non rémunérés	39 258	101	10	49

GENERAL NOTES

Economically active may be limited to persons above a minimum age; for known minima, see table 36. Occupation is classified in 8 groups of the International Standard Classification of Occupation (ISCO). Additional distributions by occupation (not classified by status) may be found in table 39; additional distributions by status (not classified by occupation) may be found in table 40. For definitions of "urban", see end of table 6. For limitations of data, see Technical Notes, page 148.

FOOTNOTES

* Provisional.
1 For employed workers only.
2 Reasons for discrepancy between these figures and those shown elsewhere not ascertained.
3 Including employers.
4 De jure population, but excluding persons residing in institutions.
5 For 12 months preceding census date.
6 Excluding population attending school.
7 For classification by urban/rural residence, see end of table.
8 Because of rounding, totals are not in all cases the sum of the parts.
9 Economically active population refers to persons who had worked at some time since 1 January 1985.
10 De jure population.
11 Excluding persons seeking work for the first time.
12 Excluding armed forces.
13 Based on an 18 per cent sample of census returns.
14 Excluding nomadic Indian tribes.

NOTES GENERALES

La population active peut se limiter aux personnes ayant dépassé un âge minimum; pour les âges minimums connus, voir le tableau 36. Les professions sont réparties en 8 groupes correspondant aux grands groupes de la Classification internationale type des professions (CITP). On trouvera au tableau 39 d'autres répartitions selon la profession (non classée selon la situation dans la profession) et au tableau 40 d'autres répartitions selon la situation dans la profession (non clasée selon la profession). Pour les définitions des "régions urbaines", se reporter à la fin du tableau 6. Pour les insuffisances des données, voir Notes techniques, page 148.

NOTES

* Données provisoires.
1 Pour les personnes ayant un emploi seulement.
2 On ne sait pas comment s'explique la divergence entre ces chiffres et les chiffres correspondants indiqués ailleurs.
3 Y compris les employeurs.
4 Population de droit, mais non compris les personnes dans les institutions.
5 Pour les 12 mois qui précédé la date du recensement.
6 Non compris la population fréquentant les écoles.
7 Pour le classement selon la résidence, urbaine/rurale, voir la fin du tableau.
8 Les chiffres étant arrondis, les totaux ne correspondent pas toujours rigoureusement à la somme des chiffres partiels.
9 La population active désigne les personnes ayant un emploi à partir de 1 Janvier 1985.
10 Population de droit.
11 Non compris les personnes cherchant un emploi pour la première fois.
12 Non compris les militaires.
13 D'après un échantillon de 18 p. 100 des bulletins de recensement.
14 Non compris les tribus d'Indiens nomades.

42. Population active selon la profession, la situation dans la profession, le sexe et la résidence, urbaine/rurale: chaque recensement 1974 – 1988 (suite)
Données selon la résidence urbaine/rurale

(Voir notes à la fin du tableau.)

Sales workers Personnel commercial et vendeurs	Services workers Travailleurs spécialisés dans les services	Agricultural, animal husbandry and forestry workers, fishermen and hunters Agriculteurs, éleveurs, forestiers, pêcheurs et chasseurs	Production and related workers, transport equipment operators and labourers Ouvriers et manoeuvres non agricoles et conducteurs d'engins de transport	Workers not classifiable by occupation Travailleurs ne pouvant être classés selon la profession	Members of the armed forces Membres des forces armées	
163 990	106 609	1 333 491	663 671	41 564	–	1
10 285	2 387	10 310	11 594	373	–	2
85 197	14 083	769 332	59 936	3 824	–	3
65 672	89 191	497 259	588 826	36 680	–	4
2 836	948	56 590	3 315	687	–	5
16 089	19 833	451 990	102 015	20 116	–	6
378	265	2 760	1 348	101	–	7
6 519	2 160	87 142	10 123	1 538	–	8
8 452	16 504	326 217	89 500	17 938	–	9
740	904	35 871	1 044	539	–	10

FOOTNOTES (continued)

15 Data exclude adjustment for underenumeration, estimated at 5.6 per cent.

16 Excluding Indian jungle population, estimated at 39 800 in 1972.

17 Data exclude adjustment for underenumeration, estimated at 4.1 per cent. Also for 15 years of age and over only.

18 Data exclude adjustment for underenumeration, estimated at 2.6 per cent.

19 Excluding Indian jungle population, estimated at 31 800 in 1961.

20 Data exclude adjustment for underenumeration, estimated at 6.85 per cent.

21 Including 26 106 transients and 9 131 Vietnamese refugees.

22 Including data for East Jerusalem and Israeli residents certain other territories under occupation by Israeli military forces since June 1967.

23 Excluding the armed forces and draftees for national services.

24 Excluding diplomatic personnel outside country and foreign military and civilian personnel and their dependants stationed in the area.

25 Including paid family workers.

26 Excluding data for Jordanian territory under occupation since June 1967 by Israeli military forces.

27 Including military and diplomatic personnel and their families abroad, numbering 933 at 1961 census but excluding foreign military and diplomatic personnel and their families in the country, numbering 389 at 1961 census. Also including registered Palestinian refugees numbering 722 687 on 31 May 1967.

28 For Syrian population only.

29 Excluding Faeroe Islands and Greenland.

30 Data excluded adjustment for underenumeration, estimated at 1.8 per cent.

NOTES (suite)

15 Les données n'ont pas été ajustées pour compenser les lacunes du dénombrement, estimées à 5,6 p. 100.

16 Non compris les Indiens de la jungle, estimés à 39 800 en 1972.

17 Les données n'ont pas été ajustées pour compenser les lacunes du dénombrement, estimées à 4,1 p. 100. Egalement pour 15 ans et plus seulement.

18 Les données n'ont pas été adjustées pour compenser les lacunes du dénombrement, estimées à 2,6 p. 100.

19 Non compris les Indiens de la jungle, estimés à 31 800 en 1961.

20 Les données n'ont pas été ajustées pour compenser les lacunes du dénombrement, estimées à 6,85 per cent.

21 Y compris 26 106 transients et 9 131 réfugiés du Viet Nam.

22 Y compris les données pour Jérusalem–Est et les résients israéliens dans certains autres territoires occupés depuis juin 1967 par les forces armées israéliennes.

23 Non compris les forces armées ni les militaires du contingent.

24 Non compris le personnel diplomatique hors du pays ni les militaires et agents civils étrangers en poste sur le territoire et les membres de leur famille les accompagnant.

25 Y compris les travailleurs familiaux rémunérés.

26 Non compris les données pour le territoire jordanien occupée depuis juin 1967 par les forces armées israéliennes.

27 Y compris les militaires, les personnel diplomatique à l'étranger et les membres de leur famille les accompagnant au nombre de 933 personnes au recensement de 1961, mais non compris les militaires, le personnel diplomatique étranger en poste dans le pays et les membres de leur famille les accompagnant au nombre de 389 personnes au recensement de 1961. Y compris également les réfugiés de Palestine immatriculés, au nombre de 722 687 au 31 mai 1967.

28 Pour la population Syrienne seulement.

29 Non compris les îles Féroé et le Groenland.

30 Les données n'ont pas été ajustées pour compenser les lacunes du dénombrement, estimées à 1,8 p. 100.

42. Economically active population by status, occupation, sex and urban/rural residence: each census, 1974 – 1988 (continued)
Population active selon la profession, la situation dans la profession, le sexe, et la résidence, urbaine/rurale: chaque recensement, 1974 – 1988 (suite)

List of countries or areas covered by this table in the 1984 issue of the Demographic Yearbook
Liste des pays ou zones couverts par ce tableau, dans l'édition de 1984 de l'Annuaire démographique

Continent and country or area Continent et pays ou zone	Census date Date du recensement	Issue Edition
AFRICA — AFRIQUE		
Comoros – Comores	15 IX 1980	1984
Egypt – Egypte	22–23 XI 1976	1984
Guinea–Bissau – Guinee–Bissau	16 IV 1979	1984
Liberia –Libéria	1 II 1974	1984
Malawi	20 IX 1977	1984
Mali	16 XII 1976	1984
Rwanda	15 VIII 1978	1984
Seychelles	1 VIII 1977	1984
AMERICA NORTH — AMERIQUE DU NORD		
Bermuda – Bermudes	12 V 1980	1984
Canada	3 VI 1981	1984
Cuba	11 IX 1981	1984
Guadeloupe	16 X 1974	1984
Guatemala	26 III 1981	1984
Haiti – Haïti	30 VIII 1982	1984
Honduras	6 III 1974	1984
Martinique	16 X 1974	1984
United States – Etats–Unis	1 IV 1980	1984
AMERICA SOUTH — AMERIQUE DU SUD		
Bolivia – Bolivie	29 IX 1976	1984
Ecuador – Equateur	8 VI 1974	1984
Uruguay	21 V 1975	1984
ASIA — ASIE		
Afghanistan	23 VI 1977	1984
Bahrain – Bahreïn	5 IV 1981	1984
Bangladesh	1 III 1974	1984
Hong Kong – Hong–kong	2 VIII 1976	1984
Hong Kong – Hong–kong	9 III 1981	1984
Indonesia – Indonésie	31 X 1980	1984
Iran (Islamic Republic of – Rép. islamique d'	1 XI 1976	1984
Japan – Japon	1 X 1975	1984
Korea, Republic of – Corée, République de	1 X 1975	1984
Korea, Republic of – Corée, République de	1 XI 1980	1984
ASIA (cont.) — ASIE (suite)		
Kuwait – Kuwaït	21 IV 1975	1984
Kuwait – Kuwaït	21 IV 1980	1984
Nepal – Népal	22 VI 1981	1984
Pakistan	1 III 1981	1984
Philippines	1 V 1975	1984
Singapore – Singapour	24 VI 1980	1984
EUROPE		
Austria – Autriche	12 V 1981	1984
Bulgaria – Bulgarie	2 XII 1985	1984
Channel Islands – Iles Anglo–Normandes		
Jersey	5 IV 1981	1984
Finland – Finlande	31 XII 1975	1984
France	10 II 1975	1984
Greece – Grèce	5 IV 1981	1984
Hungary – Hongrie	1 I 1980	1984
Isle of Man – Ile de Man	6 IV 1981	1984
Luxembourg	31 III 1981	1984
Norway – Norvège	1 XI 1980	1984
Portugal	16 III 1981	1984
San Marino – Saint–Marin	30 XI 1976	1984
Sweden – Suède	1 XI 1975	1984
United Kingdom – Royaume–Uni		
Northern Ireland – Irlande du Nord	5 IV 1981	1984
OCEANIA—OCEANIE		
Australia – Australie	30 VI 1976	1984
Australia – Australie	30 VI 1981	1984
Cook Islands – Iles Cook	1 XII 1976	1984
Cook Islands – Iles Cook	1 XII 1981	1984
Fiji – Fidji	13 IX 1976	1984
New Caledonia – Nouvelle–Calédonie	23 IV 1976	1984
New Zealand – Nouvelle–Zélande	23 III 1976	1984
New Zealand – Nouvelle–Zélande	24 III 1981	1984
Samoa	3 XI 1976	1984
Tonga	30 XI 1976	1986

43. Female economically active population by marital status, age and urban/rural residence: each census, 1980 – 1988
Population féminine active selon l'état matrimonial, l'âge et la résidence, urbaine/rurale: chaque recensement 1980 – 1988

(See notes at end of table. – Voir notes à la fin du tableau.)

Continent, country or area, date, age(in years) and urban/rural residence — Continent, pays ou zone, date, âge(en années) et résidence urbaine/rurale	Marital status – Etat matrimonial							
	Total	Single Célibataires	Married – Mariées: Total	Married – Mariées: Consensually married En union consensuelle	Widowed Veuves	Divorces Divorcées	Separated Séparées	Not stated Non déterminé
AFRICA—AFRIQUE								
Congo								
22 XII 1984 [1]								
Female – Féminin								
10 plus	279 933	57 385	165 907	...	28 956	23 420	...	4 265
Morocco – Maroc								
3–21 IX 1982 [2 3]								
Female – Féminin								
Total	1 181 280	577 773	405 253	...	108 646	89 608	...	–
AMERICA,NORTH—AMERIQUE DU NORD								
Bahamas								
12 V 1980 [4]								
Female – Féminin								
15 plus	38 777	16 908	15 824	...	1 960	687	3 356	42
Barbados – Barbade								
12 V 1980 [4 5]								
Female – Féminin								
15 plus	48 205	32 463	13 236	...	1 324	815	261	106
15 – 19	5 028	4 975	45	...	–	–	1	7
20 – 24	9 923	9 225	663	...	1	11	6	17
25 – 29	8 358	6 283	1 962	...	9	73	22	9
30 – 34	6 169	3 752	2 218	...	22	134	32	11
35 – 39	4 189	2 151	1 795	...	62	131	36	14
40 – 44	3 637	1 600	1 758	...	75	148	50	6
45 – 49	3 072	1 303	1 530	...	106	97	29	7
50 – 54	2 904	1 194	1 299	...	250	112	36	13
55 – 59	2 122	839	937	...	251	62	23	10
60 – 64	1 670	663	684	...	273	28	17	5
65 plus	1 095	452	339	...	274	18	9	3
Unknown–Inconnu	38	26	6	...	1	1	–	4
Canada								
3 VI 1986 [3 4]								
Female – Féminin								
15 plus	5 608 695	1 565 770	3 422 865	...	146 905	281 555	191 600	–
15 – 19	426 755	400 185	25 585	...	170	225	590	–
20 – 24	905 720	570 360	318 625	...	510	4 555	11 670	–
25 – 29	884 825	257 460	572 750	...	1 585	23 590	29 440	–
30 – 34	789 345	122 570	583 605	...	3 600	45 025	34 545	–
35 – 39	732 780	72 720	561 740	...	6 200	56 385	35 735	–
40 – 44	577 510	41 690	447 715	...	9 835	49 845	28 425	–
45 – 49	438 910	28 420	338 810	...	14 740	37 415	19 525	–
50 – 54	353 050	23 690	263 225	...	22 820	28 715	14 600	–
55 – 59	271 240	21 965	186 665	...	31 815	20 650	10 145	–
60 – 64	162 055	15 900	95 690	...	32 945	12 040	5 480	–
65 – 69	39 835	4 830	20 360	...	11 335	2 255	1 055	–
70 – 74	15 855	3 105	5 960	...	5 950	570	270	–
75 plus	10 800	2 880	2 140	...	5 390	280	110	–
Unknown–Inconnu	–	–	–	...	–	–	–	–

43. Female economically active population by marital status, age and urban/rural residence: each census, 1980 – 1988 (continued)
Population féminine active selon l'état matrimonial, l'âge et la résidence, urbaine/rurale: chaque recensement 1980 – 1988 (suite)

(See notes at end of table. – Voir notes à la fin du tableau.)

Continent, country or area, date, age(in years) and urban/rural residence — Continent, pays ou zone, date, âge(en années) et résidence urbaine/rurale	Marital status – Etat matrimonial: Total	Single Célibataires	Married – Mariées: Total	Married – Mariées: Consensually married En union consensuelle	Widowed Veuves	Divorces Divorcées	Separated Séparées	Not stated Non déterminé
AMERICA,NORTH— (Cont.–Suite) AMERIQUE DU NORD								
St. Vincent and the Grenadines – Saint–Vincent–et–Grenadines								
12 V 1980 [4 5]								
Female – Féminin								
15 plus	11 268	8 705	2 176	...	257	80	43	7
15 – 19	2 178	2 167	10	...	–	–	–	1
20 – 24	2 460	2 304	151	...	2	–	1	2
25 – 29	1 532	1 146	368	...	3	10	4	1
30 – 34	1 041	663	350	...	11	13	3	1
35 – 39	780	501	252	...	8	9	9	1
40 – 44	772	474	260	...	22	10	6	–
45 – 49	748	437	264	...	29	12	6	–
50 – 54	611	356	200	...	43	7	4	1
55 – 59	447	257	147	...	34	6	3	–
60 – 64	370	216	97	...	48	6	3	–
65 plus	318	178	73	...	57	6	4	–
Unknown–Inconnu	11	6	4	...	–	1	–	–
United States Virgin Islands – Iles Vierges américaines								
1 IV 1980 [6]								
Female – Féminin								
16 plus	17 319	5 378	8 145	...	622	2 408	766	–
AMERICA,SOUTH— AMERIQUE DU SUD								
Chile – Chili								
21 IV 1982								
Female – Féminin								
15 plus	959 455	494 686	347 678	...	...	...	...	117 091
15 – 19	91 352	86 709	4 137	...	...	...	...	506
20 – 24	198 375	161 070	33 015	...	...	...	...	4 290
25 – 29	168 082	92 283	65 687	...	...	...	...	10 112
30 – 34	130 172	48 683	67 567	...	...	...	...	13 922
35 – 39	106 476	33 047	57 360	...	...	...	...	16 069
40 – 44	85 078	23 943	44 190	...	...	...	...	16 945
45 – 49	62 982	17 174	30 791	...	...	...	...	15 017
50 – 54	54 024	14 330	23 753	...	...	...	...	15 941
55 – 59	30 093	8 222	11 748	...	...	...	...	10 123
60 – 64	16 043	4 351	5 381	...	...	...	...	6 311
65 – 69	9 046	2 563	2 517	...	...	...	...	3 966
70 – 74	4 357	1 287	960	...	...	...	...	2 110
75 plus	3 375	1 024	572	...	...	...	...	1 779
Unknown–Inconnu	–	–	–	...	...	...	...	–
Peru – Pérou								
12 VII 1981 [7 8]								
Female – Féminin								
12 plus	1 245 684	573 093	559 333	...	100 373	12 885	...	–
12 – 14	33 242	32 759	483	...	–	–	...	–
15 – 29	586 830	402 367	177 464	...	4 698	2 301	...	–
30 – 44	363 369	92 903	243 096	...	21 091	6 279	...	–
45 – 64	220 164	39 243	123 202	...	53 753	3 966	...	–
65 plus	42 079	5 821	15 088	...	20 831	339	...	–
Unknown–Inconnu	–	–	–	...	–	–	...	–

43. Female economically active population by marital status, age and urban/rural residence: each census, 1980 – 1988 (continued)
Population féminine active selon l'état matrimonial, l'âge et la résidence, urbaine/rurale: chaque recensement 1980 – 1988 (suite)

(See notes at end of table. – Voir notes à la fin du tableau.)

Continent, country or area, date, age(in years) and urban/rural residence — Continent, pays ou zone, date, âge(en années) et résidence urbaine/rurale	Marital status – Etat matrimonial: Total	Single Célibataires	Married – Mariées: Total	Married – Mariées: Consensually married En union consensuelle	Widowed Veuves	Divorces Divorcées	Separated Séparées	Not stated Non déterminé
ASIA—ASIE								
Hong Kong – Hong-kong								
11 III 1986* [9]								
Female – Féminin								
15 plus	1 037 437	430 802	546 057	...	47 040	13 538	...	–
15 – 19	72 817	70 403	2 365	...	–	49	...	–
20 – 24	231 242	195 146	35 508	...	84	504	...	–
25 – 29	207 593	105 249	100 461	...	371	1 512	...	–
30 – 34	136 838	32 361	100 844	...	945	2 688	...	–
35 – 39	108 468	12 957	90 933	...	1 883	2 695	...	–
40 – 44	64 929	3 591	57 432	...	2 345	1 561	...	–
45 – 49	64 132	2 324	55 781	...	4 536	1 491	...	–
50 – 54	54 569	1 666	45 042	...	6 615	1 246	...	–
55 – 59	40 879	1 988	29 945	...	8 183	763	...	–
60 – 64	27 208	1 939	16 393	...	8 281	595	...	–
65 plus	28 762	3 178	11 353	...	13 797	434	...	–
Israel – Israël [10]								
4 VI 1983 [11] [12]								
Female – Féminin								
15 plus	516 855	102 195	[13] 414 660	...	...	...	...	–
15 – 24	93 630	57 425	[13] 36 205	...	...	...	...	–
25 – 34	173 185	32 120	[13] 141 065	...	...	...	...	–
35 – 44	114 005	8 370	[13] 105 635	...	...	...	...	–
45 plus	136 035	4 280	[13] 131 755	...	...	...	...	–
Unknown–Inconnu	–	–	[13] –	...	...	...	...	–
Japan – Japon								
1 X 1980 [3] [14]								
Female – Féminin								
15 plus	21 546 829	5 167 502	13 938 352	...	1 645 550	795 425	...	–
15 – 19	758 523	743 496	14 762	...	14	251	...	–
20 – 24	2 756 423	2 396 172	351 244	...	688	8 319	...	–
25 – 29	2 219 466	915 048	1 250 320	...	5 036	49 062	...	–
30 – 34	2 483 685	397 074	1 959 983	...	20 158	106 470	...	–
35 – 39	2 556 087	202 803	2 185 038	...	48 767	119 479	...	–
40 – 44	2 580 459	142 501	2 221 323	...	96 303	120 332	...	–
45 – 49	2 523 034	136 370	2 097 789	...	166 478	122 397	...	–
50 – 54	2 141 124	119 438	1 668 906	...	237 194	115 586	...	–
55 – 59	1 566 897	67 332	1 114 229	...	301 225	84 111	...	–
60 – 64	974 888	27 408	609 401	...	296 970	41 109	...	–
65 – 69	589 310	12 455	317 626	...	240 361	18 868	...	–
70 – 74	262 021	4 831	113 777	...	136 778	6 635	...	–
75 plus	134 912	2 574	33 954	...	95 578	2 806	...	–
Unknown–Inconnu	–	–	–	...	–	–	...	–

43. Female economically active population by marital status, age and urban/rural residence: each census, 1980 – 1988 (continued)
Population féminine active selon l'état matrimonial, l'âge et la résidence, urbaine/rurale: chaque recensement 1980 – 1988 (suite)

(See notes at end of table. – Voir notes à la fin du tableau.)

Continent, country or area, date, age(in years) and urban/rural residence — Continent, pays ou zone, date, âge(en années) et résidence urbaine/rurale	Marital status – Etat matrimonial: Total	Single Célibataires	Married – Mariées: Total	Married – Mariées: Consensually married En union consensuelle	Widowed Veuves	Divorces Divorcées	Separated Séparées	Not stated Non déterminé
ASIA—ASIE (Cont.–Suite)								
Kuwait – Koweït								
21 IV 1985								
Female – Féminin								
15 plus	132 128	41 337	84 177	...	3 778	2 836	...	–
15 – 19	4 554	3 728	794	...	5	27	...	–
20 – 24	26 502	16 244	9 805	...	105	348	...	–
25 – 29	34 239	11 995	21 304	...	259	681	...	–
30 – 34	28 355	5 508	21 808	...	415	624	...	–
35 – 39	18 455	2 252	15 162	...	591	450	...	–
40 – 44	9 827	807	8 109	...	595	316	...	–
45 – 49	5 705	462	4 414	...	639	190	...	–
50 – 54	2 703	209	1 809	...	575	110	...	–
55 – 59	1 194	81	696	...	354	63	...	–
60 – 64	443	38	209	...	171	25	...	–
65 plus	151	13	67	...	69	2	...	–
Unknown–Inconnu	–	–	–	...	–	–	...	–
Malaysia – Malaisie								
Peninsular Malaysia – Malaisie Péninsulaire								
10 VI 1980 [15]								
Female – Féminin								
10 plus	1 362 277	563 809	663 224	...	99 006	36 238	...	–
10 – 14	34 912	34 572	305	...	23	12	...	–
15 – 19	208 254	194 198	13 242	...	269	545	...	–
20 – 24	291 369	213 712	74 083	...	1 349	2 225	...	–
25 – 29	199 585	74 314	119 093	...	2 696	3 482	...	–
30 – 34	147 126	25 624	112 651	...	4 844	4 007	...	–
35 – 39	115 513	9 173	95 719	...	6 757	3 864	...	–
40 – 44	113 026	5 291	92 227	...	10 963	4 545	...	–
45 – 49	81 495	2 901	62 521	...	12 419	3 654	...	–
50 – 54	63 412	1 597	43 380	...	14 608	3 827	...	–
55 – 59	41 660	736	25 238	...	12 480	3 206	...	–
60 – 64	28 659	693	13 835	...	11 395	2 736	...	–
65 plus	37 266	998	10 930	...	21 203	4 135	...	–
Unknown–Inconnu	–	...	...	...	...	...	...	–
Myanmar [16]								
31 III 1983								
Female – Féminin								
10 plus	4 395 292	1 593 320	2 136 531	...	530 357	134 958	126	–

43. Female economically active population by marital status, age and urban/rural residence: each census, 1980 – 1988 (continued)
Population féminine active selon l'état matrimonial, l'âge et la résidence, urbaine/rurale: chaque recensement 1980 – 1988 (suite)

(See notes at end of table. – Voir notes à la fin du tableau.)

Continent, country or area, date, age(in years) and urban/rural residence — Continent, pays ou zone, date, âge(en années) et résidence urbaine/rurale	Marital status – Etat matrimonial							
	Total	Single Célibataires	Married – Mariées: Total	Married – Mariées: Consensually married En union consensuelle	Widowed Veuves	Divorces Divorcées	Separated Séparées	Not stated Non déterminé
ASIA—ASIE (Cont.–Suite)								
Sri Lanka								
17 III 1981 [3]								
Female – Féminin								
10 plus	1 280 385	550 630	652 186	...	66 750	6 908	3 911	–
10 – 14	19 877	19 610	242	...	20	1	4	–
15 – 19	150 517	135 248	14 865	...	196	112	96	–
20 – 24	280 250	197 561	80 058	...	1 522	664	445	–
25 – 29	232 496	112 411	115 162	...	3 180	1 111	632	–
30 – 34	187 564	49 841	129 576	...	5 876	1 486	785	–
35 – 39	133 954	18 448	105 256	...	8 295	1 279	676	–
40 – 44	97 202	7 669	78 081	...	10 076	872	504	–
45 – 49	77 048	4 184	60 395	...	11 470	657	342	–
50 – 54	50 541	2 546	37 366	...	9 978	416	235	–
55 – 59	26 693	1 399	18 171	...	6 851	174	98	–
60 – 64	11 965	763	6 969	...	4 118	68	47	–
65 – 69	6 468	430	3 333	...	2 637	44	24	–
70 – 74	3 163	226	1 473	...	1 434	16	14	–
75 plus	2 647	294	1 239	...	1 097	8	9	–
Unknown–Inconnu	–	–	–	...	–	–	–	–
Syrian Arab Republic – République arabe syrienne								
7 IX 1981* [17]								
Female – Féminin								
10 plus	175 798	99 901	62 692	...	9 469	2 857	...	879
10 – 14	18 176	18 098	67	...	–	7	...	4
15 – 19	28 624	26 607	1 877	...	26	96	...	18
20 – 24	38 483	27 748	10 190	...	160	366	...	19
25 – 29	30 172	14 595	14 689	...	413	455	...	20
30 – 34	18 751	6 030	11 494	...	751	455	...	21
35 – 39	12 070	2 669	7 984	...	1 019	385	...	13
40 – 44	9 692	1 616	6 186	...	1 451	403	...	36
45 – 49	7 193	1 104	4 382	...	1 417	261	...	29
50 – 54	5 855	753	3 186	...	1 616	234	...	66
55 – 59	2 966	344	1 426	...	1 028	107	...	61
60 – 64	1 853	148	700	...	819	52	...	134
65 plus	1 882	170	497	...	767	35	...	413
Unknown–Inconnu	81	19	14	...	2	1	...	45

43. Female economically active population by marital status, age and urban/rural residence: each census, 1980 – 1988 (continued)
Population féminine active selon l'état matrimonial, l'âge et la résidence, urbaine/rurale: chaque recensement 1980 – 1988 (suite)

(See notes at end of table. – Voir notes à la fin du tableau.)

Continent, country or area, date, age(in years) and urban/rural residence — Continent, pays ou zone, date, âge(en années) et résidence urbaine/rurale	Marital status – Etat matrimonial							
			Married – Mariées					
	Total	Single Célibataires	Total	Consensually married En union consensuelle	Widowed Veuves	Divorces Divorcées	Separated Séparées	Not stated Non déterminé
EUROPE								
Belgium – Belgique								
1 III 1981 [18]								
Female – Féminin								
Total	1 435 167	334 394	949 745	...	29 684	64 452	56 892	–
– 15	1 176	1 175	–	...	–	–	1	–
15 – 19	92 512	80 410	11 300	...	25	41	736	–
20 – 24	275 675	120 087	145 836	...	299	1 709	7 744	–
25 – 29	267 731	46 170	201 333	...	811	8 159	11 258	–
30 – 34	223 800	22 167	177 169	...	1 349	12 545	10 570	–
35 – 39	155 402	12 825	121 541	...	1 948	11 359	7 729	–
40 – 44	130 393	11 371	99 839	...	2 965	10 004	6 214	–
45 – 49	116 555	12 138	85 793	...	4 519	8 763	5 342	–
50 – 54	96 580	13 152	66 077	...	6 160	7 000	4 191	–
55 – 59	54 259	10 764	31 469	...	6 000	3 668	2 358	–
60 – 64	12 460	2 364	6 540	...	2 334	725	497	–
65 – 69	4 637	942	1 889	...	1 375	264	167	–
70 – 74	2 342	500	695	...	947	142	58	–
75 plus	1 645	329	264	...	952	73	27	–
Unknown–Inconnu	–	–	–	...	–	–	–	–
Denmark – Danemark [19]								
1 I 1981 [18]								
Female – Féminin								
15 plus	1 195 623	322 618	740 601	...	46 112	86 292	...	–
15 – 19	88 426	87 028	1 371	...	–	27	...	–
20 – 24	155 260	117 304	36 184	...	51	1 721	...	–
25 – 29	157 300	55 959	93 211	...	263	7 867	...	–
30 – 34	168 651	22 158	129 884	...	790	15 819	...	–
35 – 39	156 350	10 456	127 325	...	1 678	16 891	...	–
40 – 44	121 491	5 951	100 064	...	2 695	12 781	...	–
45 – 49	104 016	5 273	84 017	...	4 556	10 170	...	–
50 – 54	92 834	5 658	71 348	...	7 318	8 510	...	–
55 – 59	81 018	5 999	57 786	...	9 947	7 286	...	–
60 – 64	43 168	3 690	27 764	...	8 294	3 420	...	–
65 – 69	18 045	1 793	9 402	...	5 526	1 324	...	–
70 – 74	5 283	722	1 797	...	2 446	318	...	–
75 plus	3 781	627	448	...	2 548	158	...	–
Unknown–Inconnu	–	–	–	...	–	–	...	–
Finland – Finlande								
17 XI 1985 [18]								
Female – Féminin								
15 plus	1 153 350	291 090	730 985	...	38 105	93 170	...	–
15 – 19	39 913	38 568	1 335	...	1	9	...	–
20 – 24	116 347	86 195	28 921	...	54	1 177	...	–
25 – 29	150 307	59 860	84 264	...	247	5 936	...	–
30 – 34	167 697	35 105	119 020	...	832	12 740	...	–
35 – 39	189 551	23 476	143 576	...	2 295	20 204	...	–
40 – 44	140 734	13 340	107 615	...	3 209	16 570	...	–
45 – 49	123 298	10 803	92 616	...	5 204	14 675	...	–
50 – 54	105 473	9 838	76 074	...	8 215	11 346	...	–
55 – 59	78 229	8 718	52 557	...	9 742	7 212	...	–
60 – 64	37 116	4 636	22 329	...	7 076	3 075	...	–
65 – 69	3 366	397	2 005	...	802	162	...	–
70 – 74	1 319	154	673	...	428	64	...	–
75 plus	–	–	–	...	–	–	...	–
Unknown–Inconnu	–	–	–	...	–	–	...	–

43. Female economically active population by marital status, age and urban/rural residence: each census, 1980 – 1988 (continued)
Population féminine active selon l'état matrimonial, l'âge et la résidence, urbaine/rurale: chaque recensement 1980 – 1988 (suite)

(See notes at end of table. – Voir notes à la fin du tableau.)

Continent, country or area, date, age(in years) and urban/rural residence — Continent, pays ou zone, date, âge(en années) et résidence urbaine/rurale	Marital status – Etat matrimonial: Total	Single Célibataires	Married – Mariées: Total	Married – Mariées: Consensually married En union consensuelle	Widowed Veuves	Divorces Divorcées	Separated Séparées	Not stated Non déterminé
EUROPE (Cont.–Suite)								
Ireland – Irlande								
5 IV 1981								
Female – Féminin								
15 plus	358 627	234 040	108 417	...	16 170	...	...	–
15 – 19	61 335	60 366	969	...	–	...	...	–
20 – 24	96 179	80 754	15 392	...	33	...	...	–
25 – 29	55 188	31 897	23 189	...	102	...	...	–
30 – 34	30 499	14 064	16 239	...	196	...	...	–
35 – 39	21 684	8 332	12 979	...	373	...	...	–
40 – 44	19 437	6 978	11 722	...	737	...	...	–
45 – 49	18 038	6 828	9 804	...	1 406	...	...	–
50 – 54	17 652	7 294	7 897	...	2 461	...	...	–
55 – 59	16 432	7 266	5 744	...	3 422	...	...	–
60 – 64	12 367	5 725	3 118	...	3 524	...	...	–
65 – 69	5 740	2 583	989	...	2 168	...	...	–
70 – 74	2 619	1 248	295	...	1 076	...	...	–
75 plus	1 457	705	80	...	672	...	...	–
Unknown–Inconnu	–	–	–	...	–	...	...	–
Italy – Italie								
25 X 1981								
Female – Féminin								
14 plus	7 757 197	2 851 781	4 452 586	...	269 100	48 543	135 187	–
14 – 19	983 160	947 406	35 143	...	207	31	373	–
20 – 24	1 236 306	824 451	402 223	...	1 283	392	7 957	–
25 – 29	1 115 733	346 354	740 307	...	4 244	1 997	22 831	–
30 – 34	1 057 262	184 704	826 772	...	10 075	5 729	29 982	–
35 – 39	821 682	118 585	652 655	...	17 162	8 388	24 892	–
40 – 44	803 501	111 108	629 462	...	32 464	9 765	20 702	–
45 – 49	660 467	99 344	492 743	...	46 432	8 494	13 454	–
50 – 54	563 168	99 343	387 459	...	59 981	7 443	8 942	–
55 – 59	322 418	64 237	200 284	...	49 281	4 349	4 267	–
60 – 64	111 442	27 117	58 104	...	23 441	1 469	1 311	–
65 – 69	48 801	16 020	19 130	...	12 970	355	326	–
70 – 74	22 529	8 749	6 332	...	7 252	93	103	–
75 plus	10 728	4 363	1 972	...	4 308	38	47	–
Unknown–Inconnu	–	–	–	...	–	–	–	–
OCEANIA—OCEANIE								
American Samoa – Samoa américaines								
1 IV 1980 [6]								
Female – Féminin								
16 plus	3 266	886	2 128	...	115	99	38	–

43. Female economically active population by marital status, age and urban/rural residence: each census, 1980 – 1988 (continued)
Population féminine active selon l'état matrimonial, l'âge et la résidence, urbaine/rurale: chaque recensement 1980 – 1988 (suite)

(See notes at end of table. – Voir notes à la fin du tableau.)

Continent, country or area, date, age(in years) and urban/rural residence Continent, pays ou zone, date, âge(en années) et résidence urbaine/rurale	Marital status – Etat matrimonial							
	Total	Single Célibataires	Married – Mariées Total	Married – Mariées Consensually married En union consensuelle	Widowed Veuves	Divorces Divorcées	Separated Séparées	Not stated Non déterminé
OCEANIA—OCEANIE(Cont.–Suite)								
Australia – Australie								
30 VI 1986 [20] [21]								
Female – Féminin								
15 plus	2 834 338	936 994	1 600 917	...	51 983	163 625	80 819	–
15 – 19	327 592	320 217	6 817	...	71	137	350	–
20 – 24	466 404	329 699	125 738	...	351	3 487	7 129	–
25 – 29	396 947	142 705	223 277	...	858	16 689	13 418	–
30 – 34	355 752	59 297	253 290	...	1 669	27 773	13 723	–
35 – 39	380 545	31 637	296 538	...	2 958	34 390	15 022	–
40 – 44	309 996	17 444	245 493	...	4 698	30 129	12 232	–
45 – 49	237 813	11 949	187 368	...	7 041	22 717	8 738	–
50 – 54	165 637	9 035	128 998	...	8 396	14 086	5 122	–
55 – 59	114 600	8 272	82 974	...	10 595	9 367	3 392	–
60 – 64	49 484	3 694	33 212	...	7 764	3 582	1 232	–
65 – 69	16 897	1 488	10 871	...	3 456	806	276	–
70 – 74	7 388	794	4 136	...	2 098	260	100	–
75 plus	5 336	762	2 259	...	2 027	204	84	–
Unknown–Inconnu	–	–	–	...	–	–	–	–
Fiji – Fidji								
31 VIII 1986								
Female – Féminin								
Total	51 231	20 641	24 763	...	3 324	2 462	...	41
15 – 19	7 821	7 337	429	...	11	40	...	4
20 – 24	10 770	7 618	2 831	...	28	284	...	9
25 – 29	8 239	2 881	4 794	...	98	464	...	2
30 – 34	6 677	1 172	4 886	...	153	461	...	5
35 – 39	5 235	587	3 941	...	305	398	...	4
40 – 44	4 011	383	2 923	...	390	312	...	3
45 – 49	3 059	239	2 074	...	529	213	...	4
50 – 54	2 136	132	1 339	...	526	137	...	2
55 plus	3 058	219	1 440	...	1 257	138	...	4
Unknown–Inconnu	225	73	106	...	27	15	...	4
Guam								
1 IV 1980 [6]								
Female – Féminin								
16 plus	15 484	3 669	10 318	...	438	817	242	–
Pacific Islands – Iles du Pacifique [22]								
15 IX 1980 [6]								
Female – Féminin								
16 plus	5 020	1 331	3 070	...	299	180	140	–

43. Female economically active population by marital status, age and urban/rural residence: each census, 1980 – 1988 (continued)
Population féminine active selon l'état matrimonial, l'âge et la résidence, urbaine/rurale: chaque recensement 1980 – 1988 (suite)
Data by urban/rural residence

Données selon la résidence urbaine/rurale

(See notes at end of table. – Voir notes à la fin du tableau.)

Continent, country or area, date, age(in years) and urban/rural residence / Continent, pays ou zone, date, âge(en années) et résidence urbaine/rurale	Marital status – Etat matrimonial							
			Married – Mariées					
	Total	Single / Célibataires	Total	Consensually married / En union consensuelle	Widowed / Veuves	Divorces / Divorcées	Separated / Séparées	Not stated / Non déterminé
AFRICA—AFRIQUE								
Morocco – Maroc								
Urban – Urbaine								
3–21 IX 1982 [2]								
Female – Féminin								
Total	638 231	333 152	178 857	...	58 832	67 390	...	–
Rural – Rurale								
3–21 IX 1982 [2]								
Female – Féminin								
Total	543 049	244 621	226 396	...	49 814	22 218	...	–
AMERICA,NORTH—AMERIQUE DU NORD								
Canada								
Urban – Urbaine								
3 VI 1986 [4]								
Female – Féminin								
15 plus	4 512 495	1 335 260	2 629 275	...	120 370	256 075	171 515	–
15 – 19	337 245	315 770	20 645	...	130	185	515	–
20 – 24	754 075	484 555	254 775	...	415	4 035	10 295	–
25 – 29	725 690	230 425	446 720	...	1 305	21 210	26 030	–
30 – 34	626 285	110 045	442 175	...	2 840	40 710	30 515	–
35 – 39	577 915	65 665	424 505	...	5 040	50 855	31 850	–
40 – 44	454 290	37 710	337 795	...	7 910	45 395	25 480	–
45 – 49	349 825	25 750	260 255	...	11 985	34 025	17 810	–
50 – 54	282 445	21 350	202 705	...	18 610	26 435	13 345	–
55 – 59	219 575	19 955	144 735	...	26 505	19 085	9 295	–
60 – 64	132 965	14 460	74 285	...	27 905	11 260	5 055	–
65 – 69	31 490	4 300	14 900	...	9 205	2 100	985	–
70 – 74	12 130	2 675	4 230	...	4 465	515	245	–
75 plus	8 530	2 600	1 545	...	4 045	260	80	–
Unknown–Inconnu	–	–	–	...	–	–	–	–
Rural – Rurale								
3 VI 1986 [4]								
Female – Féminin								
15 plus	1 096 200	230 510	793 595	...	26 530	25 480	20 085	–
15 – 19	89 505	84 415	4 940	...	35	40	75	–
20 – 24	151 655	85 805	63 850	...	100	520	1 380	–
25 – 29	159 135	27 040	126 025	...	280	2 380	3 410	–
30 – 34	163 050	12 525	141 430	...	760	4 315	4 020	–
35 – 39	154 865	7 055	137 235	...	1 165	5 525	3 885	–
40 – 44	123 225	3 980	109 920	...	1 920	4 455	2 950	–
45 – 49	89 075	2 665	78 555	...	2 755	3 390	1 710	–
50 – 54	70 610	2 340	60 520	...	4 210	2 280	1 260	–
55 – 59	51 670	2 010	41 930	...	5 310	1 565	855	–
60 – 64	29 085	1 435	21 405	...	5 040	780	425	–
65 – 69	8 330	530	5 455	...	2 125	155	65	–
70 – 74	3 735	435	1 725	...	1 490	60	25	–
75 plus	2 280	280	595	...	1 345	30	30	–
Unknown–Inconnu	–	–	–	...	–	–	–	–

43. Female economically active population by marital status, age and urban/rural residence: each census, 1980 – 1988 (continued)
Population féminine active selon l'état matrimonial, l'âge et la résidence, urbaine/rurale: chaque recensement 1980 – 1988 (suite)
Data by urban/rural residence

Données selon la résidence urbaine/rurale

(See notes at end of table. – Voir notes à la fin du tableau.)

Continent, country or area, date, age(in years) and urban/rural residence — Continent, pays ou zone, date, âge(en années) et résidence urbaine/rurale	Marital status – Etat matrimonial							
	Total	Single Célibataires	Married – Mariées: Total	Married – Mariées: Consensually married En union consensuelle	Widowed Veuves	Divorces Divorcées	Separated Séparées	Not stated Non déterminé
ASIA—ASIE								
Japan – Japon								
Urban – Urbaine								
1 X 1980 [14]								
Female – Féminin								
15 plus	15 720 160	4 216 382	9 678 522	...	1 155 862	669 394	...	–
15 – 19	607 384	594 800	12 361	...	9	214	...	–
20 – 24	2 159 910	1 894 485	258 182	...	531	6 712	...	–
25 – 29	1 677 712	752 441	882 131	...	3 653	39 487	...	–
30 – 34	1 865 555	348 751	1 412 831	...	14 990	88 983	...	–
35 – 39	1 933 378	181 173	1 613 072	...	36 817	102 316	...	–
40 – 44	1 899 516	126 467	1 598 703	...	70 915	103 431	...	–
45 – 49	1 788 506	120 239	1 442 525	...	120 823	104 919	...	–
50 – 54	1 458 002	103 506	1 087 584	...	169 135	97 777	...	–
55 – 59	1 043 826	56 506	704 311	...	213 099	69 910	...	–
60 – 64	642 697	22 128	380 601	...	206 571	33 397	...	–
65 – 69	383 959	9 914	195 743	...	163 286	15 016	...	–
70 – 74	170 540	3 868	69 565	...	91 977	5 130	...	–
75 plus	89 175	2 104	20 913	...	64 056	2 102	...	–
Unknown–Inconnu	–	–	–	...	–	–	...	–
Rural – Rurale								
1 X 1980 [14]								
Female – Féminin								
15 plus	5 826 669	951 120	4 259 830	...	489 688	126 031	...	–
15 – 19	151 139	148 696	2 401	...	5	37	...	–
20 – 24	596 513	501 687	93 062	...	157	1 607	...	–
25 – 29	541 754	162 607	368 189	...	1 383	9 575	...	–
30 – 34	618 130	48 323	547 152	...	5 168	17 487	...	–
35 – 39	622 709	21 630	571 966	...	11 950	17 163	...	–
40 – 44	680 943	16 034	622 620	...	25 388	16 901	...	–
45 – 49	734 528	16 131	655 264	...	45 655	17 478	...	–
50 – 54	683 122	15 932	581 322	...	68 059	17 809	...	–
55 – 59	523 071	10 826	409 918	...	88 126	14 201	...	–
60 – 64	332 191	5 280	228 800	...	90 399	7 712	...	–
65 – 69	205 351	2 541	121 883	...	77 075	3 852	...	–
70 – 74	91 481	963	44 212	...	44 801	1 505	...	–
75 plus	45 737	470	13 041	...	31 522	704	...	–
Unknown–Inconnu	–	–	–	...	–	–	...	–
Sri Lanka								
Urban – Urbaine								
17 III 1981								
Female – Féminin								
10 plus	251 466	134 437	106 569	...	8 372	1 388	700	–
10 – 14	4 610	4 561	44	...	4	–	1	–
15 – 19	28 523	26 685	1 791	...	16	21	10	–
20 – 24	60 465	49 254	10 912	...	155	89	55	–
25 – 29	49 431	30 122	18 710	...	322	161	116	–
30 – 34	36 481	12 869	22 544	...	667	272	129	–
35 – 39	24 282	5 010	17 915	...	952	274	131	–
40 – 44	16 978	2 227	13 290	...	1 160	195	106	–
45 – 49	12 533	1 348	9 634	...	1 310	176	65	–
50 – 54	9 006	950	6 586	...	1 303	114	53	–
55 – 59	4 433	566	2 884	...	922	41	20	–
60 – 64	2 125	382	1 097	...	618	22	6	–
65 – 69	1 362	229	626	...	488	16	3	–
70 – 74	690	117	295	...	271	4	3	–
75 plus	547	117	241	...	184	3	2	–
Unknown–Inconnu	–	–	–	...	–	–	–	–

43. Female economically active population by marital status, age and urban/rural residence: each census, 1980 – 1988 (continued)
Population féminine active selon l'état matrimonial, l'âge et la résidence, urbaine/rurale: chaque recensement 1980 – 1988 (suite)
Data by urban/rural residence
Données selon la résidence urbaine/rurale

(See notes at end of table. – Voir notes à la fin du tableau.)

Continent, country or area, date, age(in years) and urban/rural residence — Continent, pays ou zone, date, âge(en années) et résidence urbaine/rurale	Marital status – Etat matrimonial: Total	Single Célibataires	Married – Mariées: Total	Married – Mariées: Consensually married En union consensuelle	Widowed Veuves	Divorces Divorcées	Separated Séparées	Not stated Non déterminé
ASIA—ASIE (Cont.–Suite)								
Sri Lanka								
Rural – Rurale								
17 III 1981								
Female – Féminin								
10 plus	1 028 919	416 193	545 617	...	58 378	5 520	3 211	–
10 – 14	15 267	15 049	198	...	16	1	3	–
15 – 19	121 994	108 563	13 074	...	180	91	86	–
20 – 24	219 785	148 307	69 146	...	1 367	575	390	–
25 – 29	183 065	82 289	96 452	...	2 858	950	516	–
30 – 34	151 083	36 972	107 032	...	5 209	1 214	656	–
35 – 39	109 672	13 438	87 341	...	7 343	1 005	545	–
40 – 44	80 224	5 442	64 791	...	8 916	677	398	–
45 – 49	64 515	2 836	50 761	...	10 160	481	277	–
50 – 54	41 535	1 596	30 780	...	8 675	302	182	–
55 – 59	22 260	833	15 287	...	5 929	133	78	–
60 – 64	9 840	381	5 872	...	3 500	46	41	–
65 – 69	5 106	201	2 707	...	2 149	28	21	–
70 – 74	2 473	109	1 178	...	1 163	12	11	–
75 plus	2 100	177	998	...	913	5	7	–
Unknown–Inconnu	–	–	–	...	–	–	–	–

GENERAL NOTES

For definitions of "urban", see end of table 6. For limitations of data, see Technical Notes page 152.

FOOTNOTES

- * Provisional.
- 1 For resident population.
- 2 Excluding population counted separately.
- 3 For classification by urban/rural residence, see end of table.
- 4 De jure population, but excluding persons residing in institutions.
- 5 Excluding population attending school.
- 6 De jure population, but including armed forces stationed in the area.
- 7 Excluding Indian jungle population estimated at 39 800 in 1972.
- 8 Data exclude adjustment for underenumeration, estimated at 4.1 per cent.
- 9 Excluding 26 106 transients and 9 131 Vietnames refugees.
- 10 Including data for East Jerusalem and Israeli residents in certain other territories under occupation by Israeli military forces since June 1967.
- 11 De jure population, excluding the armed forces and draftees for national services.
- 12 Based on a 20 per cent sample of census returns.
- 13 For ever–married population.
- 14 Excluding diplomatic personnel outside the country, and foreign military and civilian personnel and their dependants stationed in the area.
- 15 Excluding persons residing in institutions.
- 16 Formerly listed as "Burma".
- 17 For Syrian population only.
- 18 De jure population.
- 19 Excluding Faeroe Islands and Greenland.
- 20 Labour force population only.
- 21 Data exclude adjustment for underenumeration, estimated at 1.8 per cent.
- 22 Excluding Northern Marianas.

NOTES GENERALES

Pour les définitions des "régions urbaines", se reporter à la fin du tableau 6. Pour les insuffisances des données, voir Notes techniques, page 152.

NOTES

- * Données provisoires.
- 1 Pour la population résidente.
- 2 Non compris la populaton comptée à part.
- 3 Pour le classement selon la résidence, urbaine/rurale, voir la fin du tableau.
- 4 Population de droit, mais non compris les personnes dans les institutions.
- 5 Non compris la population fréquentant les écoles.
- 6 Population de droit, mais y compris les militaires en garnison sur le territoire.
- 7 Non compris les Indiens de la jungle, estimés à 39 800 personnes en 1972.
- 8 Les données n'ont pas été ajustées pour compenser les lacunes du dénombrement, estimées à 4,1 per cent.
- 9 Non compris 26 106 transients et 9 131 réfugiés du Viet Nam.
- 10 Y compris les données pour Jérusalem–Est et les résidents israéliens dans certains autres territoires occupés depuis juin 1967 par les forces armées israéliennes.
- 11 Population de droit, non compris les forces armées ni les militaires du contingent.
- 12 D'après un échantillon de 20 p. 100 des bulletins de recensement.
- 13 Pour la population non–célibataire.
- 14 Non compris le personnel diplomatique hors du pays, les militaires et agents civils étrangers en poste sur le territoire et les membres de leur famille les accompagnant.
- 15 Non compris les personnes dans les institutions.
- 16 Antérieurement désigné sons le nom de "Birmanie".
- 17 Pour la population syrienne seulement.
- 18 Population de droit.
- 19 Non compris les îles Féroé et le Groenland.
- 20 Population dans la main–d'auvre seulement.
- 21 Les données n'ont pas été ajustées pour compenser les lacunes du dénombrement, estimées à 1,8 per cent.
- 22 Non compris les Mariannes septentrionales.

43. Female economically active population by marital status, age and urban/rural residence: each census, 1980 – 1988 (continued)
Population fémenine active selon l'état matrimonial, l'âge et la résidence, urbaine/rurale: chaque recensement, 1980 – 1988 (suite)

List of countries or areas covered by this table in the 1984 issue of the Demographic Yearbook
Liste des pays ou zones couverts par ce tableau, dans l'édition de 1984 de l'Annuaire démographique

Continent and country or area Continent et pays ou zone	Census date Date du recensement	Issue Edition
AMERICA NORTH — AMERIQUE DU NORD		
Bermuda – Bermudes	12 V 1980	1984
Canada	3 VI 1981	1984
Guatemala	26 III 1981	1984
Haiti – Haïti	30 VIII 1982	1984
AMERICA SOUTH — AMERIQUE DU SUD		
Argentina – Argentine	22 X 1980	1984
Brazil – Brésil	1 IX 1980	1984
ASIA — ASIE		
Bahrain – Bahreïn	5 IV 1981	1984
Bangladesh	6 III 1981	1984
Brunei Darussalam – Brunéi Darussalam	26 VIII 1981	1984
Hong Kong – Hong-kong	9 III 1981	1984
Korea, Republic of – Corée, République de	1 XI 1980	1984
Kuwait – Koweït	21 IV 1980	1984
Nepal – Népal	22 VI 1981	1984
Philippines	1 V 1980	1984
Singapore – Singapour	24 VI 1980	1984
EUROPE		
Austria – Autriche	12 V 1981	1984
EUROPE (cont.–suite)		
Channel Islands – Iles Anglo–Normandes		
Guernsey – Guernesey	5 IV 1981	1984
Jersey	5 IV 1981	1984
Czechoslovakia – Tchécoslovaquie	1 XI 1980	1984
Finland – Finlande	1 XI 1980	1984
France	4 III 1982	1984
Greece – Gréce	5 IV 1981	1984
Hungary – Hongrie	1 I 1980	1984
Isle of Man – Ile de Man	6 IV 1981	1984
Luxembourg	31 III 1981	1984
Norway – Norvège	1 XI 1980	1984
Switzerland – Suisse	2 XII 1980	1984
United Kingdom – Royaume–Uni		
England and Wales – Angleterre et Galles	5 IV 1981	1984
Northern Ireland – Irlande du Nord	5 IV 1981	1984
Scotland – Ecosse	5 IV 1981	1984
OCEANIA – OCEANIE		
Australia – Australie	30 VI 1981	1984
Cook Islands – Iles Cook	1 XII 1981	1984
New Zealand – Nouvelle–Zélande	24 III 1981	1984

Subject-matter index (continued)

(See notes at end of index)

Subject-matter	Year of issue	Time coverage
A		
Abortions, Legal................	*1971*	Latest
	1972	1964–72
	1973	1965–73
	1974	1965–74
	1975	1965–74
	1976	1966–75
	1977	1967–76
	1978	1968–77
	1979	1969–78
	1980	1971–79
	1981	1972–80
	1982	1973–81
	1983	1974–82
	1984	1975–83
	1985	1976–84
	1986	1977–85
	1987	1978–86
	1988	1979–87
–by age of mother and number of previous live births of mother...............	*1971–1975*	Latest
	1977–1981	Latest
	1983–1988	Latest
Annulments........................	*1958*	1948–57
	1968	1958–67
	1976	1966–75
Annulment rates.................	*1958*	1948–57
	1968	1958–67
	1976	1966–75
B		
Bibliography.......................	*1948*	1930–48
	1949/50	1930–50
	1951–1952	1930–51 [1]
	1953	1900–53
	1954	1900–54 [1]
	1955	1900–55 [1]
Births................................	*1948*	1932–47
	1949/50	1934–49
	1951	1935–50
	1952	1936–51
	1953	1950–52
	1954	1938–53
	1955	1946–54
	1956	1947–55
	1957	1948–56
	1958	1948–57
	1959	1949–58
	1960	1950–59
	1961	1952–61
	1962	1953–62

Subject-matter	Year of issue	Time coverage
Births (continued):	*1963*	1954–63
	1964	1960–64
	1965	1946–65
	1966	1957–66
	1967	1963–67
	1968	1964–68
	1969	1950–69
	1970	1966–70
	1971	1967–71
	1972	1968–72
	1973	1969–73
	1974	1970–74
	1975	1956–75
	1976	1972–76
	1977	1973–77
	1978	1974–78
	1978HS [2]	1948–78
	1979	1975–79
	1980	1976–80
	1981	1962–81
	1982	1978–82
	1983	1979–83
	1984	1980–84
	1985	1981–85
	1986	1967–86
	1987	1983–87
	1988	1984–88
–by age of father.............	*1949/50*	1942–49
	1954	1936–53
	1959	1949–58
	1965	1955–64
	1969	1963–68
	1975	1966–74
	1981	1972–80
	1986	1977–85
–by age of mother...........	*1948*	1936–47
	1949/50	1936–49
	1954	1936–53
	1955–1956	Latest
	1958	Latest
	1959	1949–58
	1960–1964	Latest
	1965	1955–64
	1966–1968	Latest
	1969	1963–68
	1970–1974	Latest
	1975	1966–74
	1976–1978	Latest
	1978HS [2]	1948–77
	1979–1980	Latest
	1981	1972–80
	1982–1985	Latest
	1986	1977–85
	1987–1988	Latest

Subject-matter	Year of issue	Time coverage
Births (continued):		
–by age of mother and birth order......................	*1949/50*	1936–47
	1954	Latest
	1959	1949–58
	1965	1955–64
	1969	1963–68
	1975	1966–74
	1981	1972–80
	1986	1977–85
–by age of mother and sex..........................	*1965–1968*	Latest
	1969	1963–68
	1970–1974	Latest
	1975	1966–74
	1976–1978	Latest
	1978HS [2]	1948–77
	1979–1980	Latest
	1981	1972–80
	1982–1985	Latest
	1986	1977–85
	1987–1988	Latest
–by age of mother and urban/rural residence (see: by urban/rural residence, below)		
–by birth order.................	*1948*	1936–47
	1949/50	1936–49
	1954	1936–53
	1955	Latest
	1959	1949–58
	1965	1955–64
	1969	1963–68
	1975	1966–74
	1981	1972–80
	1986	1977–85
–by birth weight..............	*1975*	Latest
	1981	1972–80
	1986	1977–85
–by gestational age..........	*1975*	Latest
	1981	1972–80
	1986	1977–85
–by legitimacy status.........	*1959*	1949–58
	1965	1955–64
	1969	1963–68
	1975	1966–74
	1981	1972–80
	1986	1977–85
–by occupation of father...	*1965*	Latest
	1969	Latest
–by sex...........................	*1959*	1949–58
	1965	1955–64
	1967–1968	Latest

Subject–matter index (continued)

(See notes at end of index)

Subject–matter index (continued)

(See notes at end of index)

Subject-matter index (continued)

(See notes at end of index)

Index

Subject–matter index (continued)

(See notes at end of index)

Subject–matter index (continued)

(See notes at end of index)

Subject–matter index (continued)

(See notes at end of index)

Subject-matter index (continued)

(See notes at end of index)

Subject–matter index (continued)

(See notes at end of index)

Subject–matter index (continued)

(See notes at end of index)

Subject–matter index (continued)

(See notes at end of index)

Subject–matter index (continued)

(See notes at end of index)

Subject–matter index (continued)

(See notes at end of index)

Subject–matter index (continued)

(See notes at end of index)

Subject–matter index (continued)

(See notes at end of index)

Index

Subject-matter index (continued)

(See notes at end of index)

(See notes at end of index)

Subject–matter index (continued)

(See notes at end of index)

Subject–matter index (continued)

(See notes at end of index)

R

(See notes at end of index)

Subject–matter index (continued)

(See notes at end of index)

Index

Subject–matter index (continued)

(See notes at end of index)

Subject–matter index (continued)

(See notes at end of index)

Subject–matter	Year of issue	Time coverage	Subject–matter	Year of issue	Time coverage	Subject–matter	Year of issue	Time coverage
Special text of each Demographic Yearbook: (continued): –Population (continued): "Dates of National Population and/or Housing Censuses taken during the decade 1975–1984 and taken or anticipated during the decade 1985–1994"	*1988*	..	Demographic Yearbook: (continued): –Population (continued): "Statistics Concerning the Economically Active Population:.................... An Overview"	*1984*	..			

General Notes

This cumulative index covers the content of each of the 40 issues of the Demographic Yearbook. "Year of issue"stands for the particular issue in which the indicated subject–matter appears. Unless otherwise specified, "Time coverage" designates the years for which annual statistics are shown in the Demographic Yearbook referred to in "Year of issue" column. "Latest" or "2–Latest" indicates that data are for latest available year(s) only.

Footnotes

1 Only titles not available for preceding bibliography.
2 Historical Supplement published in separate volume.
3 Five–year average rates.
4 Only data not available for preceding issue.

Index par sujet (suite)

(Voir notes à la fin de l'index)

Sujet	Année de l'édition	Période considérée
A		
Accroissement intercensitaire de la population, taux d'..........	1948	1900–48
	1949/50	1900–50
	1951	1900–51
	1952	1850–1952
	1953	1850–1953
	1955	1850–1954
	1960	1900–61
	1962	1900–62
	1964	1955–64
	1970	1900–70
	1978 SR [1]	1948–78
Accroissement naturel, taux d'............................	1958–1978	Dernière
	1978 SR [1]	1948–78
	1979–1988	Dernière
Activité économique (voir: Population active)		
Age (voir la rubrique appropriée par sujet, p.ex. Immigrants: Mortalité, taux de: Naissances: Population: etc.)		
Analphabètes (voir: Population)		
Alphabétisme selon le sexe, taux d'..................	1948	Dernière
	1955	1945–54
	1960	1920–60
	1963	1955–63
	1964	1955–64 [2]
	1970	1950–70
	1971	1962–71
	1973	1965–73 [2]
	1979	1970–79 [2]
	1983	1974–83
	1988	1980–88 [2]
Alphabétisme selon le sexe et l'âge, taux d'..............	1948	Dernière
	1955	1945–54
	1971	1962–71
	1973	1965–73 [2]
	1979	1970–79 [2]
	1983	1974–83
	1988	1980–88 [2]
Alphabètes (voir: Population)		
Annulations.......................	1958	1948–57
	1968	1958–67
	1976	1966–75
Annulations, taux..............	1958	1948–57
	1968	1958–67
	1976	1966–75
Avortements, légaux..........	1971	Dernière
	1972	1964–72
	1973	1965–73
	1974	1965–74
	1975	1965–74
	1976	1965–75
	1977	1967–76
	1978	1968–77
	1979	1969–78
	1980	1971–79
	1981	1972–80
	1982	1973–81
	1983	1974–82
	1984	1975–83
	1985	1976–84
	1986	1977–85
	1987	1978–86
	1988	1979–87
–selon l'âge de la mère et le nombre des naissances vivantes antèrieures de la mère.....	1971–1975	Dernière
	1977–1981	Dernière
	1983–1988	Dernière
B		
Bibliographie.....................	1948	1930–48
	1949/50	1930–50
	1951–1952	1930–51 [3]
	1953	1900–53
	1954	1900–54 [3]
	1955	1900–55 [3]
C		
Cause de décès (voir: Décès)		
Chômeurs (voir: Population)		
Composition ethnique (voir: Population)		
D		
Décès................................	1948	1932–47
	1949/50	1934–49
	1951	1935–50
	1952	1936–51
	1953	1950–52
	1954	1946–53
	1955	1946–54
	1956	1947–55
	1957	1940–56
	1958	1948–57
	1959	1949–58
	1960	1950–59
	1961	1952–61
	1962	1953–62
	1963	1954–63
	1964	1960–64
	1965	1961–65
	1966	1947–66
	1967	1963–67
	1968	1964–68
	1969	1965–69
	1970	1966–70
	1971	1967–71
	1972	1968–72
	1973	1969–73
	1974	1965–74
	1975	1971–75
	1976	1972–76
	1977	1973–77
	1978	1974–78
	1978SR [1]	1948–78
	1979	1975–79
	1980	1971–80
	1981	1977–81
	1982	1978–82
	1983	1979–83
	1984	1980–84
	1985	1976–85
	1986	1982–86
	1987	1983–87
	1988	1984–88
–d'enfants de moins d'un an (voir: Mortalité infantile)		
–selon l'âge et le sexe.......	1948	1936–47
	1951	1936–50
	1955–1956	Dernière
	1957	1948–56
	1958–1960	Dernière
	1961	1955–60
	1962–1965	Dernière
	1966	1961–65
	1978HS [1]	1948–77

(Voir notes à la fin de l'index)

Index par sujet (suite)

(Voir notes à la fin de l'index)

Index par sujet (suite)

(Voir notes à la fin de l'index)

Index par sujet (suite)

(Voir notes à la fin de l'index)

Sujet	Année de l'édition	Période considérée
Fécondité, indice synthétique de................	1986	1967–85
	1987–1988	Dernière
Fécondité proportionnelle..............	1949/50	1900–50
	1954	1900–52
	1955	1945–54
	1959	1935–59
	1963	1955–63
	1965	1955–65
	1969	Dernière
	1975	1966–74
	1978SR [1]	1948–77
	1981	1976–80
	1986	1976–85
Fécondité, taux global de...	1948	1936–47
	1949/50	1936–49
	1951	1936–50
	1952	1936–50
	1953	1936–52
	1954	1936–53
	1955–1956	Dernière
	1959	1949–58
	1960–1964	Dernière
	1965	1955–64
	1966–1974	Dernière
	1975	1966–74
	1976–1978	Dernière
	1978SR [1]	1948–77
	1979–1980	Dernière
	1981	1962–80
	1982–1985	Dernière
	1986	1977–85
	1987–1988	Dernière
I		
Illégitime (voir également: Naissances et morts foetales tardives):		
–morts foetales tardives....	1961	1952–60
	1965	5–Dernières
	1969	1963–68
	1975	1966–74
	1981	1972–80
	1986	1977–85
–morts foetales tardives, rapports de....................	1961	1952–60
	1965	5–Dernières
	1969	1963–68
	1975	1966–74
	1981	1972–80
	1986	1977–85

Sujet	Année de l'édition	Période considérée
Illégitime (voir également: Naissances et morts foetales tardives): (suite):		
–naissances.....................	1959	1949–58
	1965	1955–64
	1969	1963–68
	1975	1966–74
	1981	1972–80
	1986	1977–85
–naissances, rapports de....................	1959	1949–58
	1965	1955–64
	1969	1963–68
	1975	1966–74
	1981	1972–80
	1986	1977–85
Immigrants (voir: Migration internationale)		
Instruction, degré d' (voir: Population)		
L		
Langue et sexe (voir: Population)		
Localités (voir: Population)		
M		
Mariages..........................	1948	1932–47
	1949/50	1934–49
	1951	1935–50
	1952	1936–51
	1953	1950–52
	1954	1946–53
	1955	1946–54
	1956	1947–55
	1957	1948–56
	1958	1940–57
	1959	1949–58
	1960	1950–59
	1961	1952–61
	1962	1953–62
	1963	1954–63
	1964	1960–64
	1965	1956–65
	1966	1962–66
	1967	1963–67
	1968	1949–68
	1969	1965–69
	1970	1966–70

Sujet	Année de l'édition	Période considérée
Mariages (suite):	1971	1967–71
	1972	1968–72
	1973	1969–73
	1974	1970–74
	1975	1971–75
	1976	1957–76
	1977	1973–77
	1978	1974–78
	1979	1975–79
	1980	1976–80
	1981	1977–81
	1982	1963–82
	1983	1979–83
	1984	1980–84
	1985	1981–85
	1986	1982–86
	1987	1983–87
	1988	1984–88
–selon l'âge de l'épouse....	1948	1936–47
	1949/50	1936–49
	1958	1948–57
	1959–1967	Dernière
	1968	1958–67
	1969–1975	Dernière
	1976	1966–75
	1977–1981	Dernière
	1982	1972–81
	1983–1986	Dernière
	1987	1975–86
	1988	Dernière
–selon l'âge de l'épouse et l'âge de l'époux...........	1958	1948–57
	1968	Dernière
	1976	Dernière
	1982	Dernière
–selon l'âge de l'épouse et l'état matrimonial antérieur.........................	1958	1948–57
	1968	Dernière
	1976	Dernière
	1982	Dernière
–selon l'âge de l'époux.....	1948	1936–47
	1949/50	1936–49
	1958	1948–57
	1959–1967	Dernière
	1968	1958–67
	1969–1975	Dernière
	1976	1966–75
	1977–1981	Dernière
	1982	1972–81
	1983–1986	Dernière
	1987	1975–86
	1988	Dernière

(Voir notes à la fin de l'index)

Index par sujet (suite)

(Voir notes à la fin de l'index)

Index par sujet (suite)

(Voir notes à la fin de l'index)

Index par sujet (suite)

(Voir notes à la fin de l'index)

Index par sujet (suite)

(Voir notes à la fin de l'index)

Index par sujet (suite)

(Voir notes à la fin de l'index)

(Voir notes à la fin de l'index)

Index par sujet (suite)

(Voir notes à la fin de l'index)

(Voir notes à la fin de l'index)

Index par sujet (suite)

(Voir notes à la fin de l'index)

(Voir notes à la fin de l'index)

Index par sujet (suite)

(Voir notes à la fin de l'index)

Index par sujet (suite)

(Voir notes à la fin de l'index)

Index par sujet (suite)

(Voir notes à la fin de l'index)

Index par sujet (suite)

(Voir notes à la fin de l'index)

Index par sujet (suite)

(Voir notes à la fin de l'index)

(Voir notes à la fin de l'index)

Index par sujet (suite)

(Voir notes à la fin de l'index)

(Voir notes à la fin de l'index)

Index par sujet (suite)

(Voir notes à la fin de l'index)

(Voir notes à la fin de l'index)

Notes générales

Cet index alphabétique donne la liste des sujets traités dans chacune de 40 éditions de l'Annuaire démographique. La colonne "Année de l'édition" indique l'édition spécifique dans laquelle le sujet a été traité. Sauf indication contraire, lacolonne "Période considérée" désigne les années pour lesquelles les statistiques annuelles apparaissant dans l'Annuaire démographique sont indiquées sous la colonne "Année de l'édition". La rubrique "Dernière" ou "2–Dernières" indique que les données représentent la ou les dernières années disponibles seulement.

Notes

1 Le Supplément rétrospectif fait l'objet d'un tirage spécial.
2 Données non disponibles dans l'édition précédente seulement.
3 Titres non disponibles dans la bibliographie précédente seulement.
4 Taux moyens pour 5 ans.

كيفية الحصول على منشورات الأمم المتحدة

يمكن الحصول على منشورات الأمم المتحدة من المكتبات ودور التوزيع في جميع أنحاء العالم . استعلم عنها من المكتبة التي تتعامل معها أو اكتب إلى : الأمم المتحدة ، قسم البيع في نيويورك أو في جنيف .

如何购取联合国出版物

联合国出版物在全世界各地的书店和经售处均有发售。请向书店询问或写信到纽约或日内瓦的联合国销售组。

HOW TO OBTAIN UNITED NATIONS PUBLICATIONS

United Nations publications may be obtained from bookstores and distributors throughout the world. Consult your bookstore or write to: United Nations, Sales Section, New York or Geneva.

COMMENT SE PROCURER LES PUBLICATIONS DES NATIONS UNIES

Les publications des Nations Unies sont en vente dans les librairies et les agences dépositaires du monde entier. Informez-vous auprès de votre libraire ou adressez-vous à : Nations Unies, Section des ventes, New York ou Genève.

КАК ПОЛУЧИТЬ ИЗДАНИЯ ОРГАНИЗАЦИИ ОБЪЕДИНЕННЫХ НАЦИЙ

Издания Организации Объединенных Наций можно купить в книжных магазинах и агентствах во всех районах мира. Наводите справки об изданиях в вашем книжном магазине или пишите по адресу: Организация Объединенных Наций, Секция по продаже изданий, Нью-Йорк или Женева.

COMO CONSEGUIR PUBLICACIONES DE LAS NACIONES UNIDAS

Las publicaciones de las Naciones Unidas están en venta en librerías y casas distribuidoras en todas partes del mundo. Consulte a su librero o diríjase a: Naciones Unidas, Sección de Ventas, Nueva York o Ginebra.

Litho in United Nations, New York
89-40103—February 1990—8,350
ISBN 92-1-051073-9(H)
ISBN 92-1-051076-3(S)

08500S
11000H
(only hardbound edition for sale)

United Nations publication
Sales No. E/F.89.XIII.1
ST/ESA/STAT/SER.R/18